DER NEUE KULTUR FAHRPLAN

DER NEUE KULTUR FAHRPLAN

Die wichtigsten Daten der Weltgeschichte

Herausgegeben von Prof. Werner Stein

HERBIG

ZEICHENERKLÄRUNG

POLITIK

DICHTUNG · SCHAUSPIELKUNST

RELIGION · PHILOSOPHIE · ERZIEHUNG
GEISTESWISSENSCHAFTEN · ALLGEMEINES
GEISTIGES LEBEN

BILDENDE KUNST · ARCHITEKTUR · FILM

MUSIK · OPER · TANZ

WISSENSCHAFT · TECHNIK

WIRTSCHAFT · TÄGLICHES LEBEN

~ UM · ETWA (für zeitliche Unbestimmtheiten bis zu etwa 10 Jahren)

≈ UM · ETWA (für zeitliche Unbestimmtheiten, die darüber hinausgehen, und für zeitlich sehr lange wirksame Ereignisse)

Kurzbezeichnungen der Spalten vgl. Registerüberschrift

Alle Jahresangaben vor unserer Zeitrechnung sind mit dem Minus-Zeichen (z. B. –1000) versehen.

Erweiterte und aktualisierte Auflage 2001

Umschlaggestaltung: Wolfgang Heinzel
Druck: C. H. Beck'sche Buchdruckerei, Nördlingen
Binden: Buchbinderei G. Fraunberger, Neudörfl
Printed in Germany
ISBN 3-7766-2209-1

Dieses Buch ist in Dankbarkeit gewidmet

meinem Vater *Erwin Stein* (* 1888, † 1966)

und

meinem väterlichen Freund und Verleger

Walter Kahnert (*1901, †1964),

der auch die Anregung zu diesem Buch gab.

VORWORT

Der Plan für diese historische Synopse entstand in einem Freundeskreis, der gern über kulturelle und politische Themen diskutierte. Der Krieg verzögerte seine Verwirklichung. Zu Beginn einer neuen Verlagsarbeit erschien als „Kleiner Kulturfahrplan" 1946 ein erstes Teilbändchen (1749–1900). 1954 wurden sechs Teilbände zur Gesamtausgabe zusammengefaßt, die 1976 das Lexikonformat erhielt.
Weder Verlag noch Verfasser ahnten ursprünglich, daß diese Übersicht so erfolgreich sein würde. Jedenfalls bestätigt heute eine Auflage von über siebenhunderttausend einen verbreiteten Bedarf nach einem Orientierungsmittel solcher Art. Daß für seine Erstellung viele und verschiedenartige Quellen benutzt wurden, die nicht aufgezählt werden können, liegt auf der Hand. Ausdrücklich sei interessierten Lesern für ihre Hinweise gedankt. Allerdings hat die Aufnahmefähigkeit eines handlichen Buches ihre Grenzen. Der etwas saloppe Titel „Kulturfahrplan" wird gelegentlich kritisiert. Dieser einfache Begriff wollte Schwellenängste umgehen, was auch gelang. Inzwischen hat er sich eingebürgert und wurde zu einer Art abgrenzender „Schutzmarke".
Das Jahr 2000 ist greifbar nahe. Im Laufe des 20. Jahrhunderts haben sich viele Hoffnungen in Furcht und Sorge verwandelt. Man könnte sagen: Der Mensch weiß und kann sehr viel, er weiß aber nicht, ob er sein Wissen beherrscht oder an seinem Mißbrauch zugrunde geht. Alles, was wir über die Zukunft wissen, wissen wir aus der Vergangenheit. Dies Buch ist ein Versuch, durch übersichtliche Anordnung historischer Daten den bisherigen Weg der Menschheit nachzuzeichnen. Es ist nicht zu bezweifeln, daß neben solidem Fachwissen auch ein engere Grenzen überblickendes Wissen in unserer heutigen Zeit notwendig ist. Dazu will dieses Buch mit seiner synoptischen Methode einen Beitrag leisten. Es ist faszinierend zu sehen, wie aus dem schlichten Zusammenstellen einzelner Daten ein abenteuerliches Muster sich verschlingender und entwirrender Entwicklungslinien hervorgeht, die alle im Heute münden und es als Ergebnis einer Evolution oder Entwicklung erklären.
So ist es möglich, Einsichten zu gewinnen, welche helfen, die heutige Welt in ihrer geschichtlichen Entstehung zu verstehen. Erst ein ausreichendes Studium der Geschichte läßt unsere Lebensumstände und Gewohnheiten verstehen. Man kann es auch mit dem Goethe-Wort sagen:

Wer nicht von dreitausend Jahren
sich weiß Rechenschaft zu geben,
bleibt im Dunkeln unerfahren,
mag von Tag zu Tage leben.

Den vollen möglichen Nutzen dieser Tabellen wird nur der haben, der sich von ihnen zu eigenen Fragestellungen anregen läßt. Ein Beispiel für viele Möglichkeiten: Es kann anregend sein, vor Besuch eines Theaterstückes mit wenigen Blicken das kulturelle und politische „Klima" seiner Entstehungszeit zu erfassen. In diesem Sinne will der „Kulturfahrplan" nicht nur ein Nachschlagewerk sein – so gut er sich mit seinem Register dazu eignet –, sondern auch und gerade „ein Buch zum Blättern". Neben der Frage „Was geschah vor hundert Jahren?" will er die Frage „Was geschah in hundert Jahren?" beantworten.
Daß die politische Geschichte zu ihrem Verständnis allein nicht genügt, ist heute im Zeitalter wissenschaftlich-technischer Revolution leichter einzusehen als früher. Es ist noch nicht lange her, daß in der Schule die Aufzählung von Herrschern und Schlachten als der wesentliche Inhalt der Geschichte erschien. Heute wäre die stärkste Herrscherpersönlichkeit ohne elektrische Hilfsmittel hilf- und machtlos.
Mit den Tabellen zur Erd-, Vor- und Frühgeschichte soll daran erinnert werden, daß die Geschichte der Menschheit in den umfassenden Vorgang der Evolution der Natur eingebettet ist. Läßt man die Kulturgeschichte mit der Benutzung der Schrift um 3000 v. Chr. beginnen, so ist sie bald 5000 Jahre alt. Die letzten 30 Jahre waren nur eine der etwa 150 Generationen, die in dieser Zeit lebten. Die auf allen Gebieten geradezu explosive Entwicklung seit 1945 mag das Bedürfnis verstärkt haben, einen größeren Zeitraum zu überblicken, um unsere Zeit als Summe dieser Entwicklung zu verstehen. Die Erde ist auf eine Tagesreise geschrumpft, und täglich liefert das erdweite Fernsehen eine Synopse und Informationen, auf die man früher lange hätte warten müssen.
„Der große Kulturfahrplan" will weiterhin eine Hilfe sein, sich in dieser dynamischen Welt zurechtzufinden, damit Albert Einsteins Alternative „Eine Welt – oder keine Welt" nicht negativ entschieden wird. Im Rückblick will er dem Heute und der Zukunft dienen.

Berlin, 1. Juni 1981 — Prof. Dr. Werner Stein

VORWORT ZUR AUSGABE 1987

Der „Kulturfahrplan“, der manches Gedenkjahr erwähnt, erinnert nun – wenn auch nur im Vorwort – an sein Erscheinen kurz nach Kriegsende. Zunächst sind 40 Jahre heute nicht selten eine halbe Lebensdauer und „Generationszeit“, nach der eine „andere“ Generation lebt, was sich in Spannungen und Krisen äußert. Das ist auch nach diesen 40 Jahren kaum zu bezweifeln. Heute wird dieser Effekt verstärkt, weil sich auch die materielle Umwelt durch Vermehrung von Wissen und Veränderung durch Technik fundamental änderte. Man rechnet mit einer Verdopplungszeit des Wissens von 10 Jahren, neuerdings sogar nur von 4. Danach wuchs das Wissen in 40 Jahren um das 16- bzw. 1000fache.
Die „elektronische Generation“ trennen Welten von ihren Vorfahren (der elektronische Computer wurde 1946, der Transistor 1948 erfunden). Erkennbar sind die letzten 40 Jahre als ein tiefer Einschnitt, wie es ihn seit der neolithischen Revolution (cc-10 000) nicht geben konnte.
Bezieht man die 40 Jahre jedoch auf die Dauer der geschriebenen Geschichte, die nicht älter als die Schrift sein kann (vgl. cc-3000 u. -2000), so schrumpfen die 40 Jahre auf 0,8–1,0 %. Jedoch gehören auch die langen frühgeschichtlichen Zeiten zur Evolution des heutigen Menschen, dessen Entwicklung ohne seine Vorfahren nicht denkbar ist.
1946 stand den 55 Mill. Kriegstoten die Hoffnung gegenüber, ein solch grausamer und sinnloser Massenmord würde sich nicht wiederholen. Keiner ahnte damals, daß 40 Jahre später genügend Atomwaffen vorhanden sein würden, um zehnmal mehr Menschen zu vernichten, als die 5 Milliarden, die heute auf der Erde leben. Viele hätten dies für das Todesurteil der Menschheit gehalten.
Die Zahl der Menschen hat sich seitdem verdoppelt, und, von Verteilungsproblemen abgesehen, hat die Nahrungsmenge Schritt gehalten, die gesamte wirtschaftliche Produktion hat sich sogar verfünffacht.
Der Chronist schließt:
Der Selbstmord der Menschheit bleibt weiterhin möglich, aber auch seine Vermeidung wie seit 40 Jahren.

Berlin, 30. Januar 1987 — Prof. Dr. Werner Stein

VORWORT ZUR AUSGABE 1990

Das Jahr, dem unsere vereinbarte Zeitrechnung die Ziffer „1989“ zuschreibt, gehört der Vergangenheit an. Damit wurde es zugleich einer der Zukunftsfaktoren. Diese scheinbar paradoxe Aussage klärt sich, wenn man bedenkt, daß die Zukunft von der Summe der Impulse geprägt wird, die sich aus der Summe früheren Geschehens ergaben und ergeben. Aus der Beschäftigung mit der Vergangenheit stammt das einzige Wissen, das wir über die Zukunft haben können.
So können wir dank der Arbeit und Erfahrungen früherer Wissenschaftler Sonnen- und Mondfinsternisse sekundengenau vorhersagen, das Wetter wesentlich ungenauer, und für die Politik haben wir das Jahr 1989, das sich offensichtlich jeder Vorhersagbarkeit entzog. Seine Bedeutung für die noch unbekannte Zukunft liegt aber auf der Hand.
Als ich im Januar 1946 als ein aus der russischen Kriegsgefangenschaft wegen Arbeitsunfähigkeit entlassener, selbsternannter „Chronist“ bei Stromsperre und Kerzenlicht auf einer ausgedienten Schreibmaschine „1749“ als Geburtsjahr Goethes zu Papier brachte, ahnte ich nicht, welches Wechselbad von Befürchtungen und Hoffnungen mir bevorstand, wenn ich das Notierte bedachte. Häufig bedauerte ich, Kinder und Enkel zu haben. Deswegen freut es mich besonders, einen Zeitpunkt erreicht zu haben, zu dem neue Hoffnungen berechtigt erscheinen, wenn auch „Eine Erde für alle“ noch kein erreichtes Ziel ist.

Berlin, 22. März 1990 — Prof. Dr. Werner Stein

VORWORT ZUR AUSGABE 1998

Professor Dr. Werner Stein starb am 31. März 1993. Von Berlin aus, seiner Heimat- und Wirkungsstätte, arbeitete er bis zuletzt an der Fortschreibung seines „Kulturfahrplans“, heute ein Bestseller mit Millionenauflage.
Angesichts der Komplexität täglicher weltweiter Ereignisse sowie der damit verbundenen Informationsfülle ist es in der heutigen Zeit von Internet und CD-ROM kaum mehr möglich, dieses bewährte Nachschlagewerk, in dem sämtliche Gebiete des Lebens synchronoptisch gegenübergestellt werden, von einem einzelnen Autor bearbeiten zu lassen. Der Verlag wird Sorge dafür tragen, daß das Lebenswerk von Werner Stein in seinem Sinne weitergeführt und weiterentwickelt wird.

München, 10. Februar 1998 — Herbig Verlag

ERD-

Zeit (vor etwa Millionen Jahren)	Erdzeitalter	Formation	Gebirgsfaltungen	Land- und Wasserverteilung	Klima
20 000			ENTSTEHUNG DER HEUTIGEN *„Urknall“, Beginn der Expansion* *Aus Wasserstoff bilden sich Sterne, in deren Innerem die*		
4500			ENTSTEHUNG UNSERES PLANETEN- *(Aus kosmischem Staub in*		
2500	Urzeit	Archaikum	Laurentischer Faltungszyklus	Ein zusammenhängender Urkontinent, durchbrochen von Urpazifik, nördl. Uratlantik, südl. Uratlantik, Urarktik, Urskandik	Period. Folge von Eiszeiten deren Abstand etwa 100.000 J. beträgt
1000	Vorzeit	Algonkium	Algonkischer Faltungszyklus		
560					
460		Kambrium		Kerne von Eurasien, Nordamerika, Äquatorialamerika; Süderde (Gondwanaland um Afrika). Schelfmeer über Westeuropa	
400		Silur	Kaledonischer Faltungszyklus im Gebiet zwischen Grönland, Skandinavien und Schottland	Schelfmeer über Britannien, Südskandinavien, Baltikum, Böhmen	Sahara unter Südpolarer Eiskappe
320	Erdalterum	Devon		Nordeuropa hebt sich (Alter Rotsandstein), Meeresvertiefung im Süden (Ablagerung der Schichten des rheinisch. Schiefergebirges)	
250		Karbon	Variscischer Faltungszyklus in Spanien, Frankreich, Mitteldeutschland (rhein. Schiefergeb.), Südrußland	Landvergrößerung mit Steinkohlenbildung in Sumpfgebieten	Tropisches Klima der Norderde Eiszeit
220		Perm (Dyas)	Starker Vulkanismus	Kontinente über den Gebieten Nordamerika – Grönland – Europa, Sibirien, Südamerika, Malaiisch. Archipel, Süderde (Afrika – Vorderindien – Antarktis – Ostbrasilien). Beginnender Zerfall der Süderde (Gondwanaland). Erdumspann. Mittelmeer (Tethys); üb. Deutschland Zechsteinmeer (Salzablagerung)	auf d. Süderde (u. a. Zentralafrika) Verbreitete Trocken-Klimate (Wüsten)

GESCHICHTE

Neue Tierformen	*Vorherrschende Tierformen*	*Neue Pflanzenformen*	*Vorherrschende Pflanzenformen*	*Erstes Auftreten auch menschlicher Organisations- und Lebensformen am Lebensstammbaum*
PHYSIKALISCHEN WELT IM „URKNALL" *und Evolution der Welt* *schwereren Elemente bei hohen Temperaturen entstehen*				
SYSTEMS EINSCHLIESSLICH DER ERDE *der Umgebung der Sonne)*				
Ur-Atmosphäre enthält Methan, Ammoniak, Wasserdampf, keinen Sauerstoff Chemische Evolution				
Entstehung irdischen Lebens 3500 älteste Lebensspuren 1200 Zellkerne (Eukaryonten) 600 älteste Mehrzeller		Spaltpflanzen, (Bakterien, Blaualgen) Algen Photosynthese der Pflanzen erzeugt Sauerstoffatmosphäre		Leben Stoffwechsel, Wachstum, Vermehrung, Bewegung, Reizempfindlichkeit Einzeller/Mehrzeller
Nach der sog. „Kambrischen Explosion": Alle Tierstämme außer Wirbeltieren im Meer vorhanden (über 1000 Arten): Einzeller, Quallen, Korallen, Würmer, Armfüßler, Kopffüßler, Seesterne, Trilobiten		Algen		Blut- und Nervengefäße (Würmer)
Graptolithen Seelilien, Riesenkrebse (2 m), Panzerfische, Knorpelfische (erste Wirbeltiere)	Korallen, Armfüßler, Kopffüßler	Algen (z. T. Riesenformen) Erste Landpflanzen: Nacktfarne ohne Wurzeln und Blätter		Innenskelett (Fische)
Lungenfische, Ichthyostega („vierbeiniger Fisch"), Amphibien (erste Vierfüßler)	Korallen, Armfüßler, Seelilien	Erste Baumformen		Nasen- und Lungenatmung (Lungenfische), Vierfüßigkeit (Amphibien)
Insekten Reptilien (Saurier)	Kalkschalige Amöben (Foraminiferen), Armfüßler, Kopffüßler	Farne, Schachtelhalme, Siegel- und Schuppenbäume	Lebermoose	Hinterhauptgelenk (Reptilien)
	Foraminiferen, Arm- u. Kopffüßler, Panzerlurche, Fische	Nacktsamige Nadelhölzer u. Palmfarne (erste Samen- oder Blütenpflanzen)	Zungenblättr. Farne der kalten Süderde (Glossopteris)	Schläfengrube (Reptilien)

Zeit (vor etwa Millionen Jahren)	*Erdzeit-alter*	*Formation*	*Gebirgsfaltungen*	*Land- und Wasser-verteilung*	*Klima*
220		Trias		Urkontinent zerbricht, Kontinentaldrift beginnt Tethys-Mittelmeer greift auf Mitteleuropa über, wo Land und Meer wechseln (Buntsandstein, Muschelkalk, Keuper) Zunehmender Zerfall der Süderde (Gondwana) Atlantik entsteht	
180	Erd-mittelalter	Jura	Andenfaltung	Die Meeresbedeckung Mitteleuropas geht zurück	Stärker ausgeprägte Klimazonen
130		Kreide	Vorphasen der alpidischen Hauptfaltung im Tertiär	Das Kreidemeer bedeckt zeitweilig große Teile Europas (Insel zwischen Böhmen und Rhein), Rußlands, Nordamerikas, Nordafrikas, Indischer Ozean entsteht	
60		Tertiär	Alpidischer Faltungszyklus: Entstehung bzw. Vollendung der heutigen Hochgebirge. Starker Vulkanismus. Braunkohlen- u. Erdölbildung. Riesenmeteor trifft Nördlinger Ries	Unter fester Scheidung von Kontinenten und Tiefsee gliedert sich das heutige Erdbild heraus (Entstehung der jüngsten bekannten Sterne)	Antarktis vergletschert, in Europa warmes Klima
1	Erd-neuzeit	Dilu-vium	Pasadenische Faltung in Kalifornien	Entstehung von Adriatischem und Ägäischem Meer. Rhein- u. Themsemündungen bei Doggerbank. Vermutete Landbrücke zwischen Schottland und Grönland	10 Eiszeiten und Zwischeneiszeiten auf der nördlichen Halbkugel
0,012 (12 000)		Quartär			
Gegen-wart		Allu-vium		Vulkanismus, Erdbeben, Erosion Künstliche Landgewinnung und -sicherung. Stauseen, Kanäle, Entwaldung	Übergang z. heutigen Klima. Klimaänderungen d. Waldabholzungen

Neue Tierformen	*Vorherrschende Tierformen*	*Neue Pflanzenformen*	*Vorherrschende Pflanzenformen*	*Erstes Auftreten auch menschlicher Organisations- und Lebensformen am Lebensstammbaum*
Dinosaurier Übergang vom Reptil zum Säugetier Dinosaurier sterben aus (Riesenmeteorit?)	Muscheln, Kopffüßler, Reptilien		Farne, Palmfarne, Nadelhölzer	Weicher und harter Gaumen, Gebiß mit verschiedenen Zahnformen, Säulenbeine (Reptilien) Milchdrüsen (Reptil-Säugetiere)
Schnabel- und Beuteltiere Archaeopteryx (Urvogel) Knochenfische	Ammoniten und Belemniten (Kopffüßler), Land-, Meer- und Flugsaurier	Anpassung der Pflanzen an die Klimazonen	Palmfarne, Ginkgogewächse	Gebärmutter (beuteltierartige Säugetiere)
Aussterben der Ammoniten, Belemniten, Saurier. Entwicklung der Säugetiere und Vögel		Bedecktsamige: Birkengewächse, Becherfrüchtler, eigentliche Blütenpflanzen	Nadelhölzer, Ginkgogewächse, Farne	Warmes Blut (Säugetiere, Vögel)
Süßwasserfische, Primaten, Insektenfresser, Halbaffen, Affen. Im „Proconsul" gabelt sich Affen- und Menschenzweig, Hominisationsphase, Australopithecus	Säugetiere Vögel Mensch	Laubmoose	Laubbäume (zeitweise bis Spitzbergen; Palmen in Mitteleuropa) Blütenpflanzen	Gebißformel d. Menschen, Schwanzlosigkeit, Stirnhöhlen (Affen). Gabelung d. Stammbaumes in Affen- u. Menschenzweig Aufrechter Gang, Hirnvergrößerung
Nebeneinander entwickeln sich Archanthropinen, Paläanthropinen u. Neanthropinen. Letztere entwickeln sich zum Homo sapiens. Die beiden and. Zweige sterben als primitivere aus	Mammut, Höhlenbär, Ren Insekten		Blütenpflanzen, Laubbäume (in Eisnähe Kälteformen)	Werkzeuge Intelligentes Verhalten Technik Arbeitsteilung Religion Kunst Neolithische Revolution
Haustiere	Insekten Mensch, Übergang zur heutigen Tierwelt	Kulturpflanzen	Übergang zur heutigen Pflanzenwelt	Sklaverei Staatenbildung Wissenschaft Entwicklung demokratischer Lebensformen

*Jahrtausende v. Chr.**)	*Name der Eiszeit (nach Alpenflüssen)*	*Zeitstufe (nach Werkstoff)*	*Kulturperiode (nach franz. u. a. Fundorten)*	*Menschentyp (nach Fundorten)*
1500 bis 1000 Quartär (Diluvium)	Donaukaltzeit (Villafranchium)	Vor-Steinzeit	Nicht bezeichnet	Nach der Hominisationsphase im letzten Tertiär (Pliozän) verzweigt sich die Menschenentwicklung in Archanthropinen, Paläanthropinen und Neanthropinen (Radiations-Hypothese) Australopithecus (Südafrika) mit aufr. Gang, menschenähnl. Gebiß, jedoch kleinem Gehirn (600 ccm)
600 Quartär (Diluvium)	Günz I, II	Ältere Altsteinzeit (Alt-Paläolithikum)	Prä-Abbevillien (besonders in NW-Frankr.)	Archanthropinen aus China, Peking (Sinanthropus), Java (Pithecanthropus) und Heidelberg (Mauer) mit 800–1000 ccm Gehirnvolumen. „Oldoway-Mensch" am Kilimandscharo (archanthropiner Vertret. afrikan. Faustkeilkultur)
540	1. Zwischen-Eiszeit		Abbevillien oder Chelléen (Halberstädter Stufe, bes. in West- u. Südeuropa)	
480	Mindel I, II, III			
370	2. (große) Zwischen-Eiszeit		Levalloisien und Acheuléen (Markkleeberger Stufe)	Mensch von Steinheim (a. d. Murr) und Mensch von Swanscombe (Kent) (können als neanthropine Vorläufer des Homo sapiens gelten, obwohl sie gleichzeitig mit Archanthropinen leben)
240	Riss I, II			
135	3. Zwischeneiszeit	Mittlere Altsteinzeit	Moustérien (Weimarer und Sirgensteiner Stufe)	Prä-Neandertaler (Funde von Ehringsdorf, aus Palästina u. a.) Neandertal- u. Rhodesia-Mensch (paläanthropine Zweige: niedrige Stirn, Augenwülste, kinnlos, nicht ganz aufrechter Gang; später aussterbender Nebenzweig der Entwicklung zum Homo sapiens)
120	Würm (letzte Eiszeit)	Jüngere Altsteinzeit		Etwa gleichzeitig leben der primitivere Ngandong-Mensch und Präsapiens-Typen (z. B. in Palästina)
60				

*) Die zeitl. Zuordnung ist noch sehr unsicher

Technik und soziales Leben	*Geist, Kunst und Religion*	*Tier- und Pflanzenwelt* *Klima*
1,4 Mill. J. altes Lagerfeuer in Kenia Steinwerkzeuge der Heidelberger und verwandter Kulturen erweisen tertiäre Werkzeugtechnik Sammler- und Wildbeuterstufe Peking-Mensch kennt Feuerbenutzung	Sprachentwicklung vermutbar Einfachstes techn. Denken, älteste bekannte Werkzeuge ≈ 2,5 Mill. J. Tradition Kannibalismus	Entstehung der jüngsten bekannten Sterne, blaue O-Sterne aus kondensierter Materie Übergang von tertiär-subtropischen zu eiszeitl. Verhältnissen in Europa
Primitive Sammler- und Wildbeuterstufe Rohe Steinwerkzeuge	Keine Spuren künstlerischer Betätigung	*Merck*sches Nashorn, Waldelefant, Flußpferd, Urbär Birke, Haselnuß, Linde, Ahorn, Eiche, Esche, Mistel Mildes Waldklima
Faustkeil-Kultur: Rohe Faustkeile, daneben faustkeilfreie Clactonien-Kultur in NW-Europa, Freilandwohnungen Sammler- und Jägerstufe	Arbeitsteilung zwischen den Geschlechtern Religiöse Opfergaben vermutet	Wollhaariges und *Merck*sches Nashorn, Auerochse, Riesenhirsch, Reh, Wildpferd, Biber, Wildschwein u. a.
Feuergebrauch (datierbar) Handspitzen, Kratzer, Schaber, Bohrer, Säge, Stichel		Waldelefant, *Merck*sches Nashorn, Flußpferd, Höhlenbär Birke, Linde, Ahorn, Eiche, Fichte, Haselnuß Mildes Waldklima, teilweise wärmer als heute
Regelmäßige Faustkeile mit Schönheitsretuschen Holzwurfspeere (?)		Mammut, wollhaariges Nashorn, Wildpferd, Auerochse Kaltes Tundrenklima
Spitzen-Kultur: Kleinere Handspitzen, Schaber, Klingen, erste Knochenwerkzeuge, Lochbohrer Höhlenbär-Jägerkultur Vermutlich einfache Fellkleidung Höhlen wahrscheinl. Kultstätten u. keine Wohnung	Körperbemalung mit Erdfarben Totenfärbung Religiöse Vorstellungen ergeben sich wahrscheinl. aus den Problemen des Traumes, des Todes und der Naturkräfte Opfer von Bärenschädeln in Steinkästen (Urmonotheismus vermutet)	Waldelefant, *Merck*sches Nashorn, Wildkatze, Löwe, Höhlenlöwe und -hyäne, Wolf, Höhlenbär, Wildpferd, Wildschwein, Rothirsch, Damhirsch, Riesenhirsch, Reh, Elch, Wisent, Auerochse u. a. Farne, Moose, Kiefer, Fichte, Edeltanne, Eiche, Weide, Birke, Erle, Buche, Eibe, Esche, Stechpalme, Faulbaum, Ahorn, Linde, Seelilie, Seerose Mildes Waldklima
In d. Horden vermutl. häufig mutterrechtl.-totemist. Ordnung und keine regelmäßige Einehe Geringe Bevölkerungsdichte (viell. nur wenige tausend Menschen in Europa) Feuergebrauch gesichert	Die Gedankenwelt des Jägers konzentriert sich vermutl. auf d. Geschlechtsleben, die Jagd und den Tod. Totenbestattung z. T. in Schlafstellung. Kannibalismus gewinnt kultische Bedeutung	Mammut, wollhaariges Nashorn, Wildpferd, Rot- und Riesenhirsch, Ren, Moschusochse, Höhlenbär, Löwe, Luchs, Wolf, Fuchs, Eisfuchs, Vielfraß, Höhlenhyäne, Schneehuhn und Schnee-Eule Kaltes Tundren- und Steppenklima

Jahrtausende v. Chr.)*	*Name der Eiszeit (nach Alpenflüssen)*	*Zeitstufe (nach Werkstoff)*	*Kulturperiode (nach franz. u. a. Fundorten)*	*Menschentyp (nach Fundorten)*
60	Würm I (letzte Eiszeit) 1/3 der Landfläche vergletschert		Prä-Aurignacien	
			Aurignacien (Willendorfer Stufe; im Mittelmeergebiet: Alt-Capsien)	„Homo sapiens“: Aurignac-, Brünn-Mensch (ähnlich den heutigen Ureinwohnern Australiens; Gehirnvolumen ca. 1000 ccm) verdrängt von Osten kommend Neandertaler, der ausstirbt
40	Kurze Zwischeneiszeit (40–30) Würm II und III	Jüngere Altsteinzeit (Jung-Paläolithikum)		
			Solutréen (Predmoster Stufe) (Jung-	Cro-Magnon-Mensch (hohe Stirn, Kinn, große eckige Augenhöhlen, ca. 1200 ccm Gehirnvolumen) Ausbildung der heutigen Hauptrassen
			Capsien im Mittelmeergebiet) Magdalénien (Thainger Stufe)	Mensch besiedelt Australien und Amerika
10 (Alluvium)	Nach-Eiszeit (neue Zwischen-Eiszeit?)	Mittelsteinzeit (Mesolithikum; wird nicht immer besonders unterschieden)	Azilien (End-Capsien) Campignien	Nachkommen des Cro-Magnon-Menschen (Zunahme des Gehirnvolumens auf den heutigen Wert von 1500 ccm; max. 2000)
5		Jungsteinzeit (Neolithikum)	In Europa versch. nach der Keramikverzierung unterschiedene Kulturen. In Mesopotamien und Ägypten Übergang zur historischen Zeit	Ausbreitung der Bauernkulturen
3				

Anschließend bis ≈ — 750: Kupfer- und

*) Die zeitl. Zuordnung ist noch sehr unsicher

Technik und soziales Leben	*Geist, Kunst und Religion*	*Tier- und Pflanzenwelt Klima*
Übergang von der primitiveren zur höheren Jägerstufe: Mammutjagd Klingen-Kultur: Wurfspeer, Pfeil u. Bogen. Zahlreiche u. vielgestalt. Werkzeuge: Klingen, Schaber, Bohrer. Mehr Knochenwerkzeuge: Nadeln, Pfriemen, Wurfspeerspitzen Freiland- und Grottenwohnungen; teilw. schon hüttenartige Wohnbauten f. Sippen (Südrußland, z. B. 5,5·21 m) „Beruf" des Künstler / Zauberers bedeutet frühe Arbeitsteilung Rentierjagd	Beginn v. anfangs vermutl. profaner Bildkunst: Tier- u. Frauenplastiken („Venus" mit übertriebenen weibl. Merkmalen; auch teilw. als zweigeschlecht. Symbol gedeutet); später sicher z. Zauberzwecken. Umrißzeichnung. a. Felsen u. Werkzeug. Ketten, Anhänger aus Tierzähnen, Muscheln, Elfenbeinperlen. Geometrische Muster einschl. Spirale. Kunstvolle Haarfrisuren Totenbestattg. in natürl. Vertiefungen, Hockerstellg., Steinbeschwerung (Angst vor Wiederkehr), Beigaben	Im wesentlichen unverändert; europäisches Klima der Eiszeiten ca. 10–15° kälter als heute; in Nordwesteuropa niederschlagsreich Waldgrenze: Nordfrankreich, Norditalien, Südböhmen Rentier beherrscht als wichtigstes Jagdtier die gesamte Jüngere Altsteinzeit
Höhepunkt der Feuersteinbearbeitung (bes. im Osten): Feste Klingen, lorbeerblattförmige Lanzenspitzen, Pfeilspitzen, Schaber, Bohrer u. a. Wildpferdjagd Verbesserung der Stein- und Knochenwerkzeuge: Harpunen aus Rengeweih, Pfriemen, Nadeln Höhlen- und Grottenwohnungen	Zeichnungen in Osteuropa stark geometrisch stilisiert. Bildkunst verschwindet in Europa bis auf die naturalist. Höhlenmalerei in Südfrankr. (z. B. bei Lascaux) u. Nordspanien (z. B. bei Altamira): z. T. farb. u. monum. Jagdszenen z. Zauberzwecken Kultisches Tierfriesrelief (7 m) von Roc de Sers (Charente). Gravierte „Kommandostäbe". Tanzmasken	Noch kalt-trockenes Tundrenklima Bergkiefer Durch Aussterben bleiben außer heutiger Tierwelt nur noch: Wildpferd, Wisent, Auerochse, Riesenhirsch Übergang zu kühl-feuchtem Klima
Übergang z. Fischerei, Hackbau, Tierzucht; große Küchenabfallhaufen („Kjökkenmöddinger") b. fest. Wohnplätzen in Nordeuropa; älteste Großsiedl. (Jericho); Kernbeil, kleine Steinwerkzeuge (Mikrolithe). Anfänge der Töpferei; noch mutterrechtl. Stammesverf.; vermehrt. Einzelbes.; Sklaverei	Anfänge ein. Bilderschrift (?) In Ostspanien und Nordafrika besonders Jagdszenen mit Bogenwaffen (Spät- und End-Capsien); sonst verschwindet naturalistische Bildkunst. „Malkiesel" mit schriftähnl. geometrischen Zeichen. Flechtmuster auf Gefäßen	Nach Kälterückfall Übergang vom kühl-feuchten zum warm-trockenen Klima Ostsee wechselt zwischen Binnensee und offenem Meer Birke, Waldkiefer, Hasel Eichenmischwald (Eiche, Linde, Ulme)
Ausbau d. Ackerbaus (Gerste, Weizen, Hirse) und Viehzucht (Hund, Rind, Schwein, Schaf, Ziege, Pferd); einfache Holzpflüge. Stein-Bergbau u. -Industrie (durchbohrte Hämmer u. Beile). Geschliff. Steinwerkzeuge. Mahlsteine. Wohngrube, Pfostenhütte, Blockhaus. Einbäume, Wagen; Handel. Staatenbildung	Jagd- und Schiffsbilder in Ostägypten Vielgestalt. u. geschmückte Keramik (Tulpenbecher, Band-, Schnur-, bemalte Keramik) Großsteingräber, daraus Hügelgräber. Reihen und Kreise meterhoher Steine in Westeuropa (kultische Bedeutung?)	Das feucht-warme Klima wird kühler und trockner Ostsee wird zum heutig. Binnensee

Bronzezeit; ab ~ –750: Eisenzeit

Genaue Jahreszahlen gibt es erst ab ≈ – 800	*Neolithische Revolution*	*Keine Schrift*	*Neolithische Revolution*
— 10000	≈ Menschliches Gemeinschaftsleben entwickelt Regeln als Frühform der Politik	≈ Lautsprachen sicher entwickelt, gestatten Mitteilung und Überlieferung ≈ Anfänge einer Bilderschrift	
— 9000	≈ Mongolen wandern von Alaska her nach Amerika ein (früheste Besiedlung nicht vor ≈ 15 000)		Neolithische Revolution
— 8000	≈Jericho, frühe stadtartige Siedlung der Jungsteinzeit ≈ Mittlere Steinzeit in China (≈ – 10 000 bis ≈ – 5000). Im Nordosten Tungusen; im Nordwesten Turkmongolen; im Westen Tibetaner; im Süden Tai-Völker; im Südosten malaiische Völker	≈ Tonfiguren als Vorläufer von Schriftzeichen, die sich aus ihren Abdrücken entwickeln (ab 1966 im Iran gefunden)	≈ Übergang vom Jägerdasein zum Ackerbau in der Mittelsteinzeit hat vermutlich tiefgreifende „weltanschauliche" Folgen: Muttergottheiten
— 6700	≈ Älteste Menschenreste Südamerikas (in einer Höhle Chiles; Datierung durch radioaktiven Kohlenstoff auf ±450 Jahre genau) ≈ Präkeramische Siedlung Qalat Jarmo (Ostirak): Häuser mit Steinsockel, Ackerbau; Haustiere, Steingefäße Stadtkultur von Catal Hüyük vgl. 4. Spalte		≈ Sitzende Frauenfiguren als Fruchtbarkeitsidole in Qalat Jarmo
— 5000	≈ Jungsteinzeit in Europa (bis ≈ 2000, vgl. — 4000) Geld als wichtige „soziale Erfindung" beeinflußt das Gemeinschaftsleben ≈ Völkerwanderungen in Europa mit Kreuzungspunkt in Süddeutschland und am Mittelrhein		Seit ≈ – 10 000 spielt sich ein grundlegender Wandel menschlicher Existenz ab (Neolithische Revolution): Haustiere, Ackerbau, Seßhaftigkeit, stadtartige Siedlungen. Damit sind die Voraussetzungen einer höheren Zivilisation gegeben
— 4750	≈ Staatenbildung unter Auflösung der oft mutterrechtlichen Stammesorganisationen ≈ Bauernkulturen erfordern besondere Formen sozialen Zusammenlebens		

Rückgang der Bildkunst Ornamente	Tanz	Pflanzenanbau	Geld
≈ Ostspanische Felsbilder mit stilisiert langgezogenen Menschengestalten (bis Nordafrika und Ägypten)		≈ Während der Mittelsteinzeit (≈ — 1000 bis ≈ — 5000) geht die Kleinsteingerätkultur des Tardenoisien in Nord- und Westeuropa allmählich in die Großgerätkultur des pflanzenanbautreibenden Campignien über ≈ Älteste erhaltene Bögen in Dt. Feuergebrauch seit ≈–350 000	≈ Handel beginnt zunehmend den Ort menschlicher Siedlungen zu bestimmen ≈ Kälterückfall in Europa (bis ≈ —7800)
≈ In der Mittelsteinzeit entwickelt sich gravierende u. malende Felsbilderkunst in Südafrika (wird bis in das 19. Jhdt. fortgesetzt) ≈ In Jericho werden Menschenschädel durch Lehm und Muschelaugen zur Kopfplastik ergänzt			≈ Bastsandalen im nördlichen Oregon (Nordamerika; Datierung durch radioaktiven Kohlenstoff auf ± 350 Jahre gesichert)
≈ Neolithische Kultur der stadtartigen Siedlung Catal Hüyük (Anatolien): Hohe Handwerkskunst, Wandmalerei, Statuetten, Keramik, Kupfer- und Blei-Verwendung ≈ Wandbild in Catal Hüyük läßt Vulkanlandschaft erkennen	≈ Tänze und bildliche Darstellung nachgewiesen. Gesang und Schlaginstrumente vermutet	≈ Künstliche Schädelöffnungen mit Steinwerkzeugen; wurden z. T. überlebt Früheste Keramik- und Metallgegenstände	Neolithische Revolution verändert menschliche Existenz grundlegend ≈ Hund als ältestes Haustier in Europa Älteste Ackerbausiedlungen in Anatolien u. Palästina
	≈ Die Erfindung der Keramik bedeutet früheste Technik als bewußte Umwandlung anorganischen Materials	Feuergebrauch seit ≈ –400 000 nachgewiesen ≈ Ackerbau und Viehzucht erweisen sich als entscheidende „Erfindungen" (erstere wahrscheinl. durch die Frau): Steigerung d. Siedlungsdichten Kupferguß in Kleinasien	≈ Übergang zu Ackerbau und Viehzucht führte wohl seit mehreren Jahrtausenden zur stärkeren Arbeitsteilung auch zwischen den Geschlechtern, zu größerem Privatbesitz, Handel, Fertigung v. Handelsgütern, „Geld" (geeig. Naturalien, Schmuck usw.). Übergang vom Mutter- zum Vaterrecht
≈ Rückgang der Bildkunst durch stärkeren Ackerbau ≈ Ornamental verzierte Keramik		≈ Naturglas Obsidian Werkstoff und Handelsgut	≈ Frühest. Städtebau in Mesopotamien (Datierung durch radioaktiven Kohlenstoff auf ± 320 Jahre gesichert)

Genaue Jahreszahlen gibt es erst ab ≈ –800	*Erste Staatenbildung*	*Keine Schrift*	*Vatergottheiten*
—4500	≈ Dörfliche Kultur in Merimde-Beni Salâme am Nildelta: Mischung von Jagd, Fischerei und Ackerbau, zentraler Getreidevorrat		
—4300			
—4221			
—4000	≈ Deutlichere Ausprägung sozialer Unterschiede und der Arbeitsteilung in Mesopotamien (in Ägypten ≈ —3300; auf Kreta ≈ —2000; in Griechenland ≈ —1000; bei den Germanen ≈ 500). Gleichzeitig meist Übergang von der Sippenverfassung zur eigentl. Staatenbildung ≈ Jungsteinzeit in Europa (≈ —5000 bis ≈ —2000) a) Nordischer Kreis (Großsteingräbergruppe, Kugelamphorengruppe, schnurkeramische Gruppe) b) Westischer Kreis (u. a. Michelsberger Gruppe, Glockenbechergruppe) c) Südosteuropa: Bandkeramik (Linearbandkeramik, Stichbandkeramik Hinkelstein-Theißkultur) ≈ Die westeuropäische Kultur ist stärker kriegerisch-aristokratisch: Kupferwaffen, Rundhäuser, Glockenbecherkeramik		≈ In Nordeuropa immer stärker unterteilte Großsteingräber als Sippenbegräbnis. In der Bandkeramik-Kultur Südosteuropas Totenverbrennung (wohl um Wiederkehr d. Toten z. verhindern) ≈ Übergang Jungsteinzeit/Kupferzeit entspricht i. Ägypten (später wohl auch in anderen Ländern) dem Übergang von magischer Verehrung d. fruchtbaren Erd- und Allmutter (Mutterrecht, kein Privatbes. an Boden, relativ friedliches „Goldenes Zeitalter") zur Verehrung eines männl. Gottes, Metallerzeug., Metallwaffen, Kampf um Rohstoffe und Besitz, technisch-rationales Denken

Keramik	*Tanz*	*Pflug*	
		≈ Primitive ovale Lehmhütten in Merimde-Beni Salâme (Nildelta)	≈ Rind und Schaf als Haustiere in Europa zur Kjökkenmöddingerzeit: „Zeit d. Küchenabfallhaufen“
≈ Wiederaufleben der jungsteinzeitlichen naturalistischen Bildkunst in der Bauernkultur Ägyptens (seit ≈ —4800) mit der weiß und später rot bemalten Keramik. Einfluß der ursprünglich im Westmittelmeer beheimateten End-Capsien-Kultur, die damit Quelle der späteren ägypt. u. mesopotam. Kunstblüte wird			Erdbevölkerung wird auf etwa 20 Mill. geschätzt, ihre Verdopplungszeit auf etwa 2000 Jahre
		Angebl. Schaffung des ägypt. Kalenders (dieses „älteste Geschichtsjahr“ hat keine reale Bedeutung)	
≈ Keramik mit schwarzen und roten geometr. Mustern in Assyrien (ohne Töpferscheibe) ≈ Gefäßmalerei in Südosteuropa ≈ In Nordeuropa bildet sich Keramik mit „Tiefstich“-Ornamenten heraus (auch für Schachbrett- und andere Flächen-Muster) ≈ Kalt bearbeiteter Kupfer-, Silber- und Goldschmuck in Ägypten und Mesopotamien		≈ Die südosteuropäische bäuerliche Bandkeramik-Kultur entwickelt den „Megaron“-Haustyp mit Vorhalle (später griechischer Haus- und Tempelgrundriß) ≈ Holzpflug einfachster Form in Europa ≈ Fiedelbohrer in Ägypt. nachgewiesen (dieser mit dem Jagdbogen in Drehung versetzte Bohrer ist zum Feuermachen und zur Werkstoffbearbeitung vielleicht schon i. d. Eiszeit bekannt) ≈ Glasperlen in Ägypten Töpferscheibe in Zentral-Vorderasien	≈ Südosteuropäische Bandkeramik gilt als älteste Akkerbaukultur in Europa (vielleicht schon als Folge des Aurignaciens in der jüngeren Altsteinzeit) ≈ Übergang vom Hackbau z. Pflugkultur in Europa ≈ Raub- u. Kaufehe in der Jungsteinzeit Europas

Genaue Jahreszahlen gibt es erst ab ≈ – 800	*Sumerer in Mesopotamien*	*Bilderschrift*	*Ägyptische und sumerische Religion*
— 3900	≈ Im vordynastischen Ägypten unterscheidet man Badâri-, Tasa-, Amratien-, Gerzeen-Kultur im Übergang von der Jungsteinzeit zur Metallzeit. Zusammenwachsen von Dörfern zu größeren politischen Verbänden		≈ Fruchtbarkeitsfest in Ägypten kurz vor der Nilüberschwemmung mit Ertränkung eines Mädchens im Nil („Hochzeit des Nils", unter dem Islam in eine symbolische Urkundenversenkung umgewandelt) ≈ Ägypt. Grabsitten deuten auf einen Glauben an ein Weiterleben nach dem Tode; Unterägypten: Siedlungs-, Oberägypten: Friedhofsbestattung
— 3700	≈ Tell-Halaf-Stufe in Mesopotamien bis ≈ —3300; hier entstehen Stufenterrassen als Fluchtberge vor Überschwemmungen (später entstehen darauf Hochtempel)		
— 3300	≈ Die Sumerer wandern vermutlich aus Zentralasien nach Mesopotamien ein (Anklänge an altaische Turksprachen; Gestaltung und bildschriftliche Kennzeichnung der Tempel als „Bergtempel", Identität der Schriftzeichen „Land" und „Gebirge") (Die Datierungen der sumerischen Geschichte sind teilweise bis zu mehreren hundert Jahren unsicher)	≈ Sumerische Bilderschrift	≈ Religiöse Gebräuche der Sumerer deuten auf Herkunft aus Gebirgsgebiet (vermutl. Zentralasien oder Baktrien): Bergtempel, Verehrung d. Gebirgstieres Wisent, freiwilliger Gifttod des Königsgefolges beim Tode des Königs wie in Zentralasien
— 3200		≈ Die sumerische Schrift entwickelt sich wahrscheinl. aus der umfangreichen Güterverwaltung der Tempel	≈ Babylon. Darstellung der Erdmutter als Schlange ≈ In der Obeid-Zeit Mesopotamiens gibt es Tonfiguren männl. und weibl. Gottheiten

Ägyptische Kunst der Vorzeit	*Tanz*	*Kupferzeit im östlichen Mittelmeer*	
		≈ Beginn der Kupferzeit in Ägypten u. Mesopotamien. Kupfererzeugung wird in Ägypten bei der Erfindung der Fayenceglasur mit kupferhaltiger Malachitfärbung entdeckt. Erste Verwendung von Meteoreisen. Metallschmelzkunst	≈ Gesamte Erdbevölkerung etwa zwischen 5 und 20 Millionen (—750: ca. 100 Millionen, 400: ca. 200 Millionen). Beginnt nach sehr langsamer Entwicklung jetzt rascher zu wachsen
≈ Mehrfarbige Keramik mit vorwiegend Spiralornamenten aus Tripolje (Ukraine) kennzeichnet ein weitstrahlendes Kulturzentrum (z. B. nach Böhmen und China)		≈ Schmelzen von Kupfer, Silber und Gold mit Blasrohrofen in Ägypten	≈ Sintflutartige Überschwemmungskatastrophe in Mesopotamien
≈ Tell-Halaf-Keramik zeigt Doppelaxt, Stierköpfe u.a. religiöse Symbole ≈ Samarra-Keramik (oft zweifarbig) kennt Tiere um das Hakenkreuz ≈ Kunst der Vorzeit in Ägypten: Negade I.-Stufe in Oberägypten: rotpolierte, schwarzgeränderte Keramik mit geometrischem u. figürlichem Schmuck (Jagdmotive); Negade II.-Stufe: rotbemalte, weiße Keramik, Gefäße in Tierform (Ackerbaukultur in Verbindung mit Syrien-Palästina)		≈ Ackerbaugeräte in Ägypten: Holzhacke, Rinderpflug, von 2 Männern bedient, Holzsichel mit Feuersteinsplittern. Getreide: Gerste (Bier), „Emmer", Weizen. Flachsbau für Spinnerei, Weberei ≈ Papyrus (aus d. Papyrusstaude) in Ägypten bekannt ≈ Sumer. schwere vierrädr. Wagen m. Scheibenrädern zu Kriegszwecken, mit 4 Eseln bespannt (später vorübergehend nur f Götter u. Könige)	≈ Vermuteter Seeverkehr zwischen Mesopotamien und Indusgebiet ≈ Sumerische Stadtkulturen in Südmesopotamien (≈ —3500 bis ≈ — 2000): Städte (z. B. Ur) mit Palästen und Tempeln, Keramik, Plastik, Bildschrift. Wirtschaftliche Grundlage: Ackerbau u. Viehzucht
≈ Sumerische Siegelrollen mit religiösen Darstellungen (zur Siegelung der Gefäße mit Abgaben an die Tempel) ≈ Mesopotamische Töpferscheibenkeramik mit geometrischer Malerei der El-Obeid-Kultur		Der auf —3372 datierte Beginn der Maya-Zeitrechnung in Mittelamerika hat nur mythischen, aber keinen realen historischen Charakter (vgl. 164 n. Chr.) ≈ Töpferscheibe in Mesopotamien	≈ Leinwand in Ägypten bekannt ≈ Feuersteinbergwerk bei Rijckholt/Niederlande (wird 1881 entd.) ≈ Sumerische Rollsiegel zeigen Kenntnis d. Weinbaus (2000 Jahre ältere Zeugnisse sind umstritten)

Genaue Jahreszahlen gibt es erst ab ≈ — 800	*Sumerer in Mesopotamien*	*Keilschrift*	*Ägyptische und sumerische Götterwelt*
—3000	≈ Von Zeit zu Zeit dringen Nomadenvölker, wie Semiten, aus den umliegenden Steppen gegen die seßhaften Ackerbau- und Stadthochkulturen im fruchtbaren Mesopotamien vor. (Derartige Nomadenvorstöße und Kulturüberlagerungen sind immer wiederkehrende, oft entscheidende Vorgänge in der Weltgeschichte bis zur neueren Zeit) ≈ Babylon entsteht (gewinnt erst ≈ —2000 größere Bedeutung) ≈ Allmählicher Übergang zur frühen Metallzeit (Vorbronzezeit: Kupfer, Bronze, Silber, Gold) in den Kulturen des östl. Mittelmeergebietes (≈ —2000 setzt sich die Bronzekultur durch) ≈ Vordynastische Könige einigen Unterägypten ≈ Dörfliche Kultur auch in Oberägypten ≈ Jungsteinzeit (≈ —5000 bis ≈ —1500) in China. Mischung d. Kulturen d. mittleren Steinzeit. Im Norden Yangshao-Ackerbaukultur (Hirse, Weizen, Reis, Schweine, Hunde, Erdhütten, Steinwerkzeuge, Keramik mit Bemalung u. Ornamenten). Im Nordwesten Kansu-Kultur (bemalte Keramik, frühe Kupferverwendung). Im Nordosten Fengt'ien-Kultur (Menschenopfer, Schnurkeramik) ≈ Jungsteinzeitliche Muschelhaufen-Kultur d. Ainu in Japan ≈ Blüte der Jungsteinzeit in Spanien: Glockenbecher-Keramik in Zentralspanien, reiche Kupferverwendung, Großsteingräberkultur in Portugal, Felsschlucht- u. Erdschachtgräber im Südosten (Almeria); Übergang zur Großsteingräberkultur der Kupferzeit in den Pyrenäen	≈ Die in Mesopotamien entstandene Bilderschrift einer uraltaischen Sprache verringert ihre Zeichen von mehreren tausend auf 560 (wird von d. babylonischen u. assyrischen Kulturen übernommen u. durch Einritzen in weichen Ton zur Keilschrift umgewandelt) ≈ Sumerische religiöse Dichtung in Uruk (z. B. Klagelied um d. Tod des Hirtengottes Tammuz) ≈ Abstrakte Begriffe in der sumerischen Bilderschrift: „Gestalt" = Tongefäß, „Erhabenheit" = 5-zakkiger Stern (Drudenfuß), „Gott" = einzelner 8-zackig. Stern, „Beschwörung" = Gott (Stern) unter einem Berg (gefangen) ≈ Die ursprünglich vorhandene indoeuropäische (indogermanische) Grundsprache ist bereits in starker Aufspaltung in Einzelsprachen begriffen; als eine der ersten sondert sich die indoiranische Sprachgruppe ab. Urheimat vermutl. Gebiet d. Schw. Meeres	≈ Die Ägypter kennen eine Vielzahl lokaler Gottheiten, die meist in Menschengestalt mit Tierkopf vor- und dargestellt werden. Allmählich entwickelt sich ein Mythos der Universalgötter: Atum (All) zeugte durch Selbstbegattung Schu (Luftgott) und seine Zwillingsschwester Tefnut (Feuchtigkeit), diese wieder gemeinsam Geb (Erdgott) und Nut (Himmelsgöttin) (vgl. —2270) ≈ In den frühesten sumerischen Stadtstaaten hat meist jede Stadt besondere Gottheiten, die bei Besiegung der Stadt zusammen mit der Bevölkerung vom Sieger weggeführt werden ≈ Die sumerische Kultur im Stadtstaat Uruk in Südmesopotamien kennt als Hauptgottheit die Erdmutter Innin und verehrt daneben ihren Sohn, den Hirtengott Tammuz, der im Tode zur Wiedergeburt zu ihr zurückkehrt (wird später als ihr Geliebter aufgefaßt) ≈ Einzelgräberkultur in Norddeutschland und Dänemark

Sumerischer Tempelbau	*Erste Instrumente*	*Babylonische Medizin*	
≈ Erste Blüte der sumerischen Kunst im Stadtstaat Uruk; sie ist rein religiös. Lehmziegel-Tempel z. T. mit farbigen, geometrischen Tonstift-Mosaiken an den Säulen; später auch Tierreliefs. Einfarbige unbemalte Keramik ≈ Falkenstele: Grabstein des Königs *Wenephês-Ezôjet*. Entwicklung einer nationalen ägypt. Kunst ≈ Ägyptische Tierplastiken (erste ägypt., monumentale Freiplastiken) ≈ Erste Bauten aus behauenen Steinen in Ägypten (vorher ungebrannte Ziegel) ≈ Beginn der kretisch-minoischen Kultur (frühminoisch bis ≈ —2000). Auf Kreta: rechteckige Wohnbauten aus Lehmziegeln, Ansätze zu stadtähnl. Siedlungen, Rund- u. Kuppelgräber (Sippengräber bis 10 m ∅), früheste Metallwaffen u. -werkzeuge, Gold- u. Silbergeräte; Spiralmuster in der Keramik ≈ Kultur der ältesten Grabungsschicht Trojas ≈ Urnen in Hausform verbreitet in Böhmen, Siebenbürgen, Bulgarien (~ —1000 auch in Nordeuropa u. Italien) ≈ Hakenkreuz-Verzierungen in Bessarabien u. Siebenbürgen (in Nordeuropa i. d. Bronzezeit, stärker verbreitet ab —1. Jahrhundert)	≈ Sumerische Priester benutzen Lyra mit Resonanzkasten als kultisches Musikinstrument. Auch mit Fell bespannte Pauke bekannt ≈ Harfe, Flöte u. Doppelklarinette in d. ägypt. Musik. Chor klatscht im Takt, der Einzelsänger zeichnet Melodiebewegung in die Luft	≈ Anfänge der altbabylon. Medizin (ca. ein- bis zweitausend Tafelfragmente erhalten): Götter u. Dämonen, Gestirne u. d. Blut verursachen Krankheiten ≈ Zwei Arten sumerischer Ärzte: „Wasserkenner" (soviel wie „Bader") u. „Ölkenner" (Verwendg. v. Salböl). Schreiber u. Siegelschneider als Träger des geistigen Lebens. Siegelbewahrer als Kenner v. Wissenschaft und Wahrsagekunst ≈ Sumer. Tischler bauen Betten, Traggestelle, Haustüren in Drehzapfen ≈ Sumer. Schmiede stellen aus Silber u. Kupfer mit Hilfe von Öfen Werkzeug u. Waffen her ≈ Blei in Babylonien bekannt ≈ Ägypt. Landkarte (gilt als älteste der Welt) ≈ Ägypter gelangen über See bis Somaliland ≈ Steingefäße mit Steinbohrern in Ägypten hergestellt ≈ Webstuhl in Europa bekannt ≈ Abortanlagen in Mesopotamien ≈ Beginn systematischer Himmelsbeobachtungen in Babylonien, Ägypten, Indien u. China	≈ Schwein und Ziege als Haustiere in Europa ≈ Sumerer bauen Gerste und Emmer an, bereiten daraus Bier. Herstellg. v. Brot im Backofen. Mehl im Mörser, Verwendung von Rind, Esel u. Maultier als Zugtiere. Flachs u. Spindel bekannt. Sie tragen Schafspelze, von Schneidern zusammengenäht u. mit Band als Gürtel gehalten sowie wollene Zottengewänder; haben geschorene Köpfe ≈ In Mesopotamien treten Kupfer und Silber als „Geld" neben die Gerste Sumer. Wertmaße u. Preise: 1 Talent/3600 Sekel/30,3 kg Silber; 1 Sekel/180 Korn; 3,4 l Brot/10 Korn; 8,4 l Bier/10 Korn; 50 l Mehl/1 Sekel; 250 l Fische (360 Stck.)/1 Sekel; 1,7 l Dattelsirup/1 Sekel; 1 Esel/20 Sekel; 1 Rind/20 Sekel; 3 Kleider/1 Sekel; 1 Schiff mit Kajüte/60 Sekel; 1 Lohnschiffer/1 Sekel tägl.; 1 Sklave/20 Sekel oder 8 Sekel jährlich Miete; Lastwagen/100 Sekel; Silberbeil („Sekel") als Zahlungsmittel ≈ Erste Indianersiedlung auf dem Boden New Yorks

Genaue Jahreszahlen gibt es erst ab ≈ – 800	*Altes Reich in Ägypten*	*Hieroglyphen*	*Jungsteinzeitlicher Totemismus*
—2900	≈ Altes Reich in Ägypten (1.–6. Dynastie bis ≈ –2150) 1. u. 2. Dynastie bis ≈ –2780 ≈ *Menes*, erster historisch nachweisb. Kg. v. Ägypt., vereinigt Unter- u. Oberägypt., grdt. Hauptstadt Memphis ≈ Ägypten ist ein autokratisch regierter Doppelstaat mit 42 Gauen und entwickeltem Beamtenwesen ≈ In der sumerischen Kultur wird die Uruk-Zeit durch die Djemdet-Nasr-Epoche abgelöst: Tempelherrschaft, kein Privatbesitz an Boden ≈ Intensive Seehandelsbeziehungen zwischen dem Mesopotamien der Djemdet-Nasr-Kultur und Ägypten	≈ Erste ägypt. Hiëroglyphen-Texte (meist religiöser Natur; Hiëroglyphen stellen entgegen äußerem Augenschein Lautschrift dar, in sich ständig wandelnder Form in Gebrauch bis ≈ 450)	≈ Pharao wird zum Gott-König ≈ Verehrung von Naturgottheiten und totemistisch. Tierkult in der europäischen Jungsteinzeit

Sumerische Turmtempel	*Tanz*	*Glas in Ägypten*	
≈ König *Semempsês* in 3facher Gestalt: mit der Krone Oberägyptens, mit der Krone Unterägyptens und als Besieger der Beduinen (Felsrelief am Sinai) ≈ Schminktafel aus Schiefer des Königs *Menes* von Ägypten (mit Reliefdarstellung des Königs als Kämpfer und Sieger; Fabeltiere) ≈ Sumerische Schalen aus weichem Mineral mit stark erhöhten naturalist. Tierreliefs ≈ In der sumerischen Djemdet-Nasr-Zeit entsteht in Uruk neuartige Tempelform: Terrassen mit siebenstufigem Turmtempel (wahrscheinlich für Opfer an Sterngottheiten); verbreitet sich über Mesopotamien (Urbild des „Turms von Babel") ≈ Alabaster Kultvase der Muttergöttin Inanna-Ischtar in Uruk mit 3 Reliefstreifen: Tiere, Menschen, Götter ≈ Mehrfarbig bemalte sumerische Keramik mit einfachen Mustern löst in der Djemdet-Nasr-Epoche die einfarbige unbemalte Keramik der Uruk-Zeit ab ≈ Mehrteilige sumerische Gefäße für Schüttopfer, aus hartem Stein gedreht, mit eingelegten geometrischen Mustern ≈ Sumerische Tierkleinplastiken (mit Durchbohrung als Weihgaben). Für jeden Tiertyp (bes. Widder, Jungstiere, Kälber) gibt es eine feststehende Form ≈ Die Djemdet-Nasr-Kultur Mesopotamiens beeinflußt das frühdynastische Ägypten		≈ Älteste bekannte Glasscherbe in Ägypten (vgl. —4000) ≈ Vollendete Steinwerkzeuge der europäischen Jungsteinzeit (z.B. durchbohrte Beile) ≈ Funde im Federseemoor (Oberschwaben): „Pfahlbauten"; hölzerne Wagenräder, Bohlenwege, Einbäume (Boote)	≈ Sumerer sind bartlos und tragen Zottenröcke

Genaue Jahreszahlen gibt es erst ab ≈ – 800	*König Cheops*	*Papyrus des Ptahotep*	*Ägyptische und sumerische Götterwelt*
— 2850	≈ Ägypten als einheitlicher Staat konsolidiert; fremde Einflüsse werden ausgeschaltet ≈ Beamtenstand in Ägypten		≈ Urnendeckel-Kalender von Troja verbindet die Jahreszeiten mit den Symbolen Baum, Mann, Schlange, Weib
— 2780	≈ *Djoser* König von Ägypten bis ≈ —2720 (3. Dynastie) (3.—5. Dynastie Ägyptens wird auch bis zu etwa 100 Jahre später angesetzt)		
— 2772			≈ Ägypt. König gilt als Verkörperung des falkengestaltig. Himmelsgottes Horus
— 2750	≈ Sagenhafter König Gilgamesch von Uruk		
— 2720	≈ 4. Dynastie in Ägypten bis ≈ —2560, mit den Königen *Snofru, Cheops*, *Chephren*, *Mykerinos* u. a.: kultureller Hochstand		
— 2700	≈ *Cheops* ägypt. Kg. der 4. Dynastie (nach *Snofru*) bis ≈ —2675; baut 137 m hohe *Cheops*-Pyramide bei Gizeh	≈ Papyrus des *Ptahotep:* Lehren eines Vaters an seinen Sohn (eines der ältesten literarischen Zeugnisse überhaupt) ≈ Ägyptische Lieder kennen redende Fische	≈ „Sonnenschiffe“ zur Reise der Seele Kg. *Cheops'* in das Jenseits (eines wird voll ausgerüstet und unversehrt 1954 in einer Felsgruft neben der Pyramide gefunden)

Ägyptische Pyramiden	*Ägyptische und sumerische Musik*	*Ägyptischer Kalender*	
≈ Lebensgroßer Alabaster-Kopf einer Priesterin aus Uruk (gilt als erste Großplastik des Menschen)		≈ Urnendeckel aus der ältesten Schicht Trojas (indoeurop.: Dardania) mit als Sonne-Mond-Kalender deutbaren Ritzzeichnungen (gilt als ältestes Dokument abendländischer Astronomie)	≈ Mesopotamien vergröß.sich durch Anschwemmg. v. Euphrat u. Tigris, die ihr Bett jährl. um 50 m verlagern (führt in 5000 Jahren zu 260 km Landanschwemmung südlich Ur)
		≈ Zinn in Ägypten u. Babylonien bekannt	≈ Ägypter gewinnen Kupfer auf Sinai
≈ Kg. *Djoser* von Ägypten u. sein Baumeister *Imhotep:* Stufenmastaba (Grab als Stufenpyramide) von Sakkâra (ältester ägypt. Bau ganz aus Stein; Totenopfer-Reliefs in d. Kultkammern) ≈ König *Djoser* (lebensgr. ägypt. Sitzbild aus Sakkâra) ≈ Grab des *Hesirê* bei Sakkâra (ägypt. Bau mit Holzreliefs)		≈ *Imhotep*, ägypt. Priester, Arzt und Baumeister, Beamter von Kg. *Djoser* (*I.* wird später als Hauptärztegott Thot m. Ibiskopf verehrt) ≈ Einführung des 365tägigen ägypt. Kalenders ohne Schaltungen	
		≈ Große Stadtmauer im sumerischen Uruk mit 900 Türmen entsteht (9,5 km lang)	Uruk hat ca. 47 000 Einwohner
		≈ In Ägypten Übergang vom Goldwaschen zum Goldbergbau	
≈ Relativ hohe Entwicklung der ägypt. Bildhauerei mit Kupfermeißel am weichen Kalkstein. Anfänge der Hartsteinbildnerei mit Steinhammer ≈ Verschiedene Sitzplastiken von Herrschern in Ägypten (Kalkstein) ≈ Bau der *Cheops*-Pyramide		≈ Ägypt. Heilkunde kennt Schienung d. gebrochenen Unterarms ≈ *Cheops*pyramide ist nach den Himmelsrichtungen orientiert ≈ Älteste Bronze mit 9:1 Kupfer: Zinn-Mischung	≈ Botanische Gründe sprechen für Baumwollanbau in Peru nach Kreuzung mit asiatischen Sorten ≈ In China werden Ballspiele (wie Polo und Fußball) vermutet

Genaue Jahreszahlen gibt es erst ab ≈ – 800	*1. Dynastie von Ur*	*Pyramidentexte*	*Sumerisches Neujahrsfest*
—2650	≈ *Chephren* ägypt. Kg. der 4. Dynastie; baut *Chephren*-Pyramide b. Gizeh	≈ Biograph. Grabinschriften ägyptischer Beamter	≈ Legendäre Herrschaft einer blonden Kurtisane in Ägypten deutet auf Sonderstellung der Königin als Frau hin (die übrigen vornehmen ägyptisch. Frauen erhalten erst im Mittl. Reich größere Rechte)
—2620			
—2600	≈ *Mes-anni-padda* König von Ur (erster urkundl. nachgewiesener Herrscher in Mesopotamien; die Überlieferung nennt vor ihm 35 weitere Könige seit der Sintflut und 8 vor dieser). 1. Dynastie von Ur bis ≈ — 2450 ≈ Die sumerischen Soldaten sind mit Schilden und langen Speeren bewaffnet und kämpfen in geschlossener Aufstellung (Phalanx) ≈ Semitische Akkader dringen von Arabien nach Nordmesopotamien vor und übernehmen sumerische Kultur		≈ Hauptfest im sumerischen Mesopotamien ist das Neujahrs-Frühlings-Fest. Feier der Weltschöpfung durch den Sieg des Frühlingsgottes über die Chaos-Göttin mit Aufhebung d. Standesunterschiede und mehrtägig. Herrschaft eines Kgs. aus dem Volke. Der rechtmäßige Kg. erhält vom Oberpriester einen Backenstreich
–2560	≈ 5. Dynastie in Ägypten bis ≈ —2420, u. a. d. Könige *Weserkef* u. *Onnos* (*Unas*)	≈ „Pyramidentexte" (ägypt. Spruchsammlung in den Grabkammern von vor ≈ —3000) sollen den Königen im Leben nach dem Tode dienen	

Große Sphinx von Gizeh	*Ägyptische und sumerische Musik*	*Sumerisches Zahlensystem*	
≈ Die große Sphinx von Gizeh (73 m lang, 20 m hoch) entsteht vermutl. gleichzeitig mit der *Chephren*-Pyramide und stellt wohl die Apotheose dieses Königs dar ≈ Die Tempel der Gizeh-Pyramiden zeigen wuchtige geometrische Linien: ungegliederte Flächen und Pfeiler		≈ Pyramiden von Gizeh (eins der „Sieben Weltwunder") zeigen hohen Stand der Bautechnik unter Verwendung einfacher Hilfsmittel i. Ägypten: Bauzeit einer Pyramide *(Snofru)* 17 Jahre m. 650000 cbm Mauerwerk. (Versuche, die Maße und Orientierung der ägypt. Pyramiden i. Sinne ungewöhnl. astronomischer Kenntnisse z. deuten, gelten als widerlegt)	≈ Ägyptisch. Handelsbeziehung. mit d. phöniz. Byblos. In der Hauptsache Handel nur mit Nachbarländern
≈ Kg. *Mykerinos* von Ägypten zwischen zwei Göttinnen (Stele [Bilddenkmal] im Tempel des Kgs. bei Gizeh; graugrüner Schiefer) ≈ Unvollendete Werkstücke im Pyramidentempel d. Kgs. *Mykerinos* zeigen, daß ägyptische Bildhauer mit Steinhammer unter Verwendung weniger Hilfslinien die Figuren schichtenweise allseitig aus dem Block arbeiten		≈ Die sumerische Astrologie (Sterndeutg.) entsteht in Einh. m. d. frühen Astronomie (Sternkunde) (Diese auf unvollk. Erkenntn. gestützte Astrolog. wird v. d. folgend. Jahrtsden. b. heute übernommen)	
≈ Tempel der Muttergöttin in Ur: Treppe, Terrasse, Vorhalle mit hölzernen Säulen (mit Kupfer belegt), Mosaike und Tierplastiken ≈ In der Dynastie von Ur entwickelt sich die nach wie vor hauptsächlich religiös gebundene sumerische Plastik in Mensch- und Tierdarstellung zu vollkommenen typisierten und stilisierten Formen ≈ Stein- und Metallgefäße verdrängen in Sumerien die vielfarbig bemalten Tongefäße		≈ Sumerisches auf der Sechs u. Zwölf beruhendes Zahlensystem u. Rechnungsarten, einschl. Wurzelziehen. Festgelegte Zeit- und Längenmaße. Kalendereinteilung.	≈ Sagenhafter Beginn der chines. Seidenraupenzucht (vgl. — 1240)
≈ Abstrakt-stilisierte Statuen aus der früh-akkadisch beeinfl. Meselim-Stufe in Babylonien			

Genaue Jahreszahlen gibt es erst ab ≈ − 800	*Ägyptisches Beamtentum*	*Kaukasisches Sprachzentrum*	*Frühminoische Religion*
— 2550	≈ Allmählicher Übergang v. d. Tempelpriesterherrschaft zur Königsherrschaft im sumerischen Mesopotamien (ähnliche Vorgänge spielen sich zu gegebener Zeit in anderen Frühkulturen ab und sind meist mit der Notwendigkeit stärkerer polit. Aktivität verbunden) ≈ Ägypten entwickelt sich von einer autokratisch-patriarchalischen Form d. Monarchie zu einer Beamtenmonarchie mit wachsender Macht der hohen Beamten und Priester		≈ Kult des Sonnengottes Rê in Heliopolis wird ägypt. Staatsreligion; König wird „Sohn der Sonne" ≈ Zahlreiche Menschenopfer in den Königsgräbern von Ur ≈ In der sumerischen Religion, Kunst und Literatur der frühdynast. Zeit spiegelt sich pessimistische geistige Haltung und Furcht vor Lebensnot und Tod
— 2500	≈ Sumerisches Kgr. v. Lagasch. Vorläufiges Ende der Herrschaft von Ur ≈ *Eannadu*, Enkel *Ur-Ninas*, erobert große Teile Babyloniens ≈ Die Kanaaniter besetzen Palästina u. gründen feste Städte (≈ —1479 zeitw. v. Ägypt. unterworfen) ≈ Jungsteinztl. Induskultur in Indien: große Städte, Töpferei, Bilderschrift (geht ≈ —1800 zugrunde) ≈ Übergang zur Bronzezeit im östl. Mittelmeergebiet ≈ Übergang von der Jungsteinzeit zur Kupferzeit in Europa ≈ Chinesische Shantung-Kultur (in Ch'eng-tsu-yai) mit entwickelter Töpferei und ummauerten Städten (geht ≈ —1550 in die *Shang*-Kultur über) Ein fortgeschrittenes Städtewesen erfordert entwickelte Formen von Politik und Verwaltung	≈ Es entsteht eine abgekürzte ägypt. Hieroglyphenschrift (hieratische) ≈ Ausführl. Königsinschriften der 1. sumerischen Dynastie v. Lagasch ≈ Die Völker aus der japhetitisch - kaukasischen Sprachfamilie siedeln südlich des Kaukasus; in ihr Gebiet gelangen in der Folgezeit indoeuropäische Stämme (Chalder, Armanen). Dieses Gebiet gilt als Ausgangspunkt der Iberer (Basken), Berber, Kelten ≈ Großstein-Grabkammer in Europa wird für mehrere Tote zum Ganggrab verlängert und mit Erdhügel gedeckt	≈ König von Ur vollzieht die „Heilige Hochzeit" mit Königin (od. Hohepriesterin) stellvertretend für Muttergöttin und ihren Geliebten Dumuzin ≈ In der frühminoischen Zeit Kretas (bis ≈ —2000) gelten als religiöse Symbole u. a.: Die erdgebundene Schlange, der Stier (als Symbol der Zeugungskraft), das bronzene Doppelbeil f. d. Stieropfer. Daneben v. d. Kykladen übernommene, besonders geschätzte Idole in Form geschlechtsbetonter Frauengestalten (meist bemalt, um den Hals getragen u. Grabbeigaben als Symbol der Fruchtbarkeit) ≈ Unter der akkadischen Herrschaft in Sumer beginnen sich beide Kulturen stärker zu mischen (akkadisch-semit. Sprache, sumerische Kunst und Religion) ≈ Spielbretter in den Königsgräbern von Ur

Ägyptische Plastik *Sumerische Kunst*	*Maßstäbe* *Bronze*	
≈ Kalksteinreliefs mit Darstellungen aus dem täglichen Leben im Grabe des ägypt. Wesirs *Ptahotep* bei Sakkara ≈ Ägypt. Sonnenheiligtümer haben in der Mitte eines Hofes großen Obelisken auf Unterbau, davor einen Altar. Farbige naturalistische Reliefs in einer Kammer zur Ehre des Gottes ≈ Sumerische Statue eines Beters; im Zottenrock mit kunstvoll gerollter Haar- und Barttracht	≈ Sumerische Tontafel verzeichnet 15 Heilmittel	
≈ Silbervase d. sumerischen Königs *Entemena* von Lagasch mit symbol. Tierdarstellungen ≈ „Schreiber" (hoher Beamter in hockender Stellung, ägypt. Granitplastik im geometrisch-symmetrischen Stil) ≈ In der ägypt. Baukunst erscheint die Säule in Gestalt stilisierter Palmen oder Papyrus-Stengel ≈ Ägypt. Kalksteinfigur eines bierbereitenden Sklaven ≈ „Der Dorfschulze" (ägypt. Holzplastik eines hohen Beamten) ≈ Reliefs im Grab des Königs *Ti* bei Sakkâra: Nilpferdjagd, Bildhauerwerkstatt, Tischlerwerkstatt, Ichneumon auf Vogelfang u. a. ≈ Kleinasiatischer Siegel-Zylinder mit vierrädrigem Wagen u. 4 Pferden (stark stilisierte, älteste Pferdedarstellung aus dem —3. Jtsd.) ≈ Induskultur von Mohenjo-Daro (u. a. Befestigungen, die den mesopotamischen sehr ähnlich sind) ≈ Die sumerische frühdynastische Zeit in Mesopotamien bringt vollplastische Menschendarstellungen hervor (stark typisierende flache Formen, eingelegte Augen) ≈ In der sumerischen religiösen Kunst tritt neben den alten Symbolen (z. B. Lebensbaum) ein Adler mit Löwenkopf als Sinnbild der Bedrohung auf ≈ Mosaik-Standarte von Ur: 2 Tafeln mit Perlmutt- und Muschelfiguren auf Lapislazuli-Grund: Trinkgelage des Königs, Auftrieb von Schlachttieren, Krieger und Gefangene, Streitwagen. Kopfschmuck der Königin mit Pflanzennachahmung in Gold. „Widder auf der Blütenstaude" aus Gold und Lapislazuli (Funde aus den Königsgräbern von Ur)	≈ Entwicklung d. Astronomie in Babylonien ≈ In Babylonien sind Wagen für Kampf, Jagd, Transport u. kultische Zwecke bekannt ≈ Gewinnung v. Bronze i. Ägypten. Erste Bronzeplastiken ≈ Ägypt. Plankenschiffe (bald auch mit Achterkajüte) ≈ In Mesopotamien gibt es Töpferofen, Töpferscheibe u. Metallgießverfahren (Kupfer) ≈ Darstellung ägyptischer Chirurgen ≈ Bronzeguß in Kleinasien ≈ Die ersten Maßstäbe und damit die Anfänge des Messens werden in diesem Jtsd. vermutet	≈ Bandkeramische Dorfsiedlung im Ruhrgebiet (bei Bochum) m. Langhaus-Gehöft (mehrschiffig. Langhaus mit 113 Pfostenlöchern) ≈ Früheste ägypt. Mumien (seit —3. Jtsd.) ≈ Dattelkultur in Ägypten ≈ Brettspiel mit 20 Feldern i. Ur ≈ Es gibt etwa 22 Städte im Vorderen Orient (Ur, Uruk, Lagasch, Nippur u. a.) (vgl. –2750)

Genaue Jahreszahlen gibt es erst ab ≈ – 800	*Kg. Sargon v. Akkad Yao-Dynastie in China*	*Ägyptische „Weisheitslehre“*	*Liebesgöttin Ischtar*
— 2450	≈ Soziale Reformen im sumerischen Reich von Lagasch schränken Priesterherrschaft über d. wirtschaftlich Schwachen ein. Relativ entwickeltes Recht einschl. Wirtschafts- u. Familien-Recht (Kredit-Recht, Ehescheidung u. a.) ≈ Vorindogermanische uralische Hirtenkriegerkultur im südrussischen Steppengebiet; stoßen über das indoeuropäisch-bandkeramische Donauland nach der Balkan- und Apenninenhalbinsel vor (werden so vermutlich zus. mit indoeuropäischen Bauernvölkern zu Vorfahren der Räter, Tyrrhener und Etrusker)	≈ „Weisheitslehre“ (ägyptische Spruchsammlung zur erfolgreichen Lebensführung von einem hohen Beamten)	
— 2420	≈ Ägyptische Feldzüge nach Libyen und Palästina ≈ 6. Dynastie i. Ägypten b. ≈ 2150 u. a. mit Kg. *Phiobs II.*, Zentralgewalt zugunsten der Fürsten geschwächt (Feudalismus) ≈ *Yao*-Dynastie in China bis ≈ —2300. Beginn der chines., noch sagenhaften Überlieferung		≈ In Anatolien Verehrung eines Sonnengottes, eines Stier-Wettergottes u. einer Hirschgottheit
— 2400	≈ Kg. *Lugalzaggisi* von Uruk besiegt das Reich von Lagasch und nennt sich „König der Länder“ (angebl. vom Pers. Golf bis Mittelmeer). Wird selbst ≈ —2350 von *Sargon* gestürzt		
— 2350	≈ Kg. *Sargon* von Akkad (Nordmesopotamien) schafft großes semitisches Reich in ganz Mesopotamien (bis ≈ —2100). Nennt sich „Kg. d. vier Erdteile“ (näml. Babylonien, Elam, Subartu, Amurru)	≈ Bei Ablösung der sumerischen Kultur durch die semitische verdrängt die waagerechte Schreibweise von links nach rechts die senkrechte von rechts nach links	
— 2300	≈ Östliche Fremdvölker begrd. *Shun*-Dynastie in China (bis ≈ —2205): Einteilung in 12 Provinzen, Viehzucht, Verehrung eines Reisgottes. Gleichzeitig dringen südl. Fremdvölker bis nach Mittel-China u. verbreiten Reisbau		≈ In Sumerien treten an Stelle der früheren Erdmuttergottheit Innin (vgl. —3000 und —2000) mehrere weibliche Gottheiten, u. a. Ischtar als Liebes- u. Schlachtengöttin (zu ihrer Verehrung Tempel-Prostitution)

Höhepunkt und Ausklang der sumerischen Kunst	*Ägyptische und babylonische Musik*	*Speichenräder*	
≈ Sumerisches Pfeiler-Denkmal (sog. „Geierstele") mit Darstellung d. Königs von Lagasch im Streitwagen vor der Schlachtreihe seiner Soldaten (sumerische stark stilisierende Kalksteinreliefs)			
≈ Höhepunkt der altbabylonischen Kunst unter Fürst *Gudea;* u. a. große Tempelbauten mit Sitzplastik des Fürsten ≈ Früh-hethitischer Bronzeguß in Anatolien (Kleinasien); naturalist. Tierbronzen, Bronzegeräte ≈ Stark stilisierte weibl. Tonfiguren zum Fruchtbarkeitszauber im Grenzgebiet Kleinasien-Nordsyrien (Hethiter-Gebiet)		≈ Ägypt. Seefahrten zum Goldland Punt (Südafrika) ≈ Babylonische Landkarte	
≈ Bau der ägypt. Pyramiden von Abusir (seit ≈ —2560; Reliefs in den Kultkammern mit Szenen des tägl. Lebens)		≈ Im Vorderen Orient lösen die Speichenräder die Vollscheibenräder ab	
		≈ König *Phiobs II.* v. Ägypten wird ein Zwerg vorgeführt (erste belegte Entdeckung der afrikanischen Pygmäen)	≈ Im Reich von Akkad blüht der Land- u. Seehandel ≈ Haushuhn in Babylonien
		≈ Die akkadisch-semitische bewegl. Waffentechnik des Bogenschießens verdrängt mehr u. mehr die sumer. Kampfweise mit Schild und Speer in geschlossener Phalanx	≈ Im semitischen Reich von Akkad tritt an Stelle des sumerischen, den Oberkörper freilassenden Zottenrockes ein langer Mantel; kräftiges Haupt- und Barthaar an Stelle glatter Rasur

Genaue Jahreszahlen gibt es erst ab ≈ −800	*Naramsin von Akkad*		*Hieroglyphen und Keilschrift*	*Isis und Osiris*
— 2270	≈ *Naramsin* Herrscher von Babylonien bis ≈ −2233; Handelsbeziehungen zum Industal; nach seinem Tod verfällt Dynastie von Akkad.			≈ Die Priesterschaft d. Sonnentempels in Heliopolis stellte eine Neunheit v. ägyptisch. Gottheiten auf: Atum-Rê (Sonnengott und Schöpfer), Geb (Erdgott), Nut (Himmelsgöttin), Schu (Luftgott), Tefnut (Göttin d. Feuchtigkeit), Osiris (Sohn von Geb und Nut, Totengott), Isis (Schwester u. Gattin des Osiris, später Muttergöttin), Seth (feindlicher Bruder des Osiris, später Gott der Finsternis), Nephthys (Schwester d. Osiris, Gemahlin d. Seth). Mythos: Seth tötet Osiris, Isis findet und begräbt ihn, Osiris' Sohn Horus (= Atum-Rê) tötet Seth, Osiris wird wiedererweckt u. Herr d. Totenreiches. Jeder Mensch kann wie Osiris im Totenreich auferstehen. Osiriskult verbreitet sich in der Folgezeit stark
— 2255				

Höhepunkt und Ausklang der sumerischen Kunst	*Ägyptische und babylonische Musik*	*Frühe Bronzetechnik*	
≈ Bau der Pyramiden von Sakkâra (seit ≈ —2400) ≈ Höhepunkt der sumerisch-akkadischen Kunst in Babylonien; u. a. Kupferkopf des *Naramsin* (oder *Sargon?*) aus Ninive und zahlreiche Rollsiegel			
≈ Sieges-Denkmal (Stele) d. akkadisch-sumerischen Kgs. *Naram-Sin* (in Kurdistan bei Diabekr; ab ≈ —1180 in Susa)			≈ Volkszählung in China ergibt 39200000 Einwohner

Genaue Jahreszahlen gibt es erst ab ≈ — 800	*Ägyptisches Zwischenreich*	*Babylonisches Weltschöpfungs-Epos*	*Ägyptisches Pantheon*
— 2225	≈ Das Bergvolk der Gutäer dringt vom Iran in Mesopotamien ein, in dessen Nordteil (Akkad) es eine Gewaltherrschaft führt (bis ≈ —2100)		
— 2205	Nach d. chin. Überlieferung grdt. der Herrscher *Yü* die *Hsia*-Dynastie in China (bis ~ —1550) am Huangho-Knie in Süd-Shansi, wo er eine Überschwemmungskatastrophe beseitigt haben soll (vorher sollen neben Pflug, Wagen, Einbaum usw. schon Knotenschrift, Astronomie und Kalender entwickelt worden sein)		
— 2150	≈ Durch Umsturz von innen und durch Feinde von außen wird das Alte Reich Ägyptens beendet ≈ 7.—10. Dynastie (Zwischenzeit) in Ägypten bis ≈ —2100. Es wächst die Macht der Gaufürsten; führt zur Zersplitterung der Herrschaft	≈ Babylonisches Epos von der Weltschöpfung entsteht: Die 3 menschengestaltigen Götter des Himmels, der Luft und der Erde mit Unterwelt vernichten die Urgötter des Chaos, die als Tiersternbilder an den Himmel versetzt werden. (Andere Epen berichten über Ischtars Höllenfahrt, Auferstehung des Tammuz, Himmelfahrt des Etana; Adapa-Epos: erster Mensch verscherzt das ewige Leben) ≈ Die ägypt. Literatur zeigt einen skeptischen Grundton: Klagen, Fragen nach dem Sinn des Lebens (parallel zur politischen Ohnmacht des Zwischenreiches). Sie blüht vor allem am Hof der Gaufürsten von Herakleopolis, welche die politische Führung haben	≈ Nach der Überlieferung: ägypt. labyrinthartiger Riesentempel für alle Gottheiten (Pantheon) bei Medinet el Fayum

„Schatz des Priamos"	*Ägyptische und babylonische Musik*	*Berechnungen in Keilschrift*	
≈ Trojanische Kultur der zweiten Ausgrabungsschicht mit bedeutender Kunst (fälschlich „Schatz des Priamos": Kupfergefäße, Gold- u. Silberschmuck; polierte Tongefäße, vgl. —1300)		≈ Tontafeln aus Babylon mit Aufzählung v. Grundstücken mit Maßangaben und Berechnungen in Keilschrift	
≈ Bemalte Keramik in NW- und Schwarze Keramik in O-China			≈ Unter der *Hsia*-Dynastie herrscht in China Neunfelderwirtschaft m. mittlerem Brunnenfeld f. d. Abgaben an den Feudalherrn. Die übrigen Felder jährlich neu verteilt
≈ Auflösungserscheinungen in der ägyptischen Kunst am Ende des Alten Reiches			

Genaue Jahreszahlen gibt es erst ab ≈ – 800	*Gudea von Lagasch Mittleres Reich in Ägypten*	*Hiëroglyphen Keilschrift*	*Ägyptische und babylonische Götterwelt*
— 2100	≈ Fürst *Gudea* von Lagasch kann trotz der Gutäer-Herrschaft in Mesopotamien ein neues sumerisches Reich mit hoher Kultur errichten (u. a. in d. Städten Lagasch, Ur, Uruk, Nippur) ≈ Fürsten von Theben (Oberägypten) gründen Mittleres Reich (11.—13. Dynastie) in Ägypten (bis ≈ —1700), 11. Dynastie bis ≈ —2000	≈ Ägypt. „Weisheitslehre f. König *Merikare*" (glaubt an ausgleichende Gerechtigkeit im Jenseits) ≈ Sumerische Bauhymne berichtet von Tempelbau und Kult in Lagasch	
— 2065	≈ Letztes sumerisches Reich von Ur (3. Dynastie, im —21. Jhdt.) nach Befreiung Babyloniens von den Gutäern durch Uruk (Kge: *Urnámmu*, *Schulgi*, *Amarsuena*, *Schusuen*, *Ibbisuen*) ≈ Im neusumerischen Reich werden die Stadtfürsten Statthalter des Kgs. von Ur		≈ Die neusumerische, semitisch beeinflußte Kultur in Ur verehrt im König den Gott. Die weibliche Muttergottheit (vgl. —3000 und —2000) tritt demgegenüber zurück
— 2050			≈ Ägyptische Grabanlagen sind durch die Achse des „Heiligen Weges" gekennzeichnet ≈ Nach Vollzug der „Heiligen Hochzeit" wird der Kg. v. Ur vergöttert
— 2029	≈ Der anläßlich eines Frühlingsfestes in der südmesopot. Stadt Isin eingesetzte Kg. aus dem Volk (vgl. —2600) behält infolge eines tödlichen Unfalls des rechtmässigen Kgs. die Herrschaft 24 Jahre		≈ Selbstvergöttlichg. der Herrscher in Isin (Mesopotamien)
— 2025	≈ Indoeuropäische Ackerbauer und Viehzüchter dringen nach Südsibirien vor (neue Welle im —7. Jh.; im Kontakt mit ihnen entwickeln Mongolen Reiterkriegertum u. gewinnen ≈ —500 die Herrschaft über dieses Gebiet)	≈ Klassische Zeit der sumerischen Literatur m. Mythendichtungen und Klageliedern	≈ Das sumerische Pantheon mit 3600 Göttern ist in Götterstaaten gegliedert ≈ In der Induskultur tritt als Siegelbild schiwaartiger Herr der Tiere auf

Ägyptische Grabanlagen	Ägyptische und babylonische Musik	Chinesischer Kalender	
≈ Fürst Gudea von Lagasch (Plastik)		≈ Steinern. Becher mit Keilschrift des sumerischen Königs *Gudea* aus Lagasch (zeigt ältest. Schlangen- [Äskulap-] Stab, wird gedeutet als Wahrzeichen d. Ärzte, die den bis 100 cm langen Fadenwurm durch Aufwickeln auf einen Stab, meist aus den Beinen, entfernten)	≈ Ausgedehnter Handel nach allen Seiten liefert dem sumerischen Fürsten *Gudea* von Lagasch die vielfältigen Baustoffe für seine zahlreichen und bedeutenden Bauten ≈ Babylonische Briefe i. Keilschrift
≈ Unter d. letzten Dynastie von Ur gibt es noch einmal ein Aufleben der altsumerischen Kunst (jedoch stärker semitisch beeinflußt) ≈ König von Ur erbaut Sin, dem Mond- und Hauptgott der Stadt, einen Tempelturm			
≈ Grab *Mentuhoteps III.* u. *IV.* in Deir-el-Bahari: Zwei Stockwerke mit Pfeilerhallen, im Zentrum Pyramide, breite Rampe zum oberen Stockwerk (ägypt. Bauwerk) ≈ Modellschiffe mit farbig bemalten Figuren, u. a. ägypt. Grabbeigaben		≈ Sumer. „Listenwissenschaft“: Listenm. Aufzählung d. bek. Dinge angef. v. Göttern u. Königen bis zu den Dingen des Alltags.	
≈ Diorit-Büste des *Urningirsus* aus Lagasch (Babyl.)		≈ Eisengewinnung mit Herdöfen in Afrika (z. B. Südrhodesien)	
≈ Prinzessin *Kawit* wird frisiert (Sargrelief; Prinzessin mit Metallspiegel, vor ihr der Mundschenk) ≈ Knieender bärtiger Mann von zwei Schlangen umwunden („Sumerischer Laokoon“, Alabasterplastik) ≈ Siegelbilder mit naturalistischen Tierdarstellungen in der Induskultur; dienen zur Warenkennzeichnung		≈ Hoher Stand d. ägypt. Webkunst; Webstühle ≈ Chinesen gehen auf d. gebundene Mondjahr über: Mond-Sonnenjahr-Zyklus von 19 Jahren mit 12 Jahren zu 12 Monaten u. 7 Jahren zu 13 Monaten (benutzten ursprüngl. z. Zeitrechnung d. Mondjahr zu 360 Tagen)	≈ Amulettgebrauch zur Krankheitsvorbeugung in Europa ≈ Das Neusumerische Reich hat Handelsbeziehungen bis nach Indien

Genaue Jahreszahlen gibt es erst ab ≈ – 800	*Völkerwanderungen*	*Gublitische Schrift*	*Babylonische Götterwelt*
— 2000	≈ 12. Dynastie in Ägypten bis ≈ —1770, mit den Kgen. *Amenemhêt I.*, *Sesostris I.*, *Amenemhêt III.*, *Sesostris III.* ≈ *Amenemhêt I. (Amenemmês)* macht sich zum König von Ägypten u. beschränkt die Macht der Stadt- und Gaufürsten. Höhepunkt des Mittleren Reiches bis ≈ —1770 ≈ Äthiopien Teil des ägyptischen Reiches (bis ≈ —1100) ≈ *Zariku* von Assur, Statthalter des *Amar-Sin* von Ur, hinterläßt älteste erhaltene Inschrift eines assyrischen Fürsten ≈ Durch Einwanderung indoeuropäischer Stämme in Kleinasien entstehen mit der dortigen Bevölkerung die Anfänge des Hethiter-Reiches (bis ≈ —1200) ≈ Grab des Hethiterkönigs *Yarim-Lim* (1947 entdeckt) ≈ Die semitischen Phönizier besiedeln die Küste Syriens (bis ≈ —1000 meist unter der Oberherrschaft der umliegenden Großmächte) ≈ Einwanderung eines neuen Volksstammes auf die Balkanhalbinsel und Mischung mit der Urbevölkerung. Es entsteht die mykenische Kultur in Wechselwirkung mit der auf Kreta ≈ Ionier besiedeln Attika ≈ Italiker (aus der indoeurop. Sprachfamilie) wandern vom Nordosten her in Italien ein ≈ Entwickelte Bronzezeit in den Kulturen des östl. Mittelmeergebietes ≈ Beginn der Bronzezeit in Nord- u. Mitteleuropa (bis ≈ —750): Waffen, Schmuck, reich entwickelte Töpferkunst, Übergang von Skelettgräbern zu Urnenfriedhöfen. Aunjetitz-Leubinger-Kultur in Mitteldeutschland, Lausitzer Kultur von Illyriern, Adlerbergkultur (Fortsetzung der Glockenbecherkultur in Südwestdeutschland), Hügelgräberkultur von Kelten in Süddeutschland ≈ Vorderasiatische Kulturelemente erreichen Mitteleuropa als Bandkeramik entlang der Donau und Großsteingräberkultur entlang der europäischen Küste	≈ Eine größere Zahl literarisch bedeutungsvoller moralisch-lehrhafter Schriften entstehen in Ägypten ≈ „Geschichte des Schiffbrüchigen" (ägypt. Erzählung) ≈ Entwickelte Schreibkunst in Ägypten: Papyrus, Binsenfeder, Rußtinte, Federkasten u. a. Schreibzeug ≈ Drawidische Induskultur besitzt protoelamitische Bilderschrift (160 Symbole finden sich auf der Osterinsel wieder) ≈ Gublitische Schrift in Byblos (entziffert 1946/48); ist mit 100 Zeichen Bindeglied zwischen ägyptischen Hieroglyphen und altsemitischer Schrift in Phönizien (ab ≈ — 1750)	≈ Ninive in Assyrien als Hauptstätte d. Verehrung d. Liebesgöttin Ischtar bekannt ≈ Aus den alten sumerischen Stadtgöttern entstand babylonische Götterwelt: Anu (Himmelsgott), Enlil (Erdgott), Ea (Gott des Wassers u. Wissens), Ninmach (Götterherrin); Sin (Mondgott), Schamasch (Sohn d. Sin, Sonnengott), Adas (Wetter-, Orakelgott), Ischtar (Geliebte d. Anu, Göttin d. Liebe und des Kampfes), Ereschkigal (Göttin d. Unterwelt). Daneben zahlr. andere Götter, Göttinnen u. Dämonen. Götter haben Menschen geschaffen, um Opfer zu empfangen; kein Glaube an ein Leben im Jenseits ≈ Blei-Idol einer Fruchtbarkeitsgöttin aus Troja III mit hakenkreuzverziertem Schoß (ähnliche Idole sind über die Ägäis als Grabfiguren [„Totenbraut"] verbreitet) ≈ Hügelgräber breiten sich von Norden her über Europa aus ≈ Hockergräber (vorzugsweise in d. Jungsteinzeit u. Bronzezeit) Feuerbestattung erreicht Ost-Europa (≈—1100 die Rheingegend)

Mittelminoische Kultur	*Chinesische Musik*	*Babylonische Mathematik*	
≈ Betender Herrscher vor dem Sonnengott (Relief aus Susa [Persien], der Hauptstadt von Elam) ≈ Plastische ägypt. Tierminiaturen (Fayencen): Nilpferd, Igel, Hase, Maus u. a. ≈ Beginn der mittelminoischen Zeit auf Kreta (bis ≈ —1600); Paläste in Knossos u. Phästos, städt. Siedlungen mit mehrstöck. Häusern; hoher Stand von Kunstgewerbe u. Handwerk; Wandmalereien ≈ Knossos wird mit seinem ausgedehnten Königspalast Mittelpunkt d. minoisch-kretischen Kultur (bis ≈ —1400) ≈ Dreifußgefäße aus d. Huangho-Ebene in China (kennzeichnend für die früheste Kultur in China, die in dieser Landschaft entsteht) ≈ Westlich d. Huangho-Ebene Chinas blüht eine Kultur, die sich durch gutgeformte bemalte Keramik auszeichnet und bis nach Rumänien nachweisbar ist (bis ≈ —1500). Wahrscheinlich Wechselwirkung mit d. chin. „Dreifuß"-Kultur in d. östl. Nachbarschaft ≈ Töpferei mit Ornamenten auf mattenabdruckartigem Untergrund aus d. frühesten Kulturstufe in Japan („Matten-Keramik") ≈ Irland bildet wegen seines Goldreichtums unter den aus Nordfrankreich eingewanderten „Großsteingräberleuten" wichtigen Kulturmittelpunkt ≈ Bronzeplastiken in Form stilisierter Menschen- und Tierfiguren aus sardinischen Nuragen (Wachtürme oder Gräber) ≈ Starke Entwicklung der vorindoeuropäischen südschwed. Felszeichnungen (seit der Jungsteinzeit): Szenen aus Landwirtschaft, Schiffahrt, Jagd, Kampf in einfacher Strichtechnik (wohl immer noch Bildmagie)	≈ Die Musik der Chinesen beruht auf fünfstufiger Oktave ohne Halbtöne	≈Babylon. Mathematik (als Priesterwissenschaft): Zahlenschreibung mit nur zwei Zahlzeichen n. d. Stellenwertsystem u. mit d. Grundzahl 60; Inhaltsberechnung v. Rechteck, Dreieck, Trapez, Kreis (mit Kreiszahl 3), Rechtkant, Zylinder; Tafeln m. Quadraten u. Kuben der ganzen Zahlen. Auf d. Mathematik beruht entwickelte Astronomie u. Kalenderrechnung ≈ Papyrus aus Kahun, ält. Dokum. d. ägypt. Medizin: Priestergeheimlehre stützt sich auf 6 überlieferte hermetische Bücher ≈ In der Bronzezeit Europas zeigt sich mit d. Formentwicklung (z. B. Flachbeil, Randleistenbeil, Absatzbeil, Tüllenbeil) eine zunehmende Verwend. technologisch anspruchsvollerer Werkstoffe (Reinkupfer, Kupfer mit Silber-, Nickel-, Arsen-, Antimongehalt, Kupfer mit zunehmender Zinnlegierung = Bronze)	≈ Go-Spiel in China erfunden (kommt ∼ 700 nach Japan) ≈ Durch Verlagerung des Euphrat kommt Babylon z. Blüte (≈ —3000 begünstigte er die Stadt Kisch) ≈ Zwisch. Ägypten und Palästina-Syrien besteht reger Verkehr (besonders m. phöniz. Hafenstädten) ≈ Die babylon. Herrscher zeigen gepflegten, reihenweis gelockten Bart ≈ Harappa u. Mohenjo-daro sind hochentwickelte Städte der Induskultur: geometr. Grundriß, Kanalisationssystem ≈ Joch von Vinlez (ältest. bekanntes Zugtierjoch in Mitteleuropa) ≈ Pferd als Haustier in Europa ≈ Weizen u. Hirse in Europa (seit ≈ 500 auch Roggen in Mitteleuropa) ≈ Frauenkleidung in der Bronzezeit: Jacke mit kurzen Ärmeln, knielang. Rock aus Schnüren gebunden; üb. der Stirn kurzgeschnittenes Haar (Baumsarg - Fund von Egtved)

Genaue Jahreszahlen gibt es erst ab ≈ – 800	Letzte Dynastie von Ur	Ägyptische „Weisheitslehre"	Ägyptische und babylonische Götterwelt
— 1985	≈ Riesengrab eines ägypt. Gutsbesitzers und Offiziers in Assiut. 7 Kammern auf 50 m Länge. Inschriften regeln den Totendienst nach seinem Tode	≈ „Weisheitslehre Königs *Amenemhêt*" für seinen Sohn *Sesostris* I. v. Ägypten (pessimistische Haltung)	
— 1955	≈ Die Elamiter erobern vom Osten her Sumerien und beseitigen die letzte sumerische Dynastie von Ur, deren König gefangen wird (herrschen bis ≈ —1728) ≈ Pharao *Amenemhêt I.* wird ermordet ≈ Pharao *Sesostris I.* dehnt ägypt. Einfluß bis zum 3. Katarakt in Nubien aus. Wüstenfestung Buhen mit Bastionen in Nubien		
— 1950	≈ Eroberung Babylons durch die palästinensischen Amoriter vom Westen her. Neben diesem Kgreich herrschen in Babylonien die elamitischen Kge. in Larsa u. Isin (Südbabylonien) ≈ Stadtfürsten von Assur nach Zusammenbruch des Reiches von Ur selbständig (vgl. —1875) ≈ Indoeuropäische „Protogriechen" führen vaterrechtliche Ordnung ein; Mutterrecht hält sich auf Kreta		≈ Massenopfer von Nubiern bei der Beisetzung ägypt. Fürsten

Ägyptische Grabmalkunst	Ägyptische Musik	Babylonisches Weltbild	
≈ Ältester mykenischer Palast in Tiryns (Rundbau)		≈ Backöfen in Mitteleuropa in Form länglicher Kuppeln ≈ Eisenverwendung i. Babylonien	
≈ Grab des *Sirenpowet* in Assuan: Treppe, Hof, Vorhalle, dreischiffiger Sammlungsraum, Gang, Grabraum mit Kultnische; straffe Gliederung; Reliefs			
≈ Obelisk am Tempel in Heliopolis, errichtet zum Dreißigjahrfest Kg. *Sesostris' I.* v. Ägypten (Obelisken sind Kultsymbole des Sonnengottes) ≈ Ägypt. Felsengräber bei Beni-Hasan mit kulturhist. aufschlußreichen Bildern und Texten; im Grab des Königs *Amenemhêt I.* dreischiffiger Innenraum mit Doppelreihe kannelierter Säulen ohne Kapitell (ähnlich Grundform und Stil des griech. Tempels) ≈ Wandgemälde im Grab des Königs *Amenemhêt I.* in Beni-Hasan (Ägypten): Antilopenjagd, Tänzer (filmartige Reihe von Bewegungsphasen), Gabenbringer ≈ Die ägypt. Reliefkunst benutzt Quadratnetze als Hilfslinien ≈ Fürstengrab von Leubingen mit zeltartigen Holzeinbauten zeigt hohen Stand der Baukunst in Mitteleuropa		≈ Babylonisches Weltbild: Erde als Boden einer geschlossenen Schachtel; in der Mitte Schneeberge als Euphratquelle; darum Wassergraben; jenseits himmeltragende Berge ≈ Das Gewichtssystem der Induskultur beruht auf den Zahlen 2, 4, 8, 16, 32 usw.	≈ Während der Aunjetitz / Leubinger Kultur (von ≈ —2100 bis ≈ —1800) ist Europa von einem Netz v. Handelsstraßen durchzogen; von der südwestdt. Adlerbergkultur führen Beziehungen bis ins östl. Mittelmeergebiet

Genaue Jahreszahlen gibt es erst ab ≈ − 800	*Kg. Sesostris III.*	*Hieroglyphen Keilschrift*	*Ägyptische Sargtexte*
— 1927	≈ Gesetzestafel von König *Lipit* von Isin (fixiertes Gesetz vor *Hammurapi*)		
— 1920	≈ In Babylonien gewinnt Larsa(m) die Oberhand über Isin		
— 1900	≈ Dynastie von Babylon wird begründet ≈ Übergang von der Kupfer- zur reinen Bronzezeit in Westeuropa: Flachbeile, Dolchklingen, Armringe mit spitzen Enden. Relativ ornamentarm verglichen mit Nordeuropa (vgl. — 1750)	≈ „Gilgamesch-Epos" entsteht (sumer. Epos von den Heldentaten d. sagenhaften Königs *Gilgamesch* v. Uruk und seines Freundes *Enkidu;* mit Motiven der Sintflut, d. Jagd nach dem ewigen Leben u. des frühzeitigen Todes wegen eines Weibes; überliefert auf späteren Tontafeln; vgl. — 1200)	≈ Im ägypt. Mittleren Reich sind auf den Innenwänden d. Särge Texte angebracht, die dem Toten im Jenseits dienen sollen (im Alten Reich als „Pyramidentexte" an den Grabwänden; im Neuen Reich als „Totenbücher")
— 1875	≈ Altassyrische Handelskolonien in Anatolien (Kanesch/Kültepe)		
— 1850	≈ Kg. *Sesostris* III. v. Ägypten stützt sich auf das aufsteigende Bürgertum; vollendet Eroberung Nubiens, zieht nach Palästina ≈ Die ägypt. Eroberungen in Palästina (z. B. Stadt Sichem) führen zu keiner dauerhaften Herrschaft	≈ Nach Übernahme der Keilschrift erste hethitische Inschriften	≈ Marduk erscheint als Stadtgott Babylons (gilt als von sumer. Göttern eingesetzt) ≈ Totenkultplatz von Stonehenge (Engl.): große Steinringe (Steine bis 40 t schwer); benachbarte Pferderennbahn (Alter durch radioaktiven Kohlenstoff bis auf 275 Jahre gesichert)

Knossos-Palast auf Kreta	Ägyptische Musik	Minoische Bautechnik	
≈ Kultureller Austausch zwischen Ägypten und Mesopotamien nachweisbar ≈ Russisch-asiatische Steppenkulturen schlagen Brücke zwischen mesopotamischer und chinesischer Kultur (vgl. —7. Jhdt.)			≈ In Südd tl.: Weizen, Gerste, Hirse, Erbsen, Linsen, Mohrrübe, Flachs, Mohn, Äpfel; Torfrind, Torspitz, Pferd, Schaf, Ziege
≈ „Antilopenfütterung" (ägypt. naturnahes Wandgemälde im Grab d. *Chnemhotep* bei Beni-Hasan) ≈ Grab des (zweiten) *Sirenpowet* in Assuan; noch schwerer und strenger gegliedert als das von —1955; in der Kultnische Gemälde des Toten mit seiner Familie		≈ Ägypter konstruieren rechte Winkel mit Hilfe des Knotenseil-Dreiecks mit den Seitenlängen 3, 4, 5 („pythagoreische Zahlen")	
≈ Palast in Knossos auf Kreta: labyrinthartiger weitläufiger Bau, in kleine Einzelbilder unterteilte Wandmalereien ≈ Thronender Mann (hethitische Plastik in Bronzeguß, versilbert) ≈ *Nofret* (ägypt. Granitplastik der Gemahlin König *Sesostris' II.*) ≈ *Chertihotep* (ägypt. Sandstein-Sitzplastik in geschlossener, stark stilisierter Form)		≈ Licht- und Luftschächte, Bade- u. Aborträume mit Kanalisation im Knossos-Palast auf Kreta ≈ Älteste Wagendarstellung Europas in der nordhessischen Steinkiste von Züschen	≈ Turnerische Reiterballspiele (i. Huckepack) in Ägypten
			≈ Arbeitersiedlung in der libyschen Oase Fayum für Pyramidenbau
≈ Die ägypt. Reliefkunst des Mittleren Reiches betont symmetrische, geometrische u. ornamentale Formen ≈ Die ägyptische Plastik führt zum „Würfelhocker" als Ideal einer blockartig geschlossenen Form ≈ Viergesichtige Göttin aus Dur-Rimusch (Babylonien), Bronze		≈ Ägypter machen die Oase Fayum in der Libysch. Wüste urbar, d. bisher unter Überschwemmung. litt: Schleusen- und Kanalsystem für den überschwemmenden Nilarm u. Dämme um den Überschwemmungssee („Moiris-See")	≈ In Babylonien sind Getreidedarlehen nach d. Ernte mit 33% Aufschlag zurückzugeben. (Zinsen u. Schuldknechtschaft sind so alt wie der Grundbesitz) ≈ Große Stadtmauer Babylons erbaut

Genaue Jahreszahlen gibt es erst ab ≈ – 800	*König Hammurapi Kodifiziertes Recht*	*Altsemitische Schrift*	*Baumsärge und Steinkisten*
— 1815	≈ Assyrisches Reich mit Mari und benachb. Gebirgsländern begründet (bis ≈ —1735)		
— 1800	≈ Zeit des sagenhaften *Abraham:* aramäische Wanderhirten gelangen vom Osten oder Nordosten nach Palästina und versuchen dort unter der ansässigen, politisch und religiös zersplitterten Bevölkerung mit vorwiegend semitischer Sprache Fuß zu fassen (ihre Heimat wird auch im Kaukasus vermutet) ≈ In Mesopotamien bestehen semitisch-kanaanäische Dynastien in Isin und Larsan (—20. bis —18. Jhdt.), sowie Babylon (—19. bis —17. Jhdt.). Bestimmend bleibt sumerische Kultur	≈ Blüte der ägypt. Literatur des Mittleren Reiches: Märchen u. a. ≈ Tontafelarchiv im gr. Königspalast der Stadt Mari am Euphrat mit vorwiegend wirtschaftlichen und politischen Texten	≈ Zivil- und sachenrechtliche Gesetzestafeln des Königs von Eschnunna aus Tell Abu Harmal (bei Bagdad): Regelung von Entschädigungen, Lohn- und Preisordnung, keine Todesstrafe ≈ Bewußte Prinzenerziehung zur Verantwortung in Assyrien
— 1770	≈ Ende der 12. Dynastie in Ägypten (durch radioaktiven Kohlenstoff vom Leichenschiff *Sesostris* III. um —1800 sichergestellt) ≈ 13. Dynastie in Ägypten, letzte des Mittleren Reiches, bis ≈ —1700 ≈ *Rim-Sin* Kg. von Larsa (Südmesopotam.) bis ≈ —1700; erobert das benachbarte Kgr. Isin, das übrige Mesopotamien (außer Babylon), Assur und Elam; fördert Handel (seine Herrschaft wird durch *Hammurapi* beseitigt)		≈ Aus sumer. Überlieferung entsteht babylon. Mythus v. der Erschaffung des ersten Menschen aus Lehm und von der Sintflut
— 1750	≈ Assur verliert nach vorübergehender Eroberung Südbabylonien ≈ Soziale Unruhen in Ägypten ≈ Indo-Europäer gewinnen Herrschaft in Anatolien (Vorstufe des Hethiter-Reichs) (vgl. -1450)	≈ Altsemitische Inschriften in Byblos (älteste bekannte Inschriften in dieser Mutterschrift der unsrigen)	≈ In der frühesten Bronze- (Kupfer-) Zeit Nordeuropas: Leichenbeisetzung in Steinkisten u. Baumsärgen unter Hügeln (seit ≈ —1900)
— 1728	≈ Hammurapi Kg. von Babylonien bis ≈ —1686; unterwirft Mesopotamien mit Assyrien. Babylon wird Hauptstadt des dadurch begründeten babylonischen Reiches (das bis ≈ —1600 besteht); läßt Gesetzessammlg. in Stein meißeln (*H.* wird auch —1793 bis —1750 angesetzt) ≈ Ausgebildetes Beamtenwesen im Reich *Hammurapis*. König im briefl. Verkehr mit Statthaltern; bestimmt Löhne und Preise. Steuern als Natural-Zehnt. Domänenpächter liefern an den König. Erblicher Kriegerstand (meist Amoriter) auf erblichem Grundbesitz: stammrollenähnliche Erfassung		≈ Der Stadtgott Babylons Marduk wird Hauptgott Babyloniens. Im obersten Stockwerk seines siebenstöckigen Tempelturms feierte alljährlich die Oberpriesterin die „Heilige Hochzeit“ mit dem Gott

Ägyptische Kunst des Mittleren Reiches	*Hethitische Musik*	*Ägyptischer Rechenpapyrus*	
≈ Sphinx *Amenemhêt III.* aus Tanis (ägypt. Fabeltierplastik aus schwarzem Granit)			
≈ „Würfelhocker" (ägypt. Sitzplastik aus Granit; verschmilzt in archaischem Geist menschlichen Körper mit geometrischer Würfelform) ≈ Isis, den Horus säugend (ägypt. Kupferplastik; stark bewegte Linienführung) ≈ Pyramide und Totentempel in Hawâra (Fayum) ≈ Königspalast mit Gemälden in Mari/Nordbabylonien (vollendet ≈ —1760)		≈ Rechenbuch d. *Ahmes* (ägyptisch. „Papyrus - Rhind" mit mathematisch. Aufzeichnungen; vorwiegend Beispiele aus d. Landwirtsch. m. Bruchrechnung und Flächenberechnungen. (Geht zurück auf Aufzeichnungen um —2200)	≈ Ägypt. Männerkleidung: Langer Schurz aus Leinen oder Baumwolle. Ägyptische Frauenkleidung: Hemdartiges Gewand aus Leinen od. Baumwolle m. Schulterbändern, bunter Leinenkragen. Beide Geschlechter keine Schuhe; gr. Lokkenperücken
≈ Die ägypt. Kunst des Mittleren Reiches zeigt einen spannungsreichen, energischen Stil, der häufig auf Traditionen des Alten Reiches zurückgreift. Die Porträts zeigen oft psychologische Wirklichkeitsnähe ≈ *Neferhotep I.* (ägyptische Statue) ≈ Palast mit Wandbildern in Mari (Babylonien), u. a. Einsetzung des Königs durch Ischtar ≈ Unter *Rim-Sin* letzte Blütezeit der sumerischen Kultur		≈ Aus Brettern zusammengesetztes Plankenboot in Nordeuropa bekannt ≈ Babylonische Keilschrifttafel enthält sog. pythagoreische Zahlen (z. B. $3 \times 3 + 4 \times 4 = 5 \times 5$)	≈ In d. frühesten Bronze- (Kupfer-) Zeit Nordeuropas: Flachbeile m. gerundet. Schneide, Hammeräxte, dreieckige Dolche, Kurzschwerter, offene Arm- und Halsringe; feine geradlinige Bronzeverzierungen (seit ≈ —1900)
≈ Verweltlichung und Verbürgerlichung der ägypt. Kultur gegen Ende des Mittleren Reiches ≈ Breitraumcella mit Kultnische und Postament tritt in Babylonien als Tempelgrundriß auf		≈ Leichte zweirädrige Jagd- und Streitwagen bei d. Assyrern	≈ Assyr. Kaufleute vermitteln Zinnhandel in das anatolische Zentrum der Bronzeerzeugung
≈ Relief der Gesetzessäule König *Hammurapis*: König empfängt Gesetz aus der Hand des Sonnengottes Schamasch ≈ Hethitische Siegel und Rollsiegel in Kleinasien zum Kennzeichnen persönl. Eigentums. Große Formenfülle, teilw. babylonisch beeinflußt		≈ Im Gesetz des Kgs. *Hammurapi* von Babylonien werden chirurgische Operationen, u.a. am Auge, erwähnt. Honorare u. Strafen (bis zum Abhauen d. Hände) für Ärzte gesetzl. festgelegt. Ärztl. Honorare f. Freie, Freigelassene und Sklaven verhalten sich wie 10 : 5 : 2	≈ Aus dem Recht *Hammurapis*: Keine Blutrache; Ehebrecherin wird ertränkt (König kann begnadigen); Priesterin hat Recht auf Heirat, aber nicht auf Kinder (dafür Kebsweib); genaues Erbrecht

Genaue Jahreszahlen gibt es erst ab ≈ — 800	*Hyksos in Ägypten Indoiraner in Indien*	*Minoisch-kretische Schrift*	*Kretischer Kult*
— 1700	≈ Kg. *Hammurapi* von Babylonien schließt die Beseitigung der elamitisch. Herrschaft ab durch Eroberung des Stadt-Königreichs von Larsa und Gefangennahme seines Herrschers *Rim-Sin* in Elam ≈ Eindringen der semit. (?) Hyksos in Ägypten; Hyksoszeit (14.—16. Dynastie) bis ≈ —1600; Zerfall d. staatl. Einheit ≈ Ende des Mittleren Reiches in Ägypten (brachte Blütezeit von Kunst, Bautätigkeit, Schrifttum; Herrschaftserweiterung nach Süden) ≈ Die Könige von Knossos (u. a. der sagenhafte König *Minos*) beherrschen ganz Kreta. Seeherrschaft und ausgedehnter Handel mit Syrien, Ägypten u. Mesopotamien. Vorstöße ins westliche Mittelmeer. Seeherrschaft sichert weitgehend friedl. Leben auf der Insel (≈ —1400 durch Mykenä beendet)	≈ Höhepunkt der akkadisch-babylonischen Literatur: Hymnen, Epen, sumerisch-akkadische Wörterbücher, Samml. von Opfervorzeichen, Mathematik ≈ Minoisch-kretische Schrift bildet sich von bilderartiger Hiëroglyphenschrift z. einer linearen um (Schrifttäfelchen-Verzeichnis des Palast - Inventars; 1952 entziffert *Michael Ventris* diese Schrift als Griechisch)	≈ Der Priesterkönig in Knossos auf Kreta leitet den im allgemeinen bilderlosen Kult, der vor allem eine Muttergöttin u. einen männl. Begleiter durch Stieropfer mit Doppelbeil (Labyrinthos), Stierspiele u. Reigen verehrt. Mittelpunkt ist ein Frühlingsfest mit Auferstehungsfeier des Gottes ≈ Anlage des großen Reihenfriedhofes bei Singen. Hockergräber in Baumsärgen m. Beigaben (ununterbroch. bis ≈ — 700; erst ≈ — 1200 unter illyrischem Einfluß Brandbestattung)
— 1686	≈ *Samsuiluna*, Sohn des *Hammurapi*, wird König in Babylonien bis ≈ —1648; unter ihm zerfällt Einheit des Staates ≈ Lehensverhältnis der Fürsten von Theben zu den Hyksos		
— 1600	≈ *Amenophis I.* unternimmt erfolgr. Feldzüge in Asien u. Nubien ≈ Kossäer dringen vom Nordosten aus d. Gebirge nach Babylonien vor u. erricht. hier ihre Herrschaft bis ≈ —1171 ≈ 17. Dynastie bis ≈ —1555 mit d. Kgn. *Kemose*, *Amosis* u. a. Vertreibung der Hyksos durch Fürsten v. Theben. Einigung Ägyptens ≈ Nach d. Tode d. Hethiter-Kgs. *Hattusilis I.* (≈ —1615), der Teile Syriens eroberte, Höhepunkt d. ält. Reiches ≈ Hethiter vernicht. babyl. Reich ≈ Besiedlung Indiens durch indoiranische Bauernvölker, die von Afghanistan her eindringen und die alte Induskultur vernichten. Rückdrängung der drawidischen Bevölkerung nach Süden (Dekkan) ≈ Aus Südrußl. stoßen kriegerische Indoiraner mit Streitwagen nach Vorderasien vor (nach ≈ —1500 Streitwagen auch in China). Streitwagen verbreitet sich in den folgenden Jhdten. über die Länder des östl. Mittelmeergebietes	≈ Festlegung der Konsonantenwerte in der altsemitischen Schrift Phöniziens, die sich aus der gublitischen Schrift entwickelt hat (vgl. — 2000 und — 1750)	≈ In den griech.-myken. Schachtgräbern werden die Toten außerhalb d. Siedlungen in gestreckter (statt Hocker-) Lage beigesetzt. Reliefs mit Spiralen, Jagd- und Streitwagendarstellungen; goldene Totenmaske; zahlreiche minoisch-kretisch beeinflußte Metallgeräte und überladener Goldschmuck in monumentalen Fürstengräbern ≈ Minoisch-kretische Gottheiten sind weitgehend mit den klassisch-griechischen identisch (vgl. — 1000) ≈ Die Stellung d. Hethiter-Königin zeigt mutterrechtliche Züge

Kretische Kunst	Kretische Tänze	Ägyptische Medizin	
≈ Im Mittleren Reich Ägyptens entstanden die letzten großen Pyramiden ≈ Wiederaufbau des durch Brand (Erdbeben?) zerstörten Palastes von Knossos auf Kreta (wieder zerstört durch mykenische Eroberer ≈ —1400) ≈ Zweifarbiger Stil mit Pflanzen u. Meerestieren in d. kretischen Keramik (vorher vielfarbiger dünnwand. Kamaresstil mit verschlungener Ornamentik; ab ≈ —1600 Erstarrung in geometr. Stilisierung in festländ. beeinfluß. „Palaststil") ≈ Entstehung der kretisch-minoisch beeinflußten indoeuropäisch-mykenischen Kultur auf dem griech. Festland. Zentren: Mykenä, Tiryns u. a. (frühmyken. Zeit bis ≈ —1600). Die mykenischen Paläste sind im Gegensatz zu den kretischen befestigt	≈ Kultische Tänze auf Kreta	≈ Dezimales Zahlensystem u. Gewichtsordnung auf Kreta ≈ Pferd u. Wagen kommen aus Mesopotamien über die Hyksos nach Ägypten (waren v. d. Kossäern als „Esel der Berge" nach Babylonien gebracht worden; vgl. —1750) ≈ Wasserräder z. Feldbewässerung in Babylonien; ihr Diebstahl wird bes. unter Strafe gestellt ≈ Babylonische Mathematik ohne Beweise	≈ Höfische Kultur am minoischen Hof in Knosos auf Kreta: Dominierende Stellung der Frau. Höfische Frauentracht: Geöffnete Jacke mit freier Brust, stark geschnürte Taille, glockenförmiger Volantrock. Männertracht: Lockenhaar m. Federkrone; bartlos; Lendenschurz, wertvolle Gürtel
		≈ Rajsamand-Staudamm in Indien (Baubeg. ≈ —1661, 5,4 km lang, 14 m hoch, aus poliertem Marmor)	≈ Gesetz des *Hammurapi* kennt Eisenmetall (jedoch noch lange ohne wesentliche Bedeutung)
≈ Beginn der Blüte der kretisch-mykenischen Hochkultur (bis ≈ —1200), die in der Folgezeit auch die Kunst des Neuen Reiches in Ägypten beeinflußt ≈ Für die kretische Kunst d. mittel- u. spätminoischen Zeit sind Kleinformen und der Versuch zur Erfassung lebensnaher Augenblicksbilder kennzeichnend (spätminoische Zeit bis ≈ —1200) ≈ Hoher Stand der kretischen Goldschmiedekunst (gold. Anhänger in Tierform, Gemmen, eingelegte Brettspiele) ≈ Email-Technik in Babylonien (führt zur Verwendung glasierter farbiger Ziegel an repräsentativen Wandflächen)		≈ Papyrus *Edwin Smith*, enth. ägypt. medizin. Anschauungen; relat. große chirurg. Kenntn.: Kastration, Entfernung von Geschwüren, Behandlung von Leisten- u. Knochenbrüchen u. Schädelverletzungen, Nähen v. Wunden ≈ Der Wagen in ägypt. u. europ. Darstellungen (indoiran. Pferde-Streitwagen, in Europa Pferde- u. Rinderkarren; i. Babylonien Streit-, Transport-, Jagd- und kult. Wagen schon im —3. Jtsd.)	≈ Elfenbeinkästchen, Kämme, Schminkbüchsen u. a. Toilettengegenstände an den Höfen in Knossos (Kreta) u. Mykenä (Griechld.). Auch gleiche Frauentracht (vgl. —1700). Männertracht in Mykenä: Hemdart. Gewand u. Mantel, Gewandnadeln ≈ Die griech.-myken. Streitwagen-Darstellgen. erweisen erstmal. Streitroß im ägäischen Raum (gleichz. in Vorderasien nachgewies.; Zuchterfolge in d. folg. Jhdten.)

Genaue Jahreszahlen gibt es erst ab ≈ – 800	*Neues Reich in Ägypten*	*Literatur der ältesten Hochkulturen*	*Ägyptische Reichsgottheit Amon*
— 1580	≈ *Amosis I.* König von Ägypten bis ≈ —1555; beseitigt endgültig Herrschaft der Hyksos		
— 1575			
— 1570	≈ König *Amosis I.* von Theben (Ägypten) vertreibt die Hyksos endgültig aus Ägypten und verfolgt sie bis Palästina		
— 1555	≈ Nach Vertreibung der Hyksos Neues Reich in Ägypten (18.—24. Dynastie) bis —712. Straffe zentrale Verwaltung. 18. Dynastie bis ≈ —1350. Entwickelt sich schnell zu einem kolonialen Großreich ≈ *Amenophis I.* König von Ägypten bis ≈ —1530		≈ Ägyptischer Reichsgott ist Amon. Ständiges Wachsen der Macht seiner Priester
— 1550	≈ Übertragung der Kupfer-Zinn-Metallkultur von Innerasien nach China ≈ In der Shang-Dynastie Nord-Chinas herrscht ein Großkönig mit Priesterfunktionen über zahlreiche Lehnsleute. Kämpfe mit den Nachbarn Hethiter erobern Babylon		≈ Übergang zur Leichenverbrennung in Europa
— 1530	≈ *Thutmosis I.* König von Ägypten bis ≈ —1515 (es folgt *Thutmosis II.*) ≈ Hethiter erobern vorüb. Babylon		≈ König *Thutmosis I.* von Ägypten trennt als erster ägypt. König sein Grab vom Totentempel und läßt sich das erste Felsengrab im „Tal der Könige" bei Luxor bauen; offensichtl. als Schutzmaßnahme gegen die seit Jhdten. verbreitete Räuberei
— 1501	≈ *Thutmosis III.* König von Ägypten bis ≈ —1447; erobert Syrien und begründet ägypt. Großreich; zunächst neben seiner Stiefmutter *Hatschepsut;* ab ≈ —1480 Alleinherrscher ≈ *Hatschepsut*, Gemahlin ihres Halbbruders *Thutmosis II.*, führt als Pharao zusammen mit ihrem Günstling u. Kanzler *Senmut* friedliche Regierung bis ≈ —1480, ordnet Verwaltung, läßt Expedition an die Somaliküste unternehmen („Weihrauchland Punt")		

Stilwandel in Ägypten	*Ägyptische Musik*	*Ägyptische Technik*	
		≈ Gewinnung v. Kupfer aus Schwefelerzen i. Ägypten	
≈ Kretisches Tempelgrab bei Knossos mit unterird. Grabräumen und oberird. Kulträumen (ägypt. beeinflußt?)			
≈ 2. Zerstörung des Palastes von Knossos auf Kreta (wahrscheinlich Erdbeben)			
≈ Fibel (Gewandnadel) aus Bronze kommt auf. Eingliedrig im Süden und Südosten, zweigliedrig im Norden Europas (wird bis ~ 800 verwendet) ≈ Kultur-Verfeinerung in Ägypten. Entwicklung einer naturalistischen und ausdrucksstarken Kunst		≈ Ägyptern ist Entwicklung des Pillendrehers aus dem Ei, der Fliege aus der Made, des Frosches aus der Kaulquappe bekannt	
≈ *Amenophis I.* läßt Bauten in der Totenstadt Thebens errichten ≈ *Shang*-Kultur in China: Städte mit Mauern u. Tempeln, polit. einflußreiche Priesterschicht, Reisgott, Erdgöttin, Mutterrecht, Streitwagen, Menschenopfer, hochentwickelte Bronzekunst, Keramik, Textilgewebe, Schrift, Astronomie		≈ Papyrus *Ebers*: Über 700 ägypt. Medikamente. Krankheitsursach.: Dämonen u. falsche Ernährung, Würmer; Diagnostik durch Abtasten u. Abhören. (Ägypt. Medizin ist rationaler als babylonische)	~ In Knossos sind folgend. Berufe bekannt: Ärzte, Herolde, Köche, Bäcker, Töpfer, Walker, Zimmerleute, Schiffsbauer, Maurer, Waffenschmiede, Schmiede, Goldschmiede, Bogenmacher, Holzfäller, Hirten, Jäger; Badewärterinnen, Getreidemahlerinnen
≈ Fresken von Akrotiri auf Thera			
≈ Spinnende Frau mit fächerndem Diener (Relief aus Susa [Persien], Hauptstadt von Elam) ≈ Einwanderer aus dem Nordwesten erscheinen in Japan mit geringer verzierter Keramik, verdrängen die „Matten-Keramik", bringen Haustiere (z. B. Pferd) und Nutzpflanzen (z. B. Weizen) mit ≈ Kultrelief eines Berggottes aus Assur ≈ Beginn kunstvoller Glasbearbeitung in Ägypten; z. B. Trinkgefäße (noch keine Glasbläserei, vgl. – 1450 Kunst)		≈ Ägypter suchen in Nubien (oder sogar im östlichen Südafrika) n. Gold, Zinn, Kupfer. Vielleicht schon Umfahrten um Afrika vom Roten Meer aus ≈ Ägypt. Schiffe: bis 50 m lang und schmal; Bug- und Heckkajüten; Segel; bis 30 Ruderer	≈ Ausbruch des Vulkans Santorin (Thera) zerstört minoische Siedlung Akrotiri (Ausgrabung ab 1967) und verursacht Zerstörungen auf Kreta ≈ Fahrbare Igelfigur als Kinderspielzeug (elamitisch, aus Susa)

Genaue Jahreszahlen gibt es erst ab ≈ – 800	*Mykenäer in Spanien*	*Rigweda*	*Priestermacht im Hethiter-Reich*
— 1500	≈ Ägypten wirft Aufstände in Nubien nieder, wo die Stadt Napata am oberen Nil entsteht ≈ Mykenäer besiedeln Spanien ≈ Griechenland ist im Süden von den Ioniern und Achäern, im Norden von Dorern besiedelt (die ≈ —1000 nach Süden vordringen) ≈ Vollentwickelte Bronzezeit in China ≈ Vulkankatastrophe auf Santorin (vgl. –1501) beendet minoische Seeherrschaft von Kreta aus	≈ Entwicklung einer frühesten zusammenhängenden „Weltliteratur" in Ägypten, Babylonien u. Indien ≈ „Das Märchen vom verwunschenen Prinzen" (ägypt. Erzählung, mit redendem Krokodil als „Schicksal" des Prinzen)	≈ Große Macht der Priester im kleinasiat. Hethiter-Reich. Besondere Bedeutung f. ihre Entscheidungen hat die Leber der Opfertiere; zu ihrer Ausdeutung dienen Lebermodelle aus Ton mit Keilschrift-Erläuterungen. Ca. 1000 Götter werden verehrt ≈ Großsteingräber am Mittelmeer, in Bulgarien, Südrußl., Nordpersien, Süd- u. Ostasien
Im — 2. Jahrtausend	Hügelgräberbronzezeit in Mitteleuropa (≈ —1800 bis ≈ —1200): starke Änderungen der Kultur weisen auf Bevölkerungswechsel. Entwickelung des Schwertes, der Beile, des Schmukkes, der Keramik (Kerbschnittkeramik). Kelten sind Hauptträger dieser Kultur in Süddeutschland In Nord- und Mitteleuropa entstehen indo-europ. Urgermanen (vgl. –2000)	„Rigweda" (1028 Götter- u. Siegeslieder, ind. philos. Dichtungen in 10 Büchern). Beginn des indischen Schrifttums in „Sanskrit" gehobener Sprache. Es folgen weitere Weden (Spruch- und Liedersammlungen)	Die indischen Weden dreiteilen Weltall und Götterreich in Himmel, Luft und Erde Gesichtsurnen in Troja
— 1490		≈ „Bronzespatel des Hasdrubal aus dem Tempel der Herrin von Byblos" (altsemitische Inschrift als Vorläufer der aramäischen, hebräischen, arabischen, griech.-römischen Schriften)	≈ Im ägypt. Neuen Reich gibt es nur noch Felsengräber für die Herrscher (keine Pyramiden). Die Gräber werden gegen Räuber bewacht und die Mumien von Zeit zu Zeit zur Sicherung heimlich in andere Grabstätten gebracht (so gelangen bis zu 13 Königsmumien in ein Grab) ≈ In der mykenischen Kultur Griechenlands verdrängt das Kammer- und Kuppelgrab das frühere Schachtgrab

Ägyptische Malerei	*Ägyptische Musik*	*Ägyptische Medizin*	
≈ „Totenbücher" (ägypt. Papyri), enthalten Miniaturmalereien mit Bildnissen; Zaubersprüche für das Jenseits und religiöse Gedanken (im Alten Reich als „Pyramidentexte" an den Grabkammerwänden, im Mittleren Reich auf den Innenwandungen der Särge) ≈ In der Bronzezeit Europas findet eine Entwicklung des Ornaments vom Kreis über die Spirale zu naturhaften Formen statt, die im Mittelmeergebiet eher erreicht und stärker festgehalten werden als in Nordeuropa	≈ Festgesellschaft mit musizierenden Mädchen (Wandgemälde in einem Grab in Theben)	≈ Die Lehre der ägypt. Medizin erfolgt als Geheimlehre i. d. Tempelschulen bes. von Memphis u. Theben ≈ Ägypt. Papyri kennen Kot und Harn von Tier u. Mensch als Heilmittel („Dreckapotheke", bis in die Neuzeit angewandt)	≈ Neben d. Baumwoll-Lendenschurz entwickelt sich in Ägypten ein Leibrock mit kurzen Ärmeln. Daneben Schulterkragen u. Umwurf. „Sphinx-Kappe" ≈ Reich geschnitzte Salblöffel aus Holz in Ägypten (Stiel oft in Gestalt einer nackten Dienerin)
≈ Die Bronzezeit in Ungarn ist gekennzeichnet durch vielseitige Einflüsse u. Reichtum an Gold u. Kupfer; viel Spiralornamente, „barocke" Tongefäße ≈ Früheste Datierung der mexikanischen Olmeken-Kultur (auch erst um Chr. Geb. angesetzt)		Pflug i. Nordeuropa durch Abbildung nachgewiesen	Während der Bronzezeit in Ungarn zahlreiche Handelsdepots (z. B. an d. Bernsteinstraße nach Vorderasien) Weinbau dringt v. Süden des Kaspischen Meeres nach Griechenland vor
≈ Totentempel der Königin *Hatschepsut* i. Deir-el-Bahari: Terrassenbau mit Säulenhallen, in der Achse führt eine Rampenstraße z. d. Kulträumen in der abschließ. Felswand ≈ Farbige ägypt. Reliefs im Totentempel der *Hatschepsut*: u. a. Geburt der Königin, Huldigende Fremdvölker, Gabenträger, Schiffslandung in Punt (trotz formaler Ähnlichkeit mit der Kunst d. Mittleren Reiches in einem dekorativen höfisch-verfeinerten Stil) ≈ Sitzstatue der Königin *Hatschepsut* (ägypt. Plastik, die traditionelle Elemente d. Mittleren Reiches [schlichte Haltung, Königshaube, Schurz] m. höfischfeinen Zügen d. Neuen Reiches verbindet) ≈ Kanzler *Senmut* mit Tochter der Königin *Hatschepsut* als „Würfelhocker" (ägypt. Porträtplastik, mit zu einem Würfel stilisierten Körpern, dem die Köpfe aufsitzen) ≈ Königin *Hatschepsut* als Sphinx (ägypt. Plastik)		≈ Ägypt. Sägen m. Bronzeblättern ≈ Quecksilber in Ägypten bekannt	≈ Im Neuen Reich Ägyptens beginnen die Güter fremder Völker nach Ägypten zu strömen (vgl. —1250)

Genaue Jahreszahlen gibt es erst ab ≈ – 800	*Ägyptisches Großreich*	*Literatur der ältesten Hochkulturen*	*Kretisches Auferstehungsfest*
— 1480	≈ *Thutmosis III.* nach dem (gewaltsamen?) Tode seiner Gattin *Hatschepsut* Alleinherrscher in Ägypten bis ≈ —1450; erobert vorderasiatische Gebiete zurück und kolonisiert sie. Unter ihm erlangt das ägypt. Reich größte Ausdehnung: vom Euphrat bis zum 4. Nilkatarakt in Nubien	≈ Ägypt. Sieg in der Schlacht v. Megiddo in ägypt. Annalen verzeichnet	≈ Hethitische Gesetze zeigen Abnahme grausamer Strafpraxis
— 1450	≈ *Amenophis II.* König v. Ägypten, bis ≈ —1430 ≈ Ägyptisches Großreich bis zum Euphrat. Aufstand syrischer Fürsten niedergeschlagen. Sieben ihrer Leichen in Theben und Napata (Nubien) öffentlich ausgestellt ≈ Neues Reich d. indoeuropäischen Hethiter in Kleinasien (dringen wiederholt nach Syrien vor. Kultur stark babylonisch beeinflußt; Ende des Reiches ≈ —1200) ≈ Kossäer aus dem Norden beherrschen ganz Babylonien (bis ≈ —1171). Kämpfe gegen Assyrien und Elam. Diplomatische Beziehungen z. Ägypten ≈ Ende der minoischen Kultur auf Kreta aus bisher unbekannter Ursache (vielleicht Erdbeben, vgl. –1500)		≈ Bemalter kretischer Steinsarkophag aus Hagia Triada mit relig. Darstellungen d. Auferstehungs-Frühlingsfestes (vgl. —1700). Daneben einfache wannenartige Tonsärge mit Hockerbestattung ≈ Beginnende Leichenverbrennung in der Bronzekultur in Nordeuropa
— 1430	≈ *Thutmosis IV.* König von Ägypten, bis ≈ —1420		
— 1420	≈ *Amenophis III.* König von Ägypten bis ≈ —1385; friedlicher, auch brieflicher Verkehr m. Vorderasien; ausgedehnter Handel; hohe kulturelle Blüte		
— 1410			

Stilwandel in Ägypten	*Hethitische Musik*	*Ägyptisches Handwerk*	
≈ König *Thutmosis III.* v. Ägypten läßt Bilder und Inschriften mit Namen seiner rivalisierenden Gemahlin *Hatschepsut* zerstören ≈ *Thutmosis III.* triumphiert über seine asiatischen Feinde (Relief am Amon-Tempel in Karnak)			
≈ Kapelle *Thutmosis' III.* im Tempel von Luxor (renoviert von *Ramses II.* ≈ —1250) ≈ Kg. *Thutmosis III.* von Ägypten errichtet zwei Obelisken in Heliopolis (diese „Nadeln der Kleopatra" kommen —25 nach Alexandria, ~ 1879 nach London und New York) ≈ Amon-Tempel in Karnak mit Festtempel *Thutmosis' III.*, Plastiken und Reliefs mit Bildnissen von ihm und der Königin *Hatschepsut* ≈ *Thutmosis III.* kniend beim Opfer (ägypt. Marmorkleinplastik im verfeinerten Stil; König in schlichter altägypt. Kleidung: Faltenschurz, Königshaube) ≈ Ägypt. Glasvasen mit bunter Fadeneinlage (Grab Kg. *Thutmosis' III.*) ≈ Frondienste von Kriegsgefangenen (ägyptische Wandmalerei in einem Grab)	≈ Hethitische Musik, Tanz, Akrobatik in Verbindung mit religiösem Kult. Musikinstrumente: Gitarre, Leier, Trompete, Tamburin u. a.	≈ Seilerhandwerk in Ägypten bildlich dargestellt ≈ Metallschmelzöfen mit Gebläsen u. Guß größerer Gegenstände in Ägypten ≈ Blasebalg in Ägypten bekannt (bisher Blasrohr) ≈ Ägypt. Obelisken dienen als Sonnenuhr u. -Kalender. *Thutmosis* besitzt Reisesonnenuhr	≈ Leinwanddecken mit vielfarbig eingewirkten Mustern aus dem Grabe v. *Thutmosis III.* ≈ Bronzekultur in Nordeuropa zeigt Absatz- u. Hohlbeile, reich verzierte Hammeräxte, Schwerter m. achteckigem Griff, älteste, zweigliedr. Fibeln, Armbänder m. Doppelvoluten, kragenförm. Halsbänder; Spiralbandornamente ≈ Leichter, pferdebespannter Kampf- und Rennwagen allgemein im vorderasiatisch-ägyptischen Raum verbreitet
≈ König *Thutmosis IV.* von Ägypten läßt die große Sphinx von Gizeh aus dem Wüstensand ausgraben			
≈ Stärkere Abwendung d. ägypt. Kunst von den Traditionen des Mittleren Reiches: zunehmende Auflockerung des Stils und Bevorzugung weicher, gefälliger Formen; asiatische Einflüsse			
≈ „Memnonskolosse" (zwei ägypt., 21 m hohe Sitzfiguren vor einem verschwundenen Tempel *Amenophis' III.* bei Theben) ≈ Löwe *Amenophis' III.* (ägypt. Plastik, mit einer gegenüber den Sphinxen freieren, gelösten Stellung) ≈ Höhepunkt theban. Grabmalerei			

Genaue Jahreszahlen gibt es erst ab ≈ –800	König Echnaton	Ägyptische Sonnengott-Hymnen	Religiöse Revolution in Ägypten
—1400	≈ *Teje*, die Gemahlin des Königs *Amenophis III.* und Mutter des Königs *Amenophis IV. (Echnaton)*, ist einfacher Herkunft (negroider Typ). Unter ihrem Einfluß vielleicht Entwicklung der revolutionären Haltung ihres Sohnes ≈ Hethiter besiegen das Reich der iranischen Mitani in Mesopotamien (von denen die Hethiter Streitwagen übernehmen). Dadurch Bedrohung der ägypt. Machtinteressen ≈ Mit der Eroberung Nordsyriens gewinnt das Hethiter-Reich unter Kg. *Schubbiluliuma* (bis ≈ —1350) größte politische Macht und hohe Kulturblüte. Schließt günstige Verträge mit Ägypten, Mitani (Nord-Mesopotamien) und Amoritern (Syr.-Palästina) (≈ —1170 durch die „Seevölker" zerstört) ≈ Einwanderung semitischer Hirtenvölker in Ägypten ≈ Kreta wird von Griechenland aus erobert (Achäer). Ende der kretisch-minoischen Kultur (Nachwirkungen bis ≈ —1250) ≈ Mykenä reißt die minoisch-kretische Seeherrschaft an sich	≈ In Babylonien wird unter der Kossäerherrschaft religiöse u. wissenschaftliche Literatur kanonisiert	≈ Sammlungen religiöser Vorzeichen in Babylonien ≈ Babylonisches Weltschöpfungs-Epos
—1390			
—1385	≈ † *Amenophis III.*, Kg. von Ägypten seit ≈ —1420; baute gr. Luxor-Tempel ≈ König *Amenophis IV.* ändert den Königsnamen in *Echnaton* und gründet neue Residenz in Amarna („Amarnazeit" bis ≈ —1358). Seine revolutionären Maßnahmen lösen Widerstand bei Priesterstand und Heer aus	≈ Preislieder des Königs *Echnaton* zu Ehren des Sonnengottes Aton	≈ Kg. *Amenophis IV.* v. Ägypten führt als alleinigen Kult den d. Sonnengottes Aton ein. Bau neuer Heiligtümer im ganz. Reich. Unterdrückung d. Kultes d. bisherig. Reichsgottes Amon u. anderer tiergestalt. Gottheiten

Spätmykenische Bauten	*Ägyptische Musik*	*Ägyptische Medizin*	
≈ Ägypt. Tempel in Luxor mit Säulenhof *Amenophis' III.*, Säulen in Form gebündelter Papyrusstengel ≈ Grab des *Chaemhet* bei Theben (reichgeglied. ägypt. Reliefs; die dargestellten Menschen tragen höfische Kleidung, Schmuck und Frisuren) ≈ Ägypt. Wandgemälde im Grab des *Nacht* bei Theben; u. a.: Tanzende und Harfe spielende Frauen (weich-eleganter Stil); Feldbestellung (Pflügen, Hacken, Säen, Baumfällen; sachlich schildernder Stil) ≈ In der spätmykenischen Zeit (bis ≈ —1250) wird die Burg von Mykenä stark ausgebaut und erhält das „Löwentor" (Relief mit minoischer Säule, flankiert von zwei Löwen), Megaron (Herrenhaus) m. Fresken von Schlachten, Streitwagen u. a. (Die myken. Kunst ist im Gegensatz z. kretisch. monumental) ≈ Monumentales Kuppelgrab bei Mykenä („Schatzkammer des Atreus") aus gr. Steinquadern; setzt entwickelte Steinmetztechnik, Hebewerkzeuge und viele Arbeiter (Sklaven) voraus ≈ Großes mykenisches Kuppelgrab bei Orchomenos/Böotien („Schatzhaus d. Minyas") ≈ Die Funde aus den großen mykenischen Kuppelgräbern zeigen hohe Goldschmiedekunst	≈ Höfischer Tanz ägypt. Frauen nach Harfenmusik	≈ Schriftrollen aus Pergament in Ägypten bekannt ≈ Papyrus *Brugsch*, enthält Angaben über ägypt. Medizin: Anfänge einer Atemlehre (wird bei den Griechen als Pneumalehre zu einem Mittelpunkt der Medizin)	≈ Haushuhn in Ägypten ≈ In Ägypten werden von den Vornehmen schwere Perücken getragen. Höfische Verfeinerung der Kleidung und Lebensformen ≈ Zweirädriger ägyptischer Jagd- und Kampfwagen aus Holz, mit vergoldetem, gepreßtem Leder überzogen
≈ Reliefs und Wandgemälde im Grab des *Ramose* bei Theben (bringen die höfische Verfeinerung der Lebensformen gegenständlich und stilistisch zum Ausdruck; starke Auflösung der altägypt. strengen Formen)			
≈ Kopf der Königin *Teje*, der Mutter *Echnatons* (ägypt. Eibenholzplastik; realist. Stil) ≈ Gipsmasken aus der Werkstatt des Bildhauers *Thutmosis* in Amarna (zeigen teilweise derb-realistische Züge)			

Genaue Jahreszahlen gibt es erst ab ≈ –800	*Altassyrisches Reich*	*Amarna-Archiv*	*Aton-Kult in Ägypten*
— 1380			
— 1375			
— 1370	≈ Die Könige von Ägypten unterhalten enge Beziehungen zum Ausland durch Heiraten, Geschenkaustausch, Briefwechsel (z. B. wechselseitige Eheschließungen mit Mitani). Reger Land- u. Schiffsverkehr bis zur Ägäis	≈ Tontafelarchiv in Amarna: Korrespondenz der ägyptischen Könige mit Nachbarstaaten und Vasallen (Babylonien, Assyrien, Mitani, Palästina, Syrien, Zypern, Hethiter-Reich, Kreta); zeigt schwindenden Einfluß Ägyptens in Asien	≈ Mexikanische Sonnenpyramide in Teotihuacan (Alter durch radioaktiven Kohlenstoff auf 230 Jahre gesichert)
— 1365			
— 1360	≈ *Assur-uballit* von Assur schlägt die Mitani, erobert Ninive (—612 zerstört) u. begründet assyr. Großreich; wird vom Pharao als „Bruder" anerkannt. Unter ihm entsteht altassyr. Gesetzestafel in Keilschrift (57 Paragraphen: u. a. Todesstrafe für Ehebrecher und Ehebrecherinnen; schwere Verstümmelungen u. Todesstrafe für Diebstahl, Kuppelei, Homosexualität; Abschlagen der Unterlippe für Küssen einer fremden Ehefrau. Familien- und Erbrecht. Kriegerwitwe muß fünf Jahre bis zu einer neuen Ehe warten. Keine Blutrache. Niedrige Stellung der Frau)		

Amarna-Stil	Ägyptische Musik	Ägyptische Technik	
≈ Formauflösender Naturalismus der Kunst der Amarnazeit; stößt auf starken inneren Widerstand. Die Auseinandersetzung des neuen Realismus mit den alten Formen u. Auffassungen führt oft zu spannungsreichen Kunstwerken ≈Farbige Wandgemälde i. d. Grabkammern zu Theben (Ägypten)			
≈ Grab eines Bildhauers bei Theben (Ägypten) mit Bildern aus der Tätigkeit von Kunsthandwerkern			
≈ Ägyptische Bildhauer verwenden mehr und mehr Hilfslinien und Umrißzeichnungen (Werkstückfunde in Amarna) ≈ *Echnaton* küßt seine Tochter (ägypt. Kalksteinplastik) ≈ *Echnaton* und *Nofretete* spielen mit ihren Kindern unter den Strahlenarmen des Sonnengottes Aton (ägypt. Relief in bewegter, kursiver Linienführung) ≈ Köpfe ägypt. Prinzessinnen (Steinplastiken, einige mit karikaturistisch scharfen, andere mit weichen Zügen)	≈ Das syrisch beeinfl. Tonsystem aus Ganz- u. Halbtönen kann sich in Ägypten nicht durchsetzen. Die kultische Musik Ägyptens bleibt b. einer fünfstufigen Tonleiter. Musik hat d. Bedeutg. einer ethisch-religiös aufgefaßten Tonmystik. Instrumente: Harfe, Schalmeien, Schlaginstrumente		≈ Handelskorrespondenz Ägyptens über Schatzhandelsgeschäfte mit umliegenden Staaten
≈ Kopf der ägyptischen Königin *Nofretete* (*Nefretete*, „Die Schöne kommt", bemalte Kalksteinbüste als Bildhauermodell; wiedergef. 1912) ≈ Gesamtbild der Königin als bemaltes negatives Relief u. eine realistische Kalksteinstatuette			≈ Phönizische Handelswaren in Ägypten (z. B. Holzmodelle für Goldschmuck)
≈ Denkstein eines syrischen Söldners in Ägypten: Der Krieger mit seiner ägypt. Frau und Sohn, trinkt mit Saugrohr Bier aus einem Krug ≈ In der Bronzezeit Chinas entstehen weiße Gefäße aus dickwandigem, unglasiertem „Porzellan" mit rechtwinkligem, tiefgefurchtem Streifenmuster ≈ Zikkurat (Götterburg) von Dur-Kurigalzu (Babylon.) als Ziegelbau der Kossäer			

Genaue Jahreszahlen gibt es erst ab ≈ – 800	*König Tut-ench-Amun*	*Ugarit-Schrift*	*Amon wieder ägyptischer Reichsgott*
— 1358	≈ *Tut-ench-Amun* ägypt. König bis ≈ —1350 (ermordet); hebt unter dem Druck der altgläubigen Priesterschaft in Theben den Sonnen(Aton)-Kult seines Vorgängers und Schwiegervaters *Amenophis IV. (Echnaton)* zugunsten des alten Amonkultes auf; Residenz wird von Amarna nach Theben zurückverlegt		
— 1355	≈ Ägypt. Feldherr *Haremheb* bringt das Vordringen der Hethiter in Syrien zum Stehen ≈ Grausame assyrische Kriegführung in Babylonien mit Umsiedlung unterworfener Völker		≈ Nachdem in Ägypten schon vorher die Verehrung der anderen Götter neben dem des Sonnengottes Aton freigegeben war, wird jetzt der orthodoxe Kult des Reichsgottes Amon wiederhergestellt
— 1350	≈ 19. Dynastie in Ägypten bis ≈ —1200, mit den Königen *Haremheb*, *Sethos I.*, *Ramses II.* u. a.; Höhepunkt altägypt. Bautätigkeit ≈ *Haremheb*, General unter den Königen *Tut-ench-Amun* und *Eje*, wird König von Ägypten bis ≈ —1320; endgültige Wiederherstellung des Kultes des Reichsgottes Amon ≈ Achäer besiedeln Cypern (≈ —1200 wird hier die myken.-kret. Bronzezeit von der Eisenzeit abgelöst) ≈ Land und Boden sind in Ägypten aus den Händen des Adels in die des Königs und der Tempel übergegangen. Die Krone verpachtet sie gegen Naturalabgaben an die Bauern. Große Bedeutung der Beamten („Schreiber"). Beamteter Priester einer Ortsgottheit erhält pro Jahr: 36000 einfache Brote, 900 Weißbrote, 360 Krüge Bier	≈ Tontäfelchen mit Keilschrift-Alphabet aus Ras Shamra (Syrien): 30 Ugarit-Schriftzeichen (wahrscheinl. vom phöniz. Alphabet abgeleitet)	≈ In einem Papyrus (in Leiden) heißt es: „Alle Götter sind drei: Amon, Re und Ptah, und es gibt keinen, der ihnen gleichkäme. ‚Verborgen' ist sein Name als Amon, im Gesicht ist er Re, und sein Leib ist Ptah." ≈ Urkunden u. Dichtungen aus Ugarit (Syrien) stellen syrisch-phönizische Religion dar
—1340	≈ Memphis wird anstelle Thebens Hauptstadt Ägyptens		

Hethiter-Kunst	Ägyptische Musik	Ägyptische Technik	
≈ Gleichzeitige Blütezeit (≈ —1400 bis ≈ —1200) der mykenischen, ungarischen und germanischen Bronzekultur mit gemeinsamen Formen (Spirale)			
≈ Die ägypt. Kunst setzt die der Amarnazeit fort, jedoch weniger radikal (vgl. —1385): Stuhl mit genrehafter Szene auf der Rückenlehne (König und seine Gemahlin im Palast); andere reich geschnitzte und eingelegte Stühle; Truhe mit eingelegten Bildern: Jagd von zweirädrigen Streitwagen aus, Kampf mit Negern; vergoldete Holzstatuetten des Königs; Schrein mit Goldblechreliefs: König und Königin auf der Wildentenjagd (aus dem Grabe *Tut-ench-Amuns* bei Theben)			
≈ Gefangene aus Kanaan vor König *Haremheb* v. Ägypten (ägypt. Relief aus dem Grabe des Königs in Memphis; reicher gegliedert durch Doppelreihe der Gefangenen) ≈ Die parallel zur Wiedereinführung des Amonkultes vor sich gehende Restaurierung der ägypt. Kunst gelangt wieder zum weichen Stil der Vor-Amarnazeit, jedoch unter stärkerer Betonung des Körperlich-Räumlichen ≈ Holzstatuetten ägypt. Offiziere (ägypt. Plastiken, im typischen Stil der Nach-Amarnazeit) ≈ Totenfeier (Relief an einem Grabe bei Memphis: psychologisch-individuelle Durcharbeitung der Einzelfiguren) ≈ Höhepunkt hethitischer Kunst			≈ Vergoldeter Bronzespiegel mit nackter Frauengestalt als Griff (ägypt. Kunstgewerbe)
≈ Statue des Kgs. *Haremheb* v. Ägypten			

Genaue Jahreszahlen gibt es erst ab ≈ – 800	*Ausdehnung des assyrischen Reiches*	*Hethiter-Bibliothek*	*Mykenischer Totenkult*
— 1331	≈ China erhält unter der *Shang*-Dynastie (die sich in *Yin*-Dynastie umbenennt) feste Hauptstadt Yin in der großen Ebene des Huangho bei Anyang (bis ∼ —1050)	≈ In Yin entsteht ein Archiv von mit Schriftzeichen versehenen Orakelknochen	
— 1320	≈ *Sethos I.* König von Ägypten bis ≈ —1300, beginnt Wiedereroberung asiatischer Gebiete		
— 1300	≈ Assyrerkönig *Adadnirari I.* unterwirft ganz Mesopotamien und erobert Hethiterfestung Karkemisch am Euphrat ≈ Lausitzer Kultur der Illyrier in Mittel- und Osteuropa: Buckelkeramik; bauen Wallburgen gegen Germanen (z. B. Siedlung bei Berlin-Buch) ≈ *Ramses II.* König von Ägypten bis ≈ —1232; „Der Bauherr unter den Pharaonen"	≈ Bibliothek aus bis 30 cm hohen Tontafeln mit Keilschrifttexten in Hattuscha, d. Hauptstadt d. Hethiter-Reiches (heut. türk. Boghasköi). In 8 indoeurop.-hethitischen Sprachen Gesetze, Verträge, Annalen, Briefe, Festbeschreibungen u. a. (Hethiter übernahmen Keilschrift aus Babylonien ≈ –1758). Briefe werden in gebrannten Tonhüllen befördert ≈ Eine der ältesten Formen des phöniz.-altsemit. Alphabets auf einem Königssarkophag in Byblos (reine Form der Buchstabenschrift in Form der Konsonantenschrift; beeinfl. v. den ägypt. Hiëroglyphen; vgl. —2000) ≈ Die griech.-mykenische Seemacht und Kultur gibt den Rahmen für die späteren *Homer*ischen Epen	≈ In Ägypten gewinnen die Priester zunehmend an Macht (Könige werden jetzt oft kniend vor den Göttern dargestellt; im Alten Reich dienten die Götter dem König, im Mittleren Reich waren sie gleichrangig) ≈ Im Gegensatz zur minoisch - kretischen Kultur kennt d. myken.-griech. einen Totenkult mit Waffen-Grabbeilagen, Totenopfer, Erhebung der fürstl. Toten zu Heroen. In den Gräbern d. Armen zeigen weibliche Idole dagegen den Fortbestand des Kultes einer Muttergöttin ≈ In der chin. Anyang-Kultur d. *Yin*-Dynastie herrschen magischer Orakelglaube u. Ahnenkult. Sklavenopfer und reiche Grabbeigaben f. d. Herrschenden

Troja	*Ägyptische Musik*	*Traumdeutungen*	
≈ Bemalte Reliefs im Grabe *Harembebs* (ägypt. Reliefs mit gegenüber der Amarnazeit wieder scharfen Linien und strenger Haltung; u. a.: König *Tut-ench-Amun* werden aus Asien Pferde gebracht)			
≈ Die ägyptischen Reliefs (teilweise farbig) zeigen einen immer stärker idealisierenden und ornamentalen Stil ≈ Totentempel *Sethos' I.* in Abydos (vielen Göttern geweiht, mit Pfeilerhalle und Säulensälen im monumentalen Stil) ≈ Amon-Tempel in Karnak mit Säulensaal (im monumentalen Stil; am Stamm der Säulen Reliefs und Schriftstreifen). Außenreliefs: Ausgedehnte Darstellung der Kriegstaten Kg. *Sethos' I.* mit wiederholter Hervorhebung des Königs auf seinem Streitwagen ≈ Bei Sakkâra (Memphis) entstehen Begräbniskammern der heiligen Apis-Stiermumien mit großer Sphinxallee (vgl. —300) ≈ Bau der mykenisch-griech. Fürstenburg Tiryns am Ägäischen Meer (Hof mit Altar, Herrenhaus [Megaron] mit gr. Thronsaal, Baderaum; Fresken mit Kampf- u. Jagdszenen) ≈ Trojanische Kultur der 6. Ausgrabungsschicht: das Troja der Ilias aus myken. Zeit, Ringmauer m. Toren u. Türmen, etwa 150 m Durchmesser (insges. 9 Schichten von ≈ —3500 bis zur röm. Herrschaft über Kleinasien)		≈ Leichte zweirädrige Wagen mit zwei Pferden zu kultischen Zwecken in Mittel- u. Nordeuropa; daneben schwere vierrädrige Wagen, auch mit Speichenrädern ≈ In der ägypt. Heilkunde spielt das Deuten von Träumen eine Rolle ≈ Wasserauslaufuhren in Ägypten	≈ Die Anyang-Kultur der chin. *Yin*-Dynastie ist eine Stadtkultur auf bäuerl. Grundlage (Lehmbauten, zahlr. Haustiere und Nutzpflanzen, Seidenraupenzucht der Frauen) ≈ *Kikkuli* aus Mitanni: Anweisung z. Pferdetraining f. d. Hethiter (ähnliche Ratschläge übernehmen die Assyrer)

Genaue Jahreszahlen gibt es erst ab ≈ − 800	*Ägypten erobert Südsyrien*	*Ägyptische Tierfabel*	*Ägyptische Totenbücher*
— 1295	≈ Im Kampf um die Vorherrschaft in Syrien besiegt der ägypt. Kg. *Ramses II.* die Hethiter trotz ihrer Streitwagen in Südsyrien. Hethiter werden auf Nordsyrien beschränkt		
— 1270	≈ Nach etwa 60jährigen Kämpfen um Syrien schließen Ägypten und das Hethiter-Reich Frieden. Nordsyrien bleibt den Hethitern		≈ Hethiterkg. rechtfertigt seine Thronerobering als gottgewollt
— 1260	≈ *Ramses II.* heiratet hethitische Prinzessin ≈ Frondienste der Israeliten in Ägypten unter König *Ramses II.* ≈ König *Salmanassar I.* von Assyrien (von ≈ —1276 bis ≈ —1246); gründet Kalach/Nimrud; bekämpft Hethiter		≈ Kg. *Salmanassar I.* v. Assyrien (≈ —1270 bis ≈ —1240) erneuert großen Assur-Tempel in Assur u. Ischtar-Heiligtum in Ninive
— 1250		≈ Die chines. Schrift (weitgehend Bilderschrift) findet in der *Yin*-Dynastie ausschl. zum Verkehr mit den Geistern durch Orakelknochen Verwendung (setzt Priester mit Beherrschung d. Schrift voraus; vor dieser Bilderschrift sollen Knotenschnüre für Orakelzwecke verwendet worden sein) ≈ Ägypt. Papyrus (aus Turin) mit Göttern in Tiergestalt und tierfabelartigen Szenen und der „Mythos vom Sonnenauge", ebenfalls mit Tiergesprächen und -szenen (gelten als ägypt. religiöse Quelle der Tierfabel) ≈ Ägypt. Literatur in der Volkssprache: Märchen, Kriegsereignisse, Liebeslieder (z. T. Reimverse)	≈ Totenbuch des kgl. Schreibers *Hunefer* mit bildlicher Darstellung des ägypt. Totengerichts: Osiris als Herrscher des Jenseits, neben ihm seine Schwestern Isis u. Nephthys, Kollegium v. 14 Göttern; das Herz des Verstorbenen wird vom schakalköpfigen Totengott Anûbis auf der „Waage d. Wahrheit" gewogen. Bei gutem Befund nimmt Osiris den Toten auf, sonst wird Seele vom Totengott (Krokodilrachen, Löwenleib, Nilpferdhinterteil) verschlungen ≈ Im Totenbuch beteuert der Verstorbene, an folgenden Sünden u. Leiden unschuldig zu sein: Hunger, Tränen, Tötung, Befehl zur Tötung, Bosheit, Verringerung d. Opferspeisen, Ehebruch, Fälschung der Kornmaße und Gewichte, Vertreibung d. Kleinviehs vom Futter, Störung religiöser Prozessionen

Ramses II. als Bauherr	Ägyptische Musik	Kanal Nil—Rotes Meer	
≈ Ägypt. Relief zeigt, wie die abgeschnittenen Hände gefallener Hethiter vor *Ramses II.* aufgeschichtet werden			
≈ Große Stein- und Felsreliefs im Hethiter-Reich (Kleinasien-Nordsyrien)			
≈ *Ramses II.* (ägyptische Sitzplastik aus schwarzem Granit, glatter archaischer Stil) ≈ Zahlreiche Kolossalstatuen des Pharaos ≈ Grab der ägypt. Königin *Nefertari* im Tal der Königinnen			
≈ Höhepunkt der altägypt. Bautätigkeit unter Kg. *Ramses II.*; u. a.: Felsentempel in Abu Simbel/Nubien (in monumentalem Stil; riesige Menschenfiguren an der Fassade, als Pfeiler und in den dramatischen Schlachtenreliefs); Tempel in Abydos mit realistischen Schlachtenreliefs ≈ Wuchtiges hethitisches Sphinxpaar am Tor d. Hauptstadt Hattuscha (Löwenleib mit weibl. Kopf und Vogelschwingen; 2,75 m hoch) ≈ Ägyptischer Felsentempel in Es Sebû'a, mit Sphinx-Allee ≈ Vollplastisches hethitisches Götterfigürchen (vergoldet, durch Stifte bewegliche Arme). Daneben schwach modellierte Figuren von Opferbringern mit übergroßem Kopf ≈ Reich verzierte Opfergefäße aus Bronze in China, z. T. in stilisierter Tierform in symbolisch-magischer Bedeutung ≈ In der chinesischen Bronzekunst erscheint eine dämonische Tiermaske (T'ao-t'ieh, Tiger mit Widderhörnern), die als Kunstelement mit unklarem magischem Symbolgehalt viele Jahrhunderte wirksam bleibt		≈ Schiffahrtskanal zwischen Nil und Rotem Meer unter Kg. *Ramses II.* ≈ Ägypt. Landkarte vom Goldminengebiet in Nubien, mit erläuternder, kursiver Schrift ≈ Möglicherweise haben d. Ägypter bei Fahrten um Afrika die Kanarischen Inseln entdeckt ≈ Prüfung des Goldgehaltes in Ägypten durch Strichprobe am Probierstein ≈ Wagen mit Speichenrädern, auch als Streitwagen, in China bekannt. Pferd ist nur Zug-, nicht Reittier (vgl. —481)	≈ Das stehende ägyptische Heer besteht zu mindestens 60% aus Nicht - Ägyptern. Die Streitwagenkämpfer werden zur exklusiven Elitetruppe ≈ Silberbecher m. geometrisch. Mustern, figürliche Ziselierung m. trinkendem Bock als Henkel (ägyptisch. Kunstgewerbe) ≈ Ägypten exportiert Gold, Stoffe, Papyrusrollen, Getreide, kunstgewerbliche Gegenstände; importiert vom Norden: Pferde, Wagen, Hölzer, Öl, Bier, Wein, Schlachtvieh, Kupfer, Silber; vom Süden: Weihrauch, Ebenholz, Elfenbein, Leopardenfelle, Gold ≈ Die ägyptische Kultur beginnt zu „altern" und in archaischen Formen zu erstarren

Genaue Jahreszahlen gibt es erst ab ≈ −800	*„Seevölker"-Einfall*	*Babylonische und ägyptische Literatur*	*Die zehn Gebote*
— 1240	≈ *Tukulti-Ninurta* König v. Assyrien, „König der vier Weltteile"; Babylonien wird assyr. Provinz. Nach Ermordung des Königs noch einmal Selbständigkeit der Kossäerkönige in Babel (Ende der Kossäerherrschaft ≈ —1171)		
— 1230	≈ Unter König *Merenptah* v. Ägypten Sieg über die Libyer. Nach seinem Tode innere Wirren	≈ Das Siegeslied des Königs *Merenptah* von Ägypten nach Unterwerfung des aufständ. Palästina erwähnt erstmalig die Israeliten (≈ —1400 eingewandert)	≈ *Moses,* legendärer jüd. Religionsstifter, führt Israeliten aus Ägypten n. Palästina zurück; Tafeln mit 10 Geboten am Berge Sinai (seine Gesetzestafeln haben babylonische Vorbilder)
— 1200	≈ 20. Dynastie in Ägypten bis ≈ —1090, mit den Königen *Sethnacht, Ramses III.—XI.* Zunehmende Priesterherrschaft. Verlust der Kolonialgebiete. Erstarrung der Kultur ≈ Große Völkerwanderung der „nördlichen Seevölker" (von Ägypten aus gesehen); führt zum Untergang des Hethiter-Reiches, der mykenischen Kultur und zur Bedrohung Ägyptens ≈ Die aus Europa kommenden „Seevölker" wandern in Kleinasien und Syrien ein. Nach Zerstörung des ursprüngl. Hethiter-Reiches entsteht in Nordsyrien (etwa ab —10. Jh.) eine zweite hethitische Kulturblüte (bis ∼ —717) (*J. Spanuth* vermutet „Atlantis"-Untergang als Ursache der Seevölkerwanderung; er will d. versunkene Königsinsel 1952 nahe Helgoland entdeckt haben; gilt als widerlegt) ∼ Übergang v. d. Bronzezeit z. Früheisenzeit im östl. Mittelmeergebiet ≈ Philister begründen ihre Städtekultur an der Küste des nach ihnen benannten Palästina. Bilden Fünfstädtebund: Gaza, Asdod, Askalon, Gath, Ekron (werden ≈ —1000 von den Israeliten besiegt und auf ihr Küstengebiet beschränkt) ≈ Juden erobern bis ≈ —1130 Kanaan, zunächst unter *Josua*	≈ Klassische Zeit der jüngeren babylonischen Literatur (≈ —1400 bis ≈ —1050). Aus mehreren älteren Einzeldichtungen entsteht die kanonische Form des Gilgamesch-Epos ≈ Altsemit. Schrift Phöniziens greift auf griech. Kulturkreis über	≈ Auf religiöser Grundlage bildet sich in Palästina ein Verband von 12 israelit. Stämmen; Gesetzesauslegung durch „Richter" (Richterzeit bis ≈ —1000) ≈ Die geistige Struktur von Reiternomaden ersetzt das magische Weltbild der Ackerbauvölker durch sinnsuchende transzendentale Universalreligionen (A. Weber) (vgl. —1. Jtsd.) ≈ Die phönizischen Kanaaniter glauben an mischgestaltige Dämonen, die in der Wüste auf Tiere Jagd machen (führt zu entsprechenden Opferkulten Israels) ≈ In der nordeuropäischen Bronzezeit: allgemeine Leichenverbrennung ≈ Sechsrädriger Bronzewagen mit Pferd u. Kreisscheibe: „Sonnenwagen von Trundholm" (Dänemark)

Phönizische Elfenbeinarbeiten	Bronze-Luren	Chinesische Mathematik	
≈ Relief des assyr. Königs bei kultischer Handlung (nebeneinander stehend u. kniend dargestellt)			≈ Frühester Nachweis chinesischer Seidengewebe
			≈ Die Kleidung der Israeliten ist durch den Aufenthalt in Ägypten von dort beeinflußt: Schurz, Kalasiris (hemdart. Gewand m. kurz. Ärmeln), Kappe; teppichart. Mantel (schon vorägypt.)
≈ Blütezeit der Bau- u. Bildkunst in Babylonien unter den Königen von Elam: Hochtempel von Dur-Untasch, Plastik der Königin *Napirasu* ≈ Phöniz. Elfenbeinarbeiten in Megiddo (Nordpalästina); u. a. Darstellung eines Triumphes und einer Siegesfeier mit von Cherubim (Löwenleib, Adlerflügel, Menschenkopf) getragenem Thron; ferner: Kuh, ihr Kalb säugend und ableckend ≈ Kultur der spätmykenischen Stadt VII Trojas ≈ Fels-Strichzeichnungen in Bohuslän (Schweden; ≈ —1500 bis —800)	≈ Bronze-Luren (Blasinstrumente), paarweise abgestimmt; meist in Dänemark	≈ Buch der Permutationen (chin. mathemat. Kombinationslehre). Kenntnis der „Magischen Quadrate" (Zahlenquadrate m. gleichen Quersummen) i. China ≈ Schweißeisenerzeugung und Oberflächen-Stahlhärtung der Chalder in Armenien und Südkaukasien ≈ Eisenverwendung setzt sich in Ägypten gegenüber der Bronze nur langsam durch ≈ Ägypt. Expeditionen in den Indischen Ozean mit Schiffen bis 67 m Länge (führen wahrscheinl. zum Goldbergbau auf Sumatra) ≈ Einteilung der Sonnenbahn i. d. 12 Tierkreisbilder in Babylonien	≈ Der Reiterkrieger beginnt in Europa und Vorderasien eine immer stärkere Rolle zu spielen und fördert die Pferdezucht. Reiterkrieger verdrängt allmählich Streitwagen in Vorderasien. (Die Technik des Reiterkrieges wurde von Indoiranern beim Zusammenstoß mit innerasiatischen Reitervölkern entwickelt) ≈ In der nordeurop. Bronzezeit: Tüllenbeile, Fibeln mit gekrümmten u. geknoteten Bügeln, „Kesselwagen" ≈ Gänsezucht in Ägypten u. Babylonien (in Palästina auf Grund von Elfenbeintäfelchen nur vermutet)

Genaue Jahreszahlen gibt es erst ab ≈ – 800	*Große Wanderung*	*Ägyptische Literatur*	*Monotheismus der Israeliten*
—1193	≈ Der sagenhafte, in den *Homer*isch. Epen beschriebene Trojanische Krieg zwischen Griechen und Trojanern ≈ *Ramses III.* (≈ —1198 bis ≈ —1166) rettet Ägypten vor d. Seevölkern; wird durch Haremsverschwörung ermordet.	≈ „Weisheitsbuch des Amenemope" (ägypt., teilweise wörtlich die „Sprüche Salomos")	≈ Sagenhafter Staat der Amazonen in Kleinasien (dort noch lange mutterrechtliche Verfassungen)
—1190	≈ Nach Zerstörung der Hethiterherrschaft bilden thrakische Phryger Großreich in Kleinasien (bis ~ —675)		≈ Zahlreiche Stiftungen Pharaos für die Tempel
—1171	≈ Sturz der Kossäerherrschaft in Babylonien (seit ≈ —1600) durch König *Assurdan I.* von Assyrien. Neue Dynastie in Babylonien		
—1150	≈ Die Dorische Wanderung ist ein Teil der Ägäischen Wanderung, die durch d. Vorstoß der Illyrer v. Mitteleur. z. Mittelmeer ausgelöst wird ≈ Zerstörung der myken. Kultur im Verlauf der Großen Wanderung ≈ Kolonie der phöniz. Stadt Sidon auf dem Boden Karthagos ≈ Legendärer spätwedischer König *Parikshit* bei Delhi, Residenz Asandivat		≈ „Sonnenaufgangsfeier" (elamitische Votivplatte aus Susa)
—1140	≈ Assur in Abhängigkeit von König *Nebukadrezzar I. (Nebukadnezar)* von Babylonien (bis ≈ —1127; ≈ —1100 kommt Babylonien unter assyrische Herrschaft)		≈ Die ≈ —1240 nach Assyrien entführte Bildsäule des Stadtgottes von Babylon Marduk wird zurückerobert
—1130			≈ Nach Eroberung des Landes Kanaan wird das Land um den Jordan unter den 12 jüd. Stämmen aufgeteilt. Der Stamm *Levi* stellt die Priester. Verehrung des einzigen Gottes Jahve, dessen „auserwähltes Volk" Israel ist
—1123	≈ †*Nebukadrezzar I.*, König von Babylonien seit ≈ —1146; kämpfte unglücklich gegen die nördlichen Gebirgsvölker, wodurch Assyrien wieder Selbständigkeit erlangt		≈ Die israelitische Jahvevorstellung wird m. d. kanaanitischen Vorstellung d. Gottes Zebaoth auf dem Cherubimthron allmählich verschmolzen

Monumentale Bauten in Ägypten	Ägyptische Musik	Ägyptische Technik	
≈ Tempel *Ramses' III.* in Medînet Hâbu, mit monumentaler Säulenfassade sowie Schlachten- u. Jagdreliefs (u. a. erfolgreicher Kampf gegen die „Nordvölker")			≈ Troja (Stufe VI) durch Erdbeben zerstört (nicht im Kampf erobert)
≈ Hof *Ramses' III.* im Amon-Tempel u. der Tempel des Mondgottes, beide in Karnak (monumentaler Stil, Verschmelzung der riesigen Plastiken mit den Pfeilern)			≈ Fortschreitende Korruption der ägypt. Beamten
≈ Isis mit ausgebreiteten Flügeln (ägypt. Relief v. Sarg *Ramses' III.*)			≈ Streik d. staatl. Arbeiter in d. Totenstadt Thebens
≈ Felsengrab *Ramses' VI.* b. Theben (mit der Darstellung einer Fahrt des Königs mit dem Sonnengott durch die Unterwelt; eine schwer zu deutende dämonisch-religiöse Kunst)		≈ Kult- u. Kampfruderschiffe mit doppeltem Kiel in Nordeuropa (Anpassung an Eis- u. Klippengefahr)	≈ Nordeurop. Kleidung (Baumsargfunde): Männer: Wollene Fuß- u. Beinbinden, gegürteter Leibrock, weiter Mantel, konische Filzmütze; Frauen: Langer Rock, Ärmeljacke, reicher Schmuck
			≈ Getreideteuerung in Ägypten
		≈ Hausformen in Nordeuropa: Kuppel-, Zelthütten, Rundjurten, Viereckshäuser m. Satteldach, Fachwerkhäuser auf Pfosten in der Weichselmündung	~ Urkundlich belegter Prozeßgegen ägypt. Königsgräber-Räuber (kennzeichnet Höhepunkt dieses Räuberunwesens) ≈ Schlitten- und Skigebrauch in Nordeuropa

Genaue Jahreszahlen gibt es erst ab ≈ – 800	*Assyrisches Großreich*	*Älteste Bibelteile*	*Der „Himmelssohn" Chinas*
—1120			
—1116	≈ *Tiglatpileser I.* König von Assyrien bis ≈ —1077; Begrd. der assyrischen Großmacht; unterwirft angeblich in 6 Jahren 42 Länder und Fürsten; sichert sein Land gegen den Ansturm d. Völkerwanderung; erobert Babylon	≈ In Assyrien wird babylonische Literatur gepflegt	≈ In Assyrien wird strenges Strafrecht kodifiziert
—1110	≈ Feudalverfassung in China, unter dem Kaiser als formalem Eigentümer alles Landes, zersplittert die Macht in den Händen der in fünf Besitzklassen geteilten Fürsten		
—1105	≈ Urnenfelder-Bronzezeit in Mitteleuropa (≈ —1200 bis ≈ —1000); Träger: ackerbautreibende Illyrier vom Osten; Helm und Schild, neue Schwertformen (Ronzano- u. Antennenschw.), Bogen- u. Spiralplattenfibeln verdrängen Nadeln; Metalltreibtechnik, Tongefäße in Metallformen		
—1100	≈ Selbständiges äthiopisches Reich entsteht ≈ Assyrer erobern Babylonien ≈ Tyros erlangt die Vorherrschaft unter den phönizischen Seestädten ≈ Phönizier besiedeln Küstenplätze in Spanien (werden kulturell vor allem in Andalusien wirksam). Bedeutungsvoll wird Gewinnung von Zinn und sein Handel ≈ Dorer besetzen Kreta	≈ „Debora-Lied" entsteht als einer der ältesten Bibelteile (in Richter 5)	≈ Feuerbestattung erreicht Rheingegend (vgl. –2000)
—1090	≈ 21. Dynastie in Ägypten bis ~ —945. Zunehm. Schwäche durch Zerfall in Fürstentümer; Herrschaft der Amonspriester von Theben ≈ Unter Kg. *Ramses XI.* kommt es zum Bürgerkrieg, in dem der Vizekönig von Nubien und Hohepriester des Amon in Theben, *Herihor*, siegt	≈ Pessimistischer Zug der babylonischen Literatur; so der Psalm „Ich will preisen den Herrn der Weisheit" mit Hiob-Problematik	
—1050	≈ Die *Chou*, Hirtennomaden aus dem Westen, stürzen in China die *Yin-(Shang)*-Dynastie und herrschen bis —256; errichten Lehnsstaat, erhöhen Abgaben der Bauern, fördern Viehzucht, verbieten Sklavenopfer	≈ In der *Chou*-Dynastie in China werden Bronzetafeln gegossen mit schriftl. Mitteilungen an die Ahnen	
—1002	≈ *Saul* erster König eines israelitisch. Staates bis ≈ —1000. Kämpft gegen die Philister und andere Nachbarvölker; vertreibt seinen Nachfolger *David*; tötet sich selbst wegen einer Niederlage gegen die Philister		≈ Die *Chou* in China führen Abstammung ihrer Herrscher auf „Himmelssohn" zur. Bußgebete *Assurnassirpals I.* v. Assyrien

Assyrische Tempel	*Ägyptische Musik*	*Chinesisches Wissen*	
			≈ Edikt geg. Alkoholgenuß in China
			≈ Ägypt. Gesandte in China (stärk. Beeinflussg. d. ägypt. Kult. wahrscheinl.)
		≈ Kenntnis von Teilinhalten des pythagoreischen Dreiecksatzes in China	
≈ Kg. *Tiglatpileser I.* v. Assyrien vollendet die monumentalen Tempeltürme des Anu (Himmelsgott) und des Adad (Wettergott) in Assur und baut dort den Königspalast um		≈ Beginn einer echten Eisenkultur in Syrien/Palästina (Herkunft der Eisentechnik vermutl. v. d. Chaldern a. Schwarz. Meer; vgl. —1200)	≈ Die umfangreichen Bauten in Assur bedingen weitreichend. Handel u. Verkehr ≈ Höhepunkt der europ. Bronzezeit: schön verzierte Waffen, Gebrauchs- und Schmuckgegenstände
≈ Ägypt. Priester mit kleiner Osiris-Figur auf dem Schurz (ägypt. Bronzeplastik, kennzeichnend für die vielen Priesterbilder dieser Zeit)		≈ Messung der Sonnenhöh. m. ein. Gnomon (schattenwerf. Stab) u. Berechng. d. Neigung d. Erdachse gegen ihre Bahn (Schiefe d. Ekliptik) i. China	≈ König *Tiglatpileser I.* von Assyrien will in Mesopotamien 920 Löwen, meist vom Streitwagen aus, erlegt haben
≈ Unter der *Chou*-Dynastie in China tritt allmählich ein Stilwandel bei den Bronzegefäßen zur mehr ornamentalen, nicht-magischen Auffassung ein		Abacus (Rechenbrett) in China	≈ Übergang der mythischen Zeit Chinas in die historische
			≈ Königsmumien w. bei Theben vor Grabräubern versteckt (erst 1881 entdeckt)

Genaue Jahreszahlen gibt es erst ab ≈ – 800	*Griechische Staatenbildung König David*	*Griechische und chinesische Schrift*	*Griechische Götterwelt*
— 1000	≈ Vorübergehend treiben die Phönizier, gestützt auf die Hafenstadt Tyros, eine selbst. Politik: besetzen Cypern und treffen hier mit den Griechen zusammen (unternehmen bis ≈ —800 ungewöhnlich weite Seefahrten in das westliche Mittelmeer und werden die Mittler zwischen vorderasiat. und griech. Kultur) ≈ Phönizier gründen an der Westküste Marokkos Kolonien (zwischen ≈ —1100 und ≈ —950) ≈ Im Verlauf der Dorischen Wanderung lassen sich die Dorer am Ägäischen Meer nieder; erobern Korinth (dessen Königtum wird —748 gestürzt) ≈ Der griech. Volksstamm der Ionier, von den Dorern vom griech. Festland vertrieben, besiedelt Westküste Kleinasiens und Ägäische Inseln. Gründet in Kleinasien 12 Städte (darunter Milet und Ephesos), die sich zum Ionischen Bund zusammenschließen ≈ Die äolischen Böoter verdrängen Urbevölkerung Böotiens ≈ Im griech.-trojan. Kulturkreis wird der Heerführer zum Verwalter der Beute, König und Oberpriester; sein Sitz zur Burg und Stadt. Anwachsen und Handel der Bevölkerung sprengt die Sippenverfassung und führt zur Arbeitsteilung und Staatenbildung mit sozialökonom. Schichtung. (Später gelingt es dem Adel, den König zu entmachten) ≈ *David*, aus dem Stamm Juda, König von Israel bis ≈ —960 (†); erkämpft in Palästina das Reich Israel u. Juda mit der Hauptstadt Jerusalem, in der die Bundeslade mit den Gesetzestafeln aufgestellt wird	≈ Die griech. Schrift, die sich seit ≈ —1200 aus der altsemitisch-phönizischen unter Hinzunahme der Vokale entwickelt, hat bis ≈ —800 nur große Buchstaben ≈ Volle Ausbildung d. chinesischen Schrift	≈ Die klassische griechische Götterwelt entsteht. (Aus dem Chaos gehen Uranos u. Gäa [Himmel u. Erde] hervor, von denen das Göttergeschlecht der Titanen abstammt. Diese werden besiegt von der olympischen Götterwelt: Zeus, Hera, Poseidon, Demeter, Apollo, Artemis, Hermes, Ares, Aphrodite, Hephästus, Athene, u. a.) ≈ Ausbildung der pantheistischen regelstrengen Priesterreligion in Indien („Brahmanismus"). Lehre v. der Identität des „Ichs" (Atman) mit dem Welturgrund (Brahman) und der Seelenwanderung. Strenge Einteilung der Bewohner in vier Kasten
— 965	~ Chinesische militär. Expeditionen n. Zentralasien (ohne bleibenden Erfolg)		
— 960	≈ † *David*, König von Juda und Israel seit ≈ —1000; vorher Hirtenknabe und Zitherspieler bei König *Saul;* besiegte den Philister *Goliath*, vereinigte Juda u. Israel unter der Hauptstadt Jerusalem (Philister ≈ —1200 in Palästina eingewandert) ≈ *Salomo*, Sohn *Davids*, König von Israel und Juda bis ≈ —925 (†); erbaut Jahve-Tempel in Jerusalem; Höhepunkt des Reiches	≈ König *David* (†) dichtete Psalmen	

Tempel von Jerusalem	Israelitische Musik	Chinesisches Rechenbuch	
≈ Nordsyrisch-hethitische Göttin mit Mauerkrone (stark stilisierte Bronzefigur, zeigt geringen gestalterischen Fortschritt in der hethitischen Plastik seit —2000) ≈ Bronze-Elefant, als chines. Opfergefäß, zeigt trotz seiner Bedtg. als Symbol d. weibl. Fruchtbarkeit stark realist. und ornamentale Züge ≈ Malpinsel in China bekannt (Lackmalerei schon vorgeschichtlich) ≈ In Indien Übergang von der frühwedischen Kultur (entlang dem oberen Indus) zur spätwedischen (entlang dem oberen Ganges). (Die Geschichte der wedischen Zeit ist kaum zu rekonstruieren)	≈ Im alten Orient geht die 5-stufige Tonleiter in die 7-stufige über	≈ Färbung von Geweben mit dem Farbstoff der Purpurschnecke und Alaunbeizung im Mittelmeergebiet (bes. bei den Phöniziern) ≈ Wasserleitung in Jerusalem mit mehreren ausgemauerten Tunnels bis zu 537 m Länge ≈ Inder benutzen zur Zeitrechnung das Mondjahr zu 360 Tagen, das durch willkürl. Schaltungen mit dem Sonnenstand in Übereinstimmung gebracht wird ≈ Chinesisches Rechenlehrbuch (Flächenberechng., Verhältnisse, Regeldetri, Wurzeln, Rauminhalte, Bewegungslehre, Gleichungen mit einer u. mehreren Unbekannten, pythagoreisches Dreieck)	≈ Lockenperücken der Vornehmen in Ägypten u. Assyrien ≈ Bevorzugung bunter Kleider u. reichen Schmucks bei den Phöniziern. Langes rockartiges Untergewand, schurzartig. Obergewand, großer Kragen; Kappe ≈ Kaftan und Ephod (zwei über den Schultern zus. genähte Decken) kommen in der israelit. Kleidung auf. Zipfelkappe oder Kopfband; Sandalen oder Schuhe ≈ Vermuteter Schiffsverkehr zwischen Südwestarabien u. Indien ≈ Germanen bisher auf altgermanischen Siedlungsraum (Dänemark, Schleswig - Holst.) beschränkt (breiten sich bis Chr. Geb. über größere Teile Europas aus, wobei die Einheit der bronzezeitl. Kultur in zahlr. Formenkreise aufsplittert)
≈ Tempel von Jerusalem: Langhaus mit Vorhalle und dreistöckigen Seitengeschossen. Mitarbeit phöniz. Architekten	≈ König *David* (†) sang zur Harfe	≈ Zum Tempelbau in Jerusalem werden schon namhafte Mengen Eisen aufgebracht (wohl vor allem zum Tempelschatz)	≈ Mohnblumen in Ägypten nachgewiesen

Genaue Jahreszahlen gibt es erst ab ≈ — 800	*König Salomo*	*Anfänge israelitischer Literatur*	*Chinesischer Rationalismus*
— 950	≈ Kg. *Hiram I.* v. Tyros phönizischer Verbündeter Kg. *Salomos* ≈ Damaskus Hauptstadt eines Aramäer-Reiches (Mitte des —9. Jhdts. Kampf mit Assyrern; von diesen —732 erobert; vgl. —859) ≈ Die aramäischen Chaldäer dringen immer stärker aus Südbabylonien gegen Babylon vor (beherrschen vom —8. Jh. ab wiederholt Babylon) ≈ Kge. von Athen einigen Attika ≈ Unabhängiges Kgr. Nubien unter äthiopischer Dynastie (vgl. —770) ≈ Stadt Peking existiert	≈ Anfänge einer israelitischen Literatur: weltliche u. religiöse Lieder, Erzählungen (als ältestes gilt „Lied der Debora"; private weltl. Dichtung später im „Hohen Lied" gesammelt; „Sprüche Salomos" auch im wesentlichen später; vgl. —700)	≈ In China überwiegt in der mittleren *Chou*-Dynastie mehr und mehr die rationale Weltauffassung dieses ehemaligen Nomadenvolkes gegenüber dem magischen Denken d. früheren bäuerlichen *Yin*-Dynastie
— 945	∼ 22. Dynastie in Ägypten bis ∼ —745, mit Herrschaft libyscher Söldnerführer ∼ *Scheschonk I.* (in der Bibel *Schischak*, libyscher Abkunft) König von Ägypten bis ∼ —920; stützt sich auf die Priester in Theben; unternimmt Feldzüge nach Palästina		
— 932	∼ *Assurdan II.* König von Assyrien bis —912; kann dem Verfall der Macht (seit etwa 100 Jahren) Einhalt gebieten		
— 925	≈ † *Salomo*, König von Israel seit ≈ —960; stärkte sein Reich durch Handelsverträge u. zahlreiche Heiraten m. fremden Fürstenhäusern; hohe Steuern u. Frondienste führten zum Aufstand. Zerfall des Reiches in Südreich Juda mit Hauptstadt Jerusalem und Nordreich Israel mit Hauptstadt Sichem, später Samaria. (In der Folgezeit Feindschaft zwischen beiden Reichen und Kämpfe mit umliegenden Staaten) ∼ *Jerobeam I.* Kg. v. Israel (bis —907) ≈ König *Scheschonk I.* von Ägypten erobert und plündert Jerusalem		
— 917	≈ *Rehabeam*, König von Juda als Sohn *Salomos* seit ≈ —925, unterliegt im Kampf gegen Israel, dem Ägypten hilft (Ende des Hauses *David*)		

Geometrischer Stil der Griechen	Israelitische Musik	Eisen im griechisch. Kulturkreis	
≈ Griech. Kleinkunst und Keramik mit geometr. Mustern („Geometr. Kunst" bis —8. Jh.) ≈ Bronzezeitliche Trinkschalen und Schmuck (Goldfund von Eberswalde)	≈ In Israel gibt es 4000 Berufsmusiker. Feierlich. Massenchöre im Unisono-Gesang z. Tempelfeier. Verwendung v. Rahmentrommel (Tof), Kastenleier mit 10 Saiten (Kinnor; „Harfe"), Widderhorn (Schofar; fälschlich „Posaune"), Silbertrompete (Chasosrah), Leier (Nabla), Doppeloboe (Chalil)	≈ Frühe Eisenverwendung im griechischen Kulturkreis ≈ Hütten aus Holzpfosten und Schilfflechtwerk mit Lehmbewurf aus der Jäger-Kultur der Pinto-Indianer (Sierra Nevada, Kalifornien) (bezeugt Seßhaftigkeit vor Einführung des Ackerbaues)	≈ Tüllenbeile, plastische Armringe und Fibeln m. konzentrischen Kreisornamenten, Rasiermesser mit Spiralgriff, getriebene Bronzen südl. Herkunft in der nordeuropäischen Bronzezeit
		≈ Die Chaldäer besitzen ein geschlossenes Maßsystem: Wassergefüllter Kubikfuß großer Würfel ist gleichzeitig Wasseruhr, Gewichts- und Längenmaß	
		≈ Juden haben zweierlei Längenmaße: „heilige" u. „gewöhnliche"	*Salomo* (†) besaß großen Harem

Genaue Jahreszahlen gibt es erst ab ≈ – 800	*Assyrisches Großreich*	*Hebräische Sprache*	*Israelitische Propheten*
— 911	*Adadnirari II.* König von Assyrien bis —891; erneuert das Reich; schließt siegreichen Frieden mit Babylonien; fördert Ackerbau, liebt die Jagd ≈ Dorer in Sparta		
— 900	≈ Phönizier besiedeln teilweise Cypern (≈ —700 zeitweilig assyrisch) ≈ Einwanderung der Meder in Medien (Nordwestiran), werden den assyrischen Königen tributpflichtig ≈ Lausitzer Kultur der Bronzezeit/Eisenzeit im östl. Mitteleuropa. Entwickelte Keramik (Buckelurnen, große Urnenfriedhöfe mit Beigefäßen) von ≈ —1300 bis ≈ —500; (Träger der Kultur: Illyrier oder Thraker)	≈ Siegesdenkstein d. Moabiterkönigs *Mesa* bei Dibon im Ostjordanland (eine der ältesten Urkunden für hebräische Sprache u. Schrift)	≈ Die frühesten israelitischen Propheten treten derwischartig in Gruppen auf, wirken mit ekstatischen Worten auf das Volk, das ihnen Wunder zutraut. Vertreten teils die Baal-, teils die Jahve-Religion
— 883	*Assurnasirpal II.* König von Assyrien bis —859; bekämpft Aramäer; macht phönizische Hafenstädte tributpflichtig; fördert Verwaltung und Beamtentum; stellt Großreich wieder her		
— 879	≈ Samaria als Hauptstadt des Reiches Israel erbaut (—722 von *Sargon II.* zerstört; —30 als Sebaste [Augusta] von *Herodes* neu erbaut) ≈ Blüte des phönizischen Stadtstaates Tyros		≈ Samaria ist auch die sakrale Hauptstadt Israels
— 860	≈ Reich der Chalder (nicht Chaldäer!) in Armenien bis —585: hohe hethitisch beeinflußte Kultur		

Assyrische Reliefs und Fabeltiere	Assyrische und israelitische Musik	Assyrische Chronologie	
		Mit Kg. *Adadnirari II.* von Assyrien beginnt neue assyrische Chronologie (Beamtenliste; gesichert durch Anschluß an die Sonnenfinsternis —763, 15. Juni)	
≈ Attische Tongefäße mit geometrischen Mustern und stark stilisierten Figuren (Dipylonstil) ≈ König *Katuwas*, späthethitisches Relief aus Karkemisch			
∼ Kg. *Assurnasirpal II.* von Assyrien baut Kalach (auch Nimrud, nördlich Assur) als Hauptstadt neu auf: Prunkvoller Königspalast ≈ Ausdrucksvolle Reliefs im assyrischen Königspalast und Ninurta-Tempel zu Kalach: Kampf- und Jagdszenen mit technischen und genrehaften Details ∼ Sandsteinstele *Assurnasirpals II.* im Palast Kalach/Nimrud		∼ Assyr. Sandsteinstele i. Kalach/Nimrud beschreibt Fauna und Flora des Landes einschl. importierter Arten	≈ Kunstv. Haar- u. Barttracht sowie Ohrschmuck des assyr. Kgs.
≈ Monumentale geflügelte Stier- u. Löwenfiguren mit Menschenkopf (assyr. Bildwerke aus dem Königspalast bei Kalach) ≈ Geflügelter Genius mit Vogelkopf (assyr. Relief in Kalach)		≈ Verteidigung einer Stadtmauer durch Werfen brennender Fakkeln (auf einem Relief in Ninive) ≈ Kaukas.-indoeurop. (?) Chalder gelten als Urheber der Eisenkultur u. Stahlerzeugung (vgl. —1200)	≈ Große Bedeutung der Jagd am assyr. Hofe (meist vom Streitwagen aus); Kalach od. Nimrud gilt als Gründung d. sagenhaften Königs u. Jägers *Nimrod*

Genaue Jahreszahlen gibt es erst ab ≈ – 800	*Machtverfall Ägyptens*	*Assyrische Texte*	*Prophet Elias*
—859	*Salmanassar III.* König von Assyrien bis —824; kämpft mit wachsendem Erfolg gegen Aramäer in Syrien; gewinnt starken Einfluß in Babylonien		
—854	~ Ägypten unterstützt vergeblich Syrien gegen König *Salmanassar III.* von Assyrien		~ Der Prophet *Elias* kämpft gegen d. phönizischen Baal-Kult im palästinens. Nordreich Israel unter Kg. *Ahab* (†, seit ~ —875). Der von ihm eingesetzte Kg. *Jehu* tötet Nachkommen *Ahabs* und verbietet Baal-Kult
—852	König *Salmanassar III.* von Assyrien nutzt Thronstreitigkeiten in Babylonien aus, um dort großen Einfluß zu erlangen		
—850	~ Damaskus widersteht wiederholt den Assyrern		≈ Nordsyrisch-hethitisches Relief am Tempelpalast z. Guzana (Tell Halaf): Zwei Stiermenschen und d. Wilde Mann stützen als Dämonen zwischen Himmel und Erde die Flügelsonne mit Sternen als Himmelssymbol (stark schematisierte religiös-symbol. Darstellung) ≈ Israelitischer Hörneraltar ≈ In der ägyptischen Religion verstärkt sich Tierkult

Assyrische Kunst	Assyrische und israelitische Musik	Assyrische Kriegstechnik	
~ Erneuerung von Ischtar-Tempel u. Kgs.-Palast in Ninive durch Kg. *Assurnasirpal II.* (†) und Kg. *Salmanassar III.*		~ König *Assurnasirpal II.* (†) von Assyrien legte Tiergärten an	≈ Besonders grausame Behandlung d. besiegten Feinde durch die Assyrer: Schinden, Pfählen, Verbrennen von Kindern, Ausstechen der Augen, Ausreißen der Zunge u. a. ~ König *Assurnasirpal II.* (†) von Assyrien ergänzte Streitwagen durch Reitertruppe
≈ Priester als Würfelhocker mit Götter-Relief (ägypt. Plastik) ≈ Königspalast von Balawat (Imgur-Ellil) mit Bronzetor (Höhepunkt assyr. Metallkunst, schildert die militärischen Erfolge von König *Salmanassar III.*) ≈ Schwarzer Obelisk des Königs *Salmanassar III.* von Assyrien (feiert in Inschriften und Reliefs den Sieg des Königs über die Syrer) ≈ Gewaltige steinerne Sphinx-, Löwen- und Panther-Figuren als Sinnbild der kgl. Macht und magische Beschützer an den Burg- u. Stadt-Toren des hethitisch-nordsyrischen Staates ≈ Hethitisch-nordsyrisches Reiterrelief (vermutlich älteste vorderasiatische Reiterdarstellung)		≈ Die assyrischen Reliefs zeigen die Verwendung von Belagerungsmaschinen: Rammbock, Belagerungstürme u. a. ≈ Sprachrohr in Ninive bekannt	≈ Nordsyrisch-hethitisches Relief zeigt königliche Hoftracht: Langes Untergewand mit schwerem Saum und kurzen Ärmeln; dreimal um den Körper geschlungenes Fransentuch, v. Gürtel gehalten; Pickelhelm mit Schmuckkordel; Haar und Bart gelockt; in den Händen Kelchblüte (als Zeichen königlicher Macht) und Beutel

Genaue Jahreszahlen gibt es erst ab ≈ – 800	*Etrusker in Italien*	*Homer*	*Kult der Großen Erdmutter*
Im —9. Jahrhundert	*Sargur I.* vereinigt urartäische Königreiche mit der Hauptstadt Tuschpa (Reich geht ≈ —600 zugrunde) Dorer gründen Korinth	Keilschrift in Urartu (hatte im —14. Jhdt. größte Verbreitung)	Baal-Kult dringt in Israel ein (der Kult dieses Fruchtbarkeitsgottes ist oft orgiastisch)
—841	Israel Assyrien tributpflichtig ~ In Jerusalem regiert Kgin. *Athalja*, phönizischer Abstammung		~ Königin *Athalja* unterstützt Baal-Kult; Prophet *Elisa* läßt sie töten
—814	~ Phönizier aus Tyros gründen Karthago (in Tunesien); dort entsteht Kaufmanns-Aristokratie mit engerem und weiterem Senat unter zwei Richtern (Königen)		
—811	*Samuramat* Königin von Assyrien bis —807 an Stelle ihres unmündigen Sohnes; führt erfolgreiche Feldzüge (ihre ungewöhnliche Persönlichkeit wird zur *Semiramis* der Sage)		
—806	*Adadnirari III.* König von Assyrien bis —782; beherrscht Babylonien; kämpft gegen Syrien (Damaskus)		
—800	≈ 23. Dynastie in Ägypten (≈ —817 bis —730), herrscht neben der 22. ≈ Griechen besiedeln Küstenplätze von Spanien ≈ Auf dem ≈ —1100 von den Dorern besetzten Kreta entstehen mehrere rivalisierende Stadtstaaten (—67 von Rom erobert) ≈ Einwanderung der Etrusker nach Italien (erobern bis ≈ —600 Toskana; entfalten hochentwickelte Stadtkultur (vgl. —2450)	≈ „Ilias" (Kampf um Troja) und „Odyssee" (Irrfahrten des Odysseus) des sagenhaften blinden griech. Dichters u. Sängers *Homer* entstehen in Kleinasien (griech. Epen in Hexametern; wahrscheinlich nicht vom gleichen Verfasser) ≈ Über Phönizien beeinflußt das altbabylonische Buchwesen das aufkommende ionisch-griechische. Lederrollen mit aramäischen u. griechischen Übersetzungen vermitteln zwischen den babylonischen Tontafeln und den späteren (ab ≈ —550) griechischen Papyrusrollen	≈ In Theben regiert ein weiblicher Hohepriester als „Gemahlin des Amon" ≈ In Phrygien gibt es den Geheimdienst d. Großen Erdmutter Kybele (Mysterien mit orgienhaftem Kult, später v. Griechen u. Römern übernommen; vgl. —204) ≈ *Homer*ische Epen beeinflussen nachhaltig griech. Geistesleben

Urartu-Kultur	Assyrische Musik	Einfache Maschinen	
Zwei Stiere zu beiden Seiten eines Volutenbaumes (hetith. Plastik; hier erscheint wieder das altsumerische Motiv des von Tieren umgebenen Lebensbaumes) Dorisch. Holztempel m. Säulenkranz			Erst von jetzt an genauere Jahreszahlen
		Feste Chronologie in der chines. Geschichtsschreibung	
≈ Nach-hethitische Kultur im Urartu-Reich am Vansee in Armenien, zw. Schwarzem und Kaspischem Meer (—9. bis —7. Jh.): Besondere Blüte der Metallbildnerei; Export der Metallgefäße und Möbelteile (z. B. Bronzegreif [Löwe mit Vogelkopf und Flügeln], feinziseliert, als Möbelfuß) ≈ Die griech. Kunst übernimmt lineare u. pflanzl. Ornamente v. asiatischen Völkern, bildet sie aber zu feststehenden Typen um u. beeinflußt d. Ornament-Kunst d. Etrusker u. Römer ≈ Blüte d. phryg. Kultur in Westkleinasien (Teppichweberei, Stickerei, kunstvolle Felsengrabmäler) ≈ „Grüne Stele" in Armenien, mit chaldischer und assyrischer Inschrift ≈ In der mittleren *Chou*-Dynastie entstehen mehr und mehr rein ornamentale Bronzegefäße, nachdem einige Jahrhunderte der magisch symbol. Stil d. früheren *Yin-(Shang-)* Zeit nachwirkte (vgl. —1050)	≈ Musik spielt eine große Rolle in den Kulten Babyloniens. Verwendung des Fünf- u. Siebenton-Systems. Aufzeichnung von Musikstücken in Keilschrift	≈ *Homer* kennt eine relativ hochentwickelte Kriegschirurgie ≈ Der nordsyrisch-hethitische Streitwagen besteht aus einem nur oben offenen Kübel, an der Seite Köcher für Pfeile, an der Rückwand vorspringender Löwenkopf, an der Deichsel halbmondförmiger Schild als magisches Abwehrmittel ≈ Handkurbel bei den Etruskern ≈ Transport schwerer Lasten durch Schlitten auf Rollen in Vorderasien	≈ Hemdförmiger Leibrock mit kurzen Ärmeln bei den Assyrern. (Bei den Vornehmen lang und mit Binde gegürtet.) Assyrische Kleidung ist faltenlos u. besitzt zahlreiche Fransen u. Troddeln. Männer- u. Frauenkleidung nicht sehr unterschiedlich ≈ Dichtungen *Homers* kennen schon Brot, doch überwiegt in der Antike die Breinahrung

	Hethitische Kleinstaaten in Nordsyrien	*Assyrische Texte*	*Assyrischer Gott der Schreibkunst*
—790	~ *Panammu* König von Samal (Nordsyrien). Dort zweite Blüte der hethitischen Kultur (—10. bis —8. Jh.): Monumentale Bauplastik, Reliefs und Kunsthandwerk. (In 300 Jahren nur geringe Stilentwicklung) ~ *Amazja* König von Juda (—799 bis —785); wird von Israel vernichtend geschlagen und in einer judäischen Verschwörung getötet		
—787	~† König *Joas* v. Israel (seit ~—801), eroberte die an Damaskus verlorenen Gebiete zurück, plünderte Jerusalem		Kg. *Adadnirari III.* v. Assyrien errichtet dem alten sumerischen Gott d. Schreibkunst Nebo (Nabu) in Kalach einen großen Tempel u. erweist fast ausschl. ihm Verehrung
—776	Mit den Olympischen Spielen entsteht auch ein politischer und geistiger Mittelpunkt der Griechenwelt. Zeiteinteilung nach 4jährigen Olympiaden ≈ Übergang von der italienischen Villanova-Kultur in Mittel- und Oberitalien (seit ≈ —1000) zur Kultur der einwandernden Etrusker. Villanova-Kultur kannte Hausurnen u. bauchige Gefäße mit kropfartigem Hals, geradlinige geometrische und stilisierte Tierornamente; ursprüngl. Leichenbrand-, später Körperbestattung. War donauländisch-balkanisch und vorderasiatisch beeinflußt		Frauen sind auch als Zuschauer von den Olympischen Spielen ausgeschlossen ≈ Der gesunde nackte Körper rückt für den Griechen in den Mittelpunkt ästhetischer, ethischer und pädagogischer Gedanken

Nordsyrisch-hethitische Kunst	Assyrische Musik	Indische Medizin	
≈ Nordsyrische-hethitische Kunst: Paläste mit Freitreppen, Vorhallen, Holzsäulen, mit Bronze verkleidet und auf steinerner Basis, meterdicke farbig verputzte Mauern aus ungebrannten Lehmziegeln, an den Toren gewaltige Tierplastiken aus hartem Stein; Gebrauchskeramik bevorzugt einfache geometrische Muster (teilweise assyr. Einfluß); Reliefs zeigen als häufige Motive Kampf- und Jagdszenen zu Fuß, mit Pferd- und Streitwagen. Die Darstellung ist starr schematisiert bis zu einer Art Bilderschrift; monumentale Steinplastik d. Gewittergottes Hadad (4 m hoch, mit Weihinschrift d. Kgs. *Panammu*)		≈ Die wedische Medizin Indiens (seit ≈ —1500) geht in die brahmanische (bis ≈ 1000) über: Ärzte trennen sich vom Priesterstand; es entsteht geregelter ärztlicher Unterricht, auch Übungen am Phantom	
≈ Ägyptisierende Elfenbeinarbeiten im assyr. Kalach/Nimrud			
		≈ Mit der etruskischen Kultur kommen Pferd u. Streitwagen nach Italien	Erste griechische Olympische Spiele (Aufzeichn. d. Siegers; Beginn einer gemeins. griech. Zeitrechnung) Olympische Spiele als griech. Nationalfest fanden alle 4 Jahre statt und umfaßten 1. Tag: Pferderennen, 2. Tag: Fünfkampf (Laufen, Springen, Ringen, Diskus-u. Speerwurf), 3. Tag: Opfer und Prozession, 4. Tag: Wettläufe, 5. Tag: Ring-, Faust- u. gemischter Kampf. Daneben reges geistiges u. wirtschaftliches Leben (Ol. Sp. 393 von *Theodosios d. Gr.* aufgehoben)

	Germanen-Expansion	Ägyptische Fabeln	Propheten in Israel
— 775	≈ Wegen Klimaverschlechterung Expansion der Germanen. Kämpfe mit den Kelten		
— 771	~ Der nubische Staat Napata (Nordostafrika) herrscht über Unterägypten (besteht urspr. als Priesterstaat seit —9. Jh.; verfällt ~ —670, nachdem seine ägypt. Kultur verlorenging) ~ Chou-Dynastie machtlos. Chinesischer Staat zerfällt in sich bekämpfende Einzelstaaten		
— 760	~ Unter *Usia*, König von Juda, —784 bis —755, wird der Staat nach innen u. außen gefestigt		
— 753	Sagenhafte Gründung Roms und Herrschaft der sieben Könige (bis —510) (historische Entstehung wahrscheinlich ≈ —600)		
— 750	≈ Hallstatt-Zeit (Früh-Eisenzeit) in West-, Mittel- und Südosteuropa (Illyrier, Räter, Kelten); Bronze überwiegt noch, teilw. überladene Formen, auch Goldfunde. Erst Feuer-, später auch Erdbestattung (bis ≈ —500; vgl. —637) ≈ Der Stadtstaat, die Polis, entwickelt sich zur typischen griech. Lebensform. Adelsherrschaft ≈ Der Adel Attikas beginnt sich in Athen zu sammeln ~ Kolonisation aus sozialer Not ~ Griechen siedeln in Unteritalien ≈ Sagenhafte strenge Gesetzgebung des *Lykurgos* in Sparta ≈ Kelten wandern in England ein	≈ „Streit des Bauches mit dem Kopf" (ägyptische Fabel)	≈ Delphi wird zum wichtigsten Ort des Apollokultes ≈ Gesichtsurnen zwischen Oder und Weichsel (≈ —1000 bis ≈ —500, Früheisen- u. Latènezeit)
Im —8. Jahrhundert	Spartanische Auswanderer gründen Tarent in Unteritalien (wird ≈ —450 zur bedeutendsten Handelsstadt Italiens) Etrusker erlangen politische und kulturelle Vorherrschaft in Italien (Herkunft vermutl. aus Kleinasien, sprachlich u. kulturell beeinflußt von uralischen u. indoeurop. Völkern) Zerfall der indischen Urgemeinde, Übergang zum Sklavenstaat	Phönizische Inschriften in Karatepe (Kilikien) erweisen Ausdehnung dies. Sprache u. Schrift bis nach Kleinasien, während in Syrien bereits der Übergang zum Aramäischen stattfindet	*Schu-king:* „Großer Plan" (chines. Versuch einer nicht mythologischen Philosophie mit Einfluß auf *Konfuzius*) Die Propheten *Amos*, *Hosea* und *Jesajas* wenden sich gegen religiöse und soziale Mißstände in Israel

Archaischer Stil der griechischen Kunst	Assyrische und israelitische Musik	Technik der Früh-Eisenzeit	
≈ Phönizische Elfenbeinarbeiten in Chadatu (Arslan-Tasch, südwestl. von Edessa / Urfa), Samaria (Sebaste) und Dur-Scharukin (Chorsabad b. Mosul)		≈ Babylon. Astronomie hat eine hohe Sicherheit i. d. Bestimmung d. Bewegung der Himmelskörper erreicht (vgl. —2000)	Sonnenfinsternis vom 6. September stellt das erste sichere Datum der chinesischen Geschichte dar
		≈ Steinschleudern auf den Wehranlagen Jerusalems	
≈ Kanopen in Ägypten (Eingeweidegefäße mit menschen- oder tierförmigem Deckel)		≈ Assyrer benutzen aufgeblasene Tierhäute als Schwimmhilfe bei Fischerei und Kriegszügen ≈ Keltische vierrädrige Prunkwagen mit Speichenrädern für Pferdezug in der Hallstatt-Zeit (verbreiten sich bis nach Dänemark) ≈ Hufeisen in der keltisch. Hallstatt-Kultur Frankreichs	≈ Roggen in Südrußland ≈ Erdbevölkerg. überschreitet vermutlich 100-Millionengrenze ≈ Griech. Handwerk und Handel gedeihen, Bauern in Not
Entstehung einer Großkunst in Griechenland im archaischen Stil (einfache, strenge Formen; bis ≈ —480) Bis über 1 m hohe attische Amphoren mit geometr. und gelegentlichen Anfängen von Bild-Schmuck (dienen als Vorratsbehälter, mitunter auch als Graburnen) ≈ Arab. Tempel am Harem Bilqis im Yemen, dar. prächtiger Ilumquh-Tempel (ausgegraben 1951)		Gesichertes Bestehen chin. Astronomie u. Kalenderrechnung (frühere Ansätze bis ≈ —2000 vermutet) Helme in der Hallstatt-Zeit aus Bronze, Holz und Leder	Blüte der Spiralverzierungen i. d. nordeurop. Bronzezeit; daneben Wellenlinien, schiffs- u. tierkopfähnliche Ornamente; Schmuck wird größer, brillenartige Fibeln; Langschwerter. Erste vereinzelte Eisengegenstände

	Assyrien erobert Syrien	Religiöse israelitische Literatur	Prophet Jesajas
— 748	In Korinth wird Königtum gestürzt und Wahl-Monarchie der 200 Bakchiaden-Familien errichtet (Blütezeit Korinths, bis —582 Oligarchie eingeführt wird)		
— 745	Libysche, 24. Dynastie in Nordägypten *Tiglatpileser III.* König von Assyrien bis —727; erobert Damaskus; verpflanzt häufig unruhige Völkerschaften, beschränkt die Macht der Bezirksherren; fördert Bürger und Bauten; entwickelt Heerwesen		
— 744	† *Jerobeam II.*, Kg. von Israel seit —784; letzter bedeutender Herrscher des Staates (der —722 zur assyrischen Provinz wird)		
— 740			≈ *Jesajas* Prophet in Juda († ∼ —701)
— 735	∼ Messina auf Sizilien v. d. Griechen gegründet ∼ Syrakus (Sizilien) von Griechen aus Korinth gegründet		
— 734	Israel verliert Galiläa an Assyrien (G. kommt —105 wieder zum jüd. Staat)		
— 732	König *Tiglatpileser III.* von Assyrien erobert mit Damaskus Syrien und Phönizien, ein Ziel, um das Assyrien über 100 Jahre gekämpft hat		
— 730	≈ Sparta erlangt Vorherrschaft in Griechenland durch Unterwerfung Messeniens (—480 wird Athen gleich mächtig)	∼ Bücher mit Scharnier und Schreibzeug aus Tusche und Pinsel auf einem nordsyr.-hethitischen Relief	≈ In Sparta herrschen harte, oft grausame Erziehungsformen für Knaben und Mädchen und soldatische Lebensformen

Assyrische Reliefs	Assyrische und israelitische Musik	Assyrische Technik	
≈ Vernichtung einer Festung durch die Assyrer (Relief vom Palast in Kalach)		≈ Assyr. Relief zeigt fahrbaren Rammbock	
≈ Unter König *Tiglatpileser III.* von Assyrien wird die Kunst naturalistischer: Reliefs mit richtiger Seitenansicht, Landschaften, weniger monumental (u. a. im Palast zu Kalach) ≈ Höhepunkt der nordsyrisch-hethitischen Reliefkunst in Samal (heute Sendschirli): Die Reliefplatten schützen den Mauersockel d. Paläste u. stellen wahllos gemischte Szenen politischen, mythologischen, kultischen, alltäglichen Inhalts mit Freude am Detail dar ≈ Hethitisches Grabrelief einer durch den Tod vergöttlichten Königin mit Priester bei kultischer Handlung (ägypt. beeinflußt)		≈ Neubewaffnung des assyr. Heeres (teilweise Eisenwaffen)	≈ Reich gearbeitete Sessel (Throne), Fußbänke, Tische, vielseitige Tischgeräte auf nordsyrisch - hethitischen Reliefs mit höfischen Szenen

	Assyrien erobert Israel	Religiöse israelitische Literatur	Prophet Jesajas
— 729	König *Tiglatpileser III.* erobert Babylon; Babylonien kommt zum Assyrer-Reich (bis ~ —605)		
— 725	Assyrien beginnt die Hauptstadt Israels Samarie zu belagern (wird nach 3jähriger Belagerung erobert)	~ Kanne aus Athen mit der Inschrift: „Wer jetzt von den Tänzern am anmutigsten tanzt, der soll dies bekommen" (gilt als älteste griech. Inschrift)	
— 724	*Hiskia* Kg. v. Juda bis —699; verbündet sich mit Ägypten gegen Assyrien, unterstützt d. Propheten *Jesajas* im Kampf gegen den Götzendienst seiner Vorgänger		~ *Hiskia* verbietet Jahve-Kult außerhalb Jerusalems
— 722	Assyrien erobert das paläst. Nordreich Israel (ca. 30 000 Einwohner werden in d. Gefangenschaft geführt; ein selbständiger Staat Israel entsteht erst wieder 1948)	≈ Die Worte der israelitischen großen Propheten werden gesammelt und später zu „Büchern" zusammengefaßt	~ Durch *Jesajas'* Weissagungen entsteht der Glaube an das Erscheinen des Gründers eines Gottesreiches (Messias, d. h. „Der Gesalbte")
— 721	*Sargon II.* Kg. v. Assyrien bis —705 (†); erweitert sein Reich in ständigen Feldzügen gegen Syrien, Babylonien, Armenien, Phrygien von Cypern bis zum Pers. Meerbusen; fällt im Kampf		≈ Prophet *Micha* unter den Königen *Jotham, Ahas* u. *Hiskia* von Juda
— 717	~ Kg. *Sargon II.* von Assyrien erobert die hethitischen Staaten in Nordsyrien und besiegt das Chalder-Reich Urartu. Ende d. neuhethit. Kultur		
— 715	~ Äthiopier erobern ganz Ägypten, 25. Dynastie bis —663 *Numa Pompilius* sagenhafter 2. König Roms bis —672 (vgl. —600)		~ *Jesajas* prophezeit den Untergang Assyriens ≈ Orthodoxie und Puritanismus in der ägypt. Religion

Nordsyrisch-hethitische Kunst	*Assyrische Musik*	*Assyrische Heilpraxis*	
≈ Bronzestatue eines kgl. Mannes (Ansätze einer bildnishaften Gestaltung; aus dem armenischen Urartu-Reich) ≈ Kgl. Löwenjagd mit Streitwagen (nordsyr.-hethit. Relief; Bedeutung d. Dargestellten entspricht nicht seiner Stellung im Bilde) ≈ Pferdekopf mit reich verziertem Zaumzeug (nordsyr.-hethitische Steinplastik)			
≈ Sammlung von Elfenbeinarbeiten (Flachschnitzerei mit Goldauflage) aus dem Assurnasirpal-Palast in Kalach/Nimrud		≈ Assyrische maskierte Priester treiben weiblichen Dämon aus einem Kranken aus (Sandstein-Relief aus Kalach-Nimrud)	≈ Babylonischer König belehnt einen Magnaten mit Grundbesitz (babylonischer Urkundenstein mit Bildrelief, Keilschrift und Symbolen der Hauptgottheiten)

	Griechische Kolonisation	Hesiod	Griechische Gedankenwelt
— 712	Spätzeit (25. bis 30. Dynastie) in Ägypten bis —332. 25. Dynastie bis —663 mit äthiopischen Königen		
— 705	*Sanherib* König v. Assyrien bis —681(†); läßt prachtvolle Bauten u. Stadtmauer errichten, Ninive wird glanzvolle Weltstadt (zerstört —612) Ende der bisherigen assyrischen Residenz Kalach/Nimrud (zerstört?) ≈ In den voraufgehenden beiden Jhdten. gewannen die Assyrer ganz Vorderasien		≈ Die Großgräber d. Bronzezeit werden durch Urnengräber abgelöst ∼ *Sanherib* leugnet seinen Vater u. führt seine Abstammung auf vorsintflutliche sagenhafte Könige zurück
— 703	Aufstand Babyloniens gegen Assyrien (wird —702 niedergeschlagen)		
— 701	Niederlage Ägyptens und Judas gegen König *Sanherib* von Assyrien bei Elteke (Altaku/Südpalästina)		∼ † *Jesajas*, Prophet in Juda
— 700	∼ † Kg. *Midas*, nimmt sich nach Niederlage durch *Sargon II.* v. Assyrien das Leben (* ∼ —738) ≈ Griechen gründen Trapazunt am Schwarzen Meer ≈ Bildung griech. Siedlungen in Unteritalien, Sizilien, am Schwarzen Meer ≈ Etrusker tauchen in Mittelitalien auf (stammen wahrsch. aus Vorderasien) ≈ In China entstehen fünf größere, zeitweise rivalisierende Lehnsreiche, welche die kleineren beherrschen (davon erlangt Ch'in — 240 die Kaiserwürde). Hunnen bedrängen wiederholt China ∼ Die Weltstadt Ninive ist für die umliegenden Völker das Symbol der Gewalt und blutiger Unterdrückung ≈ Skythen verdrängen indoeurop. Kimmerier aus Südrußland. Diese dringen kriegerisch nach Vorderasien vor (wo sie ≈ — 600 vom Lyderkönig besiegt werden) ≈ Perser bezeugt; übernehmen Sprache und Keilschrift von den Elamitern. Achämeniden-Herrschaft	≈ Die Spruchsammlung der „Sprüche Salomos" beginnt zu entstehen (bis ≈ —400; teilw. ägypt. Herkunft) ≈ *Hesiod*, griech. Dichter aus Böotien, schreibt „Theogonie" (Götter- u. Weltentstehung; vgl. —1000), „Werke und Tage" (Lehrgedicht), „Schild des Herakles" (Schild- und Schlachtbeschreibung)	≈ *Hesiod* unterscheidet 5 Zeitalter: das goldene oder saturnische (das paradiesische), das silberne (üppig u. gottlos), das eherne (das d. Künste u. Kriege), das heroische (zeitweiser Aufstieg), das menschliche oder eiserne (die Gegenwart als d. schlechteste) (ähnl. Einteilungen finden sich bis in die Neuzeit) ≈ *Hesiod* kennt neun Musen: Klio (Geschichte), Euterpe (Lyrik), Thalia (Komödie), Melpomene (Tragödie), Terpsichore (Tanz), Erato (Liebesdichtung), Polyhymnia (ernster Gesang), Urania (Sternkunde), Kalliope (erzählende Dichtung). Am Olympos u. Helikon wurden ursprünglich nur 3 Musen verehrt: Melete (Nachdenken), Mneme (Gedächtnis), Aoide (Gesang)

Bauten in Ninive *Dorische Tempel*	*Griechische Musik*	*Assyrische Technik*	
≈ Die Kunst der Spätzeit in Ägypten bringt eine Renaissance alter Formen			
Sargonsburg (Chorsabad nördlich Ninive) wird aufgegeben (erbaut —713 bis —708 von *Sargon II.* mit Terrassenpalast, Turmtempel, 7 km langer Mauer mit 7 Toren und 183 Türmen)			
≈ Einwohner Judas fliehen vor *Sanherib* (Relief aus Ninive)			
≈ Dorischer Holztempel der Göttin Hera in Olympia ≈ Etrusker bringen vorderasiatisch geprägte Kultur nach Italien (ihre Sprache ist wahrsch. indogermanisch, vgl. 1972 Ph) ~ Geometrisches Hilfsliniennetz auf ägypt. Bildhauer-Werkstücken und Modellstücke deuten auf Kopierverfahren nach Modellen. Neben dem Steinhammer kommt auch beim Hartstein der Meißel auf ≈ Blütezeit der assyrischen Kultur ~ Baubeginn des assyrischen Königspalastes in Ninive (mit reicher, natur- und lebensnaher Reliefkunst)	≈ Griech. Musik erhält große Bedeutung für das ganze öffentl. Leben (Rhapsoden [Wander-Sänger]; kultische, Fest- und Schauspiel-Musik bilden sich aus, bes. Chormusik; nach —300 allmählicher Verfall; vgl. —500 u. —100)	≈ König *Sanherib* von Assyrien hält einen Garten beim Palast in Ninive mit seltenen Pflanzen und Tieren (die Pflanzlöcher und Wasserkanäle werden in den Felsen gesprengt) ~ Mauer um Ninive (24 m hoch, 40 Ziegel dick, davor 42 m breiter Graben) ≈ Baumwollstaude u. babylonisches Schöpfwerk in Assyrien ≈ Trieren als griech. Kriegsschiffe (z. B. in Korinth; etwa 100 t, 150 Ruderknechte, 50 Krieger; begrenzt seetüchtig)	≈ König *Sanherib* von Assyrien besteigt mehr. hohe Berge (früheste Erwähnung einer alpinen Naturfreude) ≈ *Hesiods* „Tagewerke" zeigen primitive griech. Landwirtschaft: Gerste, Weizen, Hülsenfrüchte, Weinstock, Olive, Feige, Pferde, Rinder, Ziegen, Schafe, Schweine ≈ Die Griechen, die bisher ihre Gewebe aus Assyrien u. Babylonien bezogen haben, beginnen deren ornamentale Muster selbständig umzugestalten ≈ Älteste lydische Münzen bestehen aus Elektrum (natürl. Gold-Silber-Legierung)

	Herrschaft Ninives	Entwicklung der Hiëroglyphen	Griechische Kulte
— 699	*Assur-nadin-schum*, Sohn König *Sanheribs* von Assyrien, wird König von Babylonien bis —694		≈ *Hesiod:* Der Mensch hat die Pflicht zu arbeiten
— 692	∼ *Manasse* Kg. v. Juda bis —638; führt babylonisch-assyrischen Gottesdienst ein		
— 689	König *Sanherib* von Assyrien erobert und zerstört Babylon (wird ab ∼ —681 von König *Asarhaddon* von Assyrien wiederaufgebaut) ≈ Indoeurop. Kimmerier vernichten phrygische Kultur		≈ In der griech. Religion gewinnen die Kulte des Apollo, des Dionysos, der Mysterien (Geheimlehren, z. B. die orphische) u. das Delphische Orakel wachsende Bedeutung
— 688	*Taharka* aus Äthiopien König von Ägypten bis —663; unter ihm kommt Ägypten zum assyrischen Reich		
— 682	*Gyges*, Kg. v. Lydien bis —652 (†) nach Sturz des Lyderkgs. *Kandaules*; *Gyges* unterstützt die Einigung Ägyptens durch Waffenhilfe; mit ihm beginnt d. Herrschaft der Mermnaden über Lydien/Westkleinasien (letzter Kg. *Kroisos* bis —546) Abschaffung des Königtums in Athen. Jährlich Wahl von 9 adligen Archonten. Gerichtshof aus früheren Archonten (Areopag) hat gerichtliche Oberaufsicht		≈ Unter dem Einfluß Delphis geht der phallische Kult des Dionysos in gezügeltere Formen über. D. wird zum Gott des Weines (Bacchus)
— 681	† *Sanherib*, König von Assyrien seit —705, von seinen älteren Söhnen ermordet, weil er einen jüngeren zum Nachfolger einsetzte *Asarhaddon* König von Assyrien bis —669; unterwirft Ägypten. Höhepunkt der Assyrermacht ∼ Chinesische Liga geg. äußeren Feind		
— 680			
— 676	∼ Phönizische und palästinensische Städte anerkennen erneut Tributpflicht gegenüber Assyrien		
— 675	≈ Die indoeuropäischen Kimmerier dringen nach Medien und Kleinasien vor und bedrängen u. a. Assyrien. Phrygien verliert Selbständigkeit	≈ Aus den ägypt. Hiëroglyphen entwickelt sich eine Schrägschrift (demotische od. Volksschrift)	

Assyrische Bauten	Griechische Musik	Assyrische Technik
		≈ Wasserleitung in Jerusalem
	≈ In der griech. Musik tritt zum Rhapsodengesang nach der Kithara kunstvollerer Gesang zur Flöte (Aulos), die aus Kleinasien kommt	~ König *Sanherib* von Assyrien läßt Aquädukt (Wasserleitung) bauen
≈ König *Asarhaddon* von Assyrien baut Babylon wieder auf und erneuert Tempel und Tempelturm des Gottes Marduk (war —1251 geplündert worden, zerstört —689; wird —479 durch *Xerxes I.* erneut zerstört)	≈ *Terpandros* von Lesbos erneuert griechische Musik durch Sätze für Sologesang mit Instrumentalbegleitung; soll Lyra v. 4 auf 7 Saiten erweitert haben	
≈ Dorische Säule taucht zuerst i. d. Peloponnes auf		≈ Ziehbrunnen in Ninive
		Etrusker als „Tyrsener" bei *Hesiod* genannt

	Assyrien erobert Ägypten	*Griechische Dichtung*	*Brahmanismus*
— 671	König *Asarhaddon* von Assyrien erobert Memphis und ganz Ägypten (—656 wieder unabhängig). Höhepunkt der assyrischen Macht		≈ Entwicklung der sechs Richtungen des indischen Brahmanismus in den Upanischaden-Texten. Alle erstreben die Befreiung der Seele aus dem Kreislauf der Seelenwanderung durch Vereinigung mit d. Weltseele (Brahman): 1. Sankhja: Erlösung durch Trennung der Seele vom Stoff in einen Zustand ewiger Bewußtlosigkeit. 2. Yoga: Erlösung durch Abwendung v. d. Außenwelt mittels Versenkung. Anerkennung eines persönl. Gottes. 3. Wedanta: Erlösung durch Erkenntnis, daß Seele einzige Wirklichkeit im falschen Schein der Welt. 4. Mimamsa: Erlösung der Seele durch Einhaltg. kult. Vorschriften. 5. u. 6. Waischeschika und Njaja: Erlösung durch wahre Erkenntnis der atomistischen Welt (Reihenfolge in der zeitlichen Entwicklg.)
— 670	∼ *Zaleukos* aus Lokroi schafft erste geschriebene griech. Rechtsordnung von sprichwörtlicher Strenge Chinesischer Fürstenbund unter Graf *Huan von Ts'i* (—685 bis —652). Ts'i in O-Honan ist wirtschaftliches und kulturelles Zentrum Chinas	≈ *Kallinos*, frühester bekannter griech. Lyriker (erhalten ein „Kampflied")	
— 669	*Assurbanipal* König von Assyrien bis ∼ —630; unter ihm Schwächung der politischen Macht; kulturelle und wissenschaftliche Blüte		
— 668	In Babylonien wird der ältere Bruder von König *Assurbanipal* von Assyrien König (Babylonien wird nach einem Aufstand —648 assyrische Provinz)		
— 663	26. Dynastie in Ägypten bis —525, mit den Königen *Psammetich I.*, *Necho*, *Psammetich II.*, *Apries*, *Amosis* u. a. Erneute vorübergehende Blüte *Psammetich I.* libyscher Herrscher in Ägypten bis —609; befreit Ägypten von den Assyrern und einigt es		
— 660	≈ Megarer gründen Byzanz als Handelsplatz Beginn d. japanischen Zeitrechnung mit dem sagenh. ersten Mikado *Jimmu Tenno* (gilt in Japan als Nachkomme d. Sonnengöttin)		
— 656	König *Psammetich I.* von Ägypten benutzt die Kämpfe Assyriens gegen Elam, um Ägypten von Assyrien unabhängig zu machen und es zu einigen (Ägypten war seit ∼ —671 in assyrischer Gewalt)		
— 655	Elamiter-Reich mit Hauptstadt Susa kommt in assyrische Abhängigkeit (endgültig vernichtet — 640)		

Assyrische Reliefs	*Assyrische und israelitische Musik*	*Assyrische Technik*	
			~ Nach Assyrien umgesiedelte Ägypter beeinflussen assyrisches Leben und Kultur
~ Siegesstele König *Asarhaddons* von Assyrien aus Samal (Nordsyrien): König hält unterworfenen König *Taharka* von Ägypten und den *Baal* von Tyros an Lippenringen			
~ Assyrer erstürmen eine ägyptische Festung (Verwendung von Sturmleitern; Darstellung der Fische im Fluß; assyrisches Relief in Ninive)			
≈ Bewußt archaisierende Kunst in Ägypten: Altes und Mittleres Reich bleiben Vorbild			
≈ Assyr. Reliefs aus Kujundschik (Ninive) mit naturalistischen Löwendarstellungen			
			~ Assyrisches Relief in Ninive zeigt Soldaten beim Gelage mit Troßdirnen während des Feldzuges gegen Elam

	Bedrohung Assyriens	Assyrische Bibliothek	Griechische Götterwelt
—650	≈ Große Tontafelbibliothek in Ninive enthält Staatsarchiv mit Briefen der Statthalter und hoher Beamter sowie Berichte über Kriegszüge ≈ Etrusker gründen Ostia (späterer Hafen Roms)	≈ *Archilochos*, griech. Dichter, frühe griech. Lyrik, schreibt u. a. Tierfabeln; erhebt den Jambus (Versfuß) zur Kunstform (fällt im Kriege) ≈ Große Tontafelbibliothek in Ninive enthält alte Lieder in der heiligen sumerischen Sprache; überliefert z. B. „Gilgamesch-Epos"; ferner Lehrbücher u. Grammatiken zur Übertragung sumerischer Texte in das Semitische (über 20000 Tafelstücke)	~ *Nahum*, der kleine israelitische Prophet des Alten Testamentes, verkündet den Untergang d. assyrischen Reiches und seiner Hauptstadt Ninive (dieser Untergang wird in Juda und Israel schon längere Zeit ersehnt u. prophezeit) ≈ Große Tontafelbibliothek in Ninive enthält viele Angaben über sumerisch-babylonisch-assyrische Religion: Beschwörung v. Hexen und Dämonen; Wahrsagen, Zeichendeutung (Leberschau), Astrologie
Im —7. Jahrhundert	Tyrannis in vielen griech. Staaten (Gegenbewegung im —6. Jhdt.) Griechen gründen Stadt Kyrene (Cyrenaika in Nordafrika) Skythen im Altaigebiet entwickeln sich zu Reiternomaden (von wenigen Zentren aus verbreitet sich diese Lebens- und Kulturform bis etwa zum —2. Jh. über die Steppen Zentralasiens und verleiht ihren Trägern kriegerische Überlegenheit über Nichtreiter)	Italien (Rom) übernimmt westgriechisch. Alphabet Griech. Spottgedicht „Margites" (= Tölpel) (dem *Homer* zugeschrieben) Älteste Teile der indischen Upanischaden	In Griechenland 12 höchste olympische Götter: Zeus, Hera, Apollon, Artemis, Ares, Athena, Aphrodite, Hephaistos, Hermes, Poseidon, Demeter, Hestia Gesichtsurnen bei den Etruskern
—648	Babylonien wird assyrische Provinz (bis —626), nachdem König *Assurbanipal* von Assyrien einen Aufstand seines älteren Bruders (babylonischer König seit —668) trotz starker Unterstützung durch Ägypten, Lydien, Syrien, Palästina niedergeworfen hat		
—645	~ Ein starkes v. Assyrien unabh. Königreich Medien (östl. von Assyrien) entsteht (fällt —550 an d. Perser-Reich)	≈ *Alkman* (Haupt der dorischen Dichterschule in Sparta und Chormeister v. Jungfrauenchören): „Mädchenlied der Artemis"	

Eurasischer Tierstil Assyrische Reliefs	Assyrische Musik	Assyrische Wissenschaft	
≈ Archaische Stufe der etruskischen Kunst (im —7. u. —6. Jhdt.). Parallelen zur griech. Kunstentwicklung (vgl. —776) ≈ Etruskische Gesichtsurne mit Ohrringen ≈ Bei den Etruskern in Italien besteht ein entwickeltes Kunsthandwerk (Keramik, Goldfibeln u. a.) ≈ Siegesmahl des assyrischen Königspaares nach dem siegreichen Krieg gegen die Elamiter (Relief in Ninive: Gartenszene mit Speiseträgerinnen und Musikantinnen; ein Höhepunkt lebensnaher assyrischer Kunst) ≈ König *Assurbanipal* auf der Löwenjagd (assyrisches naturalistisches Relief aus Ninive) ≈ Ägypt. Reliefkopf aus durchsichtig grünem üb. opak-rotem Glas mit blaßblauer Zwischenschicht ≈ Apollo-Tempel in Delphi (brennt —548 ab) ≈ Griechische Steintempel und Monumentalplastik	≈ Musikszenen in d. assyrisch. Kunst	≈ König *Assurbanipal* läßt eine große Tontafel-Bibliothek in Ninive anlegen, für die er Schriften in anderen Städten (Babylon, Nippur) abschreiben läßt; sie enthält Angaben über Himmelskunde (besonders Astrologie), Kalenderwesen, Heilkunde (meist Beschwörungen) sowie historische Schriften; u. a. 66 Tafeln mit Namen für Tierkreisbilder u. Planeten sowie astrologische Voraussagen. (Die Astrologie- Astronomie i. Mesopotamien besteht schon Jahrtausende)	≈ Große Tontafelbibliothek in Ninive enthält Urkunden und Verträge über Kauf u. Verkauf, Tausch, Miete, Pacht, Zinsen, Belehnungen usw. ≈ Ninive ist bedeutendes Handelszentrum
Farbige Umrißzeichnungen in Griechenland im archaischen Stil Im Süden Rußlands am Schwarzen Meer entsteht als Nomaden-Gebrauchskunst der Skythen ein kraftvoll stilisierender „eurasischer Tierstil“, der sich in den folgenden Jahrhunderten fast über ganz Europa und Asien verbreitet (≈ —400 griech. überfremdet; vgl. —401)		Milet beginnt zum Sammelpunkt der oft noch sagenhaften Nachrichten aus dem Orient zu werden	Etrusker betreiben Bergbau, Industrie, Handwerk i. ital. Küstenstädten Prägung von Edelmetallstückchen als Vorläufer der Münzen mit Bildprägung in Lydien (Kleinasien)

	Drakonische Gesetze	*Frühgriechische Dichtung*	*Erneuerung der Jahve-Religion*
— 640	∼ Mit der Zerstörung der Hauptstadt Susa durch Assyrien ist das Elamiter-Reich (nordöstl. Tigrismündung) endgültig vernichtet (vgl. —655). Dadurch wird den Medern der Weg in das assyrische Reich geöffnet ≈ Kroaten wandern in das heutige Nordjugoslawien ein ∼ * *Solon*, Staatsmann und Gesetzgeber Athens († ∼ —560)		∼ Tempelturm in Susa zerstört
— 638	*Josia* König von Juda bis —608; stellt nach Beseitigung assyrischer Kultformen den strengen Jahvedienst wieder her; verliert sein Leben gegen König *Necho* von Ägypten		
— 637	≈ Die Siedlungen der früheisenzeitlichen Hallstatt-Kultur (von ≈ —750 bis ≈ —500) zeigen zuerst friedlichere Formen, die gegen die Latène-Zeit wieder kriegerischer werden (Ringwälle als Fluchtburgen)		≈ Beigaben der Hallstatt-Gräber: Waffen, Bronze- u. Tongefäße mehr in Brandgräbern, Bernsteinschmuck mehr in den Körpergräbern
— 626	*Nabopolassar* (ein Chaldäer) König von Babylon bis —604; befreit Babylonien —625 von den Assyrern; verbündet sich mit Medien gegen Assyrien	≈ *Tyrtaios*, griech. Dichter in Sparta, schreibt Elegien u. anfeuernde Kampflieder	
— 625	*Kyaxares* Kg. von Medien bis —585; vertreibt Skythen	≈ Der griech. Dichter *Mimnermos* dichtet in Ionien Liebes-, Kampflieder und Elegien	∼ *Jeremias*, Prophet in Juda, sagt den Untergang des Staates voraus († ∼ —585 in Ägypten)
— 624	Erste schriftl. Gesetzgebung in Athen durch *Drakon* (hartes Recht im Interesse d. besitzenden Adels; Änderung —594)		∼ * *Thales von Milet*, ionischer Naturphilosoph († ∼ —544)
— 621			Wiedereinführung des reinen Jahvedienstes in Jerusalem durch Kg. *Josia*, angeblich nach Auffindung d. Gesetzbuches im Tempel (war seit —9. Jh. zunehmend durch babylon. Kulte verdrängt)

Hallstatt-Keramik	*Assyrische und israelitische Musik*	*Frübeisenzeit-Technik*	
		≈ Öffentl. Wasseruhren in Assyrien	
≈ Vorherrschen eines geometrischen Stils mit Ansätzen zum Figürlichen in der Hallstatt-Kultur; vielfarbige Keramik m. oft verspielter Formenfülle. Keine Großkunst		≈ Hauptgeräte der Hallstatt-Zeit sind Messer verschiedener Form; Wetzsteine; Waffen; lange Schwerter verschied. Form, Helm, Teilpanzer. Bronzeguß tritt zurück geg. Treib- u. Schmiedearbeiten	~Triumphzug König *Assurbanipals* von Assyrien, dessen Prunkwagen von vier unterworfenen Fürsten gezogen wird
≈ Steintempel der Hera in Olympia ≈ Etruskische Gesichtsurne auf einem Thron			≈ Hausformen d. Hallstatt-Zeit reichen v. einfachen Pfosten- u. Blockhaus bis z. mehrschiffigen Haus u. hufeisenförm. Gehöft
			≈ Schmuck der Hallstatt-Zeit: reichverzierte Gürtel, achtförmige, Kahn-, Halbmondfibeln; Armringe, Anhängsel, Bernstein- u. Glasperlen; Kleider m. Bronzeschüppchen; Haarkämme

	Ende Ninives Großmacht Lydien	Frühgriechische Dichtung	Altes Testament Naturphilosophie
—620	Sparta unterdrückt Aufstand in Messenien im „2. Messenischen Krieg" (seit —640; 1. ≈ —730) ≈ Kg. *Kyros I.* (—640 bis —600), aus dem pers. Achämeniden-Geschlecht, ist zeitw. Vasall d. Assyrer-Reiches		≈ Mit Einführung des 5. Buch Mosis beginnt Kanonbildung im Alten Testament
—617	*Alyattes* Kg. v. Lydien bis ~ —561; begrdt. Lydiens Macht durch Vertreibung d. Kimmerier aus Kleinasien u. Vernichtung d. phrygischen Staates		
—616	Ägypten verbündet sich mit Assyrien gegen Babylonien und Medien		
—614	Meder zerstören Assur und verbünden sich mit Babylonien zur Eroberung von Ninive, dem letzten Rest des assyrischen Großreiches		
—612	Kg. *Kyaxares* v. Medien zerstört im Bund mit König *Nabopolassar* von Babylonien d. assyrische Hauptstadt Ninive und damit das Assyrer-Reich (Großmacht seit ≈ —1116)		Freudenfeste in Juda über den Fall Ninives (schon in den vorhergehenden Jahren des Verfalls der assyr. Macht wurde assyr. Religion aus Juda verdrängt)
—611			~ * *Anaximander*, griech. Philosoph aus Milet († ~ —546)
—609	*Necho II.* König von Ägypten bis —594; versucht Syrien zu erobern und Reste der assyrischen Herrschaft zu unterstützen; wird von Babylonien und Medien geschlagen; *Nebukadrezzar (II.)* von Babylonien verfolgt ihn (—605) bis zur ägyptischen Grenze		
—605	*Necho II.*, Kg. v. Ägypten, wird von *Nebukadrezzar (II.)* v. Babylonien bei Karkemisch a. Euphrat geschlagen u. verliert Syrien. Grdg. d. neubabylon. Reiches (—539 von Persern unterworfen)		~ Die griech. Naturphilosophie begr. einen wichtigen Zweig abendl. Denkens

Frühgriechische Kunst	Frühgriechische Musik	Früheisenzeitliche Technik	
	~ *Arion*, griech. Musiker und Dichter auf Lesbos; führte Strophe für Vorsänger und Antistrophe für Chor ein	~ *Kaläos* von Samos durchfährt als erster die Säulen d. Herkules (Straße von Gibraltar)	

	Babylon Weltstadt *Rom entsteht*	*Sappho* *Indische Weden*	*Lao-tse* *Vorsokratiker*
— 604	† *Nabopolassar*, Kg. v. Babylonien seit —626; sein im erfolgreichen Krieg geg. Kg. *Necho II.* v. Ägypt. begriffener Sohn *Nebukadrezzar II.* (*Nebukadnezar*) wird Kg. v. Babylonien bis —562 (†); unter seiner Herrschaft Höhepunkt d. neubabyl. Reiches u. d. Kultur seiner Hauptstadt Babylon Babylon wird Weltstadt	≈ *Stesichoros* (*~ —640, †~—555), sizilianischer Chordichter; gilt als Begründer der Heldenballade	≈ * *Lao-tse*, südchin. Philosoph; begründet mit seiner Aphorismensammlung „Taoteking" (das „Buch vom Weg des Menschen") den pantheistischen Taoismus, eine Philosophie des Nicht-Handelns; (bildet später einen Gegensatz zur nordchin. Philosophie des *Konfuzius*, die das praktische Handeln betont) (vgl. —310)
— 600	≈ Unter den Etruskern wächst Rom aus mehreren sabinischen Siedlungen (mit Totenbegrabung) und latinischen (mit Totenverbrennung) zur Servianischen Stadt zusammen (das Gründungsjahr — 753 und die Könige sind sagenhaft). Seit ≈ — 625 Tarquinier-Herrschaft; seit ~ — 607 1. etrusk. Kg. *Tarquinius Priscus*, der Rom eig. gründet (bis — 569) ~ Griechen gründen Kolonie in Naukratis im Nildelta; Aphrodite-Tempel m. ägypt. zunächst nicht beeinflußtem Kult; Scarabaeen-Fabrikation (Amulette meist in Form d. hlg. Mistkäfers) mit Export nach Italien, Samos, Cypern, Ephesos, Südrußland ≈ Phokäer aus Kleinasien gründen Massalia (Marseille). Wird aristokratischer Freistaat mit bedeutendem Handel (—49 v. *Cäsar* erobert) ≈ Kolonien d. Seemacht Karthago in Sardinien, Sizilien, Spanien, Gallien, Westafrika Phrygien (Westkleinasien) kommt unter lydische Herrschaft (seit ≈ —1190; —546 unter pers., —130 unter röm.) ≈ Das Urartureich geht nach langen Kämpfen mit Kimmeriern, Skythen und Assyriern zugrunde ≈ Indianische Kultur in Mexiko (durch Radiokohlenstoff 1956 als fast 1000 Jahre älter erkannt, vgl. 300)	≈ *Alkaios*, adliger Dichter von Lesbos, dichtet als Vertriebener politische, Liebes- und Weinlieder ~ *Sappho* von Lesbos, griech. Dichterin; schafft klangschöne Natur- u. („lesbische") Liebeslieder ≈ Die griech. Dichtkunst entwickelt sich in der ionischen Elegie, dem äolischen Melos und dem dorischen Chorlied ≈ Entstehung der Weden in Indien im wesentlichen abgeschlossen (seit —3. Jahrtausend): Sanhita („Sammlung" von Hymnen mit „Rigweda"); Brahmana (Prosa zur Erläuterung des Opferkultes); Aranyaka („Waldbücher" mit Opfermystik); Upanischaden (Philosophie der Wedanta; teilw. in Dialogform); Wedanga („Lehrbücher", Leitfäden für Phonetik, Ritual, Grammatik, Etymologie, Metrik, Astronomie)	≈ Naturphilosophie der „Vorsokratiker" in Kleinasien u. Griechenland (bis ≈ —450) ≈ Die Etrusker verwenden d. Eingeweide d. Opfertiere als Orakelzeichen (beschriftetes Bronzemodell einer Leber als Hilfsmittel), außerdem werden Ort u. Art d. Blitze gedeutet (d. Eingeweideschau wird von den Römern übernommen u. dort v. d. Haruspices geübt) ≈ An die Spitze der röm. Staatsgötter tritt die Dreiergruppe Jupiter, Juno, Minerva an Stelle von Jupiter, Mars, Quirinus der frühesten Zeit (daneben zahlr. Hausgötter, Totengötter u. Götter d. tägl. Bauernlebens, d. Pflügens usw.) ≈ Rechtliche Stellung der griech. Frau verschlechtert sich (von hier aus fehlende Gleichberechtigung bis in das 20. Jh.)

Dorischer Tempel Babylonischer Turm	*Frühgriechische „Lyrik“*	*Frühgriechische Heilkunde*	
≈ Ionische Säule taucht zuerst auf Samos auf		≈ *Glaukos von Chios* erfindet Lötung des Eisens ∼ Kg. *Necho* beginnt Vorläufer d. Suezkanals (vollendet —517)	
≈ Griech. Tempel aus Kalkstein später Marmor (statt wie bisher aus Holz u. Lehm auf Steinfundament). Gleichzeitiger Übergang vom einfachen wohnhausartigen Grundriß (rechteckige Cella, Vorhalle mit Pfosten) zur allseitigen Säulenfront ≈ Steintempel auf der Akropolis Athen ≈ Aufkommen des wuchtigen und strengen dorischen Baustils (Höhepunkt ≈ —500) ≈ Mit dem Bau großer Tempel im dorischen Stil kommen lebensgroße Frauenstandbilder im streng-archaischen Stil auf ≈ „Apoll“ von Tenea (griech. Plastik im archaischen, ägypt.-symmetr. Stil) ≈ Koloß eines Jünglings von Sunion (griech.-archaische Plastik mit geometrisch betonten Formen in Athen) ≈ Blütezeit babylonischer Kunst unter *Nebukadrezzar II.*: u. a. Burg in Babylon mit Ischtar-Tor (mosaikartige Fabeltierdarstellung aus farbig glasierten Ziegeln) ≈ Erbauung des Hochtempels des Stadtgottes *Marduk* in Babylon (Gesamthöhe 92 m; „Der Turm zu Babel“)	≈ In der griech. Musik kommt der Gesang zur Lyra (Lyrik) auf	≈ *Eupalinos* legt auf Samos etwa 1000 m langen Wasserleitungstunnel an, der von zwei Seiten zugleich erbohrt wird ≈ In den Heiligtümern des griech. Gottes der Heilkunde Asklepios wirken in Epidauros Priester-Ärzte. Üblich ist z. B. das Schlafen auf der Haut eines Opfertieres („Inkubation“), um im Schlaf oder Traum Heilung oder Rat zu finden (vgl. —353) ≈ *T. Priscus* baut erste römische Steinbrücke ≈ In China und Griechenland dient ein schattenwerfender Stab (Gnomon) als einfaches astronomisch. Meßgerät	≈ „Römerschanze“ (b. Potsdam): Volksburg d. Lausitzer Kultur mit mehrfach. Grabengürtel (Durchmess. rd. 140 m) m. Haus: 11,5 × 7 m, 20 Pfähle, Wände aus Flechtwerk, Vorhalle, quadratisch. Steinherd ≈ Der Ölbaum kommt von Griechenland nach Italien (wird ≈ —100 das ölbaumreichste Land) ≈ Die Kultur der Etrusker in Italien zeigt mutterrechtliche Züge ≈ In Lydien blühen Wollweberei u. Erzgewinnung u. -verarbeitung; hochentwickelte Keramik mit geometr. Mustern ≈ Chines. Seidenhandel mit Indien und Westasien (nach Europa über die Seidenstraße erst —114) ≈ Bildliche Darstellung von Bergbau (bei Korinth)

	Solons Klassenstaat	Alttestamentliche Schriften	Vorsokratische Naturphilosophie
— 597	Erste Eroberung Jerusalems durch Kg. *Nebukadrezzar II.* von Babylonien. Teile der Bevölkerung werden weggeführt (vgl. —587)	~ „Buch Hesekiël" entsteht als erstes geschlossenes israelitisches Prophetenbuch	Israelitischer Prophet *Hesekiël* wird nach Babylonien verbannt
— 595			
— 594	Rechtserneuerung durch *Solon* in Athen (Aufhebung der Schuldsklaverei, Begrenzung des Grundbesitzes, 4-Klassen-Einteilung der Bürger mit entspr. Wehr- und Steuerpflicht; Regierung durch 9 Archonten aus der 1. Kl., Rat der 400 aus den ersten 3 Kl. und Volksversammlung aller Klassen)		
— 590	~ „1. Heiliger Krieg" der griech. Stämme zur Brechung der Vorherrschaft der Hafenstadt Kirrha über Delphi (—594 bis —584) ~ Griechen besiedeln Agrigent in Unteritalien		Von den umliegenden griech. Stämmen unterstützt, gewinnt das Delphische Orakel im Apolloheiligtum Selbständigkeit und große relig. u. polit. Bedeutung. (Die auf einem Dreifuß über einer Erdspalte sitzende Priesterin wurde „Pythia" genannt; verliert ab ≈ —350 schnell an Einfluß) ≈ Inschriften griech. Söldner in Nubien erweisen verbreitete Elementarbildung
— 587	*Apries* Kg. v. Ägypten bis —569; ein syrischer Aufstand gegen Babylonien mißlingt trotz seiner Hilfe Kg. *Nebukadrezzar II.* v. Babylonien erobert das palästinens. Südreich Juda, zerstört Jerusalem und führt die Bevölkerung in d. „Babylonische Gefangenschaft" (Rückkehr —539). Viele Juden fliehen nach Ägypten Kelten unter *Bellovesus* dringen über die Alpen nach Oberitalien ein (entreißen es bis —521 den Etruskern)	~ „Klagelieder Jeremiae" entst. (wahrscheinlich nicht von J.)	Babylonische Gefangenschaft der Juden (bis —539)
— 586			* *Anaximenes* aus Milet, griech. Naturphilosoph († —526)

Dorischer Stil in Griechenland	Frühgriechische „Lyrik“	Umfahrt Afrikas	
			≈ Drachme, Münze aus Athen mit Eulenbild
≈ Kentaur, etrusk. Grabstatue		Erste gut bezeugte, 3jährige Umfahrt Afrikas durch die Phönizier im Auftrag des Königs *Necho* v. Ägypten v. Roten Meer aus	

	Erscheinen der Perser	Frühgriechische Dichtung	Vorsokratische Naturphilosophie
— 585	Durch die Schlacht am Halys wird dieser Fluß Grenze zwischen Lydien und Medien Armenier und Meder erobern das Reich der Chalder (nicht das der Chaldäer) (seit ∼ —860)		≈ Entwicklung eines wissenschaftlichen Rationalismus im griech. Kulturkreis (erhält starken Einfluß auf das nachmittelalterl. abendländische Geistesleben) ∼ † *Jeremias* (in Ägypten), Prophet in Juda
— 582	Aristokratische Verfassung in Korinth (unter der vorangegangenen Wahl-Monarchie Blüte Korinths seit —748)		Pythische Spiele in Delphi (alle 4 Jahre)
— 580		∼ * *Anakreon*, griech. Dichter († ∼ —495)	∼ * *Pythagoras* aus Samos, griech. Philosoph u. Wissenschaftler († ∼ —496)
— 576	∼ Das Gebirgsvolk der Perser, ein Vasallenvolk Mediens, stößt nach Nordwesten (gegen Susa) vor und gründet hier ein Königreich (wird —550 zum Ausgangspunkt des persischen Weltreiches)		
— 575	Kg. *Alyattes* von Lydien (—605 bis —560) zerstört Smyrna; größte Ausdehnung Lydiens		

Dorischer Stil in Griechenland	Frühgriechische Musik	Thales von Milet
		Angeblich erste Vorhersage einer Sonnenfinsternis i. abendl. Kulturkreis durch *Thales von Milet* ~ *Thales v. Milet* weiß, daß der Magnet Eisen und geriebener (elektrischer) Bernstein Wollfäden anzieht ~ „Satz von Thales" (von Milet): Dreiecke über dem Durchmesser eines Kreises sind rechtwinklig (gilt als ältester Lehrsatz der abendländisch. Mathematik)
~ Attische Jünglingsstatue („Athlet"; griech.-archaische Plastik mit stärker herausgearbeiteter Muskulatur)		
~ Mann mit Opfertier („Kalbträger", griech.-archaische Plastik von der Akropolis) Forum, Jupiter-Tempel u. Rennbahn in Rom		~*Nebukadrezzar II.* läßt für seine medische Gemahlin *Amythis* Palast mit Terrassengärten anlegen (vermutl. die „Hängenden Gärten der Semiramis", eines der „Sieben Weltwunder" der Alten) ~ 900 m lange Tunnelverbindung zwischen Palast in Babylon und Sonnentempel, im Tagebau unter dem Euphrat hindurch

	Krösus Nachblüte Ägyptens	Frühgriechische Dichtung	Vorsokratische Naturphilosophie
— 573	Das phönizische Tyros kommt nach 13jähriger Belagerung von der Landseite unter babylonische Herrschaft. Sidon wird erste Stadt Phöniziens		
— 570			* *Xenophanes*, griech Philosoph († ~ —480)
— 569	Kg. *Apries* von Ägypten wird wegen angebl. Begünstigung griechischer Söldner gestürzt *Amasis II.* Kg. von Ägypten bis —526; unter ihm blühen Kultur und Handel mit Griechenland; hält enge Freundschaft mit *Polykrates* von Samos, fördert griech. Stadt Naukratis in Ägypten. Seine Herrschaft gilt als letzte Glanzzeit Ägyptens *Servius Tullius* 2. etrusk. Kg. v. Rom (bis ~ —525)		≈ *Zarathustra (Zoroaster* * —599, † —522) gründet altpers. Religion: Kampf der Herrscher des Lichtes und der Finsternis, in dem der Mensch Partei zu ergreifen hat (wird unter den *Achämeniden* und *Sassaniden* pers. Staatsreligion)
— 561	~ *Kroisos (Krösus)* letzter Kg. von Lydien bis —546; unterwirft griech. Städte in Kleinasien (außer Milet)		
— 560	~ † *Solon*, Staatsmann u. Gesetzgeber Athens (* ~ –640) *Peisistratos* (* ~ –600) wird, gestützt auf d. arme Landbevölkerung, Alleinherrscher in Athen bis –527 (†); wird zweimal vertrieben, fördert Wirtschaft, Baukunst, Neuausgabe d. *Homer*. Cypern wird ägypt. (–525 persisch)	*Solon* (†) dichtete Elegien und Epigramme ~ *Peisistratos* richtet in Athen die großen Dionysien mit musischen Wettkämpfen u. Theateraufführungen ein	~ *Peisistratos* richtet in Athen das Panathenäenfest ein (alle 4 Jahre: 6tägige Feiern, Prozession der Bürgerschaft auf die Burg, Vortrag *Homers*, Wettkämpfe) ≈ *Mahavira Jina* begründet in Indien „Jainismus" (ähnlich Buddhismus, jedoch radikaler weltfeindlich u. intoleranter). Gleichzeitig predigt indische Bhagavata-Religion d. Liebe zu Gott
— 556		~ * *Simonides von Keos*, griech. lyrischer Dichter († ~ —468)	
— 551			~ * *Kung-tse (Konfuzius)*, chin. Philosoph und Sittenlehrer († —479)

Griechische Vasenmalerei	Frühgriechische Musik	Frühgriechische Wissenschaft	
∼ Stehende Göttin (oder Frau) aus Attika (griech.-archaische Plastik)			
Unter Kg. *Kroisos* wird Lydien Brücke zwischen babylonisch-assyrischer und griechischer Kultur			≈ Münzprägung in Griechenland
∼ *Peisistratos* läßt in Athen den Hekatompedon-Tempel errichten ≈ *Klitias* (Maler) u. *Ergotimos* (Keramiker): „François-Vase" (attische Amphore mit Darstellung d. Hochzeit d. Peleus mit Thetis) ≈ Thrakische Kultur im bulgarisch-rumänischen Raum, gekennzeichnet durch den Goldfund von Valci Tran		≈ Die griech. Gelehrten betrachten die Erde als Scheibe, der die Himmelshalbkugel aufsitzt (*Thales von Milet*) oder die frei in der Himmelskugel schwebt (*Anaximander* aus Milet, Schüler von *Thales*) ∼ Erdkarte des *Anaximander*: alles Festland bildet eine zusammenhängende Insel, umgeben vom Ozean	∼ Durch *Solon* (†) wurde in Athen das Dikterion gegründet, in dem Sklavinnen Prostitution üben. Die Einnahmen fließen dem Staat zu. (Bis dahin wurde d. P. meist in Form der Tempelprostitution ausgeübt. Diese stammt aus Asien u. geht auf Fruchtbarkeitszauber u. d. Opfergedanken zurück)
≈ *Rhoikos* auf Samos: „Die Nacht" (Erzstatue in neuer Gußtechnik)			

	König Kyros *Kelten in Spanien*	*Äsops Fabeln*	*Ausgestaltung* *des Alten Testaments*
—550	*Kyros* beseitigt die Herrschaft der Meder in Persien u. wird erster Kg. des altpersischen Reiches bis —529 (†). Unterwirft Babylonien und Kleinasien (Ende d. Meder-Reiches, bestand seit —645) ≈ Kelten dringen von Norden in Spanien ein; verbreiten in West- u. Zentral-Span. eine geschlossene, mit d. südfrz. verwandte Kultur. Vermischen sich mit der nicht-indoeurop. Urbevölkerung d. Iberer (Basken) zu den Keltiberern	≈ *Äsop* (ursprünglich phryg. Sklave) schreibt lehrhafte Tierfabeln (diese griech. Fabeln finden viele Bearbeiter bis in die Neuzeit; als Heimat der Tierfabel gilt Ägypten; vgl. —1250) ≈ *Theognis* aus Megara dichtet Elegien u. Sinnsprüche (Epigramme) mit teilw. politischem Inhalt (für die Erhaltung der altadligen Ordnung) ≈ Die Erweiterung des Sagenkreises um Troja und Theben durch die griech. „zyklischen Dichter" beendet (etwa seit *Homers* Zeiten, ≈ —800). Verbreitung dieser epischen Dichtungen durch Rhapsoden (fahrende Sänger)	~ Der griech. Philosoph *Anaximenes* führt die Lehre *Anaximanders* fort und nimmt die Luft als Urstoff an ~ *Peisistratos*, Tyrann von Athen, ordnet das Panathenäen-Fest neu (vgl. —560) ~ * *Buddha (Siddhattha)*, indischer Religionsstifter († ~ —480) ≈ In d. „Babylonischen Gefangenschaft" entsteht die eigentliche Ausprägung d. jüd. Religion. Die Bücher Mosis entstehen in Anlehnung an altbabylonisches Sagengut (Sintflutsage, Kindesaussetzung im Körbchen u. a. m.)
Im —6. Jahrhundert	Grdg. des Böotischen Bundes in Griechenland unter Theben (—171 von den Römern aufgelöst) Griechen (Ionier aus Milet) gründen Kolonien an der Südküste der Krim Über Rom herrschen nach der Sage z. T. Könige aus d. etruskischen Geschlecht d. *Tarquinier* Malta, Sardinien und Westsizilien geraten unter die Herrschaft Karthagos In Indien bestehen zahlreiche Staaten	Älteste lateinische Inschriften Eine große Zahl der Psalmen des Alten Testaments entsteht (werden zum heutigen Psalter zusammengefaßt) Indische Literatur des Dharmasutra (relig. Gesetz) beginnt zu entstehen (bis —2. Jhdt.)	Zeitalter der „Sieben Weisen" von Griechenland, auf die Sprüche praktischer Lebensweisheit zurückgeführt werden (*Thales*, *Pittakos*, *Bias*, *Solon*, *Kleobulos*, *Periandros*, *Chilon)* In Griechenland entsteht d. Geheimlehre d. orphischen Mysterien. Die Orphiker suchen durch Weihen, Askese und Reinigungen die Seligkeit zu erlangen Der hebräische Wortlaut alttestamentlicher Schriften wird auf Grund d. mündlichen Überlieferung festgelegt

Dorischer Stil in Griechenland	Frühgriechische Musik	Frühgriechische Wissenschaft	
≈ Giebel des Artemistempels in Korfu (griech.-archaische Reliefs) ∼ Löwenplastik aus Milet (griech.-archaische ausdrucksvolle Tierplastik) ≈ Tempel der Artemis in Ephesos (110 m lang, 55 m breit, eines der „Sieben Weltwunder"; —356 von *Herostratos* eingeäschert; danach in alter Form neu erbaut) ≈ Etruskische Sarkophage aus Cerveteri (in der wiederkehrenden Form eines Paares auf dem Ruhebett; archaischer Stil) ≈ Etruskische Bronze-Dreifüße m. Reliefs u. Vollplastiken (Fabeltiere, u. a. Sphinxe) ≈ Die etruskische Keramik kommt in Beziehung zur griechischen; formen- u. figurenreiche gedrungene Bucchero-Vasen ≈ Reliefs im pers. Palast zu Pasargadae zeigen starken assyr. stilist. Einfluß ∼ Attische Vasenmalerei wird führend (*Sophilos, Keitias, Exekias, Amasis* u. a.)		≈ *Theodoros* Tempelarchitekt und -ingenieur auf Samos; gilt als Erfinder eines vollkommenen Erzgußverfahrens (m. *Rhoikos*), v. Wasserwaage, Winkelmaß, Schlüssel, Drehbank ≈ Attisches Vasenbild mit einem fliegenden Menschen (wahrscheinlich mit Bezug auf die Daedalos- u. Ikaros-Sage) ≈ Römisch. Mondjahr zu 10 Monaten (später zu 12) mit unregelmäßigen Schaltungen	∼ König *Kyros* von Persien richtet Kurierdienst mit reitenden Boten ein ≈ Enganliegende Lederkleidung der Perser: Geschlossener kurzer Rock, Gürtel, Hosen, Schuhe, Kappe. Sie übernehmen die Kleidung der besiegten Meder als Hoftracht: Geraffter, gegürteter Rock mit weiten Ärmeln u. weichfließenden Falten (Kandys) (Hose war schon den Babyloniern bekannt) ≈ Juden lernen in Babylonien d. Rose kennen (frühestes Zeugnis)
Gigantenkampf von der Akropolis (griech.-archaische Reliefs) Karyatiden (Stützpfeiler in Form einer weibl. Gestalt) in der griech. Baukunst Beginn der Herstellung farbiger Terrakotten in Tanagra/Böotien (Höhepunkt —4. bis —3. Jh.) Arkesilas-Schale (aus Sparta) zeigt in schwarzen Figuren auf weißem Grund Wägen und Verfrachten der Arznei- und Gewürzpflanze „Silphium" im nordafrikanischen Hafen von Kyrene (diese Pflanze, der Kyrene seinen Wohlstand verdankte, konnte bisher botanisch nicht bestimmt werden) Die Römer übernehmen mit der etruskischen Baukunst den Bogenbau und quadratischen Tempelgrundriß Skythen bei Vettersfelde/Niederlausitz (ihre hohe Kultur beweist der Goldfund von 1882 mit 13 Stücken der Ausrüstung eines vornehmen Skythen und seines Pferdes)		In Babylonien ist mit genauen Vorhersagen der Gestirnstände u. Finsternisse das Anfangsstadium einer wissenschaftlichen Astronomie erreicht. Sie bleibt jedoch mit der Astrologie eng verbunden, die Chaldäer zur Blüte führen In Babylonien wird der Mondjahr-Kalender (354 Tage, 12 Monate mit abwechselnd 30 und 29 Tagen) durch regelmäßige, auf Rechnung beruhende Schaltmonate verbessert (bisher wurden Monate b. Bedarf ein- od. ausgeschaltet)	Bei den Spartanern spielt d. Päderastie (Knabenliebe) als Erziehungsfaktor eine große Rolle (wird auch von anderen Griechen und den Römern übernommen; verfällt in der hellenistischen Zeit der allgem. Sittenverderbnis) Das bis dahin in Griechenland allgemein kurz getragene hemdartige Männergewand Chiton wird langes Frauengewand (bleibt kurz für Jugendliche) Banken u. Bankgeschäfte in Babylon

	Perser-Reich entsteht	Frühgriechische Dichtung	Vorsokratische Naturphilosophie
—549	~ Sparta vereinigt Südgriechenland im Peloponnesischen Bund		
—547	Tyrannis in Athen durch *Peisistratos* Kg. *Kroisos* v. Lydien verliert sein Reich an Kg. *Kyros* v. Persien. (Delphi: „Wenn du den Halys überschreitest, wirst du ein großes Reich zerstören")		~*Deutero-Jesaias* weissagt den Juden in Babylonien baldige Heimkehr
—546	Kg. *Kyros* von Persien erobert Lydien und Teile Kleinasiens. Ende des lydischen Reiches (seit ~ —682) *Bimbisara* Kg. von Magadha (Indien), bis —494. Er, sein Sohn und weitere Könige der Haryanka-Dynastie beherrschen Nordostindien (bis —414)		~ † *Anaximander* aus Milet, griech. Naturphilos., Schüler des *Thales*, lehrte Entstehen der Dinge aus einem gestaltlosen Urstoff (Apeiron) und Rückkehr in diesen als Buße (* ~ —611)
—544		≈ Die zum Staatskult erhobenen Dionysien haben als Kern die Aufführung von Tragödien und Komödien (damit hat sich der aus Thrakien stammende Dionysoskult (—8. Jhdt.) zum Ursprung des griech. und europäischen Theaters entwickelt)	~ † *Thales von Milet*, ionischer Naturphilosoph, gilt als erster Philosoph des abendl. Kulturkreises; sah im Urstoff Wasser das Element alles Wirklichen („Erkenne dich selbst"). (* ~ —624) ~ * *Heraklit* v. Ephesos, griech. Philosoph († ~ —483)
—540	Perser unterwerfen den Ionischen Städtebund in Kleinasien (12 Städte; ihr Befreiungsversuch —500 führt zu den Perserkriegen) ~ *Polykrates* wird Tyrann von Samos; erwirbt durch Flotte von 50 Fünfzigruderern gr. Reichtum, den er für Nutzbauten, Tempel, Kunst u. Wissenschaft verwendet (~ —524 vom pers. Satrapen *Orötes* nach Magnesia gelockt u. gekreuzigt) Die Karthager vertreiben zus. mit den Etruskern die Griechen aus Korsika Karthager besetzen d. griech. besiedelte Sardinien (—238 v. d. Römern besetzt) Ende der griech. Kolonisation im westlichen Mittelmeer	~ *Theognis* aus Megara: Aristokratische Lebensregeln in Versen für seinen jungen Freund *Kyrnos* (ein anderes Gedicht preist die Knabenliebe)	~ Unter *Peisistratos* wird der Mysterientempel in Eleusis erweitert, in der der Geheimdienst zu Ehren d. Gottheiten Demeter, Persephone u. Dionysos von alters her gepflegt wird *Xenophanes* gründet griech. Philosophenschule der Eleaten („erst das Denken erschließt die wahre Welt")

Zeustempel in Athen	*Frühgriechische Musik*	*Frühgriechische Wissenschaft*	
≈ Apollon-Tempel in Korinth			~ Erste Münzen mit Bildprägung (Schildkröte) in Lydien unter König *Kroisos*
		Sonnenuhr kommt von Babylonien nach Sparta	
~ Tempel des olympischen Zeus in Athen		~ *Anaximander* (†): Alle Lebewesen entwickelt sich aus Wassertieren ~ Athen erhält erste Wasserleitg. (Enneakrunos = Neunröhren-Brunnen)	
≈ Sphinx, griech. Marmorplastik aus Athen ~ Theseus tötet den Minotauros, attisches Vasenbild		*Thales* von Milet (†), griech. Philosoph, Mathematiker u. Naturwiss. Fand den Satz v. rechtwinklig. Dreieck über d. Durchmesser eines Kreises ≈ In der griech. Naturphilos. entst. der Begriff des „Elements"	
~ Kulturblüte auf Samos ≈ Griechen entwickeln in der Plastik eigenes Gewandfaltensystem (Falte wurde vermutl. aus dem mittleren Anatolien übernommen) ~ *Exekias:* Dionysos auf einem Schiff von Delphinen begleitet (attische schwarzfigurige Schale)			

	König Kyros	Thespis-Karren	Ende der Babylonischen Gefangenschaft
— 539	Kg. *Kyros* von Persien erobert Babylon. Persien wird Weltreich (bis —331); Ende d. neubabylon. Reiches (seit —605) Nach der Eroberung Babylons gestattet der Perserkg. *Kyros* den Juden die Rückkehr nach Palästina (Ende der „Babylonischen Gefangenschaft" seit —587)		Ende der Babylonischen Gefangenschaft der Juden (seit —587), schubweise Heimkehr bis —458
— 538	Die von den Persern unterworfenen phönizischen Städte behalten einheimische Herrscher. Bilden den Kern der persischen Seestreitkräfte		Kg. *Kyros* befiehlt Wiederaufbau des Tempels in Jerusalem (—515 beendet)
— 534		Der griech. Dichter *Thespis* führt in Athen das erste Trauerspiel auf (angebl. von einem Wagen herab). Die griech. Tragödie entwickelte sich aus einem Loblied (Dithyrambus) auf Dionysos von *Arion* von Lesbos (∼ —620)	
— 530		∼ *Anakreon* aus Teos dichtet am Hofe des *Polykrates* Lieder der Lebensfreude ≈ Der verarmte griechische Dichter *Hipponax* aus Ephesos schreibt scharfe Spottgedichte im Gassenton in „Hink-Iamben"	
— 529	† *Kyros*, Kg. von Persien seit —550; gründete pers. Großstaat *Kambyses*, sein Sohn, Kg. von Persien bis —522 (†); unterwirft Ägypten		

Dorischer Stil in Griechenland	*Griechische Musik*	*Griechische Heilkunde*	
			~ Durch die Eroberung Babylons gelangt die babylonische Astrologie nach Persien
		~ *Theodoros* aus Samos erfindet Eisenguß	
		~ *Alkmaion* aus Kroton, griech. Arzt; findet durch Zergliederung von Tieren Unterschied von Venen und Arterien und Verbindung von Hirn und Sinnesorganen; erklärt Krankheiten u. Gesundheit aus der Mischung von feucht, trocken, kalt, warm, bitter, sauer, süß	
≈ Griechen gründen Pästum (Unteritalien); erhält dorische Tempel d. Poseidon, der Demeter und Basilika ~ *Exekias*, attischer Töpfer, Bildmotive u. a. aus dem trojanischen Krieg ~ Anfänge der rotfigurigen Vasenmalerei in Griechenland (*Oltos*, *Epiktet*, *Euphoronios* u. a.)		~ Der karthag. Admiral *Hanno* gelangt mit Schiffen an der Westküste Afrikas bis auf die Höhe d. Kamerunberges (1 Grad nördlicher Breite) (nach anderer Auffassung nur bis franz. Guinea; vielleicht auch erst ~ —465) ~ *Euthymenes* von Massilia erreicht möglicherweise zur See die Senegalmündung	

	König Dareios I.	Griechische Dichtung	Buddha
— 526	Nach dem Tode *Peisistratos'* (—527) übernahmen seine Söhne *Hippias* und *Hipparchos* die Alleinherrschaft in Athen (bis —514; in Sparta sammeln sich die Feinde der Tyrannis)		† *Anaximenes* aus Milet, griech. Naturphilosoph, führte die Lehre *Anaximanders* fort, indem er „Luft" (für ihn gleich „Seele") als Urstoff annahm. Letzter Vertreter der ionischen Naturphilosophen in Milet (* —586)
— 525	Kg. *Kambyses* von Persien unterwirft Ägypten (Ägypten bis —405 unter pers. Herrschaft) 27. (pers.) Dynastie in Ägypten bis —338 ~ *Tarquinius Superbus* 3. etrusk. Kg. v. Rom (bis ~ —510) Cypern wird persisch ~ * *Themistokles,* athen. Politiker u. Feldherr († — 459)	* *Äschylos*, griech. Tragödiendichter († —456) ≈ *Ibykos* aus Unteritalien, griech. Dichter dorischer Chöre zum Preis der Knabenliebe am Hofe d. *Polykrates* in Samos	Perserkönig *Kambyses* zerstört ägypt. Tempel, während sonst Perser die Religion der Unterworfenen schonen
— 522	† *Kambyses*, Kg. von Persien seit —529		
— 521	*Dareios I.* (Sohn des *Hystaspes*) Kg. v. Persien bis —485 (†); unterdrückt erfolgr. zahlr. Aufstände der beherrschten Völker; unterwirft Thrakien u. Makedonien. Unter ihm Reichsreform: Einteilung in 20 Satrapien, stehendes Heer, regelm. Steuern, einheitl. Währung mit Goldmünze „Dareikos" u. a.		~ *Buddha* verläßt als Bettelasket seine reiche Familie
— 520		~ * *Kratinos,* griech. Komödiendichter († ~ —421)	
— 519	~ * *Xerxes I.*, König von Persien von —485 bis —465 (†)		
— 517	~ *Dareios* erobert Industal ~ Große Heerstraße durch Persien		

Dorischer Stil in Griechenland	*Griechische Musik*	*Persische Seefahrten*	
~ Gewandfaltenwurf in der persischen Plastik am Palast von Pasargadae (übernommen aus dem griech. Kleinasien)			
~ „Apoll" von Piombino (griech. archaische Bronzeplastik in schon gelockerterer Haltung) ~ Athene wird Gegenstand der bildenden Kunst ~ Götter- und Gigantenkampf vom Fries des Siphnierschatzhauses in Delphi (reichbewegte spätarchaische Reliefs)		~ Der Leibarzt des Tyrannen *Polykrates* erhält 2 Talente Jahreshonorar (entspr. etwa 45 000 Mark Kaufkraft)	
~ Liegender Zecher, farbiges etruskisches Wandbild aus einem Grab in Tarquinia			~ Persische Goldmünze (Dareikos) zeigt erstmals Bild des Herrschers
~ „Dareios-Relief" von Bisutun: Triumph über die neun „Lügenkönige" in Süd-Medien; der dreisprachige Text (persisch, elamitisch, babylonisch) berichtet über die Niederwerfung der zahlreichen Aufstände im Perser-Reich unter König *Dareios I.*	~* *Pindar*, griech. Musiker und Dichter († ~ —447)		
~ *Dareios* gründet Palaststadt Persepolis		~ König *Dareios* läßt durch *Skylax von Karyanda* Küste zwischen Indus und Persischem Golf erforschen u. vollendet Vorläufer d. Suez-Kanals (vgl. —604)	

	Athenische Demokratie *Römische Republik*	*Griechische Dichtung*	*Buddha*
— 516			Weihung des nach der „Babylonischen Gefangenschaft" neuerbauten Tempels in Jerusalem
— 515			∼ * *Parmenides*, griechisch. Philosoph der Eleatischen Schule: Materie u. Geist fallen im unveränderl. Sein zusammen; das Sein wird allein durch das Denken erfaßt; es gibt kein Nicht-Sein. Alles ist eins, es gibt keine Vielheit und keine Bewegung; die Sinne trügen
— 514	*Harmodios* und *Aristogeiton* versuchen die Söhne des *Peisistratos Hippias* und *Hipparchos* zu töten. *Hippias* entkommt, beide „Tyrannenmörder" werden getötet, ihre Nachkommen hochgeehrt (vgl. —510 Kunst)		∼ „Erleuchtung" *Buddhas*
— 510	Der letzte Tyrann von Athen *Hippias* (seit —527) wird von *Kleisthenes* vertrieben ∼ Ende d. etruskischen Königtums in Rom. An die Spitze treten zwei Konsuln, die jährl. wechseln, daneben ein Oberpriester (Rex sacrorum). An ihrer Seite der patrizische Senat. (Bis ∼ —266 ist die Geschichte Roms beherrscht vom inneren Kampf um d. polit. Gleichberechtg. d. Plebejer. Rom bleibt Republik bis —31)		≈ Noch zur Zeit der Könige sollen die „Sibyllinischen Bücher" zur Orakeldeutung n. Rom gekommen sein
— 509	Demokratische Phylen- (Bezirks-) Verfassung des *Kleisthenes* in Athen: 10 Bezirke aus örtl. nicht zusammenhängenden Gemeinden wählen Vertreter in d. Rat der 500; Bezirke wechseln in d. Leitung, Ämterverteilung durch Los, Volksversammlung entscheidet weiter über Gesetze u. Krieg Patrizieraufstand zur Wiederherstellung des röm. Königtums *Lucius Junius Brutus*, sagenhafter Befreier Roms von den *Tarquiniern*, wird einer der ersten beiden Konsuln		∼ Weihung d. Staatstempels des Jupiter auf d. Kapitol in Rom (bis 100; nach Bränden viermal erneuert; 455 durch Plünderung zerstört)

Dorischer Stil in Griechenland	*Indische Musik*	*Griechische Wissenschaft*	
~ Tempel in Jerusalem auf Befehl von Kg. *Kyros* wiedererbaut (seit —538)		~ *Xenophanes* von Kolophon deutet Fossilien von Meerestieren bereits zutreffend aus früheren Überschwemmungen d. Landes	
		Dareios I. läßt auf seinem erfolglosen Zug gegen d. Skythen eine Schiffsbrücke über den Bosporus schlagen	
Antenor: Bronzegruppe der Tyrannenmörder *Harmodios* und *Aristogeiton* ≈ Auf der Halbinsel Lykien in Südwestkleinasien entstehen Felsengräber mit bankartigen Podien für den Toten; Außenfassade ahmt Holzbauelemente in Stein nach. Inschriften in noch nicht gedeuteter lykischer Sprache	≈ Die indische Musik verwendet Tonleiter mit Vierteltönen. Verwendung des Zupfsaiteninstrumentes Vina: zwei Hohlkürbisse durch ein Bambusrohr mit Saiten verbunden (Urform aller Saiteninstrumente)		
~ *Aristokles:* Bemalte Stele des Kriegers *Aristion* ≈ Nereiden-Monument, Satrapen-Grabmal in Xanthos/Lykien, Grabkammer-Sockel mit Reliefstreifen		~ Cloaca maxima in Rom erbaut	

	Etrusker besiegen Rom	Chinesische Literatur	Griechische Naturphilosophie
—508	Etrusker besiegen und unterwerfen Römer (röm. Sagen von der Tapferkeit des *Horatius Cocles* und *Mucius Scaevola*)		
—507	Athen schlägt Sparta und dessen Verbündete	~ *Epicharmos* aus Megara (* ~ —550, † ~ —460) schreibt Mythenparodien u. Rüpelkomödien	≈ Im Zeusheiligtum zu Olympia dienen Eingeweide und der Brand der Opfertiere als Orakelzeichen
—500	≈ Höhepunkt der politischen Macht u. Kultur d. Etrusker in Italien (In den folg. Jhdten. geht die polit. Führung mehr u. mehr an Rom über, das viel von d. etruskischen Kultur übernimmt) ~ In Notzeiten wird in der röm. Republik ein „Diktator" mit unbeschränkten Vollmachten für 6 Monate auf Senatsbeschluß ernannt ~ * *Perikles*, athen. Staatsmann; unter ihm Kulturblüte d. „Perikleischen Zeitalters" ab —443 († —429) Aufstand der griech. Kolonien in Kleinasien gegen die Perser und die Hilfe Athens und Eritreas rufen die Perserkriege hervor (bis —445) ~ Karthager erobern Cadiz und unternehmen v. hier aus Fahrten a. d. Ozean ~ Die Edomiter wandern von Süden her in Juda ein (werden —126 in den jüd. Staat aufgenommen) ≈ Der feudale Lehnsstaat der chin. *Chou*-Dynastie wird durch innere Kämpfe der Feudalherren mehr und mehr erschüttert ≈ Dänen erobern aus Südschweden kommend dänische Inseln ≈ Latène-Zeit (nach Schweizer Fundstelle benannte Periode d. Jüng. Eisenzeit in Nord- und Westeuropa, bis ZW): Kelten breiten sich vom Westen her gegen die Germanen stark aus. Vorwiegend Eisenanwendung; Gold- u. Bronzeschmuck, bemalte Keramik, Kelt. Körperbestattg. mit Grabbeigaben; germ. Aschenbeisetzung (vgl. —400) ≈ Ende der Bronzezeit in Nordeuropa (später als in West- und Südeuropa): Bronzezierstil geht in einen relativ rohen Eisenstil über	~ *Pratinas* führt aus dem Peloponnes das Satyrspiel in Athen ein, als heiteres Nachspiel zur Tragödie ≈ *Homer* (≈ —800) gilt in Griechenland als Autor aller troischen Epen ≈ Beginn der Blütezeit des klassischen chinesischen Schrifttums (bis ≈ 600) ≈ In Palästina verdrängt die aramäische Sprache das Althebräische	~ * *Anaxagoras*, griechisch. Philosoph aus Klazomenä/Kleinasien († —428) ≈ *Vardhamana* begründet in Indien den Dschainismus; er gilt als letzter von 24 Dschainas (Propheten). Fordert wie Buddhismus rechten Glauben, rechtes Erkennen, rechten Wandel, bes. aber Schonung jedes Lebewesens

Übergang zur griechischen Klassik	*Pindar*	*Griechische Geschichtsschreibung*	
≈ *Kanachos* aus Sikyon: Apollo Philesios (Statue in einem Heiligtum bei Milet)			
≈ „Apollo“ von Veji (etrusk. Tonplastik vom Tempel in Veji) ≈ „Die kapitolinische Wölfin“ (etrusk. Plastik; urspr. ohne die Kinderfiguren von Romulus und Remus)			
~ * *Phidias*, griech. Bildhauer in Athen, führender Meister des klass. Stils († ~ —435) ~ Mädchenstandbilder auf d. Athener Akropolis (reifer archaischer Stil) ≈ Knabe von Ptoion/Böotien (griech. archaische Plastik) ≈ In der griechischen Plastik geht der archaische, starr gebundene Stil in den klassischen, ruhend-gelösten über (≈ —300 in den hellenistischen, aufgelöst-bewegten) ~ In der griech. Vasenmalerei erscheinen rote Figuren auf schwarzem Grund (statt wie bisher schwarze Figuren auf rotem Grund). Vasen werden jetzt meist signiert ~ „Grüner Kopf“ (ägypt. Bildnisplastik in einem klassischen Stil) ~ Glasierter Ziegelrelief-Fries am Palast *Dareios' I.* in Susa (u. a. Bogenschützen der Leibwache) ≈ Etruskischer gravierter Handspiegel mit Liebespaar ≈ Die Eisenzeit in Europa ist arm an künstlerischen Formen. In der Keramik überwiegt das Mäanderornament ≈ Pflanzenornamente auf Schwertscheiden der kelt. Latène-Kultur. (In der Folgezeit verdrängt der geometrische Stil immer stärker den figuralen) ≈ Kultur der skythischen Fürstenhügelgräber i. Sibirien (dar. d. Pazyryk-Teppich; vgl. 1949 W)	~ Dreiteilige Ode *Pindars* (eines der wenigen erhaltenen griech. Musikwerke) ~ Höhepunkt der griech. Musik in der Chorlyrik *Pindars*. Hohe ethische Bedeutung d. Musik, meist einstimmig (gelegentl. improvisierte Zweistimmigkeit durch das begl. Instrument); 4 Tonarten: dorisch („erhaben“), phrygisch („enthusiastisch“ oder „friedlich“), lydisch („klagend“ oder „anmutig“), mixolyd. („leidenschaftlich“) ≈ Hauptinstrumente der griech. Musik: Aulos (oboenartig, bes. im Dionysos-Kult) und Kithara (Saiteninstrument, bes. im Kult des Apollo), Lyra (Leier)	~ *Hekatäus von Milet* (* —549, † —486) erwähnt als erster Europäer Indien in seiner „Rundreise“ ≈ Griechen ersetzen die früheren Zahlzeichen durch Buchstaben (erschwert die Entwicklung der Zahlenrechnung) ≈ In Ionien erste Ansätze griech. Geschichtsschreibung als Anfänge einer griech. Prosa („Logographen“; seit ~ —550) ≈ Beleuchtung in Griechenland durch Fackeln in Haltern mit Harz u. Pech getränkt ≈ Die Kelten in Kärnten kennen die Schweißstahlerzeugung aus manganhaltigen Eisenerzen ≈ Arzt *Atreya* u. Chirurg *Susrata* in Indien (Operation des grauen Stars und Leistenbruchs, Kenntnis von 700 Arzneipflanzen)	≈ Die Etrusker unterhalten teilw. schon seit Jahrhdt. Handelsbeziehungen mit den Ländern am Mittelmeer (bes. Griechenland, Ägypten, Phönizien), Handel mit Schweden, Irland u. a. ist nachweisbar ≈ Münzen verbreiten sich als Zahlungsmittel in der griech. Welt ≈ Chiton und Himation in der griech. Kleidung (Chiton = rechteckiges Stoffstück, links mit Ärmelloch, über der rechten Schulter vernestelt; oft auch blusenartig gegürtet; Doppelchiton der Frauen über dem Oberkörper doppelt liegend. Himation = Straßenkleid aus einem Stück mit runden Ecken) ≈ Weinanbau in Italien u. Gallien. (Gallier führen hölzerne Fässer zur Aufbewahrung ein)

	Perserkrieg	Griechische Lyrik	Pythagoras
Im —1. Jahrtausend	Einwanderer vom Süden (Malaien?) fassen in Japan Fuß und dringen nach Norden vor; erringen politische und geistige Führung. (Dieser Eindringungsprozeß ist etwa um die Zeitenwende abgeschlossen) Polynesier wandern aus Südostasien nach Polynesien ein; (geben dort aus Rohstoffmangel Metallbearbeitung und Keramikherstellung auf; neuerdings wird wieder ihre Herkunft aus Südamerika behauptet)		Die Mitte dieses Jahrtausends bringt mit *Lao-tse*, *Konfuzius*, *Buddha*, *Zarathustra*, den jüd. Propheten, griech. Dichtung, Philosophie und Wissenschaft einen Höhepunkt menschlichen Denkens, v. dem Fernwirkungen in Raum u. Zeit ausgehen
—496	~ Die junge röm. Republik gewinnt unter patrizischer Herrschaft nach anfängl. Niederlagen gegen d. Etrusker d. Hegemonie über d. lateinische Gebiet ihrer Umgebung. (Ständige Kämpfe im —5. Jh. gegen Etrusker, Sabiner, Äquer, Volsker in d. Nachbarschaft) angebl. Handelsverträge mit Karthago	~ * *Sophokles*, griech. Tragödiendichter in Athen († —406)	~ † *Pythagoras* aus Samos, griech. Philosoph u. Wissenschaftler, Gründer der pythagoreischen Schule mit Mysterienkult; lehrte Seelenwanderung und in ganzen Zahlen ausdrückbare Harmonie des Weltbaues (* ~ —580) ~ Aristokrat. Schule der Pythagoreer in einem Hause eingeschlossen und verbrannt Griechische Kulte in Rom (griech. Kultureinfluß schon im —6. Jh.)
—495		~ † *Anakreon*, griech. Dichter von Trink- u. Liebesliedern (* ~ —580)	
—494	Perser erobern Milet und beenden dadurch zunächst den Aufstand der griech.-ionischen Städte in Kleinasien (—479 wieder befreit) Durch Auszug d. Plebejer aus Rom wird die Einsetzung d. Volkstribunates in Rom erzwungen (stand unter d. Tribunen und hatte die Aufgabe, Übergriffe d. Patrizier zu verhindern)		

Spätdorischer Stil	Griechische Musiktheorie	Pythagoreische Wissenschaft	
Älteste Tempelbauten in Japan (z. B. Heiligtum der Sonnengöttin in Ise in einfacher Holzarchitektur mit Strohdächern; polynesisch beeinflußt?)		Bronzeglocken in China	
≈ Höhepunkt der Verbreitung des dorischen Stils. Allmähliches Aufkommen des weniger strengen ionischen Stils, von Kleinasien ausgehend (Höhepunkt ≈ —400) ≈ Sieben Tempel im dorischen Stil in Selinunt/Sizilien (Stadt —629 v. d. Griechen gegründet, —409 v. d. Karthagern zerstört) ∼ Unter persischer Herrschaft wird der Amuntempel in der ägypt. Oase El Charge erbaut	≈ Von der auf den Beziehungen zu den ganzen Zahlen beruhenden Musiklehre des *Pythagoras* aus wird die griech. Musiktheorie ständig weiterentwickelt	≈ Astron. Weltbild des *Pythagoras* (†): Erde, Mond, Sonne, Planeten, Fixsternsphäre, „Gegenerde" kreisen in Sphärenharmonie um das Zentralfeuer ≈ Der „Lehrsatz d. Pythagoras" ist bereits bekannt, sein Beweis vielleicht erstmalig b. *Euklid* ≈ Die Schule des *Pythagoras* erkennt die Harmonie der Töne einer ganzzahlig geteilt. Saite (Monochord; vgl. —365). Befestigt ihre philosophische Auffassung, daß d. Welt durch harmonische Gesetze der ganzen Zahlen beherrscht wird	≈ In der röm. Republik führen die vornehmen Römer mindestens drei Namen: Vor-, Geschlechts- und Familiennamen, evtl. für besondere Taten noch einen Beinamen. Die ursprüngl. im indoeurop. Sprachbereich gebräuchl. Einzelnamen aus zwei Wortstämmen (z. B. griech. Philippos = Pferdefreund) waren früh unter etrusk. Einfluß verlorengegangen ≈ Griech. Bildwerke zeigen Ballspiele
		∼ * *Herodot*, erster bedeutend. griech. Historiker († ∼ —424)	

	Marathon	Äschylos	Vorsokratische Naturphilosophie
—493	Kg. *Alexander I.* von Makedonien (—498 bis —454) muß dem Perserkönig gegen Griechenland Heerfolge leisten (~ —450 gewinnt Griechenland in Makedonien Einfluß) *Miltiades* flieht nach Athen Unter dem röm. Patrizier *Gnäus Marcius* erobern Römer die Stadt Corioli d. Volsker (*M.* erhält den Beinamen *Coriolanus*)	≈ Im griech. Theater spielen die Schauspieler (erst einer, bald drei) auf Kothurn mit Maske (lat. persona), dazu 12-15köpfiger Chor	
—490	Athener unter *Miltiades* siegen über die Perser bei Marathon; ein Läufer bringt die Siegesmeldung nach Athen, wo er tot zusammenbricht (*Miltiades* stirbt nach militärischen Mißerfolgen —488) ~ Auf dem Höhepunkt seiner Macht erstreckt sich das Perser-Reich vom Indus bis Makedonien und Ägypten nebst Libyen Perserzug unter *Dareios I.* gegen Griechenland mißlingt		~**Empedokles*, griech. Philosoph († —430) ~ * *Zeno* aus Elea („Der Eleat"), griech. Philosoph († ~ —430) Kult des Hirtengottes Pan in Athen (zum Dank für den „panischen Schrecken" der Perser)
—487	Die 9 Athener Archonten erstmalig aus 500 Kandidaten der beiden ersten Vermögensklassen mit Bohnen ausgelost (bisher nur aus der ersten Klasse gewählt). Verbannung durch „Scherbengericht", das —488 eingeführt		≈ Elementarschulen u. geringes Analphabetentum in Athen
—485	† *Dareios I.* (d. Große), pers. Kg. seit —521; dehnte pers. Reich bis zum Indus aus *Xerxes I.*, sein Sohn, Kg. v. Persien bis —465 (ermord.); unterwirft Ägypten u. Babylonien; kämpft erfolglos gegen Griechenland Aufstand d. Ägypter gegen Perserherrschaft unterdrückt (weitere Aufstände —463 u. —405)		~ * *Protagoras* aus Abdera (Thrakien), griech. Philos. d. Sophistik († ~ —415)
—484		Der griech. Tragödiendichter *Äschylos* siegt zum erstenmal im Wettstreit (erliegt —468 *Sophokles*; siegt erneut —467) ~ * *Euripides*, griech. Tragödiendichter († —406)	

Übergang vom dorischen zum ionischen Stil	Griechische Musik	Babylonische Astronomie	
∼ Dionysos-Theater am Südhang der Akropolis (1. griech. Theater, erst aus Holz, später aus Stein)		≈ Babylon. Astronomie erkennt aus ihren tausendjähr. Beobachtungen d. 18jährlichen Saros-Zyklus der Finsternisse	
∼ *Makron:* „Parisurteil", attisches Vasenbild mit bekleideten Frauengestalten			
≈ Knabenstatuen aus dem Perserschutt der Akropolis, dar. der „Knabe des *Kritios*" (griech. frühklass. Plastiken mit freier Haltung: Stand- und Spielbein) ∼ Schatzhaus von Persepolis zeigt Herrscherbildnisse			
∼ Saturntempel und Tempel der Dioskuren am Forum in Rom			

	Salamis Thermopylae	Griechische Dichtung	Heraklit Buddha
— 483	*Themistokles* veranlaßt in Athen den Bau einer Flotte und begründet so die attische Seemacht ~Rom beginnt Kampf gegen das etrusk. Veji (erobert es —396)		~ † *Heraklit* von Ephesos („Der Dunkle"), griech. Naturphilosoph; lehrte: Nur das Denken erfaßt die Welt, die sich in ewiger Umwandlung befindet, vom „Logos" (Weltvernunft) gelenkt. („Alles fließt", „Der Kampf ist der Vater aller Dinge"). Schrieb „Über die Natur" (* ~ —544)
— 481	≈ China übernimmt von den mongolischen Reitervölkern des Nordens das Reiten u. die Reiterkrieger, wodurch der Streitwagen verdrängt wird		
— 480	Kg. *Xerxes I.* v. Persien unternimmt erfolglosen 3. Perserzug gegen Griechenland (Perser werden —449/45 von Athen endgültig siegreich abgewehrt) *Themistokles* schlägt in der Seeschlacht bei Salamis entscheidend die persische Flotte vor den Augen von König *Xerxes* (die Perser ziehen sich über den Hellespont zurück) 300 Spartaner unter ihrem Kg. *Leonidas* verteidigen mit einigen Bundesgenossen den Engpaß von Thermopylä gegen die Perser. Werden d. Verrat d. *Ephialtes* überwunden. Burg u. Stadt Athen v. d. Persern zerstört *Gelon*, Tyrann von Gela, schlägt, von Syrakus zu Hilfe gerufen, d. Karthager bei Himeran; unter ihm wird Syrakus d. mächtigste Stadt Siziliens († —478, es folgt sein Bruder *Hiëron*) Trotz militärischer Niederlage bei Himeran behaupten sich die mit den Persern verbündeten Karthager gegen die griechischen Kolonien auf Sizilien Bosporanisches Reich auf der Krim (besteht bis 335, ab —64 von Rom abhängig)	* *Antiphon*, der erste der 10 attischen Redner († —411)	~ † *Buddha (Siddhattha)*, ind. Religionsstifter d. „Buddhismus", Gegner des regelstrengen Brahmanismus; lehrte Erlösung d. Seele (Nirwana) aus der Seelenwanderung durch Überwindung d. weltl. Begierden (* ~ —550) ≈ Ende des reinen Brahmanismus in Indien mit der Kasteneinteilung: Brahmanen (Priester), Krieger, Ackerbauer, Sklaven, und den Göttern: Brahma (Gott der Schöpfung); Wischnu (Gott der Welterhaltung); Schiwa (Gott der Zerstörung) ~ † *Xenophanes*, griechisch. Philos., gründete Eleatische Schule in Elea/Unterital.; ersetzte anthropomorphen Polytheismus durch pantheist. Monotheismus; unterschied das Gedachte als unveränderlich Seiendes von den Erscheinungen; schrieb Lehrgedichte „Über die Natur" (* —570)

Übergang vom dorischen zum ionischen Stil	Griechische Musik	Persische Technik	
∼ „Themistokles", griech. Plastik		≈ Silberbergbau im Laurion-Gebirge; Quelle der Seerüstung Athens	
≈ Blüte der Bildhauerkunst auf der Insel Ägina. Giebelfiguren am Aphäatempel („Sterbende Krieger" u. a., griech. Plastiken im Übergang vom archaischen zum klassischen Stil, bunt bemalt) ∼ Thronende Göttin (griech. spätarchaische Plastik) ∼ Trinkschale des Töpfers *Brygos*: Zecher mit Flötenspielerinnen; Innenbild: sich übergebender Zecher ∼ Siegestempel in Himera/Sizilien		Perser schlagen zwei Schiffsbrücken über den Hellespont und graben Kanal zur Abschneidung des Vorgebirges Athos	

	Griechen besiegen Perser Perser zerstören Babylon	Chinesische Literatur	Konfuzius
— 479	Griechen besiegen unter dem Spartaner *Pausanias* in der Landschlacht von Platäa die Perser unter *Mardonios* (†, * ∼ —530), dem Schwiegersohn von *Dareios* Sparta und Athen schlagen die Perser bei Mykale und befreien dadurch die Küstenstädte Kleinasiens Perser erobern und zerstören Babylon	≈ Entwicklung der weltlich. chines. Literatur aus altem chin. Gedankengut, beeinflußt von *Konfuzius* (†) und seinen Schülern: „Buch der Lieder" („Shi-king", Weisheiten d. alt. Chinas); „Buch der Schriften" („Shu-king" aus d. Heroenzeit Chinas); „Buch der Wandlungen" („I-king", Deutung alter Orakelzeichen); „Frühling u. Herbst" („Ch'un-Chiu", geschichtl. Quellensammlg. von —722 bis —481 aus d. Landschaft Lu in Shantung)	∼ † *Kung-tse (Konfuzius)*, chin. Philosoph; gründete eine Staats- u. Sittenlehre auf altchinesischer Überlieferung, betonte Menschlichkeit und Familienbande (* ∼ —551). Lehre u. Aussprüche erst von seinen Schülern niedergeschrieben Die Griechen weihen d. Zehnten d. Kriegsbeute nach d. Niederlage d. Perser bei Platää d. Göttern (darunter Goldener Dreifuß für Delphi)
— 478	*Aristides* (* ∼ —550, † ∼ —467), athen. Heerführer, Gegner des *Themistokles*, gründet —477 ersten Attischen Seebund (besteht bis —404)	*Hiëron I.* Herrscher von Syrakus bis —467, ruft die griech. Dichter *Äschylos*, *Pindar*, *Bakchylides* an seinen Hof	≈Die religiöse Grundeinstellung der Juden begrenzt den Einfluß d. babyl. Astrologie; Übernahme d. „heilig. Zahl" 7 (Sonne, Mond, 5 Planeten)
— 477	Sagenhafter Tod von 306 Mitgliedern des röm. *Fabier*-Geschlechtes in der Schlacht gegen die etruskischen Vejenter; kennzeichnet die wechselvollen Kämpfe der Römer gegen die Etrusker in der Frühzeit Roms		∼ † *Vardhamana (Mahawira)*, ind. vorbuddhistisch. Reformator, Begrd. d. Dschainismus (vgl. —500)
— 475	≈ Kretisches „Recht von Gortyn" auf 12 Quadersteinen (ältestes Stadtrecht, mit Familien-, Erb- und Vermögensrecht)	∼ *Phrynichos:* „Phoinissen" (griech. Tragödie mit dem Stoff der „Perser")	
— 474	*Hieron I.* von Syrakus (herrscht von —478 bis —467) besiegt etruskische Flotte bei Cumae (—466 wird Syrakus Demokratie)		

Klassische griechische Bildhauerkunst	Griechische Musik	Chinesische Geschichtsschreibung	
Syrakusisches Zehndrachmenstück mit Nymphenkopf, von Delphinen umgeben, zur Feier des Sieges über d. Karthager bei Himeran —480 (kennzeichnet hohe griech. Münzkunst) *Xerxes I.* zerstört Marduk-Heiligtum in Babylon ~ Schlangensäule in Delphi als (ältestes europäisches) Siegesdenkmal nach der Schlacht bei Plataä ~ Griech. Rundtheater in Syrakus		~ *Konfuzius* (†) stützte seine Geschichtsbetrachtungen auf das Studium geschichtlicher Originalquellen (vgl. Literaturspalte)	Athen erhält Stadtmauer
„Siegreicher Wagenlenker“ von Delphi (griech. frühklass. Bronzeplastik) ~ Marmortempel des Apollo von Delphi vollendet (älterer —548 verbrannt)			
~ Palast des Perserkönigs *Xerxes* in Persepolis (mit reichen Ornamenten und Reliefs, Terrasse mit Doppeltreppe)			
~ Werke des griech. Bildhauers *Myron* entstehen in Athen; u. a. „Der Diskuswerfer“ (eine der ersten Darstellungen einer schnellen Bewegungsphase, Bronze); „Athena und Marsyas“ und Tierfiguren			
Opferkessel aus Bronze d. chin. Kgs. *Fuchai* von Wu (—495 bis —473) mit ornamentaler Auflösung d. früheren symbol. Tierformen. Diesen Stil zeigen auch andere gleichzeitige Bronzegeräte (Waffen, Spiegel u. a.)			

	Themistokles	Äschylos Sophokles	Philosophische Atomlehre
— 472		*Äschylos:* „Die Perser“ (griech. Tragöd.)	
— 471	*Themistokles* durch „Scherbengericht“ aus Athen verbannt (flieht nach Argos, schließl. z. Perserkönig u. stirbt —459)	~ *Äschylos* führt 2. Schauspieler neben Protagonisten und Chor ein	
— 470	≈ Die phönizische Vorherrschaft über das östl. Mittelmeer wird durch d. griech. Trieren (Dreiruderer) abgelöst		* *Sokrates*, Moralphilosoph in Athen, Geg. d. Sophistik († —399)
— 469	~ * *Nikias*, athen. Staatsmann u. Feldherr († —413, hingerichtet)		
— 468	≈ Durch die Ausbreitung der Italiker (Umbrier und Osker) findet die Ausbreitung der Etrusker in Italien (seit ≈ —750) ihr Ende	~ † *Simonides von Keos*, griech. Dichter; schuf dorische Chöre u. Epigramme (kurze Sinngedichte) auf die Helden der Perserkriege (* ~ —556)	
— 466	*Kimon*, Sohn des *Miltiades*, vernichtet in der Doppelschlacht am Eurymedon (Südkleinasien) Heer u. Flotte d. Perser, die Ionien zurückerobern wollten	~ *Sophokles* führt 3. Schauspieler ein	
— 465	† *Xerxes I.* (mit seinem ältesten Sohn v. d. Leibwache ermordet), Kg. von Persien seit —485 (* ~ —519) *Artaxerxes I.*, sein Sohn, Kg. v. Persien bis —424		≈ *Leukippos von Milet*, Lehrer *Demokrits*, lehrt als erster, daß die Dinge aus unteilbaren Teilchen („Atome“) zusammengesetzt sind
— 462	Die demokratische Partei in Athen unter *Perikles* schränkt die Macht der adligen Archonten zugunsten der minderbemittelten Klassen ein. Großer Einfluß d. 10 jährl. gewählten Strategen		
— 461	Der spartafreundliche *Kimon* wird unter der demokratischen Partei in Athen verbannt (—454 zurückgerufen); Athen strebt nach der Vorherrschaft über ganz Griechenland		
— 460	Hafen Piräus wird mit Athen durch die „Langen Mauern“ verbunden (werden —404 geschleift)		~ * *Demokrit(os)* von Abdera, griech. Philosoph, Schüler d. *Leukippos* († ~ —360)

Klassischer Stil in Griechenland	*Griechische Musik*	*Griechische Wissenschaft*	
≈ *Mikon* (griech. Maler, teilweise m. *Polygnotos*) „Amazonenschlacht“, „Kampf der Kentauren“, „Rückkehr der Argonauten“ u. a.			
~ * *Polyklet*, griech. Bildhauer des klass. Stils in Argos († ~ —420) ~ Bildwerke des Zeustempels zu Olympia (kennzeichnen den Beginn des klassischen griech. Stils)		~ *Empedokles* versucht eine mechanistische Erklärung der Entstehung d. biologischen Arten (frühest. Versuch einer Art Selektionstheorie)	Sparta verliert durch Erdbeben (—464) den Kern seines Heeres
			Besoldung der Richter u. Truppen in Athen eingeführt
~ Hera-Tempel von Akragas/Sizilien		~ * *Hippokrates* von Kos, Begründer der griech. Heilkunde († ~ —377) ~ * *Thukydides*, griech. Historiker († ~ —395)	≈ Männerhaartracht in Griechenland geht vom langen zum kurzen Haar über (vorher trugen nur Sklaven geschorenes Haar)

	Athen führt in Griechenland	Äschylos	Esra erneuert jüdische Religion
— 459	† *Themistokles*, athen. Politiker und Feldherr, seit —471 verbannt nach Persien, begründete durch Flottenbau u. Sieg bei Salamis über die Perser attische Seemacht (* ~ —525)		
— 458		*Äschylos:* „Die Orestie" (griech. Tragödien-Trilogie)	Wiederherstellung des Gesetzes von *Moses* durch *Esra* (u. a. Verbot der Ehe mit Fremden) im neuerstandenen Staat Juda, an dessen Spitze unter pers. Oberhoheit der Hohepriester steht
— 456	Unterwerfung der aufständischen leibeigenen Heloten durch Sparta (3. Messenischer Krieg seit —464, Hilfe Athens schließlich zurückgewiesen)	† *Äschylos*, griech. Tragödiendichter, entwickelte Dialog; Chor nicht mehr Hauptträger der Handlung (* —525)	
— 454	Mit der Verlegung der Bundeskasse nach Athen wird dieses Hauptstadt eines umfassenden griechischen Reiches (daneben Sparta mit peloponnesischen Bundesgenossen)		
— 450	~ * *Alkibiades*, Politiker und Heerführer Athens († —404, ermordet) ≈ Tarent bedeutendste (griech.) Handelsstadt Italiens (—275 von Rom unterworfen) ~ Dezemvirn (Behörde von 10 Männern) schaffen in Rom die Zwölftafelgesetze (privates u. öffentl. Recht); gegen Widerstand d. Patrizier beschlossen. Grundlage des Röm. Rechts ≈ Satrapenaufstände und Günstlingsherrschaft schwächen das persische Reich ~ Indisches Großreich Magadha entsteht (die „Wiege des Buddhismus"; Höhepunkt unter Kg. *Tschandragupta* ~ —320)	~ * *Aristophanes*, griech. satirischer Lustspieldichter in Athen († ~ —387) ~ † *Bakchylides*, griechischer Lyriker und Balladendichter ≈ *Sophron* aus Syrakus begründet die Form des Mimus (griech. kleines Schauspiel aus dem tägl. Leben, oft derb erotisch) ≈ Die Darsteller im griech. Schauspiel sind 2 bis 3 Schauspieler u. der Chor	~ *Anaxagoras* bekämpft Aberglauben durch rationalistisch-naturwissenschaftl. Denken ≈ Die Philosophie d. griech. Sophisten beginnt den überlieferten Götterglauben zu erschüttern ≈ Griechische Erziehung erstrebt Harmonie von Körper und Geist ≈ Der ostiranische Mithras-Kult verbreitet sich über ganz Persien

Griechische Malerei	*Griechische Musik*	*Griechische Technik*	
Der griechische Maler *Polygnotos* (* ∼ —500, † ∼ —446) malt in Athen u. Delphi (dort „Zerstörung Trojas“, „Abfahrt d. Griechen“ u. „Besuch d. Odysseus in d. Unterwelt“); gilt als Begründer d. Monumentalmalerei (seine Bilder dienen der Vasenmalerei als Vorbild). Sein Wirken in Athen kennzeichnet Höhepunkt der antiken griech. Malerei: Schlachtenbilder, mythol. Szenen; Zimmerfresken; angeblich erste Farbenmischung; Farbskala: Weiß, Schwarz, Rot, Ockergelb (nur Beschreibungen erhalten)			In der „Orestie“ spiegelt sich der Übergang von mutter- zu vaterrechtlichen Zuständen
≈ Chimäre (etrusk. Bronzeplastik) ≈ Etruskische Grab-Wandbilder zeigen lebensfreudige, teilweise erotische in Farbe und Form naturalistische Darstellungen			
∼ Theseion (Tempel des Theseus) in Athen ∼ Dorischer Poseidontempel in Pästum (Unteritalien) ∼ „Kasseler“ Apollo-Statue (griech. Plastik) ≈ Metopen (Zwischenfelder) dorischer Tempel von Selinunt/Sizilien (u. a. Zeus und Hera) ≈ Höhepunkt der attischen Vasenmalerei (bis ≈ —340). Feine Zeichnungen, Farbskala: Weiß, Schwarz, Rot, Ockergelb, mit Farbmischungen. Signierungen seltener; Themen aus Mythologie, Geschichte und Alltag		≈ Griechen kennen Wasseruhren (Klepshydren) auch zur Begrenzg. der Redezeit bei Gerichtsverhandlungen ≈ Griech. Helme aus Bronze ≈ In der Latène-Kultur (Jüngere Eisenzeit in Nord- u. Westeuropa) finden sich Schachtöfen zur Metallverhüttung	≈ Hetäre *Aspasia*, zweite Gattin des *Perikles*, häufig in Lustspielen satir. angegriffen ≈ Etruskische Hand - Bronzespiegel mit reich gravierter Rückseite (werden v. d. Römern übernommen; auch Griechen kennen Metallspiegel) ≈ Die kelt. Einwanderung führt auf d. brit. Inseln zu rechteckig umwallten Äckern

	Ende des Perserkrieges Plebejer-Auszug	Griechische Rhetorik	Sophistik
Im —5. Jahrhundert	Etrusker verlieren Vorherrschaft in Italien zugunsten Roms Zunehmende germanische Besiedlung d. zunächst vorwiegend keltischen Niederlande Marseille ist Tor der griech. u. etrusk. Kultur nach dem kelt. Westeuropa	„Frosch-Mäuse-Krieg" (Parodie auf die Ilias unter dem Namen *Homers*, auch später angesetzt) *Korax* aus Syrakus schreibt erstes Lehrbuch der Beredsamkeit; sein Schüler ist *Teisias*	Erziehung der athenischen männl. Jugend in den Gymnasien: Akademia, Lykeon, Kynosarges Verehrung der Laren als Feld- u. Ortsgeister mit Opfern u. Spielen in Italien (werden später zus. mit den Penaten u. dem Genius im röm. Haus verehrt)
—449	† *Kimon*, Sohn d. *Miltiades*, athen. Feldherr; besiegte —465 die Perser, war —461 bis —454 verbannt, beendete —451 ersten Peloponnesischen Krieg durch Waffenstillstand mit Sparta Durch die Doppelschlacht bei Salamis (Cypern) über persische phönizische Flotte und Truppen beenden Athen und seine Bundesgenossen erfolgreich die Perserkriege; seit —500 (vgl. —445) Nach der Aufstellung d. Zwölftafelgesetzes durch die Dezemvirn protestieren d. Plebejer durch zweiten Auszug aus Rom geg. Willkür d. Dezemvirn u. erreichen Wiederherstellung d. Unverletzlichkeit d. Volkstribunen		
—448			
—447	In Rom erhalten die Quästoren die Verwaltung der Staatskasse Sparta lehnt panhellenischen Kongreß ab	~ *Pindar* (†) s. Spalte Musik	

Phidias	Griechische Musik	Griechische Mathematik	
Agatharch führt die Perspektive, *Apollodor* Licht und Schatten in die klass. griech. Malerei ein Persische Königspaläste in Persepolis (von *Alexander d. Großen* zerstört): „Hundertsäulenhalle", Eingang mit geflügelten Stiermenschen, Reliefs (ägypt. u. griech. Einflüsse) Geflügelter Dämon entführt eine Verstorbene (etruskische Malerei auf Tonplatten) Einbrennmalerei (Enkaustik) entsteht (erhalten sind ägypt. Mumienbildnisse erst aus dem 1. bis 4. Jh.) Heraklestempel, Concordiatempel (dorisch), Zeustempel in Olympia und in der griech. Stadt Agrigent (Sizilien) Aufstellung porträtähnl. Ehrenstatuen aus der Hand etrusk. Künstler in Rom. Auch sonst starke Einfl. der etrusk. Kunst		*Hippokrates* von Chios, griech. Mathematiker, versucht Quadratur des Kreises und Würfelverdopplung (beide mit Lineal u. Zirkel nicht ausführbar), findet Satz von den „Möndchen des Hippokrates" Die römische Kultur wird stark von Wissen und Technik der Etrusker beeinflußt Fackeltelegraphie bei den Griechen u. bei den Persern	Der Königspalast in Persepolis beherbergt 15 000 Diener, 1000 Reiter u. 10 000 Fußsoldaten. Die hohen Abgaben schwächen Persien u. die unterworfenen Völker wirtschaftlich Griechenland übernimmt von Ägypten den Papyrus als Schreibpapier, den schräg zugeschnittenen Binsenhalm als Feder (ab —3. Jahrhdrt. Rohrfeder) u. die Rußtinte
≈ Wölfin mit Romulus und Remus (etruskische Bronzeplastik auf dem Kapitol in Rom; —65 durch Blitz beschädigt, vgl. —507) ≈ Persischer Knüpfteppich mit 36 Knoten qcm (1950 im skythischen Grabhügel im Ost-Altai gef.; gilt als ältester bekannter Knüpfteppich; wird aber auch als Noppenwirkteppich angesprochen)		≈ Röm. 12-Tafel-Gesetz kennt goldenen Zahnersatz ≈ Eine jonische Schrift weist auf Klima und Umgebung als Gesundheits- u. Heilfaktoren hin	≈ Brieftauben in Griechenland erwähnt ≈ Athen ist besonders durch Produktion von und Handel mit Tonwerk vorherrsch. Macht im östlichen Mittelmeer
Phidias beginnt im Auftrage *Perikles'* Wiederaufbau der —480 durch d. Perser zerstörten Akropolis durch Bau des Parthenon-Tempels mit 160 m langem Relief-Fries, einen kult. Festzug in Athen darstellend (Tempelbau fertiggestellt —438)		∼ *Xanthos*, griechischer Logograph, schreibt Geschichte Lydiens	∼ *Herodot* bekundet Baumwolle in Indien
	∼ † *Pindar*, griech. Musiker u. Dichter, schrieb Oden u. Siegerpreislieder f. d. national. Festspiele i. Olympia, Delphi, Korinth, Nemea (* ∼ —520)		

	Perikles	Griechische Dichtung	Sophistik
— 445	Zwischen Athen und Sparta wird ein 30jähriger Friede geschlossen: Athen auf Seemacht beschränkt. Gleichzeitiger stillschweigender Friedensschluß zwischen Athen und den Persern sichert (bis auf Cypern) griechische Macht u. Besitz in Europa und Kleinasien		~ *Mo Ti*, chin. Denker (* ~ —480, † ~ —410), vertritt „allumfassende Liebe" und verurteilt Angriffskriege
— 444	*Nehemia*, Mundschenk von Perserkg. *Artaxerxes I.* in Susa, wird von diesem zum Statthalter in Juda ernannt (bis —433); erneuert neben *Esra* d. Judentum in Jerusalem u. baut dort eine Mauer in 52 Tagen		~ * *Antisthenes*, griechischer Philosoph, gründet Schule der Kyniker († ~ —366)
— 443	*Perikles* für 15 Jahre Feldherr in Athen; jährlich durch Volkswahl verlängert	~ *Sophokles:* „Antigone"	~ Thora mit Priesterkodex wird z. Grundgesetz des jüdischen Staates mit Jerusalem als Mittelpunkt
— 440			~*Melissos* von Samos, griech. Philos. und Staatsmann; lehrt ein einziges räumlich und zeitlich unbegrenztes Sein, von dem die Sinne nur den Schein wahrnehmen ~ Eheverbot zwischen Judäern und Fremden
— 439	Aufstand der Plebejer in Rom. *Lucius Quinctius Cincinnatus* zum Diktator ernannt	*Perikles:* Rede auf die Gefallenen	
— 438			

Parthenon-Tempel	Griechische Musik	Herodot	
≈ Die griech. Baukunst pflegt die farbige Bemalung von Bau- und Bildwerken (meist nur noch Reste vorhanden)		~ *Herodot* liest einen Teil seines Geschichtswerkes in Athen vor und erhält eine Staatsbelohnung (sein Werk beruht zum Teil auf eigenen Forschungen an Ort u. Stelle)	In Rom wird das Eheverbot zwischen Patriziern u. Plebejern gesetzl. aufgehoben
		~ *Meton* mißt Punkte der Sonnenwende mit dem Gnomon (senkrecht schattenwerfender Stab)	
≈ „Perikleisches Zeitalter": Blüte der athenischen Kultur unter dem Feldherrn und Volksredner *Perikles* (bis —429)			Im Athen des *Perikles* kommen auf etwa 50000 freie Bürger ungefähr 100000 Sklaven
~ *Phidias* schafft die Giebelgruppen des Parthenon-Tempels (Geburt d. Athene aus dem Haupte des Zeus, Kampf zw. Athene und Poseidon um Attika), außerdem wahrscheinl. Mitarbeit am Fries des Tempels (vgl. —448) ~ Zentauren- und Gigantenkampf vom Parthenon auf der Akropolis in Athen (92 griech. Reliefplastiken in den Zwischenfeldern [Metopen] über dem Säulenumgang) ~ Poseidon-Tempel auf Kap Sunion		*Meton* verbessert den griechischen Kalender, der auf d. Mond-Sonnenjahr (gebundenes Mondjahr) beruht, indem er eine Periode von 19 Sonnenjahren = 235 Mondmonateneinführt (seit dem —7. Jh. galt d. schlechtere Beziehung 8 Sonnenjahre = 99 Mondmonate)	~ *Perikles* läßt der Stadt Thurios (Unterital.) nach Plänen von *Hippodamos* von Milet unter hygienisch. Gesichtspunkten anlegen
~ *Kresilas:* „Perikles" (gilt als erste griech. Porträtbüste)			
Fertigstellung und Einweihung des Athener Parthenon-Tempels (in Marmor seit —448 unter *Phidias* erbaut und mit Bildwerken ausgestattet, eines der letzten großen Bauwerke im dor. Stil) Aufstellung der „Athene Parthenos" von *Phidias* im Kultraum des Parthenon-Tempels auf der Athener Akropolis (12 m hohes Monumentalstandbild aus Gold u. Elfenbein)		~ Erste Bestimmung von Fixsternorten in Griechenland	

	Perikles Peloponnesischer Krieg	Euripides Sophokles	Sophistik
— 436		* *Isokrates*, griechisch. Redner in Athen († —338)	
— 435	~ In Rom werden Zensoren mit Amtszeit von 18 Monaten gewählt (für d. Schätzung nach d. 5 Vermögens- u. Heeresklassen; Überwachung d. Sitten; Aufsicht d. Bauten)	~ *Euripides* und *Sophokles* wirken im Athen *Perikles*'; *Euripides* im Sinne der sophistischen Aufklärung, *Sophokles* eher im Sinne überlieferter Religiosität	~ * *Aristippos* aus Kyrene, griech. Philosoph, *Sokrates*-Schüler († —355) ~ *Prodikos* aus Keos, griech. Sophist; lehrt: Angst vor dem Tode sei überflüssig (weder der Lebende noch der Tote könne ihn „erleben"), schildert im „Herakles am Scheideweg" die Wahl des steinigen Pfades der Tugend vor dem blumigen des Lasters
— 432			Gesetz gegen Gottlosigkeit in Athen (zielt auf *Anaxagoras* und Aufklärung der Sophistik)
— 431	Beginn des Peloponnesischen Krieges zwischen der attischen, unter Athen ihren Handel stärkenden Demokratie und dem aristokratisch regierten Peloponnes unter Sparta (bis —404)	*Euripides*: „Medea"	~ *Zeno aus Elea* gilt als Begrd. der „Dialektik" (Frage- und Gesprächskunst)
— 430		~ * *Xenophon*, griech. Historiker u. Schriftsteller († ~ —354) ~ *Euripides* verwend. in seinen Schauspielen zur Lösung tragischer Verwicklungen das plötzliche Erscheinen eines Gottes mittels einer Theatermaschine („Deus ex machina")	† *Empedokles* (angeblich Selbstmord im Ätna), griech. Philosoph; schrieb „Über die Natur" (Liebe und Haß mischen und entmischen d. 4 Elemente: Erde, Wasser, Luft, Feuer) (* —490) ~ † *Zeno* aus Elea („Der Eleat"), Schüler des *Parmenides*; suchte dessen Lehre, die die Brauchbarkeit d. Sinne, Bewegung u. Vielheit d. Dinge leugnet, durch Trugschlüsse zu beweisen (z. B. „Achilles und die Schildkröte") (* ~ —490)

Perikleisches Zeitalter	Griechische Schauspielmusik	Griechische Wissenschaft	
~ † *Phidias* (im Gefängnis, Vorwurf der Materialunterschlagung), griech. Bildhauer in Athen; u. a. Monumentalstandbilder d. „Athene" (Athen) und des „Zeus von Olympia" (eins der „Sieben Weltwunder"); leitete Bau und Bildschmuck des Parthenon-Tempels auf der Akropolis unter *Perikles* (* ~ —500) ~ *Agorakritos* und *Alkamenes*, Schüler von *Phidias*, wirken als griech. Bildhauer			
Propyläen (Torweg) auf der Athener Akropolis (seit —437)			~ Athen erhält 600 Talente (zu je etwa 4715 Mark) Tribute. Kommen s. Ausbau zugute
Apollo-Tempel in Rom			~ Die Bevölkerung Griechenlands beträgt etwa 3 Millionen, davon ca. 1 Million Sklav.
~ Eleusinisches Weih-Relief mit Erdmutter Demeter	≈ Chorstück aus dem „Orest" des *Euripides* (als einziges Fragment aus der umfangreiche Chöre und Rezitative umfassenden griech. Schauspielmusik)		

	Perikles	Aristophanes	Sokrates
— 429	† *Perikles*, Feldherr v. Athen, führte kulturelle Blüte herbei (* ∼ —500) (*Perikles* stirbt an einer Pockenseuche im belagerten Athen, nicht an d. „Pest“). In Athen tritt an die Spitze der demokratischen Partei *Kleon* (Besitzer einer Lederfabrik), an die Spitze der aristokratischen Partei *Nikias* († —413)		∼ *Esra* gibt Juda ein sakrales Gesetz (wohl das Pentateuch heutiger Form)
— 428		*Euripides:* „Hippolytos“	† *Anaxagoras*, ionisch. Philosoph (das Element „Vernunft“ belebt u. bewegt die übrigen); floh aus Athen, wegen Gottlosigkeit angeklagt (* ∼ —500)
— 427	Versuchter Abfall Mytilenes; Lesbos von Athen hart bestraft	*Sophokles:* „Ödipus“	∼ *Gorgias von Leontini* (Sizilien) in Athen; griech. Philosoph ein. sophist. Nihilismus. Es existiert nichts: Existierte etwas, wäre es nicht erkennbar. Wäre etwas erkennbar, wäre es nicht mitteilbar * *Plato*, griech. Philosoph († —347)
— 425	*Kleon* lehnt Friedensangebot Spartas ab		
— 424	*Xerxes II.* wird König v. Persien und bereits im zweiten Monat seiner Herrschaft ermordet. Beginnender Niedergang d. persischen Macht *Dareios II.* König von Persien bis —405 (†)		≈ Die Sophisten Griechenlands unterrichten in philosophischen und grammatisch-rhetorischen Fragen. *Sokrates* entwickelt für d. Belehrung d. „Sokratische Methode“ („Sokratische Ironie“) des Zwiegespräches, wobei der Schüler durch Fragen angeleitet wird, selbständig die Wahrheit zu finden
— 423		*Aristophanes:* „Die Wolken“ (griech. satirisches Lustspiel gegen Sophisten)	

Griechische Malerei	*Herodot*	
	* *Archytas von Tarent*, griechischer Gelehrter d.pythagoreischen Schule († —365)	
≈ Die griech. Vasenmalerei zeigt teilweise einen „unklassischen" realistischen Stil (läßt auf ähnliche Richtungen in der verlorenen Wandmalerei größerer Bilder schließen)		≈ Hierodulen („Heilige Sklavinnen") üben Prostitution im Aphrodite-Tempel zu Korinth
	∼ † *Herodot*, erst. griech. Historiker, „Vater der Geschichtsschreibg.", Forschungsreisender; unternahm ausgedehnte Reisen (Griechenland, Italien, Kleinasien, Persien, Arabien, Ägypten, Cyrenaika u. Karthago); gab relativ zuverlässige Darstellung d. bekannten Erdbildes; schrieb griechische Geschichte bis —479, bes. Perserkriege (* ∼—495)	

	Peloponnesischer Krieg	Aristophanes	Sokrates
— 421	Friede zu Nikias (auf 50 Jahre geschlossen) unterbricht kurzzeitig den Peloponnesischen Krieg (seit —431) und bringt die vorübergehende Anerkennung des attischen Reiches unter Athen	*Aristophanes:* „Der Friede" (griech. satir. Lustspiel) ~ † *Kratinos*, griechischer Komödiendichter; Gegner *Aristophanes'*, den er noch —423 besiegte (* ~ —520)	
— 420	~ * *Epaminondas*, thebanischer Feldherr und Politiker († —362)		
— 418	Fortgang des Peloponnesischen Krieges. Spartaner gewinnen durch den Sieg bei Mantinea über Athen und Argos ihre Macht auf dem Peloponnes wieder		
— 416		Der Sieg d. athenischen Tragikers *Agathon* (* ~ —445, † —402); wird später im Dialog „Symposion" („Gastmahl") seines Freundes *Plato* aufgenommen	
— 415	Mißglückter Feldzug Athens nach dem Getreideland Sizilien (Syrakus; bis —413) zunächst unter *Alkibiades*, der, in Abwesenheit wegen Religionsfrevels verurteilt, zu den Spartanern übergeht; Abfall zahlreicher athenischer Bundesgenossen	*Euripides:* „Die Troerinnen"	~ † *Protagoras* (ertrinkt auf der Flucht vor Verfolgung wegen Gottlosigkeit), erster und bedeutendster Sophist; lehrte „Der Mensch ist das Maß aller Dinge" im Sinne eines individuellen Subjektivismus (* ~ —485) Athener befragen vor d. Zug nach Sizilien das Zeusorakel „Dodona" im Epiros (vgl. —219), weil ihnen das Delphische Orakel (vgl. —590) politisch voreingenommen scheint

Klassisch-griechischer Stil	Griechische Musik	Griechische Wissenschaft	
~ *Paionios:* Nike (Siegesgöttin im Flug, griech. Plastik)			
~ † *Polyklet*, griech. Bildhauer; u. a. „Speerträger" (Bronze, Vorbild [„Kanon"] vieler folgender Statuen), „Diadumenos" (Jüngling, die Siegerbinde umlegend; Marmor), „Verwundete Amazone"; Goldelfenbeinbild der Göttin Hera im Tempel bei Argos (* ~ —465) ~ * *Skopas*, griech. Bildhauer in Athen († ~ —340) Nike-Tempel auf der Akropolis (dorisch-ionischer Mischstil; Baubeginn —448)			
≈ Höhepunkt der griech. Münzkunst (Stempelschneider beginnen zu signieren)			

	Peloponnesischer Krieg *Alkibiades*	*Euripides* *Sophokles*	*Sokrates*
— 414		*Aristophanes:* „Die Vögel" (griech. satir. Lustspiel)	
— 413	† *Nikias,* athen. Staatsmann u. Feldherr, Hinrichtung nach der von ihm verschuldeten Nichteinnahme v. Syrakus im Jahre —415 (* ~ —469) Der Peloponnesische Krieg tritt in seine letzte Phase (—404 wird Athen eingenommen) *Archelaos,* Kg. v. Makedonien bis —399; bemüht sich um Anschluß an griech. Kultur		
— 412	Der wegen Religionsfrevels nach Sparta geflohene Athener *Alkibiades* flieht von dort zum persischen Statthalter		~ * *Diogenes von Sinope*, griech. Philosoph der kynischen Schule († —323)
— 411	Der mit Athen ausgesöhnte *Alkibiades* siegt über Spartaner und (—410) über Spartaner und Perser Oligarchischer Staatsstreich in Athen scheitert	† *Antiphon*, erster der 10 attischen Redner (der letzte † —291); Begründer der von d. Sophisten beeinflußten kunstgemäßen Beredsamkeit, veröffentlichte geschriebene Reden als Muster (* —480) *Aristophanes:* „Lysistrata" ~ † *Eupolis*, attischer Lustspieldichter	
— 410	*Alkibiades*, seit —411 wieder auf der Seite Athens, vernichtet die peloponnesische Flotte bei Kyzikos (gleichzeitig Landschlacht)		
— 407	Der Athener *Alkibiades* wegen militärischen Fehlschlages verbannt (—404 ermordet)	~ *Euripides:* „Orestes", „Iphigenie in Aulis"	*Plato* wird für 8 Jahre der Schüler von *Sokrates*

Ionischer Stil *1. korinthische Säulen*	*Griechische Musik*	*Griechische Wissenschaft*	
∼ Apollo-Tempel in Bassä mit dorischen, ionischen und frühesten korinthischen Säulen; innerer Marmorfries: Amazonen- und Kentaurenkampf			Der athen. Feldherr *Nikias* (†) verzögert Rückzug von Syrakus aus Aberglauben vor einer Mondfinsternis (27. August)
≈ Griech. Vasen mit eleganten Mädchenbildern		* *Eudoxos von Knidos*, griech. Astronom († —356)	
∼ Erechtheion (Tempel des Erechtheus auf der Akropolis; erster rein ionischer Bau in Athen)			*Hippodamos* von Milet baut Stadt u. und Hafen Rhodos m. rechtwinkligem Straßensystem

	Sparta besiegt Athen	*Euripides* *Sophokles*	*Sokrates*
— 406	Im Kampf gegen d. Karthager wird *Dionysios I.* (* —430, † —367) Tyrann von Syrakus (gilt unter ihm als schönste Stadt des Altertums; unter seinen Nachfolgern verfällt die Macht) Athen lehnt Friedensangebot Spartas ab	† *Euripides*, Athener Tragödien-Dichter, in Makedonien seit —408; Chor tritt bei ihm zurück; schrieb „Medea", „Herakles", „Elektra", „Iphigenie bei den Tauriern", „Iphigenie in Aulis" und 87 andere Tragödien (* ~ —484) †*Sophokles*, griechisch. Tragödiendichter in Athen; führte 3. Schauspieler ein, bevorzugte Einzelstück vor Trilogie und Tetralogie; schrieb ca. 120 religiös gebundene Tragödien, u. a. „Elektra", „König Ödipus", „Antigone" (* ~ —496)	≈ Sophistik fördert Erziehung der vornehmen athenischen Jugend im Sinne einer aufgeklärten, umfassenden Bildung als Mensch und Staatsbürger
— 405	Spartanische Flotte unter *Lysander* vernichtet entscheidend athenische Seestreitkräfte bei den Ziegenflüssen (Aigospotamoi) Karthager zerstören dorische Kultur in Agrigent auf Sizilien † *Dareios II.*, Kg. von Persien seit —424 *Artaxerxes II.* Kg. von Persien bis —359; erlangt —387 wieder Herrschaft über Griechenstädte in Kleinasien Nach wiederholten Aufständen gegen die Perserherrschaft (—485, —463 bis —454) erlangt Ägypten Selbständigkeit (—343 wieder persisch)	*Aristophanes*: „Die Frösche" (griechisch. satir. Lustspiel auf den Stil des *Äschylos* und *Euripides*)	
— 404	Nach der Seeschlacht bei den Ziegenflüssen (Aigospotamoi) beendet der spart. Feldherr *Lysander* († —395) den Peloponnesischen Krieg (seit —431) durch die Eroberung Athens. Ende der attischen Demokratie durch Errichtung einer Oligarchie von „Dreißig Tyrannen" † *Alkibiades* (in der Verbannung auf Betreiben Spartas ermordet), Politiker und Heerführer Athens (* ~ —450)		
— 403	Wiederherstellung der Demokratie in Athen gegen die „Dreißig Tyrannen" (seit —404)	*Lysias* (* ~ —440), griech. Logograph u. Lehrer der Rhetorik in Athen bis ~ —380	

Klassisch-griechischer Stil *Chinesische Bronzekunst*	*Griechische Musik*	*Griechische Wissenschaft*	
≈ In der späten *Chou*-Dynastie in China herrscht bei den Bronzegeräten ein Stil, der alte dämonische Tierformen stark ornamental auflöst und Beziehungen zum „eurasischen Tierstil" (vgl. —7. Jh.) hat ≈ Chines. Bronze-Deckelvase mit Jagddarstellung (vereinigt chines. Tierornamente [T'ao-t'ieh] mit „eurasischem Tierstil") ≈ Die entwickelte chines. Goldschmiedekunst der späten *Chou*-Zeit bringt Kunstgegenstände aus Bronze mit Gold- und Silbereinlagen im ornamentalen Stil hervor ≈ Schmuckstücke aus Jade für weltliche Zwecke in China		≈ *Hippokrates* verfaßt Aphorismen (u. a. „Das Leben ist kurz, die Kunst ist lang, der günstige Zeitpunkt flüchtig, die Erfahrung trügerisch, das Urteil schwierig") und eine Schrift über die örtlichen Heilkräfte geeigneter Kurorte	
∼ Sandalenlösende Nike von der Balustrade des Nike-Tempels auf der Akropolis (Hochrelief in gelockertem Stil)		≈ *Archytas*, Haupt d. pythagoreischen Mathematik, und *Theodoros*, *Platos* Lehrer, erkennen die „Inkommensurabilität" ("Irrationalität") der Diagonalen von Quadrat u. Würfel	
≈ Iranischer Streitwagen mit vier Pferden (Goldschmiedearbeit aus NO-Persien, am Oxus-Fluß)		∼ *Xenokrates* sucht eine atomistische Geometrie zu begründen, indem er Strecken aus kleinsten unteilbaren Teilen annimmt („Atomlinien", *Theophrast* schreibt —320 eine Gegenschrift)	

	Schlacht bei Kunaxa	Xenophon	Sokrates
—401	Perserkg. *Artaxerxes II.* besiegt seinen Bruder *Kyros* (†), der sich als Satrap von Kleinasien gegen ihn empörte, in d. Schlacht bei Kunaxa (bei Babylon). *Xenophon* führt die 10000 griech. Söldner d. *Kyros* ans Schwarze Meer zurück	~ *Xenophon*: „Anabasis" (etwa: „Der Weg zurück"; schildert die Rückführung der 10000 griech. Söldner d. *Kyros* ans Schwarze Meer u. *Xenophons* Leitung)	Der „Hippokratische Eid", dem Menschen zu helfen, bleibt Tradition der europ. Medizin
—400	Mit Bezahlung des Besuches der Volksversammlung in Athen erreicht das System, einen großen Teil der freien Bürger aus Staatsgeldern zu bezahlen, seinen Höhepunkt (nach *Aristoteles* lebten mehr als 50% auf Staatskosten) Karthager besetzen Malta (wird —218 römisch) ≈ Hohe Blüte d. phöniz.-griech. Städte auf Cypern ≈ Kelt. Volk der Bojer in Oberitalien und Böhmen ~ Kelten verdrängen Etrusker aus der Po-Ebene ≈ Die keltische Latène-Kultur in Europa ist stark vom Ostmittelmeergebiet beeinflußt ≈ Ende einer indianischen Hochkultur in Mexiko, der ein Teil der mexikanischen Altertümer entstammt	≈ *Panini* bringt die klassische indische Literatursprache, d. Sanskrit (das „Zurechtgemachte") in strenge Formen. (Das Sanskrit bildet sich bis ≈ —300 voll aus) ≈ Das griech. Schauspiel ist reine Sprechkunst unter Verwendung von Maske und Kothurn. Nur der erste Schauspieler wird bezahlt (Protagonist). Keine Schauspielerinnen	~ *Hippias* auf Elis, griech. Sophist und Wissenschaftler, lehrt Wesensverwandtschaft der Menschen über die konventionellen Staatengrenzen hinweg ≈ In Griechenland verdrängt die Totenverbrennung die Erdbestattung ≈ Die fünf Bücher Mosis („Pentateuch") erhalten nach älteren, z. T. vorprophetisch. Werken ihre endgültige Form (vgl. —550) ≈ Die Samarit(an)er werden v. d. Juden als Teilnehmer an ihrer Religion zurückgewiesen u. bauen einen eigenen Tempel auf d. Berge Garizim b. Sichem (—129 zerstört) ≈ *Lao-tse*, chinesisch. Philosoph, vgl. —604 ≈ Geheimlehre der Druiden bei d. Kelten. Sie bilden ein hierarchisches System u. sind Priester, Ärzte, Lehrer, Richter. Menschenopfer ≈ Kelten kennen ausgeprägten Schädelkult

Ionischer Stil	Griechische Schauspielmusik	Hippokrates	
≈ Der skythische ornamentale Tierstil nördl. d. Schwarzen Meeres wird vom Kunstgewerbe d. griech. Kolonialstädte verdrängt. Gleichzeitig nimmt dieses ind.-persische Einflüsse durch das iranische Nomadenvolk der Sarmaten auf		~ *Ktesias aus Knidos*, Leibarzt von Kg. *Artaxerxes II.* faßt das Wissen über Indien zusammen u. schreibt eine Geschichte Vorderasiens	≈ Kleinmünzen aus Kupfer im griech.-röm. Kulturkreis
~ *Parrhasios* wirkt als griech. Maler in Kleinasien ≈ Der griech. Maler *Pauson* malt d. Menschen ohne Idealisierung u. wird deswegen angegriffen ~ * *Praxiteles*, griech. Bildhauer in Athen († ~ —330) ≈ *Zeuxippos (Zeuxis)*, griech. Maler aus Unterital., in Athen, Makedonien u. Ephesos tätig; verfeinert Licht- u. Schattenwirkungen; u. a. „Kentaurenfamilie", „Herakles", „Helena", „Thronender Zeus" ≈ Übergang zum spätklass. griech. Stil ≈ Höhepunkt des ionischen („klassischen") Baustils. Aufkommen der korinthischen Säule (dominiert ab ≈ —325) ≈ Tempelfries von Phigalia/Bassä in Arkadien (mit Amazonen- und Kentaurenkampf) ≈ Drei Nymphen (Quellgöttinnen) von Hermes geführt, Flußgott und betender Mann (griech.-attisches Weihrelief) ≈ Standbilder des Gottes der Heilkunde Äskulap kommen auf ≈ Man beginnt den griech. Gott Dionysos nicht mehr als älteren Mann, sondern als Jüngling darzustellen ≈ Etruskisches Bronzestandbild des Kriegs- u. Frühlingsgottes Mars ≈ Persischer Königspalast in Susa mit Fries (schreitende Krieger, aus farbig glasierten Ziegeln) ≈ Größere Gemälde verdrängen griechische Vasenmalerei (vgl. −950, −550, −540, −530)	≈ Musik zu den Komödien d. *Aristophanes* gibt diesen teilweise den Charakter ein. parodistischen „Operette"	~ *Hippokrates* begründet die Säfte-Lehre, daß durch die Lebenswärme aus dem „kalten Schleim" das „warme Blut", die „trockene gelbe Galle" und die „feuchte schwarze Galle" entstehen; Krankheit ist Fehlmischung (in Anlehnung an die 4-Elementenlehre des *Empedokles)* ≈ Die Schule des *Hippokrates* auf Kos lehrt eine natürliche Heilkraft des Körpers, die der Arzt zu unterstützen habe ≈ Armbrustartige Torsionsgeschütze (Wurfmaschinen) für Stein- u. Pfeilgeschosse bei den Griechen (Reichweite bis zu mehreren hundert Metern) ≈ Hochentwikkelte Eisenwerkzeuge i. d. kelt. Latène-Kultur. Stempel erweisen fabrikart. Herstellg. Handdrehmühlen ≈ Töpferscheibe i. d. Latène-Kultur (schon ≈ — 2500 in Mesopotamien zus. m. Töpferofen nachgewiesen)	≈ Kottabos-Gesellschaftsspiel b. griech. Gastmahl: man zielt mit einem Weinrest aus dem Becher nach einem Plättchen auf einem Kandelaber, um es klingend in eine tiefer stehende Schale fallen zu lassen (auch Liebesorakel) ≈ Das unbebaute Marsfeld in Rom dient als Versammlungsplatz für militärische u. gymnastische Übungen ≈ Die Astrologie fand Eingang in Indien und führt hier zur Siebentagewoche (analog den bekannten 7 Hauptgestirnen: Sonne, Mond, 5 Planeten) ~ *Dionysios* von Syrakus läßt seinen Höfling *Damokles* unter einem Schwert am Pferdehaar fürstlich bewirten ≈ Bei d. griech. Landleuten u. Jägern auch Schuhe und Schnürstiefel neben Sandalen ≈ Würfel u. Dominosteine i. d. kelt. Latène-Kultur

	Korinthischer Krieg	Griechische Dichtung	Sokrates Plato
— 399	Krieg Spartas gegen Persien um die griech. Städte in Kleinasien (löst —395 den Korinthischen Krieg aus)		† *Sokrates* (wegen angeblicher Verderbnis der Jugend durch den Giftbecher hingerichtet), Moralphilosoph in Athen, Lehrer des *Plato;* Gegner der Relativierung der Begriffe und des Sittlichen durch Sophistik und Tragödien des *Euripides*. Erlangte die sicheren Begriffe durch kritisches Fragen („Sokratische Ironie"). Der Mensch handelt schlecht, wenn er das Gute nicht weiß. „Erkenne dich selbst" (* —470)
— 396	~ Rom erobert und zerstört unter *Camillus* das etruskische Veji, Landverteilung an d. röm. Bürger. Ende d. etruskischen Macht Änderung d. röm. Heerwesens: Einteilung nicht mehr nach Besitz, sondern n. Dienstzeit; 1 Legion = 30 Manipeln = 60 Centurien (Hundertschaften); Schwer- u. Leichtbewaffnete. Zu jeder Legion 300 Reiter. Jeder Konsul befehligte 2 Legionen (vgl. —104); angebl. Soldzahlung Karthager zerstören Messina (hieß seit d. Eroberung durch die Messenier aus dem südlichen Peloponnes —493 „Messana")		~ *Plato:* „Apologie" (Verteidigung des *Sokrates*)
— 395	Korinthischer Krieg zwischen Korinth, Athen, Theben u. a. einerseits und Sparta andererseits (wird —387 durch Eingreifen Persiens zugunsten Spartas entschieden) ~ Syrakus hat Vormachtstellung auf Sizilien (dehnt ab —389 Machtbereich nach Unteritalien aus)		~ *Euklid* von Megara begründet Megarische Schule. Schüler des *Sokrates*, der dessen Philosophie mit der eleatischen verbindet: Das Eine = das Gute = Vernunft = Gott. Megarische Schule sinkt später unter dem Einfluß der Kyniker zur Streitsucht mit Trugschlüssen herab (z. B. „Der Lügner")

Griechische Spätklassik	*Griechische Musik*	*Thukydides*	
≈ Klassische Stufe der etruskischen Kunst (im —5. u. 4. Jhdt). Parallelen zur griech. Kunstentwicklung		≈ In Epidauros bestehen hotelartige Kurhäuser für Heilungsuchende Hippokrates entd. Heilkraft des Fiebers (vgl. –400)	≈ Griechen benutzen niedrige Tische und Ruhebetten beim Essen (aus dem Orient übernommen) ≈ Griech. Betten sind aus Holz oder Bronze mit reichverzierten Füßen und haben Gurtbespannung (später v. d. Römern übernommen)
		∼ † *Thukydides*, griech. Historiker; beschrieb bes. den Peloponnesischen Krieg, begründete sachl.-wissenschaftliche Historik (* ∼ —460)	

	Korinthischer Krieg	Aristophanes	Plato
— 394	Persische Flotte unter dem Athener *Konon* schlägt spartanische Flotte entscheidend Spartaner *Agesilaos* schlägt Athen und Theben bei Koroneia		~ * *Speusippos*, Neffe u. Nachfolger *Platos* als Leiter der Akademie nach dessen Tode (—347) († —339, Selbstmord)
— 390		~ Die Rednerschule des *Isokrates* in Athen; pflegt rein attische Sprache und vollendete Formen	~ † *Meh Tib*, chinesischer Philosoph einer umfass. Menschenliebe; vertrat logische Beweisverfahren in d. Philosophie und Planwirtschaft
— 387	Gallier unter *Brennus* erobern u. zerstören Rom („Vae victis"; *Camillus* vertreibt den Feind und stärkt d. röm. Macht durch Unterwerfung d. abgefallenen Bundesgenossen) Ende des Korinthischen Krieges (seit —395): auf Veranlassung des Spartaners *Antalkidas* diktiert der Perserkönig den Frieden. Alle Griechenstädte Kleinasiens und Cypern persisch, Athen behält nur Lemnos, Imbros und Skyros; Sparta behält Messenien	~ † *Aristophanes*, griechischer Dichter politisch - satirischer Komödien, die das zeitgenöss. Leben Athens glossieren: u. a. „Lysistrata" (Komödie m. pazifistisch. Tendenz), „Weiberversammlung" (Satir. Komödie auf *Platos* kommunist. Männerstaat der „Politeia") (* ~ —450)	~ *Plato*: „Symposion" („Gastmahl" mit philosophischen Gesprächen über die Liebe; „Eros" als philosophischer Trieb) *Plato* gründet seine Akademie für philosophischen Unterricht: „Nur mathematisch Gebildete sollen hier eintreten"
— 384	*M. Manlius Capitolinus*, der mit seinem Vermögen Plebejer aus der Schuldhaft befreite, wird wegen „Strebens nach Alleinherrschaft" vom Tarpejischen Felsen gestürzt * *Demosthenes*, griech. Politiker und Redner († —322)		~ * *Aristoteles*, griechischer Philosoph († —322)
— 382	~ * *Philipp II.*, König von Makedonien von —359 bis —336 (†)		
— 380	30. Dynastie in Ägypten als letztes nationales Herrscherhaus (bis —343), rege Bautätigkeit, Verwendung griech. Söldner gegen Persien	~ *Eudoxos* übersetzt ägyptische Tierfabeln („Hundegespräche")	~ † (angeblich 108-jährig) *Gorgias von Leontini* (Sizilien), griech. Hauptvertreter der Sophistik

Griechische Spätklassik	Griechische Musik	Griechische Astronomie	
~ Grabmal der *Mnesarete* (griech. Hochrelief im spätklass. Stil)			
		~ *Kidenas*, babylon. Astronom, entdeckt aus alten Beobachtungen die Präzession d. Tag- u. Nachtgleichen	
		~ Der griechische Astronom *Eudoxos* macht eine Reise nach Ägypten; übernimmt dort wichtige astronomische Anregungen	~ In Athen beträgt der übliche Zinsfuß 18% (sinkt bald auf 10 bis 12%)

	Krieg zwischen Theben und Sparta	Griechische Dichtuug	Plato
— 379	Die Durchführung des „Antalkidischen Friedens“ durch Sparta verursacht Krieg zwischen Theben und Sparta (bis —362) und damit entscheidende Schwächung Griechenlands Sparta besiegt u. beendct d. Städtcbund um Olynthos auf Chalkidike (bestand seit ~ —480; —375 tritt Olynthos d. zweiten Attischen Seebund bei) Der thebanische Heerführer *Pelopidas* († —364) befreit Theben v. d. spart. Herrschaft (siegt wieder —371 unter *Epaminondas* b. Leuktra über d. Spartaner)		~ *Plato:* „Phaidon“ (philosophischer Dialog über die Unsterblichkeit der Seele)
— 377	Zweiter attischer Seebund unter Führung Athens ~ Stadtmauern um Rom		
— 376			~ * *Pyrrhon von Elis*, griech. Philos. d. Skeptizismus († —270)
— 375	≈ Keltische Gälen besiedeln Irland		

Griechische Spätklassik	Griechische Musik	Hippokrates	
		∼ *Plato* lehrt im „Phaidon" d. Kugelgestalt d. Erde, (vermutlich von oder um *Archytas von Tarent* entdeckt)	
		∼ † *Hippokrates* v. Kos, griech. Arzt, begründete aus der Asklepiadentradition i. Kos die griech. Heilkunde; erklärte Krankheiten aus fehlerhafter Mischung der 4 Körpersäfte (Blut, Schleim, schwarze u. gelbe Galle); gewann genauere anatom. Kenntnisse durch Tiersektionen; teilw. Verfasser des medizinischen Sammelwerkes „Corpus Hippocraticum" (ca. 60 Schriften, davon weniger als die Hälfte echt). Auswirkung über *Galenos* bis in die Neuzeit (*∼ —460)	
≈ Die Frau als Schönheitsideal beeinflußt stärker griech. Plastik (bisher überwog die Formung des Jünglingskörpers)		∼ *Xenophon:* „Ökonomikos" (griech. Gespräch über d. Führung d. Landwirtschaft mit vollständ. Betriebsangabe)	

	Epaminondas Demokratisierung Roms	Griechische Dichtung	Plato Aristoteles
— 372			* *Theophrastos* von Lesbos, Nachfolger d. *Aristoteles* als Leiter d. peripatetischen Schule (Peripatetische Philosophie = Philosophie des *Aristoteles;* nach d. Ort seiner Vorträge: peripatos = Wandelgang) († ∼ — 287) * *Meng-tsi(tse)*, chin. konfuzianischer Philosoph († —289)
— 371	Friede zwischen Athen und Sparta Der Thebaner *Epaminondas* siegt bei Leuktra über die Spartaner (Anwendung der schiefen Schlachtordnung) und befreit Messenien von der spartanischen Herrschaft		
— 370			
— 367	≈ Die Gallier unternehmen in den folgenden Jahren von Norditalien aus wiederholte Vorstöße nach Mittelitalien		*Aristoteles* tritt in die Akademie *Platos* ein, zu dem er in Gegensatz gerät (bleibt bis zu *Platos* Tod)
— 366	*Camillus* sucht Patrizier und Plebejer zu versöhnen und dankt ab Nach 10jährig. Kampf erreichen die Plebejer Annahme eines Gesetzes, das die hohen Zinsen ermäßigt, den Besitz an Gemeindeland auf 125 ha begrenzt, einen Konsul den Plebejern vorbehält (behebt nur vorläufig d. wirtschaftl. Not der armen Schichten) In Rom wird erstmalig ein Plebejer Konsul (von jetzt an erreichen d. Plebejer Zugang zu immer mehr Staatsämtern) Neben die röm. Konsuln treten die patrizischen „Ädilen" (f. d. städt. Verwaltung) u. patriz. „Prätoren" (f. d. Gerichtsbarkeit). Es entwickelt sich das „Prätorische Recht", das die Gesetze unter dem Gesichtspunkt der „Billigkeit" und der Anwendbarkeit auf Nichtrömer den Bedürfnissen anpaßt		*Camillus* weiht in Rom der Concordia (Eintracht) einen Tempel ∼ † *Antisthenes*, griechischer Philosoph, Schüler des *Sokrates*, Gründer der kynischen Schule in Athen (im Gymnasium Kynosarges): Ablehnung v. Lust u. Reichtum zugunsten eines natürl. u. bedürfnislosen Lebens (auch gegen moralische Konventionen: „Zynismus"). Anerkennt Sinne als einzige Erkenntnisquelle (Sensualismus); lehrte: alle Aussagen sind tautologisch (ohne Erkenntnisgewinn) (* ∼ —444)

Griechische Spätklassik	Griechische Musik	Griechische Wissenschaft	
		≈ *Theaitetos* (* ~ −416, † −369), Freund Platos, konstruiert die 5 regelmäßigen Körper (4-, 6-, 8-, 12-, 20flach) und behandelt Irrationalzahlen	
~ *Kephisodotos:* „Eirene" (griech. Plastik einer Friedensgöttin im klass. Stil)			

	Politische Schwäche Griechenlands	Schauspiel in Rom	*Demokrit* *Plato*
— 365	∼ † *Marcus Furius Camillus*, röm. Feldherr u. Diktator, Sieger über die Etrusker		
— 364		∼ Etruskische Schauspieler sollen szenische Vorführungen nach Rom gebracht haben. (Das etruskische Schauspiel hat angebl. nur aus Tanz u. Flötenspiel bestanden)	
— 362	† *Epaminondas*, thebanischer Feldherr (* ∼ —420), fällt in der siegreichen Schlacht bei Mantinea gegen König *Agesilaos II.* von Sparta (* —444, † —359) und Athen. Trotzdem Ende der thebanischen Vorherrschaft in Griechenland (seit —371). Friedensvertrag unter den griech. Staaten ohne Sparta, das —371 Messenien verloren hat. Griechenland entscheidend geschwächt		
— 361		∼ * *Philemon*, Begründer d. neuen Komödie in Athen († —262)	
— 360			∼ † *Demokrit(os)* v. Abdera, griech. Philosoph, Schüler des *Leukippos;* baute dessen Atomlehre weiter aus und begründete damit eigentlich die vorwissenschaftl. - philosophische Atomtheorie, deren Kausalprinzip auch das Denken als Bewegung unterworfen ist. Sinneseindrücke müssen durch Denken überprüft werden (* ∼ —460)

Griechische Spätklassik	Griechische Musik	Griechische Wissenschaft	
		† *Archytas von Tarent*, Pythagoreer; entdeckte die einfachen Zahlenverhältnisse zwischen Tonhöhe u. Länge der schwingenden Saite, vermutlich die Kugelgestalt d. Erde und lehrte kreisförmige Bahnen der Planeten (* —428)	
		~ *Eudoxos von Knidos* berechnet Kegelinhalt und findet Vorform d. Integralrechnung („Exhaustionsmethode"); baut Himmelsglobus	
≈ In Ägypten entstehen: Tempel in Tanis und Behbet el Hagar, Sphinxallee vor dem Luxortempel, Tore in Karnak, Chnumtempel auf Elephantine		~ * *Hieronymos von Kardia*, griech. Historiker d. Diadochenzeit († ~ —256) ~ Atomlehre v. Demokrit. Die philosophische Atomlehre hat keine direkten naturwissenschaftlichen Ergebnisse	~ Ägypten prägt Münzen für griech. Söldner

	König Philipp II. von Makedonien	Griechische Dichtung	Plato
— 359	*Philipp II.* König v. Makedonien bis —336 (†)		
— 358	~ * *Seleukos I. Nikator*, König von Syrien († —280)		
— 357	Kg. *Philipp II.* von Makedonien greift in das Bundesgebiet Athens über (erlangt —338 Vorherrschaft in Griechenland)		
— 356	* *Alexander d. Gr.*, Sohn König *Philipps II.* von Makedonien, König von Makedonien von —336 bis —323 (†) 2. Heiliger Krieg um Delphi gegen die Phoker (bis —346) ~ In China entsteht erste Mauer gegen die Hunnen (weitere folgen, bis seit ~ —221 die „Große Mauer" entsteht)		
— 355	Ende des Krieges zwischen Athen und seinen vom Attischen Seebund abtrünnigen Bundesgenossen (seit —357). Athen anerkennt ihre Unabhängigkeit, wodurch d. Bund seine Bedeutung und Athen seine Seeherrschaft verlieren		† *Aristippos* aus Kyrene, griech. Philosoph, *Sokrates*-Schüler; betrachtete aber Lustgewinn als wichtigsten Trieb („Hedonismus", urspr. jedoch nicht sinnl. gemeint). „Tugend ist Genußfähigkeit." Empfindungen sind Quelle der Erkenntnis (Sensualismus) (* ~ —435)

Griechische Spätklassik	Griechische Musik	Griechische Astronomie	
			Philipp II. von Makedonien verwendet geschlossene Phalanx mit schiefer Schlachtordnung
~ *Eudoxos von Knidos* (†) fand das harmonische Doppelverhältnis von Strecken nach dem „Goldenen Schnitt" (wird zeitweise zum ästhetischen Ideal)		† *Eudoxos von Knidos*, griech. Astronom u. Philosoph, Schüler d. *Archytas von Tarent;* gab math. Theorie d. Bewegung von Sonne, Mond u. Planeten mit Hilfe von sich um verschiedene Achsen drehenden (nicht realen) Kugeln, in deren Mittelpunkt die Erde steht u. erklärte so die Rückläufigkeit d. Planeten; stellte Krümmung der Erde fest, teilte Sternbilder ein u. schuf mathematische Ähnlichkeitslehre (* —410)	Der Grieche *Herostratos* steckt den Tempel der Artemis in Ephesos in Brand, um seinen Namen unsterbl. zu machen. Der Tempel gehörte zu den „Sieben Weltwundern" (erbaut ≈ —550)
≈ Der Bezug auf das fünfte Jahrhundert führt zu einem „Klassizismus" in der griech. Kunst		~ *Ephoros von Kyme* (* ~ —400) schreibt erste allgemeine Weltgeschichte (von der Dorischen Wanderung bis —355)	≈ Wandteppichartig gewirkter Stoff aus einem griech. Grab auf d. Krim

	Aufstieg Roms *Politische Schwäche Griechenlands*	*Xenophon*	*Plato* *Chinesische Philosophie*
—354	Vertrag mit den Samniten kennzeichnet Roms Vorherrschaft im Latinerbund	~ † *Xenophon*, griech. Historiker u. Schriftsteller; schrieb u. a. „Anabasis", „Hellenika" (griechisch. Geschichte von —411 bis —362), „Kyropädie" (Erziehung des älteren *Kyros*), „Apomnemoneumata" („Erinnerungen" an *Sokrates*) (* ~ —430)	≈ „Metternich-Stele" (Inschriftensammlung f. einen ägypt. Priester)
—353			≈ Der Kult des Heilgottes *Asklepios* kommt (erst nach *Hippokrates*) von Epidauros nach Kos (im —3. Jh. Bau eines Asklepios-Tempels u. eines hotelartigen Kurhauses)
—350	~ Phönizische Städte Sidon, Tyros, Arados, Byblos fallen von Persien ab (unterwerfen sich —332 *Alexander d. Gr.*) ~ Privateigentum an Grund und Boden beginnt im Nordwesten Chinas die alte Agrarverfassung (Neun-Felder-System) zu verdrängen	≈ Die attische Umgangssprache mit ionischem Einschlag verbreitet sich als griech. Schriftsprache („Koine") über ganz Griechenland u. später über den hellenistischen Kulturkreis ~ Altgriech. Kurzschrift (Akropolis Athen, Verwendung unbekannt)	≈ *Herakleides* (aus Heraklea am Pontus), *Plato*-Schüler, schreibt ca. 60 Werke über Philosophie, Grammatik, Geschichte, Musik u. Mathematik ~ Der Sophist *Zoilos* spricht *Homer* weitestgehend die Autorschaft an den Trojaepen ab
Im —4. Jahrhundert	Gallier wandern von Südfrankreich nach Oberitalien (Gallia Cisalpina) ein Kelt. Latène-Kultur erstreckt sich von Nordfrankreich bis Mittelungarn	„Mahabharata" beginnt zu entstehen (ind. Epos in 100000 Doppelversen vom Untergang d. Stammes der Kurus durch die Pandawas; abgeschlossen etwa im 4. Jh.) Ägypt. Priestern ist teilweise noch die kretisch-minoische Schrift bekannt (wurde nach *Plutarch* nicht nur für Archivzwecke verwandt)	Mutterrecht bei den Karern in Kleinasien *Shuang-tse*, chinesisch. Dichterphilosoph, begründet chines. monistische Weltansicht im Rahmen der Seins- und Sittenlehre des Taoismus Geschlossenes System der konfuzianischen Lehre entsteht in China

Griechische Malerei	Griechische Musik	Heliozentrisches System	
≈ Der Kult- oder Prunkwagen von Dejberg (Dänemark) zeigt Verzierungen im kelt. Latène-Stil ∼ *Leochares:* „Ganymed, vom Adler emporgetragen", „Apollo von Belvedere"			
† Kg. *Mausolos* v. Karien; seine Gemahlin *Artemisia* erbaut ihm in Halikarnassos (Kleinasien) ein tempelartiges Grabmal („Mausoleum", eines d. „Sieben Weltwunder" d. Alten; 50 m hoch, 129 m Umfang, Kolossalstatuen d. Königspaars, Reliefs von d. Bildhauern *Skopas*, *Bryaxis*, *Timotheos*, *Leochares*)			
≈ Der griech. Maler *Pamphilos* aus Makedonien, Schüler d. *Eupompos*, lehrt: ohne Mathematik und Geometrie keine vollendete Malerei ≈ *Pausias*, Schüler d. griech. Malers *Pamphilos*, entwickelt Enkaustik (Einbrennen von Wachsfarben) und Perspektive ≈ Gemälde des griech. Malers *Philoxenos* (Vorlage für das *Alexander*-Mosaik in Pompeji) ∼ Genrehafte Darstellungen auf griech. Münzen		≈ *Herakleides* lehrt Achsendrehung der Erde und als erster heliozentrisches System ≈ Geschichte der Mathematik (angeregt v. *Aristoteles*)	≈ Im Gesellschaftsleben Athens spielen d. Hetären als gebildete Gesellschafterinnen eine große Rolle. (Die eigentl. Prostitution wird daneben meist v. Sklavinnen ausgeübt)
Erste Theater aus Stein i. Athen u. Epidauros Leda mit dem Schwan (Marmorrelief aus Argos) Grabsteine (Stelen) mit realistischen Reliefs in Athen (u. a. eines Jünglings mit Diener, Vogel und Katze; der *Hegeso* mit Dienerin u. Schmuckkästchen) Korinthische Säule mit Blattschmuck-Kapitell in der griech. Baukunst Der Schwerpunkt d. griech. Vasenherstellung verlagert sich n. Unteritalien Älteste noch erhaltene Bauten in Indien		Strengere Trennung der griechischen Fachwissenschaften Erste Himmelsbeobachtungen bei den germ. Völkern zur Zeit- und Fest-Rechnung Regenmessungen in Indien Eisen als Werkstoff in China	4—5 Mill. Griechen im Mutterland (außerhalb Griechenlands ca. die gleiche Zahl) Bankwesen in Griechenland: Privat- u. Tempelbanken; Depositen, Geldwechsel, Pfandleihe, Urkundenausstellung Griechisches Kochbuch vorhanden Älteste Privatbriefe (auf ägypt. Papyri)

	Rom unterwirft Mittelitalien	Griechische Dichtung	Plato
— 348	Erster sichererHandelsvertrag zwischen Rom u. Karthago (das dafür auch angegebene Jahr —509 ist unwahrscheinlich)		
— 347	*Plato* (†) versuchte zweimal (vor u. nach der Akademiegründung —387) sein Staatsideal in Syrakus auf Sizilien vergeblich zu verwirklichen. Soll wiederholt Gesetzbücher für verschiedene Staaten verfaßt haben; schrieb u. a.: „Politeia" (Der beste Staat mit ständischer Gliederung, ohne Familien, Philosophen als Herrscher), „Nomoi" (Gesetze für einen zweitbesten Staat), „Kritias" (Staatswissenschaft) ~ *Demosthenes* hält in Athen seine Reden gegen *Philipp* von Makedonien („Philippika")		† *Plato*, griech. Philosoph, Schüler d. *Sokrates*; lernte auf zahlr. ausgedehnten Reisen die wichtigsten philosoph. Schulen an Ort und Stelle kennen. Gründer d. Akademie und des philos. Idealismus: Ideen sind die allg. Urbilder d.Dinge, an denen der Mensch teil hat und durch die er die konkreten Dinge erkennt. Schrieb 35 philosoph. Gespräche (13 erhalten), darunter: „Apologie" (Verteidigungsrede d. *Sokrates*), „Laches" (über die Tapferkeit), „Protagoras" (gegen Sophistik), „Theätet" (Erkenntnislehre), „Philebos" (Ethik durch vernunftgelenkte Triebe), „Symposion" („Gastmahl", Idee d. Eros), „Timaios" (Naturphilosophie), „Phaidon" (Unsterblichkeit d. Seele), „Gorgias" (Philosophen als Staatsleiter), „Phaidros" (Ideenlehre); Briefe (* —427)
— 346	Kg. *Philipp II.* von Makedonien unterwirft im „Heiligen Krieg" die Phoker, die das Delphische Orakel beraubt hatten		
— 343	Die drei Samniterkriege der Römer (—343 bis —341; —327 bis —304; —298 bis —290) festigen die Herrschaft Roms in Mittelitalien Persische Wiedererob. Ägyptens	* *Ch'ü Yüan*, erster namentl. bek. Dichter Chinas († —277)	*Aristoteles* wird Lehrer *Alexanders d. Groß.* am makedonischen Hof bis —334
— 342		* *Menandros*, griech. Komödiendichter in Athen († —290)	

Griechische Spätklassik	Griechische Musik	Platos Weltbild	
		Plato (†) lehrte das pythagoreische Weltbild: Um das „Zentralfeuer" kreisen der Reihe nach Erde und „Gegenerde", Mond, Sonne (die das Zentralfeuer für die Erde spiegelt) und die Planeten; begründete im „Timaios" sein mathemat. Weltbild durch Heranziehung der 5 regelmäßigen Körper und des harmonischen Doppelverhältnisses im Goldenen Schnitt	Senkung des gesetzlichen Zinsfußes in Rom von $8^1/_3$% auf $4^1/_6$%
			Römisches Gesetz verbietet Zinsnahme (praktisch unwirksam)

	Makedonische Herrschaft über Griechenland	Griechische Literatur	Platonismus
—341	Thrazien wird mazedonische Provinz		* *Epikur*, griech. materialist. Philosoph († —271)
—340	~ Rom zieht gegen Latium und Campania zu Felde, die Gleichstellung mit Rom verlangen, besiegt sie und gewährt ihnen Teilrechte (—338)		
—339			† *Speusippos* (Selbstmord), Neffe *Platos*, ab —347 dessen Nachfolger als Leiter der Akademie; von ihm wird eine erste Enzyklopädie vermutet (* ~ —394) *Xenokrates* von Chalcedon (* —396, † —314) wird zweiter Leiter d. Akademie nach *Platos* Tode; unterscheidet Philosophie, Physik, Ethik; nimmt Dämonen an als Vermittler zwischen Göttern und Menschen
—338	Kg. *Philipp II.* von Makedonien schlägt bei Chäronea die verbündeten Athener, Thebaner, Phoker, Korinther, Achäer. Harte Behandlung Thebens, milde Athens, Aufteilung spart. Gebietes. *Philipp* läßt sich in der neuen Hauptstadt Korinth zum griech. Heerführer gegen Persien wählen. Griechenland bis —146 unter makedonischer Vorherrschaft Römer erobern Antium der altitalischen Volsker in Latium. Auflösung des Latinischen Bundes † *Artaxerxes III.*, König (seit —358) und Erneuerer des Perser-Reiches Ägypten für 2 Jahre von Persien unabhängig	† *Isokrates*, griechisch. Redner in Athen, Lehrer zahlr. Politiker u. Redner; sah zuletzt in *Philipp II.* v. Makedonien den herbeigesehnten Einiger Griechenlands (* —436) *Lykurg* schafft in Athen Archiv für Bühnenwerke	† (hinger.) *Shang Yang*, chin. Rechtsphilosoph, betont Macht des Herrschers und des Staates und Gleichberechtigung aller vor dem Recht
—337	Kg. *Philipp II.* von Makedonien einigt im Korinthischen Bund alle griech. Staaten außer Sparta		

Griechische Spätklassik	Griechische Musik	Griechische Wissenschaft	
≈ „Schöner Stil" der zweiten griechischen Klassik; bereitet hellenistische Kultur vor			
∼ † *Skopas*, griech. Bildhauer eines spätklass. leidenschaftl. Stils; u. a. Bildwerke Athena-Tempel zu Tegea, stark bewegtes Amazonen-Relief am Mausoleum in Halikarnassos (Kleinas.) „Rasende Mänade" (* ∼ —420)		∼ *Praxagoras* von Kos, griech. Mediziner, erkennt Unterschied zwischen Arterien (Schlagadern) und Venen, übt das Pulsfühlen z. ärztlichen Diagnose	
≈ Komödianten, Terrakotta-Figuren aus Taras			
∼ Löwe in Chäronea (Gefallenendenkmal, 5,50 m hohe Monumentalplastik aus drei Marmorstücken)			Beginn des röm. Münzwesens ≈ Korinth blüht als Umschlagplatz des Mittelmeerhandels

	Alexander der Große	Hellenistische Literatur	Aristoteles
— 336	† (ermordet) *Philipp II.*, König von Makedonien seit —359 (* ~ —382) *Alexander der Große*, sein Sohn, König von Makedonien bis —323 (†); unternimmt einen Zug gegen die Völker im Norden (Skythen, Illyrier), wobei er die Donau überschreitet	*Äschines* (* —389, † —314) unterliegt als Anhänger Makedoniens im Redekampf gegen *Demosthenes*	~ * *Zeno* von Kition (Cypern), griech. Philosoph, Gründer der Stoa († —264)
— 335	*Alexander d. Gr.* gewinnt durch Zerstörung Thebens Oberherrschaft in Griechenland		
— 334	*Alexander d. Große* beginnt seinen Zug gegen Persien, auf dem er ein Weltreich erobert Bithynien behauptet sich gegen *Alexander* (wird —297 Kgr.; kommt —74 als Erbschaft an Rom)	~ *Aristoteles:* Tragödie soll durch „Erweckung von Furcht und Mitleid" dem Menschen Herrschaft über diese Gefühle geben	*Aristoteles* gründet die peripatetische Philosophenschule in Athen (Lehre von der formenden Entelechie gegen *Platos* Ideenlehre, führt zu einer teleologischen Biologie, „Das Ganze ist vor dem Teil")
— 333	*Alexander d. Große* besiegt bei Issos den Perserkönig *Dareios III.* und gewinnt Kleinasien und Syrien		
— 332	*Alexander d. Große* erobert nach siebenmonatiger Belagerung d. phönizische Küstenstadt Tyros (Ende ihrer führenden Stellung im Handel d. Alten Welt) und die Hafenstadt Gasa in Südpalästina (vorher nacheinander im Besitz der Philister, Ägypter, Babylonier, Perser, später der Römer; 635 an die Mohammedaner) *Alexander* besetzt kampflos Ägypten, gründet dort Alexandria und wird zum Sohn des Gottes Amon geweiht		
— 331	*Alexander* schlägt *Dareios* bei Gaugamela/Mesopotamien entscheidend		* *Kleanthes* aus Assos, griech. Philos. der Stoa († —232)

Hellenismus	*Hellenistische Musik*	*Aristoteles*	
			~ Vereinheitlichung d. Münzfußes (Münzgewicht) durch Einführung d. attischen Münzfußes f. Gold- u. Silbermünzen d. griech. Kulturkreises
~ Grabrelief eines Jägers mit Vater, Diener und Hund in Athen (griech. Hochrelief im Übergang zum hellenistischen Kunststil) Nach Zerstörung der Hauptstadt v. Böotien Theben durch *Alexander d. Gr.* erfährt die Herstellung genrehafter farbiger Terrakotten in Tanagra einen neuen Auftrieb und verbreitet sich von dort im hellenist. Kulturkreis		≈ „Mechanische Probleme“ (griech. Schrift, welche in der Mechanik die scheinbaren Widersprüche hervorhebt, z. B. Hebel; wurde früher dem *Aristoteles* zugeschrieben)	
~ Faustkämpfer aus Olympia und Philosophenkopf (aus dem Meer bei Antikythera), kennzeichnend für lebensvolle griech. Bildnisplastik Siegesdenkmal des Dichters *Lysikrates* in der Dreifußstraße Athens (mit korinthischen Säulen und Relief-Fries)		~ *Aristoteles* führt in die Wissenschaften die Ganzheitsbetrachtungen ein	
≈ Im Weltreich *Alexanders* entsteht der Hellenismus als eine fruchtbare griech.-orientalische Mischkultur, die sich in der Folgezeit über das weitere Mittelmeergebiet verbreitet (bis ≈ —31)			

	Alexander der Große	Hellenistische Literatur	Aristoteles
— 330	*Alexander* besetzt Babylon, Susa und Persepolis; versucht den „Babylonischen Turm" wiederaufzubauen Perserkönig *Dareios III.* (seit —335) wird auf der Flucht vor *Alexander d. Großen* von einem Satrapen ermordet	~ *Kallisthenes:* Verherrlichende Geschichte *Alexanders d. Gr.*	≈ „Buch Habakuk" des Alten Testaments entsteht ~ Samariter trennen sich vom Judentum u. errichten auf dem Berge Garizim eigenes Heiligtum („Samaritisches Schisma")
— 328	*Alexander d. Große* heiratet die baktrische Königstochter *Roxane* (die zusammen mit ihrem —323 geborenen Sohn *Alexander* —311 ermordet wird). *Alexander* nimmt die Haltung eines oriental. Despoten an und läßt seinen Jugendgefährten *Kallisthenes* bis zu dessen Tod ins Gefängnis werfen	~ Dionysos-Theater in Athen f. 14000 Zuschauer, ältestes steinernes Theater. (Man spielt bis ≈ —150 im kreisförm. Orchestra-Tanzraum um den Dionysosaltar vor d. Bühnengebäude, der Skene; zwischen ihren Flügelbauten befindet sich als Dekorationswand das Proskenion)	~ *Alexander d. Gr.* sucht griech.-mazedonische mit orientalischer Kultur zu verschmelzen; dagegen starker Widerstand seiner Umgebung
— 326	Aufhebung der Schuldknechtschaft für die Plebejer in Rom erleichtert ihre erneut verschlechterte Lage (vgl. —366) Neapel schließt sich an Rom an (entstand als griechische Kolonie) *Alexander d. Große* wird von seinem Heer in Indien zur Umkehr gezwungen; marschiert zur Indusmündung		

Hellenismus	Hellenistische Musik	Pytheas' Entdeckungsfahrten	
∼ *Apelles* aus Kolophon wirkt als griech. Maler (bes. geschätzt von *Alexander d. Gr.*): „Alexander mit dem Blitz", „Aphrodite Anadyomene" in Kos ∼ *Lysippos von Sikyon*, griech. Bildhauer am Hofe *Alexanders d. Gr.*, leitet durch realistische Bildwerke vom spätklass. zum hellenistischen Stil über. U. a. „Der Schaber" (Athlet in entspannter Haltung), „Herakles Farnese", Bildnisstatue des Agias, Bildnisse *Alexanders d. Gr.* ∼ † *Praxiteles*, griech. Bildhauer eines spätklass. (weicheren und ausdrucksvolleren) Stils; u. a. „Hermes mit dem Kind Dionysos", „Apollo mit der Eidechse", „Ausruhender Satyr", „Bekleidete Aphrodite" (Nachbild in Arles), „Aphrodite von Knidos" (einer der ersten lebensvollen griech. Frauenakte) (* ∼ —400; die geistvolle Hetäre *Phryne* war seine Geliebte) ∼ Ariadnekopf (Akropolis Athen) ∼ Flüchtende Tochter der Niobe (spätklass. griech. Plastik im Stile des *Skopas*)		∼ Der griech. Forscher *Pytheas* aus Massilia (Marseille) gelangt nach Britannien, umsegelt es, erreicht „Thule" (Norwegen oder Shetland-Inseln), Jütland. Stellt die Änderung der Polhöhe mit der Breite durch Messungen fest. Erste geschichtliche Nachricht über d. Germanen („Goten"). Schreibt „Vom Ozean". (Seine bedeutende Leistung wird im Altertum verkannt)	≈ Die bei den Griechen als pädagogisch wertvoll angesehene Knabenliebe (Päderastie; z. B. *Plato:* „Gastmahl") unterliegt im Hellenismus moralischem Verfall
∼ *Aëtion:* „Hochzeit *Alexanders d. Gr.* mit *Roxane*" (griech. Gem.)			

	Alexander der Große	Ältestes Buch Hellenistische Literatur	Aristoteles
—325	~ *Alexander d. Gr.* gründet in seinem Weltreich zwischen Balkan und Indus mehr als 70 Städte	~ Schon zu Lebzeiten *Alexanders* beginnt man sein Leben und seine Feldzüge teils berichtend, teils romanhaft zu beschreiben	~ *Aristoteles* sucht philosophisch Minderwertigkeit von Frauen, Handwerkern u. Sklaven zu rechtfertigen
—323	† *Alexander d. Große* in Babylon, König von Makedonien seit —336, Schüler des *Aristoteles*, Gründer eines griech. Weltreiches (* —356) Die Feldherrn *Alexanders des Großen* (Diadochen) teilen in Kämpfen bis —280 sein Weltreich: Makedonien und Griechenland an *Antipater*, Thrakien an *Lysimachos*, Lykien, Pamphylien, Phrygien an *Antigonos*, Ägypten an *Ptolemäus*, Babylonien an *Seleukos* ≈ Herrschaft und Kämpfe der Diadochen. Es bilden sich die gr. Monarchien Ägypten, Syrien, Makedonien u. mehrere kl. Staaten in Kleinasien und Griechenland (vgl. —280) Ägypten unter den von *Alexander d. Großen* eingesetzten makedonischen *Ptolemäern*. Neuer Machtanstieg. *Ptolemäus I. Lagi* bis —285	~ Papyrusrolle mit Text der „Perser" von *Timotheos v. Milet* (ältestes erhaltenes abendländisches „Buch")	*Aristoteles* verläßt nach dem Tode *Alexanders* als sein Anhänger Athen, wo er wegen Gottlosigkeit angeklagt ist Alexandergrab i. Alexandria (Ägypt.) wird für Jahrhunderte zum religiösen Mittelpunkt der Stadt † *Diogenes von Sinope*, griech. Philosoph der kynischen Schule, die ein naturnahes anspruchsloses Leben lehrt (* ~ —412)

Hellenismus	Hellenistische Musik	Euklid	
≈ Vorherrschen des korinthischen Stils ≈ Werke des griech. Malers *Nikias* entstehen (Nachbildungen in Pompeji) ~ Griechische Grabmalskunst mit lebensvollen Bildnisköpfen ~ *Lysistratos* aus Sikyon, Bruder des *Lysippos*, verwendet erstmals Gipsformen nach dem lebenden Modell für Porträtbüsten		~*Euklid* führt in den 13 Büchern seiner „Elemente" die Geometrie, die durch das Parallelenaxiom ausgezeichnet ist, auf wenige Grundsätze zurück (erste Axiomatisierung einer Wissenschaft) *Nearchos* von Kreta, Admiral *Alexanders*, befährt Südküste Asiens v. d. Indus- bis zur Euphratmündung und beschreibt Land und Leute in seiner „Küstenfahrt"	~ Durch d. Feldzüge *Alexanders* kommt d. erste Kunde vom Zuckerrohr n. Europa (wird jedoch erst n. d. Kreuzzügen allg. bekannt) ~Im Heer *Alexanders* heiraten makedonische Soldaten persische Frauen (—324 heiratet *A.* zwei persische Prinzessinnen)
~ Alexander d. Gr. als Herakles (griech. Münzbild) ≈ Gewölbte Kuppeln in d. griech. Architektur ≈ Silberkessel von Gundestrup/Dänemark, wahrscheinlich norditalienisch-keltischer Herkunft, zeigt Elefanten und Gott mit Hirschgeweih		Die Feldzüge *Alexanders* veränderten und erweiterten das antike geographische Weltbild beträchtlich ~ *Aristoteles* erkennt den freien Fall als beschleunigte Bewegung; glaubt aber, daß schwerere Körper schneller fallen (erst durch *Galilei* richtiggestellt)	Alexandria wird kultureller Mittelpunkt („Alexandrinisches Zeitalter", bis 641 die Araber die Stadt erobern)

	Diadochen	*Aristoteles*
— 322	Athen und Bundesgenossen verlieren den Lamischen Krieg gegen die makedonische Herrschaft † *Demosthenes* (Giftselbstmord), griech. Politiker und Redner (* — 384); forderte in seinen Reden Freiheitskampf Griechenlands gegen *Philipp II.* von Makedonien *Ptolemäer* erhalten Herrschaft über das Gebiet der Cyrenaika (Nordafrika) Palästina kommt unter die Herrschaft der *Seleukiden* (bis ∼ — 161) Die vergleichende Staatslehre des *Aristoteles* (†) unterscheidet: Monarchie, Aristokratie, demokratische Oligarchie (Politie), Oligarchie, Demokratie, Tyrannis (letztere 3 hält er für schlecht). Sklaven, Handwerker, Frauen haben nach ihm keine politischen Rechte. Der Mensch ist für ihn ein „Zoon politikon" (Gemeinschaftswesen)	† *Aristoteles* (emigriert weg. Religionsdelikt; * ∼ — 384), griech. Philosoph, Schüler *Platos*; begründete klassische Logik (mit Regeln log. Schließens und Sätzen von ausgeschlossenen Dritten u. ausgeschl. Widerspruch); faßte das Wissen seiner Zeit zusammen: Logik, Physik, Psychologie, Metaphysik, Ethik, Politik, Verfassungslehre, Rhetorik, Poetik Die aristotelische Ethik lehrt die Vernunft als einen die Extreme meidenden Weg zur Glückseligkeit *Aristoteles* faßte die 4 Elemente als Eigenschaftsträger auf und die „Quintessenz" (die 5. Wesenheit) als geistiges Ordnungsprinzip n. folg. Schema: Erde- (trocken) -Feuer (kalt) Quint- (warm) essenz Wasser- (feucht) -Luft *Aristoteles'* psychologische Schriften „Über die Seele", „Über die Wahrnehmung" u. a. kennen eine Stufenfolge des Seelischen entsprechend der Stufenreihe der Substanzen: Unbewußte tote Materie, vegetative Seele d. Pflanzen, animalische der Tiere, denkende des Menschen, Gott als „Denker des Denkens"
— 321	*Seleukos I. Nikator* begründet die Herrschaft der *Seleukiden* in Syrien (wird — 64 röm. Provinz). *S.* herrscht bis — 280 (†), gibt Indusgebiet auf Samniter besiegen die Römer bei den kaudinischen Pässen und lassen sie durch ein „kaudinisches" Joch aus Speeren gehen	
— 320	∼ *Tschandragupta* vertreibt die Makedonier aus dem Indusgebiet; erobert ganz Nordindien; herrscht — 322 bis — 298 (sein Enkel ist *Aschoka*, vgl. — 272). Erstes Großreich in Nordindien (bisher Vielzahl kleinerer Fürstentümer)	* *Timon von Phlius*, Philos. d. Skeptizismus in Athen († — 230)
— 319	*Olympias*, die Mutter *Alexanders d. Gr.*, wird in den Kämpfen um seine Nachfolge getötet, nachdem sie selbst mehrere die Nachfolge ihres Enkels *Alexander* (Sohn der *Roxane*) bekämpfende Mitglieder der kgl. Familie töten ließ	

Hellenistische Literatur	*Aristoteles*
~ Anfänge einer systematischen Sprachästhetik (Poetik) bei *Aristoteles* (†), der auch eine Rhetorik schrieb	*Aristoteles* (†) errichtete im Lyzeum eine Lehr- und Forschungsstätte, in der er das Wissen der Zeit zu einem ersten umfassenden abendländ. Weltbild zusammenschloß; führte wieder das Weltbild mit Erde als Mittelpunkt ein, da sich sonst seiner Meinung nach die Erdbewegung in den Sternen widerspiegeln müßte. Erweiterte das Weltbild des *Eudoxos* (vgl. —356) von 27 auf 56 Kugeln, denen er reale Existenz zuschrieb (seine Autorität verhindert für lange Zeit den Durchbruch zum heliozentrischen Weltbild). Seine physikalischen Schriften (Physik, Vom Entstehen u. Vergehen, Über den Himmel, Meteorologie) sammeln das noch sehr spekulative physikal. Wissen seiner Zeit (beeinflussen noch die physikalischen Anschauungen d. Mittelalters). *Aristoteles* teilte Mineralien in „Steine“ u. „Erze“ ein. Seine zoologischen Schriften „Naturgeschichte der Tiere“, „Die Teile der Tiere“, „Zeugungs- und Entwicklungsgeschichte der Tiere“ enthalten eine einfache Klassifikation in „Bluttiere“ u. „Blutlose“ (d. h. ohne rotes Blut) u. begründen das zool. Wissen d. Altertums (wesentl. Fortschritte erst ~ 1550 durch *Gesner*); *Aristoteles* nimmt Fossilien als Beweis der Urzeugung von Lebewesen aus Erde und Schlamm. (Diese Lehre einer „plastischen Kraft“ der Erde beeinflußt die Biologie und besonders die Fossilienkunde bis zur Neuzeit)
	≈ *Diokles von Karystos*, Schüler d. *Aristoteles*, veröffentlicht „Gesundheitslehre“ u. maßgebendes medizin. „Kräuterbuch“ († ~ —295)

	Diadochen	Hellenistische Literatur	Stoizismus
— 315			* *Arkesilaos*, griech. Philos. d. Skeptizismus innerhalb d. platonischen Akademie († —241)
— 312	Censor Appius Claudius Cäcus gibt allen besitzlosen Freigelassenen römisches Bürgerrecht		≈ Es entstehen chinesische Ritualhandbücher
— 310	Die leiblichen Erben *Alexanders d. Gr.* werden ermordet (bis —309)		≈ Es entsteht das mystische Buch Tao te-king mit d. passiven Lebensphilosophie der Taoisten (geht zurück auf einen Denker *Lao-tse*, der ≈ —600 lebte (vgl. —604)
— 309	Rom erobert die etrusk. Stadt Perusia (Perugia/Umbrien)		
—308		≈ Die röm. Spruchdichtung „Sententiae" des röm. Konsuls *Appius Claudius Cäcus* zeigt erste Einflüsse des griech. Schrifttums (erst unter diesem Einfluß entwickelt sich in der Folgezeit eine röm. Literatur)	*Zeno* v. Kition gründet in der Athener Stoa poikile (Säulenhalle mit Gemälden) die danach gen. stoische Philosophenschule in Anlehnung an die kynische Sokratik: Naturgemäße Lebenskunst mit vier Haupttugenden (moral. Einsicht, Tapferkeit, Besonnenheit, Gerechtigkeit); Wirken einer notwend. u. zweckvollen Weltvernunft (Logos): Feuer und Luft als Kräfte wirken auf Erde und Wasser als Materie
—307	Athen von *Demetrios Poliorketes* (von —294 bis —288 Kg. v. Makedonien) erobert		

Hellenismus	Alexandrinische Wissenschaft		
	~* *Herophilos*, griech. Anatom in Alexandria	≈ Der Mittelpunkt der griech. Wissenschaft verlagert sich nach Alexandria	~ Das Herrscherbild verdrängt das Götterbild von d. griech. Münzen
	Straße von Rom nach Süditalien begonnen (Via Appia; vgl. —272). Ihre Führung	durch die Pontinischen Sümpfe macht Dränage-Arbeiten erforderlich	
„Aldobrandinische Hochzeit" (frühhellenistisches Gemälde; im —1. Jh. in Rom kopiert)	~* *Aratos*, griech. Gelehrter u. Dichter i. Athen u. am makedonischen Hof († ~ —245) ≈ *Dikaiarchos* aus Messene gibt Erdbeschreibung (Grundlage f. *Eratosthenes*); schreibt griech. Kulturge-	schichte, empfiehlt Mischung von Monarchie, Oligarchie und Demokratie; bekämpft Unsterblichkeitslehre ~ * *Kallimachos* v. Kyrene, griech. Gelehrter u. Dichter in Alexandria († ~ —240)	

	Diadochen-Reiche Staatsämter für Plebejer	Hellenistische Literatur	Epikur
—306		≈ In der griech. Literatur werden erotische Themen immer stärker bevorzugt (Höhepunkt im griech. Roman ab 1. Jh.)	*Epikur* gründet Philosophenschule i. Athen, in der er eine Philosophie eines dauerhaften Lebensglücks und atomistisch - materialistischer Naturerkenntnis lehrt
—305	Satrap *Ptolemäus I.* wird König von Ägypten (bis —285) Satrap *Seleukos I.* wird König von Kleinasien (bis —281) Rom erobert Bovianum, den Hauptort der Samniten	≈ Im hellenistischen Kulturkreis entstehen unter dem Einfluß der naturnahen kynischen Ethik eine Reihe utopischer Erzählungen v. idealen gesellschaftlichen Zuständen bei fernen Naturvölkern (z. B. in Form fingierter Reiseberichte)	~ *Euhemeros:* „Die Heilige Aufzeichnung" (griech. utopischer Roman eines Idealstaates; erklärt Göttersagen als Geschichten von vergötterten Menschen)
—303	Der ind. König *Tschandragupta* schlägt *Seleukos I. Nikator* von Syrien aus Nordindien zurück	≈ Romane und Novellen in China	≈ Der ind. König *Tschandragupta* fördert Buddhismus gegen die Brahmanenkaste der Priester
—300	~ In Rom erreichen die Plebejer Zugang zu den Priesterämtern Pontifikat und Augurat (damit sind alle Staatsämter den Plebejern zugänglich) ≈ Nizza (Nicaea) als Tochterstadt der griech. Kolonie Massalia (Marseille) gegründet ≈ Durch Gründung Seleukias verliert Babylon seinen Rang als Hauptstadt des Perser-Reiches ~ Antiochia gegründet ≈ Äthiopisches Reich mit Hauptstadt Meroë (bis ≈ 350); ägypt. beeinflußte Baukunst u. Religion (Amon-Tempel, Pyramiden)	≈ *Hegesias von Magnesia* begründet in der griech. Rhetorik den überladenen „asianischen" Stil. (In d. Antike ringen bis ≈ 500 eine derartige „barocke" Stilrichtung u. eine schlicht-klass. im Wechsel miteinander) ~ *Kleitarchos* in Alexandria schreibt im gezierten („asianischen") Stil unterhaltenden u. spannenden Roman d. Feldzüge *Alexanders*, beeinflußt zahlr. spätere *Alexander*-Romane ≈ *Palaiphatos:* „Über das Unglaubliche" (rationalist. Kritik von Wundergeschichten durch Zurückführg. auf einen glaubhaft. Kern) ≈ *Rinthon* von Tarent führt die altdorische Volksposse als Tragödienparodie (bes. des *Euripides*) ein	~ *Epikur* gibt in Briefen an Anhänger und berühmte Zeitgenossen Auszüge aus seiner Lehre; wird damit Begründer der philos. Briefliteratur ~ Das erste u. zweite Buch der Chronik des Alten Testaments entstehen ~ † *Aristoxenos*, griech. peripatetischer Philosoph ~ *Ptolemäus I.* gründet Serapeion bei Sakkâra als Verehrungsstätte des Stiergottes Ser-Apis als neuen Reichsgott. Hier die Begräbnisstätten der hlg. Stiermumien seit ≈ —1300. Weiteres Serapeion bei Alexandria

Hellenismus	*Hellenistische Musik*	*Euklid*	
		Demetrios Poliorketes („Städtebelagerer")erobert m. Hilfe großer Belagerungsmaschin. Salamis	
~ *Bryaxis* (Grieche): Statue des ägyptischen Gottes Serapis (*Ptolemäus I.* erhebt ihn als Verschmelzung von Osiris und Apis zum Reichsgott)		*Appius Claudius* baut erste Wasserleitung mit gr. Aquädukt f. Rom. Wichtig für die Hygiene der sich entwickelnden Großstadt	≈ Babylon. Astrologie verbreitet sich stärker in Griechenland und wird hier mit der Lehre von den 4 Urelementen verbunden
≈ Griech. Gemälde „Alexanderschlacht" vermutet (vgl. —3. Jh.) ≈ Verfall der griech. Vasenmalerei (nachlässige Malereien, Überladung, Herstellung z. T. in Formen statt auf der Töpferscheibe) ≈ Die hellenistische Kunst geht v. der Vasenmalerei auf die Wandmalerei über und wird stärker realistisch und profan ≈ Attischer bemalter Prunksarkophag mit Reliefdarstellungen aus dem Leben *Alexanders d. Gr.* in Sidon (Phönizien) ≈ Serienherstellung bemalter Tonfiguren in Tanagra bei Theben in Böotien ≈ Ägypt. Tempel der Göttin Isis auf Philä mit Wandgemälden ≈ Mexikan. Sonnentempel Atetello in Teotihuacan (durch radioaktiven Kohlenstoff Alter auf 150 Jahre gesichert) ≈ Skythisches Königsgrab von Tschertomlyk (unterer Dnjepr) mit griech. Silberamphore (zeigt Motive der Pferdezucht)	~ *Aristoxenos* (†), griech. peripatetischer Philosoph, schrieb „Elemente der Harmonik", die Gehörempfindungen berücksichtigen	~ Die „Optik" des *Euklid* enthält den Satz von der Gradlinigkeit der Lichtstrahlen u. d. Reflexionsgesetz (vgl. aber 4. Jh. n. Chr.) ~ *Megasthenes* geht als Gesandter d. Kgs. *Seleukos I. Nikator* von Mesopotamien an den Hof *Tschandraguptas* und beschreibt in seiner ausführl. „Indika" das Gebiet zwischen Indus und Ganges geographisch und ethnographisch	≈ Ballspiele b. Griechen u. Römern bekannt; auch Brett- u. Würfelspiele (in Rom Würfelspiele nur an den Saturnalien erlaubt) ≈ Übergang von langer zu kurzer Haartracht in Rom ≈ Keltische Kleidung in Gallien: Lange, enge Hose, Rock u. Mantel; f. d. Frauen langer, weiter, gegürteter Rock (später wird röm. Kleidung übernommen) ≈ Seeweg der Malaien zwischen Indien und China vermutet

	Samniterkrieg *3. Plebejer-Auszug*	*Hellenistische Literatur*	*Hellenistische Philosophie*
— 298	3. Samniterkrieg: Samniter, Sabiner, Umbrer, Etrusker, Gallier, Lukaner verbünden sich gegen Rom (werden bis —290 von Rom unterworfen)	≈ *Walmiki:* „Ramajana" („Ramas Leben", ind. Epos in 24000 Versen v. Leben eines Königssohns)	
— 295	Die Etrusker werden endgültig Rom untertan	~ * *Apollonios der Rhodier* (aus Alexandria), griech. Dichter († ~ —215)	Venus- (Aphrodite-) Kult in Rom Angeblich noch Menschenopfer in Rom zur Wendung des Kriegsglücks
— 290	Rom beendet die Unterwerfung der Samniter in Mittelitalien (Beginn der Samniterkriege ~ —343)	† *Menandros*, griech. Komödiendichter in Athen; u. a. „Brüder", „Der doppelte Betrüger" (spät. bearb. v. *Terenz* mit treffend. Szenen a. d. bürgerl. u. Sklaven-Leben) (* —342)	~ Kult des Asklepios von Epidauros in Rom (Tempelmedizin)
— 289	3. Auszug der Plebejer aus Rom; erzwingt Verbindlichkeit der Volksversammlungsbeschlüsse in der Lex Hortensia. Die effektive Macht bleibt bei den Patriziern und dem neuen Amtsadel (Nobiles, welche die meist unbesoldeten Staatsämter besetzen)	~ *Poseidippos* (aus Kassandreia) in Athen schreibt Komödien, u. a. „Die Zwillinge" (auf *Plautus* u. *Shakespeare* nachwirkendes Verwechslungsmotiv)	† *Meng-tsi (tse)*, chin. Philosoph; verbreitete die Lehre d. *Konfuzius*, glaubte a. d. ursprüngl. Güte der Menschen, stellte das Volk über d. Fürsten (* —372)
— 287			~ † *Theophrastos* von Lesbos, von *Aristoteles* als Leiter der peripatetischen Schule eingesetzt, schrieb „Ethische Charaktere" und verbreitete die aristotelische Philosophie in etwa 200 Schriften (* —372)
— 286	*Lysimachos* (* ~ —355, † —281) wird durch d. Erwerb Makedoniens (vorher Thrakien —306) neben *Seleukos* der mächtigste Diadoche		~ *Demetrios* von Phaleron (* ~ —345, † ~ —283), Schüler des *Theophrast*, lehrt als Flüchtling aus Athen die aristotelische Philosophie in Alexandria u. rät Kg. *Ptolemäus I.* Errichtung eines wissenschaftl. Zentrums

Hellenismus	Bibliothek in Alexandria	
~ Grab des *Petosiris* in Hermopolis (Mischung ägypt. u. griech. Stilelemente)	~ *Aristobulos von Kassandreia:* Geschichte *Alexander d. Gr.*	
	~ † *Diokles von Karystos* (Euböa), „der zweite Hippokrates", griech. Arzt d. hippokrat. Schule in Athen	
~ Kuppelgrab mit Wandmalerei bei Kasanlak/Thrakien		
	Theophrastos von Lesbos (†) schrieb eine Religionsgeschichte; erwähnte in seinem Werk „Über d. Gesteine" (griech.) neben ander. Stoffen erstmalig d. Steinkohle und d. Darstellung	des Quecksilbers („flüssig. Silber"); gab i. seiner „Geschichte d. Pflanzen" eine Beschreibung von etwa 500 Arten und stellte philosophische Überlegungen üb. ihre Entstehung an
	~ Museion mit Bibliothek i. Alexandria gegründet (umfaßt schließlich ca. 700000 Buchrollen; zerstört —47). Hier wirkt ein auf Staatskosten lebender Gelehrtenkreis	

	Hellenistische Reiche	Hellenistische Literatur	Epikur
—285	*Ptolemäus II. Philadelphos* König von Ägypten bis —247 (†)	∼ *Zenodotos* v. Ephesos (* ∼ —325, † ∼ —260) wird erster Leiter d. Bibliothek in Alexandria, veranstalt. erste krit. Ausgabe der Epen *Homers* mit der noch heute gültigen Einteilung	∼ *Epikur:* Es gibt zwar Götter, aber sie kümmern sich nicht um den Menschen
—284	Keltische Gallier dringen über die Balkanhalbinsel nach Kleinasien vor und lassen sich dort als Galater —278 nieder		
—282	Durch vertragswidriges römisches Vordringen zur See bis in das Seegebiet vor Tarent entsteht zwischen diesem und Rom ein Krieg (bis —272), an dessen Ende Rom ganz Mittel- und Süditalien beherrscht (vgl. —266)		
—281	Von der Griechenstadt Tarent zu Hilfe gerufen, kommt Kg. *Pyrrhos* von Epiros nach Italien (verläßt es —275 völlig geschlagen)		
—280	Kg. *Pyrrhos* siegt bei Herakleia über die Römer (—279 neuer Sieg bei Asculum). Kann diese Siege jedoch nicht entscheidend ausnutzen („Pyrrhos-Sieg") Römer zerstören die etruskische Stadt Volsinii (hier entsteht Urbs vetus = Orvieto) Gründung d. griech.-achäischen Städtebundes gegen Makedonien (geht —146 im röm. Weltreich auf) ∼ Aus den Kämpfen der Diadochen (Feldherrn *Alexanders*) seit —323 bildeten sich die hellenistischen Reiche: Ägypten unter der Herrschaft der *Ptolemäer*, Syrien unter der Herrschaft der *Seleukiden*, Makedonien unter den *Antigoniden* † (erm.) *Seleukos I. Nikator*, Kg. v. Syrien, erhielt nach *Alexander d. Gr.* Tod Babylonien, eroberte ein Reich vom Hellespont bis zum Ganges, das bald zerfällt (* ∼ —358) (Die von ihm begründete Dynastie der *Seleukiden* wird —64 endgültig von Rom beseitigt)	∼ Dichtungen d. *Kallimachos* (Gelehrter in Alexandria): Götterhymnen, Liebeselegien, Epigramme in höfisch geistreicher Form; Gegner der Erneuerung des griech. Heldenepos durch *Apollonios* ∼ *Philetas*, alexandrinischer Dichter aus Kos, schreibt erotische Elegien	

Hellenismus	*Hellenistische Musik*	*Alexandrinische Wissenschaft*	
Chares von Lindos gießt ein 34 m großes Erzbild d. Gottes Helios für d. Hafen von Rhodos („Koloß von Rhodos" galt als eines der „Sieben Weltwunder" im Altertum; —227 durch Erdbeben umgestürzt)		~ * *Archimedes*, griech. Physiker u. Mathematiker († —212) *Patrokles*, griech. Gesandter des *Seleukos* in Indien, umfährt Kaspisches Meer (bis —282; weiter nach Norden dringt das Altertum in Asien nicht vor)	
≈ Höhepunkt der iberischen Kultur (—4./3. Jhdt.) unter griech. u. karthag. Einfluß: reichgeschmückte Frauenbüste von Elche Altperuanische Vicus-Kultur (bis ≈ -650, entd. 1956)		~ *Manetho*, ägypt. Oberpriester i. Heliopolis, schreibt Geschichte Ägyptens (griechisch, 3 Bücher) ~ *Philochoros:* „Atthis" (Geschichte Athens)	

	Pergamenisches Reich Indisches Großreich	Hellenistische Literatur	Epikur
— 279	~ *Philetairos* gründet Pergamenisches Reich (kommt —131 an Rom), indem er den auf der Burg Pergamon verwahrten Kriegsschatz des *Lysimachos*, nach dessen Sturz, als Grundlage seiner Macht verwendet		
— 278	*Ptolemäus II.* v. Ägypten heiratet seine Schwester		~ * *Chrysippos*, griech. Philosoph, Mitbegründer d. Stoa († ~ —206)
— 277		† *Ch'ü Yüan*, erster namentlich bekannter Dichter Chinas, u. a. „Himmelsfragen" (Dichtung mythologisch-historischen Inhalts) (* —343)	
— 275	*Hiëron II.* Herrscher von Syrakus bis —215, im 1. Punischen Krieg im Bündnis mit den Karthagern von den Römern —264 geschlagen, kämpft er auf röm. Seite bis zu ihrem Siege —241 Kg. *Pyrrhos* von Epiros († —272) verläßt, völlig von Rom bei Beneventum geschlagen, Italien		≈ Unter Einfluß der Fortschritte in der griech. Anatomie verlegt man den Sitz der „Seele" vom Herz in das Gehirn
— 272	Nach dem Sieg über Tarent erobert Rom das restliche Mittel- und Unteritalien (Samniter, Lukaner, Bruttier) ~ *Aschoka* Kg. eines Großreiches in Indien und Afghanistan, bis —231. Blütezeit des Buddhismus und seiner Kunst. (Das Reich zerfällt im —2. Jh.)		
— 271			† *Epikur*, griech. materialist. Philosoph; erneuerte in einem sensualist. Materialismus die Atomlehre *Demokrits*. Kämpfte gegen Furcht u. Aberglauben. Höchste Lust: Einsicht und Unerschütterlichkeit der Seele (stoisch beeinflußt) (* —341)

Hellenismus	*Alexandrinische Wissenschaft*	
	Sostratos v. Knidos: Leuchtturm auf d. Insel Pharos vor Alexandria (angeblich über 100 m hoch, eines der „Sieben Weltwunder" des Altertums)	
Der chines. Dichter *Ch'ü Yüan* (†) bezeugte mythologisch-historische Fresken in China	~ *Herophilos* fordert vom Arzt Vollendung in Theorie u. Praxis	
	~ *Herophilos* begründet in Alexandria in einem umfassenden Werk d. Anatomie, gestützt auf Sektionen von Menschen und Tieren, unterscheidet sensorische und motorische Nerven, fördert Geburtshilfe; Krankheitsdiagnose m. Hilfe d. Pulses ~ * *Eratosthenes* a. Kyrene, griech. Gelehrter in Alexandria († ~ —195) ≈ *Erasistratos* griech. Arzt in Alexandria; erkennt Zusammenhang zwischen Hirnwindungen u. Intelligenz, das Fieber als eine Begleiterscheinung d. Krankheiten, versucht physikalische Erklärung für die Lehre vom Lebensatem (Pneumenlehre)	
	~ Römer verlängern die „Via Appia" von Capua bis Tarent u. Brundisium	≈ Nach dem siegr. Krieg geg. Tarent (seit —282) erwacht ein stärkeres Interesse d. Römer an der Seefahrt u. am Seehandel
	≈ *Timaios* aus Sizilien (* ~ —346, † ~ —250): Geschichte Siziliens m. geographischen Studien	

	Rom beherrscht Mittel- und Unteritalien	Hellenistische Literatur	Stoa
— 270		~ *Theokrit(os)* aus Syrakus (* ~ —305) begründet mit „Erntefest" u. a. die griech. Hirtenpoesie („bukolische" Dichtung)	† *Pyrrhon von Elis*, griech. Philos., Schüler des *Anaxarchos* von Abdera aus der Schule *Demokrits*; begründete philos. Schule des Skeptizismus i. Athen: „Jede Behauptung läßt sich widerlegen" (* —376)
— 269			
— 267			*Arkesilaos* begründet als Leiter die sog. „mittlere" Akademie *Platos* und ihre skeptizistische Richtung („akademischer Skeptizismus")
— 266	Rom herrscht über ganz Mittel- u. Süditalien. Die Gemeinden teilen sich in Munizipien (halbes Bürgerrecht), Kolonien (röm.Festungen unter Herrschaft röm. Bürger), Verbündete (vertragliches Verhältnis, Stellung von Hilfstruppen, keine Tribute, weitgehende Selbständigkeit). Ausgedehnter Straßenbau. Geldwirtschaft setzt sich durch		
— 265	~ Athen mißlingt die Befreiung von Makedonien (—266/261) (—229 ziehen die Makedonier ab)		≈ In der Stoa entwickelt sich eine humanistische Haltung auch gegenüber Sklaven und „Barbaren"
— 264	In drei schweren „Punischen" Kriegen vernichtet Rom d. politische u. wirtschaftliche Macht d. Patrizier-Republik Karthago (wird —146 völlig zerstört). Der erste Punische Krieg (bis — 241) beginnt mit dem Kampf um Sizilien		† *Zeno* von Kition, griech. Philos.; gründete —308 die stoische Schule in Athen (* ~ —336)

Hellenismus		*Heliozentrisches System*	
	∼ *Aristarchos von Samos* schreibt: „Von der Größe und Entfernung v. Sonne u. Mond“ u. begründet damit entgegen d. aristotelischen Auffassung das helio-	zentrische Weltsystem (Planeten u. Erde kreisen um die Sonne). Diese Lehre setzt sich bis zum Beginn der Neuzeit nicht durch	
	∼ Heliotrop d. babylonischen Baals-Priesters u. Astrologen *Berossos*: Kleine schattenwerfende Kugel als Sonnenuhr	∼ *Berossos*: Geschichte Babylons (3 Bücher)	Römer prägen von jetzt ab Silbermünzen („Denarius“); bisher vorwiegend gegossene Bronzestücke („As“)
≈ Es verstärkt sich der griech. Einfluß auf die röm. Baukunst; der bisher quadr. Tempelgrundriß wird längliches Rechteck	≈ Erste Berührung Roms mit der griechischen Medizin durch kriegsgefangene heilkundige	Sklaven. (Frühere medizin. Kenntnisse i. Rom waren sehr gering u. voller Aberglauben)	≈ Die Unterwerfung des teilw. griech. besiedelten Unteritaliens bringt Rom in engeren Kontakt mit d. griech. Kultur
	∼ * *Apollonios von Perga*, griech. Mathematiker († ∼ —170)		≈ Römer beginnen Sklaven als Gladiatoren zu verwenden, die auf Leben u. Tod im Zirkus kämpfen müssen (Ausbildung in Gladiatoren-Schulen)

	1. Punischer Krieg	*Hellenistische Literatur*	*Buddhismus*
— 263	*Eumenes I.* grdt. Reich v. Pergamon	† *Philemon*, Begründer d. neuen Komödie in Athen, u. a. „Das Gespenst", „Der Schatz" (Stoffe später v. *Plautus* übernommen) (* ~ —361)	
— 262	Rom baut Fünfruderer-Kriegsflotte nach karthagischem Vorbild		
— 260	Nach *Antiochos I. Soter* (seit —281) ist *Antiochos II. Theos* Herrscher von Persien (—261 bis —246)		*Aschoka* verkündet auf Felsinschriften u. Säulenedikten einen Wohlfahrtsstaat für Menschen und Tiere im Geiste buddhistischer Ethik (sein Sohn *Mahinda* bekehrt Ceylon) ≈ *Antigonos aus Karystos:* Lebensbeschreibungen von Philosophen
— 257		~ **Aristophanes v. Byzantion*, griech. Philologe in Alexandria († ~ —180)	
— 256	Römer landen vorübergehend bei Karthago; werden von spartanischen Söldnern zurückgeschlagen *Shi huang-ti* († —209) einigt von seinem Lehnsstaat Ch'in aus ganz China, beseitigt das feudale Lehnswesen der *Chou*-Dynastie, wird —221 erster eigentlicher „Kaiser" Chinas. China erhält zentrale Grafschaftsverfassung. Beseitigung des Erbadels, Landverteilung unter die Bauern, Freihandel, gewaltsame Eingriffe in das geistige Leben zugunsten einer Zentralisierung. Vereinheitlichung v. Schrift, Maßen u. Gewichten. Sicherung d. Nordgrenze		
— 254	Römer nehmen das von den Phöniziern gegründete Ponormus (Palermo)		

Hellenismus	Hellenistische Musik	Alexandrinische Wissenschaft	
		Aufstellung einer Sonnenuhr in Rom	
≈ Aschoka-Säule mit Löwenkapitell aus Sarnath/Benares ≈ *Antigonos aus Karystos* (* ∼ —290, † ∼ —235), Bildhauer u. Schriftsteller in Athen und Pergamon schreibt Buch über Porträtbildhauerei		∼Kanal m. Schleusenanlagen zw. Nil und Rotem Meer unter *Ptolemäus II.* verbessert (stammt aus d. —7. Jh., ein Vorläufer vermutl. aus d. —13. Jh.) ∼ Flaschenzug v. *Archimedes* angegeben Römer siegen mit Hilfe von Enterbrücken b. Mylae. (Rom hatte seit —262 eine Seeflotte nach karthag. Muster gebaut)	
		≈ Primitive Vorläufer d. Drehbank f. d. Bearbeitg. verschiedener Werkstoffe bekannt	
		∼ † *Hieronymos von Kardia*, griech. Historiker; beschrieb ausführlich und zuverlässig die Kämpfe der Diadochen, der Nachfolger *Alexanders* (* ∼ —360) ∼ Tretrad für Sklaven häufiger Antrieb für einfache Maschinen in Griechenland	Volkszählung im Röm. Reich (in Ital. südl. d. Arno) ergibt ca. 300000 Staatsbürger
		∼Wasser-Kolbenpumpe mit Windkessel in Griechenland bekannt	∼Ägypt. Postbuch registriert eingeschriebene Eilbriefe

	1. Punischer Krieg	Hellenistische Literatur	Hellenistische Philosophie
— 250	Die röm. Tribus-Volksversammlung umfaßt Patrizier und Plebejer; wird 17 Tage vorher durch Herolde bekanntgegeben; fand nur statt, wenn die Auguren die Opferzeichen günstig fanden; nach Beratung unter offenem Himmel fand abends die Abstimmung, nach 35 Tribus eingeteilt, in Umfriedungen statt; entscheidend war die Mehrheit d. Tribus, durch deren geschickte Einteilung polit. Beeinflussung d. Resultats möglich war. (Ähnl. verliefen die Versammlungen nach 373 Zenturien, die nach Stand und Vermögen eingeteilt waren) ∼ Helenobaktrisches Reich in NO-Persien (dehnt sich ∼ —170 nach Indien aus; wird ∼ —140 von den Yüe-Tschi aus Ostchina erobert)	≈ *Herondas* v. Kos erneuert mit seinen naturalist. „Mimiamben" den Mimus des *Sophron*; u. a. „Der Schuster", „Der Schulmeister" (kleine, oft humor. u. drastische Vortragsstücke aus d. Alltagsleben) ∼ * *Titus Maccius Plautus*, röm. Komödiendichter († —184) ≈ Die germanischen Sprachen trennen sich von den indogermanischen durch die erste Lautverschiebung (z. B. werden b, d, g zu p, t, k und p, t, k zu f, th [wie engl. this], h, so wird lat. „porcus" zu „Ferkel", „cornu" zu „Horn", „pater" zu „father" und „Vater")	≈ *Menippos* von Gadara (Palästina) vertritt in Vers u. Prosa satir. Lebensphilosophie (veranl. *M. T. Varro* [† —27] zu seinen „Menippischen Satiren", beeinflußt *Seneca* u. *Lukian*) ≈ Das Patrizier-Priesterkollegium in Rom umfaßt 9 Mitglieder (urspr. 3, unter *Cäsar* 16) unter dem Pontifex Maximus, der auf Vorschlag d. Kollegiums v. d. Tribus-Versammlungen d. Plebejer gewählt wird. Der Pontifex Maximus schreibt die Staatschronik u. hat Einfluß auf die Politik
Im — 3. Jahrhundert		Gelegentlich werden die Anfänge germanischer Heldendichtung bis um diese Zeit zurückverlegt (vgl. 300) „Synode der dionysischen Künstler" (griechischer Berufsverband)	In den Büchern Dharmashastra und Smriti beginnt man das indische Kastenwesen in dichterischer Form zu regeln (abgeschlossen 5. Jhdt.) Buddhismus kommt nach Ceylon und bildet hier eine die ursprüngl. Lehre bewahrende Richtung aus Buddhistische Staatskirche in Indien (wird schließlich durch Sektenbildung und Brahmanismus verdrängt) Über 100 Totenstädte m. mehr als 5000 kelt. Flachgräbern i. Frankreich (Marne-Departement)

Hellenismus	Hellenistische Musik	Archimedes	
„Opferndes Mädchen" aus Antium (spätklass.-hellenist. Plastik) ≈ Bronzeglocken als Anfang des Übergreifens der Bronzezeit von China (dort seit ≈ —1500) nach Japan ≈ Marmortempel Samothrake als Basilika mit Querschiff (auf S. Geheimkult der Fruchtbarkeitsgötter „Kabiren") ≈ Bau des Mahabodhi-Tempels in Bodh Gaya/Magadha		~ *Archimedes* kennt die Wasserschnecke zum Heben von Wasser, bes. zur Feldbewässerung; findet Gesetze des Auftriebs (Schwimmen), des Schwerpunkts und des Hebels u. a. ~ Von der Schule d. griech. Mediziners *Herophilos* zweigt sich auf Kos unter *Philinos* die Schule der Empiriker ab, die sich unter Vermeidung jeder Theorie nur auf direkte Beobachtung stützt ~ Nach dem Wirken von *Herophilos* u. *Erasistratos* in Alexandria nimmt die wissenschaftliche Bedeutung der dortigen medizinischen Schule rasch ab	
Aus Kleinasien gelangen ionische u. korinthische Formen in die röm. Baukunst (z. B. Rundtempel in Tivoli mit korinth. Säulen) „Alexanderschlacht" (griech. Gem.; danach 6,20 × 2,90 m großes Mosaikbild in Pompeji, 1831 wiederentdeckt; vgl. 50) „Mediceische Venus", Marmorstandbild d. Aphrodite (hellenist. Plastik) „Die Venus von Milo" (hellenist. Plastik) „Schlafender Satyr" („Barberinischer Faun", im wirklichkeitsnahen hellenist. Stil) Griech. Porträtstatuen und Bildwerke mit Themen des tägl. Lebens „Homer" (hellenistische Idealbüste)		*Ktesibios*, griech. Mechaniker, erfindet Windbüchse, Druckpumpe, Wasserorgel und eine Wasseruhr m. Zahnradgetriebe u. einer auf einem senkrechten Zifferblatt die Zeit anzeigenden Schwimmerfigur; beschreibt Zahnräder und Zahnstange. (Wird auch im —2. Jhdt. angesetzt) Schere in der Latène-Zeit Mitteleuropas	Ausbildung des röm. Bankwesens nach Vorbild d. griech. (vgl. —4. Jh.) Lebhafter Kurbetrieb im Asklepieion in Kos (vgl. —353) mit Pflege teils priesterärztlicher teils hippokratischer Traditionen

	1. Punischer Krieg	Hellenistische Literatur	Skeptizismus
—247	*Ptolemäus III. Euergetes* Kg. von Ägypten bis —221 (†)		~ Unter Kg. *Ptolemäus II. Philadelphus* v. Ägypt. (—285 bis —247 [†]) entstand d. Septuaginta, die älteste griech. Übersetzung d. Alten Testaments, angebl. durch 72 Übersetzer
—246	Die röm. Macht erstreckt sich über Mittel- und Unteritalien. Skizze ihrer Ausbreitung: Bis —238 (nach dem 1. Pun. Krieg): Sizilien, Korsika, Sardinien. Bis —201 (n. d. 2. Pun. Krieg): Syrakus, Süd- u. Ostküste Spaniens. Bis —133: Spanien, Oberitalien, Griechenland, Westkleinasien, Karthago. Bis —44 (*Cäsars* Tod): Gallien, Nordafrika, Kreta, Cypern, Syrien, Mittel- u. Nordkleinasien. Bis 14 (Tod des Kaisers *Augustus*): Alpen-, Donauländer u. Mösien, Palästina, Ägypten. Bis 180 (Tod d. *Mark Aurel*, größte Ausdehnung): Britannien, Dacien u. Thrakien (Rumänien), Ostkleinasien, Mesopotamien, Arabien, Mauretanien (Marokko und Algerien) * *Hannibal*, karthagischer Feldherr; kämpft im 2. Punischen Krieg gegen Rom († —182)		
—245			
—241	Seesieg der Römer über die Karthager bei den Ägatischen Inseln. Ende des 1. Punischen Krieges: Karthager verzichten auf Sizilien; Westsizilien erste röm. Provinz Kg. *Agis IV.* von Sparta wird vom Adel getötet, als er versucht, in Sparta die drückende Lage der Besitzlosen durch Wiedereinführung der *lykurgischen* Gesetze zu verbessern (vgl. —221)		† *Arkesilaos*, seit —267 Leiter d. platon. Akademie, schuf innerhalb dieser die skeptizistische Richtung: für die aus den Wahrnehmungen gebildeten Vorstellungen gibt es nur verschiedene Grade der Wahrscheinlichkeit (* —315)

Hellenismus	Hellenistische Musik	Alexandrinische Wissenschaft	
		≈ Der griech. Mathematiker *Philon* v. Byzanz verfaßt eine „Mechanik" (bes. Kriegstechnik); beschreibt u. a. Mechanismen, deren Bewegung auf der Ausdehnung erwärmter Luft beruhen	
		∼ † *Aratos*, griechisch. Gelehrter u. Dichter in Athen u. am makedonischen Hof; schrieb ein astronomisches Lehrgedicht „Himmelserscheinungen" (wird später öfter bearbeitet u. wirkt bis ins Mittelalter nach) (* ∼ —310)	
			≈ Erstmalige Feier d. panhellenischen Asklepieion - Festspiele in Kos (mit Wettkämpfen, Wiederholung alle 4 Jahre)

	Parther-Reich	Hellenistische Literatur	Hellenistische Philosophie
— 240	~ Das irano-persische Reitervolk der Parther befreit sich v. d. Herrschaft der *Seleukiden* (seit —323) u. gründet unter *Arsakes* ein selbst. Reich zwischen Euphrat, Indus, Kasp. Meer u. ind. Ozean (das parthische Reich d. *Arsakiden* wird 224 v. d. *Sassaniden* gestürzt)	~ *Kallimachos* (†) in Alexandria: „Die Locke der Berenike" (Lobgedicht auf die Opferung des Haupthaares durch die ägypt. Königsgemahlin für die glückliche Heimkehr ihres Gatten)	† *Straton von Lampsakos* („Der Physiker"), Schüler d. *Theophrastos* von Lesbos, Leiter der peripatetischen Schule; suchte die Lehren *Aristoteles'* und *Demokrits* in einem pantheistischen Naturalismus zu verbinden
— 239		* *Quintus Ennius*, röm. Dichter u. Geschichtsschreiber († —169)	
— 238	Bei einem Aufstand karthag. Söldner besetzen die Römer Sardinien und machen es zusammen mit Korsika zur 2. römischen Provinz (458 bis 533 zum Wandalenreich)	~ Der griech. Kriegsgefangene und Sklave *Livius Andronicus* begründet röm. Literatur durch Übersetzung d. „Odyssee" und griech. Dramen	
— 237	Karthager beginnen ihr Machtgebiet über das erzreiche Südspanien auszudehnen (bis —218; geht dann an Rom verloren). Neu-Karthago —227 gegründet		
— 234	* *Marcus Porcius Cato* (d. Ä.), röm. Politiker († —149)		~ † *Han-Fei*, chin. Philosoph des Naturrechts
— 233	~ * *Publius Cornelius Scipio Africanus* (d. Ä.), röm. Staatsmann u. Feldherr († —183) *Attalos I. Soter*, seit —241 Herrscher von Pergamon, nimmt Königstitel an (besiegt Galater in Kleinasien, verbündet sich mit Rom; —197)		~ † *Sün-tsi*, chines. Philosoph; lehrte: der Mensch ist ursprünglich böse und braucht Erziehung ≈ Ende der chines. Philosophie der klassischen Zeit
— 232	Volkstribun *Gajus Flaminius* setzt Verteilung des von den Galliern eroberten Landes an die Plebejer durch (fällt —217)		† *Kleanthes* aus Assos, erst Faustkämpfer, dann Schüler d. *Zeno* von Kition, schließl. sein Nachfolger als Leiter d. stoischen Schule (* —331)

Hellenismus	*Hellenistische Musik*	*Alexandrinische Wissenschaft*	
		~ † *Kallimachos* v. Kyrene, Gelehrter u. Dichter in Alexandria; schrieb ca. 800 Bücher, darunter Katalog d. griech. Klassiker für alexandr. Bibliothek (120 Bücher) u. „Denkwürdigkeiten" (kulturgesch. Inhalt, u. a. Sammlg. von Wundern u. Seltsamkeiten) (* ~ —310)	
		Die Ägypter gehen vom Sonnenjahr zu 365 Tagen auf das Sonnenjahr zu $365^1/_4$ Tagen über; kennen keine Schaltung	
~ Säulenkapitell mit Löwen (ind. Granitplastik unter Kg. *Aschoka*, angebl. an der Stelle der ersten Predigt *Buddhas*)			

	Rom erobert Oberitalien	Hellenistische Literatur	Skeptizismus
—230			† *Timon von Phlius*, Philos. d. Skeptizismus in Athen, Schüler des *Pyrrhon von Elis*; schrieb „Sillen" im Stile *Homers* als parodistische Verspottung der dogmatischen Philosophenschulen (* —320)
—228	Rom besiegt die seeräuberischen Illyrier an der dalmatinischen Küste		
—222	Rom erobert (seit —225) Oberitalien mit Mailand (Mediolanum) durch Besiegung der immer wieder nach Mittelitalien vorgestoßenen Gallier. Grdg. d. röm. Kolonien Placentia, Cremona, Mutina in Oberitalien. (Gesichert ist die röm. Herrschaft über Gallia Cisalpina erst ~ —191) ~ Rom hat etwa 325000 wehrfähige Bürger und etwa 457000 Bundesgenossen		~ *Polystratos*: „Über die grundlose Verachtung der Volksmeinung" (gemeint ist die Verachtung der Ansicht, daß Moral u. Recht auf überlieferten zweckmäßigen Vereinbarungen beruhen; griech. Moralphilosoph aus der Schule *Epikurs*)
—221	*Ptolemäus IV. Philopator* König von Ägypten bis —205; verliert gegen *Antiochos III.* von Syrien Besitzungen im Libanon und Kleinasien; Niedergang der Dynastie Achäischer Bund (mit Korinth, Megara, Argos u. a. gegrdt. —280) schlägt zusammen mit Makedonien Sparta, wodurch Makedoniens Herrschaft in Griechenland gefestigt wird (—220 neuer Krieg gegen Sparta und Ätolischen Bund) Kg. *Kleomenes III.* von Sparta, der dort —226 zur Besserung der Lage der Besitzlosen revolutionäre Reformen durchgeführt hatte, flieht nach Ägypten (dort Selbstmord —220) *Shi huang-ti* begründet die *Tsin*-Dynastie (bis —207), nimmt chin. Kaisertitel an (bis —209 [†]). Die Einigung Chinas gelang ihm durch Überlegenheit seiner Reiterei und Eisenwaffen über die bisher üblichen Streitwagen und Bronzewaffen seiner Gegner; beginnt unter Verwendung älterer Befestigungen „Chinesische Mauer" gegen Feinde aus dem Norden zu bauen		

Hellenismus	*Hellenistische Musik*	*Antike Technik*	
~ *Attalos I.* von Pergamon stiftet zum Dank für den Sieg über die keltischen Galater in Kleinasien (—240) Weihgeschenk für die Akropolis in Athen. Große Galliergruppen: „Sterbender Gallier", „Gallier sein Weib tötend", „Kämpfender Gallier" ~ Ägypt. Tempel des Sonnengottes Horus in Edfu (—142 geweiht)		≈ Baggerartige Schöpfeimerketten mit Antrieb durch Wasserrad, Tretrad oder Kurbel bekannt ~ Öllampe in Griechenland	
		≈ Maße und Gewichte werden in China vereinheitlicht	

	Zug Hannibals über die Alpen	Hellenistische Literatur	Venuskult in Rom
— 220	*Gajus Flaminius* römischer Censor; erbaut Via Flaminia (Straße zur adriatischen Küste) und Circus Flaminius ≈ Nach Abzug der Makedonier (—229) ist Athen politisch machtlos, bleibt aber geistiges Zentrum		
— 219	Die Eroberung des spanischen, mit Rom verbündeten Sagunt durch *Hannibal* dient Rom als Anlaß des 2. Punischen Krieges (Sagunt —214 zurückerobert)		Das schon zu *Homers* Zeiten bekannte Orakel-Heiligt. des Zeus „Dodona" in Epiros v. d. Ätolern zerstört. (Das Orakel wurde aus Baumrauschen, Quellgemurmel u. mit Hilfe eines Erzbeckens gewonnen; stand häufig in polit. Rivalität zum Delphischen Orakel)
— 218	*Hannibal* zieht mit 50 000 Mann zu Fuß, 9000 Reitern, 37 Schlachtelefanten auf dem Landwege von Spanien nach Italien und gelangt mit 26 000 Mann und wenigen Elefanten über die Alpen		
— 217	*Hannibal* vernichtet in der Schlacht am Trasimenischen See röm. Heer. In Rom wird *Quintus Fabius Maximus* („Der Zauderer", † —203) zur Abwendung der Gefahr zum Diktator ernannt Frieden zwischen Makedonien und dem Ätolischen Bund Mittelgriechenlands		Venuskult wird von Sizilien in Rom eingeführt Römer geloben den Göttern „ver sacrum" (ein Frühlingsopfer), nach dem alle Kinder, die in einem Frühling geboren werden, sobald sie erwachsen sind, auswandern müssen (letzte Anwendung dieser altitalischen Sitte)
— 216	*Hannibal* vernichtet in der Schlacht bei Cannae durch doppelte Umfassung ein röm. Heer (von 86 000 Römern etwa 50 000 getötet). Rom sammelt seine letzten Kräfte und kann (—215) den Krieg wenden		

Hellenismus	*Hellenistische Musik*	*Griechisch-römische Heilkunde*	
∼ *Hermogenes:* Arthemistempel in Magnesia und Dionysostempel auf Teos		∼ *Serapion von Alexandria*, griech. Arzt; gilt neben *Philinos* aus Kos (∼ —250) als Begründer der theorienfeindlichen, empirisch-praktischen Ärzteschule	
		Der griech. Arzt *Archagathos* kommt aus dem Peloponnes nach Rom, wo noch starke Widerstände gegen griech. Gelehrte herrschen	
		∼ * *Aristarchos* von Samothrake, bedeutender *Homer*-Philologe in Alexandria († —145)	Die röm. Saturnalien werden unter griech. Einfluß umgestaltet: Fest vom 17.—23. Dezember mit Spielen, Geschenken (Kerzen, Puppen), Festmahl, bei dem d. Herren d. Sklaven bedienen. Das Fest zur Erinnerung an das Goldene Zeitalter d. Saturnus stand unter einem durch Los bestimmten „König"
			≈ In Rom erhält d. Fleischergewerbe wachsende Bedeutung (ursprünglich schlachtete der Hausvater). Ein Fleischer wird röm. Konsul

	2. *Punischer Krieg*	*Hellenistische Literatur*	*Skeptizismus*
— 215	1. Makedonisch-römischer Krieg bis —205. Rom verbündet sich mit griech. Städten, kann seine Stellung in Griechenland halten. Karthago verbündet sich mit Makedonien und Syrakus gegen Rom	~ † *Apollonios der Rhodier* (aus Alexandria), griech. Dichter, Schüler d. *Kallimachos*, erneuerte gegen dessen Widerstand griech. Heldensage als Abenteuer- u. Liebesgeschichte: „Argonautika" (* ~ —295)	
— 214			* *Karneades* aus Kyrene, griech. Philos. des Skeptizismus († —129)
— 212	Im Kampf gegen die Karthager erobern und plündern die Römer Syrakus nach starker Verteidigung (*Archimedes* getötet, der dort techn. Verteidigungsanlagen schuf) *Hannibal* erobert Tarent (wird —123 röm. Kolonie)	~Bücherverbrennung in China, um die Traditionen des Feudalismus auszurotten zur Festigung des entstehenden zentralistischen Beamtenstaates	
— 211	*Hannibal* erscheint vor Rom, zieht aber ohne Angriff wieder ab, da er Rom zur Abwehr entschlossen findet („Hannibal ad portas") Rückschlag im 2. Punischen Krieg für die Römer in Spanien; werden über den Ebro zurückgedrängt; *Publius* u. *Gnäus Cornelius Scipio* fallen		
— 209	† *Shi huang-ti*, Kaiser von China seit —221 *Antiochos III.* (d. Gr.), Herrscher von Persien (—223 bis —187), gewinnt gegen Baktrien und die Parther ganz Iran bis zum Hindukusch zurück	Kaiser *Shi huang-ti* (†) von China vereinigte die Staatsarchive der Einzelstaaten mit dem alten chines. Schrifttum (Orakel, „Bücher" des *Konfuzius*, vgl. —479)	

Kunst	Wissenschaft	Alltag
Hellenismus	*Archimedes*	
		≈ In Rom Fleischmärkte mit staatl. Einrichtungen (später auch Fleischbeschau)
	† *Archimedes*, griech. Physiker u. Mathematiker; Werke: Über Kugel u. Zylinder; Die Kreismessung; Über Konoide u. Sphäroide; Über Spiralen; Über das Gleichgewicht von Ebenen; Die Sandzahl; Die Quadratur d. Parabel; Über schwimmende Körper; Die Methodenlehre, Stomachion (Geduldsspiel) (enthalten u. a. Auftrieb, Hebelgesetz, schiefe Ebene, Brennspiegel, Flaschenzug, Kreisberechnung., Quadratwurzeln, kubische Gleichung); erschlagen durch römische Soldaten bei der Eroberung von Syrakus: „Störe mir meine Kreise nicht" (* ∼ —285)	*Archimedes* (†) kannte d. Brennspiegel (Hohlspiegel; daß er ihn zur Verteidigung v. Syrakus gegen Römer verwendet haben soll, ist unrichtig)
	Durch Zentralarchiv in China wird umfassendere Geschichtsschreibung ermöglicht. In d. Kämpfen nach Kaiser *Shi huang-tis* Tode verbrennt d. Zentralarchiv (die spätere konfuzianische Geschichtsschreibung behauptet vorsätzl. Bücherverbrennung des Kaisers)	

	Rom siegt im 2. Punischen Krieg	*Römische Dichtung*	*Skeptizismus Stoa*
— 207	Nach der Niederlage seines Bruders *Hasdrubal* (†) am Metaurus (Mittelitalien) durch die Römer zieht sich *Hannibal* nach Süditalien zurück		
— 206	~ Machtkämpfe in China nach dem Tode des Kaisers und Einigers *Shi huang-ti*; enden mit der Gründung der mächtigen *Han*-Dynastie (—202 bis 220). Der Lehnsstaat wird allmählich durch einen Beamtenstaat ersetzt. Blütezeit des chinesischen Reiches ≈ Trotz einer Agrarreform in China unter Kaiser *Shi huang-ti* entsteht in der *Han*-Zeit ein großes, unruhiges Bauernproletariat		~ † *Chrysippos*, griech. Philosoph, nach *Zeno* der führende Denker d. stoischen Schule, die er neu begrdte. Hinterließ etwa 700 Schriften (* ~ —278)
— 205	*Ptolemäus V. Epiphanes* Kg. von Ägypten bis —181		
— 204		≈ In der griech. Literatur nehmen die Erzählungen über Wunder und Seltsamkeiten („Paradoxographie") in Anlehnung an *Kallimachos* einen sehr breiten Raum ein	Mysterienkult d. „Großen Mutter" („Magna Mater") in Rom (v. d. Griechen übernommener, urspr. phrygischer Kult der Erdgottheit Kybele; vgl. —800)
— 202	Tripolitanien kommt aus der Abhängigkeit von Karthago an Numidien (—46 zur röm. Provinz Africa) Das römische Heer schlägt unter *P. C. Scipio d. Ä.* die Karthager unter *Hannibal* in Nordafrika (bei Zama) entscheidend. *Hannibal* flieht ins Ausland *Liu Pang*, früherer Dorfschulze, grdt. chin. Han-Dynastie	≈ Helminschrift (ältestes germanisches Sprachdenkmal)	≈ Weihe-Depots von Kriegsbeute in Nordeuropa, wie etwa der Hjortspring-Fund in Dänemark
— 201	Ende des 2. Punischen Krieges (seit —219). Karthago muß Spanien und Mittelmeerinseln an Rom abtreten, seine Kriegsflotte vernichten, Tribute zahlen (50 Jahre jährl. 200 Talente [ca. 1 Mill. Mark] und auf selbst. Außenpolitik verzichten). Triumphzug des *Publius Cornelius Scipio d. Ä. „Africanus"* in Rom	~ † *Gnäus Nävius*, röm. Dichter; schrieb Komödien n. griech. Vorbildern, erstmalig Tragödien mit nationalen Stoffen u. erstes nationales Epos in saturnischem Versmaß über d. 1. Punischen Krieg, in dem er mitgekämpft hatte; stirbt als verbannter Feind d. röm. Adelspartei	

Hellenismus	Hellenistische Musik	Bibliothek in Pergamon	
			Erhöhung d. Salzpreises in Italien (außer Rom) zugunsten d. röm. Staatskasse ruft Unzufriedenheit d. Bevölkerung hervor
			≈Gemauerte zweistöckige Flachdach-Wohnhäuser in Pompeji mit großem Mittelraum (Atrium)
		Gründung der Bibliothek in Pergamon von Kg. *Attalos I.* als Konkurrenz zu der in Alexandria	≈ Starke Entwicklung der Briefliteratur durch Veröffentlichung von Briefen berühmter Persönlichkeiten (gleichz. Anwachsen der Fälschungen)
		~ *Bolos* aus Mende schreibt über alchemist. Nachahmung von Edelmetallen u. Edelsteinen ~* *Polybios* aus Megalopolis, griech. Historiker († ~ −120)	≈ Einwohnerzahl Italiens ca. 4 Mill. davon ca. 1 Mill. Sklaven (≈ 100: 7 Mill. Einw.). Preis eines Sklaven ca. 2000 Sesterzen = 400 Mark ≈ Italien hört auf, vorwiegend Bauernland zu sein; die entstehenden großen Latifundien vernachlässigen Getreideanbau

	Rom besiegt Griechenland Cato	Hellenistische Literatur	Auflösung altrömischer Religiosität
— 200	Beginn des 2. Makedonischen Krieges (bis —197) Germanische Bastarner am Schwarzen Meer nachgewiesen ≈ Großreich der Hunnen in Mongolei und Turkestan unter *Mao-tun* (Mongolen werden in den folgenden Jh. nach Westen gedrängt; dadurch Völkerwanderung) ≈ Die politische Macht in China liegt in den Händen einiger Beamtenfamilien mit verpachtetem Grundbesitz (diese Verfassung hält sich im wesentlichen bis zum 20. Jh.) ≈ Nomaden aus Innerasien bedrohen nordiranische Gebiete	~ *Cato* (d. Ä.): „De agricultura" („Der Landbau", älteste lat. Prosa) und „Origines" (ital. Geschichte) ~ *Hermagoras* von Temnos arbeitet in d. griech. Rhetorik mit seiner Statuslehre (4 Frageformen) die Gerichtsrede aus (beeinflußt röm. Rhetorik) ≈ Blütezeit d. Philologenschule an der Bibliothek in Alexandria ≈ Der hellenist.-griech. Prosa-Roman („Drama" genannt) beginnt sich aus der „dramatischen Erzählung" der Rhetorenschulen zu entwickeln. Er beginnt mit Götter- und Heldensagen und vereinigt schließlich in freier Erfindung Abenteuer mit Erotik (Höhepunkt 1. bis 5. Jh.) ≈ Entwicklung der lat. Lautzeichen abgeschlossen (c wie k gesprochen)	≈ Jüd. Gemeinde in Jerusalem ist gespalten in eine gesetzestreue und eine hellenistische Partei ~ *Jesus Sirach* in Jerusalem: Sprüche (nach Art d. „Sprüche Salomos") ≈ Die röm. Götter werden mit den griech. gleichgesetzt (z. B. Jupiter = Zeus, Minerva = Athene, Juno = Hera); zugleich gewinnen die Gottheiten menschlich-bildliche Gestalt u. unter Einfluß d. hellenist. Aufklärung schwindet d. alte röm. Religion
— 197	Rom im Bündnis mit Sparta und dem Ätolischen Bund schlägt Kg. *Philipp V.* von Makedonien bei Kynoskephalae. Ende des 2. Makedonischen Krieges (seit —200). Röm. „Freiheitserklärung" für Griechenland Syrien erobert Palästina von Ägypten	Dreisprachiger „Stein von Rosette" entsteht (vgl. 1822) ~ Nach Sachgruppen geordnetes chin. Wörterbuch „Erya" (ältestes erhaltenes)	≈ Starke Hellenisierung Palästinas im syrischen *Seleukidenreich* (Jahve = Zeus)
— 195	Die oligarchische Partei in Karthago denunziert *Hannibal* wegen demokratischer Reformen in Rom. *Hannibal* flieht zu *Antiochos* von Syrien *Cato d. Ä.* röm. Konsul	~ * *Publius Terentius Afer (Terenz)*, röm. Lustspieldichter nach griech. Vorbildern († —159)	
— 191	Rom besiegt die keltischen Bojer und vollendet damit die Unterwerfung des oberitalienischen Gallia Cisalpina	Aufhebung d. Bücherverbotes in China fördert Entstehung eines weltlichen Schrifttums	

Hellenismus	*Apollonios · Eratosthenes*		
≈ *Boethos* aus Chalkedon: Knabe mit Gans (hellenistische Bronze) ≈ Durch Plünderung gelangen viele griech. Kunstwerke nach Rom, wo sie häufig kopiert werden ≈ Spätstufe der etruskischen Kunst (—3. bis —1. Jhdt.) parallel zur hellenistischen Stufe der griech. Kunst ~ Stupa (Kuppelbau mit Buddha-Reliquien) von Barhut; ihre Umzäunung besitzt Pfeilerreliefs (frühe ind.-buddhist. Plastik) ≈ In der chines. Kunst der *Han*-Dynastie setzen sich stark geometrische Formen durch; dadurch wird die ornamentale Auflösung der frühzeitlichen magischen Tierformen in der *Chou*-Dynastie fortgesetzt ≈ Vasenmalerei in China	≈ *Apollonios von Perga* in Alexandria, berechnet Kreiszahl (π), schreibt Zusammenfassung über Kegelschnitte, gibt Theorie des Epizykels (Kreis rollt auf Kreis); vereinigt im „ägyptischen" Weltsystem die Vorstellungen von *Eudoxos-Aristoteles* (geozentrisch) und *Aristarchos* (heliozentrisch), in dem er die fünf Planeten um die Erde, diese jedoch um die Sonne kreisen läßt ~ *Eratosthenes* berechnet aus den verschiedenen Sonnenhöhen in Alexandria und Assuan den Erdumfang zu 46000 km. (Die gute Übereinstimmung mit dem wahren Wert kam zufällig zustande)	≈ Griech. Geographen vermuten in Zusammenhang mit einer Kugelgestalt der Erde einen den nördlichen Landmassen entsprechenden Südkontinent („Südland", „Terra incognita"; wird noch bis zum 18. Jh. vermutet) ≈ „Kunst des Eudoxos" (ägypt. astron. Papyros; eines der wenigen antiken Bücher mit Bildern) ≈ Ägypter übernehmen Tierkreis aus Babylonien ≈ Die Zeitrechnung d. german. Völker beruht im allgem. auf Voll- u. Neumondbeobachtungen u. Festlegung d. Sonnenstandes (z. B. genauer östl. Aufgang) mit Hilfe v. Steinmarken	~ *Cato d. Ä.* bekämpft Astrologie ≈ Römerkleidung: Tunika (genähter Leibrock mit Gürtel, f. d. Männer kurz, als Amts- u. Festkleid, u. f. d. Frauen lang, mit Würdeabzeichen f. Bürger hohen Ranges), Toga (Staats- u. Festmantel d. Männer, etwa 5×3 m kunstvoll umgelegt) Palla (Frauenmantel) ~ Haarpinsel als chines. Schreibgerät (löst Holzgriffel ab)
	~ *Catos* Schriften (vgl. —200 Dichtung) sind früher Anfang röm. Fachschrifttums	~ Quintus Fabius Pictor: Römische Geschichte (in griech. Sprache)	
	~ † *Eratosthenes* aus Kyrene, griech. Wissenschaftler; begründete mit seiner „Geographie" diese Wissenschaft	und mit seiner „Chronographie" die histor. Chronologie; bestimmte Erdumfang (* ~ —275)	

	Rom besiegt Syrien	*Plautus*	*Hellenistische Philosophie*
— 190	*Antiochos III.* von Syrien wird von den Römern besiegt. Muß Kleinasien bis zum Taurusgebirge abtreten und 15 000 Talente (ca. 70 Mill. Mark) Tribut zahlen W-Kleinasien an Pergamon u. Rhodos		
— 189	Mit dem Sieg Roms über Kg. *Antiochos III.* des syrischen Reiches der *Seleukiden* († —187) setzt der endgültige Abstieg dieser Dynastie ein (—64 von Rom beseitigt)		
— 186		Bronzetafel mit Verbot der Bacchanalien in Tiriolo, Kalabrien (älteste bekannte röm. Staatsurkunde)	Mysterien d. Bacchus als ausschweifend in Rom verboten
— 185	~ * *Publius Cornelius Scipio Aemilianus Africanus d. J.*, durch Adoption Enkel von *Scipio Africanus d. Ä.*; zerstört Karthago († —129)		
— 184	*M. Porcius Cato* (d. Ä.) römischer Censor	† *Titus Maccius Plautus*, röm. Komödiendichter, griech. beeinflußt; u. a. „Amphitryon", „Die Zwillinge", „Der Kaufmann", „Der ruhmredige Soldat" (erste vollständig erhaltene Werke des latein. Schrifttums) (* ~ —250)	*Cato* vertritt das Ideal alten Römertums in Politik, Wirtschaft und Kultur gegen Hellenisierung und individualistischen Egoismus
— 183	† *Publius Cornelius Scipio Africanus* (d. Ä.), röm. Staatsmann u. Feldherr; besiegte *Hannibal* (* ~ —233) Parma (Nordital.) wird röm. Kolonie		
— 182	† *Hannibal* (Selbstmord im Exil, um der Auslieferung an Rom zu entgehen), karthagischer Feldherr, von *P. C. Scipio d. Ä.* geschlagen (* —246)		
— 181	Ägypten unter der Herrschaft der letzten *Ptolemäer (Ptolemäus VI.* bis *XVI.)* bis —30 (Rom unterstützt Ägypten —168 gegen Syrien)		*Aristobul*, jüd.-hellenistischer Philosoph in Alexandria (bis —145), nennt im Kommentar zum Pentateuch die Gottheit eine durch die Vernunft zu erfassende allbeherrschende Kraft

Hellenismus	*Hellenistische Musik*	*Wissenschaftszentrum Alexandria*	
~ *Polemon der Periëget* beschreibt Bau- und Kunstdenkmäler der Akropolis in Athen		~ * *Hipparchos*, griech. Astronom, Begründer der auf Beobachtung beruhenden Astronomie († ~ —125)	
~ Siegesgöttin von Samothrake (späthellenist. Plastik mit starker Dynamik)			
Cato d. Ä. läßt nach griech. Vorbild d. Basilica Porcia in Rom als Markthalle erbauen			
			Gesetz gegen überhandnehmenden Luxus in Rom
			Kg. *Philipp V.* v. Makedonien ersteigt mit 57 Jahren den Ribo Dagh im Rhodope-Gebirge

	Römische Weltherrschaft	Hellenistische Literatur	Griechisch-hellenistischer Einfluß in Rom
— 180	Die Etruskerstadt Pisa wird röm. Kolonie	~ † *Aristophanes von Byzantion*, griech. Philologe in Alexandria; gab viele kritische Ausgaben d. griech. Literatur heraus (u. a. *Homer*, *Plato*); schrieb lexikographisch. Werk über sprachliche Ausdrücke, begründete mit „Über Analogie" wissenschaftl. Grammatik; schuf Sprichwörtersamml. (* ~ —257)	~ * *Panaitios* v. Rhodos, griech. Philos.; Begrd. d. mittleren Stoa († —110)
— 178	Römer gründen Militärkolonie Pola (Istrien)		
— 170	~ Griechen dringen aus Baktrien in das Industal vor und gründen dort mehrere Staaten	~ *Kratos* von Mallos wirkt als Haupt der stoisch beeinfl. Philologenschule in Pergamon, schreibt griech. Grammatik unter Hervorhebung d. sprachl. Ausnahmen, versucht im Sinne der Stoa allegorische (abwegige) *Homer*-Erklärung	
— 169		† *Quintus Ennius*, röm. Dichter u. Geschichtsschreiber; verwandte als erster den Hexameter in der röm. Dichtung und schrieb „Annalen" (Geschichte Roms seit Gründung) (* —239)	*Antiochos IV.* v. Syrien schändet Tempel in Jerusalem und verbietet jüdischen Kult
— 168	Der letzte Kg. v. Makedonien *Perseus* (seit —179) unterliegt gegen d. Römer bei Pydna. Ende des 3. Makedonischen Krieges (seit —171); es entstehen hier zunächst vier v. Rom abhäng. Gebiete (—146 Makedonien röm. Provinz) Glänzender Triumphzug in Rom mit dem gefangenen Kg. *Perseus*. Die überreiche Beute befreit die Bürger Roms von jeder Steuer Das Jahr der Schlacht bei Pydna gilt als Beginn der röm. Weltherrschaft (vgl. —246)	*Kratos* v. Mallos regt als Gesandter Pergamons in Rom grammatische Studien an	Griech. Geiseln i. Rom aus d. 3. Makedon. Krieg verbreiten als Sklaven der Aristokratie hellenistische Bildung in diesen Kreisen (u. a. *Polybios*). Das siegreiche Rom unterwirft sich der griech. Kultur

Späthellenismus	*Apollonios*	
Zeus-Altar in Pergamon von *Eumenes II.* erbaut mit großem Fries (Götter-Giganten-Kampf, „hellenist. Barock") und kleinerem Fries (Telephos-Sage in mehr spätklassischem Stil)	Philologie in Alexandria (vgl. Dichtung)	Gesetz des Tribunen *L. Villius* gegen d. Ämtersucht in Rom (setzt Mindestalter fest). Die Ädilen müssen Kosten für die öffentl. Spiele meist selbst tragen, daher ist dies. Amt nur sehr Vermögenden zugänglich
~ In Athen beginnt sich jetzt erst der korinthische Stil durchzusetzen (vgl. —4. Jh.)	Pons Aemilius, 1. Steinbrücke in Rom	
	~ † *Apollonios von Perga*, griech. Mathematiker; schrieb Buch über Kegelschnitte, denen er d. Namen „Ellipse", „Parabel", „Hyperbel" gab; berechnete genauer die Kreiszahl π; begründete Epizyklentheorie der Planetenbahnen (vgl. —200) (*~ —265)	~ Pflasterung von Straßen in Rom
		Ennius (†) schrieb Kochbuch f. Feinschmecker
		Nach der Schlacht von Pydna werden die Bewohner von 70 Städten im Epeiros als Sklaven verkauft (Preis etwa 200—300 Mark, schöne Sklavinnen über 2400 Mark)

	Makkabäer in Judäa	Terenz	Priesterstaat Judäa
— 167	Priestergeschlecht d. *Makkabäer* kämpft unter *Judas Makkabäus* († —161) erfolgreich geg. d. Syrer und herrscht über Judäa (bis —35)		
— 165			~ „Buch Daniel" des Alten Testaments entsteht Wiedereinweihung d. Tempels in Jerusalem
— 164			*Tai Te* und *Tai Scheng* stellen „Li-Ki" zusammen (chin. Morallehre mit „Große Wissenschaft" und „Maß und Mitte")
— 163	In China wird die „Jahreslosung" zur Zeitrechnung eingeführt, welche ungefähr mit der Regierungszeit eines Kaisers zusammenfällt u. diese kennzeichnen soll		
— 162	* *Tiberius Gracchus*, röm. Volkstribun († —133)		
— 161	† *Judas Makkabäus*, fällt im erfolgreich. Befreiungskampf d. Juden geg. seleukidisch-syrische Herrschaft. Palästina wird ein unabhängiger Staat unter Leitung der Priester (ab —63 unter röm. Herrschaft)		
— 160	~ † *Eumenes II.*, Kg. von Pergamon seit —197; unter ihm wurde der Pergamonaltar erbaut (vgl. —180) ~ Blüte des Pergamenischen Reiches in Kleinasien (wird —131 Rom vermacht und röm. Provinz)		
— 159	~ * *Jugurtha*, König von Numidien bis —104 (†)	† *Publius Terentius Afer* (*Terenz*), auf einer Reise nach Griechenland, röm. Lustspieldichter; schrieb nach Lustspielen des Griechen *Menander* „Die Schwiegermutter", „Der Selbstpeiniger", „Die Brüder", „Der Eunuche" (* ~ —195)	

Pergamon-Altar	*Hellenistische Musik*	*Wasseruhr in Rom*	
			Rom entrechtet Rhodos u. macht statt dessen Delos zum neuen Handelszentrum nach dem Orient
			In Milet entsteht ein rathausähnlich. Verwaltungsgebäude
		Erste Wasseruhr in Rom	

	Unruhen im römischen Weltreich	*Römisches Schauspiel*	*Griechische Philosophen in Rom*
—156	* *Gajus Marius*, röm. Feldherr, Volkstribun und Konsul († —86)		*Karneades* (Akademiker), *Kritolaos* (Peripatetiker), *Diogenes der Babylonier* (Stoiker) gehen als athenische Gesandtschaft n. Rom und verbreiten dort griech. Philosophie
—153	* *Cajus Sempronius Gracchus*, röm. Volkstribun († —121)		
—150	Medien (Nordwestiran) kommt von Syrien (seit —323) an Parthien. Damit verschwindet sein Name aus d. Geschichte ≈ Bei zahlreichen sozialen Erhebungen zwischen —174 und —133 in und um Griechenland greift Rom zugunsten der bestehenden Besitzordnung ein (vgl. —129)	≈ Rom entwickelt das griech. Schauspiel durch Vermehrung d. Personen u. Weglassen der Masken, wodurch Kunst durch Mimik entsteht. Schauspieler gut bezahlt, aber ohne bürgerliches Ansehen. (Schauspielerinnen erst in der Kaiserzeit) ≈ „Des Mädchens Klage" (griech. Liebeslyrik in bewegtem Versmaß; auf Papyrus)	≈ Das röm. Priesterkollegium der 3 Auguren (ab *Cäsar* 15) wird durch Wahlen d. Volksversammlung d. Plebejer aus Kandidaten d. Patrizier ergänzt. Auf Grund von Zeichendeutungen (Vogelflug, Eingeweideschau) entscheiden sie über Vertagung v. Volksversammlungen u. d. Rechtmäßigkeit umstrittener staatl. Beschlüsse (*Cato d. Ä.* spricht vom „Lächeln der Auguren")
Im —2. Jahrhundert		Der Schauplatz des griech. Schauspiels im Theater wird die erhöhte Bühne. (Bisher spielte man im kreisförmigen Tanzplatz, der Orchestra, mit dem Dionysosaltar in der Mitte vor dem Bühnengebäude, der Skene; zwischen den Flügeln der Skene stand die Dekorationswand, das Proskenion; vgl. —328) Griech. Verstechnik verdrängt d. italischen Versbau b. d. Römern	*Scipionen* begründen „Ersten Humanismus" in Rom Weitere Hellenisierung der röm. Kultur, aber auch Widerstand dagegen (vgl. —184) „Bhagawadgita" („Der Gesang des Erhabenen"), ind. religionsphilosophisches Gedicht innerhalb des Volksepos „Mahabharata" (Sanskrit) (vgl. —4. Jhdt.)

Späthellenistischer „Barock“	*Alexandrinische Wissenschaft*		
≈ Aphrodite von Melos (hellenist.-klassizistische Statue) ~ Poseidon von Melos (hellenist. Statue)			
			1. Januar Jahresanfang in Rom (bisher 1. März)
≈ *Apollonios* und *Tauriskos aus Tralles:* „Farnesischer Stier“ (Marmorplastik d. hellenist. Barock für Rhodos, aus einem Block) ≈ Ende der griech. Vasenmalerei in d. unterital. rotfigurigen Vasen (teilw. in Formen hergestellt, überladen in Farbe und Form) ~ Zwei umschlungene Paare, ind. Felsplastiken an der Eingangswand der buddhist. Tschaitya-Halle in Karli unweit Bombay (dreischiffiger basilikaähnl. Höhlentempel mit Stupa in der Apsis) ~ Rani-Gumpha-Höhle bei Udayagiri in Orissa (östl. Vorderind.) mit buddhist. Reliefs	~ *Hipparchos* kennt Armillarsphäre (Ringkugel mit Visier) als einfaches astron. Meßinstrument ~ *Seleukos von Seleukia* versucht heliozentrisches Weltsystem des *Aristarchos* (~ —270) wieder zu beleben; scheitert jedoch an *Hipparchos*, der weder die auf ein-	fachen Kreisbewegungen beruhende heliozentrische noch die geozentrische Theorie mit seinen Beobachtungen vereinbar findet	≈ Griechen und Römer verwenden Schreibtafeln mit Wachs und Griffel ≈ Erste Bäckereien in Rom (Breinahrung überwiegt in der Antike)
„Katze tötet einen Vogel“ (Beispiel eines realist. Mosaiks in Pompeji) *Menelaos* mit d. Leiche des *Patroklos* (oder Aias mit d. Leiche Achills; hellenist. Marmorgruppe) „Reitender Jüngling“ (späthellenistische Bronzeplastik) Hermesstatue aus Olympia (angebl. von *Praxiteles:* ist aber kein Werk aus dem —4. Jh.) Hellenist.-ind. Mischkunst in Gandhara (Nordwestindien, bis 5. Jh.) Erste ind. Tempelreliefs (aus dem Leben *Buddhas,* der zunächst nur symbolisch dargestellt wird) Ind.-buddhistischer Höhlentempel in Ajanta (sog. „Tschaitya-Halle“), später mit Fresken aus Leben und Lehre *Buddhas* versehen, ein Höhepunkt ind. Malerei Frühe Seidenmalerei i. China	Der ind. Arzt *Charaka* berücksichtigt schon stark Erfahrungen Griech. Gedichte über eine „Umschiffung Europas“ u. „Umschiffung d. Schwarzen Meers“ v. *Skymnos* aus Chios in „Periegesis“ (Erdbeschreibung) ≈ Optischer Buchstabentelegraph in Griechenland	Hochdruckwasserleitung in Metallröhren in Pergamon	Röm. Wohnhaus mit Atrium (Empfangsraum m. Säulen) ≈ In Rom beginnt sich Buchherstellung u. Buchhandel zu entwickeln (Niederschrift v. Sklaven n. Diktat, Zusammenleimen d. Blätter zu langen Rollen; Verleger; Buchhändler) Pergament tritt in Pergamon wieder als Schreibunterlage neben den Papyrus

	Zerstörung Karthagos	Hellenistische Literatur	Skeptizismus
—149	† *Marcus Porcius Cato* (d. Ä.), röm. Konsul u. Statthalter in Sardinien u. Spanien, Gegner Karthagos (* —234). Auf Betreiben *Catos* („Ceterum censeo Carthaginem esse delendam" = „Im übrigen meine ich, daß Karthago zerstört werden muß") beginnt Rom den 3. Punischen Krieg, der —146 mit Karthagos völliger Vernichtung endet Röm. Gerichtshof gegen Steuererpressungen in den Provinzen		~ *Karneades* aus Kyrene leugnet Wahrheitskriterien der Stoa u. begrdt. philosophische Wahrscheinlichkeitslehre
—146	Mit der Eroberung und restlosen Zerstörung Karthagos durch die Römer (von ca. 500 000 Einwohnern bleiben nur ca. 50 000 als Sklaven übrig) endet der 3. u. letzte der Punischen Kriege (erster Pun. Krieg begonnen —264) Römer erobern und zerstören Korinth Griech. Staaten mit eigener Verfassung unter röm. Statthaltern, z. T. tributpflichtig Makedonien wird römische Provinz (abhängig seit —168) Achäischer Bund (gegrdt. —280) geht im röm. Weltreich auf Rom besitzt 7 Provinzen: Sizilien (seit —210), Sardinien u. Korsika (—234), 2 span. Provinzen (seit —201), Gallien diess. d. Alp. (seit —191), Afrika u. Makedonien (—146); Verwaltg. d. d. Proprätoren u. Quästoren; Eintreibung d. Abgaben durch Steuerpächter; Handel durch Bankiers u. Großkaufleute, Amtsadel ist von Handelsgeschäften ausgeschlossen, besitzt Latifundien, die durch Sklaven bearbeitet werden	≈ *Gaius Lucillius* (* ~ —180, † —102) schreibt „Satiren" (prägt diese Gattung in Rom in Polemiken gegen die Sitten der röm. Gesellschaft)	Jüdische Essener-Sekte in Kumram am Toten Meer. Wird im Kochba-Aufstand von den Römern 86 zerstört (1947 wird ihr Schrifttum gefunden). Beeinflußt Judenchristentum
—145	*Ptolemäus VII. Physkon* Kg. v. Ägypten bis —116; wegen seiner despotischen Regierung verlassen zahlreiche Gelehrte Alexandria, darunter der Philologe *Aristarchos* (†)		

Spätheellenismus	Hellenistische Musik	Wissenschafts-zentrum Alexandria	
≈ *Damophon* von Messene: Kultbildgruppe des Tempels des Despoina in Lykosura/Arkadien (späthellenist. monumentaler Stil)		∼ Globus des *Kratos* v. Mallos mit 4 Inselkontinenten, getrennt durch 2 ringförmige Meere (Vorbild des Reichsapfels)	In Rom wird ein Gerichtshof errichtet, der Wiedererstattung von Erpressungssummen v. röm. Beamten in d. Provinzen durchzusetzen hat
Marmorverwendung in Rom für Porticus Metelli (Wandelhalle; —157 für Hercules-Tempel)		≈ Des Karthagers *Mago* umfassendes Werk über die Landwirtschaft (40 Bände) wird vermutlich in Rom bekannt und übersetzt	≈ Bauernlegen (Einziehung von Bauernstellen) führt zur röm. Latifundienwirtschaft mit Anwachsen d. Sklavenarbeiter. In Italien nach karthagischem Vorbild mehr und mehr Plantagenwirtschaft (Wein, Öl) und Viehzucht
≈ *Homers* Apotheose am Musenberg (Marmorrelief aus Latium)		† *Aristarchos* von Samothrake, bedeutender *Homer*-Philologe in Alexandria schuf Grundbegriffe der Grammatik (* ∼ —217) Röm. Schiffe unter Leitung d. griech. Historikers *Polybios* an der Westküste Afrikas (gelangen vielleicht bis zur Senegalmündung)	

	Gracchen in Rom	Hellenistische Literatur	Hellenistische Philosophie
—141	*Simon d. Makkabäer*, jüd. Hohepriester von —142 bis —135, vertreibt die syrische Besatzung aus Jerusalem u. erlangt Unabhängigkeit d. jüd. Gebietes		
—140	*Wu-Ti* chinesischer Kaiser bis —87; errichtet Weltreich bis Korea, Turkestan, Mandschurei, Annam; im Innern Despotie und Staatswirtschaft; Entmachtung des Feudaladels Partherkg. *Mithridates I.* (—171 bis —138) entreißt den Seleukiden Babylonien, erobert auch Persis und Elymais		~ *Apollodoros* aus Athen: „Über die Götter" (philologisch-theologische Abhandlung über die griech. Götterwelt)
—138	* *Lucius Cornelius Sulla*, röm. Politiker auf seiten d. Senatspartei, Gegner des *Marius* († —78) Römer gründen Valentia Edetanorum (Valencia)		
			* *Poseidonios* aus Syrien, griech. Philos., verbind. mittl. Stoa mit platon. Mystik († —50)
—133	Die sozialen u. politischen Gegensätze im Röm. Reich führen zum Bürgerkrieg; beginnt mit den sozialen u. polit. Reformversuchen d. *Gracchen* (—121 wird die Senatsherrschaft wiederhergestellt; führt schließlich —31 zur Monarchie) † *Tiberius Gracchus*, röm. Volkstribun (von röm. Adelspartei erschlagen, wegen seines Ackerverteilungsgesetzes für die Armen) (* —162). Blutige Verfolgung der röm. Volkspartei durch die folgenden Konsuln Spanien von Rom endgültig unterworfen durch Unterdrückung eines Aufstandes der Lusitaner und Keltiberer (seit —154) Pergamon kommt durch Erbschaft an das Römische Reich (wird —123 die neue römische Provinz Asia)		
—132	Rom unterwirft d. ersten Sklavenaufstand in Sizilien (seit —135, war zunächst geg. mehrere röm. Heere erfolgreich) ~ * *Mithridates (Mithradates) VI. Eupator* (der Große), König v. Pontos von —111 bis —63 (†)		

Späthellenismus	Alexandrinische Wissenschaft		
	~ Bogenbau bei röm. Brücken		~ Erste jüdische Münzen (*Makkabäer*münzen)
	~ *Apollodoros* aus Athen (* ~ —180) aus der pergamenisch. Philologenschule schreibt eine Chronologie (in Versen), die poli-	tische, Literatur-, Kunst- und Philosophie-Geschichte von —1184 (Eroberung Trojas) bis —144 umfaßt	
	Tschang-K'ien unternimmt Erkundungsreise nach Innerasien (bis —126); bereitet	chines. Expansion nach Westen vor; kommt in Berührung mit hellenist. Kultur	

	Wiederherstellung der Senatsherrschaft in Rom	Hellenistische Literatur	Skeptizismus
— 130		∼ *Dionysios Thrax* (* ∼—170, † ∼ —90), Schüler des alexandr. Philologen *Aristarchos*, verfaßt in Rhodos erste griech. Grammatik (ohne Syntax), die bis ins 13. Jh. Lehrbuch für das Byzant. Reich bleibt	
— 129	† *Publius Cornelius Scipio Aemilianus (Africanus d. J.)*, durch Adoption Enkel von *Scipio Africanus d. Ä.* († —183), zerstörte Karthago (* —185) Soziale Erhebung in Pergamon von Rom niedergeschlagen (vgl. —150)		† *Karneades* aus Kyrene, griech. Philos. d. akademischen Skeptizismus, Gegner der Stoiker, Leiter der sog. „mittleren" Akademie *Platos* (* —214)
— 126	Aufnahme d. Edomiter in d. jüd. Staat		
— 125			≈ Erste akademieartige Adelsschulen in China, wo der Adel zunächst noch vorwiegend in den ritterlichen Waffenkünsten ausgebildet wird. Erst allmählich überwiegt eine Erziehung im Geiste des *Konfuzius* für den entstehenden chinesischen Beamtenstaat
— 121	† *Cajus Sempronius Gracchus*, röm. Volkstribun, bei der Erstürmung des Aventin durch die Truppen des röm. Adels, wo sich die Volkspartei im Zuge der Auseinandersetzung in Landverteilung und Kolonisation verschanzt hatte. Wiederherstellung der Senatsherrschaft in Rom (* —153)		
— 120			∼ *Tung Chung-shu* (* ∼—179, † ∼—104) verbindet konfuzianische Ethik mit Kosmologie der Naturkräfte (2 Urkräfte, 5 Elemente, 4 Jahreszeiten, 4 Himmelsrichtungen)

Spätkultur	Wissenschaft		Alltag
Späthellenismus	*Hipparch* *Polybios*		
	Hipparchos erkennt d. ungleiche Länge d. Sonnentage von Mittag zu Mittag; bestimmt Mondentfernung annähernd richtig, Sonnenentfernung nur zu $^1/_{20}$ des wahren Wertes		
	~ † *Hipparchos*, griech. Astronom; begrdte. die wissenschaftliche, auf Beobachtung beruhende Astronomie; baute Epizyklentheorie des *Apollonios* aus (doppelte Kreisbewegung der Planeten um die Sonne); beobacht. Sonnenjahr zu $365^1/_4$ Tagen,	das Vorrücken d. Tag- u. Nachtgleichen (Präzession); stellte, durch neuen Stern veranlaßt, ersten Sternkatalog mit 1025 Fixsternen auf; begrdte. sphärische Trigonometrie; kritisierte die „Geographie" des *Eratosthenes* (*~ —190)	~ Via Domitia als Verbindungsstraße zwischen Italien u. Spanien über Massilia (Marseille)
			Aufhebung der *Gracchen*-Reformen hat Ausdehnung d. Latifundienwirtschaft zur Folge
	~ † *Polybios* aus Megalopolis, griechischer Historik., kam als Geisel —167 für 17 Jahre n. Rom, wurde Bewunderer des römischen Staates; schrieb „Weltgeschichte" (40 Bü-	cher, bes. Entstehung d. röm. Weltherrschaft v. —221 bis —168), vertrat eine kausalanalytische „pragmatische" Geschichtsschreibung von u. für Staatsmänner (*~ —201)	

	Volkstribun Marius	Hellenistische Literatur	Pharisäer und Sadduzäer
—119	Der röm. Volkstribun *Gajus Marius* schränkt durch das „Lex Maria" d. Einfluß d. Adels b. den Wahlen ein (bildet —107 aus den ärmsten Bürgern im „Jugurthinischen Krieg" eine ihm ergebene Truppe)		
—118	Der röm. Bürger *Martius* grdt. mit Veteranen erste außerital. Bürgerkolonie Narbo (kommt 536 ans Frankenreich; später Narbonne/Provence)		
—116		* *Marcus Terentius Varro,* röm. Schriftsteller u. enzyklopäd. Gelehrter († —27)	
—115	~ * *Marcus Licinius Crassus*, röm. Politiker († —53)		
—114			
—113	Die von Jütland aufgebrochenen germ. Cimbern erreichen d. röm. Provinz Noricum (Kärnten u. Krain) u. fordern Land (werden in den Kämpfen mit den Römern schließlich —101 vernichtend geschlagen, wie die Teutonen —102) Die keltischen Helvetier verlassen Süddeutschland, das von den Sueben besiedelt wird		
—111	Kg. *Jugurtha* v. Numidien verletzt bei der Ausbreitung seiner Macht röm. Interessen. Es kommt trotz Bestechung von Senatsmitgliedern zum Krieg, in dem die Römer zunächst geschlagen werden (—105 von *Marius* siegreich beendet) *Mithridates VI.* (d. Große) Kg. v. Pontos bis —63 (†); erobert griech. Krimstädte, d. Reich am Bosporus, Kolchis u. Kleinarmenien. (Wird von —88 ab von Rom mehr und mehr zurückgedrängt)		≈ Im jüd. Volk entstehen die beiden relig. Schulen der Pharisäer (berücksichtigen neb. d. Gesetz auch die mündl. Überlieferung, Anhang im Volk) und Sadduzäer (hängen orthodox am Schriftwort, Anhang in den gehobenen sozialen Schichten)

Späthellenismus	Hellenistische Musik	Wissenschaftszentrum Alexandria	
			∼ Sturmflutkatastrophen i. Jütland (vgl. —113)
			≈ Benutzung der „Seidenstraße" v. Zentral- nach Vorderasien (mit Unterbrechungen bis 127)

	Sklavenaufstände	Stoizismus in Rom	
— 110	~ Partherkg. *Mithridates II.* (—123 bis —87) stellt das Partherreich wieder her, das —130 bis —128 gegen die Seleukiden und Skythen zusammenbrach	† *Panaitios* von Rhodos, griech. Philos., Begrd. der mittleren Stoa; brachte die stoische Lehre nach Rom, die dort die Philosophie und Rechtslehre stark beeinflußt; prägte d. Begriff d. „Humanität" (* ~ —180)	Nach *Kleitomachos* aus Karthago (†) folgt *Philon von Larissa* als Leiter der mittleren platonischen Akademie. Ersetzt ihren Skeptizismus (seit ~ —267) wieder durch urspr. Dogmatismus
— 108	~ * *Lucius Sergius Catilina*, röm. Politiker († —62)		
— 106	* *Marcus Tullius Cicero*, röm. Politiker und Redner († —43) * *Gnäus Pompeius (Magnus)*, römischer Feldherr und Staatsmann († —48)		
— 105	*Marius* beendet siegreich den anfangs (seit —111) unglückl. geführten „Jugurthinischen Krieg" gegen Kg. *Jugurtha* v. Numidien. Das numidische Reich in Nordafrika wird geteilt	~ „Erstes Buch der Makkabäer" (hebräisch)	
— 104	Die röm. Volkspartei wählt *Marius* zum Konsul geg. d. Germanengefahr. Dieser reorganisiert das röm. Heer: 1 Legion = 10 Kohorten = 60 Centurien (Hundertschaften), gleichm. Bewaffnung, Hauptwaffe d. kurze Wurfspeer. Reiterei stellen d. Bundesgen. Das Heer besteht vorwiegend aus besitzlosen Bürgern, die nach d. Dienstzeit Land erhalten (vgl. —396) Zweiter Sklavenaufstand auf Sizilien (wird —100 endgültig niedergeschl.). Gleichzeitig Sklavenaufstand im Bosporanischen Königreich † Kg. *Jugurtha* von Numidien, nach dem Krieg gegen Rom (seit —111) dort Hungertod nach Triumphzug (* ~ —159)		
— 103	Die Cimbern vereinigen sich mit den Teutonen u. beschließen Einfall nach Italien v. d. Provence (Cimbern) u. von Kärnten (Teutonen) aus		

Späthellenismus	*Hellenistische Musik*	*Wissenschaftszentrum Alexandria*	
			Röm. Legionen erhalten Adler mit entfalteten Flügeln als Feldzeichen ≈ Auf Sizilien überwiegt d. Zahl der Sklaven (ca. 400 000) die der übrig. Bevölkerung
		≈ „Tabula smaragdina" (älteste Urkunde d. ägypt. Alchemie; gehört zu den Geheimschriften, die dem Gott Hermes Trismegistos [ägypt. Mondgott Thot] zugeschrieben wurden)	~ Die reichen Silbergruben in Attika kommen zum Erliegen

	Rom schlägt Cimbern und Teutonen	Hellenistische Literatur	Bibelhandschriften
— 101	Nach Besiegung der Teutonen in d. Schlacht b. Aquae Sextiae (Provence) —102 schlägt *Marius* auch d. Cimbern b. Vercellae. Wird vom röm. Volk hoch gefeiert Turkestan zu China		≈ Rasch wachsender griech. Einfluß auf das röm. Erziehungs- und Bildungswesen ≈ *Sse-ma Ts'ien* (* ~ —145, † ~ —86); „Schi-ki" (umfass. Geschichte des chines. Reiches)
— 100	* *Gajus Julius Cäsar*, röm. Staatsmann und Heerführer († —44, ermordet) *Marius* wird zum 6. Male röm. Konsul ≈ Arles (Arelate) wird römisch; erhält ein heute noch verwendetes Amphitheater ≈ Germanen verdrängen Kelten aus Mitteleuropa nach Südwesten ≈ Jerusalem steht für etwa ein Jahrhundert unter dem Einfluß der Thronwirren im Seleukidenreich. Höhepunkt und Verfall der Makkabäer-Dynastie	~ *Aristeides*: „Milesische Liebesgeschichten" (novellenartige Erzählungen aus Milet, wirken auf die spätere Literatur) ~ *Bion* aus Smyrna: „Totenklage um Adonis" (griech. bukolische Dichtung) ~ * *Cornelius Nepos*, röm. Schriftsteller († ~ —25)	≈ Die uralten Liedertexte der Priester-Tänzer (Salier) zu Ehren des Kriegsgottes Mars in Rom sind trotz jährlichen Vortrages den Zeitgenossen unverständlich geworden ≈ Älteste bekannte Bibelhandschriften: 11 hebräische Pergamentrollen mit „Buch Jesaja", Kommentar z. „Buch Habakuk", Danklieder, „Kämpfe der Kinder des Lichtes gegen die Kinder der Finsternis", Sektenbuch der „Kinder des Lichtes" (aus d. Essäer-Sektenbibliothek des Tempels Qumram; um 70 n. Chr. versteckt; gefunden 1947 in einer Höhle am Toten Meer bei Jericho; die bis dahin ältesten Handschriften des Alten Testaments stammen aus dem 10. Jh.)
— 98			~ * *Titus Lucretius Carus (Lukrez)*, röm.-epikureischer Philos. u. Dichter († —55) ~ * *Nigidius Figulus*, röm. Philos. († —45)
— 95	* *Marcus Porcius Cato* (d. Jg.), Gegner *Cäsars* († —46)		

Spätbellenismus	Römische Musik		
		≈ *Ssu-ma Ch'ien* (* ~ —145, † ~ —85): „Aufzeichnungen des Geschichtsschreibers"; v. sagenhaft. Urkaiser *Huang-ti* an (ab —840 Jahresdaten)	~ Rom versorgt sich aus d. span. Silbergruben (viele tausend Arbeiter; angebl. 40000)
≈ *Apollonios* aus Athen: „Ruhender Faustkämpfer" (Plastik aus der neuattisch-klassischen Schule) ~ Feldherr *Domitius Ahenobarbus* opfert Mars, röm. Reliefbasis ≈ Gerichts- und Markt-Basilika in Pompeji ≈ In der röm. Baukunst werden gebrannte Ziegel u. Bruchsteine mit Mörtel an Stelle der bisherigen Quadern verwendet. Die Säule tritt als rein dekorative Halbsäule vor die Bogenpfeiler *Ptolemäus XII.* beg. den Bau des Hathortempels von Dendera ~ Stupa von Sanchi in Nordindien (steinerne Umzäunung und Tore sind reich mit Reliefs verziert; die Formen lehnen sich an Holzkonstruktionen an; darunter auch früheste ind. Rundplastik) ≈ Stupa von Bharhut/Nordindien mit Relief-Zaun	≈ Römer übernahmen nach d. Eroberung Griechenlands auch dessen Musik, die bei ihnen allmählich durch Virtuosentum und äußere Monumentalität verfällt	~ Der griechische Seemann *Hippalos* entdeckt die regelmäßigen Monsunwinde zw. Afrika u. Asien u. begrdt. damit d Seefahrt über den offenen Ind. Ozean nach Indien	~ *Quintus Scaevola* schreibt erste system. Abhandlung über röm. Zivilrecht ≈ In Rom gibt es zahlr. staatl. u. private Bordelle, daneben selbständige Prostituierte, die Abgaben zahlen müssen u. bestimmten Kleidervorschriften unterliegen ≈ Die ersten chin. Schiffe erreichen die Ostküste Indiens ≈ Verstärkung der Handelsbeziehungen zwischen China und Vorderasien
		≈ In Indien entsteht die Lehre von augenblickshaften „Zeitatomen"	

	Bürgerkrieg in Rom	Hellenistische Literatur	Skeptizismus
— 90	„Bundesgenossenkrieg"; danach (—88) erhalten die italienischen Gemeinden röm. Bürgerrecht (auch Gallia Cisalpina)		
— 88	Rom bekämpft *Mithridates*' Ausdehnungsbestrebungen n. Kleinasien im 1. „Mithridatischen" Krieg; *M.* läßt in Kleinasien ca. 80 000 Römer ermorden; siegt zunächst, muß aber —84 gegen *Sulla* auf alle Eroberungen verzichten Im Krieg geg. *Mithridates* v. Pontos (bis —84) weigert sich *Sulla*, den Oberbefehl an *Marius* abzugeben. Das führt zum Bürgerkrieg zwischen dem Amtsadel u. d. Volkspartei, den *Sulla* —82 durch Errichtung seiner Diktatur beendet *Sulla* wird röm. Konsul, zwingt den ihn bekämpfenden *Gajus Marius* zur Flucht n. Afrika (—87 kehrt *Marius* zurück, erobert Rom, während *Sulla* in Asien geg. *Mithridates* kämpft, und wird mit seinem Kampfgen. *Cinna* Konsul) Großer theban. Aufstand geg. *Ptolemäus IX.* (bis —85) Cyrenaika (in Nordafr.) röm. Provinz (—46 auch Tripolis)		
— 87	Volkspartei unter *Marius* herrscht in Rom. Blutige Verfolgung des Adels (wird von *Sulla* —82 durch Ausrottung der Samniter und Etrusker gerächt)	~ * *Gajus Valerius Catullus (Catull)*, röm. Dichter († —54)	Bibliothek des *Aristoteles* und *Theophrastos* kommt nach Rom
— 86	Athen durch *Sulla* zurückerobert (ging —88 an *Mithridates* verloren) † *Gajus Marius*, röm. Feldherr, Volkstribun u. Konsul, Gegner des *Sulla* (* —156)	* *Gajus Sallustius Crispus (Sallust)*, röm. histor. Schriftsteller († ~ —35)	
— 85	* *Marcus Junius Brutus*, röm. Politiker, Anhänger der Republik; Neffe und Schwiegersohn *Catos* († —42)		

Späthellenismus	Römische Musik	Hellenistische Wissenschaft	
		Asklepiades a. Prusa (Bithynien) Arzt in Rom; vereinigt Medizin mit der philos.-materialist. Atomlehre gegenüber der hippokratischen Viersäftelehre; fördert Naturheilkunde	
~ *Mithridates VI. Eupator* von Pontos als Herakles, Marmorkopf		~ Getreidemühle mit Wasserradantrieb in Kabira (Kleinasien) ≈ 18 m hohe und 17 t schwere Eisensäule in Indien (Delhi)	
		~ Astron. Kunstuhr in Rom von *Poseidonios*	

	Spartacus-Aufstand	Römische Literatur	Isiskult in Rom
—82	*Sulla* errichtet nach der Einnahme Roms und einem Blutbad unter d. Anhängern *Marius'* eine Diktatur mit Gesetzen im Interesse des Senatorenstandes (legt —79 die Macht nieder; seine Gesetzgebung wird —70 im wesentlichen aufgehoben)		≈ Die Zeit d. *Gracchen* und die sullanische Epoche zeitigen kulturelle Rückwendung
—80	Der röm. Feldherr *Quintus Sertorius* sucht in Spanien gegen die Adelspartei der Optimaten ein eigenes Reich zu schaffen. (Wird von *Pompeius* —77 bis —72 bekämpft und —72 von seinem Legaten *Perperna* ermordet) Durch *Sullas* „Proskriptionen" werden seine Gegner enteignet und vogelfrei (dadurch gewinnt z. B. *Crassus* sein Vermögen, mit dem er *Cäsar* unterstützt)		~ *Änesidemos* v. Kreta lehrt als Philosoph des Skeptizismus in Alexandria (bis ~ —60): Sinneswahrnehmungen können nicht das wahre Wesen d. Dinge erfassen; Sitte u. Recht beruhen auf zweckmäßigen Übereinkünften
—79	Voltera in Etrurien kapituliert vor Rom (gilt als das Ende jeder Etruskermacht. —40 macht Rom Etrurien zur 7. Region)	*Cicero* studiert den Redestil des Atticismus in Athen und Rhodos (bis —77)	
—78	† *Lucius Cornelius Sulla,* röm. Politiker der Adelspartei (* —138)		
—72	Germ. Sueben (Alemannen) unter *Ariovist* dringen über den Oberrhein nach Gallien vor (werden von *Cäsar* —58 geschlagen)		
—71	*Pompeius* schlägt den großen Sklavenaufstand unter dem thrakischen Gladiator *Spartacus* in Italien endgültig nieder (seit —73). 6000 Sklaven werden an der Straße Rom-Capua gekreuzigt		
—70	Die Konsuln *Pompeius* und *Crassus* stellen die von *Sulla* (—82) eingeschränkte Macht der Volkstribunen wieder her ~ Ostiranischer Stamm der Shaka verdrängt bis ~ —30 griech. Einfluß aus Indien	~ * *Gajus Cilnius Mäcenas*, aus etruskischer Familie, Freund Kais. *Augustus'*, Förderer d. röm. Dichtkunst († —8) * *Publius Vergilius Maro* (*Vergil*), röm. Dichter († — 19)	≈ Kult der ägypt. Muttergöttin Isis mit ihrem Sohn Horus kommt nach Rom und gewinnt großen Einfluß

Späthellenismus	*Römische Musik*	*Bibliothek in Pergamon*	
		Alexander Polyhistor aus Milet in Rom; schreibt eine Geschichte der Juden	
≈ Bei Fortwirken der italisch-etruskischen Tradition bildet sich eine mehr typisch römische Kunst heraus, bes. in der Baukunst		~ *Poseidonios* bestimmt Erdumfang auf ca. 11 % genau ~ *Sergius Orata* erfindet in Rom zentrale Fußbodenheizung durch Warmluft (Hypokausten)	~ Der Name „Germane" taucht in d. griech. Literatur bei *Poseidonios* auf
		~ Römer übernehmen Ziegelbrennerei aus Griechenland (dort seit kretisch - mykenischer Zeit)	~ *Lucullus* bringt Edelkirsche aus Kleinasien nach Rom
Tabularium in Rom (Senatorenpalast u. Verwaltungsgebäude für das Röm. Reich)			
		~ Der griech. Mathematiker *Geminos* in Rom schreibt u. a. über die geschichtl. Entwicklung d. Mathematik	

	„*Catilinarische Verschwörung*"	*Römische Literatur*	*Cicero*
— 67	Gegen d. Widerstand d. Senats beauftragt die röm. Volkspartei *Pompeius* mit der Vernichtung der Seeräuber im Mittelmeer. Das gelingt ihm in kürzester Zeit mit 500 Schiffen u. großem Heer. Kreta wird röm. Provinz (395 an Byzanz)		
— 66	*Lucius Sergius Catilina* aus dem verarmt. röm. Adel erstrebt die Diktatur u. sucht durch Landversprechungen Anhänger zu gewinnen (die „Catilinarische Verschwörung" wird von *Cicero* aufgedeckt u. *Catilina* wird —62 b. Pistoria besiegt u. getötet) Der röm. Feldherr *Lucius Licinius Lucullus* (* ~ —108, † ~ —56 i. Wahnsinn) muß das Kommando gegen *Mithridates* in Kleinasien an *Pompeius* abgeben. Macht sein Haus zu einem Mittelpunkt des geistigen Lebens u. d. Genusses		~ *Marcus Tullius Cicero* schreibt philosophische Werke (bes. Ethik und Staatsphilosophie) unter Auswahl aus den Lehren verschiedener griechisch. Philosophenschulen („Eklektizismus")
— 65		* *Quintus Horatius Flaccus (Horaz)*, röm. Dichter († —8) ~ *Marcus Tullius Tiro*, freigelassener Sklave *Ciceros*, erfindet röm. Kurzschrift („Tironische Noten", wirken bis ins 10. Jhdt. nach)	
— 64	Römer erobern unt. *Pompeius* Damaskus Nach endgültiger Niederwerfung des Königs *Mithridates VI.* von Pontos (seit —74) grdt. *Pompeius* 3 asiat. röm. Provinzen: Bithynien-Pontos (am Schwarzen Meer), Cilicia (Südostkleinasien), Syria (Küstenland vor Damaskus)		
— 63	* *Cajus Octavianus* (*Oktavian*, seit —27 *Augustus*), erster röm. Kaiser von —31 bis 14 (†) * *Marcus Vipsanius Agrippa*, röm. Staatsmann und Feldherr († —12) † *Mithridates VI. Eupator* (d. Große), Kg. v. Pontos u. Bosporus seit —111; läßt sich töten, nachdem er von Rom seit —74 im wechselvollen 3. „Mithridatischen" Krieg mehrfach besiegt wurde (* ~ —132) *Cicero* klagt *Catilina* wegen Verschwörung gegen d. Senat an. Dieser verläßt Rom und fällt im Jahre —62		

Späthellenismus	*Alexandrinische Wissenschaft*	
		Die Zugehörigkeit zum röm. Ritterstand wird durch Gesetz an ein Vermögen von über 400000 Sesterzen gebunden (rund 100000 Goldmark; Ritter erwerben als Steuerpächter große Geldmacht; besitzen zahlreiche Sonderrechte)
		~ Das Haus des *Lucullus* ist kennzeichnend für röm. Wohlstand
	~ * *Strabon* aus Amaseia, griech. Weltreisend., Geograph u. Historiker († ~ 20)	

	Cäsar	Römische Literatur Cäsar	Skeptizismus
—62	† *Lucius Sergius Catilina*, röm. Politiker, bei Pistoria besiegt und getötet (* ~ —108)		
—61	*Pompeius* entläßt, nach Italien zurückgekehrt, sein Heer, feiert großen Triumph u. wird zunächst Gegner d. Senates *Julius Cäsar* ist als Proprätor in einer span. Provinz (Hispania ulterior) siegreich		
—60	Erstes Triumvirat geg. d. Senatspartei zwischen *Cäsar*, *Pompeius* u. *Crassus* ~ Die keltischen Bojer in Böhmen wandern nach Gallien und Ungarn	~ *Catull:* Liebeslieder an Lesbia (d. h. *Clodia*, die sittenlose Schwester d. Konsul *Clodius*)	
—59	*Cäsar* wird Konsul u. bringt den vom Senat abgelehnten Antrag des *Pompeius* auf Landverteilung an seine Veteranen vor die Volksversammlung, die ihn annimmt. *Cäsar* wird durch Volksbeschluß für 5 Jahre Statthalter in Gallien (ab —58)		
—58	Vor seinem Amtsantritt in Gallien setzt *Cäsar* die Entfernung seiner Gegner *Cicero* u. *Cato* aus Rom durch Römer gewinnen von Ägypten durch Testament Cypern; *Cato* wird mit der Verwaltung beauftragt *Cäsar* wird Statthalter von Gallien, das er bis —51 unterwirft *Cäsar* verhindert Versuch der Helvetier (seit ≈ —100 Einwohner der Schweiz), Südgallien zu erobern Die Sueben (später Alemannen) unter *Ariovist* von *Cäsar* besiegt; dadurch kommt das spätere Elsaß unter röm. Herrschaft		
—57	Der —58 wegen Hinrichtung angesehener Parteigänger des *Catilina* verbannte *Cicero* wird zurückgerufen und —51 Statthalter in Kilikien (Südkleinasien)		
—56	*Cäsar*, *Pompeius* u. *Crassus* erneuern ihr Triumvirat. *Pompeius* u. *Crassus* werden zu Konsuln gewählt. *Pompeius* erhält Statthalterschaft in beiden span. Provinzen, *Crassus* in Syrien, *Cäsar* für 5 weitere Jahre in Gallien		

Späthellenismus	Römische Musik	Alexandrinische Wissenschaft	
		~ * *Titus Livius*, römischer Historiker († 17)	„Acta diurna", von *Cäsar* in Rom eingeführte Tafeln m. wichtigen öffentl. Nachrichten (bis 3. Jhdt.)
			Cäsars „Gallischer Krieg" gilt als Höhepunkt militärischer Berichterstattung

	Cäsar	*Catull* *Cicero*	*Lukrez*
—55	*Cäsar* unternimmt Feldzüge über den Rhein und nach Britannien (Wiederholungen —54, —53) *Cäsar* schlägt die germ. Tenkterer zurück, die —58 von Oberhessen aus den Rhein überschritten hatten Rhein wird die Grenze des römischen Reiches	*Cicero:* „De oratore" (Schrift über die Beredsamkeit) ~ * *Albius Tibullus (Tibull)*, röm. Dichter († ~ —19)	† Selbstmord *Titus Lucretius Carus (Lukrez)*, röm. epikureischer Philos. u. Dichter; schrieb naturphilos. Lehrgedicht „De rerum natura" (6 Bücher) m. d. Lehre *Epikurs* (* ~ —98)
—54	† *Ariovist*, Heerführer der Germanen, besetzte Teile Galliens, unterlag *Cäsar* (–58) (gilt als früheste germanische Gestalt) (* nicht bekannt)	~ † *Gajus Valerius Catullus (Catull)*, röm. Lyriker, beeinfl. v. d. alexandr.-griech. Dichtung, u. a. Liebeslieder an Lesbia *(Clodia)* (* ~ —87)	
—53	† *Marcus Licinius Crassus*, vermögender röm. Politiker; fällt auf einem verlorenen Feldzug gegen die Parther in Mesopotamien (* ~ —115); die erbeuteten röm. Feldzeichen werden —20 an *Augustus* zurückgegeben Die aufständischen Treverer in Gallien werden unterworfen (weitere erfolglose Aufstände —29, 21 und 70; Hauptstadt Augusta Treverorum = Trier, —15 gegründet) Nach dem Tod des *Crassus* stellen sich *Pompeius* und Senat gegen *Cäsar*		
—52	Großer Gallier-Aufstand unter *Vercingetorix* (wird —46 beim Triumphzug in Rom gezeigt und hingerichtet) Averner unter *Vercingetorix* schlagen *Cäsar* Der röm. Feldherr *Labienus* zerstört die Hauptstadt Lutuhezi (Paris) der keltischen Parisier (wird von *Cäsar* wieder aufgebaut)		
—50	Gallien römische Provinz ≈ Gegen Ende der röm. Republik sind die Vornehmen Roms durch Luxus, die Armen durch Freiverteilung von Lebensmitteln demoralisiert; beide ergeben sich dem Müßiggang u. erfreuen sich an blutigen Schauspielen („Panem et circenses" = „Brot und Spiele!"). Verfall des Bauernstandes durch Zuzug in die Städte ~ „Acta senatus", Verhandlungsberichte des röm. Senats beginnen zu erscheinen (bis ~ 14)	~ * *Sextus Propertius (Properz)*, röm. Dichter († —15) ≈ In Jerusalem entstehen die sog. „Psalmen Salomos" (18 hebr. Lieder)	† *Poseidonios* aus Syrien, griech. Philos. u. Naturforscher in Rom, verband mittlere Stoa des *Panaitios* mit platonischer Mystik, Lehrer des *Pompeius* und *Cicero* (* —135) ~ „Zweites Buch der Makkabäer" (griech.; umfaßt die Zeit —175 bis —161, enth. zahlr. Legenden)

Späthellenismus	*Römische Musik*	*Alexandrinische Wissenschaft*	
Pompeius baut erstes römisches Theater aus Stein ≈ Das altrömische Theater hat eine halbkreisförmige Orchestra (Bühnenvorplatz), anschließend 5 Fuß hohe Bühne, dahinter Bühnengebäude		*Cäsar* baut Pfahlbrücke über den Rhein (bei Bonn)	
		≈ „Turm d. Winde" in Athen mit Windfahne, Sonnen- und Wasseruhr; 12,8 m hoch	≈ Einwohnerzahl Galliens (Frankr.) ca. 6—7 Mill. (800: ca. 7 Mill., 1325 bis 1670: ca. 21 Mill.)
≈ *Eukleides:* Zeuskopf (dreifach lebensgroße, späthellenist. Plastik) ~ Pompeius, röm. Marmorkopf ≈ Hellenistisch beeinflußte Sitzfigur des Buddha in Gandhara (beeinflußt viele weitere Darstellungen)		*Poseidonios* (†) war der bekannteste Universalgelehrte seiner Zeit; lehrte Flutentstehung durch den Mond ≈ Messing bekannt (vorh. fraglich)	≈ Reger Kulturaustausch u. Handel zwischen China u. d. Röm. Reich. Besonders begehrt ist die chinesische Seide („Seidenstraße": China, Ost - Turkestan, Pamir, Persien, Europa)

	Cäsar Kleopatra	Römische Literatur	Skeptizismus
Im —1. Jahrhundert	Das äthiopische Reich zerfällt in Fürstentümer Der indische Fürst *Dilu* gründet Burg Delhi (nach Zerstörung 1052 neu besiedelt) Anfänge gesicherter japan. Geschichte mit dem Geschlechterstaat Yamato; religiöser Ahnenkult	*Publius Syrus*, ehemal. Sklave, dichtet in Rom Mimen u. volkstüml. Spruchweisheit Hochlatein trennt sich von der Volkssprache	„Die Weisheit Salomos" (jüd.-hellenist. apokryphe Schrift des Alten Testaments mit griech.-philos. Rechtfertigung der jüdisch. Gottesidee) Weltfeindlicher jüd. Geheimbund d. Essäer in Ostjuda (beeinflußt frühchristliche Sekten; vgl. —100)
—49	Die Frage, wann *Cäsar* seine Statthalterschaft in Gallien niederzulegen habe, führt zum Bürgerkrieg zwischen *Cäsar* u. dem Amtsadel, auf dessen Seite sich inzwischen *Pompeius* gestellt hat (—45 von *Cäsar* gewonnen) *Cäsar* entschließt sich zum Bürgerkrieg durch Überschreiten des Rubikon (angebl. „Die Würfel sind gefallen")	~ *Titus Pomponius Atticus* (* —109, † —32) gilt als erster namentlich bekannter röm. „Verlagsbuchhändler"; verbreitet u. a. *Ciceros* Werke (in Abschriften durch Sklaven vervielfältigt; keine Honorare, sondern Mäzenatentum)	≈ Die griech. Philosophenschule d. Skeptizismus begrdt. ihre erkenntnistheoretisch. Zweifel mit 1. Gegensätze der Meinungen, 2. Endlosigkeit d. Begründens, 3. Relativität aller Wahrnehmungen, 4. alle Voraussetzungen logisch. Schließens sind Hypothesen, 5. Logik liefert nur Zirkelschlüsse
—48	† *Gnäus Pompeius (Magnus)*, nach der Niederlage bei Pharsalus als Asylsuchender in Ägypten ermordet; seit —60 im Triumvirat mit *Cäsar* und *Crassus*, seit —53 Gegner *Cäsars* und Anhänger der Senatspartei (* —106)	~ *Cäsar*: „De bello Gallico" (Geschichte des Gallischen Krieges, latein.)	
—47	Nach Besiegung *Pompeius'* und des ägypt. Heeres setzt *Cäsar* *Kleopatra* neben ihrem Bruder u. Gemahl *Ptolemäus XIII.* als ägypt. Königin ein *Cäsar* schlägt *Pharnakes II.*, Kg. d. Bosporanischen Reiches, bei Zela (meldet nach Rom: „Veni, vidi, vici", d. h. „Ich kam, sah, siegte")	*Cäsar*: „De bello civili" (Geschichte d. Bürgerkrieges, latein.)	

Späthellenismus	*Römische Musik*	*Bibliothek in Alexandria zerstört*	
Agasias: Fechter („Borghesischer Fechter"; griech. Marmorstandbild) „Der Dornauszieher" (späthellen. Plastik) Markttor von Milet (späthellenist. Prunkbau) „Vater Nil und seine Kinder" (alexandr.-späthellenist. Marmorgruppe) Ind.-buddhist. Höhlentempel in Nasik (sog. „Tschaitya-Halle")		Eisenguß wird bekannt	Parkähnliche Gartenanlagen in Rom (z. B. für *Lucullus*)
		Durch den Krieg zwischen *Cäsar* u. *Pompeius* wird die Bibliothek in Alexandria mit über 500000 Schriften durch Feuer zerstört. Dadurch entsteht große Lücke in der geistigen Tradition	~ *Cäsar* benutzt Reiterstafetten z. Übermittlung von Siegesmeldungen Liebesverhältnis zwischen *Cäsar* u. *Kleopatra* in Alexandrien, aus dem ihr Sohn *Cäsarion* hervorgeht (*—47, † —30)

	Cäsar Kleopatra	„Goldenes Zeitalter" Roms	Neu-Pythagoreismus
— 46	† *Marcus Porcius Cato* (d. Jg.), Urenkel *Catos* (d. Ä.), Selbstmord wegen *Cäsars* entscheidendem Sieg über seine Gegner bei Thapsus (Afrika) (* —95). Andere Anhänger der Republik begehen ebenfalls Selbstmord Numidien (Ostalgerien) wird röm. Provinz *Cäsars* Diktatur wird auf 10 Jahre (später lebenslänglich) verlängert. Großer Triumph mit Bewirtung d. Volkes für die Siege in Gallien, Ägypten, Bosporan. Reich, Afrika. Ackerverteilung an die Veteranen. *Cäsar* verringert dagegen freie Getreidezuteilung, verbietet Handwerkerverbände („Kollegien"), lehnt Gesetz zur Schuldenverringerung ab. Volksabstimmung wendet sich teilweise gegen ihn		*Cäsar* weiht in Rom Mars und Venus einen Tempel zur Verherrlichung der göttl. Abstammung seiner Familie; sein Bild wird in allen Tempeln aufgestellt (göttliche Verehrung seiner Person erst nach seinem Tode)
— 45	*Cäsar* Alleinherrscher im Röm. Reich (Imperator); adoptiert *Gajus Octavianus* (später Kaiser *Augustus*), den Enkel seiner Schwester (*Cäsar* lehnt —44 angetragene Königskrone ab) *Cäsar* siegt in Südspanien über die Söhne des *Pompeius* und *Labienus*	~ *Sallust* erteilt in Briefen *Cäsar* politischen Rat	†*Nigidius Figulus*, röm. Mystik. (* ~ —98); mit ihm beginnt der Neu-Pythagoreismus, gekennzeichnet durch Offenbarungsglauben, Zahlensymbolik und Mystik (einflußr. bis ins 2. Jhdt.)
— 44	Karthago von *Cäsar* neu gegrdt. (439 von Wandalen erobert) † *Gajus Julius Cäsar*, im Senat ermordet durch eine Verschwörung unter *Marcus Brutus* und *Gajus Cassius* (* —100)		
— 43	Zweites Triumvirat: zwischen *Antonius*, *Oktavian* und *Lepidus* (*Lepidus* später von *Oktavian* abgesetzt) † *Marcus Tullius Cicero* (als Führer der Senatspartei mit vielen anderen auf Veranlassung des *Antonius* ermordet), röm. Politiker und Redner (* —106) Lyon als röm. Kolonie gegründet (175 Bischofssitz)	*Cicero* (†) schrieb u. a. ein Lehrbuch der Beredsamkeit, Briefe, philosoph. Schriften. Von ihm an bis 14 rechnet das „Goldene Zeitalter" der röm. Literatur * *Publius Ovidius Naso (Ovid)*, röm. Dichter († ~ 18)	
— 42	*Oktavian* und *Antonius* besiegen *Brutus* und *Cassius* bei Philippi (Makedonien); bedeutet das Ende der röm. Republik † *Marcus Junius Brutus* (Selbstmord wie auch *Cassius*) nach der Niederlage gegen *Oktavian* bei Philippi, Anführer der Verschwörung gegen *Cäsar* (* —85)		~ Kommentar zum „Buch Habakuk" (berichtet vom Märtyrertod eines messiashaften „Meisters" (~ —63)

Späthellenismus	*Römische Musik*	*„Julianischer Kalender“*	
Basilica Julia von *Cäsar* erbaut und geweiht		„Julianischer Kalender“: *Cäsar* verbessert d. röm. Kalender, indem er d. reine Sonnenjahr zu 365 1/4 Tagen einführt u. jed. 4. Jahr einen Schalttag einlegt (bisher Mondjahr zu 12 Monaten m. willkürlichen, nicht selten eigensüchtigen Schaltungen d. röm. Priester); der 7. Monat wird „Juli“ genannt	
~ Porträtbüste *Julius Cäsars* (?); eine authentische Büste ist nicht überliefert, jedoch Münzbilder. Die stärksten Leistungen der sonst unselbst. u. schwachen röm. Plastik liegen in der Porträtkunst			~ *Cäsar* versieht die Münzen mit seinem Kopfbild u. beginnt vorwiegend Goldmünzen in Umlauf zu setzen (auch in der Kaiserzeit vorwiegend Goldmünz.)
			Antonius folgt seiner Geliebten *Kleopatra* nach Alexandria

	Kleopatra Herodes	Sallust Vergil	Skeptizismus
—40	*Marcus Antonius* (* —82, Selbstmord —30) erhält die östliche, *Oktavian (Augustus)* die westliche Reichshälfte *Antonius* heiratet *Octavia* († —11), die Schwester *Oktavians* (verläßt sie —37 wegen *Kleopatra*)	*Vergil* prophezeit in seiner „Bucolica" ein Goldenes Zeitalter nach Geburt eines heilbringenden Kindes	
—38	Die westgermanischen Ubier siedeln unter röm. Schutz auf die linke Seite des Rheins bei dem Ort Ara Ubiorum über (d. h. Altar, zu Ehren des *Augustus*). Der röm. Feldherr *Agrippa* grdt. hier eine Niederlassung mit dem späteren (50) Namen Colonia Agrippinensis nach der hier geborenen Kaiserin *Agrippina* (das heutige Köln)	≈ *Didymos* aus Alexandria schreibt ca. 4000 (?) Bücher: Kommentare zu fast allen griech. Dichtern u. literar. Wörterbücher; auch „Tischgespräche"	≈ Griech.-persische Gottheiten im Pantheon *Antiochos I.* in Ostanatolien
—37	Römer erobern Jerusalem *Herodes* (der Große), König der Juden bis —4 (†, * ~ —72); baut den Tempel in Jerusalem wieder auf, als Nichtjude beim Volk unbeliebt, befiehlt angebl. Kindermord in Bethlehem (Die falsche Datierung seiner Regierung durch Abt *Dionysius* im 6. Jahrh. führt zum falschen Geburtsjahr für *Jesus*)	*Vergil* beginnt sein Lehrgedicht „Georgica" über den Landbau auf Veranlassung seines Gönners *Mäcenas* (abgeschl. —29, verherrlicht Bauernstand)	*Herodes* rottet mit röm. Duldung die Makkabäer aus
—36	*Antonius* gelingt es nicht, das Partherreich zu unterwerfen (erobert —34 Armenien und verteilt römische Ostprovinzen an die Kinder *Kleopatras*, die z. T. auch die seinen sind)		
—35	*Herodes* tötet die letzten männl. *Makkabäer* (*Kleopatra* versucht in Palästina in ihrem Interesse einzugreifen) Ein Versöhnungsversuch der *Octavia* zwischen *Octavian* (Bruder) und *Antonius* (Gatten) scheitert an dem Einfluß *Kleopatras*	~ † *Gajus Sallustius Crispus (Sallust)*, röm. Schriftsteller; schrieb über die *Catilina*rische Verschwörung, den „Jugurthinischen Krieg" u. Geschichte über die Jahre —78 bis —67; führte künstlerisch hochstehende Sprache i. d. röm. Geschichtsschreibung ein (* —86)	
—33	Rom erklärt *Kleopatra* (und damit indirekt *Antonius*) den Krieg (siegt —30) Römer unterwerfen Ostküste des Adriatischen Meeres (Illyrien, Dalmatien)		

Spätthellenismus	Römische Musik	Römische Geschichtsschreibung	
~ *Hagesandros*, *Polydoros* u. *Athenodoros*: „Laokoon-Gruppe" (rhodische Marmorgruppe des späthellenistischen Barock)			
			Tib. Claudius Nero (Vater d. spät. Kaisers *Tiberius*) tritt seine Frau *Livia Drusilla*(*—58,†29 n. Chr.) im 6. Mon. der Schwangersch. an *Octavian* ab, der damit z. Stiefvater des in seiner Ehe geborenen Sohnes *Drusus* wird
		708 m langer Straßentunnel zwischen Neapel und Puzzuoli für die Via Flaminia (noch heute benutzbar)	
		Sallust (†) schrieb Geschichtswerke	

	Römische Kaiserzeit Augustus	Vergil · Tibull Properz	Pantheon
— 31	*Antonius* verliert die Seeschlacht bei Aktium gegen *Oktavian. Kleopatra,* seine Geliebte, verläßt mit ihrer Flotte vorzeitig die Schlacht (tötet sich, von *Oktavian* gefangen, —30 durch Schlangenbiß; * —69) *Oktavian* (später *Augustus*) alleiniger Herrscher im Röm. Reich (bis 14 [†]) Der röm. Republik war es nicht gelungen, für ihr großes Reich eine wirksame demokratische Vertretung zu schaffen; ebenso fehlte eine gemeinsame kulturelle oder religiöse Idee. Die durch Imperialismus und die Geld- und Sklavenwirtschaft auftretenden Widersprüche drängen zur Monarchie	~ Katalog der Palastbibliothek des chin. Kaisers von *Liu Hsiang* (* —77, † —8)	
— 30	† *Marcus Antonius* (als Selbstmörder, angebl. in den Armen *Kleopatras*), röm. Politiker; kam durch seine von *Kleopatra* beeinflußte Politik im Osten des Reiches in Gegensatz zu Rom und *Octavian* (* —83) *Octavian* läßt den 17jährigen Sohn *Cäsars* und *Kleopatras, Cäsarion,* töten Ägypten wird röm. Provinz (bis 395) Speyer röm. Militärstation	*Horaz* beginnt seine „Oden" *Vergil* beginnt die „Aeneis"	
— 27	*Augustus* besiegt Aufstand in NW-Spanien (hindert ihn am Feldzug gegen Britannien) *Oktavian* übernimmt mit dem ehrenden Beinamen *Augustus* als vom Senat bestätigter „Princeps" die Herrschaft im Röm. Reich. Der Kaiser ist Oberbefehlshaber, oberster Gerichtsherr, Zensor, oberster Priester (—12), erhält die tribunizische Gewalt (—23). Daneben Senat, auf 600 Mitglieder beschränkt, u. ehrenamtl. Konsuln Einteilung des Röm. Reiches in senatorische Provinzen (ohne Truppenbesetzung): Afrika, Asien, Achaia (Südgriechenland), Illyricum (dalmatin. Küste), Makedonien, Sizilien, Kreta und Cyrenaika, Bithynien (am Schw. Meer), Sardinien, Südspanien; und kaiserl. Provinzen: Ostspanien, Westspanien und Portugal, die vier gallischen Provinzen (mit Germanien), Syrien, Cilicia (Südostkleinasien), Cypern, Ägypten. *Augustus* versucht dieses Weltreich so zu erweitern, wie es zu seiner Sicherung notwendig ist	† *Marcus Terentius Varro,* röm. Schriftsteller; schrieb „Altertümer der menschlichen und göttlichen Dinge", „Über die lateinische Sprache", „Drei Bücher über die Landwirtschaft" „Disciplinae" (Enzyklopädie d. Wissenschaften), „Bilder" (Werk mit 700 Bildern berühmter Männer) (* —116)	Der Gedanke eines Pantheons bedeutet einen gewissen Abschluß der röm. Vielgötterei

Pantheon in Rom	Römisches Fachwissen	
Villa des *P. Fannius Synistor* bei Pompeji mit gemalter Wanddekoration		
	~ *Diodor* glaubt, daß Bergkristalle aus Wasser durch Hitze entstanden sind *Dionysios von Halikarnass* wird Lehrer der Rhetorik in Rom; tritt ein für Erneuerung des klassischen Stils gegen Schwulst, schreibt „Römische Archäologie" (Geschichte d. alt. Roms; griech.)	
Marcus Agrippa läßt das Pantheon in Rom erbauen (zur Verehrung aller Götter; im 2. Jhdt. durch Kaiser *Hadrian* erneuert; im 9. Jhdt. zur christl. Kirche geweiht) ~ Tempel des Divus Julius und des Apollo auf dem Palatin in Rom	*M. Terentius Varro* (†) schrieb Enzyklopädie u. Fachschriften (vgl. Dichtung)	4063000 römische Bürger (nach Zählung von —29) *Augustus* siedelt 120000 Veteranen an Ägypten wird Roms Getreideprovinz u. Grundlage der Brotverteilung an das röm. Volk 8. Monat wird nach *Augustus* „August" genannt

	Römische Kaiserzeit *Augustus*	*Mithras-Kult*
—25	Erfolgloser römischer Feldzug gegen Äthiopien (bis —24) Galatien (mittl. Kleinasien) römische Provinz Augusta Praetoria (Aosta) als röm. Militärlager gegrdt.	~ * *Philon von Alexandria* jüd.-hellenist. Philosoph († 50) ≈ Der persisch-indische Kult des Licht- u. Sonnengottes Mithras verbreitet sich durch d. röm. Heer i. Europa (Feier d. Mithrasmysterien in unterird. Grotten; kennt Taufe, Abendmahl, Sonntag, Geburtstagsfeier des Gottes am 25. 12.)
—23	*Augustus* legt das Konsulat nieder und erhält lebenslängl. die tribunizische Gewalt (wird —12 oberster Priester)	
—22	*Augustus* stellt selbst die römische Macht in Asien gegenüber den Parthern wieder her (bis —20; —27 ordnete er die Verhältnisse in den gallischen und spanischen Provinzen; vgl. —53)	
—19	Kaiser *Augustus* erläßt in Rom ein Gesetz gegen Luxus und Ehelosigkeit	≈ „Tipitaka" („Dreikorb"), Kanon des Ceylon-Buddhismus i. Pali-Sprache: „Korb der Ordensregeln", „Korb d. Lehrreden", „Korb der Dogmatik" ≈ Als „Großes Fahrzeug" (zur Aufhebung d. Leidens) entwickelt sich neue Richtung des Buddhismus
—16	Die keltische Provinz Noricum (Steiermark) kommt an Rom (Gold- u. Eisengewinnung)	
—15	Römer unterwerfen Alpenvorland bis zur Donau Augsburg (Augusta Vindelicorum) als röm. Militärkolonie gegrdt. *Tiberius* erobert Rätien (Graubünden und Tirol) Kaiser *Augustus* grdt. im Gebiet der seit —53 unterworfenen kelt. Treverer Augusta Treverorum (Trier) Lusitania (Portugal) röm. Provinz. Baetica (Andalusien) senat. Provinz mit Sonderrechten	

Vergil · Tibull Properz	*Römische Musik*	*Vitruv*	
~ † *Cornelius Nepos*, röm. Schriftsteller; schrieb vor allem hist. Lebensbeschreibungen (bes. griech. Feldherren) mit vielen anekdotenhaften Zügen (* ~ —100)		≈ Römer kennen tragbare Sonnenuhren	
~ *Sulpicia:* Liebeselegien (einer jg. Römerin; einziges Zeugnis röm. Frauendichtung)			
In Rom kommen die Pantomimen (dramat. Handlungen in stummen Gebärden) auf und sind in der ganzen Kaiserzeit bei den höheren Ständen sehr beliebt		Römer erreichen nilaufwärts die Hauptstadt von Äthiopien, Meroë	
† *Publius Vergilius Maro (Vergil)*, röm. Dichter um *Augustus* und *Mäcenas*; schrieb „Bucolica" (Hirtenlieder), „Georgica" (Gedichte über den Landbau), „Aeneis" (*das* röm. Nationalepos) (* —70) ~ † *Albius Tibullus (Tibull)*, gefühlvoller röm. Dichter, bes. von Liebeselegien (* ~ —55)		*L. Cornelius Balbus* zieht durch d. Sahara n. Fessan (ca. 500 km südl. Tripolis)	
~ *Properz:* Elegie über Gatten- u. Mutterliebe („Königin d. Elegien")			
† *Sextus Propertius (Properz)*, röm. Dichter v. Liebeselegien u. patriot. Liedern; unterstützt von *Maecenas* (* ~ —50)		~ *Vitruvius Pollio (Vitruv)*: „De architectura" (Bücher 1—7: v. d. Architektur, 8: Wasserleitungen, 9: Uhren, 10: Maschinen; eigene u. griech. Erfahrungen)	

	Römische Kaiserzeit *Augustus*	*Horaz*	*Spätantike Philosophie*
— 13	*Drusus* gründet röm. Kastell Maguntiacum (Mainz) auf keltischen Siedlungsresten	~ *Horaz:* „Ars poetica" (röm. „Dichtkunst" in Briefen)	
— 12	† *Marcus Vipsanius Agrippa*, Schwiegersohn des *Augustus*, ließ Straßennetz, Wasserleitung, Thermen, Pantheon in Rom bauen (* —63) *Tiberius* unterwirft Pannonien (Südwestungarn) bis —9 u. stellt damit die Donaugrenze des Imperiums her *Drusus*' Germanenkrieg (bis —9)		*Augustus* wird Pontifex Maximus (Oberpriester); wird nur außerhalb Roms, bes. im Osten des Reiches göttlich verehrt
— 11	Die Römer grd. im Gebiet d. Mattiaker die befestigte Stadt „Aquae Mattiacae" (später Wiesbaden), deren Heilquellen sie benutzen		
— 10	* *Claudius (Tiberius Claudius Nero Germanicus)*, röm. Kaiser von 41 bis 54 (†)		
— 9	*Nero Claudius Drusus* (†, * —38), Bruder des Kaisers *Tiberius*, dringt (seit —12) bis zur Elbe vor, grdt. Römerkastell am Zusammenfluß von Rhein und Mosel (das spätere Koblenz) Markomannen unter Kg. *Marbod* besetzen von *Drusus* besiegt Böhmen (das bis —60 von Kelten besiedelt war)		
— 8		† *Gajus Cilnius Maecenas*, Freund d. Kais. *Augustus*, Förderer („Mäzen") d. Dichter *Horaz*, *Properz*, *Vergil* (* ~ —70) † *Quintus Horatius Flaccus (Horaz)*, röm. Dichter von Oden, Satiren, Briefen (* —65)	

Kunst des kaiserlichen Roms	Römische Musik	Römisches Fachwissen	
Der röm. Senat errichtet zum Dank für d. siegr. Feldzüge Kaiser *Augustus'* einen tempelartigen „Friedensaltar" (Ara Pacis) mit reliefgeschmückten Marmorwänden (figurenreiche Szenen aus d. röm. Sage u. Zug d. kaiserl. Familie u. d. Senatoren z. Dankopfer; vollend. —9) Marcellus-Theater in Rom			∼ Rom hat etwa 800 000 Einw.
Vesta-Tempel auf dem Palatin, Rom		*Agrippa* (†) ließ Röm. Reich vermessen u. danach eine Weltkarte entwerfen	
≈ Ägyptisierender Stil in der römischen Malerei		Gr. Aquädukt bei Nimes erbaut	Dienstvertrag einer röm. Schenkenkellnerin mit zahlreichen jurist. Einzelbestimmungen Röm. Kalenderreform

	Römische Kaiserzeit *Augustus*	„*Gold. Zeitalter*" *Roms*	*Spätantike Philosophie*
—7	∼ Die Messias-Erwartung im Röm. Reich hat vielfach einen antirömischen politischen Hintergrund Zensus des *Quirinus* (legt Christi Geburt fest) Errichtung der röm. Provinz Germanien mit Zentrum bei Köln		∼ * *Jesus* von Nazareth, der „Christus" (d. h. der Messias, der Gesalbte). Nach der Bibel: der Heiland, der Herr, die Offenbarung Gottes, der Sohn Gottes. Durch seine Lehre entstand das Christentum, eine Erlösungsreligion, die sich in verschiedenen Kirchen und vielen Sekten verkörpert. (Gekreuzigt ∼30) Die häuslichen Laren und der häusliche Genius des *Augustus* werden zum offiziellen römischen Staatskult erhoben
—4	*Herodes Antipas* jüd. Kg. bis ∼ 40 (†); läßt (nach 27) *Johannes den Täufer* auf Veranlassung seiner Gemahlin *Herodias* und deren Tochter *Salome* enthaupten		
—3			* *Lucius Annaeus Seneca*, neustoischer Philosoph in Rom († 65)
—2	*Augustus* erhält Ehrentitel „Pater patriae" („Vater des Vaterlandes")		Forum Augusti mit Tempel des Mars Ultor in Rom geweiht

Anmerkung: Ein Jahr „Null" gibt es nicht. Die historische Jahreszählung springt von 1 vor

Spätrömische Kunst	Spätantike Musik	Astronomie Astrologie	
~ Augustus von Primaporta, Marmorstatue Porticus Liviae, röm. Säulenhalle ~ Villa der Kaiserin *Livia* bei Primaporta an der Via Flaminia mit realist. Landschaftswandmalereien		Langwährende, eindrucksvolle Saturn-Jupiter-Begegnung stärkt im Morgenland den Messiasglauben u. weist auf Palästina hin (Saturn gilt astrologisch als Stern der Juden, Jupiter als Königsstern)	~ Volkszählung in Syrien unter *Quirinus*
			~ Röm. Flotte gelangt an die Küste von Südskandinavien
			Die Erdbevölkerung zu dieser Zeit wird (heute) auf 160 Mill. geschätzt (sie verdoppelt sich etwa bis 900)

d. Zeitrechnung auf 1 nach d. Zeitrechnung (nur die Astronomen schalten ein Jahr „Null“ ein)

	Römische Kaiserzeit *Augustus*	*„Gold. Zeitalter" Roms*	*Spätantike Philosophie*
Um Chr. Geb.	Kaiser *Augustus* unterteilt Rom in 14 Regionen, die er je einem Curator unterstellt, schafft ein stehendes Heer, vermindert die Zahl der Legionen von 50 auf 25 (zus. mit den Hilfsvölkern besitzt das Röm. Reich etwa 300000 Soldaten) *Augustus* baut die Prätorianer-Garde aus (9 Kohorten unter 2 Präfekten; gewinnt große politische Macht) Verona, eine der ältesten Städte Italiens, gelangt als röm. Kolonie zu hoher Blüte; erhält u. a. ein Theater Goten im Weichselgebiet und Ostpreußen ≈ Westgrenze der slawischen Völker etwa an der Weichsel (dringen erst ab ≈ 455 zur Elbe vor) In China hat sich unter der *Han*-Dynastie ein zentral gelenkter Beamtenstaat gebildet, der auf der Lehre des *Konfuzius (Kung-tse)* basiert und zu dessen Ämtern jeder auf Grund vorgeschriebener Examina Zutritt hat ≈ Skytho-Parther vernichten indisches Feudalreich der Shaka	„Pantschatantra" entsteht (ind. Sammlung v. Erzählungen, Märchen, Fabeln; älteste Textfassung ≈ 350)	*Jesus* von Nazareth vgl. —7, 28 und 30 * *Apollonios von Tyana*, neupythagoreischer Philosoph († ~ 100) Unter Verfall d. klass. griech. Philosophie durch Einfluß des Orients setzen sich im hellenistischen Kulturkreis mehr u. mehr mystisch - theosophische Weltanschauungen durch
4	Gesetz gegen Ehe- und Kinderlosigkeit von Kaiser *Augustus* (zweiter Teil im Jahre 9) *Augustus* adoptiert *Tiberius* und ernennt ihn zum Nachfolger		
5	Der spätere Kaiser *Tiberius* schlägt die Langobarden an der Elbmündung		
8	Judäa wird vom röm. Landpfleger in Syrien verwaltet		

Spätrömische Kunst	*Spätantike Musik*	*Chinesische Astronomie*	
Im Rom des Kaisers *Augustus* wird Marmor der wichtigste Baustoff für die rege Bautätigkeit; der Baustil wird in Anlehnung an den korinthischen mehr „barock" In der röm. Wandmalerei überwiegen Szenen aus der griechischen Mythologie Röm. Wand- u. Deckenmosaike (bes. Stilleben, Tierdarstellungen in Abhängigkeit von früheren griechisch-hellen. Motiven; vorher nur Fußbodenmosaike) Die chinesischen Seidenstoffe (nachgewiesen bereits ~ —1250) zeigen hohen technischen u. künstlerischen Stand der Webekunst. Neben figuraler Ornamentik erscheinen geometrische und Schrift-Formen Torso einer Aphrodite aus grünem Glasblock gemeißelt (Alexandria)	Indische Musik: Halb- u. Vierteltöne, Variation überlieferter Weisen, vorherrschend einstimmiger Gesang mit Begleitung von Saiteninstrumenten, Flöten und Handpauken Im Röm. Reich verfällt die von Griechenld. übernommene Musik ins Virtuosenhafte und Kolossale	*Diodoros* aus Sizilien: „Historische Bibliothek" (griech. populäre Weltgeschichte in 40 Büchern) *Vitruvius Pollio*, röm. Baumeister u. Ing., schreibt „De architectura" („Über die Baukunst", 10 Bde.) Großer Aquädukt von Segovia (röm. Wasserleitungsbau in Spanien) Blütezeit der chin. Astronomie und Kalenderrechnung in d. *Han*-Dynastie (— 206 bis 220). Berechg. v. Finsternissen, Planetenbeweg., Mondphasen ≈ Erfindung der Glasbläserei in Sidon (Phönizien) Abacus (Rechenbrett) im römisch. Reich bekannt	In Rom entstehen die widerstreitenden Rechtsschulen der *Sabinianer* und *Proculeianer* (dieser Gegensatz wird im 2. Jh. überwunden) In Norwegen geht erst jetzt die Stein-Bronze-Zeit zu Ende (während in den subtropischen Siedlungsräumen d. frühesten Hochkulturen dieses Stadium schon mehrere tausend Jahre zurückliegt) Zierliche Bronzemöbel in Pompeji Sprechrohrleitungen in röm. Pal.
≈ Vorstufen der Maya-Kultur in Mittelamerika kennen massigplumpe Steinfiguren			~ Liste mit 200000 röm. Plebejern, die empfangsberechtigt für freies Getreide sind
~ Concordia-Tempel in Rom (vollendet 10)			~ Veteranenversorgung und 5% Erbschaftssteuer i. Rom

9	Schlacht im Teutoburger Wald: *Arminius (Hermann der Cherusker*, * —17, † 21, ermordet) besiegt die Legionen des *Publius Quinctilius Varus*, der darauf Selbstmord begeht Der Sieg von *Arminius* über die röm. Legionen des *Varus* im Teutoburger Wald verhindert d. Plan, die röm. Reichsgrenze durch Vorverlegung an die Elbe zu verkürzen u. militärisch zu sichern	Nach einem großen Aufstand wird Pannonien (am gr. Donauknie) endgült. v. Rom unterworfen (im 5. Jhdt. an die Hunnen, 453 an d. Ostgoten, 527 an d. Langobarden, 568 an d. Awaren); liefert vor allem Holz *Wang Mang* beseitigt in China vorübergehend *Han*-Dynastie und macht sich zum Kaiser; Aufhebung des Privateigentums an Grund u. Boden, staatl. Regulierung d. Preise, Münz- und Steuerreform (23 durch Aufstand abgesetzt)
10		
14	† *Augustus (Gajus Octavianus)*, Großneffe und Erbe *Cäsars*, erster röm. Kaiser seit —31; unter ihm das kulturfreundliche „Augusteische Zeitalter" in Rom (* —63) Der röm. Senat überträgt dem von *Augustus* i. J. 4 adoptierten Stiefsohn *Tiberius* auf Lebenszeit das Prinzipat *Tiberius (Claudius Nero)* röm. Kaiser	bis 37 (†); verfolgt geringste Beleidigung seiner Person und die republikan.-oppositionellen Patrizier 3 Kriegszüge des röm. Feldherrn *Germanicus* (* —15, † 19) nach Germanien bis 16. (*G.* ist verheiratet mit *Agrippina* [d. Ä.], Vater des Kaisers *Caligula* und von *Agrippina* [d. J.], Gattin seines Bruders, d. spät. Kaisers *Claudius*)
17	Nach Sieg des *Arminius* über Kg. *Marbod* der Markomannen in Böhmen flieht *Marbod* auf röm. Gebiet: die Markomannen gelangen in Abhängigkeit von Rom (bis ~ 250) Triumphzug des *Germanicus* in Rom unter Mitführung *Thusneldas*, Gattin von *Arminius*, mit ihrem Söhnchen *Thumelikus*	
18		

„Silbernes Zeitalter" Roms	Spätantike Philosophie	Spätantike Technik und Wissenschaft
		~ *Pompejus Trogus* (aus Gallien): „Historiae Philippicae" (erste lateinische Weltgeschichte)
~ *Gajus Asinius Pollio* gründet erste öffentl. Bibliothek in Rom		
„Silbernes Zeitalter" der röm. Literatur (bis 117)	Kaiser *Augustus* läßt sich schon zu seinen Lebzeiten wie einen Gott verehren u. wird nach seinem Tode zum Gott erklärt	Unter Kaiser *Augustus* wird die römische Goldmünze Aureus mit 8 g Feingold „Weltzahlungsmittel" (wird 312 durch den Gold-Solidus mit 4,55 g ersetzt)
		†*Titus Livius*, röm. Historiker; schrieb röm. Geschichte von d. Gründung Roms bis — 9 in 142 Büchern (* ~ — 59)
~ † *Publius Ovidius Naso (Ovid)*, röm. Dichter, seit 8 in der Verbannung a. Schwarzen Meer; schrieb „Amores" (Liebeselegien), „Heroides" (Liebesbriefe von Heroinen), „Ars amandi" („Liebeskunst"), „Remedia amoris" („Heilmittel gegen die Liebe"), „De medicamine faciei" („Schönheitsmittel"), „Metamorphosen" („Verwandlungssagen", 15 Bücher in Hexametern), „Fasti" (über d. Festgebräuche, in Distichen); in d. Verbannung: „Tristia" (Klageelegien), „Epistulae ex Ponto" („Briefe v. Schwarzen Meer") (* —43)		~ *Nikolaus v. Damaskus* (Aristoteliker): Weltgeschichte (in 144 Bänden)

	Römische Kaiserzeit Tiberius	Jesus lehrt und wird gekreuzigt	
20			
23	Großer Bauernaufstand in China beseitigt den Usurpator d. kaiserl. Macht *Wang Mang* (seit 9; wird hingerichtet). *Han*-Dynastie kommt wieder an die Macht (bis 220)		
24			
25		~ * *Wang Tsch'ung*, chin. Philosoph († ~ 98)	
27		~ *Johannes der Täufer* tritt in der Wüste auf, tauft (auch *Jesus*) und predigt die Ankunft	des Messias bis ~ 30; später von *Herodes Antipas* enthauptet
28	Römer geben Friesland nach einem Aufstand auf	~ Öffentliches Wirken *Jesu* in Galiläa und Judäa; „Bergpredigt"	
30		~ † *Jesus* von Nazareth (am Kreuz) (7. April 30 oder 3. April 33 nach astronom. Berechnung	d. Jahre, in denen Sabbat und erster Tag d. Passah-Festes zusammenfielen) (* ~ —7)
31	Der Befehlshaber der Prätorianer-Leibwache *Sejanus* wird nach Gewalttaten (Ermordung d. *Drusus*, Sohn des Kaisers) gestürzt u. *Macro* wird Prätorianerführer. Die Prätorianer erlangen starken Einfluß auf d. Einsetzung u. gewaltsame Absetzung der Kaiser		

Spätrömische Kunst	Spätantike Geographie und Medizin		
	† *Strabo* aus Amaseia, griech. Weltreisender, Geograph u. Historiker; schrieb „Geographie" unt. Anerkennung der absoluten Autorität *Homers* im Sinne	der stoischen Philosophie u. Philologie (Buch 1—2: math.-phys. Geographie, 3—10: Europa, 11—16: Asien, 17: Afrika) (* ~ —63)	Ca. 5 Mill. röm. Bürger
	~ * *Gajus Secundus Plinius d. Ä.*, röm. Schriftsteller; sammelt das Wissen seiner Zeit († 79)		
	≈ Das Röm. Reich stützt sich im geistigen u. kulturell. Leben stark auf griech. Sklaven.	Außer Anwendung in d. Technik keine wesentliche Weiterentwicklung d. Wissenschaften	~ Bronze-Geräte, -Waffen, -Münzen gelangen aus China nach Japan. Vereinzelt auch eiserne Gegenstände
	~ *Aulus Cornelius Celsus*, röm. Verfasser einer Enzyklopädie; besond. wichtig die 8 Bücher üb. Medizin,	u. a. Darstellung plastischer Operationen u. der Behandlung von Unterleibsbrüchen	~ Kochbuch des *Apicius* (lat.)

	Römische Kaiserzeit *Tiberius · Caligula · Claudius*	*„Silb. Zeitalter" Roms* *Phaedrus*	*Christl. Urgemeinde*
33	† *Agrippina d. Ä.* (durch freiwilligen Hungertod), Gattin v. *Germanicus*, Mutter d. Kaisers *Caligula* u. v. *Agrippina d. J.*; wurde 29 von *Tiberius* verbannt		† *Stephanus* (gesteinigt), Pfleger in der Urgemeinde Jerusalems ~ Der strenge Pharisäer u. Gegner der Christen *Saul* wird durch das „Damaskuserlebnis" z. Christentum bekehrt (wird als *Paulus* erfolgreicher Heidenapostel)
34		* *Persius Flaccus*, röm.-stoischer Satiriker († 62)	
35		~* *Marcus Fabius Quintilianus (Quintilian)*, röm. Lehrer der Rhetorik († ~95)	
36	Der röm. Landpfleger von Judäa *Pontius Pilatus* (seit 26) wird wegen strenger Regierung auf Wunsch d. Juden abberufen	~ *Phaedrus*, freigel. Sklave, dichtet Fabeln in Versen (in Anlehnung an *Aesop*)	† *Trasyllos*, Astrologe des Kaisers *Tiberius;* ordnete *Plato*-Dialoge, verband Platonismus m. neupythagoreischer Zahlenmystik
37	*Caligula (Gajus Cäsar Caligula)* röm. Kaiser bis 41 (†, wegen seiner Gewaltherrschaft ermordet) * *Nero (Claudius Drusus Germanicus Nero)* röm. Kaiser von 54 bis 68 (†)		
38			Mit dem Bau eines Isis-Tempels auf dem Marsfeld in Rom durch Kaiser *Caligula* setzt sich der Kult dieser ägypt. Mutter-Göttin i. Rom endgültig durch
39		* *Marcus Annäus Lucanus (Lukan)*, röm. Dichter († 65)	~ Kaiserkult verbreitet sich in den röm. Provinzen, Kultstätte auch in Jerusalem
41	*Claudius (Tiberius Claudius Cäsar Augustus Germanicus)* röm. Kaiser bis 54 (†); steht unter dem Einfluß seiner Frauen *Messalina* (die er 48 ermorden läßt) und *Agrippina d. J.* (die ihn vergiftet)	~ * *Marcus Valerius Martialis (Martial)*, röm. Epigrammdichter († ~ 100) ~* *P. P. Statius*, röm. Dichter († 96)	~ *Herodes Agrippa*, Kg. v. Judäa 41-44, verfolgt christliche Urgemeinde in Jerusalem *Seneca:* „Über den Zorn" (Stoizismus)

Spätrömische Kunst	Spätantike Musik	Spätantike Technik und Wissenschaft	
			≈ Die Astrologie spielt am Kaiserhof in Rom eine oft unheilvolle Rolle
		* *Flavius Josephus*, jüd. Historiker u. Feldherr († ~ 97)	

	Römische Kaiserzeit *Claudius*	„Silb. Zeitalter" Roms	*Paulus* *Seneca*
43	Neue röm. Provinzen: Südbritannien, Mauretanien (Algerien), Lykien (Südkleinasien), Thrakien		
44	Judäa kommt zur röm. Provinz Syrien		† *Jakobus* (Märtyrertod), Bruder des Evangelisten *Johannes*
45			*Paulus* beginnt seine Missionsreisen (1. b. 48, 2. 49—52, 3. 53 bis 58)
46			~ * *Plutarch(os)*, griech. Histor., Philos. u. Schriftst. († ~ 120)
48			~ Apostelkonzil: Apostel *Petrus* und *Paulus* besprechen in Jerusalem Aufteilung der Missionsgebiete und das Problem der Christen urspr. nichtjüd. Religion
50	≈ Blütezeit der Handelsstadt Antiochia i. Syrien (gegrdt. ≈ —300). Bringt es auf etwa 500 000 Einwohner „Stadt der Ubier" gegrdt. (bald „Colonia Agrippinensis" genannt, das spätere Köln) ~ Ernste Konflikte zw. jüd. Zeloten („Eiferern") und Römern in Palästina		~ * *Epiktet*, griech. stoisch. Philos. († 138) * *Ben Joseph Akiba*, jüd. Schriftgelehrter († 135) ~ „Galaterbrief" des Apostels *Paulus* (Heidenchristen in Galatien unterliegen danach nicht dem jüd. Gesetz) † *Philon von Alexandria*, jüd.-hellenist. Philosoph; verbindet aristotel. - platonische Philosophie mit allegorischer Auslegung der Schriften des Alten Testaments (* ~ —25) Apostel *Paulus* grdt. in Philippi (Makedonien) Christengemeinde (schreibt an sie ~ 63 „Philipper-Brief")

Spätrömische Kunst Wandbilder in Pompeji	*Spätantike Musik*	*Römische Fachbücher*	
		≈ Wasserräder für Mühlen, Schöpf- u. Sägewerke i. Röm. Reich	
		∼ Der Neupythagoreer *Nikomachos* schreibt in Alexandria erstes griech. Buch über Arithmetik (wird über *Boëtius* z. Lehrbuch d. Mittelalters)	∼ Ostia (gegrdt. ≈ —300) erhält Hafen m. Leuchtturm, Molen und Kai und wird für Rom Hafen und Badeort
		∼ Kaiser *Claudius:* „Thyrrenika" (Etruskerkunde, geht verloren)	
		∼ *Frontinus* schreibt ein Fachbuch über die röm. Wasserleitungen (in der röm. Kaiserzeit entstehen zahlr. Fachbücher bes. über praktisch-technisches Wissen)	
∼ Naturalistische Malerei in Pompeji ≈ „Alexanderschlacht" (Pompeji) u. Darstellung Ägyptens (in Präneste) (zwei große röm. Wandmosaike n. griech.-hellenist. Motiven; vgl. —3. Jh.) ≈ Mysterienvilla (Villa Item) b. Pompeji mit einzigartigen Gemälden einer Mysterienfeier		∼ *Pedanios Dioskorides* gibt i. seiner „De materia medica" eine Beschreibung von etwa 600 Arzneipflanzen (abgesehen von arab. Beiträgen entwickelt sich d. Botanik in Europa erst im 16. Jhdt. weiter) ∼ Der griech. Astronom *Kleomedes* erwähnt die Brechung d. Lichtstrahlen in d. Lufthülle der Erde ∼ * *Cornelius Tacitus*, röm. Historiker († ∼ 116)	≈ Röm. Metallschreibfedern (z. B. in Köln gefunden) ≈ Römer lernen Seife v. d. Galliern kennen ≈ Römer bauen die Quellen Aquae grani (Aachen) z. Bad aus

	Römische Kaiserzeit Claudius · Nero	„Silb. Zeitalter“ Roms	Paulus Seneca
Im 1. Jahrhundert	Entstehung des äthiopischen Reiches	*Meleagros* von Gadara: Anthologie aus den Werken von sich und 46 and. griech. Dichtern	„Worte des Herrn“ (verm. eine Quelle des Matthäus-Evangeliums) „Po-hu-t'ung“ (chin. spekulativ-logische Naturphilosophie) Auf d. dänischen Insel Seeland wird d. germ. Fruchtbarkeitsgöttin Nerthus verehrt. Jährl. Umzug mit einem von Kühen gezogenen Wagen u. Ertränkung d. ihn begleitenden Sklaven (früher hielt man Rügen für die Stätte eines solchen „Hertha“-Kultes)
51	* *Domitian (Titus Flavius Domitianus)*, röm. Kaiser von 81 bis 96 (†, ermordet)		Erste christliche Gemeinde in Griechenland (Korinth) durch *Paulus*
53	* *Trajan (Marcus Ulpius Trajanus)*, röm. Kaiser von 98 bis 117 (†)		
54	† *Claudius (Tiberius Claudius Cäsar Augustus Germanicus)*, röm. Kaiser seit 41 (von seiner zweiten Gattin *Agrippina* [d. J.] zugunsten ihres Sohnes *Nero* vergiftet) (* —10) *Nero (Claudius Drusus Germanicus Nero)* röm. Kaiser bis 68 (†); grausam u. prachtliebend		*Paulus* schreibt in Korinth „Römerbrief“ a. d. Gemeinde in Rom
55	*Nero* vergiftet seinen Stiefbruder *Britannicus*		Apostel *Paulus* in Ephesos (bis 58)
57			~ Apostel *Paulus* schreibt die beiden Briefe an die Gemeinde in Korinth („Korintherbriefe“ d. Neuen Testaments)

Spätrömische Kunst	*Spätantike Musik*	*Spätantike Technik und Wissenschaft*	
Dioskuren-Standbild (4 m große Gruppe mit Pferden) in Rom Ind. Höhlentempel in Mathura (mit erster körperhafter Darstellung *Buddhas,* bis dahin nur symbolisch dargestellt) Kunstvolles röm. Tafelsilber des „Hildesheimer Silberfundes" (1868) mit Athenaschale Glasgefäße aus den syrischen Werkstätten in Sidon; erste in Hohlformen geblasene Gefäße mit Reliefs 14 m hohes Grabmal des Römers *Lucius Poblicius* i. Köln	Trinklied (Skolion) vom Grabmal des *Seikilos* in Kleinasien (einer d. seltenen Überreste griech. Musik aus ihrer späten Verfallzeit)	*Caraka* bedt. Vertreter d. ind.-brahmanischen Medizin. Zentrum Benares am Ganges. Anatomie kennt 62 Glieder, 360 Knochen, 15 Organe und zahlr. Adern Den Römern *(Seneca, Plinius)* sind Brennwirkung u. Bildvergrößerung einer wassergefüllten Glaskugel bekannt (Brenngläser kannte vermutlich schon *Aristoteles*)	Das röm. Weltreich umfaßt ca. 3,3 Mill. qkm mit 54 Mill. Einwohnern In röm. Mühlen drehen Frauen an Göpeln die Mühlsteine Römer lassen sich während ihres Aufenthaltes auf ihr. Landsitzen v. Freigelassenen über d. Ereignisse in Rom brieflich berichten Römer kennen Zahnpulver aus Hirschhorn und Zahnstocher
		Tunnel zur Regulierung und Ableitung des Fucino-Sees (Abruzzen) i. d. Lirisfluß von 30000 Mann seit 44 erbaut (5,6 km lang, 5,8 m hoch, 2,8 m breit)	
		≈ Heißwasserbereiter mit Röhrenrost u. Feuerbüchse in Pompeji	

	Römische Kaiserzeit *Nero*	„*Silb. Zeitalter*“ *Roms*	*Spätrömische Kunst*
58	Armenien kommt unter röm. Oberhoheit (*Nero* gibt dem Partherkg. *Tiridates* 63 die Krone zurück und verurteilt seinen Feldherrn *Corbulo* 67 zum Tode)	* *Juvenalis*, röm. Dichter († 138)	
59	*Nero* läßt seine Mutter *Julia Agrippina* (d. J.) ermorden (* 16)		
61			
62	Kaiser *Nero* läßt seine Gattin *Octavia* töten und heiratet *Poppäa Sabina*	† *Persius Flaccus*, röm.-stoischer Satiriker (* 34)	
64		~ *Seneca* schildert als Stoiker in seinen Tragödien „Oedipus“ u. a. die Leidenschaften so, daß sie abschreckend wirken ~ Kaiser *Nero* gibt sich als Künstler und verfolgt wahre Künstler mit seinem eifersüchtigen Haß	~ Thermen *Neros* in Rom ≈ 4. (neo-hellenist.) Stil der röm. Malerei
65	Nach der Aufdeckung der sog. Pisonischen Verschwörung veranlaßt Kaiser *Nero* den Tod von *Seneca* u. *Lukan*	† *Marcus Annäus Lucanus (Lukan)*, röm. Dichter, von *Nero* zum Selbstmord gezwungen; schrieb „Pharsalia“ (Epos über den Bürgerkrieg *Cäsars*) (* 39 in Spanien)	

Christliche Urgemeinde *Paulus · Seneca*		*Antike Landwirtschaft*	
~ Der Apostel *Paulus* wird auf Betreiben d. Juden von den Römern in Jerusalem gefangengenommen (67 in Rom enthauptet)	*Seneca:* „Über das glückliche Leben" (röm. Stoizismus)		
Der stoische Philosoph *Seneca* verläßt seine Stellung als erster Berater Kaiser *Neros*	(muß sich auf dessen Befehl 65 das Leben nehmen)	~ Unter *Nero* versucht man vergeblich, einen Kanal durch die Landenge von Korinth zu bauen (erst 1893 verwirklicht)	≈ Bei d. Römern kommt der Radpflug auf
Paulus schreibt in der 1. röm. Gefangensch.	Kolosser-, Epheser-, Philemon-, Philipper-Brief		Erster Rechtsschutz für Sklaven i. Rom
†*Jakobus* (Steinigung), „Bruder" *Jesu*, zusammen mit *Petrus* Haupt der juden-christlichen Urgemeinde in Jerusalem; angeblich dort erster Bischof	Christl. Urgemeinde zieht nach Pella im Ostjordanland; verliert ihre Bedeutung *Seneca:* „Über die innere Ruhe" (röm. Stoizismus)		
Kaiser *Nero* läßt nach einem 9täg. Brand in Rom dafür d. Christen verfolgen, um den Verdacht von sich abzulenken (die Berechtigung dieses Verdachtes ist nicht erwiesen). *Nero* läßt die zu 2/3 zerstörte Stadt wieder aufbauen, dabei wird das „Goldene Haus", ein großer Palast, erbaut Vermutete Reise des *Paulus* nach Spanien und dem Orient	≈ Die christl. Urgemeinde lebt in unmittelbarer Erwartung d. Reiches Gottes. Sie zieht Spenden ein und verteilt Almösen: kein „Urkommunismus" i. Sinne einer Arbeits- u. Gütergemeinschaft	~ *Lucius Junius Moderatur Columella*, Grundbesitzer in Italien: „Über den Landbau" (12 Bücher, beschreibt u. a. das Entwässern [Drainieren] mit Stein- und Faschinengräben; enthält „De medicina veterinaria", d. h. Veterinär-Heilkunde; erwähnt darin den Karthager *Mago* m. einem Werk von 40 Büchern als „Vater der Landwirtschaft")	≈ Hoher Stand d. römischen Landwirtschaft: Zahlr. Formen v. Pflug, Egge, Walze, Spaten, Hacke, Rechen; Stall- und Grün- (Lupinen-) Dünger; Weizen, Gerste, Hirse, Bohnen, Linsen, Flachs, Hanf, Mohn, Senf u. a.; genaueste, a. Erfahrung beruhende Anweisungen für d. Pflügen u. Säen (römisch. Schrifttum üb. d. Ackerbau bleibt maßgeb. bis ins 18. Jhdt.)
† *Lucius Annäus Seneca* (Selbstmord auf Befehl *Neros*), neustoischer Moralphilosoph; lehrte Sündhaftigkeit des Menschen und Menschenliebe; „der Tod ist der Ge-	burtstag ewiger Seligkeit". Schrieb zahlr. moralphilosophische Schriften u. philos. Tragödien üb. griech. Stoffe; war Gegner d. Gladiatorenkämpfe (* —3)	*Seneca* (†) schrieb „Naturwissenschaftl. Untersuchungen" (noch im MA als Lehrbuch d. Physik verwendet)	~ Beim Wiederaufbau Roms entsteh. 2-3-stöckige Wohnhäuser ~ Inflation in Rom

	Römische Kaiserzeit *Nero · Vespasian*	*„Silb. Zeitalter" Roms*	*Spätrömische Kunst*
66	Jüdischer Aufstand gegen den röm. Landpfleger über Palästina (endet 70 mit der Zerstörung Jerusalems)	† *Petronius Arbiter* (wegen Verdachts der Verschwörung zum Selbstmord gezwungen), röm. Schriftsteller am Hofe *Neros*; maßgebend f. den höfischen Geschmack; schrieb „Saturae" (satir. Roman üb. röm. Emporkömmlinge nach griech. Vorlage)	Kaiser *Nero* besucht die Kunststätten Griechenlands und erklärt es für „frei" *Nero*-Denkmal in Mainz
67	*Neros* Feldherr *Corbulo* begeht nach Todesurteil durch den Kaiser Selbstmord		
68	† *Nero (Claudius Drusus Germanicus Nero)* (Selbstmord nach einem Aufstand in Gallien und Ächtung durch d. Senat), röm. Kaiser seit 54 (* 37)	*Quintilian* erster staatl. Lehrer d. Beredsamkeit in Rom	
69	*Vespasian (Titus Flavius Vespasianus)* wird erster röm. Kaiser aus d. Plebejer-Hause d. *Flavier* bis 79 (†); ordnet Finanzen; vorher regierten im selben Jahr die Soldatenkaiser *Galba* (seit 68), *Otho* u. *Vitellius*, die sämtlich im Bürgerkrieg um den Thron umkamen		
70	Der seit 66 in Galiläa gegen Rom gerichtete jüd. Aufstand findet durch die Zerstörung Jerusalems und ein grausames Gericht durch *Titus*, den Sohn Kaiser *Vespasians*, sein Ende. Nach dem Fall Jerusalems gewinnen die Pharisäer die Überhand über die Sadduzäer (vgl. —111) Bataver schlagen Römer beim Kastell Bonn	~ * *Gajus Suetonius Tranquillus (Sueton)*, römischer Schriftsteller († ~ 130)	Judentum verliert durch die Zerstörung des Tempels in Jerusalem religiösen Mittelpunkt ≈ Pompejanische Wandbilder
71	Unter der erfolgr. Regierung d. Kaisers *Vespasian* wird d. Bataveraufstand in Gallien niedergeworfen (seit 69) und ein unabhängiges Gallien verhindert		

Tod Petri und Pauli	Spätantike Musik	Glashütten	
		Flavius Josephus kommt wegen Leitung eines Aufstandes in Galiläa als Gefangener n. Rom; freigelassen schreibt er „Geschichte des Jüd. Kriegs" u. „Jüdische Archäologie" (Geschichte v. d. Schöpfung b. *Nero*)	
† Apostel *Paulus*, i. Rom enthauptet; (Reise nach Spanien [seit 60] fragl.); löste durch seine Heidenbekehrung. das Christentum vom jüd. Gesetz † Apostel *Petrus*, Haupt d. Christengemeinde i. Jerusalem. (Nach der kathol. Überlieferung Märtyrertod in Rom durch Kreuzigung m. Kopf n. unten; die nichtkathol. Forschung bezweifelt seinen Aufenthalt in Rom) Der Buddhismus gelangt von Indien nach China; erlangt zunächst keinen großen Einfluß, da die Lehren des *Kung-tse (Konfuzius)* und *Laotse* ihm entgegenstehen (vgl. 385 u. 386)			
~ „Markus-Evangelium" entsteht (vgl. 100) Die Zerstörung Jerusalems vernichtet die Gemeinde der Juden-Christen, die Jesus als jüdischen Messias erwartete. Tragend wird nun das paulinisch-hellenistische Christentum, das in Auseinandersetzung mit den Mysterien-Religionen Jesus als Heiland aller gläubigen Menschen verehrt.		≈ Glashütten in Spanien u. Gallien entstehen (Glasherstellung war schon früher in Ägypten bekannt)	

	Römische Kaiserzeit *Vespasian · Titus · Domitian*	*„Silb. Zeitalter" Roms*	*Evangelien*
73	Festung Massada a. Toten Meer wird von den Juden bis zum letzten gegen die Römer verteidigt. Männer, Frauen u. Kinder geben sich den Tod		
75	≈ Die Indoskythen unter d. *Kushana*-Dynastie beginnen Eroberung Nordindiens bis zum Benares	~ *Antonios Diogenes:* ,,Die Wunder jenseits Thule'' (griech. abenteuerl. Reise- u. Liebesroman unter d. myst. Einfluß des Neupythagoreismus)	
76	* *Hadrian (Publius Älius Hadrianus)*, röm. Kaiser von 117 bis 138 (†)		
79	*Titus (Titus Flavius Vespasianus)*, Sohn Kaiser *Vespasians*, wird Kaiser bis 81 (†, * 39); führt wider Erwarten milde Regierung, bekommt den Ehrennamen „Lust und Freude des Menschengeschlechtes" *Plinius d. Ä.* (†) warnte vor der auf Sklavenarbeit beruhenden Latifundien-Landwirtschaft, die im Röm. Reich vorherrscht und mehr und mehr zu sozialer Schwäche und Anfälligkeit gegenüber äußeren Feinden führt Eboracum (York) wird größte röm. Stadt in Britannien (zeitweil. Sitz der röm. Verwaltung)		
80	4 röm. Kastelle nördl. der Donau		~ Matthäus- und Lukas-Evangelium (i. Anlehnung an Markus)
81	*Domitian (Titus Flavius Domitianus)* röm. Kaiser und Gewaltherrscher bis 96 (†, ermordet)		

Spätrömische Kunst Kolosseum	*Spätantike Technik und Wissenschaft Plinius*		
	Tafel mit astron. babylon. Text (gilt als letztes Zeichen der sumer.-babylon. Kultur)		
Erste abendländ. kunstgeschichtliche Betrachtungen bei *Plinius d. Ä.* (†)	† *Gajus Secundus Plinius d. Ä.* (beim Vesuvausbruch), röm. Flottenbefehlshaber i. Misenum; schrieb als umfassendes Sammelwerk d. Wissens seiner Zeit „Naturalis historia" („Naturgeschichte", 37 Bücher geograph., naturw., mediz., kunstgeschichtl. Inhalts, das später oft benutzt wird); teilte i. seiner „Naturgeschichte" d. Tierreich in Land-, Wasser- u. Flugtiere u. beschrieb zahlr. Mineralien (* ~ 24)	Im röm. Weltreich sind zahlr. technische Verfahren bekannt, die meist von anderen Völkern übernommen wurden, deren Herstellung jedoch durch den großen Bedarf Fortschritte machte (z. T. bei *Plinius d. Ä.* erwähnt): Metallgewinnung, Ziegelei, Töpferei, Färberei, Gerberei, Großbäckerei, Ölpresserei; Herstellung von Glas, Mörtel, Seife, Kosmetika; Düngerverwendung u. a.	Pompeji u. Herculaneum durch Vesuvausbruch zerstört. Von den 20000 Einw. Pompejis kommen etwa 2000 um. Bild d. Stadt: Von 2-stöck. Säulenhallen umgebenes Forum, Jupiter- und Apollo-Tempel, 2 Theater, Amphitheater (Arena), Markt- u. Verkaufshallen, zweistöck. Wohnhäuser, Verwaltungsgebäude, Badeanlagen (Thermen), Bäckereien, Walkereien, Gerbereien, Gaststätten; Wandmalereien, Bildhauerwerke (Ausgrabungen ab 1808)
Kolosseum als größtes Amphitheater Roms mit etwa 50000 Plätzen fertiggestellt (von Kaiser *Vespasian* begonnen; dient vor allem grausamen Gladiatorenkämpfen zwischen Sklaven und Gefangenen)	~ *Pan Ku* († 92): Geschichte d. chin. Han-Dynastie		Brand Roms Panzernashorn wird in Rom gezeigt
Titus-Bogen in Rom zu Ehren von Kaiser *Titus*, der 70 den Krieg in Palästina durch Zerstörung Jerusalems beendete (mit Reliefs und Kompositionskapitellen, welche d. röm. Baukunst aus einer Verschmelzung d. korinth. u. ionischen Kapitells entwickelt hatte) Das 80 abgebrannte Capitol in Rom wird bis 82 wiederaufgebaut			

	Römische Kaiserzeit *Domitian · Nerva*	*„Silb. Zeitalter“ Roms*	
84	Römische Herrschaft bis Schottland Kaiser *Domitian* beginnt röm. Befestigungswall (Limes) gegen Germanien (Hauptteil unter *Trajan*; im fertigen Zustand 584 km lang, etwa 1000 Wachttürme, über 100 Kastelle		
85		~ * *Favorinus v. Arelate*, Begrd. d. späthellenist. „Buntschriftstellerei“ († ~ 160)	
90	Zur Grenzsicherung zwei germanische Provinzen gegrdt. (Hauptstädte: Mainz und Köln)		
95		~ † *Marcus Fabius Quintilianus (Quintilian)*, röm. Lehrer der Rhetorik; schrieb maßgebendes Lehrbuch der Beredsamkeit, „Institutio oratoria“, mit lat. Grammatik (* ~ 35)	
96	Nach Ermordung d. autokratischen Kaisers *Domitian* (seit 81, * 51) wird der Senator *Nerva* Kaiser, der d. adoptierten *Trajan* zum Mitregenten und Nachfolger (ab 98) ernennt	† *P. Papinius Statius*, röm. Dichter, Redner und Erzieher, geistreicher Improvisator (* ~ 41)	~ Unter *Domitian* Prachtbauten in Rom: Tempel, Kaiserpalast
97			

Spätantike und frühchristliche Philosophie Schriften des Neuen Testaments		
≈ Zwischen 68 und 100 entsteht die „Offenbarung Johannis“ von einem Unbekannten. Auch die Apostelgeschichte d. Neuen Testaments entsteht um diese Zeit		
		~ Neuer Kanal Nil—Rotes Meer
~ Unter Verwendung echter Briefe von *Paulus* entstehen die sog. „Pastoralbriefe“ an *Thimotheus* und *Titus* mit Anweisungen für ein geordnetes christl. Gemeindewesen	~ *Klemens I.* Bischof von Rom In einem Brief sucht d. röm. Gemeinde die Gemeinde Korinths kirchlich zu ordnen Vertreibung d. Philosophen aus Italien durch Kaiser *Domitian* (u. a. verläßt *Epiktet* Rom)	
Kaiser *Domitian* (†) wurde mit „Gott und Herr“ angeredet; forderte Opfer vorm Kaiserbild		
Brief des Bischofs von Rom *Klemens* an die Korinther		~ † *Flavius Josephus*, jüd. Historiker und Feldherr (* 37)

	Römische Kaiserzeit *Trajan*	*Germanische Sagen*	*Germanische Religion*
98	*Trajan (Marcus Ulpius Trajanus)* röm. Kaiser bis 117 (†); erster Kaiser aus einer röm. Provinz stammend (* 53 in Spanien); gibt dem Röm. Reich seine größte Ausdehnung, erweitert Straßennetz, fördert das Unterstützungswerk für Minderbemittelte seines kaiserl. Adoptivvaters *Nerva* (†); stützt den Senat ≈ In Germanien: Sippenverfassung unter Gaufürsten; Stände: Freie, Halbfreie, Knechte; Gerichtsherr ist der Gaufürst, Strafen durch Priester oder Sippen; Muntehe (Kauf der Braut von der Sippe). (Bis zur Völkerwanderung setzen sich von den Ostgermanen her stärker Staatenbildung und Königstum durch)	*Tacitus:* „Germania" (röm. Schilderung der Germanen, nicht ohne moralische Tendenzen gegenüber dem zeitgenössischen Römertum; sicherste Quelle d. heutigen Kenntnisse über Germanien) ≈ Helden u. Götterlieder bei den Germanen erwähnt	≈ *Dion* aus Prusa (gen. *Chrysostomos* = Goldmund), röm. Redner u. Philosoph d. stoisch-kynischen Moral (* ~0, † ~120) ~ † *Wang Tsch'ung*, chines. Philosoph eines rationalist. Empirismus (* ~ 25) ≈ *Heron* unterhält in Alexandria eine Schule f. Mechaniker u. Feldmesser (frühes „Polytechnikum") ≈ Religion in Germanien: Verehrung in Hainen unter Priestern von Thor (Donar = „Sohn der Erde") mit Gattin Sif („Sippe") und Odin (Wotan = Totengott mit der wilden Jagd) mit Gattin Frigg. Walhall als ird. Wohnort d. gefallenen Krieger (später Heldenparadies). Am letzten Tage (Götterdämmerung) besiegen die Riesen die Götter. Weissagende Frauen ≈ Die Germanen nehmen ein gewisses körperliches Fortleben nach dem Tode an (z. B. Walhall; Anzeichen für solche Vorstellungen eines „lebenden Leichnams" finden sich in vielen Frühkulturen)

Chin. Kunst der Han-Dynastie	*Germ. Musik*	*Tacitus*	
≈ Das chinesische Kunsthandwerk der *Han*-Dynastie führt die Techniken der Gold- und Lackarbeiten auf eine hohe Stufe; Neigung zu geometrischen Formen ≈ Opfer- und Grabkammern aus Ziegeln, z. T. mit Gewölbe (sind die ersten erhaltenen chines. Bauten. Vorher hochentwickelte Holzbauweise; die Ziegel oft mit geometrischen Mustern verziert, ein Kennzeichen der *Han*-Dynastie)	≈ Germanen kennen Schlachtgesänge, Hochzeits- und Totenlieder	≈ *Heron von Alexandria*, griech. Mathematik., Naturforsch. u. Techniker; fand neue („Heronische") Formel f. Dreiecksinhalt; erfand angeblich Wasserspritze („Heronsball"); beschrieb Kolbenpumpe als Feuerspritze, „Feuermaschine" (sich ausdehnende Luft öffnet automatisch Tempeltüren), „Äolsball" (frühest. Vorläufer d. Dampfturbine), Weihwasserautomaten u. a. ≈ Rom kennt Bockkräne in der Bautechnik; teilweise durch Treträder angetrieben ≈ Römer kennen einfache Drachen, die man an einer Schnur steigen läßt; es werden auch drachenartige Feldzeichen an einer Stange getragen, die vom Wind aufgeblasen u. bewegt werden ≈ Im Röm. Reich hält man das über den Landweg erreichbare Sererland (Nordchina) und das zur See erreichbare Thinae (Südchina) für zwei weit auseinanderliegende Gebiete	≈ Zunehmende Beeinflussung d. Germanen durch römische Kultur u. Sprache ≈ Feldgraswirtschaft bei d. Germanen; Anbau v. Getreide, Hirse, Hülsenfrüchten. Zucht v. Pferden, Rindern, Schafen, Ziegen, Schweinen, Gänsen. Land ist Sippeneigentum. Privateigentum an Haus, Hof u. Vieh ≈ Germanen kennen Todesstrafe durch Hängen und Ertränken i. Moor (z. B. für Ehebrecherinnen), die durch Priester vollstreckt wird ≈ Nach *Tacitus* ziehen die Germanen den Krieg d. friedlichen Arbeit vor ≈ Bewaffnung d. Germanen: Lanze, Schwert, hölzerner Schild, Streitaxt ≈ In Germanien: Wohnhaus einräumiger Holzbau. Männl. Kleidung: Mantel, Leibrock, Unterkleid, Hosen (lang oder kurz), Bundschuhe. Weibl. Kleidung: Kleid, Unterkleid, Kopftuch, Schuhe ≈ Germanische Ringwälle gegen Römer ≈ In Rom befinden sich etwa 150000 Personen, die sich in der Hauptsache aus Staatsspenden ernähren

	Römische Kaiserzeit *Trajan*	„Silb. Zeitalter" Roms *Antiker Roman*	Altes und *Neues Testament*
100	Röm. Militärstation Timgad in Algerien gegrdt. (wird Kreuzungspunkt von 6 Römerstraßen) ≈ Unter Kg. *Kanischka* erlangt die nordind. Kuschan-Dynastie größte Ausdehnung; Übertritt zum Buddhismus ≈ Altperuanische Kultur von Chavín de Huanter (Andenhochland) mit entwickelter Baukunst, Skulpturen, Töpferei; Hauptmotiv: Jaguargott	≈ *Aschwagoscha*: „Buddhascharita" (Buddha-Dichtung im Sanskrit) ≈ Erster griech. Liebesroman von *Chariton* aus Aphrodisias (abenteuerliche Trennung u. Wiedervereinigung eines Liebespaares, bleibt ein Hauptthema des griech. Romans) ~ † *Marcus Valerius Martialis (Martial)*, röm. Dichter geistvoller Epigramme (* ~ 41) *Plinius d. J.*: „Panegyricus" (feierlich. Dankrede an *Trajan*) ≈ *Xenophon v. Ephesos*: „Ephesische Geschichten von Antheia und Abrokomes" (griech. abenteuerlicher Liebesroman)	~ † *Apollonios von Tyana*, neupythagoreischer Philosoph; lehrte Unreinheit der Materie und einen vor den übrigen Göttern besonderen Gott (* um Chr. Geb.) ≈ Christentum steht noch stark unter d. Wiedererwartung *Christi* ≈ Abendmahl als Sakrament aufgefaßt; erste Form d. Abendmahlliturgie als „Apostellehre" ~ Schon alle vier christl. Evangelien vorhanden (zuletzt das des *Johannes*; *Lukas*- u. *Matthäus*-Evgl. entstanden aus dem des *Markus* und einer zweiten, verlorenen Quelle; vgl. 1. Jh., 70 u. 80) ≈ Kanon des Alten Testamentes abgeschlossen ≈ In Griechenland entsteht die „zweite Sophistik" mit dem Ideal einer allgem. gebildeten Persönlichkeit auf Grund der klassischen Quellen. Wirkt besonders durch Rhetorik; beeinfl. stark die Literatur, bes. den erotischen Roman
102	Aus einem vorgerückten chin. Feldlager am Kaspischen Meer werden Kundschafter in das Röm. Reich entsandt, deren Nachrichten einen weiteren chines. Vormarsch aufhalten		

Spätrömische Kunst Bauten in Trier	Spätantike Musik	Spätantike Technik und Wissenschaft	
≈ Höhepunkt der röm. Porträtplastik (auch Kinderbildnisse) ≈ Säuglingsporträt (röm. Plastik) ~ Bronzefigur eines knienden Germanen (römisch) ≈ Die röm. Kopisten gestalten griech. Plastiken oft weitgehend um (so wird die „Venus von Esquilin" aufgefaßt als ein Isis-Venus-Akt nach einer bekleideten griech. Hebe aus dem —5. Jhdt.) ≈ Forum und Amphitheater in Trier ≈ Kölner Glaskunst pflegt Verzierung durch Glasschnitt und Fadenauflage ≈ Reichgearbeitete Fibeln in Mitteleuropa ≈ Älteste Madonnendarstellung in der Priscilla-Katakombe in Rom (Wandmalerei) ≈ Mäander-Urnen im Elbegebiet ≈ Ind.-buddhist. farben- u. formenfrohe Fresken-Malerei erscheint (weist auf frühere Entwicklung auch weltlicher Malerei; Rückgang im 7. Jhdt.)	≈ Laute als Musikinstrument in Nordwestindien	~ *Menelaos*, alexandrinischer Mathematiker i. Rom, schreibt über Geometrie auf der Kugel, findet den nach ihm benannten Satz d. Dreiecksgeometrie ~ * *Claudius Ptolemäus* aus Ägypten, Astronom u. Geograph i. Alexandria († ~ 178) ≈ Leuchtturm (Herkulesturm) in La Coruña (span. Atlantikküste) (bis in die neueste Zeit im Gebrauch) ≈ Im griech.-röm. Kulturkreis ist d. praktische Gewinnung der wichtigsten Metalle aus den Erzen trotz alchimistischer Fehldeutungen gut bekannt (bes. Gold, Silber, Kupfer, Eisen, Blei und Zinn) ≈ Die unter- u. oberirdischen Wasserleitungen in Rom haben eine Gesamtlänge von etwa 400 km ≈ römische Wasserleitung Eifel–Köln (ca. 100 km lang)	≈ Engere Verbindung zwisch. Mittelmeerländern u. Indien (Malakka wird bekannt; Tongking erreicht; vgl. 2. Jhdt.) ≈ Die Einwohnerzahl Roms beträgt wahrscheinl. 1—2 Millionen (d. Großteil d. Bevölkerung wohnt in mehrstöckigen Mietshäusern) ≈ In der röm. Kaiserzeit gibt es ein Stationsnetz zur Nachrichten- u. gelegentl. Personenbeförderung durch Reitpferde u. Wagen auf d. ausgebauten Militärstraßen d. Röm. Reiches ≈ Zwei über den Schultern zusammengefügte Wolldecken u. m. Brustschlitz versehener genähter Rock als Kleidung der Germanen. Die Germanen an Donau u. Rhein beginnen nach Vorbild der Gallier u. Daker Hosen zu tragen. (Später mehr und mehr römische Tracht) ≈ Etwa 4½ Millionen Juden auf d. Erde (im —5. Jhdt. etwa ½ Mill.; im 20. Jhdt. etwa 16 Mill.)
			≈ Der röm. Seehandel führt über Hinterindien bis nach China: Seidenhandel

	Römische Kaiserzeit *Trajan*		„Silb. Zeitalter" Roms Antiker Roman	Bischofsgewalt
105				∼ Das Bischofsamt des *Ignatius v. Antiochia* zeigt die Entstehung eines monarchischen Episkopats (bis zum 3. Jh. wird die Bischofsgewalt voll ausgebaut, später durch Primat d. Papstes eingeschränkt)
106	Kaiser *Trajan* unterwirft Araber und grdt. röm. Provinz Arabia			
107	Kaiser *Trajan* besiegt endgültig die Thraker in Dacien (Dacien röm. Provinz bis 270)			
109			*Gajus Cäcilius Secundus Plinius d. J.* (Neffe von *Plinius d. Ä.*; * 62, † 113): „Briefe" (neun Bde. seit 97; darunter amtl. Briefwechsel als röm. Beamter mit Kaiser *Trajan*; ein Höhepunkt d. alten Briefliteratur, wichtig für d. Zeitgeschichte)	
112				Kaiser *Trajan* schränkt durch Gesetze willkürliche Christenverfolgung ein. Angehörigkeit zum Christentum bleibt weiterhin strafbar
113				

Spätrömische und altchristliche Kunst Trajan-Forum	*Spätantike Musik*	*Papier in China*	
	∼ *Apollodoros aus Damaskus:* Odeum (Tonhalle in Rom)	∼ *Apollodoros aus Damaskus* baut d. Donaubrücke beim Eisernen Tor ∼ Röm. Militärexpedition gelangt in d. Tschadsee-Gebiet Erfindung der Papierherstellung v. *Ts'ai Lun* in China (später durch Araber nach Europa gebracht; vgl. 793)	≈ Dem Gewürzhandel sind anscheinend schon d. Molukken bekannt, die von d. wissenschaftl. Geographie noch nicht erwähnt werden (derselbe Tatbestand ist auch für d. Mittelalter nachweisbar, bis 1512 endgültige Wiederentdeckung)
			∼ Röm. Goldpreis sinkt wegen Eroberung der Bergwerke in Dacien
		∼ *Archigenes* aus Apameia (Syrien) operiert als Arzt in Rom Brustkrebs	≈ Die röm. Frauenkleidung d. Kaiserzeit entspr. d. spätgriechischen: Stola (langes, weißes Ärmelgewand) u. Palla (farbiger Umwurf als Straßengewand), hohe Perücke (häufig blond)
Apollodoros aus Damaskus: Trajan-Forum in Rom (das bedeutendste der kaiserl. Foren [umbaute Plätze] mit 5schiffiger Basilika, Bibliothek u. a.) Mit dem historischen, 80 m langen Reliefband d. *Trajan*-Säule findet diese für Rom kennzeichnende Kunstform einen Höhepunkt			

	Römische Kaiserzeit Trajan · Hadrian	„Silb. Zeitalter" Roms Antiker Roman	Plutarch
116	Aufstand der Juden in Cyrenaika und Ägypten		
117	† *Trajan (Marcus Ulpius Trajanus)*, röm. Kaiser seit 98 (* 53); nach seinen erfolgr. Kriegen hat das röm. Weltreich seine größte Ausdehnung erreicht: Dacien (Rumän.), Armenien, Assyrien, Mesopotamien (bis zum Pers. Golf); wird außer Dacien von Kaiser *Hadrian* aufgegeben: Euphratgrenze *Hadrian (Publius Älius Hadrianus)* röm. Kaiser bis 138 (†); läßt Grenzbefestigungen und künstlerische Bauten errichten	Ende des „Silbernen Zeitalters" d. röm. Literatur. Es beginnt das „Eherne Zeitalter", für das der barocke Stil der „Zweiten Sophistik" *(Apulejus)* kennzeichnend ist	
120	~ Mit Kg. *Kanishka* erlebt d. nordind. indoskythische *Kushana*-Dynastie (seit 1. Jhdt.) ihren Höhepunkt. Die von griech. u. parthischen Fürsten in Nordwestindien errichteten Satrapen-Herrschaften (seit d. —2. Jhdt.) werden beseitigt (*Kanishkas* Regierungsantritt wird frühestens 78, spätestens 144 angesetzt)	~ * *Lukian*, griech. satir. Schriftsteller der zweiten Sophistik († ~ 180)	~ † *Plutarch(os)*, griechisch. Historiker, Philosoph u. Schriftsteller, Anhänger *Platos*; schrieb u. a. „Vitae parallelae" (46 charaktervolle vergl. Biographien von berühmten Griechen u. Römern), „Probleme beim Gastmahl" (philos. Dialoge), „Späte Bestrafung durch die Gottheit" (Theodizee) u.a. „Moralia"; lehrte: Zwischen Gott und Materie stehen die platonischen Ideen (* ~ 46) ≈ Nachblüte d. Delphischen Orakels (*Plutarch* war delphischer Priester)
121	* *Mark Aurel (Marcus Aurelius Antoninus)*, röm. Kaiser von 161 bis 180 (†)		

Kunst	Wissenschaft	Alltag
Spätrömische und altchristliche Kunst	*Ptolemäus*	
	~ † *Cornelius Tacitus*, röm. Geschichtsschreiber; schrieb „Germania", die römische Kaisergeschichte von 14 bis 96 in den „Annales" u. „Historiae" (* ~ 50)	
		≈ Länge d. Straßennetzes i. Röm. Reich etwa 80000 km (Einbeziehung von Schottland u. Jerusalem; Straßen 4—7 m breit mit Gehsteigen; mehrere Schichten Schottersteine mit Kiesdecke)
≈ Griech. und iranische Kultureinflüsse in Nordindien	~ *Ptolemäus* von Alexandria untersucht experimentell Lichtbrechung in Wasser u. Luft (Refraktion des Sternenlichtes) (Brechungsgesetz erst 1621 von *Snellius*)	
Kaiser *Hadrian* tritt eine Rundreise durch d. Provinzen d. Röm. Reiches an (bis 126 u. 129 bis 134) und hält sich besonders in Athen auf, das er durch Bauten fördert Das keltische Nemausus (Nimes in Frankreich) wird römisch; erhält Amphitheater für 24000 Zuschauer, Aquädukt, Dianatempel, Augustustor u. a. m.		

	Römische Kaiserzeit Hadrian	Antiker Roman	Gnosis
122	Römer bauen *Hadrians*wall geg. Schottland (Kaledonia)		
125	∼ Seit ∼ 73 eroberten die Chinesen Teile Zentralasiens von den Hunnen zurück	∼ * *Apulejus*, röm. Schriftsteller u. Wanderredner († ∼ 180) ∼ *Phlegon v. Tralles:* „Von wunderbaren Dingen", „Von langlebigen Menschen" (die älter als 100 J.)	≈ Die christl. Gnostikersekte der *Karpokratianer* beziehen Christus in die Seelenwanderungslehre ein
130	≈ Unter Kaiser *Hadrian* bildet sich immer stärker ein jurist. gebildetes Berufsbeamtentum f. d. röm. Verwaltung aus, wodurch die alten Wahlämter sehr an Bedeutung verlieren Kaiser *Hadrian* läßt das von *Titus* 70 völlig zerstörte Jerusalem wieder aufbauen	∼ † *Gajus Suetonius Tranquillus (Sueton)*, röm. Schriftsteller; schrieb „De vita Cäsarum" (Lebensbeschr. d. röm. Herrscher v. *Cäsar* bis *Domitian*) „De poetis" („Über d. Dichter") (* ∼ 70)	∼ *Basilides* aus Syrien, christl. Gnostiker, sieht in der christl. Offenbarung die Erlösung des Lichtes aus der Finsternis Beschneidungsverbot Kaiser *Hadrians* (löst 132 Aufstand in Palästina unter *Bar Kochba* aus)
132	Der röm. Prätor *Salvius Julianus* schließt das seit —366 entstandene prätorische Recht im „Prätorischen Edikt" ab (zeichnet sich aus durch sachgemäße Behandlung der Einzelfälle unter dem abwägenden Gesichtspunkt der „Billigkeit")		
135	Kaiser *Hadrian* unterwirft den jüd. Aufstand unter dem als Messias auftretenden *Simon Bar Kochba* (seit 132) Jerusalem wird röm. Militärkolonie u. für Juden verboten		† *Ben Joseph Akiba* (hingerichtet wegen Aufstandes gegen die Römer), jüd. Schriftgelehrter; schuf erste Talmud-Gesetzessammlung (Mischna) (* ∼ 50)

Spätrömische und altchristliche Kunst Bauten Hadrians	Spätantike Musik	Pantheonkuppel	
		Römische Steinbrücke über Mosel b. Trier	∼ Römische Moselbrücke b. Trier (dient bis heute)
∼ *Hadrian* baut das 110 durch Blitzschlag zerstörte Pantheon (in seiner heutigen Form) wieder auf ≈ Verwendung farbigen Marmors in der römischen Baukunst		∼ Christl.-symbol. Zoologie („Tierbuch") eines unbekannten Verfassers „*Physiologus*" i. Alexandria (wird in viele Sprachen übersetzt u. Hauptwerk über Tierkunde im Mittelalter)	∼ *Hadrian* trägt als erster römisch. Kaiser einen Bart und macht damit die griech. Philosophentracht hoffähig
∼ In u. bei Rom entstehen unter Kaiser *Hadrian* Doppeltempel für Venus u. Roma (135), Grabmal (Engelsburg 139), Villa b. Tibur (Tivoli) mit prächt. Gartenanlagen ∼ Porträtbüste des *Antinoos* (bithynischer Geliebter Kaiser *Hadrians*; wahrscheinl. v. einem griech. Künstler; Marmor) ∼ Taubenmosaik in *Hadrians* Villa b. Tivoli (röm. Fußbodenmosaik)		∼ **Galen(us)*, röm. Mediziner aus Pergamon († ∼ 205) ∼ Das Pantheon in Rom erhält unter Kaiser *Hadrian* seine Kuppel von 43 m Spannweite	∼ Kaiser *Hadrian* erbaut seinem Geliebten *Antinoos* aus Bithynien, der für des Kaisers Lebensverlängerung sein Leben durch Selbstmord stellvertretend opfern zu müssen glaubte, die Stadt Antinoopolis und mehrere Tempel zu seiner Verehrung
			∼ Kaiser *Hadrian* besteigt den Ätna (Antike kennt i. allg. keinen den Naturschönheiten aufgeschlossenen „Alpinismus")
		∼ *Antyllos* entwickelt entscheidend Chirurgie (Luftröhrenschnitt, Operationen an der Schlagader)	

	Römische Kaiserzeit *Hadrian · Antoninus Pius*	*Antiker Roman*	*Röm. Sarkophage*
138	† *Hadrian (Publius Älius Hadrianus)*, röm. Kaiser seit 117; baute Limes (Grenzwall geg. Germanen) u. *Hadrians*wall (in Britannien), Zeustempel in Athen, Palast in Tibur, sein Mausoleum (Engelsburg) (* 76) *Antoninus Pius* röm. Kaiser bis 161 (†, * 86); sichert dem Reich Frieden durch Grenzschutz (u. a. zweiter, nördl. Grenzwall in Britannien), fördert Armenpflege u. Kultur, schont Christen. Seine Regierungszeit gilt als glücklichste der röm. Kaiser	~ † *Juvenalis*, röm. satir. Dichter, klagte in seinen Gedichten den moralischen Verfall seiner Zeit an, bes. in der „Weibersatire" (* 58)	~ Kg. *Kanishka* von Nordindien fördert Buddhismus ≈ Nach der Zerstörung Jerusalems wird Jamnia am Mittelmeer (Palästina) zum relig. Zentrum der Juden. Synode setzt hier Kanon des Alten Testaments fest
140	~ * *Ämilius Papinianus*, altröm. Rechtsgelehrter († 212, hingerichtet)		
144			
147			≈ Barbara-Thermen in Trier
150	≈ 1. german. Völkerwanderung (ihr Druck auf die Donauvölker gefährdet Röm. Reich) Goten wandern zum Schwarzen Meer		≈ Zahlreiche Sarkophage mit figurenreichen Reliefbändern nach griech Motiven in Rom ≈ Wandmalereien und Platten mit Flachreliefs (z. B. Totenfeier) in chines. Grabkammern

Stoa · Christl. Glaubensregel		*Ptolemäus*	
Aristides von Athen: Verteidigungsschrift f. das Christentum (Anfänge christl. Apologetik gegen jüd. und heidnische Angriffe) † *Epiktet*, stoischer Philos. in Rom und Griechenland, freigelassener Sklave; Kosmopolit und Lehrer prakt. Lebensweisheit;	schrieb „Handbüchlein" („Encheiridion") u. „Unterredungen" (* ~ 50). Sein Schüler *Arrianus* überlieferte seine Lehre ~ Kaiser *Hadrian* (†) errichtete das Athenäum, die erste universitätsähnliche Institution Roms		≈ Ausbau d. Römer-Kastells Saalburg am Limes im Taunus (Prätorium, Mannschaftsbaracken, Magazine, Backöfen, Bad, Hütten für Händler u. Gastwirte; Heiligt. d. Mithras, d. Kybele, d. syrischen Jupiter Dolichenus; ~ 245 aufgegeben)
Hermas, apostolischer Vater in Rom, mahnt in seiner Schrift „Hirt des Hermas" zur Buße vor dem nahen Weltende ~ Bischof *Papias* von Hierapolis (Phrygien): „Erläuterungen zu d. Worten des Herrn" (wichtige, verlorene	Quelle über d. Jünger *Jesu*) ~ *Valentinus* wirkt als christl. Gnostiker in Rom († ~ 160), vermengt in seiner Emanationslehre der Geisterwelt die christl. Lehre mit orientalischer u. platonischer Metaphysik	~ *Ptolemäus* kennt Armillarsphäre (Ringkugel) und Mauerquadrant als astr. Beobachtungsinstrumente (mißt Sternörter m. Fehlern bis zu einer Drittel Vollmondbreite)	
Christl. Gemeinde in Rom schließt *Marcion* aus, der unter Ablehnung des Alten Testaments und Betonung der Lehre *Paulus'* aske-	tisches Leben fordert (im 6. Jhdt. Verschmelzung seiner Lehre mit dem Manichäismus)		
Der Partherprinz *An-shi-kao* übersetzt indische buddhistische Schriften ins Chinesische und trägt so zur Ausbreitung des Buddhismus in China bei. Der Buddhismus ent-	wickelt sich zunächst in China als „Tantrismus", einer Form mit mystischem Dogma u. stark ritueller Bindung. Später abgelöst durch Amida- und Ch'an-Buddhismus	≈ Feuerzeichenverständigung längs der Postenkette am röm. Limes	
~ Gemeinsame Glaubensregel (regula fidei) d. christl. Urkirche. Leitung d. Gemeinden durch Bischöfe als Nachfolger d. Apostel zunächst ohne zentrale Leitung, jedoch bald bes. Bedtg. des Bischofs von Rom	~ Apokryphes „Petrus-Evangelium"	~ *Soranos* aus Ephesos schreibt „Über akute und chronische Krankheiten" sowie über Geburtshilfe und Säuglingspflege (beweist relativ hohen Stand der griech. Medizin)	≈ In Rom beginnt die Bestattung in Sarkophagen die Verbrennung zu verdrängen

	Römische Kaiserzeit Antoninus Pius · Mark Aurel	Antiker Roman	Verbreitung des Mithraskultes
Im 2. Jahrhundert	Finnen beginnen in das schwach besiedelte Finnland einzuwandern Palasteunuchen spielen eine große Rolle bei dem Streit der Gruppen am chin. Kaiserhof um Einfluß und Erbfolge	*Hephästion:* „Encheiridion" („Handbuch" d. antiken Verskunde) Griech. Sprichwörtersammlungen entstehen Koptische Sprache in Ägypten (gesprochen bis 17. Jh.; ab 10. Jh. vom Arabischen verdrängt)	Zweiter „Petrusbrief" d. Neuen Testaments entsteht (auch d. Echtheit d. ersten ist zweifelhaft) Christliche Versammlungshäuser entstehen in Anlehnung an die Basilikaform Chin. Ritualbuch „Li-ki" (gehört zum Kanon d. Konfuzianer)
154		~ * *Bardesanes*, syr. Hymnendichter († 222)	
155		* *Tsau Tsau*, chin. Dichter († 220)	≈ *Aquila* übers. Altes Testament aus dem Hebräischen ins Griechische
156		≈ *Aulus Gellius:* „Attische Nächte" (20 Bde. über röm. Literatur und Sprache)	~ Der Phryger *Montanus* (daher „Montanisten") verspricht, d. Christentum zu vollenden, und fordert, in strenger Askese das baldige Ende der Welt zu erwarten (seine Lehre wird im 3. Jhdt. v. d. Kirche verdammt)
160		~ † *Favorinus v. Arelate*, griech. Schriftsteller; begrdte. mit „Allerlei Geschichten" die Merkwürdigkeiten aller Gebiete sammelnde „Buntschriftstellerei" (* ~ 85)	~ *Justinus*, Märtyrer aus Neapolis-Sichem: zwei Verteidigungsschriften (Apologien) d. Christentums ~ Kaiser *Antonius Pius* förderte Philosophie (2. Sophistik)
161	*Mark Aurel* röm. Kaiser bis 180 (†), bis 169 gemeinsam mit *Lucius Verus*; besiegt Parther u. verteidigt d. Grenzen gegen die Germanen *Gajus* (* 117, † 180): „Institutionen" (röm. Lehrbuch des Privat- u. Prozeßrechtes)		≈ Unter *Mark Aurel* verbreiten röm. Legionen mit dem Kult des Mithras und Jupiter Dolichenus orientalische Religionen
164			

Altchristliche und spätrömische Kunst Erste Christusbilder	Spätantike Musik	Spätantike Technik und Wissenschaft	
Erste Christusbilder (bisher nur symbolische Zeichen) Reichgeprägte Medaillen in Rom (Vorderseite Kaiserporträt, Rückseite figurenr. Szene, Inschriften) Große Tempelbauten in Baalbek (Heliopolis, Syrien), darunter großer Sonnentempel (300 m lang, mit 23 m hohen Säulen v. 7 m Umfang); Bacchustempel mit reliefgeschmückter Kassettendecke Rundtempel in Baalbek (Syrien) zeigen ein ausgesprochenes „Barock" der röm. Baukunst	Hymnen des *Mesomedes* an Götter und an die Muse (einige von d. wenigen erhaltenen griech. Musikwerken aus der späten Verfallzeit) *Nikomachos v. Gerasa:* „Handbuch der Harmonik"	*Nikomachos v. Gerasa:* „Einf. i. d. Arithmetik" Schreibpapier löst in China Holztäfelchen ab 5 stöckiges Wohnhaus in Rom	Tongking (an der Grenze zw. China u. Indochina) wichtiger Umschlaghafen für d. Handel zw. Mittelmeerländern und China (bleibt bis z. Mittelalter der fernste vom Westen erreichte Punkt)
		~ * *Dio Cassius*, griech. Geschichtsschreiber in Rom († ~ 229)	
≈ Dionysos-Mosaik i. ein. röm. Palast i. Köln (1941 neben dem Dom entdeckt)			
~ Unter *Antonius Pius* entst. auf dem Forum Tempel des *Hadrian* (145), *Antonius* und seiner Frau *Faustina* ~ Dreitoriges Markttor von Milet		Kaiser *Antonius Pius* förderte Wissenschaft	
	Odeon (Tonhalle) in Athen		
~ Älteste datierbare Maya-Denkmäler			Große Pestseuche im Röm. Reich (durch den Partherkrieg a. Asien eingeschleppt; wütet bis 180)

	Römische Kaiserzeit Mark Aurel	Antiker Roman	Spätantike und frühchristliche Philosophie
165	Ein Teil Mesopotamiens wird noch einmal röm. Provinz (bis 363) ~ Röm. Gesandtschaft in China		Der griech.-kynische Wanderprediger *Peregrinus Proteus* verbrennt sich selbst b. d. Olymp. Spielen nach vorher. Ankündigung
166	Aufstand d. Donauvölker unter Führung d. Markomannen (180 von Kaiser *Mark Aurel* niedergeschlagen)		
170		~ *Aelius Aristeides* (* ~ 117, † ~ 180): „Lobrede auf Rom“ (griechisch) ~ *Aulus Gellius:* „Noctes Atticae“ (Auslese aus der älteren röm. Literatur)	~ *Tatian* (aus Mesopotamien): „Diatessaron“ (erste Evangelienharmonie, d. h. Leben *Jesu* nach den vier Evangelien)
171	Die ursprüngl. aus Skandinavien stammend. ostgerman. Wandalen-Stämme der Silingen und Asdingen siedeln von Schlesien u. Polen in die Karpaten und an die obere Theiß um		≈ Kanon des Neuen Testamentes entsteht
175		~ * *Claudius Älianus* röm.-griech. Schriftsteller († ~ 235)	~ * *Ammonios Sakkas*, Begründer d. Neuplatonismus († ~ 242) ≈ Lyon Bischofssitz (—43 als röm. Kolonie gegrdt.)
176	* *Caracalla (Marcus Aurelius Antonius)*, röm. Kaiser von 211 bis 217 (†)		
178			~ *Celsus:* „Wahre Worte“ (erste philos. Kritik des Christentums vom Standpunkt eines platonisch-stoischen Eklektizismus aus) ~ Bischof von Rom beginnt als Lehrautorität gegenüber Ketzerlehren zu gelten

Altchristliche und spätrömische Kunst	*Ptolemäus*	
∼ *Pausanias* (aus Magnesia/Kleinasien): „Rundreise durch Griechenland" („Periegesis", reiseführerartig, wichtige Quelle für antike Kunstgeschichte)	∼*Ptolemäus*: „Geographie" mit einer Welt- u. 26 Länderkarten (beeinflußt von *Marinus von Tyrus*. Wichtige Quelle f. d. politischen u. kulturellen Verhältnisse in Ländern mit fehlenden eigenen schriftl. Überlieferungen; Autorität des Verfassers erschwert geographischen Fortschritt bis zum Ausgang des Mittelalters)	
	≈ Inder kennen dezimales Zahlensystem m. Ziffern, die später von den Arabern weiterentwickelt werden (vgl. 814)	
≈ Umfassende Neugestaltung des Asklepieions in Pergamon zur Zeit des *Galen*	∼ † *Claudius Ptolemäus* aus Ägypt., Astronom u. Geograph in Alexandria; faßte i. seinem geozentrischen „Großen astronomischen System" (arab. „Almagest") griech. Himmelskunde zusammen (verwirft heliozentr. Weltbild d. *Aristarchos* von —270); fertigte Tabellen d. geogr. Lage v. 8000 Orten u. geogr. Karten; versuchte in „Tetrabiblos" wissenschaftl. Begrd. d. Astrologie (seine Schriften waren bis in das ausgehende Mittelalter wirksam) (*∼ 100)	

	Römische Kaiserzeit *Mark Aurel · Commodus*	*Antiker Roman*
179	Röm. Standlager Castra Regina an der Donau entsteht (späteres Regensburg)	
180	† *Mark Aurel (Marcus Aurelius Antoninus)* in Vindobona (später Wien), im Begriff die Grenze zu sichern, röm. Kaiser seit 161; kämpfte wechselvoll gegen d. Germanen (* 121) Mit seinem sittenlosen Sohn *Commodus* (ermordet 192) beginnt ein Jhdt. der Wirren	~ *Alkiphron* gibt in 118 erdichteten Briefen aus dem Volk ein Bild des griech. Stadt- und Landlebens ~ † *Apulejus*, röm. Schriftsteller; schrieb „Metamorphoses" (oder „Vom goldenen Esel", satir. Roman mit griech. Märchen von Amor u. Psyche), „Über Magie" (Verteidigung gegen die Anklage d. Zauberei) (* ~ 125) ~ † *Lukian*, griech. satir. Schriftsteller d. „zweiten Sophistik"; verspottete dogmatische Philosophie (bes. Stoa), Aberglauben, d. phantastisch. Reiseroman u. Wundergeschichten; schrieb u. a. „Hetärengespräche" und „Der magische Esel" (* ~ 120)
185		
189	~ Nach dem Volksaufstand der „Gelben Turbane" kämpfen die Generale des chin. Kaisers um die Macht	
190		~ *Tertullianus* (* ~ 160, † ~ 220) wird Christ; beeinflußt frühchristl.-lat. apologetische Literatur und Ausbildung des Kirchenlateins; wird 207 Montanist
192		* *Tsau Tschih*, chin. Dichter († 232)
193	*Pertinax* u. *Didius Julianus* sind kurze Zeit röm. Kaiser. Mit *Septimius Severus* beginnt d. eigentl. Zeit der „Soldatenkaiser", die von den Truppen auf den Thron gehoben werden (bis 284). Die große Macht des Heeres ist durch die ständige Bedrohung d. Grenzen bedingt. Die durch d. röm. Sklavenwirtschaft bedrückte Bevölkerung leistet teilw. a. d. Grenzen keinen Widerstand. Häufige Aufstände i. d. Provinzen. *Septimus Severus* regiert bis 211 (†, * 146)	

Spätantike und frühchristliche Philosophie		Altchristliche und spätrömische Kunst	
		~ Reiterstandbild *Mark Aurels* (Rom)	
Mark Aurel (†) schrieb: „Selbstbetrachtungen" (griech., stoische Lebensphilosophie) ~ *Commodus* betrachtet sich als Inkarnation der Götter Herkules u. Mithras ~ Das Leiden der christl. Märtyrer wird aufgezeichnet	≈ Entsteh. d. westl. beeinfl. Amida-Buddhismus, wonach die Seele durch Gnade Buddhas das Nirwana findet (gelangt im 4. Jh. nach China)	~ Die Reliefs der Markussäule in Rom zur Verherrlichung des Markomannenkrieges (166 bis 180 in Böhmen) zeigen eine Verflachung d. röm. Bildhauerkunst (vgl. 113)	Silbergeldinflation i. Röm. Reich
~ * *Origenes*, griech. Kirchenschriftsteller i. Alexandria († ~ 253) Mit Bischof *Viktor I.* v. Rom (bis 198) beginnt d. Bedtg. d. röm. Bischofsstuhles zu wachsen	≈ *Sextus Empiricus*, Philosoph des Skeptizismus in Athen, Alexandria u. Rom		
Klemens v. Alexandria (* ~ 160, † ~ 216) wird nach seinem Übertritt zum Christentum Lehrer an der Katechetenschule in Alexandria (flieht vor d. Christenverfolgung	202); schreibt als philosophisch freie Einführung in d. Christentum „Ermahnungsrede an die Hellenen", „Pädagog", „Teppiche"		
≈ Die orientalisch-mystisch beeinfl. Gnosis lehrt Erlösung d. übersinnl. Erkenntnis statt durch Glauben (wird zu einer immer wieder auftretenden Richtung der christl. Philosophie)			

	Römische Soldatenkaiser	Antiker Roman	Neuplatonismus Frühchristentum
195	~ Kaiser *Septimius Severus* bildet aus Gütern seiner Gegner große Domänen in vielen Reichsteilen	~ *Athenaios von Naukratis:* „Sophistenmahl" (wahllose Sammlung v. Zitaten, Anekdoten, Literaturbruchstücken)	~ Erste lateinische Bibelübersetzung, sog. „Itala" (405 durch die Bibelübers. „Vulgata" des *Hiëronymus* ersetzt)
196	Römer zerstören Byzanz (von *Caracalla* bald wieder hergestellt)		
200	≈ Blüte der röm. Rechtspflege (z. B. *Papinianus*, *Ulpianus* u. a.). Zahlreiche Rechtsschulen im Röm. Reich ≈ Blüte der altphöniz. Hafenstadt Leptis Magna bei Tripolis unter röm. Herrschaft ≈ Blütezeit des röm. Nordafrikas. Karthago wieder Weltstadt Mesopotamien wieder röm. Provinz ≈ Röm. Einfluß in Böhmen veranlaßt die „Alemannen", aus Sachsen und Thüringen über den Main zum Rhein vorzudringen, wo die Römer sie mit Befestigungen aufhalten	~ *Babrios*, griech. Dichter, sammelt Fabeln des *Äsop* ~ *Hermogenes v. Tarsos* faßt die Technik der griech. Rhetorik zusammen ≈ *Jamblichos* aus Syrien: „Babylonische Geschichten" (Liebesroman unter d. Einfluß der griech. Neusophistik; wirkt auf den frz. Roman d. 17. Jhdts. ein) ≈ Ende der kulturellen Nachblüte (bes. Literatur) in Griechenland unter den röm. Kaisern ≈ Das Neuhebräische entsteht	≈ Der Bischof von Rom erlangt als Nachfolger *Petri* mehr und mehr den Vorrang über die anderen Bischöfe und wird zum „Papst" ≈ Christliche Theologenschule in Alexandria versucht Christentum mit griechischer Philosophie zu vereinigen (besteht bis ~ 450, Angehörige u. a. *Origenes*, *Klemens*, *Kyrillos*) ≈ Das Christentum gibt die allgemeine Verurteilung d. Reichtums mehr und mehr auf und fordert die Verwendung d. Überschüssigen zugunsten der Kirche ≈ In starker Auseinandersetzung mit dem Mithras-Sonnenkult wird Christus als die „wahre Sonne" bezeichnet ≈ *Juda ha-Nasi* schließt die Sammlung „Mischna" d. jüd. Gesetzes in neuhebräischer Sprache ab: 6 Ordnungen mit Bestimmungen üb. Gebete, Ackerbau, Feste, Ehe-, Zivil- u. Strafgesetze, Opfer- u. Reinheitsgesetze (wird ≈ 500 zum Talmud erweitert)

Altchristliche und spätrömische Kunst Porta nigra	Späthellenistisch-christlicher Übergang	Galenus	
≈ Im Zuge der Ummauerung Triers entsteht die „Porta nigra" (römische Torburg) ~ „Pferd und Hund" (röm. Mosaik in Trier) ~ Katakomben-Malerei in der Calixtus-Kapelle in Rom (u. a. Jonasgeschichte, noch stark antik beeinfl. frühchristl. Wandmalerei) ≈ Mumienbildnisse in Ägypten (mit Wachsfarben im Einbrennverfahren bemalte Holzmasken Verstorbener; bis ≈ 400) ~ Stupa zu Amaravati (östl. Vorderindien) mit reich komponierten Steinreliefs; auch genreartige Szenen ≈ Königsbildnis (3 m hohe Steinplastik) in Anuradhapura (bis 846 Hauptstadt Ceylons) u. vier Buddhafiguren	≈ Die frühchristliche Vokalmusik unterliegt orientalisch-hellenistisch. Einfluß (syr. Hymnen, vgl. 222)	~ *Sextus Julius Africanus* schreibt in Alexandria eine christl.-synchronistische Weltgeschichte (gilt als Begründer dieser Betrachtungsweise) ≈ Der röm. Arzt *Galenus* unterscheidet entspr. den 4 Elementen 4 körperl.-seelische Temperamente je nach Überwiegen eines der Körpersäfte: cholerisch (gelbe Galle = Feuer, warm u. trocken), melancholisch (schwarze Galle = Erde, kalt und trocken), phlegmatisch (Schleim = Wasser, kalt u. feucht), sanguinisch (Blut = Luft, warm und feucht); fördert Physiologie, Diagnose u. Prognose ≈ Vorläufer der chemischen Destillation bei den Griechen (voll ausgebildet und angewandt erst ≈ 1100 in Süditalien)	≈ Das Rom der Kaiserzeit besitzt etwa 800 öffentliche Bäder ≈ Bei d. Römern kommen neben d. Truhe zur Kleideraufbewahrung Schränke mit Türen u. Fächern in Gebrauch ≈ Christen übernehmen die griechisch-röm. Trauerfarbe Schwarz ≈ Seidenraupenzucht gelangt von China nach Korea (von dort später nach Japan)

	Römische Soldatenkaiser	Neuplatonismus	Frühchristentum
203		≈ Gnostizismus versucht Christentum in eine hellenistische Geheimphilosophie umzubilden	~ Aufkommender christl. Märtyrerkult
205		~ *Alexander v. Aphrodisias*, Lehrer d. Philosophie in Athen, schreibt maßgebende Kommentare zu den aristotelischen Schriften und eigene philos. Werke	* *Plotin(os)*, griech. Philos., Hauptvertr. d. mystischen Neuplatonismus († 270) ≈ Die Bezeichnung „katholisch" für die christl. Gesamtkirche entsteht
210		~ * *Cäcilius Thascius Cyprianus*, Kirchenvater aus Karthago († 258)	
211	*Caracalla (Marcus Aurelius Antonius)* röm. Kaiser bis 217 (†, ermordet), zunächst gemeinsam mit seinem Bruder *Geta*		
212	Kaiser *Caracalla* läßt seinen Bruder *Geta* in Anwesenheit ihrer Mutter ermorden und mehrere tausend seiner Anhänger hinrichten; erringt dadurch die Alleinherrschaft (ermordet 217) Der bedeutendste altröm. Rechtsgelehrte *Ämilius Papinianus* wird hingerichtet, weil er es ablehnt, d. Brudermord d. Kaisers zu verteidigen (* ~ 140) Alle freien Bewohner d. Röm. Reiches erhalten d. Bürgerrecht; damit fällt Italiens Vorzugsstellung		
213	Alemannen am oberen Rhein	~ * *Cassius Longinos*, griech. Philolog († ~ 274)	
214	* *Aurelian (Lucius Domitius Aurelianus)*, röm. Kaiser von 270 bis 275 (†)		
215	Nordmesopotamien mit Hauptstadt Edessa wird römisch	~ * *Mani*, pers. Religionsgründer († 276, gekreuzigt)	
216			

Altchristliche und spätrömische Kunst *Caracalla-Thermen*	*Galenus*	
Triumphbogen d. *Septimius Severus* in Rom ~ Nymphäum i. Rom (monumental u. kunstvoll gefaßte Wasserquellen)		
≈ Röm. Grabreliefs von Neumagen (≈ 150—250) mit realist. Darstellung röm. Lebens	~ † *Galen(us)*, röm. Arzt aus Pergamon; vertrat philos. Medizin u. hippokratische Theorie d. Säftemischung, entwickelte d. Anatomie auf Grund von Tiersektionen; schrieb „Über die	Lehren d. Hippokrates u. Platon" (beherrscht mit *Hippokrates* d. Medizin bis ins ausgehende Mittelalter, was den medizinischen Fortschritt teilweise erschwert) (* ~ 130)
~ Röm. Triumphbogen und Minervatempel in Tebessa (Nordafrika) ~ Porträtbüste d. Kaisers *Caracalla*		
Die Thermen (Bäder) des *Caracalla* in Rom (großes Bad mit Aufenthaltsräumen; Ziegelbau mit farbigem Marmor und vergoldeter Bronze verkleidet)		

	Römische Soldatenkaiser	
217	† (ermordet) *Caracalla (Marcus Aurelius Antonius)*, röm. Kaiser seit 211; Gewaltherrscher, unter ihm zahlreiche Bauten in Rom (* 176)	
218	Malta wird römisch (454 v. d. Wandalen erobert) *Heliogabal* (auch *Elagabalus*), Sonnenpriester in Syrien, von den Truppen	ausgerufener röm. Kaiser bis 222 (†, weg. Mißwirtschaft und Ausschweifungen erschlagen, * 204); führte syrischen Sonnengottkult in Rom ein
220	*Han*-Dynastie in China (seit —206) durch Bauernaufstände beseitigt. Zerfall des Reiches in zunächst 3 rivalisierende Teile (Nord-, Süd- und Westchina, bis 280)	Nach der *Han*-Dynastie folgt in China eine Zeit innerer Zerrissenheit, in der der Feudalismus wieder vorherrscht (bis 589)
222	*Severus Alexander* röm. Kaiser bis 235 (†)	
224	Kurz nach einem Sieg über die Römer (217) wird das irano-persische *Arsakiden*reich Parthien v. d. *Sassaniden* zer-	stört (bestand seit ~ —250 und hatte persisch-zoroastrische Religion)
225		
226	Nach Sturz d. Partherkge. wird Ktesiphon am Tigris Hauptstadt d. *Sassaniden*, die dort gr. Paläste bauen	
229		
230		

Antiker Roman	Neuplatonismus Frühchristentum	Spätantike Technik und Wissenschaft	
	Hippolytos (* ∼ 165, † ∼ 240) als Gegenpapst zu *Kalixt I.* gewählt u. 235 verbannt		
† *Tsau Tsau*, chin. Dichter (* 155)	∼ *Sabellius*, ägypt. Monarchianer: Gott spielte als Christus Rolle des Menschensohns		
† *Bardesanes*, syr. Hymnendichter, Schöpfer d. syr. Kirchenliedes; Religionsphilosoph beeinfl. v. babyl. Mythologie u. Astrologie (* ∼ 154)			
	Diogenes (Laertius): „Über Leben, Ansichten und Aussprüche der berühmten Philosophen" (griech.; in 10 Büchern)		
		∼ † *Dio Cassius*, griech. Geschichtsschreiber in Rom; schrieb röm. Geschichte von Gründung der Stadt bis zu seinen Lebzeiten in 80 Büchern (* ∼ 155)	
	∼ Christl. Gottesdienst in Rom geht von der griech. zur lat. Sprache über	≈ Technikerschulen in Rom. Wachsende Förderung des Ingenieurwesens, bes. für die Kriegstechnik	≈ In Rom beginnt der Wagen die Sänfte zu verdrängen

	Römische Soldatenkaiser	Antiker Roman	Altchristliche und spätrömische Kunst
232		† *Tsau Tschih*, chin. Dichter (* 192)	
233	Die östl. Grenze d. Röm. Reiches wird geg. d. Perser behauptet (vgl. 363)		
235	† (ermordet in Mainz) *Severus Alexander*, röm. Kaiser seit 222; *Gajus Julius Varus Maximinus* (thrakischer Bauernsohn) vom Heer bei Mainz z. röm. Kaiser ausgerufen; kämpft erfolgreich geg. Germanen, Sarmaten u. Daker († 238, von d. Soldaten erschlagen auf dem Zug nach Rom, wo der Senat Gegenkaiser aufstellte)	~ † *Claudius Älianus*, röm.-griech. Schriftsteller; schrieb „Bunte Geschichten" (griech., Höhepunkt der aus allen Gebieten Merkwürdigkeiten sammelnden „Buntschriftstellerei") und „Tiergeschichte" (neben Merkwürdigkeiten auch Beobachtungen zur Tierpsychologie) (* ~ 175)	
242	~ Goten erhalten (wie andere Fremdvölker an der Grenze des Röm. Reiches) Jahresgelder für Soldatenstellung		
244	† *Gordianus III.*, röm. Kaiser seit 238; sein Mörder Gardepräfekt *Philippus Arabs* Kaiser bis 249 (†, ermordet)		
248			
249	Römisches Heer erhebt *Decius* (* ~ 200, † 251 bei einer Niederlage gegen die Goten in Rumänien) zum Kaiser; *D.* bekämpft Christentum		≈ Naturalist. Wandbilder i. Pompeji

Neuplatonismus · Frühchristentum Mani		Spätantike Technik und Wissenschaft	
~ *Origenes:* „Hexapla“ (Altes Testament in 6 hebr. u. griech. Texten nebeneinander)			
* *Porphyrios* aus Syrien, Schüler d. *Plotin*, neuplaton. Philosoph († 304)			
~ *Hippolytos:* „Chronik“ (über 5738 Jahre seit d. Schöpfung, mit Ankündigung des Jüngsten Gerichts) ≈ „Reines Gespräch“ (chin.-taoist. Philosophie eines mystischen Individualismus)	**~ Unter dem Sassaniden *Ardascher* (227-241) wird die Lehre *Zarathustras* erneuert** † *Pontianus*, Bischof von Rom seit 230 (der Tag seiner Abdankung am 28. 9. 235 ist erstes genau bezeugtes Datum der Papstgeschichte)		
Mani grdt. in Persien neue gnostische Religion (der Manichäismus versteht die Welt als Mischung und ihre Erlösung als Scheidung von Licht und Finsternis; breitet sich von Indien bis Nordafrika aus; trotz starker Unterdrückung	im 4. Jhdt. wirksam bis zum Mittelalter) ~ † *Ammonios Sakkas*, aus Alexandria; war zunächst Last- (Sack-) träger, trotz christl. Erziehung wandte er sich d. griech. Philosophie zu und begrdte. Neuplatonismus, Lehrer des *Plotin* (* ~ 175)		
Plotin aus Ägypten kommt nach Rom			
Cyprian Bischof von Karthago; lehrt „Kein Heil außerhalb der Kirche“ und Gleichberechtigung aller Bischöfe. Nimmt f. d. Bischöfe das Recht in	Anspruch, denen zu vergeben, die das vom Staat geforderte Opfer für d. röm. Götter gebracht haben (d. „Gefallenen“); vgl. 251		Rom feiert seine (sagenhafte) Gründung vor 1000 Jahren

	Römische Soldatenkaiser	Antiker Roman	
250	≈ Gepidenreich in Norddacien (Rumän.) (418 bis 454 unter Hunnenherrschaft, wird 567 v. d. Langobarden u. Awaren zerstört; vgl. 450) ∼ Kushana-Reich in Nordindien verliert durch die Sassaniden mit dem Sindh-Gebiet Macht und Einfluß	≈ Fund von Chenoboskion/Oberägypten (1946) beweist frühen hohen Stand der Buchbindekunst: Papyrus-Codices in z. T. verzierten Ledereinbänden	≈ „Natyashastra" (ind. Handbuch der Dramaturgie und des Tanzes)
Im 3. Jahrhundert	Die Soldatenkaiser sind in dauernde wechselvolle Kämpfe um die militär. Sicherung der Reichsgrenzen verwickelt Die röm. Legionen werden durch d. Legitimierung d. Soldatenehen immer stärker an das Heerlager gebunden u. somit unbeweglich Ostgermanen verlassen Odergebiet (wird ab ∼ 450 von den Slawen besetzt)	*Heliodoros von Emesa:* „Äthiopische Geschichten von Theagenes u. Charikleia" (griech. Liebesroman unter Einfl. d. Neupythagoreismus) *Longos v. Lesbos:* „Daphnis und Chloe" (spätgriech. Hirtenroman zweier ausgesetzter Kinder, die sich später lieben lernen)	Älteste Runeninschriften (Runen entwickelten sich in Anlehnung an d. griech. u. lat. Buchstaben; wahrscheinl. b. d. Goten a. Schwarz. Meer im 2. Jhdt. entstanden) Spruchsammlung „Kurral" in südind.-drawidischer (nicht-indoiran.) Sprache
251	Kaiser *Decius* fällt im Kampf gegen die Ostgoten in der Dobrudscha *Trebonianus Gallus* zum röm. Kaiser ausgerufen (bis 253, danach kurzzeitig der Maure *Aemilianus* Kaiser)		
253	*P. Licinius Valerianus* und sein Sohn *Gallienus* röm. Kaiser (V. bis 260, G. bis 268)		
256	Allmannen (Alemannen, Sueben) dringen nach Oberitalien vor und werden 258/59 bei Mailand besiegt ∼ Einfälle der Franken nach Gallien über den Limes		

Religion / Philosophie	Naturwissenschaft / Technik	Alltag
Neuplatonismus · Frühchristentum *Origines*	*Kompaß in China*	
~ * *Antonius d. Große*, Eremit in Ägypten, späterer Heiliger († 356) Einführung des Christentums in Paris durch d. hlg. *Dionysios*, den ersten Bischof von Paris († 285) Große Christenverfolgung in Rom unter *Decius* ~ Papstgruft in der *Calixtus* - Katakombe Roms ~ Aufzeichnung einer Papstliste ~ Zusammenfassung d. relig. Schriftforschungen in d. jüd. Diaspora in den „Midraschim" (teils religionsgesetzlich, teils erbaulich) ≈ Koptisch-gnostische Bibliothek in Oberägypten (Fund v. Chenoboskion 1946): 12 gebundene Codices mit 42 gnostischen Werken in koptischen Sprachen	~ *Diophantos*, griech. Mathematiker in Alexandria: „Arithmetica" (13 Bücher). Behandelt erstmalig in übersichtl. Form Gleichungen mit einer und mehreren Unbekannten („Diophantische Gleichung" zu Unrecht nach ihm benannt) ~ Die moderne Form d. Tischlersäge mit Spannschnur im Röm. Reich	~ Röm. Badeanlagen in Zülpich (Tolbiacum) bei Köln
Christl. Märtyrer als Heilige u. Fürsprecher verehrt Neutestamentl. Handschrift (Chester Beatty Papyri) entsteht Im wieder erstarkenden ind. Brahmanismus nimmt „Brahma" die Bedtg. eines persönl. Gottes an, der mit den Göttern Schiwa und Wischnu die Dreieinigkeit („Trimurti") bildet (ursprgl. war „Brahma" ein theol.-philos. Prinzip, etwa im Sinne einer „Weltseele")	Emaillieren von Bronze in Gallien und England Kompaß als Wegweiser für Wagen in China Höhepunkt der altindischen Medizin	Neben die röm. Stadtkultur des 2. Jh. tritt die Latifundienwirtsch. auf kaiserl. Domänen Gläserne Parfümflaschen in Köln
Novatian grdt. schismatische Kirchenpartei der „Katharoi" („Reinen"). Tritt geg. die von *Cyprian* (vgl. 248) geübte Toleranz gegenüber den „Gefallenen" auf, welche dem staatlichen Druck, heidnische Opfer zu bringen, erlegen waren	≈ Eiserne Hängebrücken in China	
~ † *Origenes* (an d. Folgen d. Christenverfolgung unter *Decius*); schuf selbst. griech.-christl. Theologie (z. B. zeitlose Schöpfung, Vergeistigung d. Auferstehung), die zu langen theologischen Streitigkeiten führt u. schließlich 553 verurteilt wird (* ~ 185)		

	Römische Soldatenkaiser	*Neuplatonismus · Frühchristentum Plotin*	
257	Die Goten erreichen Griechenland Franken in Spanien und Marokko	Große Christenverfolgung in Rom unter *Valerian.* Verbot der Märtyrerfeiern	
258		† *Cäcilius Thascius Cyprianus* (enthauptet), Kirchenvater aus Karthago (dort Bischof seit 248) (* ~ 210)	
260	Alemannen beginnen in die heute deutschsprachigen Teile der Schweiz einzuwandern (ab 443 kommen die Burgunder in den heute frz. Teil) Kaiser *Valerian* (seit 253) *Sassaniden*-Kg. *Sapor I.* v. Persien geschlagen und gefangen. Zahlreiche Gegenkaiser *Gallienus* röm. Kaiser (bis 268)	~ * *Eusebius*, „Vater d. Kirchengeschichte" († 340) Toleranzedikt für die Christen	
269	Kaiser *Marcus Aurelius Claudius* (268 bis 270) besiegt in Gallien Alemannen und Goten (1. der illyrischen Kaiser) Teilung in West- und Ostgoten	Die Lehre d. „Monarchianer", die Christus u. d. hlg. Geist nur als vorübergehende Offen-	barungsformen d. einen Gottes auffassen, kirchl. verdammt
270	*Aurelian (Lucius Domitius Aurelianus)* röm. Kaiser bis 275 (†) Dacien (seit 107 röm. Provinz) wird von Kaiser *Aurelian* an d. Westgoten abgetreten u. damit die Donau Reichsgrenze; kennzeichnet die zerfallende Macht d. Röm. Reiches (vgl. 450)	† *Plotin(os)*, griech. Philos. in Rom, Hauptvertr. eines mystischen Neuplatonismus: Die Seele als Teil d. Weltseele wird Gott stufenweise genähert durch 1. sinnl. Wahrneh-	mung, 2. Dialektik, 3. Schauen d. Göttlichen, 4. Ekstasis; „Ich schäme mich, einen Körper zu haben", „Eros beseelt die Welt" (* 205) ~ Bistum Trier
272		*Paulus von Samosata* als Bischof von Antiochia abgesetzt, weil er zur Aufrechterhaltung der göttl. Ein-	heit („Monarchianer") in Christus nur einen zu gottgleicher Würde erhobenen Menschen sieht
274	Kaiser *Aurelian* wird im Triumph als Wiederhersteller der Reichseinheit gefeiert, nachdem er 272 durch den Sieg über Kaiserin *Zenobia* (seit 267) das palmyrenische Reich (Ägypt., Syrien, Großteil Kleinas.) erobert und 273 Gallien v. d. Franken zurückgewonnen hatte	*Aurelian* führt Sonnenkult als röm. Reichsreligion ein und bekämpft Christentum	~ † *Cassius Longinos* (enthauptet), griech. Philologe u. Redner; Ratgeber der Kaiserin *Zenobia* (* ~ 213)
275	† *Aurelian (Lucius Domitius Aurelianus)*, seit 270 röm. Kaiser; kämpfte erfolgreich gegen Goten, Wandalen, Alemannen, Markomannen und das syr.-kleinasiat. palmyrenische Reich (* 214) Germanen zerstören Trier		

Altchristliche und spätrömische Kunst	Späthellenistisch-christlicher Übergang	Spätantike Technik und Wissenschaft	
≈ Elfenbeinkästchen mit figürl. Schnitzerei aus Begram/Nordiran			
			∼ Finanzkatastrophe u. Münzverschlechterung im Röm. Reich (erst ∼ 310 überwunden)
≈ Sonnentempel des Baal in Palmyra (Oase d. Syr. Wüste) mit ursprüngl. ca. 1400 etwa 17 m hohen Säulen, Kassettendecken, Ornam. ∼ Bild des „Guten Hirten" auf christlichen Sarkophagen ∼ Gallienische Renaissance der römischen Kunst			
			≈ Goten vermitteln Handelsverkehr zum und vom Röm. Reich auf der Bernsteinstraße zur Ostsee
Templum solis als Stätte des röm. Sonnenkults			
			Aurelian (†) baute neue Stadtmauer von Rom (seit 270)

	Römische Kaiserzeit Diokletian	Antiker Roman	Neuplatonismus Frühchristentum
276	*Marcus Aurelius Probus* röm. Kaiser bis 282 (†, * 232), dann folgt *Carus* bis 283 († durch Blitz?)		† *Mani* (Kreuzigung), pers. Religionsstifter (Manichäismus) (* ~ 215; vgl. 242)
279	~ Starke Ansiedlung von Fremdvölkern an den Grenzen des Röm. Reiches und Aufnahme vieler Germanen ins röm. Heer		
280	*Chin*-Dynastie in China (bis 420), vorübergehende Einigung d. Landes; abgestufte Zuteilung d. Ackerlandes zur Beseitigung d. Bauernelends	In den „Instructiones" des *Commodianus* (christl.-lat. Dichter) finden sich lat. Gedichte mit Endreim	
283	Der Limes (röm. Grenzwall) geht an die Alemannen verloren u. verfällt		
284	*Diokletian (Gajus Aurelius Valerius Diocletianus Jovius*, * ~ 243, † 316) wird von den Truppen zum röm. Kaiser ausgerufen (dankt 305 ab) Mit Kaiser *Diokletian* wird d. Röm. Reich eine absolute Monarchie nach oriental. Vorbild. Ausschaltung des Senats. Einteilung d. Reiches (auch Italiens) in 12 Diöcesen mit insges. 101 Provinzen Trier Hauptstadt des westl. Teils des Röm. Reiches (bis 400)		
288	~ * *Konstantin I.* (der Große), röm. Kaiser von 306 bis 337 (†)		
290	Franken besetzen Inseln der Rheinmündung		Der japan. Kaiser verbietet erstmalig beim Tod der Kaiserin Menschenopfer und läßt dafür Tonfiguren in das Großstein- (Dolmen-) Grab mitgeben
293	Kaiser *Diokletian* ernennt aus militär. Gründen neben seinem Mitregenten *Maximianus Augustus* die „Cäsaren" *Constantius Chlorus* mit Sitz in Augusta Treverorum (Trier) u. seinen Schwiegersohn *Galerius* mit Sitz in Sirmium (in Kroatien)		
295			~* *Athanasius*, griech. Kirchenvater, Bischof von Alexandria ab 328 († 373)

Altchristliche und spätrömische Kunst	*Spätantike Technik und Wissenschaft*		
			≈ Die in Gallien u. Germanien gebräuchliche Hose gelangt über die Soldatenkleidung in die röm. Tracht
			∼ Kaiser *Probus* (276—282) fördert den Weinbau in Gallien, am Rhein u. an der Mosel
			∼ Pest im Römischen Reich
Röm. Amphitheater (Arena) in Verona	∼ *Pappos* v. Alexandria beschreibt d. fünf einfachen Maschinen: Hebel, Rolle, Wellrad, Keil u. Schraube;	findet math. Fundamentalsatz über Doppelverhältnisse und „Guldinsche Regel" f. Körperinhalte (v. *Guldin* 1641 neu entdeckt)	

	Römische Kaiserzeit Diokletian	Antiker Roman	Neuplatonismus Frühchristentum
296	Römer schlagen Aufstand in Britannien nieder (seit 286)		† (Märtyrertod durch Enthauptung) *Menas*, christl. Einsiedler in Phrygien (sein Grab in Unterägypt. wird im 5. u. 6. Jhdt. Mittelpunkt u. Wallfahrtsort seines Kultes und mit zahlr. Bauten geschmückt)
300	≈ Seit d. 2. Jhdt. haben sich fünf german. Völker als Kern der späteren Stammesherzogtümer gebildet: Sachsen (Norddeutschl. zw. Elbe u. Rhein), Franken (beiderseitig d. Rheins), Alemannen (Oberrhein), Thüringer (zw. Werra u. Mulde nördl. d. Mains) u. Goten (an d. unteren Donau) ~ Langobarden beginnen von der unteren Elbe aus südlich zu wandern (gelangen 568 nach Italien) **≈ Altes Reich d. Maya-Städte in Mittelamerika Uaxaktun, Tikal u. a., archaische Kunst, Monumentalbauten, Terrassen m. Treppen u. Tempelpyramiden (bis ≈ 900) (vgl. aber –600)**	≈ *Bhasa*, ind. Dramatiker ≈ Anfänge ind. Schauspielkunst ≈ Es lebt der älteste, historisch nachgewiesene Held einer germanischen Dichtung, der Westgote *Vidigoia* (i. d. Epik *Witeche* genannt) ≈ Anfänge germanischer Heldendichtung (einige Sagenstoffe werden auch für älter gehalten, so die von Helgi, Hamlet, Jungsiegfried, Wieland)	~ *Lucius Cäcilius Lactantius* wirkt als Kirchenschriftsteller und Lehrer d. Beredsamkeit in Nikomedien (Nordwestkleinasien) ≈ Durch die Lehre von der Verdammnis der Ungetauften bürgert sich mehr und mehr die Kindertaufe ein ~ In dem durch die Römer von den Persern befreiten Armenien bildet sich eine christl. Kirche („Gregorianische Kirche") ~ Übersetzung der Bibel ins Koptische (neuägypt. Sprache seit 2. Jh.)
301			
303			Letzte und größte Christenverfolgung in Rom unter *Diokletian*
304		Märtyrertod des christl. Schauspielers *Genesius* während einer Aufführung ~ Zerstörung der christl. Bibliothek in Caesarea (Palästina)	† *Porphyrios* aus Syrien, Schüler des *Plotin*; schrieb dessen philos. Lehre nieder, lehrte Entstehung d. Materie aus der Seele, bekämpfte Christentum (* 233)

Altchristliche und spätrömische Kunst	Indische Medizin	
∼ Kaiser *Diokletian* läßt Palast in Spalato (Dalmatien) bauen, den er n. seiner Abdankung 305 bezieht (wird v. d. Einwohnern des 615 zerstörten Salonas zur Altstadt Spalatos umgewandelt) ≈ Beispiele reifer röm. Glaskunst (Kannen, Goldgläser) in christl. Katakomben ≈ Christliche Katakomben-Fresken in Rom werden gestaltreicher ≈ Ausdrucksstarke Bodenmosaike in einem röm. Palast in Piazza Armerina (Sizil.) von einem wahrscheinl. nordafrikanischen Künstler ≈ Die „christliche Antike“ übernimmt die geflügelten Erosknaben (Vorbild der späteren Engelfiguren)	*Julius Firmicus Maternus* verwendet die Bezeichnung „Scientia chimae“ f. d. chem. Wissenschaft („Chemi“ ursprüngl. Ägypten als Land der schwarzen Erde, also wahrscheinl. soviel wie ägypt. oder dunkle Wissenschaft) ≈ *Sushruta*, ind. Mediziner, kennt 760 Heilmittel (z. T. anorganische) und über 1100 Krankheiten. Anwendung von Gesicht, Gehör, Geruch, Geschmack, Gefühl in der Diagnose	≈ Im dt. Siedlungsraum überwiegen die freien Bauern gegenüber dem Adel und den Halb- u. Unfreien. Durch den Übergang von Weidewirtschaft z. Ackerbau entsteht bis z. 9. Jhdt. allmählich die Aufteilung in Grundherren und zinspflichtige, aber selbst. Ackerbauern (nach anderer Auffassg. stammt d. Grundherrsch. schon aus frühest. vorchristl. Zeit) ≈ Herstell. festen Zuckers aus Zukkerrohr in Nordindien (verbreitet sich langsam über Vorderasien und Europa; erste dt. Zuckerraffinerie 1573 in Augsburg)
		Höchstpreise durch Kaiser *Diokletian* (setzen sich nicht durch). Erhebung einer zweifach. Abgabe: Kopf- und Grundsteuer zur Deckung d. ständig steigenden Militärausgaben

	Römische Kaiserzeit Konstantin der Große	Antiker Roman	Neuplatonismus Frühchristentum
305	Kaiser *Diokletian* († 316) u. sein Mitregent *Maximianus* danken ab *Gajus Galerius*, seit 293 Schwiegersohn *Diokletians*, wird röm. Kaiser bis 311 (†); verfolgt die Christen	~ * *Ephräm der Syrer*, syr. Hymnendichter u. Prediger († 373)	Das Konzil von Elvira untersagt den höheren Geistlichen d. Ehe. (Das Konzil zu Nicäa 325 gestattet den bereits Verheirateten die Weiterführung der Ehe)
306	† *Constantius Chlorus*, seit 293 röm. Herrscher in Gallien und Britannien, seit 305 röm. Kaiser neben *Gajus Galerius* *Konstantin I.* (der Große), Sohn des „Cäsars" *Constantius*, wird i. York zum Regent d. weström. Provinzen ausgerufen; zunächst *Licinius* Mitregent im Osten (bis 323) In Rom wird durch d. Prätorianer *Maxentius*, der Sohn *Maximianus'*, zum Kaiser ernannt (wird 312 von *Konstantin* gestürzt)		
311	≈ 1. germ. Völkerwanderung (seit ≈ 150) klingt ab	~ * *Decimus Magnus Ausonius*, „letzter röm. Dichter" († 393)	* *Wulfila* (*Ulfilas*), Bischof d. Westgoten († 383)
312			Nach dem Siege *Konstantins* (d. Großen) über *Maxentius* erhält die kaiserl. Fahne des röm. Heeres das Christusmonogramm („In diesem Zeichen siege!")
313			Kaiser *Konstantin* erläßt Edikt von Mailand zum Schutz der Christen ~ Bistum Köln
314			*Eusebius* Bischof von Cäsarea (Palästina)
315		~ * *Hilarius*, Bischof von Poitiers; dichtete u. a. lat. Hymnen († 367)	~ * *Cyrillus von Jerusalem*, Kirchenvater, († 386)
317	* *Konstantin II.*, Sohn Kaiser *Konstantins I.*, röm. Kaiser in Gallien, Spanien, und Britannien von 337 bis 340 (†)		

Altchristliche und spätrömische Kunst	*Späthellenistisch-christlicher Übergang*	*Spätantike Technik und Wissenschaft*	
			Römische münze (vgl. 14) Gold-Solidus
		Älteste Rheinbrücke bei Köln	
Lateranbasilika als 1. griech. christl. Kirche (Rom)			
Konstantin-Bogen in Rom (Figurenschmuck nicht mehr original, sondern wird zusammengetragen; Niedergang d. röm. Bildhauerkunst)			

	Römische Kaiserzeit Konstantin der Große	Klostergründung · Konzil zu Nicäa	
320	Unter *Tschandragupta I.* entsteht in Nordindien d. Großreich d. *Gupta* (Höhepunkt unter *Samudragupta* 330 bis ~ 380; ≈ 500 v. d. Hunnen zerstört)	~ *Pachomius* (* ~ 292, † 346) grdt. in Tabennese (Nil, Oberägypt.) erstes christl. Kloster † Bischof *Gregor* (Illuminator = „Erleuchter"), führte Christentum in Armenien ein	Das christl. Kreuz wird zum röm. Reichssymbol der Sonne gefügt
321	* *Valentinian I.*, röm. Kaiser von 364 bis 375 (†)	*Chalcidius* übers. *Platons* „Timäos" ins Lat. (dadurch wird *P*'s Naturphilosophie d. Mittelalter bekannt) Erstes Ges. über Einschränkung d. Sonntagsarbeit von Kaiser *Konstantin*	Testamente zugunsten der christl. Kirche erlaubt
323	*Konstantin d. Große* siegt bei Adrianopel über *Licinius*, den Herrscher („Cäsar") in d. östl. Reichshälfte, und wird Alleinherrscher bis 337 (†)	~ *Eusebius:* „Chronik" (über die „2016 Jahre seit Abraham")	
325	*Konstantin* röm. Alleinherrscher; versucht Festigung des Reiches durch Anerkennung des Christentums	Erstes Kirchenkonzil zu Nicäa unter Vorsitz des noch ungetauften Kaisers *Konstantin I.* (d. Großen) verdammt Lehre des *Arius von Alexandria*, wonach Gott u. Christus nicht wesensgleich, sondern nur ähnlich sind, zugunsten der des *Athanasius:* „Wesenseinheit" v. Gottvater und Sohn. Dieses Kirchendogma wird als kaiserliches Reichsgesetz veröffentlicht; das Konzil verfaßt ein Glaubensbekenntnis	(„Nicänum"), das als nicänisch-konstantinopolitanisches 381 im wesentlichen bestätigt wird. (Der Arianismus verschwindet allmählich aus dem Römischen Reich. Goten, Wandalen, Burgunder, Langobarden geben ihn erst im 6. und 7. Jhdt. auf) Das Osterfest wird v. Konzil auf den Sonntag nach dem ersten Frühlingsvollmond u. d. Frühlingsanfang auf den 21. März festgelegt
326			

St.-Peter-Basilika	Späthellenistisch-christlicher Übergang	Spätantike Technik und Wissenschaft	
* *Wang Hsi-chi*, chines. Schriftkünstler, Maler und Dichter († 379)			Juden gelang. nach Deutschland (zunächst in Köln nachweisbar; bis zu den Kreuzzügen erträgliche soziale u. rechtliche Stellung)
			Röm. Münzreform: 1 Solidus = 4,48 g Gold (700 Jahre gültig)
St.-Peter-Basilika in Rom (frühchristl. Kirche in Anlehnung a. d. antiken profanen Basilikabau; die bedeutendste d. etwa 400 Kirchen Roms; Neubau 1506 bis 1626)			

	Römische Kaiserzeit Konstantin der Große	Antiker Roman	Neuplatonismus Frühchristentum
328		~ Maya-Monumente m. Bilderschr. setz. ein (setz. sich bis 889 fort)	*Athanasius* Bischof v Alexandria
330	Kaiser *Konstantin I.* (d. Gr.), seit 323 Alleinherrscher, verlegt Hauptstadt d. Röm. Reiches nach Konstantinopel (früher Byzanz gen.), vollendet d. Neuordnung d. Verwaltung u. begünstigt als Nichtchrist das Christentum. Unter ihm wird das Röm. Reich in die 4 Präfekturen Orient, Illyricum (Griechenland), Italien u. Gallien mit 14 Diözesen u. 117 Provinzen eingeteilt. 7 Minister als höchste Hofbeamte; Staatsrat; Trennung von Zivil- und Militärgewalt. 2 Kronfeldherren führen 175 Legionen ~ Zweiter *Gupta*-Kaiser *Samudragupta* in Indien (bis ~ 380); seit *Aschoka* größte Ausdehnung d. nordind. Reiches, leitet die brahman. Kunst d. nordind. Tiefebene ein		~ * *Basilius* (d. Große), griech. Kirchenvater († 379) Grdg. der christlichen Kirche Abessiniens ~ † *Jamblichos*, neuplaton. Philosoph aus Chalkis; baute d. Lehre *Plotins* mythologisierend aus ≈ Im turkmongol. Teil Nordchinas dürfen die Einwohner buddhist. Mönche werden (deren Zölibat widerspricht dem konfuzianischen Ahnenkult)
334	Pers. Angriff auf Armenien		
335	Westgoten stellen Teile des röm. Reichsheeres an der Donaugrenze. Ihr Gebiet wird in das Reich aufgenommen		*Athanasius* in Streit gegen *Arius* erstmal. verbannt (insges. dreimal)
337	† *Konstantin I.* (d. Große), röm. Kaiser seit 306, Alleinherrscher seit 323; Förderer d. Christentums, läßt sich auf dem Totenbett von Bischof *Eusebius* taufen; teilt sein Reich unter seine drei Söhne *Konstantin II.*, *Constantius II.* und *Constans* als Augusti, welche sich bekämpfen (* ~ 288)		~ Kaiser *Konstantin* gilt als 13. Apostel
338			

Grabes- und Geburtskirche	Späthellenistisch-christlicher Übergang	Spätantike Technik und Wissenschaft	
Kaiser *Konstantin* läßt in Jerusalem die Heilige Grabeskirche erbauen Baubeginn der Geburtskirche in Bethlehem Palastaula (Basilika) u. Kaiserthermen i. Trier		~ Das Regionenverzeichnis der Stadt Rom zählt 28 öffentl. Bibliotheken auf	Mit der Verlegung der Hauptstadt d. Röm. Reiches von Rom nach Byzanz beginnt auch der äußere Niedergang Roms ~ Das Regionenverzeichnis der Stadt Rom zählt 144 öffentl. Bedürfnisanstalten und 46 Bordelle auf
* *Ku K'ai-chi*, chin. Maler († 405)			
		≈ Die Juden verbessern ihren auf dem Mondsonnenjahr beruhend. Kalender durch Einführung verschiedener Jahreslängen (bis etwa z. Zeitenwende gab es Schaltmonate nach Bedarf)	

	Römisches Doppelreich	Ulfilas-Bibel	Spätantike Technik und Wissenschaft
340	† *Konstantin II.*, Sohn *Konstantins d. Großen*, im Kampf gegen seinen Bruder *Constans* bei Aquileja Röm. Doppelreich unter *Constans* (im Westen, bis 350) und *Constantius* (im Osten, bis 361)		
341			
343			
346			
347	* *Theodosius I.* (der Große) (in Spanien), röm. Kaiser von 379 bis 395 (†)		
348			
350	~ Ostgotenreich unter *Ermanrich* nördl. v. Schwarzen Meer (erstreckt sich bis in die Gegend von Danzig und Riga; 375 von d. Hunnen unterworfen) Alemannen überschreiten den Rhein *Flavius Magnus Magnetius* wird als erster Germane röm. Kaiser (bis 353)	~ *Wulfila* (*Ulfilas*, Arianer) übersetzt Bibel ins Gotische (Beginn des germanischen Schrifttums) ≈ „Pantschatantra" (ind. Sammlung von Fabeln, Märchen und Erzählungen für die Prinzenerziehung; älteste Textfassung vgl. um Chr. Geb.)	

Neuplatonismus · Dogmenstreit		Altchristliche und spätrömische Kunst	
~ * *Ambrosius*, Kirchenlehrer in Mailand († 397) † *Eusebius*, „Vater der Kirchengeschichte"; vermittelte im Arianischen Streit um Gleichheit oder Ähnlichkeit zw. Gottvater u. Sohn	(Kirchengeschichte in 10 Büchern) (* ~ 260) ~ *Maria*, Schwester d. *Pachomius*, grdt. in Ägypt. erste Nonnenklöster Christenverfolgung in Persien		
Wulfila wird Missionsbischof unter d. Westgoten in Mösien (Balkan)			
Synode zu Sardika spricht d. röm. Bischof das Recht d. Revision bei Berufungen verurteilter Bischöfe zu	Christengemeinde hält sich im (342) von den Römern aufgegebenen Straßburg		
Speyer als Bistum bezeugt (Reihenfolge der Bischöfe erst ab ~ 650 überliefert)			
~ † Bischof *Nikolaus* von Myra in Lykien; gibt zusammen mit d. Bischof *Nikolaus* von Pinara in Lykien	(† 564) Anlaß zur „Legende vom Heiligen Nikolaus" (vom 10. Jhdt. an in Deutschl. verehrt)		
~ * *Aurelius Prudentius Clemens*, christl.-lat. Schriftsteller aus Spanien († ~ 406)		≈ Kirche Santi Giovanni e Paolo auf dem Monte Celio in Rom mit Wandgemälde aus dem Märtyrerleben	
≈ In den Mittelpunkt der christl. Theologie tritt die Dogmatik (bisher vorwiegend Bibelauslegung; philosophische Begründung erst in der Scholastik)	≈ Arianisches Christentum im Ostgotenreich	≈ Röm. Basilika in Trier (später evangel. Kirche) ≈ Zweiflügelige Elfenbein-Altäre (Diptychen) und steinerne Prunksärge (z. B. mit bibl. Relief-Darstellungen) in der frühchristl. Kunst ≈ Die frühchristl. Sarkophage zeigen deutlichen hellenistischen Einschlag ≈ Ostgoten übern. südruss. Kulturelemente (Tierstil, Zellenverglasg.): gotisch-sarmatische Mischkultur	≈ Dem Christent. gelingt es, nur die in Rom erneut aufkommende Tempelprostitution zu beseitigen (d. weltl. Form bleibt bestehen)

	Römische Abwehrkämpfe Constantius II.	Antiker Roman	Antonius d. Gr.
Im 4. Jahrhundert	≈ Blütezeit Triers („Rom des Nordens")	*Aelius Donatus:* „Ars grammatica" (bleibt b. zum 18. Jh. Lehrbuch d. lat. Grammatik) *Achilles Tatius*, alexandr. Sophist: „Leukippe u. Kleitophon" (einer der letzten Romane der Antike) Blüte d. meist religiösen syrischen Schrifttums (bis 7. Jhdt.) Endgültige chinesische Normalschrift entsteht	„Codex Vaticanus" u. „Codex Sinaiticus" (neutestamentl. Handschriften) Unterägyptisch-koptische Bibelübersetzung „Lamm Gottes" (Agnus Dei) als Christus-Symbol Buddhismus wird in China Staatsreligion Predigt erhält in den christl. - theologischen Kämpfen zunehmende Bedeutung Christentum verstärkt die schon in der Antike geltende Unterordnung der Frau, z. B.: „Das Weib soll in der Kirche schweigen" Blütezeit Triers („Rom des Nordens")
351	*Constantius II.*, seit 337 Herrscher der oström. Provinzen, wird röm. Kaiser bis 361 (†)		
354			* *Aurelius Augustinus*, Kirchenvater († 430) Das Weihnachtsfest wird (an Stelle d. Sonnenwendfeier, „Geburtsfest d. unbesiegten Sonne") in Rom auf den 25. Dezember verlegt
356	Franken erobern röm, Plätze am Rhein (Xanten, Köln, Bonn, Andernach)		† *Antonius d. Große*, „Vater des Mönchtums", frühester christl. Wüsten-Eremit (* ~ 250)
357	*Julian* besiegt die Alemannen bei Argentoratum (später Straßburg; anerkennen 360 Rheingrenze)		

Altchristliche und spätrömische Kunst	*Späthellenistisch-christlicher Übergang*	*Spätantike Technik und Wissenschaft*	
Beginn des christlichen Kirchenbaus (Basilika, Kuppelbauten für Tauf- und Grabkirchen) S. Lorenzo, älteste Kirche Mailands (Um- u. Anbauten bis z. 15. Jhdt.) Dom in Trier (vgl. 1196) Frühchristliche Mosaiken in den ersten Kirchen Roms Mosaik in der Apsis von St. Pudentiana in Rom erstmalig mit Tiersymbolen der 4 Evangelisten in der bildenden Kunst Standbilder und Büsten von Personen christl. Glaubens Christliche Kunst verwendet Heiligenschein (Glorie) b. Christusbildern, b. Engeldarstellungen außerdem Flügel *Virgil*-Handschrift mit Buchmalerei (eine d. ältest. Miniaturmalereien nach der Zeitenwende) Die ersten erhaltenen gemauerten Tempel in Indien (vorher meist Höhlen- u. Felsentempel). Bis zum 6. Jhdt. meist Flachbauten, dann als Türme oder mit Türmen Beginn d. Hochblüte ind. Bildhauerkunst, dient vor allem den brahmanischen Hauptgöttern: Brahma, Schiwa und Wischnu		*Castorius* fertigt Straßenkarte des Röm. Reiches an (wird im 12. Jhdt. nachgebildet) *Pelagonius*: „Ars veterinaria" (lat. Tierheilkunde) *Theon:* Lehre von den optischen Spiegelungen (auch *Euklid* zugeschrieben) Übergang von der Buchrolle zum Codex (eigentl. Buchform; fördert Buchmalerei; vgl. 250) Zeitalter d. Alchimie (bis 16. Jhdt.). Zunächst i. Alexandria bis 6. Jhdt. Bis etwa zum 15. Jh. erlischt selbständiges naturwissenschaftl. Forschen i. Abendland	Blüte der griech.-semitisch - christl. Misch-Kultur in Abessinien bis 7. Jhdt. (unter jüd. Königen von ≈ 900 bis 1262) Röm. Stadtkerne werden militärisch befestigt. Die Unsicherheit des Reiches militarisiert das ganze Leben
∼ St. Constanza in Rom (Zentralbau-Grabkirche d. *Konstanza* mit Mosaiken i. antik-naturalist. Stil)		∼ *Oreibasios* aus Pergamon, Leibarzt Kaiser *Julians*, schreibt medizin. Sammelwerk nach *Galen* u. a.	

	Römische Abwehrkämpfe Julian Apostata	Christiche Hymnen	Dogmenstreit
358			
361	*Julian Apostata* (der „Abtrünnige") röm. Kaiser bis 363 (†, * 332); neuplatonischer Gegner des Christentums, versucht Mithraismus als Religion einzuführen		
363	Rom muß Mesopotamien u. d. christl. Armenien an Persien abtreten (es beherrschte M. 114 bis 117 u. seit 165)		
364	*Valentinian I.* röm. Kaiser bis 375 (†); sein Bruder *Valens* († 378) Mitkaiser im Osten		
365		* *T'ao Yüan-ming*, chin. Dichter († 427)	
366			
367		† *Hilarius*, Bischof v. Poitiers, vermittelte zwischen abendl. und morgenl. Rechtgläubigkeit; schrieb „De trinitate" („Über die Dreieinigkeit"), dichtete als erster christl.-lat. Hymnen u. übertrug den Wortakzent (vgl. *Ephräm* 373, Musik) auf die lat. Poesie (* ~ 315)	
369			≈ Hochschule in Bordeaux (Bericht von *Ausonius*)
370	~ * *Alarich I.*, Kg. der Westgoten von 395 bis 410 (†) Westgoten anerkennen nach neuen Kämpfen röm. Donaugrenze Röm. Rheingrenze noch einmal hergestellt Römer schlagen Picten und Scoten in Schottland zurück	~ *Ausonius* (* ~ 310, † ~ 394): „Bissulalieder" (auf ein im Feldzug erbeutetes schwäb. Mädchen) und „Mosella" (Moselpreislied, entst. 371 i. Trier)	*Basilius* (der Große) wird Bischof von Cäsarea (Kappadokien) und gründet christl. Wohltätigkeitsanstalt „Basilias", die erste Krankenhäuser unterhält

Altchristliche und spätrömische Kunst	*Späthellenistisch-christlicher Übergang*	*Wasserräder*	
			Für Paris kommt der Name Parisia auf
Erste buddhistische Grottentempel und Bildhauerarbeiten im turk-mongol. beeinfl. Nordchina			
		Steinsägewerk mit Wasserradantrieb in d. Eifel	

	Große Völkerwanderung	Christliche Hymnen	Ambrosius
372			*Martin* wird Bischof von Tours bis ~ 400 (†); grdt. Kloster Marmoutier (375) u. bekämpft restliches Heidentum unter der Landbevölkerung Chin.-buddhist. Mission in Korea
373		† *Ephräm d. Syrer*, syr. Hymnendichter und Prediger (* ~ 305)	† *Athanasius*, griech. Kirchenvater, Bischof von Alexandria seit 328; vertrat gegen die Lehre des *Arius* Wesensgleichheit v. Christus und Gott (Grundlage d. späteren „Athanasianischen" Glaubensbekenntnisses) (* ~ 295)
375	Einbruch des Reitervolkes der Hunnen von Osten nach Europa (372 Wolga überschritten; dringen 451 nach Gallien vor) Hunnen beseitigen Reich der Ostgoten zwischen Ostsee und Schwarzem Meer und lösen dadurch europ. Völkerwanderung aus † *Valentinian I.*, röm. Kaiser seit 364 (*321); sein Sohn *Gratian* regiert den Westen bis 383 (†) und anerk. seinen Halbbruder *Valentinian II.* (*371, † 392) als Mitregenten		*Ambrosius* (d. Heilige) Bischof v. Mailand bis 397 ≈ „Mithras-Hymnus" (lat.; später vom Christentum im eigenen Sinn umgedeutet; Dokumente der Gedankenwelt des Mithras-Kultes wurden vom Christentum fast völlig beseitigt)
378	Nach Überschreiten der Donau besiegen und töten die von den Hunnen vertriebenen christl. Westgoten bei Adrianopel Kaiser *Valens*, der sie im Röm. Reich ansiedeln wollte		

Altchristliche Kunst	Hymnen	Spätantike Technik und Wissenschaft	
≈ In verschiedenen Typen von Christusbildern (z. B. ohne oder mit Bart) stehen sich mehr antike bzw. mehr weltabgewandte Anschauungen gegenüber			≈ Chinesische Kultur (zunächst der Buddhismus) beginnt auf der Halbinsel Korea Fuß zu fassen. (Korea vermittelt in der Folgezeit diese Kultur weiter an Japan)
	~ Die Hymnen v. *Ephräm dem Syrer* (†) zeigen strenge Unterscheidung v. betonten u. unbetonten Silben (bisher wurde meist nach Länge und Kürze unterschieden)		
Bronzestatue Kaiser *Valentinians I.* (röm. Plastik in Barletta) ~ St. Maria Maggiore (Basilikakirche in Rom mit Mosaiken; vollendet 13. Jhdt.) ~ Höhepunkt d. Kunst u. Literatur im nordind. *Gupta*-Reich unter Kg. *Tschandragupta II.* (375 bis 413)		~ *Valens* läßt Wasserleitung in Konstantinopel bauen	≈ Blüte Triers als Hauptstadt der weström. Provinzen
		~ *Ammianus Marcellinus* (* ~ 300, † ~ 400): Geschichte d. Röm. Reiches von 96 bis 378 in 31 Bänden	

	Römische Kaiserzeit · Völkerwanderung	Mönchstum · Christliches Glaubensbekenntnis	
379	*Theodosius I.* (der Große) wird von *Gratian* zum Herrscher über Ostrom eingesetzt; vereinigt 394 noch einmal das ganze Röm. Reich unter seiner Herrschaft bis 395 (†, * 346)	† *Basilius* (d. Große), griech. Kirchenvater, entwickelte Mönchswesen in Griechenland (* ~ 330)	
380	Burgunder vertreiben Alemannen zwischen Taunus und Neckar ~ *Tschandragupta II.*, Kg. des ind. Guptareiches bis 414, setzt polit. und kulturelle Blüte fort (danach Verfall)	~ Mönchstum wird im Westen bekannt u. führt zu klosterartigen Einrichtungen b. Rom und Mailand *Gregor v. Nazianz* (* ~ 329, † ~ 390),	Bischof u. Prediger in Konstantinopel (neben *Athanasius*, *Basilius v. Cäsarea*, *Joh. Chrysostomos* einer d. 4 gr. morgenl. Kirchenlehrer)
381		Zweites Konzil zu Konstantinopel bestätigt Dreieinigkeitslehre des Konzils zu Nicäa (325) und stellt das „Nicänisch-konstantinopolitanische Glaubensbekenntnis" auf.	(Jedoch nicht mehr „Wesenseinheit", sondern „Wesensgleichheit" von Vater, Sohn und Hl. Geist) Kloster in Konstantinopel
382	Kaiser *Theodosius* verbündet sich mit den Westgoten	*Gratian* schafft die Vestalinnen ab, die Hüterinnen d. Ewigen Feuers im Tempel der	Herdgöttin Vesta (Vestalinnen genossen große Verehrung) *Hieronymus* in Rom
383		† *Wulfila (Ulfilas)* (in Konstantinopel), Missionsbischof der Westgoten; lehrte arianisches Christentum,	übersetzte d. Bibel ins Gotische und schuf damit erstes german. Literaturdenkmal (* 311)
385		Der Inder *Kumarajiva* übersetzt in China buddhist. Texte. Trotz Widerstand des Konfuzianismus starke Ausbreitung des Buddhis-	mus in China, wobei er Wechselwirkungen mit den Lehren *Laotses* u. *Kung-tses (Konfuzius)* eingeht
386	Zeit d. feudalistischen Kleinstaaterei in China, Liu-chao-Zeit (d. h. „Zeit der 6 Dynastien", in Wahrheit bis 581 fast 16) Turkmongolische *Wei*-Dynastie in Nordchina (bis 557)	† *Cyrillus v. Jerusalem*, Kirchenvater; schrieb 23 katechetische Schriften für den frühesten christlichen Unterricht (* ~ 315)	Turkmongolische *Wei*-Dynastie in Nordchina (bis 557) fördert Buddhismus (Tempelbauten, Mönchswesen). Von hier aus dringt Buddhismus nach Süden vor
387		Der Neuplatoniker u. Lehrer der Beredsamkeit *Augustinus* wird zum Christentum bekehrt	Heidnische Heiligtümer in Edessa und Apameia v. Christen zerstört

Christliche Prunkbasilika	Ambrosianischer Gesang	Römische Tierheilkunde	
† *Wang Hsi-chi*, chines. Schriftkünstler, Maler und Dichter, „Meister der drei Künste"; schrieb u. a. „Orchideen-Pavillon" (Gedicht) (* 321)		Handschrift der „Arzneimittellehre" des *Dioskorides* (vgl. 50) mit 600 farb. Pflanzenbildern (vgl. 550)	
		~ *P. Vegetius Renatus:* „Vier Bücher über d. Kunst d. Tierheilkunde" (lat.)	
~ S. Paolo fuori le mura in Rom (frühchristl. fünfschiffige Prunkbasilika; wiederhergest. im 19. Jhdt.)	~ Einführung des Singens von Hymnen nach den Psalmenweisen der morgenländischen Christen unter *Ambrosius* in Mailand		

	Theodosius I. West- und Ostrom · Völkerwanderung	Ausonius Sagenentstehung	Christentum Staatsreligion
390	*Ambrosius* von Mailand zwingt den Kaiser *Theodosius* zur öffentl. Buße, weil er 7000 aufständische Bürger aus Saloniki (Thessalonike) im Zirkus hat umbringen lassen * *Flavius Aëtius*, röm. Staatsmann (bis 451 Vormund Kaiser *Valentinians III.*, † 454, von diesem ermordet)		Christen verbrennen Serapeion-Bibliothek in Alexandria (enthielt etwa 200000 Rollen) ≈ Auffassung der Messe als Kultopfer Christi Weihnachten als Geburtsfest Jesu (seit 388)
391			*Theodosius* verbietet heidnische Kulte und Gebräuche. Christentum wird Staatsreligion
393	Vertrag zwischen Römern und ripuarischen Franken (die seit 388 über den Rhein drängten)	† *Decimus Magnus Ausonius*, röm. Dichter, Erzieher des Kaisers *Gratianus* (375 bis 383); schrieb u. a. „Mosella" (Rhein- u. Moselreise), gilt als letzter klassisch-röm. Dichter (* ~ 311)	
394	Kaiser *Theodosius I.* (der Große) seit 379 Herrscher über Ostrom, vereinigt noch einmal das ganze Röm. Reich. Gegner von Heidentum und Arianismus		
395	† *Theodosius I.* (der Große), röm. Kaiser seit 379 (* 347) Die unter Kaiser *Diokletian* 293 erstmalig vorgenommene Teilung d. Verwaltung d. Reiches wird nach dem Tod d. Kaisers *Theodosius* zur bleibenden Reichsteilung in Westrom (Hauptstadt Rom, ab 403 Ravenna) u. Ostrom oder Byzanz (Hauptstadt Konstantinopel); *Honorius* wird Kaiser des Weström. Reiches bis 423 (†, * 384); sein Bruder *Arcadius* Kaiser des Oström. Reiches bis 408 (†, * 377) Bei d. Trennung vom Weström. Reich umfaßt d. Oström. (Byzanz) das Land südl. d. Donau, östl. Mittelmeerinseln, röm. Provinzen in Asien (Palästina, Syrien) u. Ägypten *Alarich I.* König der Westgoten bis 410 (†)		*Augustinus* wird Bischof in Nordafrika. Bekämpft besonders die Lehren von *Pelagius* (vgl. 411), *Mani* und *Donatus d. Großen*

Frühchristliche Kunst	Späthellenistisch-christlicher Übergang	Maya-Astronomie	
≈ Höhepunkt christl. Elfenbeinkunst (z. B. Lipsanothek-Reliquiar aus Brescia ≈ 350)	≈ „Hallelujah" (Lobgesang: „Lobet Jehova") bürgert sich in der christlichen Kirche ein		
			Theodosius d. Große hebt die Olympischen Spiele auf (seit —776)
		≈ Vom 3. bis 6. Jh. entstehen zahlreiche Kalenderinschriften der Maya in Mittelamerika (ein viele Jtsde. hohes Alter der Mayakultur gilt heute als unbewiesen)	≈ Bettlerunwesen u. Massenelend im sich auflösenden Röm. Reich. Die bisher übliche Armenpflege der christlichen Gemeinden unter Armendiakonen verschwindet infolge Vergrößerung der Gemeinden u. ihrer Aufgaben

	West- und Ostrom · Völkerwanderung	Sagenentstehung	Augustinus
397	Lex Quisquis, erstes Gesetz gegen Majestätsbeleidigung von *Arcadius* u. *Honorius*. Verhängt strenge Strafen	≈ *Nonnos:* „Dionysiaka" (beschr. Zug des Dionys nach Indien in 25000 Hexametern; schreibt später als Christ Paraphrase zum Johannes-Evgl. in Versen)	† *Ambrosius*, Kirchenlehrer, Bischof von Mailand seit 375; stärkte Machtstellung der Kirche, schrieb bes. über Schriftauslegung und Morallehre, u. a. „De officiis clericorum" („Über die Aufgaben d. Geistlichen") (* ∼ 340) *Augustinus* empfiehlt in „De doctrina christiana" („Über die christliche Lehre") d. Studium der freien Künste
398		≈ *Macrobius Theodosius:* „Saturnalia" (7 Bücher mit literarischen u. philosoph. Tischgesprächen)	*Johannes Chrysostomos* (* 344, † 407), Kirchenlehrer und bedeutender Prediger, wird Patriarch von Konstantinopel, schreibt „Vom Priestertum", bekämpft Sittenlosigkeit des Hofes
399			Erste chines.-buddhist. Pilgerfahrt nach Indien
400	≈ Königreich Thüringen d. Hermunduren vom Harz bis südl. des Mains (wird 531 von den Franken erobert) ≈ Niederfranken beginnen die bisher zum Röm. Reich gehörigen u. von den Batavern u. Friesen bewohnten Niederlande zu besiedeln ≈ Während des ind. Guptareiches kommt die friedliche Durchdringung Südost-Asiens mit ind. Kultur auf ihren Höhepunkt. Es entstehen zahlreiche indische Staaten	≈ *Avianus:* 42 äsopische Fabeln im elegischen Versmaß (lat.) ≈ Irische Ogamschrift, aus Punkten und Strichen auf, unter oder über einer Grundlinie bestehend (diese älteste Schrift- und Sprachform d. Irischen findet sich auf Grabmälern bis ins 9. Jh.) ≈ Mit der Übernahme der chinesischen Schrift durch Japan beginnt die chinesische Kultur Japan zu durchdringen (vgl. 552)	≈ Aus dem Gemeindeältesten (Presbyter) wird allmählich der Pfarrer der einzelnen christlichen Kirchengemeinde ≈ Durch Zusammenfassung von Mischna (jüd. Gesetz; vgl. 200) und Gemara (Auslegung dazu) entsteht der jerusalemische Talmud i. neuhebräischer und palästinensisch-aramäischer Sprache (hat neben d. babyl. Talmud von ≈ 500 nur religionsgeschichtliche Bedeutung) Erste Kirchenglocken in Nola (Italien)

Frühbyzantinische Kunst	*Ambrosianischer Gesang*	*Indische Mathematik*	
~ Dom in Ravenna als 5schiffige Basilika (1743 umgebaut)	*Ambrosius* (†) förderte entscheidend Kirchengesang; schrieb u. a. die Hymnen „Aeterne rerum conditor" („Ewiger Schöpfer d. Dinge"), „Veni redemptor gentium" („Der Heiden Heiland komm herzu")	Inder kennen 5 Planeten, genaue Jahreslänge, Präzession der Äquinoktien, Sinus u. Cosinus	
St. Pudenziana in Rom (flachgedeckte Basilika-Kirche mit großem Apsis-Mosaik) Röm. Kaiser verbietet durch Erlaß Beeinträchtigung historischer Gebäude			
≈ „Quedlinburger Itala" (Handschrift d. ältest. lat. Bibelübers. mit Buchmalerei) ≈ Von der chines. Malerei zwischen *Han-* und *T'ang*-Zeit (≈ 200 bis 600) sind viele Namen, aber fast keine Werke überliefert; jedenfalls Anfänge der Landschaftsmalerei (vgl. 844) ≈ Höhepunkt der ind. Malerei in den farben- u. formenfrohen Fresken d. Adschanta-Höhlentempel (2. bis 7. Jh.) ≈ Beginn der Höhlen- und Felsen-Tempelbauten im Hochland von Dekkan/Westvorderindien (bis 14. Jh.) ≈ Der Gott Wischnu in Eber-Inkarnation befreit die Erde aus Dämonengewalt (ind., 3,75 m hohe Steinrelief-Plast. an der Höhle zu Udayagiri) ≈ Ornamental illustrierte Totenbücher in Südperu	≈ *Niceta von Remesia* (Dacien): „Te deum laudamus" („Dich Gott loben wir", sog. „Ambrosianischer" Lobgesang) ≈ Frühchristliche zweisprachige (griech.-lat.) Antiphonen (Wechselgesänge) b. d. Anbetung des Kreuzes am Karfreitag in Jerusalem mit Texten aus dem syrischen Memrâ (~ 125) entwickeln sich parallel einerseits zur byzantin. Hymne und andererseits zur lateinisch-römischen Responsorie (vgl. 5. Jh.)	≈ Vereinzelte Abdrucke von einzelnen Buchstaben u. Holzschnitten in der Folgezeit nachweisbar ≈ Germanen benutzen schwere zweirädrige Wagen mit Scheibenrädern (Bau von Wagenburgen) ≈ „Surya Siddhanta" (bedeutendes Werk d. ind. Mathematik und Astronomie). Die Blütezeit der ind. Mathemat. (wahrscheinlich auch v. außen beeinflußt) dauert etwa bis z. 12. Jh. und wirkt stark auf d. arab. Wissenschaft ein	Als bedeutendste Städte im europäischen Kulturkreis werden genannt: Rom, Konstantinopel, Karthago, Antiochia, Alexandria; ferner Trier, Mailand, Capua, Aquileja, Arlate, Hispalis, Cordoba (Athen, Syrakus zählen nur noch zu den kleineren Städten; in den nächsten Jhdten. geht die Bedeutg. des Städtewesens bis zum Mittelalter weiter zurück)

	Alarich in Rom · Völkerwanderung	*Hiëronymus*
401	Kg. *Alarich* d. Westgoten wird bei seinem ersten Einfall in Italien von dem röm. Feldherrn *Stilicho* zurückgeschlagen	~ *Theodoros*, seit 392 Bischof von Mopsuhestia (i. Kilikien), wirkt als Exeget d. antiochenischen Schule (553 verurteilt)
403	Zum Schutz vor den andringenden Fremdvölkern wird die Hauptstadt d. Weström. Reiches in das schwer einnehmbare Ravenna verlegt	~ *Synesios v. Kyrene*, Neuplatoniker, tritt zum Christentum über und wird (411) Bischof von Ptolemais
405	Rom muß die Rheingrenze zum Schutz Italiens gegen die Ostgoten u. a. Fremdvölker militärisch entblößen und verliert sie (407 verläßt die letzte röm. Garnison auch Britannien)	*Eunapios* aus Sardes (* 346, † ~ 415) schreibt 23 Biographien klass. Philosophen und verbreitet neuplatonische Philos. *Hiëronymus* (Kirchenvater, * ~ 345, † 420) übersetzt in Bethlehem die Bibel aus dem Hebräischen und Griechischen ins Lateinische (ab 1546 gilt diese „Vulgata" als einzig maßgebende Bibelübers. f. d. katholische Kirche)
406	Wandalen, Alemannen und Alanen dringen aus den Donauländern gegen die Franken über den Rhein vor (erreichen und besiedeln 409 Spanien) ~ Die Franken lassen sich am nördl. linken Rheinufer nieder, die Alemannen am südl.; Burgunder gründen am mittleren Rhein ein Reich mit der Hauptstadt Worms (437 von den Hunnen zerstört)	~ † *Aurelius Prudentius Clemens*, christl.-lat. Schriftsteller aus Spanien; schrieb „Psychomachia" (Kampf d. christl. Tugenden u. heidn. Laster um die Seele) (* ~ 348)
408	Kaiser *Honorius* läßt seinen Feldherrn und ehemaligen Vormund *Stilicho* (* ~ 360), wandalischer Herkunft, wegen Beziehungen zu *Alarich* hinrichten *Theodosius II.*, oströom. Kaiser bis 450 (†)	≈ *Ishvarakrishna:* „Sankhyakarika" (ind. yogaähnliche, antitheistische religiöse Schrift in 72 Versen)
409	Wandalen dringen mit Alanen und Sueben nach Spanien vor (werden 415 von den Westgoten geschlagen u. 429 nach Afrika gedrängt)	
410	Einnahme und Plünderung Roms durch die Westgoten unter *Alarich* † *Alarich I.*, Kg. der Westgoten seit 395, nach der Einnahme Roms auf dem Wege nach Süden. Bestattet im Bett des Busento bei Cosenza (* ~ 370) *Alarichs* Schwager *Athaulf* führt Westgoten nach Gallien, wo er 414 *Galla Placidia*, Tochter Kaiser *Theodosius' d. Gr.* heiratet, und nach Spanien (dort wird er 415 ermordet)	*Synesios* aus Kyrene (* ~ 370, † ~ 430) wird Bischof; verbindet als Neuplatoniker Philosophie mit Theologie ≈ In China entwickelt sich der „Amitabha"-Buddhismus mit einer leicht faßlichen Morallehre: Wartezeit nach dem Tode auf das Paradies richtet sich nach Zahl u. Art der Sünden. Auch der größte Sünder kann durch Lippenbekenntnis in d. Todesstunde Seligkeit erlangen (gelangt ~ 1000 als „Amida"-Buddhismus auch nach Japan)

Frühbyzantinische Kunst	Frühchristliche Hymnen	Spätantike Technik und Wissenschaft	
~ Münchner Himmelfahrtstafel		~ *P. Vegetius* schreibt lat. Tierheilkunde (einzige erhaltene röm.)	
† *Ku K'ai-chi*, chin. Maler; bevorzugte buddhist. Themen, u. a. Bildrollen (* 334)			
	~ *Prudentius* (†) schrieb christl.-lat. Hymnen	≈ Um diese Zeit wirken die Ärzte *Cälius Aurelianus* v. Numidien, *Theodorus Priscianus* aus Afrika, *Marcellus Empiricus* von Gallien	~ *Hieronymus* will warmes Bad nur für Kinder zulassen
		Synesios von Kyrene, Bischof von Ptolemaïs, gibt in einem Brief den ersten Tauch-Dichtemesser für Wasser (Volumen - Aräometer) an, mit dem er das Trinkwasser prüft	~ *Hieronymus* leitet aus „leihet, daß ihr nichts dafür hoffet', (Lukas) kirchliches Zinsverbot ab (Reaktion auf antike Geldwirtschaft; dieses Verbot erlangt nur begrenzte Wirksamkeit, schon infolge Rentenkaufs)

Westrom verliert Südgallien, Spanien und Nordafrika · Völkerwanderung

411		
415	Westgoten verdrängen in Spanien die 409 eingedrungenen Alanen, Wandalen und Sueben und unterwerfen 585 die ganze Halbinsel	Durch Grdg. d. Westgotenreiches unter *Wallia* in Südgallien u. Spanien gehen diese Gebiete dem Weström. Reich verloren (Westgotenreich wird 711 v. d. Arabern zerstört)
417	*Galla Placidia* heiratet den Feldherrn und späteren (ab 421) Mitregenten	*Konstantius*
418	Toulouse wird Hauptstadt des Westgotenreiches (daher auch „Tolosanisches Reich")	*Theoderich I.* König der Westgoten bis 451 (†)
419	* *Valentinian III.*, weström. Kaiser von 425 bis 455 (†)	
425	*Valentinian III.* weström. Kaiser bis 455 (†) unter Vormundschaft seiner Mutter *Galla Placidia* († 450) und *Aëtius* († 454)	
427		
429	Innere Zwistigkeiten und überholte soziale Zustände ermöglichen den Wandalen unter *Geiserich*, von Spanien	aus die röm. Provinzen in Nordafrika gegen geringen Widerstand zu erobern
430		

Sagenentstehung	*Hypatia · Augustinus*	*Spätantike Technik und Wissenschaft*
~ *Sulpicius Severus* (* ~ 363, † ~ 420): „Vita S. Martini" (das Leben d. Bisch. *Martin von Tours*)	Der britische Mönch *Pelagius* († ~ 429) leugnet die Erbsünde u. hält den Menschen für fähig, aus eigener Kraft selig zu werden. (Dieser „Pelagianismus" wird bes. von *Augustinus* bekämpft und 431 vom Konzil zu Ephesos verworfen) *Proklos* aus Konstantinopel, Philos. d. plotinschen Neuplatonismus i. Athen († 485)	
	† *Hypatia* (von Christen gesteinigt), neuplaton. Philosophin i. Alexandria, Tochter d. Mathem. *Theon* ≈ *Joh. Cassianus* von Massilia (* ~ 360, † ~ 434) gründet in Marseille zwei Klöster (Gegner *Augustinus'*)	
	~ † *Orosius*, Presbyter in Afrika, schrieb Weltgeschichte „gegen die Heiden"	
	≈ Syrische Bibelübersetzung „Peschittho" („Die Einfache") Univ. Konstantinopel gegrdt.	
† *T'ao Yüan-ming*, chin. Lyriker; u. a. „Heimwärts" (Gedicht mit buddhist. Gedanken und lyrischer Naturschilderung) (* 365)		
	~ Ohrenbeichte verdrängt. öffentl.	
	† *Aurelius Augustinus*, Kirchenvater, seit 395 Bischof in Nordafrika; schrieb „Confessiones" („Bekenntnisse") und „De civitate Dei" („Über den Gottesstaat"), begrdte. christl. Geschichtsphilosophie, betonte Prädestinations- u. Gnadenlehre, ergänzte d. Ethik *Platos* durch „Glaube, Liebe, Hoffnung" (* 354) *Patrick* verbreitet Christentum in Irland, das in der Völkerwanderungszeit ein Mittelpunkt der röm.-christl. Kultur ist	

	Hunnen am Rhein · Völkerwanderung	*Dogmenstreit*
431		Drittes Konzil zu Ephesos gegen die Anhänger des Patriarchen von Konstantinopel, *Nestorius* († 451), der bei Christus menschl. und göttl. Wesen unterschied u. menschl. Natur Mariä lehrte) beschließt die Verehrung der Maria als Mutter Gottes (Nestorianer bilden bis ins 13. Jh. große christl. Sekte im Orient, vgl. 411)
432		
433	* *Odoaker (Odovakar)*, germ. Söldnerführer, „Patricius" von Westrom von 476 bis 493 (†)	
436		
437	Hunnen in röm. Dienst zerstören am Rhein das Reich der Burgunder (ursprüngl. von d. Insel Bornholm), das seit 406 mit d. Hauptstadt Worms bestand Neues Burgunderreich im südöstl. Frankreich (bis 534)	
438	„Codex Theodosianus" wird Gesetz (von Kaiser *Theodosius II.* gesammelte kaiserliche Edikte)	
439	Wandalen erobern unter *Geiserich* Karthago	~ *Sokrates Scholasticus* von Konstantinopel (* ~ 370, † ~ 450): Kirchengeschichte
440		*Leo I.* (d. Gr.) Papst bis 461 (vor ihm seit Chr. schon etwa 44 andere Bischöfe v. Rom)
443	Der röm. Staatsmann *Aëtius* siedelt die von ihm und hunnisch. Söldnern am Rhein geschlagenen Burgunder in Savoyen, dem heute frz. Teil der Schweiz, an (vgl. 437). (Seit 260 hatten die Alemannen den heute dt. Teil besiedelt) ~ Alemannen besetzen das elsäss. Gebiet (496 von den Franken unterworfen)	~*Vasubandhu*(*~400, † ~ 480): „Abhidharmakosha" (buddhist. Lehre)

Frühbyzantinische Kunst	Frühchristliche Hymnen	Spätantike Technik und Wissenschaft	
~ St. Sabina in Rom (dreischiffige Basilika mit Mosaiken) ~ Älteste „Kreuzigung Christi" (Holzrelief an der Tür v. St. Sabina in Rom) ~ „Moses-Mosaik" in Santa Maria Maggiore, Rom (Beginn von häufiger werdenden Moses-Darstellungen)			
~ Mosaike mit der Jugendgeschichte *Jesu* in St. Maria Maggiore in Rom (frühbyzant. Stil)			

	König Attila · Völkerwanderung	Sagenentstehung	Dogmenstreit
445	Nach der Ermordung seines Bruders *Bleda* wird *Attila* Kg. des Hunnenreiches bis 453 (†)		Kaiser *Valentinian III.* verleiht den kirchl. Anordnungen Bischof (Papst) *Leos I.* v. Rom Gesetzeskraft. *Leo I.* (d. Gr.) erreicht dadurch Anerkennung d. Primats des „Papstes" in der Kirche
446			Buddhistenverfolgung in Nordchina mit wirtschaftl.-sozialem Hintergrund
448	Ostrom wird dem Hunnenkg. *Attila* tributpflichtig		
449	Britannien wird von Angeln, Sachsen u. Jüten besetzt (wurde 407 von der letzten röm. Garnison geräumt); in Schottland u. Wales bleiben Kelten		Synode zu Ephesos (turbulent, daher „Räubersynode") bestätigt die Lehre d. Monophysiten, die eine einzige, gottmenschliche Natur Christi lehren (451 in Chalkedon wieder verurteilt, spalten sich bald in eine gemäßigte u. eine radikale Richtung)
450	† *Theodosius II.*, oström. Kaiser seit 408 (* 401); zunächst unter Vormundschaft des *Anthemius* und seiner Schwester *Pulcheria* Die Slawen beginnen in die von den germanischen Stämmen verlassenen Gebiete bis Elbe und Saale vorzudringen Völkerstrom durch Dacien (Rumänien): Hunnen und Gepiden (450), Awaren (555), Slawen und Bulgaren (680), Ungarn (830), Petschenegen (900), Kumanen (1050)	≈ *Sedulius:* „Carmen paschale" („Geschichte Christi" in Hexametern) ≈ Griechische Schrift löst die ägypt. Hieroglyphenschrift i. Ägypten ab	~ Beginnende Ausbildung der Formen des christl. Meßopfers durch Zusammenstellung eines Meßbuches von Papst *Leo I.* (vollständige Ausbild. des Meßgottesdienstes um ≈ 1000; vereinheitlicht 1570) Die syrische Kirche zerfällt in Nestorianer (in Christus menschl. u. göttl. Natur getrennt) u. Monophysiten (eine gottmenschl. Natur); daneben bleibt das röm.-kathol. Bekenntnis (bis 498)

Frühbyzantinische Kunst	Frühchristliche Hymnen	Spätantike Technik und Wissenschaft	
~ Grabkapelle d. Kaisermutter *Galla Placidia* (†) in Ravenna (frühbyzant.)	≈ *Paulus Diaconus* u. *Sedulius*, christliche Hymnendichter		

	West- und Ostrom · Völkerwanderung	Indische Dramen	Irische Klosterschulen
Im 5. Jahrhundert	Beginn der Aufzeichnung des Rechts der dt. Stämme in lat. Sprache ≈ Kultur des fränkischen Gräberfeldes bei Krefeld-Gellep (belegt 3.–8. Jh.) erweist antike Tradition	*Nonnos*, griech. Dichter aus Ägypt.: „Dionysiaka" („Zug des Dionysos n. Indien", i. 25000 Hexametern) u. eine metrische Umschreibung d. „Johannes-Evangeliums" *Kalidasa:* „Jahreszeiten" und „Der Wolkenbote" (ind. lyr. Dichtungen), „Sakuntala" (führt diese Dramengattung, ursprüngl. aus Tempeltänzen entstanden, aus der Improvisation auf literarische Höhe) u. a. Dramen sowie Epen (Höhepunkt der altind. Dichtung) Fränkische liedmäßige Fassung der beiden Teile des „Nibelungenliedes" (vgl. 1205) „Goldenes Zeitalter" der Literatur in Armenien (Bibelübersetzungen, armenische Werke, Übers. aus d. Griechischen) Japan übernimmt aus Korea chin. Schrift	Christliches („apostolisches") Glaubensbekenntnis entsteht, vermutl. in Gallien (Anfänge im 2. Jh. in Rom) Sog. „Athanasianisches Glaubensbekenntnis" entsteht (Dreieinigkeit und Menschwerdung Gottes durch Christus), vermutl. in Südgallien oder Spanien Bibelübersetzung des Armeniers *Mesrop* festigt armenische Staatskirche (anerkennt nur eine gottmenschliche Natur Christi, „monophysitisch") Irische Klosterschule in Armagh (bedeutender geistiger Mittelpunkt bis zum 9. Jh.) Die geistige Tradition d. Antike wird v. d. Klöstern d. Byzantinischen Reiches bewahrt (befruchten Humanismus u. Renaissance im 15. Jh.) Bischöfe beginnen den Ring zu tragen als Symbol d. Vermählg. mit der Kirche Ohrenbeichte in der christl. Kirche Die christl. Kirche Ägyptens (koptische Kirche mit Patriarchen in Kairo) trennt sich v. d. morgenländ. Kirche. Verwendet griech. beeinfl. neuägypt. Sprache *Buddhagosa:* „Der Weg zur Reinheit" (System des südl. Buddhismus) Yoga entwickelt sich von einem System der Askese zur Erlösungslehre

Frühbyzantinische Kunst	Frühchristliche Vokalmusik	Spätantike Technik und Wissenschaft	
Frühchristliche Mosaike in Rom und Ravenna Erste Darstellungen des Abendmahls (erst i. 11. Jh. häufiger) „Wiener Genesis" mit Buchmalereien im antik-syrischen Mischstil Nordeuropa übernimmt von Italien den Campanile (frei stehender Glokkenturm) Buddhist. Höhlentempel in Adschanta (Westvorderind.) mit zahllosen, aus dem Fels gearbeiteten Buddha-Figuren und Felsgemälden (die Anfänge der 29 Höhlen gehen in das –2. Jh. zurück) Syrische Glaswerkstätten erzeugen Gefäße mit Fadenauflage, Kopfgefäße, solche mit eingeschnittenen und geätzten Mustern, doppelwandige Vexiergläser u. a.	In Rom kennt der christliche Gottesdienst den Gesang im Wechsel zw. Vorsänger u. Gemeinde (responsorisch) u. zw. mehreren Chören (antiphonisch; beides n. jüd. Vorbild; vgl. 400)		Kulturhöhe i. Süddänemark gekennzeichnet durch d. Fund von Nydam: Schiffe aus Eichenholz, Schwerter, Helme, Schilde, Wagenteile, Eggen, röm. Münzen „Kamasutra" (ind. Lehrbuch d. Erotik; nach älteren Quellen)

451	Röm. Heer unter *Flavius Aëtius* und Westgoten unter Kg. *Theoderich* (†) schlagen Hunnen unter Kg. *Attila* in der Schlacht auf den Katalaunischen Feldern (Gallien) über den Rhein zurück. Höhepunkt der Hunnenmacht überschritten	
452	Hunneneinfall in Italien Die vor *Attila* flüchtende Festlandsbevölkerung grdt. Venedig auf einer Laguneninsel	Papst *Leo I.* schützt Rom durch Friedensverhandl. mit *Attila*, der aus Italien abzieht
453	† *Attila*, Kg. d. Hunnen seit 445 (nach der Hochzeit mit *Hildiko* [= *Kriemhild*] schneller Zerfall des Hunnenreiches)	Nach dem Ende d. Hunnenreiches lassen sich d. Ostgoten unter röm. Oberhoheit in Pannonien (Ungarn) nieder
454	Wandalen beherrschen Malta (ab 494 unter d. Ostgoten)	Kaiser *Valentinian III.* läßt seinen verdienten Feldherrn *Flavius Aëtius* (* 390) töten und wird (455) selbst ermordet
455	Franken beginnen d. Eroberung des linken Rheinufers u. d. Moselgebietes † (ermordet) *Valentinian III.*, weström. Kaiser seit 425, (* 419); es folgen noch neun schwache weström. Kaiser, bis 476 der Führer d. german. Söldner *Odoaker* den letzten weström. Kaiser absetzt	Wandalen unter Kg. *Geiserich* erobern u. plündern v. Karthago aus Rom (vernichten 460 eine römische, 468 eine byzantinische Flotte; der Begriff: „Wandalismus" wird erst 1794 geprägt)
456	Wandalen erobern Korsika (wird 533 v. Byzanz erobert)	* *Theoderich der Große*, König der Ostgoten von 471 bis 526 (†)
457	*Leo I.* (d. Gr.) byzantinischer Kaiser bis 471 (†). Befreit d. Reich von d. Herrschaft d. german. Söldner; kämpft gegen die Wandalen in Afrika	∼ *Childerich I.* König der sal. Franken in Tournai bis 481 (†)
458	Wandalen beherrsch. Sardinien (bis 533)	
466	* *Chlodwig I.*, *Merowinger*kg. d. Franken von 481 bis 511 (†); Gründer des Frankenreiches *Eurich* († 484) beseitigt seinen Bruder	*Theoderich II.* und wird Kg. der Westgoten. Läßt westgot. Recht aufzeichnen, erobert Teile von Gallien (Frankr.) und Spanien
470		
471	*Theoderich der Große* König der Ostgoten bis 526 (†) ≈ Blüte d. Maya-Städte-Kultur i. Südmexiko: Steintempel u. -paläste auf Erdpyramiden; entwickelte Metallbearb., Keramik, Weberei; Anbau zahlr.	Kulturpflanzen; Menschen- u. Tieropfer; auf astronom. Erfahrung begründete Kalenderrechnung; Bilderschrift (bis ∼ 610, dann Verfall durch Abwanderung)

Neuplatonismus · Dogmenstreit		Frühbyzantinische Kunst	
Papst *Leo I.* beeinfl. mit seinen „Epistula dogmatica" („Dogmatische Briefe" über d. Doppelnatur Jesu) das Konzil zu Chalkedon			
Die vierte ökumenische Kirchenversammlung in Chalkedon	(am Bosporus) verkündet den Lehrsatz, daß göttl. u. menschl. Natur Christi unvermischt u. unzertrennbar vereinigt sind, und stellt d. Patriarchen v. Konstantinopel dem Papst gleich		
		Taufkirche in Ravenna (durch Umbau der Thermen; achteckig, mit Reliefs u. Mosaiken)	
Staatstempel des Jupiter auf dem Kapitol in Rom durch Plünderung zerstört (geweiht –509)			
~ *Salvianus* v. Trier (* ~ 400, † ~ 480): "Von der Weltregierung Gottes" (asketi-	scher Grundzug)		
~ * *Damaskios*, letzter Lehrer der neuplatonischen Schule in	Athen (529 durch Kaiser *Justinian* geschlossen)		

	Ende des Weströmischen Reiches Frankenreich	Sagenentstehung	Dogmenstreit
475			
476	Sturz d. letzten weström. Kaisers *Romulus Augustulus* durch *Odoaker* (auch *Odovakar*), den Führer german. Söldnertruppen, der als „Patricius" des oström. Kaisers *Zenon* die „Diöcese" Italien verwaltet *Odoaker* verteilt Land an seine Truppen; achtet die polit. u. relig. Einrichtungen Roms. Ende d. Weström. Kaiserreiches. (Die Idee d. röm. Kaisertums wird im Mittelalter tragende Ideologie der kathol. Kirche u. des röm.-dt. Reiches)		~ *Proklos:* „Platonische Theologie" (lehrt die Entfaltung der Welt aus Gott in einem dialektischen dreiphasigen Prozeß; beeinfl. *Hegel*). Letzte Blüte nichtchristlicher Philosophie in Athen
480			~ * *Benedikt v. Nursia*, Begründer des abendländ. Klosterwesens († ~ 543) ~ * *Anicius Torquatus Severinus Boëtius*, röm. Philosoph u. Politiker († ~ 524, hingerichtet)
481	† *Childerich I.*, seit ~ 457 Kg. der salischen Franken in Tournai (sein Grab wurde seit dessen Entdeckung 1653 berühmt) *Chlodwig I.* Kg. d. Franken aus d. Geschlecht d. salischen *Merowinger* bis 511 (†) (*Merowinger* erheben Franken zu einem mächtigen Reich; durch wiederholte Teilungen geschwächt, wird d. letzte *Merowinger* 751 von *Pippin d. Kleinen* abgesetzt)		~ *Zosimos* sieht die Ursache des Zerfalls des röm. Reiches im Christentum
483	~ * *Justinian I.*, oström. Kaiser von 527 bis 565 (†)		Dogmenstreit zwischen Rom u. Byzanz (b. 519)
485			† *Proklos* aus Konstantinopel, Philosoph des plotinschen Neuplatonismus in Athen; versuchte das „Ursprüngliche" durch theosophische Zahlenmystik zu ergründen (* 411)

Frühbyzantinische Kunst	*Frühchristliche Vokalmusik*	*Ind. Mathematik*	
~ Höhlentempel in Yün-kang (Nordchina) der *Wei*-Dynastie mit zahlreichen handwerksmäßigen Steinfiguren (bes. Buddhafiguren) in Nischen		* *Aryabhata*, ind. Mathematiker; schreibt üb. Arithmetik (Dreisatzaufgaben, Wurzeln, einfache Gleichungen), Flächen- u. Körperberechnungen, stellt Sinustafel auf, wendet die Algebra unter Verwendg. negativer Zahlen auf die Astronomie an	
~ Fundsachen aus dem *Childerich*-Grab zeigen gotische Beeinfl. des fränkischen Kunstgewerbes: goldene, mit rötlichen Edelsteinen geometrisch verzierte Schmucksachen und Waffen			
~ S. Stefano Rotondo in Rom (Zentralbau-Grabkirche in einem antik-dekorativen Stil)			

	Italienisches Ostgotenreich Frankenkönig *Chlodwig I.*	Sagenentstehung	Christentum im Frankenreich
486	Frankenkg. *Chlodwig I.* besiegt den letzten röm. Machthaber in Gallien (Soissons) *Syagrius*. Beginn d. fränkischen Reiches (macht Paris 508 zur Hauptstadt seines Frankenreiches). Damit letzter Rest des Weström. Reiches beseitigt		~ Armenien wird im pers. *Sassaniden*-Reich der Christenglaube u. völliger Ausschluß d. zoroastrischen Staatsreligion zugestanden
489	Kg. *Theoderich* d. Ostgoten besiegt d. ital. Herrscher *Odoaker* (auch *Odovakar*) bei Verona (daher in d. Sage „Dietrich von Bern" [= Verona] genannt)		
490		~ *Dracontius* v. Karthago: „Laudes Dei" (Epos über den Zorn und die Gnade Gottes)	
493	*Chlodwig I.*, Kg. d. Franken, heiratet burgundische Königstochter *Chlothilde* († 548), die ihn zum Christentum bekehrt † Kg. *Odoaker*, von Kaiser *Zenon* von Byzanz als Patrizius v. Rom zunächst anerkannt, wird n. d. Niederlage gegen den v. *Zenon* zum kaiserl. Feldherrn ernannten *Theoderich* von diesem ermordet (* 433) Kg. *Theoderich d. Große* begrdt. das Ostgotenreich in Italien (dieses wird 554 v. Byzanz beseitigt) Ostgoten erobern Sizilien (gehörte seit —241 zum Röm. Reich; 535 v. Byzanz erobert)		~ *Brigida* (* ~ 453, † 523) grdt. in Irland weibl. Brigidenorden und Klöster ~ *Gelasius I.*, Papst v. 492—496 (†), stellt bischöfl. neben weltl. Gewalt ~ Im Ostgotenreich sind Goten als Arianer und Römer als Katholiken streng geschieden
494	Ostgoten herrschen über Malta (ab 534 unter byzant. Herrschaft)		
496	*Chlodwig I.* unterwirft Alemannien		*Chlodwig I.* läßt sich von *Remigius* (d. Hlg.) in Reims taufen
498	≈Mochica-Kultur der Chimú-Indianer in Peru: reiche bildhaft schildernde Keramik (u. a. Porträtvasen) Lehmziegel-Stufenpyramiden, menschenförmige Gottheit, Menschenopfer		Die Nestorianer, seit 431 als Ketzer aus d. Röm. Reich vertrieben, gründen Kirche i. Persien mit Patriarchat in Ktesiphon und Schule in Nisibis. Mission bis Indien, China u. Afrika (lehren getrennte göttliche und menschliche Natur Christi u. reine Menschennatur Mariä)

Frühbyzantinische Kunst	Frühchristliche Vokalmusik	Spätantike Technik und Wissenschaft
		Der oström. Kaiser *Zenon* läßt die Schule der Nestorianer in Edessa zerstören. Gelehrte fliehen an d. pers. Schule v. Gondêšapûr (bleibt auch im Islam bes. medizinisch bedeutend)
		∼ * *Cassiodorus*, röm. Gelehrter († ∼ 583) Kg. *Theoderich der Große* schenkt Kg. *Gundebald* von Burgund eine Wasseruhr * *Prokopios*, griech.-byzant. Historiker († ∼ 562)
		≈ Entwickelte Weberei mit einfachen Handwebapparaten bei den Chimú-Indianern

	Frankenreich · Völkerwanderung	*Spätantike Literatur*	*Neuplatonismus Frühchristentum*
500	*Chlodwig I.* versucht vergeblich, Burgund zu unterwerfen Burgunderkg. *Gundobad* († 516) kodifiziert burgund. Recht ~ Lex Salica (Salisches Gesetz), lat. Niederschrift d. Volksrechts d. sal. Franken (schließt d. weibl. Geschlecht a. d. Erbfolge d. Grundbesitzes aus, ein Grundsatz, der später in das Erbrecht zahlr. Fürstenhäuser übernommen wird) ≈ Die Bajuwaren (Markomannen) dringen aus Böhmen in Bayern ein ≈ Tschechen besetzen Böhmen, als die Markomannen nach Bayern wandern ~ Eindringen slaw. Stämme in die Donauprovinzen d. Oström. Reiches (Byzanz) Nach Besetzung des Niederdonau-Gebietes (~ 490) erobern Langobarden die ungar. Ebene zwischen Theiß und Donau und zerstören dort das mächtige Reich der (Ost-) Heruler (505) ≈ *Artus (Artur)*, Kg. der kelt. Briten u. Bretonen, kämpft gegen Sachsen. Mittelpunkt der sagenhaften Tafelrunde, welche Vorbild des Rittertums wird ≈ Die von den Angelsachsen aus England vertriebenen keltischen Bretonen kommen in die Bretagne ≈ Von Nordirland dringen die Skoten in Schottland ein (errichten 844 Kgr.) Die Hunnen erobern d. nordind. *Gupta*-Reich (bestand seit 320; in kleineren Staaten erhalten sich Nachkommen d. Dynastie bis ins 8. Jh.) ≈ Nazca-Kultur in Peru mit vielfarbigen Deckenstickereien und elf-farbiger Keramik, Wildkatzenartiger Gott mit zweitem Schlangenleib ≈ Vor-Inkakultur der Aimara in Tiahuanaco (Peru); bis ≈ 1200	≈ *Aristainetos* gibt in einer fingierten Briefsammlung ein Bild d. unmoral. Lebens in d. Großstadt Alexandria *Johannes Stobaios* aus Makedonien: Anthologie aus der griech. Literatur (Nachwirkungen i. d. Renaissance)	~ Verbindung des Christentums mit neuplatonischer Philosophie in dem griech. Werk des (Pseudo-) *Dionysius Areopagita* aus Syrien (wirkt stark auf d. Mystik d. Mittelalters) (vgl. auch 403) ≈ Ende der christl. Sitte, Taufe u. Abendmahl geheim abzuhalten ≈ Weihrauch i. christl. Gottesdienst (war schon d. Ägyptern, Babyloniern, Persern, Griechen, Römern, Israeliten als Räuchermittel bekannt) ≈ Durch Zusammenfassung von Mischna (jüd. Gesetz) u. Gemara (Auslegungen dazu) entsteht d. babylonische Talmud in babylon.-aramäischer Sprache (wird als eigentlicher Talmud maßgebend f. d. Judentum; vgl. 200 u. 400) ~ Durch *Tamo* aus Ceylon entsteht i. China der Ch'an-Buddhismus, der durch Meditationen, aber auch durch ein weltlich-tätiges Leben ohne feste religiöse Formen, das nichtige Wesen des Seins zu erkennen sucht, um so erlöst zu werden (gelangt 1191 als kämpferischer Zen-Buddhismus nach Japan) ≈ Der regelstrenge philosophische Brahmanismus beginnt in Indien die Erlösungsreligion des Buddhismus völlig zu verdrängen. Dieser besteht im übrigen Ostasien weiter

Frühbyzantinische Kunst	*Frühchristliche Vokalmusik*	*Boëtius*	
≈ Aus der Erstarrung antiker Kunstformen entsteht d. byzant. Stil in Byzanz u. Ravenna mit linien- u. flächenhaften Darstellungen ≈ Blüte d. byzant. Mosaikkunst in Byzanz u. Ravenna (v. ≈ 400 bis ≈ 650; zunächst antik beeinfl., erstarrt v. 7. Jh. ab) Großes Kuppelmosaik im Baptisterium d. Orthodoxen, Ravenna Mosaike im Mausoleum d. *Galla Placidia*, Ravenna ~ San Apollinare nuovo in Ravenna (frühbyzant. Basilika m. reichem Mosaikschmuck) ≈ „Codex argenteus" (oberital. Prunkhandschrift auf Pergament mit Evangelien in der ostgotischen Übersetzung *Wulfilas*) ~ Unter Papst *Symmachus* entsteht d. erste Anlage d. Vatikan-Palastes (wird 1378 päpstl. Residenz) ≈ Reichgearbeitete ostgot. goldene Adlerfibel mit Edelsteinen (Fundort Italien) ≈ Blüte der Goldschmuckarbeiten im Europa der Völkerwanderungszeit: Filigran, Schmelzarbeiten (Funde u. a. bei Cottbus, in Südrußland, Rumänien, Ungarn, Spanien, Frankreich) ≈ Die germanische Schmuckkunst der Völkerwanderungszeit zeigt neben der neueren phantastischen Tierornamentik auch die schon aus d. Bronzezeit stammenden geometrischen Ornamente ~ Wischnu-Tempel zu Deogarh (Nordind.) mit Steinreliefs ≈ China kennt Ölmalerei ≈ Muster aus bunten Federn in Alt-Peru („Federgemälde")	~ *Boetius:* „De institutione musica" (wird Grundlage d. Musiktheorie d. Mittelalters) ≈ *Romanos* (der Melode) aus Syrien, bedeutender Hymnen-Verfasser der griech. Kirche ≈ Musikinstrumente in Alt-Peru: Panflöte, Knochenflöte, Muschelhorn, Tontuba, Felltrommel	≈ Bischof *Nemesios* von Emesa: „Über die Natur des Menschen" (griech. medizin. philosoph. Schrift, maßgebend für d. Mittelalter; vgl. 1041) ~ *A. T. S. Boëtius* bearbeitet die Arithmetik d. *Nikomachos* aus Alexandria (v. 1. Jh.; wird ab ≈ 700 in d. Klöstern und Domschulen benutzt) ≈ Seit *Cäsar* wird an der Urbarmachung der Pontinischen Sümpfe gearbeitet. (Auch die Versuche von ≈ 1300 bis ≈ 1900 haben nur geringen Erfolg) Blüte der Alchimisten-Schule in Alexandria (400 bis 600). In Anlehnung an die griech. Naturphilosophie Versuche, unedle Metalle in edle zu verwandeln, (z. B. Gold aus gelbem Schwefel und glänzendem Quecksilber). Suche nach dem unbekanten „Stein d. Weisen", (auch „Prima materia", „Quintessenz")	≈ Angelsachsen tragen Hemden, darüber Tunika u. Mantel ≈ In Franken sind gepfropfte Obstbäume bekannt (der schon in *Homers* Zeiten bek. Obstbau kam mit den rom. Legionen *Cäsars* nach Mitteleuropa) ≈ Roggen in Europa als Brotgetreide ≈ *Tamo* bringt mit dem Ch'an-Buddhismus den Tee nach China, der ein beliebtes Getränk des Meditations-Buddhismus wird ≈ Gewandstoffe u. Tempelbehänge aus koptisch. Gräberfunden (spätägypt. Webkunst) ≈ Gänsefeder als Schreibfed. kommt auf (stärkere Verbreitung erst ab 13. Jh., allgemein i. Deutschland im 17. Jh.)

	Theoderich d. Gr. Frankenreich · Völkerwanderung	Spätantike Literatur	Boëtius
502		† *Narsai v. Mealletha*, syr. Dichter u. Leiter der nestorianischen Hochschule i. Nisibis	
507	Nach Unterwerfung der Alemannen (502) erobert Frankenkg. *Chlodwig I.* das westgot. Gebiet zwischen Loire und Garonne. Damit entsteht ein selbständiges Frankenreich Westgotenreich in Altkastilien (bis 711)		≈ Bei den Alemannen Gräber mit Holzsarg und zahlreiches Holzgerät
508	∼ * *Theodora*, Gemahlin Kaiser *Justinians I.* († 548)		
510	Die südfrz. Provence kommt zum Reich d. Ostgoten in Italien (536 zum Frankenreich)		
511	† *Chlodwig I.*, *Merowinger*-Kg. d. Franken seit 481, Grd. des Frankenreiches (* 466). Erste Teilung des fränk. Reiches nach dem Tode des ersten Kgs. *Chlodwig I.* unter seine vier Söhne mit Höfen in Soissons, Paris, Metz, Orléans		
517	Das v. *Chlodwig* 486 gegr. Frankreich übernimmt mit d. röm. Recht Grundzüge der antiken Gesellschaft (vgl. 486)		∼ Starke Förderung d. Buddhismus u. seiner Kultur in Mittelchina durch *Wu-ti*, Kaiser von China 502 bis 549, der vom Konfuzianismus zum Buddhismus übertritt und später Mönch wird. Abschaffung von Todesstrafe und Tieropfer
519			Oström. Kirche anerkennt weström. Dogma (Streit seit 483)
522			
524			∼ † *Anicius Torquatus Severinus Boëtius*, Berater des Ostgotenkgs. *Theoderich*, wegen angeblichen Verrats hingerichtet; übersetzte Logik des *Aristoteles*, schrieb im Gefängnis „Trost der Philosophie" (*∼480; beeinfl. Scholastik)

Ostasiatische Kunst	Frühchristliche Vokalmusik	Ind. Astronomie	
~ Frauenkloster St. Césaire in Arles			
		~ *Arjabhata*, ind. Astronom (476), schreibt astron. Lehrbuch (dar. Achsendrehung d. Erde); faßt das ind. mathem. Wissen in 33 Verspaare zusammen	
„Zwei Buddhas im Gespräch" (chines. Bronzeplastik im archaischen Stil der *T'ang*-Zeit)			
Älteste erhaltene chin. Pagode (entwickelte sich aus der ind. Stupakuppel u. dem chin. Pavillon)			

	Theoderich d. Gr. Ende des Wandalenreichs	Ende der antiken Philosophie	
525		*Dionysius Exiguus* († 540): „Ostertafel“ (irrt sich im Geburtsjahr Christi; vgl. 735) ~ Konstanz Bischofssitz	
526	† *Theoderich d. Gr.*, Kg. d. Ostgoten seit 471, Herrscher in Italien seit 493; obwohl selbst arian. Christ bewahrte er d. röm. Staatsverfassung (* ~ 456). Nach seinem Tode zerfällt das Ostgotenreich in Italien, Dalmatien, Sizilien, Slawonien, Alpen, Provence. Lebt als „Dietrich v. Bern“ (Bern = Verona) in d. dt. Sage fort. Seine Regierung bedeutete Wohlstand für Italien		
527	*Justinian I.* oström. Kaiser bis 565 (†); wird stark von seiner Gattin *Theodora* beeinflußt; läßt umfassendes Gesetzbuch „Corpus juris civilis“ zusammenstellen		
529	Regensburg wird Hauptstadt des Hzgt. Bayern	Kaiser *Justinian* läßt Redner- u. Philosophenschulen in Athen schließen. Äußerliches Ende der direkten Tradition d. klass. griech. Philosophie *Benedikt von Nursia*	grdt. d. Kloster Monte Cassino (Mittelitalien), den Ursprung d. europ. Mönchswesens Mit d. Grdg. d. Benediktinerordens entstehen d. ersten europ. Klosterschulen
531	Franken erobern das Hermundurenreich in Thüringen (seit ≈ 400) *Chosrau I. Anoscharwan* Kg. v. Persien bis 579; bedeutendster *Sassaniden*-Herrscher; herrscht nach erfolgr. Kriegen zwischen Indus und Mittelmeer, Schwarzem Meer und Arabien; beseitigt antifeudale Reform seines Vorgängers einschl. Güter- und Weibergemeinschaft		
532	*Belisar* unterdr. Aufstand d. „Blauen“ u. „Grünen“ Partei in Konstantinopel. Stadt wird zerstört		
533	Der oström. Kaiser *Justinian* und seine Feldherren zerstören das Wandalenreich in Afrika, auf d. Balearen, Korsika, Sardinien u. Sizilien (entstand seit 429)		

Pers. Literatur	Frühbyzantinische Kunst	Frühchristliche Wissenschaft
	~ Baptisterium der Arianer i. Ravenna (frühbyzant. Zentralbau mit Mosaiken)	~ Der griechische Kaufmann u. Geograph *Kosmas Indikopleustes* aus Alexandria reist nilaufwärts, dann bis zur ostafrikanischen, persisch., indischen Küste. Schreibt „Christliche Ortskunde", worin er die Erde als viereck. Scheibe darstellt
	~ Grabmal *Theoderichs* b. Ravenna (zweistöck. Rundbau) ~ Apsismosaik in S. Cosma e Damiano, Rom	
		~ Schaufelradschiff mit Tiergöpel-Antrieb beschrieben und abgebildet
		Der zu Monte Cassino gegründete Benediktinerorden übernimmt später auch die hippokratisch-galenische Medizin der Antike u. verbreitet sie nach Deutschland
≈ Unter König *Chosrau I.* Blüte d. pers. Literatur		
	Kaiser *Justinian I.* baut das durch Parteikämpfe zerstörte Konstantinopel wieder auf; 25 Kirchen, darunter die Hagia Sophia	

	Ende des italienischen Ostgotenreiches	Frühchristl. Literatur	Christliche Dogmatik
534	Kaiser *Justinian* sammelt Rechtsgrundlagen im „Corpus juris civilis“ Die *Merowinger*-Frankenkge. haben das Reich der Burgunder mit d. Schweizer Gebiet unterworfen (im Südwesten Burgunder, in Graubünden Räter, im übrigen Teil Alemannen ansässig) Toledo wird Hauptstadt und kirchlicher Mittelpunkt des span. Westgotenreiches (bis 711, dann unter arab. Herrschaft) Malta unter byzant. Herrschaft (bis 870, dann arabisch)		
535	Oström. Feldherr *Belisar* vernicht. das Ostgotenreich in Italien (seit 489), das ab 553 oström. Provinz unter *Narses* wird Byzanz erobert Sizilien v. d. Ostgoten (S. wird 827 bis 878 v. d. Arabern erobert)	~ * *Fortunatus Venantius*, christl.-lat. Dichter und Bischof († ~ 600)	
536	Nach Untergang des Ostgotenreiches kommt die Provence zum Frankenreich Goten verlieren Neapel an Byzanz (kommt im 11. Jh. an die Normannen)		
537			*Vigilius*, Papst bis 555 (†); zeigt schwächliche Haltung im Lehrstreit mit Byzanz
540	Byzanz verliert den Handelsplatz Antiochia (Syrien) an d. Perser (Byzanz wird im Frieden von 561 an Persien tributpflichtig; A. kommt 637 an d. Araber)		

Frühbyzantinische Kunst	Frühchristliche Wissenschaft		
	~ *Johannes Philoponos (Grammatikos* ~ 485, † ~ 555) lehrt: Einem geworfenen Körper ist eine Kraft eingeprägt, die ihn vorwärtstreibt (korrigiert durch das Trägheitsgesetz v. *Galilei* um 1600)		
~ Chinesische Fresken in Tun-huang in der Art von Bilderrollen (Kakemono) (früheste erhaltene chines. Wandmalereien mit Anfängen einer Landschaftsdarstellung)		Pest im Römischen Reich	
Hagia Sophia in Konstantinopel (byzantinische Kuppelbasilika, Baubeginn 533)			
~ Lucius-Krypta in Chur (Graubünden)	~ * *Gregor*, Bischof v. Tours, fränk. Geschichtsschreiber († ~ 594)	~ Die byzantin. Kaiserin *(Theodora)* trägt langes, helles Gewand mit Goldstickerei und Edelsteinsaum, Purpurmantel mit Stickerei, Perlendiadem mit Gehänge, spitze Schuhe	Der byzant. Kaiser *(Justinian)*: Kurzes, weißes, goldverziert., gegürtet. Untergewand, Purpurmantel m. viereckig. Einsatz als Würdeabzeichen, Perlendiadem, spitze Schuhe

	Theodora · Awaren	Frühchristl. Literatur	Benedikt v. Nursia
542	*Totila*, Kg. der Ostgoten seit 541, erobert bis 550 gegen die Byzantiner Rom und Italien (außer Ravenna)		
543			~ † *Benedikt v. Nursia*, wurde mit Grdg. des ersten Benediktinerklosters Monte Cassino Begrd. des abendländ. Mönchswesens (* ~ 480)
546	*Totila* erobert Rom (gibt es 547 auf) Langobarden besetzen Pannonien (Westungarn)		~ „Dreikapitelstreit" zw. Papst *Vigilius* und *Justinian*, der 544 in drei Sätzen Theologie der Antiochenischen Schule verurteilte
547			
548	† *Theodora*, Gemahlin Kaiser *Justinians I.*; vorher Tänzerin und Hetäre; zeigte später Frömmigkeit und Wohltätigkeit (* ~ 508)		
549			
550	Rom wird zum zweitenmal von Totila erobert ≈ Die tatarischen Awaren stoßen zur Donau vor (seit ≈ 400 im Vorstoß von Mittelasien nach Westen, sie werden von den Bulgaren 803 endgültig geschlagen; 873 verschwindet ihr Reich; vgl. 570)	~ *Hesychios aus Milet*: Lexikon griechischer Schriftsteller	~ * *Columbanus* (d. J.), irischer Missionar in Burgund u. Lombardei († 615) ~ Grab vornehmer Fränkin mit wertvollem Schmuck im späteren Dombereich i. Köln (entd. 1950)

Frühbyzantinische Kunst	*Spätantike Technik und Wissenschaft*		
∼ Säulenbasilika mit Mosaiken in Parenzo (Porec)	∼ *Gildas* d. Weise (* ∼ 500, † 570) schreibt Britanniens Geschichte seit röm. Eroberung (erste brit. Geschichtsschreibung)	Beulenpest, seit d. 3. Jh. in Ägypten u. Syrien, erreicht mit eingeschleppten Ratten u. ihren Flöhen Konstantinopel (wirkt verheerend in Europa bis ≈ 600)	(Die früheren als „Pest" bezeichneten Seuchen sind nicht sicher als echte Beulenpest erwiesen, teilw. als andersart. Krankheiten erkannt)
	Bei d. Belagerung Roms durch die Goten werden erstmalig Schiffsmühlen verwendet, d.h. durch den Strom angetriebene Wasserräder auf verankerten Schiffen		
San Vitale in Ravenna (frühbyzant. achtseitiger Zentralbau)			
San Apollinare in Classe in Ravenna (frühbyzant. Basilika mit Mosaikschmuck, Baubeginn ∼ 535)		≈ Adlige Kultur i. Sassanidenreich: Jagd, Polo, Saiten-	spiel, Schach, Frauenverehrung, Kosmetik, Tanz
∼ Maximians-Kathedrale in Ravenna Mosaik in S. Apollinare (Ravenna) mit einer der ersten Abendmahlsdarstellungen ≈ „Josuarolle" (10 m lange Pergamentrolle mit Bildern aus d. Leben *Josuas*, Kopie im Stil d. 4. Jhs.) ≈ Ajanta-Höhle (vgl. —2. Jh.) wird mit buddhistischer Malerei geschmückt	≈ *Dioskorides'* Arzneimittellehre als Handschrift m. Bildnissen von Ärzten ∼ Ein heilkundig. griechisch. Sklave kostet in Rom 60 Goldstücke		

	Frankenreich · Völkerwanderung	Indische Literatur	Christliche Dogmatik
Im 6. Jahrhundert	Slawische Stämme besiedeln Mecklenburg Die Uckermark wird von den slawischen Ukrainern bewohnt (1250 von Brandenburg erobert) Polen besiedeln westliches, Ukrainer östliches Galizien In Nubien (Nordostafrika) entsteht ein christl. Staat (wird ≈ 1300 nach Eroberung durch d. Araber mohammedanisch) Toltekenreich unter einem Priesterkg.; setzt die Teotihuacankultur in Mexiko fort: gr. Tempelpyramiden, Zeitrechnung, Ackerbau	*Bharavi*, ind. Epiker *Cûdraka:* „Vasantasena" („Das Tonwägelchen", ind. Schauspiel) *Musaios:* „Hero und Leander" (griech. erotisches Epos)	Augsburg wird Bistum In den christlichen Kirchen kommen Nebenaltäre auf Die Kirche übernimmt das schon b. d. Persern u. in Rom gefeierte Neujahrsfest als Tag der Beschneidung u. Namensgebung Christi 8 Tage n. Weihnachten Strengere Sonntagsruhe setzt sich durch *Zarathustras* Lehre im pers. „Avesta" zusammengefaßt
551	Ostgotische Flotte von den Byzantinern geschlagen		
552	† *Totila*, Kg. d. Ostgoten seit 541, im Kampf geg. d. Byzantiner unter *Narses* *Teja*, letzter Kg. d. Ostgoten, fällt *Shotoku Taishi* Herrscher von Japan bis 621; übernimmt d. polit. Formen d. chines. Beamtenstaates unter zentraler Herrschaft u. chin.-buddhist. Kultur		~ Japan übernimmt aus China die buddhistische Religion (ausgelöst durch Schenkung einiger Buddhabilder u. Schriften v. einem Kg. auf Korea)
553			Nach langem Streit wird die Philosophie von *Origenes* aus Alexandria († ~ 253) auf d. 5. allg. Konzil zu Konstantinopel als nicht rechtgläubig verurteilt

Frühbyzantinische Kunst	*Frühchristliche Vokalmusik*	*Frühchristliche Wissenschaft*	
„Goldenes“ Justinianisches Zeitalter der byzantinischen Kunst Byzantinische Mosaike, bes. in Ravenna Zahlreiche byzantinische Kirchen entstehen: darunter San Vitale in Ravenna (Zentralbau). Byzant. Zellenschmelzarbeiten Kaiserin *Theodora* u. Gefolge (byzant. Mosaik in S. Vitale, Ravenna) Bischofstuhl des *Maximian* (Elfenbeinschnitzerei in Ravenna) Santa Maria in Organo (Verona; langobard. Bau; 1481 i. Renaissancestil umgebaut) Grdg. d. St.-Servatius-Kirche in Maastricht (ältest. Kirche d. Niederlande, Neubau im 15. Jh. fertiggestellt) In der christl. Kunst entsteht die Form des Kruzifixes (vorher nur Kreuz als Symbol, ohne Leib Christi) Tierornamentik in d. nordischen Kunst (u. a. sehr reich gearbeitete Metallfibeln) Indische Tempel erhalten turmartige Hochbauform		**Den Indern sind die negativen Zahlen u. die Null bekannt (in Europa im 16. Jh.); sie setzen die Kreiszahl Pi = 3,1416** **Mathemat., Astronomie u. Medizin im späten Sassanidenreich sind indisch beeinflußt** Mosaik-Karte v. Palästina in der Kirche Mádaba	Anfänge d. Schachspiels in Indien ≈ Dreifelderwirtschaft beginnt sich zu verbreiten
Chinesische Grabsteine mit Szenen aus dem Leben *Buddhas* und früher Landschaftsdarstellung		~ *Jordanis* (*~500, † ~ 552), Bischof in Unteritalien: „Geschichte der Goten“	
≈ Hoher Stand des Kunsthandwerks im späten Sassanidenreich: Teppiche, Brokat, Silber- u. Emailarbeiten			Mönche schmuggeln Seidenraupeneier v. Ceylon nach Byzanz (von hier verbreitet sich die Seidenraupenzucht über Europa)
~ Krypta St. Médard in Soissons			~ Seidenindustrie wird Staatsmonopol im oström. (byzant.) Reich

Langobardenreich in Italien

554	Nach dem endgültigen Sieg über das Ostgotenreich wird der oström. Feldherr *Narses* der erste Exarch über die	oström. Provinz Italien mit Sitz in Ravenna ~ *Garibald I.*, 1. bayr. Herzog, Sitz Regensburg
558	*Chlotar I.*, Kg. in Soissons seit 511, Sohn *Chlodwigs I.*, wird Herrscher im ganzen Frankenreich einschl. Thüringen bis 561	
559	*Belisar* (* ~ 500, † 565), Heerführer des oström. Herrschers *Justinian I.*, schlägt die Hunnen bei Konstantinopel zurück	
561	Das unter Kg. *Chlotar I.* (seit 558) vereinigte Frankenreich wird erneut geteilt in Austrasien (mit Reims u. Metz), Neustrien (mit Soissons, Paris, Orléans	u. Tours) und Burgund (Rhônegebiet). Zerfall des Reiches durch innere Kämpfe der Adelsparteien (bis 618)
562		
565	† *Justinian I.*, oström. Kaiser seit 527; zerstörte Wandalen- und Ostgotenreich, machte Italien zur oström. Provinz (* ~ 483)	Durch d. Langobarden werden die Byzantiner nach Süditalien verdrängt (halten jedoch Ravenna bis 754)
567	Langobarden vernichten gemeins. mit den Awaren das Gepidenreich d. Goten an d. unteren Weichsel (seit ≈ 250)	*Leovigild* (letzter arianischer) Kg. der Westgoten bis 586; verdrängt Byzantiner aus Südspanien
568	Langobarden dringen in Italien ein und begrden. unter Kg. *Alboin (Albuin)* Langobardenreich in Nord- und Mittelitalien (774 durch *Karl d. Gr.* zerstört)	
570	Asiatisches Nomadenvolk d. Awaren grdt. Reich in Ungarn/Niederösterr.	
573		
575	~ Slowenen wandern in Krain ein (kommen 788 unter bayer. Oberhoheit, wo sie vor d. Awaren Schutz suchen)	

Christliche Dogmatik	Spätantike Technik und Wissenschaft
	~ † *Prokopios*, griech.-byzantin Historiker, Begleiter d. Feldherrn *Belisar*; schrieb eine sachliche Darstellung d. Kriege *Justinians* mit den Persern, Wandalen u. Goten (* ~ 490)
Westgotenkg. *Leovigild* hebt Eheverbot zw. Goten u. Romanen auf	
~ Der chinesische Mönch *Chi-k'ai* (* 531, † 597) deutet die Schriften des Buddhismus im Sinne eines mystischen Symbolismus für Eingeweihte ~ * *Mohammed* (in Mekka), arab. Begrd. d. Islam († 632)	
* *Abu Bekr*, erster Kalif der Mohammedaner († 634), Vater der Lieblingsfrau Mohammeds *Aischa* (* 614, † 678)	
	~ *Alexander v. Tralles* (* ~ 525, † 605) schreibt in Rom griech. medizin.-therapeut. Sammelwerk

	Westgoten in Spanien	*Arianer werden katholisch* *Christliche Dogmatik*	
583			
585	Westgotenkg. *Leovigild* unterwirft ganz Spanien	Auf der Synode von Mâcon beansprucht d. Kirche die Abgabe d. Kirchenzehnts v. allen Gläubigen (wird später v. *Karl d. Gr.* bestätigt)	
586			
587		Westgoten i. Spanien treten vom Arianismus (Christus nicht von Ewigkeit her) z. Katholizismus über (führt in d. Folgezeit zur Herrschaft der	Geistlichkeit, zu deren Bekämpfung 711 die Araber zu Hilfe gerufen werden) Ältestes japan. buddhist. Kloster gegrdt.
589	Herzog *Yang* beendet die Uneinigkeit Chinas und begrdt. *Sui*-Dynastie (wird 618 ermordet)	≈ Unter Kg. *Authari* (seit 584, † 590) und seiner Gemahlin *Theodelinde*, Tochter des Bayernhzgs. *Garibald*,	vollzieht sich der Übergang der Langobarden vom arianischen zum katholischen Christentum
590	*Agilulf* König der Langobarden bis 615 (†)	*Gregor I.* (der Große) Papst bis 604 (†, * ~ 540); fördert Kirchengesang, Mönchtum u.	Christentum in Britannien; erster Mönchspapst Lausanne Bischofssitz
591	*Chosrau II.* Kg. v. Persien bis 628 (unt. ihm höchste Macht d. Sassaniden)		
594			

Frühbyzantinische Kunst	*Frühchristliche Wissenschaft*	
	~ † *Cassiodorus*, röm. Gelehrter, Anhänger d. Ostgoten; schrieb „Chronika" (Weltgeschichte), „Institutiones divinarum et humanarum litterarum" (Enzyklopädie); sorgte für Erhaltung der antiken Literatur durch Abschriften i. Kloster Vivarium (* ~ 490)	
Horyuji-Tempel in Nara gegründet (erhält „Goldene Halle", 5 geschossige Pagode und „Traumhalle"; vgl. 710)		
„Etschmiadsin-Evangeliar" (byzantinische Bilderhandschrift im armenischen Kloster Etschmiadsin) „Rabula-Evangeliar" (lat. Bibel mit frühbyzant. Buchmalerei)		
~ St. Gereonskirche in Köln		
	~ Der fränkische Historiker *Gregor von Tours* erwähnt Kirchenfenster aus Glas	
	~ † *Gregor*, Bischof von Tours und Historiker; schrieb „Gesta Francorum" („Taten der Franken") (* ~ 540)	

	Frankenreich · Völkerwanderung	*Arabische Dichtung* *2. Lautverschiebung*	*Gregor d. Gr.*
600	~ In Tibet entsteht ein einheitlicher Staat ≈ Tschechen u. Slowaken besiedeln unter awarischer Oberhoheit Böhmen u. Mähren (Slowakei ab 10. Jh. unter ungar. Herrschaft) ≈ Die südslaw. Serben wandern in d. serbische Gebiet ein (im 9. Jh. bilden sich unter byzant. Oberhoheit zwei größere Staaten: Rascien [d. eigentl. Serbien] u. Zeta [an d. Küste]) ≈ Abklingen der Völkerwanderung ≈ Chasaren (Hunnen?) bilden Reich zwisch. unterer Wolga und unterem Don	~ † *Antara ibn Schaddad*, einer der 7 bedeutenden vormohammedan.-arab. Dichter; schrieb „Diwan" (Gedichtsammlung) ≈ Kasside („Zweckgedicht", arab.) entsteht (arab. Lob- oder Spottgedicht in etwa 20zeiliger Reimform) ~ † *Fortunatus Venantius*, Bischof von Poitiers; schrieb lat. Heiligengeschichten und Gedichte (dar. eine Mosel- und Rheinfahrt) (* ~ 535) ≈ Zweite (hochdeutsche)Lautverschiebung: die ober- und mitteldt. Mundarten trennen sich vom Niederdt.; u. a. werden k, t, p im Anlaut zu kch, z, pf, nach Vokalen zu ch, ss, ff; z. B. water = Wasser, tid = Zeit ≈ Chinesische Umgangssprache kommt auf, besonders durch die Lyrik der *T'ang*-Dynastie	~ Papst *Gregor* (d. Gr.) fordert Bilder als Bibelersatz für Analphabeten; erstrebt friedl. Bekehrung der Juden; entwickelt Lehre vom Meßopfer und Fegefeuer, fördert Heiligen- u. Reliquienkult, schreibt Erklärung d. Buches Hiob, „Dialoge" und ein Handbuch der Pflichten des Klerus ~ *Isidorus* (* ~ 560, † 636) Bischof von Sevilla, sammelt antikes Schrifttum ~ Canterbury erstes Bistum in England ≈ Religiöse Toleranz im späten Sassanidenreich Vorderasiens: Neben Zarathustrismus und Astrologie Nestorianer- und Judentum ≈ Im Chasarenreich herrscht relig. Toleranz (≈ 800 dominiert mosaischer Glaube) ≈ Große Hügelgräber mit zahlreichen Beigaben in Nordeuropa (bes. f. Fürsten)

Vorkarolingische Kunst *Indische Kunst*	*Gregorianischer* *Gesang*	*Frühchristliche* *Wissenschaft*	
∼ Erste Anfänge der Kathedrale in Arles (Umbauten noch im 12. Jh.) ≈ Die Goldschmiedekunst der merowingisch-fränkischen Zeit bringt zahlreichen Schmuck hervor u. verwendet d. Techniken der Gravierung, Tauschierung, Zellverglasungen, Edelsteinfassungen u. a. (z. B. Adlerfibeln) ≈ Goldschale des Kgs. *Chosrau II.* (pers. Goldschmiedearbeit) ≈ Germanisches Bildmotiv: Mann zwischen Tierköpfen (u. a. Daniel zw. Löwen) ≈ Koptische Kunst in Ägypten (Mischstil unter ägypt., hellenist., byzantin., arabischem Einfluß, von ≈ 250 bis ≈ 850) ≈ Die buddhistische Plastik Chinas zeigt gegenüber dem archaischen Stil ∼ 500 eine besser durchgearbeitete Körperlichkeit ≈ Der jetzt einsetzenden hochentwickelten nord- u. südindischen Bau- und Bildhauerkunst in Stein müssen hochentwickelte Kunstepochen mit vergängl. Material (bes. Holz) vorangegangen sein ∼ Indische Höhlentempel bei Badami (Westvorderindien); Reliefplastiken; gr. Hallen mit Säulenreihen (5 m hoch) ≈ Brahmanischer Muktesvara-Tempel in Bhubanesvara mit relativ geringem, die Architektur betonendem, plastischem Schmuck. Steht am Anfang der umfassenden brahm. Tempelbaukunst in d. ind. Provinz Orissa am Beng. Golf, wo der nordind. (Nagara-) Stil bis ∼ 1300 etwa 600 Tempel hervorbringt ≈ In Bihar (in Nordindien, früher Magadha), dem Ausgangsort des Buddhismus, entstehen klassische Buddha-Figuren in Yoga-Haltung ≈ Zahlreiche buddhist. Steinreliefs u. Felsfiguren bei Anuradhapura (Ceylon)	∼ Sammlung von Kirchengesängen im „Antiphonar" durch Papst *Gregor I.* faßt die durch viele Völker beeinflußte frühchristliche einstimmige Musik zusammen (*Gregorianischer* Gesang). Beginn der Neuordnung d. christlichen Kirchengesanges (abgeschl. erst im 12. Jh., vgl. 1100) ∼ *Gregor I.* grdt. „Schola cantorum" (Singschule) als klösterl. Bruderschaft	∼ *Isidorus* v. Sevilla schreibt Enzyklopädie aller Wissenschaften ≈ In China kommt der Buchdruck mit geschnitzten Holztäfelchen auf (ohne bewegliche Lettern; vgl. 868) ≈ Langobardische Spangenhelme (aus mehr. Metallplatten zusammenges.)	≈ In Italien wird Geld- durch Naturalwirtschaft verdrängt ≈ Nach der Völkerwanderg. löst in Mitteleuropa d. geregelte zeitliche Wechsel v. Acker- u. Weideland die „wilde" Feldgraswirtschaft ab (im 8. Jh. Aufkommen d. Dreifelderwirtschaft), u. das gutsherrlich-bäuerliche Verhältnis bildet sich aus ∼ Aus Indien gelangt die Pockenkrankheit über China nach Vorderasien u. Südeuropa (im 15. Jh. nach Deutschland; war auch schon vorher in Europa aufgetreten, z. B. —429 in Athen)

	Perser erobern Damaskus	*Gregor d. Gr.* *Anfänge des Islam*
602		
604	London erwähnt (entstand schon in d. vorrömischen, keltischen Zeit)	† *Gregor I.* (d. Gr.), Papst seit 590 (* ~ 540)
606	Letztes nordind. Großreich unter einheimischen Herrschern durch Kg. *Harsha* v. Kanauj errichtet († 647) (danach zerfällt Nordindien in eine Vielzahl v. Staaten, die v. d. Kriegerkaste d. *Radschputen* regiert werden)	* *Fatima*, Tochter *Mohammeds* († 632) Ausbau eines Beamten-Prüfungssystems in China (gilt bis ins 20. Jh.)
607	Venedig wird zu einem Staat unter einem Dogen Erste japan. Gesandtschaft n. China	Fest aller Märtyrer in der röm. Kirche
609		~ *Columbanus* (d. J.) grdt. Kloster Luxeuil in den Vogesen mit streng asket. Regel
610	*Heraklios I.* oström. Kaiser bis 641 (†, * 575); kommt 628 zu einem siegreichen Frieden mit den sein Reich bedrohenden Persern	~ *Mohammed* tritt als Prophet auf u. wendet sich im Namen des einzigen Gottes (Allah) gegen d. götzendienerische Verehrung des Kaaba-Heiligtums in Mekka. Findet besonders Anhänger unter d. Armen, während d. Reichen ihn bekämpfen, aus Furcht vor materiellen Nachteilen für Mekka
612		*Arnulf* Bischof von Metz bis 627 (* ~ 582, † 641); Stammvater d. *Arnulfinger* u. *Karolinger*. Sein Sohn heiratet die Tochter des Hausmeiers *Pippin I.* († 639) ~ *Gallus*, Schüler des *Columbanus*, grdt. Einsiedlerzelle, woraus Kloster St. Gallen entsteht
614	Perser erobern Damaskus (613) und Jerusalem und erbeuten das Heilige Kreuz (628 v. Byzanz zurückgewonnen)	*Columbanus* (d. J.) grdt. Kloster Bobbio/Oberitalien

Japanische Kunst	Gregorianischer Gesang	Frühchristliche Wissenschaft	
≈ Mittelamerikanische „Olmeken"-Kultur von Cozumalhuapa (bis ≈ 900): Tempel mit Reliefstelen (Sonnengott, Menschenopfer, Siege üb. Maya, Tanzszenen)			Große Laufverlegung des Hoangho in China (bis 1852 mehr als sieben weitere, bilden zus. mit den großen Überschwemmungen ein ernstes soziales Problem Chinas)
Kathedrale St. Trophime in Arles (1152—80 umgebaut)			
∼ Älteste japan. Pagode im Horyuji-Tempel in Nara (diese Form entwickelt sich aus d. chin. Holzpagoden)			
	Crewth (keltisches Streichinstrument der Barden) erwähnt		

	Frankenreich · Merowinger	Mohammed	
615	† *Agilulf*, Langobardenkg. seit 590; führte das Christentum ein (dadurch Annäherung an Rom)	† *Columbanus* (d. J.), irischer Missionar i. Burgund u. Lombardei; grdte. Klöster m. strenger Regel (* ~ 550)	
618	~ Jeder der 3 Reichsteile Frankens (Neustrien, Austrasien, Burgund) besitzt einen Majordomus (Hausmeier) als Vorsteher der kgl. Hofhaltung Ende der chin. *Sui*-Dynastie (vgl. 589). *T'ang*-Dynastie in China (bis 907). Größte Machtausdehnung (bis zum Kaspischen Meer) und hohe Kultur		
620			
622		„Hedschra": *Mohammed* flieht vor seinen Feinden aus Mekka nach Medina und grdt. dort eine Gemeinde, da sich die Bewohner Medinas	durch jüd.-religiösen Einfluß f. seine Lehre aufgeschlossener zeigen (wird Ausgangsjahr der mohammed. Zeitrechnung)
623	Slawenreich des frank. Kaufmanns *Samo* bis 656. Die Herrschaft d. Awaren und Franken wird abgeschüttelt. Das Reich erstreckt sich bis Magdeburg und Passau		
624		*Mohammed* heiratet *Abu Bekrs* 10jähr. Tochter *Aïscha* (heiratet in d. Folgezeit noch viele	Frauen, was bes. nach seinem Tode zu Familienintrigen führt)
625	~ *Narasimhavarman I.* Kg. in Südindien aus d. *Pallava*-Dynastie bis ~ 645; regt wahrsch. d. südind.-drawidische Stein- und Felskunst an, erobert Hauptstadt Badami d. *Chalukya*-Kgs. *Pulakesin II.*, empfängt d. chines. Reisenden *Hsüan Tsang* (der auch von *Pulakesin* empfangen wurde; vgl. 629)	*Honorius I.*, Papst bis 638 (†) (680 als monotheletischer Ketzer verdammt) ~ Straßburg Bischofssitz	*Dagobert I.* gründet Abtei Saint Denis

Japanische Kunst	Gregorianischer Gesang	Chin. Porzellan	
		≈ Erste nachweisbare Porzellan-Keramik in China (dünnwandiges glasiertes Hartporzellan erst ~ 1350)	
Tori: Buddha-Bronzestatue im Horyuji-Tempel in Nara (frühest. japan. Plastik eines Künstlers chin. Herkunft)			
			Gänsekiel als Schreibfeder erwähnt

	Eroberungen Byzanz' · Merowinger	Ausbreitung des Islam	
626	Awaren vor Konstantinopel zurückgeschlagen (ihre Macht beginnt zu verfallen; vgl. 803)		
627	Nach freiwilliger Abdankung seines Vaters *Kau-tsu* wird *T'ai-tsung* Kaiser von China († 649); ordnet das wiederhergestellte Reich der früheren *Han*-Dynastie, unterwirft Tibet	Medina wird von Gegnern *Mohammeds* aus Mekka erfolglos belagert. *Mohammed* läßt	700 Juden hinrichten, die auf seiten Mekkas standen
628	Kaiser *Heraklios I.* v. Byzanz (610 bis 641) besiegt entscheidend d. persische *Sassaniden*-Reich (die Perser waren 616 bis Karthago vorgedrungen und bedrohten zusammen mit d. Awaren das Oström. Reich) Kg. *Chosrau II.* von Persien (seit 591) flieht vor den pers. Großen nach Medien, wo ihn sein Sohn ermorden läßt. Rascher Niedergang d. pers. *Sassaniden*-Reiches	Kaiser *Heraklios* gewinnt das von den Persern entführte angebl. Kreuz Christi zurück	
629	† *Chlotar II.*, Kg. d. Franken; (einigte 613 das Frankenreich und ließ westgot. Kgs.-Tochter *Brunhild* als Gemahlin des Kgs. v. Austrasien hinrichten) *Dagobert I.* Kg. in ganz Franken bis 638 (†), seit 626 in Austrasien; letzter *Merowinger*, der neben seinem Majordomus noch selbständig regiert Byzanz erobert Jerusalem von d. Persern zurück (614 v. diesen erobert)	Der chin. Buddhist *Hsüan Tsang* unternimmt entgeg. d. Verbot von Auslandsreisen eine beschwerliche Pilgerfahrt nach Indien, um dort den Buddhismus an seinen Quellen zu studieren.	Findet ihn entartet u. v. Brahmanismus verdrängt. Kehrt 645 zurück, schreibt ein wichtiges Quellenwerk üb. das Indien dieser Zeit und übersetzt d. buddhist.-ind. Literatur ins Chinesische
630		Mekka ergibt sich *Mohammed*, der d. Götzenbilder d. Kaaba zertrümmert, sie aber als Wallfahrtsort u. Zen-	tralheiligtum d. Islam bestehen läßt. Alle Stämme d. arab. Halbinsel anerkennen seine Lehre
631		Der chines. buddhist. Pilger *Hsüan Tsang* kommt nach Kambodscha (Hinterind.)	und findet dort ein mächtiges Reich vor (vgl. 889 u. 1125, Kunst)

Vorkarolingische Kunst	Gregorianischer Gesang	Ind. Mathematik	
Kg. *Dagobert* baut in Saint Denis (an d. Seine) eine Kirche (wird zum Mittelpunkt eines berühmten Marktes)			
		Brahmagupta (* 598): „Brahma Siddhanta" (ind. astron. Werk; enthält u. a. im math. Teil Rechnung m. ganzen Zahlen u. Brüchen, Reihenlehre, Dreisatzaufgaben, Zinsrechnung, Inhaltsberechnungen, Trigonometrie)	
			Ein christl. Priester aus Rom reist nach Peking (ein Beweis für eine auch geistige Verbindg. zwischen d. abendländischen u. orientalischen Welt)

	Ende des Perserreiches der Sassaniden	Ausbreitung des Islam	
632	*Abu Bekr*, Schwiegervater *Mohammeds*, erster Kalif. (Der Kalif ist der oberste Herrscher d. Islam, gilt als rechtm. Nachfolger *Mohammeds*) Medina wird Sitz d. ersten Kalifen (bis 661, kommt dann unter die Herrschaft von Mekka; später häufiger Wechsel d. polit. Abhängigkeit)	† *Mohammed* (in Medina), arab. Grd. des Islam (* ~ 570) † *Fatima*, jgst. Tochter *Mohammeds*, als Mutter von *Hassan* u. *Hussein* Ahnfrau der Nachkommen *Mohammeds* (u. a. des Fürsten-	geschlechtes der *Fatimiden* im 10. bis 12. Jh.) (* 606) ~ Buddhismus gelangt nach Tibet und wird Staatsreligion. Klöster und Tempel n. ind. Vorbild bei Lhasa (wird Residenz)
633	Beginn der arab. Angriffe gegen das Perserreich	Kirchl. Verbot der Narrenfeste in d. Zeit um d. Jahreswende (mit parodist. Gottesdienst unter einem	Narrenbischof oder -papst; wirksam erst n. wiederholten Verboten im 16. Jh.)
634	*Oswald der Heilige* (* 604, † 642) Kg. von Northumbrien, begünstigt irisch-schottische Mission d. Klosters Lindisfarne † *Abu Bekr*, erster Kalif d. Mohammedaner, Vater der *Aïscha*, Lieblingsfrau *Mohammeds* (* 573) *Omar I.*, *Mohammeds* Berater, wird zweiter Kalif bis 644 (†); führt mohammed. Zeitrechnung ein; seine Feldherren erobern Syrien, Persien und Ägypten	≈ Lehre des Islams: Ein einziger Gott Allah, Ergebung in seinen Willen (Fatalismus), Glaube an die Propheten *Moses*, *Jesus*, *Mohammed* u. a., Wallfahrt nach Mekka, regelm. Gebetsübungen, Freuden d. Paradieses für gute Taten,	Begrenzung der Vielweiberei auf 4 Frauen; „Heiliger Krieg“ gegen Ungläubige Testament aus Verdun, als älteste bekannte mittelalterl. Urkunde, die sich auf dt. Gebiet bezieht
635	Damaskus wird nach Eroberung durch die Mohammedaner Kalifenstadt (bis 750) Gasa/Südpalästina kommt an die Mohammedaner		
637	Araber erobern Jerusalem und Antiochia/Syrien		
640		* *Jakob von Edessa*, syr. Gelehrter († 708)	
641	*Constans II.* oström. Kaiser bis 668 (†, * 629); unter ihm wird Sizilien zur Zufluchtsstätte d. Griechentums vor den Arabern (vgl. 827) Eroberung Alexandrias durch d. Araber. Bibliothek verbrennt. Ende des Zeitalters von Alexandria Unter *Omar* zerstören die Araber das neupers. *Sassaniden*-Reich (seit 226). Arab. Kalifen beherrschen Persien bis 1258	~ In dem von den Arabern erobert. Persien verdrängt der Islam die im *Sassaniden*-Reich erneuerte altpersische Religion des *Zarathustra (Zoroaster)*	

Frühchristliche Literatur	*Südindische Felstempel*	*Araber in Alexandria*	
~ *Georgios Pisides:* „Hexameron" (Tage-Buch, byzant. Lehrgedicht auf die Schöpfung)			
~ Ein Mönch *Johannes* b. Jerusalem gibt griech. Fassung d. Legende „Barlaam und Josaphat" (Bekehrung eines ind. Prinzen zum Christentum)		~ *Paulos v. Aigina* byzant. Arzt in Alexandria; seine Schriften beweisen relativ hochentwickelte Chirurgie (neue Höhe d. abendl. Medizin erst im 11. Jh.)	
	~ Südindische Felsentempel „Rathas" in Mamallapuram, aus Granit herausgearbeitet, bis etwa 10 m hoch, mit wenigen, strengen, die Architektur betonenden Reliefs aus dem Wirken Wischnus: vor dem Tempel stilisierte Figuren heiliger Tiere aus einem Block		
	~ Apsismosaik in S. Agnese, Rom		Araber grden. Basra als Handelszentr. nach Indien
~ Der fränk. Chronist *Fredegar* bezeugt das Bestehen einer Tiersage (die sich später zum „Reineke Fuchs" ausbildet; vgl. 1170)		≈ Das v. Alexandria überlieferte antike Wissen wird von den Arabern übernommen, gepflegt und später an das Europa des Mittelalters überliefert	

	Araber in Nordafrika	Frühchristliche Literatur	Ausbreitung des Islam
642	Einfall der Araber in Ägypten. Beginn der mohammed. Herrschaft in Nordafrika Durch d. Unterwerfung von Syrien, Mesopotamien u. Ägypten durch d. Araber wird das Oströmische Reich (Byzanz) empfindl. geschwächt		
644	Libyen von den Arabern erobert (seit 641) Chin. Feldzug in Korea bis 645 (ab 688 ist d. größte Teil politisch vom T'ang-Reich abhängig) Seit 635 Syrien, Palästina, Ägypten und Nordafrika vom Islam erobert ~ *Rothari*, Kg d. Langobarden 636 bis 652, kodifiziert das langobard. Recht		≈ Schwed. Helmbeschlag zeigt den nord. Hauptgott Odin auf seinem achtbeinigen Pferd mit Schild, Speer, Schlapphut, den beiden Raben und Schlange
645	Die „Taikwa"-Reform vollendet den japan. zentralen Staatsaufbau n. chines. Muster. Die bis zum 6. Jh. vorherrschenden Adelsfamilien werden weitgehend entmachtet		
650	≈ Chasaren erobern Großbulgarisches Reich in Südrußland	≈ *Amarasimka*: „Amarakoscha" (ind. Lexikon der Wörter und ihres Geschlechts)	~ *Martin I.*, Papst von 649 bis 655 (†), hält Laterankonzil gegen morgenländ. Monotheletismus (vgl. 680) ab (wird deshalb 653 vom oström. Kaiser *Constans II.* festgen. u. verbannt) ~ Wanderbischof *Emmeram* († ~ 715) grdt. Kloster in Regensburg Kalif *Othman* stellt die Lehre *Mohammeds* im Koran in 114 Suren zusammen (in arab. Sprache, christl. und jüd. beeinflußt) ~ Der chinesische Mönch *Shan-tao* (*612, † 681) bekämpft den mystisch. Buddhismus des *Chi-k'ai* (~ 570) u. macht den Amida-Buddhismus volkstümlich, wonach schon ein Lippenbekenntnis in d. Todesstunde zur Erlösung führt (vgl. 2. Jhdt.)

Moscheen	Gregorianischer Gesang	Arabische Wissenschaft	
Amr-Moschee in Kairo (kennzeichnet den Beginn d. Entwicklung d. neueren Stadt)		~ *Fredegar Scholasticus:* „Historia Francorum" (lat. Geschichte der Franken)	*Omar (Amr ibn el Asz)* grdt. neue ägypt.-arabische Hauptstadt Kairo
		Die mohammedanische Zeitrechnung beruht auf dem reinen Mondjahr, wobei ein Zyklus v. 30 Jahren 11 Schalttage hat; als Ausgangsjahr gilt das Jahr 622 („Hedschra")	
~ Goldschatz des angelsächs. Kgs. *Ethelher* (1939 im Schiffsgrab von Sutton Hoo/Suffolk gefunden)			
≈ Die byzant. Webkunst ahmt in ihren Anfängen bes. in d. Seidenweberei pers.-sassanidische Muster nach, wodurch oriental. Einflüsse nach Europa gelangen ≈ Verschlungene Tierornamentik in Nordeuropa ~ Felsenmoschee („Omar-Moschee") in Jerusalem (achteckiger Rundbau am Ort des Tempels Israels) ~ Holzplastik eines Bodhisattva (eines Wesens, das die Buddhaschaft erlangen kann) im Nonnenkloster Chuguji in Nara (japan. Plastik unter starkem chines. Einfluß) ~ Tamamushi-Schrein in Tempelform mit Ölmalerei auf Lackgrund aus dem Leben *Buddhas* (japan. Malerei früh-indisch u. chines. beeinflußt) in Nara ~ Grabrelief des chin. Kaisers *Tai Tsung* († 649) mit seinen 6 Lieblingspferden ~ Frühchristliche Fresken in der nubischen Kathedrale bei Faras (zur Rettung vor dem Assuanstausee 1961 vom polnischen Nationalmuseum ausgegraben)	≈ Christl. Musik beginnt in Nordeuropa einzudringen (bis zum 9. Jh.)		≈ Beisetzung ein. angelsächsischen Kgs. in einem gr. Schiffsgrab (nördl. London). Reiche Grabbeigaben, darunter silberner Taschenbeschlag mit fränkisch beeinfl. Daniel-Löwen-Motiv u. silberner Schale (0,5 m ⌀) aus Byzanz (gefunden 1939) ≈ Fruchtwechsel der Dreifelderwirtschaft beginnt Agrar-Erträge zu erhöhen

	Kalifat Damaskus	Anfänge englischer Literatur	Ausbreitung des Islam
Im 7. Jahrhundert	Slawische Landnahme östl. d. Elbe unter mindestens teilw. Absorption der ansässigen german. Bevölkerung Kroaten und Serben besetzen Bosnien und Dalmatien Hindureich auf Sumatra (im 13. Jh. erobern d. Araber d. Insel) Bildung eines tibetanischen Staates	*Bana:* „Kadambari" (ind. Liebesroman) Zeitweilige Verarmung d. griech.-byzant. Literatur durch d. Ausbleiben d. Papyrus aus Ägypten nach dessen arab. Eroberung Im arab. Reich wird Arabisch vorherrschende Sprache (Koran darf nicht übersetzt werden)	*Bhartrihari*, buddhist. Mönch: Je 100 Sprüche über Liebe, Lebensklugheit u. Weltentsagung Irisch-schottische Nationalkirche wird von röm. Kirche verdrängt Blütezeit des Buddhismus in Japan Glocken kommen in Frankr. auf (in Dt. im 8. Jhdt.) Landkirchenbauten im Rheinland und abnehmende Grabbeigaben erweisen wachsende Macht der Kirche
651	† *Yazgard III.*, letzter Sassaniden-Herrscher Persiens		Benediktiner-Abtei Stablo (Stavelot)
652			
660	Kalifenwürde geht nach Ermordung *Alis* (Schwiegersohn *Mohammeds*) auf die *Omajjaden* in Damaskus über (bis 750)		
668	*Konstantin IV.* oström. Kaiser bis 685 (†, * 648); zwingt Araber 678 vor Konstantinopel zum Abzug		* *Gyogi*, buddhist. Priester aus Korea; vereinigt in Japan Buddhismus mit Shintoismus († 749)
670	~ Kodifizierung des westgot. Rechts in Spanien		
671		~ *Caedmon*, (ältester bek.) engl. Dichter, keltischer Abkunft, erhalten „Hymnus auf den Schöpfer"	*I-tsing* reist als chin.-buddhist. Mönch nach Indien und zum malaiischen Archipel (bis 695)
672	Araber belagern bis 678 erfolglos Konstantinopel. Verteidiger wenden „Griech. Feuer" an (vgl. 671)		~ * *Beda Venerabilis*, altengl. Mönch und Geschichtsschreiber († 735)

Indischer Tempelbau	Indische Medizin „Griechisches Feuer“		
Anfänge von St. Maria im Kapitol, Köln (vgl. 11. Jh.) St. Martin in Canterbury Burgundische Schnallen mit Motiv des Daniel zwischen Löwen Nebeneinander drei Hauptstile des indischen Tempelbaues: Nördl. Nagarastil (Turmtempel mit gewölbten Seitenflächen und reichem äußerem Bildschmuck). Südl. Drawidenstil (pyramid. Turmtempel in Stockwerken). Südwestl. Dekkanstil (turmlose Tempel mit durchbrochenen Steinfenstern auf sternförmigem Grundriß) Potala (Palastburg) d. Dalai Lama i. Lhasa erb.	*Vagbatha* (d. Ä.), letzter bedt. Vertreter d. ind.-brahmanisch. Medizin, schreibt „Zusammenfassung d. acht Teile d. Medizin“ (diese Medizin entwickelte sich seit ≈ —800 mit geregeltem Unterricht). Hohe Entwicklg. der Chirurgie: Darmnaht, Blasensteinschnitt, Nasenplastik, Heilg.	von Darmrissen durch Ameisenköpfe (vgl. 8. Jhdt.) Die arabisch-islam. Kultur übernimmt die Bewahrung u. teilweise auch Weiterentwicklung der antiken Wissenschaft u. Kultur, die so, vom Kreuzzugszeitalter ab, dem Abendland überliefert werden	Die röm. Kleidung (Tunika) wird im Byzant. Reich steif u. faltenlos. Daneben enge Kniehose, Schuhe mit Wadenstrümpfen od. Schnürschuhe Fränkische Krieger tragen kurze Hosen, Kittel, togaartigen Mantel, sandalenartige Schuhe m. Kreuzriemen bis z. Knie, Helm, Gürtel mit Schwert, Streitaxt, Lanze Im Reich der Kalifen entsteht ein Nachrichtendienst
* *Li Ssu-hsün*, chin. Maler († 716)			
„Wildgans“-Pagode (siebenstöckiger chin. Bau)			
~ Islamische Bauten (Moscheen Kalifenschlösser) im omajjadischen Stil (bis ~ 750, in Spanien bis ~ 1000; Pflanzenornamente als dichter Flächenschmuck)			
≈ 4,30 m hohes Steinkreuz in Bewcastle/Cumberland mit Ornamenten und Inschriften			
~ * *Li Chao-tao*, chin. Landschaftsmaler, Sohn *Li Ssu-hsüns* († ~ 730)			
	Kallinikos von Byzanz erfindet das „Griechische Feuer“ aus Schwefel, Steinsalz, Harz, Erdöl, Asphalt u.	gebranntem Kalk, das aus Druckspritzen geschleudert wird u. auch auf dem Wasser brennt	

	Karolinger im Frankenreich	Arabischer „Diwan“	Christliche Dogmatik
673			~ * *Bonifatius*, „Apostel der Deutschen“ (Märtyrertod 754)
674	~ Araber dringen bis zum Indus vor	† *Hassân ibn Thâbit*, arab. Hofdichter *Mohammeds*; schrieb einen „Diwan“ (Gedichtsammlung)	
675	Langobardische Hzge. herrschen in Tarent (bis 856)		
679	Teil der türk. Bulgaren besiedeln Gebiet südl. unterer Donau: Gründung des ostbulgarischen Reiches		
680		~ † *Caedmon*, ältester bekannter christlicher angelsächsischer Dichter, ursprünglich Hirt	6. allg. Konzil zu Konstantinopel verurteilt d. Lehre der Monotheleten, d. Christus trotz seiner doppelten Natur einen einzigen gottmenschlichen Willen zuschreibt
681			~ *Theodor von Tarsus*, Erzbischof v. Canterbury 669–690, organisiert engl.-römische Kirche
687	Mit dem Sieg des Majordomus von Austrasien, *Pippin* (der Mittlere), über den Majordomus von Neustrien erlangen *Karolinger* erblichen Besitz der Majordomuswürde über das ganze Frankenreich		~ † Bischof *Kilian* in Würzburg (als Märtyrer hingerichtet; später Hlg. u. Schutzpatron v. Würzburg)
692			Trullanische Synode stellt den Bischof von Konstantinopel dem von Rom gleich
696			Bistum Utrecht entsteht an d. Stelle des römischen Kastells Trajectum ad Rhenum *Willibrord* (* 657 in England, † 739), „Apostel d. Friesen“, wird von *Pippin* als Bischof v. Utrecht eingesetzt
697	Karthago von den Arabern zerstört		

Japanischer Holzbau	Gregorianischer Gesang	Englische Glasfenster	
		Glasfenster i. engl. Kirchen (~ 1180 in Privathäusern)	
≈ Baptisterium St. Jean, Poitiers			
~ Kirche in Bradford on Avon			
Ostpagode des buddhist. Yakushi-Tempels in Nara (japan. Holzbau, einer der ältest. erhaltenen Holzbauten d. Welt; erdbebensichere Bauweise; vgl. 586)			
Trullanische Synode verbietet symbolische Darstellung Christi zugunsten der leiblichen			

	Frankenreich · Karolinger-Hausmeier	Indische Literatur	Klosterschulen
698		* *Wang Wei*, chines. Dichter u. Landschaftsmaler († 759)	*Willibrord* stiftet Benediktiner-Abtei Echternach (dort sein Grab)
700	Unter den *Karolingern* (zunächst Hausmeier) erzwingt das Frankenreich die Aufhebung des Hzgts. Thüringen, das damit wieder zum Frankenreich zurückkehrt; es folgen die Hzgtr. Alemannien (730), Schwaben (744), Aquitanien (768), Bayern (788) ≈ Die *agilolfingischen* Stammeshzge. v. Bayern machen Regensburg zu ihrer Residenz (bis ≈ 800) ~ Araber erobern Algerien (gründen ~ 935 Algier) und Marokko	≈ *Bharavabhuti*, ind. Dramendichter (gilt als letzter großer ind. Dichter d. klassischen Zeit) ~ *Dandin:* „Die 10 Prinzen" (ind. humorvoller Roman) u. Lehrbuch der Poetik *Omar ibn Abi Rabi'a* († 719), dichtet arab. Liebesgedichte ~ Beginn der schriftlichen Überlieferung bei den Angelsachsen in lat. Sprache ≈ Umbildung der urnord. in die altnordische Sprache (z. B. angehängter Artikel) ≈ Staatssprache im oström. Reich griechisch statt lateinisch	*Rupertus* (*Ruprecht;* † ~ 715) grdt. Peterskloster in Salzburg (wird der Schutzpatron Bayerns) ≈ In den Dom- und Klosterschulen des fränk. Reiches gibt es neben dem Unterricht in Religion u. Latein auch solchen in Rechnen (nach *Boëtius*) u. Naturwissenschaften in Anlehnung an die Bibel u. *Aristoteles* ≈ Im Islam entsteht d. asketisch-mystische Richtung d. Sufismus (etwa 770 Klöster werden gegründet; starke Beeinflussung bes. d. pers. Schrifttums) ≈ Spaltung d. Meditations-(Ch'an-)Buddhismus Chinas in eine höfisch-modische Nord- u. eine verinnerlichte Südschule, die allein von Dauer ist ≈ Der urspr. heidnische Gebrauch der Ostereier wird vom Christentum übernommen

Angelsächsische Buchmalerei	Gregorianischer Gesang	Wasserräder	
St. Peter in Salzburg gegründet			∼ Bischof von Utrecht entd. als Schiffbrüchiger Helgoland
∼ * *Wu Tao-tse*, chin. Maler († ∼ 760) ≈ Entwicklung d. angelsächs.-irischen Buchmalerei mit phantasievoller Ornamentik: „Book of Durrow", „Book of Kells", „Book of Lindisfarne" u. a. Evangeliare (kennzeichnend: Initialen aus verschlungenem Riemenwerk u. Tierköpfen) ≈ Steinerne Kirchenbauten verdrängen in England Holzbauten ≈ Reiterstein von Hornhausen (Relief eines Reiters mit Schild und Lanze) ∼ Goldfibel des Fürsten *Ulfila* ∼ Arab. Wüstenschloß in Mschatta/Transjordanien (früh-islam. Bau im omajjadischen Stil) ≈ Moschee als dreischiffige Basilika in Damaskus ≈ Die buddhistische Plastik Chinas zeigt eine vollendete Darstellung des menschlichen Körpers (damit gelangt eine seit ∼ 500 datierbare künstlerische Entwicklung zum relativen Abschluß) ≈ Koreanische Kunst (Wandmalerei, Skulpturen) vermittelt zw. China u. Japan ≈ Höhlentempel in Ellora (Westvorderindien) mit einer der frühesten Darstellungen d. tanzenden Schiwa (etwa 3 m hohes Relief) ≈ Jokhang-Tempel in Lhasa Tibet) ≈ Blüte der Tiahuanaco-Kultur in Peru (am Titicacasee; Steinfiguren, torartige Bauten, darunter das „Sonnentor": 3 m hoch, 4 m breit aus einen Steinblock, mit Reliefs um ein Götterbild mit Strahlenkranz)		≈ Wasserräder besond. f. Mühlenantrieb verbreiten sich über ganz Europa	≈ Nach d. Völkerwanderung entsteht im dt. Siedlungsgebiet der Großgrundbesitz; mehr u. mehr freie Bauern werd. zinspflichtig oder unbegrenzt dienstpflichtig; mehrere Hufen bilden eine Genossenschaft mit genau festgelegten Rechten u. Pflichten gegenüber dem Grundherrn; Besitz wird oft an den „Meier" verpachtet ≈ Fränkische Kleidung: Enger, kurzer Rock m. lang. Ärmeln u. Brustschlitz, über dem Gürtel gebauscht; Schuhe mit über dem Schenkel gekreuzten Riemen; Hemd und knielanger, auf d. rechten Schulter befestigter Mantel ≈ Millionenstädte in China. Rasches Anwachsen d. Bevölkerung

	Araber in Spanien	Frühe japanische Prosa	Ausbreitung des Islam
701	Gesetzbuch mit japan. Staatsrecht (nach chines. Vorbild): Beamtenstaat unter dem Mikado, der alleiniger Eigentümer des Bodens ist (bis 1192)	* *Li Tai Po* (*Li Tai peh*, „Großer Glanz"), chin. Lyriker († 762)	
705	Kaiserin *Wu-hou* von China, urspr. Nebenfrau d. Kaisers *T'ai-tsung*, durch Morde und Intrigen auf den Thron gelangt, muß abdanken. Förderte buddhistische Religion und Kunst		
708			† *Jakob von Edessa*, syr. Gelehrter; schrieb syr. Grammatik und übersetzte *Aristoteles* (* 640)
710	∼ Unter *Welid I.* (705—715) Blüte des Kalifenreiches Bulgaren gelangen bis vor Konstantinopel (weitere Vorstöße 763, 813) Nara wird erste feste Hauptstadt Japans (bis 794)	≈ In der Nara-Zeit erste Anfänge einer japan. Literatur (in chin. Sprache)	≈ Japan. Buddhisten-Klöster erwerben großen Grundbesitz und werden Zentren der Kultur
711	In d. Wirren d. span. Westgotenreiches werden die Araber geg. d. Kg. *Roderich* zu Hilfe gerufen: arab. Feldherr *Tarik* schlägt ihn b. Xeres de la Frontera. Es entsteht ein Araberreich mit hoher wirtschaftl. u. kultureller Blüte (bis ≈ 1031). In Asturien bleibt ein christl. Königreich		Araber befreien Juden in Spanien von den Verfolgungen d. Westgoten; hohe jüd. Kultur entwickelt sich (bes. ab ∼ 1000)
712	Höhepunkt des Langobardenreiches in d. Lombardei unter Kg. *Liutprand* († 744) Die Araber besetzen Samarkand und machen es zu einem Zentrum von Kultur u. Handel d. Islam Die Araber erobern Sevilla	* *Tu Fu*, chin. Lyriker († 770) „Kojiki" (erste jap. Chronik, früheste jap. Prosa)	
713	*Ming-huang* aus der *T'ang*-Dynastie Kaiser von China bis 756 († 762); sein Hof in Ch'ang-an wird kultureller Mittelpunkt		

Japanische Nara-Kunst	Gregorianischer Gesang	Arabische Wissenschaft	
~ Herzog *Hetan II.* errichtet auf dem Marienberg b. Würzburg eine Rundkirche (ältest. heute noch erh. Steinbau im rechtsrhein. Dtl., 706 geweiht)			
~ Große buddhist. Tempelanlagen aus Holz mit reichem künstl. Bildschmuck entstehen in Nara, der vorübergehenden (bis 794) Hauptstadt Japans. Beginn der „Nara"-Kunstepoche ~ Buddha-Fresken in d. „Goldenen Halle" des Horyuji-Tempels in Nara (japan. Malerei, ein Höhepunkt d. buddhist. Kunst Ostasiens)			
* *Chang Hsüan*, chin. Maler der Hofgesellschaft d. Kaisers *Minghuang* († 742)			

	Frankenreich · Karolinger-Hausmeier	Japanische Annalen	Bonifatius
714	*Karl Martell*, fränk. Hausmeier bis 741 (†, * 688); bekriegt Friesen (722), Sachsen (724), Bayern (728), Alemannen (730); regiert ab 737 ohne König * *Pippin d. Kleine*, König der Franken von 751 bis 768 (†)		
715			*Gregor II.* Papst bis 731; verbindet durch *Bonifatius* dt. Kirche mit Rom
716	Araber erobern Lissabon ~ Alemannisches Volksrecht kodifiziert		
717	*Leo III.* (d. Syrer) durch Militärrevolution byzantin. Kaiser bis 741 (†, * ~ 675); ordnet Heer, Rechtsprechung u. Finanzen		
718	*Leo III.*, Kaiser v. Byzanz, verteidigt Konstantinopel erfolgreich gegen 13-monat. Belagerung d. Araber und entreißt ihnen Kleinasien (vgl. 1204)		*Bonifatius* beginnt auf Geheiß des Papstes das Christentum in Thüringen, Hessen, Bayern u. Friesland einzuführen und dort zahlreiche Klöster und Bistümer zu gründen
720	Araber erobern Narbonne	„Nikongi" (japan. Annalen bis 696)	
725	≈ Die chines. Hauptstadt Ch'ang-an ist als größte Stadt der Welt politischer und kultureller Mittelpunkt. (Daneben blühen Konstantinopel [Byzanz] und später Bagdad)	≈ *Cynewulf*, engl. Mönch u. Dichter Westgot. Wanderbischof *Pirmin* († 753) ist erster Abt des 724 von ihm gegr. Klosters Reichenau	~ *Bonifatius* fällt die Donars-Eiche b. Fritzlar (Hessen) u. zerstört damit germanischen Götterglauben ≈ Blüte des Buddhismus in China (vgl. 700 und 732) ~ † *Korbinian* (i. Freising), Missionar i. Bayern

Ostasiatische Kunst	Chinesische Musik	Arabische Wissenschaft
† *Li Ssu-hsün,* chin. Landschaftsmaler; Begründer der „nördlichen Schule" mit einem gegenüber der südlichen strengeren und farbenreicheren Stil (vgl. 759) (* 651)		
„Buddha mit Sonnen- und Mondgottheit" (japan. überlebensgr. Plastik in dunkler polierter Bronze in Nara)		
		~ * *Paulus Diaconus,* langobard. Historiker († ~ 797)
	≈ Das Hoforchester Kaiser *Minghuangs* v. China repräsentiert d. hohe musikalische Kultur der *T'ang*-Dynastie (Fünfstufige Tonleiter - ohne Halbtöne. Instrumente: lauten- u. zitherartige Saiteninstr., Flöten, Xylophon, Gong, Trommel, Glokken; keine Mehrstimmigkeit und Harmonie im europ. Sinne)	≈ Indianer-Fort „Casa Grande" u. Bewässerungsanlagen (Arizona, USA)

	Frankenreich · Pippin d. Kl.	*Bonifatius* *Oströmischer Bilderstreit*	
726		*Leo III.*, byzant. Kaiser, verbietet religiösen Bilderdienst. Papst	*Gregor II.* bekämpft dieses Bilderverbot
728		† *Hubertus*, Bischof v. Lüttich; später Schutzheiliger der Jäger	(nach ihm „Hubertussage")
730		Kaiser *Leo III.* v. Byzanz befiehlt nach einem Verbot der Bilder in Kirchen und Klöstern (726) ihre Vernichtung. Das Verbot des Bilderdienstes	bricht die Macht der Klöster, die große Teile d. Bodens besitzen und viele Menschen d. Wirtschaftsprozeß entziehen
732	Der Majordomus (Hausmeier) des Frankenreiches *Karl Martel* (714 bis 741) verteidigt erfolgreich das Reich gegen die vordringenden Araber in der 7tg. Schlacht zwischen Tours und Poitiers	Papst *Gregor III.* ernennt *Bonifatius* zum Erzbischof ≈ Unter der *T'ang* Dynastie in China verdrängt d. diesseitige Konfuzianismus all-	mählich den metaphysischen Buddhismus. Durch vielseitige internationale Beziehungen kommt es zum Kontakt mit Christentum und Islam
735		† *Beda Venerabilis*, nordengl. Theologe u. Historiker; schrieb „Kirchengeschichte d. Angeln" (lat.) (* ~ 672)	*Egbert* Erzbischof von York (hierher brachte *Paulinus* 625 d. Christentum)
736		~ Benediktiner-Abtei in Hersfeld gegrdt. (auch um 768 anges.)	
739		*Bonifatius* gründet Bistümer Freising, Passau, Regensburg u.	Salzburg (798 Erzbistum)
740		~ Kloster St. Leodegar gegrdt. (in seiner Nachbarschaft entsteht Luzern)	~ Kloster St. Gallen entsteht (vgl. 612)
741	*Pippin III.* (d. Kleine) fränk. Hausmeier bis 751, dann König bis 768 (†, * ~ 714); unterstützt den Papst	*Bonifatius* grdt. Bistum Würzburg (Ort 704 genannt; Bischöfe er-	werben als „Herzöge zu Franken" bedeutende weltl. Macht)
742	* *Karl I.* (d. Gr.), Sohn *Pippins* (d. Kl.), erster röm.-dt. Kaiser, Kg. d. Franken 768 bis 814 (†)	~ Wanderbischof *Pirminius* († ~ 753, wahrsch. Westgote) grdt. mehrere Klöster, dar. Reichenau/Bo-	densee 724, Murbach/Elsaß 728, Niederaltaich/Bayern 731, Hornbach/Pfalz 750
744		*Bonifatius* grdt. Abtei Fulda (1752 Bistum)	

Chinesische Maler	Gesangschule Fulda	Christliche Zeitrechnung	
Freie Plastik verschwindet aus der byzantinischen Kunst, jedoch bleibt Relief (Elfenbein)			
~ † *Li Chao-tao*, chin. Maler; malte wie sein Vater *Li Ssu-hsün* Landschaften mit Menschen und Tieren im „Blau-Grün-Stil" (* ~ 670)			
		Beda Venerabilis (†), führte die Zählung der Jahreszahlen von Christi Geburt an ein (vgl. 525)	
			Bonifatius verbietet Genuß v. Pferdefleisch
~ „Kreuzigung" (Wandmalerei i. d. Kapelle S. Quiricus v. S. Maria Antiqua in Rom; gilt als ält. abendländ. Kreuzigungsdarstllg. n. syr. Vorb.)			
† *Chang Hsüan*, chin. Maler; malte am Hofe Kaiser *Ming-huangs* lebendige, sorgfältig komponierte Szenen der Gesellschaft (z. B. „Seide plättende Damen"; * 713)			
	Gesangschule im Kloster Fulda		

	Frankenreich · Abbasiden-Kalifen	Chinesische Lyrik	Bonifatius
745			Fränkische Generalsynode unter *Bonifatius* in Frankfurt am Main: Ausbildung einer römisch-päpstlichen u. einer nationalen Partei. *Pippin* drängt den Einfluß *Bonifatius'* zurück
748			*Bonifatius* Erzbischof von Mainz
749	*Aistulf*, Kg. d. Langobarden bis 757 (erobert 751 Ravenna, bedroht 754 u. 756 Rom)	≈ Altenglisches Epos über *Walther v. Aquitanien* (vgl. 925)	† *Gyogi*, buddhist. Priester aus Korea in Japan; vereinigt Shinto- („Weg"-) Religion Japans mit dem Buddhismus durch die Lehre, daß die zahlr., in Schreinen verehrten Shinto-Gottheiten (Naturgeister u. Nationalhelden) Verkörperungen des Buddha seien (* 668)
750	∼ Bayern-Hzg. gewinnt Krain ≈ Frankenreich ist in Grafschaften eingeteilt mit Grafen als kgl. Beamten. Jährliche Gesetzesberatung d. Kgs. mit dem Adel. Kriegsdienst aller Freien Die *Abbasiden* erlangen nach blutiger Ausrottung d. *Omajjaden* die Kalifenwürde (bis 1517; Sitz 763 bis 1258 in Bagdad)	∼ * *Abu Nuwas*, arab. Dichter († 811) ≈ „Hildebrandlied" aus dem Kloster Fulda (Sage von Hildebrands [Dietrichs Waffenmeister] Kampf mit dem unerkannten Sohn; älteste Niederschrift einer dt. Heldensage. Im 13. Jhdt. erhält das Lied eine Neubearbeitung mit glücklichem Ausgang d. Erzählung) ≈ Althochdeutsche Sprache (bis 11. Jhdt.) ≈ Blütezeit chinesischer Lyrik *(Li Tai Po, Tu Fu)* ≈ Regelmäßigkeit u. Symmetrie als strenge Kunstprinzipien der chin. Dichtung der *T'ang*-Zeit	*Willibald* aus England (* ∼ 700, † ∼ 787) grdt. Kloster Heidenheim Es entsteht eine gefälschte Urkunde, wonach Kaiser *Konstantin d. Gr.* († 337) kirchliche und weltliche Herrschaft des Papstes über Rom u. d. abendländ. Provinzen für alle Zeiten anerkannt hätte (als Fälschung nachgew. von *Valla* [† 1457]) *Johannes v. Damaskus* (†, * ∼ 700) schrieb morgenländ.-christl. Glaubenslehre „Quelle der Gnosis" ∼ *Bonifatius* weiht Benediktinerkloster Benediktbeuren

Ostasiatische Kunst	Neumen	Arabische Wissenschaft	
≈ „Wiehernder Hengst" (chin. Kleinplastik aus Ton)			
∼ Zahlreiche Maler am Hofe Kaiser *Ming-huangs* von China (Bildnisse des Kaisers, seiner Geliebten *Yang Kuei-fei*, Bilder seiner Pferde) ≈ Realistisch-historische Malerei in China. Daneben Großformen einer buddhistischen Kunst ≈ Vier „Weltenwächter" (japan. lebensgroße bemalte Tonplastiken in Nara) ∼ Sitz-Statue des Buddha-Jüngers *Vimalakirti* (japan. Plastik aus Trockenlack [lackgetränktes Leinen] in Nara) ∼ „Heilender Buddha" (japan. vergold. Plastik der Nara-Zeit aus Trockenlack in Kyoto) ≈ „Herabkunft der Ganga (Ganges) auf die Erde" (9 m hohes, 27 m breites Felsrelief mit etwa 150 Einzelfiguren bei Mamallapuram/Südind.; zur Regenzeit entsteht ein die Darstellung naturalist. unterstützender Wasserfall)	≈ Neumen-Notenschrift, versinnbildlicht zunächst nur d. allgemeine Bewegung d. Melodie u. ihre Beziehung zum Text	≈ In Spanien setzen die Araber die Pflege d. besonders in Alexandria übernommenen kulturellen Güter fort. Beschäftigung mit Medizin (vgl. 765), Astronomie, Mathematik, Alchimie, Optik u. a. unter Teilnahme von Lernenden aus vielen Ländern ∼ Gründung der Hanlin-Akademie in China zur Pflege der chinesischen Literatur, Geschichtsschreibung und Bildung (besteht bis ins 20. Jhdt.)	Der Marstall des chines. Kaisers besitzt 40000 Pferde, die vor allem dem Polospiel dienen ≈ „Gottesurteile" im Frankenreich zur Schuldfindung üblich

	Frankenreich · König Pippin	Chinesische Lyrik	Sekten des Islam
Im 8. Jahrhundert	Oxford entsteht (spätere engl. Universitätsstadt) Araber gründen Granada in Spanien Neues Anwachsen des Bauernproletariats in China fördert Räuberunwesen und füllt buddhistische Klöster. Agrarreformen scheitern (vgl. 844 u. 1086) Auf der Handelsstraße Magdeburg–Lebus entst. slawische Siedlung b. (Berlin-)Spandau	*Bhavanbhuti*: „Malatimadhava" (ind. Schauspiel mit Romeo-und-Julia-Motiv) *Kamandaki*: ind. Lehrbuch der Regierungskunst Dieses Jahrhundert gilt als „Goldene Zeit" der chinesischen Dichtung	Klosterschulen entst., die bes. in Grammatik, Rhetorik und Dialektik Unterricht erteilen und vor allem Geistliche und Laienkinder Vornehmer ausbilden Als Dankfest für die Beendigung einer Veitstanzepidemie entsteht die Echternacher Springprozession Aus Buddhismus und einheimischen Kulten entsteht in Tibet die auf Priester-Hierarchie beruhende lamaistische Kirche. Ausbildung eines Priesterstaates (Abschluß etwa im 11. Jhdt.)
751	Der letzte *Merowinger*-Kg. *Childerich III.* d. Franken von *Pippin d. Kleinen* abgesetzt (*Merowinger* herrschten seit 481) *Pippin* (der Kleine), erster *Karolinger*-Kg. der Franken bis 768 (†) (war seit 741 Hausmeier, vereinigte 747 d. ganze Frankenreich; *Karol.* Frankenreich besteht bis zur Reichsteilung 888) In der Schlacht bei Samarkand (Usbekistan) verliert China Herrschaft über Westasien an Araber		≈ 4 rechtgläubige Sekten des Islams: Sunniten (traditionsgebunden), Hafeniten (Rationalisten), Schafi'iten (antiphilosophisch), Malikiten (Tradition u. Vernunft)
754	Bündnis zwischen Karolinger und Papst (vgl. 756 Ph)		† (Märtyrertod) *Bonifatius*, der „Apostel d. Deutschen" in Friesland (* ~ 673)
755	Kalifat von Cordoba (bis 1031) Araber verlieren León an d. König v. Asturien		
756	Kaiser *Ming-huang* tritt nach politischer und kulturell glanzvoller Regierung zurück, nachdem ein Aufstand das Leben seiner Favoritin *Yang Kuei-fei* gekostet hatte, der man Günstlingswirtschaft vorwarf Arab. *Omajjaden*-Dynastie grdt. in Spanien selbst. Reich von Cordoba (bis 1031; wird 929 Kalifat). Erleichterung d. Lebensbedingungen für d. unteren Klassen u. Juden		Kg. *Pippin d. Kleine* v. Franken unterstützt d. Papst gegen Langobarden (seit 754) und übergibt ihm i. d. „Pippinschen Schenkung" das eroberte Ravenna (Beginn des Kirchenstaates); erhält den Titel eines Patricius von Rom

Ostasiatische Kunst	*Gregorianischer Gesang*	*Arabische Wissenschaft*	
Ind. Monumentalbüste eines dreiköpfigen Schiwa Ind. Tempel in Kantschi (Turmtempel im Stil d. drawidischen Südens, pyramidenartiger Stockwerkbau) Jahrhundert gilt als klassisches Zeitalter der ind. Kunst ≈ Klösterliche angelsächsische Kultur dominiert i. Europa Altaraufsatz im Kloster Echternach (698 gestiftet) (wird 1979 datiert)	Der *gregori*anische Choral in Deutschland, England u. Frankreich Die Windorgel kommt von Byzanz ins Abendland (verdrängt nur langsam d. Wasserorgel, die noch i. 10. Jh. i. d. Klöstern vorherrscht)	*Vagbatha* (d. J.): „Sammlung des Wesens der acht Teile d. Medizin" (ind. Heilkunde; vgl. 7. Jh.) „Compositiones ad tinguenda", Handschrift über die Chemie (wichtige Quelle über die Chemie d. Altertums) Apotheke in Bagdad: Arzneikunde trennt sich von Heilkunde	Bett im german. Gebiet Hopfen als Bierwürze i. Deutschland (Bayern) angebaut Kanton Welthandelsplatz
~ *Han kan*, chin. Maler, bes. v. Pferdebildern		Durch den Sieg bei Samarkand erhalten Araber Kenntnis von wichtigen chines. Erfindungen (Papier), die durch sie später nach Europa gelangen	
		Mit Kalif *Almansor* (754—775) beg. Blütezeit v. Wissenschaft u. Kunst	
~ Japan. Tanzmasken aus Trockenlack (in Nara, nach chines. Mustern)			
Der Hausrat des jap. Kaisers *Shomu* (†) wird dem Buddha geweiht und gibt heute Kunde von dem hohen Stand des chinesischen Kunsthandwerkes während der *T'ang*-Zeit (Möbel, Spiegel, Spiele, Musikinstrumente u. a.; Pflanzen-Ornamente, lebendige Tierdarstellungen; Einlege-, Gravierarbeiten, hochentwickelte Goldschmiedetechniken)			

	König Pippin · Kalifat Bagdad	Li Tai Po	„Parsen"
759	Franken erobern Narbonne v. d. Arabern (von diesen 720 erobert)		
760		„Manyoshu" (japan. Sammlung von etwa 4500 Gedichten, meist Kurzgedichten „Tanka" mit 31 Silben)	
762		† *Li Tai Po (Li Tai peh)*, chin. Lyriker der Lebensfreude am Hofe Kaiser *Ming-huangs*, Taoist (angebl. ertrunken beim Versuch, im Rausch das Spiegelbild des Mondes zu umarmen; * 701)	
763	Kalif *Almansor* gründet Bagdad als Hauptstadt des arab. Reiches (bisher Damaskus)		
764			Benediktinerabtei in Ottobeuren gegrdt.
765	Fränkischer Königshof b. Aachen bezeugt	Glossar von Freising (Worterklärungen n. langobard. Vorlage)	
766			Wegen der arab. Verfolgung wandern die Zoroastier aus Persien (daher „Parsen") i. Indien ein („Feueranbeter", setzen ihre Toten auf den „Türmen des Schweigens" d. Geiern zum Fraße aus)

Chinesische Kunst	Gregorianischer Gesang	Arabische Wissenschaft	
† *Wang-Wei*, chin. Dichter und Landschaftsmaler; Begründer der „südlichen Malschule“ mit einem lyrischen Schwarzweißstil (vgl. 716); bedichtete und malte sein Landgut, auf dem er in buddhistischer Zurückgezogenheit lebte (* 698)			
∼ † *Wu Tao-tse*, chin. Maler der *T'ang*-Zeit; u. a. Fresken in d. buddhist. Tempeln u. Palästen von Ch'ang-an und Loyang, darunter der oft kopierte realist. „Tod Buddhas“ (zerstört in d. Buddhist.-Verfolgung 844; * ∼ 700)		∼ Sanduhr i. Frankreich vermutl. bekannt (bis ≈ 1300 nicht sehr verbreitet)	
Grdg. des Benediktinerklosters Lorsch mit (heute allein erhaltener) Torhalle			
≈ Von Bagdad aus verbreitet sich d. abbasidische Stil in d. pers.-islam. Baukunst (bis ≈ 1050; Backsteinbauten, Stukkatur aus fortlaufenden Ornamenten)		Am Kalifenhof in Bagdad beginnt durch persische Leibärzte d. Übersetzung syrischer und antiker medizinischer Schriften ins Arabische (bgrdt. arabische Medizin)	

	Karl der Große	Chinesische Lyrik	Oströmischer Bilderstreit
768	† *Pippin d. Kleine*, Kg. v. Franken seit 751; teilt vor seinem Tode das Reich unter seine Söhne *Karlmann* u. *Karl* (d. Gr.) (* 714) *Karl I.* (d. Gr.) Kg. der Franken bis 814 (†) neben seinem Bruder *Karlmann* (nach dessen Tod 771 Alleinherrscher); erneuert das röm. Kaisertum mit starker Zentralgewalt (Kaiserkrönung 800)		
770		† *Tu Fu*, chin. Lyriker, Freund *Li Tai Po's*, wegen Freimutes vom Hof verbannt (* 712)	
772	*Karl I.* (d. Gr.) beginnt die Sachsen unter *Widukind* zu unterwerfen und zum Christentum zu bekehren (bis 805) Zerstörung der den Sachsen heiligen Irmensäule („Irminsul")	* *Peh Kü-jih*, chin. Lyriker († 846)	*Hadrian I.* Papst bis 795; stützt sich auf *Karl d. Gr.*
773		* *Liu Tsung-ngüan*, chin. Prosadichter († 819)	
774	*Karl d. Gr.* hilft dem Papst gegen seinen ehemaligen Schwiegervater Kg. *Desiderius* der Langobarden und läßt sich mit der eisernen Krone der Langobarden zum Kg. v. Italien krönen (Südital. bleibt byzantinisch)		
775	† *Konstantin V.*, oström. Kaiser seit 741; kämpfte erfolgreich gegen Araber und Bulgaren; bekämpfte Bilderdienst und Klosterwesen (* 719) ~ Tibet unterwirft die Himalajaländer u. schließt mit China Grenzvertrag		
777	Erster Reichstag *Karls d. Gr.* n. d. Unterwerfung d. Sachsen in Paderborn	Mu'allakât (Auswahl je eines Gedichtes eines berühmten arab. Dichters); wird in der Kaaba aufgehängt	Hzg. *Tassilo III.* von Bayern grdt. Benediktinerstift in Kremsmünster

Indische Felstempel	Arabische Wissenschaft	
∼ Kaïlasa-Felstempel bei Ellora (Westvorderindien). Der Tempel ist aus d. Felsen herausgearbeitet und reich mit Plastiken geschmückt, die besonders der Verherrlichung Schiwas dienen	∼ * *Einhard*, Gelehrter am Hofe *Karls d. Gr.* († 840)	
Ältester Salzburger Dom unter Bischof *Virgil* (745–784)	∼ Unter d. Kalifen *Almansor* v. Bagdad (†) wurden d. „Elemente" (der Geometrie) d. *Euklid* ins Arabische übersetzt. (Weitere wissenschaftliche griechische Werke folgen)	
		∼ Die Urteilsfindung d. Grafengerichte wird „Schöffen" (Schöppen = Schöpfern) übertragen. Die Verkündung erfolgt durch d. Grafen (i. „Sachsenspiegel" wird die Eignung zum Schöffen an Mindestlandbesitz geknüpft)

	Karl der Große *Widukind*	*Chinesische Lyrik*	*Köln Erzbistum*
778	Kg. *Karl I.* (d. Gr.) kämpft erfolglos in Spanien gegen die Araber. Auf dem Rückzug fällt der Ritter *Roland* (*Hruodlandus*, Graf der Bretagne) im Nachhutkampf gegen d. Basken im Tal Roncesvalles * *Ludwig I.* (der Fromme), Kaiser im Frankenreich von 814 bis 840 (†)		
780			
781			Missionstätigkeit der seit 645 in China ansässigen Gemeinde d. syrischen Christen („Nestorianer")(durch Tafelinschrift in syrischer u. chinesischer Sprache i. d. Prov. Schensi bezeugt)
782	*Karl d. Gr.* läßt in Verdun a. d. Aller 4500 Geiseln d. aufständischen Sachsen hinrichten Bremen erwähnt ~ Einführung d. fränkischen kgl. Grafschaftsverfassung in Sachsen		
783			~ Osnabrück Bistum
784			*Karl d. Gr.* verbietet Leichenverbrennung
785	Sachsenhzg. *Widukind* († ~ 812) unterwirft sich *Karl d. Gr.* u. läßt sich taufen		Köln wird Erzbistum
786	*Harun al Raschid* Kalif in Bagdad bis 809 (†, * 765); fördert Kunst und Wissenschaft, wird durch seine Gerechtigkeit populär	* *Han Jü*, chin. Prosadichter († 824) Erstmals „deutsche" („theodisce") Sprache im Sinne von „Volks"-Sprache im Gegensatz zum Lat. erwähnt	

Karolingische Kunst	*Gregorianischer Gesang*	*Akademie Alkuins*	
~ Die aufkommende karolingische Buchmalerei (bis ~ 900) beruht im Gegensatz zum ornamentalen Stil der irischen Schule auf spätantiken Formen			
≈ Godescalc-Evangeliar mit karoling. Buchmalerei d. *Ada*-Schule			
		~ *Alkuin* (* 735, † 804) versammelt am Hof *Karls d. Gr.* Gelehrtenkreis („Akademie")	
Hzg. *Tassilo III.* v. Bayern schenkt dem von ihm 777 gegründeten Kloster Kremsmünster (Oberösterr.) Abendmahlskelch („Tassilo-Kelch", aus Kupfer mit vergoldetem Schmuckwerk; ältester erhalt. Abendmahlskelch)			
		~ * *Hrabanus Maurus*, dt. Gelehrter († 856)	
Baubeginn d. gr. Moschee in Cordoba (islam. vielsäuliger Stil; fertiggestellt 990, im 16. Jhdt. zur Kathedrale umgestaltet)			
~ Bagdad wird im Kalifenreich bedeutendes Zentrum von Kunst und Wissenschaft		* *Al-Ma'mûn*, Sohn d. *Harun al Raschid*, arab. Kalif in Bagdad u. Wissenschaftl. († 833)	

	Karl der Große *Wikingerzüge*	*Chinesische Lyrik*	*Oströmischer Bilderstreit*
787			Das zweite Konzil zu Nicäa anerkennt Bilderverehrung; ist das letzte von den sieben, das die morgenländische Kirche (Orthodox-anatolische K.) seit dem 1. Konzil zu Nicäa (325) anerkennt Der Erzbischof v. Mailand grdt. ein Findelhaus, das Kinder bis zum 8. Jahr betreut
788	Nach Absetzung des Hzgs. *Tassilo* hebt Kg. *Karl I.* (d. Gr.) das Hzgt. Bayern auf (912 wieder Herzogtum)		Bremen Bischofssitz
790			
792			
793	Frankfurt am Main urkundlich genannt Normannen überfallen von Skandinavien aus das engl. Inselkloster Lindisfarne: ~ Beginn der „Wikingerzeit"		

Karolingische Kunst	Schola cantorum	Arabische Wissenschaft	
			≈ *Karl d. Gr.* erläßt eingehende schriftl. Vorschriften für die Bewirtschaftung seiner großen Güter (darunter Anweisungen für den Anbau von 70 Gartengewächsen u. zahlr. Obstsorten)
~ Kaiserpfalz Ingelheim erbaut	≈ Schulen d. Kirchengesanges in Metz, Soissons, Paris, Köln u. anderen Orten. St. Gallen beginnt d. Pflege der Musik. Die Schola cantorum i. Rom überwacht d. Pflege des Kirchengesanges in Europa; *Karl d. Gr.* mit *Alkuin* fördert seine Reinerhaltung und Vereinheitlichung		~ Nachdem die Kirche zunächst warme Bäder verboten oder nur d. Kindern erlaubt hatte, führt *Karl d. Gr.* durch Benutzung d. warmen Bäder in Aachen das Baden wieder stärker ein (im Mittelalter hat das öffentl. Badewesen große Bedeutung, bis Seuchen, bes. Syphilis ≈ 1600 das Badewesen fast völlig verdrängen)
Baubeginn d. Doms zu Fulda (als erster zwei Chöre, werden jetzt in Deutschl. allgemein [vgl. 1075]); Frankreich bleibt im wesentl. bei einem Chor			
		Die (in China 105 erfundene) Papierherstellung gelangt nach Bagdad (nach Kairo 900, Spanien 1150, Italien 1276, Frankreich 1350, Nürnberg 1390, England 1494, Moskau 1576, Nordamerika 1690, Oslo 1698)	Erstmalig Teesteuer in China

	Karl der Große	Germanische Sagen	Fränk. Schulen
794	Heian (heute Kyoto) japan. Hauptstadt (bis 1867). Die bisherige Hauptstadt Nara (seit 710) bleibt Mittelpunkt d. buddhist. Kultur		*Karl d. Gr.* verwirft auf der Synode zu Frankfurt Bilderverehrung u. -zerstörung (entg. Nicäa-Konzil)
795	* *Lothar I.*, Frankenkaiser von 840 bis 855 (†) Kg. *Karl I. (d. Gr.)* gründet Spanische Mark Normannen dringen in Irland ein (dessen Klosterschulen sind seit dem 6. Jhdt. ein bedeutendes Zentrum europäischer Gelehrsamkeit)		*Leo III.* Papst bis 816 (†) (läßt sich 799 von *Karl d. Gr.* schützen) ≈ Irische Mönche beeinflussen über die Klöster im Frankenreich nachhaltig mittellat. Literatur u. übriges geistiges Leben in Mittel- u. Westeuropa
796	*Karls I.* (d. Gr.) Sohn *Pippin* besiegt die Awaren zwischen Donau und Theiß und grdt. die Awarische Mark (Awarenreich seit ~ 567) mit Erzbistum Salzburg (798)		4. Ehe *Karl d. Gr.* (hat einschl. illegitimer 17 leibliche Kinder)
797	800–1200 entst. 7 slawische Burganlagen b. (Berlin-)Spandau. Es folgt eine 8. askanische Anlage (vgl. 1175)		≈ In der jap. Heian-Zeit verbindet sich Buddhismus mit der Volksreligion Shintoismus ≈ Kulturelle Blüte Freisings (b. München)
800	Kaiserkrönung *Karls d. Gr.* ≈ Die skandinavischen, seeräuberischen Normannen („Wikinger") beginnen ihre Eroberungszüge, die zu bedeutenden Staatenbildungen führen ≈ Slawische Wenden wandern in den Raum zwischen Havel, Oder, Spree, Erzgebirge ein ≈ Die slawischen Pomerani in Pommern haben selbst. Fürsten (995 v. Polen unterworfen) ≈ Aus Vasallität (Gefolgschaft) und der Landleihe (Benefizium) entwickelt sich im fränk. Reich das Lehns- oder Feudalwesen (setzt sich bis zum 10. Jhdt. in Mitteleuropa allg. durch; Ausbildung d. Rittertums mit Berufskriegerheer) Irländer entd. Island (vgl. 874)	≈ „Beowulfsage" entsteht in England (als erstes germ. Buchepos) in Stabreimen ≈ Anfänge der „Gudrunsage" (Wikingerlied) gelangen an die Scheldemündung ≈ In *Karls d. Gr.* Gelehrtenschulen entsteht als Schrift d. *karolingische* Minuskel (die Grundlage d. heutigen „lateinischen" Schrift u. d. Antiqua) ≈ Nach Sachgruppen geordnetes „Kasseler Glossar" (althochdt. Übersetzung lat. Worte und Sätze)	~ *Karl d. Gr.* verbreitet das nicänisch-konstantinopolitanische Glaubensbekenntnis v. 381. (Der spätere Zusatz, daß d. Heilige Geist von Vater „und Sohn" [„filioque"] ausgeht, wird zum entscheidenden theolog. Streitpunkt zw. morgenl. u. röm. Kirche) ≈ Die Lehre, Christus sei als Mensch von Gott adoptiert, tritt auf und wird unterdrückt ≈ Erste Blüte d. fränk. Kloster- und Domschulen (neue Blüte im 10. Jhdt.)

Karolingische Kunst Japanische Heian-Epoche	Gregorianischer Gesang	Hochschule Tours	
Mit der Verlegung der japan. Hauptstadt von Nara nach Heian beginnt die „Heian"-Kunstepoche m. strengerem sog. Jogwan-Stil (bes. Holzplastik, bis 895)			
~ Moschee in Córdoba (vollendet 10. Jh.)		*Alkuin* erhebt Klosterschule in Tours zur Hochschule antiker Wissenschaft	
≈ Kultureller Höhepunkt im geeinten Korea (8. u. 9. Jh.)		~ † *Paulus Diaconus*, langobard. Historiker, kurzzeitig auch am Hofe *Karls d. Gr.*; schrieb „Historia Langobardorum" (* ~ 720)	~ Pferdewechselstellen und Fronfuhrwerke für Königsboten i. Frankenr. (jeder muß diesen Pferde und Unterkunft gewähren)
~ „Ada-Handschrift" (Prachtevangeliar d. Äbtissin *Ada* mit karoling. Buchmalerei) ~ Godeskalk-Evangeliar *Karls d. Gr.* mit Goldbuchstaben auf Purpurpergament und Evangelistenbildern „Sitzender Buddha" (japan. lebensgr. Holzplastik i. Stil der Heian-Zeit) ≈ Die Buddhafiguren in Indien erhalten z. T. eine bewegtere und belebtere Haltung ≈ In Mitteljava entstehen buddhist. u. brahmanische Tempelanlagen ≈ Während die Ornamentik der Völkerwanderungszeit verfällt, übernimmt die Kunst Mitteleuropas antike und christliche Formen („Karolingische Renaissance")		≈ Auf Seefahrten werden Nordkap, Färöer und Island von Normannen erreicht	~ *Karl d. Gr.* trägt fränkische Tracht mit Hose (seine Nachfolger bevorzugen die röm. Tracht, die mit langer Tunika u. langem Mantel schon b. d. *Merowingern* Hoftracht war) In d. *Karolinger*zeit bildet sich eine fränk.-röm. Mischtracht aus: Hose, Ärmeltunika, Schultermantel ≈ Bartlosigkeit in Europa (b. ~ 1500)

	Karl der Große	Skaldendichtung	Fränkische Schulen
801	Kaiser *Karls I.* (d. Gr.) Sohn *Ludwig* erobert Barcelona u. grdt. die spanische Mark (von wo aus bis 1492 die Araber allmählich aus Spanien verdrängt werden)	≈ *Bragi* (ältester bekannter) norw. Skalde (spät. als göttl. Dichter verehrt)	
802	~ Es entsteht der von Wikinger beherrschte Handelsplatz Sliesthorp (d. spätere Haithabu. Vgl. 1050)		*Karl d. Gr.* grdt. Kloster Münster (erster Bischof ist *Ludger d. Hlg.* von 804 bis 809 [†])
803	Bulgaren befreien sich von d. Macht d. tatarischen Awarenreiches an d. Donau		
804	Letzter Feldzug gegen die Sachsen. *Karl d. Gr.* erweiterte dadurch das Frankenreich bis zur Elbe u. Saale ~ * *Ludwig der Deutsche*, erster dt. (ostfränk.) Kg. von 843 bis 876 (†)		*Karl d. Gr.* gründet das Carolineum-Gymnasium in Osnabrück
805	Magdeburg erwähnt		~ * *Gottschalk*, Mönch und Theologe († 868)
807	~ Burg Halla (Halle; 1064 als Stadt erwähnt)		
808	Fes wird Hauptstadt des v. den Arabern ≈ 700 eroberten Marokko		
809	Bulgaren erobern Sofia (1382 v. d. Türken erobert)		
810	† Kg. *Godfred* v. Dänemark; erbaute Danewerk (Verteidigungswall) gegen *Karl d. Gr.*		~ * *Johannes Scotus Eriugena*, irischer Scholastiker in Paris († 877) ≈ In den „Pfarrschulen" des *karolingischen* Reiches lehren die Pfarrer anordnungsgemäß alle Angehörigen ihrer Gemeinde Glaubensbekenntnis u. Vaterunser ~ Halberstadt wird Bischofssitz

Karolingische Kunst	Gregorianischer Gesang	Arabische Wissenschaft	
			~ Unter *Karl d. Gr.* ist die Prostitution verboten
			≈ Mönche bringen die Edelrose nach Mitteleuropa Karl d. Gr. erhält Elefanten geschenkt
Odo von Metz: Pfalz-Kapelle *Karls d. Gr.* in Aachen (karoling. Rundbau mit byzant. Einfl.; Baubeginn 798; Kern des Aachener Münsters; got. Chor im 14. Jhdt.)			~ Magdeburg Handelsplatz an der Grenze gegen die Slawen
		Kaiser *Karl d. Gr.* erhält aus Bagdad eine Wasseruhr	Großer Sonnenfleck mit bloßem Auge sichtbar
		~ Der Perser *Muhammed ibn Musa al Chwarazmi* schreibt am arab. Kalifenhof zu Bagdad ein Buch über mathemat. Gleichungen und prägt dabei durch den Titel die Bezeichnung „Algebra“ (d. h. „Die Gleichungen“)	~ Münzreform durch Einführung d. Silberwährung unter *Karl d. Gr.* (1 Pfund = 20 Schilling [Solidus] = 240 Denare [Pfennige]). Der *karoling.* Pfennig verbreitet sich über ganz Europa

	Karl der Große Ludwig I.	„Wessobrunner Gebet" Dt. Heldensagen	Oströmischer Bilderstreit
811	Bulgaren besiegen *Nikephoros I.*, byzantin. Kaiser 802—811	~ † *Abu Nuwas*, arab. Dichter geistvoller, pers. beeinflußt. Trink- u. Liebeslieder (* ~ 750)	
813	Kaiser *Karl I.* (d. Gr.) krönt seinen Sohn *Ludwig* (den Frommen) auf dem Reichstag in Aachen Aachen Krönungsstadt der dt. Könige (bis 1531) *Leo V.* (d. Armenier) Kaiser von Byzanz bis 820 († durch Verschwörung); besiegt Bulgaren vor Konstantinopel und erneuert Bilderverbot		~ * *Al Kindi*, arab. Philosoph († ~ 870) Allg. öffentliche Weihnachtsfeier von der Synode in Mainz beschlossen (bis 1773 vier, dann zwei Feiertage)
814	† *Karl I.* (d. Große), Kg. d. Franken seit 768, erster röm.-dt. Kaiser seit 800; schuf starke Zentralgewalt, förderte Wissenschaft, Kunst und Rechtspflege (* 742; Heiligsprechung 1165) *Ludwig I.* (der Fromme) Kaiser im Frankenreich bis 840 (†); gerät 829 in Konflikt mit seinen Söhnen um die Reichsteilung	~ „Wessobrunner Gebet" (biblische Schöpfungsgeschichte in althochdt. Stabreimen) ~ Unter *Karl d. Gr.* Sammlung von Heldensagen und Versuch einer deutschen Grammatik	~ Blüte des Klosters Reichenau unter Abt *Heito I.* (806–822)
815			Bistum Hildesheim gegründet
816	Kaiser *Ludwig I.* übergibt Stift Innichen (seit 769) dem bayr. Hochstift Freising		*Gosbert* Abt von St. Gallen bis 836; grdt. große Bibliothek
817	*Ludwig I.* teilt das Frankenreich unter seine Söhne *Lothar (I.)*, *Pippin* und *Ludwig* (den Deutschen): *Lothar* wird Mitregent, *Ludwig* erhält Bayern, *Pippin* Aquitanien		
819		† *Liu Tsung-ngüan*, chines. Prosadichter (* 773)	

Karolingische Kunst	Gregorianischer Gesang	Arabische Wissenschaft	
			≈ Dreifelderwirtschaft gelangt nach Deutschland (wegen Klee- und Kartoffelbau im 18. u. 19. Jhdt. aufgegeben)
Regierungssitz in Venedig als Anfang des Dogenpalastes		≈ Araber übernehmen indische Ziffern einschl. Null und Stellenwertsystem (werden im 12. Jh. in Europa als „arabische Ziffern" bekannt)	≈ Die von *Karl d. Gr.* gegrdte. gesetzl. Armenpflege verschwindet; sie geht an die Kirche, Grundherren, später auch Zünfte u. Städte über und nimmt die Form unsystematischer Almosen an
Säulenbasilika als Domvorläufer in Fulda			

	Araber erobern Kreta und Sizilien	Chinesische Literatur	Christliche Mission in Skandinavien
820	Normannen errichten auf Irland in Dublin einen Staat (besteht bis 1170) Phrygische Dynastie löst in Byzanz die syrische (seit 717) ab: Intrigen, Thronstreitigkeiten, Luxus. (867 bis 1057 folgt makedonische Dynastie)		
822			
824	Kg. *Egbert* von Wessex (seit 802, † 839) unterwirft die übrigen engl. Staaten und vereint die Teilreiche	† *Han Jü*, chin. Prosadichter; leitete als Konfuzianer den Kampf gegen d. Buddhismus ein (* 786)	
825			~ Altsächs. Genesis (Erstes Buch Moses in altniederdt. Sprache)
826	Araber erobern Kreta und plündern von dort aus griech. Inseln u. Saloniki (Kreta von Byzanz 961 zurückerobert)		*Ansgar* (* 801, † 865), „Apostel d. Nordens", begleitet auf Befehl *Ludwigs des Frommen* d. getauften Dänenkg. *Harald*, um in Dänemark u. Schweden (829) d. Christentum zu verbreiten
827	Araber erobern Sizilien und beunruhigen von dort aus die Küste Italiens		
828	Afrikanische Araber erobern Sizilien und Sardinien		Angebl. Stiftung des *Gregorius*festes durch Papst *Gregor IV.*: Ein Knabe erhält für einen Tag Befehlsgewalt eines Bischofs u. predigt i. d. Kirche (z. B. i. Meiningen bis 1799) * *Ibn Koteiba*, arab. Gelehrter und Historiker († 889)

Karolingische Kunst	Arabische Wissenschaft		
Bauplan d. Klosters St. Gallen (nicht ausgeführt; mit Vierung als Maßeinheit des sich durchdringenden Lang- u. Querhauses, zwei Chöre; wichtiges Beispiel karoling.-roman. Baugesinnung) ~ Utrecht-Psalter mit karoling. Buchmalerei d. Reimser Schule (Federzeichnungen)	~ *Abdullah al Mamum* bestimmt Erdumfang auf 3,6% genau		
Michaelis-Kirche in Fulda (karoling. Romantik, Baubeginn 820) Abtei in Corvey/Weser gegründet (vgl. 885) ~ Mosaiken in S. Prassede, Rom			
≈ Japan importiert buddhist. Gemälde der späteren T'ang-Zeit			
	Geozentrisches „Großes astronomisches System" von *Ptolemäus* († ~ 178) als „Almagest" ins Arabische übersetzt	Arab. Gradmessung in Mesopotamien ergibt 11016 km für den Erdquadranten Pol – Äquator (statt 10001 km)	~ Araber bringen Baumwollanbau nach Sizilien

	Teilung des Frankenreichs		*„Heliand"*
829	*Karl der Kahle* erhält von seinem Vater *Ludwig I.* Hzgt. Schwaben, was zum Konflikt seiner Stiefbrüder mit *Ludwig I.* führt		
830	Fürst *Moimir* gründet Großmährisches Reich, herrscht bis 846 (später kommen Böhmen und Slowakei hinzu)	~ *Ludwig d. Fromme* vernichtet die von seinem Vater *Karl d. Gr.* angelegte Sammlung german. Heldenlieder. Unter ihm entsteht „Heliand" (altsächs. Evangelienharmonie in Stabreimen mit Christus als germanischem König)	~ „Muspilli" („Mundtöter" = Christus, Weltuntergang im Feuer; althochdt. stabreimendes Gedicht üb. die letzten Dinge mit der Figur des Antichrist) von einem bayrischen Geistlichen
831			~ *Einhard:* „Vita Caroli Magni" („Das Leben Karls d. Gr.")
833	*Ludwig I.* (d. Fromme) unterliegt seinen Söhnen (*Ludwig dem Deutschen, Lothar I.* u. *Karl II.*) bei Kolmar durch Abfall seines Heeres auf dem „Lügenfeld" u. muß vorübergehend abdanken	~ Die Evangelienharmonie „Diatessaron" (vgl. 170) wird in Fulda ins Althochdt. übersetzt	
836	Normannen erobern England (werden von ~ 900 bis ~ 1000 auf die Küsten beschränkt)		
837	Neue Teilung des Frankenreiches zwischen Kaiser *Ludwig I.* (dem Frommen) und seinem Sohn *Lothar (I.)*		
838	Araber besiegen byzant. Heer in Kleinasien b. Amorion (942 wieder zurückgedrängt)		
839	* *Karl III.* (der Dicke), röm.-dt. Kaiser 876 bis 887 († 888)		

Hamburg Erzbistum	*Arabische Kunst*	*Arabische Wissenschaft*	
		Kalif *Al-Ma'mûn* grdt. Übersetzer-Akademie in Bagdad (verstärkt wissensch. Kontakt mit der Umwelt)	
Erzbist. Hamburg unter *Ansgar* gegrdt. (845 wegen Zerstör. d. d. Normannen nach Bremen verlegt); Zentrum d. Mission in Nordeuropa			
		†*Al-Ma'mûn*, arab. Kalif und Wissenschaftl.; übersetzte altgriech. philos. u. wissenschaftliche Schriften ins Arabische, gründete Sternwarte auf einem Stadttor von Bagdad (* 786)	
	In der Kalifenhauptstadt d. *Abbasiden* Samarra (Irak) entstehen prächtige Bauten; u. a. Palast u. riesige Hauptmoschee mit Schneckenminarett nach altbabyl. Muster (Samarra wird 883 aufgegeben u. verfällt)		

	Reichsteilung	Chinesische Lyrik Althochdeutsch	Bilderstreit beendet
840	† *Ludwig I.* (der Fromme), Kaiser im Frankenreich seit 814 (* 778) *Lothar I.* strebt nach dem Tode seines Vaters Kaiser *Ludwigs des Frommen* gegen seine Brüder nach Alleinherrschaft; Kaiser bis 855 (†)		
841	*Karl II.* (d. Kahle) und *Ludwig d. Deutsche* siegen über Kaiser *Lothar I.* (führt 843 zum Vertrag von Verdun)		~Fulda wird berühmt. Klosterschule unt. Abt *Hrabanus Maurus*
842	~ Türkische Söldner in arabischen Diensten ~ Kgl. Heer unterdrückt „Stellinga"-Aufstand d. sächs. Bauern	„Straßburger Eide" (zw. *Ludwig d. Deutschen* u. *Karl d. Kahlen* gegen ihren Bruder *Lothar*) i. altfranz. u. althochdt. Sprache (ältestes Denkmal der sprachl. Trennung zw. Ost- u. Westfranken)	*Walafried Strabo* (* ~ 808, † 849) Abt des Klosters Reichenau, dessen theolog. Schule er zur Blüte bringt; schreibt „Glossa ordinaria" (erklär. Randglossen zur Bibel) u. Gedichte
843	Teilung des *karolingischen* Reiches unter den Söhnen *Ludwigs des Frommen* im Vertrag von Verdun: ostfränk. Reich unter *Ludwig dem Deutschen*; westfränk. Reich unter *Karl II.* (dem Kahlen); Italien mit der Kaiserwürde und Gebiet zwischen Rhein, Schelde und Rhône an *Lothar I.* Drei Dynastien aus dem Hause der *Karolinger*: dt. bis 911, frz. bis 987, ital.-lothring. bis 875 *Karl II.* (d. Kahle) Kg. v. Frankr. bis 877 (†)	~ *Walafried Strabo*: „Hortulus" (Gedicht über d. Klostergarten Reichenau)	Kaiserin *Theodora* von Byzanz beendet den Streit um d. Bilderdienst endgültig, indem sie durch das Konzil zu Nicäa die Ikonen-Verehrung wieder gestatten läßt (der Bilderstreit begann mit d. Bilderverbot Kaiser *Leos III.* 726)
844	~ Die (früher nordir.) Skoten errichten in Nordschottland ein Königreich	~ *Abû Tammâm* (†): „Hamâsa" (arabische Sammlung v. Heldenliedern, Sprüchen, Schmähversen u. a.)	Große Buddhistenverfolgung in China beseitigt dort endgültig die Vorherrschaft dieser Religion. Aufteilung des Reichtums der Klöster zur Linderung der wirtschaftlichen Not
845	Normannen zerstören Hamburg, Erzbischof *Ansgar* geht n. Bremen		Bremen wird statt Hamburg Erzbischofssitz und damit Zentrum der nordeuropäischen Mission
846		† *Peh Kü-jih* (auch *Po Chü-I*), chin. Lyriker, schrieb 71 Bücher (* 772)	~ Im Kloster Corbie beg. 1. Abendmahlsstreit

Zerstörung buddhistischer Kunst	Hymnen	Arabische Wissenschaft	
		† *Einhard*, Gelehrter am Hofe *Karls d. Gr.* (bis 830); schrieb „Vita Caroli Magni" (* ~ 770)	~ Jena erstmalig erwähnt
~ Ende des religiös. Bilderstreits belebt die Entwicklung der bildenden Kunst auch im Frankenreich			
Buddhistische u. taoistische Kunst Chinas, bes. auch die monumentalen Wandbilder d. T'ang-Zeit, wird fast völlig zerstört			Papiergeld i. China (führt zu Inflation u. Staatsbankrott)

	Angelsächsischer Großstaat	Nordische Sprachen	Hrabanus Maurus
847			*Leo IV.* Papst bis 855; befestigt d. vatikanische Viertel (Leostadt) und besiegt 849 Araber bei Ostia *Hrabanus Maurus* Erzbischof v. Mainz; fördert Kloster-, Schulwesen und romanische Bildung
849	* *Alfred d. Gr.*, engl. Kg., wird 854 vom Papst zum König gesalbt, folgt 871 als König von Wessex († 901)		
850	~ * *Arnulf* von Kärnten, röm.-dt. Kaiser von 887 bis 899 (†) Araber erobern Korsika (kommt 1020 zu Pisa)	≈ Spaltung d. altnord. Sprache i. Ostnordisch (Dänisch, Schwedisch) u. Westnordisch (Norweg., Isländ., Grönländ.) ≈ In Japan entsteht neben der chin. Wortschrift eine Silbenschrift („Kana"), die zur Grundlage d. jap. Prosadichtung d. folg. Jahrhunderte wird: Monogatari (romanhafte Erzählungen), Nikki (Tagebücher), Zuihitsu (unterhaltsame Erzählungen)	≈ Beginn d. Frühscholastik bis ≈ 1150 (Herausschälung der Probleme d. Hochscholastik, besond. des Universalien-Streites) ≈ In der Erzdiözese Reims entstehen die sog. „Pseudo-Isidorischen Dekretalen", gefälschte Rechtsquellen, um die Macht d. Kirche und besonders die des Papstes zu stärken (Nachweis d. Fälsch. 1628 durch *Blondel*)
Im 9. Jahrhundert	Friesen lassen sich an der Westküste Schleswigs nieder; sichern in der Folgezeit das Land durch Deiche und bilden kleine Bauernfreistaaten Angelsächsischer Gesamtstaat entsteht (vgl. 824) Reich der Wolgabulgaren mit Hauptstadt Bolgary (besteht bis zum 13. Jhdt.)	Anonymus v. Einsiedeln: 80 Inschriften aus Rom „Ave Maria stella" (lat. Marienhymnus) Beginn der Edda-Dichtung (vgl. 10. Jh.) Hymnensammlung „Tiruwaschagam" in drawidischer Sprache Ansiedlung jüdischer Gruppen in Deutschland als Handwerker, Bauern, Kaufleute, Ärzte (entwickeln i. d. folgenden Jahrhund. jüdisch-dt. Mischsprache: „jiddisch" mit hebräischer Schreibw.)	Dt. Könige beanspruchen das Recht der Investitur (Belehnung der Bischöfe und Äbte mit Ring und Stab) Die Reliquien-Verehrung kommt zu großer Bedeutung (vgl. 1215) Die Nubier d. östl. Sudans treten zum Islam über

Karolingische Buchmalerei	Zweistimmigkeit Kirchentonarten	Arabische Wissenschaft	
Evangeliar *Karls des Kahlen* und Utrechter Psalter (karolingische Buchmalerei) ~ S. Miguel de Lino (westgot. Bau in Asturien) ≈ Borobodur-Heiligtum (Mitteljava) in 9 Terrassen mit 1600 Relieftafeln von insges. 5 km Länge; etwa 500 Buddhafiguren; gekrönt von einem Stupa; stark epische Hochreliefs mit Szenen aus d. buddhist. Mythologie; wahrscheinl. beeinfl. von der Kunst in Amaravati a. d. 2. Jhdt.; Ansätze von Landschaftsdarstellung ≈ Dumar-Lena-Höhlen-Tempel bei Ellora (Westvorderindien) mit Großreliefs	~ Der irische Philos. *Johannes Scotus Eriugena* erwähnt erstmalig zweistimmiges Singen ≈ Alle christl. Kirchen außer der römischen pflegen den Hymnen-Gesang	~ * *Rhases*, arab. hippokrat.-galenischer Mediziner († 923)	≈ Seifensieder-Handwerk i. Marseille (Grundstoff Olivenöl) ≈ Die Entwicklung d. fränk. Heeres zum Reiterheer bedingt einen begüterten Berufskriegerstand. Es bildet sich d. Ritterstand aus ≈ Politische und kulturelle Zentren sind die Höfe von Indien, China, Bagdad u. Byzanz
Beginnender Backsteinbau in Oberitalien Das sog. „Westwerk" als Neben-Kirchenanbau wird zunächst der Träger einer Turmgruppe Der Spitzbogen verschiedener Form beginnt in der islam. Baukunst zu überwiegen	Entstehung der 12 Kirchentonarten, auf den altgriech. Tongeschlechtern beruhend (führen ≈ 1600 zu d. Dur- u. Moll-Tonarten)	Araber vervollkommnen das Astrolab (astron. Meß- und Rechengerät)	Bäckerei als Verkaufsgewerbe Blüte d. mittellat. Briefstellerei Araber bringen d. ind.-pers. Schachspiel n. Spanien u. Sizilien In Hessen versucht man bei Mondfinsternissen „das den Mond verschlingende Ungeheuer" durch Lärm zu verscheuchen Steinkohlenverwendung in England (vgl. 1113)

	Königreich Lothringen Normannen-Züge	Frühscholastik „Peterspfennig"
851		*Johannes Scotus Eriugena:* „De divina praedestinatione" (widerlegt die Prädestinationslehre von *Augustin* u. bringt Verfasser in den Ruf der Ketzerei)
853		Abtei Gandersheim gegrdt. (Äbtissinnen sind später Reichsfürsten)
854	Ulm als Königspfalz erwähnt	
855	† *Lothar I.*, Kaiser seit 840 (* 795); verteilte sein Reich an seine drei Söhne: *Lothar II.* erhält das nach ihm benannte Kgr. Lothringen (Lotharingien); *Karl* Provence und Südburgund Kaiser *Ludwig II.* (* ~ 822, † 875), Sohn Kaiser *Lothars I.*, erhält nach dem Tode s. Vaters Italien, wo er erfolgr. geg. d. Araber kämpft	Kg. *Ethelwolf v. Essex* erhebt d. „Peterspfennig" von jedem Hausstand f. d. Papst (ab 11. Jh. auch in Skandinavien, Island und Polen)
856	Ende der langobardischen Herrschaft in Tarent	† *Hrabanus Maurus*, dt. Gelehrter, „Präceptor Germaniae"; schrieb u. a. „De rerum naturis" (Enzyklopädie i. 22 Bdn.), war 822 bis 842 Abt in Fulda, seit 847 Erzbischof v. Mainz (* ~ 784)
857		
858		*Nikolaus I.* Papst bis 867 (†); setzt sich gegenüber d. Frankenkgen. stärker durch (setzt Erzbischöfe ab, um Heirat *Lothars II.* m. dessen Mätresse zu verhindern)
859	Die Normannen dringen als Seeräuber in das Mittelmeer vor und plündern d. Küsten bis n. Kleinasien	
861	Paris zum 3. mal von d. Normannen vom Fluß her erobert u. geplündert (vorher 845, 857; dasselbe Schicksal erleiden und erlitten Aachen, Köln, Mainz, Metz, Worms, Toulouse)	

Anfänge japanischer Malerei	*Arabische Wissenschaft*	
		≈ Armbrust in Frankreich (in Dt. erst ab 12. Jh. häufiger)
† *Kudara Kawanari*, (gilt als) erster bedeutender japan. Maler (vom 7. bis 13. Jh. Blüte d. rein buddhist.-religiösen Malerei in Japan) ~ Münster in Essen gegründet		
„Himmelfahrt Christi" (Fresko in d. Unterkirche S. Clemente in Rom; gilt als Überwindung byzantinischer Starre)		
	Hrabanus Maurus (†) war ein Vertreter kirchlicher Gelehrsamkeit	
		Erster Bericht von einer starken Kriebelkrankheit-Seuche i. Westeuropa („Antoniusfeuer", Verlust brandiger Glieder durch Genuß von mit Mutterkorn vergiftetem Getreide; bis z. 14. Jhdt. bes. in Frankreich unter der ländl. Bevölkerung)
„Codex aureus" aus St. Emmeram, Regensburg (Prachthandschrift)		

	Normannen in Nowgorod *Alfred der Große von England*	*Althochdeutsche Dichtung*	*Karolingische Kunst*
862	Normannen unter *Rurik* († 879) setzen sich in Nowgorod fest (als „Waräger" fahren sie von d. Ostsee auf d. Wasserwege durch Rußland zum Schwarzen Meer, unternehmen Raubzüge und machen sich die Bewohner tributpflichtig. Verschmelzen in d. Folgezeit m. d. slawischen Oberschicht)	~ *Photios:* „Bibliotheca" (griech. Auszüge aus 280 antiken u. christl. Werken)	
863		~ Slawische Schrift entsteht (vgl. Spalte „Religion")	
864			
865	~ Normannisch-russischer Kriegszug nach Konstantinopel		
868	*Tuluniden*-Dynastie in Ägypten bis 935	~ *Otfried von Weißenburg* verfaßt Evangelienharmonie „Krist" (eine der ersten althochdt. Dichtungen mit End- statt Stabreimen)	
870	Lothringen wird im Vertrag von Mersen zwischen *Ludwig dem Deutschen* und *Karl dem Kahlen* geteilt: östl. Teil mit Metz zu Ostfranken Malta von den Arabern erobert (1090 entreißen es ihnen d. Normannen)	Alter Dom i. Köln geweiht	Evangeliar *Karls d. Kahlen* mit karol. Buchmalerei d. Schule von St. Denis („Codex aureus" = goldenes Buch) Erstes gedrucktes Buch in China
871	*Alfred* (d. Gr.) Kg. v. England (Wessex) bis 899 (†, * 849); besiegt die Dänen, baut Flotte, ordnet Verwaltung und Rechtswesen, übersetzt u. a. *Boëtius* ins Angelsächsische		~ Kunstvoller Folchart-Psalter, St. Gallen

Mission in Mähren · Al Kindi	*Chinesischer Buchdruck*	
Papst *Nikolaus I.* setzt d. Patriarchen *Photios* v. Konstantinopel ab und erweitert dadurch entscheidend d. Kluft zwischen morgenländ. u. röm. Kirche (endgültige Trennung 1054) Der großmähr. Kg. *Rastislaw* erbittet vom Kaiser v. Byzanz Entsendung von Geistlichen d. oström. Kirche, um dem Einfluß der fränkisch-bayer. Geistlichkeit zu begegnen. Dieser schickt die Brüder *Cyrillos, Konstantinus* (* 827, † 869) u. *Methodius*, welche die Apostel Mährens werden. *Cyrillos* schafft dazu ältestes slawisches Alphabet (Glagoliza), in das er christl. Texte überträgt („Kyrillisches" [russisches] Alphabet erst später und nicht von *Cyrillos*)		
Fürst *Boris I.* v. Bulgarien (seit 852, † 907 als Mönch) tritt mit dem Adel zum Christentum über		
† *Gottschalk*, Mönch in Fulda und Orbais; nach lebenslängl. Kerkerhaft wegen Lehre der doppelten Prädestination (zur Seligkeit und zur Verdammnis) (* ~ 805)	Eines der ältesten gedruckten Bücher in China in Rollenform, ohne bewegl. Lettern (Übersetzung aus d. Indischen)	
~ * *Farabi*, arab. Philosoph († 950) ~ † *Al Kindi*, arab. Philosoph, Mathematiker und Astrologe i. Bagdad; übers. *Aristoteles;* gilt als erster arab. Philosoph (* ~ 813) 8. Konzil, in Konstantinopel Papst lehnt selbständ. bulgarisch. Patriarchat ab. Bulg. Kirche unterstellt sich dem Patriarchen von Konstantinopel (vgl. 917)	~ *Johann Scotus Eriugena:* „Über die Einteilung der Natur" (lat. Enzyklopädie)	

	Reichseinigung · König Alfred d. Gr. von England	
872	*Harald Haarfagr*, Kg. von Norwegen seit 860, besiegt d. norweg. Kleinkönige und begründet Großkönigtum	
873		
874	Norweger besiedeln Island (bis ~ 930)	Volksaufstand erschüttert chin. T'ang-Dynastie (vgl. 907)
875	Kg. *Karl II.* (d. Kahle) v. Frankr. erobert Italien und wird zum Kaiser gekrönt	
876	† *Ludwig der Deutsche*, erster dt. (ostfränkischer) Kg. seit 843 (* ~ 804) *Karl III.* (der Dicke) röm.-dt. Kaiser bis 887 († 888, Kaiserkrönung 881); vereinigt 885 noch einmal das Reich *Karls d. Gr.*	*Ludwig III.* (d. Jüngere) ostfränk. Kg. neben seinen Brüdern *Karl* (dem Dicken) und *Karlmann* († 880) bis 882 (†); herrscht über Thüringen, Franken, Sachsen, Bayern, Lothringen * *Heinrich I.*, dt. Kg. 919 bis 936 (†)
877	*Ludwig II.* (der Stammler) Kg. v. Frankr. bis 879 (†)	
878	Araber haben ganz Sizilien von Byzanz erobert (seit 827); Palermo Hauptstadt (die arab. Zeit bis 1061 ist wirtschaftl. u. kulturelle Blütezeit)	Kg. *Alfred* gewinnt London als angelsächs. Vorposten v. d. Dänen zurück
879	*Ludwig III.* Kg. v. Frankr. bis 882 (†); besiegt d. Normannen, teilt Herrschaft mit seinem Bruder *Karlmann* († 884) Königreich Niederburgund (Arelat) unter Graf *Boso* (934 mit Königreich Hochburgund zu Königreich Burgund vereinigt)	Nach *Ruriks* Tod übernimmt d. normann. Waräge *Oleg* d. Herrschaft in Nowgorod, erobert Kiew, wird erster Großfürst v. Kiew, schließt Handelsvertrag mit Byzanz Niederlande (außer Flandern) kommen z. Hzgt. Niederlothringen d. ostfränk. (dt.) Reiches
880	Im Vertrag von Ribémont erhält Kg. *Ludwig III.* (d. J.) von Ostfranken den Rest Lothringens (gewann 879 Bayern)	

Frühscholastik	*Arabische Wissenschaft*
Domkirche Hildesheim geweiht	
	†*Honain ibn Iszhâk*, arab. Arzt; übersetzte d. Werke d. röm. Arztes *Galenus* ins Arabische. (Die Araber bewahren i. d. Folgezeit d. antike Heilkunde, entwickeln sie aber wenig, gehemmt durch das relig. Verbot anatomischer Studien)
	≈ Zeitmessung durch Abbrennen dicker, mit einer Skala versehener Kerzen am Königshof in England (Kerzenuhren, vermutl. chin. Erfindung)
† *Johannes Scotus Eriugena*, irischer Scholastiker in Paris; schrieb „Über die Einteilung der Natur" (lat., erstes umfassendes Weltbild des Mittelalters, 1210 seiner Mystik wegen von der Kirche verboten) (* ∼ 810)	
Patriarch *Photios* von Konstantinopel läßt d. Beschlüsse d. Konzils v. Konstantinopel v. 869 verbrennen (der Papst und er bannen sich gegenseitig; führt mit zur Trennung d. röm. u. morgenländ. Kirche)	
Grdg. d. Benediktiner-Klosters auf dem Monserrat (Katalonien; wird vielbesuchter Wallfahrtsort mit einem als wundertätig geltenden Marienbild)	

	Normannen vor Paris	Althochdeutsche und Skalden-Dichtung	Frühscholastik
881	*Karl III.* (der Dicke) zum Kaiser gekrönt Normannen zerstören Aachener Pfalz u. teilw. Köln ~Burgos (Altkastilien) als Festung gegen die Araber gegründet	„Ludwigslied" (Preislied auf den Sieg *Ludwigs III.* von Frankr. über d. Normannen; in althochdt. Reimversen)	
882	*Karlmann*, Bruder *Ludwigs III.*, Kg. v. Frankr. bis 884 (†) Normannen zerstören Trier	~Sequenz d. hl. Eulalia i. 14 Verspaaren (ältest. frz. Literaturdenkmal)	
884	*Karl der Dicke* auch Kg. v. Frankr. bis 887 († 888)	* *Tsuraguki*, japan. Dichter († 946)	
885	*Karl III.* (der Dicke) vereinigt noch einmal das Reich *Karls d. Großen* (Alemannien, Italien, Ost- und Westfrankenreich) Normannen belagern Paris (Kaiser *Karl* erkauft ihren Abzug durch Geldzahlung und Verpfändung Burgunds, wird deshalb 887 abgesetzt)		Kloster San Marino genannt (bei ihm entsteht Stadt u. Freistaat San Marino)
886	† *Basilios I.*, byzantin. Kaiser seit 867 (unt. ihm Höhepunkt byzantin. Macht)		
887	Kaiser *Karl III.* (d. Dicke) wird von den Fürsten Ostfrankens abgesetzt († 888), weil er den Abzug der Normannen von Paris durch Geld erkaufen mußte *Arnulf* von Kärnten röm.-dt. Kaiser bis 899 (†) (896 in Rom zum Kaiser gekrönt); kämpft gegen Normannen und Slawen in Mähren		
888	† *Karl III.* (der Dicke), röm.-dt. Kaiser von 876 bis 887; vereinigte noch einmal das Reich *Karls d. Großen* (* 839) Auflösung d. einheitl. Frankenreichs *Odo von Paris (Kapetinger)*, Kg. von Frankreich bis 898 (†); wird von *Karl III. (d. Einfältigen)* bekämpft, der ab 893 Gegenkönig wird Hochburgund (Westschweiz) wird selbständ. Kgr. (Niederburgund [Arelat] seit 879 Kgr. Beide 934 zum Königreich Burgund vereinigt) Osnabrück Marktort mit Zoll und Münze (seit ~ 783 Bistum; wird 1082 befestigt) Bremen erhält Marktrecht	≈ *Thjodolf*: „Ynglingatal" u. *Thorbjorn*: „Haralds-mal" (Skalden-Lobgedichte am Hofe *Harald Haarfagrs*)	

Karolingische Kunst	Kirchentonarten Zweistimmigkeit	Arabische Wissenschaft	
~ Ibu-Tulun-Moschee in Kairo (erbaut seit 876)			
			Der Begriff ,,Lehen" erstmals erwähnt (in Cluny)
Westwerk der Abtei Corvey/Weser (Kirche 844) geweiht (vgl. 822) ~,,Skylla im Kampf mit Odysseus'' (Wandmalerei im Johannischor der Klosterkirche in Corvey; antikes Vorbild vermutet)		*Ibn Chordadhbeh* (* ~ 820, † ~ 912, Postmeister): ,,Buch der Wege und Länder" (arab. Erdkunde Vorderasiens)	
		† *Abu Ma'schar*, arab. Astrologe (seine Werke werden i. 15. Jhdt. ins Lateinische übers.)	
~ Tragaltar des Kgs. *Arnulf*			

	Fujiwara-Zeit in Japan	Lateinische Mönchsdichtung	Frühscholastik Schulen in England
889			† *Ibn Koteiba*, arab. Gelehrter; schrieb eine schöngeistige Enzyklopädie, ein „Handbuch der Geschichte", ein Buch über arab. Poesie und ein „Stilistisches Handbuch" (* 828)
890		~ † *Ratpert*, Vorsteher d. Klosterschule zu St. Gallen; schrieb dt. „Lobgesang auf d. heiligen Gallus" und lat. Hymnen	
894	† *Swatopluk*, Kg. eines großmährischen Reiches seit 869. Unter seinen Söhnen zerfällt sein Reich 906		
895	Unter dem Großfürst. *Apad* dringen die Magyaren, von den türk. Petschenegen aus Südrußland vertrieben, in Ungarn ein Die *Fujiwara*-Familie übernimmt in Japan die Regierungsgewalt bis 1192; in dieser „*Fujiwara*-Zeit" relat. friedliche Kulturblüte Japan distanziert sich vorübergehend vom politisch schwachen China (parallel geht kulturelle Emanzipation)		
898	*Karl III.* (der Einfältige) Kg. v. Frankr. bis 929 (†) (war seit 893 Gegenkg. gegen Kg. *Odo*); setzt sich gegen den Adel nicht durch (gerät 923 in Gefangenschaft)		
899	† *Arnulf* v. Kärnten, röm.-dt. Kaiser seit 887; kämpfte erfolglos mit den Ungarn gegen Slawenstaat in Mähren, schlug 891 Normannen bei Löwen, unternahm zwei Italienzüge (* ~ 850) Der von *Karl d. Gr.* gegrdt. Reichshof Dortmund urkundlich erwähnt † Kg. *Alfred d. Gr.* von England (* 849)		*Alfred d. Gr.* (†) förderte Schulwesen, Übersetzungen aus d. Latein, Gesetzessammlung in England

Japanische Kunst	Kirchentonarten Zweistimmigkeit	Arabische Wissenschaft	
~ Bayon-Tempel in Angkor-Thom (Kambodscha, Indochina) mit zahlr. religiös. u. höfischen Reliefplastiken (Türme mit nach d. vier Himmelsrichtg. blickenden Gesichtern Brahmas)	~ *Regino* (* ~ 850, † 915); Abt. d. Klosters Prüm (Eifel): „De harmonica institutione" (lat. Schrift über Kirchengesang)		
≈ *Kose no Kanaoka*, japan. Maler am Hofe zu Heian (angebl. bedeutender Meister weltl. Malerei, kein Werk erhalten) ~ Erste bildl. Darstellung von Shinto-Gottheiten in Japan (z. B. Holzplastik eines sagenhaften Tennos als Kriegsgott; Beginn der zunehmend stärkeren national-japan. Durchdringung der übernommenen chines. Kultur)	*Ratpert* (†) schrieb lat. Hymnen		
Beginn der *Fujiwara*-Kultur in Japan			

	Zerfall des Karolingischen Reiches	Altisländische Literatur Lat. Mönchsdichtung	Frühscholastik
900	*Ludwig IV.* (das Kind) dt. Kg. unter Vormundschaft Erzbischof *Hattos* von Mainz und Bischof *Salomos* von Konstanz bis 911 (†, * 893) ~ Unter *Alfons III.* v. Kastilien (Kg. 866—909) beginnt die christl. Wiedereroberung (Reconquista) Spaniens (vgl. 1492) ≈ Die Herzöge von Sachsen erlangen Oberhoheit über Thüringen ≈ Böhmische Burg Wrotizlav (das spätere Breslau) gegründet ≈ Östlich der Elbe gibt es vom 7. Jh. an eine friedliche Koexistenz v. Germanen und Slawen ≈ Während das *Karolingische* Reich zerfällt, wird die Herrschaft in Italien von verschiedenen Fürsten umkämpft. Ital. Raubzüge der Araber und Magyaren ~ Die Grafen d. Spanischen Mark Frankens machen sich selbst.; es entstehen Kgr. León (Asturien mit Grenzgebiet Kastilien), Kgr. Navarra und Barcelona ~ Neben den Königreichen Burgund entsteht das frz. Hzgt. Burgund (Bourgogne) Erste Ungarneinfälle in Bayern ≈ Maya geben ihr weites Siedlungsgebiet im tropischen Tiefland Mexikos plötzlich auf und wandern zur Halbinsel Yucatán	~ *Notker Balbulus*, Mönch in St. Gallen, führt (lat.) Sequenzen in die Meßliturgie ein (vgl. 912 Musik) und schreibt „Gesta Caroli Magni" („Taten Karls d. Gr.", Erzählungsbuch) ~ „Eulalialied" (ältestes erhalt. frz. Gedicht) ≈ In der Klosterdichtung findet sich auch die Gattung des Schwankes ≈ Isländische vorchristl. Skaldenkunst an norweg. Königshöfen ≈ Die arabische Märchensammlung „Tausendundeine Nacht" beginnt zu entstehen (indische und persische Einfl.; heutige Form entsteht i. 16./17. Jhdt. in Ägypten)	~ *Abû Tabari* (* 838, † 923; Gelehrter in Bagdad): „Teffîr" (arab. Zusammenfassung d. Koran-Kommentare) ≈ In Deutschland unterstehen die Juden als Religions- u. Landfremde direkt den Fürsten (z. B. als kaiserl. Kammerknechte), was diese in den folgenden Jhdten. häufig zur Durchführung v. Geldgeschäften benutzen, die dem Christen verboten sind (Zinserhebung)
901	*Ludwig III.* (d. Blinde) röm. Kaiser, seit 900 Kg. v. Italien († 905, geblendet)		

Spätbyzantische u. ostasiatische Kunst	*Musik in St. Gallen*	*Galenische Medizin*	
≈ Mönch *Tutilo* wirkt in St. Gallen als Baumeister, Elfenbeinschnitzer, Dichter und Musiker (Tropen) († ~ 909) ≈ Flache Holzdecken in den Kirchenschiffen (in der Hochromanik d 12. bis 13. Jhdts. erscheinen das Tonnen- und Kreuzgewölbe) ≈ Nordische Osebergkunst, gekennzeichn. durch d. Königingrab mit Wikingerschiff b. Oseberg (bei Oslo) m. Geräten, Wagen, Schlitten; geschnitzte Tier- und Flechtbandornamente ≈ Die byzant. Zellenschmelz-Malerei greift auf d. Abendland über (farb. Glas-Schmelzmasse in Zellen aus Goldstegen) ≈ Aus spätgriech.-byzant. Elementen (Akanthus, Palmetten) baut sich die Ornamentik d. Islam auf („Arabesken", z. T. angewandt in Form der „unendlichen Fortsetzung") ~ Landschaftsbilder des chines. Malers *Ching Hao* (* ~ 855, † 915) leiten ein Jahrhundert starker Entwicklung dieser Kunstgattung in China ein ≈ Die buddhist. Tempel in Nara, der Hauptstadt Japans bis 794, werden mehr und mehr zu einer Sammelstätte japan.-buddhist. Kunst ≈ Brahmanischer Lingaraja-Tempel bei Bhubanesvara in d. ind. Prov. Orissa am Beng. Golf (kuppelartige Tempeltürme mit die Architektur unterstreichenden Skulpturen) ≈ Ind. Höhlentempel auf d. Elephanta-Insel bei Bombay; reliefartige Monumentalplastiken ≈ Dschaina-Felsen-Tempel zu Ellora (Westvorderindien), teilweise als Freibau aus dem Felsen herausgearbeitet, mit Skulpturen	≈ „Musica enchiriadis", Musiktraktat nördl. der Alpen mit zweistimmig notierten liturg. Gesängen (Organum) ~ Beginnende Mehrstimmigkeit in der frz. Kirchenmusik ~ Notenlinien f. d. Neumen-Tonschrift werden eingeführt ≈ Blüte d. geistlichen Musik i. St. Gallen; u. a. „Tropen" als Textparaphrasen unter den koloraturhaften Ausschmückungen des „Kyrie eleison" (vgl. 912)	≈ Die angebl. von *Gabir ibn Haiyan* („Geber") stammenden alchimist. Schriften entstehen bei den schiitischen Ismailiten (östl. Mohammedanersekte) ~ Der arabische Arzt *Rhases* nennt fast dieselben ansteckenden Krankheiten wie *Galenus* (~ 200): Pest, Auszehrung, Tollwut, bestimmte Augenkrankheiten und Pocken, deren Krankheitsbild er beschreibt ≈ Grdg. d. medizinischen Schule v. Salerno unter Einfluß des Benediktinerordens als abgeschlossene Gilde von Laien- u. geistl. Ärzten; Überliefg. d. hippokratischen u. galenischen Medizin (blüht bis ~ 1400, Höhepunkt im 12. Jhdt.) ≈ Hoher Stand d. Schiffbaus bei den skand. Wikingern: (hochseefeste Kielboote im Klinkerbau, etwa 3 m breit, 25 m lang, für Ruder u. Segel) ~ Normannen entdecken Grönland Papierherstellung gelangt nach Kairo	≈ Höhenburgen werden befestigte Wohnsitze des europ. Adels ≈ Arabische Kleidung für Männer: Schenkelschurz u. halbkreisförmiger Mantel. Daneben sackartiger Mantel mit Arm- und Kopflöchern. Ledersandalen; für Frauen: Langes Hemd u. viereckiger Überwurf. Schleier Erdbevölkerung dieser Zeit wird auf etwa 320 Mill. geschätzt (um Chr. Geb. 160 Mill., um 1700 640 Mill.) (1950 liegt die Verdopplungszeit bei 35 Jahren)

904		
905	* *Konstantin VII.*, byzant. Kaiser von 912 bis 959 (†)	
907	Ungarn vernichten, nach Westen vordringend, d. großmährische Reich (entstanden im Anfang des 9. Jhdts.; Ungarn unternehmen in d. Folgezeit Beutezüge n. Deutschl. u. Oberitalien)	Preßburg erwähnt; dort unterliegen die Bayern geg. die Ungarn u. verlieren Pannonien Politische Schwäche Chinas (bis zum Beginn der *Sung*-Dynastie 960 herrschen 5 Dynastien)
910	Herrschaft des mohammedanischen Fürstengeschlechtes der *Fatimiden* (n. *Mohammeds* jgst. Tochter *Fatima*) in	Nordafrika, später in Ägypten u. Syrien (bis 1171)
911	Frankenherzog *Konrad I.* nach Aussterben der *Karolinger* zum Kg. von Ostfranken gewählt, erster dt. Wahlkönig, bis 918 (†). Seitdem selbständige Entwicklung Deutschlands, wo sich die Stämme der Franken, Sachsen, Schwaben, Bayern, Thüringer zusammenschließen	Der Normanne *Rollo* erhält nach zahlr. Raubzügen geg. Nordfrankr. von *Karl d. Einfältigen* d. Seinemündung (Normandie) als Lehen und seine Tochter *Gisela* zur Frau; *Rollo* wird Christ u. regiert als Hzg. *Robert I.* († 933). Rouen wird Hauptstadt d. Normandie Fürst *Oleg* v. Kiew schließt m. Byzanz einen Handelsvertrag
912	* *Otto I.* (d. Gr.), dt. Kg. u. Kaiser von 936 bis 973 (†) *Konstantin VII.* Kaiser von Byzanz bis 959 (†)	

Jap. Kaiserdichter	*Tiefstand des Papsttums*	*Sequenzen*
~ *Ibn Doreid* (* 837, † 933, Bagdad): „Genealogisch-etymologisches Handbuch" (arab. Wörterbuch mit Wortgeschichte)	*Sergius III.* Papst bis 911; seine Geliebte *Marozia* wird Mutter u. Großmutter zweier Päpste u. beherrscht Rom u. Kirchenstaat	
~ In Japan beginnen amtliche kaiserl. Gedichtsammlungen zu erscheinen (meist i. d. sog. „Tanka"-Form mit 31 Silben). Die erste Sammlung „Kokinshu" gibt *Tsuraguki* heraus		
	Benediktinerabtei Cluny gegrdt. (Ausgangsort kirchl. Reformbewegung i. 11. Jhdt.)	
		† *Notker Balbulus*, Mönch i. St. Gallen (* ~ 840) schrieb Sequenzen, d. h. Texte f. d. langen Schlußkoloraturen d. Hallelujas, die bisher auf einem Wort gesungen wurden; bekannteste Sequenz „Media vita in morte sumus" („Mitten im Leben sind wir vom Tode umfangen"). (Die Herkunft der Sequenz aus St. Gallen ist umstritten: Sie wird auch direkt auf das orientalische Alleluja zurückgeführt, das durch syro-palästinensische Emigranten nach Europa kam)

	„Deutschland" Altbulgarisches Reich	Arabische Literatur	Tiefstand des Papsttums
914			*Theodora*, Gattin eines röm. Konsuls, erhebt ihren früheren Geliebten z. Papst *Johann X.* Sie ist d. Mutter v. *Marozia* (vgl. 904). Der Einfluß dieser Frauen bedeutet moral. Tiefstand d. Papsttums: „Pornokratie"
915		* *Mutanabi*, arab. Dichter († 965)	
916	Die Vereinigung mongolischer Reiterstämme in d. Mandschurei führt zum Reich d. *K'i-tan*, das Nordchina erobert, u. 937 zur *Liao*-Dynastie (ihre nordchin. Herrschaft wird 1115 bis 1123 von den *Kin*, d. Vorfahren d. *Mandschu*, beseitigt)		
917	*Simeon* v. Bulgarien (890—927) nimmt d. Titel „Zar d. Bulgaren u. Griechen" an; grdt. selbst. bulg. Patriarchat (bulg. Kirche unterstand seit 870 d. Patriarchen v. Konstantinopel). Höhepunkt der Macht des altbulg. Reiches	≈ Blüte der altbulgarischen Literatur	~ Bulgarische Kirche wird selbständig
918	† *Konrad I.*, dt. Kg. seit 911; konnte Macht der Stammesherzöge nicht brechen		
919	*Heinrich I.* dt. Kg. (erster sächs. Herrscher) bis 936 (†); gilt als Gründer des Dt. Reiches. Sächsische Kaiser auf dem dt. Thron bis 1024		
920	Der Name „Regnum teutonicum" als einheitl. Bezeichnung für die 5 dt. Stämme urkundlich erstmalig erwähnt		
921	*Wenzel I.* (d. Heilige) Hzg. v. Böhmen unter Vormundschaft seiner Großmutter *Ludmilla* bis 929 (†, von seinem Bruder *Boleslaw* ermordet, * ~ 910); fördert Ausbreitung d. Christentums		
922	Kg. *Heinrich I.* grdt. Goslar *Robert I.* von Francien *(Kapetinger)* Kg. v. Frankr. bis 923 (†), als Gegenkönig gegen *Karl III.* (den Einfältigen)		

Abteikirche Cluny	*Frühe Mehrstimmigkeit*	*Arabische Wissenschaft*	
		~ *Abû Tabari:* „Annalen" (arab. Geschichte bis 914)	
Abteikirche in Cluny geweiht (Basilika mit Tonnengewölbe)			
~ Kaiserpfalz zu Werla			
			Arab. Gesandtschaftsreise nach Rußland
~ Muiredach-Kreuz (frühchristl. Bildhauerarbeit auf d. Monasterboice-Friedhof, Irland)			

923	*Rudolf von Burgund* Kg. v. Frankr. bis 936 (†), zunächst als Gegenkönig gegen *Karl III.* (den Einfältigen)	
924	Dritte bulgar. Belagerung v. Konstantinopel abgewehrt (1. u. 2. 913 u. 922)	
925	Kg. *Heinrich I.* erobert Lothringen Mit Lothringen kommt Trier an das Dt. Reich Elsaß mit dem Hzgt. Schwaben vereinigt Kgr. León entsteht aus Kgr. Asturien (1037 an Kastilien)	
928	Kg. *Heinrich I.* erobert das slaw. Brennabor (Brandenburg)	
929	*Heinrich I.* unterwirft Böhmen und Slawen östlich der Elbe Burg Meißen gegrdt. (Kern d. späteren kursächs. Staates; vgl. 1423; 1089 werden *Wettiner* Markgrafen v. Meißen; wird 968 Bistum)	Zürich als Stadt genannt (war d. kelt.-röm. Siedlung Turicum) Das arab. Cordoba-Reich in Spanien wird Kalifat: unter ihm hohe wirtschaftl. u. kulturelle Blüte mit starker Beteiligung d. Juden
930	Grdg. d. Allthings auf Island (regelmäßige Volksversammlungen im Juli, als höchste staatl. Instanz)	
931	~ * *Adelheid* (die Heilige), dt. Kaiserin († 999)	
933	*Heinrich I.* besiegt die Ungarn an der Unstrut, nachdem er das Land gegen sie befestigt hatte	† *Harald I. Haarfagr*, König von Norwegen seit 860 bis 930
934	Kgr. Burgund bildet sich aus den Königreichen Nieder- (seit 879) und Hochburgund (seit 888)	Herzogtum Schleswig von Dänemark an das Deutsche Reich (bis 1026)
935	~ Algier von Arabern gegründet Kalifen und ihre Statthalter wieder Herrscher in Ägypten (bis 969, seit 868 herrschte die von den Kalifen unabhängige türkische *Tuluniden*-Dynastie) Islamisch-schiitische *Bujiden*-Dynastie in Vorderasien; erreicht 945 vom	Kalifen in Bagdad d. Titel „Fürst der Fürsten" (1055 durch d. Seldschuken beseitigt) Einheitliches koreanisches Reich, in kultureller und loser politischer Abhängigkeit von China (bleibt nach wie vor Ziel japan. Ausdehnungsversuche); Wang-Dynastie (bis 1392)

Altisländische Literatur *Lateinische Mönchsdichtung*	*Arabische* *Wissenschaft*
	† *Rhases*, arab. hippokratisch-galenischer Mediziner; schrieb „Al-Hâvê“ (medizin. Quellensammlung), „Buch der Medizin“ (Abriß) u. eine Schrift über Blattern und Masern (* ~ 850)
~ *Ekkehart I.* (Mönch in St. Gallen; * ~ 909, † 973): „Waltharilied“ (in lat. Hexametern) (nach neuerer Forschung wesentlich früher von einem westdt. Mönch nach Erzählungen von *Statius* und *Ovid* unter Verwendung dt. Namen gedichtet) ≈ Wechselgesang d. drei Marien u. d. Engel wird am Ostermorgen i. d. Kirchen vorgetragen (daraus entwickelt sich d. Osterspiel)	
	† *Al Battâni*, arab. Astronom am oberen Euphrat; beobachtete und berechnete Elemente d. Sonnenbahn und Präzession, verbesserte trigon. Methoden, berechnete astron. Tafeln (* ~ 858)
	Turnier unter *Heinrich I.* erwähnt (vgl. 1127, 1313, 1559)
~ * *Roswitha von Gandersheim*, dt. Dichterin und Nonne († ~ 1000)	

	Otto der Große	Altisländische Literatur Lat. Mönchsdichtung	Frühscholastik
936	† *Heinrich I.*, Sachsenherzog., dt. Kg. seit 919; gilt als Begründer d. Dt. Reiches (* 876) *Otto I.* (d. Gr.) dt. Kg. bis 973 (†) (Kaiserkrönung 962) *Ludwig IV.* (der „Überseeische", weil in England aufgewachsen) Kg. v. Frankr. bis 954 (†). Machtlos gegen Hzg. *Hugo d. Großen* von Francien	≈ In der Ottonischen Renaissance bricht die Überlieferung der deutschsprach. Dichtung ab (bis ≈ 1060)	*Otto d. Gr.* u. seine Mutter *Mathilde* grden. das reichsfürstl. Frauenstift Quedlinburg
937	*Liao*-Dynastie in Nordchina bis 1123 (vgl. 916)		
939	Araber verlieren Madrid an d. Kgr. León (ab 1083 dauernd unter christl. Herrschaft)	* *Firdausi*, pers. Ependichter († 1020)	
940	~ Markgraf *Gero* unterwirft die Wenden im Gebiet der Mark Brandenburg (befreien sich wieder 983)	~ „Ecbasis captivi" („Die Flucht des Gefangenen" i. lat. Hexametern; aus Toul, ältest. mittelalterl. Tierepos)	
941	Konstantinopel wehrt russischen Flottenangriff ab		
942			* *Eshin*, japan.-buddhist. Priester u. Begrd. d. Amidaismus († 1017)
946	~ Persische Bujiden werden Hausmeier der Kalifen von Bagdad (eroberten seit 932 Persien, herrschen bis 1055)	† *Tsuraguki*, jap. Dichter; gab 905 erste kaiserl. Gedichtsammlung „Kokinshu" heraus und schrieb fingiertes „Reisetagebuch einer Dame" (* 884)	
948		≈ *Egill Skallagrimssohn* bedeutendster vorchristl. Skalde Islands	Bistum Brandenburg gegründet

Ottonische und spätbyzantinische Kunst	Frühe Mehrstimmigkeit	Arabische Wissenschaft	
≈ Beginn der „Ottonischen Renaissance", bes. in Baukunst und Miniaturmalerei (bis ≈ 1000) Wiperti-Krypta in Quedlinburg (aus d. 9. Jhdt.) wird frühroman. umgebaut			
		* *Abû'l Wefâ*, arab. Mathematiker und Astronom a. Nordpersien († 998)	
Verkörperung d. Amida-Buddha mit Begleitern und Stiftern (chin. Seidengemälde, Forts. d. buddhist. Kunst d. *T'ang*-Zeit)		Russische Kriegsflotte vor Konstantinopel durch das explosive u. auf d. Wasser brennende „Griechische Feuer" vernichtet (erfunden 671)	Hungersnot in Europa (wiederholen sich im Mittelalter mehrmals im Jahrhundert)
Erster Kapellenkranz um Chorumgang (in Clermont)			

	Kg. Blauzahn von Dänemark	Altisländische Literatur Lat. Mönchsdichtung	Frühscholastik Arabische Philosophie
950	~ Dt. Kge. erlangen Lehnsoberhoheit über Böhmen ~ *Harald Blaatand* (Blauzahn), Sohn *Gorms d. Alten*, Kg. v. Dänemark bis ~ 986; tritt zum Christentum über	~ * *Notker III. Labeo (Teutonicus)*, Lehrer u. Übersetzer in St. Gallen († 1022) ≈ In Japan entsteht als neue Prosaform d. Roman (Monogatari) in vielerlei Gestalt. Wird besonders von den Frauen gepflegt (vgl. Malerei 1147)	† *Farabi*, arab. Philos.; kommentierte griech. Philosophie, schrieb, durch *Plato* beeinflußt, „Musterstaat" (* ~ 870)
Im 10. Jahrhundert	Nimwegen (Niederlande) wird *karoling.* Pfalz (1248 an Grafen v. Geldern verpfändet) Ober- u. Mittel-Steiermark werden als „Kärntner Mark" vom Hzgt. Kärnten abgezweigt (kommt 1056 an Graf *Otakar* von Steyr) Tschechen einigen Slawenstämme Böhmens Wilna gegründet Warägische (normannische) Oberschicht in Rußland wird slawisiert Araber besiedeln Sansibar an d. Ostküste Afrikas (wird 1503 portug.) In Turkestan türk.-mohammed. Samaniden-Dynastie, kulturelle Blüte Tataren und Mongolen dringen vom Westen in China ein	„Georgslied" (älteste dt. Legende) Zwei „Merseburger Zaubersprüche", Stabreime i. Fuldaer Mundart (sollen zur Befreiung von Fesseln und Heilung von Pferdebeinen dienen) „Wachtendonksche Psalmen" (i. niederfränkischem Dialekt, aus dem sich bis ≈ 1200 die niederländ. Sprache entwickelt) Mysterien (geistliche Schauspiele) entstehen, beeinflußt durch die morgenländische Kirche, in England, Frankreich u. Deutschl. in lateinischer Sprache u. werden b. Gottesdienst durch Geistliche aufgeführt Altengl. Elegie als Ausgangspunkt der engl. Lyrik Die altisländische Sprache wird zur Trägerin der isländ. Literatur: Edda- und Skalden-Dichtung (Strophen mit Stabreim) Die persische Sprache tritt im islamischen Kulturbereich neben die arabische	Neue Blüte d. mitteleurop. Kloster- und Domschulen Zeit der sittenlosen Päpste; führt zu Reformbestrebungen (vgl. 1048) Dieses Jahrhund. gilt oft als das „dunkle" der abendl. Kulturgeschichte „Lautere Brüder" in Basra; arab. freisinniger Orden zur Versöhnung von Glauben und Wissen; verfassen eine Enzyklopädie

Ottonische und spätbyzantinische Kunst	Musikinstrumente nach Europa	Arabische Wissenschaft	
	∼ *Abu'l Faradsch* (* 897, † 967): „Buch der Gesänge" (arab. Gesänge mit Angabe d. musikal. Begleitung)	∼ * *Ibn Junis*, arab. Astronom († ∼ 1009) ≈ *Suidas* verf. griech. Wort- und Sachlexikon	≈ Große Urbarmachung in Europa (läßt Bevölkerung bis 1300 anwachsen)
Augsburger Dom entsteht Ältester Bau des Doms zu Minden (geweiht 952) (vgl. 1065) Kapelle Santa Maria bei Pontresina/Engadin Darstellung d. Abendmahls wird durchgeformt u. häufiger Blütezeit d. chin. Landschaftsmalerei (u. a. reine Landschaften in Tuschmalerei) Kunstakademien i. d. chin. Einzelstaaten Die indischen Tempel werden mehr und mehr mit Bildwerken erotischen Inhalts geschmückt Blüte d. koreanischen Töpferkunst (beeinfl. vom 17. Jh. ab Japan)	Die ≈ —200 in Alexandria erfundene Wasserorgel ist in d. europ. Klöstern verbreitet (d. im 8. Jhdt. von Byzanz übernommene Windorgel setzt sich nur langsam durch) Araber bringen Handpauke und Trompete n. Europa. Außerdem gelangen Dudelsack, Fiedel, Glokkenspiel, Hackbrett, Horn, Monochord (Trumscheit) u. a. nach Europa	Glasfenster i. Kloster Tegernsee (in dt. Wohnhäusern erst im 14. Jhdt.) Steinerner Burgenbau beginnt (erreicht im 12. Jhdt. Höhepunkt) Abakus (Rechenbrett) in Europa benutzt (kommt ab 13. Jh. außer Gebrauch)	Schattenspiele in China erwähnt In Mitteleuropa wird das Holzriegel-Schloß durch kompliziertere Formen m. Schlüsseln abgelöst Der im 7. Jhdt. gegrdt. Nachrichtendienst im Reich d. Kalifen umfaßt nahezu 1000 Stationen Stadtbevölkerung i. Dtl. im 10. Jh. 2 % v. 3 Mill. um 1400 8 % v. 12 Mill. im 16. Jh. 10 % v. 20 Mill.

	Otto d. Große · Schlacht auf dem Lechfeld	
951	*Otto I.* heiratet *Adelheid*, Tochter Kg. *Rudolfs II.* v. Burgund, Witwe Kg. *Lothars* v. Italien, nachdem er sie aus	der Gefangenschaft dessen Nachfolgers befreit hat
953	Erzbischof *Bruno I.* v. Köln (bis 965) erstmalig gleichzeitig Landesherr d. Gebietes Aufstand Herzog *Liudolfs* von Schwa-	ben gemeinsam mit seinem Schwager Herzog *Konrad* von Lothringen gegen seinen Vater *Otto I.*; verliert sein Herzogtum
954	~ Durch Unterwerfung mehrerer Aufstände (seit 938) bricht *Otto I.* die Macht der Stammesherzöge und stützt sich auf die von ihm eingesetzten geistlichen Fürsten	*Lothar* Kg. v. Frankr. bis 986 (†); versucht vergeblich Lothringen zu erobern
955	Der Sieg *Ottos d. Gr.* über die Ungarn in der Schlacht auf dem Lechfeld beendet 60jährige ungar. Beutezüge nach Deutschl., Ital. u. Frankr. mit Frauen- u. Kinderverschleppungen	Kg. *Otto I.* und Markgraf *Gero* werfen gr. Slawenaufstand nieder (Schlacht an der Recknitz) * *Otto II.*, röm.-dt. Kaiser 973 bis 983 (†)
956		
959	Teilung Lothringens in Oberlothringen (heute Lothringen schlechthin) und Niederlothringen (heute Benelux und Rheinprovinz)	† *Konstantin VII.*, byzant. Kaiser seit 912; schrieb Geschichtswerke, ließ histor. u. literar. Enzyklopädien anlegen (* 905)
960	~ *Piasten*fürst *Mieczyslaw I.* erster historischer polnischer Herrscher (wird 963 durch Markgraf *Gero* Lehnsmann d. dt. Kgs.) *Sung*-Dynastie in China (bis 1279).	Einigung Chinas (außer dem Norden unter *Liao*-Dynastie der tungusischen *K'i-tan* [937 bis 1123], der *Sung* ab 1004 Tribute zahlt); Vollendung d. zentralen Beamtenherrschaft d. *T'ang*-Zeit
961	Byzanz erobert Kreta v. d. Arabern	

Persische Literatur	*Frühscholastik*	*Ottonische und spätbyzantinische Kunst*	
			Göttingen als Dorf neben Königspfalz Grone genannt (1202 Stadt)
† *Rûdagi*, erster bedtd. neupersischer Dichter			
~ * *Aelfric*, engl. Benediktinerabt u. Schriftsteller († ~ 1020)	*Johannes XII*. Papst bis 963 (* 937, † 964); stützt sich machtmäßig auf *Otto I.*, den er 962 zum Kaiser krönt		
			Die Salzquellen v. Lüneburg gewinnen Bedeutung; Lüneburg entsteht als Salinenstadt (es folgen Reichenhall 1163, Hallein 1177; erstes Gradierwerk 1579 i. Mannheim)
			~ Byzant. Sammelwerke über Verwaltung und Hofleben
~ *Konstantinos Kephalos:* „Anthologia palatina" (griech. Blütenlese alter Epigramme)		≈ In der *Sung*-Zeit Höhepunkt der chin. Töpferei mit Glasuren	
~ *Eyvind Skaldaspillir* († ~ 990): „Hakonarmal" (norw. Skaldendichtung auf Kg. *Hakon*)		Baubeginn d. Nonnenstiftskirche i. Gernrode (frühroman. Basilika mit Wandgliederung durch Stützenwechsel: abwechselnd Säule und Pfeiler durch Bögen verbunden) Kaiser *Li Yü* (* 937, † 978) beginnt seine Regierung in Nanking; fördert Malerei durch Zusammenschluß v. Malern zu einer Akademie	

	„Heiliges Römisches Reich Deutscher Nation"	Arabische Literatur	Magdeburg Erzbistum
962	*Otto I.* wird Kg. des langobardisch-ital. Reiches und läßt sich vom Papst zum Kaiser krönen. Beginn des „Heiligen Römischen Reiches Deutscher Nation" (Italien unter dt. Kaisern bis 1268)		*Otto I.* erlangt Herrschaft über den Kirchenstaat, der vorher v. röm. Adelsparteien beherrscht wurde ∼ * *Odilo*, Abt von Cluny 994 bis 1048 (†)
963	*Nikephoros II. Phokas*, byzant. Kaiser bis 969 (†); heiratet *Theophano*, die Witwe seines Vorgängers, kämpft erfolgr. gegen Araber u. Bulgaren Markgraf *Gero* unterwirft die Lausitz Lützelburg kommt an Graf *Siegfried*, den Urahn des Hauses *Luxemburg*		Erste Klostergrdg. auf dem griech. Athos-Gebirge. (Die dortigen Klöster werden in den folgenden Jhdten. bedeutende Pflegestätten christl. Kultur)
964	≈ Neues Reich der Maya (erster Abschnitt bis ∼ 1191; Städtebund um Mayapán 1104—1201)		
965	† *Gero*, seit 937 durch *Otto I.* zum Markgrafen eingesetzt; unterwarf die Slawen bis zur Oder Bremens Marktrecht erneuert (888 begründet) Byzanz entreißt Arabern Zypern (961 bereits Kreta)	* *Lin Pu*, chin. Dichter († 1026) † *Mutanabi* (ermordet), arab. Dichter; gab sich als Prophet aus, schrb. „Diwan" (289 Gedichte) (* 915)	
966	*Michinaga* Kaiser von Japan bis 1027 (†), Vater von 3 Kaiserinnen, Großvater von 4 Kaisern; Höhepunkt der Macht der *Fujiwara*-Familie Polen wird christl. Staat (vgl. Ph)		Der poln. *Piasten*-Fürst *Mieczyslaw I.* tritt zum Christentum über (968 Grdg. d. ersten poln. Bistums Posen)
968			Kaiser *Otto I.* stiftet auf der Synode zu Ravenna Erzbistum Magdeburg u. d. Bistümer Meißen, Merseburg u. Zeitz zur Bekehrung u. polit. Unterwerfung d. Slawen
969	*Johannes I. Tzimiskes* Kaiser von Byzanz bis 976 (†); gewinnt Donaugrenze zurück; erobert Kleinasien u. Syrien mit Antiochia v. d. Arabern zurück. Die Grenze d. Oström. Reiches ist wieder bis zum oberen Euphrat u. Tigris vorgeschoben Ägypten sondert sich unter dem selbständigen *Fatimiden*-Kalifat vom geschwächten islamischen *Abbasiden*-Reich ab (bis 1171)		

Chinesische Blumenmalerei	Frühe Mehrstimmigkeit	Arabische Wissenschaft	
~ *Hsü Hsi* an d. Akademie Nanking und *Huang Ch'üan* an d. Akademie Schu begründen Blüte d. chin. Blumenmalerei			
		~ * *Alhazen (Abu Ali Muhammed ben el Hasan)*, arab. Physiker († 1038)	
		Uhr mit Gewichtsantrieb	Salzwerk i. Lüneburg genannt
		~ *Widukind von Corvey* (†~ 1004): „Res gestae saxonicae" (Geschichte der Sachsen, in Nachahmung *Sallusts*)	Beginn d. Kupfer- und Silberbergbaus i. Rammelsberg b. Goslar (deckt bis z. 12. Jhdt. einen großen Teil des europ. Bedarfs)
~ Der fatimidische Stil in d. syr.-ägypt. Baukunst d. Islam (bis ~ 1170; u. a. Tierbilder auf Rankengrund)			

	Kaiserin *Theophano* · *Otto II.*	*Altisländische Literatur* *Lat. Mönchsdichtung*	*Frühscholastik*
970		~ *Roswitha von Gandersheim:* Legenden Theophilus u. Proterius, „Gallicanus" u. and. christl. Dramen	
971	Byzanz erobert d. ostbulgarische Reich an d. unteren Donau (gegründet 679; 969 hatten d. Russen auf Veranlassung Byzanz' Bulgarien besiegt; 1201 muß Byzanz ein neues bulg. Reich anerkennen)		
972	*Otto II.* (dt. Kaiser ab 973) heiratet in Rom die byzantinische Prinzessin *Theophano.* Capua und Benevent kommen unter dt. Herrschaft; Apulien, Kalabrien, Neapel u. Salerno bleiben bei Byzanz Großfürst *Geisa* von Ungarn (bis 997 [†]) läßt sich und seinen Sohn, den späteren Kg. *Stephan I.*, taufen (einigt die ungar. Stämme) Ostslaw. Stämme in Rußland geeint		*Wolfgang* (* ~ 924, † 994) Bischof von Regensburg (gründet n. d. Legende die 1194 urkundllich erwähnte Pfarrkirche am Wolfgangsee/Salzkammergut) Universität Kairo gegründet
973	† *Otto I.* (d. Große), dt. Kg. seit 936, röm.-dt. Kaiser seit 962; Stifter des „Heiligen Römischen Reiches Deutscher Nation", Italienzüge 951/2, 961/5 u. 966/72 (* 912) *Otto II.* röm.-dt. Kaiser bis 983 (†) (Kaiserkrönung schon 967); kämpft erfolgreich gegen Bayern und Frankreich, unterliegt gegen Araber in Süditalien * *Heinrich II.* (der Heilige), röm.-dt. Kaiser v. 1002 bis 1024 (†)		≈ Brahmanismus verdrängt Buddhismus in Indien
975	Weimar als Burg genannt (≈ 1250 Stadt) ~ Mark Schleswig von *Otto II.* gegründet (1026 an Dänemark)		Erzbischof v. Mainz erhält d. „Primas"-Ehrentitel (wird später bedeutungslos, da ihn auch die Erzbischöfe v. Trier [1016], Salzburg [1026], Köln [1052] erhalten) Bistum Prag gegrdt. (1344 Erzbistum)

Ottonische und spätbyzantinische Kunst	Frühe Mehrstimmigkeit	Arabische Wissenschaft	
~ „Gerokreuz" (realist. Plastik d. Gekreuzigten d. „Ottonischen Renaissance", im Kölner Dom) ~ Ottonische Buchmalerei d. Reichenau-Schule (bis ~ 1030): *Gero*-Codex (~ 970), *Egbert*-Codex (~ 980), Evangeliar *Ottos III.* (~ 1000), Perikopenbuch *Heinrichs II.* (~ 1016) u. anderes. El Azhar-Moschee in Kairo gegrdt.		~ *Abû'l Wefâ*, Astronom an der Sternwarte zu Bagdad, fördert Trigonometrie durch Einführung d. Tangens und Aufstellung von Sinus- u. Tangens-Tafeln	
Gr. Moschee in Cordoba (Baubeginn 785 im maurischen Stil)			
Durch d. Vermählung v. Kaiser *Otto II.* mit der byzant. Prinzessin *Theophano* gewinnt das dt. Kunstgewerbe reiche Anregungen aus Byzanz (bes. Goldschmiedearbeiten im Kloster St. Maximin b. Trier: Andreastragaltar u. Echternacher Codex, mit Elfenbeinschnitzerei, Goldfiligran mit Edelsteinen, Email, Zellenverglasung, flache Treibarbeiten)			
≈ In der ottonischen Kunst und an den Hochkreuzen Irlands beginnt man den Sündenfall Adam und Evas unter dem Kruzifix darzustellen (Motiv des Christus als „Zweiter Adam")		* *Beruni*, arab. Historiker († 1048)	
~ Benedictionale für Bischof *Aethelwold* von Winchester (engl. Bildhandschrift)			~ Kaiser gibt das Braurecht an die Kirche zu Lüttich

	Babenberger in Österreich Slawenaufstand	Altisländische Literatur	Arabische Philosophie
976	Kaiser *Otto II.* besiegt den aufständ. Hzg. *Heinrich d. Zänker* von Bayern. Verkleinerung Bayerns durch Abtrennung d. Hzgts. Kärnten mit Mark und Stadt Verona und Bildung einer Nordmark (nördl. v. Regensburg). (Kärnten seit 8. Jhdt. bei Bayern, ab 1286 zu Tirol) Mit *Leopold I.* werden die *Babenberger* Markgrafen von Österreich (sterben 1246 aus) *Basilios II.*, Kg. von Byzanz bis 1025 (†)		≈ Blüte d. arabischen Philosophie in Spanien
979	Durch einen Feldzug bis vor Paris verhindert Kaiser *Otto II.* die Eroberung Lothringens durch Frankreich (der Kaiser war 978 in Aachen durch Kg. *Lothar* v. Frankreich angegriffen worden)		
980	* *Otto III.*, röm.-dt. Kaiser 983 bis 1002 (†) *Wladimir* (d. Heilige) siegt gegen seine Brüder u. wird Herrscher d. Fürstentums Kiew bis 1015 (†) Gründung d. slaw. Siedlung Julin (später Wollin; 1277 Lübisches Recht; wird oft von den Wikingern heimgesucht u. Anlaß zur Vineta-Sage) Dänen beg. England zu erobern		* ~ *Ekkehart IV.*, Mönch in St. Gallen und Mainz († ~ 1061)
982	Niederlage Kaiser *Ottos II.* im Kampf gegen Sarazenen und Byzantiner in Unteritalien (Sarazenen dringen bis zu den Alpenpässen vor)		
983	† *Otto II.*, röm.-dt. Kaiser seit 973 (* 955) *Otto III.* röm.-dt. Kaiser bis 1002 (†) (Kaiserkrönung 996); versucht die „Erneuerung des Römischen Reiches" im christlichen Geist. Die Regentschaft für *Otto III.* führen seine Mutter *Theophano* bis 991 (†), dann seine Großmutter *Adelheid* u. Erzbischof *Willegis* von Mainz (bis 995) Aufstand der Slawen östlich der Elbe beseitigt größten Teil der dt. Eroberungen Südostholstein (Wagrien) kommt an die slaw. Obotritenfürsten in Stargard (1139 zu Holst.)		*Otto II.* (†) förderte Gelehrsamkeit und Bildung, unter ihm Verfeinerung der Hofhaltung

Markuskirche · Mainzer Dom	*Frühe Mehrstimmigkeit*	*Arabische Wissenschaft*	
Baubeginn der Markuskirche in Venedig (fünfkuppliger Bau, bes. i. 11. Jhdt. n. oriental. Vorbild umgebaut; vgl. 1094) ≈ Höhepunkt d. arab. Kultur i. Spanien: Blüte von Kunst, Baukunst, Wissenschaft (Akademien, Bibliotheken), Philosophie unter starker Beteiligung d. Juden; Handel, Gewerbe, Ackerbau		≈ Blüte der arab. Wissenschaft in Spanien	
∼ Goldene Statue der heil. Fides in der Abteikirche von Conques/Südfrankr. (gilt als eines der ältesten mittelalt. Kultbilder)			
∼ Baubeginn des Mainzer Doms (zunächst romanisch; Weiterbau bis ins 19. Jhdt.) 2. Klosterkirche in Cluny (wird zum Vorbild benediktin. Kirchen im 11./12. Jh.) ∼ Westbau von St. Pantaleon, Köln (vollendet 1175—1220)	∼ Orgel mit 400 Pfeifen im englischen Kloster Winchester	* *Avicenna (Ibn Sina)*, arab. Arzt und Aristoteliker († 1037)	
		Chinesische Enzyklopädie fertiggestellt (1000 Bücher seit 977)	

	Otto III. *Kapetinger in Frankreich*	*Japanische Literatur* *Latein. Mönchsdichtung*	*Frühscholastik*
984			
985			Chorherrenstift Melk von *Leopold I. v. Babenberg* gegrdt. (1089 in Benediktinerkloster umgewandelt)
986	*Ludwig V.* (der Faule) Kg. v. Frankr. bis 987 (†)		
987	*Hugo Capet* Kg. v. Frankr. bis 996 (†). (*Kapetinger* auf dem frz. Thron bis 1328; dann folgt Haus *Valois*)		
988			Hilfs- u. Ehevertrag des Fürsten *Wladimir* (d. Heiligen) v. Kiew mit Byzanz, worin *Wladimir* sich verpflichtet, mit seinem Staat zum Christentum überzutreten. Kiew wird zum Zentrum Rußlands
990	~ * *Konrad II.* (der *Salier*), dt. Kg. von 1024 bis 1039 (†)	† *Ekkehart II.* (*Palatinus*), Mönch in St. Gallen und Lehrer der Herzogin *Hadwig* von Schwaben (Held des gleichnamigen Romans von *Scheffel*) ~ „Ise-monogatari“ (japan. romanhafte Lebensgeschichte eines Prinzen, mit zahlr. Gedichten; regt stark die bildende Kunst an)	
993			† Erzbischof *Egbert* von Trier, 976 bis 977 Kanzler *Ottos II.*; förderte Wiederaufbau d. durch die Normannen zerstörten Kirchen u. die kirchliche Kleinkunst einschl. Buchmalerei (z. B. „Codex Egberti“)

Ottonische und spätbyzantinische Kunst	*Frühe Mehrstimmigkeit*	*Grönland*	
		Der Normanne *Erik der Rote* benennt Grönland (d. h. „Grünland“) u. besiedelt Westküste (~ 900 entdeckt; vgl. 996)	
~ An der Nanking-Akademie wirken der chin. Landschaftsmaler *Tung Yüan* und sein Schüler, der Mönch *Chü-jan;* erste „Stimmungslandschaften“			
Bernward († 1022) wird Bischof von Hildesheim und fördert dort nachhaltig die Kunst, z. B. St. Michaelskirche			

	Otto III. *König Stephan I. von Ungarn*	*Altisländische Literatur* *Latein. Mönchsdichtung*	*Frühscholastik*
994	*Olof Skötkonung* Kg. v. Schweden bis 1022; nimmt das Christentum an (das ~ 831 nach Schweden kam) Herzog v. Polen erobert Pommern		Kloster Monte Cassino von den Arabern zerstört (Neubau 1066)
995	*Olaf I. Trygvesson* Kg. v. Norwegen bis 1000 (†); früher Wikingerhäuptl., wurde 994 in England Christ ~ * *Knut* (der Große), dän. Kg. in einem nordeurop. Großreich von 1018 bis 1035 (†)		
996	Kaiserkrönung *Ottos III.* in Rom durch den dt. Papst *Gregor V.* *Robert II.* (der Fromme) Kg. v. Frankr. bis 1031 (†); heiratet 1000 die ehrgeizige *Constance von Arles* Der röm. Patrizier *Joh. Cresentius*, (998 hingerichtet) Herrscher in Rom seit 985, unterwirft sich Kaiser *Otto III.*, setzt dann aber Gegenpapst ein Bayr. Ostmark wird „Ostarrichi" genannt ~ Isländische Siedler kommen in das ~ 900 entdeckte Grönland. (Ihre Kolonie geht ab 14. Jh. wohl durch Klimaverschlechterung ein)		*Gregor V.* (* 972, † 999, erster dt.) Papst bis 999; krönt *Otto III.*
997	*Stephan I.* (d. Heilige) Kg. v. Ungarn bis 1038 (†, * ~ 975); erhält 1001 vom Papst d. Titel eines apostol. Kgs.		
998			
999	† *Adelheid* (Die Heilige), dt. Kaiserin, seit 951 Gattin *Ottos I.*, 991—995 Regentin für *Otto III.* (* ~ 931) Bischof erhält d. Gerichtsbarkeit über die Siedlung Passau Polen erobern Schlesien (vgl. 1025)		Kaiser *Otto III.* macht Erzbischof *Gerbert* v. Reims zum Papst *Sylvester II.* (bis 1003); dieser Papst beschäftigt sich mit Mathematik, Astronomie, Musik. *Otto* plant von Rom aus christl. Universalstaat zu regieren

Chinesische Landschaftsmalerei	*Frühe Mehrstimmigkeit*	*Arabische Wissenschaft*	
Der chines. Landschaftsmaler *Yen Wen-Kuei* (* 967, † 1044) wirkt an der Maler-Akademie des 2. Kaisers der *Sung*-Dynastie *T'ai-tsung* (976 bis 998)	~ * *Guido von Arezzo*, frz. Musiker († ~ 1050)		
		Sonnenuhr für Magdeburg	Rohrzucker kommt aus Alexandria n. Venedig (Arabern ist Zuckerraffinade schon bekannt)
St. Martin in Tours grundlegend umgebaut (bis 1015)			Krönungsmantel Kg. *Stephans I.* v. Ungarn mit Goldstickerei (ältest. erhaltene mittelalterl. Stickerei)
		† *Abû'l Wefâ*, arab. Mathematiker und Astronom a. Nordpersien; förderte Trigonometrie u. schrieb eine „Astronomie" (* 940)	

	Dänen besiegen Norwegen *Altamerikanische Reiche*	*Japanische Literatur* *Latein. Mönchsdichtung*	*Frühscholastik* *Reichenau*
1000	≈ Vereinigung Böhmens und Mährens Kg. *Olaf I. Trygvesson* v. Norwegen (seit 995) wird in d. Schlacht bei Svolder getötet. Norwegen kommt unter dän. Oberhoheit Kaiser *Otto III.* anerkennt Unabhängigkeit Polens ~ Fürstengeschlecht d. *Piasten* beginnt in Polen zu herrschen (stirbt 1370 aus; angebl. poln.-bäuerl. Herkunft) ≈ Venedig erlangt Herrschaft über dalmatinische Küste und beherrscht das Adriatische Meer ~ Der südind. Kg. *Rajaraja* aus der *Chola*-Dynastie erobert Ceylon (die *Chola*-Dyn. herrscht in Südindien vom 9.—12. Jhdt.) ≈ Am Ende der Tiahuanaco-Kultur dehnt sich diese vom Andenhochland (Perus) auf die Küste aus Bauernaufstand i. d. Normandie blutig unterdrückt	~† (nach ~975) *Roswitha von Gandersheim*, dt. Dichterin u. Nonne, schrieb lat. Heiligenlegenden, Schauspiele, Gedichte (*~ 935) ≈ „Freisinger Denkmäler" (ältest. slowenischer Text [Predigt, Beichtformeln]; im Kloster Freising aufbewahrt; bis zur Reformation fehlt weitere slowen. Literatur) ~ „Leodegarlied" u. „Passion Christi" in altfrz. Sprache ≈ Fragment über *Boëtius* (ältest. Denkmal d. provenzalisch. Dichtung) ≈ Die skandinavischen Runensteine des 9. bis 12. Jhdts. zeigen meist nur kurze Inschriften mit dem Namen des Schreibers und dem des Geehrten (der umfang- und inhaltsreichste ist mit 700 Runen, darunter Geheimrunen, der Stein von Rök in Östergötland mit teilweise unklarer Schilderung v. Kämpfen) ~ Die japanische Hofdame *Shonagon* schreibt die satirischen „Kopfkissen-Skizzenhefte" ~ „Tagebuch einer Eintagsfliege" (Dichtung einer japanischen Frau) ~ Romanartiger Novellenzyklus einer jap. Hofdame für die Kaiserin („Genji-monogatari", Liebesabenteuer d. Prinzen Genji)	Begriffsrealismus in der Frühscholastik; „Ich glaube, damit ich erkenne" ~ * *Berengar von Tours*, franz. Scholastiker († 1088) Einschließlich Papst *Sylvester II.* (999 bis 1003) gab es seit Christi Geburt etwa 153 Päpste mit einer durchschnittl. Regierungszeit von etwa 6 bis 7 Jahren (demgegenüber regiert d. dt. Kaiser durchschnittlich ca. 20 Jahre) Kaiser *Otto III.* stiftet polnisches Erzbistum Gnesen (bis 1320 Krönungsstadt d. poln. Könige) Breslau wird Bischofsitz ≈ Kloster Einsiedeln gegründet. (Späterer Bau 1735) ~ Kg. *Stephan I.* (d. Heilige) von Ungarn grdt. Kloster Gran ~ In Island wird Christentum Staatsreligion ~ Christentum kommt nach Grönland ≈ Das Kloster Reichenau ist maßgebend auf theologischem, künstlerischem, historischem, juristischem Gebiet (etwa vom 9. bis 11. Jhdt.). Erwirbt umfangr. Grundbesitz ~ Worms wird bischöfliche Stadt (seit 4. Jhdt. Bischofssitz, ~ 1200 befreien sich d. Bürger) Klöster werden dem Papst unterstellt (statt Bischof)

Frühromanische Wandbilder Reichenauer Buchmalerei

~ Bronzereliefs und -geräte aus der Werkstatt des Bischofs *Bernward* von Hildesheim (* ~ 960, † 1022)

≈ Romanik d. europ. Kunst, in Frankreich bis ~ 1140 (vgl. 1137) in Deutschland, Italien bis ≈ 1250, in England (normann. Stil) bis ≈ 1170 (vgl. 1075)

≈ Umbau d. Stiftskirche St. Georg in Reichenau-Oberzell (im 10./11. Jhdt., urspr. Bau stammt aus dem 9. Jhdt.)

~ „Wunder Christi" u. „Jüngstes Gericht" (früheste roman. Wandmalereien in der Stiftskirche St. Georg in Oberzell auf Reichenau)

~ Reichenauer Schule der Buchmalerei (flächenhafte, stark bewegte Darstellungen in lebhaften Farben, u. a. Codex *Egberti*, Evangeliar *Ottos III.*, Perikopenbuch *Heinrichs II.*)

~ Abendländisch-christl. Engeltyp (i. Evangeliar *Heinrichs II.*)

≈ Aufkommen der Glasmalerei in Reims und Tegernsee

≈ Die dt. frühroman. Buchmalerei ist stark symbolisch und unnaturalistisch

≈ Abtei St. Hilaire in Poitiers (wird berühmter Wallfahrtsort)

≈ San Pietro in Perugia (Basilika-Kirche mit teilw. antiken Säulen)

≈ Heiligen-Medaillons (byzantin. Goldzellenschmelzarb.: farb. Glasflüsse zw. erhöhten Goldstegen)

≈ Tuschmalerei „impressionistischer" Landschaftsbilder in China bildet sich aus

~ Schiwa-Tempel in Prambanan (Java), Terrassenumgänge mit Relieffolgen a. d. ind. Ramajana-Epos (vgl. —298); beeinfl. durch d. Borobudur-Stupa (vgl. 850), bes. in d. Landschaftsdarstellung, Szenen sind jedoch dramatischer

≈ Auf Ceylon entwickelt sich buddhist. Bronze-Kunst. (Blütezeit der ind. Bronzekunst bis in d. 17. Jhdt.)

≈ „Hiddenseer Goldschatz" (Goldschmuck m. reicher, verschlungener Ornamentik aus d. Wikingerzeit)

Frühe Mehrstimmigkeit

≈ Einfache Zweistimmigkeit mit häufigen Quintparallelen

≈ Drehleier als erstes Saiteninstrument mit Tasten

≈ Langleik (Griffbrettzither) als volkstüml. Musikinstrument in Norwegen

„Erste Entdeckung Amerikas"

~ *Leif Erikson*, Sohn des Normannen *Erik des Roten*, findet auf einer Fahrt nach Grönland „Vinland" (Neuschottland) an der nordamerikanischen Ostküste („Erste Entdeckung Amerikas", Vinland-Karte erweist sich 1974 als Fälschg.)

~ Umfassende Beschreibung des arabischen Reiches durch *Al Mukaddasi*

~ Der ind. Mathematiker *Sridhara* erkennt klar die Bedeutung der Null

≈ Der Islam verbietet seinen Angehörigen blutige medizinische Eingriffe mit dem Messer. Daher Verwendung des Glüheisens in der arabischen Chirurgie u. mangelnde Fortschritte in der Anatomie

≈ Aus dem 9. bis 11. Jhdt. werden verschiedene mißglückte Flug- und Schwebeversuche mit künstlichen Flügeln berichtet (bes. auch Araber beteiligt)

≈ Araber u. Juden als Leibärzte in Deutschland. Auf Märkten Harnbeschauer und Heilmittelverkäufer. Neben Schäfern u. Schmieden Benediktinermönche als Volksärzte

Verbreitete Angst vor einem Weltuntergang und Jüngstem Gericht

≈ In den Städten bilden sich die Handwerksberufe heraus

≈ Stein. Wohntürme f. d. oberen Stände als Stadtwohnungen. (Erdgeschoß: Stall, 1. Stock: heizbarer Wohnraum, durch Außentreppe zugänglich, darüber Schlafräume). Daneben herrscht noch der Holzbau in Mitteleuropa vor

≈ Minnedienstartiger Frauenkult am japanisch. Hof. Rege Teilnahme d. Hofdamen am kulturellen Leben

~ „Dänengeld" (f. d. Tribut an die Dänen) als allg. Steuer i. England

≈ Im Andenhochland Perus werden Kartoffeln und Mais angebaut

Stadtartige Siedlungen mit 100–1000 Einw.

um 1000	40
um 1100	100
um 1200	200

≈ 900–1100 Wärmeperiode in Europa

	Heinrich II. Dänen erobern England	Altisländische Literatur Italienische Sprache	Chines. Religionen
1001	*Sancho III.* (d. Große) Kg. v. Navarra (Nordspanien) bis 1035; unter ihm Großreich mit Aragon u. Kastilien (zerfällt durch Erbteilungen) Papst *Sylvester II.* verleiht *Stephan* (dem Heiligen) von Ungarn die Königskrone und den Titel eines „apostolischen Königs". Ungarn wird christlich	≈ Ältestes ital. Sprachdenkmal (ital. Literatur entwickelt sich im Anfang des 12. Jhdts., beeinflußt durch die Provence)	≈ Der geistige Mittelpunkt der Juden verlagert sich innerhalb des Islam von Mesopotamien (etwa ab 600) nach Spanien (bis 1492)
1002	† *Otto III.*, röm.-dt. Kaiser seit 983; kämpfte vor allem um Rom und wollte das römische Weltreich im christlichen Sinne wieder aufrichten (* 980) *Heinrich II.* (d. Heilige) röm.-dt. Kaiser bis 1024 (†) (Kaiserkrönung 1014); bekämpft Aufstände in Deutschland mit kirchlicher Hilfe Oberlausitz kommt zu Polen (bis 1031) Die Ermordung sämtlicher Dänen in England führt zu dän. Rachefeldzügen und 1017 zur dän. Herrschaft. Kg. *Sven* v. Dänemark gewinnt d. größten Teil Englands (von ~ 900 an waren die Normannen auf die Küsten Englands beschränkt gewesen) ~ * *Eduard der Bekenner*, König von England 1042 bis 1066 (†)		≈ In China stehen Konfuzianismus, Buddhismus u. Taoismus in einem toleranten u. angleichenden Gedankenaustausch (gefördert durch Ausbreit. des ~ 600 erfundenen Buchdrucks). Der chines. Meditations-(Ch'an-) Buddhismus (seit ~ 500) beginnt erst jetzt unter dem Einfluß des schreib- u. druckfreudigen Jhdts. eine eigene Literatur zu entwickeln
1003	Essen als Stadt genannt		
1004	*Heinrich II.* unterwirft auf seinem erst. Italienzug Oberitalien (unternimmt bis 1022 zwei weitere Italienzüge, wobei er siegreich bis Salerno vordringt)		
1007			* *Petrus Damiani*, ital. Kardinalbischof († 1072) Gründung d. Bistums Bamberg zur Slawenmission
1008			

Südindische Kunst	*Frühe Mehrstimmigkeit*	*Arabische Wissenschaft*	
			~ Lehen und Vasallentum werden eng verknüpft
≈ Turmtempel zu Tanjore mit geraden Seitenwänden im südind. Stil; architektonisch eingeordn. Figurenschmuck, u. a. Tempelwächter in Nischen, große straff stilisierte heilige Tierfiguren ≈ In Südindien beginnen brahmanische Bronzefiguren zu entstehen. Bes. häufiges Motiv: der tanzende vierarmige Schiwa			
Heinrich II. grdt. Bamberger Dom (1. Weihe 1012)			
St. Philibert in Tournus brennt ab u. wird bis zum 12. Jh. neu erbaut			
Umgestaltung des Doms von Torcello bei Venedig (gegrdt. 639)	*Berno* Abt von Kloster Reichenau († 1048); schreibt musiktheoret. Arbeiten		

	Heinrich II. Normannen verlieren Irland	Mission in Preußen
1009	* *Sema Kuang*, chin. Agrarreformer und Historiker († 1086) In Goslar erste Reichsversammlung	Preußen erschlagen bei einem Bekehrungsversuch *Bruno von Querfurt* („Apostel der Preußen") *Thietmar* (* 975, † 1018) Bischof von Merseburg; von ihm wichtige Chronik in acht Büchern über Merseburg, Reichsgeschichte und Slawenkriege von 908 bis 1018; er leitet geistige Blüte des Hochstifts ein (bis ~ 1070)
1010		
1011		Das „Schweißtuch der Veronika" wird in der Peterskirche zu Rom in einem besonderen Altar verwahrt (auch an ca. 12 anderen Orten vorhanden u. als echt beansprucht)
1012		*Benedikt VIII.* Gegenpapst bis 1024, anerkannt von König *Heinrich II.*; sucht Kirchenzucht zu heben
1013		
1014	*Heinrich II.* wird auf seinem zweiten Italienzug in Rom zum Kaiser gekrönt (dritter Italienzug 1022) Ende der normannischen Macht in Irland (seit 795; das irl. Königstum zerfällt im 12. Jhdt., wodurch d. engl. Einfluß Boden gewinnt, vgl. 1171) Westbulgarien an Byzanz Dänen erobern London	
1015	Leipzig genannt (slaw. Siedlung) *Olaf II.* (d. Heilige) Kg. v. Norwegen bis 1028 († 1030); setzt energisch Christentum durch u. vollendet d. Entmachtung d. Kleinkönige, wird von Kg. *Knut d. Großen* von Dänemark vertrieben	

Frühromanische und spätbyzantinische Kunst	*Frühe Mehrstimmigkeit*	*Arabische Wissenschaft*
~ Bischof *Meinwerk* erneuert den Dom in Paderborn (gegrdt. ~ 820, umgebaut 13. Jh., vgl. 1275)		~ † *Ibn Junis*, arab. Astronom d. Kalifen *Al-Hakim*; schuf auf der für ihn erbauten Sternwarte die „Hakimitischen Tafeln" und verbesserte den Gnomon als Beobachtungsinstrument; schrieb „Über die Figur der Schneidenden", erste selbständige Darstellung der Trigonometrie (* ~ 950)
≈ Blüte des Kunstgewerbes im Kloster St. Emmeram in Regensburg (u. a. Deckel vom *Uta*codex mit Treibarbeit, Filigran, Schmelzarbeit, Steinfassungen; goldenes Kreuz in d. Reichen Kapelle in München mit reicher Schmelzarbeit)		
Heinrich-Dom in Bamberg (vgl. 1192) Hakim-Moschee, Kairo (s. 990)		
		* *Hermann der Lahme*, Historiker und Mönch im Kloster Reichenau († 1054)
~ Evangeliar d. Äbtissin *Uta* aus der Regensburger Schule der ottonischen Buchmalerei (byzant. beeinflußt u. a. im Hervortreten geom. Formen)		
Bischof *Bernward:* Bronzetüren für den Dom Hildesheim (zweimal 8 Relieffelder mit Sündenfall und Erlösung) Kirche d. Abtei Obermünster in Regensburg (ottonisch-vorroman. Stil, Baubeginn 1002; umgebaut ~ 1700) Baubeginn d. urspr. roman. Doms in Straßburg (ab 1176 Neubau; vgl. dort)		

	Knut d. Gr. v. Dänemark *Friede von Bautzen*	*Persische Literatur* *Latein. Mönchsdichtung*	*Amida-Buddhismus*
1016	Die frühere Gemahlin Hzg. *Ernsts I.* von Schwaben *Gisela* († 1043) vermählt sich mit dem späteren Kaiser *Konrad II.*		
1017	* *Heinrich III.*, röm.-dt. Kaiser von 1039 bis 1056 (†) *Knut* v. Dänemark vollendet Eroberung Englands (dän. Herrschaft bis 1042)		† *Eshin*, japan. Priester der Amida-Buddhas; lehrte Erlösung auch durch Lippenbekenntnis in der Todesstunde. Dieser „Amidaismus" erlangt i. Japan der *Fujiwara*-Zeit gr. Einfluß (* 942)
1018	Ende des Krieges (seit 1004) zwischen Kaiser *Heinrich II.* und Kg. *Boleslaw* (d. Tapferen) von Polen durch den Frieden von Bautzen: Polen verliert Böhmen, behält aber das Land rechts der Elbe *Knut* (d. Große) Kg. v. Dänemark bis 1035 (†), seit 1016 nach erfolgreichen Kämpfen Kg. v. England Südschottland kommt zum nordschott. Königreich (seit ~ 844). In Südschottland dringt in den folgenden Jahrhunderten immer stärker d. engl. Einfluß durch Byzanz gewinnt Makedonien zurück durch Zerstörung des westbulgarisch. Reiches (ostbulg. Reich schon 971 erobert; herrscht bis 1186)		*~ *M. Psellos*, byzant. Philosoph u. Staatsm. (†~ 1078)
1019	*Jaroslaw* (d. Weise) Herrscher von Kiew bis 1054 (†, * 978); veranlaßt die Gesetzessammlung „Russkaja Prawda" („Russ. Recht")		**~ *Jaroslaw* v. Kiew läßt Städte, Schulen u. Kirchen gründen**
1020	Christlicher Normannenstaat in Unteritalien im Entstehen (Normannen waren ~ 1000 als Söldner ins Land gekommen) Korsika kommt zu Pisa (1300 zu Genua)	~ † *Aelfric*, engl. Benediktinerabt und Schriftsteller; u. a. „Homiliae catholicae" („Heiligenleben")(*~ 955) † *Firdausi*, (der Paradiesische), pers. Dichter; schrieb Epen: Geschichte des Perser-Reiches bis 651 („Königsbuch") und Epos von der Liebe Josephs zur Gattin des Pharao (* 939)	

Frühromanische und spätbyzantinische Kunst	Frühe Mehrstimmigkeit	Arabische Wissenschaft	
Paulskirche in Worms (roman. mit zwei Rundtürmen; Westvorhalle u. fünfseitig. Ostchor ~ 1250)			
Krypta von St. Bénigne, Dijon (seit 1001) ~ „Kain tötet Abel" Stiftmosaik i. d. Pfarrkirche Mariä Himmelfahrt i. Schuttern b. Lahr (1972 entd., gilt als ältestes Stiftmos. auf dt. Boden)			
~ Bischof *Bernward:* Christussäule im Dom von Hildesheim (29 Szenen aus dem Leben Jesu auf 4 m hoher Metallsäule)			
Heinrich II. stiftet Münster in Basel (roman., nach 1356 gotisch umgebaut)			
≈ Krypta der Kathedrale von Chartres (vgl. 1220) ~ * *Kuo Hsi*, chin. Maler und Kunsttheoretiker († 1090)			Im „Königsbuch" gab der pers. Dichter *Firdausi* (†) eine Beschreibung des Schachspiels (Schach wahrscheinl. im 6. Jhdt. in Indien entstanden)

Konrad II.
Königreich Polen

1021 * *Wang An-shih*, chin. Staatsmann u. Dichter († 1086)

1022 Kaiser *Heinrich II.* besiegt auf seinem dritten Italienzug die Griechen in Unteritalien (u. a. in Salerno)

1024 † *Heinrich II.* (d. Heilige), röm.-dt. Kaiser seit 1002, Hzg. von Bayern seit 995; erneuerte dt. Herrschaft in Italien durch 3 Italienzüge 1004, 1014, 1022 (* 973)

Konrad II. (der *Salier*) röm.-dt. Kaiser bis 1039 (†); (Kaiserkrönung in Rom 1027). Umritt durch das Reich: Aachen, Nimwegen, Dortmund, Hildesheim, Goslar, Magdeburg, Augsburg, Konstanz, Basel, Straßburg, Worms. Fränkische Kaiser *(Salier)* auf dem dt. Thron bis 1125

1025 Nach Eroberung von Pommern (994), Krakau mit Schlesien (999), Oberlausitz (1002), Gebiet um Kiew (1018), vorübergehend auch Böhmen-Mähren, nimmt *Boleslaw I.* (der Tapfere, * 966, † 1025) d. Titel eines Kgs. v. Polen an (herrschte seit 992; 1018 hatte Kaiser *Heinrich II.* Seine Unabhängigkeit anerkannt)

Mieczyslaw II. Kg. v. Polen bis 1034; verliert Pommern a. d. Dänen, Mähren an die Ungarn, Kiew an die Russen, Oberlausitz an das Deutsche Reich

~ Byzant. Macht beginnt zu verfallen

1026 *Konrad II.* setzt seine Anerkennung als Kg. v. Italien durch (damit wird die Herrschaft des dt. Königs in Italien grundsätzlich anerkannt)

Konrad II. tritt Mark Schleswig an Kg. *Knut d. Großen* v. Dänemark ab (Mark Schleswig v. *Otto II.* ~ 975 gegrdt.)

Herzog *Ernst II.* von Schwaben erhebt sich gegen seinen Stiefvater Kaiser *Konrad II.* wegen der strittigen Erbschaft des Königreichs Burgund (fällt 1030, geächtet, als er sich weigert, gegen seinen Freund, Graf *Werner von Thurgau*, zu kämpfen)

Kastilien kommt vom Kgr. León an Kgr. Navarra (Kastilien wird 1035 selbst.)

1027 *Robert d. Teufel* Hzg. d. Normandie bis 1035 (†, stirbt auf einer Pilgerfahrt nach Jerusalem

* *Wilhelm I.* (der Eroberer), Sohn *Roberts II.* (des Teufels), Hzg. d. Normandie, König v. Engl. von 1066 bis 1087 (†)

Normannen gründen Aversa (Prov. Neapel) (vgl. 1047)

Chinesische Lyrik Althochdeutsch	*Frühscholastik*	*Frühromanische und spätbyzantinische Kunst*	*Notenlinien*
	* *Gabirol (Salomon ben Jehuda ibn)*, jüd. Philosoph in Spanien († 1070) Tanzwut-Epidemie in Europa (veitstanzähnliche Zustände religiöser Besessenheit)		
† *Notker III. Labeo (Teutonicus)*, Lehrer in St. Gallen; übersetzte röm. und griech. Texte ins Althochdt.; gilt als erste wissenschaftliche Verwendung der dt. Spr. (* ~ 950)		Landschaftsfresken in einem Mausoleum d. ostmong.-nordchin. *Liao*-Dynastie (u. a. Jagdszenen mit lebendigen Tierdarstellungen)	
~ „Ruodlieb" (sagenhafte Rittergeschichte aus dem Kloster Tegernsee in lat. Hexametern)		Stiftskirche in Limburg/Haardt (roman. Stil) ~ Goldschmuck d. Kaiserin *Gisela* beweist hohen Stand des Kunsthandwerkes (u. a. Adlerfibel; Bogengalerien als Steinfassungen, Filigran- u. Goldzellenschmelzarbeiten)	
† *Lin Pu*, chines. Dichter; suchte alle seine Gedichte als unvollkommen zu vernichten bis auf sein letztes, das er mit ins Grab nahm (*965)		~ Unter Bischof *Burchard* erster Dom in Worms erbaut (vgl. 1181)	~ Der frz. Musiker *Guido von Arezzo* führt die „Solmisation" ein (Tonsilben Do, Re, Mi, Fa, Sol, La nach den Halbzeilenanfängen eines Johanneshymnus) und Vierliniensystem mit Notenschlüsseln in der Notenschrift
~* *Omar Chajjam*, pers. Dichter, Mathematiker, Physiker u. Astronom († ~ 1123)			

Burgund kommt zum Deutschen Reich
Ende des Kalifats von Cordoba

1028 Kg. *Knut* (d. Große) v. Dänemark u. England wird auch Kg. v. Norwegen

Kg. *Olaf II.* (d. Heilige) v. Norwegen (seit 1015), der Norwegen christlich machte, wird von den Dänen vertrieben († 1030) (1035 wird sein Sohn *Magnus d. Gute* anerkannt)

1030 Wien als Vienni erwähnt

Dorpat von den Russen unterworfen

1031 *Heinrich I.* Kg. v. Frankr. bis 1060 (†); Übermacht des Großadels

Sturz der letzten arab.-omajjadischen Kalifen v. Cordoba (ihr span. Reich zerfällt in Teilreiche und beginnt der christl. Eroberung von Norden zu erliegen)

1032 Kgr. u. Freigrafschaft Burgund kommen zum Dt. Reich (b. 1384), damit wird auch die Schweiz Bestandteil d. röm.-dt. Reichs. Kaiser *Konrad II.* wird erst nach Kämpfen gegen Graf *Odo von der Champagne* 1034 endgültig König von Burgund

1033 Verbündete Deutsche und Russen besiegen Kg. *Mieczyslaw II.* von Polen. Dieser muß Königstitel ablegen, dt. Oberhoheit anerkennen und Lausitz abtreten (polnisch seit 1002)

1034 Kaiser *Konrad II.* wird auch Kg. von Burgund. Umfang des Kaiserreichs: Deutschland, Italien, Burgund

Michael IV. (der *Paphlagonier*) byzantin. Kaiser bis 1041 (†); war von seinem Bruder, dem Eunuchen *Johannes*, an den Hof gebracht worden und wurde von der Kaiserin *Zoe* zum Mann gewählt und zum Kaiser gemacht

1035 † *Knut* (der Große), dän. Kg. seit 1018 in einem nordeurop. Großreich (Dänemark, England, Norwegen, Schleswig) (* ~ 995). Auflösung seines Reiches

Kg. *Sancho III.* v. Navarra teilt sein Reich unter seine Söhne: Kgr. Navarra, Kgr. Kastilien, Kgr. Aragon, daneben Markgrafschaft Barcelona (in den folgenden Jahrhunderten steigt Kastilien besonders durch erfolgreich. Kampf gegen Araber zum Kernland Spaniens auf)

Ferdinand I. (der Große) Kg. von Kastilien (ab 1037 auch Kg. von León) bis 1065 (†); führt ab 1054 den Kaisertitel mit Anspruch auf Herrschaft über ganz Spanien

Frühscholastik	Frühromanische und spätbyzantinische Kunst	Pfingst-Sequenz	
Bistum Zeitz (seit 968) wird nach Naumburg verlegt			
	~ St.-Blasius-Dom zu Braunschweig geweiht (1137 niedergerissen) ~ Codex Aureus von Echternach (Evangeliar, kunstvoller Einband mit Elfenbeinschnitzerei)	~ Pfingst-Sequenz (Schluß des Pfingst-Hallelujas): „Veni sancte spiritus" („Komm heiliger Geist"), angebl. v. König *Robert* v. Frankr. (†). (Die früheste der 5 vom Tridentinischen Konzil zugel. Sequenzen; vgl. 912, 1050, 1274, 1306, 1320)	~ Familiennamen kommen beim Adel auf
			Stadtmauer in Bremen
* *Anselm von Canterbury*, scholast. Philosoph in England († 1109) *Benedikt IX.* Papst; wird mit zwei Gegenpäpsten von Kaiser *Heinrich III.* 1046 abgesetzt	Kirche St. Michael in Hildesheim vollendet und geweiht (Baubeg. ~ 1007, frühromanisch, erstmalig Türme über Vierung); Bronzetüren		
	Baubeg. d. Würzburger Doms (vgl. 11. Jhdt.)		

	Konrad II. · Heinrich III. Feudalismus	Frühscholastik	
1036	Kaiser *Konrad II.* unterstützt erfolgreich die ritterlichen Vasallen in der Lombardei gegen den Erzbischof *Aripat* von Mailand im Kampf um die Erblichkeit ihrer Lehen. Kann aber Mailand nicht erobern In Nordafrika herrscht die Dynastie der *Almoraviden* (bis 1147)		
1037	Kaiser *Konrad II.* erläßt Gesetz, daß die kleinen mittelbaren Lehen erblich sind („Constitutio de feudis") Türkisch-mohammedanische Seldschuken kommen in Chorassan zur Macht (stürzen 1055 in Bagdad die Bujiden-Dynastie; vgl. 1072)	Die Lehen werden erblich (dadurch geht auch die Angehörigkeit zum Ritterstand meist vom Vater auf den Sohn über). Es bilden sich feste Bräuche für die Erziehung zum Ritter aus: mit	7 Jahren Edelknabe, mit 14 Jahren Knappe, mit 21 Jahren Ritterschlag mit Abendmahl, zwei ritterlichen Zeugen; ritterl. Ideale: Zucht, Hohe Minne, Treue, christl. Barmherzigkeit
1038			
1039	† *Konrad II.*, röm.-dt. Kaiser seit 1024; erwarb Burgund und unternahm 1026 u. 1036 bis 1038 Italienzüge (* ~ 990) *Heinrich III.* röm.-dt. Kaiser bis 1056 (†)		
1040	*Macbeth* Kg. v. Schottland bis 1057 (†, fällt im Kampf gegen den Sohn seines von ihm getöteten Vorgängers)	~ Von Frankreich aus verbreitet sich die Idee des „Gottesfriedens" (Fehdeverbot an be-	stimmten Tagen; 1085 von *Heinrich IV.* für das Reich verkündet)
1041			
1042	*Heinrich III.* macht Böhmen lehnspflichtig (1044 auch Ungarn) Kg. *Magnus der Gute* v. Norwegen (1035 bis 1046) erwirbt durch Vertrag vorübergehend Dänemark England befreit sich von dänischer Herrschaft (wird 1066 von den Normannen erobert); *Eduard der Bekenner* König von England bis 1066 (†)		

Frühromanische und spätbyzantinische Kunst	Frühe Mehrstimmigkeit	Arabische Wissenschaft
* *Su Tung-p'o*, chin. Maler, Dichter und Staatsmann († 1101)		
Sophienkathedrale in Kiew (ältest. russ. Steinkirche, fünfschiffig, byzant. Stil; Baubeginn 1020)		† *Avicenna (Ibn Sina)*, arab. Arzt u. Aristoteliker; schrieb „Canon medicinae" (1685 lat. gedruckt); vermittelte wirksam und nachhaltend griech. Wissen an das mittelalterl. Europa; teilte die Mineralien in Steine, Salze, Erze und Brenze (brennbare) ein (* 980)
		† *Alhazen (Abu Ali Muhammed ben el Hasan)*, arab. Physiker; entwickelte bes. die Optik (Reflexion an verschiedenartigen Spiegeln u. Brechung, nahm die Lichtstrahlen vom Gegenstand zum Auge an und nicht, wie seit den alten Griechen, vom Auge ausgehend) (* ~ 965)
		Alfanus (* ~ 1015, † 1085), Arzt in Salerno (ab 1058 Erzbischof); schreibt „Über die vier Säfte" und „Zusammenfassung der Pulslehre" (zwei latein. Schriften), übersetzt Schrift des Bischofs *Nemesios* (vgl. 500) ins Lateinische

	Normannen erobern Unteritalien von den Arabern	*Kirchenreform · Frühscholastik*
1043	Normannen entreißen Apulien (Unteritalien) den Arabern (vgl. 1047)	
1045	~ * *Cid (Rodrigo Diaz)*, span. Nationalheld († 1099) Kg. *Peter* von Ungarn, der 1040 vertrieben wurde, leistet Kaiser *Heinrich III.*, der ihn 1044 wieder einsetzte, den Lehnseid	
1046	* Markgräfin *Mathilde von Toskana* († 1115)	*Heinrich III.* setzt nach seiner Kaiserkrönung auf der Synode zu Sutri in Rom Papst *Gregor VI.* und die Gegenpäpste *Sylvester III.* und *Benedikt IX.* ab u. macht dt. Bischof als *Klemens II.* zum Papst († 1047). Höhepunkt d. kaiserl. Macht gegenüber d. Papsttum
1047	Belehnung normannischer Ritter mit Apulien und Aversa (bei Neapel) durch *Heinrich III.* (ihre Eroberungszüge führen zu Kämpfen mit Papst und Arabern)	
1048	Kaiser *Heinrich III.* setzt Papst *Leo IX.* ein	*Leo IX.* (Graf *Bruno v. Egisheim*) Papst bis 1054 (†); fördert Reformbewegung d. Klosters Cluny, bekämpft Simonie (Ämterkauf) und Priesterehe † Abt *Odilo* von Cluny (seit 994); unter ihm und seinem Nachfolger gewinnt die Reformbewegung der benediktinischen Cluniazenser - Kongregation, die sich gegen die Verweltlichung der Kirche richtet, großen Einfluß (im 12. Jhdt. erlischt diese Bewegung) (* ~ 962)
1049		
1050	* *Heinrich IV.*, röm.-dt. Kaiser von 1056 bis 1105 († 1106) ~ Die *Ludovinger* erringen die Vorherrschaft in Thüringen (sterben 1247 aus) Nürnberg urkundl. erwähnt (erhält 1062 Marktrecht) ≈ Haithabu in Schleswig-Holstein ist wirtschaftlich und kulturell bedeutende Großsiedlung der Wikinger, wird ~ 1050 zerstört, danach Grdg. v. Schleswig ~ Oslo entsteht Delhi gegründet	Der Russe *Ilarion* wird Metropolit von Kiew (geg. byzant. Einfluß)

Chines. Literatur Frühmittelhochdt.	*Sophienkathedrale in Nowgorod*	*Oster-Sequenz*	*Arabische Wissenschaft*
			Hungersnot in Europa
∼ *Ou Yang Hsiu* (* 1007, † 1072), chines. Dichter, schreibt Geschichte der *T'ang*-Dynastie	Klosterkirche St. Maria in Reichenau-Mittelzell (vorroman.; Baubeginn ∼ 980) ∼ Welfenkreuz (goldenes Reliquienkreuz mit Zellenschmelz, Filigran, Edelsteinen u. Perlen auf silbervergoldetem Fuß; vermutlich aus Mailand)		† *Beruni*, arab. Historiker; schrieb „Chronologie der orientalischen Völker", „Geschichte Indiens" (* 973)
	* *Li Lung-mien*, chin. Maler eines rein zeichnerischen Stils († 1106)		∼ † *Elias bar Schinaja*, syr. Historiker
∼ „Memento mori" (lat. Gedicht) v. einem *Notker* ∼ „Alexiuslied" (alt-frz. Dichtung über einen asketischen Heiligen aus Rom) ≈ „Merigarto" (Erdbeschreibung in frühmittelhochdeutschen Sagversen aus Bayern)	Sophienkathedrale d. Kremls in Nowgorod (eine der ältesten der dortigen 47 Kirchen) ∼ Der seldschukische Stil in der türk.-islam. Baukunst Asiens (bis ∼ 1250; Typ d. Iwanmoschee mit 4 Portalen u. paarweisen Rund-Minaretten; Hochschulbauten, monumentale Grabbauten) ≈ Gewirkte westdt. Bildteppiche (aus farbiger Wolle mit Fabeltieren u. byzant. beeinfl. Ornamenten) ∼ Dom zu Goslar geweiht (1819 abgebrochen)	∼ † *Guido von Arezzo*, frz. Musiker (* ∼ 995) ∼ † *Wipo*, Priester und Kaplan der Kaiser *Konrad II.* und *Heinrich III.*; schrieb die Ostersequenz (Schluß des Osterhallelujas): „Victimae paschali laudes" (vgl. 912, 1031, 1274, 1306, 1320)	† *Gariopontus*, Arzt in der Frühepoche der Schule von Salerno *Sema Kuang*: „Allgemeiner Spiegel d. Weltgeschichte" in 294 Büchern (Höhepunkt der chin. Geschichtsschreibung als ausgebildetester chin. Wissenschaft)

	Expansion der Normannen	*Reimbibeln Frühmittelhochdeutsch*	 *Frühscholastik*
Im 11. Jahrhundert	Im byzant. Reich behindert die Bürokratie die Entfaltung militärischer Kräfte: Nach größter Ausdehnung um 1025 beginnt die Macht zu verfallen Normannen dringen in England ein (vorher Kelten, Angelsachsen, Wikinger und Dänen) Timbuktu im Sudan gegründet (wird bedeutender Handelsplatz) Die Drachenschiffe d. Wikinger verschwinden von den Meeren (Ende d. Wikingerzeit. Vgl. 793)	Mittelhochdt. Sprache (bis $\approx$ 1350; vor allem Abschwächung der Endsilben) Reimbibeln kommen auf (übersetzte, gereimte bibl. Erzählungen, besonders in Frankreich) In Frankr. entsteht die Heldensage durch Spielleute, die sich auf die in den Klöstern überlieferten örtlichen Sagen stützen Fahrende Sänger als Träger der Spielmannsdichtung „Kathasaritsagara" („Der Ozean der Ströme von Erzählungen", ind. Märchen und Erzählungen in einer Rahmenerzählung)	Erste christl. Ordensgenossenschaften nach den „Augustinerregeln" entstehen Verbreitung d. asketischen Sekte d. Katharer aus dem Orient („Reinen") in Süd- u. Westeuropa (ausgerottet durch Albigenserkriege 1229 und Inquisition) Älteste russische Klöster in Kiew (darunter Höhlenkloster)

Frühromanische und spätbyzantinische Kunst	*Mehrstimmige Vokalmusik*	*Arabische Wissenschaft*	
St. Maria im Kapitol (Kölner Kirche mit Langhaus und dreichörigem Zentralbau) Baubeginn des Münsters in Konstanz (roman., bis zum 16. Jhdt. gotisch umgeb.) Baubeginn d. Doms und Neumünsters in Würzburg (im 18./19. Jhdt. fertiggestellt) Anfänge der dt. Glasmalerei im Dom von Augsburg Auferstehung Christi wird Motiv der Malerei Erste Altar-Marienfiguren (Essen, Paderborn) Christl. Altar erhält Altaraufsatz Grafenburg in Nürnberg mit fünfeckigem Turm Burg Rolandseck a. Rhein (1475 zerstört bis auf den „Rolandsbogen") Palazzo Reale, Palermo (normann.) In Italien entwickelt sich aus der altchristl. Baukunst der romanische Stil mit z. T. landschaftl. Eigenarten (lombardischer, toskanischer Stil u. a.) Baubeginn der Kathedrale in Winchester (bis zum 15. Jhdt., normannisch-gotischer Stil) Baubeginn des Doms in Drontheim im gotisch-normannischen Stil Dt. Kaiserkrone wird angefertigt Byzantinische Chorakirche (Kuppelbau) in Konstantinopel „Makedonische Renaissance" der byzantinischen Kunst Blüte der byzant. Goldschmiedekunst (z. B. vergoldete Silberschüssel im Dom zu Halberstadt; Kreuz-Reliquiare mit reicher Treibarbeit und Email) Buchdeckel mit Maria u. Madaillons in Zellenschmelzarbeit in San Marco, Venedig (byzant. Kleinkunst) In Rußland entsteht selbständiger Zweig der byzantinischen Kunst (bis zum 18. Jhdt.) Byzant. Grubenschmelzarbeiten ~ Bau zahlreicher romanischer Kirchen i. Köln	Mehrstimmiger Gesang verdrängt allmählich einstimmigen *gregor*ianischen Choral Die frühmittelalterliche Art der mehrst. Kompos., bei der die zweite begleitende Stimme im Notenbild immer unter der Hauptstimme bleibt („Organum"), wird durch Stimmkreuzungen belebt „Sys willekommen heirre kerst" („Sei willekommen, Herre Christ", ältest. dt. Weihnachtslied) Die byzant. Musikaufzeichnungen (10. bis 12. Jhdt.) zeigen orientalisch beeinflußte Melodienbildung. Auch der jetzt entwikkelte *gregor*ianische Gesang geht auf oriental. Vorbilder zurück, die er weiterformte Harfe in Europa	Der Historiker *Adam von Bremen* hält die Ostsee für ein nach Osten offenes Meer Vorläufer d. Buchdrucks mit beweglichen Lettern in China Astrolab (astronomisches Gerät) kommt aus dem arab. Orient n. Europa Medizin. Schule in Salerno entsteht	Chorgestühl aus Holz (statt bisher Stein) „Englische Stickereien" (Weißstikkerei) der Benediktiner-Mönche Formularbücher (Mustersammlung. von Urkunden u. Briefen) für Kanzleien mit lehrbuchartiger Einführung setzen sich für den Kanzleidienst immer stärker durch Beginn des europäischen Fernhandels (führt bis ≈ 1450 zu einem engen Verkehrs- und Handelsnetz auch über Europa hinaus) Kloster Weihenstephan b. München erhält (1043) Brauereigerechtigkeit 140 dt. Stadtsiedlungen (12. Jh. 250, 13. Jh. 2000)

	Heinrich III. Höhepunkt der Kaisermacht	Kirchenspaltung · Kirchenreform
1052	Pisa erobert Sardinien von den Arabern (1297 an Aragonien)	
1053	Der Normanne *Robert Guiscard* (* ~ 1015, † 1085) beginnt die byzant. und langobard. Gebiete Unteritaliens zu erobern; gründet dort normann. Reich Papst *Leo IX.* unterliegt gegen die Normannen (1059 wird *Robert* vom Papst mit Apulien, Kalabrien und Sizilien belehnt)	
1054	Polen gewinnt Schlesien von Böhmen zurück	Endgültige Trennung der morgenländischen (orthodox-anatolisch.) christl. Kirche von d. röm.-kathol. (i. Unterschied zu dieser: mehrere Patriarchen, Konzilien, höchste Autorität, trotz geringer Unterschiede in der Lehre starke Gegnerschaft zum Papsttum)
1056	† *Heinrich III.*, röm.-dt. Kaiser seit 1039; unter ihm größte Ausdehnung d. Kaisermacht, Italienzüge 1046 u. 1055; unterstützte Cluny-Reform (* 1017) *Heinrich IV.* (unmündig) röm.-dt. Kaiser bis 1105 († 1106; Kaiserkrönung 1084); unter der Regentschaft seiner Mutter *Agnes* u. der Erzbischöfe *Anno* von Köln und *Adalbert* von Bremen (bis 1065) Vergrößerung der Fürstenmacht Saalfelder Klostergut am Ort der Veste Coburg erwähnt	Kirchl. Reformbewegung der Patarener (d. h. „Die aus dem Lumpensammlerviertel Pataria") entsteht in Mailand und stützt sich auf die breiten Volksschichten (niedergeworfen 1075) (vgl. 1071)
1057		*Stephan IX.* Papst bis 1058 (†), ernennt Reformkardinal, bekämpft Laieninvestitur
1058		*Nikolaus II.* Papst bis 1061 (†); überträgt 1059 Papstwahl den Kardinälen (vorher abhängig von d. Macht d. Kaisers u. d. röm. Adels)
1059	*Robert Guiscard* wird von Papst *Leo IX.* mit Apulien, Kalabrien und Sizilien belehnt (vgl. 1053)	Kardinäle erhalten das ausschließliche Recht d. Papstwahl * *Al Gazali*, arab. Theologe († 1111)

Frühromanische und japanische Kunst	*Reichenauer Chronik*
~ Baubeginn des Doms in Hildesheim	
Kaiserpalast mit „Phönix-Halle" in Uji (japan. Palast in prunkvoller Ausstattung der *Fujiwara*-Zeit, dem Amida-Buddha geweiht, zwischen Kyoto u. Nara). Auf d. Altar der Phönix-Halle d. Holzplastiken d. Amida-Buddha und seiner Begleiter von *Jocho* († 1057) im Stil d. *Fujiwara*-Zeit	
~ Bronzetür vom Dom in Augsburg ~ Holztüren St. Maria, Köln ≈ In Japan beginnt sich eine naturnahe Malerei mit erzählender Darstellung auf Langrollen zu entwickeln („Yamato-e")	† *Hermann der Lahme*, Historiker u. Mönch i. Kloster Reichenau; schrieb mit umfassendem Wissen „Chronik von der Gründung der Stadt bis zum Jahr 1054" (d. h. von der Gründung Roms an; lat.) (* 1013) Chinesische Annalen verzeichnen einen überhellen neuen Stern (Supernova) in der Milchstraße (heute als „Krabbennebel" nachweisbar, als expandierende Reste einer Sternexplosion mit einem Pulsar [Neutronenstern] im Mittelpunkt) (vgl. 1572, 1604)
~ Kaiserpfalz in Goslar (roman. Palast; bis 1878 wiederholt erneuert) ~ Klosterkirche La Charité-sur-Loire (roman.) ~ „Höllenfahrt Christi", Mosaik in der Kirche Nea Moni, Chios	
Baubeginn d. Domes von Parma (lombard.-roman. Stil; vollendet im 12. Jh.)	
~ Bronzekruzifix, Werden (b. Essen)	

	Normannen erobern England	*Deutsche geistl. Dichtg.*	*Frühscholastik*
1060	~ * *Lothar III.* von Sachsen, röm.-dt. Kaiser von 1125 bis 1137 (†) *Philipp I.* Kg. v. Frankr. bis 1108 (†)	~ Abt *Williram*: „Paraphrase des Hohen Liedes" (dt. Prosa, mit cluniazensischer Heilslehre) ≈ Die cluniazensische Dichtung reicht von 1060—1170	Lund in Schweden Bistum (entwickelt sich zur geistl. u. weltl. Hauptstadt des dän. Reiches; 1100 Erzbistum)
1061	Normannen erobern von Unteritalien aus das von den Arabern besetzte Sizilien bis 1091 (1194 v. Kaiser *Heinrich VI.* erobert)	~ † *Ekkehart IV.*, Mönch in Mainz, schrieb „Casus Sancti Galli" (* ~ 980)	
1062	Erzbischof *Anno II.* von Köln (* 1010, † 1075) bestimmt während Unmündigkeit König *Heinrichs IV.* stark die Reichspolitik Marrakesch (die heutige Stadt Marokko) unter der *Almoraviden*-Dynastie gegründet		
1063	Erzbischof *Adalbert* von Hamburg-Bremen (* ~ 1000, † 1072) Reichsregent und Vormund König *Heinrichs IV.* (1066 durch Fürsten abgesetzt)		Bistum Olmütz gegründet
1064	Ungarn erobern Belgrad von Byzanz		
1065		~ *Ezzo* (Bamberger Priester, Teilnehmer an dem Kreuzzug des Bischofs *Gunther* von Bamberg 1064/65): „Gesang von den Wundern Christi"	Hohe Schule in Bagdad gegründet. Wird Mittelpunkt arabisch. Kunst u. Wissenschaft
1066	† *Eduard der Bekenner* (* ~ 1002), engl. Kg. seit 1042; befreite England von der dänischen Herrschaft und begünstigte Normannen. Sein Schwager *Harald II.* wird Nachfolger *Wilhelm* (der Eroberer), Hzg. d. Normandie, besiegt bei Hastings Kg. *Harald II.* v. England und gewinnt engl. Thron; errichtet normannischen Lehnsstaat unter Beibehaltung der angelsächsischen Grafschaftverfassung (kgl. Gerichte)	≈ Durch die Normannen verbreitet sich die französ. Sprache in England (besonders beim Adel)	Neubau d. Klosters Monte Cassino (994 von d. Arabern zerstört). Erlangt m. Archiv und Bibliothek große kulturelle Bedeutung (1321 Bistum)

Frühromanische Dome	*Mehrstimmige Vokalmusik*	*Alchimie in Deutschland*	
Speyerer Dom (frühroman. Kreuzbasilika, Baubeginn 1030 als Grabstätte d. *salischen* Kaiser; bis ≈ 1200 zweimal umgebaut; erneuert im 19. Jhdt.) Norweg. Stabkirche v. Urnes (Holzbauweise m. Hauptstützen aus Rundhölzern, übereinandergeschichtete Dächer, phantast. Schnitzornamentik)			
~ Vorhallenreliefs in St. Emmeram, Regensburg ≈ Kirche Mont-Saint-Michel			Schachspiel in Italien bekannt
~ Klosterkirche St. Benoit-sur-Loire (roman.)			
		~ Alchimistische Studien am Hofe *Adalberts* von Bremen (d. Alchimie gelangte aus dem	arab. Spanien über Frankreich u. Italien nach Mitteleuropa)
Baubeginn d. Doms zu Minden (als frührom. Hallenkirche; ~ 1270 frühgot. fertiggestellt)			
~ Glasfenster mit Prophetenbildern im Augsburger Dom Weihe von St. Maria im Kapitol, Köln	*Wilhelm v. Hirsau,* Abt im Kloster Hirsau (Schwarzwald) bis 1091 (†), verfaßt musiktheoretischen Traktat		
≈ Verschmelzung des romanisch-normannischen und des angelsächsischen Stils (lange Kirchenschiffe mit großen Türmen über der Vierung)	≈ Spielleute in England erwähnt; singen zum Instrument u. machen Akrobaten-Kunststücke; sind rechtlos bis z. 15. Jhdt. Verwenden schon Dur-Tonarten für heitere Tanzlieder (während sonst nur Kirchentonarten i. Gebrauch sind)		

	Normannen in Unteritalien *Sachsenaufstand*	
1070	*Welfen* (ital. Linie *Este*) erhalten Hzgt. Bayern v. *Heinrich IV*. ~ Höhepunkt der maurischen Abbadiden-Dynastie in Sevilla (1023—1091)	
1071	Byzanz verliert Kleinasien an die türk. Seldschuken, die hier das Reich von Konia (Ikonion) gründen. (Konia wird 1190 von Kreuzfahrern erobert und dadurch Byzanz von der Seldschukengefahr befreit)	Aachen als Stadt erwähnt
1072	Normannen unter *Robert Guiscard* erobern Palermo (Sizilien) und dringen auch gegen den Kirchenstaat vor (Papst versöhnt sich 1080 mit *Robert*, um freie Hand gegen den Kaiser zu gewinnen) *Melikschah* herrscht als Großsultan der	türk. Seldschuken (≈ 1000 von *Seldschuk* zum Islam bekehrt) über ein Reich v. Kleinasien bis Mesopotamien bis 1092 (dann zerfällt das Reich in Einzelstaaten, deren letzter, Ikonion, 1277 von den osmanischen Türken beseitigt wird)
1073		
1074	Die aufständischen Sachsen zerstören die Harzburg König *Heinrichs IV*. (1180 von *Barbarossa* neu erbaut)	
1075	Sachsenaufstand (seit 1073) von *Heinrich IV*. niedergeschlagen Papst *Gregor VII*. setzt den von *Heinrich IV*. ernannten Erzbischof *Theobald* von Mailand ab ≈ Lombardische Städte entwickeln Selbstverwaltung gegen bischöfliche Stadtherren	~ Stärkung des Feudaladels, Verfall der Königsmacht
1076		

Frühscholastik · Investiturstreit		Frühromanische Kunst	
† *Gabirol (Salomon ben Jehuda ibn)*, erster jüd. Philosoph in Europa (Spanien) mit Einfluß auf die Scholastik; schrieb „Der Lebensquell" (arab.) (* 1021) Kaufleute aus Amalfi	gründen in Jerusalem den Johanniterorden mit Rittern, Priestern u. dienenden Brüdern z. Krankenpflege. (Ordenskleidung schwarzer Mantel mit. weiß. Kreuz)	∼ Mosaike in St. Gereon, Köln Benediktiner gründen Kloster Banz in Oberfranken Baubeginn der Kathedrale in York (normannisch - gotisch, 3türmig, Glasbilder, Plastiken; fertiggestellt 1472)	
Vorübergehender Sieg der kirchl. Reformbewegung d. Patarener gegen Adel u. hohe Geistlichkeit in Mai-	land (1075 niedergeworfen). Mailand wird zunehmend unabhängiger von seinen Erzbischöfen	∼ „Teppich von Bayeux" schildert die Eroberung Englands durch die Normannen	
† *Petrus Damiani*, 1058 bis 1061 Kardinalbischof von Ostia, Anhänger der Cluny-Reformen (* 1007)	∼ Cluny-Reform im Kloster Hirsau („Hirsauer Regel"). Hirsau wird Mittelpunkt der Partei v. Papst *Gregor VII.* (vgl. 910, 1048 Ph, 1091 K)	≈ Auf Sizilien ergibt sich nach der Eroberung durch die Normannen in d. Baukunst ein eigentüml. normannisch - arab. - byzantinischer Mischstil (bes. in Palermo) Ste.-Etienne u. Ste.-Trinité (gegründet 1059) in Caen (frz. romanische Kirchen mit Kreuzgratgewölben; erbaut von *Wilhelm d. Eroberer*)	Zunftordnung in Venedig (vgl. 1106, 1212, 72 etc.)
Gregor VII. (vorher einflußreich als Mönch *Hildebrand*) Papst bis 1085 (†, * ∼ 1020). Kämpft gegen König	*Heinrich IV.* Verbietet Laieninvestitur u. Simonie. Setzt Zölibat durch	∼ Wandmalereien in der Kirche S. Angelo in Formis b. Capua (zählen zu den wenigen erhaltenen monumentalen Wandmalereien des frühen Mittelalters)	
Papst *Gregor VII.* erläßt auf der Fastensynode in Rom das Dekret, daß höhere Geistliche keine gültige Ehe eingehen können (damit wird d.	Grundsatz d. Zölibats endgültig im Abendland verwirklicht, dem sich auch d. weltliche Gesetzgebung anschließt)		
Gregor VII. formuliert in 27 Lehrsätzen die Rechte des Papstes („Dictatus papae") Investiturstreit: Beginn des Streites um die Einsetzg. der Bischöfe und Äbte durch die Investitur mit Ring	und Stab (seit 9. Jhdt. durch die weltlichen Herrscher vorgenommen) zwischen Papst *Gregor VII.* und *Heinrich IV.* (beend. 1122 durch Wormser Konkordat, wobei *Heinrich V.* auf d. eigentl. Investitur verzichtet)	≈ Dt. Frühromanik (≈ 1000 bis ≈ 1150): Massige, horizontal betonte Kirchenbauten; Vierung im Schnittpunkt von Lang- und Querhaus als rationales Maß des Grundrisses; Vierungstürme; allmähliche Überwölbung d. Mittel- u. Seitenschiffe; Stützenwechsel in d. Seitenwänden; Rundbogen; Würfelkapitell; Grabkirchen	
Synode zu Worms setzt Papst *Gregor VII.* ab. *Gregor* antwortet auf d. Synode zu Rom	mit dem Bann über *Heinrich IV.*, der Abfall u. Aufstand gegen *Heinrich* zur Folge hat		

1077	Durch den Bußgang nach Canossa erlangt König *Heinrich IV*. die Lösung des von Papst *Gregor VII*. 1076 ausgesprochenen Bannes. Stärkt dadurch seine Macht im Reich gegen d. Fürsten	*Rudolf* v. Schwaben Gegenkg. der dt. Fürsten zu *Heinrich IV*. bis 1080 (†) † *Agnes v. Poitou*, zweite Gattin Kaiser *Heinrichs III*. seit 1043, Regentin 1056 bis 1062 für ihren Sohn *Heinrich IV*.
1078		
1079	Hzgt. Schwaben kommt nach langen Kämpfen um die Herrschaft an die *Staufer* (Hzgt. zerfällt nach Aussterben der *Staufer* 1268)	
1080	König *Heinrich IV*. setzt Papst *Gregor VII*. ab, nachdem dieser zuvor zum zweitenmal über ihn Fluch und Absetzung verhängt hatte Markgräfin *Mathilde v. Toskana* schenkt ihr Erbgut der Kirche unter Vorbehalt des lebenslänglichen Nießbrauches (wird nach ihrem Tod 1115 zunächst vom Kaiser besetzt)	∼ Papst stützt sich bei der Auseinandersetzung mit dem Kaiser auf das unterital. Normannenreich, die Markgräfin *Mathilde von Toskana* und die lombardischen Städte
1081	Die Gefahr der Byzanz bedrohenden Normannen (in Thessalien) und türk. Seldschuken (in Kleinasien) rufen in Konstantinopel eine Militärrevolution hervor, die wieder ein Mitglied des mächtigen kleinasiat. Landadels *(Komnenen)* auf d. Thron setzt (die *Komnenen* regieren bis 1185 u. schlagen Normannen u. Seldschuken zurück; vgl. 1057)	* *Heinrich V*., röm.-dt. Kaiser von 1106 bis 1125 (†)
1083	Madrid endgültig in christl. Händen	
1084	*Heinrich IV*. belagert Papst *Gregor VII*. in Rom (Engelsburg) und läßt sich vom Gegenpapst *Klemens III*. zum Kaiser krönen	*Robert Guiscard* befreit Papst *Gregor VII*., der von Kaiser *Heinrich IV*. in Rom eingeschlossen ist. (*Gregor VII*. stirbt 1085 verbannt in Salerno)

Frühscholastik	Mainzer Dom	Buchdruck in China	
	Baubeginn der Feste Hohensalzberg (im dt. Sprachgebiet entst. bes. in d. roman. Zeit ca. 10000 Burgen)		
~† *Michael Psellos*, byzant. Philosoph trat f. *Plato* ein (*~ 1018)	*Wilhelm der Eroberer* veranlaßt Bau des Tower in London (erbaut bis ~ 1300; bis ~ 1500 Residenz, später Staatsgefängnis)		
* *Peter Abaelard*, frz. Scholastiker († 1142) „Hirsauer Regel" (entspricht der Klosterreform v. Cluny) (vgl. 1048 Ph, 91 K)			~ Verwendung von Hopfen zur Bierbereitung. Die Bierbrauerei wird von einem hauswirtschaftl. zu einem mit besond. Rechten ausgestatteten Zunftgewerbe
	~ Grabmal *Rudolfs* von Schwaben im Dom zu Merseburg (mit Bronzereliefs) ~ Mosaike im Dom zu Salerno (Frühwerke d. zunächst spätbyzant. beeinfl. ital.-roman. Malerei) ~ Reliefs in Santo Domingo de Silos (nordspan.-roman. Bildhauerwerke)		
	Neubau des Mainzer Doms (roman. 3schiffige Basilika mit Querschiff und 2 Chören; Anbauten und Neubauten bis ins 19. Jhdt.; vgl. 980)		
* *Jehuda Halevi*, jüd. Dichter und Philosoph aus Spanien († 1140)	~ Anbau des Ostchors am Speyrer Dom ~ Kathedrale von Ely/Engl. (spätnormann. Stil)	Druck mathematischer Bücher in China (bes. Arithmetik, die sich auf frühere Erkenntnisse stützt)	
Der heilige *Bruno von Köln* (* ~ 1030, † 1101) grdt. Kartäuserkloster La Grande Chartreuse bei Grenoble (Kartäuser - Einsiedlerord. 1176 päpstlich bestätigt)			

	Normannen erobern Unteritalien	Mittelhochdt. Literatur	Frühscholastik
1085	Das spanische Kgr. Kastilien erobert Toledo von den Arabern Unteritalien („Sizilien diesseits d. Meerenge“) vom Normannen *Robert Guiscard* (†) seit 1053 von Byzanz erobert. Gleichzeitig (1061—1091) erobert sein Bruder *Roger I.* Sizilien von den Arab. Byzanz besiegt d. Normannen nach ihrer Vertreibung aus Thessalien mit Hilfe Venedigs zur See. Venedig erlangt dafür wertvolle Handelsprivilegien, wodurch die Rivalität zwischen beiden Handelsmächten stark wächst		Kaiser *Heinrich IV.* verkündet in Mainz den „Gottesfrieden“ (vgl. 1040) ~ „Physiologus“ (1. Fassung eines christl. allegorischen Tierbuches, 2. u. 3. Fassung ≈ 1130). Alexandrin. Herkunft (vgl. 125)
1086	Mainzer Reichssynode Die Araber schlagen die Christen mit den zu Hilfe gerufenen berberischen *Almoraviden* (maurisch-islamische Sekte u. Dynastie) bei Sakala (*Almoraviden* erobern 1090 ganz arab. Spanien) Agrigent (Sizilien) an die Normannen † *Sema Kuang*, chin. Agrarreformer u. Historiker; beseitigte die seit etwa dem 8. Jhdt. bestehende Agrarkrise durch Verpachtung des Kronbesitzes, Enteignung der großen unrentablen Privatgüter (seitdem ist China ein Land der Kleinbauern) (* 1009) † *Wang An-shih*, chin. Staatsmann und Dichter; verwirklichte seit 1069 staatssozialistische Reformen zugunsten der Armen, formte die Beamtenausbildung um. Wurde auf Druck seiner Gegner entlassen und ging in die Verbannung; seine Reformen meist wieder aufgehoben (* 1021)		
1087	† *Wilhelm I.* (der Eroberer), Kg. von England seit 1066; Begrd. des engl.-normannischen Lehnsstaates mit Grafschaftsrecht (* 1027) *Wilhelm II. Rufus*, Sohn *Wilhelms I.* (des Eroberers), Kg. v. England bis 1100 (†, ermordet) Landgraf *Ludwig* (d. Springer) v. Thüringen (* 1042, † 1123) läßt Pfalzgraf *Friedrich* v. Sachsen ermorden, um dessen Gattin zu heiraten; entkommt d. Gefangenschaft d. Kaisers auf einer Burg b. Halle durch Sprung mit seinem Pferd in die Saale		

Frühromanische und chines. Kunst	*Mehrstimmige Vokalmusik*	*Medizinschule in Salerno*	
		~ † *Adam v. Bremen*, Domherr und Historiker; schrieb „Hamburgische Kirchengeschichte" 5624 Wassermühlen in England	
Unter dem Einfluß des Westgarten-Kreises um *Su Tung-p'o* verbreitet sich die Auffassung der Malerei als regelfreies „Tuschespiel" u. Kunst des Fortlassens, zur sinnlichen und geistigen Ergänzung auffordernd („Eineck-Stil" nach *Konfuzius*)			Grundbesitzbuch („Domesdaybook") *Wilhelms des Eroberers* ergibt für England etwa 2,5 Mill. Einwohner (ändert sich in den nächsten Jhdten. nicht sehr; erst im 17. Jhdt. Anstieg auf 5 Mill.)
Li Lung-mien: „Geistvolle Gesellschaft im Westgarten" (chin. Gruppenbildnis der Gesellschaft von 16 akademiefeindlichen Künstlern in K'ai-feng)		† *Constantinus Africanus* (aus Karthago), Mediziner; brachte erstmals das arabische Schrifttum des 10. Jhdts. nach Salerno, übersetzte es u. begründete so die Hochblüte dieser medizin. Schule im 12. Jhdt. (Pulslehre, Harnschau)	

1088		
1089	Die *Wettiner* werden Markgrafen von Meißen	
1090	*Welf von Bayern* (* 1073) heiratet *Mathilde v. Toskana* (* 1046). Diese Ehe wird vom Papst in kaiserfeindlicher Absicht gefördert wie auch der Bund lombardischer Städte 1093 Der *Almoraviden*-Emir von Marokko unterwirft das arabische Spanien (die	*Almoraviden*-Dynastie über Marokko u. Spanien wird 1147 durch die *Almohaden*-Dynastie gestürzt) Normannen erobern Malta (kommt 1530 an den von Rhodos vertriebenen Johanniterorden)
1091	~ Normannen eroberten Sizilien (seit 1061)	
1092	† *Wratislaw II.*, seit 1061 Herzog, seit 1086 König v. Böhmen (* ~ 1031) Seldschuken-Staat in Vorderasien wird geteilt	
1093	* *Konrad III.*, dt. Kg. von 1138 bis 1152 (†) Bündnis der lombardischen Städte ge-	gen Kaiser *Heinrich IV.*, der in Verona eingeschlossen wird (kehrt 1097 geschlagen nach Deutschland zurück)
1094	*Cid* erobert arab. Kleinstaat Valencia	
1095	Kg. *Alfons VI.* v. Kastilien überträgt Portugal als Grafsch. seinem Schwiegersohn *Heinrich v. Burgund* (dessen Sohn *Alfons I. d. Eroberer* wird 1139 Kg. v. Portugal; Haus *Burgund* herrscht bis 1383)	~ Ungarn unter Kg. *Ladislaus I.* (dem Heiligen [†], seit 1077) und Kg. *Koloman* (bis 1116 [†]) erobert Kroatien und Dalmatien
1096	Erster Kreuzzug zur Eroberung Jerusalems und Brechung der Macht des türkischen Islam von Papst *Urban II.* veranlaßt und von *Peter v. Amiens* durch Predigten unterstützt (bis 1099)	Ein schlecht ausgerüsteter Haufen armer Bauern zieht vor dem Kreuzritter-Heer durch Südosteuropa nach Kleinasien und wird dort vernichtend geschlagen. Reste schließen sich in Konstantinopel dem Ritterheer an

Frühscholastik · Kreuzzüge		*„Hirsauer Bauschule“* *San Marco i. Venedig*
Urban II. Papst bis 1099 (†); stützt sich auf Normannen, beginnt Kreuzzüge † *Berengar von Tours*, frz. Scholastiker; lehrte Unveränderlichkeit v.	Brot und Wein im Abendmahl u. leugnet leibhaftige Gegenwart Christi. Lehre von der Kirche verurteilt (* ~ 1000)	≈ Priester *Chung-Jen:* „Uferlandschaft“ (chin. Tuschmalerei auf Seide)
		Baubeg. d. 3. Klosterkirche in Cluny mit doppeltem Querhaus, 5schiff.
		† *Kuo Hsi*, chin. Maler und Angehöriger der Akademie in K'ai-feng; sein Sohn gibt seine Gedanken und Äußerungen über Malerei (bes. Landschaftsmalerei) heraus (* ~ 1020)
* *Bernhard von Clairvaux*, Kirchenlehrer in Frankreich († 1153)		Peter - Pauls - Kirche in Hirsau/Wttbg. (Baubeginn 1082); romanischer Musterbau der „Hirsauer Bauschule“ Fassade des Doms i. Trier
~ * *Ibn Esra*, arab. jüd. Bibelerklärer und vielseitiger Gelehrter († 1167)		
Gründung d. Klosters Maria Laach durch Pfalzgraf *Heinrich II.* (vgl. 1156)		
		San Marco (Markuskirche) in Venedig (byzant. Kirchenbau mit 5 Kuppeln; Baubeginn 976)
Papst *Urban II.* löst auf dem Konzil zu Clermont die Kreuzzugsbewegung aus (beend. 1291). Findet besonderen Anklang	auch bei armen Bauern (Hungerjahre), landlosen oder verschuldeten Rittern, Städten mit Orient-handels-Interessen	Cluniazenser-Kloster in Alpirsbach (Wttbg.)
* *Hugo v. St. Viktor*, Scholastiker und Mystiker († 1141)		Baubeginn der Kathedrale in Norwich (engl.-normannischer Stil; Umbau ≈ 1375) ≈ St. Sernin in Toulouse (frz.-romanische Basilikakirche mit Tonnengewölbe und Reliefs im Chorumgang und am Hochaltar)

	1. Kreuzzug	*Altisländische u. mittelhochdeutsche Literatur*	*Frühscholastik*
1097	*Heinrich IV.* verliert in Kämpfen seit 1090 Herrschaft in Italien und kehrt nach Deutschland zurück (wird 1105 von seinem Sohn, *Heinrich V.*, an der Spitze der päpstl. Partei gestürzt) Kreuzfahrer erobern Nicäa v. d. türk. Seldschuken zurück (die es 1080 erobert hatten)		
1098	Dänen zerstören die Festung Jomsburg der Wikinger auf Wollin (vermutlich das sagenhafte Vineta)		*Robert von Citeaux* (* ~ 1022, † 1110) aus dem Benediktinerorden grdt. Zisterzienserorden mit Benediktinerregeln und neuen Satzungen (Laienbrüder; trennt sich 1118 vom Benediktinerorden; dt. Zisterzienser-Klöster: Altencampen 1122, Ebrach 1127, Pforta 1127, Maulbronn 1139, Oliva 1170, Doberan 1171, Lehnin 1180, Chorin 1256) ~ * *Hildegard v. Bingen*, Äbtissin und Gelehrte; bekämpft kirchliche Mißstände, schreibt religiöse u. wissenschaftliche Werke († 1179)
1099	Kreuzheer unter *Gottfried von Bouillon* (* ~ 1060, † 1100) erobert Jerusalem. Bildung d. Kgrs. Jerusalem mit Lehnsstaaten unter *Gottfried* (1187 durch Sultan *Saladin* zurückerobert) † *Cid (Rodrigo Diaz)*, span. Nationalheld; führte ein Erobererleben, zeitweise auf seiten der Araber (* ~ 1045). Nach seinem Tode fällt das von ihm 1094 eroberte Valencia an die *Almoraviden* (vgl. 1090)		*Paschalis II.* Papst bis 1118 (†); beend. durch Anerkennung d. Belehnung Investiturstreit in England und Frankreich

Ostasiatische Kunst	Frühe Mehrstimmigkeit	Arabische Wissenschaft	
≈ Rajarani-Tempel zu Bhubanesvara (Orissa); kuppelartiger Tempelturm mit zahlr. Nebentürmchen; plast. Schmuck löst sich von der Fläche; häufiges (alt-buddhist.) Motiv: Frauengestalt, in d. Zweige eines Baumes greifend; hier in anmutig-tänzerischen Stellungen		~ *Nicolas Prevost* aus Tours: „Antidotarum" mit 2650 medizinischen Rezepten aus Salerno (wird 1549 gedruckt und gilt dann als verloren)	≈ Schemel mit Rückenlehnen (das frühe Mittelalter kennt den Stuhl nur als Ehrensitz)
≈ Notre-Dame-du Port, Clermont-Ferrand (roman. auf westgot. Grundlagen des 6. Jh.) ≈ Hochkultur der Khmer in Südhinterindien (u. a. Tempel in Angkor; Khmer-Kge. 880 bis 1260) ≈ Bemalte Fächerblätter bilden den Ausgangspunkt einer sich rasch entwickelnden weltlichen Malerei in Japan			≈ Aus England und Skandinavien gelangt d. „Mark" als Münzeinheit ins Rheingebiet. 1 Kölnische Mark = ½ Pfund (Silber) = 12 Schillinge = 144 Pfennige ≈ Kaufleute aus Nowgorod stoßen nach Sibirien vor ≈ Starke Ausdehnung des chinesischen Seehandels (u. a. bis Spanien)

	Feudalismus	*Ausbildung von Nationalsprachen*	*Frühscholastik*
1100	~ * *Albrecht der Bär (Askanier)*, ab 1134 Markgraf von Brandenburg († 1170) München urkundlich erwähnt (~ 1158 Salzniederlage, Münzstätte und bald darauf Stadt) *Heinrich I.*, jüngster Sohn *Wilhelms I.* (des Eroberers), Kg. v. England bis 1135 (†); versöhnt durch Heirat Angelsachsen mit Normannen; stützt sich auf die Kirche (Konkordat 1107) ≈ Im Hochmittelalter dehnt sich das feudale Lehnswesen durch Niederadel (Ministerialen) und städt. Patriziat über d. ganze gesellschaftliche Leben aus (bis ≈ 1300) ≈ In Deutschland entwickelt sich die städtische Gemeindeverfassung: Keine grundherrliche Hörigkeit, eigene Gerichtsbarkeit mit Schöffen, Mitverwaltung eines Teils d. Einw., Marktrecht (im 12. Jhdt. kommt die Stadtmauer dazu) ~ Stettin als Burg genannt ≈ Die Bauern im russ. Reich von Kiew sinken zu Leibeigenen herab ≈ Vermutete Besiedlung Polynesiens von Südamerika her (diese „Kon Tiki"-Theorie *Heyerdahls* ist stark umstritten; im allgem. wird Besiedlung von Südostasien aus angenommen)	~ *Dschajadewa*: „Gitagowinda" (indisches, sinnbildliches Liebesgedicht in 12 Gesängen) ~ Unter *Sämund dem Weisen* (* 1056, † 1133) beginnt Geschichtsschreibung auf Island ~ * *Wace*, anglonorm. Legendendichter († ~ 1183) ~ „Rolandslied" (altfrz. Nationalepos mit Verherrlichung *Karls d. Gr.*) ~ „Das Spiel von den klugen und törichten Jungfrauen" (frz. gstl. Schauspiel, teilw. noch lateinisch) ~ „Salve Regina" (lat. Mariendichtung in Form des Wechselgesangs) ≈ „Digenis Akritas" (byzant. Heldenepos, kennz. Entw. einer Literatur in d. griech. Volkssprache) ≈ „Deutsch" („diutisch") nicht nur zur Kennzeichnung der Sprache, sondern auch auf Land und Leute angewandt ≈ Blütezeit d. keltisch-kymrischen Schrifttums in Wales; u. a. „Maginobion" (Sagen in Prosa)	~ * *Arnold von Brescia*, Gegner der weltlichen Papstmacht († 1155, hingerichtet) ≈ Zerstörung d. heidnischen Tempels von Alt-Upsala vollendet die Christianisierung Schwedens

Romanik	*„Ars antiqua"*	*Rechtsschule Bologna*	
~ *Rogerus von Helmershausen*, Goldschmied: zwei Tragaltäre in Dom u. Franziskanerkirche Paderborn; schreibt vermutlich unt. d. Namen *Theophilus:* „Schedula diversarum artium" (das bedeutendste mittelalterl. Kunstlehrbuch) ≈ Weltgerichtsdarstellung i. Burgfelden/Schwäb. Alb (frühroman. Malerei) ≈ In der roman. Kirchenbaukunst setzt sich das Kreuzgewölbe im bisher meist flachgedeckten Mittelschiff durch ≈ Romanische Benediktiner-Stiftskirche in Hersfeld ≈ Stiftskirche in Reichenau-Niederzell ≈ Ruprechtskirche in Wien (roman.) ~ St. Jouin de Marnes (südfrz.-roman. Abteikirche, beeinfl. v. d. Hallenkirchenstil aus Poitiers) ≈ St. Germain des Prés (roman. Kirche in Paris, gegrdt. im 6. Jh.) ≈ Blütezeit roman. Bildhauerkunst in Südfrankr. (Arles, Moissac, Toulouse, St. Gilles) ≈ Pala d'Oro (Hochaltarvorsatz)f. San Marco in Venedig (1,4×3,5 m große byzant. Schmelzarbeit mit Edelsteinen aus Konstantinopel) ≈ San Miniato al Monte, Florenz (roman. Basilika mit geometrischen schwarz-weißen Marmorinkrustationen) ≈ An den europäischen Kirchen erscheinen kunstvoll geschmiedete Türbeschläge ~ Burg Chillon (schweizer. Wasserburg) ≈ Aufkommen des maurischen Stils in d. islam. Baukunst Spaniens u. Nordafrikas (bis 15. Jhdt.; reiche Stukkatur) ≈ In der islam. Baukunst entsteht das (tropfsteinhöhlenartige) Stalaktitengewölbe ≈ Tiergestalten in geometrisch begrenzten Feldern sind das Hauptmotiv der orientalischen und byzantinischen Weberei	≈ „Ars antiqua" („Alte Kunst") in der frz. Musik: Mehrstimm. einfacher Kontrapunkt mit ténor (Träger) und Diskant (bis z. 14. Jhdt.). Bisherige einfachere Zweistimmigkeit mit Quart- u. Terz-Parallelen tritt zurück gegenüber einem aufgelockerten Kontrapunkt i. Gegenbewegung ≈ Die seit *Gregor d. Gr.* beg. Regelung der Kirchenmusik ist im wesentlichen abgeschlossen: 8 Kirchentonarten (4 Haupt- u. 4 Neben-Tonarten im Anschluß an die griech.). Feststehende Messegesänge; Kyrie, Gloria, Credo, Sanctus, Benedictus, Agnus und gelegentliche: Introitus, Graduale, Hallelujah (mit Sequenz), Offertorium, Communio ≈ Zweistimmige Organa aus der Musikschule St. Martial in Limoges	* *Idrisi*, arab. Geograph († 1166) ~ Mönch *Theophilus* (vielleicht *Rogerus v. Helmershausen*) schreibt über Technik der Glasherstellung u. -verarbeitung, ferner über Glockenguß ≈ Anscheinend sind in Europa schon alte Rezepte zur Narkose bekannt („Schlafschwämme" mit Opiumsaft). Die meisten Operationen werden jedoch ohne Betäubung ausgeführt (bis ins 19. Jhdt.) ≈ Die Rechtsschule in Bologna studiert das römische Recht u. verhilft ihm, dem ital. Kirchenrecht, dem Zivil- und Strafrecht d. ital. Städte u. dem lombard. Lehnsrecht zur Verbreitung in ganz Europa (ihre Vorherrschaft dauert bis ≈ 1500) ≈ Unter der *Sung*-Dynastie in China hohe Blüte der historisch. Wissenschaften; daneben nur schwache Ansätze in den Naturwissenschaften	~ Beginn d. Kupferbergbaus in Schlesien ≈ Männerkleidg. in Deutschland: Gebauscht gegürtete Tunika bei den Vornehmen u. Schultermantel. In den Volksschichten hält sich d. alte fränk. Kleidung. Frauenkleidung in Deutschl.: Hemd, Unterkleid, oben enges, unten lang u. faltiges Oberkleid, z. T. mit weiten Hängeärmeln, Mantel. Handschuhe (im 13. Jhdt. Fingerhandschuhe) ≈ Männerkleidg. in Frankr.: Hemd, kurzer Rock mit weiten Ärmeln, kurze Hose, daran befestigt Tuchstrümpfe m. Beinlingen, Mantel auf beiden Schultern, auf der Brust schließbar, Knöchelschuhe, phrygische oder byzant. platte Mütze. Frauenkleidung in Frankr.: Langes Hemd und langer gegürt. Rock, kurzes Überkleid (nur bei den Vornehmen), Kopftuch, Schleier oder byzant. Mütze mit Kinnband ≈ Kegelförmiger Filzhut ≈ Kleine gewölbte Glasspiegel auf den Burgen; Spiegel am Gürtel und um den Hals

	Stärkung der französischen Zentralgewalt	*Annolied*	*Frühscholastik Investiturstreit*
1101	*Roger II.* Graf von Sizilien (herrscht bis 1154, vgl. 1130) Minsk Hauptstadt eines selbst. Fürstentums (im 14. Jhdt. zu Litauen, im 15. zu Polen)		
1103			*Heinrich IV.* nimmt im Landfrieden die unter d. Kreuzfahrern stark leidenden Juden in Schutz. Die Juden werden mehr u. mehr aus den „ehrlichen" Berufen (Handwerk) verdrängt
1104	Aufstand *Heinrichs V.* gegen seinen Vater Kaiser *Heinrich IV.*; dieser muß 1105 abdanken *Alfons I.* König von Aragonien bis 1134 (†)		Kirche erreicht in Frankr. Verzicht der Kge. auf Investitur, i. Engl. 1107 (vgl. 1075) Abzweigung d. Erzbistums Lund (Südschweden) vom Erzbistum Hamburg (1106 Bistum in Island)
1106	† *Heinrich IV.*, röm.-dt. Kaiser von 1056 bis 1105 (* 1050) *Heinrich V.* röm.-dt. Kaiser (Krönung 1111) bis 1125 (†, * 1081); letzter *Salier;* schließt Wormser Konkordat	~ „Annolied" von einem mittelfränk. Geistlichen (mittelhochdeutsch, Weltgeschichte und Lob des heiligen *Anno* v. Köln)	
1107	Verona wird Freistaat		Kg. *Heinrich I.* von England schließt Vergleich im Investiturstreit durch das Konkordat v. Canterbury
1108	*Ludwig VI.* (der Dicke) Kg. v. Frankreich bis 1137 (†). Mit Unterstützung von Bürgertum u. Kirche erstarkt Königsmacht gegen Adel		

Chinesische Kunst	*„Ars antiqua“*	*Arabische Wissenschaft*	
Der akademiefreundliche chin. Kaiser und Maler *Hui-tsung* (* 1082, † 1135) besteigt den Thron in K'ai-feng. Der Westgarten-Kreis löst sich auf (vgl. 1086) † *Su Tung-p'o*, chin. Maler, Dichter und Staatsmann d. Westgarten-Kreises (vgl. 1086); schrieb Aphorismen zur Kunst im Sinne des regelfeindlichen Meditations-Buddhismus (* 1036)		*Heinrich I.* befiehlt Festlegung der Längeneinheit (sächsische) „Elle“	≈ Von Frankreich her hat sich das Turnier als ritterliches Kampfspiel allgemein verbreitet (im 14. Jhdt. auch bei den Byzantinern und Arabern; verschwindet im 16. Jhdt.)
~ *Han Jo-Cho* (* ~ 1050, † ~ 1125): „Sperlinge im reifen Reis“ (chin. Malerei aus der K'ai-feng-Akademie; wahrsch. einzig erhaltenes Werk des Malers)			≈ Fahnenwagen (Karraschen) in Deutschland und Italien
		Erstes in Europa erwähntes Hammerwerk (Katalonien)	
† *Li Lung-mien*, chin. Maler eines rein zeichnerischen Stils, stand dem Meditations- (Ch'an) Buddhismus nahe; u. a. „Vimalakirti“ (Darstellung des geistvollen Weltmannes und Jüngers *Buddhas*); gilt als größter Figurenmaler der Sungzeit (* 1049) Romanischer Kaiserdom in Speyer (Baubeginn ~ 1030; vgl. 1060)			Schiffer in Worms bilden erste dt. Zunft (1128 Schuhmacher in Würzburg, 1149 Bettziechenweber in Köln, 1158 Schuhmacher in Magdeburg usw.)
Kaiser *Hui-tsung*: „Taube auf Pfirsichzweig“ (chin. Malerei) † *Mi Fu*, chin. Landschaftsmaler d. akademiefeindl. Westgarten-Kreises			

	Aufstand der sächsischen Fürsten gegen den Kaiser	*Frühscholastik · Anselm v. Canterbury*
1109		† *Anselm von Canterbury*, Philosoph i. England, „Vater der Scholastik"; gab den ontologischen Gottesbeweis (* 1033)
1110	Grafen *von Schaumburg* erhalten Holstein (1290 geteilt, Hauptlinie stirbt 1459 aus)	
1111	Kg. *Heinrich V.* nimmt Papst *Paschalis II.* in der Peterskirche gefangen u. erzwingt von ihm Investitur u. Kaiserkrönung (Papst nimmt Zugeständnis 1112 zurück, flieht 1117 vor dem Kaiser nach Unteritalien) Speyer Reichsstadt (— 30 röm. Militärstation; seit 346 Bistum)	† *Al Gazali (Algazel)*, arab. Theologe, skeptisch gegen Philosophie u. Wissenschaft; schrieb „Belebung der Religionswissenschaften" (* 1059)
1112	Aufstand d. Sachsenhzgs. *Lothar (III.)* u. Erzbischofs *Adalbert* von Mainz gegen Kaiser *Heinrich V.* (vgl. 1115)	
1113	*Wladimir II. Monomachos* Großfürst von Kiew bis 1125 (†, * 1053); vereinigt große Teile Rußlands	Papst *Paschalis II.* gibt d. Johanniterorden eigene Verfassg., dieser widmet sich als geistl. Ritter-Orden besond. der Krankenpflege („Hospitalbrüder")
1114		Augustiner - Chorherrenstift in Klosterneuburg/Wien gegründet (wird zum Sammelplatz wichtiger Kunstdenkmäler)
1115	Niederlage Kaiser *Heinrichs V.* am Welfesholz im Kampf gegen Aufstand der sächs. Fürsten (der Kaiser meistert die bedrohliche Lage durch Wormser Konkordat 1122) † Markgräfin *Mathilde von Toskana* (* 1046); vermacht der Kirche ausgedehnte Ländereien, die zunächst vom Kaiser besetzt werden (Anspruch des Papstes wird erst 1209 von *Otto IV.* anerkannt) Grafen von *Scheyern* legen ihren Sitz von Scheyern nach Wittelsbach. Von nun an „*Wittelsbacher*"	*Bernhard v. Clairvaux* grdt. Zisterzienserkloster Clairvaux
1116		

Chinesische Kunstsammlung	*Ärztin Trota*	
	≈ *Trota*, Ärztin in Salerno, schreibt über Entbindung, Mißgeburten, Arzneimittel, Kosmetik	
~ *Hui-Tsung*, chin. Kaiser 1101 bis 1125, läßt Katalog seiner Sammlung mit etwa 6400 Gemälden zusammenstellen (gehen später fast sämtlich verloren)		
Säulenbasilika von Paulinzella (von Hirsauer Mönchen bis 1132 erbaut; 1525 zerstört)		
	Steinkohlenverwendung in Deutschland nachweisbar (in England schon im 9. Jhdt.)	~ Erster europ. Steinkohlenbergbau vom Kloster Klosterrade (heute Rolduc)
	* *Bhaskara*, ind. Mathematiker († 1185) * *Gerhard von Cremona*, mittelalterl. Gelehrter († 1187)	
~ 5 m hohes Steinrelief der Kreuzabnahme in der Grottenkapelle der Externsteine im Teutoburger Wald (Paderborner Meister vermutet. Vorher an dieser Stelle germanische Kultstätte)	Planmäßige Seezeichen a. d. Nord- u. Ostseeküste	
	2. Ausgabe der sog. „Nestorschen Chronik“ (behandelt d. Geschichte d. Dnjepr-Gebietes von 850 bis 1110; eine der ältesten russ. Chroniken)	

	Araber verlieren Saragossa *Wormser Konkordat*	*Frühscholastik · Erste Lateransynode*	
1117			
1118	Das span. Kgr. Aragonien erobert Saragossa v. d. Mauren	~ * *Thomas Becket*, Erzbischof von Canterbury († 1170)	
1119		Tempelorden z. Schutz des Heiligen Grabes in Jerusalem gegrdt. (1128 vom Papst bestätigt; 1312 aufgelöst)	*Kalixt II.* Papst bis 1124 (+); beendet 1122 Investiturstreit Univ. Bologna gegrdt. (bes. Röm. Recht)
1120	Hzge. von Zähringen gründen Freiburg im Breisgau mit Kölner Stadtrecht	~ * *Johann von Salisbury*, engl. Historiker und Philosoph († 1180) Zisterzienser-Orden mit Gebot der Armut und Einfachheit der Architektur (Teil der christlichen Reformbewegung)	
1121		*Norbert* (* ~ 1085, † 1134), ab 1126 Erzbischof v. Magdeburg, grdt. Prämonstratenserorden mit Augustinerregel; Mittelpkt. i. Magdeburger Marienstift (betreibt vor allem Wenden-Mission)	Der erste (seit 1112) Bischof *Eirik (Erikson)* auf dem normannisch besiedelten Grönland (seit 984) besucht christl.-normannische Kolonie in „Vinland" an der Ostküste Nordamerikas (entdeckt ~ 1000)
1122	~ * *Friedrich I.* (Barbarossa), röm.-dt. Kaiser von 1152 bis 1190 (†) Wormser Konkordat (vgl. Philosophie)	*Petrus Venerabilis* Abt v. Cluny bis 1155 (†, * ~ 1092); stellt Klosterzucht wieder her, fördert Kongregation von Cluny, schützt *Abaelard* Wormser Konkordat zwischen Papst *Ka-*	*lixt II.* und Kaiser *Heinrich V.*: Kaiser verzichtet auf Investitur, belehnt aber die geistlichen Fürsten mit dem weltlichen Besitz vor ihrer Weihe (Ende des Investiturstreites [seit 1075])
1123	Die *Kin* (Dschurdschen) beseitigen seit 1115 mit chines. Hilfe die *Liao*-Dynastie der *K'i-tan* in Nordchina (seit 937; *Kin*-Dynastie bis 1234)	Erste Lateransynode unter Papst *Kalixt II.*; behandelt Wormser Konkordat	

Troubadoure	*Romanik*
	Basilika di San Michele in Pavia (schon 730 lombard. Krönungskirche) wird in lombard.-roman. Stil umgebaut (geweiht 1155)
	Kathedrale San Lorenzo in Genua (1312 gotisch umgebaut, 1567 mit Renaissancekuppel versehen) Dom in Pisa (Baubeginn 1063, 5-schiffige Basilika mit Vierlingskuppel und Schauseite aus weißem Marmor im toskan.-roman. Stil)
* *Ferîd-ud-Dîn Attar*, pers. Dichter († 1229) ∼ *Philippe de Thaon:* „Li Cumpoz" (anglonormann. Kalender)	Dekrete in Rom schützen Trajans- und Marc-Aurel-Säule
	* *Chao Po-chü*, chin. Maler aus dem *Sung*-Kaiserhaus († 1182) ∼ Heiliges Grab in d. Stiftskirche zu Gernrode (roman. Bildhauerarbeit) ∼ In Caen (Normandie) berühren sich der hochromanische Stil mit Ansätzen zum gotischen: St. Etienne (Überwölbung des Mittelschiffes mit Kreuzgratgewölbe, Kapellenkranz um Chor); Ste. Trinité (Übergang vom Kreuzgrat- zum tragenden Kreuzrippengewölbe; vgl. 1137) ∼ St. Front i. Périgueux (Neubau nach Brand; Bauanlage aus dem 11. Jhdt., eine der ältesten roman. Kirchen Frankrs. mit wenig gegliederten Wandflächen; byzant. beeinflußte Kuppelkirche)
	Dom in Piacenza (lombard.-roman. Stil) Baubeginn d. Freiburger Münsters (spätroman. Querhaus, dreischiffiges gotisch. Langhaus und hochgot. Turm i. 13.—14. Jhdt., spätgotisch. Chor 1354—1513)
∼ † *Omar Chajjam*, pers. Dichter u. Naturforscher; schrieb „Rubaijat" (600 geistr. u. freidenker. Vierzeiler); verbesserte pers. Kalender (* ∼ 1027)	St. Bartholomäus-Kirche in London (normann.-got.) Kathedrale von Tewkesbury (engl.-roman.-normann.)

	Kampf der Staufer gegen Welfen	*Troubadoure*	*Frühscholastik*
1124	Hzg. *Wratislaw I.* v. Pommern-Stettin nimmt v. Bischof *Otto v. Bamberg* das Christentum an (seine Söhne werden 1170 dt. Herzöge) Stettin größte u. älteste Stadt Pommerns (~ 1100 als Burg genannt)		Bischof *Otto v. Bamberg* (* ~ 1060, †1139) wirkt als Missionar in Pommern („Apostel d.Pommern", bis 1128)
1125	† *Heinrich V.*, röm.-dt. Kaiser (letzter *Salier*) seit 1106 (* 1081) *Lothar III.* von Sachsen *(Welfe)* röm.-dt. Kaiser bis 1137 (†) (Kaiserkrönung 1133) Beginn des Kampfes zwischen *Staufern* und *Welfen* (vgl. 1127) Nach Aussterben d. slaw. Obotritenfürsten kommt Südostholstein (Wagrien) an Schleswig (1139 an Holstein) *Vicelin* verbreitet dort Christentum	† *Cosmas von Prag*, schrieb „Chronica Bohemorum" (ältest. böhmische Chronik) (* 1045) ~ *Lamprecht d. Pfaffe:* „Alexanderlied" (erste größere dt. Dichtung weltlichen Inhalts; frz. beeinflußt) „Kyrie eleison" (eine der frühesten Dichtungen in tschechisch. Sprache) ≈ Ur-Tristan entsteht (kelt. Sagengestalt)	*Yüan - wu* (* 1063. † 1135): „Aufzeichnungen vom grünen Felsen" (Kommentar zu den ~ 1050 entstandenen Lehrsätzen und Gedichten des chin. Meditations-Buddhismus) erscheint im Druck
1126	Kaiser *Lothar III.* belehnt seinen Schwiegersohn Welfenherzog *Heinrich d. Stolzen* v. Bayern († 1139) mit dem Herzogtum Sachsen		* *Averroës (Ibn Ruschd)*, arab. Aristoteliker († 1198)
1127	*Konrad III.*, *Stauferh*zg. in Ostfranken, wird als Gegenkönig zu König *Lothar* aufgestellt (gewählt 1138). *Lothar* nimmt Nürnberg (1129) und Speyer (1130) ein und schließt 1134 Friede mit den *Staufern* Die *Sung*-Dynastie wird v. d. tungus. *Kin* nach Süden vertrieben; die „Süd-*Sung*"-Dynastie verlegt die Hauptstadt von K'ai-feng nach Hang-tschou (bis 1279); der kunstfreudige Kaiser *Hui-tsung* wird in die Gefangenschaft geführt	† *Ava*, dt. Dichterin religiöser Gedichte; schrieb poetische „Geschichte des Neuen Bundes" † Graf *Wilhelm VII. von Poitiers;* gilt als erster Troubadour; seine Lyrik ist teilw. derb-sinnlich, verwendet Landschaftsbilder	

Romanik	Höfische Musik „Ars antiqua"	Arabische Wissenschaft	
Grabkapelle eines japan. *Fujiwara*-Prinzen („Goldene Halle") bei Hiraizumi (Goldmalerei auf Schwarzlack, Perlmutt-Arbeiten, Bronzebeschläge)		Kompaß in China	
≈ Bildhauer *Wilhelm* in Italien, u. a. Reliefs des Domes in Modena, frz. beeinflußt ~ Kathedrale von Autun (südfrz.-roman. Stil mit zahlr. Bildhauerarbeiten, bes. an den Portalen) ~ Notre-Dame-la Grande (roman. Hallenkirche in Poitiers; Baubeginn Ende d. 11. Jhdts., ist Vorbild zahlr. frz.-roman. Hallenkirchen) ~ Wandgemälde in d. Kirche zu St. Savin, dar. „Thronender Christus" (frz.-roman. Malerei) ≈ In der roman. Plastik Frankreichs findet das Gewand u. sein Faltenwurf eine zunehmend differenzierte Darstellung parallel mit der stärkeren Plastik der Figuren; diese erhalten jedoch nur gelegentl. eine naturalist. Ausgestaltung (wie in der Proto-Renaiss. in St. Gilles) ≈ Angkor-Vat-Tempel (Kambodscha, Indochina) mit zahlr., teilweise stark bewegten Flachreliefs mit ind.-religiösen u. höfischen Motiven	≈ Beginn d. Blüte der südfrz. Troubadour- und nordfrz. Trouvères-Musik (vgl. 1150)	~ * *Helmold*, Historiker aus Holstein († ~ 1180)	≈ Verwendung v. Schreib-Graphitstiften bei der Herstellung v. Handschriften nachgewiesen
~ Langhaus-Umbau in St. Hilaire, Poitiers			
~ *Chang Tse-tuan*, Begleiter d. gefangenen chin. Kaisers, malt lange farbige Handrolle „Ch'ing-ming-Fest" ~ *Su Han-ch'en*, chin. Maler der *Sung*-Dynastie, malt vorzugsweise Kinderbilder Neugründung d. chin. Akademie in Hang-tschou St. Matthias in Trier (roman., fertiggestellt in d. 2. Hälfte d. 12. Jhdts.)			Ritterturnier in Dtl. (kommt aus Nordfrankreich) (vgl. 1313 Ph, 13. Jh., 1559 V)

	Normannisches Königreich Neapel	Rolandslied Troubadoure	Frühscholastik Gegenpäpste
1128			
1129	* *Heinrich der Löwe*, *Welfen*herzog von Sachsen und Bayern († 1195) † *Shirakawa*, jap. Kaiser; befreite sich mit Hilfe der Kronfeldherren (Shogun) von der Vorherrschaft der *Fujiwara*-Familie. Dadurch entscheidende Stärkung der Shogun-Macht (vgl. 1192)		
1130	Die *Ludovinger* (seit ~ 1050 führend in Thüringen) erhalten Landgrafenwürde. Zunächst den übrigen thür. Grafen nicht übergeordnet, versuchen sie in der Folgezeit, diese unter ihre Macht zu beugen Der Normanne *Roger II.* läßt sich von Papst *Anaklet II.* zum Kg. „beider Sizilien" (d. h. Unteritalien u. Sizilien oder Kgr. Neapel) krönen (zwingt 1139 *Innozenz II.* zur Anerkennung)	*Konrad der Pfaffe*: „Rolandslied" (dt. Übersetzung des altfrz. Nationalepos) ~ *Philippe de Thaon*: „Le Bestiaire" (Tierbuch i. anglonormann. Sprache)	*Innozenz II.* Papst bis 1143 (†); flieht vor *Anaklet II.* n. Frankr. und wird 1133 von *Lothar III.* wieder n. Rom geführt *Anaklet II.* Gegenpapst zu *Innozenz II.* bis 1138 (†); stützt sich auf Normannen und Mailand * *Chu Hsi*, chin. konfuzian. Staatsphilosoph († 1200)
1132			
1133	*Innozenz II.* krönt *Lothar III.* in Rom zum Kaiser, der den Gegenpapst *Anaklet II.* aus Rom vertrieb		
1134	*Albrecht der Bär* erhält von *Lothar III.* von Sachsen Nord-(Alt-)mark. (Die *Askanier* bleiben Markgrafen von Brandenburg bis 1319) Navarra selbständig		
1135	*Stephan von Blois*, Enkel Kg. *Wilhelms I.* (des Eroberers), wird Kg. v. Engl. bis 1154 (†) gegen die Ansprüche von *Mathilde*, der Tochter Kg. *Heinrichs I.* Die ital. Linie des Hauses *Este (Fulc-Este)* entsteht (im 16. Jhdt. ist ihr Hof in Ferrara ein Mittelpunkt der ital. Renaiss.; Mannesstamm stirbt 1803 aus)	1. rechtsrheinisches Zisterzienserkloster Eberbach bei Eltville. 1145–86 Klosterkirche (1803 säkularisiert und Weinbaudomäne)	* *Moses Maimonides*, Rabbiner u. jüd. Religionsphilosoph aus Spanien in Palästina u. Ägypten († 1204)

Romanische Kirchen	Höfische Musik „Ars antiqua“	Arabische Wissenschaft	
S. Clemente (Oberkirche) in Rom (roman. Kirche, Baubeginn ~1110, mit Mosaik in d. Apsis) Kathedrale in Santiago (span.-roman., Baubeginn 1078); Schwesterkirche zu St. Sernin in Toulouse			Zunft der Schuhmacher in Würzburg
Dom in Quedlinburg (roman. dreischiff. flachgedeckte Basilika; Baubeginn Ende 11. Jhdt.; got. Chor 1321) Dom in Cremona begonnen (Glokkenturm 1284)			
~ Domkirche in Olmütz (später got. umgebaut) ~ Kathedrale in Sens (Anfänge frz. Gotik) ~ Mittelportal von Ste. Madeleine in Vézelay (südfrz.-roman. Plastiken u. Reliefs) Baubeg. d. Kathedrale zu Chartres (nach Brand 1194 i. J. 1260 geweiht; vgl. 1155, 1220) ≈ S. Ambrogio, Mailand (romanisch, gegründet 4. Jh.) Chor der Kathedrale v. Coventry geweiht (im Bau seit 1070)			
San Giovanni degli Eremiti in Palermo (Kirche mit 5 roten Kuppeln im arab.-normann. Stil)			
~ Notre Dame in Paray le Monial (frz. roman. Kirche; zeigt den für diese Epoche kennzeichnenden kreuzförmigen Grundriß)			Erste neuzeitliche steinerne Brücke in Würzburg (Regensburg 1146, London 1209)
~ Dom in Ferrara (vollendet 14. Jh.)			
Klosterkirche Königslutter gegründet (Kreuzgang ~ 1170) ~ Wandmalerei im Gewölbe des Langhauses der Kirche zu Idensen/Niedersachsen (gilt als einzigartig für Norddeutschland)			

	Albrecht der Bär besiegt Wenden Stauferkönige	Troubadoure	Frühscholastik Gegenpäpste
1136	Wenden verlieren in langen Kämpfen (bis 1157) Prignitz und Havelland an den Markgrafen der Nordmark *Albrecht den Bären* Niederlausitz kommt an die *Wettiner* Markgrafen von Meißen (1303 an Brandenburg)	*Abaelard:* „Historia calamitatum mearum" (schildert sein Liebesverhältnis zur *Heloise*)	
1137	† *Lothar III.* von Sachsen, röm.-dt. Kaiser seit 1125 (* ~ 1060) *Ludwig VII.* (der Junge) Kg. v. Frankreich bis 1180 (†); heiratet die sittenlose *Eleonore von Aquitanien* († 1202), die nach der Scheidung 1152 *Heinrich II.* von England heiratet *Suger* (* 1081, † 1151), Abt von Saint Denis seit 1122, ist einflußreicher frz. Staatsmann Aragonien u. Barcelona durch Heirat vereinigt	~ Der provenzal. Troubadour *Marcabrun* († ~ 1150) dichtet seine Lieder, von denen viele die Minne schmähen	
1138	*Konrad III.* dt. Kg. bis 1152 (†), erster *Stauferherrscher* (*Staufer* herrschen bis 1254); begünstigt *Babenberger* gegen *Welfen* (vgl. 1142) *Boleslaw III.* von Polen teilt den Staat vor seinem Tode unter seine 5 Söhne (die nächsten 200 Jahre ist Polen ein schwaches Großfürstentum) Kg. *Stephan von Blois* von England besiegt die Schotten; innere Kämpfe mit den englischen Baronen		
1139	Toskana unter *staufischer* Reichsverwaltung bis 1266 (Kaiser erkennen die Schenkung der letzten Markgräfin *Mathilde* [† 1115] an die Päpste nicht an) Kg. *Roger II.* von Sizilien zwingt Papst *Innozenz II.* durch Gefangennahme zu seiner Anerkennung Portugal wird Königreich (vgl. 1095)		Zweite Lateransynode in Rom: Papst *Innozenz II.* verdammt alle Handlungen des Gegenpapstes *Anaklet II.*

Romanik *Französische Frühgotik*	*Höfische Musik* *„Ars antiqua"*	*Hochschule* *Montpellier*
		Abraham bar Chyja (* ~ 1070, + ~ 1136): „Liber embadorum" (jüd.-span. Mathematik)
Romanischer Kaiserdom in Mainz im wesentl. fertiggestellt (Baubeginn 1081) ~ Portal von St. Pierre in Moissac (südfrz.-roman., mit reichem Figurenschmuck) Baubeg. v. S. Denis b. Paris (bis 1144). Die hier erstmals hervortretende franz. Frühgotik (bis ≈ 1200) vereinigt Spitzbogen (aus Burgund), Rippengewölbe (aus d. Normandie; vgl. 1120) u. Strebewerk (teilw. schon in d. Antike verwendet). Gotik in Frankr. bis ≈ 1500		*Geoffrey of Monmouth:* „Geschichte d. Könige der Briten" (engl. Geschichtswerk in lat. Sprache, erstmalige Erwähnung des Zauberers u. Propheten Merlin aus der Runde des Königs *Artus*) ~ Medizinschule Montpellier beginnt sich zu entwickeln
~ St. Zeno in Verona (ital.-roman. Basilika-Kirche; Fassade mit Fensterrose ~ 1225)		

	Kampf der Welfen und Babenberger	Troubadoure	Frühscholastik Abaelard
1140	*Ludwig II.* (d. Eiserne) Landgraf von Thüringen bis 1172 (†); bricht die das Land bedrückende Macht des Adels („Landgraf werde hart") ∼ Graf *Adolf II.* v. Holstein gewinnt Gebiet d. Wagrier, siedelt westfälische und friesische Bauern an	∼ * *Bertran de Born,* Troubadour in England († ∼ 1215) ∼ *Heinrich von Melk:* „Marienlied" (Hymn.) ∼ Epos vom „Cid" (span. Spielmannsdichtung, frz. beeinfl.; Beginn des span. Heldenepos) † *Jehuda Halevi,* jüd. Dichter u. Philosoph aus Spanien; seine Gedichte über das Schicksal des jüd. Volkes wurden z. T. ins jüd. Gebetbuch übernommen (* 1083)	Französ. Kloster La Trappe gegrdt. (wird 1662 der Ausgangspunkt der strengen Zisterzienser - Reform der Trappisten) *Jehuda Halevi* (†) hält Glauben u. Philosophie im Sinne *Al Gazalis* für unvereinbar
1141	*Heinrich II.* (Jasomirgott) Markgraf (ab 1156 Herzog) von Österreich bis 1177 (†); schafft 1159 Münzstätte in Krems, macht Wien zur Residenz, fördert Außenhandel mit dem Orient über die Donau *Géza II.* Kg. v. Ungarn bis 1161 (†); siedelt Deutsche in Oberungarn (Zips) und Siebenbürgen an	* *Nisâmî,* neupers. Dichter; Begründer d. romant. Epos in der pers. Literatur (†1202)	† *Hugo v. St. Viktor,* Scholastiker und Mystiker in Paris (* 1096 in Sachsen)
1142	Kampf der *Welfen* und *Babenberger* um Sachsen und Bayern (seit 1139) endet mit dem Frieden zu Frankfurt: *Heinrich d. Löwe* behält Sachsen; Bayern an *Heinrich II.* von Österreich (1156 auch an *Heinrich den Löwen*). *Albrecht der Bär* gewinnt Havelland (ab 1150 „Markgraf von Brandenburg") Naumburg a. d. Saale wird Stadt	∼ Briefwechsel mit *Heloise* von *Abaelard* (†) frei gestaltet	† *Peter Abaelard,* frz. Scholastiker, bes. Logik der Allgemeinbegriffe(„Universalien"). Entmannt wegen Liebesverhältnis zu *Heloise,* der Nichte des Abtes *Fulbert* (*1079)
1143	Lübeck durch Graf *Adolf II.* von Holstein neu gegründet (Altlübeck 1066 erwähnt, wurde 1138 verwüstet); wird von *Heinrich d. Löwen* ab 1159 besonders gefördert In Rom wird die Republik nach klassischem Vorbild ausgerufen		
1144	Christl. Fürstentum Edessa von den Seldschuken erobert	∼ * *Chrétien de Troyes,* frz. höfischer Romandichter († ∼ 1191)	

Romanik *Französische Frühgotik*	*Höfische Musik* *„Ars antiqua"*	*Medizinische Prüfung*	
~* *Liang K'ai*, chin. Maler (+ 1210) ~ Reliquienschrein d. hl. Hadelinus mit Jesus als Sieger (Silberarbeit u. Bronzeguß; ältest. Reliquienschrein i. Maasgebiet, Saint-Marzin i. Visé)		König *Roger II.* v. Neapel macht die Zulassung von Ärzten von einer Prüfung vor der medizin. Fakultät in Salerno abhängig (dasselbe durch Kaiser *Friedrich II.* 1224)	~ *Roger II.* bringt arabische Seiden-Kunstweberei n. Palermo und d. übrigen Sizilien
Fassade d. Abteikirche in St. Gilles (in d. Plastiken zeigt sich eine Wiederbelebung antiker Formen [sog. Proto-Renaissance], deren Einfl. hier in d. Provence am stärksten ist)			
Kathedrale in Durham (engl.-normann. Stil, Baubeginn ~ 1093) Capella Palatina in Palermo (normannische Kirche in einem der Gotik ähnl. Stil mit bedeutenden Mosaiken)			1. Brauereigerechtigkeit an das Kloster Weihenstephan bei Freising
~ Dom zu Lund (schwed.-roman.)		Papierherstellung in Spanien	Hungersnot in Europa

	2. Kreuzzug	Troubadoure	Hochscholastik Bernhard v. Clairvaux
1146	*Roger II.* v. Sizilien setzt sich in Tunis und Tripolis fest	≈ Die Troubadoure dichten und singen ihre höfische Lyrik in der Sprache der Provence (diese wird ≈ 1400 durch das Nordfrz. verdrängt, bleibt aber als Mundart)	Bischof *Otto v. Freising* (* ~ 1114, †1158) schreibt auf aristotel.-august. Grundlage geschichtsphilosophische Chronik „Chronicon sive historia de duabus civitatibus" („Chronik oderGeschichte d.beid. [weltl. u. göttl.] Reiche"; bis 1209 v. *Otto v. St. Blasien* fortgesetzt)
1147	Zweiter Kreuzzug wegen der Eroberung Edessas (Lehnsstaat d. Kgrs. Jerusalem in Nordmesopotamien), veranlaßt durch *Bernhard v. Clairvaux* unter König *Konrad III.* und Kg. *Ludwig VII.* v. Frankr. (bis 1149, ohne Erfolg) Kg. *Alfons I.* (d. Eroberer) v. Portugal erobert v. d. Arabern Lissabon und macht es statt Coimbra zu s. Hauptstadt Die maurisch-islamische Berberdynast. d. *Almohaden* beseitigt in Nordafrika die Dynastie d. *Almoraviden* (seit 1036; erobert 1195 auch Spanien) Sevilla (712 v. d. Arabern erobert) wird Hauptstadt der arab. *Almohaden* mit hoher Blüte des kulturellen Lebens (1248 an Kastilien) Moskau urkundlich erwähnt	≈ Geistl. Epiphanias-Spiel aus Toledo (span., 147 Verse, dramat. Form)	*Bernhard von Clairvaux* veranlaßt 2. Kreuzzug unter *Konrad III.* (bis 1149), der fehlschlägt
1148	~ *Roger II.* v. Sizilien verwüstet Griechenland 2. Kreuzzug scheitert vor Damaskus		
1150	*Heinrich d. Löwe* grdt. Stadt Braunschweig (Dorf Bruneswik 1031 erwähnt) ~ Sachsen werden in Ungarn (Siebenbürgen) angesiedelt (ihre Selbstverw. wird 1224 bestätigt) ≈ Während die Stammesherzogtümer an Bedeutung verlieren, gewinnen die landesherrl. Gebiete unter weltl. und geistl. Fürsten (Reichsfürsten) an Einfluß, (vgl. 1180) *Erich d. Heilige* v. Schweden († 1160) erobert in einem Kreuzzug gegen Finnland Tavastland *Albrecht d. Bär* (* ~ 1100, † 1170) erbt Mark Brandenburg (vgl. 1157)	~ * *Saxo Grammaticus*, dän. Historiker u. Schreiber des Erzbischofs *Absalon* († 1220) ~ *Konrad der Pfaffe*: „Kaiserchronik" (mittelhochdt. Dichtung über die Kaiser von *Cäsar* bis *Konrad III.* in Anlehnung an das „Annolied" von ~ 1106) ~ „König Rother" (dt. Spielmannsepos einer Königswerbung)	~ Universität Paris entst. aus d. Zusammenschl. d. geistlichen Schulen. Beginn des europ. Universitätswesens ≈ Beginn der Hochscholastik in der röm.-christl. Philosophie, (bis ≈ 1300) welche unter starker Heranziehung der aristotelischen Philosophie den Glauben weitgehend mit Vernunftsgründen zu beweisen sucht

Kathedrale zu Chartres Französische Frühgotik	*Höfische Musik „Ars antiqua"*	*Arabische Wissenschaft*	
		Donaubrücke in Regensburg (Steinbrücke, 305 m lg.; beg. 1135)	
~ In Japan entstehen Handrollen mit erzählenden Bilderfolgen (Makimono) als stärkster Ausdruck d. entstehend. national-weltl. Malerei. U. a. 4 „Genji-Rollen" zur Dichtung d. „Genji-monogatari" (vgl. 1000), Darstellung d. höfischen Lebens			≈ In Italien entstehen die „Montes", weltliche Kapitalvereinigungen zur Unterbringung von Anleihen. Erhielten als Gesellschaft Einnahmequellen, wodurch das kirchliche Verbot des Zinsnehmens umgangen wurde (vgl. 1362)
~ Baptisterium, Florenz Doppelkapelle mit Ober- und Unterkirche i. Schwarzrheindorf b. Bonn (roman. Stil, Wandgem. aus d. 12. Jh., geweiht 1151)		† *Ari*, isl. Geschichtsschreiber; schrieb „Isländerbuch" mit der Geschichte Islands bis zu seiner Zeit	
~ Westportal d. Kathedrale zu Chartres (Plastiken säulenhaft erstarrt; ≈ 1200 belebt sich d. frz. got. Plastik wieder) ~ St. Trophime in Arles (südfrz.-roman. Kirche mit reichem Figurenschmuck, besonders am Portal; bis ~ 1180) Norweg. Stabkirche in Borgund (vgl. 1060) ~ Romanische Fresken in der Kirche von Prüfening ≈ Amida-Buddha mit 25 Begleitern (Bodhisattva) (japan. Seidengemälde f. d. Tempelburg Heians, früher. Aufenthaltsort des Amida-Priesters *Eshin*)	~ „Arnsteiner Marienleich" (religiöses Lied) ≈ Einstimmige weltl. Kunstmusik der Troubadoure in Südfrankreich (bis ≈ 1300)	~ Handwerk der Goldschläger in Nürnberg erwähnt Araber bringen Technik d. Papierherstellung nach Spanien (vgl. 793) ~ *Idrisi*: „Weltbeschreibung" mit Karten (arabisch) ≈ Medizinische Schule in Bologna	≈ Städtesiegel kommen auf ≈ Im Rittertum verbreitet sich der Gebrauch von Wappen (entsteht aus dem Schutzschild mit Erkennungszeichen) ≈ Wappensiegel kommen auf ≈ In Deutschland entstehen d. Familiennamen (Nachnamen); oft Berufs- und Herkunftsbezeichnungen

	Entwicklung des Stadtrechts	*Troubadoure Tischzuchten*	*Hochscholastik Kreuzzüge*
Im 12. Jahrhundert	Soest wird Stadt (sein Stadtrecht wird Grundlage des Lübischen; wird führend im Ostseehandel; ~ 1278 Hansestadt) Skandinavische u. deutsche Handelsniederlassungen in Nowgorod. Die Macht Kiews zerfällt ≈ Ende des Toltekischen Reiches in Mexiko; Kulturquelle des mittelamerikanischen Reiches: Schrift, Kalender, Religion, Kunst; Pyramidenbauten (Höhepunkt etwa im 6. Jh.). Beeinflußt in der Folgezeit Maya-Kultur in Mittelmexiko (vgl. 1191) Höhepunkt der durch Bewässerungstechniken gekennzeichneten Indianerkulturen der Anasazi, Mogollon, Hohokam und Patayan im SW Nordamerikas (Arizona)	*Gautier de Coincy:* „Marienmirakel" (altfranz. geistl. Dichtg.) *Krishnamishra:* „Mondaufgang der Erkenntnis" (ind. allegorisches Schauspiel. Eines der letzten bedeutend. altind. Schauspiele) *Petrus Alphonsi:* „Disciplina elericalis" (span.-lat. Tischzucht für Geistliche) „Phagifacetus" (lat., am Anfang d. mittelalterl. Tischzucht-Literatur; übersetzt 1490 von *Sebastian Brant*) Übergang von der altenglischen (angelsächsischen) zur mittelenglischen Sprache Von Nordfrankreich aus verbreitet sich die erzählende Ritterdichtung (im 13. Jhdt. auch in Deutschland) Die lat. abgefaßten kirchl. Mysterienspiele erhalten in Frankreich volkstüml. Einlagen i. d. Umgangssprache (dasselbe gilt für Deutschl. i. 13. Jhdt.) Überwiegen d. religiösen Themen (Sünde, Buße) über weltliche Stoffe in der europ. Dichtung Der röm. Dichter *Vergil* († —19) wird in der Sage zum Zauberer. Lose mit Zitaten aus seinen Werken dienen zur Weissagung (diese *Vergil*-Gestalt verwendet *Dante*) Das Wort „deutsch" bürgert sich in Deutschland ein (vgl. 786, 1100) „Kalevala" (finnisches Heldenepos)	*Simon Darschan:* „Jalkut" (umfass. ethisch erbauliche Auslegung [„Midrasch"] der 24 Bücher d. Alt. Testaments im Sinne d. jüd. Religion) Während d. Kreuzzüge entstehen ritterliche Krankenpflegeorden, die Krankenhäuser errichten Die Oberherrschaft d. Grundherren über die auf ihrem Boden stehenden Kirchen gewinnt die feste Form des Patronats In den Niederlanden entstehen „Beginenhöfe" (religiöse Frauenvereinigungen ohne Gelübde) ≈ Es entstehen die Zisterzienserklöster Salem (1134), Eberbach (1135), Maulbronn (1147), Herrenalb (1152), Schöntal (1163), Bebenhausen (1187)

Romanik
Französische Frühgotik

Romanische Pfeilerbasilika in der Stadt Brandenburg

Peterskirche in München (eine d. ältesten Bauten i. M.)

Kaiserburg in Nürnberg mit Doppelkapelle

Bronzegrabmal Erzbischof *Friedrichs von Wettin* im Magdeburger Dom

Bildwirkereien in Halberstadt

Backsteinbau kommt in Norddeutschland auf. (Führt in den folgenden Jhdtn. zur Backsteingotik)

Erzengel Michael erscheint in d. Kunst als Führer d. himml. Heerscharen im Kampf geg. d. Mächte d. Finsternis; (~ 1200 auch als Drachentöter)

Marienkirche in Bergen/Norw. (dt. beeinfl. Stil)

Reliefs mit „Jüngstem Gericht" an d. Kathedrale zu Autun (Burgund)

Frz. gotische Glasmalerei in der Kathedrale in St. Denis

Neue Blüte d. spätbyzant. beeinfl. Mosaikkunst in Italien (Cefalù, Monreale, Venedig u. a.; von ≈ 1080 bis ≈ 1300)

Mosaike d. Kuppeln u. oberen Wände in S. Marco, Venedig (spätbyzant. Stil)

Die rein byzant. Wandmalerei u. Mosaikkunst in Kiew u. Nowgorod geht über in d. russ. Ikonenmalerei (Höhepunkt ≈ 1400, Verfall im 17. Jhdt.)

Ind. Tempel in Halebid (turmloser Tempel auf sternförm. Grundriß, durchbrochene Steinfenster, südwestl. Dekkanstil)

Brahmanischer Tempelturm in Puri (ind. Hochtempel, viele Plastiken an d. Außenwänden)

Blütezeit der buddhistischen Kultur in Birma; in 3 Jhdten. entstehen ca. 5000 Tempel

Chines. Plastiken aus Holz und Ton (oft farbig) der *Sung*-Zeit zeigen einen individuelleren und aufgelockerteren Stil gegenüber der *T'ang*-Zeit

Höfische Musik
„Ars antiqua"

Leoninus, ein Hauptmeister der „Ars antiqua" in Paris; schreibt dreistimmige Organalsätze, verwendet Rhythmus im Sinne der Versmetrik; freierer Kontrapunkt der Motetusform (vgl. 1100 u. 13. Jhdt.)

Aus dem mehrsaitigen Polychord entsteht das Klavichord (klavierartiges Tasten-Saiten-Instrument)

Nach Beseitigung der alten kultisch. Tanzbräuche beginnen die verschiedenen Stände neue Tanzformen zu entwickeln (u. a. Volkstänze nach Tanzliedern)

Münster in Basel, und Synagoge in Worms

Salerno
Bergbau

Förderung mineralogischer Studien durch Ausdehnung des dt. Bergbaus (niedergelegt im 13. Jh. in „De mineralibus" von *Albertus Magnus* u. im „Bergbüchlein", erscheint 1509)

Zahlreiche wissenschaftl. Werke, besonders auch mathematische, werden aus dem Arabischen ins Lateinische übersetzt

Höhepunkt der medizin. Schule in Salerno (≈ 1100 bis ≈ 1225): Etwa 20 Ärzte bilden „Civitas Hippocratica", darunter Magister *Urso* (~ 1163), der auch Philosoph (Neuplatoniker) u. Theologe ist

Höhepunkt i. steinernen Burgenbau

Blüte der niederländ. Eisenindustrie

≈ Verwendung von Eisen für Geräte nimmt zu (vgl. 14. Jh., 1544)

Schießpulver in China

≈ Windmühle kommt (aus dem Orient?) nach Europa (vgl. 1577)

≈ Allg. Verwendung von Eisen für Werkzeug und Geräte

≈ Dreifelderwirtschaft steigert Erträge (verbreitete sich seit d. 6. Jh.)

Gemeindeeigentum an Wald u. Weideland (Allmende) mit genossenschaftlicher Nutzung in den fränkischen u. alemannischen Gebieten (gibt es bis zur Gegenwart)

Entwicklung der Warenmessen im Anschluß an den Gottesdienst. Bis ≈ 1300 sind die Messen der Champagne die bedeutendsten

Neben die Klosterwerkstätten treten die bürgerl. Handwerker. Außer der Kirche beginnen Ritter u. (später) die Städte als Auftraggeber aufzutreten

Der Wechsel (Zahlungsverpflichtg.) als Eigen-Wechsel mit Wohnortsangabe urkundlich nachgewiesen

Anfänge einer genossenschaftlichen Versicherung gegen Brand und Viehseuchen in Island

Stickerei - Werkstätten in Palermo (arab. beeinflußt; Stickereien der Reichskleinodien: Mantel, Handschuh, Schuhe)

Araber stellen Ledertapeten her (Cordoba-Tapeten)

Schachspiel gelangt nach England

	Barbarossa	Troubadoure Minnesänger	Hochscholastik Hildegard v. Bingen
1151		~ *Nivardus:* „Ysengrinus" (lat. Tiererzählung vom Fuchs)	*Hildegard von Bingen:* „Liber Scivias" (Schilderung von Visionen, prophet. Gesichten, Bußmahnungen; wirkt stark auf d. Zeitgen.)
1152	† *Konrad III.*, seit 1127 Gegenkönig, 1138 zum Kg. gewählt (* 1093) Dem 1. Italienzug *Friedrichs I.* folgen bis 1186 5 weitere, um das Reich zu festigen *Friedrich I.* (Barbarossa) röm.-dt. Kaiser bis 1190 (†) (Kaiserkrönung 1155)	~ Die frühesten (anonymen) dt. Minnelieder sind meist sog. „Frauenstrophen" (weibl. Liebesmonolog; später analoge „Männerstrophen")	Irländische Kirche d. Papst unterstellt
1153			† *Bernhard von Clairvaux*, erster Zisterzienserabt, Gegner *Abaelards*, Kreuzzugprediger; förderte Christus-Mystik u. Marienverehrung (* 1091)
1154	*Heinrich II.*, Sohn von Graf *Gottfried V. v. Anjou-Plantagenet* u. engl.-normann. Erbtochter *Mathilde*, Kg. v. England bis 1189 (†); erwirbt durch Erbschaft Bretagne, Normandie, Anjou, Maine, Touraine, durch Heirat mit *Eleonore von Aquitanien* (1152) Poitou, Guyenne, Gascogne, d. h. ganz Westfrankr. Das Haus *Plantagenet* herrscht bis 1485, wo es in den Rosenkriegen als Haus *York* zugrunde geht		*Hadrian IV.* (engl.) Papst bis 1159 (†); beginnt Kampf gegen *Hohenstaufen*, schließt 1156 Vertrag mit Sizilien
1155	Kaiserkrönung *Friedrichs I.* (Barbarossa) in Rom ~ * *Dschingis Khan*, Gründer u. Herrscher eines mongolischen Weltreiches von 1206 bis 1227 (†) Ulm Reichsstadt (seit 1027 Stadt; neben Augsburg führende schwäb. Stadt, Leinen- u. Barchentweberei)	≈ „Das Spiel vom Antichrist" (Schausp in lat. Sprache)	† *Arnold von Brescia*, Gegner der weltlichen Macht des Papsttums in öffentlichen Reden, in Rom hingerichtet (* ~ 1100) Karmeliter - Bettelorden auf dem Berge Karmel (Nordpalästina) gegrdt. zunächst als Eremitenvereinigung (päpstl. bestätigt 1226, eigentlicher Bettelorden 1253)

Romanik *Französische Frühgotik*	*Höfische Musik* *„Ars antiqua“*	*Hildegard von Bingen*	
Doppelkapelle Schwarzrheindorf mit roman. Wandmalerei (Langhaus ~ 1170) ≈ Höhepunkt der japan. Lackkunst (Malerei, Einlegearbeiten) Bischof *Heinrich von Winchester* sendet in Rom erworbene antike Statuen nach England		~ *Irnerius* erster bedeutender Lehrer der Rechtsschule in Bologna (Schule seit ≈ 1100)	≈ Kreuzfahrer bringen schwarze Ratte nach Europa, deren Flöhe die Pest verbreiten
Dom in Stavanger (norweg., engl. beeinflußter Steinbau, Baubeginn 1130; got. Chor 1272)			
~ Kölner Meister *Eilbertus:* Tragaltar mit den Kardinaltugenden (Gruben-, Zellenschmelz, gravierte Kupferplatte) Kathedrale in Senlis begonnen		~ *Hildegard von Bingen:* „Physica“ (naturwissensch.-medizin. Schrift, kennt u. a. 18 Edelsteine mit speziellen Heilwirkungen) u. „Causae et curae“ („Ursache und Behandlung von Krankheiten“, auf der antiken Viersäftelehre beruhend)	Brauordnung in Augsburg (älteste dt.; 1420 in München, vgl. 1516)

	Machtkampf zwischen Kaiser- und Papsttum	Troubadoure Minnesänger	Hochscholastik
1156	Reichstag in Regensburg: Österreich wird Herzogtum, *Heinrich der Löwe* erhält Herzogtum Bayern Leipzig erhält Magdeburgisches Stadtrecht; wirtschaftliche Bedeutung durch Verkehr Halle–Breslau (später Frankfurt a. M.–Krakau) *Rainald von Dassel* (* ~ 1120, † 1167) Reichskanzler und Erzbischof von Köln (1159); unterstützt Kaiser *Friedrich I.* gegen den Papst Kampf der erstarkenden Kriegerfamilien um die Macht in Japan (endet 1192 mit der Errichtung des Shogunats durch *Yoritomo*)	~ Mit der provenzalischen Troubadourdichtung des *Bernart von Ventadorn* († ~ 1195) wird eine Blütezeit dieser höfischen Kunstdichtung eingeleitet (bis ~ 1250) ≈ In Frankreich entsteht eine höfische Lyrik in Anlehnung an die provenzalischen Troubadoure	
1157	Auf dem Reichstag von Besançon kommt es zum Zusammenstoß des Kaisers und der Fürsten mit Gesandten des Papstes um die Frage, ob die Kaiserkrone ein päpstliches „beneficium" („Lehen", „Wohltat") sei *Albrecht der Bär*, Markgraf von Brandenburg, erobert Prignitz und Havelland (seit 1136) * *Richard I.* (Löwenherz), Kg. v. Engl. von 1189 bis 1199 (†)	~ *Der von Kürenberg*, erster namentl. bek. dt. Minnesänger, dichtet einf. volkstüml. Lieder	
1158	Hrzg. *Heinrich der Löwe* grdt. München. M. erhält Marktrecht, Münze und Zollbrücke Nach Unterwerfung Mailands wird die Herrschaft des Kaisers in Italien wiederhergestellt. Der Roncalische Hoftag beschließt die „Constitutio de regalibus", welche die grundherrlichen, politischen und fiskalischen Rechte des Kaisers in Italien (Regalien) aufzählt, u. a. Münz-, Bergwerk-, Zoll-, Jagd-, Fischerei-, Juden-Regal		
1159	Neugrdg. Lübecks durch *Heinrich d. Löwen*		*Alexander III.* Papst bis 1181 (†); Gegner Kaiser *Friedrichs I.*, Freund von Kunst u. Wissenschaft (1160 v. Gegenpapst *Viktor IV.* gebannt; kehrt 1165 nach Rom zurück)

Romanik *Französische Frühgotik*	*Höfische Musik* *„Ars antiqua“*	*Salerno* *Bologna*	
Klosterkirche Maria Laach geweiht (dreischiffige roman. Basilika mit zwei Querhäusern, zwei Chören, 5 Türmen, Kreuzgewölbe)			
Abteikirche St. Georges in Boscherville (normannische streng-gewölbte, ornamentarme Basilika-Kirche, Baubeginn ~ 1114)			Erste Erwähnung des Kegelspiels
			~ München wird Mittelpunkt des Salzhandels aus Reichenhall Zunft der Schuhmacher in Magdeburg
~ In Lübeck entsteht erste Marienkirche (wahrsch. Holz- od. Fachwerkbau)			

	Machtkampf zwischen Kaiser- und Papsttum	*Troubadoure Minnesänger*	*Hochscholastik*
1160	*Albrecht der Bär* grdt. Stendal als Marktort (erhält Magdeburger Recht; später Hansestadt) Spandau bei Berlin gegrdt. (wird 1232 Stadt) Malaien gründen Singapur als Hauptstadt ihres Reiches in Südmalakka	~ *Ditmar von Aist*, österr. Minnesänger, schreibt erstes „Tagelied" (Tag beendet Stelldichein) ~ *Heinrich von Melk*: „Erinnerung an den Tod" und „Priesterleben" (sittenkritische Gedichte)	† *Petrus Lombardus*, Scholastiker und Bischof v. Paris, Schüler *Abaelards*; schrieb „Sententiarum libri IV" (Sammlung und Erläuterung v. Glaubenssätzen der Kirchenväter; wird maßgeb. Lehrbuch der Glaubenslehre)
1161	Trier erhält Stadtrecht		3-Königs-Reliquien werden aus Mailand nach Köln geholt (kennzeichnet Italienpolitik)
1162	Kaiser *Friedrich I.* (Barbarossa) zerstört im Kampf gegen die von Papst *Alexander III.* unterstützten oberital.-lombardischen Städte Mailand		
1163	Das bisher zu Polen gehörende Schlesien erhält eigene Herzöge für Breslau u. Ratibor aus d. polnischen Herrscherhaus d. *Piasten* (fördern im 13. Jhdt. deutsche Einwanderung)		
1164	Katalonien kommt durch Heirat zum Königreich Aragonien	~ Tätigkeit des sich „*Archipoeta*" nennenden lat. Dichters beim Erzbischof von Köln (u.a. „Lebensbeichte")	
1165	* *Heinrich VI.*, Sohn Kaiser *Friedrichs I.*, röm.-dt. Kaiser von 1190 bis 1197 (†) * *Philipp II. August*, Kg. von Frankr. von 1180 bis 1223 (†)	~ * *Hartmann v. Aue*, mittelhochdt. Meister des höfischen Epos († ~ 1215) ~ *Wace*: „Roman de Brut" (Reimchronik mit der Tafelrunde des Königs *Artus*; *W.* gilt als erster namentl. bekannter Dichter der frz. Literatur	~ *Heinrich d. Löwe* grdt. Bistümer Oldenburg u. Schwerin Gegenpapst spricht *Karl d. Gr.* heilig (Kirche läßt nur Verehrung als Seliger zu)

Romanik *Französische Frühgotik*	*Höfische Musik* *„Ars antiqua"*	*Arabische* *Wissenschaft*	
~ Bronzetüren mit Leben Christi aus Magdeburger Gießhütte für den Dom in Nowgorod	≈ Der frühe Minnesang ist vom ländlichen Tanzlied beeinflußt		
S. Cataldo in Palermo (normannische Kirche, byzant.-arab. beeinfl. Stil, das Äußere kubisch mit 3 aufgesetzten Kuppeln)		Verwendung von Eisenanker	Constitutum Usus von Pisa (frühestes Handels- und Seerecht)
Kathedrale in Poitiers (frühgot., fertiggestellt Anf. des 14. Jhdts.) „Weltenwächter" (japan. farbige Holzplastik im Stil d. *Fujiwara*-Zeit)			
Pariser Kathedrale Notre-Dame (got., fertiggestellt im 14. Jhdt.)			
~ Kuppel-Reliquiar aus dem *Welfen*schatz von *Fridericus* aus dem Kloster St. Pantaleon in Köln (reicher ornamentaler u. figürl. Schmuck, farbige Schmelzarbeiten) ~ Buddhist. Felsbauten und Felsskulpturen bei Pollonaruwa (seit 846 Hauptstadt v. Ceylon) unter Kg. *Parakrama Bahu* (d. Gr.); bis 6 m hohe Buddha-Figuren			

	Kaiser unterwirft Rom	*Troubadoure Minnesänger*	*Hochscholastik*
1166		≈ Aufführung kirchlicher Dramen in London („Misteries" und „Miracles")	
1167	Kaiser *Friedrich I.* unterwirft Rom und bestätigt dessen Selbstverwaltung. Papst *Alexander III.* flieht. Seuche zwingt den Kaiser zum Rückzug. „Lombardische Liga" gegen d. Kaiser Fürst *Pribislaw* von Mecklenburg, aus d. Stamm d. slaw. Obotriten wird Vasall Hzg. *Heinrichs des Löwen* von Sachsen; endgültige Festigung des Christentums i. M. (*Pribislaw* wird 1170 Reichsfürst u. ist Stammvater des bis 1918 herrschenden Hauses) Wismar genannt (1229 als Stadt bezeugt) * *Johann* (ohne Land), Bruder *Richards I.* (Löwenherz), Kg. v. Engl. von 1199 bis 1216 (†)	∼ *Marie de France:* „Lais" (Sammlg. frz. ritterl. Erzählungen) ∼ *Heinrich von Veldeke* (* ∼ 1140, † ∼ 1200): „Servatiuslegende" (niederl. Dichtung) ≈ Beginn der höfisch-ritterlich. Blüte staufischer Dichtung nach französ. Vorbildern. Ausbildung einer dt. Hochsprache (bis ≈ 1250)	† *Ibn Esra*, arab.-jüd. Bibelerklärer; schrieb auch über Philosophie, Astronomie, Mathematik, Grammatik (* ∼ 1092) † *Rainald von Dassel* im Heerlager vor Rom, Erzbischof von Köln seit 1159; brachte aus dem 1162 zerstörten Mailand Dreikönigsreliquien nach Köln (* ∼ 1120)
1168	Kg. *Waldemar I.* (d. Gr.) v. Dänemark (1157 bis 1182) erobert Rügen im Kampf gegen d. heidnischen Wenden (wird von slaw. Fürsten unter dän. Oberhoheit regiert und 1325 mit Pommern-Wolgast vereinigt), zerstört slaw. Burg Urkan (Arkona a. Rügen; hier befindet sich auch der Tempel des vierköpfigen Gottes Swantewit)	*Chrétien de Troyes* (bald auch *Hartmann v. Aue*) behandelt die bretonische Sage des *Artus*-Ritters Iwein	
1170	† *Albrecht d. Bär*, seit 1134 Markgraf d. Nordmark, seit 1157 im Bes. d. Havellandes mit Brandenburg (* ∼ 1100) Lübeck erhält Soester Stadtrecht (verbreitet sich als Lübisches Recht u. a. auf Kiel 1242, Reval 1257, Memel 1258, Danzig 1263, Wismar 1266) Handelsboykott gegen den Handel Venedigs im Byzant. Reich. Venedig entgilt durch Wegnahme Ragusas (1184 Blutbad unter den Venezianern u. a. „Lateinern" in Konstantinopel)	∼* *Wolfram v. Eschenbach*, mittelhochdt. Dichter († ∼ 1220) ∼ *Heinrich der Gleisner:* „Reinhart Fuchs" (ältestes dt. Tierepos nach dem frz. Vorbild „Roman de Renard") ∼ * *Walther von der Vogelweide*, dt. Minnesänger ritterlicher Abstammung († ∼ 1230)	† *Thomas Becket*, Erzbischof von Canterbury, als Gegner der kirchlichen Machtbestrebungen Kg. *Heinrichs II.* ermord. (*Heinrich* bereut 1174 an seinem Grabe) (* ∼ 1118) El-Azhar-Universität in Kairo gegrdt. (vgl. 970)

Romanik *Französische Frühgotik*	*Höfische Musik* *„Ars antiqua"*	*Arabische Wissenschaft*	
Bonner Münster geweiht (ergänzt bis 1224 und nach 1239) Wandgemälde im St. Patroklus-Münster in Soest (frühroman. Bau aus d. 10.—13. Jhdt.) Bronzelöwe auf dem Burgplatz in Braunschweig		† *Idrisi*, arab. Geograph; durchreiste Spanien, Nordafrika (bis ins Innere), Kleinasien; gelangte bis England; fertigte für König *Roger II.* von Sizilien ein silbernes Erdbild, gestützt auf die Ansichten *Ptolemäus'* (* 1100)	
			≈ Einseitig geprägte Münzen auf dünnem Silberblech (Brakteaten) führen wegen ihres größeren Durchmessers zu einem Höhepunkt der Stempelschneiderkunst
∼ Abteikirche St. Rémi in Reims (frühgot., Baubeginn im 11. Jhdt.) ∼ Umbau d. St. Peter-Doms in Worms (frühroman. Anlage von ∼ 1000 bis 1025; roman. Basilika mit 2 Chören, 4 Rundtürmen, 2 achteckigen Zentraltürmen über der Vierung u. Westchor; fertiggestellt ∼ 1250) ≈ Antependium mit Kreuzigung aus der Walburgiskirche Soest (gilt als ältestes dt. Tafelbild)	Dreiteilige Gliederung der Strophen in der mhdt. Lyrik (2 Stollen als Auf- und Abgesang)		∼ Der engl. Geistliche *Johannes von Tilbury* entwickelt in „Nova ars notaria" ein Kurzschriftsystem Nordseesturmflut erweitert Zuiderseee und bildet Inseln Texel u. Wieringen

	Kaiser unterliegt in Oberitalien	*Troubadoure Minnesänger*	*Hochscholastik Ketzergerichte*
1171	Kg. *Heinrich II.* v. Engl. landet in Irland u. läßt sich als „Herr von Irland" vom Papst bestätigen *Saladin* (* 1138, † 1193) begründet in Ägypten Dynastie d. *Ejjubiden* (bis 1252); unterwirft 1174 Damaskus und Syrien und besiegt 1183 Mesopotamien und Seldschukenfürsten in Kleinasien	~ „Oswald-Epos" (mittelfränk. Sage um Kg. *Oswald von Northumbrien* [† 642])	
1172	Rothenburg ob der Tauber erhält Stadtrecht Venedig setzt großen Rat ein (500 Mitglieder der Aristokratie), der die Macht des Dogen beschränkt	~ *Benoit de Sainte-More* (Normanne): „Roman de Troie" (altfrz. Bearbeitung der Troja-Sage)	*Heinrich d. Löwe* pilgert n. Palästina (bis 1173)
1173	*Béla III.* Kg. v. Ungarn bis 1196; Ungarn dehnt sich auf der Balkanhalbinsel aus	≈ Die Spielmannsdichtung des 12. und 13. Jh. kennt stehende Formeln für Einleitg., Übergänge u. Schluß sowie wiederkehrende Motive u. Situationen; bevorzugt Kreuzzugserzählungen	*Petrus Waldus* aus Lyon verbreitet Bibel in Übersetzungen; daher die Sekte der Waldenser, die v. d. Dominikanern verfolgt werden. Es entstehen geistl. Ketzergerichte und damit die Anfänge der Inquisition (als päpstl. Einrichtung ab 1232)
1174	~ * *Otto IV.* von Braunschweig, Sohn *Heinrichs des Löwen*, röm.-dt. Kaiser von 1198 bis 1218 (†), zeitweise als *welfischer* Gegenkönig		
1175	Spandauer Burg v. d. Askaniern a. d. Stelle d. heutigen Zitadelle verlegt	~ *Giraut de Bornelh*, Troubadour einfacher Herkunft, dichtet bis ~ 1220 u. wird zum anerkannten Meister der Troubadoure seiner Zeit	~ * *Alexander von Hales*, engl. Aristoteliker († 1245) „Hortus deliciarum" („Garten des Vergnügens") d. Äbtissin *Herrad von Landsberg.* (Elsässische Handschr. m. Federzeichnungen; zum Unterricht von Kindern verwendet: 1870 in Straßburg verbrannt)
1176	Lombardische Städte besiegen Kaiser *Friedrich I.* (Barbarossa) in der Schlacht bei Legnano, wodurch Wiederherstellung der Kaisermacht in Ober- und Mittelitalien mißlingt ~ Zitadelle von Kairo entsteht		

Romanik Französische Frühgotik	Höfische Musik „Ars antiqua"	Arabische Wissenschaft	
			~ Grdg. d. span. Alcantara-Ritterordens gegen d. Mauren (1218 mit der Stadt A. beschenkt)
		* *Ibn al Kifti*, arab. Gelehrter u. Biograph († 1248)	~ Silberbergbau b. Freiberg/Sachs. beginnt
Heinrich der Löwe gründet neuen Dom in Braunschweig ~ *Fujiwara Mitsunaga*: „Bandainagon-Makimono" (3 japan. Bilderrollen) Lübecker Dom gegrdt. (im 13. u. 14. Jhdt. gotisch erweitert)			Erste geschichtl. nachweisbare Grippeepidemie
~ Mosaike im Dom zu Monreale (ital., spätbyzant. Stil) ~ Kathedrale in Wells/Engl.			
~ Liebfrauenkirche in Halberstadt (viertürmiger roman. Bau) ≈ Kathedrale in Oxford (engl., im wesentlichen gotisch) ≈ Unter d. arab. *Almohaden* entsteht Alkazar (Königspalast) in Sevilla			
Neubau d. Straßburger Münsters (roman. Dom seit 1015; spätrom.-frühgot. Chor u. Querschiff bis ~ 1250; 1235 bis 1275 got. Langhaus; ab 1276 hochgot. Westfassade; 1439 m. Nordturm fertiggest.). Münster brannte viermal i. Jh. ab			

	Niederlage Heinrichs des Löwen	Troubadoure Minnesänge,	Hochscholastik
1178		*Walther von Châtillon:* „Alexandreïs" (mittellat. *Alexander*dichtg.) * *Snorri Sturluson,* isl. Dichter, Historiker u. Politiker († 1241)	
1179	*Heinrich der Löwe* wird wegen Nichtteilnahme an den Zügen des Kaisers nach Italien, 1174 u. 1176, geächtet und verliert in den folgenden Jahren seine Herzogtümer Sachsen u. Bayern (1181 nach Unterwerfung begnadigt)		† *Hildegard von Bingen,* Äbtissin und Gelehrte; bekämpfte kirchliche Mißstände, wurde bekannt durch ihre Visionen (* ~ 1098) Dritte Lateransynode regelt d. Papstwahl
1180	~ * *Philipp* von Schwaben, Sohn des *Staufer*kaisers *Friedrich I.*, dt. Gegenkönig gegen *Welfen*könig *Otto IV.* von Braunschweig von 1198 bis 1208 (†, ermord.) ~ In der Struktur des Dt. Reiches weicht das Personal- dem Territorial-Prinzip Nach Ächtung *Heinrichs des Löwen* (Exil in England) geht das Hzgt. Sachsen auf die *Askanier* über, die nur in den Gebieten um Lauenburg u. Wittenberg herrschen (Teilung 1260) Nach Auflösung des Stammesherzogtums Sachsen wird Westfalen selbst. Hzgt. unter d. Erzbschf. v. Köln; daneben zahlr. andere weltl. u. geistl. Herrschaften in Westfalen (Hochstifte Münster, Paderborn, Osnabrück, Minden; Grafsch. Mark, Ravensberg, Lippe, Lingen). Die Grafen v. *Oldenburg,* bisher *Heinrichs* Vasallen, erhalten Reichsunmittelbarkeit Die bisherige Markgrafschaft (seit 10. Jhdt.) Steiermark wird unter *Otakar I.* Hzgt. (kommt 1192 a. d. *Babenberger* Hzge. v. Österreich) Einheimische Reichsfürsten in Mecklenburg und Pommern *Philipp II. August* König von Frankreich bis 1223 (†) † *Manuel I.*, oström. Kaiser seit 1143; unterwarf 1151 Serbien, 1168 das Magyarenreich (* 1120)	*Alexandre de Bernay* und *Lambert li Tors:* „Roman d'Alexandre" (altfrz. Sage von *Alexander d. Gr.*) ~ Der Troubadour *Bertran de Born* ist stärkster Vertreter d. polit. u. krieger. Streitgedichtes. Unterstützt mit Lied und Waffe den Kampf der Söhne König *Heinrichs II.* von England gegen ihren Vater *Chrétien de Troyes:* „Gralssage" (frz.) ~ *Eilhart von Oberge:* „Tristant" (*Artus*-roman) ~ Mittelfränk. Dichtung „Herzog Ernst" entsteht nach lat. Quelle (hist. Vorbilder: Aufstand *Ernst' II.* v. Schwaben gegen seinen Stiefvater Kaiser *Konrad II.* 1026 u. Aufstand *Liudolfs* gegen seinen Vater Kaiser *Otto I.* (953)	† *Johann von Salisbury,* engl. Historiker und Philosoph; beschrieb das Leben von *Thomas Becket,* „Metalogicus" (Kritik der starren scholastischen Logik), „Polycraticus" (christliche Staatsphilosophie) (* ~ 1120) Markgraf *Otto I.* von Brandenburg (1170 bis 1184 [†]) grdt. Kloster Lehnin

Romanik *Französische Frühgotik*	*Höfische Musik* *„Ars antiqua“*	*Medizinschule* *Montpellier*	
∼ Um- u. Neubau d. Kathedrale v. Canterbury (im engl. Perpendicular-Stil, bis 1503)			∼ Das Wort „Weihnachten“ („wihe naht“) wird erstmals gebraucht
		Hildegard von Bingen (†), erste dt. Ärztin, schrieb naturwissenschaftl. medizinische Werke (vgl. 1155)	
≈ *Benedetto Antelami*, ital. Bildhauer in Parma u. Borgo San Donnino, südfrz. beeinflußt (nachweisbar bis ∼ 1200) *Bonannus v. Pisa:* Bronzereliefs an der Domtür in Pisa (lombard. beeinflußt) ∼ Schloß der Grafen von Flandern in Gent (roman. Bau) ≈ Älteste erhaltene Teile d. Wartburg (gegrdt. im 11. Jhdt.): dreistöckiges Landgrafenhaus		∼ † *Helmold*, Historiker aus Holstein; schrieb „Slawenchronik“ für Holstein (* ∼ 1125) ≈ Glasfenster in engl. Privathäusern (in Deutschland erst im 14. Jhdt.) Die seit ∼ 1137 besonders durch jüd. Gelehrte aus dem arab. Spanien sich entwickelnde medizinische Schule in Montpellier erhält erstes landesherrliches Privileg (führt zunächst zu Mißständen, vgl. 1220)	≈ Das ritterliche Liebesverhältnis nimmt die Form d. „Minnedienstes“ an (erreicht Höhepunkt Mitte des 13. Jhdts.) Windmühlen in England u. Normandie (Mühlen und Muskelkraft von Mensch und Tier sind die einzigen Energiequellen, die pro Kopf rd. 100mal geringer sind als im heutigen Europa

	Mainzer Pfingstfest	Troubadoure Minnesänger	Hochscholastik
1181	*Welfen*herzog *Heinrich der Löwe* verliert seine Herzogtümer durch Kaiser *Friedrich I.* (Barbarossa) *Askanier* werden Herzöge von Sachsen-Wittenberg (bis 1423) Polen verliert Pommern, das als Hzgt. unter dem Hause *Wratislaw* und unter d. Lehnsoberhoheit v. Brandenburg (bis 1529) sich d. Dt. Reich anschließt		Heiligsprechung wird Vorrecht des Papstes
1182			* *Franz von Assisi*, Gründer des Franziskanerordens († 1226)
1183	Kaiser *Friedrich I.* (Barbarossa) erkennt im Frieden von Konstanz Selbstverwaltung der lombardischen Städte an, diese anerkennen kaiserliche Oberhoheit	~ *Heinrich von Veldeke:* „Eneide" (mittelhochdt. ritterliche Dichtung in strenger Vers- u. Reimtechnik) ~ † *Wace*, verfaßte altfrz. Reimchronik für den engl.-normannischen Hof (* ~ 1100)	
1184	Mainzer Pfingstfest (glanzvolle Darstellung der Macht Kaiser *Friedrichs I.* [Barbarossa] mit Schwertleite der Kaisersöhne)	~ * *Saadi*, volkstüml. pers. Dichter († ~ 1283)	Kanonikus *Meinhard* aus Holstein baut eine Kirche in Livendorf/ Livland (dorthin unternahmen die Lübecker über Gotland Handelsfahrten)
1185			

Romanik Französische Frühgotik	Höfische Musik „Ars antiqua"	Ende der indischen Mathematik	
Verduner Altar d. *Nikolaus v. Verdun* (Altaraufsatz mit 51 Tafeln in Grubenschmelzmalerei im Augustiner-Chorherrenstift, Klosterneuburg-Wien) Dom von Worms erneuert (Grundriß von ≈ 1026; fertiggestellt 1234) Salzburger Dom 5schiffig erneuert (brennt 1598 ab)			
† *Chao Po-chü,* chin. Maler aus dem *Sung*-Kaiserhaus; u. a. Bilderrolle „Einzug des ersten Han-Kaisers in Kuan-chung" (chin. Blau-Grün-Malerei durch Goldlinien gehöht in einem akademischen Stil) (* 1120) Chor von Notre Dame, Paris			
Die Kaiserpfalz Kaiser *Friedrichs I.* (Barbarossa) in Kaiserswerth (Baubeginn 1174) Dom in Modena geweiht (begonnen 1099, Turm 1100—1319)			
Dom in Palermo (v. d. Normannen erbaut; Baubeginn 1169) Brand des Doms in Bamberg		† *Bhaskara,* ind. Mathematiker; schrieb Hauptwerk in poet. Form, gab der Teilung durch Null einen unendl. großen Wert, verwandte negative Zahlen und erkannte die Unmöglichkeit, aus diesen Wurzeln zu ziehen (* 1114). Mit ihm endet die Blüte der ind. Mathematik (seit ∼ 400)	„Tyroler Bergordnung" des Bischofs *Albert* von Trient (Aufzeichn. v. Gewohnheitsrecht). Der Bergbau ist in Europa im 12./13. Jhdt. königl. Regal, das gegen Abgaben auch an dritte übertragen wird (geht allmählich in Deutschland und England an d. Landesherren über)

	Magdeburger Stadtrecht · 3. Kreuzzug	*Troubadoure Minnesänger*	*Hochscholastik Dt. Orden*
1186	Kaiser *Friedrich I.* (Barbarossa) setzt sich gegen Papstmacht in Italien durch und sichert seinem Sohn *Heinrich VI.* Anwartschaft auf das norm. Kgr. Sizilien durch dessen Heirat mit der norm. Erbin *Konstanze* (* 1152, † 1198) ~ Münster erhält v. Bischof Stadtrecht (wird im 13. Jhdt. Hansestadt) Neues Bulgarenreich entsteht (bis 1393)	≈ Der provenzalische Troubadour *Arnaut Daniel* verfaßt seine Lyrik in einem „dunklen", gesuchten Stil und begründet die Kanzonen-Form der Sestine (6 Strophen mit 6 Jamben und 3 Schlußversen)	
1187	Sultan *Saladin* v. Ägypt. schlägt d. Kg. v. Jerusalem, nimmt ihn u. d. Großmeister d. Templer u. Johanniter gefangen, erobert Akkon u. Jerusalem (Anlaß zum 3. Kreuzzug; behält Jerusalem trotz Niederlage gegen *Richard Löwenherz* [1191])		
1188	Erzbschf. *Wichmann* v. Magdeburg (seit 1153, † 1192) läßt erstmalig das Magdeburger Stadtrecht niederschreiben (diese stadtrechtl. Umbildung des „Sachsenspiegels" gewinnt im östl. Mitteleuropa großen Einfluß: übernommen 1261 v. Breslau, 1233 v. Kulm, 1364 von Halle usw.)		
1189	*Richard I.* (Löwenherz) Kg. v. England bis 1199 (†) Dritter Kreuzzug wegen Eroberung Jerusalems durch die Türken (1187) unter Kaiser *Friedrich I.*, Kg. *Philipp II. August* v. Frankr. u. Kg. *Richard Löwenherz* v. Engl. (bis 1192, erreichte nur d. Einnahme Akkons 1191, das für ein Jhdt. z. Hauptsitz d. Kreuzfahrer wird)	~ Der Troubadour *Raïmon von Miraval* († ~ 1216) dichtet in einem höfischen Stil ~ Burggraf von *Regensburg*, Minnesänger der ält. volkstüml. Lyrik	~ *Joachim* (* ~ 1130, † 1202), Mönch, grdt. Kloster mit strenger Regel in Fiore; vertritt Lehre von den 3 Zeitaltern Gottes, Sohnes u. des Heiligen Geistes u. Anfang der mönchisch. „Geistzeit" 1260 (vgl. 1215)
1190	† *Friedrich I.* (Barbarossa), röm.-dt. Kaiser seit 1152. Ertrinkt im kleinasiatischen Fluß Saleph auf dem 3. Kreuzzuge (* ~ 1122) *Heinrich VI.* röm.-dt. Kaiser bis 1197 (†) (Kaiserkrönung 1191); erobert Königreich Sizilien Byzanz von der Gefahr d. türk. Seldschuken durch Eroberung Konias durch Kreuzfahrer befreit (das 1071 an die Seldschuken verlorene Kleinasien wurde seit dem 1. Kreuzzug schrittweise zurückerobert)	~ *Hartmann von Aue*: „Erek" (mittelhochdt. Ritterdichtung in Reimversen nach dem frz. Vorbild d. *Chrétien de Troyes*) † *Friedrich von Hausen* (gefallen auf dem Kreuzzug von 1189), dt. Sänger d. „Hohen Minne"; verwandte romanische Formen	Lübecker und Bremer Kaufleute gründen Deutschen Orden (zunächst zur Krankenpflege)

Romanik *Französische Frühgotik*	*Höfische Musik* *„Ars antiqua"*	*Arabische Wissenschaft*	
Bonannus v. Pisa: Bronzereliefs an der Domtür in Monreale, Sizilien (lombard. beeinflußt)			
Zisterzienserabtei in Heiligenkreuz/Niederdonau (romanische Pfeilerbasilika; Baubeginn 1150) Weihe des Doms in Würzburg (romanisch, vgl. 1034) Dom in Verona (roman., Baubeg. 1139)		† *Gerhard von Cremona*, übersetzte d. „Almagest" des *Ptolemäus* ins Lateinische (1515 in Venedig gedruckt) (* 1114)	Innsbruck (Insprucke) urkundl. erwähnt (erhält 1239 Stadtrecht)
Dom in Stendal gegrdt. (frühgot. beg.; spätgot. im 15. Jhdt. fertiggestellt)			
Mosaik im Dom zu Cefalù (ital., spätbyzant. Stil; seit 1148)			Hamburg erhält von Kaiser Barbarossa Schiffahrtsprivilegien
Dom zu Pisa (erbaut seit 1063) Godehardikirche, Hildesheim (Baubeginn 1133) ∼ *Hsia Kuei* († 1224) chin. Landschaftsmaler aus der Süd-*Sung*-Akademie in Hang-tschou ∼ *Ma Yüan* aus d. Sung-Akademie malt „impressionistische" Landschaftsbilder	Blütezeit des höfischen Minnesanges mit Instrumentalbegleitung (bis ≈ 1220)	Kompaß im Abendland bekannt (vgl. 1124)	

	Staufer erobern Sizilien	Chrétien de Troyes Spielmannsepen	Hochscholastik
1191	*Hohenzollern* werden Burggrafen von Nürnberg (1427 kauft der Rat ihnen die Besitzrechte ab) Cypern ist unter der Dynastie der *Lusignan* selbständig bis 1489 (dann zu Venedig; war seit 395 bei Byzanz) ≈ Zweite Epoche d. Maya-Hochkultur in Mittelamerika (vgl. 471 und 964). Die Städte als Träger der vielseitigen Kultur werden von mexikan. Völkern (Tolteken) erobert; in den folgenden Jahrhunderten zerfällt Mayakultur	~ † *Chrétien de Troyes*, frz. höfischer Romandichter; u.a. die Verserzählungen „Parzival", „Lancelot", „Wilhelm von England", „Erek und Enite", „Yvain" („Löwenritter") (* ~ 1144)	DerMeditations-Ch'an-Buddhismus gelangt von China nach Japan; verbindet sich mit der polit. Macht des Shogunats durch seine kriegerisch-tatfreudige Ideologie. Wird in Japan Zen-Buddhismus genannt
1192	Hzgt. Steiermark kommt zum Hzgt. Österreich der *Babenberger* Der japan. Shogun (Kronfeldherr) *Yoritomo* († 1199) errichtet Lehnsstaat unter dem Einfluß des Shoguns (bis 1867). Mikado und Hofadel verlieren Macht und Besitz Nach der neuen Hauptstadt d. japan. Shogunats wird die folgende Epoche „Kamakura-Zeit" genannt (bis 1336). Ende der Heian-Zeit i. Japan (vgl. 794)	~ „Orendel" (mittelfränk. Spielmannsepos um den „grauenRock" in Trier) ~ „Salman und Morolf" (mittelhochdt. Spielmannsepos: Der Bruder König *Salomos* gewinnt dessen Gattin, eine Pharaostochter, für ihn zurück)	Waffenstillstand mit *Saladin:* Christen dürfen Jerusalem und andere hl. Stätten besuchen ≈ Religiöse Verehrung der Federschlange Quetzalcouatl mit Menschenopfern in derTolteken-Maya-Mischkultur in Yucatán
1193			~ * *Albertus Magnus*, dt. Philosoph und Naturforscher, Aristoteliker († 1280)
1194	Kg. *Richard I.* (Löwenherz) v. Engl. befreit sich durch Lösegeld und Lehnseid aus der Gefangenschaft Kaiser *Heinrichs VI.*, in die er auf dem Rückweg vom 3. Kreuzzug (1189 bis 1192) geraten war. Dadurch wird der *Welfen*aufstand (seit 1192) beendet *Heinrich VI.* erobert das normannische Königreich Sizilien, dessen Erbtochter *Konstanze* seit 1186 seine Gemahlin ist (in den Händen der *Staufer* bis 1268). Dadurch wird der Kirchenstaat von kaiserlichem Besitz eingeschlossen * *Friedrich II.*, Enkel Kaiser *Friedrichs I.* (Barbarossa), röm.-dt. Kaiser von 1212 bis 1250 (†) Bulgarien unter der neuen Dynastie der *Aseniden* besiegt Byzanz u. zwingt es 1201, ein neues bulgarisches Reich anzuerkennen		Hinweise auf eine christliche Bestattung i. Spandau b. Berlin

Romanik Französische Frühgotik	Höfische Musik „Ars antiqua"	Arabische Wissenschaft	
≈ Mexikanischer Einfluß in der Mayakunst der Halbinsel Yucatán (bes. Baukunst): Tempelbezirk mit 30 m hohem Pyramidentempel in Chichén Itzá			Tee kommt von China nach Japan (gleichzeitig mit dem Zen-Ch'an-Buddhismus)
~ Baubeginn des Bamberger Doms teils romanisch, teils frz.-frühgot. beeinfl. (1237 geweiht; alter Dom, 1012 geweiht, 1185 abgebrannt) ≈ Der weiche japan. Kunststil der *Fujiwara*-Zeit wird in der Kamakura-Zeit schärfer u. realistischer			

	Krieg zwischen England und Frankreich	*Troubadoure* *W. v. d. Vogelweide*	*Hochscholastik* *Averroës*
1195	† *Heinrich der Löwe*, seit 1139 *Welfenherzog* v. Sachsen u. Bayern, als Gegner des Kaisers 1180 abgesetzt (* 1129) Die nordafrikanische Berberdynastie d. islam. *Almohaden* („Anbeter d. einzigen Gottes") erobern Spanien und sind (im Gegensatz zum früheren Kalifat von Cordoba) religiös intolerant (von Kastilien 1212 geschlagen, wonach ihre Macht zerfällt)	~ * *Gonzalo de Berceo*, geistl. Dichter Spaniens († ~ 1264) ≈ Bereicherung der dt. Sprache durch geistliche u. höfische Bildung sowie durch die Kreuzzüge	* *Antonius von Padua*, Bußprediger in Südeuropa († 1231)
1196	Heidelberg urkundlich erwähnt	≈ Igorlied (russ. Heldensage; mit dem Mongoleneinfall 1224 erlischt vorläufig die russ. Literatur)	
1197	† *Heinrich VI.*, röm.-dt. Kaiser seit 1190, im Begriff, einen Kreuzzug zu unternehmen (* 1165) Aufstand in Italien gegen dt. Herrsch.		
1198	*Otto IV.* von Braunschweig röm.-dt. Kaiser bis 1218 (†) (Kaiserkrönung 1209), als *welf.* Gegenkg. zum *Staufer Philipp* von Schwaben (1208 ermordet) Kg. *Philipp* v. Schwaben verleiht *Otakar I. Przemysl* d. erbl. Königswürde von Böhmen (regiert bis 1230 [†])	~ *Konrad von Heimesfurth* im Hochstift Eichstätt (bis ~ 1212); dichtet „Himmelfahrt der Maria" u. „Urstende" (von Leiden u. Auferstehung Christi) *Walther von der Vogelweide* wird fahrender Spielmann; preist die „niedere Minne", d. h. die Liebe zu Frauen aus dem Volk, ein frühes Zeichen der beginnenden Auflösung streng höfisch-feudaler Gesinnung	† *Averroës (Ibn Ruschd)*, arab. Aristoteliker; leugnete Unsterblichkeit der Einzelseele zugunsten der einer allgem. Vernunft, beeinflußt christl. Philosophie des 13. Jhdts. (* 1126) *Innozenz III.* Papst bis 1216 (†, * 1161); unter ihm Höhepunkt der päpstl. polit. Macht Deutscher Orden (gegründet 1190) wird geistl. Ritterorden (Sitz Akkon/Palästina) *Johann von Matha* und *Felix von Valois* gründen Trinitarierorden zur Loskaufung von Christensklaven
1199	† *Richard I.* (Löwenherz), Kg. v. England seit 1189; Kreuzfahrer, erlitt Niederlagen gegen Kg. *Philipp II. August* v. Frankreich (* 1157) *Johann* (ohne Land) Kg. v. England bis 1216 (†, * 1167); Gegner v. Kg. *Philipp II. August* v. Frankreich	~ *Hartmann v. Aue:* „Iwein" (Epos) † *Richard von England*, frz. höfischer Dichter ≈ Ital. Schriftsprache entsteht in bes. Anlehnung an das Florentinische	

Romanik Burgenbau *Französische Frühgotik*	*Kompaß in Europa*	
~ *Fujiwara Takanobu* (* 1141, † 1204): Bildnis d. Shogun *Yoritomo* (japan. Malerei noch im *Fujiwara*-Stil) Dom v. Braunschweig unter *Heinrich d. Löwen* erbaut (Baubeg. 1173) Palazzo della Ragione in Verona (roman. Palast)	Seekompaß in Europa	Dt. (einköpfiger) Reichsadler nachweisbar
Turm d. Kathedrale in Sevilla (Beginn d. arab.-got. Mudejar-Mischstiles in Südspanien; bis 16. Jhdt.) Ostchor des Doms in Trier (röm. Bau aus d. 4. Jhdt., wird seit dem 11. Jhdt. zu einer dreischiffigen Hallenkirche ausgebaut)		≈ Blütezeit des Bürgertums in den flandrischen (Gent, Brügge) und oberitalienischen Städten (Pisa, Venedig, Genua blühen durch ihren Handel mit dem Orient auf) Hungersnot i. Europa
		≈ Im Lütticher Gebiet beginnt d. Steinkohlenbergbau Spandau (b. Berlin) erwähnt
≈ In Wladimir zeigt der russ. Steinkirchenbau einen hochstrebenden, in der Reliefbehandl. romanikartigen Stil (Mariä-Himmelfahrts- u. Demetrius-Kathedrale zwischen 1185 u. 1197) ≈ Tempel des Gottes Wischnu in Bhubanesvara (ind. Tempel des vierarmigen Gottes in 10 Verkörperungen) ≈ Burgenbau der Stauferzeit (bis 1500 entstehen etwa 10 000 Burganlagen)		Papst *Innozenz III.* führt beim Ospedale di Santo Spiritu eine Drehlade für Findlinge ein, in die jeder unerkannt von außen Säuglinge einlegen kann (in der Folgezeit gründen die geistl. Orden in den Städten, besond. Italiens und Frankreichs, weitere Findelhäuser; Drehlade wird erst im 15. Jhdt. wieder angewandt)
≈ Bildteppiche im Dom zu Halberstadt: Abraham u. Hl. *Michael;* Christus u. 12 Apostel; *Karl d. Gr.* u. 4 Philosophen. Bildteppich mit Darstellung d. Hochzeit d. Merkur u. d. Philologie in der Schloßkirche Quedlinburg	≈ Mansfelder Kupferbergbau führt zu großem Reichtum des Grafen v. Mansfeld (geht nach dem 30jähr. Krieg an Gewerkschaften über)	Unter König *Richard I.* v. Engl. (†) wurde Plymouth Flottenstation ≈ Die frz. Knöchelschuhe werden vorn spitz ≈ In Italien und Frankreich tragen die Frauen Zöpfe (meist über die Schultern nach vorn gelegt und durchflochten)

	Städteregierung durch Patrizier	*Ritterliche Dichtung*	*Hochscholastik Kabbalistik*
1200	≈ Stammesherzogtümer treten durch Teilungen gegenüber den Landesterritorien zurück, mit denen weltliche und geistliche Fürsten belehnt werden ~ Amt d. Reichsvögte im Vogtland wird im Hause d. Vögte v. Plauen erblich (1327 unter böhm. Lehnsoberhoheit, 1466 an d. *Wettiner* Markgrf. v. Meißen) ≈ In den Städten bildet sich aus den mächtigsten Familien ein die Verwaltung leitendes Patriziertum ~ Bürger von Worms befreien sich von der Bischofsherrschaft ~ Gründung der schlesischen Stadt Neiße (befestigt ~ 1350) ≈ Gründung des Priesterstaates der Inka um Cuzco (Andenhochland) in Peru. Alles Land ist Gemeindebesitz. Verehrung der Sonne unter dem König als Oberpriester (1533 von Spanien erobert) ≈ Chimú-Reich um die gemauerte und befestigte Hauptstadt Chanchan (Peru). Primitivere Kultur als ≈ 500	~ *Jean Bodel:* „Das Spiel vom heiligen Nikolaus" (erste frz. Heiligenlegende i. Schauspielform) ~ *Robert de Borron:* „Merlin-Roman" (anglonormannisch - frz. Versroman über den Zauberer u. Propheten der *Artus*runde Merlin; bald in frz. Prosa umgearbeitet u. Vorbild zahlr. mittelalterl. Bearbeitungen, u. a. in dt. Sprache) ~ *Schota Rusthweli:* „Wepchis Tkaosani" („Der Recke im Tigerfell", georgisches Nationalepos) ≈ „Rabenschlacht" (mittelhochdt. Epos, behandelt den Sieg Dietrichs *(Theoderich d. Gr.)* über *Ermanrich* bei Ravenna und Tod d. Söhne *Etzels)* ~ „Adam" (frz. geistl. Schauspiel, ohne lat. Texte; gilt als ältestes franz. Theaterstück) ~ „Fabliaux" (frz. Sammlung schwankhafter Erzählungen aus dem Bürger- und Bauernleben) ≈ „Ogier der Däne" (frz. Epos, die Sagen um einen Gegner *Karls d. Gr.* zusammenfassend) ≈ Pflege des Minnesanges am Hof der *Babenberger* in Wien ≈ Die Benediktinerabtei in Muri (im Schweiz. Aargau) bildet die Mariendichtung als Sequenz weiter (d. h. als Text auf den Tönen des Schluß-Hallelujas)	≈ Schriften des *Aristoteles* sowie arab. u. jüd. Kommentare dazu werden im Abendland bekannt und nicht ohne kirchl. Widerstand mit der christl. Theologie verbunden (vgl. 1241) † *Chu Hsi,* chin. Staatsphilosoph, Begründer d. Neukonfuzianismus, den er mit Buddhismus und Taoismus verband; entwickelte Weltentstehungslehre (* 1130) ≈ Die jetzt voll ausgebildete augustinische Staatsauffassung der kathol. Kirche ordnet die weltliche Gewalt der geistlichen unter ≈ Universität in Cambridge entsteht ≈ Nach einigen Jahrhunderten eines durch das Christentum eingeschränkten Aberglaubens festigt er sich langsam wieder. Kirche unterscheidet zwischen erlaubter „Weißer Magie" und verbotener „Schwarzer Magie" ≈ In Südeuropa entsteht die jüd. Kabbalistik, eine mystische Philosophie z. T. mit Begriffs- u. Zahlensymbolik; breitet sich in der Folgezeit über das ganze Judentum aus und verdrängt den seit der Zeitenwende herrschenden begriffsrationalen Talmudismus ≈ Der Islam beginnt indische Religionen zu verdrängen

Französische Gotik *Deutsche Spätromanik*	*Höfische Musik* *„Ars antiqua“*	*Handwerkstechnik* *Arab. Wissenschaft*	
≈ Dt. Spätromanik (≈ 1150 bis ≈ 1250): Der Kirchenbau entwickelt sich zu vieltürmigen Bauten mit reicher Gliederung d. Räume und d. inneren sowie äußeren Wandflächen, zunehmende Bildplastik an d. Portalen, organ. Schmuckformen an Säulenfuß und Kapitell Dreikönigsschrein (Goldschmiedearbeit für den Kölner Dom, seit 1187 vom lothr. Goldschmied *Nikolaus v. Verdun*) ≈ Beginn der Frühgotik in England (frühgotische Teile der Westminster-Abtei entstehen) ≈ Im römischen Kirchenbau werden noch antike Säulen verwendet ~ Kloster-Kuppelkirche in Athos (byzantinisch) ~ Galluspforte am Münster zu Basel (mit roman. Plastiken u. Ornamenten reich geschmücktes Portal) ~ St. Aposteln (Kölner Kirche mit Langhaus u. dreichörigem Zentralbau) ~ Hzg. *Leopold VI.* v. Österr. baut Wiener Burg (an dieser Stelle heute die Hofburg) ~ Kaiserpfalz Wimpfen in Hessen (ab 1220 Reichsstadt) Altes Schloß (Gravensteen) in Gent erneuert (stammt ursprüngl. aus dem 9. Jhdt.) ≈ Frühgot. Kathedrale Notre-Dame in Laon (Île-de-France) ≈ Befestigte Benediktinerabtei auf dem Felsen v. Mont-Saint-Michel (Frankreich) ≈ Kathedrale in Soissons (got.) ≈ Kathedrale zu Tournai (beg. ~ 1130; niederl.-roman. Stil; got. Chor 1245—1325) ~ Kathedrale in Tarragona (an der Stelle eines antiken Jupiter-Tempels) Alte Kathedrale in Coimbra (portugies.-roman. Bau) ≈ Blüte des Yamato-e in Japan (vgl. 1054)	≈ Kompositionstechnik des „Faux bourdon“ in England (vgl. 14. Jhdt.) ≈ Kunst d. Troubadoure u. Minnesänger (vgl. auch Dichtung) ≈ Pflege der Sequenz in Muri (vgl. Dichtung) ≈ „Christ ist erstanden“ (geistliches Volkslied mit Kehrreim „Kyrieleis“, sog. „Leise“) „In Gottes Namen fahren wir“ (Kreuzfahrer-Leise) ≈ In Irland bildet sich ein berufsmäßiges Bardentum (Sänger) heraus ≈ Becken als musikalisches Schlagzeug	≈ Trotz des Bekanntwerdens der antiken naturwissenschaftlichen Schriften (*Aristoteles, Ptolemäus* u. a.) wird die Entwicklung kritisch-wissenschaftlichen Denkens u.a. durch die Autorität ihrer Verfasser eher gehemmt als gefördert ~ * *Ibn al Baitar*, arab. Gelehrter († 1248) ≈ „Weingeist“ (Alkohol) wird bekannt u. als Heilmittel verwendet ≈ In den mittelalterlichen Städten überwiegt bisher der Fachwerkbau. Steinbau nur für Burgen u. Kirchen ≈ Schiffe mit alleinigem Segelantrieb entstehen (bisher meist mit Ruder kombiniert) ≈ Besonders in den *Alexander*-Romanen spielen technische Phantasien vom Tauchen u. Fliegen u. entsprechende Bilder eine Rolle (technische Realisierung von Taucherglocken erst ab ~ 1535) Es gibt i. Goslar 27 Wassermühlen i. verschied. Gewerben ≈ Schießpulvergeschütze in China (in Europa um 1320)	≈ Zur Erhöhung der Einkünfte aus den Grundherrschaften werden in Niedersachsen u. Westfalen mehrere Hufen zusammengefaßt u. Freigelassenen zu höherer Zeitpacht gegeben; die überzähligen Freigelassenen treiben Gartenbau oder ziehen in die Städte oder nach dem Osten. In Mittel-, West- u. Süddeutschland bleibt die große Menge der Landbevölkerung erbl. zinspflichtig ≈ Kulturelle Blütezeit des Rittertums ~ In Konstantinopel sind etwa 60000 ital. Kaufleute ansässig. Byzantinische Landwirtschaft und Industrie leiden unt. hohen Steuern, Zöllen, Monopolisierung u. Latifundienwirtschaft ≈ Rasche Entwicklung v. Paris: An der aus den geistl. Schulen entstehend. Universität etwa 20000 Studenten; Erneuerung der Befestigung; Bau d. alten Louvre („Sammelplatz d. Wolfsjäger“); über 100000 Einwohner ≈ Ringwechsel d. Verlobten kommt auf (Ehering erst im späteren Mittelalter) ~ Paris hat ca. 100 000 Einw.

	Kreuzzug Venedig erobert Konstantinopel	Ritterliche Dichtung	Hoch-Scholastik Marienkult
1201	Byzanz muß neues bulgarisches Reich anerkennen	† *Renaud de Coucy*, frz. höfischer Lieddichter * *Thibaut IV.* (König von Navarra), frz. höf. Lyriker († 1253) ≈ Urfassung d. mhdt. „Eckenliedes" a. d. Kreis d. Dietrichsage entstanden	Bischof *Albert I.* von Livland (früher Domherr in Bremen; † 1229) gründet Riga (1255 Erzbistum) Papst best. Laienbrüderschaft d. Humiliaten („Demütige"; gegrdt. ~ 1150 in Mailand)
1202		† *Nisâmî*, pers. Dichter; schrieb „Fünf Schätze" gen. Dichtungen: „Schatzkammer der Geheimnisse" (relig.-eth. Gedicht), „Chosrau u. Schîrîn" (Liebesepos), „Leila u. Medschnûn" (Liebesepos), „Die sieben Schönheiten" (sieben Novellen, darunter die von Turandot), „Iskendernâme" (*Alexandersage*) (* ~ 1141)	Bischof *Albert I.* von Livland gründet „Schwertbrüder"-Orden; erobert mit ihm Livland ≈ Festigung des Marienkults (parallel zum weltl. Minnedienst)
1204	Venedig führt das Heer des 4. Kreuzzuges gegen das byzantinisch-christliche Konstantinopel. Die Stadt wird erobert, geplündert und zerstört. Errichtung des „Lateinischen Kaisertums", das den venezianischen Orienthandel begünstigt (1261 Konstantinopel von Byzantinern zurückerobert); Venedig gewinnt Kreta (1669 von den Türken erobert) *Alexios Komnenos* gründet das Kaisertum Trapezunt (Pontos, Krim, Paphlagonien; wird 1461 von den Türken erobert) Byzantin. Kaiser *Theodoros Laskaris* († 1222) grdt. nach der Eroberung Konstantinopels Reich von Nicäa (fällt 1330 an die Türken)	~ *Geoffroy Willehardouin* (* ~ 1160, † 1213) schreibt Geschichte des 4. Kreuzzuges *Wirnt von Grafenberg:* „Wigalois oder der Ritter mit dem Rad" (mittelhochdt. *Artus*roman) ≈ „Disziplina clericalis" (Tischzucht für Klöster, lat.) ≈ Mittellat. Chronik eines anonymen Notars in Ungarn	† *Moses Maimonides*, Rabbiner, jüd. Religionsphilosoph und Leibarzt des Sultans in Kairo; schrieb u. a. „Mischna-Kommentar" (1168), „Führer der Unschlüssigen" (philosoph. liberale Begründung der jüd. Religion von 1190) (* 1135)

Notre-Dame *Deutsche Spätromanik*	*Höfische Musik* *„Ars antiqua"*	*Handwerkstechnik*	
∼ Fassade von Notre-Dame in Paris (bis ∼ 1235; Grundstein 1163) ∼ Baubeg. d. ältesten Teils d. Marienkirche in Lübeck als roman. dreischiff. Basilika ≈ In der Buchmalerei kommen Federzeichnungen auf. Auch Bücher zeitgen. Dichter werden illustriert ∼ Burg Marienberg über Würzburg entsteht (vgl. 1253)		* *Nasir ed-din et-Tusi*, arab. Universalgelehrt. († 1274) ∼ Gotthard-Alpenstraße eröffnet	≈ Beginn der Inka-Kultur in Peru (Sonnengott, Sippenverfassung, Ackerbau, Viehzucht, entwickeltes Handwerk; beend. 1531 durch die Spanier)
∼ Baubeg. d. Freiburger Münsters m. spätroman. Querhaus (vollend. 1536) ≈ An Maas, Mosel u. Rhein blüht d. Schmelzmalerei bes. bei d. Verzierung kirchl. Gegenstände (Vertiefungen in Kupferplatten mit farb. Glasschmelzmasse) ∼ „Amida-Buddha hinter den Bergen" (japan. Gemälde des Schutzgottes von Kyoto mit zwei Begleitern, schon außerhalb d. *Fujiwara*-Stils) ≈ Hoher Stand der chin. Keramik zur *Sung*- Zeit (Steinzeug mit farbig. Glasur, teilw. bemalt; Kannen, Vasen, Schalen u. a.) ∼ Baubeg. d. Freiburger Münsters mit spätroman. Querhaus (vollendet 1536)		*Leonardo Pisano Fibonacci* (* 1180, † ∼ 1250): „Liber abaci" (italienisch. Rechenbuch in 15 Kap. mit Beispielen bes. aus dem kaufmännisch. Leben). *F.* führt die arabischen Ziffern als erster in Italien ein ≈ Auf den scholastischen Hochschulen spielt die Mathematik eine geringe Rolle ∼ Wasserkunstuhr mit Schlagwerk a. d. Moschee in Damaskus	≈ Der Hofnarr wird aus dem Orient von den europ. Fürstenhöfen übernommen (bis z. 18. Jhdt.) ≈ Gerichtl. Zweikämpfe zwischen Mann und Frau bei Rechtsstreitigkeiten (besond. um zu entscheiden, ob Untreue d. Frau od. Notzucht vorliegt; der Mann muß sich bis zu den Hüften in einem Loch gegen die Frau auf Leben und Tod verteidigen)
≈ Nikolai-Kirche in Soest (roman.; erhält ≈ 1400 Nikolaus-Altar von *Konrad von Soest*) ∼ Deckengemälde in St. Michael zu Hildesheim Dom in Evora (portugies. roman.-got. Übergangsstil, Baubeg. 1185) ≈ Kathedrale von Lincoln (Engl.) wird gotisch umgebaut (roman. Kern von 1123–48) ≈ Kathedrale zu Molfetta (Apulien; vereinigt byzantinische, romanische und sarazenische Stilelemente)		∼ ***Hartmann v. Aue*** schildert im „Iwein" arbeitsteiligen Manufakturbetrieb (vgl. 1199)	Konstantinopel erleidet vom 6. Jhdt. bis 1453 zehn schwere Belagerungen als Auswirkungen der drei großen Völkerwanderungen: europäisch-nordasiatische (4. bis 7. Jhdt.), arabische (7. bis 10. Jhdt.), türkische (Seldschuken, Osmanen im 11. bis 14. Jhdt.). Erliegt 1204 und 1453

	Albigenserkriege Dschingis Khan	Ritterliche Dichtung	Albigenser Hoch-Scholastik
1205		† *Jean Bodel*, frz. höfischer Lyriker ~ * *Tannhäuser*, mittelhochdt. Lyriker u. Vagant in Süddeutschland († ~ 1270) ~ Das Nibelungenlied erhält in Österreich seine endgültige Form	
1206	Äbte vom Kloster Sankt Gallen werden Reichsfürsten; herrschen über Appenzell (erkämpft 1405 seine Freiheit) Mohammedaner erobern Delhi (seit 1192) und regieren als schwache Sultane (ihre Herrschaft wird durch *Timur* 1398 mit der Zerstörung Delhis beendet) Mongolische Fürsten wählen *Dschingis Khan* zum Oberhaupt; dieser beendet Stammesstreitigkeiten u. schafft festes Recht	~ *Layamon* übers. d. Reimchronik „Roman de Brut" von *Wace* (* ~ 1090, † ~ 1174) ins Angelsächs. und erweitert sie um 20000 Verse	
1207	„Brüder des Ritterdienstes Christi" („Schwertbrüder"), ein vom Bischof *Albert I.* von Livland 1202 gegründet. geistl. Ritterorden, erhält vom Bischof ein Drittel Livlands (schließt sich 1237 dem Dt. Orden an)	* *Dschelal ed Din Rumi*, persischer mystischer Dichter († 1273)	* *Elisabeth* (die Heilige), ungar. Königstochter und spätere (1221) Gemahlin Landgraf *Ludwigs IV.* von Thüringen († 1231)
1208	† *Philipp* von Schwaben (ermordet im Bürgerkrieg), dt. König seit 1198, nachdem er im Bürgerkrieg gegen den *Welfen Otto IV.* von Braunschweig gesiegt hatte (* ~ 1180) Kg. *Philipp II. August* v. Frankr. gewinnt v. Engl. d. meisten westfrz. Besitzungen zurück, d. durch Heirat und Erbschaft 1152 bis 1154 an England gekommen waren (einschl. Normandie und Bretagne)		Päpstl. Legat in Südfrankreich v. Albigensern getötet (führt 1209 zum Kreuzzug gegen sie)
1209	Beginn d. Albigenserkriege (bis 1229) (Albigenser gehören zur Sekte der Katharer (dah. „Ketzer"), die kirchliche Ordnung und Teile des kirchl. Dogmas ablehnen)	~ In Österreich entsteht höfische Umdichtung der Gudrunsage, die schon im 12. Jhdt. von Spielleuten aufgenommen wurde	*Durandus* gründet in Lyon die Vereinigung der „katholischen Armen" als Gegengewicht zu den „Armen von Lyon" des *Petrus Waldus* *Franz von Assisi:* Ordensregeln

Französische Gotik Magdeburger Dom	*Höfische Musik „Ars antiqua“*	*Handwerkstechnik*	
≈ Ende der Tradition der Völkerwanderungskunst in Skandinavien *Nikolaus von Verdun:* Marienschrein der Kathedrale in Tournai (lothr. Goldschmiedearbeit)			≈ Die italienisch. Handelsstädte entwickeln im Mittelmeerraum das Konsulatswesen (die Konsuln haben urspr. vorwiegend richterliche Aufgaben)
	Angebl. Sängerkrieg auf d. Wartburg zwisch. Minnesängern unter Landgr. *Hermann I.* von Thüringen (1190 bis 1217 [†])		Regensburg verbietet die Spielhäuser (allmählich wird die verbreitete Glücksspielsucht des Mittelalters eingedämmt)
Unkei (* ∼ 1153, † 1224): Figurengruppe eines Buddha und zweier Begleiter (bemalte japanische Holzplastik im realist. strengen Stil der Kamakura-Zeit für einen Tempel in Nara) Baubeginn des Magdeburger Doms (gilt als erster got. Bau in Deutschland; fertiggestellt 1263, Westtürme erst 1520)		Steinbrücke über die Themse in London	

	Kaiser und Gegenkaiser	W. v. Eschenbach G. v. Straßburg	Hoch-Scholastik Kinderkreuzzug
1210	Kaiser *Otto IV.* von Papst *Innozenz III.* gebannt, als er Kgr. Sizilien zu erobern beginnt. *Friedrich II.* wird vom Papst als Gegenkg. nach Deutschland gesandt (vgl. 1212) *Hermann von Salza* Hochmeister d. Dt. Ordens bis 1239 (†); beginnt 1226 Eroberung Preußens	~ *Wolfram v. Eschenbach:* „Parzival" (mittelhochdt. Epos mit dem Gralsinnbild nach dem frz. Vorbild des *Chrétien de Troyes;* seit ~ 1197) ~ *Herbort v. Fritzlar:* „Liet von Troie" (mittelhochdt. Reimversdichtung, älteste dt. Bearb. d. Trojasage) ~ † *Reinmar von Hagenau,* österr. Minnesänger am Wiener Hofe der *Babenberger,* Lehrer *Walthers von der Vogelweide,* Vertreter formstrenger Dichtung ~ *Albrecht von Halberstadt* verfaßt eine Nachdichtung von *Ovids* „Metamorphosen" in dt. Reimversen ~ *Gottfried v. Straßburg* (wahrscheinlich bürgerl. Herkunft): „Tristan" (mittelhochdt. Dichtung um Tristan und Isolde; vollendet von *Ulrich von Türheim* u. *Heinrich von Freiberg*)	
1211	Deutscher Orden erhält das Burzenland in Siebenbürgen als ungar. Lehen (bis 1225) und gründet Kronstadt	~ † *Peire Vidal,* weitgereister altprovenzal. Troubad. (* ~ 1175)	
1212	Papst *Innozenz III.* läßt sein Mündel *Friedrich II.* als Gegenkg. zum *Welfen Otto IV.* v. Braunschweig aufstellen, den er 1209 zum Kaiser gekrönt hatte. *Friedrich* verspricht, Unteritalien als päpstl. Lehen nie mit dem Reich zu vereinigen (Kaiserkrönung 1220) Kastilien u. Aragonien besiegen die maurischen *Almohaden* so entscheidend, daß deren Macht in Spanien zerfällt		Hl. *Franz von Assisi* u. hl. *Klara* gründen Orden d. Klarissinnen Tausende von Knaben und Mädchen unternehmen einen „Kinderkreuzzug" (viele sterben schon in Europa, andere kommen auf den Sklavenmarkt in Alexandria)

Kathedrale in Reims *Deutsche Spätromanik*	*Höfische Musik* *„Ars antiqua"*	*Handwerkstechnik*	
† *Liang K'ai*, chin. Maler eines spielerisch-improvisierenden Stils; u. a. „Li T'ai-po" (Bildnis d. ber. chin. Dichters d. *T'ang*-Zeit) (* ~ 1140) ~ Chorschranken der Liebfrauenkirche in Halberstadt (roman. Plastik) ~ Zisterzienserkirche in Maulbronn (got., fertiggestellt ≈ 1250)			
			Handelsbuch eines Florentiners (gilt als ältestes bekanntes)
Kathedrale in Reims gegründet (hochgot. mit reichem Bildhauerschmuck: 530 Skulpturen, Fensterrose von 12 m Durchmesser; Chor 1241 fertiggestellt, Fassade ~ 1295)		~ *Gervasius von Tilbury* (* 1150, † 1235): „Otia imperialia" („Kaiserliche Mußestunden", mittellat. Auswahl aus der röm. Fachliteratur sowie Geographie u. Geschichte Englands für Kaiser *Otto IV.*)	Wollenzunft i. Florenz nachweisbar

	Magna Charta Dschingis Khan	Hartmann v. Aue W. v. d. Vogelweide	Hoch-Scholastik 4. Lateransynode
1213	*Friedrich II.* verzichtet auf die Rechte des Reichs bei der Besetzung der Bischofsstühle Kg. *Johann* v. England schwört Papst *Innozenz III.* Lehnseid, um sich vom Bann zu befreien, mit dem er im Streit um die Wahl des Erzbischofs v. Canterbury belegt wurde *Jakob I.* (der Eroberer) Kg. v. Aragonien bis 1276 (†, * 1208); erobert von den Mauren die Balearen (1229 bis 1235) und Königreich Valencia (1238)	* *Bussiri*, arab. Dichter († 1296) ~ *Thomasin von Zerklaere* (aus Venetien): „Der Welsche Gast" (ritterliche Tugendlehre in Reimen)	
1214	*Staufer Friedrich II.* besiegt im Bündnis mit Kg. *Philipp II. August* v. Frankr. den *Welfen*kaiser *Otto IV.*, der mit England verbündet ist Rheinpfalz kommt an die *Wittelsbacher* Hzge. v. Bayern (gehörte s. 1155 dem in Aachen sitzenden *lothring.* Pfalzgrafen) * *Ludwig IX.* (der Heilige), König von Frankreich von 1226 bis 1270 (†) Marseille wird vom Viscomte und Bischof unabhängige Republik	~ „Winsbecke" (mittelhochdt. ritterl. Tugendlehre in Reimen von einem fränk. Ritter *von Windsbach* an seinen Sohn; oft nachgeahmt)	Privilegien für die Universität Oxford
1215	Nördlingen freie Reichsstadt Englische Barone erzwingen von Kg. *Johann* die „Magna Charta" (Privilegien der Städte, freier Verkehr d. Kaufleute, Erblichkeit d. Lehen, Steuern nur mit Zustimmung d. Barone, freie Wahl d. Bischöfe durch d. Geistlichkeit) Bestätigung der Vorrechte d. Londoner City (vorbildlich für englische Stadtverfassungen) *Dschingis Khan* erobert Peking (leitet die Eroberung eines mongol. Weltreiches bis ~ 1278 ein)	~ † *Bertran de Born*, Troubadour in England; kämpfte auf seiten *Heinrichs II.* (* ~ 1140) ~ † *Hartmann von Aue*, mittelhochdt. Dichter ritterlich. Art; schrieb u. a. die Legenden „Gregorius auf dem Steine" und „Der arme Heinrich", die den Konflikt zwischen der erwachend. Weltfreude und dem religiösen Denken erkennen lass. (*~ 1165) *Heinrich von Türlin*: „Der aventiure krone" (z.T. neu erfund. Abenteuer d. *Artus*runde) *Walther von der Vogelweide* erhält von dem von ihm politisch unterstützten *Staufer Friedrich II.* ein Lehen	~ * *Roger Bacon*, engl. Philosoph einer naturwissenschaftl. Denkweise († 1294) 4. Lateransynode unt. Papst *Innozenz III.*: Transsubstantiationsdogma (Abendmahlsverwandlungslehre), Pflicht zur jährlichen Beichte u. Kommunion, Verdammung d. Albigenser. Genaue Bestimmungen über die Reliquienverehrung, um verbreiteten Mißständen (Fälschungen, Handel) zu steuern. Höhepunkt der geistl. u. weltl. Macht des Papsttums Kirche verbietet die vorher üblichen Gottesurteile (Feuer- und Wasserprobe) Trinitätslehre *Joachims* († 1202) verurteilt (vgl. 1189) Satzung f. d. Universität Paris

Engl. Frühgotik Deutsche Spätromanik	Höfische Musik „Ars antiqua“	Medizinschulen in Italien u. Frankreich	
Romanische Westschauseite vom St.-Viktor-Dom zu Xanten (Bau der im wesentl. got. Kirche 12. bis 16. Jhdt.)		In Bologna entwickelt sich neben der Rechtsschule eine medizinische Fakultät Adelsberg. Tropfsteingrotten (Prov. Triest) entdeckt	
≈ Engl. Frühgotik "Early English" (≈ 1170–1250)	≈ Neben der Fiedel (seit 10. Jhdt., 5 Saiten) kommt die Geige (2 bis 3 Saiten) auf	≈ Erste Apotheken in dt. Städten	

	Dschingis Khan	W. v. d. Vogelweide W. v. Eschenbach	Hoch-Scholastik Franz v. Assisi
1216	Dresden (slaw.: „Sumpfwald“) erstmalig als Stadt genannt † *Johann* (ohne Land), Kg. v. England seit 1199; unter seiner Herrschaft verlor engl. Königstum stark an innerer und äußerer Macht (* 1167) *Heinrich III.* Kg. v. Engl. bis 1272 (†); seine Geldforderungen führen zum Aufstand der Barone	*Eberhard v. Gandersheim* schreibt eine Reimchronik (gilt als Beginn der mittelniederdt. Dichtung)	*Dominikus* (* 1170, † 1221), stiftet Dominikanerorden in Toulouse; zunächst als Beicht- und Predigtorden (ab 1220 Bettelorden, ab 1232 vom Papst mit der Inquisition gegen Ketzer betraut) *Honorius III.* Papst bis 1227; bestätigt Dominikanerorden (und die endgültigen Regeln des Franziskanerordens 1226)
1217	*Ludwig IV.* (der Heilige) Landgraf von Thüringen bis 1227 († auf einem Kreuzzug; heiratet 1221 *Elisabeth die Heilige*) *Haakon* (der Alte) norweg. Kg. bis 1263 (†); Krönung erst 1247 nach einem Bürgerkrieg; vereinigt 1262 Island mit Norwegen *Ferdinand III.* (der Heilige) Kg. von Kastilien bis 1252 (†, * 1199); entreißt den Arabern Cordoba und Sevilla; vereinigt 1230 endgültig Kastilien mit León (Westaltkastilien) Nach Einigung d. serb. Teilstaaten unter d. *Nemanjiden* im 12. Jhdt. nehmen diese jetzt den Königstitel an	~ *Walther von der Vogelweide* tritt auf seinen Wanderfahrten als Gegner des Papstes für seinen Lehnsherrn *Friedrich II.* ein, nachdem er zuvor König *Philipp I.* und seit 1208 *Otto IV.* durch politische Spruchdichtungen unterstützt hatte	Universität Salamanca von König *Alfons IX.* von León gegründet
1218	† *Otto IV.* von Braunschweig, röm.-dt. Kaiser seit 1198; bis 1208 *welfischer* Gegenkönig gegen den *Staufer Philipp* von Schwaben, seit 1212 neben dem *Stauferkönig Friedrich II.* (* ~ 1174) * *Rudolf I. von Habsburg*, dt. Kg. von 1273 bis 1291 (†) Rostock erhält Lübisches Stadtrecht	*Wolfram von Eschenbach:* „Willehalm“ (mittelhochdt. Kreuzzugsepos, seit ~ 1212, unvollendet)	
1219	Nürnberg als „Königliche Stadt“ bezeugt (häufiger Aufenthalt d. Könige). Die Verwaltung d. Stadt beruht auf einer aristokratischen Verfassung Estland von Dänemark erobert. Dänen gründen Reval und setzen Bischof ein (1300 Hansestadt, 1346 z. Dt. Orden; 1561 an Schweden) *Dschingis Khan* erobert Turkestan	† *Conon de Béthune*, frz. höfischer Lieddichter ~ *Cäsarius von Heisterbach* (* ~ 1180, † 1240): „Die Wundergeschichten“ (8 Bücher lat. Erzählungen, kulturgeschichtl. aufschlußreich)	*Franz v. Assisi* kommt auf seinen Missionswanderungen (seit 1208), auf denen er mit seinen Anhängern Buße predigt u. Kranke heilt, bis nach Ägypten

Kathedrale i. Amiens Deutsche Spätromanik	*Höfische Musik „Ars antiqua"*	*Medizinschulen in Italien u. Frankreich*	
~ Ausbau der Wartburg, Sitz der thür. Landgrafen seit ~ 1200			
Durch Testament *Ottos IV.* wird Blasiusdom in Braunschweig Hüter des *Welfen*schatzes (bis 1482 140 Reliquiare) Baubeginn der Kathedrale zu Amiens (hochgotisch, im wesentlichen fertiggestellt 1268)			
Palazzo della Ragione in Padua (got.; mit offener Halle, 84 m lang, 24 m hoch, Baubeginn 1172; 1420 erneuert) ~ „Kitano - tenjin - Makimono" (8 japan. Bilderrollen vom Leben u. Jenseits d. kaisertreuen Dichters u. Staatsmannes *Sugawara no Michizane*[~ 900], der n. s. Tode zur Shinto-Gottheit Kitano-tenjin wurde)			Nordseesturmflut erzeugt Jadebusen

	Deutsche Fürsten erhalten vom Kaiser Hoheitsrechte	Ritterliche Dichtung W. v. Eschenbach	Hoch-Scholastik Franz v. Assisi
1220	Kaiserkrönung *Friedrichs II.* Kaiser *Friedrich II.* erteilt den Hoheitsrechten der Landesfürsten reichsrechtliche Anerkennung (wiederholt und ergänzt 1232) *Heinrich* (* 1211, † 1242), Sohn Kaiser *Friedrichs II.*, zum dt. Kg. gewählt; erhält später von seinem Vater Regierung im Dt. Reich; versammelt einen Kreis von Minnesängern *Dschingis Khan* erobert Samarkand ≈ Germanische Siedler siedeln östl. d. Elbe und grden zus. mit ansässiger slawischer Bevölkerung Straßenangerdörfer (z. B. Zehlendorf, Berlin)	~ *Wolfram von Eschenbach*: „Titurel" (Epos um den ersten Gralskönig, unvollendet) ~ † *Wolfram von Eschenbach*, mittelhochdt. Dichter (* ~ 1170) ~ *Konrad Fleck*, Schüler *Hartmanns von Aue*, bearbeitet nach frz. Vorbild die Dichtung von „Flore u. Blancheflor" (Stoff einer byzant. Liebessage) † *Saxo Grammaticus*, dän. Historik.; schrieb „Historia Danica" od. „Gesta Danorum", die viele Sagen enthalten (* ~ 1150) ~ *Der Stricker* (fahrender österr. Dichter): „Daniel vom blühenden Tal" (phantastischer *Artus*roman) ~ *Snorri Sturluson*: „Heimskringla" „Weltkreis", isländ. Geschichte der norw. Könige)	~ In Oxford entsteht erstes Universitäts-College Saint Edmund Hall (bis 1871 entstehen insges. 22 Colleges)
1221	Wien erhält Stadtrecht *Heinrich* (der Erlauchte) Markgraf von Meißen bis 1288 (†, * ~ 1215); gehört zu den Minnesängern Nischni-Nowgorod (heute Gorki) als Grenzfestung geg. d. ostfinnischen Mordwinen (i. 14. Jh. v. hanseatischen Kaufleuten besucht) Indusgebiet und Afghanistan mongolisch	~ *Peire Cardenal*, altprovenzal. Troubad. am Hofe Aragons, verspottet herkömml. Liebesdichtung ~ „Huon de Bordeaux" (altfrz. Epos: Oberon, der Gemahl der Feenkönigin Titania, hilft dem Ritter Huon auf der Brautfahrt) ~ In Italien entsteht die Gedichtform des Sonetts	* *Bonaventura*, ital. Kirchenlehrer († 1274) *Franz von Assisi* stellt die Ordensregel der Franziskaner auf (Bettelorden mit strengen Armutsregeln; werden später bei seiner großen Ausbreitung gemildert; 1517 wieder gefestigt. Kleidung: braune Kutte mit weißem Strick)
1222		† *Heinrich von Morungen*, dt. Minnesänger	Universität Padua gegründet

Kunst	Musik	Wissenschaft	Alltag
Kathedrale i. Chartres Deutsche Spätromanik	*Höfische Musik „Ars antiqua"*	*Medizinschulen in Italien u. Frankreich*	
~ * *Niccolo Pisano*, ital. Bildhauer († ~ 1278) ~ In der got. Plastik Frankreichs tritt eine die Körperformen „klassisch" betonende Belebung der Gewandfalten ein (von ~ 1230 bis ~ 1250 auch in Bamberg, Braunschweig, Hildesheim, Halberstadt) Figurenschmuck der Westportale von Notre Dame, Paris (im „harten Stil") ~ Plastischer Bildschmuck der Kathedrale zu Amiens (ähnlich wie dieser zeigt der Außenschmuck der frz. hochgot. Kathedralen mit Monatsbildern, Jahreszeiten, Wissenschaften, Lebenstypen, Tugenden, Lastern ein umfassendes Abbild des menschl. Lebens. In Deutschland später nur in Köln und Straßburg) Baubeginn der Kirche Saint-Gudule in Brüssel (niederl.-got; bis 1273 Chor, Langhaus ab 1350, Fassade im 15. Jhdt. fertiggestellt) Kathedrale in Chartres (frz. Frühgotik, Baubeg. 1194; mit Fassade von 1155) Höhep. d. Glasmalerei ~ Triumphkreuzgruppe im Dom zu Halberstadt (roman. Plastik) ~ Taufbecken im Dom zu Hildesheim (roman. Bronzearbeit, ein Höhepunkt der sächs. romanischen Plastik des 13. Jhdts.)	~ Dresdner Knaben-Kreuzchor entsteht	Papst *Honorius III.* gründet und ordnet die medizinische Fakult. Montpellier (wird einem Bischof unterstellt; 1289 zur Volluniversität erweitert) Ältest. dt. Leuchtturm (Travemünde; 1286 L. an der Elbmündung)	Erste Giraffe wird in Dt. gezeigt ≈ Mongoleninvasion führt zu starker Auswanderung von Chinesen nach Japan
~ Erneuerung von St. Gereon, Köln (vgl. 590) Kathedrale zu Burgos gegründet (span.-got., frz. beeinflußt, fertiggestellt im 15. Jhdt.) ~ Westfassade der Kathedrale in Peterborough (engl. Kirchenbau im anglo-normannischen Mischstil; gegrdt. 1118)			

	Friedrich II. Mongolen in Europa	Ritterliche Dichtung	Hoch-Scholastik Franz v. Assisi
1223	† *Philipp II. August*, Kg. v. Frankreich seit 1180; gewann Westfrankreich v. England zurück, schuf zuverlässige Verwaltung mit Berufsbeamtentum (* 1165) *Ludwig VIII.* (der Löwe) Kg. v. Frankreich bis 1226 (†); entreißt den Engländern Poitou; Frankr. Erbreich mit Krönungsstadt Reims	Die Sage vom „ewigen Juden" in einem ital. Geschichtswerk	Papst bestätigt Franziskaner-Ordensregel (v. *Franz v. Assisi* 1209 aufgest.)
1224	Schwertbrüderorden erobert die seit 1030 von den Russen unterworfene estnische Stadt Dorpat (1558 und 1721 wieder russisch) Nach der Zersplitterung der Macht der Herrscher von Kiew durch Entstehung mächtiger Teilfürstentümer (bes. in Wladimir, Nowgorod) gelingt den Mongolen der Einfall in das europ. Rußland. Südrußland bis zum Dnjepr von den Mongolen unter *Dschingis Khan* erobert Siebenbürger Sachsen erhalten Goldenen Freibrief von Kg. *Andreas II.* von Ungarn (1205 bis 1235) Warschau erwähnt (bis 17. Jhdt. entstehen Schloß u. Altstadt; wird 1550 poln. Residenz)		Vision d. *Franz von Assisi* mit Stigmatisation (erhält spontan die Wundmale Christi) ~ Universität Neapel durch Kaiser *Friedrich II.* gegründet
1225	Passau wird Stadt Dt. Ritterorden aus Siebenbürgen (Ungarn) vertrieben ~ 50 000 seldschukische Türken wandern vor den Mongolen von Nordostpersien nach Westen unter dem Herrscher *Suleiman* (bilden den Kern d. 1288 entstehenden osmanischen Reiches)	~ Der Troubadour *Peire Cardinal* (* ~ 1150, † ~ 1240) schreibt vor allem gegen d. Geistlichkeit u. hohen Adel gerichtete Lieder, wendet sich gegen d. blutigen Albigenserkriege ~ *Der Stricker*: „Karl der Große" (mittelhochdt. Epos) ~ Das lehrhafte Gleichnis kommt in der dt. Literatur auf *(Der Stricker)* ~ *Snorri Sturluson*: „Edda" (altisländ. Lehrbuch für Skalden mit Mythologie und Verskunde) ~ Eine Leichenrede als älteste Urkunde ungar. Sprache	~ * *Thomas v. Aquino*, ital. scholast. Philosoph († 1274) ~ Byzanz bekämpft Bogomilen-Sekte („Gottesfreunde", die einen guten und einen bösen Gott anerkennen)

Französische Gotik Deutsche Spätromanik	*Höfische Musik „Ars antiqua"*	*Medizinschulen in Italien u. Frankreich*	
∼ Madonnen-Mosaik in der Apsis von S. S. Maria e Donato, Murano (neuerbaut Anfang des 12. Jh.)		Kaiser *Friedrich II.* macht die Zulassung von Ärzten von einer Prüfung vor der medizinischen Fakultät in Salerno abhängig	Begräbnisbruderschaft in Florenz
≈ Die spätbyzant. beeinfl. Mosaikkunst Italiens entwickelt sich mehr zu einem roman. Stil (z. B. die im Baptisterium-Chor in Florenz von *Fra Jacopo*) ∼ Bestiensäule in der Krypta des Freisinger Domes (bayr.-roman. Bildhauerarbeit) Baubeginn des Wiener Stephansdoms (ursprünglich geweiht 1147; fertiggestellt nach 1450) ∼ Psalter der heiligen *Elisabeth*, mit roman. Buchmalerei „Kreuzigung Christi", Tafelgem. aus der Wiesenkirche in Soest. Diese Malerei entwickelte sich aus dem Altaraufsatz (Retabel)		Die Chinesen kennen die Zahlenwerte der Formel $(a + b)^n$ (Pascalsches Dreieck). Die Inder im 10. Jh.	∼ *Wilhelm von Auxerre* (Frkr.) beklagt die Häufigkeit außerehelicher Verhältnisse Rouen brennt seit 1200 6mal ab

1226	In Deutschland entstehen die unmittelbar dem Kaiser unterstellten Reichsstädte (gewinnen rasch große rechtliche Selbständigkeit; vgl. 1248) Lübeck freie Reichsstadt (Hamburg 1510, Bremen 1646) Deutscher Orden beginnt die Eroberung Preußens (bis ~ 1283) *Ludwig IX.* (der Heilige) Kg. v. Frankreich bis 1270 (†); stärkt erfolgreich Zentralgewalt durch Einziehung von Lehen, Fehdeverbot, Oberaufsicht der kgl. Gerichte; schafft Gottesurteile ab; sein Kaplan ist *Robert de Sorbon* (* 1201, † 1274)	Mailand erneuert und führt den Lombardischen Städtebund * *Alfons X.* (der Weise), Kg. v. Kastilien von 1252 bis 1282 († 1284) Mongolen vernichten das Reich der Tanguten in Nordtibet (best. seit 1004)
1227	* *Wilhelm von Holland*, päpstlicher Gegenkönig in Deutschland v. 1247 bis 1256 (†) Bauernrepublik Dithmarschen mit 48 Regenten entsteht in Holstein (1559 durch Kg. *Friedrich II.* von Dänemark und Norwegen unterworfen; ab 1447 Hauptstadt Heide) Kg. *Waldemar II.* (der Sieger) v. Dänemark (1202 bis 1241) verliert in der Schlacht von Bornhöved gegen die norddt. Fürsten	seine großen wendisch-dt. Eroberungen außer Estland, Teilen Preußens und Rügen † *Dschingis Khan*, schuf seit 1206 ein Mongolenreich; ließ sich vom Tungusen *Yelü Ch'u-tsai* beraten, der mongolische Verfassung schuf und für Menschlichkeit gegenüber den Besiegten sorgte. Sein Reich zwischen Schwarzem Meer und Pazifik wird unter seine drei Söhne geteilt (* ~ 1155)
1228	Xanten wird Stadt (gehört seit Jahrhunderten zum Erzstift Köln) Fünfter Kreuzzug unter Kaiser *Friedrich II.* gedrängt von Papst *Gregor IX.* (bis 1229; Übergabe der heiligen Städte Jerusalem, Bethlehem, Nazareth an die Christen, 10-jähr. Waffenstillstand mit ägypt. Sultan)	* *Konrad IV.*, letzter *Staufer* i. Deutschland, dt. König von 1250 bis 1254 (†) ~ Das griech. Reich um Nicäa gewinnt allmählich die Oberhand über das Lat. Kaiserreich der Venezianer in Konstantinopel und über die Bulgaren (erobert 1261 Konstantinopel zurück)
1229	Kaiser *Friedrich II.* wird im 5. Kreuzzug (seit 1228) König von Jerusalem Stuttgart erwähnt (wird ~ 1260 Stadt) Kg. *Ludwig IX.* (der Heilige) v. Frankreich beendet siegreich den Krieg geg. die südfranz. Albigenser, die seit 1209 wegen ihres abweichenden Glaubens (Sekten der Katharer und Waldenser) blutig verfolgt wurden. Stärkerer Zusammenschluß Nord- u. Südfrankreichs Aragonien erobert Balearen	

Ende der Troubadoure	Hoch-Scholastik Bibelverbot	Französische Gotik Deutsche Spätromanik
Franz von Assisi (†): „Cantico del Sole" („Sonnengesang") aus den lat. „Laudes creaturarum" (gilt als früheste ital. Poesie)	† *Franz von Assisi*, Stifter des Franziskaner-Bettelordens (* 1182). Sein Leben beschreibt 1228 sein Gefährte *Thomas von Celano* (* ~ 1190, † ~ 1255) * *Bar-Hebräus*, arab u. syr. Enzyklopädist († 1286)	Baubeginn d. Marienkirche in Krakau (got., fertiggestellt ~ 1600) Domkirche in Riga (Baubeginn 1215)
Papst errichtet Inquisitionsgerichte	*Gregor IX.* Papst bis 1241 (†). Bannt Kaiser *Friedrich II.*, fördert Bettelorden Dominikaner *Konrad von Marburg* († 1233, erschlagen), Beichtvater der hl. *Elisabeth*, wird päpstl. Inquisitor in Deutschland	Bau der Kathedrale in Toledo (got.; bis 1493) ~ Domschloß und Domkirche in Reval Der japan. Töpfer *Toshiro* bringt von einer Reise nach China (seit 1223) die Kunst des dünnwandigen, glasierten Geschirrs i. s. Heimat
~ „Bescheidenheit" (Sammlung von Lebensregeln u. Sprichwörtern eines bürgerl. Kreuzfahrers mit dem Pseudonym *Freidank*)	Landgräfin *Elisabeth* (die Heilige) *von Thüringen* sucht Zuflucht in Marburg Heiligsprechung des *Franz von Assisi* („Heiliger Franziskus", † 1226)	
† *Ferîd-ud-Dîn Attar*, neupers. Dichter; schrieb „Gespräche d. Vögel" (myst. Pilgerfahrt d. Seele), „Pendnâmeh" („Buch des guten Rates") (* 1119) ~ Durch die blutigen Albigenserkriege (seit 1209) erlosch die höfische Lyrik der Troubadoure i. d. Provence. Als Anhänger d. Albigenser-Sekte verließen die meisten Troubadoure das Land und gingen an die Höfe Spaniens u. Italiens	Älteste Stiftungsurkunde der engl. Universität Cambridge (entstand aus einer Schule von 630) Universität Toulouse gegründet Konzil von Toulouse verbietet das Lesen der Bibel in der Landessprache, um Sektenbildung vorzubeugen (Verbot 1622 erneuert, 1902 aufgehoben)	Dom in Siena beg. (in farbig. Marmor; ~ 1350 vollendet)

	Städtegründungen des Deutschen Ordens Friedrich II.	Ritterliche Dichtung W. v. d. Vogelweide	Hoch-Scholastik Antonius v. Padua
1230	Der poln. Teilfürst Hzg. *Konrad* von Masowien tritt dem Dt. Orden für die Bekämpfung d. heidnischen Preußen Kulm u. Löbau ab *Wenzel I.* Kg. v. Böhmen bis 1253 (†, * 1205); kämpft gegen seinen aufrühr. Sohn *Otakar (II.)* und mit ihm um das Erbe d. *Babenberger* in Österr.; fördert Minnesang ~ * *Otakar II. Przemysl*, König von Böhmen von 1253 bis 1278 (†) ≈ Blütezeit des neuen Bulgarenreiches; Eroberung v. Makedonien u. Albanien Kgr. León wird mit Kgr. Kastilien vereinigt ~ Berlin u. Kölln im Zuge dt. Ostbesiedlung an Stelle älterer slaw. Siedlungen gegrdt. (1237 urkundlich erwähnt)	*Rudolf von Ems*: „Barlaam und Josaphat" (Bekehrungsroman eines ind. Königssohns; nach einer griech. Bearb. im 7. Jhdt.) ~ * *Jacopone da Todi*, ital. Dichter von geistl. Liedern u. Satiren († 1306) ~ * *Hugo von Trimberg*, mittelhochdt. lehrhafter Dichter († ~ 1313) ~ † *Walther von der Vogelweide*, dt. Minnesänger und Lyriker (* ~ 1170) ~ „Ortnit" (mittelhochdt. Heldenepos von einem ostfränk. Dichter; Ortnit, Sohn des Zwergenkönigs Alberich, unterliegt gegen einen Drachen)	
1231	Kaiser *Friedrich II.* gibt Unteritalien eine geordnete Verwaltung und Rechtspflege. Städtevertreter auf d. Landtagen Minden erhält Stadtrechte (seit 798 Bischofssitz; tritt 1254 Rhein. Städtebund bei, wird 1295 Hansestadt) Dt. Orden baut Ordensburg in Kulm (Westpr.) und gibt ihm 1233 das Magdeburg.-Kulmische Stadtrecht (kommt 1466 an Polen) Dt. Orden gründet Thorn (erhält 1232 „Kulmisches" Stadtrecht) Uri erhält vom Kaiser entg. d. Interessen der *Habsburger* Reichsunmittelbarkeit (1240 auch Schwyz)		Anerkennung der Fakultäten der Theologie, Rechtswissenschaften, Medizin u. (etwas später) freien Künste an der Universität Paris (verdrängen später allmählich den Einfluß der Nationalkollegien, vgl. 1250) † *Elisabeth* (die Heilige), Landgräfin von Thüringen, ungar. Königstochter und Gemahlin des Landgrafen *Ludwig IV.* von Thüringen; nach dem Tode ihres Gatten (1227) von der Wartburg vertrieben, widmete sie sich der Wohltätigkeit (* 1207) † *Antonius von Padua*, Bußprediger in Südeuropa (* 1195)

Französische Gotik *Deutsche Spätromanik*	*Höfische Musik* *„Ars antiqua“*	*Deutsche* *Weltchronik*	
~ Standbilder Kaiser *Heinrichs II.* u. seiner Gemahlin *Kunigunde* (der Heiligen) am Bamberger Dom ~ Georgenchor-Schranken im Bamberger Dom (eine der wenigen roman. Bildhauerarbeiten in Süddeutschland) ~ Schottenkirche St. Jakob in Regensburg (roman. Neubau, Baubeginn ~ 1150) St. Maria zur Höhe in Soest mit bedeutenden Wandgemälden (got.-roman. Übergangsstil; Baubeginn 1170) „Kreuzigung“ in der Wechselburger Schloßkirche (spätromanische Holzplastik) ~ Engelspfeiler im Straßburger Münster ≈ 3 Bilderrollen mit satirischen Tierfabeln (japan. Tuschmalereien, vielleicht auch schon ≈ 1130; u. a. Satire auf eine buddhistische Messe, von Tieren zelebriert)		~ „Sächs. Weltchronik“ (erst. dt. Geschichtswerk in Prosa) † *Wilhelm von Saliceto*, Arzt; zeigte gegenüber d. herrschenden Scholastik mehr selbständiges Denken	~ Kreuzzüge schleppen Lepra (Aussatz) nach Europa ein
~ Klosterkirche Neuwerk, Goslar (roman., gegrdt. 1186, mit Wandmalereien)		Reichstag verkündet Medizinal- und Apotheken-Ordnung * *Kou Chou King*, chines. Wissenschaftler u. Techniker († 1316)	

	Kaiser residiert auf Sizilien „Sachsenspiegel"	Ritterliche Dichtung	Hoch-Scholastik Inquisition
1232	Kaiser *Friedrich II.* macht seinen Hof in Palermo zum Mittelpunkt des italien. kulturellen Lebens und überläßt in Deutschland den geistlichen und weltlichen Fürsten wichtige kaiserliche Hoheitsrechte Bernau wird Stadt Innsbruck zur Stadt erhoben		Papst *Gregor IX.* unterstellt sich die Ketzergerichte als „Inquisition" und bestellt die Dominikaner zu päpstl. Inquisitoren (besteht in Deutschland bis zur Reformation, in Italien bis 1808, in Spanien bis 1834)
1233			Verbrennung besonders umkämpfter religiös-philosophischer Schriften des *Moses Maimonides* († 1204) in Montpellier (die orthodoxen Juden hatten sich gegen *Maimonides* mit dem Dominikanerorden verbündet)
1234	Ein Kreuzfahrerheer besiegt die Stedinger Bauern in Oldenburg. Sie verweigerten der Kirche den Zehnten und wurden der Ketzerei beschuldigt Stralsund erhält dt. Stadtrecht Chinesen beseitigen mit den Mongolen die Kin-Dynastie im Nordosten Chinas (seit 1115)	∼ *Gottfried von Neifen*, schwäb. formgewandter Minnesänger aus dem Kreis um König *Heinrich VII.* von Schwaben	
1235	Nach Niederwerfung des Aufstandes seines Sohnes *Heinrich* erläßt Kaiser *Friedrich II.* auf dem Reichstag zu Mainz ein Landfriedensgesetz (das als erstes Reichsgesetz auch in dt. Sprache veröffentlicht wird) Das Recht der dt. Landesfürsten, Zölle zu erheben, wird allgemein Die *Welfen* werden Herzöge v. Braunschweig-Lüneburg ≈ *Eike von Repkow:* „Sachsenspiegel" (zunächst lateinisches Land- u. Lehnrechtsbuch mit sächs. Gewohnheits-Privatrecht; wird Grundlage vieler weiterer Rechtsbücher)	∼ * *Jacob van Maerlant*, niederl. Dichter; Vertreter der lehrhaften bürgerl. Dichtung († ∼ 1295) ∼ Der ital. Dichter *Giacomino Pugliese* vermittelt zwischen der höfisch-schulmäßigen Dichtung Süditaliens und einer mehr volkstümlich-lebensnahen ∼ *Ulrich von Türheim* setzt den „Tristan" *Gottfried von Straßburgs* fort *Omar ibn al Farid*, arab. mystischer Dichter; schrieb „Taijet" („Hohes Lied der Liebe") (* ∼ 1181)	* *Raimundus Lullus*, katalanischer Scholastiker und Gegner des Islam († 1316)

Französische Gotik Straßburger Münster	Höfische Musik „Ars antiqua“	Arabische Wissenschaft	
		Kaiser *Friedrich II.* erhält vom ägypt. Sultan eine astron. Kunstuhr z. Geschenk Chinesen verwenden Schießpulver für militärische Zwecke (in Europa um 1320)	~ Kaiser *Friedrich II.* schreibt ein Buch über Falkenjagd
			Wiesbaden als Badeort genannt
Romanischer Kaiserdom in Worms (Baubeginn 1181) ~ Durch den Mongoleneinfall gelangen persische Einflüsse in die russische Baukunst (Kielbogen, Zwiebel- u. Birnenkuppel)			
* *Ch'ien Hsüan*, chin. Maler von Landschaften, Pflanzen, Figuren d. ausgehend. (Süd-)*Sung*-Zeit († 1302) ~ Fürstenportal des Bamberger Doms (spätromanische Standbilder, u. a. Ecclesia und Synagoge) „Goldene Pforte“ am Dom zu Freiberg/Sachsen (vergoldete Standbilder spätromanischer Bildhauerkunst; der übrige Dom wird 1484 bis 1501 spätgotisch erneuert) Dom zu Limburg a. Lahn (Baubeginn 1215, roman. siebentürmiger Bau, teilw. gotische Merkmale) Reiterstandbild des Kaisers *Otto d. Gr. (Karl d. Gr.?)* auf d. Marktplatz in Magdeburg Gotisches Langhaus des Straßburger Münsters (fertiggestellt 1275; 1176 bis 1250 spätroman.-frühgot. Querschiff u. Chor; hochgot. Westfassade ab 1276)	≈ Die fahrenden Spielleute gelten i. „Sachsenspiegel“ als fast vogelfrei	~ *Villard de Honnecourt:* „Bauhüttenbuch“ (franz. techn. Handschrift, enth. auch eine Skizze eines Perpetuum mobile u. eines - wohl nicht ausgeführten - Wasserrad-Sägewerkes) Bau einer Kammerschleuse in Holland	Pfingstfest Kaiser *Friedrichs II.* in Mainz (in Verbindung mit dem Reichstag; gilt mit seinen Turnieren u. Prachtentfaltg. als Höhepunkt des Mittelalters)

	Konflikt Kaiser — Papst Arab. Reich i. Granada	Ritterliche Dichtung am Hof Palermo	Hoch-Scholastik
1236	Kaiser *Friedrich II.* beginnt Kampf gegen die lombardischen Städte, in denen die Gegner des *Staufer*-Kaisertums (der *Guelfen = Welfen)* die Oberhand haben (erst erfolgreich, 1248 geschlagen) Feudale Reaktion d. frz. Barone gegen erstarkendes Königtum schlägt fehl Araber verlieren Cordoba an Königreich Kastilien	~ *Neidhart von Reuenthal*, bayer. mittelhochdeutsch Minnesänger lebendiger und derber „höfischer Dorfpoesie" ~ *Reinmar von Zweter* dichtet am Hof *Wenzels I.* von Böhmen polit. u. moral. Spruchgedichte	
1237	Kaiser *Friedrich II.* besiegt lombard. Städte und gerät dadurch mit dem Papst in Konflikt Dt. Orden beherrscht Livland u. Kurland ≈ Berlin entsteht a. d. Handelsstraße Magdeburg–Lebus Kölln (Brandenburg) urkundl. erwähnt (Berlin selbst 1244)	~ *Guillaume de Lorris:* „Roman de la Rose" („Rosenroman", allegor. Versepos, eine der ersten frz. großen bürgerlichen Romandichtungen) vollendet ~ 1287 von *Jean de Meung (Clopinel de Meun)*	
1238	Das span. Kgr. Aragonien erobert Valencia v. d. Mauren (1229 d. Balearen-Inseln) ≈ Blütezeit Granadas als Hauptstadt eines selbständigen arabischen Reiches (vgl. 1246)		
1239	Kg. *Béla IV.* v. Ungarn (1235 bis 1270) weist d. Turkvolk d. Kumanen (aus der Kuma-Steppe) Land an der Theiß an (bleiben bis ~ 1350 Heiden)		
1240	Der *Guelfe Pagano della Torre* wird Herrscher von Mailand (seine Familie stellt die Signoren bis ~ 1277) Nach langen Kämpfen mit dem Adel, der dabei weitgehend vernichtet wurde, siegt in Norwegen d. Königstum aus d. Geschlecht v. *Harald Haarfagr* († 933) Großfürst *Alexander Newskij* von Rußland (* 1220, † 1263) besiegt die Schweden an der Newa Mongolen erobern und zerstören Kiew	~ Der Hof Kaiser *Friedrichs II.* in Palermo ist Mittelpunkt des ital. Minnesanges. *Pier della Vigna*, *Giacomo da Lentini* u.a. sind mit ihrer Lyrik an der Ausbildung der ital. Schriftsprache beteiligt (Sizilian. Dichterschule ~ 1220 bis 1260) ~ *Guido Guinizelli*, ital. Dichter, begrdt. Schule des dolce stil nuove (phil. mystische Liebeslyrik im „süßen neuen Stil", den auch *Dante* später pflegt)	

Französische Gotik Bamberger Dom	Höfische Musik „Ars antiqua“	Arab.-span. Planeten-Tafel	
~ Heiji-Makimono (3 japan. Bilderrollen mit Szenen aus dem Bürgerkrieg zwischen den Kronfeldherren der Heijizeit [~ 1160], realist. dramatische Schilderungen)			
~ Bamberger Dom geweiht (auf Resten aus dem 11. Jh.) mit Bamberger Reiter, Figuren des Fürstenportals (vgl. 1235), d. Adamspforte u. a. (Baubeginn ~ 1192) Burg Runkelstein bei Bozen Heiliggeisthospital in Mainz (roman. Bau)		† *Jordanus Nemorarius*, dt. Gelehrter; untersucht mechanische Bewegungsprobleme (bisher meist nur Gleichgewichtsbetrachtungen)	
~ Standbilder an der Kathedrale in Reims	~ * *Adam de la Halle*, franz. Komponist von Singspielen u. Dichter des Minnesanges († ~ 1287)	~ * *Arnaldus Villanovanus*, ital. Alchemist und Mediziner († 1311)	
~ Die Passion Christi erscheint als Bildhauerthema bei der Kathedrale zu Amiens			
~ * *Cimabuë (Cenno di Pepo)*, florent. Maler d. spätbyzant. Stils († ~ 1302) Grabmal *Heinrichs des Löwen* und seiner Gemahlin *Mathilde* im Braunschweiger Dom (spätromanisch, Kalkstein) Ehernes Taufbecken im Dom zu Hildesheim Groß-St. Martin (Kölner Kirche mit Langhaus und dreichörigem Zentralbau, Baubeginn 1185) ~ Gotischer Figurenschmuck am Straßburger Münster Temple Church (Tempelherren-Kirche) i. London (Baubeginn 1185)	„Sumer is icumen in“ („Sommerkanon“, engl. Doppelkanon für sechs Stimmen aus der Frühzeit des Kanons)	Kg. *Alfons X.* (der Weise) v. Kastilien beruft astronom. Kongreß von 50 arab., jüdisch. u. christl. Gelehrten nach Toledo, der die neueren Planetenbeobachtungen mit der ptolemäischen Kreis-auf-Kreis-(Epizyklen-)Theorie durch Einführung weiterer Kreise in Übereinstimmg. bringt und die Ergebnisse in den „Alfonsinischen Tafeln“ niederlegt	Messe in Frankfurt a. M. urkundl. erwähnt Münzvertrag zwischen den Bodenseestädten ≈ Bedeutende Förderung des böhm. Silberbergbaus (2 Mill. kg. bis 1620)

	Vordringen u. Rückzug der Mongolen in Europa	Ritterliche Dichtung Snorri Sturluson	Hoch-Scholastik Thomas v. Aquino
1241	Seesieg *Friedrichs II.* über die Genuesen verhindert zunächst Konzil gegen ihn Bündnis zwischen den Städten Lübeck (seit 1226 freie Reichsstadt) und Hamburg; Vorstufe der Städte-Hanse (vgl. 1294) *Ulrich* Graf von Württemberg bis 1265; erwirbt als Marschall in Schwaben Vogtei über Ulm und kauft Urach Mongolen fallen in Ungarn ein (teilw. Entvölkerung) u. zerstören Budapest Mongolen zerstören Breslau (bald wieder aufgebaut) Dt.-poln. Heer bei Liegnitz von den Mongolen besiegt (angebl. durch einen Gasangriff, einer wohl von den Chinesen übernommenen Technik) Der Tod d. mongol. Großkhans *Ügedei* veranlaßt die Mongolen zum Rückzug aus Mitteleuropa	† *Snorri Sturluson* (ermordet), isländ. Dichter, Historiker u. Parteiführer in den Sippenfehden der isländ. Großbauernaristokratie; schrieb oder ließ schreiben: „Heimskringla" (Geschichte des norweg. Königtums), „Edda" (Lehrbuch d. Skaldendichtung), „Gylfaginning" (altnord. Mythologie), „Skaldskarpamal" (Skaldenlehrbuch), „Hattatal" (Verskunde in Form eines Lobgedichts) (* 1178) 1. Papstwahl i. Konklave (vgl. 1179)	† Papst *Gregor IX.* (seit 1227); erließ Studiumsverbot d. naturwissenschaftl. Schriften des *Aristoteles* bis zu ihrer Prüfung durch eine Kommission (Widerstände geg. *Aristoteles* auch bei den Dominikanern und Franziskanern) * *Mechthild von Hackeborn,* dt. Mystikerin († 1299) Weltuntergangsvorstellungen der *Snorri*-Edda: Fenriswolf verschlingt Odin; Thor und Midgardschlange töten sich gegenseitig; Fimbulwinter, den nur ein Menschenpaar übersteht; Weltbrand als Folge des siegreichen Kampfes der Riesen gegen die Götter, wobei die Erde im Meer versinkt; taucht wieder auf, und Göttersöhne herrschen über eine erneuerte Welt
1242	Kiel erhält Lübisches Stadtrecht u. wird Mitglied der sich bildenden Hanse Wiesbaden als Stadt bezeugt Grdg. d. mong. Reiches der „Goldenen Horde" von Kiptschak; die Mongolen-Khane ernennen in d. Folgezeit d. russ. Großfürsten und die Teilfürst. Mongolen zerstören Agram/Kroatien (1093 als Bischofssitz gegründet) Großfürst *Alexander Newskij* besiegt die Schwertritter auf dem zugefrorenen Peipussee. Verhindert die Katholisierung Rußlands		Durch die Mongolenherrschaft in Rußland wird der Kontakt zu Mittel- u. Westeuropa für längere Zeit weitgehend unterbrochen
1243	Stettin erhält Magdeburg. Stadtrecht (~ 1100 als Burg genannt) Brünn erhält Stadtrecht	~ *Ulrich von Türheim* vollendet den „Willehalm" *Wolfram von Eschenbachs*	*Thomas von Aquino* tritt in den Dominikanerorden ein (1309 wird seine Philosophie offizielle Ordenslehre) *Innozenz IV.* Papst bis 1254 (†); Gegner Kaiser *Friedrichs II.*

Französische Gotik Naumburger Dom	*Höfische Musik „Ars antiqua“*	*Alchimie*	
~ Südportal der Kathedrale zu León (span.-got. Bildhauerarbeit unter frz. Einfluß)		~ *Albertus Magnus* veranlaßt durch seine scholastisch-mystische Philosophie, in die er die Alchimie einbezieht, deren mystisch-philosophische Ausweitung	Bei einem Turnier-Scharfstechen in Neuß gibt es 60 Tote
Romanischer Hauptbau des Naumburger Doms (kreuzförmige Pfeilerbasilika, Baubeginn 1220; gotisch weitergebaut 1249 bis 1300, Südturm erst 1894)		*Roger Bacon* berichtet v. Schießpulver (im 12. Jhdt. in China erfunden)	

	Wachsende Macht Kastiliens Reichsstädte gewinnen Bedeutung	Ritterliche Dichtung am Hof Palermo	Hoch-Scholastik Alex. v. Hales
1244	Jerusalem kommt endgültig unter die Herrschaft des Islam (ab 1517 türkisch) Wertheim (Main) als Stadt bezeugt (erhält 1306 Frankfurter Stadtrecht) Berlin urkundl. erwähnt (vgl. 1237)		
1245	Im Konzil zu Lyon läßt Papst *Innozenz IV.* Kaiser *Friedrich II.* als Gegner der Kirche absetzen und unterstützt in den folgenden Jahren dt. Gegenkönige Regensburg wird Reichsstadt Russen schlagen Litauer zurück		† *Alexander von Hales*, engl. Phil. des christlichen Aristotelismus; schrieb „Summa universae theologiae" (* ~ 1175)
1246	Mit Hzg. *Friedrich II.* v. Österreich (fällt gegen die Ungarn) sterben die *Babenberger* aus. Unter ihrer Herrschaft vervierfachte sich etwa ihr Herrschaftsgebiet (seit 976) und wurde der Orienthandel über die Donau gefördert Arab. Kgr. Granada muß Oberhoheit Kastiliens anerkenn. (besteht bis 1492)	~ † *Gonzalo de Berceo*, gilt als ältester span. Dichter (* ~ 1180)	
1247	*Wilhelm von Holland* päpstlicher Gegenkönig (bis 1256 [†]) gegen die *Staufer Konrad IV.* und *Friedrich II.* Mit König *Heinrich Raspe* stirbt das thür. Landgrafengeschlecht der *Ludovinger* im Mannesstamm aus. Im Erbfolgestreit (bis 1264) gewinnen die *Wettiner* Markgrafen von Meißen Thüringen. Der hessische Besitz geht an das Haus *Brabant*		
1248	≈ Die Reichsstädte gewinnen immer mehr Rechte (Wehr-, Münz-, Zoll-, Geleit-Recht u. a.). In Süddeutschland gibt es ca. 70 Reichsstädte, in Norddeutschland weniger, da dort Krongüter seltener sind Sechster Kreuzzug unter Kg. *Ludwig IX.* v. Frankr. (bis 1254; Kg. *Ludwig* gerät nach der Eroberung Damiettes Nordägypt. in Gefangenschaft) Liegnitz (gegrdt. 1242) Sitz d. poln. *Piasten*-Herzöge (ab 1675 zu Österr.) Araber verlieren das 712 eroberte Sevilla an Kgr. Kastilien		**6. (mißlungener) Kreuzzug**

Rathaus i. Dortmund Kölner Dom	Europ. Pulvergeschütze Arabische Wissenschaft	
~ Baubeginn des Rathauses in Dortmund (roman., einer d. frühesten dt. steinernen Profanbauten) ~ Liebfrauenkirche in Trier (frühgotischer Zentralbau; beg. 1227)		
~ * *Giovanni Pisano*, Sohn von *Niccolo P.*, ital. Bildhauer der Frühgotik († ~ 1320) Westminster-Abtei in London (hochgot., fertiggestellt 1760; engl. Nationalheiligtum) ~ Türme von Notre Dame, Paris Burg Rheinfels bei St. Goar erbaut (1692/3 gegen Franzosen gehalten, 1797 nach kampfloser Einnahme durch Franzosen zerstört)	Im Auftrage des Papstes reist der Franziskaner *Johann von Carpini* (* ~ 1182, † 1252) z. Mongolen-Großkhan nach Karakorum auf dem Landweg; schreibt 1247 zurückgekehrt „Liber Tartarorum" u. „Historia Mongolorum" („Tataren-Buch" u. „Geschichte der Mongolen") (vgl. 1253)	~ *Albertus Magnus* sind vier Rosenarten bekannt
Jagdschloß Castel del Monte bei Andria in Apulien für Kaiser *Friedrich II.* ≈ Übergang Romanik–Gotik	≈ Beginn d. Verwendung von Pulvergeschützen in Europa (erfunden in China). Zunächst Eisenbüchsen für Steingeschosse; Schießpulver wird auch als Treibmittel für Raketen benutzt (bedingt mit Niedergang des Rittertums)	≈ Eisenbeschlagene Truhen als wichtigste Kastenmöbel des Mittelalters ≈ Faltstühle werden hergestellt
~ Sitzbilder Kaiser *Ottos d. Gr.* u. s. Gemahlin *Editha* und zehn Standbilder d. klugen u. törichten Jungfrauen (Magdeburger Dom) Kunibertskirche in Köln (spätrom.) geweiht ~ Kathedrale in Beauvais begonnen (bleibt unvollendet)	*Chin-Kiu Shao:* „Neun Teile der Mathematik" (Wiederbelebg. der chin. Mathematik; in Anlehnung an einen klassischen Titel von —1000)	≈ Bedürftige Laien werden gelegentl. durch sog. Panisbriefe (Brotbriefe) von den dt. Königen zur unentgeltlichen Ernährung i. Klöster gewiesen (bis 1806)
Meister Gerhard beginnt den Bau d. Kölner Domes (auf d. Fundamenten einer roman. Kirche d. 9. Jhdts., im ganzen über 10 damals teilw. unbekannten Bauschichten, die bis in die röm. Kolonialzeit reichen; vgl. 1322, 1450, 1842) Sainte Chapelle in Paris erbaut (got. Kirche im Justizpalast Paris) mit Glasmalereien und hochgotischen Apostel-Bildwerken Baubeg. d. Alhambra in Granada (islam. Palastbau; Löwenhof 1354 vollendet; 1492 erobert)	† *Ibn al Baitar*, arab. Gelehrter; schrieb „Buch der einfachen Arzneimittel" (Zusammenfassung der arab. Arzneikunde) (* ~ 1200) † *Ibn al Kifti*, arab. Gelehrter; schrieb u. a. „Chronik der Ärzte" (enthalten 414 Biographien v. Medizinern, Astronomen und Philosophen) (* 1172)	≈ „Rolandsäulen" (barhäuptig. Mann mit Schwert) beginnen auf den Marktplätzen das Marktkreuz als Zeichen d. Marktfriedens u. d. Gerichtsbarkeit zu ersetzen (diese Deutung der R. ist nicht unbestritten)

	Höhepunkt des ritterlichen Mittelalters	*Ritterliche Dichtung* *Ital. Prosa*	*Hoch-Scholastik* *Mystik*
1250	† *Friedrich II.*, röm.-dt. Kaiser seit 1212, Kg. von Sizilien und Jerusalem (Kaiserkrönung 1220; * 1194) *Konrad IV.* dt. Kg. bis 1254 (†) ≈ Ende der Blütezeit des mittelalterlich. Kaisertums. Rückgang d. Zentralgewalt zugunsten d. Fürsten u. Städte (gipfelt in d. „Goldenen Bulle" 1356) ~ * *Albrecht I.* von Österreich, dt. Kg. von 1298 bis 1308 (†), Sohn Kg. *Rudolfs I. von Habsburg* ~ * *Adolf von Nassau*, dt. Kg. von 1292 bis 1298 (†) Brandenburg erobert Uckermark Lübeck erhält Handelsprivileg in Norwegen (durch weitere Vorrechte in der Folgezeit kommt Norwegen wirtschaftlich in stärkste Abhängigkeit von der Hanse) ~ Weimar erhält Stadtrecht (975 als Burg genannt) Bearbeitung des „Sachsenspiegels" (von ~ 1235) für Süddeutschland: „Deutschenspiegel" Demokratische Verfassung in Florenz (1260 von d. *Ghibellinen* beseitigt) Nach einem Jhdt. dauernder Thronkämpfe gelangen d. *Folkunger* in Schweden auf den Thron; Kg. *Waldemar* († 1275), unter Leitung seines Vaters *Birger Jarl* († 1266), gründet Stockholm; knüpft Beziehungen zur Hanse und festigt Schwedens Macht in Finnland, das 1249 in einem Kreuzzug erobert wurde Mandingo-Reich islam. Sudanneger im westl. Sudan (bis ≈ 1500; ~ 1300 wird Timbuktu einbezogen)	*Friedrich II.* (†) schrieb lyrische Gedichte in ital. Sprache ~ * *Heinrich Frauenlob von Meißen*, bürgerl. Meistersinger († 1318) ≈ Schwester *Hadewijch* (Begine) drückt in ekstatischen Liedern ihre Minne zu Gott (furor amoris) aus (gilt als Höhepunkt d. niederl. Mystik) ~ *Pfaffe Konemann:* „Kaland" (mittelniederdt. Lehrgedicht) *Mechthild von Magdeburg* (* 1207, † 1282): „Das fließende Licht der Gottheit" (myst. Visionenbuch in niederdt., ausdrucksstarker Sprache) ≈ Übergang von der ritterl. zur bürgerl. Dichtung in Dtld. (bis ≈ 1350) ≈ „Fernan Gonzalez" (national-span. Epos) von einem Mönch aus Arlanza ≈ „Van den Vos Reinaerde" (niederl. Tierroman) beg. von *Aernout*, beend. von *Willem* ~ Mit dem Osterspiel von Muri (Schweiz) entstehen Anfänge des dt. Dramas ~ Norwegischer „Königsspiegel" (altnorweg. Kulturgeschichte in Gesprächsform) ≈ Beginn der ital. Prosa mit Übersetz. frz. und lat. Werke ≈ Englische Landessprache gleichberechtigt neben Französ. und Latein	~ König *Ludwig IX* (der Heilige) v. Frankreich steht in dem Ruf, Wunderheilungen durch Handauflegen erzielen zu können Bald nach dem Tode Kaiser *Friedrichs II.* kommt die Sage seiner Wiederkehr auf (erst ≈ 1500 auf *Barbarossa* übertragen) An der Pariser Universität haben sich vier Nationalkollegien gebildet (gallisches, englisches, picardisches, normannisches), deren Prokuratoren (Vorsteher) den Rektor wählen ~ *Bertold von Regensburg* (* ~ 1220, † 1272) beginnt als bedeutender Beicht- u. Sittenprediger von der Schweiz bis nach Ungarn zu wirken (400 lat. und 70 dt. Predigten sind erhalten) ~ Cölestinerorden wird gegründet ~ Nordfrz. Bibelübersetzung d. Albigenser ≈ Blütezeit der Univ. Bologna als Rechtsschule

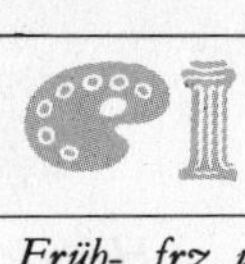		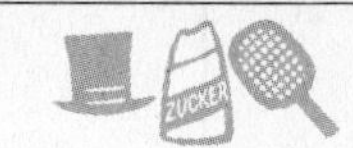	
Dt. Früh-, frz. u. engl. Hoch-Gotik	*Höfische Musik „Ars antiqua“*	*Scholastische Wissenschaft*	
≈ Die spätroman. Plastik Deutschlands gelangt durch Übernahme der Gewandkunst aus Frankreich (vgl. 1125) zu manieristischen, unruhigen, plastischen Formen, die durch die Gotik abgelöst werden ≈ Übergang v. d. Früh- zur Hochgotik in Frankreich. Blüte d. Buch-, Glas-, Schmelzmalerei und Bildwirkerei ≈ Beginn d. Gotik in Deutschland. Früh- u. Hochgotik bis ≈ 1400, Spätgotik ≈ 1400 bis ≈ 1500. Kirchenbauten mit immer stärker vertikal betontem Stil. Auflösung der Wandflächen, Spitzbogen, sich entfaltendes Maßwerk, Fensterrosen, Kreuzblumen, Kreuzrippen, Bündelpfeiler, Strebewerk, Triforium, Glasmalerei, reicher Portalschmuck, Andachtsbilder ≈ Hochgotik in der engl. Baukunst („Decorated Style“, bis ≈ 1350) ~ Sebaldus-Kirche in Nürnberg (spätroman.-frühgot. Basilika-Langhaus mit Westchor; ~ 1309 hochgot. Seitenschiffe; 1372 spätgot. Ost-Hallenchor) Johannis-Kirche in Thorn ≈ Mittelschiff im Münster zu Straßburg (spätroman.-got. Übergangsstil) ~ Thomaskirche in Leipzig (bis 15. Jhdt.) ~ Westfassade mit Seitenportalen der Kathedrale von Rouen (got.; Weiterbau 1370–1420, 1509–14) ~ Altaraufsatz aus St. Maria zur Wiese in Soest: Maria, Dreieinigkeit, Ev. Johannes (zählt zu der ältesten dt. Tafelmalerei) ~ Rathaus in Goslar (got.) ~ Baubeginn des Rathauses in Braunschweig (got.; Arkaden ab 1393) Marienkirche in Hitterdal (norweg. Stabkirche; vgl. 1060)	≈ Vortrag der Passionsgeschichte von drei Sängern (Evangelist, Christus, übrige) im *gregor*ianisch. Gesang (Anfang der Choralpassion) ≈ Einstimmige, ital. volkstüml., geistl. Lieder aus der franziskan. Beweg.: „Lauden“ ≈ Vagantenlyrik und -gesänge (gesammelt in den „Carmina Burana“, vgl. 13. Jhdt.) ≈ Aufteilung des Orgelpfeifenwerks in Register ≈ Portativ, tragbare Orgel mit 1 bis 2 Oktaven, wird viel benutzt (bis ins 15. Jhdt. beliebt) ≈ Querpfeife	~ *Vinzenz v. Beauvaix* († 1264): „Speculum naturale, historiale, doctrinale“ (dreiteilige Enzyklopädie; gedruckt 1473 mit einem zugefügten 4. Teil: „Speculum morale“) ~ *Jordanus Ruffus*, Oberstallmeist. am Hof Kaiser *Friedrichs II.* auf Sizilien: „De medicina equorum“ (erstes mittelalterl. Buch über Krankheiten und Haltung von Pferden) *Albertus Magnus* beschreibt Metallfiguren, die mit Wasser gefüllt u. erwärmt die verschließenden Holzkeile wegschleudern („Püsteriche“); ihm sind 4 Rosenarten bekannt	≈ Blütezeit von Handel u. Gewerbe der norditalienischen Städte (besonders Florenz; vgl. — 1399) ≈ Die belgische Stadt Dinant besitzt bedeutende Messingwarenindustrie ≈ Blüte d. Erzgusses in den Niederlanden (besonders Dinant) u. Norddeutschland ≈ Dolch gehört zur ritterlichen Bewaffnung ≈ Rechenpfennige als Hilfsmittel für Rechnungen auf dem Rechenbrett ≈ Die sog. „gotische“ Schrift entsteht (mit eckigem gebrochenem Schriftbild, Grundlage der heutigen „Fraktur“) ≈ In Mitteleuropa kommt Hut auf (zunächst meist spitzförmig) ≈ Bundhaube als männl. dt. Kopfbedeckung (bis z. 15. Jhdt.) ≈ Zopf auch als europ. Männer-Haartracht ≈ Leinwand-Stikkerei (gipfelt in der Bildstickerei der rhein. u. niederl.-burgund. Werkstätten) Fußballregeln in China

		 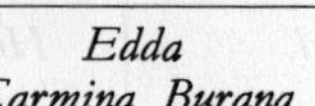	
	Höhepunkt des ritterlichen Mittelalters	*Edda* *Carmina Burana*	*Hoch-Scholastik* *Mystik*
Im 13. Jahrhundert	Aus der Gerichtsbarkeit der fränk.-kgl. Grafen entwickeln sich die fürstl. erblichen Landesherrschaften Handelsgenossenschaft unter der Führung der Stadt Soest auf Wisby (Vorstufe der Hanse) Aufzeichnungen der altschwedischen Landschaftsrechte (in schwed. Sprache) Sumatra wird von mohammedanischen Arabern erobert	„Carmina Burana" (Sammlung mittellat. u. dt. Lieder fahrender Schüler; gefunden 1803 als Handschr. i. Kloster Benediktbeuren) In Österr. entsteht „Rosengarten-Epos" (Kriemhild ruft Dietrich v. Bern zum Kampf gegen Siegfried, den Wächter ihres Rosengartens; Siegfried wird besiegt) „Richard Cœur de Lion" („Richard Löwenherz", engl. Dichtung in frz. Sprache) Die nordfranzösische Mundart der Île de France beginnt sich allmählich immer stärker durchzusetzen und führt zur modernen frz. Schriftsprache Langsames Zurücktreten der lateinischen Schriftsprache „Hofzuchten" (höfische Tischzucht-Literatur) Nach langer, sich umgestaltender mündl. Überlieferg. d. histor. Stoffe (seit ≈ 950) werden die nordisch. Sagas niedergeschrieben Lieder-Edda entsteht; altisländ. Liedersammlung mit germ. Götter- und Heldensagen einschl. der Götterdämmerung in der „Völuspa" (in Stabreim; entstanden seit dem 9. Jahrhundert) Malaiische Sprache wird vor allem durch den Islam mehr u. mehr Verkehrssprache im Umkreis Indonesiens Mongolische Schrift entsteht	Universität Siena gegründet Mittelalterl. Einteilung der „freien Künste" in das Trivium: Grammatik, Rhetorik, Dialektik u. das Quadrivium: Musik, Astronomie, Arithmetik, Geometrie Blütezeit der ritterlichen Erziehung Seit den Kreuzzügen Judenverfolgungen in Europa und Abtrennung der Juden in Gettos (Gleichstellung in Frankreich ab 1791, Deutschland ab 1808) Christl. Bettelorden versuchen Verweltlichung der Kirche aufzuhalten Fest-Gottesdienste in Form d. Reim-Offizien in d. Vulgärsprache m. verteilten Rollen und eingeschaltet. Liedern (Prosen). Neigen zur Parodie und Verweltlichung Die Taufe durch Benetzen mit Wasser wird in der christl.-röm. Kirche üblich (nicht mehr Ganztaufe) In der kathol. Kirche wird es üblich, den Laien das Abendmahl nur noch in der Form des Brotes zu reichen Erste dt. Rechenschulen in Handelsstädten In Tibet bildet sich eine Hierarchie verheirateter, landbesitzender Priester aus (Reform im 14. Jh.)

Übergang Romanik — Gotik	*Höfische Musik „Ars antiqua"*	*Arabische Wissenschaft*	
Blüte der dt. gotischen Glasmalerei (u. a. in St. Kunibert in Köln, Elisabeth-Kirche in Marburg, Stiftskirche Klosterneuburg) Gotische Glasmalerei in der Kathedrale in Chartres Castel Nuovo in Neapel (1458 Triumphbogen *Alfonsos V.*) Fondaco de'Turchi in Venedig (frühroman. Palast am Canale grande) Synagoge in Toledo (1405 zur christl. Kirche umgebaut) Synagoge zu Worms (eine der am längsten erhaltenen in Deutschl.) Die italien. Bildhauerkunst steht merklich noch unter antikem Einfluß, z. B. „Hl. Martin mit Bettler" am Dom zu Lucca. Dieser Einfluß kommt z. T. aus der ehemaligen röm. Provinz in Südfrankreich (Provence) Höhepunkt der Emailmalerei in Limoges; u. a. Reliquienschrein d. hl. *Calmine* Hoher Stand der Fayencekunst in Persien Türk. beeinfl. mameluckischer Stil in der ägypt.-syr. Baukunst d. Islam (bis ~ 1520) Mongolischer Stil in der Baukunst des islam. Orients (bis ~ 1500; Kuppelbauten) Dschaina-Tempel in Mount Abu (bei Dilwara/Nordwestindien) mit reicher Ausschmückung der Innenräume (Marmor) und Einbeziehung des figürl. Schmuckes in die Dekoration; die Götterbilder selbst sind entspr. der asket. Grundauffassung starr-schematisch stilisiert Tempel des Sonnengottes Surya zu Konarak in Orissa/Ind. (größte Dichte des plastischen Schmuckes an der Außenwand, es überwiegen erotische Szenen; lebensgroße Tierfiguren aus einem Block vor den Eingängen) Bildnisplastik des Shogun *Yoritomo* (jap. Holzplastik) Während d. Korai-Dynastie i. Korea (928–1392) Blüte der Töpferei	Geistl. Lieder in dt. Sprache neben den latein. Kirchenliedern (meist sog. „Leisen" nach „kyrie eleison") Magister *Perotinus*, Hauptvertreter d. Pariser „Ars antiqua" (mehrstimmiger Stil unter Verwendung der Mensuralnot.: Organum und Discantus in einfacher Gegenbewegung; dreistimmig. Motetus mit Cantus firmus in der Mittelstimme; Hoquetus [„Schluchzer"] m. zerhackter Stimmführung; Conductus mit freier Erfindung der Stimmen; Rondellus als erste Art kanonisch nachahmender Stimmführg.); führt Vierstimmigkeit ein (vgl. 1100 und 12. Jhdt.) Kanonform als strenger Kontrapunkt Verbot der Oktavparallelen	Durch arab. Überlieferung gelangte die Kenntnis der griechischen (bes. ptolemäischen) Astronomie (und Astrologie) nach Europa, die hier wieder aufgenommen wird (*Alfons der Weise* von Kastilien) Araber bringen Baumwolle n. Europa (wird u. a. in Augsburg verarbeitet) Eiserne, geschlossene Topf- oder Kübelhelme mit Augenschlitz (darunter oft noch Kettenhaube). Gleichzeitig entsteht „Eisenhut"	Frühmerkantilismus (bis 17. Jhdt; gleichzeitig Vorbereitung d. Kapitalismus und seiner auf Handwerksarbeit beruhenden Frühformen) Entstehung des Verlagswesens: Händler gibt dem Handwerker Geld oder Rohstoffe u. „verlegt" seine Erzeugnisse. Zunächst im Textilhandwerk u. Bergbau (führt zur Arbeitsteilung und sozialen Abhängigkeit der Handwerker) Venezianische Glasindustrie in Murano Entwicklung eines Großhandels, der auch außerhalb v. Messeorten und -zeiten tätig ist Kaufleute beginnen Handlungsbücher zu führen und das Urkundenwesen zu entwikkeln (ermöglicht das Kreditwesen) Gänsefeder als Schreibfeder findet stärkere Verbreitung (in Deutschland erst im 17. Jhdt.; seit ≈ 500 bekannt) Brotkonsum setzt sich gegenüber d. nach wie vor verbreiteten Breinahrung stärker durch Höhepunkt d. Ritter-Turniers (vgl. 1127V, 1313Ph)

	Alfons d. Weise Rheinischer Städtebund	Ausklingende ritterliche Dichtung	Hoch-Scholastik Sorbonne
1251	*Otakar (II.)* v. Böhmen erhält mit Hilfe d. päpstl. Partei d. Hzgt. Österr. (1261 d. Hzgt. Steiermark, 1269 Kärnten; verliert diese Länder 1278 Mit der Eroberung v. Algarve erreicht Portugal seine heutige Ausdehnung Berlin erwähnt (vgl. V)	„Calila e Dimna" (span. Fabelsammlung nach ind. Vorbild)	
1252	*Alfons X.* (der Weise) König von Kastilien bis 1282 (dt. König von 1257 bis 1274, ohne Deutschland zu betreten, † 1284) Die im 12. Jhdt. unter den *Ejjubiden* nach Ägypten zu Heereszwecken gebrachten türkischen Sklaven (Mamelucken) erlangen nach der Ermordung der *Ejjubiden* die Herrschergewalt (bis 1517)	~ † *Rudolf von Ems*, mittelhochdt. epischer Dichter, zuletzt in Italien; schrieb u. a. „Alexander" und unvollendete „Weltchronik" (* ~ 1200) ~ † *Reinmar von Zweter*, mittelhochdt. ritterlicher Spruchdichter u. Vagant; schuf auch polit. Spruchdichtung.	Inquisition beginnt Folter anzuwenden, die der Papst billigt
1253	Frankfurt a. d. Oder u. Glogau erhalten Stadtrecht Nordhausen freie Reichsstadt *Otakar II. Przemysl* Kg. v. Böhmen bis 1278 (†, * ~ 1230); fördert Einwanderung dt. Siedler u. Handwerker nach Böhmen u. Mähren, grdt. zahlr. Städte Dt. Kolonisten gründen eine Siedlung bei der poln. Stadt Posen, die Magdeburger Stadtrecht erhält (dt. Einfluß in Posen verschwindet zunächst in der Gegenreformation) Blüte des ukrainischen Staates mit dem Mittelpunkt Halicz (seit ≈ 1200). Der Herrscher *Danylo* (1205 bis 1264) erhält vom Papst *Innozenz IV.* Königskrone (1340 zerfällt dieser Staat)	† *Thibaut IV.* (Kg. v Navarra), frz. höfischer Lyriker, Ketzerverfolger in den Albigenserkriegen (*1201)	Fürstbischöfe von Würzburg beziehen endg. die Festung Marienberg
1254	† *Konrad IV.* bei dem vergebl. Versuch, das sizilianische Reich für das *Stauferhaus* zu retten, dt. König seit 1250 (* 1228) Rheinischer Städtebund von über 50 Städten zur Erhaltung d. Landfriedens und zum Schutz gegen das die wirtschaftl. Entfaltung d. Städte durch Abgaben und Überfälle behindernde Rittertum (Auflösung ~ 1450) ~ Aus dem Kgl. Hofrat in Paris entwickeln sich Staatsrat, Rechnungshof und Gerichtshof (Parlament, mit Prozeß-, Untersuchungs- u. Bittschriftenkammer)	~ „Biterolf und Dietleib" (dt. Heldenepos in Reimversen)	Hofkaplan *Robert de Sorbon* gründet in Paris Theologenschule, (im 14. Jhdt. „Sorbonne" genannt; wird 1554 Sitz der theolog. Fakultät der Pariser Universität) *Alexander IV.* Papst bis 1261 (†)

Stadtkern München Norddt. Backsteingotik	Höfische Musik „Ars antiqua“	Weltkarte Reise nach Asien	
Weiterbau der Marienkirche zu Lübeck als frühgot. Hallenkirche (fertiggest. 1351): Beginn der norddt. Backsteingotik			Brand von Lübeck Dorf Wedding (b. Berlin) urkundl. erw. (gegründet ~ 1210)
Mit der gotischen Kirche des heiligen *Franziskus* in Assisi beginnen die Bettelorden in vielen italienischen Städten gotische Kirchen zu bauen (Baubeginn 1229)		≈ Ebstorfer Weltkarte entsteht (Rundkarte von 3,5 m Durchmesser auf 30 Pergamentblättern mit Jerusalem als Mittelpunkt; Nachahmung einer römischen Weltkarte aus d. 4. Jh.)	~ Von Italien (Florenz, Venedig) aus verbreiten sich Goldmünzen in Europa (Floren, Zechinen, Gulden, Dukaten)
		Der Flame *Wilhelm von Rubruk* (* ~ 1225, † ~ 1270) unternimmt im Auftrage des Papstes und des Königs v. Frankreich Gesandtsch.-Reise an den Mongolenhof in Karakorum bis 1255; liefert zutreffenden Bericht über Zentralasien (vgl. 1245)	≈ Bettgestelle werden mit Bemalung, Schnitzerei oder Einlegearbeit verziert. Es entstehen sofaähnl. Spannbetten ≈ Bett der Ritter erhält Strohsack oder Matratze
* *Chao Meng-fu*, chin. Maler d. Übergangszeit zwischen *Sung-* und der mongol. *Yüan-* Dynastie († 1322) ~ Befestigungen u. Alter Hof (Ludwigsburg) in München (ältester Stadtkern) Kathedrale in Le Mans geweiht (Baubeginn 1217)		* *Marco Polo*, ital. Forschungsreisender in Asien († 1324)	König *Ludwig der Heilige* v. Frankreich läßt Armenregister in den Gemeinden führen und sorgt für Verpflegung der Armen auf Gemeindekosten Handstrickerei angeblich schon in Italien bekannt

	Mongolisches Weltreich Interregnum	Ausklingende ritterliche Dichtung	Hoch-Scholastik Augustiner
1255	Hzg. *Ludwig II.* (der Strenge) von Bayern (1253 bis 1294 [†]) erhält die Rheinpfalz und Oberbayern, macht München zum Herzogssitz Vertreter der Reichsstädte erscheinen auf den Reichstagen (regelmäßig erst ab 1489) Kg. *Otakar II. Przemysl* von Böhmen gründet auf einem Kreuzzug gegen die Preußen Königsberg Prager Altstadt erhält dt. Stadtrecht (1257 auch die Kleinseite)	~ *Ulrich von Lichtenstein:* „Frauendienst" (autobiograph. Versroman m. Minne- u. Tanzliedern) ~ „Alexandergedicht" (span., in vierzeiligen Alexandrinerstrophen)	
1256	† *Wilhelm von Holland* im Kampf gegen die Friesen, päpstlicher Gegenkönig in Deutschland seit 1247 (* 1227) Nürnberg wird Mitglied d. Rhein. Städtebundes „Hundertjähriger Krieg" zwischen Venedig und Genua (vgl. 1381)		Augustiner-Orden gegründet Kloster Chorin am Parsteiner See gegr. (1273 n. Chorin verlegt)
1257	Nach Herrschern aus dem Hause *Staufen* (seit 1138) setzt sich reines Wahlkönigtum durch: Gleichzeitige Wahl von *Richard von Cornwallis* bis 1272 (†) und *Alfons* von Kastilien bis 1274 († 1284) zu dt. Königen. Beginn des „Interregnums" (Zeit ohne effektive Königsgewalt in Deutschland bis 1273) Krakau erhält Magdeburgisches Stadtrecht	*Ulrich von Lichtenstein:* „Frauenbuch" (Lehrgedicht, beklagt das Verschwinden ritterlicher Sitten)	
1258	Memel erhält Lübisches Recht (1252 als Neu-Dortmund gegrdt., kommt 1326 vom Schwertorden des Bischofs von Kurland an den Dt. Orden) Mongolen erobern den Irak, der bisher (seit 750) unter der Herrschaft des mohammedanischen Herrscherhauses der *Abbasiden* in Bagdad stand Mit dem Sturz des Kalifats in Bagdad wird arabische Herrschaft über Asien durch die Mongolen beendet	~ *Saadi:* „Diwan" (Gedichtsammlung), „Rosengarten" (pers. Prosa mit eingestreuten Versen)	
1259	*Kublai Khan* (auch *Kubilai Chan*) mongolischer Herrscher bis 1294 (†). Unter ihm größte Macht des Mongolen-Weltreiches: Birma, Annam, Tibet, bis Theiß und Weichsel (ab 1280 Kaiser von China)		

Gotik	Höfische Musik „Ars antiqua“	Alfons der Weise Pulvergeschütze	
∼ * *Duccio di Buoninsegna*, ital. Maler aus Siena († 1319)		Handelsreisen führen *Nicolo* u. *Maffeo Polo* bis Peking, von wo sie 1269 nach Ital. zurückkehren (vgl. 1271)	≈ In Deutschland werd. ständige berufsmäßige Scharfrichter erwähnt (schließen sich zu Zünften zusammen, gelten wie die Henker u. Abdecker als „unehrlich“)
		Kg. Alfons X. (der Weise) von Kastilien verwendet zu astronomisch. Beobachtungen Kerzen-, Quecksilber- und Wasseruhren	
Hochgotische Bildhauerarbeiten in Notre-Dame, Paris			
Kathedrale in Salisbury/England geweiht (1220 begonnen, bis 1265 ausgebaut, Turm und Westfassade ∼ 1350 vollendet)			
		∼ Anwendung v. Pulvergeschützen durch die Chinesen (auch schon ∼ 1234)	

	Entwicklung der Städte	*Ausklingende ritterliche Dichtung*	*Hoch-Scholastik Mystik*
1260	Durch Teilung des *Askanier*hauses entstehen d. Herzogtümer Sachsen-Lauenburg (bis 1689) u. Sachsen-Wittenberg (erhält 1356 d. Kur u. kommt 1423 a. d. Markgrafen v. Meißen) Wittenberg Hauptstadt von Sachsen-Wittenberg ~ Die *askanischen* Markgrafen erwerben d. Neumark rechts d. Oder für Brandenburg ~ Stuttgart wird Stadt Das Geschlecht d. *Scala* begrdt. seine Macht in d. Markgrafschaft Verona (wird starke Stütze der kaiserfreundl. *Ghibellinen* ~ 1300 bis ~ 1350) Lissabon wird Residenz	~ „Thidreks-Saga" (norweg. Sammlung dt. Sagen; wurd. durch dt. Kaufleute nach Norwegen gebracht u. sind z. T. nur aus dieser Quelle bekannt) ~ „Wartburgkrieg" (mitteldt. Gedicht; im 1. Teil besiegen im Lobpreis des Landgrafen Walther, Wolfram u. andere den Heinrich v. Ofterdingen; im 2. Teil wird er im Rätselspiel von Wolfram besiegt)	~ * *Meister Eckart*, dt. Mystiker und Prediger († 1327) *Segarelli* grdt. Sekte der Apostelbrüder, die sich gegen Verweltlichung der Kirche wenden (vgl. 1307) Geißlerzüge unt. Bußgesängen durch Italien bis nach Deutschland (1349 vom Papst verboten, in Deutschland noch bis zum 15. Jhdt.)
1261	Kaiser *Michael VIII. (Paläologus)*, Grd. des letzten byzant. Herrscherhauses d. *Paläologen*, erobert mit Hilfe Genuas Konstantinopel u. beseitigt das „Lateinische Kaiserreich" (seit 1204); regiert v. 1259 bis 1282 (†). Dadurch gewinnt Genua im Orienthandel vor Venedig eine Vorzugsstellung (vgl. 1381) Kairo Sitz der *Abbasiden*-Kalifen (bis 1517) Magdeburg. Stadtrecht f. Breslau		*Urban IV.* Papst bis 1264 (†); verbündet sich mit *Karl v. Anjou* gegen die *Staufer*-Herrschaft i. Sizilien; führt 1264 Fronleichnamsfest ein
1262	Straßburg macht sich vom Bischof unabhängig und wird Reichsstadt Das span. Kgr. Kastilien erobert Cadiz (1236 Cordoba, 1248 Sevilla) v. den Mauren ≈ Auf d. Pyren. Halbinsel bestehen die christl. Kgr. Aragonien, Kastilien, Navarra, Portugal u. d. arab.-maurische Granada mit hoher wirtschaftlicher u. kultureller Blüte (bis 1492) Island u. Grönland (1261) v. Norwegen erobert und mit ihm vereinigt	*Adam de la Halle:* „Laubenspiel" (frz. Posse, verhöhnt Bürgertum)	

Gotik Naumburger Dom	Höfische Musik „Ars antiqua“	Roger Bacon Dialekt. Heilkunde	
Niccolo Pisano: Marmorkanzel in d. Taufkirche in Pisa (antik beeinflußte Reliefs des Übergangs zwischen Romanik u. Gotik in Italien) ~ *Meister vom Naumburger Dom:* 12 lebensgr., bemalte Stifterfiguren (*Ekkehard*, *Uta* u. a.) an den Pfeilern der got. Westchores; „Passion Christi“ als plast. Schmuck im real. Stil im got. Westlettner (Plastiken zeigen nordfrz. Einfluß; Westchor u. Bildhauerarbeiten ~ 1250 beg.) ~ Die Reliefs mit der Passionsgeschichte im Westlettner d. Naumburger Doms gehören zusammen mit Glasmalereien in d. Kathedrale von Chartres aus d. gleichen Jhdt. zu den frühesten Passionsdarstellungen, die eine vollständige Bilderreihe zeigen ~ Dom zu Upsala (Westfassade vollendet 1435; got.) ~ Der Meditations-(Ch'an-)Buddhismus und seine Mönche beeinfl. d. zeitgen. chin. Malerei; u. a. „Ma-Lang-fu“ (Darstellung einer sagenhaften Buddha-Verkörperung in einem schönen Mädchen von einem Maler-Mönch)	Erste Meistersinger-Schule i. Mainz gegründ. (Meistergesang ist eine bürgerliche Nachahmung d. Minnesanges des Adels, wird nach strengen Regeln betrieben; Blütezeit ≈ 1450 bis ≈ 1600)	~ * *Henri de Mondeville*, franz. Chirurg und Anatom († 1320) ~ Die Philosophie von *Roger Bacon*, die sich neben Autorität und Vernunft auch ausdrücklich auf experimentelle Erfahrung stützt, beeinflußt nachhaltig die Alchimie ≈ Nach alchimistischer Auffassung bestehen die Metalle aus Quecksilber, Schwefel u. Salz und lassen sich ineinander (mit Hilfe des „Steins der Weisen“) umwandeln	Lübeck durch Brand weitgehend zerstört ≈ Die Ritter vereinigen Schild und Helm zu einem einheitl. Wappenbild
~ Bau des hochgotischen Ostchors der Lübecker Marienkirche durch einen nordfrz. geschulten Baumeister (bis ~ 1280) ~ Psalter des heiligen *Ludwig* Haakons-Halle in Bergen (Königshalle, bedeutendster norwegischer Profanbau aus dem Mittelalter)		~ *Thaddeus Florentinus* (* 1223) lehrt in Bologna die Heilkunde nach dialektisch-scholastischer Methode: Behauptung – – Einwände – Gegeneinwände	

	Englischer König in der Hand der Barone Englisches Parlament	Ausklingende ritterliche Dichtung	Hoch-Scholastik Thomas von Aquino
1263	Neues span. Gesetzbuch v. Kg. *Alfons X.*		
1264	*Habsburger* erhalten Thurgau (1460 von den Schweizer Eidgenossen erobert) ~ Thüringen kommt an die *Wettiner* Markgrafen von Meißen Das Parlament der Barone läßt König *Heinrich III.* v. Engl. gefangennehmen (u. a. wegen hoher Geldford. an das Land). Wird nach einem Jahr vom Kronprinzen befreit. Erkennt erneut Magna Charta an	~ † *Gonzalo de Berceo*, span. Dichter, Weltgeistlicher; schrieb „Marienwunder“ u. a. geistl. Dichtung in vierzeiligen, einreimigen Strophen (* ~ 1195)	*Thomas von Aquino:* „Summa contra gentiles“ (Verteidigung des Katholizismus gegen die Erneuerung der Lehre des arab. Aristotelikers *Averroës* († 1198) im „lateinischen Averroismus“ (vgl. 1270) Fronleichnamsfest gestiftet (wird 1311 allgemeine Übung)
1265	Das englische Parlament (zunächst ausnahmsweise) durch je 2 Bürger aus jeder Stadt erweitert (ab 1295 bilden Ritter und Bürger als „Commons“ gemeinsam den 3. Stand)	* *Dante Alighieri*, ital. Dichter († 1321)	~ * *Notburga*, kath. Schutzheilige d. Bauern u. Mägde († 1313) ~ *Brunetto Latini* (* ~1220, † ~ 1294) „Li Livres dou Trésor“ (florentin. Enzyklopädie in frz. Sprache mit Weltchronik, Ethik d. *Aristoteles*, Rhetorik des *Cicero*)
1266	Wismar erhält Lübisches Stadtrecht (seit 1229 als Stadt bezeugt) Königreich Neapel zum französ. Hause *Anjou* (vgl. 1268)		* *Johannes Duns Scotus*, scholastischer Philosoph aus Schottland († 1308)
1267			

Gotik *Magdeburger Dom*	*Höfische Musik* *„Ars antiqua"*	*Alchimie*	
Magdeburger Dom i. Bau (erste gotische Kirche Deutschlands, Baubeginn 1209; Westtürme erst 1520) (vgl. 1363)			
~ Grabmäler Kg. *Dagoberts I.* († 638), *Roberts II.* († 1134) u. der *Constance von Arles* in der Abteikirche v. Saint Denis (hochgot. frz. Plastiken)			
Dom in Münster i. W. (Pfeilerbasilika in roman.-got. Übergangsstil, Baubeginn 1225, später umgebaut) Marienkirche i. d. Berliner Neustadt (frühgot. Hallenkirche)		~ *Raimundus Lullus* wendet sich n. einem ausschweifenden Leben am aragonischen Hof philosophierend d. Wissenschaft. zu; schreibt auch über Alchimie, ohne selbst Versuche zu machen; regt dadurch viele weitere alchimistische Spekulationen an ~ * *Ottokar von Steiermark*, deutscher Geschichtsschreiber	
~ * *Giotto di Bondone*, ital. Maler († 1337) Kathedrale von Salisbury fertiggestellt (engl. frühgot. Kirche; Baubeginn 1220)			
		Bei der mongolischen Truppe d. *Kublai Khan* befinden sich arabische Techniker	Schwere Nordsee-Sturmflut

	Ende der Kaiserherrschaft in Italien	Tannhäuser	Hoch-Scholastik Mystik
1268	*Karl v. Anjou*, Bruder Kg. *Ludwigs IX.* v. Frankreich, besiegt bei Tagliacozzo den Sohn *Konradin* d. *Stauferkönigs* *Konrad IV.* und läßt ihn hinrichten. Damit geht d. Kgr. Neapel-Sizilien d. *Staufern* endgültig verloren. Ende der dt. Kaiserherrschaft in Italien * *Philipp IV.* (der Schöne), Kg. von Frankreich von 1285 bis 1314 (†)		
1269	Kg. *Otakar II.* v. Böhmen erbt Kärnten u. Krain (verliert sie 1278 zusammen mit der 1261 erworbenen Steiermark u. dem 1251 gewonnenen Österreich)		
1270	*Ludwig IX.* (der Heilige) unternimmt einen Kriegszug nach Tunis (sog. siebenter Kreuzzug); er und ein großer Teil seines Heeres sterben an einer Seuche (* 1214) *Philipp III.* (der Kühne) Kg. v. Frankr. bis 1285 (†) ~ Lemberg von ukrain. Fürsten gegründet	~ *Albrecht:* „Jüngerer Titurel“ (Forts. v. *Wolframs* „Titurel“ in gesteigert geheimnisvoller u. rätselhafter Sprache; gedruckt 1477) ~ *Der Pleier* aus Salzburg: „Garel vom blühenden Tal“, „Tandareis u. Flordibel“, „Meleranz“ (drei mittelhochdeut. *Artus*romane) ~ † *Tannhäuser*, mittelhochdt. Lyriker und Vagant in Süddeutschland, Vertreter der kraftvollen „höfischen Dorfpoesie“ (* ~ 1205) ~ „Cronica general“ („Weltchronik“, span. Prosawerk auf Veranl. *Alfons' X.*; leitet span. Chronik-Literat. ein)	*Jacobus de Voragine*, Erzbischof v. Genua (* ~ 1230, † 1298): „Legenda aurea“ (Sammlg. von Heilig.-Legenden in Versen) Kathol. Kirche verurteilt „lateinisch. Averroismus“, der Ewigkeit der Welt u. Sterblichkeit d. Einzelmenschen lehrt. Einzelseele nicht unsterblich, sondern vorübergeh. Teilerscheinung einer Gesamtvernunft; Hauptvertreter *Siger von Brabant* († ~ 1282)

Gotik Niccolo Pisano	Höfische Musik „Ars antiqua"	Magnetismus	
Niccolo Pisano: Marmorkanzel im Dom zu Siena (ital. Reliefs im antik beeinfl. Übergangsstil zwischen Romanik und Gotik) Kathedrale von Amiens (frz. Hochgotik, Baubeginn 1218)		~ *Teodorico Borgognoni* (* 1205, † 1298, Bisch. v. Bitonto): Lehrbuch d. Chirurgie (aus d. medizin. Schule von Bologna)	
~ Maler-Mönch *Mu-hsi* (* ~ 1220, † ~ 1290) malt Bilderrolle: „Acht Ansichten vom Hsiao-Hsiang" (Chines. „impressionist." Landschaftsmalerei im geistvoll-knappen Stil des Meditations-[Ch'an-]Buddhismus)		„Epistola Petri Peregrini Maricurtensis de Magnete" (Brief des *Pierre v. Maricourt* üb. den Magnetismus, die älteste bekannte experimentalphysikal. Darstellung dieses Gebietes)	
	~ * *Giovanni da Cascia*, ital. Komponist, ein Hauptmeister der weltlichen Liedmusik mit Instrumentalbegleitung („Ars nova"), Madrigale	~ *Etienne Boileau:* „Livre des Métiers" (französ. Berufskunde)	~ Tiroler Münze mit Doppelkreuz als Urbild des „Kreuzers" (1551 Reichsmünze)

	Ende des Interregnums *Rudolf I. von Habsburg*	*Persische Dichtung*	*Hoch-Scholastik* *Mystik*
1271	Grafschaft Toulouse kommt zur frz. Krone. Durch diese und andere Vereinigungen Stärkung der Zentralgewalt		
1272	*Eduard I.* König von England bis 1307 (†, * 1239). Fördert Gesetzgebung („Justinian Englands")		† *David von Augsburg*, dt. Mystiker; schrieb: „Über des äußeren u. inneren Menschen Bildung, nach dem dreifachen Stand der Anfangenden, Fortschreitenden und Vollendeten" (Anweisungen zur geistl. Lebensführung, in myst. Gebetsversenkung gipfelnd)
1273	*Rudolf I. von Habsburg* wird zum dt. Kg. gewählt (bis 1291 [†]); Ende des Interregnums seit 1257, während dessen sich die Fürstengewalt entscheidend stärkte *Rudolf I. v. Habsburg* stellt d. Herrschaft über die 3 Schweizer Waldstätte wieder her (führt 1291 zum „Ewigen Bündnis" gegen *Habsburg*, 1315 erneuert. Haus *Habsburg* erwarb seit 10. Jhdt. Besitzungen im Elsaß und in d. Schweiz)	† *Dschelal ed Din Rumi*, persischer mystischer Dichter; schrieb „Diwan" und „Mesnewi" (Erzählungssammlungen); grdte. Orden der tanzenden Derwische (* 1207)	*Thomas von Aquino*: „Summa theologica" (hochscholast. Zusammenfassung der röm.-christl. Theologie unter Verwendung der aristotel. Philosophie; ersetzt das „Ich glaube, damit ich erkenne" [„Credo ut intelligam"] der Frühscholastik durch d. Grundsatz „Glauben durch vernünftige Erkenntnis"; anerkennt die Offenbarung als außer-, aber nicht widervernünftige Erkenntnisquelle theolog. Wahrheiten)

Gotik *Niccolo Pisano*	*Höfische Musik* *„Ars antiqua“*	*Marco Polo*	
		Der Venezianer *Marco Polo* begleitet seinen Vater *Nicolo* auf einer Kaufmannsreise d. Innerasien nach Peking. Er wird Statthalter d. Groß-Khans in einer Provinz (bis 1292)	„Jura et libertates silvanorum“ („Recht und Freiheiten der Waldwerke“), Harzer Bergrecht, vereinbart zwischen dem Herzog v. Braunschweig-Lüneburg und den „Waldwerken“
Cimabuë in Rom Dom in Stavanger/Norw. (aus dem 11. Jhdt.) gotisch ausgebaut			Die Bäckerinnung in Berlin gegrdt.; verlangt vor der Aufnahme eine Brotbackprobe als Befähigungsnachweis (d. Meisterstück wird in den Zünften erst später üblich, vgl. 15. Jhdt.) Gesetzl. Festpreise f. Bäckereiprod. i. Berlin
Niccolo Pisano: Brunnen vor dem Dom in Perugia (ital. Bildhauerarbeit des Übergangstils Romanik-Gotik) ~ Kathedrale zu León (span.-got., Baubeginn 1199) Zisterzienser erb. Kloster i. Chorin (Backsteingotik) (vgl. 1256)		* *Abu'l Feda*, arab. Historiker u. Geograph († 1331)	

	Mongolisches Weltreich Rechtsordnungen	*Dante und Beatrice*	*Thomas von Aquino Mystik*
1274	*Eduard I.* Kg. v. Engl. bis 1307 (†); beschränkt die Macht der Barone, erweitert das Parlament, organisiert Steuer- u. Militärwesen Der Mongolenherrscher *Kublai Khan* versucht vergeblich, Japan zu unterwerfen (1281 wird bei einem zweiten Versuch große mongol. Flotte durch Sturm vernichtet)	Beginn der Liebe *Dantes* zu *Beatrice* (* 1266, † 1290)	† *Bonaventura*, ital. Kirchenlehrer, Erneuerer u. bedeutendst. Angehör. d. augustinisch-scholast. Franziskanerschule; schrieb: „De reductione artium ad theologiam" („Rückführung der Wissenschaften auf die Theologie") u. „Breviloquium", Abriß der Glaubenslehre (* 1221) † *Thomas von Aquino*, Schüler von *Albertus Magnus*, ital. scholast. Philosoph, „Doctor angelicus universalis"; vereinigte aristotel. Philosophie m. christl. Theologie (* ~ 1225, Heiligsprechung 1323) 14. Allg. Konzil i. Lyon
1275	~ * *Heinrich VII. von Luxemburg*, röm.-dt. Kaiser von 1308 bis 1313 (†) ~ „Schwabenspiegel", süddt. Rechtsbuch in oberdt. Mundart, umfaßt Land- u. Lehnsrecht, lehnt sich an „Sachsen"- u. „Deutschenspiegel" an, enth. auch röm. Recht *Magnus I.* Kg. v. Schweden bis 1290 (†); vollendet Eroberung Finnlands, schützt Bauernstand vor d. Adel, führt ritterl. Kultur ein Seit 1250 wurden schwedische Landschaften zu einem Staat verschmolzen	≈ Am Hofe Kg. *Haakons d. Guten* von Norwegen entstehen unter Einfl. d. festländischen Ritterdichtung zahlr. „Riddarasagas"	≈ Herz-Jesu-Brautmystik in den Nonnenklöstern ≈ *Moses de León*, jüd.-span. Kabbalist, verfaßt vermutlich „Sohar" („Glanz", Hauptwerk der jüdischen Mystik) Hexenverbrennung in Toulouse nach Inquisitionsverfahren (Hinrichtung von „Hexen" finden bis 1793 statt)
1276	Augsburg wird im Kampf gegen die Bischofsgewalt freie Reichsstadt Neuordnung d. norweg. Rechtswesens unter Kg. *Magnus Lagaböte* (herrscht von 1263 bis 1280)	*Brun von Schönebeck* verarbeitet das „Hohelied" zu einem allegorischen Gedicht von Salomos Brautwerbg. ~ † *Ulrich von Lichtenstein*, dt. Minnesänger	

Erwin von Steinbach Straßburger Münster	*Höfische Musik „Ars antiqua"*	*Arabische Wissenschaft*	
Marienburg (Westpr.) gegrdt. (got. Backsteinbau, im wesentlichen 1398 fertiggestellt)	~ Fronleichnams-Sequenz (Schluß des Messe-Halle-lujas): „Lauda Sion salvatorem" („Zion, lobe den Heiland") von *Thomas von Aquino* (†) (vgl. 912, 1031, 1050, 1306, 1320)	† *Nasir ed-din et-Tusi*, arab. Universalwissenschftl. in Bagdad. Veranlaßte den Mongolenfürsten *Holagu* zum Bau einer Sternwarte in Megara. Verarbeitete seine Beobachtungen zu Planetentafeln und Fixsternkatalog (* 1201)	
* *Kao (Liang-ch'üan)*, chines. Maler in Japan († 1335) Kathedrale in Lausanne (Baubeginn 1235) ~ Dom zu Paderborn (spätroman.-frühgot. Übergangsstil, Teile aus dem 11. Jhdt., gegrdt. im 8. Jhdt., durch *Karl d. Gr.*) ~ St.-Peter-Dom in Regensburg (hochgot. dreischiff. Basilika mit Querschiff; Glasgemälde i. 14. Jhdt.; fertiggestellt ~ 1525, Türme 1859 bis 1869) Liebfrauenkirche i. Roermond (niederländ.-roman., Baubeg. ~ 1225) ≈ Statuen im Chor und in der Johannes-Kapelle des Doms zu Meißen (got. Plastiken, Dom erbaut im 13. u. 14. Jhdt.)		* *Mondino di Luzzi*, italienisch. Anatom († 1326) ~ Der Perser *Al Schîrasî* erklärt den Regenbogen durch zweimalige Brechung und einmalige Zurückwerfung des Sonnenlichtes in den Wassertröpfchen der Wolken Windmühlen in Europa allgemein üblich (vgl. 1180)	Vermählung der *Francesca (da Rimini)*, Tochter des Fürsten von Ravenna, mit *Gianciotto Malatesta* von Rimini, der wegen ihrer Neigung zu seinem Bruder *Paolo* 1284 beide ermordet (wird von *Dante* in der „Göttlichen Komödie" bedichtet)
Baubeginn der Nikolai-Kirche in Stralsund (norddt. Backsteingotik) Hochgot. Westfassade des Straßburger Münsters mit reicher Plastik der Portale und großer Fensterrose (13,5 m), ab 1284 nach Plänen *Erwins von Steinbach* (Baubeginn des Münsters 1176, mit dem Nordturm 1439 fertiggestellt)		Papierherstellung kommt nach Italien (vgl. 793)	Augsburg. Stadtrecht; sieht u. a. Kontrolle d. Brotqualität vor Heiliggeisthospital in Lübeck

	Mongolisches Weltreich Rudolf I. von Habsburg	Anfänge bürgerlicher Dichtung	Hoch-Scholastik Mystik
1277		~ *Jansen Enikel* aus d. Bürgerstand verf. i. Wien eine „Weltchronik" u. „Fürstenbuch von Österreich" (mittelhochdt. Reimverse) *Konrad von Würzburg*: „Partonopier und Meliur" (mittelhochdt. Epos nach französ. Vorbild) Mit der Einnahme Konias (Ikonion) wird in der türkischen Staatskanzlei türkisch Amtssprache (bleibt jedoch stark arabisch u. persisch durchsetzt)	*Nikolaus III.* Papst bis 1280 (†); versucht, die Gegensätze im Franziskanerorden auszugleichen
1278	Kg. *Rudolf I. von Habsburg* besiegt Kg. *Otakar II.* von Böhmen (†) auf dem Marchfeld, der nach dem Aussterben der *Babenberger* ihr österr. Hzgt. und Kärnten erworben hatte (vgl. 1282) † *Otakar II.*, Kg. v. Böhmen seit 1253, im Kampf gegen dt. Kg. *Rudolf I. von Habsburg* (* ~ 1230) *Wenzel II.* Kg. v. Böhmen bis 1305 (†, * 1271); zunächst unter Vormundschaft d. Markgrafen *Otto* v. Brandenburg; kämpft gegen den Adel, wobei er seinen Stiefvater hinrichten läßt, kommt 1300 vorübergehend auf den poln. Thron Soest kommt zum Erzbistum Köln (bis 1449; wird Hansestadt mit führender Rolle in diesem Bund) * *Robert* (der Weise) *von Anjou*, König von Neapel von 1309 bis 1343 (†) ~ Das mongolische Weltreich auf der Höhe seiner Macht u. Ausdehnung (erstreckt sich von China bis Polen, von Sibirien bis zum Himalaja; zerfällt 1294 in mehrere Staaten)		Tanzwut-Epidemie in Europa (relig. Massenwahn mit veitstanzähnlichen Zuständen)

Gotik	Höfische Musik „Ars antiqua“	Weltchronik für Geistliche	
Neubau des Doms in Osnabrück (spätroman., Baubeginn 1254; urspr. Bau aus dem 8. Jhdt. durch Brand zerstört) ≈ Tiere u. Fabelwesen als Wasserspeier an got. Kirchen ≈ In deutschen Städten entstehen Rathausbauten mit repräsentativem Saal im Obergeschoß Bibelfenster d. Münsterkirche in Mönchengladbach			≈ In den Händen der Kaufleute sammeln sich teilweise große Geld- und Kapitalmengen Nordseesturmflut erzeugt Dollart (Emsmündung; b. 1400 durch weitere Überschwemmungen erweitert)
~ † *Niccolo Pisano*, ital. Bildhauer; leitete mit einem antik beeinfl. Stil von der Romanik zur Gotik über (* ~ 1220)		† *Martin von Troppau*, Erzbischof v. Gnesen; schrieb Weltchronik zum Gebrauch f. Geistliche (lat.; mehrfach fortgesetzt m. vielen unhistorischen Fabeln)	

	Mongolisches Weltreich *Sizilianische Vesper*	*„Mittelalterl. Faust"*	*Albertus Magnus* *Mystik*
1279	Der Kurfürst-Erzbischof von Mainz unterdrückt die Selbständigkeitsbestrebungen der Rheingaugrafen (seit ~ 1250) u. wird Landesherr ihres Gebietes *Eberhard I.* (d. Erlauchte) Graf von Württemberg bis 1325; gewinnt als Landvogt in Schwaben wichtige Hoheitsrechte und macht Stuttgart zur Residenz *Diniz der Gerechte (Dionysius)* Kg. v. Portugal bis 1325 (†, * 1261); fördert Kunst u. Wissenschaft; behauptet geg. d. Papst seine Macht über d. port. Kirche; schreibt ein Liederbuch *Kublai Khan* grdt. Peking neu und verlegt von Nanking seine Residenz dorthin Ganz China von den Mongolen erobert		Der Papst stellt sich auf die Seite der gemäßigten Franziskaner, während die strengen Observanten in einen Gegensatz zum Papsttum kommen und später von der Inquisition als Ketzer angesehen werden
1280	*Kublai Khan*, seit 1259 Enkel von *Dschingis Khan* Herrscher des mong. Weltreiches, wird erster chin. Kaiser (bis 1294 [†]) der *Yüan*-Dynastie (bis 1368); tritt zur Erwerbung d. Priesterstaates Tibet zum Buddhismus über; toleriert Kulturen und Religionen seines Reiches Deutsche Hanse in London	~ † *Rutebeuf*, Pariser Dichter zeitnaher Gedichte und geistl. Schauspiele; u. a. „Miracle de Théophile" (die Gestalt des Theophilus gilt als „mittelalterl. Faust")	† *Albertus Magnus*, dt. Philosoph und Naturforscher; kommentierte und verbreitete die Werke des *Aristoteles* im christlichen Sinne, lehrte u. a. an der Universität Paris, Lehrer des *Thomas von Aquino* (* ~ 1193)
1282	König *Rudolf I.* belehnt seine Söhne *Albrecht* und *Rudolf* mit Hzgt. Österr. u. Hzgt. Steiermark (der *habsburg.* Besitz in Österr. vergrößert sich bis 1496 von 57 000 qkm auf 110 000 qkm) Das span. Kgr. Aragonien erobert Sizilien v. d. Franzosen (gewinnt 1442 auch Neapel) Die kastilischen Städte schließen Bündnis gegen Kg. *Alfons X.* Riga wird Hansestadt Volksaufstand in Sizilien unter d. *staufischen Ghibellinen*-Partei. Ermordung aller Franzosen („Sizilianische Vesper") in Palermo. *Karl v. Anjou* verliert Sizilien an Kg. *Peter III.* v. Aragonien, behält Kgr. Neapel Die oberen Zünfte entreißen in Florenz dem Adel die Macht. Florenz erhält Verfassung	* *Juan Manuel*, span. Dichter († 1348)	

Ende der Sung-Akademie *Chin. Kunst der Yüan-Dynastie*	*Höfische Musik* *„Ars antiqua“*	*Fossiliendeutung* *Albertus Magnus*	
		Sternwarte in Peking erbaut	≈ Nanking mit über 800000 Einw. größte Stadt Chinas (wird in der Folgezeit von der neuen Hauptstadt Peking überflüg.)
Neubau des Domes zu Verden nach einem Brand St. Maria sopra Minerva (einzige gotische Kirche Roms)		*Albertus Magnus* (†) schrieb u. a. „De animalibus“ („Über die Tiere“) mit Ansätzen einer Tiergeographie	Aufstand der flandrischen Textilhandwerker gegen die patrizischen Kaufleute u. Verleger, von denen (als Eigentümer d. Rohstoffe) sie abhängig sind
Kathedrale Ste.-Cécile in Albi (Süd-Frkr.) begonnen (Chor 1330, Turm 1485) Die *Sung*-Akademie in Hangchou fand durch den Einfall der Mongolen unter *Kublai Khan* ihr Ende. Die neuen mong. Herrscher suchen die chin. Kulturtradition fortzusetzen und werden dabei teilweise von namhaften Chinesen unterstützt Nach dem Ende der *Sung*-Akademie, in der die Kaiser starken Einfl. auf die Kunst nahmen, entsteht in China unter der mong. *Yüan*-Dynastie (ab 1280) eine vom Herrscher unabh. Kunstausübung von Künstlern, die oft als Verwaltungsbeamte im Staatsdienst stehen		*Ristoro d'Arezzo* deutet Fossilien als Sintflutüberreste gegenüber d. sonst nach wie vor (seit *Aristoteles*) angenommenen „plastischen Kraft“ d. Erde	Florenz führt im westeurop. Wirtschaftsleben durch Tuchindustrie und Bankwesen ≈ Frühkapitalistischer Woll- und Tuchhandel (unterliegt ≈ 1400 d. Zunftverfassung)

	Blüte in Genua England erobert Wales	Ausklingende ritterliche Dichtung	Hoch-Scholastik Mystik
1283	Kg. *Eduard I.* v. England erobert d. Restfürstentum d. Waliser (ab 1301 erhält d. engl. Thronerbe d. Titel „Prince of Wales"). Schottland bleibt unabhg. Im Privilegium von Saragossa erhalten die Reichsstände (Cortes) von König *Peter III.* von Aragonien erhebliche Rechte, um die Kriegskosten des Kampfes um Sizilien (1282) zu bestreiten	~ † *Saadi*, pers. Dichter; schrieb „Diwan" (Gedichte), „Duftgarten" (moralisierende Verserzählg.), „Rosengarten" (Prosa-Erz. mit eingeflochtenen Versen) (* ~ 1184) ~ *Kézai*: mittellat. Chronik (aus Ungarn)	
1284	* *Eduard II.*, König von England von 1307 bis 1327 (†) Genua besiegt Pisa in der Seeschlacht bei Meloria entscheidend, gewinnt Sardinien, Elba und wird führende Handelsstadt am Mittelmeer † *Alfons X.* (der Weise) als Flüchtling in Sevilla bei den Mauren, Kg. von Kastilien von 1252 bis 1282, v. Deutschland gleichzeitig mit *Richard von Cornwallis* von 1257 bis 1274, förderte Astronomie und Geschichtsschreibung (* 1226) Das unter schwed. Herrschaft stehende Finnland wird Hzgt. (1581 Großfürstentum)	~ *Ulrich von Eschenbach*: „Alexandreis" (romant. Epos in lat. Sprache am Hofe Kg. *Wenzels II.* v. Böhmen)	
1285	*Philipp IV.* (der Schöne) Kg. v. Frankreich bis 1314 (†)	~ „Lohengrin" (mittelhochdt. Sagendichtung eines thüring. Fahrenden und eines bayr. Ritters)	*Honorius IV.* Papst bis 1287; bestätigt Augustiner- und Karmeliterorden
1286	~ * *Friedrich der Schöne*, dt. Gegenkg. von 1314 bis 1330 (†) Schottland vorübergehend von England abhängig (bis 1328) durch dessen Einmischung in den Streit der schott. Barone	*Bar-Hebräus* (†) gilt als letzter Vertreter der klass. syr. Literat.	† *Bar-Hebräus*, arab. und syr. Enzyklopädist; schrieb eine Welt- u. Kirchengeschichte. (* 1226)

Gotik	*Höfische Musik „Ars antiqua“*	*Wassermühlen*	
Elisabeth-Kirche in Marburg (frühgot.; Baubeginn 1235; Türme 1360; mit Grabmal und Reliquienschrein der hl. *Elisabeth* 1240; gilt als erstes völlig gotisches dt. Bauwerk) Sta. Maria Novella, Florenz, begonnen ~ Caernarvon Castle (engl. Schloß in NW-Wales)			
Erwin von Steinbach Baumeister am Straßburger Münster * *Simone Martini*, ital. Maler aus Siena († 1344) Glockenturm (Torazzo) am Dom in Cremona (121 m) Stiftskirche in Innichen (Dolomiten) (teilweise romanisch, frühere verbrannte 1200)		Kg. *Alfons X.* (d. Weise) (†) förderte Astronomie, Geschichtswissensch. und Übers. arab. wissensch. Werke ins Lateinische	Kg. *Alfons der Weise* von Kastilien (†) schrieb: „Schachzabelbuch“ (Schachbuch) Grdg. d. schwed. Großen Kupferbaugesellschaft in Falun (gilt als „älteste AG“) Sagenhaftes Auftreten des „Rattenfängers von Hameln“ (wird heute vielf. mit massenhysterischen Tanzepidemien in Zusammenhang gebracht)
~ Conway Castle (engl. Burganlage) Baubeginn d. Doms zu Orvieto (ital. Gotik, fertiggest. im 16. Jhdt.)			
		Wassermühlen in Berlin	*Thaddeus Florentinus (Alderotti)* (* 1223), scholastisch. Arzt aus Bologna, behandelt Papst *Honorius IV.* für 100 Goldstücke pro Tag

	Köln vom Erzbischof unabhängig Osman I.	Anfänge bürgerl. Dichtung	Hoch-Scholastik Mystik
1287	* *Ludwig IV.* (der Bayer), röm.-dt. Kaiser von 1314 bis 1347 (†) Mongolen erobern Burma	† *Adam de la Halle*, franz. Dichter (vgl. Spalte Musik) ~ *Jean de Meung (Clopinel de Meun)* vollendet den „Rosenroman" (frz. allegorischer Vers-Roman in der Volkssprache; schildert den Weg eines „Liebenden" zur Erkenntnis, begonnen ~ 1237 von *Guillaume de Lorris;* beeinflußt nachhaltig die frz. Literatur bis zur Renaissance u. *Dante*) † *Konrad von Würzburg*, mittelhochdt. Dichter; schrieb „Der trojanische Krieg" in 40000 Versen und lebensechte Kurzerzählungen in Versen; Vertreter des Überganges vom Minnesang zum Meistergesang	
1288	Düsseldorf wird Stadt Die Stadt Köln erkämpft sich gegen d. Erzbischof Reichsunmittelbarkeit (dadurch starke Handelsbelebung) ≈ Der Rhein hat größte Bedeutung für Schiffahrt u. Handel, die aber durch wachsende Zahl von Stromzöllen behindert werden *Osman I.* Herrscher der Türken bis 1326 (†, * 1259); nimmt 1300 Sultantitel an	*Jan van Heelu*, aus der Schule von Maerlant, gibt in einem Gedicht eine Beschreibung der Schlacht v. Woeringen (kennzeichnend f. d. niederl.-bürgerl. Dichtung dieser Zeit)	*Nikolaus IV.* Papst bis 1292 (†); fördert franziskanische Mission in China
1289			König *Diniz* von Portugal setzt sich in einem Konkordat gegen die Ansprüche des Papstes durch (widerruft die Zugeständnisse seines Vaters) Gründung der Universität in Montpellier, Frankr. (entwickelt sich im 14. Jhdt. zu einer der größten in Europa)

Bildende Kunst	Musik	Wissenschaft	Alltag
Gotik	*Adam de la Hale*	*Medizin. Schulen in Italien u. Frankreich*	
	∼ † *Adam de la Halle*, nordfranz. Troubadour (Trouvère), Komponist mehrstimmiger Lieder und ältester Singspiele mit volkstümlich. Weisen, u. a. „Le jeu de Robin et Marion“ (* ∼ 1238)		
Rathaus in Preßburg (got.; fertiggestellt im 16. Jhdt.)	St.-Nikolai-Bruderschaft in Wien (erste Zunft von Spielleuten, sorgt für musikalische Ausbildung u. soziale Fürsorge)		
	* *Johannes de Muris*, franz. Komponist († 1355)	*Arnaldus von Villanovanus*, Arzt und Mediziner i. Montpellier bis 1299 (Höhepunkt dieser Fakultät); schreibt „Breviarium practicae medicinae“ u. „Parabolae medicationis“ („Parabeln der Heilkunst“)	

	Ende der Kreuzzüge Hansebund	„Meier Helmbrecht"	Hoch-Scholastik Roger Bacon
1290	Könige von Böhmen-Mähren *(Przemysliden)* erhalten Kurwürde Die Königswahl steht nunmehr sieben Kurfürsten zu (Erzbischöfe von Trier, Mainz, Köln, Pfalzgraf bei Rhein, Herzog von Sachsen, Markgraf von Brandenburg, König von Böhmen)	≈ *Thomas von Erceldoune* („der Reimer"), einer der frühesten schott. Dichter ∼ *Wernher der Gartenaere* (mittelhochdt. Dichter aus Bayern): „Meier Helmbrecht" (epische Verserzählg. üb. einen als Raubritter endenden Bauernsohn) ∼ „La gran conquista de Ultramar" (span. Prosaschilderung der Kreuzzüge)	∼ * *Wilhelm v. Occam*, engl. nominalistischer Philosoph in Paris († 1349) König *Diniz* von Portugal gründet Universität Lissabon (wird 1307 nach Coimbra verlegt) Nach etwa 100jähriger Verfolgung werden d. Juden aus England ausgewiesen
1291	† *Rudolf I. von Habsburg*, dt. Kg. seit 1273; bekämpfte das Raubrittertum (* 1218) * *Cangrande I. della Scala*, Herrscher von Verona († 1329) Antwerpen als Stadt erwähnt Mit der Eroberung von Akkon (Paläst.) durch die türk.-ägypt. Mamelucken gehen die letzten politischen Gewinne d. Kreuzzüge verloren. Es bleibt Bereicherung d. europ. Wissens u. Kultur durch d. Orient und Ausweitung d. Handels bes. von Venedig u. Genua „Ewiges Bündnis" der Schweizer Waldstätte gegen *Habsburg* (1315 erneuert) Die Benediktineräbte verkaufen Luzern an Haus *Habsburg*		Ende d. Kreuzzüge (seit 1096; wirken stark auf abendl. Kultur nach)
1292	*Adolf von Nassau* dt. Kg. bis 1298 (†) Land Stargard kommt an die Fürsten von Mecklenburg		
1294	∼ Lübeck gründet Städte-Hanse (Städtebund z. Förderung d. Handels; auch zahlreiche norddt. Binnenstädte schließen sich an; Gründung von „Kontoren" im Ausland); Ursprung sind die vorher bestehenden Kaufmanns-Hansen im 12. Jhdt. † *Kublai Khan*, erster mongol. Herrscher d. *Yüan*-Dynastie in China seit 1280; Herrscher der Mongolei s. 1259; das übrige mongol. Weltreich zerfällt in mehrere Staaten		† *Roger Bacon*, engl. Philosoph einer naturwissenschaftl. Denkweise; suchte Kalender, Unterricht, Wissenschaft und Kirche zu reformieren (* ∼ 1215) *Bonifatius VIII.* Papst bis 1303 (†)

Gotik Giovanni Pisano	Höfische Musik „Ars antiqua"	Marco Polo	
~ * *Andrea Pisano*, ital. Bildhauer († 1349) *Giovanni Pisano:* Monumentalstatuen an d. Domschauseite in Siena (ital. Frühgot.) ≈ Die aufkommende ital. Gotik bleibt körperlicher u. lebensnäher als die frz. u. dt. Gotik, wahrscheinlich durch antike Überlieferung beeinflußt Glasmalereien im nördl. Seitenschiff des Straßburger Münsters ~ Bild des Schreibkünstlers *Ono Dofu* (* 896, † 966; früheste japan. weltl. Malerei, stark karikaturist.)	~ * *Philippe de Vitry*, frz. Komp. († 1361)	~ Anfänge des Bergbaus im Erzgebirge (bis 1599)	≈ In Frankreich entsteh. Schnabelschuhe (ab ≈ 1350 auch in Deutschl. u. England; verschwinden Ende des 15. Jhdt.)
~ *Pietro Cavallini:* Apsis-Mosaik in S. Maria Maggiore u. Mosaik zum Marienleben in S. Maria in Trastevere (beide in Rom) Kathedrale in York/Engl. begonnen			≈ Durch die Kreuzzüge kam v. Orient nach Europa: Buchweizen, Mais, Reis, Pfeffer, Zitrone, Aprikose; stärkerer Rohrzuckerverbrauch; Stoffe, Kleidung, Möbel; Glas-, Seidenherstellung, Spielkarten und anderes
Baubeginn der Marienkirche in Stargard i. Pommern (got.)		*Marco Polo* verläßt China und kehrt über Sunda-Inseln, Vorderindien und Kleinasien nach Venedig zurück	Löwenapotheke i. Trier
		Roger Bacon (†) benutzte (erfand?) Vergrößerungsgl.	~ Die Ausdehnung und Verbesserung der Landwirtschaft führt zu einem Höhepunkt der Bevölkerungsdichte, in Europa um 1300, die in der Folgezeit durch Seuchen reduziert wird

	Städte im englischen Parlament	Dante Bürgerl. Dichtung	Hoch-Scholastik Mystik
1295	Minden u. Paderborn als Hansestädte bezeugt Kg. *Eduard I.* v. England beruft Vertreter der Städte ins Parlament (das 1297 sein Steuerbewilligungsrecht anerkennt) Herzog *Przemyslaw II.* von Polen in Gnesen zum König gekrönt Nach Erwerb des westl. Pommerellen teilt sich Hzgt. Pommern in Pommern-Wolgast (Vor- u. Hinterpommern) und Pommern-Stettin (1478 wieder vereinigt; 1532—1815 wieder getrennt)	*Dante:* „Das neue Leben" (ital. Gedichte m. verbindendem Text über seine Jugendliebe zu *Beatrice*) ~ † *Jacob van Maerlant*, niederl. Lyriker u. Vertreter d. bürgerlichen lehrhaften Dichtung; schrieb Lehrgedichte über Staatskunst, Naturwissenschaften, Geschichte, Bibelstoffe; „Vater aller dietscher Dichter" (* ~ 1235)	~ * *Heinrich Seuse (Amandus)*, dt. Mystiker († 1366)
1296	* *Johann von Luxemburg*, König von Böhmen von 1310 bis 1346 (†), Sohn Kaiser *Heinrichs VII.*	† *Bussiri*, arab. Dichter; schrieb „Burda", ein Lobgedicht auf den Propheten (*1213)	
1297	Sardinien kommt mit Korsika an Aragonien (1720 an Piemont-Savoyen) Die „Schließung des großen Rates" v. Venedig, d. h. die Begrenzung der Teilnahme auf wenige Familien, vollendet die aristokratisch-oligarchische Verfassung (diese Verfassungsänderung hat Verschwörungen zur Folge, z. B. 1310)	~ *Heinrich von Freiberg:* „Ritterfahrt Johannes von Michelsberg" (am Hofe König *Wenzels II.* von Böhmen)	
1298	† *Adolf v. Nassau*, dt. Kg. seit 1292, im Kampf gegen Kurfürsten und *Albrecht* v. Österreich (* 1250) *Albrecht I.* von Österreich dt. Kg. bis 1308 (†), durch seinen Sieg über *Adolf von Nassau*		~ *Ägidius Romanus* (* ~ 1247, † ~ 1316) seit 1295 Erzbischof v. Bourges, Schüler des *Thomas v. Aquin*, Erzieher *Philipps d. Schönen* von Frankr.: „De regimine principum" (über Prinzenerziehung)
1299	Rotterdam wird Stadt (entwickelt sich zum Zentrum der Heringsfischerei)		† *Mechthild v. Hackeborn*, Benediktinernonne im Kloster Helfta bei Eisleben; schrieb „Liber specialis gratiae" („Buch von besonderer Gnade", von Freundinnen gesammelte mystische Visionen) (* 1241)

Cimabuë Kathedrale i. Reims	Mensural-Noten	Marco Polo	
~ *Cimabuë:* „Madonna mit dem hl. Franziskus" (ital. Fresko in der Kirche S. Francesco in Assisi im Stil der byzant. Ikonographie) St. Croce, Florenz, begonnen ~ Fassade der Kathedrale i. Reims (frz. Hochgotik; Baubeginn 1212) ~ Baubeginn der Doberaner Klosterkirche (vollendet 1368; vorbildlich wirkender Bau der norddeutschen Backsteingotik)			≈ Mehrstöckige Steinwohnhäuser in west- und süddeutschen Städten ≈ Das dt. Bürgerhaus ist aus Platzgründen schmal u. tief (im Erdgesch. Flur und Werkstatt, im Obergeschoß zwei Räume, dazwischen Kochgelegenheit) Erste urkundl. bekannte Braurechte in Pilsen
Arnolfo di Cambio (* ~ 1240, † 1301) beginnt roman.-gotischen Dom Santa Maria del Fire in Florenz (achtseitige Kuppel 1436 vollendet)			≈ Ringelstechen als ritterlich. Spiel
Palazzo Comunale (got. Stadthaus in Perugia; erweitert u. erneuert bis ins 15. Jhdt.)			≈ Aussterben der Moa auf Neuseeland (3—4 m hohe Koloß- oder Giraffenvögel)
„Das Jüngste Gericht" (Mosaik im Baptisterium, Florenz)	≈ Aufkommen v. Notenzeichen, die neben der Tonhöhe auch die Dauer kenntlich machen (Mensuralnotenschrift; die darauf beruhende mehrstimm. Mensuralmusik währt bis ≈ 1600)	*Marco Polo* diktiert einem Mitgefangenen in der Gefangensch. Genuas seine Reiseerlebnisse i. Asien; stoßen auf Unglauben Spinnrad in der Webeordnung der Stadt Speyer erwähnt	*Marco Polo* berichtet vom chinesischen Staatskurierdienst mit ausgedehntem Stationsnetz ≈ Vorschriften über Preis u. Qualität des Bieres werden v. Landesherrn und Gemeinden erlassen
~ *Cimabuë:* „Thronende Madonna mit Engeln" (ital. Gemälde im Stil der byzant. Ikonographie) Festung Akerhus in Oslo gegrdt.		~ * *Guy de Chauliac*, frz. Chirurg († ~ 1367)	~ Kuttenberger Bergordnung in Böhmen ordnet Knappschaftskass. zur gegenseit. Unterstützung der Bergleute ~ Dukaten (Goldmünze) wird in Venedig geprägt

	Ständische Gesellschaftsordnung	*Bürgerl. Dichtung* *Frühhumanismus*	*Spätscholastik* *Mystik*
1300	≈ In Nürnberg steht neben d. Reichsschultheiß ein Rat aus 13 Bürgermeistern, 13 Schöffen u. 8 „Genannten" (Gemeindeausschuß) ≈ Regensburg entwickelt sich zur bedeutenden Handelsstadt ≈ Landrecht in Deutschland vorwiegend Gewohnheitsrecht. Nur in den Städten ausdrückliche Rechtssetzung ≈ Westfälische geheime Femgerichte greifen auf andere Teile Deutschlands über (beseitigt im 15. Jahrh.) ≈ Die feudale weicht einer mehr ständischen Gesellschaftsordnung ≈ Die Oberschicht d. Unfreien, die Ministerialen, gehen in d. Ritterstand auf ≈ Die Landbevölkerung Europas befindet sich überwiegend in wirtschaftl. u. persönl. Abhängigkeit vom adligen und klerikalen Grundbesitz ≈ Nach Erlöschen d. Kaisermacht in Italien bilden sich in Ober- und Mittelitalien in d. folg. Jhdten. zahlr. Kleinstaaten, die teilweise zu größerer polit. Macht aufsteigen Genua gewinnt Korsika von Pisa (1768 an Frankreich verkauft) Kg. *Wenzel II.* v. Böhmen läßt sich in Gnesen zum Kg. v. Polen krönen (1320 wird wieder ein *Piaste* Kg. v. Polen) Amsterdam (seit 1204 eine Burg) wird Stadt ≈ Weitgehende Unabhängigkeit der niederländ. Städte u. großer Einfluß der Stände Reval wird Hansestadt (1346 an Dt. Orden) ≈ Bürgerversammlung leitet den Freistaat Nowgorod (erstreckt sich bis zum Weißen Meer). Blüte des Handels mit der Hanse	~ * *Guillaume de Machaut*, frz. Dichter u. Komponist († 1377) ~ *Heinrich von Neustadt* behandelt den griech. Stoff der Lebensgeschichte des *Apollonios von Tyros* ~ „Aucassin et Nicolette" (frz. Liebesnovelle) „Caballero Cifar" (span. Prosa, ältest. Ritterroman; diese Literaturgattung erhält 1508 i. „Amadis" endgültige Form) ~ Im Bereich des Deutschen Ordens entstehen „Passional" (Verserzählung vom Leben Christi und der Heiligen, beruht auf d. „Legenda aurea") und „Väterbuch" (Legendensammlung) ≈ Bürgerliche verdrängt ritterliche Dichtung ≈ Auf Zypern, Rhodos, Kreta entsteht aus einer Mischung v. romanischem (u. a. venezianischem) mit hellenist.-byzantinischem Geist die neugriech. Literatur: Einfluß d. westeurop. Rittertums auf d. griech. Liebes- und Abenteuerroman (z. B. „Erotokritos" ~ 1500) ≈ In Schweden entsteht eine unbedeut. ritterl. Ependichtung ≈ Entstehung realistischer Sitten- und historischer Romane in China ≈ Ausbildung des chinesischen Dramas	≈ Beginn der Spätscholastik: Nominalismus, Überwindung d. streng scholast. Denkens (Neoscholastik in der Gegenreformation u. Ende 19. Jhdt.) ~ * *Johann Buridan*, frz. Scholastiker († ~ 1358) ~ * *Johannes Tauler*, dt. Mystiker u. Volksprediger († 1361) ~ Die im 12. Jhdt. in den Niederlanden entstandenen religiösen Frauenvereinigungen „Beginenhöfe" (ohne Gelübde) verbreiten sich in Mittel- und Westeuropa ≈ Durch die Bettelorden wird die im Mittelalter zunächst wenig gepflegte geistl. Predigt ein wichtiges Mittel d. Volksmission ≈ Armen- (Bilder-) Bibel kommt auf (vorerst als Handschrift) Erstes Jubeljahr der kathol. Kirche von Papst *Bonifatius VIII.* eingeführt mit großem Ablaß, durch Wallfahrten nach Rom oder Spende der Kosten (ab 1475 alle 25 Jahre) ≈ In Italien u. Frankreich werden Handschriften für Studienzwecke unter Aufsicht der Universitäten verliehen (Handel in diesen Ländern und in Deutschl. ab ≈ 1350) ≈ Neben den städt. Lateinschulen bestehen Schulen d. Schreib- u. Rechenmeister

Gotik	*„Ars nova"* *Meistersang*	*Mühlen* *Handwerkstechnik*	
Giovanni Pisano: „Madonna" im Dom von Prato (ital. Plastik der Frühgotik) ≈ Die hochgot. dt. Plastik löst sich vom Bauwerk und wird zum „Andachtsbild" in den Nebenkapellen: Christus mit Johannes, Vesperbild, Schmerzensmann ~ „Jüngstes Gericht" (frz. Portalrelief an der Kathedrale in Bourges) ~ „Bonner Pietà" (frühestes Vesperbild = Maria mit Leichnam Christi; got.-„expressionistische" Darstellung des Leidens und der körperlichen Vergänglichkeit) ~ Baubeginn der St.-Lorenz-Kirche in Nürnberg (fertiggestellt ~ 1472) Baubeginn von St. Mary the Virgin in Oxford (Universitätskirche, fertiggestellt 1498) ≈ Römling in Regensburg (eines der vielen Patrizierhäuser m. Streitturm) ≈ Rathaus zu Lübeck (got. Bau aus glasierten schwarzen Ziegeln; letzte Anbauten im Renaissancestil im 16. Jhdt.) ≈ Katharinenkirche in Oppenheim (Gotik; Glasmalereien und Plastiken ≈ 1500) Rathaus in Reval (got.) ≈ In Venedig entsteht als Niederlassung der dt. Kaufleute der Fondaco dei Tedeschi (Palastbau; fertiggestellt im 15. Jhdt.) ≈ Aus Frankreich kommend verbreiten sich die „Bauhütten" über Deutschland. (Die Traditionen dieser Bauhandwerker-Genossenschaften mit Geheimregeln gehen 1731 auf die Freimaurer über) ≈ Im russischen Kirchenbau bevorzugt man hochgiebelige Bauten mit farbigen Dächern und Kuppeln; Fünfkuppel-Bauweise setzt sich durch ≈ Dschaina-Tempel zu Sadri (Udaipur/Nordwestind.); reicher ornamental-arabesker Schmuck um starr-schematisierte Dschaina-Fig., die mit farbigen Steinen besetzt sind	≈ „Manessische Handschrift" („Gr. Heidelberger Liederhandschrift") aus Zürich; mit etwa 6000 Strophen von ungefähr 140 süddt. Minnesängern und 138 ganzseitigen Miniaturen (ab 1888 wieder in Heidelberg) ≈ In Italien beg. d. Renaissance d. Musik mit d. Ausbildung einer ausdrucksstärk. weltlichen Liedkunst: „Ars nova" („Neue Kunst"); Madrigal (Lied v. Einzelinstr. begleitet m. Vor-, Zwischen-, Nachspielen), Ballata (Tanzlied) u. Caccia (lebhafter zweist. Kanon üb. Instrumentalbaß), verdrängen Motetus (seit 12. Jhdt.) ≈ Ritterl. Minnesang geht in d. bürgerl. Meistergesang über (letzte Vertr. d. Minnesanges noch im 15. Jhdt. Es sind etwa 300 Minnesänger und Gedichte von 160 bekannt) ≈ Volkstänze n. Tanzliedern (entwickelt seit dem 12. Jhdt.) werden Ausgangspunkt d. mehrstimmigen Kunstliedes ≈ Blütezeit der nordfranz. Berufsspielleute („Jongleure")	≈ An Höfen und in Städten bildet s. ein Apothekerstand in Deutschland ≈ Harnschau zur Krankheitsdiagn. ≈ Brillenherstellung in Italien ≈ Glasfenster beginnen sich sehr langsam zu verbreiten, zunächst nur bei Wohlhabenden ≈ Wie seit ältest. Zeiten herrscht d. Spinnen von Hand (ohne Spinnrad) vor ≈ Der Trittwebstuhl kommt auf ≈ Räderuhr mit Hemmrad in Italien vermutl. bekannt ≈ Durch die Erfindung d. Walkmühle verlagert sich engl. Textilindustrie an die Wasserläufe (im 14. Jh. verdreifacht sich in Engl. die Produktion feiner Tuche)	≈ Durch das erstarkende französ. Königstum werden in Westfrankreich d. Hörigen in zinspflichtig. freie Bauern verwandelt (in Ostfrankr. bleibt die Hörigkeit, gemildert d. die Willkür einschränkende Gesetzgebung, bis z. 16. Jhdt. erhalten) ≈ Ende d. Sklavenhandels in Europa (bis auf Spanien) ≈ Die Dienste des hörigen engl. Bauern werden allmählich auf Geldzins umgestellt. Verpachtung d. Herrenlandes (etwa ein Drittel bis zur Hälfte des Pfluglandes der Grundherrschaft) an „Farmer" ≈ Die Messen zu Brügge (Stapelplatz für engl. Wolle), Antwerpen, Lyon u. Genf gewinnen stark an Bedeutung ≈ Gent mit seiner Tuchindustrie eine führende Handelsstadt in Europa ≈ Löwen blüht als Hauptstadt von Brabant und Mittelpunkt d. Tuchindustrie (bis ≈ 1400) ≈ Ypern entwikkelt sich in scharfer Konkurrenz m. den and. Städten Flanderns zu einer der einwohnerreichsten Städte Europas

	Vordringen der Türken in Kleinasien *Papsttum von Frankreich abhängig*	*Frühhumanismus Dante*	*„Unam Sanctam"*
1301	Das ungar. Herrscherhaus d. *Arpaden* (seit ≈ 895) stirbt aus. Die Macht des Hochadels (Magnaten) ist vorherrsch. Die Türken unter *Osman* beginnen ihren erfolgr. Vormarsch in Kleinasien (bis ~ 1400 ist Byzanz aus fast ganz Kleinasien verdrängt)	* *Antonio Pucci*, ital. Dichter († 1390)	Aberglauben um den Halleyschen Komet, der in Italien sichtbar ist
1302	Die Bürger Brügges und Yperns schlagen ein frz. Ritterheer bei Kortrijk vernichtend („Goldene-Sporen-Schlacht") Volksherrschaft in Flandern bis 1382 Der oberste Gerichtshof Frankreichs befindet sich endgültig in Paris Kg. *Albrecht I.* wirft mit Unterstützung der Städte die rheinischen Kurfürsten nieder und hebt Rheinzölle auf Erste Berufung der frz. Generalstände	*Dante*, Prior von Florenz, als Gegner der päpstlichen Partei zum Tode verurteilt (floh bereits 1301 aus F.) ~ In Zürich wirkt der Schweizer Minnesänger *Johannes Hadlaub*, schreibt auch derbe Bauerndichtung	Papst *Bonifatius VIII.* erläßt die „Unam sanctam"-Bulle, nach der „jede menschliche Kreatur" um ihres Seelenheils willen dem Papst unterstehen soll und die Fürsten das weltliche Schwert im Auftrage der Kirche führen (bestritten von König *Philipp IV.* von Frankreich)
1303	Niederlausitz kommt an Brandenburg (1368 an Böhmen) ~ Die Markgrafen von Brandenburg erlangen die Herrschaft über die ganze Mark Kg. *Philipp IV.* (der Schöne) v. Frankr. läßt Papst *Bonifatius VIII.* gefangennehmen, erzwingt 1305 Wahl des Papstes *Klemens V.*, der 1309 nach Avignon übersiedelt. Höhepunkt d. frz. Königsmacht im Mittelalter *Guillaume de Nogaret* (* ~ 1265, † 1313), seit 1295 einflußr. Ratgeber König *Philipps d. Schönen* v. Frankr., nimmt Papst *Bonifatius VIII.* in Anagni gefangen u. macht Papsttum u. Kirche weitgehend v. Frankr. abhängig	* *Birgitta*, schwed. relig. Dichterin und Ordensstifterin († 1373) Kgl. Privileg für die Pariser Basoche (Berufsvereinigung der Schreiber am obersten Gericht). Führen an kirchl. Festtagen Moralitätenspiele auf und zu Fastnacht eine satirische Gerichtsverhandlung (was oft zu ihrer Verfolg. führt)	Universität Rom gegründet
1304		* *Francesco Petrarca*, ital. Dichter u. Humanist († 1374)	Erste Lehrerin in Florenz erwähnt

Gotik *Cimabuë*	*„Ars nova"* *Meistersang*	*Handwerkstechnik*	
Giovanni Pisano: Marmorkanzel in Sant'Andrea in Pistoia (ital. frühgot. Bildhauerarbeit) ≈ „Christus mit den goldenen Haaren" (russ. Ikonenmalerei) ≈ Stifterin Helmburgis (farbige Eichenholzplastik aus der Stiftskirche Fischbeck/Weser)			≈ Die bisher stark ungeordnete Forstwirtschaft in Deutschland (sog. „Femelbetrieb") macht planmäßigerer Forstnutzung Platz
† *Ch'ien Hsüan,* chin. Maler von Landschaften, Figuren, Pflanzen eines in Form und Inhalt schlichten Stils (* 1235) *Cimabuë:* Figur des „Johannes" im Mosaik der Domapsis zu Pisa ~ † *Cimabuë* (eig. *Cenni di Pepo*), ital. Maler des Übergangs von der byzantinischen Kunst zu der der Renaissance (* ~ 1240) Baptisterium in Parma (Baubeginn 1196, lombard.-roman. Stil)	~ Fürst *Witzlaw v. Rügen* (bis 1325): „Es grünen frisch die Wiesen, die Blumen sich erschließen" (späte dt. Minnesänger-Dichtung)	Kg. *Karl II.* v. Neapel gründet dort den neuzeitlichen Hafen Erste nachweisbare gerichtl. Leichenöffnung (in Bologna, begrdt. dort Anatomie an der menschlichen Leiche)	≈ Ballspiele in zahlreichen Ballhäusern ≈ Wams als gesteppter Männerrock unter d. Panzerhemd; entwikkelt sich zum allgemeinen kurzen, engen Oberkleid (Joppe) der Männer Zufallsentdeckung der Ruhrkohle
Giovanni Pisano: „Madonna" in der Arenakap. in Padua (ital. Plastik d. Frühgotik) ≈ In Italien gewinnt die Wandmalerei große Bedeutung, während sie in der nordeurop. Gotik mangels großer Wandflächen zurücktritt ≈ Profane Bildteppiche in Paris, Arras, Tournai, Brüssel nach Kartons bedeutender Maler ≈ Nach den Kreuzzügen nimmt die Schmiedekunst bes. auch in Deutschland hohen Aufschwung: Beschläge und Gitter mit verschlungenem Rankenwerk	„Bremer Recht" schützt Handwerksgesellen	*Bernhard von Gordon* (von 1282 bis 1318 Arzt in Montpellier): „Lilium medicinae" („Lilie der Medizin"; gedruckt Neapel 1480, Lyon 1491, Venedig 1494 u. 1496); beschreibt Pest, Tuberkulose, Krätze, Fallsucht, Sacer ignis, Milzbrand, Augentripper, Lepra als ansteckend Chinesen kennen *Pascal*sches Dreieck	≈ Die Familiennamen haben sich (seit dem 11. Jhdt.) weitgehend durchgesetzt. Biblische Namen verdrängen in Europa mehr und mehr die indoeurop. Namen aus zwei Wortstämmen, die sich in Deutschland vielfach als Rufnamen erhalt. (z. B. Kuon-rad) Ältestes Privileg f. die Schwanenapotheke in Prenzlau
„Christus am Kreuz" („Schmerzensmann", St. Maria in Köln) Weiterbau des Stephansdoms in Wien (urspr. roman. Basilika von ≈ 1225; bis 1340 got. Chor; ab 1359 dreischiffiges Hallenlanghaus; fertiggestellt nach 1450) Tuch- u. Kaufhalle in Ypern (Baubeginn 1200; got.)		* *Ibn Battuta,* arab. Forschungsreisender († 1377) *Dietrich von Freiberg* (Sachsen) erklärt den Regenbogen	≈ In Italien und Deutschland entstehen Seidenwebereien, z. T. mit orient. Arbeitern; arbeiten meist für kirchl. Zwecke Obligatorische Lehrzeit f. Handwerker i. Zürich

	Papsttum von Frankreich abhängig	Dantes „Göttliche Komödie“	Spätscholastik Mystik
1305		*Dante*: „Von d. Volkssprache“ (Verteidigung d. Volks- als Literatursprache, lat.)	*Klemens V.* Papst bis 1314
1306	*Robert I. Bruce* (* 1274, † 1329) Kg. v. Schottland (erkämpft 1314 Unabh. v. England) Mit der Ermordung Kg. *Wenzels III.* von Böhmen (seit 1305) stirbt der Mannesstamm der Przemysliden aus	† *Jacopone da Todi*, ital. Dichter, Franziskaner u. Gegn. d. Papstes *Bonifatius VIII.*, der ihn 1298 bis 1303 einkerkerte; schrieb volkstüml. geistliche Lieder und Satiren (* ~ 1230)	100000 Juden werden enteignet u. aus Frankreich vertrieben (erneut 1394)
1307	Vereinigung von Berlin und Kölln *Eduard II.* Kg. v. England bis 1327 (†, ermordet von den Baronen) Erzbischöfe von Lyon schließen sich Frankr. an (Lyon gehörte seit 1032 mit Burgund zum Dt. Reich; seit 1173 unter Bischofsherrschaft; erhält 1320 Verfassung) Sagenhafter Rütlischwur der 3 Schweizer Urkantone gegen *Habsburg* (Schillers „Tell“ ist auch sonst nicht histor.)	~ *Dante* beginnt „Göttliche Komödie“ („Divina Commedia“, Wanderung des Dichters durch „Inferno“ [Hölle], „Purgatorio“ [Läuterungsberg] und „Paradiso“ [Paradies]; 100 Gesänge in Terzinen; 600 Abschriften erhalten)	* *Rulman Merswin*, dt. Mystiker († 1382) Die Apostelbrüder (gegründet ~ 1260 von *Gerardo Segarelli*) unterliegen unter *Dolcino* im Kampf gegen die staatl. und kirchl. Gewalt zusammen mit aufständischen italien. Bauern. *Dolcino* wird verbrannt Universität Perugia (Umbrien) gegründet Papst ernennt *Johannes von Montecorvino* (* ~ 1252, † ~ 1328) zum Erzbischof von China in Peking (geringe Missionserfolge)

Gotik *Giotto*	„*Ars nova*"	*Leichenöffnung in Bologna*	
Halleyscher Komet als Stern von Bethlehem auf einem Bild von *Giotto* (Komet war 1301 in Italien sichtbar)	Psalter des *Robert de Lisle* (London, englische Buchmalerei)		≈ Die Kleidung in Deutschl. beginnt im Sinne v. „Moden" häufiger zu wechseln
In den Bildern *Giotto di Bondones* erscheinen Anfänge von Raumtiefe und Landschaftsdarstellung *Giotto:* „Beweinung" (Wandbild i. d. Arenakapelle, Padua)	*Jacopone da Todi* (†): Marien-Sequenz (Schluß d. Messe-Hallelujas): „Stabat mater dolorosa" („Es stand die schmerzensreiche Mutter [am Kreuz]") (vgl. 912, 1031, 1050, 1274, 1320)	*Pietro d'Abano* (* 1250, † 1315) wird Lehrer der Medizin in Padua und begründet Ruhm dieser Fakultät; schreibt „Vermittler der Abweichungen zu den Problemen d. Philosophen und besonders d. Ärzte" (lat., kennzeichnend für scholastisch-dialektische Medizin) Erste öffentl. Leichensezierg. durch *Mondino di Luzzi* in Bologna (wiederholt 1315), führt zum ersten Lehrbuch d. Anatomie	≈ Die Prostituierten der mittelalterlichen Städte sind meist zunftartig zusammengeschlossen, offiziell anerkannt, zu Abgab. verpflichtet und unterstehen neben selbstgewählten Vertretern meist d. Henker. Bordellbesuch gilt nicht als Ehebruch; hohen Ehrengästen d. Stadt werden Bordelle kostenlos zur Verfügung gestellt; Syphilis noch nicht bekannt
Giotto: „Thronende Madonna mit Engeln" (ital. Gemälde mit Auflockerung d. Regeln d. byzant. Ikonographie, beeinfl. von *Cimabuë*, vgl. 1299); „Leben Mariä und Christi", „Jüngstes Gericht" (Fresken in der Arenakapelle zu Padua) St.-Antonio-Kirche in Padua (dreischiffige got. Basilika, 1232 als Grabkapelle d. hl. *Antonius v. Padua* beg.; Teile bis 1424)		~ Die Briefe des Erzbischofs *Johannes von Montecorvino* aus Peking ergänz. *Polos* Chinabericht (vgl. 1298)	Berliner Stadtmauer erbaut ≈ Zünfte beginnen nach dem Anteil an der Stadtregierung zu streben und eigene Gerichtsbarkeit, Selbstverwalt. ihrer Angelegenheiten und gewerbepolizeiliche Befugnisse zu erlangen (erfolgr. Zunftkämpfe gegen Patrizier in Ulm [1292], Straßburg [1332], Regensbg. [1334], Augsburg [1368])

	Marienburg *Sitz des Deutschen Ordens*	*Frühhumanismus Dante*	*Papstsitz in Avignon*
1308	† *Albrecht I.* v. Österreich, dt. Kg. seit 1298 (* ~ 1250) *Heinrich VII. von Luxemburg* röm.-dt. Kaiser bis 1313 (†) (Kaiserkrönung 1312) *Waldemar* Markgraf v. Brandenburg bis 1319 (†, * 1281); letzter *Askanier*, verliert Stargard, erwirbt Crossen, Züllichau u. Schwiebus *Karl I. Robert von Anjou* König von Ungarn bis 1342; stärkt das ungarische Königtum auf feudaler Grundlage Mittelmärkischer Städtebund unter Führung Berlins		† *Johannes Duns Scotus*, scholastischer Philosoph aus Schottland; lehrte in Paris, Oxford und Köln; scharfsinniger Begriffsrealist; betonte Primat des Willens bei Gott und Mensch. Entwickelte aristotelische Logik (* 1266)
1309	Marienburg Sitz des Hochmeisters des Deutschen Ordens (bislang in Venedig, nachdem Akkon in Palästina 1291 an die Mohammedaner verlorenging) Deutscher Orden erobert Danzig und die Pommerellen (östl. der Persante mit Hauptstadt Danzig) *Robert* (d. Weise) *v. Anjou* Kg. v. Neapel bis 1343 (†, * 1278); Haupt der *Guelfen* u. Gegner Kaiser *Heinrichs VII.*; zieht *Boccaccio* u. *Petrarca* an seinen Hof	*Dante*: „Das Gastmahl" (erste ital. wissenschaftliche Prosa, Kommentar zu philosoph. Gedichten, die als Speisen eines Gastmahls bezeichnet werden) *Jean de Joinville* (*1225, † 1317): „Histoire de Saint-Louis" (frz. gereimte Chronik über Kg. *Ludwig IX.*)	Papst *Klemens V.* (vorh. Bischof von Bordeaux) verlegt Papstsitz nach Avignon („Babylonische Gefangenschaft der Kirche" bis 1376; Papsttum von Frankreich abhängig) Universität in Orléans gegründet Die Philosophie des *Thomas von Aquino* († 1274) wird offizielle Lehre im Dominikanerorden; wegen ihrer Anlehnung an *Aristoteles* teilweise heftig umstritten
1310	Kg. *Heinrich VII.* wird von den *Ghibellinen* (dar. *Dante*, 1302 aus Florenz verbannt) nach Italien gerufen. Erlangt Kaiserkrönung in Rom (1312). Belagert vergeblich das von den *Guelfen* beherrschte Florenz. Stirbt auf diesem Zug 1313 *Johann von Luxemburg* Kg. v. Böhmen bis 1346 (†); gewinnt bis 1335 Lehnsoberhoheit über Schlesien sowie Eger, Bautzen, Görlitz, Breslau. *Luxemburger* Könige v. Böhmen bis 1437 Rat der Zehn in Venedig zur Unterdrückung von Verschwörungen	~Älteste tschechische Reimchronik (bis 1310, getragen von starkem Nationalgefühl)	Johanniterorden siedelt von Cypern nach Rhodos über Magister *Peter v. Paris*, ungar. Domherr: „Gesta Hungarorum" (ungar. Geschichte)

Gotik	„Ars nova“ Kontrapunkt	Medizin. Schulen in Italien u. Frankreich	
~ * *Andrea Orcagna*, florent. Bildhauer, Baumeister u. Maler († 1377)			≈ Umfangreiche Geldgeschäfte in Paris (über 61 Millionen Goldmark Umsatz; Zinssätze etwa 20% u. höher) ≈ Italienische Banken haben großen Einfluß auf französisches Geldwesen
Takashina Takakane: Kasuga-Makimono (20 jap. Bilderrollen mit Themen aus der Geschichte des shintoist. Kasuga-Heiligtums u. über die Wundertaten s. Gottheiten; mit z. T. realist. Schilderungen d. Alltagslebens) Palazzo Pubblico in Siena ital.) Gotik, Baubeginn 1288; mit 102 m hohem Glockenturm) Dogenpalast Venedig begonnen (vollendet 1438) Erweiterungsbau der Marienburg	*Marchettus von Padua* unterstützt die Einführung des Kontrapunktes in seinen musiktheoretischen Schriften (der Contrapunctus in seiner freieren und kunstvolleren Mehrstimmigkeit verdrängt die einfacheren Formen d. Organum und Discantus)	~ * *Konrad von Megenberg*, dt. Gelehrter, Domherr von Regensburg († 1374)	~ Der Dt. Orden macht die ostpr. Bernsteingewinng. zum Finanzregal ≈ Flandrische, rheinische u. Brabanter Weber bringen die Wollweberei n. England
Fassade des Doms von Orvieto (ital. Gotik) ~ „Jesus u. Johannes“ (oberschwäbisch. bemalte Holzplastik)		≈ Erste Seekarten (sog. „Rumbenkarten“ aus Ital. u. Spanien)	

	Heinrich VII.	*Frühhumanismus* *Meistersinger*	*Verfolgung der Templer*
1311	*Luther von Braunschweig* Hochmeister d. Deutschen Ordens bis 1335	~ Unter *Luther von Braunschweig* Blüte der Dichtung d. Deutschen Ordens (christl. Heldendichtung und Chroniken)	15. Allg. Konzil zu Vienne Einführung des Fronleichnam-Festes; dadurch wird die Monstranz beliebter Gegenstand des Kunsthandwerkes
1312	Kaiser *Heinrich VII.* belagert vergeblich Florenz König *Philipp IV.* von Frankreich erwirbt Lyon Polnisches Teilfürstentum der *Piasten* in Sagan (1549 an *Habsburg*)		Papst *Klemens V.* hebt Templerorden auf (besteht seit 1119) Aufhebung u. blutige Verfolgung des Templerordens in Frankreich auf Veranlassung König *Philipps IV. des Schönen* von Frankreich (seit 1307; 1314 wird der Großmeister mit anderen Rittern verbrannt, die großen Güter fallen an den frz. König) Beginen-Frauenorden verboten
1313	† *Heinrich VII. von Luxemburg*, röm.-dt. Kaiser seit 1308, Kaiserkrönung 1312 (* ~ 1275)	* *Giovanni Boccaccio* als unehelicher Sohn eines Florentiners u. einer Französin, ital. humanist. Dichter († 1375) ~ † *Hugo von Trimberg*, Verfasser des mittelhochdt. Lehrgedichtes „Renner" (bürgerl. Sittenspiegel) (* ~ 1230)	† *Notburga*, Dienstmagd des Grafen von Rothenburg (Alchensee); wird als kath. Schutzheilige der Bauern und Mägde verehrt (* ~ 1265) Päpstl. Turnierverbot (setzt sich nicht durch) (vgl. 1559)

Gotik	„Ars nova" Kontrapunkt	Alchimistische Medizin	
Duccio di Buoninsegna: „Maestà" („Thronende Madonna", ital. Tafelaltar mit etwa 100 Tafeln im Dom zu Siena, Übergang vom sienesisch-byzant. Stil zur Gotik) Kirche St. Chiara in Neapel gegrdt. (got., mit Grabmälern d. *Anjou*)		† *Arnaldus Villanovanus*, ital. Alchimist und Mediziner am Hofe Kg. *Friedrichs II.* v. Sizilien; wendete die Alchimie auf die Heilkunde an (Heilkraft des „Steins der Weisen"), erkannte Giftigkeit d. faulen Fleisches (*~1238)	*Dante* besteigt den Pinto al Saglio in den Apenninen
		Genueser entdeckt wieder die Kanarischen Inseln (waren schon im Altertum den Röm. als „Glückliche Inseln", vielleicht schon den Ägyptern im –13. Jhdt. bekannt)	
			~ England exportiert jährlich etwa 30000 Sack Wolle und 5000 Stück Tuch (~ 1550 4000 Sack Wolle und mehr als 100000 Stück Tuch; vgl. 1405) Die Tuchproduktion in Ypern hat sich seit 1306 fast verneunfacht

	Unabhängigkeit der Schweizer Waldstätte	*Spätscholastik Mystik*
1314	*Friedrich der Schöne* v. Österr. dt. Gegenkönig bis 1330 (†) *Ludwig IV.* (der Bayer) röm.-dt. Kaiser bis 1347 (†) (Kaiserkrönung 1328); Gegenkönig gegen *Friedrich den Schönen* von Österreich † *Philipp IV.* (der Schöne), König von Frankr. seit 1285; unter ihm größte Entfaltung der frz. Königsmacht im Mittelalter (* 1268). Ihm folgen als letzte *Kapetinger* seine drei Söhne *Ludwig X.* (1314), *Philipp V.* (1316) und *Karl IV.* (1322) *Ludwig X.* (der Zänker) König von Frankreich bis 1316 (†) Entscheid. Sieg d. Schotten über Engl. in ihrem Kampf um Unabhängigkeit	
1315	Egerland kommt an Böhmen Die Schweizer Waldstätte Schwyz, Uri, Unterwalden besiegen am Morgarten das Ritterheer unter Herzog *Leopold I.* v. Österr. u. erringen endgültig damit ihre Unabhängigkeit; erneuern „Ewiges Bündnis" von 1291 Antwerpen (seit 1291 Stadt) wird Mitglied der Hanse	
1316	* *Karl IV. von Luxemburg*, röm.-dt. Kaiser von 1347 bis 1378 (†) Meißen erhält Stadtrecht *Philipp V.* (der Lange) Kg. v. Frankr. bis 1322 (†) *Gedimin* Großfürst von Litauen bis 1341; dehnt sein Reich bis Kiew und an das Schwarze Meer aus	*Johannes XXII.* Papst bis 1334 (†, * ~ 1245); geht nach Avignon † *Raimundus Lullus*, katalanischer Scholastiker, Gegner des Averroismus; bekämpfte Islam in Afrika, entwickelte „Ars magna Lulli" („Große Lullische Kunst": Erkenntnisgewinn durch mech. Begriffskombinationen) (* 1235)
1317		≈ Hungersnöte und Seuchen führen zu Intoleranz und Aberglauben

Gotik · Giotto	1. Dichter-Krönung	Chinesische Wissenschaft	
Palazzo *Vecchio* in Florenz (Baubeginn 1298 von *Arnolfo di Cambio*) Isar-Tor in München (umgebaut 1835)	Der Humanist *Albertino Mussato* vom Bischof und Rektor zu Padua erstmalig „zum Dichter gekrönt"		~ Beschwerden gegen rauchende Kohlenherde in England
~ *Giotto di Bondone:* „Tod Mariä" (ital. Gem.) *Martini:* „Maestà" („Maria als Himmelskönigin"; ital. Fresko im got. Stil im Rathaus von Siena) Karlstor in München (umgebaut 1861)			
~ Umbau d. frühgot. Halle der Lübecker Marienkirche zu einem hochgot. Langhaus von *Hartwicus* unter Einfluß d. Doberaner Klosterkirche (bis ~ 1330; Türme 1351 vollendet)		† *Kou Chou King*, chinesischer Wissenschaftler und Techniker; baute u. a. große astronomische Instrumente aus Bronze für die Sternwarte auf den Mauern Pekings (* 1231)	Statuten der genuesischen Handelsniederlassungen in Pera (b. Konstantinopel) u. Gazaria (Krim), stellen frühes Handels- und Seerecht dar
Giotto: „Leben des hl. Franziskus und der beiden Johannes'" (ital. Freskenserien in der Kirche St. Croce, Florenz, in einem neuen, die Starrheit d. byzant. Überlieferg. überwindenden Stil) *Martini:* „Bildnis d. hl. Ludwig v. Toulouse", Bruder d. Kgs. von Neapel aus dem Hause *Anjou* (ital. Gemälde)			Hungersnot dezimiert Bevölkerung Europas und führt zur Landflucht (Die Größe der Bev. wird erst um 1575 wieder erreicht)

	Erneuerung Polens	Dante · Meistersinger	Spätscholastik Mystik
1318		† *Heinrich Frauenlob von Meißen*; bürgerlich. Meistersinger; schrieb Gedichte mit prahlender Gelehrsamkeit; entschied sich i. Streit mit *Regenbogen* um die Bezeichnung. „Weib" oder „Frau" für letztere (* ~ 1250)	
1319	Das norweg. Kgsh. *Harald Haarfagr* († 933) stirbt mit *Haakon V.* in der männl. Linie aus. Sein Enkel, *Magnus Eriksson*, wird Kg. v. Schweden bis 1389 u. Norwegen bis 1343	*Ottokar v. Steiermark* schreibt zeitgen. Geschichte in d. „Steirischen Reimchronik" (über 83 000 Verse)	König *Diniz* von Portugal gründet nach dem Konkordat mit der Kirche (1289) den Christusorden, den der Papst bestätigt
1320	*Wladislaw I. Lokietek (Piaste)* wird in Krakau zum Kg. eines neu geeinten Polens gekrönt; herrscht bis 1333 (†) Krakau poln. Hauptstadt (bis 1550) Kiew kommt an Litauen (1686 an Rußland zurück) Lyon erhält Verfassung	~ * *Daffyd ab Gwilym*, keltisch - kymrischer Dichter in Wales († ~ 1380) * *Hafis (Schemseddin Muhammed)*, persisch. Dichter u. Koranausleger († 1389) „Zehnjungfrauenspiel" in Eisenach aufgeführt (geistl. Schauspiel von den klugen und vom Gericht üb. die törichten Jungfrauen); der zuschauende Landgraf von Thüringen, *Friedrich der Freidige*, wird gemütskrank († 1324)	
1321		† *Dante Alighieri*, ital. Dichter; gilt als größter Dichter Italiens (* 1265) Der Gebrauch des Wortes „Zeitung" in d. Bedeutung „Reiseerlebnis" belegt	Monte Cassino wird Bistum Universität Florenz gegründet

Gotik	*„Ars nova“* *in Frankreich*	*Anatomie*	
† *Erwin von Steinbach*, seit 1284 Baumeister am Straßburger Münster		*Odorico di Pordenone* (* 1286, † 1331) unternimmt als Missionar große Asienreise b. 1330: Konstantinopel, Bagdad, Indien, Sunda-Inseln, China, zurück durch Innerasien (wahrscheinlich erst. Europäer in Tibet)	In Venedig bestimmt ein Gesetz, daß jeder, d. Wertgegenstände und Geld (Deposita) annimmt und darauf Überweisungen im Weg der Umschreib. (Giro) vornimmt, Bürgschaft hinterlegen muß
† *Duccio di Buoninsegna*, ital. (sienesischer) Maler; schuf gegenüber den byzantinischen Vorbildern lebendigere Madonnenbildnisse (* ~ 1255) *Ambrogio Lorenzetti* († ~ 1348): Madonna in S. Francesco, Siena (ital. Malerei)		*Pietro Visconte*: Seekarte der Erde (jetzt Norden statt Osten oben) ~ Erste Pulvergeschütze (glatte Vorderlader)	Beginn der neuen Ummauerung von München durch *Ludwig d. Bayer;* (begrenzt die Stadt bis ins 19. Jahrhundert)
Pietro Lorenzetti (* ~ 1280, † ~ 1348): Altarwerk in Pieve de S. Maria, Arezzo (ital. Malerei) ~ † *Giovanni Pisano*, ital. Bildhauer; Begründer des ital.-frühgot. Stils (* ~ 1245) Gotische Marienkirche in Kolberg (Baubeginn 1280) ~ „Kopf des Baumeisters“ am Freiburger Münsterturm (noch stark stilisiert; vgl. 1380); Turm 1275 begonnen Kirche des Doppelklosters Königsfelden/Schweiz (mit gotischen Glasbildern im Chor)	~ „Dies irae“ („Der Tag d. Zornes“), möglicherweise von *Thomas v. Celano* († ~ 1255) wird Sequenz der Totenmesse. (Letzte d. 5 vom Tridentinischen Konzil zugelassenen Sequenzen, vgl. 912, 1031, 1050, 1274, 1306) ~ *Philippe de Vitry* und *Johannes de Muris* pflegen als erste frz. Komp. die weltliche Liedkunst der italien. „Ars nova“ ≈ Großgeige	† *Henri de Mondeville*, frz. Chirurg und Anatom in Montpellier; steht außerhalb der in klassischer Überlieferung u. scholastischem Denken erstarrten Medizin seiner Zeit (* ~ 1260) Hammerwerk in Deutschland bekannt Kaiser-Kanal in China zw. Peking (Nord) u. Hangtschou (Süd) (beg. — 540) Wasserradantrieb für Eisenhammer in der Lausitz	Handelsbuch aus Konstanz (gilt als ältestes bekanntes in Deutschland)
~ Queen-Mary-Psalter (englische Buchmalerei)	*Dantes* (†) Kompositionen sind verloren	~ Der Araber *Levi ben Gerson* erwähnt Lochkamera (Camera obscura) als Hilfsmittel zur Sonnenbeobachtung	

	Schottisches Parlament der Stände Osman I.	Frühhumanismus Bürgerliche Dichtung	Wilhelm v. Occam Meister Eckart
1322	*Ludwig d. Bayer* siegt bei Mühldorf (am Inn) über d. Gegenkönig *Friedrich den Schönen* von Österreich *Karl IV.* (der Schöne) Kg. v. Frankr. bis 1328 (†); letzter *Kapetinger*		
1323	*Wittelsbacher* erlangen die Herrschaft in Brandenburg Nowgorod erbaut Festung Schlüsselburg (beim heut. Leningrad) gegen die Schweden Wilna wird Hauptstadt von Litauen		~ * *Thomas von Stitny*, tschech. thomistisch. Philosoph († 1401)
1324	Das span. Kgr. Aragonien erobert Sardinien v. Genua König *Ludwig IV.* (der Bayer) von Papst *Johannes XXII.* in Avignon gebannt	Die provenzalische Dichtkunst der Troubadoure (von ≈ 1150 bis ≈ 1250) wird vom Bürgertum weitergepflegt: Erste Veranstaltung der „Blumenspiele" in Toulouse, bei denen goldene u. silberne Blumen als Preise für provenzal. Dichtg. verteilt werden (ab 1513 wird auch die frz. Sprache zugelassen)	Der nominalistische Scholastiker *Wilhelm von Occam* wird wegen seiner Lehre, daß der Staat von der Kirche unabhängig sein soll, nach Avignon geladen und flieht nach München, wo er bis zu seinem Tode (1349) bleibt
1325	König *Ludwig IV., der Bayer*, macht den *Habsburger* Gegenkönig *Friedrich den Schönen* zum Mitregenten, nachdem er ihn 1322 gefangengenommen hatte Fürstentum Rügen kommt an die slaw. Herzöge von Pommern-Wolgast (war seit 1168 unter dän. Oberhoheit) ~ Askanier und Wittelsbacher kämpfen als Papst- bzw. Kaiserpartei um Brandenburg	~ „Sproke van Beatrijs" (niederl. religiöse Spruchdichtung) ~ Der Erzbschf. *Daniel* gibt in seinem „Geschlechtsregister" in kirchenslawischer Sprache eine Lebensbeschreibung d. serb. Kge. seit 1272 ≈ „Der Salbenhändler" (tschechisches Osterspiel)	Wegen Ermordung d. Propstes von Bernau wird Berlin bis 1344 gebannt
1326	Kg. *Robert I.* von Schottland (vorher Baron *Bruce*) beruft d. geistl. u. weltl. Lords sowie 7 Städte zur Aufbringung d. Kriegskosten gegen England ein (Grdg. d. schott. Parlaments) † *Osman I.*, Herrscher d. Türken seit 1288, Gründer d. osmanischen Reiches. Sein Sohn *Urchan* erobert Brussa (Westkleinasien), wo er als Residenz den Palast „Hohe Pforte" baut (1366 wird Adrianopel Residenz)		Meister *Eckart:* „Rechtfertigungsbuch" (*Meister Eckart* ist wegen seiner Mystik von der Inquisition angeklagt)

Kathedrale in York Kölner Dom	*„Ars nova" Kontrapunkt*	*Erweiterung geographischer Kenntnisse*	
† *Chao Meng-fu*, chin. Maler in der Übergangszeit zw. *Sung-* u. mong. *Yüan*-Dynastie; seit 1274 Minister, Berater u. Maler am Hofe der ersten mong. Kaiser von China (* 1254) Chor des Kölner Domes geweiht	Papst verbietet mehrstimmigen Kontrapunkt in d. Kirchenmusik, wegen Gefahr d. Verweltlichung	*Ma Tuan Lin:* Enzyklopädie (erwähnt z. B. Sonnenflecken - Beob. vor 1300 Jahren)	
Dom San Gennaro in Neapel (got.; Baubeginn 1294)		~ * *Nicolaus Oresmius*, franz. Volkswirtschaftler und naturwiss. Denker († 1382)	Sozialer Aufstand in Flandern (bis 1328) Torsteuer (Octroi) in Paris
Einweihung der fünfschiffigen Kathedrale von Bourges (Baubeginn 1192) ~ Quer- u. Langschiff der Kathedrale in York (seit 1291, Decorated Style)		† *Marco Polo*, ital. Forschungsreisender in China (* 1254)	
„Histoire d'Alexandre" (*Alexandersage* mit niederländ. Buchmalerei) Tuchhalle in Gent	~ * *Francesco Landino*, ital. Komp. u. Organist aus Florenz, blind († 1397) ~ Messe aus Tournai (erste erhalt. mehrstimmige Messe) ~ Orgelpedal	Erste Kunde über die Hauptstadt Tibets, Lhasa, kommt d. *Odorico di Pordenone* n. Europa ~ Italien. Kartographen erhalten über Nordafrika u. Abessinien durch die Gesandtschaften von Venedig und Genua genauere Kunde	
~ Chorgestühl des Kölner Domes		† *Mondino di Luzzi*, ital. Anatom in Bologna; sezierte Leichen i. J. 1306 und schrieb auf Grund dieser Erfahrungen, die scholastisch. Denken sprengten, 1316 eine maßgebende Anatomie (* 1275)	

	Widerstand gegen Feudalismus	Frühhumanismus Bürgerliche Dichtung	Meister Eckart Hexenverfolgungen
1327	Kg. *Ludwig der Bayer* zieht nach Rom, erlangt Kaiserkrönung. Vermag jedoch Kaiserherrschaft in Ital. nicht wieder zu festigen. Kehrt 1330 zurück † *Eduard II.* König v. Engl. seit 1307 (von d. Baronen ermordet, * 1284) *Eduard III.* Kg. v. Engl. bis 1377 (†)		† *Meister Eckart*, dt. Mystiker u. Prediger, u. a. Lehrer in Paris; schrieb „Opus tripartitum", suchte „Die Geburt Gottes in der Seele" (* ~ 1260)
1328	England muß Schottlands Unabh. anerkennen (war 1286 vorübergeh. von Kg. *Eduard I.* v. England durch Einmischung in d. Streit d. schott. Barone abhäng. geworden) *Philipp VI.* Kg. v. Frankreich bis 1350 (†). Haus *Valois* regiert bis 1589 *Iwan I.* (* 1304, † 1341), Großfürst v. Rußland (seit 1325), macht Moskau zur Hauptstadt. Moskau Sitz russ. Großfürsten bis 1712 u. d. Metropoliten		~ * *John Wiclif*, engl. Reformator und Bibelübersetzer († 1384)
1329	† *Cangrande I. della Scala*, Herrscher von Verona; sein Hof war Mittelpunkt f. Dichter (zeitw. *Dante*) u. Gelehrte (* 1291). Das *ghibellinische* Adelsgeschlecht der *Scala* reg. v. 1260 bis 1387 in Verona Aus christl. Gefangenen, die z. Islam übertreten mußten, wird die türk. Fußtruppe „Janitscharen" gebildet (im 15. Jhdt. 40 000) (vgl. 1359)	*Dantes* († 1321) „De monarchia" („Über d. Monarchie") wegen antikirchl. Haltung öffentl. verbrannt	*Marsilius v. Padua* (* ~ 1275, † ~ 1345) will einen auf Volkssouveränität gegründeten Staat (v. Avignon gebannt)
1330	† *Friedrich der Schöne* von Österreich, dt. Gegenkönig seit 1314; seit 1325 Mitregent von Kaiser *Ludwig IV.* (dem Bayern) (* ~ 1286) *Stephan Uros III.* v. Serbien annektiert Bulgarien (nach seiner Absetzung durch serb. Adel 1331 herrscht sein Sohn als Kg., vgl. 1346) Kg. *Eduard III.* v. England setzt Friedensrichter ein	*Konrad von Ammenhausen* schreibt eine Schach - Allegorie in 20000 Versen (Vergleich d. menschl. und gesellsch. Lebens mit dem Schachspiel) *Jan van Boendale* (* ~ 1285, † 1365): „Der Leken Spiegel" (niederl.-bürgerliches Lehrgedicht)	Benedikt.-Kloster Ettal gegründet ~ *Kenko*: „Allerlei aus müßigen Stunden" (Aphorismen d. jap. Meditations- [Zen-] Buddhismus, bevorzugen das Natürliche gegenüber dem Gekünstelten) ~ Beg. planmäßiger Hexenverfolgungen i. d. Pyrenäen (breitet sich nach Mitteleuropa aus)
1331	22 schwäb. Städte (u. a. Augsburg, Ulm) gründen Schwäb. Städtebund z. gegenseit. Beistand (findet 1389 durch d. Landfrieden von Eger sein Ende) Coburg erhält Stadtrecht Türken entreißen Byzanz Nikäa		

Martini · Wiesenkirche in Soest	*„Ars nova“* *Kontrapunkt*	*Handwerkstechnik*	
			Großer Brand in München
Martini: Reiterbildnis des siegr. Feldherrn *Guidoriccio di Ricci* (ital. Fresko im Rathaus Siena, frühestes neuzeitl. Reiterbildnis)		≈ Die Erfindung der Sägemühle bringt einen Umschwung in d. Möbeltischlerei. Aus Rahmenwerk und Füllungen zusammengesetzte Möbel. Reiche Schnitzereien und Eisenbeschläge	Ein Rechtsbuch verbietet den vorher häufigen gerichtlichen Zweikampf als Gottesurteil zur Klärung der Schuldfrage (setzt sich nur allmählich durch)
	~ *Philipp de Vitry* prägt für den neuen, stark kontrapunktischen Musikstil den Begriff „Ars nova“		Breslauer Gürtlergesellen streiken ein Jahr (älteste bekannte Arbeitseinstellung in Deutschland)
* *Peter Parler* (aus Gmünd), dt. Bildhauer und Steinmetz in Prag († 1399) Kirche des Erlösers im Walde (älteste der ca. 400 Kirchen Moskaus) „Dienstboten-Madonna“ (Steinbildwerk im Wiener Stephansdom) ~ St. Maria zur Wiese (Wiesenkirche) in Soest (fertiggestellt im 15. Jhdt.; spätgot. Hallenkirche) *A. Lorenzetti* (* 1295, † ~ 1348): „Maestà“ (ital. Wandbild i. Siena)	Musikantenzunft i. Paris („Ménétriers“; Oberhaupt, Gesetze, Versammlungstage, bis 1773)	~ Großer Drehkran in Lüneburg mit Tretradantrieb Geschützdarstellung durch einen engl. Kleriker (gilt als bisher älteste)	Kaiser verleiht Frankfurt/Main 2. (Frühjahrs-) Messe Stadtumwallung v. Aachen (seit 1257; 11 Tore, 22 Türme)
		† *Abu'l Feda*, arab. Historiker u. Geograph (* 1273)	

	Machtzuwachs der Zünfte	*Frühhumanismus Bürgerliche Dichtung*	*Spätscholastik Mystik*
1332	Straßburger Zünfte erlangen Sitz im Rat		
1333	*Kasimir III.* (der Große) Kg. v. Polen bis 1370 (†, * 1309); überläßt d. Dt. Orden Westpreußen, erwirbt Galizien, Wolhynien, Podolien (Südostpolen); schafft erstes geschriebenes poln. Gesetz; bessert d. Lage d. Bauern u. Juden		
1334	Landgraf v. Thüringen u. Markgraf v. Meißen, *Friedrich II.* (d. Ernsthafte), erhält für Ablehnung der Königskrone von *Karl IV.* 10 000 Mark Silber		
1335	Kg. *Kasimir III.* v. Polen verzichtet auf Schlesien, nachdem die meisten ober- u. niederschles. Teilherzogtümer die böhm. Lehnsoberhoheit anerk. haben Kärnten kommt durch Belehnung an Hzgt. Österreich	≈ Höhepunkt der Deutschordenslit. unt. den Hochmeistern *Ludern v. Braunschweig* (1331—35) und *Dietrich v. Altenburg* (1335—41); *Thilo von Kulm:* „Daniel" (1331) und „Hiob" (1338)	
1336	Unter Führung des Ritters *Rudolf Brun* stürzen d. Zünfte d. Vorherrschaft der Großgrundbesitzer u. Großkaufleute in Zürich u. bilden einen Rat aus den 13 Zunftmeistern u. 13 Vertretern dieser Patrizier *Takauji* aus d. Familie *Ashikaga* zerstört Kamakura u. macht sich in Kyoto z. japan. Reichsmarschall (*Ashikaga*-Shogune regieren bis 1573); Zerfall der Zentralgewalt * *Timur*, Herscher über ein mongolisches Weltreich von 1370 bis 1405 (†)	† Schwester *Hadewijch*, Verfasserin niederld. relig.-myst. Lieder	∼ *Jan van Ruisbroek*, fläm. Mystiker, „Doctor ecstaticus" (* 1293, † 1381): „Die Zierde der geistlichen Hochzeit" (unterscheidet u. ordnet „tätiges", „inniges" u. „gottschauendes" Leben, gewinnt Einfluß auf die „Brüder des gemeinsamen Lebens", vgl. 1374 u. 1380)

Rathaus in Münster	*„Ars nova" Kontrapunkt*	*Arabische Wissenschaft*	
		* *Ibn Chaldun,* arabischer Historiker († 1406)	AusPersien kommt die Rosenart Rosa Centifolia nach Europa
~ *Bernardo Daddi* (* ~ 1300, † ~ 1350): „Verkündigung" (ital. florent. Tafelbild im got. Stil) *Martini:* Altar des hl. *Ansanus* mit „Verkündigung" (ital. Malerei im Dom zu Siena im got. Stil; gemeins. mit s. Schwager *Lippo Memmi*) Ausbau des Bargello (Palast) in Florenz (älteste Teile von 1255; Ausbau bis 1345) Prager Hofburg auf dem Hradschin (fertiggestellt 1774; 707 Räume)		Erster öffentlicher Botanischer Garten in Venedig	Gedeckte hölzerne Kapellbrücke in Luzern (Bildschmuck aus d. 17. Jh.)
Giotto beginnt Glockenturm des Domes in Florenz ~ Papstschloß in Avignon beg.			
Aachener Münster erhält got. Chor Fassade des Rathauses in Münster in Westf. (got.; Baubeginn im 13. Jhdt.) † *Kao (Liang-ch'üan),* aus China wegen der Mongolen emigrierter Maler u. Mönch d. Zen-Buddhismus in Japan, malte Tuschbilder im chines. Sung-Stil (* 1275). Vorherrschaft der Sungmalerei in Japan			
Andrea Pisano: Südl. Bronzetür am Baptisterium in Florenz (got. ital. Reliefs) Engl.-gotische Kathedrale in Chichester (Baubeginn 1114) *Ashikaga*-Epoche in d. japan. Kunst (bis 1573); Mittelpunkt sind die Zen-Klöster d. Meditations-Buddhismus			

	Kurverein von Rhense „Hundertjähriger Krieg"	Petrarca · Boccaccio	Spätscholastik Mystik
1337		* *Jean Froissart*, frz. Dichter u. Historiker († ~ 1410) ~ *Robert Mannyng*: „Die Geschichte Englands" (engl. Reime) *Petrarca* in Rom	~ *Lupold v. Bebenburg* (* 1297, † 1363), Domherr (1353 Bischof) in Bamberg verf. Staatsrecht im Sinne des Kurvereins v. Rhense
1338	Kurfürsten verwahren sich im Kurverein von Rhense gegen die Ansprüche der Päpste in Avignon, dt. Königswahl zu bestätigen	~ *Boccaccio*: „Filostrato" (ital. Verserzählung in Stanzen) *Petrarca*: „Africa" (lat. Epos)	Universität Pisa gegründet ~ 6 elementare und 4 höhere Schulen in Florenz
1339	Kg. *Eduard III.* v. England beansprucht statt des Hauses *Valois* den frz. Thron und eröffnet den „Hundertjährigen Krieg" gegen Frankreich (bis 1453) * *Haakon VI. Magnusson*, Kg. von Norwegen von 1343 bis 1380 (†)	~ *Nikolaus von Jeroschin*, Deutschordenskaplan, überträgt „Chronica terrae Prussiae", 1326 von *Peter von Duisburg* lat. geschrieben, in dt. Verse	Universität Grenoble gegründet ~ *Richard Rolle*, engl. Mönch u. Begründer d. engl. Mystik (* ~ 1300, † 1349): „Incendium amoris", und „Anleitung zum vollk. Leben" (engl., für Nonnen) ~ *Giovanni Villani* (* ~ 1280, † 1348) schreibt Chronik von Florenz
1340	*Waldemar IV. Atterdag* Kg. v. Dänemark bis 1375 (†); unterliegt 1370 gegen d. Hanse Nach Aussterben (1323) der *Roman*-Dynastie in d. Ukraine (seit 1189) zerfällt d. Staat: Ostukraine u. Wolhynien an Litauen, Galizien an Polen, Karpato-Ukraine an Ungarn Lemberg kommt an Polen (~ 1270 v. ukr. Fürsten gegr., erhält 1356 Magdeburgisches Stadtrecht) Engl. Handelsflotte schlägt frz. im Enterkampf Kastilien schlägt Marokkaner-Heer	~ * *Geoffrey Chaucer*, engl. Dichter († 1400) † *Johannes Hadlaub*, Schweizer Minnesänger (* vor 1300) *Hadamar v. Laber*, bayr. Ritter: „Die Jagd" (Vergleich der ritterl. Minne mit einer Jagd, eine der zahlr. Minneallegorien um diese Zeit, welche d. Minnedienst d. 13. Jhdts. mit d. allegor. Sittenlehren d. Zeit verbinden) ~ Gedicht über den Sieg *Alfons' XI.* bei Salado über d. Mauren 1340 (Übergang zur span. Romanze) ≈ Handpuppen-Theater (nach Art d. Kasperle-Th.)	

Gotik · Giotto	„Ars nova" Kontrapunkt	Wetterbeobachtungen	
† *Giotto di Bondone*, ital. Maler; leitete von der byzantinischen zur mehr körperhaften Malerei der Frührenaissance über (* 1266)		Erste regelmäßige Wetterbeobachtg. (bis 1344 in Oxford; noch ohne Messungen)	Kaiser bestätigt Frankfurt a. Main als Messestadt
Belfried in Gent (Glockenturm mit Glockenspiel, 100 m hoch, Baubeginn 1183). Solche Glockentürme sind für die Städte d. Niederlande kennzeichnend Marienkirche in Wismar (norddt. Backsteingotik, fertiggestellt in der 2. Hälfte d. 14. Jhdts.)			≈ Die Woll- und Seidenindustrie in Florenz hat sich von der kleinhandwerklichen Betriebsform zur Verlagsindustrie und Manufaktur entwickelt: 30 000 Personen (1/3 der Bevölkerung von Florenz) fertigen jährl. über 25 000 Stück Tuch (Wert etwa 15 Mill. Mark)
Altes Rathaus in Nürnberg (got.; Baubeginn 1332; im 16. Jhdt. spätgot. ergänzt; Renaissancebau im 17. Jhdt.)		Die gegen d. Franzosen bei Slugs siegreiche Flotte d. Engländer besteht aus ausgehobenen Handelsschiffen unter einem königlichen Admiral. Enterkampf ohne Fernwaffen	*Eduard III.* von England erklärt sich mit seiner persönl. Freiheit seinen Brabanter Gläubigern gegenüber haftbar

	Bayern, Tirol und Brandenburg in einer Hand	Petrarca · Boccaccio	Spätscholastik Mystik
1341	Spaltung d. byzantinischen Reiches (bis 1354); wird durch äußere Gegner (Serben, Türken) und innere Unruhen mehr und mehr geschwächt	Dichterkrönung *Petrarcas* in Rom	
1342	*Ludwig d. Ältere* (* 1315, † 1361), Hzg. v. Bayern u. Markgraf v. Brandenburg, erwirbt durch Heirat mit *Margarete Maultasch* Tirol (tritt Brandenburg 1351 an seine Brüder ab) *Ludwig d. Gr. von Anjou*-Neapel, Sohn v. Kg. *Karl I.*, wird Kg. v. Ungarn bis 1382 (†); festigt die Abhängigkeit der Vasallenstaaten auf d. Balkanhalbinsel, besiegt Venedig u. gewinnt Dalmatien zurück, wird 1370 Kg. v. Polen	*Boccaccio:* „Amorosa visione" („Liebesvision", ital. Volkserzählung)	Kg. *Gustav* von Schweden gr. Universität Dorpat (1802 erneuert)
1343	*Haakon VI. Magnusson* Kg. v. Norwegen bis 1380 (†, * 1339); wird 1362 Mitregent seines Vaters *Magnus Eriksson* in Schweden, heiratet 1363 *Margarete*, Tochter des dän. Kgs. † *Robert* (der Weise) *von Anjou*, Kg. v. Neapel seit 1309 (* 1278)	*Boccaccio:* „Fiametta" (ital. lyr. Liebesroman) ≈ *Juan Ruiz v. Hita* (* ~1283, † 1351): „Buch des guten Liebens" (span. satirische Lehrged. in Form d. Selbstbiographie mit eingestreuten Liebesliedern, 7000 Verse, vollendet in d. Gefangenschaft des Erzbischofs von Toledo)	*Petrarca:* „De contemptu mundi" („Über die Weltverachtung", Zwiegespräch mit *Augustinus* über das Seelenheil, i. lat. Sprache)

Gotik Martini	„Ars nova“ Kontrapunkt	Handwerkstechnik	
Heilig-Geist-Kirche in Nürnberg (Baubeginn 1331; bewahrt ab 1424 Reichskleinodien)			Lübeck erhält als erste dt. Stadt das Recht der Goldmünzenpräg. (1356 erhalten es auch d. Kurfürsten) Karnevalsumzug i. Köln erstmalig erwähnt (geht auf d. Verehrung einer Göttin der Schiffahrt und Fruchtbarkeit in spätröm. Zeit zurück. Einfluß der altröm. Saturnalien mit Festessen u. Aufhebung d. Standesunterschiede; vgl. auch — 2600)
Martini: Passionsaltar (ital. Malerei im dramat.-got. Stil am päpstl. Hof in Avignon)			
Wang Meng (* 1308, † 1383, Enkel von *Chao Meng-fu*), chin. Maler und Staatsmann unter d. mongol. *Yüan*-Dynastie: „Landschaft mit Wasserfall und Bambushalle“ *Jean Pucelle:* Brevier von Belleville (frz. Buchmalerei) Marienkirche in Prenzlau (backsteingotische Hallenkirche, Baubeginn 1290) ~ Dom von Triest (entstand seit dem 11. Jhdt. aus der Vereinigung von 3 Kirchen aus dem 5./6. Jhdt. mit Glockenturm aus Resten eines römischen Tempels)			

	Päpstlicher Gegenkönig Altserbisches Reich	Frühhumanismus Bürgerl. Dichtung	Spätscholastik Mystik
1344	Spanien erobert Algeciras v. d. Mauren		
1345	In der thüring. Grafenfehde (seit 1342) erlangt der *Wettiner* Landgraf *Friedrich II.* (d. Ernsthafte) das Übergewicht über die thür. Grafen		*Hermann von Fritzlar:* „Heiligenleben" (Sammlung von Legenden in Prosa)
1346	*Karl IV. von Luxemburg* wird als päpstlicher Gegenkönig aufgestellt, trotz d. Beschlusses d. Kurvereins v. Rhense 1338 (wird 1347 anerkannt) Entscheidender Sieg d. Engländer bei Abbeville (Crecy) über die Franzosen † *Johann von Luxemburg* (fällt bei Crecy im Kampf mit d. Franzosen gegen die Engländer), Kg. v. Böhmen seit 1310, Lehnsherr über schles. Hzge (* 1296) Brandenburg (seit 1323), Tirol (s.1342), Holland, Seeland, Hennegau gehören vorübergehend zur bayr.-*wittelsbachischen* Hausmacht (Holland u. Hennegau 1433 an Burgund, 1482 an die *Habsburger*) Bund der Sechsstädte der Oberlausitz (Bautzen, Görlitz, Zittau, Kamenz, Löbau, Lauban) Kg. *Waldemar IV. Atterdag* von Dänemark verkauft Estland (erobert 1219) an den Deutschen Orden *Stephan Duschan* (* ~ 1308, † 1355), Kg. v. Serbien seit 1331, läßt sich nach d. Eroberung v. Südmakedonien und Albanien (Thessalien 1348) zum Zaren krönen; Höhepunkt d. altserb. Reiches, das nach seinem Tode in Einzelstaaten zerfällt	* *Eustache Deschamps*, frz. Balladendichter († 1406)	Universität Valladolid (Altkastilien) gegrdt.

Glasmalerei *Norddt. Backsteingotik*	*„Ars nova“* *Kontrapunkt*	*Handwerkstechnik*	
† *Simone Martini*, ital. Maler aus Siena; gotischer Stil (* 1284) Zisterzienser-Klosterkirche Chorin (norddt. Backsteingotik; Baubeginn 1273) Baubeg. d. St.-Veits-Doms in Prag (vollendet erst im 20. Jh.)			
† *Mokuan*, japan. Maler u. Mönch d. Zen-Buddhismus in China; malte in der Art d. chin. Malers *Mu-hsi* (~ 1269) u. erhielt das Recht, seine Bilder mit dessen Siegel zu zeichnen; u. a. „Die vier Schläfer“ (Buddhist, Abt, Küchenjunge, Dichter-Vagant und Tiger als häufiges buddhist. Motiv) ≈ Glasmalereien im Langhaus des Straßburger Münsters		*Taddeo Gaddi:* Ponte Vecchio in Florenz (mit Bogen kleiner als ein Halbkreis)	Bankrott der Florentiner Banken d. *Bardi* und *Peruzzi* (hatten große Anleihen nach England gegeben)
Liebfrauen- oder Überwasserkirche in Münster i. W. (got. Hallenkirche)			≈ Der dt. Adel sichert den Bodenbesitz durch Errichtung v. Stammgütern, die in der männl. Linie bleiben (außerdem ist die Veräußerung und Teilung nur mit Genehmigung der Lehnsherren erlaubt) ≈ Die dt. Landesherren erheben mehrmals im Jahr die „Bede“ (eine Art Grund- u. Gebäudesteuer, jetzt meist in Geld, vorher auch in Naturalien; Begünstigung der Städte) ≈ In den norditalien. Städterepubl. entwickeln sich Formen d. Vermögenssteuer

	Rienzi *Zünfte im Rat Nürnberg*	*Frühhumanismus* *Petrarca*	*Geißlerzüge im Pestjahr*
1347	† *Ludwig IV.* (der Bayer), röm.-dt. Kaiser seit 1314, bis 1330 Gegenkönig geg. *Friedrich den Schönen* von Österreich; erweiterte vorübergehend stark die *wittelsbach*ische Hausmacht (* 1287) Päpstlicher Gegenkönig *Karl IV. von Luxemburg* von den dt. Fürsten anerkannt (bis 1378 [†]; Kaiserkrönung 1355). *Luxemburger* Kaiser auf dem dt. Thron bis 1437 Der „*falsche Waldemar*" erlangt Herrschaft u. Anerkennung in Brandenburg bis 1355 († 1356); behauptet, der Markgraf *Waldemar* († 1319) zu sein, wird 1450 als früherer Müller entlarvt Calais kommt in engl. Besitz (bis 1558) *Cola di Rienzi* versucht, in Abwesenheit der Päpste (in Avignon) als Volkstribun die röm. Republik wieder zu begründen; wird vertrieben u. 1354 im Volksaufstand getötet	*Petrarca* unterstützt in einem leidenschaftlichen Brief den Versuch *Cola di Rienzis*, in Rom die antike Republik zu erneuern, u. fordert d. Einheit Italiens	* *Katharina von Siena*, ital. Heilige der kath. Kirche († 1380)
1348	*Karl IV. von Luxemburg* gründet Prager Neustadt als Residenz Die Fürsten von Mecklenburg aus dem slawischen Geschlecht *Pribislaws* werden reichsunmittelbare Hzge. (erhielten 1292 d. Land Stargard, erwerben 1358 Grfsch. Schwerin) Nach dem Handwerkeraufstand sitzen im Kleinen Rat d. Stadt Nürnberg 8 neue Zunftmitglieder	† Don *Juan Manuel*, schrieb 1335 „Graf Lucanor" (span. Novellensammlung mit Rahmenerzählung) (* 1282)	Universität Prag durch *Karl IV.* gegründet (erste dt. Universität) Im Pestjahr nehmen Geißlerzüge zur Erlangung der Sündenvergebung überhand. Vom Papst 1349 verboten (vgl. 1260) Pest löst schwere Judenverfolgungen aus
1349	Kg. *Philipp VI.* v. Frankr. erwirbt die Dauphiné (burgund. Gebiet zwischen Rhône und Durance) Gesetzbuch „Zakonik" d. serb. Zaren *Duschan*	* *Smil Flaska von Pardubitz*, tschech. Dichter († 1403) Das durch die Normannen (~ 1066) eingeführte Französisch verschwindet aus den englischen Schulen (1362 auch aus den mündlichen Gerichtsverhandlungen)	† *Wilhelm von Occam* (auch *Ockham*), engl. Philosoph in Paris; Vertreter des Nominalismus (Begriffe sind nur Namen und Zeichen); bekämpfte unnötige Allgemeinbegriffe („Rasiermesser des *Occams*") (* ~ 1290)

Gotik „Triumph des Todes“	*Flagellanten-Lieder*	*Pestabwehr*	
			Erster Seeversicherungsvertrag i. Italien (Vorläufer sind die Seedarlehen) ≈ In den Niederlanden entsteh. aus den waffenfähigen Bürgern Schützengesellschaften, die große Feste abhalten (in München z. B. 1466) Münchner Stadtrecht verbietet Zusammenschluß der Handwerker
	~ Die Lieder der Flagellanten (Geißelbrüder) verbreiten sich rasch im Volk ~ Aufkommen d. dt. weltl. Volksliedes (gesammelt im „Lochheimer Liederbuch“, 1455) Erdbeben und Bergsturz bei Villach	Städt. Spitäler dienen in Pestzeiten und bei anderen Seuchen als Krankenhäuser Schrift der Pariser Universität üb. die Pest nennt, gestützt auf *Aristoteles* u. *Albertus Magnus*, als Hauptursache die Konjunktion von Saturn, Jupiter, Mars am 20. 3. 1345. Empfiehlt Flucht, saure Speisen, Duftmittel, Edelsteinamulette	Gr. Pestepidemie in Europa bis 1350 ≈ Der Nürnberger Handel blüht, vor allem mit Italien, und wird von den Patriziern getragen ≈ In den Zünften gibt es auch Frauenarbeit (reine Frauenzünfte, z. B. Garnmacherinnen, Goldstickerinnen) Zwickauer Feuerlöschordnung (andere Städte folgen wegen häufiger Brandkatastroph.)
† *Andrea Pisano*, Bildhauer der ital. Gotik (* ~ 1290) ~ „Triumph des Todes“ (makabre ital. Fresken im Campo Santo von Pisa unter dem Eindruck der großen Pestepidemie)		*Konrad von Megenberg* (* 1309, † 1374): „Buch der Natur“ (volkstümliche Naturkunde, erstes dt. Kräuterbuch)	Streik der Gerbergesellen in Paris z. Erlangung höherer Löhne Der Kaiser gestattet d. Nürnberger Metzgerzunft das „Schönbartlaufen“ als Fastnachtsumzug (angebl. für Nichtbeteil. an ein. Aufstand; 1539 v. Rat aufgehoben)

	Kaiser fördert Bürgertum *Engl. Unter- u. Oberhaus*	*Frühhumanismus* *Petrarca*	*Spätscholastik* *Mystik*
1350	∼ *Karl IV. von Luxemburg,* „der erste Kaufmann auf d. Kaiserthron", fördert Bürgertum, Handel u. Gewerbe, gestützt auf seine Hausmacht Die Schöffensprüche d. Oberhofes in Magdeburg werden zum „Systematischen Schöffenrecht" zusammengefaßt; maßgebend für alle Städte mit Magdeburg. Stadtrecht *Johann II. der Gute* Kg. v. Frankr. bis 1364 (†) ∼ Kg. *Eduard III.* v. England stiftet Hosenbandorden (26 Ritter) ∼ Teilung d. engl. Parlaments in Oberhaus (House of Lords) und Unterhaus (House of Commons), welches Steuerbewilligungsrecht und Petitionsrecht erhält. Ausbildung d. Selbstverwaltung durch ehrenamtliche Friedensrichter in den Grafschaften ≈ Unter *Jussuf I.* (reg. 1333—54) u. seinem Sohn *Muhammed V.* hohe Blüte des arab. Nasriden-Reiches in Granada	∼ *Eysteinn Asgrimsson:* „Lilja" (relig. Hymnus, eines der letzten Werke aus der Blütezeit d. altisländ. Literatur) ∼ *Ulrich Boner:* „Edelstein" (Fabeln mit christl. Moral, nach d. Vorbild *Äsops;* findet zahlr. Nachfolger) ∼ *Petrarca* schafft mit seinen literarisch hochstehenden lateinischen Briefen in Vers und Prosa eine wesentliche Gattung d. humanistischen Schrifttums „Maastrichtsche Paaschspel" (frühestes niederl. geistl. Mysterien-Spiel) ≈ Übergang von der mittel- z. neuhochdt. Sprache durch Einfluß der Kanzleisprachen (frühneuhochdt. bis ≈ 1625) ≈ In Italien, Frankreich und Deutschland beginnt Handel mit Handschriften (vgl. 1300) ∼ *Li Hsing Tao:* „Der Kreidekreis" (chines. Drama)	≈ In der scholastischen Philosophie verdrängt der „Nominalismus" (Begriffe sind Namen und Zeichen) den „Realismus" (den Begriffen entsprechen reale Ideen)

Gotik · Glasmalerei	*„Ars nova"* Kontrapunkt	*Berthold „der Schwarze"*	
~ *Nino Pisano* (* ~ 1315, † nach 1363, Sohn v. *Andrea Pisano*) schafft Madonnenfigur im ital.-got. Stil ≈ Die Skizzenbücher der Maler enthalten mehr und mehr Studien nach der Natur an Stelle von Kompositions-Schemata Baubeg. d. Westfassade d. Kölner Doms ~ Got. Glasbilder im Kölner Dom (ein Höhepunkt dt. Glasmalerei) ~ Pietà in d. Elisabethkirche Marburg (in einem got.-dekorativen Stil) Vesperbild (Pietà) im Ursulinerinnenkloster in Erfurt ~ Burg Eltz an d. Mosel (got. Burgbau mit Zinnen u. Türmchen; der Burgenbau der Gotik ist vom Kirchenbau beeinfl., während in d. Romanik der Einfluß umgekehrt vorhanden war) ~ Kathedrale in Palma/Mallorca (span.-got. Stil, frz. beeinfl.) Glockenturm in Pisa (wegen Bodensenkung der „Schiefe Turm") (Baubeginn 1174) ~ Dom von Bergamo erbaut (begonnen im 12. Jhdt.) ~ Dom in Wetzlar (frühgot., Baubeginn 2. Hälfte 13. Jhdt.; roman. Westbau aus dem 12. Jhdt.) ~ Kg. *Eduard III.* von England läßt Schloß in Windsor (Windsor Castle) neu erbauen ~ Kathedrale in Salisbury vollendet (vgl. 1258) ≈ Blüte des Lederkunstgewerbes in Europa ≈ (Heute erhaltene) Hauptteile der Burg Alhambra in Granada entst. (gilt als eines der bedeutendsten islam. Bauwerke; 1492 erobert) ~ In China entsteht die Herstellung feinen Porzellans, oft Bemalung mit Kobaltblau unter der Glasur (seit ≈ 620 gibt es ein derberes „Frühporzellan")	≈ Blütezeit der isorhythmischen, 4stimmigen (auch weltl.) Motette ≈ Trumscheit, ein Streichinstr. mit nur einer Saite für Flageolettöne, bes. in Nonnenklöstern („Marientrompete")	≈ Langsam beginnt sich in den Wissenschaften induktives (erfahrungsmäß.) Denken gegenüber der deduktiven Ableitung v. Erkenntnissen aus allgem. Begriffen zu verbreiten ~ Der Magister der freien Künste und Bernhardinermönch *Berthold* („der Schwarze") fördert die Entwicklung d. Feuerwaffen (hat nicht das Schießpulver erfunden) ~ Leichensezierung als sündhaft untersagt (ab 1560 wieder allgem. gestattet; vgl. 1376) Papierherstellung in Frankreich bekannt (vgl. 793) Inka-Hängebrükke von San Luis Rey i. Argentinien (100 m lang, besteht 500 Jahre)	† *Till Eulenspiegel*, dt. Schalksnarr (seine Streiche werden Ende d. 15. Jhs. aufgezeichnet) Die schweren Seuchen seit 1348 („Schwarz. Tod", wahrsch. Pest und Pocken) verursachten in Europa etwa 25 Mill. Tote (ca. 25 % der Bevölk.). Wurden teils als göttliches Strafgericht angesehen (Selbstkasteiungen, Flagellantenzüge), teils als Folge v. Brunnenvergiftgn. durch Juden, was zu schweren Judenverfolgung. führte Granada 200000 Einwohner (1492: 500000) ≈ Städtewappen kommen auf (Städtesiegel schon ≈ 1150) ≈ Im Rheinland kommt Filet-Stikkerei auf ~ Drahtzieherhandwerk in Augsburg u. Nürnberg ~ Ausgehend von den Zen-Klöstern und dem ihnen verbund. Kriegeradel ist das Teetrinken in Japan große Mode geworden u. gipfelt in verschwenderischen Teefesten. Der Shogun verbietet mit geringer Wirkung das Teetrinken

	Schwächung von Kaiser- und Papsttum Azteken-Reich	*Frühhumanismus*	*Spätscholastik Mystik*
Im 14. Jahrhundert	Schwächung von Kaiser- und Papsttum (vgl. 1303, 1356, 1378) Das Marktrecht geht von den Stadtherren an die Städte selbst über Gründung d. Reiches von Ajuthia in Siam (Blüte im 17. Jahrhundert) Reich der Azteken-Indianer in Mexiko mit hoher Kultur entsteht mit Hauptstadt Tenochtitlan: autokratischer Wahlkönig, Sippenverfassung; Sklavenarbeit, Ackerbau; Kunsthandwerk; organisierte Priesterschaft, Steintempel, Menschenopfer, Huitzilipochtli als Stammgott; Literatur in Bilderschrift; Astronomie und Astrologie (vernichtet 1519 durch *Cortez*) Schanghai befestigte Kreisstadt	Innsbrucker Osterspiel (volkstümlich. geistl. Schauspiel; Hauptrollen ein Salbenhändler u. sein Knecht) St. Gallener Passionsspiel (ältest. ganz in dt. Sprache abgefaßtes Passionsspiel) Anfänge des Meistergesanges Gereimte Briefe in deutscher Sprache „Fridthiofs-Saga" (isl. Sage) „Reimser Evangelienbuch", teils in cyrillischer, teils in glagolitischer (ältest. slaw. Schrift in Anlehnung an griech. Minuskeln) Schrift, entsteht in Serbien „Wiener Bilderchronik" (mittellat. Chronik aus Ungarn) Die türkische Literatur (Epen, Lyrik) ist stark von persischen Vorbildern beeinflußt „Die drei Reiche", „Die Räuber vom Liang schan Moor" (früheste chin. Romane i. d. Umgangssprache)	Erste hochdeutsche Bibelübersetzung aus der „Vulgata" Neben der rational-scholastischen Philosophie der Kirche entsteht besonders in Deutschland eine mehr individuell-irrationale Mystik, die gegen Ende des Jahrhunderts auch praktische Lebensordnungen in religiösen Gemeinschaften entwickelt Ausgehend von der Beschäftigung mit den antiken Schriftstellern entwickelt sich in Italien die geistige Bewegung des Humanismus, die im idealisierten Geist der Antike ein neues Menschen- und Kulturideal sieht; äußert sich zunehmend i. antischolastisch. und nationalist. Schreib- und Leseschulen in d. Städten Judenverfolgungen mit Friedhofsschändungen führen zur Verwendung der Grabsteine bei profanen Bauten

Gotik	*„Ars nova"* *Kontrapunkt*	*Handwerkstechnik* *Feuerwaffen*	
Darstellung Christi als „Schmerzensmann" kommt auf „Totentanz" als Thema in der bildenden Kunst (v. Frankr. aus) Christlicher Flügelaltar entsteht Aus Elfenbein geschnitzte Dreiflügel-Altäre für Haus- und Reisegebrauch Böhmische Malerschule ∼1340 bis 1380 *(Meister von Hohenfurth* und *Wittingau)* Pietà oder Vesperbild aus dem Frauenkloster Sonnefeld (Pappelholzplastik, Veste Coburg) Stadtmauer mit Wehrgang und Türmen in Nördlingen (∼ 1600 erneuert) Stadtbefestigungen von Rothenburg ob der Tauber (erb. 1350—80) Rathaus in Ulm (gotischer Stil; Teil im Renaissancestil im 16. Jh.) Backstein-Giebelwand der Wohnhäuser in nord- u. ostdt. Städten Spätgotik in der engl. Baukunst („Perpendicular Style", bis ≈1550) Kathedrale in Coventry (englische Kirche, im Bau seit dem 12. Jh.) „Paläologische Renaissance" der byzantinischen Kunst Wandmalerei d. „Griechen Theophanes" in der Verkündigungskirche, Nowgorod Das reiche arab. Kunstgewerbe in Spanien stellt u. a. buntglasierte Fayenceplatten („Azulejos") zur Wandbekleidung her In China wirken die 4 bedeutenden Landschaftsmaler der Yüan-Zeit: *Huang Kung-wang, Wu Chen, Wang Meng, Ni Tsan* In Japan setzt sich Schwarzweiß-Tuschemalerei in Verbindung mit dem Zen-Buddhismus durch „Shakya (Buddha), dem Baum der Erleuchtung entgegenschreitend", „Abreise der verkauften Haremsfrau *Chao Chun* zu den Hunnen", „Kuchenkorb" (chin. Seidenmalerei) Wohngebäude der Spandauer Burg unter Verwendg. jüd. Grabsteine	Die aus England (≈ 1200) stammende Kompositionstechnik des „Faux bourdon" („falscher Baß" = Stimmführung in der Oberstimme mit Sext- u. Terz-Parallelen) wird i. Frankr. ausgebildet und von dort nach Rom übertragen (ab 1377). „Diskant"-Stil m. Stimmführung in d. tiefer. Stimme (seit ∼ 1100) wird verdrängt Londoner Handschrift in sog. Orgeltabulatur (früheste Orgelmusik mit originalen Orgelstücken u. Liedübertragungen) Verbot der Quintparallelen Notenschrift erhält die Taktvorzeichnung Cambrai wird an Stelle v. Paris Mittelpunkt d. franz. Musik Aus dem Gottesdienstgesang der Laienbruderschaft entstehen Singschulen, aus denen die Singschulen d. Meistersinger hervorgehen, daneben „Zechsingen" im Wirtshaus Vom arab. Spanien her verbreitet sich die Laute üb. ganz Europa (wird in d. folg. Jahrhund. d. Hauptinstrument der Hausmusik)	Papier beginnt Pergament in Europa zu verdrängen (vgl. 793) Einfaches, leichtes Rohr mit Zündloch und Lunte ohne Schloß als „Handrohr" verwendet. Diese älteste Handfeuerwaffe ist z. T. noch als Griff einer Streitaxt ausgebildet; wird auch in Holzschäftung verwendet Kogge mit hohen Aufbauten am Bug und Heck charakteristische Schiffsform der Hanse Segelkriegsschiffe mit zahlreich. Geschützen Glasfenster in dt. Wohnhäusern (in engl. schon 1180) Eisenerzeugung nimmt zu  Das Stadtleben ist noch stark landwirtschaftlich geprägt (vgl. 1410)	Die Einführung d. vorn zu schließenden Gewänder in der europäischen Kleidung bedeutet weitgehende Unabhängigkeit von antiken Vorbild. Frankreich übernimmt die Führung in der europäischen Kleidermode In Frankreich tritt an Stelle des Mantels ein tief gegürtetes, langes Oberkleid, am Gürtel Tasche oder Dolch (Vorläufer d. Tappert, vgl. 1400) Männerkleidung i. Deutschl.: Schekke (kurzer Rock), enge Strumpfhose (Beinlinge) u. Gugel (langzipfelige Kapuze mit Schulterkragen), teilw. überladene Verzierungen mit Bändern, Schellen, Besatz usw. Schnürleibchen in d. dt. Frauenkleid. In d. engl. Frauenkleidung erscheint d. Schleppe; Trennung von Rock u. Leibchen Übergang von langer zu kurzer männlicher Haartracht in Mitteleuropa Kleine Wand- und Taschenspieg. werden verwendet Klimaverschlechterung und häufige Unwetter in Europa (schon. im 13. Jh.)

	Wachsender politischer Einfluß des städtischen Bürgertums	*Boccaccio · Petrarca*	*Spätscholastik Mystik*
1351	*Winrich von Kniprode* Hochmeister d. Dt. Ordens bis 1382 (†); unter ihm polit. u. wirtsch. Blüte d. Ordensstaates * *Leopold III.*, Herzog von Österreich von 1365 bis 1386 (†) * *Gian Galeazzo*, aus der Familie *Visconti*, Herzog v. Mailand von 1395 bis 1402 (†)	~ *Jan de Weert* aus Ypern, Vertreter der niederl.-bürgerl. Dichtung, schreibt Lehrgedichte	
1352			
1353	Coburg kommt durch Heirat an die Landgrafen von Thüringen Bern tritt als letzte d. „8 alten Orte" d. eidgen. „Ewigen Bund" v. 1291 u. 1315 zwischen Uri, Schwyz u. Unterwalden bei (1332 Luzern, 1351 Zürich, 1352 Glarus u. Zug) Durch Einführung d. Zunftverfassung d. Leineweber gewinnt St. Gallen Unabhängigkeit vom Kloster-Abt Gegen das neue mit Bulgarien verbündete Großreich d. Serben, dessen Herrscher *Duschan* sich zum Kaiser v. Byzanz krönen läßt, ruft der byzant. Gegenkaiser die in Kleinasien siegreichen Türken zu Hilfe. Diese setzen nach Europa über u. besetzen bis 1390 Bulgarien u. Serbien (1361 Adrianopel; vgl. 1389)	*Boccaccio:* „Decameron" (ital. Novellen, seit d. Pestjahr 1348); begrdt. Novellenform	Engl. Kg. verbietet Anruf d. Papstes in Sachen, für die Krone zuständig ~ † *Nicolaus v. Autrecourt*; entwickelte atomistisches Weltbild; erster abendl. Kritiker des Kausal- und Substanzbegriffes
1354	Zehn-Städte-Bund d. elsäss. Reichsstädte (außer Straßburg u. Mühlhausen) Grafschaft Luxemburg wird Hzgt.	*Petrarca:* „Vom einsamen Leben" (lat. Prosa)	
1355	*Karl IV. von Luxemburg* läßt sich in Rom zum röm.-dt. Kaiser krönen, gibt Herrschaft in Italien auf Hinrichtung des Dogen von Venedig *Marino Falieri* (* ~ 1280) wegen Verschwörung gegen die Aristokratie Türken erobern Gallipoli	Kaiserliche Kanzleisprache und -formen werden festgelegt	

Gotik · Lübecker Marienkirche	*„Ars nova"* *Kontrapunkt*	*Seeatlas* *Handwerkstechnik*	
Marienkirche in Lübeck vollendet (vgl. 1159, 1201, 1251, 1261, 1316) Spätgot. Hallenchor d. Kreuzkirche in Schwäb.-Gmünd von *Heinrich von Gmünd* (Vater von *Peter Parler*; vgl. 1399)		„MediceischerSee-atlas" (enth. neue, auf Grund d. Kompaßgebrauches [vgl. 1195] gewonnene Erfahrungen)	Streik der Webergesellen in Speyer zur Erlangung höherer Löhne ≈ In England verwandelt sich Tennis vom Hallen- zum Rasenspiel
* *Mincho*, japan. Maler († 1431) Baubeginn der Kathedrale von Antwerpen (spätgotisch; fertiggestellt 1616)		Der arab. Geograph *Ibn Battuta* durchquert d. Sahara und erreicht Timbuktu a. Niger im Sudan Erste Kunstuhr f. d. Straßburg. Münster mit Glockenspiel u. beweglich. Figuren (krähend. Hahn)	≈ In der Tuchindustrie beginnt sich eine frühkapitalistische Produktionsweise durchzusetzen ~„Buch von guter Speise" (eines der frühesten deutsch. Kochbücher) ≈ Vollstreckung der Todesstrafe durch Hängen, Enthaupten, Rädern, Ertränken, Vierteilen, Verbrennen, Pfählen. Bei leichteren Vergehen Verstümmelungen oder Geldstrafen (Freiheitsstrafen selten)
		216 m lange, gedeckte Brücke üb. d. Ticino in Pavia (lombard.)	Eiserner Hahn d. astronom. Uhr i. Straßburg. Münster (ältest. europ. Automat)
Frauenkirche in Nürnberg v. Kaiser *Karl IV.* gestiftet (got. Hallenkirche)	† *Johannes de Muris*, frz. Komponist (* 1289)		

	„Goldene Bulle"	Frühhumanismus Petrarca	Spätscholastik Buridan
1356	Kaiser *Karl IV.* bestätigt in der „Goldenen Bulle" den sieben Kurfürsten in der Rangfolge: Mainz, Trier, Köln, Böhmen, Pfalz, Sachsen, Brandenburg das seit ~ 1250 bestehende Recht der ausschließlichen Königswahl. Frankfurt a. Main (seit 13. Jh. Reichsstadt) wird Ort der Königswahl. Bedeutet entscheidende Schwächung der dt. zentralen Reichsgewalt Die Pfalz (seit 1329 selbst. unter einer *Wittelsbacher* Linie) erhält Kurwürde („Kurpfalz") Sachsen-Wittenberg erhält Kurwürde, die es bisher gemeinsam mit Sachsen-Lauenburg beanspruchte Frz. Kg. gerät in engl. Gefangenschaft		„*Buridans* Esel" kann sich zwischen zwei gleichwertigen Heubündeln nicht entscheiden (drastische Veranschaulichung v. B's Willenlehre)
1357	Der Vorsteher d. Pariser Kaufleute *Marcel* entfesselt Unruhen, um das Bürgertum zur Macht zu bringen (werden 1358 niedergeschlagen) Hansestädte nennen sich erst jetzt „Städte der Deutschen Hanse" (vgl. 1294) Großer Bauernaufstand „Jacquerie" in Nordfrankr. gegen den Adel wird blutig unterdrückt	* *Hugo von Montfort*, mittelhochdt. ritterlicher Dichter aus der Steiermark († 1423) *Petrarca:* „Die Triumphe" (ital. allegor.-moral. Gedicht i. Terzinen)	Kardinal *Ägidius Albornoz* (* 1300, † 1367) festigt Kirchenstaat d. Gesetzgebung
1358	Herzöge von Mecklenburg erwerben Grafschaft Schwerin Bremen tritt d. Hanse bei		~ † *Johann Buridan*, frz. Scholastiker; behandelte philosoph. u. physikal. Fragen, gab Ansätze zu einer volkswirtschaftl. Preistheorie; Haupt der Pariser Nominalisten-Schule (* ~ 1300)
1359	Berlin Mitglied der Hanse. Führt hier zu einem Jahrhundert der Blüte städt. Freiheit † *Urchan*, türk. Emir seit 1326; organisierte das Reich nach dem Koran u. d. Staatsrecht Kanun; gründete 1329 Janitscharentruppe aus Kriegsgefangenen u. Spahi-Reiterei, die mit Abgaben unterlegener Ortschaften belehnt werden. Zur türk. Heermacht stoßen zahlreiche christliche Renegaten		

Gotik · Peter Parler	*„Ars nova“ Kontrapunkt*	*Handwerkstechnik*	
Peter Parler: Chor des St.-Veits-Doms i. Prag (bis 1385) Baubeginn der Kaiserpfalz in Ulm (fertiggestellt 1603) ~ Hauptportal der Lorenzkirche in Nürnberg *Matthias von Arras:* Burg Karlstein/Böhmen f. *Karl IV.* (frz. Gotik, beg. 1348) Teile d. Basler Münster d. Erdbeben zerstört		Schweres Erdbeben trifft Basel	Kurfürsten erhalten Regalien: Bergwerks-, Salz-, Münz-Regal (stärkt Landesfürsten wirtschaftlich) Durch die „Goldene Bulle“ wird in den weltlichen Kurfürstentümern für die Erbfolge d. Erstgeburtsrecht festgelegt (Primogenitur) Pestepidemien im Rheinland (m. Unterbrechungen bis 1667)
Orcagna: Altar d. *Strozzi*kapelle in der Kirche Santa Maria Novella in Florenz (ital. spätgot.) *Parler* beginnt die Karlsbrücke in Prag (Altstädter Turm; d. 16bogige, 502 m lange Brücke mit 2 got. Türmen u. Plastiken wird 1503 fertiggestellt)			Chemnitz erhält Bleichprivileg; wird dadurch zu einem Textilzentrum (seit 12. Jh. Marktrecht)
		Buridan (†) näherte sich mit seinem Begriff „Impetus“ dem physikalisch. „Impuls“-Begriff (exakte Fassung erst durch *Newton*)	
Orcagna: Sakramentshäuschen im Or San Michele in Florenz (mit Reliefs im spätgot. Stil Italiens) Saint-Nicholas-Kathedrale in Newcastle (engl. Gotik) Mittel- und Seitenschiffe des Stephansdoms in Wien (spätgotischer Stil)			

	England bekommt Teile Frankreichs Türken in Europa	*Frühhumanismus in Prag*	*Spätscholastik Mystik*
1360	Stettin Hansestadt Kg. *Eduard III.* v. Engl. erhält im Frieden zu Bretigny Calais u. Südwestfrankreich ohne Lehnspflicht unter Verzicht auf frz. Krone (geht ab 1435 wieder verloren; vgl. 1453) ~ Es bilden sich die Fürstentümer Moldau u. Walachei (kommen im 15. und 16. Jhdt. unter türk. Oberhoheit; 1861 zu Rumänien vereinigt ~ *Timur* beginnt sich in Mittelasien durchzusetzen		*E. Deschamps:* „Dit des quatre offices de l'ostel de roi" (erste frz. Moralität)
1361	Dänen erobern Hansestadt Wisby Danzig Hansestadt Grafschaft Champagne kommt zum Königreich Frankreich *Murad I.*, türk. Herrscher v. 1359 bis 1389 (†), erobert Adrianopel u. macht es (1366) zur Hauptstadt		Universität Pavia gegründet † *Johannes Tauler*, dt. Mystiker und Volksprediger; Schüler *Eckarts*, gehörte zur Gemeinschaft der mystischen „Gottesfreunde" (* ~ 1300)
1362	Graf *Amadäus VI.* v. Savoyen (Norditalien) stiftet Annunziatenorden (1950 aufgeh.)	*William Langland* (* ~ 1332, † ~ 1389): „Visionen Peters des Pflügers" (engl. reformatorische Dichtung mit satir. Beschreibung aller Stände)	*Urban V.* Papst bis 1370
1363	*Philipp der Kühne*, Sohn Kg. *Johanns II.* v. Frankr., erhält Hzgt. Burgund (Bourgogne) Hzg. *Rudolf IV.* v. Österr. erwirbt Tirol *Demetrius Iwanowitsch Donskoi* Großfürst von Moskau bis 1389 (†, * 1350); läßt Kreml erbauen	* *Christine de Pisan*, frz. Dichterin († 1430)	
1364	*Karl V.* (der Weise) Kg. v. Frankr. bis 1380 (†); fördert Wissenschaften; wiederholte Empörungen gegen seine finanziellen Maßnahmen	~ *Johann von Neumarkt* (* ~ 1310, † 1380), Kanzl. Kais. *Karls IV.*, „erster Humanist diesseits der Alpen", beeinflußt üb. d. Sprache der kaiserlichen Kanzlei in Prag die Ausbildung der neuhochdt. Schriftsprache	König *Kasimir III.* von Polen gründet Universität Krakau

Gotik	„Ars nova" Kontrapunkt	Französische Chirurgie	
Peter Parler: Pulverturm in Prag ∼ Vesperbild (Pietà) in der Veste Coburg ∼ Altartafeln aus der Augustinerkirche Erfurt mit „Geburt Christi" (wenig perspektivisch) ∼ Ca'd'Oro (Goldenes Haus) in Venedig	≈ Anfänge der Entwicklung von Clavichord u. Clavicymbal (Cembalo) (vgl. 1500)		≈ In England u. Frankreich ist die Jacke entstanden und weit verbreitet (in Frankreich mit hohem Stehkragen, i. d. Mitte eingeschnürt, Wattierung) Bettelverbot in Engl. (in Frkr. 1350, in Dt. 1384)
	† *Philippe de Vitry,* frz. Komp.; Motetten u. Balladen in freier Mehrstimmigkeit der „Ars nova" (* ∼ 1290)	Kunstuhr für die Frauenkirche in Nürnberg (stündliche Verneigung der 7 Kurfürsten vor dem Kaiser)	
Moschee Sultan *Hassans* in Kairo (Baubeg. 1356)			Erste kirchl. leihhausartige Bank (Montes pietatis) zur Bekämpfung d. Wuchers d. weltl. Kapitalgesellsch. i. Italien (Montes profani, seit ≈ 1147; erste dt. 1591 in Augsburg)
Magdeburger Dom geweiht (vgl. 1263)		*Guy de Chauliac,* Arzt und Wundarzt in Montpellier, schreibt Sammelwerk d. Chirurgie (bis ≈ 1550 maßgebend)	Schwere Sturmflut zerstört Teile der nordfriesischen Inseln
Kaufhalle in Brügge (got.; Baubeginn 1284)	*Machaut:* Krönungs-Festmesse (frz., 4 stimmig m. Cantus firmus)	Normannen erreichen u. besiedeln die Senegalmündung (westafrikan. Küste) Turmuhr mit Gewichtsantrieb und Schlagwerk von *Heinrich v. Wiek* f. das Palais *Karls V.* in Paris	

	Kleinadel gegen Großadel	Frühhumanismus Petrarca	Spätscholastik Mystik
1365	*Leopold III.* Herzog von Österreich bis 1386 (†); vergrößert den steirischen Besitz der *Habsburger* (vgl. 1386)		Papst *Urban V.* fordert rückständ. Tribut für das 1213 an König *Johann ohne Land* gegebene päpstl. „Lehen" England. Forderung wird vom engl. König u. Parlament abgelehnt u. von *Wiclif* in einer Schrift öffentlich bekämpft ~ * *Hieronymus von Prag*, Freund von *Hus* († 1416, als Hussit verbrannt) Universität Wien von Herzog *Rudolf IV.* von Österreich (†) gegründet
1366	Der ritterliche Kleinadel Schwabens gründet Schlegelerbund gegen Großadel und Städte (wird 1395 besiegt und aufgelöst) Venedig erwirbt Euböa (1387 Korfu und die ionischen Inseln) Adrianopel wird Sitz der osmanischen Herrscher (bis 1453)	*Petrarca:* „Canzoniere" (Samml. ital. Sonette u. Kanzonen über seine unerfüllte Liebe zu *Laura*); „Trostspiegel i. Glück u. Unglück" (in lat. Sprache)	†*Heinrich Seuse (Amandus)*, dt. Mystiker, Schül. *Meister Eckarts;* schrieb „Selbstbiographie", „Büchlein von der ewigen Weisheit", „Büchlein der Wahrheit", „Briefbüchlein" zusammengefaßt i. „Exemplar" (* ~ 1295)
1367	Bessarabien kommt an das Fürstentum Moldau (1503 an die Türkei) Kölner Bund d. Hansestädte beg. Krieg gegen Dänemark (nach Eroberung Kopenhagens 1370 erfolgreich)		

Gotik	„Ars nova"	Handwerkstechnik	
Kastell der *Visconti* in Pavia (Baubeginn 1360; seit 1359 herrschen in Pavia d. *Visconti* aus Mailand)		Stecknadelherstellung in Nürnberg erwähnt	
Meier Abdeli: Synagoge in Toledo „El Transito" (arab.-got. Mudejar-Mischstil; Baubeginn 1360) St.-Martins-Kirche in Kolmar (Baubeginn 1234) Chor der Kathedrale in Krakau (poln. Backsteingotik, Baubeginn 1322; Krönungsort u. Gräber der poln. Könige) Umbau von Or San Michele in Florenz zur Kirche (bis 1380; ursprünglich Getreidebörse)			
		~ † *Guy de Chauliac*, frz. Chirurg, päpstl. Leibarzt in Avignon (* ~ 1299)	*Fugger* kommen als Weber nach Augsburg (werden bald Verleger d. Landweber und Fernhändler in Luxusstoffen) Erste Steinmauer um den Kreml in Moskau (heutige 1487)

	Ming-Dynastie Höhepunkt der Hanse	Frühhumanismus	Spätscholastik Wiclif
1368	* *Sigismund*, Sohn Kaiser *Karls IV.*, röm.-dt. Kaiser von 1410 bis 1437 (†) Niederlausitz kommt an Böhmen (Oberlausitz 1320) Kg. *Kasimir III.* von Polen läßt poln. Gesetzbuch ausarbeiten ≈ Unter d. mongol. *Yüan*-Dynastie in China (seit 1280) waren der Ackerbau u. bes. d. Bewässerungsanlagen vernachlässigt worden; daher periodische Hungersnöte u. soziale Unruhen Chinesische Kleinbauern unter dem buddhistischen Mönch *Chu-Yüan-shung* beseitigen durch Eroberung Pekings mongolische *Yüan*-Dynastie. *Chu* begründet als Kaiser *Hungwu* die *Ming*-Dynastie (bis 1644) u. herrscht bis 1398. Agrar- u. Finanzreform reorganisieren China		≈ Unter der *Ming*-Dynastie in China verbreitet sich der Neukonfuzianismus im Sinne *Chu Hsis* († 1200)
1369	Freiburg im Breisgau kommt zu Hgt. Österreich Kg. *Karl V.* v. Frankr. erbaut Bastille gegen d. Pariser Volk u. d. Engländer Amsterdam tritt der Hanse bei Kastilien verbündet sich mit Frankr. gegen England, das seinen Wollhandel behindert (K. wendet sich 1474 Engl. zu)		~ * *Johann Hus*, tschech. Reformator († 1415, als Ketzer verbrannt) Gründung des Cölestiner-Klosters Oybin b. Zittau (C.-Orden ~ 1250 gegrdt.)
1370	Zweiter Krieg d. Hanse gegen Dänenkg. *Waldemar IV. Atterdag* endet siegreich. Im Frieden zu Stralsund erhält Hanse für 15 Jahre Küste von Schonen (große Bedeutg. f. Heringsfang) u. Mitbestim. bei der Nachfolge des Dänenkönigs; Höhepunkt d. Hansemacht (vgl. 1536) *Ludwig der Große von Anjou*-Neapel, König von Ungarn seit 1342 wird König von Polen bis 1382 (†) *Timur* macht sich zum mongolischen Herrscher bis 1405 (†) (vgl. 1380) und Samarkand zur Hauptstadt ~ Tenochtilan, Hauptstadt d. Aztekenreichs gegründet (vgl. 14. Jhdt.)	~ Dekan *Gerhard von Minden:* „Wolfenbütteler Äsop" (mittelniederdt. Fabelsammlung)	*Gregor XI.* Papst bis 1378 ~ *Wiclif* in Oxford verwirft Heiligendienst, Zölibat, päpstl. Oberherrschaft, kath. Abendmahlslehre und vertritt sozialrevolutionäre Grundsätze
1371	Haus *Stuart* auf d. schott. Thron (entwickelt geg. d. Lords eine nur schwache Zentralgewalt; ab 1603 auch auf dem engl. Thron; 1688 gehen beide Kronen verloren)		

Gotik · Rathäuser	*„Ars nova" Kontrapunkt*	*Handwerkstechnik*	
≈ Unter der *Ming*-Dynastie in China entwickelt sich hohe Kunstblüte unter Einschmelzung d. mongolischen Einflüsse d. *Yüan*-Zeit; zahlreiche Malerschulen entstehen Zisterzienser-Klosterkirche in Doberan (norddt. Backsteingotik; Baubeg. ~ 1295)		≈ Unter d. *Ming*-Dynastie wird die große chinesische Mauer wiederhergestellt, die unter d. Mongolenherrschern zerfall. war Turmuhr in Breslau	
~ Kathedrale von Exeter (hochgot. engl. Kirche; Baubeginn ~ 1280)	~ * *John Dunstable*, engl. Komponist († 1453)		Weberzunft in Köln kämpft um Beteiligung im Rat
~ * *Hubert van Eyck*, niederl. Maler († 1426; vgl. dort) ~ * *Gentile da Fabriano* (eig. *di Nicollò di Giovanni Massi*), ital. spätgot. Maler († 1427) ~ Beginn der Kölner Malerschule (zarte religiöse Malerei, bis zum 16. Jhdt.) Mittelteil d. Kölner Rathauses mit Hansesaal (Baubeginn 1350; Turm 1407 bis 1414; fertiggestellt 1573) Rathaus in Aachen (got., seit 1333) ~ Internationaler Stil in Europa (Schöner Stil 1350–1400)		Die Erfindung d. Drahtziehens führt zum Handwerk d. Nadelherstellg. (in Nürnberg) Gelochte Nähnadeln werden hergestellt (Öhr vorher hakenartig)	≈ Blüte der flandrischen Tuch-Industrie (besonders Brügge, seine wirtschaftliche Führung geht im 15. Jhdt. auf Antwerpen über). Soziale Spannungen zwischen patrizischen Tuchhändlern, städtischen Webern und ländlichen Heimarbeitern
* *Jacopo della Quercia*, ital. Bildhauer in Siena († 1438)		~ *Nikolaus Oresmius* stellt (wohl erstmals) physikalische Bewegungsgrößen graphisch dar	Wollweber-Gesellen in Siena streiken zur Erlangung höherer Löhne

	Frankfurt am Main kauft sich frei	Petrarca · Boccaccio	Spätscholastik Mystik
1372	Frankfurt/Main kauft sich vom kaiserl. Schultheiß frei * Burggraf *Friedrich* von Nürnberg, ab 1417 als *Friedrich I.* Kurfürst von Brandenburg bis 1440 (†)	~ In den Klöstern des Birgittenordens entsteht eine reiche relig. Dichtung in schwed. Sprache	≈ Oxford geistiger Mittelpunkt Englands (Cambridge gewinnt im 15. Jahrh. ähnliche Bedeutung)
1373	Kaiser *Karl IV.* erwirbt von *Otto dem Faulen von Wittelsbach* für d. *luxemburgische* Hausmacht Mark Brandenburg (schon 1369 Niederlausitz) Bündnis England—Portugal Bürgermeister *Wardenberg* von Berlin muß wegen Widerstandes gegen den Kaiser fliehen	† *Birgitta*, schwed. relig. Dichterin und Ordensstifterin; schrieb visionäre „Offenbarungen" (schwed. Sprache) (* 1303)	
1374	Soziale Unruhen in Braunschweig und anderen Städten	† *Francesco Petrarca*, ital. Dichter; Begründ. d. Humanismus (* 1304)	*Geert Groote* (* 1340, † 1384), niederl. Geistlicher, entsagt d. Welt u. predigt gegen Sittenverderbnis. (Unter seinem Einfluß gründet *Florentius Radewijns* [* 1350, † 1400] die relig. Genossenschaft der „Brüder des gemeinsamen Lebens" [vgl. 1336 u. 1380]) *Wicliff* von Oxford als Pfarrer nach Lutterworth verwiesen
1375		*John Barbour* (* ~ 1320, † ~ 1395): „The Brouce" (eine der ältesten national-schottischen Verserzählungen; vergl. 1326) † *Giovanni Boccaccio*, ital. humanist. Dichter, Freund *Petrarcas* (* 1313) ~ „Reinaerts Historie" entst. (niederländ. Vorlage von „Reinke de Vos"; vgl. 1487) ≈ „Marienklage" (frühest. ung. Dicht.)	Tanzwut-Epidemie in Europa (religiöser Massenwahn mit veitstanzähnlichen Zuständen) ~ *Katharina von Siena* rühmt sich des unmittelbaren Umgangs mit ihrem „Verlobten" Jesus Christus, mit dem sie die Herzen getauscht und dessen Wunden sie erhalten

Gotik · Peter Parler	„Ars nova" Lautenmusik	„Handbuch der Physik"	
Heinrich Behaim Parlier (aus der Gmünder Steinmetzfamilie der *Parler*): Ostchor d. Sebalduskirche in Nürnberg (Baubeginn 1361)			
Unter *Peter Parler* entst. in d. Prager Dombauhütte spätgot. Bildwerke: „Heiliger Wenzel" (1373), Grabmäler *Otakars I.* (1377) und *Otakars II.* (1378), Bildnisbüsten am Triforium (1378 bis 1393)			
Ni Tsan (* 1301, † 1374), chin. Maler u. Dichter: „Herbstlandschaft" (chin. Landschaftsmalerei, mit einem stimmungsgleichen Gedicht des Künstlers)		† *Konrad von Megenberg*, dt. Gelehrter, Domherr von Regensb.; schrieb „Sphära" (Art ersten dt. Handbuches der Physik), „Buch d. Natur" (dt. Naturgesch. mit Sagen vermengt), außerdem histor.lat.Schriften (* ~ 1309)	
	≈ In Italien blüht die Lautenmusik (hoher Aufschwg. im 16. Jhdt. durch den Notendruck)	*Abraham Cresques* († 1387): Katalanischer Atlas	In der Mark Brandenburg wird ein Grundbuch angelegt ≈ Ärmellos. Mantel („Heuke") als männl. Kleidungsstück in Mitteleuropa. Wird in der Folgezeit auch weibl. Kleidungsstück

	Süddeutscher Städtekrieg	Frühhumanismus	Papst wieder in Rom
1376	Schwäb. Städtebund und süddt. Ritterbünde gegen Fürsten u. Städte		Papst *Gregor XI.* kehrt nach Rom zurück; Ende der „Babylonischen Gefangenschaft der Kirche“ (seit 1309)
1377	Süddt. Städtekrieg gegen Fürsten und Adel (bis 1389) *Richard II.* Kg. v. Engl. bis 1399 (* 1367, † 1400) † *Olgierd,* Großfürst v. Litauen seit 1345; dehnte sein Reich durch Besiegung der Tataren bis zur Ukraine aus	†*Guillaume de Machaut,* frz. Dichter u. Komponist; schrieb allegorische Liebesballaden (* ~ 1300) ~ * *Oswald von Wolkenstein,* dt. ritterlicher Dichter († 1445) ~ In der engl. Volksballade taucht die Gestalt d. Robin Hood auf (im 15. Jhdt. entsteht das Epos „Little Geste of RobinHood“, gedr. 1510)	
1378	† *Karl IV. von Luxemburg,* röm.-dt. Kaiser seit 1347; sein Hof in Prag war Zentrum frühhumanistischer Bildung (* 1316) Sein Sohn *Wenzel* dt. Kg. bis 1400; Kg. v. Böhmen als *Wenzel IV.* bis 1419 (†) Vatikan wird päpstl. Residenz Revolutionäre Zunftkämpfe i. Florenz	~ Ser *Giovanni Fiorentino:* „Pecorone“ (ital. Novellenkranz in d. Form von *Boccaccios* „Decameron“) *Karl IV.* (†) schrieb Geschichte seiner Jugend	*Urban VI.* Papst bis 1389 (†); gegen ihn wählen die frz. gesinnten Kardinäle den Gegenpapst *Klemens VII.* Das große Schisma mit Gegenpäpsten in Avignon und Rom, kennzeichn. einen Tiefpunkt der Papstmacht (bis 1417) * *Tsong-kha-pa,* tibet. Reformator der verweltlichten lamaistischen Kirche († 1419)

Gotik · Kölner Malerei	*de Machaut Päpstl. Kapelle*	*Französische Anatomie*	
		Herzog von *Anjou* gestattet den Medizinern der Universität Montpellier, mit Erlaubnis d. kirchlichen Behörden pro Jahr eine Leiche zu sezieren	
* *Filippo Brunelleschi,* ital. Baumeister († 1446) † *Andrea Orcagna,* florent. Bildh., Baumeister u. Maler d. ital. Spätgotik (* ~ 1308) Baubeginn des Ulmer Münsters (got. fünfschiffige Basilika; 1529 unvollendet unterbrochen; 1890 fertiggestellt) Vierung und Chor d. Kathedrale in Gloucester (engl. Gotik, Baubeg. 1080, beendet 1437) Lebensechte Puppe von Kg. *Eduard III.* (†) v. Engl. mit (ältester erhalt. europ.) Totenmaske	*Guillaume de Machaut* (†), frz. Dichter u. Komponist von Vokalmusik i. Stil der „Ars nova", setzt die alte Motetus-Kunst d. Pariser Schule (seit 12. Jhdt.) fort ≈ Nach Rückkehr d. päpstl. Kapelle aus Avignon wird Rom zu einem Musikzentrum für die folgend. Jahrhunderte	† *Ibn Battūta,* arab. Forschungsreisender; erforschte Vorderasien, China u. Mittelafrika (* 1304) Erste Quarantäne in europäisch. Häfen gegen die Pest (Quarantänekrankenhaus in Venedig 1403) ≈ Desinfektion d. Häuser und d. Inventars durch Ausräuchern, Lüften und Sonnen Großes Eisengeschütz für 360 Pfd. schwere Steingeschosse in Amsterdam	Hanse erhält Vorrechte in England Allg. Kopfsteuer in England (1381 führt Wiederholung zum Aufstand) ~ Spielkart. kommen nach Deutschland (verdrängen d. ältere Würfelspiel) Nordsee-Sturmflut erweitert Dollart
* *Lorenzo Ghiberti,* ital. Bildhauer († 1455) ~ † *Wilhelm von Herle* (wahrscheinl. identisch mit Meister *Wilhelm von Köln*), Maler in Köln seit ~ 1358; u. a. Wandgemälde im Kölner Ratssaal, Teile des Hochaltars im Kölner Dom ~ Armreliquiar d. Hl. Georg (Braunschweig, Zedernholz mit Silberbeschlägen)			Streikartiger Aufstand in der Textil-Industrie von Florenz. Bildung revolutionärer Zünfte mit religiöser Ideologie (werden bis 1382 aufgelöst)

	Aufstand in England *Venedig besiegt Genua*	*Frühhumanismus* *Bürgerliche Dichtung*	*Spätscholastik* *Mystik*
1379	Haus *Habsburg* teilt sich in d. *Albertinische* (österreichische) u. *Leopoldinische* (steirische) Linie. Von den in d. österr. Ländern bisher gemeinsam regierenden Hzgen. erhält *Albrecht III.* Ober- u. Niederösterr., *Leopold III.* alle übrigen Länder (Steiermark, Tirol, später Vorarlberg) Köln und andere Städte bauen Verteidigung gegen Fürstenmacht aus		
1380	Deutscher Orden erobert Schamaiten in Westlitauen *Karl VI.* (der Wahnsinnige) Kg. v. Frankr. bis 1422 (†) † *Haakon VI. Magnusson*, Kg. v. Norwegen seit 1343 (* 1339). Sein und seiner Gemahlin *Margarete* v. Dänemark Sohn *Olaf V.* wird Kg. v. Norwegen u. Dänemark bis 1387 (†) Großfürst *Demetrius Iwanowitsch Donskoi* von Moskau besiegt die Tataren am Don (wird ein Jahr später von ihnen geschlagen; beide Länder sind bis 1814 vereint) *Timur* beginnt seine 35 erfolgreichen Feldzüge geg. Persien, Georgien, Rußland, Mittelasien, Hindustan, Ägypten, Damaskus, Bagdad (stirbt 1405, im Begriff, gegen China zu ziehen)	~ † *Daffyd ab Gwilym*, keltisch - kymrischer Dichter in Wales (* ~ 1320) ~ † *Pulkava von Radenin*, tschech. Priester; schrieb Prosachronik in d. Volkssprache ~ Verein Pariser Bürger zur Aufführung geistl. Theaterstücke (Mystères; erhält 1402 kgl. Privilegium)	* *Thomas von Kempen (a Kempis)*, dt. Mystiker († 1471) † *Katharina von Siena*, ital. Dominikanerin; übte selbstl. Krankenpflege, veranlaßte den Papst zur Rückkehr nach Rom, schrieb Briefe asket. Geisteshaltung (* 1347, Heiligsprechung 1461) ~ Gründg. d. kirchl. Schulgenossenschaft d. Fraterherren („Brüder des gemeinsamen Lebens"). Bildet den gelehrten Nachwuchs für die Kirche heran (im 16. Jhdt. durch die Jesuitenschulen ersetzt)
1381	Gr. Bauernaufstand in England unter *Wat Tyler*, greift auf London über, wird blutig unterdrückt (in seiner Folge vermindert sich allmähl. d. Abhängigkeit d. Bauern v. d. Grundbesitzern) Rheinischer Städtebund schließt sich d. Schwäbischen Städtebund gegen Fürsten und Adel an Venedig gewinnt den „Hundertjährigen Krieg" (seit 1256) gegen Genua um die Seeherrschaft und beherrscht damit den Handel mit dem Orient		Bürger von Cambridge zerstören während der Unruhen Satzungen und Urkunden der Universität

Gotik · Meister Bertram	Jenaer Liederhandschrift	Handwerkstechnik	
Meister Bertram (* ~ 1345, † ~ 1415), dt. Maler und Bildschnitzer, schafft Hamburger Petrialtar (Grabower Altar)			
~ In der dt. Plastik macht sich stärkere Porträtähnlichkeit bemerkbar (so bei *Peter Parler*) ~ „Schöne Madonnen" (böhm.-schlesische Plastiken; bis ~ 1420. Es ist strittig, ob dieser Bildtypus auf einen oder mehrere Künstler zurückgeht) Alte Kathedrale in Lissabon (Baubeginn 1344) Got. Fassade d. Domes von Siena (Ital.) nach Plänen von *G. Pisano*			≈ In Engl. kursiert der agrarrevolutionäre Spruch: „Als Adam grub und Eva spann, wo war denn da der Edelmann?" Stadtbrand in Berlin (die mittelalterlichen Stadtbrände werden erst durch Feuerwehr mit Feuerspritze im 17. Jh. wirkungsvoll bekämpft)
Nikolaikirche in Wismar begonnen (vollendet im 15. Jhdt.)	~ „Jenaer Liederhandschrift" (eine Sammlung mittelhochdt. Lyrik mit Singweis. i. prunkvoller Ausstattg.) Die engl. fahrenden Sänger und Berufsmusiker im Dienste d. Fürsten (Minstrels) erhalten eigenen Gerichtshof (1579 dagegen unter Gemeindegerichtsbarkeit wie die Vagabunden)	~ Trittwebstuhl i. Nürnberg durch Bild nachgewiesen Gewehrfertigung in Augsburg	Nach dem Sieg üb. Genua blühen in Venedig Handel, Gewerbe, Wissenschaft und Künste (bis 16. Jhdt.) Begr. d. „Handelsbilanz" in Engl. (entw. sich zum zentralen Begr. d. Merkantilismus)

	Aufstand in Frankreich	*Frühhumanismus* *Wiclif*	*Spätscholastik* *Wiclif*
1382	Aufstand in Paris gegen d. neuen Steuern durch d. „Maillotins" („Hammerträger") Flandrisches Bürgertum unterliegt geg. einheim. Adel, der sich m. Frankr. verbündete, trotz früh. Siege („Sporenschlacht" 1302). Flandern kommt 1384 an die Herzöge v. Burgund Triest kommt an das Hzgt. Österr. (1797—1814 frz.) Durch Eroberung u. Niederbrennung Moskaus stellen die Mongolen ihre vorübergehend abgeschüttelte Oberherrschaft über das russ. Großfürstentum wieder her (bis 1480) Türken erobern Sofia	*Willem van Hildegaersberch*, niederl. fahrend. Dichter (* ~ 1350, † ~ 1409), am Hofe d. holländ. Grafen; verfaßt lehrhafte und satir. Gedichte *John Gower* (* ~ 1330, † 1408): „Vox clamantis" (lat. Dichtung über d. engl. Bauernaufstand 1381; schrieb auch engl. und frz.)	Konzil in London verurteilt *Wiclifs* reformatorische Lehre (seine Anhänger werden nach seinem Tode 1384 als „Lollharden" ausgerottet; *Wiclif* 1415 zum Ketzer erklärt) † *Rulman Merswin*, dt. Mystiker, einer der „Gottesfreunde", erfand die Figur des „großen Gottesfreundes aus dem Oberland" (* 1307) Lateinschule in Winchester (Vorläufer der exklusiven englischen „Public Schools" wie Eton)
1383		*Wiclif:* Übersetzung d. Neuen Testamentes aus dem Latein. ins Englische	
1384	Freigrafschaft Burgund, Artois und Flandern kommen zum frz. Hzgt. Burgund. Unter dessen Herzögen Spätblüte frz. Ritterkultur (bis 1482)	*Wiclifs* Bibelübersetzung (aus der Vulgata) fördert engl. Schriftsprache entscheidend gegenüber der immer noch in England vorherrschenden französischen	† *John Wiclif*, engl. Reformator; forderte vom Papst unabhängige Nationalkirche; seit 1344 Prof. in Oxford, seit 1374 Pfarrer in Lutterworth (* ~ 1328)
1385	*Johann I.*, König von Portugal bis 1433 (†); verteidigt sein Land erfolgreich gegen Kastilien in der Schlacht von Aljubarrota	* *Alain Chartier*, frz. Dichter († 1450)	

Norddeutsche Backsteingotik Rathäuser	„Ars nova" Kontrapunkt	Handwerkstechnik	
Neubau d. Marienkirche in Stralsund (norddt. Backsteingotik) Rathaus in Straubing (Niederbayern) Rechtsstädtisches Rathaus in Danzig (Baubeginn 1378)		† *Nicolaus Oresmius*, Bischof von Lisieux, frühzeit. naturw. Denker u. Volkswirtschaftl.; schrieb „De origine, natura, jure et mutationibus monetarum" („Über die Entstehung, die Natur, das Recht und die Veränderungen des Geldes") (* ~ 1323)	Volksaufstand gegen Wiedererhöhung d. Salzsteuer in Frankr.
* *Masolino da Panicale*, ital. Maler († 1447)			
Pietà aus d. Elisabethkirche in Breslau (got. Bildwerk in einem „expressionistischen" Stil)			≈ Enganliegende Kleidung mit tiefsitzendem Gürtel kommt auf
Baubeginn des Dominikanerklost. St. Maria de Victoria in Batalha bei Lissabon (roman.-got.; Kirche im 16. Jhdt.)			Erster frz. Ball (b. der Vermählung *Karls VI.* mit *Isabella v. Bayern*; die Tanzfestlichkeit verbreitet sich von Frankreich über Europa) Die Zunft der Lübecker Bernsteindreher verbietet aus Geheimhaltungsgründen das Gesellenwand. (d. sonst i. d. Zünften allgem. üblich ist)

	Jagellonen in Polen	Frühhumanismus Chaucer	Spätscholastik Mystik
1386	† *Leopold III.* in der Schlacht bei Sempach gegen die Schweizer, Hzg. von Österr. seit 1365; erwarb f.d. steirisch. Länder d. *Habsburger* Freiburg i. Br. (1368), Montfort-Feldkirch, Vorarlberg (1380), Grfsch. Hohenberg (1381), Landvogtei Schwaben (1379), Triest (1382), Bludenz u. Montafon (1384), Lauffenburg (1386) (* 1351) Schleswig fällt als dänisches Lehen an d. Grafen *v. Schaumburg*-Holstein (war seit 1027 dänisch) *Wladislaw v. Anjou* Kg. von Neapel bis 1414 (†, * 1377); gewinnt große Macht u. d. Stadtherrschaft über Rom Großfürst *Jagiello* von Litauen besteigt nach seiner Vermählung mit d. Kgin. *Jadwiga (Hedwig*, Tochter *Ludwigs des Großen)* v. Polen den poln. Thron u. herrscht als Kg. *Wladislaw II.* v. Polen bis 1434 (†) (Seine Nachfolger, d. *Jagellonen*, regieren bis 1572 in Polen, wobei sie immer mehr Macht an den Adel verlieren) Polen erobert russische Fürstentümer in Galizien (1772 an Österr.) Der schwed. Hochadel stürzt den von ihm 1364 berufenen Kg. *Albrecht* von Mecklenburg zugunsten von Kgin. *Margarete* v. Dänemark († 1412) *Mircea* Fürst d. Walachei bis 1418; bringt das in d. ersten Hälfte des 14. Jhdt. auf d. Boden d. Kumanenreiches entstand. Fürstent. zu größerer Macht (1460 unter türk. Oberhoheit)		Kurfürst *Ruprecht I.* von der Pfalz stiftet Universität Heidelberg (älteste dt. Universität; vgl. 1388, 92)
1387	Nach d. Tode ihres Sohnes, des Kgs. *Olaf V.* v. Norwegen u. Dänemark, übernimmt *Margarete* v. Dänemark, die Schwiegertochter des Kgs. *Magnus Eriksson* v. Schweden, die norweg. u. dän. Krone (vereinigt 1397 i. d. Kalmarer Union Dänemark, Norwegen u. Schweden) Hzg. *Gian Galeazzo* v. Mailand beseitigt die Macht des Hauses *Scala* in Verona (1406 an Venedig) Der spätere Kaiser *Sigismund* wird Kg. v. Ungarn bis 1437 (†); Haus *Luxemburg* herrscht in Ungarn bis 1415 (1373 bis 1415 auch in Brandenburg) Wilna (gegrdt. im 10. Jhdt.) erhält von Kg. *Wladislaw II. (Jagiello)* Magdeburger Stadtrecht	*Jean d'Arras:* „L'histoire de Lusignan" (altfrz. Prosaroman über d. schöne Meerfee Melusine, gedr. 1478; ~ 1400 in Versen v. *Couldrette*) *Chaucer:* „Canterbury Tales" (24 engl. volkstümliche Novellen in Reimversen mit starker Auswirkung auf die Entwicklung der Sprache)	

Gotik · Mailänder Dom	„Ars nova" Kontrapunkt	Handwerkstechnik	
~ * *Donatello* (eig. *Donato di Nicollò di Betto Bardi*), ital. Bildhauer der Frührenaissance († 1466) Baubeginn d. Mailänder Domes (ital. Gotik, weißer Marmor; fertiggestellt 1813)			Rheinisch. Münzverein schafft ein festes Verhältnis zwischen Kölnischer Mark und Rheinisch. Goldgulden (in der Folgezeit verschlechtern sich laufend sowohl Silber- wie Goldmünzen)
* *Fra Angelico (Fra Giovanni da Fiesole)*, ital. Maler († 1455) *Hans Stethaimer* (d. Ä.) (* ~ 1355, † 1432): Spitalkirche in Landshut Rathaus in Brügge erbaut (Baubeginn 1376, hochgotisch) Der Campanile des Doms in Florenz (Baubeginn 1334)			Straßburg. Schuhmachergesellen streiken, um Milderung der Strafe bei Kontraktbruch zu erreichen

	Städte-Kriege · Türken schlagen Serben	Frühhumanismus Hafis	Spätscholastik Mystik
1388	Graf *Eberhard* (d. Greiner) v. Württemberg (1344—1392) bricht d. Macht d. schwäb. Reichsstädte in d. Schlacht bei Döffingen Kurfürst *Ruprecht II.* v. d. Pfalz besiegt d. Rhein. Städtebund bei Worms Stadt Nürnberg kämpft gegen d. *Hohenzollern* als Burggrafen v. Nürnberg (weitere Kämpfe 1449, 1552)	~ * *Lionardo Giustiniani*, ital. Dichter († 1446)	Universität Köln gegründet (besteht bis 1797, Neugründung 1919)
1389	Landfriede zu Eger beendet süddeut. Städtekrieg (seit 1377); König *Wenzel* bestätigt d. Städten Reichsfreiheit, untersagt aber Sonderbündnisse * *Cosimo de Medici*, Herrscher v. Florenz von 1434 bis 1464 (†) *Magnus II. Eriksson*, Kg. v. Schweden seit 1319 (* ~ 1316) muß abdanken, nachdem ihm bereits 1371 der größte Teil seiner Macht genommen war; unter ihm entstand das schwed. Reichsrecht „Landslagh“ Verteidigung v. Stockholm durch d. Anhänger Kg. *Albrechts* v. Mecklenburg u. d. seeräuberischen „Vitalienbrüder“ geg. Kgin. *Margarete* v. Dänemark (bis 1395 d. Hanse gegen Stockholm einschreitet) Die Türken schlagen in d. Schlacht auf d. Amselfeld d. verein. Serbenfürsten (erobern ganz Serbien bis 1459)	* Marqués *de Santillana*, span. Dichter u. Gelehrter († 1458) † *Hafis (Schemseddin Muhammed)*, persisch. weltl. Lyriker u. Koranausleger (* 1320; beeinflußt Goethes „Westöstl. Diwan“) ~ In Japan entsteht das No-Schauspiel der Samurai-Kriegerkaste als lyrisch-epische Pantomime in strenger Form. Schauspieler in Frauenrollen. Keine niedrige Kaste zugelassen	*Bonifatius IX.* Papst bis 1404 (†); fördert Ablaßhandel
1390	Byzanz bereits in starker polit. Abhängigkeit von den Türken	† *Antonio Pucci*, ital. Dichter; schrieb volkstüml. spöttische Gedichte (* 1301)	
1391	*Timur* durchzieht das Gebiet der „Goldenen Horde“ (zum zweiten Mal 1395)	* Hzg. *Karl von Orléans*, frz. Dichter († 1465)	Judenverfolgung in Sevilla nach einer antijüd. Predigt des Erzbischofs

Gotik · Burgundische Buchmalerei	Handwerkstechnik · Mühlen	
„Konzilsgebäude" i. Konstanz (hier nur die Papstwahl-Konklave 1417) Baubeginn der got. Barbarakirche in Kuttenberg (böhm. Silberbergwerks-Stadt seit 1237; Kirche fertiggestellt 1554) Dom S. Petronio, Bologna, beg. (1440 beendet)	Der Nürnberger Bürger *Konrad Mendel* gründ. ein Altersh. f. Handwerker. Über die „Brüder" wird bis 1535 laufend Buch geführt u. ihre Arbeitstechnik durch Bilder erläutert. (Dieses „Hausbuch der Mendelschen Stiftung" wird eine wichtige Quelle d. Geschichte der Technik)	Hospital Sta Maria Nuova in Florenz
~ „Schöne Madonna" aus Pilsen (farbige Kalksteinplastik; vgl. 1380)	Schleiferei m. Wasserradantrieb in Augsburg ~ Fingerhutherstellung in Nürnberg Frankfurter Chronik nennt zwisch. 1389 u. 1497 15 Ärztinnen, darunt. auch Chirurginnen und Leibärztinnen	Streik der Schneidergesellen i. Konstanz um Regelung der Gerichtsbarkeit und Anerkennung d. Organisationen (neuer Streik 1410) Gr. Stadtbrand i. Berlin
~ * *Jan van Eyck*, niederl. Maler († 1441) ~ Tuchhaus in Krakau ≈ Beginn. Hochblüte d. Miniatur-Buchmalerei in Burgund, Frankr. u. d. Niederlanden, bes. Gebetbücher (bis ~ 1500) ≈ Erneuerung der Medaillenkunst in Burgund u. Italien (erste Neubelebung seit d. röm. Kaiserzeit) Kathedrale in Albi (Süd-Frankreich)	Papierherstellg. m. Wasserradantr. in Deutschl. (Nürnberg; vgl. 793) PariserBilderhandschrift erwähnt Windmühlen in feststehenderRichtung(Windmühlen vor d. Kreuzzügen mit Sicherheit nur bei den Arabern nachgewiesen)	≈ Leipzig und Frankfurt a. d. O. werden bedeutende Zentren für den Handel mit dem Osten; Abhaltung von Märkten
C. Sluter: Muttergottes am Portal der Chartreuse Champmol bei Dijon (vollendet 1397) ~ „Tod Buddhas" (jap. Kopie des chin. Freskos; vgl. 760)		Bauernunruhen b. Gotha

	Kämpfe gegen Feudalismus	Frühhumanismus	Spätscholastik Mystik
1392	Kg. *Karl VI.* v. Frankr. verfällt in Wahnsinn. Kampf um die Macht zwischen d. Hzg. v. Orléans u. d. Hzg. v. Burgund. Kämpfe zwischen Adel u. Bürgertum helfen den Engländern Ashikaga Shogun *Yoshimitsu* beendet Spaltung des japan. Kaiserhauses	*Eustache Deschamps:* „Art de Dictier" (erste frz. Poetik)	Universität Erfurt gegründet (best. bis 1816) *Francesco Eiximenis* (*1340, + 1409), katalan. Mönch: ,, Buch ü. d. Engel'' (verbr. Engelverehrung)
1393	Mittelmärkischer Städtebund unter Führung Berlins Kg. *Wenzel* läßt d. Generalvikar und Beichtvater d. Kgin. *Johannes von Nepomuk* (* 1340) wegen Ausübung kirchlicher Rechte in der Moldau ertränken Bulgarien wird türkische Provinz (bis 1878; war seit 1186 selbständig) Mongolensultane in Persien (b. 1505)		
1394	Seoul Hauptstadt von Korea (die 1392 von einem General gegrdte. Li-Dynastie [bis 1910] führt zur starken Abhängigkeit von China)		Während der Li-Dynastie wird der Einfluß buddhistischer Klöster durch Verbreitung konfuzianischer Schriften beseitigt
1395	Die in Mailand herrschende lombard. Adelsfamilie d. *Visconti* (1277—1447) erhält d. Herzogs-Titel „Grauer Bund" in Graubünden zum Kampf gegen *Habsburger* Herrschaft gegrdt. (1499 Bündnis mit Schweizer Eidgen.; 1803 Schweizer Kanton)		
1396	Kg. *Sigismund* v. Ungarn (ab 1410 röm.-dt. Kaiser) wird von d. Türken in der Schlacht von Nikopolis geschlagen (unter seiner Herrschaft dringen d. Venezianer in Dalmatien u. d. Hussiten in Oberungarn ein; vgl. 1387) * *Philipp der Gute*, Herzog von Burgund von 1419 bis 1467 (†) In Köln erhalten d. Zünfte durch Aufnahme in d. Rat Anteil an d. Stadtverwaltung (Auflockerung d. rein patrizischen Stadtverwaltung erfolgt in den meisten Städten)	Der Grieche *Manuel Chrysoloras* (* ~ 1350, † 1415) beginnt i. Florenz die griechische Sprache öffentlich zu lehren und öffnet damit einen breiteren Zugang zur griech. Literatur ~ Der Humanismus beginnt neben d. klass. lat. auch d. griech. Autoren zu studieren, zu übersetzen und in den Nationalsprachen nachzuahmen	

Gotik · Peter Parler	*„Ars nova"*	*Panzerhemden*	
Melchior Broederlam († ~ 1409): Altar für Champmol (fläm. Malerei, gilt als wichtiger Vorläufer der Gebr. *Eyck*)			Engl. Gesetze suchen Schiffahrt zu fördern (erste Navigationsakten)
Parler: „Karl IV." (Steinbüste im Prager Dom) Rathaus in Thorn (gotisch) Klever Tor in Xanten (Teil d. alten Stadtbefestigung) Schöne Madonna von Altenmarkt (Pongau), S-förmige Gestalt mit Gewandfalten-Kaskaden			Engl. Gesetz zum Schutz der Landwirte weg. Getreideabsatz-Schwierigkeiten (weitere ähnliche Gesetze 1425, 1436, 1442, 1444, 1463 usw.)
		* *Ulug-Beg* („Großer Fürst"), Tatarenfürst u. Astronom in Samarkand († 1449) Abbildung d. Herstellung v. Ringpanzern (Panzerhemden) in Nürnberg	
* *Konrad Witz*, dt. oberrhein. Maler († 1447)		~ Medizin. Fakultät in Köln gegründet	
**Michelozzo di Bartolommeo,* Baumeister d. ital. Früh-Renaissance i. Florenz († 1472) Der *Ashikaga*-Shogun *Yoshimitsu* (* 1358, † 1408) dankt ab und legt eine Sammlung chinesischer Gemälde u. Keramiken an, die von seinem Enkel fortgesetzt wird. (Nach dessen Tode 1490 zerstreut sich die Sammlung) „Schöner Brunnen" in Nürnberg Rathaus in Wesel (spätgot. schmuckreicher Stil, Baubeginn 1390) College of St. Mary Winton in Winchester (engl. höhere Schule, begonnen 1373)			≈ Stadtmauer mit 4 Toren im gotischen Stil i. Neubrandenburg (gegründet 1248)

	Kalmarer Union *Timur erobert Delhi*	*Frühhumanismus* *Bürgerliche Dichtung*	*Spätscholastik* *Mystik*
1397	Württemberg erwirbt durch Heirat d. burgund. Grafsch. Mömpelgard (Montbéliard) Kalmarer Union Dänemarks, Norwegens u. Schwedens (bis 1523) unter Kgn. *Margarete* v. Dänemark *Erich XIII.* (der Pommer) zum nordischen Unionskönig gewählt; folgt seiner Großtante *Margarete* von 1412 bis 1442 († 1459)		
1398	*Timur* erobert Delhi und beseitigt d. Herrschaft d. mohammed. Sultane in Nordindien (seit 1206)	Erste niederl. „Redekammer“ in Ypern (diese gildeartigen Theatervereine entstehen u. a. in Amsterdam, Antwerpen, Brüssel, Gent; pflegen zunächst das geistliche Schauspiel, später auch Moralitäten u. Possen; Rückgang nach 1700)	
1399	Im Kampf mit den Baronen wird Kg. *Richard II.* v. England (seit 1377) von seinem Vetter gestürzt (stirbt 1400 im Gefängnis) *Heinrich IV.* aus d. Hause *Lancaster* kommt nach d. Sturz seines Vetters *Richard II.* auf d. engl. Thron (bis 1413 [†])		

Gotik · Holzschnitte	*„Ars nova“*	*Handwerkstechnik*	
~ * *Pisanello (Antonio Pisano)*, ital. Maler in Verona († 1450) ≈ „Porzellanturm“ (neunstöckige, ca. 80 m hohe, achteckige Tempelpagode südl. Nanking mit glasierten Tonreliefs verkleidet) ≈ Neben der blauen Malerei unter der Porzellanglasur, entsteht in China die vielfarbige Malerei auf der Glasur (nach dem Brennen), wodurch sich größere künstl. Freiheiten in der Verzierung ergeben	† *Francesco Landino*, ital. Komp. u. Organist d. „Ars nova“ aus Florenz (blind); kompon. Madrigale, Balladen (* ~ 1325)	~ * *Johannes Gutenberg (Gensfleisch)*, Erfinder d. Buchdrucks m. beweglichen Lettern († ~ 1468) ~ Pfahl mit Einkerbungen z. Halten von Werkstücken im Nürnberger Handwerk (Vorläufer des Schraubstocks)	≈ Das Bier beginnt in Deutschland den Wein zu verdrängen. Große Trinkgelage sind üblich. Gewaltige Trinkleistungen werden hoch anerkannt ≈ Erste Quellen der dt. Gaunersprache („Rotwelsch“)
Frühgot. Ostchor der St.-Jacobs-Kirche in Rothenburg o.d.T. (Baubeg. 1373; Westchor 1471 beend.) Marienburg (Schloß des Deutschen Ordens in Backsteingotik, Baubeginn 1274) ≈ Holzschnitt entsteht in Europa; wird verwendet für Blockbücher u. Einzelblätter, meist koloriert (entstanden aus antikem und oriental. Stempeldruck)		Elbe-Trave-Kanal (Lübeck-Lauenburg) mit einfach. Schleusen (Baubg. 1390)	~ Hansestädte schlagen jährlich mehrere 100 000 Tonnen Heringe von Südschweden nach Deutschland und Oberitalien um. Daneben handelt z. B. Lübeck u. a. mit Korn, Eisen, Kupfer, Butter aus Nordeuropa
Ulrich Ensinger (* ~ 1359, † 1419) leitet Bau des Ulmer Münsters (seit 1392) und beginnt Turmbau des Straßburger Münsters (beendet 1419) † *Peter Parler* (aus Gmünd), dt. Bildhauer u. Steinmetz in Prag; baute u. a. Altstädter Brückenturm in Prag, Chor d. Bartholomäuskirche in Kollin, Barbarakirche in Kuttenberg; Bildwerke des Prager Doms (* 1330) * *Luca della Robbia*, ital. Bildhauer († 1482) Westminster Hall im Parlamentsgebäude, London (Baubeginn 1097) ~ Der osmanische Stil in d. türk.-islam. Baukunst (besonders Kuppelmoscheen, bis ~ 1750)	~ * *Guillaume Dufay*, niederl. Komponist († 1474)		≈ Florenz verliert seine Führung in der Textil-Industrie u. im Bankwesen ≈ Nach Zurücktreten der Gottesurteile (Feuerprobe, Wasserprobe, Zweikampf) führt die Absicht, nur Urteile nach Geständnissen zu fällen, zur immer stärkeren Anwendung der Folter i. Gerichtsverfahren (konsequent durchgeführt in d. „Peinlichen Halsgerichtsordnung“ *Karls V.* von 1532) Gepflasterte Straßen in Frankfurt/M.

	Schwaches Kaisertum · Blüte der Zünfte	*Humanismus · „Ackermann aus Böhmen“*	*Mystik Humanismus*
1400	Die rhein. Kurfürsten setzen schwachen dt. Kg. *Wenzel* ab u. wählen *Ruprecht III.* v. d. Pfalz (bis 1410 [†]), der nur teilweise anerkannt wird ≈ In Deutschland erhalten zahlreiche Landgemeinden Stadtrecht („Landstädte“): Werden meist v. einem Rat regiert, der Marktzoll u. Steuern erhebt u. d. Landesherrn Rente zahlt. Diese Landstädte unterstehen im Gegensatz z. d. Reichsstädten dem Landesherrn, sind teilw. auf d. Reichstag vertreten. Entwickeln sich manchmal zu bedeut. Städten (Leipzig) Würzburger Bürger unterliegen bischöflichem Heer * *Bartolomeo Colleoni*, oberital. Söldnerführer († 1475) ≈ Das röm. Recht Kaiser *Justinians* († 565) kommt über d. Rechtsschule in Bologna nach Deutschland u. wird hier von d. aufkommenden Juristenstand verbreitet („Rezeption“) ≈ Feuerwaffen verdrängen Ritterheere aus Lehnspflichtigen u. führen mehr u. mehr zu Landsknecht-Söldner-Heeren ≈ Aufstieg d. Hauses *Medici* in Florenz ≈ Blütezeit der Zünfte (ab ≈ 1500 müssen sie mehr und mehr gegen merkantilistische Hausindustrie und Manufakturen konkurrieren) ≈ Soziale und politische Machtkämpfe in den Städten	†*Geoffrey Chaucer*, engl. Dichter; beeinflußt stark engl. Sprache (* ~ 1340) ~ *Johann von Saaz* (auch *Johannes von Tepl*) (* ~ 1350, † 1414): „Der Ackermann aus Böhmen“ (frühhumanist. Streitgespräch mit und um den Tod, leitet frühneuhochdt. Prosa ein) ~ *Heinrich von Wittenweiler:* „Der Ring“ (Schweiz. Versepos, das im Rahmenthema einer Bauernhochzeit eine Morallehre und eine Darstellung vom „Lauf der Welt“ gibt) ~ *Pero Lopez de Ayala* (* 1332, † 1407): „Rimado del Palacio“ (span. Zeitsatire) ≈ „Theophilus“ (mittelniederdt. Schauspiel, sog. „Faust des Mittelalters“) ≈ Mittelfranzösische Sprache löst altfranzösische ab (herrscht bis ≈ 1600) ≈ Blüte des geistl. Schauspiels in Italien ≈ Nach den ersten poln. Sprachdenkmälern im 14. Jhdt. (Predigten, Gebete, liturgische Bücher) wird die poln. Sprache im 15. Jhdt. vor allem durch das geistl. Lied entwickelt (daneben vorwiegend lat. Literatur) ≈ Span. Lyrik als Hof- u. Kunstpoesie, teilweise von Italien *(Dante)* beeinflußt (576 kastilische Gedichte zweier Schulen mit 60 Dichtern im „Cancionero de Bacua“ gesammelt)	Die das weltl. Leben ordnende, gemäßigte Mystik (vgl. 1336) hat 3 Vertreter in *Thomas von Kempen*, dem bayr. Benediktiner *Johannes von Kastl* und dem geistl. Verfasser des „Frankfurter“ aus Sachsenhausen ~ Die Kirche beginnt die Zulässigkeit des Tyrannenmordes zu diskutieren ≈ Aufkommen des Humanismus in Deutschland ≈ Internat. Kunststil i. West-, Mitteleuropa u. Italien als Auswirkung einer verfeinerten höfischen Kultur ≈ Die Folgen der Pest seit 1348, Kirchenspaltung und starke soziale Wandlungen (Städtewesen) geben der Jahrhundertwende krisenhaften Charakter

Frührenaissance in Italien
Spätgotik in Deutschland

~ * *Hans Multscher*, Maler der schwäb. Schule († 1467)

~ *Andrej Rublew*: „Heilige Dreifaltigkeit" (Höhepunkt d. russ. Ikonenmalerei im Troiza-Sergius-Kloster bei Moskau)

~ *Claus Sluter* († 1406): Mosesbrunnen in Dijon (gilt als Höhepunkt der niederl. Plastik)

~ * *Rogier van der Weyden*, niederl. Maler († 1464)

≈ Kunst d. Frührenaissance in Italien : Quattrocento (bis ≈ 1500)

≈ Spätgotik in Deutschland bis ≈ 1500: Entwicklung zur großräumigen Hallenkirche; Stern- und Netzgewölbe, Kiel- (Eselsrücken) u. Gardinenbogen, stilisierende Entkörperlichung der Bildplastik (S-Form); rasch veränderlicher Bildhauer-Stil („weich" bis ~ 1433, hart-realist. bis ~ 1470, „spätgot. Barock" bis ~ 1500)

≈ Frz. Spätgotik bis ≈ 1500 (nach starkem Rückgang der Baukunst im 14. Jhdt. entwickelt sich der style flamboyant = Flammen- oder Fischblasenstil, nach d. Formen s. Maßwerkes, u. a. auch am Straßburger Münster)

≈ Zu den Themen der Andachtsbilder (vgl. 1300) kommen: Christus, das Kreuz tragend, und Trauernde Maria

~ Gotische Bildwerke in der Turmvorhalle des Freiburger Münsters entstehen (im Bau ~ 1200 bis 1536)

≈ Soest wird (wie im 13. Jhdt.) wieder Mittelpunkt d. westfälisch. Malerei

Neubau der Marienkirche in Danzig (gegrdt. 1343, fertiggest. 1502, spätgot. Backsteinbau)

~ Rathaus in Breslau (spätgot., verputzter Backsteinbau)

~ Rathaus in Stralsund (monumentale Backsteingotik; Baubeginn ~ 1300)

≈ Altneu-Synagoge u. Judenfriedhof im Judenviertel von Prag

„Ars nova"

~ * *Gilles Binchois*, niederl.-burgund. Komponist († 1460)

≈ Blockflöte

≈ Krummhorn (Blasinstrument)

Von 12 Mill. Deutschen sind 8 % Stadtbewohner (vgl. 10. Jh.)

Handwerkstechnik
Feuerwaffen

F. Brunelleschi: Erste Ausgrabungen des antiken Roms

≈ Die medizinische Schule i. Bologna beschränkt sich im wesentlichen auf d. Ordnung und Auslegung der antiken und arabischen Schriften

~ Drehbank mit primitiv. Schnurantrieb im Nürnberger Handwerk (ähnlich d. Schießbogenantrieb, jedoch mit Fußbedienung)

≈ Aus den Handrohren entwickelt sich die Arkebuse (Hakenbüchse), eine armbrustähnliche Handfeuerwaffe (zu schwer zum freihändigen Gebrauch)

~ Verhaltungsmaßregeln f. einen Pestarzt in 16 Paragraphen: Schutzkleidung, Maske m. Essigschwamm, kurze Besuchszeit, wenig Atemholen u. a.

≈ In der Alchimie machen sich mehr und mehr betrügerische Absichten bemerkbar

≈ Zunehmende Metallverwendung (Gold, Silber, Bronze) in der Inka-Kultur Alt-Perus

≈ In Mitteleuropa ist alles brauchbare Land in Kultur genommen

≈ 62 Zollstellen am Rhein (≈ 1300 waren es 44)

~ Brügge m. Kontor der Hanse führende Handelsstadt (bald führt Antwerpen)

~ In Naumburg a. d. Saale (seit 1142 Stadt) gewinnt die „Peter- und Paul"-Handelsmesse größere Bedeutung (blüht bis ~ 1600)

≈ Flandrische Kleidung der vornehmen Frauen: Enges, weit ausgeschnitten. Kleid mit sehr weiten, gezackten Ärmeln; der Männer: kurze enge Schecke (Jakke) mit sehr weiten gezackten Ärmeln, geteilte Beinlinge (Hosen) mit Schuhen in rechts und links verschieden. Farben (sog. Miparti)

≈ Tappert: mantelartiges, oft tief gegürtetes Überkleid mit und ohne Kapuze als europäisch. Kleidungsstück (bis zum 16. Jhdt., Vorläufer der Schaube, vgl. 1460)

≈ In der Frauenkleidung Frankreichs u. Deutschlands herrscht die hohe Taille vor (bis ≈ 1500)

	Vereinigung Polen — Litauen	*Humanismus* *Nationalsprachen*	*Humanismus*
1401	Hamburger überwältigen d. Anführer d. seeräuber. Vitalienbrüder *Godeke Michels* u. *Klaus Störtebeker* (werden hingerichtet) Mongolen zerstören Damaskus Staatsrechtl. Union zwischen Polen u. Litauen unter d. *Jagellonen* (Polen umfaßt damit Litauen, Weißrußland, Ukraine)	~ *Isidoris von Monemwasia* (Grieche) und (unabh.) *Ciriaco von Ancona* (Ital.) begründen antike Inschriftenkunde	* *Nikolaus von Kues (Cusanus)*, dt. Philos. und Bischof (+ 1464) † *Thomas von Stitny*, tschech. thomistischer Philosoph; seine Werke werden zu den besten Prosaschriften der tschech. Literatur gerechnet (* ~ 1325) Universität Würzburg gegrdt. (vgl. 1582)
1402	Deutscher Orden erwirbt die Neumark von Brandenburg (kommt 1455 an Brandenburg zurück) † *Gian Galeazzo*, Hzg. v. Mailand aus d. Familie *Visconti* seit 1395; unterwarf Pisa, Siena, Perugia, Padua, Verona, Bologna; förderte Kunst u. Wissenschaft, veranlaßte Baubeginn des Mailänder Doms (* 1351) *Timur* besiegt den türk. Emir *Bajesid I.* (seit 1389; † 1403 in Gefangenschaft)		
1403	Kg. *Heinrich IV.* v. Engl. besiegt im Bund mit d. Kirche die aufständ. Barone; verfolgt blutig die Anhänger des Reformators *Wiclif* († 1384) Schweiz. Eidgenossen beg. Tessin vom Hzgt. Mailand zu erobern (bis 1516) *Tsch'eng-tsu (Yunglo)* Kaiser von China bis 1424 (†); stärkt und erweitert die chinesische Macht	† *Smil Flaska von Pardubitz*, gilt als erster tschechischer Dichter (* 1349) *Dirc Potter* (* ~ 1370, † 1428), Kanzleischreiber u. Gesandter von Holland; in dieser Eigenschaft in Rom, dichtet er „Der Minnenloep" (Philosophie d. Liebe in Versen mit 57 kurzen Geschicht.)	*Leonardo Bruni* übersetzt die Rede des *Basilius* († 379), „De utilitate studii" („Über den Nutzen des Lernens") ins Italienische
1404	Steinerner Roland i. Bremen als Symbol d. Stadtfreiheit	* *Domenico Burchiello*, ital. Dichter († 1448)	* *Leon Battista Alberti*, ital. Künstler und Gelehrter († 1472) Universität Turin gegründet

Frührenaissance in Italien *Deutsche Tafelbilder*	*„Ars nova"*	*Quarantäne-Krankenhaus*	
* *Masaccio* (eig. *Tommaso di Giovanni di Simone Guidi*), ital. Maler d. aufkommenden Frührenaissance in Florenz († 1428) ~ Totentanz-Gemälde des Friedhofes „Cimetière des Innocents" in Paris (dieses Thema kennt die bildende Kunst seit dem 14. Jhdt.)			≈ Nürnberg führende deutsche Handelsstadt (bis zum 16. Jhdt.; im Bankwesen geht die Führung im Laufe des 15. Jhdts. auf das Augsburg d. *Fugger* über)
~ „Das Leben Christi" (kölnisches Tafelbild in 35 Abteil.) Kathedrale in Sevilla (got. siebenschiff. Kirche, Umbau einer Moschee, 11 520 qm, 83 Altäre; fertiggestellt 1517; mit Minarett v. 1196 als Glockenturm) ≈ In Valencia werden spanisch-maurische Lüsterfayencen hergest. ≈ Vereinzelt werden Totenmasken abgenommen (allgemeiner erst im 19. Jhdt.)			≈ Die Zünfte verhindern Arbeitslosigkeit unter ihren Mitgliedern (die außerhalb stehenden, sozial deklassierten Landstreicher u. Bettler dagegen werden bei geringen Eigentumsvergehen mit dem Tode bestraft)
≈ Aus der vom Ch'an-Buddhismus beeinfl. chines. Malerei der *Sung*-Akademie d. 12. u. 13. Jhdts. entsteht in Japan durch Kunstsammlungen und Förderung die „China-Malerei", bes. „impressionistische" Tuschbilder von Landschaften ~ Priester *Joetsu*, erster jap. Landschaftsmaler im Sung-Stil, fördert China-Malerei („Kara-e") d. Grdg. einer Schule im Zen-Kloster Kyoto		Quarantäne-Krankenhaus in Venedig Buchdruck m. beweglichen Metalllettern in Korea Rat von Nürnberg verbietet maschinelles Drahtziehen	≈ Wachssiegel m. Papierunterl. werden verwendet (meist farblos, Verwendung v. Rotwachs ist ein Privileg) ≈ Bundschuh als Fußbekleidung d. dt. Bauern (teilw. bis in das 17. Jhdt.) ~ Ausbildung d. symbolischen Bedeutung von Farben und Blumen in Europa
Konrad von Soest: Altar von Niederwildungen bei Waldeck (früheste dt. Tafelmalerei) Rolandsäule in Bremen Bibi-Chanum-Moschee in Samarkand (Baubeginn 1399)			St.-Georgs-Bank i. Genua ≈ Klimaverschlechterung: Nordpolareis stößt vor („Kleine Eiszeit" bis ca. 1850, vgl. 1645)

	Ende des Reiches unter Timur	*Humanismus Nationalsprachen*	*Humanismus*
1405	Appenzell erkämpft sich seine Freiheit vom Kloster St. Gallen (vgl. 1411, 1457 kauft sich d. Stadt St. Gallen vom Stift völlig frei) † *Timur*, Herrscher über ein mongol. Großreich (Turkestan, Mittelasien, Persien, Indusland, Syrien, Kleinasien, Rußland bis Moskau) seit 1370 (* 1336). Zerfall seines Reiches China erobert Ceylon (bis 1459 abhängig). Ausdehnung des chin. Seehandels, Rückgang des Landhandels	* *Georges Castelain*, frz. Dichter am burgund. Hof († 1475) ~ „Magdeburger Äsop" (Fabelsammlung eines unbekannt. Geistlichen, mittelniederdeutsch)	
1406	Die steirische Linie d. *Habsburger* teilt sich in eine steir. u. eine Tiroler Linie. Damit ist d. *habsburgische* Besitz geteilt in Nieder- u. Oberösterr.; Steiermark, Kärnten, Krain; Tirol, Vorarlberg, schwäb. Vorlande (ab 1490 unter Kaiser *Friedrich III. v. Habsburg* wieder vereinigt; 1564 erneute Teilung) Florenz erhält Pisa Verona kommt v. Mailand an Venedig	† *Eustache Deschamps*, frz. Balladendichter; schrieb „Ehespiegel" (frauen- und ehefeindlich (* 1346)	† *Ibn Chaldun*, arab. Historiker; schrieb Weltgeschichte mit bedeutender geschichtsphilosophisch. Einleitung (* 1332) * *Lorenzo Valla*, ital. Humanist, Gegner der Scholastik († 1457)
1407			
1408	Aufstand gegen den Rat in Lübeck		

Frühenaissance in Italien Spätgotik in Deutschland	„Ars nova“	Pestschriften	
~ * *Stephan Lochner*, dt. spätgot. Maler († 1451) ~ „Apokalypse“ auf 105 Wandteppichen für Hzg. *Ludwig I. v. Anjou*; gewebt im Atelier *N. Bateille*, Paris, nach Entw. von *Jean Bandol* (od. *Hennequin de Bruges*) ≈ Künstlerische Ofenkacheln in Deutschland mit Reliefs und Bleiglasur ≈ Von Italien aus verbreitet sich Silberschmelz-Malerei (in Silber gravierte Zeichnung mit Glasschmelz überzogen) Universitätsgebäude in Salamanca begonnen ~ Mausoleum *Timurs* in Samarkand (islamischer Kuppelbau mit einem Paar runder Türme)		*Konrad Kyeser von Eichstätt:* „Bellifortis“ („Der Kriegsheld“, lat. bebild. Pergamenthandschrift, gilt als älteste dt. Waffenhandschrift) beschreibt unter anderem Warmluftdrachen (schlangenartige Tierform aus Pergament, Leinen und Seide, in deren Rachen eine Petroleumlampe brennt u. d. Drachen Auftrieb gibt; vielleicht mong. Einfluß) u. in 11 Versen eine Höllenmaschine ~ Pestschriften rhein. Ärzte empfehlen neben gottesfürchtigem Leben schnelle und weite Flucht aus dem Pestort sowie häufige Handwaschungen u. reichlichen Essiggenuß	≈ Die Holzarmut zwingt in den Niederlanden zur Anlage von Moorkolonien z. Torfgewinnung ≈ Venedig und Mailand sind Zentren für Einlegearbeiten; Florenz für die Herstellung bemalter Truhen ~ Ypern wird durch Konkurrenz der engl. Tuchindustrie ruiniert (vgl. 1309)
~ * *Fra Filippo Lippi*, ital. Maler († 1469)		~ Beginn d. Verwendung v. Bronze für Geschützrohre	≈ Die familiensteuerart. „Taille“ in Frankreich (seit 11. Jh.) wird zu einer direkt. Kopf- und Vermögenssteuer
≈ Passions- und andere Freskenbilder in der alten Pfarrkirche in Garmisch (gelten als schönste bayr. Kunstwerke aus dieser Zeit)		Bau einer astronomischen Kunstuhr für d. Marienkirche in Lübeck (die bis zum zweiten Weltkrieg erhalt. Form stammt aus d. Jahre 1562)	1. urkundl. Erwähnung von Zigeunern in Dtld. (werden nur für wenige Tage an einem Ort geduldet) (vgl. 1417)
Rubljow und *Tschorny:* Wandmalereien der Mariä-Himmelfahrts-Kathedrale in Wladimir (russ.)			

	Schlacht bei Tannenberg		Humanismus	Hus Universität Leipzig
1409	Berlin unterliegt gegen *Dietrich von Quitzow* (vgl. 1414)			Reformkonzil in Pisa (stellt Konzilautorität über die des Papstes; Schisma bleibt bis 1417) Die dt. Professoren u. Studenten verlassen Universität Prag weg. d. Hussiten u. gründen Universität Leipzig
1410	*Sigismund*, Sohn *Karls IV.*, König von Ungarn (seit 1387), wird röm.-dt. Kaiser bis 1437 (†) (Kaiserkrönung 1433) Polen besiegt in der Schlacht bei Tannenberg Deutschen Orden. *Heinrich von Plauen* Hochmeister des Deutschen Ordens bis 1413; sein Reformversuch mißlingt		~ † *Jean Froissart*, frz. Dichter u. Historiker; schrieb u. a. „Chroniques de France, d'Angleterre, d'Ecosse, d'Espagne, de Bretagne" und „Méliador" (Versroman n. Art der *Artus*epik) (* 1337)	*Hus* vom Erzbischof von Prag gebannt, der vorher zusammen mit König *Wenzel* auf seiner Seite stand Gleichzeitig 3 Päpste, in Rom, Avignon und Mailand
1411	Deutscher Orden verliert im ersten Thorner Frieden die 1380 eroberte westlitauische Landschaft Schamaiten Appenzell schließt sich nach Aufstand gegen den Abt von St. Gallen (1401 bis 1405) der Schweizer Eidgenossenschaft an		* *Juan de Mena*, span. Dichter († 1456)	*Hus*: „De Ecclesia" („Über die Kirche", tschechische Reformationsschrift, die sich auf Grund der Bibel gegen Verweltlichung der Kirche wendet u. allgem. Konzil fordert) Universität Saint Andrews (Schottl.) gegrdt.
1412	* *Jungfrau von Orléans (Jeanne d'Arc)*, frz. Nationalheldin († 1431) † *Gian Maria Visconti*, Herrscher von Mailand seit 1402 (ermordet). Sein Bruder u. Mitregent *Filippo Maria Visconti* wird Alleinherrscher († 1447 ohne männl. Erben)		* *Gómez Manrique*, span. Lyriker († 1490)	
1413	* *Friedrich II.*, Kurfürst von Brandenburg von 1440 bis 1470 († 1471) *Heinrich V.* Kg. v. Engl. bis 1422 (†); unterdrückt Aufstand der Anhänger des Reformators *Wiclif* („Lollharden") Aufstand d. „Cabochiens" in Paris Vereinigung des litauischen und polnischen Adels in einem Reichstag; führt zur Wahl gemeinsamer Herrscher *Mohammed I.* türk. Herrscher (Emir) bis 1421; vereint das nach dem Sieg *Timurs* (1402) zerfallene und verkleinerte Reich			*Joseph Albo* (* ~ 1380, † ~ 1444) verteidigt in der Disputation in Tortosa (Spanien) den jüdischen Glauben

Perspektive *Spätgotik in Deutschland*	*„Ars nova"*	*Große* *Pulvergeschütze*	
Bremer Rathaus erb. (1609–13 umgeb.) Meister der „Schönen Madonnen" (Bildhauer unbekannten Namens i. Österr., Bayern, Böhmen, Polen)			
~ * *Dirk Bouts,* niederl. Maler († 1475) ~ * *Andrea del' Castagno (di Bartolommeo),* ital. Maler, bes. in Florenz († 1457) „Beweinung Christi" (Tonplastik, Limburg a. Lahn) „Große Gilde" in Reval (Haus der Kaufmannsvereinigung der Hansestadt, später Börse)	~ „Weingartner Liederhandschr." (Minnesänger-handschrift mit Bildern)		~ Anbau u. Genuß des Kaffees gelangen v. Abessinien n. Arabien (nach Europa im 17. Jhdt. durch Venedig) Ulm verbietet Schweine auf den Straßen
Stockwerkpagode der Drachenschönheit (chin. Bauwerk b. Schanghai)		Seilschwebebahn dargestellt (m. Gewißheit verwendet erst 1644 in Danzig)	
~ *F. Brunelleschi* entd. Zentralperspektive			
J. d. Quercia: Wandaltar in der Kirche San Frediano zu Lucca (ital. Bildhauerarbeit d. Frührenaissance) Der Römer (spätgotisches Rathaus in Frankfurt a. Main; Baubeg. 1405)		Geschütz aus Eisenguß („Faule Mette"), 180 Zentner, schießt mit 30pfündig. Pulverladung Steingeschosse von 750 Pfund	

	1. Kurfürst von Brandenburg „Hundertjähriger Krieg“	*Vorreformation · Hus*	
1414	Kaiser *Sigismund* stärkt Kaisertum durch Konzileinberufung Burggraf *Friedrich VI.* von Nürnberg, seit 1411 kgl. Statthalter in Brandenburg (ab 1417 Kurfürst als *Friedrich I.*), erobert die befestigten Schlösser Friesack und Plaue der *Quitzows*, die durch Raub und Fehde das mächtigste märkische Adelsgeschlecht geworden waren Engl. Unterhaus erlangt Gleichberechtigung mit Oberhaus	2. Reformkonzil in Konstanz (bis 1418); beendet Schisma und verurteilt *Hus;* stellt das Konzil über den Papst, vertagt die „Erneuerung an Haupt und Gliedern“ der Kirche auf das Konzil zu Basel (1431 bis 1449) *Hus* widersetzt sich dem Konzil in Konstanz, vor dem er zur Vertretung seiner reformator. Lehre mit freiem Geleit Kaiser *Sigismunds* erschienen war, u. wird verhaftet	Gegen den Willen des Patriarchen in Konstantinopel wird in Kiew ein zweiter russ. Metropolitensitz gegründet (der erste seit 1328 in Moskau)
1415	* *Friedrich III.*, dt. König ab 1440, röm.-dt. Kaiser von 1452 bis 1493 (†) Kg. *Heinrich V.* v. England erneuert den „Hundertjährigen Krieg“ gegen Frankreich (seit 1339); der größte Teil Frankreichs mit Paris wird von den Engländern besetzt Schweizer Eidgen. erobern d. Aargau v. d. *Habsburgern* (1460 d. Thurgau) Portugal erobert Ceuta (N.-Afrika)	† *Johann Hus* (als Ketzer verbrannt), tschech. Reformator, vom engl. Reformator *Wiclif* (†1384) beeinfl.; hielt jedoch an der Abendmahl-Verwandlungslehre (Transsubstantiation) fest (* ~ 1369) *Wiclif* wird zum Ketzer erklärt	
1416	*Alfons V. (d. Weise)* Kg. v. Aragon bis 1458 (†, * 1396)	† *Hieronymus von Prag*, Freund von *Johann Hus* (als Hussit verbrannt); brachte von Oxford Schriften des engl. Reformators *Wiclif* nach Prag (* ~ 1365)	
1417	Kaiser *Sigismund* macht den Burggrafen von Nürnberg *Friedrich VI.* als *Friedrich I.* zum ersten Kurfürsten von Brandenburg (nachdem er ihn schon 1411 zum erbl. Statthalter und 1415 zum Markgrafen von Brandenburg eingesetzt hatte)	Kaiser *Sigismund* erreicht auf dem Konstanzer Reformkonzil (1414 bis 1418) die Beilegung des Großen Schismas (Kirchenspaltung durch Gegenpäpste in Rom und Avignon seit 1378); das Kaisertum gewinnt dadurch noch einmal hohes Ansehen	*Martin V.* Papst bis 1431 (†); schließt Konkordate mit Deutschland, England und Frankreich; stellt seine Autorität im Kirchenstaat wieder her; schiebt Kirchenreform auf

Humanismus Hus	Frührenaissance in Italien „Paradiesgärtlein"	Portugiesische Entdeckungen	
~ *Maulana Dschâmi*, pers. Dichter (gilt als letzter Klassiker d. islam. Literatur)	*Meister Bertram* wirkte seit 1367 i. Hamburg († ~ 1415) (vgl. 1379)		
Johann Hus (†) förderte die tschechische Sprache, u. a. durch Regelung der Rechtschreibung	*Donatello*: „Heiliger Georg" (ital. Plastik der Frührenaissance) *Brüder von Limburg (Paul, Hermann* und *Jan)*: „Très riches heures" („Stundenbuch") d. Hzgs. *v. Berry* (niederl.-frz. Handschrift mit Miniaturen, bes. eingehende Landschaftsdarstellungen) ~ „Das Paradiesgärtlein" eines mittelrhein. Meisters (spätgot. Malerei)		
Poggio Bracciolini findet im Kloster St. Gallen vollständige Handschrift der „Institutio oratoria" von *Quintilian* (vgl. 86); wirkt maßgebend auf die Entwicklung des Humanismus und wird bis 1600 etwa 100mal gedruckt		*Heinrich d. Seefahrer* (* 1394, † 1460, Sohn Kg. *Johanns I.* v. Portugal) entsendet aus seiner Seefahrtsschule Expeditionen, um über den Gambia oder Senegal das sagenhafte Reich d. Erzpriesters *Johannes von Abessinien* zu erreichen (1462 wird die Liberiaküste als zunächst südlichster Punkt erreicht)	
			≈ Auf der Wanderung von ihrer Urheimat Indien (vielleicht seit dem 10. Jh.) gelangen die Zigeuner nach Deutschland u. Ungarn (finden neue Heimat in Rußland [1500] u. Ungarn) (vgl. 1407)

	Hussitenkriege	Humanismus Nationalsprachen	Vorreformation Hussiten
1418	Die Pariser Zünfte erringen unter *Pertinet le Clerc* die Herrschaft in d. Stadt (übergeb. sie nach ihrer Niederlage geg. d. frz. Kg. an die Engländer) Piemont wird mit Hzgt. Savoyen vereinigt		Tanzwut-Epidemie in Europa (religiöser Massenwahn mit veitstanzähnlichen Zuständen)
1419	Nach dem Tode Kg. *Wenzels IV.* Aufstand der Anhänger des Reformators *Hus* (verbrannt 1415) in Böhmen. Mit dem ersten Prager Fenstersturz beginnen die Hussitenkriege (bis 1433/36; in deren Verlauf verschwindet zunächst das dt. Bürgertum aus Prag) *Philipp der Gute* Hzg. v. Burgund bis 1467 (†, * 1396); erwirbt Brabant, Limburg, Namur, Hennegau, Holland, Seeland, Picardie, Luxemburg; sein Hof wird Mittelpunkt einer Spätblüte d. Ritterkultur ~ Durch Klimaverschlechterung und damit zusammenhängende Eskimoangriffe gehen die norweg. Siedlungen auf Grönland ein		Beginn der Hussitenkriege (bis 1433/36), weil Kaiser *Sigismund* ihre religiösen Forderungen ablehnt: freie Predigt, Laienkelch, Armut der Geistlichen, Aburteilung der Todsünden durch weltliche Gerichte Universität Rostock gegründet † *Tsong-kha-pa*, tibet. Reformator; beseitigte Verweltlichung und Moralverfall der lamaist. Kirche, stellte die Kirche und den Priesterstaat unter die Doppelherrschaft des Dalai Lama mit weltl. und polit. Oberherrschaft u. Taschi Lama als geistliches Oberhaupt (* 1378)
1420	Venedig erneuert Herrschaft über dalmatinische Küste Kg. *Heinrich V.* v. England heiratet Tochter Kg. *Karls VI.* v. Frankr., erhält Regentschaft und Anrecht auf Thronfolge. England verbündet sich mit Burgund Portugiesen besiedeln das schon bekannte Madeira Hussitenführer *J. Ziska* (* 1370, † 1424) schlägt kaiserliches Heer bei Prag	≈ Im dt. Sprachgebiet entwickeln sich volkstüml. Fastnachtsspiele (bestehen bis ≈ 1600) ~ *Franziskus*legende (ungar. Übersetzung aus einem ungarischen Kloster)	* *Thomas Torquemada*, span. Großinquisitor († 1498)

Fra Angelico *Spätgotik in Deutschland*	*„Ars nova"*	*Handwerkstechnik*	
Fra Angelico kehrt n. Fiesole zurück, von wo er während d. Papststreits geflüchtet war. Bis 1435 zwei Marienkrönungen (ital. Gemälde) *Brunelleschi:* Modell des Doms von Florenz	~ *G. Dufay* in Italien		
~ *Donatello:* Ev. Johannes (Plastik im Florenzer Dom) *J. d. Quercia:* Brunneneinfassung d. Fonte Gaia in Siena (ital. Bildhauerarbeit der Frührenaissance) *Darssow*-Madonna (Sandsteinplastik i. d. Lübecker Marienkirche) Wasserschloß Mespelbrunn i. Spessart		*Niccolò dei Conti*, Kaufmann aus Venedig, reist nach Indien und den Sunda-Inseln (schreibt nach seiner Rückkehr 1444 „Vier Bücher mit Geschichten eines wechselvollen Schicksals" [lat.], einen vom Papst zur Sühne für seinen Übertritt zum Islam geforderten Reisebericht) Astron. Kunstuhr am Rathaus von Olmütz von *Anton Pohl* (15 m hoch; Datumsangabe, Mondphasen, Planetenstand, Orts- und Sternzeit, Glockenspiel, viele bewegl. Figuren) Feilenhauer in Nürnberg erwähnt	
~ * *Petrus Christus*, niederl. Maler in Brügge († 1473) ~ Die *Brüder Eyck* vervollkommnen die im 14. Jhdt. aufgekommene Ölmalerei ~ * *Jean Fouquet*, frz. Maler († ~ 1480) * *Piero della Francesca*, spätgot. ital. Maler († 1492) * *Shubun*, chin. Maler († ~ 1454) Die flämischen Meister d. Bildteppichwirkerei *Johann v. Brügge* u. *Valentin d'Arras* kommen nach Venedig Ca d'Oro, venezian. Palast (got. Stil, vollend. 1440)		Der ital. Techniker *Joanes Fontana* skizziert einen Torpedo mit Raketenantrieb und einen Selbstfahrer durch Seilantrieb Drahtziehen mit Muskelkraft in Nürnberg erwähnt	≈ Frauenkleidung in Deutschl.: Langes, weites, vorn weit ausgeschnitt: Oberkleid (Robe) mit hoher Taille u. Schleppe, Schnabelschuhe, Hauben verschiedenster Art Hohe kegelförm. Hornhaube mit Schleier („Hennin") in d. europ. Frauenmode Tanzwettkämpfe d. Florent. Jugend

	Hussitenkriege *Medici in Florenz*	*Humanismus* *Nationalsprachen*	*Vorreformation* *Humanismus*
1421	Mailand beherrscht Genua (bis 1436 und 1464—1499, dann wird Genua bis 1528 frz.) *Giovanni di Bicci de Medici* (* 1360, † 1429), Führer d. Volkspartei u. reicher Kaufherr, wird zum Oberhaupt (Gonfaloniere) v. Florenz gewählt		
1422	*Heinrich VI.* Kg. v. Engl. bis 1461 (schwachsinnig, † 1471, im Tower ermordet) *Karl VII.* Kg. v. Frankr. bis 1461 (†) Der erblindete hussitische Feldherr *Zizka von Trocnow* (* ~ 1370, † 1424 a. d. Pest) schlägt an d. Spitze d. radikalen Taboriten das Heer unter Kaiser *Sigismund* b. Prag Türken belagern Konstantinopel	† *Suleimân von Brussa*; mit seinem Gedicht auf die Geburt d. Propheten erster, von persischen Vorbildern unabhängig. türkischer Dichter	
1423	Nach Aussterben d. *Askanier* fällt Sachsen-Wittenberg als Kursachsen an die *Wettiner* Markgrafen v. Meißen (Teilung 1485) * *Ludwig XI.*, Kg. v. Frankr. von 1461 bis 1483 (†) *Francesco Foscari* Doge von Venedig bis 1457; kämpft erfolgr. geg. den letzten Hzg. aus dem Hause *Visconti* in Mailand, wobei er Padua, Brescia u. a. Städte gewinnt	† *Hugo von Montfort*, mittelhochdt. ritterlicher Dichter aus der Steiermark (* 1357)	*Vittorino da Feltre (Ramboldini,* * 1378, † 1446) errichtet vor Mantua eine humanistische Schule ,,Casa giocosa''
1424	Hussitenführer *Prokop der Große* (* ~ 1380, † 1434) wird nach d. Tode *Zizkas* Feldherr d. Taboriten; nach siegr. Kriegszügen in und außerhalb Böhmens b. Böhmisch-Brod besiegt und fällt Türken erobern Smyrna (Kleinasien) † *Tsch'eng-tsu (Yunglo)*, chin. Kaiser d. *Ming*-Dynastie seit 1403; förderte Grenzsicherung und Handel		
1425			

Frührenaissance in Italien Meister Francke	Feuerwaffen Technische Bilderhandschrift		
≈ In Brussa (Westkleinasien) entstehen nach der Verwüstung durch die Mongolen (1402) zahlreiche prächtige Bauten, bes. Moscheen (hier bis 1453 Erbbegräbnis der türkischen Herrscher)	Handfeuerwaffen i. China nachgewiesen (waren wohl schon früher vorhanden)		
≈ Die in den Niederl. aufkommende Tafelmalerei zeigt im Gegens. zur ital. Frührenaissance Herkunft v. d. Buchminiatur, bürgerlich-genrehafte Züge, handwerkl. Traditionen	≈ Stärkere Ausbreitung d. Anwendung des Schießpulvers durch *Abrahams* „Feuerwerksbuch" Entwicklung der Geschützgießerei. Große Geschütze zunächst noch aus	Eisenstangen mit Querreifen zusammengeschweißt (gegen Ende d. Jhts. auch Guß gr. Geschütze) ~ Technische Bilderhandschrift v. *Jacopo Marino* aus Siena	
„Buxheimer Christophorus" (ältester deutscher Holzschnitt mit echter Jahreszahl)	* *Georg Purbach*, Wiener Mathematiker und Astronom († 1461)		
~ *Meister Francke* (i. Hamburg): Thomasaltar der Englandfahrer mit Leben Christi (im Geist d. Mystik) *Ghiberti:* Nördliche Bronzetür am Baptisterium, Florenz (Reliefs, beg. 1403; vgl. 1452) ~ Chines. Grabtempel des Kaisers *Yang Mao* (†) b. Peking (mit 20 m hohen Säulen)			Die Reichskleinodien werden in Nürnberg aufbewahrt (bis 1796)
Brunelleschi erneuert San Lorenzo in Florenz in Form einer Säulenbasilika ~ Mittelrhein. *Meister des Ortenberger Altars* (spätgot. Malerei, die Mitteltafel „Maria im Kreise weibl. Heiliger" mit Goldhintergrund im Sinne höfischen Minne- u. Marienkultes)			≈ Städtische Botenanstalten in Straßburg, Köln, Konstanz, Frankfurt a. M., Augsburg u. a. (es gibt auch Kloster- und Universitätsboten)

	Hussitenkriege Nürnberg wird selbständig	Humanismus	Vorreformation Humanismus
1426		*Alain Chartier* (* ~ 1390, † ~ 1450): „La belle Madame sans merci" (frz. höfische Verserzählung)	Universität Löwen gegründet
1427	~ Bestrebungen zu einer Reichsreform kommen auf Nürnberg wird selbständig durch Kauf der Besitzrechte von den Burggrafen *(Hohenzollern)* Kg. *Jakob I.* v. Schottland läßt durch das Parlament mehr Vertreter d. Kleinadels u. d. Städte zu diesem hinzuziehen, um ein Gegengewicht gegen die Macht d. Großadels zu haben *Itzcoatl* Kg. d. Azteken in Mexiko; erweitert das Reich		*Francesco Filelfo* (* 1398, † 1481) bringt die Kenntnis griech. Schriftsteller von Konstantinopel nach Ital. Übersetzt sie teilweise ins Lateinische
1428	Brünn behauptet sich gegen Hussiten (Stadtrecht seit 1243) Condottiere (Söldnerführer) *Carmagnola* (* ~ 1385, † 1432, hinger. i. Venedig) erobert f. Venedig Brescia u. Bergamo von Mailand (eroberte 1421 Genua für Mailand)		*Giovanni Aurispa*, ital. Humanist (* 1369, † 1459), bringt vollst. griech. Text d. Werke *Platos* von Konstantinopel nach Venedig *Johann Nider*, Dominikaner († 1438), predigt den Nürnberger Bürgern ein asketisches Leben und faßt diese Predigten in d. Schrift „Die 24 goldenen Harfen" zusammen (gedruckt 1475)

Brunelleschi Spätgotik in Deutschland	„Ars nova"	Feuerwaffen	
† *Hubert van Eyck*, niederl. Maler; begrdte. mit seinem Bruder *Jan* neuzeitl. niederl. Ölmalerei (* ~ 1370) (Die nur indirekt erschlossene Existenz dieses Malers wird auch bestritten) *Masaccio:* Altar in Pisa (u. a. „Anbetung d. Könige", ital. Tafelmalerei d. Frührenaiss.) Der chin. Kaiser *Hsüan-te* aus der *Ming*-Dynastie sammelt und fördert wieder an seinem Hof in Peking „Berufsmaler" (ähnlich d. Akademie d. *Sung*-Zeit; im Unterschied zum vom Herrscher unabh. Künstler d. mong. *Yüan*-Dynastie 1280). In diesem Kreise wird bewußt dem Kunstideal der *Sung*-Zeit nachgestrebt	~ Der Schwerpunkt d. europ. Musik liegt in d. südl. Niederlanden (Burgund, Cambrai) (Weiterentwicklung d. frz. u. engl. Musik; die niederl. Musikschulen führen v. ~ 1430 bis ≈ 1600)		*Joh. Bassenheimer:* „Das ist die Ordnung, wie man sich halten soll über Meer und auch die heiligen Städte besuchen" (Reiseführer) ≈ Bunte Wappenscheiben f. Fenster niederländ. Bürgerhäuser
† *Gentile da Fabriano* (eig. *di Nicollò di Giovanni Massi*), ital. spätgot. Maler (* ~ 1370) *Masaccio:* Fresken in der *Brancacci*-Kapelle der Kirche St. Maria del Carmine in Florenz (mit „Zinsgroschen", „Vertreibung aus dem Paradies" u. a.; italien. Malerei, welche z. Frührenaissance überleitet, Bildnisse der Stifter-Familie nach Rückkehr d. ihr feindl. *Medici* zerstört) Kirche Maria am Gestade in Wien (got., mit reich durchbroch. Kuppel-Turmhelm; Baubeginn 1340)	*G. Dufay* in Diensten der päpstl. Kapelle in Rom (bis 1437)	≈ Handfeuerwaffen (seit Mitte 14. Jhdts.) der Armbrust an Durchschlagskraft und Feuergeschwindigkeit noch nicht merklich überlegen. Daher noch sehr geringe Verbreitung in den Heeren (in den Hussitenkriegen z. B. nur 0,25%)	„Gemeiner Pfennig", letzter Versuch allgemeiner Reichssteuern im Mittelalter; wird durch die großen militärischen Ausgaben (z. B. Hussitenkriege) veranlaßt (bis 1551 11-mal mit geringem Erfolg erhoben)
~ * *Giovanni Bellini*, ital.-venezian. Maler († 1516) *Brunelleschi:* Pazzi-Kapelle an S. Croce, Florenz (gilt als erster reiner Renaissance-Bau) *Masaccio:* „Dreieinigkeit" (ital. Fresko d. Frührenaissance in der Kirche St. Maria Novella in Florenz; eines der ersten Bilder, das vollkommene Raumperspektive zeigt) † *Masaccio* (eig. *Tommaso di Giovanni di Simone Guidi*), ital. Maler aus Florenz; leitete über zur Frührenaiss. (* 1401) ~ *Meister von Flémalle:* Mérode-Altar mit „Verkündigung" (niederl. Tafelbilder)		~ *Hans Schiltberger* (* 1380), bayr. Kämmerer, schildert seine Reisen u. Abenteuer in Asien als türkischer (seit 1396) u. mongolischer (seit 1402) Kriegsgefangener (erscheinen 1473)	

	Jeanne d'Arc wendet „Hundertjährigen Krieg"	Humanismus	Vorreformation Humanismus
1429	Die *Jungfrau von Orléans* entsetzt Orléans u. erreicht d. Krönung *Karls VII.* in Reims zum Kg. ganz Frankreichs. Entscheidende Wendung des „Hundertjährigen Krieges" gegen England Florenz unterwirft Pisa, beherrscht Landschaft Toskana („Terra ferma") Dänemark erhebt Sundzoll (bis 1857)		
1430	Tagung der Hanse-Städte in Lübeck (einschl. Berlin) Krakau tritt dem Hanse-Bund bei Türken erobern Saloniki ~ Östl. v. Mukden entsteht ein kleiner Staat d. mongol. *Mandschu* (erobern ~ 1650 ganz China)	~ *Perez de Guzman* (* ~ 1376, † ~ 1460): Lebensbilder spanisch. Könige (span. Prosa, zusammen mit anderen Schriftstellern und Dichtern) ~ *Alfonso Martinez de Toledo* (* ~ 1398, † ~ 1470): „Corbacho" (über d. Sittenlosigkeit d. Frauen, Höhepunkt der span. satir. Dichtung) ~ *Muskatblüt*, nordbayerischer lehrhafter Spruchdichter † *Christine de Pisan*, frz. Dichterin; Balladen u. Rondaux im höfischen Stil (* 1363) ≈ Umherziehende od. fest angestellte politische Dichter in Italien	

Kunst	Musik	Wissenschaft/Technik	Alltag
Meister von Flémalle *Spätgotik in Deutschland*	*1. niederländische Schule*	*Mühlen* *Entdeckungen*	
* *Antonio del Pollajuolo*, ital. Bildhauer, Maler und Goldschmied; leitet über zur Hochrenaissance († 1498)		Neuentd. d. Azoren durch Portugiesen	Herzog *Philipp der Gute* von Burgund stiftet als Auszeichnung den Orden „Goldenes Vlies" Erwähnung der Steinkohle i. Saargebiet (wurde schon im 12. Jh. in England gehandelt)
~ *Meister von Flémalle:* Bildnis eines Geistlichen, „Salting-Madonna", „Maria mit dem Kinde" u. „Die heilige Veronika" (frühniederl. Tafelbilder) ~ * *Nikolaus Gerhaert van Leiden*, dt. Bildhauer († 1473) ~ * *Antonello da Messina*, ital. Maler († 1479) *J. d. Quercia:* Taufbrunnen in der Kirche San Giovanni, Siena (ital. Bildhauerarbeit d. Frührenaissance) Gotisches Rathaus in Halberstadt (Baubeginn 1381) ~ Hochaltar d. Pfarrkirche Malchin mit Leben Jesu und Johannes-Legende „Maria in der Strahlenglorie" (Standbild in der Sebalduskirche in Nürnberg) San Giovanni e Paolo in Venedig (got. Kirche, Baubeginn 1246) ~ Am Hof d. chin. Ming-Kaisers *Hsüan-te* (reg. 1425–36 [†]) entw. sich eine Schule von Malern vorwiegend aus d. Provinz Chekiang, welche die Sung-Kunst nachahmen	~ Beginn d. erst. niederl. Schule mit *Gilles Binchois* und *Guillaume Dufay*, pflegt von Instrumenten begleitete kontrapunktische Gesangsmusik, u. a. Messen mit weltlichen Liedern (bis ~ 1460) ~ * *Jakob Obrecht*, niederl. Komponist von mehrstimmigen Messen, Motetten in streng imitierend. Stil, Meister der 2. niederl. Schule (vgl. 1460; † 1505) ~ * *Johannes Okkenheim (Okeghem)*, niederländ. Komp. v. Messen, Motetten, Chansons in strengen kontrapunkt. Formen (Kanon, Fuge), Meister der 2. niederl. Schule (vgl. 1460; † 1495) ≈ Dt. Orgeltabulatur: Notierung eines mehrstimmigen Musikstückes durch übereinandergeschrieb. lat. Buchstaben (Anfänge seit dem 9. Jh.)	~ In einer kriegstechnischen Bilderhandschr. werden eisenbeschlagene Holzschienen erwähnt ~ Erfindung der Luftbüchse (Luftgewehr) in Nürnberg; (als Erfindungsjahr wird auch 1566 genannt) Auf einem Bock drehbare Windmühle (sog. dt. Bauart) mit Sackaufzug beschrieben Beschreibung einer Wassermühle, die durch ein Rad mit senkrechter Achse betrieben wird (angeblich v. einem Papst erfunden; Vorläufer der Turbine)	≈ Ravensburger Handelsgesellsch. monopolisiert und organisiert Textilgroßhandel; bringt zahlreiche Handwerker in ihre Abhängigkeit (z. B. Leineweber am Bodensee)

	Erstarkung Burgunds *Cosimo de Medici*	*Humanismus*	*Vorreformation* *Humanismus*
1431	† *Jungfrau von Orléans (Jeanne d'Arc*, in engl. Gefangenschaft als Hexe verbrannt); wendete den „Hundertjährigen Krieg" zugunsten Frankreichs (* 1412) (das geistl. Urteil vom Papst 1456 widerrufen, Seligsprechung 1894, Heiligsprechung 1920)	† *Andrea Magnabotti von Barberino*, italien. Schriftsteller; u. a.: „Reali di Francia" (ital. Übers. n. Samml. d. volkstüml. altfrz. Ritterepen) (*∼1370) * *François Villon*, frz. volkstümlicher Lyriker u. Abenteurer; seit d. Begnadigung vom Galgen (wegen Diebstahls) 1463 verschollen; schreibt „Das große Testament", „Das kl. Testament" (Vermächtnisse in Versen), „Die Gehängten" u.a. Gedichte († vor 1480)	3. Reformkonzil zu Basel (bis 1449; wegen Einschränkung der Rechte des Papstes verläßt 1437 die päpstlich gesinnte Minderheit das Konzil u. hält das Ferrara-Florenzer Konzil ab) *Eugen IV.* Papst bis 1447 (†) *L. Valla* verteidigt stoische u. epikureische Lebensphilosophie gegen Scholastik Universität Poitiers gegründet
1432	Bernau wehrt sich erfolgreich gegen Hussiten (Stadt seit 1232) Vereinigung d. patrizischen Räte von Berlin und Kölln (Selbstverw. geht bald verloren, vgl. 1442, 1447)	* *Luigi Pulci*, italien. Dichter († 1484)	
1433	* *Karl der Kühne*, Sohn Hzg. *Philipps d. Guten* von Burgund; Hzg. v. Burgund von 1467 bis 1477 (†) Burgund erobert Holland, Seeland und Hennegau (erhielt 1429 Namur durch Kauf, 1430 Brabant und Limburg durch Erbschaft) Kg. *Wladislaw II. (Jagiello)* von Polen sichert in d. Konstitution v. Krakau d. poln.-litauischen Adel Unverletzlichkeit d. Person zu (hatte 1422 Münzausgabe von Zustimmung des Adels abhängig gemacht u. Gütereinziehungen vom Richterspruch)		Durch das Konzil zu Basel werden in Prag mit den gemäßigten Hussiten die Prager „Kompaktaten" abgeschlossen (Landtag in Iglau bestätigt 1436 dies. Vergleich; Ende der Hussitenkriege, seit 1419). Die radikalen Taboriten kämpfen weiter und werden 1434 endgült. besiegt
1434	*Cosimo de Medici* wird Herrscher von Florenz bis 1464 (†); stiftet „Accademia Platonica", läßt Palazzo *Medici* u. Domkuppel erbauen; respektiert d. republ. Staatsform ∼ Versuche zur Reichsreform auf den Reichstagen 1434–38; scheitern an den Gegensätzen zwischen König und Reichsständen (vgl. 1427, 1495)	**Matteo Maria Bojardo* Graf *Scandino*, italien. Humanist u. Dichter († 1494)	*Nikolaus von Kues*: „De concordantia catholica" (mit d. Lehre, daß Konzile dem Papst übergeordnet, die er auf dem Baseler Konzil vertritt, vgl. 1441)

Genter Altar
Fra Angelico

Kunst	Alltag
* *Andrea Mantegna*, ital. Maler und Kupferstecher († 1506) † *Mincho*, jap. Maler d. Zen-Buddhismus; malte Bilder d. *Buddha-Schüler* (* 1352) *Lukas Moser:* Magdalenenaltar in Tiefenbronn (perspekt. betont) Londoner Rathaus (Baubeg. 1411)	Bauernunruhen bei Worms
~ *del Castagno:* „Kreuzigung“ (ital. Fresko) *Hubert* († 1426) und *Jan van Eyck:* Genter Altar; gilt als Anfang der neueren Ölmalerei mit ersten Bildnissen (Stifter), Akten („Adam und Eva“), Landschaft mit Luftperspektive ~ (vor 1435) * *Meister E. S.*, dt. Kupferstecher († ~ 1467) Bildnis des Minnesängers *Oswald von Wolkenstein* (* 1377, † 1445)	~ Lemberg Stapelplatz f. Orienthandel
Fra Angelico: Madonnenaltar mit Engelkonzert für Leineweberzunft in Florenz (ital. Malerei) ~ *Donatello:* „David“, Florenz (ital. Plastik, früher neuzeitlicher Akt; vgl. 1432) *Jan van Eyck:* Reisealtärchen für *Karl VII.* („Madonna in d. Kirche“) und „Lucca-Madonna“ (niederl. Malerei; zeigen deutlich Herkunft der neuen niederl. Tafelmalerei von den Buch-Miniaturen) * *Hans Memling*, niederl. Maler († 1494) ~ *Witz:* „Klage unter dem Kreuz“ (Gemälde) Gotischer Turm des Stephansdoms in Wien vollendet („Steffel“, Baubeginn 1365)	Doppeladler bleibendes Wahrzeichen des Kaisers (vgl. 1195)
Jacques Daret († ~ 1404, † nach 1468): Marienaltar in der Klosterkirche St. Vaast (niederl.) *Jan van Eyck:* „Giovanni Arnolfini und seine Frau“ (niederl. Gemälde, eines der ersten Bildnisse, Ausdruck bürgerlicher Kultur) und „Madonna des Kanzlers Rollin“ *Fra Filippo Lippi:* „Madonna betet das Kind an“ (ital. Tafelbild) * *Michael Wolgemut*, dt. Maler und Holzschnitt-Zeichner († 1519) ~ *K. Witz:* „Christophorus“	

	Ende der Hussitenkriege	*Humanismus*	*Nikolaus von Kues*
1435	*Karl VII.* v. Frankr. schließt Frieden mit Burgund unter Gebietsabtretung *Engelbrekt Engelbrektsson* beruft gegen die dän. Herrschaft ersten schwed. Reichstag u. wird z. „Reichshauptmann" gewählt (ermordet 1436) Hanse kann sich gegen Dänemark behaupten (ihre Macht beginnt allmählich zu sinken, vgl. 1494) Von Moskau unterstützt, unterliegen die ukrainischen Fürsten im Kampf um ihre Unabhängigkeit geg. Litauen-Polen und werden durch litauische Statthalter ersetzt		*Cyriacus von Ancona* (* 1391, † nach 1441) beg. systematisch antike Altertümer zu sammeln: „Ich gehe, die Toten zu erwekken"
1436	Ende der Hussitenkriege (vgl. 1433); Kaiser *Sigismund* erlangt seine Anerkennung als Kg. von Böhmen ≈ Die zerstörte Kleinseite v. Prag wird wiederhergestellt u. wieder Sitz zahlr. Deutscher *Karl VII.* v. Frankr. nimmt Paris ein	∼ *Elisabeth von Nassau-Saarbrücken* verdeutscht frz. Erzählungen; u. a. „Hug Schapler" (frz. Schlächtergesell wird Schwiegersohn d. Königin, Unterhaltungsroman)	**Mit der Anerkennung der „Kompaktaten" wird der Laienkelch gestattet (vgl. 1433)**
1437	† *Sigismund*, röm.-dt. Kaiser seit 1410 (letzter *Luxemburger*) (* 1368) † *Jakob I.* (vom Adel ermordet), Kg. von Schottland; unterstützte Bürgertum (* 1394)	∼ Kg. *Jacob I.* von Schottland (†) schrieb Gedichte in schott. u. lat. Sprache	*Nikolaus von Kues* schließt sich Papst *Eugen IV.* an u. geht für ihn nach Konstantinopel, um für eine Wiedervereinigung mit der morgenländischen Kirche zu wirken

Fra Angelico v. der Weyden	1. nieder- ländische Schule	Standuhr	
Leon Battista Alberti: „Über die Malerei" (ital., behandelt Perspektive, Anatomie) ~ * *Francesco del Cossa*, ital. Maler aus Ferrara († 1477) ~ * *Michael Pacher*, süddt. spätgot. Bildschnitzer u. Maler († 1498) *da Panicale*: Fresken aus dem Leben Mariä, Johannes d. Täufers, der Heiligen *Stephanus* u. *Laurentius* in d. Kollegiatkirche zu Castiglione d'Olona/Lombardei (ital. Wandmalerei zwischen Gotik u. Renaiss.) ~ *Pisanello*: „Hl. Georg" (ital. Fresko in Verona mit natural. Tierdarstellung) ~ *Witz*: Heilsspiegel-Altar in Basel (Tafelbilder mit alttestamentarischen Gestalten) Rathaus in Tübingen (Fachwerkbau; fertiggestellt im 16. Jhdt.)		Standuhr mit Federzug u. Schnekke für Herzog *Philipp den Guten* von Burgund	Erste Seeversicherungs-Ordn. (Barcelona; Seeversicherungen seit ~ 1347) England legt eine Art allg., progressiver Einkommensteuer auf
Fra Angelico malt die Fresken im Kloster San Marco, Florenz (bis 1445) *Brunelleschi*: achtseitige Kuppel des Florenzer Doms (Baubeginn 1420; Baubeginn des Domes 1296) *Jan van Eyck*: *Rolin*-Madonna und *Paele*-Madonna (niederl. Gemälde, Madonnen mit Stifterbildnissen) *Tai Wen-chin*, chin. Maler am *Ming*-Hof in Peking: „Landschaft" (in bewußter Abhängigkeit von d. Malerei der *Sung*-Zeit, bes. von *Hsia Kuei*) * *Andrea del Verrocchio*, ital. Bildhauer u. Maler in Florenz u. Venedig († 1488) Erster russ. Glockenturm in Nowgorod		* *Regiomontanus* („Der aus Königsberg", eigentlich *Johannes Müller*) in Königsberg/Franken, dt. Astronom, Schüler *Purbachs* i. Wien († 1476)	
Multscher: Wurzacher Altar (Gemälde) mit Darstellungen auf 8 Altarflügeln aus dem Leben Christi und Mariä *della Robbia*: Säulenkanzel im Dom zu Florenz (ital. Bildhauerarbeit in Marmor) ~ *van der Weyden*: Bildnis einer jungen Frau (niederl. Gemälde)			Nach vernichtenden Frösten geht der in Deutschland bis Ostpreußen verbreitete Weinbau zurück; in Norddeutschl. u. Bayern kommen Hopfenanbau u. Bierbereitung auf

	Habsburger deutsche Herrscher	Humanismus	Vorreformation Humanismus
1438	*Albrecht II. von Habsburg,* seit 1437 verheiratet mit der Erbtochter Kaiser *Sigismunds* und damit Kg. von Böhmen und Ungarn, wird dt. Kg. bis 1439 (†); mit ihm gelangt Haus *Habsburg* fast ununterbrochen bis 1806 auf d. dt. Thron. Ende des reinen Wahlkönigtums (seit 1257) Kaiser *Johann VIII.* v. Byzanz tritt zum kathol. Glauben über, um westl. Hilfe geg. Türken zu erlang. (bleibt aus) *Pachacutec* begrdt. Inka-Herrschaft in Alt-Peru (Spanier erob. 1532 d. v. Bürgerkrieg. geschwächte Reich; vgl. 1475)		König *Karl VII.* von Frankreich grenzt in den „Gallikanischen Freiheiten" die Rechte der frz. Kirche gegen das Papsttum ab Ferrara-Florenz. Konzil (bis 1442) beschließt Vereinigung der römischen mit der morgenländ. Kirche (Beschluß unwirksam, endgültige Trennung seit 1054)
1439	Der Thronfolger Frankreichs erhält d. Namen „*Dauphin*" als Graf v. *Le Dauphiné* (hatte vorher den Titel eines „Herzogs d. Normandie")		Das Reformkonzil zu Basel wählt gegen das Florenzer Konzil der Papstpartei *Felix V.* zum Gegenpapst (erkennt aber, als dieser 1449 abdankt, *Nikolaus V.* an, womit das Papsttum seine starke Stellung in der Kirche wiedergewinnt)
1440	*Friedrich III.*, Hzg. von Steiermark und Kärnten, wird röm.-dt. Kaiser bis 1493 (†) (Kaiserkrönung 1452) † *Friedrich I.*, seit 1398 Burggraf von Nürnberg, seit 1417 erster Kurfürst von Brandenburg; bekämpfte erfolgr. brandenburg. Adel (* 1372) *Friedrich II.* (der Eiserne) Kurfürst von Brandenburg bis 1470 († 1471) * *Iwan III.*, Herrscher von Rußland von 1462 bis 1505 (†) Kaiser *Friedrich III.* unterstützt den Papst gegen das Baseler Reformkonzil Preußischer Bund des Adels und der Städte unter Anlehnung an Polen geg. Dt. Orden		~ *Peter Chelcicky*, tschech. relig.-sozial. Philosoph (* ~ 1390, † 1460): „Netz des Glaubens" (Bibel als einzige Glaubensquelle; christl. Vernunft gegen kirchl. Autorität; gegen staatliche Gewalt, Kriege und Todesstrafe; diese Lehren sind die Grundlage der „Böhmischen Brüder" ab ~ 1457; gemäßigte Richtung ab 1494) *Cusanus:* „De docta ignorantia" (vom unerfaßbaren Gott), „De coniecturis"; die Erkenntnislehre des *Cusanus* unterscheidet: sinnl. Wahrnehmung, Verstand, spekulative Vernunft u. d. myst. Anschauung durch d. Verschmelzung der Seele mit Gott

Lochner *Kupferstiche*	*1. niederländische Schule*	*Mühlen*	
~ *Jan v. Eyck:* Bildnis eines Ritters vom Goldenen Vliess (niederl. Gem.) ~ *Meister von Flémalle:* „Werl-Altar" (für einen Kölner Magister; niederl. Tafelbilder, schildern Heilige in bürgerl. Umgebung) *J. d. Quercia:* Portal d. Kirche San Petronio in Bologna (beg. 1425; ital. Bildhauerarbeit d. Frührenaiss.) † *Jacopo della Quercia*, ital. Bildhauer der Frührenaissance (* 1371) Dogenpalast in Venedig (byzant.-got. Stil; Baubeginn 1309; ursprünglich gegrdt. 814)		*Leonardo Bruni* übersetzt die „Politik" des *Aristoteles* ins Italienische Wasserradantrieb für Gebläse wird bekannt Italienische Skizze einer Flut- (Gezeiten-)Mühle (mit Sicherheit erst im 17. Jhdt. verwend.)	Städtische Armenpfleger in Frankf. Main
Jan van Eyck: „Madonna am Brunnen" (niederl. Gemälde) ~ *Pisanello* begrdt. die Bildnisdarst. auf gegossenen Medaillen (meist in Verbindung mit Tierdarstellungen) ~ Meister d. Darmstädter Passion am Mittelrhein tätig Nordturm des Straßburger Münsters fertiggestellt (Baubeginn d. Münsters 1176)			„Reformation des Kaisers Siegmund" (politisch-soziale Reformschrift eines Augsburger Leutpriesters; in dt. Sprache) Feuerspritze in Nürnberg erwähnt
del Castagno: Fresken im Refektorium von St. Apollonia, Florenz (4 ital. Fresken im real. Stil, u. a. „Das Abendmahl", das als Vorstufe f. *Leonardo da Vincis* „Abendmahl" gilt) ~ *Donatello:* „Niccolò da Uzzano" (ital. Bildnisbüste) * *Hugo van der Goes*, niederl. Maler († 1482) ~ *Lochner:* „Dreikönigsaltar" (Gemälde i. Kölner Dom) ~ * *Bernt Notke*, dt. spätgot. Bildschnitzer und Maler in Lübeck († 1509) ~ *van der Weyden:* „Der hl. Lukas malt die Madonna" (niederl. Gemälde: Maria beim Stillen, landschaftl. Hintergrund; es existieren mindestens 5 Varianten) ~ Tucheraltar in der Frauenkirche zu Nürnberg (Tafelmalerei) ~ Kupferstiche des *Spielkartenmeisters* (erste erhaltene Kupferst. der in den vorangegangenen Jahrzehnten in Deutschland erfundenen Technik)		~ *Cusanus:* Die einzige sichere Wissenschaft ist die Mathematik	

	Burgund auf der Höhe seiner Macht	*Humanismus*	*Vorreformation Eton College*
1441	Venedig gewinnt Ravenna (R. kommt 1509 zum Kirchenstaat)		*Nikolaus von Kues* wirkt in Deutschland für Wiederherstellung der päpstl. Rechte (vgl. 1434) u. Reform des Klerus *Heinrich VI.* von England gründet Eton-College *Cosimo de Medici* grdt. öffentl. Bibliothek v. S. Marco i. Florenz
1442	Die freie Hansestadt Berlin und die märkischen Städte verlieren ihre Selbständigkeit unter dem *Hohenzollern*-Kurfürsten *Friedrich II.* (dem Eisernen) * *Berthold von Henneberg*, Erzbischof und Kurfürst von Mainz; fördert Reichsreform († 1504) Kg. *Alfons V.* v. Aragonien erob. Kgr. Neapel (seit 1266 beim frz. Hause *Anjou*) und vereinigt es wieder mit Kgr. Sizilien (seit 1282 b. Aragonien). Sein Hof wird ein Mittelpunkt d. Humanismus *Agnes Sorel* (* 1422, † 1450) wird Geliebte v. Kg. *Karl VII.* v. Frankr., den sie stark beeinflußt		
1443	Nach Aussterben d. Hauses *Luxemburg* (Kaiser *Sigismund* † 1437) kommt Hzgt. Luxemburg an d. Hzge. v. Burgund (1482 an *Habsburg*); damit erreicht Burgund größte Ausdehnung (Flandern, Artois seit 1384, Namur seit 1429, Brabant, Limburg seit 1430, Hennegau, Holland, Seeland seit 1433, Picardie seit 1435) Niederlage der Türken gegen ein ungarisch-polnisches Kreuzfahrerheer * *Matthias I. Corvinus*, Kg. v. Böhmen (1469—1471) und v. Ungarn von 1458 bis 1490 (†)		

Frührenaissance in Italien und den Niederlanden	*1. niederländische Schule*	*Portugiesische Entdeckungen*	
† *Jan van Eyck*, niederl. Maler; begrdte. mit seinem Bruder *Hubert* neuzeitliche niederl. Ölmalerei (* ~ 1390) ~ * *Luca Signorelli*, ital. Maler, bes. von Aktbildern († 1523) „Der Tod von Basel" (Totentanz im Kloster Klingenthal in Basel; begonnen 1437) ≈ Blüte der Medaillen-Kunst in Italien, bes. durch *Antonio Pisano*; ferner später *Matteo dei Pasti* († 1468), *Sperandio* († 1528), *Benedetto da Maiano* († 1497). Meist auf der Vorderseite Porträt eines bedt. Zeitgenossen, auf der Rücks. relig. oder allegorische Szene		Portugiesen finden b. Kap Blanco (W.-Afrika) erste Neger	Portugal beginnt Negersklavenhandel (bis ins 17 Jhdt.)
* *Benedetto da Maiano*, ital. Bildh. u. Baumeister d. Frührenaiss. († 1497) ≈ *della Robbia* arbeitet zahlr. Madonnenreliefs aus glasiertem Ton, eine von ihm selbst entwickelte Technik ~ *van der Weyden*: „Kreuzabnahme" (niederl. Altargemälde) Gotische Kirche Santa Croce in Florenz (Baubeginn 1295) **Schlüsselfelder Christophorus vom Südturm St. Sebald, Nürnberg**			
Burg- und Schloßbau d. Kurfürsten in Berlin-Kölln Krantor in Danzig ~ *Tosa Hirokata* (* ~ 1405, † 1491) „Märchen von dem jungen Himmelsprinzen" (jap. Tuschmalerei auf Langrolle; Spätwerk d. jap. Yamato-e; vgl. 1050)		* *Rudolf Agricola (Huysman)*, dt. Humanist († 1485)	Frankreich verbietet Einfuhr engl. Tuche

	Kreuzzug gegen die Türken	Humanismus Fastnachtsspiele	Vorreformation Humanismus
1444	Schweiz. Eidgen. besiegen die frz. Armagnaken (Söldnerscharen) unter d. Dauphin *Ludwig*, mit denen sich Zürich 1442 gegen Schwyz verbündet hatte *Murad II.*, türk. Herrscher v. 1421 bis 1451 (†), besiegt d. Ungarn b. Warna (1448 nochmals auf d. Amselfeld; damit scheitert der Kreuzzug geg. d. Türken; erobern 1446 Griechenland v. Byzanz; waren 1353 n. Europa übergesetzt) In der Schlacht bei Warna geg. die Türken fällt *Wladislaw III.* v. Polen (seit 1434) und v. Ungarn (als *W. I.* seit 1440) (~ 1424)	*Enea Silvio Piccolomini* (ab 1458 Papst *Pius II.*): „Euryalus und Lukretia" (ital. Liebesroman) ~ *Hans Rosenplüt*, Büchsenmeist. i. Nürnberg, dichtet Schwänke, Fastnachtsspiele, Sprüche; Wappendichtungen	*Leonardo Bruni* (†, * 1369, ital. Humanist) forderte die Erkenntnis „was der Staat, die Stadt sei" (frühe Ansätze einer politischen Wissenschaft)
1445	Kg. *Heinrich VI.* v. England heiratet *Margarete von Anjou* (* 1429, † 1482); sie beeinfl. in d. Rosenkriegen stark d. *Lancaster*partei; Gefangene *Eduards IV.* von 1471 bis 1475 Kg. *Karl VII.* v. Frankr. schafft mit 15 besoldeten Ordonnanz-Kompagnien (mit insges. 1500 Rittern mit je 5 berittenen Gefolgsleuten) Anfänge eines stehenden Heeres Kopenhagen wird Sitz der dän. Könige	† *Oswald von Wolkenstein*, dt. ritterl. Dichter (* ~ 1377)	Ausgabe des chin. Taoistischen Kanons in 5485 Heften beginnt (bis 1607)
1446	„Alfonsinische Gesetzessammlung" (port. Recht seit 1211)	† *Lionardo Giustiniani*, ital. Dichter, bes. volkstümliche Lieder (* ~ 1388)	

Frührenaissance in Italien *Konrad Witz*	*1. niederländische Schule*	*Buchdruck* *Entdeckungen*
~ * *Botticelli* (eig. *Sandro Filipepi*), ital. Maler der Frührenaissance († 1510) * *Donato Bramante*, ital. Baumeister († 1514) Ende der seit ~ 1428 nachweisbaren Wirksamkeit d. *Meisters von Flémalle* (nach Bildern aus d. Abtei Flémalle zwischen Lüttich und Namûr). Eine etwaige Identität dieses Meisters mit anderen niederl. Malern (bes. *Rogier van der Weyden*) wird vermutet *Michelozzo* beginnt den Palazzo *Medici-Ricardi* in Florenz (im strengen Stil d. florent. Frührenaiss.) ~ *Konrad Witz:* Genfer Altar (der dort dargestellte „Fischzug Petri“ gilt mit der Wiedergabe des Genfer Sees als erstes dt. naturalist. Landschaftsbild) Tanz- und Festsaal Gürzenich in Köln (Baubeginn 1441)		*Cosimo de Medici* gründet „Biblioteca Medicea Laurenziana“ Gußeisen aus Hochofen im Siegerland
Fra Angelico malt Fresken in der Nikolauskapelle des Vatikans (mit strenger Zentralperspektive) ~ *del Castagno:* „Himmelfahrt“ (ital. Tafelbild) ~ *Lochner:* „Madonna im Rosenhag“ (spätgot. Malerei auf Goldgr.) ~ * *Martin Schongauer*, süddt. Maler und Kupferstecher († 1491) Notre-Dame-Kirche in Dijon (mit Vorhalle in burgundischem Spitzbogenstil; Baubeginn 1331)		~ Erster Druck m. beweglichen, gegossenen Metallbuchstaben v. *Gutenberg* in Mainz: Gedicht v. Weltgericht. (Weitere Ausbreitung des Buchdrucks: Straßburg 1458, Köln 1465, Rom 1467, Barcelona u. Pilsen 1468, Utrecht u. Venedig 1469, Nürnberg u. Paris 1470, Florenz u. Neapel 1471, Budapest, Krakau u. Messina 1473, Genua, Löwen u. Valencia 1474, Breslau 1475, London 1476, Leipzig 1481, Wien u. München 1482, Moskau 1564; vgl. auch 1501)
† *Filippo Brunelleschi*, ital. Baumeister; u. a. große Domkuppel, die Kirchen San Lorenzo u. Santo Spirito in Florenz (* 1377) *Petrus Christus:* Bildnis eines engl. Gesandten u. Bildnis einer jungen Dame (Lady *Talbot*) (niederl. Gemälde) ~ * *Pietro Perugino*, ital. Maler Umbriens († 1523) *della Robbia:* Reliefs im Dom zu Florenz (ital. Bildhauerarbeiten in halbkreisförm. Feldern) Älteste Datierung eines Kupferstichs („Berliner Passion“)		*Diniz Fernandez* (Portug.) erreicht Westspitze Afrikas (Kap Verde)

	„Berliner Unwille“	Humanismus	Vorreformation Humanismus
1447	„Berliner Unwille“ (Aufstand der Bürgerschaft): Berlin und Kölln suchen gegen den Kurfürsten ihre städt. Freiheit zurückzuerobern (scheitert endgültig 1448; müssen Verbindung zur Hanse lösen) *Kasimir IV.*, Großfürst v. Litauen, wird Kg. v. Polen bis 1492 (†, * 1427)	*Rosenplüt*: „Lobspruch auf Nürnberg“	*Nikolaus V.* Papst bis 1455 (†); Humanist, schließt 1448 mit *Friedrich III.* Wiener Konkordat; grdt. Vatikanische Bibliothek
1448	*Christian I.* Kg. von Dänemark, Norwegen (1450) und Schweden (1457 bis 1464); ab 1460 auch Herrscher in Schleswig-Holstein (* 1426, † 1481) Schweden wählen *Karl VIII. Knutsson* zum Kg. (1457 vertrieben) ~ Dem wirtschaftl. v. d. Hanse beherrschten Norwegen gelingt es nicht, sich von der immer stärker werdenden Abhängigkeit von Dänemark freizumachen Türken besiegen Ungarn i. d. Schlacht auf dem Amselfeld	† *Domenico Burchiello*, ital. Dichter; schrieb volkstüml. burleske Gedichte (* 1404)	
1449	In der Soester Fehde (seit 1444) macht sich Soest von Kurköln unabhängig u. schließt sich Kleve an (b. Kurköln seit 1278) * *Lorenzo* (il Magnifico = der Prächtige) *de Medici*, Herrscher i. Florenz von 1469 bis 1492 (†); hervorragender Förderer d. Renaissance in Italien		

Fra Angelico Lochner	1. niederländische Schule	Selbstfahrer	
~ *Fra Angelico:* „Das jüngste Gericht" (ital. Flügelaltar) *Fra Filippo Lippi:* „Marien-Krönung" (seit 1441, ital. Tafelbild) *Lochner:* „Darbringung im Tempel" (spätgot. Malerei auf Goldgr., Kölner Schule) † *Masolino da Panicale*, ital. Maler zwischen Gotik- u. Renaissancestil (* 1383) † *Konrad Witz*, dt. Maler d. oberrheinischen Schule; bes. Altarwerke (* 1395)		Selbstfahrer durch Menschenkraft, in Memmingen erwähnt	~ Dt. Handschr.-Fabrik in Hagenau (Handschriftenhandel in Dtschl. seit ≈ 1350)
Jacopo Bellini (* ~ 1400, † ~ 1470, Vater von *G. B.*): Madonna (venezianische Malerei) *Montegna:* Freskenfolge in der Eremitani-Kirche in Padua (bis 1457), zunächst gemeinsam mit *Niccolò Pizzolo* († 1453) ~ Kapelle des King's College in Cambridge (die Bauten der Colleges in C. entstehen vom 14. bis 16. Jh.) ≈ Himmelstempel in Peking			≈ In Deutschl. werden Briefe zunehmend im dt. Kanzleistil abgefaßt (vorher meist lateinisch, geschrieben v. Geistlichen u. Klosterangehörigen)
Petrus Christus: „Der heilige Eligius in der Werkstatt" (gilt als erstes niederl. Genrebild) * *Ghirlandajo* (eig. *Domenico di Tomaso Bigordi*), ital. Maler relig. Bilder († 1494) ~ *van der Weyden:* Mehrflügliger Altar d. Kanzlers *Rolin* für das Hospital in Beaune (Burgund) mit „Jüngstem Gericht" u. Bildnis d. Stifters mit Frau (niederl. Tafelmalerei) Italienreise *Rogiers van der Weyden* (bis 1450), die sein Schaffen vielfach beeinflußt Got. Kapelle d. Hofburg in Wien ~ *Nakao Noami* (* 1397, † 1494): „Reiher in Sumpflandschaft" (jap. Tuschmalerei aus Kyoto)		† *Ulug-Beg*, Tatarenfürst u. Astronom in Samarkand, wo er vorteleskop. Sternwarte mit riesigen Instrumenten errichtete. Bestimmte die Position von 1018 Sternen des ptolemäischen Katalogs mit größerer Genauigkeit (* 1394)	In Nürnberg findet Zählung der gesamten Bevölkerung statt zur Ermittlung des Ernährungsbedarfes in Kriegszeiten (i. allgemeinen sind d. Zählungen in d. Städten dieser Zeit nur zweckgebundene Teilzählungen) ≈ Reichgeschnitzte got. Truhen. Himmelbetten mit Schnitzereien und Bemalung Pest in Deutschland (Seuchen und Hungersnöte werden als „Gottesgeißel" gedeutet

	Auflösung des Rheinischen Städtebundes Sforza in Mailand	*Humanismus*	*Vorreformation Humanismus*
1450	Markgraf *Albrecht III. Achilles* versucht vergebl. die freie Reichsstadt Nürnberg zu unterwerfen ~ Auflösung des Rheinischen Städtebundes (bestand seit 1254) Der Condottiere *Franz Sforza* wird Hzg. v. Mailand; hatte sich nach dem Tode des letzten Herzogs aus d. Hause *Visconti* (1447), mit dessen natürl. Tochter er verheiratet war, die Macht angeeignet Türken vertreiben von der Krim die Genueser, die dort seit d. 13. Jh. Handelsniederlassungen hatten ~ Der an der Regierung und Verwaltung teilnehmende Ausschuß d. schott. Parlamentes besteht aus 6 Geistlichen, 6 Baronen und 3 Bürgern. (Die Zahl der Vertreter der Städte im Parlament steigt im 15. Jhdt. von 5 auf 34) ≈ Inkas erobern Indianerstaat der Chimú in Nordperu	† *Alain Chartier*, frz. Dichter; schrieb allegorische Zeit- u. Liebesgedichte (* 1385)	„Germania" des *Tacitus* als Handschrift im Kloster Hersfeld entdeckt ~ *Gutenberg* druckt Konstanzer Meßbuch (wahrscheinlich noch vor der 42zeiligen Bibel; vgl. 1455) *Nikolaus von Kues* wird Bischof von Brixen (hier von Hzg. *Siegmund* von Tirol zeitweilig in Haft genommen) * *Jakob Wimpfeling*, dt. Humanist im Elsaß († 1528) Universität Glasgow (Schottl.) gegründet ~ Große Knabenwallfahrten a. Deutschld. z. frz. Kloster-Wallfahrtskirche auf Mont-Saint-Michel (Normandie) ≈ Unter den *Medici* ist Florenz Mittelpunkt der Renaissance u. des Humanismus

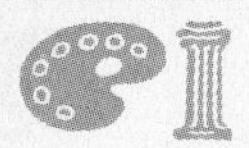

Frührenaissance in Italien und den Niederlanden

≈ *Meister aus Avignon:* „Beweinung Christi" (frz. spätgot. Malerei, niederl. beeinflußt)

~ * *Hieronymus Bosch*, niederl. Maler († 1516)

† *Pisanello (Antonio Pisano)*, ital. Maler, vorzugsw. in Verona; pflegte naturnahe Tierdarstellungen, schuf Bildnis-Medaillen (* ~ 1397)

~ *della Robbia:* „Madonna" (ital. Plastik der Renaissance)

~ * *Veit Stoß*, dt. spätgot. Bildhauer in Nürnberg u. Krakau († 1533)

~ *Rogier van der Weyden:* Middelburger Flügelaltar

~ St. Lambertikirche in Münster in Westf. (spätgot. Hallenkirche, Baubeginn im 14. Jhdt.)

~ Rathaus in Tangermünde (mit offener Gerichtslaube)

~ Palazzo Dario in Venedig (Renaissance-Palast)

Sforza-Kastell in Mailand beg.

~ Der spätgot. „Weiche Stil" der dt. Malerei wird durch einen vorrenaissancehaft naturalistischen „Harten Stil" abgelöst

~ Die Kunst d. Renaissance greift von Florenz auf Rom über (neben naturalist. Zügen enthält die ital. Kunst dieser Zeit auch neogot.-empfindsame)

Kölner Dom bleibt unvollendet (1842–81 vollendet)

~ „Ars moriendi" („Kunst des Sterbens", niederl. Blockbuch, von Holztafeln gedruckt)

≈ In den Buchmalereien der burgundischen Gebets- und Stundenbücher zeigt sich wachsender Realismus

≈ Chin. feines Porzellan (seit ~ 1350) mit blauer Bemalung unter d. Glasur kommt in den Orient und nach Europa und beeinflußt in der Folgezeit islam. und europ. Kunst und Kunsthandwerk (Delft)

≈ 10–17 m große starr-stilisierte Dschaina-Fels-Figuren in der Arwahi-Schlucht (Gwalior, Nordind.)

1. niederländische Schule

~ * *Josse* (auch *Josquin*) *Desprez*, ndl. Komponist von Messen u. Motetten im strengen Kontrapunkt († 1521)

Dufay siedelt endgültig n. Cambrai über (war 1428 bis 1437 Sänger in der päpstl. Kapelle)

~ * *Heinrich Isaak*, dt. Liederkomp. niederl. Herkunft; u. a. „Innsbruck, ich muß dich lassen" († 1517)

Buchdruck

Nikolaus von Kues: „De Staticis" (Dialoge über Versuche mit der Waage)

~ Höhepunkt der Blockbuch-Herstellung (v. Holzschnittplatten mit Text und Bild). U. a. Armenbibel, Antichristus, Totentanz, Planetenbuch

Gutenberg leiht sich von *Joh. Fust* 800 Gulden z. Einrichtung e. Druckerei, die er ihm verpfändet. Er trennt sich 1455 wegen Geldschwierigkeiten v. *Fust*, der die Druckerei mit seinem Schwiegersohn *Peter Schöffer* übernimmt

~ Schlauch mit Sprech- u. Horchtrichter zwischen Gottvater u. Maria auf der „Verkündigung", Relief über dem Eingang zur Marienkapelle in Würzburg

* *Bartolomäo Diaz*, portug. Seefahrer († 1500)

F. Hemmerlin (* 1388, † 1458) entdeckt Fossilien von Meerestieren in den Schweizer Alpen

≈ Flandern steht im Zentrum der starken und allseitigen Handelsbeziehungen in Europa und im Mittelmeergebiet

≈ Entwicklg. einer handwerklich. Exportindustrie in vielen Teilen Europas

≈ Mokka ist Hafen für die Kaffeeausfuhr Südwestarabiens

≈ Die größten dt. Städte sind u. a. Augsburg, Ulm, Breslau, Nürnberg, Hamburg, Straßburg mit etwa 20000 Einw. (Frankfurt, Basel, Rostock 10000 bis 15000; Dresden, Leipzig, Heidelberg, Eger, Zürich, Mainz 4000 bis 7000).
Venedig 190000, Palermo 100000, Genua und Mailand 80000, Brüssel und Antwerpen 50000 bis 60000, Florenz 40000 (vielfach wahrscheinl. überschätzt)

≈ Blüte des Fachwerk-Wohnhauses in Niederdeutschland, gelegentlich auch reiche Schnitzereien (Blüte in Süd- und Westdeutschland im 16. Jhdt.)

≈ Ritter tragen Visierhelme

	Vordringen der Türken	*Humanismus*	*Vorreformation Humanismus*
Im 15. Jahrhundert	Der landesherrliche Grundbesitz in den neukolonisierten Gebieten östl. d. Elbe ist in zahlr. Gutsherrschaften aufgesplittert, die sich auf ein oder wenige Dörfer erstrecken. Die Bevölkerung ist wirtschaftl. u. rechtl. vom Gutsherrn abhängig infolge schwacher Zentralgewalt Macht der illegalen Femegerichte (bes. in Westfalen) wird durch Landesherren und Städte gebrochen In England beginnt d. Freilassung d. hörigen Bauern. Durch Umwandlung d. Ackerlandes in Weideland (Schafzucht) und Vergebung an wenige Pächter geht der Bauernstand zugrunde (bis ≈ 1600; 3 bis 4 Hirten statt 200 Landleute leben dann auf derselben Fläche) **Unter dem Shogunat der Ashikaga in Japan (1336 bis 1573) zerfällt die Zentralgewalt, blühen aber Wissenschaft und Kunst**	*Martorelli:* „Tirant lo Blanch" (katalanisch. Ritterroman, kennzeichnet Höhepunkt d. katalan. Literatur seit d. 13. Jhdt.) Die Humanistenschrift greift auf die *karoling.* Minuskel zurück, da die sog. „gotische" schwer leserlich geworden war (entwickelt sich weiter zur modernen „lateinischen" Antiqua) Von Mainz aus entstehen bürgerl. Meistersingerschulen in ganz Süddeutschland mit strengen handwerksmäßigen Kunstgesetzen „Lorengel" (Meistersinger-Bearb. der Lohengrinsage) Im 14.—16. Jhdt. entstehen u. verbreiten sich im dt. Volksmund die Schwänke, die im 16. Jhdt. in Schwankbüchern gesammelt werden In Frankreich entstehen Moralitäten- und Narrenspiele als Schauspielarten Durch Einführung allegorischer Figuren verwandeln sich die engl. Kirchendramen in Moralitäten- (Moralities) und Zwischenspiele (Interludes) „Little Geste of Robin Hood" (engl. Epos; gedruckt 1510)	Im ital. Humanismus findet eine ausgedehnte Diskussion über Wesen und Verhältnis der Wissenschaften statt. Bevorzugt werden die „Geisteswissenschaften". Erziehung zum verantwortungsbewußten Staatsbürger wird gefordert

Frührenaissance in Italien
Spätgotik in Deutschland

Norddt. Backsteingotik

Gotische Glasmalereien in den Domen von Metz und Köln (teilweise bis ins 16. Jhdt.)

Glasmalereien in der Stiftskirche Klosterneuburg

Gotisches Rathaus in Lübeck (Baubeginn ≈ 1300)

Heiliggeist- u. Salvatorkirche in München

Spätgotik in England („Perpendicular style" ≈ 1350 bis ≈ 1550, u. a. mit flachem *Tudor*-Bogen)

Kathedrale in York (engl., teilweise hochgotische Kirche; Baubeginn im 11. Jhdt. im normannischen Stil)

Der kolorierte Umriß-Holzschnitt (seit ~ 1400) wird durch linienreichere Schwarzweißtechnik ersetzt

Zahlr. nur durch ihr Signum (Monogramm) bekannte, meist dt. Kupferstichmeister nachweisbar (z. B. *E. S.*, *I. A. M.*, *I. B.* [ital.], *L. C. Z.*, *L. Z.*, *W.*)

Dt. Bildteppiche (Altarvorhänge, Minneteppiche)

Blütezeit d. burgund.-nordfrz. Bildteppich-Wirkerei (Hauptmeister in Tournai [Flandern] *Pasquier Grenier* mit Schwanenteppich, *Alexander*-Folge, Esther-Folge)

Der Samt wird Material der jetzt auch weltlichen Webkunst; Entwicklung d. Granatapfelmusters in Italien und Deutschland

In der span. Webkunst (seit 12. Jhdt.) herrschen noch die geometrischen Arabesken u. das ital. Pflanzenornament

In Italien entsteht d. Maleremail (Kupferplatte mit Schmelzüberzug, in den Farben eingebrannt)

Blüte d. islam. Miniatur- und Buchmalerei in Persien (gepflegt seit d. 9. Jhdt.)

Al-Moayed-Moschee in Kairo (islam.)

Niederländische Schulen

In d. niederländ. Schule entsteht die Motette, die Vertonung eines geistlichen Textes in streng kontrapunktisch-imitatorischem Stil für Singstimmen allein (Höhepunkt i. 16. Jhdt.)

InFrankreich blüht die strenge Kunstform der Ballade („Tanzlied")

Kielklavier (Vorform d. Hammerklaviers)

Verbesserte Orgelmechanik gestattet fließendes Spiel (d. mittelalterl. Orgel mußte mit den Fäusten geschlagen werden). Erste Zungenstimmen

In die Mensuralnotenschrift (vgl. 1298) werden für die zeitlich größeren Notenwerte schwarzumrandete weiße Notenzeichen (Hohlnoten) eingeführt

Im höfischen Tanz nach mehrstimmiger Instrumentalbegleitg. wechseln Schreittänze i. geradem Takt mit Rundtänzen i. ungeradem (aus diesen Folgen entwickeln sich im 16. Jhdt. Suite u. and. mehrsätz. Instrumentalformen)

Meistersinger siehe auch SpalteDichtg.

Entdeckungen
Arkebuse

Die Arkebuse mit Luntenschloß als Schußwaffe (vorher Luntenzündg. von Hand)

Von der Erdoberfläche sind im europäischen Kulturkreis bekannt:

— 400: 2,8% (6,1% Land, 1,4% Wasser)

200: 7,0% (13,4% Land, 4,2% Wasser)

1000: 8,1% (15,2% Land, 5,2% Wasser)

1400: 11,2% (21,0% Land, 7,0% Wasser)

1500: 22,1% (25,0% Land, 20,9% Wasser)

1600: 49,0% (40,0% Land, 52,5% Wasser)

1700: 60,7% (50,6% Land, 64,7% Wasser)

1800: 82,6% (60,0% Land, 92,1% Wasser)

1900: 95,7% (90,0% Land, 97,8% Wasser)

1950: fast 100%

Eisenhütten verbreiten sich von d. Niederlanden n. England u. Schweden. Hochöfen entstehen aus großen Stücköfen

I. d. Gotik gibt es neben dem Bocktisch (Platte auf Böcken) d. Kastentisch (Kasten auf Brettwänden mit Querhölzern), oft m. reichen Formen u. Schnitzereien

Im Handwerk wird das Meisterstück allgemein

Breiter, um d. Kopf gelegter Zopf als Frauenhaartracht i. Deutschland

Hörnerhaube in d. dt. Frauenkleidung

In Mitteleuropa Männerhüte mit hohem Kopf, hinten aufgeschlag. Krempe u. Feder

Gruß durch Hutabnehmen wird in Europa häufiger

Hemd dient als Leibwäsche (vorher nur Ober- od. Untergewand)

Die Wohnhäuser Wohlhabender in den dt. Städten werden geräumiger und erhalten breitere Straßenfront

Die Verweltlichg. d. Spätgotik bringt eine Entwicklung d. Wohnkultur (d. mittelalterl. Wohnraum war sehr einfach mit spärlich. Mobiliar)

Von Italien aus verbreitet sich allgemeiner das Zahlwort „Million"

	Türken erobern Konstantinopel	Humanismus	Vorreformation Humanismus
1451	*Mohammed II.* (d. Große) türk. Herrscher bis 1481 (†); erobert Konstantinopel, Serbien (ohne Belgrad), Bosnien, Albanien, Griechenland, Trapezunt u. a., zwingt d. Khan d. Krimtataren zur Anerkennung seiner Oberhoheit; nimmt 1471 Sultantitel an (bis dahin sind die türk. Herrscher Emire) Afghanische Herrscher lösen die von *Timur* (1398) eingesetzte Dynastie in Nordindien ab (1526 entsteht d. Reich d. Großmoguln)		
1452	*Friedrich III.* wird in Rom zum Kaiser gekrönt (letzte Krönung eines dt. Kaisers in Rom) Die Markgr. v. *Este* werden von Kaiser *Friedrich III.* zu Hzgen. v. Modena erhoben (1471 vom Papst mit Hzgt. Ferrara belehnt) ~ Aufstand der Maya gegen die Tolteken in Yucatán leitet langen Bürgerkrieg und Kulturverfall ein		* *Girolamo Savonarola*, ital. Bußprediger in Florenz († 1498, verbrannt)
1453	Kaiser *Friedrich III. v. Habsburg* erhebt Österreich zum Erzherzogtum Englands Feldherr *Talbot* fällt in der Schlacht bei Castillon: Ende des „Hundertjährigen Krieges" (seit 1339). Nachdem Kg. *Karl VII.* v. Frankr. mit dem England verbündeten Hzg. *Philipp* von Burgund Frieden geschlossen hatte (1435), verloren die Engländer alle frz. Besitzungen außer Calais (1558 geräumt) Der poln. Reichstag zerfällt in eine Magnatenkammer (Senat) u. f. d. Gesetzgebung maßgebende Ritterkammer (mit je 2 „Landboten" aus jeder Landschaft). Der poln. Adel gewinnt immer stärkeren Einfluß über d. König Der kastilische Adel setzt seine Macht gegen d. span. Kg. durch (Adelsmacht wird 1476 gebrochen) Der türk. Emir *Mohammed II.* (der Große) erobert Konstantinopel u. vernichtet d. Reich des letzten byzant. Herrscherhauses d. *Paläologen* in Morea Der letzte byzantinische Kaiser *Konstantin XI. Paläologos* (seit 1448) fällt. Ende des Oström. Reiches (Byzanz)		~Nach der Eroberung Konstantinopels durch die Türken fliehen griech. Gelehrte nach Italien und fördern hier die Ausbildung des Humanismus

Frührenaissance in Italien Spätgotik in Deutschland	*1. niederländische Schule*	*Granaten und Bomben*	
~*Jean Fouquet:* „Etienne Chevalier u. d. hl. Stephanus“ (frz. Gem.) † *Stephan Lochner* (a. d. Pest), dt. spätgot. Maler, Haupt der Kölner Schule (* ~ 1405)		* *Christoph Kolumbus* in Genua, Seefahrer in spanisch. Diensten u. Entdecker Amerikas († 1506) * *Amerigo Vespucci*, ital. Seefahrer und Entdekkungsreisender († 1512)	
Ghiberti: Paradiestür am Baptisterium in Florenz (ital. Bronzereliefs der Frührenaissance, begonn. 1425) * *Leonardo da Vinci*, ital. Maler und Forscher († 1519)	*Conrad Paumann*, dt. blinder Organist (* 1410, † 1473): „Fundamentum organisandi“ (eine der frühesten Sammlungen von Orgelstücken mit Vorspielen, weltlichen u. geistl. Liedern, Tänzen)		Stadtmauer von Nürnberg (beg. 1345; erweitert bis zum 17. Jh.)
Donatello: Reiterstandbild d. päpstl. Feldherrn *Gattamelata* (erstes lebensgroßes bronzenes Reiterdenkmal der neueren Zeit) ≈ Byzantinische Kunst zieht sich nach der Eroberung Konstantinopels in die Athosklöster u. griech. Werkstätten Venedigs zurück ≈ Die Führung in der Glaskunst geht von Byzanz auf Venedig über (war in Byzanz nach der Völkerwanderungszeit entwickelt worden und stand zeitweilig unter persischem Einfl.)	† *John Dunstable*, engl. Komponist; schrieb im „Faux bourdon“-Stil Messen (Antiphonen) u. weltliche Lieder (Chansons), u. a. „O rosa bella“. Begründer d. mehrstimmigen, kunstvollen Gesangstils (*~1369)	Bei der Belagerung und Eroberung von Konstantinopel werden neben Steinkugeln auch eiserne Granaten u. Bomben verwendet ≈ Casseler Handschrift beschreibt die sieben „Eigenkünste“ als Diener der freien Künste: Baukunst, Webkunst, Schiffahrt, Ackerbau, Kochkunst, Medizin, Hofkunst (Spiele, Unterhaltung)	≈ Mit dem Humanismus gelangt auch die Astrologie nach Europa; paßt sich stark dem christlichen Glauben an

	„Rosenkriege"	Humanismus Villon	Bibeldruck Humanismus
1454	In d. Nessauer Statuten verzichtet Kg. *Kasimir IV.* v. Polen (1447—1492 [†]) auf wichtige Rechte zugunsten d. Adels (z. B. Entscheidung über Krieg und Frieden) Thorn sagt sich vom Dt. Orden los und wird selbständige Stadt (unter poln. Oberhoheit vom 2. Thorner Frieden 1466 ab)		*Purbach* beginnt mit humanistischen Vorlesungen in Wien *Gutenberg* druckt Ablaßbriefe
1455	Kurfürst *Friedrich II.* v. Brandenburg kauft d. Neumark (rechts d. Oder) vom Dt. Orden zurück (1402 v. Kg. *Sigismund* verpfändet) Ritter *Kunz v. Kauffungen* entführt die beiden Söhne d. sächs. Kurfürsten aus d. Altenburger Schloß, um Erfüllung v. Geldforderungen zu erzwingen (wird gefangen und hingerichtet) Beginn der Kämpfe um d. engl. Thron („Rosenkriege") zwischen dem Hause *Lancaster* (rote Wappenrose) und *York* (weiße Wappenrose). Führt 1485 zur Thronbesteig. d. Hauses *Tudor* u. zur entscheid. Schwächung d. engl. Hochadels	*Hermann von Sachsenheim*: „Goldener Tempel" (schwäb. ritterl. Dichtung, Verherrlichung der Jungfrau Maria)	*Kalixt III.* Papst bis 1458 (†) * *Johann Reuchlin*, führender dt. Humanist († 1522) „Mahnung der Christenheit wider die Türken" (einer der ersten Drucke *Gutenbergs*) ~ 42zeilige *Gutenberg*-Bibel gedruckt (lat., gemalte Initialen ~ 1485)
1456	Türken erobern Griechenland (seit 395 ohne wesentl. polit. u. kultur. Bedeutung; selbständig 1822) Belgrad verteidigt sich gegen die Türken unter *Johann Hunyadi* (* ~ 1385, † 1456), dessen Sohn *Matthias (I.) Corvinus* 1458 ungar. König wird	† *Juan de Mena*, span. Dichter; schrieb unter ital. Einfluß allegor. Dichtungen teils mystisch-visionär, teils m. Gelehrsamkeit überladen (* 1411) † Gräfin *Elisabeth von Nassau-Saarbrücken*, übersetzte volkstüml. frz. Romane ins Deutsche *Thüring von Ringoltingen* schreibt d. dt. Volksbuch von der schönen Melusine (nach frz. Vorbildern; vgl. 1387) *Villon*: „Das kleine Testament" (frz. Vagantendichtung)	*Peter Luder* (* 1415, † 1475) Prof. in Heidelberg; erster dt. Lehrer des Humanismus (später in Erfurt, Leipzig, Basel und Wien) Gründung der Universität Greifswald

Frührenaissance in Italien *Spätgotik in Deutschland*	*Lochheimer* *Liederbuch*	*Portugiesische* *Entdeckungen*	
* *Simone de Cronaca*, ital. Renaiss.-Baumeister († 1509) ~ † *Shubun*, chin. Maler, Schüler von *Joetsu* (vgl. 1401), malte im Stil d. chin. *Sung*-Zeit Tuschbilder von Landschaften (* 1420) ~ Flämische Meister errichten auf Anregung von Papst *Nikolaus V.* Bildteppich-Werkstätten in Rom			Vermögenssteuer in Sachsen
† *Fra Angelico (Fra Giovanni da Fiesole)*, Dominikaner, ital. Maler religiöser Bilder (* 1387) † *Lorenzo Ghiberti*, ital. Bildhauer; u. a. Bronzetüren des Baptisteriums in Florenz (* 1378) *Jacques van Thienen* u. *Jan van Ruysbroek*: Rathaus in Brüssel (spätgot. Prunkstil, Baubeginn 1401) ~ * *Peter Vischer d. Ä.*, Sohn d. Nürnberger Bronzegießers *Hermann Vischer d. Ä.* († 1488), entwickelt die Nürnberger Gießhütte zu hoher Blüte († 1529) *Hsia Ch'ang* (* 1388, † 1470): „Frühlingsregen am Flusse Hsiang" (chin. Tuschmalerei auf Langrolle)	~ „Lochheimer Liederbuch" (Volks- u. Minnelieder-Handschr.)		
Alberti beg. Fassade v. S. Maria Novella in Florenz *della Robbia*: Grabmal eines Bischofs in d. Kirche Santa Trinità in Florenz (ital. Bildhauerarbeit in Marmor) *Paolo Ucello*, florent. Maler (* 1397, † 1475): „Schlacht von S. Romano" (3 Tafelbilder, perspekt. betont) ~ Baubeginn d. Palazzo Venezia in Rom (im neogot. beeinflußten Renaissancestil)			Ca. 3000 stadtartige Siedlungen i. Dtl. Davon nur Köln, Lübeck, Straßburg, Danzig, Breslau, Nürnberg, Augsburg, Ulm, Erfurt mit 20 000–30 000 Einw.

	Vordringen der Türken *Matthias Corvinus*	*Humanismus*	*„Accademia Platonica"*
1457	Kaiser *Friedrich III.* erbt Ober- und Niederösterreich durch den Tod *Ladislaus' V. Posthumus* (wahrsch. Giftmord, * 1440), Kg. von Ungarn seit 1444, Kg. v. Böhmen seit 1453 Polen erobert Marienburg (wird 1466 Schloß d. poln. Könige); Königsberg wird Sitz d. Hochmeisters v. Dt. Orden * *Heinrich VII.*, erster *Tudor*-König von England von 1485 bis 1509 (†)	* *Sebastian Brant*, dt. Satiriker, Humanist u. Dichter in Straßburg († 1521) Frz. Volksbuch v. d. Prinzessin Magelone v. Neapel und Peter v. Provence (dt. Bearb. 1527)	† *Lorenzo Valla*, ital. Humanist und antischolast. Philosoph, seit 1448 am päpstl. Hof; bewies, daß die „Schenkung *Konstantins d. Gr.*" eine Fälschung ist (* 1406) Kunwalder Vereinigung (auf der Grundlage der Lehren *Chelcickys* [vgl. 1440]; Vorläufer der „Böhmischen Brüdergemeinde" von 1494)
1458	*Georg von Podiebrad* (Hussit) Kg. von Böhmen bis 1471 (†) *Ferdinand I.* (* 1423, † 1494) Kg. von Neapel; macht seinen Hof zur Pflegestätte hoher Renaissancekultur. Sizilien bleibt mit Aragon unter *Johann II.* († 1479) vereinigt Unter Kg. *Alfonso V.* (dem Afrikaner) faßt Portugal in Marokko Fuß *Matthias I. Corvinus* Kg. v. Ungarn bis 1490 (†); ab 1469 auch Kg. v. Böhmen mit Mähren, Schlesien u. Lausitz; erobert 1485 Wien u. Niederösterreich; pflegt als Renaissancefürst bes. ital. Wissenschaft und Kunst Buda(pest) Residenzstadt Türken erobern Athen	* *Jacopo Sannazaro*, neulat. ital. Dichter span. Herkunft; dichtet Fischer- u. Hirtenidylle († 1530) † Marqués *de Santillana*, span. Dichter; schrieb Sonette u. allegor. Liebesdichtung in der Art *Dantes;* „Vater d. span. Humanismus" (* 1389)	*Pius II. (Enea Silvio Piccolomini)* Papst bis 1464 (†, * 1405); stärkt Papsttum, schreibt wissenschaftl. u. dichter. Werke
1459	* *Maximilian I.*, Sohn Kaiser *Friedrichs III.*, dt. Kaiser von 1493 bis 1519 (†) *Eberhard V. im Bart* Graf v. Württemberg bis 1496 (†, * 1445; wird 1495 Herzog); begrdt. ständische Verfassg. Eroberung Serbiens durch die Türken; viele Serben wandern nach Ungarn aus	* *Konrad Celtis*, dt. Dichter u. Humanist († 1508) *Antoine de la Sale* (*1388, † 1464): „Petit Jehan de Saintré" (frz. Roman)	Papst *Pius II.* stiftet Universität Basel *Cosimo de Medici* gründet „Accademia Platonica" (Schule d. *Plato*-Übersetzer) in Florenz

Frührenaissance in Italien *Meister E. S.*	*1. niederländische Schule*	*Portug. Entdeckungen*	
† *Andrea del Castagno (di Bartolommeo)*, ital. Maler, bes. in Florenz (* 1410) *Petrus Christus:* „Madonna mit hl. Franziskus u. Bischof" (niederl. Gemälde mit d. ital. Motiv der „heiligen Unterhaltung") *Johannes Koerbecke* (i. Münster, † ~ 1490): Hochaltar d. Klosters Marienfeld (15 Tafeln) * *Filippino Lippi*, Sohn d. Malers u. Klosterkaplans *Filippo Lippi* und einer Novize seines Klosters, ital. Maler († 1504). *Filippo Lippi* malt die Mutter als Madonna ~ *Domenico Veneziano (di Bartholommeo)* (* ~ 1400, † 1461): „Mädchenbildnis" (flor. Bildnis)		In der Druckerei von *Johann Fust* (* ~ 1400, † ~ 1466, Geldgeber *Gutenbergs*) u. seines Schwiegersohnes *Peter Schöffer* entstehen hochwertige, meist religiöse Drucke (u. a. „Psalterium Moguntinum") Weltkarte des *Fra Mauro*	
Fra Filippo Lippi: „Anbetung im Walde" (naturnahes ital. Gem. f. d. Hauskapelle d. *Medici* i. Florenz) *Multscher:* Schnitzaltar mit gemalten Flügeln f. d. Frauenkirche in Sterzing St. Jans-Kirche in s'Hertogenbosch (niederl., spätgot.; Baubeginn 1419)			Kg. *Christian I.* v. Dänemark stiftet Elefantenorden
Mantegna: „Thronende Madonna mit Engeln u. Heiligen" (ital. Altarbild f. d. Kirche S. Zeno in Verona) ~ Kupferstiche d. *Meisters E. S.* (leiten die junge Technik über zum Höhepunkt bei *Schongauer* und *Dürer*) ~ Baubeginn d. Palazzo Pitti in Florenz (strenger Stil der Florentiner Renaissance nach Plänen von *Alberti*)	* *Paul Hofhaimer*, österreich. Organist und Komponist am Hof *Maximilians I.* in Innsbruck ab 1480; Begründ. d. Wiener Orgelschule († 1537)	~ * *Martin Behaim*, dt. Geograph u. Seefahrer († 1507)	* *Jakob Fugger* (d. Reiche); macht s. Haus zur bedeutendsten Bank d. europ. Frühkapitalismus († 1525)

	Vordringen der Türken	*Humanismus Villon*	*Vorreformation Humanismus*
1460	Nach Aussterben d. Hauses *Schaumburg* wählen die Stände des Hzgts. Schleswig-Holstein Kg. *Christian I.* v. Dänemark aus d. Hause *Oldenburg* zum Landesherrn, der die Untrennbarkeit dieser Länder gelobt Pfalzgraf *Friedrich* („der Siegreiche") (* 1425, † 1476) begrdt. im „Pfälzer Krieg" Pfälzer Territorialmacht Schweiz. Eidgenossen erobern Thurgau von *Habsburg* Das Fürstent. d. Walachei kommt unter türk. Oberhoheit (bildet mit Moldau 1861 Rumänien)	* *William Dunbar*, schottischer Dichter († 1529) „Rheinisches Osterspiel" (geistl. Schauspiel, in seiner klaren Gliederung ein Höhepunkt seiner Gattung)	
1461	Der alban. Fürst *Skanderbeg* (* ~ 1404, † 1468) verteidigt Albanien erfolgr. geg. d. vordringenden Türken u. erhält Albanien zugesprochen (führt 1464 d. Kreuzzug geg. d. Türken) *Eduard IV.* aus dem Hause *York* stürzt im Verlauf d. Rosenkriege *Heinrich VI.* aus d. Hause *Lancaster*, wird Kg. von Engl. bis 1483 (†); schwächt d. Parlament *Ludwig XI.* Kg. v. Frankr. bis 1483 (†) Türken erobern Kaiserreich Trapezunt (bestand seit 1204)	Druck des Buches „Edelstein" (*äsop*ische Fabeln in dt. Reimversen von *Ulrich Boner* aus Bern ~ 1350; ältest. datiertes, in Lettern gedrucktes Buch in dt. Sprache) *Villon:* „Das große Testament" (frz. Vagantendichtung)	
1462	Mainz wird nach Kämpfen erzbischöfl. Stadt unter Verlust seiner Privilegien (die es seit 1118 besaß) * *Ludwig XII.*, König von Frankreich von 1498 bis 1515 (†) *Iwan III.* Großfürst von Moskau bis 1505 (†, * 1440), unterwirft in d. Folgezeit d. übrigen russ. Fürstentümer und befreit 1480 Rußl. v. d. Herrschaft der Tataren Winterthur kommt zu Zürich Araber von dem von ihnen 711 eroberten Gibraltar vertrieben (1704 von Engländern erobert)		

v. d. Weyden *Spätgotik in Deutschland*	*2. nieder-ländische Schule*	*Portugiesische Entdeckungen*	
~ * *Hans Backofen*, dt. spätgot. Bildhauer in Mainz († 1519) * *Adolf Daucher*, Augsburger Bildhauer der Renaissance († 1523) *Benozzo Gozzoli* (*1420, †1497) „Zug d. heiligen drei Könige" (Monumental-Fresko üb. 3 Wände in d. Kapelle d. Palazzo *Ricardi* d. *Medici*, Florenz) * *Adam Kraf(f)t*, dt. Bildhauer in Nürnberg († 1509) ~ * *Tilman Riemenschneider*, dt. spätgot. Bildschnitzer u. Bildhauer († 1531) * *Andrea Sansovino* (eig. *Contucci*), ital. Bildhauer d. Hochrenaissance; u. a. Marmorgruppe der „Taufe Christi" am Baptisterium-Ostportal in Florenz 1503 († 1529)	† *Gilles Binchois*, niederl. Komp. u. Kapellsänger am Hof *Philipps des Guten* von Burgund, u. a. heitere Chansons (* ~ 1400) ~ Zweite niederl. Schule mit *Johannes Ockenheim (Okeghem)* u. *Jakob Obrecht* bis ~ 1500; entwickelt die reine mehrstimmige Gesangsmusik in streng imitierendem Stil (Kanon, Fuge) ≈ Kesselpauke	*Regiomontanus* entwickelt Dezimalbruchrechnung (weiterentwickelt von *Vieta* 1576) Portugiesen entdecken Kapverdische Inseln vor d. Westküste Afrikas	~ Antiqua-Schrift entsteht in Italien Stadt Antwerpen errichtet eine Börse (Einrichtung u. Begriff stammen v. der Patrizierfamilie *van der Burse* in Brügge, seit dem 13. Jh.) ≈ In Frankreich kommt d. Schaube auf (vorn offener, pelzbesetzter, langer Mantelrock; ~ 1500 auch in Deutschland, die Länge kennzeichnet den Rang)
~ *Antonello da Messina*: „Kreuzigung" (ital. Gem.) ~ *Meister des Schöppinger Altars*: Hochaltar d. Wiesenkirche i. Soest *Nicolas Froment* (*~ 1435, † 1484): „Auferweckung des Lazarus" (frz. Gemälde) ~ *da Vinci* wird Schüler *Verrocchios* in Florenz (geht 1482 nach Mailand)	~ *Ockenheim* schr. einen 36stimmigen Kanon	† *Georg Purbach*, Wiener Mathematiker u. Astronom; schrieb „Epitome" („Auszug" des ptolemäischen Almagests; vollend. von *Regiomontanus*; 1496 in Venedig gedruckt) u. „Theoricae novae planetarum" (* 1423)	
Alesso Baldovinetti (* 1425, † 1499): „Geburt Christi" (ital. Fresko in d. Kirche S. Anunziata in Florenz mit naturalist. Wiedergabe des Arnotales) ~ *Hans Pleydenwurff* (* ~ 1420, † 1472): Hochaltar für St. Elisabeth in Breslau (ferner „Kreuzigung"; München); beeinfl. entscheidend d. Nürnberger Malerei unmittelbar vor *Dürer* ~ *van der Weyden*: Columba-Altar mit „Verkündigung", „Anbetung" u. „Darbringung" (niederl. Gemälde) *Corvinus*-Pokal in Wiener-Neustadt (Silber-Treibarbeit)		Liberiaküste wird von den Portugiesen als zunächst südlichster Punkt erreicht	

	Türken erobern Bosnien 2. Thorner Friede	Humanismus Villon	Vorreformation Humanismus
1463	Türken erobern Bosnien	*François Villon*, frz. Vagantendichter, wird vom Galgen zu 10 Jahren Verbannung aus Paris begnadigt (seitd. verschollen)	* *Pico von Mirandola*, ital. humanist. Philosoph († 1494)
1464	† *Cosimo de Medici*, Herrscher in Florenz seit 1434; Förderer d. Frührenaissance, „Vater des Vaterlandes" (* 1389) Genua von Mailand abhängig (bis 1499; verliert seine Kolonien an die Türken)	„Redentiner Osterspiel" (niederdt.geistl. Schauspiel aus Mecklenburg mit satirisch. Teufelsszenen) Österreichische Kanzleisprache unter *Friedrich III.* („gemeines Teutsch")	† *Nikolaus von Kues (Cusanus)*, Bischof u. dt. Philosoph; war ein früher wissenschaftl. u. antischolastischer Denker (* 1401)
1465	In d. Niederlanden treten d. Generalstaaten (Abgeordnete d. Provinzialstände) erstmalig zusammen, um Verfassung zu vereinheitlichen	† Hzg. *Karl von Orléans*, frz. Dichter (* 1391)	~ * *Desiderius Erasmus von Rotterdam*, führender europ. Humanist († 1536)
1466	Kg. *Kasimir IV.* v. Polen besiegt d. Dt. Orden. Ende des „Dreizehnjährigen Krieges" zwischen Polen u. Deutschem Orden im 2. Thorner Frieden: Polen bekommt Pommerellen, Kulmerland, Ermland, Marienburg und Lehnsoberhoheit über das restliche Ostpreußen Danzig Freistadt unter polnischem Kg. (bis 1793) Kulm kommt an Polen (seit 1231 Burg d. Dt. Ordens)	Prologsprecher eines Passionsspiels in Hamburg wird durch Theaterzettel ersetzt	Straßburger Drucker *Joh. Mentelin* druckt erste dt. Bibel (vor *Luther* 130 dt. Bibelübers., davon 14 hochdeutsch u. 3 niederdt. gedruckt)

Frührenaissance in Italien *Filippo Lippi · Tuschmeister Sesshu*	*Nikolaus von Kues*	
Bernt Notke (?): „Totentanz" in d. Marienkirche zu Lübeck (24 Paare auf Leinwand; später Teile i. d. Nikolai-Kirche Reval; Verse dazu 1496) *Mathäus de Layens:* Rathaus in Löwen (spätgot. Prunkstil; Baubeginn 1448) Friedhof zu Pisa (Campo Santo; beg. 1278, mit Fresken, vgl. 1485)		
della Francesca; Fresken in San Francesco, Arezzo (ital., beg. 1454) *Nicolaus Gerhaert von Leyen* (* ~ 1430, † 1473): „Graf und Bärbel von Ottenheim" (lebenswahre Bildnisbüsten aus Straßburg) *Mantegna:* „Beweinung" (ital. Gemälde) † *Rogier van der Weyden,* niederl. Maler; beeinfl. nachhaltig europ. Malerei (* ~ 1400) Oldenburger Horn f. Kg. *Christian I.* v. Dänemark aus d. Hause *Oldenburg* (gr. Trinkhorn, westf. Goldschmiedearbeit mit figürlichem und ornamentalem Schmuck)	*Nikolaus von Kues* (†) erkannte Achsendrehung der Erde; entwarf 1. Landkarte Mitteleuropas (1491 gestochen)	
Giovanni Bellini: „Pietà" (ital. venez. Tafelbild) *della Francesca:* Graf *Federigo da Montefeltre* von Urbino und Gemahlin (ital. Gemälde) ~ * *Hans Holbein d. Ä.*, dt. Maler († 1524) *Fra Filippo Lippi:* Fresken im Dom zu Prato (beg. 1452; ital. Malerei im realist. Stil) ~ * (zw. 1460 u. 1470) Meister *Mathis Gotthard Nithart* (gen. *Grünewald*), dt. Maler († 1528) *Jörg Syrlin d. Ä.* (* ~ 1425, † 1491): Schrank in Illerfeld (got. Schnitzarbeit) *Verrocchio:* „David" (ital. Bronzeplastik in Florenz) ~ *Meister der „Virgo inter virgines"* („Jungfrau unter Jungfrauen") in den Niederlanden tätig (bis ≈ 1500)		
† *Donatello* (eig. *Donato di Niccolò di Betto Bardi*), ital. Bildhauer der Frührenaissance (* ~ 1386) *della Robbia:* „Wickelkind" (ital. Bildhauerarbeit im Findelhaus, Florenz) ~ *Sesshu:* „Die 16 Rakan" (buddhistische Heilige; *S.* gilt als größter jap. Tuschmeister) ~ Signierung der Kupferstiche setzt ein		Schützengesellschaft in München

	Hanse gegen England *Medici behaupten sich in Florenz*	*Humanismus*	*Vorreformation* *Humanismus*
1467	*Karl der Kühne* Herzog von Burgund bis 1477 (†) * *Selim I.* (der Strenge), türk. Sultan v. 1512 bis 1520 (†) † *Philipp der Gute*, Herzog von Burgund seit 1419 (* 1396)		
1468			*Agricola* in Ital. bis 1479; wird Schüler d. Humanisten *Pomponio Leto* in Rom (*A.* lehrt ab 1483 in Heidelberg) * *Paul III.*, Papst von 1534 bis 1549 (†)
1469	Seekrieg der Hanse gegen England. (Im Utrechter Frieden 1474 anerkennt England Hanseprivilegien) Die Räte d. kgl. Gerichtshofs (Parlament) in Paris werden unabsetzbar. Die kgl. Gesetze bedürfen zur Rechtsgültigkeit d. Eintragung in d. Parlamentsregister Nach dem vergebl. Versuch einiger florent. Familien, die *Medici* zu verdrängen, wird *Lorenzo il Magnifico* (der Prächtige) Stadtherr v. Florenz bis 1492 (†) *Ferdinand V. (II.)* von Aragonien heiratet *Isabella von Kastilien* (vgl. 1474)	~ * *Juan del Encina*, wird durch seine geistliche dramat. Dichtung u. weltl. Schäferspiele der eigentliche Begründer des span. Dramas († 1529)	* *Niccolo Machiavelli*, ital. Staatsmann, Staatsphilosoph und Dichter († 1527)

Florentiner Kunst Spätgotik in Deutschland	2. niederländische Schule	Portugiesische Entdeckungen	
~ *Giovanni Bellini*; Der tote Christus, von 2 Engeln gestützt (ital. Gem.) *Bouts*: Abendmahl-Altar für die Peterskirche in Löwen (niederl. Tafelbilder; u. a. „Gefangennahme Christi") *A. Fioravante* (Ital.): Uspenskij-Kathedrale in Moskau ~ *Luciano di Laurana*: Palazzo Ducale in Urbino (ital. Frührenaiss.) *Memling*: „Jüngstes Gericht" (Gem. i. d. Marienkirche Danzig) † *Hans Multscher*, Maler u. Bildhauer d. schwäb. Schule (* ~ 1400) ~ *Albert van Outwater* (* ~ 1425, † 1475), niederl. Maler, in Haarlem tätig; „Auferweckung d. Lazarus" allein erhalten; war angebl. auch bedeutender Landschaftsmaler ~ † *Meister E. S.*, dt. Kupferstecher des Überganges zur Spätgotik (* vor 1435; vgl. 1432)			
della Robbia: Tür der neuen Sakristei des Domes in Florenz (italien. Bronze-Reliefs) ~ *Antonio Rosselino* (* 1427, † 1478): Grabmal d. Kardinals v. Portugal i. S. Miniato, Florenz ~ Basler Bildteppich mit „Wilden Leuten" (als Symbol d. Naturnähe)		~ † *Johannes Gutenberg (Gensfleisch)*, Erfind. d. Buchdrucks mit beweglichen, gegossenen Lettern (* ~ 1397)	
della Francesca: „Geißelung Christi" (ital. Gem.) *Fra Filippo Lippi*: Fresken im Dom zu Spoleto (beg. 1467, ital. Malerei im realist. Stil) † *Fra Filippo Lippi*, ital. Maler einer naturnahen Darstellungsweise; Mitglied des Karmeliterordens; führte ein zügelloses Leben (* ~ 1406) Unter *Lorenzo il Magnifico Medici* (bis 1492) wird Florenz Mittelpunkt der Renaissance und des Humanismus in Italien (u. a. *Ghirlandajo, Botticelli, Poliziano, Michelangelo, Teragiani, Mirandolina*)		* *Vasco da Gama*, port. Seefahrer u. Vizekönig in Indien; entdeckt Seeweg nach Ostindien, der seit 100 Jahren gesucht wurde († 1524)	≈ Venedig entwickelt sich zum bedeutendsten Druckort u. Buchhandelsplatz

	Haus Este in Ferrara Portugiesen in Tanger	*Humanismus*	*Vorreformation Humanismus*
1470	*Albrecht III. Achilles*, Markgraf v. Ansbach (seit 1440) u. Bayreuth (seit 1464), wird Kurfürst von Brandenburg bis 1486 (†, * 1414): wählt Berlin als Residenz *Heinrich VI. (Lancaster)* verdrängt vorübergehend (bis 1471) *Eduard IV. (York)* vom engl. Thron * *Karl VIII.*, König von Frankreich von 1483 bis 1498 (†) *Sten Sture* (* ~ 1440, † 1503) schwed. Reichsverweser geg. d. dän. Herrschaftsanspruch (muß 1497 abdanken) Mit dem Verlust Euböas beginnt der Machtverlust Venedigs (verliert 1479 Skutari, 1499 Seefestungen des Peloponnes an die Türken)	* *Pietro Bembo*, ital. Dichter im Stil *Petrarcas*; entscheidet die Durchsetzung d. toskanisch - florentinisch. Sprache als italienische Schriftsprache (†1547) * *Bernardo Dovizi da Bibbiena*, ital. Dichter d. Renaiss. († 1520) ~ *Thomas Malory*: „Der Tod König Arthurs" (engl. Prosaroman nach dem frz. Merlin-Rom.; vgl. 1200) * *Gil Vicente*, portug. Schauspieler u. Lyriker in portug. u. span. Sprache († ~ 1536) „Maître Pierre Pathelin" (frz. Lustspiel; seine Art verdrängt d. geistl. Schauspiel)	*Rudolf Agricola* regt durch seine Schrift „De formando studio" das dt. humanistische Studium an Der *Plato*-Übersetzer *Marsilius Ficinus* (* 1433, † 1499) führend an der „Accademia Platonica" in Florenz * *Willibald Pir(c)kheimer*, deutscher Humanist u. Truppenführer († 1530)
1471	Kaiser *Friedrich III.* kauft Stadt Fiume (ab 1779 zu Ungarn) † *Friedrich II.* (der Eiserne), Kurfürst von Brandenburg von 1440 bis 1470; beseitigte die Selbständigkeit d. märkischen Städte einschl. Berlins (* 1413) Haus *Lancaster* in England stirbt während der Rosenkriege gegen das Haus *York* (Hzge. seit ~ 1399) aus Ferrara wird unter dem Hause *Este* Hzgt. und glänzender Mittelpunkt der Renaissancekultur (kommt 1598 an den Kirchenstaat) *Wladislaw*, Sohn d. poln. *Jagellonen*kgs *Kasimir IV.*, wird Kg. v. Böhmen bis 1516 (†, * 1456); von 1490 ab auch Kg. v. Ungarn *Alfonso V.* (der Afrikaner) von Portugal erobert Tanger Schweden schlagen Dänen, Personalunion bleibt formal erhalten	*Angelo Poliziano* (* 1454, † 1494), humanistisch. ital. Dichter: „Die Fabel vom Orpheus" („Orfeo", erstes weltliches ital. Schäferschauspiel) Ältestes Verlagsverzeichnis von *Mentelin* in Straßburg	† *Thomas von Kempen (a Kempis)*, dt. Mystiker; schrieb „De imitatione Christi" („Von der Nachfolge Christi") (* 1380) *Sixtus IV.* Papst bis 1484(†); fördert Kunst u. Wissenschaft; unter ihm herrschen Nepotismus („Vetternwirtschaft") und Simonie (Ämterkauf)

Frührenaissance in Italien Spätgotik in Deutschland	*2. niederländische Schule*	*Portugiesische Entdeckungen*	
Giovanni Bellini: „Beweinung" (ital.-venezian. Malerei) *Hans Bornemann* (i. Hamburg tätig, † 1473): Passionsaltar im Dom Frankfurt/Main *del Cossa*: „12 Monatsbilder" (ital. Fresken mit Darstellung zeitgen., bes. höfischen Lebens, im Palazzo Schifanoja in Ferrara) ~ *Bernt Notke*: „Die wunderbare Messe d. hl. Gregorius" (Marienkirche Lübeck) *del Pollajuolo*: „David mit dem Haupte des Goliath" (ital. Tafelbild im realistischen Stil) Altes Rathaus in München (got., Baubeginn im 13. Jh., später mehrfach umgebaut) Dom zu Passau (got., mit spätgot. Ostchor, Baubeginn 1407) ~ Erste einheitlich komponierte niederdt. Altäre (bisher – und weiterhin – in Einzelbilder unterteilt) ≈ In der Zeit der Wiegendrucke (Inkunabeln) 1445–1500 überlag. sich d. Kunst der Handschriften der neuen Technik	„Buxheimer Orgelbuch" (Sammlung kunstvoller Orgelmusik seit Beginn des Jahrhunderts)	Portugiesen entdecken die Goldküste (Westafrika) Kunstuhr für die Marienkirche zu Danzig von *Hans Düringer* (nach d. Vorbild der Lübecker Uhr von 1407) Räderuhr mit Hemmrad sicher nachweisbar. Wird in der Folgezeit zunächst m. Waaghemmung verwendet (Pendeluhr erst 1656)	Exlibris (künstlerische Bucheigentümerzeich.) kommen in Deutschland auf Seidenweberei in Tours Von 1470 bis 1655 erscheinen 63 gedruckte Ausgaben der antiken „Scriptores rei rusticae" („Schriftsteller d. Landwirtschaft")
* *Albrecht Dürer*, dt. Maler, Kupferstecher und Holzschneider in Nürnberg († 1528) Jakobskirche in Rothenburg ob der Tauber (Baubeginn 1373; erhält ~ 1505 Schnitzaltar von *Riemenschneider*) Papst *Sixtus IV.* beg. Sammlung antiker Skulpturen (schafft Grundstein eines öffentl. Museums) *Arnold von Westfalen* († 1480) baut die spätgot. Albrechtsburg in Meißen (fertiggestellt 1485) ≈ Nach Vertreibung d. Mongolen kommt es zur Erneuerung d. russ. Kirchenbaus unter ital. Einfluß		Portugiesen überqueren auf ihren Seefahrten den Äquator Ältester deutscher Landkartendruck	

	Vordringen der Türken	Humanismus	Vorreformation Humanismus
1472	*Iwan III.* v. Rußland heiratet byzantin. Prinzessin *Sophia*, die Nichte des letzten Kaisers von Konstantinopel, setzt griech. Doppeladler in sein Wappen. Beginn der byzantin. Tradition in Rußland Die im 13. Jh. von den Tataren eroberte Krim kommt unter türk. Oberhoheit	*Bojardo:* „Der verliebte Roland" (erstes, ital. romant. Ritterepos, in Stanzen, unvollendet) Dresdn. Sammlung v. Heldenepen (weitere Sammlungen erscheinen 1477 u. 1516) Erster Druck in Antiqua (Humanistenschrift) von *Günther Zainer* in Straßburg Erster Druck von *Dantes* „Göttl. Komödie"	† *Leon Battista Alberti*, ital. Baumeister, Maler, Kunstschriftsteller, Dichter, Philosoph, Mechaniker und Musiker, von den Zeitgenossen „enzyklopädischer Mensch" genannt (* 1404) *Albrecht v. Eyb* (* 1420, † 1475), dt. *Plautus*-Übersetzer, päpstlicher Kammerherr: „Ob einem Mann sei zu nehmen ein ehelich Weib oder nicht" („Ehebüchlein"; durch Novellen verdeutlichte weltl.-humanist. Lehre v. d. rechten Ehe) Herzog *Ludwig IX.* (der Reiche) von Bayern-Landshut (1450 bis 1497 [†]) gründet Universität Ingolstadt (1800 nach Landshut, 1826 nach München verlegt) „Der Heiligen Leben", in Augsburg gedruckt, Legenden-Sammlung, auf „Legenda aurea" u. „Passional" beruh.
1473	Hanseaten-Faktorei „Stalhof" in London (1853 v. d. Hansestädten verkauft)	*Philipp Frankfurter:* „Der Pfaff von Kalenberg" (Schwänke in Reimen aus d. volkstüml. Leben d. Pfarrers *Weigand von Theben* im Wiener Stadtteil Kahlenberg, ~ 1330) * *Jean Le Maire de Belges*, frz. Dichter am burgund. Hof; mit ihm kulminiert und endet die burgund. Dichtung († 1548)	Universität Trier gegründet (besteht bis 1797)

Botticelli · Schongauer	2. niederländische Schule	Buchdruck	
L. B. Alberti: S. Andrea in Mantua (mit eigenwilligem Innenraum zwischen Romantik und Barock) † *L. B. Alberti,* ital. Künstler (vgl. Spalte 3) * *Fra Bartolommeo,* italien. Maler († 1517) * *Lucas Cranach d. Ä.,* dt. Maler und Graphiker († 1553) *Jean Fouquet* ist als berühmter Miniatur-Maler am Hofe der Herzogin von Orléans tätig (illustriert mehrere Prachthandschriften) *Memling:* Altar mit d. „Jüngsten Gericht" in der Danziger Marienkirche (niederl. Tafelmalerei) † *Michelozzo di Bartolommeo,* Baumeister d. florent. Frührenaissance; Umbau d. Klosters San Marco und des Palazzo *Vecchio* (* 1396) *Konrad Roritzer:* Spätgotischer Ost-Hallenchor d. St.-Lorenz-Kirche in Nürnberg (Baubeginn 1445; ~ 1300 wurde St. Lorenz als got. Basilika-Langhaus begonnen) ≈ Bau der Schlösser im Loire-Tal i. Frankreich 1418–1528 spiegelt den wachsenden Einfluß der ital. Renaissance (Amboise, Chambord u. and.)	Musikantenzunft i. London bestätigt	*Regiomontanus* beobachtet auf seiner Nürnberger Sternwarte einen Kometen so genau, daß *Halley* († 1742) dessen Bahn nach der *Newton*schen Theorie berechnen kann. Sternwarte, Werkstatt u. Druckerei hatte ihm 1471 der Nürnberger Bürg. *Bernhard Walther* (* 1430, † 1504) eingerichtet Erster Druck eines technisch. Werkes in Verona, verfaßt von *Roberto Valturio* aus Rimini (mit Zeichnung eines Windradwagens) Erster Druck eines medizin. Werkes eines zeitgen. Autors (vorher vorwiegend Druck mittelalt. Handschriften)	
Botticelli: „Hl. Sebastian" (ital. Aktbild) * *Hans Burgkmair* (d. Ä.), dt. Maler und Zeichner in Augsburg († 1531) † *Petrus Christus,* niederl. Maler in Brügge (* ~ 1420) † *Nikolaus Gerhaert van Leiden,* dt. Bildhauer; u. a. Grabmäler, „Kruzifixus" auf dem Friedhof Baden-Baden; „Anna selbdritt" (* ~ 1430) *Schongauer:* „Madonna im Rosenhag" (Gemälde, Stiftskirche Colmar) ~ Aufkommen der Ölmalerei in Italien durch *Bartolommeo Vivarini* (* ~ 1432, † ~ 1495) und *Antonello da Messina* (vorher Temperamalerei) ~ Der *Meister von 1473* (i. Westf. u. Lübeck, † ~ 1519), Sippenaltar i. d. Kirche Maria zur Wiese, Soest		* *Nikolaus Kopernikus* in Thorn, europ. Astronom; Begründ. d. heliozentrischen Weltbildes († 1543)	Bankhaus *Fugger* in Augsburg tritt mit den *Habsburgern* in Geschäftsverbindung; erhält ein Wappen

	Erfolge der Schweizer Eidgenossen Inka-Reich	Humanismus	Vorreformation Humanismus
1474	*Isabella I.* (die Katholische) Kgin. von Kastilien bis 1504 (†, * 1451), seit 1469 Gattin von *Ferdinand V.*, ab 1479 Kg. v. Aragonien. Auf dieser Doppelherrschaft beruht der span. Nationalstaat In der „Ewigen Richtung" verzichtet Hzg. *Siegmund* v. Tirol gegenüber d. Schweiz. Eidgenossen auf allen bisher von diesen erworbenen *habsburg*ischer Besitz	* *Ludovico Ariosto*, ital. Dichter († 1533)	Universität in Saragossa gegründet
1475	*Karl der Kühne* v. Burgund bemächtigt sich Lothringens Die bürgerl. u. bäuerl. Gemeinden d. eidgen. Oberwallis erobern d. savoyische Unterwallis (schütteln 1630 d. Bischofsherrschaft ab) ~ * *Cesare Borgia*, natürl. Sohn des späteren Papstes *Alexander VI.*, ital. sittenloser Gewaltherrscher († 1507). Bruder von *Lucrezia Borgia* (*1480, † 1519), ab 1501 kulturfördernde Herzogin von Ferrara † *Bartolomeo Colleoni*, oberital. Söldnerführer (* 1400) * *Francisco Pizarro*, span. Eroberer Perus 1531—33 († 1541, ermordet) *Huaina Kapach* Herrscher des südamer. Inkareiches bis 1525; unter seiner Herrschaft erreicht es größte Ausdehnung u. Blüte (Sonnenkult Staatsrel., Knotenschrift, Baukunst, Bergbau, Straßenbau, Ackerbewässerung, Goldschmiedekunst, Weberei, Töpferei, entwickeltes Heerwesen)	† *Georges Chastelain*, wirkte als redegew. Dichter am burgund. Hofe (* 1405) * *Thomas Murner*, satir. Dichter im Elsaß, später antilutherisch († 1537) „Bordesholmer Marienklage" (mittelniederdt. Passionsspiel) ≈ In Italien wird die neulat. Dichtung *Petrarcas* in enger Anlehnung an klassische Sprache u. Formen durch zahlr. Dichter fortgesetzt (die wichtigst. europ. Länder folgen im 16. Jh.)	* *Leo X. Medici*, Papst von 1513 bis 1521 (†) Zweites Jubeljahr der kath. Kirche (von nun an alle 25 Jahre; vgl. 1300) ≈ Es verbreitet sich der Gebrauch des Rosenkranzes zum Abzählen von Gebeten Neues Testament in der tschechischen Übersetzung v. *Hus* in Pilsen gedruckt (ges. Bibel 1488 in Prag) ≈ Bei den Inkas werden die zahlreichen Nebenfrauen beim Tod des Herrschers erdrosselt. Die Hauptgemahlin ist meist die leibliche Schwester

Frührenaissance in Italien Spätgotik in Deutschland	Motettenpassion	Portugiesische Entdeckungen	
della Francesca: Madonna mit Heiligen u. Stifter Graf *Federigo da Montefeltre* v. Urbino (ital. Tafelbild in S. Bernardino in Urbino) *Joos van Gent* (* ~ 1430, † ~ 1475): Abendmahl, in Urbino (fläm. Gem.) *Ghirlandajo* unterhält, wie viele Maler seiner Zeit, eine große Werkstatt, die gleichzeitig zahlreiche Aufträge ausführt *Mantegna:* Wand- u. Deckenfresken im Ehegemach des Castello di Corte in Mantua (Decke in raumillusionistischer „Froschperspektive") *Syrlin d. Ä.:* Chorgestühl im Ulmer Münster (spätgot. Schnitzarbeit seit 1469, 97 Köpfe aus d. christl. Geschichte mit Selbstbildnis) ~ Dom in Faenza (Ital.) begonnen	† *Guillaume Dufay,* niederl. Komponist eines kunstvoll vielstimmigen Stils (* ~ 1399)	~ Vermutliche, geheimgehalt. Entdeckung Brasiliens durch die Portugiesen (offizielle Annektion 1500) »De honneste voluptate« (erstes gedrucktes Kochbuch)	≈ Das Zeitalter d. Renaissance bringt der Kleidermode v. allem Schlitzung u. Fütterung sowie immer stärkere Unterschiede zwischen den verschiedenen Ständen ≈ Erste europ. Teppiche in Spanien unter arab. Einfluß (allgemeiner in Europa erst im 18. Jh.) ~ Schachspiel erhält in Spanien moderne Form
Botticelli: „Mars und Venus" (ital. Gemälde mit den Bildnissen von *Giuliano de Medici* und seiner Turnier-Herzensdame *Simonetta*) † *Dirk Bouts,* niederländisch. Maler (* ~ 1410) *Pietro Franceschi* (ital. Maler) schreibt ein Buch über Perspektive *Mantegna* entwickelt d. ital. Kupferstich (von *Pollajuolo* erstmalig in Italien angewandt) zu künstlerischer Höhe * *Michelangelo Buonarrotti,* ital. Bildhauer, Maler, Baumeister u. Dichter († 1564) *Pacher:* Altar d. Pfarrkirche Gries bei Bozen (spätgot.) *Schongauer:* „Versuchung des hl. Antonius" (Kupferstich) ~ *Wolgemut:* Hochaltar der Jakobskirche in Straubing (Malerei aus d. ält. nürnberg.-fränk. Schule) ≈ *Meister des Marienlebens* malt in Köln (~ 1463 bis 1480) Bilder aus d. Leben Mariä mit z. T. bürgerl.-genrehaften Zügen ≈ „Totentanz" in der Marienkirche zu Berlin ≈ Schrotblätter (graph. Technik mit Kreuzlinienschattierung und Punktierung durch Punzen)	In der 2. niederl. Schule bildet sich die Motettenpassion aus, bei der auch die Evangelienworte d. Einzelpersonen vom mehrstimm. Chor gesungen werden	Papst *Sixtus IV.* ruft *Regiomontanus* nach Rom zur Durchführung einer Kalenderreform; kommt jedoch nicht zustande, da *R.* 1476 stirbt ≈ Hohe Entwicklung des Geschützwesens (bes. d. frz., z. B. Visiere). Geschütze mit Räderlafetten u. Schildzapfen zur Höhenrichtung. Entstehung einer beweglichen Feldartillerie	~ Die Auflagenhöhe der Inkunabeln (Wiegendrucke) beträgt etwa 150—1800 ≈ Burgundische Hoftracht f. Frauen: Blaues Unterkleid, Überkleid mit Schleppe, Hermelinverbrämung und weitem Ausschnitt (Robe), spitze Kegelhaube mit Schleier (Hennin); für Männer: Kurzes Wams, enge Beinlinge, Schnabelschuhe m. Holzunterschuhen, hoher spitzer Hut, Dolch; auch brokatener langer Staatsrock m. ausgestopften Ärmeln ≈ Löffel benutzen bei Tisch bis ins 16. Jh. nur die Vornehmen: Messer und Gabel handhabt meist nur der Vorschneider

	Zentralisierung in Frankreich, Spanien, Rußland	Humanismus	Vorreformation Humanismus
1476	Ermordung d. *Galeazzo Maria Sforza*, (übte seit 1466 eine Willkürherrschaft in Mailand aus; * 1444) Sieg d. Schweiz. Eidgenossen über Hzg. *Karl d. Kühnen* v. Burgund bei Murten Kgr. Granada (seit 1246 unter d. Oberhoheit Kastiliens) verweigert Kast. d. Tribut. Kastilien erklärt d. Krieg (1492 Vernichtung dieses letzt. maurischen Königreichs in Spanien) *Ferdinand V.* bricht d. Einfluß d. Adels durch Erneuerung d. Rechte d. kastilischen Städte („Heilige Hermandad") Bischof von Würzburg schlägt die Bauernerhebung des *Pfeifers von Niklashausen* nieder (vgl. Spalte Ph)	*Jorge Manrique* (* 1440, † 1478): „Coplas de Manrique" (lyrisches Gedicht zum Tode seines Vaters; Meisterwerk d. span. Poesie d. Mittelalters) *Sixtus Reisinger* aus Straßburg druckt *Tommaso Masuccios* (* 1420, † 1500) Novellenbuch „Novellino" (seit 1460) in der von ihm 1471 gegrdt. ersten Druckerei Neapels	Der Hirt *Hans Böhm* („Der Pfeiffer oder Pauker von Niklashausen") tritt in Franken als geistl. u. weltl. Reformator auf und findet starken Zulauf; wird in Würzburg verbrannt
1477	† *Karl d. Kühne*, Hzg. von Burgund (v. d. Schweizer Eidgenossen nach d. Schlacht b. Nancy auf d. Flucht getötet, * 1433); sein Hzgt. wird von König *Ludwig XI.* als erledigtes Lehen eingezogen *Maximilian (I.)* heiratet Erbtochter *Maria von Burgund* (* 1457, † 1482 durch Jagdunfall) und gewinnt dadurch d. Niederlande für *Habsburg* Großfürst *Iwan III.* von Moskau unterwirft das mit d. Hanse verbünd. Fürstentum Nowgorod u. d. Fürstentum Twer; vereinigt sie unter seiner Herrschaft. Beginn d. russ. Nationalstaates	*Heinrich Steinhöwel*, Stadtarzt i. Ulm (* 1412, † 1483): „Esop" (dt. Übers. der Fabeln d. *Äsop* in Prosa) „Parzival" u. „Titurel" gedruckt (vgl. 1210, 1220 und 1270) Ältestes Lied vom sagenhaften Schweizer Helden *Tell*	Graf *Eberhard V. im Bart* v. Württemberg gründet Universität Tübingen Universität Upsala gegründet (durch den dänenfeindl. Reichsverweser *Sten Sture*) Universität Mainz gegründet (best. bis 1798)

Botticelli *Veit Stoß*	*2. niederländische Schule*	*Ausbreitung der Druckkunst* *Regiomontanus*
Botticelli: „Anbetung der Könige“ (ital. vielfigurig. Tafelbild mit naturalist. Einordnung der Stifterfiguren), „Maria mit Kind u. singenden Engeln“ (Rundbild), Bildnis d. *Simonetta Vespucci* ~ *van der Goes: Portinari*-Altar mit „Anbetung“ u. Stifterbildnissen auf den Flügeln (niederl. Tafelbilder) *da Messina:* „Heiliger Sebastian“ (ital. Gemälde) ~ *Kano Motonobu*, Sohn des *Kano Masanobu*, eigentl. Begrd. d. jap. *Kano*-Maler-Schule († 1559)		Erstes dt. technisches Druckwerk in Augsburg (Übersetzung eines Autors aus d. 4. Jh. zusammen mit Bildern aus dem Werk v. *Valturio* von 1472) *William Caxton* (* 1424, † 1491) gründet erste engl. Buchdruckerei in London † *Regiomontanus*, dt. Astronom i. Wien, Italien, Ungarn, Nürnberg, Rom; schrieb mit seinem Lehrer *Purbach* Auszug aus der ptolemäischen Almagest, beob. den (spät. *Halley*schen) Kometen, druckte Kalender und Tafeln mit Sonnen-, Mond- und Planetenörtern (Ephemeriden), schrieb Trigonometrie, gedruckt 1533 (* 1436)
† *Francesco del Cossa*, ital. Maler aus Ferrara; Fresken u. Tafelbilder, u. a. „Der Herbst“ (allegor. naturalist. Tafelbild) (* ~ 1435) *Melozzo da Forli* (* 1438, † 1494): „Eröffnung der Vatikanischen Bibliothek durch Papst Sixtus IV.“ (Fresko in der Pinacoteca Vaticana, Rom, mit perspektivischer Betonung des architektonischen Raumes) ~ *J. Fouquet:* „Madonna mit Engeln“ (frz. got. Malerei in höfisch-weltl. Auffassung) *da Messina:* „Klage unter dem Kreuz“ (ital. Bild, in niederländ. Öltechnik) Bildhauer *Veit Stoß* aus Nürnberg kommt nach Krakau (bleibt bis 1496; u. a. Hochaltar für Marienkirche u. Marmorgrab für König *Kasimir IV.* im Dom) * *Tiziano Vecelli (Tizian)*, ital. Maler († 1576) Holstentor in Lübeck (spätgot. Backsteinbau) Johannesaltar im Baptisterium in Florenz (beg. 1366, florent. Goldschmiedearbeit) ~ Gebetbuch der *Maria von Burgund* (Spätwerk d. burgund. Buchmalerei; diese seit ~ 1390) Bergkanne i. Ratssilber v. Goslar		*Ortolf* verfaßt erstes dt. Apothekerbuch, gedruckt 1491 in Mainz Ältestes dt. Kurpfuschereiverbot i. Freiheitsbrief des Grafen v. Württemberg an die Universität Tübingen

	Römisches Städterecht *Königreich Spanien*	*Humanismus*	*Vorreformation* *Humanismus*
1478	Hzg. *Bogislaw X.* beherrscht u. ordnet ganz Pommern (1532 wieder in Stettin u. Wolgast geteilt) † *Giuliano de Medici*, Bruder von *Lorenzo il Magnifico* (wird bei einer Verschwörung d. *Medici*-Gegner im Dom zu Florenz ermordet) Spanien beginnt Kanarische Inseln zu erobern (bis 1496)	*Niklas von Wyle*, württemberg. Kanzler und Humanist (* ~ 1410, †~ 1479): „Translatzen oder Teutschungen" (dt. Übersetzungen aus der frühhumanist. ital. Literatur, u. a. Novellen, Sittenlehre, Briefkunst)	* *Thomas Morus (More)*, engl. human. Staatsmann und Philosoph († 1535, enthauptet) „Kölner Bibel" (niederdt. Bibelübersetzg., auf d. Vulgata zurückgehend)
1479	Nürnberger Stadtrechtsreform (Anpassung a. d. röm. Recht; wirkt vorbildl.) Albanien kommt zur Türkei (bis 1912) *Ferdinand V. (II.)* von Aragonien König von Spanien (durch Vereinigung von Aragonien und Kastilien) bis 1516 (†, * 1452)		Universität Kopenhagen gegründet

Frührenaissance in Italien Spätgotik in Deutschland	2. niederländische Schule	Portugiesische Entdeckungen	
* *Giovannantonio Bazzi* (gen. *il Sodoma*), ital. Maler; u. a. Fresken zur *Alexander*geschichte in der Villa Farnesina in Rom 1512 († 1549) ~ *Botticelli:* „Frühling" (Gem.) *Botticelli:* „Madonna mit acht singenden Engeln" („Madonna Racynski", erstes Rundbild *B.s* mit neuem zartem Marien-Typ); Bildnis des von den *Pazzi* ermordeten *Giuliano de Medici;* malt an die Fassade des Polizeigebäudes in Florenz dessen Mörder am Galgen (nach Vertreibung der *Medici* 1494 zerstört) *Melozzo da Forli:* Deckenfresko d. Scheinkuppel d. Sakristei in Loreto (ital. Malerei mit illusionist. Betonung d. räumlichen Tiefe, Überleitung z. raumbetonenden Malerei der Hochrenaissance) * *Giorgione da Castelfranco* (eig. *Giorgio Barbarelli*), ital. Maler der Renaissance († 1510) ~ *Keishoki* (* ~ 1460, † ~ 1520), japan. Maler, schult sich durch Kopien in d. Sammlung chinesischer Kunst und wird ein Vertreter d. „Chinesischen Malerei", bes. Tuschbilder v. Landschaften			
Gentile Bellini (* 1429, † 1507), jüng. Bruder von *Giovanni B.*, wird von Venedig als Porträtmaler an d. Hof Sultan *Mohammeds II.* nach Konstantinopel geschickt *Aristotele Fieravante*, ital. Baumeist. (* ~ 1415, † 1486): Mariä-Himmelfahrt-(Uspenskij-)Kathedrale in Moskau (fünf Zwiebelkuppeln, Baubeginn 1475) *Memling:* Dreikönigs- u. Johannesaltar (niederl. Tafelbilder im Johanneshospital Brügge) † *Antonello da Messina*, ital. Maler; führte in der venezian. Malerei niederl. Ölmalerei ein (* ~ 1430) *Notke:* Hochaltar f. d. Dom in Aarhus in Dänemark (spätgot. Schnitzaltar aus Lübeck) *Verrocchio:* „Enthauptung Johannes des Täufers" (ital. Relief in Florenz)			Nach der Zerstörung von Arras wird Brüssel Hauptort der Wandteppich-Herstellung

	Rußland von Tataren befreit	*Humanismus* *Schäferdichtung*	*Vorreformation* *Humanismus*
1480	Kaiser *Friedrich III.* verliert vorübergehend (bis 1490) Niederösterreich mit Wien an König *Matthias I. Corvinus* von Ungarn *Iwan III.* befreit Rußland von der Herrschaft d. Tataren-Khans der „Goldenen Horde", wobei ihm die Uneinigk. der versch. Tataren-Khans zu Hilfe kommt Beg. d. „Zeitalters der streitenden Reiche" in Japan (bis 1600); neben neuen Adelsfamilien entwickelt sich städtische Kultur und Bürgertum	* *Antonio de Guevara*, span. Schriftsteller († 1545) ∼ *Diego de San Pedro:* „Carcel de amor" („Liebeskerker", empfindsame span. Liebesnovelle; gleichzeitig entwickelt sich der span. Ritterroman; vgl. 1300) *Sannazaro:* „Arcadia" (ital. Hirtengedicht; Beginn der abendländ. Schäferdichtung) *Dietrich Schernberg:* „Ein schön Spiel von Frau Jutten" (Legendenspiel um die sagenhafte Päpstin Johanna) Erstaufführung der „Farce de l'advocat Pathelin" (frz. Komödie; entstand. ∼ 1465)	* *Karlstadt* (eig. *Andreas Bodenstein*), dt. Theologieprofessor († 1541) Wien wird Bistum

Botticelli Memling	*Renaissance · 2. u. 3. niederländ. Schule*	*Wasserräder*	
~ * *Albrecht Altdorfer*, dt. Maler und Kupferstecher († 1538) ~ * *Hans Baldung (Grien)*, dt. Maler († 1545) ~ * *Alonso Berruguete*, span. Maler († 1561) *Botticelli:* „Venus" (ital., Ganzakt auf schwarzem Hintergrund, Vorstudie z. „Geburt d. Venus" ~ 1484) ~ * *Hans Brüggemann*, dt. Bildschnitz. († 1540) * *Damian Forment*, span. Holz- und Steinbildner († 1541) ~ † *Jean Fouquet*, französ. Maler (* ~ 1420) ≈ *van der Goes:* „Tod der Maria" (niederl. Gemälde) *Erasmus Grasser* (* ~ 1450, † 1518): 16 Moriskentänzer für altes Rathaus in München (spätgot. Plastik.) *Filippino Lippi:* „Vision d. hl. Bernhard" (ital. Tafelbild) *da Maiano:* „Filippo Strozzi" (ital. Bildnisbüste) *Memling:* Bildnis der *Barbara Moreel* (niederl. Gemälde mit dem Bild der Frau von *Willem Moreel*, der als Vorsteher d. Röm. Bank in Brügge 1484 den Christophorus-Altar stiftet) *Matthäus Roritzer:* Entwurf zur Westfassade d. Regensburger Doms (eintürmig; kennzeichnend für Spätgotik) *Schongauer:* „Tod der Maria" (Kupferstich) *Niccolò Spinelli* (* 1430, † 1514): Bildnis-Medaille von *Giuliano de Medici* (in der Folgezeit zahlr. weitere Medaillen) ~ * *Palma Vecchio*, ital. Maler der Hochrenaiss. in Venedig († 1528) Palast in Guadalajara (Span.) beg. Der *Ashikaga*-Shogun *Yoshimasa* (* 1435, † 1490), Enkel *Yoshimitsus*, erbaut nach seiner Abdankung 1475 d. Higashiyama-Palast bei Kyoto, wo er durch Sammlung chinesischer Kunst (bes. d. *Sung*-Akademie im 13. Jh.) und Förderung gleichartiger japan. Malerei die Kunstentwicklung entscheidend fördert	*Heinrich Finck*, dt Liederkomponist (* ~ 1445, † 1527), bis 1519 in Krakau u. Warschau tätig (später Stuttgart, Salzburg, Wien) ~ Dritte niederl. Schule (mit *Josse Desprez*) entwikkelt d. mehrstimmige Gesangsmusik in allen Formen (Messe, Motette; Kanon, Fuge) weiter; dabei schon gelegentl. Auflockerungen d. strengen Kontrapunkts ≈ Die niederl. Musik löst sich von mittelalterlich. Bindungen (mit der Wiedergabe von Stimmungs- und Gefühlsgehalten d. Textes beginnt d. Renaissance der Musik)	~ * *Fernão de Magallanes*, portugies. Weltumsegler († 1521) Gezog. Gewehrläufe von *K. Zöllner* in Wien Eisenbergbau in Südschweden ~ Wasserradantrieb für Springbrunnen. (Diese Antriebsart findet sich jetzt fast in allen Gewerben m. Kraftbedarf) ~ Fortentwicklg. und einsetzende stärkere Verbreitung d. Spinnrades (vgl. 1530)	~ * *Georg Faust*, dt. Zauberkünstler, Vorbild der Sage von Dr. Faustus († ~ 1539)

	Stärkung des franz. Königtums	*Humanismus*	*Vorreformation Inquisition*
1481	* *Franz v. Sickingen*, kaiserl. Feldhauptmann auf seiten d. Reformation († 1523) König *Ludwig XI.* von Frankreich vereinigt, nach dem Tode des Hzgs. von *Anjou*, Anjou, Maine und Provence mit der Krone Freiburg im Üchtlande u. Solothurn schließen sich d. Schweiz. Eidgen. an (1501 Basel u. Schaffhausen, 1513 Appenzell) † *Mohammed II.*, türk. Sultan seit 1451 (* 1430)	*Füetrer :* „Bayerische Chronik" (in Prosa; malte 1475 eine Kreuzigung) Sultan *Mohammed II.* (†) dichtete unter dem Namen *Auni* *Pulci :* „Der Riese Morgante" (ital. romantisches Epos der Abenteuer *Rolands ;* wegen Ironie gegenüber d. Christentum von d. Inquisition verboten)	Einführung der Inquisition in Spanien (Todesstrafen läßt die Kirche die weltliche Obrigkeit vollstrekken, da „die Kirche nicht nach Blut dürstet")
1482	Graf *Eberhard V. im Bart* v. Württemberg sichert d. Unteilbarkeit des Landes *Ludwig XI.* v. Frankr. behauptet im Frieden von Arras gegen Habsburg Bourgogne und Picardie Turin Residenz des Hauses *Savoyen* *Johann II.* Kg. v. Portugal bis 1491 (†); entmachtet den Adel		* Russisch. Metropolit *Makarij* († 1563)
1483	*Richard III.* ermordet seinen Neffen *Eduard V. (York)* und wird an seiner Stelle Kg. v. Engl. bis 1485 (†) † *Ludwig XI.*, König v. Frankreich seit 1461; bekämpfte erfolgreich den frz. Hochadel, besonders mit den Schweizer Eidgenossen Herzog *Karl den Kühnen* von Burgund. Stärkte entscheidend frz. Zentralgewalt (* 1423) *Karl VIII.* König von Frankreich bis 1498 (†) Portugiesen erreichen Angola (beherrschen es bis 1975)	* *Sao de Miranda*, portugies. humanistischer Schriftsteller († 1558) ≈ „Eulenspiegel" (niederdt. Volksbuch) entsteht durch Sammlung der umlaufenden Erzählungen	* *Martin Luther*, dt. Reformator († 1546) *Torquemada* Generalinquisitor v. Spanien * *William Tindale*, engl. Reformator u. Bibelübersetzer; lebt auch auf dem Kontinent († 1536, ermordet)

Frührenaissance in Italien *Spätgotik in Deutschland*	*Buchdruck*	
Pietro Lombardi: Palazzo Vendramin Calergi in Venedig (Sterbehaus *Wagners*) *Pacher:* Hochaltar in St. Wolfgang am Abersee (spätgotische Bildschnitzerei und Malerei, seit 1471) * *Baldassare Peruzzi*, ital. Baumeister und Maler der Renaissance († 1536) Sixtinische Kapelle in Rom (päpstl. Hauskapelle, Baubeginn 1473 unter Papst *Sixtus IV.*) mit Fresken von *Ghirlandajo* Sant' Anastasia in Verona (got. Kirche, Baubeg. 1290) Santa Maria in Organo, Verona (im 6. Jh. erbaut) im Renaissancestil umgebaut **Georgskapelle in Schloß Windsor (engl. Spätgotik, fertiggestellt 1508)** **Artushof in Danzig (später Börse)**		
† *Hugo van der Goes*, niederl. Maler; u. a. Monfortealtar (* ~ 1440) *Memling:* „Verkündigung" (niederländ. spätgot. Tafelbild) *Perugino:* „Schlüsselübergabe an Petrus" (eines der 6 Fresken in der Sixtinischen Kapelle des Vatikans) ~ *Albertus Pictor* malt einige Dorfkirchen Mittelschwedens aus † *Luca della Robbia*, florent. Bildhauer der Renaissance (* 1399) *Syrlin d. Ält.:* Brunnen auf dem Marktplatz in Ulm („Fischkasten", spätgot. Bildhauerarbeit) *Jörg Syrlin d. J.* (* 1455, † ~ 1521): Statuetten a. d. Kanzel d. Ulmer Münsters (spätgot. Schnitzarbeit) Kathedrale von Valencia (got., dreischiffig; Baubeginn 1262)	*Donnus Nikolaus Germanus:* Ulmer *Ptolemäus*-Ausgabe (neben den 27 antiken Karten 5 neue in Holzschnitt) *Ulrich Wagner* in Nürnberg († ~ 1490): Rechenbuch (gilt als erstes deutsches) ~ Buchdruckkunst über fast ganz Europa verbreitet (vgl. 1445 und 1501)	
~ * *Dosso Dossi* (eig. *Giovanni di Nicolò de Lutero*), ital. Maler der Renaissance († 1542) *Hinrik Funhof* (seit 1474 in Hamburg, † 1485): Hochaltar d. Johanniskirche in Lüneburg mit Szenen aus d. Leben *Johannes d. Täufers* * *Raffaelo Santi (Raffael)*, ital. Maler und Baumeister († 1520) *Riemenschneider* kommt nach Würzburg (wird später Ratsherr und 1520/21 Oberbürgermeister, dann wegen Teilnahme am Bauernkrieg vom Bischof schwer bestraft) *Verrocchio:* „Christus und Thomas" (ital. Bronzeplastik im Or San Michele in Florenz) Grabmal *Dantes* in Ravenna	Kg. *Johann II.* v. Portugal lehnt *Kolumbus*' Plan, den westl. Seeweg nach Indien zu suchen, ab. *K.* wendet sich im folgenden Jahr nach Spanien	Deutschland liefert bis 1600 80% der europäischen Silberproduktion; davon Annaberg (Erzgebirge) zeitweise etwa 30%

	Tudorkönige in England	Humanismus	Vorreformation Humanismus
1484	Soziale Unruhe in Hamburg	† *Luigi Pulci*, ital. Dichter; u. a. Persiflagen auf Dichtung d. Bänkelsänger (* 1432) „Tristan und Isolde" als dt. Prosaroman gedruckt	Papst *Sixtus IV.* (†) schützt die „fromme Meinung" der Franziskaner von der unbefleckten Empfängnis Mariä (d. h., daß auch Maria ohne Erbsünde empfangen worden ist) gegen die Dominikaner (Dogma 1854) *Innozenz VIII.* Papst bis 1492 (* 1432); protegiert zwei uneheliche Söhne aus vorpriesterl. Zeit Hexenbulle d. Papstes *Innozenz VIII.* löst umfangr. Hexenverfolgungen aus (vgl. 1487) *Savonarola* in Florenz *Konrad Celtis* wird Schüler von *Rudolf Agricola* und beginnt 1485 seine Wanderungen, auf denen er für den Humanismus wirbt * *Ulrich Zwingli*, Schweiz. human. Reformator († 1531, gefallen in der Schlacht von Kappeln)
1485	Die *Wettiner* Fürsten *Ernst* und *Albrecht* teilen Sachsen: Wittenberg, Thüringen und Vogtland als Kursachsen an die *Ernestiner* Linie (später protestantisch); Meißen, Leipzig, Nordthüringen als Herzogtum an die *Albertiner* Linie (später katholisch) *Heinrich VII. (Tudor)*, Erbe der Thronansprüche d. Hauses *Lancaster*, besiegt Kg. *Richard III.* (†, * 1452) aus dem Hause *York* und wird Kg. v. Engl. bis 1509 (†). Mit ihm beginnt die Erstarkung des engl. Königtums unter den *Tudors*, da der Adel sich in den „Rosenkriegen" (seit 1455) verblutete Staatsgerichtshof in Engl. („Sternkammer", Mittel kgl. Despotie bis 1641) Kg. *Matthias Corvinus* von Ungarn erobert Wien (1490 befreit)	~ * *Matteo Bandello*, ital. Novellen-Dichter († 1562)	† *Rudolf Agricola (Huysman)*, führender dt. Humanist an der Universität Heidelbg. (* 1443) *Gabriel Biel* (* 1430, † 1495), seit 1484 Prof. d. Theologie u. Philosophie in Tübingen, sieht im Privateigentum eine Folge d. Sündenfalls

Botticelli Memling	*Renaissance · 2. u. 3. niederländ. Schule*	*Portugiesische Entdeckungen*	
~ *Botticelli:* „Geburt der Venus" (ital. Gemälde) *Dürer:* „Selbstbildnis" (Zeichnung) *Ghirlandajo:* „Leben d. hl. Franziskus" (Freskenzyklus in d. Kirche St. Trinità, Florenz; Darstellung mit Landschaften, Architektur, Bildnissen) *Memling:* Christophorus-Altar (niederländische Tafelmalerei) *Notke:* Lukasaltar (spätgotischer Schnitzaltar) *A. d. Pollajuolo:* Grabdenkmal für Papst *Sixtus IV.* (beend. 1493, ital. Bronzearbeit in der Peterskirche zu Rom) ~ *Geertgen tot Sint Jans* (* ~ 1465, † ~ 1495): „Johannes d. Täufer" (niederl. Gemälde) u. Hochaltar f. d. Johanneskirche in Haarlem (figurenreiche Tafelmalerei mit ausführlicher Landschaftsdarstellung) Rathaus in Michelstadt in Hessen (Fachwerkbau über einer Halle aus Holzständern)	~ *Joh. Tinctoris:* „De inventione et usu musicae" (niederl. Musiktheor.)	Der Portugiese *Diego Cão* entdeckt die Kongomündung „Herbarius" (erstes gedrucktes Heilpflanzenbuch mit lat. Beschreibung von 150 Arten) ~ Zahlwort Billion („Byllion" = eine Million Millionen) erstmalig b. dem französischen Mathematiker *Nikolas Chuquet*, dem „Vater der franz. Algebra"	
Botticelli: „Thronende Maria mit den beiden Johannes" (ital. Gem.) ~ *Giovanni Bellini:* „Santa Conversazione" („Unterhaltung der Heiligen", mehrere it. Tafelbilder) * *Peter Flötner*, Nürnberger Kleinplastiker († 1546) *Gozzoli:* 25 Monumental-Fresken im Friedhof Campo Santo in Pisa (beg. 1469, ital. Malerei, zahlr. zeitgenössische Bildnisse) *Mantegna:* „Madonna mit singenden Engeln" (ital. Gemälde) ~ * *Joachim von Patinier*, niederl. Maler († 1524) * *Sebastiano del Piombo*, ital. Maler († 1547)	~ * *Clément Janequin*, frz. Komp. v. Motetten u. Chansons († ~ 1559) ~ * *Adrian Willaert*, niederl. Komponist, Haupt der venezian. Schule († 1562)	*Diego Cão* u. *Martin Behaim* erreichen zur See Kap Cross (W.-Afrika) *J. v. Cube:* „Hortus sanitatis, gart der gesuntheit" (erstes Kräuterbuch in dt. Sprache)	Erster engl. Konsul, in Pisa ≈ Tafelgeschirr aus Zinn wird gebräuchlich (z. B. Zunftkannen mit Gravierungen) „Kuchenmaistrey" (Kochbuch i. Ulm, vgl. 1474)

	Maximilian I.	Humanismus	Vorreformation Humanismus
1486	*Maximilian I.* wird zum dt. König gewählt (dt. Kaiser ab 1493 bis 1519 [†])	„Cent nouvelles nouvelles" („100 neue Novellen", frz. Nachahmung des *Boccaccio*) vielleicht von *Antoine de la Sale* (vgl. 1459)	* *Johann Eck*, dt. Theologieprofessor u. Gegner *Luthers* († 1543) *Mirandola* veröffentl. in Rom 900 Thesen einer Philosophie mit aristotelischen, platonischen, kabbalistisch. u. christl. Elementen, die er gegen jeden zu verteidigen bereit ist. Wird wegen Ketzerei angeklagt und freigesprochen. Schreibt „Über die Menschenwürde" (lat.) * *Agrippa von Nettesheim*, dt. Arzt u. antischolastischer Mystiker; lehrt Allbeseelung der Natur († 1535)
1487	Spanier erobern Malaga v. d. Arabern	*Hinrek van Alkmar*: „Van den vos Reinaerde" (niederl. Bearbeitung von „Reinaerts Historie" ~ 1375); wird unmittelbare Vorlage für „Reinke de Vos" von 1498 *Celtis* v. *Friedrich III.* in Nürnberg als erster Deutscher zum Dichter gekrönt	~ Der ,,Hexenhammer'', Schrift d. päpstl. Inquisitoren *Heinrich Institoris* u. *Jakob Sprenger* v. 1487, leitet große Zahl von Hexenprozessen ein (mit dem Ziel der ,,Seelenrettung''; bis 1669 29mal gedruckt; Höhepunkt der Hexenverbrennungen ~ 1600)

Frührenaissance in Italien Spätgotik in Deutschland	*Renaissance · 2. u. 3. niederländ. Schule*	*Portugiesische Entdeckungen*	
A. Dürer beg. Mallehre bei *Michael Wolgemut* (bis 1489) * *Jacopo Sansovino* (eig. *Tatti*), ital. Architekt u. Bildhauer der Hochrenaissance; u. a. „Bacchus" (Marmorbildwerk im Bargello, Florenz) 1515 († 1570) * *Andrea del Sarto (Vanucchi)*, florentinischer Maler († 1531) ~ Der japan. Maler lyrischer Landschaftsbilder *Soami* (* 1459, † 1529) wirkt im engsten Kreise d. früheren Shoguns *Yoshimasa* als Leiter der Kunstsammlung und Teemeister; macht auch Entwürfe von Landschaftsgärten Palazzo della Cancellaria in Rom (Kanzlei des Papstes; Frührenaissance, fertiggestellt 1495) Chorgestühl i. Wiener Stephansdom ≈ Im Rom der Renaissance beginnen zahlr. Privatpaläste u. -villen zu entstehen (Höhepunkt im 16. Jhdt.)	*Josse Desprez* in Rom		
Giovanni Bellini: „Madonna mit den Bäumchen" (ital.-venez. Malerei) ~ *Aelbert Bouts*: „Hl. Augustinus u. Johannes d. Täufer mit dem Stifter" (niederl. Gem.) *Carlo Crivelli* (* ~ 1433, † ~ 1495): „Petrus empfängt d. Schlüssel" (ital.-venezian. Tafelbild in einem naturalistischen Prunkstil) ~ *Memling*: Bildnis d. jungen Herrn *v. Nieuwenhoven* und „Madonna mit dem Apfel vor offenem Fenster" (niederl. Gemälde) ~ *Riemenschneider*: Grabmal *Eberhard v. Grumbachs* (Pfarrkirche Rimpar) Kathedrale in Mecheln (got., Baubeginn 1342, Turm im 16. Jhdt.) Dom St. Martin in Preßburg (got., Baubeginn 1221; 1563 bis 1835 Krönungskirche der ungar. Kge.) Hauptmoschee „El Haram" in Medina mit Grabmälern *Mohammeds*, *Fatimas* und der ersten Kalifen		*Bartolomeo Diaz*, vom Sturm verschlagen, umfährt erstmalig das Kap der Guten Hoffnung (ursprüngl. „Kap d. Stürme") *Pedro de Covilhão* (* ~ 1447, † ~ 1500) erkundet im Auftrage d. Kgs. von Portugal den Weg nach Indien über das östliche Mittelmeer als Vorbereitung d. Seeweges um Afrika	Fechtmeister für Soldaten in dt. Städten erhalten v. Kaiser Zunftprivilegium Vieltürm. Kremlmauer in Moskau von italienischen Baumeistern

	Schwäbischer Bund Städte im Reichstag	*Humanismus*	*Vorreformation*
1488	Bürger von Brügge nehmen König *Maximilian I.* gefangen Grdg. d. Schwäbischen Bundes zw. Fürsten, Rittern u. Städten Schwabens zum Schutz d. Landfriedens. Bundesgericht u. Bundesheer v. 12 000 Mann u. 1200 Reitern (Auflösung 1533) Graf *Eberhard V. im Bart* v. Württemberg tritt an die Spitze d. Schwäbischen Bundes	* *Matthijs de Casteleine*, niederländ. Dichter; schreibt Schauspiele f. d. Redekammern (Theatervereine, vgl. 1398); u. a. „Historie van Pyramus en Thisbe" († 1550) ~ *Tifi degli Odasi* begrdt. mit „Macaronea" sog. makkaronische Dicht., bei der in scherzhafter Form Wörter einer neueren Sprache in d. lateinischen Text eingestreut sind	* Reichsritter *Ulrich v. Hutten*, dt. Humanist († 1523)
1489	Die Reichsstädte sind von jetzt ab regelmäßig auf den Reichstagen vertreten (gelegentl. schon seit 1255) Venedig gewinnt Cypern (kommt 1571 an die Türken)		* *Thomas Cranmer*, engl. Reformator († 1556) * *Thomas Münzer*, Wiedertäufer, religiös. u. sozial-revolutionärer Reformator († 1525, hingerichtet)

Filippino Lippi Veit Stoß	Renaissance · 2. u. 3. niederländ. Schule	Portugiesische Entdeckungen	
Filippino Lippi: Fresken in der *Caraffa*kapelle in St. Maria sopra Minerva, Rom (beend. 1493; durch Vorschriften d. Kardinals *Caraffa* dogmatisch eingeengte, überladene ital. Malerei) *Pietro Lombardo* (* ~ 1435, † 1515) mit seinen Söhnen: S. Maria dei Miracoli in Venedig (beg. 1481) *Shen Chou*, vom Hofe in Peking unabhäng. chin. Landschaftsmaler u. Dichter der *Ming*-Zeit (* 1427, † 1509): „Album m. 10 Landschafts-Ansichten" (seine der mongol. Yüan-Zeit nahestehende Malweise wird als Gegensatz zu der am Hofe empfunden, d. sich bewußt am Vorbild der *Sung*-Akademie orientiert) *Verrocchio:* Reiterdenkmal *Colleonis* † *Andrea del Verrocchio*, ital. Bildhauer u. Maler in Florenz u. Venedig (* 1436) *Peter Vischer d. Ä.:* Sebaldusgrab in Nürnberg (Entwurf) Frauenkirche in München (got.; Baubeginn 1468) Colegio de San Gregoria in Valladolid beg. (span. Spätgotik, voll. 1496)		Erste Apotheke in Berlin	
* *Antonio Allegri da Correggio*, ital. Maler († 1534) *Memling:* „Ursulaschrein" (niederl. Tafelmalerei mit 14 Darstellungen aus d. Legende v. d. 11000 Jungfr.) *Notke:* „Heiliger Georg mit Drachen" (dt. spätgot. Reiterbild aus Eichenholz für Schweden) ~ *Sesshu* (* 1420, † 1506) malt im Stil d. chines. *Sung*-Zeit d. 13. Jhdts. „impressionist." Landschaftsbilder in Japan *Stoß:* Hochaltar der Marienkirche in Krakau (Holzschnitzwerk; begonnen 1477) *Filippo Strozzi* läßt in Florenz d. Palazzo *Strozzi* von *Benedetto da Majano* erbauen (streng horizontal betonter Stil, Dach mit Kranzgesims, fertiggestellt 1553 von *Simone Cronaca)*		Rechenbuch von *Johann Widmann*, enthält erstmals d. heutigen Ziffern 1. dt. Papiermühle bei Nürnberg	≈ Ulm hat 168 Badestuben, auch für Dampfbäder (nach d. Blüte d. Badewesens im Mittelalter geht es, bes. nach Auftreten d. Syphilis, ~ 1600 stark zurück)

	Erfolge der Habsburger Polnisches Reich	*Humanismus*	*Vorreformation Humanismus*
1490	Das durch Teilungen (seit 1379) in 3 Linien zersplitterte *Habsburger* österreich. Erbe durch Kaiser *Friedrich III.* wieder vereinigt (neue Teilung 1564) *Maximilian I.* vertreibt die Ungarn aus Niederösterreich † *Matthias I. Corvinus*, König v. Ungarn seit 1458 (von 1469 bis 1471 auch König von Böhmen); pflegte an seinem Hof den Geist der ital. Renaissance (seit 1475 mit *Beatrix von Neapel* verheir.) (* 1443) *Wladislaw II.*, König von Böhmen seit 1471, wird König von Ungarn bis 1516 (†); polnische *Jagellonen* beherrschen Polen, West- u. Ostpreußen, Böhmen, Ungarn	*Sebastian Brant* übersetzt „Phagifacetus" (vgl. 12. Jhdt.) ~ * *Vittoria Colonna*, ital. Dichterin (Sonette), Gattin *Pescaras* und Freundin *Michelangelos* († 1547) ~ *Füetrer*: „Buch der Abenteuer" (bayer. Dichtung, Grals- und *Artus*geschichten in Versen) † *Gómez Manrique*, span. Lyriker; Bußdichtung (* 1412) ~ *Fernando de Rojas*: „Comedia de Calisto y Melibea" (span. Drama i. Prosadialog um d. Hauptfig. einer Kupplerin; daneben die Schilderung einer tragischen Liebe; 1501 auf 21 Akte erweitert; richtunggebend für d. spanische Schauspiel) * *Burkard Waldis*, dt. Fabeldichter; schreibt „Esopus" (Fabelsammlg.), „Parabel v. verlorenen Sohn" (niederdt. Reformationsschauspiel 1527) († 1556) ~ Fronleichnamsspiel aus Eger (frühes böhm. Schauspiel) ≈ Weltliches Drama beginnt sich in Spanien zu entwickeln (vgl. 1499)	*Matthias I. Corvinus* (†) gründete Handschr.-Bibliothek in Ofen (Budapest) u. Universität Preßburg *Lorenzo di Medici* begr. Bildhauerschule i. Florenz (Frühform einer Akademie)

Frührenaissance in Italien Spätgotik in Deutschland	*Renaissance · 2. u. 3. niederländ. Schule*	*Panzerplatten*	
~ *Hieronymus Bosch* (* ~ 1450, † 1516): Altar mit Stifterehepaar u. „Anbetung d. Könige" (niederl. Tafelbilder) *Vittore Carpaccio* (* ~ 1455, † ~ 1526): Szenen aus d. Leben d. hl. *Ursula* (ital. Bilderzyklus für die „Scuola di St. Orsola" [„Brüderschaft d. hl. Ursula"] in Venedig, beend. 1495) *A. Dürer* auf Wanderschaft (bis 1494): Kolmar, Basel, Straßburg *Ghirlandajo:* „Leben der Maria u. Johannes d. Täufers" (Freskenzyklus in gegenwartsnaher Darstellung in der Kirche St. Maria Novella, Florenz, beg. 1486) *Adam Krafft:* Grabmal des *Sebald Schreyer* an d. Sebalduskirche in Nürnberg (Bildhauerarbeit; beend. 1492) *B. Notke:* Kg. *Karl Knutson* (seit 1480; Statuette i. schwed. Schloß Gripsholm) ~ * *Barend van Orley*, niederl. Maler († 1542) ~ *Pacher:* Kirchenväteraltar des Doms in Brixen (spätgot.; darunter „Der hl. Ambrosius") *Riemenschneider:* Altar der Pfarrkirche in Münnerstadt (spätgot., beend. 1492) ~ *da Vinci:* „Die Madonna in der Felsengrotte" (ital. Gemälde) ~ *Wolgemut:* Hochaltar d. heiligen Kreuzkirche in Nürnberg (Malerei der alten fränk. Schule) Kathedrale zu Mariä Verkündigung in Moskau (Baubeginn 1480) Dom San Lorenzo in Perugia (got., Baubeginn 1345) Gartenpalast Belvedere im Vatikan Schloß u. Schloßkirche in Wittenberg (fertiggestellt 1500) ~ Schloß Amboise an der Loire	~ An den Höfen Italiens entsteht das Ballett ~ Nach mehreren Jahrzehnten Verfalls erneuert sich die ital. Musik in d. Frottola, einem mehrst. volkstüml. Lied in schlichtem Satz. Hauptvertreter: *Tromboncino* († 1512), *Cara* († 1526), beide in Mantua	~ Verwendung wellblechart. Panzerplatten mit erhöhter Festigkeit Akademieart. wissenschaftl. Genossenschaften (Sodalitates), u. a. in Krakau, Pest (d. *Celtis*) u. Worms (durch *Cl. v. Dalberg*) gegründet	≈ Haustracht der dt. Bürgerinnen: Langes Hauskleid mit langen, engen Ärmeln, Schürze, Haube, Schulterkragen üb. Kleidausschnitt, Gürtel mit Tasche ≈ Prächtige Kleidung der vornehmen Bürger (z. B. in Nürnberg): Weite Samtschaube mit weiten Ärmeln und breiten Goldborten; Barett ≈ In Deutschland lösen die breiten „Kuhmäuler" als Fußbekleidung d. Schnabelschuhe ab ~ Vorn breit geschlitzte „Bärenfuß"-Schuhe kommen auf (bis ~ 1550) ~ Entstehung erster Waisenhäuser in Italien und den Niederlanden

	Araber verlieren Granada Spanien wird Großmacht	*Humanismus*	*Vorreformation Inquisition*
1491	* *Heinrich VIII.*, König von England von 1509 bis 1547 (†)		∼ * *Ignatius von Loyola*, span. Begründer des Jesuitenordens († 1556) ≈ Der Absolutismus in den ital. Stadtstaaten lähmt das politische Interesse des Humanismus u. führt zur Betonung individueller „Bildung“
1492	Araber verlieren mit Granada letzten Stützpunkt in Spanien, das jetzt zur Großmacht aufsteigt † *Lorenzo de Medici* (il Magnifico), Herrscher von Florenz seit 1469; Förderer der Renaissancekultur (* 1449)	* *Pietro Aretino*, ital. Schriftsteller († 1556) † *Maulana Dschâmi*, pers.-mystischer Dichter; schrieb die Diwane: „Anfang der Jugend“ (1479), „Mittelglied der Kette“ (1489), „Schluß des Lebens“ (1491) (*1414) *Lorenzo Medici* (†) schrieb Karnevalslieder, Sonette, satir. Dichtungen, philosophische Schriften * *Margarete v. Navarra*, Schwester *Franz' I.* v. Frankreich, Dichterin der frz. Frührenaiss. († 1549) Humanistische Renaissanceschrift (Antiqua) neben der gotischen „Textur“ ∼ Entstehung der neuenglischen Schriftsprache	*Alexander VI.* Papst bis 1503 (†, * 1430); Vater von *Cesare* und *Lucrezia Borgia* Vertreibung der glaubenstreuen Juden aus Spanien auf Veranlassung des Großinquisitors *Torquemada* Dieses Jahr gilt als Übergang vom „Mittelalter“ (seit 375) zur „Neuzeit“ (bis 1789 „Neuere Z.“, dann „Neueste Z.“)

Memling *Riemenschneider*	*Renaissance · 2. u. 3. niederländ. Schule*	*Erster Erdglobus* *Kolumbus*	
~ *Botticelli:* 92 Federzeichnungen zu *Dantes* „Göttlicher Komödie" *Ghirlandajo:* „Heimsuchung" (ital. Tafelbild) *Memling:* Kreuzigungsaltar in der Greveraden-Kapelle d. Doms in Lübeck (niederl. Tafelmalerei, vollendet 1493) *Riemenschneider:* „Adam u. Eva" (spätgot. Steinplastiken in Würzburg, beendet 1493) † *Martin Schongauer*, süddt. Kupferstecher u. Maler; u. a. „Große Kreuztragung", „Große Kreuzigung" (Passionsfolge in 12 Blättern) (* ~ 1445) ~ *Wolgemut:* Zeichnungen zu den Holzschnitten f. d. Buch „Schatzbehalter" Wallfahrtskirche Heiligenblut am Großglockner geweiht Kathedrale von Turin (beend. 1498)		Kopernikus studiert in Krakau bis 1494	
Bramante: Chor von S. Maria delle Grazie, Mailand (vollend. 1498) † *Piero della Francesca*, spätgot. ital. Maler (* 1420) *Riemenschneider:* Altar d. Pfaarkirche in Münnerstädt Dom in Halberstadt fertiggestellt (Baubeginn 1235) ≈ Neue Blüte d. Schmiedekunst in Süddeutschland, Frankreich und Spanien (u. a. Brunnenlaube a. Dom zu Antwerpen 1470, Kronleuchter in d. Kirche zu Vreden 1489, Kapellenabschlußgitter in d. Pfarrkirche Hall i. Tirol 1495; ferner Tür- u. Möbelbeschläge, Schlösser) ≈ 4 bed. chin. Maler aus Suchou: *Shen Chou*, *Tang Yin* (* 1470, † 1524), *Wen Cheng-ming* (* 1470, † 1559) u. *Ch'iu Ying* schließen den Gegensatz der höfisch-akadem. u. freien Malweise († ~ 1550)	~ * *Ludwig Senfl*, dt. Komponist († ~ 1543)	Erster Erdglobus von *Behaim* in Nürnberg (noch ohne Amerika und Australien) *Kolumbus* sucht im spanischen Auftrag westlichen Seeweg nach Indien und entdeckt dabei Cuba und Haïti (Flaggschiff „Santa Maria" 235 t, 70 Mann); entd. Mißweisung der Magnetnadel *da Vinci:* Zeichnung zu einer Flugmaschine	≈ Beruf d. „Druckverlegers" gliedert sich in den des Schriftgießers, des Druckers, des Verlegers auf

	Maximilian I. *Aufteilung der Neuen Welt*	Brant: „Narrenschiff"	*Cesare Borgia* *Humanismus*
1493	Teilung der Neuen Welt zwischen Spanien und Portugal durch Schiedsspruch des Papstes *Alexander VI.* † *Friedrich III.*, schwacher dt. Kaiser aus dem Hause *Habsburg* seit 1452 (* 1415) *Maximilian I.* wird deutscher Kaiser bis 1519 (†) Haus *Habsburg* behält dt. Kaiserwürde bis 1806 Erster Bauernaufstand unter dem Zeichen des Bundschuh im Elsaß	* *Anna Bijns*, fläm. religiöse Dichterin († 1575)	*Cesare Borgia*, Sohn *Alexanders VI.*, wird Kardinal * *Olaus Petri*, schwed. Reformator († 1552) ~ Anwachsen der Hexenprozesse auf Grund der von den päpstlichen Inquisitoren 1489 veröffentlichten Schrift „Hexenhammer"
1494	* *Franz I.*, König von Frankreich († 1547) *Karl VIII.* zieht nach Italien und erobert vorübergehend Neapel (1495). Damit beg. der Kampf zw. Frankr. u. Habsburg um Italien Vertreibung der *Medici* aus Florenz, wo sie seit 1434 herrschten. Rückkehr 1512 Theokratie d. *Savonarola* in Florenz	† *Matteo Maria Bojardo*, Graf *Scandino*, ital. Humanist, Dichter im Stil *Petrarcas*; u. a. „Verliebter Roland" (Epos) (* 1434) *Brant:* „Narrenschiff", (Sammlung gereimter Predigten gegen menschliche Schwächen; mit 100 künstl. Holzschnitten; vgl. 1510) * *François Rabelais*, franz. Dichter († 1553) * *Hans Sachs*, dt. Dichter, Meistersinger († 1576)	† *Pico von Mirandola*, ital. Humanist, vertrat eine neue „Würde des Menschen" (* 1463) *Leonardo da Vinci* begr. Malerschule in Mailand (Frühform einer Akademie) Frankr. kommt in Italien enger mit d. Renaissance in Berührung Nach der Vertreibung der *Medici* aus Florenz durch *Savonarola* wird die weltliche Kunst verfolgt; u. a. verbrennt auch *Botticelli* seine weltlichen Bilder und stellt das Malen ein. Es entsteht vorübergehend eine rein religiöse Kunst mit neogotischem Einschlag

da *Vinci* *Riemenschneider*	*Blüte der (3.) niederländischen Schule*	*Kolumbus*	
* *Baccio Bandinelli*, ital. Bildhauer († 1560) * *Bartel Bruyn*, niederrhein. Maler († 1555) *Holbein d. Ä.*: Flügelbilder vom Altar in Weingarten *Riemenschneider*: „Adam und Eva" (Steinfig.), Madonna im Neumünster Würzburg (Plastik)	Kaiser *Maximilian I.* schafft Hofkapelle n. burgund. Vorbild: Hoforganist *Paul Hofhaimer*, Hofkomponist *Heinrich Isaac* (Hof in Innsbruck und Wien)	Zweite Seereise *Kolumbus*' nach Westen, wobei er u. a. Dominika, Portoriko, Jamaika entdeckt. Brief von *Kolumbus* über Entdeckung „Westindiens" zeitungsähnlich verbreitet * *Paracelsus*, *Theophrast von Hohenheim*, deutscher Arzt und Philosoph († 1541) Illustrierte „Weltchronik" von *Hartmann Schedel* (* 1440, † 1514)	Flaschenpost wird erstmalig (durch *Kolumbus*) verwendet
A. Dürer in Venedig ~ *A. Dürer*: „Das Weiherhaus" (u. and. Aquarelle reiner Landschaften) * *Rosso Fiorentino* (*G. B. Rosso*), ital. Maler († 1541) † *Ghirlandajo* (eig. *Domenico di Tomaso Bigordi*), ital. Freskenmaler (* 1449) * *Lucas van Leyden*, niederl. Maler († 1533) † *Hans Memling*, niederl. religiöser Tafelmaler (* 1433) *da Vinci* beendet „Madonna in der Grotte" (italien. Gemälde), begonnen 1483 Münster i. Ulm fertiggestellt (Baubeg. 1377) Schnitzaltar im Kloster Blaubeuren (erbaut 1466—1502) Gildehaus d. Gewandschneider in Goslar erbaut		*Georg Agricola* (eig. *Bauer*), dt. Mineraloge († 1555) *Aldus Manutius* gründet seine Offizin in Venedig; druckt vorbildlich griech. und latein. Texte *Luca Pacioli* (* 1445, † 1514): „Summa de arithmetica, geometria, proporcioni e proporcionalita" (erstes gedrucktes Lehrbuch der Arithmetik und Algebra, enthält System der doppelten Buchhaltung) Erste Papierherstellung in England (erste in Europa 1150)	Hansekontor in Nowgorod geschlossen (~ Binnenstädte ziehen sich von der Hanse zurück. Holländische Schiffahrt im Ostseegebiet) ≈ Warenlotterie („Glückstöpfe") als Volksbelustigungen

	Maximilian I. Reichsreform	Ausbildung der neueren Nationalliteratur	Humanismus Reuchlin
1495	Wormser Reichstag mit Reichsreform: Fehdeverbot („Ewiger Landfriede") verkündet; königl. Obergericht in Reichskammergericht umgewandelt. Reichsidee bleibt schwach *Emanuel I. (d. Glückliche)*, Kg. von Portugal bis 1521 (†). Fördert Wissenschaft und Kunst * *Suleiman II.*, türk. Sultan 1520 bis 1566 (†)	*Peter Dorland von Diest:* „Jedermann" (niederl. Moralitätenspiel; gleichzeitig entst. engl. Fassung „Everyman")	
1496	Heirat des *Habsburgers Philipp des Schönen*, Sohn *Maximilians I.*, mit span. Erbtochter *Johanna der Wahnsinnigen* bringt span. Krone an Haus *Habsburg*	~ *Clément Marot*, frz. Dichter der Renaissance († 1544)	
1497	~ Reform des Hamburger und anderer Stadtrechte; Anpassung an das Römische Recht (teilweise bis 1900 in Kraft) Übergang von Stadt- zu Landeswirtschaft Kaiser bildet „Reichshofrat" als Gegengewicht zum „Reichskammergericht" von 1495 Kg. *Emanuel I.* von Portugal heir. *Isabella* v. Spanien ~ Rechtsbuch *Iwans III.*		* *Philipp Melanchthon*, dt. Humanist und Reformator († 1560) Papst *Alexander VI.* verleiht *Ferdinand von Aragon* und *Isabella von Kastilien* den Titel „Katholische Majestät" Vertreibung der glaubenstreuen Juden aus Portugal *Savonarola* exkommuniziert
1498	† *Karl VIII.*, König von Frankreich seit 1483 (* 1470) *Ludwig XII.* König von Frankreich bis 1515 (†) *Vasco da Gama* erreicht auf dem Seeweg Moçambique (portugiesische Herrschaft währt dort bis 1975)	*Hinrek van Alkmar:* „Reinke de Vos" (niederl. Tierepos, in Lübeck gedruckt) *Philipp de Commines* (* 1445, † 1509), frz. Gesandter in Venedig: „Mémoires" (dichterische Lebenssumme des „frz. Macchiavellis") *Reuchlin:* „Henno" (Komödie in lat. Sprache)	† *Girolamo Savonarola* (verbrannt, * 1452), florentinischer Bußprediger, Gegner der autokratischen *Medici* und des sittenlosen Papstes *Alexander VI.* † *Thomas Torquemada*, span. Großinquisitor seit 1483, Beichtvater des span. Königshauses (* 1420) „Accademia antiquaria" in Rom (1550 wegen Vorwurfs der Ketzerei aufgelöst)

Dürer Pacher	Blüte der (3.) niederländischen Schule	Vasco da Gama Kolumbus	
~ *Dürer:* „Weiher bei Sonnenuntergang" (skizzenhaft naturalist. Aquarell) *Dürer* eig. Werkstatt in Nürnberg; erste Reise nach Italien *M. Pacher:* Flügelaltar für Stadtpfarrkirche Salzburg	*Desprez* in Cambrai † *Johannes Okkenheim (Okeghem)*, Komponist der 2. niederländ. Schule, „Meister des künstlichen Kontrapunktes" (* ~ 1430)	Trockendock in Portsmouth	≈ Syphilis breitet sich als neuartige schwere Seuche von dem durch die Franzosen belagerten Neapel über ganz Europa aus (vgl. 1530)
A. Krafft: Sakramentshäuschen f. Lorenzkirche i. Nürnberg Erster Aufenthalt *Michelangelos* in Rom (bis 1501) *Perugino:* „Madonna mit den Schutzheiligen von Perugia" (ital. Gemälde)		≈ Das handwerklich-technische Fachbuch unterstützt, bes. in Dtl., die Stadtkultur	
Dürer: Zweites Bildnis des Vaters (Gem.), „4 Hexen" (1. datiert. Kupferst.) * *Hans Holbein d. J.*, dt. Maler († 1543) † *Benedetto da Maiano*, ital. Ren.-Baumeister, Palastbauten (* 1442) *da Vinci* beendet „Das Abendmahl" (Fresko im Refektorium des Klosters Santa Maria della Grazie in Mailand, begonnen 1495)		Italiener *John Caboto* (* 1425, † 1499) erreicht und befährt mit seinem Sohn *Sebastiano* die Ostküste von Nordamerika ~ Äther (org.-chem. Verbindung) entdeckt	Leipzig erhält vom Kaiser das Recht auf jährlich drei Jahrmärkte (später Messen, die erst im 18. Jh. die von Frankfurt/M. überflügeln) Erste Nachricht von der „berauschenden" Tabakpflanze kommt nach Europa ≈ Zigeunerfeindl. Edikte in Dtld. (bis 1774, 1701 v. Kaiser f. vogelfrei erklärt)
Dürer: „Selbstbildnis" (Prado), „Friedr. d. Weise" (Bildnis), „Apokalypse" (15 Holzschn.) † *Michael Pacher*, süddt. Bildschnitzer; u. a. Altar in St. Wolfgang (* ~ 1435) ~ *Hans Witten:* Pietà (farbige Holzplastik i. d. Jakobikirche, Goslar)	*Dürer* verlegt d. „Apokalypse" in Einzelblättern (beg. damit eine durch Signierung als Original gekennzeichnete Verbreitung von reproduzierb. Kunstwerken)	Portugiese *Vasco da Gama* entdeckt Seeweg nach Ostindien um Südafrika *Kolumbus* betritt auf seiner dritten Seereise das südamerikanische Festland am Orinoko ~ Zahlreiche technische und wissenschaftliche Zeichnungen *da Vincis* Erstes gesetzliches Arzneibuch (in Florenz)	Erstes deutsch. Leihhaus in Nürnberg ≈ Ende der Blütezeit der Zünfte (seit 14. Jahrh.)

	Maximilian I. Franzosen in Italien	Celtis Meistersinger	Humanismus
1499	Schweiz löst sich im „Schwabenkrieg" vom Deutschen Reich (Unabhängigkeit anerkannt 1648) Frankreich erobert Hzgt. Mailand (1535 an Spanien)	* *Sebastian Franck*, dt. religiöser Schriftsteller († 1543) *W. Pirkheimer*: „Schweizerkrieg" (mit Selbstbiographie) „Celestina", span. Drama, vermutl. v. *Fernando de Rojas* (maßg. f. d. Entw. d. span. Schauspiels)	* *Laurentius Petri*, schwed. Erzbischof († 1573)
1500	* *Karl V.*, röm.-dt. Kaiser 1519—1556 († 1558) Vorübergehende ständische Reichsregierung neben dem Kaiser bis 1502 ≈ Städtische Festung tritt an Stelle der Burg Portugal nimmt Brasilien in Besitz ≈ Zahlr. Aufstände i. Dtl. aus sozialen Gründen gipfeln i. Bauernkrieg (vgl. 1525)	*Erasmus v. Rotterdam*: „Adagia" (Sprichwörtersamml. f. d. Schule) ≈ *Hans Folz* (* ~ 1450, † ~ 1515), Bader u. Meistersinger in Nürnberg	„Großes Jubeljahr" der Kirche Universität in Valencia gegründet ~ Kaufm. Schulen in Venedig Buchdruckerei u. Humanismus geben Basel besondere Bedeutung
1501	*Ludwig XII.* von Frankreich und *Ferdinand von Aragonien* erobern vorübergehend das Königreich Neapel (vgl. 1504)	*Konrad Celtis*: „Ludus Dianae" (allegor. Festspiel) Handschriften der Nonne *Roswitha von Gandersheim* (dt. Dichterin des 10. Jahrhunderts) in Nürnberg aufgefunden durch *Konrad Celtis*	Päpstliche Bulle verhängt Verbrennung über Bücher gegen Kirchenautorität und Kirchenstrafen gegen ihre Verbreiter *Luther* studiert in Erfurt

Renaissance Giorgione	*Blüte der (3.) niederländischen Schule*	*Amerigo Vespucci Buchdruck*	
Dürer: „Oswolt Krel" (Bildnis) *Giorgione:* „Junger Mann" (ital. Gem.) *Riemenschneider: Scherenberg*-Grabmal im Würzburger Dom St. Georgskirche, Dinkelsbühl (beg. 1448, spätgot. Hallenkirche)		*Amerigo Vespucci* entdeckt mit *Alonso de Hojeda* den Amazonenstrom Älteste Darst. einer Buchdruckerei in einer frz. „Totentanz"-Holzschnittfolge ~ Aufkommen v. Sprengladungs - Hohlgeschossen	*Fugger* kontrollieren den europäischen Kupfermarkt; ihr Vermögen hat sich in zwanzig Jahren versechzehnfacht
* *Benvenuto Cellini*, ital. Goldschmied und Bildhauer († 1571) *Dürer:* „Selbstbildnis" (Gem. i. Art des Christus-Bildes) *Giorgione:* Altarbild f. Kapelle Costanzo in Castelfranco (ital. Gemälde) *Michelangelo:* „Pietà" i. St. Peter (ital. Plastik) *Riemenschneider: Schaumberg*-Grabmal in der Würzburger Marienkapelle * *Diego de Siloe*, span. Baumeister († 1563) Kathedrale von Antwerpen fertiggestellt (Baubeginn 1352) ≈ Inka-Festung Machu Picchu mit Sonnentempel	*Desprez* am Hof in Paris ≈ *Hans Folz* reformiert den Meistergesang; nun sind auch im Schulsingen weltliche Stoffe zulässig *Ottavio dei Petrucci* beginnt mit Vervielfältigung der Noten durch Typendruck in Venedig ~ *Joh. Tinctoris* (* ~ 1435, † 1511) schreibt erstes Musiklexikon (lat.) ≈ Klavichord u. Kielflügel verbreiten sich	*Hieronymus Brunschwig:* „Das Buch der rechten Kunst zu destillieren..." (Kräuterbuch) *Pedro Alvarez Cabral* (* 1468, † 1526) wird auf einer Ostindienreise um Südafrika nach Brasilien verschlagen, das er so entdeckt. Gründet portugies. Faktoreien in Ostindien † Portugiese *Bartholomeo Diaz* sinkt unweit v. Kap der gut. Hoffnung (* 1450) *Kolumbus* wird in Ketten nach Spanien gebracht, jedoch rehabilitiert 1. Kaiserschnitt an einer Lebenden d. *Jakob Nufer* Bohrmaschinen (vorwiegend für Geschützrohre) kommen auf ~ Schreibstifte m. Graphit in England	1. ständige Postverbdg. Wien–Brüssel Silbergulden in Deutschland (Reste bis 1892 in Österr. ~ Erste Lackmalerei (Goldarabesken auf schwarzem Grund) ≈ Glaswerkstätten in Murano stellen farbloses Glas her, schlanke Kelchform. Einführ. solch. Gläser n. Deutschl. Verzierung mit Perlen, Knöpfen etc., Bemalung, Vergoldg. ≈ Herstellung v. Majoliken (Majorka) u. Fayencen (Faenza). Goldlüstrierung und Rubinglasur ≈ Nachahmung venezianischer Stoffe im Orient
Spätgot. Freiberger Dom (seit 1484) mit steinerner Kanzel in Tulpenform ~ Justizpalast i. Rouen im frz.-spätgot. „Style flamboyant" ~ Im Emanuelstil in Portugal verbind. sich Gotik u. Frührenaiss. mit indischen u. amerikan. Stilelementen ≈ Inka-Kunst ist wenig figürlich, es überwiegt geometr. Flächenornament		~ *da Vinci* beschreibt Camera obscura (linsenlose Lochkamera) ~ Rasche Entwicklung der Buchdruckerkunst des *Johannes Gutenberg.* (Von 1445 bis 1500 über tausend Druckereien in Europa mit über 35 000 Druckerzeugnissen und einer Gesamtauflage von etwa 10 Mill. [vgl. 1445]. Bis 1945 erscheinen über 30 Mill. selbständige Buchtitel) ≈ Zahlenregistrierung m. Knotenschnüren auf dezimaler Basis bei den Inkas	≈ Das um 1400 aufgekommene Kartenspiel ist bereits weit verbreitet, wird serienweise hergestellt und von der Kirche bekämpft ≈ Kunsttischlerei ahmt für Möbel Renaiss. - Bauformen nach Dresden 2565 Einwohner Eisenguß für Öfen; Terrakotten aus Ziegelton z. Schmuck von Bauwerken (Lübeck)

	Bauernunruhen *Götz v. Berlichingen*	*Hirtendichtung*	*Humanismus* *Erasmus*
1502	≈ Entstehung eines selbständigen Standes juristisch geschulter Verwaltungsbeamter. Römisches Privatrecht setzt sich gegen zersplittertes, den wirtschaftlichen Verhältnissen nicht mehr angepaßtes dt. Recht durch Bauernaufstand unter *Josz Fritz* in Speyer (weitere mit dem Symbol des „Bundschuh" 1513, 1517). Bauern suchen Befreiung durch ein starkes zentralist. Kaisertum	*Sannazaro:* „Arcadia" (ital. Hirtengedicht, erster unerlaubter Druck; geschrieben um 1480, richtunggebend für die europäische Literatur) *Gil Vicente:* Schäferspiel (Anfänge eines portugies. Nationallustspiels) *Celtis:* „Amores" (humanist. Dichtung)	*Erasmus von Rotterdam:* „Enchiridion militis christiani", „Handb. d. christlich. Streiters" (außerreformatorische Kirchenkritik in lat. Sprache) Gründung der Universität Wittenberg durch *lutherfreundlichen Kurfürsten v. Sachsen, Friedrich den Weisen*
1503	Sansibar wird portugiesisch Spanier siegen über Franzosen bei Cerignola und gewinnen Kgr. Neapel	*W. Dunbar:* „Die Distel und die Rose" (schott. allegor. Huldigungsgedicht auf die Hochzeit Kg. *Jakobs IV.* mit *Margarete von England*) * *Diego Hurtado de Mendoza*, span. Dichter († 1575) * *Thomas Wyatt*, engl. Dichter († 1542)	Papst *Pius III.* († 1503) *Julius II.* Papst bis 1513 (†), Förderer *Michelangelos* * *Nostradamus*, franz. Astrologe († 1566)
1504	† Kurfürst *Berthold von Henneberg*, Erzbischof von Mainz, Vorkämpfer einer Reichsreform zur Schwächung der zentralen Kaisermacht (* 1442) *Götz von Berlichingen* verliert bei der Belagerung von Landshut seine rechte Hand und läßt sie durch eine eiserne ersetzen Kgr. Neapel und Sizilien unter span. Vizekönigen (bis 1713)		

Michelangelo Tizian	*Blüte der (3.) niederländischen Schule*	*Kolumbus Amerigo Vespucci*	
Cranach: „Kreuzigung" (Gem., Wien) *Dürer:* „Der Hase" (Aquar.) *Tizian:* „Die Zigeuner-Madonna" (ital. Gem.) Erlaß zum Bau des *Maximilians*grabes in Innsbruck Marienkirche in Danzig fertiggestellt (Baubeginn 1400)	~ Annenkirche in Annaberg (Erzgeb.; got.)	Vierte Reise *Kolumbus'*, auf der er das mittelamerikanische Festland entdeckt Nach einer 2. Reise *Amerigo Vespuccis* nach Südamerika (bis 25° s. Br.) erkennt dieser es als selbständigen Kontinent, nicht identisch mit Indien ~ Taschenuhren v. *Peter Henlein* (*~1480, † 1542)	~ Kursiv-Druckschrift kommt auf durch *Aldus Manutius* in Venedig ≈ Ornamentale Goldstickerei für Altarbehänge etc. „Newe zeytung von orient und auffgange" („Zeitung" gen. Nachrichtenblatt)
Cranach: „Stephan Reuss" (Bildnis) *Dürer* in Wittenberg *Dürer:* „Gr. Rasenstück" (Aquar.) *Grünewald:* „Verspottung Christi" (Gem.) * *Francesco Mazzola* (gen. *Parmigianino*), ital. Maler († 1540) ~ *Michelangelo:* „David" (ital. Großplastik), „Heilige Familie" (ital. Rundbild) Kathedrale v. Canterbury (spätgot., Baubeginn 1070)		*Kopernikus* erlangt den Doktorgrad der Rechtswissenschaften u. Theologie in Ferrara	≈ Verwendung des Schnupftuches in Deutschland ~ Aufkommen der silbernen (unterwertigen) Scheidemünze
Backofen: Grabmal d. Erzbischofs *Berthold v. Henneberg* im Dom zu Mainz (barock. Spätgotik) *Cranach:* „Ruhe auf der Flucht" (Gem.) *Cranach* geht nach Wittenberg *Dürer:* „Anbetung d. Hl. Drei Könige" (Altartafel) „Adam und Eva" (Kupferstich) *Giorgione:* Madonna im Dom von Castelfranco (ital. Gem.) † *Filippino Lippi*, ital. Maler (* 1457) *Raffael* i. Florenz b. 1508		*da Gama* besucht als Vizekönig portugiesische Niederlassungen in Indien	*Franz Taxis* erweitert Post Wien-Brüssel nach Spanien (vgl. 1500) ≈ größte europ. Städte (mehr als 50 000 Einw.): Paris, London, Venedig, Palermo, Mailand, Florenz, Brügge, Gent (größte dt. Stadt Köln)

	Rußland *Portugal Weltmacht*	*Ausbildung der neueren Nationalliteratur*	*Cesare Borgia* *Humanismus*
1505	† *Iwan III.*, erster „Herr von ganz Rußland" durch Vereinigung der übrigen russ. Fürstentümer mit Moskau; beseitigte 1480 tartarischen Einfluß auf Moskau (*1440) Ende der Mongolenherrschaft in Persien; Seffewiden-Dynastie bis 1722	* *Mikolaj Rej*, poln. Dichter († 1569)	*Luther* gelobt im Gewitter Klostereintritt und wird Augustiner *Wimpfeling* schreibt erste Darstellung der dt. Geschichte
1506	Portugies. Faktoreien an der Ostküste Afrikas		*Reuchlin:* „De rudimentis hebraicis" (grundleg. Hebräik) Ablaß-Handel durch den Dominikaner *Johann Tetzel* (* 1465, † 1519) Universität in Frankfurt a. d. Oder gegründet (1811 nach Breslau verlegt); wird 1539 protest. Briefe *Dürers* aus Venedig an *Pirckheimer*
1507			† *Cesare Borgia*, Sohn des späteren Papstes *Alexander VI.*; arbeitete durch seine Eroberungen in Italien der Neuaufrichtung des Kirchenstaates vor; typisch. Gewaltmensch der Renaissance, Vorbild für *Macchiavellis* „Principe" (* ~ 1475) Priesterweihe *Luthers*

Raffael *Altdorfer*	*Blüte der (3.) niederländischen Schule*	*Kolumbus* *Behaim*	
Zweiter Aufenthalt *Dürers* in Venedig (bis 1507) *Grünewald:* „Kreuzigung" (Gem.) *Michelangelo*, gerufen von Papst *Julius II.*, geht nach Rom ~ *Raffael:* „Madonna im Grünen" (ital. Gemälde)	† *Jacob Obrecht*, Meister der 2. niederl. Schule; schrieb u. a. Matthäus-Passion mit lat. Text (* ~ 1430) * *Thomas Tallis*, engl. Komponist († 1585)		≈ Reisezeiten: Braunschweig-Magdeburg 2 Tage, Utrecht-Köln 5 Tage, Nürnberg - Venedig 14 Tage. Segelzeit: Venedig - Alexandrien 17 Tage Veröffentlichung eines Seerechts
Beginn des Neubaues der Peterskirche in Rom durch *Bramante* *Dürer:* „Madonna mit dem Zeisig" (Gem.) † *Andrea Mantegna*, ital. Maler u. Kupferstecher, bes. Freskenmalerei (* 1431) *Raffael:* „Madonna m. d. Stieglitz" (ital. Gem.) ~ *Riemenschneider:* Heiligblutaltar, St. Jakob, Rothenburg o. d. T. *da Vinci:* „Mona Lisa" (ital. Gemälde)	Wiederentdeckung der Laokon-Gruppe in Rom (wirkt stark anregend auf die Kunst der Renaissance; vgl. —40)	† *Christoph Kolumbus*, aus Italien gebürt. Seefahrer und Entdecker, stirbt im Glauben, Seeweg nach Ostindien entdeckt zu haben (* 1451 in Genua)	~ *Jakob Fugger* bezieht ostindische Gewürze auf dem Seewege
A. Altdorfer: Hl. Franziskus u. hl. Hieronymus (Doppelbild) Grabkapelle des Kardinals *Thomas v. Bakocs* a. Dom z. Gran (ungar. Werk d. Früh-Renaiss.) *Burgkmair:* Altar der Augsburger Galerie (Tafelgem.) *Dürer* wieder in Venedig (bis 1507) *Dürer:* „Adam u. Eva" (Gem., gilt als 1. dt. lebensgr. Aktdarst.) *Raffael:* „Madonna aus d. Hause Tempi", „La Belle Jardinière" (ital. Gem.)	Palazzo Strozzi, Florenz (n. Plänen von *Benedetto da Maiano* [* 1442, † 1497] seit 1489)	† *Martin Behaim*, dt. Seefahrer und Geograph (* 1459) *Orlando Gallo* verbessert in Venedig die Technik der Herstellung gläserner Spiegel *Matthias Ringmann* und *Martin Waldseemüller* erarbeiten am Vogesengymnasium in Saint Dié Weltkarte und Globus, welche die Bezeichnung „America" für Südamerika enthalten (vgl. 1502, 1538)	Bambergische Halsgerichts - Ordnung (Strafgesetzbuch nach Röm. Recht) schreibt für Bestrafung Geständnis vor u. fördert so Folter als Wahrheitsforschung

	Maximilian I. Jakob Fugger	Ariosto Celtis	Erasmus Reuchlin
1508	*Maximilian I.* nimmt ohne päpstl. Krönung den Titel „Erwählter römischer Kaiser" an Kaiser *Maximilian I.* schließt mit Frankreich, Spanien und Papst die „Liga von Cambrai" gegen Venedig Portugiesen herrschen über Muskat in Arabien (bis 1659)	*Ariosto:* „Das Schatzkästlein" (ital. Komödie) † *Konrad Celtis*, dt. Dichter u. Humanist (* 1459) Erster bekannter Druck des „Amadis" (span. Ritterroman mit der Heldengestalt des *Amadis von Gaula)*	*Luther* Professor der Theologie in Wittenberg **Univ. Alcala de Henares (1836 n. Madrid)**
1509	*J. Fugger* finanziert dem Kaiser mit 170000 Dukaten den Krieg gegen Venedig † *Heinrich VII.*, erster *Tudor*könig von England seit 1485 (* 1457) *Heinrich VIII.* König von England bis 1547 (†); Heirat mit *Katharina von Aragonien*	Ältester Druck des dt. Volksbuches von „Fortunat und seinen Söhnen" (Augsburg)	* *Johannes Calvin*, **Reformator in der franz. Schweiz** († 1564) *Erasmus von Rotterdam:* „Lob der Torheit" (*Th. More* gewidmete, scharfe Kritik der Scholastik, lat.)
1510	Hamburg wird Freie Reichsstadt		*Geiler von Kaisersberg* (* 1445, † 1510): „Der Seelen Paradies" (Kanzelpredigten gegen kirchl. Mißstände; legte anderen Predigten auch *Brants* „Narrenschiff" zugrunde) *Luthers* Romreise bis 1511 *Reuchlin*, Haupt der dt. Humanisten, verteidigt sich gegen die Anklage der Dominikaner in Köln wegen Ketzerei **St. Paul's Schule London**

Giorgione *Cranach*	*Entdeckungen*	
~ *Giorgione:* „Schlummernde Venus" (von *Tizian* beendet) * *Wenzel Jamnitzer*, dt. Goldschmied († 1585) *A. Kraf(f)t:* 7 Kreuzwegstationen (Steinreliefs, beg. 1505), „Grablegung Christi" *Michelangelo* beginnt mit der Ausmalung der Sixtinischen Kapelle (bis 1512) *Bernt Notke:* Grabplatte für das Ehepaar *Hutterock* in der Lübecker Marienkirche * *Andrea Palladio*, ital. Baumeister der Spätrenaissance († 1580) *Bernardino Pinturicchio* (* ~ 1454, † 1513): Fresken in den Domen zu Orvieto und Siena (seit 1502) *Raffael* beginnt die Stanzen (Gemächer des Papstes) im Vatikan auszumalen (bis 1517) S. Maria della Consolazione, Todi beg.		Kaiser *Maximilian I.*: „Geheimes Jagdbuch" *Jakob Fugger* geadelt „Bauernpraktik" (folgert Wetter f. d. ganze Jahr aus dem vom 24. 12. bis 6. 1.)
Bramante erbaut den Chor von Santa Maria del Popolo in Rom *Burgkmair:* „Madonna" (Gem.) *Cranach:* „Venus", „Torgauer Sippenaltar" † *Simone de Cronaca*, ital. Renaiss.-Baumeister (* 1454) † *Adam Kraf(f)t*, Nürnberger Bildhauer (* 1460) ~ *Lucas van Leyden:* Kupferstiche *Riemenschneider* (oder seine Schule): Windsheimer Zwölfboten-Altar (Schnitzaltar; 1950 identifiziert) * *Leone Leoni*, ital. Goldschmied, Erzgießer, Bildhauer der Hochrenaissance († 1590)	*Ulrich Tengler:* „Laienspiegel" (dt. Rechtshandbuch für Laien)	Beginn des Negersklavenhandels nach Amerika, veranlaßt durch den Dominikaner *Las Casas*, zur Entlastung der Indianer Annaberger (später auch Joachimsthaler) Bergordnung; Vorbild vieler späterer Bergordnungen
Altdorfer: „Die Flucht nach Ägypten" (Gem.) † *Botticelli* (eig. *Sandro Filipepi*), ital. Maler der Frührenaissance (* ~ 1444) † *Giorgione da Castelfranco* (eig. *Giorgio Barbarelli*), ital. Maler der Renaissance (* 1478) *Grünewald:* Cyriakus und Laurentius (zwei Flügelaltar-Tafeln) ~ *Qu. Massys:* „Passionsaltar" für die Schreinergilde Antwerpen (niederl. Gem.) ~ * *Luis de Morales*, span. Maler († 1586) * *Bernard de Palissy*, franz. Forscher und Künstler († 1589) ~ *Raffael:* „Triumph der Galatea" (Fresko) und *Sodoma (Bazzi):* Alexander-Fresken in der neuerbauten Villa Farnesina, Rom *Riemenschneider:* Marienaltar in Creglingen (Taubertal) *P. Vischer:* Grabmal des Kardinals *Friedrich I.* Krakau (Erzbildwerk)	*da Vinci* entwirft horizontales Wasserrad (Prinzip der Wasserturbine) Ostküste Amerikas bis in die Gegend des heutigen Charleston entdeckt	≈ Männermode: Puffung, Schlitzung, schmale Krause am Hemd, hochgeschl. Wams. Statt d. Wamses gesteppter Rock mit faltigem Schoß. Schaube ärmellos u. kürzer, bei Bürgern dunkles, bei Vornehmen hell. Barett. ≈ Herstellung von Spitze mit geometrischen Mustern

	Maximilian I. *Kämpfe um Italien*	*Zeitsatiren* *„Weißkunig“*	*Leo X.* *Erasmus*
1511	Papst *Julius II.* schließt mit Spanien, Venedig, Schweiz, England und Kaiser „Heilige Liga“ geg. Frankreich, nachdem er 1508 mit Frankreich und dem Kaiser eine Liga geg. Venedig geschlossen hatte	* *Johannes Secundus* (eig. *Jan Nicolai Everaerts*), niederl. neulateinischer Dichter († 1536)	Kaiser *Maximilian I.* hat den Plan, Papst zu werden *Reuchlin* wendet sich gegen ein Verbot aller jüdischer Bücher *Ulrich Zasius* (* 1461, † 1536): Gesetzbuch der Markgrafsch. Baden (Begrd. einer humanist. Rechtswissenschaft mit Quellenkritik)
1512	Reichstag zu Köln: Einteilung des Reichs in zehn Landfriedenskreise (ohne Böhmen und Schweiz) Niederlage der Franzosen in Italien. Rückkehr der *Medici* nach Florenz. Auf franz. Seite kämpft *Pierre Bayard* (* 1475, † 1524), „Der Ritter ohne Furcht und Tadel“ Florenz wird Hzgt. *Selim I.* (der Strenge), türk. Sultan bis 1520 (†)	*Luther* wird Doktor der Theologie *Murner:* „Narrenbeschwörung“ u. „Schelmenzunft“ (Zeitsatiren) *Marx Treitzsauerwein:* „Weißkunig“ (allegor. Kaiserbiographie; Mitwirkung *Maximilians I.*)	*Erasmus:* „De ratione studii“ (humanist. Anweisung zum Sprachstudium) Fünftes (letztes) Laterankonzil (allg. Kirchenversammlung) unter Papst *Julius II.* (bis 1517) (vorhergehende zwischen 1123 und 1215) Schiismus in Persien Staatsreligion (mohammedanische Richtung im Gegensatz zu den Sunniten; vgl. 751)
1513	Aufstand i. Köln bewirkt begrenzte soziale Reformen Bauernaufstand im Breisgau Appenzell kommt zur schweiz. Eidgenossensch. (Basel, Schaffhausen 1501)		*Leo X.* (aus *Medici*-Familie, * 1475) Papst bis 1521 (†), Förderer von Kunst und Wissenschaft; gibt Ablaßbriefe für den Bau der Peterskirche

Michelangelo Dürer	*Mehrstimmige Lieder Lautenmusik*	*Kopernikus Entdeckungen*	
Bartolommeo: „Verlobung der heiligen Katharina" (ital. Gem.) ~ *Dürer:* Große und kleine Passion, Marienleben (Holzschnittfolgen) *Peruzzi:* Villa Farnesina, Rom * *Giorgio Vasari,* ital. Maler, Bildhauer, Schriftsteller († 1574) Dreifaltigkeitsaltar für d. Landauerkapelle in Nürnberg		* *Miguel Serveto,* frz. Arzt u. Forscher; Antitrinitarier († 1553)	*da Vinci* besteigt den Monboso im Monte-Rosa-Massiv ≈ Lissabon konkurriert erfolgreich im Handel mit Antwerpen ~ Förderung der Woll- und Seidenindustrie in Spanien u. a. durch Schutzzölle ~ Pferderennen in England kommen auf
Hans Baldung (Grien): „Kreuzigung" (Gem.) * *Galeazzo Alessi,* ital. Baumeister († 1572) *Michelangelo:* Vollendung d. Sixtinischen Deckengemälde (ital. Fresken der Renaiss., beg. 1508). Zwei Sklaven, erste Arbeiten f. das *Julius*grabmal in Rom (ital. Plastik) *Raffael:* „Madonna in Foligno", „Madonna mit Fisch", „JuliusII." (ital. Gemälde) *da Vinci:* „Anna Selbdritt" (ital. Gem.)	„Liederbuch zu vier Stimmen" gedruckt von dem dt. Drucker *Erhard Öglin* in Augsburg als Neue Partitur-Ausgabe *Arnolt Schlick* leitet reiche dt. Sololiteratur f. d. Laute ein (bei ihm noch wahlweise für Orgel oder Laute)	*Kopernikus:* „Commentariolus"(Grundlagen seines neuen Weltbildes: Die Erde dreht sich mit den anderen Planeten um die Sonne) * *Gerhard Mercator (Kremer),* dt. Geograph († 1594) † *Amerigo Vespucci,* ital. Seefahrer, veröffentlichte stark beachtete Schriften über seine Reisen nach Südamerika 1499–1502 (* 1451) Portugiesen entd. Molukken England baut Zweidecker-Schiffe mit 70 Kanonen (1000 t)	~ Beginnend. öffentlicher Widerstand gegen Handelsmonopole scheitert schließlich an der Verschuldung des Kaisers an die *Fugger* Ältest. dt. Medizinal-Ordnung, mit Kurpfuscherverbot, in Augsburg
~ *A. Altdorfer:* „Geburt Christi" (Gem.) *Dürer:* „Ritter, Tod u. Teufel" (Kupferstich) *Raffael:* „Die heilige Cäcilie" (ital. Gem.) *Riemenschneider: Grab Heinrichs II.* u. s. Gemahlin im Bamberger Dom (seit 1499) *P. Vischer:* Theoderich und König Artus (dt. Erzbildwerke am *Maximilians*grab in Innsbruck, nach Entwurf *Dürers*)		*Nunez de Balboa* (* 1475, hingericht. 1517), Spanier, entdeckt Stillen Ozean jenseits Panama ~ Technik der graphischen Radierung (Metallplattenätzung) kommt auf. Angewandt z. B. von *Dürer* und *Urs Graf* *Ponce de León* erreicht Florida	Frakturdruckschrift als Weiterentwicklung der gotischen Schrift

	Maximilian I. *Franz I.*	*Volksbücher*	*Humanismus* *Macchiavelli*
1514	*Ulrich* von Württemberg schlägt Erhebung des Bauernbundes „Armer Konrad“ nieder *Jakob Fugger* in den Reichsgrafenstand erhoben *Wassilij III. Iwanowitsch*, Großfürst v. Moskau 1505 bis 1533 (†), gewinnt geg. Polen-Litauen Smolensk		*Niccolò Macchiavelli* (* 1469, † 1527): „Il Principe“ („Der Fürst“, ital. Darstellung des klugen und rücksichtslosen Renaissance-Herrschers vgl. 1507; gedruckt 1532)
1515	† *Ludwig XII.*, franz. König seit 1498 (* 1462) *Franz I.* wird König von Frankreich bis 1547 (†) und beginnt Rückeroberung Italiens. Besiegt bei Marignano die Schweizer und erobert Mailand wieder Kaiser *Maximilian I.* muß im Frieden zu Brüssel Mailand an Frankreich, Verona an Venedig abgeben ~ Großes portugiesisches Kolonialreich in Afrika und Indien	Ältester Druck des Volksbuches v. „Till Eulenspiegel“ (gedruckt von *Joh. Grieninger*, Straßburg) * *Teresa de Jesús*, span. myst. Dichterin († 1582) *John Skelton* (* ~ 1460, † 1529): „Magnificence“ (engl. Moralitätenspiel)	

Isenheimer Altar *Tizian*	*Entdeckungen* *„Südland"-Sage*	
~ *H. Bosch:* u. a. „Heuwagen", „Garten d. ird. Lüste" (Allegorie d. Vergänglichkeit und Sündhaftigkeit) (niederl. Gem.); alle Werke *Boschs* sind undatiert *Dürer:* „Hieronymus", „Melancholie" (Kupferstiche) † *Donato Bramante*, it. Baumeister. Erster Baumeister der neuen Peterskirche in Rom (* 1444) *Dürer:* „Meine Mutter" (Kohlezeichn.) * *Cornelis Floris* (eig. *de Vriendt*), niederl. Baumeister der Frührenaissance († 1575) *Hans Leinberger* (* ~ 1482, † 1533): Hochaltar in Moosburg (bayr. Plastik zwischen Spätgotik und Frühbarock) ~ *Bartolomeo Veneto* (* ~ 1480, † 1530) malt in Mailand manieristische Bildnisse ~ Baubeginn der neuen Kathedrale in Salamanca (leitet mit maurischen Stilelementen zur span. Renaissance über; beendet 1733)	* *Andreas Vesalius*, Anatom, Leibarzt *Karls V* u. *Philipps II.* († 1564)	Das Haus *Fugger* bringt den Ablaßhandel in seine Hände Erstes europäisches (portug.) Schiff in chin. Gewässern ~ Ananas kommt nach Europa
Baldung (Grien): „Ruhe auf der Flucht" (Gem.), „Frau und Tod" (Federzeichnung) * *Alonso Sanchez Coello*, span. Barockmaler († 1590) *Correggio:* „Madonna des heiligen Franz" (ital. Gem.) *Cranach:* „Hl. Hieronymus in felsiger Landschaft" (Gem.), „Der Bürgermeister von Weißenfels" (Bildnis) *Dürer:* Randzeichnungen zum Gebetbuch Kaiser *Maximilians* (Illustration), „Rhinoceros" (Graphik) *Grünewald:* Isenheimer Altar (begonnen 1511) *Raffael* wird Erster Architekt von St. Peter ~ *Tizian:* „Drei Lebensalter", „Zinsgroschen", „Himmlische und irdische Liebe" (ital. Gem.) *P. Vischer:* „Apostel Paulus" (Plastik in St. Sebald, Nürnberg) *Fugger*-Haus in Augsburg Schloß Hampton Court bei London Baubeginn der franz. Renaissanceschlösser Blois und Chenonceaux	*Juan Diaz de Solis* entd. auf der Suche nach einer Durchfahrt nach Westen La-Plata-Mündung und wird von Indianern getötet *Johann Schöner:* Erdglobus (mit dem sagenhaften „Südland", eine Vorstellung, die von den Arabern aus der Antike überliefert wurde; die beginnende Suche danach führt zu wichtigen Entdeckungen im Pazifik; vgl. 1567, 1772)	Panzernashorn in Lissabon ausgest. (dient indirekt *Dürer* z. Vorbild) ~ Manufakturen in Frankreich kommen auf; staatl. Waffen- u. Tapetenfabriken

	Maximilian I. *Türken in Ägypten*	*„Der rasende Roland"* *Hutten*	*Luthers 95 Thesen* *„Utopia"*
1516	*Karl I.* wird König von Spanien, Neapel-Sizilien u. den burgundischen Niederlanden (röm.-dt. Kaiser ab 1519 als *Karl V.*) *Franz v. Taxis* wird Hauptpostmeister der niederländ. Post (Beginn der Thurn-und-Taxis-Post) Schweizer behaupten den Besitz Tessins (seit 1403 Mailand abgerungen)	*Ariosto:* „Der rasende Roland" (ital. Epos in Stanzen; 40 Gesänge bis 1521; ironisiert romantisches Rittertum) ~ * *Henry Howard,* Graf *Surrey,* engl. Lyriker (†1547)	*Erasmus:* Erste Ausgabe d. griech. Neuen Testaments mit lat. Übers. (dient *Luther* als Grundlage zur deutschen Übersetzung) *Luther:* Vorlesungen über die Psalmen (seit 1513), den Römerbrief u. d. Galaterbrief (bringen ihn zur Auffassung, daß Sündenvergebung aus göttlicher Gnade u. nicht aus „guten Werken" folgt) *Morus (More):* „Über die beste Staatsform und über die neue Insel Utopia" (human. engl. Staatsphilosophie in lat. Sprache; 1524 dt., 1548 ital., 1550 franz., 1551 engl., 1636 span. übersetzt) Konkordat gestattet Frankreich Ernennung franz. Bischöfe; dagegen anerkennt Frankreich Supremat des Papstes über Konzilien
1517	Unzufriedene Bauern ersehnen einen sie schützenden „Volkskaiser" ~ Bauernlegen und Übergang zur Weidewirtschaft vernichtet allmählich den Bauernstand in England Bauernaufstand am Oberrhein mit religiös begrdt. sozialen Forderungen Die Türken erobern Ägypten Ende des Kalifats von Kairo Portugiesen fassen auf Ceylon Fuß	*Teofilo Folengo* (auch *Merlino Coccajo;* * ~ 1496, † 1544) „Opus maccaronicum" (17 Gedichte im lat. Kauderwelsch als Parodie auf Ritterpoesie und die Lyrik *Petrarcas)* *Hutten* von Kaiser *Maximilian I.* zum „Dichterkönig" gekrönt *Maximilian I.* verfaßt mit Hilfe seiner Schreiber das allegorische Gedicht „Teuerdank", in dem er seine Jugend-Erlebnisse schildert *H. Sachs:* Erstes Fastnachtspiel (insgesamt etwa 70)	*Luthers* Ablaß-Streit mit *Tetzel,* veröffentlicht seine 95 Thesen in Wittenberg: Beginn der Reformation in Deutschland *Hutten* veröffentlicht 2. Teil der „Dunkelmänner-Briefe" im Mönchslatein gegen die Gegner *Reuchlins* u. des Humanismus überhaupt (erster Teil 1515 von *Rubianus)* Franziskaner strenger Observanz (Befolgung des Armutsgelübdes) setzen sich durch. (Orden gegr. 1221) Kardinal *Ximenes:* Complutenser Polyglotte (grundlegende Bibelausg. mit hebr. u. griech. Urtext, Vulgata, Septuaginta u. Übers. i. d. aramäische Volkssprache, „Targum"; seit 1514)

Michelangelo Tizian	*Mehrstimmige Lieder*	*Entdeckungen*	
Baldung (Grien): Hochaltar für das Freiburger Münster (Gem.) *Bartolommeo*: „Beweinung Christi" (ital. Gemälde) † *Giovanni Bellini*, ital. Maler, bes. Madonnen, Tafelmalerei (* 1428) ~ † *Hieronymus Bosch*, niederl. Maler relig.-phantast. Bilder (* ~ 1450) *Holbein d. J.*: „Bürgermeister Meyer und Frau" (Bildn.) ~ *Michelangelo*: „Moses" (ital. Plastik) * *Hans Müelich*, dt. Maler († 1573) ~ *Raffael*: „Sixtinische Madonna", „Madonna della Sedia" (it. Gem.) *Tizian*: „Die Venus v. Urbino" (ital. Gem.) *da Vinci* siedelt auf Wunsch *Franz' I.* nach Frankreich über	* *Cyprianus de Rore*, niederl. Komponist († 1565) *Raffael* wird Leiter d. päpstl. Ausgrabungen i. Rom (vgl. 1534)	* *Konrad Gesner*, schweiz. Gelehrter († 1565)	Kaiserl. Post wird nach Rom und Neapel ausgedehnt (vgl. 1500, 1504) Farbstoff Indigo kommt nach Europa Brauordnung i. Bayern mit hohen Reinheitsforderungen. Untergärige Biere kommen auf
† *Fra Bartolommeo*, it. Maler, Einfluß auf *Raffael* (* 1472) *Grünewald*: Altar für Maria Schnee in Aschaffenburg (Gem., Mittelbild jetzt in Stuppach) *Quentin Massys* (* 1466, † 1530): „Der Geldwechsler u. seine Frau" (früher niederl. Genrebild) *Raffael*: „Lo Spasimo" („Kreuztragung", ital. Gemälde) *del Sarto*: „Madonna di San Francesco" (it. Gemälde) Kathedrale von Sevilla fertiggestellt (Baubeginn 1402)	† *Heinrich Isaak*, dt. Komponist, Hofkomponist Maximilians I.; u. a. „Innsbruck, ich muß dich lassen" (* ~ 1450) *L. Senfl* wird *Isaaks* Nachfolger am kaiserlichen Hof (geht 1523 an d. Hof in München)	Portugiesen erreichen auf dem Seeweg Kanton *Girolamo Fracastoro* (* 1483, † 1553) wendet sich gegen die von der Kirche gestützte Hypothese, daß alle Versteinerungen aus der Sintflut stammen ≈ „Schlafschwämme" mit Opium, Bilsenkraut u. a. Narkotika zur med. Betäubung kommen wegen ihrer Gefährlichkeit außer Gebrauch (seit der Antike bekannt; vgl. 1100)	Kaiser *Maximilian* erläßt vorbildlich wirkende Bergordnung Der spätere Kaiser *Karl V.* gibt Monopol f. d. Handel mit Negersklaven nach den spanischen Kolonien an die Flamen Kaffee kommt nach Europa *Ugo da Capi* gewinnt für Venedig Privileg f. Holzschnittechnik

	Maximilian I. *Karl V.*	*Ariosto* *Satiren · Volksdichtung*	*Reformation und Humanismus* *Luther · Zwingli*
1518		*Ariosto* am Hofe von Ferrara; das von ihm geleitete Hoftheater regt durch regelmäßige Aufführungen das europ. Theater der Renaissance an	*Erasmus:* „Colloquia familiaria" (humanist. Gespräche über Kunst u. Wissenschaft) *Hutten* an *Pirkheimer:* „O saeculum! O literae! Juvat vivere!" („O Jahrhundert, o Wissenschaften! Es ist eine Lust zu leben!") Kirche klagt *Luther* an und verhört ihn (bannt ihn 1521) *Melanchthon* Professor in Wittenberg
1519	† *Maximilian I.*, dt. Kaiser seit 1493 (ohne päpstliche Krönung), „Der letzte Ritter", Förderer der Waffentechnik und des Landsknechtswesens, Freund des Humanismus (* 1459) *Karl V.* wird zum dt. Kaiser (bis 1556) gewählt. *Fugger* finanzieren die Wahl gegen *Franz I.* von Frankreich; Kurfürst *Friedrich der Weise* lehnt seine eigene Wahl ab Reichsritter *Hutten* schließt sich dem Schwäb. Bund gegen Herzog *Ulrich* von Württemberg an, dessen Land vorübergehend an Österreich kommt (bis 1534)	Erstes Auftauchen des Wortes Hanswurst in der niederdeutschen Bearbeitung von *Brants* „Narrenschiff"	Streitgespräch zwischen *Luther, Karlstadt* und *Eck* in Leipzig. *Luther* bestreitet göttliche Herkunft des Papsttums und Unfehlbarkeit der Konzilien. *Luther* wird 1521 in den päpstlichen Bann getan *Zwingli* beginnt die Reformation in der Schweiz durch Predigten als Leutpriester am Gr. Münster in Zürich

Renaissance *Dürer · P. Vischer d. J.*	*Weltumseglung*	
A. Altdorfer: St.-Florian-Altar *Cranach:* „Madonna" (Gem. im Dom zu Glogau) *Dürer:* Jakob Fugger (Bildnis), „Große Kanone" (neuartige Eisenradierung) *Raffael:* „Die Heilige Familie" (ital. Gem.), „Papst *Leo X.* Medici" (Bildnis) ~ *del Sarto:* Mehrere ital. Gemälde der Heiligen Familie *Veit Stoß:* „Englischer Gruß" (St. Lorenz, Nürnberg) * *Tintoretto* (eig. *Jacopo Robusti*), ital. Maler († 1594) ~ *Tizian:* „Himmelfahrt Mariä", „Venusfest" (ital. Gemälde) *Fugger*kapelle i. Augsburg (beg. 1509), ältestes Bauwerk d. dt. Renaiss., Chorgestühl v. *Daucher*	~ Brille für Kurzsichtige „Rechnung auf der Linien" von Rechenmeister *Adam Riese* (* ~ 1492, † 1559) *Grijalva* entdeckt Mexiko	Ostasiatisches Porzellan kommt nach Europa
† *Hans Backofen*, dt. Renaissance-Plastiker in Mainz, beherrschend für das ganze Rheingebiet (* 1460) *Dürer:* „Albrecht von Brandenburg" (Kupferstich), „Maximilian I." (Gemälde) † *Domenico Fancelli*, ital. Renaissance-Bildhauer in Spanien (* 1469) *Holbein d. Ä.:* „Brunnen des Lebens" (Gem.) † *Jan Joest (v. Kalkar)*, niederl. Maler im Stil *Memlings* (* unbekannt) *Joachim de Patinier:* „Taufe Christi" (Anfänge niederl. Landschaftsmalerei) *Seb. del Piombo:* „Auferweckung d. Lazarus" (ital. Gemälde) ~ *da Vinci:* Zeichnungen vom Untergang der Welt † *Leonardo da Vinci*, ital. Maler, Gelehrter, Schriftsteller (* 1452) *P. Vischer d. J.* (* 1487, † 1528): Vollendung des *Sebaldus*grabes in Nürnberg (Bildwerk der Renaissance, Auftrag 1507) *Hans Weiditz:* Holzschnitte zu *Petrarcas* „Trostspiegel" † *Michael Wolgemut*, dt. Maler, *Dürers* Lehrer (* 1434) ≈ In Italien, dann auch in den Niederl. stellt sich als Reaktion auf die Klassik der Renaissance der „Manierismus" ein, der zum Barock überleitet	*Aventinus:* „Bayrische Chronik" (vgl. 1523) *Magallanes* beginnt erste Weltumseglung. Reste seiner Expedition kehren 1522 zurück *Pineda* entd. Mississippi-Mündung *L. da Vinci* (†) gab Beiträge zur Anatomie, zum Problem des Menschenfluges, zur Wasserkunde, zur Botanik; gilt als Begründer der wissenschaftlichen Illustration	„Joachimstaler" Münze aus Böhmen als Prototyp des „Talers" ~ Kakao kommt nach Europa „Fuggerei" in Augsburg (Wohnkolonie für Arme)

	Macht der Städte *Suleiman d. Gr.*	*Bibelübersetzung* *Satiren · Volksdichtung*	*Bibelübersetzung* *Reformation und Humanismus*
1520	„Stockholmer Blutbad" durch Dänenkönig *Christian II.* zur Behauptung seiner Macht *Gustav Wasa* von Schweden (König *Gustav I.* ab 1523) leitet erfolgreichen schwed. Bauernaufstand gegen Herrschaft des Dänenkönigs *Christian II.* Mesopotamien, Syrien von den Türken unterworfen † *Selim I.* (der Strenge), siegreicher türk. Sultan seit 1512 (* 1467) *Suleiman II.* (der Große) Sultan der Türkei bis 1566 (†)	† *Bernardo Dovizi da Bibbiena*, ital. Dichter d. Ren., einer der Schöpfer der ital. Komödie (* 1470)	*Hutten* erläßt Fehdebrief gegen *Reuchlin*, weil dieser sich gegen *Luther* stellte *Luther* verbrennt die päpstliche Bannandrohungsbulle in Wittenberg *Luther*: „An den christlichen Adel dt. Nation", „Von der Freiheit eines Christenmenschen", „Von der babylonischen Gefangenschaft der Kirche" (drei große Reformationsschriften) Beginn der „Wiedertäufer"-Bewegung (eigentlich Spättäufer) unter *Thomas Münzer* mit sozialrevolutionären Tendenzen
1521	Reichsstädte verhindern auf dem Wormser Reichstag Reichseinfuhrzölle. Einführung einer außerordentlichen Kriegssteuer („Römermonate") durch die Reichsstädte zu Lasten der Bevölkerung (bis 1806) *Karl V.* überläßt die *habsburg.* Länder in Deutschland seinem Bruder *Ferdinand I.* Der Spanier *Hernando Cortez* (* 1485, † 1547) wird Statthalter in Mexiko nach blutiger Vernichtung des Azteken-Staates Belgrad v. d. Türken erobert	† *Sebastian Brant*, dt. Satiriker (* 1457) *v. Hutten*: „Gesprächsbüchlein" (Prosa) *Luther* beginnt Bibelübersetzung (formt entscheidend die Entwicklung der dt. Sprache. Vor *Luther* gab es 130 dt. Bibelübersetzungen, davon 14 hoch- u. 3 niederdt. gedruckt) *Ignatius v. Loyola* beg. die „Exerzitien" zu formulieren (vgl. 1548)	*Erasmus* beg. Ausgabe d. Kirchenväter (bis 1530) Bilderstürmende „Schwarmgeister" unter *Karlstadt* in Wittenberg Papst bannt *Luther* *Luther* auf dem Wormser Reichstag in Reichsacht getan, wird d. *Friedrich den Weisen* als *Junker Jörg* auf die Wartburg gebracht und beginnt Bibelübersetzung Zusammenarbeit zw. *Luther* und *Melanchthon* beginnt *Melanchthon*: „Loci communes" (theolog. Ertrag der Reformation)
1522	Johanniterorden durch die Türken von Rhodos nach Malta vertrieben	*Th. Murner*: „Von dem großen lutherischen Narren" (antiluth. Streitschrift) *Johann Pauli* (* 1455, † 1530): „Schimpf (Scherz) und Ernst" (Schwanksammlung) ≈ Von *Luthers* Bibelübersetzung gehen in 40 Jahren 100000 Exemplare aus der Druckerei von *Hans Lufft* in Wittenberg hervor	*Hadrian VI.* letzter deutscher Papst, bis 1523 (†) „Neues Testament" in *Luthers* Übersetzung wird gedruckt † *Johann Reuchlin*, führender dt. Humanist, Förderer der griechischen und hebräischen Sprache, Gegner der Reformation (* 1455) *Zwingli*: „Vom Erkiesen und Fryheit der Spysen" (schweiz. reformatorische Schrift gegen das Fasten)

Renaissance *Tizian*	*Blüte der (3.) niederländischen Schule*	*Weltumseglung*	
*~ *Pieter Brueghel d. Ä.* („Bauernbrueghel"), niederl. Maler († 1569) *Cranach: Luther*bildnis (Kupferstich) *Dürers* Reise in die Niederlande (bis 1521; berichtet danach über mexikanische Altertümer in Brüssel) * *Giorgio Ghisi*, ital. Kupferstecher († 1582) *Raffael:* „Verklärung Christi" (ital. Gem.) † *Raffaelo Santi (Raffael)*, ital. Maler und Baumeister (* 1483) *Tizian:* „Bacchanal"	*H. Finck* Komponist des Domkapitels in Salzburg	Ausführlicher Bericht über Abessinien von *Alvarez* *Johannes Böhm* († 1533): „Repertorium librorum trium de omnium gentium ritibus" (gilt als erster europ. Versuch einer umfassenden Völkerkunde) ~ *Scipione del Ferro* (1465, † 1526) löst kubische Gleichungen (vgl. 1545) *Magallanes* entdeckt auf seiner Weltumseglung die nach ihm benannte Straße zwischen Südamerika und Feuerland ~ *Paracelsus'* Wanderfahrten durch Europa	*Johann Baptista von Taxis* unter *Karl V* erster Generalpostmeister ≈ Frauenmode: Krause als Abschluß des Hemdes
H. Brüggemann: Bordesholmer Altar im Dom zu Schleswig (Schnitzaltar) *Adolf Daucher* (* ~ 1460, † ~ 1523): Altar in der Annenkirche in Annaberg/Erzgeb. (Bildwerk) *Holbein d. J.:* „Der tote Christus" (Gem.) *Michelangelo:* „Christus" (ital. Statue in Rom) *Orley:* „Hiobsaltar", Brüssel ~ *Palma Vecchio:* „Anbetung" (ital. Gem.)	† *Josse Desprez*, niederländ. Komponist, Hauptvertreter der 3. niederl. Schule (* ~ 1450) „Brusttuch" (Bürgerhaus i. Goslar)	~ Ende der „Academia Platonica" (Schule der *Plato*übersetzer, gegr. 1459 von *Cosimo von Medici* in Florenz) † *Fernão de Magallanes*, portug. Seefahrer in span. Diensten, auf den Philippinen im Kampf gegen Eingeborene (* 1480)	Sächsische Feuerlöschordnung (erste durch Landesgesetz. Brandkatastrophen bleiben eine akute Gefahr für d. Städte)
Altdorfer: „Landschaft" (Aquarell) * *Jean Cousin*, franz. Maler († 1594) *Grünewald:* „Kreuzigung" (Gemälde) *Holbein d. J.:* „Madonna von Solothurn" (Gemälde) *Wolfgang Huber* (* ~ 1490, † 1553): „Voralpenlandschaft" (Aq.) *Riemenschneider:* Grabmal des Fürstbischofs *Lorenz* i. Würzb. Dom	 *Dürer:* Selbstporträt als Schmerzensmann (Zeichnung)	Spanier *J. Bermudez* entd. Bermuda-Inseln	*Luther* verlangt in der Schrift „Vom ehelichen Leben" stärkere Gleichberechtigung der Frau ~ Beginn der weltlich. Armenpflege in deutschen Städten (z. B. Nürnberg)

	Karl V. Bauernkriege	Aretino Hans Sachs	Reformation und Humanismus Luther · Zwingli
1523	† *Franz von Sickingen* im Kampf der Reichsritter gegen katholische Fürsten (* 1481) Dänen werden aus Schweden vertrieben Die *Wasa* gelangen mit dem reformationsfreundlichen *Gustav I.* (bis 1560 [†]) auf den schwedischen Thron. Schweden scheidet aus der Kalmarer Union (mit Dänemark und Norwegen seit 1397) aus Vertreibung der Europäer aus China	*H. Sachs:* „Die Wittenbergisch Nachtigall" (Gedicht auf *Luther*; v. *Wagner* vertont)	† Reichsritter *Ulrich von Hutten*, dt. Humanist und Freund der Reformation (* 1488) *Klemens VII. Medici* Papst bis 1534 (†); es folgen auch weiterhin nur noch Italiener als Päpste *Luther:* „Von weltlicher Obrigkeit", „Von der Ordnung des Gottesdienstes in der Gemeinde" *Juan Luis Vives* (* 1492, † 1540): „De institutione feminae christianae" (humanist. Pädagogik; fordert auch Turnhallen f. Leibesübungen) Rat von Zürich bekennt sich zu *Zwinglis* Reformation
1524	Beginn des Bauernkrieges (bis 1525; zu den Führern der Bauern gehört ab 1525 in Franken der Ritter *Florian Geyer* [† 1525], in Thüringen *Th. Münzer,* in Tirol *Michael Gaismair;* u. a. wird *Riemenschneider* [seit 1521 Bgm. v. Würzburg] wegen seiner Beteiligung schwer bestraft; *Luther* wendet sich nach anfänglicher Vermittlung gegen die Bauern)	*Aretino* wegen schamloser Sonette aus Rom verbannt * *Luiz Vaz de Camões*, erster bedeutender portugiesischer Dichter († 1580) *N. Macchiavelli:* „Mandragola" (ital. Komödie) *Giovanni G. Trissino* (* 1478, † 1550): „Sofonisba" (ital. Tragödie in reimlosen Jamben nach aristotelischen Regeln)	*Erasmus* greift mit „Über den freien Willen" *Luther* an *Luther:* „Gesangbuch" (mit dem Komp. *Joh. Walther*), „Wider die himmlischen Propheten" (gegen die Wiedertäufer), „De servo arbitrio" („Über den unfreien Willen", gegen humanistische Religiosität, Bruch mit *Erasmus von Rotterdam*), „An die Ratsherren aller Städte, daß sie Schulen aufrichten und halten sollten" (Anregung für ein Volksschulwesen), „Von Kaufshandlungen und Wucher" (gegen Wucherpreise) *Zwingli* schafft in diesen Jahren in Zürich die katholische Messe ab; schließt die Ehe mit *Anna Meyer von Knonau,* geb. *Reinhart* Protestant. Gymnasium in Magdeburg

Altdorfer · Dürer	Blüte der (3.) niederländischen Schule	Entdeckungen	
Altdorfer: „Landschaft mit Fichte" (Aquarell) *Correggio:* „Noli me tangere" (ital. Gem.) † *Adolf Daucher*, Augsburger Bildhauer der Renaissance (* 1460) *Dürer:* „Friedrich der Weise" (Kupferstich) Baubeginn der Kathedrale v. Granada durch *Enrique de Egas* (gotisch, 1703 vollendet) *Holbein d. J.:* „Erasmus" (Bildnis) † *Pietro Perugino*, ital. Maler, u. a. „Schlüsselübergabe" in der Sixtinischen Kapelle, Anregung für *Raffael* (* ~ 1446) † *Luca Signorelli*, ital. Maler, bedeutend bes. als Aktmaler (* 1441) *Veit Stoss:* Marienaltar im Bambg. Dom *Tizian:* „Bacchus und Ariadne" (ital. Gem.)	*Hans Judenkunig* († 1526): Unterweisung in Lautentabulatur (gilt als älteste dt.) *Holbein d. J.:* „Erasmus" (Gem. i. Basel)	*Aventinus* (eig. *Johannes Turmayr*, * 1477, † 1534): Erste Landkarte Bayerns *Giovanni Verazzano* fährt in frz. Diensten an der Ostküste Nordamerikas entlang und erforscht die Hudsonmündung	
~* *Giovanni da Bologna*, ital. Bildhauer d. Ren. († 1608) *Correggio:* Fresken in San Giovanni in Parma (beg. 1520) *Dürer:* „Willibald Pir(c)kheimer" (Gem.) † *Hans Holbein d. Ä.*, dt. Maler (* ~ 1465) † *Joachim de Patinier*, niederl. Maler, bahnbrechend als Landschaftsmaler d. niederl. Schule (* ~ 1485) *Riemenschneider:* Rosenkranz-Madonna in Volkach *Hans Vischer* (* ~ 1489, † 1550): Grabmal d. Kurf. *Joachim* u. *Johann* im Berliner Dom (b. 1530)	*Johann Walther* (* 1496, † 1570) u. *Martin Luther:* „Geystlich Gesangk-Buchleyn" (Beginn d. mehrstimmg. protestant. Choral)	*Petrus Apianus* (eig. *Bienewitz* (* 1501, † 1552), Prof in Ingolstadt: „Cosmographia" (m. Vorschlag der Messung der Monddistanz für geographische Längenbestimmung) ~* *Bartolomeo Eustacchi(o)*, röm. Anatom († 1574) † *Vasco da Gama*, portug. Seefahrer und Vizekönig, Entdecker des Seeweges nach Indien (* 1469) Spanier entdecken in Mittelamerika Reste der alten Maya-Kultur Erster Zeugdruck in Augsburg	≈ „Verlagswesen" (Arbeit für Kreditgeber) als Wirtsch.-Form besonders im Textilwesen (Heimarbeit) verbreitet Truthahn aus Südamerika wird an den engl. Hof gebracht

	Gr. Bauernkrieg · Karl V.	Ausbildung der neueren Nationalliteratur	Reformation und Humanismus Luther · Zwingli
1525	Großer dt. Bauernkrieg. Die 12 Artikel der aufständischen dt. Bauern fordern Erleichterung der sozialen Lage. Fürsten besiegen bei Mühlhausen die Bauernheere. Entscheidende Festigung der Macht der Landesfürsten (vgl. 1524) † *Thomas Münzer* (enthauptet), Führer der Wiedertäufer und Bauern im Bauernkrieg (* 1489) *Karl V.* bricht durch den Sieg bei Pavia franz. Vorherrschaft in Italien zugunsten Spaniens und nimmt franz. König *Franz I.* gefangen Hochmeist. *Albrecht* (* 1490, † 1568) verwandelt preuß. Ordensstaat in protestant. Hzgt. d. *Hohenzollern* unter polnischer Lehnshoheit † *Jakob Fugger* (d. Reiche), dt. Bankier und Handelsherr, griff durch Kredite stark in die Politik ein (* 1459)	*Pietro Bembo* (* 1470, † 1547): „Prose della volgar lingua" (ital. Dichtung auf toskanischer Grundlage) * *Louise Labé*, frz. Dichterin († 1566) * *Pierre de Ronsard*, franz. Dichter († 1585) Der Tod ihres Gatten treibt *Vittoria Colonna* in die Einsamkeit; sie weiht ihre Sonette im Stile *Petrarcas* seinem Andenken	*Matteo Bassi* grdt. Kapuziner-Orden mit Franziskanerregeln; besonders Pflege der Volksseelsorge *Luther:* „Wider die räuberischen und mörderischen Rotten der Bauern" (wonach sich weite Volkskreise enttäuscht von *Luther* abwenden) *Luther* heiratet die frühere Nonne *Katharina von Bora* (* 1499, † 1552 an der Pest), (aus dieser Ehe gehen 3 Söhne u. 3 Töchter hervor) *Menno Simons* (* 1492, † 1559) sammelt die Sekte der Mennoniten i. d. Niederl. (reformiert, Lebensgestaltung n. d. Bergpredigt; verwerfen Kindertaufe, Eid u. Kriegsdienst) *Zwingli:* „Über die wahre und falsche Religion" (schweiz. Reformationsschrift, nimmt gegen *Luthers* Lehre Stellung)
1526	Ende des ersten Krieges zwisch. *Karl V.* und *Franz I.* um Mailand (seit 1521; vier Kriege bis 1544) Türkensieg bei Mohatsch über die Ungarn; Nordwestungarn und Böhmen an *Habsburg* *Ferdinand I. von Habsburg* wird König von Böhmen und Ungarn. Wirksamer Widerstand des ungar. Adels mit türk. Unterstützung Preßburg ungar. Hauptstadt *Babur* begründet mohammedanisches Reich der Großmoguln in Indien mit Hauptstadt Delhi (bis 18. Jahrh.; vgl. 1739)	*William Tyndale* (* ~ 1492, † 1536) übers. nach seiner Bekanntschaft mit *Luther* in den Niederlanden d. Neue Testament ins Englische	Speyerer Reichstag überläßt Stellung zur Reformation den Landesfürsten Reformation in Hessen Wiedertäufer lassen sich als „Mährische Brüder" mit religiös-sektenhaftem Kommunismus in Mähren nieder (bis 1622) Dänische Sprache in norwegischen Kirchen und Schulen Judenvertreibung aus Ungarn

Correggio · Holbein d. J.	Blüte der (3.) niederländischen Schule	Entdeckungen	
~ *Altdorfer:* „Christus u. d. Schächer" (Gem.) *Correggio:* „Jupiter und Antiope" (ital. Gemälde) *Dürer:* „Geometrie" (Kupferstich) *Grünewald:* „Erasmus und Mauritius" (Gem.) *Holbein d. J.:* „Madonna m. Fam. d. Bürgerm. Meyer" (Gem.) *Riemenschneider:* „Beweinung Christi" in Maidbronn; wird weg. Beteiligung a. Bauernaufstand bestraft *del Sarto:* „Madonna del Sacco" (ital. Gem.) *Tizian:* „Vanitas" (it. Gemälde) *P. Vischer:* Gedenktafel für *Albrecht* von Brandenburg in Aschaffenburg; „Nürnberger Madonna" (Bildwerke)	* *Giovanni Pierluigi Palestrina*, ital. Komponist († 1594)	*Dürer:* „Underweysung der messung mit dem zirckel und richtscheyt, in linien ebnen und gantzen corporen" (erstes dt. Lehrbuch der perspektivischen Geometrie) Musiknotendruck im einfachen statt doppelten Verfahren durch *Haultin* Verfolgung des *Paracelsus* wegen Unterstützung der Bauernaufstände	*Vives:* „De subventione pauperum" („Über die Unterstützung d. Armen", fordert Zusammenfassung d. Fürsorge unter staatlich. Aufsicht)
Correggio: „Danae" (ital. Gem.) *Dürer:* „Erasmus" u. „Melanchthon" (Kupferstiche), „Die vier Apostel" (Gem.), „Hieronymus Holzschuher" (Bildnis) *Holbein d. J.:* „Totentanz" (beg. 1523, gedr. 1538 in Lyon; Holzschnittfolge) *Holbeins* erste Reise nach London Meister *H. L.:* Schnitzaltar, Breisach *del Sarto:* „Abendmahl" (ital. Gem.) *Tizian:* „Madonna des Hauses Pesaro" (ital. Gemälde) Patrizierhaus „Das Brusttuch" in Goslar erbaut		Spanier entdecken Neuguinea	Portugiesische Faktorei i. Pernambuco

	Karl V. Türken vor Wien	Ausbildung der neueren Nationalliteratur	Luther · Zwingli Erasmus
1527	Eroberung und Plünderung Roms durch kaiserliche Söldnertruppen; „Ende der Renaissance" * *Philipp II.*, König von Spanien 1556 bis 1598 (†) † *Niccolo Macchiavelli*, ital. Staatsmann, Philosoph und Dichter (* 1469) Argentinien span. Kolonie	*Marco Girolamo Vida* (* 1490, † 1560): „De arte poetica" (ital. Dichtkunst, 3 Bücher)	*Luther:* „Ein feste Burg" (Kirchenlied als Flugblatt) *Luther:* „Daß diese Worte: Das ist mein Leib, noch feststehen" (Schrift gegen *Zwinglis* Abendmahlslehre) *Philipp* von Hessen gründet erste protestant. Universität in Marburg Lutherische Reformation in Schweden (Einziehung des Kirchenguts erlaubt Bau einer Kriegsflotte und Tilgung der Staatsschuld)
1528	Augsburger Bank- und Handelshaus der *Welser* erhält für Kredite von *Karl V.* Venezuela (bis 1546)	*Johannes Agricola* (* 1494, † 1566): „Dt. Sprichwörter" (3 Teile bis 1548) *Baldassare Castiglione* (* 1478, † 1529): „Cortegiano" (ital. Traktat in Dialogform über den idealen Hofmann, kennzeichnend für die Bevorzugung der schönen Form)	*Erasmus von Rotterdam:* „Über die richtige Aussprache der latein. u. griech. Sprache" (latein.); bekämpft Alleinherrschaft des ciceronianischen Stils Schul- u. Kirchenordnung *Melanchthons* in Kursachsen † *Jakob Wimpfeling*, deutsch. Humanist; Erneuerer des Schulwesens im Elsaß (* 1450) † *Wang Yang-ming*, chin. unabh. Philosoph neben der sich entwickelnden konfuzianischen Orthodoxie (* 1472)
1529	Erste Türkenbelagerung von Wien Der „Damenfriede" zu Cambrai beendet 2. Krieg zwisch. *Karl V.* u. *Franz I.* (seit 1526): Italien an *Karl V.*; Frankr. verliert die Lehenshoheit über Flandern und Artois	† *William Dunbar*, schott. satir. Dichter; u. a. „Die Distel und die Rose", alleg. Gedicht (* 1460) *Antonio de Guevara:* „Die Uhr der Fürsten" (span. Fürstenerziehung, f. *Karl V.*) Frauen als Schauspielerinnen in Italien Reichsges. führt Buchzensur ein	*Guillaume Budé* (* 1467, † 1540) begrdt. mit seiner altgriech. Sprachlehre klassische Philologie in Frankr. *Bugenhagen* (* 1485, † 1558) grdt. Johanneum-Gymnasium in Hamburg *Luther* schreibt seinen Katechismus Erfolgloses „Marburger Religionsgespräch" über das Abendmahl zwischen *Luther* und *Zwingli* Zweiter Reichstag von Speyer, erneuert Wormser Edikt gegen Reformation. Protest der evangel. Stände („Protestanten")

Renaissance · Tizian	Venezianische Schule	Antischolastische Medizin	
~ *Correggio:* „Jo", „Raub des Ganymed" (ital. Gem.) *Holbein d. J.:* „Thomas More" (Gem.) * *Pellegrino Tibaldi*, ital. Maler und Baumeister († 1597) *Tizian:* „Venus von Urbino" (ital. Gem.) *P. Vischer d. J.:* Wanddenkmal für *Friedrich d. Weisen* in Wittenberg	~* *Andrea Amati*, ital. Geigenbauer († 1600) *Willaert* Kapellmeister an S. Marco in Venedig; Beginn der venezianischen Schule (mehrchörige Madrigale, neue Instrumentalformen)	*Dürer:* „Etlicher Unterricht zur Befestigung der Schloß und Flecken" (Abhandlung) *Paracelsus* gibt an der Baseler Universität Programm seiner neuen Heilkunde bekannt und verbrennt Bücher der scholastischen Medizin	≈ Portugiesischer Gewürzhandel dominiert ≈ Große ital. Handelshäus. i. Deutschland
~ * *Federigo Baroccio*, ital. Maler († 1612) *Burgkmair:* „Esther v. Ahasverus" (Gem.) + *Albrecht Dürer*, dt. Maler u. Graphiker (* 1471) (wird n. s. Tode zeitw. zum Symbol d. „Deutschen Künstlers") † *Mathis Gotthard Nithart* (gen. Grünewald), dt. Maler (* ~ 1465) *Holbein d. J.:* Bildnis seiner Frau und Kinder *de Siloe* übern. d. Kathedralbau in Granada	*Martin Agricola* (*1486, † 1556): „Eyn kurtz deudsche Musica" (dt. protest. Musiklehre) † *Palma Vecchio*, ital. Ren.-Maler (* ~ 1480) * *Paolo de Veronese*, it. Barockmaler († 1588)	*Dürer* (†): Über die Proportionen des Menschen (4 Bücher)	*Seb. Franck:* „Vom Laster der Trunkenheit" Urbino führend in Majolika m. figürlichem Schmuck Viertüriger Renaiss.-Schrank (*Peter Flötner* in Nürnberg) ~ Kabinettschrank aus Ebenholz, besonders in Frankreich ~ Limogesmalerei (Emailmalerei)
Altdorfer: „Alexanderschlacht" (Gemälde) *Jean Clouet* (* 1485, † 1540) frz. Hofmaler *Giovanni Montorsoli* (* 1507, † 1563) baut den Palazzo *Andrea Doria* in Genua um † *Andrea Sansovino* (eig. *Contucci*), ital. Bildhauer d. Ren. (* 1460) *del Sarto:* „Die Heilige Familie" (ital. Gem.) *Tizian:* „Pessaro-Madonna" (ital. Gem.) † *Peter Vischer d. Ä.*, Erzgießer in Nürnberg (* ~ 1455) Knochenhaueramtshaus in Hildesheim (im 2. Weltkrieg zerst.)		*Michelangelo* wird Aufseher der Festungswerke in Florenz ~ *Giovanni Battista da Monte* († 1551) führt in Padua klinischen Unterricht am Krankenbett ein. Zahlr. Zuzug, auch dt. Studenten	≈ Mode: spanische schw. Tracht, Mantille, Degen. Männer: enge Hose bis zu den Fußspitzen, Wams mit Schößen, Jacke, Schaube m. weiten Schulterärmeln, Hals- u. Handkrause, Barett. Frauen: Schulter- u. Ärmelpuffe u. große Halskrause, Verschwind. d. Schleppe. Trennung v. Bluse und Rock, Schürze beliebt Münzstreit in Deutschland

	Karl V. *Schmalkaldischer Bund*	*Vittoria Colonna* *Margarete v. Navarra*	*Reformation und Humanismus* *Luther · Zwingli*
1530	Papst krönt in Bologna *Karl V.* (letzte Kaiserkrönung durch einen Papst) Papsttum verliert Stellung als polit. Großmacht „Schmalkaldischer Bund" der evang. Fürsten gegen den Kaiser (wird 1547 besiegt)	* *Jan Kochanowsky*, poln. Dichter († 1584) † *Jacopo Sannazaro*, ital. Dichter d. Renaissance; u. a. „Arcadia", Hirtenroman, richtunggebend für das Abendland (* 1458)	*Luther:* „Sendbrieff vom Dolmetschen" („Man muß den Leuten auf's Maul schauen") *Melanchthons* „Augsburgische Konfession", die Gegenschrift „Confutatio" und seine „Apologie" auf dem Augsburger Reichstag *Karl V.* überreicht † *Willibald Pir(c)kheimer*, dt. Humanist und Truppenführer, übersetzte griechische Schriften ins Lateinische (* 1470) Vollendung der Reformation in Kursachsen
1531		*Margarete von Navarra:* Religiöse Gedichte (frz.)	*Seb. Franck:* „Chronica, Zeitbuch und Geschichtsbibel" (für unbedingte Religionsfreiheit) *Beatus Rhenanus* (* 1485, † 1547, deutsch. Humanist): „Rerum Germanicarum libri tres" (Geschichte Deutschlands) † *Ulrich Zwingli*, schweizer. humanistisch beeinflußter Reformator, in der Schlacht von Kappeln (* 1484); Kampf der Reformierten gegen die kath. Urkantone und Österreich. Kappeler Friede verhindert Ausweitung der Reformation auf die ganze Schweiz
1532	*Macchiavellis* „Der Fürst" erscheint im Druck Portugiesen kolonisieren Brasilien	*Clément Marot* (* 1496, † 1544): „Adolescence Clémentine" (frz. Lyrik)	*Karl V.* hebt im „Nürnberger Friedstand" Wormser Edikt gegen Protestanten bis auf weiteres auf (wegen Türkengefahr)

Riemenschneider Correggio	*Venezianische Schule*	*Agricola*	
∼ *Altdorfer:* „Donaulandschaft b. Regensburg“ (gilt als erst. dt. reines Landsch.gem.) *Correggio:* „Mariä Himmelfahrt“ (persp. Fresko in der Domkuppel zu Parma) ∼ *Cranach der Ält.:* „Venus und Amor“ (Gem., Ganzakt) * *Juan de Herrera*, span. Baumeister der Hochrenaissance († 1597) *Jan van Scorel* (* 1495, † 1562: „Kreuzigung“, Bonn (holld. Gem.)		*Georg Agricola* „De re metallica“ (erste deutsche bahnbrechende Metallurgie; dt. als „Bergwerksbuch“ 1557) *Girolamo Fracastoro* beschreibt und benennt die „Syphilis“ ∼ Verbreitung des Spinnrades (erwähnt schon vor 1300, abgebildet 1480) ∼ Schraubstock kommt auf	Reichstag beschließt Angabepflicht von Drucker u. Druckort Geldlotterie d. Stadt Florenz Erste Reichspolizeiordnung (Gewerbe, Maße u. Gewichte, Apothekenaufsicht, Wucher, Bettelei, Unzucht u. a. betreffend)
Altdorfer: „Der Bettel sitzt der Hoffart auf der Schleppe“ (Gem.) † *Hans Burgkmair*, Augsburger Maler; religiöse Bilder und Porträts (* 1473) *Correggio:* „D. Heilige Nacht“ (ital. Gem.) † *Tilman Riemenschneider*, dt. gotischer Bildschnitzer: Creglinger Marienaltar, Rothenburger Blutaltar, Grabmäler in Würzburg (* ∼ 1460) † *Andrea del Sarto*, florent. Maler (* 1486) ∼ Letzte Ausklänge des got. Stils in Dtl.			Groß. Komet (spät. „*Halley*scher“) erscheint und erweckt abergläubische Kometenfurcht (Flugblätter) Börse in Antwerpen mit Weltgeltung
Correggio: „Leda mit d. Schwan“ (it. Gem.) *Holbein d. J.* geht nach England; „Kaufmann Georg Gisze“ (Gem.) *Conrad Meit* (* ∼ 1480, † ∼ 1550): Grabmäler in Brou (b. Chartres) *Hans Vischer:* Apollobrunnen im Hofe des Nürnberger Rathauses	* *Orlando di Lasso*, niederl. Komponist († 1594)	*Otto Brunsfels* begründet neuere Botanik mit seinem „Kräuterbuch“	„Peinliche Halsgerichtsordnung“ (‚Carolina‘) *Karls V.* enthält Anfänge ein. gerichtlichen Medizin, sieht aber auch Folter zur Erzwingung eines Geständnisses vor

	Heinrich VIII. *Iwan IV. (der Schreckliche)*	*Rabelais*	*Reformation und Humanismus* *Loyola*
1533	*Heinrich VIII.* heiratet *Anna Boleyn* * *Elisabeth*, Königin von England von 1558—1603 (†) *Iwan IV.* („d. Schreckl.") Zar v. Rußl. bis 1584 (†) (* 1530) * *Wilhelm von Oranien*, Statth. d. Niederl. (1584 ermordet) *F. Pizzaro* vollendet in Peru Zerstörung d. Inka-Reiches, die er 1531 v. Panama aus begann. Peru unt. span. Krone Protestantischer Bürgermeister *Jürgen Wullenwever* versucht Patrizierherrschaft in Lübeck zu beseitigen (* ~ 1492, † 1537)	† *Ludovico Ariosto*, ital. Dichter (* 1474) ~ *John Heywood* (* 1497, † ~ 1586) schreibt possenhafte Zwischenspiele f. engl. Volksdramen * *Michel de Montaigne*, franz. Dichter und Schriftsteller († 1592)	~ * *Isaak Lurja*, jüd. Mystiker († 1572) ≈ Ahnenstandbilder aus Tuffstein auf der Osterinsel; bis 20 m Höhe und 40 t Gewicht (diese Entstehungszeit wird aus der Flechtenbewachsung vermutet)
1534	Landgraf *Philipp* v. Hessen führt luther. Herzog *Ulrich* von Württemberg in sein Land zurück, aus dem er 1519 vom Schwäbischen Bund vertrieben wurde Der Lübecker protest. Bürgermstr. *Jürgen Wullenwever* beginnt Fehde der Hanse geg. Skandinavien (Hanse unterliegt 1535/36)	* *Hernando de Herrera*, span. Lyriker († 1597) *Manot* flieht aus relig. Gründen aus Frankreich an den Hof *Margaretes v. Navarra* *Fr. Rabelais:* „Gargantua, Vater von Pantagruel" (frz., burleske Abenteuer zweier Riesen als Satire auf Staat u. Kirche, nach einem frz. Volksbuch)	Zur Erlangung der Ehescheidung von *Katharina v. Aragonien* löst *Heinrich VIII.* durch die „Suprematsakte" engl. Kirche v. Rom. Beginn der anglikan. Staatskirche *Loyola* gründet „Gesellschaft Jesu" („Societas Jesu" [S. J.], „Jesuiten") als wirks. Vorkämpferin f. d. kath. Kirche bes. in d. Gegenreformation Ausgabe der vollst. *Luther*schen Bibel-Übersetzung In Münster entsteht unter *Johann Matthys* und *Johann van Leyden* (* 1509, hingerichtet 1536) sozialrevolut. Reich der Wiedertäufer („Königreich Zion"; blutig und grausam beseitigt 1535) *Paul III. Farnese* Papst bis 1549 (†) (* 1468)
1535	*Karl V.* erobert im Kampf gegen Seeräuber Tunis und befr. 20000 christl. Sklaven Frankreich verliert Hzgt. Mailand endgültig an Spanien (1714 zu Österreich) Span. Vorherrschaft i. Italien Franz.-türkisches Handelsabkommen gegen d. Kaiser Reichskammerger. verfügt d. Herstellg. d. alten aristokrat. Stadtverfssg. i. Lübeck	*Cartier* grdt. Neu-Frankreich am Lorenzstrom in Kanada (vgl. 1541)	* *Luis Molina*, span. Jesuit († 1600) † *Thomas Morus (More)*, engl. humanist. Staatsmann, enthauptet wegen Eidesverweigerung auf *Heinrich VIII.* als kirchl. Oberhaupt (* 1478) † *Agrippa von Nettesheim*, dt. Arzt u. Mystiker, Gegner der Scholastik (* 1486)

Renaissance Michelangelo	*Venezianische Schule*	*Antischolastik Vesalius*	
Cranach: „Adam und Eva“ (Gem.) *Holbein d. J.*: „Der Gesandte“ (Gem.) † *Lukas van Leyden*, niederl. Maler u. Kupferstecher; u. a. 1526 Leydener Flügelaltar mit „Jüngstem Gericht“ (* 1494) † *Veit Stoß*, Nürnberger Bildschnitzer, u. a. Hochaltar der Marienkirche in Krakau (* ~ 1450) *Tizian*: Bildnis *Karls V*. (ital. Gem.)	*C. Janequin*: „Sacrae cantiones“ (frz. Motetten). Seine Chansons werden gedruckt	*Becerra* entdeckt Kalifornien	Erste dt. Irrenhäuser (ohne ärztl. Pflege)
Bandinelli: „Herkules und Cacus“ (Monumentalplastik, Florenz) † *Antonio Allegri da Correggio*, ital. Maler, Begründer der Barockdeckenmalerei (* 1489) Vollendung der Grabkapelle der *Medici* in Florenz durch *Michelangelo* *Michelangelo* siedelt endgültig n. Rom über *Tizian*: „Landschaft m. Schafherde“ (ital., reines Landsch.-Bild) Dom zu Regensburg fertiggestellt (Baubeginn 1275)	*Johann Ott*: „121 neue Lieder lustig zu singen und auf allerley Instrument dienstlich“ Papst fordert Erhaltung antiker Denkmäler	*Euricius Cordus* (* 1486, † 1535): „Botanologicon“ (gilt als 1. Versuch einer wissenschaftl. Pflanzenkunde; *C*. kämpft auch gegen medizin. Aberglauben) *Seb. Franck*: „Weltbuch“ (erste volkstümliche Weltbeschreibung) *Francesco Guicciardini* (* 1483, † 1540): „Storia d'Italia“ (erste auf Quellen gestützte Geschichte Gesamt-Italiens; erscheint ab 1561) *Vesalius* nimmt in Paris an 4 Leichenöffnungen Gehenkter teil, die als feierliches Schauspiel vor geladenen Gästen stattfinden	Fehdebrief des Köllner Kaufmanns *Hans Kohlhase* (1540 in Berlin gerädert) gegen den Junker *Zaschwitz* und Kursachsen wegen Rechtsverweigerung (*Kleists* „Michael Kohlhaas“)
Cranach d. Ä.: „Frauen 5 Mönche züchtigend“ (getuschte Federzeichnung) ~ *Wolfgang Huber* (* ~ 1487, † 1553): „Blick in's Tal“ (getuschte Federzeichn.) *Giulio Romano* (* 1499, † 1546): Palazzo del Te in Mantua (Architektur und Fresken, Baubeginn 1525)		*Jacques Cartier* (* 1491, † 1557) befährt den St.-Lorenz-Strom Taucherglocke von *F. de Marchi* (vgl. 1778)	Wechselmesse zum Ausgleich internationaler Zahlungen in Besançon (an verschiedenen Orten bis 1621) Anfänge einer Börse in London Spanier gründen Buenos Aires in Argentinien (bald verlassen und 1580 neu aufgebaut)

	Französisch-türkisches Bündnis gegen den Kaiser	Ausbildung der neueren Nationalliteratur	Ende des Humanismus Luther · Calvin
1536	Hanse verliert Einfluß in Skandinavien durch Niederlage Lübecks in der „dänischen Grafenfehde" *Heinrich VIII.* läßt seine zweite Gemahlin *Anna Boleyn* (* 1503) hinrichten ∼ Staatssubventionen im span. Schiffsbau Spanier gründen Buenos Aires in Argentinien	† *Johannes Secundus* (eig. *Jan Nicolai Everaerts*), niederl. Dichter; u. a. „Basia" („Küsse", neulatein. Elegien) (* 1511) ∼ † *Gil Vicente*, portug. Schauspieler u. Lyriker, Begründer des port. Theaters (* 1470)	*Calvin:* „Institutio Religionis Christianae" (schweiz. Reformationsschrift mit Lehre von der Prädestination) † *Erasmus von Rotterdam*, führender europäischer Humanist, zuletzt Gegner *Luthers* (* ∼ 1465) *Luther* formuliert in den „Schmalkaldischen Artikeln" scharf den protestantischen Standpunkt gegenüber d. Reformierten *Luthers* „Tischreden" werden herausgegeben Reformation in Dänemark und Norwegen
1537	Mittelchile v. *Diego de Almagro* (* 1475, † 1538, ermordet) erobert (seit 1535)	*Aretino:* „Briefe" (gilt als Vollendung des ital. Humanismus) † *Thomas Murner*, dt. Satiriker (* 1475)	*Bugenhagen* führt Reformation in Dänemark ein (1538 Rektor a. d. Univ. Kopenhagen)
1538	Ende des dritten Krieges zwischen Kaiser *Karl V.* und *Franz I.* im Bündnis mit *Suleiman II.* um Mailand (seit 1536) Spanier beg. Bolivien zu erobern	*Vittoria Colonna:* „Rime" (ital. Dichtung), befreundet sich mit *Michelangelo* * *Giovanni Battista Guarini*, ital. Dichter († 1612) *Seb. Franck:* „Kriegsbüchlein des Friedens — wider den Krieg" *C. Marot:* „30 Psalmen Davids in französischer Sprache" *Paul Rebhun* (*1506, †1540): „Hochzeitsspiel auf die Hochzeit zu Kana" (Kunstdrama in dt. Versen nach antikem Muster)	* *Carl Borromäus*, Kardinal u. Erzbischof von Mailand († 1584) *Calvin* wegen unbequemer Sittenstrenge aus Genf ausgewiesen (k. 1541 zurück) *Heinrich VIII.* zieht in England die Klöster ein *Joh. Sturm* (* 1507, † 1589): „De literarum ludis recte aperiendis" (päd. Humanismus im Dienst ev. Frömmigkeit) Straßburger Gymnasium eröffn., Rektor: *Joh. Sturm* (entw. s. zur Univers.)
1539	Spanien erobert Kuba	* *Marnix van St. Aldegonde*, niederl. reform. Schriftsteller u. Staatsmann (†1598)	Reformation i. Brandenburg unter Kurfürst *Johann II.* u. in Sachsen unter *Heinrich dem Frommen*

Renaissance	*Venezianische Schule*	*Vesalius · Paracelsus*	
Schloß Chambord, frz. Renaissancebau (Baubeginn 1523) *Holbein d. J.* wird Hofmaler *Heinrichs VIII.*; malt „Königin Jane Seymour" (Bildnis) † *Baldassare Peruzzi*, ital. Baumeister u. Maler d. Renaiss., erbaut seit 1535 Palazzo Massimi in Rom (* 1481) *Jac. Sansovino* beginnt Markusbibliothek in Venedig Spätgotischer Chor d. Freiburger Münsters (Baubeginn 1354)	*Heinrich Finck* (* ~ 1445, † 1527): „Schöne auserlesene Lieder" (posthum) *Holbein d. J.*: „Mann mit Laute" (Gem.)	*Paracelsus*: „Große Wundarznei" *Petrus Ramus (Pierre de la Ramée)*, (* 1515, † 1572 in der Bartholomäusnacht) verteidigt die These „Alles was *Aristoteles* gesagt hat, ist falsch" *Vesalius* entführt d. Leiche eines Gehenkten, um das Skelett zu präparieren (fordert Sezierung d. Leiche als zuverlässige Erkenntnisquelle) Der von den Indianern verwendete Kautschuk wird erwähnt	
Holbein d. J.: „Hubert Morett" (Gemälde) *Tizian*: „König Franz I. von Frankreich" (ital. Gem.) Geschwungene Freitreppe im Ren.-Stil am Görlitzer Rathaus Schloß Gripsholm erbaut (schwed. Ren.-Bau)	† *Paul Hofhaimer*, österr. Liederkomp., Meister d. Orgelspiels (* 1459)	*Paracelsus*: „Große Astronomie" (astrologisch) *Niccolò Fontana* (gen. *Tartaglia*, * ~ 1500, † 1575) begründet Ballistik	
† *Albrecht Altdorfer*, dt. Maler (* ~ 1480) *Erhard Schön*: „Unterweissung der proportzion" (mit kubistisch vereinfachten Menschengestalten) *de Siloe* beg. die Kathedrale von Malaga (span. Bau der Hoch-Ren.; 1719 vollendet) *Caspar Theyß* beg. das Berliner Schloß im Ren.-Stil	*Ph. Verdelot*: „Madrigalien" (erste fünfstimm. Madrigale)	*Paracelsus*: „Irrgang der Ärzte" Bezeichnung „Amerika" wird auf der Karte *Mercators* auch für Nordamerika verwendet (vgl. 1507)	
~ *Holbein*: „Anna von Cleve", „Heinrich VIII." (Bildnisse) ~ *Tizian*: „Ruhende Venus" (n. *Giorgione*)			Im Straßburger Münster erster Weihnachtsbaum

	Heinrich VIII. Türken in Ungarn	Ausbildung der neueren Nationalliteratur	Reformation Heiliges Offizium
1540	Der Adel in Brandenburg erhält das Recht des „Bauernlegens"	* Abbé *Pierre de Bourdeille*, Seigneur *de Brantôme*, franz. Schriftsteller († 1614) *Thomas Naogeorg* (eig. *Kirchmair*, * 1511, † 1563): „Mercator" (neulat. protestant. Drama. 1538: „Pammachius")	*Melanchthon* schließt Kompromiß zwischen d. Abendmahlslehren *Luthers* und *Calvins* *Luther* billigt Doppelehe *Philipps* von Hessen Jesuitenorden durch Papst *Paul III.* bestätigt
1541	† *Francisco Pizzaro*, Eroberer und Herrscher Perus, ermordet durch den Sohn seines vorher ermordeten Rivalen *Almagro* (* 1475) *Pedro de Valdivia* erobert ganz Chile und gründet Hauptstadt Santiago Span. Feldzug gegen Algier scheitert Spanier erobern das Maya-Reich in Yucatan (Mittelamerika) Türken erobern Ofen (Buda) (mittl. Ungarn bis 1699 türkisch) Selbständ. Fürstentum Siebenbürgen *Cartier* führt frz. Kolonisten an den St.-Lorenz-Strom (Kanada)	*Seb. Franck*: „Sammlung dt. Sprichwörter"	*Calvin* nach Genf zurückgerufen Calvinistische Reformation in Schottland durch *John Knox* (* 1505, † 1572) *Joachim Camerarius* (* 1500, † 1574) fördert als dt. human. Philologe entscheidend Leipziger Universität (gegr. 1409) † *Karlstadt* (eig. *Andreas Bodenstein*), dt. Theologieprofessor, erst Anhänger der lutherischen, später d. reformierten Richtung; seine Lehren gaben Veranlassung zu Bilderstürmerei (* 1480) *Loyola* erster General der Jesuiten Herausgabe der schwed.-luther. Bibelübersetzung durch *Laurentius Petri* Religionsgespräche zu Worms und Regensburg
1542	*Heinrich VIII.* nimmt den Titel „König von Irland" an * *Maria Stuart*, Königin von Schottland († 1587) * *Akbar der Große*, Großmogul in Indien († 1605) Span. Vizekgr. (Peru, Chile, Paraguay, Buenos Aires) mit Hauptstadt Lima	* *Georg Rollenhagen*, dt. Satiriker d. Barockzeit († 1609) † *Thomas Wyatt*, engl. von *Petrarca* beeinfl. Dichter (* 1503)	* Kardinal *Robert Bellarmin* Jesuit ab 1560 († 1621) *Cosimo I. Medici* (* 1519, † 1574) Hzg. von Florenz, erneuert Universität in Pisa Verschärfte Form der Inquisition in Italien unter Papst *Paul III.* („Heiliges Offizium") Kurfürst *Hermann von Wied* versucht vergeblich gegen Kaiser *Karl V.* Reformation in Köln

Renaissance Michelangelo · Baldung	Paracelsus Entdeckungen	
Baldung (Grien): „Maria mit dem Kinde" (auch „Caritas" genannt, Gemälde) ~ † *Hans Brüggemann*, dt. Bildschnitzer (* 1480) *Francois Clouet* (* 1522, † 1572), Sohn *J. Clouets*, wird frz. Hofmaler † *Francesco Mazzola* (gen. *Parmigianino*), ital. Maler und Radierer des „Manierismus", einer der Begründer der Radierung in Italien; u. a. „Madonna mit dem langen Hals" (Gemälde) (* 1503)	Maschinenbaubuch von *V. Biringuccio* * *William Gilbert*, engl. Naturforscher († 1603) *Georg Joachim Rhaeticus* (* 1514, † 1576) schreibt über die Lehre seines Lehrers *Kopernikus* Ätherherstellung aus Alkohol und Schwefelsäure Gegossene Bleirohre	≈ Antwerpen führende Handelsstadt Geld- und Wechselbörsen in Augsburg und Nürnberg
† *Rosso Fiorentino (G. B. Rosso)*, ital. Maler, malte seit 1530 Schloß Fontainebleau aus und bringt damit den ital. „Manierismus" nach Frankreich (* 1494) ~ † *Damian Forment*, span. Holz- und Steinbildner (* ~ 1480) ~ * *El Greco* (eig. *Dominico Theotocopuli*), griech.-span. Maler († 1614) *Holbein d. J.*: „Bildnis eines jüngeren Mannes" (Gemälde) *Michelangelo*: „Jüngstes Gericht" (ital. Fresko in der Sixtinischen Kapelle, seit 1536) *Sebastiano Serlio* (* 1475, † 1554) am franz. Hof. Schreibt seit 1537 „Sieben Bücher über die Baukunst"	† *Paracelsus, Theophrast von Hohenheim*, dt. Arzt, Alchimist und Philosoph, bekämpfte scholastisches Denken i. d. Medizin, vertrat empirische Medizin, lehrte Selbsthilfe der Natur, verwendete anorganisch-chemische Heilmittel (* 1493) Amazonenstrom durch *Orellana* von Peru her entdeckt	
† *Dosso Dossi* (eig. *Giovanni di Nicolo de Lutero*), ital. Maler der Renaissance, allegorische Bildnisse (* ~ 1483) *Michelangelo*: „Mariengruppe", „Julius II.", „Sibylle", „Prophet" (Plastiken für das Juliusgrabmal in Rom) † *Barend van Orley*, niederländ. Maler religiöser Werke ital. Richtung (* ~ 1490)	*Leonhard Fuchs* (* 1501, † 1566): „Historia Stirpium" (dt. „New Kreuterbuch" 1543; *F.* gilt als einer der „Väter der Botanik") Der Portug. *Pinto* erreicht Japan Auf einem Feldzug (seit 1540) erreichen Spanier den Grand Canon u. den Arkansas in Nordamerika	Getränkesteuer in Bayern, später Verbrauchssteuer für andere Waren

	Französisch-türkisches Bündnis gegen den Kaiser	*Ausbildung der neueren Nationalliteratur*	*Luther · Calvin Tridentinisches Konzil*
1543	*Philipp II.* heiratet *Maria v. Portugal* (die Mutter von *Don Carlos*) Nach Japan verschlagene Portugiesen bringen dorthin Feuerwaffen	* *Thomas Deloney*, engl. Schriftsteller d. Renaissance († 1607) *Clément Marot*: Frz. Übersetzung der Psalmen (beg. 1533)	† *Johann Eck*, dt. kathol. Theologieprofessor, maßgebender *Luther*gegner (* 1486) † *Sebastian Franck*, dt. volkstümlicher religiöser Schriftsteller, erstrebte freie Religionsgemeinschaft (* 1499) *Luther:* „Von den Juden und ihren Lügen" Protestant. Fürstenschulen Schulpforta, Meißen, Grimma in Sachsen gegrdt.
1544	Friede von Crépy: Ende d. vierten Krieges zwischen Kaiser *Karl V.* und *Franz I.* im Bündnis mit *Suleiman II.* (seit 1542): Mailand bleibt Reichslehen, Neapel bei Spanien	* *Torquato Tasso*, ital. Dichter der Renaiss. († 1595) † *Clément Marot*, frz. Dichter der Frührenaissance (* 1496)	*M. Luther:* „Hauspostille" (Predigten) Erste protest. Kirche in Deutschland (Schloßkapelle Hartenfels in Torgau), von *Luther* eingeweiht *Albrecht von Preußen* grdt. Albertus-Universität in Königsberg
1545		† *Antonio de Guevara*, span. Schriftsteller, Chronist *Karls V.* (* 1480) ~ * *Perez de Hita*, span. Dichter d. Ren. († ~ 1619) ~ Berufsschauspieler in Oberitalien verbreiten Stegreifkomödie	*Calvin:* „Genfer Katechismus" (schweiz.) *Luther:* „Wider das Papsttum zu Rom, vom Teufel gestiftet" (Streitschrift) *Luther:* „Biblia Deudsch" (ganze Bibel letzter Hand) Papst beruft auf Veranlassung *Karls V.* erstes Tridentinisches Konzil (bis 1547) erneuert kath. Kirche (vgl. 1564)

Renaissance · Tizian	Protestantische Kirchenmusik	Kopernikus · Vesalius	
Christoph Amberger (* ~ 1505, † 1561/62): „Chr. Baumgartner" (seit 1530 üb. 30 Bildn.) *Cellini*: Goldenes Salzfaß für *Franz I.* * *Domenico Fontana*, ital. Baumeister des Frühbarock († 1607) † *Hans Holbein d. J.*, seit 1532 endgültig in London, dt. Maler, bes. Bildnisse (* 1497) *Caspar Theyß*: Jagdschloß Grunewald (b. Berlin) für Kurfürst *Joachim II.*; Ren.-B.) *Tizian*: „Ecce homo" (ital. Gem.), „Papst Paul III." (Bildn.)	* *William Byrd*, engl. Komponist († 1623) † ~ *Ludwig Senfl*, dt. Komponist und Kirchenmusiker in Zusammenarbeit mit *Luther*; Schüler und Nachfolger *H. Isaaks*; bes. mehrstimmige Volksliedsätze (* ~ 1492)	„De revolutionibus orbium coelestium" („Über die Umläufe der Himmelskörper") von *Kopernikus* veröffentlicht. Beginn der Auflösung des geozentrischen Weltbildes von *Ptolemäus* (2. Jahrh. n. Chr.) † *Nikolaus Kopernikus*, europäischer Astronom, Schöpfer des modernen heliozentrischen Weltbildes (* 1473) *Andreas Vesalius*: „De humani corporis fabrica" (bahnbrechende Anatomie; berichtigt viele Irrtümer *Galens*)	Mainbrücke in Würzburg (Baubeg. 1473)
Konrad Krebs: Schloß Hartenfels in Torgau mit Schloßkapelle	*Johann Ott*: „Liedersammlung" (Ausgabe mehrstimmiger Lieder in Partitur) *Palestrina (Pierluigi)* Kapellmeister in Palestrina (bis 1551) *Cyprian de Rore* (* 1516, † 1565): erste chromatische Madrigale (niederl.-ital. Kompositionen) *Georg Rhaw*: „Neue deutsche geistliche Gesänge für die gemeinen Schulen" (Sammlung protest. Kirchenlieder in polyph. Satz)	*Luca Ghini*: 1. Herbarium. *Georg Hartmann* aus Nürnberg entd. d. magn. Inklination (von *R. Normann* 1581 voll gewürdigt) *Sebastian Münster* (* 1489, † 1552), Baseler Reformator: „Cosmographia universalis. Beschreibung aller Länder" (471 Holzschnitte, 26 Karten; noch viele Irrtümer) *Michael Stifel* (* 1487. † 1567), bedeutender dt. „Cossist" (Rechenmeister für Gleichungen): „Arithmetica integra" (mit Vorrede von *Melanchthon*)	≈ Verstärkte Verwendung von Gußeisen für Geräte
† *Hans Baldung* (gen. *Grien*), dt. Maler (* ~ 1480) Aufstellung des *Julius*grabmales von *Michelangelo* in Rom (nicht vollendet, in Arbeit seit 1505) *Tizian*: „Danaë" (ital. Gem.) *Tintoretto*: „Himmelfahrt Mariä" (it. Gem.)	*Luther*: Kirchenlieder, Ausgabe „Letzter Hand"	*Geronimo Cardano* (* 1501, † 1576) veröffentlicht Lösungsmethoden für Gleichungen dritten und vierten Grades, gefunden von *Ferro* († 1526) bzw. *Ferrari* (* 1522, † 1565) Erster botanischer Garten Europas in Padua	*Claude Garamond* entwirft seine Antiqua-Druckschrift (in der d. vorliegende Buch gesetzt ist) ~ Uhren am Fingerring

	Fugger · Welser Zar Iwan IV.	Aretino · Vittoria Colonna	Loyola · Engl. Hochkirche
1546	Schmalkaldischer Krieg zwischen Kaiser und protestantischem Schmalkaldischem Bund (bis 1547) Bankhaus der *Welser* muß Venezuela wegen kolonisatorischer Mißerfolge der span. Krone zurückgeben (vergebl. Suche nach d. sagenh. Goldland „Dorado") Höhepunkt der Geldmacht der *Fugger*, deren Vermögen sich mit 4 Mill. Gulden in den letzten zwanzig Jahren mehr als verdoppelte; Finanzierung des Schmalkaldischen Krieges	*Aretino:* „Orazio" (ital. Tragödie der Ren.)	† *Martin Luther*, dt. Reformator (* 1483) Tridentiner Konzil läßt allein lat. „Vulgata" als autoris. Bibelübersetzung zu Trinity College in Cambridge gegründet Christ Church College Oxford
1547	† *Heinrich VIII.*, seit 1509 Kg. v. Engl., löste engl. Kirche v. Rom; ließ zwei seiner 6 Frauen hinrichten (* 1491) *Eduard VI.* König von England bis 1553 (†) † *Franz I.*, absolut. König v. Frankreich seit 1515 (* 1494) *Heinrich II.* König von Frankreich bis 1559 (†) *Iwan IV.* nimmt als Erster Zarentitel an. Kampf mit dem Bojarenadel Kaiser *Karl V.* besiegt in der Schlacht v. Mühlberg Kurf. *Johann Friedrich* v. Sachsen und nimmt ihn gefangen; Ende des protestantischen Schmalkaldischen Bundes Vergebl. Verschwörung des *Fiesco* (†) gegen aristokrat. Herrschaft d. *Doria* i. Genua	* *Mateo Alemán*, span. Romanschriftsteller († ~ 1615) † *Pietro Bembo*, ital. Gelehrter und Dichter d. Ren., Nachahmer *Petrarcas* (* 1470) * *Miguel de Cervantes Saavedra*, span. Dichter († 1616) † *Vittoria Colonna*, ital. Dichterin (Sonette), Gattin *Pescaras* und Freundin *Michelangelos* (* ~ 1490) * *Johann Fischart*, dt. Satiriker u. Polemiker († ~ 1590) † *Henry Howard* (Graf *Surrey*, hinger.), engl. Lyriker. Erste Übersetzung von Gesängen der „Äneis" *Vergils;* schuf engl. Sonett und Blankvers (* ~ 1516)	~ Gründung der englischen „Hochkirche" („High Church", vereinigt protest. Lehre mit Bischofsverfassung und kathol. Form des Gottesdienstes)
1548	Kaiserl. Machtstreben scheitert auf dem „geharnischten Reichstag" von Augsburg (seit 1547) *Sigismund II.* König von Polen bis 1572 (†) *Gonzalo*, Sohn *F. Pizzaros*, wird in Peru wegen Aufstandes gegen Vizekönig enthauptet	*Julius Cäsar Scaliger* (* 1484, † 1558), schreibt lat. Gedichte (wirkt auf die dt. Dichtung des 17. u. 18. Jh.) *B. Waldis:* „Esopus" (400 gereimte Fabeln)	* *Giordano Bruno*, italien. Philosoph († 1600) Kaiser *Karl V.* versucht, im Augsburger „Interim" die Protestanten m. einem Kompromißvorschlag (Priesterehe, Laienkelch) f. d. Katholizismus zurückzugewinnen *Loyola:* „Exercitia spiritualia" („Geistliche Übungen" der Jesuiten) * *Francisco Suarez*, span. scholast. Philosoph († 1617)

Renaissance Schloß Fontainebleau	*Protestantische Kirchenmusik*	*Agricola Geburtshilfe*	
Cranach: „Luther“ † *Peter Flötner*, Nürnberger Kleinplastiker der Früh-Ren. (* 1485) *Pierre Lescot* (* 1510, † 1578), frz. Baum., beginnt den Bau des Louvre in Paris (abgeschl. 1868) ~ *Tizian:* „Venus mit Amor“, „Venus m. d. Orgelspiel.“ (it. Gem.) Schloß Moritzburg in Sachsen, Renaissancebau, fertiggestellt (beg. 1542; Umbau 1722)		*G. Agricola:* „De natura fossilium“ (Gesteins- und Fossilienkunde) *Valerius Cordus* (* 1515, † 1544): 1. dt. Arzneibuch * *Tycho Brahe*, dänischer Astronom († 1601) *Fracastoro* entwickelt genauere Vorstellungen über ansteckende („kontagiöse“) Krankheiten * *Andreas Libavius*, dt. medizinischer Alchimist († 1616) *Michelangelo:* erst. Entwurf f. d. Kuppel von St. Peter	Gesetzl. organisierte Börse in Toulouse
Franz I. (†) begann Ausbau d. Lustschlosses Fontainebleau a. d. 13. Jh. (beend. 18. Jh.) (vgl. 1541) *Michelangelo* übernimmt die Bauleitung d. Peterskirche i. Rom; Gesamtentwurf f. d. Kapitolplatz in Rom † *Sebastiano del Piombo*, ital. Maler unter *Michelangelos* Einfluß (* 1485) Schloß Hohenschwangau bei Füssen fertiggestellt (Baubeginn 1538; Neubau 1832)	*Glareanus:* „Dodekachordon“ (schweizer. Musiktheorie; Vermehrung der Kirchen-Tonarten von acht auf zwölf)	*Ambroise Paré* gelingt erstmalig Geburtshilfe durch Wendung des Kindes in die Fußlage	≈ In Frankr. wird Französisch Aktensprache statt Latein ≈ Flugschriften als Nachrichtenblätter sehr verbreitet (auch als relig. Streitschriften). Reichspolizeiordnungen (1548, 1577) können sie nicht eindämmen
Philibert Delorme (* ~ 1515, † 1570) erhält Bauleitung und baut Ballsaal des Schlosses Fontainebleau b. 1559 *Tizian* malt *Karl V.* sitzend und zu Pferde			~ Entdeckung der Silberminen in Peru und Mexiko ermöglicht allgemeine europäische Geldwirtschaft. Beginn der Steigerung der europäischen Silberausfuhr nach Ostindien Frankreich verpachtet Salzsteuer

	Spanien Weltmacht Russisches Reich	Ausbildung der neueren Nationalliteratur	Reformation 2. Tridentinisches Konzil
1549	Coburg Residenz der Wettiner (seit 1543 Schloß Ehrenstein im Bau) Religiöse und soziale Unruhen in England Jesuiten in Brasilien; schützen Indianer; als Ersatz werden Negersklaven eingeführt (1759 werden Jesuiten vertrieben)	*du Bellay:* „Verteidigung u. Beschreibung der französ. Sprache" (Manifest zug. d. Nationalsprache, aus der klassischen „Plejaden" — Dichterschule um *Pierre de Ronsard)* *Friedrich Dedekind* (* 1525, † 1598): „Grobianus" (iron. Sittenspiegel, lat.; niederdt. 1583) † *Margarete von Navarra,* Dichterin der frz. Frührenaissance (* 1492) Gründung eines festen Theaters in Rom	Evangelisches Gebetbuch („Common Prayer Book") in England *Wilhelm IV.*, Herzog von Bayern 1508 bis 1550 (†), beruft Jesuiten an die Universität Ingolstadt Jesuit *Franz Xaver* (* 1506, † 1552) als Missionar in Ostindien (seit 1541) und Japan „Züricher Konsens": Verständigung zwisch. *Bullinger* (Nachf. *Zwinglis*) und *Calvin*
1550	*Albrecht V.* (der Großmütige) Herzog von Bayern bis 1579 (†) (* 1528). Beseitigt mit Hilfe der Jesuiten den Protestantismus in Bayern. Die Stände werden entmachtet; München wird Kunststadt ∼ Bauernabgaben in Deutschland betragen etwa 66% des Rohertrages ∼ Höhepunkt der wirtschaftlichen und politischen Macht Spaniens (∼ 1500 bis 1588) ≈ Span. Infanterie gilt als beste Truppe Europas	*de Ronsard:* „Oden" (franz. Gedichte) *Giovan Francesco Straparola,* ital. Schriftsteller (* ∼ 1490, † 1557), schafft erste europäische Märchensammlung (vorwiegend oriental. Herkunft) ≈ Im 16. Jh. werden zahlreiche etruskische Großbronzen in Italien entd. 1. Katalog etruskischer Kunst entsteht	*Julius III.* Papst bis 1555 ≈ Nach einer erst magisch (seit ≈ −4000), dann mythologisch (seit ≈ −1200) bedingten Epoche tritt die Menschheit in eine dynamisch-intellektuelle Phase mit dem Ziel der Naturbeherrschung; Ausbildung von „Sozialreligionen" (n. *A. Weber*) ∼ *Valentin Trotzendorff* (* 1490, † 1556) leitet herzogl. Lateinschule in Goldberg/Schlesien i. Geiste d. Humanismus Kunstkammern und Raritätenkabinette a. Fürstenhöfen
1551	Elfte Erhebung (seit 1427) allgemeiner unmittelbarer Reichssteuern („gemeiner Pfennig"), wie stets mit unzureichendem Erfolg		„Collegium Romanum" als päpstliche Universität von *Loyola* in Rom gegründet Zweites Tridentinisches Konzil (bis 1552) setzt Kirchenreform fort und bestätigt Abendmahlverwandlungslehre von 1215 Judenvertreibg. aus Bayern Univ. Lima/Peru

Renaissance Vasari	*Protestantische Kirchenmusik*	*Neuere Zoologie*	*Merkantilismus*
† *Giovannantonio Bazzi* (gen. *il Sodoma*), ital. Maler (* 1478) ∼ *Wenzel Jamnitzer:* Merkelscher Tafelaufsatz (Goldschmiedearbeit) *Pirro Ligorio* (*∼1500, † 1583): Villa d'Este bei Tivoli mit Park u. Wasserkünsten *Palladio* beg. Basilika (Stadthaus) in Vicenza	*A. Willaert:* „Fantasie e Ricercari" (diese Verbindung niederl. und ital. Stils entwickelt d. durchimitierenden Stil, der die Motette zur Fuge führt)	∼ *K. Gesner:* „Bibliotheca universalis" (schweiz. Literaturgeschichte und Enzyklopädie, lat. 4 Bde., 1545–55) *Siegmund von Herberstein* (* 1486, † 1566): „Rerum moscovitarum commentarii" (Bericht über Rußland von seinen Gesandtschaftsreisen 1516–18 und 1526–27, macht Rußland im Westen bekannt) *Melanchthon* lehnt heliozentrisches Weltbild des *Kopernikus* ab Anatom. Theater, Padua	≈ Hofnarren (bes. geistreiche Zwerge u. Krüppel) Namentliche Auslosung anzüglicher Sprüche als Gesellschaftsspiel Straßburger Bäckerknechte fordern Sonntagsruhe
∼ *Cellini:* *Perseus*-Statue in Florenz (1545 bis 1554) *Cranach:* Selbstbildnis (Gem.) Kardinal *Ippolito d'Este* läßt Villa d'Este mit Park u. Wasserspielen anlegen *Tizian:* „Bildnis seiner Tochter Lavinia" u. Selbstbildnis (it. Gem.) *Vasari:* „Leben einiger berühmter Maler, Bildhauer und Baumeister" (ital. Biographien von Künstlern der Ren.) ∼ Nachblüte der gotischen Glasmalerei in Chartres und Paris ∼ Beginn der jap. „Ukiyoe"-Malerei des Volkslebens	* *Giulio Caccini*, ital. Komponist († 1618) ∼ * *Luca Marenzio*, ital. Komponist von Madrigalen († 1599) ≈ In der dt. Musik des 16. Jh. blühen mehrstimmiges Volkslied u. Choralmotette Elefant Suleiman wird im Alpengebiet gezeigt (seine Quartiere bewahren Erinnerungen)	* *Willem Barents*, niederl. Seefahrer († 1597) *Hollerius* verordnet Brillen für Kurzsichtige Verbesserung des Blasebalgs durch *Lobsinger* Große astronom. Kunstuhr im Heilbronner Rathaus von *Paulus* und *Habrecht* Trigonometrische Tafeln von *G. J. Rhaeticus* *A. Riese:* „Rechnung nach der Lenge auff der Linihen und Feder" (mit „regula falsi") „Holländische" Windmühlen mit drehbarem Dach Siegellack wird erstmalig verwendet ≈ Zeitalter der Entdeckungen (vgl. 15. Jh.)	∼ Beginn reicher Holztäfelungen in Deutschland ≈ Blütezeit d. Keramik in Deutschland (namentlich im Westen) ∼ Muster f. Spitzen, Näh- und Klöppelspitzen, bes. in Italien ≈ Merkantilistisches Wirtschaftssystem (nationale Autarkie im Interesse d. Staates) herrscht bis ∼ 1750 ∼ Billardspiel entsteht in Italien ∼ Sanduhren als transportable Reiseuhren Reitschule i. Neapel (begr. neuzeitliche Reitkunst)
† *Baldassare Peruzzi*, ital. Baumeister und Maler der Ren., erb. seit 1535 Palazzo Massimi in Rom (* 1481) ≈ Wesentlicher Ausbau d. Veste Coburg i. 16. Jh. (Älteste Teile ∼ 1200)	*Jacques Consilium:* „Buch von Tänzen für sechs Parteien" *Palestrina* an der Peterskirche in Rom	Anfang der neueren Zoologie mit *K. Gesner:* „Geschichte der Tiere" (lat., 4 Bde. bis 1558; mit Holzschnitten als „Allgem. Tierbuch" 1669–70) Botan. Garten in Königsb. mit Heilkräutersammlung ∼ Treträder, Göpel und Wasserräder im Bergbau	∼ „Flohpelz" als Ungezieferschutz in der Damenkleidung

	Spanien Weltmacht	Bühnendichtung Volksdichtung	Reformation und Gegenreformation
1552	*Moritz* von Sachsen fällt von Kaiser *Karl V.* ab, besiegt ihn mit Hilfe Frankreichs und erlangt für die Protestanten günstigen Passauer Vertrag; Frankreich erhält Metz, Toul, Verdun Zar *Iwan IV.* erobert Kasan ~ * *W. Raleigh*, engl. Seefahrer († 1618)	*Jodelle:* „Cléopâtre captive" (erste frz. Renaiss.-Tragödie) u. „Eugène" (erste frz. Renaiss.-Komödie) ~ * *Edmund Spenser*, engl. Lyriker († 1599)	† *Olaus Petri*, schwedischer Reformator, Schüler *Luthers* und *Melanchthons* (* 1493) Aufhebung des Augsburger „Interims" von 1548 durch Passauer Vertrag; Wiedergewinnung der protestantischen religiösen Freiheit „Collegium Germanicum" als jesuit. Ausbildungsstätte dt. Priester i. Rom gegründ.
1553	*Maria I.* (die Katholische) Königin von England bis 1558 (†) † *Moritz* von Sachsen, Kurfürst seit 1547, Hzg. seit 1541, in siegreicher Schlacht gegen Markgraf *Albrecht* von Brandenburg (* 1521)	† *François Rabelais*, franz. Dichter, satir. Sittenschilderer (* 1494) *Nicholas Udall* (* 1505, † 1556): „Ralph Roister Doister" (erstes engl. Lustspiel; derb)	*Calvin* läßt span. Pantheisten *M. Servet* verbrennen Blutige Protestantenverfolg. in England unter Königin *Maria I.*, „der Blutigen" Der Italiener *Marius Nizolius* (* 1498, † 1576) veröffentl. antischolast. Philosophie; v. *Leibniz* 1670 als „Antibarbarus philosophicus" herausg.
1554	Königin *Maria I.* von England vermählt sich mit König *Philipp II.* von Spanien	* *John Lyly*, engl. Romanschriftst. u. Dramat. († 1606) „Das Leben des Lazarillo de Tormes", span. Schelmenroman, mit dem diese Gattung eingeleitet wird (*de Mendoza* wird heute nicht mehr als Autor vermutet)	Aufnahme reformat. Lehren in die engl. Staatskirche Univers. Dillingen/Bayern (besteht bis 1804)
1555	*Philipp II.*, Sohn Kaiser *Karls V.*, Kg. v. Spanien, Neapel-Sizilien, Mailand u. den Niederland. bis 1598 (†) *Cosimo I. Medici*, 1537—74, Hrzg. v. Florenz, erobert Siena England baut 38 Kriegsschiffe für etwa 150000 Pfd. Sterling *Calvin* setzt in Genf polit. Gemeinde mit kirchlicher gleich Französ.-türkisch. Handelsvertrag ~ Spanien steigt zur führenden Kolonialmacht auf	* *François Malherbe*, franz. Dichter († 1628) *Jörg Wickram* (* ~ 1505, † ~ 1562): „Rollwagenbüchlein" (Schwanksammlung)	Im „Augsburger Religionsfrieden" erh. d. Stände, nicht d. Untertan., Religionsfreih. („Cuius regio, eius religio": „Wessen das Land, dessen die Religion"). Die „Reformierten" bleiben ausgeschl. Endgültiger Sieg der calvinist. Reform. in Genf; fördert Bürgerfreiheit gegen Adelsmacht und Obrigkeit *Petrus Canisius* („der erste dt. Jesuit", * 1521, † 1595): „Summa doctrinae christianae", (jesuit. neuscholastischer Katechismus) *Nostradamus* (Frz.) veröffentlicht astrolog. Prophezeiungen *Marcellus II.* nur 3 Wochen Papst; *Paul IV.* Papst bis 1559 (†); beg. Gegenreform.

Renaissance Tizian	Palestrina Kirchengesang	Agricola Fortschritte der Medizin	
Chr. Amberger: „Seb. Münzer" (Bildnis) *Tizian:* Selbstbildnis (Berlin) ≈ Bauten der „Weser-Renaissance" (Schlösser und Bürgerbauten, kein einheitlicher Stil)		*B. Eustacchi(o):* „Anatomische Tafeln" (ital. Anatomie) *Edward Wotton* (* 1492, † 1555): „De differentiis animalium" (engl. Zoologie; gilt als Vorläufer *Linnés*) Erste Apotheke in Schweden (in Berlin 1488)	≈ Schuldverschreibungen der Fürsten werden als „Rentmeisterbriefe" öffentlich gehandelt; Beginn eines öffentlichen Anleihewesens
† *Lucas Cranach d. Ä.*, dt. Maler, bes. religiöse Tafelmalerei (* 1472); *L. Cranach d. J.* (* 1515, † 1586) führt Werkstatt fort	* *Johannes Eccard*, dt. Komponist († 1611) ~ Moderne Violine entsteht	*Willoughby* (†) u. *Chancellor* suchen am Nordkap vorbei nördl. Seeweg nach Indien † *Miguel Serveto* (auf Betreiben *Calvins* als Antitrinitarier in Genf verbrannt); untersuchte Lungenblutkreislauf (* 1511)	~ Die Kartoffel wird beschrieben *Chancellor* knüpft in Rußland engl.-russ. Handelsbeziehungen
Chr. Amberger: Marienaltar, Augsb. Dom *Tizian:* „Venus und Adonis" (it. Gem.) Fürstenhof Wismar	*Palestrina* widmet sein erstes Buch mit 4–5-stimmigen Messen Papst *Julius III.*	*Ulisse Aldrovandi* (* 1522, † 1605): Herbarium (17 Bde. mit 15000 Pflanzen) *Mercator:* Europakarte	Steuer auf Silbergeschirr in Bayern Russisch-engl. Handelsges. in London Sao Paulo (Brasilien) gegründet
† *Bartel Bruyn*, niederrhein. Ren.-Maler, Hochaltäre in Essen und Xanten (* 1493) * *Lodovico Carracci*, it. Barockmaler († 1619) ~ *Jean Goujon* (* ~ 1510, † ~ 1566): „Ruhende Diana" und Reliefs für Louvre-Fassade (gilt als führender Bildhauer der frz. Renaissance) ~ *Michelangelo:* Pietà Rondanini, Mailand *Tizian:* „Die Jünger von Emmaus" (ital. Gemälde)	*Palestrina:* „Missa papae Marcelli" (6stimm. Messe) *Valentin Triller:* „Schlesisches Singbüchlein" (Sammlung protestantischer Kirchenlieder in polyphonem Satz)	† *Georg Agricola* (eig. *Bauer*); gilt als Begrd. d. Mineralogie, Geologie u. Bergbaukunde (* 1494) („De Re Metallica Libri XII", 12 Bücher vom Berg- und Hüttenwesen erscheinen 1556) Ansätze zu einer vergleichenden Anatomie der Tiere von *Pierre Belon* (* 1517, † 1564); schreibt: „Geschichte und Natur der Vögel" (franz.) *K. Gesner:* Buch über Versteinerungen (Fossilien) u. Mineralien (schweiz.)	≈ Trotz Einströmen kolonialer Reichtümer stagniert die span. Wirtschaft ~ Zuckerrohr- und Baumwollanbau in Brasilien

	Kgin. Elisabeth Philipp II.	Margarete v. Navarra Hans Sachs	Reformation und Gegenreformation
1556	Kaiser *Karl V.* dankt ab *Ferdinand I.*, Bruder *Karls V.*, dt. Kaiser bis 1564 (†) *Philipp II.*, Kg. v. Spanien bis 1598 (†) *Akbar* (der Große) Großmogul in Indien bis 1605 (†)	† *Pietro Aretino*, ital. satir. Schriftsteller und Dichter der Renaissance (* 1492) ~ *H. Sachs* leitet Aufführungen der Nürnberger Meistersinger ~ † *B. Waldis*, dt. Dichter (* ~ 1490)	† *Thomas Cranmer*, engl. Reform., auf d. Scheiterhaufen (* 1489) † *Ignatius von Loyola*, span.-kath. Ordensstift. (* ~ 1491) *Johannes Mathesius* (* 1504, † 1564): „Luther-Historien" (Predigten eines Tischgenossen *Luthers*)
1557	Erster Staatsbankrott des Hauses *Habsburg* *Iwan IV.* erobert Astrachan von den Tataren *Abdullah* (* 1533, † 1598), letzter u. bedeutendster Kg. aus d. Haus d. *Schaibaniden*, erobert Buchara u. macht es zur Hauptstadt seines Usbeken-Reiches	Ausgabe von *Luthers* Fabeln (nach *Äsop*, in Prosa) *H. Sachs*: „Schwänke" (Gedichte im Meistersingerton) *J. Wickram*: „Der Goldfaden" (Anfang des bürgerlichen Prosaromans)	*Petrus Ramus* (*Ramée*): Lehrbuch f. Physik (f. Latein 1559, f. Griech. 1560, f. Frz. 1562) 1. päpstlicher Index der verbotenen (ketzerischen) Bücher, weitere folgen (1966 aufgehoben)
1558	† *Maria I.* (die Blutige, * 1516), Königin v. England seit 1553, Gattin *Philipps II.* von Spanien *Elisabeth*, Tochter *Heinrichs VIII.*, Königin von Engl. bis 1603 (†); wird wesentlich polit. unterstützt v. Staatssekretär *William Cecil* Lord *Burleigh* (* 1520, † 1598) England verliert Calais (seit 1347 englisch) † *Karl V.*, röm.-dt. Kaiser von 1519 bis 1556, Gegner d. Reform. zugunsten eines einheitl. Weltreiches (* 1500)	† *Sao de Miranda*, einflußreicher portug. human. Schriftsteller (* 1483) *Margarete von Navarra* (* 1492, † 1549): „Heptameron" (franz. Liebesgeschichten, posthum) * *George Peele*, engl. lyr. Dramatiker († 1598) *H. Sachs*: Erstausgabe seiner Werke	Neben der Gelehrten-(Latein-)Schule entsteht kirchlicher Elementarunterricht durch d. schwäb. Reformator *Johann Brenz* (* 1499, † 1570) Univ. Jena gegrdt. Das kabbalistische Hauptwerk der jüdischen Mystik „Sohar" („Glanz") wird erstmalig gedruckt (entstanden im 13. Jahrh.)
1559	Frankreich verliert letzten Einfluß in Italien an Spanien † *Heinrich II.* (im Turnier), König von Frankreich seit 1547 (* 1519) Graf *Egmont* wird vom span. König zum Statthalter in Flandern und Artois ernannt *Philipp II.* heiratet *Elisabeth v. Valois* * *Johann Tilly*, dt. kaiserl. Feldherr († 1632)	*Jorge de Montemayor* (* ~ 1520, † 1561): „Diana" (erster span. Schäferroman mit starker Nachwirkung)	Kgin. *Elisabeth* ern. *Matthew Parker* (* 1504, † 1575) zum Erzbischof von Canterbury Die anglikanische (bischöfliche) Staatskirche dominiert in England endgültig über Katholizismus. Neuordnung des Gottesdienstes *Pius IV.* (* 1499, aus dem *Medici*geschlecht), Papst bis 1565 (†) Erster kath. Index verbotener Bücher erscheint (maßgebend wird der von 1564) Erste reformierte Generalsynode in Paris

Renaissance *P. Brueghel*	*Palestrina* *Orlando di Lasso*	*Fortschritte der Medizin* *G. della Porta*	
* *Carlo Maderna*, ital. Barockbaumeister († 1629) *Suleimans* Moschee in Konstantinopel von *Sinan* (* 1489, † 1578) fertiggestellt (Baubge. 1550)	*Georg Forster* (* 1514, † 1568): „Auszug guter alter und neuer deutscher Liedlein" (5 Bde. seit 1539) *di Lasso* wird Kapellmeister in München	~ *Franciscus Maurolicus* (* 1494, † 1575, ital. Abt) vergleicht Augenlinse mit Brennglas und erklärt Brillenwirkung *Tartaglia* (* ~1499, † 1577) förd. Mathematik *Stephen Burrough* entdeckt Nowaja Semlja	≈ Frauenmode: Fortfall des Ausschnitts, Schulterkragen mit hohem Stehkragen ~ Bad Pyrmont wird rasch bekannt Schweres Erdbeben i. China
* *Agostino Carracci*, it. Kupferstecher u. Maler († 1602) Accademia di San Luca (Kunstakademie) in Rom ≈ In der dt. Baukunst treten gegenreformatorische gotisierende Tendenzen auf	* *Giovanni Gabrieli*, it. Komp. († 1612) * *Thomas Morley*, engl. Komp. († 1604)	Die wirtschaftlich besond. für Südamerika wichtige Silbergewinnung durch Amalgamation (Quecksilber-Verbindung) wird entdeckt	≈ Bergwerk-Karren („Hunde") auf Holzgeleisen
P. Brueghel: „Kinderspiele" (niederl. Gem.) *Alex. Colin* (* ~1527, † 1612): Figurenschmuck d. Ott-Heinrich-Baus v. Heidelberger Schloß (fläm. Plastik) *Honami Koetsu*, jap. Schriftkünstler und Kunsthandwerker; grdt. 1615 Künstlerkol. b. Kyoto († 1637) Lustschloß Belvedere in Prag (Baubeg. 1536)	*Gioseffo Zarlino* (* 1517, † 1590): „Istitutioni harmoniche" (ital. Harmonielehre m. Definition v. Dur u. Moll im heutigen Sinne)	*Giambattista della Porta* (ital. Naturf., * ~ 1538, † 1615): „Magia naturalis" (Mischung aus Aberglauben und einfachen naturwissenschaftlichen, technischen Kenntnissen; 1589 auf 20 Bde. erweitert)	≈ Niedrige Getreidepreise in Spanien schädigen Ackerbau; Ausdehnung von Wein-, Öl-, Seiden-Kulturen u. Schafzucht *della Porta* beschreibt, wie man die Treue einer Frau mit einem Magneten prüfen kann Börse in Hamburg
P. Brueghel: „Die niederl. Sprichwörter" (niederl. Gem.) *Tizian*: „Artemis und Aktäon" (it. Gem.) Ott-Heinrichs-Bau des Heidelberger Schlosses fertiggestellt (Baubeg. 1556) † *Kano Monotobu*, jap. Hofmaler d. „Chinamalerei" („Kara-e") (* 1476) Köln stellt Dombau ein (vgl. 1248, 1842)		*Realdo Colombo* beschreibt Lage und Haltung des menschlichen Embryos Ritter-Turnier verschwindet nach d. Turniertod *Heinrichs II.*	Begrenzung der fremden Münzsorten in Deutschland auf 30 ~ Gestrickte Strümpfe erstmal. erwähnt (a. franz. Hofe) ~ Drucktypen für Schreibschrift entstehen ≈ Ren.-Möbel in England Bild einer Giraffe in Dtl.

	Hugenottenkriege	Novellen „Poetik“	Engl. Puritaner 3. Tridentinisches Konzil
1560	† *Gustav I. (Wasa)*, König von Schweden seit 1523, Förderer der Reformation (* 1495) *Karl IX.* König von Frankreich bis 1574 (†, * 1550), bis 1563 unter der Regentschaft seiner Mutter, *Katharina von Medici*, die seit 1533 Gattin *Heinrichs II.* war	* *Robert Greene*, engl. Dichter († 1592)	Papst *Pius IV.* (* 1499, † 1565) † *Philipp Melanchthon*, dt. Humanist und Mitarbeiter *Luthers*; gestaltete Unterricht an protest. Univ. u. Lateinschulen (* 1497) Lutheraner kehren zur strengen Abendmahlslehre *Luthers* zurück Puritaner-Sekte i. England Reform. in Schottl. vollend.
1561	*Maria Stuart*, seit 1558 Gattin *Franz' II.* (* 1544, † 1560), kehrt n. Schottland zurück u. erh. Anspr. a. engl. Thron Polen gewinnt Livland (1629 an Schweden, 1721 an Rußl.) u. Lehnsherrschaft üb. Kurland, das prot. Hzgt. unter Ordensmeister *Kettler* wird Estland wird schwedisch Madrid wird kgl. Residenz	* *Luis de Gongora y Argote*, span. Dichter des Barock († 1627) *Julius Cäsar Scaliger* (* 1484, † 1558): „Poetik“. Beeinflußt die Theorie d. Dichtkunst bis *Opitz*	* *Francis Baco v. Verulam* (gen. *Bacon*), engl. Staatsmann und Philosoph († 1626) *Maria Stuart* unterstützt in Schottland Gegenreformation
1562	Hugenottenkriege in Frankreich (mit Unterbrechung bis 1598)	† *Matteo Bandello*, ital. Novellendichter; seine 214 Novellen (1554) enth. „Romeo u. Julia“-Stoff (* ~ 1485) * *Felix Lope de Vega*, span. Dramatiker († 1635)	Drittes Tridentinisches Konzil (bis 1563) legt kath. Glaubensbekenntnis fest u. stärkt Papststellung; will mehrstimmige Kirchenmusik wegen Verschleierung d. Textes verbieten
1563	400 engl. Seeräuberschiffe kapern über 600 franz. Schiffe im Kanal König *Philipp II.* schuldet den *Fuggern* 75% ihres Kapitals	≈ Span. Mystik: *Teresa de Jesús* (* 1515, † 1582), *Luis de Granada* (* 1505, † 1588), *Juan de la Cruz* (* 1542, † 1563), *Luis de León* (* 1528, † 1591)	Calvinistischer „Heidelberger Katechismus“ ordnet pfälzischen Gottesdienst Reform des Karmeliter-Bettel-Ordens durch die spanische Mystikerin *Teresa de Jesús* † Russ. Metropolit *Makarij*, sammelte Heiligenlegenden („Monatslektüren“) in 12 Bänden (* 1482) *Joh. Weyer* (* 1516, † 1588): „De praestigiis daemonum“ (geg. Hexenverfolg., kommt auf den Index)

Renaissance Tintoretto	*Palestrina Orlando di Lasso*	*Fortschritte der Medizin*	
† *Baccio Bandinelli*, it. Ren.-Bildhauer, Nachahmer und Rivale *Michelangelos* (* 1493) * *Annibale Carracci*, it. Maler († 1609) *Tizian:* „Jupiter und Antiope" (ital. Gem.) * *Adriaen de Vries*, niederl. Barockbildhauer († 1627) Uffizien, Florenz, gegr.	*Orlando di Lasso* wird in München 1. Kapellmeister d. Hofkapelle	Sammlung techn. Sehenswürdigkeiten in Dresden durch Kurfürst *August* von Sachsen Erste wissenschaftl. Gesellschaft (i. Neapel) durch *Giambattista della Porta* Leichensezierung (v. Verbrechern) wieder gestattet; war etwa seit 1350 als sündhaft verbot. (vgl. 1534, 36) ~ Schußwaffen mit Drall	Münzreform in England; Einführung d. Pfund Sterling Gold zu Silberpreis wie 15,5 zu 1 ~ Dt. Studenten in Italien benutzen erstmalig Visitenkarten Tabakpflanze kommt durch *Jean Nicot* nach Westeuropa
† *Alonso Berruguete*, span. Maler, Bildhauer, Architekt, Schüler *Michelangelos* (* ~ 1480) *Tintoretto:* „Hochzeit zu Kana" (it. Gem.) Basilius-Kathedrale, russ. Bau der Früh-Ren. in Moskau fertiggestellt (Baubeginn 1554)	*Palestrina* wird Kapellmeister an verschiedenen Kirchen Roms, schließlich an der Peterskirche * *Jacopo Peri*, italien. Opernkomp. († 1633)	*Gabriele Falloppio* (* 1523, † 1562): „Anatomische Beobachtungen" (ital. Medizin) Vorläufer d. Handgranate *Conrad Gesner* beschreibt Polarlicht	*Barbara Uttmann* führt die Spitzenklöppelei in Annaberg ein (nicht ihre Erfindg.) Tulpen kommen aus dem nahen Orient nach Westeuropa ≈ Tabakschnupfen als früheste Form d. Tabakgenusses am franz. Hof
Clouet: „Pierre Cutte" *Michelangelo:* Plan für d. Neugestalt. d. Kapitols in Rom *Vignola (Barozzi):* „Regola delle cinque ordini d'architettura" d. seit 1546 führenden Baumeister Roms)	† *Adrian Willaert*, niederl. Komp., Begründer der venezianischen Schule und d. doppelchörigen Schreibweise (* ~ 1485) * *Jan Pieter Sweelinck*, niederl. Organist († 1621) Vgl. auch Spalte Ph		In England: Verlängerte siebenjährige Lehrzeit in den städtischen Zünften Kampf der Zünfte gegen wachsende Gewerbefreiheit Pest in Paris
~ *G. da Bologna:* „Fliegender Merkur" (ital. Plastik) *P. Brueghel:* „Turmbau zu Babel" (ndl. Gem.) *A. Crivelli* beendet Bau d. Hofkirche in Innsbruck (Baubeg. 1553) † *Diego de Siloe*, span. Baumeister der Gotik u. Renaiss. (* 1500) *Veronese:* „Die Hochzeit zu Kana" (ital. Gemälde) Baubeg. d. Escorial (vgl. 1586)	* *John Bull*, engl. Klavierkomp. u. -Virtuose († 1628) *Vasari* regt Malerschule i. Florenz an Wiener Kunstkammer erwähnt	*Ambroise Paré* (* 1509, † 1590) „Cinq livres de Chirurgie" (bahnbrechendes franz. Werk der Chirurgie)	Gesetzl. Sozialunterstützung für Minderbemittelte in London

	Niederl. Erhebung *Suleiman d. Gr.*	*Nationalliteratur* *Tasso*	*Calvinismus* *Gegenreformation*
1564	† *Ferdinand I.*, röm.-dt. Kaiser seit 1556 (* 1503) *Maximilian II.* röm.-dt. Kaiser bis 1576 (†) Teilung der *Habsburger* in österreichische, steirische u. tiroler Linie Zar *Iwan IV.* verläßt Moskau und setzt sich dem Bojarenadel gegenüber durch, den er nach und nach zugunsten des Kleinadels entmachtet	* *Christopher Marlowe*, engl. Dramatiker († 1593) *Michelangelo* (†) schrieb Liebessonette an einen Freund und religiöse an *V. Colonna* * *William Shakespeare* in Stratford on Avon, engl. Dramatiker († 1616)	† *Johannes Calvin*, begründete nach und unabhängig von *Zwingli* Reformierte Kirche in der Schweiz (* 1509) (Die Prädestinationslehre d. Calvinismus fördert im Gegensatz z. strengen Luthertum kaufmännischen Unternehmungsgeist als Bewährung einer „Gotterwähltheit") Schulordnung in Brandenburg Papst *Paul IV.* bestätigt Beschlüsse d. 3 Tridentinischen Konzile 1545–49, 1551/52, 1562/63; vertieft Kluft zwischen Katholizismus und Protestantismus
1565	Niederländische Erhebung unter *Wilhelm von Oranien* und Graf *Egmont* gegen religiös intolerante spanische Herrschaft	*Th. Sackville* (* 1536, † 1608): „Ferrex and Porrex" (oder „Gorboduc"); (erste engl. Tragödie in Blankversen) *Tasso* Hofdichter bei Kardinal *Luigi d'Este* i. Ferrara * *Alessandro Tassoni*, ital. Dichter († 1635)	
1566	† *Suleiman II.* (der Große), türk. Sultan seit 1520, bei der Belagerung von Szigeth verteidigt von Graf *Zrinyi* (* 1508, † 1566 enthauptet) Höhepunkt der türkischen Macht: Syrien, Mesopotamien, Arabien, Kaukasus, Kleinasien, Ägypten, Nordafrika, Griechenland, Ostungarn (* 1495) Im türk. Reich geht die Macht an die Großwesire * *Sigismund III.*, König von Polen († 1632)	† *Louise Labé*, frz. Dichterin d. Ren., u. a. Liebessonette, übertragen von *R. M. Rilke* (* 1525)	† *Nostradamus*, frz. Astrologe und Leibarzt *Karls IX.*, sagte u. a. baldiges Ende der kath. Kirche voraus (* 1503) *Pius V.* Papst bis 1572 (†), starker Förderer der Gegenreformation (* 1504) Zweite Helvetische Konfession (Glaubensbekenntnis der schweiz. reformierten Kirche)

Renaissance Tizian	Palestrina Orlando di Lasso	Konrad Gesner Vesalius	
* *Pieter Brueghel d. J.* (*„Höllenbrueghel"*) fläm. Maler († 1638) † *Michelangelo Buonarrotti*, ital. Bildhauer, Maler, Baumeister und Dichter (* 1475) *Maarten van Heemskerck* (* 1498, † 1574): „Die erythräische Sibylle" (ndl. Gem.) *Philippe de l'Orme* (*~ 1510, † 1560) beginnt Bau d. Tuilerien (frz. Ren.-Schloß in Paris) ~ Malerschule emigrierter niederl. Protestant. i. Frankenthal (u. a. *G. v. Coninxloo*)	* *Lodovico (Grossi da) Viadana*, ital. Komp. († 1627)	* *Galileo Galilei*, italien. Naturwissenschaftler († 1642) *Michelangelo:* Holzmodell z. St.-Peter-Kuppel (erster Entwurf 1546) † *Andreas Vesalius*, Begrd. der neuzeitl. Anatomie (Leibarzt *Karls V.* und *Philipps II.*) (* 1514) Erster Buchdruck in Rußland („Der Apostel") auf franz. Papier	Erster Bücherkatalog auf der Frankfurter Messe ≈ Strumpfstrickerei in England
~ *P. Brueghel:* „Jäger i. Schnee", „Heimkehr der Rinder" (niederl. Gem. aus einem Zyklus d. Jahreszeiten) *Cornelis Floris:* Rathaus Antwerpen (seit 1561) *Tintoretto:* Wand- und Deckengemälde in d. Scuola di S. Rocco, Venedig (bis 1582) *Tizian:* „Marter des hl. Lorenz" u. „Toilette der Venus" (ital. Gemälde)	*Palestrina* Komponist der päpstl. Kapelle † *Cyprianus de Rore*, niederl. Komp. d. altvenezianischen Schule (Madrigale, Motetten) (* 1516)	† *Konrad Gesner*, schweiz. Naturforscher und Literaturhistoriker; „Der dt. Plinius" (* 1516) Erste Eisenschneidemühle von *Schütz* (Walzwerk-Vorläufer in England) *Bernardino Telesio* (* 1508, † 1588) begründet Naturlehre aus den Prinzipien Materie, Wärme, Kälte (ital.)	„Ein Epistelbüchlein für Leute mittelmäßigen Standes" (dt. Briefsteller) Erste Kartoffeln aus Südamerika in England; verbreiten sich in den folgenden 200 Jahren mit wechselnder Geschwindigkeit über ganz Europa (vgl. 1584, 1640, 1765)
P. Brueghel: „Hochzeitstanz im Freien" (niederl. Gem.) *A. Colin* (a. Mecheln): 21 (von 24) Marmor-Reliefs a. *Maximilians*-Grabmal in der Innsbrucker Hofkirche	*Le Maistre* († 1577 in Dresden): „Geistliche u. weltliche teutsche Gesänge" (polyphon gesetzt)	*Philipp Apianus* (* 1531, † 1589): „Bayerische Landtafeln" (24 Blätter 1:144000; Meisterwerke der Landvermessung) ~ Paternoster-Hebewerke werden verwendet	Augsburger Münzordnung regelt Reichswährung (Dukaten, Taler, Kreuzer) Vorläufer einer Zeitung in Straßburg und Basel Armensteuer u. Bettelverbot in Frankreich (mit sehr geringer Wirkung)

	Niederl. Erhebung Kgin. Elisabeth	Ausbildung der neueren Nationalliteratur	Reformation und Gegenreformation
1567	Herzog *Alba* (*1507, † 1582) span. Generalkapitän in den Niederlanden	*Anna Bijns:* „Refereinen" (3. Bd. niederl. gegenreform. Dichtg.; 1. Bd. 1528, 2. Bd. 1548)	Calvinistischer Bildersturm in den Niederlanden Presbyterianer-Kirche (reformiert) in England mit gewählten Gemeindevertretern wendet sich gegen Bischofsverfassung der anglikanischen Staatskirche
1568	Königin *Maria Stuart* flieht zu *Elisabeth* von England wegen Verdachtes, mit ihrem Geliebten (späteren Gatten) ihren Gatten getötet zu haben Graf *Egmont* (* 1522) und Graf *Hoorn* (* 1518) durch Herzog *Alba* hingerichtet. Offener Aufstand der Niederlande gegen Spanien König *Philipp II.* von Spanien kerkert wegen Fluchtversuchs seinen Sohn *Don Carlos* (* 1545, † 1568) ein		* *Thomas Campanella,* ital. Philosoph († 1639) Einheitlich. Priesterbrevier für die kath. Kirche Jesuitenkolleg Braunsberg/Ostpreußen
1569	*Cosimo I. Medici* wird Großherzog v. Toskana Zusammenschluß Polen-Litauen statt bisheriger Personalunion	* *Giambattista Marini,* ital. Barocklyriker († 1625) † *Mikolaj Rej,* poln. Dichter, „Vater der poln. Literatur", u. a. protestant. Dichtung (* 1505)	~ *Berardino de Sahagún,* Franziskaner in Mexiko, schreibt Kulturgeschichte d. Azteken
1570	*Philipp II.* heiratet *Maria v. Österreich* (Mutter des Thronfolgers *Philipp III.,* * 1578) Friede von Stettin beendet ergebnislos Nordischen Siebenjährigen Krieg Dänemarks und Lübecks gegen Schweden Türken erobern Zypern von Venedig	*Lodovico Castelvetro* fordert unter Berufung auf *Aristoteles* die Einheit von Ort, Zeit und Handlung auf der Bühne ~ In den Gymnasien der Jesuiten beginnt man Theater in lat. Sprache zur Glaubenspropaganda zu spielen	*Roger Ascham* (* 1515, † 1568): „The Schoolemaster" (posthum, engl. Handbuch d. Erziehung) Reformierte Hugenotten behaupten sich in Frankreich trotz militärischer Niederlage in den Hugenottenkriegen seit 1562 Inquisition bekämpft die evangelische Minderheit in Spanien

Tizian *P. Brueghel*	*Palestrina* *Orlando di Lasso*	*Tycho Brahe* *Erdatlas*	
G. da Bologna: Neptunsbrunnen, Florenz *P. Brueghel:* „Das Schlaraffenland" (niederländisches Gem.) ~ *Tizian:* „Ecce homo", „Selbstbildnis" (ital. Gem.)	* *Claudio Monteverdi*, ital. Komp. († 1643) ***Palestrina:*** **2. Buch der Messen (A-cappella-Musik, *P.* schreibt über 100 Messen und ca. 320 Motetten)**	~Ritterrüstung wird geg. die Muskete verstärkt Der Span. *Alvaro Mendana de Neyra* (* 1541, † 1595) ehtd. auf der Suche nach dem sagenhaften „Südland" Salomon-Inseln im Stillen Ozean	Gründung der Londoner Börse (Wechsel- und Versicherungsgeschäfte) Engl. Handelsniederlassung in Hamburg Hanse verliert Vormacht ~ 2 Mill. Indianer in Süd-Amerika sterben am eingeschleppten Fleckfieber
* *Jan Brueghel d. Ä.* (*„Samtbrueghel"*) niederländischer Maler († 1625) *P. Brueghel:* „Die Blinden", „Bauerntanz", „Bauernhochzeit" (niederl. Gem.) *Vignola (Giacomo Barozzi da V.*, * 1507, †1573) beg. „Il-Gésu"-Kirche i. Rom (Modell weiterer Jesuitenkirchen)		*Barbaro:* Camera obscura mit Linse Großes Wasser-Hebewerk in Spanien von *J. Turriano* *Varolio* begründ. Gehirnanatomie	*Jost Amman* (* 1539, † 1591): „Beschreibung aller Stände" (Illustrierte dt. volkstümliche Berufskunde mit Versen von *H. Sachs*)
Baroccio: „Kreuzabnahme" (it. Bildwerk) † *Pieter Brueghel d. Ä.* (*„Bauernbrueghel"*), niederl. Maler (* ~ 1520) *Caspar Vischer* vollendet Neubau der Plassenburg b. Kulmbach im Renaiss.-Stil (Baubeginn 1559)		*Jacques Besson* (* ~ 1540, † ~ 1576): „Theatrum instrumentorum" (ill. frz. Maschinenkunde) *T. Brahe* steigert durch Benutzung eines Riesenquadranten entscheidend die Genauigkeit d. Sternbeobachtungen Weltkarte für Seefahrer in neuartiger Projektion von *Mercator*	
~ * *Hans Reichel*, dt. Bildhauer († ~ 1636) † *Jacopo Sansovino* (eig. *Tatti*), ital. Baumeister der Hoch-Ren., venez. Palastbauten (* 1486) *Veronese:* „Das Mahl bei Simon dem Pharisäer" (ital. Gem.)	≈ Höhepunkt der A-cappella - Vokalpolyphonie (*Palestrina, O. di Lasso*) *Orlando di Lasso:* „Bußpsalmen" (in einer Prachthandschr. seit 1560)	*Ortelius:* „Theatrum orbis terrarum" (Erdatlas auf 53 Blättern) *Felix Platen* systematisiert Geisteskrankheiten und tritt für humane Behandlung der Geisteskranken ein Erstes Wasserwerk mit Kolbenpumpen (in Danzig)	Reichstag macht Buchdruckgewerbe genehmigungspflichtig Londoner Börsengebäude (Royal Exchange) erbaut Verbot der spekulativen Reiseversicherungswetten in Frankreich Nordsee-Sturmflut (angbl. 100 000 Tote)

	Niederl. Erhebung *Hugenottenkriege*	*Nationalliteratur* *Tasso*	*Bartholomäusnacht* *Katholikenverfolgung*
1571	Ital. und span. Flotten brechen Seemacht der Türken in der Schlacht bei Lepanto; Spanien erlangt Vorherrschaft i. Mittelmeer (Venedig muß trotzdem Zypern an die Türken abtreten)	* *Tirso de Molina*, span. Dramatiker († 1648) *Simon Rot:* „Ein Teutscher Dictionarius daz ist ein auszleger schwerer vnbekanter Teutscher, Griechischer, Lateinischer, Hebräischer, Welscher vnd Französischer etc. Wörter" (Augsburg)	Katholikenverfolgungen durch *Elisabeth* von England 39 protestantische Artikel vollenden Reformation in England; Anglikanische Staatskirche behält bischöfl. Verfassung Jesus College Oxford und Schule Harrow gegrdt. * *Wolfgang Ratke*, dt. Pädagoge († 1635)
1572	*Wilhelm v. Oranien* führt Niederlande gegen *Alba* (entsetzt 1574 Leiden) † *Sigismund II. August*, Kg. von Polen seit 1548, letzter *Jagellone*. Polnisches Königstum wird durch Kämpfe des Adels geschwächt, der den Staat beherrscht (* 1520)	*Camões:* „Die Lusiaden" (port. Nationalepos) *Aegidius Tschudi* (†, * 1505); schrieb „Schweizerchronik" (unhistor. Quelle f. *Schillers* „Tell"; vgl. 1307)	„Bartholomäusnacht" („Pariser Bluthochzeit"): Ermordung von 2000 protestantischen Hugenotten mit ihrem Führer *Gaspard de Coligny* (* 1519) auf Veranlassung der Königsmutter *Katharina von Medici* (* 1519, † 1589) *Gregor XIII.* Papst bis 1585 (†), Förderer der Jesuiten und geistlichen Bildung (* 1502) † *Isaak Lurja*, jüdischer Mystiker (Kabbalist) in Palästina (* 1533)
1573	Spanien beendet Eroberung der Philippinen (1898 an die USA) *Wan-li* Kaiser in China bis 1619 (†), fördert Bergbau und sichert den Norden gegen die mongolischen *Mandschu* *Oda Nobunaga* stürzt letzten *Ashikaga*-Shogun in Japan (bis 1603 Shogunlose Zeit)	* *Benjamin Jonson*, engl. Dramatiker († 1637) *Tasso:* „Aminta" (ital. Schäferroman)	*Julius Echter v. Mespelbrunn* wird Bischof v. Würzburg bis 1617 (†, * 1545); fördert Reform der kathol. Kirche im Sinne des Tridentinischen Konzils † *Laurentius Petri*, luth. Erzbischof von Upsala, Verfasser der schwed. Kirchenordnung von 1572 (* 1499)
1574	† *Karl IX.*, König von Frankreich seit 1560 (* 1550) *Heinrich III.* König von Frankreich bis 1589 (†) Polen wird zur Adelsrepublik mit Königswahl		„Magdeburger Zenturien" herausg. von *Matthias Flacius* (protest. grundleg. Kirchengeschichte) Gymnasium „Graues Kloster" in Berlin gestiftet Universität Bern gegründet

Tizian *Vasari*	*Palestrina* *Orlando di Lasso*	*Tycho Brahe* *Geschütze*	
† *Benvenuto Cellini*, ital. Goldschmied, Stempelschneider, Bildhauer, schrieb Selbstbiographie (übers. von *Goethe*) (* 1500) ∼ *Tizian:* „Dornenkrönung" (ital. Gem.)	*Andrea Gabrieli* (* 1510, † 1586) (Schüler *Willaerts*): „Canzoni alla francese" (ital. Orgelkomposition; *G.* überträgt auch Doppelchortechnik auf Orchester) * *Michael Praetorius*, dt. Musiker, Komp. u. Musikschriftsteller († 1621)	Erstes dt. Buch über Landwirtschaft v. *K. Heresbach* * *Johannes Kepler*, dt. Astronom († 1630) ∼ *Volcher Coiter* (* 1534, † 1590): 1. topographisch-anatomischer Atlas (niederländisch; beschreibt d. Lage d. Organe zueinander)	Versuche, in Südwestdtl. die Gesellenverbände zu unterdrücken, schlagen fehl
† *Galeazzo Alessi*, ital. Baumeister in Genua; u. a. Villa Castiglione a. Trasimenischen See (* 1512) *Braun* und *Hogenberg:* „Civitates orbis terrarum" (illustr. Stadtchronik, 6 Bde. bis 1618) *Maximilians*grabmal i. der Hofkirche Innsbruck aufgestellt mit Erzbildwerken (seit 1508) u. Reliefs (1566) (Grab bleibt leer)		*Rafael Bombelli* rechnet in seiner „L'Algebra" formal mit imaginären Zahlen (ohne ihre selbständige Bedeutung zu erkennen) *T. Brahe* entdeckt „Neuen Stern" (überhelle Supernova, Häufigkeit ca. 2—3 in 2000 Jahren) in der Milchstraße * *Daniel Sennert*, dt. Chemiker († 1637) ∼ Geschütze verdrängen endgültig Steinschleudern	Das v. d. Spaniern belagerte Haarlem verwendet Brieftauben Schweres Erdbeben b. Innsbruck
* *Elias Holl*, dt. Baumeister der ital. Richtung der dt. Ren. († 1646) * *Michelangelo da Caravaggio*, it. Maler († 1610) † *Hans Müelich*, bayr. Maler der Ren., Buchmalerei (* 1516) *Germain Pilon* (* 1536, † 1590): Grabmal *Heinrichs II.* in St. Denis (frz. Plastik)		Frankfurter Stadtphysikus *Adam Lonicerus* behauptet: Krankheiten sind Folgen der Erbsünde	Erst. dt. Rohrzuckerraffinerie in Augsburg (gesüßt wird meist noch m. Sirup oder Honig)
† *Giorgio Vasari*, ital. Baumeister, Maler, Verfasser berühmter Künstlerbiographien; „Manierist", Freskenmalerei (* 1511)		† *Bartolomeo Eustacchi(o)*, röm. Anatom (*∼ 1524) Astronomische Kunstuhr im Straßburger Münster von den Brüdern *Hobrecht* vollendet (im Bau s. 1547) „Probierbuch" d. *Lazarus Erkner* für die chemische Metallurgie	∼ Gerichtsverhandlungen gegen Tiere auch in Deutschland ∼ Erste öffentliche Geldlotterien

	Kgin. Elisabeth Niedergang der Hanse	Fischart Hans Sachs	Reformation und Gegenreformation
1575	*Stefan Bathory*, Fürst von Siebenbürgen, zum König von Polen gewählt, von Danzig u. Riga anerkannt; herrscht bis 1586 (†, * 1533) Staatsbankrott in Spanien Handel, Kunst und Wissenschaft blühen im indischen Großreich unter dem Großmogul *Akbar* (d. Großen)	* *Giovanni Battista Basile*, ital. Barockdichter († 1632) † *Diego Hurtado de Mendoza*, span. Humanist, Dichter u. Staatsmann (* 1503)	† *Anna Bijns* („Brabantische Sappho"), Gegnerin der Reformation (* 1493) * *Jakob Böhme*, dt. Mystiker († 1624) Höhepunkt des Protestantismus in Österreich (unter *Rudolf II*. Gegenreformation) Univ. Leyden gegrdt. (Blüte im 17. Jh.)
1576	† *Maximilian II.*, röm.-dt. Kaiser seit 1564, katholisch, aber protestantenfreundlich (* 1527) *Rudolf II.*, röm.-dt. Kaiser bis 1612 (†) *Jakob VI.* Kg. v. Schottland (1603 als *J. I.* auch Kg. v. England)	*Fischart:* „Das glückhafte Schiff von Zürich" (schildert Züricher Rheinfahrt n. Straßburg) † *Hans Sachs*, dt. Dichter, Haupt der Meistersingerschule in Nürnberg; verf. über 4000 Meistersänge, 1700 Erzähl., 200 dramat. Werke (* 1494) Erste Schauspielhäuser in London	*Jean Bodin* (* 1530, † 1596): „Über die Republik" (franz. Naturrechtsphilosophie; f. souveräne Monarchie, Schutzzölle, Lebensmittel- u. Rohstoff-Ausfuhrverbote) Gründung eines kath. Bundes („Heilige Liga") gegen Hugenotten Univers. in Warschau gegr. Univ. Helmstedt gegründet (best. bis 1810)
1577	Niederer Adel in Süd- und Westdeutschland bildet Interessengemeinschaft in drei „Ritterkreisen" Kgin. *Elisabeth* von England beauftragt den Piraten *Drake*, den span. Handel im Pazifik zu stören		Accademia di San Luca i. Rom (älteste noch besteh. Malerakademie)
1578		*J. Kochanowski:* „Die Abfertigung des griechischen Gesandten" (poln. Renaissance-Tragödie) *Johannes Clajus* (* 1535, † 1592): Dt. Grammatik (beruht auf Luthers Bibel)	*Fischart:* „Philosophisch Ehzuchtbüchlein"
1579	Nordniederlande schließen sich unter *Wilhelm v. Oranien* in der „Utrechter Union" gegen Spanien zusammen	* *Samuel Coster*, niederl. Dramatiker († 1665) *Spenser:* „Schäferkalender" (engl. Epos)	Rückkehr der wallonischen Provinzen (Belgien) zum Katholizismus Herzog *Albrecht V.* von Bayern (†) grdte. seit 1550 i. München Staatsbibliothek, Münzkabinett, Antiquarium und Kunstkammer

Tizian *Italienisches Frühbarock*	*Palestrina* *Orlando di Lasso*	*Tycho Brahe* *Drehbank*	
† *Cornelis Floris* (eig. *de Vriendt*), niederl. Baumeister im nordisch-barocken Stil (* 1514) * *Guido Reni*, ital. Maler des Barock († 1642) ~ *Tizian:* „Pieta" (ital. Gem.)	* *Marco da Gagliano*, ital. Opernkomp. († 1642)	~ *J. Besson:* Drehbank mit Gewichtsantrieb ~ Sprengmethoden im Bergbau verbreiten sich vom Harz aus ~ „Nürnberger Eier" (Taschenuhren) kommen in den Handel * *Christoph Scheiner*, dt. Astronom und Jesuit († 1650)	Sohn des *Nostradamus* (siehe 1566) hingerichtet, weil er einen von ihm astrologisch vorausgesagten Stadtbrand selbst anlegte ≈ Einwohnerzahlen: Paris 300 000, London 180 000, Köln 35 000 (vgl. 1600)
J. A. Ducerceau d. Ä. (* ~ 1510, † ~ 1584): „Die berühmtesten Bauwerke Frankreichs" (franz.) † *Tiziano Vecelli(o) (Tizian)*, ital. Maler, berühmtester Maler d. venezianischen Schule (* 1477)	≈ Blüte des mehrstimm. frz. Chansons	*T. Brahe* errichtet mit Unterstützung König *Friedrichs II.* v. Dänemark zwei vorteleskopische Großsternwarten auf Sund-Insel *Martin Frobisher* (* ~ 1535, † 1594) entdeckt auf der Suche nach der NW-Durchfahrt Grönland neu und Baffinland *Vieta* entw. Dezimalbruchrechnung (vgl. 1460)	Vermögenssteuer in Hessen (in Sachsen seit 1454) ~ In Italien Herstellung des „*Medici*-Porzellans" (Erste Nachahmung des chinesischen Porzellans) Papierherstellung gelangt n. Moskau
* *Peter Paul Rubens*, fläm. Barockmaler († 1640) *J. Tintoretto:* „Der Doge Mocenigo" (venezianisches Gem.) Schloßkirche Stettin (Renaissance)	Das Zunftrecht ordnete bisher das Müllerhandwerk als „unehrlich" ein	Log z. Messung der Schiffsgeschwindigkeit v. *Bourne* *Brahe:* Kometen s. außerirdisch Der englische Pirat *Francis Drake* (* 1540, + 1596) beginnt die zweite Erdumseglung (vollendet 1580) * *Joh. B. van Helmont*, Med. u. Chem. (+ 1644)	„The Art of Angling" („Die Kunst des Angelns" von einem unbek. engl. Autor. Wahrsch. Quelle für *Izaak Walton* „The Compete Angler" von 1653) Kometenflugblätter
* *Adam Elsheimer*, dt. Landschaftsmaler des Barock († 1610) Teil des Rathauses in Rothenburg o.d.T. (Ren.-Bau seit 1572)		*Bodin* erkl. Inflat. m. starker amerik. Edelmetallzufuhr *Fugger v. Kirchberg und Weißenborn* veröffentlicht Werk über die Zucht des Kriegs- und Bürgerpferds Erstes Gradierwerk in Mannheim	„Newezeitung aus der Türckey..." erscheint als eine der ersten Nachrichtenblätter (noch nicht regelm. „Zeitung") in Berlin (vgl. 1609)
F. Baroccio: „Madonna del Popolo" („Volksmadonna", ital. Gem.) *El Greco:* „Entkleidung Christi" (span. Gem.) * *Fr. Snyders*, niederl. Maler († 1657)		*Julius*spital in Würzburg, erstes neueres Krankenhaus (Charité in Paris 1602, in Berlin 1710) *Joh. Hellfrich* macht Sphinx und Pyramiden bei Kairo durch sein Tagebuch bekannt (sah sie 1565)	10jähr. Arbeitsverträge f. Handelslehrlinge (in Nürnberg) enthalten starke Einschränk. der Freiheit und einseitige Bestimmungen zugunsten des Dienstherrn

	Abfall der Niederlande Eroberung Sibiriens	Tasso de Montaigne	Reformation und Gegenreformation
1580	Herzog *Alba* erobert Portugal für Spanien (1640 wieder selbständig); seine Kolonien an Spanien, Niederlande, England ~ Hohe Steuern in Spanien, da Silberbergwerke der amerik. Kolonien nur knapp 10% der Staatsausgaben decken	† *Luis Vaz de Camões*, port. Dichter (* 1524) * *Daniel Heinsius*, niederl. Philologe und Dichter († 1655) *Lyly*: „Euphues, the anatomy of wit" (engl. Roman, Begründung des „Euphuismus" genannten schwülstigen Stils) *de Montaigne*: Erste Bücher der „Essais" (frz. Tagebuch seiner skeptischen Gedanken über Leben und Welt) Regelmäßige Theateraufführungen in Japan	~ *Bodin* tritt für religiöse Toleranz ein *Fischart*: „Jesuitenhütlein" Konkordienbuch mit Sammlung lutherischer Bekenntnisse begründet orthodoxen lutherischen Widerstand gegen Calvinismus
1581	Die Niederlande sagen sich unter *Wilhelm von Oranien* von Spanien los. (erst 1648 anerkannt)	*Kaspar Heywood*: Engl. Übersetzung d. Tragödien *Senecas* * *Pieter Corneliszoon Hooft*, niederl. Dichter und Geschichtsschreiber († 1647) *Tasso*: „Das befreite Jerusalem" (ital. Stanzenepos, Darstell. d. erst. Kreuzzuges)	
1582	Polen behauptet im Frieden zu Jam Zampol'skij Livland gegen Rußland; Schweden erhält (1583) Estland und Ingermanland (Krieg um Livland seit 1558) Kosak *Jermak* († 1584) unterwirft seit 1577 f. Rußland Sibirien bis zum Irtysch	† *Teresa de Jesús*; span. Mystikerin; schrieb „Weg zur Vollkommenheit", „Liebesgedanken" u. a. Erbauungsbücher (* 1515) Accademia della Crusca in Florenz gegründet zur Pflege der ital. Sprache	Fürstbischof *Julius Echter von Mespelbrunn* (* 1545, † 1619) grdt. Universität Würzburg als Mittelpunkt der Gegenreformation Zweiter mißlung. Versuch einer Reformation in Köln Japan entsendet Gesandtschaft zum Papst Univ. Edinburgh gegr.
1583	* *Albrecht von Wallenstein*, Herzog von Friedland, Feldherr *Ferdinands II.* († 1634) Notablenversammlung in St. Germain fordert Schutzmaßnahmen für die franz. Textilindustrie (Zölle, Ein- und Ausfuhrverbote, Unterpreise für Fremdwaren) Neufundland engl. Kolonie		*Herbert von Cherbury*, engl. Aufklärungsphilos. († 1648) * *Hugo Grotius*, niederl. Begründer des naturrechtlichen Völkerrechts und Diplomat († 1645) *L. de León*: „Los nombres de Christo" (span. Mystik) *Matteo Ricci* (* 1552, † 1610) geht n. China u. begründet erfolgr. Jesuitenmission

Renaissance *Italienisches Frühbarock*	*Palestrina* *Französisches Ballett*	*Buchstabenrechnung* *Galilei*	
~ * *Frans Hals*, fläm. Maler († 1666) † *Andrea Palladio*, ital. Baumeister der Spät-Renaiss. in Vicenza u. Venedig („Palladianismus" vorbildlich für Klassizismus des 17. und 18. Jh.) (* 1508) *della Porta* beendet Palazzo *Farnese* in Rom (von *A. da Sangallo* 1530 beg., unter *Michelangelo* fortges.) *John Thorpe:* Wollaton-Castle (engl. Ren.-Schloß bei Nottingham; beendet 1610)	~ Blüte d. venezianischen Musikschule unter *G. Gabrieli* und seinem Lehrer u. Onkel *Andrea G.* *Sweelinck* Organist in Amsterdam Influenza-(Grippe-)Pandemie kommt aus Asien über Afrika nach Europa (ähnlich 1919)	*Palissy* gewinnt richtigere Vorstellungen über Fossilienentstehung und Erdgeschichte im Gegensatz zur Bibelautorität Kaffeepflanze w. in Europa d. *Prosper Albinus* bekannt Versuch eines Perpetuum mobile mit Wasserkreislauf von *J. de Strada* (erste nachweisb. Versuche eines P. m. Mitte des 13. Jahrh.) ~ *Francois Vieta* (* 1540, † 1603) wendet Buchstabenrechnung an; begrdt. mathem. Formelsprache Engländer segeln ins Karische Meer	~ Übergewicht von plastischen Architekturgliedern an Möbeln in Süddeutschland ~ Kabinettschrank in Augsburger Herstellung, geschnitzte Truhe. Aufkommen von Intarsien im Norden Botanischer Garten in Leipzig Reichsgesetz gegen Kurpfuscherei in der Chirurgie ≈ Ital. Küche maßgebend in Europa
A. Colin: Grabmal der *Philippine Welser* (d. Schwiegertochter Kaiser *Ferdinands I.*; Innsbruck. Hofkirche) * *Bernardo Strozzi*, ital. Barockmaler († 1644) * *Dominico Zampieri* (gen. *Domenichino*), ital. Maler des Eklektizismus und Baumeister († 1641)	*Balthasar de Beaujoyeux:* „Ballet comique de la Reine" (erstes Ballett, Vorläufer der franz. Oper)	*Galilei* studiert in Pisa ~ Bau zahlreicher mech. Automaten in Form von Lebewesen	*Francis Drake* zahlt nach seinen Kaperfahrten, die ihn um die ganze Welt führten, 100% „Gewinnanteile" aus Frankr. schafft Registrierkontrolle von Rechtsurkunden mit Registrierabgab. (Registrierung seit 1539)
† *Giorgio Ghisi*, ital. Kupferstecher (* 1520) *Johann Schoch* (* ~ 1550, † 1631): „Neuer Bau", Straßburg (vollendet 1585) * *David Teniers d. Ä.*, niederl. Barockmaler († 1649)		*Scaruffi:* „Diskurs über d. Geld" (ital. Wirtschaftslehre, u. a. mit Vorschlag einer Gold-Silber-Wertrelation von 12:1)	Einführung des *gregorianischen* Kalenders (mit Schaltjahren) zunächst in katholischen, später auch in protestantischen Ländern (z. B. England 1752)
da Bologna: „Der Raub der Sabinerin" (ital. Plastik in Florenz)	* *Girolamo Frescobaldi*, ital. Organist u. Komp. († 1643) * *Orlando Gibbons*, engl. Komp. († 1625)	*Andrea Cesalpino* (* 1519, † 1603) versucht Systematik der Pflanzen; findet den Rückstrom d. Blutes in den Venen (Teilerkenntnis über den Blutkreislauf) Erste Pendelbeobachtungen *Galileis* (am Kronleuchter im Dom zu Pisa?)	Niederländische Verlagsdruckerei von *Louis Elzevier* (* 1540, † 1617) gegründet; Hersteller hochwertiger Drucke (u. a. Werke *Descartes'*) Halbjährliche Meßzeitung i. Frankf./M. Spielkartensteuer in Frankreich

	† *Iwan „der Schreckliche"* *Maria Stuart*	*Tasso* *„Dr. Faust"*	*Bruno* *Gegenreformation*
1584	† *Iwan IV.* („der Schreckliche"), Zar von Rußland seit 1533, schuf stehendes Heer, begann Eroberung Sibiriens, förderte Handel und Kultur, verfolgte Bojaren-Großadel (* 1530) Ermordung des niederländischen Statthalters *Wilhelm von Oranien* durch einen Katholiken (* 1533) *Sir Walter Raleigh* schafft erste Siedlungen in „Virginia" (vgl. 1607)	† *Jan Kochanowski*, schuf als erster poln. Dichter eine Poesie weltlichen Inhalts (* 1530) ∼ *Lope de Vega* beginnt sein dramatisches Werk (vgl. 1635)	† *Carl Borromäus*, Kardinal und Erzbischof von Mailand, Reformator in der kathol. Kirche, Gegner der Protestanten (* 1538) *G. Bruno:* „Von der Ursache, dem Prinzip und dem Einem" u. „Vom unendlichen All und den Welten" (ital. antischolast., monistische Philosophie am Hofe *Elisabeths* von England) * *Lucilio Vanini*, ital. Philosoph († 1619)
1585	Achter Hugenottenkrieg der kathol. Liga unter König *Heinrich III.* von Frankreich (bis 1588) Krieg zwischen England und Spanien * Kardinal *Richelieu*, franz. Staatsmann († 1642)	* *Gerbrand Adriensz Bredero*, niederl. Dichter († 1618) ∼ *G. B. Guarini:* „Der getreue Schäfer" (ital. Schäferdrama von allg. Einfluß) † *Pierre de Ronsard*, franz. Dichter, Begründer des frz. Klassizismus, beherrscht frz. Dichtkunst durch seine Dichterschule (* 1525) *Shakespeare* kommt nach London Engl. Komödiantentruppen in den Niederlanden, Dänemark u. Deutschland	*Sixtus V.* Papst bis 1590 (†), Bauherr der Vatikanischen Bibliothek (* 1521) Univ. Graz gegründet
1586	† *August* von Sachsen, Kurfürst seit 1553, strenger *Luther*anhänger, gegen Reformierte, förderte entscheidend Wirtschaft, Kultur und Verwaltung (* 1526) *Abbas II.* („der Große") Schah von Persien bis 1628 (†, * 1557); dehnt s. Macht bis Bagdad u. Georgien aus; fördert Baukunst u. Verkehr	* *John Ford*, engl. Dramatiker († ∼ 1640) *Tasso* aus einer Irrenanstalt entlassen, wo er seit 1579 „I Dialoghi" schrieb Engl. Übersetzung des span. Romans „Abenteuer des Lazarillo von Tormes" Als soziale Ergänzung zum exklusiven No-Schauspiel entsteht in Japan aus den komischen Tänzen d. Volkes das Kabuki-Spiel mit Bühnenausstattung, ohne Masken (vgl. 1389)	Gegenreformatorischer „Borromäischer Bund" in der Schweiz ∼ Scharfe Gegenreformation in Polen verdrängt viele dt. Einwohner Renaissance-Blüte Coburgs unter Herzog *Johann Casimir* (reg. 1586–1633)
1587	† *Maria Stuart*, kath. Königin von Schottland, hingerichtet wegen Verdachtes der Mitwisserschaft am Attentat gegen *Elisabeth* (* 1542) *Sigismund III.*, aus dem schwed. Hause *Wasa*, König von Polen bis 1632 (†)	*Chr. Marlowe:* „Tamburlaine" (engl. Drama) „Volksbuch von Dr. Faust" in Frankfurt am Main erstmalig v. *Joh. Spieß* gedruckt * *Joos van den Vondel*, niederl. Dramatiker († 1679)	

El Greco Italienisches Frühbarock	Orlando di Lasso Gemeindegesang	Tycho Brahe Galilei	
	di Lasso: Sieben fünfstimmige Bußpsalmen (niederländ.)	~ *Tycho Brahe* stellt genauesten vorteleskopisch. Fixsternkatalog auf (ca. 1000 Sterne)	*W. Raleigh* bringt Kartoffel nach Irland (wird dort vorwieg. Nahrungsmittel) ≈Beginn d.Verbreitung der Kartoffel von Irland aus
† *Wenzel Jamnitzer*, Nürnberger Goldschmied der Renaiss.; u.a. Schmuckkästchen, Tafelaufsätze, Pokale (* 1508) * *Jean Lemercier*, frz. Baumeister der Spät-Ren. († 1654) *Veronese:* „Apotheose Venedigs" u. Schlachtbilder (ital. Fresken in der Sala del Gran Consiglio, Venedig)	* *Heinrich Schütz*, dt. Komp. († 1672) † *Thomas Tallis*, engl. Komp., einer der ersten Klavierkomp., 5—8-stimm. Motetten, eine 40-stimm. für 5 achtstimm. Chöre (* 1505)	*John Davis* (* 1550, †1605) durchfährt die nach ihm benannte Straße zwischen Grönland u. Nordamerika *Simon Stevin* (* 1548, † 1620) führt systematische Dezimalbruchrechnung ein u. findet das Gesetz d. schiefen Ebene (Parallelogramm der Kräfte); gibt d. Statik fester u. flüssiger Körper abschließende Gestalt	~ Nachahmung des chinesischen Porzellans in den Niederlanden: Delfter Fayence ≈ Antwerpen verliert durch Ketzergericht, Belagerung u. Plünderung Weltstellung an Rotterdam u. Amsterdam
El Greco: „Begräbnis des Grafen Orgaz" (span. Gem.) *Juan de Herrera* beendet als Rohbau den Escorial (span. Schloß u. Kloster, Baubeginn 1563) nach Plänen von *Juan Bautista de Toledo* † *Luis de Morales* („der Göttliche"), span. Maler fanatisch-asketisch. Christus- u. Madonnenbilder (* ~ 1510) *Dom. Fontana:* Lateran	*Lucas Osiander* (* 1534, † 1604): „50 geistliche Lieder also gesetzet, daß ein gantz Christliche Gemein durchaus mitsingen kann" (fördert ev. Gemeindegesang); Cantus firmus vom Tenor in den Sopran verlegt * *Johann Hermann Schein*, dt. Komp. († 1630)	*Galilei* erfindet hydrostatische Waage (Tauch-Dichtemesser) 25,5 m hoher und rd. 487 t schwerer Obelisk wechselt in Rom unter Heranziehung von 900 Menschen, 140 Pferden und 40 Winden seinen Standort Niederländer verwenden Sprengschiffe mit Lunten- und Uhrwerkzündung	Kolonisten aus Virginia bringen Tabakrauchen n. England
	* *Samuel Scheidt*, dt. Orgelmeister († 1654)		Erste öffentl. Girobank (in Venedig; „Rialto" Bank) *Maria Stuart* erwähnt ihr Billardspiel Kartoffelpflanze in einem Bot. Garten in Breslau

	Königin Elisabeth Armada	de Montaigne „Dr. Faust“	Reformation und Gegenreformation
1588	Untergang der span. „Armada“-Flotte (160 Schiffe im Werte von 200 Mill. Dukaten) im Kampf gegen engl. Flotte unter Sir *Francis Drake*. Artillerie-Fernkampf statt Enter-Nahkampf wie noch 1571. Ende der span., Beginn der engl. Seemacht König *Heinrich III.* geht von der kath. Liga zu den Hugenotten über Niederl. erkl. sich z. Republ.	*Greene:* „Pandosto“ (engl. Roman, Quelle für *Shakespeares* „Wintermärchen“) *Marlowe:* „Tragical History of Dr. Faustus“ (englisches Drama, gedruckt 1604) *de Montaigne:* „Essais“ (3. Bd. einer epikureischen Lebensphilosophie; vgl. 1580)	* *Thomas Hobbes*, engl. Philosoph († 1679)
1589	Ermordung *Heinrichs III.*, König von Frankreich seit 1574, letzter aus dem Hause *Valois* (* 1551) *Heinrich IV.* wird König von Frankreich bis 1610 (†), erster *Bourbone*, zunächst protestantisch; Ordnung der durch innere Kriege zerrütteten franz. Finanzen durch Haushaltsplan und Goldausfuhrverbot		„Collegium illustre“ als erste Ritterakademie für die Ausbildung des Adels (in Tübingen) Russ. Kirche durch späteren Zar *Boris Godunow* unabhängig vom Patriarchen in Konstantinopel Akademie Kiew gegründet
1590	Wirtschaftliche Schwierigkeiten (Steuerdruck, Gewerberückgang, Bevölkerungsrückgang, Überfremdung) in Spanien begleiten den Schwund seiner äußeren Macht	~† *Johann Fischart*, dt. Dichter, antikathol. Satiriker und Polemiker; u. a. „Glückhaft Schiff zu Zürich“ für Vereinig. Straßburgs mit der Schweiz (* 1547) *Philipp Sidney* (* 1554, † 1586): „Arcadia“ (engl. Schäferdichtung; *S.* betont in einer „Verteidigung der Dichtkunst“ deren Bildungswert) *Spenser:* „Feenkönigin“ (engl. alleg. Epos, Streit der Tugenden gegen die Laster)	*Gregor XIV.* Papst bis 1591

Renaissance Italienisches Frühbarock	Palestrina Orlando di Lasso	Galilei Mikroskop	
† *Paolo de Veronese*, ital. Barockmaler; Tafelbilder, großangelegte Fresken und Deckengemälde (* 1528) Michaelskirche in München (Ren.-Bau seit 1583)		Der englische Freibeuter *Thomas Cavendish* (* ~ 1555, † 1592) vollbringt dritte Erdumsegelung seit *Magallanes* (begonnen 1586) (gilt auch als Ende des eigentl. Entdeckungszeitalters; vgl. 15. Jh.) * *Marin Mersenne*, französ. Philosoph, Natur- und Musikforscher († 1648)	
† *Bernard de Palissy*, franz. Forscher und Künstler, bes. Kunsttöpfer; u. a. Schüsseln mit naturalist. Reliefs (* ~ 1510) *Benedikt Wurzelbaur* (* 1548, † 1620): Tugendbrunnen (Renaissance-Bildwerk in Nürnberg)		*T. Brahe* bezweifelt kopernikanisches Weltbild, das im Rahmen des damaligen Wissens nicht zwingend war *G. Galilei* erhält den Lehrstuhl für Mathematik in Pisa (mit 30mal geringerem Gehalt als ein Medizin-Professor) *William Lee* Wirkstuhl (Handkulierstuhl) i. Cambridge	~ Eßgabeln am franz. Hof ~ *W. Lee* bringt die Wirkkunst n. Frankreich
Annibale Caracci (* 1560, † 1609): „Himmelfahrt Mariä" (ital. Gem.) *Caravaggio*: „Matthäus mit dem Engel" (ital. Gem.) † *Alonso Sanchez Coello*, span. Maler der Ren., Hofmaler *Philipps II.* (* 1515) † *Leone Leoni*, ital. Goldschmied, Erzgießer, Bildhauer der Hochrenaissance (* 1509) Kuppel der Peterskirche in Rom nach Plänen *Michelangelos* von *Giacomo della Porta* ausgeführt (beg. 1573) *Tintoretto*: „Das Paradies" (ital. Riesenfresko im Dogenpalast in Venedig, bis 1592)	*Emilio del Cavaliere* (* ~ 1550, † 1602): Musik zum Drama „Der Satyr" (Wechselgesang und Soloreden in 4—5-stimm. Madrigalsätzen) *Vincenzo Galilei* (* 1533, † 1591), Vater *G. Galileis*): „Gesang des Grafen Ugolino" (von *Dante*). Erster Versuch für eine Singstimme m. Instrumentalbegleitung	*Theodor de Bry*: „Große Reisen" (1. Bd.: „Wunderbarlichste, doch wahrhaftige Erklärung von der Gelegenheit und Sitten in Virginia"; Bilderatlas, 17 Lief. bis 1634) *G. Galileis* Fallversuche vom Turm zu Pisa ~ Zweilinsiges Mikroskop in Holland (nicht sicher von *Zacharias Janszen*)	≈ Männermode: Aufkommen von Knie- u. Puffhosen und Strümpfen. In Deutschl. Aufnahme der span. Tracht Frauenmode: steife Schnürbrust, enganliegendes Leibchen, Glockenrock mit Reifen. Schürze wird zum Schmuckstück der Patrizierin. Lange Mäntel für ältere u. Bürgerfrauen, große Kröse, Calotte, *Stuart*haube, Barett. In Frankr. Malotte (vorn bis auf die Füße herabhängende Schaube) ≈ Aufk. v. Strümpfen, Handschuhen, Netzen, Schnupftüchern, Fächern ~ Kohlegewinnung im Ruhrgebiet

	Entstehung westeuropäischer Kolonialreiche	*Marlowe Shakespeare*	*Reformation und Gegenreformation*
1591	*Boris Godunow*, Regent unter Zar *Feodor I.*, läßt Zarewitsch *Demetrius* ermorden Frankreich beseitigt politische Autonomie derZünfte und der städt. Wirtschaftspolitik	* *Friedrich Spee v. Langenfels*, dt. Barockdichter († 1635) ~ *Shakespeare:* „Komödie der Irrungen", „Romeo u. Julia" (engl. Dramen) (Die Chronologie d. Werke *Shakespeares* ist umstritten)	
1592	*Sigismund III.*, König von Polen, erlangt schwed. Krone (bis 1604); fördert Katholizismus Mißglückter Versuch der Japaner, das chin. Korea zu erobern (das Land wird in Kämpfen bis 1598 verwüstet)	† *Robert Greene*, engl. Dichter und Pamphletist; u. a. literarische Selbstanklage (* 1560) † *Michel de Montaigne*, franz. Dichter und skept. Philosoph (* 1533) ~ *Shakespeare:* „Verlorene Liebesmüh" (engl. Schausp.) *Shakespeare* als Schauspieler erwähnt	*R. Bellarmin:* „Disputationes de controversiis christianae fidei" (gegenreform. Werk in 3 Bänden; ruft über 100 Gegenschriften hervor) * *Amos Comenius*, tschechischer Pädagoge († 1670) * *Petrus Gassendi*, franz. Philosoph († 1655) *Klemens VIII.* Papst bis 1605
1593	*Heinrich IV. von Navarra* tritt zur Sicherung der franz. Krone zum Katholizismus über („Paris ist eine Messe wert"); war seit 1569 Führer der Hugenotten	† *Christopher Marlowe*, engl. Dramatiker; gilt als Vorläufer *Shakespeares* (* 1564) ~ *Shakespeare:* „Venus und Adonis" (engl. Versepos)	
1594	Franz. Seefahrer landen in Kanada („Neufrankreich") * *Gustav Adolf II.*, König von Schweden 1611—1632 (†)	*Thomas Nash* (* 1567, † 1601): „Der unglückliche Wanderer" (engl. Abenteuerroman) ~*Shakespeare:* „Richard II.", „Richard III.", „Der Kaufmann von Venedig" (engl. Dramen), „Lukretia" (Versepos)	

Tintoretto *Italienisches Frühbarock*	*Erste italienische Oper* *Palestrina*	*Galilei* *Experimental-Physik*	
F. Baroccio: „Rosenkranzmadonna“ (ital. Gem.) ~ * *Jusepe de Ribera* (gen. *Spagnoletto*), spanischer Maler († 1652) Alte Universität und Universitätskirche in Würzburg (Ren.-Bau)		*F. Vieta:* Buchstabengrößen i. d. Mathematik ≈ Mühlen in allen Formen dominieren als Antriebsmaschinen (Energieversorgung dürfte etwa bis 1800 pro Kopf 100mal geringer gewesen sein als heute. Vgl. 1951)	≈ Kegelbahn auf Volksfesten (urkundlich seit 1175) „ÖkonomischerKalender“ für dieLandwirtschaft von *J. Coler* begründet neuen Buchtyp
* *Jacques Callot*, franz. Barockmaler († 1635) *H. Gerhard:* St. Michael (Plastik an der Michaelskirche München)	~ *Orlando di Lasso* ist neben *Palestrina* der bedeutendste Komp. seiner Zeit (hinterläßt ca. 1200 2–12-stimmige Motetten, 100 Magnifikate, 52 Messen, 7 Bußpsalmen zu 5 Stimmen u. a.)	*John Davis* entdeckt Falklandinseln *Galilei* Prof. in Padua ~ Thermoskop mit Luftausdehnung von *G. Galilei* (Vorläufer des Thermometers; unsicher, vgl. 1611) 50 Kupferbildtafeln mit ersten mikroskopischen Beobachtungsergebnissen (an Insekten) von *Georg Hoefnagel*	
* *Jakob Jordaens*, niederl. Maler († 1678) * *Matthäus Merian d. Ä.*, dt. Kupferstecher († 1650) ~ * *Nicolas Poussin*, frz. Maler († 1665)	*G. Gabrieli:* Toccata (ital. Kompos. für virtuoses Orgelspiel)		Hl. Ambrosius-Bank in Mailand
G. da Bologna: Cosimo I. (ital. Reiterdenkmal, Florenz) ~ † *Jean Cousin*, frz. Maler unter dem Einfluß d. ital. Ren., Glasfenster, Illustrationen antiker Dichtungen (* 1522) *Wendel Dietterlin:* „Architectura“ (Ornamentstichwerk) *Hubert Gerhard* (*~ 1550, † 1620): Augustusbrunnen, Augsbg. † *Tintoretto* (eig. *Jacopo Robusti*), Landschafts- u. Bildnismaler der it. Spät-Ren.; Hauptmeister d. ital. „Manierismus“ (* 1518)	† *Orlando di Lasso*, niederl. Komp.: Motetten, Madrigale-Messen (* 1532) † *Giovanni Pierluigi Palestrina*, ital. A-capella-Komp ; rettete und erneuerte die polyphone Musik f. d. Gottesdienst durch Verständlichkeit der Texte und würdevolle Melodien; vereinigte kontrapunktischen m. harmonischem Stil (* 1525) *Peri:* „Dafne“ (erste, ital. Oper, i. Rezitativ-Stil); Text von *Ottavio Rinuccini* (* 1562, † 1621)	„Goldene Regel“ der Mechanik (mechan. Energieerhaltungssatz) von *G. Galilei* † *Gerhard Mercator (Kremer)*, dt. Geograph und Kartograph (* 1512)	Zusammenbruch d. spekulativen Bankkreditsystems in Venedig Bücherkatalog auf d. Leipziger Messe

	Maximilian I. v. Bayern *Boris Godunow*	*Shakespeare* *„Schildbürger"*	*Edikt von Nantes*
1595	Bayern versucht durch milizartiges „Landvolksbewehrungswerk" Söldnerkosten zu erniedrigen Beginn der niederländischen Kolonisation in Ostindien	*Rollenhagen:* „Froschmeuseler" (allegor.-satir. Lehrgedicht; Parodie n. *Homers* „Froschmäusekrieg") † *Torquato Tasso*, ital. Dichter; kurz vor der Dichterkrönung (* 1544) *Lope de Vega* wieder in Madrid (1588 ausgewiesen)	**Erstes Zuchthaus, in Amsterdam**
1596	Erfolgreicher Krieg Frankreichs, Englands und der Niederlande gegen Spaniens gegenreformatorische Einmischungsversuche i. Frankreich (bis 1597) Niederländer beg. auf den Sundainseln Fuß zu fassen	~*Shakespeare:* „Mitsommernachtstraum", „Der Widerspenstigen Zähmung", „Ende gut, alles gut" (engl. Dramen)	* *René Descartes*, franz. Philosoph des Rationalismus († 1650)
1597	*Maximilian I.* wird Herzog von Bayern bis 1651 (†) Ferrara kommt zum Kirchenstaat	*Th. Deloney:* „The Gentle Craft" (humorist. Handwerker-Rom.; gilt als ein. d. ältest. realist. engl. Rom.) † *Hernando de Herrera* („der Göttliche"), span. Lyriker u. Historiker (* 1534) * *Martin Opitz*, dt. Dichter der Barockzeit († 1639) *Shakespeare*-Truppe grdt. in London das Globe-Theater	*Bacon:* „Essays or Counsels, civil and moral" (engl. Lebensregeln) *Galilei* an *Kepler:* v. kopernik. Weltbild überzeugt *F. Suarez:* „Disputationes metaphysicae" (system. Gesamtdarst. d. Metaphysik) Erste Strafanstalt f. Frauen mit Arbeitszwang (Spinnhaus), Amsterdam
1598	† *Feodor I.*, Zar seit 1584 (* 1557) *Boris Godunow* wird Zar bis 1605 (†, * ~ 1551) † *Philipp II.*, König von Spanien seit 1556, absolutistischer Führer der Gegenreformation, hinterläßt 100 Millionen Dukaten Staatsschulden (* 1527) *Philipp III.* Kg. v. Span. bis 1621 (†) ~ Unruhen im kathol. Irland gegen protest. engl. Herrschaft	*Jonson:* „Every Man in His Humour" (engl. Komödie n. strengen antik. Regeln) † *George Peele*, engl. Dramatiker (* 1558) ~*Shakespeare:* „Die lustigen Weiber von Windsor" (engl. Drama f. Kgin. *Elisabeth*) * *Göran Stiernhielm*, schwed. Dichter († 1672) Ältester Druck des Volksbuchs von den „Schildbürgern"	*Heinrich IV.* gibt nach seinem Übertritt zum Katholizismus im „Edikt von Nantes" den franz. Protestanten Religionsfreiheit. Vorläufiges Ende der Hugenottenkriege (seit 1562) † *Marnix van St. Aldegonde*, religiöser Schriftsteller und Staatsmann, trat für Reformation in den Niederlanden ein (* 1539) Steiermark weist Protest. aus

Renaissance Italienisches Frühbarock	Italienische Musik Anfänge d. Oper	Galilei Ansätze zur neueren Chemie	
~ *Caravaggio:* Gemälde f. S. Luigi dei Francesi, Rom (mit starken Hell-dunkel-Kontrasten) *Annibale Carracci:* „Venus und Adonis" (ital. Gemälde)	~ † *Clément Janequin,* frz. Komponist, bes. Chansons (* ~ 1485)	~ *Galilei:* Pendelgesetze (Anfänge einer quantitativ messenden Naturwissenschaft) „Alchymie" von *A. Libavius* (Lehrbuch, das von der Alchimie zur wissenschaftlichen Chemie überleitet) „Atlas" von *Mercator* erscheint posthum	
* *Jan van Goyen,* niederl. Maler d. Barock († 1656) *C. Maderna:* Fassade von S. Susanna, Rom (bis 1603) *Rubens* Schüler v. *Tobias Verhaecht* (* 1561, † 1631) in Antwerpen	*Ludovico Zacconi:* „Musikpraktik" (ital. Musiklehre) ~ Gesangsvirtuosentum führt zur Überladung der Musikwerke	*Barents* u. *Heemskerk* entd. Bäreninsel u. Spitzbergen *D. Fabricius* entd. ersten veränderli. Stern („Mira") *Kepler:* „Mysterium cosmographicum" („Geheimnis des Weltbaues") Versuch, die Planetenbahnen pythagoreisch auf die fünf regelmäßigen Vielflächner zurückzuführen *Ludolf van Ceulen* ber. Kreiszahl (π) auf 35 Stellen	Leipzig erhält eine Feuerordnung ≈ Segelwagen werden gelegentlich verwendet
Ausmalung des Palazzo *Farnese* in Rom durch die Brüder *A.* und *A. Carracci* † *Juan de Herrera,* span. Baumeister (* 1530) † *Pellegrino Tibalid,* ital. Maler und Baumeister der Spät-Ren. in Mailand (* 1527)	*Orazio Vecchi* (* 1551, † 1605): „L'Amfi parnasso" (ital. Madrigalkomöd., gilt als Vorl. der Oper)	† *Willem Barents* (nach der ersten arktischen Überwinterung), niederl. Seefahrer, bei der Insel Nowaja Semlja, deren Nordkap er erreichte (* 1550) *Galilei:* Proportionalzirkel (Vorläufer des Rechenschiebers)	Erste period. Monatszeitung von *Samuel Dilbaum,* Augsburg: „Historische Relatio und Erzehlung der fürnembsten Geschichten..." Post wird kaiserliches Regal ≈ Erste Feldlazarette u. Feldapoth.
* *Lorenzo Bernini,* ital. Bildhauer und Baumeister († 1680) * *François Mansart,* frz. Baumeister († 1666) *Rubens* wird in die Malergilde in Antwerpen aufgenommen * *Francisco de Zurbarán,* span. religiöser Barockmaler († 1664) Bau d. Münsters z. Bern (spätgot., s. 1421)		*Brahe* veröffentl. ein Werk über seine Sternwarten u. Instrumente (Höhepunkt d. vorteleskopischen Astronomie; vgl. 1610) * *Francesco Cavalieri,* ital. Wissenschaftler († 1647) *Carlo Ruini:* „Anatomia del Cavallo" (ital., erste „Anatomie d. Pferdes", mit Holzschnitten)	≈ „Goldmacherei" durch Alchimisten schädigt die (meist fürstlichen) Auftraggeber England hebt Vorrechte des Stalhofs der Hanse in London auf. Niedergang der Hanse (gegründ. im 13. Jahrhundert) Pest in Berlin (auch 1576, 1611, 1631)

	Königin Elisabeth Ostind. Kompagnie	Shakespeare	Bruno verbrannt
1599	* *Oliver Cromwell*, engl. Staatsmann († 1658)	M. *Alemán:* „Leben des Guzman de Alfarache" (span. Schelmenroman) ~ *Shakespeare:* „Viel Lärm um Nichts", „Wie es Euch gefällt" (engl. Dramen) † *Edmund Spenser*, engl Dichter; Sonette, Schäferdichtung (* 1552)	
1600	Engl. Ostindische Handelskompagnie mit Handelsmonopol und 70 000 Pfd. Einlagen gegründet *Heinrich IV.* v. Frankreich heiratet *Maria v. Medici* (Auff. d. beiden Opern „Euridice", s. Musik) * *Karl I.*, König von England († 1649) ≈ Irland nach jahrzehntelangen Aufständen gegen England verwüstet und verarmt	* *Pedro Calderon de la Barca*, span. Dramatiker († 1681) *Alònso de Ledesma* (* 1552, † 1623): „Conceptos espirituales" (geistreiche span. Lyrik, „Konzeptismus") ~ *Shakespeare:* „Heinrich IV.", „Heinrich V.", „Heinrich VI." (engl. Dramen) „*Romancero general*" (erste große span. Romanzensammlung)	† *Giordano Bruno*, ital. Philosoph, Dominikaner, wird als Ketzer verbrannt; lehrte eine in Zeit und Raum unendliche Welt, erfüllt mit unzähligen Sonnen, und lebendige Beseeltheit der All-Materie (* 1548) † *Luis Molina*, span. Jesuit, verkündete eine von den Dominikanern bekämpfte, von vielen Jesuiten unterst. Prädestinationslehre (*1535) ≈ 1500–1650 rechnet man mit mindestens 200 000 Opfern von Hexenprozessen
1601	Königin *Elisabeth* v. England läßt ihren ehemaligen Günstling *Robert Essex* (* 1567) wegen eines Aufstandsversuches hinrichten „Bauernlegen" in England führt zur Proletarisierung d. Landbevölkerung. „Armengesetz" sieht Unterstützungspflicht der Kirchengemeinden vor und erzwingt Arbeit in den Manufakturen	* *Johann Michael Moscherosch (Philander von Sittewald)*, dt. Satiriker († 1669) ~ *Shakespeare:* „Hamlet", „Julius Cäsar" (engl. Trauerspiele) ~ *Shakespeare*bühne: Vorderbühne ohne, hintere Guckkastenbühne mit Dekorationen u. balkonartige Oberbühne	

El Greco *Rubens*	*Erstes Oratorium* *„Neue Musik“*	*Brahe u. Kepler* *Gilbert*	
* *Francesco Borromini,* ital. Bildhauer u. Baumeister d. Barock († 1667) * *Anthonis v. Dyck,* fläm. Maler († 1641) *Stefano Maderna* (* ~ 1571, † 1636): „Die heilige Cäcilie“ (ital. Plastik) *Reni:* „Bildnis der Beatrice Cenci“ (ital. Gemälde)	† *Luca Marencio,* ital. Komponist, besonders von Madrigalen mit neuen Klangmitteln (* ~ 1550) * *Diego Rodriguez de Silva y Velazquez,* span. Maler († 1660)	*Ulisse Aldrovandi:* „Ornithologia“ (grundl. Vogelkunde i. 3 Bden. bis 1603)	Monatszeitung in Nürnberg Erster Portotarif in Deutschland Marseille gründet erste Handelskammer
~ *Greco:* „Auferstehung“ (span. Gem.) * *Claude Lorrain,* frz. Maler († 1682) *Rubens* in Italien bis 1608 (dann in Antwerpen) ~ *Heinrich Schickhardt* (* 1558, † 1634): Stadtplanung f. Freudenstadt in Rechteckform mit ev. Pfarrkirche, 1601–08 erb. ≈ Im ind. Reich der Großmoguln beginnt sich besonders Miniaturmalerei zu entw.	~† *Andrea Amati,* ital. Geigenbauer; schuf endgültigen Violintyp (von seinen Söhnen veredelt) (* ~1527) *G. Caccini:* „Euridice“ (ital. Oper) *Emilio de Cavallieri:* „Ansprache der Seele an den Körper“ (Anwendung des Rezitativs auf allegorische Gestalten. Erstes Oratorium) *Peri:* „Euridice“ (ital. Oper im Rezitativstil) ~ „Sinfonia“ als einfacher harmonischer Instrumentalsatz	*Bacon* mißt Schallgeschwindigkeit in Luft *T. Brahe* arbeitet in Prag mit *Kepler* zusammen (*Keplers* spätere Gesetze beruhen auf *Brahes* Planetenbeobachtungen) Erste Abbildung menschlicher Embryonen durch *Hieronymus Fab* *G. Galilei* erkennt Trägheitsgesetz der Körper ~ *Gilbert* erforscht Erdmagnetismus u. nennt die Kraft des geriebenen Bernsteins „vis electrica“ (nach dem griech. Namen für Bernstein) ~ Holländ. Brillenmacher erf. Fernrohr	≈ Mode: Einführg. von Perücke und Schleppe ~Vorsatzpapier bei Büchern ≈ Erste Aktiengesellschaften entstehen im Handel und ermöglichen Kapitalsammlung ≈ Gegensätzliche Meinungen üb. private u. Staatsbanken in Italien. Es entstehen Staatsgiro-Banken ohne Kreditgeschäfte
* *Alonso Cano,* span. Maler, Baumeister u. Bildschnitzer des Barock († 1667) *Michelang. Caravaggio:* „Kreuzigung Petri“, „Bekehrung Sauli“ (ital. barocke Gem.) *Rubens:* 3 Altarbilder mit Passionsszenen f. Sta. Croce in Gerusalemme * *Simon de Vlieger,* niederl. Maler († 1653) *Heinrich IV.* grdt. Bildteppich-Manufaktur i. der Nähe einer Pariser Färberfam. *Gobelin*	*Caccini* prägt f. d. neuen, monodischen Gesangsstil (vermeintlich „griechisch“) den Begr. „Nuove musiche“ *Gesualdo,* Fürst von Venosa (* ~ 1560, † 1613): Madrigale in leidensch. chromatischem Stil (italienisch. Komponist)	† *Tycho Brahe,* dän. Astronom, verbess. entscheid. Beobachtungsgenauigk., lehrte das Kreisen der Planeten um d. Sonne, dieser aber um die Erde (* 1546) * *Pierre de Fermat,* franz. Mathematiker († 1665) *Thom. Harriot* (* ~ 1560, † 1621): Lichtbrechungsgesetz (bleibt unveröff., vgl. 1621) *Kepler* wird kaiserlicher Astronom u. Astrologe Der Niederl. *van Noort* vollbringt vierte Erdumsegelung seit *Magallanes* (begonnen 1598)	≈ Rückgang d. oft bordellartigen Badestubenwesens infolge behördlicher Schließungen wegen Syphilisgefahr *Paul Welser* betont, daß Gold u. Silber nur Vergleichswert mit anderen Dingen haben ≈ Der polit. Zersplitterung und Schwäche Dtls. geht wirtschaftliche parallel

	† Königin Elisabeth Ostind. Kompagnie	Shakespeare	Gegenreformation
1602	„Niederländisch-Ostindische Kompagnie" mit 6½ Millionen Gulden als erste moderne Aktiengesellschaft in Batavia gegründet. (Gewinnausschüttung im Durchschnitt bis 1780 20 bis 25 Prozent) Niederländer gründen Kapkolonie in Südafrika (englisch 1806) * Kardinal *Jules Mazarin*, franz. Kardinal u. Staatsmann († 1661)	∼ *Shakespeare:* „Troilus u. Cressida" (engl. Drama)	
1603	† *Elisabeth*, protestantische Königin von England seit 1558; unter ihrer Herrschaft kulturelle und politische Blüte Englands („Elisabethanisches Zeitalter"), blieb unverheiratet (* 1533) Mit König *Jakob I.* (bis 1625 [†]) herrschen d. schottischen *Stuarts* als „Kge. v. Großbritannien u. Irland" (bis 1714) Frankreich faßt Fuß in Kanada Schogun- (Kronfeldherren-) Geschlecht der *Tokugawa* erlangt die Macht in Japan bis 1867. Tokio wird Hauptstadt. Wirtschaftlicher und, in Anlehnung an China, kultureller Aufschwung; Ausrottung des Christentums	*J. J. Scaliger* u. *J. Gruter:* „Inscriptiones antiquae" (niederl. Sammlung antiker Inschriften) *Thomas Heywood* (* 1570, † 1641): „A woman killed with kindness" (gilt als erstes engl. bürgerl. Trauerspiel)	*R. Bellarmin:* „Kleiner Katechismus" (gegenreformatorisch, 400mal aufgelegt, in 60 Sprachen übersetzt) „Accademia dei Lincei" (päpstl. Akad. i. Rom, bis 1870)
1604	*Sigismund III.*, König von Polen und Schweden, verliert wegen Katholisierungsversuchen die schwedische Krone an seinen reformationsfreundlichen Oheim *Karl IX.* (bis 1611 [†]) Franz. Gesellschaft für ostindischen Handel gegründet	* *Friedrich von Logau*, dt. Epigrammatiker († 1655) ∼ *Shakespeare:* „Othello", „Maß für Maß" (englische Dramen) ∼ Zügellose Stegreifspiele in Deutschland	

Barock	Generalbaß	Galilei	
† *Agostino Carracci*, ital. Kupferstecher u. Maler des „Eklektizismus" (* 1557) * *Philippe de Champaigne*, franz. Bildnismaler († 1674) *A. de Vries:* Herkulesbrunnen, Renaissance-Bildwerk in Augsburg *Bodley*anische Bibliothek i. Oxford (Baubeginn 1597; sammelt bes. oriental. Handschriften) Rattenfängerhaus in Hameln (dt. Renaiss.-Bürgerhaus)	*G. Caccini:* „Madrigalien für eine Solostimme mit beziffertem Baß" (erste Gesangsschule) * *Francesco Cavalli*, ital. Opernkomp. († 1676) *Hans Leo Haßler* (* 1564, † 1612): „Lustgarten" (mehrstimmige dt. Liedersammlung i. ital. beeinfl. Kontrapunkt) *Viadana:* „Hundert kirchliche Konzerte", Sätze für alle Stimmen mit Beigabe des Generalbass.geschr. (ital.)	~ *Galilei* beg. Fallgesetze zu entwickeln (vgl. 1609) * *Otto von Guericke*, dt. Naturforscher († 1686) ~ Letzte Ausläufer der Lehre von den vier Elementen Wasser, Erde, Feuer, Luft Charité in Paris gegründet ~ Gewehr mit Feuersteinschloß verdrängt Luntenschloß	Kaiserkrone von Goldschmied *David Altenstetter* in Augsburg (* 1547, † 1617) ≈ Hohe Blüte der Erzbergwerke im Harz u. Erzgebirge (Einstellung im 30-jährigen Kriege)
~ * *Aert van der Neer*, niederl. Maler († 1677) ≈ *Cornelisz van Haarlem* (* 1562, † 1638) wirkt als holländ. Maler d. Manierismus, malt auch Schützengesellschaften *Carlo Maderna* (* 1556, † 1629) vollendet die Peterskirche in Rom bis 1612 (Langhaus u. Vorhalle)	† *Thomas Morley*, engl. Komponist, bes. Madrigale (* 1557) ≈Generalbaßzeitalter: zur Melodie d. Oberstimmen tritt ein harmoniefüllendes Generalbaß-Instrument (Orgel, Cembalo), das eine abgekürzte Ziffernnotierung in freier Improvisation ausführt (b. ≈ 1750)	*Johannes Bayer* (* 1572, † 1625) führt mit seinem ersten bedeutenden Sternatlas „Uranometrie" moderne Sternenbezeichnung ein † *William Gilbert*, engl. königl. Leibarzt und Naturforscher, untersuchte Grunderscheinungen der „elektrischen Kraft" und des Erdmagnetismus (* 1540) ≈ Im 17. Jh. erscheinen mehrere tausend Bücher über Alchimie, die somit trotz Erweiterung der chem. Kenntnisse einen Höhepunkt erlebt	Ritterrüstg. des Kurfürsten *Christian II.* in Dresden, gilt als vollendetes Kunstwerk in der Eisenbearbeitung durch Treiben, Tauschieren, Vergolden, Bläuen
Karel van Mander (*1548, †1606, niederl. Maler): „Het Schilderboek" (umfass. Kunstgeschichte) Bau des Pont neuf in Paris (Brücke)	* *Heinrich Albert*, dt. Komponist († 1651) *Orl. di Lasso:* „Magnum Opus Musicum" (mit 516 Motetten, postum)	* *Johann Rudolf Glauber*, dt. Chemiker († 1668) ~ Das Abendland kennt etwa die Hälfte der Erdoberfläche (vgl. 15. Jh.)	Kupferscheidemünzen in Deutschland

	Entstehung westeuropäischer Kolonialreiche	Cervantes Shakespeare	Bacon Gegenreformation
1605	†*Akbar*, bedeut. Großmogul in Indien seit 1556, belebte Handel u. Kultur, erweiterte Herrschaftsgebiet (* 1542) Falscher Sohn des Zaren *Iwan IV.* („Falscher *Demetrius*") auf dem verwaisten Zarenthron; wird im Aufruhr ermordet Kathol. „Pulververschwörung" gegen Parlament und König mißlingt; vereitelt Annäherung König *Jakobs I.* an die kathol. Kirche („Guy-Fawkes-Day" 5. XI.)	*Cervantes:* „Don Quijote" (span., satir. Ritterroman; 2. Bd. 1615. Ca. 500 span., 300 engl., 200 frz., 100 ital., 100 dt. Ausgaben; insges. i. 31 Sprachen übersetzt) *Jonson:* „Volpone" (engl. satir. Drama) Erstes festes dt. Theater in Kassel	*Akbar* (†) versuchte Hindus u. Moslems in einer Religion zu einigen, tolerierte Parsen und Christen *Bacon* beg. Versuch eines Neuaufbaus aller Wissenschaften: „Instauratio Magna" auf „unverfälschter Erfahrung"; erstrebt Universalsprache nach Art des Chinesischen *Paul V. (Borghese)*, kunstliebender Papst bis 1621 (†)
1606		* *Pierre Corneille*, franz. Tragiker († 1684) † *John Lyly*, engl. Romanschriftsteller und Dramatiker (* 1554) ~ *Shakespeare:* „König Lear", „Macbeth" (engl. Trauerspiele)	*Johann Arndt* (* 1555, † 1621): „Vier Bücher vom wahren Christentum" (mystische Auflockerung d. protestantischen Orthodoxie)
1607	König *Sigismund III.* von Polen unterwirft den protestantischen Adel seines Landes Gründung der ersten engl. Kolonie (Virginia) in Nordamerika; Tabakkulturen mit Negersklaven (erste Siedlung 1584 durch *Walter Raleigh*)	† *Thomas Deloney*, engl. Dichter der Renaiss., realist.-humorvolle Handwerkerdichtung (* 1543) * *Paul Gerhardt*, dt. evang. Kirchenliederdicht. († 1676) ~ *Shakespeare:* „Timon v. Athen" (engl. Schauspiel) * *Johann Rist*, dt. Dichter († 1667) *Honoré d'Urfé* (* 1568, † 1625): „Astrée" (franz. Schäfer- und Gesellschaftsroman, 5 Bde. b. 1627)	*Cäsar Baronius* (* 1538, † 1607): Kirchengeschichte von *Christi* Geburt bis 1198 (ital. kathol. Standardwerk; 12 Bde. seit 1588) Abschluß der chinesischen Ausgabe des buddhistisch-taoistischen Kanons in 5485 Heften (seit 1445) Protestantische Reichsstadt Donauwörth wegen Störung kath. Prozession vom Kaiser geächtet Univ. Gießen gegründet
1608	*Champlain* gründet frz. Kolonialstadt Quebec (Kanada) Jesuitenstaat mit Indianerschutzgebieten in Paraguay (bis 1768) Protestanten sprengen Reichstag zu Regensburg „Union" als Schutzbündnis der protestantischen Stände	* *John Milton*, engl. Dichter († 1674) ~ *Shakespeare:* „Coriolan", „Antonius u. Cleopatra" (engl. Dramen)	~ Prügelstrafe in deutschen Schulordnungen

Elsheimer Holl	Italienische Oper	Rasche Entwicklung der Naturwissenschaften	
Annibale Carracci: Fresken i. röm. Palast d. Kardinals *Farnese* mit „Hochzeitszug d. Bacchus u. d. Ariadne" (seit 1597) *Elsheimer:* „Arkadische Landschaft" (Gem.) *Reichel:* Kreuzigungsgruppe in St. Ulrich, Augsburg (Bronze) Pellerhaus i. Nürnberg (Ren.-Bürgerhaus) Unter *Akbar* (†) Blütezeit d. ind. Kunst	* *Giacomo Carissimi,* ital. Komponist († 1674) *John Dowland* (* 1563, † 1626): „Lachrymae" (5stimm. Pavanen für Laute und Violen) Antikes Fresko „Aldobrandinische Hochzeit" in Rom entd. (aus der Zeit um Chr. Geb.; vgl. —310)	*Kaspar Bauhin* (* 1560, † 1624): „Theatrum anatomicum" (begründet neuere Nomenklatur der Anatomie) *Jobst Bürgi* (*1552, † 1632) berechnet Logarithmen (vgl. 1614, 1624) Niederländer *W. Janszoon* entdeckt Australien	~ „Teufelsbeschwörungen" mit der Camera obscura
* *Adriaen Brouwer,* niederl. Maler († 1638) * *Jan Davidsz de Heem,* niederl. Blumenmaler († 1683) * *Rembrandt Harmenszoon van Rijn,* niederl. Maler († 1669) * *Joachim Sandrart,* dt. Kunstschriftsteller u. Maler († 1688)	In Rom kommt auf einem Thespiskarren eine Oper zur Aufführung	*J. J. Scaliger:* „Thesaurus temporum" (niederländ. Brgrdg. d. neuzeitl. histor. Chronologie) Der Spanier *Luis Vaz de Torres* durchfährt die nach ihm benannte Straße zwischen Neuguinea und Australien	≈ Frankreich fördert den Landverkehr durch großzügigen Straßenbau Vorläufer d. Schecks in Bologna
† *Domenico Fontana,* ital. Baumeister, Lateranpalast (* 1543) *Holl:* Zeughaus in Augsburg (Barockb.) * *Wenzel Hollar,* dt. Radierer († 1677) *Reichel:* „Heiliger Michael" (Bronzegr. v. d. Zeughaus Augsburg) *Johann Schoch:* Friedrichsbau des Heidelb. Schl. (Baubeg. 1601)	*Monteverdi:* „L'Orfeo" („Orpheus") (gilt als erste vollgült. ital. Oper, Verwendung von Blasinstrumenten)		
† *Giovanni da Bologna* (eig. *Jean Boulogne*), ital. Bildhauer von gr. Formen- u. Bewegungsreicht. (* 1524) *P. Francke:* Marienkirche Wolfenbüttel (vollendet 1623) *El Greco:* Bildnis des Kardinals *Taverna*	*Monteverdi:* „Lamento d'Arianna" (ital. Oper)	* *Evangelista Torricelli,* ital. Physiker († 1647) Privileg für Fernrohr an *Hans Lipperhey* († 1619), Fernrohr in Holland und Frankreich (1609 i. Italien) bekannt	~ Niederlande importieren indischen Kattun ~ Schecks („Kassierbriefe") in den Niederlanden

	Protestantisch-katholische Gegensätze	*Barock Shakespeare*	*Ratke Gegenreformation*
1609	„Majestätsbrief" Kaiser *Rudolfs II.* (Kg. von Böhmen und Ungarn) sichert den böhmischen Protestanten Religionsfreiheit Katholische „Liga" unter Herzog *Maximilian I.* von Bayern gegen protestantische „Union" Jülich-Klevescher Erbfolgestreit (b. 1614) Vertreibung der letzten Mauren aus Spanien Waffenstillstand zwischen den Niederlanden und Spanien bis 1621	* *Paul Fleming*, dt. Lyriker des Barock († 1640) *B. Jonson:* „Die schweigsame Frau" (engl. Drama; vgl. Musik 1935) † *Georg Rollenhagen*, deutsch. Pädagoge und Satiriker (* 1542) *Shakespeare:* Sonette (engl.)	*Grotius:* „Das freie Meer" (Völkerrecht, in lat. Sprache) *Mary Ward* (* 1585, † 1645) gründet Kongregation der „Englischen Fräuleins" nach d. Vorbild d. Jesuitenordens
1610	† *Heinrich IV.*, König von Frankreich seit 1589, von einem Katholiken ermordet (* 1553); stärkte die innere Situation Frankreichs mit Hilfe seines Ministers, des Herzogs *von Sully* (* 1560, † 1641) *Ludwig XIII.* König von Frankreich bis 1643 (†)	*John Fletcher* (* 1579, † 1625) u. *Francis Beaumont* (* 1584, † 1615): „The Maid's Tragedy" (engl. Schauspiel) *Perez de Hita:* „Die Bürgerkriege von Granada" (span. Roman v. Maurenhof Granada m. maur. Romanzen) *B. Jonson:* „Der Alchemist" (engl. Schauspiel) * *Paul Scarron*, frz. Dichter des Barock († 1660) Erste schwedische Komödie in Arboga aufgeführt	*Franz von Sales* (* 1567, † 1622) gründet charitativen Orden d. Salesianerinnen zus. mit Frau von *Chantal*
1611	*Gustav Adolf II.* König von Schweden bis 1632 (†)	Engl. Übersetzung der „Ilias" (von *Homer*) durch *George Chapman* (* 1559, † 1634) ~ *Shakespeare:* „Das Wintermärchen", „Sturm" (engl. Dramen)	*Galilei* b. Papst *Paul V.* in Rom King James' Bible (autor. engl. Bibelübersetzung)
1612	† *Rudolf II.* als geisteskranker Einsiedler, röm.-dt. Kaiser seit 1576 (* 1552) *Matthias* röm.-dt. Kaiser bis 1619 (†) Moskau wird durch russ. Truppen von poln. Besetzung (seit 1610) befreit	* *Samuel Butler*, engl. Dichter († 1680) † *Giovanni Battista Guarini*, ital. Dichter und Schriftsteller von entscheidendem Einfluß auf die europäische Schäferliteratur und das Madrigal (* 1538) *John Webster* (* 1580, † 1630): „Der weiße Teufel" (engl. Tragödie)	~ Erste Methodik des Schulunterrichts von *Ratke*: geht von der Sache zum Namen, von der Mutter- zur Fremdsprache Der luther. Hauptpastor v. Görlitz verbietet d. Schuhmacher *Jakob Böhme* nach d. ersten Schrift „Aurora" die Abfassung weiterer philos. Schriften

Rubens El Greco	Monteverdi Schütz	Kepler Galilei	
Lüder von Bentheim baut das Rathaus von Bremen bis 1613 um (Renaiss.-Bau) † *Annibale Carracci*, italien. Freskenmaler, Eklektizist (* 1560) *Elsheimer:* „Philemon und Baucis" (Gem.) *Reni:* „Aurora" (Dekkengemälde in Rom) *Rubens* wird Hofmaler b. Statthalterpaar d. Niederl. i. Antwerpen; Selbstbildnis m. seiner 1. Gattin *Isabella Brant* († 1626)		*Galilei* verb. d. holländ. Fernrohr von 3- auf 50-fache Vergr.; gibt (falsche) Gezeitentheorie; begrdt. Fallgesetze (Überleg. seit ∼ 1602; vgl. 1645) *Henry Hudson* (* ∼ 1550, † 1611) entdeckt den nach ihm benannten Fluß in Nordamerika *Kepler:* „Astronomia nova ..." (1. und 2. *Kepler*sches Gesetz der Planetenbahnen, abgeleitet aus den genauen Marsbeobachtungen des *Tycho Brahe*)	Bank von Amsterdam gegründet; Zentrum des Zwischenhandels als erste mitteleuropäische Girozentrale; Förderung d. Freihandels Erste regelmäßige Zeitung in Europa (Wochenzeitungen in Augsburg und Straßburg); berichtet über *Galileis* Fernrohr
Domenichino: Fresken im Dom zu Fano (it.) + *Adam Elsheimer*, dt. Landschaftsm. (* 1578) + *Michelangelo da Caravaggio*, ital. frühbar. naturalist. Maler (* 1573) * *Adriaen v. Ostade*, niederl. Maler (+ 1685) *Rubens:* „Kreuzerhöhung" (3teil. Altargem. im Antwerpener Dom) * *David Teniers d. J.*, niederl. Maler (+ 1690)	*O. Gibbons:* Ausgabe von Fancies (Ricercari) für Viola (engl.) *Cl. Monteverdi:* „Marienvesper" (ital. Kirchenmusik i. Stil d. florent. Oper) *Viadana:* Symphonien (ital.) *M. Praetorius:* „Musae Sioniae" („Die Musen Zions", 1244 kirchl. Gesänge seit 1605)	*G. Galilei* verwendet Fernrohr nach *Lipperhey* erstmalig für astronomische Beobachtungen und entdeckt: Jupitermonde, Venusphasen, Mondgebirge, Andeutung des Saturnringes, Milchstraße als Sternenanhäufung, Sonnenflecken (letztere fast gleichz. mit *J. Fabricius* u. *Chr. Scheiner*); Hofgelehrter in Florenz *Hudson* entdeckt *Hudson*-Bay	≈ Frauenmode: Statt des Reifrocks weite faltige Röcke, Bandschleif., Handschuhe mit Stulpen Hamburger Klassenlotterie gegründet ∼ Feuersteinschloß an Handfeuerwaffen
∼ *El Greco:* „Toledo im Gewitter" (span. „expressionist." Gem.) Stadtkirche in Bückeburg (got. mit barock. Elementen; bis 1615)	† *Johannes Eccard*, dt. protestantischer Komponist vielstimmiger Lieder (* 1553) *Hch. Schütz:* „Italienisches Madrigal"	*Kepler* beschreibt in seiner „Dioptrice" das astronomische (bildverkehrte) Fernrohr; seine Schrift über den „sechseckigen Schnee" ist Beginn einer Kristalltheorie *Santorio:* Thermoskop	≈ Geldwirtschaft setzt sich gegen Naturalwirtsch. durch; Steigerung der Warenpreise seit 1510 um ca. 200 % infolge kolonial. Edelmetalleinfuhr
† *Federigo Baroccio (Fiorino da Urbino)*, ital. Maler, Nachahmer von *Correggio* (* 1528 oder 1535) * *Pierre Mignard*, frz. Maler († 1695) Fachwerkhaus d. Kaufmanns *A. Bade* in Bad Salzuflen (zweischiff. Hallenh. m. Schnitzw.)	† *Giovanni Gabrieli*, it. Organist, Komponist, Steigerung der instrumentalen Vielstimmigkeit (* 1557) * *Andreas Hammerschmidt*, dt. Komponist († 1675)	*Simon Marius* (* 1573, † 1624) entdeckt Andromedanebel (erster Spiralnebel) ∼ Viele reich illustrierte Werke über Maschinenbau erscheinen	Erste nachtleuchtende Stoffe („Bolongneser Steine") werden bekannt

	Entstehung westeuropäischer Kolonialreiche	Barock † Shakespeare	Gegenreformation
1613	Mit der Wahl von Zar *Michael* (bis 1645 [†]) enden die inneren russischen Unruhen und gelangt Haus *Romanow* bis 1762 zur Macht Übertritt des Kurfürsten von Brandenburg *Johann Sigismund* zum Calvinismus zur Erlangung der jülich-klevesche Erbschaft	*Michael Drayton* (* 1563, † 1631): „Polyolbion" (engl. Epos in Alexandrinern, Beschreibung Englands) * *François Larochefoucauld*, frz. moralphil. Schriftst. († 1680) ~ *Shakespeare:* „Heinrich VIII." (engl. Schauspiel). Globe-Theater in London brennt bei der Uraufführung ab	*Galilei* schreibt an *Castelli*, daß die Bibel keine naturwiss. Probleme entscheiden kann (vgl. Spalte W) *Kepler* ermittelt das Geburtsjahr Jesu als 6 v. d. Zeitrechng. *F. Suarez:* „De legibus ac Deo legislatore" (spätscholast. Naturrecht), „Defensio fidei" (in London öffentl. verbrannt) *Lope de Vega* wird Priester
1614	Im Vertrag zu Xanten kommen Kleve, Mark u. Ravensberg zu Brandenburg, Jülich u. Berg an Pfalz-Neuburg Tagung d. franz. Generalstände (letzte vor 1789) ~ Niederländische Kolonie Neu-Amsterdam auf dem Boden des heutigen New York (1664 englisch) Schwed.-russischer Krieg (—1617)	† Abbé *Pierre de Bourdeille*, Seigneur *de Brantôme*, franz. Schriftsteller kulturgesch. wichtiger Skandalgeschichten (* 1540)	*W. Raleigh:* „Weltgeschichte" (engl. ab 130 v. Chr.)
1615		* *Mateo Aleman*, span. Romanschriftsteller († 1547) *Cervantes:* „Don Quijote" (2. Bd.; vgl. 1605) Englische Übersetzung der „Odyssee" *(Homer)* in fünffüßigen Jamben von *G. Chapman*	*Lorenzo Pignoria* vergl. mexikanische Götterbilder mit alteurop.-asiatischen Jesuitenorden umfaßt 13 112 Mitglieder in 32 Provinzen Strafanstalt als Textilmanufaktur in Hamburg (erste derartige Anstalt i. Deutschland, vgl. 1597)
1616	Bayrisches Landrecht erlaubt das „Bauernlegen", begrenzt aber Frondienste *Christian IV.* v. Dänemark gründet Glückstadt Handelsvertrag Japan-Niederlande	† *Miguel de Cervantes Saavedra*, span. Dichter (* 1547) * *Andreas Gryphius*, dt. Barockdichter, Dramatiker u. Lyriker († 1664) *Daniel Heinsius* (* 1580, † 1655): „Niederduytsche Poemata" (niederl., Einfluß auf *Opitz*) † *William Shakespeare*, engl. Dramatiker (* 1564)	Kopernikanische Schriften auf dem Index; *Galilei* verspricht, dem Verbot zu gehorchen

Barock *Rubens*	*Generalbaß* *Schein*	*Galilei* *Logarithmen*	
~ *Rubens:* „Jupiter u. Kallisto“, „Die frierende Venus“ (fläm. Gemälde)	*Monteverdi* wird Kapellmeister in Venedig *Salomon Rossi:* „Verschiedene Sonaten“, Einführung der Monodie in die Instrumentalmusik (ital.)	Pater *Castelli* provoziert kritischen Brief *G. Galileis* über die Wahrheit der Bibel; dient als Unterlage im ersten Inquisitionsprozeß gegen *G.*; *G.* vertritt in einer Schrift über Sonnenflecke das kopernikanische Weltbild *Scheiner* bestimmt die Periode der Sonnenrotation aus Fleckenbeobachtung	*Antonio Serra* (*1580, † unbekannt): „Kurzer Traktat über die Frage, wie man in einem Lande Reichtum an Gold u. Silber erhalten kann, das keine Bergwerke besitzt“ (ital. merkantilistische Theorie mit Betonung der Ausfuhr)
Domenichino: „Die Kommunion d. hl. Hieronymus“ (ital. Gem.) † *El Greco (D. Theotocopuli)*, griech.-span. rel. Maler (* ~ 1541) *Georg Riedinger:* Schloß in Aschaffenburg (s. 1605) *Rubens:* „Kreuzabnahme“ (Altarbild i. Dom Antwerpen, s. 1611)	*Gagliano:* Messen und Motetten (ital.) Sultan-*Achmed*-Moschee in Konstantinopel fertiggestellt	Beginn einer wissenschaftlichen gerichtlichen Medizin durch *R. Castro* Erste Logarithmentafel von *John Napier (Neper)* (*1550, † 1617) (Vgl. 1605, 1624)	
Inigo Jones (* 1573, † 1652) Gen.-Bauinsp. (in London bis 1649) * *Salvatore Rosa*, span. Maler († 1673) *Rubens:* „Amazonenschlacht“, „Venus vor dem Spiegel“; unterhält regen Werkstattbetrieb mit *v. Dyck*, *F. Snyders*, *J. Brueghel* ~ Villa und Palazzo Borghese in Rom	*A. Banchieri* grdt. in Bologna Accademia dei Filomusi als 1. Akademie für Musik	*G. Galilei* zum erstenmal wegen kopernikanischer „Irrlehren“ vor der Inquisition; wird 1616 ermahnt *A. de Montchrestien* prägt den Begriff „politische Ökonomie“ ~ Ausnutzung der Sonnenstrahlung als Energiequelle für kleinere mechanische Vorrichtungen (z. B. Springbrunnen)	Post als Lehen an die Fürsten *von (Thurn und) Taxis* (Reste bis 1866)
Hals: „Schützenmahlzeit d. St. Georgs-Gilde“ (niederl. Gem.) *Rubens:* „Gr. Jüngstes Gericht“ (s. 1615) Dom Notre Dame in Antwerpen fertiggestellt (Baubeginn 1352) Renaiss.-Fassade für das Rathaus Paderborn (beg. 1613)	* *Johann Jakob Froberger*, dt. Organist u. Komponist († 1667) *J. H. Schein* wird Thomaskantor in Leipzig Zeughaus i. Coburg (Renaiss.-Stil)	Engl. Seefahrer *William Baffin* (* 1584, † 1622) entdeckt *Baffin*-Bay † *Andreas Libavius*, dt. mediz. Alchimist, gewann u. a. Schwefelsäure aus Salpeter u. Schwefel (* 1546)	*August d. J.* v. Braunschweig schreibt unter dem Namen *Gustavus Selenus* „Das Schach- oder Königsspiel“

	Dreißigjähriger Krieg	Barock Sprachgesellschaften	Böhme Gegenreformation
1617	Ende des schwedisch-russischen Krieges (seit 1614); Karelien und Ingermanland kommen zu Schweden	*S. Coster:* „Niderduitsche Academie" (niederl. Sprachgesellschaft) * *Christian Hofmann von Hofmannswaldau*, dt. Dichter († 1679) *Théophile de Viau* (* 1590, † 1626): „Pyramus et Thisbe" (französ. Tragödie) „Fruchtbringende Gesellschaft" in Weimar (erster dt. Sprachverein)	† *Francisco Suarez*, spanisch. Philosoph, Erneuerer der scholastischen Philosophie des *Thomas von Aquino* (* 1548)
1618	Beginn des 30 jähr. Krieges mit dem Aufstand der böhmischen Protestanten wegen kaiserlicher Verletzung des „Majestätsbriefes" v. 1609; „Prager Fenstersturz" der kaiserl. Vertreter: Böhmisch-pfälzischer Krieg bis 1623 Herzogtum Preußen, bish. polnisches Lehen, kommt durch Erbschaft zu Brandenburg Engl. Westafrika-Kompagnie gegründet † *Walter Raleigh*, engl. Seefahrer und Freibeuter (hinger., *~ 1552)	† *Gerbrand Adriensz Bredero*, niederl. Lustspieldichter v. großem Einfluß auf die dt. Dichtung (* 1585) Marquise *de Rambouillet* (* 1588, † 1665) schafft einen Salon f. freie Lebensart mit Pflege der Schäferdichtung (bis 1650)	*Ratke* erhält v. Fürst *Ludwig* v. Anhalt Lehranstalt i. Köthen zur Durchführung seiner Reformpläne (vgl. 1612); scheitert infolge Zwist mit Geistlichkeit 3 Kometen erscheinen; regen Diskussion über astronom. Weltbild an
1619	† *Matthias*, röm.-dt. Kaiser seit 1612 (* 1557) *Ferdinand II.* (kathol., König von Ungarn u. Böhmen, Erzherzog v. Österreich) röm.-dt. Kaiser bis 1637 (†) Böhmen wählen protest. Kurfürst v. d. Pfalz z. König Erstes Parlament auf nordamerikanischem Boden (Virginia) Niederl. Ostind. Kompagnie gründet Batavia auf Java	*Joh. Val. Andreä* (* 1587, † 1654): „Die Christburg" (allegor. Dichtung aus d. mystischen Rosenkreuzer-Kreis) * *Cyrano de Bergerac*, franz. Dichter u. Denker († 1655) ~† *Perez de Hita*, spanischer Dichter und Geschichtsschreiber (*~ 1545) *Georg Rudolf Weckherlin* (* 1584, † 1653): „Oden u. Gesänge" (Vorläufer des Frühbarock) * *Philipp v. Zesen*, dt. Dichter († 1689)	*J. Böhme:* „Von den drei Prinzipien des göttlichen Wesens" (dt. Mystik) † *Lucilio Vanini*, ital. kath. Naturphilosoph, der göttl. Kraft mit Naturgesetzlichkeit gleichsetzte (als Ketzer verbrannt, * 1584) Ausschluß d. „Arminianer" aus der niederländ. reformierten Kirche wegen Betonung der Willensfreiheit gegen calvinistische Prädestinationslehre (wieder geduldet ab 1630) Schulpflicht in Weimar

van Dyck Velasquez	Tanzsuite Bel canto	Kepler Blutkreislauf	
~ *Domenichino:* „Die Jagd der Diana" (ital. Gemälde) *van Dyck* (b. *Rubens* bis 1620): „Kreuzigung" (fläm. Gem.) * *Bartolomé Esteban Murillo*, span. Maler d. Barock († 1682) *Rubens:* „Löwenjagd", „Bekehrung des Paulus" (fläm. Gemälde) * *Gerard Terborch*, niederl. Maler († 1681)	*Biagio Marini:* „Musikalische Ereignisse" (it. Solo-Violinsonate) *J. H. Schein:* „Banchetto musicale" (20 fünfsätzige Variationssuiten. Entstehung der Tanzsuite) *H. Schütz* Hofkapellmeister in Dresden, mit Unterbrechungen bis 1672 (†)	Mit *Baffin* (vgl. 1616) endet für fast 2 Jh. die Suche n. d. nordwestl. Durchfahrt (gelingt erst 1903/06) Erste Anwendung der Triangulation (seit 1615) bei Landvermessungen durch *Snellius* (*1591, † 1626) ergibt erste neuzeitl. Best. d. Erdgröße (Quadrant nur 3,4% zu klein)	Erste Getreidebörse in Amsterdam *Raleigh* sucht nach dem sagenhaften südamerikanisch. Goldland „Dorado" ~ „*Stuart*-Kragen" (Halskrause) Dt. Flugblatt gegen übermäß. Trinken Erste Wochenzeitg. Berlins wird beim einzigen Drucker gedruckt
~ *Rubens:* „Perseus befreit Andromeda", „Raub d. Töchter d. Leukippos", „Kinderzug m. Früchtekranz" (fläm. Gem.) ~ *Adrian de Vries:* „Schreitendes Pferd" (Bronze, Bückeburg) Elisabethbau des Heidelberger Schlosses fertiggestellt „Essighaus" in Bremen (Bürgerhaus)	† *Giulio Caccini*, ital. Sänger und Komponist. Begründer des „bel canto", des neuen Gesangstils und der neuen Oper (*~1550)	*Martin Böhme:* „Ein Neu-Buch von bewehrten Rosz-Artzeneyen" (Tierheilkunde) *J. G. Cysat* entdeckt Orionnebel (kosmischer Gasnebel) *William Harvey*, engl. königl. Leibarzt (* 1578, † 1657), entdeckt doppelten Blutkreislauf: „De motu cordis et sanguinis" (ersch. 1628) *Johann Jakob Scheuchzer* (* 1672, † 1733): „Naturhistorie d. Schweizerlandes" (erste Erforschung der schweiz. Alpen)	≈ Umschwung in der Möbelkunst zum Barock in den Niederlanden, von da aus Verbreitung in England
† *Lodovico Carracci*, it. Maler des Barock, Gründer der Schule der sogen. „Eklektiker", Freskenmaler (* 1555) *Duquesnoy:* „Manneken-Pis" in Brüssel (fläm. Brunnenfigur) ~ *Rubens:* Bildnis seines Sohnes Nikolaus (getönte Graphik) *Velazquez:* „Anbetung der Könige" (span. Gem.) * *Philipp Wouwerman*, niederl. Maler des Barock († 1668)	*Gagliano:* „Medoro" (ital. Oper) *H. Schütz:* „Psalmen" *Sweelinck:* „Cantiones sacrae" (Orgelstücke zu 5 Stimmen)	*Dudley* entdeckt Koks als Ersatz für die ausgehende Holzkohle zur Eisenerschmelzung; seine Fabrik wird von seinen Konkurrenten zerstört und sein Verfahren ausgeschaltet *Kepler:* „Harmonice mundi" („Weltharmonie" mit drittem *Kepler*schem Gesetz der Planetenbewegung) *Scheiner* untersucht die Optik des Auges	Hamburger Girobank gegründet ≈ Männermode: bequeme faltige Kleidung, Stiefel bis üb. das Knie, weicher Filzhut, steifer Spitzenkragen * *Jean Baptiste Colbert*, frz. Wirtschaftler († 1683) Einfuhr v. Negersklaven n. Nordamerika beginnt

	Dreißigjähriger Krieg Tilly	Barock	Böhme Gegenreformation
1620	Feldherr der kath. „Liga" *Tilly* besiegt protestantische „Union" unter König *Friedrich V.* v. Böhmen („Winterkönig") in der Schlacht am Weißen Berge; Unterdrückung des Protestantismus in Böhmen Gründung der nordamerikanischen Kolonie Neu-England durch puritanische Pilgerväter (ausgewandert auf der „Mayflower") Dänemark erwirbt erste dän. Kolonie in Ostindien (Trankebar) * *Friedrich Wilhelm*, Kurfürst (der Große) von Brandenburg († 1688)	*Thomas Dekker* (* 1572, † 1632): „Die ehrbare Dirne" (engl. Schauspiel, 2. Teil; 1. Teil 1604) * *Ninon de Lenclos*, französ. Kurtisane, Verfasserin kulturgeschichtlich interessant. Briefe († 1705) * *Nikolaus Zriny(i)*, ungarisch. Dichter († 1664)	*J. Böhme:* „Vom dreifachen Leben des Menschen", „40 Fragen von der Seele" (mystische Philosophie) *Bacon:* „Novum organum" („Neues Werkzeug", System ein. empirischen induktiven Wissensch.; engl.) *J. P. Bonet:* „Die Kunst, Stumme sprechen zu lehren" (span. Taubstummenschule; Taubstummenlehrer war schon d. Span. *P. de Ponce* [† 1584]) ~ *Campanella:* „Civitas solis" („Sonnenstaat", ital. kommunist. Staatsutopie; niedergeschrieben 1602) *Kepler* verteidigt seine Mutter in Württemberg gegen den Vorwurf der Hexerei
1621	Hugenotten unterliegen in weiteren Kriegen (bis 1629) *Tilly* besetzt Pfalz mit Heidelberg Schwed.-poln. Krieg um schwed. Thron (bis 1629) *Philipp IV.* Kg v. Spanien bis 1665 (†) Neuer erfolgreicher Kampf der Niederlande gegen Spanien (Unabhängigkeit wird 1648 anerkannt)	*John Barclay* (* 1582, † 1621) „Argenis" (engl. polit.-allegor. Roman) *Robert Burton* (* 1577, † 1640): „Die Anatomie der Melancholie" (Betrachtungen eines engl. Geistl.) Dt. Übersetz. v. *Cervantes'* „Don Quijote" (spanischer Roman) * *Jean de Lafontaine*, französ. Fabeldichter († 1695)	Engl. Kanzler *Bacon* wegen Bestechlichkeit durch Urteil aus dem Amt entfernt, wendet sich ganz der Philosophie zu † Kardinal *Robert Bellarmin*, ital. Jesuit und entscheidender Förderer der Gegenreformation (* 1542) *Gregor XV.* Papst bis 1623 Protest. Theologenschule i. Straßburg; wird Universität
1622		* *Jean Baptiste Poquelin* (gen. *Molière*), franz. Komödiendichter († 1673) *Tassoni:* „Der geraubte Eimer" (ital. komisches Epos)	*Grotius:* „Über die wahre christliche Religion" (lat.) Paris Erzbistum
1623	*Tilly* dringt nach Westfalen vor *Abbas I.* erobert Bagdad	*G. Marini:* „Adone" (ital. mythol. Fabel in 20 Gesängen) Erste Gesamtausgabe von *Shakespeares* Werken („Folio-Ausgabe") *Maciej Sarbiewski* (* 1595, † 1640), „poln. Horaz", Jesuit, in Rom vom Papst zum Dichter gekrönt	*Bacon:* „Die Würde u. Mehrung der Wissenschaften" (engl. Empirismus) *J. Böhme:* „Von der Gnadenwahl", „Mysterium magnum" („Großes Geheimnis", mystische Deutung d. ersten Buches Mosis) * *Blaise Pascal* († 1662) *Urban VIII.* Papst bis 1644 (†), unterstützt Frankreich im Dreißigj. Krieg gegen Kaiser u. Spanien; mildert Auswirkung d. Inquisition Univ. Salzburg gegründet

Barock *Rubens*	*Praetorius* *Sweelinck*	*Lichtbrechungsgesetz* *Thermometer*	
Bernini: „Der Raub d. Proserpina" (it. Plast.) *Salomon de Brosse* (* 1562, † 1626): Palais du Luxembourg in Paris (franz. Schloß der Spätrenaiss.) * *Aelbert Cuyp*, niederl. Landschaftsm. († 1691) *van Dyck:* „Der hl. Sebastian" (fläm. Gem.), verl. *Rubens'* Werkstatt *Holl:* Augsburger Rathaus (Renaiss.-Bau; Baubeg. 1615) *Rubens:* „Kl. Jüngstes Gericht" (s. 1618); Entwurf z. Deckengem. f. d. Jesuitenkirche in Antwerpen (Ausführ. v. *Dyck*)	*M. Praetorius:* „Syntagma musicum" (Musikenzyklopädie in 3 Teilen seit 1615; 2. Tl. Instrumentenkunde, 3. Tl. Formenlehre) *A. de Vries:* Grabmal des Fürsten *Ernst* (Mausoleum in Sankt Martin, Stadthagen)	*Jobst Bürgi:* Logarithmentafel (fand. Log. schon vor *Napier*, vgl. 1614) Logarithmische Skalen, Vorläufer des Rechenschiebers, v. *Edmund Gunter* ~ *J. B. van Helmont* weist auf Substanzerhaltung b. chem. Umsetzungen hin (Vorl. d. Massenerhaltungssatzes) ~ Thermometer geht aus Thermoskop hervor ~ Weißblechfabrikation im Erzgebirge	Die ersten Raucher (engl. Soldaten auf dem Marsch nach Prag) in Deutschland; schnelle Tabakverbreitung ≈ In Dtl. 25 Einw. pro qkm (um Chr. Geb.: 5-6, 1905: 112, 1950: 194)
Aguillon: Jesuitenkirche in Antwerpen (Baubeginn 1614) *van Dyck* geht nach Italien (bis 1627, malt in Genua und Rom Bildnisse) *Rembrandt:* 1. bekanntes Bild	† *Michael Praetorius*, dt. Musiker, Komponist von Chorälen und Motetten und Musikschriftsteller. Musikalisches Lehr- u. Nachschlagewerk: „Syntagma musicum" (* 1571) † *Jan Pieter Sweelinck*, niederl. Organist, Verfasser einflußreicher Orgelfugen (* 1562)	Beginn der wissenschaftl. Nordlicht-Beobachtungen durch *P. Gassendi* *Herborn* pflanzt erste Kartoffel in Deutschland ~ *Snellius:* Lichtbrechungsgesetz (vgl. 1601) Erste Keilschriftzeichen kommen nach Europa	Girobank in Nürnberg mit Silberdeckung. In Venedig 100 Dukaten (Girogeld) = 120 Dukaten Münzen Schmuggelhandel u. Kaperkrieg der neu gegr. Holl.-Westindischen Kompagnie gegen span. Südam. Erwähn. v. Speiseeis
* *Willem Kalf*, niederl. Maler († 1693) *Wolff:* Rathaus in Nürnberg (Baubeginn 1616)			*Camillo Baldo:* „Traktat, wie man aus einem Brief die Natur u. Qualität des Schreibers erkennt"
Bernini: „Apollo und Daphne" (ital. Plastik) *Hals:* „Junker Ramp u. s. Liebste" (niederl. genrehaftes Bildnis) *Rembrandt* beg. Lehre b. *J. I. Swanenburg* i. Leiden (b. 1627, dann vorübergeh. b. *Pieter Lastmann* in Amsterdam) *Velazquez* wird span. Hofmaler und malt *Philipp IV.* u. dessen Familie	† *Byrd:* Fünfstimmige Madrigale (englisch) (* 1543) † *William Byrd*, engl. Komponist, einer der ersten Klavierkomp. (* 1538) * *Marc' Antonio Cesti*, ital. Kapellmeister u. Komponist († 1669) *Hch. Schütz:* „Historia der fröhlichen Auferstehung Christi" (Oratorium)	*K. Bauhin* beschr. 6000 Pflanzen; ordnet die unübersichtliche Nomenklatur der Botanik *J. Jungius* grdt. i. Rostock Akademie auf antischolastischer, empirischer Grundlage * *Blaise Pascal*, franz. Mathematiker und Philosoph († 1662) *Wilhelm Schickard* (* 1592, † 1635), Rechenmaschine f. 4 Grundrechnungsarten	Patentgesetz i. Engl. zum Schutz des Erfinders ~ Steuersenkung f. Kinderreiche u. Einwanderungsbegünstigung in Spanien ≈ Münzverschlechterung in Deutschland

	Dreißigjähriger Krieg Richelieu	Barock Opitz	Bacon Gegenreformation
1624	Kardinal *Richelieu* wird leitend. Minist. *Ludwigs XIII.*, fördert Absolutismus gegen Adelsherrschaft, prägt frz. Außenpolitik für lange Zeit Oslo nach einem Brand als Kristiania neugegründet. (1924 wieder Oslo genannt)	*Opitz:* „Buch von der Deutschen Poeterey" (Begründung einer Verslehre), „Teutsche Poemata" (Ged.) * *Johann Scheffler* (gen. *Angelus Silesius*), dt. religiöser Dichter der Mystik († 1677)	† *Jakob Böhme*, dt. pantheistischer Mystiker, erster dt. schreibender Philosoph, von Beruf Schuhmacher (* 1575) *Cherbury:* „De veritate" (engl. Deismus) *Galilei* bei Papst *Urban VIII.* *Gassendi:* Schrift gegen die Aristoteliker (Naturphilosophie gegen d. Scholastik) * *Arnold Geulincx*, niederld. Philosoph († 1669) *Vinzenz von Paul* (* 1576, † 1660) gründet kath. Missionsorden („Lazaristen")
1625	König *Christian IV.* von Dänemark (1588—1648 [†]) greift auf protestant. Seite erfolglos in den 30jährigen Krieg ein: Dän.-nieders. Krieg (b. 1630) † *Jakob I.*, König von England seit 1603, Sohn *Maria Stuarts* (* 1566) *Karl I.* König von England bis 1649 (hingerichtet) „Frankenburger Würfelspiel" entscheidet üb. Leben und Tod protestant. Aufständischer in Oberösterreich und führt dort 1626 zum Bauernkrieg	~* *Hans Jakob Christoffel v. Grimmelshausen*, dt. Romandichter des Barock († 1676) † *Giambattista Marini* (auch *Marino*), italienischer Dichter, Schöpfer des „Marinismus", des ital. Literaturbarock; u. a. „Der bethlehemitische Kindermord" (Verserzählung, erschienen 1633) (* 1569) *M. Opitz* in Wien zum Dichter gekrönt	*Grotius:* „Über das Recht in Krieg und Frieden" (Völkerrecht, lat.) ~ Orden des gold. Rosenkreuzes nachweisb. (christl.-theosoph. Geheimges. kennzeichnet Verlangen nach einer „2. Reformation")
1626	*Wallenstein* schlägt Graf *Ernst II.* von Mansfeld an der Dessauer Brücke; besetzt die Ostseeländer; *Tilly* besiegt *Christian IV.* von Dänemark bei Lutter am Barenberg Großer oberösterreichisch. Bauernkrieg Frz.-Westafrikanische Handels-Kompagnie gegründet	Aufführung des „Hamlet" in Dresden durch eine engl. Schauspieltruppe (Die Urheberschaft *Bacons* (†) an den Dramen *Shakespeares*, die seit 19. Jh. vereinzelt angenommen wird, gilt als widerlegt)	† *Francis Baco von Verulam* (gen. *Bacon*), engl. Staatsmann und empirischer antischolastischer Philosoph; lehrte „Wissen ist Macht"; schrieb „Nova atlantis" als Schilderung eines philosoph. Idealstaates (ersch. 1627) (* 1561) Papst *Urban VIII.* befreit *Thomas Campanella* aus 27-jähriger Gefangenschaft der Inquisition; *C.* geht 1634 nach Frankreich und wird dort voll gewürdigt

Barock *Peterskirche*	*Generalbaß* *Schütz*	*Logarithmen* *Fieberthermometer*	
Giovanni Battista Bracelli (Ital.) zeichnet bizarre abstrakt-kubistische Menschenfiguren *van Dyck:* „Kardinal Bentivoglio" (fläm. Bildnis eines Römers) * *Guarino Guarini*, ital. Barockbaumeister († 1683) *Hals:* „Der lachende Kavalier" (fläm. Gem.) ~ *Rubens:* „Anbetung der Könige" (fläm. Gemälde)	*Gagliano:* „Die Königin St. Ursula" (ital. Oratorium) *Monteverdi:* „Kampf v. Tancredi u. Clorinde" (ital. Madrigalkomödie i. „Stilo concitato" [erregtem Stil] mit erstmal. Tremolo)	Begründung der „Historischen Geographie" durch *Philipp Clüver* *Henry Briggs* (*1561, † 1630) führt dekadische Logarithmen ein (entw. sie seit ~ 1615; vgl. 1605, 1614)	≈ Vorherrschaft der niederländ. Handelsflotte Die Niederlande führen als erstes Land Stempelabgaben ein (1657 Schleswig-Holstein)
† *Jan Brueghel d. Ä.* („Samtbrueghel") niederl. Landschafts- u. Blumenmaler (* 1568) *Hals:* „Singender Knabe mit Flöte" (niederl. Gem.) *Rubens: Maria-de-Medici*-Zyklus (21 Bilder f. Luxembourg-Palais, seit 1622) Schloß Fredriksborg (dän. Renaiss. - Bau, begonnen 1602)	† *Orlando Gibbons*, bedeutendst. engl. Klavierkomp.; „Phantasien f. Violenorchester (* 1583) *Hch. Schütz:* „Cantiones sacrae" (geistl. Lieder) „Virginalbuch" mit 297 Stücken verschiedener engl. Kompon. schließt die Blütezeit der engl. Virginal-(Cembalo-) Musik im 16. Jahrhundert ab	* *Giovanni Domenico Cassini*, ital. Astronom († 1712) „Arithmetica historica" mit Rechenaufgaben aus der Bibel von *Georg Meichsner* (ferner „Arithmetica poetica")	~ Einfuhrverbot fremden Tuches, Seidenraupenzucht und staatlicher Salzhandel in Bayern ~ Einführung der Allongeperücke Tabaksteuer und Tabakmonopol i. Engl. ≈ Höhepunkt der Alpenvergletscherung als Folge einer Klimaschwankung, die – mit einer Unterbrechung um 1700 – von 1550 bis 1850 dauert
Peterskirche in Rom geweiht; fertiggestellt durch *Carlo Maderna* 1603–12 (Baubeginn durch *Bramante* 1506, Renaiss.- u. Barock-Bau; größte Kirche d. Christenheit mit 45 Altären) † *Isabella Brant*, 1. Gattin *Rubens'* seit 1609 ~ *Rubens:* „Landschaft mit Kühen u. Entenjägern" (fläm. Gem.) ~ * *Jan Steen*, niederl. Maler († 1679) Jagdschloß in Versailles fertiggestellt (Baubeginn 1624)	* *Giovanni Legrenzi*, it. Kapellmeister u. Komponist († 1690)	*Bacon* (†) nahm „Wärmeteilchen" an, deren Bewegung die Wärme erzeugt *Santorio* (* 1561, † 1636) mißt Fieber mit Thermometer; erfind. Feuchtigkeitsmesser Botanischer Garten in Paris	Im niederl. Druckhaus *Elzevier* beginnen 35 Bände „Länderbeschreibungen" zu erscheinen ~ Europ. Auerochse (Ur) stirbt aus

	Dreißigjähriger Krieg *Tilly · Wallenstein*	*Calderon* *Lope de Vega*	*Gegenreformation*
1627	*Tilly* und *Wallenstein* erobern Holstein *Wallensteins* Flottenpläne scheitern an d. vergeblichen Belagerung Stralsunds *Schahdschahan* (* 1592, † 1666), Großmogul von Indien (folgt seinem Vater *Dschahangir*, der seit 1605 regierte, wird 1658 v. seinem Sohn gestürzt)	† *Luis de Gongora y Argote*, span. Dichter des Barock, Schöpfer des „Cultismus" gen. Stils (Überzüchtung d. Klassizismus) (* 1561) *Lope de Vega* (seit 1613 Priester) wird vom Papst zum Dr. d. Theologie ernannt, wegen der Verherrlichung v. *Maria Stuart* *G. Naudé* (* 1600, † 1665): „Advis pour dresser une bibliothèque" (wegweisendes Lehrbuch des Bibliothekswesens)	* *Jacques Bossuet*, franz. Theologe und Geschichtsschreiber († 1704)
1628	*Wallenstein* wird Herzog v. Mecklenburg In der „Petition of Right" verlangt engl. Parlament alleinige Steuerbewilligung u. Rechtssicherheit der Bürger (erneuert 1640) Branntweinsteuer in Frankreich	* *John Bunyan*, engl. Dichter (Puritaner, † 1688) † *François de Malherbe*, frz. Dichter, Sprachreformer (* 1555) * *Charles Perrault*, französ. Dichter († 1703) *Margarete von Valois* (franz. Königin, * 1553, † 1615): Memoiren" (postum)	*David Blondel*, reform. Theol., weist d. „Pseudo-Isidorischen Dekretalen" (vgl. 850) als Fälschung nach Hugenotten verlieren nach der Eroberung von La Rochelle durch *Richelieu* die ihnen zugestandenen Sicherheitsplätze *Seni* stellt *Wallenstein* ein Horoskop
1629	Ende d. schwed.-polnischen Krieges (seit 1621). Livland und Polnisch-Preußen kommen zu Schweden. Schweden wird Großmacht Friede zu Lübeck: Dänemark scheidet aus d. 30jähr. Krieg aus König *Karl I.* von England beginnt ohne Parlament zu regieren *Rubens* verhandelt als diplomatischer Vertreter d. span. Niederlande in Madrid und London † *Abbas I. d. Gr.*, nach Absetzung s. Vaters Schah v. Persien seit 1586; eroberte Georgien u. Bagdad; polit. u. kultureller Höhepunkt d. Safawiden-Dynastie mit d. neuen Hauptstadt Isfahan	*Calderon:* „Dame Kobold" (span. Lustsp.) *Fr. Spee v. Langenfels:* „Trutz-Nachtigall" (kathol.-geistl. Lieder) *Philip Massinger* (* 1584, † 1640): „The City Madam" (engl. Lustspiel über das Bürgertum) ~ Höhepunkt des span. Theaters unter *Lope de Vega* und *Calderon* als Zentrum. Unter seinen Nachfolgern zerfällt das Reich (* 1557)	„Restitutionsedikt" Kaiser *Ferdinands II.* bedroht geistlichen Besitz des norddt. Protestantismus

Barock Velazquez · Rubens	Erste deutsche Oper	Kepler
~ *van Dyck:* „Rosenkranz-Madonna", „Madonna mit Johannesknaben" (fläm. Gem. i. Ital.) *Hals:* „Ehepaar", „Festmahl der Offiziere der Georgsgilde" (fläm. Gemälde) *Claude Lorrain* kommt nach Rom, malt seine ersten Landschaften *Rembrandt:* 1. Selbstbildnis „Der Geldwechsler" (niederl. Gem.) † *Adriaen de Vries,* niederländ. Bildhauer, Hauptvertreter des Frühbarock in der nordischen Plastik (* 1560) Jesuitenkirche St. Maria Himmelfahrt, Köln (beg. 1618) *Karl I.* v. England kauft bed. Mantuanische Gem.-Sammlg.	*J. H. Schein:* Gesangbuch Augsburgischer Konfession Uraufführung der ersten dt. Oper „Dafne" v. *Hch. Schütz* in Torgau, Text v. *M. Opitz* † *Lodovico (Grossi da) Viadana,* ital. Komponist der ersten geistl. Konzerte, verwendete erstmalig konsequent Generalbaß (* 1564)	* *Robert Boyle,* engl. Physiko-Chemiker († 1691) *Kepler:* „Tabulae Rudolphinae" (genauere Planetentafeln) Schwarzpulversprengung im Bergbau 1627
~ *van Dyck:* „Beweinung Christi" (fläm. Gem., mehrmals) *Rubens:* Altar für Augustinerkirche Antwerpen * *Jacob van Ruisdael,* niederl. Barockmaler († 1682) *Andrea Spezza:* Palast Waldstein in Prag (beg. 1621) *Velazquez:* „Christus am Kreuz" (span. Gem.) Vollendung des Salzburger Doms (i. barockem Jesuitenstil, Baubeginn 1614)	† *John Bull,* englischer Klavierkomponist u. -virtuose; Hauptvertreter d. engl. Virginal- (Cembalo-) Musik (* 1563) * *Robert Cambert,* frz. Opernkomp. († 1677) *Gagliano:* „Flora" (italienische Oper) *Schütz* studiert bei *Monteverdi*	*Kepler* geht zu *Wallenstein* (der Gehaltsrückstände d. Kaisers ihm nicht zahlt)
Bernini übernimmt die Bauleitung der Peterskirche in Rom (Türme und Platzanlage) *van Dyck:* „Christus am Kreuz" (fläm. Gem.) ~ * *Pieter de Hooch,* niederl. Maler († ~ 1683) *Judith Leyster* (* 1609, † 1660), Schülerin von *Frans Hals:* „Der fröhliche Trinker", „Das Ständchen" (ndl. Gem.) † *Carlo Maderna,* ital. Barockbaumeister (* 1556) *Rembrandt:* Selbstbildnis (Radierung) *Velazquez:* „Die Trinker" (span. Gemälde) *Zurbarân:* „Der heilige Bonaventura" (span. Gemälde) ≈ Starker Ausbau Kopenhagens unter *Christian IV.* (1588–1648), z. B. Börse (1619 bis 1625), Trinitatiskirche (1632–1656) Tadsch Mahal, ind. Grabdenkmal für d. Lieblingsfrau des Großmoguls in Agra (erbaut bis 1650) ~ Großmogul läßt Pfauenthron anfertigen (1737 nach Persien entführt) ~ Katsura-Palast in Kyoto (gilt als Standard-Werk japanischer Architektur)	*Hch. Schütz:* „Symphoniae sacrae"	*de Fermat* behandelt Tangentenprobleme nach einer die Differentialrechnung vorbereitenden Methode * *Christian Huygens,* niederl. Physiker und Mathematiker († 1695) China beruft Jesuiten zur Kalenderreform (Jesuiten fördern entscheidend Chinakenntnis i. Europa)

	Dreißigjähriger Krieg Kg. Gustav Adolf	Calderon Lope de Vega	Comenius Gegenreformation
1630	* *Karl II.*, König von England von 1660—1685 (†) Kaiser entläßt *Wallenstein* König *Gustav Adolf* landet in Pommern und verhindert Durchf. des Restitutionsediktes: Schwedischer Krieg bis 1635 Französische Piraten („Flibustiere") lassen sich auf der Insel Santo Domingo (Haiti) nieder (erobern 1670 Panama, plündern 1684 Chile und Peru, werden 1697 entscheidend besiegt) Holländer erobern Pernambuco (Brasilien) (1654 durch Aufstand vertrieben) Boston gegründet	*Mairet:* „Silvanire" (frz. Schäferspiel, das zuerst die Einheit von Ort, Zeit und Handlung im Drama beachtet, eine akad. Regel, die *M.* gegen *Corneilles* „Cid" ausspielt) *Tirso de Molina (Gabriel Tellez):* „El burlador de Sevilla" (erste Bearb. d. Don-Juan-Stoffes)	*Rinckart:* „Nun danket alle Gott" (Kirchenlied zur Erinnerung an die Augsburgische Konfession 1530)
1631	*Tilly* erobert Magdeburg, wird aber bei Breitenfeld v. d. Schweden geschlagen *Gustav Adolf* zieht bis Mainz Hzgt. Mantua kommt an Frankr. (1708 an Österr.)	*Jean de Balzac* (* 1594, † 1654): „Le prince" (frz. Prosa) * *John Dryden*, engl Dichter der Restauration († 1700)	*Comenius:* „Informatorium der Mutterschul" (deutsch-tschechische Methodik des Vorschulalters) *Fr. Spee v. Langenfels* (Jesuit) bekämpft d. verbreiteten Hexenprozesse
1632	† *Johann Tilly*, kaiserl. Feldherr, in der Schlacht geg. d. Schweden bei Rain a. Lech (* 1559) *Wallenstein* wieder kaiserl. Feldherr *Gustav Adolf* erob. München † *Gustav Adolf II.*, König v. Schweden seit 1611, i. der Schlacht bei Lützen gegen *Wallenstein*; unter ihm wurde Schweden Großm. (* 1594); seine Tocht. *Christine* Kgin. v. Schweden bis 1644 unter Vormundsch. *Oxenstjernas* (dankt 1654 ab; * 1626, † 1689) Graf *von Horn* wird schwed. Oberbefehlsh. i. Deutschland † *Sigismund III.*, König von Polen s. 1587 u. v. Schweden von 1592 bis 1604 (* 1566) Gründung der religiös-toleranten nordamerikanischen Kolonie Maryland durch Lord *Baltimore*	† *Giovanni Battista Basile*, ital. Dichter des Barock, erster wirklicher Märchenerzähler („Pentamerone") der europäischen Literatur (* 1575) *Fleming:* „Klagegedichte" (auf den Tod Christi) *Lope de Vega:* „Dorotea" (span. dramat. Roman, Lebensbekenntnis)	* *John Locke*, engl. Aufklärungsphilosoph († 1704) * *Baruch Spinoza*, niederl. pantheistischer Philosoph († 1677) ∼ Unter Kg. *Karl I.*, der Katholizismus begünstigt, wandern viele engl. Puritaner aus

Rubens Rembrandt	Generalbaß	Galilei Scheiner	
~ *van Dyck:* „Beweinung Christi", „Heiliger Sebastian" ~ *Hals:* „Amme und Kind" (fläm. Gem.) ~ *Poussin:* „Triumph d. Flora" (franz. Gem.) ~ *Reni:* „Der Erzengel Michael besiegt den Satan" (ital. Gem.) *Rubens* heiratet seine 2. Frau *Helene Fourment* (* 1614); Deckengem. d. Festsaales in Whitehall, London *Velazquez:* „Apollo in d. Schmiede d. Vulkan" * *Michael Willmann,* dt. Barockmaler († 1706)	† *Johann Hermann Schein,* dt. Komponist frühbarocker Instrumental- u. weltlicher Vokalmusik (* 1586)	† *Johannes Kepler,* dt. Astronom und Begründer der theoretischen Astronomie (* 1571) *Santoro Santorio* (* 1561, † 1636) konstruiert medizinische Waage zum Studium des Stoffwechsels (naturwiss. Denkrichtung in der Medizin) *Scheiner:* „Rosa ursina, sive Sol" (Zusammenfassung seiner langjährigen Sonnenflecken - Beobachtungen seit 1611)	≈ Männermode: schlaffer Spitzenkragen, langes strähniges Haar, Schnurrbart *(Wallensteiner),* ledernes Kollett statt Schaube, Hut, Deg., Bandelier, Schlumperhose, Kniehose; statt des Mantels kurze Schaube (casaque) Dt. Flugblatt gegen das Tabakrauchen (damals Tabaktrinken genannt) ~ Beginn des öffentlichen Inseratenwesens (in Paris)
~ *A. Brouwer:* „Bauernschlägerei b. Kartenspiel" (fläm. Gem.) *Rembrandt* kommt von Leiden n. Amsterdam, Portrait s. Mutter als „Prophetin Anna"		*Scheiner* beschr. d. von ihm 1603 erfundenen Storchschnabel (Pantograph) Nonius z. Verbesserung v. Längenmessung. v. *Pierre Vernier* (gen. n. d. angebl. Erf. *P. Nuñez* ~ 1542)	≈ Steigende Reisefreudigkeit, besonders nach Italien u. Frankreich Vesuvausbruch Pest in Berlin (vgl. 1598)
A. Brouwer läßt sich in Antwerpen nieder *van Dyck:* „Prinz Ruprecht von der Pfalz" (fläm. Bildnis) *van Dyck* wird Hofmaler in London * *Luca Giordano,* ital. Barockmaler († 1705) * *Nicolaas Maes,* niederl. Maler († 1693) *Rembrandt:* „Anatomie des Dr. Tulp" (niederl. Gem.) *Rubens:* „Ildefonso-Altar" (s. 1630), „Urteil d. Paris" (Lond. Fassung), „Venusfest" (fläm. Gemälde) * *Jan Vermeer van Delft,* niederländ. Maler († 1675) * *Christopher Wren,* engl. Baumeister († 1723)	* *Giovanni Battista Lully,* ital. Komponist in Frankreich († 1687)	*G. Galilei:* „Dialogo" („Gespräch", Diskussion über die Vorteile d. kopernikanischen gegenüber dem ptolemäischen Weltsystem; auf d. kirchl. Index 1633 bis 1822) * *Antony v. Leeuwenhoek,* niederl. Zoologe († 1723) Sternwarte in Leyden (eine der ersten mit Teleskop)	

	Dreißigjähriger Krieg *Wallenstein ermordet*	*Calderon* *Französische Klassik*	*Baptisten* *Gegenreformation*
1633	*Axel Oxenstjerna* (* 1583, † 1654) führt d. schwed. Politik im Sinne *Gustav Adolfs* fort Schweden behauptet durch den Heilbronner Vertrag politische Führung in Deutschland Herzog *Bernhard* von Sachsen-Weimar erobert Regensburg für die Schweden Kosaken erreichen Kamtschatka in Sibirien Bei Hessisch Oldenburg entscheidet erstmalig Feldartillerie eine Schlacht (gegen die Kaiserlichen)	*John Donne* (* 1573, † 1631): „Poems" (engl. geistl. Ged. aus d. „metaphysischen" Dichterschule) *Fleming:* „Königisches Klagelied auf Gustav Adolf" *J. Ford:* „'tis pity she's a Whore" („Leider ist sie eine Dirne", engl. Schauspiel) *Opitz:* „Trostgedicht in Widerwärtigkeit des Krieges"	~ Verschiedene Sprachgesellschaften zur Pflege der dt. Sprache entstehen Pestepidemie führt z. Passionsfestspiel-Gelübde in Oberammergau (ab 1634 alle 10 Jahre) In London entsteht d. Sekte der „gläubig getauften Christen" („Baptisten"); ab 1639 in Nordamerika (ab 1834 auch in Dtld.)
1634	Entlassung und Ermordung Herzog *Wallensteins* von Friedland wegen Verhandlung mit den Protestanten (* 1583) Schweden verliert unter Herzog *Bernhard* von Sachsen-Weimar in der Schlacht bei Nördlingen gegen kaiserliches Heer Süddeutschland	* *Marie-Madeleine Pioche de Lavergne*, Gräfin *de Lafayette*, franz. Romanschriftstellerin († 1693) *J. Rist:* „Musa teutonica" (Ged.) Erstes Passionsspiel in Oberammergau	Die für Jahrhunderte bestehende religiöse Teilung Dtlds. entscheidet sich Univ. Utrecht gegründet
1635	Brandenburg und Kursachsen treten im Prager Frieden auf die Seite des Kaisers. Das kathol. Frankreich verbündet sich mit d. protest. Schweden gegen den Kaiser: Schwed.-frz. Krieg (b. 1648) Schwere Plünderungen in d. Mark Brandenburg durch die schwedischen Truppen („Schwedengreuel") *John Selden* (* 1584, † 1654): „Mare clausum" (engl. Anspruch auf Meerbeherrschung gegen *Grotius*)	* *Daniel Casper von Lohenstein*, dt. Dichter († 1683) *Calderon*, Theaterleiter am Hofe *Philipps IV*. in Madrid † *Lope de Vega*, span. Dichter von mehr als 800 Komödien, ferner Tragödien, Epen, Sonette; „Wunder der Natur und Phönix Spaniens" genannt (* 1562) *Jean de Mairet* (* 1604, † 1687): „Sophonisbe" (frz. Tragödie; Einheit von Ort, Zeit und Handlung gelten als feste Regeln) † *Friedrich Spee von Langenfels*, Jesuit, dt. Liederdichter (* 1591) † *Alessandro Tassoni*, ital. Dichter des Barock, Schöpfer des komischen Epos (* 1565)	Kaiser hebt „Restitutionsedikt" von 1629 auf zur Einigung mit den protest. Ständen gegen seine äußeren Feinde † *Wolfgang Ratke*, dt. Pädagoge, versuchte Schulreform der lat. Gelehrtenschule (* 1571) *Richelieu* bildet franz. Sprachgesellschaft zur Académie Française um Latin Grammar School in Boston/Mass. (USA) gegrdt.

Rembrandt *Poussin*	*Generalbaß* *Ital. Oper*	*Prozeß gegen Galilei*	
Bernini: Tabernakel in St. Peter in Rom *Callot:* „Das Elend des Krieges“ (franz. Radierungen) *van Dyck:* Bildnis *Karls I.* (fläm.) *Hals:* „Die Adriaensschützen“ (fläm.Gem.) ~*Poussin:* „Schlafende Venus, von Hirten belauscht“ (frz. Gem.) *Rembrandt:* „Schiffsbaumeister u. Frau“, „Saskia“, „Kreuzabnahme“ (niederländ. Gemälde)	† *Jacopo Peri*, italien. Opernkomponist, Schöpfer des Rezitativs (* 1561)	*G. Galilei* schwört im zweiten Prozeß vor der Inquisition kopernikanische Lehre ab und wird inhaftiert (darf bald auf seinem Landsitz leben) Optischer Telegraph von *V. Worcester* (schon Antike kannte diese Art der „Telegraphie“)	
Poussin: „Helios und Phaeton“ (frz. Gem.) *Rembrandt* heiratet *Saskia*; „Selbstbildnis mit Samtbarett“ (Gem.); „Christus u. d. Samariterin“ (ndl. Rad.) *Rubens:* „Bildnis seiner Gattin mit Sohn“	* *Adam Krieger*, dt. Komponist († 1666)		Astrolog. „Immerwährender Hauskalender“ als Vorläuf. des „Hundertjährigen Kalenders“ von 1701 Sturmflut zerstört Nordseeinsel Nordstrand („Mansdränke“)
† *Jacques Callot*, franz. Barockmaler, Realist, Darsteller von Szenen aus dem Volksleben (* 1592) ~ *Ludw. Münstermann* (* ~ 1575, † ~ 1637): „Johann. der Täufer“ (frühbar. Holzplastik) ~ *Rembrandt:* „Selbstbildnis als Zecher mit Saskia“, „Isaaks Opferung“ (niederl. Gem.) *Ribera:* „Empfängnis Mariä“ (span. Gem.) *Rubens:* „Bathseba“, „Der Liebesgarten“, „Bethlehemscher Kindermord“ (fläm. Gem.) *Velazquez:* Drei Reiterbildnisse: des Königs, des Prinzen und des Herzogs *von Olivarez* (span. Gem.)	*Frescobaldi:* „Fiori musicali di toccate“ (ital. Orgelmusik, beeinflußt *Bach*)	*B. Cavalieri* veröffentl. s. „Geometria“ mit seinem Prinzip über die Inhaltsgleichheit zweier Körper * *Robert Hooke*, engl. Physiker und Naturforscher († 1703)	Tabakverkauf in Frankreich durch kirchlichen Einfluß verboten (aufgehob. durch *Ludwig XIV.*)

	Dreißigjähriger Krieg Schweden in Prag	Corneille Opitz	Descartes Gegenreformation
1636	Schweden siegen bei Wittstock über Kaiserliche und Sachsen Kolonie Rhode Island (Nordamerika) gegründet Mandschu erobern Korea (schließt sich 1640 bis 1885 von der Außenwelt ab)	*Calderon:* „Das Leben ein Traum" (span. Drama) *Corneille:* „Cid" (französ. Drama in nicht regelstrenger Form, vgl. 1630)	Harvard in Cambridge (Mass.) als erste nordamerikanische Universität von *Calvin*isten gegründet
1637	† *Ferdinand II.*, röm.-dt. Kaiser seit 1619, Jesuitenschüler (* 1578) *Ferdinand III.* wird röm.-dt. Kaiser bis 1657 (†) Nach einem Aufstand strenge Abschließung Japans nach außen (bis Mitte des 19. Jahrh.)	Aufführung von *Calderon:* „Der wundertätige Magus" (span. Drama, der spanische „Faust") † *Benjamin Jonson*, engl. Dramatiker (* 1573) *van den Vondel:* „Gysbrecht van Aemstel" (niederländ. Drama) Zahlreiche Geschäftstheater in Venedig	*Descartes:* „Discours de la Méthode" (franz. rationalist. Philosophie) Ausrottung d. Christentums in Japan und Verbot ausländ. Bücher
1638	Herzog *Bernhard* von Sachsen-Weimar erobert m. frz. Truppen Breisach Schweden kommen bis Prag * *Ludwig XIV.*, König von Frankreich († 1715) Holländer beg. Portug. aus Ceylon zu verdrängen	* *Lars Johansson*, schwed. Dichter († 1674) *F. Logau:* „Zweyhundert teutscher Reimsprüche" Einweihung des Amsterdamer Schauspielhauses; erstes Nationaltheater Europas	* *Nicole Malebranche*, franz. Philosoph († 1715) Aufstand d. schott. relig. Bundes „Convenant" gegen engl. Kirche ~ Type des Soldaten-Studenten entsteht; Verfall des Studiums
1639	Engl. Siedlung in Madras (Indien) (1659–1752 Hauptsitz der Ostind. Handelskompagnie)	*Simon Dach* (* 1605, † 1659), Dichter schlichter Lieder, Prof. f. Poetik i. Königsbg. † *Martin Opitz* (an d. Pest), dt. Vertreter d. Gelehrtendichtung, Schöpfer der neuen dt. Verslehre (* 1597) * *Jean Racine*, Tragiker d. frz. Klassik († 1699)	† *Thomas Campanella*, ital. neuplaton. Staatsphilosoph, Gegner d. Scholastik (* 1568)

Rembraudt *Rubens*	*Schütz* *Erstes Opernhaus*	*Galilei* *Geometrie*	
van Dyck: „Ikonographie" (Radierg. n. s. Bildnissen) * *Melchior d'Hondecoeter*, niederl. Tiermaler († 1695) ∼ † *Hans Reichel*, dt. Barockbildhauer (* ∼ 1570) *Rembrandt:* „Rückkehr d. verlorenen Sohnes", „Ecce Homo" ndl. Radier.), „Danae", „Simsons Blendung" (niederl. Gem.) Palais Royal in Paris f. *Richelieu*(Baubeg. 1629) ∼ *Rubens:* „Andromeda", „Fläm. Kirmes"	Erste Beschreibung d. Horns von *Mersenne* *Mersenne* entdeckt Resonanz gleichgestimmter Saiten	*Schwenter* beobachtet und beschreibt hypnotischen Zustand eines Hahnes ∼ Einführung der Chinarinde aus Amerika in die europäische Medizin; vermindert allmählich die verbreitete Seuche des Malaria-Fiebers	
A. Brouwer: „Operation a. Rücken" (fläm. Genrebild) *van Dyck:* „Die Kinder Karls I." (fläm. Gem.) ∼ *Hals:* „Hille Bobbe", „Lustiger Zecher" (Genrebildn.) ∼ *Poussin:* „Das Reich d. Flora" (frz. Gem.) ∼ *Velazquez:* „Übergabe v. Breda" (Gem.) † *Koetsu*, japan. Künstler (* 1558)	* *Dietrich Buxtehude*, dt. Organist u. Komponist († 1707) Erstes öffentl. Opernhaus (in Venedig)	Analytische (Koordinaten-)Geometrie v. *Descartes* und *de Fermat* Theorie des Regenbogens von *Descartes* † *Daniel Sennert*, dt. Chemiker, förd. die Begriffsbild. des „chem. Elementes" und „Atoms" (* 1572) * *Jan Swammerdam*, niederl. Naturforscher († 1680) Erstes Dreidecker-Kriegsschiff (in England)	*Zeiller:* „Itinerarium Hispaniae" (Reiseführer durch Spanien) Niederländ. Tulpenhandel durch ausgedehnte Fehlspekulationen ruiniert
† *Pieter Brueghel d. J.*, („*Höllenbrueghel*") fläm. Maler (* 1564) † *Adriaen Brouwer*, niederländ. Barockmaler, Genrebilder (* 1606) * *Meindert Hobbema*, niederl. Maler († 1709)		*G. Galilei:* „Discorsi. . ." („Untersuchungen und mathematische Demonstrationen über zwei neue Wissenszweige, die Mechanik u. d. Fallgesetze betreffend"; erstes neuzeitl. „Lehrb. d. Physik")	Abschaffung d. Folter in England
Poussin: „Schäfer in Arkadien" (frz. Gem.) *Rembrandt:* Bildnis seiner Mutter *Rubens:* „Helene Fourment im Pelz", „Urteil des Paris" (fläm. Gem.)	*Hch. Schütz:* „Kleine geistliche Konzerte" (im Oratorienstil)	*Girard Desargues* (* 1593, † 1662) veröffentlicht seine synthetische (anschauliche) projektive Geometrie der Kegelschnitte; setzt sich gegen die analytische (rechnerische) Geom. d. *Descartes* zunächst nicht durch	Jährl. private Haushaltskosten d. Kardinals *Richelieu* betragen ca. 2 Millionen Mark Jungfernstieg in Hamburg als Promenade

	Dreißigjähriger Krieg Cromwell	Französische Klassik Corneille	Descartes Hobbes
1640	*Friedrich Wilhelm* (der Große Kurfürst) Kurfürst v. Brandenburg bis 1688 (†) Volksaufstand in Portugal gegen Spanien; Herzog *Johann von Bragança* wird König von Portugal bis 1656 (†) Schottische Presbyterianer erzwingen Einberufung des engl.-schottischen Parlaments	*Corneille:* „Horace", „Cinna" (franz. Dramen nach Regeln d. Académie) † *Paul Fleming*, Schüler *Opitz'*, dt. Dichter, Gedichte in volkstümlicher Sprache und Kirchenlieder (* 1609) † *John Ford*, engl. Dramatiker (* 1586)	*Hobbes:* „Elemente des natürlichen und politischen Rechts" (engl.) *Cornelius Jansen* (niederländ. Theologe, * 1585, † 1638): „Augustinus" (begründet d. antijesuitische verinnerlicht. Gnadenlehre des „Jansenismus") † *Uriel Acosta* (Freitod), der wegen Reformbestrebungen in der jüd. Gemeinde Amsterdams verfolgt wurde; entstammte einer getauften Familie und war bis 1620 katholisch (* 1591)
1641	Bürgerkrieg unter *Cromwell* gegen König *Karl I.* in England Holländer erobern v. d. Portugiesen Malakka (1824 brit.)	*Velez de Guevara* (* 1574, † 1646; span. Komödiendichter): „Der hinkende Teufel" (span. satir. Schelmenroman) *James Shirley* (* 1596, † 1666): „The Cardinal" (engl. Schauspiel, *Sh.* gilt als letzter engl. Renaiss.-Dramatiker)	*Descartes:* „Meditationes de Prima Philosophia" (frz. rationalist. Philosophie) mit ontologischem Gottesbeweis: Das Wesen Gottes schließt seine Existenz ein „Irisches Blutbad" unter d. Protestanten
1642	Der neue schwed. Befehlshaber *Torstenson* (bis 1646) schlägt bei Breitenfeld das kaiserl. Heer † *Richelieu*, Kardinal von Frankr. (* 1585). Kardinal *Mazarin* setzt dessen Politik bis 1661 (†) fort Franzosen gründen Montreal (Kanada)	*Corneille:* „Polyeucte" (frz. Drama) *P. Fleming:* „Teutsche Poemata" (Ged.) * *Christian Weise*, dt. Dramatiker († 1708) Puritaner verbieten Theateraufführungen in England (bis 1660) *Hobbes:* „Über den Bürger" (engl. naturalistische Gesellschaftsphilosophie)	„Schulmethodus" nach *Ratke* von Herzog *Ernst* (dem Frommen) von Sachsen-Gotha (* 1601, † 1675) ordnet Volksschulwesen (staatl. Volksschulen mit geistlicher Aufsicht, Schulpflicht) *Joh. Phil. v. Schönborn* (* 1605, † 1673) Fürstbischof v. Würzburg (1647 auch Erzbischof u. Kurf. v. Mainz, 1663 auch Bisch. v. Worms)
1643	† *Ludwig XIII.*, König von Frankreich seit 1610 (* 1601) *Ludwig XIV.* König von Frankreich bis 1715 (†); „Sonnenkönig"; zunächst unter Vormundschaft seiner Mutter *Anna von Österreich* Brit. nordamer. Kolonien zum Dominium Neuengland zusammengeschlossen	~ *Molière* gründet „Illustre Théâtre" in Paris (wird 1689 zum Théâtre de la Comédie-Francaise) ~ *Moscherosch:* „Wunderliche und wahrhaftige Gesichte des Philanders von Sittewald" (Zeitsatire)	*Johann Boland* (* 1596, † 1665): „Acta sanctorum" (jes. Gesch. d. Hlg. u. Märt.) *Abraham Cowley* (* 1618, † 1667): „Der Puritaner u. d. Papst" (engl. Sat. geg. Purit.) *Herman Conring* (* 1606, † 1681) bgr. m. „De origine juris germanici" („Über die Entsteh. d. germ. Rechts") dt. Rechtsgeschichte

Barock † *Rubens*	*Italienische Opern* *Monteverdi*	† *Galilei* *Torricelli*	
Rembrandt: „Selbstbildnis" (niederländ. Gemälde) ~ *Rubens:* „Heimkehr v. Felde" (fläm. Landschaft, Gemälde) † *Peter Paul Rubens*, fläm. Maler d. Barock (* 1577) *G. de La Tour:* „Auffindung d. hl. Sebastians" (frz. Gem., eigenwill. Farb- und Beleucht.-Effekte) * *Jan Weenix*, niederl. Maler († 1719)		*Mersenne* mißt Schallgeschwindigkeit in Luft durch Blitz u. Knall einer Kanone (von *Bacon* vorgeschlagen)	*Wenzel Hollar* (* 1607, † 1677) Trachtenbuch (Stiche) ~ Aufkommen von Schiebekulissen im Theater ~ Erste Kaffeehäus. in Europa (Venedig) ~ Kartoffel setzt s. in Deutschland nur langsam durch König *Karl I.* von England zieht bei der „Münze" hinterlegte Wertsachen als Zwangsanleihe ein
† *Domenichino* (eig. *Domenico Zampieri*), ital. Maler u. Baumeister d. Frühbarock, Fresken u. Tafelbilder (* 1581) † *Anthonis van Dyck*, fläm. Maler (* 1599) *Rembrandt:* „Mennonitenprediger mit s. Frau" (niederl. Gem.)	*Monteverdi:* „Die heiligen Apostel", „Rückkehr des Odysseus" (ital. Opern) Beg. d. „Abendmusiken" i. d. Lübecker Marienkirche (bes. ab 1668 durch *Buxtehude* berühmt)	*Paul Guldin* (* 1577, † 1643): „Centrobaryca" (m. d. nach ihm ben. Regel; vgl. 290) Anatom *Tulp* beschr. ersten lebenden Schimpansen in Holland ~ Weingeistthermometer (bald auch Quecksilberthermometer)	≈ Starker Aufschwung d. schwed. Eisenindustrie (über 450 Eisenhämmer) und Eisenausfuhr (bis 20000 t pro Jahr)
Rembrandt: „Kompagnie des Hauptm. Frans Banning Cocq" (sog. „Nachtwache"); Tod s. Frau *Saskia* † *Guido Reni*, italien. Maler des Barock, „Eklektiker", Fresken relig. u. mythologisch. Thematik (* 1575) *Ludwig von Siegen* (* 1609, † ~ 1676) vollendet 1. Blatt in Schabkunst	*Cavalli:* „Aegist" (ital. Oper) † *Marco da Gagliano*, ital. Komponist von Opern, Madrigalen, Motetten und Messen (* 1575) *Monteverdi:* „Krönung der Popäa" (it. Oper)	† *Galileo Galilei*, ital. Wissensch., gilt als Begrd. d. neuzeitl. Physik (* 1564) (konsequente experimentelle Methoden erst nach ihm) *Joach. Jung(ius)* (* 1587, † 1657) erk. Bedtg. d. Waage, u. d. Begr. „Atom" u. „Element" f. d. Chemie *Abel Tasman* (* 1603, † 1659, Niederl.) entdeckt *Tasman*ien bei Australien	*Pascal:* Rechenmaschine für Addition und Subtraktion (vgl. 1623)
~ *Louis Lenain* (* ~ 1593, † 1648): „Bauernfamilie" (frz. Gem.) *Rembrandt:* „Saskia" (Gem.), „Landschaft mit 3 Bäumen" (Rad.) *Teniers d. J.:* „Bauernkirmes" (ndl. Gem.) ~ *Velazquez:* „Venus und Cupido" (span. Gem., Rückenakt)	† *Girolamo Frescobaldi*, ital. Organist u. Komponist, bes. von Fugen und Toccaten (* 1583) † *Claudio Monteverdi*, ital. Komponist und Musikdramatiker. Gilt als eig. Begrd. d. Oper, Neuerer d. Instrumentierung (* 1567)	* *Isaac Newton*, engl. Naturwissenschaftler († 1727) *Tasman* entdeckt Süd-Neuseeland und Fidschi-Inseln ~ *Torricelli* erf. Quecksilber-Barometer; erz. erst. Vakuum; erk. Luftdruck Baikal-See entdeckt	Getränke-Steuer in England z. Deckung der erheblichen Staatsausgaben

	Dreißigjähriger Krieg Cromwell	Französische Klassik Sprachgesellschaft	Descartes Grotius
1644	*Cromwell* schlägt königl. engl. Truppen Ende der *Ming*-Dynastie infolge sozialrevolut. Erhebung, geg. welche die mongol. *Mandschu* zu Hilfe gerufen werden, u. Beginn der *Mandschu-(Ts'ing-)*Dynastie (bis 1912) in China Rußland beherrscht Sibirien bis zur Amurmündung	* *Abraham a Santa Clara* (eig. *Hans Ulrich Megerle*), dt. Satiriker, kath. Geistlicher († 1709) *Calderon:* „Der Richter von Zalamea" (span. Schauspiel) „Pegnesischer Blumenorden" als deutsche Sprachgesellschaft in Nürnberg v. *Harsdörfer* und *Klaj* gegründet	*Descartes:* „Principia Philosophiae" (franz. rationalist. Philosophie) mit d. Schluß „Cogito, ergo sum" = „Ich denke, also existiere ich" *Innozenz X.* Papst bis 1655 *J. Milton:* „Areopagitica" (engl. Abhandlung f. Glaubens-, Gewissens- und Pressefreiheit)
1645	*Alexei* Zar von Rußland bis 1676 (†) Sieg der Parlamentsparteien im engl. Bürgerkrieg Dänemark unterliegt gegen Schweden Venedig führt Krieg gegen die Türken bis 1669, in dessen Verlauf es seinen Kolonialbesitz verliert	*Calderon:* „Das große Welttheater" (span. Schauspiel) *von Zesen:* „Die adriatische Rosemund" (Schäferroman, Stoff aus dem tägl. Leben)	*Comenius:* „Allerweckung" (Erneuerung des gesamten Schulwesens) † *Hugo Grotius*, niederländ. Begründer des naturrechtlichen Völkerrechts und seit 1635 schwed. Diplomat in Frankreich (* 1583) Residenz des *Dalai Lama* in Lhasa wird erbaut
1646	Franzosen und Schweden in Bayern Bremen wird Reichsstadt		* *Gottfried Wilhelm Leibniz*, dt. Philosoph († 1716)
1647	Engl. König wird im Bürgerkrieg gefangengenommen Volksaufstand in Neapel geg. span. Vizekönig	*Cowley:* „The Mistress" („Die Herrin", engl. Liebesged.) † *Pieter Corneliszoon Hooft*, niederl. Dichter und Geschichtsschreiber, Verfasser von Tragödien u. erotischen Gedichten (* 1581) *J. Rist:* „Das Friede wünschende Teutschland" (Schauspiel) *v. d. Vondel:* „Leuwendalers" (niederl. Drama)	* *Margareta Maria Alacoque*, franz. Nonne († 1690) *P. Gassendi:* „De vita moribus et doctrina Epicuri" (frz.-kathol. Erneuerung d. atomistischen Philosophie *Epikurs*) *Balthasar Gracián* (* 1601, † 1658), span. Moralphilosoph: „Handorakel" (Brevier der Lebensphilosophie; übersetzt v. *Schopenhauer*

Velazquez *Lorrain*	*Schütz* *Italienische Opern*	*Torricelli* *Mondkarte*	
Poussin: Zyklus der sieben Sakramente (franz. Gem.) † *Bernardo Strozzi*, ital. realist. Barockmaler (* 1581) *Teniers d. J.:* Selbstbildn., mit Gattin u. Sohn musizierend	* *H. Ignaz Franz von Biber*, dt. Komponist († 1704) * *Antonio Stradivari*, it. Geigenbauer († 1737)	† *Johann Baptist van Helmont*, führender Brüsseler Mediziner und Chemiker (auch noch Alchimist) untersuchte mit als erster „Gase"; prägte Begriff „Ferment" (* 1577) Kosack *Pojarkow* err. Amurmündung u. Sachalin *Torricelli:* Gesetz f. Ausfluß v. Flüssigkeiten	≈ Fremdwortreiche dt. Briefsprache
* *Jules Hardouin-Mansart*, franz. Baumeister († 1708) *Eustache Le Sueur* (* 1617, † 1655): „Leben d. heiligen Bruno" (22 franz. Gem. bis 1648) *Rembrandt:* „Rabbiner" (niederl. Bildnis) *Velazquez:* „Kg. Philipp IV. auf d. Saujagd"	*Mazarin* beruft die venezianische Operntruppe nach Paris; Aufführung des Schäferspiels „La finta pazza" v. *Sacrati* als erster Oper in Frankreich *H. Schütz:* „Die sieben Worte Christi am Kreuz"	~ *Th. Bartholinus:* Versuche örtlicher Betäubung durch Eis- oder Schneekühlung ~ *Riccioli* u. *Grimaldi* bestätigen *Galileis* Fallgesetze an frei fallenden Körpern (~ seit 1642; vgl. 1609) Terrestrisches Fernrohr (mit aufrechtem Bild) von *A. M. Schyrl*	≈ 1645–1715 ist ein Zeitraum mit geringer Sonnenaktivität (Flecken), deren Klima zur „Kleinen Eiszeit" rechnet (vgl. 1404)
Bernini: „Die Verzückung der heiligen Therese" (ital. Plastik) † *Elias Holl*, Renaiss.-Baumeister in Augsburg (* 1573) *Cl. Lorrain:* „Seehafen" (franz. Gem.) ~*Murillo:* 11 Gem. aus d. Franziskan.-Gesch. *Rembrandt:* „Winterlandsch." (niederländ. Gem.)		„Laterna magica" von *Athanasius Kircher* (* 1601, † 1680), der auch erste Fluoreszenzerscheinung beschreibt (Aufleuchten in geänderter Farbe bei Beleuchtung)	
Cl. Lorrain: „Mühle", „Flucht nach Ägypt." (franz. Gem.) *P. Potter:* „Der junge Stier" (ndl. Gem.) *Rembrandt:* „Susanna u. d. beid. Alten" (niederländ. Gem.) *Teniers d. J.:* „Versuchung des heiligen Antonius" (niederländ. Genre-Gem.) Kunstakad. in Dresden	*Luigi Rossi* (* 1598, † 1653): „Die Hochzeit von Orpheus und Euridice" (ital. Oper, eine der ersten Opern auf franz. Boden)	† *Francesco Cavalieri*, ital. Mathematiker und Astronom, fand das nach ihm benannte Prinzip d. Raumlehre (* 1598) *Johann Hevel* (* 1611, † 1687) beschreibt, zeichnet und benennt Mondoberfläche * *Denis Papin*, franz. Physiker († ~ 1712) † *Evangelista Torricelli*, ital. Naturforsch., Schüler *Galileis* (* 1608)	In Berlin entsteht die Straße „Unter den Linden" zwischen Schloß und Tiergarten

	Westfälischer Frieden Parlament siegt in England	Französische Klassik Gryphius	Rationalismus
1648	Ende d. 30jähr. Krieges durch den Westfälischen Frieden: Vorpommern mit Stettin, Rügen, Usedom u. Wollin, Wismar, Bremen, Verden an Schweden; Sundgau (Elsaß), Metz, Toul, Verdun an Frankreich; Oberpfalz an Bayern; Lausitz an Sachsen; Hinterpommern, Cammin, Halberstadt u. Minden an Brandenburg; nördl. Niederlande u. Schweiz selbständig; Bestätigung d. Augsburger Religionsfriedens v. 1555; volle Bedürfnisfreiheit der Reichsstände. In Mitteleuropa über 15 000 Dörfer zerstört (vgl. 1656, 63 u. 99) Aufstand des frz. Hochadels („Fronde") geg. Absolutismus Ukrain. Aufstand u. *Bodyan Chmelnizkij* gegen Polen	*de Bergerac:* „Reise in den Mond" (frz. phantastisch-satirische Reisebeschreibung, Einfluß auf *Swift)* ~ *Gryphius:* „Cardenio u. Celinde" (erstes u. einzig. dt. bürgerlich. Trauerspiel bis *Lessing)* † *Tirso de Molina*, spanisch. Dramatiker, u. a. „Don Gil von den grünen Hosen" (Lustspiel), „Der Spötter von Sevilla oder der steinerne Gast" (erste Bearbeitung des Don-Juan-Stoffes) (* 1571) *Madeleine de Scudéry* (* 1607, † 1701): „Artamène ou le grand Cyrus" (franz. heroisch-galanter Roman in zehn Bänden b. 1653)	† *Herbert von Cherbury*, engl. Aufklärungsphilosoph des vernunftreligiösen Deismus schrieb „Heinrich VIII." (* 1583) Bilderfibel von *Comenius* „Messias" *Sabbatai Zevi* (* 1626, † 1676) gründet schwärmerische jüdische Sekte Reformierte werden durch den Westfälischen Frieden in den Augsburger Religionsfrieden mit einbezogen. Der Papst verdammt den Westfälischen Frieden
1649	Hinrichtung des absolutistischen Königs *Karl I.* von England (*1600); England Republik unter dem Parlament (bis 1660) *O. Cromwell* unterdrückt Aufstand in Irland Russ. Gesetz fesselt den Bauern an das Land des Gutsbesitzers und macht ihn leibeigen	~ *Gryphius:* „Carolus Stuardus" (Trauerspiel) *Spee von Langenfels:* „Güldenes Tugendbuch" (kath. Erbauungsbuch, posthum)	*Descartes:* „Die Leiden der Seele" (frz. rationalist. Psychologie) *Descartes* als Gast der Königin *Christine* in Schweden; erkrankt dort lebensgefährlich *G. Ph. Harsdörfer:* „Frauenzimmer-Gesprächsspiele" (8 Bände seit 1641, unterhaltende Belehrung)
1650	† *Wilhelm II. von Oranien*, Statthalter der Niederlande seit 1647 (* 1626). Herrschaft der „Generalstaaten" (Patriziervertretung) in den Niederlanden (bis 1672) * *John Churchill* Herzog *Marlborough*, engl. Politiker († 1722) Abzug der franz. u. schwed. Truppen aus Deutschland nach Zahlung der Kriegsentschädigung *Chabarow* erreicht Mandschurei von Rußland her	*Gryphius:* „Horribilikribrifax" (satir. Drama geg. d. dt. Zustände nach dem Krieg; gedr. 1663) *Francisco de Rojas Zorrilla* (* 1607, † 1648): „Vom König abwärts — keiner" (span. Tragödie, posthum) *Ole Worm* (Däne) begründet Runenforschung ≈ Ausgestaltung d. japan. No-Schauspiels (vgl. 1389)	† *René Descartes (Renatus Cartesius)*, franz. Philosoph eines skeptischen dualistischen Rationalismus (* 1596) *Milton:* „Verteidigung des engl. Volkes" (engl. Streitschrift geg. den Absolutismus des *Claudius Salmasius* [* 1588, † 1653]) *Jeremy Taylor* (* 1613, † 1667): „The rule and exercise of holy living" (engl. Erbauungsschrift) ~ Beginn der Blütezeit der „Ritterakademien" mit den Fächern: Reiten, Fechten, Tanz für den Adelsstand (bis ~ 1750)

Barock *Rembrandt*	*Schütz* *Scheidt*	*Luftpumpe* *Vergleichende Geographie*	
Mazarin grdt. Kunstakademie in Paris ∼ *Paulus Potter* (* 1625, † 1654): „Stier und Kühe" (niederl. Gem.) *Poussin*: „Verzückung des Paulus", „Elieser wirbt um Rebekka", „Landschaft mit Diogenes" (franz. Gem.) *Rembrandt*: „Die Jünger in Emmaus" (niederländ. Gem.), „Dr. Faust", „Bettler an d. Haustür" (niederländ. Radierungen) *Sandrart*: „Gesandtenfestmahl" (niederländ. Gem. zum Westfälischen Frieden) *Zurbaran*: „Taten des Herkules" (12 span. Gem.)	*Hch. Schütz*: „Geistliche Chormusiken" ∼ In der ital. Oper beginnen sich Rezitativ u. Arie deutlicher zu unterscheiden ∼ „Symphonien" (bed. i. dieser Zeit die Ouverture einer Suite)	*Deschnew* findet die Ostspitze Asiens an d. Beringstraße *Glauber* fördert Destillierverfahren in der Chemie † *Marin Mersenne*, franz. Philosoph, Natur- und Musikforsch., vermittelte durch ausgedehnten Briefwechsel wissenschaftlich. Gedankenaustausch (* 1588)	Einwohnerzahlen: Pfalz 50000 (1618: etwa 1 Million), Berlin 6000 (1618: 20000, 1786: 147000) Bevölker. i. Deutschland von 17 (1618) auf 8 Million. durch Krieg, Hunger und Seuchen gesunken ≈ Mode: Herrenspazierst., Perücke, Schönh.-Pflästerch., Puder, Schminke ∼ Reich geschn. Möbel (Nußb.), eingelegt m. Steinen, Spiegeln usw. in Italien ∼ In Venetien Herstellung von Lüstern und Spiegeln ∼ Facettschliff der Diamant. i. Deutschl.
∼ *Rembrandt*: „Christus heilt Kranke" (sog. „Hundertguldenbl."); „Anbetung der Hirten bei Laternenschein" (ndl. Radierung); *Hendrijkje Stoffels* wird seine Lebensgefährtin † *David Teniers d. Ä.*, niederl. Barockmaler, Genrebilder (* 1582)	*Cavalli*: „Jason" (ital. Oper) * *Johann Philipp Krieger (Krüger)*, dt. Komponist des Barock († 1725) ∼ * *Guiseppe Torelli*, it. Komponist († 1708) ∼ Vier-Satz-Form für Suiten	∼ *O. v. Guericke* erf. Kolben-Luftpumpe zur Herstellung luftleerer Räume Menschenkraft-Wagen v. *H. Hautzsch* *Francesco Redi* (* 1626, † 1697) widerlegt d. Möglichkeit der Urzeugung v. Lebewesen aus Schlamm	≈ Förderung des freien Unternehmertums in England ≈ Unmäßige dt. Trinksitten in allen Bevölkerungsschichten ∼ Landrechte in Deutschland begrenzen Schuldzinsen auf 5 bis 6%
Georges de La Tour (* ∼ 1595, † 1652): „Verleugnung Petri" *Lorrain*: Vier Bilder, nach den Tageszeiten benannt (franz.) † *Matthäus Merian d. Ä.*, dt. Kupferstecher, Illustrator; Städteansichten (* 1593) *Poussin*: Selbstbildnis *Rembrandt*: Bildnis seines Bruders, gen. „Der Mann mit dem Goldhelm" (ndl. Gem.) *Velasquez*: Papst Innozenz X. (span. Bildn.)	*Albert*: Ein- und mehrstimmige geistl. Arien *Athanasius Kircher*: „Musurgia universalis" (Musiktheorie des Barock) Erste Ouvertüre von *Lully* (franz.) *Samuel Scheidt* (* 1587, † 1654): „Tabulaturbuch hundert geistl. Lieder und Psalmen Herrn Doctoris Martini Lutheri u. ander gottselig. Männer..." (erstes dt. Choralbuch für Gemeindegesang)	*Francis Glisson* (* 1597, † 1677) beschreibt die Rachitis („Engl." Krankheit) *G. B. Riccioli* (* 1598, † 1671) entd. l. Doppelstern „Mizar" † *Christoph Scheiner*, dt. Astronom u. Jesuit, Gegner *G. Galileis* (* 1575) Beginn der allgemein. vergleichenden Geographie mit Einteilung der Erdgroßformen in der „Geographia generalis" von *Bernhardus Varenius* (* 1622, † 1650)	Friedensfeier zu Nürnberg (Staatsfest) ≈ Erdbevölkerung ca. 500 Mill. (1850: 1100 Mill., 1950: 2400 Mill.) Span. Bevölkerung gegüb. Jahr 1500 auf 4 Mill. halb. ∼ Beginnende Ausrottung der Indianer in Nordamerika Mietwagen („Fiaker") in Paris Schweizer Bauern kennen Skilauf

	Englisch-niederländischer Handelskrieg	Französische Klassik „Nürnberger Trichter"	Rationalismus Hobbes
1651	*O. Cromwells* „Navigationsakte" gegen die Niederlande begünstigt Handel auf englischen Schiffen † *Maximilian I.*, reformationsfeindlicher Kurfürst v. Bayern seit 1623 (* 1573)	*Calderon* empfängt Priesterweihe Öffentliches Komödienhaus in Wien	*Hobbes:* „Leviathan" (engl. staatsphilosophische Verteidig. der absol. Monarchie als vernünftig. Staatsprinzip im „Kampf aller gegen alle") Univers. Duisburg gegründet (besteht bis 1818)
1652	Seekrieg zwischen Niederlande und England (bis 1654) befestigt Englands Seeherrschaft Holland gründet 1. Fort in der Kapkolonie Durch das Vetorecht jedes Mitgliedes im poln. Reichstag schwächt der Adel das Wahlkönigtum	*Johann Lauremberg* (* 1590, † 1658): „Veer Schertzgedichte" (plattdt. Satire gegen Modetorheiten) *F. Lodwick* schlägt Universalsprache vor	Patriarch *Nikon* von Moskau (* 1605, † 1681) reformiert russ. Kirche, führt dadurch Abfall d. Altgläubigen („Raskolniki") herbei Der engl. Schuhm. u. Wanderpred. *George Fox* (* 1624, † 1691) gründ. i. Dunkinfield (Engl.) christl.-myst. „Gesellsch. d. Freunde" (Quäker)
1653	*Oliver Cromwell* wird Lordprotektor mit absoluter Macht bis 1658 (†), löst presbyterianisches Parlament und das nachfolgende „Parlament der Heiligen" der einer Staatskirche abgeneigten Independisten auf Kardinal *Mazarin* besiegt d. franz. Hochadel („Fronde") zugunsten d. Absolutismus	~ * *Nathanael Lee*, engl. Dramatiker († 1692) *Harsdörfer:* „Poetischer Trichter, die teutsche Dicht- u. Reimkunst in 6 Stunden einzugießen" (Lehre der Dichtkunst, 3 Bde. seit 1648, „Nürnberger Trichter")	*Angelus Silesius* tritt zum Katholizismus über *Izaak Walton* (* 1593, † 1683): „The complete Angler" (sprachl. hochstehendes Anglerhandbuch) Londoner Bibel in 10 Sprachen („Polyglotte", bis 1657)
1654	Niederlande müssen engl. „Navigationsakte" v. 1651 anerkennen Königin *Christine* v. Schweden dankt zugunsten ihres Vetters *Karl Gustav* ab (tritt 1655 zum Katholizismus über u. wird v. Papst gefirmt) Zar *Alexei* gewinnt die Ukraine von Polen	*Logau:* „Deutscher Sinngedichte dreitausend" *Madeleine de Scudéry:* „Clélie" (franz. galant-heroischer Roman) *Agustín Moreto y Cabaña* (* 1618, † 1669): „El desdén con el desdén" (dt. „Donna Diana", span. Komödie)	*Comenius:* „Orbis sensualium pictus" (eine Sprach- u. Sachunterricht verknüpfende Bilderfibel), „Schola ludus" („Schulspiel", für Wort- u. Sachverbindung) Mystische Erleuchtung *Pascals*
1655	Krieg des Schwedenkönigs *Karl X.* im Bunde mit dem Großen Kurfürsten von Brandenburg gegen Polens Anspruch auf schwedischen Thron „bis 1660" Spanien verliert Jamaika an England. England beginnt Handel mit Westindien	† *Cyrano de Bergerac*, franz. Dichter u. Denker (* 1619) † *Daniel Heinsius*, niederl. Philologe und Dichter, Herausgeber antiker Dichtungen (* 1580) † *Friedrich von Logau*, dt. Dichter von Sinngedichten (* 1604)	*Alexander VII.* Papst bis 1667 (†) † *Petrus Gassendi*, frz.-kath. Philos. u. Naturforsch., empirio-materialistisch. Gegn. d. Rationalism. v. *Descartes*. Erneuerte Philos. *Epikurs* (* 1592) *Hobbes:* „Lehre vom Körper" (engl. antischolast. Philosophie, lat.) * *Christian Thomasius*, dt. Philosoph († 1728)

Ruisdael *Murillo*	*Generalbaß* *Scheidt*	*„Magdeburger Halbkugeln"* *„Alles Leben aus dem Ei"*	
* *Balthasar Permoser*, dt. Bildhauer († 1732) Baumstr. *A. Petrini* (* 1624, † 1701) in Würzburg u. Mainz *Rembrandt:* „Landsch. mit Ruine" (Gem.)	† *Heinrich Albert*, dt. Komponist der protest. Kirchenmusik im neuen Stil (* 1604)	*Harvey:* „Über die Erzeugung der Tiere" (Alles Leben geht aus dem Ei hervor)	≈ „Französisches Düdsch" als etikettenreiche Briefspr. ≈ Übergang vom „Verleger-Drucker" zum nichtdruckenden Buchverlag
P. Potter: „Aufbruch zur Jagd" (ndl. Gem.) † *Jusepe de Ribera* (gen. *Spagnoletto*), span. Maler (* ~ 1591) *Leibniz*haus in Hannover (Bürgerhaus, Übergang von der Renaissance zum Barock)	*Hammerschmidt:* „Geistliche Konzerte' Opernhaus in Wien	*Thomas Bartholin* beschreibt Lymphgefäße Kaiserlich Leopoldinisch-Carolinisch Deutsche Akademie der Naturforscher in Schweinfurt gegründet (ab 1878 in Halle)	Spalierobstzucht durch *Le Gendre* ≈ Großgrundbesitz vergröß. sich durch Einbeziehung der im Dreißigj. Krieg verwüstet. Bauernhöfe Kaffeehaus in London
Cl. Lorrain: „Der Mittag" (frz. Gem.) *Rembrandt:* „Die 3 Kreuze" (niedl. Rad.) *J. Ruisdael:* „Schloß Bentheim" (niederl. Gem.) † *Simon de Vlieger*, niederl. Maler, erster Maler von Seestücken (* ~ 1601)	* *Arcangelo Corelli*, ital. Komp. († 1713) *Lully* wird frz. Hofkomponist (beherrscht mehr und mehr franz. Musikleben) * *Johann Pachelbel*, dt. Organist († 1706)	Erster Lichtbild-Vortrag durch *Andreas Tacquet*	Stadtpost mit Briefkästen in Paris (1800 i. Berlin) Staatliche Leibrenten-Versicherung n. *Tonti* in Frankreich (unrentabel), bis 1726 Menuett wird Tanz am frz. Hof
† *Jean Lemercier*, franz. Baumeister, Univers.-Kirche d. Sorbonne in Paris, erste ital. Kuppel in Frankreich (* 1585) ~ *Poussin* begründet Typ d. „Heroischen Landschaft" *Rembrandt:* „Christus i. Emmaus" (niederl. Radierung)	† *Samuel Scheidt*, dt. Komponist, bes. Orgelmeister; schrieb „Tabulatura nova", „Görlitzer Tabulaturbuch" (* 1587)	* *Jakob Bernoulli*, schweiz. Mathematiker († 1705) *de Fermat* u. *Pascal* geben erste system. Lösung eines Wahrscheinlichkeits-Problems (des Würfelspiels) *O. v. Guericke* führt dem Regensburger Reichstag die Wirkung des Luftdruckes an den „Magdeburger Halbkugeln" vor	*Knipschild* schafft nach spanischem Vorbild die juristische Form des Familien-Fideikommisses (Stammgutstiftung) als Sicherung des adligen Grundbesitzes
Pietro da Cortona (Berrettini; * 1596, † 1669): Fassade v. S. Maria della Pace (ital. Barockbau) in Rom * *Christoph Dientzenhofer*, dt. Barock-Baumeister († 1722) *Murillo:* „Geburt Mariä" (span. Gem.) *Rembrandt:* „Joseph u. Potiph. Frau" (Gem.)		*Giovanni Alfonso Borelli* (* 1608, † 1679) erforscht Kapillaritätserscheinung Feuerspritze mit Windkessel von *Hautzsch* (von *v. d. Heyden* ~ 1670 verbessert) Chinaatlas des Jesuiten *Martini*	Regelmäßige Zeitung in Berlin Kanadisches Berufkraut als lästiges Unkraut n. Europa eingeschleppt

	Machtstärkung Frankreichs	*Angelus Silesius* *Französische Klassik*	*Rationalismus* *Pascal*
1656	Holländer erobern Colombo auf Ceylon (verdrängten dort seit 1638 Portugiesen) ~ Dtl. zerfällt n. 1648 i. fast 1800 mehr oder weniger souveräne Gebiete, davon nur 221 v. einiger Bedeutung: 4 weltl. 3 geistl. Kurfürstentümer, 60 Reichsstädte (vgl. 1663)		*Johann Clauberg:* „Ontosophia" (Ontologie nach *Descartes*) *Pascal:* „Lettres provinciales" (franz. antijesuitische Schriften) † *Morin,* frz. Astrologe (gilt als letzter großer Astrologe; mit dem Fortschreiten naturwissenschaftlicher und bes. astronomischer Erkenntnisse wird die Astrologie mehr u. mehr als Aberglauben angesehen, behält jedoch zahlr. Anhänger)
1657	† *Ferdinand III.*, röm.-dt. Kaiser seit 1637 (* 1608) Kurfürst von Brandenburg tritt von schwedischer auf polnisch-dänische Seite über	*Scarron:* „Komödiantenroman" (franz. Roman) *Silesius:* „Geistreiche Sinn- und Schlußreime" (mystisch-religiöse Dichtung, 1674 als „Cherubinischer Wandersmann") u. „Heilige Seelenlust oder geistliche Hirtenlieder der in ihren Jesum verliebten Psyche" Theater in München	*Comenius:* „Opera didactica omnia" (ford. einheitl. Schulwesen, freundliche Schulen mit Betonung der sinnl. Anschauung) *Baltasar Gracián* „El criticón" (span. pessimist. Moralphilosophie, 3 Tle. seit 1651. *G.* wird von seinem Jesuitenorden inhaftiert)
1658	† *Oliver Cromwell,* Lordprotektor in England seit 1653 (* 1599); sein Sohn *Richard* wird Lordprotektor; dankt 1659 ab Dänemark verliert seine südschwedischen Provinzen an Schweden *Leopold I.* römisch-dtsch. Kaiser bis 1705 (†) Dt. Fürsten verbünd. sich i. d. „Rheinischen Allianz" mit Frankr. geg. Österreich u. Brandenburg (bis 1767)	*Dryden:* „Heroische Stanzen" (engl. poetische Verklärung *Cromwells; D.* stellt seine Kunst in den Dienst d. jeweiligen Machthaber, vgl. 1660, 1687) *Stiernhielm:* „Herkules" (schwed. Renaiss.-Epos in Hexametern), leitet schwed. Literatur ein	*Hobbes:* „De Homine" („Über den Menschen", engl. utilitarist. Morallehre u. mechanist. Naturphilosophie) *Spinoza* wird aus der jüdischen Gemeinde ausgeschlossen
1659	Frankreich erhält im Pyrenäenfrieden politisches Übergewicht über Spanien; Roussilon u. Artois an Frankreich	~ * *Daniel Defoe (Foe)*, engl. Romanschriftsteller († 1731) *Molière:* „Les précieuses ridicules" (franz. Lustspiel, verspottet Geistreichelei; erste seiner Pariser Komödien)	

Ruisdael Velazquez	*Schütz Generalbaß*	*Wahrscheinlichkeits-rechnung*	
* *Johann Bernh. Fischer von Erlach*, österr. Barock-Baum. († 1723) † *Jan van Goyen*, niederl. Landschaftsm. (*1596) *B. Longhena* (* 1598, † 1682): Maria della Salute, Vened. (s. 1631) *Murillo*: „Erscheinung des Christkindes vor dem heilig. Antonius" (span. Gemälde) *Rembrandts* Bankerott *Vermeer van Delft*: „D. Kupplerin" (Gem.)	Erstes engl. Operntheater in London	* *Edmund Halley*, engl. Astronom († 1742) *Huygens* entdeckt Orionnebel und Gestalt des Saturnringes *Pascal* wendet sich von Mathematik und Physik ab zu einer religiösen Philosophie *Thomas Wharton* (* 1614, † 1673) erforscht und beschreibt Anatomie der Drüsen	≈ Aus Frankreich verbreitet sich der Gruß durch Hutabnehmen
Rembrandt: Bildnis seines Sohnes *Titus* (* 1642, † 1668) † *Frans Snyders*, niederländ. Maler großer Tier- und Jagdstücke (* 1579) *Velazquez*: „Teppichwirkerinnen" (span. Gem., gilt als 1. Fabrikbild)	*A. Krieger*: „Deutsche Lieder" *Hch. Schütz*: „Zwölf geistliche Gesänge"	Accademia del Cimento (Schule des Versuchs), naturwissenschaftl. Gesellschaft mit konsequentem experiment. Programm, angeregt durch *G. Galilei*, in Rom gegr. (bis 1667) *Huygens*: „De ratiociniis in ludo aleae" („Über die Berechnung d. Würfelspiels", Grundl. d. Wahrscheinlichkeitsrechnung)	
de Hooch: „Hof eines Hauses", „Mutter und Kind im Hause" (holl. Gemälde) ∼ *Maes*: „Alte Frau b. Apfelschälen" (holl. Gemälde) *Rembrandt*: „Hendrijkje Stoffels" (Gem.) *Adriaen van de Velde* (* 1636, † 1672): „Strand b. Scheveningen", „Flache Flußlandschaft" (ndl. Gem.)		Zahlentheorie v. *de Fermat* mit „*Fermat*schem Problem" (bis heute ungelöst) *Swammerdam* entdeckt b. Frosch rote Blutkörperch.	
Rembrandt: „Moses zerschmettert die Gesetzestafeln" (niederl. Gemälde) *J. v. Ruisdael*: „Eichenwald a. See m. Wasserrosen" (niederl. Gem.) *Velazquez*: „Infantin Margarethe" (span. Bildnis)	* *Henry Purcell*, engl. Opernkomponist († 1695) * *Alessandro Scarlatti*, ital. Komponist († 1725)	*Huygens* beschreibt die wahre Gestalt d. Saturnringes u. d. Entd. des (ersten) Saturnmondes	

	Dt. Reichstag Absolutismus in Frankreich	Moliere Gryphius	Rationalismus
1660	Mit König *Karl II.* von Engl. (bis 1685 [†]) gelangt Haus *Stuart* wieder auf den Thron (bis 1714) *Karl XI.* Kg. v. Schweden, bis 1697 (†) Friede zu Oliva (vgl. 1655): Schweden bleibt Großmacht, polnisch. Lehnsoberhoheit üb. Preußen beendet, Polen behält Westpreußen ∼ Niederländische Buren („Bauern") besied. Südafrika i. Kampf g. d. Hottentotten	*Corneille:* Ausg. seiner Dramen nach klassizist. Regeln d. frz. Akademie † *Paul Scarron*, franz. burlesker Barockdichter (*1610) *Dryden:* „Astraea redux" (engl. Dichtung zu Ehren König *Karls II.*) *Kaspar von Stieler* (* 1632, † 1707): „Die geharnschte Venus" (erotisch derbes Liederbuch) ∼ Erste deutsche Schauspielerinnen	≈ Im China der *Ts'ing*-Dynastie entsteht eine Textkritik an den konfuz. Schriften im Gegens. zur Scholastik der *Sung*-Zeit
1661	† Kardinal *Jules Mazarin*, leitender franz. Minister (* 1602) König *Ludwig XIV.* übernimmt absolute Herrschaft über Frankreich (bis 1715 [†]) Bombay engl. (1668 an ostind. Kompagnie)	*Lohenstein:* „Cleopatra" (Trauerspiel)	Die Jesuiten *Dorville* und *Grueber* erreichen die Hauptstadt Tibets, Lhasa *Jos. Glanvill*, engl. Hofkaplan (* 1636, † 1680) „The vanity of dogmatizing" (stellt Kausalges. in Frage) Kurfürstl. Bibliothek in Berlin
1662	Dünkirchen an Frankreich (war seit 1658 bei England) *Scheng-tsu (Kang-hi)* Herrscher in China bis 1722 (†); (Beginn einer starken kulturellen und sozialen Entwicklung in China; in den folgenden 200 Jahren verdreifacht sich etwa die Bevölkerung und verzwölffacht sich ungefähr das Vermögen des Landes) ∼ Auflösung der Stadtverfassungen in Frankreich durch Landesrecht	*de Bergerac:* „Reise z. Sonne" (franz. satir.-phantast. Reisebeschreibung; posthum) *Molière:* „Schule der Frauen" (franz. Lustspiel)	*Thomas Fuller* (* 1608, † 1661): „History of the Worthies of England" (posthumes geograph.-biograph. Nachschlagewerk) † *Blaise Pascal*, franz. Mathematiker und antijesuitischer religiöser Philosoph (* 1623) „Uniformitätsakte" versucht Alleinherrschaft der anglikanischen Bischofskirche in England herzustellen Trappisten führen asketische Ordensregeln ein
1663	Gründung der nordamerikanischen Kolonie Carolina „Reichstag" als ständiger Kongreß in Regensburg (bis 1806). Er besteht aus 7 Kur-, 61 weltlichen, 33 geistlichen Fürsten, 51 Reichsstädten, 2 Prälaten- und 4 Reichsgrafenkurien * Prinz *Eugen von Savoyen*, habsburgischer Feldmarschall († 1736)	*Gryphius:* „Absurda Comica oder Peter Squentz" (Lustspiel auf das Handwerkertheater) *Hofmannswaldau:* „Heldenbriefe" (spätbarocke Dichtung nach *Ovids* Art) *Justus Georg Schottel* (*1612, † 1676): „Ausführl. Arbeit von der deutschen Haubtsprache" (festigt dt. Hochsprache)	Schriften von *Descartes* auf dem Index * *August Hermann Francke*, dt. pietistischer Pädagoge († 1727)

Barock Rembrandt	Italienische Oper in Paris	Vielseitige Entwicklung der Wissenschaften	
* *Jakob Prand(t)auer*, österr. Barock-Baumeister († 1726) *Rembrandt:* „Jacob ringt mit dem Engel" (niederl. Gemälde) *Ruisdael:* „Herberge" (niederl. Gem.) † *Diego Rodriguez de Silva y Velazquez*, span. Maler (* 1599) ~ *Vermeer van Delft:* „Briefleserin" (niederl. Gem.)	* *Johann Josef Fux*, österr. Komponist u. Musiktheoretiker († 1741)	*Herman Conring* begründet Sozial-Statistik in „Examen rerum publicarum" *Guericke* sagt mit Barometer Sturm voraus Bleistift-Manuf. in Nürnberg d. *Friedrich Staedtler* * *Georg Ernst Stahl*, dt. Mediz. u. Chemik. († 1732) *Thomas Sydenham* („engl. Hypokrates", * 1624, † 1689) faßt Krankheit als Prozeß, Fieber a. nützl. auf	Leipziger Zeitung „Neueinlauffende Nachricht von Kriegs- und Welt-Händeln" (seit 1630) beg. tägl. zu ersch. Branntweinsteuer in England Café Procope in Paris (eines d. ersten Pariser Kaffeehäuser) Wasserklosett gelangt von Frankreich nach England
Bernini erbaut die Scala regia (Königstreppe) im Vatikan (ital. Bau, bis 1663) ~ *Rembrandt:* „Staalmeesters" (niederl. Gruppenbild) *Ruisdael:* „Landsch. m. Wassermühle" (Gem.)		*R. Boyle:* „The sceptical Chymist" (engl. Lehrb. d. Chemie, betont „Element"-Begriff) *Marcello Malpighi* (* 1628, † 1694) entdeckt Blutkreislauf in den Haargefäßen; Beginn der mikroskopischen Anatomie	Sächsische Kleiderordnung: Taftband darf für Adlige 50, für Bürgerliche 30, für „gemeine Leute" 10—15 Ellen lang sein
Gabriel Metsu (* ~ 1630, † 1667): „Geflügelverkäufer" (ndl. Genrebild) * *Matthäus Daniel Pöppelmann*, dt. Barock-Baumst. († 1736) *Rembrandt:* „Venus u. Amor" (ndl. Gem. mit Bürgersfrau u. Kind) *Sandrart* grdt. i. Nürnberg Kunsthochschule ≈ Vorherrschaft d. Kano-Akad. i. Japan (vgl. 1476)	*Cavalli:* „Ercole amante" („Der liebende Herkules", ital. Oper mit Balletteinlagen) wird in Paris aufgeführt	*Rob. Boyle* und *Mariotte* find. das Gesetz üb. Druck und Volumen idealer Gase *Reinier de Graaf* (* 1641, † 1673) entdeckt die Eiproduktion d. Eierstocks *John Graunt* (* 1620, † 1674) begründet mit einer Sterblichkeitstafel von London Bevölkerungsstat.; erstmalig Medizinal-Statistik Academia Leopoldina, Wien gegründet „Royal Society" in England gegründet	≈ Die großen Kolonialmächte England, Frankreich, Niederlande, Portugal, Spanien importieren v. Sklaven gewonnene Plantag.-Rohstoffe u. exportieren Fertigwaren ≈ Nachtbekleidung kommt auf; für Frauen: Nachtkamisol (Jacke) und Häubchen; für Männer: Nachtmütze und Schlafrock
~ *Poussin:* „Die 4 Jahreszeiten" (frz. Gem.) Baubeginn Schloß Nymphenburg bei München (Barockbau, bis 1728) ≈ In China wirken die Landschaftsmaler *Wang Shi-min, Wang Ch'ien, Wang Hui, Wang Yüan-ch'i*	*Cesti:* „La Dori" (ital. Oper)	*F. Generin* (* 1593, † 1663) verwendet erstes Fadenkreuz im astronomischen Fernrohrokular Von Hand gerieb. Schwefelkugel als Elektrisiermaschine von *O. v. Guericke* *Sylvius* stellt eine chem. Theorie d. Verdauung auf *N. Stenonis* lehrt: Das Herz ist ein Muskel	„Monatsunterredungen" als eine der ersten Zeitschriften (in Hamburg), herausgegeben v. *J. Rist* Niederlande versichern ihre Söldner gegen Kriegsunfälle

	Merkantilismus in Frankreich	Moliere Racine	Rationalismus
1664	Oberintendant der Fabriken *Jean Baptist Colbert* beseitigt franz. Binnenzölle und fördert franz. Handel, Industrie und Verwaltung nach Grundsätzen des Merkantilismus Franz. Ostindische Kompagnie gegründet (aufgelöst 1770) Österreich schließt mit der Türkei trotz militärischer Siege ungünstigen Frieden Neuer Seekrieg zwischen den Niederlanden und England bis 1667 Neu-Amsterdam kommt als New York an England ≈ Holland erweitert sein Kolonialreich in Ostasien	† *Andreas Gryphius*, dt. Dramatiker und Lyriker des Barock (* 1616) *Molière:* „Tartuffe" (franz. Komödie, wird verboten) † *Nikolaus Zriny(i)*, ungar. Dichter, u. a. „Das belagerte Szigeth" (Epos 1651) (* 1620) *S. Butler:* „Hudibras" (engl. kom. Epos gegen d. Puritaner; 3. Bd. bis 1678)	*Spinoza:* „Prinzipien der cartesianischen Philosophie, dargest. nach der geometr. Methode" (d.h. axiomatisiert, lat.)
1665	Nach Sturz der Adelsmacht (1660) absolutistisches „Königsgesetz" in Dänemark Fürstbischof von Münster verkauft 7000 seiner Untertanen als Soldaten an mehrere Staaten nacheinander. Beginn verbreiteter Soldatenverkäufe auf Grund sogenannter „Subsidienverträge"	† *Samuel Coster*, niederl. Bühnendichter, bes. Lustspieldichter (* 1579) *Larochefoucauld:* „Réflexions ou sentences et maximes morales" (franz. moralphilosophische Zeitkritik) *Molière:* „Don Juan" (frz. Komödie) *Racine:* „Alexander d. Gr." (frz. Tragödie) * *Christian Reuter*, dt. Barockdichter († ~ 1712)	*A. Geulincx* wird Prof. in Leiden, veröffentl. Hauptwerke wie „Über die Kardinaltugenden" (lat., 1675 als „Ethica") Universität Kiel gegrdt.
1666	† Fürst *August der Jüngere* von Braunschweig-Wolfenbüttel, Wissenschaftsfreund, gründete Handschriften-Bibliothek in Wolfenbüttel (* 1579)	*Dryden:* „Das wunderbare Jahr" (engl. histor. Gedicht) *Molière:* „Le Misanthrope" („Der Menschenfeind", franz. Kömodie)	*Comenius:* „Allerleuchtung" (pädagogisch-religiöse Schriften zur Weltverbesserung) *Leibniz:* „De arte combinatoria" (noch alchimist. beeinflußte Lehre der Begriffskombinationen)

Poussin Hals	Schütz-Oratorien	Mikrobiologie	
Hals: „Die Vorsteher d. Altmännerhauses in Haarlem“ (ndl. Gem.) *W. Kalf:* „Frühstücks-Stilleben mit chin. Schale“ (niedl. Gem.) ~ *Poussin:* „Apollo u. Daphne“ (frz. Gem.) * *Andreas Schlüter*, dt. Barock-Bildhauer und Baumeister († 1714) * *John Vanbrugh*, engl. Barock-Baumeister u. Dichter († 1726) † *Francisco de Zurbarán*, span. religiöser Barockmaler asketischer Frömmigkeit (* 1598)	*Hch. Schütz:* „Historia von der freuden- und gnadenreichen Geburt Gottes“ (Weihnachtsoratorium) ~ Waldhorn als Orchesterinstrument	*R. Hooke* „Micrographia“ (mit verbessertem zusammengesetztem Mikroskop) *Newton:* Binomischer Lehrsatz (Berechnung von $(a + b)^n$) *F. Redi:* Schrift über Schlangen und Schlangengift (1670 über Insekten) *Thomas Willis* (* 1621, † 1675): Anatomie des Gehirns und der Nerven (engl. Med.) Taucherglocken werden erwähnt ~ Laterna magica verbreitet sich	Merkantilistische Handels - Bilanz - Theorie (mit Ziel des Warenausfuhrüberschusses) von *Thomas Mun* posthum veröffentlicht (*Muns* erste Schrift darüber 1621) ≈ Verwendung von Nußbaum zu Möbeln in Deutschland Frankreich wird maßgebend für fürstliche Prunkmöbel (nach ital. Muster) Italien. Planspiegel werden nach franz. Muster über dem Kamin angebracht
Bernini: Hochaltar in St. Peter in Rom (beg. 1656), „Ludwig XIV.“ (Büste) ~ *Hobbema:* „Weg zw. Baumgruppen u. Gehöften“ (ndl. Gem.) *de Hooch:* „Frau mit Magd i. Hof“ (Gem.) *Claude Perrault* baut Ostfassade des Louvre in Paris (frz. Barockb.) † *Nicolas Poussin*, frz. Maler, vorw. in Rom (* 1593) ~ *J. Steen:* „Wirtshausgarten“ (ndl. Gem.)		Gr. astronom. Luftfernrohre m. Mast a. Objektivträger von *G. Campani* ~ *Peter Chamberlen* erfindet die Geburtszange † *Pierre de Fermat*, franz. Mathematiker, besonders Zahlentheoretiker (* 1601) *Francesco Maria Grimaldi* (* 1618, † 1663): Beugung d. Lichtes a. d. Schattengrenzen (ital.; posthum) *Hooke* deutet erstmals Licht als Wellenbewegung „Philosophical Transactions“, erste engl. wissenschaftl. Zeitschrift	~ Fabrikation von Glasspiegeln in Frankreich „Große Pest“ in London „The London Gazette“ (amtl. Publikationsorgan)
* *Georg Bähr*, dt. Barock-Baumst. († 1738) † *Frans Hals*, fläm. Maler (* ~ 1580) † *Francois Hardouin Mansart*, frz. Baumst. (* 1598) *Willem van de Velde d. J.* (* 1633, † 1707): „Der Salutschuß“ (niederl. Marinebild) St. Michael in Löwen (beg. 1650)	*Cesti:* „Der goldene Apfel“ (ital. Oper für den Kaiser); *C.* wird kaiserl. Kapellmeister † *Adam Krieger*, dt. Komponist, bes. von Liedern (* 1634) *Hch. Schütz:* „Die Historia d. Leidens u. Sterbens u. Heilandes J. Chr.“ (3 Passionen)	*R. Boyle:* Druck einer Flüssigkeitssäule nur von ihrer Höhe, nicht v. ihrer Form abhängig (hydrostatisches Paradoxon) Erste dir. Blutübertrag. b. Tieren durch *R. Lower* ~ Klärung d. chem. Begriffes „Salz“ durch *Tachenius* Gründung d. Pariser Akademie der Wissenschaften mit erster wissenschaftl. Zeitschrift in Frankreich	Steuererleichterung für Kinderreiche in Frankreich (bis 1683) Großfeuer in London (*Wren* stellt 1668 Generalbebauungsplan auf) „M. Zeilleri getrewer Reisgefert“ (*Zeillers* Reisehandbuch)

	Kritik d. Reichsverfassung	Paul Gerhardt Grimmelshausen	Rationalismus Leibniz
1667	Rußland erobert die Provinz Smolensk und Polen Verbrauchssteuern (Akzise-Ordnung) in den Städten Brandenburgs; der Adel verhindert ihre Ausdehnung auf das Land *Samuel Pufendorf* (* 1632, † 1694) übt scharfe Kritik an der Reichsverfassung Dreierbündnis England, Niederlande, Schweden durch engl. Minister *William Temple* (* 1628, † 1699)	*Paul Gerhardt:* „Geistl. Andacht." (ev. Liederb. mit „O Haupt voll Blut u. Wunden", „Nun ruhen alle Wälder", „Befiehl du deine Wege") *Milton:* „Paradise Lost" („Das verlorene Paradies") *Racine:* „Andromache" (frz. Tragödie) † *Johann Rist*, dt. Barockdichter, u. a. Zeitstücke u. Kirchenlieder (* 1607) * *Jonathan Swift*, engl. Schriftsteller († 1745) *v. d. Vondel:* „Noah" (niedl. Drama) Komödienhaus in Dresden 1. fest. Theat. in Stockholm	*Klemens IX.* Papst bis 1669
1668	Ende des „Devolutionskrieges" (seit 1667) Frankreichs gegen die span. Niederlande (Belgien); Lille wird französisch Unter engl. Druck erkennt Spanien ein selbständiges Portugal an Reichstag gibt Fürsten das Recht, von den Ständen Verteidigungsgelder zu fordern	*Lafontaine:* „Fabeln" (frz., in Versform; 12 Bde. bis 1694) *Molière:* „L'Avare" („Der Geizhals"), „Amphitryon" (franz. Komödie) *Racine:* „Die Kläger" (frz. Justizkomödie) * *Alain René Le Sage*, franz. Dichter († 1747) Theater in Nürnberg	*Leibniz:* Naturwissenschaften erfordern Gottesbegriff
1669	Weltliche Fürsten erklären auf dem Reichstag Zünfte als entbehrlich; starke Auflösung des Zunftwesens Beginn von Konferenzen, um die große Zahl der Zollstationen für die Elbschiffahrt herabzusetzen (erstrecken sich bis 1711) Letzte Teile des norddt. Hansebundes lösen sich auf Venedig verliert mit Kreta seinen letzten Kolonialbesitz an die Türken	*Mariana Alcoforado* (* 1640, † 1723, portug. Nonne): „Briefe" (Liebesbriefe, von *Rilke* 1913 übersetzt) *Grimmelshausen:* „Der abenteuerliche Simplizissimus" (Entwicklungsroman aus dem Dreißigjährigen Krieg; gilt als bedeutendste dt. Barockdichtung) † *Johann Michael Moscherosch (Philander von Sittewald)*, dt. Satiriker (* 1601)	† *Arnold Geulincx*, niederl. Philosoph des dualistischen Okkasionalismus — Gott vermittelt zwischen Leib und Seele (* 1624) *Leibniz* verteidigt christliche Dreieinigkeitslehre *William Penn:* „Kein Kreuz, keine Krone" (geg. die engl. Quäkerverfolgungen)

† *Rembrandt* *Vermeer van Delft*	*Italienische Oper* *in Dresden*	*Pflanzenzellen* *Neuere Geologie*	
† *Francesco Borromini*, ital. Bildh. u. Baum. römischer Kirchen d. Hochbarock (* 1599) † *Alonso Cano*, span. Baum., Bildschnitz. u. Mal. d. Barock (* 1601) * *Johann Kupetzky*, österr. Maler († 1740) ~*Murillo*: „Immaculata" (span. Gem.) ~ *Emanuel de Witte* (* 1617, † 1692): „Kircheninneres" Kathedrale in Mexiko fertigg. (an Stelle des Haupttempels der Azteken, seit 1573)	† *Johann Jakob Froberger*, dt. Barockkomponist, Schöpfer der neuen Suitenform (* 1616) *Carlo Pallavicino* (* 1630, † 1688) wird Kapellmeister in Dresden; damit entsteht in Deutschl. eine ständige ital. Oper (bis 1763) *Johann Rosenmüller* (* ~ 1620, † 1684): „Kammersonaten" (ital. Symphonie und deutsche Tanzsuite)	Erste Bluttransfusion v. Tier zum Menschen von *Jean Denis* (*~ 1630, † 1704) *Hooke* findet mikroskop. Pflanzenzellen am Kork *W. Needham*: Anatomie d. Embryos, entdeckt Ernährung der Leibesfrucht durch den Mutterkuchen Accademia del Cimento veröffentl. in anonymer Form ihre Ergebnisse seit 1657 Pariser Sternwarte gegründet	*Johann Joachim Becher* (*~1630, †~1684), dt. Arzt, Chemiker, merkantilist. kaiserl. Rat: „Politisch. Diskurs von den eigentlichen Ursachen des Auff- u. Abnehmens der Städt, Länder und Republicken, in specie wie ein Land volckreich u. nahrhaft zu machen und eine rechte Societatem civilem zu bringen" ≈ Kgl. Gobelin-Manufaktur in Paris unter *Ch. le Brun*
* *Johann Lukas v. Hildebrandt*, österr. Barock-Baumeister († 1745) *Ch. Lebrun*: Alexand. d. Gr. (fünf frz. Gem.) *Lorrain*: „Landschaft mit Vertreibung der Hagar" (frz. Gem.) *Rembrandt*: „Heimk. d. verl. Sohn.", „Die Judenbraut" (ndl. Gem.) † *Philipp Wouwerman*, niederl. Mal., Darst. v. Tieren, bes. Pferden, i. d. Landschaft (* 1619)	*Buxtehude* wird Organist u. „Werkmeister" a. d. Lübecker Marienkirche * *François Couperin*, französ. Komponist († 1733)	Kurfürst v. Brandenburg läßt *Friedrich-Wilhelm*-Kanal zwischen Oder und Spree bauen † *Johann Rudolf Glauber*, dt. Chemiker; erzeugte u. a. Salzsäure und „*Glauber*"-Salz aus Kochsalz u. Schwefelsäure (* 1604) Vorläufer d. intravenösen Injektion durch *Johann Daniel Major* (* 1634, † 1693)	Ärztliches Gutachten über Ende der Pestseuche in Köln (wütete seit 1348 in Europa)
Rembrandt: Selbstbildnis † *Rembrandt Harmenszoon van Rijn* in Vergessenheit, ndl. Maler und Graphiker; (u. a. ca. 1000 Zeichn., 350 Radierungen * 1606) ~ *Vermeer van Delft*: „Mädchen a. Spinett", „Spitzenklöpplerin", „Der Geograph" (ndl. Gemälde)	† *Marc' Antonio Cesti*, ital. Kapellmeister und Komponist der venezianischen Oper; seine lyrische Richtung herrscht in Zukunft (* 1623) ≈ *Stradivari* baut Meistergeigen in Cremona Akademie für Musik in Paris Opernhaus in Paris	*E. Bartholinus* (* 1625, † 1698) entdeckt Lichtstrahlverdoppelung (Doppelbrechung) i. Kalkspat *H. Brand* entdeckt Phosphor im Harn (auf der Suche nach d. alchimist. „Prima materia") *Mayow* untersucht d. Rolle der Luft bei der Atmung *Newton* Prof. i. Cambridge *Nicolaus Steno* (* 1638, † 1687) begr. mod. Geologie durch neptunistische Erkl. d. Gesteins- u. Fossilentstehung; mißt regelmäßigen Bau der Kristalle	*Swammerdam*: „Biblia naturae" Entdeckung der Niagarafälle

	England erstrebt „europäisches Gleichgewicht“	Milton Racine	Rationalismus Pufendorf
1670	Engl. *Hudson*bay-Handels-Kompagnie gegründet England gibt im Geheimvertrag Frankreich freie Hand in den Niederlanden Frankreich besetzt Lothringen (bis 1697) * *Friedrich August I.* (der Starke), Kurfürst v. Sachsen († 1733)	*P. Corneille:* „Imitation de Jésus-Christ“ (frz. geistl. Lyrik, seit 1650) *Grimmelshausen:* „Lebensbeschreibung der Erzbetrügerin und Landstörtzerin Courasche“ (Roman) *Molière:* „Der Bürger als Edelmann“ (frz. Komödie) *Racine:* „Berenice“ (franz. Tragödie)	† *Amos Comenius*, böhm. Volksschulreformer u. Pädagoge (* 1592) *Klemens X.* Papst bis 1676 *Pascal:* „Pensées sur la religion“ („Gedanken über die Religion“, frz. jesuitenfeindliche Mystik; posthum) *Spener* begrdt. „Collegia pietatis“ („pietistische“ Hausversammlungen) *Spinoza:* „Theologisch-politischer Traktat“ (lateinisch)
1671	Don-Kosakenaufstand gegen feudale Bedrückung unter Führung von *Stepan Rasin* wird niedergeschlagen. *Rasin* wird gevierteilt Dänemark besetzt westindische Insel St. Thomas (1916 verkauft an die USA)	*Corneille* unterliegt i. Wettstreit gegen *Racine* *Milton:* „Das wiedergewonnene Paradies“ (engl. Epos) *Marie* Marquise *de Sévigné* (* 1626, † 1696) beginnt „Briefe“ (kulturhistorisch wertvolle franz. Hofberichte an ihre Tochter, fortgesetzt bis 1696; gedr. 1726)	Pariser Universität verbietet die Lehre cartesianischer Philosophie (*Descartes* † 1650) * *Anthony Shaftesbury*, engl. Philosoph († 1713) Gründung der jüdischen Gemeinde in Berlin mit kurfürstlichem Privileg
1672	* *Peter I.* (der Große), Zar von Rußland 1689 bis 1725 (†) *Leibniz* am Hof *Ludwigs XIV.*, versucht ihn zu einem ägyptischen Feldzug zu überreden, um europäischen Krieg zu vermeiden „Holländischer Krieg“ Frankreichs, Schwedens u. Englands gegen die Niederlande, Österreich, Spanien und Brandenburg (bis 1679)	* *Joseph Addison*, engl. Schriftsteller und Zeitschriftenherausgeber († 1719) *Grimmelshausen:* „Das wunderbarliche Vogelnest“ (Novellenkreis) *Molière:* „Les femmes savantes“ („Die gelehrten Frauen“, franz. Komödie) † *Göran Stiernhielm*, „Vater der schwedischen Dichtkunst“, Dichter antikisierender Gedichte; führte Renaissance i. Schweden ein (* 1598) *Chr. Weise:* „Die drey ärgsten Ertznarren in d. gantzen Welt“ („polit. Roman“) Hoftheater in Moskau	Oströmische Kirche übernimmt Transsubstantiations-(Verwandlungs-) Lehre des Abendmahls *Samuel Pufendorf:* „Über das Natur- und Völkerrecht“ (bis *Kant* wirksame dt. Naturrechtslehre)

Barock Wren	Schütz *Erste französische Oper*	Newton *Licht - Spektrum*	
~ * *Johann Friedrich Eosander (von Göthe)*, dt. Barock-Baumeister († 1729) *Antonio Petrini:* Kloster Stift Haug, Würzburg (beend. 1691) ~*J. v. Ruisdael:* „Haarlem", „Der Damplatz zu Amsterdam" (ndl.) *J. Steen:* „Heiratsvertrag" (ndl. Genrebild) *Vermeer van Delft:* „Herr u. Dame beim Wein" (ndl. Gem.) ~Die ndl. Genremalerei wendet sich d. gehobenen Gesellsch. zu Stadtschloß in Potsdam (1745–51 *v. Knobelsdorff* umgebaut)	Die erste ital. Operntruppe kommt nach Deutschland mit der Figur des Arlecchino (Harlekin)	Dreschmaschine von *Amboten* *Isaak Barrow* (* 1630, † 1677), Lehrer *Newtons*, erkennt die geometrische Flächenbestimmung als Umkehrung der Tangentenbestimmung ~ *Newton* begründet in sein. „Fluxionsrechnung" die Infinitesimal- (Differential-) Rechnung (veröffentlicht erst 1736); ermöglicht allgemeine Behandlung von Bewegungsvorgängen Neue genauere Gradmessung zur Bestimmung der Erdgröße durch *Jean Picard* (* 1620, † 1682) *Th. Willis* entdeckt Süße d. diabetischen Harnes	≈ Männermode: in der Taille enger Rock mit großen Schoßtaschen und Ärmel - Aufschlägen („Justaucorps") ≈ Frauenmode: Hüftwülste, Schnürbrust Gründung d. österr. Tabakmonopols ~ Uhren erhalten Minutenzeiger
J. D. Heem: „Blumenstilleben" (ndl. Gem., naturalist. auf schwarzem Grund) *A. v. Ostade:* „Rastende Wanderer" (ndl. Gem.) *A. v. d. Velde:* „Die Hütte" (ndl. Gem.)	*Cambert:* „Pomone" (erste franz. Oper, mit Balletteinlagen in der neueröffneten Großen Oper, Paris) *Hch. Schütz* „Psalm 119" und „Magnificat" (doppelchörig)	*Athanasius Kircher:* Transportable Camera obscura zum Zeichnen v. Landschaften ~*Newton:* Spiegelfernrohr Verwendung der Wahrscheinlichkeitsrechnung z. Rentenbestimmung durch *Witt* Sternwarte in Paris	Abbildung mit einer an fliegenden Kugeln hängenden Barke (Luftschiff-Phantasie) Im Café des Florentiners *Procopio* in Paris gibt es zahlreiche Speiseeissorten (vgl. 1676)
~*Murillo:* Vier Betteljungenbilder (span. Gem., beg. 1668) *Steen:* „Die Bauernhochzeit" (ndl. Gem.) *Kao Ts'en:* „Herbstlandschaft" (chin. Tuschbild eines der „Acht Meister von Nanking") *Chr. Wren* beg. St.-Paul-Kathedrale in London (n. d. Vorbild d. Peterskirche, beendet 1710)	*Bontemps:* „Paris" (ital. Oper) in Dresden aufgeführt † *Heinrich Schütz*, dt. Komponist, Mitschöpfer des Oratoriums und eines neuen Stils der protestantischen Kirchenmusik durch Verschmelzung monodischer und polyphoner Elemente (* 1585)	*F. Glisson* entdeckt Reizbarkeit lebender Gewebe *O. v. Guericke:* „Experimenta nova" (Versuche mit d. Luft u. Luftpumpe) *Leibniz* entdeckt elektr. Funken (an einer geriebenen Schwefelkugel) *Malpighi:* „Über das bebrütete Ei" (am Hühnerei gewonnene Grundlagen d. modernen Embryologie) *Newton* zerlegt d. Sonnenlicht m. einem Prisma in die Spektralfarben u. gibt korpuskulare Lichttheorie	„Mercure galant", frz. Zeitschrift für gesellschaftl. Formen

	Colbert *Schlacht bei Fehrbellin*	*Französische Klassik* *Lafontaine*	*Rationalismus* *Pietismus gegen Orthodoxie*
1673	„Testakte" in England: Katholiken werden von den Staatsämtern ausgeschlossen (gültig bis 1828) Engl. Parlament erhebt Einspruch gegen Unterstützung Frankreichs Frankreich vereinheitlicht unter *Colbert* das Recht, fördert Landwirtschaft, Zünfte (unter Staatsaufsicht) und staatliche Entschuldung. Die offene Handelsgesellschaft erhält moderne rechtliche Form	† *Jean Baptiste Poquelin* (gen. *Molière*), franz. Komödiendichter; stirbt kurz nach schauspielerischer Darstellung d. Rolle des „eingebildeten Kranken" (* 1622)	Univ. Innsbruck gegrdt.
1674	*Wilhelm III. von Oranien* wird im Kampf gegen Frankreich, den er seit 1672 führt, Erbstatthalter der Niederlande (bis 1702 [†]) *Johann III. Sobieski* wird nach seinem Sieg über die Türken 1673 Kg. v. Polen bis 1696 (†)	*Nicolas Boileau-Despréaux* (* 1636, † 1711): „Art poétique" (franz. Poesielehre des Klassizismus) † *Lars Johansson* (im Duell), schwed. Dichter, „souveräner Vagabund und Tagelöhner der Poesie" (* 1638) *Lafontaine:* „Erzählungen u. Novellen in Versen" (frz. erotische Dichtung s. 1665) † *John Milton*, engl. Dichter u. polit. Schriftsteller (Puritaner, * 1608)	*Christine* v. Schwed. stiftet in Rom eine Akademie (später „Accademia clementina") *A. Müller:* „Clavis Sinica" (chines. Sprachlehre)
1675	Kurfürst *Friedrich Wilhelm* von Brandenburg besiegt die Schweden bei Fehrbellin und gewinnt vorübergehend Vorpommern	*Racine:* „Iphigenie in Aulis" (frz. Drama, Erstauff. 1674)	*Bunyan* (als Baptistenprediger im Gefängnis): „Des Pilgers Wanderschaft" (schlichtes, weitverbreitetes engl. Erbauungsbuch; Bd. II: 1684) *Christian Scriver:* „Seelenschatz" (Erbauungsbuch) *Philipp Jakob Spener* (* 1635, † 1705): „Pia desideria oder herzliches Verlangen nach gottgefälliger Besserung der wahren evangelischen Kirche samt einigen dahin abzweckenden christlichen Vorschlägen"; Beginn des weltabgewandten Pietismus gegen evangelische Orthodoxie mit Forderung nach tätigem Christentum Orthodoxe helvetische Konsensusformel

Barock *Murillo*	*Buxtehudes* *virtuose Orgelmusik*	*Newton* *Leibniz*	
v. Ostade: „Der Spielmann“ (niederl. Gem.) † *Salvatore Rosa*, span. Barockmaler, naturalist. Historien- und Schlachtenmaler, auch Dichter und Musiker (* 1615) ≈ Gr. südind. Schiwa-Tempel auf Madura mit mächtigen Tortürmen u. überreicher Plastik innen u. außen (letzte ind. Kunstepoche)	~ *Buxtehude* als Orgelvirtuose in seinen „Lübecker Abendmusiken“	*Huygens:* Schrift über Pendeluhr; Theorie d. Fliehkraft und Erdabplattung; Energieerhaltungssatz für mechanische Vorgänge; Pulvermaschine (primitiver Vorläufer des Explosionsmotors) *Leeuwenhoek* entd. mit einfach. Mikroskop d. roten Blutkörper. d. Menschen *La Salle* erforscht Mississippigebiet (bis 1687) *Leibniz:* Multiplikations-Rechenmaschine	*Ludwig XIV.* führt die Allongeperücke ein ~ Feuerwehrschläuche kommen auf Japan. Handels- und Bank-Haus d. *Mitsui* gegründet
† *Philippe de Champaigne*, franz. Barockmaler, vorwiegend Porträts (*Colbert*, *Turenne*, *Richelieu*); strenger Theoretiker der Akademie (* 1602) *Lorrain:* „Seehafen bei aufgehender Sonne“ (franz. Gem.) *Murillo:* 8 Gem. üb. d. Barmherzigkeit (span.)	† *Giacomo Carissimi*, ital. Oratorien-Komponist, Mitbegründer der Kantatenform (* 1605) * *Reinhard Keiser*, dt. Opernkomponist († 1739) *Lully:* „Alceste“ (frz. Oper, schrieb insges. 14 große Opern)	*Rob. Boyle* bestätigt die Gewichtszunahme der Metalle bei der Oxydation u. bemerkt die „Luftverschlechterung“ durch Atmung Kreisteilmaschine von *Hooke* Spiralfederunruhe für Uhren von *Huygens* *Papin* verbessert die Hahn-Luftpumpe	≈ Franz. symmetrischer Gartenstil durch *Le Nôtre* (Park v. Versailles 1662—87)
* *Rosalba Carriera*, ital. Bildnismalerin († 1757) *Mathey* beginnt erzbischöfl. Palais in Prag (beend. 1679) *v. Ruisdael:* „Der Judenfriedhof“ (ndl. Gemälde) † *Jan Vermeer van Delft*, niederl. Maler, bes. v. Innenräumen, aber auch Landschaften (* 1632) Theatinerkirche in München fertiggestellt (Baubeg. 1663; Fassade 1765—68) ~ Streit um den Stil *Poussins* u. *Rubens'* i. d. frz. Akademie, d. h. um Linie oder Farbe	† *Andreas Hammerschmidt*, dt. Komponist von protest. Kirchenmusik, besonders Motetten (* 1612)	*D. Cassini* findet *C.*'sche Teilung d. Saturnringes *Leibniz* begründet u. entwickelt weitgehend selbständig die Infinitesimalrechnung (mit „unendlich kleinen“ Größen) *Leeuwenhoek* entd. mikroskopisch einzellige Infusionstierchen (Protozoen) *Nikolaus Lemery* (* 1645, † 1715) verbreitet mit seinem Lehrbuch „Cours de Chimie“ chemische Kenntnisse *Olaf Römer* (* 1644, † 1710) bestimmt aus Verfinsterg. der Jupitermonde z. ersten Male die Lichtgeschwindigkeit (300000 km/Sek.) Sternwarte in Greenwich gegründet	~ Paris entwickelt sich zum kulturellen Mittelpunkt Europas (Einwohner 1250 ca. 150000, 1675 ca. 540000, 1800 ca. 647000, 1926 ca. 2871000) ≈ Anwachsend. Zahl der Rohrzucker-Raffinerien in Europa (erste 1573 in Augsburg), schnell steigender Zuckerverbr. ≈ Öllampen mit Reflektor u. Schornstein

	„*Habeascorpusakte*“	*Französische Klassik* *Racine*	*Spinoza* *Rationalismus · Pietismus*
1676	† *Alexei*, Zar von Rußland seit 1645. Rußlands Machtbereich grenzt an China (* 1629) *Feodor III.* wird Zar von Rußland bis 1682 (†) Engl. Wirtschaftskrieg gegen Frankreich durch Einfuhrverbote. Auch der Kaiser versucht Einfuhren aus Frankreich zu verbieten, jedoch ohne Erfolg Aufstand in Virginia gegen Gouverneur	*George Etheridge* (* 1635, † 1701): „Der Mann nach der Mode“ (engl. Komöd.) † *Paul Gerhardt*, dt. evangel. Kirchenliederdichter (* 1607) † *Hans Jakob Christoffel von Grimmelshausen*, dt. Romandichter (* ∼ 1625)	*Innozenz XI.* Papst bis 1689, Gegner der Jesuiten
1677		*N. Lee:* „The rival queens“ (engl. Schauspiel) *Racine:* „Phèdre“ (franz. Drama); heiratet u. zieht sich auf sein Familienleben zurück † *Johann Scheffler* (gen. *Angelus Silesius*), dt. Mystiker der Barockzeit, Dichter von relig. Sprüchen; war seit 1653 katholisch (* 1624)	*Leibniz* analysiert den völkerrechtlichen Begriff „Souveränität“ *Spinoza:* „Ethik nach der geometrischen Methode“ (in lat. Sprache; ein Höhepunkt rationalist. Ethik) † *Baruch Spinoza*, niederl. pantheistischer Philosoph (* 1632) Univ. Innsbruck gegrdt.
1678	Friede zu Nimwegen (Verhandl. b. 1679) beendet den „Holländischen Krieg“ (seit 1672); Frankreich erhält Südflandern	*Madeleine de Lafayette:* „Die Prinzessin von Cleve“ (frz. Roman, gilt als erster psychologischer Roman)	*Ralph Cudworth* (* 1617, † 1688): „Das wahre geistige System des Universums“ (aus d. platon.-christl. Cambridger Schule) *Malebranche:* „Zur Erforschung der Wahrheit“ (frz. okkasionistische Abwandlung der dualistischen Philosophie *Descartes*') *Leibniz* plant eine allg. wissenschaftl. Zeichensprache m. logischen Rechenregeln als Programm eines umfassenden Logikkalküls
1679	Engl. Parlament schützt durch die „Habeascorpusakte“ persönliche Freiheit der Bürger gegen Königsgewalt Ausdehnung des freien Unternehmertums in England	† *Christian Hofmann von Hofmannswaldau*, dt. Lyriker, Haupt d. Zweiten Schlesischen Dichterschule (schwülst. Barockdichtung) (* 1617) † *Joost van den Vondel*, niederl. Dramatiker, Lyriker, Satiriker, Übers. lat. Dichter (* 1587)	*Abraham a Santa Clara:* „Mercks Wien!“ (Bußpredigt, vgl. 1683) † *Thomas Hobbes*, engl. mechanist. u. utilitaristischer Philosoph, lehrte Allmacht d. Staates (* 1588) * *Christian Wolff*, dt. Philosoph († 1754)

Barock *Lorrain*	*Purcell* *Oper in Hamburg*	*Huygens* *Lichtgeschwindigkeit*	
Lorrain: Idyllische Landschaft bei Abendbeleuchtung (franz. Gem.) ~ *Murillo:* „Madonna purissima", 2 Selbstbildnisse (span. Gem.) *Wren:* Bibliothek des Trinity College Oxford (beend. 1695); Sternwarte Greenwich	† *Francesco Cavalli* (eig. *Pier Francesco Caletti Bruni*), ital. Komp., Repräsentant der venezianischen Oper (* 1602)	Repetieruhr von *I. Barlow* *Newton* beobachtet u. mißt die nach ihm benannten Interferenzringe an einer Linse auf Glasplatte (vers. Erklärung mit seiner Korpuskulartheorie) ~ Feststellung d. Zuckerkrankheit durch Urinschmecken (vgl. 1670; wohl auch schon früher angewandt, chemischer Nachweis erst ab 1841)	≈ Französ. Küche führt in Europa Selbstmord des frz. Küchenmeisters *Vatel* wegen kleiner Unstimmigkeit bei einem Festessen für 180 000 Livres Innung der Speiseeisfabrikanten in Paris gegründet Gesetzlicher Schutz der Sonntagsruhe in England
† *Wenzel Hollar*, dt. Kupferstecher i. Engl., Schüler von *Merian* (* 1607) † *Aert van der Neer*, niederl. Maler, bes. v. Kanallandschaften in Mondbeleuchtung, nächtl. Feuersbrünsten (* ~ 1603)	† *Robert Cambert*, frz. Opernkomp., Schöpfer der franz. Nationaloper (* 1628)	*Leeuwenhoek* veröffentlicht mikroskopische Untersuchungen über tierische Samenfäden *Leibniz* berichtet üb. seine Infinitesimalrechnung an *Newton*, der ihm seine entsprechenden Ergebnisse in einem Anagramm mitgeteilt hatte	
† *Jakob Jordaens*, niederl. Maler, bes. Darstellungen von Szenen aus dem kleinbürgerlichen flämischen Leben (* 1593) *Jules Hardouin-Mansart* übernimmt Bau des Schlosses von Versailles (beg. 1661 von *Le Vau*, beend. 1689, Kapelle 1710)	*Buxtehude:* „Hochzeit d. Lammes" (Kantate) *Purcell:* Musik zu *Shakespeares* „Timon von Athen" (engl. Schauspielmusik) Gründung des Hamburger Operntheaters als Aktienunternehmen und erstes deutsches Operntheater (1738 endet dieser erste Ansatz einer dt. Opernkunst)	*Chr. Huygens:* Polarisation des Lichtes im Kalkspat Wellentheorie des Lichtes von *Huygens* (veröff. 1690; Streit zwischen Wellen- und Korpuskulartheorie [von 1672] bis zu den Interferenz-Versuchen von *Fresnel* 1816—21) Automatisches Planetarium von *Olaf Römer*	Chrysanthemen kommen aus Japan nach Holland
Sandrart: „Teutsche Academie der edlen Bau-, Bild- und Malerey-Künste" (Kunstgeschichte, beg. 1675) † *Jan Steen*, niederl. Barockmaler v. Volksszenen, u. a. „Das St. Nikolausfest", „Der Quacksalber", „Trinkend. Paar" (* ~ 1626)		*G. A. Borelli* untersucht Körperbewegung b. Muskelkontraktion *Leeuwenhoek* entdeckt die Querstreifung der willkürlichen Muskeln *R. Hooke:* Grundgesetz der Elastizität Botan. Garten i. Berlin	Erstes dt. Kaffeehaus Hamburg Botanischer Garten Berlin gegründet

	Reunionen Türken vor Wien	Comédie française † Calderon	Leibniz Rationalismus · Pietismus
1680		† *Samuel Butler*, engl. satir. Dichter, Gegner der Puritaner (* 1612) † *François de Larochefoucauld*. franz. Moralschriftsteller (* 1613) „Comédie française" in Paris gegründet	Sonntagsruhegesetz i. England (sein streng puritanischer Geist wird später schrittweise gemildert, bleibt aber bis in das 20. Jh. wirksam)
1681	Frankreich annektiert (seit 1679) durch die „Reunionen" linksrheinische Gebiete einschließl. Straßburg Franzosen besiedeln Louisiana am Mississippi Franz. „Seeordnung" regelt Handels- u. Konsulatswesen Bündnis Frankreich-Brandenburg	† *Pedro Calderon (de la Barca)*, span. Dramatiker, u. a. „Das Leben ein Traum", „Der Richter von Zalamea", „Dame Kobold"; insges. etwa 121 weltl., 73 geist. Schauspiele, ferner Vor- u. Zwischenspiele (* 1600)	*Bossuet*: „Universalgeschichte" (franz. kathol. Geschichtsphilosophie) *William Penn* überträgt Quäkerbewegung auf Nordamerika
1682	† *Feodor III.*, Zar seit 1676 (* 1656) *Iwan V.*, schwachsinniger Halbbruder *Peters I.*, gemeinsam mit ihm Zar von Rußland bis 1689 († 1696) Der engl. Quäker *William Penn* (* 1644, † 1718) gr. in Nordamerika religiös tolerante und indianerfreundliche Kolonie Pennsylvanien Versailles wird kgl. Residenz (bis 1789)	*Weise*: „Masaniello" (Schauspiel f. Schultheater)	Gründung der ersten dt. wissenschaftlichen Zeitschrift „Acta eruditorum" in Leipzig (in lat. Sprache) Vier Artikel der „Gallikanischen Kirche" in Frankreich versuchen Papstmacht zu beschränken (vom Papst verdammt) Kometenerscheinung löst religiöse, aber auch abergläubische Gedanken aus
1683	Beginn des gr. Türkenkrieges (bis 1699); Wien v. d. Türken belagert u. befreit Brandenburg. Kolonie an d. Guineaküste (bis 1717) † *Jean Baptist Colbert*, Ende seiner seit 1661 betriebenen merkantilistischen Politik („Colbertismus") (* 1619) China besetzt Formosa	† *Daniel Casper von Lohenstein*, dt. Dichter, vornehmlich von Trauerspielen (* 1635) Katalog chines. Bücher in Berlin gedruckt	Augustiner *Abraham a Santa Clara* hält Predigten gegen die Türken: „Auf, auf, ihr Christen" *Bernhard Fontenelle* (* 1657, † 1757): „Dialogues des morts" (frz. Philosophie) *Leibniz* bemüht sich anhaltend um die Wiedervereinigung der christlichen Kirchen. Streitschrift gegen die Politik *Ludwigs XIV*

Barock *Murillo*	*Erstes Concerto Grosso* *Ballett*	*Leeuwenhoek* *Mikrobiologie*	
† *Lorenzo Bernini*, ital. Bildhauer, Zeichner u. Baumeister d. Barock (* 1598) ~ *M. Hondecoeter:* „Hühnerhof" (niederl. Gemälde) ~ *Murillo:* „Zigeuner-Madonna" (span. Gemälde) Großer Garten mit Palais, Dresden (beg. 1676)	*Corelli* schreibt als Erster ein „Concerto grosso" ~ * *Antonio Vivaldi*, ital. Komponist († 1743) Einführung d. Balletts in Deutschland (aus Frankreich)	* *Vitus Bering* in Jütland, russ. Offizier u. Entdecker († 1741) Pendeluhr mit Ankerhemmung von *Clement* Gesetze des elastischen Stoßes von *Huygens* Der „Goldmacher" *Johann Kunckel* (* 1630, † 1702) stellt Rubinglas her † *Jan Swammerdam*, ndl. Insektenforsch., Begründ. d. Insektenkunde (* 1637)	*W. v. Schröder:* „Fürstliche Schatz- und Rent-Cammer nebst seinem Tractat vom Goldmachen" (merkantilistische Verteidigung der Verschwendung an Fürstenhöfen; Ablehnung der Zünfte)
~ „Die Monate oder die kgl. Schlösser", frz. Gobelin-Folge n. Entw. von *Ch. Le Brun* (* 1619, † 1690) † *Gerard Terborch*, niederl. Maler von Bildnissen und Genrebildern wie „Hauskonzert" (* 1617)	*Beauchamps*, erster frz. „Ballettmeister", läßt erstmalig eine Tänzerin öffentlich auftreten * *Georg Philipp Telemann*, dt. Komponist († 1767)	*Jean Mabillon* (* 1632, † 1707): „De re diplomatica" (frz. grundlegende geschichtl. Quellenkritik) *J. Moore* weist nach, daß auf der Erde die Wasser- die Landfläche überwiegt Überdruck-Kochtopf von *Papin* Akademie der Wissenschaften, Moskau	Portugal führt Tuchmanufaktur unter Schutzzöllen ein (verliert sie 1703 zugunsten Englands) ~ Schecks (Notes) in England
† *Claude Lorrain*, frz. Landschaftsmaler, Klassizist, seit 1619 in Rom (* 1600) † *Bartolomé Esteban Murillo*, span. Maler (* 1617) † *Jacob van Ruisdael*, niederl. Landschaftsmaler, bes. Wald- und Wasserfallmotive (* ~ 1628) *Pierre Puget* (* 1622, † 1694): „Milon von Kroton" (frz. Plastik)		*Becher* bemerkt die Brennbarkeit d. Steinkohlengas. (techn. Verwert. ~ 1800) *Nehemia Grew* (* 1628, † 1711): „Anatomie der Pflanzen" Komet erscheint (seine Bahn wird von *Halley* n. *Newtons* Mechanik vorausberechnet; vgl. 1705) *Jean Picard* verwendet erste Feinmeßeinricht. (Schrauben-Mikrometer) am astr. Fernrohr (Voraussetzung der „astron. Genauigkeit")	*William Petty* (* 1623, † 1687) Vorläufer d. Physiokraten, fördert entscheidend „politische Arithmetik" (Bevölkerungsstatistik) ≈ Männermode: Rock wird offen getragen. Weste sichtbar, Halstuch statt Spitzenkragen Kometenfurcht in Europa
† *Guarino Guarini*, ital. Barock - Baumeister; Treppenhäuser, Einfluß auf dt. Spätbarock und Rokoko (* 1624) ~ † *Pieter de Hooch*, niederl. Genremaler, bes. Innenräume (* ~ 1629) * *Antoine Pesne*, franz Maler († 1757)	*Buxtehude:* „Das allerschröcklichste u. allererfreulichste, nemlich das Ende der Zeit und der Anfang der Ewigkeit" (Kantate) *Purcell*, engl. Hofkomponist * *Jean Philippe Rameau*, franz. Komp. († 1764) * *Gottfried Silbermann*, dt. Orgelbauer († 1753)	*Leeuwenhoek* entdeckt mikroskopisch Bakterien im menschlichen Speichel ~ *Newton:* Gravitationsgesetz	~ Wiener Kaffeehäuser entstehen ~ Erste dt. Auswanderer n. Nordamerika (1709 ca. 14000 Pfälzer als erste größere Zahl; bis 1800 ca. 100000 eingewandert; dt. Einwanderung 1821 bis 1903 ca. 5 Mill.)

	Türkenkrieg	Französische Klassik † Corneille	Leibniz Rationalismus · Pietismus
1684	„Heilige Liga" Österr., Polen, Venedig mit Unterstützungd. Papstes *Innozenz' XI.*	† *Pierre Corneille*, franz. Dramatiker, Begründer des „klassischen Dramas"; verfocht die Theorie des Genial-Bösen als Helden (* 1606)	*Jean Baptiste La Salle* (* 1651, † 1719) grdt. Genossensch. der christl. Schulbrüder Letzte Hinrichtung einer „Hexe" in England
1685	† *Karl II.*, König von England seit 1660 (* 1630), Anhänger *Ludwigs XIV.* Sein Bruder *Jakob II.* kathol. König von England bis 1688 († 1701) Die konservativen Tories u. die liberalen u. antikathol. Whigs streiten als neu entstand. Parlamentsparteien um die engl. Thronfolge (Bis heute letzte) Schlacht auf engl. Boden bei Sedgemoor i. Bürgerkr. um Thronfolge *Kang-hi* öffnet die chines. Häfen dem fremden Handel		* *George Berkeley*, engl. Philosoph des subjektiven Idealismus († 1753) Katholische Glaubenseinheit in Frankreich durch Aufhebung des Ediktes von Nantes v. 1598. Flucht der reform. Hugenotten ins Ausland; Aufnahme u. a. in Brandenburg durch das Potsdamer Edikt
1686	Türken verlieren das 1541 eroberte Ofen (Budapest) Der dt. Kaiser, Schweden, Spanien und Brandenburg verbünden sich gegen Frankreich		*Abraham a Santa Clara:* „Judas, der Erzschelm" (4 Bde. bis 1695) Wissenschaftliche Bibelstunden des Pietisten *A. H. Francke*
1687	Landtag von Preßburg erklärt die Erblichkeit der ungarischen Krone im Mannesstamm der *Habsburger:* Personalunion zwischen Österreich u. Ungarn (bis 1918) Janitscharen entthronen türk. Sultan *Mohammed IV.* (herrschte seit 1648)	*Dryden:* „Hirschkuh u. Panther" (engl. allegor. Dichtung; verteidigt Katholizismus) Erste deutsche (statt lat.) Universitätsvorlesung von *Chr. Thomasius* in Leipzig: „Welchergestalt man denen Franzosen im gemeinen Leben und Wandel nachahmen soll"	*François Fénelon* (* 1651, † 1715), franz. Pädagoge des Quietismus: „Abhandlung über die Erziehung der Mädchen" (empf. „1001 Nacht" für die Erziehung) *Pélisson:* „Betrachtungen über die Unterschiede der Religion" (franz.)

Barock	*Lully* *Französische Oper*	*Newtons Mechanik* *Leibniz*	
† *Jan Davidsz de Heem,* niederl. Maler v. Früchten u. Blumen (* 1606) *Ch. Lebrun:* Dekorationen im Spiegelsaal in Versailles (beg. 1678) *Puget:* „Die Befreiung der Andromeda" (frz. Plastik) * *Antoine Watteau,* frz. Maler († 1721)	*H. I. Fr. v. Biber* wird fürstbischöflich. Hofkapellmeister in Salzburg	*Hooke* schlägt optisches Telegraphen-System mit Fernrohren vor (keine prakt. Verwirklichung) Canal du Midi zwischen Atlantik und Mittelmeer fertiggestellt (begonnen 1666, 240 km lang, 1,8 m tief)	*F. W. von Hornigk:* „Österreich über alles, wenn es nur will" (merkantilistische Nationalökonomie)
† *Adriaen von Ostade,* niederl. Maler, Schüler von *Frans Hals,* Bauernmaler (* 1610) * *Dominikus Zimmermann,* dt. Barockbaumeister († 1766) ≈ Gobelin-Kunst kennt ca. 150 Farbtöne (im 14. Jh. ca. 20, im 16. Jh. ca. 80; schließl. bis ca. 14500)	* *Johann Sebastian Bach,* dt. Komp. († 1750) * *Georg Friedrich Händel,* dt.-engl. Komponist († 1759) * *Domenico Scarlatti,* ital. Komp. († 1757)	~ *Jakob Bernoulli* faßt die mathematische Kombinations- u. Wahrscheinlichkeitslehre zusammen (erscheint posthum 1713 als „Ars conjectandi")	Gewerbekrise in Frankreich wegen Flucht der Hugenotten ins Ausland Hugenotten bringen Wirkkunst nach Dtl. (war von *W. Lee* nach Frankreich gebracht worden) Hugenotten bringen Weinbau zum Kap der Guten Hoffnung Gr. Kurfürst regt Grdg. einer Börse in Berlin an (wird 1738 gegründet)
* *Cosmas Damian Asam,* dt. Maler und Architekt des Barock († 1739) *J. Hardouin-Mansart:* Notre Dame in Versailles *Melchior d'Hondecoeter:* „Geflügel" (ndl. Gem.)	Siamesische Gesandtschaft in Paris fördert Chinamode (vgl. 1761)	† *Otto von Guericke,* dt. Physiker, Bürgermeister von Magdeburg seit 1646 (* 1602) Aufsatz von *Leibniz* über Erhaltung der Kraft in den „Acta eruditorum" *Halley* zeichnet erste meteorolog. Karte (Windkarte)	Span. Denkschrift setzt wirtschaftl. Wert d. Arbeit über den des Goldes (Beispiel f. d. häufiger werdende Kritik am merkantilistischen Denken)
* *Balthasar Neumann,* dt. Baumeister des Barock († 1753) Türken benutzen das Parthenon d. Akropolis in Athen als Pulvermagazin; explodiert durch venezianische Bombe	† *Giovanni Battista Lully,* franz. Opernkomp. ital. Herkunft, begann als Küchenjunge, wurde einer der Schöpfer der franz. Nationaloper; verdrängte durch Intrigen *Cambert;* Einfluß auf Deutschland: „franz. Ouvertüre" (* 1632)	*Newton:* „Philosophiae naturalis principia mathematica" („Mathematische Grundl. der Naturphilosophie" mit Trägheits-, Kraft-, Impuls- und Gravitationsgesetz, aus dem die *Kepler*schen Gesetze abgeleitet werden). Beginn der theoretischen Physik *W. v. Tschirnhaus:* „Medicina mentis et corporis" (Heilkunde des Geistes u. des Körpers)	

	Engl. Revolution Bill of Rights	Französische Klassik Racine	Rationalismus · Pietismus Locke
1688	*Wilhelm III. von Oranien* (Protestant) stürzt mit Hilfe der engl. Parlamentspartei seinen kath. Schwiegervater König *Jakob II.* von England („glorreiche Revolution"); wird König von England bis 1702 (†) † *Friedrich Wilhelm* (der Große), Kurfürst von Brandenburg seit 1640 (* 1620) *Friedrich III.* Kurf. v. Brandenburg bis 1713 (†) (1701 „König in Pr." als *Friedr. I.*) Pfälzischer Erbfolgekrieg Frankreichs gegen Österreich, England, die Niederlande und Spanien (bis 1697) * *Friedrich Wilhelm I.*, König von Preußen († 1740)	*Aphra Behn* (* 1640, †1689): „Oroonіko or the royal slave" (erster, engl. Sklavenroman) † *John Bunyan*, engl. puritan. Dichter (* 1628) *Ch. Perrault:* „Parallèles des anciens et des modernes" (betont Vorrang moderner Literatur) * *Alexander Pope*, engl. Lyriker († 1744)	*Bossuet:* „Geschichte der Veränderungen der protestantischen Kirchen" (frz. Versuch, den Protestantismus zu widerlegen) *Jean de La Bruyère* (* 1645, † 1696): „Die Charaktere oder die Sitten in diesem Zeitalter" (frz. Charakterologie m. Einfl. auf d. 18. Jahrhundert) * *Emanuel Swedenborg*, schwed. Naturforscher, später Theosoph († 1772)
1689	„Bill of Rights" begründ. die konstitut. Monarch. i. Engl. Franzos. verwüsten unter *Mélac* die Pfalz England u. Niederl. treten d. Reichsbündnis g. Frankr. b. † *Christine*, Tochter *Gustav Adolfs*, Königin von Schweden (1632 bis 1654), dankte ab u. wurde kathol. (* 1626) *Peter I.* (der Große) Zar von Rußland bis 1725 (†) Markgraf *Ludwig Wilhelm* v. Baden („Türkenlouis") bes. d. Türk. i. Bosnien u. Serbien	*Racine:* „Esther" (frz. bibl. Tragödie) † *Philipp von Zesen*, dt. Barockdichter, gründete „Deutsch gesinnte Genossenschaft" (Sprachgesellschaft) (* 1619) *Heinr. Anselm v. Ziegler u. Kliphausen* (* 1663, † 1696): „Die Asiatische Banise" (spätbarocker heroisch. Roman)	*Alexander VIII.* Papst bis 1691 (†) *Jeremy Collier* (* 1650, † 1726) „Die Geschichte des passiven Gehorsams" (engl.) * *Charles de Montesquieu*, franz. liberaler Rechtsphilosoph († 1755) Toleranzakte gibt in England allen religiösen Gruppen außer Katholiken Glaubensfreiheit
1690	~ Rußland muß gegenüber China auf das linke Amurufer verzichten Engl. ostind. Kompagnie gründet Kalkutta Franzosen aus Siam vertrieben In Nordirland siegen Protestanten über Katholiken i. d. Schlacht a. Boyne-Fluß	Theater in Hannover	† *Margareta Maria Alacoque*, franz. Nonne, begründete myst. Herz-Jesu-Kult (* 1647) *Locke:* „Versuche über den menschlichen Verstand" (engl. Aufklärungsphilosophie; lehrt, daß alle Erkenntnis aus der Erfahrung stammt), „Briefe über Toleranz"

Barock	*Purcell* *Buxtehude*	*Huygens* *Wellentheorie des Lichts*	*Leibniz:* „Bedenken über das Münzwesen“
J. Hardouin-Mansart: Schloß Versailles (Baubeg. 1661 durch *Levau)* Letzter (30.) Band der von *M. Merian* († 1650) seit 1642 illustr. „Topographia Germaniae“ mit 2142 Städteansichten † *Joachim Sandrart*, dt. Kunstschriftsteller u. Maler (* 1606) Bürgerl. lebensfrohe Genroku - Kulturepoche in Tokio (bis 1703) Berliner Kunstkammer enthält zahlr. ostasiatische Objekte	*Buxtehude:* „Der verlorene Sohn“ (Kantate)	~ *G. C. Bonomo*, ital. Arzt, erkennt († 1697) Milbe als Ursache der Krätze Erste wissenschaftl. Zeitschrift in dt. Sprache von *Chr. Thomasius* Guß von Spiegelglas	*Joseph de la Vega:* „Confusion de confusiones...“ (Schilderung der Amsterdamer Börse; gegr. 1460) ≈ Inflationistische Papiergeldpolitik in den engl. Kolonien Nord-Amerikas Bruttosozialprodukt in Gr.-Brit. Mill. Pfund / % Industrieanteil 1688: 48 / 21 1841: 452 / 35 1935: 4516 / 38 (Gr.-Brit. ist bis ca. 1882 führende Industriemacht)
* *Kilian Ignaz Dientzenhofer*, böhm. Baumeister († 1751) *Hobbema:* „Allee von Middelharnis“ (niederl. Gem.) Heidelberger Schloß zerstört	*Purcell:* „Dido und Äneas“ (engl. Oper; bleibt zunächst nur ein Ansatz dieser Kunstform in England; seine übrig. 54 aufgef. Stücke sind Dramen mit Musikeinlagen)		Beginn des engl. Handels in Kanton (1. Faktorei 1715) ≈ In Engl. beginnt sich freies Unternehmertum u. Kapitalismus zu entwickeln (Voraussetzung f. d. „Industrielle Revolution“ nach ≈ 1770) ~ Vorherrschen des merkantilistischen Kameralismus in Deutschland
* *Nicolas Lancret*, frz. Maler des Rokoko († 1745) † *David Teniers d. J.*, ndl. Maler von Genrebildern und Stilleben (* 1610) ~ *Wang Hui* (* 1632, † 1717): „Tief in den Bergen“ (chin. Tuschebild)	† *Giovanni Legrenzi*, ital. Kapellmeister und Opernkomp. der venezianischen Oper (* 1626) ~ Klarinette von *Denner* Temperaturtiefpunkt der „Kleinen Eiszeit“ (vgl. 1645)	*Johann Bernoulli* (* 1667, † 1748) führt mathemat. Bezeich. „Integral“ ein *Halley* leitet die Abbildungsgleichung für optische Linsen ab *Huygens* veröff. Prinzip der Wellenausbreitung d. Lichtes und Beobachtung der Polarisation des doppelt gebrochenen Lichtes im Kalkspat (vgl. 1678) *Papin:* Einf. Dampfmaschine *Schellhammer:* Schall entsteht durch Luftwellen	*T. Peucer:* „Über Zeitungsberichte“ (lat., 1. dt. zeitungswiss. Dissertation) Einwohnerzahl Englands etwa 5 Mill. (1600 etwa 2,5 Mill.) ≈ Mode: Weibl. Haartracht m. Drahtgestell (Fontange) ~ Pelargonien kommen vom Kapland nach Europa Papier nach Nordamerika

	Stärkung der englischen Seemacht	*Racine* *Christian Reuter*	*Locke* *Aufklärung · Pietismus*
1691		*Racine:* „Athalie" (frz. bibl. Tragödie) *Kaspar Stieler* (* 1632, † 1707): „Der Teutschen Sprache Stammbaum und Fortwachs" (dt. Grammatik und Wortsammlung) Theater in Braunschweig	*Innozenz XII.* Papst bis 1700 Chines. Toleranzedikt f. d. Christentum (vgl. 1724)
1692	Englisch-niederländ. Flotte siegt über die französische am Kap de la Hague Hannov. erh. d. 9. Kurwürde	† *Nathanael Lee*, engl. Dramatiker der franz. Richtung (*~ 1653)	*Johann Konrad Amman* (* 1669, † 1730): „Der redende Stumme" (holl. Sprachlehrmethode f. Taubstumme)
1693	*Penn:* „Essay über den gegenwärtigen und zukünftigen Frieden in Europa" (engl. Vorschlag einer europäischen Föderation) Reichskammergericht übersiedelt v. Speyer n. Wetzlar	† *Marie-Madeleine Pioche de Lavergne*, Gräfin *de Lafayette*, frz. Dichterin der Barockzeit (* 1634)	*P. Bayle*, der Trennung von Kirche u. Staat fordert, verliert Professur i. Rotterdam *Locke:* „Einige Gedanken über die Erziehung" (engl. Pädagogik)
1694	*Friedrich August I.* (der Starke) Kurfürst von Sachsen bis 1733 (†) * *François Quesnay*, französ. Begründer des Physiokratismus († 1774)	*William Congreve* (* 1670, † 1729): „Love for love" („Liebe um Liebe", engl. Komödie) „Dictionaire" der frz. Akademie regelt neufranzös. Schriftsprache	* *Hermann Samuel Reimarus*, dt. Begr. der historischen Bibelkritik († 1768) * *François de Voltaire* (eigtl. *Arouet*), führ. franz. Aufklärungsphilosoph († 1778) Univ. Halle gegründet
1695	Marschall *Sébastien le Prestre de Vauban* (* 1633, † 1707) kritisiert franz. Merkantilismus (nach seinen Angab. nur 10 % d. Bevölkerung i. gesicherten Verhältn., 80 % sehr bedürftig, 10% betteln). Sein physiokrat. vereinf. Steuerreformpl. w. verworf.	* *Johann Christian Günther*, dt. Lyriker († 1723) † *Jean de Lafontaine*, franz. Fabeldichter (* 1621) *K. Stieler:* „Zeitungs Lust u. Nutz. Oder: derer so genannten Novellen oder Zeitungen wirckende Ergetzlichkeit, Anmut, Notwendigkeit und Frommen"	*Pierre Bayle* (* 1647, † 1706): „Historisches und kritisches Wörterbuch" (franz. Aufklärungsphilosophie) *Fénelon*, Erzbschf. v. Cambrai (sein Quietismus wird v. Papst verurteilt) *Locke:* „Die Vernunftgemäßheit des Christentums" (engl. Deismus)
1696	† *Johann III. Sobieski*, Kg. von Polen seit 1674, siegte mehrfach über die Türken und wird polnischer Nationalheld (* 1624) Engl. Parlament gibt regelmäßige Veröffentlich. heraus † *Iwan V.*, Zar von Rußland von 1682 bis 1689 (* 1666)	*Christian Reuter:* „Schelmuffskys wahrhaftige, kuriose und sehr gefährliche Reisebeschreibung zu Wasser und zu Lande" (Lügen- u. Abenteuerroman), „Der ehrlichen Frau Schlampampe Krankh. u. Tod" (Satire auf seine Leipziger Wirtin)	* *Alfonso di Liguori*, ital. katholischer Moraltheologe († 1787) *John Toland* (engl. Philosoph; * 1670, † 1722) begründet freidenkerischen Deismus mit „Christentum ohne Geheimnis"

Barock *Schlüter*	*Neapolitanische Oper* *Purcell*	*Mikroskopie* *Fortschritte der Mathematik*	
† *Aelbert Cuyp*, niederl. Maler von Stilleben u. Landschaften mit Tieren (* 1620) *Schlüter:* Relief am Palais *Krasinski* in Warschau	*Purcell:* „König Arthur" (engl. Schauspielmusik) *Andreas Werkmeister* (* 1645, † 1706): „Musicalische Temperatur"; Beginn der temperierten Stimmung	† *Robert Boyle*, englischer Physiko - Chemiker, entdeckte Gasgesetz, erschütterte stark die alchemistische Vier-Elementen-Hypothese durch Entwickelung eines neuen „Element"-Begriffes; entwikkelte die chem. Analyse (* 1627)	Papst *Innozenz XII.* legt nochmals Jahresanfang auf den 1. Januar fest (gemäß Zeitrechnung des *Dionysius* seit 525 n. Chr.) Erstes Adressbuch (in Paris), erstes dt. in Leipzig 1701
* *Egid Quirin Asam*, dt. Baum. († 1750) * *J. M. Fischer*, dt. Baumeister († 1766)	* *Giuseppe Tartini*, ital. Komponist († 1770)	*Papin* konstruiert ein Tauchschiff	≈ Aufschwung der Londoner Börse d. Gründung zahlreich. Aktiengesellschaften
* *G. R. Donner*, österr. Bildhauer († 1741) † *Willem Kalf*, ndl. Maler, bes. stillebenartige „Frühstücksbilder" (* 1622) † *Nicol. Maes*, ndl. Maler, Schül. *Rembrandts*; Genrebilder (* 1632)	~ *Purcell:* „Die Feenkönigin" (engl. Schauspielmus. zum „Sommernachtstraum") *A. Scarlatti:* „Teodora" (neapolitanische Oper, die erste mit einer Dacapo-Arie)	*Georg Holyk* veredelt Bäume d. Kopulierung Erste wissenschaftl. Sterbetafel des engl. Mathematikers u. Astron. *Halley* *Ray* klassifiziert Tiere auf anatom. Grundlage (rechnet Wal richtig z. d. Säugetieren)	Engl. Ostindische Kompagnie wird Aktiengesellschaft ~ „Höllenmaschin." als Bezeichnung für Sprengschiffe
Fischer von Erlach beginnt Bau v. Schloß Schönbrunn bei Wien (vollendet 1750 von *Pacassi*) *Schlüter* nach Berlin berufen		*Camerarius* (* 1634, † 1698) beweist die geschlechtl. Fortpflanzung d. Pflanzen ~ *V. Tschirnhaus* beg. Versuche zur Porzellanerzeugung (vgl. 1709)	Gründung der privilegierten privaten (Zentralnoten-)Bank von England mit regelmäßigen Wechseldiskont-Geschäft. Salzsteuer in Engl. mehr als verdoppelt
† *Melchior d'Hondecoeter*, niederl. Maler von Geflügelstilleben (* 1636) † *Pierre Mignard*, frz. Maler von Kirchenfresken u. Bildnissen; Führer d. „Rubenisten" (vgl. 1675) (* 1612)	† *Henry Purcell*, engl. Komp., Schöpfer der englisch. Nationaloper (* 1658)	† *Christian Huygens*, niederländ. Physiker u. Mathematiker; förderte besonders Wellentheorie des Lichtes (* 1629) *Leeuwenhoek* entdeckt mit dem Mikroskop den Blutumlauf bei Froschlarven *Tompion:* Uhr mit Zylinderhemmung	*John Bellers* plant selbsterhaltende Arbeitskolonie für Arbeitslose in England
Schlüter: „Masken sterbender Krieger" (Zeughaus Berlin) * *Giovanni Battista Tiepolo*, venezianischer Maler († 1770) Kunstakademie i. Berlin gegründet	*Johann Kuhnau* (* 1660, † 1722): „Frische Clavierfrüchte od. sieben Suonaten"; Beginn der Klaviersonate in Deutschland	*Joh. Bernoulli* löst erstes Probl. der Variationsrechnung (Brachistochrone = Kurve kürzester Fallzeit) Erste Beschreibung der Pfefferminze durch *John Ray* (* 1628, † 1705)	Fingerhut - Fabrikation Schiffahrtsnachrichten der im „Lloyd" vereinigten engl. Seeeinzelversicherer erscheinen

	Zar Peter I. *Türken geschlagen*	† *Racine* *Französische Klassik*	*Aufklärung · Pietismus* *Francke*
1697	Zar *Peter I.* lernt Schiffbau i. Engl. u. d. Niederlanden; gründet später russ. Flotte Prinz *Eugen v. Savoyen* schlägt Türken bei Zenta entscheidend Frankreich verliert im Frieden zu Rijswyk Lothringen und rechtsrhein. Erober. („Reunionen"), beh. Straßburg, verzichtet a. d. Pfalz *August der Starke* wird nach Übertritt zum Katholizismus zum König von Polen gewählt (bis 1733 [†])	*Leibniz:* „Unvorgreifliche Gedanken, betreffend die Ausübung u. Verbesserung der deutschen Sprache" * *Friederike Caroline Neuber* („*Neuberin*"), dt. Schauspielerin († 1760) *Charles Perrault* (* 1628, † 1703): „Les Contes de ma Mère l'Oye" (frz. Märchenbuch, gilt als 1. Jugendb.)	*Leibnitz:* „Novissima Sinica" (Neuigkeiten aus China, tritt f. protestant. Mission ein) * *Gerhard Tersteegen*, dt. Laienprediger und Dichter († 1769) ~ Astrologie stellenweise noch Universitätslehrfach
1698	Zar *Peter I.* unterdrückt blutig einen Aufstand seiner Leibwache (Strelitzen, bestanden seit 1550) und löst sie auf *Leopold von Anhalt-Dessau* (* 1676, † 1747): „Der alte Dessauer", führt im preuß. Heer Gleichschritt u. eiserne Ladestöcke ein ≈ Mätressenwirtschaft an zahlr. weltl. u. geistl. Fürstenhöfen	*J. Collier:* „Unmoral u. Gottlosigkeit der engl. Bühne" (engl.)	* *Johann Jakob Bodmer*, Schweizer Philologe († 1783) *Francke* gründet pietistisches Waisenhaus in Halle als Kern der *Francke*schen Stiftungen (u. a. Armenschule [1695 gegrdt.], Bibelanstalt, Siechenhaus)
1699	Türken verlieren im Frieden von Karlowitz Ungarn und Siebenbürgen an Österreich. Österreich-Ungarn wird europäische Großmacht Rußland erhält Asow v. d. Türken ~ Etwa 100 Reichsfürsten und 1500 kleine selbständige Herrschaftsgebiete in Deutschland	*Fénelon:* „Die Abenteuer des Telemach" (franz. quietistischer Erziehungsroman i. Sinne eines „Fürstenspiegels"; bis 1717 verboten) † *Jean Racine*, franz. Dramatiker, gilt als Vollender d. klass. Tragödie; hat Einfluß auf die dt. Aufklärung (* 1639)	*Shaftesbury:* „Eine Untersuchung über die Tugend" (engl. Moralphilosophie)
1700	Beginn des „Nordischen Krieges" Rußlands, Polen-Sachsens u. Dänemarks geg. Schweden b. 1721; zun. Siege d. schwed. Königs *Karl XII.* † *Karl II.*, König von Spanien seit 1665 (* 1661). Ende der *Habsburg*ischen Linie in Spanien. Erbe der Krone wird *Philipp V.* (bis 1746[†]), ein Enkel *Ludwigs XIV.*	† *John Dryden*, engl. Dramatiker, Lyriker, Satiriker frz. Richtung; zeigte häufig Gesinnungswechsel (* 1631) * *Johann Christoph Gottsched*, dt. Gelehrter u. Schriftstell. († 1766)	*Gottfried Arnold* (* 1666, † 1714): „Die unparteyische Kirchen- u. Ketzerhistorie" (protest. quellenkritische u. undogmat. Kirchengesch.) *Klemens XI.* Papst bis 1721 * *Nikolaus Ludwig Graf von Zinzendorf*, dt. pietist. Geistlicher († 1760) *Leibniz:* Samml. histor. völkerrechtl. Urkunden

Barock *Schlüter*	*Triosonaten*	*Berliner Akademie* *Leibniz*	
* *Antonio Canaletto,* it. Maler von Städteansichten († 1768) * *William Hogarth,* engl. Sitten- und Bildnismaler († 1764) Endgültiges Ende der Maya-Kultur in der Inselstadt Tayasal (Yucatán) durch span. Eroberung	Leipz. Gesangbuch (mit etwa 5000 Liedern)	Kosak *Atlassow* entdeckt Kamtschatka *William Dampier* (* 1652, † 1715): „Neue Reise um die Welt" (3 Bde. bis 1709. *D.* erforschte Südsee)	∼ Hof von Versailles wird vorbildlich für europäische Fürsten ≈ Herstellung böhmischer Gläser in Venedig ≈ Sänfte als Transportmittel für Vornehme in Europa ≈ Reisbörsen in Japan ≈ Der Herrenhut wird unter dem Arm getragen
* *Jean Michel Papillon,* franz. Holzschneider († 1776) *Schlüter* übernimmt d. Bau d. Berliner Schlosses (nach seiner Entlassung 1706 wird *Eosander* Schloßbaumeister) Neubau des Klosters Banz in Oberfranken (gegründet 1071)	*Torelli* begrdt. virtuoses Violin-Konzert	*Johann Bernoulli* berechnet die kürzesten (geodätischen) Linien auf einer krummen Fläche *Huygens:* „Cosmo theoros" (volkstüml. Himmelskunde, posthum); *H.* schätzte erstmalig Fixsternentfernung am Sirius (aus seiner Helligkeit) Papierherstellung i. Nordamerika	Erstes Sparkassenprojekt von *Defoe* (erste Sparkasse erst 1778 in Hamburg) *Locke* ford. i. einer Denkschr. Pflichtarb. d. Arbeitslos. i. Engl. *Christian Weigel:* Trachtenbuch ∼ Ndl. Außenhdl. übertrifft d. engl. n. um rd. das Dreifache Perücken- und Karossensteuer i. Preuß.
* *Siméon Chardin,* frz. Maler († 1779) * *Georg von Knobelsdorff,* dt. Baumeister († 1753) *Schlüter* leitet Bau des Berliner Stadtschlosses		Schüler *Newtons* werfen *Leibniz* vor, die Infinitesimal-Rechnung nicht selbständig entwickelt zu haben *Newton* kgl. Münzmeister in London *E. Tyson* beschr. „Orang-Utan oder Waldmenschen" Erste regelmäßige meteorologische Messungen	≈ Zahl der wichtigsten Staatsutopien im 16. 17. 18. Jh. 2 6 12 davon 0 3 11 frz. 4 engl. 2 ital.
* *Bartolomeo Rastrelli,* russ. Baum. († 1771) ≈ Blüte der Delfter Fayencen (1680/1750)	*Corelli:* Sechzig Triosonaten (seit 1681) (ital.) *Kuhnau:* „Musikalisch. Vorstellg. einiger biblischer Historien in sechs Sonaten auf dem Klavier zu spielen" (Programm-Musik)	∼ *Stephan F. Geoffroy* (* 1672, † 1751) findet „Verwandtschaften" (Affinitäten) zw. d. Elementen *Halley* zeichnet Magnetfeldkarten für die Schiffahrt *Leibniz* gründet Preuß. Akademie der Wissenschaften und wird ihr erster Präsident	Einführung des *gregorianischen* Kalenders von 1582 in den protestantischen dt. Staaten Besteuerung unverheirateter Frauen in Berlin *Peter I.* erneuert russ. Zeitrechnung

	Nordischer Krieg und Spanischer Erbfolgekrieg	Deutsche Barockdichtung Französische Klassik	Aufklärung · Pietismus
1701	England, Niederlde., Österr. führ. „Span. Erbfolgekrieg" gegen Frankreich, Bayern, Köln um die franz. Vorherrschaft in Europa (bis 1713) In England wird protestant. Thronfolge festgelegt Kurf. *Friedrich III.* v. Brandenburg krönt sich als *Friedrich I.* z. „König in Preußen" geg. Einspruch des Papstes		* *Johann Jakob Breitinger*, schweizer. Gelehrter und Schriftsteller, Gegner *Gottscheds* († 1776) *Chr. Thomasius* wendet sich entschieden geg. die Hexenprozesse Yale College (Conn.) gegründet (1887 Univ.)
1702	Letzter Hugenottenkrieg (erster 1562) beginnt mit d. Aufstand franz. protestant. Bauern („Kamisarden") u. wird 1710 niedergeschlagen † *Wilhelm III. von Oranien*, König von England seit 1689 und Erbstatthalter der Niederlde. seit 1674 (*1650); Gegner *Ludwigs XIV.*, den er zu Gunsten eines „europ. Gleichgewichts" bekämpfte Königin *Anna*, letzte *Stuart* (protest.) auf dem englisch. Thron bis 1714 (†); *Marlborough*, dessen Frau und *Godolphin* bestimmen weitgehend die engl. Politik Entwurf ein. bauernfreundlichen Domänenverfassung in Preußen (nicht durchgef.)	* *Yokai Yagu*, japan. Dichter († 1783)	*Jean Mabillon* (* 1632, †1707) begr. mit seinen „Acta sanctorum" (seit 1667) Urkundenforschung (i. Frankr.) *Spener:* „Theologische Bedenken" (seit 1700; pietist. Betrachtungen)
1703	Zar *Peter I.* gründet Regierungssitz Petersburg (heute Leningrad) Portugal verliert durch Zollsenkung seine Führerrolle in der Tuchmanufaktur an England gegen engl. Zollbegünstigung portugiesisch. Weine und wird dadurch wieder abhängiges Agrarland Die „Kriegserinnerungen" (ital.) des erfolgreichen kaiserlichen Feldherrn u. Militärschriftstellers *Raimund Montecuccoli* (*1609, †1680) erscheinen („Zum Kriegführen gehört Geld, Geld und nochmals Geld")	† *Charles Perrault*, französ. Dichter, Begründer einer neuen epischen Gattung der Märchendichtung; verteid. moderne Literatur gegenüber antiker (* 1628) *Chr. Reuter:* „Die frohlockende Spree" (Festspiel für Berlin) *Chikamatsu Monzaemon* (* 1653, † 1724), „jap. *Shakespeare*": „Der Tod als Herzenskünder zu Sonezaki" (jap. volkstümliche Liebestragödie)	* *John Wesley*, engl. Theologe († 1791)

Barock *Eosander*	*Entwicklung* *der Instrumentalmusik*	*Newton* *Phlogiston-Theorie*	
Eosander: Erweiterungsbau des Charlottenburger Schlosses mit Kapelle (bis 1712) *Hyacinthe Rigaud* (* 1659, † 1743): Porträt *Ludwigs XIV.* (frz. Gemälde) *A. Wortmann:* Neufassung d. „Totentanzes" i. d. Lübecker Marienkirche		*Andrioli* verwendet Mohnsaft als Arznei *Halley:* Magnetfeldkarte der Erde *Newton:* Idee d. Spiegelsextanten zur Messung d. Sternhöhe auf Schiffen (vgl. 1731) *Sauveur* (* 1653, † 1716) untersucht akustische Grundlage der Musik	Schwarzer Adlerorden in Preußen gestiftet Seeversicherungen leiten Versicherungswesen ein „Hundertjähriger Kalender" von *Hellwig* mit astrologischer langfristiger Wettervorhersage
Fischer v. Erlach: Dreifaltigkeitskirche in Salzburg (beg. 1694) *J. Prandauer* beg. Benediktinerstift in Melk (Donau) (vollendet 1738) *Watteau* kommt nach Paris ≈ *Ogota Korin* (* 1661, † 1716) vereinigt in seiner Schule in Tokio Kano- u. Yamato-e-Malerei	*Torelli:* Concerti grossi für zwei Soloviolinen u. Streichorch. (ital.)	*G. Amontons* (* 1663, † 1705): Luftthermometer; findet sog. „Gay-Lussacsches Gasgesetz" (nimmt sich bewegende Wärmeteilchen an und berechnet „absoluten Nullpunkt" zu –240° C) Geograph. wissenschaftl. Kartenstecherei v. *Homann* in Nürnberg (bis 1848) *Stahl:* Phlogistentheorie d. Verbrennung: beim Verbrennen entweiche eine Substanz (widerlegt durch *Lavoisier* 1774); festigt Begriff d. chem. „Elemente" ~ Einige Chemiker halten noch Wasser für umwandelbar in Erde	≈ England führt in der Heringsfischerei „Daily Courant", erste engl. Tageszeitung ≈ Ölbeleuchtung in den Straßen deutscher Städte kommt auf Franz. Guinea-Kompagnie erhält vertraglich das Recht, jährlich 4000 Negersklaven nach dem spanischen Amerika zu liefern; engl. Sklavenschmuggel aber verursacht unrent. Sklavenpreise
* *François Boucher*, frz. Maler des Rokoko († 1770) *Permoser:* Grabmal zweier Kurfürstinnen im Dom zu Freiberg (Barockbildwerk) *Schlüter:* Denkmal des Großen Kurfürsten u. Kanzel d. Marienkirche (Berliner Barockbildwerke) Buckingham-Palast in London begonnen (1825 — 1913 öfters erweitert)		† *Robert Hooke*, engl. Physiker und Naturforscher; fand u. a. das „Hookesche Gesetz" für Verhältnisgleichheit zwischen Zug und Dehnung (* 1635) *Newton* wird Präsident der Royal Society (Londoner Akademie) ~ Erste Beobachtung v. Jungfernzeugung (Parthenogenese) a. Schmetterling (vgl. 1770)	Wiener Stadtbank mit Kreditgeschäft gegründet Erste russische Zeitung Schornsteinfegergewerbe in Berlin

	Prinz Eugen „Großbritannien"	Engl. Wochenschrift Französische Klassik	Leibniz Aufklärung · Pietismus
1704	Prinz *Eugen* u. *Marlborough* besiegen franz.-bayr. Truppen in Bayern, das von Österreich besetzt wird England stützt den österr. Erzherzog *Karl* als spanischen Gegenkönig in Barcelona; *Philipp V.* herrscht in Kastilien; Gibraltar wird v. England besetzt	*D. Defoe* grdt. i. Kerker erste regelm. erscheinende engl. Wochenschrift „The Review" (leitet sie bis 1712) *Antoine Galland* (* 1646, † 1715) beg. frz. Übersetzung der arab. Märchensammlung „1001 Nacht" (12 Bde. b. 1708; diese werden dadurch in Europa bekannt) *Voltaire* besucht ein Jesuitenkollegium (bis 1710)	† *Jacques Bossuet,* französ. Theologe u. Historiker, Anhänger der Gallikanischen Kirche, Gegner der Protestanten, Jansenisten und Mystiker (* 1627) *Leibniz*: „Neue Abhandlungen über den menschlichen Verstand" (mit Begriff des „Unbewußten"; veröffentl. 1756) † *John Locke*, engl. Aufklärungsphilosoph des Empirismus und Gesellschaftsvertrages (* 1632)
1705	† *Leopold I.*, römisch-dt. Kaiser seit 1658 (* 1640) *Joseph I.* römisch-dt. Kaiser bis 1711 (†) Aufstand oberbayr. Bauern gegen österreichische Besetzung niedergeschlagen („Sendlinger Mordweihnacht")	† *Ninon de Lenclos*, französ. Kurtisane, Verfasserin kulturgeschichtlich interessant. Briefe; ihr Salon war lange Zeit geistiger Sammelpunkt von Paris (* 1620) His Majesty's Theatre in London eröffnet	Beginn der evangel. Heidenmission durch *A. H. Francke* *Chr. Thomasius*: „Grundlagen des Naturrechts" (in lateinischer Sprache)
1706	Schwedenkönig *Karl XII.* in Sachsen; *August der Starke* muß a. poln. Krone verz. *Marlborough* erobert span. Niederl.; Österreich hindert span. Herrschaft in Italien Prinz *Eugen* erobert Turin * *Benjamin Franklin*, amerikanischer Staatsmann und Forscher († 1790)		
1707	Vereinigung Englands und Schottlands zu Großbrit. † *Aurangseb*, Großmogul v. Indien seit 1658 (* 1618). Mogulreich umfaßt fast ganz Indien; beg. zu zerfallen	* *Carlo Goldoni*, ital. Komödiendichter († 1793) *Le Sage*: „Der hinkende Teufel" (franz. Sittenroman)	

Barock	*Buxtehude* *Erste Händeloper*	*Newtons „Optik"*	
Chr. Dientzenhofer (* 1665, † 1726) beg. Dom zu Fulda (Barockbau b. 1712) *Eosander:* Ausbau und Kuppel des Schlosses Berlin - Charlottenbg. (bis 1711) *Fischer von Erlach* in Berlin (bis 1705) * *Maurice Quentin de Latour*, franz. Bildnismaler († 1788)	† *H. Ignaz Franz von Biber*, dt. Kirchen- u. Opernkomponist, Violinvirtuose (* 1644) *Kaspar Moosbrugger* (*1656, † 1723) beginnt Kloster u. Klosterkirche (1719) Einsiedeln (Schweiz) Kunstakademie, Wien	*Newton:* „Optik" (korpuskulare Licht- und Farbenlehre)	Der Wagentyp „Landauer" entsteht *Johann Lorentz* grdt. Zeitung, die *Joh. Andreas Rüdiger* 1721 als „Kgl. privileg. Berlinische Zeitung" fortsetzt *Joh. Hübner:* „Reales Staats-, Zeitungs- u. Conversations-Lexikon"
Fischer v. Erlach kaiserlicher Oberbauinsp. in Wien † *Luca Giordano*, ital. Maler d. Barock. Universeller Schnellmaler (* 1632)	*J. S. Bach* wandert nach Lübeck zu *Buxtehude* u. hört ihn als berühmten Orgelvirtuosen in seinen „Abendmusiken" am Jahresende *Händel:* „Almira", Uraufführung seiner erst. Oper in Hamburg	† *Jakob Bernoulli*, schweiz. Mathematiker, begründete Wahrscheinlichkeits- und Variationsrechnung, förderte die Differential- und Integralrechnung von *Leibniz* u. *Newton* (* 1654) *Edmund Halley* sagt Wiederkehr des nach ihm benannten Kometen von 1682 für 1758 voraus *Leibniz* wirft *Newton* Plagiat vor (vgl. 1699) *Maria Sibylla Merian* (* 1647, † 1717): „Metamorphose der Insekten in Suriname" (Forschungsergebnisse mit eigenen Kupferstichen) Sternwarte in Berlin	≈ Die „Manufaktur" mit gelegentlich über 1000 Arbeitern setzt sich stärker in den neuen zunftfreien Industrien durch (Tapeten-, Tabak-, Textil-, Kutschen-Manufaktur); ausgedehnte Frauen- und Kinderarbeit
Hardouin-Mansart: Invalidendom in Paris (Baubeginn 1675) * *Johann Joachim Kändler*, dt. Bildhauer der Meißener Porzellanmanufaktur († 1775) † *Michael Willmann*, dt. Barockmaler, Zeichn. und Radierer (* 1630)	† *Johann Pachelbel*, dt. Organist u. Komponist d. Variations- u. Fugenstils (* 1653)	*Mill* erfindet Wagenfederung ∼ *G. Stahl* vertritt Animismus in der Medizin	Kleiderordnung verbietet in Preußen „geringen" Leuten „vornehme" Kleider Erste moderne Lebensversicherungsanstalt (in London)
Fischer v. Erlach: Collegienkirche in Salzburg (beg. 1696)	† *Dietrich Buxtehude*, dt. Organist, Verfasser von Orgelkompositionen und Kantaten, „nordischer Romantiker d. Barock" (*1637)	* *Leonhard Euler*, schweiz. Mathematiker u. Naturforscher († 1783) * *Carl Linné*, schwed. Naturforscher († 1778) Verbesserung der Ramme	Billardspiel in einem Berliner Kaffeehaus

	Ende der schwedischen Großmachtstellung	Engl. Wochenschriften Französische Klassik	Leibniz Aufklärung · Pietismus
1708	Prinz *Eugen* und *Marlborough* besieg. frz. Trupp. in d. span. Ndl. * *William Pitt* (d. Ältere), engl. (Whig) Minist. († 1778) Don-Kosaken-Aufstand unter *Bulawin*	† *Christian Weise*, dt. pädagog. Dramatiker, schrieb Komödien i. Geist d. Aufklärung gegen barocken Schwulst (* 1642) Heutige russische (vereinf. kyrillische) Schrift eingef.	*S. Chr. Semler* grdt. i. Halle „Mechanische u. mathematische Realschule" (erste dt. Realanstalt, bis 1710)
1709	Rußland besiegt Schweden entscheid. b. Poltawa (Ukraine); Schwedenkg. *Karl XII.* flieht nach d. Türkei * *Elisabeth*, Tochter d. Zaren *Peter I.* (des Großen), Zarin von 1741 bis 1762 (†) *Friedrich I.* schließt 5 Ratskollegien zum Stadtrat Berlin zusammen	† *Abraham a Santa Clara* (eigentl. *Hans Ulrich Megerle*), dt. kath. Hofprediger, Schriftstell., Satirik. (* 1644) *Pope:* „Schäferdichtungen" (engl. Ged.) *Richard Steele* (*1672, †1729) gibt die engl. moral. Wochenschrift „Tatler" heraus	* *Julien Offray de Lamettrie*, franz. materialist. Philosoph und Biologe († 1751) Im letzten Krieg zwischen einem Kaiser u. einem Papst unterliegt der Papst
1710	Sturz *Marlboroughs* durch d. Tories in England stärkt Frankreichs Stellung *Henry Lord Bolingbroke* (* 1678, † 1755) wird engl. Außenminist. bis 1714; Anhänger der Tory-Partei und der vertriebenen *Stuarts*; Vorbild des „John Bull" Rußland erobert baltische Staaten von Schweden. *August der Starke* wieder König von Polen	Erste kritische *Shakespeare*-Ausgabe v. *Nicholas Rowe* (10 Bde. m. Biographie seit 1709) ∼ Im Wiener Vorstadttheater tritt die Hanswurst-Gestalt auch in der Haupthandlung auf, als volkstüml. Gegengewicht gegen feierliches Pathos	*Berkeley:* „Abhandl. üb. die Prinzip. d. menschl. Erkenntnis" (engl. Philosophie des subjektiv. Idealismus: „Sein heißt wahrgenomm. werd.") *Leibniz:* „Theodicée" (frz.; „Gott schuf die vollkommenste der mögl. Welten") Scheitern der Bestrebungen *Leibniz'*, die christl. Kirchen wieder zu vereinigen * *Thomas Reid*, schott. Philos. d. unkrit. „common sense"; Begr. der „Schott. Schule"; Gegner *Humes* († 1796)
1711	Niederl. d. ungar. Unabhängigkeitsbeweg. g. *Habsburg* unter *Franz II. Rakoczi* (seit 1703), der 1717 in die Türkei übersiedelt † *Joseph I.*, römisch-dt. Kaiser seit 1705 (* 1678) Erzherzog *Karl VI.* wird röm.-dt. Kais. bis 1740 (†); verliert durch gleichz. Ausscheiden Engl. aus d. „Span. Erbf.-Krieg" d. span. Krone Rußland verliert das 1696 erob. Asow wied. a. d. Türkei Zar *Peter I.* gründ. „Regier. Senat" als oberste Staatsbeh. u. „Kollegien" als Fachministerien. Adel tr. in. Staatsd. Staatl. privileg. englische Südseegesellschaft gegründ.	*Pope:* „Abhandlung über d. Kritik" (engl. Lehrgedichte klassizist. Normen) *Joseph Addison* (* 1672, † 1719) u. *R. Steele* geben engl. moral. Wochenschrift „Spectator" heraus	* *David Hume*, engl. Aufklärungsphilosoph und Geschichtsschreiber; begründ. die „Assoziationspsychologie" († 1776) *Shaftesbury:* „Kennzeichen d. Menschen, Sitten, Meinungen, Zeiten" (engl. Moralphilosophie, 3 Bde. bis 1714) „Historiae Byzantinae scriptores" (39 Bde. seit 1648; erste Sammlung byzant. Geschichtsschreiber, Paris)

Barock Meißner Porzellan	Händel Hammerklavier	Einfache Dampfmaschine Europäisches Porzellan	Merkantilismus
* *Pompeo Batoni*, ital. Barockmaler († 1787) † *Jules Hardouin-Mansart*, franz. Barockbaumeister; nach ihm „Mansarde" (* 1645)	*Händel* besiegt *D. Scarlatti* im Klavier- u. Orgel-Wettstreit in Rom † *Giuseppe Torelli*, ital. Komponist u. Violinspieler (* ~ 1649)	* *Albrecht von Haller*, schweizer. Arzt, Forscher und Dichter († 1777) *Bernard de Montfaucon* (* 1655, † 1741) begrdt. griechische Paläographie *Wall* vergleicht Blitz mit elektrischem Funken	≈ Weiterer Niedergang der britischen Ackerwirtschaft zugunsten der Weidewirtschaft als Lieferant der Textilindustrie
~ * *Johann Michael Feichtmayr*, süddeutscher Rokokobildhauer († 1772) † *Meindert Hobbema*, niederländ. Landsch.-Maler (* 1638)	* *Egidio R. Duni*, ital. Begründer der „opéra comique" in Paris († 1775) * *Franz Xaver Richter*, dt. Komponist († 1789)	*Berkeley*: „Eine neue Theorie des Sehens" (engl. Vorläufer der modernen Sinnesphysiologie) Hartporzellan von *Johann Friedrich Böttger* (* 1682, † 1719) mit d. Physiker *v. Tschirnhaus* (* 1651, † 1708), dessen Gehilfe er seit 1707 war	„Kölnisches Wasser" von *Farina* Erste russische Strafverschickung. nach Sibirien Ende der Robinsonade d. Matrosen *A. Selkirk* auf der Robinsoninsel (Vorbild für *Defoe*)
Joh. Dientzenhofer (* 1665, † 1726): Kirche des Klosters Banz (1719 vollendet, vgl. 1698) Schloßkirche Versailles (erbaut v. *J. H. Mansart* seit 1699, Dekkengem. v. *A. Coypel* [* 1661, † 1722]) *Wren*: St. Paul's Cathedral in London, nach dem Vorbild d. Peterskirche; nach ihr größte christliche Kirche (Baubeg. 1672)	* *Wilhelm Friedemann Bach*, 1. Sohn *J. S. Bachs*, dt. Komponist († 1784) *Händel*: Deutsche Arien * *Giovanni Battista Pergolesi*, ital. Komponist († 1736)	*J. Chr. Le Blon* (* 1667, † 1741) erf. Dreifarben-Kupferdruck (gestattet grundsätzl. die Wiedergabe aller Farben) Treibhäuser von *Boerhaave* *Diesbach* entdeckt „Berliner Blau" *Pourfour du Petit* entdeckt, daß die linke (rechte) Hirnhälfte die Bewegungen der rechten (linken) Körperhälfte steuert Charité in Berlin gegründ.	*August der Starke* grdt. Meißner Porzellan-Manufaktur; Leiter *Fr. Böttger* ~ Einführung des Haarbeutels durch franz. Offiziere Seit 1690 wird zum achtenmal außerordentliche Kopfsteuer in Preußen erhoben Preuß. Akademie der Wissenschaften in Berlin eröffnet
Chr. Dientzenhofer: Langhaus u. Fassade von St. Nikolaus, Kleinseite Prag (seit 1703; ab 1732 von seinem Sohn *K. I. D.* mit Kuppel u. Turm vollendet) *Eosander*: Schloß Monbijou in Berlin ≈ Baublüte in Dresden („Elbflorenz") *Pesne*, preuß. Hofmaler Taschenberg-Palais, Dresden (beend. 1715)	Stimmgabel von *Shore* Hammerklavier von *Bartolomeo Christofori* (* 1665, † 1731)	*Leibniz* begegnet Zar *Peter I.* und fördert die Völkerkunde in Rußland *J. Chr. Le Blon* (* 1667, † 1741): Dreifarbendruck (+ Schwarz) *Th. Newcomen*: Atmosphärische Dampfmaschine (angewandt 1715 i. Dtl., 1717 i. Rußl., 1722 i. Wien, 1725 i. Paris, 1727 i. Schweden; meist für Grubenentwässerung oder Wasserspiele) * *Michael Wassiljewitsch Lomonossow*, russ. Chemiker und Dichter († 1765) Ventilator von *J. J. Partels* in Bergwerken	Ruländer Weinrebe kommt als Mutation der blauen Burgundertraube nach Deutschland ≈ Im 17. und 18. Jh. herrscht der Merkantilismus vor als staatlicher Dirigismus zugunsten des nationalen Handels (vgl. 1613, 1664, 1680 u. a.)

	Preuß. „Soldatenkönig“ Reformen in Rußland	Dt. Barockdichtung Französische Klassik	Leibniz Aufklärung · Pietismus
1712	* *Friedrich II.* (der Große), König von Preußen 1740 bis 1786 (†) Zar *Peter I.* heiratet seine Geliebte bäuerlicher Herkunft *Katharina Aleksejewna* Petersburg wird an Stelle Moskaus Hauptstadt von Rußland (bis 1922). Entscheidende Reformen nach westeuropäischem Muster i. Wirtschaft und Verwaltung Rußlands (Zünfte, Monopolfabriken, Einwanderg.)	*John Arbuthnot* (* 1667, † 1735): „Die Geschichte von John Bull“ (engl. Satire gegen d. Whigs) *Pope:* „Der Lockenraub“ (engl. kom. Heldengedicht) ~ † *Christian Reuter*, dt. Barockdichter (* 1665) *Wolff:* „Vernünftige Gedanken von den Kräften des menschlichen Verstandes“ (Aufklärungsphilosophie)	*Johann Bernh. Fischer:* „Entwurf einer Histori-Architektur in Abbildung unterschiedener berühmter Gebäude des Altertums und fremder Völker . . .“ *Francke* grdt. in Halle Erziehungsanstalt (bald darauf eine Lateinschule) * ***Jean Jacques Rousseau***, frz. Philosoph, Enzyklopädist u. Pädagoge († 1778)
1713	Utrechter Friede Frankreichs mit England und den Niederlanden (mit Österreich 1714 in Rastatt): Neapel, Mailand und südliche Niederlande von Spanien an Österr.; König *Philipp V.* behält Spanien u. Kolonien; England erhält Gibraltar, Minorca, Neufundland. Ende des „Spanischen Erbfolgekrieges“ (seit 1701) *Karl VI.* versucht durch die „Pragmatische Sanktion“ die Unteilbarkeit des *habsburg.* Besitzes durch Erbfolge auch in d. weibl. Linie zu sichern † *Friedrich I.*, „König in Preußen“ seit 1701 (* 1657) *Friedrich Wilhelm I.* („Soldaten“-) König von Preußen bis 1740 (†);	*Addison:* „Cato“ (engl. politisches Trauerspiel i. franz. Stil) * *Lawrence Sterne*, engl. Romanschriftsteller († 1768)	* *Denis Diderot*, franz. Enzyklopädist u. Schriftsteller († 1784) *Lodovico Antonio Muratori* (* 1672, † 1750): „Anecdota ex Ambrosianae bibliothecae codicibus“ (aus d. Mailänder Bibliothek) † ***Anthony Shaftesbury***, engl. dichter. Philosoph des Idealismus: „Das Gute ist das Schöne“ (* 1671) Papst-Bulle „Unigenitus“ gegen Jansenisten (vergl. 1640) „Der Vernünftler“ (Hamburg. moralische Wochenschrift nach engl. Vorbild)
1714	† Königin *Anna* von England, letzte *Stuart* (protestant.), Königin seit 1702 (* 1665) *Georg I.* (Haus Hannover) wird König von England bis 1727 (†); Personalunion zwischen England und Hannover bis 1837 König von Preußen ordnet Soldatenwerbung „ohne große Gewalttätigkeiten“ an Neuer Türkenkrieg (b. 1718)		*Leibniz:* „Monadologie“ (kurze Darstellung seiner Monadenlehre für Prinz *Eugen*; danach bestimmen das Weltgeschehen atomistische „Monaden“ in „prästabilisierter Harmonie“ ohne gegenseitige Wechselwirkung) ***Bernard de Mandeville*** (* 1670, † 1733): „Bienenfabel“ (engl., Gemeinnutzen ergibt sich aus Zusammenwirken egoistischer Interessen)

Barock *Franz. Rokoko*	*Corelli* *Händel in London*	*Wahrscheinlichkeitsrechnung*	
* *Francesco Guardi*, it. Landschaftsmaler († 1793) * *Georg Friedrich Schmidt*, dt. Kupferstecher († 1775) Barocker Neubau des Doms zu Fulda (seit 1704)	*Corelli:* Zwölf Concerti grossi (ital. Kammermusiken) *Händel* geht nach London	† *Giovanni Domenico Cassini*, ital. Astronom, entdeckte u. a. Jupiter-Rotation, vier Saturnmonde und Zodiakallicht (* 1625) Der Arzt *Engelbert Kämpfer* (* 1651, † 1716) veröff. wesentliches Werk über Japan, wo er 1690–92 war *E. E. Orffyre* täuscht mit seinem „Perpetuum mobile" selbst Gelehrtenkreise ~ † (verschollen) *Denis Papin*, frz. Phys. (* 1647)	Letzte Hexenhinrichtungen in England
Eosander: Erweiterungsbau des Berliner Schlosses mit Westportal (s. 1707) *I. L. Hildebrand:* Palais Kinsky in Wien *A. Schlüter:* Prunksärge f. Kg. *Friedrich I.* u. Gemahlin im Berliner Dom (seit 1705); geht nach St. Petersburg * *Jacques Germain Soufflot*, französ. Baumeister († 1780) ~ *A. Watteau*: „L'Indifférent" (frz. Rokoko-Gem.)	† *Arcangelo Corelli*, it. Violinvirtuose u. führender Instrumentalkomponist d. Barock (* 1653) *Couperin:* „Pièces de Clavecin I" (frz. Klaviermusik; 1716: „Die Kunst des Klavierspiels") *Händel:* „Utrechter Tedeum" und „Jubilate" (Chorkompositionen)	*Jak. Bernoulli:* „Ars conjectandi" (gilt als erste zusammenfassende Darstellung der Wahrscheinlichkeitsrechnung; ersch. posthum) *H. C. v. Carlowitz:* „Sylvicultura oeconomica" (gilt als erstes forstwiss. Werk) *Abraham Darby* (Vater) gelingt Kokserzeugung i. Meiler (ermöglicht Kokshochofen) Spanische Akademie der Wissenschaften gegründet	England schließt günstigen Handelsvertrag mit Spanien und übernimmt an Stelle Frankreichs d. Sklavenhandel für die spanischen Kolonien *Andreas Schlüter* versucht am Hof Zar *Peters I.* ein „Perpetuum mobile" zu bauen Zopf im preußischen Heer *Friedrich Wilhelm I.* v. Preuß. verbietet Zeitungen
Filippo Juvara (* 1676, † 1736) wird kgl. Baumeister des Hochbarocks in Turin (La Superga, Palazzo Madama, Schloß Stupinigi) † *Andreas Schlüter*, dt. Baumeister u. Bildh. des Barock (* 1664) *Vanbrugh:* Howard Castle (engl. Barock-Schloß, Baubeg. 1702) *Jan Weenix:* „Totes Wild" (ndl. Gemälde)	* *Carl Philipp Emanuel Bach*, 2. Sohn *J. S. Bachs*, dt. Komponist († 1788) * *Christoph Willibald Gluck*, dt. Komponist († 1787) *Händel:* „Wassermusik" (f. Themsefahrt d. Hofes) *G. Silbermann:* Orgel f. Freiberger Dom *Vivaldi:* 24 Violinkonzerte (ital.)	*Leibniz* schlägt Pavillonsystem für Krankenhäuser vor Quecksilberthermometer v. *Gabriel Daniel Fahrenheit* (* 1686, † 1736) mit nach ihm benannt. Gradeinteil. *Henry Mill* erhält 1. Patent auf eine Schreibmaschine (für Blinde)	Aufhebung der Hexenprozesse in Preußen

	† „Sonnenkönig" *Prinz Eugen erobert Belgrad*	*Voltaire* *„Robinson Crusoe"*	*Aufklärung · Pietismus* *† Leibniz*
1715	† *Ludwig XIV.* „Sonnenkönig" von Frankreich seit 1643 (*1638) *Ludwig XV.*, Urenkel *Ludwigs XIV.*, König von Frankreich bis 1774 (†); erschüttert seine Stellung d. Verschwendung und Mätressenwirtschaft Preußen tritt in den „Nordischen Krieg" geg. Schweden ein Bremen-Verden fällt an Hannover	* *Christian Fürchtegott Gellert*, dt. Dichter († 1769)	* *Etienne Bonnot de Condillac*, franz. Philosoph des Sensualismus († 1780) * *Claude Adrien Helvetius*, franz. Philosoph eines materialist. Sensualismus († 1771) ~ *Leibniz* korrespondiert mit über tausend Partnern † *Nicole Malebranche*, franz. Philosoph des Okkasionalismus (* 1638) Plan einer Handelsschule v. *P. J. Marperger* (* 1656, † 1730)
1716	Prinz *Eugen* besiegt Türken b. Peterwardein (Kroatien) Graf *von der Schulenburg* sichert Venedigs Seemacht	Erstes amerikan. Theater in Williamsburg (Virginia) m. Schauspielern aus England	† *Gottfried Wilhelm Leibniz*, Philosoph eines rationalist. Idealismus, Wissenschaftler u. Diplomat (* 1646)
1717	Prinz *Eugen* erobert Belgrad * *Maria Theresia*, Erbtochter d. Kais. *Karl VI.*, Königin von Ungarn u. Erzherzogin von Österreich von 1740 bis 1780, römisch-dt. Kaiserin von 1745 bis 1765 († 1780) Brandenburg verk. s. Kolonie an der Guineaküste an die Niederlande	*Adrienne Lecouvreur* (* 1692, † 1730), Freundin *Voltaires*, Schauspielerin an der Comédie Française	Beginn d. modernen humanitären Freimaurerei: erste Großloge in London Schulpflicht in Preußen; Mangel an geeigneten Lehrern
1718	Österreich gewinnt im erneuten Türkenkrieg (seit 1714) Nordbosnien, Serbien u. Kleine Walachei; Venedig verl. Peloponnes und Kreta Zar *Peter I.* läßt seinen Sohn *Alexei* wegen Reformfeindlichkeit z. Tode verurteil. u. mit tödlichen Folgen foltern † *Karl XII.*, Kg. v. Schweden (s. 1697), fällt i. Norw. (*1682) Franzosen gründen New Orleans (Nordamerika)	*Voltaire:* „Oedipus" (frz. Tragöd., i. d. Bastille geschrieben, begrdt. sein. Ruf) Debüt der *Neuberin*	Bannung der Jansenisten, die seit 1640 bestehen; Aufruhr in Utrecht
1719	Versuche König *Friedrich Wilhelms I.* von Preußen zur Aufhebung der Leibeigenschaft verlaufen ergebnislos Triest wird Freihafen (bis 1891)	† *Joseph Addison*, engl. Dramatiker u. Journalist (*1672) *Defoe:* „Robinson Crusoe" (engl. Abenteuerroman; regt viele ähnliche an) * *Joh. Wilh. Ludw. Gleim*, dt. Dichter († 1803)	*Chr. Wolff:* „Vernünftige Gedanken von Gott, der Welt und der Seele d. Menschen, auch allen Dingen überhaupt" (rational. Philosophie nach *Leibniz*) Verbot der Jesuiten in Rußl.

Watteau *Frz. Rokoko*	*Bach* *Französisches Singspiel*	*Pockenimpfung* *Thermometer*	
E. Q. Asam: Himmelfahrt Mariä, Hochaltar d. Klosterkirche in Rohr ~ *Charles Nicolas Cochin d. J.*, frz. Graphiker († 1790) * *Johann Georg Wille*, dt. Kupferstecher († 1808) Der ital. Jesuit *Castiglione* (* 1688, † 1766) kommt nach China u. nennt sich *Lang Shihning*; beeinfl. d. chin. Malerei europäisch	~ *A. Scarlatti* leitet mit seinen „Ital. Ouverturen" (schnell – langsam – schnell) z. eigentl. Symphonie über ~ In Frankreich entsteht volkstümliches possenhaftes Singspiel („Vaudeville")	Rostpendel von *Graham* *Leibniz:* „Braunschweig. Annalen des abendlichen Reiches" auf quellenkritischer Grundlage) ~ Erste Ausgrabungen von Pompeji u. Herkulaneum (seit 1709; systematisch ab ~ 1860) Erste einseitig wirkende atmosphärische Dampfmaschine nach *Papin* und *Newcomen* in Deutschland *Brook Taylor:* Lehrsatz d. mathem. Reihenentwickl.	~ *William Kent* (* 1684, † 1748) empfiehlt und verwirklicht natürliche Landschaftsgärten („Engl. Gärten") ≈ Hohe Staatsschulden und Benachteiligung der Kleinbetriebe in Frankreich Erste brit. Faktorei in Kanton
Fischer v. Erlach beg. barocke Karlskirche i. Wien (vollend. 1739) *Watteau:* „Mezzetin" (frz. Gem.)	*Berthold Heinr. Brockes* (* 1680, † 1747): „Der sterb. Jesus" (vertont 1717 v. *Händel*, 1720 v. *Mattheson*) Passion	*F. A. v. Pernau:* Anfänge tierpsycholog. Verhaltensforschung an Vögeln *Trienwald:* Warmwasserheizung	≈ 32 Zollstellen am Rhein (vgl. 1669)
* *Adam Friedrich Oeser*, dt. Rokokomaler, Lehrer *Goethes* († 1799) *Watteau:* „Einschiff. n. d. Ins. Cythera", „Das Konzert" (frz. Gem.) * *Johann Joach. Winckelmann*, dt. Archäologe († 1768)	*J. S. Bach:* „Orgelbüchlein" (46 Orgelchoräle) * *Johann Stamitz*, dt. Komponist († 1757)	* *Jean Baptiste d'Alembert*, franz. Mathematiker und Enzyklopädist († 1783) Pockenimpfung in Engl. durch direkte Übertragung des Impfstoffes vom kranken auf den gesunden Menschen	Bauernschutz in Österreich Verheerende Weihnachts-Sturmflut an der Nordseeküste
* *Martin Johann Schmidt*, österreichisch. Maler († 1801) *Watteau:* „Gilles" (frz. Gem.) * *Suzuki Harunobu*, japan. Maler († 1770)		*Halley* erkennt Eigenbewegungen von Fixsternen *Friedrich Hoffmann* (* 1660, † 1742): „Medicina rationalis systematica" („System d. vernünftigen Medizin") ~ *Hoffmann*stropfen (Magenmedizin)	Erste Banknoten erscheinen Domänenbauern in Preußen erhalt. erblichen Besitz Porzellanmanufaktur in Wien gegründet
† *Jan Weenix*, niederländischer Maler von Geflügel; Überleitung z. Stilleben u. Küchenstück (* ~ 1640) *Watteau:* „Liebesfest" (frz. Gem.)	*Händel* wird Leiter der neuen Oper i. London	Exakte Wetterbeobachtungen in Berlin (vgl. 1699)	*H. Fr. v. Fleming:* „Der vollkommene teutsche Jäger" ≈ Von Frankreich aus verbreitet sich Parforcejagd, zu Lasten d. Bauern

	Rußland wird europäische Großmacht	Voltaire	Aufklärung · Pietismus Brüdergemeine
1720	Östlich. Vorpommern mit Stettin kommt von Schweden an Preußen Südseespekulationen i. England brechen zusammen Privatbank und Kolonialgesellschaft des Schotten *John Law* (* 1671, † 1729) in Frankreich brechen nach Scheinblüte mit Börsenkursen bis 9000 zusammen und ruinieren franz. Finanzen Niederlande verbieten ohne Erfolg den Geldverleih an fremde Mächte; Niedergang d. niederl. Wirtschaft infolge einseitiger Auslandsanlagen Tibet wird chines. Protektorat	*de Lafayette:* „Histoire d'Henriette d'Angleterre" (gilt als erster frz. Zeitsittenroman) *Voltaire:* „Artémise" (frz. Tragödie) „Robinson Crusoe" ins Dt. übersetzt ~ Anfänge d. Zeitungsromans Old Haymarket Theatre in London eröffnet	*Wolff:* „Vernünftige Gedanken von der Menschen Tun und Lassen zur Beförderung ihrer Glückseligkeit" (Aufklärungsphilosophie)
1721	Ende d. „Nordischen Krieges" (seit 1700) und der schwedischen Großmachtstellung; Rußland erhält durch den Frieden von Nystad die Ostseeprovinzen u. wird europäische Großmacht; Zar *Peter I.* nennt sich „Kaiser aller Reußen" *Robert Walpole* (* 1676, † 1745), Führer der Whigs, erster engl. Premier b. 1742; förd. freie Industrie u. Überseehand. durch Zollpolitik Dänemark besied. Grönland Preußen verbietet Auswand.	*Bodmer* gibt m. *Breitinger* „Die Discourse d. Mahlern" heraus (schweiz. moral. ästhetisch. Wochenschrift) *B. H. Brockes:* „Irdisches Vergnügen in Gott" (lyr. Gedichte, 9 Bde. bis 1748)	*Innozenz XIII.* Papst bis 1724; verbietet den Jesuiten die China-Mission *Montesquieu:* „Persische Briefe" (franz. Briefroman gegen Absolutismus) Russ. Patriarchat abgeschafft; Leitung d. Kirche an Heiligen Synod (Staatskirche mit Zar als Oberhaupt: Cäsaropapismus)
1722	† *John Churchill* Herzog *Marlborough*, engl. Feldherr und Staatsmann, Gegner *Ludwigs XIV.* (* 1650) Rußland erob. Baku u. Teile Vorderpersiens v. Persien (Friede 1723) Russ. Rangtabelle schafft Dienstadel in 14 Rangstufen	*Ludwig Holberg* (* 1684, † 1754, „Vater des dän. Lustspiels") beg. f. d. neugegrdte. Theater in Kopenhagen volkstüml. Lustsp. zu schreiben	*August d. Starke* vereinigt Bilder im „Stallgebäude" des Jüdenhof (gilt als Begrdg. d. Dresdner Gemäldegalerie) Graf *von Zinzendorf* gründet pietist. Herrnhuter Brüdergemeine mit Christuskult u. ausgedehnten Missionsplänen (Statut 1727)

Hoch-Barock Frz. Rokoko	Bach Händel	Eisenhüttenkunde	
August d. Starke grdt. Dresdner Kupferstichkabinett * *Bernardo Canaletto*, ital. Maler v. Städteansichten († 1780) * *Charles Eisen*, franz. Graphiker († 1778) * *Giambattista Piranesi*, ital. Kupferstecher († 1778) *Watteau*: „Gesellschaft im Park", „Firmenschild d. Kunsthändlers *Gersaint*" (frz. Gemälde) ≈ Rokoko in Frankr. (bis ~ 1775)	*J. S. Bach*: „Klavierbüchlein vor Friedemann" (Anfängerstücke), 3 Violinkonzerte *Händel*: „Esther" (Oratorium) ~ Allmähliches Aufkommen von Violinsonaten mit Klavierbegleitung ohne Generalbaß	* *Charles Bonnet*, frz. Philosoph und Naturforscher († 1793) *G. Graham*: Unruh mit Spiralfeder als Verbesserung der Taschenuhr	≈Englisches weißes Steingut wird Ausfuhrartikel Papiertapete in England Seeversicherungsmonopol in England
C. D. Asam: Klosterkirche Weltenburg (beg. 1715) *Fischer v. Erlach*: „Entwurf einer historischen Architektur" *Permoser*: „Apotheose des Prinzen Eugen" (Barockbildwerk) † *Antoine Watteau*, frz. Maler des Rokoko (* 1684)	*J. S. Bach*: „Brandenburgische Konzerte" (Sechs Concerti grossi für Markgraf *Christian Ludwig* v. Brandenburg) * *Barberina Campanini*, ital. Tänzerin († 1799) *Telemann* kommt nach Hamburg, wo er Musikdirektor sämtlicher Kirchen wird (komp. auch häufig f. d. Hamburger Oper)	Neuerfindung d. Geburtszange v. *Palfyn* (vgl. 1665)	* *Jeanne Antoinette Poisson* (Marquise de Pompadour) († 1764) Manufakturbesitzer in Rußland dürfen Dörfer einschl. der Arbeitskräfte kaufen In Marseille wütet eine der letzten Pestseuchen i. Europa (in Hamburg 1713, 11 000 Tote).
Franz von Beer: Kloster Weingarten (Barockbau, begonnen 1716) † *Christoph Dientzenhofer*, dt. Baum. (* 1655) *Permoser*: Figurenschmuck a. Dresdner Zwinger (s. 1718) *Pöppelmann*: Dresdner Zwinger (s. 1711); Barock-Umbau d. Moritzburg b. Dresden (bis 1730) * *Johann Heinrich Tischbein* (d. Ä.), dt. Maler († 1789)	*J. S. Bach*: „Notenbüchlein f. Anna Magdalena" (Suiten i. frz. Stil); „Wohltemperiertes Klavier. Erster Teil" (Präludien und Fugen in allen Tonarten; 2. T. 1744) *Johann Mattheson* (* 1681, † 1764): „Critica musica" (Anfänge einer dt. Musikkritik) Moderne Harmonielehre von *Rameau*	*Réaumur* und *Swedenborg* schaffen unabhängig wissenschaftliche Grundlagen der Eisenhüttenkunde *Jak. Roggeveen* (* 1654, † 1729) entdeckt a. Ostermontag die „Osterinsel" mit riesigen Steinfiguren einer polynesischen Kultur, darauf die Samoa-Inseln (vgl. 1533)	≈ Porterbier i. England

	Preußischer Beamtenstaat † *Zar Peter I.*	*Voltaire* *Swift*	*Aufklärung · Pietismus* *Wolff*
1723	Generaldirektorium als oberste preuß. Verwaltgs.-Instanz; strenger Gehorsam gegenüber dem Staat als Beamtenideal †*Scheng-tsu(Kang-hi)*, 2.chin. *Mandschu*-Kaiser seit 1662; brachte Tibet u. d. Mongolei unter chin. Herrschaft. Blüte des Landes hält unter seinen Nachfolgern an. Es folgt *Yung-Tscheng* bis 1735 (†)	† *Johann Christian Günther*, dt. lyrischer Dichter und Vagant zwischen Barock u. „Sturm und Drang" (* 1695) *Voltaire:* „La Henriade" (franz. historisches Epos)	*J. Anderson:* (schottisches) Konstitutionsbuch („Alte Pflichten") der Freimaurerei * *Johannes Bernhard Basedow*, dt. Pädagoge († 1790) * *Paul Heinrich Dietrich Holbach*, dt.-franz. materialist. Philosoph († 1789) *Picart:* „Über die religiösen Gebräuche aller Völker" (vergleichende Religionswissenschaft) *Wolff:* „Vernünftige Gedanken von den Wirkungen der Natur" (Aufklärungsphilosophie)
1724		* *Friedrich Gottlieb Klopstock*, dt. Dichter, Wegbereiter der Klassik († 1803)	*Benedikt XIII.* Papst bis 1730 (†) * *Immanuel Kant*, dt. Aufklärungsphilosoph († 1804) Chines. Kaiser verbietet Christentum (vgl. 1692)
1725	† *Peter I.* (der Große), Zar von Rußland seit 1689; europäisierte Rußland durch weitgehende Reformen; verfolgte Politik der Zugänge zu den Meeren (* 1672) *Katharina I.*, Witwe *Peters I.*, Zarin von Rußland bis 1727 (†); überläßt Regierung *Alex. Menschikow* (* 1672, † 1729 in d. Verbannung)	*Gottsched* gibt „Die vernünftigen Tadlerinnen" heraus (moral. Wochenschrift) *Pope* übers. d. „Odyssee" (Gesang 1–12) *Homers* ins Englische (übers. „Ilias" 1715–20) Faust-Buch des „Christlich Meynenden" (volkstüml. Auszug aus dem Faust-Buch des *Joh. Nik. Pfizer* v. 1674)	*Giovanni Battista Vico*(*1668, † 1744): „Grundzüge einer neuen Wissensch. über d. gemeinsch. Natur d. Völker" (ital. Begründung der Völkerpsychologie u. neueren, idealist. Geschichtsphilosophie) *Chr. Wolff:* „Vernünftige Gedanken von den Teilen der Menschen, Tiere und Pflanzen" (letzter Teil der Folge seit 1712, welche in dt. Sprache die Philosophie *Leibniz'* verbreitet) Zar *Peter I.* gründet Petersburger Akademie
1726		*Swift:* „Gullivers Reisen" (englische Zeitsatire)	*Scheuchzer* beschreibt einen fossilen Riesenmolch als einen „verruchten Sünder, so in der Sintflut ertrunken" (vgl. Spalte Wissenschaft) *Voltaire* geht nach zweimaliger Haft in der Bastille nach England (bis 1729) ~ „Ziffernschulen" für die Kinder Adliger i. Rußland

Hoch-Barock Frz. Rokoko	Bach Moderne Sonatenform	Mikroskopische Biologie	
† *Johann Bernhard Fischer von Erlach*, österreich. Barockbaumeister, bes. in Salzburg u. Wien (* 1656) * *Joshua Reynolds*, engl. Bildnismaler († 1792) † *Christopher Wren*, engl. Baumeister im klass. Stil u. Astronom, baute über 60 Kirchen und öffentl. Gebäude (* 1632) Klosterkirche Weingarten (beg. 1715)	*J. S. Bach* wird Thomaskantor in Leipzig als „Ersatz" f. d. ablehnenden *Telemann* *J. S. Bach*: „Johannespassion"; „Erbauliche Gedanken eines Tabakrauchers" (Arie)	† *Antony van Leeuwenhoek*, niederländischer Zoologe, Begründer der mikroskopischen Biologie. Gesammelte Werke (1722) in sieben Bänden (* 1632) „De Etruria regali" (Etruskologie) erscheint in Florenz	* *Adam Smith*, engl. Wirtschaftswisssenschaftler des aufkommend. Liberalismus († 1790)
J. L. von Hildebrandt: Belvedere bei Wien (Barockbau, begonnen 1714) * *Franz Anton Maulpertsch*, süddt. Maler des Hochbarock († 1796)	*Händel*: „Julius Cäsar" (Oper)	Missionar *Lafiteau* in Kanada fördert vergleichende Völkerkunde der Primitiven	Offizielle Pariser Börse eröffnet
* *Jean Baptiste Greuze*, franz. Maler († 1805) * *Ignaz Günther*, dt. Bildhauer des bayer. Rokoko († 1775) * *Martin Knoller*, österreich. Maler († 1804) ≈ Schwülstiger Barockstil in Spanien („Churriguerismus", nach dem spanischen Maler *José Churriguera*, * 1650, † 1723) Palais Preysing, München (beg. 1720) Span. Treppe in Rom (beg. 1721)	*Fux*: „Gradus ad Parnassum" (österr. Lehrbuch des Kontrapunkt. für Kirchentonarten) † *Johann Philipp Krieger (Krüger)*, dt. Komponist der neuen Liedoper u. von Kirchenmusik (* 1649) † *Alessandro Scarlatti*, ital. Komp., Schöpfer der neapolitan. Oper mit Dacapo-Arie und ital. Ouvertüre (* 1659) Erste öffentliche Konzerte (Concerts spirituels) in Paris	*Guillaume Delisle* (* 1675, † 1726): Karte von Europa (mit höheren Ansprüchen genügender Naturwahrheit)	* *Giacomo Girolamo Casanova*, ital. Abenteurer († 1798) ≈ Zweihundert Manufakturen in Rußland; Leibeigensch. verhindert stärkere Entwicklung ≈ Familienfideikommisse u. Stammgüter sichern in Österreich dem Adel Verbleib des Grundbesitzes in der Familie unabhängig von der wirtschaftlichen Lage
* *Daniel Chodowiecki*, dt. Maler u. Illustrator († 1801) † *Jakob Prand(t)auer*, österr. Baumeister, besonders Stiftsbauten (Melk) (* 1660) † *John Vanbrugh*, engl. Barockbaumeister und Lustspieldicht. (* 1664)	∼ Sonatenform mit zweitem Thema entsteht	Genaue Blutdruckmessungen von *Stephen Hales* (* 1677, † 1761) *J. J. Scheuchzer* hält Fossilien für organische Überreste der Sintflut und verdrängt dadurch die Lehre, sie seien anorganische Gebilde einer spielerischen „plastischen" Kraft der Erde	

	Flucht d. Kronprinzen v. Preußen	Aufklärung Karoline Neuber	Aufklärung · Pietismus Freimaurerei
1727	† *Georg I.*, König von England seit 1714 u. Kurfürst v. Hannover seit 1698 (* 1660) *Georg II.*, König von England bis 1760 (†) † *Katharina I.*, Zarin von Rußland seit 1725 (* 1684) *Peter II.*, Zar von Rußland bis 1730 (†) Der Günstling *Katharinas I.*, *Menschikow*, wird nach Sibirien verbannt	Die *Neubersche* Theatertruppe beginnt ihre Arbeit; pflegt dt. Theater im klassischen frz. Stil *Pope*, *Swift* u. *Arbuthnot* geben satir.-humoristische Zeitschr. „Miscellanies" heraus	† *August Hermann Francke*, dt. pietistischer Pädagoge u. Theologieprofessor (*1663) ∼ *Chr. Wolff*: „Die Hauptabsicht der Welt ist diese, daß wir daraus Gottes Vollkommenheit erkennen sollen" (charakteristische These d. Aufklärungsphilosophie) *C. F. Neikel* veröff. 1. dt. museumskundl. Werk
1728		*Gottsched*: „Ausführliche Redekunst"	*Ephraim Chambers* (* 1680, † 1740): „Cyclopaedia or universal dictionary of arts and sciences" (engl. Lexikon; Vorbild d. frz. Enzyklopädie von 1751) † *Christian Thomasius*, dt. Philosoph (* 1655) Freimaurerloge in Madrid (bald durch Inquisition radikal unterdrückt)
1729	* *Katharina II.* (die Große), Prinzessin v. Anhalt-Zerbst, Zarin von Rußland 1762 bis 1796 (†)	* *Gotthold Ephraim Lessing*, dt. Dichter und Kritiker († 1781) *Haller*: „Die Alpen" (schweiz. Lehrgedicht) *Tersteegen*: „Geistliches Blumengärtlein inniger Seelen" (christl. - mystische Dichtung)	* *Moses Mendelssohn*, dt. Aufklärungsphilosoph u. Vorkämpfer für die Judenemanzipation († 1786) *Friedr. Karl v. Schönborn* (*1674, † 1743) Fürstbischof von Würzburg (Hauptbauherr d. Residenz)
1730	*Friedrich II.*, Kronprinz v. Preußen, flüchtet vor seinem Vater u. erh. Festungshaft; s. Freund *Katte* wird hinger. **Friedrich Wilhelm v. Steuben*, dt. General im nordamerikanischen Unabhängigkeitskrieg († 1794)	*Gottsched*: „Versuch einer kritischen Dichtkunst für d. Deutschen" *James Thomson* (* 1700, † 1748): „Die Jahreszeiten" (engl. beschreibendes Epos seit 1726; dt. übers. von *Brockes*)	* *Johann Georg Hamann*, dt. religiös. Philosoph († 1788) *Klemens XII.* Papst bis 1740 Freimaurerloge in Philadelphia (Nordamerika)

Hoch-Barock Frz. Rokoko	Matthäuspassion Bettleroper	Euler Zahnheilkunde	
* *Francesco Bartolozzi*, italien. Kupferstecher († 1815) * *Thomas Gainsborough*, engl. Maler († 1788) *L. von Hildebrandt:* Schloß Mirabell in Salzburg (Barockbau, beg. 1721)	„American Philosophical Society" (Wissenschaftliche Gesellschaft) in Philadelphia gegründet	*Euler* a. d. Petersburger Akad. (b. 1741) † *Isaac Newton*, engl. Physiker und Mathematiker (* 1643) *Joh. Heinr. Schulze* (* 1687, † 1747) entdeckt Lichtempfindlichkeit der Silbersalze (Grundlage der Photographie)	Quäker fordern Abschaffung der Sklaverei (von 1680 bis 1786 wurden über zwei Millionen Negersklaven nach Amerika gebracht) Russ. Gesandtsch. u. Handelsniederl. in Peking Erstes bekannt. Heiratsinserat (in Manchester)
* *Robert Adam*, schott. Baumeister; klassizist. „*Adam*stil" († 1792) * *Anton Raphael Mengs*, dt. Maler († 1779) *J. Munggenast* u. *M. Steindl:* Klosterkirche i. Dürnstein (seit 1721; gilt als übersteigertes Hochbarock)	*John Gay* (* 1685, † 1732): „The Beggar's Opera" („Bettleroper"; engl. satirisch. Singspiel, Parodie auf ital. Oper) * *Nicola Piccini*, ital. Komponist d. „opera buffa" († 1800)	*Bering* durchfährt die nach ihm benannte Straße zw. Nordamerika und Asien *James Bradley* (* 1692, † 1762) entdeckt Aberration des Fixsternlichtes; dad. wesentl. Verbess. der Beobachtungsgenauigkeit *Pierre Fauchard* begr. selbständige Zahnheilkunde Walzbleche von *Hanbury* (statt Schmiedebleche) * *Joh. Heinr. Lambert*, dt. Phys. u. Philos. († 1777)	
François de Cuvilliés (* 1695, † 1768): Schloß Falkenlust bei Brühl (mit reichem Rokoko-Stuckwerk) † *Johann Friedrich Eosander (von Göthe)*, dt. Barockbaumeister (* ~ 1670) * *Pierre Antoine Taessert*, niederländ. Bildhauer († 1788) Schloß Mannheim (beg. 1720)	*J. S. Bach:* „Matthäuspassion" (Zweite Aufführung erst 1829) *J. S. Bach* beend. sein intens. kirchenmusikalisches Schaffen. Die 3 bis 5 Kantatenjahrgänge seit 1723 schöpfen wesentlich aus seinem eigenen weltl. Werk, bes. der Köthener Zeit 1717–23	Erster Sternatlas auf Grund von Fernrohrbeobachtungen (2866 Sterne) von *John Flamsteed* (* 1646, † 1719) * *Johann Reinhold Forster*, dt. Naturforscher († 1798) Stereotypie zur Vervielfältigung von Druckplatten durch *William Ged* († 1749) *Stephan Gray* (* 1670, † 1736) unterscheidet elektr. Leiter u. Nichtleiter * *Lazzaro Spallanzani*, ital. Biologe († 1799)	Opiumverbot in China (Opiumrauchen war nach 1650 aufgekommen) *J. Flamsteed* (* 1646, † 1719): Himmelsatlas mit 3000 Sternen in England
Boucher kehrt aus Rom n. Paris zurück, wo er sich zum Modemaler entwickelt Wallfahrtskirche in Gößweinstein/Oberfr. n. Plänen von *B. Neumann* (vollend. 1739)	*J. A. Hasse:* „Artaserse" (dt. Oper i. ital. Stil) Klosterpalast in Mafra (portug. Hochbarockbau) seit 1717	*René Réaumur* (* 1683, † 1757) baut Weingeistthermometer mit der nach ihm benannten Gradeinteilung	

	Militärmacht Preußen	*Aufklärung* *Gottsched*	*Aufklärung* *Voltaire*
1731	Reichsgewerbegesetz hebt Autonomie der Zünfte auf und stellt sie unter Staatsaufsicht; schafft Ausweiszwang („Kundschaften") für Gesellen auf der Wanderung; wendet sich gegen Arbeitskämpfe im Handwerk. In den Reichsstädten setzt sich das Gesetz nicht durch	* *Ramon de la Cruz*, span. Bühnendichter († 1794) † *Daniel Defoe*, engl. Dichter (*∼ 1659) * *Katharina Elisabeth Textor*, Mutter *Goethes* († 1808) *Antoine - François Prévost d'Exiles* (* 1697, † 1736): „Geschichte des Chevalier des Grieux und der Manon Lescaut" (franz. empfindsamer Liebesroman, s. 1728) * *Sophie von La Roche* (geb. *Gutermann*), dt. Dichterin († 1807)	*Voltaire*: „Gesch. Karls XII." (frz. romanhafte Biographie) Neapel verbietet Freimaurerei Der Erzbischof v. Salzburg vertreibt 26000 Protestanten (werden in Preußen angesiedelt) ≈ Auflösung d. mittelalterlichen geheimbündlerischen Bauhütten, deren Tradition teilweise auf die Freimaurerei übergeht
1732	* *George Washington*, erster Präsident der USA von 1789 bis 1797 († 1799) * *Stanislaus II.*, letzter polnischer König von 1764 bis 1795 († 1798)	*Gottsched*: „Der sterbende Cato" (Schauspiel nach frz. Muster) *Voltaire*: „Zaïre" (französ. Drama) ∼ „Der Hertzog von Luxemburg" (dt. Volksbuch über *François Henri de L.* * 1628, † 1695)	*F. Algarotti*: „Die Lehre Newtons für die Dame" (ital. Popularisierung) *de Liguori* gründet kathol. Redemptoristen-Orden, Londoner Freimaurergroßloge nimmt Juden auf
1733	† *Friedrich August I.* (der Starke), Kurfürst von Sachsen seit 1694 und König von Polen als *August II.* seit 1697 (* 1670) „Polnischer Erbfolgekrieg" (bis 1738) beginnt um den Sohn *Friedr. Aug. I.*, *Friedrich August II.*, gestützt von Österreich und Rußland, und *Stanislaus Leszczynski*, gestützt von Frankreich und Spanien Kantonsystem in Preußen rekrutiert aus 2,5 Millionen Einwohnern 83000 Mann; Landadel stellt Offiziere	* *Christoph Martin Wieland*, dt. Dichter u. Philosoph († 1813)	* *Friedrich Nicolai*, dt. Literaturkritiker († 1811) *Pope*: „Essay on Man" (engl. Aufklärungsphilosophie)
1734	Kurfürst *Friedr. August II.* von Sachsen, seit 1712 kathol., späterer Gegner *Friedrichs II.* von Preußen, wird mit russischer Hilfe König von Polen als *August III.* bis 1763 (†) (* 1696)	*François Gayot de Pitaval* (* 1673, † 1743): „Berühmte und interessante Kriminalfälle" (wird bis zu zwanzig Bänden fortges.)	*Joh. Matth. Gesner* (*1691, † 1761) Prof. i. Göttingen (reform. d. klass. Unterr. an gelehrten Schulen) **Fr. Mesmer*, Theolog. und Medizin. († 1815) *Montesquieu*: „Ursachen d. Größe u. d. Verfalls d. Römer" (frz.)

Hoch-Barock Franz. Rokoko	Bach · Händel Buffo-Oper	Fortschritte der Chemie	
~ *Nicolas Lancret:* „Die Tänzerin Camargo" (frz. Gem.)	*J. S. Bach:* „Clavierübung" I. Teil (II. 1735) *Johann Adolf Hasse* (*1699, † 1783) kommt als Operndirigent n. Dresden; ist mit der ital. Opernsängerin *Faustina Bordoni* verheiratet (unter ihm blüht die ital. Oper in Dresden)	*Alexis Claude Clairaut* (* 1713, † 1765) beschäftigt sich erstmalig mit mathematisch. Kurven im Raum *Hadley:* Spiegelsextant (vgl. 1701) *J. J. Scheuchzer:* „Physica sacra od. Naturwiss. d. Hl. Schrift" (4 Bde. m. 750 Tafeln b. 1735) 1062 km langer Kanal zwischen Petersburg (Ostsee) und Wolga (Kaspisches Meer); beendet 1799	≈ Verbot für die engl. Fabrikarbeiter, nach den nordamerikanischen Kolonien auszuwandern Boerhaave betont Heilkraft des Fiebers
R. Donner: Hl. Martin (Plastik i. Dom zu Preßburg) * *Honoré Fragonard,* franz. Maler († 1806) * *Carl Gotthard Langhans,* dt. Baumeister d. Klassizismus († 1808) † *Balthasar Permoser,* dt. Barockbildh. vorw. in Dresden (* 1651)	* *Josef Haydn,* österr. Komponist († 1809) *Johann Gottfried Walther:* „Musikalisches Lexikon" (erstes umfassendes) „Academy of ancient music" (Akademie zur Pflege der Musik) in London gegründet	*H. Boerhaave:* „Elementa Chemiae" (als klassisch geltendes, ndl. Lehrbuch d. medizin. Chemie) ~ Chemische Zusammenhänge zwischen Base, Säure, Salz werden zunehmend klarer erfaßt	Hauptgestüt Trakehnen (Ostpr.) gegründet König *Friedrich Wilhelm I.* von Preußen siedelt in dem durch Pest entvölkert Ostpreußen 17000 vertriebene Salzburger Protestanten an
Gebr. *Asam:* St. Joh.-Nepomuk-Kirche in München (Rokoko-Bau, bis 1746) *Jean-Marc Nattier* (* 1685, † 1766): „Das Bad" (frz. höfische Rokoko-Malerei) *J. B. Neumann:* Klosterkirche Holzkirchen (beg. 1724) * *Okyo,* japan. Maler († 1795) Schloß Ludwigsburg bei Stuttgart (Barockbau nach d. Versailler Vorbild; beg. 1703)	*J. S. Bach:* „H-moll-Messe" † *François Couperin,* franz. Komponist des „galanten Stils", bes. Klaviermusik (*1668) *Pergolesi:* „La Serva Padrona" („Die Magd als Herrin", ital. Oper, erste maßgeb. Buffo-Oper)	* *Joseph Priestley,* engl. Chemiker u. materialistischer Philosoph († 1804) ~ *Charles François Dufay* (* 1698, † 1739) unterscheid. „Glas"- u. „Harz"-Elektrizität (später „plus" und „minus" genannt) *Swedenborg:* „Philosophische u. mineralog. Werke" (lat., schwed. Naturlehre, 3 Bde. b. 1734) *A. de Moivre* (* 1667, † 1754) frz. Mathematiker, findet Gesetz der statistischen Fehler (Glockenkurve)	*Fr. August I. (d. Starke)* (†) hatte von zahlr. Mätressen viele Kinder
F. Cuvilliés: Schloß Amalienburg in Nymphenburg (vollend. 1739) * *George Romney,* engl. Bildnismaler († 1802)	*J. S. Bach:* „Weihnachtsoratorium" ~ *Händel:* Orgelkonzerte (20 bis 1740), Concerti grossi Opus 3	† *Georg Ernst Stahl,* preuß. königl. Leibarzt und Chemiker (* 1660) „Gr. Nord. Expedition" in d. Arktis d. Petersburger Akademie (bis 1743) mit russ., dt. u. frz. Forschern (*Bering, Gmelin, Steller* u. a.)	Aufhebung der Vorrechte der Franz.-Westindischen Kompagnie Feldlazarett - Reglement in Preußen

	Polnischer Erbfolgekrieg	Aufklärung Karoline Neuber	Aufklärung Freimaurerei
1735	Vorfriede zu Wien i. „Poln. Thronfolgekrieg" (vgl. 1738) ≈ 1679–1789 emanzipiert sich das Bürgertum in Großbritannien (1679), USA (1776) und Frankreich (1789). Dies ist eine wichtige Voraussetzung für die folgende Industrialisierung (vgl. 1776, 1801, 1822)	*Karoline Neuber:* „Die Umstände der Schauspielkunst in alle vier Jahreszeiten" *Le Sage:* „Gil Blas" (franz. Schelmenroman, vier Bände, seit 1715)	
1736	† Prinz *Eugen von Savoyen,* seit 1693 Kaiserl. Feldmarschall, siegr. i. d. Türkenkriegen (* 1663) *Maria Theresia* heiratet Herzog *Franz Stephan von Lothringen,* der sein Stammland mit Toskana vertauschen muß (vgl. 1735 u. 38); aus dieser Ehe gehen sechzehn Kinder hervor Kaiser *Kautsung (K'ienlung)* in China bis 1796 (†); unter ihm größte Ausdehnung d. *Mandschu*-Reiches (1644 bis 1912)		England hebt die Bestrafung von „Hexen" auf (vgl. 1712)
1737	Toskana an Hzg. *Franz Stephan v. Lothringen* * Graf *Aleksej Orlow,* russischer Politiker u. Großadmiral († 1808) * *Thomas Paine,* Vorkämpfer f. d. polit. Unabhängigkeit Nordamerikas († 1809) *Karl Eugen* (* 1728, † 1793) autokrat. Hzg. v. Württemberg Landesvater *Schillers*	Die *Neuberin* verbannt, durch *Gottsched* beeinflußt, den „Hanswurst" aus dem ernsten Theaterstück, weil das mit ihm verbundene Stegreifspiel d. klass. frz. Stil widerspricht	*v. Zinzendorf* zum Bischof d. Herrnhuter Brüdergemeine geweiht Univ. Göttingen gegründet Erste dt. Freimaurerloge „Absalom zu den 3 Nesseln" in Hamburg gegründet Freimaurerlogen in Frankreich verboten

Hogarth *Frz. Rokoko*	*Bach · Händel*	*Linné* *Nordische Expedition*	
∼ *G. Boffrand:* Salon de la Princesse im Hotel de Soubise in Paris (Rokoko-Innenarchitektur; Deckengem. v. *Ch. J. Natoire* [* 1700, † 1777]) *Hogarth:* „Das Leben einer Dirne", „Das Leben eines Wüstlings" (engl. Gemälde, in Stichen vervielfältigt) Stiftskirche in Einsiedeln (Schweiz) (erb. seit 1704 von *Kaspar Moosbrugger* (* 1665, † 1723) u. Gebr. *Asam*) Trevi-Brunnen, Rom (bis 1762)	* *Johann Christian Bach*, letzter Sohn *J. S. Bachs*, dt. Komponist († 1782) *J. S. Bach:* Klavierkonzerte im ital. Stil	*Abraham Darby* (Sohn, * 1698, † 1754) schmilzt Eisenerz im Koks-Hochofen (vgl. 1713) Theorie der Passatwinde von *Hadley* ∼ *Huntsman:* Tiegel-(Guß-) Stahl *Linné:* „Systema naturae", Band I (Einteilung von sechs Tierklassen und vier Menschenrassen; schwed.)	
* *Jean Jacques de Boissieu*, frz. Maler u. Radierer († 1810) Fassade von St. Roche in Paris nach Entw. v. *Robert de Cotte* (* 1656, † 1735); leitete vom frz. Prunkstil zum Rokoko über * *Friedrich Wilhelm von Erdmannsdorf*, dt. Baumeister des Klassizismus († 1800) * *Anton Graff*, dt. Bildnismaler († 1813) † *Matthäus Daniel Pöppelmann*, dt. Baumeist. des Barock (* 1662) Benediktinerstift Melk (beg. 1701 v. *Prand[t]auer*) *Rastrelli* kaiserl. Architekt in Petersburg	*J. S. Bach:* „Osteroratorium" *Pergolesi:* „Stabat mater" (ital. Kirchenmusik für Singstimmen, Orgel u. Orchester) † *Giovanni Battista Pergolesi*, ital. Komponist, bes. d. Opera buffa (* 1710) *G. Silbermann:* Orgel f. d. Frauenkirche in Dresden (seit 1732)	Systematische Anwendung des Fieberthermomet. d. *Hermann Boerhaave* (* 1668, † 1738), der das Wort prägte: „Der Arzt ist Diener der Natur" *Euler:* „Mechanica" (erk., daß kräftefreier Körper auf einer Fläche kürzester „geodätischer Linie" folgt) * *Joseph Louis Lagrange*, frz. Mathematiker († 1813) *Ward* schafft die Grundlagen für die Fabrikation der Schwefelsäure im Bleikammerprozeß (industrielle Auswertung ab 1746) * *James Watt*, engl. Erfinder d. modernen Dampfmaschine († 1819) Kautschuk kommt nach Europa	
∼ * *John Singleton Copley*, nordamerikan. Maler († 1815) *Guarino Guarini:* „Bürgerliche Baukunst" (italien. Kunsttheorie, posthum) *Knobelsdorff:* Schloß Rheinsberg (Umbau d. Wohnsitzes *Friedrichs* [II.] v. Preußen)	*Rameau:* „Castor und Pollux" (frz. Oper) † *Antonio Stradivari*, ital. Geigenbauer aus Cremona (* 1644)	∼ Erforschung der Pflanzenwelt Sibiriens durch *Joh. Georg Gmelin* (* 1709, † 1755) auf d. Nord. Expedition b. 1743 (schreibt „Flora Sibirica" 1749) Gradmessungen in Lappland und Peru (bis 1744) durch d. frz. Akademie beweisen Abplattung der Erde an den Polen	

	Friedrich II. (d. Gr.) *1. Schlesischer Krieg*	*Aufklärung Anakreontiker*	*Aufklärung Voltaire*
1738	Ende des „Polnischen Thronfolgekrieges“ (seit 1733); *Leszczynski* erhält Lothringen; Österreich verliert Neapel-Sizilien an die span. *Bourbonen*; erhält dafür Parma u. Piacenza. Rußlands Kandidat *August III.* v. Sachsen als Kg. v. Polen anerkannt	*Friedrich von Hagedorn* (* 1708, † 1754): „Versuch in poetischen Fabeln und Erzählungen“ (u. a. „Johann, der muntre Seifensieder“) *Johann Gottfried Schnabel* (* 1692, †~ 1750): „Der im Irrgarten der Liebe herumtaumelnde Cavalier“ (galanter Roman) *J. Thomson:* „Alfred“ (engl. Operndrama mit „Rule Britannia“)	Kronprinz *Friedrich II.* von Preußen tritt Freimaurerloge bei Päpstl. Bannfluch gegen Freimaurerei *Voltaire:* „Elemente der Philosophie Newtons“ (frz.) Die engl. Prediger *John Wesley* (* 1703, † 1791), sein Bruder *Charles W.* (* 1707, † 1788) und *George Whitefield* (* 1714, † 1770) begründen „Methodisten“-Bewegung („Gnade durch Bußkampf“) als Zweig der anglikanischen Kirche
1739	Ende des Krieges zwischen Österreich-Rußland und Türkei (seit 1735); Österreich verliert an die Türkei seine Eroberungen von 1718 Eroberungszug der Afghanen nach Indien; Delhi wird geplündert * *Grigory* Fürst *Potemkin*, russischer Feldherr († 1791)	~ *Gleim, Götz, Rudnik* und *Uz* dichten als Studenten in Halle im vermeintlichen Stil *Anakreons* Wein- und Liebeslieder (Anakreontiker) * *Christian Schubart*, dt. Dichter und Komponist († 1791)	Kronprinz *Friedrich (II.)* v. Preußen: „Antimachiavel“ (aufgeklärte Staatsphilosophie im Gegensatz zu *Machiavellis* „Il principe“ von 1513) *Hume:* „Traktat über die menschliche Natur“ (engl. Aufklärungsphilosophie) *Joh. Ev. Holzer* (* 1709, † 1740): Kuppelmalerei in St. Anton (Wallfahrtskirche in Partenkirchen)
1740	† *Karl VI.*, römisch-dt. Kaiser seit 1711 und König von Ungarn (* 1685) *Karl VII. Albrecht* von Bay. röm.-dt. Kaiser bis 1745 (†) *Maria Theresia* Königin von Ungarn und Erzherzogin von Österreich bis 1780 (†) † *Friedrich Wilhelm I.*, („Soldaten“-) König von Preußen seit 1713 (* 1688) *Friedrich II.* (der Große) König von Preußen bis 1786 (†); Vertreter des „aufgeklärten Absolutismus“, Anhänger der franz. Kultur; beginnt „Ersten Schlesischen Krieg“ (bis 1742) gegen *Maria Theresia*	* *Carl Michael Bellman*, schwed. Dichter († 1795) *J. J. Bodmer:* „Critische Abhandlungen von d. Wunderbaren in der Poesie“ *J. J. Breitinger:* „Critische Abhandlung von der Natur, den Absichten und dem Gebrauch der Gleichnisse“ * *Matthias Claudius*, dt. Dichter († 1815) *Konrad Ekhof* (* 1720, † 1778) Schauspieler b. d. Truppe *Schönemann* (1771 in Weimar, 1774 Dir. d. Gothaer Hoftheaters) *Samuel Richardson* (* 1689, † 1761): „Pamela“ (engl. Briefroman, gilt als gr. Gesellschafts- u. Familienrom.)	*Benedikt XIV.* Papst bis 1758 (†) (wegen seiner Toleranz auch von *Voltaire* u. *Friedrich II.* geschätzt) *Swedenborg:* „Die Verehrung und Liebe Gottes“ (schwed. Theosophie, lat.) *Friedrich II.* v. Preußen ruft d. Aufklärungsphilosophen *Chr. Wolff* nach Halle zurück, von wo er 1723 von d. Pietisten vertrieben worden war; bemerkt: „Die Religionen Müssen alle Tollerieret werden...“ Universität Philadelphia gegründet

Hoch-Barock Französisches Rokoko	Bach · Händel	Nordische Expedition A. v. Haller	
† *Georg Bähr*, dt. Barockbaumeister, u. a. protest. Frauenkirche in Dresden seit 1726 (* 1666) *Brühl*'sche Terrasse, Dresden *Gaetano Chiaveri* (* 1689, † 1770) beg. Hofkirche in Dresden (b. 1755, im ital. Stil) *J. B. S. Chardin:* „Köchin, Geschirr scheuernd" (frz. Gem.) * *Benjamin West*, nordamerikanischer Maler († 1820)	*Händel:* „Xerxes" (Oper); nach körperlichem u. geschäftlichem Zusammenbr. infolge Fehlschlags seiner Opern wendet sich *Händel* in London dem Oratorium zu: „Israel in Ägypten" (Oratorium); „Saul" (Oratorium); sechs „Concerti grossi" mit Oboen	*Daniel Bernoulli* (* 1700, † 1782) leitet das Gasgesetz von *Robert Boyle* (1662) aus der Vorstellung bewegter Gasatome ab; formuliert Gesetz strömender Flüssigkeiten *Euler* begrdt. Variationsrechnung * *Friedrich Wilhelm Herschel*, dt. Astronom und Fernrohrbauer († 1822) *G. W. Steller* bereist Kamtschatka i. russischen Auftrage bis 1741 Streckwalzen v. *Wyatt* f. Spinnmaschine	*Joseph Süß Oppenheimer* („Jud Süß") durch den Strang hingerichtet (* 1698); er war Finanzrat d. Herzogs *Karl Alexander* von Württemberg († 1737), der mit ihm gemeinsam das Land ausbeutete Börse in Berlin Herstellung der Schwarzwälder Kuckucksuhren beg.
† *Cosmas Damian Asam*, dt. Maler des Barock, besond. Dekorationen (* 1686) *Edme Bouchardon* (* 1698, † 1762): Zierbrunnen in Paris (frühklassizistisch) *Boucher:* „Das Frühstück" (franz. Gem.) *Georg Raphael Donner* (* 1693, † 1741): Neumarkt-Brunnen in Wien (seit 1737) *Pesne:* „Friedrich II. als Kronprinz"	*J. S. Bach:* „Deutsche Orgelmesse" * *Karl Ditter von Dittersdorf*, dt. Komponist († 1799) *Händel:* Zwölf Concerti grossi f. Streicher op. 6 † *Reinhard Keiser*, dt. Opernkomp. (* 1674) *Johann Mattheson* (* 1681, † 1764): „Der vollkommene Kapellmeister" *Rameau:* „Dardanus" (franz. Oper)	∼ *A. v. Haller:* Versuche u. Theorie zur Muskelerregbarkeit „Göttingische Anzeigen von gelehrten Sachen" als wissenschaftliche Bibliographie begründet Schwedische wissenschaftliche Akademie gegründet	Berliner Börse erhält Börsenordnung Ostasiatische Kamelie kommt nach Europa
Boucher: „Der Triumph der Galatea" (franz. Gemälde) *J. M. Fischer:* Klosterkirche Zwiefalten (Spätbarock) m. Fresken von *F. J. Spiegler*, Stuck von *J. M. Feuchtmayer*, Chorgestühl von *J. Christian* (beend. 1769) † *Johann Kupetzky*, österr.-böhm. Bildnismaler des Barock (* 1667) *Tiepolo:* „Triumph der Amphitrite" (it. Gem.) Christiansborg, Kopenhagen (beg. 1731)	Ital. Operntruppe in Hamburg (dt. Oper bestand 1678–1738) ∼ Die frz. Tänzerin *Maria Anna de Camargo* führt kurzen Ballettrock ein	*Jean Astruc:* „Über die Geschlechtskrankheiten" *de la Contamine* legt frz. Akademie Kautschuk aus Südamerika vor *Lazarro Moro* (* 1687, † 1740) führt alle Landmassen und Gebirge auf vulkanische Hebungen zurück („Vulkanismus"), dagegen gleichzeitig *Demaillet* auf Meeresablagerungen („Neptunismus") *Lewis Paul:* Spinnmaschine mit Strickwalzen ∼ Erste Koks-Hochöfen in Engl. (vgl. 1735; 1796 in Gleiwitz; erste dt. Hochöfen ≈ 1600)	„Berlinische Nachrichten von Staats- und gelehrten Sachen" erscheint Abschaffung der Folter in Preußen und der Hexenprozesse in Österreich Orden „Pour le merite" i. Preußen (Friedensklasse 1842) *Friedrich II.:* „Gazetten... solten nicht geniret werden..." Pocken in Berlin (etwa jeder siebente stirbt) ∼ Unterscheidung zwischen Sonnen- u. Regenschirm

	Österreichischer Erbfolgekrieg	Aufklärung Gottsched · Neuberin	Aufklärung Voltaire
1741	*Maria Theresia* verteidigt ihre Erbfolge gemeinsam mit England und den Niederlanden gegen Frankreich, Spanien, Preußen u. Bayern: „Österreich. Erbfolgekrieg" bis 1748; franz.-bayr. Truppen erobern Prag Sturz des Zaren *Iwan VI.* durch Palast-Revolution; *Elisabeth*, Tochter Zar *Peters I.*, Zarin bis 1762 (†) (* 1709)	*Bodmer:* „Kritische Abhandlung über den Gebrauch des Wunderbaren in der Poesie" (schweiz. Kritik an *Gottsched*) *David Garrick* (* 1716, † 1779), engl. Schauspieler und Theaterleiter, tritt in London als Richard III. auf *Gottsched* überwirft sich mit *Karoline Neuber* *Schwabe:* „Belustigungen d. Verstandes u. des Witzes" (Almanach mit Beiträgen v. *Gellert*, *G. W. Rabener* u. a.; erscheint bis 1745, als „Bremer Beiträge" bis 1759) Wiener Burgtheater gegrdt. (ab 1776 Nationaltheater)	*Johann Peter Süßmilch*, preuß. Feldgeistl. (* 1707, † 1767): „Betrachtungen über die göttliche Ordnung in den Veränderungen d. menschlichen Geschlechts aus der Geburt, dem Tode und der Fortpflanzung desselben erwiesen" (grundlegende theoretische Bevölkerungsstatistik)
1742	Preußen erhält im Bündnis mit Frankreich Grafschaft Glatz, Ober- u. Niederschlesien von Österreich; *Maria Theresia* gewinnt Böhmen zurück und besetzt Bayern * *Gebhard Leberecht* Fürst *von Blücher*, preußischer Heerführer († 1819) Im „Österr. Erbfolgekrieg" erobert England franz. Besitzungen in Amerika und Indien	*Claude Prosper Jolyot de Crébillon* (* 1707, † 1777): „Le sopha" (frz. erot. Roman) *Fielding:* „Joseph Andrews" (engl. Roman, gegen die moralische Empfindsamkeit *Richardsons*) * *Georg Christoph Lichtenberg*, dt. Schriftsteller und Physiker († 1799) *Voltaire:* „Mahomet" (frz. Drama) *Edward Young* (* 1683, † 1765): „Nachtgedanken über Leben, Tod und Unsterblichkeit" (engl. empfindsame Gedichte bis 1745, „Weltschmerz"-Dichtung)	~ „Großes vollständiges Universallexikon aller Wissenschaften und Künste" erscheint (68 Bde. 1731-1754) Univ. Bayreuth gegründet (1743 nach Erlangen verlegt)
1743	Englische Truppen drängen die franz. Streitkräfte in Mitteleuropa über den Rhein zurück * *Thomas Jefferson,* zweiter Präsident der USA von 1801 bis 1809 (†), Verfasser der Unabhängigkeitserklärung Rußland erhält Karelien von Finnland	*Gellert:* „Lieder" *Joh. G. Schnabel:* „Insel Felsenburg" (anonym seit 1731, Robinsonade) *Voltaire:* „Mérope" (franz. Drama)	* *Antoine Condorcet*, franz. Philosoph und Mathematiker († 1794) Judenpogrome in Rußland Univ. Santiago (Chile) gegr.

Hoch-Barock Französisches Rokoko	Italienische Oper in Berlin	Nordische Expedition Gewitter-Elektrizität	
† *Georg Raphael Donner*, österr. Bildhauer des Rokoko mit klassizistischen Anklängen (* 1693) * *Jean Antoine Houdon*, franz. Bildhauer († 1828) *J. J. Kändler:* Schwanenservice f. d. Grafen *Brühl*, „August III." (Meißner Porzellan) * *Angelika Kauffmann*, schweiz. Malerin († 1807) * *Jean Michel Moreau*, franz. Kupferstecher u. Illustrator († 1814)	† *Johann Josef Fux*, österr. Komponist u. Musiktheoretiker (* 1660) *Gluck:* „Artaserse" (G.s erste Oper, noch im italien. Stil) *Johann Joachim Quantz* (* 1697, † 1773) wird Hofkomponist u. Lehrer *Friedrichs II.* *Rameau:* „Klavierstücke" (franz.) † *Antonio Vivaldi*, ital. Geiger u. Komponist, besonders von Violinkonzerten (* ~ 1680) „Großes Konzert" in Leipzig (ab 1781 „Gewandhauskonzert")	† *Vitus Bering*, russ. Seeoffizier, kurz nach der Entdeckung der Aleüten und der Küste Alaskas (* 1680 in Jütland) *Euler* kommt a. d. Preuß. Akademie, Berlin (geht 1766 n. Petersburg zurück) *Georg Wilhelm Steller* (* 1709, † 1746) beschr. auf d. Nord. Exped. die Seekuh, die ~ 1768 ausstirbt	Gesetzliche Förderung des engl. Straßenbaus
Boucher: „Diana im Bade", „Venus, Merkur und Amor" (fransösische Gem.) ~ *K. I. Dientzenhofer* vollendet 1732–51 St.-Nikolaus - Kleinseite, Prag (vgl. 1711)	*J. S. Bach:* „Goldberg-Variationen" (30 Variationen für Cembalo) Einführung der ital. Oper in Berlin durch *Karl Heinrich Graun* (* 1704, † 1759), dt. Kapellmeister und Komponist * *André Grétry*, franz. Komponist († 1813) *Händel:* „Messias" (Oratorium m. d. berühmten „Hallelujah") Uraufführung in Dublin	*Anders Celsius*, schwed. Astronom (* 1701, † 1744), führt die heute gebräuchl. Thermometerskala ein *Colin Maclaurin* (* 1698, † 1746): „A Treatise on Fluxions" (engl. math. Analysis) *B. Franklin* zieht aus der Schnur eines Drachens bei einem Gewitter Funken † *Edmund Halley*, engl. Astronom (* 1656) *Tscheljuskin* umfährt mittels Schlitten nördlichstes Kap Asiens Wissenschaftliche Akademie in Kopenhagen gegr.	*Gellert:* „Gedanken von einem guten deutschen Briefe" (im Gegensatz zu dem damals „empfindsamen" Briefstil) *Nikolaus Sererhard:* „Schaschaplana Bergreis" (beschr. seine Schesaplana-Überschreitung 1730) Elbe-Havel-Kanal gebaut
Knobelsdorff: Berliner Opernhaus im klassizistisch. Stil (s. 1741) und Flügel des Charlottenburger Schlosses (seit 1740) *B. Neumann* beg. Wallfahrtskirche Vierzehnheiligen a. Main (vollendet 1771)	* *Luigi Boccherini*, ital. Komponist († 1805) *Händel:* „Samson", „Semele" u. „Joseph" (Oratorien), „Dettinger-Tedeum" (wegen d. engl.-dt. Sieges über Frankr. b. Dettingen)	*d'Alembert* entw. sein Prinzip d. Kräftegleichgew. b. Bewegungsvorgängen * *Antoine Lavoisier*, frz. Begrd. d. modernen, quantitativen Chemie (†, hingerichtet 1794) Die „Gr. Nordische Expedition" d. Petersburger Akademie stellte s. 1734 wahren Küstenverlauf Sibiriens fest (zahlr. Teilnehmer, darunter *Bering*, starben an Skorbut)	* *Marie Jeanne Dubarry* (geb. *Bécu*); Modistin, ab 1769 Mätresse *Ludwigs XV.* (hingerichtet 1793) ~ Großherstellg. v. Zink in England ~ Erste Hufeisenmagnete ≈ Tretmühle als Strafmaßnahme

	Friedrich II. (d. Gr.) Maria Theresia	Aufklärung Gottsched · Gellert	Aufklärung Philos. Materialismus
1744	König *Friedrich II.* von Preußen beginnt „Zweiten Schlesischen Krieg" im Bündnis mit Frankreich gegen Österreich (bis 1745) Ostfriesland kommt an Preußen * *Jean Paul Marat*, franz. Politiker († 1793)	*J. W. L. Gleim:* „Versuch in scherzhaften Liedern" (Lyrik, 3 Bde. b. 1758) „Beiträge zur kritischen Historie d. deutschen Sprache" (8 Bde. seit 1732, Herausg. *Gottsched*) † *Alexander Pope*, engl. klassiz. Dichter, Schriftsteller und Satiriker nach franz. Vorbild (* 1688)	*Berkeley:* „Siris" (engl. neuplaton. Philosophie) * *Johann Gottfried Herder*, dt. Philosoph und Dichter († 1803) * *Christian Gotthilf Salzmann*, dt. evang. Pfarrer und Pädagoge († 1811) Für *Swedenborg* öffnet sich die „Geisterwelt"
1745	Preußen erhält im Frieden zu Dresden ganz Schlesien von Österreich, anerkennt Kaiser *Franz I.* Franzosen erobern die österr. Niederlande † Kaiser *Karl VII. Albrecht* von Bayern (* 1697) Im Frieden zu Füssen verzichtet Bayern auf österr. Erbe und Kaiserkrone *Franz I. von Lothringen,* Gemahl *Maria Theresias*, römisch-dt. Kaiser bis 1765(†) Marquise *de Pompadour* wird Mätresse *Ludwigs XV.* u. gewinnt polit. Einfluß	*Gottsched:* „DeutscheSchaubühne nach den Regeln der Griechen und Römer eingerichtet" (kritische Sammlung geeigneter Theaterstücke nach franz. Muster, 6 Bde. seit 1740) † *Jonathan Swift*, engl. satirischer Dichter (* 1667)	Encyklika Papst *Benedikts XIV.* lockert das dogmatische Verbot des Zinsnehmens, das die Kirche seit dem zwölften Jahrhundert ohne große Wirkung vertrat *Lamettrie:* „Naturgeschichte d. Seele" (frz. materialistische Psychologie, wird verbrannt) *Abd al Wahhab* grd. islamische Reformbewegung der „Wahhabiten" (fassen zunächst nur in Innerarabien Fuß, 1925 mit *Ibn Saud* im größten Teil)
1746	*Friedrich II.:* „Geschichte meiner Zeit" (in franz. Sprache) Bündnis zwischen Österreich und Rußland Graf *Brühl* (* 1700, † 1763) Premierminister in Sachsen (gewinnt großes Vermögen) Engl.-franz. Krieg in Südindien bis 1763	*Gellert:* „Fabeln u. Erzählungen" (in Versen) „Das Leben d. schwed. Gräfin v. G***" (Zeitroman) *Joh. Peter Uz* (* 1720, † 1796) u. *Joh. Nikol. Götz* (* 1721, † 1781) übers. „*Anakreon*" (Pseudo-A., Lieder d. späteren Antike)	* *Joachim Heinrich Campe*, dt. Pädagoge († 1818) *Condillac:* „Essay über den Ursprung menschlicher Erkenntnis" (frz. Philosophie des Sensualismus) * *Johann Heinrich Pestalozzi*, schweiz. Pädagoge († 1827) *Marquis de Vauvenargues* (* 1715, † 1747): „Sentences et Maximes" (frz. Moralphilosophie)

Rokoko	Bach · Händel Mannheimer Schule	Euler Leydener Flasche	
Antonio Bossi: Stuckdekoration im Weißen Saal d. Würzburger Residenz *Knobelsdorff:* Stadtschloß Potsdam (Umbau bis 1751) *B. Neumann:* Residenz in Würzburg (Barockbau, beg. 1720) Bau von Zarskoje Selo bei Petersburg (russ. Schloß)	*J. S. Bach:* „Das wohltemperierte Klavier" (2. Teil; 1. Teil 1722) *Händel:* „Herakles" (Oratorium) Gründung der „Madrigal-Society" (Gesellschaft zur Pflege d. Kunstliedes) in London	*Euler:* Astronomische Störungstheorie Elektrisiermaschine durch Reibekissen u. Konduktor verbessert (dient bald als modisches Spielzeug)	Gründung des „Eisenkontors" in Schweden kennzeichnet Höhepunkt der schwed. Eisenindustrie Erste Baumwollmanufaktur in Berlin Erste schriftliche Golfregel Gr. Komet sichtbar
G. Boffrand verurteilt Gotik u. übersteigertes Barock, stellt Antike als architekt. Vorbild hin *Boucher:* „Die eingeschlafene Schäferin" (frz. Gemälde) † *Johann Lukas von Hildebrandt*, österr. Barockbaumeister (* 1668) *Hogarth:* „Ehe nach d. Mode" (engl. Gem.-Folge, i. Stichen verbreitet) † *Nicolas Lancret*, frz. Maler des Rokoko (* 1690) *B. Neumann* beg. Benediktinerkloster in Neresheim (1792 vollendet)	*Stamitz* Kapellmeister am Hof in Mannheim. Die „Mannheimer Schule" entwickelt d. neuen musikal. Stil der „Klassik" durch Einf. d. Orchester-Crescendos, Entw. d. Sonatensatzes, forte-piano-Wechsel, instrumental-durchbrochen. Stil u. a. (fortgeführt und vollendet von *Haydn*, *Mozart* u. and., vgl. 1781). Außerdem wirkten i. d. Schule *Cannabich*, *Holzbauer*, *F. X. Richter* u. and.	*Ch. Bonnet* behauptet durchgehende Stufenfolge von der niedrigsten Pflanze zum höchsten Tier „Leydener Flasche" (elektrischer Kondensator) von *Ewald Jürgen von Kleist* (* 1700, † 1748) Genauere Definition des chemisch. Begriffes „Salz" durch *J. F. Rouelle* *Gerard van Swieten* (* 1700, † 1772), Begrd. d. „Älteren Wiener mediz. Schule", wird Leibarzt von *Maria Theresia* Technische Lehranstalt in Braunschweig eröffnet; Vorläufer der technischen Hochschule (1877)	≈ Zunehmende Arbeitsteilung in der Industrie
Boucher: „Die Toilette der Venus" (frz. Gemälde) * *Francisco José de Goya (y Lucientes)*, span. Maler († 1828) *Domenikus Zimmermann:* Wallfahrtskirche „Die Wies" in Oberbayern (gilt als Höhepunkt bayr. Rokokos) bis 1754 Villa Albani, Rom (bis 1760)	*Händel:* „Judas Makkabäus" (Oratorium)	*Euler* unterstützt Wellentheorie d. Lichtes *Pierre Louis Maupertuis* (* 1698, † 1759), französ. Physiker und Präsident d. Akademie in Berlin, formuliert „Prinzip d. kleinsten Wirkung" für d. Mechanik Großherstellung von Schwefelsäure in Bleikammern (Birmingham)	England verbietet Seerückversicherungen, um Spekulationen zu verhindern ≈ Astrologie wird in aufgeklärten Kreisen zunehmend als Aberglaube betrachtet

	Aufgeklärter Absolutismus	*Aufklärung · Vorklassik* „*Messias*"	*Aufklärung* *Hume*
1747	*Ahmed Schah* Herrscher in Afghanistan bis 1773 (†); begründet ein mächtiges Reich (* ~ 1724) Mehrere Siedlungen z. Stadt Wolfenbüttel vereinigt	* *Gottfried August Bürger*, dt. Dichter († 1794) ~ *Gellert* bereitet m. seinen Lustspielen d. dt. bürgerl. Schauspiel vor † *Alain René Le'Sage*, franz. Dichter der Aufklärung, Darsteller der bürgerlichen Umwelt in realist. und satir. Dramen und Romanen (* 1668)	*J. J. Hecker* grdt. i. Berlin „Oekonomisch - mathematische Realschule" (erste dauernde Realanstalt)
1748	DurchRußlands militärische Hilfe beendet Aachener Friede den österreichischen Erbfolgekrieg (seit 1741) zugunsten *Maria Theresias*	*Goldoni*: „Der Lügner" (ital. Lustspiel) *Gottsched*: „Grundlegung einer deutschen Sprachkunst" *Carlo Gozzi*: (* 1720, † 1806): „Turandot" (ital. Märchenspiel) * *Ludwig Heinr. Christoph Hölty*, dt. Lyriker zwischen Anakreontik und „Sturm und Drang" († 1776) *Klopstock*: „Messias" (erste drei Gesänge des Epos, vollend. 1773) *Lessing*: „Der junge Gelehrte" (Schauspiel i. frz. Stil, uraufgef. von der Truppe d. *Karol. Neuber*) *S. Richardson*: „Clarissa" (engl. empfinds.-bürgerl. Roman)	* *Jeremy Bentham*, engl. Moralphilosoph († 1832) *Hume*: „Eine Untersuchung über den menschlichen Verstand" (engl. Erkenntnistheorie, Problematik des Induktionsschlusses) *Lamettrie*: „Der Mensch eine Maschine" (franz. materialist. Philosophie) und „Der Mensch eine Pflanze" (franz. Philosophie der Einheit des Lebens) *Montesquieu*: „De l'esprit des lois" („Geist der Gesetze", frz. Staatsphilosophie mit liberal. Gewaltenteilung in gesetzgebende, vollziehende und richterliche) *Voltaire*: „Zadig oder das Schicksal" (franz. philos.-satir. Roman über den Schicksalsgedanken)
1749	*Friedr. Wilh. v. Haugwitz* (* 1702, † 1765) Präsident d. Directoriums u. (ab 1761) im Staatsrat; führt Reform d. inneren Verwaltg. durch * *Honoré Gabriel* Graf *Mirabeau*, franz. liberaler Monarchist († 1791) * *Charles James Fox*, engl. liberal. Staatsmann († 1806)	* *Vittorio Alfieri*, ital. Tragödiendichter i. d. Anfängen d. Risorgimento († 1803) *Henry Fielding* (* 1707, † 1754): „Tom Jones"; begründet engl. humorist. u. realist. Gesellschaftsroman * *Johann Wolfgang Goethe* am 28. 8. in Frankfurt a. M., dt. Dichter und Denker († 1832) *Ewald von Kleist* (* 1715, † 1759): „Der Frühling" (Dichtung in Hexametern) *Lessing*: „Der Freigeist", „Die Juden", (Lustspiele in konventionellem Stil)	Der frz. materialist. Philosoph *Lamettrie* flieht an den Hof zu Postdam, wo weltanschauliche Toleranz herrscht *Swedenborg*: „Himmlische Arcana" (schwed. Theosophie) Hinrichtung einer „Hexe" in Würzburg

Rokoko	*Kunst der Fuge* *Händel*	*Franklin* *Rübenzucker*	
Knobelsdorff: Schloß Sanssouci bei Potsdam (seit 1745) *Tiepolo:* „Maria und weibliche Heilige" (ital. Gemälde) Baubeg. d. St.-Hedwigs-Kathedrale Berlin (vollend. 1773)	*J. S. Bach* besucht Kg. *Friedrich II.* v. Preußen; „Musikalisches Opfer" (üb. ein Thema *Friedrichs II.*)	*Bradley* entd. Nutation (Schwankung) der Erdachse *B. Franklin* behauptet, es gibt nur eine elektrische Substanz *Lautingshausen* stellt Alkohol aus Kartoffeln her *Andreas Marggraf* (* 1709, † 1782) entdeckt Zuckergehalt der Rübe	Karossensteuer in England Erste landwirtschaftliche Gesellschaft (in Zürich) gegründ. (in Deutschland 1762)
* *Jacques Louis David*, franz. Maler des Klassizismus († 1825) *B. Neumann:* Treppenhaus i. Schloß Brühl bei Bonn (seit 1743) und Wallfahrtskirche „Käppele" in Würzburg *Jean Baptiste Pigalle* (* 1714, † 1785): „Merkur", „Venus" (frz. Rokoko-Plastik f. Schloßpark Sanssouci, Potsdam) Markgräfliches Opernhaus Bayreuth	*Händel:* „Salomo" (Oratorium) Eröffnung des Bayreuther Opernhauses	~ *Bouguer* u. *Savery* erf. unabh. d. Heliometer (f. astron. Präzisionsmess.) Erste Stahlschreibfeder v. *J. Janssen*, Aachen (1780 v. *W. Harrison*, Birmingham, 1830 geschlitzte Fed. v. *James Perry*, London) Abbé *Nollet* (* 1700, † 1770) entdeckt Osmose (Lösungsdruck) ~ Platin kommt von Südamerika n. Europa u. wird beschrieben ≈ Die Medizin beginnt elektr. Methoden (Elektrisieren) zu verwenden (eigentl. Begründ. d. Elektrotherapie durch *Duchenne du Boulogne* ~ 1848) ~ Elektr. Plattenkondensator	In Preußen werden die Bauern vor dem „Bauernlegen" geschützt; starke Steigerung der Zahl der Bauernhöfe durch innere Kolonisation ≈ 60 000 Schweizer Eidgenossen als fremde Söldner ~ Antiqua setzt sich gegenüber der Fraktur in Deutschland stärker durch; gleichzeitig entstehen neue Frakturschriften Erste Seidenmanufaktur in Berlin
P. Batoni: „Büßende Magdalena" (ital. Gemälde, oft kopiert) ~ *Boucher:* „Schäferidyll" (frz. Gemälde) ~ *Hakuin* (* 1685, † 1768), jap. Zen-Priester, malt seine wichtigsten Tuschebilder ≈ Hohe Möbel- und Porzellankultur im Rokoko	*J. S. Bach:* „Kunst der Fuge" (gedr. 1752) *Händel:* „Feuerwerksmusik" (f. Blasorch.) Concerto grosso Opus 26 *G. Gleditsch* (* 1714, † 1786) bestätigt Sexualität der Pflanzen (vgl. 1694)	*Gottfried Achenwall* (* 1719, † 1772): „Abriß d. neuesten Staatswissenschaft d. vornehmst. europäisch. Reiche u. Republiken" (erstes Lehrbuch der Statistik) *Jean Baptiste Bourguignon d'Anville* reinigt die Karte von Afrika kritisch von nur sagenhaften Erdformen *George de Buffon* (* 1707, † 1788): „Naturgeschichte d. Tiere" (frz. Zoologie, 36 ill. Bde. bis 1788) * *Pierre Simon Laplace*, frz. Mathematiker († 1827)	Dän. Ztg. „Berlingske Tidende" gegründet ≈ Damenmode: Reifrock, Schnürmieder, Stöckelschuhe, Kartusche, Fächer, Volants, Schönheitspflästerchen ≈ Herrenmode: Zopf, Rock, Weste, Dreispitz, Spitzenjabot, Samtkniehose, Schnallenschuhe, Stock, Degen

	Aufgeklärter Absolutismus	Lessing Goldoni	Aufklärung
1750	* *Karl August* Fürst *von Hardenberg*, liberaler preußischer Staatsmann († 1822) Im Vertrag von Madrid werden die Grenzen zwischen Spanien u. Portugal endgültig festgelegt ≈ Ausgestaltung d. japan. Kabuki-Schauspiels: Tanzdramen, histor. Dramen, bürgerliche Gegenwartsdramen; gespielt wird ohne Maske auf reich ausgestattete Bühne (vgl. 1586)	*Goldoni:* „Das Kaffeehaus" (ital. Komödie, Teil d. ital. Bühnenreform: Individuen statt Standardtypen), „Il teatro comico" (Reformschrift) *Gottsched:* „Neueste Gedichte" *Johann Friedr. Schönemann* (* 1704, † 1782) Hofkomödiendirektor in Schwerin bis 1756 (1730–39 Mitgl. d. *Neuber*schen Truppe)	*Maupertuis* versucht aus seinem Prinzip der kleinsten Wirkung (vgl. 1744) Gott zu beweisen (spöttische Gegenschrift *Voltaires*) *J. J. Rousseau:* „Abhandlung über die Wissenschaften und Künste" (frz. Philosophie des „Zurück zur Natur") ~ *Baal Schem* (* 1699, † 1760) gründ. i. Karpathengebiet jüd. Sekte gefühlvoller Religiosität (Chassidismus) *Voltaire* in Sanssouci (bis 1752) Abschaffung der Hexenprozesse in Deutschland
1751		*Lessing* Kritiker bei der „Vossischen Zeitung" in Berlin (bis 1755) *Tobias Smollett* (* 1721, † 1771): „The adventures of Peregrine Pickle" (engl. Abenteuerroman) * *Johann Heinrich Voß*, dt. Dichter und Übersetzer († 1826) Klopstock als unabh. Dichter am dän. Hof	Frz. Enzyklopadie (35 Bde.) v. *Diderot*, *d'Alembert*, *Rousseau*, *Voltaire* u. a. beginnt zu erscheinen (bis 1780) *Hume:* „Untersuch. über die Prinzipien d. Moral" (engl.) *Lamettrie:* „Die Kunst, die Wollust zu empfinden" (frz. materialist. Psychologie) † *Julien Offray de Lamettrie*, frz. Philos. d. atheistischen Materialismus, Schützling *Friedrichs II.* (* 1709) „Hexerei" in Bayern noch mit Todesstrafe bedroht
1752			Ecole Militaire, Paris
1753	*Wenzel Anton v. Kaunitz* (* 1711, † 1794) österr. Staatskanzler bis 1792 (erreicht 1755 große Koalition gegen Preußen, was in Paris Mme. *Pompadour* unterstützt. Fördert im Innern Reformen, Kunst u. Wissenschaft)	*Buffon:* „Am Stil erkennt man den Menschen" (in seiner Antrittsrede vor der frz. Akademie) *Goldoni:* „Mirandolina" (ital. Komödie) Residenztheater München eröffnet Schauspieler-Akademie in Schwerin	† *George Berkeley*, engl. Philosoph: subjektiver Idealismus (* 1685) *Hogarth:* „Analyse der Schönheit" (engl. Kunstästhetik) Brit. Museum (London) geht aus privaten Sammlungen hervor (eröffnet 1759; die Bibliothek erreicht bis 1952 rd. 6 Mill. Bde. u. 70000 Handschriften)

Rokoko † *Balth. Neumann*	† *Bach* *Händel*	*Linné* *Franklin*	
† *Egid Quirin Asam*, südd. Bildhauer und Baumeister (* 1692) *François de Cuvilliés* baut Münch. Residenztheater im Rokokostil (bis 1753) ~ *Pietro Longhi* (* 1702, † 1785): „Der Zahnbrecher" (ital. venezianisches Gemälde) * *Friedr. Aug. Tischbein*, dt. Bildnismal. († 1812) Klosterkirche Birnau/Bodensee (beg. 1746)	† *Johann Sebastian Bach*, dt. Komponist, u. a. 200 Kirchen- u. 30 weltl. Kantaten (* 1685) (Gesamtausg. 1851–1900 in 59 Bänden) * *Antonio Salieri*, ital. Komponist († 1825)	*Joh. Tobias Mayer* (* 1723, † 1762): Generalkarte des Mondes. Stellt auch das Fehlen einer Mondatmosphäre fest ~ *Segner* (* 1704, † 1777): Reaktions-Wasserrad (angewandt 1760) Erste Luftheizungsanlage (Petersburg) Einführung der Personenpost in Deutschland ~ Tapetendruck in Engl.	1. „Engl. Garten" i. Dtl. b. Hameln ≈ Chinamode: Porzellan, Seide, Lackwaren, Schattenbilder, Goldfische u. a.
Boucher: „Ruhendes Mädchen" (galanter Rückenakt, ähnliches Bild 1652) † *Kilian Ignaz Dientzenhofer*, Baumeister d. böhmischen Spätbarocks (* 1689) * *Johann Heinrich Wilhelm Tischbein*, dt. Maler und Freund *Goethes* († 1829) *Tiepolo*: Decken- u. Wandgem. i. d. Würzburger Residenz (bis 1753)	*Händel*: „Jephta" (sein letztes Oratorium) *Niccolò Jommelli* (* 1714, † 1774): „Iphigenie in Aulis" (ital. Oper) ~ Buffooper kommt aus Italien n. Paris u. tritt neben die frz. Nationaloper	*Chaumette*: Hinterladergewehr *A. F. Cronstedt* entdeckt Nickel *N. Focq*: Metallhobelmaschine (älteste bekannte) *Linné*: Binäre Nomenklatur für Pflanzen in „Philosophica botanica" „Gesellschaft der Wissenschaften zu Göttingen" gegründet Geburtshilfliche Klinik, Göttingen 1. Irrenanstalt (in London)	Heidelberger Faß erb. (222 000 l) ≈ Aufleben d. öffentlichen Kaffeegärten in Deutschland ≈ Menuett Gesellschaftstanz „Vossische Zeitung" in Berlin erscheint (bis 1934)
Luigi Vanvitelli (* 1700, † 1773): beg. Prunkschloß Caserta/Neapel *J. J. Zeiller*: Kuppelfresko, Kloster Ettal	*J. J. Rousseau*: „Le devin du village" (frz. Singspiel)	Blitzableiter von *Franklin* Automat (Flötensp., Ente) des Franzosen *Vaucanson* in Nürnberg ausgestellt	Literar. Frauenkreis in London trägt blaue Strümpfe Menagerie Schönbrunn (Wien)
† *Georg v. Knobelsdorff*, dt. Baumstr. d. Rokoko (u. a. Schl. Sanssouci i. Potsdam 1745–1747) (* 1699) † *Balthasar Neumann*, dt. Baumeister des Barock (* 1687) * *Kitagawa Utamaro*, jap. Maler, bes. Farbholzschnitte (* 1806)	*Phil. Em. Bach*: „Versuch über die wahre Art, das Klavier zu spielen" (Techn. seines empfindsamen Spiels; 2. Teil 1762) *J. J. Rousseau*: „Briefe über d. frz. Musik" (Stellungnahme im Musikstreit) † *Gottfried Silbermann*, dt. Orgelbauer (* 1683)	Star-Operation durch *Jacques Daviel*	

	Maria Theresia Friedrich d. Gr.	Lessing	Voltaire Hume
1754	* *Ludwig XVI.*, *König von* Frankreich von 1774–1792 († 1793, hingerichtet) * *Charles Maurice Talleyrand*, franz. Staatsmann († 1838)	*Samuel Johnson* (* 1709, † 1784): Engl. Wörterbuch, (Vorläufer des Oxford Engl. Dictionary von 1888) Freundschaft *Lessings* mit *Mendelssohn*	*J. J. Rousseau:* „Abhandlung über die Ungleichheit" (frz.) † *Christian* Freiherr *von Wolff*, dtsch. Aufklärungsphilos. Vertr. d. *Leibniz*phil. (* 1679) Univ. Halle promov. eine Deutsche zum Dr. med.
1755	* *Marie Antoinette*, Tochter *Maria Theresias*, wird 1770 Gemahlin *Ludwigs XVI.* († 1793) * *Gerhard von Scharnhorst*, preußischer Heer-Führer u. -Reformer († 1813) Engl.-franz. Kolonialkrieg (bis 1763)	*Christian Gottlob Heyne* (* 1729, † 1812) „Tibull" (Begrdg. d. Altphilologie an der Univ. Göttingen) *Lessing:* „Miss Sara Sampson" (erste deutsche bürgerliche Tragödie) *Lomonossow:* Erste russ. Grammatik (*L.* gilt als 1. westeurop. geschulter russ. Gelehrter) *Voltaire:* „La Pucelle d'Orléans" (frz. Parodie auf *Jeanne d'Arc*)	Zarin *Elisabeth* gründet 1. russ. Universität in Moskau *Victor de Mirabeau* (* 1715, † 1789): „Der Menschenfreund", (franz. physiokrat. Schrift nach dem liberalen Grundsatz „Laissez faire, laissez passer") † *Charles de Montesquieu*, franz. Staatsphil., begrdte. Lehre v. d. Gewaltenteilung (* 1689)
1756	*Friedrich II.* beginnt Siebenjährigen Krieg mit Österreich, Rußl., Frankr., Kursachsen um Schlesien; Neutralitätsabk. mit England * *Maximilian I. Joseph*, Kurfürst u. (1806) König von Bayern († 1825) *Pitt d. Ä.*, Premierminister einer Whig-Regierung (bis 1761); förd. brit. Expansion	*K. Th. Doebbelin* (* 1727, † 1793) grdt. Theatergesellschaft (spätere Hofbühne Berlin) *Casanova:* „Geschich. meiner Flucht" (aus d. Bleikamm. Venedigs; ersch. anonym) *Salomon Geßner* (* 1730, † 1788): „Idyllen" (schwz. Schäferdichtung in Prosa; 2. Bd. 1772)	*Holbach:* „Le Christianisme dévoilé" (frz. antichristl. Philosophie) *Voltaire:* „Essay über Sitten und Geist der Völker" (frz., sein geschichtsphilosoph. Hauptwerk) Gründung der ersten russischen Hofbühne
1757	Preußen siegen bei Leuthen *Robert Clive* (* 1725, † 1774) begründet durch d. Sieg bei Plassey über die Bengalenfürsten britische Herrschaft in Indien * *Alexander Hamilton*, Mitbegr. d. USA-Verf., Schatzsekretär 1789–1795 († 1804) * *Karl August*, Großherzog von Sachsen-Weimar von 1758–1828 (†) * *Joseph de Lafayette*, franz. Kämpfer f. d. Unabh. d. USA u. i. d. Franz. Revol. († 1834) * *Karl* Reichsfreiherr *vom und zum Stein*, liberal. dt. Staatsmann in Preußen († 1831)	*Diderot:* „Der natürl. Sohn" (frz. bürgerl. Lustspiel) *Gellert:* „Geistliche Oden und Lieder" *G. E. Lessing* u. *F. Nicolai:* „Bibliothek der schönen Wissenschaften u. der freien Künste" (gibt Impulse zur *Shakespeare*-Renaissance)	*Hume:* „Naturgeschichte d. Religion" (engl.) Das moraltheolog. Handbuch „Medulla theologiae moralis" d. Jesuiten *Hermann Busenbaum* (* 1600, † 1668) mit d. Satz „Wenn der Zweck erlaubt ist, sind auch die Mittel erlaubt" wird wegen angebl. Empfehlung d. Fürstenmordes in Toulouse verbrannt

Rokoko		*Kants Weltsystem*	
Thomas Chippendale (* 1718, † 1779) gibt Vorbilder f. d. engl. „Chippendale-Stil" *Rastrelli:* Winterpalast in Petersburg (bis 1762)	Herzog *Carl I.* eröffnet in Braunschweig Kunst- u. Naturalien-Kabinett (1. Museum in Dtl.)	*John Canton* (* 1718, † 1772) entd. elektr. Influenz (gedeutet 1759 durch *Wilke* und *F. Th. Aepinus*) *Cort:* Erstes Eisenwalzwerk (in England) Columbia-Univ. New York gegründet	
* *Louis Philibert Debucourt*, franz. Maler u. Kupferstecher († 1832) *Rastrelli:* Schloß Peterhof b. Petersburg (seit 1746); Winterpalais, Petersburg (beend. 1762) * *Elisabeth Louise Vigée-Lebrun*, franz. Malerin († 1842) *Winckelmann:* „Ged. üb. d. Nachahmung d. griech. Kunstwerke"	*Haydn* *Stamitz* *Duni:* „Ninette à la cour" (frz. Buffoop., „Opéra comique") *Haydn:* 1. Streichquartett	*Kant:* „Allgemeine Naturgesch. u. Theorie des Himmels" (entw. bereits die Vorstellung zahlreicher rotierender Milchstraßen) *Rösel von Rosenhof* (* 1705, † 1759): „Insektenbelustigungen" (3 Tle. seit 1746, mit eig. künstl. Abb.) *Saverien:* Erstes physikalisches Wörterbuch (frz.) Warmluftheizung m. drachenförmig. Heizkörpern im Stadtschloß Potsdam	Erdbeben zerstört Lissabon (mehr als 30000 Tote) Letzter Wisent in Ostpreußen erlegt
G. Piranesi: „Das römische Altertum" (4 Bde. Kupferstiche d. antiken Ruinen Roms) * *Henry Raeburn*, schottischer Maler († 1823) Rathaus in Bamberg (beg. 1744)	*Leopold Mozart:* „Violinschule" * *Wolfgang Amadeus Mozart*, österr. Komponist († 1791)	*Lomonossow* spricht vor *Lavoisier* (vgl. 1774) die Massenerhaltung bei chemischen Umsetzungen aus (bleibt in Westeuropa unbekannt u. ohne Auswirkung) *Philipp Pfaff* (* 1710, † 1766): „Abhandlung von den Zähnen" (1. dt. wiss. Zahnheilkunde)	*Casanova* flieht aus den Bleikammern Venedigs ~ Fieberthermometer moderner Form Sternwarte Wien gegrdt.
* *William Blake*, engl. Dichter, Maler und Graphiker († 1827) * *Antonio Canova*, ital. Bildhauer des Klassizismus († 1822) † *Rosalba Carriera*, ital. Malerin v. Pastellbildnissen (* 1675) † *Daniel Gran*, österr. Freskomaler d. Barock (* 1694) *J. Charles François* (* 1717, † 1769) wendet Kreidemanier für den Stich an † *Antoine Pesne*, franz. Bildnismaler in Berlin (* 1683)	† *Domenico Scarlatti*, ital. Komponist und Klavierspieler; schuf Vorformen d. klass. Sonate (* 1685) † *Johann Stamitz*, dt. Komponist d. „Mannheimer Schule", der Wiege der modernen Sinfonik (* 1717) (vgl. 1745)	*J. Dollond* konstr. erstes farbfehlerfreies Linsenfernrohr (achromatische Linsen 1729 schon *Chester Moor Hall* bekannt) *A. v. Haller:* „Physiologische Elemente" (lat.; Zusammenfassung d. physiologischen Kenntnisse i. 8 Bden. b. 1766; eig. Beiträge zur Physiologie der Atmung, Stimme, Herztätigkeit, Blutkreisl., Muskel- u. Nervenreizbarkeit)	China beschränkt fremden Handel auf Kanton

	Preußens Krise	Lessing Rousseau	Aufklärung Voltaire
1758	* *Horatio Nelson*, engl. Admiral, Sieger in den Seeschlachten bei Abukir 1798, Kopenhagen 1801 und Trafalgar 1805 (†)	*Bodmer* u. *Breitinger:* Erste Ausgabe der Manessischen (Minnesäng.) Handschrift *S. Johnson:* „Rasselas, der Prinz v. Abessinien" (engl. polit. Roman)	† *Benedikt XIV.*, seit 1740 Papst, tolerant gesinnt (* 1675) *Helvetius:* „De l'esprit" („Über den Geist", frz. materialist. Sensualismus) Papst *Klemens XIII.* (bis 1769) Akademie d. schön. Künste in Petersburg gegründet *Swedenborg:* „Über Himmel u. Hölle" (lat., Theosophie)
1759	* *Joseph Fouché*, franz. Staatsmann, Anhäng. *Dantons*, spät. Polizeiminister *Napoleons I.* u. *Ludwigs XVIII.* († 1820) Österreicher und Russen siegen über *Friedrich II.* bei Kunersdorf; schwere Krise des preußischen Staates *Karl III.* Kg. v. Spanien bis 1788 (†) * *William Pitt (d. J.)*, engl. konserv. Staatsmann († 1806) * *Ludwig Yorck von Wartenburg*, preuß. Heerführer, Gegner von *Gneisenau*, *Hardenberg* und *Stein* († 1830)	* *Robert Burns*, schott. Dichter († 1796) * *August Wilhelm Iffland*, dt. Theaterdirektor, Bühnendichter und Schauspieler († 1814) *Lessing:* „Fabeln" (3 Bde. b. 1765), „Faust" (Fragm.) * *Joh. Christ. Friedrich Schiller* am 10. 11. in Marbach, dt. Dichter und Denker († 1805) *Lessing, Nicolai, Mendelssohn, v. Kleist:* „Briefe die neueste Literatur betreffend" (24 Bände bis 1765)	*Pombal* verbannt Jesuitenorden aus Portugal *Voltaire:* „Candide oder der Optimismus" (frz. Roman gegen *Leibniz*' philos. Optimismus) *Voltaire* ruft sein „Ecrasez l'infame" („Rottet die Verruchte aus") gegen die kath. Kirche Vertreibung der Jesuiten aus den portug. Besitzungen
1760	Russen besetzen Berlin † *Georg II.*, seit 1727 König von England und Kurfürst von Hannover (* 1683) *Georg III.* König von England bis 1820 (†; * 1738) England erobert Kanada * *Neidhardt von Gneisenau*, preuß. Heerführer († 1831)	* *Johann Peter Hebel*, alemannischer Dichter († 1826) *James Macpherson* (* 1736, † 1796): „Ossian" (gefälschte Übersetzung aus dem Gälischen) † *Friederike Caroline Neuber* („*Neuberin*"), dt. Leiterin eines Wandertheaters (* 1697)	* *Claude Henry de Saint-Simon*, franz. Sozialist († 1825) † *Nikolaus Ludwig* Graf *von Zinzendorf*, dt. pietist. Geistlicher, Gründ. der „Brüdergemeine" in Herrnhut 1722 (* 1700)
1761	Preußen gewinnen Schlacht bei Langensalza China unterwirft Ostturkestan (s. 1756)	* *August v. Kotzebue*, dt. Dichter († 1819, ermordet) *J. J. Rousseau:* „Die neue Heloise" (frz. empfinds. Liebesroman)	~ Die Zustände i. China werden i. 18. Jh. kontrovers diskutiert, Voltaire verteidigt sie (1755)
1762	† *Elisabeth*, seit 1741 Zarin, (* 1709); *Peter III.* Zar (ermordet, * 1728) geisteskr., schließt mit *Friedrich II.* Frieden, wodurch Preußen Niederlage entgeht *Katharina II.* v. Anh.-Zerbst (d. Gr.) Zarin b. 1796 (†)	* *André Chénier*, franz. Dichter († 1794) *J. G. Hamann:* „Kreuzzüge eines Philologen" (Dichtung sei Muttersprache) *J. J. Rousseau:* „Emile" (frz. Erziehungsroman)	* *Johann Gottlieb Fichte*, dt. Philosoph († 1814) *J. J. Rousseau:* „Contrat social" („Gesellschaftsvertrag", frz. rationalist. Staatsphilosophie) *Winckelmann:* „Anmerk. üb. die Baukunst der Alten"

Rokoko Boucher	† Händel Glucks Opernreform	Automaten Elektrizitätsforschung	
Boucher: „Mme. Pompadour“ (Bildnis seiner Gönnerin) * *Johann Heinrich Dannecker,* dt. klassizistisch. Bildhauer († 1841) *Hogarth:* „Die Parlamentswahlen“ (engl. real. Bilderf. s. 1755) * *John Hoppner,* engl. Maler († 1810) * *Pierre Paul Prud'hon,* frz. Maler († 1823)	* *Karl Friedrich Zelter,* dt. Komponist aus d. *Goethekreis* i. Berlin († 1832)	Zahl der bekannten Tiere (vgl. 1932) 1758 1859 1911 Wirbeltiere 1222 18660 34400 Weichtiere 677 11600 62300 Gliederfüßler 2119 93500 394000 Niedere Tiere 218 5770 31700	„Mode- u. Galanterie-Zeitung“ in Erfurt
Johann Michael Fischer, Benediktinerkirche Rott am Inn (beend. 1762) ~ Neogotik in England mit *H. Walpole's* Landhaus Strawberry Hill 1752-64 Ermelerhaus i. Berlin (Patrizierhaus)	† *Georg Friedrich Händel,* dt. Komponist in England (* 1685) (seine 1859–94 gesammelten Werke umfassen 100 Foliobände) *Haydn:* 1. Symphonie D-dur	*Clairaut* schließt auf unbekannten Planeten (entdeckt 1781) *Lambert:* Lehre der geometrischen Projektionen *Symmer:* Elektrizität besteht aus zwei „Fluida“ (*Franklin* nimmt eines an) *Kaspar Friedrich Wolff* (* 1733, † 1794): Organe entstehen durch Differenzierung des einfachen Keimes (Epigenese) Akad. d. Wiss., München	* *Johann Christoph Friedrich Guts Muths,* dt. Turnlehrer († 1839)
* *Katsushika Hokusai,* japanischer Maler, besonders Farbholzschnitte († 1849) *J. Reynolds:* „Jenny O'Brien“ (engl. Bildn.) 1. Ausst. zeitgenöss. Kunst i. d. Royal Society of Art i. London (gegrdt. 1754)	* *Luigi Cherubini,* ital. Komponist († 1842) *Jean Georges Noverre* (* 1727, † 1810): „Briefe üb. d. Tanzkunst“ (frz. Ballett-Reform; 1769 v. *Lessing* und *Bode* übers.)	*Joseph Black* (* 1728, † 1799) unterscheidet „Temperatur“ und „Wärmemenge“; begrdt. Kalorimetrie 1. Schädelmess. v. *Camper* *Lagrange* begrdt. Variationsrechnung *Lambert:* Grundgesetze der Photometrie	~ Verschwinden des Haarbeutels aus der Herrenmode Automat (schreibender Knabe) von *Jacquet-Droz* Erst. Blitzableiter in Europa (auf d. Eddystone-Leuchtturm i. Engl. Kanal)
Mengs: „Parnaß“ (Villa Albani, Rom) * *Johann Christian Reinhart,* dtsch.-römischer Landschaftsmaler († 1847)	*Haydn* Kapellmeister b. Fürst *Esterhazy* (bis 1790) *Mozart:* 1. Komposition	Perkussion (Abklopf.) als mediz. Untersuchungsmethode von *L. Auenbrugger* *B. G. Morgagni* (* 1682, † 1771) begr. patholog. Anatomie	Nymphenburger Porzellan-Manufaktur gegründet Feuerwehr-Schubleiter
Charles Eisen illustr. *Lafontaines* „Erzählungen u. Novellen“ * *Pierre Fontaine,* frz. Baumeister († 1853)	*Gluck:* „Orfeo ed Euridice“ („Orpheus u. Euridice“, 1. ital. Reformoper gegen übersteigertes Virtuosentum; Text v. *Ranieri Calzabigi* [* 1714, † 1795])	*Georg Chr. Füchsel* begr. Lehre v. d. geolog. Formationen (Stratigraphie) Krempelmaschine v. *Peels* *Marc Anton Plenciz:* Mikroorganismen als Krankheitskeime	Erste Tierarzneischule (in Lyon), Vorläufer d. Tierärztl. Hochschulen

	Maria Theresia Friedrich d. Gr.	Wieland Schauerromane	Voltaire Lessing
1763	Friede zu Hubertusburg zw. Österr., Sachsen u. Preußen, das Schlesien behält. Preußen leidet schwer an Kriegsfolg. Friede zu Paris zwischen England, Frankreich und Spanien: Frankreich verliert Kanada und indischen Besitz an England, Louisiana an England und Spanien; Spanien verliert Florida an England	*Carlo Gozzi* (* 1720, † 1806): „Turandot" (ital. Märchenspiel) * *Jean Paul (Friedrich Richter)*, dt. Dichter († 1825)	*Hume:* „Geschichte von Groß-Britannien" (engl.) *Kant:* „Moralischer" Gottesbeweis ∼ *J. H. Lambert:* „Neues Organon od. Gedanken über d. Erforschung u. Bezeichnung des Wahren" (Erkenntniskritik) Generallandschulreglement in Preußen
1764	Münzgesetz und Verbot des „Bauernlegens" in Preußen † Marquise *de Pompadour (Jeanne Antoinette Poisson)*, Geliebte *Ludwigs XV.* seit 1745; hatte auch polit. Einfluß (* 1721) In Rußland entsteht dt. Wolgakolonie (1941 aufgelöst)	*Horace Walpole* (* 1717, † 1797): „The castle of Otranto" (engl. „Schauerroman") *Cesare Beccaria* (* 1738, † 1794): „Von d. Verbrechen u. den Strafen" (ital. Kritik am harten Strafrecht) *Kant*: „Über das Gefühl des Schönen u. Erhabenen"	*M. Mendelssohn:* „Abhandlung über die Evidenz in d. metaphys. Wissenschaften" (v. d. Preuß. Akad. preisgekrönt) *Th. Reid:* „Inquiry in the Human Mind on the Principles of Common Sense" (schott. Begrdg. d. Philosophie des „gesunden Menschenverstandes") *Voltaire:* Philosophisches Wörterbuch (franz.)
1765	† *Franz I.* (v. Lothr.), dt. Kaiser seit 1745, Gemahl *Maria Theresias* (* 1708); sein Sohn *Joseph II.* dt. Kais. b. 1790 (†) Staatsmonopol für Salz in Preußen, Sonderrechte des Adels	*Fr. Nicolai* (* 1728, † 1811): „Allg. dt. Bibliothek" (Literaturzeitschr. bis 1806; gegen Sturm und Drang) *Michel-Jean Sédaine* (* 1719, † 1797): „Le philosophe sans le savoir" (frz. Schauspiel über d. Mittelstand)	*J. B. Basedow:* „Theoretisches System der gesunden Vernunft" Erster realgymnasialer Schulzweig (i. Breslau; 1826 in Berlin)
1766	Lothringen durch Erbschaft an Frankreich * *Thomas Robert Malthus*, engl. Wirtschaftswissenschaftler und Bevölkerungspolitiker († 1834)	*Oliver Goldsmith* (* 1728, † 1774): „Der Landprediger von Wakefield" (engl. Roman) † *Johann Christoph Gottsched*, dt. Kritiker u. Theoretiker d. Dichtkunst; kämpfte geg. Regellosigkeit (* 1700) *Wieland:* „Geschichte des Agathon" (gilt als erster dt. Bildungsroman); erste dt. Prosaübersetzung *Shakespeares* (seit 1762)	*Lessing:* „Laokoon oder über die Grenzen der Malerei u. Poesie" (für ausdrucksstarke Kunst gegen *Winkelmanns* „edle Einfalt, stille Größe" der Antike) ∼ *Lichtenberg* beg. regelmäßig „Bemerkungen" niederzuschreiben (daraus entsteht bis zu seinem Tode umfangreiche u. vielseitige Aphorismensammlung)

Boucher *Porzellan*	*Haydn* *Gluck*	*Holzpapier* *Wasserstoff*	
† *Franz Bustelli*, ital. Porzellan-Bildner in der Nymphenburger Manufaktur; u. a. Figuren d. ital. Komödie (* 1723) *Etienne Maurice Falconet* (* 1716, † 1791): „Pygmalion u. Galathea" (frz. Plastik) * *George Morland*, engl. Maler († 1804)	*K. Ph. E. Bach:* Sonaten für Clavier *Mozart* auf Konzertreise (1762–64; spielte als 6jähriger vor der Kaiserin *Maria Theresia* in Wien)	Gewerbeausstellung in Paris (gilt als erste derartige Ausstellung)	Die von *Wegely* 1751 bis 1757 betriebene Berliner Porzellan-Manufaktur wird nach einer Neugründung 1761 durch *Friedrich II.* „Königlich Preussische Manufaktur"
† *William Hogarth*, engl. Sitten- u. Bildnismaler (* 1697) * *Charles Percier*, franz. Empire-Bmst. († 1838) * *Johann Gottfried Schadow*, dt. klassizist. Bildhauer († 1850) Bau d. klassiz. Pantheon in Paris nach Plänen *Soufflots* (bis 1790) *Winckelmann:* „Gesch. d. Kunst d. Altertums"	*J. Chr. Bach* grdt. m. *Karl Fr. Abel* (* 1723, † 1787) die Bach-Abel-Concerts in London *Mozart* schreibt mit 8 Jahren seine erste Symphonie † *Jean Philippe Rameau*, franz. Komponist u. Begr. der neuen Harmonielehre (* 1683)	Chronometer von *Harrison* prämiiert (wichtig für genaue Navigation), entwickelt seit 1735) *Winckelmann* weist auf die Entdeckungen von Pompeji und Herculaneum hin *F. A. v. Heynitz* (* 1725, † 1802) gründet 1. Bergbau-Akademie in Freiberg/Sachsen	
Boucher „Erst. Maler" d. frz. Königs ∼ *Fragonard:* „Das v. Amor geraubte Hemd" (frz. Gem.) *Greuze:* „Der väterliche Fluch" (frz. Gem.)		† *Michael Wassiljewitsch Lomonossow*, russ. Chemik. u. Dichter (Oden) (* 1711) Holzpapier v. *J. C. Schäffer* *Spallanzani:* Konservierung durch Luftabschluß *J. Watt:* Mod. Dampfmaschine (1769 patentiert)	≈ Kartoffel in ganz Dtl. bekannt; wird erst jetzt menschl. Nahrungsmittel *Schoch* u. *Neumann:* Schloßpark Wörlitz als engl. Garten (b. 1808)
† *Johann Michael Fischer*, dt. Barock-Kirchenbaumst. (* 1692) *Fragonard:* „Die Schaukel", „Das Andenken" (frz. Gem.) *Goya:* Farbige Kartons f. kgl. Gobelin-Manufakt. Madrid Barock-Kreuzkirche in Ottobeuren vollend. (seit 1737) nach Plänen von *Christoph Vogt* * *Friedrich Weinbrenner*, süddt. Baumeister d. Klassizismus, bes. in Karlsruhe († 1826) † *Dominikus Zimmermann*, süddt. Kirchenbaumeister (* 1685)	Ephraimpalais in Berlin (Wiederaufbau geplant)	*Louis Antoine de Bougainville* (* 1729, † 1811) beg. seine Weltreise (bis 1769); erreicht Tahiti, Salomonen, Neuguinea *Henry Cavendish* (* 1731, † 1810) entdeckt das Wasserstoffgas * *John Dalton*, engl. Begrd. der chemischen Atomtheorie († 1844) *L. Euler:* „Algebra"; geht von Berlin nach Petersburg zurück *Titius* findet Abstandsgesetz der Planeten (*Bode-Titius*'sche Reihe) Tierärztliche Hochschule bei Paris	† *Johann Maria Farina*, Erfinder des „Eau de Cologne" (* 1685) ∼ Frack kommt auf

	Maria Theresia Friedrich d. Gr.	Lessing „Sturm und Drang"	Aufklärung Mendelssohn
1767	* *Joachim Murat*, franz. General, Schwager *Napoleons*, 1808—1815 König von Neapel (1815 erschossen) * *Andreas Hofer*, tirol. Freih.-Kämpfer (1810 erschossen) *Katharina II.* beruft Vertreter aller Stände z. Gesetzesreform Ende d. „Rheinischen Allianz" (vgl. 1658)	*Lessing:* „Minna von Barnhelm" (Lustspiel), „Hamburgische Dramaturgie" (b. 1769); wird Dramaturg am neuen Hamburger Nationaltheater * *August Wilhelm Schlegel*, dt. Dichter und Gelehrter († 1845) *Voltaire:* „Das Naturkind" (frz. Satire)	* *Wilhelm von Humboldt*, liberaler Humanist u. preuß. Staatsmann († 1835) *Karl III.*, König von Spanien (1759—1788), weist die Jesuiten aus *M. Mendelssohn:* „Phädon oder über die Unsterblichkeit d. Seele" (platon. Philosophie)
1768	* *Franz II.*, letzter röm.dt. Kaiser, Kg. v. Österr., Enkel *Maria Theresias* († 1835) Frankreich kauft Korsika von Genua (dadurch wird *Napoleon* 1769 als Franzose geboren) Krieg Rußlands gegen die Türkei (bis 1774) ≈ „Industrielle Revolution" (vgl. 1770 Spalte 6)	* *François René Chateaubriand*, franz. frühromant. Schriftsteller († 1848) *Goethe* verl. erkrankt Leipz. Univ. (war mit *Käthchen Schönkopf* befreundet) *L. Sterne:* „Yoricks sentimentale Reise durch Frankr. und Italien" (engl.) † *Lawrence Sterne*, englischer Dichter, schrieb „Tristram Shandy" (1760-67, humorvoller Roman) (* 1713) * *Zacharias Werner*, dt. religiöser Dichter († 1823)	*Joh. Ignaz Felbiger* (* 1724, † 1788): „Eigenschaften, Wissenschaften u. Bezeigen rechtschaffener Schulleute" (österr. schulreform. Werk) *J. Möser:* „Osnabrückische Geschichte" (m. Urkunden) *Quesnay:* „Physiokratie" (frz.) † *Hermann Samuel Reimarus*, dt. Theologe, Vertreter der histor. Bibelkritik (* 1694) * *Friedrich Schleiermacher*, dt. Theologe († 1834) 1. dt. Handelssch. i. Hamburg
1769	* *Napoleon Bonaparte* (auf Korsika), frz. Herrscher 1804–1814 u. 1815 († 1821) *Dubarry* (* 1743, † 1793) wird Mätresse des frz. Kgs. mit polit. Einfluß Neues österr. Strafgesetzb. Birma wird China tributpflichtig (Nepal 1793)	* *Ernst Moritz Arndt*, dt. Dichter († 1860) *Joh. Ewald* (* 1743, † 1781): „Adam u. Eva" (dän. Drama) † *Christian Fürchtegott Gellert*, dt. Dichter und Theologe (* 1715) Göttinger „Musenalmanach" gegründet	Papst *Klemens XIV.* bis 1774, tolerant gesinnt *Lessing:* „Wie die Alten den Tod gebildet" † *Gerhard Tersteegen*, dt. Laienprediger und Dichter (* 1697) *Turgot:* „Entstehg. u. Verteilung d. Reichtums" (frz.)
1770	* *Friedrich Wilhelm III.*, König von Preußen 1797 bis 1840 (†), Sohn *Friedrich Wilhelms II.* *Ludwig XVI.* v. Frankr. heiratet *Marie Antoinette* v. Österreich *Struensee* entfernt *J. H. E. v. Bernstorff* aus dem dän. Staatsdienst. Dessen Neffe *A. P. v. B.* ist Reformminister bis 1797 (†). Franz.-ostindische Kompagnie aufgelöst *Cook* nimmt für die engl. Krone Australien in Besitz	*Goethe* Student in Straßburg (bis 1771), begegnet *Herder*; Freundschaft m. *Friederike Brion* (* 1752, † 1813) *M. Claudius* wird Herausgeber des „Wandsbecker Boten" (bis 1775) * *Friedrich Hölderlin*, dt. Dichter († 1843) * *William Wordsworth*, engl. lyrischer Dichter der Romantik († 1850) ~ In Frankr. erste Miniaturbücher (~ 1782 i. Engl.)	*J. B. Basedow:* „Methodenbuch für Väter und Mütter der Familien und Völker" * *Georg Wilhelm Friedrich Hegel*, dt. Philosoph des dialektischen Idealismus († 1831) *Holbach:* „System der Natur" (frz. Materialismus, beeinfl. von *Diderot*) *Kant* Prof. in Königsberg „Große Landesloge der Freimaurer von Deutschland" in Berlin gegründet (erste dt. Loge 1737 in Hamburg)

Rokoko	Gluck Mozart	Dampfmaschine „Industrielle Revolution“
~ *Falconet:* Reiterstandbild *Peters d. Gr.* i. Petersburg (frz. Großplastik) * *Jean Baptiste Isabey,* franz. Maler am Hofe *Napoleons I.* († 1855) *Okyo:* „Einfallende Wildgänse“(jap.Gem.)	*Gluck:* „Alceste“ (2. ital. Reformoper, Text von *Calzabigi;* 1776 umgearbeitet) † *Georg Philipp Telemann,* dt. Komponist (* 1681) *Ph. E. Bach* wird Nachfolger *Telemanns* als Musikdirektor d. Kirchen in Hamburg	*T. Olaf Bergman* (* 1735, † 1784) Prof. d. Chemie in Upsala; fördert chemische Analyse u. erforscht chem. „Wahlverwandtschaften“ (Affinitäten) *James Hargreaves:* Wagenspinnmaschine „Jenny“ (nach seiner Tochter) *Carsten Niebuhr* (* 1733, † 1815) bereiste seit 1761 Arabien (veröff. „Reisebeschreibung nach Arabien“ 3 Bde. ab 1774) ~ Elektrisiermaschine mit Glasscheibe (auch als modisches Spielzeug)
† *Antonio Canaletto,* ital. Maler (* 1697) *Jacques-Anges Gabriel* (Frz.): Klein-Trianon, Versailles (s. 1762) * *Joseph Anton Koch,* dt. Maler († 1839) * *Bertel Thorwaldsen,* dän. Bildhauer († 1844) † *Johann Joachim Winckelmann* (v. einem Reisegefähr. ermordet) dt. Archäologe (* 1717) Kgl. Akad. d. Künste, London	*Niccolo Jomelli* (* 1714, † 1774): „Fetonte“ (ital. Oper, entsteht in Stuttgart) *Mozart:* „Bastien und Bastienne“, Singspiel des 12jährigen in Wien aufgeführt 1. Ausgabe der Encyclopaedia Britannica (i. 3 Bdn)	*Joseph Black* (* 1728, † 1799) entdeckt die latente Wärme von Wasser und Dampf *James Cook* (* 1728, † 1779 auf Hawaii erschlagen) erforscht auf drei Seereisen Australien, Neuseeland, Südsee und Alaska * *Jean Baptiste Fourier,* frz. Mathematiker und Physiker († 1830) *Linné:* „Systema naturae“ (12. Aufl., s. 1766; I. Tiere, II. Pflanzen, III. Mineralien) (schwed.) *Josiah Wedgwood* (* 1730, † 1795) erfindet das nach ihm benannte Steingut (Potteries)
Copley: „Bildnis einer Bürgerin“ (nordam. Gem.; *C.* geht 1775 nach London) *Knoller:* Fresken im Kloster Ettal (b. 1790) * *Thomas Lawrence,* engl. Maler († 1830) Neues Palais, Potsdam	*Gluck:* „Paris u. Helena“ (3. ital. Reformoper, Text v. *Calzabigi,* der wesentl. Anteil an der Opernreform hat)	*Richard Arkwright* (* 1732, † 1792): Spinnmaschine (1775 mit Wasserkraft; *A.*s Spinnerei in Nottingham gilt als erste moderne „Fabrik“) *Cugnot:* Straßendampfwagen * *Georges Cuvier,* frz. Biol. u. Geol. († 1832) * *Alexander von Humboldt,* dt. Naturf. († 1859) *James Watt:* Patent für wesentl. verbess. Dampfmaschine. („Erfind. d. Dampfmasch.“) Erster Blitzableiter i. Dt. (Jakobikirche, Hambg.)
† *François Boucher,* franz. Rokokomaler (* 1703) * *François Gérard,* frz. Maler († 1837) † *Suzuki Harunobu,* japanischer Maler, bes. Farbholzschnitte (* 1718) † *Giovanni Battista Tiepolo,* venezianischer Maler, s. 1761 i. Madrid (* 1606)	* *Ludwig van Beethoven,* dt. Komponist († 1827) † *Giuseppe Tartini,* ital. Komponist und Geigenvirtuose (* 1692) ~ Chinesische Gärten werden i. Europa bekannt	~ *Ch. Bonnet* veröff. Arbeiten über Regeneration von Würmern, Jungfernzeugung der Blattläuse (ist jedoch noch Anhänger der Präformationslehre, wonach alle Organe im Ei schon vorgebildet; vgl. 1759) Spiralbohrer von *Cooke* *Euler:* „Vollständige Anleitung zur Algebra“ (bezweifelt noch die Berechtigung imaginärer Zahlen) Rechenmaschine für Multiplik. von *Ph. M. Hahn* Eiweißnachweis im Urin ≈ Bürgerl. Freiheiten, Welthandelsbeziehungen, Textilmaschinen, Dampfkraft führen in England zur „Industriellen Revolution“, die nach und nach die ganze Erde erfaßt und tiefgehend umgestaltet (vgl. 1801, 1899, 1950)

	Struensee *Erste Teilung Polens*	*Klopstock* *Goethe*	*Pestalozzi* *Herder*
1771	* *Robert Owen*, engl. Industrieller und Sozialreformer († 1858) Ägypt. Mameluken-Emire machen sich vom türk. Sultan unabhängig	*M. Claudius* Redakteur des „Wandsbecker Boten" (bis 1813) *Klopstock:* „Oden" * *Walter Scott*, schott. Dichter († 1832)	† *Claude Adrien Helvetius*, franz. antireligiöser Philosoph des Sensualismus (* 1715) „Encyclopaedia Britannica" (seit 1768)
1772	Erste Teilung Polens zwisch. Österreich, Preußen, Rußld. Preußen monopolisiert Überseehandel durch Gründung der „Seehandlung" Kg. *Gustav III.* v. Schweden (1771–92) stürzt Adelsmacht u. bes. Einfl. d. Stände † *Joh. Fr. v. Struensee* (hingerichtet), dän. liberaler Minister und Geliebter der Königin (* 1737)	Gründ.desGötting.Dichterbund. „Der Hain" (bis 1778) *Salomon Geßner* (* 1730, † 1788): „Idyllen" (2 Bd. m. eig. Radier., s. 1756) *Lessing:* „Emilia Galotti" (Trauerspiel) **Novalis (Friedr. von Hardenberg)*, dt. romant. Dichter († 1801) *Wieland* kommt nach Weimar	*Herder:* ,,Über den Ursprung der Sprache'' *Fr. Eberh. v. Rochow* (*1734, + 1769): ,,Versuch ein. Schulbuches f. Kinder d. Landleute'' (Landschulreform) **Friedrich Schlegel*, dt. Dichter und Gelehrter (+ 1829) + *Emanuel Swedenborg*, schwedischer Theosoph; der ,,Geisterseher'' (*1688) Ende d. Inquisition i. Frankr.
1773	* *Clemens* Fürst *von Metternich*, österreichischer antiliberaler Staatsmann (†1859) † *Ahmet Schah*, Begründer eines mächtigen afghanischen Reiches und Herrscher seit 1747 (* ~ 1724) Engl. ostind. Komp. erhält Handelsmonopol f. Opium in China	*Goethe:* „Götz von Berlichingen", ~„Urfaust" *Klopstock* vollendet „Messias" (4 Bände, s. 1748) *Schiller* wird Schüler (spät. Med.-Stud.) an der Karlsschule bei Stuttgart (b. 1770) * *Ludwig Tieck*, dt. Dichter der Romantik († 1853) „Dt. Merkur" (bis 1810)	*Herder-Goethe:* „Von dt. Art und Kunst" (Zeitschr.) Auflösg. d. Jesuitenordens durch Papst *Klemens XIV.* * *James Mill*, engl. Begründer der Assoziations-Psychologie († 1836) Herzogl. Militärakademie, Solitude (1775 n. Stuttgart, 1781 Hohe Karlsschule)
1774	† *Ludwig XV.*, König von Frankreich seit 1715 (*1710). Sein Enkel *Ludwig XVI.* König v. Frankr. (bis 1792) † *François Quesnay*, frz. Wirtschaftswissenschaftl., Begr. des Physiokratismus (* 1694) *Wieland:* „Die Abderiten" (satirischer Staatsroman)	*Bürger:* „Lenore" (Ballade) *Goethe:* „Die Leiden des jungen Werther" (Briefroman), „Clavigo" (Drama), Urauff. seines „Götz" in Berlin *Justus Möser* (* 1720, † 1794), Staatsm. u. Historik. i. Osnabrück: „Patriot. Phantasien" (b. 1778, Aufsätze z. Tagesfr.)	*J. B. Basedow* gründet „Philanthropinum" in Dessau *Herder:* „Auch eine Philosophie d. Geschichte zur Bildung der Menschheit" *Pestalozzi* gründet „Armenanstalt" (selbsterhaltende Arbeitsschule, 1780 geschl.) England gibt Kanada Religionsfreih. i. d. Quebecakte
1775	Bukowina an Österreich Beginn des nordamerikanischen Unabhängigkeitskrieges gegen England (bis 1783) Verkauf von Leibeigenen in Rußland; Höhepunkt der russ. Adelsmacht Bauernaufstand an d. Wolga (seit 1773) unter *Pugatschew* (†, hinger., * 1726)	*Beaumarchais:* „Der Barbier v. Sevilla" (frz. Schauspiel) *Goethe* verlobt sich mit *Lili Schönemann*, Entlobung, geht nach Weimar (dort Freundschaft mit Frau *von Stein*) *Friedrich Müller* (Maler *Müller*, * 1749, † 1825): „Die Schafschur" (Idylle) *Nicolai:* Werther-Parodie *Voltaire:* „Lobrede auf die Vernunft"	*Pius VI.* Papst bis 1799 (†) * *P. J. Anselm Feuerbach*, dt. Strafrechtler († 1833) *Joh. Kaspar Lavater* (* 1741, † 1801): „Physiognomische Fragmente zur Beförderung der Menschenkenntnis und Menschenliebe" (bis 1778) * *Friedrich Wilhelm Schelling*, dt. Naturphilosoph († 1854) Hexenhinrichtung i. Dtl.

Gainsborough *Vierzehnheiligen*	*Haydn* *Gluck*	*Beginn der modernen Chemie*
∼ *Gainsborough:* „Knabe i. Blau" (engl. Bildn.) *Graff:* „Lessing" (Porträtgemälde) † *Bartolomeo Rastrelli*, ital. Baumeister in Rußland (* 1700)	*Haydn:* „Sonnenquartette" (6 Streichquartette i. kontrapunktischen Fugenstil; i. d. Symphonien d. Folgezeit entw. *Haydn* den „klassischen" Stil	*J. Cook* entdeckt aut seiner 1. Weltreise (s. 1768) Gesellschaftsinseln, Ostaustralien (1770) und Zweiteilung Neuseelands *Carl Wilhelm Scheele*, schwed. Chemiker (* 1742, † 1786) entdeckt gasförm. Sauerstoff („Feuerluft"; unabhängig von ihm 1774 *Joseph Priestley* [* 1733, † 1804])
† *Johann Michael Feichtmayr*, südd. Rokoko-Bildhauer (* ∼ 1709) *S. Gessner:* „Briefe über d. Landschaftsmalerei" (schweiz.) Wallfahrtskirche Vierzehnheiligen (Oberfranken) nach Plänen *B. Neumanns* fertiggestellt (Baubeg. 1743)	*Haydn:* „Abschiedssymphonie", „Sonnenquartette" Opus 20 (mit polyphonen Stilelementen)	*J. Cook* beg. 2. Weltreise (bis 1775; klärt endgültig, daß sagenhafter Südkontinent nicht vorhanden und entdeckt Südpolarland [Antarktis]) *L. Euler:* „Briefe an eine dt. Prinzessin über einige Gegenstände der Physik u. Philosophie" (3 Bde. in frz. Sprache, s. 1768) *Romé de L'Isle:* Gesetz der konstanten Flächenwinkel bei Kristallen (veröff. 1783) Entdeckung des gasförm. Stickstoffs durch *D. Rutherford* (* 1749, † 1819) *J. H. Lambert:* Flächentreue Kartenprojektion
Chodowiecki: Reise n. Danzig, auf d. 108 getuschte Federzeichn. entst. † *Hubert François Gravelot (Bourgignon)*, frz. Illustrator u. Maler, polit. u. soziale Karikaturen (* 1699) *Reynolds:* „Grazien schmücken Hymen"	*Anton Schweitzer* (* 1735, † 1787): „Alceste" (gilt als Schritt zur dt. Nationaloper) *Mozart:* 1. Klavierkonzert (D-Dur)	∼ *Samuel Crompton* (* 1753, † 1827): Spinnmaschine „Mule-Jenny" (prod. Garne großer Gleichheit und Feinheit) „Philadelphia Museum" in USA gegründet (Sammlung von Gemälden und naturgeschichtlichen Präparaten)
* *Caspar David Friedrich*, dt. romantischer Landschaftsmaler († 1840) ≈ Klassizismus (Zopfstil); in Frankreich: *Louis Seize*; in England: Stil d. Gebr. *Adam*	*Gluck:* „Iphigenie in Aulis" (erste Reformoper i. frz. Stil); durch sie erhalten d. frz. Gegner d. ital. Buffooper neue Stärke	*E. Bode:* grdt. „Berliner Astron. Jahrbuch" *William Hunter* (* 1718, † 1783): „Anatomie der schwangeren Gebärmutter" *Antoine Lavoisier:* Erhaltung der Masse bei chem. Prozessen. Beginn der modernen Chemie *Priestley* entdeckt Ammoniak und Sauerstoff (vgl. 1771) *Scheele* entdeckt das gasförmige Chlor Unentgeltliche Behandlung von Geschlechtskrankheiten in Norwegen
† *Ignaz Günther*, bayr. Rokokobildh. (* 1725) † *Johann Joachim Kändler*, Bildh. d. Meiß. Porzellanmanuf. (* 1706) † *Georg Friedrich Schmidt*, Hofkupferstecher (* 1712) * *William Turner*, engl. Maler († 1851)	* *François Adrien Boieldieu:* frz. Opernkomponist († 1834) † *Egidio R. Duni,* ital. Begründer der „Opéra comique" in Paris (* 1709) *Mozart:* „Die Gärtnerin aus Liebe" (Singspiel), 5 Violinkonzerte	*de Morveau:* Desinfektion mit dem Giftgas Chlor (man nimmt Ansteckung durch gasförmige Ausdünstung [Miasma] an) *A. Volta* konstr. nach einer Entdeckung von *Wilke* (1762) Elektrophor zur fortgesetzten Ladungserzeugung *J. Priestley* (* 1733, † 1804, England) entd. schweflige Säure Erstes gußeisernes Gleis in Deutschland Pariser Akademie lehnt Prüfung von Vorschlägen für ein „Perpetuum mobile" ab

	Verkündung der Menschenrechte in USA	*„Sturm und Drang"*	*„Nathan" Herder*
1776	* *Luise v. Preußen* († 1810) *Turgots* Finanzref. in Frankr. scheitern; *Jacques Necker* frz. Finanzminister bis 1781 *Adam Smith:* „Natur und Ursachen des Volkswohlstandes" (Grundl. d. engl. liberalistischen Volkswirtschaftslehre) Konstitution d. USA. Am 4. Juli Annahme der Unabhängigkeitserklärung der USA vom Kongreß. Erkl. der Menschenrechte Span. Vizekgr. La Plata	† *Johann Jakob Breitinger*, Gegner *Gottscheds* (* 1701) *Goethe:* „Stella" (Schausp.) † *Ludwig Christoph Heinr. Hölty*, dt. Lyriker (* 1748) * *E. T. A. Hoffmann* († 1822) *Friedr. Maximilian v. Klinger* (* 1752, † 1831): „Sturm u. Drang" (Schauspiel) *Jak. Mich. Reinh. Lenz* (* 1751, † 1792): „Die Soldaten" (Komödie) *Heinr. Leop. Wagner* (* 1747, † 1779): „Die Kindermörderin" (Drama) Burg- wird Nationaltheater	* *Joseph Görres*, dt. kathol. Publizist († 1848) * *Johann Friedrich Herbart*, dt. Philos. u. Pädagoge († 1841) *Herder:* „Älteste Urkunde d. Menschengeschlechts" (Theologie; wird Prediger i. Weimar) † *David Hume*, engl. Philosoph des Empirismus und Historiker (* 1711) *Paine:* „Common sense" Trennung von Kirche und Staat in den USA Abschaffung der Folter in Österreich
1777	* *Alexander I.*, Zar v. Rußland 1801—1825 (†) * *Julie Récamier*, schöne und geistv. Gegnerin *Napoleons*, Vertraute d. *Bourbonen*freundes *Chateaubriand* († 1849) *v. Steuben* i. USA. *Washington* ernennt ihn 1778 z. Generalinspekteur d. amer. Heeres Engl. Söldner v. USA-Miliz b. Saratoga-Spr. geschlagen	*Jung-Stilling* (* 1740, † 1817): „Heinrich Stillings Jugend" (herausgegeben von *Goethe*) * *Heinrich von Kleist*, dtsch. Dichter († 1811) * *Friedrich de la Motte-Fouqué*, dt. romant. Dichter († 1843) Hof- und National-Theater in Mannheim gegründet „Hamlet"-Aufführ. i. Hamburg unt. *Fr. L. Schröder* öffn. *Shakespeare* die dt. Bühne	*Lessing* (seit 1770 Bibliothekar i. Wolfenbüttel): „Wolfenbütteler Fragmente" (Teile d. histor. Bibelkritik v. *Reimarus*, seit 1774) „Gesellschaft zur Förderung d. Guten und Gemeinnützigen" i. Basel gegrdt. (schweiz. Volksbildung) *J. Priestley:* „Untersuchungen über Materie und Geist" (mech. Gehirnschwingung. beding. d. geist. Geschehen)
1778	Bayerischer Erbfolgekrieg mit Österreich: König *Friedrich II.* gegen Kaiser *Joseph II.*, der Bayern zur Stärkung d. Reichsmacht erwerben will; wird von Preußen m. Unterstützung Rußlands verhindert † *William Pitt* (der Ältere), brit. Staatsmann (* 1708) *Benjamin Franklin* erreicht Bündnis Frankreich—USA	* *Clemens Brentano*, dt. Dicht. der Romantik († 1842) *Goethe* in Berlin *Herder:* „Volkslieder", (b. 1779; 1807 als „Stimmen d. Völker in Liedern") *Lessing:* „Anti-*Goeze*" (geg. protest. Orthodoxie) „Werthertracht": Ungepudertes Haar, rund. Filzhut, blauer Frack, gelbe Weste u. Hose, braune Stulpenstiefel.	Erste deutsche Taubstummenanstalt in Leipzig durch *Sam. Heinicke* (*1727, †1790) *Lichtenberg:* „Über Physiognomik wider die Physiognomen" (gegen *Lavater*) † *Jean Jacques Rousseau*, franz. Philosoph, Enzyklopädist u. Pädagoge (* 1712) † *François de Voltaire* (eig. *Arouet*), franz. Aufklärungs. philosoph u. Dichter (*1694)
1779	Frankreich und Spanien belagern erfolglos Gibraltar, seit 1704 engl. Stützpunkt Teschener Friede: Österreich erhält bayerisches Innviertel; Frieden wird von Rußland garantiert * *Friedrich Karl von Savigny*, Jurist und preuß. Staatsmann, Haupt der historischen Rechtsschule († 1861)	*Goethe* Geheimrat; unternimmt zweite Schweiz. Reise * *Th. Moore*, ir. Dicht. († 1852) * *Adam Gottlieb Öhlenschläger*, dän. romant. Dichter († 1850) *Richard B. B. Sheridan* (* 1751, † 1816): „The Critic" (engl. Posse; schrieb 1777 d. Lustspiel „Die Lästerschule") Nationaltheater Mannheim	*Hume:* „Dialoge über natürliche Religion" (posthum, engl.) *Lessing:* „Nathan der Weise" (dramat. Ged., erachtet die Weltrelig. für gleichwertig; Urauff. 1783 in Berlin) Gründung einer Kinderbewahranstalt i. Waldersbach d. Pfarrer *Johann Friedrich Oberlin* (* 1740, † 1826)

Klassizismus *Gainsborough*	*Gluck* *Mozart*	*Lavoisier* *Buffon*
* *John Constable*, engl. Landschaftsmaler († 1837) ~ *Fragonard:* „Die Wäscherinnen“ (frz. Gem.) ~ *Gainsborough:* „Miss Robinson“ (engl. Porträtgem.) † *Jean Michel Papillon*, franz. Holzschneider u. Illustrator (* 1698) *J. Pigalle* „Voltaire“ (frz. Sitzstatue)	~ Opernstreit in Paris zw. den Anhängern *Glucks* und *Piccinis* *Ignaz Holzbauer* (* 1711, † 1783): „Günther von Schwarzburg“ (dt.-sprachige Oper aus d. Mannheimer Schule) *Mozart:* „Haffner-Serenade“ In Wien wird kaiserl. Gem.-Sammlg. für Publikum geöffnet	*J. Cook:* 3. Weltreise (entd. Hawaii-Inseln, wird dort 1779 erschlagen [* 1728]) *Deluc* findet anomale Wärmeausdehnung des Wassers (dehnt sich beim Abkühlen auf den Gefrierpunkt aus) *Hatton:* Hobelmaschine Erster lebender Orang Utan in Holland ~ Welt-Gußeisenproduktion 200000 t (1865: 10000000 t) ≈ Zu *Watts* Zeiten braucht eine Dampfmaschine ca. 12 kg Kohle pro PS-Stunde (1925 ca. 20mal weniger) ~ Anfänge der technischen Revolution (vgl. 1770 W, 1852 P, 1861 V und weitere Daten)
~ *Greuze:* „Der zerbrochene Krug“ (frz. Gem.) * *Christian Daniel Rauch*, norddt. Bildhauer des Klassizismus († 1857) * *Philipp Otto Runge*, dt. romantischer Maler († 1810)	*Gluck:* „Armida“ (2. Reformoper i. frz. Stil) *Mozart* beginnt mit seiner Mutter Reise über Mannheim n. Paris, wo diese 78 stirbt	* *Karl Friedrich Gauß*, dt. Mathematiker und Naturforscher († 1855) † *Albrecht von Haller*, Schweizer Arzt, Forscher und Dichter (* 1708) † *Joh. Heinr. Lambert*, dt. Physiker u. Philosoph (* 1728) *Lavoisier:* Verbrennung ist chemische Verbindung mit Sauerstoff; Widerlegung der Phlogiston-Hypothese; erkennt auch, daß Atmung Verbrennung (Oxydation) bedeutet *Scheele:* Luft besteht aus zwei Komponenten (Stick- und Sauerstoff). Blausäuresynthese
† *Charles Eisen*, franz. Kupferstecher u. Illustrator (* 1720) *Houdon:* „Voltaire“ (frz. Büste) † *Giambattista Piranesi*, italien. Kupferstecher u. Baumeister (* 1720)	*Beethovens* Vater führt seinen Sohn als 6jähriges Wunderkind vor *N. Piccini:* „Roland“ (ital. Oper) *Corona Schröter* (* 1751, † 1802) als Sängerin u. Schauspielerin in Weimar Mailänder Scala eröffn. (erb. seit 1776)	*Buffon:* „Epochen der Natur“ (frz. Erdgeschichte; nimmt mehrere sintflutartige Katastrophen an; *B.* muß diese Lehre widerrufen) † *Carl v. Linné*, schwed. Naturforscher, begründete das nach ihm benannte Sexualsystem der Pflanzen (* 1707) *J. Smeaton* wendet Taucherglocke für Unterwasser-Fundamente an *Benjamin Thompson* (Graf *Rumford*; * 1753, † 1814): Erste Beobachtungen zur Entstehung von Wärme aus Reibung, an Geschützen Erste dt. Tierärztliche Hochschule in Hannover (in Berlin und München 1790)
Canova: „Dädalus u. Ikarus“ (frz. klassizist. Plastik) † *Siméon Chardin*, frz. Maler (* 1699) † *Anton Raphael Mengs*, gilt als erster dt. klassizist. Maler (* 1728)	*Gluck:* „Iphigenie auf Tauris“ (3. Reformoper i. frz. Stil) *Mozart:* Krönungsmesse C-Dur	* *Jöns Jakob Berzelius*, schwed. Chemiker († 1848) *Crawford:* Wärmemessungen an Tieren *J. P. Franck:* „System einer vollst. mediz. Polizei“ ~ *Lichtenberg* führt die Bezeichnungen „positive“ und „negative“ Elektrizität ein Erste Eisenbrücke von *A. Darby* gebaut Papst *Pius VI.* beginnt Trockenlegung der Pontinischen Sümpfe Erste Kinderklinik (in London)

	USA unabhängig *Pitt d. J.*	*† Lessing* *„Die Räuber“*	*Pestalozzi* *Rousseau*
1780	† *Maria Theresia*, seit 1740 Herrscherin von Österreich-Ungarn, Gemahlin Kaiser *Franz' I.*, Erbtochter Kaiser *Karls VI.* (* 1717) *Joseph II.* österr. Herrscher bis 1790 (†); dt. Kaiser seit 1765 Kg. *Friedrich II.* maßregelt willkürl. preuß. Richter zugunst. d. Müllers *Arnold*	*M. Claudius*: „Lied. f. d. Volk“ *Friedrich II.*: „Über die dt. Literatur“ (frz., verkennt aufstrebende Entwicklg.) * *Karoline v. Günderode*, dt. Dichterin († 1806) *Lessing*: „Die Erziehung des Menschengeschlechts“, „Ernst u. Falk, Gespr. f. Freimaurer“ *Wieland*: „Oberon“ (Märch.)	† *Etienne Bonnot de Condillac*, franz. Philosoph (* 1715) *Pestalozzi*: „Die Abendstunden eines Einsiedlers“ (pädagog. Programm) *Salzmann*: „Krebsbüchlein oder Anweis. z. ein. unvernünft. Erziehg. d. Kinder“ (ironische Pädag.) Christbaum bei *Fr. Nicolai* Univ. Münster gegr.
1781	Reformen Kaiser *Josephs II.*: Abschaffung von Leibeigenschaft und Folter, Religionsfreiheit, Aufhebung d. Klöster, Einwanderungserlaubnis auch für Nichtkatholiken nach Österreich *Washington* besiegt mit frz. Hilfstr. d. Engl. b. Yorktown Neue preuß. Prozeßordng.	* *Achim von Arnim*, dtsch. Dichter († 1831) * *Adelbert v. Chamisso*, dt. Dichter u. Naturf. († 1838) † *Gotthold Ephraim Lessing*, dt. Dichter, Kritiker u. Philosoph (* 1729) *Friedr. Ludw. Schröder* (* 1744, † 1816), Schausp. a. Burgtheater (erstrebt Natürlichkeit)	* *Bernh. Bolzano*, böhm. kath. Mathem. u. Logiker († 1848) *Kant*: „Kritik der reinen Vernunft“ (rationalist. Erkenntnistheorie, führt Erk. v. Raum, Zeit, Kausalität auf a-priori-Prinzipien zurück) *Pestalozzi*: „Lienhard und Gertrud“ (schweiz. Erziehungsroman, 4 Tle. b. 1787)
1782	~ Seekrieg d. Niederlande geg. England (1780–84) ~ Im Schweden *Gustavs III.* (1771–92) bestehen Kulturblüte u. Verschwendung Théatre Français, Paris *de Laclos*: „Gefährl. Liebschaften“ (frz. Briefroman)	*M. Claudius*: „Irrtum u. Wahrheit“ *Otto v. Gemmingen-Hornberg* (* 1755, † 1836): „Der dt. Hausvater“ (bürg. Schausp.) *Goethe* geadelt; „Erlkönig“ *Schiller*: „Die Räuber“ (Erstauff. in Mannheim mit *Iffland* als K. Moor) *Sch.* flieht n. Meiningen	* *Friedrich Fröbel*, dt. Pädagoge († 1852) *Herder*: „Vom Geiste der Ebräischen Poesie“ *J. J. Rousseau*: „Bekenntnisse“ (4 Bde. b. 1788, posthum) Letzte Hexenhinrichtung in der Schweiz (mit dem Schwert in Glarus)
1783	Versailler Friede: England erkennt Unabhängigkeit der USA an, gibt Florida an Spanien zurück *William Pitt* d. J. (* 1759, † 1806) engl. Premierminister aus d. Torypartei b. 1801 (wieder 1804–06) *Potemkin* erobert die Krim für Rußland	† *Johann Jakob Bodmer*, Schweiz. Philologe, (* 1698) *S. v. La Roche*: „Die glückl. Reise“ (empfinds. Roman) *Schiller*: „Die Verschwörung d. Fiesko zu Genua“ * *Stendhal (Marie Henri Beyle)*, frz. Dichter († 1842) † *Yokai Yagu*, japan. Dichter (* 1702)	*Kant*: „Prolegomena zu einer jeden künftigen Metaphysik“ *M. Mendelssohn*: „Jerusalem oder über religiöse Macht u. Judentum“ (betont aufklärerisch. Geist d. jüd. Religion) Inquisitionsverfahren gegen span. Automatenbauer
1784	*W. Pitt d. J.*: Ostindiengesetz (Engl. Ostind. Komp. wird staatl. Aufsicht unterstellt) Österreich erläßt Auswanderungsverbot * *Friedrich Heinrich Ernst* Graf *von Wrangel*, preuß. General († 1877)	*Caron de Beaumarchais* (* 1732, † 1799): „Figaros Hochzeit“ (franz. gesellschafts-kritisches Lustspiel) * *Ludwig Devrient*, dt. Charakterschauspieler († 1832) *Schiller*: „Kabale u. Liebe“ (Schausp.). Freundschaft mit *Charl. v. Kalb* (* 1761, † 1843)	† *Denis Diderot*, frz. Aufklärungsphilosoph (* 1713) *Herder*: „Ideen z. Philos. d. Geschichte d. Menschheit“ *Kant*: „Was ist Aufklärung?“ („Ausgang d. Menschen aus seiner selbstverschuldeten Unmündigkeit“) *Salzmann* grdt. Schnepfenthal nach Grunds. *Basedows* Blindenanstalt i. Paris

Klassizismus *Gainsborough*	*Beginn der Klassik* *Mozart*	*Erste Luftfahrzeuge*
† *Bernardo Canaletto, (Bellotto)* ital. Maler (bes. Bilder v. Dresden) (* 1720) *Gainsborough:* „Mrs. Robinson" (engl. Gem.) * *Jean Auguste Ingres,* franz. Maler († 1867) † *Jacques Germain Soufeot,* franz. Baumeister des Klassizismus (* 1713)		Herstellung von Rübenzucker durch *Franz Karl Achard* (* 1753, † 1821) in Berlin *Felice Fontana:* Erzeugung von Wassergas (ausgebaut erst 1873) Rechenmaschine für Addition, Subtraktion, Multiplikation von *J. H. Müller* Erster Füllfederhalter von *Scheller* *Abr. Gottl. Werner* (* 1750, † 1817) Gesteine bildeten sich im Urozean („Neptunismus") Gründung der Amerikanischen Akademie der Künste und Wissenschaften in Boston (USA)
Romney: „Mrs. Robinson" (engl. Porträt) * *Karl Friedrich Schinkel,* norddtsch. Baumeister und Maler († 1841) * *Joseph Stieler,* dt. Bildnismaler († 1858)	*Haydn:* „Russ. Streichquartette" (6 Quartette „auf eine ganz neue besondere Art", Begr. d. „klass. Stils") *Mozart:* „Idomeneo" (Oper; 1782 folgt „Die Entführg. a. d. Serail"); heiratet *Const. Weber*	*H. Cavendish* erkennt, daß Wasserstoff zu Wasser verbrennt *René Just Hauy* führt Kristallbau auf Raumgitter zurück *Herschel* entdeckt den Planeten Uranus mit selbstgebautem Spiegelfernrohr *de Jouffroy:* Dampfschiff (einer der ersten erfolgreicheren Versuche) ~ Erste Fallschirmerprobungen
Joh. Heinr. Füßli (* 1741, † 1825): „Der Nachtmahr" (schweiz.-engl. Gem.)	* *Daniel Auber,* franz. Komponist († 1871) † *Joh. Christian Bach,* dt. Komponist (* 1735) * *John Field,* englisch. Komponist († 1837) * *Niccolo Paganini,* ital. Violinvirtuose und Komponist († 1840)	Differentialgleichung der Mechanik v. *Laplace* (bei derer alleiniger Geltung alle Zukunft durch einen „Dämon" vorausberechenbar wäre; strengste Form des „Determinismus") Schreibthermometer von *J. Six* *Watt* baut doppeltwirkende Dampfmaschine; sein Werk liefert erste Maschinen *Wedgwood:* Hitzemessung durch Schmelzkörper (Pyrometer)
* *Sulpiz Boisserée,* dt. Kunsthistor. († 1854) * *Peter von Cornelius,* dt. Maler († 1867) *J. A. Houdon:* „Buffon" (franz. Bildnisbüste); „Diane" *J. M. Moreau:* Illustrat. zum „Monument du costume" (seit 1773)	*Beethoven:* „Drei Sonaten fürs Clavier" *Mozart:* c-Moll-Messe (lebt in Wien)	† *Jean Baptiste d'Alembert,* frz. Mathematiker u. Enzyklopädist; schrieb dem Wissen soziale Funktion zu (* 1717) † *Leonhard Euler,* schweiz. Mathematiker und Naturforscher (* 1707) Erste Ballonaufstiege mit Heißluft (durch *J. M.* u. *J. E. Montgolfier*), mit Wasserstoff u. m. Leuchtgas (rasch folgend: leer, Tiere, bemannt) *Herschel* entdeckt Eigenbeweg. d. Sonnensystems *de Saussure:* Haar-Hygrometer
David: „Der Schwur der Horatier" (franz. Gemälde) *Gainsborough:* „Schauspielerin Sara Siddons", „Miss Linley" (engl. Porträtgem.) * *Leo Klenze,* süddt. Baumeister des Klassizismus († 1864)	† *Wilhelm Friedemann Bach,* dt. Komponist (* 1710) *Haydn:* beg. 6 „Pariser Symphonien" * *Louis Spohr,* dtsch. Komponist († 1859)	* *Friedrich Wilhelm Bessel,* dt. Astronom († 1846) *Joseph Bramah* (* 1748, † 1814): Sicherheitsschloß Puddelstahl von *Henry Cort* *Claude Louis de Berthollet* (* 1748, † 1822) erkennt bleichende Wirkung des Chlors Entdeckung des menschlichen Zwischenkiefers durch *Goethe* und *d'Axyr* Dahlien kommen aus Mexiko nach Spanien *Goethe* macht Versuche mit Heißluftballons

	Erste demokratische Verfassung i. USA	„Egmont" „Don Carlos"	„Kritik d. reinen Vernunft"
1785	*Friedrich II.* grdt. Fürstenbund, um d. Kaiser am Erwerb Bayerns zu hindern Handelsvertr. Preußen-USA „Halsbandprozeß" schwächt Ansehen der frz. Krone Handwerksordn. i. Rußland Engl. Zeitung „The Times" gegründet	* *Bettina v. Arnim*, geborene *Brentano* († 1859) * *Jacob Grimm*, dt. Sprachwissenschaftler († 1863) * *Alessandro Manzoni*, romant. ital. Dichter († 1873) *Schiller:* „Die Schaubühne als moralische Anstalt" *Schubart:* „Gedichte aus d. Kerker"	*Campe:* „Allgemeine Revision des gesamten Schul- u. Erziehungswesens" (16 Bde. bis 1791) *Kant:* „Grundlegung zur Metaphysik der Sitten" *M. Mendelssohn:* „Morgenstunden" (Gottesbeweise u. Auseinanders. mit *Spinozas* Pantheismus)
1786	† *Friedrich II.* (der Große), seit 1740 König von Preußen (* 1712) *Friedrich Wilhelm II.* König von Preußen (bis 1797 [†]) * *Ludwig I.* König von Bayern 1825—1848 (abgedankt; † 1868) Turkmene *Agha Mohammed* begrdt. in Persien Kadscharen-Dynastie (bis 1925)	Berliner Hofbühne gegründ. * *Ludwig Börne*, dt. krit. Schriftst. u. Inspir. d. „Jungen Deutschland" † 1837) *Bürger:* „Wunderb. Reisen d. Frhrn. v. Münchhausen" *Goethes* ital. Reise (bis 1788) * *Wilhelm Grimm*, dtsch. Sprachwissensch. († 1859) *Johann Karl August Musäus* (* 1735, † 1787): „Volksmärchen der Deutschen"	Der ital. Abenteurer *Alex. v. Cagliostro* (* 1743, † 1795) aus Paris ausgewiesen (wird in Rom zu lebensl. Haft verurteilt) † *Moses Mendelssohn*, dt. Philosoph der Aufklärung, unterstützte Judenemanzipation (* 1729) Seit 1784 besteht die Asiatic Society i. Kalkutta
1787	Der Herzog *Karl Eugen* von Württemberg vermietet das aus seinen Untertanen bestehende Kap-Regiment an die Holländisch - Ostindische Kompanie Zweiter erfolgreicher Krieg d. Zarin *Katharina II.* geg. die Türkei (bis 1792; Rußland erhält Krim u. Schutzrecht üb. Donaufürstentümer) ***Potemkin*** **täuscht Zarin durch kulissenartige Dörfer**	*Goethe:* „Iphigenie" (Schsp.) *Wilh. Heinse* (* 1746, † 1803): „Ardinghello u. d. glückseligen Inseln" (Sturm-u. Drang-Roman über die freie Liebe) *Schiller:* „Don Carlos" (Drama); geht n. Weimar *J. H. Bernardin de St.-Pierre* (* 1737, † 1814): „Paul et Virginie" (frz. Idylle mit Robinson-Motiv) * *Ludwig Uhland*, dt. Dichter u. Sprachforsch. († 1862)	*Bentham:* „Verteidigung d. Wuchers" (Utilitarismus) *Herder:* „Gott" („Einige Gespräche" i. Geist *Spinozas*) † *Alfonso de Liguori*, ital.-kath. Moraltheologe, Gründer des Redemptoristen-Ordens (1732), 1839 heiliggesprochen (* 1696) Erteilung der philosoph. Doktorwürde an *Dorothea v. Schlözer* (* 1770, † 1825) i. Göttingen nach ordentl. Examen
1788	Verfass. d. USA in Kraft Einsetzende Flut politischer Broschüren in Frankr., die Freiheit u. Gleichheit fordern (*Sieyès:* „Was ist der dritte Stand?") Brit. Strafkolonie in Australien (Sydney) Aufhebung d. Leibeigenschaft in Dänemark Erfolgl. Krieg Schwedens geg. Rußland, um Ostseeprovinzen u. Finnland wiederzugewinnen (bis 1790) *Karl IV.*, Kg. v. Spanien bis 1808 (†)	* Lord *George Byron*, engl. Dichter des „Weltschmerzes" († 1824) * *Joseph* Frhr. *von Eichendorff*, dt. romant. Dichter († 1857) *Goethe:* „Egmont" (Schsp.) *Goethe* bricht mit Frau *v. Stein* (geb. *v. Schardt*) (* 1742, † 1827); verb. sich m. *Christiane Vulpius* (* 1765, † 1816); Schaffenspause bis 1794; lernt *Schiller* kennen * *Friedrich Rückert*, dtsch. Dichter u. Oriental. († 1866)	† *Georg Johann Hamann*, dt. Religionsphilosoph, „Magus des Nordens" (* 1730) *Kant:* „Kritik der praktischen Vernunft" (Ethik, mit „Kategor. Imperativ") *Adolf* Freih. *v. Knigge* (* 1752, † 1796): „Über den Umgang mit Menschen" *Schiller:* „Geschichte d. Abfalls d. verein. Niederlande" * *Arthur Schopenhauer*, dt. Philosoph († 1860) **Abitur an Preuß. Gymnas.**

Goya Tischbein	Haydn Mozart	Coulomb Ballon überquert Kanal
~ Blüte der Neuwieder Möbelwerkstätten ~ In Coburg entsteht 1775–1805 Kupferstichkabinett mit 300 000 Blättern	*Mozart:* Klavierkonzert Es-Dur; wird Freimaurer-Geselle (2. Grad)	*Charles Augustin de Coulomb* (* 1736, † 1806) beg. Vers. mit der Drehwaage, womit er Gesetze für elektr. und magnet. Kräfte entdeckt (bis 1789) *James Hutton* (* 1726, † 1797) begründet „Plutonismus" (Gesteine entst. aus feuriger Schmelze) Seismometer (Erdbebenmesser) von *Salsano* Kanalüberquerung im Freiballon Annales de Chimie gegrdt. (1778: Chem. Annalen) Erste dt. Dampfmaschine in Preußen
Goya: „Die Jahreszeiten" (span. Bildteppichentwürfe) *Graff:* „Schiller" (Porträtgem.) *Hoppner:* „Damenporträt" (engl.) *J. Reynolds:* „Herzogin v. Devonshire mit Tochter" (engl. Porträtgem.)	*Dittersdorf:* „Doktor u. Apotheker" (Singspiel) *Haydn:* 6 Pariser Symphonien, dar. Symphonie D-dur (ohne Menuett) *Mozart:* „Figaros Hochzeit" (Oper m. ital. Text); 6 Streichquartette (s. 1782) * *Carl Maria v. Weber*, dt. Komp. († 1826)	*Edmund Cartwright* (* 1743, † 1823): Erster brauchbarer mechanischer Webstuhl * *John Franklin*, engl. Seefahrer und Naturforscher († 1847) *Lazzaro Spallanzani* (* 1729, † 1799) widerlegt durch Besamungsexperimente Urzeugungslehre und „Befruchtungskraft" ~ *Watt:* Dampfmaschine mit Kolbenstange und Zentrifugalregulator Erste versuchsweise Gasbeleuchtung für Innenräume (in England und Deutschland) Erstbesteigung des Mont Blanc
† *Pompeo Batoni*, ital. Maler; einer d. letzten Vertreter d. röm. Hochbarocks (* 1708) *J. H. W. Tischbein:* „*Goethe* auf Ruinen in d. Campagna" (Porträtgem.) Zürcher Kunstverein (frühester im deutsch. Sprachber.)	*Boccherini* wird Hofkomponist i. Berlin † *Christoph Willibald* Ritter *von Gluck*, dt. Komponist, Begründ. eines neuen dramat. Opernstils (* 1714) *Mozart:* „Don Giovanni" (Oper m. ital. Text), „Eine kleine Nachtmusik"	*Ernst Chladni* (* 1756, † 1827) entdeckt „Klangfiguren" tönend-schwingender Platten *Herschel* entdeckt zwei Uranus-Monde *de Saussure* besteigt als 2. den Mont Blanc und unternimmt meteorologische Messungen ~ *Lavoisier* und *Berthollet* begründen chemische Nomenklatur *John Fitch:* Schrauben-Dampfschiff Dampfmaschinen in der Textilindustrie
David: „Paris u. Helena" (frz. Gem.) † *Thomas Gainsborough*, engl. Maler (* 1727) † *Maurice Quentin de Latour*, fr. Maler, bes. Pastellbildn. (* 1704) * *Franz Pforr*, dt. romant. Maler († 1812) † *Pierre Antoine Tassaert*, niederländ. Bildhauer in Berlin; porträtierte *M. Mendelssohn* und preuß. Generäle (* 1729)	† *Carl Philipp Emanuel Bach*, dt. Komponist (* 1714) *Haydn:* Oxford-Symphonie G-Dur (dirigiert sie 1791 b. Verleihung d. Ehrendoktors an ihn v. d. Univ. Oxford) *Mozart:* Symphonien i. Es-dur, g-moll u. C-dur (Jupiter-Symphonie) *Giovanni Paisiello* (* 1740, † 1816): „Die schöne Müllerin" (ital. Buffo-Oper)	*Lagrange:* „Analytische Mechanik" (frz. Begrdg.) ~ *Lavoisier* zählt 31 chemische Elemente auf Nach Europa kommen Hortensie (aus China) und Fuchsie (aus Peru)

	Französische Revolution	*Goethe* *Schiller*	*Kant* *Herder*
1789	Beginn der Frz. Revolution: Einberufung der Generalstände i. Frankreich (zuletzt 1614) durch *Ludwig XVI.* Sturm auf die Bastille am 14. 7., Verkündung der Menschenrechte *George Washington* erster Präsident der USA (bis 1797) Aufst. i. d. österr. Niederl. Ostelbische Bauern bleiben nach Aufstand erbuntertänig	*Goethe:* „Torquato Tasso" (Schauspiel), „*Goethes* Schriften" (8 Bde. seit 1787) *Joh. Henr. Kellgren* (* 1751, † 1795): „Die neue Schöpfung" (schwed. Ged. zw. Aufklärung u. Romantik) *J. Paul:* „Auswahl aus des Teufels Papieren" (Satiren) *Schiller:* „Der Geisterseher" (unvoll. Roman), „Die Künstler" (philos. Ged.)	*Bentham:* „Internat. Recht" (engl.) † *Paul Heinrich Dietrich Holbach*, frz. Philosoph des atheistischen Materialismus (* 1723) * *Friedrich List*, dt. Volkswirtschaftler († 1846) *Schillers* Antrittsvorlesung in Jena: „Was heißt und zu welchem Ende studiert man Universalgeschichte"
1790	† Kaiser *Joseph II.*, dt. reformfreudiger Kaiser seit 1765; Sohn *Maria Theresias*; vertrat d. „aufgeklärten Absolutismus" (* 1741). Sein Bruder *Leopold II.* dt. Kaiser (bis 1792 [†]) † *Adam Smith*, engl. Nationalökonom d. Liberalismus (* 1723) † *Benjamin Franklin*, Staatsm. d. USA u. Forscher (* 1706)	*Goethe:* „Römische Elegien", „Faust, ein Fragment" * *Alphonse de Lamartine*, frz. Dichter († 1869) *Karl Phil. Moritz* (* 1756, † 1793): „Anton Reiser, ein psycholog. Roman" (selbstbiogr. Roman) *Schiller* heiratet *Charlotte von Lengefeld* (* 1766, † 1826) (der Ehe entst. 2 Söhne u. 2 Töchter); erkrankt schwer	† *Johannes Bernhard Basedow*, dt. Pädagoge (* 1723) *Edm. Burke* (* 1729, † 1797) schreibt gegen d. frz. Revol. * *Friedrich Adolf Wilhelm Diesterweg*, dt. Volksschulpädagoge († 1866) *Kant:* „Kritik der Urteilskraft" (rationalist. Ästhetik) Frankr. verstaatl. Kirchengut u. fordert Verfassungseid der Priester
1791	Frankreich konstitutionelle Monarchie † Graf *Honoré Gabriel Mirabeau*, franz. konstitutioneller Monarchist (* 1749) † *Grigory* Fürst *Potemkin*, russ. Feldherr, Günstling *Katharinas II.* (* 1739) Washington als Hauptstadt der USA gegründet	*J. Boswell:* „Das Leben S. Johnsons" (engl., gilt als klass. Biographie) *Goethe* leitet Weimarer Hoftheater; „Der Großkophta" * *Franz Grillparzer*, österr. Bühnendichter († 1872) * *Theodor Körner*, dt. Dichter († 1813) † *Christian Schubart*, dt. Dichter und Komponist, 1777—1787 auf dem Hohenasperg polit. Gefang. (* 1739) * *Augustin Eugène Scribe*, frz. Theaterdichter († 1861)	*Herder:* „Ideen zur Philosophie der Geschichte der Menschheit" (4 Bde, s. 1784) *Schiller:* „Geschichte des 30jährigen Krieges" † *John Wesley*, engl. Theologe, gründete 1729 Religionsgemeinschaft der Methodisten: „Gnade durch Bußkampf" (* 1703) Provinzial-Kunstschule Breslau gegrdt. (besteht als Akademie bis 1932; vgl. 1911)
1792	Frankr. erkl. Österr. d. Krieg; Preußen unterst. Österreich Sturm auf die Tuilerien. Nationalkonvent erklärt Frankreich zur Republik *Robespierre* erklärt Recht auf Arbeit † *Leopold II.*, dt. Kaiser seit 1790 (* 1747) *Franz II.*, Enkel *Maria Theresias*, dt. Kaiser (b. 1806), Kaiser v. Österreich b. 1835 (†)	*Goethe* b. d. Kanonade von Valmy: „Von hier u. heute geht eine neue Epoche der Weltgeschichte aus" * *Frederick Marryat*, engl. Dichter († 1848) * *Gustav Schwab*, dt. Dichter († 1850) * *Percy Bysshe Shelley*, engl. Dichter der Romantik († 1822)	* *Ferdinand Christian Baur*, dt. ev. Kirchenhistoriker der Tübinger Schule *Fichte:* „Versuch einer Kritik aller Offenbarung" *Mary Wollstonecraft* (* 1759, † 1797): „Die Verteidigung der Rechte der Frau" (engl.)

Klassizismus	Mozart Haydn	Galvani Chemische Großindustrie	
* *Carl Gustav Carus*, dt. Maler, Arzt und Psychologe († 1869) *Gérard:* „Joseph u. s. Brüder“ (frz. Gem.) * *Johann Friedrich Overbeck*, dt. romantisch-religiöser Maler, „Nazarener“ († 1869) † *Johann Heinrich Tischbein* (d. Ä.), dt. Rokoko-Maler (*1722)	*Grétry:* „Raoul Barbe-Bleue“ („Blaubart“, frz. Oper) † *Franz Xaver Richter*, dt. Komponist der „Mannheim. Schule“ (* 1709) * *Friedrich Silcher*, dt. Komponist († 1860)	* *Louis Augustin Cauchy*, frz. Mathematiker († 1857) *Herschel* entdeckt 6. und 7. Saturnmond Zerlegung des Wassers in die Gase Wasserstoff und Sauerstoff mit elektrischem Strom durch *Trostwijk* und *Deimann*	* *August von Goethe*, vorehelicher Sohn v. *J. W. von Goethe* und *Ch. Vulpius* († 1830) *Graf Rumford:* Englischer Garten in München Pariser Ztg. „Journal des Débats“ gegr. ≈ Leibesübungen als Schulfach am „Philanthropinum“ in Dessau (vgl. 1794)
† *Charles Nicolas Cochin d. J.*, frz. Graphiker (* 1715) *Karl v. Gontard* (*1731, † 1791): Marmorpalais Potsdam (s. 1788)	*Mozart:* „Cosi fan tutte“ (Oper), „Krönungskonzert“ f. Klavier D-dur (schrieb 25 Klavierkonzerte) *Mozarts* letzte Lebensjahre sind von Geldsorgen überschattet	*Goethe:* „Die Metamorphose der Pflanzen“ (Blatt als Urorgan) Grdg. d. Patentamt. d. USA (1836—1860 rund 36 000 bis 1890 „ 685 000 „ 1935 „ 1,95 Mill. Patente) Erstes Walzwerk mit Dampfkraft in England	Ausgabe frz. Papiergeldes (Assignaten, führt zur Inflation) 1. dt. Gewerbeausstellung in Hamburg ~ Kurzgeschorener Tituskopf ersetzt Zopf und Igelfrisur ~ Frack m. Halstuch in der Männermode Stadt Washington (USA) gegründet
* *Théodore Géricault*, frz. Maler († 1824) *C. G. Langhans* baut Brandenburger Tor in Berlin (seit 1788) *Schadow:* Grabmal des Grafen v. d. Mark (Dorotheenkirche Berlin) Chines. Turm i. Engl. Garten München *Karl Fasch* (* 1736, † 1800) gründet Berliner Singakademie	*Haydn:* „Symphonie m. d. Paukenschlag“ * *Giacomo Meyerbeer*, dt. Komp. († 1864) *Mozart:* „Titus“ (Oper), „Die Zauberflöte“ (Oper mit dt. Text v. *Schikaneder*) u. „Requiem“ (unvollendete Totenmesse) † *Wolfgang Amadeus Mozart*, österr. Komp., wegen Armut im Massengrab beigesetzt (* 1756)	* *Michael Faraday*, engl. Physiker († 1867) *Luigi Galvani* (* 1737, † 1798): „Über d. elektr. Kräfte d. Muskelbewegung“ (begrdt., ausg. v. s. Froschschenkelvers. Bau elektr. Elem. u. Verwend. „Galvanischer“ Ströme) *Goethe:* „Beitr. z. Optik“ Sodafabrikation von *Nicolas Leblanc* (* 1742, † 1806). Beginn der chemischen Großindustrie	≈ Durchschnittl. jährl. brit. Kohleproduktion i. Mill. t: 1555 0,21; 1685 2,98; 1791 10,2; 1905 242. ≈ Damenmode: Igelfrisuren mit hohen Hauben, Reifrock m. Cul de Paris ~ Zylinder („Quäkerhut“) kommt aus den USA nach Europa
† *Robert Adam*, schott. Baumeister des Klassizismus (* 1728) * *Friedrich Gärtner*, dt. Baumeister († 1847) *B. Neumann:* Abteikirche Neresheim (beg. 1745) † Sir *Joshua Reynolds*, engl. Bildnismaler und Schriftsteller (* 1723) Kunstverein i. Nürnbg.	*Domenico Cimarosa* (* 1749, † 1801): „Die heimliche Ehe“ (ital. Buffo-Oper) *Haydn* wird *Beethovens* Lehrer * *Gioacchino Rossini*, ital. Komp. († 1868) La Marseillaise (Revolutionslied)	*Claude Chappe* (* 1763, † 1805): Optischer Telegraf Steinkohlengasbeleuchtung von *Murdock* *J. B. Richter* (* 1762, † 1807) mißt mit hoher Genauigkeit chem. Äquivalentgewichte Gründung der ersten chem. Gesellschaft d. Welt in Philadelphia (USA)	Zivilehe in Frankr. Dollar Münzeinheit in den USA Heiratsanzeige im „Hamburgischen Correspondenten“ ~ Beg. d. Schafzucht i. Australien (Zahl wächst bis 1971 auf 179 Mill.)

	Französische Revolution	Goethe und Schiller Jean Paul	Kant Fichte
1793	Terror d. frz. Konvents (bis 1794); es werd.u. a. guillotiniert: † *Ludwig XVI.*, Kg. v. Frkr. 1774–92 (* 1754), † *Marie Antoinette*, seine Gemahl. (* 1755); † Gräfin *Dubarry* (* 1743) Girondisten unterliegen den Jakobinern. Aufhebung der Schuldhaft, staatl. Höchstpreise; Brotkarten in Paris *Jean Paul Marat*, franz. Jakobiner, im Bad erstochen (* 1744) Engld., Holland u. Spanien unterstützen Preußen und Österreich gegen Frankreich Zweite Teilung Polens zw. Preußen und Rußland Odessa gegründet	† *Carlo Goldoni*, ital. Lustspieldichter, schrieb ca. 200 Komödien (* 1707) *J. Paul:* „Leben d. vergnügten Schulmeisterlein Maria Wuz" (in „Die unsichtbare Loge") Marquis *de Sade* (* 1740, † 1814): „La philosophie dans le boudoir" (frz. Roman; 2 Bde.; danach „Sadismus") ∼ *Sara Siddons* (* 1775, † 1831) als Tragödin in London *Voß* beendet *Homer*-Übersetzung: „Odyssee" und „Ilias" (seit 1781)	*Bentham:* Hdb. der polit. Ökonomie" (engl. Utilitarismus) *Herder:* „Briefe zur Beförderung d. Humanität" (10 Teile bis 1797) *Kant:* „Religion innerhalb der Grenzen der bloßen Vernunft" *Schiller:* „Über Anmut und Würde" (über Einklang von Trieb und Willen in der „Schönen Seele"), „Über das Erhabene" Letzte Hexenverbrennung in Europa (in Posen)
1794	Der Jakobiner *Maximilian Robespierre* (* 1758) wird gestürzt u. hingerichtet, nachd. er *Georges Danton* (* 1759) hat hinrichten lassen *Tadeusz Kosciuszko* (* 1746, † 1817), poln. Feldherr, Adjutant *Washingtons* von 1778—1783, unterliegt im Widerstand gegen die Teilung Polens den Russen Preuß. Allgemeines Landrecht von *Karl Gottlieb Svarez* (* 1746, † 1798) in Kraft † *Friedrich Wilhelm von Steuben*, dt. General unter *Washington* im Unabhängigkeitskrieg der USA (* 1730)	† *Gottfried August Bürger*, dt. Dichter (* 1747) † *André Chénier* (hingerichtet), franz. antirevolutionärer Dichter; gilt als der größte frz. Lyriker des Jhs. (* 1762) † *Ramon de la Cruz*, span. Bühnendichter (* 1731) *Goethe:* „Reineke Fuchs" (Versepos in Hexametern) Beginn der Freundschaft *Goethes* mit *Schiller:* Unterhaltung über d. Urpflanze *Nicolas-Edme Rétif de la Bretonne* (* 1734, † 1806): „Monsieur Nicolas" (frz. erotische Autobiographie)	† *Antoine Condorcet* (im Gefängnis), frz. Philosoph u. Mathematiker, Girondist; glaubte an den unbegrenzten sozialen Fortschritt (* 1743) *Fichte:* „Grundlage der gesamten Wissenschaftslehre" (Ich-bezogene, idealistische Philosophie) 1. Techn. Hochschule u. techn. Museum (i. Paris) *Herder:* „Von der Auferstehung als Glaube, Geschichte und Lehre" *Robespierre* führt „Kult des höchsten Wesens" als Vernunftreligion ein
1795	Neue frz. Verfassung setzt Direktorium ein Baseler Friede zwischen Preußen und Frankreich. Holland tritt auf Seiten der franz. Revolutionstruppen Dritte Teilung Polens zwischen Österreich (Galizien), Preußen (Westpreußen, Wartheland, Warschau), Rußland * *Friedrich Wilhelm IV.*, Kg. v. Preußen v. 1840—1861 (†) England erobert Ceylon von d. Niederlanden	† *Carl Michael Bellman*, schwed. Dichter von Trink- und Liebesliedern (* 1740) *Goethe:* „Wilhelm Meisters Lehrjahre" (b. 1796; Entwicklungsroman) *Novalis* verlobt sich mit *Sophie Kühn* (* 1782, † 1797) *J. Paul:* „Hesperus oder 45 Hundsposttage" *Schiller:* „Über naive und sentimentalische Dichtung" *Voß:* „Luise" (idyll. Epos) Schauspielhaus in Potsdam	* *Thomas Carlyle*, engl. Historiker († 1881) *Kant:* „Zum ewigen Frieden" * *Leopold von Ranke*, dt. Historiker († 1886) *Schiller:* „Briefe über die ästhetische Erziehung des Menschen" *Friedrich Wolf* begr.neuzeitl. *Homer*-Forschung mit „Prolegomena ad Homerum"

Klassizismus *Schadow*	*Haydn* *Beethoven*	*Metermaßsystem* † *Lavoisier*	
Canova: „Amor und Psyche" (ital. klassizist. Plastik) *J. L. David:* „Der ermordete Marat" (frz. Gem.; *D.* ist führender revolut. Künstler) ~ *Graff:* „Die Tänzerin Mara" (Gem.) † *Francesco Guardi,* ital. Maler Venedigs (* 1712) * *F. Waldmüller,* öst. Landschafts- u. Genre-Maler († 1865)		† *Charles Bonnet,* frz. Philosoph und Naturforscher (entdeckte Parthenogenese der Blattläuse u. Regenerationsfähigkeit verschiedener Tiere; Sensualist, vertrat Unsterblichkeit d. Seele; * 1720) * *N. Iwanowitsch Lobatschewskij,* russ. Mathematiker († 1856) *Christian Conr. Sprengel* (* 1750, † 1816): „Das entdeckte Geheimnis der Natur im Bau und in der Befruchtung d. Blumen" (Entd. d. Insektenbestäubung) Baumwollentkerner von *Eli Whitney*	Erfolglose brit. u. (1794) holl. Handelsgesandtschaft a. chin. Kaiserhof *J. Chr. Guts Muths:* „Gymnastik f. d. Jugend" *Lichtenberg:* „Warum hat Deutschl. noch kein großes öffentl. Seebad?" 1. dt. Ostseeb. Heiligendamm/Doberan eröffnet (Travemünde 1802) ~ Hosenträger in Frankreich
* *Karl Begas,* Berliner Maler († 1854) *J. H. Dannecker:* Schillerbüste (Weimar) *David:* Selbstporträt (frz.) *Schadow:* Viktoria mit Viergespann (f. das Brandenburger Tor Berlin) * *Julius Schnorr v. Carolsfeld,* dt. Maler († 1872)	*Haydn:* „Militär-Symphonie"	~ *Joh. Fr. Blumenbach* (* 1752, † 1840) unterscheid. mehrere Wurzeln der Menschheit, entsprech. d. verschied. Rassen (gilt als Begrdg. d. modern. Anthropologie; steht i. Gegens. z. bibl. Darstellung) *Gadolin* entd. erste „seltene Erden" (*Berzelius* 1803 weitere) † *Anton Laurent Lavoisier* (unt. d. Guillotine), frz. Begrd. d. mod. Chemie (* 1743) 1. Technische Hochschule (i. Paris)	~ Bis auf die Füße reichende lange Hosen (Pantalons) i. d. Männermode *Gerhard Ulrich Anton Vieth* (*1736, †1836): „Versuch einer Enzyklopädie der Leibesübung." (b. 1818; tritt als Lehrer in Dessau mit als erster für Leibesübungen i. d. Schule ein)
* *Charles Barry,* engl. Baumeister († 1860) *Asmus Jakob Carstens* (* 1754, † 1798): „Die Nacht mit ihren Kindern" (klassizistisches Gemälde) † *Okyo,* Gründer der Maruyama-Schule, japan. Maler von Tieren und Pflanzen (* 1733) *Schadow:* Prinzess. Luise u. Friederike von Preußen (klassizist. Marmorgruppe)	*Beethoven:* Drei Klavier-Trios (op. 1), Klavierkonzerte C- und B-dur *Haydn* beendet zwölf London. Symphonien (seit 1791) * *Heinrich Marschner,* dtsch. Komponist († 1861)	Hydraul. Presse v. *Bramah* *J. S. T. Gehler:* „Physikalisches Wörterbuch" (5 Bde. seit 1787; 1822–45 auf 11 Bde. erweitert) Niger-Expedition von *Mungo Park* (* 1771, † 1806); Beginn der Erforschung d. Inn. Afrikas Einführung des Metermaßsystems in Frankreich Erste Pferdeeisenbahn in England	Engl. Armengesetz; rechnet Unterstützung auf d. Lohn an ~ „Antike" Frisuren

	Revolutionskriege	Goethe u. Schiller Tieck	Pestalozzi Fichte
1796	Kommunist. „Verschwörung der Gleichen" in Frankr. unter *François Babeuf* (* 1760, hingerichtet 1797) † *Katharina II. (d. Gr.)*, Zarin von Rußland seit 1762 (* 1729); ihr Sohn *Paul I.* Zar bis 1801 (†, * 1754) † *Kau-tsung*, Kais. v. China s. 1736; erreichte Höhep. d. *Mandschu*-Dyn.; es folgt *Kiaking* bis 1820 Spanien tritt auf seiten des revolutionären Frankreich *Bonapartes* Feldzug in Italien	† *Robert Burns*, schottischer Lyriker (* 1759) * *Karl Immermann*, dt. Dichter († 1840) *Jean Paul*: „Blumen-, Frucht- und Dornenstücke oder Ehestand, Tod und Hochzeit des Armenadvokaten Siebenkäs" (Roman) * *August* Graf *von Platen*, dt. Dichter († 1835) *L. Tieck*: „William Lovell" (Roman des „Weltschmerzes", s. 1793),	*Fichte*: „Grundlage des Naturrechts und Prinzipien der Wissenschaftslehre" † *Thomas Reid*, schott. Philosoph des „common sense" (* 1710) *Salzmann*: „Konrad Kiefer oder Anweisung zu einer vernünftigen Erziehung d. Kinder" *Schiller*: „Horen" (Ztschr. 1795/97)
1797	*Talleyrand* frz. Außenminister bis 1807 Friede zu Campoformio: Frankreich erhält Lombardei und Belgien von Österreich, das ihm auch Rheingrenze zugesteht; Venedig an Österreich * *Adolphe Thiers*, frz. Staatsmann u. Historiker († 1877) † *Friedrich Wilhelm II.*, König von Preußen seit 1786 (*1744). Sein Sohn *Friedrich Wilhelm III.* preuß. König (bis 1840 [†]); s. 1793 m. *Luise* v. Meckl.-Strel. verh. * *Wilhelm I.*, König v. Preußen u. dt. Kaiser († 1888)	* *Annette* Freiin *von Droste-Hülshoff* († 1848) * *Jeremias Gotthelf*, Schweiz. Dichter († 1854) *Goethe*: „Hermann und Dorothea" (in Hexametern) *Goethe* u. *Schiller*: „Xenien" (liter.-polem. Distichen im „Musenalmanach" 1797) *Goethes* 3. Schweiz. Reise * *Heinrich Heine*, dt. Dichter († 1856) *Schiller*: „Der Taucher" („Balladen-Jahr") *L. Tieck*: „Der gestiefelte Kater" i. d. „Volksmärchen" (3 Bde.) * *Alfred Graf de Vigny*, franz. lyr. Dichter († 1863)	*Kant*: „Metaphysik der Sitten" *Pestalozzi*: „Meine Nachforschungen über den Gang d. Natur i. d. Entwicklung des Menschengeschlechts" (schweiz. Philosophie) *Schelling*: „Ideen zu einer Philosophie der Natur" *Wilh. Heinr. Wackenroder* (* 1773, † 1798) u. *L. Tieck*: „Herzensergießungen eines kunstliebenden Klosterbruders" (romant.-relig. Kunstbetrachtungen) Papst verzichtet auf Avignon, Bologna, Ferrara, die Romagna
1798	Krieg d. Koalition England, Österreich, Rußland, Türkei, Neapel, Kirchenstaat gegen Frankreich (bis 1801) Seeschlacht bei Abukir: Engl. Admiral *Nelson* besiegt franz. Flotte *Bonaparte* in Ägypten Bund der Eidgenossen wird „Helvetische Republik" Röm. Republik gegründet † *August Stanislaus II.*, letzter polnischer König 1764 bis 1795, Geliebter *Katharinas II.* (* 1732)	* *Willibald Alexis* (eigentlich *Häring*) († 1871) *Samuel Taylor Coleridge* (* 1772, † 1834) u. *William Wordsworth* (* 1770, † 1850): „Lyrische Balladen" (leiten engl. Romantik ein) * *August Heinrich Hoffmann von Fallersleben*, dt. Dichter und Philologe († 1874) * *Adam B. Mickiewicz*, poln. Dichter († 1855) ~ *Schiller*: „Die Bürgschaft" (und andere Balladen) *Tieck*: „Franz Sternbalds Wanderungen" (Roman) Gebr. *Schlegel*: „Athenäum"	* *Auguste Comte*, frz. Philosoph u. Soziologe († 1857) *Fichte*: „Das System der Sittenlehre nach Prinzipien der Wissenschaftslehre" *J. G. Herder*: „Vom Geist des Christentums" *Malthus* fordert Geburtenbeschränkung gegen Übervölkerung Papst (s. 1775) *Pius VI.* Gefangener der Franzosen *Schelling*: „Von der Weltseele" Freimaurer-Großloge von Preußen „Royal York zur Freundschaft"

Goya *Klassizismus*	*Haydn* *Beethoven*	*Laplace* *Pockenimpfung*	Napoleon heiratet *Josephine Beauharnais* (* 1763)
* *Camille Corot*, frz. Maler († 1875) *Goya:* Bildnis eines Mannes (span. Gem.) † *Franz Anton Maulbertsch* (auch *Maulpertsch*), österr. Freskenmaler d. Hochbarock (* 1724)	* *Carl Gottfried Loewe*, dt. Balladenkomponist († 1869)	*Cuvier* begrdt. am Mammut Wirbeltier-Paläontologie *Christoph Wilhelm Hufeland:* „Makrobiotik oder die Kunst, sein Leben zu verlängern" Einführ. d. Pockenschutzimpfung durch *Edward Jenner* (* 1749, † 1823) (ab 1806 i. d. Schweiz gesetzl.) *Laplace:* „Entstehung d. Planetensystems (franz.) Ungesinterter Romanzement von *Parker*	Bevölkerung Chinas ca. 275 Mill. (1500 ca. 50 Mill., 1976 ca. 852 Mill., 1980 ca. 1000 Mill.) *Guts Muths:* „Spiele zur Übung und Erholung des Körpers u. des Geistes"
Dannecker: Selbstbildnis (Büste) ∼ *Gérard:* „Amor küßt Psyche" (frz. Gem.) * *Ando Hiroshige*, japan. Maler und Holzschnittmeister († 1858)	* *Gaetano Donizetti*, ital. Komponist († 1848) *Haydn:* „Kaiser-Quartett" (Streichquartett mit der Melodie des „Deutschlandliedes") * *Franz Schubert*, österr. Komponist († 1828)	∼ *Christoph Wilhelm Hufeland* (* 1762, † 1836) ist der Arzt *Goethes*, *Schillers*, *Wielands*, *Herders* Steindruckverfahren (Lithographie) von *Aloys Senefelder* (* 1771, † 1834) *William Smith* (* 1769, † 1839) best. die Reihenfolge d. Erdschichten aus vorwiegenden typischen „Leitfossilien" (begrdt. relative geologische Zeitskala)	Unter *Friedrich Wilhelm III.* v. Preußen verschärft sich wieder Zensur über das Zensur-Edikt von 1788 hinaus Geldentwertung (Assignaten) in Frankreich Massenspeisung in München m. „Rumford"-Suppe (1800 auch in Berlin) Letzter Bär in Dtl. erlegt (Fichtelgeb.) Engl. Agrarprod. bleibt hinter d. Bevölkerungszunahme (11% s. 1750) zurück
* *Karl Blechen*, dt. Landschaftsmaler († 1840) * *Eugène Delacroix*, frz. Maler und Graphiker der Romantik († 1863) *Goya:* „Caprichos" (Einfälle, spanische Radierung s. 1793) * *Heinrich Heß*, dt. Kirchenmaler, Nazarener († 1863) * *Carl Rottmann*, dt. Maler († 1850) Schloß Wilhelmshöhe b. Kassel (1786 beg.)	*Haydn:* „Die Schöpfung" (Oratorium)	*Brandes* und *Benzenberg:* 1. wiss. Meteorbeobachtungen *Cavendish* mißt direkt Gravitationskraft u. berechnet Erddichte † *Johann Reinhold Forster*, dt. Naturforscher, Teilnehmer der Weltumseglung *Cooks* 1772–75, erkannte Australien als Erdteil (* 1729) Darstellende Geometrie von *Gaspard Monge* (* 1746, † 1818) *Trevithick:* 1. Hochdruck-Dampfmaschine	† *Giacomo Girolamo Casanova*, ital. Abenteurer, schrieb Erinnerungen (* 1725) *Guts Muths:* „Kleines Lehrbuch der Schwimmkunst zum Selbstunterricht" Erste Serienfertigung mit einzeln hergestellten austauschbaren Teilen durch *E. Whitney* (Gewehre) Engl. verwirklicht erstmalig Einkommensteuer

	Aufstieg Napoleons	Goethe u. Schiller Novalis	Schleiermacher Herder
1799	2. Koalitionskrieg gegen Frankr., Preußen neutral *Napoleon Bonaparte* stürzt Direktorium und wird erster Konsul (zunächst f. 10 Jahre d. Abstimmung bestimmt) *Fouché* frz. Polizeiminister bis 1802, 1804–10 Anti-Gewerkschaftsgesetz i. England (1800 verschärft; kennz. Anf. d. modernen Arbeiterbewegung) † *George Washington*, erster Präsident der USA von 1789—1797 (* 1732)	* *Honoré de Balzac*, frz. Dichter († 1850) *Hölderlin:* „Hyperion oder der Eremit in Griechenland" (Briefroman) † *Georg Christoph Lichtenberg*, dt. Schriftsteller, Aphoristiker u. Physiker (* 1742) * *Alexander Sergejewitsch Puschkin*, russ. Dichter († 1837) *Schiller* siedelt i. d. Weimar *Goethes* über	*Fichte:* „Über den Grund unseres Glaubens an eine göttl. Weltregierung" (weg. „Atheismus" in Jena abges.) *Herder:* „Metakritik zur Kritik der reinen Vernunft" (gegen *Kant*) *Schelling:* „Erster Entwurf eines Systems der Naturphilosophie" *Schleiermacher:* „Über die Religion. Reden an die Gebildeten unter ihren Verächtern" (Religion ist „Sinn für das Unendliche")
1800	Errichtung des „Vereinigten Königreichs Großbritannien und Irland" England besetzt Malta * *Th. Babington Macaulay*, engl. Politiker u. Historiker († 1859) Franzosen schlagen Österreicher bei Marengo Gründung der Bank von Frankreich * *Helmuth v. Moltke*, preuß. Feldherr († 1891) Ständige Siedlung i. Ottawa	*Novalis* (n. d. Tode seiner Braut): „Hymnen an die Nacht" (rhythm. Prosa) *Schiller:* „Das Lied von der Glocke" (Sinngedicht), „Maria Stuart" (Schauspiel), „Wallenstein" (Trilogie, s. 1796; Entwurf 1791) *de Staël* „Über die Literatur" *L. Tieck:* „Leben u. Tod d. hl. Genoveva" (Schauspiel) Starke Ausbreitg. der Liebhaber-Theater in Rußland mit Leibeigenen	*Fichte:* „Die Bestimmung des Menschen", „Der geschlossene Handelsstaat" Papst *Pius VII.* bis 1823 *Schelling:* „System des transcendentalen Idealismus" *Schleiermacher:* „Monologe" (theolog. Schriften) ~ Bürgerschule entsteht (später Realschule)
1801	Friede zu Lunéville zwischen Österreich und Frankreich: Frankreich erhält linkes Rheinufer und Vorherrschaft in Italien. Rheinpfalz von Bayern an Österreich Seeschlacht bei Kopenhagen: *Nelson* besiegt Dänemark England erzwingt Ablösung der frz. Herrschaft durch türkischen Statthalter (Khedive) in Ägypten † *Paul I.* (erm.), Zar s. 1796 (* 1754). *Alexander I.* Zar von Rußland (bis 1825 [†]) *Thomas Jefferson* Präsident der USA (bis 1809)	* *Christian Dietrich Grabbe*, dt. Bühnendichter († 1836) *Herder:* „Adrastea" (liter. Zeitschrift gegen *Schiller* u. *Goethe*) *Kotzebue:* „Das merkwürdigste Jahr mein. Lebens" (1803: „Die deutsch. Kleinstädter", Lustspiel) * *Johann Nestroy*, österr. Possendichter, Bühnenleiter, Komiker († 1862) † *Novalis (Friedrich* Freiherr *von Hardenberg)*, dt. Dichter der Romantik (* 1772) *Schiller:* „Die Jungfrau von Orleans" (Drama) *Dorothea Schlegel:* „Florentin" (unvoll. Roman) *A. W. Schlegel:* Übersetzg. der *Shakespeare*-Dramen (8 Bde. seit 1797; 9. 1810) (vgl. 1833)	* *Gustav Theodor Fechner*, dt. Philosoph († 1887) *P. J. Anselm v. Feuerbach* (* 1775, † 1833) begr. Abschreckungstheorie d. Strafrechtslehre *Gottfried Hermann* (* 1772, † 1848) begrdt. als Haupt d. „Wortphilologen" wiss. Behandlung der griech. Grammatik (vgl. 1825) *Napoleon Bonaparte* schließt Konkordat; Papst *Pius VII.* erneuert im Einvern. mit *Napoleon* den Kirchenstaat *Pestalozzi:* „Wie Gertrud ihre Kinder lehrt, ein Versuch, den Müttern Anleitung zu geben, ihre Kinder selbst zu unterrichten" (schweiz. pädagog. Werk)

Goya *Chodowiecki*	*Beethoven* *Haydn*	*Unsichtbare Strahlen* *Volta*	
David: „Die Sabinerinnen" (frz. klassizist. Gem.) † *Adam Friedrich Öser*, dt. Rokokomaler, war Lehrer *Goethes* in Leipzig (* 1717) ∼ *Henry Raeburn* (* 1756, † 1823): „Herrenbildnis" (engl. Gem.; gilt neben *Gainsborough* u. *Reynold* als 3. bedeut. engl. Bildnismaler s. Zeit)	*Beethoven:* 1. Symphonie C-dur † *Barberina Campanini*, ital. Tänzerin, 1744–1748 in Berlin und Potsdam am Hofe *Friedrichs II.* (* 1721) † *Karl Ditters von Dittersdorf*, dt. Komponist (* 1739) Bauakademie Berlin gegründet	*Cuvier* beg. dt. vergleich. Anatomie *Gauß* bew. Fundamentalsatz d. Algebra *A. von Humboldts* Forschungsreisen in Mittel- und Südamerika (bis 1804) *Poggendorf:* „Annalen der Physik" *L. Robert:* Langsieb-Papiermaschine Frankr. grdt. „Ägypt. Institut" in Kairo Kanalverb. Petersburg–Wolga (s. 1731)	1. Dampfmaschine i. Berlin Erste dänische öffentliche gymnastische Anstalt Stark entblößende „griechische" Tracht in der Frauenmode: Geschlitzte Tunika, Sandalen, Kiepenhüte Gefrorenes Mammut i. Sibirien gefunden (vgl. 1901)
∼ *David:* „Mme. Récamier" (frz. Porträtgem. d. Gegnerin *Napoleons*) † *Friedrich Wilhelm Erdmannsdorf*, dt. Baumeister des Klassizismus, baute Schloß Wörlitz u. Innenräume i. Berliner Schloß u. Sanssouci (* 1736) ∼ *Goya:* Bildnis einer Frau (span. Gem.)	*Beethoven:* 3. Klavierkonz. c-moll, Streichquartette op. 18, 1–6; gibt s. 1. öff. Konz. m. Klavierkonzert C, 1. Symph. i. C u. Phantas. *Boieldieu:* „Der Kalif v. Bagdad" (frz. Oper) *Cherubini:* „Der Wasserträger" (frz. Oper) † *Nicola Piccini*, ital. Komponist vertrat Buffostil gegen *Gluck* (* 1728)	*O. Evans:* Hochdruck-Dampfmaschine mit Kondensation *Herschel* entd. ultraroten Teil d. Sonnenspektrums („Wärmestrahlen") *H. Maudslay:* Support-Drehbank (seit 1794) Erstes elektrisches Element v. *Alessandro Volta* (* 1745, † 1827) (gestattet Verwdg. größerer Ströme) Wasserzerlegung in Knallgas durch galv. Strom (Entd. d. Elektrolyse)	*Owen* führt in seiner Baumwollspinnerei soz. Reformen durch London und Tokio Mill.-Städte, Paris 550 000 Einw. (1931: 2,8 Mill.) New York ca. 60 000 Einw. (1931: 7,4 Mill.)
† *Daniel Chodowiecki*, dt. Maler u. Graphiker; schuf üb. 2000 Zeichn., üb. 2000 Radierung. f. d. Illustrierung v. Werken *Lessings*, *Goethes*, *Schillers* u. a. (* 1726) Lord *Thomas Elgin* erwirbt Bildschmuck v. Parthenon d. Athener Akropolis u. bringt ihn nach London (1816 v. Staat angekauft u. i. Brit. Mus. ausgestellt) *Goya:* „Die nackte Maja", „Die bekleidete Maja" (span. Gem.) † *Martin Johann Schmidt* („*Kremser - Schmidt*"), spätbarock. Freskenmal. i. Österr. (* 1718) *Turner:* „Die Furt" (engl. Gem.)	*Beethoven:* „Die Geschöpfe des Prometheus" (Ballettmusik) *Haydn:* „Die Jahreszeiten" (Oratorium) * *Albert Lortzing*, dt. Komponist († 1851) ≈ Mit Dampfenergie und Textilmaschinen beginnt um 1800 die technische und industrielle Revolution, die das Leben der Menschheit politisch und sozial tiefgreifend ändert (vgl. 1770, 1899, 1950 und andere Daten)	*Gauß* veröff. grundleg. Werk f. d. moderne Zahlentheorie „Disquisitiones Arithmeticae" * *Joh. Müller*, dt. Physiologe († 1858) Entdeckung des ersten Planetoiden „Ceres" durch *G. Piazzi* (* 1746, † 1821) Entdeckung der ultravioletten Strahlen durch *J. W. Ritter* (* 1776, † 1810) *Thomas Young* (* 1773, † 1829) erklärt Lichtbeugung u. Auslöschung d. Aufstellung d. Interferenzprinzips f. longitudinale (Längs-)Wellen (verbessert es 1817 durch Annahme von transversalen [Quer-]Wellen)	Briefpost in Berlin Erstersteigung des Großglockners (vgl. 1804, 1820) 1. dt. Zuckerrübenfabrik von *Achard* Victoria regia („Königin der Nacht") im Amazonasgebiet entdeckt.

	Aufstieg Napoleons Nelson	Goethe u. Schiller Novalis	Pestalozzi † Kant
1802	*Napoleon Bonaparte* wird lebenslänglicher Konsul Im Frieden zu Amiens gibt England Frankreich Kolonien zurück; Ceylon jedoch wird brit. Besitz * *Lajos v. Kossuth,* liberaler Vorkämpfer für Ungarns Unabhängigkeit († 1894)	* *Alexandre Dumas* (Vater), franz. Dichter († 1870) * *Wilhelm Hauff* († 1827) *Hölderlin* geisteskr. († 1843) * *Victor Hugo* († 1885) * *Nikolaus Lenau (von Strehlenau)*, dt. Dichter († 1850) *Novalis:* „Heinr. v. Ofterdingen" (Romanfragm. mit d. Symbol der Romantik, der „Blauen Blume", posthum) *de Staël:* „Delphine" (frz. Roman, vert. außereheliche Liebe)	*Chateaubriand:* „Der Geist des Christentums" (frz. Philosophie gegen Aufklärung) Entzifferung der babylonischen Keilschrift durch *Georg Friedrich Grotefend* (* 1775, † 1853) Zar grdt. dt.-protest. Univ. Dorpat; erster Kurator *Fr. Max v. Klinger* *Schelling:* „Bruno oder über das natürliche und göttliche Prinzip d. Dinge" (Philosophie der Identität von Natur und Geist)
1803	Seekriege zw. Großbritannien u. Frankreich (bis 1814) USA kaufen westliches Louisiana von Frankreich Reichsdeput.-Hauptschluß: Entschädig. der dt. Fürsten für linksrhein. Gebietsverl. im Frieden von Lunéville * *Albrecht* Graf *von Roon*, pr. Kriegsmin. († 1879)	† *V. Alfieri*, it. Dicht. (* 1749) *Johannes Daniel Falk* (* 1768, † 1826): „O du fröhliche ..." † *J. W. Gleim*, dt. Dichter (* 1719) *Hebel:* „Aleman. Gedichte" † *Fried. Gottl. Klopstock*, dt. Dicht. d. Vorklass. (* 1724) *J. Paul:* "Titan" (Roman) *Schiller:* „Die Braut von Messina" (Schauspiel)	* *Ralph Waldo Emerson*, transzendentaler Philosoph der USA († 1882) † *Johann G. Herder*, dt. Philosoph und Dichter (* 1744) *Schelling* verl. m. Frau *Karol. Schlegel* Jena Säkularisierung geistlichen Besitzes durch den Reichsdeputations-Hauptschluß
1804	*Bonaparte*, als *Napoleon I.* erbl. frz. Kaiser (bis 1814) *Bernadotte* wird frz. Marsch. *Franz II.* als *Franz I.* österr. Kaiser (bis 1835 [†]) *Hardenberg* pr. Außenmin. (bis 1806) Frhr. *vom Stein* i. d. pr. Reg. (bis 1808) * *Benjamin Disraeli* (Lord *Beaconsfield*), engl. konserv. Staatsmann († 1881) † *Alexander Hamilton* (im Duell), 1789–95 Finanzminister d. USA; trieb Politik d. starken Bundesgewalt und der Schutzzölle (* 1757)	*Goethe* wird Geheimrat * *Eduard Mörike*, dt. Dichter († 1875) *J. Paul:* „Flegeljahre" (Rom.) * *George Sand*, frz. Dichterin († 1876) *Schiller:* „Wilhelm Tell" (Schauspiel); reist n. Berlin *Dorothea Schlegel* (* 1763, † 1839), Tochter von *Moses Mendelssohn*, Gattin *Friedrich Schlegels:* „Sammlung romantischer Dichtungen des Mittelalters" Reisen v. *A. W. Schlegel* u. Frau *von Staël* nach Frankr., Ital., Österr., Rußl., Schwed.	Gründung der Brit. und der Baseler Bibelgesellschaft * *Ludwig Feuerbach*, dtsch. materialistischer Philosoph († 1872) † *Immanuel Kant*, dt. Aufklärungsphilosoph (* 1724) *Jean Paul:* „Vorschule der Ästhetik" (mit ein. Theorie des Komischen) *Pestalozzi* grdt. Erziehungs- u. Lehrerbildungsanstalt in Yverdon (1825 aufgel.) Württbg. Harmonisten gründen unter Georg Rapp (* 1770, † 1847) Siedlg. Harmony b. Pittsburg (USA) mit Gütergemeinschaft, Ehelosigkeit
1805	*Napoleon* Kg. v. Ital. England, Rußland, Österr. gegen *Napoleon* Schlacht b. Austerlitz: *Napoleon I.* besiegt Österr. u. Rußl. Schlacht b. Trafalgar: engl. Admiral *Nelson* (†, * 1758) besiegt franz.-span. Flotte	* *Hans Christian Andersen*, dän. Dichter († 1875) *Herder:* „Der Cid" (Romanzenfolge a. d. Spanischen) † *Friedrich von Schiller*, dt. Dichter u. Denker (* 1759) * *Adalbert Stifter*, österr. Dichter und Maler († 1868)	*Joseph Lancaster* (* 1778, † 1838) grdt. Lehrerbildgs.-anstalt f. seine 1798 gegr. unentgeltl. Grundschulen nach d. Monitoren-System *Pestalozzi*-Schule in Yverdun/Schweiz (1799 *P.*-Schule in Burgdorf)

Klassizismus *Runge*	*Beethoven* *Klassik*	*Berzelius* *A. v. Humboldt*	
Canova: „Napoleon Bonaparte" (Büste) *Gérard:* Mme. Récamier (frz. Porträt) † *George Romney*, engl. Maler gefälliger Bildnisse; bes. Lady *Hamiltons*, der Geliebten *Nelsons* (* 1734) *Runge:* „Triumph des Amors" (Gem.) * *Ludw. v. Schwanthaler*, süddt. Bildh. († 1848) ~ Klassizist. Empirestil unter *Napoleon*	*Beethoven:* 2. Symphonie D-dur *Beethoven* schreibt das „Heiligenstädter Testament" *Joh. Nikolaus Forkel* (* 1749, † 1818): „Über Joh. Seb. Bachs Leben, Kunst und Kunstwerke"	*A. v. Humboldt* besteigt während s. Forschungsreise i. Süd- u. Mittelamerika (1799–1804) d. Chimborasso bis 5400 m i. Ekuador (Gipfel 6310 m)	*Napoleon* stiftet Orden d. Ehrenlegion Lohnstreik d. Schiffsbauer i. London (bis z. Jahrhundertmitte sind Streiks in Engl. meist erfolglos) Versuch Lehrlingsarbeit in der engl. Textilindustrie auf 12 Std. zu beschränk. Seebad Travemünde eröffnet
* *Alexander Gabriel Decamps*, frz. Maler († 1860) * *Ludwig Richter*, dt. Maler und Zeichner der Romantik († 1884) * *Gottfried Semper*, dt. Baumeister eines Neorenaiss.-Stils († 1879)	~ In der ersten Schaffensperiode *Beethovens* (seit 1793) schrieb er op. 1–50, darunter d. Klaviersonaten c-moll („Pathétique") u. cis-moll („Mondschein-Sonate") * *Hector Berlioz*, frz. Komponist († 1869)	*Berzelius* entd. d. Element Cer **J. Liebig*, Chem. († 1873) *Joh. Wilh. Ritter:* Ladungssäule (Akkumulator) Erste Schienenlok. (für Grubenbahn) von *Richard Trevithick* (* 1771, † 1833) Technische Hochschule Prag gegründet	Engl. „Parlamentsdebatten" werden regelm. veröffentl. N. d. Reichsdeputationshauptschluß gibt es noch 6 Reichsstädte (vgl. 1656)
† *Martin Knoller*, österr. Freskenmaler i. ital. Barockstil (* 1725) *J. A. Koch:* „Heroische Landschaft mit Regenbogen" (klassizistisches Gem.) † *George Morland*, engl. Maler, auch Bilder aus d. Leben städt. Arbeiter (* 1763) *Ph. O. Runge:* „Selbstbildnis mit Frau und Bruder" (Gem.) * *Moritz von Schwind*, süddtsch. romantisch. Maler und Graphiker († 1871)	*Beethoven:* 3. Symph. Es-dur („Eroica", vernichtet die Widmung für *Napoleon*) * *Michail Glinka*, russ. Komponist († 1857) *Joh. Nepomuk Hummel* (* 1778, † 1837), Klaviervirtuose und Komp.; Nachf. *Haydns* b. Fürsten *Esterhazy* * *Johann Strauß* (Vater), österr. Komp. († 1849)	*Oliver Evans:* Probefahrt mit Straßendampfwagen durch Philadelphia (arbeitete seit 1772 daran); Dampfbagger *A.v.Humboldt* begrdte. auf seiner Reise (s. 1799) Pflanzengeographie, vergleichende Klimakunde, Vulkanlehre † *Joseph Priestley*, engl. Chemiker u. Philosoph (materialistische Assoziationspsychologie) (* 1733) *J. B. Richter:* Herstellung reinen Nickels	Bürgerl. Gesetzb. „Code civil" *(Napoléon)* in Frankreichs Machtbereich eingeführt Kgl. Eisengießerei in Berlin *A. v. Humboldt* bringt Dahlie nach Berlin Erstersteigung des Ortlers durch *Joseph Pichler*
† *Jean Baptiste Greuze*, frz. Maler (* 1725) * *Constantin Guys*, frz. Maler († 1892) * *Christian Morgenstern*, dt. Landschaftsmaler († 1867) *Schinkel* nach Berlin	*Beethoven:* Klavierkonzert G-dur u. Kreutzer-Violinsonate; „Leonore" (Oper, 1814 als „Fidelio") † *Lugi Boccherini*, ital. Komponist v. Streichmusik (* 1743)	Rundsieb-Papiermasch. f. endloses Papier v. *Bramah* * *William Rowan Hamilton*, engl. Mathematik. u. theoretisch. Physiker († 1865) 2. Niger-Exped. von *M. Park* (* 1771, † 1806) *F. W. A. Sertürner* (* 1783, † 1841) entd. Morphium	Kgl. genehm. „Börsenreglement" in Berlin (Wertpapierhandel seit 1785) Polizeiagenten als Vorläufer der Kriminalbeamten in London Tunkzündhölzer v. *Chancel*

	Machthöhe Napoleons *Frhr. v. Stein*	*„Des Knaben Wunderhorn"* *Kleist*	*Fichte* *Hegel*
1806	*Napoleon I.* gegen Rußland und Preußen siegreich in der Schlacht bei Jena und Auerstedt. Blockade gegen Großbritannien: „Kontinentalsperre" (bis 1813) *Napoleons* Brüder werden Kge. von Holland, Neapel u. Westfalen (1807) England erobert Kapland † *William Pitt* (d. J.) engl. konserv. Premier 1783 bis 1801 (* 1759) † *Charles James Fox*, engl. liberal. Staatsmann, Gegner des jüngeren *Pitt* (* 1749) Dtsch. Fürsten, darunter das neue Kgr. Bayern, vereinigen sich unter *Napoleon I.* im „Rheinbund" gegen Österreich und Preußen *Maximilian I. Joseph* Kg. v. Bayern bis 1825 (†) Kaiser *Franz II.* (s. 1792) legt Kaiserkrone nieder: Ende d. „Heiligen Römischen Reiches Deutscher Nation", das rd. 1000 Jahre bestand	*A. v. Arnim* und *Brentano*: „Des Knaben Wunderhorn" (Sammlung von Volksliedern, 3 Tle. bis 1808) *Goethe* heiratet *Christiane Vulpius* (* 1765, † 1816), seine Geliebte seit 1788 † (durch Freitod) *Karoline v. Günderode*, dt. romant. Dichterin (* 1780) *Kleist*: „Der zerbrochene Krug" (Lustspiel, beg. 1803; aufg. 1808; ersch. 1811) * *Heinrich Laube*, dt. Dichter des „Jungen Deutschland" († 1884) † *Johann Philipp Palm* (erschossen) wegen seiner Flugschrift „Deutschland i. seiner tiefen Erniedrigung" gegen *Napoleon* (* 1766) *Joh. Gottfr. Seume* (* 1763, † 1810): „Mein Sommer 1805" (Bericht aus Rußld.) Erstes gedrucktes bulgarisches Buch	*Jakob Friedrich Fries* (* 1773, † 1843) wird Professor in Jena (schreibt 1807 „Neue Kritik der Vernunft" [3 Bde.] als auf Selbstbeobachtung beruhende Erfahrungswissenschaft) *Valentin Hauy* (* 1745, † 1822) grdt. auf d. Durchreise nach Rußl. erste preuß. Blindenschule in Berlin (grdte. 1784 erste Blindenschule in Paris) *Herbart*: „Allgemeine Pädagogik" (Methodik, die bei Schüler Interesse erwecken will) * *John Stuart Mill*, engl. Philosoph und Volkswirtschaftler († 1873) *C. G. Salzmann*: „Ameisenbüchlein oder Anweisung zu einer vernünftigen Erziehung der Erzieher" *Schleiermacher*: „Die Weihnachtsfeier" (religiöse Betrachtungen)
1807	*Gneisenau* u. *Joach. Nettelbeck* (* 1738, † 1824) verteidigen Kolberg gegen die Franzosen bis zum Friedensschluß Friede zu Tilsit zwischen Frankreich und Rußland, Preußen. *Napoleon* gründet Kgr. Westfalen und Hzgtm. Warschau, besetzt Spanien Aufhebung der Erbuntertänigkeit d. Bauern u. d. Adelsvorrechte in Preußen durch *v. Stein*, der vorübergehend entlassen wird * *Robert Blum*, dt. linksst. Demokrat (erschossen 1848) * *Robert Lee*, nordamerikan. General († 1870) Dänemark verliert nach der Beschießung von Kopenhagen seine Flotte an England	*J. Görres*: „Die deutschen Volksbücher" *Kleist*: „Amphitryon" (Komödie nach *Molière*) † *Sophie La Roche*, geb. *Gutermann*, dt. Dichterin (* 1731) ∼ *Karoline Schelling* (* 1763, † 1809, nacheinander verheiratet mit *J. F. W. Böhmer*, *A. W. Schlegel* und *Fr. W. Schelling*): „Briefe aus der Frühromantik" (ersch. 1913) * *Henry Wadsworth Longfellow*, Dichter der USA († 1882) * *Friedrich Theodor Vischer*, dt. Dichter und Philosoph († 1887) *Joseph Schreyvogel* (* 1768, † 1832) gibt Wiener „Sonntagsblatt" heraus (vertritt klassische gegen romant. Kunstauffassung)	*Fichte*: „Reden an die dt. Nation" (gegen *Napoleon*, bis 1808) *Hegel*: „Phänomenologie d. Geistes", (wonach Weltvernunft sich in dialektischen Schritten entwickelt; gilt als Höhepunkt idealist. Philosophie, als Tiefpunkt wissenschaftl. - empirischen Denkens) *Th. Paine*: „Das Zeitalter der Vernunft" (engl. Verteidigung d. demokratischen Republik u. d. allg. Wahlrechts) *J. Paul*: „Levana oder Erziehungslehre" Engl. verbietet Handel mit Negersklaven (Quäker ließen 1751 ihre Sklaven frei); USA verbietet Sklavenhandel zur See (1816 wird frz., 1817 span., 1823 portug. Sklavenhandel aufgehoben)

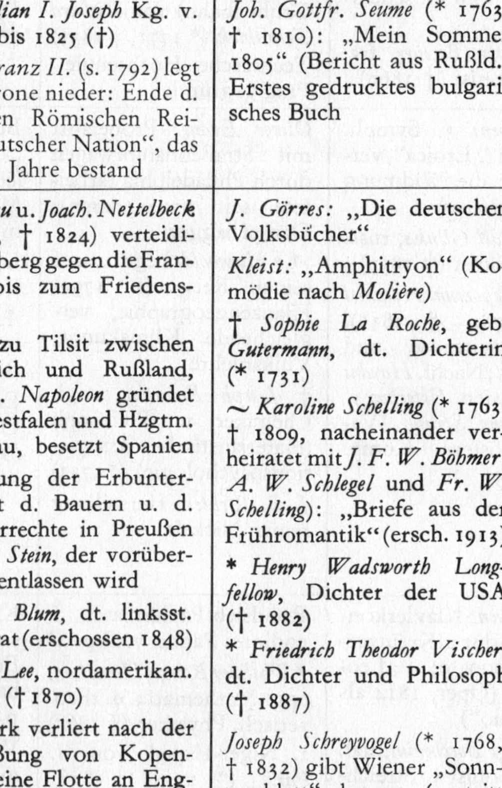

Klassizismus *Runge*	*Beethoven*	*Berzelius* *Erstes Dampfschiff*	
Dannecker: „Ariadne auf dem Panther" (Plastik, b. 1810) † *Honoré Fragonard,* frz. Rokokomaler (* 1732) *Runge:* „Meine Eltern", „Die Kinder Hülsenbeck", „Ruhe a. d. Flucht", „Selbstbildnis" (Gem.), „Die vier Tageszeiten" (Zyklus von Radierungen) *Thorwaldsen:* „Hebe" (dän. Plastik) † *Kitagawa Utamaro,* jap. Maler, bes. Frauenporträts (* 1753) Pariser Salon stellt 705 Bilder aus (1870: 5434 Bilder)	*Beethoven:* 4. Symphonie B-dur, Violinkonz. D-dur, *Rasumowsky*-Streichquartette (op. 59, 1–3)	*Berzelius:* „Vorlesungen über Tierchemie" *Joseph Marie Jacquard* (* 1752, † 1834): Webmaschine mit Lochstreifensteuerung *Thomas Andrew Knight* (* 1759, † 1838): Schwerkraft dirigiert Pflanzenwachstum (Geotropismus) *Lewis* und *Clarke* erreichen Stillen Ozean bei der Durchquerung der USA von Ost nach West (s. 1803) *Thaer* begrdt. erste höhere landwirtschaftliche Lehranstalt auf seinem Gut in Möglin (Preußen) „Académie Française" (gegrdt. 1635) mit Schwesterakademien im „Institut de France" vereinigt Salpeterverbrauch in den napoleonischen Kriegen etwa 15 000 t jährlich (1. Weltkrieg 1914—1918 etwa 3 Mill. t jährlich)	Deutschland 29 Mill. Einwohner (1850: 42,8, 1900: 56, 1930: 65 Mill.)
Canova: Die Schwester Napoleons *Paolina Bonaparte* (* 1780, † 1825) als ruhende Venus † *Angelika Kauffmann,* schweiz. Malerin, malte u. a. *Goethe* (* 1741) ~ *Pierre Paul Prud'hon* (* 1758, † 1823): „Entführung Psyches durch Zephir", „Das Verbrechen, von der Gerechtigkeit und der göttlichen Rache verfolgt" (frz. Gem.) ~ *Runge:* „Wir und mein Bruder" (Familienbild)	*Beethoven:* C-dur-Messe, Coriolan-Ouverture *Etienne Nicolas Méhul* (* 1763, † 1817): „Joseph in Ägypten" (frz. Oper)	*Humphry Davy* (* 1778, † 1829) entd. durch elektrochemische Zerlegg. (Elektrolyse) die Alkali-Metalle Natrium u. Kalium (1808 die weiteren Elemente Magnesium, Calcium, Strontium, Barium) *Robert Fulton* (* 1765, † 1815) gelingt Dampfschiff-Fahrt auf d. Hudson von New York n. Albany (240 km i. 32 Stund.; gilt als Erf. d. Dampfschiffes) *Thomas A. Knight* (* 1759, † 1838) macht mit selbsterf. Apparaten grundlegende Versuche zur Pflanzenphysiologie Anfänge einer Straßengasbeleuchtung in London (1814 wesentl. erweitert; 1815 i. Paris, 1826 i. Berlin)	~ Schürzenkleid in der Frauenmode

	Nationaler Widerstand gegen Napoleon	„Faust I." Arnim und Brentano	Idealismus Schelling
1808	*Murat*, Schwager *Napoleons*, Kg. v. Neapel bis 1815 (†) Spanischer Aufstand gegen *Napoleon* führt mit engl. Hilfe 1813 zur Befreiung Brit. General *Arthur Wellington* (* 1769, † 1852) siegt in Spanien über *Napoleon* *v. Stein:* Städteordnung mit Selbstverwaltung; wird auf Veranl. *Napoleons* entlassen * *Charles Louis Napoleon (III.)*, Neffe *Napoleons I.*, frz. Kaiser 1852-70 († 1873) † Graf *Alexei Orlow*, russ. Aristokrat, erdrosselte 1762 Zar *Peter III.* (* 1737)	*Arnim, Brentano, Görres:* „Zeitung für Einsiedler" („Trösteinsamkeit" seit 1806) *Goethe:* „Faust" (1. Tl., s. 1797) *Goethes* Unterredung mit *Napoleon* in Erfurt † *Katharina Elisabeth Goethe*, geb. *Textor*, Mutter *J. W. v. Goethes* („Frau Aja", * 1731) *Kleist:* „Penthesilea" (Trauerspiel) *Fr. Schlegel:* „Von der Sprache und Weisheit der Inder" (begr. altind. Philologie in Deutschland) *Fr. Schlegel:* „Gedichte"	*Herbart:* „Allgemeine praktische Philosophie" (Ethik als Lehre von ästhetischer Wertschätzung) *Joh.v.Müller* (*1752, †1809): „Die Geschichte der schweizerischen Eidgenossenschaft" (s. 1786) *Napoleon* hebt Inquisition in Frankreich auf (wird 1814 wieder eingeführt) *Lorenz Oken* (*1779, †1851): „Lehrb. d. Naturphilosophie" (betont d. Entwicklung i. d. organischen Welt) *Fr. Schlegel* wird mit seiner Frau katholisch * *Johann Hinrich Wichern*, Mitbegründer der dt. ev. Inneren Mission († 1881)
1809	*Napoleon I.* als Sieger in Wien; Scheidung von *Josephine Beauharnais* (* 1763, † 1814) Aufstand Tirols gegen Franzosen und Bayern. Schlacht am Berg Isel: *Andreas Hofer* siegt über französischen General *Lefebvre* (*1755, †1820; s. 1807 Herzog v. Danzig) Fürst *Metternich*, österr. Außenminister (bis 1848, antiliberal) * *William Ewart Gladstone*, liberaler engl. Premiermin. († 1898) *Karl XIII.* König von Schweden (bis 1818 [†]) Rußland erobert Finnland im Krieg gegen Schweden † *Thomas Jefferson*, Präsident der USA seit 1801 (* 1743) *James Madison* Präsident der USA bis 1817 (*1751, †1836) * *Abraham Lincoln*, Präsident d. USA von 1860—1865 (†) † *Thomas Paine*, Vorkämpfer f. d. Unabhängigkeit Amerikas (* 1737)	*Goethe:* „Die Wahlverwandtschaften" (Roman, spiegelt Liebesepisode mit *Minna Herzlieb* 1807—08) ∼ *Goethe* verkennt *Kleists* literarische Bedeutung * *Nikolai Gogol*, russ. Dichter († 1852) * *Edgar Allan Poe*, Dichter der USA († 1849) * *Alfred Tennyson*, engl. Dichter des victorianischen Bürgertums († 1892) *Uhland:* „Ich hatt' einen Kameraden" (Soldatenlied)	*W. von Humboldt* preuß. Unterrichtsminister (eig. Leiter der Kultusabteilung im Innenministerium, bis 1810) * *Pierre Joseph Proudhon*, frz. Sozialist und Anarchist (+ 1865) *Joh. Mich. Sailer* (* 1751, + 1832): „Über Erziehung für Erzieher" (kathol. Pädagoge i. Bayern, ab 1829 Bischof v. Regensburg) *Schelling:* „Untersuchung über das Wesen der menschlichen Freiheit" (Philosophie d. „transzendentalen Idealismus") Kirchenstaat an Frankreich, Papst *Pius VII.* Gefangener *Napoleons* (bis 1814) ∼ Kunststreit um „Das Kreuz i. Gebirge" v. *C. D. Friedrich* 1808 Technische Revolution verändert geistige Atmosphäre

Goya *C. D. Friedrich*	*Beethoven* *Haydn*	*Atom-Theorie* *Lamarck*	
* *Honoré Daumier*, frz. Maler und Graphiker, Karikaturist († 1879) *C. D. Friedrich:* „Das Kreuz im Gebirge“ (Gem.) *Ingres:* „Badende“ (frz. Gemälde) † *Carl Gotthard Langhans*, dt. Baumeister des Klassizismus (* 1732) *Runge:* „Der Morgen“ (1. Fassung, 2. 1809) * *Carl Spitzweg*, dt. Maler des Biedermeier († 1885) † *Johann Georg Wille*, dt. Kupferstecher; stach in Paris Bilder frz. Maler (* 1715)	*Beethoven:* 5. Symphonie c-moll („Schicksalssymphonie“) und 6. Symphonie F-dur („Pastorale“) *E. T. A. Hoffmann* Musikdirektor i. Bamberg (b. 1813) *Goya:* „Panik“ (span. Gem.)	Chemische Atomtheorie von *John Dalton* *Fonci:* Keramik-Kunstzähne *A. v. Humboldt:* „Ansichten der Natur“ *Etienne Louis Malus* (* 1775, † 1812) entd. Polarisation d. Lichtes durch Spiegelung, wodurch dessen transversaler Wellencharakter bewiesen wird *Webb* entd. Gangesquellen Beginn größerer Ausgrabungen in Pompeji bis 1815 (zerstört 79 n. Chr.)	Konversationslexikon von *Friedr. Arnold Brockhaus* (* 1772, † 1823) (1. Aufl. b. 1811, wird auch v. *Goethe* benutzt; 16. Aufl. 1953 ff.)
C. D. Friedrich: „Landschaft mit Regenbogen“, „Mönch am Meer“ (romant. Gem.) *Goya:* „Die Erschießung spanischer Freiheitskämpfer“ (span. Gemälde) *Overbeck:* „Franz Pforr“ (Porträtgem.), „Selbstbildnis“ *Fr. Pforr:* „Einzug Rudolfs v. Habsburg in Basel“ (Gem.) *P. Speeth:* Frauengefängnis in Würzburg (klassizist.) *Raeburn:* „Mrs. Spiers“ (engl. Porträtgem.)	*Beethoven:* Klavierkonzert Nr. 5 Es-dur, Streichquartett Es-dur (op 74) † *Joseph Haydn*, österr. Komponist; schrieb über 100 Symphonien, über 70 Streichquartette, über 30 Klaviersonaten, 19 Opern, 15 Messen, 2 Oratorien u. a.; begr. „Wiener Klassik“ (* 1732) * *Felix Mendelssohn-Bartholdy*, dt. Komponist († 1847), Enkel von *Moses Mendelssohn* *Zelter* grdt. i. Berlin 1. „Liedertafel“ (Vereinig. dichtend. u. kompon. Musikfreunde)	* *Charles Darwin*, engl. Naturforscher († 1882) *Gauß:* „Theorie d. Bewegung d. Himmelskörper“ Abstammungslehre von *J. B. Antoine de Lamarck* (* 1744, † 1829), unter Annahme der Vererbung erworb. Eigenschaften (diese „Transmutationslehre“ gilt durch d. Darwinismus u. seine Weiterentwicklung heute als widerlegt) Erster Telegraph auf elektro-chemischer Grundlage von *Soemmerring* *Albrecht Thaer* (* 1752, † 1828): „Grundsätze der rationellen Landwirtschaft“ (b. 1812; gilt als deren Begrdg.)	*J. M. Bechstein:* „Vollständig. Handbuch d. Jagdwissenschaft“ (2 Tle. s. 1801; gilt als erste wissenschaftl. Behandlung des Gebietes) Spielcasino in Baden Baden

	Napoleon in Rußland	Kleist Gebr. Grimm	Fichte Owen
1810	*Napoleon I.* heir. *Marie Louise,* Tochter Kaiser *Franz' II.* † *Andreas Hofer* (zu Mantua erschossen), Tiroler Freiheitskämpfer (* 1767) † *Luise,* Kgin. v. Preußen s. 1797 (* 1776) Hannover k. z. Kgr. Westf.; Holland und Nordwestdeutschland zu Frankreich Fürst von *Hardenberg* preuß. Staatskanzler; Fortsetzung der *Stein*schen Reformen *Karl XIII.,* König von Schweden, adoptiert frz. Marschall *Joh. Bernadotte* als schwedischen Kronprinzen (von 1818—44 König) * Graf *Camillo Cavour,* ital. Staatsmann († 1861) Code Pénal (frz. Strafgesetz)	*A.v.Arnim:* „Armut, Reichtum, Schuld und Buße der Gräfin Dolores" (Erzähl.) * *Ferdinand Freiligrath,* dt. liberaler Dichter († 1876) *Kleist:* „Käthchen von Heilbronn" (Schauspiel), „Michael Kohlhaas" und „Die Marquise von O." (Erzähl.) * *Alfred de Musset,* franz. Dichter († 1857) * *Fritz Reuter,* plattdtsch. Dichter († 1874) *Scott:* „Das Fräulein vom See" (engl. Versepos) *Germaine de Staël* (frz. Schriftstellerin, * 1766, † 1817): „Deutschland" (in Frankr. verboten) *Z. Werner:* „Der 24. Februar" (Schicksalstragödie)	*A. v. Arnim* grdt. mit *Kleist, Adam Müller* u. a. in Berlin „Christl.-dt. Tischgesellschaft" (mit romantisch-nationalen Bestrebungen) *Fichte:* „Die Wissenschaftslehre in ihrem ganzen Umfang" (idealist. Philosophie) *J. Görres:* „Mythengeschichte der asiatischen Welt" (nach Stud. der pers. Sprache u. der Dichtung des Mittelalters) *W. v. Humboldt* grdt. Univ. Berlin *Fr. Schlegel* fordert vom Fürsten Erforschung der öffentl. Meinung *Schleiermacher:* „Platos Werke" (Bd. 1—5 s. 1807, Bd. 6 1828); wird Prof. an der Universität Berlin
1811	Aufhebung der Zünfte und des Frondienstes durch *Hardenberg* in Preußen Mme. *Récamier,* Mittelpunkt eines polit. Salons, aus Paris verbannt (kehrt 1819 zurück) * *Napoleon (II.),* einz. Sohn *Napoleons,* „Kg. v. Rom"; ab 1817 Hzg. v. *Reichstadt* († 1832) Uruguay, Paraguay, Columbien und Venezuela unabhängig von Spanien	*Arnim* heir. *Bettina Brentano* *Goethe:* „Dichtung und Wahrheit" (4 Tle. b. 1831, autobiograph.) * *Karl Gutzkow,* dt. liberaler Dichter († 1878) *Hebel:* „Schatzkästlein des rheinischen Hausfreundes" † *Heinrich v. Kleist* (Freitod m. *Henriette Vogel* a. Wannsee), dt. Dichter (* 1777) *Motte-Fouqué:* „Undine" (Märchen)	*Fichte* 1. Rektor in Berlin † *Friedrich Nicolai,* dt. Kritiker, „Literaturpapst der Aufklärung" (* 1733) *Barthold Georg Niebuhr* (* 1776, † 1831): „Römische Gesch." (3 Bde. bis 1832) † *Christian Gotthilf Salzmann,* dt. ev. Pfarrer u. Pädagoge aus d. *Basedow*kreis (*1744) Univ. Breslau neu gegrdt. Univ. Oslo gegründet
1812	Rußland-Feldzug *Napoleons I.:* Brand Moskaus; Rückzug des sich auflösenden französischen Heeres; *Napoleon* flieht nach Paris. Der dtsch. General *Yorck* schließt mit den Russen Waffenstillstand i. d. „Konvention von Tauroggen" Rußland erobert Bessarabien im Krieg gegen die Türkei (seit 1806) Erfolgloser Krieg der USA geg. Großbrit. um Kanada * *Ludwig Windthorst,* dt. kath. Politiker († 1891)	*A. v. Arnim:* „Isabella von Ägypten" (Erzählung) *Byron:* „Junker Harolds Pilgerfahrt" (4 engl. Ges.) *M. Claudius:* „Sämtl. Werke d. Wandsbecker Boten" (8 Bde. s. 1779) * *Charles Dickens,* engl. Dichter († 1870) * *Iwan Alexandrowitsch Gontscharow,* russ. Dicht. († 1891) *Jac.* u. *Wilh. Grimm:* „Kinder- und Hausmärchen" *Körner:* „Zriny" (Trauersp.)	*Fichte:* „System der Sittenlehre" (*F.* fordert: Handle nach deinem Gewissen!), „Transzendentale Logik" (idealist. Erkenntnistheorie) Judenemanzipation in Preußen durch *Hardenberg* *Owen:* „Eine neue Ansicht von der Gesellschaft" (engl., erstrebt günstigste Umweltbedingungen in einer kommunistischen Gesellschaftsordnung mit kleinen Gemeinden) Aufbau des humanistischen Gymnasiums als Vorschule der Universität in Preußen

Romantik „Nazarener“	Beethoven Schubert	Berzelius Krupp-Werke	
† *Jean Jacque de Boissieu*, frz. Maler und Radierer (* 1736) † *John Hoppner*, engl. Bildnismaler (* 1758) Christl. - romantische Malervereinigung der „Nazarener“ in Rom: *Overbeck, Pforr* (dazu kommen: *Cornelius, W. Schadow, Schnorr v. Karolsfeld, Ph. Veit, Steinle, Fohr* u. a.): Gem. u. Fresken a. d. Bibel u. d. Mittelalter *Pforr:* „Graf v. Habsb. u. d. Priester“ (Gem.) † *Philipp Otto Runge*, dt. Maler d. Romantik; hinterl. Schriften zur Farbentheorie: „Farbenkugel“ (* 1777)	*Beethoven:* Musik zu *Goethes* „Egmont“, Streichquartett f-moll (op. 95) * *Frédéric Chopin*, poln. Komponist in Frankreich († 1849) * *Otto Nicolai*, dt. Komponist († 1849) * *Robert Schumann*, dt. Komponist († 1856)	*Berzelius* entd. d. Element Silizium *Goethe:* „Farbenlehre“ (verbessert nicht die physikalische Optik seit *Newton*, wie *G.* meinte, sondern hat mehr physiologisch-optische u. ästhetische Bedeutung) *Georg Henschel* (* 1759, † 1835) gründ. Maschinenfabr. i. Kassel, d. später vor allem Lokomotiven baut *Samuel Hahnemann* (* 1755, † 1843) begrdt. Homöopathie (Heilung mit kleinsten Heilmittelmengen) *A. Thaer* Prof. f. Landwirtsch. a. d. Univ. Berlin	Gewerbefreiheit und allg. Gewerbesteuer in Preußen ~ Entwicklung der „amerikanischen“ (Tabellen-)Buchführung 1. Oktoberfest in München (Pferderennen im Mittelpunkt) ~ Skatspiel entw. s. i. Altenburg
* *Jules Dupré*, frz. Maler († 1889) *C. D. Friedrich:* „Morgen im Riesengebirge“, „Greifswalder Hafen“ (Gem.) *A. Koch:* „Schmadribachfall“ (Gem.) ~ *Raeburn:* „Sir und Lady Clerk“ (engl. Porträtgem.)	* *Fr. Liszt*, Komponist u. Klaviervirtuose österr.-ung. Abstammung († 1886) *Schubert:* „Hagars Klage“ (Lied) *Weber:* „Abu Hassan“ (lustige Oper)	*Avogadro* (* 1776, † 1856): Molekulartheorie d. Gase ~ Unterscheidung von „Atomen“ u. „Molekülen“ *A. von Humboldt* veröffentlicht in Paris d. Ergebnisse seiner Amerikareise *Gauß* veranschaulicht „imaginäre Zahlen“ Grdg. d. *Krupp*-Werke in Essen v. *Friedr. Krupp* (* 1787, † 1826)	Gründung eines frz. Pressebüros, d. späteren Agence *Havas* *Friedrich Ludwig Jahn* (* 1778, † 1852) errichtet 1. Turnplatz in der Hasenheide, Berlin, m. neuen Geräten (Reck, Barren) Flug d. „Schneiders von Ulm“, *L. Berblinger*, mißglückt Jungfrau (4167 m) erstiegen
Géricault: „Gardejäger zu Pferde“ (frz. frührealist. Gem.) *Friedr. Georg Kersting* (* 1785, † 1847): „Die Stickerin“ (Gem.) * *Théodore Rousseau*, frz. romant. Landschaftsmaler († 1867) † *Franz Pforr*, dt. Maler aus d. romant. Nazarenerkreis (* 1788) ~ *W. Schadow:* „Gabriele v. Humboldt“ (Porträtgem.) † *Friedr. Aug. Tischbein*, dt. Maler (* 1751)	*Beethoven:* 7. Symphonie A-dur u. 8. Symphonie F-dur *Beethoven* und *Goethe* treffen sich in Teplitz (dauerhafte Beziehungen scheitern a. d. Verschiedenartigkeit ihres Wesens) * *Friedrich von Flotow*, dt. Opernkomponist († 1883)	*Berzelius:* führt chemische Bindungskräfte auf elektrische Anziehung zurück (diese Verbind. v. Chemie u. Physik vertieft sich mehr u. mehr; vgl. 1927) *Cuvier* begrdt. wiss. Paläontologie der Wirbeltiere *Fr. Koenig* (* 1774, † 1833): Zylinder-Flachdruck-Schnelldruckpresse (err. bis 8fache Druckleistung) *Laplace* vertieft Wahrscheinlichkeitsrechnung mit mathematischen Hilfsmitteln	*Krupp:* 1. Gußstahl auf d. europ. Kontinent Arbeiter zerstören Textilmaschinen in Nottingham (Engl.): „Maschinenstürmer“ (solche spontanen Reaktionen werden allm. v. d. Arbeiterbewegung aufgefangen u. in Richtung einer sozialen Ausnutzung der Technik gelenkt)

	Ende des napoleonischen Zeitalters	Chamisso Arndt · Körner	Fichte Saint-Simon
1813	Dtsch. Befreiungskrieg gegen *Napoleon I.* : 16.–19. 10. Völkerschlacht bei Leipzig; Preußen, Österreich, Rußland siegen entscheidend Ende des „Rheinbundes" (seit 1806) Hannover wieder an Großbritannien als Kgr.; *Georg III.* Kg. v. Hannover b. 1820 (†) Franzosen verlassen Spanien † *Gerhard von Scharnhorst*, preuß. Heerführer und Heeresreformator (* 1755)	*Arndt:* „Lieder f. Teutsche" *Jane Austen* (* 1775, † 1817): „Stolz u. Vorurteil" (engl. Roman) * *Georg Büchner*, dt. liberaler Dichter († 1837) * *Friedrich Hebbel*, dt. Dichter († 1863) † *Theodor Körner* (gefallen), dt. Dichter (* 1791) * *Otto Ludwig*, dt. Dichter († 1865) *Motte-Fouqué:* „Der Zauberring" (Rittergeschichte) *Shelley:* „Feenkönigin" (engl. Revolutionsepos) † *Christoph Martin Wieland*, dt. Dichter (* 1733)	*J. D. Falk* gründet in Weimar erste Anstalt für verwahrloste Kinder *Fichte:* „Staatslehre" (erstrebt „Vernunftstaat") * *Sören Kierkegaard*, dän. protestantischer Philosoph († 1855) *Schopenhauer:* „Über die vierfache Wurzel des Satzes vom zureichenden Grunde" (Dissertation) Großloge von England gegründet (1717 erste Freimaurerlogen in London) Gewerbeverein in Kreuznach (volksbildnerisch)
1814	Franzosen räumen Italien Pariser Frieden: Frankreich verl. s. Eroberungen s. 1792 *Napoleon* dankt ab u. wird n. Elba verbannt *Ludwig XVIII. (Bourbone)* frz. König b. 1824 (†, * 1755) *Talleyrand* frz. Außenminist. Wiener Kongreß der Verbündeten zur politischen Neuordnung Europas. Bayern gibt Tirol, Vorarlberg, Salzburg u. Innviertel gegen Rheinpfalz an Österreich zurück; Preußen erh. Posen, Nordsachsen, Rheinl.-Westf. Venetien, Dalmatien, Lombardei an Österreich. Erneuerung der Königreiche Sardinien und Sizilien Dänemark tritt Norwegen geg. Vorpommern u. Rügen an Schweden und Helgoland an Großbritannien ab Ende der frz. beeinflußten „Helvetischen Republik" (seit 1798). Neuer Bundesvertrag der 22 Schweizer Kantone. Anerkennung ihrer „ewigen Neutralität" durch den Wiener Kongreß *Ferdinand VII.* König von Spanien b. 1833 (†, * 1784); beseitigt liberale Verfassung Allgem. Wehrpfl. i. Preußen	*Byron:* „Der Korsar" (engl. Verserzählung) *Chamisso:* „Peter Schlehmils wundersame Geschichte" (Märchen) *Goethes* Freundschaft mit Frau *Marianne v. Willemer* (* 1784, † 1860) in Frankf. (Main) spiegelt sich in den Suleika-Liebesliedern des „Westöstlichen Diwans" (gedr. 1819) *E. T. A. Hoffmann:* „Phantasiestücke in Callots Manier" (Novellen, 4 Bde. b. 1815) *James Hogg* (* 1770, † 1835): „Der poetische Spiegel" (Dichtungen eines schott. Schäfers) † *August Wilhelm Iffland*, dt. Schauspl., Bühnendicht. und Theaterleiter, seit 1796 in Berlin (* 1759) *Th. Körner:* „Leier und Schwert" (Dichtung d. Freiheitskriege; posthum) * *Michail Lermontow*, russ. Dichter († 1841) *Rückert* (unt. d. Pseudonym *Freimund Reimar*): „Geharnischte Sonette" (Dichtung der Freiheitskriege) *Scott:* „Waverley" (engl. historischer Roman)	† *Johann Gottlieb Fichte*, dt. Philosoph (* 1762) *Laplace:* „Philosophischer Essai über die Wahrscheinlichkeit" (definiert sie rein kombinatorisch, unabhängig von Beobachtungsreihen, wodurch ihre praktische Anwendung lange Zeit undurchsichtig bleibt) *Rahel Levin* (* 1771, † 1833) heiratet den Diplomaten u. Schriftsteller *Karl August Varnhagen von Ense* (* 1785, † 1858) u. wird Mittelpunkt d. bedeutendsten schöngeistigen Berliner Salons Wiederherstellung des Jesuitenordens und der Inquisition durch Papst *Pius VII.* im Kirchenstaat *Saint-Simon:* „Reorganisation der europäischen Gesellschaft" (frz. Sozialismus, betont Klassengegensatz zw. Arbeitern u. Unternehmern) Gründung der pr. Hauptbibelanstalt in Berlin und der sächs. Hauptbibelgesellschaft in Dresden

Turner Koch	Beethoven Schubert	A. V. Humboldt Lokomotive	
† *Anton Graff*, dt. Bildnismaler „Maler d. dt. Klassiker" (* 1736) *A. Koch:* „Wasserfälle bei Subiaco", „Opfer Noahs" (Gem.) *Friedrich Weinbrenner:* Schloß in Karlsruhe (beg. 1805)	† *André Grétry*, frz. Komponist, Begrd. d. frz. Komischen Oper (* 1742) * *Giuseppe Verdi*, ital. Opernkomponist († 1901) * *Richard Wagner*, dt. Opernkomponist († 1883) Londoner „Philharmonische Gesellschaft" gegrdt.	Elektrischer Lichtbogen von *Davy* *Davy:* „Elemente d. Agrikulturchemie" (engl., macht diese zur selbst. Wissenschaft) † *Joseph Louis Lagrange*, frz. Mathematiker; begründete Variationsrechnung u. förderte physikal. Mechanik; tätig i. Turin, Berlin und Paris (* 1736) „Beschreibung Ägyptens" (frz. wissensch. Auswertung der Expedition *Napoleons* 1798–1801; 24 illustr. Bde. seit 1809)	*Per Henrik Ling* (* 1776, † 1839), Begrd. d. schwed. Gymnastik, wird Direktor d. von ihm gegründeten Gymnastischen Zentralinstituts i. Stockholm (die gelockerte schwed. Gymnastik steht in gewissem Gegensatz z. straffen dt. Turnen) Engl. Ges. hebt d. Lehrlingsstatut von 1562 zug. freier Arbeitsvertr. auf ~ Walzer als Gesellschaftstanz
Bayern hebt Bestrafung von „Hexen" auf			
Lawrence malt Mitgl. d. Wiener Kongresses * *Jean François Millet*, frz. Maler († 1875) † *Jean Michel Moreau*, frz. Kupferstecher und Illustrator (* 1741) *Prud'hon:* „Zephir auf Baumästen schaukelnd" (frz. Gem.) *Schadow* grdt. Kunstverein i. Berlin *Turner:* „Frostiger Morgen" (engl. Gem.)	*Beethoven:* „Fidelio" (Oper); (1805 ursprüngl. „Leonore") *Schubert:* „Gretchen am Spinnrad" (Lied), „Erlkönig" (Ballade)	*Fraunhofer* entd. i. Sonnenspektrum dunkle Absorptionslinien ~ *A. v. Humboldt* begr. vergleichende Klimatologie (veröff. 1817 erste Isothermenkarte: Linien gleicher Temperatur) * *Julius Robert Mayer*, dt. Arzt u. Naturforscher († 1878) Lokomotive von *George Stephenson* (* 1781, † 1848) f. Grubenbahn (vgl. 1829/30) Straßengasbeleuchtung i. London (vgl. 1807)	Rheinischer Merkur ersch. (1816 verboten) Erster Einsatz der Schnellpresse von *Fr. Koenig* (vgl. 1812) bei der Londoner Ztg. „The Times" ≈ Englische Mode beginnt in Europa zu dominieren

	„Hundert Tage“ Restauration und Reaktion	Byron E. T. A. Hoffmann	Hegel Savigny
1815	* Fürst *Otto von Bismarck*, dt. Staatsmann († 1898) Dänemark erwirbt Hzgtm. Lauenburg v. Preuß. gegen Vorpommern und Rügen *Napoleon* kehrt von Elba nach Paris zurück und wird von *Blücher* und *Wellington* bei Waterloo endgültig geschlagen („Hundert Tage“) † *Joachim Murat* (ersch.), frz. General; Kg. v. Neapel s. 1808 (* 1767) Zweiter Pariser Friede. Verbannung *Napoleons* n. St. Helena. Großbrit. gewinnt Vorherrschaft zur See durch Erwerbg. v. Ceylon, Helgoland, Kapland, Malta, Mauritius. Rußld. gewinnt Königreich Polen (Kongreßpolen) „Heilige Allianz“ zw. Rußl., Österr. u. Preuß. (antiliberal) *Fouché* vorüberg. frz. Polizeiminister unt. *Ludwig XVIII.* *Wilhelm I. von Oranien* Kg. v. Holland und Belgien bis 1840, (* 1772, † 1843)	† *Matthias Claudius*, dt. Dichter (* 1740) *Eichendorff*: „Ahnung und Gegenwart“ (Roman) * *Emanuel Geibel*, dt. Dichter († 1884) *Iffland*: „Theorie der Schauspielkunst“ (posthum) ~ *Vuk St. Karadjitsch* (* 1787, † 1864) legt in Wien die Grundl. zur mod. serbischen Schriftsprache (Wörterbuch bis 1818) Erste Ges.-Ausgabe *Schillers* (12 Bde. s. 1812, v. *Gottfried Körner*) *Fr. Schlegel*: „Geschichte der alten und neuen Literatur“ (2 Bde., vom kathol. Standpunkt aus) *G. Schwab*: „Neues dt. allg. Commers- u. Liederbuch“ *Uhland*: „Gedichte“	* *Johann Jakob Bachofen*, Schweizer Geschichtsphilosoph und Jurist († 1887) *Kotzebue*: „Geschichte d. dt. Reiches“ (auf d. Wartburgfest 1817 als reaktionär verbrannt) † *Franz Mesmer*, entwickelte Theorie des „tierischen Magnetismus“, welche die Medizin der Romantik beeinflußt (* 1734) *Savigny*: „Vom Beruf unserer Zeit für Gesetzgebung und Rechtswissenschaft“ (histor. und positivistische Rechtsschule, mit d. Grundsatz „Das Recht wird nicht gemacht, es ist und wird mit dem Volke“) „Baseler Missionsgesellschaft“ (evang.) gegründet Kirchenstaat wiederhergestellt
1816	*Karl v. Clausewitz* (* 1780, † 1831) beg. „Vom Kriege“ (Kriegslehre; „Der Krieg ist nichts als eine Fortsetzung d. Politik mit anderen Mitteln“) „Deutscher Bund“ unter österr. Führung mit „Bundestag“ in Frankfurt (Main) „Rheinischer Merkur“, von *Görres* seit 1814 herausgegebene Zeitung gemäßigt liberaler Richtung, verboten Großherzog *Karl August v. Sachsen-Weimar* gibt seinem Land, als erstem dt., eine Verfassung und fördert Industrie Argentinien unabhängig v. Spanien; Bürgerkrieg zw. Unitariern u. Föderalisten	*Byron*: „Die Belagerung von Corinth“ (engl. Verserzählung) * *Gustav Freytag*, dt. Dichter, Philologe und liberaler Politiker († 1895) *Goethe*: „Die italien. Reise“ (bis 1829); † *Chr. Vulpius* (* 1765) Gebr. *Grimm*: „Deutsche Sagen“ *E. T. A. Hoffmann*: „Die Elixiere des Teufels“ (Roman) *Scott*: „Der Antiquar“ (engl. historischer Roman) *Shelley*: „Alastor oder der Geist d. Einsamkeit“ (engl. philos. Ged.) *L. Tieck*: „Phantasus“ (Sammlg. versch. Dichtungen und Märchen)	*Franz Bopp* (* 1791, † 1867) begr. vergleichende Grammatik d. indogermanischen (indoeuropäisch.) Sprachen * *Joseph Arthur* Graf *Gobineau*, frz. Dichter und Geschichtsphilosoph († 1882) *Karl Ludwig v. Haller* (* 1768, † 1854): „Restauration d. Staatswissenschaft“ (6 Bde. b. 1834, klerikal-restaurativ) *Hegel*: „Wissenschaft der Logik“ (dialektischer Idealismus, 3 Bde. seit 1812) *L. Oken*: „Isis oder Enzyklopädische Zeitung“ (bis 1848; polit. Inhalt kostet ihm 1819 d. Medizinprofessur in Jena) *Bernh. Overberg* (* 1754, † 1826) Schulrat in Münster; fördert kathol. Lehrerbildung, empfiehlt Unterrichtsgespräch

Goya „Nazarener“	Romantik Schubert	Fresnel Gauß	
* *Andreas Achenbach*, dt. Maler († 1910) † *Francesco Bartolozzi*, ital. Kupferstecher (* 1727) † *John Singleton Copley*, nordamerikan. Maler v. Bildnissen u. Historien, seit 1775 in England (* ~ 1737) ~ *C. D. Friedrich*: „Hafen von Greifswald“ (Gem.) *Goya*: „Hexensabbat“ (span. Gem.) * *Adolf Menzel*, dt. realistischer Maler († 1905) *Rauch*: Sarkophag der Kgin. *Luise* (s. 1811)	*Schubert*: 3. Symphonie in D-dur, „Wanderers Nachtlied“, „Heideröslein“ (Lieder auf *Goethe*texte) *J. N. Mälzel*: Metronom (gestattet das musikalische Tempo objektiv festzulegen)	*Biot*: Optische Aktivität *Augustin Jean Fresnel* (* 1788, † 1827) verbindet Wellenprinzip des Lichtes von *Huygens* m. dem Interferenzprinzip zu einer leistungsfähigen Lichttheorie (erprobt dies 1816–19 in Experimenten gemeins. mit *Arago*) *Gay-Lussac*: Analyse der alkoholischen Gärung Erforschung der Marshall- und Hawaii-Inseln durch *Kotzebue* (*Chamisso* stud. dabei Koralleninseln u. entd. Generationswechsel [„Ammenzeugung“] d. Salpen-Manteltiere) Sicherheitsgrubenlampe von *Davy* *Prout*: Wasserstoff einziger Baustein aller chemischen Elemente i. gewiss. Sinne bestätigt) * *Karl Weierstraß*, dt. Mathematiker († 1897) Techn. Hochschule Wien gegründet 1. chirurg. Univ.-Klinik in Erlangen	Nachkriegs - Wirtschaftskrise in England. (Engl. Getreideschutzzölle werden 1846/60 aufgehoben) ≈ Ca. 8jährl. Konjunktur-Krisen-Zyklus i. Engl. (später auch in and. Industriestaaten; die Krisen schwächen sich in der 2. Hälfte des Jahrhunderts ab) ≈ Bis zur Mitte des Jh. erscheint die wachs. Notlage der Handwerker als die soziale Frage (erst dann tritt die Lage d. Industriearbeiterschaft in d. Vordergrund) ≈ Bürgerl. Biedermeier in Dtl. („gemütlich“, politisch weitgeh. indifferent, bis 1848) Vulkanausbruch auf Sumbawa erf. über 56000 Tote
Klenze baut Glyptothek in München (bis 1830) * *Alfred Rethel*, dt. Geschichtsmaler und Graphiker († 1859) Die Nazarener *W. Schadow*, *Cornelius*, *Overbeck* beg. i. Rom d. Casa *Bartholdy* mit Fresken a. d. Josephslegende zu schmücken (gilt als Hauptwerk d. dt.-röm. Malerei) Bankier *Joh. Friedrich Staedel* (* 1728, † 1816) stift. testamentar. Museum u. Kunstschule i. Frankf./M.	*E. T. A. Hoffmann*: „Undine“ (romant. Oper) *Rossini*: „Der Barbier von Sevilla“ und „Othello“ (ital. Opern) *Schubert*: 4. Symphonie c-moll („Die Tragische“), 5. Symphonie B-dur *Spohr*: „Faust“ (Oper, unt. *C. M. Weber* i. Prag aufgeführt)	Erste Wetterkarten von *Brandes* (lassen sich ohne Telegraph noch nicht zur Wettervorhersage ausnutzen) *Fresnel*: Spiegelversuch z. Nachweis d. Lichtinterferenz (bekräftigt Wellentheorie d. Lichtes) ~*Gauß*: Nichteuklidische Geometrie (in Briefen entwickelt, vgl. 1826, 32) *François Magendie* (* 1783, † 1855) begr. experimentelle Tierphysiologie * *Werner v. Siemens*, dt. Ingenieur und Unternehmer auf dem Gebiet der Elektrotechnik († 1892) Erste deutsche Gasanstalt	*Adam H. Müller* (* 1779, † 1829): „Versuch ein. neuen Theorie d. Geldes“ (romantische, antiliberale Wirtschaftslehre) ~ Feldmäßig. Großanbau der Zuckerrübe über ganz Mitteleuropa und Frankreich *Jahn*: „Die deutsche Turnkunst zur Einrichtung der Turnplätze“ Nordseebad Cuxhaven eröffnet Kartoffel entw. s. z. Volksnahrungsmittel Extrem kalter Sommer i. Europa

	Antiliberale Reaktion	*Scott* *E. T. A. Hoffmann*	*Hegel* *Schopenhauer*
1817	Wartburgfest der dt. Burschenschaften; fordern unter d. Farben Schwarz-Rot-Gold d. Einheit Deutschl. (1818 w. Allg. Deutsche Burschenschaft gegrdt.) *James Monroe* (* 1758, † 1831) Präsident der USA (bis 1825)	*A. v. Arnim:* „Die Kronenwächter" (histor. Roman), Bd. I, 1854: Bd. II (posthum) *Byron:* „Manfred" (engl. dr. Ged.) *Grillparzer:* „Die Ahnfrau" (Trauerspiel) *E. T. A. Hoffmann:* „Nachtstücke" (Erzählungen) * *Theodor Storm*, dt. Dichter († 1888)	*Friedrich Wilhelm III.* verkündigt die „Union" der Lutheraner u. Reformierten in Preußen *Hegel:* „Enzykl. d. philos. Wissensch. im Grundriß" * *Hermann Lotze*, dt. Physiolog des „teleologischen Idealismus († 1881) * *Theodor Mommsen*, dt. Historiker († 1903)
1818	Bayern und Baden erhalten Verfassungen *Karl XIV* (*Johann Bernadotte*, Sohn ein. frz. Jurist.) Kg. v. Schwed. (b. 1844 [†]) *J. Mill:* Geschichte Indiens (kritis. brit. Verwalt.) * *Karl Marx*, dt. Sozialist, Begründer d. „Historischen Materialismus" († 1883) Chile unabhängig v. Spanien	*Brentano:* „Gesch. v. brav. Kasperl u. d. schön. Annerl" *Grillparzer:* „Sappho" (Schauspiel) *J. Mohr:* „Stille Nacht" (vertont von *Fr. Gruber*) *Scott:* „Rob Roy" (engl. Roman) * *Iwan Turgenjew*, russischer Dichter († 1883) *Uhland:* „Ernst, Hzg. von Schwaben" (Drama)	*E. M. Arndt:* „Geist der Zeit" (4 Bde s. 1806) * *Jakob Burckhardt*, schweiz. Kulturhistor. († 1897) † *Joachim Heinrich Campe*, dt. Pädag. u. Sprachf. (* 1746) *Hegel* von Heidelberg nach Berlin (großer Zulauf) *A. W. Schlegel* Professor für indische Sprache in Bonn Universität Bonn
1819	„Karlsbader Beschlüsse" geg. polit. u. geistige Freiheit in Deutschl. (bis 1848) † *Gebh. Leber.* Fürst *v. Blücher*, preuß. Heerf. in den Kriegen gegen *Napoleon* (* 1742) * *Victoria*, König. v. Großbrit. von 1837 bis 1901 (†) Singapur an Großbritannien USA kauft Florida v. Spanien *Simon Bolivar* (*1783, †1830) beg. Befreiung Südamerikas v. d. span. Herrschaft (vereinigt b. 1827 Venezuela u. Peru z. Republ. Kolumbien)	*Byron:* „Don Juan" (b. 1824) * *Theodor Fontane*, dt. Dichter († 1898) * *Klaus Groth* († 1899) *E. T. A. Hoffmann:* „Klein Zaches" (Märchen) * *Gottfried Keller*, Schweizer Dichter († 1890) † *Aug. v. Kotzebue*, dt. Dicht., v. *K. L. Sand* ermord. (* 1761) *Scott:* „Die Braut von Lammermoor" (engl. Roman) * *Walt Whitman*, nordam. Dichter († 1892)	*E. M. Arndt:* „Fragmente über Menschenbildung" (3 Bde. s. 1805) *J. Grimm:* „Deutsche Grammatik" (4 Bde. bis 1834; gilt als Grundlage d. modernen dt. Sprachlehre) * *Luise Otto-Peters*, dt. Frauenrechtlerin († 1895) *Schopenhauer:* „Die Welt als Wille u. Vorstellung" (pessimistische Philosophie des „Willens" als grund- u. zielloser, leidschaffender Drang zum Leben)
1820	Wien widerruft Versprechen einer Verfassung * *Friedrich Engels*, dt. Sozialist, Mitbegr. d. „Dialekt. Materialismus" († 1895) † *Joseph Fouché*, frz. Polizeiminister unter *Napoleon* u. *Bourbonen* (* 1759) † *Georg III.*, König von Gr.-Brit. (s. 1760) u. Hannover (s. 1814) (* 1738) *Georg IV.* (* 1762) Kg. v. Großbritannien u. Hannov. bis 1830 (†)	*A. v. Arnim:* „Die Majoratsherren" (Erzählung) *E. T. A. Hoffmann:* „Lebensansicht. d. Katers Murr nebst fragmentarischer Biographie des Kapellmeisters Johannes Kreisler" (unvoll., 2. Bd. 1822) *Puschkin:* „Ruslan und Ludmila" (russ. Verserzählung) *Scott:* „Ivanhoe" (engl. Roman) *Shelley:* „Der entfesselt. Prometheus" (engl. Schauspiel)	*E. M. Arndt* als Prof. der Geschichte in Bonn wegen liberaler Gesinnung amtsenthoben (1840 rehabilitiert) *Malthus:* „Grundsätze d. Politischen Ökonomie" (engl.) *Owen:* „Das Buch von der Neuen Welt" (engl. Sozialismus) * *Herbert Spencer*, engl. Philosoph d. biolog. Entwicklungsgedankens († 1903) Jesuitenorden aus Rußland ausgewiesen

Turner *Klassizismus*	*Beethoven* *Schubert*	*Elektromagnetismus* *Geographie*	
Constable: „Flatford Mill" (engl. Gem.) * *Charles Daubigny,* frz. Maler († 1878) *K. Phil. Fohr* (* 1795, † 1818): „Landschaft b. Tivoli" (Gem.) *Schinkel:* „Ital. Landschaft" (Gem.) *v. Carolsfeld:* „Familie d. Johannes" (Gem.)		*G. B. Belloni* entd. Grab *Sethos' I.* im „Tal der Könige" (Ägypten) *Berzelius* entd. Selen und Lithium *Cuvier:* „Das Tierreich" (frz., 4 Bde.) *Karl Friedr. v. Drais* (* 1785, † 1851); Laufrad (*Drais*ine) Handatlas von *Ad. Stieler* (* 1775, † 1836) erscheint (50 Bl. b. 1823)	*Brewster:* Kaleidoskop *Owen* ford. d. Grdg. kleiner, nach kommunist. Idealen lebender Gemeinden *David Ricardo* (* 1772, † 1823): „Politische Ökonomie" (engl. Theorie des Lohnes u. Wertes)
~ *C. D. Friedrich;* „Zwei Männer d. Mond betrachtend", „Frau am Fenster" (Gem.) · ~ *Goya:* „Schrecken d. Krieges", „Stiergefechte" (Radier.) *Schinkel:* Neue Wache *Thorwaldsen:* „Sterbender Löwe", Luzern Prado, Madrid	* *Charles Gounod,* frz. Komponist († 1893) *K. Loewe:* „Erlkönig" (Ballade) *Schubert:* Symphonie Nr. 6 in C-dur *Weber:* „Jubel-Ouvertüre" Gruber: „Stille Nacht" (Weihnachtslied)	*Coindet:* Jod in der Kropftherapie *Eilhard Mitscherlich* (* 1794, † 1863) entd. Isomorphie der Kristalle *Karl Ritter* (* 1779, † 1859): „Die Erdkunde im Verhältnis zur Natur und zur Geschichte d. Menschen" * *Max Pettenkofer,* süddt. Arzt († 1901)	* *Friedrich Wilhelm Raiffeisen,* dt. Wirtschaftler, Grd. landwirtsch. Kreditgenossenschaften († 1888) Stearinkerzen (1837: Paraffinkerzen; s. 10. Jh. Talglichter, Wachskerzen nur als Luxus)
* *Gustave Courbet,* frz. realistischer Maler († 1877) *Géricault:* „Das Floß d. Medusa" (frz. romant.-natural. Gem.) *Schinkel:* Schloß-Brücke Berlin *Turner:* „Einfahrt in Venedig" (engl. Gem. i. ein. atmosphär.-„impressionist." Stil)	*Beethoven* verliert s. Gehör (zunehm. s. 1800) * *Jacques Offenbach,* dt.-frz. Kompon. († 1880) *Schubert:* Klavierquintett A-dur („Forellenquintett") * *Clara Schumann* geb. *Wieck,* dt. Pianistin, Frau *Robert Schumanns* († 1896) * *Franz v. Suppé,* österr. Operettenkomp. († 1895)	Erforschung der amerikanischen arktischen Inselwelt durch *W. E. Parry* *R. T. H. Laënnec* (* 1781, † 1826): Auskultation mit Stethoskop *Pelletier* u. *Caventou* entd. Chinin † *J. Watt,* engl. Erf. (* 1736) Raddampfer „Savannah" 1. Dampfschiff in 26 Tagen v. d. USA n. Europa Erste planm. chemische Schulversuche (in Berlin)	Pressezensur in Dtl· Verfolgung der deutschen studentischen Burschenschaften als „Demagogische Bewegung" *Jahns* Turnplatz geschlossen, er verhaftet u. unter Polizeiaufsicht gestellt weg. Ermord. *Kotzebues* Zwölfstdig. Arbeitstag in England und Arbeitsverbot für Kinder unt. 9 Jahren US-Bankkrise
W. Blake: „Jerusalem" (eines seiner „Prophetischen Bücher", engl. Mystik, mit eig. Illustrat. s. 1804) *Charles Heath* erfindet Stahlstich (1824 v. *K. F. Frommel* i. Dtl. eingef.) *Schnorr v. Carolsfeld:* „Die Verkündigung" (romant.-relig. Gem.) † *Benjam. West,* nordamerik. Maler in England (* 1738)	Roheisenerz i. England 370 000 t 1840: 1,4 Mill. t (i. Dtl. 90 000 t 1840: 190 000 t)	*André Marie Ampère* (* 1775, † 1836): Kraftwirkung zw. elektr. Strömen *Karl E. v. Baer* (* 1792, † 1876) entd. Entstehung und Entwickl. der Keimblätter von Tieren *Hans Ch. Oerstedt* (* 1777, † 1851) entdeckt Magnetfeld elektrischer Ströme; *Biot* u. *Savart* finden dafür mathem. Gesetz *Schweigger:* Empfindliches Meßgerät für elektr. Ströme („Multiplikator")	≈ Frauenmode: langer Rock mit kurzer Taille, bauschige Ärmel, Falbelreihen, Schutenhüte Turnen in Preußen verboten Ersteigung d. Monte Rosa-Zumsteinspitze (4573 m) und der Zugspitze (2963 m) Opiumverbot in China (beeinträchtigt engl. Handel)

	Monroe-Doktrin Griech. Aufstand	Goethe Grillparzer	Hegel Schleiermacher
1821	Erfolgr. griechischer Aufstand gegen die Türken (bis 1829) Fürst *Metternich* antiliberaler österr. Innenminister (bis 1848) Österr. Truppen beseitigen Verfassung in Neapel und Piemont † *Napoleon Bonaparte*, Kaiser d. Franzosen b. 1815 (* 1769) Mexiko unabh. v. Spanien Uruguay zu Brasilien Venezuela kommt zu Columbien (bis 1831)	* *Charles Baudelaire*, franz. Dichter († 1867) * *Feodor M. Dostojewskij*, russ. Dichter († 1881) * *Gustave Flaubert*, frz. Dichter († 1880) *E. T. A. Hoffmann:* „Die Serapionsbrüder" (4 Bde. s. 1819) *Kleist:* „Die Hermannsschlacht" u. „Prinz Friedr. v. Homburg" (Schausp.) posthum von *L. Tieck* veröffentl. *F. A. Herbig*-Verlag gegr.	*Hegel:* „Grundlinien der Philosophie des Rechts" (*H.* hält d. preuß. Monarchie für die vollendetste Staatsform) *Schleiermacher:* „Der christliche Glaube n. d. Grunds. der evangelischen Kirche" *Henrik Steffens* (* 1773, † 1845): „Karikaturen des Heiligsten" (dän.-dt. Staatsphilosophie seit 1819) *Thomas de Quincey:* „Bekenntn. eines engl. Opiumessers"
1822	Griechenland, unterstützt durch westeuropäische Freischaren, erklärt sich unabhängig von der Türkei † *Karl August* Fürst *von Hardenberg*, preußischer liberaler Staatsmann (* 1750) Liberia von freigelassenen USA-Negern gegründet (Verfassung 1847) Brasilien unabhängig von Portugal. *Pedro I.* Kaiser (bis 1831) *Bolivar* befr. Ecuador von span. Herrschaft ≈ Die liberale politische Verfassung in Gr.-Brit., USA, Frankreich begünstigt die Industrialisierung (vgl. 1735, 1955)	*Byron:* „Cain" (dramatisches engl. Gedicht) * *Edmond de Goncourt*, franz. Dichter, († 1896) *Goethes* Freundsch. m. *Ulrike v. Levetzow* (* 1804, † 1899) *Grillparzer:* „Das goldene Vlies" (Trauersp.-Tril.) *E. T. A. Hoffmann:* „Meister Floh" (Märchen) † *Ernst Theod. Amad. Hoffmann*, dt. romant. Dichter, Komp. u. Zeichner (* 1776) *Immermann:* „Gedichte" *Rückert* beg. Übersetzg. orient. Dichtg. m. „Östl. Rosen" *Stendhal:* „Über die Liebe" (frz. Abhandlung) † *Percy Bysshe Shelley*, engl. romant. Dichter, u. a. 1813 „Die Feenkönigin" (* 1792) *Uhland:* „Walther v. d. Vogelweide" (lit.-hist. Abhdlg.)	*F. M. Charles Fourier* (* 1772, † 1835) begr. frz. sozialist. Richtung kleiner Genossenschaften *W. v. Humboldt:* „Über d. vergleich. Sprachstudium" *Edward Irving* (* 1792, † 1834) wird Prediger a. d. schott. Kirche in London (aus s. Anhäng. wird ~1832 d. „Apostolisch-katholische Kirche" der Irvingianer) * *Albrecht Ritschl*, dt. ev. Theologe, gegen Mystik, Pietismus, Dogma († 1889) Beginn des modernen Realschulwesens durch *Aug. Gottlieb Spilleke* (* 1778, † 1841) in Berlin * *Heinrich Schliemann*, dt. Archäologe († 1890) Kath. Kirche hebt Verbot kopernikan. Schriften auf
1823	Revolution in Spanien (seit 1820) gegen König *Ferdinand VII.* mit franz. Hilfe niedergeschlagen * Graf *Gyula Andrassy*, 1867 ung. Min.-Präs., 1871–79 österr.-ung. Außenminister († 1890) Mexiko wird Republik USA-Präsident *Monroe* verkündigt: „Amerika den Amerikanern" (isolationistische „*Monroe*-Doktrin")	*Byron* kämpft aktiv für die griech. Unabhängigkeit *J. F. Cooper* beg. „Lederstrumpf" *Goethe:* „Marienbad. Eleg." * *Alexander Ostrowski*, russ. Bühnendichter († 1886) * *Alexander Petöfi*, ungar. Freiheitsdichter († 1849) *Rückert:* „Liebesfrühling" (Gedichte) † *Zacharias Werner*, dt. Dichter, s. 1810 kathol. (* 1768)	Papst *Leo XII.* bis 1829, bekämpft Bibelgesellschaften und Freimaurerei, Förderer der Jesuiten *Pertz* beg. „Monumenta Germaniae historica" (umf. histor. Quellensammlung) * *Wilhelm Heinrich Riehl*, dt. Kulturhistoriker u. Erzähler († 1897) *Saint-Simon:* „Katechismus f. Industrielle" (frz. Sozialismus)

Klassizismus C. D. Friedrich	Beethoven C. M. v. Weber	Ampère Entz. d. Hieroglyphen	
Rauch: „Goethe" (Marmorbüste) *G. Schadow: Luther*-denkmal (Wittenberg), „Friedrich d. Gr. und seine Windspiele" (Sanssouci), „Goethe" (Plast.) *Schinkel* baut Schauspielhaus in Berlin (s. 1818) *Thorwaldsen:* „Segnender Christus" (dän. Bildwerk)	*Joseph Xaver Elsner* (* 1766, † 1854), „Vater d. poln. Musik", Lehrer *Chopins*, wird Direktor d. Konservatoriums i. Warschau *Weber:* „Der Freischütz" (Urauff. im Schauspielhaus Berlin, erregt starkes musikal. Interesse)	∼ *Arago* u. *Gay-Lussac:* Elektromagnet *Faraday* findet Grundlage des Elektromotors * *Herm. v. Helmholtz*, dt. Physiologe und Physiker († 1894) ∼ *J. V. Poncelet* begr. Projektive Geometrie (als Franz. i. Rußland) *Seebeck* entd. Thermoelektrizität * *Rudolf Virchow*, dt. Mediziner und liberaler Politiker († 1902)	*E. W. Arnoldi* grdt. Gothaer Feuerversicherungsanstalt (vgl. 1827) *J. E. Taylor* grdt. Manchester Guardian (liberal, zunächst Wochenblatt, 1855 tägl.) ∼ In Berlin nur eine öff. Bedürfnisanstalt (erst 1875 in größ. Zahl erbaut)
† *Antonio Canova*, ital. Bildhauer (* 1757) ∼ *C. D. Friedrich:* „Mondaufgang am Meer" (Gem.) ∼ *Pierre Narcisse Guérin* (* 1774, † 1833): „Aurora u. Cephalus" (frz. Gem.) *Overbeck:* „Einzug Christi i. Jerusalem" (Gem.)	* *César Franck*, belg. Komponist († 1890) *Mendelssohn-Bartholdy:* Sinfonie in D-dur (Uraufführung 1959) *Schubert:* 8. Symphonie h-moll in 2 Sätzen („Die Unvollendete") *Zelter:* Kgl. Inst. f. Kirchenmusik, Berlin (Vorläufer d. Musikhochschule)	*Ampère:* Magnetismus d. Stoffe beruht auf elektr. Molekularströmen *Jean François Champollion* (* 1790, † 1832) entziff. auf „Stein v. Rosette" (gefund. 1799) Hieroglyphen *Fourier:* „Analyt. Theor. d. Wärme" † *Friedrich Wilhelm Herschel*, dt. Astron. (* 1738) * *Gregor Mendel*, Begr. d. Vererbungslehre († 1884) *J. N. Niepce* (* 1765, † 1833): Heliographie (Herstellg. v. Druckplatten mittels lichtempfindl. Asphaltschichten) Erste Versamml. dt. Naturforscher u. Ärzte, in Leipzig (durch *L. Oken*) * *Louis Pasteur*, frz. Chemik. u. Bakteriol. († 1895)	≈ Engl. Maschinenzwirn beg. indisches Handwerk zu ruinieren (d. Zerstörung d. Handwerks steht i. d. Kolonialgeb. kein entspr. industrieller Aufbau gegenüber) Spiralbohrer f. Metall 1. Berliner Gewerbe-Ausstellung Frühe anonyme Limericks i. England (vgl. 1846 D)
C. D. Friedrich: „Einsamer Baum", „Mondaufgang am Meer" (Gem.) † *Pierre Paul Prud'hon*, frz. Maler (* 1758) † *Henry Raeburn*, schott. Bildnismaler (* 1756) *Rauch:* „Fr. Wilhelm III." (Büste) *Waldmüller:* „Beethoven" (Porträtgem.)	*Beethoven:* 9. Symphonie d-moll mit Schlußchor „An die Freude" *Schubert:* Musik zu „Rosamunde", „Die schöne Müllerin" (Liederzyklus) *Weber:* „Euryanthe" (Oper) *Erard:* Mod. Pianoforte mit Repetitionsmechanik	*Döbereiner:* Wasserstoff-Platin-Feuerzeug *Faraday* verflüssigt Chlor u. a. Gase *Gauß:* Ausgleichrechnung (Methode d. kleinsten Quadrate) *E. A. Geitner:* Neusilber (Nickelleg.) *F. P. von Wrangel* entdeckt die *Wrangel*-Insel vor Nordsibirien	Erster Rosenmontagszug in Köln *Ch. Macintosh:* wasserdichte Gewebe durch Kleben zweier Stoffe mit Gummilösung Vermessung Indiens durch *G. Everest* (* 1790, † 1866)

	Südamerika selbständig	Romantik Hauff · Puschkin	Ranke Pestalozzi
1824	*Karl X.* König von Frankreich (bis 1830): Reaktion in Frankr. Vereinigung Jülich-Cleve-Berg und Niederrhein zur preußischen Rheinprovinz Aufheb. der Anti-Gewerkschaftsgesetze in England *S. Bolivar* befr. Peru v. span Herrschaft Literar. „Mittwochsgesellschaft" in Berlin	† Lord *George Byron*, an Malaria in Griechenl., engl. Dicht. d. „Weltschmerzes" (* 1788) * *Alexandre Dumas* (Sohn), frz. Dichter († 1895) *Heine:* „Harzreise" (1. Teil; vgl. 1831) Graf *Giacomo Leopardi* (ital. Dicht. d. „Weltschmerzes" * 1798, † 1837): „Canzoni"	*Herbart:* „Psychologie als Wissenschaft" (2 Bde. bis 1825) *Ranke:* „Zur Kritik neuerer Geschichtsschreiber" (Anfänge seiner objektiv-krit. Geschichtsschreibung, zu zeigen, „wie es gewesen ist") Gründung der Berliner Missionsgesellschaft (ev.) National Gallery, London gegr.
1825	*John Quincy Adams* (* 1767, † 1848) Präsident der USA bis 1829. Bildung der demokratischen u. d. republikan. Partei Bolivien unter Präsident *Bolivar* unabhäng. Republik: Ende des span. Kolonialreiches in Südamerika * *Ferdinand Lassalle*, dt. Sozialist († 1864) † *Maximilian I. Joseph*, s. 1795 Hzg., s. 1806 König von Bayern (* 1756) *Ludwig I.* König von Bayern (dankt 1848 ab) † *Alexander I.*, Zar von Rußland seit 1801 (* 1777) *Nikolaus I.* Zar von Rußland (bis 1855 [†]) Dekabristen Aufstand um eine Verfassung in Rußland wird niedergeworfen	*Goethe* wie ein Fürst gefeiert *Grillparzer:* „König Ottokar" (Schauspiel) *Manzoni:* „Die Verlobten" (ital. Roman) * *Conrad Ferdinand Meyer*, schweiz. Dichter († 1898) *Wilhelm Müller* (* 1794, † 1827): „Neugriechische Volkslieder" † *Jean Paul (Friedrich Richter)*, dt. Dichter (* 1763) *Platen:* „Sonette aus Venedig", „Das Theater als ein Nationalinstitut betrachtet" *Puschkin:* „Boris Godunow" (gilt als erste russ. Tragödie) Gebrüder Grafen *zu Stolberg (Christian* * 1748, † 1821; *Friedrich Leopold* * 1750, † 1819): Gesammelte Werke *Esaias Tegnér* (* 1782, † 1846): „Frithjofs-Sage" (schwed. Romanzen-Epos)	*August Böckh* (* 1785, † 1867): „Corpus inscriptionum Graecarum" (Begrdg. d. wiss. griech. Inschriftenkunde; *B.* gilt als Begrdr. einer umfassenden Altertumswissenschaft, die über die reine Textphilologie hinausgeht) *Louis Braille* (* 1809, † 1852): Blindenpunktschrift (ausführlicher 1829) *R. Owen* kauft New Harmony (USA) u. gründet kommunistische Gemeinde (scheitert nach kurzer Zeit) *Saint-Simon:* „Neues Christentum" (frz. Sozialismus) † *Claude Henry de Saint-Simon*, frz. religiös. Sozialist (* 1760); seine Schüler begründen „Erste sozialistische Schule" (best. bis 1832)
1826	*S. Bolivar* beruft panamerikan. Kongreß n. Panama (ohne Erfolg) Engl. anerkennt d. v. Spanien abgefallenen mittelamerikan. Staaten (auch aus wirtschaftl. Gründen) * *Wilhelm Liebknecht*, dt. Sozialdemokrat († 1900) † *Thomas Jefferson*, Staatsmann d. USA; 1801–09 Präsident; Grd. d. Demokratischen Partei geg. *Alex. Hamilton* (* 1743)	*Eichendorff:* „Aus dem Leben ein. Taugenichts" (Nov.) *Hauff:* „Mitteilungen aus den Memoiren des Satans" und „Lichtenstein" (Rom.), „Märchen-Almanach" † *Johann Peter Hebel*, alemannischer Dichter (* 1760) * *Josef Viktor von Scheffel*, dt. Dichter († 1886) *Uhland* und *Schwab* geben *Hölderlins* Gedichte heraus † *Johann Heinrich Voß*, dt. Dicht. u. Übersetzer (* 1751) Hoftheat. i. Coburg	*Fröbel:* „Die Menschenerziehung" *Ngüan Ngüan* (* 1764, † 1849) besorgt kritische chinesische Ausgabe der konfuzianischen Schriften (chin. Kanon) *Pestalozzi:* „Lebensschicksale" (Autobiographie) Bayr. Landesunivers. wird v. Landshut (dort s. 1800) nach München verl. (gegr. 1472 i. Ingolstadt)

Constable Klassizismus	Beethoven Weber	Nichteuklidische Geometrie	
C. D. Friedrich: „Vor Sonnenaufgang im Gebirge“ (Gem.) *F. Gérard:* „Daphnis u. Chloe“ (frz. Gem.) † *Théodore Géricault,* frz. Maler (* 1791) * *Joseph Israels,* holl. Maler († 1911) *Jeffry Wyattville* beg. Schloß Windsor (i. engl.-neogot. Stil) Kunstverein i. München	*Beethoven:* „Missa Solemnis“; letzte, stark polyphone Streichquartette op. 127, 130, 131, 135 (b. 1826) * *Anton Bruckner,* österr. Komp. († 1896) * *Peter v. Cornelius,* dt. Komp. († 1874) *Schubert:* Quart. a-moll * *Bedřich Smetana,* tschech. Kp. († 1884)	*Aspdin:* Portland-Zement *Sadi Carnot* (* 1796, † 1832): Nutzeffekt von Wärmekraftmaschinen *Goethes* Wirbeltheorie des Schädelbaus *Liebig* Prof. in Gießen Erste Atomtheorie der Kristalle von *L. A. Seeber* * *W. Thomson,* engl. Physiker († 1907)	„Brabanter“ („Hohenheimer“) Pflug begr. seine mod. Form Erst. Tierschutzverein in London 1. dt. Einwanderung in (Süd-)Brasilien Kunstleder von *Hancock* 1. Karnevalsumzug in Köln
† *Jacques Louis David,* frz. Maler des Klassizismus (* 1748) *Lawrence:* „Kg. Karl X.“ (engl. Gem.) ~ *K. Hokusai:* „Die Woge“ (Farbholzschnitt) Nationaltheater in München neueröffnet (erstmals 1818)	*Beethoven:* Große Fuge B-dur (urspr. zum Streichquartett op. 130 wegen s. schweren Verständlichkeit abgetrennt) *François Adrien Boieldieu* (* 1775, † 1834): „Die weiße Dame“ (frz. Oper) † *Antonio Salieri,* ital. Opernkomp. im Stile *Glucks* in Wien, Gegner *Mozarts* (* 1750) * *Johann Strauß* (Sohn), österr. Komponist († 1899)	Schwefelzündholz von *Cooper* *Faraday* entdeckt Benzol im Leuchtgas *Laplace:* „Himmelsmechanik“ (frz., s. 1799) *Adrien-Marie Legendre* (* 1752, † 1832): „Elliptische Funktionen“ (3 Bde. bis 1832) *Liebig* u. *Wöhler:* Isomerie (gleiche Atome können versch. Moleküle bilden) *J. E. Purkinje* (* 1787, † 1869), Begr. d. exper. Sinnesphysiologie, entd. Keimbläschen i. Hühnerei Eisenbahn Stockton — Darlington (Engl.) mit *Stephenson*-Lokomotive Verbess. Elektromagnet von *Sturgeon* Erste dt. Technische Hochschule i. Karlsruhe	Pferdeomnibus (*Kremser*) in Berlin Wirtschaftskrise in England (1826 Aufstände unter den Baumwollarbeitern) Teerose kommt aus China n. Europa ~ Unter d. Einfl. v. *Ling* entst. schwed. Heilgymnastik Börsenverein der dt. Buchhändler i. Leipzig gegrdt. Erie-Kanal zwischen Buffalo und Albany (USA) mit 544 km Länge fertiggestellt (seit 1817 im Bau) Schwere Nordsee-Sturmflut Mit Seebad Swinemünde kommt Baden i. d. Ostsee auf (vgl. 1855)
Constable: „Das Kornfeld“ (engl. Gem.) *J. G. Schadow:* „Die Ruhende“ (Bronzeakt) *Schinkel:* Schlösser Charlottenhof und Klein-Glienicke (Potsdam) † *Friedrich Weinbrenner,* süddt. Baumeister, bes. in Karlsruhe (* 1766)	*Mendelssohn-Bartholdy:* Ouvertüre zum „Sommernachtstraum“ *Schubert:* Streichquartett d-moll („Der Tod und das Mädchen“) *Weber:* „Oberon“ (Oper) † *Carl Maria von Weber,* dt. Komponist (* 1786)	*Niels Henrik Abel* (* 1802, † 1829): Gleichungen von höherem als 4. Grad lassen sich allgem. nicht auflösen *N. I. Lobatschewskij* begründ. in Kasan die nichteuklidische Geometrie mit mehreren Parallelen zu einer Geraden (vgl. 1816, 32) Kaltwasser-Heilanstalt v. *Prießnitz* (* 1799, † 1851) Erste Photographie von *Niepce*	Gasbeleuchtung „Unter d. Linden“, Berlin *Joseph Meyer* (* 1796, † 1856) grdt. Verlag „Bibliographisches Institut“ „Blaue Grotte“ Capris wiederentdeckt * *Bernhard Riemann,* dt. Mathem. († 1866) Anilin aus Indigo durch *Otto Unverdorben* (* 1806, † 1873)

	Griechenland unabh. Zollvereine	Balzac Goethe	Schlegel Herbart
1827	Engl.-frz.-russische Flotte besiegt im griech. Unabhängigkeitskrieg in d. Schlacht b. Navarino türk.-ägyptische ~ Entst. panslawistischer Ideen in d. Slowakei (unter d. Einfl. d. dt. Romantik) Peru wählt *S. Bolivar* zum Präsidenten auf Lebenszeit	* *Charles de Coster*, belg.-fläm. Dichter († 1879) *Goethe* prägt den Begriff „Weltliteratur" *Grabbe:* „Scherz, Satire, Ironie und tiefere Bedeutung" (Lustspiel) *Hauff:* „Phantasien im Bremer Ratskeller", „Jud Süß" † *Wilhelm Hauff*, dt. Dichter (* 1802) *Heine:* „Buch der Lieder" *Scott:* „Das Leben Napoleons" (engl. Rom.)	*P. J. A. Feuerbach:* „Merkwürdige Verbrechen" * *Paul Anton de Lagarde*, dt. Orientalist u. Philosoph († 1891) † *Johann Heinrich Pestalozzi*, Schweiz. Pädagoge; stellte Entfaltung d. Anlagen über Erwerb v. Wissen (* 1746) Universität Helsinki gegrdt.
1828	† *Karl August*, Großherzog von Sachs.-Weimar (s. 1815, Hzg. s. 1758); Freund *Goethes* (* 1757) Mitteldeutscher Handelsverein zw. Hannover, Kurhessen, Sachsen, Braunschweig, Nassau, Frankfurt (Main), Bremen, thüring. Kleinstaaten, geg. Preußen gerichtet; Zollverein zwischen Preußen u. Hessen-Darmstadt (preuß. Binnenzölle s. 1818 aufgehoben); Süddt. Zollverein zwischen Bayern u. Württemberg Uruguay selbst. Republik mit argent. Hilfe (seit 1821 bei Brasilien)	Briefwechsel *Goethe–Schiller* erschienen * *Henrik Ibsen*, norw. naturalistischer Bühnendichter († 1906) * *Leo Nikolajewitsch Tolstoi*, russ. Dichter († 1910) * *Jules Verne*, franz. utopischer Schriftsteller († 1905) *Ferd. Raimund* (* 1790, † 1836): „Der Alpenkönig u. der Menschenfeind" (österr. Schauspiel) *Anton Philipp Reclam* (* 1807, † 1896) grdt. Reclam-Verlag (gibt ab 1867 „Universal-Bibliothek" heraus)	* *Henri Dunant*, schweiz. Philanthrop, veranl. „Genfer Konvention" u. „Rotes Kreuz" († 1910) *J. Grimm:* „Deutsche Rechtsaltertümer" * *Friedrich Albert Lange*, dt. Philosoph (Kantianer) und Kathedersozialist († 1875) *K. Ottfr. Müller* (* 1797, † 1840): „Die Etrusker" (grundl. f. mod. Etruskologie) *Fr. Schlegel:* „Philosophie des Lebens" „Rheinische Missionsgesellschaft" (ev.) gegründet Universität London gegrdt.
1829	Russisch-türk. Friede zu Adrianopel: Griechenland von der Türkei unabhängiges Kgr. unter König *Otto* von Bayern (1832 bis 1862) *Andrew Jackson* (* 1767, † 1845) Präsident der USA (bis 1837); begr. den Wechsel der Verwaltungsbeamten n. d. Wahlsieg einer Partei	*Balzac* beg. „Die menschliche Komödie" (Zyklus frz. Sittenromane, 40 Bde. unvoll.) *Goethe:* „Wilhelm Meisters Wanderjahre" (Roman mit sozial. Betrachtungen) *Grabbe:* „Don Juan und Faust", „Kaiser Friedrich Barbarossa" (Schauspiele) *W. Grimm:* „Die deutsche Heldensage" *Hugo:* „Der letzte Tag eines Verurteilten" (frz., geg. d. Todesstrafe) *Uhland* Literaturprofessor in Tübingen (bis 1833)	*Herbart:* „Allgemeine Metaphysik" *Justinus Kerner* (* 1786, † 1862): „Die Seherin von Prevorst" (Theorien des Übersinnlichen) Papst *Pius VIII.* bis 1830 *Fr. Schlegel:* „Philosophie d. Geschichte" † *Friedrich Schlegel*, dt. Dichter und Gelehrter, s. 1808 kathol. (* 1772) *A. W. Schlegel:* „Ramayana" (b. 1846, bahnbr. f. dt. Indologie) Katholiken erhalten in England Recht auf öffentliche Gottesdienste

Turner *Delacroix*	† *Beethoven* *Schubert*	*Erste Synthese* *organischer Stoffe*	
† *William Blake*, engl. Zeichner (* 1757) * *Arnold Böcklin*, schweiz. neu-romantischer Maler († 1901) *Ludwig I.* v. Bayern kauft altdt. Gemäldesl. d. Gebr. *Boisserée* f. d. Alte Pinakothek *Ingres:* „Apotheose Homers" (frz. Gem.) *A. v. Humboldt:* Allgemeinverständliche „Kosmos"-Vorträge i. Berlin	† *Ludwig van Beethoven*, dt. Komponist, letzter d. „Wiener Klassiker" (* 1770) *Lorenzo Daponte* (* 1749, † 1838), ital. Operndichter (u. a. z. d. *Mozart*opern „Figaro", „Don Giovanni"): „Memoiren" (4 Bände s. 1823) *Schubert:* „Die Winterreise" (Liederzykl. n. Ged. v. *Wilh. Müller*)	Entdeckung des Säugetiereies durch *Carl Ernst v. Baer* (* 1792, † 1876) *Brown:* Wärmebewegung mikroskopischer Teilchen † *Pierre Simon Laplace*, frz. Math. u. Astron. (* 1749) *Georg Simon Ohm* (* 1787, † 1854) find. sein Gesetz für elektr. Ströme Schiffsschraube von *Ressel* Aluminium aus Tonerde durch *Wöhler* Ges. f. Erdkunde, Berlin	Friedensrichter in Preußen *Ernst Wilh. Arnoldi* (* 1778, † 1841) grdt. (1. dt.) Lebensversicherungsbank a. G. in Gotha (vgl. 1821) *John Walker:* Schwefelreibzündhölzer *Anton Löhner:* Rollschuhe *Karl Baedeker* grdt. Verlag für Reisehandbücher
Delacroix: frz. Lithographien zu „Faust" † *Francisco Goya*, span. realist. Maler (* 1746) † *Jean Antoine Houdon*, frz. Bildhauer (* 1741) *Klenze* baut Odeon in München * *Dante Gabriel Rossetti*, engl. Maler und Dichter (+ 1882) *Schinkel* baut Altes Museum in Berlin (s. 1822) * *Alfred Stevens*, belg. Maler (+ 1906) *J. Stieler:* „Goethe" (Gem.) Kunstverein i. Dresden	*Auber:* „Die Stumme von Portici" (frz. Oper) *Schubert:* 7. Symphonie C-Dur („Die Große"); Klaviersonaten in c, A und B † *Franz Schubert*, österr. Komponist; schrieb über 600 Lieder (* 1797)	*Berzelius* entd. Element Thorium (spät. als radioaktiv erk.) Stickmaschine von *Heilmann* Erste Synthese eines organischen Stoffes (Harnstoff) aus anorganischen Stoffen durch *Friedrich Wöhler* (* 1800, † 1882). (Seitdem kein grundsätzlicher Unterschied zwischen organischer und anorganischer Chemie) Techn. Hochschule Dresden gegr.	Der rätselhafte Findling *Kaspar Hauser* (* ~ 1812, † 1833 a. d. Folgen ein. Mordanschlages) taucht auf Puddelstahl (vgl. 1784) verstärkt brit. Stahlproduktion 1788 68 000 t 1806 250 000 t 1825 500 000 t 1835 1 Mill. t 1846 2 Mill. t 1855 3 Mill. t (vgl. 1966)
Blechen entw. i. Ital. Freilichtmalerei * *Anselm Feuerbach*, dt. klassizistischer Maler († 1880) * *Viktor Müller*, süddt. Maler († 1871) † *Johann Heinrich Wilhelm Tischbein*, dt. Historien- und Bildnismaler (z. B. Königin *Luise*, *Goethe* in der Campagna), aus dem *Goethe*kreis (* 1751) *Turner:* „Odysseus verhöhnt Polyphem" (engl. Gem.)	Wiederaufführung der Matthäuspassion von *J. S. Bach* durch die Berliner Singakademie unter *Mendelssohn-Bartholdy*. (Erstaufführung Karfreitag 1729 in der Thomaskirche zu Leipzig) *Rossini:* „Wilhelm Tell", „Graf Ory" (ital. Opern) * *Anton Rubinstein*, russ. Komponist und Klaviervirtuose († 1894)	*Döbereiner* erk. i. s. Triadenlehre Ähnlichk. chem. Elemente (Vorläufer des „Periodischen Systems") *A. v. Humboldt* untern. auf Veranl. des Zaren Forschungsreise n. Sibirien *J. Ressel* erprobt Schraubenschiff *Stephensons* Lokomotive „The Rockett" gew. Preisfahrt Dt. Archäologisches Institut in Rom gegründet (wird 1874 Reichsanstalt)	Erster Ruderwettkampf Oxford-Cambridge ~ Erste Gewerkschaften (Trade Union) in England Briten verbieten Witwenverbrennung in Indien

	Juli-Revolution *Frhr. v. Stein*	*Romantik* *Hugo*	*† Hegel* *Indologie*
1830	Juli-Revolution in Paris wegen Verletzung politischer Rechte durch König *Karl X.*, der abdankt; *Louis Philipp* „Bürgerkönig" v. Frankr. b. 1848: „Goldene Tage d. Bourgeoisie" *Talleyrand* frz. Botsch. in London (b. 1834) Frankreich erobert Algerien Belg. Erheb. geg. Niederlande; Belg. Kgr. unter *Leopold* v. Sachsen-Coburg Unruhen in Braunschweig, Göttingen, Sachs., Kurhess. Einf. demokratischer Verfassungen in den reformierten Schweizer Kantonen *Wilhelm IV* König von Großbritannien (b. 1837 [†]) Unruhen in Irland Vergeblicher polnischer Aufstand gegen Rußland Ecuador selbst. Freistaat * *Franz Joseph I.*, Neffe *Ferdinands I.*, von 1848 bis 1916 (†) österreich. Kaiser † *Ludwig Yorck v. Wartenburg*, preuß. Heerf. in d. Freiheitskriegen (* 1759)	*Balzac*: „Tolldreiste Geschichten" (frz. erot. Erzählungen im Barock-Stil) *Eichendorff*: „Der letzte Held von Marienburg" (Trauerspiel) * *Marie von Ebner-Eschenbach*, geb. Gräfin *Dubsky*, mährisch-österr. Dichterin († 1916) * *Jules de Goncourt*, frz. Dichter († 1870) * *Paul Heyse*, dt. Dichter, *Nobel*preis 1910 († 1914) *Hugo*: „Hernani" (frz. Versdrama) *Immermann*: „Tulifäntchen" (Märchen) *Lamartine*: „Poetische und religiöse Harmonien" (frz. Dichtung) * *Frédéric Mistral*, frz. Dichter, *Nobel*preis 1904 († 1914) *Juliusz Slowacki* (* 1809, † 1849): „Maria Stuart" (poln. Drama) *Stendhal*: „Rot u. Schwarz" (frz. Roman)	*F. C. Dahlmann* (* 1785, † 1860): „Quellenkunde der dt. Geschichte" (gilt als Standardwerk) *L. Feuerbach*: „Gedanken über Tod und Unsterblichkeit" *A. W. Schlegel*: „Indische Bibliothek" (3 Bde. s. 1823; zus. m. „Bhagavad-Gita" [1823] *Friedrich Julius Stahl* (* 1802, † 1861): „Die Philosophie des Rechts" *Joseph Smith* (* 1805, † 1844, ermordet) grdt. „Kirche Jesu Christi der Heiligen d. letzten Tage" in USA („Mormonen") *Karl Aug. Varnhagen v. Ense* „Biographische Denkmale" (5 Bde. s. 1824) *Henrik Wergeland* (* 1808, † 1845): „Die Schöpfung, der Mensch u. d. Messias" (norweg. dramat. Gedicht; *W.* gilt als Begrdr. d. neunorweg. Literatur geg. *Joh. S. C. Welhaven* [* 1807, † 1873])
1831	† *Neidhardt von Gneisenau* (an d. Cholera), nationaler und liberaler preuß. Heerführer (* 1760) † *Karl* Frhr. *vom und zum Stein*, liberaler dt. Staatsmann i. Preußen (* 1757) *P. A. Pfitzer* (* 1801, † 1867) wirbt als Süddt. f. d. Anschluß an Preußen Sachsen erhält Verfassung Arbeiteraufstand in Lyon Gründung einer französischen Fremdenlegion für Nordafrika Türkei verliert Syrien an Ägypten	† *Achim von Arnim*, dt. Dichter (* 1781) *Balzac*: „Die Frau von 30 Jahren" (frz. Roman) *A. v. Chamisso*: „Frauenliebe u. -leben" *Goethe*: Ges. Werke (letzter Hand, 40 Bde. s. 1827) *Anastasius Grün* (* 1806, † 1876): „Spaziergänge eines Wiener Poeten" (österr. Gedichte gegen *Metternich*) *Grabbe*: „Napoleon od. d. 100 Tage" (Schauspiel) *Heine* in Paris: „Reisebilder" *Hugo*: „Notre Dame de Paris" (frz. histor. Roman) * *Nikolai Leskow*, russ. Dichter († 1895) * *Wilhelm Raabe*, dt. Dichter († 1910)	* *Friedrich v. Bodelschwingh* dt. innerer Missionar († 1910) *Carus*: „Vorlesungen über die Psychologie" Papst *Gregor XVI.* bis 1846, Förderer der Jesuiten, stärkt das Papsttum † *Georg Wilhelm Friedrich Hegel* (an d. Cholera), dt. Philosoph, Begr. des dialektischen Idealismus, preuß. Staatsphilosoph (* 1770) Baptistenprediger *W. Miller* (* 1782, † 1849) grdt. in USA Adventisten-Sekte (seit Christi Tod entstanden mehr als 175 Sekten, die seine unmittelbare Wiederkehr erwarten)

Daumier *Delacroix*	*Romantik* *Schumann*	*Eisenbahn* *Induktionsgesetz*	
~ *Blechen:* „Tivoli" (Gem.) *C. D. Friedrich:* „Wiesen bei Greifswald" (Gem.) † *Thomas Lawrence*, engl. Maler (* 1769) Auflösung der „Nazarener-Schule" in Rom (gegr. 1810) * *Camille Pissarro*, frz. Maler des Impressionismus († 1903) *Ch. D. Rauch:* Dürerdenkm. i. Nürnberg (eingew. 1840, erstes Denkm. ein. Künstlers) *Philipp Veit* (* 1793, † 1877) Dir. d. *Staedel*-Inst., Frankf./M. (gegr. 1816); malt hier „Einführung des Christentums u. der Künste i. Dtl.", Fresko) ~ *Hiroshige:* „Acht Ansichten vom Biwa-See" (japan. farbige Holzschnitte)	*Auber:* „Fra Diavolo" (frz. Oper) *Fanny Elßler* (* 1810, † 1884) beg. ihre Erfolge als Balettänzerin in Berlin *Chopin* kommt n. Paris *Mendelssohn-Bartholdy:* „Reformations - Symphonie", „Die Hebriden" (Konzert-Ouvertüre) Ausged. Konzertreise d. Pianistin *Klara Wieck* (* 1819, † 1896; verh. sich 1840 mit *R. Schumann*) 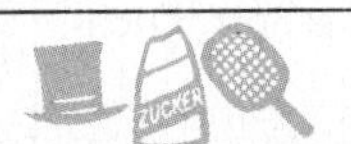 245 Dampfmaschinen i. Preußen mit insges. 4485 PS Leistung (ca. 18 PS/Maschine)	*R. Brown* entd. Zellkern *Cuvier* setzt i. ein. Diskussion geg. *Geoffroy-Saint Hilaire* i. d. frz. Akad. d. (irrige) Lehre v. d. Konstanz d. biol. Arten durch † *Jean Baptiste Fourier*, frz. Mathematiker und Physiker (* 1768) *Hessel* leitet d. 32 Kristallklass. verschiedener Symmetrie ab *Fr. J. Hugi* begr. exakte Gletscherforschung *Charles Lyell* begr. geolog. Aktualismus (leitet entg. Katastrophentheorie Veränd. aus gegenwärtig bekannten Kräften ab) *J. Madersperger:* Nähmaschine (vgl. 1846) *v. Reichenbach:* Paraffin *Perry* und *Wise:* Stahlfeder Eisenbahn Liverpool—Manchester m. ca. 45 km/st Geschw. (gilt als Beg. d. mod. Eisenbahnwesens) Chem. Zentralblatt gegr. (Berichtsorgan d. rasch wachs. Chemie)	Aufhebung der Pressezensur in Frankreich † *August von Goethe* in Rom (* 1789), vorehelicher Sohn von *J. W. v. Goethe* und *Christiane Vulpius* ~ Vatermörder in der Männermode ~ Typ und Bezeichnung „Dandy" kommen auf St. Gotthardtstraße f. Wagenverkehr geöffnet (1. Kutsche fuhr schon 1775) 26 Straßen-Dampfwagen in London Optische Telegraphenlinie Berlin-Koblenz Salpeterausfuhr aus Chile: 800 t (1900: 1,48 Mill. t, 1917: 2,8 Mill. t Max.) Beginn amtl. Wetteraufzeichnungen in Berlin
* *Reinhold Begas*, norddt. Bildhauer († 1911) *Carus:* „Briefe über Landschaftsmalerei" *H. Daumier:* Mitarb. d. satir. Blätter „Caricature" (verboten 1835) und „Charivari" *Delacroix:* „Die Freiheit führt das Volk" (frz. Gem.) * *Constantin Meunier* belgischer Bildhauer u. Maler († 1905) *Thorwaldsen:* „Adonis" (dän. Plastik)	*Vincenzo Bellini* (* 1801, † 1835): „Norma" (ital. Oper) *Meyerbeer:* „Robert d. Teufel" (*M.* beherrscht d. Große Oper in Paris) *R. Schumann:* „Papillons" (Klavierstücke) Das Weihnachtslied „Stille Nacht" kommt von Österreich nach Leipzig (vgl. 1818)	*Belli:* Influenz-Elektrisiermaschine Weltreise *Darwins* (bis 1836) (erf. u.a. Koralleninseln) *Faraday:* Magnetfeldänderung erzeugt elektr. Spannung: Induktionsgesetz (Grundl. d. Dynamos) *Goethe* vermut. Abstamm. des Menschen vom Tier *Liebig:* Apparat zur Elementaranalyse organischer Verbindungen; entd. mit *Subeiran* Chloroform * *James Clerk Maxwell*, engl. Physiker († 1879) Entdeckung des magnetischen Südpols im Nordpolargebiet durch *John Ross* (* 1777, † 1856)	* *Heinrich Stephan*, dtsch. Generalpostmeister († 1897) Erste europ. Cholera-Pandemie († u. a. *Clausewitz*, *Gneisenau*, *Hegel*) Letzte öff. Hinrichtung durch d. Schwert i. Bremen (der Giftmischerin *Gesche Gottfried*, geb. *Timm* [*1785], vor ca. 30 000 Zuschauern) Pressegesetz in Baden Wiederaufleben des Fußballspiels i. Eton u. a. engl. Schulen (urkundl. im 12. Jh. in England erwähnt)

	Engl. Parlamentsreform Dt. Zollverein	† Goethe Lenau	Diesterweg Wichern
1832	Parlamentsreform in Engl. dehnt d. Wahlrecht auf das wohlhabende Bürgertum aus (1 statt bisher ½ Million Wahlberechtigte) „Hambacher Fest" d. süddt. Demokraten (führt zur Aufheb. v. Presse- u. Versammlungsfreiheit) † Hzg. v. *Reichstadt, Napoleon* (II.) (* 1811) *Giuseppe Mazzini* (* 1805, † 1872) grdt. republ. Geheimbund „Junges Italien" (1834 z. „Jungen Europa" erweitert) Erster Parteikonvent der Demokrat. Part. d. USA nominiert Jackson z. Präsidenten	* *Björnstjerne Björnson*, norw. Dichter, *Nobel*preisträger 1903 († 1910) * *Wilhelm Busch*, dt. Zeichner und Dichter († 1908) † *Ludwig Devrient*, dt. Charakterschausp. am Berliner Hoftheater (* 1784) *Goethe:* „Faust II" (s. 1773) † *Johann Wolfgang von Goethe* am 22. 3. in Weimar, dt. Dichter u. Denker (* 1749) *Immermann:* „Merlin" (dramatische Dichtung) *Lenau:* Gedichte *Mörike:* „Maler Nolten" *Puschkin:* „Mozart und Salieri" (russ. Schauspiel) † *Walter Scott*, schott. Dichter (* 1771)	† *Jeremy Bentham*, engl. Philosoph des Utilitarismus: „Größtmögliches Glück der größtmögl. Zahl" (* 1748) *Diesterweg* Direktor d. Seminars für Stadtschulen in Berlin (bis 1850); fördert Lehrerbildung u. Volksschulwesen *Pierre Leroux* prägt d. Begr. „Sozialismus" *Barth. Georg Niebuhr* (* 1776, † 1831): „Röm. Geschichte" (3 Bde. s. 1811, bahnbr. Methodik) * *Wilhelm Wundt*, dt. Philosoph und Psychologe († 1920) „*Gustav-Adolf*-Verein" zur Förderung verstreuter ev. Gemeinden gegründet
1833	Preußen gründet deutschen Zollverein unter Vereinigung des Süddt. Zoll- u. d. Mitteldt. Handels-Vereins (beide seit 1828); Österreich bleibt außerhalb *F. List:* „Über ein sächsisches Eisenbahnsystem als Grundlage eines allgemeinen deutschen Eisenbahnsystems" ~ Anhaltender Bürgerkrieg in der Republik Mexiko (bis 1858)	*Brentano:* „Das bittere Leiden unseres Herrn Jesu Christi" (nach d. stigmat. Nonne *A. K. Emmerich*) *Eichendorff:* „Die Freier" (Lustspiel) *Puschkin:* „Eugen Onegin" (russ. Versroman), „Der eherne Reiter" (Epos auf *Peter d. Gr.*) *Ludw.* u. *Dorothea Tieck*, *W. Baudissin: Shakespeares* Werke (9 Bde. s. 1825; Erg. d. Übers. *A. W. Schlegels* 1797–1810)	* *Wilhelm Dilthey*, dt. Philosoph († 1911) *E. B. Pusey:* Katholisier. „Oxforder Bewegung" † *P. J. Anselm Feuerbach*, dt. Strafrechtl. (* 1775) *Lafayette* grdt. „Verein d. Menschenrechte" * *Auguste Schmidt*, deutsche Frauenrechtlerin († 1902) *Johann Hinrich Wichern* gründet das „Rauhe Haus" in Hamburg, erstes ev. Waisenhaus und Internat; Begr. d. dt. ev. Inn. Mission
1834	Liberale Verfassung in Spanien Erster Karlistenkrieg um Thronfolge in Spanien (bis 1840) † *Joseph de Lafayette*, frz. Kämpfer f. d. Menschenrechte in USA u. Frankr. (* 1757) Dt. Zollverein in Kraft *Büchner* i. Hess. Landboten: „Frieden den Hütten, Krieg den Palästen"	*Balzac:* „Vater Goriot" (frz. Roman) *Edw. Lytton Bulwer* (* 1803, † 1873): „Die letzten Tage von Pompeji" (engl. Roman) * *Felix Dahn*, dt. Dichter und Historiker († 1912) *Grillparzer:* „Der Traum ein Leben" (Märchendrama) *Th. Moore:* „Irische Melodien" (ir. Lyrik, s. 1807) *Puschkin:* „Pique Dame" (russ. Novelle) *Wienbarg:* „Ästhetische Feldzüge" (Programm des jungdt. Realismus)	* *Ernst Haeckel*, dt. Naturforscher und monistischer Philosoph († 1919) * *Ramakrischna*, ind. Hindu und Ordensstifter († 1886) *Ranke:* „Die römischen Päpste" (3 Bde. bis 1836) † *Friedrich Schleiermacher*, dt. ev. Theologe (* 1768) * *Heinrich von Treitschke*, dt. Geschichtsschreiber († 1896) „Altlutheraner" bilden sich in Preußen gegen die staatlich geförderte „Union" Aufhebung der Inquisition in Spanien

Romantik *Delacroix*	*Romantik* *Marschner*	*Elektromotor*	
S. Boisserée: „Geschichte u. Beschreibung des Doms von Köln" (s. 1823, trägt z. s. Vollendung bei) † *Louis Philibert Debucourt*, frz. Maler und Kupferstecher Pariser Sittenbilder; stellte Achtfarbendrucke her (* 1755) * *Gustave Doré*, frz. Illustrator und Maler († 1883) *Goethe:* Kunst u. Altertum (s. 1816) * *Edouard Manet*, frz. Maler, Begr. d. Impressionismus († 1883)	*Berlioz:* „Symphonie fantastique" (frz. Be. grdg. der Programmmusik) *Donizetti:* „Der Liebestrank" (ital. Oper) † *Karl Friedrich Zelter*, dt. Liederkomp., Grd. d. ersten „Liedertafel" (1809), Freund *Goethes* (* 1758)	*Johann Bolyai* (* 1802, † 1860) veröff. die 1823 von ihm weitgeh. unabh. v. *Gauß* u. *Lobatschewskij* gef. Nichteuklidische Geometrie † *Georges Cuvier*, frz. Naturforscher; begr. d. Paläontologie d. Wirbeltiere; hemmte durch s. „Katastrophentheorie" d. biolog. Entwicklungsged. (* 1769) *Faraday* führt das anschauliche Bild d. elektr. und magnet. „Kraftlinien" ein *Jenks:* Ringspinnmaschine *Liebig* „Annal. d. Chemie" *Pixii:* Elektr. Dynamo (vor d. Erf. *Siemens'* ohne techn. Bedeutg., vgl. 1866)	*Hermann* Fürst *von Pückler-Muskau* (* 1785, † 1871): „Briefe eines Verstorbenen" (Reiseschilderungen) *Joh. Friedr. Kammerer* erf. Phosphorstreichhölzer *Jakob Steiner* (* 1796, † 1863): „System. Entwicklung d. Abhängigkeiten geometrischer Gestalten voneinander (Neubegrdg. d. synthet. Geometrie)
C. Corot; „Bildnis d. Octavie Sennegon" (frz. Gem.) *Eduard Gärtner* (* 1801 † 1877): „Die neue Wache in Berlin" (Gem.) *Menzel:* Illustration zu *Goethes* „Künstlers Erdenwallen" * *Félicien Rops*, belg. Maler († 1898) *Friedrich Preller* (* 1804, † 1878): „Odyssee" (7 heroische Landschaftsfresken bis 1836)	* *Johannes Brahms*, dt. Komponist, Neuklassiker († 1897) *Chopin:* 12 Etüden op. 10 (beend.), Klavierkonz. e-moll, op. 11 *K. Kreutzer:* „Melusine" (Oper) *Marschner:* „Hans Heiling" (Oper) *Mendelssohn-Bartholdy:* „Italienische" Symphonie (Nr. 4)	*A. Burnes* überquert Hindukusch *Gauß* und *Wilhelm Weber* (* 1804, † 1891): Magnetischer Nadeltelegraph; Absolutes Maßsystem der Physik (auf cm, g, sek. gegrdt.) *Joh. Müller* (* 1801, † 1858): „Hdb. d. Physiologie" (bis 1840) * *Alfred Nobel*, schwed. Chemiker († 1896) *Wheatstone:* Spiegel-Stereoskop (1843 das Linsen-St. v. *Brewster*)	*Simon Stampfer:* „Lebensrad" (kinematograph. Effekte) Engl. Ges. begrenzt Arbeitszeit f. Jugendl. u. Kinder, setzt Fabrikinspektoren ein Aufhebung d. Sklaverei i. brit. Reich Erster Gewerkverein in New York Studenten stürmen d. Hauptwache in Frankf./M.
* *Edgar Degas*, frz. Maler des Impressionismus († 1917) *Delacroix:* „Algerischer Harem", „Das Gemetzel v. Chios" (frz. Gem. v. s. Reise nach Nordafrika); beg. Fresken i. d. Deputiertenkammer, Rathaus, Louvre (Paris) *Koch:* „Apoll unter Hirten" (Gem.) *Wassilij Perow*, russ. Maler († 1882) * *James Whistler*, nordam. Maler († 1903)	† *François Adrien Boieldieu*, frz. Opernkomponist (* 1775) *Konradin Kreutzer* (* 1780, † 1849): „Das Nachtlager von Granada" (Oper)	*Leop. v. Buch* (* 1774, † 1853): Vulkanische Entstehungstheor. d. Gebirge („Vulkanismus") *Faraday:* Gesetze der Elektrolyse (s. 1833) *M. H. Jacobi:* Elektromotor *McCormick:* Erntemasch. Erste Messungen m. ultraroten Strahlen von *Melloni* * *D. I. Mendelejew*, russ. Chemiker († 1907) *F. F. Runge* entd. Phenol u. Anilin i. Steinkohlenteer *F. H. Weber* entd. *Weber-Fechner*sches Gesetz der Psychophysik	† *Thomas Robert Malthus*, englisch. Wirtschaftswissenschaftler u. Bevölkerungspolitiker (* 1766) Stenographie von *Gabelsberger* *J. A. L. Werner:* „Gymnastik der weiblichen Jugend" Asphaltstraßen in Paris

	Beginn des Victorianischen Zeitalters	Büchner Dickens	W. v. Humboldt Schopenhauer
1835	† *Franz I.*, bis 1806 letzter röm.-dt. Kaiser, s. 1804 Kaiser v. Österr. (* 1768); *Ferdinand I.* Kaiser von Österr. (bis 1848) Städtereform in England mit d. Prinzip d. Selbstverwaltg. Verbot der liberalen Bücher des „Jungen Deutschland" (*Börne*, *Gutzkow*, *Heine*, *Laube* u. a.) bis 1842 *F. C. Dahlmann:* „Politik auf das Maß der gegeb. Zustände zurückgeführt"	*Andersen:* „Märchen und Geschichten" (dän., b. 1872) *Bettina v. Arnim:* „Goethes Briefw. mit einem Kinde" (selbstbiographischer Rom.) *Büchner:* „Dantons Tod" (Trag.), flieht in d. Schweiz * *Giosuè Carducci*, it. Dicht., *Nobel*preis 1906 († 1907) ∼ *Gogol:* „Mirgorod" *Gutzkow:* „Wally, die Zweiflerin" (Frauenroman) † *August* Graf *von Platen*, dt. Dichter (* 1796) * *Mark Twain (Samuel Langhorne Clemens)* † 1910	*J. Grimm:* „Deutsche Mythologie" ∼ *Victor Cousin* (*1792, †1867) prägt den Ausdruck „L'art pour l'art" (= „Die Kunst um d. Kunst willen") *David Friedrich Strauß* (* 1808, † 1874): „Das Leben Jesu, kritisch bearbeitet" (scharfe Bibelkritik) † *Wilhelm von Humboldt*, dt. Staatsmann und Gelehrter; (u. a.: „Ideen zu einem Versuch, d. Grenz. d. Wirksamkeit d. Staates zu bestimmen", ersch. 1851) (* 1767)
1836	*Karl Ludwig Napoleon* (III.), Neffe *Napoleons I.*, versucht vergeblich in Straßburg sich zum Kaiser von Frankreich zu machen; wird nach Amerika verbannt (kehrt 1837 zurück u. geht nach London) Todesurteil geg. *Fr. Reuter* als Burschenschafter, umgewandelt in Festungshaft (bis 1840) Texas von Mexiko unabh. Buchhändlerclub i. Berlin	*Dickens:* „Die Pickwickier" (engl. Roman b. 1837) *Joh. Pet. Eckermann* (* 1792, † 1854): „Gespräche mit Goethe 1823–32" *Gogol:* „Aufzeichnungen eines Verrückten", „Der Revisor" (russ. Komöd.) † *Christian Dietrich Grabbe*, dt. Dichter (* 1801) *Heine:* „Die Romant. Schule" *Immermann:* „Die Epigonen" (zeitkritischer Roman) *Lenau:* „Faust" (dram. Ged.) *de Musset:* „Beichte ein. Kindes dies. Zeit" (selbstbiogr. Schilder. des Liebesverh. mit d. frz. Dichterin *George Sand*) *L. Tieck:* „Der junge Tischlermeister" (Nov.)	*Emerson:* „Die Natur" (mystische nordamer. Philosophie) *G. Th. Fechner:* „Vom Leben nach dem Tode" *Theodor Fliedner* (* 1800, † 1864) gründet erstes ev. Diakonissen-Mutterhaus in Kaiserswerth *W. v. Humboldt:* „Über d. Verschiedenheit d. menschlichen Sprachbaus u. ihr Einfluß auf d. geistige Entwicklung des Menschengeschlechts" (vergleichende Sprachforschung, posthum) † *James Mill*, engl. Nationalökonom, Geschichtsschreiber u. Psychologe (* 1773) *Schopenhauer:* „Über den Willen in der Natur"
1837	† *Wilhelm IV.*, s. 1830 Kg. v. Großbrit. u. Hannover (* 1765); *Victoria* Königin von Großbritannien bis 1901 [†]: „Victorianisches Zeitalter" des Bürgertums *Ernst August*, Herzog von Cumberland, König von Hannover b. 1851 (†, * 1771); hebt Staatsgrundges. v. 1833 auf; entläßt die „Göttinger Sieben" (d. Prof. *Albrecht*, *Dahlmann*, *Ewald*, *Gervinus*, *Jak.* und *Wilh. Grimm*, *Wilh. Weber*), weil sie Einspruch erheben	† *Ludwig Börne*, s. 1822 liberal. Journ. in Paris (* 1786) † *Georg Büchner*, dt. Dichter; hinterl. „Woyzek" (Trag.) (* 1813) *Dickens:* „Oliver Twist" (engl. Roman b. 1839) *Eichendorff:* „Das Schloß Durande", „Gedichte" *Gotthelf:* „Der Bauernspiegel" (schweiz. Erzählung) *Lenau:* „Savonarola" (Epos) † *Alex. Sergejewitsch Puschkin* (i. Duell), gilt als bedeutendster russ. Dichter (* 1799)	*B. Bolzano:* „Wissenschaftslehre" (4 Bde., Philosophie der Logik) *Carlyle:* „Die französische Revolution" (engl.) *G. Th. Fechner:* „Das Büchlein v. Leben n. dem Tode" „Kölner Kirchenstreit" zw. Erzbischof *Droste zu Vischering* v. Köln (abges. 1838) u. preuß. Regierung über gemischte Ehen (b. 1842) Lehrplan f. 9 Jahre u. Bezeichn. „Sexta" bis „Prima" in d. preuß. Gymnasien (vorh. 10 Jahre)

Klassizismus Romantik	*Meyerbeer Lortzing*	*1. dt. Eisenbahn Telegraph*	
Constable: „Die Farm im Tal" (engl. Gem.) * *Franz Defregger,* süddt. Maler († 1921) *C. D. Friedrich:* „Rast bei der Ernte" (Gem.) *Richter:* „Überfahrt am Schreckenstein" (Gemälde) ~ Reiche etruskische Grabfunde in Italien (überliefern griech. Vasenmalerei. 1836 Etruskisches Museum im Vatikan)	*Donizetti:* „Lucia von Lammermoor" (ital. Oper) *Jacques Fromental Halévy* (* 1799, † 1862): „Die Jüdin" (frz. Oper) *Mendelssohn-Bartholdy:* „Paulus" (Oratorium) * *Camille Saint-Saëns,* frz. Komp. († 1921) Erste deutsche Eisenbahn zwischen Nürnberg und Fürth (1837 folgt Leipzig-Dresden)	*Berzelius* weist auf Katalyse (Reaktionslenkung) i. d. organischen Chemie hin Revolver von *Colt* *Darwin* beob. auf d. Galapagos-Ins. Artenbild. durch Isolation Wind-Ablenkungsgesetz von *Dove* *Faraday* find. Selbstinduktion v. Drahtspulen *Adolphe Quételet* (* 1796, † 1874): „Sozialphysik" (grdl. belg. Sozialstatistik m. d. Begriff d. „mittleren Menschen")	Engl. Wirtschaftsblüte (1840 neue Krise, 1845 neue Prosperität) *James Gordon Bennett* gründet „New York Herald" als 1-Cent-Massenblatt *Halley*-Komet kehrt (wie vorausber.) wieder *V. A. Huber* greift i. Preuß. d. Problem d. Arbeiterwohnung auf
* *Winslow Homer,* nordam. Maler († 1910) *Klenze:* Alte Pinakothek in München (s. 1826) *Fr. Krüger:* „Ausritt m. Prinz Wilhelm" (Gem.; 1839: „Parade auf d. Opernplatz Berlin") * *Franz v. Lenbach,* süddt. Bildnismaler († 1904) ~ *Chr. Morgenstern:* „Sturm auf d. Starnberger See", „Mondnacht i. Partenkirchen" (Gem.) *Overbeck:* „Vermählung Mariä" (Gem.)	*Adolphe Adam* (* 1803, † 1856): „Postillon von Lonjumeau" (frz. Oper) * *Léo Delibes,* frz. Komponist († 1891) *Glinka:* „Das Leben für den Zaren" (erste russ. Oper) *Meyerbeer:* „Die Hugenotten" (Oper), n. ein. Novelle v. *Prosper Mérimée* (* 1803, † 1870) *R. Wagner* heiratet d. Schauspielerin *Minna Planer* (* 1809, † 1866; 1861 geschieden)	* *Ernst v. Bergmann,* dt. Chirurg († 1907) *Daniell:* Elektr. Element *Dreyse:* Hinterlader-Zündnadelgewehr *Gauß* u. *A. v. Humboldt* förd. Erforsch. d. Erdmagnetism.: „Magn. Verein" Zentrifuge von *Pentzoldt* *K. F. Schimper* begrdt. mod. Eiszeitforschung Entd. des eiweißverdauenden Pepsins d. *Theodor Schwann* (* 1810, † 1882) Dän. u. dt. Forscher begründen wiss. Vorgeschichtsforsch. mit Untersch. v. „Stein-, Bronze- u. Eisenzeit"	Preuß. Medizinalgesetz mit Anerkennung der Zahnheilkunde Frauenmode: Fußfreier Glockenrock, enge Taille, Ärmel oben stark gebauscht, unten sehr eng; Kapotthut Erster deutscher Ruderklub in Hamburg Etrusk. Fürstinnengrab b. Cerveteri gef. (—7. Jh.) T. H. Darmstadt gegr.
† *John Constable,* engl. Maler (* 1776) † *François Gérard,* frz. Maler (* 1770) *Klenze:* Allerheiligen-Hofkirche in München * *Hans von Marées,* dt. Maler († 1887) *Fr. Wilhelm Schadow* (* 1789, † 1862): „Die klugen u. d. törichten Jungfrauen" (Gem.) *Schinkel:* Sammlg. architekton. Entwürfe (28 Hefte, s. 1820)	*J. X. Elsner:* „Passio Domini Nostri Jesus Christi" (poln. Passions-Oratorium) † *John Field,* engl. Komponist; u. a. „Nocturnes" f. Klavier (* 1782) *Lortzing:* „Zar und Zimmermann" (Oper) * *Emile Waldteufel,* frz. Walzerkomponist († 1915)	*Dove:* Polare u. äquatoriale Luftströmungen bestimmen europ. Wetter Schreibtelegraph von *Sam. Morse* (* 1791, † 1872) *Siméon Denis Poisson* (* 1781, † 1840) veröff. Wahrscheinlichkeitslehre i. einer f. statistische Anwendungen pass. Form * *Johannes Diderik van der Waals,* niederld. Physiker, *Nobel*pr. 1910 († 1923) Eisenbahn Leipzig-Dresden	*August Borsig* (* 1804, † 1854) gründet Eisengießerei und Maschinenbauanstalt in Berlin * *John Pierpont Morgan,* USA-Finanzmann, Organisator von Trusten auf verschied. Wirtschaftsgebieten († 1913) *Owen* hat s. 1826 in 1000 Reden u. 2000 Artikeln f. d. Genossenschaftsgedanken geworben

	Opiumkrieg	Grillparzer Lermontow	Feuerbach Sozialismus
1838	Chinesen vernichten illegale brit. Opiumlager Gr.Brit. beg. „Opiumkrieg" gegen China, um die Interessen seines chin. Opium- u. sonstigen Handels zu schützen (siegt 1842) „Chartismus" in England; ford. Wahlrecht f. d. Arbeiter (Aufst. 1839 unterdr.) † *Charles Maurice Talleyrand*, frz. Staatsmann unt. *Napoleon* und den *Bourbonen* (* 1754) * *Eugen Richter*, dt. linksliberaler Gegner *Bismarcks* und d. Sozialdemokratie († 1906)	*Brentano:* „Gockel, Hinkel und Gackeleia" (Märchen) † *Adelbert von Chamisso*, dt. Dichter frz. Herk. (* 1781) *Droste-Hülshoff:* Gedichte *Immermann:* „Münchhaus." (Roman mit „Der Oberhof") *Lamartine:* „Der Fall eines Engels" (franz. Epos) *Mörike:* „Gedichte" *Schwab:* „Die schönsten Sagen des klass. Altertums"	*Feuerbach:* „Gesch. d. neueren Philosophie v. Baco bis Spinoza" (3 Bde. s. 1833, gegen Theologie) *J. Görres:* „Athanasius" (geg. Preußen i. Kölner Kirchenstreit) * *Ernst Mach*, österr. Physiker und Erkenntnisphilosoph des empirischen Positivismus († 1916) *Comte* prägt Wissenschaftsnamen „Soziologie" *Wilhelm Weitling* (religiöser Kommunist, * 1808, † 1871): „Die Menschheit wie sie ist und wie sie sein sollte"
1839	* *Marianne Hainisch*, Leiterin der österr. Frauenbewegung, Mutter des Präsidenten *Michael H.* († 1936) Nord-Luxemburg kommt an Belgien Bürgerkrieg in Uruguay zw. Liberalen u. Großgrundbes. (b. ~ 1886)	* *Ludwig Anzengruber*, österr. Dichter († 1889) *Freiligrath:* „Gedichte" *Lermontow:* „Der Dämon" (russ. Roman) *Rückert:* „Die Weisheit des Brahmanen" (Lehrged., s. 1836), „Leben Jesu" (Evangelienharmonie) *Stendhal:* „Die Kartause von Parma" (frz. Roman) * *R. F. Armand Sully-Prudhomme*, frz. Dichter, *Nobel*preis 1901 († 1907)	*Louis Blanc* (* 1813, † 1882): „Organisation der Arbeit" (frz., erstr. Produktivgenossenschaften m. Staatshilfe) *Bopp* erk. Keltisch als indoeuropäische Sprache *Aug. Pauly* (* 1796, † 1845) begr. „Realenzyklopädie d. klassisch. Altertumswissenschaften" „Société d'Ethnologie" in Paris gegr. (damit trennt sich die Völkerkunde von der Anthropologie)
1840	Europ. Großmächte (außer Frankr.) unterst. Türkei gegen Ägypten Gr. Brit. erob. Hongkong Kanada erhält parlamentarische Selbstregierung Königin *Victoria* von Großbritannien heiratet Prinz *Albert* von Sachsen-Coburg-Gotha (* 1819, † 1861) † *Friedrich Wilhelm III.*, pr. Kg. s. 1797 (* 1770). *Friedrich Wilhelm IV.* König von Preußen (bis 1858) * *August Bebel*, Mitbegr. d. Sozialdemokratischen Partei Deutschlands († 1913) *Karl Ludwig Napoleon (III.)* versucht, sich in Boulogne zum frz. Kaiser zu machen, und flieht nach England	*Bettina v. Arnim:* „Die Günderode" (biogr.) *Andersen:* „Bilderbuch ohne Bilder" (dänisch) * *Alphonse Daudet*, frz. realistischer Dichter († 1897) *Gogol:* „Der Mantel" (Erz.) *Grillparzer:* „Des Meeres u. d. Liebe Wellen" (Trauersp.) u. „Weh' d., d. lügt" (Lustsp.) *Hebbel:* „Judith" (Schausp.) *Hoffmann von Fallersleben:* „Unpolitische Lieder" (verl. dad. 1842 Prof. i. Breslau) † *Karl Immermann*, dt. Dichter (* 1796) *Lermontow:* „Ein Held unserer Zeit" (gilt als 1. psychol. russ. Roman) * *Emile Zola*, franz. natural. Dichter († 1902)	Allgemeiner Deutscher Kindergarten von *Fröbel* nach Keilhau verlegt (1837 in Blankenburg/Thür. gegrdt.) *Lorenz Kellner* (* 1811, † 1892): „Prakt. Lehrgang f. d. gesamten dt. Sprachunterricht" (3 Bde. seit 1837, gilt als wichtige Reform) *Proudhon:* „Was ist Eigentum" (frz. anarchist. Streitschrift; enthält die Sentenz: „Eigentum ist Diebstahl") *Friedr. Wilhelm IV.* läßt die verhafteten Erzbischöfe von Köln u. Gnesen-Posen frei (vgl. 1837) ~ Erste Arbeiterbildungsvereine in Deutschland

Romantik *L. Richter*	*Berlioz* *Schumann*	*Photographie* *Agrikulturchemie*	
P. Cornelius: „Jüngstes Gericht" (Fresko in d. Ludwigskirche, München, s. 1836) *Delacroix:* „Einnahme Konstantinopels" (frz. Gem.) † *Charles Percier*, frz. Baumeister (* 1764) *Ed. Steinle* (* 1810, † 1886): Fresken im Kölner Domchor *Turner:* „Der Téméraire" (engl. Gemälde) *Waldmüller:* „Blick auf Ischl" (Gem.)	*Berlioz:* „Benvenuto Cellini" (frz. sinfon. Dicht. m. Ouvertüre „Römisch. Karneval") * *Georges Bizet*, frz. Komponist († 1875) * *Max Bruch*, dtsch. Komponist († 1920) *R. Schumann:* „Kinderszenen" (Klavierstükke)	*Bessel* mißt erste Fixsternentfernung *Louis J. M. Daguerre* (*1787, + 1851): Photographie (mit lichtempf. Silbersalzen auf Metallplatten; gegenüb. d. Vers. v. *Niepce* ~ 1826 entd. *D.* den Entwicklungsprozeß; wird 1839 bekannt) *J. M. Schleiden:* Alle Pflanzen bestehen vollst. aus wesensgleich. Zellen Finn. wissenschaftl. Ges. in Helsinki gegründet Erster brit. Dampfer nach New York	*Anton Augustin Cournot* (* 1801, † 1877): „Unters. üb. d. mathematischen Prinzipien einer Theorie d. Reichtums" (frz. Begrdg. ein. mathemat. Volkswirtschaftslehre) * *Gustav Schmoller*, dtsch. Volkswirtschaftler († 1917) Erste dtsche. Lokomotive von *Johann Andr. Schubert* Erste preuß. Eisenbahn Berlin-Potsdam
* *Paul Cézanne*, frz. Maler des Überganges vom Im- zum Expressionismus († 1906) † *Joseph Anton Koch*, dt. Maler (* 1768) *Richter:* „Bergsee im Riesengebirg." (Gem.) * *Alfred Sisley*, frz. Maler († 1899) *Spitzweg:* „Der arme Poet" (Gem.) * *Hans Thoma*, dt. Maler († 1924)	*Berlioz:* „Romeo und Julia" (frz. dram. Symphonie) *Chopin:* „Préludes" op. 28 für Klavier * *Modest P. Mussorgskij*, russ. Komponist († 1881) *R. Schumann:* „Nachtstücke" op. 23 für Klavier	Gasfeuerung von *Bischof* *Goodyear* (* 1800, † 1860): Kautschuk-Vulkanisation *Schwann:* Zellen sind Elemente f. Tier u. Pflanze; entd. Kern der Tierzelle Elektr. Uhr von *C. A. Steinheil* *J. L. Stephens* entdeckt Maya-Kultur *William Henry Fox Talbot* (* 1800, † 1877): Lichtbild. a. Papier (fordert Priorität gegenüber *Daguerre*)	† *Johann Christoph Friedrich Guts Muths*, dt. Turnlehrer (* 1759) Kinderarbeit i. Preußen eingeschränkt (u. a. um Militärtauglichk. zu heben) 1. dt. Eisenbahnfernstrecke Dresden-Leipzig ~ Zunehmender Reiseverkehr des Bürgertums
† *Karl Blechen*, dt. frühimpress. Landschaftsmaler (* 1798) † *Caspar David Friedrich*, dt. romant. Landschaftsmaler (* 1774) * *Hans Makart*, österr. Maler eines Prunkstiles († 1884) *Menzel:* Zeichnungen zu *Kuglers* „Geschichte Friedrichs d. Großen" * *Claude Monet*, frz. impr. Maler († 1926) *Overbeck:* „Triumph der Religion in den Künsten" (Gemälde) * *Auguste Rodin*, frz. Bildhauer († 1917) * *Johann Sperl*, dt. Landschaftsmaler († 1914)	*Chopin:* „Valse" op. 42, 2 Nocturnes, 2 Polonaisen (Klaviermusik) Harmonium von *A. Debain* *Donizetti:* „Die Regimentstochter" (ital. Oper) † *Niccolo Paganini*, ital. Violin-Virtuose und Komponist (* 1782) *Rob. Schumann* heiratet *Klara Wieck*, die als Pianistin s. Werk verbreitet * *Peter Tschaikowskij*, russ. Komponist († 1893)	*Louis Agassiz* (* 1807, + 1873): „Gletscher-Studien" (frz. Eiszeitforsch.) *Karl Basedow* (* 1799, + 1854) beschr. die nach ihm benannte Krankheit *Gauß:* „Atlas des Erdmagnetismus" *Jakob Henle* (* 1809, + 1885): „Pathologische Untersuchungen" (klärt Begriff d. „Ansteckung") *Jacobi:* „Die Galvanoplastik" (erfand sie 1837) *Liebig:* „Die organische Chemie in ihrer Anwend. auf Agrikultur u. Physiologie" (begr. Anwendung der künstlichen Düngung *Jos. Petzval* (* 1807, + 1891): Erstes speziell. Photoobjektiv	*F. List:* „Der internationale Handel, die Handelspolitik u. der dt. Zollverein" (ford. Schutzzölle) Brit. „Cunard Steamship Company" Eisenprod. (vgl. 1820) „Britannia" erwirbt erstmalig (mit 18 km/Std. das „Blaue Band" Hinterlader-Zündnadelgewehr in der preuß. Armee Erste Briefmarken in England Telegraphenalphabet von *Morse* Lupine in Dtschl.

	Öffnung Chinas	Romantik	Kierkegaard Positivismus
1841	Dardanellen-Vertrag verbietet allen nichttürkischen Kriegsschiffen die Durchfahrt * *Eduard VII.*, König von England (1901—1910 [†]) Britisch-afghanischer Krieg * *Hirobumi Ito*, japan. Ministerpräsident von 1886 bis 1888, 1892 bis 1896, 1898, 1900 bis 1901, entwirft japan. Verfassung von 1889 († 1909)	*James Cooper*, nordamerik. Schriftst. (* 1789, † 1851): „Lederstrumpf" (Indianererzählungen seit 1823) *Eichendorff*: „Die Glücksritter" (Novelle) *Gotthelf*: „Uli der Knecht" (Schweiz. Erziehungsrom.) † *Michail Lermontow* (im Duell), russ. Dichter (*1814) *Marryat*: „Sigismund Rüstig" (engl. Roman) *Poe*: „Der Mord in der Rue Morgue" (u. a. nordam. Kriminalgeschichten) *Charles Sealsfield*: „Das Kajütenbuch" (nordam. Erz.)	*Carlyle*: „Über Helden und Heldenverehrung" (engl.) *L. Feuerbach*: „Das Wesen des Christentums" (kritisch, naturalist. Pantheismus) † *Johann Friedrich Herbart*, dt. Pädagoge und Philosoph (* 1776) *Schopenhauer*: „Die beiden Grundprobleme der Ethik" (Zus. „Über die Freiheit des menschl. Willens" [1839], „Über die Grundlagen der Moral" [1840]) *Samuel Smiles* (*1812, †1904): Rede über die Bedeutung d. politischen Erziehung i. d. Mechanics Instituts (Berufsschulen) in Leeds (Engl.)
1842	Buren gründen Oranje-Freistaat (1848 Transvaal) China tritt im Frieden von Nanking Hongkong an England ab und öffnet seine Häfen den westeuropäischen Mächten und dem brit. Opiumhandel (1880 20mal größerer Umsatz als 1800)	† *Clemens Brentano*, dt. romantisch. Dichter (* 1778) *A. v. Droste-Hülshoff*: „Die Judenbuche" (Erzählung) *Gogol*: „Die toten Seelen" *Lenau*: „Die Albigenser" * *Karl May*, dt. Volksschriftsteller († 1912) *Nestroy*: „Einen Jux will er sich machen" (österr. Posse) *Scribe*: „Ein Glas Wasser" (frz. pol.-sat. Lustspiel) * *Heinrich Seidel*, dt. Dichter u. Ing., u. a. Anhalter Bahnhof, Berlin († 1906) † *Stendhal (Marie Henry Beyle)*, frz. Dichter (* 1783)	*Comte*: „Lehrgang d. positiven Philosophie" (frz. Begründg. d. „Positivismus", 6 Bde. seit 1830) *Emerson*: „Vertreter der Menschheit" (USA) *J. Görres*: „Die christliche Mystik" (4 Bde. s. 1836, kathol.) * *Eduard von Hartmann*, dt. Philosoph († 1906) * *William James*, nordam. Psychologe und Philosoph des Pragmatismus († 1910) *Th. B. Macaulay*: „Essays" *Schelling*: „Philosophie der Mythologie und Offenbarung"
1843	„1000 Jahre Dt. Reich" wird festlich begangen * *Bertha von Suttner*, geb. Gräfin *Kinsky*, österr. Pazifistin, Friedens*nobel*preis 1905 († 1914) *Claude Tillien* (* 1801, † 1844): „Mein Onkel Benjamin" (frz. humorist. gesellschaftskritischer Roman)	*Gotthelf*: „Geld und Geist" (Schweiz. Erzählung) *Hebbel*: „Genoveva" (Trauerspiel) † *Friedrich Hölderlin* in geistig. Umnachtung, dt. Dichter (* 1770) *Lenau*: „Don Juan" (unvoll. dramatisches Gedicht) † *Friedr. de la Motte-Fouqué*, dt. romant. Dichter (* 1777) * *Peter Rosegger*, volkstüml. österr. Dichter († 1918)	* *Richard Avenarius*, dt. Philosoph des „Empirokritizismus" († 1896) *Sören Kierkegaard*: „Entweder-Oder" (dän. religiös. Existenzphilosophie, unter d. Eindruck s. Entlobung) *Karl Marx*: „Religion ist das Opium des Volkes"; heiratet *Jenny v. Westphalen* (* 1814, † 1881) *J. St. Mill*: „System d. deduktiven u. induktiven Logik" (engl. konsequenter Empirismus)

Daumier *Richter*	*Mendelssohn-Bartholdy* *Wagner*	*Energieerhaltungssatz*	
† *Johann Heinrich Dannecker*, dt. Bildhauer (* 1758) *H. Daumier:* „Histoire ancienne“ (frz. karikaturist. Lithogr.) * *Pierre Auguste Renoir*, frz.Maler († 1919) *L. Richter:* „Genoveva“ (Gem.) † *Karl Friedrich Schinkel*, dt. Baumeister u. Maler (* 1781) * *Paul Wallot*, dt. Baumeister († 1912) Verein Berli. Künstler gegrdt. (1856 Allg. Dt. Kunstgenossenschaft)	* *Anton Dvořák*, tschech. Komponist († 1904) * *Filippe Pedrell*, span. Komponist († 1922) *A. Sax* erfindet Saxophon (findet zunächst Eingang i. d. frz. u. engl. Militärmusik) *Rossini:* „Stabat Mater“ *Schumann:* 1. Symphonie B-dur („Frühlingssymphonie“)	*Bessel* bestimmt genaue Erdgestalt *Braid* entd. die Hypnose * *Theodor Kocher*, Schweiz. Mediziner († 1917) *Kölliker:* Samenfäden befruchten Ei *L. Oken:* „Naturgeschichte für alle Stände“ (Anfang des populärwissenschaftl. Schrifttums) * *Henry Morton Stanley*, englischer Afrikaforscher († 1904) *Fr. Voigtländer* (* 1812, † 1878): kinematograph. „Lebensrad“ („Zauberscheibe“) und photograph. Metallkamera mit Petzval-Objektiv	*Borsig* liefert erste Lokomotive *Thomas Cook* arrangiert erste verbilligte Gesellschaftsreise f. s. Mäßigkeitsverein Engl. führt genormtes Schraubengewinde n. *J. Witworth* ein Engl. satir. Witzblatt „Punch“ gegründet Eröffng. d. Zoolog. Gartens in Berlin Beg. d. Maindampfschiffahrt
A. Achenbach: „Untergang d. Dampfers „Präsident“ (Gem.) *Klenze:* Walhalla bei Regensburg (s. 1830) *L. Richter:* „Rübezahl“ (Holzschnitt zu *Musäus*) † *Elisabeth Louise Vigée-Lebrun*, frz. Malerin (* 1755) *A. Wiertz:* „Die Empörung der abtrünnigen Engel“ (belg. Monumentalgem.) Kölner Dombaufest (Dom wird von 1842 – 1880 vollend.)	† *Luigi Cherubini*, ital. Komponist (* 1760) *Glinka:* „Ruszlan und Ludmilla“ (russ. Oper) *Lortzing:* „Der Wildschütz“ (Oper) *Meyerbeer* wird Generalmusikdirektor der Berliner Oper * *Karl Millöcker*, österreich. Operettenkomponist († 1899) * *Arthur Sullivan*, engl. Komponist († 1900) *R. Wagner:* „Rienzi“ (Oper) New Yorker Philharmon. Orchest. gegr.	Untersuchung der periodischen Eireifung durch *Bischoff* (fand 1833 Eifurchung) *Darwin:* Abstammungslehre (veröff. 1859) *Christian Doppler* (* 1803, † 1853): Farbänderung bewegter Lichtquellen („Doppler-Prinzip“) *Julius Robert Mayer:* „Bemerkungen üb. d. Kräfte d. unbelebt. Natur“ (begr. Energieerhaltungssatz) * *John William Rayleigh*, engl. Physiker, († 1919) *Schönbein* entdeckt Ozon	*K. Baedeker:* „Handbuch für Reisende durch Deutschland u. d. österreichische Kaiserreich“ *Friedrich Wilhelm IV.* v. Preußen stiftet Friedensklasse d. „Pour le mérite“-Ordens 550 km Eisenbahn i. Dt. Bund (1838: 140 km) ~ Polka als Gesellschaftstanz Gr. Stadtbrand in Hamburg
Schnorr von Carolsfeld: „Der Nibelungen Not“ (Illustrationen) *John Ruskin* (* 1819, † 1900): „Moderne Maler“ (engl., 5 Bde. bis 1860) * *Anton Werner*, dt. Maler des vaterländischen Zeitgeschehens († 1915)	*Donizetti:* „Don Pasquale“ (ital. Oper) *Robert Franz* (* 1815, † 1892) beg. Liedkompositionen * *Edvard Grieg*, norw. Komponist († 1907) *Mendelssohn-Bartholdy:* Schauspielmusik zu *Shakespeares* „Sommernachtstraum“ *R. Wagner:* „Der fliegende Holländer“ Konservatorium in Leipzig	*Faraday:* Erhaltungssatz der Elektrizitätsmengen *A. von Humboldt:* „Asie centrale“ (2 Bde. b. 1844) *James Joule* (*1818, † 1889) bestimmt unabhäng. von *J. R. Mayer* d. Wärmeäquivalent mech. Arbeit * *Robert Koch*, dt. Mediziner und Bakteriologe, *Nobel*preis 1905 († 1910) *Ross* erforscht Antarktis (seit 1839) *Wheatstone:* Meßbrücke f. elektr. Widerstände	„The Economist“ gegründet (englische liberale Wirtschaftszeitschrift) Erster mit Schrauben versehener Ozeandampfer „Great Britain“ (aus Eisen, 98 m lang, 2000 PS) Bevölk. i. Dt. Bund 46 Mill. (16 Mill. i. Preußen)

	Weberaufstand *Marx · Engels*	*Stifter* *Dumas*	„*Dialektischer Materialismus*“
1844	Aufstand der Weber in Schlesien *Marx* lernt *Engels* in Paris kennen *Robert v. Mohl* (* 1799, † 1875): „Zeitschrift für die gesamte Staatswissenschaft“ (1859: „Enzyklopädie der Staatswissenschaften“, tragen zu ihrer Neubegründung bei) China schließt Handelsverträge mit Frankreich und USA	*Dumas* (Vater): „Die drei Musketiere“ (französischer Roman in 8 Bänden) * *Anatole France*, franz. Dichter, *Nobel*pr. 1921 († 1924) *Hebbel*: „Maria Magdalena“ (bürgerliches Trauerspiel) *Heine*: „Deutschland, ein Wintermärchen“ (politisch-satirische Dichtung) und „Neue Gedichte“ * *Timm Kröger*, dt. Dichter († 1918) *Lenau* geisteskrank * *Detlev* Freiherr *von Liliencron*, dt. Dichter († 1909) *Rückert*: „Kaiser Heinrich IV.“ (Schauspiel) *Stifter*: „Studien“ (Novellen, 6 Bde. bis 1850) *Uhland*: „Alte hoch- und niederdeutsche Volkslieder“ * *Paul Verlaine*, franz. lyrischer Dichter († 1896) Kunstgeschichte als Lehrgebiet an dt. Univ.	*Victor Considérant* (* 1808, † 1893): „Doctrine sociale“ (s. 1834; sozialist. Lehre n. *Fourier*; scheitert beim Versuch ihrer Verwirklichung) *Fröbel*: „Mutter- und Koselieder“ *Grundtwig* gründet erste Volkshochschule (für die Landbevölkerung in Dän.) *Kierkegaard*: „Furcht u. Zittern“, „Der Begriff der Angst“, „Philosophische Brocken oder ein Bröckchen Philosophie“ (dän. relig. Existenzphilosophie) *Marx* verwandelt *Hegels* „Dialektischen Idealismus“ in einen „Dialektischen Materialismus“ („Das Sein bestimmt das Bewußtsein“) * *Friedrich Wilhelm Nietzsche*, dt. Philosoph († 1900) * *Alois Riehl*, deutscher Philosoph, Neu-Kantianer († 1924) *George Williams* gründet in London YMCA (1855 Weltbund d. Christl. Vereine Junger Männer)
1845	* *Ludwig II.*, König von Bayern 1864—1886 (†), Freund *Wagners* *Engels*: „Die Lage der arbeitenden Klasse in England“ (Analyse der engl. sozialen Situation; entsch. Anregung zum „Kapital“ von *Marx*) *Marx*, aus Frankreich ausgewiesen, geht n. Brüssel (1848 nach Paris und Köln, 1849 nach Paris und endgültig nach London)	*Dumas* (Vater): „Zwanzig Jahre später“ (franz. Roman in 10 Bänden) und „Der Graf von Monte Christo“ (franz. Roman in 12 Bänd.) *Prosper Mérimée* (* 1803, † 1870): „Carmen“ (frz. Novelle; danach *Bizets* Oper) † *August Wilhelm Schlegel*, deutscher Gelehrter und Dichter (* 1767) * *Carl Spitteler*, Schweizer Dichter, *Nobel*preis 1919 († 1924) † *Henrik Wergeland*, norw. Dichter (* 1808)	*Max Stirner* (eig. *Kaspar Schmidt*, * 1806, † 1856): „Der Einzige und sein Eigentum“ (radikal-egozentrisch-anarchistische Philosophie) ~ Latein verschwindet als Vorlesungs- und Prüfungssprache an der Berliner Universität

Daumier *Turner*	*Lortzing* *Wagner*	*A. v. Humboldts* *„Kosmos“*	
H. Daumier: „Die Blaustrümpfe“ (frz. karikaturist. Lithographien) * *Wilhelm Leibl*, süddt. realistischer Maler († 1900) * *Ilja Repin*, russ. natural. Maler († 1930) *L. Richter:* „Studentenlieder“ (Holzschn.) *Schwind:* „Sängerkrieg auf der Wartburg“ (Gemälde) * *Henri Rousseau*, franz. Maler, Autodidakt († 1910) *Spitzweg* Mitarbeiter d. „Fliegenden Blätter“ † *Bertel Thorwaldsen*, dänischer Bildhauer (* 1768) *Turner:* „Regen, Dampf u. Schnelligkeit“ (engl. Gem.)	*Berlioz:* „Abhandlung üb. mod. Instrumentation u. Orchestration“ (frz.) *Flotow:* „Alessandro Stradella“ (Oper) * *Nikolai Rimskij-Korssakow*, russ. Komponist († 1908) *Verdi:* „Ernani“ (ital. Oper) *P. Dennis* entd. etruskische Stadt Vetulonia	* *Ludwig Boltzmann*, österr. Physiker († 1906) † *John Dalton*, englischer Chemiker, Begründer der chemischen Atomtheorie (* 1766) *M. Faraday:* „Experimental Researches in Electricity“ bis 1847, experim. Grundl. d. Elektromagnetismus) Vier- u. mehrdimensionale Geometrie von *H. Graßmann* Durchquerung Tibets durch *Huc* und *Gabet* *Friedr. G. Keller:* Holzschliff-Papier *Kölliker:* Tierkeim wächst durch fortges. Teilung der ursprünglichen Eizelle *Liebig:* „Chemische Briefe“ (allgemeinverständl.) *Alex. Th. v. Middendorf* (* 1815, † 1894) erf. Nord- u. Ostsibirien (1843–45) Erste Telegraphenlinie zw. Baltimore u. Washington	„Fliegende Blätter“ i. München gegr. (Witzblatt, bis 1848 auch politische Satiren) Turnen in den höheren Schulen Preußens eingeführt Regattaverein „Allgemeiner Alster-Klub“ gegründet Beg. d. mod. Konsumgenossenschafts-Bewegung in Rochdale (England) 1. Lokomotive von *Borsig*, Berlin (vgl. 1837)
* *Wilhelm von Bode*, dt. Kunsthistoriker und Museumsleit. († 1929) *Menzel:* „Das Balkonzimmer“ (Gemälde) * *Adolf Oberländer*, dt. Karikaturist († 1923) *Horace Vernet* (* 1789, † 1863) malt 21 m langes realist. Schlachtenbild aus d. Kämpfen um Algerien (frz.) ~ Künstlerische photographische Porträts v. *David Octavius Hill* (* 1802, † 1870) n. d. *Talbot*-Verfahren (vgl. 1839)	*Lortzing:* „Undine“ (Oper) *Mendelssohn-Bartholdy:* Violinkonzert e-moll *R. Wagner:* „Tannhäuser“ (Oper)	* *Georg Cantor*, deutscher Mathematiker († 1918) *Faraday:* Magnetfeld beeinflußt Schwingungsrichtung des Lichtes i. Materie *A. v. Humboldt:* „Kosmos“ (5 Bde. b. 1862; umfass. beschreibend. Weltbild) * *Charles Laveran*, franz. Arzt, *Nobel*pr. 1907 († 1922) *Austen Henry Layard* (* 1817, † 1894) entdeckt Ninive u. gräbt es aus * *Ilja Metschnikow*, russ. Physiologe, *Nobel*pr. 1908 († 1916) * *Wilhelm Röntgen*, deutscher Physiker, *Nobel*pr. 1901 († 1923) Physikal. Ges. zu Berlin gegrdt. (1899 Dt. Physikalische Gesellschaft)	England besitzt größte Kohlenförderung mit 34 Mill. t (dagegen Frankreich 1847: 5 Mill. t) Taschenuhrindustrie in Glashütte gegr. ~ Ca. 2500 Gartenrosenarten bekannt

	Vormärz Engl. Freihandel	Romantik Dostojewskij · Heine	Kolping Ranke
1846	Aufhebung der Kornzölle im Interesse des Freihandels in England † *Friedrich List* (Freitod), dt. Volkswirtschaftler, Förderer d. wirtschaftlichen nationalen Einheit besonders durch Eisenbahnverbindungen (* 1789) * *Nicola Paschitsch*, serbischer Staatsmann, Führer der Radikalen Partei, Freund Rußlands u. Gegner Österreich-Ungarns († 1926) Krieg zwischen USA und Mexiko (bis 1848) *G. Sand:* „Der Teufelssumpf" (frz. Dorfroman) * *Henryk Sienkiewicz*, poln. Dichter, *Nobel*pr. 1905 († 1916)	*Alexis:* „Die Hosen des Herrn von Bredow" (Roman) *Andersen:* „Das Märchen meines Lebens" (Selbstbiographie in dt. Sprache, dän. erst 1855) *Dostojewskij:* „Der Doppelgänger" (russ. Roman) *Eichendorff* übersetzt geistliche Schauspiele des Spaniers *Calderon* (bis 1853) *Freiligrath:* „Mein Glaubensbekenntnis" (Ged. im Geist des Liberalismus) *Edward Lear* (* 1812, † 1888): „The book of nonsens" (mit frühen „Limericks") *Petöfi:* „Der Strick des Henkers" (ungar. Roman)	*C. G. Carus:* „Psyche, Zur Entwicklungsgeschichte d. Seele" * *Rudolf Eucken*, deutscher Philosoph, *Nobel*preis für Literatur 1908 († 1926) Gründung des ersten kath. Gesellenvereins durch *Adolf Kolping* (* 1813, † 1865) in Elberfeld Papst *Pius IX.* bis 1878, streng antiliberal *Proudhon:* „Philosophie des Elends" (frz. anarchist. Sozialismus; dagegen *Marx:* „Das Elend d. Philosophie" 1847) „Evang. Allianz", Vereinigung evang. Christen aller Länder in London gegründ. In Königsberg u. Halle entst. erste dt. Freireligiöse Gem.
1847	Einberufung der pr. Provinzialstände als „Vereinigter Landtag" * *Paul von Beneckendorff und Hindenburg*, dt. Heerführer im 1. Weltkrieg, Reichspräsident 1925-34 († 1934) Katholischer Sonderbund der Schweizer Urkantone bekämpft Ausweisung der Jesuiten; Bundesexekutive besiegt „Sonderbund" trotz diplomatischer Intervention europ. Großmächte ≈ Ital. Einigungsbewegg. „Risorgimento" 1815—71 (Anfänge im 18. Jh., vgl. 1749 D) Liberia selbständiger Freistaat (1862 v. USA anerk.) Algerien endg. v. Frankr. unterworfen (s. 1830)	*Brentano:* „Märchen" (posthum) *Emily Brontë* (*1818, †1848): „Wuthering Heights" (engl. Erzählung) *Dickens:* „Weihnachtsgeschichten" (s. 1843) *Eichendorff:* „Über die ethische u. religiöse Bedeutung der neueren romantischen Poesie in Deutschland" *Gontschârow:* „Eine alltägl. Geschichte" (russ. Roman) *Heine:* „Atta Troll" (politisch-satirische Dichtung) *Tennyson:* „Die Prinzessin" (engl. Dichtung)	„Struwwelpeter" des Irrenarztes *Heinrich Hoffmann* (* 1809, † 1894) erscheint *Brigham Young* (* 1801, † 1877) grdt. Mormonensiedlung Salt Lake City in Utah (USA); bis 1890 ist Vielweiberei erlaubt *Ranke:* „Dtsch. Gesch. im Zeitalter der Reformation" (6Bde., s. 1839): „Preußische Geschichte" (5 Bde.)

Menzel *Schwind*	*Berlioz* *Flotow*	*Semmelweis* *Neptun-Entdeckung*	
A. Menzel: „Palaisgarten des Prinzen Albrecht", „Bauplatz mit Weiden", „Hinterhaus und Hof" (Gem.) *L. Richter:* „Volkslieder" (Holzschnitte) ~ *Th. Rousseau* (* 1812, † 1867) gr. Schule der Landschaftsmalerei i. Barbizon (Fontainbleau) * *Carl Schuch*, dt. Maler († 1903)	*César Franck:* „Ruth" (belg. bibl. Szene, f. Soli, Chor u. Orchester) *Lortzing:* „Der Waffenschmied" (Oper) *Mendelssohn-Bartholdy:* „Elias" (Oratorium) *Schumann:* 4 Symphonien (s. 1841)	*W. G. Armstrong:* Hydraulischer Kran † *Friedrich Wilhelm Bessel*, dt. Astronom (* 1784) Entdeckung d. v. *Leverrier* vorausberechn. Planeten Neptun d. *Galle* in Berlin *E. Howe:* Doppelstich-Nähmaschine (1851 von *J. M. Singer* verbessert u. produziert) *Rich. Lepsius* (* 1810, † 1884): Ägypt. Forschungsreise (s. 1842) Erst. Äthernark. unabhängig d. *W. T. G. Morton* u. *Ch. Jackson* *Schönbein:* Schießbaumwolle *Carl Zeiss* (* 1816, † 1888) gründet optische *Zeiss*-werke in Jena	Daily News gegrdt. (liberale engl. Tageszeitung, Hrsg. *Charles Dickens*) *Adolph Spieß:* „Turnbuch für Schulen" „Concessionirte Berliner Omnibus Compagnie" eröffnet ihren Betrieb *John C. Horsely* entwirft erste illustr. Weihnachtskarte 1. Pferde-Omnibus-Betrieb in Berlin
	Beginn der Freilegung des Hallstätter Gräberfeldes im Salzkammergut (etwa 1000 Gräber aus der Früheisenzeit ≈ —750 bis ≈ —500, kennzeichnend für die dan. benannte „Hallstatt-Kultur")		
† *Friedrich Gärtner*, deutscher Baumeister, bes. in München: Ludwigskirche, Teile der Ludwigsstr., Univers. Feldherrnhalle (* 1792) * *Adolf Hildebrand*, dt. Bildhauer († 1921) * *Max Liebermann*, deutscher Maler und Graphiker († 1935) *Menzel:* „Das Schlafzimmer", „Berlin-Potsdamer Bahn" (Gemälde) † *Johann Christian Reinhart*, deutsch-römischer Maler heroischer Landschaften; 1799 72 Radierungen aus Italien (* 1761) *Schwind:* „Der Hochzeitsmorgen" (Gemälde); wird Professor a. d. Münchner Akademie	*Berlioz:* „Fausts Verdammnis" (frz. Oratorium) *Flotow:* „Martha" (Oper) † *Felix Mendelssohn-Bartholdy*, deutscher Komponist (* 1809) *Verdi:* „Macbeth" (ital. Oper)	* *Thomas Alva Edison*, nordamerik. Erfinder († 1931) † *John Franklin* auf der Suche nach der Nordwest-Durchfahrt ins Nördliche Eismeer s. 1845 (* 1786) Verallgemeinerung u. Verschärfg. d. Energieerhaltungssatzes d. *Hermann von Helmholtz* (* 1821, † 1894) *Kirchhoff:* Gesetze d. elektr. Stromverzweigung *Will. Lassell* (* 1799, † 1880) entdeckt Neptunmond *Liebig:* Fleischextrakt *Niepce de St. Victor:* Glasphotoplatten *Ignaz Philipp Semmelweis* (* 1818, † 1865) entdeckt d. Leichengift als eine Ursache des Kindbettfiebers und bekämpft dies durch Chlorwaschungen d. Ärzte (Anfänge der Asepsis) *Siemens:* Guttapercha-Isolierung für Kabel Erste Chloroform-Narkose in England durch *Simpson*	Gründung der Elektrofirma *Siemens & Halske* Dampfschiffahrtslinie Bremen-New York (ab 1857 Nordd. Lloyd) Hamburg-Amerika-Linie (HAPAG) gegr. *Krupp* fertigt Achsen, Räder u. Federn aus Gußstahl *William George Armstrong* (* 1810, † 1900) grdt. Maschinen- (später Waffen-) Fabrik Gesetzl. 10-Stundentag in England Ausgabe d. wenigen (später sehr wertvollen) Briefmarken von Brit.-Mauritius
			Sprengstoff Nitroglyzerin v. *A. Sobrero* (* 1812, † 1886) Aneroid- (Dosen-) Barometer von *Vidi*

	Revolutionen *„Kommunist. Manifest“*	*Freiligrath* *Grimm*	*Beginnende Frauenbewegung* *1. Katholikentag*
1848	„Kommunistisches Manifest“ von *Marx* und *Engels*, Grundlage d. „wissenschaftlichen Sozialismus“ („Marxismus“) Februarrevolution in Paris; König *Ludwig Philipp* dankt ab; Frankreich (2.) Republik mit Prinz *(Karl) Ludwig Napoleon* (Neffe *Napoleons I.*) als Präsidenten Märzrevolution in Deutschland u. Österreich mit dem Ziel demokratischer Verfassung. Aufhebung der „Karlsbader Beschlüsse“ v. 1819. *Metternich* flieht nach Großbritannien Deutsche Nationalversammlung in der Paulskirche, Frankfurt a. M. (*Arndt*, *Blum*, *J. Grimm*, *v. Ketteler*, *Vischer* u. a.) arbeitet Verfassung aus Erzherzog *Johann* v. Österreich wird Reichsverweser *Maximilian II. Joseph*, König von Bayern (bis 1864 [†]) Sozialist. Juniaufstand i. Paris blutig niedergeschlagen Oktoberrevolution in Österreich. *Ferdinand I.* dankt ab. *Franz Joseph I.* wird Kaiser von Österreich, bis 1916 (†) Reichstag in Wien beschl. Aufhebung jeder bäuerl. Untertänigkeit † *Robert Blum*, dt. linksstehd. Demokrat, in Wien erschossen (* 1807) Niederlage d. engl. Chartistenbewegung (1850 aufgelöst) *Joseph* Graf *v. Radetzky* (* 1766, † 1858) stellt österr. Herrschaft in Oberitalien wieder her Ungarische u. tschechische Erhebungen gegen d. *Habsburger* Schweiz Bundesstaat Arizona, Neu-Mexiko u. Kalifornien v. Mexiko an USA	† *Annette von Droste-Hülshoff*, (gilt als größte) dt. Dichterin (* 1797) † *François René Chateaubriand*, frz. frühromantischer Dichter (* 1768) *Dumas* (Sohn): „Die Kameliendame“ (franz. Roman, als Schauspiel 1852) *Freiligrath:* „Die Revolution“, „Februarklänge“ (revolutionäre Gedichte) *Geibel:* „Juniuslieder“ (geg. jungdt. Radikalismus) *Friedrich Gerstäcker* (* 1816, † 1872): „Die Flußpiraten des Mississippi“ (Roman) *Grillparzer:* „Der arme Spielmann“ (Novelle) *J. Grimm:* „Geschichte der deutschen Sprache“ * *Huang Tsun-Hien*, chines. Dichter, verarb. auch westl. Stoffe († 1905) † *Frederick Marryat*, engl. Dichter, schrieb besonders Seeromane (* 1792) *William Thackeray* (engl. Schriftsteller, * 1811, † 1863): „Vanity Fair“ („Jahrmarkt der Eitelkeiten“, Roman)  *Hecker* ruft i. Baden (Konstanz) dt. Republik aus	† *Bernhard Bolzano*, böhm. kath. Mathematiker u. Philosoph; u. a. „Die Paradoxien d. Unendlichen“ (mathemat. Logik) (* 1781) * *Hans Delbrück*, dt. Geschichtsforsch. u. Politiker († 1929) *G. Th. Fechner:* „Nanna oder über das Seelenleben der Pflanzen“ † *Joseph Görres*, deutscher kath. politischer Publizist u. Wissenschaftler (* 1776) * *Helene Lange*, leitende Persönl. der deutschen Frauenbewegung († 1930) *Macaulay:* „Englische Geschichte seit Jacob II.“ (4 Bde. bis 1855) *J. St. Mill:* „Prinzipien d. Polit. Ökonomie“ (Volkswirtschaftslehre in Anlehnung an *Ricardo* mit sozialist. Zügen) Erste deutsche „Frauenzeitung“ von *Luise Otto-Peters* * *Carl Stumpf*, deutscher Philosoph und Psychologe († 1936) „Central-Ausschuß für die Innere Mission der deutsch. evangel. Kirche“ durch *Wichern* gegründet * *Wilhelm Windelband*, deutscher Philosoph; Wert- und Kulturphilosophie († 1915) Frz. Gesetz zur Einrichtung öff. Büchereien Erster dt. Katholikentag in Mainz Spiritistische Zirkel in New York (ab 1849 auch in Frankreich): Klopflaute, Tischrücken Grundstock des Naturhistorischen Museums in Wien

Daumier *Menzel*	*Schumann* *Wagner*	*Elektr. Heilmethoden*	
~ *H. Daumier* beg. „Représentants représentés“ u. „Actualités“ (über 1000 graph. Blätter zur Zeitsatire) * *Paul Gauguin*, franz. expressionist. Maler auf Tahiti († 1903) *Menzel:* „Aufbahrung d. Märzgefallenen in Berlin“ (Gem.) *Rethel:* „Auch ein Totentanz“ (antirevolutionäre Holzschnitte) *D. G. Rossetti* grdt. präraffaelische Bruderschaft engl. Maler † *Ludwig von Schwanthaler*, süddt. Bildhauer, Giebelgruppen für Walhalla u. Münchner Propyläen; Erzbild d. Bavaria, 1850 i. München aufg. (* 1802) * *Gabriel Seidl*, Münchener Baumeister († 1913) * *Fritz v. Uhde*, dtsch. Maler († 1911) *Antoine Wiertz* (*1806, † 1865): „Der Triumph Christi“ (belg. Monumentalgem.)	† *Gaetano Donizetti*, ital. Komponist (* 1797) *Schumann:* „Genoveva“ (Oper) 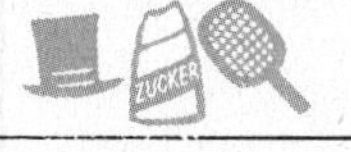 Steinkohleförd. i. Zollverein 4,5 Mill. t, 1871 i. Preußen 30 Mill. t Erste dt. zentrale Wasserversorgungsanlage in Hamburg (bis 1890 folgen 42 Städte)	† *Jakob Berzelius*, schwed. Chemiker; entd. zahlr. Elemente, best. genaue Atomgewichte; führte chem. Bindung auf elektr. Kräfte u. organ. Prozesse auf Katalyse zurück; schuf d. chem. Zeichensprache (* 1779) Entdeckung des achten Saturnmondes durch *Bond* und *Lassell* Sicherheits-Zündhölzer v. *R. Böttger* *Auguste Bravais* (* 1811, † 1863) unterscheidet 14 Kristallgitter (veröff. 1850; d. Atomtheorie *Seebers* v. 1824 wird erst ab 1879 allgemein bekannt) ~ *Duchenne de Boulogne* benutzt elektr. Ströme für Heilzwecke (gilt als Begr. der Elektrotherapie) *E. Du Bois-Reymond* (*1818, †1896): „Untersuchungen über tierische Elektrizität“ (physikalische Richtung d. Physiologie) *Foucault:* Regulierter Kohlelichtbogen *Hancock:* 1. Blinddarmoperation (vgl. 1887) *Sebastian Kneipp* (* 1821, † 1897), kathol. Priester, führt sein Wasserheilverfahren in Wörishofen ein * *Otto Lilienthal*, gilt als Begr. des Menschenfluges († 1896) Photograph. Glasnegative mit frisch anzusetzenden feuchten Schichten von *Claude Niepce de St.-Victor* (* 1805, † 1870). Das Photographieren erf. umfangr. u. schwere Ausrüstungen * *Hugo de Vries*, holländ. Botaniker u. Mitbegrd. d. mod. Vererbungsforsch. († 1935) Erste telegraphische Wettermeldung in England	~ Vernichtung d. irländ. Kartoffelernten durch Meltau (1845, 46 u. 48) ruft große Hungersnot u. Auswanderung hervor *Hale* u. *Bernett* grd. Nachrichtenagentur (spät. Associated Press, New York) *Bismarck* grdt. konservative „Neue Preußische Zeitung“ („Kreuzzeitung“) *Marx* grdt. „Neue Rheinische Zeitung“ „Dt. Nationalbuchdruckverein“ (Vorläufer d. Gewerkvereine) Kongreß v. Arbeitervereinen i. Berlin unter *Stephan Born:* Zusammenschl. zur „Arbeiterverbrüderung“ mit Sitz in Leipzig Goldfunde in Kalifornien lösen Massenwanderung aus Politisch-satirisches Witzblatt „Kladderadatsch“ erscheint Cholera-Pandemie in Europa 1. Gesundheitsges. i. Engl. (geg. Cholera) ~ Bei etwa gleichgebliebenen Reallöhnen hat sich die dt. Industrieproduktion seit 1800 ca. versechsfacht (i. d. 2. Hälfte d. Jhdts. verdoppeln sich etwa d. Reallöhne bei Verzehnfachung d. Produktion) In Deutschland wird der 12stündige Arbeitstag gefordert (12–14 Stunden auch für Jugendl. üblich)

	Gegenrevolution	Hebbel Heine	Kierkegaard Völkerpsychologie
1849	König *Friedrich Wilhelm IV.* von Preußen lehnt deutsche Kaiserkrone ab Demokratischer Mai-Aufstand in Dresden Österreich unterwirft mit Hilfe Rußlands Ungarn (wegen seiner antirevolutionären Rolle wünschen liberale u. sozialist. Kreise d. Krieg geg. Rußland, so auch *Marx*) *Radetzky* schlägt *Karl Albrecht* v. Sardinien, der zug. s. Sohnes *Viktor Emanuel II.* abdankt Frankr. stellt päpstl. Herrschaft in Rom geg. *Garibaldi* wieder her Gemeindewahlrecht der Frauen in Österreich	*Dickens:* „David Copperfield" (engl. Roman b. 1850) *Dostojewskij* aus pol. Gründen zum Tode verurteilt und z. Verbann. begnadigt *Dumas:* „Halsband d. Königin" (frz. Rom.) *Freiligrath:* „Neuere polit. u. soziale Zeitgedanken" (verläßt 1851 Dtl.) *Gotthelf:* „Uli der Pächter" (Schweizer Erzählung) † *Alexander Petöfi*, ungar. Dichter, fällt im ungarischen Unabhängigkeitskampf (* 1823) † *Edgar Allan Poe*, nord.-amerik. Dichter (* 1809) * *August Strindberg*, schwed. Dichter († 1912)	* *Ellen Key*, schwedische Pädagogin († 1926) *Kierkegaard:* „Die Krankheit zum Tode" (dän. protest. Existenzphilosophie) † *Julie Récamier*, führte geistreichen frz. Salon, Gegnerin *Napoleons* (* 1777) *Richard Wagner:* „Die Kunst und die Revolution" (Kunstphilosophie) *Wichern* beruft 1. dt. evang. Kirchentag n. Wittenberg Schulreform in Österreich, schafft lateinlose Oberrealschule
1850	Preußen erhält Verfassung (1848 oktroyiert: Herren-, Abgeordnetenhaus n. Dreiklassenwahlrecht) Dänemark behaup. i. Krieg geg. Deutsch. Bund (s. 1848) d. Besitz Schlesw.-Holsteins Preußen und Österreich ringen um die deutsche Vorherrschaft im Erfurter Parlament und Bundestag in Frankfurt a. M. Österreich behauptet sich m. Hilfe Rußl. im Vertrag zu Olmütz durch Wiederherstellung d. Deutschen Bundes (gegr. 1815) Ungarn w. Kronld. Österr. * *Tomáš Masaryk*, Philosoph und Soziologe, tschechoslowakischer Staatspräsid. 1918—1935 († 1937) Parlament. Selbstregierung in Australien	† *Honoré de Balzac*, franz. Dichter (* 1799) *Nathan Hawthorne:* „Der scharlachrote Buchstabe" (nordam. purit. Rom.) *Hebbel:* „Herodes und Mariamne" (Schauspiel) † *Nikolaus Lenau (von Strehlenau)*, dt. Dichter (* 1802) *O. Ludwig:* „Der Erbförster" (Trag.) † *Adam Gottlieb Öhlenschläger*, dän. romantischer Dichter (* 1779) † *Gustav Schwab*, dt. Dichter (* 1792) * *Robert L. Stevenson*, engl. Romanschriftsteller († 1894) † *William Wordsworth*, engl. Dichter (* 1770)	*Johann Karl Rodbertus* (* 1805, † 1875): „Soziale Briefe" (tritt im linken Zentrum für gesetzl. Lösung d. sozialen Frage ein) *Schopenhauer:* „Parerga und Paralipomena" (2 Bde bis 1851) *Lorenz von Stein* (* 1815, † 1890): „Geschichte des Sozialismus u. Kommunismus in Frankreich" Erste 4 Volksbüchereien in Berlin Gesetz über Volksbüchereien in England Akad. Volksbildungskurse in New York (University Extension) ~ Bürgerliches Zeitalter auf dem Hintergrund der industriellen Revolution (vgl. 1776, 1822, 1852, 1861 u. a.)
1851	Staatsstreich des franz. Präsidenten *Karl Ludwig Napoleon* *Bismarck* preuß. Gesandter beim Deutschen Bundestag	*Heine:* „Romanzero" *Herman Melville* (* 1819, † 1891): „Moby Dick" (nordamerikanisch. autobiograph. Walfänger-Roman) *Henri Murger* (* 1822, † 1861): „Bohème" (frz. Erzählung)	* *Adolf Harnack*, luther. Theologe († 1930) *Moritz Lazarus* (* 1824, † 1903): „Über d. Begrdg. u. d. Möglichkeit einer Völkerpsychologie" Preußen verbietet Begrdg. von Kindergärten

Courbet *Menzel*	*Wagner* *Meyerbeer*	*Wasserturbine* *Nähmaschine*	
† *Katsushika Hokusai*, japan. Maler (* 1760) ~ *W. v. Kaulbach* (* 1805, † 1874): „Zeitalter der Kreuzzüge u. Reformation" (u. a. Fresken i. Neuem Museum, Berlin, 1847–65) * *Christian Rohlfs*, dt. Maler des Im- u. Expressionismus († 1938) *Courbet:* „Die Steinklopfer" (frz. realist. Gem.)	† *Frédéric Chopin*, poln. Komponist u. Klaviervirtuose in Frankreich (* 1810) *Meyerbeer:* „Der Prophet" (Oper) *Nicolai:* „Die lustigen Weiber von Windsor" (Oper) † *Otto Nicolai*, deutscher Komponist (* 1810) † *Johann Strauß* (Vater), österreichischer Musiker und Komponist (* 1804) *Wagner* beteiligt sich am Dresdner Maiaufstand und muß n. Zürich fliehen (dort bis 1858)	Erste Keimdrüsen-Hormon-Vers. d. *Berthold* *Fizeau* mißt Lichtgeschwindigkeit auf kurzer Strecke von 8,3 km *Francis:* Radial-Wasserturbine *W. Hofmeister* entd. Generationswechs. d. Pflanz. * *Felix Klein*, deutscher Mathematiker († 1925) *David Livingstone* (* 1813, † 1873) erforscht Sambesigebiet in Südafr. b. 1871 * *Iwan Pawlow*, russ. Physiologe († 1936) *Pollender* entdeckt Milzbrand-Erreger *R. Wolf:* Ständige Überwachung d. Sonnenflecken	Telegraph Berlin—Frankfurt/M. *P. J. v. Reuter* verwendet Brieftauben zur Schließung von Lücken des Telegraphennetzes für Pressezwecke Gründung d. *Wolff*schen Telegraphenbüros (W.T.B.) Starker Aufschwung des Zeitungswesens "Who's who?" („Wer ist's?") erscheint in den angelsächsischen Ländern Auflös. d. „Deutsch. Turnerbundes" 1. dt. Briefmarken in Bayern
* *Georg Dehio*, dt. Kunsthistoriker bes. der Baukunst des Mittelalters († 1932) *Delacroix:* „Löwenjagd" (franz. Gemälde) *Menzel:* „Tafelrunde in Sanssouci" (Gemälde) *Rossetti:* „Verkündigung" (engl. Gem.) † *Karl Rottmann*, dt. Landschaftsmaler des Klassizismus (* 1798) † *Johann Gottfried Schadow*, dtscher Bildhauer (* 1764) *Waldmüller:* „Praterlandschaft" (Gem.) ~ Zeitalter der Stilwiederholungen (Neugotik)	*Bach*-Gesellschaft gegründet (1900: Neue *Bach*-Gesellschaft) *Schumann:* Cellokonz. *Julius Stern* (* 1820, † 1883) gründet Konservatorium in Berlin *R. Wagner:* „Lohengrin" (Oper), „Das Kunstwerk der Zukunft" (Theorie des „Gesamtkunstwerkes") *Albr. Graefe* (* 1828, + 1870) eröffn. Augenklinik i. Berlin (grdt. 1854 1. augenärztl. Spezialzeitschr.) Nordwest-Passage von W nach O durch *Mac Clure*	Sahara- und Sudan-Expedition durch *Heinrich Barth* (bis 1855) ~ Tauchbootversuche von *Wilhelm Bauer* (*1822, + 1875) i. Kiel (1856/57 weitere in Kronstadt/Rußl.) *Rob. Wilh. Bunsen* (* 1811, + 1899): Gasbrenner Zweiter Hauptsatz der Wärmelehre (nur ein Teil der Wärme kann in mechanische Arbeit verwandelt werden) durch *Rudolf Clausius* (* 1822, + 1888) u. *William Thomson* (Lord *Kelvin*, *1824, + 1907) *L. Foucault:* Lichtgeschwindigkeit im Wasser geringer als in Luft und Pendelversuch z. Nachw. der Erdumdrehung Augenspiegel von *Helmholtz*	Gründung d. ersten kleingewerbl. Kreditgenossenschaften d. *Franz Hermann Schulze-Delitzsch* (* 1808, † 1883) ≈ Aufkommende industrielle Massenerzeugung, dt. Industrie-Produktion gegenüber 1800 etwa versechsfacht Erstes Unterseekabel Dover—Calais Goldfunde in Australien 3,2 Mill. Negersklaven in den USA bei 23 Mill. Einw. Weizenexport d. USA nimmt zu. Industrielle Entw. vgl. 1955
Kristallpalast i. London *Rauch:* „Friedrich der Gr." (Reiterdenkmal) * *Wilhelm Trübner*, dt. Maler († 1917) † *William Turner*, engl. Maler (* 1775)	† *Albert Lortzing*, dt. Komponist (* 1801) *Verdi:* „Rigoletto" (ital. Oper) *Rich. Wagners* Freundschaft mit *Mathilde Wesendonk* (* 1828, † 1902) in Zürich	*I. M. Singer* verbessert u. prod. Nähmaschine Entdeckung des dritten u. vierten Uranusmondes durch *Lassell* Funkeninduktor f. hohe Spannung von *Rühmkorff* Eisenschiffbau in Dtl.	Erste Weltausstellung in London „New York Times" gegründet Eisenb. bringt erste Weihnachtsb. n. Bln. Berufsfeuerwehr Bln. 1. Trinker-Asyl i. Dtl.

	Kaiser Napoleon III. *Krimkrieg*	*Stifter* *„Dt. Wörterbuch"*	*Comte* *Ranke*
1852	*Karl Ludwig Napoleon* als *Napoleon III.* zum erblichen Kaiser Frankreichs gewählt. Beginn des zweiten Kaiserreiches (bis 1870) „Katholische Fraktion" im Preuß. Abgeordnetenhaus gegründet Südafrikanische Buren-Republik Transvaal gegrdt. ~ Starke europäische Einwanderung i. d. USA aus politischen Gründen (s. 1849) ≈ 1850–80 Industrialisierung (vgl. 1770, 1850, 1856, 1861, 1955), liberale Demokratie in Europa und Amerika, Entfaltung des besitzenden Bürgertums	*Harriet Beecher-Stowe* (* 1812, † 1896): „Onkel Toms Hütte" (nordamerikanischer Roman gegen Negersklaverei) *Cl. Brentano:* „Romanzen vom Rosenkranz" (unvoll. geblieben, posthum) *Eduard Devrient* Leiter des Hoftheaters Karlsruhe (bis 1870) *Droste-Hülshoff:* „Das geistliche Jahr" (kathol.-relig. Jugendgedichte, posthum) † *Nikolai Gogol*, russischer Dichter (* 1809) *J.* u. *W. Grimm* beginnen „Deutsches Wörterbuch" (1. Bd. ersch. 1854; der 16. u. letzte Bd. ersch. 1960) *J. Grimm:* „Über den Ursprung der Sprache" *Groth:* „Quickborn" (plattdeutsche Gedichtsammlung) *Hebbel:* „Agnes Bernauer" (Trauerspiel) *O. Ludwig:* „Die Makkabäer" (Trauerspiel) † *Thomas Moore*, irischer Dichter (* 1779) *Storm:* „Immensee" (Novelle) *Turgenjew:* „Tagebuch eines Jägers" (russ. Novellen) Landestheater Hannover eröffnet	*Fr. Bopp:* „Vergleichende Grammatik" (d. indoeuropäischen Sprachen; s. 1833) *Comte:* „Positivistischer Katechismus" (frz. Vers. einer positivist. Religion mit der Menschheit als „Großes Wesen") *Kuno Fischer:* Gesch. der neuer. Philosophie (10 Bde.) † *Friedrich Fröbel*, dt. Pädagoge, Schöpfer d. Kindergärten (* 1782) „Großes Konversations-Lexikon" von *Joseph Meyer* (52 Bde. seit 1840) *Ranke:* „Französische Geschichte" (5 Bde. bis 1861) * *Charles Taze Russell*, Begründer der pazifistischen „Ernsten Bibelforscher" in den USA († 1916) * *Hans Vaihinger*, dt. Philosoph des „Als-Ob" († 1933) Erste Eisenacher Konferenz der evangelischen Kirchenregierungen Deutschlands Römisch-germanisches Zentralmuseum in Mainz Erste engl. Volksbücherei in Manchester Germanisches Museum in Nürnberg gegrdt. (z. Kenntnis der dt. Vorzeit u. Entwicklung der dt. Kultur)
1853	Beginn des Krieges Rußlands gegen Türkei, Frankreich und Großbritannien („Krimkrieg" bis 1856) Christl. beeinfl. chines. Taiping-Sekte erobert Nanking (dieser verwüstende Aufstand dauert v. 1850–1865 u. schwächt China zugunst. der europäischen Mächte)	* *Isolde Kurz*, dt. Dichterin († 1944) *Ostrowski:* „Schuster bleib bei deinem Leisten" (russ. Schauspiel) *Stifter:* „Bunte Steine" (Novellen) † *Ludwig Tieck*, dt. Dichter (* 1773) *R. Wagner:* „Der Ring des Nibelungen" (Textdicht.)	*F. Chr. Baur:* „Das Christentum u. d. christl. Kirche d. ersten drei Jahrhunderte" (ev. Kirchengeschichte) *Austen Henry Layard* (* 1817, † 1894): „Niniveh and Babylon" (engl. Archäologie) *Kaspar Zeuß* (* 1806, † 1856): „Grammatica celtica" (Grundl. d. dt. Keltologie, 2 Bde.)

Naturalismus *Menzel*	*Verdi* *Schumann*	*Vergl. Geographie* *Tretkurbel-Fahrrad*	
Ch. Barry: Parlamentsgebäude in London (in engl. Neogotik s. 1840, von seinem Sohn vollendet) *Menzel:* „Flötenkonzert in Sanssouci" (Gem.) * *Friedrich Thiersch*, süddtsch. Baumeister († 1921)	*Ludwig Erk* (* 1807, † 1883) grdt. in Berlin Chor zur Pflege des Volksliedes * *Charles Stanford*, irisch-engl. Komponist, besonders von Chormusik († 1924) 1. Pariser Warenhaus Bau der Pariser (Markt-) „Hallen" (1970 abgerissen) Mehrheit der englischen Bevölkerung lebt in Städten	* *Henri Becquerel*, franz. Physiker, *Nobel*pr. 1903 für Entdeckung der radioaktiven Strahlg. († 1908) Versuche mit halbstarrem Luftschiff mit 3 PS Dampfmaschine von *Giffard* * *E. Fischer*, dt. Chem. († 1919) *Sam Fox:* Stahlgestell für Regenschirm * *Jacobus Hendricus van't Hoff*, holl. Physiko-Chemiker, Begr. d. Stereo-Chemie, *Nobel*pr. 1901 († 1911) *W. Lassel* baut Riesenreflektor a. Malta (1,20 m Durchm.), womit er über 600 Nebelflecke entdeckt * *Albert Michelson*, nordamer. Physiker († 1931) * *Henri Moissan*, frz. Chemik., *Nobel*pr. 1906 († 1907) * *William Ramsay*, engl. Chemiker († 1916) *Karl Ritter:* „Einl. zur allg. vergl. Geographie" (*R.* begrdte. Vergleichende Geographie) *Wolff* best. Periodizität d. Sonnenfleckenhäufigk. zu 11,1 Jahre Seewasseraquar. i. London Techn. Museum i. London Vierfarbenproblem (vgl. 1976)	Welthandel (in Mill. Pfund Sterling in Preisen 1929): 1852: 1 000 1900: 6 600 1913: 10 700 1950: 15 500 ≈ Männermode: Zylinder, Gehrock, lg. Beinkleid; Frack bei Feiern ≈ Frauenmode: Hellfarbig. Reifröcke aus leichten Stoffen; Dékolleté; große flache Hüte mit Samtbändern und Pleureusen ≈ England dominiert wirtschaftlich und in der Mode Victoria regia im Botan. Garten, Berlin (blühte 1851 im Herrenhausener Park b. Hannover erstmalig in Europa) Gelber Fluß (Hoangho) verlegt zum 10. Mal s. 602 v. Chr. s. Mündg., nunmehr an die heutige Stelle USA führt Spatzen aus England gegen Raupenplage ein
Johan Chr. Dahl (*1788, † 1857): „Winterlandschaft" (norw. Gem.) † *Pierre Fontaine*, franz. Baumeister (* 1762) * *Vincent van Gogh*, niederl. expressionistischer Maler († 1890) * *Ferdinand Hodler*, Schweiz. Monumentalmaler († 1918) * *Carl Larsson*, schwed. Maler († 1919) *Adolf Menzel* Prof. u. Akademiemitglied in Berlin	*Brahms:* Klaviersonate C-dur, op. 1 *R. Schumann:* Phantasie für Violine und Orchester *Verdi:* „La Traviata" und „Der Troubadour" (ital. Opern) *Heinr. Steinweg* (*1797, † 1871) grd. Klavierfabr. Steinway and Sons in New York	*Ph. M. Fischer:* Tretkurbel-Fahrrad *Krupp:* Nahtlose Eisenbahnräder * *Hendrik Antoon Lorentz*, niederl. Physiker († 1928) * *Wilhelm Ostwald*, dt. Chemiker und Philosoph, erforscht bes. Elektrolyse, Katalyse u. Farbenlehre; Philosophie der Energetik († 1932) Injektionsspritze v. *Pravaz* *W. Thomson* g. einwandfr. Definition der „Energie"; findet Frequenzformel für Schwingungskreise	1. internat. statistischer Kongreß in Brüssel Internationale Seefahrtskonferenz in Brüssel im Zeichen der Umstellung auf Dampf und verbesserter Seekarten „Die Gartenlaube" in Leipzig gegründet Erste Rohrpostanlage (London) = 50% d. engl. Bev. wohnt in Städten Preuß. Gesetz über Gewerbeaufsicht

	Zar Alexander II. Koalitionsverbot	Keller Freytag	Mommsen L. Büchner
1854	Dt. Bundestag erl. allgem. Koalitionsverbot, d. h. Verbot aller Arbeitervereine (Preußen, Sachsen, Bayern schon 1849; aufgeh. 1868, Sachsen 1861, Preußen 1867) Großbritannien erkennt den 1842 gegründeten Oranje-Freistaat an Gründung der Republikanischen Partei in den USA mit Programm gegen Sklaverei und für Hochschutzzölle Sprengung der japanischen Abgeschlossenheit durch u. für die weißen Mächte	*Freytag:* „Die Journalisten" (Lustspiel) † *Jeremias Gotthelf (Albert Bitzius)*, schweiz. Dichter (* 1797) *G. Keller:* „Der grüne Heinrich" (autobiographischer Schweizer Roman) *O. Ludwig:* „Die Heiterethei" (humor. Dorfgeschichte) *Ostrowski:* „Armut schändet nicht" (Schauspiel) *Scheffel:* „Der Trompeter von Säckingen" (lyrisches Epos) Uraufführung v. „Faust II" in Hamburg	* *Georg Kerschensteiner*, dt. Pädagoge; fördert Arbeits- u. Berufsschule († 1932) *Mommsen:* „Römische Geschichte" (3 Bde. b. 1855; 5 Bde. b. 1885) * *Paul Natorp*, dt. Philosoph, Neu-Kantianer († 1924) † *Friedrich Wilhelm Schelling*, dt. Philosoph des transzendentalen Idealismus (* 1775) *Rudolf Wagner* (*1805, †1864; Physiologe): „Über Wissen u. Glauben" (spiritualist. Auffass. d. Nerventätigkeit; dagegen polemisiert *Karl Vogt* [* 1817, † 1895] vom mehr materialist. Standpkt.) Katholisches Dogma der unbefleckten Empfängnis Mariä (d. h. Maria wurde ohne Erbsünde geboren)
1855	† *Nikolaus I.*, Zar von Rußland seit 1825 (* 1796) *Alexander II.* Zar v. Rußland (bis 1881 [†]). Unter seiner Herrschaft Aufhebung der Leibeigenschaft u. andere innere Reformen; Amurland, Kaukasien, Turkestan an Rußland Sewastopol von den Briten und Franzosen erobert; Russen siegen über die Türken ≈ Einwanderung i. d. USA 1820–1974 46,7 Mill., davon 77 % aus Europa	*Dumas* (Sohn): „Die Halbwelt" (franz. Schauspiel) *Freytag:* „Soll und Haben" (Roman) * *Ludwig Ganghofer*, dtsch. Schriftsteller († 1920) *Groth:* „Vertelln" (plattdeutsche Dorfgeschichten) *Hebbel:* „Agnes Bernauer" (Trauerspiel) *Longfellow:* „Hiawatha" (nordamer. Lyrik, wendet sich gegen jede Konvention) † *Adam B. Mickiewicz*, poln. Dichter; Hauptwerk „Dziady" („Ahnenfeier" 1832, * 1798) *Scheffel:* „Ekkehard" (Roman) *Turgenjew:* „Rudin" (russ. Roman) *Whitman:* „Grashalme" (nordamerikan. Lyrik, gegen jede Konvention)	*Arndt:* „Schriften für und an seine lieben Deutschen" (4 Bde. seit 1845) *Ludwig Büchner* (* 1824, † 1899, Bruder v. *Georg B.*): „Kraft u. Stoff" (materialist. Naturphilosophie in populärer Form; kostet ihn die akad. Stellung als Mediziner) *Gobineau:* „Versuch über die Ungleichheit der Rassen" (franz. Geschichtsphilosophie) † *Sören Kierkegaard*, dänisch. relig. Existenz-Philosoph; Gegner *Hegels*, bekämpfte Kirche zugunsten eines persönlichen Verhältnisses zu Gott (Vorläufer d. Existentialphilosophie des 20. Jh.) (* 1813) Konkordat mit Österreich beseitigt Reformen *Josephs II.* Techn. Hochschule Zürich gegr.

Courbet *Daumier*	*Wagner* *Liszt*	*Bessemer-Stahl* *Drucktelegraph*	
† *Karl Begas*, Berliner Maler (* 1794) † *Sulpiz Boisserée*, dt. Kunsthistoriker, betrieb mit seinem Bruder *Melchior Boisserée* (* 1786, † 1851) die Vollendung des Kölner Domes (* 1783) *Schwind:* „Aschenbrödel" (Märchenbilder) ~ *Waldmüller:* „Wienerwaldlandschaft" (Gem.) Glaspalast in München erbaut (brennt 1931 ab)	*Berlioz:* „Te Deum" (seit 1849) * *Engelbert Humperdinck*, dt. Komponist († 1921) *Liszt:* „Les Préludes" (Orchesterstück) *A. Rubinstein:* 2. Sinfonie (russ., Auff. in Leipzig) Selbstmordvers. *Rob. Schumanns* in geistiger Umnachtung *R. Wagner* beg. „Der Ring des Nibelungen" zu komp. („Das Rheingold", „Die Walküre", „Siegfried", „Götterdämmerung"; vollend. 1874)	* *Emil von Behring*, dt. Mediziner († 1917) *George Boole* (* 1815, † 1864) veröff. mathem. Logik („*B*'sche Algebra") * *Paul Ehrlich*, dt. Mediziner († 1915) *Geissler* u. *Plücker:* Elektrisches Entladungsrohr Vorläufer der elektrischen Glühlampe von *Goebel* *Joule* u. *W. Thomson:* Abkühlungseffekt realer Gase * *Henri Poincaré*, frz. Mathem., Physiker u. Philosoph († 1912) *Bernhard Riemann* begr. nichteuklidische Geometrie, in der es zu einer Geraden keine Parallele gibt Gebrüder *Schlagintweit* von Indien über Karakorumpaß nach Innerasien *W. v. Siemens:* Doppel-T-Anker *Sinsteden:* Blei-Akkumulator (1859 verbess.)	*Roger Benton:* 1. Kriegsfotos (i. Krimkrieg) *H. Brehmer:* Heilstätte f. Tuberkulose in Göbersdorf Anschlagsäulen von *Ernst Litfaß* i. Berlin Ital. Nachrichtenbüro Agenzia *Stefani* gegründet *H. Sainte-Claire Deville* findet Grundl. für industrielle Aluminium-Gewinnung Welterzeugung von Aluminium 20 kg je RM 2400 (1896: 1,8 Mill. kg je RM 2,60 1937: 490 Mill. kg je RM 1,33) Sturmkatastrophe i. Schwarz. Meer während d. Krimkrieges (führt 1863 zum 1. staatl. Wetterdienst in Frankreich)
J. Burckhardt: „Cicerone" (Kunstführer f. Italien) *Courbet:* „Blumen", „Das Atelier des Malers" (frz. Gem.) *Daubigny:* „Schleuse i. Tal" (frz. Landschaftsgemälde) *H. Daumier:* „Erinnerungen" (frz. Litographien); „Jesus und seine Jünger" (frz. Gem.) † *Jean Baptiste Isabey*, franz. Maler (* 1767) *Ludwig Knaus* (* 1829, † 1910): „G. F. Waagen" (Porträtgem. d. Dir. d. Berl. Gem.-Galerie) *Th. Rousseau:* „Am Waldrand von Fontainebleau" (frz. Gem.) *Eduard Schleich* (* 1812, † 1874): „Abendlandschaft" (Gem.)	*Liszt:* Klavierkonzert Es-dur, „Graner Festmesse", „Faust-Sinfonie" *Verdi:* „Sizilianische Vesper" (ital. Oper)  Heringsdorf/Usedom als Seebad genutzt Wellensittich kommt als Haustier nach Dtl. Mt. Everest als höchster Berg erkannt (vgl. 1823)	*Th. Addison* beschreibt die nach ihm ben. Krankheit *Henry Bessemer* (* 1813, † 1898) erf. Stahl-Massenerzeugung m. d. *B.*-Birne * *David Bruce*, engl. Tropenarzt, († 1931) *Fowler* u. *Eyth:* Dampfpflug *Garcia:* Kehlkopfspiegel † *Karl Friedrich Gauß*, dt. Wissenschaftl. (* 1777) Drucktelegraph von *Dav. Edw. Hughes* (* 1831, † 1900) *Kane* erreicht 80° n. Br. *Livingstone* entd. Victoriafälle b. s. Afrikadurchquerung 1853—56 * *Percival Lowell*, nordam. Astronom, († 1916) * *Oskar v. Miller*, dt. Ingenieur, († 1934) *A. R. Wallace:* „Gesetz, welches die Entstehung d. Arten reguliert hat" (unabh. v. *Darwin*)	Weltausstellung in Paris ~ Aufblühen des Klublebens in England *Edouard Ducpétiaux* (* 1804, † 1868): „Haushaltsrechnungen d. Arbeiterklassen in Belgien" (belg. sozialpolit. Statistik) ~ Erste Revolver-Drehbänke *C. A. Steinheil* (* 1801, † 1870) übernimmt die von *Fraunhofer* begr. Opt.-astron. Werkstätten, München 1. Warenhaus in Paris 1. Dampfschiff der HAPAG Sturmflut zerstört Alt-Wangerooge 1. dt. Lungen-Sanatorium (Schlesien)

	Internationales Seerecht	Hebbel Flaubert	Judenemanzipation
1856	Ende des Krimkrieges im Frieden von Paris: Teil Bessarabiens an die Türkei, Schwarzes Meer neutral; Rußl. verliert Vorherrschaft an Frankr., Balkan wird Spannungsfeld zw. Rußl. und Österreich Grundsätze des internationalen Seerechts werden aufgestellt * *Frank Kellog*, USA Staatsmann, bewirkt 1928 Kriegsächtungspakt, Friedens*nobel*preis 1929 († 1937) * *Woodrow Wilson*, 1913 bis 1921 Präsident der USA erhält Friedens*nobel*pr. 1919 († 1924)	*Ludwig Bechstein* (* 1801, † 1860): „Neues deutsches Märchenbuch" *Hebbel*: „Gyges und sein Ring" (Tragödie) † *Heinrich Heine*, dt. Dichter, s. 1831 als Journalist i. Paris (* 1797) *Ibsen*: „Das Fest auf Solhaug" (norweg. Schausp.) *G. Keller*: „Die Leute von Seldwyla" (Schweizer Novellen) *O. Ludwig*: „Zwischen Himmel und Erde" (Erzählung) *Mörike*: „Mozart auf der Reise nach Prag" (Novelle) *Raabe*: „Chronik der Sperlingsgasse" (Roman) * *George Bernard Shaw*, irisch-engl. Dichter, *Nobel*preis 1926 († 1950) * *Oscar Wilde*, engl. Dichter († 1900)	* *Sigmund Freud*, österr. Nervenarzt, Begründer der Psychoanalyse († 1939) *Franz Theodor Kugler* (* 1808, † 1858): „Geschichte der Baukunst" (5 Bde. b. 1873) *Lotze*: „Mikrokosmos" (3 Bde. b. 1864, vers. Idealismus mit Naturwiss. zu vereinigen) *Lorenz v. Stein* (* 1815, † 1890): „System der Staatswissenschaft" (2 Bde. seit 1852, gilt als maßgeb. Beitrag zur Gesellschaftslehre) ≈ (1850–80) Dynamisierung auch d. geistigen Lebens i. Zuge d. techn. Revolution (vgl. 1852 P)
1857	Kg. *Friedrich Wilhelm IV.* v. Preußen übergibt wegen geistiger Erkrankung seinem Bruder *Wilhelm (I.)* s. Vertretung (bed. liberalere „Neue Aera") Großbritannien wirft Aufstand in Indien nieder (vgl. 1858); besetzt mit Frankreich Kanton *Alexander Iwanowitsch Herzen* (* 1812, † 1870) gibt in London russ. Wochenblatt „Die Glocke" heraus (gesellschaftskritisch, bis 1867)	*Baudelaire*: „Die Blumen des Bösen" (franz. Gedichte) * *Joseph Conrad* (eigentlich *Korczeniowski*), poln.-engl. Dichter u. Seemann († 1924) *Dickens*: „Klein Dorrit" (engl. Roman) *Eichendorff*: „Geschichte der poetischen Literatur Dtls." † *Joseph von Eichendorff*, dt. Dichter (* 1788) *Flaubert*: „Madame Bovary" (frz. Roman) † *Alfred de Musset*, frz. romantischer Dichter (* 1810) * *Hendrik von Pontoppidan*, dänischer Dichter, *Nobel*preis 1917 († 1943) *Stifter*: „Nachsommer" (Roman) * *Hermann Sudermann*, dt. Dichter († 1928) *Turgenjew*: „Assja" (russ. Erzählung) *W. Raabe*: „Chronik d. Sperlingsgasse" (Berl. Roman)	*Henry Thomas Buckle* (* 1821, † 1862): „Geschichte der Zivilisation in England" (engl. Kulturgesch., b. 1861) † *Auguste Comte*, frz. Philosoph, Begr. d. Positivismus und der wiss. Soziologie (* 1798) *Karl von Gerok* (* 1815, † 1890): „Palmblätter" (religiöse Gedichte) *Friedr. Christoph Schlosser* (* 1776, † 1861): „Weltgeschichte für das deutsche Volk" (19 Bände) *F. Th. Vischer*: „Ästhetik oder die Wissenschaft des Schönen" (6 Bde. seit 1846) Judenemanzipation in England Universitäten Kalkutta, Bombay und Madras in Indien gegründet

Menzel Richter	Romantik Liszt	Pasteur Wetterkunde	
* *Hendrik Petrus Berlage*, niederländ. Baumeister († 1934) *Menzel:* „Théâtre du Gymnase" (Gemälde) *L. Richter:* „Vater unser" (Holzschnitte) * *Michail Wrubel*, russ.-ukrain. Maler († 1910)	*Liszt:* „Ungarische Rhapsodien" *Aimé Maillart* (* 1817, † 1871): „Das Glöckchen des Eremiten" (franz. Oper) † *Robert Schumann*, dt. Komponist, u. a. Liederzyklen wie „Frauenliebe u. -leben" (* 1810) * *Christian Sinding*, norweg. Komponist († 1941) Patholog.-anatom. Inst. d. Univ. Berlin Erster Neandertal-Schädel b. Düsseldorf gefunden (üb. 100 000 Jahre alt)	Bessemer Birne f. Stahlerz. *Brown-Séquard* weist Wichtigkeit der Nebenniere nach *Helmholtz:* „Handb. der physiolog. Optik" (bis 1866, mit Dreifarbentheorie des Sehens) *A. Krönig* u. *Clausius* (1857): Molekulare Theorie der Gase † *N. Iwanowitsch Lobatschewskij*, russ. Mathematiker, u. a. nichteuklidische Geometrie (* 1793) Photograph. Nachweis d. ultraviolett. Strahlen durch *Johann Heinrich Jacob Müller* * *Robert E. Peary*, Nordpolarforscher der USA, erreicht 1909 den Nordpol († 1920) Erster künstlicher Teerfarbstoff Mauvein v. *Perkin* Regenerativfeuerung von *E. Siemens*	Schwarzwaldbahn mit 40 Tunneln Ingenieur-Taschenbuch „Hütte" ersch. „Großes Konversations-Lexikon" von *Joseph Meyer* (52 Bde. s. 1840) * *Frederick Winslow Taylor*, nordam. Erfinder des nach ihm benannten, auf Zeitstudien beruhenden Arbeitssystems († 1915) *Leopold Sonnemann* (* 1831, * 1909) grdt. „Frankfurter Zeitung" (verbot. 1943) *E. A. Rossmässler:* „Der See im Glase" (1. dt. Aquarienkunde) Dt. „Zollpfund" zu 500 g eingeführt VDI in Berlin gegr.
* *Max Klinger*, dt. Maler, Bildhauer u. Graphiker († 1920) *Millet:* „Die Ährenleserinnen" (frz. Gemälde) † *Christian Daniel Rauch*, dt. Bildhauer (* 1777) *L. Richter:* „Das Lied v. d. Glocke" (Holzschnitte) *Schwind;* „Die sieben Raben" (Aquarell-Zyklus)	*Hans von Bülow* (* 1830, † 1894), dt. Dirigent, heiratet *Cosima* (* 1837, † 1930), d. Tochter *Franz Liszts*, die spätere Gattin *Rich. Wagners* (ab 1870) * *Edward Elgar*, engl. Komponist († 1934) † *Michail Glinka*, russ. Komponist, „Vater d. russischen Musik" (* 1804) * *Wilhelm Kienzl*, dt. Komponist († 1941) *Liszt:* Klavierkonzert A-dur	*Chr. H. Buys-Ballot:* Ges. üb. Luftdruckverteilung u. Bodenwinde † *Louis Augustin Cauchy*, frz. Mathematiker, schuf d. Theorie komplexer Funktionen (* 1789) *H. W. Dove:* „Gesetz der Stürme" (mit Winddrehungsgesetz) * *Heinr. Hertz*, dt. Physiker († 1894) *Pasteur* veröff. s. Arbeiten üb. Milchsäure- u. Alkoholgärung (frz. Anf. d. Bakteriologie) * *Ronald Ross*, engl. Tropenarzt, 1902 *Nobel*preis für Malariaforschung († 1932) * *Julius Wagner von Jauregg*, österr. Nervenarzt, findet Malaria-Behandlung der Paralyse, *Nobel*preis 1927 († 1940) Kugellager-Patent (Vorläufer 1829)	Erste Weltwirtschaftskrise (v. USA ausgehend) *v. Reuter* gründet sein engl. Pressebüro Ältester Alpenverein (Alpine Club in London) ~ Krinoline in der Frauenmode Intensive Versuche beginnen, das Matterhorn zu besteigen (erst nach 18 Vers. 1865 erfolgreich) Grdg. d. Norddt. Lloyd i. Bremen Wellenartiger Konjunkturverlauf (Zyklen) führt zum Bankkrach in New York

	Brit. Vizekg. i. Indien Garibaldi	Gontscharow Freytag	Ranke Dunant
1858	Aufhebung d. Ostindischen Kompanie und Übernahme der Herrschaft durch einen brit. Vizekönig Rivalität zw. Großbritann. und Rußland in Persien *Friedr. Wilhelm IV.*, König v. Preußen seit 1840, dankt wegen Krankheit ab. Prinz *Wilhelm* v. Pr. übern. Regentschaft, 1861 Kg. v. Pr. * *Michael Hainisch*, erster österreich. Bundespräsident 1920—1928 († 1940) * *Ludwig Quidde*, dt. Historiker und Politiker, Gegner *Wilhelms II.*, Friedens*nobel*preis 1927 († 1941) * *Theodore Roosevelt*, 1901 bis 1909 USA-Präsid., Friedens*nobel*preis 1906 († 1919)	*Arndt:* „Meine Wanderungen und Wandlungen mit dem Reichsfreiherrn *vom Stein*" (bringt Gefängnisstrafe) * *Carl Hauptmann*, dt. Dichter, Bruder von *Gerhart H.* († 1921) * *Josef Kainz*, Schauspieler in Meiningen, München, am Dt. Theater Berlin u. Wiener Burgtheater († 1910) * *Selma Lagerlöf*, schwed. Dichterin, *Nobel*preis 1909 († 1940) *Turgenjew:* „Das Adelsnest" (russ. Roman) Ständig. Marionettentheater in München von „Papa" *Joseph Schmid*	*Bernadette* (*Maria B. Soubirous* [* 1844, † 1879]) hat Marien-Visionen in einer Höhle bei Lourdes (Frkr.) (1933 heilig gesprochen) *Carlyle:* „Friedrich d. Große" (engl.) ~ *Rudolf Jhering* (* 1818, † 1892): „Der Geist des römischen Rechts auf d. verschiedenen Stufen seiner Entwicklung" (4 Bde. 1852 bis 1864) † *Robert Owen*, engl. Industrieller, führte soz. Reformen i. sein. Betrieben durch, legte Grund für Genossenschaftswesen (* 1771)
1859	† *Clemens* Fürst *Metternich*, österr. antiliberaler Staatsmann (* 1775) Italienisch. Befreiungskrieg mit führ. Rolle v. *Giuseppe Garibaldi* (* 1807, † 1882): Österreich verliert Lombardei im Kriege gegen Italien und Frankreich. Sardinien überläßt Frankreich Nizza und Savoyen Dt. Nationalverein gegrdt. (erstrebt liber. dt. Bundesstaat unt. preuß. Führung) *Bismarck* preuß. Gesandter in Petersburg * *Wilhelm II.*, Sohn *Friedrichs III.*, von 1888 bis 1918 dt. Kaiser († 1941) * *Jean Jaurès*, frz. Sozialist und Pazifist († 1914, erm.) Rußl. unterwirft Kaukasus	† *Bettina von Arnim*, dt. Dichterin, Schwester *Brentanos* (* 1785) *Dickens:* „Die Geschichte zweier Städte" (englischer Roman) * *Eleonora Duse*, ital. Schauspielerin († 1924) *Freytag:* „Bilder aus der deutschen Vergangenheit" (bis 1862) *Gontscharow:* „Oblomow" (russ. Roman des trägen Bürgers) † *Wilhelm Grimm*, deutscher Philologe (* 1786) * *Knut Hamsun*, norwegischer Dichter, *Nobel*preis 1920 († 1952) * *Verner von Heidenstam*, schwed. Dichter, *Nobel*pr. 1916 († 1940) * *Jerome K. Jerome*, engl. humorist. Dichter († 1927) *Fr. Reuter:* „Ut de Franzosentid" (Roman)	* *Henri Bergson*, franz. Philosoph und Psychologe („Elan vital") († 1941) * *John Dewey*, pragmatischer Philosoph und Pädagoge der USA († 1952) *H. Dunant* gew. auf dem Schlachtfeld von Solferino entsch. Eindrücke für seine Bemühungen um Verwundete u. Gefangene (vgl. 1864) * *Edmund Husserl*, dt. Philos. d. Phänomenologie († 1938) † *Th. Babington Macaulay*, engl. Politiker u. Historiker (* 1800) *Mill:* „Über d. Freiheit" *R. v. Mohl:* „Enzyklopädie der Staatswiss." (trennt Gesellschafts- u. Staatslehre) *Ranke:* „Englische Geschichte" (7 Bde. bis 1868) *Georg Voigt:* „Die Wiederbelebung d. klass. Altertums oder das erste Jahrh. des Humanismus" Endgültige Beseitigung der Inquisition in Italien Realgymnasium in Preußen erh. Hochschulberechtigung Dt. Juristentag gegründet

Menzel Böcklin	Gounod Offenbach	Darwin Virchow	
W. Busch: „Max u. Moritz" (humorist. Bilder mit Versen) * *Lovis Corinth*, dt. Maler d. Impress. († 1925) † *Ando Hiroshige*, jap. Maler (* 1797) *Menzel:* „Friedrich d. Gr. in Lissa" („Bonsoir Messieurs", Gem.) *L. Richter:* „Fürs Haus" (Holzschnitte) *Schwind:* „Morgenstunde" (Gem.) * *Giovanni Segantini*, ital. Maler († 1899) † *Joseph Stieler*, dtsch. Bildnismaler, unter a. *Goethe* (* 1781) * *Heinrich Zille*, dtsch. Zeichner des Großstadtmilieus († 1929)	*Cornelius:* „Der Barbier von Bagdad" (Oper) *C. Franck:* „Messe solennelle" (frz. Messe) * *Ruggiero Leoncavallo*, ital. Komponist († 1919) *Offenbach:* „Orpheus in der Unterwelt" (Pariser Operette) * *Giacomo Puccini*, ital. Komponist († 1924)	Entdeckg. d. Tanganjika- und Victoriasees (als Nilquelle) d. *Barton* und *Speke* Festlegung der Atomgewichte relativ zum Wasserstoff durch *Cannizzaro* * *Rudolf Diesel*, dt. Erf. († 1913) *Feddersen* weist elektrische Schwingungen i. Schwingungskreis durch oszillierende Funken nach † *J. Müller*, dt. Vorbereiter einer naturwiss. Physiologie (* 1801) * *Max Planck*, dt. Physiker († 1948) *Plücker* entdeckt Kathodenstrahlen (Elektronen) *Virchow* begründet Zellular-Pathologie (krank sind bestimmte Zellen)	*Cyrus Field:* Erstes transatlant. Kabel Nationaler Metallarbeiter-Gewerkverein in USA (nordam. Buchdrucker-GV 1850) Einführung der Bestimmungsmensur in den deutschen Studentenkorps China muß s. Häfen europ. Handel öffnen ~ Durch Sohlennähmaschine wird Schuhherstellung mechanisiert *Pullman:* Luxus-Eisenbahnwagen *G. F. Nadar* (Paris) Foto aus Fesselballon
Böcklin: „Pan im Schilf" (Gemälde) *Menzel:* „Studenten-Fackelzug" (Gem.) † *Alfred Rethel*, dtsch. antirevolut. Maler und Graphiker der Romantik (* 1816) * *Georges Seurat*, frz. Maler des Neo-Impressionismus († 1891) *Waldmüller:* „Die Nachbarn" (Gem.) *Whistler:* „Am Piano" (nordam. Gem.)	*Brahms:* Klavierkonzert d-moll *Gounod:* „Margarethe" (franz. „Faust"-Oper) † *Louis Spohr*, dtsch. Komponist, u. a. 15 Violinkonzerte (* 1784) *Verdi:* „Maskenball" (ital. Oper) *R. Wagner:* „Tristan und Isolde" (Musikdrama, aufgef. 1865)	* *Svante Arrhenius*, schwed. Naturforscher, 1903 *Nobel*preis für Theorie der elektrolytischen Dissoziation († 1927) ~ *M. Berthelot* (* 1827, † 1907): Synthese v. Alkohol, Benzol u. a. organ. Verbindungen. Spektralanalyse von *Bunsen* und *Kirchhoff* * *Pierre Curie*, frz. Physiker († 1906) *Darwin:* „Über die Entstehung d. Arten durch natürliche Zuchtwahl" (engl.) † *Alexander v. Humboldt*, dt. Naturforscher, begründete u. förderte zahlreiche Wissenschaften, gilt als einmalig in seinem umfass. Wissen (* 1769) *Niemann* entdeckt Kokain (Rauschgift) *G. Planté:* Blei-Akkumulator (vgl. 1854) Ges. f. Anthropologie in Paris gegrdt. (1869: Berl. Anthr. Ges.)	*Marx:* „Zur Kritik d. politischen Ökonomie" (sozialist. Nationalökonomie) Erdölgewinnung in Pennsylvanien (USA) u. Kaukasus beg. (ermögl. Petroleum-Beleuchtung) Grundstein f. neues Berliner Börsengebäude Gewerbefreiheit i. Österreich (1867 i. Staatsgrundges.) ~ 1859–65 gelingen 68 Erstbesteigungen i. d. Alpen

	Italien geeint Kg. Wilhelm I. v. Pr.	Turgenjew Dostojewskij	Burckhardt Psychophysik
1860	Kirchenstaat verliert Emilia, Marken u. Umbrien an Kgr. Sardinien, den Vorkämpfer für die ital. nation. Einheit Engl. und Frankr. besetzen Peking. Sonderrechte der weißen Mächte in China *Abraham Lincoln* Präsident der USA (bis 1865 [†, ermordet]), als Republikaner Gegner der Sklaverei * *Friedrich Naumann*, dt. christl.-sozial. Pol. († 1919) * *Ignazy Paderewski*, poln. Ministerpräs. 1919-1921 u. Klaviervirtuose († 1941) * *Raymond Poincaré*, französ. Staatsmann († 1934) Rußl. grdt. Wladiwostok Bauernaufst. i. Rußl.	† *Ernst Moritz Arndt*, dt. Dichter (* 1769) *Multatuli* (eig. *E. D. Bekker*, * 1820, † 1887): „Max Havelaar" (ndl. Roman, klagt Kolonialpolitik an) * *Mori Ogai*, japan. Dichter u. Faust-Übersetzer († 1922) *Ostrowski*: „Das Gewitter" (russ. Schauspiel) *Johan Ludw. Runeberg* (* 1804, † 1877): „Fähnrich Stals Erzählungen" (finn.) * *Anton Tschechow*, russ. Dichter († 1904) *Turgenjew*: „Am Vorabend" (russ. Roman) und „Erste Liebe" (russ. Erzählung) * *Clara Viebig*, dt. Romanschriftstellerin († 1952)	† *Ferdinand Christian Baur*, dt. evangel. Kirchenhistoriker (* 1792) *Jakob Burckhardt*, (* 1818, † 1897): „Die Kultur der Renaissance in Italien" (schweiz. kulturhistor. Werk) *Fechner*: „Elemente der Psychophysik" ~ Belebung der Pädagogik *Herbarts* durch *F. W. Dörpfeld* (* 1824, † 1873) u. a. *J. Scherr*: „Kulturgeschichte der deutschen Frau" † *Arthur Schopenhauer*, dt. Philosoph eines „pessimistischen Voluntarismus" (* 1788) 1. dt. Schulspeisung
1861	† Graf *Camillo Cavour*, Minister des Kgr. Sardinien, Vorkämpfer für die nationale Einheit Italiens (* 1810) *Viktor Emanuel II.* König d. verein. Italien (außer Rom und Venedig) mit Hauptstadt Florenz (bis 1878 [†]) † König *Friedr. Wilhelm IV.*, König v. Preußen 1840–58 (* 1795), s. Bruder *Wilhelm I.* Kg. v. Preußen bis 1888 (†) *Virchow* gründet „Dt. Fortschrittspartei" i. Preuß. (lib.) * *Maximilian Harden*, Gegner *Wilhelms II.* († 1927) Neue Verfass. in Österreich † Prinz *Albert* von Sachsen-Coburg-Gotha, Gemahl u. Vetter der engl. Königin *Victoria* (* 1819) Sezessionskrieg i. USA (vgl. 1865) Aufheb. d. Leibeigenschaft i. Rußl. (betr. 45 Mill. Bauern) Zentralregierg. i. Columbien Bürgerkrieg in Japan ersetzt Feudalordnung durch zentrale Kaisergewalt Türken vereinigen Moldau und Walachei zu Rumänien	*Dostojewskij*: „Aufzeichnungen aus einem Totenhaus" (russ. Erzählung aus sibir. Verbannung) *Fr. Reuter*: „Ut mine Festungstid", „Schurr-Murr" (plattdt. Erzählungen) † *Augustin Eugène Scribe*, frz. Bühnendichter; aus seiner literar. Werkstatt m. vielen Mitarbeitern gingen über 400 Schauspiele und 60 Operntexte hervor (* 1791) * *Rabindranath Tagore*, indischer Dichter u. Philosoph, *Nobel*preis 1913 († 1941)	*Bachofen*: „Das Mutterrecht" (B. gilt als Entdeck. dieser Rechtsform) † *Friedr. Karl v. Savigny*, dt. Jurist u. Staatsmann, Haupt der histor. Rechtsschule (* 1779) *Spencer*: „Education intellectual, moral, and physical" (engl. Pädagogik) * *Rudolf Steiner*, gründet Anthroposophische Gesellschaft 1912 († 1925) * *Alfred North Whitehead*, engl. Philosoph u. Mathematiker († 1947) Völkerkunde findet auf der Anthropologen - Versammlung in Göttingen erste Gruppenvertretung (1839: Gesellschaft für Ethnologie in Paris gegründet)

Thoma *Waldmüller*	*Romantik* *Wagner*	*Kolloidchemie* *Urvogel entdeckt*	Erstes deutsches Turnfest in Coburg (1861 in Berlin) Volksschulturnen f. Knaben in Preußen „Barren-Streit" zwischen deutschem u. schwedisch. Turnen ≈ Filzhut als Männerkopfbedeckung Erste Box-Weltmeisterschaft i. England (noch oh. Handsch.) USA - Erdölgewinnung 66000 t (1900: 8,4 Mill. t, 1938: 165 Mill. t) *Krupp:* Geschützrohre aus Gußstahl ~ Martini-Cocktail in Kalifornien Bahnverbindung München–Salzburg–Wien
† *Charles Barry*, engl. Baumeister (* 1795) * *J. Ensor*, belgischer Maler († 1949) † *Alexander Gabriel Decamps*, frz. Maler (* 1803) *Herman Grimm* (*1828, † 1901): „Das Leben Michelangelos" (Biographie) *Ingres:* „Türkisches Frauenbad" (franz. Gem.) *H. Thoma:* „Schwarzwaldbach" (Gem.) *Waldmüller:* „Heimkehr v. d. Kirchweih" (Gem.)	* *Gustav Mahler*, dt. Komponist († 1911) † *Friedrich Silcher*, dt. Komponist; u. and. Sammlung dt. Volkslieder mit eig. volkstüml. Komp. (* 1789) *Suppé:* „Das Pensionat" (gilt als Beg. d. Wiener Operette) * *Hugo Wolf*, dt. Komponist († 1903) *Pasteur* widerlegt Urzeugungs-Hypothese	*Bullock:* Rotations-Schnellpresse (ermögl. hohe Zeitungsauflagen) *Fiorelli:* Umfangr. Ausgrab. i. Pompeji u. Herkulaneum *Graham* begr. Kolloidchemie Gasmotor von *Lenoir* Gesetz der Geschwindigkeitsverteilung bei Gasmolekülen von *Maxwell* Linoleum von *Walton* *Burke* u. *Wills* durchqueren Australien v. Süden n. Norden (verhungern 1861 auf dem Rückweg) Erste Hinw. auf Tiefseeleben 1. Intern. Chemiker-Kongreß in Karlsruhe	
Feuerbach: „Nana Risi" (bis 1865 20 Bildn. von dieser Römerin) *Charles Garnier* (* 1825, † 1898): Pariser Oper (prunkvoller Neubarock b. 1875) *Knaus:* „Kartenspielende Schusterjungen" (Berlin. Gem.) * *Aristide Maillol*, frz. Bildhauer u. Graphiker († 1944) *Waldmüller:* „Die Gratulanten" (Gem.)	*Brahms:* Klavierquartett g-moll, op. 25 † *Heinrich Marschner*, deutscher Komponist (* 1795) *R. Wagners* Oper „Tannhäuser" fällt in Paris durch	*Fr. Wilh. Aug. Argelander* (* 1799, † 1875): Bonner Durchmusterung d. nördl. Sternhimmels (324192 Sterne s. 1852) Abessinien-Expedition v. *Th. v. Heuglin* (bis 1864) * *Frederick Gowland Hopkins*, engl. Chemiker, Nobelpreis 1929 († 1947) *Philipp Reis* (* 1834, † 1874): Telephon f. elektr. Tonübertrag. (vgl. 1876) *Semmelweis* veröffentlicht seine Hauptschrift über das Kindbettfieber (vgl. 1847) Herstellung v. Soda nach dem *Solvay*-Verfahren *Karl Weierstraß* (* 1815, † 1897): „Allg. Theorie d. analytischen Funktionen" (mathemat. Vertiefung d. Theor. komplexer Funktionen) Tägliche Sturmwarnungen und Wettervorhersagen auf Grund von Wetterkarten in England Entdeckung des fossilen Urvogels „Archäopteryx" in Solnhofen als Zwischenglied zw. Reptil u. Vogel	Weltindustrieprod. 14% gegenüber d. v. 1913; Reihenfolge d. Industriestaaten: Engl., Frkr., USA, Dtl. (1913: USA, Dtl., Engl., Frkr.) Kalifabrikation in Staßfurt beg. (Kalidüngung ab 1863) Pferdebahn i. London (die sich daraus entw. elektr. Straßenbahn 1952 eingezogen) Drahtseilbergbahn f. Lasten ~ Nur noch 300000 Indianer in den USA (das 1837 zugewies. Reservat wird weg. s. Bodenschätze laufend verkleinert) 1. öff. dt. Aquarium in Hamburg Weißhorn (Wallis, 4512 m) erstiegen Erstersteigung der Ötztaler Wildspitze (3744 m) ~ Londoner WC i. Stadtschloß Coburg

	Bismarck *Lasalle*	*Hebbel* *Hugo*	*„Rotes Kreuz"* *Entwicklungsphilosophie*
1862	* *Aristide Briand*, franz. Staatsmann, Friedens*nobel*preis 1926 († 1932) Vergebl. Versuch *Giuseppe Garibaldis* (* 1807, † 1882), Rom von den Franzosen zu befreien Vergeblicher polnischer Aufstand gegen Rußland (bis 1864) *von Bismarck* preuß. Ministerpräsident und Außenminister (bis 1890); führt gegen liberale Mehrheit d. preuß. Abgeordnetenhauses Heeresverstärkung durch (Verfassungsstreit 1866 beigelegt) Absetzung Prinz *Ottos* von Bayern als König von Griechenland; Nachfolger *Georg* von Dänemark bis 1913 (ermordet)	Debüt der *Sarah Bernhardt* (* 1844, † 1923) * *Otto Ernst (Schmidt)*, dt. Schriftsteller († 1926) *Flaubert:* „Salambo" (franz. Roman aus Karthago) *Fontane:* „Wanderungen d. die Mark Brandenburg" * *Gerhart Hauptmann*, dt. Dichter († 1946) *Hebbel:* „Die Nibelungen" (Trauerspiel) *V. Hugo:* „Die Elenden" (frz. sozial. Rom. i. 10 Bden) * *Maurice Maeterlinck*, belg. Dicht., *Nobel*pr. 1911 († 1949) † *Johann Nestroy*, österr. Possendichter (* 1801) * *Johannes Schlaf*, dt. Dichter, Freund v. *Holz* († 1941) * *Arthur Schnitzler*, österr. Dichter († 1931) *Turgenjew:* „Väter u. Söhne" (russ. Roman m. d. Begriff d. „Nihilismus") † *Ludwig Uhland*, deutscher Dichter (* 1787)	*Edmond* und *Jules de Goncourt:* „Die Frau im 18. Jahrhundert" (franz.) *L. Kellner* veröff. 1. dt. kathol. Geschichte der Pädagogik *Lassalle:* „Vom Wesen der Verfassung" (Rede) * *Friedrich Meinecke*, dt. liberal. Historiker († 1954) *Spencer:* „Ein System der synthetischen Philosophie" (engl. Evolutionsphilosophie, 10 Bde. b. 1893) Preuß. Akad. d. Wissensch. i. Berlin beg. Herausgabe d. „Corpus inscriptionum latinarum" (lat. Inschriftensamml., b. 1930 42 Bde.)
1863	* *Austen Chamberlain*, engl. Staatsmann, Friedens*nobel*preis 1925 († 1937) * *Arthur Henderson*, engl. Staatsmann, Friedens*nobel*preis 1934 († 1935) * *David Lloyd George*, engl. liber. Ministerpräs. († 1945) *Lasalle* gründet den „Allgemeinen deutschen Arbeiterverein" in Leipzig mit dem Ziel des allgemeinen gleichen direkten Wahlrechts u. Produktivgenossenschaften Baden regelt als 1. dt. Staat Verwaltungsgerichtsbarkeit (Hessen 1874, Württembg. 1876, Preußen 1872, Bayern 1878) Großbritannien, Frankreich und Spanien setzen den österreichischen Erzherzog *Maximilian* als Kaiser von Mexiko ein (bis 1867 [†])	* *Gabriele d'Annunzio*, ital. Dichter u. Politiker († 1938) * *Hermann Bahr*, österr. Dichter († 1934) * *Richard Dehmel*, dt. Dichter († 1920) * *Gustav Frenssen*, dt. Dichter und Pfarrer († 1945) † *Jacob Grimm*, dt. Sprachforscher (* 1785) † *Friedrich Hebbel*, dt. Dichter (* 1813) * *Arno Holz*, dt. Dichter († 1929) * *Konstantin Stanislavskij*, russ. Schauspieler u. Regisseur, begründet das „Moskauer Künstlerische Akademische Theater" († 1938) † *Alfred* Graf *de Vigny*, frz. Dichter; schrieb „Cinq-Mars" (1826), „Chatterton" (1835) u. a. (* 1797)	*J. St. Mill:* „Utilitarismus" (engl. Philos. d. Nützlichkeit) *Ernest Renan* (* 1823, † 1892): „Das Leben Jesu" (franz. histor. Bibelkritik) * *Heinrich Rickert*, dt. Philosoph, Neukantianer († 1936) * *Werner Sombart*, dt. Soziologe († 1941) 25 schweiz. Bürger grdn. Internationales Komitee v. Roten Kreuz (1917 Friedens*nobel*preis) Erster dt. „Roter Kreuz"-Verein gegründet Gründung des liberalen „Protestantenvereins"

			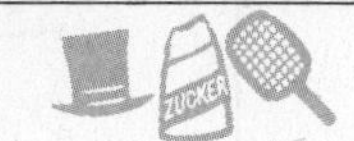
Schwind *Impressionismus*	*Liszt* *Verdi*	*Abstammungslehre* *Metallographie*	
A. Feuerbach: „Iphigenie" (1. Fass., Gemälde) *Charles Garnier* (*1825, † 1898) baut Große Oper in Paris (bis 1874) *Klenze* vollendet Propyläen in München (im Bau seit 1846) *Millet:* „Mann mit Hacke" (frz. realist. Gem.) *Schnorr v. Carolsfeld:* „Bibel in Bildern" (240 Zeichnungen, s. 1852) *Schwind:* „Die Hochzeitsreise" (Gemälde) Japan. Holzschnitte auf d. Londoner Weltausstellung *Disdéri:* „Die Photographie als bildende Kunst"	*Aristide Cavaillé-Coll* (* 1811, † 1899): Orgel i. St. Sulpice, Paris (gilt als Höhepunkt frz. Orgelbaus) * *Claude Debussy*, frz. impress. Komponist († 1918) *César Franck:* Sechs Stücke f. gr. Orgel (s. 1860, belg.) *Ludwig v. Köchel* (*1800, †1877): „Chronologisch-thematisch. Verzeichnis sämtlicher Tonwerke *W. A. Mozarts*" *Liszt:* „Legende v. der hl. Elisabeth" (Oratorium) *A. Rubinstein* grdt. Petersburger Konservatorium *Verdi:* „Die Macht des Schicksals" (ital. Oper) Dt. Sängerbund in Coburg gegr.	* *William Henry Bragg*, engl. Physiker, *Nobel*pr. 1915 († 1942) Messung der Lichtgeschwindigkeit mit Drehspiegel im Labor durch *Lion Foucault* (* 1819, † 1868) *Haeckel:* „Die Radiolarien" (4 Tle. b. 1888) * *David Hilbert*, dt. Mathematiker (bes. Grundlagenforschung, theoretische Logik) († 1943) * *Philipp Lenard*, dt. Physiker, *Nobel*preis 1905 für Elektronenforschung († 1947) *Julius Sachs* (*1832, †1897) entd. Photosynthese organischer Substanz aus Kohlensäure und Wasser mit Hilfe des Chlorophylls (Blattgrün) *Wöhler:* Azetylen aus Kalziumkarbid (wird ab 1906 z. Schweißen verw.)	*Adam Opel* (* 1837, † 1895) grdt. Nähmaschinenfabrik (prod. ab 1898 Kraftfahrzeuge) „Fortbildungsverein f. Buchdrucker" in Leipzig (gilt als 1. eig. dt. Gewerkverein) Weltausstellung in London Gründung der engl. Fußball-Association 1984 deutsche Turnvereine (6000 im Jahre 1900) Brit. Dampfer „Scotia" gew. „Blaues Band" des Ozeans mit 8 Tagen 2 Stunden Kempinski Weinstube i. Berlin, Friedrichstr.
Courbet: „Pferd im Walde" (frz. Gem.) † *Eugène Delacroix*, frz. realistisch. Maler (* 1798) *G. Doré:* Illustrationen zu „Don Quichotte" † *Heinrich Heß*, dt. Kirchenmaler (* 1798) *Manet:* „Das Frühstück im Grünen" (frz. impressionist. Gemälde) * *Edvard Munch*, norwegischer frühexpressionistischer Maler († 1944) *Rossetti:* „Beata Beatrix" (engl. Gemälde) *H. Thoma:* „Wasserfall bei St. Blasien" (Gem.)	*Bizet:* „Die Perlenfischer" (frz. Oper) * *Frederick Delius*, engl. Komponist († 1934) * *Pietro Mascagni*, ital. Komponist († 1945) *Suppé:* „Flotte Bursche" (Wiener Operette) * *Felix Weingartner*, österr. Dirigent und Komponist († 1942)  *E. Solvay* (* 1838, † 1922) grdt. i. Brüssel Sodafabrik (vgl. 1864)	*Theod. Billroth* (* 1829, † 1894): „Die allg. chirurg. Pathologie u. Therapie" *Fitz-Roy:* Wettervorhersage aus d. Beweg. von Luftmassenfronten *Peter Grieß* entd. d. ersten Azofarbstoff Anilingelb *Haeckel:* Mensch stammt v. affenähnl. Säugern ab *Helmholtz:* „Die Lehre v. d. Tonempfindungen" *Th. H. Huxley* (* 1825, † 1895): Mensch hat affenartige Vorfahren *Lyell:* „Das Alter d. Menschen" (wertet fossile Menschenreste aus) *Nobel:* Nitroglyzerin-Herstellung im großen *H. C. Sorby:* Mikroskopische Unters. d. Eisengefüges (Begr. d. Metallographie, vgl. 1878)	* *Henry Ford*, USA-Industrieller (†1947) * *William Randolph Hearst*, Zeitungsverleg. i. USA, errichtet größten Zeitungskonzern der Welt († 1951) *Lassalle:* „Ehernes Lohngesetz" (der durchschnittliche Lohn übersteige nie das Existenzminim.) Eröffnung der Londoner U-Bahn mit Druckluftbetrieb Farbenfabrik „Friedrich Bayer & Co.", „Meister, Lucius & Co." (Hoechst), „Kalle & Co." gegrdt. (mit and. zus. 1925: I. G. Farbenind. A.G.; vgl. 1865) 1. dt. Gesellschaftsreise von Breslau aus

	Sieg der Nordstaaten in den USA	*Whitman Stifter*	*Genfer Konvention Dt. Frauenverein*
1864	*von Bismarck* veranlaßt Krieg Preußens und Österreichs gegen Dänemark um Schleswig-Holstein, das Dänemark verliert; Schlacht bei den Düppeler Schanzen Gründung d. „Ersten Internationale“ in London durch *Karl Marx* (Leiter bis 1872) † (im Duell) *Ferdinand Lassalle*, dt. Sozialistenf. (* 1825) *Ludwig II.* Kg. v. Bayern (bis 1886) * *Eleutherios Venizelos*, griechisch. Republik., Ministerpräsid. 1910—15, 1917—20, 1928—32, 1933 († 1936) *Yakub Beg* (* 1820, † 1877, Mohammed.) reißt Turkestan v. China los (1878 zurückerob.) Streikrecht i. Frankr. (vgl. Spalte V)	*Georg Büchmann* (* 1822, † 1884): „Geflügelte Worte“ (Zitatensammlung) *Freytag:* „Die verlorene Handschrift“ (Roman) Gebr. *Goncourt:* „Germinie Lacerteux“ (frz. Rom. eines Dienstmädchens) * *Ricarda Huch*, dt. Dichterin, bes. geschichtliche Darstellungen († 1947) * *Erik Axel Karlfeldt*, schwed. Dichter, *Nobel*pr. 1931 († 1931) *Raabe:* „Der Hungerpastor“ (Roman) *Fr. Reuter:* „Ut mine Stromtid“ (Roman s. 1862) * *Hermann Stehr*, dt. Dichter († 1940) *J. Verne:* „Reise zum Mittelpunkt der Erde“ (frz. utop. Roman) * *Frank Wedekind*, dt. Dichter († 1918) Dt. *Shakespeare*-Ges. in Weimar gegründet	*Wilhelm Emanuel* Freiherr *von Ketteler*, Bischof von Mainz (* 1811, † 1877): „Die Arbeiterfr. u. d. Christentum“ *Lassalle:* „Kapital u. Arbeit“ (sozialist. Kritik am liberalist. Manchestertum) *Cesare Lombroso* (* 1836, † 1909): „Genie u. Irrsinn“ (ital. Psychiatrie) *H. Taine:* „Engl. Literaturgeschichte“ (frz. positivistisch-soziolog. Werk in 4 Bden. seit 1863) * *Max Weber*, dt. Soziologe: Soziologie als werturteilsfreie idealisierende Naturwissensch. († 1920) Päpstliche Enzyklika gegen Pantheismus, Naturalismus, Rationalismus, Liberalismus als „hauptsächlichste Irrtümer der Zeit“ Genf. Konvention über humane Behandl. verwund. u. kranker Kriegsgefangener (veranl. v. *Dunant)*
1865	Erfolgreicher Krieg Argentiniens, Brasiliens, Uruguays geg. Paraguay (bis 1870) *Gladstone* Führer der engl. Liberalen Nihilist. Ström. in Rußland Ende des Bürgerkrieges in USA m. Sieg d. industriellen Nordstaaten. Abschaff. der Sklaverei. Ermord. d. Präs. *Lincoln* (* 1809); *Andrew Johnson* (* 1808, † 1875) Präsident (bis 1869) Bildung d. Ku-Klux-Klan-Geheimbundes i. d. USA (negerfeindl., 1871 verbot.) * *Georg V.*, König v. Großbrit. (1910—36 [†]) * *Charles Gates Dawes*, Staatsmann der USA, Friedens*nobel*preis 1925 († 1951) * *Erich Ludendorff*, deutscher General und rechtsradikaler Politiker († 1937) * *Alfr. Hugenberg*, dtsch. rechtssteh. Polit. († 1951)	*Lewis Carroll* (eig. *Ch. L. Dodgson*, * 1832, † 1898): „Alice im Wunderland“ (engl. Kinderbuch) * *Max Halbe*, dt. Dichter († 1944) * *Rudyard Kipling*, engl. Dichter, *Nobel*preis 1907 († 1936) *Leskow:* „Ohne Ausweg“ (russ. Roman) † *Otto Ludwig*, dt. Dichter (* 1813) * *Dimitrij Mereschkowskij*, russ. Dichter († 1942) *Raabe:* „Die schwarze Galeere“ (Novelle) *Stifter:* „Witiko“ (Roman b. 1867) *Whitman:* „Drum Taps“ (nordam. Ged. aus d. Bürgerkrieg) * *William Butler Yeats*, irischer Dichter, *Nobel*preis 1924 († 1939)	* *John Mott* (USA), Vorsitzender des internationalen Missionsrates. Friedens*nobel*preis 1946 († 1955) *Nietzsches* Bordellerlebnis i. Bonn † *Pierre Joseph Proudhon*, frz. gesellschaftskrit. Schriftsteller, Mitbegründer des Anarchismus (* 1809) *Tuiskon Ziller* (* 1817, † 1882): „Grundlegung zur Lehre vom erziehenden Unterricht“ (untersch. n. *Herbart* d. 5 Formalstufen: Vorbereitung, Darbietung, Verknüpfung, Zusammenfass., Anwendung) „Allgemeiner dt. Frauenverein“ in Leipzig durch *Luise Otto-Peters* u. *Auguste Schmidt* gegründet Aufhebung d. Sklaverei i. d. USA

Manet *Corot*	*Wagner* *Bruckner*	*Maxwell* *Mendel*	
Corot: „Erinnerungen an Mortefontaine" (frz. Landschaftsgem.) * *A. v. Jawlensky*, russ. Maler († 1941) † *Leo Klenze*, süddt. Baumeister (* 1784) * *Henri de Toulouse-Lautrec*, franz. Maler; Schöpfer des künstlerischen Plakats († 1901) *Waldmüller:* „Vorfrühling im Wiener Wald" (Gem.) *Lartet* findet in La Madeleine Knochengravierung eines Mammuts (noch 1874 verwirft ein anthropologischer Kongreß alle Eiszeitkunst als Fälschung)	* *Eugen d'Albert*, dt. Pianist und Komponist franz. Herkunft († 1932) *Bruckner:* 1. Symphonie c-moll (aufg. 1868), Messe Nr. 1 in d-moll † *Giacomo Meyerbeer*, deutscher Komponist (* 1791) *J. Offenbach:* „Die schöne Helena" (Pariser Operette) * *Richard Strauss,* dt. Komponist († 1949)	*Svend Foyn:* Harpunenkanone f. Walfang *Holtz* u. *Töpler* (unabh.): Influenz-Elektrisiermaschine *Fr. Wilh. Junghuhn* (* 1809, † 1864) erforscht Java u. Teile Sumatras (s. 1839) *Fritz Mueller* (* 1821, † 1897): Individualentwicklung wiederholt Stammesentw. (vgl. 1872) * *Walther Nernst*, dt. Physiko-Chemiker; *Nobel*pr. 1920 († 1941) *Schweinfurth* erf. Ägypt. u. Ostsudan b. 1866 *Siemens-Martin*-Stahl unter Schrott-Verwertung * *Wilhelm Wien*, dt. Physiker, *Nobel*preis 1911 für Korpuskularstrahl-Versuche († 1928)	*Friedr. Wilh. Raiffeisen* (* 1818, † 1888) gr. erst. dt. ländl. Darlehenskassenverein Gründung d. *Schreber*-Gärten-Vereine durch *E. J. Hauschild* in Leipzig „Der Sozialdemokrat" (dt. Arbeiterzeitung) Öffentliche Anerkennung d. Arbeiter-Gewerkschaften in Frankreich Jährliche Soda-Weltproduktion 375 000 t (1900: 1 500 000 t, 1935: 4 800 000 t) *Pullman:* Schlafwagen Engl. Gäste verbringen 1. Wintersaison in St. Moritz
Corot: „Liegendes algerisches Mädchen" (frz. Gem.) *Courbet:* „Frauenakt" (frz. Gem.) ~ *Daumier:* „Die Lektüre", „Don Quichote und Sancho Pansa" (frz. Gem.) *G. Doré:* Illustrationen zur Bibel *Manet:* „Olympia" (franz. Gemälde) *Menzel:* „Krönung Wilhelms I. in Königsberg" (Gem.) † *Ferdinand Waldmüller*, österreichischer Landschafts- u. Genremaler (* 1793) *C. Bernard:* Experiment. Medizin	* *Paul Dukas*, franz. Komponist († 1935) *Liszt* läßt sich in Rom zum Abbé weihen *Meyerbeer:* „Die Afrikanerin" (Oper, posthum) *Rimsky-Korssakow:* Sinfonie es-moll (später i. e-moll umgearb., gilt als erste russ. Sinf. großen Stils) * *Jean Sibelius*, finn. Komponist († 1957) *Suppé:* „Die schöne Galathee" (Wiener Operette) *R. Wagner:* „Tristan u. Isolde" (Musikdrama; vgl. 1859); steht mit seiner chromatischen Auflockerung der Tonalität am Anfang ein. neuen musikal. Tonsprache 1. dt. Sängerfest, in Dresden	Durchquerung Nordafrikas (bis 1867) durch *Gerhard Rohlfs* (* 1831, † 1896) Einführung der „Entropie" als Maß der Umkehrbarkeit eines physikalisch. Vorganges d. *R. Clausius* *Fr. Galton:* „Vererbung v. Begabung u. Charakter" (engl. Genetik) † *William Rowan Hamilton*, engl. math. Phys. (* 1805) *August Kekulé* (* 1829, † 1896): Benzolmolekül hat Ringform Ermittl. der wahren Molekülgröße durch *Loschmidt* *Maxwell* folg. aus s. elektromagnetischen Theorie d. Existenz elektr. Wellen, einschl. d. Lichtwellen *Mendel:* „Versuche über Pflanzenhybriden" (mit d. Mendelsch. Vererbungsreg.; erst ab 1900 beachtet) * *Heinr. Rubens*, dt. Physik. u. Ultrarotforsch. († 1922)	„Dt. Tabakarbeiterverein" gegr. (Gewerkverein) Lohnstreik d. Leipz. Buchdrucker Dt. Gesellsch. z. Rettung Schiffbrüchiger gegr. Matterhorn-Ersteersteigung durch *Edward Whymper* (* 1840, † 1911), 4 Gefährten stürz. b. Abstieg tödlich ab Erste Rohrpostanlage in Berlin Pferdestraßenbahn i. Berlin (erste dt.) Grdg. d. Badischen Anilin- u. Soda-Fabr. i. Ludwigshafen (später zu I. G. Farben) Jhrl. Roheisen-Welterzeugung 10 Mill. t (1937: 104 Mill. t, 1950: 132 Mill. t)

	Bismarck USA kauft Alaska	Dostojewskij Ibsen	Frauenbewegung „Christl. Wissenschaft"
1866	*v. Bismarck* veranlaßt erfolgr. Krieg Preußens (verb. mit Ital.) geg. Österr. u. Dtsch. Bund. Schlacht b. Königgr. Friede zu Prag: Schlesw.-Holst., Hannov., Kurhess., Nassau u. Frankfurt./M. z. Preuß. Venedig z. Ital. Ende d. Dtsch. Bundes (seit 1815). Trenn. Österr. v. Deutschl. Abspaltung der bismarckfreundl. „Nationalliberalen" v. d. Fortschritts-Partei (schwächt liberal. Bürgertum) Prinz *Karl von Hohenzollern* Fürst von Rumänien * *James Ramsay Mac Donald*, engl. Premier († 1937) * *Sun Yat-sen*, Gründer der chines. republ.-demokr. Kuomintang-Partei († 1925)	* *Jacinto Benavente*, span. Dramatiker, *Nobel*preis 1922 *Dostojewskij:* „Schuld und Sühne" (russ. Roman) *Ibsen:* „Brand" (norweg. Schauspiel) * *Hermann Löns*, dt. Dichter († 1914) * *Romain Rolland*, franz. Dichter, *Nobel*preis 1915 († 1944) † *Friedr. Rückert*, dt. Dicht. u. Orientalist (* 1788) *Verne:* „Von der Erde zum Mond" (franz. utopische Erzählung) * *Herbert George Wells*, engl. gesellschaftskrit. Dichter u. Historiker († 1946)	*Mary Baker-Eddy* (* 1821, † 1910), gründet in Boston die „Christian Science" („Christl. Wissenschaft") * *B. Croce*, ital. Philosoph († 1952) † *Friedrich Adolf Wilhelm Diesterweg*, dt. Volksschulpädagoge (* 1790) *F. A. Lange:* „Gesch. des Materialismus u. Kritik s. Bedtg. in der Gegenwart" *Wilh. Adolf Lette* (* 1799, † 1868) grdt. „Verein zur Förderung der Erwerbsfähigkeit für d. weibliche Geschlecht" („Lette-Verein") *Luise Otto-Peters:* „Das Recht der Frau auf Erwerb" * *Nathan Söderblom*, ab 1914 schwedischer evang. Erzbischof v. Uppsala († 1931)
1867	*von Bismarck* erster Bundeskanzl. i. Norddtsch. Bund m. 22 Staaten nördl. d. Mains „Freikonservative Partei" spaltet sich in Preuß. v. d. Konservativen P. ab * *Walter Rathenau*, dt. Industr. u. Staatsm. († 1922, ermord.) Kaiser *Franz Joseph I.* Kön. v. Ungarn: Österr.-Ung. Doppel-Monarchie bis 1916 (†) Graf *G. J. Andrassy (d. Ä.)* ung. Ministerpräsident 2. vergebl. Versuch *Garibaldis*, Rom v. d. Franz. zu befr. Neutralitätserkl. Luxembgs. * *Jos. Pilsudski*, poln. Staatsmann († 1935) Wahlrechts- u. Parlam.-Ref. d. *Disraeli* i. Großbritannien Kanada britisch. Dominion USA kauft Alaska v. Rußld. f. 7,2 Mill. Dollar Mexiko wieder Republ. Erschieß. Kaiser *Maximilians* Ende d. Bürgerkrieg. i. Jap.	† *Charles Baudelaire*, franz. Dichter (* 1821) * *Rudolf G. Binding*, deutscher Dichter († 1938) * *Hedwig Courths-Mahler*, schreibt verbreitete Unterhaltungsromane († 1950) * *Max Dauthendey*, deutsch. Dichter († 1918) * *John Galsworthy*, engl. Dichter, *Nobel*preis 1932 († 1933) *Ibsen:* „Peer Gynt" (norw. Schauspiel) * *Luigi Pirandello*, ital. Dichter, *Nobel*preis 1934 († 1936) *Reclams* Universal-Bibliothek mit *Goethes* Faust I eröffnet (b. 1940 üb. 7500 Nummern) * *Natsume Soseki*, japanisch. Romandichter († 1916) * *Ludwig Thoma*, süddt. humoristisch. Dichter († 1921) *Zola:* „Thérèse Raquin" (frz. naturalist. Roman)	*A. I. Herzen:* „Erlebtes und Gedachtes" (russ. Biographie eines Sozialisten) „Nachhilfeschule" in Dresden von *H. E. Stötzner*, dem „Vater der Hilfsschule" Bayrisches Nationalmus., München, gegründet Heimvolkshochschulen für Erwachsenenbildung in Dänemark

Beginn des Impressionismus	*Smetana Liszt*	*Dynamoelektrisches Prinzip*	
Courbet: „Rehe im Walde" (frz. Gem.) *Feuerbach:* „Hafis am Brunnen", „Medea" (Gem.) * *Wassily Kandinsky*, russ. Maler des „absoluten" Stils († 1944) *Manet:* „Der Pfeifer" (frz. Gem.) * *Georg Minne*, belg. Bildhauer († 1941) *Monet:* „St. Germain l'Auxerrois in Paris" (frz. Gem.) *J. Polaert:* Justizpalast, Brüssel (beend. 1883) *L. Richter:* „Unser täglich Brot" (Holzschnitte)	*Bruckner:* Messe Nr. 2 in e-moll (aufgef. 1869) * *Ferruccio Busoni*, dt.-ital. Komp. u. Klaviervirtuose († 1924) *Suppé:* „Leichte Kavallerie" (Wiener Operette) *F. Smetana* (* 1824, † 1884): „Die verkaufte Braut" (tschech. Oper) *Ambr. Thomas* (*1811, † 1896): „Mignon" (franz. Oper) * *Alfred Werner*, schweiz. Chemiker, erforscht bes. Komplexverbindungen, *Nobel*preis 1913 († 1919),	*Ernst Abbe* (* 1840, † 1905) tritt i. d. *Zeiss*werke ein, wo er bes. Mikroskope entscheidend verbessert *E. Haeckel:* „Generelle Morphologie der Organismen" (Entwicklungsgeschichte) *Helmholtz:* „Hdb. d. physiol. Optik" (mit Dreifarbentheorie des Sehens) * *Thomas Hunt Morgan*, Vererbungsforscher der USA, *Nobel*preis 1933 († 1945) † *Bernhard Riemann*, dt. Mathematiker (* 1826) *Steinheil:* Aplanat (Photo-Objektiv) ~ Torpedo von *Whitehead* 1. Kunststoff Celluloid	Mit d. „National Labour Union" Anf. einer polit. Arbeiterbeweg. i. USA (best. b. 1874; in USA kommt es nicht zur Bildung ein. Arbeiterpartei) Inbetriebnahme des Nordatlantik-Kabels (vgl. 1858) ≈ Indianer-Reservation in den USA mit ungünstigen Lebensverhältnissen Dt. Buchdruckergewerkschaft
† *Peter von Cornelius*, dt. Maler (* 1783) *Corot:* „Bei Reims" (frz. Landsch.-Gem.) *Fantin-Latour:* Porträt *Manets* † *Jean Auguste Ingres*, frz. Maler (* 1780) * *Käthe Kollwitz*, dt. sozialist. Malerin und Graphikerin († 1945) Pariser Ausstellung mit *Courbet* und *Manet*. Frz. Impressionismus beginnt sich zu entwickeln † *Christian Morgenstern*, dt. Maler, Großvater d. *Dichters Chr. M.* (* 1805) * *Emil Nolde*, dt. Maler († 1956) † *Théodore Rousseau*, frz. Maler (* 1812) *Whistler:* „4 Symphonien in Weiß" (Bilder weißgekleid. Mädch., seit 1863) Pariser Japanmode	*Liszt:* „Ungar. Krönungsmesse" *Johann Strauß* (Sohn): „An der schönen blauen Donau" (Walzer) * *Arturo Toscanini*, ital. Kapellmeister, 1898 bis 1907 u. 1921 bis 1931 u. n. d. 2. Weltkrieg an der Mailänder Scala († 1957) *Tschaikowskij:* Symphonie Nr. 1 *Verdi:* „Don Carlos" (ital. Oper) *W. v. Siemens* u. *Wheatstone* (unabh.): Dynamoelektrisches Prinzip (gilt als Beg. der Elektrotechnik) Dt. Chem. Ges. in Berlin gegründet	*Richard Buchheim* (* 1820, † 1879) kommt v. Dorpat n. Gießen; entw. m. s. Schüler *Schmiedeberg* Heilmittellehre (Pharmakol.) * *Marie Curie*, geb. *Sklodowska*, polnisch-französ. Physikerin, *Nobel*preise 1903 u. 1911 († 1934) † *Michael Faraday*, engl. Physiker (* 1791) Massenwirkungsgesetz zur Berechnung chem. Prozesse v. *Guldberg* u. *Waage* Karbol-Antisepsis durch *Jos. Lister* (* 1827, † 1912) *Livingstone* erforscht Kongo-Gebiet (bis 1873) *J. Monier:* Eisenbetonbau *Nikolaus Otto* (* 1832, † 1891) u. *Eugen Langen* (* 1833, † 1895): Atmosphär. Gaskraftmaschine *A. Nobel:* Dynamit-Patent *A. Pokorny:* Jahresringe d. Bäume sind Klimaspiegel Schreibmaschine v. *Sholes*, *Soulé*, *Glidden* (ab 1873 von *Remington* produziert)	*K. Marx:* „Das Kapital. Buch I. Der Produktionsprozeß des Kapitals" (betont Ausbeutung d. Arbeiter durch den „Mehrwert" u. Konzentration d. Kapitals) Gründung eines dt. Zollparlaments Weltausstellung in Paris Brennerbahn eröffn. Erste Zahnradbahn (b. Philadelphia, USA) Rohrpost in Paris Entd. d. südafrikan. Diamantenfelder *Michaux:* Veloziped (Fahrrad mit Pedal)

	A. Bebel W. Liebknecht	Dostojewskij Verlaine	Frauenbewegung Haeckel
1868	† *Ludwig I.*, Kg. v. Bayern 1825–48; förd. Künste u. Wissenschaft; erst liberal, s. 1837 reaktionär (* 1786) *Gladstone* (liberal) brit. Premier b. 1874 (wieder 1881—84 u. 1886) Stürzung der Königin *Isabella II.* von Spanien durch liberale Generale * *Nikolaus v. Horthy*, ungar. Reichsverweser von 1920 bis 1944 († 1957) Usbekien kommt an Rußland Kubanischer Aufstand geg. Spanien (bis 1878) Negerstimmrecht in den USA (i. Süden oft unwirks.) Unterdrückung d. Sekte d. Niënfeï in NO-China (s. 1860)	* *Paul Claudel*, frz. Dichter († 1955) *Ch. de Coster:* „Tyll Ulenspiegel" (flämischer Roman) *Dostojewskij:* „Der Idiot" (russ. Roman, „Der Spieler" (Novelle) * *Stefan George*, dt. Dichter († 1933) * *Maxim Gorki* (eigentlich *Peschkow*), russ. sozialist. Dichter († 1936) *Raabe:* „Abu Telfan" (Roman) * *Wladislaw Reymont*, poln. Dichter; *Nobel*preis 1924 († 1925) *Scheffel:* „Gaudeamus" (Studentenlieder) † *Adalbert Stifter* (Freitod) österr. Dichter (* 1805)	*Haeckel:* „Natürliche Schöpfungsgeschichte" (allgemeinverst.) * *Alfred Weber*, dt. Soziologe und Volkswirtschaftler († 1958) Zusammenschluß der strengen Lutheraner in der „Allgemeinen lutherischen Konferenz" Hildesheimer Silberfund (vermutl. Tafelgeschirr d. röm. Feldherrn *Varus*) „Pfaffenspiegel" (antiklerikales Buch)
1869	* *Neville Chamberlain*, engl. Ministerpräsident 1937 bis 1940 (†) *Ulysses Simpson Grant* (*1822, †1885) Präsident der USA (bis 1877); unter ihm rücksichtslose republ. Parteiherrschaft Gründung der „Sozialdemokratischen Arbeiterpartei" in Eisenach durch *A. Bebel* und *W. Liebknecht* mit Anschluß an die „Erste Internationale", nimmt marxistisches „Eisenacher Programm" an *Rudolf Gneist* (* 1816, † 1895), liberaler preuß. Politiker, vergl. engl. und dt. Verwaltung. Fördert Einf. d. Verwaltungsgerichtsbarkeit * *Mahatma Gandhi*, Führer der indischen Selbständigkeitsbewegung († 1948) ~ *Meiji-Tenno Mutsuhito* (*1852, †1912) beseit. als absol. japan. Kaiser d. Einfluß der Kronfeldherren und europäisiert das Land	*Rob. Browning* (* 1812, † 1889): „Der Ring u. das Buch" (engl. Dichtung) *Flaubert:* „Die Erziehung des Herzens" (franz. Rom.) * *André Gide*, frz. Dichter († 1951) *Jules* und *Edmond de Goncourt:* „Madame Gervaisais" (frz. Roman) * *Rudolf Herzog*, schreibt Unterhaltungsromane († 1943) † *Alphonse de Lamartine*, frz. Dichter (* 1790) *Tolstoi:* „Krieg u. Frieden" (russ. historischer Roman, s. 1864) *Verlaine:* „Galante Feste" (franz. Dichtung) *Verne:* „20000 Meilen unter dem Meere" (franz. utop. Erzählung)	20. Allg. Konzil im Vatikan bis 1870 *Ed. von Hartmann:* „Philosophie des Unbewußten" *J. St. Mill:* „Die Hörigkeit der Frau" (für d. Frauenstimmrecht) *W. H. Riehl:* „Naturgeschichte des Volkes" *Hippolyte Taine:* „Philosophie der Kunst" (frz.) Physik wird Lehrfach in Eton (Mathematik s. 1851) Musikhochschule Berlin (vgl. 1843) Grundstein für Schloß Neuschwanstein i. Bayern

Manet *Monet*	*Wagner* *Brahms*	*Periodisches System* *Stern-Spektroskopie*	
* *Peter Behrens*, dt. Baumeister († 1940) *H. Daumier:* „Das Drama" (frz. Gem.) *Degas:* „Das Orchester" (frz. Gem.) *R. Henneberg:* „Die Jagd nach d. Glück" (gilt als kennz. f. eine kitschige Malweise) *Manet:* „Emile Zola" (franz. Gemälde) *H. Makart:* „Die Pest v. Venedig" (Gem.) *Cl. Monet:* „Das Frühstück i. Zimmer" (frz. Gem.) *Renoir:* „Das Ehepaar Sisley" (franz. Gem.) * *Max Slevogt*, dt. Maler und Graphiker († 1932)	* *Granville Bantock*, engl. Komponist († 1946) *Brahms:* „Ein deutsches Requiem" (Chorwerk) *Bruckner:* Messe Nr. 3 in e-moll (aufgef. 1869) † *Gioacchino Rossini*, ital. Opernkomponist (* 1792) * *Max von Schillings*, dt. Komponist († 1933) *R. Wagner:* „Die Meistersinger von Nürnberg" (Oper) *Rohlfs* beg. Erforschg. d. Libyschen Wüste (b. 1879) Fund d. prähistor. Cro-Magnon-Menschen	* *Fritz Haber*, dt. Chemiker, *Nobel*pr. 1918 († 1934) *Louis D. de Hauron* (* 1837, † 1920) entd. Prinzip der 3-Farben-Photographie *W. Huggins* bestimmt Sterngeschwindigkeiten aus dem *Doppler*-Effekt *Janssen* entdeckt Helium-Linien im Sonnenspektrum (1895 als Edelgas auf der Erde festgestellt) * *Robert Andrews Millikan*, nordam. Physiker; *Nobel*preis 1923 († 1953) * *Theodore William Richards*, nordam. Chemiker, *Nobel*preis 1914 († 1928) *F. v. Richthofens* Forsch.-Reis. in China (b. 1872) Elektr. Element v. *Lechlanché* (Grundl. d. Trockenbatterien)	Beg. d. dt. Gewerkschaftsbewegung: „Allgemeiner Deutscher Arbeiterschaftsverband" (Grundl. d. „freien" Gewerkschaften); dagegen sozialdemokratisch-marxistische „Gewerkvereine"; außerdem „Verband d. Dt. Gewerkvereine" v. *Hirsch-Duncker* als „wirtschaftsfriedliche" Verbände Gründung des Jockey-Klubs in Wien Schulturnen in Österreich Erstbesteigung des Elbrus i. Kaukasus (5692 m)
† *Carl Gustav Carus*, dt. Maler, Arzt und Psychologe (* 1789) *Feuerbach:* „Orpheus u. Eurydike" (Gem.) * *August Gaul*, dt. Tierbildhauer († 1921) *Manet:* „Erschießung Kaiser Maximilians", „Das Frühstück" (franz. Gemälde) * *Henri Matisse*, frz. express. Maler († 1954) † *Friedrich Overbeck*, dt. Maler (* 1789) * *Hans Poelzig*, dt. Baumeister († 1936) *Renoir:* „Im Sommer" (frz. Gem.) * *Fritz Schumacher*, dt. Baumeister, besond. in Hamburg tätig († 1947) * *Frank Lloyd Wright*, nordamer. Baumeister († 1959)	† *Hector Berlioz*, frz. Komponist (* 1803) * *Sidney Jones*, engl. Komponist († 1914) † *Karl Loewe*, deutsch. Komp., schrieb etwa 400 Balladen (* 1796) * *Hans Pfitzner*, dt. Komponist († 1949) *R. Wagner:* „Rheingold" (Oper) * *Siegfried Wagner*, vorehelicher Sohn *Richard Wagners*, deutsch. Komponist († 1930) *Georg Schweinfurth* (*1836, † 1923): Reisen zwischen Nil und Kongo (b. 1872) * *Hans Spemann*, dt. Entwicklungsphysiol. († 1941) * *Charles Thompson Wilson*, engl. Physiker († 1959)	*Alfred E. Brehm* (* 1829, † 1884): „Tierleben" (6 Bde. s. 1864); gründet Aquarium Berlin *Francis Galton* (* 1822, † 1911): Galtonsche Regel der Streuung vererbter Merkmale *Gramme:* Ringanker für elektr. Maschinen *Hittorf* entdeckt magnet. Ablenkbarkeit der Kathoden-(Elektronen-) Strahlen *P. Langhans* erk. Bedtg. d. Bauchspeicheldrüsen (Anfänge d. Hormonforschg.) *O. Liebreich:* Schlafmittel Chloralhydrat (1. künstl.) Period. System der chem. Elemente von *Dim. Iwan. Mendelejew* (*1834, †1907) u. *Lothar Meyer* (*1830, †1895) *F. Miescher* entd. Nukleinsäuren Sahara- und Sudan-Reisen von *Gustav Nachtigal* (* 1834, † 1885) bis 1874 Fließband im Schlachthof Chikago (gilt als 1. Fließb.)	Gewerbeordnung f. d. Norddt. Bund (süddt. Länder schließen sich an) Vollend. des 1859 begonn. Suezkanals durch *Ferd. de Lesseps* (* 1805, † 1894) O-W-Eisenbahnverbindg. d. USA Zelluloidfabrikation v. *Hyatt* nach *Parkes* *Emil Ritter v. Skoda* (* 1839, † 1900) grdt. Industriewerke in Böhmen *Napoleon III.* regt d. Herstellung v. Margarine (aus Rindertalg) an (erste Fabrik 1871 in Paris) Dt.-österr. Alpenverein gegründet Gr. Zinne/Dolomit. erstiegen Postkarte in Österr. (1870 in Norddtl.) Fahrrad mit Hinterrad-(Ketten-) Antrb.

	Dt.-frz. Krieg	Dostojewskij Zola	Unfehlbarkeits-Dogma
1870	Streit Frankr.-Preuß. um span. Thronflg.: *Bismarck* löst d. Kürzung d. „Emser Depesche" frz. Kriegserklärung aus Schlacht bei Sedan: *Napoleon III.* gefang. Anschl. d. süddt. Länd. a. Norddt. Bund Kathol. Zentrumspartei in Deutschl. gebildet (bis 1933) * *Rosa Luxemburg*, poln.-dt. Marxistin († 1919) * *Wladimir Iljitsch Lenin*, russ. Bolschewist u. Staatsmann d. UdSSR († 1924) Kirchenstaat zu Italien † *Robert Lee*, nordamerik. General der Südstaaten im Sezessionskrieg (* 1807)	*Anzengruber*: „Der Pfarrer von Kirchfeld" (Schauspiel) * *Iwan Bunin*, russ. Dichter, *Nobel*preis 1933 † *Charles Dickens*, englisch. Dichter (* 1812) † *Alexandre Dumas* (Vater), franz. Dichter (* 1802) † *Jules de Goncourt*, franz. Dichter (* 1830) *Gontscharow*. „Der Absturz" (russ. Rom.) *Aleksis Kivi* (* 1834, † 1872): „Die sieben Brüder" (finn. Roman) *Wilhelm v. Kügelgen*, dt. Maler (* 1802, † 1867): „Jugenderinner. eines alten Mannes" *Raabe*: „Der Schüdderump" (Roman)	* *Alfred Adler*, österreichischer Arzt und Begründer der „Individualpsychologie" († 1937) Ende des Kirchenstaates Dogma von der Unfehlbarkeit des Papstes „ex cathedra" auf dem Vatikanischen Konzil. Gegner: Altkatholiken Neue Form d. Realschule i. Preuß. (ab 1882 Oberrealschule) Schulges. i. Engl., fördert die staatl. subventionierte interkonfessionelle Gemeindeschule; Schulpflicht In Cambridge beg. engl. akadem.-volksbildnerische „University Extension"
1871	„Kommune" i. Paris blutig unterdrückt Dt. Armeen nehmen Paris Friede zu Frankfurt/Main: Els.-Lothr. als Reichsland zu Dtschl., Frankr. muß 5 Mlrd. Fr. Kriegsentschäd. zahlen *Thiers* Präsident der (3.) Republik Frankreich (bis 1873) Durch Initiative *v. Bismarcks* läßt sich *Wilh. I.* i. Versailles z. Dt. Kais. ausruf. (18. Jan.) Deutscher Reichstag nimmt Verfassung an. *v. Bismarck* 1. Reichskanzler (bis 1890) * *Friedr. Ebert*, dt. Sozialdemokr. u. Reichspräsident († 1925) * *Karl Liebknecht*, dt. Marxist († 1919) *Andrassy* österr.-ungar. Außenminister b. 1879 Rom nach Räum. durch d. Franz. Hauptstadt v. Italien * *Grigori Rasputin*, russ. Mönch und Zarengünstling (ermordet 1916) „Wacht auf, Verdammte dieser Erde" (die „Internationale", sozialist. Kampflied)	† *Willibald Alexis* (eigentlich *Häring*), norddt. Dichter (* 1798) *Anzengruber*: „Der Meineidbauer" (Schauspiel) *Dostojewskij*: „Die Dämonen" (russ. Roman) * *Theodore Dreiser*, nordam. Romanschriftst. († 1945) *Geibel*: „Heroldsrufe" (tritt i. polit. Gedicht f. preuß. Kaisertum ein) *O. Ludwig*: „Shakespeare-Studien" (posthum) * *Heinrich Mann*, dt. Dichter, Bruder *Th. Manns* († 1950) *C. F. Meyer*: „Huttens letzte Tage" (Schweizer Dichtung) * *Christian Morgenstern*, dt. Dichter († 1914) *Ostrowski*: „Der Wald" (russ. Schauspiel) *Turgenjew*: „Frühlingswogen" (russ. Erzählungen) * *Paul Valéry*, frz. Dichter († 1945) *Zola*: „Rougon-Macquart" (franz. Romanfolge in 20 Bänden bis 1893)	*Emerson*: „Essays" (USA) *Mommsen*: „Römisches Staatsrecht" *Nietzsche*: „Die Geburt d. Tragödie aus d. Geist d. Musik" (spiegelt d. junge Freundschaft mit *R. Wagner*) „Gesellschaft f. Verbreitung v. Volksbildung" i. Dtl. (v. *Fr. Leibing* u. *Fr. Kalle*) Dt. Reichsstrafgesetzbuch (bis heute [1970] häufig verändert, aber nicht grundlegend erneuert) Erste Medizin-Studentinnen (Universität Zürich) Aufhebung der Negersklaverei in Brasilien

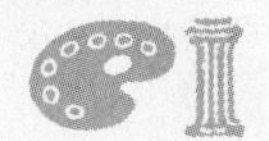			
Courbet *Cézanne*	*Verdi* *Wagner*	*Darwin* *Schliemann*	
* *Hans Baluschek*, dt. Großst.-Maler († 1935) * *Ernst Barlach*, dt. Bildhauer, Graphiker und Dichter († 1938) *W. Busch:* „Der hl. Antonius" *Courbet:* „Die Welle" (frz. Gem.) * *Fritz Klimsch*, dt. Bildhauer *Manet:* „Landungsbrücke in Boulogne" (frz. Gem.) *Marées:* „Bad d. Diana" (Gem.) *Gust. Wappers* (* 1803, † 1874): „Karl I. auf d. Weg z. Schafott" (belg. Gem.)	*Delibes:* „Coppelia" (frz. Ballett) *Tschaikowskij:* Ouvertüre zu „Romeo und Julia" *R. Wagner:* „Die Walküre" (Oper), Pariser Fassung v. „Tannhäuser" (mit Ballettszene) *Richard Wagner* heiratet *Cosima von Bülow*, die Tochter *Franz Liszts*  5434 Bilder i. Pariser Kunstsalon (vgl. 1806)	*Billroth:* Kehlkopf-Exstirpation *A. Dohrn* grdt. Zool. Station Neapel Kaiser-*Franz-Joseph*-Fjord in Ostgrönland durch *Koldewey* entdeckt * *Arthur Korn*, dt. Physiker *Monier:* Eisenbetonbau *Prschewalskij* erforscht auf vier Reisen Innerasien (bis 1888) *Schliemann* gräbt 9 Schichten d. antiken Trojas aus; findet 1873 m. s. griech. Frau d. „Schatz d. Priamos" (irrt sich i. d. Identif. d. Trojas *Homers*)	*John D. Rockefeller* grdt. in USA Standard Oil Company (1882 entst. d. Standard Oil Trust) Dt. Bank gegr. Notenuml. in Dtschl. ca. 80fach; Außenhandel pro Kopf ca. 4fach gegenüb. 1850 Energieaufwand in England 4 Mill. PS; in Deutschland 2,5 Mill. PS *Heinrich Stephan* führt Postkarte ein Telegraphenverbdg. London—Kalkutta ~ Krinoline verschwindet aus der Frauenmode
~ *Cézanne:* „Stilleben" (frz. Gem.) ~ *Corot:* „Die Dame mit d. Perle" (frz. Gem.) ~ *Courbet:* „Uhu ein Reh anschneidend" (frz. Gem.) * *Lyonel Feininger*, am. Maler († 1956) *Feuerbach:* „Iphigenie" (2. Fass., klassizist. Gem.) * *Hugo Lederer*, dtsch. Bildhauer; u. a. *Bismarck*-Denkmal in Hamburg († 1940) ~ *Manet:* „Platzende Granate" (frz. Gem.) *Menzel:* „Abreise König Wilhelms I. zur Armee" (Gem.) † *Viktor Müller*, süddt. Maler (* 1829) *Rossetti:* „Dantes Traum" (engl. Gemälde) * *Georges Rouault*, frz. express. Maler († 1958) † *Moritz von Schwind*, dt. Maler (* 1804)	 † *Daniel Auber*, frz. Komponist (* 1782) *Bruckner:* 2. Symphonie c-moll (aufgeführt 1873) *Verdi:* „Aida" (ital. Oper, Urauff. in Kairo anläßl. d. Eröffnung des Suezkanals 1869)  ~ Rasche Fortschritte der Chirurgie i. d. 2. Hälfte des Jahrhunderts durch A- und Antisepsis (vgl. 1847 u. 67) u. Narkose (vgl. 1846, 47, 84, 85, 94, 98) (auch 1872) 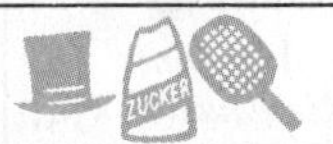 Berlin wird Dt. Reichshauptstadt mit 0,93 Mill. Einw; 1880 1,3 Mill.	*Ch. Darwin:* „Die Abstammung d. Menschen" (folgert Herkunft aus d. Tierreiche; ruft heftige weltanschauliche Kämpfe hervor, die in d. Sache zugunsten d. Darwinismus verlaufen) *A. Hansen* entd. Leprabazillus Photographische Trockenplatte von *R. L. Maddox* (*1816, † 1920) (Bromsilber-Gelatine) *Maxwell:* Licht ist elektromagnetischer Wellenvorgang *Mendelejew* sagt auf Grund d. Period. Systems 3 noch unbek. chem. Elemente voraus, die als Gallium (1875), Scandium (1879) u. Germanium (1886) gefunden werden * *Ernest Rutherford*, engl. Physiker, *Nobel*preis 1908 († 1937) *Stanley* findet *Livingstone* in Ostafrika Vollendung des Mont-Cenis-Tunnels (12 km), seit 1860 im Bau Rigi-Zahnradbahn	Einwohnerzahl in Deutschland 41 Mill. (1841 : 33 „ 1933 : 66 „) In Deutschland auf 1000 Einwohner: Eheschließungen 8,2 (1841 : 8,2 1933 : 9,7) Lebendgeborene 34,5 (1841 : 36,4 1933 : 24,7) Totgeborene 1,4 (1841 : 1,5 1933 : 0,4) Sterbefälle 29,4 (1841 : 26,2 1933 : 11,2) Anerkenn. d. Trade-Unions (engl. Gewerksch.) bei d. Abfassung v. Arbeitsverträgen Staatl. Wetterdienst in USA Großbrand vernichtet Stadtkern v. Chikago Metallarbeiterstreik i. Chemnitz

	Kulturkampf *Drei-Kaiser-Bündnis*	*Tolstoi* *Freytag*	*Nietzsche* *Bakunin*
1872	Allg. Wehrpflicht i. Frankr. *Bismarck* beginnt „Kulturkampf" gegen katholische Kirche mit Ausweisung der Jesuiten „Verein für Sozialpolitik" gegründet (reformistischer „Katheder-Sozialismus") * *Karl Helfferich*, dt. Finanzmann und deutschnationaler Politiker († 1924) * *Wilhelm Miklas*, österr. Bundespräsident 1928 bis 1938 Brasilien erhält Nord-Paraguay Mohammedaneraufstand i. Turkestan (s. 1864) v China unterworfen	*Samuel Butler* (* 1835, † 1902): „Der Weg allen Fleisches" (engl. autobiogr. Roman, veröff. 1903) Debüt der *Eleonora Duse* *Freytag:* „Die Ahnen" (Romanfolge in 6 Bänden bis 1880) † *Franz Grillparzer*, österr. Bühnendichter (* 1791) *Leskow:* Die „Domherren" (russ. Rom.) *Longfellow:* „Christus" (nordam. Epos) *Ostrowski:* „Wald" (russ. Schauspiel)	*von Bodelschwingh* übernimmt Anstalt für Epileptiker in Bethel (gegründet 1867) *Du Bois Reymond:* „Die Grenzen des Naturerkennens" („Ignoramus et ignorabimus" = Wir wissen es nicht u. werden es nicht wissen) † *Ludwig Feuerbach*, dt. Philosoph (* 1804) * *Ludwig Klages*, dt. Philosoph und Psychologe († 1956) * *Bertrand Russell*, engl. Philosoph und Mathematiker († 1970) *D. Fr. Strauß:* „Der alte u. der neue Glaube" (evolutionist. Fortschrittsphilos.) Verbot des Jesuitenordens in Deutschland (1904 teilweise, 1917 ganz aufgehoben) Staatliche Schulaufsicht in Preußen
1873	*Mac-Mahon*, Präsident von Frankreich (bis 1879) † *Napoleon III.*, ehem. Kaiser von Frankreich, in England (* 1808) Ausrufung einer spanischen Republik (bis 1874) Drei-Kaiser-Bündnis (Deutschland, Österreich u. Rußland) in Berlin geschlossen (bis 1886)	* *Henry Barbusse*, frz. soz. Dichter u. Pazifist († 1935) † *Alessandro Manzoni*, ital. Dichter; strebte d. Toskanische als ital. Einheitssprache an (* 1785) *C. F. Meyer:* „Das Amulett" (schweiz. Nov.) *Ostrowski:* „Schneeflöckchen" (russ. Märchen) * *Max Reinhardt*, dt. Theater-Regisseur († 1943) *Storm:* „Viola tricolor" (Novelle) *Tolstoi:* „Anna Karenina" (russ. Roman b. 1876) *Verne:* „Die Reise um die Erde in 80 Tagen" (franz. utopische Erzählung) Freundschaft *Verlaines* m. *Jean Arthur Rimbaud* (*1854, † 1891) s. 1871; *V.* verwund. *R.* i. Streit (veröff. 1886 *R.s* Gedichte „Illuminations")	* *Gertrud Bäumer*. dt. Frauenrechtlerin u. Schriftstellerin († 1954) *Michael Alexandrowitsch Bakunin* (* 1814, † 1876): „Staat und Anarchie" (russ. Philosophie des Anarchismus, Trennung von *Marx*) *Bismarcks* „Maigesetze" in Preußen regeln Ausbildung, Anstellung und Rechte der Geistlichen (starker kathol. Widerst.; vgl. 1886 u. 1887) † *John Stuart Mill*, engl. Philosoph und Volkswirtschaftler (* 1806) *Nietzsche:* „Unzeitgemäße Betrachtungen" (bis 1876, m. Verherrlichung *Wagners*); „Die Philosophie im tragischen Zeitalter d. Griechen" *Alban Stolz* (* 1808, † 1883): „Erziehungskunst" (katholischer Standpunkt) Institut für internationales Recht in Brüssel gegründet Letzte Hexenverbrennung i. Mexiko

Marées *Böcklin*	*Bizet* *Bruckner*	*Abbe* *Speisewagen*	
Böcklin: „Selbstbildnis mit Tod", „Euterpe" (Gemälde) *W. Busch:* „Die fromme Helene", „Hans Huckebein der Unglücksrabe" (Bildgeschichten) *Courbet:* „Stilleben m. Äpfeln" (frz. Gem.) * *P. Mondrian,* niederl. Maler († 1944) * *William Nicholson,* engl. Begründer des modernen Holzschnittes (u.a. Holzschnittfolge m. Versen v. *Waugh*) † *Julius Schnorr v. Carolsfeld,* dt. Maler der Romantik, Nazarener (* 1794) *H. Thoma:* „Sommer" (Gemälde) *Trübner:* „Kloster im Chiemsee" (Gem.)	~ *Bizet:* „L'Arlésienne-Suite" (franz. Ballettmus.) *Bruckner:* Messe Nr. 3 f-moll * *Sergej Diaghilew,* russ. Ballettmeister († 1929) *César Franck:* „Erlösung" (belg. sinfon. Dichtung f. Sopran, Chor u. Orchester, s. 1871) * *Paul Graener,* dt. Komponist († 1944) *Tschaikowskij:* Symphonie Nr. 2 c-moll Erster Stahlskelettbau (Fabrik in Frankr.) Speisewagen von *Pullman* Luftdruckbremse von *Westinghouse*	*Abbe* verbess. Mikroskop durch Kondensor (1878 d. Ölimmersion, 1886 d. Apochromat-Objektiv) * *Roald Amundsen,* norw. Polarforscher; erreicht 1911 den Südpol; seit 1928 vermißt *Richard Dedekind* (* 1831, † 1916): Theorie d. Irrational-Zahlen *E. Haeckel:* „Biogenetisches Grundgesetz" (nach *F. Mueller,* vgl. 1864) *Felix Klein:* „Erlanger Programm" (wegweisende systemat. Einteilung d. Geometrie) *Bernh. v. Langenbeck* (* 1810, † 1887): grdt. Dt. Ges. f. Chirurgie (vgl. 1871) *J. Murray* u. *W. Thomson:* „Challenger"-Tiefsee-exped. b. 1876 (mit grundl. meereskundl. Ergebn.)	*Rudolf Mosse* (* 1843, † 1920) grdt. „Berliner Tageblatt" ~ Weltkohlenproduktion: 220 Mill. t (1900: 800 Mill. t, 1937: 1500 Mill. t) 4,8% der deutschen Bevölkerung in Großstädten über 100000 Einwohner (1900: 16,2% 1933: 30,4%) ≈ Überladene und düstere Wohnräume ~ Krebspest vernichtet Flußkrebsbestand i. Deutschl. Schwerer Novembersturm (13. 11.) fordert i. Dtl. über 1000 Tote (schwerster seit 13. Jh.) Dtl. überholt Frankr. als Industriemacht (vgl. 1955)
Böcklin: „Der Kentaurenkampf" (Gem.) *A. Feuerbach:* „Das Gastmahl des Plato" (Gem.) * *Olaf Gulbransson,* norweg. Zeichner in Deutschland († 1958) * *Wilhelm Kreis,* dt. Baumeister *Liebermann* in Paris (b. 1878) *Manet:* „Die Croquetpartie" (frz. impress. Gem.) *Semper:* Burg-Theater in Wien (vollendet von *Hasenauer* 1888) *Marées:* Fresken in d. zool. Station Neapel (dar. d. „4 Ruderer"; *M.s* einzige Fresken; gilt als ähnlich epochal wie *Cézannes* Werk) *H. Thoma:* „Der Rhein b. Säckingen" (Gem.)	*Bruckner:* 3. Symphonie d-moll (*Wagner* gewidm., Auff. 1877) * *Enrico Caruso,* ital. Operntenor († 1921) *Delibes:* „Le roi l'a dit" (frz. Oper) * *Sergej Rachmaninow,* russisch. Komponist († 1943) * *Max Reger,* dt. Komponist († 1916) * *Fedor Schaljapin,* russ. Sänger (Baß) († 1938) *H. W. Vogel* (* 1834, † 1896) entw. gelb- u. rotempfindl. Platten (Realisierung d. 3-Farben-Photogr.) *J. Wise* unternimmt mißglückenden Versuch, den Atlantik von West nach Ost im Ballon zu überqueren.	Theorie der mikroskop. Abbildung von *Abbe* *Jean-Martin Charcot* (* 1825, † 1893): „Lehrbuch über die Krankheiten d. Nervensystems" (franz.) * *Hans von Euler-Chelpin,* schwed. Chemiker, *Nobel*preis 1929 († 1964) *Forster* zeigt im Tierversuch die Schädlichkeit „salz-(in Wahrheit vitamin-)freier Nahrung * *Leo Frobenius,* dt. Ethnologe, begründet Lehre von den „Kulturkreisen" († 1938) † *Justus von Liebig,* dt. Chemiker (* 1803) *O. H. F. Obermeier:* Mikroorganismen können Krankheiten erregen *Franz-Joseph*-Land (s. 1930 *Fridtjof-Nansen*-Land) entdeckt durch *Payer* und *Weyprecht*	Weltausstellung in Wien Weltwirtschaftskrise beendet die „Gründerjahre"-Konjunktur i. Dtl. (s. 1871) Einheitl. Reichsgoldwährung (Reichsbanknoten erst ab 1909 gesetzl. Zahlungsmittel) AG-Gründungen i. Dtl. 1801–70 410 71 225 72 500 1870–74 857 75 72  *Fr. Goltz* entd. i. Tiervers. Wirkung d. Sexualhormone *Billroth* operiert Kehlkopfkrebs

	Dt. Arbeiterpartei Internat. Krise	Ostrowski C. F. Meyer	Graphologie „Christl. Wissenschaft“
1874	Attentat eines Katholiken auf *Bismarck* * *Winston Churchill*, brit. Staatsmann Großbritannien besetzt Fidschi-Inseln im Stillen Ozean *Alfons XII.*, König von Spanien (bis 1885 [†]) * *Herbert Hoover*, 1929–1933 Präsident der USA	*Anzengruber:* „Der G'wissenswurm“ (Schauspiel) *Busch:* „Kritik des Herzens“ * *Gilbert Chesterton*, engl. Dichter († 1936) *Eduard Devrient* (* 1801, † 1877), dt. Schausp., Bühnenleiter, Operndichter: „Geschichte der deutsch. Schauspielkunst“ (5 Bde. s. 1848) † *Aug. Heinrich Hoffmann von Fallersleben*, dtsch. Dichter (* 1798) *Flaubert:* „Die Versuch. des heil. Antonius“ (frz. Erzähl.) * *Hugo von Hofmannsthal*, österr. Dichter († 1929) † *Fritz Reuter*, plattdt. Dichter (* 1810) *Johannes Scherr* (dt. Kultur- u. Literarhistoriker, * 1817, † 1886): „Menschliche Tragikomödie“ (geschichtl. u. literaturgesch. Stud., 3 Bde.) *Storm:* „Pole Poppenspäler“ (Novelle) *Zola:* „Der Bauch v. Paris“ (frz. Roman) Hoftheater Meiningen gastiert erfolgreich in Berlin	* *Ernst Cassirer*, dt. Philosoph, Neu-Kantianer († 1945) *Fr. Max Müller*, seit 1854 in Oxford, begrdte. vergleichende Religionswissenschaft, führte vergl. Sprachwiss. u. vergl. Mythologie in England ein (vgl. 1897) *Julius Rodenberg* (* 1831, † 1914): „Dt. Rundschau“ (wissensch.-literar. Monatsschrift, besteht bis 1942 und 1949–63) *Wundt:* „Grundzüge der physiologischen Psychologie“ (Grundl. d. experimentellen Psychologie)
1875	Internationale Spannung: *Bismarck* warnt Frankr. weg. s. Rüstungen („Krieg in Sicht“-Krise) Vereinigung d. *Lassalleaner* u. *Marx*isten zur „Sozialistischen Arbeiterpartei Deutschlands“ in Gotha * *Matthias Erzberger*, dt. demokratischer Sozialpolitiker († 1921, ermordet) Legalisierung von Streiks in England England erwirbt Suezkanal-Aktien *Kuangsü* (* 1872, † 1908) 9. Mandschu-Kaiser i. China b. 1898; bis 1889 unter Vormundschaft d. Kaiserwitwe *Tse-Hi*	† *Hans Christian Andersen*, dän. Dichter (* 1805) * *Grazia Deledda*, ital. Dichterin, *Nobel*preis 1927 († 1936) * *Thomas Mann*, dt. Dichter; *Nobel*preis 1929 († 1955) *C. F. Meyer:* „Der Schuß von der Kanzel“ (Schweiz. Novelle) † *Eduard Mörike*, dt. Dichter (* 1804) *Ostrowski:* „Wölfe u. Schafe“ (russ. Schauspiel) * *Alfred Polgar*, österr. Kritiker u. Schriftsteller († 1955) * *Rainer Maria Rilke*, dt. Lyriker († 1926) *Rosegger:* „Die Schriften des Waldschulmeisters“	*Baker-Eddy:* „Science and Health“ (Grundl. d. „Christlichen Wissenschaft“, USA) Gründung der Theosophischen Gesellschaft in New York durch die Russin *Helene Blavatsky* (* 1831, † 1891) * *Carl Gustav Jung*, schweiz. Nervenarzt u. Psychoanalytiker † *Friedrich Albert Lange*, dt. Philosoph (* 1828) *J. H. Michon:* „System d. Graphologie“ (frz. Begrdg. d. Graphologie) * *Albert Schweitzer*, elsäss. Philosoph, evangel. Missionsarzt und Organist; Friedens*nobel*preis 1952 († 1965) „Positive Union“ als äußere Vereinigung der Reformierten u. Lutheraner Preußens

Menzel *Liebermann*	*„Carmen"* *Verdi*	*Erforschung Afrikas* *Eiszeitforschung*	
* *German Bestelmeyer*, süddt. Baumeister besonders in München (Universität) u. Nürnberg († 1942) *Böcklin*: „Triton und Nereide" (Gemälde) *Gauguin*: „Die Seine am Pont d'Iéna" (frz. Gem.) *M. Liebermann*: „Die Gänserupferinnen" (Gemälde) *Manet*: „Die Barke" (frz. impress. Gem.) *Monet*: „Sommertag b. Argenteuil" (frz. impress. Gem.) Frz. „Impressionisten" stellen erstmalig gemeinsam aus; dar. *Monet*: „Impression, soleil levant" Opernhaus in Paris (Baubeginn 1863)	*Bruckner*: 4. Symphonie Es-dur (aufgef. 1883) † *Peter v. Cornelius*, dt Komponist (* 1824) *Hermann Götz* (* 1840, † 1876): „Der Widerspenstigen Zähmung" (Oper) *Mussorgskij*: „Boris Godunow" (russ. Oper), „Bilder einer Ausstellung" * *Arnold Schönberg*, dt. Komponist, Begr. d. 12-Ton-Technik († 1951) *Johann Strauß* (Sohn): „Die Fledermaus" (Operette) *Verdi*: „Requiem" (ital.; dem Gedenken *A. Manzonis*) *Wagner*: „Götterdämmerung" (letzte Oper aus d. „Ring des Nibelungen" vollend., Auff. 1876; vgl. 1854)	* *Karl Bosch*, dt. Chemiker und Industrieller, *Nobel*preis 1931 († 1940) *Haeckel*: „Anthropogenie oder Entwicklungsgeschichte des Menschen" Stereochemie durch *van 't Hoff* und *Le Bel* Erforschung des oberen Nilgebietes durch *Junker* (bis 1887) *Gustav Robert Kirchhoff* (* 1824, † 1887): „Mechanik ist vollständige und einfachste Beschreibung der Bewegungen" (physikal. Positivismus) * *Guglielmo Marconi*, ital. Physiker, *Nobel*preis 1909 für drahtlose Telegraphie († 1937) *Stanley* reist im Kongogebiet (bis 1877)	~ In d. Industrieprod. wird Engl. v. d. USA, Frankr. v. Dtl. überholt Obligatorische Zivilehe vor dem Standesamt durch *Bismarck* Berlin erhält s. erstes städt. Krankenhaus Impfges. f. d. Dt. Reich (Pockentodesfälle nehmen sprunghaft ab) *Heinrich Stephan*: „Weltpost u. Luftschiffahrt" „Allgemeiner Postverein" in Bern gegründet Trockenschwimmübungen als Lehrmethode anerkannt *P. Remington* (* 1816, † 1889) beginnt, in USA Schreibmaschinen zu produzieren
† *Camille Corot*, frz. Maler zarter Luft- u. Lichtwirkungen (* 1796) *Liebermann*: „Arbeit i. Rübenfeld" (Gem.) *H. Makart*: „Die fünf Sinne" (Gem., fünf Frauenakte) *Menzel*: „Das Eisenwalzwerk" (Gemälde) † *Jean François Millet*, frz. Maler (* 1814) 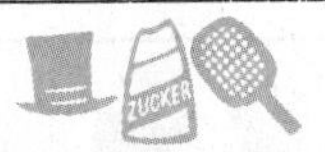 Lond. „Times" veröffentl. 1. Wetterkarte	*Bizet*: „Carmen" (frz. Oper, Uraufführung fällt in Paris durch, kurz darauf in Wien erfolgreich) † *Georges Bizet*, franz. Komponist (* 1838) *Dvořák*: 3. Symphonie F-dur * *Maurice Ravel*, frz. Komponist († 1937) *Smetana*: „Mein Vaterland" (6 tschech. sinf. Dichtungen, dar. „Die Moldau"; bis 1879) *Tschaikowskij*: Symphonie Nr. 3, Klavierkonzert Nr. 1, b-moll Große Oper in Paris eröffnet	*Cameron* durchquert Zentralafrika von Ost nach West (s. 1873) *J. Willard Gibbs* (USA, * 1839, † 1903): „Über das Gleichgewicht heterogener Substanzen" (u. a. „Phasenregel") *Oskar Hertwig* (* 1849, † 1922): Befruchtg. ist Geschlechtszellen-Vereinig. (beobachtet am Seeigelei) *O. M. Torell* erhärtet auf Grund v. Gletscherschrammen b. Rüdersdorf (Berlin) Inlandeistheorie d. Eiszeit gegenüb. Flutwellen-Eisbergtheor. *Iwan Mitschurin* (* 1855, † 1935) beg. s. erfolgr. Pflanzenzüchtungen *Siegfried Marcus*: Automobil mit Explosionsmotor Dt. ozean. Forschungsschiff	Fahrrad mit Freilauf u. Rücktritt, Beg. d. modern. Fabrikation in England ≈ Turnüre, hohe Schnürung u. Polsterung in d. Frauenmode Turnen in den Berliner Mädchenschulen Erstes Sechstage-Radrennen in Birmingham *Karl Hagenbeck*: (* 1844, † 1913) beg. mit seinen Völkerschauen (begr. 1890 Dressurzirkus mit „zahmer" Dressur) Berlin Millionenstadt (100000 Einw. um 1770)

	Kgin. Victoria *Russ.-türk. Krieg*	*Flaubert* *Twain*	*„Katheder-Sozialismus"* *Lombroso*
1876	* *Konrad Adenauer*, dt. christlich-demokrat. Politiker, Bundeskanzler ab 1949 „Dt. konservative Partei" gegrdt. (Zusammenschl. d. konservativen Kräfte) Königin *Victoria* v. Großbrit. nimmt d. Titel „Kaiserin von Indien" an England entführt Brasilien Kautschukpflanzen und beseitigt dadurch dessen Monopolstellung Ende des zweiten Karlistenkrieges um Thronfolge in Spanien (seit 1873) Neue spanische Verfassung unter König *Alfons XII.* (bis 1885 [†]) Rußl. erobert in Westturkestan d. Stadt Kokand (1863 Taschkent, 1867 Samarkand, 1873 Chiwa)	*Dahn:* „Ein Kampf um Rom" (Roman) † *Ferdinand Freiligrath*, dt. liberaler Dichter (* 1810) * *E. Lasker-Schüler*, Lyrikerin († 1945) * *Jack London*, USA-Dichter († 1916) *C.F.Meyer:* „Jürg Jenatsch" (schweiz. Roman) * *Arthur Moeller van den Bruck*, dt. konserv.Schriftst. († 1925) † *George Sand* (eigentlich *Amantine Dudevant*, geb. *Dupin*), frz. Dichterin, Geliebte *de Mussets* und *Chopins* (* 1804) *Storm:* „Aquis submersus" (Novelle) *Turgenjew:* „Rauch" und „Neuland" (russ. Romane) *Twain:* „Tom Sawyer" (humorist. Kinderroman, USA) Erste kritische *Schiller*ausg.	„*Görres*-Gesellschaft" zur Pflege kathol. Wissenschaft in Bonn gegründet *Lombroso:* „Der Verbrecher in anthropologischer, ärztlicher u. juristischer Beziehung" (ital.) * *Eugenio Pacelli,* ital. kath. Würdenträger, seit 1939 Papst *Pius XII.* († 1958) *P. F. Palmgren* grdt. höhere Privatschule mit Koedukation i. Stockholm (erste europ. Gesamtschule) *G. Sand* (†) trat f. Ehescheidung u. Sozialismus ein *Hippolyte Taine* (frz. Geschichtsphilosoph, * 1828, † 1893): „Die Ursprünge des heutigen Frankreich" (mit positivistisch. Milieutheorie, beendet 1893) *Adolph Wagner* (* 1835, † 1917): „Grundlegung d. politischen Ökonomie" (dt. sozialreform. „Kathedersozialismus")
1877	Großbrit. erklärt Transvaal zur Kolonie † *Adolphe Thiers*, franz. Staatsmann, Präsident d. Republik 1871–73 (* 1797) Sozialdemokraten erhalten i. d. dt. Reichstagswahlen ca. ½ Mill. Stimmen † *Friedr. Heinrich Ernst* Graf *von Wrangel*, preuß. General, bekämpfte 1848 d. revolutionäre Berlin (* 1784) Erfolgreicher Krieg Rußlands und Rumäniens gegen die Türkei um die Befreiung der Balkanstaaten (bis 1878) Fremdenfeindlicher Satsuma-Aufstand in Japan niedergeschlagen Brit. Kgin. wird Kaiserin von Indien (ab 1950 Republik)	*Flaubert:* „Drei Erzählungen" (französisch) *Karl Emil Franzos* (* 1848, † 1904): „Die Juden von Bernow" (Novellen) *Gobineau:* „Renaissance. Historische Szenen" (französ.) * *Hermann Hesse* († 1962), dt. Dichter, *Nobel*preis 1946 *Ibsen:* „Die Stützen d. Gesellschaft" (norweg. gesellschaftskrit. Schauspiel) *Keller:* „Romeo u. Julia auf d. Dorfe" (schweiz. Novelle) *Rosegger:* „Waldheimat" (autobiographisch) *L. N. Tolstoi:* „Anna Karenina" (russ. Roman, ersch. seit 1875 in Forts.) *R. Wagner:* „Parsifal" (Text des Weihespiels) *Whitman:* „Two Rivulets" (nordam. Ged.)	~ *Ernst Curtius* (* 1814, † 1896) leitet die Ausgrabung von Olympia (1875 bis 1881) *Louis Lucien Rochat*, Schweiz. Theologe, gründet „Blaues Kreuz" zur Bekämpfung d. Alkoholgenusses *J. C. F. Zöllner:* „Abhandl. üb. Spiritismus" (b. 1881; Spiritism. auch in Deutschland relativ stark verbreitet)  Farbphotographie mit Autochrom- oder Farbrasterplatte  *Zola:* „Die Spelunke" (frz. naturalist. Roman)

Leibl *Manet*	*Bayreuther Festspiele* *Bruckner*	*Edison* *Telephon*	
* *Const. Brancusi*, ru-män.-frz. Bildhauer († 1957) *Leibl:* „Der Jäger" (Gemälde) *Liebermann:* „Holländische Nähstube" (Gem.) * *Paula Modersohn-Becker*, dt. Malerin des Expressionismus († 1907)  * *Ermanno Wolf-Ferrari*, dt.-ital. Komponist v. Lustspielopern († 1948) 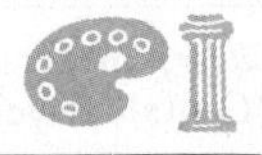	*Brahms:* 1. Symphonie c-moll (aufgef. 1894) *Bruckner:* 5. Symphonie in B-dur * *Manuel de Falla*, span. Komponist († 1946) *Delibes:* „Sylvia" (frz. Ballett) *E. Grieg:* Schauspielmusik zu „Peer Gynt" v. *Ibsen* *Amilcare Ponchielli* (* 1834, † 1886): „La Gioconda" (ital. Oper) *Tschaikowskij:* „Schwanensee" (russ. Ballett) Eröffnung des Bayreuther Festspielhauses m. d. ersten Gesamtaufführung von „Der Ring d. Nibelungen" v. *R. Wagner* (vgl. 1854 u. 1874) * *Bruno Walter*, dt. Dirigent († 1962)	Telephon i. techn. brauchbarer Form von *Alex. Graham Bell* (* 1847, † 1922) *Otto Bütschli:* „Studien über d. Zellteilung" (grdl.) *R. Koch* erk. Milzbrandbakterium als Krankheitserreger; entw. bakteriolog. Züchtungsmethoden *Linde:* Ammoniak-Kältemaschine * *John James Rickard Macleod*, kanadisch. Mediziner, 1923 *Nobel*preis *N. Otto:* Viertakt-Benzinmotor (hat Vorläufer) *Emin Pascha* erforscht Ostafrika (bis 1892) *Schliemann* beg. Ausgrab. v. Mykenä u. find. Königsgräber m. reich. Ausstatt. *Stanley* befährt ganzen Kongolauf *A. R. Wallace:* „Geograph. Verteil. d. Tiere" (Hauptw. d. Tiergeogr.)	*Franziska Tiburtius* erste Ärztin i. Berlin (Promotion i. Zürich) Weltausstellung in Philadelphia Öffentl. Rohrpostverkehr i. Berlin Dt. Seewarte i. Hamburg gegründet Kapitän *Webb* durchschwimmt erstmalig Ärmelkanal Große Hungersnot i. Nordchina (b. 1878) Internationale Meterkonvention zw. 17 Staaten tritt in Kraft (1875 abgeschl.) Celluloidfabrik in Dtl. 1. Strandkorb i. Dtl.
* *Paul Bonatz*, dt. Baumeister († 1956) † *Gustave Courbet*, frz. Maler (* 1819) * *Raoul Dufy*, frz. express. Maler († 1953) * *Fritz Höger*, dt. Baumeister; u.a. Chilehaus in Hamburg 1922 bis 1923 († 1949) * *Georg Kolbe*, dt. Bildhauer († 1947) * *Alfred Kubin*, böhm. Maler und Zeichner († 1959) *Leibl:* „Das ungleiche Paar" (Gemälde) *Manet:* „Nana" (frz. impressionist. Gem.) *Rodin:* „Das eherne Zeitalter" (frz. Plastik) *Sisley:* „Seine bei Suresnes"	*Brahms:* Symphonie Nr. 2, D-dur *Bruckner:* 3. Symphonie d-moll * *Karl Erb*, dt. Tenor; bekannt als Evangelist in der „Matthäuspassion" († 1958) Gesamtausgabe von *Mozarts* Werken (bis 1904) Quartett der Gebrüder *Schrammel* in Wien *Charles Camille Saint-Saëns* (* 1835, † 1921): „Samson und Dalila" (frz. Oper) *Tschaikowskij:* Symphonie Nr. 4, f-moll 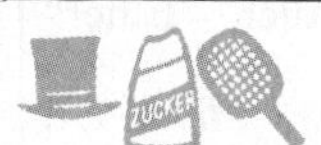 Fremdenheime in Österreich ermöglichen Urlaubsreisen	* *Francis William Aston*, engl. Physik., *Nobel*preis 1922 († 1945) * *Charles Barkla*, engl. Physiker, *Nobel*preis 1917 († 1944) *Ludwig Boltzmann* (* 1844, † 1906): Entropie ist ein Maß für die Wahrscheinlichkeit (vgl. 1865) *Cailletet* u. *Picter* (unabh.) verflüss. Luft u. and. Gase Walzen-Phonograph von *Edison* *As. Hall* entd. Marsmonde *Pfeffer:* Quantitative Messung d. Osmose *E. Porro:* Kaiserschnitt mit Gebärmutteramputat. *Schiaparelli* entdeckt die Mars-„Kanäle" (sind keine Kunstbauten) * *Heinrich Wieland*, dt. Chemiker († 1957)	*Hermann Blohm* und *Ernst Voß* gründen Werft in Hamburg Reichspatentamt in Berlin (1878: 5949 Anmeld. 1909: 45000 Anmeld.; bis Jan. 1945: 700610 Patente auf 2170000 einger. Erfind.) Bindemäher i. USA Gesetzl. Fleischbeschau i. Dtl. International. Richtlinien für den Wetterdienst Berliner Ringbahn erbaut (seit 1867) ~Kartoffel-(Kolorado-)Käfer kommt v. Nordamerika nach Europa 1. Tennisturnier in Wimbledon *Ullstein* in Berlin (vgl. 1899)

	Sozialistengesetz Nihilisten-Terror	Dostojewskij Ibsen	Frauenstudium Pragmatismus
1878	2 Attentate auf dt. Kaiser Sozialistengesetz *Bismarcks* geg. dt. Sozialdem. (bis 1890) Hofprediger *Ad. Stoecker* (* 1835, † 1909): grdt. antimarx. „Christl.-soziale Arbeiterpartei" in Deutschl. * *Gust. Stresemann,* dt. Staatsmann († 1929) Friede v. San Stefano zwisch. Rußl. u. Türkei. Großmächte erkennen auf d. Berl. Kongr. Bulgar., Montenegr., Rumän. u. Serb. als unabh. Staaten an. Schaffg. d. „Europ. Gleichgewichts". Abwend. Rußlands vom Dreikaiserbund Österreich besetzt Bosnien und die Herzegowina Großbrit. führt geg. Afghanistan Krieg (bis 1880) *Umberto I.*, König v. Italien bis 1900 (†) Türkei gibt Cypern an Engl. 1. zionist. Siedlg. i. Paläst.	* *Hans Carossa,* dt. Dichter und Arzt *Fontane:* „Vor dem Sturm" (Roman) *Edmond de Goncourt:* „Die Dirne Elisa" (frz. Roman) † *Karl Gutzkow,* dt. Dichter (* 1811) * *Georg Kaiser,* dt. expressionist. Bühnenschriftsteller († 1945) *G. Keller:* „Züricher Nov." **Kolbenheyer* dt. nationalist. Dichter († 1962) * *Carl Sandburg,* nordam. Dichter * *Upton Sinclair,* nordam. sozialkrit. Dichter *Storm:* „Carsten Curator" (Novelle) *Charles Swinburne* (* 1837, † 1909): „Poems and ballads" (engl. erot. Ged.)	*William Booth* (* 1829, † 1912) org. in London die Heilsarmee (gegrdt. 1861) * *Martin Buber,* österr.-jüd. Philos. u. Dichter († 1965) *Engels:* „Anti-Dühring" (dialekt. Materialismus) *Eucken:* „Geistige Strömungen d. Gegenwart" *Haeckel:* „Freie Wissenschaft und freie Lehre" Papst *Leo XIII.* bis 1903 *Nietzsche:* „Menschliches — Allzumenschliches. Ein Buch für freie Geister" *Charles Peirce* (USA, * 1839, † 1914) begr. d. Philosophie des Pragmatismus :„How to make our Ideas clear" *Treitschke:* „Der Sozialismus und d. Meuchelmord" Univ. Stockholm gegründet Humboldt-Akademie Berlin (Volkshochschule)
1879	*Bismarck* geht zur antiliberalen Schutzzollpolitik über *Grévy*, Präsident von Frankreich (bis 1887) Französisch-Äquatorialafrika entsteht Landesregierung in Elsaß-Lothringen unter kaiserlichem Statthalter Defensivbündnis Deutschland-Österreich Errichtung des Reichsgerichts in Leipzig. 1. Präsid. (b. 1891) d. liberale *Eduard Simson* (* 1810, † 1899) † Graf *Albrecht von Roon,* preuß. Kriegsminister von 1859 bis 1873 (* 1803) * *Jossif W. Stalin,* russ. Bolschewist u. Diktator der UdSSR († 1953) Frz. Arbeiterpartei gegr. 3 fehlschlagende Attentate d. russ. Nihilisten auf d. Zaren (b. 1880) Span. sozialist. Arbeiterpartei gegrdt.	† *Charles de Coster,* flämisch. Dichter (* 1827) *Dostojewskij:* „Die Brüder Karamasow" (russ. Roman b. 1880, mit „Der Großinquisitor") *Ibsen:* „Nora oder ein Puppenheim" (norw. Schausp.) *G. Keller:* „Der grüne Heinrich" (schweizer. autobiographischer Roman in zweiter Fassung, b. 1880) *George Meredith* (* 1829, † 1909): „Der Egoist" (engl. Roman) *Raabe:* „Krähenfelder Geschichten" *Strindberg:* „Das rote Zimmer" (schwed. Roman) *Tolstoi:* „Beichte" (Bekehrung zu einem religiösen Sozialismus) *Vischer:* „Auch Einer" (Roman) *Julius* u. *Heinr. Hart:* Dt. Literatur-Kalender (ab 1883 von *Kürschner* herausgeg.)	* *Karl Bühler,* österr. Psychologe (Gestalt-Psychologie) *Ch. Taze-Russel* grdt. „Der Wachtturm" (Zeitschr. d. „Ernsten Bibelforscher") *Spencer:* „Prinzipien der Ethik" (engl., bis 1893) *Treitschke:* „Dt. Geschichte im 19. Jahrhundert" (antiliberal. b. 1894) Schulunterricht über Alkoholenthaltsamkeit i. Hyde Park (USA) (1891 i. Schwed., 1897 i. Frankr., 1905 i. Dtl.) Studentinnen-College i. Oxford. Erstes Realreformgymnasium (i. Altona, beg. m. lebend. Fremdspr.) Technische Hochschule in Berlin-Charlottenburg 1. dt. Krematorium in Gotha

Liebermann *Marées*	*Bruckner* *Tschaikowskij*	*Glühlampe* *Mikrophon*	
Böcklin: „Die Gefilde der Seligen“ (Gem.) † *Charles Daubigny*, frz. Maler (* 1817) * *Karl Hofer*, dt. Maler († 1955) *Leibl:* „Drei Frauen in der Dorfkirche“ (realist. Gem.; begonnen) *Liebermann:* „Kartoffelernte“ (Gemälde) *Marées:* „Die Lebensalter“ (Gemälde) *Menzel:* „Das Ballsouper“ (Gemälde) *William Morris* (*1834, † 1896), „Vater des modernen Kunstgewerbes“: „Die dekorativen Künste“ (engl.)	*A. W. Ambros* (*1816, † 1876): „Geschichte der Musik“ (4 Bände seit 1862) *Tschaikowskij:* Violinkonzert D-dur *E. Grieg:* Peer-Gynt-Musik * *Lise Meitner*, österr. Physikerin, Mitarbeiterin von *Otto Hahn* († 1968)	*A. v. Baeyer:* Indigosynthese Kohle-Mikroph. v. *Hughes* * *Rob. Lieben*, österr. Phys. († 1913) Mehrlader-Gewehr von *Mannlicher* † *Julius Robert Mayer*, dt. Arzt u. Naturforsch. (* 1814) *Nordenskiöld* gelingt die Nordost-Pass. längs Sibir. *Rohlfs* bereist Tripolitanien; err. 1879 als erster Weißer Kufra-Oasen i. d. Libyschen Wüste * *John B. Watson*, USA-Psychol. d. Behaviorismus (Psycholog. d. Verhaltens) * *George Whipple*, USA-Mediz., 1934 *Nobel*preis *Pasteur:* „Die Mikroben“ (frz. Bakteriologie)	Weltausstellung in Paris Gründung d. Weltpostvereins i. Paris Erstes europ. Krematorium i. Gotha (1907 0,3% Feuerbest. i. Dtl.; 1925 50% i. Berlin) Erster deutscher Fußballverein in Hannover Rollschuhhallenbahn in Berlin Deutsches Patent auf ein Perpetuum mobile 1. dt. Krematorium in Gotha (1876 eines in Mailand)
Böcklin: „Ruggiero befreit Angelica“ (Gemälde) *W. Busch:* „Fips der Affe“ (Bildergesch.) † *Honoré Daumier*, frz. Maler und Graphiker (* 1808) * *Paul Klee*, deutscher Maler und Grafiker († 1940) *M. Liebermann:* „Jesus unter den Schriftgelehrten“ (Gemälde) *Manet:* „Bei Vater Lathuille“, „Im Wintergarten“ (frz. impress. Gem.) *Renoir:* „Am Frühstückstisch“ (franz. impress. Gemälde) † *Gottfried Semper*, dt. Baumeister (* 1803) *Spitzweg:* „Venezianische Bänkelsänger“ (impress. Gem.)	*Bruckner:* 6. Symphonie A-dur (aufg. 1899), Streichquartett F-dur *C. Franck:* Klavierquintett f-moll (s. 1878), „Die Seligpreisungen“ (belg. Oratorium, s. 1869) *Grieg:* Klavierkonzert a-moll, op. 16 *Franz v. Suppé* (* 1819, † 1895): „Boccaccio“ (Wiener Operette) *Millöcker:* „Gräfin Dubarry“ (Operette) *Tschaikowskij:* „Eugen Onegin“ (russ. Oper)  Standard Oil in USA gegr. (Ölindustrie leitet ein Zeitalter der Ölenergie ein, das mit der Ölkrise 1973 in eine Endphase tritt)	Kohlenfadenlampe mit Schraubsockel von *Edison* * *Albert Einstein*, Physiker, *Nobel*preis 1921 († 1955) Herstellung von Saccharin durch *Fahlberg* und *Remsen* * *Otto Hahn*, dt. Chem., entd. Urankernspaltung († 1968) * *Max von Laue*, dt. Physiker († 1960) † *James Clerk Maxwell*, engl. Physiker (* 1831) *Albert Neisser* (* 1855, † 1916) entd. Gonokokken als Tripper-Erreger * *Owen Richardson*, engl. Physiker († 1959) Elektrische Lokomotive von *Werner von Siemens* *Stefan:* Gesamtstrahlg. ein. schwarzen Körpers; wird v. *Boltzmann* theoret. begr. *Thomas*-Stahl aus phosphorhaltigem Eisen Schwefelsäureherst. n. d. Kontaktverf. v. *Winkler*	*Henry George* (USA, * 1839, † 1897): „Fortschritt und Armut“ (Grundlage der Bodenreform-Bestrebungen) Weltausstellung in Sydney Erste dt. Markthalle i. Frankf./M. Elektr. Bogenlicht i. d. Leipziger Straße Berlin *Georg Ploner* ersteigt mit Führer *Michel Innerkofler* erstmals Mittl. (westl.) Zinne i. d. Dolomiten (Ersteigung der Großen Zinne 1869 durch *Paul Grohmann* und *Franz Innerkofler*) *F. Woolworth* (* 1852, † 1919) gr. i. USA Verkaufsstellen für 5-Cent-Waren

	Zar Alexander III. *Sozialismus*	*Storm* *Zola*	*Ranke* *Judenpogrome*
1880	England setzt gegenüber Rußland seine Interessen in Afghanistan durch ~ Agrarsozialist. „Narodniki" (Volkstümler-) Bewegung i. Rußl. Konflikte mit d. Marxisten * *Wilhelmina*, Königin der Niederlande 1890 bis 1948 (abgedankt) Gründung der Sozialistischen Partei in Frankreich „Auf, Sozialisten, schließt die Reihen" (Sozialistenmarsch) Bürgerkrieg in Argentinien	*Herm. Bang* (* 1857, † 1912): „Hoffnungslose Geschlechter" (dän. Roman, dt. 1900) † *Gustave Flaubert*, französ. Dichter (* 1821) * *Friedrich Gundolf*, dt. Philologe des Kreises um *Stefan George* († 1931) *Jens Peter Jacobsen* (* 1847, † 1885): „Niels Lyhne" (dän. Rom.) * *Alexander Moissi*, dt. Schauspieler ital. Abkunft († 1935) * *Walter v. Molo*, dt. Dichter *Storm:* „Die Söhne des Senators" (Novelle) *Twain:* „Bummel durch Europa" (nordamerik. humoristische Reisebeschreib.) *Lewis Wallace* (* 1827, † 1905): „Ben Hur" (nordam. histor. Roman) *Zola:* „Der experimentelle Roman"; „Nana" (frz. Rom.)	*Konr. Duden* (*1829, †1911): „Orthographisches Wörterbuch der deutschen Sprache" * *Helen Keller* i. USA, mit 1½ Jahren blind u. taubstumm; überwindet ihr Schicksal, schreibt zahlr. vorw. autobiogr. Bücher (+ 1968) * *Hermann* Graf *Keyserling*, dt. Philos. d. „Sinn"-Erkenntnis († 1946) * *Oswald Spengler*, dt. Kulturphilosoph († 1936) *Windelband:* „Die Geschichte der neueren Philosophie" Universität Manchester
1881	† *Benjamin Disraeli* (Lord *Beaconsfield*), Führer der engl. konservativen Tories, Ministerpräsident 1868 und 1874—1880 (* 1804) Gründung der Sozialdemokratischen Vereinigung in Großbritannien Tunis unter franz. Schutzherrschaft Italien erobert Eritrea und Somaliland Neutralitätsvertrag Deutschland, Österreich, Rußland † *Alexander II.* (ermord.), Zar v. Rußl. s. 1855 (*1818); *Alexander III.* Zar von Rußland b. 1894 (†); gibt Verfassungspläne s. Vaters auf Russ. Geheimpolizei Ochrana gegrdt.	† *Thomas Carlyle*, engl. Historiker (* 1795) † *Fedor M. Dostojewskij*, russ. Dichter (* 1821) *Karl Goedeke* (* 1814, † 1887): „Grundriß z. Geschichte d. dt. Dichtung" (3 Bde. s. 1857) *Ibsen:* „Gespenster" (norw. Schauspiel) * *Siegfried Jacobsohn*, dt. politischer Journalist († 1926) * *Asta Nielsen*, dän. Schauspielerin Der Maler *Rud. Salis* grdt. erstes Kabarett „Chat noir" (Paris) *Johanna Spyri* (* 1827, † 1901): „Heidis Lehr- und Wanderjahre" u. a. schweiz. Kindergeschichten *Turgenjew:* „Das Lied v. der triumphierenden Liebe" * *Anton Wildgans*, österr. Dichter († 1932) * *Stefan Zweig*, österr. Dichter († 1942)	† *Hermann Lotze*, dt. Philosoph (* 1817) *Nietzsche:* „Morgenröte. Gedanken über moralische Vorurteile" *Ranke:* „Weltgeschichte" (16 Bde. b. 1888) † *Johann Hinrich Wichern*, dt. evangelischer innerer Missionar (* 1808) Judenpogrome in Rußl. (z. T. v. d. Geheimpolizei organ.; 1882 scharfe Ausnahmebestimmungen geg. Juden) Gebührenfreie staatl. Volksschule i. Frankr.

Cézanne *Liebermann*	*Bruckner* *C. Franck*	*„Welträtsel"* *Pasteur*	
* *Dominikus Böhm*, dt. Erbauer kathol. Kirchen mit Eisenbeton *Cézanne:* „Herbstblumen" (frz. Gem.) *Degas:* „Tänzerin mit Blumenstrauß" (frz.) * *André Derain*, franz. Maler († 1954) *Feuerbach:* „Konzert" † *Anselm Feuerbach*, dt. Maler d. Klassizismus (* 1829) *M. Liebermann:* „Altmännerhaus in Amsterdam" (Gemälde) *Manet:* „Landhaus i. Bellevue" (frz. Gem.) * *Franz Marc*, dt. express. Maler († 1916) *Rodin:* „Der Denker" (frz. Bronze) Kölner Dom vollend. (Grundstein 1248)	*Brahms:* „Ungarische Tänze" (Klavierstücke f. 4 Hände, 1. T. 1865) † *Jacques Offenbach*, dt.-frz. Komponist (* 1819) *Phil. Spitta* (* 1841, † 1894): „Joh. Seb. Bach" (2 Bde. s. 1874; Ausdruck d. Bachrenaissance) *Tschaikowskij:* „Capriccio italien", „Ouvertüre 1812" (russ. symphonische Dichtungen), Streichquartett Nr. 3 fis-moll, Klavierkonzert Nr. 2 G-dur Opernhaus in Frankfurt/Main eröffnet.	*Emil Du Bois-Reymond* (dt. Physiologe u. Philosoph, * 1818, † 1896): „Die sieben Welträtsel" (1. Wesen v. Kraft u. Materie, 2. Ursprung d. Beweg., 3. Entst. d. Empfindungen, 4. Willensfreiheit, 5. Entst. d. Lebens, 6. Zweckmäßigkeit d. Natur, 7. Urspr. v. Denken u. Sprache; s. Meinung nach unlösbar) *Eberth, Koch, Gaffky:* Typhus-Erreger *Möbius* erweist *Basedow*-Krankheit als Schilddrüsen-Überfunktion *Pasteur* entd. Strepto-, Staphylo- u. Pneumokokken ~*J. P. Pawlow* beg. Arbeit. über Physiologie d. Verdauungsdrüsen u. bedingte Reflexe an Hunden *William Siemens:* Elektrostahl	Fernsprecher bei der dt. Post durch *Stephan* Welteisenbahnnetz: 371000 km (1850: 38000; 1910: 1 Mill.; 1938: 1,33 Mill. km) Weltausstellung in Melbourne *Whymper* besteigt den Chimborasso (6310 m) in Ecuador ~In d. Männermode kommt Smoking auf Wildwestschau *Buffalo Bills* i. Europa Erste dt. Warenhäuser Radfernfahrt Paris–Mailand–Paris 1. dt. Poliklinik f. Frauen (Berlin) Anhalter Bahnhof in Berlin
~ *Böcklin:* „Die Toteninsel" (Gem., mehrere Fassungen; wird sehr populär) * *Alexander Kanoldt*, dt. Maler († 1939) *Eduard v. Gebhardt* (* 1838, † 1925): „Himmelfahrt Christi" (Gem.) * *Wilhelm Lehmbruck*, dt. expressionist. Bildhauer († 1919, Freitod) *M. Liebermann:* „Waisenhaus in Amsterdam", „Schuhmacherwerkstatt" (Gemälde) *Marées:* „Parisurteil" ~ *Cl. Monet:* „Haus in Vétheuil" (frz. Gem.) * *Max Pechstein*, dt. expressionist. Maler und Graphiker († 1955) * *Pablo Picasso*, span. frz. Maler, Mitschöpfer des Kubismus, wird zum berühmtesten Maler des 20. Jhs. († 1973)	*Brahms:* Akademische Festouvertüre *Bruckner:* 7. Symphonie E-dur (aufgeführt 1884) *C. Franck:* „Rebecca" (belg., bibl. Szene f. Soli, Chor und Orchester) † *Modest P. Mussorgskij*, russ. Komponist (* 1839) *Offenbach:* „Hoffmanns Erzählungen" (Oper, Uraufführ. posthum)  Sreit um Gehirnfunktion (Lokalisations- gegen Ganzheitstheorie) (Tierexperimente als Beweis)	*Emil Brugsch-Bey* find. ein Grab mit 40 ägypt. Königsmumien i. „Tal d. Könige" *G. A. Hansen* entd. Leprabazillus Erste Berechnungen der elektr. Elementarladung (*Helmholtz, Stoney*) stützen die Vorstellg. vom atomaren Charakter d. Elektriz. Fütterungsversuche von *Lunin* (Vorläufer der Vitaminforschung) Bilddruck d. Rasterätzung (Autotypie) v. *Meisenbach* *Pasteur:* Tollwut-Schutzimpfung *Wilhelm Roux* (* 1850, † 1924): „Der Kampf der Teile im Organismus" (Begründ. d. Entwicklungsmechanik i. Organismus) West-Ost-Durchquerung v. Afrika (Loanda—Sansibar) d. *Wißmann* (bis 1882) Vollend. d. Gotthard-Tunnels (15 km, s. 1872 i. Bau)	American Federation of Labor (AFL) gegrdt. (nordam. Fachgewerkschaftsverband) 1. elektr. Straßenbahn (i. Berlin, v. *Siemens*) Erste Ortsfernsprechnetze in Deutschland Bau d. Ozeandampfers „City of Rome" mit 8150 BRT, 11900 PS, 32 km pro Std. (zum Vergl.: 1935 „Normandie" mit 83400 BRT, 170000 PS, 54 km pro Std.) Erstersteigung der Kleinen Zinne in d. Dolomiten durch *Michel* und *Johann Innerkofler* (gilt als Beginn einer neuen Ära des Alpinismus) 450 Tote bei Ringtheaterbrand i. Wien

	Sozialismus Dreibund	Keller Zola	Nietzsche † Marx
1882	Dreibund zw. Deutschland, Italien, Österreich Großbritannien besetzt Ägypten Fürst *Milan Obrenović* (* 1854, † 1901) wird erster König von Serbien (bis 1889) * *Franklin Delano Roosevelt*, Präsident der USA 1933 bis 1945 († 12. 4. 1945) Leopoldville in Belgisch-Kongo gegründet	*Daudet:* „Tartarin de Tarascon" (frz. Erzählung) * *Jean Giraudoux*, frz. Dichter († 1944) † *Joseph Arthur* Graf *Gobineau*, franz. Dichter u. Geschichtsphilosoph (* 1816) *Ibsen:* „Ein Volksfeind" (norweg. Schauspiel) * *James Joyce*, irischer Dichter († 1941) *Longfellow:* „Im Hafen" (nordamer. Ged.) † *Henry Wadsworth Longfellow*, Dicht. d. USA (* 1807) *C. F. Meyer:* „Gustav Adolfs Page" (Novelle) *H. Seidel:* „Leberecht Hühnchen", „Jorinde u. a. Geschichten" (Erzählungen) *Turgenjew:* „Gedichte in Prosa" (russisch) * *Sigrid Undset*, norweg. Dichterin († 1949) *O. Wilde:* „Gedichte" (engl.)	*J. Dewey:* „Die metaphysischen Annahmen d. Materialismus" (nordam.) † *Ralph Waldo Emerson*, Philosoph der USA (* 1803) *Haeckel:* „Die Naturanschauung von Darwin, Goethe und Lamarck" * *Nicolai Hartmann*, dt. Philosoph (Neukantianer) († 1950) *Nietzsche:* „Die fröhliche Wissenschaft" (bezeichnet Religion als „Illusion") *J. Ratzel:* „Anthropogeographie" (Mensch u. Landschaft) * *Eduard Spranger*, dt. Philosoph und Psychologe *Otto Willmann* (* 1839, † 1920): „Didaktik als Bildungslehre" (2 Bde. b. 1889) Entstehung der Oberrealschule (mit Hochschulreife ab 1900) Judenverfolgung i. Rußl.
1883	Aufstand gegen Großbritannien im Sudan unter *Mohammed Achmed* * *Benito Mussolini*, ital. Sozialist, dann Faschist u. Diktator († 1945) „Zivildienstreform" v. *Carl Schurz* (* 1829, † 1906) in den USA gegen einseitige Parteiherrschaft in den Ämtern „Fabian-Society", englische evolutionär - sozialistische Gesellschaft gegründet; *G. B. Shaw* Mitglied ab 1884 *G. W. Plechanow* (* 1857, † 1918) u. a. grden. i. d. Emigration russ.-marxistische Gruppe „Befreiung d. Arbeit" (*P.* trennt sich 1903 von *Lenin*) Verwaltungsgerichtsbarkeit i. Preußen	*Björnson:* „Über unsere Kraft" (norw. Drama, 2. Teil 1895) * *Franz Kafka* (in Prag), Dichter († 1924) *G. Keller:* Ges. Gedichte *Fr. Kluge* (* 1865, † 1926): „Etymologisches Wörterbuch d. dt. Sprache" *Liliencron:* „Adjutantenritte" (Gedichte) * *Joachim Ringelnatz* (eigentlich *Bötticher*), dt. Dichter und Kabarettist († 1934) *Rosegger:* „Der Gottsucher" (Roman) * *Ernst Stadler*, dt. expressionist. Dichter († 1914) *Stevenson:* „Die Schatzinsel" (engl. Abenteuerroman) † *Iwan Turgenjew*, russ. Dichter (* 1818) *Zola:* „Zum Paradies der Damen" (frz. Roman)	*Aug. Bebel:* „Die Frau u. d. Sozialismus" *Dilthey:* „Einleitung in die Geisteswissenschaften" *Rudolf v. Ihering* (* 1818, † 1892): „Der Zweck im Recht" * *Karl Jaspers*, dt. Philosoph (Existential-Philos., † 1969) † *Karl Marx*, dt. Sozialist, begrdte. m. *Engels* „historischen Materialismus" u. „wissenschaftl. Sozialismus" (* 1818) *Nietzsche:* „Also sprach Zarathustra" (Teil 1–3; m. d. Begriff d. „Übermenschen") *Rudolf Sohm* (* 1841, † 1917): „Institutionen d. römischen Rechts" (wirkt ab 1891 am BGB mit) Oxforder Bewegung fordert katholische Orientierung d. anglikanischen Kirche („Ritualismus")

Manet *Leibl*	† *Wagner*	*Elektrizitätswerk* *Maschinengewehr*	*Abbe* grdt. mit *Schott* in Jena Glaswerke f. opt. Spezialgläser
Böcklin: „Heiliger Hain" (Gem.) * *Georges Braque*, frz. Maler, Mitbegr. d. Kubismus *W. Busch:* „Plisch u. Plum" (Bildergesch.) * *Eric Gill*, engl. Graphiker und Bildhauer *v. Gogh:* „Strandansicht" (niederl. Gem.) *Fr. Aug. v. Kaulbach* (* 1850, † 1920): „Lautenschlägerin in antik. Tracht" (Gem.) *Leibl:* „Drei Frauen in der Dorfkirche" (realist. Gem.; beendet) *Manet:* „Pfirsiche" (frz. Gem.) † *Wassilij Perow*, russ. Maler d. Volkslebens (* 1834) † *Dante Gabriel Rossetti*, engl. Maler und Dichter (* 1828)	*Millöcker:* „Der Bettelstudent" (Operette) * *Igor Strawinsky*, maßgebl. Komponist d. 20. Jhs. russ. Herkunft († 1971) *Rimskij-Korssakow:* „Schneeflöckchen" (russ. Oper) *R. Wagner:* „Parsifal)" (Bühnenweihefestsp.) Berliner Philharmonisches Orchester unter *Hans v. Bülow* gegr.  Metallskelettbauweise in Chikago 	*A. Bertillon:* Anthropometrische Messungen (zeitw. i. d. Kriminalistik) † *Charles Darwin*, engl. Naturforscher (* 1809) * *Peter Debye*, niederländ. Physiker, *Nobel*pr. 1936 († 1966) *Edison:* 1. Elektrizitätswerk (500 kW, New York) *Helmholtz:* Quantitative Fassung der chem. „Affinität" (Verwandtschaft) *Koch* entd. Tuberkelbazill. *Ferdinand Lindemann* beweist Unmöglichkeit, ein einer Kreisfläche gleiches Quadrat zu konstruieren („Quadratur des Kreises") *Pettenkofer:* „Hdb. d. Hygiene" (mit *Ziemssen*, 3 Bde. b. 1883, gilt als Begrdg. d. Hyg.) *Renard* u. *Krebs:* Flüge eines unstarren Luftschiffes mit Elektromotor	Weltausstellung in Moskau Berufsverteilung in Deutschland (zum Vergleich 1933): Landwirtschaft 40 % (21) Industrie 37 % (39) Handel, Verkehr 9,6 % (17) Öffentl. Dienst und freie Berufe 5,1 % (7,7) Sonstige 8,4 % (16) Sport-„Spielerlaß" von *Goßler* in Preußen Weinbaulehrer *Müller* aus Thurgau kreuzt Riesling u. Silvaner zur Müller-Thurgau-Rebe USA überholen Gr.-Brit. als Industriemacht (vgl. 1955)
* *Otto Bartning*, Erbauer protestantischer Kirchen *W. Busch:* „Maler Klecksel" (Bildergesch.) ~ *Cézanne:* „Landschaft mit Brücke" (frz. Gem.) † *Gustave Doré*, franz. Illustrator (* 1832) *v. Gogh:* „Auf dem Acker" (niederl. Gem.) * *Erich Heckel*, dt. expressionist. Maler († 1970) *Liebermann:* „Münchner Biergarten" (Gem.) † *Edouard Manet*, franz. Maler, Begr. d. Impressionismus (* 1832) *Marées:* „Pferdeführer u. Nymphe" (Gem.) * *Maurice Utrillo*, frz. Maler († 1955)	*Brahms:* Symphonie Nr. 3, F-dur *Dvořák:* „Stabat Mater" (tschech. Kirchenmusik) † *Friedrich von Flotow*, dt. Opernkomponist (* 1812) † *Richard Wagner*, dt. Opernkomponist, erstrebte d. „Gesamtkunstwerk" (* 1813) * *Anton von Webern*, österr. Komp., Schül. Schönbergs († 1945) Metropolitan Opera i. New York eröffnet 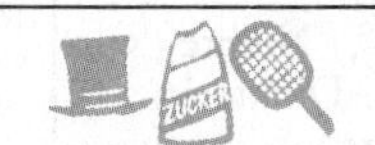 1. dt. Säuglingsfürsorge (Leipzig) Orient-Expreß Paris–Türkei	*Cantor:* „Grundlagen einer allgemeinen Mannigfaltigkeitslehre" (Begründer der mathemat. Mengenlehre) *Pierre Curie* entdeckt elektrische Ladungen bei Kristallverformung. (Grundlage d. späteren Schwingquarzes) *Daimler:* Patent auf Automotor *F. Galton* verwdt. Begriff „Eugenik" (vgl. 1865) *de Laval:* Dampfturbine *Mach:* „Die Mechanik in ihrer Entwicklung" *Maxim:* Maschinengewehr Wasserstoffverflüssigung durch *Olzewsky* *Osw. Schmiedeberg* begr. wissensch. Pharmakologie (Arzneimittellehre) * *Otto Warburg*, dt. Zellphysiologe, *Nobel*pr. 1931 († 1970)	Großbetriebe i. Dtl. 1882: 10000 mit 1,6 Mill. Besch.; 1895: 19000 mit 3 Mill. Besch.; 1907: 32000 mit 5,4 Mill. Besch. Gesetzliche Einführung der Krankenversicherungspflicht in Deutschland *August Scherl* (* 1849, † 1921) grdt. „Berliner Lokalanzeiger" (1898: „Die Woche" [illustr.]) Weltausstellung in Amsterdam Wolkenkratzer in Chikago Explosion d. Vulkaninsel Krakatau zw. Java u. Sumatra (schwere Schäden bes. durch Flutwelle, langwährende Lufttrübungen)

	Dt. Kolonien	Storm Ibsen	Engels Nietzsche
1884	Franz.-Westafrika entsteht Beginn der deutschen Kolonial-Politik: *Carl Peters* (* 1856, † 1908) erwirbt Deutsch-Ostafrika; Deutschland übernimmt die von *Franz Ad. Ed. Lüderitz* (* 1834, † 1886) erworb. Gebiete in Deutsch-Südwest *Peters* grdt. „Dt. Kolonialgesellschaft" * *Theodor Heuß*, dt. Bundespräsident († 1963) „Deutschfreisinnige Partei" gegr. (linksliberal) Unfall-Pflichtversicherung in Deutschland Deutschl., Österr. u. Rußl. erneuern Neutralitätsvertr. Russifizierung von Kurland, Livland, Estland Parlamentsreform i. Gr.Brit. gibt Landarbeitern Wahlrecht (1885 liberal. Wahlsieg i. d. Grafschaften) * *Eduard Benesch*, tschechoslowak. Staatsmann († 1948)	† *Emanuel Geibel*, dt. Dichter (* 1815) *Ibsen*: „Die Wildente" (norwegisches Schauspiel) † *Heinrich Laube*, dt. Dichter und Bühnenleiter (* 1806) * *Joseph Nadler*, österreich. Literaturhistoriker *Ostrowski*: „Schuldlos schuldig" (russ. Schauspiel) *Leopold v. Sacher-Masoch* (* 1835, † 1895): „Die Messalinen Wiens" (3 Bde. seit 1874; danach „Masochismus") *Sienkiewicz*: „Mit Feuer und Schwert" (polnischer Roman) *Storm*: „Zur Chronik von Grieshuus" (Novelle) *Twain*: „Huckleberry Finns Abenteuer u. Fahrt." (nordamerik. humor. Kinderrom.)	*Engels*: „Der Ursprung der Familie, des Privateigentums und des Staates" *Wilh. Roscher* (* 1845, † 1923) begr. „Ausführliches Lexikon d. griechischen u. römischen Mythologie" *Arnold Toynbee* prägt i. Engl. d. Begr. d. „Industriellen Revolution" f. d. Zeit seit d. ausgehenden 18. Jh. (vgl. 1770) Scheidungsrecht i. Frankr. * *Karl Schmidt-Rottluff*, Maler der „Brücke"-Gruppe († 1976)
1885	*Alfons XIII.* König von Spanien (bis 1931) *Grover Cleveland* (* 1837, † 1908) Präsident (Demokrat) der USA (bis 1889 u. 1893–97); kämpft gegen Korruption Betschuanaland britisches Schutzgebiet Portugal erschließt die Kolonie Angola in Afrika Unabhängiger Kongostaat unter dem belgischen König *Leopold II.* Belg. Arbeiterpartei gegr. Annam und Tongking in Hinterindien an Frankreich Krieg zwischen Serbien und Bulgarien um Ost-Rumelien, das bei Bulgarien bleibt Kongo-Konferenz i. Berlin teilt Afrika auf	*Anzengruber*: „Der Sternsteinhof" (Roman) † *Walther Wolfg. v. Goethe* (* 1818, *Goethes* Enkel) vermacht dessen Nachlaß an Weimar Dt.*Goethe*-Gesellschaft gegr. *Gorki*: „Erzählung." (russ.) † *Victor Hugo*, franz. Dichter (* 1802) * *Sinclair Lewis*, nordam. Dichter, *Nobel*preis 1930 († 1951) *Guy de Maupassant*: „Bel ami" (frz. erot. Roman) * *Ina Seidel*, Nichte von *Heinr. S.*, dt. Dichterin *Tennyson*: „Königsidyllen" (engl. Romanzykl. s. 1859) *Zola*: „Germinal" (frz. Rom.)	Papst verleiht *Bismarck* d. Christusorden f. Anerkenn. d. päpstl. Schiedsspruches, d. Karolinen Spanien zuspricht Europ. Großmächte u. d. USA verpfl. sich i. d. Kongoakte zur Unterdrück. d. Negersklavenhandels 2. Band d. „Kapital" v. *Marx* (herausgeg. v. *Engels*) *R. Goodley* (* 1849, † 1925) operiert erstmals Gehirntumor *W. St. Halsted*: Lokale Kokain-Narkose i. d. Zahnmedizin

Marées *Uhde*	*Bruckner* *Joh. Strauß*	*Bakteriologie* *Turbinen*	
~ *Antonio Gaudi y Cornet* (* 1852, † 1926) baut seit 1882 Kathedrale „Sagrada familia" in Barcelona (neukatalanischer Stil, jugendstilartig; bis heute unvollendet) *v. Gogh:* „Spinnerin" (ndl. Gem.) *Liebermann* kommt endgültig n. Berlin † *Hans Makart*, österr. Maler eines schwülstig überlad. Stils (* 1840) * *Amedeo Modigliani*, ital. Maler († 1920) *Monet:* „Die Küste v. Monaco" (frz. impress. Gem.) *Renoir:* „Der Nachmittag der Kinder" (frz. impress. Gem.) † *Ludwig Richter*, dt. romant. Maler (* 1803) *Uhde:* „Lasset die Kindlein zu mir kommen" (Gemälde)	*Bruckner:* 8. Symphonie c-moll (aufgef. 1892) *Mahler:* Lieder eines fahrenden Gesellen (veröff. 1897) *Jules Emile Frédéric Massenet* (* 1842, † 1912): „Manon" (frz. Oper) *Viktor Neßler* (* 1841, † 1890): „Der Trompeter von Säckingen" (Oper) † *Bedřich (Friedrich) Smetana*, tschech. Komponist (* 1824)  *C. Koller* führt Kokain i. d. Augenchirurgie ein	* *Friedrich Bergius*, dtsch. Chemiker und Industrieller, *Nobel*preis 1931 († 1949) *Daimler* u. *Maybach:* Benzinmotor mit Glührohrzündung und hoher Drehzahl Photographischer Film v. *Goodwin* und *Eastman* *Ch. M. Hall* u. *P. T. Héroult:* Elektrolytische Gewinnung v. Aluminium (bgr. Al-Technik) *O. Hertwig*, *W. Roux*, *E. Straßburger*, *Th. Boveri:* Chromosomen sind Träger d. Vererbung (s. 1883 Aufschw. d. Chromosomen-Forschung) *L. Knorr:* Antipyrin (Antifiebermittel) † *Gregor Mendel*, böhmischer Vererbungsforscher (* 1822) Setzmaschine von *Ottmar Mergenthaler* (* 1854, † 1899) *J. J. Metschnikow:* Weiße	Blutkörperchen „fressen" Bakterien (Phagozyten-Theorie) * *Otto Meyerhof*, dt. Physiologe, *Nobel*pr. 1922 († 1951) * *Charles Nicolle*, franz. Mediziner, *Nobel*pr. 1928 († 1936) *Parsons:* Schnellaufende Überdruck-Dampfturbine (~ 1900 techn. brauchb.) *Pelton:* Freistrahl-Wasserturbine * *Auguste Piccard*, schweizer. Physiker, Stratosphären- und Tiefseeforscher († 1962) Entdeckung der Erreger von Wundstarrkrampf (d. *Nicolaier*), Diphtherie (d. *Löffler*), Cholera (d. *R. Koch*), Typhus (d. *G. Gaffky*) 1. dt. Univ.-Zahnklinik in Berlin unter *Fr. Busch* (* 1844, † 1916) Vollendung des Arlbergtunnels (10 km), im Bau seit 1880
* *R. Delaunay*, frz. Maler († 1941) *v. Gogh:* „Stilleben m. Kartoffeln" (niederl. Gem., kennz. f. seine frühe dunkle Farbgeb.) *Marées:* „Das goldene Zeitalter" (Gemälde) † *Carl Spitzweg*, dt. Maler (* 1808) *Uhde:* „Komm, Herr Jesu, sei unser Gast" (Gemälde) * *Max Unold*, dt. Maler Schloß Herrenchiemsee f. König *Ludwig II.* v. Bayern (überladener Prunkbau, beg. 1878) *J. M. Whistler* betont Bedeutg. japan. Kunst Gebäude d. Rijksmuseums, Amsterdam	*Brahms:* Symphonie Nr. 4, e-moll *Bruckner:* „Tedeum" (Kirchenmusik) *Mahler* Opernkapellmeister in Leipzig * *Anna Pawlowa*, russ. Tänzerin († 1931) *Johann Strauß* (Sohn): „Der Zigeunerbaron" (Operette) *Sullivan:* „Der Mikado" (engl. Operette) *G. B. Shaw* Musik- u. Theaterkritiker (bis 1892) ~ Im „Perserschutt" v. -480 auf d. Akropolis werd. bis 1889 etwa 100000 Vasenscherben gefunden	*Auer v. Welsbach:* Gasglühlicht *Balmer:* Formel f. d. Wasserstoff-Spektrallinien *H. Bauer* erf. Druckknopf *Benz:* 3rädr. Kraftwagen m. Benzinmotor *E. v. Bergmann:* Keimfreie Chirurgie (Asepsis) * *Niels Bohr*, dän. Physik., erkl. d. Formel v. *Balmer*; († 1962) Kunstseide durch *Hilaire de Chardonnet* (* 1839, † 1924) *Daimler:* Kraftrad m. Benzinmotor Rauchloses Schießpulver von *Duttenhofer* u. *Vieille* ~ Zellforschg. entwickelt sich rasch; kennz. z. B. *W. Flemming:* „Zellsubstanz, Kern und Zellteilung" (v. 1882)	Erstes aseptisches Krankenhaus durch *Neuber* *Nipkow:* Lochscheibe f. Bild-Abtastung u. -Übertragung *Nordenfeldt:* Erfolgreiches U-Boot (frühere Versuche: *Drebbel* 1624, *Day* 1774, *Fulton* 1801, *Bauer* ~1850) *A. Weismann:* Keimplasma ist unsterblich Brooklyn-Hängebrücke i. New York (s. 1874) Internat. Statistisches Institut gegrdt. Autogenes Schweißen (1905 verbess.) *Emil Zsigmondy* (* 1861, † 1885 abgestürzt): „Die Gefahren der Alpen"

	Brit. Imperialismus Friedenskonferenz	Maupassant Gorki	Ranke Bachofen
1886	Ganz Burma an Brit.-Indien Freist. Columbien erh. Verf. Nigeria w. britische Kolonie Entmündigung und Selbstmord des geisteskranken *Ludwig II.*, Kg. von Bayern seit 1864 (* 1845); Prinz *Luitpold* wird Regent *Hiroburni Ito*, japan. Min.-Präs. (m. Unterbr. b. 1900) Ende des Drei-Kaiser-Bündnisses (seit 1872) *Samuel Fischer* (* 1859, † 1934) grdt. eig. Verlag i. Berlin (wird zu ein. Zentrum zeitgen. Lit. mit *Th. Mann*, *G. Hauptmann*, *H. Ibsen* u. a.)	* *Gottfr. Benn*, dt. individualist. Lyriker († 1956) Gründung der Englischen *Goethe*-Gesellschaft *Ibsen:* „Rosmersholm" (norweg. Schauspiel) † *Alexander Ostrowski*, russ. Bühnendichter (* 1823) † *Josef Viktor v. Scheffel*, dt. Dichter (* 1826) *Sienkiewicz:* „Sintflut" (polnischer Roman) *R. L. Stevenson:* „Der seltsame Fall Dr. Jekyll u. Mr. Hyde" (engl. Roman) *Strindberg:* „Der Sohn der Magd" (schwed. selbstbiographischer Roman b. 1906) *Tolstoi:* „Kreutzersonate" (russ. Erzählg.), „Die Macht der Finsternis" (Drama)	Ende d. ,,Kulturkampfes''; schrittweise Aufh. d. ,,Maigesetze'' (v. 1873) * *Karl Barth*, schweizer. Theologe († 1968) *A. Harnack:* „Lehrb. der Dogmengeschichte" (3 Bde. bis 1889) (Dogma als Hellenisierung d. Christentums) *Nietzsche:* „Jenseits v. Gut u. Böse" † *Leopold von Ranke*, dt. Historik., forderte strenge Quellenkritik (* 1795), 1867 bis 90 sämtl. Werke i. 54 Bdn. † *Ramakrischna*, indischer Hindu und Ordensstifter; lehrte Gleichheit u. Wahrheit aller Religionen (*1834) *W. v. Siemens:* „Das naturwissenschaftliche Zeitalter" (mit optimist. Prognosen) *Wundt:* „Ethik" (3 Bde.)
1887	Britisch-Ostafrika entsteht *Carnot* Präsident von Frankreich (bis 1894 [†, ermordet]) Geheimer Rückversicherungsvertrag Deutschlands mit Rußland; vereinbart gegenseitige wohlwollende Neutralität (bis 1890) Deutsch-französische Krise wird beigelegt *Randal Cremer* grdt. Interparlamentar. Friedenskonferenz Johannesburg in Südafrika gegründet	*André Antoine* eröffn. „Théatre libre" i. Paris f. mod. Schauspielkunst * *Walter Flex*, dt. Dichter, Hauslehrer im Hause *Bismarck* († 1917) *Ebner-Eschenbach:* „Das Gemeindekind" (Rom.) *Goethes* „Urfaust" entdeckt Tagebuch der Brüder *Goncourt* (9 Bände bis 1896, frz.) *Henry Rider Haggard* (*1856, † 1925): „She" (engl. Abenteuer-Rom.) *Amanda Lindner* (* 1868, † 1951) spielt d. „Jungfrau v. Orleans" b. Gastsp. d. Meininger Hoftheaters i. Berlin *Sienkiewicz:* „Herr Wolodyjowski" (poln. Roman) *Strindberg:* „Der Vater" (schwed. Schauspiel) *Sudermann:* „Frau Sorge" (Roman) † *Friedr. Theodor Vischer*, dt. Dichter u. Philos. (* 1807) * *Ernst Wiechert*, dt. Dicht. († 1950) * *Arnold Zweig*, dt. sozialkrit. Dichter († 1968)	† *Johann Jakob Bachofen*, schweiz. Geschichtsphilos. und Jurist: „Mutterrecht u. Urreligion" (* 1815) † *Gust. Theodor Fechner*, dt. Philos. u. Psychol. (* 1801) Papst *Leo XIII.* erklärt den Kulturkampf für beendet *Nietzsche:* „Zur Genealogie der Moral" *A. Riehl:* „Der philosophische Kritizismus" Gründung des „Evangelischen Bundes" gegen Katholizismus

Cézanne *Klinger*	*Debussy* *Verdi*	*Kraftwagen* *Grammophon*	
* *Rudolf Belling*, dt. Bildhauer des „absoluten" Stils († 1972) *Cézanne:* „Gardanne" *v. Gogh:* „Vase mit Gladiole", „Mont Martre" (ndl. Gem. in Paris, beeinfl. v. Impressionismus) *M. Klinger:* „Beethoven" (mehrfarb. Denkmal, vollendet 1902) * *Oskar Kokoschka*, dt. Maler und Dichter *Meunier:* „Der Hammerschmied" (belgisches Bildwerk) *Rodin:* „Der Kuß", „Der Gedanke" (frz. Marmorplastiken) *A. Lichtwark*, Direktor d. Kunsthalle, Hamburg (b. 1914)	* *Wilhelm Furtwängler*, dt. Dirigent u. Komponist († 1954) † *Franz v. Liszt*, Komponist u. Pianist aus Ungarn (* 1811) *Saint-Saëns:* Symphonie c-moll mit Orgel (frz.) ~ In New Orleans entsteht aus d. geistl. Gesängen u. d. Musizierfreudigkeit der Neger der improvisierende „Jazz" *Vieille:* Rauchschwaches Schießpulver	*Abbe:* Hochfarbfehlerfreie Mikroskopobjektive („Apochromate") auf Grund neuer Glasschmelzen von *Schott* Entdeckung der Coli-Bakterien durch *Escherich* *Goldstein* entdeckt Kanalstrahlen (positiv geladene Atome) *Hermann Hollerith* (* 1860, † 1929): Elektrische Lochkartenapparatur f. schnelle Datenauswertung (1890 bei der Volkszählung in den USA angewandt) *Richard v. Krafft-Ebing* (*1840, † 1902): „Psychopathia sexualis" „Pilgerschritt" – Walzverfahren für nahtlose Rohre durch d. Gebr. *Mannesmann*	*John S. Pemberton*, Apotheker in den USA, gibt Ursprungsrezept für Coca-Cola an (stärkere Verbreitung erst nach dem 1. und 2. Weltkrieg) Freiheitsstatue im Hafen v. New York errichtet (Geschenk Frankreichs) Deutsch. Schwimmverband gegründet (1885: Deutsch. Keglerbund)
* *Aleksandr Archipenko* (†1964), russ. Bildhauer der „absoluten" Plastik * *Marc Chagall*, russ.-frz. Maler *Busch:* Humor. Hausschatz (gesam. bebild. Verserzähl.) *Gauguin:* „Landschaft auf Martinique" (frz. Gem.) ~ *v. Gogh:* Japanbilder nach *Hiroshige* und Studien nach Gipsmodellen *M. Klinger:* „Parisurteil" (Gemälde) *Liebermann:* „Flachsscheuer" (Gem.) *Marées:* „Hesperiden" (Gem.) † *Hans v. Marées*, dt. Maler; wird unabh. v. *Cézanne* als Überwind. d. Impressionismus betrachtet (* 1837) *Monet:* „Sommertag" (franz. Gemälde)	*Alex. Borodin* (* 1833, † 1887): „Fürst Igor" (russ. Oper s. 1869, vollend. v. *Rimskij-Korssakow* u. *Glasunow* 1889) *Debussy:* „Le Printemps" („Der Frühling", frz. Orchestersuite) *Verdi:* „Othello" (ital. Oper) *A. D. Waller* (*1856 i. Gr. Brit., † 1922) entd. Herzaktionsströme (deren Registrierung zum diagnostisch wichtigen Elektrokardiogramm [EKG] führen) Zeitschrift für Physikalische Chemie Blüte der Physikal. Chemie durch *Arrhenius*, *W. Ostwald* u. *van't Hoff*	Dissoziationstheorie der Elektrolyse (Ionentheorie) von *Arrhenius* Platten-Grammophon von *Berliner* *Daimler:* 4rädr. Kraftwagen mit Benzinmotor *Richard Dedekind* (* 1831, † 1916): „Was sind und was sollen die Zahlen?" Eröffn. d. Physikal.-Tech. Reichsanstalt als oberster Maß- u. Gewichtsbehörde; 1. Präsid. *Helmholtz*; gestiftet von *W. v. Siemens* Elektroschmelzofen von *Héroult* *Thomas G. Morton:* regelmäßige Blinddarm-Operationen (i. Philadelphia) * *Erwin Schrödinger*, österr. Phys., *Nobel*pr. 1933 († 1961) *Stanley* befreit *Emin Pascha* in Ostafrika Drehstrommot. v. *Tesla* *V. Horsley* operiert erstmals Rückenmarktumor	Japanische Pressebüros entstehen 21000 Beschäftigte i. d. Krupp-Werken Berliner Varietébühne „Wintergarten" eröffnet AEG in Berlin, gegr. 1883 von *E. Rathenau* (* 1838, † 1915)

	Kaiser Wilhelm II. *2. Internationale*	*Strindberg* *„Freie Bühne"*	*Nietzsche* *Empirio-Kritizismus*
1888	† *Wilhelm I.* am 9. 3., dt. Kaiser seit 1871, König von Preußen seit 1861 (Regentschaft seit 1858; * 1797); † sein liberal denkend. Sohn u. Nachfolg. *Friedrich III.* am 15. 6. (* 1831); dessen Sohn *Wilhelm II.* dt. Kaiser (bis 1918) Araberaufstand in Deutsch-Ostafrika wird durch *Herm. von Wissmann* (* 1853, † 1905) unterdrückt * *Tschiang Kai-schek*, chinesischer Politiker d. Kuomintang, Marschall u. Staatschef Intern. Konvention über Suezkanal *Strindberg:* „Die Inselbauern" (schwed. Roman) *Verlaine*: „Liebe" (frz.)	*Fontane:* „Irrungen, Wirrungen" (Roman) * *Thomas Stearns Eliot*, engl. Dichter aus USA; *Nobel*pr. 1948 († 1965) *Hamsun:* Amerikasatire (spiegelt eig. Erlebn.) *G. Hauptmann:* „Bahnwärter Thiel" (naturalist. Erz.) *Ibsen:* „Die Frau vom Meere" (norweg. Schauspiel) *Wladimir G. Korolenko* (* 1853, † 1921): „Sibir. Geschichten" (aus seiner Verbannung 1879—85, dt. Übers. aus d. Russ.) * *Eugene Gladstone O'Neill*, nordamerikan. Dramatiker († 1953) *Storm:* „Der Schimmelreiter" (Novelle) † *Theodor Storm*, dt. Dichter (* 1817)	*R. Avenarius:* „Kritik der reinen Erfahrung" (Begr. d. Empirio-Kritizismus, 2 Bde. b. 1890) *Engels:* „Ludwig Feuerbach u. d. Ausgang d. dt. Philosophie" *Eucken:* „Die Einheit d. Geisteslebens in Bewußtsein und Tat der Menschheit" *Nietzsche:* „Der Wille zur Macht" (s. 1884, unvoll.), „Die Umwertung aller Werte. Der Antichrist", „Nietzsche contra Wagner" *H. Wölfflin:* „Renaissance und Barock" (gilt als Grundl. d. Barockforschg.) „Oxford English Dictionary" (maßgeb. engl. Wörterbuch) beginnt zu erscheinen Gesellsch. f. Lit. u. Kunst, Moskau
1889	* *Adolf Hitler*, Begr. d. dt. Nationalsozialismus (NSDAP), Diktator („Führer") 1933–1945 (†, Selbstmord) * *Ernst Reuter*, sozialdemokrat. Politiker († 1953) Gründung der sozialdemokratischen Parteien in Österreich und der Schweiz Gründung der sozialdemokrat. „Zweiten Internationale" in Paris Erste Maifeier (in Paris) Brasilien Republik nach Aufstand gegen Beseitigung der Sklaverei Vertrag des Negus von Abessinien *Menelik* († 1913) mit Italien; von Italien 1896 gebrochen Rhodesien britischer Besitz Japan konstitutionelle Monarchie Erzherzog *Rudolf v. Österreich-Ung.* (* 1858) erschießt seine Geliebte und sich	† *Ludwig Anzengruber*, österr. Dichter (* 1839) *Carducci:* „Odi Barbare III" (I 1877, II 1882) *G. Hauptmann:* „Vor Sonnenaufgang" (Schauspiel) *A. Holz* u. *J. Schlaf:* „Papa Hamlet" (naturalist. Erz.) *Jerome:* „Drei Mann in einem Boot" (engl. humor. Erzählung) *I. Kurz:* „Gedichte" *Guy de Maupassant* (* 1850, † 1893): „Stark wie der Tod" (frz. Roman) *Sudermann:* „Ehre" (Schauspiel), „Der Katzensteg" (Roman) Theaterverein „Freie Bühne" von *Maximilian Harden*, den Brüdern *Hart* und *Theodor Wolff* gegründet; Leiter (bis 1893) *Otto Brahm* (* 1856, † 1912); beg. m. „Gespenster" von *Ibsen* u. „Vor Sonnenaufgang" von *G. Hauptmann*	*Mohammed Abduh* (* 1849, † 1905) kehrt aus d. Verbannung zurück u. reformiert Azha-Moschee i. Kairo i. Sinne ein. modernen Islams *Bergson:* „Zeit und Freiheit" (franz.) *August Fournier* (* 1850, † 1920): „Napoleon I." (3 Bde. s. 1886; maßg. histor. Biographie) * *Martin Heidegger*, dt. Philosoph (Existential-Philosophie) († 1976) *Nietzsche*: „Götzendämmerung", „Ecce homo"; fällt in geistige Umnachtung † *Albrecht Ritschl*, dt. evangelisch. Theologe (* 1822) *Bertha von Suttner:* „Die Waffen nieder" (österr. pazifistischer Roman) „Fabian-Essays" (britischer evolutionärer Sozialismus, mit Vorwort *Shaws*) Arbeiter-Samariter-Bund gegrdt.

Rodin *Renoir*	*H. Wolf* *Rimskij-Korssakow*	*Nansen* *Radiowellen*	
Cézanne: „Jung. Mann mit roter Weste“ (frz. Gem.; *C.* arbeitet im Gegens. z. d. Impress. m. geschloss. Farbfläch., die schon auf d. Kubismus weisen) *James Ensor* (* 1860, † 1949): „L'entrée du Christ à Bruxelles“ (belg. Gem. zw. Im- und Expressionismus) *Gauguin:* Bildnis *van Goghs* (frz. Gem.) *van Gogh:* „Garten in Arles“, „Landschaft m. Zypresse“, „Selbstbildnis v. Staffelei“, „Fischerboote am Strand“, „Sonnenblumen“ (ndl. Gem.) *M. Liebermann:* „Netzflickerinnen“ (Gem.)	*Josef Bayer* (* 1852, † 1913): „Die Puppenfee“ (österr. Ballett) *C. Franck:* „Seele“ (belg. sinf. Dichtung f. Orchester u. Chor), Symphonie d-Moll *Grieg:* Peer-Gynt-Suite Nr. 1 (vgl. 1876) *Rimskij-Korssakow:* „Scheherazade“ (russ. Tondichtung) *Tschaikowskij:* 5. Symphonie e-moll, op. 64 *H. Wolf: Mörike-* u. *Eichendorff*-Lieder * *Renée Sintenis,* dt. Bildhauerin († 1965) *Rodin:* „Die Bürger v. Calais“ (frz. Denkmal s. 1884, z. Erinnerung an d. Belagerung 1347)	*Doehring:* Spannbeton *G. Eastman* (* 1854, † 1932): Rollfilmkamera (förd. Amateurfotografie) Elektronenauslösung durch Licht von *Hallwachs* Erzeugung und Nachweis elektromagnetischer Wellen durch *Heinrich Hertz* (* 1857, † 1894); beweist damit *Maxwells* theoretische Vorstellungen *Sophus Lie* (* 1842, † 1899): „Mathematik der Transformationsgruppen“ (bis 1893) *William Marshall:* „Die Tiefsee u. ihr Leben“ Ost-West-Durchquerung Südgrönlands durch *Nansen* auf Skiern *Pasteur*-Institut, Paris Versuche mit Einschienen-Sattelbahn in Irland (i. Dtl. 1952 wiederaufgen.)	Weltausstellungen in Barcelona, Melbourne, Moskau, Sydney Europ. Bahnverbindung n. Konstantinopel † *Friedrich Wilhelm Raiffeisen,* Gründer der landwirtschaftlichen Kreditgenossenschaften (* 1818) Eisenbahn nach Oberstdorf/Allgäu  1. dt. Taubstummen-Blinden-Fürsorge (Berlin)
† *Jules Dupré,* frz. Maler (* 1811) *van Gogh:* „An der Schwelle d. Ewigkeit“, „Die Schlafkammer“, „Kornfeld m. Mäher i. der Sonne“, „Pietà“ (nach *Delacroix*), „Grabende Bauern“ (nach *Millet*) (ndl. Gem.) Geht nach d. Bruch mit *Gauguin* in eine Anstalt für Geisteskr. i. St. Rémy *Munch:* „Mädchen am Brückengeländer“ (norweg. Gemälde) * *G. Marcks,* dt. Bildhauer * *Paul Nash,* engl. Maler *Renoir:* „Badende“ *Uhde:* „Heilige Nacht“ (Triptychon) —— * *Charlie Chaplin,* engl. Filmschauspieler in USA († 1977)	*R. Strauss:* „Don Juan“ (Tondichtung) *Tschaikowskij:* „Dornröschen“ (russ. Ballett) *H. Wolf:* „*Goethe*-lieder“	*Behring* entd. Antitoxine *Brown-Séquard* leitet durch Selbstversuche mit Sexualhormonen Hormonforschung ein *Dolivo-Dobrowolski:* Drehstrommotor *F. Galton:* „Natürliche Vererbung“ (Grundl. d. statistischen Vererbungsforschung) * *Edwin Powell Hubble,* nordam. Astronom († 1953) *Lenard* läßt Elektronen aus ein. Entladungsrohr i. Luft austreten *O. Lilienthal:* „Der Vogelflug als Grundlage d Fliegekunst“ (grundleg.) *v. Mehring* und *Minkowski* erweisen durch Tierversuche Zuckerkrankheit als Ausfallerscheinungen der Bauchspeicheldrüse —— Fa. *Kathreiners* (gegr. 1829) beg. Herst. des *Kneipp*-Malzkaffees	Invalidenpflichtversich. für Arbeiter in Deutschland Großer Ruhrstreik. Audienz d. Arbeiter b. Kaiser; err. Lohnerhöhung u. Arbeitszeitverkürz. Zeitschrift „Die Bodenreform“ von *Damaschke* gegründ. *Gustave Eiffel* (* 1832, † 1923): Turm f. d. Pariser Weltausstellung (Höhe 300 m; längere Zeit d. höchste Bauwerk d. Erde), s. 1885 Pariser Weltausstellung mit 28 Mill. Besuchern 1. Autoausstellung (i. Paris) *Hans Meyer* u. *Purtscheller:* Erstbesteigung des Kilimandscharo in Afrika (5968 m)

	Bismarcks Entlassung Sozialdemokratie	Wedekind Volksbühne	Windthorst Engels
1890	*Wilh.II.* entl. *Bismarck* mit d. Titel ein. Herzgs.v. Lauenbg. Gen. Graf *Leo von Caprivi* dt. Reichskanzler (bis 1894) Ende des deutschen Rückversicherungsvertrages mit Rußland (seit 1887) Deutsch-Ostafrika wird dt. Schutzgebiet Ende des Sozialistengesetzes (seit 1878). Umbildung der „Sozialist. Arbeiterpartei" zur „Sozialdemokrat. Partei Deutschl." unter *Aug. Bebel* Großbrit. gibt Helgoland a. Deutschl. gegen Witu und Sansibar *Cecil Rhodes*, Diamantfeldbesitzer (*1853, † 1902), wird südafr. Ministerpräs. b. 1896) *Wilhelmina* Königin der Niederlande bis 1948 (*1880) † Graf *Gyula Andrassy*, ungar. Staatsmann (* 1823)	* *Kasimir Edschmid*, dt. express. Dichter († 1966) *St.George:* „Hymnen" (Ged.) *Hamsun:* „Hunger" (norweg. Roman) * *Walter Hasenclever*, dt. express. Dichter († 1940) *G. Hauptmann:* „Das Friedensfest" (Schauspiel) *Ibsen:* „Hedda Gabler" (norweg. Schauspiel) † *Gottfried Keller*, schweiz. Dichter (* 1819) *Kurz:* „Florentinische Novellen" *Liliencron:* „Der Haidegänger" (Gedichte) *Strindberg:* „Am offenen Meer" (schwed. Roman) * *Frank Thieß*, dt. Dichter * *K. Tucholsky* († 1953) * *F. Werfel* († 1945) „Freie Volksbühne" in Berlin gegrdt.; beg. mit *Ibsen:* „Stützen d. Gesellsch."	*W. James:* „Prinzipien d. Psychologie" (nordamer.) *Julius Langbehn* (* 1851, † 1907): „Rembrandt als Erzieher. Von einem Deutschen" („lebensvoller" Typ gegen „Verstandesmenschen") † *Heinr. Schliemann*, dt. Archäologe (* 1822) *Stumpf:* „Tonpsychologie" *Gabriel Tarde* (* 1843, † 1904): „Die Gesetze der Nachahmung" (frz. Soziologie d. Verbrechens) *A. Stoecker, Alfred Weber, A. Harnack, A. Wagner* u.a. gründen Evangelisch-sozialen Kongreß zur Bekämpfung sozialer Mißstände Gründung des „Deutschen Gymnasialvereins" zur Erhaltung des humanistischen Gymnasiums
1891	*Bismarcks* Entlassung wird teilw. heftig kritisiert Gründung des „Internationalen Friedensbüros" in der Schweiz (erhält 1910 Friedens*nobel*preis) „Alldeutscher Verband" gegr. (Vorkämpfer f. eine imperialistische Politik) Erfurter Programm (gilt als Höhepunkt d. strengen Marxismus i. d. SPD) † *Helmuth v. Moltke*, preuß. Feldherr 1866 u. 1870/71, „Der große Schweiger" (* 1800) † *Ludwig Windthorst*, Leiter der deutschen Zentrumspartei, *Bismarck*gegner (* 1812) Mit Unterwerfung der Sioux-Indianer enden Indianerkriege in USA	† *Iwan Alexandrowitsch Gontscharow*, russ. Dichter (* 1812) *G. Hauptmann:* „Einsame Menschen" (Schauspiel) * *Klabund (Alfred Henschke)*, dt. Dichter († 1928) *Lagerlöf:* „Gösta Berling" (schwed. Roman) *Maupassant* schrieb i. 10 Jahren 300 Nov.; wird geisteskrank *C. F. Meyer:* „Angela Borgia" (Schweiz. Novelle) *Sudermann:* „Sodoms Ende" (Schauspiel) *Wedekind:* „Frühlings Erwachen" (Schauspiel) *Whitman:* „Good Bye, My Fancy" (nordam. Ged.) *Wilde:* „Das Bildnis des Dorian Gray" (engl. Roman) *Zola:* „Das Geld" (franz. Roman) Schlierseer Bauerntheater gegrdt.	*Engels:* „Die Entwicklung des Sozialismus von der Utopie zur Wissenschaft" † *Paul Anton de Lagarde*, dt. nationalistischer u. antisemitischer Sprachforscher (* 1827) *Fr. Ratzel:* „Politische Geographie" (begrdt. diese als selbst. Disziplin) *Gust. Wustmann:* „Allerhand Sprachdummheiten" (Sprachlehre) Päpstl. Enzyklika „Rerum novarum" zur Arbeiterfrage im Sinne sozialer Reformen Gründung der neubuddhistischen Mahabodhi-Society in Colombo Freilichtmuseum Skansen b. Stockholm (bewahrt Bauernhäuser)

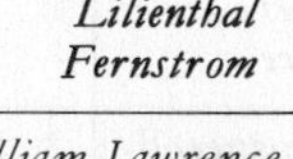	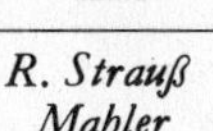		
Cézanne *Monet*	*R. Strauß* *Mahler*	*Lilienthal* *Fernstrom*	
Cézanne: „Landschaft bei Aix" (frz. Gem.) *van Gogh:* „Der Pflug", „Kornfeld m. Krähen" † *Vincent van Gogh* (Freitod i. geistig. Umnachtung), ndl. Maler zwischen Im- u. Expressionismus (* 1853) *Liebermann:* „Frau mit Ziegen" (Gem.) *Monet:* „Heuschober" (frz. Gem., 15 Bilder zu versch. Tageszeiten u. Beleucht. b. 1895; konsequent. „Impressionismus") *Rodin:* „Danaide" (frz Plastik) *Segantini:* „Pflügen" (ital. Gemälde) *H. Thoma:* „Taunuslandschaft" (Gemälde) ~ Japaner beeinflußen Stil d. schlichten Sachlichkeit in England	*Debussy:* „Suite bergamasque" (frz.) *C. Franck:* 3 gr. Orgelchoräle † *César Franck*, belg. Komponist (* 1822) *Mascagni:* „Cavalleria rusticana" (ital. Oper) *Tschaikowskij:* „Pique Dame" (russ. Oper, Text n. *Puschkin*) 1. Kunstsezession i. Paris Architekturschule in Chikago (*Sullivan* u. and.) 	* *William Lawrence Bragg*, engl. Physiker, *Nobel*pr. 1915 m. s. Vater († 1971) Fritter (Kohärer) zum Nachweis elektrischer Wellen von *Branly* *J. B. Dunlop* produz. Luftreifen Synthetischer Zucker von *Emil Fischer* *F. Hofmeister:* 1. Kristallisation eines Proteins *R. Koch* erzeugt Tuberkulin *Stoney* führt den Begriff „Elektron" für die kleinste elektrische Ladung ein Dreifarbendruck von *Ulrich* und *Vogel* *P. Rudolph:* Anastigmat (Photo-Objektiv) Firth of Forth-Brücke (521 m Spannw., s. 1883)	1. intern. Maifeiern. Aussperrung i. Hamburg; Arbeitgeberverbände gegrdt. 130 000 Mitgl. der Freien Gewerksch. (1900 680 000) Nordam. Gewerkschaft (AFL) propag. 8-Std.-Tag USA: Schutzzollpolitik ≈ Systematische Anwendung künstl. Düngers verdoppelt in der Folgezeit Erträge Seebad Swinemünde (vgl. 1825) Erdweite Grippeepidemie *Sepp Innerkofler* bezwingt Nordwand d. Kleinen Zinne
~ *Degas:* „Zwei Tänzerinnen im blauen Rock" (frz. impress. Gemälde) * *Otto Dix*, dt. Maler eines realistischen Stils († 1969) *Gauguin* auf Tahiti (bis 93 und ab 95) *M. Liebermann:* „Bürgermeister Petersen" (Gemälde) * *Jacques Lipchitz*, kubist. Plastiker litauischer Herkunft (1909 nach Paris) † *Georges Seurat*, frz. Maler (* 1859) *Toulouse-Lautrec:* „La Goulue" (frz. kolorierte Kreidezeichn.; Studie zum Plakat für „Moulin Rouge" in Paris)	† *Léo Delibes*, franz. Komponist (* 1836) * *Sergej Prokowjew*, russ. Komponist († 1953) *R. Strauss:* „Tod und Verklärung" (Tondichtung) *Tschaikowskij:* „Nußknacker-Suite" (russ. Ballett-Musik) *Karl Zeller* (* 1842, † 1898): „Der Vogelhändler" (Operette)  1. Sechstagerennen (New York)	* *Frederik Banting*, kanad. Mediziner, 1923 *Nobel*pr. Elektr.-Leitg. über 175 km durch *Dolivo-Dobrowolski* Rotations-Kupfertiefdrck. von *Klietsch* *Samuel P. Langley* (* 1834, † 1906): „Experimente in Aerodynamik" (Grundlegung der Flugzeuge schwerer a. Luft i. d. USA) *Lilienthal:* 1. Segelflüge Erste erfolgreiche Mixödem-Behandl. m. Schilddrüsenextrakt d. *Murray* Hochspannungstransformator von *Tesla* (über 1 Mill. Volt) 500 000 t Schwefelsäure-Erzeug. i. Deutschl. (1901: 850 000 t, 1937: 2,03 Mill. t) 0,6 PS-Jahre pro Einwohner in Deutschland (1912: 1,6; 1937: 3,0 PS-Jahre). Rußl.: 0,02 (1912: 0,11; 1937: 0,59) PS-Jahre	*Abbe* begrdt. Carl-Zeiss-Stiftung mit Gewinnbeteilig. d. Arbeiter Erster Kongr. d. freien Gewerksch., beschl. Frauen aufzunehmen Reichsges. regelt Sonntagsruhe Maximale Arbeitszeit f. Fabrikarbeiterinnen über 16 Jahre in Dtl. 11 Stunden Fernsprechdienst Gr. Brit.—Kontinent Hungerjahr i. Rußl. (vertieft soziale u. polit. Spannungen) Erdbeben in Japan (Mino-Owan): 7500 Tote, 130 000 zerstörte Gebäude ~ Schnürschuh in der Männermode vorherrschend

	Zar Nikolaus II. *Dreyfus-Affäre*	*G. Hauptmann* *Hamsun*	*Haeckel* *Frauenbewegung*
1892	„Deutsche Friedensgesellschaft" in Berlin gegründet *Maximilian Harden* (* 1861, † 1927) grdt. Wochenschrift „Die Zukunft" (best. b. 1922); schreibt f. *Bismarck*, gegen *Caprivi*, *Sudermann*, die „Hofkamarilla" um *Wilhelm II.*, bes. Fürst *Eulenburg* (Prozesse 1906)	* *Pearl S. Buck*, Dichterin der USA, *Nobel*preis 1938 *Hamsun*: „Mysterien" (norweg. Roman) *G. Hauptmann*: „Die Weber" (Schausp.), „Kollege Crampton" (Lustsp.) *Heidenstam*: „Hans Alienus" (schwed. Rom.) *Ibsen*: „Baumeister Solneß" (norweg. Schauspiel) *Kipling*: „Baracken-Balladen" (engl.) *Shaw*: „Frau Warrens Gewerbe" (engl. Schauspiel) † *Alfred Tennyson*, engl. Dichter (* 1809) † *Walt Whitman*, nordam. Dichter (* 1819)	*Bebel*: „Christentum u. Sozialismus" *Haeckel*: „Der Monismus. Glaubensbekenntnis eines Naturforschers" *Karl Krumbacher* (* 1856, † 1909): „Byzantinische Zeitschr." (begrdt. byzant. Philologie) *Friedrich Paulsen* (* 1846, † 1908): Einleitung i. d. Philosophie" (s. eig. Phil. ist von *Fechner*, *Wundt*, *Kant* u. *Spinoza* beeinfl.)
1893	*Cleveland* zum zweitenmal Präsident der USA (bis 1897) „Bund d. Landwirte" (konservativ) i. Dtl. gegrdt. Gründung der „Unabhängigen Arbeiterpartei" in Großbritannien (vgl. 1900) Vorstufe der republikanischen Kuomintang-Partei in China gegründet	*Halbe*: „Jugend" (Trauersp.) *Hamsun*: „Redakteur Lynge" (norweg. Roman) *G. Hauptmann*: „Der Biberpelz" (Lustspiel) *Schnitzler*: „Anatol" (Schauspiel) *Verlaine*: „Meine Gefängnisse" (frz. Dicht.) *Wilde*: „Lady Windermeres Fächer" (engl. Lustspiel) und „Salome" (in franz. Sprache; Oper v. *R. Strauß*)	* *Charlotte Bühler*, österr. Jugendpsychologin *G. Frege* begründet math. Logik (Logistik) *Reinhold Koser* (* 1852, † 1914): „Kg. Friedrich d. Gr." (gilt als maßg. histor. Biogr.) *Helene Lange* grdt. Zeitschr. „Die Frau"; setzt sich für Mädchenschulwesen ein (u. a. Gymnasialkurse)
1894	Der jüd.-frz. Offiz. *Alfred Dreyfus* weg. angebl. Landesverr. verurt. u. deport. (1906 rehab.) *Casimir-Périer* Präsid. von Frankreich (bis 1895). Frankreich erobert Dahome in Westafrika Fürst *Hohenlohe* dt. Reichskanzler (bis 1900) † *Alexander III.*, Zar v. Rußl. s. 1881 (* 1845); *Nikolaus II.* Zar von Rußland bis 1917 (erschossen 1918, * 1868) † *Lajos v. Kossuth*, ungarischer Politiker (* 1802) Japan.-chines. Krieg (bis 1895): Korea v. China unabhängig (1910 zu Japan); Formosa u. Fischerins. an Japan	*Hamsun*: „Pan" (norweg. Roman) *G. Hauptmann*: „Hanneles Himmelfahrt" (Schausp.) *Ibsen*: „Klein Eyolf" (Schsp.) *Kipling*: „Das Dschungelbuch" (engl.) † *Robert L. Stevenson*, engl. Romanschriftsteller (* 1850) *Wilde*: „Eine Frau ohne Bedeutung" (engl. Komöd.) *Zola*: „Die drei Städte" („Lourdes", „Rom", „Paris", frz. Romanfolge b. 1898) Dt. Theat.: „Weber"-Auff. unt. *Brahm* (Hofloge wird gekündigt) Verlag v. *Alb. Langen* (* 1869, † 1909) i. Lpz. u. München (1893 i. Paris gegr., pflegt nord. Lit.)	*Lou Andreas-Salomé* (* 1861, † 1935): „Friedr. Nietzsche i. s. Werken" (Freundin *N.s* russ. Abkunft) *Dilthey*: „Ideen über eine beschreibende und zergliedernde Psychologie" *R. Garbes*: „Die Sankhya-Philosophie" (betont ind. Rationalismus gegenüb. d. Mystik) *R. Steiner*: „Die Philosophie der Freiheit. Grundzüge einer modernen Weltanschauung" (vortheosophische, radikal-individualist. Philosophie) Gründung des „Bundes dt. Frauenvereine" m. d. Ziel d. Gleichberechtigung d. Frau

Toulouse-Lautrec *Liebermann*	*Tschaikowskij* *Debussy*	*Diphtherie–Heilserum* *Örtl. Betäubung*	
† *Constantin Guys*, frz. Maler (* 1805) *M. Liebermann*: „Gattin d. Künstlers“ *Toulouse-Lautrec*: „In Moulin rouge“ (Gem.) *Meunier*: „Der verlorene Sohn“ (belg. Plastik) *Segantini*: „Trübe Stunde“ (it. Gemälde) *Henri van de Velde* wend. sich als Autodidakt d. Kunstgewerbe zu; wird führend i. „Jugendstil“ Münchner Sezession gegrdt. (*Uhde*, *Stuck* u. a.)	*Bruckner*: „150. Psalm“ *Leoncavallo*: „Der Bajazzo“ (ital. Oper, Urauff. unter *Toscanini* m. *Caruso*) *Tschaikowskij*: 3. Klavierkonzert, Es-dur, op. 79 (unvoll.) *Verdi*: „Falstaff“ („Lyrische Komödie“ i. einem sinfon. Spätstil; Urauff. 1893)	* *Louis de Broglie*, belg.-frz. Phys., *Nobel*pr. 1929 * *Arth. Holly Compton*, USA-Physiker († 1962) *Dubois* findet Überreste d. Affenmenschen (Pithecanthropus) a. Java (seit 1891) *Alph. Forel*: „D. Genfer See“ (Begr. d. Limnologie = Seenkunde) † *Wernerv. Siemens*, dt. Ing. u. Unternehmer (* 1816) Biolog. Anst. Helgoland gegrdt. „Versamml. dt. Naturforscher u. Ärzte“ fest organ.	Wirtschaftskrise in d. USA (bis 1896) General Electric Company in USA gegründet Berliner Bau- und Wohnungsgenossenschaft gegründet Arbeiter-Turn- und Sportbund in Dtl. gegründet Frauen - Sechstage Radrennen in New York Cholera in Hamburg (letzte Ch.-Epidemie in Deutschland) 1. Berliner Reisebüro *Hugo Stangen*
* *G. Grosz*, dt. Maler († 1959) *Liebermann*: „Reiter u. Reiterin“ (Gem.) *Meunier*: „Lastträger“ (belg. Plastik) *Munch*: „Der Schrei“ (expressionist. Gem.) † *Peter Tschaikowskij*, russ. Komponist (a. d. Cholera) (* 1840)	*Debussy*: Streichquart. *Dvořák*: 5. Symphonie („Aus der Neuen Welt“), Violinkonzert † *Charles Gounod*, frz. Komponist (* 1818) *Humperdinck*: „Hänsel und Gretel“ (Oper) *Puccini*: „Manon Lescaut“ (Oper) *Sibelius*: „Karelia“ *Tschaikowskij*: 6. Symphonie („Pathétique“)	*Behring*: Diphtherie-Heilserum *Rudolf Diesel* baut seinen Motor (b. 1897) *J. Elster* u. *H. Geitel*: Photozelle *Nansens* Nordpol-Expedition a. d. „Fram“ bis 86° 4' nördl. Breite (bis 1896) *Nernst*: „Theoret. Chemie“ Heißdampf-Lokomotive durch *W. Schmidt*	1. intern. Photoausstellung i. Hamburg Weltausstellung in Chicago auf 278 ha Freiwill. Arbeitslosenversicherung in Bern Erst. dt. Skiclub im Schwarzwald 1. dt. Lungen-Volksheilstätte (Taunus)
Aubrey Beardsley (* 1872, † 1898): Zeichnungen zu *Wildes* „Salome“ *Rosa Bonheur* (* 1822, † 1899), frz. Tiermalerin, erhält als erste Frau Kreuz d. Ehrenlegion *Gauguin*: „Paris im Schnee“ (frz. Gem.) *A.v.Hildebrand* (* 1847, † 1921): Wittelsbacherbrunnen in München *Liebermann*: „Schreitender Bauer“ (Gem.) *Franz Stuck* (* 1863, † 1928) „Der Krieg“ (symbol. Gem.) *Wallot*: Reichstag in Berlin (seit 1884)	*Bruckner*: 9. Symphonie d-moll (unvollendet) *Debussy*: „L'Après-midi d'un Faune“ („Der Nachmittag ein. Fauns“, frz. Tondichtung, gilt als Begrdg. des musikalischen Impressionismus) *G. Mahler*: 1. Symphonie G-Dur † *Anton Rubinstein*, russischer Komponist (* 1829)	*Haeckel*: „Systematische Phylogenie“ *Sven Hedin* i. Tibet (- 1897) † *Hermann v. Helmholtz*, dt. Naturforscher (* 1821) *Louis Lumière* (* 1864, † 1948) erfindet Kinematographen *Oliver* und *Schäfer* beweisen Wirksamkeit des Nebennierenmarkextraktes Isolierung des Edelgases Argon d. *Rayleigh* u. *Ramsay* *M. Rubner*: Energieerhaltungsges. f. Lebewesen Örtl. Betäubung (Lokalanästhesie) v. *Karl Ludwig Schleich* (* 1859, † 1922) *Yersin* und *Kitasato* entd. Pestbazillus (unabh.)	*A. Lichtwark* (* 1852, † 1914): „Die Bedeutung der Amateurphotographie“ Beg. d. christl. Gewerkschaftsbewegung i. Dtl. (Eisenbahngew. i. Trier) „Leipziger Volkszeitung“ (soziald.) Weltausstellung in Antwerpen *Baron de Coubertin* gründet Komitee für Olympische Spiele Erstes internationales Autorennen Paris–Rouen (Daimlerwagen siegt) Tower-Brücke in London fertiggest.

	Italien.-abess. Krieg	Fontane Verlaine	S. Freud R. Eucken
1895	* *Georg VI.*, König v. Großbritannien 1937–1952 (†) *F. Faure* Präsident von Frankreich b. 1899 (†, * 1841) Frankreich erobert Madagaskar * *Kurt Schumacher*, dt. sozialdemokrat. Politiker († 1952) *Th. Masaryk:* „Die tschechische Frage" Kubanischer Aufstand gegen Spanien Formosa wird japan. Besitz (1945 wieder an China)	† *Alexandre Dumas* (Sohn) franz. Dichter (* 1824) *Fontane:* „Effi Briest" (Rom.) † *Gustav Freytag*, dt. Dichter (* 1816) *Ganghofer:* „Schloß Hubertus" (Roman) * *Hsü Tschi Mo*, chinesischer Lyriker († 1931) * *Kuo Mo Yo*, chin. Dichter (u. a. Faust-Übersetzung) † *Nikolai Leskow*, russischer Dichter (* 1831) *Shaw:* „Candida" (engl. Schauspiel) *Tolstoi:* „Herr und Knecht" (russ. Erzählung) *Verlaine:* „Beichte" (frz.) *Wedekind:* „Erdgeist" (Schauspiel) *Wells:* „Die Zeitmaschine" (engl. Zukunftsroman)	*A. Bebel:* „Die Sozialdemokratie u. d. allgemeine Wahlrecht" † *Friedrich Engels*, dt. Sozialist, Begr. d. „Dialektischen Materialismus", Freund v. *Karl Marx* (* 1820) *S. Freud* u. *Breuer:* „Studien über Hysterie" (Begrdg. d. „Psychoanalyse" oder „Tiefenpsychologie" † *Luise Otto-Peters*, Gründerin des „Allgemeinen dt. Frauenvereins" (* 1819) *J. A. Sickinger* begrdt. Mannheimer Syst. d. Volksschule mit Förderklassen London School of Economics and Political Science gegrdt. (wird z. Mittelpunkt d. Sozialwissenschaften) Kathol. Abstinenzliga gegrdt. (geg. Alkoholmißbrauch) „Revised Version" als offizielle engl. Bibelübers. (seit 1881)
1896	Krieg Italiens gegen Abessinien Schlacht bei Adua: Abessinien besiegt Italien und erlangt Unabhängigkeit *Theodor Herzl* (* 1860, † 1904): „Der Judenstaat" (Jüdisch-zionistische Forderung nach palästinensischer Heimstätte) *Friedrich Naumann* gründet „Nationalsozialen Verein" Sachsen erhält Drei-Klassen-Wahlrecht unter König *Albert* ——— † *Paul Verlaine*, frz. Dichter, Bohémientyp (* 1844) *Alfred Jarry* (* 1873, + 1907): „König Ubu" (frz. satir. Schauspiel)	*J. Conrad:* „Der Verdammte d. Inseln" (engl. Roman) *Frenssen:* „Die Sandgräfin" (Roman) † *Edmond de Goncourt*, franz. Dichter (* 1822) *G. Hauptmann:* „Die versunkene Glocke", „Florian Geyer" (Schauspiel) *Ibsen:* „John Gabriel Borkman" (norweg. Schauspiel) *Eugen Diederichs* (* 1867, + 1930) grdt. Verlag i. Florenz (1904 n. Jena) Drehbühne v. *Lautenschläger* *Raabe:* „Die Akten des Vogelsangs" (Novelle) *Rilke:* „Larenopfer" (Ged.) *Rosegger:* „Das ewige Licht" (Roman) *Schnitzler:* „Liebelei" (Schsp.) *Sienkiewicz:* „Quo Vadis" (poln. Roman) *Tschechow:* „Die Möwe" (russ. Schauspiel) * *C. Zuckmayer* († 1977)	† *Richard Avenarius*, dt. Philosoph des „Empiriokritizismus" (* 1843) *Bergson:* „Materie und Gedächtnis" (frz. Philosophie) *H. H. Busse* grdt. m. *L. Klages* u. *G. Meyer* die „Dt. grapholog. Gesellschaft" *R. Eucken:* „Der Kampf um einen geistig. Lebensinhalt" *Ed. v. Hartmann:* „Kategorienlehre" *Rickert:* „Die Grenzen der naturwissenschaftlichen Begriffsbildung" † *Heinrich von Treitschke*, dt. antilib. Geschichtsschreiber (* 1834) *H. Wolgast* (* 1816, † 1920): „Das Elend unserer Jugendliteratur" (ford. d. künstler. wertvolle Jugendbuch) ~ Anfänge der Jugendbewegung als Emanzipation von der älteren Generation des Bürgertums (vgl. 1901)

Munch *Kollwitz*	*Brahms* *Puccini*	*Röntgenstrahlen*	
~ *Corinth:* „Mädchenakt i. Bett“ (dt. impress. Gem.) *Käthe Kollwitz:* „Weberaufstand“ (6 Radierungen b. 1898) ~ *Munch:* „Geschrei“, „Die tote Mutter“ (norw. frühexpress. Gem.) *Segantini:* „Werden, Sein und Vergehen“ (ital. Gemälde) *Toulouse-Lautrec:* „Die Clownin Chak-U-Kao“ (frz. Gem. aus dem Milieu der „Moulin Rouge“) Japan. Holzschnitte i. Dresden ausg. — Erste Filmvorführung durch die Gebrüder *Skladanowsky* im „Wintergarten“, Berlin	* *Johann Nepomuk David*, dt. Komponist, besonders von Kirchenmusik * *Paul Hindemith*, dt. Komponist († 1963) *Kienzl:* „Der Evangelimann“ (Oper) *G. Mahler:* 2. Symphonie c-Moll *Arthur Nikisch* Dirig. d. Berliner Philharm. Orchesters *Pfitzner:* „Der arme Heinrich“ (Oper, war 1893 vollend.) *R. Strauss:* „Till Eulenspiegels lustige Streiche“ (sinf. Dichtung) *Hugo Wolf:* „Corregidor“ (Oper)	*Borchgrevink* betritt als erst. antarkt. Kontinent *Eijkman* und *Vordermann:* Reishäutchen enthält Beri-Beri-Schutzstoff (Vitam. B) *N. R. Finsen:* Anwend. ultravioletter Strahlen i. d. Medizin Luftverflüssig. bei −191°C durch *Carl v. Linde* Elektronentheor. v. *H. A. Lorentz* (erkl. z. B. Lichtbrechung) *W. Ostwald* def. „Katalysator“ als „Reaktionsbeschleuniger“ † *Louis Pasteur*, franz. Bakteriol. u. Chem. (* 1822) Hochantenne von *Popow* *Ramsay* u. *Cleve* entd. Edelgas Helium auf d. Erde (vgl. 1868) *Röntgen* entd. d. n. ihm ben. Strahlen (auch „X-Str.“)	Erste Leipziger Mustermesse Letzter (3.) Band „Das Kapital“ von *Karl Marx* erscheint, herausgeg. v. *Engels* Zusammenschl. d. syndikalistischen Gewerkschaften in Frkr. (C.G.D.T.) Kaiser-*Wilhelm*-Kanal zw. Nord- und Ostsee fertiggestellt (im Bau seit 1887) ~ Frauenmode: Glatte weite Röcke, halblange Puffärmel, Schärpen Frauenturnen in der Deutschen Turnerschaft Arbeiter-Touristenverein „Naturfreunde“ i. Wien gegr.
M. Liebermann: „Mann i. d. Dünen“ (Gem.; *L.* geht mehr u. mehr z. frz. beeinfl. impressionist. Freilichtmalerei über) *Rodin:* „Die Hand Gottes“ (frz. Marmorplastik) *Segantini:* „Frühlingsweide“ (ital. Gemälde) „Jugend“, Wochenschrift f. Kunst, Literatur, Politik, ersch. in München „Simplizissimus“, pol.-satir. Wochenschrift von *Alb. Langen* u. *Th. Th. Heine* in München gegründ. (b. 1944) ~ „Jugendstil“ aus München — Filmvorführungen durch *Pathé* in Paris *Oskar Meßter* zeigt 1. dt. Wochenschau	*Brahms:* „Vier ernste Gesänge“ (*Clara Schumann* gewidmet) † *Anton Bruckner*, österr. Komponist, u. a. 3 „Große Messen“ (* 1824) *Umberto Giordano* (* 1867, † 1948): „Andrea Chénier“ (ital. Oper) *Jones:* „Die Geisha“ (engl. Operette) *G. Mahler:* 3. Symphonie d-Moll *Puccini:* „Die Bohème“ (ital. Oper) *R. Strauss:* „Also sprach Zarathustra“ (Tondichtung) † *Clara Schumann*, geb. *Wieck*, dt. Pianistin (* 1819) *Sidney Jones* (* 1869, † 1946): „Die Geisha“ (engl. Operette)	Entdeckung der radioaktiven Strahlung d. Urans durch *Becquerel* (Uran 1786 von *Klaproth* entdeckt) *Richard Hertwig* gelingt künstliche Befruchtung d. Seeigeleis mit Strychnin Staubsaugerpatent f. *Howard* und *Taite* † *Otto Lilienthal*, b. s. Gleitflügen (* 1848) † *Alfred Nobel*, schwedischer Chemiker und Unternehmer; stiftet *Nobel*pr. (ab 1901 vert.) (* 1833) *Ludw. Rehn:* 1. erfolgr. Herznaht *Joh. Thienemann* beg. Erforsch. d. Vogelzuges Aufspaltung (Vervielfachung) von Spektrallinien im Magnetfeld durch *Zeeman* (erkl. v. *Lorentz*) Astron. Linsen-Fernrohr (102 cm Durchm.) i. d. USA	Daily Mail, engl. Massenzeitung erscheint „Stadtkölnische Versicherungskasse geg. Arbeitslosigkeit im Winter“ (kommunale Anf. ein. dt. Arbeitslosenvers.) Baubeg. d. Berliner Hoch- und U-Bahn (1. Strecke 1902 eröffnet) Erste neuzeitliche Olympische Spiele in Athen Erste alpine Skischule i. Lilienfeld (Österr.) Berliner Gewerbeausstellung (im Park von Treptow)

	† Bismarck USA wird Weltmacht	Th. Mann Wilde	Frauenstudium Caritasverband
1897	*William MacKinley* (* 1843, † 1901) Präsident der USA (bis 1901, ermordet) Hottentottenaufstand i. Dt.-SW-Afrika; vorläufig niedergeschlagen Erster Zionistenkongreß in Basel; russ. Geheimpolizei veranlaßt die Fälschung „Protokolle der Weisen von Zion" (antisemitische Behauptung einer jüdischen Tendenz z. Weltherrschaft) Krieg Griechenlands mit der Türkei um Kreta, das bei Griechenland bleibt „Christlich-soziale Partei" gewinnt Wiener Bürgermeisterwahl	*Conrad:* „Der Nigger vom ‚Narzissus'" (engl. Roman) † *Alphonse Daudet*, franz. Dichter (* 1840) *St. George:* „Das Jahr der Seele" (Dicht.) *Halbe:* „Mutter Erde" (Schauspiel) *Lagerlöf:* „Die Wunder des Antichrist" (schwed. Roman) *Edmond Rostand* (* 1868, † 1918): „Cyrano de Bergerac" (frz. volkstümliche Komödie) *Strindberg:* „Inferno" (schwed. Schauspiel aus myst. Zeit) *Meiji Tenno* errichtet in seinem Hausministerium Hof für oberste Poesie *Rilke:* „Traumgekrönt" (Gedichte) *Tschechow:* „Onkel Wanja" (russ. Schauspiel)	† *Jacob Burckhardt*, schweiz. Kultur- u. Kunsthistoriker (* 1818); s. „Griechische Kulturgeschichte" ersch. i. 4 Bden. 1898–1902 *James:* „Der Wille zum Glauben" (nordam. Pragmatismus) *Friedr. Max Müller* * 1823, † 1900): „Beiträge zur vergleichenden Mythologie" (engl., gilt als grundleg. f. England) † *Wilhelm Heinrich von Riehl*, südd. Sozialphilosoph (* 1823 *Hermann Schell* (* 1850, † 1906): „Der Katholizismus als Prinzip d. Fortschritts" (1898 als „modernistisch" auf d. Index gesetzt) „Dt. Caritasverband" gegrdt. (kathol. Wohlfahrtsverband) *Tolstoi:* „Was ist Kunst?"
1898	† Fürst *Otto von Bismarck*, dt. konservat. Staatsmann, Reichsgründer, Reichskanzler 1871 bis 90 (* 1815) *Zola:* „J'accuse" (off. Brief a. d. frz. Staatspräsidenten zugunsten v. *Dreyfus*; vgl. 1894) China muß Kiautschou an Deutschland verpachten Chin. Kaiserinwitwe *Tse-Hi* vereitelt Reform Kaisers *Kuang-sü* Herrschaft Gr.-Brit. i. Ägypten durch Einnahme v. Omdurman (Sudan) gefestigt † *William Ewart Gladstone*, brit. liberal. Premier (* 1809) Gründung der Sozialdemokratischen Partei in Rußland Spanien verliert Kuba u. die Philippinen im Kriege geg. die neue Weltmacht USA USA besetzen Hawai-Inseln	* *Bert(olt) Brecht*, dt. Dramatiker († 1956) † *Theodor Fontane*, dt. Dichter (* 1819) *Steph. Crane* (* 1871, † 1900): „Im Rettungsboot" (nordamerik. Novelle) *Hamsun:* „Victoria. Die Geschichte e. Liebe" (norw.) *G. Hauptmann:* „Fuhrmann Henschel" (Schauspiel) * *Ernest Hemingway*, nordam. Dichter († 1961) *Th. Mann:* „Der kleine Herr Friedemann" (Novellen) † *Conrad Ferdinand Meyer*, schweizer. Dichter (* 1825) *Rilke:* „Advent" (Gedichte) *Stanislavskij* gr. „Moskauer Künstlertheater" *Strindberg:* „Nach Damaskus" (schwedisches Schauspiel) *Tolstoi:* „Auferstehung" (russ. Roman) *Wilde:* „Ballade vom Zuchthaus zu Reading" (engl.)	*Bismarck:* „Gedanken und Erinnerungen" (posthum) Erstes Landerziehungsheim durch *Hermann Lietz* (* 1868, † 1919) in Ilsenburg a. H. gegründet *Hildegard Wegscheider* (* 1871 † 1953) erlangt als erste preuß. Abiturientin Doktorgrad (i. Halle) Frauenstudium setzt sich langsam durch (vgl. 1871)

Matisse Toulouse-Lautrec	Pfitzner Toscanini	Radio · Radium	
Rudolph Dirks: „The Katzenjammer Kids" (USA; gilt als erster Comic strip) *H. Matisse:* „La Desserte" (frz. Gemälde) *Pissaro:* „Boulevard Montmartre im Frühling" (frz. impress. Gem.) *Rodin:* „Victor Hugo", „Balzac" (frz. Bildnisbüsten) *Sisley:* „Canal du Loing" (frz. Gem.) *Thiersch:* Justizpalast in München *Toulouse-Lautrec:* „Die Schauspielerin Berthe Bady" (frz. Gemälde) *Anders Zorn* (* 1860, † 1920): „Auf der Treppe" (schwed. impressionist. Gemälde) Tate Gallery, London, eröffnet Sezession i. Wien	† *Johannes Brahms*, dt. Komponist ein. neoklass. Stils (* 1833) *P. Dukas:* „Der Zauberlehrling" (frz. sinf. Dichtung) * *Erich Wolfgang Korngold*, österr. Komponist († 1957) *Mahler* Opernkapellmeister in Wien, bis 1907 Dir. d. Wiener Hofoper *Leoncavallo:* „La Bohème" (ital. Oper) *Pfitzner:* „Die Rose v. Liebesgarten" (romantische Oper) Messung d. spez. Ladung (Ladung/Masse) d. Elektrons d. *W. Wien, J. J. Thomson, Emil Wiechert*	*J. J. Abel* extrahiert erstes Hormon aus Schafnebennieren † *Andrée, Strindberg* und *Fränkel* bei Versuch, den Nordpol im Freiballon zu erreichen *E. Buchner:* Zellfrei wirk. Hefeferment (Zymase) Kunststoff Galalith von *Krische* und *Spitteler* Funkentelegraphie durch *Marconi* (14 km) *Ross* entd. Malariaübertrag. d. Anopheles-Mücke *Adolf Slaby* u. *Graf Arco:* 1. drahtlose Verbindung in Dtl. zwischen Sakrow und Pfaueninsel b. Berlin *Stolz:* Pyramidon † *Karl Weierstraß*, dt. Mathematik.; u. a. strenge Grundlagen der Differential- und Integralrechnung (* 1815)	Weltausstellung in Brüssel † *Heinrich Stephan*, dt. Generalpostmeister (* 1831) *Zeiß* fertigt Prismenfernrohre 1. dt. Schiff erringt d. „Blaue Band" Flugzeugmodell m. Dampfmasch. Beg. d. Herstellung künstlich. Indigos (5mal billiger als natürl.) 1. modernes dt. Säuglingsheim (Dresden)
Der Zeichner *Th. Th. Heine* wird wegen Majestätsbeleidigung im „Simplicissimus" zu 6 Mon. Gefängnis verurteilt (zu Festung begnadigt) *M. Klinger:* „Vom Tode" (Radierungen s. 1889) *M. Liebermann:* „Badende Knaben" (Gem.); grdt. Berliner Sezession m. *Leistikow, Slevogt* u. a. (erste Ausst. 1899) *Minne:* „Knabe mit Wasserschlauch" (belg. Plastik) † *Félicien Rops*, belg. Maler (* 1833) *Toulouse-Lautrec:* „Elle" (aus d. Leben einer Dirne, Lithographien)	*Alexander Glasunow* (* 1865, † 1936): „Raymonda" (russ. Ballett) *A. Toscanini:* Dirigent a. d. Mailänder Scala (wird 1921 ihr Direkt.)	Kathoden-Strahl-Leuchtschirm-Röhre von *Braun* Entdeckung des Radiums und Poloniums durch *Marie* und *Pierre Curie* Verflüssigung des Wasserstoffgases bei — 240° C durch *Dewar* Herstellung von Kalkstickstoff (Düngemittel) durch *Frank* und *Caro* *Rob. Koldewey* (* 1855, † 1925) gräbt Babylon aus (bis 1917) Erste Vers. ein. Gewebezüchtung i. Reagenzglas d. *Leo Loeb* Entdeckung des 9. Saturnmondes durch *Pickering* (m. photograph. Platte) Fernsprechdrehwähler von *Strowger* *Sverdrup* im arktischen Amerika (bis 1902)	*Leopold Ullstein* (* 1826, † 1899) grdt. „Berliner Morgenpost" (1891: „Berl. Illustrirte Zeitung") „Deutsche Sportbehörde für Leichtathletik" errichtet „Heilbronner Höhenweg" i. d. Allgäuer Alpen angelegt  *A. Bier:* (* 1869, † 1949): Lumbalanästhesie (Kokaininjektion i. d. Rükkenmark) ~ Anfänge der Physik der Elementarteilchen *Paulsen:* Magnetische Tonaufz. auf Stahldraht (vgl. 1935, 38)

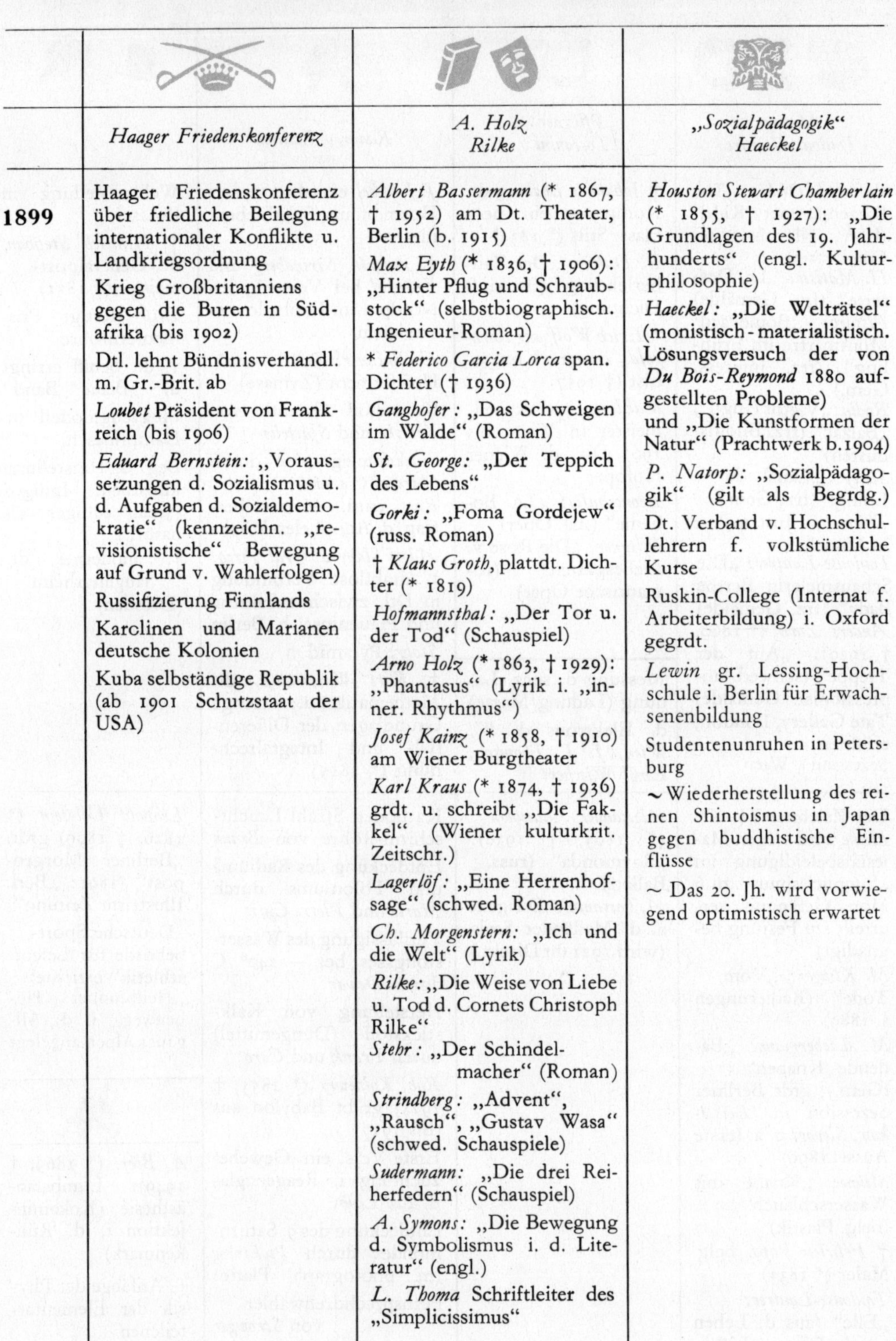

	Haager Friedenskonferenz	*A. Holz* *Rilke*	*„Sozialpädagogik“* *Haeckel*
1899	Haager Friedenskonferenz über friedliche Beilegung internationaler Konflikte u. Landkriegsordnung Krieg Großbritanniens gegen die Buren in Südafrika (bis 1902) Dtl. lehnt Bündnisverhandl. m. Gr.-Brit. ab *Loubet* Präsident von Frankreich (bis 1906) *Eduard Bernstein:* „Voraussetzungen d. Sozialismus u. d. Aufgaben d. Sozialdemokratie“ (kennzeichn. „revisionistische“ Bewegung auf Grund v. Wahlerfolgen) Russifizierung Finnlands Karolinen und Marianen deutsche Kolonien Kuba selbständige Republik (ab 1901 Schutzstaat der USA)	*Albert Bassermann* (* 1867, † 1952) am Dt. Theater, Berlin (b. 1915) *Max Eyth* (* 1836, † 1906): „Hinter Pflug und Schraubstock“ (selbstbiographisch. Ingenieur-Roman) * *Federico Garcia Lorca* span. Dichter († 1936) *Ganghofer:* „Das Schweigen im Walde“ (Roman) *St. George:* „Der Teppich des Lebens“ *Gorki:* „Foma Gordejew“ (russ. Roman) † *Klaus Groth*, plattdt. Dichter (* 1819) *Hofmannsthal:* „Der Tor u. der Tod“ (Schauspiel) *Arno Holz* (* 1863, † 1929): „Phantasus“ (Lyrik i. „inner. Rhythmus“) *Josef Kainz* (* 1858, † 1910) am Wiener Burgtheater *Karl Kraus* (* 1874, † 1936) grdt. u. schreibt „Die Fackel“ (Wiener kulturkrit. Zeitschr.) *Lagerlöf:* „Eine Herrenhofsage“ (schwed. Roman) *Ch. Morgenstern:* „Ich und die Welt“ (Lyrik) *Rilke:* „Die Weise von Liebe u. Tod d. Cornets Christoph Rilke“ *Stehr:* „Der Schindelmacher“ (Roman) *Strindberg:* „Advent“, „Rausch“, „Gustav Wasa“ (schwed. Schauspiele) *Sudermann:* „Die drei Reiherfedern“ (Schauspiel) *A. Symons:* „Die Bewegung d. Symbolismus i. d. Literatur“ (engl.) *L. Thoma* Schriftleiter des „Simplicissimus“	*Houston Stewart Chamberlain* (* 1855, † 1927): „Die Grundlagen des 19. Jahrhunderts“ (engl. Kulturphilosophie) *Haeckel:* „Die Welträtsel“ (monistisch-materialistisch. Lösungsversuch der von *Du Bois-Reymond* 1880 aufgestellten Probleme) und „Die Kunstformen der Natur“ (Prachtwerk b. 1904) *P. Natorp:* „Sozialpädagogik“ (gilt als Begrdg.) Dt. Verband v. Hochschullehrern f. volkstümliche Kurse Ruskin-College (Internat f. Arbeiterbildung) i. Oxford gegrdt. *Lewin* gr. Lessing-Hochschule i. Berlin für Erwachsenenbildung Studentenunruhen in Petersburg ~ Wiederherstellung des reinen Shintoismus in Japan gegen buddhistische Einflüsse ~ Das 20. Jh. wird vorwiegend optimistisch erwartet

Kollwitz *Liebermann*	*Sibelius*	*Sven Hedin* *Hirnchirurgie*	
Käthe Kollwitz: „Aufruhr“ (Radierung) *Liebermann:* „Degas“ (Würdigung) *Adolf Loos* (* 1870, † 1933): Café Museum in Wien (sachlich moderner antiornamentaler Stil) *Monet:* „Kathedrale zu Rouen“ (12 Gem. zu versch. Tagesstunden u. b. untersch. Beleuchtungen b. 1899; vgl. 1890) † *Giovanni Segantini*, ital. Maler (* 1858) † *Alfred Sisley*, franz. impress. Maler (* 1839)	*Sibelius:* 1. Symphonie in e-moll (finn.) † *Johann Strauß* (Sohn), österr. Komponist (* 1825) *R. Strauss:* „Ein Heldenleben“ (sinfon. Dichtung) † *Karl Millöcker*, österr. Komponist (* 1842)  Die reale Steigerung des Bruttosozialprodukts pro Einw. i. USA um 1875 531 1899 1000 1941 1977 1970 3555 (umgerechnet auf Dollar mit Kaufkraft 1958)	*Bergmann:* „Die chirurgische Behandlung der Hirnkrankheiten“ (grundleg.) *Dreser* führt Aspirin ein (Beg. d. Verw. synthetischer Heilmittel) *Elster* und *Geitel:* Radioaktivität beruht auf Atomzerfall. Beginn der Atomkernphysik *Sven Hedin* wieder in Tibet (bis 1902) *D. Hilbert:* „Grundlagen d. Geometrie“ („Hilberträume“ mit unendlich vielen Dimensionen, richtungweis. für theor. Physik) Reisen von *Koslow* durch Nordtibet und Ostzentralasien Messung der Ausstrahlung eines erhitzten schwarzen Körpers durch *Otto Lummer* (* 1860, † 1920) und *Ernst Pringsheim* (* 1859, † 1917); bildet die experimentelle Grundlage für die Quantentheorie *Plancks* *Rutherford* entd. Alpha- u. Beta-Strahlen radioaktiver Atome (seit 1898) Drachenversuche der Brüder *Wright*, die 1903 zum ersten bemannten Motorflugzeug führen ≈ Die mathemat. Disziplinen gewinnen im 19. u. 20. Jahrhundert rasch an Exaktheit und Abstraktheit, vorzugsweise mit axiomatischen Methoden	*Karl Legien:* „Das Koalitionsrecht der deutschen Arbeiter in Theorie und Praxis“ (gewerkschaftl.) † *Leopold Ullstein*, der 1877 Zeitungsverlag i. Berlin gründete (* 1826) Reichstag lehnt Zuchthausstrafen f. Streikführer ab In Dtl. s. 1890 3750 Streiks mit 405000 Beteiligten Unternehmerhörige („Gelbe“) Werkvereine i. Frankreich Internationaler Gewinnbeteiligungskongreß (solche Bestrebungen bleiben zunächst vereinzelt) Erstes Mannschafts-Sechstage-Rennen in New York Erstes registriertes Autoopfer in USA (1974 2 000 000 Autotote) 1. dt. Tuberkulosefürsorge Dt. Skatverband i. Altenburg (vgl. 1810) Aspirin im Handel Welteisenbahnnetz verhundertfacht sich seit 1840 auf 275 000 km ~ Mit Elektrizität, Erdöl, Naturstoffsynthese, Automobil, Telefon, drahtloser Telegrafie, Kino, Schallplatte u. Schnellpresse beginnt eine Revolution des täglichen Lebens, die sich im 20. Jh. beschleunigt

1900

† *Wilhelm Liebknecht*, Vater *Karl Liebknechts*, Führer der dt. Sozialdemokratie (* 1826)

Fürst *Bernhard von Bülow* dt. Reichskanzler bis 1909

Zweites dt. Flottengesetz sieht starke Erweiterung der Seestreitkräfte bis 1917 vor

Vorstufe der Labour-Party (ab 1906) in Großbritannien gegründet

† *Humbert I.* (durch anarchist. Attentat), König von Italien seit 1878 (* 1844)

Viktor Emanuel III. König von Italien bis 1946 (Abdankung)

Europäische Großmächte werfen in China blutigen anti-europ. Aufstand des „Boxer"-Geheimbundes nieder; Kaiserin-Witwe *Tse-Hi* auf Seiten der „Boxer"

Europäische Großmächte, USA und Japan vereinbaren „Politik der offenen Tür" in China

Australien wird Bundesstaat

Größte Kolonialmächte: Großbrit., Frankr., Dtl. (ca. 25 % d. Erdbev. lebt in Kolonialgebieten)

Sieg der USA über Spanien (vgl. 1898) bestärkt ihre Stellung als 1. Industriemacht (vgl. 1955), die sie im 20. Jh. einnimmt

Für die wirtschaftliche und politische Macht des besitzenden Bürgertums ist der Kolonialismus eine wesentliche Stütze

Die Arbeiterklasse steht zwischen Klassenkampf und Parlamentarismus. Regierungsverantwortung fällt ihr erst nach dem 1. Weltkrieg zu

---

Conrad: „Lord Jim" (engl. Roman)

Th. Dreiser: „Schwester Carrie" (nordamerikan. Roman)

A. France: „Geschichte der Gegenwart" (frz. Romanzyklus in 4 Bänden seit 1897)

Gorki: „Drei Menschen" (russ. Roman)

Otto Erich Hartleben (* 1864, † 1905): „Rosenmontag" (Trauersp.)

G. Hauptmann: „Michael Kramer" (Schauspiel) und „Schluck und Jau" (Rüpelspiel)

Jakob Christoph Heer (* 1859, † 1925): „Der König der Bernina" (Schweiz. Alpenroman)

Ibsen: „Wenn wir Toten erwachen" (norweg. Schauspiel)

Jerome: „Drei Männer auf dem Bummel" (engl. humorist. Roman)

J. London: „Wolfsblut" (nordamerikan. Roman)

H. Mann: „Im Schlaraffenland" (satir. Roman)

Rilke: „Geschichten vom lieben Gott"

* *Antoine de Saint-Exupéry*, frz. Dichter und Flieger († 1944, abgeschossen)

Schnitzler: „Reigen" (erotische Dialoge; ersch. als Privatdruck, Buchausg. 1903, entst. 1896/97)

* *Ignazio Silone* (eigentlich *Secondo Tranquilli*), ital. Dichter

Strindberg: „Gust. Adolf" (schwed. Schauspiel)

L. Tolstoi: „Der lebende Leichnam" u. „Das Licht leuchtet in der Finsternis" (russ. Dramen)

Jakob Wassermann: „Die Geschichte der jungen Renate Fuchs" (Roman)

Wedekind: „Der Kammersänger" (Bühnenst.)

† *Oscar Wilde*, engl. Dichter (* 1856)

* *Thomas Wolfe*, nordamerik. Dichter († 1938)

Bergson: „Das Lachen" (frz.)

Paul Claudel (* 1868, † 1955): „Das Bewußtsein des Ostens" (frz. Essays zur fernöstlich. Kultur)

Freud: „Traumdeutung" (österr. psychoanalyt. Theorie)

Hans Groß: „Enzyklopädie der Kriminalistik"

Harnack: „Das Wesen des Christentums"

Ed. v. Hartmann: „Die Geschichte der Metaphysik"

Preußische Akademie d. Wissenschaften beginnt kritische Ausgabe der Werke *Immanuel Kants*

Ellen Key: „Das Jahrhundert des Kindes" (schwed. Studien)

Mach: „Analyse der Empfindungen und das Verhältnis des Physischen zum Psychischen" (österr.)

T. Marinetti: „Verbrennt die Musen" (ital. antikünstl. Manifest)

† *Friedrich Wilhelm Nietzsche*, dt. Philosoph (* 1844)

Erwin Preuschen (* 1867, † 1920): „Zeitschrift für die neutestamentliche Wissenschaft u. Kunde des Urchristentums" (ab 1921 von *Hans Lietzmann*, * 1875, † 1942)

Georg Simmel (* 1858, † 1918): „Philosophie des Geldes"

† *Wladimir Sergejewitsch Solowjew*, russ. Philosoph eines mystischen Rationalismus; schrieb 1874 „Die Krise der westlich. Philosophie", 1897 „Die Rechtfertigung des Guten" (* 1853)

Dt. Verein für Volkshygiene

Walter Crane(* 1845, † 1915): „Linie und Form" (engl.Kunstgewerbe)

Degas: „Der Violinist" (frz. impress. Doppelbildnis)

Gauguin: „Noa-Noa" (Reisebericht von Tahiti)

A. von Hildebrand: „Pettenkofer" (Bildnisbüste)

Hodler: „Rückzug der Schweizer bei Marignano" (Schwz. Wandmalerei, Landesmuseum Zürich)

Adolf Hölzel (* 1853, † 1934): „Nacht" (Landschaftsgemälde)

Carl Justi (* 1832, † 1912): „Michelangelo" (Kunstgeschichte)

Kollwitz: „Mutterhände" (Lithogr.)

† *Wilhelm Leibl*, südt. Maler (* 1844)

Ed. Munch: „Fjordinsel" (norweg.frühexpress. Gemälde)

E. Nolde: 1. Bilder

Sargent: „Lord Riblesdale" (nordamerikan. Bildnis)

Paul Schultze-Naumburg(* 1869): „Häusliche Kunstpflege" (Kunsterziehung)

Zorn: „Maja" (schwed. Gemälde)

~ Die wachsende Werbung in vielen Bereichen fördert die Plakatkunst

---

„Jeanne d'Arc" (frz. Film von *Georges Méliès*, *1861, †1938)

„Überfall auf eine Mission in China" (engl. Film v. *James Williamson*, * 1855, † 1933)

Enrico Caruso (* 1873, † 1921) beg. Schallplattenaufnahmen (mit ca. 265 Aufn. b. 1920 fördert er entscheidend d. junge Technik)

Elgar: „Traum des Gerontius" (engl. Oratorium)

* *Ernst Krenek*, dt. Komponist

Puccini: „Tosca" (ital. Oper)

Sibelius: „Finlandia" (finn. symph. Dichtung)

Beg. d. Briefwechsels zw. *R. Strauss* u. *H. v. Hofmannsthal*

† *Arthur Sullivan*, engl. Komponist (* 1842)

* *Kurt Weill*, dt. Komponist († 1950)

Wiederaufnahme des Cembalobaus zur stilechten Wiedergabe der Barockmusik

„Cake-walk"-Tanz kommt aus USA nach Europa

Erstes europ. Phonogrammarchiv i. Wien

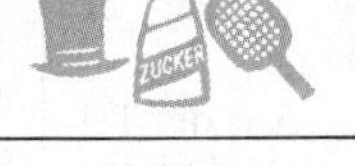

94 Elektrizitätswerke mit 160 000 kW i. Dtl.

Osmium-Glühlampe durch *Auer von Welsbach*

Karl Brugmann (* 1849, † 1919) und *Berthold Delbrück* (* 1842, † 1922): „Grundriß der vergleichenden Grammatik der indogerman. Sprachen" (5 Bde. seit 1886)

Karl Erich Correns (* 1864, † 1933), *Erich v. Tschermak* (*1871) u. *Hugo de Vries* erkennen die Bedeutung der Erbgesetze von *Mendel* (gef. 1865)

Edelmann: Galtonpfeife für Ultraschallerzeugung (einer der ersten Versuche für Ultraschall)

Adolf Engler (* 1844, † 1930): „Das Pflanzenreich" (Leitung eines umfass. Werkes d. Preuß. Akademie)

Karl Escherich (* 1871, † 1951) erkennt die Lebensgemeinschaft (Symbiose) von Insekten mit Bakterien

Arthur Evans (* 1851, † 1941) beginnt Ausgrabung der minoischen Kultur auf Kreta

Karl von Hahn (* 1848, † 1925): „Bilder aus d. Kaukasus" (Ergebn. intensiver Kaukasusforschung)

Knorr: Luftdruckbremse

Karl Landsteiner (* 1868) findet Zusammenballung der roten Blutkörperchen verschiedener Blutsorten (Vorbereitung zur Entdeckung der vier Blutgruppen)

Messung d. Strahlungsdruckes des Lichtes durch *P. N. Lebedew* (* 1866, † 1912)

M. Planck begründet mit der Formel für die Strahlung schwarzer Körper die Quantentheorie und damit einen entscheidenden Wandel in d. Physik und der allgem. Naturanschauung

Michael Pupin (* 1858, † 1935) findet geeignete Spulen zur Verbesserung der Kabeltelegraphie

Friedrich Ratzel (* 1844, † 1904): „Das Meer als Quelle der Völkergröße"

Ruhmer: Anf. der Tonphotographie

Wolfram-Stähle v. *F. W. Taylor* auf d. Paris. Weltausstellg. (darauf rasche Entwicklung der Werkzeugstähle)

W. Wien gelingt magnetische Ablenkung der Kanalstrahlen

Erste *Zeppelin*fahrt

Borsig-Dampfmasch. m. 100 000 PS

Eröffnung der Wetterstationen auf Schneekoppe und Zugspitze

Weltausstellung und Olympiade in Paris

Erste Rolltreppe (Paris. Weltausst.)

American Federation of Labor (AFL) vereinigt 216 Gewerkschaften und 550000 Einzelmitglieder

Krisenjahr der dt. Wirtschaft

300 dt. Kartelle geschätzt (1890: 117; 1879: 14; 1865: 4)

Errichtung der Handwerkskammer in Berlin

Russ. Grundproduktion seit 1890 verdoppelt

Seit 1. 1. Bürgerliches Gesetzbuch (BGB) in Deutschland in Kraft

Dt. Reichsseuchengesetz

U-Bahn i. Paris

Erste Autodroschke in Berlin

Davis-Pokal für den Tennissport gestiftet

† *Ludwig Purtscheller*, österr. Alpinist; schrieb 1894 „Der Hochtourist in den Ostalpen"; bestieg rd. 1500 Bergspitzen, davon mehr als 40 über 4000 m (* 1849)

Frauenmode: Schwere, dunkelfarb. Stoffe; Quasten, Stickereien; Schleppen; Cul; Spitzen u. Perlen

Dt. Fußballb. gegr.

Elektr. Spielzeugeisenbahn i. Dtl.

1. dt. Kinderasyl (Bln.)

1901

Friedens*nobel*preis an *H. Dunant* (Schweiz) und *Frédéric Passy* (Frankr., * 1822, † 1912)

Dt.-brit. Bündnisverhandlungen scheitern

Zar *Nikolaus II.* bei dt. Flottenmanöver

† *Victoria*, Königin von Großbritannien seit 1837 (* 1819)

† *Viktoria*, seit 1858 mit dem späteren dt. Kaiser *Friedrich III.* vermählt, *bismarck*feindlich (* 1840, Tochter der Königin *Victoria* von Großbritannien)

Eduard VII. König von Großbritannien bis 1910 (†)

Ende der britischen „Splendid isolation"

Milner brit. Generalgouverneur für Südafrika (Transvaal) bis 1905

Durch Verschmelzung entsteht frz. „Radikale und Radikalsozialistische Partei" (liberal-sozial)

Frankreich erobert Araberreich um den Tschadsee

Kirchliches Koalitionsministerium in den Niederlanden bis 1905

Durch Wahlen setzt sich in Dänemark eine demokratisch-sozialreformerische Regierung durch

† *MacKinley*, Präsident der USA seit 1896 (ermordet von einem Anarchisten, * 1843)

Theodore Roosevelt (Republ.) Präsident der USA bis 1909

5. Zionistenkongreß gründet „Jüdischen Nationalfonds"

Nihilistische Terrorwelle i. Rußl.

Lenin u. *Plechanow* grden. Zeitsch. „Iskra" („Der Funke") i. Exil

„Die Protokolle der Weisen von Zion" (antijüd. Fälschung der russ. Geheimpolizei, beeinflußt auch den Antisemitismus in Deutschland)

Ibn Saud (* ~ 1880, † 1953) beg. sein arab. Reich zu erobern

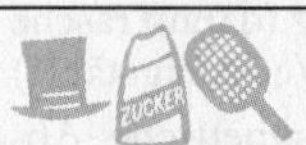

Jahreseinkommen i. Dtl. unter 3000 M 70 %, 3000–12000 25 %, über 12000 5 %

Literatur-*Nobel*preis an *R. A. Sully-Prudhomme* (Frkr.)

Hermann Bang (* 1858, † 1912): „Das graue Haus", „Das weiße Haus" (dänische Erzählungen)

Otto Julius Bierbaum (* 1865, † 1910): „Irrgarten der Liebe" (Gedichte)

Louis Couperus (* 1863, † 1923): „Babel" (niederländischer Roman)

Otto Ernst: „Flachsmann als Erzieher" (pädagogische Komödie)

Frenssen: „Jörn Uhl" (Bauernroman)

Benito Pérez Galdós (* 1843, † 1920): „Electra" (span. Schauspiel)

André Gide (* 1869, † 1951): „Der König von Kandaules" (frz. Drama)

† *Herman Grimm*, dt. Kunst- und Literaturforscher; schrieb „Leben Michel Angelos", „Goethe", „Homers Ilias" u. a. (* 1828)

Hans von Gumppenberg (*1866, † 1928): „Das teutsche Dichterroß" (Parodien aus dem literarischen Kabarett „Die elf Scharfrichter")

G. Hauptmann: „Der arme Heinrich" (historisches Schauspiel)

Hofmannsthal: Briefe (seit 1890)

Arno Holz: „Die Blechschmiede" (soziale und literarische Satire; erweitert 1924)

Ric. Huch: „Aus der Triumphgasse" (Lebensskizzen)

Francis Jammes (* 1868, † 1938): „Almaide" (französischer Roman)

Emile Coué (* 1857, † 1926) studiert bei *A. A. Liébeault* (* 1823, † 1904) in Nancy Hypnose und Suggestion („Alte Schule von Nancy")

Berthold Delbrück: „Grundfragen der Sprachforschung mit Rücksicht auf W. Wundts Sprachpsychologie erörtert"

R. Eucken: „Vom Wahrheitsgehalt der Religion" (idealist. Liberalismus)

Karl Fischer gründet „Wandervogel"-Jugendbewegung

Husserl: „Logische Untersuchungen" (antipsychologist. Logik)

Kerschensteiner: „Staatsbürgerliche Erziehung der deutschen Jugend"

Kries: „Über die materiellen Grundlagen der Bewußtseinserscheinungen"

Theodor Lipps (* 1851, † 1914): „Komik und Humor"

Enno Littmann: „Arabische Schattenspiele" (Völkerkunde)

M. Maeterlinck: „Das Leben der Bienen" (belg. biolog. Philosophie)

Wilh. Ostwald: „Vorlesungen über Naturphilosophie" (System der „Energetik")

Berthold Otto (* 1859, † 1933) gründet „Hauslehrerschule" (Reform-Versuchsschule) in Berlin-Lichterfelde

Menyhért Palagyi (* 1859, † 1924): „Neue Theorie des Raumes und der Zeit" (ungar. Naturphilosophie)

Scheler: „Die transzendentale und die psychologische Methode"

Begas: *Bismarck*-denkmal vor dem Reichstagsgebäude in Berlin

P. Behrens: Behrens-Schrift(Drucktypen)

† *Arnold Böcklin*, schweiz. Maler (* 1827)

Eugen Bracht (* 1842, † 1921): „Taunus u. Main" (impress. Gemälde)

Dehio u. *v. Bezold:* „Die kirchliche Baukunst des Abendlandes" (7 Bände seit 1884)

Gaul: „Ruhende Schafe" (Plastik)

Hodler: „Der Frühling" (Gemälde)

Klimsch: „Der Kuß" (Plastik)

Kirchner: Erste Holzschnitte

M. Liebermann: „Selbstbildnis"

* *Marino Marini*, ital. Bildh. u. Graphiker

Henri Matisse: zeigt im „Salon des Indépendantes" in Paris neuen dekorativen Malstil

Oberländer: „Oberländer-Album" (12 Bände Zeichnungen aus „Fliegende Blätter" seit 1879)

Josef Olbrich (* 1867, † 1908, Mitbegründer d. Wiener Sezession und Mitglied der Darmstädter Künstlerkolonie): „Architektur" (3 Bände bis 1914)

Sogenannte „Blaue Periode" *Pablo Picassos* mit Szenen aus dem Pariser Leben und dem der Gaukler (bis 1905)

Slevogt: „Die Feierstunde" (Gemälde

Busoni: Violinsonate (Op. 36a)

Dvořak: „Russalka" (tschech. Op.)

* *Werner Egk*, dt. Komponist

Edmund Eysler (* 1874): „Bruder Straubinger" (Wiener Operette)

G. Mahler: 4. Symphonie G-Dur

Carl Muck (* 1859, † 1940) Dirigent der Bayreuther Festspiele bis 1930 (1892—1912 Kgl. Oper Berlin, 1912 Boston, 1922–1933 Hamburg)

Pfitzner: „Die Rose vom Liebesgarten" (Oper)

Ravel: „Wasserspiele" (frz. impress. Klavierkomposition)

Leo Slezak (* 1873, † 1946) Tenor an der Wiener Oper bis 1926, daneben ständiger Gast in New York und London

Stanford: „Viel Getue um Nichts" (irische Oper)

R. Strauß: „Feuersnot" (Oper)

† *Giuseppe Verdi*, ital. Opernkomponist (* 1813)

Europäische Musik findet in Japan immer stärkeren Anklang

~ „Ragtime" dominiert i. anfängl. Jazz

Physik-*Nobel*preis an *W. Röntgen* (Dt.) für Entdeckung der *Röntgen*-strahlen („X-Strahlen")

Chemie-*Nobel*preis an *J. H. van't Hoff* (Niederl.) für Reaktionskinetik und osmotischen Druck

Medizin-*Nobel*preis an *E. von Behring* (Dt.) für Diphtherie-Serum

Arrhenius: „Lehrbuch der Elektrochemie" (Zusammenfass. u. Einordnung seiner 1887 aufgestellten elektrolytischen Dissoziationstheorie)

Berson und *R. Süring* erreichen im offenen Freiballon 10800 m Höhe (langlebiger Höhenrekord)

K. Birkeland: Theorie der Nordlichter: Elektronenstrahlen der Sonne werden im Magnetfeld der Erde abgelenkt

Verwendung des Kristalldetektors von *Karl Ferd. Braun* (* 1850, † 1918) i. d. Funktechnik

Capitan, Breuil u. *Peyrony* erforschen in Südfrankreich (Dordogne) die Les-Combarelles-Höhle und entdecken über 300 eiszeitliche Bilder des mittleren Magdaléniens (damit beginnt die eigentliche Forschung der Eiszeit-Kunst; bis 1953 werden 109 Höhlen mit Eiszeitmalerei bekannt)

Hans Driesch (* 1867, † 1941): „Die organischen Regulationen" (ausgehend von seinen Versuchen mit Seeigeleiern)

Dutton entdeckt Erreger der Schlafkrankheit

Eisen-Nickel-Akkumulator von *Jungner* wird von *Edison* verbessert

* *Enrico Fermi*, ital. Physiker, *Nobel*preis 1938 († 1954)

Flesch: „Der Tierversuch in der Medizin und seine Gegner"

François Alphonse Forel (* 1841, † 1912): „Handbuch der Seenkunde" (Begründ. der Limnologie)

Gillen und *Spencer* durchqueren Westaustralien v. Süden n. Norden

Grisson verbessert Elektrolytgleichrichter von *Pollack* und *Grätz* (1895/97)

Tobias Michael Carel Asser (* 1838, † 1913): „Die Kodifikation des internation. Privatrechts" (niederld.)

Adolph Wagner (* 1835, † 1917): „Finanzwissenschaften" (4 Bände seit 1877), „Allgemeine und theoret. Volkswirtschaftslehre"

Internationale Vereinigung für gesetzlichen Arbeitsschutz gründet Internationales Arbeitsamt (bis 1920)

„Internat. Gewerkschaftsbund" in Amsterdam

Gesamtverband d. christl. Gewerkschaften Deutschlands

J. P. Morgan gründet United States Steel Corp. (USA-Stahltrust; 1937: 1,7 Milliarden Dollar)

C. King Gilette beginnt Herstellung seiner Rasierapparate (Wochenproduktion 1950 ca. 100 Mill. Klingen)

Beginn der Erbohrung d. persischen Ölfelder

Stammhaus der *Rothschild*-Bank in Frankfurt/Main erlischt

König *Eduard VII.* von Großbrit. gilt als Vorbild in Sport und Mode

„Kraft und Schönheit. Monatsschrift für Körperkultur"

Außenhafen Emden

Skiclub Arlberg

(1901)

Kipling: „Kim“ (engl. Roman aus Indien)

Löns: „Mein grünes Buch“ (Jagd- u. Tiergeschichten), „Mein goldenes Buch“ (Gedichte)

Th. Mann: „Buddenbrooks“ (Roman einer Lübecker Familie)

Wilhelm Meyer-Förster (* 1862, † 1934): „Alt-Heidelberg“ (Dramatisierung der Erzählung „Karl Heinrich“ v. 1899)

George Moore (* 1853, † 1933): „Irdische und himmlische Liebe“ (anglo-irischer Roman, 2 Teile seit 1898)

Frank Norris (* 1870, † 1902): „Octopus“ (nordamerikan. natural. Romantrilogie)

Georg v. Ompteda (* 1863, † 1931): „Deutscher Adel um 1900“ (Romantrilogie seit 1897)

Charles-Louis Philippe (* 1874, † 1909): „Bubu vom Montparnasse“ (französischer Roman)

Schnitzler: „Der Schleier der Berenice“ (Schauspiel), „Leutnant Gustl“ (Novelle)

Shaw: „Cäsar und Cleopatra“ (engl. Schauspiel)

† *Johanna Spyri*, schweiz. Jugendschriftstellerin (* 1827)

Tolstois Werke ins Dt. übers. (b. 1911)

Strindberg: „Ostern“ (schwed. Passionsschauspiel), „Totentanz“ (schwed. Ehedrama)

Tagore: „Schiffbruch“ (ind. Roman)

Tschechow „Drei Schwestern“ (russisch. Schauspiel; aufgeführt vom „Moskauer Künstlerischen Theater“)

Viebig: „Das tägliche Brot“ (Roman)

Wedekind: „Der Marquis von Keith“ (Schauspiel)

Wells: „Der erste Mensch auf dem Mond“ (engl. Zukunftsroman)

Gustav Wied (* 1858, † 1914): „Erotik“, „Das schwache Geschlecht“ (dän. Schauspiele)

Ernst Zahn (* 1867, † 1949): „Herrgottsfäden“ (Schweiz. Roman)

St. Zweig: „Silberne Saiten“ (Gedichte)

Kabarett „Überbrettl“ von *Ernst von Wolzogen* (* 1855, † 1934) in Berlin; „Elf Scharfrichter“ in München (u. a. mit *Frank Wedekind*)

„Internationale Gutenberg-Gesellschaft“ in Mainz

*Gutenberg*museum in Mainz eröffnet (1900 gegründet)

Internationaler Verlegerkongreß in Leipzig (1896 in Paris, 1897 in Brüssel, 1899 in London, 1906 in Mailand, 1908 in Madrid, 1910 in Amsterdam, 1913 in Budapest)

A. Schweitzer: „Das Messianitäts- u. Leidensgeheimnis. Eine Skizze d. Lebens Jesu“ (betont die enttäuschte messianische Erwartung Jesu)

R. Steiner tritt mit eigener Theosophie („Anthroposophie“) hervor (bisher ihr Gegner; wird 1902 Generalsekretär d. dt. Theosophischen Gesellschaft)

Rabindranath Tagore gründet seine Schule Santiniketan in Bengalen, wohin er ausländische Gelehrte u. Künstler beruft

Leo N. Tolstoi wegen antikirchl. religiösen Sozialismus aus der russ. Kirche ausgeschlossen

Max Weber: „Die protestantische Ethik und der Geist des Kapitalismus“ (Religionssoziologie)

W. Wundt: „Einleitung in die Philosophie“

„Concilium tridentinum“ (Aktensammlung in 3 Bänden bis 1932)

„Zentralblatt für Volksbildungswesen“

Arbeiterfortbildungskurse der freistudentischen Bewegung in Berlin und Karlsruhe

Volkshochschule Wien (Volksheim)

Baden gestattet Schülerinnen den Besuch von höheren Knabenschulen

Frauenstudium in Baden zugelassen (1903/4 in Bayern, 1904/5 in Württemberg, 1906/7 in Sachsen u. Thüringen, 1908/9 in Preußen)

Kunsterziehungstag in Dresden (1903 in Weimar, 1905 in Hamburg)

Weltliche Schulen in Spanien

aus der Arbeiterwelt). Seine Übersiedlung nach Berlin führt ihn zum impress. Stil

† *Henri de Toulouse-Lautrec*, frz. Maler; gilt als Begründer der Plakatkunst, die sich jetzt von Frankreich aus verbreitet (* 1864)

Henry van de Velde: (* 1863, † 1957, Belg.) gründ. Kunstgewerbeschule in Weimar; schreibt: „Die Renaissance im Kunstgewerbe"

Siegesallee im Berliner Tiergarten mit 32 Marmorstandbildern brandenburgisch-preußischer Herrscher (seit 1898)

Prinzregententheater in München

„Die Kunst und das schöne Heim" (Zeitschrift)

„Moderne Bauformen" (Zeitschrift)

~ In den nächsten 10 Jahren verändern „Fauves", „Brükke", „Blauer Reiter", „Kubismus" und „Futurismus" grundlegend die Ausdrucksformen der Kunst

---

„Quo vadis" (franz. Film von *Ferdinand Zecca*, *1864, †1947)

„Der kleine Doktor" (engl. Film v. *George Albert Smith*)

Haeckel: „Briefe aus Insulinde" (Reisebericht. eines Naturforschers)

Julius Hann (* 1839, † 1921): „Lehrbuch der Meteorologie" (Standardwerk der Wetterkunde)

Hemser: Rohrrücklauf für Geschütze

Héroult: Elektrostahl-Gewinnung im Lichtbogenofen

O. Lummer und *E. Gehrcke:* Interferenz-Spektroskop (nach einer anderen Methode als *A. Pérot* und *Ch. Fabry* 1897)

Marconi überbrückt drahtlos den Atlantik

Wilhelm Maybach (* 1846, † 1929) konstruiert „Mercedes"-Wagen der *Daimler*-Werke

Menna: Autogenes Schneiden

Metschnikow: „Die Immunität bei den Infektionskrankheiten"

Erstes Handelsschiff mit Dampfturbine von *Charles A. Parsons*

I. Pawlow beginnt seine tierpsychologischen Experimente nach der Methode der bedingten Reflexe

† *Max Pettenkofer* (Selbstmord) dt. Mediziner; Begründer der experiment. Hygiene (* 1818)

Edward Charles Pickering (* 1846, † 1919) und Miss *Cannon* verfeinern die Einteilung der Sterne nach ihrem Spektrum: „Harvard-Klassifikation" (Anfänge von *Secchi* ~ 1864 und *H. K. Vogel* 1874)

O. Richardson: Formel für Glühelektronen-Emission

Rotch: Drachenaufstieg mit meteorologischen Registrierinstrumenten z. Erforschg. höherer Luftschichten

Abstimmspule von *Slaby* und *Arco* in der Funktechnik

H. Spemann: „Entwicklungsphysiologische Untersuchung. am Tritonei" (Teilungs- und Verpflanzungsexperimente)

Takamine isoliert aus 8000 Ochsennebennieren 4 Gramm des Hormons Adrenalin (chemische Formel und Synthese durch *Stolz* 1904)

Paul Uhlenhuth (* 1870, † 1957): Biol. Nachweismethode f. Menschenblut

Wildiers: Wachstumshormon Biotin der Hefe

Max Wolf (* 1863, † 1932): „Die Entdeckung und Katalogisierung von kleineren Nebelflecken durch Photogr." (astron. Nebelforschg.)

Gustav Zander (* 1835, † 1920): „Die Grundzüge der Zanderschen Gymnastikmethode und ihre Anwendung" (schwed. mechanische Heilgymnastik)

Astronomische Meßgenauigkeit: 0,27 Winkelsekunden (~ —150: 240 Winkelsekunden, ~ 1600: 25 Winkelsek., ~ 1750: 2 Winkelsek.)

Erstes europ. Fernheizwerk in Dresden

Indanthrenfarbstoffe (besonders lichtecht)

Okapi (aus der Giraffen-Familie) im afrik. Kongo-Urwald entdeckt

Dampfer „Deutschland" empfängt Telegramme aus 150 km Entfernung

Komplett-Rotationsdruckmaschine für „Berliner Illustrirte"

~ Nach dem „Jahrhundert des Dampfes" beginnt das „Jahrhundert der Elektrizität"

Zwickmaschine für mechanische Schuhherstellung

Im gefrorenen Boden Sibiriens wird d. erste vollständige Mammut gefunden (erste, nicht erhaltene Funde 1799)

≈ Energie in USA:
Ges. technische Leistung in PS
1850 8,6 Mill.
1901 67 Mill. (+4,2%/Jahr)
elektrische Energie in kWh
1902 6 Mrd.
1970 1640 Mrd. (d. h. +8,6%/Jahr)

1902	Friedens*nobel*preis an *Elie Ducommun* (Schweiz, * 1833, † 1906) und *Albert Gobat* (Schweiz, * 1843, † 1914) Italien erneuert Dreibund, schließt aber mit Frankreich Rückversicherungsvertrag Ministerium *Combes* (Radikalsoz.) in Frankreich bis 1905 *J. Jaurès* grdt. frz. sozialist. Ztg. „L'Humanité" † *Cecil Rhodes*, brit. Kolonialpolitiker; gewann Betschuanaland und Rhodesien in Südafrika (*1853) Oranjefreistaat (Südafrika) wird nach dem Burenkrieg brit. Kronkolonie (erhält 1907 volle Selbstregierung) Brit.-japan. Bündnis gegen Rußland (wird 1905 und 1911 erneuert) Russ.-persischer Handelsvertrag *Miguel Primo de Rivera* unterdrückt Aufstand in Barcelona *Lenin:* „Was tun?" (russ., revolutionäre Schrift) ***Leo Trotzki,* russ. Sozialist, flüchtet aus der ostsibir. Verbannung nach London (wird 1905 Führer der Sowjets in Petersburg, 1906 verbannt, 1907 Flucht ins Ausland)** Ungar. Unabhängigkeitspartei opponiert im Parlament gegen dt. Kommandosprache im ungar. Heer (lähmt dadurch bis 1912 parlamentar. Arbeit) Venezuelas Häfen durch ausländ. Kriegsschiffe blockiert, bis 1908 Kuba Freistaat unter USA-Protektorat (bis 1934) Allg. Frauenwahlrecht i. Australien (i. Finnland 1906, Rußl. 1917, Dtl. 1918, USA 1920; 1952 stehen 60 Ländern mit FW noch 16 ohne gegenüber)	Literatur-*Nobel*preis an *Theodor Mommsen* (Dt.) *d'Annunzio:* „Francesca da Rimini" (ital. Trag.) *Arnold Bennett* (* 1867, †1931): „Anna of the five towns" (engl. Roman) *Max Eyth:* „Der Kampf um die Cheopspyramide" (Roman, 2 Bände) *Gide:* „Der Immoralist" (frz. Roman) *H. Hesse:* Gedichte *Ric. Huch:* „Ausbreitung und Verfall der Romantik" (1899: „Blütezeit der Romantik"), „Vita somnium breve" (Roman) *Ibsen:* Ges. Werke *Paul Keller* (* 1873, † 1932): „Waldwinter" (Roman) *Lagerlöf:* „Jerusalem" (schwed. Roman, 2 Teile seit 1901) *Else Lasker-Schüler:* „Styx" (Gedicht) ***John Masefield* (* 1875, † 1967): „Salzwasserballaden" (engl. Dichtung)** *M. Maeterlinck:* „Monna Vanna" (belg. Drama) *Mereschkowskij:* „Leonardo da Vinci" (russ. biogr. Roman) *Carolina Michaelis de Vasconcellos* (* 1851, † 1925): „Randglossen zum altportugiesischen Liederbuch" (dt.-portg. Romanistik seit 1896; 1911 bis 1925 Prof. in Coimbra) *Ludvig Mylius-Erichsen* (* 1872, † 1907) leitet dän. „Literarische Grönland-Expedition" zum Studium von Sprache, Sagen und Sitten der Eskimos (bis 1904) *Rilke:* „Buch der Bilder" (Gedichte)	***Hermann Cohen* (* 1842, † 1918), Grd. d. Marburger Schule des Neukantianismus: „Logik d. reinen Erkenntnis" (Bd. 1 von „System der Philosophie", Bd. 2 „Ethik d. reinen Willens" 1904, Bd. 3 „Ästhetik d. reinen Gefühls" 1920)** *Benedetto Croce* (* 1866, † 1952): „Philosophie des Geistes" (bis 1913 4 Teile: Ästhetik, Logik, Ökonomie und Ethik, Historiographie; stärker auf die Erfahrung gerichtete ital. Entwickl. des *Hegel*schen Systems) *Friedrich Delitzsch* (* 1850, † 1922): „Babel und Bibel" (veröffentl. Vorträge, welche die Beziehungen zwischen dem Alten Testament u. dem altbabylonischen Sagengut aufdecken) *Albert Ehrhard* (* 1862, † 1940): „Der Katholizismus u. das 20. Jahrhdt." (vom kathol. Standp.) *Paul Hoensbroech* (* 1852, † 1923): „Das Papsttum in seiner sozial-kulturellen Wirksamkeit" (krit. Darstellg. i. 2 Bänden des ehemal. Jesuiten) *William James:* „Die religiösen Erfahrungen in ihrer Mannigfaltigkeit" (nordam. Psychologie) *Gustave Le Bon:* „Psychologie d. Erziehung" (frz.) *Ribot:* „Die Schöpferkraft der Phantasie" (frz. Kunstpsychologie) *Rickert:* „Die Grenzen der naturwissenschaftlichen Begriffsbildung" (seit 1896) † *Auguste Schmidt*, Gründerin u. Vors. d. „Allg. Dt. Frauenvereins" 1865 (* 1833); Nachfolgerin *Helene Lange* *R. Seeberg:* „Die Grundwahrheiten der christl. Relig." (protest.)

Ferdinand Avenarius (* 1856, † 1923) gründet *Dürer*bund zur Verbreitung guter Kunst

Cézanne: „Mädchen mit Puppe" (franz. nachimpr. Gemälde)

Theodor Fischer (* 1862): „Stadterweiterungsfragen" (Verfasser entwirft später Generalbaulinienplan für München und Stadtkernumgestaltung für Stuttgart)

Gauguin: „Aus Tahiti", „Contes Barbares", „Reiter am Strand" (express. Gemälde mit Südseemotiven)

Gulbransson wird Karikaturist bei der politisch-satir. Zeitschrift „Der Simplizissimus"

Hodler: „Die Wahrheit" (Schweiz. Gemälde)

Ebenezer Howard: „Gartenstädte von Morgen" (engl., begründet Gartenstadtbewegung)

Rudolf Kautzsch: „Die neue Buchkunst" (bibliophiler Druck in *Behrens*-Schrift)

Heinrich Kayser (* 1842, † 1917) und *Karl von Großheim* (* 1841, † 1911): Hochschule für bildende Künste und Hochschule f. Musik (Berlin - Charlottenburg, Baubeginn 1898)

M. Klinger: „Beethoven" (Plastik aus mehrfarbigem Material, seit 1886)

d'Albert: „Der Improvisator" (Oper)

Leo Blech (* 1871): „Das war ich" (heitere Oper)

Debussy: „Pelleas u. Melisande" (frz. Oper, Text nach *Maeterlinck*)

Humperdinck: „Dornröschen" (Märchenoper)

* *Eugen Jochum*, dt. Dirigent

Bruno Kittel (* 1870) gründet und leitet *Bruno Kittel*schen Chor (Berlin)

Lehár: „Der Rastelbinder" (Operette)

Massenet: „Der Gaukler unserer lieben Frau" (frz. Oper)

Emil Nikolaus von Reznicek (* 1860, † 1945): „Till Eulenspiegel" (Oper)

M. von Schillings: „Das Hexenlied" (Melodrama nach *Wildenbruch*)

Sibelius: 2. Symphonie in D-dur (finn.)

Gesetz betr. das Urheberrecht an Werken der Literatur und der Tonkunst (von 1901) tritt in Kraft

Physik-*Nobel*preis an *H. A. Lorentz* (Niederl.) und *Pieter Zeeman* (Niederl., * 1865, † 1943) für Entdeckung und Erklärung der Aufspaltung von Spektrallinien im Magnetfeld („Zeeman-Effekt")

Chemie-*Nobel*preis an *Emil Fischer* (Dt.) f. Zucker- u. Eiweißforschung

Medizin-*Nobel*preis an *Ronald Ross* (Gr.-Brit., * 1857, † 1932) f. Malariaforschung

Bernt und *Cerwenka:* Gasglühlicht mit hängendem Strumpf

Hochspannungs-Magnetzündung f. Kraftfahrzeugmotoren von *Robert Bosch* (* 1861, † 1942)

Connstein, Hoyer und *Wartenberg:* Fettspaltung durch Fermente (Verdauungsstoffe)

Cooper und *Hewitt:* Quecksilberdampfgleichrichter

Cushing: Erste Nervennaht

Wilhelm Dörpfeld (* 1853, † 1940): „Troja und Ilion" (Bericht über eigene Ausgrabungen, 2 Bände)

E. v. Drygalski entdeckt auf der Antarktis-Expedition mit der „Gauß" (1901—1903) das Kaiser-*Wilhelm-II.*-Land

Preisfahrt des Brasilianers *Santos Dumont* mit einem Prall-Luftschiff um den Eiffelturm mit 26 km/st. Höchstgeschwindigkeit

Emil Fischer: Nachweis des Aufb. d. Eiweißstoffe aus Aminosäuren

Albert Grünwedel (* 1856, † 1935) reist nach Ostturkestan (2 Reisen bis 1907), begründet mit die Erforschung der ausgestorbenen indoeuropäischen tocharischen Sprache aus dortigen Handschriftenfunden

O. Heaviside nimmt leitende Luftschichten in großer Höhe an (entscheidend für Rundfunkwellen-Ausbreitung)

Guido Holzknecht (* 1872, † 1931 an *Röntgen*krebs) u. *Kienböck: Röntgen*dosismessung (schafft Voraussetzg. für wissenschaftl. Strahlentherapie)

Hugo Junkers (* 1859, † 1935) entwickelt Gasbadeofen (seit 1895)

Köpsel: Drehkondensator zur Abstimmung von elektrischen Schwingungskreisen

A. Scobel: „Handelsatlas zur Verkehrs- und Wirtschaftsgeographie"

2.—4. Haager Abkommen (regeln internat. Privatrecht bezüglich Eheschließung und -scheidung und Vormundschaft)

Neuer dt. Zolltarif (Schutzzölle für Landwirtschaft)

Erster allgem. dt. Bankiertag in Frankfurt/M.

Krupp kauft Germaniawerft in Kiel (1879 aus Norddt. Werft und Märkisch-Schlesischer Maschinenbau- und Hüttengesellschaft hervorgegangen)

Rhenania-Ossag Mineralölwerke AG in Hamburg (Ölraffinerien)

„Sohnreys Bauernkalender" von *Heinrich Sohnrey* (* 1859, † 1948; der Kalender erscheint bis 1932; für soziale Hebung des Dorfes)

Verband der Handelsschutz- und Rabattsparvereine Deutschlands (zur Regelung der Konkurrenz und zum Schutz gegen Warenhäuser und Konsumvereine)

Bund dt. Verkehrsvereine (erster in Dresden 1875)

Beginn dt. Heimat- und Denkmalschutz-Gesetz-

(1902)

Rosegger: „Als ich noch ein Waldbauernbub war" (Erzählung)

Emil Rosenow (* 1871, † 1904): „Kater Lampe" (satir. Komödie), „Die Schatten leben" (sozial. Drama, veröffentl. 1912)

Schnitzler: „Lebendige Stunden" (Einakter-Zyklus)

Wilhelm von Scholz (* 1874, † 1969): „Der Spiegel" (Gedichte)

Emil Strauß (* 1866, † 1960): „Freund Hein" (Roman, Schülertrag.)

Stijn Streuvels (*Frank Lateur*, *1871): „Knecht Jan" (fläm. Roman)

Strindberg: „Karl XII." (schwed. Drama), „Die Kronbraut" (schwed. Bauerntragödie), „Ein Traumspiel" u. „Schwanenweiß" (schwedische Märchenspiele)

Eduard Stucken (* 1865, † 1936): „Gawan" (erstes Drama des neuromant. Zyklus „Der Gral", bis 1924)

Sudermann: „Verrohung in der Theaterkritik"

Maila Talvio (* 1871): „Das Ende von Pimeänpirtti" (finn. Roman)

L. Thoma: „Die Lokalbahn" (satir. Komödie)

Viebig: „Die Wacht am Rhein" (Roman)

Wedekind: „König Nicolo oder So ist das Leben" (Schauspiel)

† *Emile Zola*, frz. naturalist. Dichter (* 1840)

„Jahrbuch der dt. Bibliotheken" erscheint

„Shakespeare-Liga" in London gegründet

Carl Stange (* 1870): „Der Gedankengang d. Kritik d. rein. Vernunft"

Rudolf Stammler (* 1846, † 1940): „Lehre vom richtigen Recht" (neukantianisch)

Ludwig Sütterlin (* 1865, † 1917): „Das Wesen der sprachlichen Gebilde. Kritische Bemerkungen zu W. Wundts Sprachpsychologie"

E. Troeltsch: „Die Absolutheit des Christentums und die Religionsgeschichte" (evang.)

A. Warburg gründet Bibliothek zur Geschichte der europäischen Kultur (90000 Bände nebst Photoarchiv; 1933 Übersiedlung von Hamburg nach London)

Bruno Wille gründ. Freie Hochschule in Berlin (Volkshochschule)

Ägyptisches Museum kommt nach Kairo (1858 in Bulak gegründet)

Gleichberechtigung der Vollanstalten (realen u. gymnasialen) in Preußen

„Regeln für die deutsche Rechtschreibung nebst Wörterverzeichnis" (Ergebnis der 2. Berliner orthographischen Konferenz v. 1901; 1. Konferenz 1876)

Reifeprüfg. f. Veterinärstudium vorgeschrieben

Erneuerung d. Univers. Münster (gestiftet 1773)

„Dt. Burschenschaft"

Gesetzliche Schulspeisung in Dänemark (1906 in England)

Norwegen schafft Todesstrafe ab

In USA entstehen Kinderlesehallen

Gertr. Stein (USA) kommt n. Paris (vgl. 1925)

Anstalt f. modern. Strafvollzug an Jugendl. i. Borstal (Gr.-Brit.) (gesetzl. anerk. 1908)

Hessisches Denkmalschutzgesetz (wirkt vorbildlich)

G. Kolbe: „Frauenbildnis" (Plastik)

W. Kreis: Burschenschaftsdenkmal bei Eisenach

Kubin wird durch eine Ausstellung seiner Zeichnungen bei *P. Cassirer* (Berlin) bekannt

Larsson: „Larssons" (schwed. Aquarellfolge)

Melchior Lechter (* 1865, † 1937): „Weihe am mystischen Quell" (Altargemälde)

Fritz Mackensen (* 1866, Gründer d. Worpsweder Künstlerkolonie 1895): „Dämmerung" (Gemälde)

Monet: „Waterloobrücke in London" (frz. impress. Gem.)

Ed. Munch: „Kinder des Dr. Linde" und „BewachsenesHaus" (norwegisch. frühexpress. Gemälde)

Nolde: „MeinVater" (Gemälde)

Fritz Overbeck (* 1869, † 1909): „Ein stürmischer Tag" (Gemäldeaus der Worpsweder Malerschule)

Albert Reimann gründet Schule für angewandte Kunst in Berlin

Slevogt: „Der Sänger d'Andrade als Don Juan" (impress. Gemälde)

H. Thoma: „Christus auf demMeere", „Christus mit Magdalena" (Wandgemälde in der Peterskirche Heidelberg)

Louis Tuaillon (* 1862, † 1919, Schüler von *R. Begas*): „Rosselenker" (Bronzeplastik vor dem StadttheaterBremen)

Zorn: „Die Mutter" (schwed. Gemälde)

„Deutscher Künstlerbund" (für unabhängiges modernes Kunstschaffen; Sezession der Allgem. deutschen Kunstgenossenschaft v. 1856)

Karl Ernst Osthaus (* 1874, † 1921) gründet in Hagen Folkwangmuseum mit besonders gepflegter Abteilung moderner Kunst (wird 1922 von der Stadt Essen übernommen) und führt um 1910 zum „Hagener Impuls" in Architektur und Formgebung

Internationale Ausstellung des modernen Kunstgewerbes in Turin

„Zeitschrift f. Wohnungswesen"

„Das Leben eines amerikanisch. Feuerwehrmanns" (nordamerikanisch. Dokumentarfilm v. *Edwin S. Porter*, * 1875, † 1945)

„Die Passion unseres Herrn Jesus Christus" (französ. Film von *F. Zecca*)

„Die Reise zum Mond", „Die Krönung Eduards VII." (frz. Filme v. *Méliès*)

„Salome" (Film von *Oskar Messter*)

Ph. Lenard entd. d. Erscheinungen am lichtelektr. Effekt, d. *Einstein* (1905) durch Einführung der korpuskelähnl. Lichtquanten deutet

Eduard Meyer (* 1855, † 1930): „Geschichte des Altertums" (5 Bände seit 1885)

Adolf Miethe (* 1862, † 1927): Panchromatische Platte

Normann: Fetthärtung (Überführung flüssiger in feste Fette)

Wilh. Ostwald: Salpetersäure-Gewinnung durch Ammoniakverbrenng. (verdrängt Luftverbrenng.)

Karl Pauli (* 1839, † 1901), *Danielsson, Gustav Herbig* (* 1868, † 1925): „Corpus inscriptionum etruscarum" (Samml. etrusk. Inschriften seit 1893, wird fortgesetzt)

Pelton-Turbine für 472 m Gefälle und 7500 PS (5000 kW)

Valdemar Poulsen (* 1869) erfindet Lichtbogensender (bis 1903)

Charles Richet (* 1850, † 1935) entdeckt Anaphylaxie (Empfindlichkeit gegen artfremdes Eiweiß)

Augusto Righi (* 1850, † 1920, Lehrer von *Marconi*): „Drahtlose Telegraphie"

Ernst Rolffs: Rotations-Rastertiefdruck

Sparverfahren zur Holzkonservierung mit Teeröl (*Rüping*-Verfahren, Teerölkonservierung seit 1838)

Schenk: „Die Bedeutung der Neuronenlehre für die allgemeine Nervenphysiologie" (Neuronen als Elemente der Nervensubstanz)

R. F. Scott entdeckt auf „Discovery"-Expedition 1900 bis 1904 König-*Eduard-VII.*-Land in der Antarktis

† *Rudolf Virchow*, dt. Mediziner; begrdte. Zellularpathologie; Grd. der liber. Fortschrittspartei (* 1821)

August Weismann (* 1834, † 1918): „Vorträge über Deszendenztheorie" (Darwinismus)

Nordeuropäische Internationale Kommission für Meeresforschung

Institut für Meereskunde der Universität Berlin (gegr. 1900) beginnt seine „Veröffentlichungen"

Sonnenbestrahlung als Heilmethode in Davos

gebung. (Dt. Heimatschutzbewegung ab 1904)

„Photographische Industrie" (Zeitschrift)

„Dt. Gesellschaft zur Bekämpfung der Geschlechtskrankheiten"

Jessen grdt. i. Straßburg 1. Schulzahnklinik

„Dt. Gartenstadt-Gesellschaft" (erstrebt gemeinnützige und gesunde Siedlungsform)

Otto Hanisch (* 1854, † 1936) grdt. Mazdaznan-Lehre

Gebr. *Lindauer:* Büstenhalter (anstelle d. Korsetts, kommt ca. ab 1920 stärker in Gebrauch)

Erste Strecke der Berliner U-Bahn (Baubeginn 1896)

„Dt. Tennisbund"

Fünfmastvollschiff „Preußen" (größtes Segelschiff, strandet 1911)

Helgoland-Leuchtturm (35 km Reichweite)

Ausbruch des Vulkans Montagne Pelée auf Martinique zerstört Saint-Pierre (26000 Tote)

1. dt. Schulzahnklinik (Straßburg)

R. Virchow stirbt an Verkehrsunfall (vgl. W)

1903

Friedens*nobel*preis an *William Randal Cremer* (Großbrit., * 1838, † 1908)

Dt. Reichstag: Zentrum 100 Sitze, Sozialdemokraten 81, Konservative 52, Nationalliberale 50, Dt. freisinn. Volkspartei 21, Dt. Reichspartei 20, Polen 16, übrige 60

Parteitag der dt. Sozialdemokraten verurteilt den evolutionären „Revisionismus" von *Eduard Bernstein* (* 1850, † 1932)

„National-soziale Partei" (von *Friedrich Naumann* 1896 gegründet) vereinigt sich mit der „Freisinnigen Vereinigung"

Großbrit. hebt Verfassung für Malta von 1887 auf

Vizekönig *George Curzon* (* 1859, † 1925) von Indien dehnt brit. Einfluß auf Tibet aus zur Begegnung des russ. Einflusses in Mittelasien

Schwere Kämpfe der Engländer in Brit.-Somaliland gegen aufständische Derwische unter *Hadschi Mohammed ben-Abdullah* († 1910)

Brit.-pers. Handelsvertrag

Giovanni Giolitti (* 1842, † 1928) ital. liberaler Ministerpräsident bis 1905, dann 1906 bis 1909, 1911 bis 1914, 1920 bis 1921 (außerdem bereits von 1892 bis 1893)

Niederländer unterwarfen (seit 1873) das Reich der Atschinesen auf Java

Schweden verzichtet endgültig auf das Einlöserecht für das 1803 an Mecklenburg-Schwerin verpfändete Wismar

Auf d. zweiten Parteitag i. Brüssel u. London spalten sich d. russ. Sozialisten wegen d. v. Lenin betrieb. zentralist. Organisation in „Bolschewiki" („Mehrheit") u. „Menschewiki" („Minderheit")

Grdg. d. russ. Partei d. Sozialrevolutionäre (agrarsozialistisch)

† *Alexander* (mit seiner Gattin ermordet), König von Serbien seit 1889 (letzter *Obrenowitsch*) (* 1876)

Peter I. Karageorgewitsch König von Serbien bzw. Jugoslawien (ab 1918) bis 1921 (†, * 1844); russenfreundl.

„Mazedonisches Komitee" aufgelöst (erstrebte seit 1899 unter *Boris Sarafov* [† 1907, ermordet] bulgarische Herrschaft über Mazedonien)

Literatur-*Nobel*preis an *B. Björnson* (Norw.)

Franz Adam Beyerlein (* 1871, † 1949): „Jena oder Sedan?" (Roman)

Albert Bielschowsky (* 1847, † 1902): „Goethe" (2 Bände seit 1896; Bd. 2 posthum)

W. E. Burghardt Du Bois: „Die Seelen des schwarz. Volkes" (nordamerikan. Negerroman)

Conrad: „Taifun" (engl. Roman)

Dehmel: „Zwei Menschen" (Roman in Romanzen)

Paul Ernst (* 1866, † 1933): „Der schmale Weg z. Glück" (Roman)

St. George: „Tage und Taten" (Essays)

Gorkis „Nachtasyl" von *Reinhardt* in Berlin inszeniert (russ. Urauff. 1902 i. Moskauer Künstlertheater)

G. Hauptmann: „Rose Bernd" (Schauspiel)

Sven Hedin (* 1865, † 1952): „Im Herz. v. Asien" (schwed. populärer Reisebericht)

Theodor Herzl „Altneuland" (zionist. Roman)

R. Herzog: „Die vom Niederrhein" (Roman)

Elisabeth von Heyking (*1861, †1925): „Briefe, die ihn nicht erreichten" (Roman aus Diplomatenkreisen, zunächst anonym)

Hofmannsthal: „Ausgewählte Gedichte", „Das kleine Welttheater" und „Elektra" (Schauspiele)

Rudolf Huch (* 1862, † 1943, Bruder von *Ricarda H.*): „Hans der Träumer" (Entwicklungsroman)

Fr. Jammes: „Der Hasenroman" (frz. symb. Rom.)

Konrad Agahd (* 1867, † 1928) veranlaßt dt. Kinderschutzgesetz betreffend Kinderarbeit

Albert I. von Monaco gründet Internationales Friedensinstitut

Wilhelm Bölsche (* 1861, † 1939): „Das Liebesleben in der Natur" (3 Bände seit 1898)

Johannes Haller (* 1865, † 1947): „Papsttum und Kirchenreform"

Willy Hellpach (* 1877): „Nervosität u. Kultur"

A. v. Harnack Präsident d. evang. sozialen Kongresses (b. 1912)

Ernst Meumann: „Die Sprache des Kindes"

Johannes Müller (* 1864, † 1949) gründet auf Schloß Mainberg/Unterfranken eine „Freistatt persönlichen Lebens" für Suchende jeder Richtung und Herkunft (evang. Lebensphilosophie)

Natorp: „Platos Ideenlehre"

Karl Kautsky (* 1854, † 1938): „Karl Marx' ökonomische Lehren gemeinverständlich dargestellt"

† *Leo XIII.*, Papst seit 1878; zahlreiche Enzykliken üb. soziale, kirchl. u. wissenschaftl. Fragen; verfaßt auch Dichtungen (* 1810); *Pius X.* Papst bis 1914 (†, * 1835; heiliggesprochen 1954)

† *Theodor Mommsen*, dt. Historiker; *Nobel*preis für Literatur 1902 (* 1817)

G. E. Moore (* 1873): „Ablehnung des Idealismus" (gilt als Begründung des engl. Neurealismus)

Berlage: Börse in Amsterdam (niederl. Bauwerk)

Corinth: „Selbstbildnis mit Modell" (Gemälde)

† *Paul Gauguin*, frz. Maler, zuletzt besonders von Südseemotiven in ausdrucksvollen Farben (* 1848)

Israels: „Judenhochzeit" (niederl. Gemälde)

Gustav Klimt (*1862, † 1918): „Philosophie, Medizin und Jurisprudenz" (Dekkengemälde in der Aula der Wiener Universität)

A. Kubin: 1. Mappe phantast. Zeichngn.

Leistikow: „Havelkähne in Mondbeleuchtung" (Gemälde)

Lenbach: „Selbstbildnis"

M. Liebermann: „Polospiel" (impress. Gemälde)

Matisse: „Die Lebensfreude" (Gem.)

Modersohn-Becker: „Selbstbildnis" (farbige Kreide), „Bauernmädchen auf einem Stuhl" und „Alte Bäuerin" (Gemälde)

Monet: Frz. impress. Studien über ein Motiv von der Themse in verschiedener Beleuchtung (seit 1901)

d'Albert: „Tiefland" (Oper)

* *Boris Blacher* (in China), baltisch-dt. Komp.; schreibt u. a. „Concertante Musik" (Kammeroper), „Der Großinquisitor" (Op.-Oratorium)

Leo Blech: „Alpenkönig u. Menschenfeind" (Oper)

Friedrich Klose (* 1862, † 1942, *Bruckner*schüler): „Ilsebill" (symph. Märchendrama)

Joan de Manén (* 1883): „Acté" (span. Oper)

Hugo Riemann (* 1849, † 1919): „System der musikalischen Rhythmik und Metrik"

A. Schönberg: „Gurrelieder" (nach *J. P. Jacobsen*, für Sprecher, 5 Solisten, 3 vierstimm. Männerchöre, achtstimm. gemischten Chor und gr. Orchester, seit 1902)

Sibelius: Violinkonzert in d-moll

† *Hugo Wolf*, dt. Komponist; besonders von Liedern (* 1860)

Wolf-Ferrari: „Die neugierigen Frauen" (Oper), „Das Neue Leben" (Chorw. n. *Dante*)

Päpstlicher Erlaß bevorzugt A-cappella-Chor vor Orchestermusik

„Intern. musikpädagogischer Verband" gegr., gibt „Musikpädagog. Blätter" heraus

Physik-*Nobel*preis an *H. Becquerel* (Frankr.), *M. Sklodowska-Curie* (Polen) und *P. Curie* (Frankr.) für Erforschung der Radioaktivität

Chemie-*Nobel*preis an *S. Arrhenius* (Schwed.) für Erforschung der elektrolytischen Dissoziation

Medizin-*Nobel*preis an *Niels Rybert Finsen* (Dänem., * 1860, † 1904) für Lichttherapie

Birkeland und *Eyde:* Herstellung von Salpetersäure durch Verbrennung von Luft im magnetisch beeinflußten Wechselstromlichtbogen

Th. Boveri verbind. Zellforschung u. Vererbungslehre

* *Adolf Friedrich Butenandt*, dt. Chemiker; *Nobel*preis 1939

Wilhelm Einthoven (* 1860, † 1927) ermöglicht durch das Saitengalvanometer die Registrierung der Aktionsströme des Herzmuskels: Elektrokardiographie

E. G. Hopkins entdeckt Tryptophan (Eiweißstoff)

Th. Koch-Grünberg erforscht Nebenflüsse des Amazonas (bis 1905)

Hans Meyer besteigt und erforscht den Vulkan Chimborasso u. a. in den Kordilleren von Ekuador (schreibt 1907: „In den Hochanden von Ekuador")

Gründung des „Dt. Museums von Meisterwerken der Naturwissenschaft und Technik" in München durch *Oskar von Miller* (Neubau 1925 eröffnet)

W. Ramsay u. *Frederik Soddy* (* 1877, † 1956): Aus dem radioaktiven Gas der Radium-Emanation entsteht das Edelgas Helium (deutliches Zeichen einer Elementumwandlung)

Fritz und *Paul S. Sarasin* erforschen als Zoologen und Völkerkundler Celebes (seit 1901 und 1893 bis 1896)

Schiffskreisel von *O. Schlick* zur Schlingerdämpfung

Seiner (bis 1912) und *L. Schultze* (bis 1905) erforschen Kalahari-Trockenbecken in Südafrika

Siedentopf und *Richard Zsigmondy* (* 1865, † 1929): Ultramikroskop (optische Dunkelfeldmethode)

Emil Wiechert (* 1861, † 1928) begr. Seismometrie

Sombart: „Die deutsche Volkswirtschaft im 19. Jahrhundert"

Kommission für Strafprozeßreform (bis 1905; bleibt ohne Erfolg)

Karl Legien (* 1861, † 1920) wird Vorsitzender d. Internationalen Vereinigung d. Gewerkschaften (bis 1919)

Adam Stegerwald (*1874) wird Leiter d. Gesamtverbandes d. christl. Gewerkschaften in Deutschland

Gr. Streik der Krimmitschauer Textilarbeiter um den 10-Std.-Tag scheitert

Maschinenunfallversicherung in Deutschland

Henry Ford gründet mit 100000 Dollar *Ford*-Automobil-Gesellschaft

J. P. Morgan gründet großen Schiffahrtstrust in den USA (International Mercantile Marine Company)

Siemens-Schuckert-Werke (Starkstromtechnik)

Gesellschaft für drahtlose Telegraphie Telefunken

Zentralverb. d. dt. Konsumgenossenschaften e. V. gegründet

Verband dt. Waren- und Kaufhäuser (in Kampfstellung gegen mittelständischen Einzelhandel)

(1903)	Panama erklärt sich von Kolumbien unabhängig, da dieses dem Kanalbau nicht zustimmt USA erhalten vom neugegründeten Freistaat Panama Kanalzone mit Hoheitsrechten (1901 Vertrag mit Großbrit. auf Alleinrecht, Kanal zu bauen, 1902 Erwerbung der frz. Rechte) Schwere Judenpogrome in Rußland (weitere 1906) 6. Zionistenkongreß beschließt praktische Palästinaarbeit (autonomes Siedlungsgebiet in Brit.-Ostafrika abgelehnt)	*Kolbenheyer:* „Giordano Bruno" (Versdrama) *Liliencron:* „Bunte Beute" (Gedichtsammlung) *J. London:* „Ruf der Wildnis" (nordamerikan. Roman) *H. Mann:* „Die Göttinnen oder die drei Romane der Herzogin von Assy" (Romantrilogie) *Th. Mann:* „Tristan" (Novelle) *Stanislaw Przybyszewski* (* 1868, † 1927): „Schnee" (poln. Drama) *Rilke:* „Worpswede" (Künstlermonographie) *Schnitzler:* „Reigen" (zehn erotische Dialoge) *Shaw:* „Mensch und Übermensch" (engl. Schauspiel) *Strindberg:* „Königin Christine" und „Die Nachtigall von Wittenberg" (schwed. Schauspiele) *André Theuriet* (* 1833, † 1907): „Galante und melancholische Geschichten" (frz.) *Georg Witkowski* (* 1863, † 1939): „Das deutsche Drama des 19. Jahrhunderts" (Literaturgesch.) *Zola:* „Die vier Evangelien" („Fruchtbarkeit", „Arbeit", „Wahrheit" seit 1899, unvoll. frz. Romanzyklus, posthum) *Tilla Durrieux* (* 1880, † 1971) spielt bei *Max Reinhardt* i. Berlin (beg. damit ihre eig. Theaterlaufbahn) Harzer Bergtheater (setzt Entwicklung des dt. Freilichttheaters fort: 1890 Naturtheater in Wunsiedel, 1909 Zoppoter Waldoper) *Victor-Hugo*-Museum in Paris *Schiller*-Nationalmuseum in Marbach	*Franz Oppenheimer* (* 1864, † 1943): „Das Grundgesetz der Marx'schen Gesellschaftslehre" *Henri Poincaré:* „Wissenschaft und Hypothese" (frz. Erkenntnistheorie des Konventionalismus) *Otto Schmeil* (* 1860, † 1944): „Lehrbuch der Botanik" (reformiert wie das „Lehrbuch der Zoologie" von 1899 den naturkundlichen Unterricht) † *Herbert Spencer*, engl. Philosoph einer allgemeinen Entwicklungslehre; schrieb 1862 bis 1893 „Ein System synthetischer Philosophie" (10 Bände) (* 1820) *Thorndike:* „Erziehungs-Psychologie" (engl. experimentelle Pädagogik) *Otto Weininger* (* 1880, † 1903, Selbstmord): „Geschlecht und Charakter" (behauptet Minderwertigkeit der Frau) *Carl Muth* grdt. „Hochland" (kathol. Monatsschrift) „Gesellschaft zur Förderung der Wissenschaft des Judentums" in Berlin Akademische Ferienkurse für sächs. Volksschullehrer Englische Arbeiterbildungs-Vereinigung (WEA) Verbot d. Kinderarbeit i. Dtl. (i. Preußen 1839)

Ed. Munch: „Kuß am Meer“ (norweg. frühexpress. Gemälde aus dem *Linde*-Fries) und „Auf der Brücke“ (norweg. express. Gemälde)

Martin Nyrop (*1849, † 1921): Neues Rathaus in Kopenhagen (Baubeginn 1892)

Emil Orlik (*1870, †1934): „Aus Japan“ (Graphik-Mappe)

Picasso: „Die Büglerin“ und „Guitarrist“ (span.-frz. Gemälde)

† *Camille Pissaro*, frz. impress. Maler; malte auch pointillist. (* 1830)

Sargent: „Major H.L. Higginson“ (nordamerikan. Bildnis)

† *Carl Schuch*, dt. Maler, bes. von Stillleben (* 1846)

Stephan Sinding (*1846, †1922): „Anbetung“ (norweg. Plastik)

Slevogt: Illustrationen zu „Ali Baba und die 40 Räuber“

* *Graham Sutherland*, brit. Maler

† *James Whistler*, nordamerikan. Maler (* 1834)

Gründung des „Salon d'Automne“ in Paris für Bilder, die von der offiziellen Jury zurückgewiesen wurden

Hans Poelzig wird Direktor d. Kunstschule Breslau (ab 1911 Kgl. Akad. f. Kunst und Kunsthandwerk)

Reklamekunst wird Unterrichtsfach an den Kunstgewerbeschulen

Porträt-Katalog (seit 1859, ursprünglich von *Drugulin*)

„Bund Dt. Architekten“

---

* *Greta Garbo (Gustafson)*, schwed. Filmschauspielerin

„Die Ermordung d. Herzogs von Guise“ (frz. Film mit Schauspielern der Comédie Française)

„Großer Eisenbahnüberfall“ (begründet erfolgreichen nordamerikan. Spielfilm; Dauer 12 Minuten)

O. Vogt, *Brodmann* und *Campbell:* Erste Hirnkarten (Lokalisierung der Hirnfunktionen)

de Vries: „Die Mutationstheorie“ (über die spontane Entstehung neuer Pflanzenarten, 2 Bände seit 1901)

Erster Motorflug (12 Sek., 50 m weit) der Brüder *Orville* (* 1871, † 1948) und *Wilbur Wright* (* 1867, † 1912)

E. Zschimmer erfindet ultraviolettdurchlässiges Uviolglas

Unterscheidung der radioaktiven Alpha-, Beta- und Gammastrahlen

Fernrohr mit 800-mm-*Steinheil*-Objektiv für die Sternwarte Potsdam

„Zeitschrift für wissenschaftliche Photographie, Photophysik und Photochemie“

Elektrische Schnellbahn auf der Versuchsstrecke bei Zossen erreicht 210 km/st.

Schwebebahn zwischen Elberfeld und Barmen eröffnet (Baubeginn 1898)

Kraftwagen durchquert die USA in 65 Tagen

~ Rasche Entwicklung d. Genetik (Vererbungslehre) (vgl. 1903 *Boveri, de Vries*, 1900 *Correns* u. and. 1907 *Correns*, 1910 *Morgan*)

Irische Kleinpächter erhalten durch Gesetz die Stellung von freien Bauern

Einf. d. Daktyloskopie i. d. engl. u. dt. Kriminalistik

W. Fischer: „Die Prostitution und ihre Beziehungen zum Verbrechen“

Internationale Konvention über Maßregeln gegen Pest, Cholera und Gelbfieber

Zdarski: „Alpine (Lilienfelder) Skilauftechnik“ (Erfahrungen der ersten alpinen Skischule von 1896)

Skibindung des Norwegers *Fritz Huitfeld*

„Dt. Tennisbund“

„Deutsche Skatordnung“ (beruht auf den Regeln von 1886)

VfB Leipzig erstmals dt. Fußballmeister (wieder 1906, 1913)

„Teddy“-Bär als Spielzeug von *Margarethe Steiff* auf d. Leipz. Messe (erhält s. Namen angebl. von „*Teddy*“ [*Theodore*] *Roosevelt* i. USA)

Erste „Tour de France“ (Straßenradrennen)

1. dt. Krebsfürsorge (Bln)

1904	Friedens*nobel*preis an das Institut für internationales Recht in Gent *L. Quidde:* „Internationale Verständigung über Beschränkung der Rüstungen" Herero-Aufstand in Dt.-SW-Afrika (Hereros kommen in der Wüste um) Hottentottenaufstand in Deutsch-Südwestafrika unter *Hendrik Witboi* (* ~ 1825, † 1905; erst 1908 niedergeschlagen) Frz.-brit. „Entente cordiale". Großbritannien bestätigt frz. Schutzherrschaft über Marokko. Frankreich verzichtet auf Einfluß in Ägypten und anerkennt span. Machtbereich in Nordafrika Großbrit. anerkennt chin. Einfluß in Tibet Beginn des russ.-jap. Krieges um Mandschurei und Korea *Nikola Paschitsch* serb. Ministerpräsident bis 1926 mit kurzen Unterbrechungen; Anhänger eines großserb. Zentralismus Australische Arbeiterpartei gewinnt Einfluß auf Sozialpolitik Weltbund für Frauenstimmrecht in London *Lenin:* „Ein Schritt vorwärts, zwei Schritt zurück" (russ. revolutionäre Schrift gegen Menschewiki) *Rosa Luxemburg* wendet sich gegen die von *Lenin* vertretene zentralistische Parteiorganisation Tagung der 2. (sozialdemokr.) Internationale in Amsterdam. Gründung einer interparlamentarischen sozialdemokratischen Kommission (weitere Tagungen 1907 in Stuttgart, 1910 in Kopenhagen, 1912 in Basel) General *von Liebert* gründet „Reichsverband gegen die Sozialdemokratie" (löst sich 1914 auf)	Literatur-*Nobel*preis an *Fr. Mistral* (Frankr.) und *J. Echegaray* (Span.) *Bang:* „Michael" (dän. Roman) *A. Bartels:* „Heimatkunst" (antisemitische Literaturbetrachtung) *W. Busch:* „Zu guter Letzt" (Gedichtsammlung) *Ganghofer:* „Der hohe Schein" (Roman) *Max Halbe:* „Der Strom" (Schauspiel) *Andreas Haukland* (* 1873, † 1933): „Ol Jörgen" (norweg. Romantrilogie seit 1902) *H. Hesse:* „Peter Camenzind" (Erziehungsroman) *Arno Holz:* „Daphnis" („Freß- und Sauflieder" im Stil der Barocklyrik), „Traumulus" (Tragikomödie) *Ric. Huch:* „Von den Königen u. der Krone" (Roman) *Lagerlöf:* „Christuslegenden" (schwed. Erzählungen) *Liliencron:* „Poggfred" (Erweiterung des „Kunterbunten Epos" von 1896) *J. London:* „Der Seewolf" (nordamerikan. Roman) *William Vaughan Moody* (* 1869, † 1910): „Der Feuerbringer" (nordamerk. Prometheustrilogie als Versdrama) *Ada Negri* (* 1870, † 1945): „Muttertum" (ital. Gedichte über die sozial Schwachen) *Kostis Palamas* (* 1859, † 1943): „Unwandelbares Leben" (neugriech. Lyrik)	*Heinrich Seuse Denifle* (* 1844, † 1905): „Luther und Luthertum in der ersten Entwicklung" (kathol. Kirchengeschichte) *Elisabeth Förster-Nietzsche* (* 1846, † 1935): „Das Leben Friedrich Nietzsches" (2 Bände seit 1895) *Freud:* „Zur Psychopathologie des Alltagslebens" (psychoanalytische Deutung von Fehlleistungen) *Frobenius* beginnt seine Forschungsreisen nach Afrika (bis 1935, begründen seine Kulturmorphologie u. Kulturkreislehre) *Hugo Gaudig* (* 1860, † 1923): „Didaktische Ketzereien" (schulreformerisch) *Haeckel:* „Kunstformen der Natur" (seit 1899) und „Die Lebenswunder" (monistisch) *Harnack:* „Geschichte d. altchristlichen Literatur" (2 Teile seit 1893) *Lafcadio Hearn* (* 1850, † 1904): „Japan. Versuch einer Deutung" (engl. Japankunde) *L. T. Hobhouse* (* 1864, † 1929): „Demokratie und Reaktion" (engl. liberale Gesellschaftsphilosophie) *Adolf Jülicher* (* 1857, † 1938): „Paulus und Jesus" (evang. Theologie) *Albert Kalthoff* (* 1850, † 1906): „Die Entstehung des Christentums" (radikale Darstellung des Urchristentums; Verfasser wird Vorstand des Dt. Monistenbundes ab 1905)

Frank Brangwyn (* 1867): Monumentalgemälde für das Zunfthaus der Londoner Kürschner (engl.)

Corinth: „Frauenraub" (Gemälde)

* *Salvador Dali*, span. Initiator d. Surrealismus; schreibt 1951 „Manifeste Mystique"

Max Dvorak (* 1874, † 1921): „Das Rätsel der Kunst der Brüder van Eyck" (kunstgeschichtliche Studie)

† *Henri Fantin-Latour*, frz. naturalist. Maler (* 1836)

Charles Wellington Furse (* 1868, † 1904): „Diana of the uplands" (engl. Bildnis)

Ernst v. Ihne (* 1848, † 1917): *Kaiser-Friedrich*-Museum, Berlin (Baubeginn 1897)

M. Klinger: „Nietzsche" (Bildnisbüste für *Nietzsche*-Archiv) und „Drama" (Marmorgruppe für das Albertinum, Dresden)

Eugène Laermans (* 1864, † 1918): „Der Tote" (belg. Gemälde)

Leistikow: „Griebnitzsee bei Erkner" (Landschaftsgemälde)

† *Franz von Lenbach*, süddt. Bildnismaler (* 1836)

M. Liebermann: „Wilhelm Bode" (Bildnis) und „Spitalgarten in Edam" (Gemälde)

Caruso geht i. d. USA

* *Luigi Dallapiccola*, ital. Kompon. d. Zwölftontechn.

A. Dvořak: „Armida" (tschech. Oper)

† *Anton Dvořak*, tschech. Komponist; schrieb Symphonien, Kammermusik, Opern, Lieder, Slawische Rhapsodien, Tänze u. a. (* 1841)

† *Eduard Hanslick*, maßgebender und gefürchteter Wiener Musikkritiker; Gegner *Wagners* (* 1825)

Leoš Janáček (* 1854, † 1928): „Jenufa" (tschech. Oper)

Lehár: „Der Göttergatte" (Operette)

Leoncavallo: „Der Roland von Berlin" (ital. Oper im Auftrag *Wilhelms II.*)

G. Mahler: 5. Symphonie cis-Moll (6. in a-Moll 1906, 7. in e-Moll 1908)

Fritzi Massary (* 1882, † 1969) kommt als Operettensängerin an das Metropoltheater Berlin

Puccini: „Madame Butterfly" (ital. Oper)

Hugo Riemann: „Handbuch der Musikgeschichte" (5 Bände)

M. von Schillings: „Kassandra" (Melodrama)

S. Wagner: „Der Kobold" (Oper)

Physik-*Nobel*preis an *J. W. Rayleigh* (Großbrit.) für Entdeckung des Edelgases Argon

Chemie-*Nobel*preis an *W. Ramsay* (Großbrit.) für Erforschung der Edelgase

Medizin-*Nobel*preis an *I. Pawlow* (Rußl.) für Erforschung der Nerven- und Hirntätigkeit

Anschütz-Kaempfe: Kreisel-Kompaß

Theodor Boveri (* 1862, † 1915) erkennt in den Chromosomen die stofflichen Träger der Erbanlagen

Marie Curie: „Forschungen über radioaktive Substanzen"

Elster und *Geitel:* Lichtelektrische Photozelle

J. A. Flemming: Elektronenröhre für drahtlosen Nachrichtenempfang

G. Th. August Gaffky (* 1850, † 1918) Leiter des Instituts für Infektionskrankheiten in Berlin

Joh. Hartmann (* 1865, † 1936) entdeckt „ruhende Kalziumlinien" als einen Hinweis, daß zw. den Sternen dunkle Materie vorhanden ist

Hedin: „Wissenschaftliche Ergebnisse einer Reise in Zentralasien" (Forschungsbericht, 6 Text-, 2 Atlas-Bände)

Arthur Korn (* 1870, † 1945): Bildtelegraphie München-Nürnberg

Richard Küch: Quarzlampe als Ultraviolett-Lichtquelle, z. B. Höhensonne, ab 1906 von *Heraeus* gebaut

Gebr. Lumière: Autochrom-Platten zur Farbenphotographie

G. Merzbacher erforscht den zentralen Teil des innerasiatischen Tienschan-Gebirges (seit 1902; 1907—1908 den östlichen Teil)

MacFarlane Moore: Beleuchtung durch Hochspannungs-Glimmentladung (Leuchtröhre)

Nieger: Karte der Sahara-Oasen (9 Blätter)

Hermann Oncken (* 1869, † 1946): „Lassalle" (histor. Biographie)

Ludwig Prandtl (* 1875, † 1953) gibt Theorie der Grenzschichten an den Begrenzungen strömender Flüssigkeiten und Gase (wird wichtig für Tragflächentheorie)

Weltausstellung und Olympiade in St. Louis/USA

„Berliner Zeitung" (seit 1877 erste Zeitung *Ullsteins*) wird zur „B. Z. am Mittag"

Josef Kohler (* 1849, † 1919): „Handbuch des deutschen Patentrechts" (in rechtsvergleichender Darstellung, seit 1900)

Gustav Schmoller: „Grundriß der allgemeinen Volkswirtschaftslehre" (2 Bände seit 1900; betont historische Einzeltatsachen vor generalisierender Theorie)

Kaufmannsgerichte in Deutschland (zus. mit Gewerbegericht 1927 durch Arbeitsgericht abgelöst)

Carl Duisberg (* 1861, † 1935) vereinigt die chemischen Werke *Bayer*, Agfa, Badische Anilin zu einer Interessengemeinschaft (Beginn des I. G. Farben-Konzerns)

Gründung des Stahlwerksverbandes in Düsseldorf (1905: 31 Werke der Kohlen-, Eisenerz- und Roheisengewinnung)

Daimler-Werk in Untertürkheim (1890 in Cannstatt gegründet)

Carl Lindström AG für Grammophone und Schallplatten, Berlin

(1904)	*Pirandello:* „Die Wandlungen des Matta Pascal" (ital. Roman) *Rudolf Alex. Schröder* (* 1878, † 1962): „Sonette an eine Verstorbene" *Strindberg:* „Die gotischen Zimmer" (schwedischer Roman), „Till Damaskus III." (schwed. Schauspiel) *Tschechow:* „Der Kirschgarten" (russ. Schauspiel) † *Anton Tschechow*, russ. Dichter (* 1860) *Rafael Verhulst* (* 1866, † 1941): „Jesus der Nazarener" (fläm. Versdrama) *Wilhelm Vershofen* (* 1878), *Jakob Kneip* (* 1881) und *Josef Winckler* (* 1881): „Wir drei" (symbol. Gedichte der neugebildeten Dichtergruppe „Werkleute auf Haus Nyland") *Viebig:* „Das schlafende Heer" (Roman) *Wedekind:* „Die Büchse der Pandora", „Hidalla" (Schauspiele) *St. Zweig:* „Die Liebe der Erika Ewald" (Roman) *Otto Brahm* übernimmt Leitung des Lessing-Theaters in Berlin (leitete seit 1892 das Dt. Theater) *Louise Dumont* (* 1862, † 1932) gründet und leitet Düsseldorfer Schauspielhaus zusammen mit ihrem Gatten *Gustav Lindemann* (* 1872) *Henry Bradley* (* 1845, † 1923): „The Making of English" (engl. Sprachgeschichte) Sprachlicher Atlas von Frankreich (frz. Mundartforschung, seit 1902)	Die taubblinde *Helen Keller* promoviert zum Doktor der Philosophie *Ellen Key:* „Über Liebe und Ehe" (schwed.) *Kowalewski:* „Studien zur Psychologie des Pessimismus" *Alexius Meinong* (* 1853, † 1920): „Untersuchungen zur Gegenstandstheorie u. Psychologie" (Philosophie d. „reinen" Gegenstandes) *G. E. Müller:* „Die Gesichtspunkte und Tatsachen der psychophysischen Methodik" *Anton Sickinger* (* 1858, † 1930) schafft „Mannheimer System" der Volksschule *Erich Wasmann* (* 1859, † 1931): „Menschen- und Tierseele" (christl.-biologische Weltanschauung) *Windelband:* „Über Willensfreiheit" *Ernst Friedrich Wyneken* (* 1840, † 1905): „Wie ist die fortgesetzte Demokratisierung der Gesellschaft vom christlichen Standpunkt zu beurteilen?" (für soziale Aufgaben der Kirche) Frankreich bricht diplomatische Beziehungen zum Vatikan ab (1920 wieder aufgenommen) Jesuiten in Deutschland als Privatpersonen zugelassen (1917 auch der Orden) „Geistliche Übungen" (dt. Übersetzung der „Exercitia spiritualia" des *Ignatius von Loyola* von *Handmann*) „Verband d. dt. Juden" „Vereinsverband akademisch gebildeter Lehrer in Deutschland" (später „Dt. Philologenverband")

Große *Matisse*-Sammelausstellung in Paris (weitere 1912, 1919)

Julius Meier-Graefe (* 1867, † 1935): „Entwicklungsgeschichte der modernen Kunst" (Kunsthistorik, betont frz. Impressionismus)

Alfred Messel (*1853 † 1909): Warenhaus *Wertheim*, Berlin, Leipziger Straße (Baubeginn 1896). Am Eingang Bärenbrunnen von *Gaul*

Julius Raschdorff (* 1823, † 1914): Berliner Dom (Baubeginn 1894, mit seinem Sohn *Otto R.*)

Henri Rousseau: „Die Hochzeit" (frz. Gemälde)

Slevogt: „Die Sängerin Marietta de Rigardo" (Gemälde)

Otto Wagner (* 1841, † 1918): Landesheilanstalt am Steinhof, Wien (bis 1907)

Das von *W. Bode* gegrdte. Kaiser-Friedrich-Museum i. Berlin eröffnet

Erste Ausstellung d. „Dt. Künstlerbundes" in Weimar

Armeemuseum in München (Baubeginn 1902)

—

„Die Verdammung Doktor Faust's", „Der Barbier von Sevilla", „Reise durch das Unmögliche" (frz. Filme von *Méliès*)

Isadora Duncan (USA, * 1887, † 1927) gründet *Duncan*schule in Berlin für Mädchenerziehung (reformiert den Kunsttanz im Sinn des altgriech. Chortanzes)

Gustav Roethe (* 1859, † 1926) beg. i. Rahmen der Preuß. Akademie d. Wissenschaften „Deutsche Texte des Mittelalters" herauszugeben (1953 ersch. 44. Bd.)

Rubel erfindet Offsetdruck vom Gummituch

E. Rutherford und *F. Soddy* deuten die Radioaktivität als Zerfall von Atomkernen

K. Schwarzschild: Zenit-Kamera für geographische Ortsbestimmungen

† *Henry Morton Stanley*, engl. Afrikaforscher (* 1841)

Stolz synthetisiert Adrenalin als erstes Hormon (war 1901 von *Takamine* rein dargestellt worden)

A. Wehnelt findet die Oxyd-Glühkathode (wird wichtige Stromquelle in Rundfunkröhren usw.)

Erster Kurven-Motorflug der Brüder *Wright*

„Archiv für Rassen- und Gesellschaftsbiologie, einschl. Rassen- und Gesellschaftshygiene"

Erste drahtlose Übertragung von Musik (in Graz)

Erste dt. Gasfernleitung: Lübeck—Travemünde

Urft-Talsperre (Eifel, 58 m hohe Sperrmauer)

Deutsche Truppen verwenden erstmals drahtlose Telegraphie im Herero-Aufstand in Dt.-SW-Afrika

Shantung-Bahn von Deutschland erbaut (seit 1899)

Transbaikalbahn Irkutsk-Ruchlowo (Baubeginn 1900)

In den USA vereinigen 318 Monopole 5300 Einzelgesellschaften

Wirtschaftskrise in den USA (weitere 1907, 1921, 1929)

Erste Gartenstadt in England (Letchworth)

B. Schidlof: „Der Mädchenhandel, seine Geschichte und sein Wesen"

J. Schrank: „Der Mädchenhandel und seine Bekämpfung"

„Internationale Vereinigung für gesetzlichen Arbeiterschutz" erreicht Verbot des Verhandelns ital. Kinder an frz. Glashütten

Prügelstrafe für Gewaltverbrecher in Dänemark

Erste Schützengräben, im russ.-japan. Krieg

Nach Verbot des Phosphors für Zündhölzer (1903) wird in Deutschland das Sicherheitszündholz („Schweden") als „Reichszündholz" eingeführt

Jörgen Peter Müller: „Mein System" (täglich 15 Min. Turnen: „Müllern")

Engl. Autofabrik Rolls-Royce gegr.

U-Bahn in New York

1905

Friedens*nobel*preis an *B. von Suttner* (Österr.)

Kaiser *Wilhelm II.* landet in Tanger, um dt. Einfluß zu sichern (führt 1906 zur ersten „Marokkokrise")

Gründung des „Deutschen Städtetages" anläßl. der Dt. Städteausstellung in Dresden (gilt als Beginn einer modernen Kommunalpolitik)

Liberale Regierungen in Großbrit. bis 1922 (seit 1874 konservativ)

Edward Grey (* 1862, † 1933) brit. Außenminister bis 1916

Henry Campbell-Bannerman brit. Premierminister bis 1908 (†, * 1836)

Irische nationalist. „Sinn Fein" („Wir für uns")-Bewegung

Die letzten brit. Truppen verlassen Kanada (darf ab 1907 selbständig Handelsverträge abschließen)

Lord *Curzon* teilt Bengalen (Teilung stößt auf indischen Widerstand und wird später aufgehoben)

Sieg Japans im Krieg mit Rußland (seit 1904). Japan erhält Port Arthur, Südsachalin, Vorherrschaft in Korea, Anteil an der Verwaltung der mandschurischen Bahn

Nikolaus II. und *Wilhelm II.* treffen sich vor Finnland; versprechen sich notfalls Waffenhilfe

Revolution in Rußland (Tote v. d. Winterpalast i. Petersburg); hat nur Teilerfolge: Zar erläßt „Manifest über die Freiheiten" und gibt Rußland konstitutionelle Verfassung

Sergej Witte (* 1849, † 1915) russ. Ministerpräsident eines konstitutionellen Kabinetts bis 1906

Gemäßigt konserv. Oktobristenpartei in Rußland (für Verwirklich. der konstitutionellen Monarchie)

Lenin: „Zwei Taktiken in der demokratischen Revolution" (Begründung der bolschewist. Taktik)

Norwegen hebt Union mit Schweden auf (bestand seit 1814)

Prinz *Karl* von Dänemark als *Haakon VII.* (* 1872) zum norweg. König gewählt (herrscht ab 1907)

Julius Pflugk-Harttung (* 1848, † 1919): „Die Heere und Flotten der Gegenwart" (5 Bände seit 1896)

Literatur-*Nobel*preis an *H. Sienkiewicz* (Pol.)

Richard Beer-Hofmann (* 1866, † nach 1938): „Der Graf von Charolais" (Trauerspiel)

Edward Gordon Craig (* 1872, † 1966): „Die Kunst des Theaters" (engl. Darstellung eines antiillusionist. Theaters: „Craigism")

Volks-*Schiller*preis an *C.* und *G. Hauptmann* und *R. Beer-Hofmann* (offizieller *Schiller*preis war *G. Hauptmann* 1896 von *Wilhelm II.* vorenthalten worden)

Hamsun: „Kämpfende Kräfte" (norw. Roman)

Heer: „Der Wetterwart" (Roman)

R. Herzog: „Die Wiskottens" (Roman)

H. Hesse: „Unterm Rad", „Peter Camenzind" (Romane)

Siegfried Jacobsohn gründet linkspolitische theaterkritische Zeitschrift „Die Schaubühne" (ab 1919 „Die Weltbühne")

Anton Kippenberg (* 1849, † 1950) übern. Insel-Verlag (1902 i. Lpz. gegrdt.)

H. Mann: „Professor Unrat" (Roman), „Flöten und Dolche" (Novellen)

Mereschkowskij: „Christ und Antichrist" (russ. Romantrilogie seit 1895: I. „Julian Apostata", II. „Leonardo da Vinci", III. „Peter d. Gr. u. s. Sohn Alexei")

Chr. Morgenstern: „Galgenlieder" (1910 „Palmström", 1916 „Palma Kunkel")

Pontoppidan: „Hans im Glück" (dän. krit. Romantrilogie seit 1898)

Alfred Binet (* 1875, † 1911) entwickelt eine Methode der Intelligenzprüfung

Kurt Breysig (* 1866, † 1940): „Der Stufenbau und die Gesetze der Weltgeschichte" (Geschichtsphilosophie)

Jakob Burckhardt: „Weltgeschichtliche Betrachtungen" (Schweiz. Kulturgeschichte, posthum)

Dilthey: „Das Erlebnis und die Dichtung"

Hans Driesch: „Geschichte des Vitalismus"

Paul Ehrenreich (* 1855, † 1914): „Mythen und Legenden der südamerikanischen Urvölker" (ethnologische Mythologie)

Hans Groß: „Kriminalpsychologie"

Konstantin Gutberlet (* 1837, † 1928): „Vernunft und Wunder" (kathol.)

Haeckel: „Der Kampf um den Entwicklungsgedanken" (Verteidigung der darwinistischen Entwicklungslehre)

Oswald Külpe (* 1862, † 1915) entwickelt in der „Würzburger Schule" experimentelle Denkpsychologie (1899 bis 1909)

A. Lang: „Das Geheimnis des Totem" (engl. Völkerkunde)

Mach: „Erkenntnis und Irrtum. Skizzen zur Psychologie der Forschung" (österr. positivistische Erkenntnistheorie)

A. Pauly: „Darwinismus und Lamarckismus" (Versuch einer Wiederbelebung des Lamarckismus)

W. Bode Generaldir. d. staatl. Kunstsammlungen i. Berlin

Corinth: „Im Schlächterladen" (impress. Gemälde)

Dehio: „Handbuch der dt. Kunstdenkmäler" (5 Bände bis 1912)

Jacob Epstein (*1880, † 1959) nordamer. Bildhauer poln. Abstammung, kommt von Paris n. London

Gulbransson: „Berühmte Zeitgenossen" (norweg. karikaturist. Bildnisse)

A. von Hildebrand: Bildnisgruppe seiner Töchter (Marmor)

Adolf Hölzel Professor an der Stuttgarter Akademie bis 1919; gewinnt bedeutenden Einfluß auf die abstrakte Malerei (u. a. auf *Kandinsky*)

Alfred Lichtwark: „Meister Bertram 1367—1415"

M. Liebermann: „Judengasse in Amsterdam" (Gemälde)

Matisse und *Derain* begrd. expressionist. Malerei des „Fauvismus"

† *Adolph von Menzel*, dt. realist. Maler und Graphiker (* 1815)

Meunier: Vier Steinreliefs zu einem Denkmal der Arbeit (belg. Plastik)

† *Constantin Meunier*, belg. Bildhauer (* 1831)

Ed. Munch: „Selbstbildnis" (norweg.)

Josef Olbrich: „Neue Gärten" (für neuen Gartenstil)

d'Albert: „Flauto solo" (Oper)

Wilhelm Backhaus (* 1884, † 1969) erhält den *Rubinstein*-preis für Pianisten

Delius: „Messe des Lebens" (engl. Komposition nach *Nietzsche*)

Felix Draeseke (* 1835, † 1913): „Christus" (Oratorien-Trilogie)

de Falla: „Ein kurzes Leben" (span. Nationaloper)

Klingler-Streichquartett gegründet (bis 1935)

Lehár: „Die lustige Witwe" (Operette)

Pfitzner: Musik zu *Kleists* „Käthchen von Heilbronn" und „Kolumbus" (Chorwerk mit Orchester)

Sibelius: Schauspielmusik zu „Pelleas und Melisande"

A. Schweitzer: „J. S. Bach, der Musiker-Poet" (frz.)

R. Strauss: „Salome" (Oper)

* *Michael Tippett*, engl. Komponist; u. a. die Oratorien „Ein Kind unserer Zeit" und „Belsazar"

S. Wagner: „Bruder Lustig" (Oper)

Städt. Singschule Augsburg (wird richtunggebend f. Deutschland)

Physik-*Nobel*preis an *Ph. Lenard* (Dt.) für Erforschung des Durchganges von Kathodenstrahlen durch Materie (seit 1893)

Chemie-*Nobel*preis an *Adolf von Baeyer* (Dt., * 1835, † 1917) für Indigosynthese

Medizin-*Nobel*preis an *Robert Koch* (Dt.) für Tuberkuloseforschung

† *Ernst Abbe*, dt. Optiker und Sozialreformer, Leiter der *Zeiß*-Werke; verbesserte u. a. Mikroskop (* 1840)

Bruce und *Lavard* durchqueren Tibet und Wüste Gobi bis Peking

Gustav Dalén (* 1869, † 1937): Sonnenscheinventil (Gasselbstzünder für Leuchtfeuer)

Einstein: Theorie der *Brown*schen Molekularbewegung (vgl. 1827)

Einstein erweitert *Plancks* Entdeckung des Wirkungsquantums durch Einführung korpuskularer Lichtquanten und erklärt lichtelektrischen Effekt

Einstein: Spezielle Relativitätstheorie (Folgerungen aus dem Prinzip von der Konstanz der Lichtgeschwindigkeit)

Fichera stellt bei Tieren Wachstumshemmung durch Beseitigung der Hypophyse fest (Ausfall eines Hypophysen-Hormons)

W. Filchner und *A. Tafel* in Osttibet (seit 1903)

Autogenes Schweißen von *Fouché* und *E. Wiss*

Franck und *Latzko* führen den geburtshilflichen Kaiserschnitt unter Schonung des Bauchfells ein

Wolfgang Gaede (* 1878): Rotierende Quecksilberpumpe zur Erzeugung von Hochvakuum (vgl. 1915)

Holzwarth: Gasturbine (Explosions-Verbrennungs-Kraftmaschine; erbaut 1908)

Owens: Flaschenglasmaschine (60000 Bierflaschen pro Schicht)

Jean Perrin (* 1870, † 1942): Fermentwirkung beruht auf Kombination eines großen Träger-Eiweißmoleküls und einer spezifischen Wirkgruppe

Internat. Landwirtschafts-Institut in Rom

Georg Friedrich Knapp (* 1842, † 1926): „Staatliche Theorie des Geldes" (Hauptwerk der nominalistischen Geldtheorie)

Robert Liefmann (* 1874, † 1941): „Kartelle u. Trusts" (Volkswirtschaft)

Schweiz. Nationalbank (Zentralnotenbank in Bern)

Gesellschaft zur Förderung der inneren Kolonisation (fördert Kleinsiedlg. i. Deutschl.)

Bau des Mittellandkanal-Systems zwischen Rhein und Elbe begonnen (Endstrecke 1926—1938)

Mitteleuropäische Schlaf- und Speisewagen AG (Mitropa)

Öffentlicher Autobusverkehr in Berlin

„Petroleum" (Zeitschrift)

Ruhrbergarbeiterstreik führt zur Rekordzahl von 15 Millionen gestreikten Arbeitstagen in Deutschland (1899 bis 1918 jährlich durchschnittlich 4 Millionen Arbeitstage)

Kinder von Neger-Haussklaven in Deutsch-Ostafrika werden frei

Daktyloskopie in der brit. Kriminalistik

(1905)

Rudolf Presber (* 1868, † 1935): „Von Leutchen, die ich lieb gewann"

Rilke: „Stundenbuch" (Gedichte)

Jakob Schaffner (* 1875, † 1944): „Irrfahrten" (Roman)

R. A. Schroeder: „Elysium" (Gedichte)

Shaw: „Major Barbara" (engl. Schauspiel)

Feodor Sologub (Teternikow, * 1863, † 1927): „Der kleine Dämon" (russ. pessimist. Roman)

Stehr: „Der begrabene Gott" (Roman)

Strindberg: „Historische Miniaturen" (schwed. Novellen)

Sudermann: „Stein unter Steinen" (Schauspiel)

L. Thoma: „Lausbubengeschichten" (humorist. Erzählung, Fortsetzung „Tante Frieda" 1907)

† *Huang Tsun-Hien*, chines. Dichter (* 1848)

Emile Verhaeren (* 1855, † 1916): „Die Nachmittagsstunden" (belg. Gedichte)

† *Jules Verne*, frz. Erzähler; schrieb bes. utopische Romane (* 1828)

† *Lewis Wallace*, nordamerikan. Schriftsteller (* 1827)

Wells: „Eine moderne Utopie" (engl. Roman)

O. Wilde: „De profundis" (apologet. Schrift, posthum)

Vikt. Barnowsky (* 1875) übernimmt Kleines Theater Unter den Linden, Berlin

Alexander Moissi kommt von Prag an das Dt. Theater, Berlin

Max Reinhardt übernimmt das Deutsche Theater, Berlin; eröffnet es mit *Kleists* „Käthchen von Heilbronn" (leitet es bis 1920 und 1924 bis 1932) und inszeniert mit naturalist. Bühnenbildern den „Sommernachtstraum"

Oskar Sauer (* 1856, † 1918) a. Lessingtheater, Berlin, bis 1913, bedeutend als *Ibsen*darsteller

Paul Wegener (* 1874, † 1948) Schauspieler am Deutschen Theater, Berlin, bis 1921

Joseph Viktor Widmann (* 1842, † 1911): „Der Heilige und die Tiere" (schweiz. pantheist. Dialogdichtung; *W.* gilt als kritischer „Literaturpapst" der Schweiz)

Deutsche Zentralstelle zur Förderung der Volks- und Jugendlektüre in Hamburg

F. Brunot: „Geschichte d. französ. Sprache" (frz., 10 Bände bis 1928)

Eduard Norden (* 1868, † 1941): „Die lateinische Literatur in ihrem Übergang vom Altertum zum Mittelalter"

„Dialect Dictionary" (engl. Wörterbuch, seit 1898)

Henri Poincaré: „Der Wert der Wissenschaft" (französ. Wissenschaftstheorie)

Johannes Reinke (* 1849, † 1931): „Philosophie der Botanik" (Neovitalismus)

Rickert: „Die Probleme der Geschichtsphilosophie"

Hermann Schell (* 1850, † 1906): „Apologie des Christentums" (2 Bände seit 1901, kathol. Standpunkt)

A. W. Small (* 1854, † 1926): „Allgemeine Soziologie" (nordamerik., mit Interessengruppe als Einheit des „sozialen Prozesses")

Söderblom: „Die Religionen der Erde" (schwed. evangel. Religionsforschung)

L. Stein: „Der soziale Optimismus"

de Unamuno: „Leben Don Quijotes und Sancho Pansas" (span. philosoph. Deutung)

Austauschprofessuren an dt. Universitäten zur Förderung des geistigen Kontaktes m. d. Ausland

„Bibliographie der Sozialwissenschaften"

„Museumskunde" (Zeitschrift)

„Die Volksschule" (Zeitschrift)

Gründung des ersten Volkshochschulheims in Tingleff/Schleswig

Bremer Lehrerschaft fordert weltliche Schule

Unterrichtsreform in China (erst ab 1912 stärker wirksam: Schulzwang, Schriftvereinfachung)

Medizinschule in Singapur

Picasso: „Die Gauklerfamilie mit dem Affen" (span.-frz. Gemälde); kommt n. Paris; „rosa Periode" b. 1906

August Schmarsow (* 1853, † 1936): „Grundbegriffe der Kunstwissenschaft"

Slevogt: „Senator O'Swald" (Bildnis)

Hugo von Tschudi (* 1851, † 1911): „Menzel" (Biographie)

Ausstellung im Salon d'Automne macht *Cézanne* und *Matisse* bekannt

Erich Heckel, Ernst Ludwig Kirchner u. *Karl Schmidt-Rottluff* grd. expressionist. Künstlervereinigung „Brücke" i. Dresden (dazu später *E. Nolde, M. Pechstein* u. *O. Müller;* aufgel. 1913)

Internationale Buchkunstausstellung in Leipzig

Armfragment der Laokoongruppe gefunden (führt 1960 zu einer Korrektur neuzeitl. Ergänzungen)

Revolutionär. Kunstjahr: „Brücke", „Fauvismus" (van-Gogh-Ausstellung i. Wien)

Erster (frz.) Film mit *Max Linder* (* 1883, † 1925)

„Potemkin", „Die Unruhen in St. Petersburg" (frz. Filme von *Nonguet)*

„Die wahre Seeschlange" (engl. Film von *J. Williamson)*

W. M. F. Petrie: „Geschichte Ägyptens" (3 Bände)

Puschmann-Pagel-Neuburger: „Handbuch der Geschichte der Medizin" (3 Bände seit 1901)

Wilh. Roux: „Die Entwicklungsmechanik, ein neuer Zweig der biologischen Wissenschaft"

Schaudinn entdeckt den Syphiliserreger (Spirochäta pallida)

Schönherr: Herstellung von Salpetersäure durch Luftverbrennung in langen Lichtbögen (I. G. Farben-Verfahren)

P. Uhlenhuth: „Das biologische Verfahren zur Erkennung und Unterscheidung von Menschen- und Tierblut" („Präzipitation")

Elektrische Glühlampe mit Wolframdraht (Osram-Lampen)

Erstes dt. Turbinen-Schiff

Erster internationaler *Röntgen*kongreß, Berlin (erster *Röntgen*kongreß 1900 in Paris)

Seit 1901 je eine engl., dt., schwed., schott. und frz. Südpolar-Expedition

Erdmagnetische Forschungen auf den Ozeanen durch USA-Spezialschiffe („Galilei" 1905—1908, „Carnegie" 1909—1918)

Unbemannter Registrierballon erreicht 25800 m Höhe

Steinerne Straßenbrücke über das Syratal bei Plauen (90 m Stützweite)

Novocain synthetisiert (gewinnt gr. Bedeutung f. Lokalanästhesie)

1. Hornhaut-Transplantation

Zehn-Stunden-Tag und gesetzliche Altersversorgung der Arbeiter in Frankreich

Neufassung des 1. Haager Abkommens von 1896 (betr. internationales Zivilprozeßrecht)

5. und 6. Haager Abkommen (betr. internationales Privatrecht bezgl. Wirkungen der Ehe und Entmündigung)

Reichsarzneitaxe eingeführt

H. Rost: „Der Selbstmord als sozialstatist. Erscheinung"

„Geschlecht u. Gesellschaft" (sexualreform. Zeitschrift)

Korsettlose Hemdkleider leiten allmählich schnürleibfreie Mode ein

Dunkle, überladene Wohnräume mit zahlreichen „Staubfängern"

1. Mütterberatungsstelle i. Berlin (1892 i. Paris)

H. A. L. Degener: „Wer ist's?" (Zeitgenossenlexikon; angelsächs. „Who is who?" seit 1849)

„Photographie für Alle" (Zeitschrift)

„Dt. Skiverband" (1928 90000 Mitglieder)

Boxweltmeister *James Jeffries* (USA) tritt ungeschlagen zurück (wird später vom Weltmeister *Jack Johnson* [Neger] geschlagen)

Pestseuche in Indien, viele hunderttausend Opfer

In Südafrika seit 1900 1694 Pestfälle mit 147 Todesfällen (1944 bis 1949: 210 Erkrankungen mit 124 Todesfällen; hochorganisierter Pestdienst mit Ratten- und Flohbekämpfung)

~ Chines. Wollhandkrabbe gelangt n. Deutschland u. entwickelt sich zur Plage

~ Cocktail kommt aus den USA nach Europa (allgemeinere Verbreitung nach 1918)

Dt. Freidenkerverband i. Berlin gegr. (tritt f. Feuerbestattung ein)

1906

Friedens*nobel*preis an *Th. Roosevelt* (USA) für Vermittlung des russ.-japan. Friedens 1905

Nach Festsetzung der dt. Dienstpflicht auf zwei Jahre (1905) beschleunigte Vermehrung d. Kriegsflotte und Steuererhöhung (Brau-, Frachturkunden-, Zigaretten-, Erbschafts-, Fahrkart.-, Autosteuer u.a.)

Auflösung des Dt. Reichstages wegen der Opposition Zentrum-Sozialdemokratie (neuer Reichstag hat konservativ-liberale Mehrheit)

Schuhmacher *Wilhelm Voigt* beschlagnahmt als „Hauptmann von Köpenick" die dortige Stadtkasse

Beileg. d. 1. Marokko-Kr.: Deutschland erhält auf der Algeciras-Konferenz „Offene Tür" in Marokko, ohne frz. Einfluß zu vermindern

Erwerbung der Gebiete Dt.-Neuguinea und Dt.-Samoa abgeschlossen (seit 1884; 1920 unter japan. und brit. Mandat)

Carl Peters: „Die Gründung von Deutsch-Ostafrika" (Bericht über seine Erwerbungen 1884)

Maximilian Harden greift den Freund Kaiser *Wilhelms II.*, Graf *Eulenburg* (* 1847, † 1921), und die „Hofkamarilla" scharf an (u. a. wegen Homosexualität; Graf *E.* muß 1907 den Hof verlassen; Meineidsverfahren gegen ihn 1908 ohne Urteil vertagt)

† *Eugen Richter*, dt. linksliberaler Gegner *Bismarcks* (* 1838)

SPD diskutiert Massenstreik als pol. Kampfmittel; gründet Parteischule in Berlin (1907 wird *Rosa Luxemburg* Lehrerin)

Südafrika (Transvaal) erhält von Großbritannien Recht der Selbstverwaltung (Ministerpräsident zunächst 1907 bis 1910 *Louis Botha,* * 1864, † 1919)

Die 1900 entstandene brit. Arbeiterpartei gibt sich den Namen „Labour Party" (trat 1904 der 2. Internationale bei)

„Sinn Fein" („Wir für uns", nationalist.-republikan. irische Zeitung)

Clément Armand Fallières (* 1841, † 1931) Präs. v. Frankreich bis 1913

Literatur-*Nobel*preis an *G. Carducci* (Ital.)

Endre Ady (* 1877 † 1919): „Blut und Gold" (ungar. Gedichte)

* *Samuel Beckett*, irischer Dramatiker d. absurden Theaters

† *Paul Lawrence Dunbar*, nordamerikan. Negerdichter; erster Lyrikband 1896 (* 1872)

Ebner-Eschenbach: „Meine Kinderjahre"

Frederik van Eeden (*1860, † 1932): „Der kleine Johannes" (Romantrilogie seit 1886 eines niederl. Nerven arztes u. Sozialreform.)

Otto Ernst: „Appelschnut" (humorvolle Erzählg. a. d. Kinderleben)

Paul Ernst: „Der Weg zur Form" (neuklassizist. Bestrebung)

Ludwig Finckh (* 1876, † 1964): „Der Rosendoktor" (schwäb. Heimatroman)

Frenssen: „Hilligenlei" (Roman)

Karl Gjellerup (* 1857, † 1919): „Der Pilger Kamanita" (dän. Roman)

Hamsun: „Unter Herbststernen" (norw. Erz.)

G. Hauptmann: „Und Pippa tanzt" (romant. Schauspiel)

Ric. Huch: „Die Verteidigung Roms" (histor.)

† *Henrik Ibsen*, norweg. Dichter (* 1828)

Else Lasker-Schüler (* 1876, † 1945): „Das Peter-Hille-Buch" (Erinner. an den Lyriker *P. H.*, * 1854, † 1904)

Löns: „Mein braunes Buch" („Haidbilder")

Giovanni Pascoli (* 1855, † 1912): „Oden und Hymnen" (ital. Dicht.)

James Mark Baldwin (* 1861): „Genetic Logic" (nordamer. Philosophie des „ästhonomischen Idealismus")

M. Dessoir: „Zeitschrift für Ästhetik und allgem. Kunstwissenschaft"

Karl Diehl (* 1864, † 1943): „Üb. Sozialismus, Kommunismus u. Anarchismus" (pol. Ökonomie)

Arthur Drews (* 1865, † 1935): „Die Religion als Selbstbewußtsein Gottes" (Philos. e. „konkreten Monismus")

Albert Görland (* 1869, † 1952): „Rousseau als Klassik. d. Sozialpädag."

„Dt. Monistenbund" in Jena unter *Haeckel* gegründet (freidenkerisch)

† *Eduard von Hartmann*, dt. Philosoph (* 1842)

H. S. Jennings: „Das Verhalten der niederen Organismen"

Wilhelm Kahl (* 1849, † 1932): „Kirchenrecht" und „Die Religionsvergehen"

Hermann von Keyserling: „Das Gefüge der Welt" (pragmat. Philosophie)

Helene Lange u. *Gertrud Bäumer:* „Handbuch der Frauenbewegung" (5 Bände seit 1901)

Th. Lipps: „Ästhetik, Psychologie des Schönen und der Kunst" (2 Bände seit 1903)

Mereschkowskij: „D. Anmarsch d. Pöbels" (russ.)

Rudolf Pannwitz (* 1881): „Kultur, Kraft, Kunst" (pädagogisches Werk)

George Santayana (* 1863, † 1952): „Vernunft und menschlich. Fortschritt" (nordamer.-span. Rationalismus, 5 Bde. s. 1905)

Wilhelm v. Bode wird bis 1920 Generaldirektor d. Berlin. Museen; „Rembrandt" (8 Bde. seit 1897 mit *Hofstede de Groot*)

† *Paul Cézanne*, frz. Maler; leitete vom Im- zum Expressionismus über (* 1839)

Hugo Lederer: Bismarck-Denkmal, Hamburg (15,6 m hoch)

M. Liebermann: „Professorenkonvent" (Bildnisgruppe)

G. Minne: Brunnen mit drei Jünglingen (belg. Bildhauerarb.)

Ed. Munch: „Tauwetter" (norweg. express. Gemälde)

Hermann Muthesius (* 1861, † 1927): Eigenheim, Berlin-Nikolassee

Max Osborn (* 1870, † 1946): „Die Kunst der neuesten Zeit" (in *Springers* „Handbuch der Kunstgeschichte")

Picasso: „Les Demoiselles d'Avignon" (span.-frz., zum Kubismus neigendes Gemälde)

Karl Scheffler (* 1869, † 1951) übernimmt Redaktion der Zeitschrift „Kunst und Künstler" (bis 1933)

Slevogt: „Selbstbildnis" (Gemälde), „Schwarze Szenen" (6 Radierungen)

Walter Sickert (* 1860, † 1942: „Die Dame i. der Gondel" (engl. imp. Gemälde)

† *Alfred Stevens*, belg. Maler (* 1828)

Deutsche Kunstgewerbeausstellung in Dresden

Béla Bartók (* 1881, † 1945) an d. Budapester Hochschule für Musik; Sammlung ungar. Volkslieder

Busoni: Klavierkonzert m. Schlußchor

E. Eysler: „Künstlerblut" (Operette)

M. von Schillings: „Der Moloch" (Oper nach *Hebbel*)

Albert Schweitzer: „Deutsche und französische Orgelbaukunst und Orgelkunst" (maßgebend für moderne Orgelbewegung)

Wolf-Ferrari: „Die vier Grobiane" (dt.-ital. Oper)

Heinrich Schenker (*1868, + 1935): „Neue musikalische Theorien und Phantasien" (3 Bde. bis 1934, mit den Begriffen „Ursatz" und „Urlinie")

Physik-*Nobel*preis an *Joseph John Thomson* (Großbrit., * 1856, † 1940) für Untersuchung der elektrischen Leitung in Gasen

Chemie-*Nobel*preis an *H. Moissan* (Frankr.) für Fluor-Isolierung und elektrischen Ofen

Medizin-*Nobel*preis an *Camillo Golgi* (Ital., * 1844, † 1926) und *Santiago Roman y Cajal* (Span., * 1852, †) für Forschung über Struktur des Nervensystems

Amundsen gelingt Nordwestliche Durchfahrt (seit 1903, erste Durchfahrt mit einem Schiff; 1904 am magnetischen Pol)

Bayliss und *Starling* nennen die Wirkstoffe der innersekretorischen Drüsen „Hormone"

† *Ludwig Boltzmann*, österr. Physiker; entdeckte Beziehung zwischen zweitem Hauptsatz der Wärmelehre und der Wahrscheinlichkeit (* 1844)

Brauer führt die Lungenflügelstillegung durch Pneumothorax ein (angegeben 1882 von *Forlanini*)

Burnham: Doppelsternkatalog mit 13665 Paaren

† *Pierre Curie* (Unfall), frz. Physiker; entdeckte 1883 die Druckelektrizität von Kristallen, 1898 mit seiner Gattin *Marie C.* d. Radium u. Polonium; *Nobel*preis 1903 (* 1859)

Einstein: Gesetz der Gleichwertigkeit von Masse und Energie (wird z. Schlüssel der Atomkernforschg.)

Ellehammer unternimmt ersten Motorflug in Europa

Emil Fischer: „Untersuchungen über Aminosäuren, Polypeptide und Proteïne" (wegweisende Eiweißforschung)

Fourcault: Ziehmaschine für Flachglas

Arthur Harden (* 1865, † 1940) und *Young:* Hefezellen erzeugen mehrere Gärungs-Fermente, die den Zucker in Alkohol und Kohlensäure überführen

Pirani: Elektr. Luftdruckmesser i. Vakuumbereich auf Grundl. d. Wärmeleitung

Scharfenberg: Automatische Eisenbahnkupplung

Theodor Wolff (* 1868, † 1943 im KZ) wird Chefredakteur des „Berliner Tageblatts"

Mercedes-Büromaschinen-Werke, Berlin

Otavibahn zum Minengebiet in Dt.-Südwestafrika (Baubeginn 1903, 1910 verstaatlicht)

Belg. Katanga-Bergbau-Union (Kupfer-, Radium-Bergbau in Belg.-Kongo)

Erster internationaler Handelskongreß in Lüttich (weitere 1908, 1910, 1912, 1914)

Konferenz des Mitteleuropäischen Wirtschaftsvereins in Wien führt zur Verstärkung des international. Giroverkehrs

Internat. Funkentelegraphen-Vertrag

„Rheinisch-Westf. Wirtschaftsarchiv" in Köln

„Zeitschrift für handelswissenschaftliche Forschung"

Sammlung höchstrichterlicher Entscheidungen des Reichsgerichts wird angelegt (Präjustizienbuch für Mitglieder des Reichsgerichts)

Mannschaftsversorgungs- u. Offizierspensions-Gesetz in Deutschland

Internat. Nachtarbeitsverbot für Frauen

(1906)	*A. Briand* frz. Unterrichtsminister bis 1909; führt Trennung von Staat und Kirche durch. Einziehung des Vermögens der kathol. Kirche (400 Mill. Frs.) *Alfred Dreyfus* (* 1859, † 1935) freigesprochen (als frz. Offizier wegen angebl. Landesverrats 1894 auf die Teufelsinsel verschickt; die *Dreyfus*-Affäre war ein Erfolg der humanitären gegenüber den reaktionären Kräften) Nach der Einigung der frz. Sozialisten (1905) spalten sich die „Radikalsozialisten“ (sozial, nicht sozialistisch) von der republikan. Radikalen Partei ab *Sidney Sonnino* (* 1847, † 1922) ital. Ministerpräsident (wieder 1909 bis 1910; 1914 bis 1919 ital. Außenmin.) *Friedrich VIII.* König von Dänemark bis 1912 (†) Verfassungsreform für Finnland, dadurch werden Sozialdemokraten stärkste Partei (in der Folgezeit weitere Auseinandersetzungen mit russ. Zentralismus) Erste Duma (russ. Parlament) zusammengetreten und wegen radikaler Forderungen aufgelöst *Peter A. Stolypin* russ. Ministerpräsident bis 1911 (†, durch Attentat, * 1862); versucht durch Agrarreform revolutionäre Bewegung zu bekämpfen Gründung der religiösen Partei der Volkssozialisten in Rußland Bombenattentat auf den Hochzeitswagen des Königs *Alfons* von Spanien und seiner Gattin *Ena* (Opfer unter der Begleitung) † *Carl Schurz*, dt.-amerikan. Staatsmann; 1877 bis 1881 Innenminister der USA (* 1829) Utah 45. Staat der USA *Upton Sinclair* gründet kommunist. Kolonie Helicon Hall (USA) Aufstände auf Kuba gegen USA-Protektorat Schah gibt Persien Verfassung	*Schnitzler:* „Zwischenspiel“ (Schauspiel) *W. von Scholz:* „Meroë“ (Schauspiel gegen Naturalismus) † *Heinrich Seidel*, dt. Dichter u. Ingen. (* 1842) *Shaw:* „Der Arzt am Scheideweg“ (engl. Schauspiel) *Sinclair:* „Der Sumpf“ (nordam. Rom. üb. Chicagos Schlachthäuser) *Spitteler:* „Imago“ (Schweiz. Bekenntnisroman), „Olympischer Frühling“ (Schweiz. philos.-mytholog. Epos, 4 Bände, seit 1900) *Verhaeren:* „La multiple splendeur“ (belg. Ged.) „Die Ernte aus acht Jahrhund. dt. Lyrik“ (herausgegeben von *Will Vesper*, * 1882) *Georg Sylvester Viereck:* „Niniveh und andere Gedichte“ (dt.-amerik. Dichtung) *Wedekind:* „Totentanz“ (Schauspiel) *André Antoine* (* 1858, † 1943) übernimmt Odéon-Theater, Paris (gründete dort 1897 Théâtre *Antoine* f. naturalist. Theater) *Max Reinhardt* gründet in Berlin erste Kammerspiele („Kleines Haus“ des Dt. Theaters) *Ulrich von Wilamowitz-Moellendorff* (* 1848, † 1931): „Die griechische Literatur des Altertums“ *Hans Ostwald* (* 1873): „Rinnsteinsprache, Lex. d. Gauner-, Dirnen- u. Landstreichersprache“ „Jewish Encyclopedia“ (jüdische Literaturenzyklopädie, seit 1901)	*Schweitzer:* „Von Reimarus bis Wrede“ (Geschichte der Leben-*Jesu*-Forschung) *William Stern* (* 1871): „Person und Sache. System des kritischen Personalismus“ (1. Bd. „Ableitung u. Grundlehre“; 2. Bd. 1918, 3. Bd. 1924) *Ferdinand Tönniës* (* 1855, † 1936): „Philosophische Terminologie in psychologisch-soziologischer Ansicht“ *Max Weber:* „Kritische Studien auf dem Gebiete der kulturwissenschaftlichen Logik“ *Franz Xaver Wernz* (* 1842, † 1914) Jesuitengeneral; schafft Neuregelung des Studienwesens im Orden (seit 1884 Rektor des Collegium Romanum) *A. Wünsche:* „Die Geschichte des Teufels“ (zur Geschichte des Aberglaubens) *Gustav Wyneken* (* 1875) gründet „Freie Schulgemeinde Wickersdorf“ „Die Kultur der Gegenwart“ (umfass. Darst.) Erneuerung der Genfer Konvention von 1864 Volksschulgesetz in Preußen (konfessionelle Volksschule) Handelshochschule, Bln. Jüdisches Museum, Prag, gegründet „Anthropos“ (kath. Zeitschrift für Völkerkunde) Verbände dt. Studentinnen Gesamtverband d. studentischen Sängerschaften (VAS) Schulunterricht f. Eingeborene in Niederl.-Ostindien

F. G. Hopkins erkennt, daß für die Ernährung geringe Mengen noch unbekannter Stoffe nötig sind (erster klarer Hinweis auf die Vitamine)

W. Kaufmann: Elektronen zeigen die von der Speziellen Relativitätstheorie geforderte Massenzunahme mit der Geschwindigkeit

A. v. Kerpely: Drehrostgenerator zur Erzeugung von Generatorgas (Heizgas)

Robert Koch erkennt auf einer Afrika-Expedition zur Bekämpfung der Schlafkrankheit die Wirksamkeit von Arsenpräparaten (Atoxyl, Strukturaufklärung von *Ehrlich* und *Bertheim* 1907)

Robert Lieben erfindet Elektronen-Verstärkerröhre

Friedrich Meinecke: „Das Zeitalter der deutschen Erhebung" (Geschichte der Befreiungskriege)

Aloys Meister (* 1866, † 1925): „Grundriß der Geschichtswissenschaft" beginnt in Lieferungen zu erscheinen

Der letzte Teil der (Ost-)Küste Grönlands durch Danmark-Expedition unter *Ludvig Mylius-Erichsen* erforscht

Fridtjof Nansen (* 1861, † 1930): „Norwegische Nordpolar-Expedition 1893—1896" (6 Bände seit 1900)

Walther Nernst stellt den Satz von der Unerreichbarkeit des absoluten Nullpunktes (—273,2° C) auf

Parseval: Prall-Luftschiff (45 km/st. mit 90 PS)

Prinzing: „Handbuch der medizinischen Statistik"

Schmidtmann: „Handbuch der gerichtlichen Medizin"

M. U. Schoop: Metallspritzverfahren

F. W. Taylor: Vanadium-Edelstahl (fand mit *White* 1900 Schnelldrehstahl)

J. J. Thomson findet Zahl der Elektronen im Verhältnis z. Atomgew.

M. Tswett: Chromatographische Adsorptionsanalyse (Methode zur Trennung organ. Substanzen)

August von Wassermann (* 1866, † 1925): Serumdiagnose d. Syphilis (*W*'sche Reaktion)

Auf dem 3. Internationalen Kongress für Pflanzenzüchtung i. London wird für die moderne Vererbungsforschung der Name „Genetik" geprägt

Erste internationale Konferenz für Krebsforschung (in Heidelberg und Frankfurt/M.)

„Biochemische Zeitschrift"

„Zeitschrift für Sinnesphysiologie"

Ausgrabung hethitischer Keilschrifttafeln bei Boghasköi (östl. Türkei)

Knochenfunde von Riesen-Dinosauriern (Gigantosaurus) in Dt.-Ostafrika

Großfunkstelle Nauen

Simplon-Tunnel (19823 m, Baubeginn 1898)

Einführung d. Rohrrücklaufes bei Geschützen in Deutschland (in Frankreich 1897, Russl. 1900)

Dt. Marine verwendet Raumbild-Entfernungsmesser (erfunden 1899)

Mit dem brit. Linienschiff „Dreadnought" (22100 t) beginnt der Großkampfschiffbau

1. Schlaftabletten (Harnstoff u. Brom)

Hosenrock stößt in Paris auf heftige Ablehnung

Unfallversicherg. i. Großbritannien

Grubenunglück in Frankreich mit 1100 Toten

Hauptbahnhof Hamburg erbaut

Gründung der Gartenstädte Hellerau bei Dresden und Ratshof bei Königsberg/Pr.

Arbeiter-Athleten-bund Deutschlands

Tsutsumi-Higashi: „Die Selbstverteidigung" (das japan. Jiu-Jitsu gewinnt in Europa Verbreitung)

Erster Skikurs in Zürs, Arlberg

Größerer Vesuvausbruch

Erdbeben und Großfeuer vernichten San Francisco

Erdbeben in Kolumbien ist das schwerste seit Gebrauch des Seismographen

1907	Friedens*nobel*preis an *Ernesto Teodoro Moneta* (Ital., * 1833, † 1918) und *Louis Renault* (Frankr., * 1843, † 1918) 2. Haager Friedenskonferenz (auf Veranlassung *Th. Roosevelts* und Einladung des Zaren; faßt Neutralitätsrecht zusammen) Sozialist. Internationale beschl., d. drohenden Krieg zum Sturz des Kapitalismus auszunutzen *Bülow*scher Block der Reichstagsrechtsparteien bis 1909, gegen Zentrum Niederwerfung des Herero-Aufstandes in Dt.-Südwestafrika (seit 1904) *A. Bebel:* „Militarismus u. Antimilitarismus" *Hans Delbrück:* „Geschichte der Kriegskunst im Rahmen der politisch. Geschichte" (3 Bd. seit 1901) *Carl Schurz:* „Lebenserinnerungen" (2 Bände seit 1906 [†], „Briefe" 1909; posthum) Christl.-soziale Partei wird durch Vereinigung mit den bäuerlichen Deutschklerikalen die stärkste österr. Partei Briten beginnen in Indien eine Politik der teilweisen Zugeständnisse Allgem. Wahlrecht in Österreich Soziale Unruhen in Frankreich Siam muß Battambang und Angkor an Frz.-Indochina abtreten † *Oskar II.*, König von Schweden seit 1872 (* 1829) *Gustav V.* König von Schweden bis 1950 (†) Zweite russ. Duma mit demokratischer Mehrheit zusammengetreten und aufgelöst. Dritte Duma, nach neuem Wahlgesetz gewählt, hat Mehrheit der nationalen Oktobristen-Partei *Lenin* flieht ins Ausland u. gründet mit *Gregorij Sinowjew* (*1883, †1936, erschossen) und *Kamenew* die sozialistische Zeitung „Der Proletarier" *Stalin* überfällt zugunsten der bolschewist. Parteikasse einen Geldtransport der russ. Staatsbank in Tiflis	Literatur-*Nobel*preis an *R. Kipling* (Großbrit.) *Hans Bethge* (* 1876, † 1946): „Die chines. Flöte" (Übers. chin. Lyrik) † *Giosué Carducci* (alias *Enotrio Romano*), ital. Dichter (* 1835) *Conrad:* „Der Geheimagent" (engl. Roman) *Frenssen:* „Peter Moors Fahrt nach Südwest" *St. George:* „Der siebente Ring" (Gedichte) *Gorki:* „Die Mutter" (russ. Roman) *C. Hauptmann:* „Einhart, der Lächler" (Roman) *Streuwels:* „Der Flachsacker" (fläm. Roman) *Wilhelmine Heimburg* (*Berta Behrens*, * 1850, † 1912): „Wie auch wir vergeben" (Roman der „Erbin der Marlitt") *Heyse:* „Gegen den Strom" (Roman) *Johann Hinrich Fehrs* (* 1838, † 1916): „Maren" (Begründung des niederdt. Dorfromans) *Ric. Huch:* „Geschichten von Garibaldi" (Roman, 2 Bände seit 1906) *Oskar Kokoschka:* „Mörder, Hoffnung der Frauen" (express. Drama, v. *Hindemith* 1921 vertont) *Lagerlöf:* „Wunderbare Reise des kleinen Nils Holgersson mit den Wildgänsen" (schwed. Kinderb., 2 Bde. s. 1906) *J. London:* „Die eiserne Ferse" (nordamerikan. sozialist. Zukunftsrom.) *H. Mann:* „Zwischen d. Rassen" (sat. Roman) *Gustav Meyrink* (* 1868, † 1932): „Wachsfigurenkabinett" (Erzählungen) *Agnes Miegel* (* 1879, † 1964): „Balladen und Lieder"	*Alfred Adler:* „Studien üb. d. Minderwertigkeit von Organen" (österr. Individualpsychologie) *Bergson:* „Die Entwicklung des Lebens" (frz. Entwicklungsphilosophie des Organischen) *K. Bühler:* „Tatsachen u. Probl. zur Psychologie der Denkvorgänge" *M. Dessoir:* „Objektivismus in der Ästhetik" (Kunstwissenschaft) *Hans Freimark* (* 1881): „Das Geschlecht als Mittler des Übersinnlichen" (erotischer Okkultismus) *Willy Hellpach:* „Die geistigen Epidemien" (Sozialpsychologie) *William James:* „Pragmatismus, ein neuer Name für alte Denkmethoden" (nordamerikan. Erkenntnistheorie) *M. Maeterlinck:* „Die Intelligenz der Blumen" (belg. philosoph. Naturbetrachtung) *Ernst Meumann* (* 1862, † 1915): „Vorlesungen zur Einführung in die experimentelle Pädagogik" (begründet diesen Forschungszweig) *Maria Montessori* (* 1870, † 1952) (ital. Ärztin und Pädagogin) eröff. ihr erstes Kinderhaus (erstrebt frühe Selbständigkeit durch Spiel und Beschäftigung) *Elisabeth Förster-Nietzsche:* „Das Nietzsche-Archiv, seine Freunde und Feinde" (Rechtfertigungsschrift der Schwester *N.*s) *Alwin Pabst* (* 1854, † 1918): „Die Knabenhandarbeit in der heutigen Erziehung", „Der praktisch - technische Unterricht in amerikanischen Schulen"

Baluschek: „Der Bahnhof" (Gem.)

Chagall: „Die Bäuerin" (russ. Gemälde)

Arturo Dazzi: „Die Erbauer" (ital. Plastik)

Hodler: „Der Silvaplanersee" (Schweiz. expressionist. Gem.)

Ludwig Hoffmann (* 1852, † 1932): Märkisch. Museum, Berlin (im historisch. Stil, Baubeginn 1901)

Oskar Kaufmann (* 1873): Hebbel-Theater, Berlin

Michael Kurz (* 1876): Karmeliterinnenkloster Vilsbiburg (1905 begonn.) und Herz-Jesu-Kirche in Augsburg (1909 beend.)

Larsson: „Bei uns auf dem Lande" (schwed. Aquarelle)

Baukeramik von *Max Läuger* (* 1864, † 1952) auf der Mannheimer Gartenbauausstellung

Hugo Lederer: Bronzestandbild eines Ringers (Berlin)

Matisse: „Asphodelos-Stilleben", „Toilette" (frz. Gemälde); eröffnete 1905 seine Schule, genannt „Fauvismus" (d. h. Malerei der „Wilden")

Meier-Graefe: „Vincent van Gogh"

Mies van der Rohe (* 1886): Haus Riehl, Neubabelsberg

Modersohn-Becker: „Stilleben mit Porzellanhund" (Gem.)

† *Paula Modersohn-Becker*, dt. expressionistische Malerin (* 1876)

F. Busoni: „Neue Ästhetik" (begr. Neue Musik)

Delius: „Romeo und Julia auf dem Dorfe" (engl. Musikdrama)

Paul Dukas: „Ariadne und Blaubart" (frz. Oper)

Leo Fall: „Die Dollarprinzessin", „Der fidele Bauer" (Operetten)

* *Wolfgang Fortner*, dt. Komponist; schreibt: „An die Nachgeborenen" u. a.

† *E. Grieg*, norw. Komp. (* 1843)

† *J. Hellmesberger*, österr. Komp. (* 1885)

Georg Jarno (* 1868, † 1920): „Die Försterchristel" (Operette)

† *Joseph Joachim*, dt. Violin-Virtuose und Komponist; schrieb u. a. Kadenzen zu klassischen Konzerten (* 1831)

Mahler geht an die Metropolitan Opera in New York (kehrt 1911 nach Wien zurück)

Ravel: „Spanische Rhapsodie" (frz.)

Reger: „Hiller-Variationen" (für Orchester)

Rimskij-Korssakow „Der goldene Hahn" (russ. Op.)

Oscar Straus (* 1870, † 1954) „Ein Walzertraum" (Operette)

Physik-*Nobel*preis an *A. Michelson* (USA) für spektroskopische Präzisionsmessungen (Interferometer)

Chemie-*Nobel*preis an *Eduard Buchner* (Dt., * 1860, † 1917) für zellfreie Gärung durch Zymase

Medizin-*Nobel*preis an *Ch. Laveran* (Frankr.) für Arbeiten über Protozoen als Krankheitserreger

Backeland: Kunststoff

Bechhold: Ultrafilter aus Kollodiumhäuten (lassen nur Teilchen unter 1/10000 mm durch)

† *Ernst von Bergmann*, dt. Chirurg; Begründer der Asepsis und Hirnchirurgie (* 1836)

Luitzen E. J. Brouwer (* 1881, † 1966): „Über die Grundlagen der Mathematik" (niederl. Dissertation, begrdt. den Intuitionismus)

K. E. Correns: „Die Bestimmung und Vererbung des Geschlechts nach neuen Versuchen mit höheren Pflanzen"

Carl Dorno (* 1865, † 1942) grdt. physikal.-meteorolog. Station in Davos (begr. Strahlungs- und Bioklimatologie)

Edison: Betongußverfahren

R. Emde: „Gaskugeln" (wird später bedeutend für Vorstellungen über den inneren Zustand der Sterne)

Henri Farman gelingt Motorflug über 770 m in 52 Sekunden

Lee de Forest: Audion-Empfänger

Robert Garbe: „Die Dampflokomotive der Gegenwart" (schuf mit *Wilhelm Schmidt* [* 1858, † 1924] die Heißdampflokomotive)

Karl Hagenbeck (* 1844, † 1913) grdt. Tierpark Hamburg-Stellingen (wird vorbildlich in der Nachahmung natürlicher Umwelten der Tiere)

O. Hahn entdeckt die radioaktiven Elemente Radiothor, Radioactinium, Mesothor I und II (seit 1904)

Kurt Hassert (* 1868, † 1947): „Die Städte, geographisch betrachtet"

Haynes erfindet Hartmetall-Legierungen „Stellite" (ermöglichen bei der Metallbearbeitung über doppelt so hohe Schnittgeschwindigkeiten wie Schnellstähle)

Krisenjahr der deutschen Wirtschaft

Japanische Wirtschaftskrise als Folge der Nachkriegskonjunktur von 1906

Wilhelm Kahl: „Das neue Strafgesetzbuch" (zur beabsichtigten Strafrechtsreform)

J. P. Morgan organisiert während der schweren Wirtschaftskrise in den USA im Auftrage des Schatzamtes einen Fonds zur Unterstützg. notleidender Firmen

Henry Deterding schließt niederl.-brit. Erdölkonzern, die Royal-Dutch-Shell-Gruppe, zusammen (1938: 300 Erzeugungs- u. Handelsgesellschaften, 1 Milliarde holl. Gulden, 43 Mill. Pfund, 2,3 Mill. Reg.-T. Tankflotte)

Hugo Stinnes (* 1870, † 1924) wird Vorsitzender der Dt.-Luxemburgischen Bergwerks- und Hütten-AG

Mannesmann-Röhrenwerke verlegen Sitz nach Düsseldorf (1890 in Berlin gegrdt.)

„Edeka" (Einkaufsgenossensch. dt. Kolonialwarenhändler)

Schwed. Kugellagerfabrik, Gotenburg

Deutsches Reichsbeamtengesetz

(1907)

Rasputin, der „heilige Teufel“, findet Zugang zum Zarenhof und gewinnt starken Einfluß (1917 von russ. Adligen getötet)

Bauernaufstand in Rumänien

Großbritannien und Rußland einigen sich über ihre Interessen in Persien, Afghanistan, Tibet. Dreiteilung Persiens in zwei Interessenzonen und eine neutrale (vollendet „Tripelentente“ zw. Großbritannien, Frankreich u. Rußland)

† *Muzaffer ed Din*, Schah von Persien seit 1896 (* 1853); sein Sohn *Mohammed Ali* Schah bis 1909

Wirtschaftskrise verschärft soziale Spannungen in USA, Streikbewegung

Oklahoma 46. Bundesstaat der USA (nach Vereinigung mit Indianerterritorium)

USA geben dem Dominikanischen Freistaat Anleihen und überwachen seine Finanzen (ab 1916 auch militärische Aufsicht)

Sun Yat-sen verkündet sein Programm einer chines. demokratischen Republik mit sozialer Gesetzgebung

Ausgrabung v. Samarra/Irak (bis 1913), Riesenmoschee, Paläste

Rhein-Straßenbrücke bei Ruhrort (Baubeginn 1904, 203 m Stützweite)

Kunststoff Bakelit

R. Rolland: „Beethoven“, „Michelangelo“ (frz. Biographien)

Heidenstam: „DerStamm derFolkunger“ (schwed. Roman, seit 1905)

Strindberg: „Schwarze Fahnen“ (schwed. Roman), „Gespenstersonate“ (schwed. Drama)

† *René François Armand Sully-Prudhomme*, franz. Dichter; *Nobel*preis 1901 (* 1839)

John M. Synge (* 1871, † 1909): „The playboy of the Western world“ (irische Komödie)

L. Thoma: „Kleinstadtgeschichten“

Jaroslav Vrchlicky (*Emil Frida*, * 1853, † 1912): „Epische Gedichte“ (tschech., 3 Teile s. 1879)

Wedekind: „Musik“ (Schauspiel)

Gustav Wied: „2 × 2 = 5“ (dän. Schauspiel)

Wildenbruch: „Die Rabensteinerin“ (Schauspiel)

E. Zahn: „Lukas Hochstrassers Haus“ (Schweiz. Roman)

Schiller-Theater, Berlin, als gemeinnützig. Volkstheater von *R. Löwenfeld* gegründet (1951 unter *Boleslaw Barlog* neu eröffnet)

Ernst Possart (* 1841, † 1921, Intendant und Schauspieler in München): „Die Kunst des Sprechens“

August Leskien (*1840, † 1916; Begründer der junggrammatischen Schule): „Kritik der künstl. Weltsprachen“ (mit *Karl Brugmann*)

„Ido“ als reformiertes „Esperanto“ (dieses seit 1887)

Papst *Pius X.* wendet sich in der Enzyklika „Pascendi dominici gregis“ gegen den „Modernismus“ in der Kirche; verkündet allgemeine Geltung des tridentinischen Eheschließungsrechts, das die kirchliche Eheschließung vorschreibt

Ernst Schweninger (*1850, † 1924): „Der Arzt“ (für Naturheilkde. u. „künstlerhaftes“ Arzttum)

Ferd. Tönniës: „Das Wesen der Soziologie“

„Kepler-Bund“ (gegen den Monismus)

Mathilde - Zimmer - Stiftung (evangelische Töchterheime)

„Vereinigung für das liberale Judentum“ (Sitz Berlin)

„Zentralblatt für Okkultismus“

Krise in der pietistenähnlichen ev. Gemeinschaftsbewegung durch Auftreten ekstatischer „Zungenredner“

„Archiv für Rechts- und Wirtschaftsphilosophie“ (ab 1933 „A. f. Rechts- und Sozialphilosophie“)

M. Arzybaschev (* 1878, † 1927): „Sanin“ (russischer erotischer Roman)

Gleichberechtigung der beiden norweg. Sprachen: Riksmaal (Reichssprache) und Landsmaal (Landessprache)

Ed. Munch: „Walter Rathenau", „Amor und Psyche", „Hafen von Lübeck" u. „Haus mit rotem Dach" (Gemälde)

Muthesius: „Landhaus und Garten" und „Kunstgewerbe und Architektur"; gründet „Deutschen Werkbund"

Josef Olbrich: Ausstellungshaus und Hochzeitsturm der Stadt Darmstadt (Baubeginn 1906); Warenhaus *Tietz* in Düsseldorf (fertiggestellt 1908)

Bruno Paul (* 1874) Direktor der Unterrichtsanstalt des Kunstgewerbemuseums, Berlin, bis 1932; Innenarchitekt im Sinne der von ihm gegründeten „Dt. Werkstätten"

Picasso wendet sich dem Kubismus zu: „Kopf" (span.-frz., maskenhaft stilisiert) u. „Adam und Eva"

Ernst Pöschel (Drukker, * 1841, † 1927) und *Walter Tiemann* (* 1876, † 1951) geben als ersten Privatdruck ihrer Januspresse *Goethes* „Römische Elegien" in *Tiemann*-Mediäval heraus

Emil Preetorius (*1883, Bücherillustrator, Gebrauchsgraphiker, Bühnenbildner) illustr. *Chamissos* „Peter Schlemihl"

Henri Rousseau: „Frau mit Schlange" (frz. Gemälde)

Slevogt: Illustrationen zur „Ilias"

Thiersch: Kurhaus in Wiesbaden (Baubeginn 1902), Festhalle in Frankfurt a. M. (fertiggestellt 1909)

Utrillo ändert s. impress. i. mehr realist. Malstil

Henry van de Velde: „Vom modernen Stil" (üb. Architekt.)

Vlaminck: „Vorstadtlandschaft" (frz. fauvist. Gem.)

Wallot: Landtagsgebäude in Dresden (Baubeginn 1901)

Emil Rudolf Weiß (* 1875, † 1942) Professor a. d. Vereinigten Staatsschulen f. bild. Künste, Berlin, bis 1933

Zorn: „Mädchenbildnis" (schwed. impress. Gemälde)

Daniel Henry Kahnweiler (* 1884) eröffn. Galerie i. Paris (förd. Kubismus)

Gesetz betr. das Urheberrecht an Werken d. bild. Künste u. der Photographie

---

Meßter gründet erstes größeres Berliner Filmtheater

Pathé gründet in Paris Kultur- und Lehrfilm - Abteilung (erste mikroskopische Kulturfilme)

Filmzwischentitel lösen Erklärer ab

„Erste Versuche eines Schlittschuhläufers" (frz. Film v. *M. Linder*)

„Der Tunnel unter dem Kanal"; „Shakespeare ‚Julius Cäsar' dichtend" (frz. Filme von *Méliès*)

„Napoleon und die engl. Flotte" (engl. Film)

Holst und *Fröhlich* erzeugen durch künstliche Mangelnahrung bei Meerschweinchen Skorbut

Doppelkolbenmotor von *Junkers*

Julius Kollmann (* 1834, † 1918): „Handatlas der Entwicklungsgeschichte" (Entwicklungsbiologie)

Bildtelegraphie München-Berlin-Paris-London durch *Arthur Korn*

† *Dimitrij Iwanowitsch Mendelejew*, russ. Chemiker; fand 1869 d. Period. System der Elemente (* 1834)

† *Henri Moissan*, frz. Chemiker, *Nobel*preis 1906 (* 1852)

Zeitlupe von *August Musger*

Pickering: Katalog der Sternhelligkeiten (für über 9000 Sterne)

Cl. Pirquet: Tuberkulin für Tuberkulose-Diagnose

Erster brauchbarer Raupenschlepper von *Roberts* und *Hornsby* (daraus entwickelt sich der brit. Tank)

Heinrich Simroth (* 1851, † 1917): „Die Pendulationstheorie" (tiergeographische Hinweise auf Pendelungen der Erdachse)

Robert Stook u. *Karl Gleiche:* Erster Motorpflug (Anfang d. Motorisierung; vgl. z. B. 1951)

† *William Thomson* (Lord *Kelvin*), engl. Physiker; begründete u. a. absolute Temperaturskala (* 1824)

Alfred Wilm: Duralumin als erste hochfeste Aluminium-Legierung

„Potsdamer PhotometrischeDurchmusterung" mit Helligkeiten von 14200 Sternen

Essigsäure-Synthese aus Azetylen

Erste Untersuchungen von Wirkungen der radioaktiven und *Röntgen*-Strahlen auf biologische Objekte (begründen einen ausgedehnten Zweig der Biophysik)

Offsetdruck kommt aus USA nach Deutschland (wurde dort 1904 von *Rubel* erfunden)

Hochfrequenzmaschine für drahtlose Telegraphie

Fernleitungen für Ströme von 60000 Volt

„Lusitania" und „Mauretania" (brit Turbinen-Ozeandampfer mit je 44500 t Wasserverdrängung)

Planung eines Kanaltunnels n. England (scheitert an polit. Bedenken)

Hugo Conwentz (* 1855, † 1922) gibt „Beiträge zur Naturdenkmalpflege" heraus (schlug diese Pflege 1904 vor)

Preußisches Gesetz gegen Verunstaltung von Ortschaften und Landschaften

Schweiz. Zivilgesetzbuch vereinheitlicht kantonal. Privatrecht (1912 in Kraft)

Eröffnung des Berliner Teltowkanals (Baubeginn 1900)

Gesundheitsbetreuung in engl. Schulen

Zentralstelle für Balneologie (Bäderkunde) in Berlin

Deutscher Bund für Mutterschutz

Preuß. Frauenverdienstkreuz gestiftet

Kronprinzessin *Luise* von Sachsen (1903 wegen Ehebruchs geschieden) heiratet den Pianisten *Enrico Toselli* (1912 geschieden)

Internation. Union für Schießsport (Paris)

Nordamerikan. Presseagentur United Press (UP)

Im Autorennen Peking–Paris gewinnt ital. Prinz in 2 Monaten

1908

Friedens*nobel*preis an *Fredrik Bajer* (Dänem., * 1837, † 1922) und *Klas Pontus Arnoldson* (Schwed., * 1844, † 1916)

Dt. Reichstag und Bundesrat tadeln den Kaiser wegen mangelhafter Zurückhaltung in außenpolitischen Fragen

Dt. Flottengesetz von *Alfred von Tirpitz* (* 1849, † 1930). Deutschland wird nach Großbritannien zur stärksten Seemacht

Die Anliegerstaaten von Nord- und Ostsee garantieren sich ihre an diese Meere grenzenden Territorien

Preuß. Enteignungsgesetz für poln. Güter

Reichsvereinsgesetz (hebt Einschränkungen politischer Vereine auf)

„Verein für das Deutschtum im Ausland" (VDA) (aus dem „Deutschen Schulverein" von 1881)

Mannesmann gewinnt Konzessionen auf Erzlager in Marokko (wird internationaler Streitfall)

Trotz Dreiklassenwahlrecht 7 Sozialdemokraten im Preuß. Abgeordnetenhaus; Wahlrechtsreform scheitert

Österreich-Ungarn annektiert Bosnien und Herzegowina (seit 1878 unter österr. Verwaltung); wird von Deutschland unterstützt; Protest von Großbrit., Serbien, Rußland (1909 anerkennt Türkei Annexion nach Entschädigung)

Herbert Asquith (* 1852, † 1928) brit. liberaler Ministerpräsident bis 1916

David Lloyd George brit. liberaler Finanzminister bis 1915; führt Sozialreformen durch

Die unter dem Eindruck des japan. Sieges 1905 entstandene indische englandfeindliche Partei unter *Bal Gangadhar Tilak* wird mit Gewalt unterdrückt und aufgelöst

*Weddell*meer und Westantarktis brit. Besitz

Staatsbesuche zwischen Großbritannien, Frankreich und Rußland

Kongostaat (seit 1885 unter belg. König *Leopold II.*) wird belg. Kolonie

---

Literatur-*Nobel*preis an *Rudolf Eucken* (Dt.)

* *Arthur Adamov,* russ.-frz. Dramatiker des absurden Theaters († 1970)

Leonid N. Andrejew (* 1871, † 1919): „Das rote Lachen", „Die Geschichte von den sieben Gehenkten" (russ. Dichtungen)

Bierbaum: „Prinz Kuckuck. Das Leben eines Wollüstlings" (Roman seit 1907)

Lily Braun (* 1865, † 1916): „Im Schatten der Titanen" (Biographie ihrer Großmutter)

Laurids Bruun (* 1864, † 1935): „Von Zantens glückliche Zeit" (dän. Südseeroman)

W. Busch (†): „Hernach" (Gedichte)

Chesterton: „Der Mann, der Donnerstag war" (engl. humorist. Roman)

† *Holger Drachmann,* dän. Dichter; schrieb u. a. Gedichte und das Märchendrama „Es war einmal" (1886) (* 1846)

Fontane: „Mathilde Möhring" (Erzähl., posthum)

Ganghofer: „Waldrausch" (Roman)

Ernst Hardt (* 1876, † 1947): „Tantris der Narr" (Schauspiel); erhält Volks-*Schiller*preis

Thomas Hardy (* 1840, † 1928): „Die Dynastien" (engl. *Napoleon*-Schauspieltril. seit 1904)

Moritz Heimann (* 1868, † 1925): „Joachim von Brandt" (Junkerkomöd.)

Georg Hermann (* 1871, † 1943, im KZ vergast): „Jettchen Gebert" (Roman, 2 Bde. seit 1906)

Arno Holz: „Sonnenfinsternis" (Zeitdrama)

Max Adler: „Marx als Denker"

Baden-Powell gründet brit. „Boyscouts" (danach 1911 „Pfadfinder" in Deutschland)

Emile Boutroux (* 1845, † 1921): „Wissenschaft und Religion in der zeitgenössischen Philosophie" (lehrt: Weltganzes beruht auf freier, schöpfer. geistiger Tat)

A. Deißmann: „Licht aus dem Osten" (protestant. Theologie)

R. Eucken: „Der Sinn und Wert des Lebens" (idealist. Lebensphilos.)

Freud: „Charakter und Analerotik" (Beginn der tiefenpsychologischen Charakterlehre)

K. Kautsky: „Der Ursprung des Christentums" (sozialdemokrat. Standpunkt)

Theodor Lessing (* 1872, † 1933, in der Emigration ermordet): „Schopenhauer — Wagner — Nietzsche"

Heinrich Lhotzky (* 1859, † 1930; bis 1901 Pfarrer in Südrußland): „Die Seele Deines Kindes")

Heinrich Maier (* 1867, † 1933): „Philosophie d. emotionalen Denkens" (voluntaristische Logik)

Fr. Meinecke: „Weltbürgertum und Nationalstaat" (geistesgeschichtliche Geschichtsschreibung)

Emile Meyerson (* 1859, † 1933): „Identität und Realität" (frz. rationalist. Naturphilosophie)

Franz Müller-Lyer (* 1857, † 1916): „Phasen der Kultur" (begründet empirische „Phaseologie")

Beckmann: „Unterhaltung“ (Gemälde)

P. Behrens: Antiqua (Drucktypen)

† *Wilhelm Busch*, dt. humor. Zeichn. u. Dichter (* 1832)

Fritz Hellmuth Ehmcke (* 1878): Antiqua (Drucktyp.)

Aug. Endell (* 1871, † 1925): „Die Schönheit d. großen Stadt“ (Architekt.)

Hodler: „Auszug der Jenenser Studenten 1813“ (Schweiz. Wandmalerei in der Universität Jena)

Frances Hodgkins (* 1869, † 1947): „Auf dem Hügel“ (engl. Gemälde)

Ludwig Justi (* 1876): „Giorgione“ (Biogr.)

Kokoschka: „Trancespieler“, „Dent du Midi“, „Bildnis des Wiener Schneiders Ebenstein“ (Gem.)

Kollwitz: „Bauernkrieg“ (7 Radier.)

† *Walter Leistikow*, dt. Landschaftsmaler (* 1865)

Adolf Loos: „Ornament und Verbrechen“

Matisse prägt für ein Bild v. *Georges Braque* (* 1882, † 1963) das Wort „Kubismus“

Mondrian: „Der rote Baum“ (expr. Gem.)

Monet: „Dogenpalast“ (insges. 29 Venedigbilder)

Henri Rousseau: „Der Dicht. Apollinaire u. d. Muse“ (frz. Gem.)

Slevogt: Illustrationen zu „Sindbad“

„Die letzten Tage von Pompeji“ (ital. Film von *Arturo Ambrosio*)

Granville Bantock Prof. an der Univ. Birmingh. (komp. u. a. „Vanity of Vanities“, „Sappho“, „Hebriden-Symphonie“)

Bartók: 1. Streichquartett, „Zwei Porträts“ (ungar. Kompositionen)

Leo Blech: „Versiegelt“ (Oper)

Marie von Bülow gibt s. 1895 „Briefe u. Schriften“ ihres Gatt. *H. v. B.* heraus

* *Hugo Distler*, dt. Kompon. († 1942)

R. Heuberger: „Barfüßle“ (Oper)

* *Herbert von Karajan*, österr. Dirig. in Berlin u. Wien

Korngold: „Der Schneemann“ (Pantomimenmusik, Werk eines 11jähr.)

* *Olivier Messiaen*, frz. Komponist

Pfitzner Operndir. in Straßburg (bis 1918)

Ravel: „Ma Mère l'Oye“ (frz. Klavierkomp.)

Hugo Riemann: „Grundriß d. Musikwissenschaft“

† *Nikolai Rimskij-Korssakow*, russ. Komp.; kompon. erste russ. Symphonie 1865 (* 1844)

† *Pablo Martin Sarasate*, span. Geiger u. Komp. (* 1844)

Gerhard Schjelderup (* 1859, † 1933): „Frühlingsnacht“ (norweg. Oper)

Wolf-Ferrari: „Der Schmuck der Madonna“ (Oper)

Physik-*Nobel*preis an *Gabriel Lippmann* (Lux., * 1845, † 1921) für Interferenz-Farbenphotographie

Chemie-*Nobel*preis an *E. Rutherford* (Großbrit.) für Forschung über Radioaktivität

Medizin-*Nobel*preis an *I. Metschnikow* (Rußl.) und *P. Ehrlich* (Dt.) für Immunitäts-Forschung

Adolf Friedrich Herzog zu Mecklenburg (* 1873, † 1969) durchquert Zentralafrika von Ost nach West (seit 1907; schreibt „Ins innerste Afrika“)

† *Henri Becquerel*, frz. Physiker; Entdecker der Radioaktivität, *Nobel*preis 1903 (* 1852)

Albrecht Bethe (* 1872): „Allgemeine Anatomie und Physiologie des Nervensystems“ (ein Ausgangspunkt der modernen Nervenphysiologie)

Weltrekorde im Höhenflug von *H. Farman* mit 25 m und *W. Wright* mit 110 m

Kapselluftpumpe von *Wolfgang Gaede* (wichtiger Schritt in der Vakuumtechnik)

Karl Eberhardt Göbel (* 1855): „Einleitung in die experimentelle Morphologie der Pflanzen“ (pflanzliche Entwicklungsmechanik)

George Ellery Hale (* 1868, † 1938) entdeckt Magnetfelder der Sonnenflecken

Hedin erforscht Persien und Tibet (seit 1905), wobei er das Transhimalaja-Gebirge entdeckt

Hugo Ibscher: Papyrus-Ausstellung anläßl. des Internationalen Historiker-Kongresses in Berlin (entscheidende Förderung der Papyrus-Forschung durch wirkungsvolle Präpariermethoden)

Heike Kamerlingh Onnes (* 1853, † 1926) verflüssigt Edelgas Helium (err. 1909 — 271,8°)

Gebrüder Ljungström entwickeln erste Turbolokomotive (technisch brauchbar ~ 1921)

Rudolf Marcks: Automatisch sich aufblasendes Rettungsfloß

Antoine Meillet (* 1866, † 1936): „Die indoeuropäischen Dialekte“ (frz. Sprachwissensch.)

Joseph Schumpeter (* 1883, † 1950): „Wesen u. Hauptinhalt der theoretischen Nationalökonomie“ (mathemat.-funktionalist. Richtung)

v. Wiese: „Die Lehre von der Produktion und von der Produktivität“ (in „Die Entwicklung der dt. Volkswirtschaftslehre“)

Internationaler Bund der christlichen Gewerkschaften (Sitz in Köln bis 1920, dann in Utrecht)

General Motors Company (USA, Detroit; geht 1916 in die General Motors Corporation auf; führender Autokonzern: Chevrolet, Buick, Cadillac u. a., später *Opel*)

Maschinenfabrik Augsburg - Nürnberg (MAN) AG. durch Zusammenschluß

Schütte - Lanz - Gesellschaft für Luftschiffbau von *Johann Schütte* (* 1873) und *Karl Lanz* (* 1873, † 1921) gegründet

Zeppelin - Unglück bei Echterdingen

Luftschiffbau *Zeppelin* G. m. b. H. aus „Volksspende“ errichtet

„Die Betriebswirtschaft“ und „Zeitschrift für Handelswissenschaft und Handelspraxis“ (Zeitschriften, welche

(1908)

Frauenstimmrecht in Dänemark

Ermordung König *Karls I.* von Portugal und des Kronprinzen

Ferdinand I. erklärt Bulgarien zum unabhängigen Königreich (durch russ. Vermittlung 1909 von den übrigen Mächten anerkannt)

Narodna Odbrana (Nationale Verteidigung; großserb. Organisation)

Erster Neoslawistenkongreß in Prag (1909 in Sofia; scheitert am russ.-poln. Gegensatz)

73 russ. Zeitungen und Zeitschriften verboten

Jungtürk. Revolution in der Türkei. *Said Pascha* Großwesir. Verfassung von 1876 wieder in Kraft. Türkei verliert Bosnien-Herzegowina an Österreich. Bulgarien erklärt sich selbständig

Kreta beschließt Vereinigung mit Griechenland (erst 1913 vollzogen)

Tel Aviv von Zionisten gegrdt. (1. zionist. Kolonie in Palästina 1878)

Schah hebt pers. Verfassung auf (Aufstände und russ.-brit. Intervention erzwingen 1909 Wiedereinführung)

In Venezuela erklärt *J. V. Gomez* den Diktator General *Castro* für abgesetzt (seit 1899); wird Präsident bis 1935 (†); verständigt sich mit dem Ausland

Provinzialvertretungen in China (zentrales Zweikammersystem erst ab 1912)

Eröffnung des „Münchener Künstlertheaters" (Stilbühne; 1909 an *Reinhardt* verpachtet)

Edward Gordon Craig, engl. Schauspieler, Regisseur, Bühnenbildner, Graphiker u. Schriftsteller (*1872): „The Mask" (engl. Theaterzeitschrift, erschienen bis 1929)

Ric. Huch: „Menschen und Schicksale aus dem Risorgimento" (histor.)

Kolbenheyer: „Amor Dei" (*Spinoza*roman)

Timm Kröger: „Das Buch der guten Leute" und „Aus alter Truhe" (Erzählgn. a. Holstein)

Alfred Kubin: „Die andere Seite" (Roman)

E. Lasker-Schüler: „Die Wupper" (Schauspiel, Urauff. 1919)

Liliencron: „Leben und Lüge" (autobiogr. Rom.)

Börries Freiherr *von Münchhausen* (* 1874, † 1945): „Die Balladen u. Ritterlichen Lieder" (Zusammenfassung der Dichtg. v. 1900 u. 1904)

Rilke: „Neue Gedichte" (2 Bände seit 1907)

Jules Romains (eig. *Louis Farigoule*, * 1885): „La vie unanime" (frz. Gedichte; Ursprung des „Unanimismus")

Wilhelm Schmidtbonn (*1876): „Der Graf von Gleichen" (Schauspiel)

Schnitzler: „Der Weg ins Freie" (Roman)

Karl Schönherr (* 1867, † 1943): „Erde" (Drama); erhält *Schiller*preis

Shaw: „Getting Married" („Heiraten", engl. Schauspiel mit Vorrede über Liebe und Ehe)

Strindberg: „Ein Blaubuch" (schwed. Bekenntnis)

Sudermann: „Das hohe Lied" (Roman)

Carmen Sylva (Königin *Elisabeth* von Rumänien, Prinzessin *von Wied-Neuwied*, * 1843, † 1916): „Mein Penatenwinkel" (Lebenserinnerungen)

Viebig: „Das Kreuz im Venn" (Eifelroman)

wachsendes Interesse für Betriebswirtschaftslehre kennzeichnen)

Hamburgisches Weltwirtschafts-Archiv

Dt. statistisches Zentralblatt

Dt. Börsengesetz

„Die Reklame" (Zeitschrift dt. Reklamefachleute)

Anwendung der Funktechnik wird in Deutschland Hoheitsrecht des Reiches

Dt. Veterinäroffizierskorps

Olympiade in London (21 Sportarten)

Jack Johnson (erster Neger-) Boxweltmeister

Messina durch Erdbeben zerstört (84000 Tote bei 150000 Einwohnern)

Fall eines Riesenmeteors in Sibirien (starke Waldverwüstung in 40 km Umkreis)

Alterspensionsgesetz in Großbritannien

Familien - Freibad Berlin-Wannsee eröffnet (erstes in Europa)

Tiller-Girls aus USA in Europa (neuer exakter Gruppentanzstil)

Alfredo Oriani (* 1852, † 1909): „Die Empörung des Ideals" (ital. Sozialphilosophie, wirbt für den Imperialismus)

Berthold Otto: „Kindesmundart" (für pädagogische Verwendung der Altersmundart)

Moritz Schlick (* 1882, † 1936, ermordet): „Lebensweisheit, Versuch einer Glückseligkeitslehre" (hedonist. Ethik)

W. von Scholz: „Die deutschen Mystiker"

G. Simmel: „Soziologie, Untersuchung über die Formen der Vergesellschaftung" (leitet über von einer allgem. philosoph. Soziologie zu einer mehr konkreten Beziehungslehre)

Georges Sorel (* 1847, † 1922): „Über die Gewalt", „Die Auflösung des Marxismus", „Die Illusion d. Fortschritts" (frz. Syndikal.)

Lester F. Wards (* 1841, † 1913): „Angewandte Soziologie" (nordamerikan. Gesellschaftslehre unter Verwendung psychologischer Entwicklungsfaktoren)

Graham Wallas (* 1858, † 1932): „Die Natur des Menschen in der Politik" (engl. Soziologie aus dem Kreis der Fabians; betont Bedeutung der Psychologie für die Gesellschaftslehre)

Julius Wellhausen (* 1844, † 1918): „Das Evangelium Marci, Matthäi, Lucä, Johannis übersetzt und erklärt" (4 Bände seit 1903, evang.)

H. G. Wells: „Erste und letzte Dinge"

Hans von Wolzogen: „Aus Richard Wagners Geisteswelt" (starke Betonung des „Germanischen")

Zurbonsen: „Das zweite Gesicht" (Parapsychol.)

Kardinalskongregation des Heiligen Offiziums zur Reinerhaltung des kathol. Glaubens gebildet

„Kirchliches Handbuch für das katholische Deutschland"

Erster Internationaler Moralkongreß in London (2. im Haag 1912, 3. in Genf 1922)

„Zwickauer Thesen" der sächsischen Lehrerschaft verlangen Liberalisierung des Religionsunterrichtes

Handelshochschule Mannheim

Mädchenschulreform in Deutschland; zunächst in Preußen; Schulreform in Preußen gibt den Frauen das Recht zum akadem. Studium

Engl. „University Extension" (Vorlesungen außerhalb der Universität, seit 1879) hat 51 500 Teilnehmer

„Sozialistische Arbeiterjugend Deutschlands" (SAJ)

„Mazdaznan" (Zeitschrift für *Zarathustrische* Philosophie, Körperpflege und Diätetik)

Studentische „Deutsche Landsmannschaften" (aus dem 1868 gegründeten Coburger und 1898 gegründeten Arnstädter L. C.)

Fuad-Univers. i. Kairo gegrdt. (ab 1925 staatl.)

Adolf Miethe: „Dreifarbenphotographie nach der Natur" (grundlegend)

Hermann Minkowski (* 1864, † 1909): „Raum und Zeit" (vierdimensionale Raum-Zeit-Welt als Grundbegriff der Relativitätstheorie)

H. Piper bestimmt die Geschwindigkeit der Nervenerregung bei Menschen zu 120 m/Sekunden

Moritz Ritter (* 1840, † 1923): „Deutsche Geschichte im Zeitalter der Gegenreformation und des Dreißigjährigen Krieges" (3 Bände seit 1889)

Max Rubner (* 1854, † 1932): „Das Problem der Lebensdauer und seine Beziehungen zu Wachstum und Ernährung"

Johann Schütte konstruiert sein erstes Starrluftschiff

Jean Tilho erforscht und vermißt Tschadsee-Gebiet

Vass: Betonspritz- oder Torkret-Verfahren (Wandputz, Reparaturen)

Richard von Wettstein (* 1863, † 1931): „Handbuch der systematischen Botanik" (2 Bände seit 1902); gründet ferner „Zeitschrift für induktive Abstammungs- und Vererbungslehre"

M. Wien (* 1866, † 1938): Löschfunken-Sender in der Funkentelegraphie

Fund des Unterkiefers von Heidelberg (ca. 500000 Jahre alt)

Roosevelt-Talsperre in Nordamerika (Arizona; 87 m hoch, 2020 Mill. cbm Inhalt, Baubeginn 1906)

Erstes dt. Fernsprech-Selbstanschlußamt für Ortsgespräche in Hildesheim (Drehwähler 1892 von *Strowger* erfunden)

Erster Kolbenfüllhalter (erstes Füllerpatent 1884 in USA)

Versenkbarer Sicherheitsfüllfederhalter wird allgemeiner

Zereisen-Feuersteine (ermöglichen moderne Feueranzünder)

E. Rumpler (* 1872, † 1940) gründet 1. dt. Flugzeugfabrik

1909

Friedens*nobel*preis an *Auguste Beernaert* (Belg., * 1829, † 1912) und *Paul H. B. Estournelles de Constant* (Frankr., * 1852, † 1924)

Estournelles de Constant: „Die französisch-deutsche Annäherung" (franz. Verständigungspolitik)

Theobald von Bethmann-Hollweg (* 1856, † 1921) dt. Reichskanzler bis 1917

† *Friedrich von Holstein*, Vortragender Rat im Auswärtigen Amt von 1878 bis 1906; beeinflußte als „Graue Eminenz" maßgebend dt. Außenpolitik (* 1837)

Auseinandersetzungen in der Zentrumspartei u. a. um kathol. Arbeitervereine oder christliche Gewerkschaften (Berliner bzw. Kölner Richtung)

Zentrum einigt sich mit Konservativen über Branntweinmonopol; Erbschaftssteuer wird abgelehnt (Opposition der Sozialdemokratie)

Neue deutsche Verbrauchssteuern

Oldenburg verwandelt das indirekte Wahlrecht für den Landtag in unmittelbares

J. Stammhammer: „Bibliographie des Sozialismus und Kommunismus" (3 Bände seit 1893)

König *Eduard VII.* von Großbritannien in Berlin

Staatsbesuche König *Eduards VII.* von Großbritannien und Zar *Nikolaus' II.* von Rußland in Italien

Brit. Steuergesetz unter Finanzminister *Lloyd George* belastet Großgrundbesitz

Entscheidende Stärkung der brit. Labour Party durch Beitritt der Bergarbeitergewerkschaft (1910: 41 Unterhaussitze; 1924: 151)

Großbritannien erwirbt malaiische Vasallenstaaten von Siam

Stärkung der antiliberalen Mehrheit in den Niederlanden

* Prinzessin *Juliana*, Königin der Niederlande ab 1948

Albert I. König der Belgier bis 1934 (†, * 1875)

Streikbewegung in Schweden

Demokratische Wahlrechtsreform in Schweden (erweitert 1921)

Literatur-*Nobel*preis an *S. Lagerlöf* (Schwed.)

Bahr: „Das Konzert" (österr. Schauspiel)

Björnson: „Wenn der junge Wein blüht" (norweg. Schauspiel)

W. Busch: „Schein und Sein" (Gedichte, posthum)

Duse verläßt Bühne

Ebner-Eschenbach: „Altweibersommer" (österr. Roman)

T. S. Eliot: „Gedichte" (engl.)

A. France: „Die Insel der Pinguine" (frz. Roman)

Gjellerup: „Die Weltwanderer" (dän. Roman mit indisch-buddhist. Philosophie)

Hamsun: „Gedämpftes Saitenspiel" (norweg. Erzählung)

G. Hauptmann: „Griselda" (Schauspiel)

Heyse: „Die Geburt der Venus" (Roman)

Friedrich Huch (* 1873, † 1913, Vetter von *Ricarda Huch*): „Pitt und Fox, die Liebeswege der Brüder Sintrup" (satirischer Roman)

† *Detlev v. Liliencron*, dt. Dichter (* 1844)

Löns: „Mümmelmann" (Tiergeschichten), „Aus Wald und Heide" (Naturbeobachtungen), „Mein blaues Buch" (Gedichte)

M. Maeterlinck: „Der blaue Vogel" (belg. Schauspiel)

Th. Mann: „Königliche Hoheit" (Roman)

H. Mann: „Die kleine Stadt" (Roman)

Alfred Mombert (* 1872, † 1942): „Der himmlische Zecher" (Gedichte)

Paul Deussen (* 1845, † 1919): „Die Geheimlehre des Veda" (Darstellung der altindischen Philosophie)

Hans Driesch: „Philosophie des Organischen" (vitalistische Philosophie)

Haeckel gründet „Phyletisches Museum" in Jena (zur Erläuterung der Darwinschen Abstammungslehre)

Ed. von Hartmann: „System der Philosophie" (8 Bde. s. 1906, posthum)

Nic. Hartmann: „Platons Logik des Seins"

E. R. Jaensch: „Zur Analyse der Gesichtswahrnehmungen"

William James: „Ein pluralistisches Universum" (nordamerikan. religionspsychologischer Pluralismus)

Karl Lamprecht (* 1856, † 1915) gründet Institut für Kultur- und Universalgeschichte in Leipzig

Helene Lange: „Die Frauenbewegung in ihren modernen Problemen"

Lenin: „Materialismus und Empiriokritizismus" (Kritik des Positivismus vom Standpunkt des dialektischen Materialismus aus)

Sebastian Merkle (* 1862, † 1945): „Die katholische Beurteilung des Aufklärungszeitalters" (kathol. Kirchengesch.)

Natorp: „Philosophie und Pädagogik"

Emilio Filippo Tommaso Marinetti (* 1876, + 1944): „Futuristisch. Manifest" (ital., f. neuen Literatur- und Kunststil mit nationalistischer Tendenz)

Barlach: „Sorgende Frau" (Holzplastik)

P. Behrens: AEG-Turbinenfabrik(Bln.)

Albin Egger-Lienz (* 1868, † 1926): „Haspinger" (frühexpressionist. Gemälde unter dem Einfluß *Hodlers*)

Ludwig von Hofmann (* 1861): „Nach der Schwemme"(Pastell)

Ludwig Justi Direktor d. Berliner Nationalgalerie bis 1933

Kandinsky: „Landschaft mit Häusern" (russ. express. Gem.)

Paul Kersten (* 1865, † 1943): „Die Buchbinderei und das Zeichnen des Buchbinders" (Leitfaden für Buchbinder) und „Der exakte Bucheinband" (gilt als Bahnbrecher f. modernen dt. Bucheinband)

Kokoschka: „Princesse de Montesquieu-Rohan", „Baumeister Adolf Loos" (Bildnisse)

Kollwitz: „Arbeitslosigkeit" (Radierg.)

† *Peter Severin Krøyer*, dän. impress. Maler (* 1851)

Larsson: „Das Haus in der Sonne" (schwed. Aquarelle)

Melch. Lechter: Glasgemälde im Landesmuseum Münster/W.

M. Liebermann: „Selbstbildnis" (Gemälde)

Marc: „Rehe in der Dämmerung" (noch gemäßigte Farben)

Ed. Munch: „Dr. Jakobsen" und „Jappe Nilssen" (norweg. express. Bildnisse)

H. Breuer: „Der Zupfgeigenhansl" (Sammlung volksliedhafter Musik der Wandervogelbewegung)

Sergej Diaghilew (* 1872, † 1929) grdt. sein russ. Ballett in Paris

Sergej Kussewitzky (* 1874, † 1951, russ. Kontrabaßvirtuose und Dirigent) gründet den Russischen Musikverlag

Lehár: „Der Graf von Luxemburg" (Operette)

Reger: 100. Psalm (Chor mit Orchester)

Arnold Schering: (* 1877) veröffentlicht das von ihm entdeckte Weihnachtsoratorium v. *Heinrich Schütz*

A. Schönberg: Drei Klavierstücke, George-Lieder u. „Erwartung" (monodramat. Oper)

Sibelius: „Voces intimae" (finn. Streichquartett)

R. Strauss: „Elektra" (Oper, Text v. *Hofmannsthal*)

Wolf-Ferrari: „Susannens Geheimnis" (Oper)

Physik-*Nobel*preis an *G. Marconi* (Ital.) u. *K. F. Braun* (Dt.) für Entwicklung d. drahtlosen Telegraphie

Chemie-*Nobel*preis a. *Wilhelm Ostwald* (Dt.) für Erforschung chem. Reaktionsabläufe

Medizin-*Nobel*preis an *Th. Kocher* (Schweiz) für Schilddrüsenchirurgie

Baekeland: Bakelit (einer der ersten Kunststoffe, Edelkunstharz)

Blériot überfliegt den Ärmelkanal (27,5 Minuten)

Bollweg: Autogenes Schneiden unter Wasser

P. Ehrlich und *Hata:* Salvarsan als Syphilisheilmittel („Ehrlich-Hata-606")

Eichengrün: Zellon (zelluloidartiger, aber unbrennbarer Kunststoff, verwendet für Sicherheitsfilm, -glas usw.)

von Eötvös und *Landolt* (1908): Exakter Nachweis des Massenerhaltungssatzes (Genauigkeit 1 : 100000000)

H. Farman fliegt 234 km in 4½ Stunden

Fitting: Erster sicherer Nachweis eines Pflanzenhormons („Pollenhormon" der Orchideen)

Karl Hampe (* 1869, † 1936): „Deutsche Kaisergeschichte in der Zeit der Salier und Staufer"

v. Hovorka und *Kronfeld*: „Vergleichende Volksmedizin" (2 Bände seit 1908)

Felix Klein: „Elementarmathematik vom höheren Standpunkt aus" (beeinflußt mathemat. Unterricht)

Krupp entwickelt 42-cm-Geschütz

Karl Lamprecht: „Deutsche Geschichte" (19 Bände seit 1891)

Conwy Lloyd Morgan (* 1852): „Instinkt und Gewohnheit" (Tierpsychologie)

Charles Nicolle entdeckt Übertragung des Fleckfiebers durch Kleiderläuse

Wolfgang Ostwald (* 1883): „Grundriß der Kolloidchemie" (grundlegend für moderne Erforschung fein verteilter Stoffe)

R. E. Peary am Nordpol (vielleicht nur auf 3 km nahe gekommen)

Alfred Weber (* 1868): „Über den Standort der Industrien"

„Erhebungen von Wirtschaftsrechnungen minderbemittelter Familien im Deutschen Reich" (Sozialstatistik)

1. Streik i. New York

Ford spezialisiert sich auf das Serienmodell T mit einem Absatz von etwa 19000 (1920 rd. 1,25 Mill.)

Gustav Krupp von Bohlen und Halbach (* 1870) übernimmt Leitung der *Krupp*werke, Essen

Emil Kirdorf (* 1847, † 1938) erweitert seinen Montankonzern um *Adolph-Emil*-Hütte (Eisenerz) in Luxemburg

Maybach-Motorenbau GmbH gegründet von *Wilhelm Maybach* und Graf *Zeppelin*

Hansa-Bund gegen Schutzzollpolitik des Bundes der Landwirte (von 1892)

Reichsdeutscher Mittelstandsverband (Mittelstandstage 1911 in Dresden, 1912 in Braunschweig)

„Vergleichende Darstellung des dt. und ausländischen Strafrechts" (16 Bände seit 1905).

Vorentwurf für ein neues dt. Strafgesetzbuch

(1909)	Tschechen kämpfen inner- und außerhalb des Reichsrates von Österreich-Ungarn um den Vorrang ihrer Sprache in Böhmen Agramer Hochverratsprozeß gegen 53 Angehörige der Serbenpartei (nach Verkündung von Freiheitsstrafen 1911 niedergeschlagen) Anarchistischer Aufstand in Barcelona *Mohammed V.*, nach Abdankung seines Bruders durch Militärrevolte, türk. Sultan bis 1918 (†) Nach nationalist. Aufständen in Persien flieht der Schah in die russ. Gesandtschaft und geht in die Verbannung. Sein Sohn Sultan *Ahmed* Schah bis 1924 († 1925, Selbstmord) *William H. Taft* (Republik. * 1857, † 1930) Präsident der USA bis 1913 † *Hirobumi Ito*, japan. Staatsmann (von einem Koreaner ermordet), zwischen 1886 und 1901 viermal Ministerpräsident, schuf Verfassung von 1889 nach preußischem Vorbild (* 1841)	*Moody:* „The Faith-healer" (nordamerikanisch. naturalist. Schauspiel) *Ompteda:* „Exzelsior" (Bergroman) *Reymont:* „Die Bauern" (poln. Roman, 4 Bände seit 1904) *Felicitas Rose* (* 1862, † 1938): „Heideschulmeister Uwe Karsten" (Roman) *Rilke:* „Requiem" *Sinclair:* „Der Liebe Pilgerfahrt" (nordamerik. sozialist. Roman) *Strindberg:* „Der Sohn der Magd" (schwed. autobiograph. Roman seit 1886), „Die große Landstraße" (schwed. Drama) † *Algernon Charles Swinburne*, engl. Dichter; Anhänger der Präraffaeliten (* 1837) *Hans Thoma:* „Im Herbste des Lebens" *L. Thoma:* „Moral" (satir. Komödie) *Jakob Wassermann:* „Caspar Hauser" (Roman) † *Ernst von Wildenbruch*, dt. Dichter (* 1845) Zoppoter Waldoper eröffnet Ein Band *Virgil* kostet: ≈ 1400 (schlechte Handschr.) 100,00 M ≈ 1500 (bester *Aldus*-druck) ..... 80,00 M ~ 1525 ..... 40,00 M 1636 (*Elzevir*-Ausgabe) 12,00 M 1659 .... 8,50 M 1702 (Leipziger Druck) 3,60 M 1798 (*Didot* Stereotyp-Ausgabe) ..... 3,00 M 1909 (*Reclam*) . 0,40 M	*Wilh. Ostwald:* „Energetische Grundlagen der Kulturwissenschaft" *Friedrich Paulsen* (* 1846, † 1908): „Pädagogik" (fordert Entwicklung aller menschlichen Anlagen; posthum) *Söderblom:* „Vater, Sohn und Geist" (schwed. evang. Theologie) *Spranger:* „Wilhelm von Humboldt und die Humanitätsidee" *R. Steiner:* „Wie erlangt man Kenntnis der höheren Welten?" (Anthroposophie) † *Adolf Stoecker*, evang. Hofprediger und Politiker; gründete 1878 antisemit. „Christlich-soziale Partei" (* 1835) *E. B. Titchener:* „Lehrbuch der Psychologie" (nordamerikan. experimentelle Psychologie) „Bibelwissenschaft" (in Band 1 von „Die Religion in Geschichte und Gegenwart") Universität Bristol (England) „Oxford und die Arbeiterbildung" (engl. Hochschuldenkschrift) Handelshochschule Stockholm Gründung des deutschen Volksbildungsarchivs Bund für Freie Schulgemeinden (für demokratische Schulreform) Evangel.-lutherischer Schulverein zur Bekämpfung der Verweltlichung der Schule Dt. Zentralkomitee für Zahnpflege in der Schule Muttertag in USA

Nolde: „Abendmahl“ und „Pfingsten“ (religiös-express. Gemälde)

Hermann Joachim Pagels: „Krüderbrunnen“ und „Klabautermann-Brunnen“, Bremerhaven

Picasso: „Fabrik am Ebro“ und „Harlequin“ (span.-frz. Gemälde)

Henri Rousseau: „Urwaldstimmung“ (frz. Gemälde)

~*Gino Severini:* „Der Boulevard“ (ital.-frz. futurist. Gem.)

Slevogt: Illustrationen zu „Lederstrumpf“

Trübner: „Am Starnberger See“ (Gemälde)

E. R. Weiß: Fraktur (für den Druck d. Tempel-Klassiker)

Franz Xaver Zettler (* 1841, † 1916): Marienfenster im Ulmer Münster (Wiederherstellung alter Glasmalerei)

„Die Gewebesammlungen des königlichen Kunstgewerbemuseums zu Berlin“ (7 Bände seit 1900; größte Samml. von Reliquienhüllen)

Debüt von *Mary Pickford* unter dem Regisseur *D. W. Griffith* (* 1875, † 1948) (Beginn des amerik. Starwesens)

„Eine russ. Hochzeit im 14. Jhdt.“ (russ. Film)

„Carmen“ (frz. Film)

Erste eig. Wochenschau (frz.)

Filmschauspielerin *Henny Porten* wird „Star“ genannt

Albrecht Penck (* 1858, † 1945): „Die Alpen im Eiszeitalter“ (mit *Ed. Brückner*, 3 Bde. seit 1901)

John Rockefeller gründet Stiftung für wissenschaftliche Forschung (bis 1924 über 500 Mill. Dollar)

F. P. Rous entd. Krebsvirus b. Huhn (vgl. 1966)

Die Südpolar-Expedition unter *E. H. Shakleton* erreicht den magnetischen (Nord-)Pol und kommt dem geographischen Südpol auf 178 km nahe

S. P. L. Sörensen (* 1868, † 1939): Messung der Wasserstoffionen-Konzentration (pH-Wert)

F. Soddy: Atome eines Elementes (Blei) können verschiedene Massen haben (Isotope)

Stepp erweist in Fütterungsversuchen an Mäusen, daß sich dem Brot durch Alkohol ein lebenswichtiger Stoff entziehen läßt (derartige Fütterungsversuche werden für die Vitaminforschung charakteristisch)

Eduard Sueß (* 1831, † 1914): „Das Antlitz der Erde“ (3 Bände seit 1885, grundlegend für die Theorie der Gebirge)

Jakob von Üxküll (* 1864, † 1944): „Umwelt und Innenwelt der Tiere“ (jedes Lebewesen hat seine artspezifische „Umwelt“)

Wilsing und *Scheiner:* Zuverlässige Fixsterntemperaturen aus dem Spektrum und dem Strahlungsgesetz

Heidelberger Akademie der Wissenschaften

1,52-m-Spiegel-Teleskop für Mt.-Wilson-Sternwarte (wird zum Mittelpunkt astronomischer Forschung)

Pumpanlage mit direkter Ausnutzung der Sonnenwärme in Kalifornien (mit Mosaikspiegel von 11 m Durchmesser)

Erste dt. Motorflüge

„Mannus“, „Prähistorische Zeitschrift“ (vorgeschichtl. Zeitschriften)

~ Rasche Entwicklung der Biochemie (von Vitaminen, Hormonen, Enzymen)

Gesetz über Kraftfahrzeugverkehr in Deutschland

Deutsches Gesetz gegen den unlauteren Wettbewerb

Deutsches Reichsviehseuchengesetz

Deutscher Postscheckverkehr

Reichsbanknoten gesetzl. Zahlungsmittel

Deutsche Zündholzsteuer

1. Internat. Luftfahrt-Ausstellung (ILA) in Frankfurt/Main

Motorflug v. *Hans Grade* (1. dt. Motorflug)

Erste Flugwoche in Berlin-Johannisthal

Erste Dauerwelle (in London)

1. Berliner Sechstagerennen (in New York 1891)

Erster Skilift im Schwarzwald (Triberg)

Dtl. überholt Frankr. als Industriemacht (vgl. 1955)

1910

Friedens*nobel*preis an das Internationale Friedensbüro in Bern

Zar *Nikolaus II.* in Potsdam; Abkommen zwischen Deutschland und Rußland; beide Mächte wollen sich feindlicher Bündnispolitik enthalten

„Fortschrittliche Volkspartei" unter *Friedrich Naumann* gegründet (vereinigt freisinnige Gruppen)

Reichsstädtebund der kleineren Städte im Gegensatz zum „Deutschen Städtetag" der größeren

† *Eduard VII.*, König von Großbritannien seit 1901 (* 1841)

Georg V. König von Großbritannien bis 1936 (†, * 1865)

Konflikt zwischen brit. Unter- und Oberhaus führt zu zweimaliger Wahl und Stärkung der Liberalen und Labour-Party

Südafrikanische Union als brit. Dominion gegründet; *Louis Botha*, erster Ministerpräsid. bis 1919 (†)

Briand schreitet gegen frz. Eisenbahnerstreik ein

Frz.-Äquatorial-Afrika aus mehreren Einzelkolonien gebildet

E. Venizelos griech. Ministerpräsident bis 1915 (wieder 1917 bis 1920, 1928 bis 1932, 1933)

Japan.-russ. Abkommen wehrt versuchten USA-Einfluß auf mandschurische Bahn ab

Japan annektiert Korea (seit 1905 Fürst *Ito* japan. Vizeregent)

Anarchistische und sozialistische Organisationen in Japan

Portugal Republik nach Stürzung König *Emanuels II.* (*Karl I.* König seit 1889, 1908 von Republikanern ermordet)

Türk. Versuch, mazedonische Freischärler zu entwaffnen, scheitert

Pan-American-Union in Washington gegründet

13. Dalai Lama flieht vor d. Chinesen vorübergeh. n. Indien

Literatur-*Nobel*preis an *P. Heyse* (Dt.)

Martin Andersen-Nexö (*1869, †1954): „Pelle d. Eroberer" (dän. sozial. Roman aus Bauern- u. Arbeitermilieu s. 1906)

Julius Bab (* 1881): „Der Mensch auf der Bühne, eine Dramaturgie für Schauspieler" (3 Bände)

R. G. Binding: „Legenden der Zeit"

† *Björnstjerne Björnson*, norweg. Dichter; *Nobel*preis 1903 (* 1832)

Börner: „Die Schundliteratur und ihre Bekämpfung"

Jakob Bosshart (* 1862, † 1924): „Früh vollendet" (Schweiz. Erz.)

Bunin: „Das Dorf" (russ. Bauernroman)

Claudel: „Fünf große Oden" (frz. Dichtung)

Th. Däubler: „Das Nordlicht" (express. Epos über die Weltentstehg.)

Herbert Eulenberg (*1876, † 1950): „Schattenbilder"

Freud: „Über Psychoanalyse"

Ganghofer: „Lebenslauf eines Optimisten" (Autobiographie)

Hamsun: „Vom Teufel geholt" (norw. Drama)

Enrica v. Handel-Mazzetti (* 1871): „Die arme Margaret" (hist. Rom.)

G. Hauptmann: „Der Narr in Christo Emanuel Quint" (Roman)

Hedin: „Zu Land nach Indien" (schwed., 2 Bde.)

H. Hesse: „Gertrud" (Roman)

Ric. Huch: „Das Leben des Grafen Federigo Confalonieri" und „Der letzte Sommer" (Rom.)

Gertrud Bäumer Vorsitzende des Bundes dt. Frauenvereine bis 1919

† *Friedrich von Bodelschwingh*, dt. innerer Missionar (* 1831)

Carnegie - Friedensstiftung errichtet

E. Cassirer: „Substanzbegriff u. Funktionsbegriff" (neukant. Philos.)

Coué wendet sein psychotherapeutisches Heilverfahren der Autosuggestion an und gründ. in Nancy „Neue Schule" der Autosuggestion

Dilthey: „Der Aufbau der geschichtlichen Methode in den Geisteswissenschaften" (mit dem Grundbegriff des „Verstehens")

† *Henri Dunant*, Schweiz. Philantrop; Friedens*nobel*preis gemeinsam mit *Passy* 1901 (* 1828)

James Frazer (* 1854, †1941): „Totemismus u. Fremdheirat" (engl. Völkerkunde, 4 Bände)

William Reuben George: „Die Kinderrepublik" (Bericht über sein 1890 gegründ. Kinderdorf)

Ludwig Ihmels (* 1858, † 1933): „Zentralfragen der Dogmatik in der Gegenwart" (protest.)

† *William James*, nordamerikan. Philosoph u. Psychologe; Begründer des Pragmat. (* 1842)

Hermann von Keyserling: „Schopenhauer als Verbilder"

L. Klages: „Prinzipien der Charakterologie"

Franz Mehring (* 1846, † 1919): „Deutsche Geschichte v. Ausgange d. Mittelalters" (sozialist.)

Alexander Mell (* 1850, † 1931): „Der Blindenunterricht" (österr.)

† *Andreas Achenbach*, dt. Maler; u. a. „Der Untergang d. Dampfers ‚Präsident'" (1842) (* 1815)

G. Braque „Sacre Coeur" (frz. kubist. Gemälde)

Guglielmo Calderini: Justizpalast in Rom (Baubeginn 1889)

Chagall kommt nach Paris (1914–23 in Rußland)

Corinth: „Die Gattin d. Künstlers", „Inntal" (impress. Gemälde)

R. Delaunay (* 1885, † 1941): „Eiffelturm" (orphist. Gem.)

Feininger beginnt mit seinem charakterist. kubist.-express. Stil hervorzutreten

Gaul: Löwendenkmal im Posener Zoo

Hermann Haller: „Schreitende Flora"

Jacoba van Heemskerk-van Beest: „Schiffe im Hafen" (niederl. kubist. Gemälde)

Hodler: „Der Holzfäller" (Schweiz. express. Gemälde)

† *Winslow Homer*, nordamerikan. Maler (* 1836)

† *William Holman Hunt*, engl. Maler (* 1827)

Kandinsky: 1. abstr. Gem.

Klimsch: *Virchow*-Denkmal. Berlin

† *L. Knaus*, dt. Maler (* 1829)

Rudolf Koch (* 1876, † 1934): Deutsche Schrift (Drucktyp.)

Kokoschka: „Frau Loos" (Bildnis)

Bartók: „Allegro barbaro" (ungar. Komposition für Klavier)

Alban Berg (* 1885, † 1935, *Schönberg*-Schüler): Quartett op. 3

Busoni: „Fantasia contrappuntistica" (Orchesterwerk)

Jean Gilbert (*M. Winterfeld*, * 1879, † 1942): „Die keusche Susanne" und „Polnische Wirtschaft" (Operetten)

Humperdinck: „Die Königskinder" (Oper)

G. Mahler: 8. Symphonie Es-Dur („Symphonie der Tausend")

Massenet: „Don Quichote" (franz. Oper)

Puccini: „Das Mädchen aus dem goldenen Westen" (it. Oper)

Strawinsky: „Der Feuervogel" (russ. Ballett)

* *Heinrich Sutermeister*, schweiz. Komponist

R. Vaughan Williams (* 1872): „Eine Symphonie vom Meer" (engl. Tondichtung für Sopran, Bariton, Chor und Orchester nach Worten von *Walt Whitman*)

Sportpalast als „Eispalast" in Berlin eröffnet (wird nach wechselhafter Geschichte 1973 abgerissen)

Physik-*Nobel*preis an *J. D. van der Waals* (Niederl.) f. Zustandsgleich. von realen Gasen und Flüssigkeiten

Chemie-*Nobel*preis an *Otto Wallach* (Dt., * 1847, † 1931) für Erforschung der ätherischen Öle

Medizin-*Nobel*preis an *Albrecht Kossel* (Dt., * 1853, † 1927) für Erforschung des Zell-Eiweißes

Fürst *Albert I.* von Monaco (* 1848, † 1922) fördert Tiefseeforsch. d. Gründ. ein. Instit. f. Ozeanographie

E. F. W. Alexandersen: Erster Maschinensender für Telegraphie

Boysen-Jensen: Wuchsstoff (Auxin) für die Pflanzenneigung zum Licht (Heliotropismus)

L. Boß: Katalog der 6188 hellsten Sterne (von *B. Boß* 1937 erweitert)

Bruno H. Bürgel (* 1875, † 1948): „Aus fernen Welten" (volkstümliche Astronomie)

Claude: Neon-Glimmlicht

F. G. Cortrell und *E. Möser:* Elektrisches Entstaubungsverfahren (seit 1907 verbessert)

Carl Cranz (* 1858): „Lehrbuch der Ballistik" (4 Bände bis 1926, Ergänzungsband 1936)

~ Wachsende Produktion von Viskose-Kunstseide nach d. Verfahren von *Croß*, *Bevan*, *Beadle* (1891)

Beg. d. Chemotherapie mit Salvarsan z. Syphilisbekämpf. (vgl. 1909)

H. Farman fliegt 463 km i. 8¼ Std.

Auguste Forel (* 1848, † 1931): „Das Sinnesleben der Insekten"

Frahm: Schlingertank

Harms und *Eugen Steinach* erforschen die innere Sekretion der Geschlechtsdrüsen (Hormon-Sekr., Vorversuch von *Berthold* 1849)

Harnack erster Präsident der anläßl. d. 100-Jahr-Feier d. Univers. Berlin gegründ. Kaiser-*Wilhelm*-Gesellsch. zur Förderung der Wissenschaften

Joh. Hartmann: Photometer für Helligkeitsmessungen an flächenhaften astronom. Objekten (baute 1899 astronom. Mikrophotometer)

Hemser: Flüssigkeits-Rohrbremse für Geschütze

P. Herre, *A. Hofmeister*, *Rudolf Stübe:* „Quellenkunde zur Weltgeschichte"

Weltausstellung in Brüssel

Rudolf Hilferding (* 1877, † 1941): „Das Finanzkapital" (marxist. Untersuch. des Monopolkapitalismus)

Eduard Kohlrausch (* 1874, † 1948): „Sollen und Können als Grundlage d. strafrechtlichen Zurechnung"

Gustav Radbruch (* 1878): „Einführung in die Rechtswissenschaft" (sozialist. Standpkt.)

Othmar Spann (* 1878): „Haupttheorien d. Volkswirtschaftslehre"

Adolf Weber (* 1876): „Der Kampf zwischen Kapital u. Arbeit"

Martin Wolff (* 1872): „Sachenrecht" (Zivilrecht)

† *Karl Röchling*, dt. Unternehmer; gründete *Röchling*-sche Eisen- und Stahlwerke 1881 (* 1827)

„Weltwirtschaft" (Zeitschrift)

Höchstziffer von 13 Mill. ausgefallenen Arbeitstagen durch Aussperrungen (Durchschnitt 1899 bis 1922: 2 Mill. Arbeitstage jährlich)

In Deutschland beginnen Körperschaften des öffentlichen Rechts Lebensversicherungen zu betreiben (1911 Verband öffentl. Lebensversicherungs-Anstalten gegründet)

(1910)	*Friedrich Kayssler* (* 1874, † 1945): „Schauspielernotizen" *Kolbenheyer:* „Meister Joachim Pausewang" (Roman) *Heinrich Lilienfein* (* 1879): „Der Stier von Olivera" (Schauspiel; von *d'Albert* als Oper vertont) *J. London:* „Lockruf des Goldes" (nordamerikan. Roman) *Löns:* „Der Werwolf" (Sittenbild aus dem 30-jährigen Krieg) *H. Mann:* „Die kleine Stadt" (Roman) *Karl May:* „Winnetou" (4 Bände seit 1893) und „Mein Leben und Streben" (Autobiographie) *Karin Michaelis (-Stangeland,* * 1872, † 1950): „Das gefährliche Alter" (dän.-dt. Frauenroman) *Ferenc Molnar* (* 1878): „Liliom" (Vorstadtlegende, Schauspiel) † *Wilhelm Raabe,* dt. Dichter (* 1831) *Alexei M. Remisow* (* 1877): „Die Schwestern im Kreuz" (russ. Erzählung) *Rilke:* „Aufzeichnungen des Malte Laurids Brigge" (Roman) *Edmond Rostand* (* 1868, † 1918): „Chantecler" (frz. neuromant. Versdrama) *Schönherr:* „Glaube und Heimat" (Tragödie) *Jessie Willcox Smith:* „The Bed-Time-Book" („Das Schlafenszeitbuch", nordamerik. Kinderbuch)	*Tagore:* „Gintajali" (ind. Dichtung seit 1907; übersetzt sie 1912 ins Englische) *L. Thoma:* „Erster Klasse" (Komödie) † *Leo Nikolajewitsch Tolstoi,* russ. Dichter (* 1828) † *Mark Twain (Samuel Langborne Clemens),* nordamerik. humorist. Dichter (* 1835) *Viebig:* „Die vor den Toren" (Roman) *Herwarth Walden* (* 1878, verschollen nach 1930 in der UdSSR) grdt. Zeitschr. „Der Sturm" zur Förderung des Expressionismus (ersch. bis 1932) *Wasow:* „Legenden vom Zarewez" (bulg. Balladen und Epen) und „Borislaw" (bulg. Drama) *Wedekind:* „Schloß Wetterstein" (Schausp., Urauff. 1917) † *Josef Kainz,* dt. Schauspieler; ging 1899 vom Dt. Theater, Berlin, an das Burgtheater in Wien (* 1858) Theatermuseum in München *(Clara-Ziegler-Stiftung)* Lehrstuhl für niederdeutsche Sprache in Hamburg *H. Cohn:* „Tiernamen als Schimpfwörter" *Klenz:* „Schelten-Wörterbuch" *Karlheinz Martin* bringt i. neugegrdten. Frankfurt. Komödienhaus v. *Andrejew:* „Das Leben d. Menschen" (surrealist. Auff., Bühnenbilder *O. Starke*)	*Moeller van den Bruck:* „Die Deutschen. Unsere Menschengeschichte" (8 Bände seit 1904) *Natorp:* „Die logischen Grundlagen der exakten Wissenschaften" (neukantian. Erkenntnisth.) *Hans Ostwald:* „Kultur- u. Sittengesch. Berlins" *Charles Pierre Péguy* (* 1873, † 1914): „Das Mysterium der Jeanne d'Arc" (frz. Darstellung eines religiös. Sozialist.) *Johannes Rehmke* (* 1848, † 1930): „Philosophie als Grundwissenschaft" *Adolf Schlatter* (* 1852, † 1938): „Erläuterungen zum Neuen Testament" (3 Bde s. 1887; evang.) Borromäusenzyklika des Papstes mit Angriffen gegen Protestantismus Religionskongreß i. Berlin v. Vertretern d. verschied. Religion. (1893: Chicago, 1896: Stockh., 1900: Paris, 1904: Basel, 1908: Oxford, 1912: Leiden, 1928: Prag) Weltmissionskonferenz in Edinburg gründet International. Missionsrat „Männerapostolat" (lose Vereinig. zur Festigung kathol. Kirchentreue) Span. Konkordat. Vatikan bricht Beziehungen wegen Ordensbeschränkungen ab Techn. Hochsch. Breslau Einrichtung dt. Jugendherbergen 1. dän. Arbeit.-Hochsch. Lessinghochschule, Bln. Volksbund z. Bekämp. d. Schmutzes i. Wort u. Bild eröffnet Kinderlesehalle Dt. Tierärztl. Hochschulen verleihen eigenen Doktorgrad Dt. Bund f. Schulreform

Käthe Kollwitz Mitarbeiterin am „Simplicissimus“

Lehmbruck: „Weiblicher Torso“ (neogot. Plastik)

Maillol: „Sitzende“ (frz. Plastik)

Marc: „Akt mit Katze“, „Kühe unter Bäumen“, „Streitende Pferde“ und „Der Mandrill“ (express. Gemälde)

Matisse: „Tanz und Musik“ (Monumentalfresken in einem Moskauer Privathaus) und „Collioure“ (frz. Landschaftsgemälde)

Julius Meier-Gräfe: „Hans Marées, sein Leben u. sein Werk“

Ed. Munch: „Straße in Kragerö“ und „Schneearbeiter“ (norweg. express. Gemälde)

Pechstein: „Am Seeufer“ (express. Gem.)

Wilhelm Pinder (* 1878, † 1947): „Deutsche Dome d. Mittelalters“ (Kunstgeschichte)

Rodin: „Höllentor“ (frz. Plastiken, unvollendet, seit 1880)

† *Henri Rousseau*, frz. Maler, Autodidakt (* 1844)

Sintenis: „Gazelle“ (Plastik)

F. L. Wright wird durch seine Wohnhausbauten in Europa bekannt und einflußreich

† *Michail Wrubel*, russ. Maler (* 1856)

Erste nachimpressionist. Kunstausstellung in England (*Cézanne, van Gogh, Matisse*)

Ende des „Jugendstils“ (seit 1896; nach der Münchener Zeitschrift „Jugend“)

~ In der Möbelkunst wird der ornamentenreiche „Jugendstil“ durch eine neue Sachlichkeit abgelöst

~ *Käthe Kruse* (* 1883, † 1968): Individualist. Puppen

Die ital. Maler *G. Balla* (* 1871, † 1958), *U. Boccioni* (* 1882, † 1916), *C. Carrà* (* 1888, † 1966), *L. R. Russolo* (* 1885, † 1947) u. *G. Severini* (* 1883, † 1966) unterz. futuristisches Manifest

---

„Die Christen vor die Löwen“, „Faust“, „Messalina“, „Macbeth“, „Héliogabal“ (frz. Filme)

„Lukrezia Borgia“ (ital. Film von *Guazzoni*)

„Robinson Crusoe“, „Hamlet“ (dän. Filme v. *Auguste Blom*, * 1869, † 1942)

„Ramona“, „Ein Kind aus d. Ghetto“, „Boy Nr. 5“ (nordamer. Filme von *D. W. Griffith*)

„Meissner Porzellan“ (Film von *Fr. Porten*)

„Peter der Große“ (russ. Film von *Veskow*)

Wanderkino verliert stark an Bedeutung

Junkers: Nur-Flügel-Flugzeug

† *Robert Koch*, dt. Mediziner; entdeckte 1882 Tuberkelbazillus; *Nobel*preis 1905 (* 1843)

Bone Leeds und *R. Schnabel:* Oberflächenverbrennung (flammenlose Verbrennung eines Gasgemisches in poröser Masse)

Eduard Mertens (* 1860, † 1919) verwendet Tiefdruck-Reproduktion (erstmalig 1897 *Ernst Rolffs*)

Th. H. Morgan führt Taufliege (Drosophila melanogaster) als besonders geeignetes Objekt in die experimentelle Vererbungsforsch. ein

L. Moß unterscheidet die vier menschlichen Blutgruppen

Norweg.-nordatlant. Expedition auf der „Michael Sars“ unter *J. Murray* und *J. Hjort* (gilt als erste moderne Tiefsee-Expedition)

Julius Pflugk-Harttung: „Weltgeschichte“ (6 Bände seit 1907)

Pierantoni und *Šulc* entdecken Organe der Blattläuse, die als Symbiontenwohnung dienen (gilt als Begründung der Symbioseforschung)

Ricketts entdeckt Fleckfiebererreger, durch Kleiderlaus übertragen (unabhängig von ihm *Prowazek* 1913)

Edmund Rumpler (* 1872) baut Flugzeug „Rumpler-Taube“

J. Stumpf: Gleichstromdampfmaschine

J. J. Thomson: Bestimmung der Atommassen durch Ablenkung der elektr. und magnet. Kräfte (Beginn der „Massenspektroskopie“)

Dt. Chemische Gesellschaft beginnt Literaturregister der organischen Chemie zu veröffentlichen

Erster *Diesel*motor für Kraftwagen

Höchste Normalbahn Europas über den Bernina-Paß (Baubeginn 1907)

Manhattan-Brücke über den East-River, New York (Kabelbrücke. 448 m Stützweite, Baubeg. 1901)

Minenwerfer (Steilfeuerwaffe)

Amerikan. Versuch eines Ozeanfluges mit Luftschiff scheitert

Ramapithecusfund (vgl. 1965 W)

Neue Antilopenart in Abess. entd.

Wiederkehr des *Halley*schen Kometen zur vorausberechneten Zeit

Reichsbanknoten gesetzl. Zahlungsmittel. Einlösung in Goldmünzen

Dt. Stellenvermittlungsgesetz gegen Ausnutzung von Arbeitsuchenden

Eingehende Regelung des Irrenrechts in Baden

Bodenfräse kommt in der Landwirtschaft zur Anwendung (erfunden ~ 1850 von *Hoskyns*)

Reemtsma-Zigarettenfabrik, Hamburg-Bahrenfeld

Kolonialinstitut in Amsterdam zur Erschließung der niederl. Kolonien

Brüsseler Abkommen über Hilfeleistung in Seenot

Internationales Pariser Abkommen zur Bekämpfung unzüchtiger Bilder und Schriften

China schafft Sklaverei ab

Frauenmode: Sehr große Hüte, fußfreie Röcke (verkürzend bis zur kniefr. Mode 1925)

Michels Briefmarkenkatalog (seit 1892 *Senfs* Briefmarkenkatalog)

~ In d. USA wird Wochenend-Aufenthalt außerhalb der Stadt üblich

Italien beschließt Schaffung einer Luftschiff-Flotte

Erste Kleinepidemien an Kinderlähmung in England (1—4 Erkrankungen pro 100 000 Einwohn.)

1911

Friedens*nobel*preis an *T.M.C.Asser* (Niederl., * 1838, † 1913) u. *Alfred Fried* (Österr., * 1864, † 1921)

Verfassung für Elsaß-Lothringen mit erster und zweiter Kammer (für letztere Reichstagswahlrecht), 3 Bundesratssitze. Mehrheit im Landtag elsäß.-lothr. Landespartei (Zentrum); weiterhin dt.-frz. Spannungen

Zweite „Marokkokrise" durch Entsendung des dt. Kanonenbootes „Panther" nach Agadir. Marokko-Kongo-Abkommen: Deutschland verzichtet auf Einfluß in Marokko und erhält einen Teil der frz. Kongokolonien

v. Tirpitz Großadmiral (muß 1916 wegen Konflikt mit Reichskanzler über uneingeschränkten U-Boot-krieg zurücktreten)

Gustav Landauer (* 1870, † 1919): „Aufruf zum Sozialismus"

Karl Liebknecht: „Militarismus und Antimilitarismus" (gegen dt. Imperialismus)

Die durch Konflikte mit den Minderheiten entstandene Arbeitsunfähigkeit des österr.-ung. Reichsrates führt zur Regierungskrise

Karl von Stürgkh österr. Ministerpräsident bis 1916 (†, * 1859)

Teuerungs-Unruhen in Wien werden blutig unterdrückt

Unter Finanzminister *Lloyd George* wird Einfluß des brit. Oberhauses auf nur aufschiebendes Veto eingeschränkt und Sozialversicherung eingeführt

Winston Churchill Erster Lord der Admiralität (Marineminister; tritt 1915 zurück)

James R. MacDonald wird Leiter der brit. Labour Party (trennt sich 1931 von dieser)

Kanada baut eigene Flotte. Konservative Regierung bis 1920 (liberale Regierung seit 1896)

Allgem. Wehrpflicht in Australien (es folgt der Bau einer eigenen Flotte)

Delhi wieder Hauptstadt von Ostindien (an Stelle von Kalkutta)

General *Joseph J. C. Joffre* (* 1852, † 1931) frz. Generalstabschef

Literatur-*Nobel*preis an *M. Maeterlinck* (Belg.)

J. Bab: „Neue Wege zum Drama" (kritische Abhandlungen, 2 Bände seit 1906)

R. G. Binding: „Die Geige" (Novellen)

W. Bloem: „Das eiserne Jahr" (Kriegsroman von 1870/71)

Dauthendey: „Spielereien einer Kaiserin" (Schauspiel), „Raubmenschen" (Roman), „Die acht Gesichter am Biwasee" (Liebes-Novellen)

Th. Dreiser: „Jennie Gerhardt" (nordamerikan. realist. Rom.)

Volks-*Schiller*preis für *H. Eulenberg*

Heinrich Federer (* 1866, † 1928): „Lachweiler Geschichten" (volkstümlich-humorvolle Züricher Erzählungen), „Berge und Menschen" (Schweizer Roman)

Gundolf: „Shakespeare und der deutsche Geist"

G. Hauptmann: „Die Ratten" (Berliner Tragikomödie, sozialkrit.)

G.Hermann: „Kubinke" (Roman)

*W. Herzog: Kleist*biographie

Georg Heym (* 1887, † 1912): „Der ewige Tag" (expr. Gedichte)

Hofmannsthal: „Der Rosenkavalier" (Operntext für *R. Strauss*), „Jedermann" (Mysterienspiel)

Löns: „Das zweite Gesicht" (Roman), „Der kleine Rosengarten" (Volkslieder)

A. Mombert: „Aeon" (lyrisch-dramat. Trilogie seit 1907)

Móricz: „Hinter Gottes Rücken" (ungar. Rom.)

Franz Boas: „Der Verstand des Urmenschen" (nordamerikan. Anthropologie)

Lily Braun: „Memoiren einer Sozialistin" (Autobiographie, seit 1909)

Franz Brentano (* 1838, † 1917, kathol. Philosoph): „Von der Klassifikation der psychischen Phänomene" (Teilung in Vorstellungen, Gemütsbewegungen, Urteile als Setzung von Existenz oder Nichtexistenz)

A. Deißmann: „Paulus" (protestant. Theologie)

Paul Deussen gründet *Schopenhauer*-Gesellschaft und beginnt Ausgabe *Sch.'s* Werke

† *Wilhelm Dilthey*, dt. Philosoph; betonte das „Verstehen" in den Geisteswissenschaften; gründ. eine Richtung d. geisteswissenschaftl.Psychologie (* 1833)

Arthur Drews: „Die Christusmythe" (2 Bde. seit 1909, leugnet Existenz *Jesu*)

R. Eucken: „Können wir noch Christen sein?" (fordert Trenn. v. Staat u. Kirche, trotz Anerkenn. d. Christentums als höchste Religionsform)

Frazer: „Tabu und die Gefahren der Seele" (engl.Völkerpsycholog.)

Frauenhochschule in Leipzig von *Henriette Goldschmidt* (ab 1921 städt. sozialpädagog. Frauenseminar)

A. Görland: „Die Hypothese" (Erkenntnistheorie d. Marb. Schule)

Fritz Graebner: „Methode der Ethnologie" (Kulturkreislehre)

Harnack: „Beiträge zur Einleitung in d. Neue Testament" (4 Teile s. 1906)

† *Reinhold Begas*, dt. Bildhauer (* 1831)

*P. Behrens: Mannesmann*haus, Düsseldorf (Baubeginn 1910)

Braque: „Die Geige", „Frauen" (französ. kubist. Gem.)

Chagall: „Der Soldat trinkt", „Ich und das Dorf" (russ. Gem.)

Corinth erleidet ein. Schlaganfall (beeinflußt seinen Malstil); malt „Beim Friseur" u. „Prof. Ed. Meyer" (impress. Gemälde)

† *Joseph Israels*, niederl. Maler (* 1824)

Kandinsky: „Komposition" (abstraktes Gemälde)

E. L. Kirchner: „Gutshof" (express. Gemälde)

Klee: „Selbstbildnis" (Federzeichnung)

Wilhelm Kuhnert (* 1865, † 1926): „Farbige Tierbilder" (100 Tafeln)

Otto Kümmel: „Das Kunstgewerbe in Japan"

Hugo Lederer: „Rich. Strauss" (Büste)

Lehmbruck: „Die Kniende" (Plastik im neogot. Stil)

M. Liebermann: „Oberbürgermeister Adickes" (Bildnis)

Marc: „Rote Pferde" „Affenfries" (express. Gemälde)

E. Munch: „Quelle", „Sonne" (norweg. expressionist. Gemälde) und allegorische Wandmalereien in der Universitätsaula Oslo (seit 1909)

Bartók: „Herzog Blaubarts Burg" (ung. Musikdrama)

Paul Bekker (* 1882, † 1937): „Beethoven" (Biographie); wird Musikreferent d. „Frankf. Zeitung" (bis 1922)

Leo Fall: „Der liebe Augustin" (Operette)

Wilh. Furtwängler beginnt seine Dirigentenlaufbahn an der Oper in Lübeck

Kienzl: „Der Kuhreigen" (Oper)

Mahler: „Das Lied von der Erde" (für Tenor, Alt u. Orch.)

† *Gustav Mahler*, dt. Komponist; 1897—1907 Direktor der Hofoper in Wien (* 1860)

Ravel: „Die span. Stunde" (frz. Oper)

Reznicek: „Schlemihl" (sinfon. Dichtung)

A. Schönberg: „Harmonielehre" (Musiktheorie)

R. Strauss: „Der Rosenkavalier" (neuromant. Oper) Urauff. i. Dresden, Bühnenbild v. *A. Roller* (* 1864, † 1935)

Strawinsky: „Petruschka" (russ. Ballett)

Carl Stumpf: „Anfänge der Musik" (Musik der Naturvölker)

R. Wagner: „Mein Leben" (Autobiographie, posthum)

Physik-*Nobel*preis an *W. Wien* (Dt.) für Erforschung der Wärmestrahlung

Chemie-*Nobel*preis a. *M. Sklodowska-Curie* (Polen) für Entdeckung des Radiums und Poloniums

Medizin-*Nobel*preis an *Allvar Gullstrand* (Schwed., * 1862, † 1930) für Förderung d. Augenheilkunde

Amundsen erreicht als erster den Südpol (15. 12.; am 18. 1. 1912 folgt *Scott*) und schreibt 1912 „Die Eroberung des Südpols"

v. Bronk: Hochfrequenzverstärker

G. Burstyn: Entwurf eines Kampfwagens (Tank)

F. Dahn: „Die Könige der Germanen" (20 Bände seit 1861)

C. Dorno: „Studie über Licht und Luft des Hochgebirges" (Bioklimatologie aus dem 1907 gegrdt. Institut in Davos)

Einstein: „Über den Einfluß der Schwerkraft auf die Ausbreitung des Lichtes" (leitet aus d. Relativitätsprinzip ablenkende Wirkung ab)

C. Funk findet mit *Teruuchi* das Anti-Beriberi-Vitamin (künstl. hergestellt 1936) und schlägt für derartige Wirkstoffe den Namen „Vitamin" vor

Fernflug München-Berlin durch *Hirth* und *Garros* erreicht Rekordflughöhe 3900 m

† *Jacobus Hendricus van't Hoff*, niederl. Physikochemiker; begründete Stereochemie und Lehre von den chemischen Umsetzungen; *Nobel*preis 1901 (* 1852)

Kamerlingh Onnes entdeckt Verschwinden des elektrischen Widerstandes bei tiefen Temperaturen: „Supraleitung"

G. Kraus: „Boden und Klima auf kleinstem Raum" (Anfänge einer Mikroklimatologie)

Stereoautograph von *Pulfrich* zur Geländevermessung durch photographisches Raumbild

Calbraith Rodgers gewinnt Luftrennen New York—Kalifornien: 6809 km i. 49 Tagen m. 69 Zwischenlandungen (reine Flugzeit 82 Stund.)

Standard Oil Trust d. Antitrustgesetz aufgelöst

Hausarbeitsgesetz in Deutschland (bisher Stundenlohn für Heimarbeiter teilw. unter 10 Pfennig)

Vereinigung künstlerischer Bühnenvorstände, Berlin (dt. Berufsverband)

Reichsversicherungsordnung (Zusammenfassg. von Krankheits- [1883], Unfall- [1884] und Invaliditäts-Versicherg. [1889] in 1805 Paragraphen)

Reichsversicherungsanstalt f. Angestellte (Pflichtversicherung geg. Invalidität)

Pflichtversicherung geg. Krankh. u. Arbeitslosigk. in Großbritannien

Frank William Taussig (* 1859, † 1940): „Principles of Economics"

Institut für Weltwirtschaft u. Seeverkehr an der Universität Kiel

Erwin Stein (* 1888, † 1966) grdt. Verein f. Kommunalwirtschaft u. Kommunalpolitik, Berlin (veröffentlicht „Zeitschrift für Kommunalwirtschaft", „Monographien deutscher Städte")

Zweckverband Groß-Berlin

Zusammenfassung d. deutschen Staatslotterien zur Preußisch-Süddeutsch.

(1911)

Island gibt den Frauen Wahlrecht und Zugang zu allen (auch geistlichen) Ämtern

Ital.-türk. Krieg bis 1912, wegen Annexion von Tripolis und Cyrenaika durch Italien

Russ. Ministerpräsident *Stolypin* in Gegenwart des Zaren ermordet. Nachfolger *Kokowzew* bis 1914

Venizelos erzwingt infolge einer Revolution der Offiziere (1909) griechische Verfassungsreform im Sinne einer Militärdiktatur

Jungtürk. Komitee verzichtet auf Beeinflussung der Regierung (1912 türk. Parlament aufgelöst)

Persien erhält schwed. militär. Berater und Finanzsachverständige aus USA. Letztere müssen aber auf brit.-russ. Protest Persien verlassen

Revolution in China unter Führung *Sun Yat-sens;* mehrere Provinz-Gouverneure schließen sich an. Abdankung der *Mandschu*-Dynastie (seit 1644)

Tschiang Kai-schek militär. Mitarbeiter *Sun Yat-sens*

Äußere Mongolei löst sich von China

Auflösung des Standard Oil Trusts durch Antitrustgesetz der USA (bildet sich im 1. Weltkrieg neu)

Sturz des mexikanischen Staatspräsidenten (seit 1884) *Porfirio Diaz* (* 1830, † 1915). (Unter ihm gewannen die USA starken Einfluß auf mexikanische Ölvorkommen; es folgt eine lange Zeit revolutionärer Unruhen bis ~ 1920)

Präsident *Estrada Cabrera* von Guatemala beginnt seine Politik im Sinne einer Annäherung an USA

Welthandelsvolumen 510% gegenüber 1850 (Die Konkurrenz führt zu internationalen Spannungen)

Franz Pfempfert (* 1879) gibt die „Aktion" heraus („für die Idee der groß. dt. Linken")

Sigfrid Siwertz (* 1882): „Die Mälarpiraten" (schwedische Jungengeschichte)

Albert Soergel (* 1880): „Dichtung und Dichter der Zeit" (1. Band)

Carl Sternheim (* 1878, † 1942): „Die Hose" (satir. Komödie)

Streuvels: „Das Christkind" (fläm. Erzählung)

Fritz von Unruh (* 1885, † 1970): „Offiziere" (Drama)

Verhaeren: „Ganz Flandern" (belg. Gedichte; 5 Bände seit 1904)

Richard Voß (* 1851, † 1918): „Zwei Menschen" (Roman)

Wells: „Der neue Machiavelli" (engl. gesellschaftskrit. Roman)

Edith Wharton (* 1862, † 1937): „Die Schlittenfahrt" („Ethan Frome", nordamerikan. Roman)

Ernst von Wolzogen: „Der Erzketzer" (Roman um die moderne Erziehung)

St. Zweig: „Erstes Erlebnis" (Erzählung)

Goethes „Urmeister" gefunden

Kayser: „Vollständiges Bücherlexikon" (seit 1833, umfaßt die Jahre 1750 bis 1910)

„Dt. Bücherverzeichnis" vom Börsenverein dt. Buchhändler („Verzeichnis der im dt. Buchhandel erschienenen Bücher, Landkarten, Zeitschriften usw.")

Hebbel-Theater, Berlin, eröffnet

*Kleist*preis gestiftet

Willy Hellpach: „Die geopsychischen Erscheinungen" (Einfluß der Landschaft auf Charakter und Psyche)

Erich Mühsam: „Kain, Zeitschrift für Menschlichkeit" (bis 1914)

Papst *Pius X.* leitet Reform des Breviers ein

Johannes Reinke: „Die Kunst d. Weltanschauung" (christl., antimon.)

F. C. S. Schiller: „Humanismus" (nordamerikan. Pragmatismus)

Schweitzer: „Geschichte der paulinischen Forschung" (betont eschatolog. Kern d. Christent.)

W. Stern: „Die differentielle Psychologie in method. Grundlagen"

Vaihinger: „Die Philosophie des Als Ob" (betont praktischen Nutzen der Fiktion)

Karl Vorländer (* 1860, † 1928): „Kant u. Marx"

Sidney (* 1859, † 1947) u. *Beatrice Webb* (* 1858, † 1943): „Das Problem der Armut" (engl. Fabian-Sozialism.)

W. Wundt: „Einführung in die Psychologie"

Katholische Geistliche z. Ableg. d. Antimodernisteneides verpflichtet

Universität Lissabon

Preußen unterstützt finanz. Jugendpflege (weitere dt. Staaten folgen)

Staatliche Prüfung für Kindergärtnerinnen in Preußen (bedeutet staatl. Anerkennung u. Förderung des Kindergartens)

Schulpflicht für blinde und taubstumme Kinder in Preußen

56,4% der portug. Bevölker. über 6 Jahre Analphabet. (1924: 54,7%; 62,2% der Frauen)

Nash: „Pyramiden im Meer“ (engl. surrealist. Federzeichn.)

† *Fritz von Uhde*, dt. Maler (* 1848)

Leonardo da Vincis „Mona Lisa“ aus dem Pariser Louvre entwendet (1913 in Italien gefunden)

„Association of American Painters and Sculptors“ (veranstaltet 1913 Armory-Ausstellung in New York, erstmalig m. Werk. v. *Cézanne, Gauguin, van Gogh*)

L. Wolde u. *W. Wiegand* gründen „Bremer Presse“ f. künstlerisch hochwertige Privatdrucke

Wilhelm Worringer (* 1881): „Formprobleme der Gotik“ (Kunsthistorik in „menschheitspsycholog. Betracht.“)

Grdg. d. expressionist. Künstlervereinigung „Blauer Reiter“ i. München (mit *Kandinsky, Klee, Macke, Marc* u. a.)

„Der Abgrund“ (dän. Film von *Urban Gad*, * 1879, mit seiner Frau *Asta Nielsen*, * 1881)

„Zigomar“, „Nick Carter“ mit Forts. (franz. Filme mit *Victorin Jasset*, * 1862, † 1913)

„Das Leben wie es ist“ (frz. Film von *Louis Feuillade*, * 1874, † 1925)

„Die Odyssee“ (ital. Film von *Giuseppe de Liguro*); „Spartakus“, „Pinocchio“ (ital. Filme von *Pasquali*)

Hermann Wolfgang von Waltershausen (* 1882): „Oberst Chabert“ (Oper nach *Balzac*)

Emile Jacques-Dalcroze (* 1865) gründet bei Dresden „Schule Hellerau für Rhythmus, Musik und Körperbildung“ (pflegt die „rhythm. Gymnastik“)

„Der Telegraphist v. Lonedale“ (nordamer. Film von *D. W. Griffith*)

„Anna Karenina“ (russischer Film von *Tschardinine*)

W. Gropius und *A. Meyer*: Fagus-Werk in Alfeld (Industriebau)

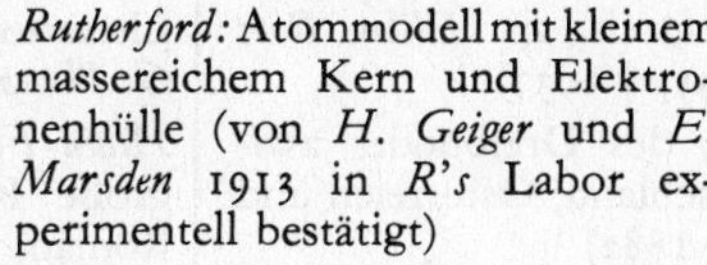

Rutherford: Atommodell mit kleinem massereichem Kern und Elektronenhülle (von *H. Geiger* und *E. Marsden* 1913 in *R's* Labor experimentell bestätigt)

Schütte-Lanz: Erstes stromlinienförmiges Luftschiff

4. Internationaler Kongreß für Vererbungsforschung behandelt neben Pflanze und Tier auch den Menschen

Erste australische Expedition im Südpolargebiet (bis 1913; entdeckt *Georg-V.*-, *Adélie*- und *Queen-Mary*-Land in der Ostantarktis)

„Olympic“ und „Titanic“ (brit. Turbinen-Ozeandampfer mit je 60000 t Wasserverdrängung)

Regelmäßige Dampferfahrten zwischen Wladiwostok und Lena-Mündung

Bereits 100 Fernheizwerke in den USA

Elbtunnel in Hamburg (450 m lang, Sohle 21 m unter Elbspiegel)

Schiffshebewerk im Dortmund-Ems-Kanal

Durch neue Grabungen in Weimar angeblich echter *Schiller*-Schädel gefunden (1950 wird zahnmedizinisch nachgewiesen, daß der schon *Goethe* bekannte Schädel der richtige ist; vgl. 1950)

Fund des Schädels von Piltdown-Sussex (Südengland; erweist sich 1953 teilw. als Fälschung)

Auf der Solvay-Konferenz in Brüssel diskutieren Naturwissenschaftler die Krise der klassischen Physik durch Quanten- und Relativitätstheorie

Klassenlotterie vollendet (seit 1904)

Erstmalig Flugzeuge bei dt. Manövern

Erste deutsche Frau erlangt Flugpilotenzeugnis

Sehr enge Röcke („Humpelröcke“)

Verband zur Klärung d. Wünschelrutenfrage (gibt bis 1930 13 Bände und Bibliographie heraus)

Erster dt. Leitfaden für Erste Hilfe

Alpines Museum in München

Internat. Ringverband, Berlin (Sportvereinigung)

Dt. Boxverband

Internationaler Boxverband, Paris

Sehr heißer Sommer in Mitteleuropa mit hoher Säuglingssterblichkeit (in Deutschl. 19,2 auf 100 Lebendgeborene; 1910: 16,2; 1912: 14,7)

Segelflüge i. d. Rhön beg.

Halleyscher Komet 1910/11 sichtbar. Sehr gutes Weinjahr („Kometenwein“)

≈ Nach einem Jahrhundert kohlebetriebener Verkehrsmittel beginnt das des Benzinantriebes (Kfz u. Flugzeug)

1912

Friedens*nobel*preis an *Elihu Root* (USA, * 1845, † 1937)

Erneuerung des Dreibundes zwischen Deutschland, Österreich und Italien (von 1882)

Dt.-brit. Verhandlungen über Flottenpolitik scheitern. Neues erweitertes dt. Flottengesetz (bis 1920 41 Linienschiffe, 20 gr. und 40 kl. Kreuzer geplant)

Dt. Sozialdemokraten werden mit 110 Sitzen stärkste Fraktion im Reichstag

Zentrumspartei erlangt wieder entscheidende Stellung im Reichstag (seit 1907 vorübergehend verloren)

Heinrich Schnee (* 1871, † 1949) Gouverneur von Deutsch-Ostafrika bis 1918

Dt. Kolonialbesitz 3 Mill. qkm mit 12 Mill. Einwohnern

Dt. Ausfuhr nach den Kolonien 54,5 Mill. M; Einfuhr aus den Kolonien 58,6 Mill. M; Umsatz rund 0,2% des Volkseinkommens (1902: 22 bzw. 7,2 Mill. M)

Hermann Oncken: „Deutschland und England"

Internationaler Sozialisten-Kongreß in Basel erläßt Manifest gegen den Krieg

Engl. liberale Unionisten (seit 1886 mit den Konservativen für Aufrechterhaltung der vollen Union Großbrit.-Irland) verschmelzen mit den Konservativen

† *Friedrich VIII.*, König von Dänemark seit 1906 (* 1843)

Christian X. von Dänemark wird König (* 1870, † 1947)

Raymond Poincaré frz. Ministerpräsident und Außenminister bis 1913; besucht Petersburg; frz.-russ. Marineabkommen

Durch Vertrag zwischen Frankreich und dem Sultan von Marokko wird frz. Protektorat auch formal begründet (große Erfolge bei der wirtschaftl. und kulturellen Erschließung des Landes)

Tanger internationales Gebiet unter brit., frz., span. und (ab 1928) ital. Verwaltung (1940 von Spanien beseitigt)

Literatur-*Nobel*preis an *G. Hauptmann* (Dt.)

Alain-Fournier: „Der große Kamerad" (frz. Roman)

Ernst Barlach: „Der tote Tag" (Schauspiel)

R. G. Binding: „Der Opfergang" (Novelle)

Waldemar Bonsels (* 1881, † 1952): „Die Biene Maja" (Erz.)

*Kleist*preis an *H. Burte*

Claudel: „Verkündigung" (frz. Schauspiel)

Courths-Mahler: „Ich laß dich nicht" (Roman)

† *Felix Dahn*, dt. Dichter, Histor., Jurist (* 1834)

Dauthendey: „Der Geist meines Vaters" (Mem.)

Albert Ehrenstein (* 1884, † 1950): „Der Selbstmord eines Katers" (grotesk. Erzählung; 1919 als „Bericht aus einem Tollhaus")

A. France: „Die Götter dürsten" (frz. Roman)

Hamsun: „Der Wanderer" (norweg. Romantrilogie seit 1906), „Die letzte Freude" (norweg. Roman)

C. Hauptmann: „Die lange Jule' (Schauspiel) u. „Ismael Friedmann" (Roman)

G. Hauptmann: „Gabriel Schillings Flucht" (Schauspiel), „Atlantis" (Roman)

Hedin: „Von Pol zu Pol" (schwed. Reiseerzählungen, 3 Bände)

Hofmannsthal: „Ariadne auf Naxos" (Operntext für Richard Strauss)

* *Eugène Ionesco*, rumän.-frz. Dramatiker des absurden Theaters

Johannes Vilhelm Jensen (* 1873, † 1950): „Das Schiff" (dän. Roman)

Manfred Kyber (* 1880, † 1933): „Unter Tieren"

Alfred Adler: „Über den nervösen Charakter" (österr. individualpsycholog. Psychotherapie)

Bramwell Booth General der Heilsarmee bis 1929 (Sohn des Gründers)

Hans Driesch: „Ordnungslehre" (solipsistische Denklehre)

Federigo Enriques (* 1871, † 1946): „Wissenschaft u. Rationalismus" (ital. Philosophie vom mathemat. Standpunkt aus)

Eduard Fuchs: „Ill. Sittengeschichte v. Mittelalter bis zur Gegenwart" (6 Bände seit 1909)

Giovanni Gentile (* 1875, † 1944): „Der aktuale Idealismus" (ital., Wirklichkeit ist Bestimmung des freien tätig. Geistes)

Paul Häberlein (* 1878): „Wissenschaft und Philosophie" (schweiz., 2 Bde. seit 1910)

„Der neue Realismus" (nordam. Sammelw. v. *Holt*, *Montagne* u. a.)

C. G. Jung: „Wandlungen und Symbole der Libido" (Schweiz. Psychoanalyse)

Kandinsky: „Über das Geistige i. d. Kunst"

Kerschensteiner: „Begriff der Arbeitsschule" u. „Charakterbegriff u. Charaktererziehung"

O. Külpe: „Die Realisierung" (3 Bände bis 1923, Denkpsychologie d. „Würzburger Schule")

François Mauriac (* 1885, † 1970), grdt. kathol. franz. Kulturzeitschrift „Les Cahiers"

F. Oppenheimer: „Die soziale Frage und der Sozialismus" (liberaler Sozialismus)

Eugenio Pacelli Sekretär der Kommission für Kodifizierung des kanonischen Rechts

Alex. Archipenko: „Der Tanz" (russ.-frz. kubist. Bronze)

Umberto Boccioni (*1882, † 1916): "Elastizität" (ital. futurist. Gemälde)

Paul Bonatz: Hauptbahnhof Stuttgart (Wettbewerb, Ausf. 1914—1928)

Constantin Brancusi (* 1876, † 1957): „Der rumänische Traumvogel" (rum.-frz. Bronzeplastik)

Chagall: „Der Viehhändler", „Kalvarienberg" (russ. Gem.)

Corinth: „Florian Geyer" (Gemälde)

Dehio: „Handbuch d. deutschen Kunstdenkmäler" (5 Bände seit 1905)

Marcel Duchamp (* 1887): „Akt, eine Treppe herabschreitend" (frz. Gem. i. neuartig. Bewegungsstil)

F. H. Ehmcke: Fraktur (Drucktyp.)

Th. Fischer: Kunstgebäude, Stuttgart

Duncan Grant (* 1885): „Stilleben" (engl. nachimpress. Gemälde)

Kandinsky beg. seine abstrakt. „Improvisationen" zu malen

M. Klinger: „Franz Abbe" und „Wilhelm Wundt" (Bildnisbüsten)

G. Kolbe: „Tänzerin" (Bronzeplastik)

Fernand Léger (* 1881, † 1955): „Frau in Blau" (frz. kubist. Gemälde)

Macke: „Zoologischer Garten" (express. Gemälde)

Dr. *Becce* beginnt zahlreiche Filmmusiken zu schreiben (sammelt sie in einer 12 bändigen „Kinothek")

* *Siegfried Borries,* dt. Geiger

Busoni: „Die Brautwahl" (Oper)

† *Samuel Coleridge-Taylor,* engl. Komponist (Mulatte) von Orchester- u. Chorwerken; u. a. „Afrikanische Suite f. Klavier" (* 1875)

Hermann Kretzschmar (* 1848, † 1924): „Geschichte des neueren deutschen Liedes"

G. Mahler: 9. Symphonie D-Dur (rein polyphon. Urauff. postum)

† *Jules Massenet,* frz. Opernkomponist; u. a. „Manon" 1884 (* 1842)

Ravel: „Daphnis und Chloe" (frz. Ballett)

A. Schönberg: „5 Orchesterstücke" (im express. Stil)

Franz Schreker (* 1878, † 1934): „Der ferne Klang" (erotisch-symbol. Oper)

Leopold Stokowski wird Leiter des Philadelphia Symphony Orchesters (bis 1936)

R. Strauss: „Ariadne auf Naxos" (erste Kammeroper, Text v. *Hofmannsthal:* Neubearbeitung 1916)

Städt. Oper Berlin-Charlottenburg eröffnet

Physik-*Nobel*preis an *G. Dalén* (Schwed.) für Sonnenscheinventil

Chemie-*Nobel*preis an *Victor Grignard* (Frankr., * 1871, † 1935) für metallorganische Reaktionen und *Paul Sabatier* (Frankr., * 1854, † 1941) f. katalysatorische Hydrierung

Medizin-*Nobel*preis an *Alexis Carrel* (USA, * 1873, † 1944) für Arbeiten über Organüberpflanzungen

Emil Abderhalden: „Schutzfermente des tierischen Organismus" (1922 als „Abderhaldensche Reaktion")

Othenio Abel (* 1875, † 1946): „Paläobiologie der Wirbeltiere" (grundlegend f. Vorzeitforschung)

Adolf Friedrich Herzog zu Mecklenburg: „Vom Kongo zum Niger und Nil" (Bericht über die Afrika-Expedition 1910 bis 1911)

P. Debye berechnet spezifische Wärme fester Körper mit Hilfe der Quantentheorie und bestimmt Verteilung elektrischer Ladungen in Molekülen (Dipolmomente)

Einstein: Jedes absorbierte Lichtquant löst einen physikochemischen Elementarvorgang aus (Begründung der modernen Photochemie)

Südpolar-Expedition unter *W. Filchner* ins *Weddell*meer (seit 1911, entd. Prinzregent-*Luitpold*-Land)

Hedin: „Transhimalaja" (3 Bände)

Victor F. Heß (* 1883, † 1964) entdeckt auf Ballonfahrten bis 5350 m die durchdringende kosmische Höhenstrahlung (1909 bis 1910 ähnliche Beobachtungen von *Wulf* und *Gockel*)

G. v. Hevesy und *F. Paneth:* Erste Anwendung der Methode radioaktiver Indikatoren (Löslichkeit von Bleisalzen)

Fritz Hofmann: Synthetischer Kautschuk (Versuche seit 1906)

Kaplan: Propeller-Turbine mit regelbaren Leit- und Laufschaufeln

Th. Koch-Grünberg erforscht das Quellgebiet des Orinoko

Nichtrostender *Krupp*stahl

William Küster: Strukturformel des Blutfarbstoffes Hämin (später v. *Hans Fischer* durch Synthese bestätigt)

Bernhard Harms (* 1876): „Volkswirtschaft u. Weltwirtschaft. Versuch der Begründung einer Weltwirtschaftslehre"

Heinrich Lammasch (* 1853, † 1920): Entwurf eines neuen österr. Strafgesetzes (seit 1906)

Louis Renault: „Neue Fortschritte im Völkerrecht" (frz.)

Adolph Wagner: „Die Strömungen in der Sozialpolitik und der Katheder- und Staatssozialismus" (sozialreformerisch)

Ca. 30000 Millionäre in Deutschland (als reichste *Wilhelm II.* und *Berta Krupp*)

F. W. Woolworth-Gesellschaft in New York (umfassendes Einzelhandelsunternehmen)

Erste dt. Luftpost (Frankfurt M. bis Worms)

Dt. Reichsversicherungsordng. (von 1911) tritt in Kraft

Frankreich zahlt für das 4. Kind der Mutter 500 Frs.

Erste seetüchtige Motorschiffe (Dänemark, Deutschland)

Passagierdampfer „Titanic" sinkt nach Zusammenstoß mit einem Eisberg. (Führt u. a. zu dem Vorschlag, Schiffahrtshinder-

(1912)

Italien gewinnt durch den Krieg gegen Türkei (seit 1911) Libyen. Allgemeines Wahlrecht in Italien

Russ. Flottengesetz mit Bauprogramm für Ostsee- und Schwarzmeerflotte

Rußland versucht in Persien zugunsten des Exschahs einzugreifen; Hinrichtungen in Täbris

Russ. Bolschewisten beteiligen sich nicht am Wiener internationalen Sozialisten-Kongreß, bilden eigene Parteileitung (endgült. Trennung von Menschewisten)

Lenin übernimmt Leitung der bolschewist. Zeitschrift „Prawda" („Wahrheit")

Erster engerer Kontakt *Lenins* mit *Stalin*

Beginn des Balkankrieges (bis 1913): Bulgarien, Serbien, Griechenland, Montenegro siegen gegen die Türkei (1913 wird Bulgarien von seinen bisherigen Verbündeten und Rumänien besiegt)

Neu-Mexiko 47. und Arizona 48. Bundesstaat der USA

Eduardo Schaerer Staatspräsident Paraguays bis 1916; stellt Zentralbahn Asuncion — Buenos Aires fertig

Jüan Schi-k'ai (* 1859, † 1916) chin. Staatspräsident (muß 1916 wegen monarchistischer Bestrebungen abdanken)

Sun Yat-sen gründet chin. Nationalpartei Kuomintang

Tibet trennt sich von China

† *Mutsuhito* (*Meiji Tenno*), japan. Kaiser seit 1867; stellte japan. Kaisergewalt wieder her (* 1852)

Yoshihito (* 1879) japan. Kaiser bis 1926 (ab 1921 ist sein Sohn *Hirohito* [* 1901] Regent)

Arnold Zweig (* 1887, † 1968): „Novellen um Claudia" (Erzählungen)

Die kleinen Bände der Inselbücherei beginnen zu erscheinen

Lagerlöf: „Der Fuhrmann des Todes" (schwed. Erzählung)

William Somerset Maugham (* 1874, † 1965): „Das Land der Versprechung" (engl. soziales Drama)

† *Karl May*, dt. Volksschriftsteller; schrieb ca. 65 Bände (* 1842)

Rolland: „Jean Christophe" (frz. Roman in 10 Bänden seit 1904)

Karl Röttger (* 1877): „Lieder von Gott und Tod" (relig. Dichtung)

Wilhelm Schäfer: „Karl Stauffers Lebensgang" (Roman)

Wilhelm Scharrelmann (* 1875): „Piddl Hundertmark" (Roman)

Schnitzler: „Professor Bernhardi" (Schauspiel)

Shaw: „Pygmalion" (engl. Komödie)

Heinrich Sohnrey: „Draußen im Grünen" (Dorfjugendgeschichten)

Reinhard Johannes Sorge (* 1892, † 1916): „Bettler" (Schweiz. express. Schauspiel, *Kleist*preis)

Sternheim: „Die Kassette" u. „Bürger Schippel" (satir. Komödien)

Sudermann: „Der Bettler von Syrakus" (Schausp.)

† *August Strindberg*, schwed. Dichter (* 1849)

L. Thoma: „Briefwechsel eines bayr. Landtagsabgeordneten" (polit. Sat., 2 Bde. seit 1909), „Magdalena" (Volksstück)

Tucholsky: „Rheinsberg. Ein Bilderbuch für Verliebte"

Albert Verwey (* 1865, † 1937): „Gesammelte Gedichte" (niederl.)

Wedekind: „Franziska" (Schauspiel)

† *Henri Poincaré*, frz. Mathematiker und Naturphilosoph (* 1854)

W. Rathenau: „Zur Kritik der Zeit"

B. Russell: „Die Probleme der Philosophie" (engl. Rationalismus)

Carl Ludwig Schleich: „Es läuten die Glocken" (Phantasien über den Sinn des Lebens)

R. Steiner gründet „Anthroposoph. Gesellsch."

W. Stern: „Die Intelligenz der Kinder und Jugendlichen"

F. W. Taylor: „The Principles of Scientific Management" („Taylorismus": Zeit- und Bewegungsstudien zur besseren Ausnutzung d. Arbeitskraft seit ~1900)

E. Troeltsch: „Die Soziallehren der christl. Kirchen und Gruppen"

Alfred Weber: „Religion und Kultur"

W. Wundt: „Elemente der Völkerpsychologie"

„Institut J. J. Rousseau" in Genf (erziehungswissenschaftl. Institut)

Lyzeum als höhere Mädchenschule in Preußen

Krematorium in Berlin

Durch die Revolution verbreiten sich in China Bildungs- und Zeitungswesen

I. Dtl. 39 000 Kinder i. Hilfsschulklassen (1905: 15 000)

Sprachheilschule in Hamburg

Antonio Manzini (* 1852, † 1930): „Selbstbildnis" (ital. impress. Gemälde)

„Blauer Reiter" (Programmschrift d. Münchener Kreises von Expressionisten mit *Marc*, *Kandinsky*, *Feininger*, *Klee*, *Macke*, *Arnold Schönberg* als Komponist)

Matisse: „Der Tanz" (frz. express. Gem.)

Piet Mondrian: „Blühender Apfelbaum" (niederl. geometr. stilis. Gem.)

Ed. Munch: „Pferd in wildem Galopp" (norw. expr. Gem.)

Nolde: „Maria Aigyptiaca" (express. Triptychon)

Picasso: „Stilleben" (span.-frz. abstraktes Gemälde)

Luigi Russolo (* 1885): „Erinnerungen einer Nacht" (ital. futurist. Gemälde)

Gino Severini (* 1883): „Ruhelose Tänzerin" (ital. fut. Gemälde)

Paul Signac (* 1863, † 1935): „Seine bei St. Cloud" (frz. pointillist. Gem.)

Slevogt: „Francisco d'Andrade" (Gem.)

† *Paul Wallot*, dt. Baumeister (* 1841)

Farbige Bildnisbüste der ägypt. Königin *Nofretete* aufgefunden (vgl. —1365; wird in zahlreichen Nachbildungen verbreitet. Original in Berlin)

Futuristenausstellung in Paris

Sonderbund-Kunstausstellung i. Köln (gilt als erste umfassende Schau d. europ. Moderne; mit *van Gogh, Munch, Cézanne, Picasso, Signac, Kirchner, Hekkel*) Mitgl. d. Neuen Sezession Berlin u. d. Verein. „Blauer Reiter", München)

—

„Quo vadis" (ital. Großfilm, begründet die Vormachtstellung des italien. Films)

„Max als Verlobter", „Max als Ehemann", „O diese Frauen", „Zärtliche Liebe" (frz. Filme von und mit *M. Linder*)

„Totentanz" (dän. Film von *U. Gad*)

„Die Entstehung d. Menschen", „Der Hut aus New York" (nordamerik. Filme von *D. W. Griffith*)

„Königin Elisabeth" (nordamerikan. Film von *Louis Mercanton* mit *Sarah Bernhardt*)

„Fanatismus" (poln. Film von *Alexander Hertz*)

„Krieg u. Frieden" „Kreutzer-Sonate" (russ. Filme von *Tschardinine*)

„Von der Krippe zum Kreuz" (nordam. Passionsfilm)

90% aller Filme sind frz. Ursprungs (1928 sind 90% aus den USA)

Film-Adreß-Kalender erscheint erstmalig

M. v Laue, *W. Friedrich* und *P. Knipping* beweisen Wellennatur der *Röntgen*strahlen u. Aufbau d. festen Körper in Form regelm. Atomgitter

Henrietta S. Leavitt: Beziehung zw. Helligkeit und Periodenlänge veränderlicher Sterne (als „δ-Cepheiden-Methode" entscheid. f. astronom. Entfernungsbestimmungen)

Fritz Lenz (* 1887, † 1976): „Die krankhaften Erbanlagen des Mannes und die Bestimmung des Geschlechts beim Menschen"

Hugo Münsterberg (* 1863, † 1916): „Psychologie u. Wirtschaftsleben" (gilt als Begründung der modernen Psychotechnik)

Raczinsky schickt rachit. Kinder zur Heilung i. d. Höhenklima d. Karpaten

Fritz u. *Paul S. Sarasin* erforsch. (seit 1910) Südseeinsel Neukaledonien

Hans Schomburgk fängt in Liberia Zwergflußpferde (1849 entdeckt)

† *Robert Falcon Scott*, engl. Polarforscher, mit 4 Begleitern auf dem Rückmarsch vom Südpol, bei dessen Entdeckung ihm *Amundsen* einen Monat zuvorkam (* 1868)

Verwendung des *Siemens*-Schnelltelegr. (1000 Zeichen in d. Minute)

Slipher: Erste Spiralnebel-Spektren mit deutlicher Rotverschiebung der Linien (führt später zur Vorstellung der „Nebelflucht")

V. Stefansson erforscht mit *R. Anderson* (seit 1909) das arktische Kanada, wobei er Eskimos mit hellerer Hautfarbe entdeckt

Jean Tilho erforscht mit einer frz. Militär-Expedit. d. Gebiet zwisch. Tschadsee und Sahara (bis 1917)

C. T. Wilson macht m. Nebelkammer die Bahnen atomarer Teilchen sichtbar (förd. Atomkernphysik)

Palimpsest-Institut i. Kloster Beuron

„Die Naturwissenschaften" (Zeitschrift der „Gesellschaft dt. Naturforscher und Ärzte")

Nach der Internationalen Hygiene-Ausstellung (1911) Gründung des Dt. Hygiene-Museums in Dresden (eröffnet im Neubau 1930)

Dt. Versuchsanstalt für Luftfahrt in Berlin-Adlershof

Jungfraubahn (Baubeginn 1898)

Assuanstaudamm in Ägypten erweitert (seit 1907, 4,6 Mrd. cbm Inh.)

nisse mit Ultraschall festzustellen)

Karwendelbahn Innsbruck-Mittenwald

U-Bahn i. Hamburg

Olympiade i. Stockholm

Carl Diem (* 1882): „Die olympischen Spiele"

Erster Fallschirmabsprung v. Flugzeug

H. Gutermuth mit Gleitflugzeug auf der Wasserkuppe/Rhön 1 Minute 52 Sekunden in der Luft

Parlapanoff: „Joghurt, dessen Wesen und Wert als tägliches Nahrungs- und Heilmittel" (bulgar. Ernährungsreform)

In China verschwindet der Zopf als männliche Haartracht

Muttertag wird in den USA anerkannter Feiertag

Riesen-Waran auf d. kl. Sundainsel Komodo entd.

1913	Friedens*nobel*preis an *Henri La Fontaine* (Belg., * 1854, † 1943) Engl. Königspaar und Zar in Berlin zur Vermählung von Prinzessin *Viktoria Luise* und Prinz *Ernst August von Cumberland* *Gottlieb von Jagow* (* 1863, † 1935) Staatssekretär im dt. Auswärtigen Amt bis 1916 (war seit 1909 Botschafter in Rom) Dt. Heeresvorlage vermehrt Landmacht um zwei Armeekorps *Alfred von Schlieffen* (* 1833, † 1913): „Gesammelte Werke“ (mit der Studie „Cannä“ als Vorbild der doppelseitigen Umfassung; von ihm „Schlieffenplan“ für Zweifrontenkrieg mit Angriff auf Frankreich durch Belgien mit starkem rechtem Flügel) *Paul von Lettow-Vorbeck* (* 1870, † 1964) wird Kommandeur von Deutsch-Ostafrika † *August Bebel*, Mitbegründer und Leiter der dt. Sozialdemokratie; schrieb: „Aus meinem Leben“ (3 Bände seit 1910) (* 1840) *Friedrich Ebert* Vorsitzender d. SPD *K. Kautsky*: „Das Kapital“ von *Marx* als Volksausgabe *R. Luxemburg*: „Die Akkumulation des Kapitals. Ein Beitrag zur ökonomischen Erklärung des Imperialismus“ Kaiserliche Landesverwaltungskommission in Böhmen unter Ausschaltung des Landtages *Stephan Tisza* (* 1861, † 1918, ermordet) ungar. Ministerpräsident bis 1917; befürwortet österr.-ung. Ausgleich, gegen demok. Wahlrecht Gesetz für parlamentarische Selbstregierung Irlands: Homerule (tritt wegen Bürgerkriegsgefahr und Weltkrieg nicht in Kraft) Die engl. Suffragette *Emily Davison* wirft sich beim Derby vor die Hufe eines Pferdes und erliegt den Verletzungen *Sylvia Pankhurst* ist Führerin der engl. Suffragetten und wird wiederholt festgenommen (1929 Denkmal) *S.* und *B. Webb* gründen „The New Statesman“ (brit. sozialist. Wochenschrift)	Literatur-*Nobel*preis an *R. Tagore* (Indien) *Guillaume Apollinaire* (* 1880, † 1918): „Alcools“ (franz. Gedichte) *R. G. Binding:* Gedichte *Wilhelm Bode* (* 1862, † 1922): „Goethes Liebesleben“ * *A. Camus*, franz. Dichter († 1960) *Dehmel:* „Schöne wilde Welt“ (Gedichte) *Deledda:* „Schilfrohr im Winde“ (ital. Roman) *Hanns Heinz Ewers* (* 1871, † 1943): „Alraune“ (erot. Roman) *F. Kafka:* „Der Heizer“ und „Eine kleine Frau“ (österr. Erzählungen) *Gorch Fock (Johann Kinau,* * 1880, † 1916 in derSkagerrak-Schlacht): „Seefahrt ist not“ (Rom.) *Gorki:* „Meine Kindheit“ (russ. Autobiogr.) *Agnes Günther* (* 1863, † 1911): „Die Heilige und ihr Narr“ (Roman, posthum) *Hamsun:* „Kinder ihrer Zeit“ (norweg. Roman) *Walter Hasenclever* (* 1890, † 1940): „Der Jüngling“ (Lyrik) *Arno Holz:* „Ignorabimus“ (Zeitdrama) *Bernhard Kellermann* (* 1879, † 1951: „Der Tunnel“ (techn. Zukunftsroman) *Eduard von Keyserling* (* 1855, † 1918, 1907 erblindet): „Abendliche Häuser“ (Roman) *Klabund:* „Morgenrot . . .“ (Gedichte) *Annette Kolb* (* 1875): „Das Exemplar“ (Rom.) *Else Lasker-Schüler:* „Hebräische Balladen“ *David Herbert Lawrence* (* 1885, † 1930): „Söhne und Liebhaber“ (engl. Roman)	*K. Bühler:* „Die Gestaltwahrnehmungen“ (Gestaltpsychologie) *M. Dessoir* ruft ersten Kongreß für Ästhetik nach Berlin (ein zweiter 1924) *Dilthey:* „Weltanschauung und Analyse des Menschen seit Renaissance und Reformation“ (histor. Aufeinanderfolge von Menschen und Weltanschauungstypen, posthum) *Freud:* „Totem und Tabu“ (psychoanalyt. Völkerkunde) *Alfred Fried:* „Handbuch der Friedensbewegung“ (österr., seit 1911) *Moritz Geiger* (* 1880, † 1938): „Beiträge zur Phänomenologie des ästhetischen Genusses“ (Anw. der *Husserl*schen Phänomenologie) *Th. Haecker:* „S. Kierkegaard und die Philosophie der Sinnlichkeit“ *Husserl:* „Ideen zu einer reinen Phänomenologie u. phänomenologischen Philosophie“ (Begründung der Phänomenologie im Sinne einer „Wesensschau“) *Jaspers:* „Allgemeine Psychopathologie“ (systematisches Werk) *L. Klages:* „Ausdrucksbewegung und Gestaltungskraft“ (Ausdruckslehre) *Wolfgang Köhler* (* 1887, † 1967): „Gestaltprobleme und Gestalttheorie“ (Gestaltpsychologie) *M. Maeterlinck:* „Vom Tode“ (belg. Philos.) *Ch.P.Péguy:* „Das Geld“ (frz. Kritik der Parteien- und Geldwirtschaft)

Archipenko: „Frauenakt" (russ. kubist. Plastik)

P. Behrens: Mediäval-Schrift (Drucktypen)

Heckel: „Genesende" (Triptychon) u. „Das Gespräch" (express. Gemälde)

Hodler: „Die Einmütigkeit" (Schweiz. Fresko, Rathaus Hannover)

Karl Hofer (* 1878, † 1955): „Badende Inderin" (express. Gemälde)

O. Kaufmann: Theater am Nollendorfplatz, Berlin (Baubeg. 1912)

E. L. Kirchner löst Künstlervereinigung „Brücke" auf

Kokoschka: „Selbstbildnis" (express.)

Lehmbruck: „Emporsteigender Jüngling" (neogot. Plast.)

M. Liebermann: „Fürst Bülow" (Bildnis), „Frühling am Wannsee" (impress. Gemälde)

Macke: „Mädchen unter Bäumen" (express. Gemälde)

Kasimir Malewitsch (*1878, + 1935): „Weißes Quadrat auf weißem Grund" (russ. monochromat. Gem., Höhepunkt d. Suprematismus im Gegens. z. Futurismus)

Otto March: Dt. Stadion Berlin-Grunewald (Baubeg. 1912)

Albert Marquet (* 1875, † 1947): „Frachtdampfer im Hafen von Algier" (frz. Gemälde)

Frans Masereel (* 1889): „Die Erschießung" (belg. Holzschnitt)

* *Cesar Bresgen* (in Florenz), dt. Komponist, schreibt u. a. die Oper „Das Urteil des Paris"

* *B. Britten,* engl. Komp. († 1976)

Edward Joseph Dent (* 1876, † 1957): „Mozarts Opern" (engl. maßgeb. Musikgeschichte)

Manuel de Falla: „Ein kurzes Leben" (span. Oper)

Maria Ivogün (Ilse von Günther) als Koloratursopran an d. Oper München bis 1925

Walter Kollo: „Wie einst im Mai" (Berliner Operette)

Lilli Lehmann (Sopranistin, * 1848, † 1929): „Mein Weg" (Autobiographie)

Reger: „Böcklin-Suite" (für Orchester, zu 4 *Böcklin*bildern)

Hugo Riemann: „Große Kompositionslehre" (3 Bände seit 1902)

Curt Sachs (*1881): „Reallexikon der Musikinstrumente"

Alexander N. Skrjabin: „Prometheus" (russ. symphon. Dichtung m. Farblichtklavier)

Bühnenbilder mit bewegtem Licht zu *Gluck* „Orpheus" von *O. Starke*

Strawinsky: „Le sacre du printemps" (russ. Ballett; führt infolge neuer Ausdrucksmittel zum Uraufführungs-Skandal in Paris)

Physik-*Nobel*preis an *H. Kamerlingh Onnes* (Niederl.): tiefste Temperat.

Chemie-*Nobel*preis an *Alfred Werner* (Schweiz) für Erforschung chemischer Bindungskräfte

Medizin-*Nobel*preis an *Ch. Richet* (Frankr.) für Entd. d. Anaphylaxie

Alex. Behm: Echolot

Fr. Bergius entwickelt Hochdruckverfahren zur Kohlehydrierung

Max Bodenstein: Begriff der chemischen Kettenreaktion

Niels Bohr nimmt ein planetensystemähnliches Atommodell an und berechnet mit Hilfe des *Planck*schen Wirkungsquant. die Spektralfrequenzen d. Wasserstoffatoms

William H. (*1862, + 1942 Vater) u. *William L. Bragg* (*1890, + 1971 Sohn) beg. Kristalle mit Röntgenstrahlen zu untersuchen (grundl. Methode)

Hans Bredow: Musikübertragung durch Lautsprecher in USA

C. B. Bridges: Geschlechtsvererb. durch Geschlechtschromosomen

W. D. Coolidge: Vakuum*röntgen*röhre

† *Rudolf Diesel* (ertrunken, Selbstmord?), dt. Ingenieur; erfand 1893 Schwerölmotor (* 1858)

Alfons Dopsch (* 1868): „Die Wirtschaftsentwicklung der Karolingerzeit" (2 Bände)

Eugen Fischer (*1874, + 1967): „Die Rehobother Bastards und das Bastardisierungsproblem beim Menschen" (s. 1908, erweist *Mendel*gesetze auch für menschliche Erbmerkmale)

K. v. Frisch: Fische haben Farbenunterscheidungsvermögen sowie Tages- und Nachtsehapparat

Kompressorloser Doppelkolbenzweitakt-*Diesel*motor von *Junkers*

Garros fliegt Tunis—Rom. Weiterer Flug 800 km über dem Mittelmeer

H. Geiger u. *E. Marsden* bestimm. Größe und Ladung der Atomkerne

Geiger: Zähler f. energier. Strahlen

Rich. Goldschmidt (*1878, + 1958): „Einführung in d. Vererbungswissenschaft"

Guthnick und *Rosenberg:* Einführung der objektiv. lichtelektr. Methode in die astronom. Lichtmessung

Internat. Gewerkschaftsbund in Amsterdam

O. Barnack (* 1879): 1. Leica-Modell (Prod. ab 1925)

A. Fischer: „Grundrisse der sozialen Hygiene"

Zentralblatt für Gewerbehygiene und Unfallverhütung

Otto Gierke (* 1841, † 1921): „Das deutsche Genossenschaftsrecht" (4 Bände seit 1868, im Sinne eines spezifisch dt. Rechts)

K. Hassert: „Allgemeine Verkehrsgeographie"

W. C. Mitchell: „Business cycles" (führendes Werk d. modernen Konjunkturlehre)

P. Tafel: „Die nordamerikanischen Trusts und ihre Wirkung auf den Fortschritt der Technik"

Krisenjahr der dt. Wirtschaft

Ullstein erwirbt „Vossische Zeitung"

Einführung des Montagebandes („Fließband") bei *Ford* (in den Schlachthäusern Chicagos seit 1870)

† *John Pierpont Morgan,* nordam. Geschäftsmann; kontrollierte mit 341 Direktoren 112 Konzerne mit Kapital von 22 Milliarden Dollar (* 1837)

(1913)

Liberal-sozialist. Koalitionsregierung in den Niederlanden bis 1918

Raymond Poincaré frz. Staatspräsident bis 1920

Der frz. Ministerpräsident *Louis Barthou* setzt 3jährige Dienstzeit in Frankreich wieder durch (war 1905 aufgehoben worden)

† *Georg I.* (ermordet), König von Griechenland seit 1863 aus dem dän. Königshaus (* 1845)

Konstantin I. König von Griechenland bis 1917 und 1920 bis 1922 († 1923, * 1868)

Über die Aufteilung der ehemals türk. Gebiete kommt es zwischen den Mitgliedern des Balkanbundes zum Zweiten Balkankrieg. Bulgarien verliert Mazedonien an Serbien und Griechenland, Kreta und Epirus an Griechenland, Türkei behält Adrianopel

Freischärlerbewegung zugunsten Bulgariens in Mazedonien

Stalin: „Marxismus u. d. nationale Frage" (ford. nationale Selbstbestimmung)

Woodrow Wilson (Demokrat) Präsident der USA bis 1921; verkündet innenpolitisches Programm der „Neuen Freiheit"

† *Menelik*, Kaiser von Abessinien seit 1889; besiegte Italiener bei Adua 1896 (* 1844)

Tibet erklärt sich unter brit. Einfluß als von China unabhängig

Mechtilde Lichnowsky (* 1879, † 1958): „Ein Spiel vom Tod" (Drama)

J. London: „John Barleycorn" (nordamerik. autobiograph. Roman)

Emil Ludwig: „Wagner oder die Entzauberten" (Monographie)

H. Mann: „Madame Legros" (Drama)

Th. Mann: „Der Tod in Venedig" (Novelle)

Meyrink: „Des deutschen Spießers Wunderhorn" (Erzählungen)

Schnitzler: „Frau Beate und ihr Sohn" (Novelle)

Shaw: „Androklus und der Löwe" (engl. Schauspiel mit Vorrede über das Christentum)

Sternheim: „Der Snob" (satir. Komödie)

Unruh: „Louis Ferdinand Prinz von Preußen" (Schauspiel)

Cyriel Verschaewe (* 1874, † 1948): „Die Artevelden" (fläm. geschichtliches Drama)

Hugh Walpole (* 1884, † 1941): „Der Reiter auf dem Löwen" (engl. Roman)

Ernst Weiß (* 1884, † 1940, Selbstmord in Paris): „Die Galeere" (Roman)

Gustav Wied: „Die leibhaftige Bosheit" (dän. satir. Roman seit 1908)

Wildgans: „Sonette an Ead"

V. Barnowsky leitet Lessing-Theater, Berlin

Friedrich Kluge (* 1856, † 1926): „Abriß der deutschen Wortbildungslehre"

Karl Voßler (* 1871, † 1949): „Frankreichs Kultur und Sprache" (Romanistik)

„Dt. Bücherei" in Leipzig eröffnet

B. Russel und *A. N. Whitehead:* „Principia mathematica" (engl., mathem. Logik: Logistik, seit 1910)

Scheler: „Zur Phänomenologie der Sympathiegefühle"

Albert Schweitzer evang. Missionsarzt in Lambarene (Frz.-Kongo)

Söderblom: „Natürliche Theologie u. allgemeine Religionsgeschichte" (schwed. evang.)

Sombart: „Der Bourgeois" (volkswirtschaftl. Kritik)

Tagore: „Sadhana. Der Weg zur Vollendung" (ind. Philosophie)

de Unamuno: „Das tragische Lebensgefühl" (span. Philosophie)

Eduard Wechszler (* 1869, † 1949): „Kulturprobleme des Minnesanges" (2 Bände seit 1909; Bd. 1: „Minnesang und Christentum")

Hans von Wolzogen: „Zum deutschen Glauben" (für ein Deutschchristentum)

Theodor Ziehen (* 1862, † 1950): „Erkenntnistheorie auf psychophysiologisch. u. physikalisch. Grundlage" (positivistisch)

„Internationale Zeitschrift für Psychoanalyse" (1912 Gründung von „Imago" für Anwendung der Psychoanalyse auf Natur- und Geisteswissenschaften)

Jugendfest auf dem Hohen Meißner: Zusammenschluß von 13 Jugendverbänden zur „Freideutschen Jugend" („Wandervogel"-Bewegung)

Anthroposophisches „Goetheanum" in Dornach b. Basel gegründet

Ed.Munch: „Schlächter" und „Mädchen auf dem Sofa" (norweg. express. Gem.)

H. J. Pagels: „Hühnerdiebbrunnen", Aachen

Picasso: „Der Kamin" (span.-frz. kubist. Gemälde)

Renoir: „Südfranzösische Landschaft" (frz. Gemälde)

Slevogt: Illustrationen zu „B. Cellini"

† *Gabriel von Seidl*, dt.Baumeister; baute s. 1908 „Dt. Museum", Mchn. (vollendet 1925) (* 1848)

Heinrich Tessenow (* 1876, † 1950): „Festspielhaus der Bildungsanstalt für rhythm. Gymnastik in Hellerau" (klassizist., Baubeg. 1910)

Lesser Ury (* 1862, † 1931): „Amsterdamer Gracht", „Windmühlen bei Rotterdam" (Gem.)

Félix Valloton (* 1865, † 1925): „Strand bei Honfleur" (schweiz. Gem., *V.* gilt als Vorläufer d. Neuen Sachlichkeit)

J. P. Morgan (†) vermacht seine wertvollen Kunstsammlungen der Stadt New York

„Armory Show" in New York zeigt moderne europäische Kunst und löst Skandal aus (vgl. 1911)

Jahrhunderthalle in Breslau

Völkerschlachtdenkmal bei Leipzig (seit 1895)

Bruno Walter Dirigent a. d. Münchener Oper bis 1922

Hermann Zilcher (* 1881, † 1948): „Die Liebesmesse" (Chorwerk, Text von *W. Vesper*)

Erster Internationaler musikpädagogischer Kongreß (Berlin)

Orgel in der Jahrhunderthalle in Breslau (mit 15 133 Pfeifen die größte der Zeit)

Konzertskandale um *Schönberg* i. Wien u. *Strawinsky* i. Paris

1. Sinfonie auf Schallplatte („Fünfte" von *Beethoven*)

„Student von Prag" (Film von *Stellan Rye* mit *Paul Wegener* u. *Werner Krauss* (*1884, † 1959); gilt als Beginn des künstlerischen dt. Films)

Charlie Chaplin geht vom Varieté zum Film

„Der Vampir" (nordamerik. Film mit *Alice Hollister* als „erstem Vamp")

„The Squaw Man" (nordam. Film v. *Cecil B. de Mille*, * 1881; erste Anf. der Paramount Pictures)

K. M. Duchamp (* 1887, † 1968): „Fahrradfelge" (1. Ready made)

Fritz Haber und *Karl Bosch:* Hochdruck-Ammoniak-Synthese

Ordnung der Sterntypen im *Hertzsprung-Russell*-Diagramm nach Temperatur und Leuchtkraft

Irving Langmuir (* 1881, † 1957): Gasgefüllte elektrische Glühlampe

Lespinasse versucht Verjüng. d. Menschen durch Keimdrüsen-Einpflanz.

† *Robert Lieben*, österr. Phys. (* 1878)

Alex. Meißner (* 1883, † 1958) erfindet Rückkopplungsschaltung

Henry Moseley (* 1887, † 1915, gefallen): Beziehg. zw. Größe d. Atomkernladung u. *Röntgen*-Wellenlänge (wichtig z. Auffind. neuer Elemente)

Prowazek entdeckt Fleckfiebererreger (vgl. 1910)

Sikorskij baut erstes brauchbares Riesenflugzeug (28 m Spannweite, vier 100-PS-Motoren)

Johannes Stark (* 1874, † 1957) findet Aufspaltung der Spektrallinien im elektrischen Feld

Gustav Tammann (* 1861, † 1938): „Lehrb. d. Metallographie" (thermische Analyse v. Legierung., s. 1903)

J. J. Thomson entdeckt massenspektrograph. die beiden Neon-Isotope

Fluggeschwindigkeitsrekord von *Vedrines* und *Prevost* mit 200 km pro Std. (160-PS-Umlaufmotoren)

† *Alfred Russel Wallace*, engl. Tiergeograph und Begründer der Selektionslehre (* 1823)

A. Wegener und *I. P. Koch* durchqueren Grönland von Ost nach West (nach erstmaliger Überwinterung auf dem Inlandeis)

B. A. Wilkitzki entdeckt die arktische Inselgruppe Sewernaja Semlja

„Imperator" (dt. Turbinen-Ozeandampfer, 52 100 BRT)

Lötschbergbahn Spiez–Brig (Baubeginn 1907, mit 14,5 km langem Lötschbergtunnel)

Zeiß-Fernrohr f. Bln.-Babelsbg. (650 mm Durchm. und 10 m Brennweite)

Fabrikmäßige Herstellung von Hochvakuum-Radioröhren

Tierpark in München-Hellabrunn

Frühmenschl. Fund i. d. Oldoway-Schlucht (Afrika) (vgl. 1962)

Bundeseinkommensteuer in den USA

Bundesreservebanken in d. USA (Notenbanken des Bundes neben den Nationalbanken d. Einzelstaaten)

Ivar Kreuger (* 1880, † 1932) gründet schwed. Zündholzkonzern

„Weltwirtschaftliches Archiv" (Zeitschrift)

Titanic-Konferenz in London zur Sicherung der Schiffahrt

Dt. Lebensrettungsgesellschaft

Dt. Turn- u. Sportabzeichen eingeführt (1921 f. Frauen; später Reichssportabzeichen)

Pégouds Sturzflüge und Loopings leiten neue Flugtechnik ein

Freiballon-Rekord mit 87 Std. Flugdauer (vgl. 1914)

K. Malewitsch (* 1878, † 1935): „Schwarzes Quadrat" (russ. Suprematismus)

Berliner Aquarium eröffnet

Internationale Kommission z. Erforschung d. Mittelmeeres in Monaco

Probe-Flutkraftwerk bei Husum

1914	1914, 1915, 1916 keine Friedens*nobel*preise Dt.-brit. Verständigung über Bagdad-Bahn. Brit. Flottenbesuch in Kiel *K. Kautsky:* „Der politische Massenstreik" (zur marxistischen Taktik) *R. Luxemburg:* „Militarismus, Krieg und Arbeiterklasse" (Verteidigungsrede vor der Frankfurter Strafkammer) Höhepunkt der engl. Suffragetten-Bewegung (seit 1906 943 verhaftet); durch Weltkrieg beendet Die Gattin des frz. Finanzministers *Caillaux* erschießt den Direktor *Calmette* des rechtsradikalen „Figaro" (*Caillaux* wird nach Rücktritt wiedergewählt) *R. Poincaré* besucht den Zaren Konflikt zwischen USA und Mexiko. USA-Truppen besetzen zeitweilig mexikan. Gebiet (auch 1916/17) † *Franz Ferdinand*, Erzherzog von Österreich (* 1863), und seine morganatische Gattin *Sophie* durch Attentat des serbischen Nationalisten *Princip* beim Besuch in Serajewo Österreich-Ungarn erklärt Serbien d. Krieg. Mobilmachung Rußlands. Deutschland erklärt Rußland und Frankreich den Krieg. Deutschland verletzt belg. Neutralität. Belgien und Großbrit. erklären Deutschld. den Krieg. Kriegserkl. Österreich-Ungarns an Rußland u. Frankreichs und Großbritanniens an Österreich-Ungarn. Beginn des ersten Weltkrieges (bis 1918) Kriegserklärung Japans a. Deutschl. Türkei schließt sich nach Kriegsausbruch den Mittelmächten (Österreich-Ungarn, Deutschland, später Bulgarien) an Einstimmige Annahme der dt. Kriegskredite im Reichstag. Die sozialist. Internationale versagt in der geschlossenen Bekämpfung des Krieges Vereinigung der Deutschsozialen und der Deutschen Reformpartei zur Deutschvölkischen Partei (nationalist. und antisemitisch)	*Johannes Robert Becher* (* 1891): „Verfall und Triumph" (Gedichte) *Conrad:* „Spiel des Zufalls" (engl. Roman) *Th. Dreiser:* „Der Titan" (nordamerikan. Roman) *Svend Fleuron* (* 1874): „Die rote Koppel" (dän. Tierroman) *Leonhard Frank* (*1882): „Die Räuberbande" (R.) *Alexander Moritz Frey* (* 1881): „Solneman der Unsichtb." (satir. Rom.) *Gide:* „Die Verliese des Vatikans" (frz. Roman) *Alexander von Gleichen-Rußwurm* (*1865, †1947): „Schiller" (Biographie seines Urgroßvaters) *Gundolf:* „Shakespeare in deutscher Sprache" (Übersetzung in 10 Bänden seit 1908) *Gunnar Gunnarsson* (* 1889): „Die Leute auf Borg" (isländ. Bauernrom., 4 Teile s. 1912) *W. Hasenclever:* „Der Sohn" (expr. Drama) *C. Hauptmann:* „Krieg. Ein Tedeum" (vor d. Krieg vollend. Dichtg.) *Wilhelm Herzog* (* 1884) gründet „Das Forum" (sozialkrit. Zschr.) *H. Hesse:* „Roßhalde" (Roman) † *Paul Heyse*, dt. Dichter, bes. Novellen; *Nobel*preis 1910 (* 1830) *Ric. Huch:* „Der große Krieg in Deutschland" (Geschichte des 30jähr. Krieges, 3 Bde. s. 1912) *G. Kaiser:* „Die Bürger v. Calais" (Schauspiel) *Lagerlöf:* „Jans Heimweh" (schwed. Roman) *E. Lasker-Schüler:* „Der Prinz v. Theben" (Prosa) † *Hermann Löns* (gefall.) dt. Dichter (* 1866)	*Alfred Adler* gibt Internationale Zeitschrift für Individualpsychologie heraus (österr. Psychoanalyse) *Bernhard Bavink* (* 1879, † 1947): „Ergebnisse u. Probleme der Naturwissenschaften" (zusammenfass. Darstellung u. philosoph. Diskussion) *Benedikt XV.* Papst bis 1922 (versucht im Krieg zu vermitteln) *Elsa Brandström* (* 1888, † 1948) wird Abgeordnete des schwed. Roten Kreuzes in Rußland und sorgt dort bis 1920 aufopfernd für die Kriegsgefangenen („Engel Sibiriens") Hofprediger *Ernst von Dryander* (*1843, †1923): „Evangelische Reden in schwerer Zeit" (b. 1920) *Aloys Fischer* (* 1880, † 1937): „Deskriptive Pädagogik" (Pädagogik als Erforschung wesentlicher Tatsachen) *A. Görland:* „Ethik als Krit. d. Weltgeschichte" *Haeckel:* „Gott-Natur" (monist. Naturphilosophie) *Magn. Hirschfeld* (*1868, † 1935): „Die Homosexualität des Mannes u. d. Weibes" (für Toleranz) *Herbert Hoover* (USA) leitet Kriegsernährungshilfswerk für Europa (bis 1919) *Ricarda Huch:* „Natur und Geist als Wunder des Lebens und der Kunst" *Elisabeth Förster-Nietzsche:* „Der einsame Nietzsche" *A. Liebert:* „Das Problem der Geltung" (Neukantianismus)

Bonnard: „Feldblumen“ (frz. express. Gemälde)

Braque: „Guitarrenspieler“ (frz. kubist. Gemälde)

Chagall: „Der grüne Jude“ (russ. express. Gemälde)

Chagall-Ausstellung b. *Herwarth Walden* i. Berlin (begr. *Ch.s* intern. Geltung)

Corinth: „Kalla-Stillleben“ (naturalist. Gemälde) u. „Selbstbildnis“

Marcel Duchamp (*1887) stellt handelsübl. Gegenstände („ready mades“) als Kunst aus (frz. Anti-Kunst)

Raymond Duchamp-Villon (*1876, † 1918): „Pferd“ (frz. abstrakte Plastik)

Walter Gropius (* 1883, † 1969): Faguswerk in Alfeld (moderner Fabrikbau)

Heckel: „Kniende am Stein“, „Schneetreiben“, „Hockende“ (express. Holzschnitte)

† *Hubert von Herkomer*, Londoner Maler bayr. Herkunft; bes. Damenporträts (* 1849)

K. Hofer: „Am Meeresstrand“ und „Die Fruchtschale“ (express. Gemälde)

O. Kaufmann: Volksbühne a. Bülowplatz, Bln. (Baubeg. 1913)

Kokoschka: „Tre Croci“, „Die Windsbraut“ (express. Gemälde), Lithographien zur *Bach*-Kantate „O Ewigkeit, Du Donnerwort“

Busoni: „Nocturne symphonique“ u. „Indianische Fantasie“ (Orchesterwerke)

Der ital. Tenor *Benjamino Gigli* (* 1890) beginnt bekannt zu werden (später populärer Tonfilmsänger)

Graener: „Don Juans letztes Abenteuer“ (Oper)

† *Richard Heuberger*, österr. Komponist; u. a. „Der Opernball“ (Operette 1898) (* 1850)

John Meier (* 1864, † 1953) gründet „Deutsch. Volksliederarchiv“ in Freiburg/Br.

A. Schönberg: „Pierrot lunaire“ (Komposition für Sprechstimmen u. Kammermusik)

Albert Schweitzer: „Bachs Orgelwerke“ (seit 1912, zusammen mit *Widor*)

Chr. Sinding: „Der heilige Berg“ (norweg. Oper)

R. Strauss: „Josephslegende“ (Ballett)

Strawinsky: „Die Nachtigall“ (russ. Oper nach *Andersen*)

R. Vaughan Williams: „London Symphony“ (engl. Tondichtung)

Karl Michael Ziehrer (* 1843 † 1922): „Das dumme Herz“ (Wiener Operette)

Physik-*Nobel*preis an *M. v. Laue* (Dt.) für *Röntgen*strahlinterferenzen an Kristallen

Chemie-*Nobel*preis an *Th. W. Richards* (USA) für genaue Bestimmungen von Atomgewichten

Medizin-*Nobel*preis an *Robert Bárány* (Ung., * 1876, † 1936) für Arbeiten über den Bogengang-Apparat des Ohres

Emil Abderhalden gründet „Zeitschrift für Fermentforschung“

E. D. Adrian: „Das Alles- oder Nichtsprinzip im Nerven“

A. H. Blaauw: „Licht und Wachstum“ (Begründung der kausalanalytischen Reizphysiologie der Pflanzen)

Dauerflug von 24¼ Stunden von *Böhm*

Mondkarte von *Debes* (nach photograph. Aufnahmen seit 1896)

Franz M. Feldhaus (* 1874): „Die Technik der Vorzeit, der geschichtlichen Zeit und der Naturvölker“

James Franck (* 1882) und *Gustav Hertz* (* 1887) beweisen durch Elektronenstoß diskontinuierl. Energiestufen der Atome

Edward C. Kendall (* 1886): Reindarstellung des Schilddrüsen-Hormons Thyroxin

R. Kögel: „Die Palimpsest-Photographie“ (wichtiges Hilfsmittel zur Entzifferung alter, gelöschter und neu überschriebener Handschriften)

Kohlschütter und *Adams:* Entfernungsbestimmung von Fixsternen aus Merkmalen der Spektrallinien (Spektroskopische Parallaxen)

Nicholson entdeckt den rückläufigen 9. Jupitermond (1.—4. 1610, 5. 1892, 6. 1904, 7. 1905, 8. 1908, 10. und 11. 1938, 12. 1951)

Flughöhenrekord mit 8150 m von *Ölerich*

H. N. Russel: „Wahrscheinliche Entwicklung d. Sterne“ (auf Grund s. Diagramms; vgl. 1913)

Schütte-Lanz-Luftschiff SL 2

John B. Watson: „Behavior“ („Verhalten“, empiristische Tierpsychologie)

W. Rathenau organisiert Rohstoffabteilung im Kriegsministerium

Weitgehende Aufhebung des Arbeiterschutzes in d. kriegführenden Staaten

Kapitalien der Deutschen, Darmstädter, Dresdner Bank und Disconto-Gesellschaft betragen 910 Mill. M (1872 ca. 90 Mill.)

Dt. Auslandskapital etwa 24 Milliarden M (1893 etwa 12 Milliarden M)

Ergänzung der Antimonopol-Gesetzgebung in den USA, seit 1890

Stiftungen des amerikan. „Stahlkönigs“ *Andrew Carnegie* (* 1835, † 1919) betragen 157 Mill. Dollar (begann als Laufbursche)

Vergrößerter Kaiser-*Wilhelm*-Kanal zwischen Nord- und Ostsee wieder eröffnet

Schiffahrtsweg Berlin—Stettin

Dt. Postscheckgesetz

Welt-Reisernte ca. 190 Mill. t. Verbrauch in Deutschland ca. 4 kg pro Kopf

Erstmalig Sommerzeit in England (von 1916 bis 1918 auch in Deutschland)

Knötel: „Uniformkunde“ (18 Bände seit 1890)

(1914)

Spionagegesetz in Deutschland

Großbritannien entsendet Expeditionskorps nach Frankreich

96000 Russen geraten durch die Schlacht bei Tannenberg in dt. Gefangenschaft

Vordringen dt. Truppen auf Paris durch Marneschlacht aufgehalten. Übergang zum Stellungskrieg in West und Ost

Ausgehend von *Karl Liebknecht* wachsender sozialist. Widerstand im Reichstag gegen Kriegskredite

Poln. Legionen unter *Pilsudski* kämpfen zunächst auf österr. Seite gegen Rußland

U 9 unter *Otto Weddigen* (* 1882, † 1915) versenkt drei brit. Kreuzer

Seeschlacht bei den Falklandinseln: Brit. Schlachtschiffe vernichten dt. Kreuzergeschwader. Ende des dt. Kreuzerkrieges auf den Weltmeeren

Japan erobert dt. Pachtgebiet Tsingtau. Dt. Kolonialbesitz in Afrika und Ozeanien geht verloren. (Längerer Widerstand nur in Dt.-Ostafrika unter *Paul von Lettow-Vorbeck*)

† *Jean Jaurès* (durch Attentat unmittelbar vor Kriegsbeginn), frz. Sozialist und Pazifist (* 1859) (Attentäter *Villain* 1919 freigesprochen)

Antonio Salandra (* 1853, † 1931) ital. Ministerpräsident bis 1916; betreibt Annäherung an die Entente als „heiligen Egoismus"

Italien bleibt zunächst neutral. *Mussolini* drängt zum Kriegseintritt auf seiten der Entente

Ferdinand I. König von Rumänien bis 1927 (†, * 1865); heiratete 1893 engl. Prinzessin *Maria*. Rumänien erklärt sich neutral

König *Peter I.* von Serbien übergibt krankheitshalber Regierung an Kronprinz *Alexander (I.)*

Regierung der austral. Arbeiterpartei in Queensland (teilw. Verstaatlichung der Betriebe)

Gandhi, seit 1893 in Südafrika, kehrt nach Indien zurück

Th. Mann: „Tonio Kröger" (Novelle)

† *Frédéric Mistral*, frz. Dichter; *Nobel*preis 1904 (* 1830)

Chr. Morgenstern: „Wir fanden einen Pfad" (lyrische Gedichte)

† *Christian Morgenstern*, dt. Dichter (* 1871)

Erich Mühsam: „Wüste, Krater, Wolken" (gesammelte Gedichte seit 1904)

Vincent Muselli (* 1879): „Les Travaux et les Jeux" (frz. Lyrik)

Franz Nabl (* 1883): „Ödhof" (Roman, 2 Bände seit 1911)

Julius Petersen (* 1878, † 1941): „Literaturgeschichte als Wissenschaft"

E. Stadler: „Der Aufbruch" (express. Lyrik)

† *Ernst Stadler*, dt. express. Dichter (* 1883)

August Stramm (* 1874, † 1915): „Du" (express. Liebesgedichte)

Sudermann: „Die Lobgesänge des Claudian" (Schauspiel)

*Kleist*preis f. *F. v. Unruh*

Wedekind: „Simson" (Schauspiel)

Wenz gibt die isländ. Fridthiofs-Saga heraus (aus dem 14. Jahrhdt.)

Wildgans: „Armut" (Schauspiel)

Fedor von Zobeltitz (* 1857, † 1934): „Das Geschlecht der Schelme" (Roman)

Jahrbuch der dt. *Goethe*-Gesellschaft (bis 1936, 1880 bis 1913 *Goethe*-Jahrbuch, ab 1936 Viermonatsschr. „Goethe")

Volksbühne Berlin eröffnet

F. Müller-Lyer: „Soziologie der Leiden"

Hugo Münsterberg: „Grundzüge d. Psychotechnik" (grundlegend f. angew. Psychologie)

C. Pratt: „Unterricht vom Kinde her"

Söderblom: „Das Werden des Gottesglaubens" (schwed. evang. Religionsgeschichte); wird ev. Erzbisch. v. Upsala

O. Spann: „Gesellschaftslehre" (ideal. Soziologie)

Spranger: „Lebensformen" (geisteswissenschaftl. Psychologie, mit den Typen des praktischen, wirtschaftlichen, theoretischen religiösen, ästhetischen, sozialen, politischen Menschen)

Carl Stange: „Christentum und moderne Weltanschauung" (evang. Theologie; seit 1911)

R. Steiner: „Die Rätsel der Philosophie" (als „Welt- und Lebensanschauungen im 19. Jahrhundert" 1901)

W. Stern: „Psychologie der frühen Kindheit"

† *Bertha von Suttner*, geb. Gräfin *Kinsky*, österr. Pazifistin; Friedens*nobel*preis 1905 (* 1843)

Johannes Volkelt (* 1848, † 1930): „System der Ästhetik" (seit 1905)

Friedrich von Wieser (* 1851, † 1926): „Theorie der gesellschaftlichen Wirtschaft" (systemat. Darstellung der Wirtschaftstheorie auf der Grundlage der Grenznutzenlehre mit soziologischem Einschlag)

J.-W.-Goethe-Universität in Frankfurt a. M.

Erste dt. Abendvolkshochschulen

Dt. Zentralstelle für volkstümliches Büchereiwesen in Leipzig

Hans Max Kühne (* 1874, † 1942): Schauspielhaus Dresden *Lehmbruck:* „Große Sinnende" (neogot Plastik) † *August Macke*, dt. expressionist. Maler (* 1887) *Marc:* „Turm der blauen Pferde" (express. Gemälde) *Matisse:* „Frauen am Meer" (frz. Gem.) *K. Moser:* Universitätsgebäude Zürich (Baubeginn 1911) *Renoir:* „Tilla Durieux" (frz. Gem.) *Paul Scheerbart* (*1863, † 1915): ,,Glasarchitektur'' (i. Sinne einer totalen ,,Glaskultur'') *Schmidt-Rottluff:* „Frau am Strand", „Katzen", „Die Tanne" (expr. Holzschn.) *Slevogt:* 20 ägypt. Landschaften (Gem.) † *Johann Sperl*, dt. Maler (* 1840) *Wilhelm Uhde* (* 1874, † 1947): „Henri Rousseau" (Biographie, macht den Autodidakten *H. R.* bekannt) *Utrillo:* „Vorstadtstraße" (frz. gegenständl.-impr. Gem.) Staatsbibliothek Berlin (Baubeg. 1903) Wiederherstellg. der Marienburg/Westpr. (seit 1882) Internat. Ausstellg. für Buchgew. und Graphik in Leipzig Kölner Werkbundausstellung — Durch d. Krieg entst. eine dt. Film-Wochenschau: „Eiko-Woche" (bish. vorwieg. frz. Wochenschauen)	In USA dringt der Jazz in die Tanzmusik ein (eine seiner Wurzeln ist Negerkapelle von *Bolden* in New Orleans 1886) 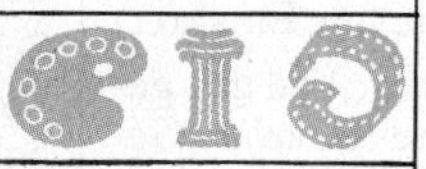 ,,Making a living'' (erster von 35 weiteren Film. i. d. Jahr v. *Charlie Chaplin*) ,,Die Zerstörung Karthagos'' (ital. Film von *Mario Caserini*) ,,Der kleine Engel'' (dän. Film v. *U. Gad*) ,,Max als Empfangschef'', ,,Der 2. Aug. 1914'' (frz. Filme von *M. Linder*) ,,Das Haus ohne Türen und Fenster'' (Film von *St. Rye*)	*B. A. Wilkitzki* gelingt die Nordöstliche Durchfahrt (Nordsibirischer Seeweg) erstmalig von Osten nach Westen (bis 1915, teilweise Eisdrift) *Richard Willstätter* (* 1872, † 1942) synthetisiert Blütenfarbstoffe (Anthozyan) Zahl der Veröffentlichungen über chemische Forschungen erreicht gegenüber 1889 255% (1938: 600% von 1889) „Zeitschrift für angewandte Entomologie" (Insektenkunde) Sechsrollen-Rotationsmaschine von *Koenig & Bauer* druckt stündlich 200000 8seitige Zeitungen Eröffnung des Panamakanals (80 km lang, 6 Doppelschleusen, erbaut von den USA seit 1906, Kosten einschl. der Befestigungen 366 Mill. Dollar; erste Anfänge 1879—81 unter *F. de Lesseps*) England entwickelt Panzerkampfwagen Turmdrehkran (Hammerwippkran) für 250 t Tragkraft, 96 m hoch (gebaut von Demag für *Blohm & Voß*) Demag-Schwimmkran für 250 t Tragkraft Wassergekühlte Flugmotoren erreichen 250 PS (luftgekühlte 200 PS) Erster Flug in der Arktis von *J. Nagurski* (Hilfe für die *Brussilow*-Expedition bei Nowa Semlja, seit 1912)	Reißverschl. verbreitet sich (1. Patent schon 1851) Eisenbahntunnel bei Schlüchtern (3575 m, Baubeginn 1908)

1915	*Helfferich* Staatssekretär des Reichsschatzamtes; betreibt Anleihepolitik zur Deckung der Kriegskosten Winterschlacht in Masuren: Russ. Armee vernichtet (100000 Gefang.) Brit.-frz. Angriff auf Dardanellen mißlingt; *Churchill* tritt zurück Deutschland unternimmt ersten großen Gasangriff durch Abblasen von Chlorgas an der Westfront Mittelmächte erobern Westrußland (Polen, Litauen, Kurland) Verschärfter dt. U-Boot-Krieg: USA-Ozeandampfer „Lusitania" wird versenkt (1400 Fahrgäste ertrinken; hatte Munition an Bord; scharfer USA-Protest) Zunächst frz.-brit. Luftüberlegenheit an der Westfront Dt. Luftschiffe greifen London an Erster dt. Luftangriff auf Paris *A. Briand* frz. Ministerpräsident und Außenminister bis 1917 Italien erklärt Österreich-Ungarn den Krieg (1916 gleichzeitig mit Rumänien auch Deutschland) Beginn der Isonzoschlachten (die zwölfte im Oktober 1917) Bulgarien tritt an der Seite der Mittelmächte in den Krieg ein; ganz Serbien wird erobert Brit.-frz. Front b. Saloniki Antikriegskonferenz europ. intern. Sozialisten in Zimmerwald/Schweiz (1916 i. Kienthal, 1917 i. Stockholm) Linker Flügel d. SPD-Fraktion verweig. Kriegskredite „Die Internationale" (einzige Nummer einer Antikriegszeitschrift von *R. Luxemburg*, *F. Mehring*, *K. Liebknecht*) wird beschlagnahmt Gegen den ursprüngl. Widerstand der 2. Kammer (Landsting) neue demokrat. Verfassung und Wahlrechtsreform in Dänemark USA-Schutzherrschaft über Haiti *Jüan Schi-k'ai* versucht die chin. Republik durch eine autorit. Monarchie zu beseitigen Japan erhält v. China Sonderrechte i. Shantung, Mandschurei u. Mongolei China anerkennt Selbstverwalt. d. Äußeren Mongolei	Literatur-*Nobel*preis an *R. Rolland* (Frankr.) *Chesterton:* „Gedichte" (engl. kathol. Lyrik) *Conrad:* „Sieg" (engl. Roman) *Paul Ernst:* „Preußengeist" (Schauspiel) *Bruno Frank* (* 1887, † 1945): „Die Fürstin" (Roman) *Leonhard Frank:* „Die Ursache" (Roman) *Hamsun:* „Die Stadt Segelfoß" (norw. Rom.) *H. Hesse:* „Musik des Einsamen" (Gedichte), „Knulp" (Roman) *Ric. Huch:* „Wallenstein" (Charakterstudie) *Paul Keller:* „Ferien vom Ich" (Roman) *Klabund:* „Moreau" (Roman) *Meyrink:* „Der Golem" (phant. Roman) *Wilhelm Schäfer* (* 1868, † 1952): „Lebenstag eines Menschenfreundes" (*Pestalozzi*-Roman) *K. Schönherr:* „Weibsteufel" (Drama) *Schnitzler:* „Komödie der Worte" (3 Einakter) *Sudermann:* „Die gut geschnittene Ecke" (Gesellschaftssatire) *Tagore:* „Das Heim und die Welt" (ind. Roman) *Georg Trakl* (* 1887, † 1914, Selbstmord): „Aufbruch" (österr. Gedichte, posthum) *Jakob Wassermann:* „Das Gänsemännchen" (Roman) *Werfel:* „Nicht der Mörder, der Ermordete ist schuldig" (Roman) *Virginia Woolf* (* 1882, † 1941, Freitod): „Die Ausfahrt" (engl. Rom.) *Max Reinhardt* leitet die Volksbühne am Bülowplatz, Berlin, bis 1918	† *Heinrich Brunner,* dt. Rechtshistoriker (* 1840) *J. Dewey:* „Demokratie und Erziehung" (nordamerikan. Pädagogik) *Michael von Faulhaber* (* 1869, † 1952): „Waffen des Lichtes" (kath. Kriegspredigten) † *Hans Groß,* österr. Strafrechtslehrer; gründete in Graz erstes wissenschaftl. Kriminalmuseum (* 1847) *Felix Krueger* (* 1874, † 1948): „Über Entwicklungspsychologie, ihre sachliche und geschichtl. Notwendigkeit" *Wlodimierz Halka von Ledochowski* (* 1866, † 1942) General des Jesuitenordens *Hans Lietzmann:* „Petrus und Paulus in Rom" (protest. Schrift) *Scheler:* „Abhandlungen und Aufsätze" (phänomenologische Ethik, 2 Bände; 1919 unter dem Titel „Vom Umsturz der Werte") und „Der Genius des Krieges und der deutsche Krieg" Schreibschrift von *Ludwig Sütterlin* in preuß. Schulen † *Frederick Winslow Taylor,* nordamerikan. Begründer des Taylorismus (* 1856) † *Wilhelm Windelband,* dt. Philosoph; Wert- und Kulturphilosophie (* 1848) Zentralinstitut für Erziehung und Unterricht in Berlin Internationale Frauenliga für Frieden und Freiheit in Genf Zentralverband der katholischen Jungfrauenvereinigungen in Bochum (1923: 650000 Mitglieder)

Beckmann: „Selbstbildnis als Sanitäter" (Gemälde)

Chagall: „Der Geburtstag" (russ. express. Gemälde)

Arthur Kampf (*1864, † 1950): „Fichte redet zur dt. Nation" (Wandgemälde in der Aula der Berliner Universität)

Krebs: „Chinesische Schattenspiele" (Darst. chin. Scherenschnittkunst)

Marc: „Kämpfende Kräfte" (abstraktes Gemälde)

† *Gabriel Max*, *Piloty*-Schüler, dt. Maler gespenstischer und grausiger Märtyrer-Bilder, (* 1840)

Schmidt-Rottluff entwickelt express. Stil

† *Anton von Werner*, dt. Historienmaler (* 1843)

Heinrich Wölfflin (* 1864, † 1945): „Kunstgeschichtliche Grundbegriffe" (dargelegt am Übergang Renaissance—Barock)

„Die Geburt einer Nation" (nordamerikan. Film über den amerik. Bürgerkrieg, mit besonders zusammengestellter Filmmusik; Regie: *D. W. Griffith;* gilt als Beginn des künstler. Films d. USA; Rekordeinnahme v. 48 Mill. Dollar)

„The Lamb" (nordamerikan. Film mit *Douglas Fairbanks*)

„Carmen" (nordam. Film v. *C. B. de Mille*)

„Das Feuer" (ital. Film von *Pastrone*)

Bartók: Sonatine für Klavier (ungar. Komposition)

Heinrich Berté (* 1857, † 1924): „Das Dreimäderlhaus" (Singspiel mit bedenkenloser Verwendung von *Schubert*-Musik)

de Falla: „Liebeszauber" (span. Ballett)

† *Karl Goldmark*, österr.-ungarischer Komponist; u. a. „Die Königin von Saba" (Oper, 1875) (* 1830)

Emmerich Kálmán (* 1882, † 1953): „Die Czardasfürstin" (ungar. Operette)

Reger: Mozart-Variationen (für Orchester)

* *Swjatoslaw Richter*, sowjetruss. Pianist dt. Abstammung

M. von Schillings: „Mona Lisa" (Oper)

† *Alexander N. Skrjabin*, russischer Komponist; schrieb mystische Musik; schuf Farbenmusik m. Farblichtklavier (* 1872)

† *Emile Waldteufel*, frz. Walzerkomponist (* 1837)

~ Blüte d. klassischen New Orleans-Jazzstils; durch weiße Musiker wandelte er sich zum „Dixieland"

Nolde: „Blumengarten" (Gem.)

Physik-*Nobel*preis an *W. H. Bragg* (Großbrit.) u. sein. Sohn *W. L. Bragg* (Großbrit.) für Kristallstruktur-Analyse mit *Röntgen*strahlen

Chemie-*Nobel*preis an *R. Willstätter* (Dt.) für Arbeiten über Chlorophyll und andere Pflanzenfarbstoffe

Edgar Dacqué (* 1878, † 1945): „Grundlagen und Methoden der Paläogeographie"

† *Paul Ehrlich*, dt. Mediziner; mit *Behring* Begründer der Serumbehdlg. und Immunitätstheorie; fand Salvarsan; *Nobel*preis 1908 (* 1854)

Einstein beginnt Allgemeine Relativitätstheorie zu entwickeln: setzt die Gleichwertigkeit aller physikalischen Bezugssysteme voraus, fordert Raumkrümmung durch Massen; erklärt Lichtablenkung und Erniedrigung der Spektralfrequenzen in Gravitationsfeldern sowie Perihelbewegung des Merkur

Adolf Engler: „Die natürlichen Pflanzenfamilien" (internationales Gemeinschaftswerk seit 1888)

Ch. Fraipont: „Experimentelle Paläontologie" (Experimente mit leb. Tieren z. Deut. fossil. Lebensspuren)

K. v. Frisch: „Der Farbensinn und Formensinn der Biene" (Tierpsychologie nach der Dressurmeth.)

Wolfgang Gaede: Quecksilber-Diffusionspumpe; begründet damit die moderne Hochvakuum-Technik

Ganzmetallflugzeug von *Junkers*

Georg Klingenberg (* 1870, † 1925): Dampfkraftwerk Golpa-Zschornewitz (b. Bitterfeld) je 16000 kW

Erich Marcks (* 1861, † 1938): „Otto von Bismarck, ein Lebensbild" (histor. Biographie)

Wolfgang Ostwald: „Die Welt der vernachlässigten Dimensionen" (Einführung in die Kolloidchemie)

Dt. *(Rumpler)* und frz. *(Caudron)* zweimotorige Kampfflugzeuge

W. Schottky: Schirmgitter-Verstärkerröhre

A. Wegener: „Die Entstehung der Kontinente und Ozeane" (mit Kontinentalverschiebungstheorie)

„Handwörterbuch der Naturwissenschaften" (10 Bände seit 1912)

Kaiser-*Wilhelm*-Inst. f. Hirnforschg.

Fr. Naumann: „Mitteleuropa" (wirtschaftspolit. Vorschläge)

† *Emil Rathenau*, dt. Großindustrieller; gründete 1883 Dt. *Edison*ges. (daraus 1887 AEG) (* 1838)

Hedin: „Ein Volk i. Waffen" (deutschfreundl. schwed. Kriegsbericht)

Vergnügungssteuer in Großbritannien (1916 in Frankreich)

Schleppversuchsanstalt für Schiffsmodelle in Hamburg

Schlauchloser Taucheranzug

F. Hrozny (* 1879, † 1952) erkennt Hethitisch als indoeuropäische Sprache

1916	Schwere Kämpfe um Verdun (allein frz. Verluste Februar bis Juni 440000). *Henri Philippe Pétain* (* 1856, † 1951 in Haft) hält die Festung Die Somme-Schlacht mit Angriff von 104 frz. und brit. Divisionen, starker Artillerie- und Flieger-unterstützung bringt nur geringen Geländegewinn Anwendung des hochwirksamen Gelbkreuz-Gases (Senfgas, Lost) an den Fronten Der frz. Oberbefehlshaber *Joseph Joffre* tritt zurück, wird zum Marschall ernannt (gewann 1914 Marneschlacht) Dolomitengipfel Col di Lana nach Minensprengung von Italienern genommen (1917 von Österr. zurückerobert) Entente muß Gallipoli räumen Bildung dt. Flieger-Jagdstaffeln Bei der vermehrten Lufttätigkeit über der Westfront fallen u. a. die dt. Kampfflieger *Max Immelmann* (* 1891) und *Oswald Boelcke* (* 1890) Fliegerangriff auf Karlsruhe erfordert 257 Opfer Erfolgreiche russ. Offensive General *Brussilows* Der bisherige dt. Oberbefehlshaber im Osten *v. Hindenburg* wird an Stelle von *v. Falkenhayn* Chef des Generalstabes des Feldheeres. „Vaterländische Hilfsdienstpflicht", „Hindenburgprogramm" für die Industrie. *Ludendorff* wird Erster Generalquartiermeister Mittelmächte lassen die Proklamierung eines mit ihnen verbündeten Königsreichs Polen zu Rumänien tritt in den Krieg auf seiten der Entente ein (wird 1918 zum Frieden von Bukarest gezwungen) Mittelmächte besetzen Bukarest Deutschland erklärt Portugal den Krieg wegen Beschlagnahme dt. Schiffe Russ. u. brit. Truppen vereinigen sich in Persien gegen türk. und dt. Widerstand	Literatur-*Nobel*preis an *V. v. Heidenstam* (Schweden) *d'Annunzio:* „Notturno" (ital. Roman) *Barbusse:* „Das Feuer" („Le feu", Tagebuch einer Korporalschaft, frz. Anti-Kriegsroman) *W. Bonsels:* „Indienfahrt" *Max Brod* (* 1884, † 1968): „Tycho Brahes Weg zu Gott" (Roman) *Couperus:* „Heliogabal" (niederl. Roman) *Th. Däubler:* „Hymne an Italien" (express. Lyrik) *Dauthendey:* „Die geflügelte Erde, ein Lied der Liebe und der Wunder um sieben Meere" (Reisebeschreibung als Gedichtzyklus) *Alfred Döblin* (* 1878, † 1957): „Die drei Sprünge des Wang-lun" (Roman) † *Marie von Ebner-Eschenbach*, geb. Gräfin *Dubsky*, mähr.-österr. Dichterin (* 1830) † *José Echegaray*, span. Dramendichter und Physiker; mehrfach Minister; *Nobel*preis für Literatur 1904 (* 1832) *A. Ehrenstein:* „Der Mensch schreit" (express. Gedichte) *Otto Ernst:* „Asmus Semper" (Romantrilogie seit 1904) *Gundolf:* „Goethe" *Werner Jansen* (* 1890): „Das Buch Treue" (Nibelungenroman) *F. Kafka:* „Die Verwandlung" (österr. Nov.) *G. Kaiser:* „Von Morgens bis Mitternachts" (Schauspiel) *Klabund:* „Dumpfe Trommel und berauschtes Gong" (Nachdichtung chin. Lyrik)	*Martin Buber* (* 1878): „Vom Geist des Judentums" (z. Förderung ein. modern. Judentums) *Bernhard Duhm* (* 1847, †): „Israels Propheten" (maßgeb. protestant. Darstellung) *G. Kerschensteiner:* „Das einheitl. deutsche Schulsystem" (schulreform.) † *Ernst Mach*, österr. Physiker u. positivist. Erkenntnistheoret. (* 1838) *Richard Müller-Freienfels* (* 1882, † 1949): „Lebenspsycholog." (2 Bde.) *Wilh. Ostwald:* „Monistische Sonntagspredigten" (Vorträge seit 1911) *Max Picard* (* 1888, † 1965): „Das Ende des Impressionismus" (Schweiz. Kunstphilos.) † *Charles Taze Russell*, Begründer der pazifist. „Ernsten Bibelforscher" 1879, USA (* 1852) *Scheler:* „Der Formalismus in der Ethik und die materiale Wertethik" (2 Bände seit 1913) *Leopold von Schroeder* (* 1851, † 1920): „Arische Religion" (Indologie, 2 Bände seit 1914) *R. Steiner:* „Vom Menschenrätsel" (anthroposophisch) *W. Stern* führt Intelligenzquotienten (Intelligenzalter: Lebensalter) als Maß kindlicher Intelligenz ein *Alfred Vierkandt* (* 1867, † 1953): „Machtverhältnis und Machtmoral" (Soziologie) Studienanstalt für blinde Akademiker in Marburg Erster der kathol. Müttervereine in Paderborn Kaiserswerther Verband dt. Diakonissen-Mutterhäuser

Heckel: „Krüppel am Meer“, „Irrer Soldat“ (express. Lithographien)

Hodler: „Der Blick in die Unendlichkeit“ (Schweiz. Wandmalerei i. Rathaus Zürich, s. 1915)

Kollwitz: „Mutter mit Kind auf dem Arm“ (Radierung)

H. M. Kühne und *W. Lossow:* Hauptbahnhof Leipzig (Baubeginn 1905)

M. Liebermann: „Die Phantasie in der Malerei“ (Kunstpsychologie)

Marc: Skizzenbuch aus dem Felde (das letzte v. 32 Skizzenbüchern)

† *Franz Marc* (gefallen), dt. Maler, bes. express. Tierbilder (* 1880)

Matisse: „Schwestern“ (frz. Gemälde)

Ed. Munch: „Der Pflüger“, „Erdarbeit“ und „Arbeiter auf dem Heimweg“ (norweg. express. Gemälde)

Pechstein: „Madonna“ (Glasfenster)

F. L. Wright: Imperial-Hotel in Tokio (nordamerikan.)

In Zürich und Genf tritt die Richtung des „Dadaismus“ auf (bis ~ 1922: ist an kindlichen Ausdrucksformen orientiert und will absolute Willkür in Kunst u. Literatur)

„Die Ehe der Luise Rohrbach“ (Film mit *Henny Porten* u. *Emil Jannings*, * 1886, † 1950)

d'Albert: „Die toten Augen“ (Oper)

Paul Bekker: „Das deutsche Musikleben“ (gegen genießerische, für tätige Kunstauffassung)

Ralph Benatzky: „Liebe im Schnee“ (Operette)

Julius Bittner (* 1874, † 1939): „Höllisch Gold“ (Oper)

Busoni: Improvisation über *Bachs* Choral: „Wie wohl ist mir, o Freund der Seele“ (für zwei Klaviere) u. „Entwurf einer neuen Ästhetik der Tonkunst“

Paul von Klenau (* 1883, † 1946): „Klein Idas Blumen“ (dän.-dt. Tanzspiel)

Korngold: „Violanta“ (Oper)

* *Yehudi Menuhin*, Violinvirtuose aus USA

† *Max Reger*, dt. Komponist (* 1873)

Weingartner: „Dame Kobold“ (Oper)

Emil Abderhalden: „Die Grundlagen unserer Ernährung“

Karl Bosch und *Meißer:* Großerzeugung von Harnstoff mit Luftstickstoff (dient zur Düngung und Schlafmittelherstellung)

Ammoniakwerk Merseburg (Leuna) entsteht zur Verwertg. d. Luftstickstoffes im *Haber-Bosch*-Verfahren

Erich Brandenburg (* 1868, † 1946): „Die Reichsgründung“ (dt. Gesch. des 19. Jahrh., 2 Bde.)

P. Debye und *P. Scherrer:* Röntgenstrahl-Interferenzen an Flüssigkeiten und Kristallen

† *Adolf Frank*, dt. Chemiker; Gründer der dt. Kaliindustrie; entdeckte mit *Caro* 1895 Herstellung von Kalkstickstoff aus Kalziumkarbid und Luftstickstoff (* 1834)

Archibald Vivian Hill (* 1886): „Die Beziehungen zwischen der Wärmebildung und den im Muskel stattfindenden chem. Prozessen“

Walter Kossel und *Lewis:* Verbindung der Atome zu Molekülen kommt durch die äußeren Elektronen der Atomhülle (Valenzelektronen) zustande

Theodor Lindner (* 1843, † 1919): „Weltgeschichte seit der Völkerwanderung“ (9 Bände seit 1901)

† *Percival Lowell*, nordamerikan. Astronom; Planetenforscher (* 1855)

† *Ilja Metschnikow*, russ. Physiologe; *Nobel*preis 1908 gemeinsam mit *P. Ehrlich* (* 1845)

Adolf Miethe: „Photographie aus der Luft“

L. v. Post baut Pollenanalyse zur Erschließung der vorzeitlichen Pflanzenfolge entscheidend aus (begründet von *C. A. Weber* 1893)

† *William Ramsay*, engl. Chemiker; *Nobel*preis 1904 (* 1852)

Ferdinand Sauerbruch (* 1875, † 1951) konstruiert durch Gliedstumpfmuskeln bewegliche Prothesen

A. Stein grub auf drei Expeditionen in Zentralasien (seit 1913, 1906 bis 1908, 1900 bis 1901) die Ruinenfelder bei Choten/Ostturkestan aus (hellenistisch-buddhist. Mischkultur aus dem 3. bis 6. Jahrhdt.)

Lujo Brentano (* 1844, † 1931, ‚Kathedersozialist‘ und Freihandelsanhänger): „Die Anfänge d. modernen Kapitalismus“

Karl Diehl: „Theoretische Nationalökonomie“ (4 Bände bis 1934)

Irving Fisher (* 1867, † 1947): „Die Illusion des Geldes“ (nordamerikan. Währungstheorie)

Brit. Kodifizierung der Strafen für Eigentumsvergehen (Larceny Act)

Karl Bücher gründet das Institut für Zeitungskunde in Leipzig

Amurbahn fertiggestellt (Baubeginn 1908)

Fleischkarte in Deutschland (anfängl. noch 250 g wöchentlich)

Dt. Verband der Sozialbeamtinnen

„Sonntagsbund“ zur Förderung der Sonntagsruhe

Gunther Plüschow (* 1886, † 1940): „Die Abenteuer d. Fliegers v. Tsingtau“ (abenteuerl. Flucht 1914/15 v. Tsingtau nach Deutschland mit dem Flugzeug)

Otto Schmidt beg. mit d. Sieg i. Hamburg. Derby glanzvolle Jockei-Laufbahn

Expedition des dt. wissenschaftl. Vereins in Buenos Aires nach Patagonien

(1916)

Einführung der Gasmaske und des Stahlhelmes im dt. Heer

Seeschlacht vor dem Skagerrak: entscheidungslos nach schweren Verlusten auf brit. (115000 t) und auf dt. (60000 t) Seite

Erfolgreicher Handelskrieg des dt. Hilfskreuzers „Möwe" (seit 1915)

Friedensangebot Kaiser *Wilhelms II.* als völlig unzureichend vom Gegner abgelehnt

Karl Liebknecht aus der SPD ausgeschlossen und wegen seines Kampfes gegen den Krieg zu 2 Jahren Zuchthaus verurteilt

Spartakusbriefe beginnen zu erscheinen

R. Luxemburg: „Die Krise der Sozialdemokratie" („Junius-Broschüre", pseudonyme Kampfschrift gegen den Krieg, wird später zum Programm des Spartakusbundes)

Lenin: „Der Imperialismus als höchstes Stadium des Kapitalismus" (bolschewistisch)

† *Franz Joseph I.*, Kaiser von Österreich seit 1848 und König von Ungarn seit 1867 (* 1830)

Karl I., Großneffe von *Franz Joseph*, Kaiser von Österreich-Ungarn bis 1918 († 1922)

Friedrich Adler (* 1879, † 1960), Sohn von *Victor Adler*, österreich. Sozialdemokrat, erschießt Ministerpräsident *von Stürgkh*

Versuch, eine unabhängige irische Republik auszurufen, wird blutig unterdrückt (Osteraufstand)

Allgemeine Wehrpflicht in Großbritannien. *Lloyd George* brit. Ministerpräsident bis 1922, wird auch von den Konservativen unterstützt

Arthur J. Balfour (* 1848, † 1930) brit. Außenminister bis 1919

† *Herbert Kitchener*, brit. Kriegsminister seit 1914; sein Schiff auf dem Wege nach Rußland durch Mine versenkt (* 1850)

Thomas E. Lawrence (*1888, † 1935) organisiert Araberkleinkrieg gegen Türkei (schreibt „Die sieben Säulen der Weisheit"; vgl. 1926)

Königreich Hedschas mit Hauptstadt Mekka (bisher zur Türkei)

† *Grigori Jefimowitsch Rasputin*, russ. Mönch mit starkem Einfluß am Zarenhof seit 1907 (von russ. Adligen getötet, * 1871)

USA geben Philippinen umfassende Selbstverwaltung

Hipolito Irigoyen (* 1850, † 1933) Staatspräsident von Argentinien bis 1922 (wieder 1928 bis 1930)

Zusammenschluß des hinduist. Indischen Nationalkongresses und der Moslem Liga. Gemeinsame Politik gegenüber Großbritannien

Jüan Schi-k'ai (†) muß als „Kaiser von China" abdanken

Anette Kolb: „Briefe einer Deutschfranzösin" (f. Völkerverständigung)

Heinrich Lersch (Kesselschmied, * 1889, † 1936): „Herz, aufglühe dein Blut" (Kriegsgedichte); erhält *Kleist*preis, zusammen mit *A. Miegel*

† *Jack London*, USA-Dichter (* 1876)

J. Masefield: „Sonette und Gedichte" (engl. Dichtung)

Moeller van den Bruck: „Der preußische Stil"

Molo: „Schiller-Roman" (4 Teile seit 1912)

Alfons Petzold (* 1882, † 1923): „Der stählerne Schrei" (Arbeiterdichtung)

R. Presber u. *L. W. Stein:* „Die selige Exzellenz" (Lustspiel)

Karl Ludwig Schemann (* 1852, † 1938): „Gobineau" (2 Bände seit 1913)

† *Henryk Sienkiewicz*, poln. Dichter; *Nobel*preis 1905 (* 1846)

† *Natsume Soseki*, japan. Romandichter; schrieb „Ich bin eine Katze", „Graskopfkissen" u. a. (* 1867)

Felix Timmermans (* 1886, † 1947): „Pallieter" (fläm. Roman)

Unruh: „Opfergang" (Fronterlebnisse), „Ein Geschlecht" (symbol. Drama)

Wildgans: „Liebe" (Schauspiel)

Ernst Deutsch (* 1890, † 1969) spielt in Dresden den „Sohn" von *Hasenclever* (gilt als Erschließg. der Bühne f. d. Expression.)

Agnes Straub (* 1890, † 1941) kommt an das Dt. Theater, Berlin

Harry Piel beginnt durch seine Abenteuerfilme populär zu werden

„Die Lieblingsfrau des Maharadscha" (Film mit dem norweg. Schauspieler *Gunnar Tolnaes*)

„Intoleranz" (nordamerikan. Film; Regie: *D. W. Griffith;* gilt als sein Meisterwerk; zeigt mit 60000 Mitarbeitern in Überschneidung vier intolerante Interessenskämpfe aus den Zeiten Babylons bis zur Neuzeit)

„Zivilisation" (nordamerikan. Film von *Thoma Ince*, * 1880, † 1924)

„Auferstehung" (italien. Film von *M. Caserini*)

„Homunculus" (Film von *Robert Neuß* u. *Otto Rippert*)

Filmsatire auf „Carmen" von *Charlie Chaplin*

„Provincetown Players" (aus Mass./USA) fördern m. Hilfe *O'Neill's* künstl. Theater als I. Off-Broadway Theatre i. New York

1917	Friedens*nobel*preis an das Internationale Komitee vom Roten Kreuz in Genf Internationaler Gewerkschaftsbund fordert Friedensschluß Hungersnot in Deutschland („Kohlrübenwinter" 1916/1917). Propaganda für Beendigung des Krieges. Die Reichstagsminderheit d. Rechtsparteien schließt sich unter Großadmiral *von Tirpitz* zur „Deutschen Vaterlandspartei" zusammen, die mit *Ludendorffs* Unterstützung den „Siegfrieden" propagiert Dt. Truppen ziehen sich vor einem neuen Angriff des Gegners im Sommegebiet auf die befestigte Siegfriedstellung zurück Briten erstreben in der heftigen Frühjahrsschlacht bei Arras Durchbruch durch die dt. Linien; erreichen nur lokale Erfolge Meutereien im frz. Heer. *Pétain* wird Oberbefehlshaber USA erklärt Deutschland den Krieg (mobilisiert 1,7 Mill. Soldaten für Europa) In der sog. „Osterbotschaft" Kaiser *Wilhelms II.* wird das geheime und unmittelbare Wahlrecht für das preuß. Abgeordnetenhaus in Aussicht gestellt Bildung der USPD (war 1916 in der SPD als „Sozialdemokratische Arbeitsgemeinschaft" als linker Flügel entstanden) Linke Mehrheit des dt. Reichstages unter *Erzberger* beschließt Friedensresolution (Verständigungsfrieden ohne Annexionen und Kriegsentschädigungen) im Gegensatz zur Heeresleitung. Reichskanzler *von Bethmann-Hollweg* tritt zurück. *Michaelis* Reichskanzler, der diese Resolution bedingt zum Regierungsprogramm erklärt Italiener müssen sich von der Isonzo-Front auf die Piave zurückziehen Briten erreichen Durchbruch in der Tankschlacht bei Cambrai mit 300 Tanks Briten erobern Bagdad. Türken räumen Jerusalem, das von den Briten besetzt wird	Literatur-*Nobel*preis an *K. Gjellerup* (Dänem.) und *H. Pontoppidan* (Dänem.) *Gottfried Benn* (* 1886, † 1956): „Mann und Frau gehen durch die Krebsbaracke" (expr. Lyrik) *Alexander Block* (* 1880, † 1921): „Die Zwölf" (russ. Revolutionsgedichte) *Conrad*: „Die Schattenlinie. Ein Bekenntnis" (engl. Roman) *Dehmel:* „Menschenfreunde" (Schauspiel) *T. S. Eliot:* „Gedichte" (engl.) *Otto Flake* (*1880, † 1963): „Das Logbuch" (Rom.) *Flex:* „Der Wanderer zwischen beiden Welten" (Ein Kriegserlebnis) † *Walter Flex*, dt. Dichter (* 1887) *Aron Freimann* (*1871, † 1948): „Germania Judaica" (I. Band gemeinsam mit *Brann*, dt.-hebräische Bibliographie) *St. George:* „Der Krieg" (Dichtung) *Reinhard Goering* (* 1887, † 1936 Selbstmord) „Die Seeschlacht" (Drama) *Gorki:* „Unter fremden Leuten" (russ. Autobiographie) *Fernand Gregh:* (*1873, † 1960): „Die Schmerzenskrone" (frz. Kriegsgedichte) *Hamsun:* „Segen der Erde" (norweg. Roman) *Thea v. Harbou* (* 1888, † 1954): „Das indische Grabmal" (Roman, 1937 verfilmt)	Papst *Benedikt XV* sendet eine Friedensnote an die kriegführenden Mächte (bleibt ohne Erfolg) *M. Dessoir:* „Vom Jenseits der Seele" (über abnorme, parapsychol. Erscheinungen) *Hans Driesch:* „Wirklichkeitslehre" (metaphysische Philosophie) *Michael von Faulhaber* wird Erzbischof von München (1921 Kardinal) *Freud:* „Vorlesungen zur Einführung in die Psychoanalyse" (allgemeinverständlich) *Walter Lionel George* (* 1882, † 1926): „Die Intelligenz der Frau" (engl. Schrift über die Frauenfrage) *Haeckel:* „Kristallseelen" (Monismus) *C. G. Jung:* „Das Unbewußte im normalen und kranken Seelenleben" (Schweiz. Psychoanalyse) *J. Kaftan:* „Philosophie des Protestantismus" (Positivismus) *L. Klages:* „Handschrift und Charakter" (Graphologie) *R. Liefmann*: „Grundsätze der Volkswirtschaftslehre" (theoret. System auf psycholog.-realistischer Grundlage, 3 Bände) *Hermann Lietz:* „Deutsche Landerziehungsheime" (vom Gründer dieser Heime seit 1898) *Mathilde Ludendorff* (* 1877, † 1966): „Das Weib und seine Bestimmung" (gegen moderne Frauenbewegung, nationalist. Tendenz)

Beckmann: „Selbstbildnis mit rotem Schal“ (Gemälde)

Paul Bonatz und *F. E. Scholer:* Stuttgarter Hauptbahnhof (Baubeginn 1913)

Braque: „Die Mandolinenspielerin“ (frz. kubist. Gem.)

Carlo Dalmazzo Carrà (* 1881, † 1966) u. *Giorgio de Chirico* (* 1888) gründen ital. „Metaphysische Malerei“

de Chirico: „Stillleben“ (griech.-ital. surrealist. Gemälde)

Corinth: „Blumenstrauß“ (impress. Gemälde)

† *Edgar Degas*, frz. impress. Maler; besonders Tänzerinnen in eigenwilligen Bildausschnitten (* 1834)

Naum Gabo (*1890 in Rußland): „Kopf in einer Ecknische“ (abstr. Plastik aus Holzplatten)

G. Grosz: „Das Gesicht der herrschenden Klasse“ (gesellschaftskrit. Lithographien)

Childe Hassam (* 1859, † 1935): „Straßenbild aus der Fifth Avenue“ (nordamerik. impress. Gemälde)

Heckel: „Selbstbildnis“, „Kopf des Getöteten“, „Jüngling“ (express. Holzschnitte)

Rudolf Koch: Maximilian-Antiqua und Frühlingsfraktur (Drucktypen)

Kokoschka: „Selbstbildnis“

Lehmbruck: „Mutter und Kind“ (Plastik)

Busoni: „Turandot“ (Oper, Erneuerung der Comedia del arte)

Hans Huber (* 1852, † 1921): „Die schöne Bellinda“ (Schweizer Oper)

Léon Jessel (* 1871, † 1942): „Das Schwarzwaldmädel“ (Operette)

Walter Kollo: „Drei alte Schachteln“ (Operette)

Ernst Kurth (* 1886, † 1946): „Die Grundlagen des linearen Kontrapunktes“ (bahnbrechendes analytisches *Bach*-Werk)

Pfitzner: „Palestrina“ (Oper) und „Futuristengefahr“ (Kunstkritik)

Max Reinhardt, Hugo v. Hofmannsthal u. *Rich. Strauss* grd. Salzburger Musikfestspiele

Ottorino Respighi (* 1879, † 1936): „Le Fontane di Roma“ („Röm. Fontänen“, ital. symph. Dichtung)

Heinrich Schlusnus (* 1888) erster lyrischer Bariton der Staatsoper, Berlin

S. Wagner: „An allem ist Hütchen schuld“ (Märchenoper)

Institut für Musikforschung in Bükkeburg

Jazz-Zentrum verlagert sich v. New Orleans nach Chikago; im Chikago-Stil tritt der Solist stärker hervor

„Tiger Rag“ (Jazz)

Physik-*Nobel*preis an *Charles G. Barkla* (Großbrit., * 1877, † 1942) für Entdeckung der charakterist. *Röntgen*strahlen

† *Emil Behring*, dt. Mediziner; Begründer der Blutserumtherapie gegen Diphtherie und Tetanus; *Nobel*preis 1901 (* 1854)

Einstein und *de Sitter* diskutieren einen in sich gekrümmten bzw. einen gekrümmten, sich ausdehnenden Weltraum (vgl. 1921 u. 1928)

Einstein leitet die *Planck*sche Strahlungsformel aus statist. Betracht. ab

Franz Fischer (* 1877, † 1947): Urteer durch Kohlendestillation

d'Hérelle entdeckt die ultrafiltrierbaren Bakteriophagen

† *Theodor Kocher*, Schweizer Chirurg; bes. Kropfoper. und Schilddrüsenforschung; *Nobel*preis 1909 (* 1841)

W. Köhler: „Intelligenzprüfungen an Anthropoiden“ (über den Werkzeuggebrauch von Menschenaffen)

Robert Andrews Millikan (* 1868, † 1953) bestimmt Elektronenladung nach der Methode der schwebenden Öltröpfchen (seit 1913)

Harry Philby durchquert als engl. Agent Arabien vom Persischen Golf zum Roten Meer (bis 1918; schreibt 1922 „Das geheimnisvolle Arabien“)

Fritz Pregl (* 1869, † 1930): „Die quantitative organ. Mikroanalyse“ (entwick. seit 1912; *Lieben*preis 1914)

Wagner von Jauregg: Behandlung der syphilitischen Paralyse durch Malariafieber (Heilfieber)

E. C. Wente: Kondensator-Mikrophon

Wilhelm Winternitz (* 1834, † 1917): „Wasserkur u. natürl. Immunität“

† *Ferdinand* Graf *von Zeppelin*, dt. Luftschiffkonstrukteur (* 1838)

Normenausschuß der Dt. Industrie

Schiffs*diesel* mit 12000 PS von MAN

Erster Röhrensender im dt. Heer

Bahnbogenbrücke über den East-River, New York (Baubeginn 1912, Stützweite 298 m)

Bahnbrücke über den St. Lorenz-Strom bei Quebec/Kanada (Baubeginn 1910; Stützweite 549 m)

† *Gustav Schmoller* dt. Volkswirtschaftler; förderte die Sozialgesetzgebung (* 1838)

Peter Klöckner (* 1863, † 1940) gründet *Klöckner*-Werke (Bergbau, Hütten, Stahl- und Eisenverarbeitg.)

DIN (Dt. Normenausschuß) gegrdt.

Schwed. *Kreuger*-Welt-Zündholz-Trust (70% der Welterzeugung)

Vereinigte Aluminium-Werke AG, Berlin

Gründung des ersten Instituts für Wirtschaftsforschung an der Harvard-Universität

Ca. 3 Mill. t Salpeterverbrauch jährl. (in den Kriegen ~ 1800 ca. 15000 t)

Mit der Amurbahn Ruchlowo-Chabarowsk Transsibirische Eisenbahn Tscheljabinsk-Wladiwostok vollendet (ca. 7400 km, Teilstrecken seit 1891)

Manfred von Richthofen (* 1892, † 1918 abgesch.): „Der rote Kampfflieger“

Dt. Luftschiff unternimmt Afrikafahrt (Bulgarien—Chartum und zurück)

Italien gibt erste Luftpostwertzeichen heraus

Türkei führt *gregor*ianischen Kalender ein

Zahlr. Streiks i. Dtl. weg. Hunger und Entbehrgn.

(1917)

Erschießung der dt. Matrosen *Reichpietsch* und *Köbes* wegen Meuterei; Hunderte anderer zu Freiheitsstrafen verurteilt

R. Luxemburg und *F. Mehring* gründen „Die Internationale Zeitschrift für Praxis u. Theorie des Marxismus"

Uneingeschränkter dt. U-Bootkrieg (etwa 120 U-Boote versenken vom Februar bis November 8008000 BRT bei 49 Verlusten)

Dt. Fliegerangriffe gegen England, darunter London. Alliierte Luftüberlegenheit

Dt. Schutztruppe unter *Paul von Lettow-Vorbeck* in Dt.-Ostafrika weicht nach Portugies.-Ostafrika aus (Waffenstillstand 1918 in Brit. Rhodesien)

Geheime Friedensverhandlungen zwischen Österreich-Ungarn und der Entente durch *Sixtus von Bourbon-Parma*

Deklaration des brit. Außenministers *Balfour* verspricht Juden Nationale Heimstätte in Palästina (dagegen arabischer Widerstand)

Arabische Stammeskönige werden selbständig: *Hussein* König des Hedschas und von Jemen

Indien erhält gleichberechtigte Stimme in der Reichskriegskonferenz des brit. Weltreiches

Frankreich führt die lange von links geforderte, von rechts bekämpfte Einkommensteuer ein (schon 1914 beschlossen)

Georges Clémenceau frz. Ministerpräsident bis 1920; gilt als „Der Tiger" u. „Organisator des Sieges"

Erschießung der Tänzerin *Mata Hari (Margarete Zelle)* in Paris als dt. Spionin (* 1876)

Oberster Rat der alliierten kriegführenden Mächte gebildet (bis 1923)

Alliierte anerkennen verbündete tschechoslowak. Armee

Pilsudski geht auf die Seite der Entente über

Venizelos griech. Ministerpräsident; tritt auf die Seite der Entente. König *Konstantin I.* muß zugunsten *Alexanders* abdanken (1920 zurückgerufen)

Lenin und *Trotzki* kehren aus der Schweiz bzw. den USA nach Rußland zurück u. bereiten Revolution vor. *Lenin* wird Durchreise durch Deutschland gestattet

„Februar"-Revolution in Rußland stürzt Zarentum. Bildung einer republikanischen Regierung unter *Alexander Kerenski* (*1881, † 1970). „November"-Revolution in Rußland: *Lenin, Trotzki, Sinowjew* u. a. Bolschewisten errichten Sowjetrepublik. Enteignung der Betriebe, Verteilung von Grund und Boden, Schaffung einer „Roten Armee"

Finnland erklärt sich von Rußland unabhängig (wird 1918 nach dt. Intervention Republik)

Verfassungsänderung in den Niederlanden: Gleichstellung von Privat-(kirchlichem) und Staatsunterricht, allgemeines Wahlrecht für alle Parteien

Arthur Hoffmann (* 1857, † 1927), Bundespräsident der Schweiz seit 1914, muß wegen eigenmächtiger Friedensvermittlung zurücktreten

USA anerkennen das „besondere Interesse" Japans in China (bes. seit 1915 hat Japan durch weitgehende Verträge mit China die Vorherrschaft angestrebt)

Verkauf der dän.-westindischen Insel St. Thomas an die USA

Neue Verfassung in Mexiko: Trennung von Kirche und Staat, Enteignung des kirchlichen Grundbesitzes, Nationalisierung der Erdölquellen (Konzessionen für bisherige Eigentümer)

Südchin. Kuomintang-Regierung in Kanton bis 1926; *Sun Yat-sen* Generalissimus

Volksrat auf Java zur Mitwirkung der Eingeborenen an der Verwaltung

Gunnar Heiberg (* 1857, † 1920): „Gesammelte dramat. Werke" (norweg. Schauspiele, darunter „König Midas", 1890, gegen *Björnson*)

R. Herzog: „Die Stoltenkamps und ihre Frauen" (Roman)

Ric. Huch: „Der Fall Deruga" (Roman)

Norbert Jacques (* 1880): „Piraths Insel" (Roman)

Hanns Johst (* 1890): „Der Einsame" (*Grabbe*-Drama)

Kayssler: „Jan der Wunderbare" (Lustspiel)

H. Mann: „Die Armen" (sozialist. Roman)

L. Pirandello: „Die Wollust der Anständigkeit" (ital. Schauspiel)

J. Schaffner: „Der Dechant von Gottesbüren" (Roman)

Sinclair: „König Kohle" (nordamerikan. sozialist. Roman)

Sudermann: „Litauische Geschichten"

Sara Teasdale (* 1884): „Liebeslieder" (nordamerikan. Lyrik)

Hans Thoma: „Die zwischen Zeit und Ewigkeit unsicher flatternde Seele"

Timmermans: „Das Jesuskind in Flandern" (fläm. Roman)

Tristan Tzara erklärt zufällig gezogene Worte zu einem Gedicht (Anfänge aleatorischer Kunst)

de Unamuno: „Abel Sanchez" (span. Roman)

R. Voss: „Das Haus der Grimani" (Roman)

Wasow: „Neue Klänge" (bulgar. Gedichte)

Wedekind: „Herakles" (Schauspiel mit autobiograph. Symbolik)

Leonard Nelson (* 1882, † 1927): „Vorlesungen über die Grundlagen d. Ethik" (3 Bände bis 1932; psychol. Vernunftkritik des Begründers der Neu-*Fries*schen Schule)

Rudolf Otto (* 1869, † 1937): „Das Heilige" (protestant. Religionsphilosophie: Religion als das Empfinden für das „Numinose" = göttliches Walten)

Rudolf Pannwitz: „Die Krisis der europäischen Kultur" (Fortsetzung 1926: „Kosmos Atheos", 2 Bände)

Walter Rauschenbusch (* 1861, † 1918): „Die religiösen Grundlagen der sozialen Botschaft" (kollektivist. und aktivist. Sozialtheologie)

† *Adolf Reinach*, dt. Begründer einer phänomenologischen Rechtsphilosophie (* 1883)

Ernst Roloff (* 1867): „Lexikon der Pädagogik" (5 Bände seit 1913, weitere 2 1930/31, kathol. Standpunkt)

† *Rudolf Sohm*, dt. Rechtsgelehrter, bes. für röm. Recht (* 1841)

R. Steiner: „Von Seelenrätseln" (anthroposophisch)

Th. Ziehen: „Die Geisteskrankheiten des Kindesalters" (2 Teile seit 1915)

Dt. Philosophische Gesellschaft

Verbot des Jesuitenordens in Deutschland von 1872 vollständig aufgehoben

AFL-Gewerksch. grdt. Schulen f. Arbeiterbildung

~ *Modigliani* malt die wichtigst. s. Bilder (vorzugsw. Frauenakte)

Oskar Moll (* 1875, † 1947): „Winter im Grunewald" (express. Gem.)

Piet Mondrian veröff. i. d. niederl. Ztschr. „De Stijl" Aufsatz „Die neue Gestaltung in der Malerei" (Übergang zur geometr.-abstr. Malerei)

Pechstein: „Der Götze" (express. Gemälde, von seiner Reise zu den Palau-Inseln 1914)

Neoklassizist. Periode im Kunstschaffen *Pablo Picassos*

† *Auguste Rodin*, frz. Bildhauer (* 1840)

K. Scheffler: „Vom Geist der Gotik" (Kunstgeschichte)

Schultze - Naumburg: Schloß Cäcilienhof in Potsdam (Baubeginn 1913); „Kulturarbeiten" (9 Bände seit 1902)

Slevogt: Illustrationen zu „Cortez' Eroberung von Mexiko"

Ottomar Starke (* 1886): „Schippeliana" (Ein bürgerliches Bilderbuch)

† *Wilhelm Trübner*, dt. Maler (* 1851)

Rodin-Museum in Paris

„Proletkult" (russische revolutionäre Kulturorganisation; seine radikalen künstlerischen Tendenzen weichen in der *Stalin*-Ära einem „sozialist. Realismus")

Universum-Film AG (Ufa; gewinnt im *Hugenberg*-Konzern starken Einfluß auf die öffentl. Meinung in Deutschland)

„Die kleine Amerikanerin", „Die arme kleine Reiche" (nordamer. Filme mit *M. Pickford*)

„Mater dolorosa" (frz. Film v. *Abel Gance*, *1889)

Chaplins Jahresgage 1 Mill. Doll.

1918

USA-Präsident *Wilson* verkündet sein Friedensprogramm der „14 Punkte“ mit Selbstbestimmungsrecht der Völker

Friedensvertrag von Brest-Litowsk zwischen Deutschl. u. Rußl. (nach Sturz der dt. Monarchie annulliert). Deutschl. besetzt Baltik. u. Ukraine

Rumänien schließt mit Mittelmächten den Frieden zu Bukarest (nach Kriegsende annulliert)

W. Rathenau für eine letzte Volkserhebung geg. militär. Niederlage (Heeresleitung lehnt ab)

Briten schlagen türk. und dt. Truppen in Palästina (seit 1517 türkisch). Araber auf brit. Seite

Militär. Zusammenbruch der Türkei

Frankreich besetzt Syrien

Österreich-Ungarns militär. Kraft bricht zusammen

Dt.-Österreich, Tschechoslowakei, Ungarn werden Republiken

Dt. Munitionsarbeiterstreik (durch *Ebert* und *Scheidemann* gemäßigt)

Nach dt. militärischen Erfolgen untern. frz. Marschall *Ferdinand Foch* (* 1851, † 1929) Gegenangriff bei Villers-Cotterêts; dadurch werden die dt. Truppen endgültig zurückgeschlagen. Oberste dt. Heeresleitung fordert sofortiges Friedensangebot

November-Revolution in Deutschland. Meuterei der Matrosen in Kiel, Revolutionskämpfe in Berlin u. München. Prinz *Max* von Baden verkündet als Reichskanzler und Nachf. v. Graf *Hertling* eigenmächtig Abdank. d. Kaisers. *Wilhelm II.* u. d. Kronprinz gehen nach Holland (Haus Hohenzollern herrschte seit 1417 in Brandenburg-Preußen)

Waffenstillstand von Compiègne. Linksrhein. Gebiet wird von dt. Truppen geräumt

Mittelmächte befanden sich mit 26 Staaten im Krieg

Karl Liebknecht ruft dt. Räterepublik aus, wird nach Kämpfen gestürzt

Philipp Scheidemann (SPD, * 1865, † 1939) ruft dt. Republik aus

Kongreß d. Arbeiter- u. Soldatenräte überträgt vollziehende Gewalt auf Volksbeauftragte unter *Friedr. Ebert*

P. Altenberg: „Vita ipsa“ (Autobiographie)

† *Max Dauthendey* (auf Java), dt. Dichter (* 1867)

Artur Dinter (* 1876): „Die Sünde wider das Blut“ (antisemit. Rom.)

Fleuron: „Meister Lampe“ (dän. Tierroman)

A. France: „Der kleine Peter“ (frz. Roman)

Hans Grimm (* 1875, † 1959): „Der Ölsucher von Duala“ (Roman)

G. Hauptmann: „Der Ketzer von Soana“ (Erzählung)

Hedin: „Bagdad, Babylon, Ninive“ (schwed. Reisebericht)

Kurt Heynicke (* 1891): „Gottes Geigen“ (express. Gedichte)

W. Jansen: „Das Buch Liebe. Gudrun-Roman“

G. Kaiser: „Die Koralle“ (Bühnenstück)

E. A. Karlfeldt: „Flora und Bellona“ (schwed. Dichtung)

Hermann Kasack (* 1896, † 1966): „Der Mensch“ (Ged.)

Alfred Kerr: „Die Welt im Drama“ (5 Bände Theaterkritik)

† *Timm Kröger*, dt. Dichter (* 1844)

Lagerlöf: „Das heilige Leben“ (schwed. Rom.)

Majakowski: „Groteskes Mysterium“ (russ. revolutionäres Festspiel)

H. Mann: „Der Untertan“ (satir. Roman geg. d. preuß. Untertanengeist)

Th. Mann: „Betrachtungen eines Unpolitischen“ (monarchist.)

Chr. Morgenstern: „Stufen. Aphorismen u. Tagebuchnotizen“ (posthum)

Alfred Adler: „Praxis u. Theorie der Individualpsychologie“ (österr., betont Bedeut. des Geltungstriebes u. „Minderwertigkeitskomplexes“)

K. Bühler: „Die geistige Entwicklung d. Kindes“

Konrad Burdach (* 1859, † 1936): „Reformation, Renaissance, Humanismus“ (german. Sprachgeschichte als Bildungs- und Geistesgeschichte)

H. St. Chamberlain: „Rasse u. Nation“ (engl. völk. Rassenideologie)

C. H. Cooley (* 1864, † 1929): „Sozialer Prozeß“ (nordamerikan. sozial-psycholog. Soziologie mit Unterscheidung der primären und sekundären Gruppen)

Georges Duhamel (* 1884, † 1966): „Zivilisation“ (frz. Antikriegsschrift)

R. Eucken grdt. „Luthergesellschaft“ (gibt ab 1919 Vierteljahrsschrift „Luther“ und „Lutherjahrbuch“ heraus)

Salomo Friedländer (* 1871, † 1945): „Schöpferische Indifferenz“ (philosophische Abhandlung)

Romano Guardini (* 1885): „Vom Geist d. Liturgie“ (kath. Religionsphilos.)

Harald Höffding (* 1843, † 1931): „Humor als Lebensgefühl“ (dän. Lebensphilosophie)

Ellen Key: „Die Frauen im Weltkrieg“ (schwed. Frauenbewegung)

Max Lenz (* 1850, † 1932): „Geschichte der Universität zu Berlin“ (4 Bände seit 1910)

Joséphin Péladan („Le Sar“, * 1859, † 1918): „Niedergang der lateinischen Rasse“ (frz. kathol. mystisch-phantastische Romane seit 1886)

Corinth: „Korb mit Blumen" (impress. Gemälde)

A. Endell, Direktor d. Kunst-Akademie Breslau (bis 1925)

Juan Gris (* 1887, † 1927): „Die Schottin" (span. kubist. Gemälde)

† *Ferdinand Hodler,* Schweiz. Maler; bes. monumentale Wandmalerei (* 1853)

Klee: „Gartenplan" (express.-kubist. Gemälde) und „Dogmatische Komposition" (abstraktes Gemälde)

Kokoschka: „Freunde", „Sächs. Landschaft", „Die Heiden" (express. Gemälde)

Lehmbruck: „Sitzender Jüngling", „Der Denker" u. „Betende" (neogotische Plastiken)

Léger: „Maschinenräume" (frz. kubist. Gemälde)

A. Modigliani: „Akt" (ital.-frz. Gem.)

Ed. Munch: „Badender Mann" (norweg. express. Gemälde)

Nash: „Wir bauen eine neue Welt" (engl. Gemälde einer Kriegslandschaft)

Schmidt-Rottluff: „Christus-Mappe" (9 express. Holzschnitte)

Ufa richtet Kultur- u. Lehrfilmabteilung ein

„Die Mumie Ma" (Film mit *Pola Negri, E. Jannings, Harry Liedtke;* Regie: *Ernst Lubitsch* (* 1892, † 1947)

Busoni: „Arlecchino" (Oper)

† *Claude Debussy,* frz. impress. Komponist; bes. symphon. Dichtungen (* 1862)

Pfitzner: Violinsonate in e-moll

Günther Ramin (* 1898) wird Organist an der Thomaskirche in Leipzig

Schreker: „Die Gezeichneten" (erot.-symbol. Oper)

Karl Straube Thomaskantor in Leipzig bis 1929

Strawinsky: „Die Geschichte vom Soldaten" (russ. Melodrama) und Ragtime f. 11 Instrumente

S. Wagner: „Schwarzschwanenreich" und „Sonnenflammen" (Opern)

Physik-*Nobel*preis an *M. Planck* (Dt.) für Entdeckung des Wirkungsquantums

Chemie-*Nobel*preis an *F. Haber* (Dt.) für Ammoniaksynthese bei hohem Druck

Beilsteins Handbuch der Organischen Chemie in 4. Auflage (bis 1949 59 Bände mit 4300 Seiten Generalregister)

† *Georg Cantor,* dt. Mathematiker; u. a. Mengenlehre (* 1845)

O. Hahn und *Lise Meitner* entdecken das radioaktive Element Protactinium

Beginn der Ausgrabungen des babylonischen Ur durch *Hall, Thompson, Woolley* und *Legrain*

Junkers meldet Tiefdecker-Flugzeug zum Patent an

Paul Langevin: Ultraschallsender und -empfänger mit Schwingquarz

Wilh. Ostwald: „Die Farbenlehre" und „Der Farbatlas" (Systematik und eindeutige Kennzeichnung von Farben)

Ludwig Prandtl: Tragflächentheorie (seit 1916)

Shapley entdeckt durch Untersuchung der kugelförmigen Sternenhaufen die wahre Ausdehnung der Milchstraße (etwa 100000 Lichtjahre/Durchmesser)

Expedition ins arktische Kanada unter *V. Stefansson* und *R. Anderson* (seit 1913; erforscht 3,5 Mill. qkm, erweist wirtschaftliche Nutzbarkeit der Tundren)

„Helvetica Chimica Acta" (Schweiz. chemische Zeitschrift)

Funkstelle Nauen umspannt die Erde

Erster regelmäßiger Luftverkehr mit Flugzeugen zwischen New York und Washington (in Deutschland 1919 zwischen Berlin und Weimar)

Dt. Ferngeschütz mit 128 km Schußweite beschießt Paris

Mobilisierte Soldaten: Mittelmächte: 24,3 Mill. (Verluste 3,2 Mill., Verw. 7 Mill.); Entente: 43 Mill. (Verluste 5,5 Mill., Verw. 13,8 Mill.) (Zum Vergleich dt. Verluste 1870/71 43000)

18,7 Mill. BRT wurden seit 1914 durch dt. U-Boote und Minen versenkt; von 343 dt. U-Booten gingen 178 verloren

Seekriegsverluste der Entente (und der Mittelmächte) Schlachtschiffe 29 (8), Kreuzer 30 (29), Torpedoboote 113 (118), U-Boote 89 (199)

Während des Krieges gingen 52 dt. Luftschiffe verloren

Dt. Kriegskosten: 165 Milliarden M, frz.: 160 Milliard. Frs., engl.: 8,8 Milliarden Pfund, österr.: 65 Milliarden Kr. (Deckung in Deutschland: 54,6% Anleihen, 39,4% schwebende Staatsschuld, 6% Steuern; in Engl.: 80% Anleihen, 20% Steuern)

Gesamte Kriegskosten: ca. 730 Milliarden Goldmark direkte und ca. 610 Mrd. indirekte

Gustav Cassel (* 1866, † 1945): „Theoretische Sozialökonomie" (schwedische neuliberalist. Volkswirtschaftslehre)

(1918)

Gründung der „Kommunist. Partei Deutschlands“ (Spartakusbund)

Allgem. dt. Frauenstimmrecht

Hugo Preuß (* 1860, † 1925) entwirft die Weimarer Verfassung

Trotz Revolution bleiben die Kommandohöhen in Dtl. in konservativen Händen (Militärs, Beamtenschaft, Justiz usw.)

Franz Seldte gründet monarchist. „Stahlhelm“-Bund (1933 der SA unterstellt)

F. Mehring: „Karl Marx“

Trotz konserv. Mehrh. bleibt *Lloyd George* brit. Ministerpräsid. bis 1922

Lord *William Beaverbrook* (* 1879, † 1964), brit. konservativer Zeitungsverleger (u. a. „Daily Express“), wird brit. Propagandaminister (1940—45 wieder Min. im Kabinett *Churchill*)

Wahlrechtsreform in Großbrit. gibt Frauen über 30 Jahre aktives und passives Wahlrecht

Nationalist. republikan. „Sinn Fein“-Partei erhält von 103 irischen Sitzen im brit. Parlament 75

Brit. Reformplan für Indien (führt zur Verfassung 1921)

Clémenceau läßt *Joseph Caillaux* verhaften, der im Kriege Verständigung mit Deutschland suchte

Regierung der rechten „Koalition“ in den Niederlanden

Verhältniswahlrecht für Schweizer Nationalrat beseitigt absolute Mehrheit der Freisinnigen (bleiben bis 1935 stärkste Partei)

Island selbständiges Königreich in Personalunion mit Dänemark (seit 1380 bei Dänem.; 1920 Verfassung)

Zar *Ferdinand I.* von Bulgarien dankt ab zugunsten Kronprinz *Boris*'. Waffenstillstand mit Entente

Boris III. König von Bulgarien bis 1943 (†, * 1894)

„Königreich der Serben, Kroaten und Slowenen“ (Jugoslawien) gegründet

Pilsudski 1. poln. Präsident bis 1922

Tomáš Masaryk 1. Staatspräsident d. Tschechoslowakei (1935 Rücktritt)

Benesch (linksbürgerl. National-sozialist. Partei) tschechoslowak. Außenminister bis 1935; Vertrag mit Frankreich

Ungar. Republik ausgerufen

† *Nikolaus II.* (mit seiner Familie von den Bolschewisten erschossen), russ. Zar von 1894 bis 1917 (* 1868)

RSFSR gegründet (Russisch-sozialist.-föderative Sowjetrepublik). Moskau wird Hauptstadt

7. Parteitag d. russ. Kommunisten (KPSU [B]) (bis 1925 jährl., dann 1927, 1930, 1934, 1939, 1952)

Leo Trotzki russ. Volkskommissar für Krieg und Marine bis 1925; baut die „Rote Armee“ auf

Gründung der Republiken Litauen, Estland und Lettland

Bürgerkrieg in Rußland. Brit. u. frz. Truppen intervenieren in Nordrußl.

Japan dringt in Sibirien ein

Josef Ponten (* 1883, † 1940): „Der babylonische Turm" (Roman)

Reymont: „Das Jahr 1794" (poln. Romantrilogie seit 1913)

† *Peter Rosegger*, volkstüml. österr. Dichter (* 1843)

Albrecht Schaeffer (* 1885, † 1950): „Gudula" (Roman)

Schnitzler: „Casanovas Heimfahrt" (Novelle)

Ina Seidel: „Weltinnigkeit" (Gedichte)

Stehr: „Der Heiligenhof" (Roman)

Sinclair: „Religion und Profit" (nordamerik. sozialistischer Roman)

Ed. Stucken: „Die weißen Götter" (Roman um die Eroberung Mexikos, 3 Bände)

de Unamuno: „Essais" (span., 7 Bände seit 1916)

† *Frank Wedekind*, dt. gesellschaftskrit. Schauspieldichter (* 1864)

Wildgans: „Dies irae" (Schauspiel)

Stefan Zeromski (* 1864, † 1925): „Der Kampf mit dem Satan" (poln. Romantrilogie seit 1916)

St. Zweig: „Jeremias" (bibl. Tragödie)

Friedrich Kayssler Direktor der Berliner Volksbühne bis 1922

„Bühnenvolksbund" (christl.-national)

Theaterzensur in Deutschland aufgehoben (bleibt für Film)

Richard Huelsenbeck (* 1892, Mitbegr. d. „Dada" in Zürich 1916, bringt diese antibürgerliche Kunstrichtung n. Berlin (1919 kommt der Dadaismus nach Paris)

B. Russell: „Mystizismus und Logik" (engl. Rationalismus)

M. Schlick: „Allgemeine Erkenntnislehre" (Neopositivismus, Grundlage des Wiener Kreises)

G. Simmel: „Der Konflikt der modernen Kultur"

O. Spann: „Fundament der Volkswirtschaftslehre" (an die ältere Romantik *A. Müllers* anknüpfende universalist. Volkswirtschaftslehre)

W. Stern: „Person und Sache" (2. Band „Die menschliche Persönlichkeit")

Ulrich Stutz (* 1868, † 1938): „Der Geist des Codex juris canonici" (Schwz. Kirchenrecht)

Polen schafft Todesstrafe ab

„Akad. f. d. Wissensch. des Judentums", Berlin

Institut zur physiolog.-psycholog. Erforschung der Industrie, London

Geistliche Schulaufsicht in Preußen aufgehoben

Erneuerung des Kirchenrechts im Codex juris canonici

Der protestant. „Fundamentalismus" in den USA bekämpft die biologische Entwicklungslehre im Schulunterricht

Intelligenzuntersuchungen an 1,7 Mill. Heeresrekruten d. USA: Durchschnitts-Intelligenzalter ca. 14 Jahre. Ca. 50% „unterdurchschnittl. begabt" („Intelligenzalter" 12—13 Jahre), 13% „höher begabt", 4,5% „hochbegabt" (ähnliche Ergebnisse auch in anderen Ländern)

Zweite Moskauer Staatsuniversität (erste 1755)

Univers. Irkutsk/Sibir.

„Carmen" (Film von *E. Lubitsch* mit *P. Negri* u. *H. Liedtke*)

„Veritas vincit" (Film von *Joe May*)

„Ein Hundeleben", „Charlie als Soldat" (nordamerik. Filme von und mit *Charlie Chaplin*)

„Die zehnte Symphonie" (franz. Film von *A. Gance*)

Frauenarbeit in Deutschl. erreichte im Kriege ca. 230% d. Friedensstandes

Gesetzlicher Achtstunden-Arbeitstag in Deutschland

Aufhebung d. Gesindeordnungen u. der landesrechtl. Ausnahmegesetze gegen Landarbeiter (enthielten Streik- und Koalitionsverbote)

Weltweite Grippeepidemie: bis 1920 20000000 Tote (in Deutschland 196000)

Berlin erhält erstmalig Fernstrom

Mitteleuropäisch. Reisebüro (MER)

Staatsmonopol für Branntwein in Deutschland

Aarne: „Vergleichende Rätselforschungen"

1919

Friedens*nobel*preis an *W. Wilson* (USA)

Generalstreik und Aufstand des kommunist. Spartakusbundes in Berlin

Gustav Noske (Sozialdemokr., * 1868, † 1946) wird Oberbefehlshaber aller Truppen in Berlin und wirft Spartakus-Aufstand nieder; Reichswehrminister bis 1920

R. Luxemburg: „Briefe aus dem Gefängnis"

† *Rosa Luxemburg* (* 1870) und *Karl Liebknecht* (* 1871) als führende Linkssozialisten von rechtsradikalen Offizieren ermordet

Bayr. Ministerpräsident *Kurt Eisner* (USPD, * 1867) von Graf *Arco-Valley* erschossen. Münchener Räteregierung mit *Gustav Landauer* (ersch., * 1870), *Erich Mühsam, Ernst Toller, Ernst Niekisch*; wird durch Militär gestürzt. Kommunist. Regierung in München. Durch Reichswehr und SPD beseitigt

Regierung der Volksbeauftragten legt ihre Macht in die Hände der neugewählten dt. Nationalversammlung, die in Weimar zusammentritt. *Friedrich Ebert* (Sozialdemokr.) wird erster Reichspräsident bis 1925 (†)

Nationalversammlung in Weimar nimmt Verfassung des Deutschen Reiches an mit demokratisch-republikan. Regierungsform (Entwurf von *Hugo Preuß*, * 1860, † 1925)

Reichsflagge Schwarz-Rot-Gold (Handels- u. Kriegsflagge Schwarz-Weiß-Rot mit schwarzrotgoldener Gösch)

Philipp Scheidemann (Sozialdemokrat) dt. Reichsministerpräsident (tritt vor Unterzeichnung des Versailler Vertrages zurück; 1920 bis 1925 Oberbürgermeister von Kassel)

Unterzeichnung des Friedensvertrages von Versailles zw. Siegermächten und Deutschland: Elsaß-Lothringen an Frankreich; Posen u. Westpreußen („Korridor") überwiegend an Polen; Danzig wird Freie Stadt; Memel erst selbst., dann (1923) an Litauen; Eupen-Malmedy (1920) an Belgien; Saargebiet erhält Völkerbundsverwaltung; Nord-

Literatur-*Nobel*preis an *C. Spitteler* (Schweiz)

R. G. Binding: „Keuschheitslegende"

Vicente Blasco-Ibanez (* 1867, † 1928): „Apokalyptische Reiter" (span. Kriegsroman)

Claudel: „Der erniedrigte Vater" (frz. Schauspiel)

Gabrielle Colette (* 1873, † 1954): „Mitsou" (frz. Roman)

Conrad: „Der goldene Pfeil" (engl. Roman)

Ernst Robert Curtius (* 1886): „Die literarischen Wegbereiter des neuen Frankreich" (Romanistik)

Dehmel: „Zwischen Volk und Menschheit" (Kriegstagebuch)

Roland Dorgelès (* 1886): „Die hölz. Kreuze" (frz. Kriegsroman; verfilmt)

A. Ehrenstein: „Bericht aus einem Tollhaus" (groteske Erzählung)

Mikkjel Foenhus (* 1894): „Die Wildnis braust" (norweg. Roman)

Leonhard Frank: „Der Mensch ist gut" (pazif. Novellen)

Th. Hardy: „Gesammelte Gedichte" (engl. pessimist. Lyrik)

H. Hesse: „Demian" (Jugendroman, unter Pseudonym *Emil Sinclair*)

Hofmannsthal: „Die Frau ohne Schatten" (Schauspiel, vert. v. *R. Strauß*)

G. Kaiser: „Brand im Opernhaus" u. „Hölle, Weg, Erde" (Schausp.)

Klabund: „Dreiklang" (Gedichte)

Oskar Kokoschka: „Orpheus u. Eurydike" (express. Drama, vertont von *Ernst Křenek*, 1926)

K. Barth: „Der Römerbrief" (grundlegend für seine Dialektische Theologie; stark umgearb. 1922)

K. Binding: „Die Normen u. ihre Übertretung. Eine Untersuchung über die rechtmäßige Handlung und über die Arten des Deliktes" (seit 1872)

Ernst Bloch (* 1885): „Über das noch nicht bewußte Wissen"

Hans Blüher (* 1888): „Die Rolle der Erotik in der männlichen Gesellschaft" (2 Bde. seit 1917, beeinfl. „Wandervogel")

E. Cassirer: „Das Erkenntnisproblem in der Philosophie und Wissenschaft der neueren Zeit" (seit 1906; neukantian. Marburger Schule) und „Kants Leben und Lehre"

Gustaf Dalman (* 1855, † 1941): „Orte und Wege Jesu" (*D.* war 1902 bis 1917 Direktor des „Deutschen ev. Instituts für Altertumswissenschaft des Heiligen Landes" in Jerusalem)

† *Ernst Haeckel*, dt. Naturforscher; verbreitete monistische Weltauffassung (* 1834)

Ricarda Huch: „Der Sinn der Heiligen Schrift"

Johan Huizinga (* 1872, † 1945): „Herbst des Mittelalters" (niederl. Kulturgeschichte Burgunds im 15. Jahrhundert)

Jaspers: „Psychologie der Weltanschauungen"

Hermann von Keyserling: „Das Reisebuch eines Philosophen" (2 Bände)

Th. Lessing: „Geschichte als Sinngebung des Sinnlosen"

Barlach: „Moses“ (Holzplastik)

O. Bartning: „Vom neuen Kirchenbau“ (über moderne protest. Architektur)

R. Belling: „Dreiklang“ (abstrakte Plastik)

Corinth: „Walchenseelandschaft“ (Gemälde)

P. Fechter: „Der Expressionismus“ (Kunsthistorik)

F. Hodgkins: „Flüchtlingskinder“ (engl. Gemälde)

W. Gropius, L. Feininger, J. Itten und *Gerhard Marcks* (* 1889) gründen das „Staatl. Bauhaus“ in Weimar (wird zum Zentrum moderner Kunst; u. a. lehren an dieser Schule *Kandinsky* und *Klee*)

W. Gropius: Bauhaus Weimar (modernes Bauwerk)

K. Hofer: „Mädchen mit Blumenstrauß“ (express. Gemälde)

Kandinsky: „Träumerische Improvisation“ (abstraktes Gemälde) u. „Arabischer Friedhof“ (express. Gemälde)

Klee: „Traumvögel“ (express. Gemälde)

† *Carl Larsson,* schwedischer Maler (* 1853)

† *Wilhelm Lehmbruck* (Freitod), dt. express. Bildhauer (* 1881)

M. Liebermann: „Simson und Delila“ (impress. Gemälde)

Hans Meid (* 1883): „20 Radierungen zur Bibel“

d'Albert: „Revolutionshochzeit“ (Oper)

Adolf Busch (* 1891, † 1952) gründet Streichquartett

de Falla: „Der Dreispitz“ (span. Ball.)

Fritz Jöde (* 1887, † 1970): „Musik und Erziehung“ (Förder. d. Volks- u. Jugendmusik)

Kálmán: „Das Hollandweibchen“ (Operette)

Hermann Kretzschmar: „Geschichte der Oper“

Eduard Künneke (* 1885, † 1953): „Das Dorf ohne Glocken“ (Singspiel)

† *Ruggiero Leoncavallo,* ital. Opernkomponist (* 1858)

Sergej Rachmaninow, seit 1912 Kapellmeister in Petersburg, geht in die USA

Ture Rangström (* 1884, † 1947): „Die Kronbraut“ (schwedische Oper nach *Strindberg*)

Hugo Riemann: „Analyse von Beethovens sämtlichen Klaviersonaten“ (3 Bände seit 1905)

Othmar Schoeck (* 1886, † 1957): „Don Ranudo“ (Schweiz. Oper nach *Holberg*)

O. Straus: „Der letzte Walzer“ (Operette)

R. Strauss: „Die Frau ohne Schatten“ (Oper)

Jazz kommt nach London

Physik-*Nobel*preis an *Joh. Stark* (Dt.) für Entdeckung der Aufspaltung von Spektrallinien im elektrischen Feld

Medizin-*Nobel*preis an *Jules Bordet* (Belg., * 1870) für serologische Diagnose durch Komplementbindungs-Reaktion

John Alcock und *Arthur Whitten-Brown* fliegen von Neufundland nach Irland (gewinnen „Daily-Mail“-Preis für ersten Ozeanflug)

F. W. Aston: Intensitätsstarker Massenspektrograph zur Bestimmung von Atommassen

Hans Bredow hält Experimentalvortrag in Berlin mit Übertragung von Sprache und Musik im Lautsprecher

Bruno H. Bürgel: „Vom Arbeiter zum Astronomen“ (Autobiographie)

† *William Crookes,* engl. Physiker; entdeckte 1861 das Element Thallium; erfand 1874 Radiometer; untersuchte elektrische Entladungen in verdünnten Gasen (* 1832)

Adalbert Czerny (* 1863, † 1941) Professor für Kinderheilkunde in Berlin (schreibt: „Des Kindes Ernährung“, „Der Arzt als Erzieher des Kindes“)

Festsitzung d. Royal Society, London: Sonnenfinsternis-Expedition bestät. d. durch d. Allgem. Relativitätstheorie *Einsteins* vorhergesagte Lichtablenkung durch die Sonne

† *Emil Fischer,* dt. Chemiker; klärte Aufbau der Zucker und Eiweiße; fand Schlafmittel Veronal u. a.; *Nobel*preis 1902 (* 1852)

R. Hugershoff und *H. Cranz:* „Die Grundlagen der Photogrammetrie aus Luftfahrzeugen“ (kennzeichnet die Anfänge einer extensiven Erdvermessung)

R. Heidecke (* 1881, † 1960): Rollei-Spiegelreflex-Stereokamera (1929: Rolleiflex-Kamera)

Huldschinsky entdeckt antirachit. D-Vitaminbildung durch Höhensonnenbestrahlung der Haut

H. Klemm: Leichtflugzeug

Motorroller von *Krupp*

Mellanby und *MacCollum* erzeugen im Tierversuch künstlich Rachitis durch Mangelernährung

John Maynard Keynes (* 1883, † 1946): „Die wirtschaftl. Folgen d. Friedensvertrages“ (für gemäßigte Reparationen)

Gründung des Internationalen Arbeitsamtes (IAA) in Genf

Internat. Gewerkschaftsbund veröffentlicht in Bern neues Arbeiterschutzprogramm

Internationale Arbeitskonferenz in Washington beschließt: 48-Stundenwoche, internationale Erwerbslosenstatistik, öffentliche statt privater Stellenvermittlung, 12-Wochen-Arbeitsverbot f. werdende Mütter und Wöchnerinnen, Nachtarbeitsverbot für Frauen u. Jugendliche, Schutz vor Giftwirkungen, Mindestalter für arbeitende Jugendliche, Gewerbeaufsichtsämter

Weimarer Verfassung gewährleistet Koalitionsrecht

Allgemeiner Dt. Gewerkschaftsbund (ADGB) (1925: 40 Verbände mit 4,2 Mill. Mitgliedern; Einnahmen: 147,5 Mill. M; Ausgaben: 125,9 Mill.); Zusammenarb. m. christl. Gewerksch.

„Technische Nothilfe“

Landarbeitsordnung für Deutschland

(1919)

schleswig (1920) an Dänemark; Oberschlesien (1921) teilw. an Polen; Kolonien werden Völkerbundsmandate. Internationalisierung der großen Flüsse. (Abgetreten außer Kolonien rund 71000 qkm mit 6,5 Mill. Einwohnern.) Reparationszahlungen: 1921 erst auf 269, dann auf 132 Mrd. Goldmark festgesetzt; 1924 *Dawes-*, 1929 *Young*plan. Abrüstung 100000-Mann-Heer, Entmilitarisierung der Rheinufer. Umfangreiche Sachlieferungen

Gustav Bauer (SPD) dt. Reichskanzler bis 1920

Eugen Schiffer (* 1860, † 1954) dt. Reichsfinanzminister und Vizekanzler (Reichsminister bis 1921)

Danzig „Freie Stadt" mit Völkerbundskommissar (ab 1922 im poln. Zollgebiet)

Selbstversenkung der dt. internierten Kriegsflotte bei Scapa Flow (Verstoß gegen Waffenstillstandsbedingungen)

Sozialisierungsgesetz (Rahmengesetz) und Sozialisierungskommission in Deutschland (keine nennenswerten Ergebnisse)

R. Wissell und *W. von Moellendorff*: „Wirtschaftliche Selbstverwaltung" (Denkschrift über demokrat. Planwirtschaft, wird von Nationalversammlung abgelehnt)

Freie Arbeiterunion in Deutschland (syndikalistisch)

„Deutsche Arbeiterpartei" (dann NSDAP) gegründet, *Hitler* wird 7. Mitglied

Otto Meißner (* 1880): „Die Reichsverfassung"

† *Friedrich Naumann*, dt. christl.-sozialer Politiker (* 1860)

Sozialdemokrat. Partei stärkste Partei der österr. Nationalversammlung, stellt Bundeskanzler *Karl Renner* (* 1870, † 1951) und den Bundespräsidenten *Karl Seitz* (* 1869), beide bis 1920

Die Siegermächte schließen die Friedensverträge von St. Germain mit Österreich und von Neuilly mit Bulgarien

Südtirol mit Bozen und Meran kommt an Italien

Karl Kraus (* 1874, † 1936): „Die letzten Tage der Menschheit" (satir. Drama)

H. Mann: „Macht und Mensch" (demokrat. Betrachtungen)

Chr. Morgenstern: „Der Gingganz" (Gedichte, posthum)

V. Muselli: „Die Masken" (frz. „heroisch-komische" Sonette)

R. Presber: „Mein Bruder Benjamin" (Roman)

A. Schaeffer: „Elli oder die sieben Treppen" (Roman)

Schnitzler: „Die Schwestern" (Schauspiel)

Bruno Schönlank (* 1891): „Erlösung" (chorisches Weihespiel)

Sinclair: „Jimmy Higgins" (nordamerik. sozialist. Roman)

E. Strauß: „Der Spiegel" (Erzählung)

Hans Thoma: „Im Winter des Lebens" (Erinnerungen)

Walpole: „Jeremias" (engl. Knabenroman)

Jakob Wassermann: „Christian Wahnschaffe" (Roman in 2 Bänden)

Leo Weismantel (* 1888): „Die Reiter der Apokalypse" (symbol. Drama)

Werfel: „Der Gerichtstag" (Drama)

Ernst von Wolzogen: „Harte Worte" (gegen die Revolution)

Paul Zech (* 1881, † 1946): „Golgatha", „Das Terzett der Sterne" (express. Gedichte)

Fritz Kortner (*1892, + 1970) präsent. in der Urauff. der „Wandlung" von *E. Toller* expressionist. Darstellungsstil

---

A. Liebert: „Vom Geist der Revolutionen" und „Wie ist kritische Philosophie überhaupt möglich?"

Walter Lietzmann: „Methodik des mathematischen Unterrichts"

Theodor Litt (* 1880): „Individuum und Gemeinschaft"

Dt. Kindergärten übernehmen *Montessori*-Methode

Paul Östreich (* 1878) gründet „Bund entschiedener Schulreformer" mit Organ „Die neue Erziehung"

Vilfredo Pareto (* 1848, † 1923): „Traktat über allgemeine Soziologie" (Schweiz. Soziologie; seit 1916)

Peter Petersen (* 1884): „Gemeinschaft und freies Menschentum, die Zielforderungen der neuen Schule" (demokr. Pädagogik)

R. Steiner: „Die Kernpunkte der sozialen Frage" (anthroposoph. Gesellschaftslehre mit Dreiteilung in Geistes-, Rechts- und Wirtschaftsleben)

1. Freie Waldorfschule, Stuttgart (anthroposophisch, Leiter: *Rudolf Steiner*)

Sigrid Undset: „Ein Frauenstandpunkt" (norweg. Schrift gegen sexuelle Ungebundenh.)

W. R. Valentiner: „Umgestaltung der Museen im Sinne der neuen Zeit"

J. B. Watson: „Psychologie vom Standpunkt eines Behavioristen" (nordamerikan. „Verhaltens"-Psychologie)

Max Weber: „Wissenschaft als Beruf" und „Politik als Beruf"

Frans Masereel (* 1889): „Mein Stundenbuch" (belg. pazifist. Holzschnittbuch)

Ed. Munch: „Der Mörder" (norweg. express. Gemälde)

Alfred Heinrich Pellegrini (* 1881): „Die neue Zeit" (Schweiz. Wandgemälde im Treppenh. d. Kunsthalle Basel)

H. Poelzig: Großes Schauspielhaus, Berlin (Baubeginn 1918)

Picasso: „Rast der Schnitter" u. „Pierrot" (span.-frz. neoklassizist. Gemälde); neoklassiz. Periode b. 1923

† *Pierre Auguste Renoir*, frz. Maler des Impressionismus (* 1841)

Schmidt-Rottluff: „Sommer am Meer" (express. Gemälde)

„Bund deutscher Gebrauchsgraphiker"

„Das Wunder des Schneeschuhs" (erster groß. Naturfilm von *Arnold Fanck*) (* 1889, † 1974)

„Die Passepartouts des Teufels" (nordam. Film von *Erich von Stroheim*, * 1885)

„Der geheimnisvolle Mann" (nordamerik. Film von *George Tucker*)

„Madame Dubarry" (Film v. *E. Lubitsch* mit *P. Negri*, *H. Liedtke*, *E. Jannings*)

„Die Austernprinzessin" (Film von *E. Lubitsch* mit *A. Nielsen*)

„Die Spinnen" (Film v. *Fritz Lang*, * 1890)

Vaclav Nischinskij, russ. Tänzer, weltberühmt seit 1909, wird geisteskrank († 1950)

Mary Wigman (*1886, † 1973) bgrdt. eigenen Stil des Ausdruckstanzes (trennte sich 1918 von ihrem Lehrer *Rudolf Laban Varalya* (*1879, † 1958, grdt. 1920 in Dresden eigene Schule, die bis 1940 besteht)

E. Nordenskiöld: „Südamerika" (völkerkundliche Forschungsberichte von eigenen Reisen seit 1899)

† *John William Rayleigh*, engl. Physiker; gab Theorie des blauen Himmelslichtes; entdeckte mit *W. Ramsay* Edelgas Argon; *Nobel*preis 1904 (* 1842)

Moritz Ritter: „Die Entwicklung der Geschichtswissenschaft an den führenden Werken betrachtet"

Rutherford gelingt mit radioaktiver Strahlung Umwandlung eines Stickstoff- in ein Sauerstoffatom als erste künstliche Elementumwandlung

Arnold Sommerfeld (* 1868, † 1951): „Atombau und Spektrallinien" (Standardwerk der theoret. Spektroskopie)

Céc. und *O. Vogt* (* 1870, † 1959): „Allgemeine Ergebnisse unserer Hirnforschung" (weisen lokalisierte Zentren nach)

† *Alfred Werner*, Schweiz. Chemiker; erforschte bes. Komplexverbindungen; *Nobel*preis 1913 (* 1866)

Beginn der dt. Luftpost auf der Strecke Berlin—Weimar

Erste Versuche mit Kurzwellen (unter 100 m)

Internat. Handelskammer (Deutschland tritt 1925 bei)

„Reichsverband der Dt. Industrie", enge Zusammenarbeit mit Unternehmerverbänden (1926: 1469 Einzel- und 977 korporative Mitgl.)

*Krupp*direktor *Kurt Oskar Sorge* (*1855, † 1928) Vorsitzender des „Reichsverbandes der Dt. Industrie" bis 1924

Mitteld. Braunkohlensyndikat GmbH

Glühlampenwerk „Osram"

Radio Corporation of America (mit Tochtergesellschaft National Broadcasting Co. größtes Rundfunkunternehmen der Erde)

Eugen Schmalenbach (* 1873): „Dynamische Bilanz" (Betriebswirtschaftslehre)

Erste dt. Verwaltungsakademie (in Berlin) (1930: 21 dt. V.A.)

Reichsarchiv in Potsdam

Dt. Heeresbücherei

Reichsamt f. Landesaufnahme (aus Königlich preuß. Landesaufnahme des Generalstabes, 1875 gegründet)

Selbsthilfebund d. Körperbehinderten von *Otto Perl* (* 1882) gegründet

† *Horace Fletcher*, nordamerikanisch. Ernährungsreformer (* 1886)

(1919)

Gabriele d'Annunzio besetzt mit einer Freischar Fiume für Italien

Benito Mussolini (bis zum Kriege Sozialdemokrat) gründet ersten faschistischen Kampfverband in Mailand

George Curzon brit. Außenminister bis 1924; ist gegen frz. Ruhrbesetzung (1923)

Bergarbeiterstreik in Großbritannien (bis 1921)

Revolutionäres irisches Parlament und Regierung (führt 1921 zum Irischen Freistaat mit Dominionstatus)

Jan Smuts Ministerpräsident der Südafrikan. Union bis 1924

Großbritannien anerkennt Unabhängigkeit Afghanistans

Indien erhält Verfassung (führt nicht zur Beruhigung der Unabhängigkeitsbestrebungen)

Schwere Unruhen in Bombay

Ind. antibrit. Demonstration bei Amritsar wird blutig unterdrückt (450 Tote, 1500 Verwundete)

Frauenstimmrecht und Achtstundentag in Schweden

Ignazy Paderewski poln. Staatspräsident bis 1921; dann Vertreter beim Völkerbund (warb während des Weltkrieges durch sein virtuoses Klavierspiel in den USA für ein selbständiges Polen)

Tusar (Sozialdemokrat), tschechoslow. Ministerpräsident bis 1920

Republik Finnland (seit 1917 von Rußland unabhängig, 1918 kurzzeitig Monarchie)

Dt. Truppen verteidigen Riga gegen Bolschewisten. Ihre Weigerung, nach Deutschland zurückzukehren, führt zu lettisch-dt. Spannung

Bolschewisten verlieren Baltikum

General *Denikin* Oberbefehlshaber der Weißen Armee in Südrußland, Admiral *Koltschak* in Sibirien. Brit. Interventionsarmee in Nordrußland

Kommunist. Internationale („Komintern") gegründet unter wachsender Vorherrschaft der KPSU, Leiter bis 1926 *Sinowjew* (löst sich 1943 auf)

Lenin: „Staat und Revolution" (bolschewist. Theorie der Revolution)

Vorübergehend ungar. Räterepublik unter *Béla Kun* (* 1886, † 1937, in der USSR liquidiert); wird von Admiral *Horthy* militär. beseitigt

Katalonien (Span.) verlangt Autonomie

Tagung der 2. Internationale in Bern (1920 in Genf)

† *Theodore Roosevelt* (Republik.), Präsident der USA von 1901 bis 1909; Friedens*nobel*preis 1906 (* 1858)

Japan erhält Kiautschou und Völkerbundsmandat über bisherigen dt. Kolonialbesitz auf den Südseeinseln (Karolinen, Marianen, Marshallinseln)

Aufstand auf Korea gegen Japan blutig unterworfen

Max Reinhardt eröffnet das umgebaute Gr. Schauspielhaus, Berlin, mit der „Orestie" von *Äschylos*

Aleksandr Tairow (* 1885): „Das entfesselte Theater" (russ. express. Theaterkunst)

Henry Louis Mencken (* 1880): „Die amerikanische Sprache" (nordamerik.)

„Amerikanischer Rat d. gelehrten Gesellschaften" zur Förderung d. Geisteswissenschaften gegrdt. (kennzeichnet wachsenden Vorrang d. Naturwissenschaften)

A. N. Whitehead: „Eine Untersuchung über die Prinzipien der Naturerkenntnis" (engl. Naturphilosophie)

Österreich schafft Todesstrafe ab

Stärkere weltanschauliche und politische Differenzierung der dt. Jugendbewegung

~ Ausbau des Volksbildungswesens in Deutschland (Abend- und Heimvolkshochschulen)

Universität Hamburg

Universität Köln (alte Universität bestand von 1389 bis 1798)

Universität Posen

Slowakische Universität Preßburg

Handelshochschule Prag

Dt. Studentenschaft (mit parlamentar. Aufbau)

Trennung von Staat und Kirche in Deutschland. Sicherung des Religionsunterrichts und der theolog. Fakultäten

„Arbeiterwohlfahrt" gegründet (sozialdemokratische Wohlfahrtspflege)

In den sächs. Volksschulen „Lebenskunde" statt Religionsunterricht; „Leipziger Thesen" für die weltl. Schule

„Die evang. Diaspora" (Organ des *Gustav-Adolf*-Vereins, gegründet 1832)

Gründung der „Bildstelle beim Zentralinstitut für Erziehung und Unterricht" (fördert Lehrfilm, bis 1940 42000 Schulfilmgeräte)

Zentralbildungsausschuß der kathol. Verbände Deutschlands

„Rose France" (frz. Film von *Marcel L'Herbier,* *1890), „J'accuse" (frz. Film von *A. Gance*)

„Hedda Gabler" (italien. Film von *Pastrone*)

schlug das „Fletschern" vor, d. h. jeden Bissen 5 Min. kauen (* 1849)

Alkoholverbot in den USA (Prohibition, bis 1933; führt zu verbrech. Schmugglerwesen)

Verband deutscher Faustkämpfer (Berufsboxer)

Aus Torball wird i. Dtl. das Handballspiel

O. Flint gew. geg. *Metz* erste offizielle dtsch. Schwergewichtsmeisterschaft i. Boxen

Dt. Reichsverband für Amateurboxen

Jack Dempsey wird Boxweltmeister gegen *Jess Willard*

Engl. Luftschiff dt. Bauart R 34 fliegt i. 108 Std. v. Schottland n. USA

John Alcock und *Arthur Whitten-Brown* flieg. Neufundl.–Schottl. i. 16 Std. 12 min.

Virus-Influenza (Grippe) verursacht 1918/19 erdweit etwa 20 Mill. Tote

~ Der 1. Weltkrieg förderte Kfz- und Flugtechnik

1920

Friedens*nobel*preis an *Léon Bourgeois* (Frankr., * 1851, † 1925)

Ständiger Internationaler Gerichtshof im Haag gegründet

Betriebsrätegesetz (bringt keine wesentliche Mitbestimmung der Arbeiter) KPD und USPD demonstrieren vor dem Reichstag gegen dieses Gesetz (42 Tote)

Reichswirtschaftsrat gegr. (einflußlos)

Nordschleswig kommt durch Abstimmung an Dänemark

Wolfgang Kapp (* 1858, † 1922 in Untersuchungshaft), ostpreuß. Landschaftsdirektor, putscht gegen Reichsregierung. Diese flieht nach Stuttgart. Gewerkschaften schlagen Putsch durch Generalstreik nieder

Kommunistische Unruhen im Ruhrgebiet werden durch Reichswehr in teilweise harten Kämpfen niedergeschlagen

Hans von Seeckt (* 1866, † 1936) Chef der dt. Heeresleitung bis 1926; organisiert das 100000-Mann-Heer der Reichswehr

Auslieferung von 895 der Brechung internationalen Rechts verdächtigten Personen an die Entente findet nicht statt

Preußen gibt sich Verfassung als Freistaat

Paul Löbe (SPD, * 1875) Präsident des Dt. Reichstages

Hermann Müller (SPD, * 1876, † 1931) dt. Reichskanzler; danach *Fehrenbach* (Zentr.) bis 1921

Otto Braun (SPD) in Preußen Ministerpräsident bis 1932

Carl Severing (SPD, * 1875, † 1952) preuß. Innenminister bis 1921 (wieder 1921 bis 1926, 1930 bis 1932)

Otto Meißner Leiter des Büros des Reichspräsidenten (bleibt in dieser Stellg., ab 1923 als Staatssekretär u. ab 1937 als Staatsminister, bis 1945)

Volksabstimmung in Südostpreußen ergibt starke Mehrheit für Deutschland

Eupen und Malmedy kommen an Belgien

Memelgebiet vorläufig unter frz. Verwaltung

Literatur-*Nobel*preis an *K. Hamsun* (Norwegen)

Sherwood Anderson (* 1876, † 1941): "Poor white" (nordamerikan. Roman)

Ernst Barlach: „Die echten Sedemunds" (Drama)

Max Barthel (* 1893): „Arbeiterseele" (Ged. eines Fabrikarbeiters)

Joh. R. Becher: „Ewig im Aufruhr" (Gedichte)

Franz Blei (* 1871, † 1942): „Das große Bestiarium der deutschen Literatur" (satir. Literaturkritik, unter dem Pseudonym *Peregrinus Steinhövel*)

Rudolf Borchardt (* 1877, † 1945): „Die halbgerettete Seele" (epische Dichtung)

Arnolt Bronnen (* 1895, † 1959): „Vatermord" (Schauspiel)

Colette: „Chéri" (franz. Roman, 1922 Komödie)

† *Richard Dehmel*, dt. Dichter (* 1863)

Duhamel: „Elegien" (frz. Lyrik)

Kasimir Edschmid (* 1890): „Die achatnen Kugeln" (Roman) und „Die doppelköpfige Nymphe" (Literaturkritik)

† *Ludwig Ganghofer*, dt. Schriftsteller; schrieb Unterhaltungsromane mit Themen aus Oberbayern; Gesamm. Werke in 40 Bänden (* 1855)

Curt Goetz (* 1888): „Menagerie" (Einakterzykl.)

Gundolf: „George" (Würdig. *Stefan Georges*)

Jakob Haringer (* 1898, † 1948): „Abendbergwerk" (Lyrik; *Hauptmann*preis 1925)

W. Jansen: „Das Buch Leidenschaft. Amelungen-Roman"

Samuel Alexander (* 1859, † 1938): „Raum, Zeit und Gottheit" (engl. metaphysischer Realismus)

K. Binding u. *A. Hoche:* „Die Freigabe der Vernichtung lebensunwerten Lebens" (fordert Straflosigkeit d. Euthanasie)

† *Karl Binding*, dt. Jurist und Führer der klassischen Strafrechtsschule (* 1841)

„Lassalle's Reden und Schriften" (12 Bände, herausgegeben von *E. Bernstein*, seit 1919)

A. Dopsch: „Die wirtschaftlichen und sozialen Grundlagen der europäischen Kulturentwicklung von Cäsar bis auf Karl den Großen" (2 Bände)

Benno Erdmann (* 1851, † 1921): „Reproduktionspsychologie"

Albert Hauck (* 1845, † 1918): „Kirchengeschichte Deutschlands" (bis ins 15. Jahrhundert, 5 Bände seit 1887, teilweise mehrere Auflagen, protest.)

Hermann von Keyserling: „Philosophie als Kunst"; gründet in Darmstadt „Schule der Weisheit" (prakt. Kulturgestaltung im Sinne einer Lebensphilosophie)

W. Köhler: „Die physischen Gestalten in Ruhe und im stationären Zustand" (mit Einfluß auf die Gestaltpsychologie)

Lukasiewicz erweitert die klass. zweiwertige Logik („wahr" — „falsch") zu einer mehrwertigen (z. B. dreiwertig: „wahr" — „wahrscheinlich" — „falsch")

Barlach: „Die Kupplerin“ (Bronzeplast.)

Charles Burchfield (* 1893): „Tauwetter im Februar“ (nordamerik. Gemälde)

Robert Delaunay (* 1885, † 1941): halb gegenständl. Bilder

Feininger: „Kirche“ (kubist. Gemälde)

G. Grosz: „Kleine Groszmappe“ (gesellschaftskrit. graphische Blätter)

C. Gurlitt: „Handbuch des Städtebaus“

Hannah Höch (*1889): „Der Schnitt mit dem Kuchenmesser“ (dadaist. Photocollage)

† *Max Klinger*, dt. Maler, Bildhauer u. Graphiker (* 1857)

Kollwitz: „Nachdenkende Frau“

Léger: „Mann mit Stock“ (frz. abstraktes Gemälde)

Max Liebermann Präsident d. Preuß. Akademie d. Künste bis 1932

Matisse: „Die Odaliske“ (frz. Gemälde)

† *Amedeo Modigliani*, ital. Maler, seit 1907 in Paris (* 1884)

Johannes Molzahn (* 1892, † 1965): „Blühender Kelch“

P. Mondrian: „Komposition“ (niederl. geom.-abstr. Gem.)

William Nicholson: „Sonnenblumen“ (engl. nachimpress. Gemälde)

Kurt Schwitters (*1887, + 1948): „Das Sternbild“ (Assemblage aus Altmaterial einschl. Makulatur)

In Frankreich bildet sich die „Groupe des Six“: *Louis Durey* (*1888), *Darius Milhaud* (*1892), *Germaine Tailleferre* (*1892), *Arthur Honegger* (*1892, + 1955), *Georges Auric* (*1899) und *Francis Poulenc* (*1899, + 1963); erstrebt spezifisch frz. Stil ohne Romantik und Impressionismus; stark beeinflußt von *Eric Satie* (*1866, + 1925) u. *Jean Cocteau* (*1892, + 1963)

† *Max Bruch*, dt. Komponist (*1838)

Furtwängler dirigiert erstmalig in Berlin

Jean Gilbert: „Die Braut des Lucullus“ (Operette)

Graener: „Schirin und Gertraude“ (Oper)

Korngold: „Die tote Stadt“ (Oper)

Francesco Malipiero (* 1882): „Pantea“ und „L'Orfeide“ (ital. Opern im atonalen Stil)

Puccini: „Der Mantel“, „Gianni Schicchi“ und „Schwester Angelika“ (ital. Einakter-Opern)

Reznicek: „Ritter Blaubart“ (Oper)

Strawinsky: „Pulcinella“ (russ. Ballett nach *Pergolesi*). Beginn seiner klassizist. Schaffensepoche

Laban: „Die Welt des Tänzers“

Physik-*Nobel*preis an *Edouard Guillaume* (Schweiz, * 1861, † 1938) für Metallegierung „Invar“ mit geringer Wärmeausdehnung

Chemie-*Nobel*preis an *W. Nernst* (Dt.) für dritten Hauptsatz der Thermodynamik (Unerreichbarkeit des absoluten Nullpunktes)

Medizin-*Nobel*preis an *August Krogh* (Dänem., * 1874) für Entdeckung der kapillar-motorischen Regulation im Blutkreislauf

W. Baade entdeckt bisher sonnenfernsten kleinen Planeten „Hidalgo“ (erreicht 9,4fache Erdentfernung von der Sonne)

Hassane in Bey und *Rosita Forbes* dringen durch die Libysche Wüste zur Oase Kufra vor (Wiederaufnahme der Erforschung der Libyschen Wüste seit *G. Rohlfs* 1878)

Bilau: Windmotor mit Propeller-Flügeln

Arthur Stanley Eddington (* 1882, † 1944): „Raum, Zeit, Gravitation“ (ihre Zusammenhänge in der Relativitätstheorie)

H. M. Evans (*1883, + 1971) erzielt Riesenwuchs bei Tieren durch Hypophysenextrakt (Wirkung eines Hypophysenhormons)

Heinrich v. Ficker (* 1881) erkennt die Bedeutung der Stratosphäre für Wettervorgänge (vgl. 1936)

A. Flettner: Schiffsruder, das über Hilfsruder vom Wasserstrom eingestellt wird

E. Frey: Muskelkontraktion als Stoffwechselvorgang

Gardthausen: „Handbuch der wissenschaftlichen Bibliothekskunde“

Junkers Metalleindecker F 13 (195-PS-Motor, 175 km/St., 4 Passagiere)

Ph. Lenard greift Relativitätstheorie *Einsteins* an (kann internationale wissenschaftliche Anerkennung nicht erschüttern)

Michelson und *Pease* messen interferometrisch den Durchmesser des Sterns Beteigeuze zu 300 Sonnendurchmessern („Roter Riese“)

Eduard Norden: „Die germanische Urgeschichte in Tacitus' ‚Germania'“

Das Reich übernimmt deutsche Eisenbahnen

Dt. Einkommensteuergesetz

Arbeitslosenversicherung in Großbritannien u. Österreich

Zentralausschuß dt. Unternehmerverbände

Streikversicherung der dt. Unternehmerverbände

Hugo Stinnes gründet Elektromontan-Trust *Siemens*-Rhein-Elbe-*Schuckert*-Union (1925 wegen finanzieller Schwierigkeiten aufgelöst)

Reichsheimstättengesetz u. ständiger Beirat für Heimstättenwesen unter *Ad. Damaschke*

„Industrie- und Handelszeitung“ (Berlin)

Groß-Berlin gebildet

Prager Mustermessen beginnen

Olympiade in Antwerpen (ohne Deutschland)

Erste Olympiasiege des finnischen Läufers *Paavo Nurmi* (* 1897) (Weitere Siege 1924 und 1928)

Segelflieger-Schule u. erster Segelflugwettbewerb auf der Rhön

Paddel- und Kanusport verbreit. sich

Hans Breitensträter dt. Boxmeister im Schwergewicht

(1920)

Dt. Kolonien werden Völkerbundsmandate

Otto Wels (* 1873, † 1939) Vorsitzender der SPD

Zwei Drittel der USPD stimmen für Vereinigung mit KPD (1922 vereinigt sich der Rest mit SPD)

Artur Mahraun gründet „Jungdeutschen Orden" (vereinigt sich 1930 vorübergehend mit der Demokrat. Partei zur Dt. Staatspartei; 1933 aufgelöst)

Hitler verkündet sein 25-Punkte-Programm im Münchener Hofbräuhaus

A. Einstein setzt sich für den Zionismus ein

G. Escherich gründet „Orgesch" („Organisation Escherich", bayr. Selbstschutzverband, aufgelöst 1921)

L. Quidde: „Völkerbund und Demokratie" und „Völkerbund und Friedensbewegung"

Christlich-soziale Partei gewinnt politische Führung in Österreich. *Michael Hainisch* (parteilos) Bundespräsident bis 1928; *Michael Mayr* (christl.-sozial, * 1864, † 1922) Bundeskanzler und Außenminister bis 1921. Aufnahme i. d. Völkerbund

Durch Volksabstimmung bleibt Kärnten bei Österreich

Gründung der „2½. Internationale" unter Führung der österr. Sozialdemokratie (vereinigt sich 1923 in Hamburg mit der 2. Internationale)

Otto Bauer: „Bolschewismus und Sozialdemokratie" (theoret. Grundlage der österr. Sozialdemokratie, „Austromarxismus")

Malta erhält neue Verfassung mit örtl. Selbstverwaltung

Alexandre Millerand (* 1859, † 1943) Präsident von Frankreich bis 1924

Parteitag der frz. Sozialisten bringt die Abspaltung der Kommunisten

Giuseppe Motta (* 1871, † 1940) kathol.-konservativer Leiter des Schweiz. Polit. Departements (Auswärtiges) (Bundespräsident: 1915, 1920, 1927, 1932, 1937)

Schweiz tritt in den Völkerbund ein

F. Kafka: „Ein Landarzt" (österr. Roman)

Ernst Jünger (* 1895): „In Stahlgewittern" (Kriegsroman)

G. Kaiser: „Gas" (soziales Drama, 2 Teile seit 1918)

Lewis: „Die Hauptstraße" (nordamerikan. Roman)

Hugh Lofting: „Dr. Dolittle und seine Tiere" (engl. Zyklus von Kindergeschichten in mehreren Bänden)

Emil Ludwig: „Goethe, Geschichte eines Menschen" (Biographie) „Genie u. Charakter"

Nachlaß von *Stephane Mallarmé* (* 1842, † 1898) beginnt zu erscheinen; aus der frz. literarischen Symbolistenschule mit einem „L'art pour l'art"-Standpunkt

Th. Mann: „Herr und Hund" (Novelle)

Katharine Mansfield (eig. *Cathleen Beauchamp,* * 1889, † 1923): „Bliss" (engl. Erzählungen)

Eugene Gladstone O'Neill (* 1888, † 1953): „Hinter dem Horizont" (nordamerikan. Drama)

Pirandello: „Sechs Personen suchen einen Autor" (ital. Schauspiel)

C. Sandburg: „Rauch u. Stahl" (nordamerikan. Gedichte)

A. Schaeffer: „Helianth" (Roman, 3 Bände) und „Der göttliche Dulder" (Odysseus-Epos)

Schmidtbonn: „Der Geschlagene" (Schauspiel)

Sinclair: „100%. Die Geschichte eines Patrioten" und „Der Sünde Lohn" (nordamerikan. sozialist. Romane)

Natorp: „Sozialidealismus" (Gesellschaftsphilosophie)

Eugenio Pacelli Nuntius in Berlin bis 1929

Rudolf Penzig (* 1855, †): „Erziehungsbriefe an eine Sozialistin" (schrieb 1897 „Ernste Antworten auf Kinderfragen")

O. Pfister: „Der Kampf um die Psychoanalyse"

„Essays über kritischen Realismus" (nordamerikan. Sammelwerk von *Santayana, Drake* u. a.)

Söderblom: „Einführung in die Religionsgeschichte" (schwed., evang.)

Sombart: „Der moderne Kapitalismus" (2 Bände, kritisch)

Spengler: „Preußentum und Sozialismus"

W. Stern: „Methodensammlung zur Intelligenzprüfung"

K. Vorländer: „Kant, Fichte, Hegel und der Sozialismus"

† *Max Weber*, dt. Soziologe (* 1864)

H. G. Wells: „Die Grundlinien der Weltgeschichte" (engl., kosmopolit. Standpunkt)

W. Wundt: „Völkerpsychologie" (10 Bände seit 1900, z. T. 2. Aufl.)

† *Wilhelm Wundt*, dt. Psychologe; Begründer der experimentellen Psychologie (* 1832)

Leopold Ziegler (* 1881): „Gestaltwandel der Götter" (Religionsphilosophie, 2 Bände)

Frankreich nimmt diplomatische Beziehungen zum Heiligen Stuhl wieder auf (wurden 1904 abgebrochen)

Reichsschulkonferenz

Slevogt: „Die Prinzessin auf den Inseln Wak-Wak" (Lithographien)

Stanley Spencer (* 1892): „Christus trägt das Kreuz", „Abendmahl" (engl. Gemälde)

Walter Tiemann Direktor der Akademie für graphische Künste und Buchgewerbe in Leipzig

Georges Valmier (* 1885, † 1937): „Scherzo" (frz. abstraktes Gemälde)

† *Anders Zorn*, schwed. impression. Maler (* 1860)

Daniel-Henry Kahnweiler (*1884): ,,Der Weg zum Kubismus'' (v. sein. frz. Förderer. Vgl. 1907)

~ „Neue Sachlichkeit" in der Malerei

Amundsen dreht auf der „Maud" ersten Expeditionsfilm

„Kabinett des Dr. Caligari" (express. Film mit *Lil Dagover, Conradt Veidt, W. Krauß;* Regie: *Robert Wiene*, * 1881, † 1938)

„Der Golem" (Film mit *P. Wegener)*

„Kohlhiesl's Töchter" (Film v. *E. Lubitsch* mit *H. Porten* in einer Doppelrolle)

„Das Grabmal des Hindu" (Film v. *J. May*); „Januskopf" (Film von *F. W. Murnau*, * 1889, † 1931, mit *C. Veidt*)

„Polyanna" (nordamerik. Film v. *Paul Powell* mit *M. Pickford)*

„Die Mutter" (russ. Film nach *Gorki* v. *Razoumny*)

Jazz kommt nach Deutschland (verbindet sich mehr und mehr mit der Tanzmusik)

~ Im Gegensatz zum Expressionismus entst. d. ,,Neue Sachlichkeit" als objektbetonte Malerei von *A. Kanoldt* (,,klassisch") bis *Grosz* u. *Dix* (sozialkrit. Veristen)

Siegfried Passarge (* 1867): „Die Grundlagen der Landschaftskunde" (3 Bände seit 1919)

† *Robert E. Peary*, nordamerikan. Nordpolarforscher (* 1856)

M. Planck: „Die Entstehung und bisherige Entwicklung der Quantentheorie"

F. Sauerbruch: „Die Chirurgie der Brustorgane"

G. Schlesinger: „Psychotechnik und Betriebswissenschaft"

Notgemeinschaft der dt. Wissenschaft von *Friedrich Schmidt-Ott* (* 1860, † 1956) gegründet

Weltrekord im Höhenflug von *Schröder* mit 10093 m

J. von Üxküll: „Theoretische Biologie"

O. H. Warburg: „Theorie der Kohlensäureassimilation"

Keimdrüsenüberpflanzungen an Säugetieren zur Verjüngung

Reizkörperbehandlung (Eiweiß-Spritzen zur Erhöhung der Widerstandskraft des Organismus)

Chemisch-technische Reichsanstalt

Lehrstuhl für Naturheilkunde in Berlin

„Zeitschrift für Physik"

„Zeitschrift für technische Physik"

„Berichte über die gesamte Physiologie und experimentelle Pharmakologie" (Kurzberichte über die erscheinenden wissenschaftl. Arbeiten)

Schwerkraftdavits sichern selbsttätiges Aussetzen von Rettungsbooten

William Tatum Tilden (* 1893, † 1953) „Big Till" siegt erstmals in Wimbledon, gelangt an die Spitze der Tennis-Weltrangliste (wird 1930 Berufsspieler)

„1. F. C. Nürnberg" erstmals dt. Fußballmeister (wieder 1921, 1924, 1925, 1927, 1936, 1948)

Bergwacht zum Schutz gegen Gefahren des Alpinismus

Erdbeben in China (Kansu) fordert 200000 Opfer

11,9 Mill. Tiere in Deutschland an Maul- und Klauenseuche erkrankt, davon 6 Mill. Rinder (Schaden etwa 100 RM pro Rind)

KLM (gegr. 1919) beginnt Passagierluftfahrt

Ellen Church fliegt als erste Stewardeß in USA

(1920)

Hjalmar Branting (Sozialdemokrat) schwed. Ministerpräsident (wieder 1922, 1924 bis 1925 [†, * 1860])

Spitzbergen wird Norwegen zugesprochen; wirtschaftlich allen Staaten geöffnet

Ital. Kabinett mit *Giolitti* und *Croce* mit politisch- und sozialfortschrittlichem Programm

Unruhen in Italien wegen Teuerung und Arbeitslosigkeit (1921 Wahlerfolge der Faschisten)

Nikolaus von Horthy Reichsverweser von Ungarn bis 1944; Friedensvertrag von Trianon verkleinert Ungarn auf ein Drittel

Rumänien erhält Buchenland, Siebenbürgen, östl. Banat, Bessarabien (letzteres 1940 wieder an die Sowjetunion)

Rumänische Regierung *Averescu* bis 1921; beschließt Bodenreform

Bosnien und Dalmatien kommen an Jugoslawien

Wahlniederlage für *Venizelos* in Griechenland; König *Konstantin* zurückgerufen (herrscht bis 1922)

Polen gewinnt im Handstreich Wilna von Litauen

Pilsudski schlägt die russ.-bolschewist. Truppen vor den Toren Warschaus („Das Wunder an der Weichsel")

† *Aleksandre Koltschak*, weißruss. Admiral, nach Vorstößen aus Sibirien über den Ural von den Bolschewisten besiegt und erschossen (* 1874)

Bolschewisten besiegen den weißruss. General *Denikin* in Kaukasien sowie ausländ. Intervention

Lenin entwickelt Elektrifizierungsplan für die Sowjetunion und schreibt: „Der Radikalismus, die Kinderkrankheit im Kommunismus" (politische Schrift gegen „linke" Fraktionsbildung)

Friedensvertrag von Sèvres (1923 revidiert) beschränkt Türkei auf Anatolien; Smyrna kommt an Griechenland

Palästina erhält Verfassung als brit. Mandat

Frauenwahlrecht in den USA

Kanadische Gesandtschaft in Washington errichtet

† *Venustiano Carranza* (ermordet), Präsident von Mexiko seit 1914 (* 1859). *Obregon* Präsident von Mexiko bis 1924; schließt Erdölabkommen mit den USA; Ende des Bürgerkrieges (seit 1911)

Präsident *Estrada Cabrera* von Guatemala (seit 1898) vom Kongreß wegen Willkürherrschaft abgesetzt

„Kommunist. Manifest" als 1. marxist. Schrift ins Chinesische übersetzt

Nach vergeblichem Versuch, Tibet zu erobern, schließt China mit ihm Frieden

Allindischer Kongreß gibt sich neue Verfassung und nimmt ein Programm *Gandhis* an

Mahatma Gandhi beginnt seinen gewaltlosen Kampf um ein unabhängiges Indien

Fr. Thieß: „Der Tod von Falern" (Roman eines „expressiven Realismus")

Tucholsky: „Träumereien an preußischen Kaminen" (antinationalist. Satiren)

Fr. von Unruh und *R. Goering* erhalten *Schiller*-preis

Valéry: „Oden" (frz. Lyrik)

Werfel: „Spiegelmensch, eine magische Trilogie" (symbol. Bühnenstück)

E. Wharton: „Amerikanische Romanze" („The age of innocence", nordamerikan. Roman)

Wildgans: „Kain" (Schauspiel)

St. Zweig: „Romain Rolland" (Würdigung)

Jürgen Fehling (* 1885, † 1968) inszen. „Komödie der Irrungen" a. d. Volksbühne Berlin (gilt als sein Durchbruch als Regisseur)

Weimarer *Goethe*-Ausgabe der Großherzogin *Sophie* (143 Bände seit 1887)

Wsewolod E. Meyerhold (* 1874, † 1940 in NKDW-Haft), russ. Regisseur, eröffnet eigenes Theater in Moskau

Theaterwissenschaft an dt. Universitäten

Verband der dt. Volksbühnenvereine (aus „Freie Volksbühne" von 1890)

~ Höhepunkt des expressionistischen Theaters in Deutschland

Hermann Paul (* 1846, † 1921): „Deutsche Grammatik" (5 Bände seit 1916)

Reichsgrundschulgesetz mit 4jähriger Grundschule (wird bald auf 3 Jahre herabgesetzt)

Arbeitsfreier Nachmittag für Schul-Spielturnen in Preußen

Verband dt. Hochschulen (45 Hochschulen), erster Hochschultag in Halle

Ernst Jaeckh grdt. Hochschule f. Politik in Berlin (*Theod. Heuss* Dozent b. 1933)

Universität Honolulu

Universität Rio de Janeiro (Brasilien)

Evang. Studentenseelsorge (Studentenpfarrer ab 1926)

Dt. evang. Volksbildungsausschuß

Zentralverband der Inneren Mission (evangelische Sozialhilfe)

Reichsverband der dt. *Windhorst*bünde (Vereinigung der Bünde zur Erziehung junger Zentrumsanhänger, seit 1895)

Katholischer Winfridbund (zur Rückgewinnung derer, die sich von der Kirche trennten)

Zentralverband katholischer Kinderhorte und Kleinkinderanstalten Deutschlands

Höhepunkt der dt. Kirchenaustrittsbewegung: 305 245 (1913: 22 000)

Kirchenaustrittsbeweg. durch dt. Gesetz geregelt

O. Starke u. *A. Flechtheim* gr. Zeitschrift „Querschnitt"

„Cesare Borgia" (ital. Film von *Guazzoni*)

Der frz. u. ital. Film verliert die Vorherrschaft zugunsten des nordamerikanischen

Dt. Lichtspielgesetz mit Filmzensur

1921

Friedens*nobel*preis an *H. Branting* (Schwed.) und *Christian Louis Lange* (Norweg., * 1869)

Joseph Wirth (Zentr., * 1879) dt. Reichskanzler bis 1922; seine „Erfüllungspolitik" gegenüber dem Versailler Vertrag stößt auf den Widerstand nationalist. Kreise

Reichstag nimmt Londoner Reparationsultimatum an

Auf Grund des Londoner Ultimatums finden Prozesse wegen Kriegsverbrechen vor dem Reichsgericht in Leipzig statt: keine erheblichen Strafen

Sozialist.-kommunist. Märzkämpfe im Mansfelder Revier; werden militär. niedergeschlagen

† *Mathias Erzberger* (ermordet), dt. Reichsfinanzminister seit 1919 (Zentr.), trat nach einem Prozeß gegen *Helfferich* 1920 zurück; setzte sich im Krieg für seine friedliche Beendigung ein (* 1875)

Ermordung von *Gareis* (bayr. Unabhäng.)

Kämpfe zwischen dt. Freikorps und Polen in Oberschlesien

Abstimmung in Oberschlesien und Teilung zwischen Polen u. Deutschland

Demokrat. Verfassung für Hamburg

Der Kölner Oberbürgermeister *Konrad Adenauer* (Zentr., * 1876) wird Präsident des Preuß. Staatsrates

Dt. Friedenskartell (pazifist. Organisation)

„Kommunistische Arbeitsgemeinschaft" unter *Paul Levi* (1922 zur USPD und SPD)

Wirtschaftspartei des dt. Mittelstandes (1928: 23 Reichstagssitze)

Erstes Auftreten der nationalsozialist. Sturmabteilung (SA) zur Terrorisierung politischer Gegner

Schober (parteilos) österr. Bundeskanzler bis 1922 (wieder von 1929 bis 1930)

Nach zwei vergebl. Rückkehrversuchen *Karls IV.* von Ungarn werden *Habsburger* entthront bei grundsätzl. Aufrechterhaltung der

---

Literatur-*Nobel*preis an *A. France* (Frankr.)

Johan Bojer (*1872, + 1959): „Die Lofotfischer" (norweg. Roman)

J. Bosshart: „Ein Rufer in der Wüste" (Schweiz. Zeitroman)

Deledda: „Das Geheimnis" (ital. Roman)

Bernhard Diebold (*1886, † 1945): „Anarchie im Drama" (Theaterkritik)

John Rodrigo Dos Passos (*1896, + 1970): „Drei Soldaten"

Bruno Frank: „Das Weib auf dem Tiere" (Drama)

Frenssen: „Der Pastor von Poggsee" (Roman)

St. George: „Drei Gesänge" (An die Toten, Der Dichter in Zeiten der Wirren, Einem jungen Führer i. Weltkrieg)

Gide: „Uns nährt die Erde" (frz. Roman)

C. Goetz: „Ingeborg" (Komödie)

Gorki emigriert bis 1930 aus der Sowjetunion

Paul Gurk (* 1880, † 1953): „Thomas Münzer" (Drama, Kleistpreis)

Jaroslav Hašek (* 1882, † 1923): „Die Abenteuer des braven Soldaten Schwejk während des Weltkrieges" (tschech. antimilitarist. Roman)

† *Carl Hauptmann*, Bruder von *G. Hauptmann*, dt. Dichter (* 1858)

G. Hauptmann: „Anna" (epische Idylle)

Franz Herwig (* 1880, † 1931): „Sankt Sebastian vom Wedding" (kathol. Großstadtroman)

Andreas Heusler (* 1865, † 1940): „Nibelungensage und Nibelungenlied" (maßgebend für Nibelungenforschung)

Max Brod: „Heidentum, Christentum, Judentum" (Bekenntnisbuch)

Charlotte Bühler (Gattin von *Karl Bühler*): „Das Seelenleben der Jugendlichen"

H. Dingler: „Physik und Hypothese" (konventionalist. „Anti-Empirismus", Gegner des Relativitäts-Prinzips)

Carl August Emge (* 1884, † 1934): „Ideen zur Begründung der Rechtsphilosophie nach logisch entfaltender Methode" (logiszist. Rechtsphilosophie)

K. Girgensohn: „Der seelische Aufbau des religiösen Erlebens" (Religionpsychologie)

Nic. Hartmann: „Grundzüge einer Metaphysik der Erkenntnis" (ontologisch)

von Hartungen: „Psychologie der Reklame"

Karl Holl (*1866, + 1926) begr. m. s. theolog. Aufsätzen *Luther*-Renaissance (Buchausg. 1923)

Ricarda Huch: „Entpersönlichung" (Kulturphilosophie)

C. G. Jung: „Psychologische Typen" (Schweiz. Psychoanalyse mit den Typen des Intro- u. Extravertierten und dem Begriff des allgem.-gemeinsam. Unbewußten)

K. Kautsky: „Vorläufer d. Sozialismus" (4 Bände seit 1909)

Ernst Kretschmer (* 1888, † 1964): „Körperbau u. Charakter" (Beziehungen zw. Körpergestalt und Verhalten: leptosomer, pyknischer und athletischer Typ)

Braque: „Stilleben mit Guitarre" (frz. express. Gemälde)

Carlo D. Carrà: „Pinie am Meer" (Malerei d. ital. sachlichen „Verismus")

I. J. Cobden-Sanderson (*1840, †1922): „Das ideale Buch" (vom engl. Begründer der modern. Buchbinderkunst, dt. Ausgabe)

Corinth: „Herbstastern" (impression. Gemälde)

† *Franz Defregger,* dt. Maler; 1878 bis 1910 Akademie-Professor in München (* 1835)

† *August Gaul,* dt. Bildhauer, bes. von Tierplastiken (*1869)

Kurt Hielscher (* 1881): „Das unbekannte Spanien" (künstler. Photos)

A. v. Hildebrand: Vater-Rhein-Brunnen in Köln

† *Adolf von Hildebrand,* dt. Bildhauer (* 1847)

Kokoschka: „Die Musik", „Dresdner Neustadt" (express. Gemälde) und „Die Bachkantate" (express. Lithographie)

Kollwitz: „Gefallen" (Lithographie)

Herb. Kühn (* 1895): „Die Malerei d. Eiszeit" (eine der frühesten Würdigung.)

Otto Kümmel (*1874, † 1952): „Die Kunst Ostasiens"

Masereel: „Passion eines Menschen" u. „Die Sonne" (fläm. Holzschnittfolgen)

Ed. Munch: „Der Kuß" und „Die Wogen" (norweg. express. Gemälde)

Benatzky: „Apachen" (Operette)

† *Enrico Caruso,* ital. Operntenor; wirkte seit 1891 in 1665 Opernvorstellungen mit (* 1873)

Paul Hindemith (* 1895): „Mörder, Hoffnung der Frauen" (Text von *Oskar Kokoschka*) und „Das Nusch-Nuschi" (Einakter-Opern des Konzertmeisters der Oper Frankf./M.)

Honegger: „König David" (schweizer.-frz. Psalm als Schauspielmusik)

† *Engelbert Humperdinck,* dt. Komponist (* 1854)

Kálmán: „Die Bajadere" (Operette)

Künneke: „Der Vetter aus Dingsda" (Operette)

Mascagni: „Der kleine Marat" (italienische Oper)

Pfitzner: „Von dt. Seele" (Chorwerk)

Sergej Prokowjew: „Die Liebe zu den drei Orangen" (russ. Märchenoper)

† *Camille Saint-Saëns,* frz. Komponist (* 1835)

Arturo Toscanini Direktor und Dirigent (seit 1898) der Scala in Mailand bis 1929 (1907 bis 1954 Dirigent der Metropolitan-Opera, New York)

Mary Wigman: „Die 7 Tänze des Lebens"; grdt. in Dresden ihre Tanzschule

Physik-*Nobel*preis an *Albert Einstein* (Dt.) für Einführung der Lichtquanten u. seine Arbeiten auf dem Gebiete der theoret. Physik

Chemie-*Nobel*preis an *F. Soddy* (Großbrit.) für Erforschung der Radioaktivität

Armstrong: Überlagerungs-Rundfunk-Empfänger („Superhet")

A. Banting (* 1891, † 1941) und *Best* († 1978) gewinnen das Hormon der Bauchspeicheldrüse Insulin als Heilmittel gegen die Zuckerkrankheit

Erwin Baur, Eugen Fischer und *Fritz Lenz:* „Menschliche Erblichkeitslehre und Rassenhygiene" (2 Bände)

Fr. Bergius: Synthetisches Benzin aus Kohle („Kohleverflüssigung")

Brönstedt und *von Hevesy:* Trennung von chemisch gleichen Atomen verschiedenen Gewichts (Isotope) durch Destillation

† *Emile Catrailhac,* Gründer der frz. Vorgeschichtsforschung; Spezialgebiet: Höhlenmalerei (* 1845)

Dacqué: „Vergleichende biologische Formenkunde der fossilen niederen Tiere" (begründet die mehr biologische Forschungsrichtung der fossilen niederen Tiere)

F. Dahl: „Grundlagen einer ökologischen Tiergeographie"

Adolf Engler: „Die Pflanzenwelt Afrikas" (5 Bände seit 1908)

D. Fimmen: „Zeit und Dauer der kretisch-mykenisch. Kultur" (Frühgeschichte)

A. Hull: Magnetron-Elektronenröhre zur Erzeugung ultrakurzer Wellen

C. Kaßner: „Gerichtliche und Verwaltungs-Meteorologie"

M. v. Laue: „Das physikalische Weltbild"

O. Meyerhof: „Neue Versuche zur Thermodynamik der Muskelkontraktion" (Kohlehydrat-Milchsäurezykl., s. 1913 entd.)

Th. H. Morgan: „Die stofflichen Grundlagen der Vererbung" (Zusammenfassung der auf Chromosomenforschung beruhenden Genetik)

Karl Diehl: „Arbeitsintensität und Achtstundentag"

„Sozialwissenschaftliche Arbeitsgemeinschaft" (fast aller Hochschullehrer für Sozialwissenschaft)

„Soziale Berufsarbeit" (Zeitschrift der Arbeitsgemeinschaft der Berufsverbände d. Wohlfahrtspflegerinnen Deutschlands)

„Wirtschaft und Statistik" (Halbmonatsschrift des Statistisch. Reichsamtes)

Deutscher Reichslandbund (konservativer landwirtschaftl. Interessenverband)

Mühlenbauindustrie AG (Miag), Frankfurt/M.

Wintershall AG (Kali- und Erdölkonzern)

Reichskuratorium für Wirtschaftlichkeit in Industrie und Handwerk

Fridtjof Nansen bringt den Hungergebieten Rußlands Hilfe

Kommunist. Gewerkschaftsinternationale i. Moskau

Internationale Arbeiterhilfe in Berlin gegründet (kommunist. Wohltätigkeitsvereinig. anläßlich der Hungersnot in der Sowjetunion)

„Der Deutsche" (Tageszeitung der christlichen Gewerkschaften)

(1921)

monarchist. Staatsform. Graf *Bethlen* ungar. Ministerpräsident bis 1931; betreibt Restaurationspolitik

Freistaat Irland als brit. Dominion (Nordirland bleibt bei Großbritannien)

Lord *Reading* brit. Vizekönig in Indien bis 1926; regiert ohne Minister und Parlament; beruft gelegentlich ind. Fürstenrat (Fürstenregierungen in 563 Staaten)

Frz. Regierung *Briand* bis 1922; stützt sich auf Mehrheit des „Nationalen Blocks"

Belg.-luxemburg. Zollunion für 50 Jahre

Generalstreik in Norwegen

Kämpfe der Rifkabylen unter *Abd el Krim* gegen Frankreich und Spanien (bis 1926)

Frz.-poln. Bündnis und Handelsvertrag

Poln.-rumän. Bündnis

Polen gibt sich demokrat. Verfassung; erhält weißruss. und ukrainische Gebiete im Frieden von Riga mit der Sowjetunion

E. Benesch tschechoslow. Ministerpräsident bis 1922

„Kleine Entente" zwischen Tschechoslowakei, Jugoslawien (1920) und Rumänien

Alexander I. König von Jugoslawien bis 1934 (†, ermordet). Opposition der Bosnier (Mohammedaner), Montenegriner und Kroaten gegen serbisch-zentralist. Verfassung

Völkerbund spricht Finnland die Aalands-Inseln zu (dürfen nicht befestigt werden)

Unruhen gegen Sowjetregierung (u. a. Matrosenaufstand in Kronstadt)

X. Parteitag der russ. Kommunisten beschließt strenge ideologische „Einheit der Partei"

„Neue ökonomische Politik" (NEP) in Rußland mit Zulassung privatwirtschaftl. Betriebe

Nach Besiegung des weißruss. Generals *Wrangel* wird die Krim Sowjetrepublik

Hofmannsthal: „Der Schwierige" (Lustspiel)

N. Jacques: „Dr. Mabuse" (Roman)

Joh. V. Jensen: „Die lange Reise" (dän. Romanreihe seit 1909, schildert Entwicklungsgeschichte der „gotischen Rasse" seit der Eiszeit)

Klabund: „Das Blumenschiff" (Nachdichtung chin. Lyrik)

D. H. Lawrence: „Liebende Frauen" (engl. Roman)

Felix von Luckner (* 1881, † 1966): „Seeteufel, Abenteuer aus meinem Leben"

O'Neill: „Kaiser Jones" (nordamerikan. Bühnenstück)

Thass. v. Scheffer (* 1873, † 1951): „Die Schönheit Homers"

Carl Ludwig Schleich: „Besonnte Vergangenheit" (Autobiographie)

Shaw: „Zurück zu Methusalem" (engl. Schauspiel über den Entwicklungsgedanken)

Frank Thieß (* 1890): „Der Tod von Falern" (Roman)

† *Ludwig Thoma*, dt. Dichter u. Satiriker (* 1867)

Valéry: „Album alter Gedichte 1890 bis 1900" (frz. Lyrik)

† *Iwan Mintschow Wasow*, bulgar. Dichter (* 1850)

Jakob Wassermann: „Mein Weg als Deutscher und Jude" (Autobiographie)

Josef Winckler (* 1881, † 1966): „Der tolle Bomberg" (Schelmenroman)

„Der Querschnitt" (liter. Zeitschr. v. *A. Flechtheim* u. *O. Starke* gegrdt.)

J. Kretzschmar: „Das Ende der Philosophischen Pädagogik" (für Pädagogik als Realwissenschaft)

27. Auflage der „Massenpsychologie" von *G. LeBon* von 1895

John McTaggart (* 1866, † 1925): „Das Wesen der Existenz" (engl. Neuidealismus)

M. Maeterlinck: „Das große Rätsel" (belg. Philosophie)

Alex. Pfänder (* 1870): „Logik" (Übertragung der *Husserl*schen Phänomenologie)

Eugène N. Marais (* 1872, † 1936) veröffentlicht Artikel über das Leben der Termiten (in der Burensprache Afrikaans; vgl. 1937)

Herm. Rorschach (* 1884, † 1922): „Psychodiagnostik" (Schweiz. Test der Formdeutung von Klecksographien zur psychologischen Analyse der Persönlichkeit, 2 Bände)

E. Rubin: „Visuell wahrgenommene Figuren" (Gestaltpsych.)

B. Russell: „Analyse des Denkens" (engl. Rationalismus)

Scheler: „Vom Ewigen im Menschen" (kathol. phänomenolog. Religionsphilosophie) und „Religiöse Erneuerung"

Hermann Schneider (* 1874): „Metaphysik als exakte Wissenschaft" (Metaphysik als Lehre von der sich entwickelnden Bearbeitung der Erfahrung, 3 Bde. seit 1919)

Hermann Schwarz (* 1864): „Das Ungegebene" (mystische Religionsphilosophie)

Schweitzer: „Zwischen Wasser und Urwald"

Picasso: „Karneval" (span.-frz. abstrakt. Gemälde)

Oskar Schlemmer (* 1888, † 1943): „Triadisches Ballett" (kubist. Gem.)

† *Fried. von Thiersch*, deutscher Baumeister (* 1852)

Staatl. Bildstelle für Bau- und Kunstdenkmäler (aus der 1885 gegründeten Meßbildanstalt)

Urban Gad: „Der Film – seine Mittel – seine Ziele" (Stummfilm-Dramaturgie)

„Der müde Tod" (Film m. *L. Dagover;* Regie: *F. Lang;* stark architekton. betont)

„Die Abenteurerin von Monte Carlo" (Film, zu dem 11000 km Filmreisen notwendig waren)

„The Kid" (nordamerik. Film von u. mit *Ch. Chaplin* zusammen mit *Jackie Coogan*); „Traumstraße" (nordam. Film von *D. W. Griffith*)

„Anna Boleyn" (Film v. *E. Lubitsch*)

„Hunger! Hunger! Hunger!" (russ. Film)

R. Vaughan Williams: „Pastoral Symphony" (engl. Tondichtung unter starker Beeinflussung durch die Volksmusik)

Prätorius-Orgel in Freiburg/Br. und Wiederentdeckung der *Schnitger*-Orgel zu St. Jakobi in Hamburg fördern die Renaissance der Barock-Orgel

Erster Musiktag in Donaueschingen (zur Diskussion moderner Musik)

Ritchey: 2,58-m-Spiegel-Teleskop der Mt.-Wilson-Sternwarte (Brennweite 12,9 m, sichert der amerikan. Astronomie noch stärker ihre Vormachtstellung)

Rumpler: Tropfen-Auto in Stromlinienform

Mey Nad Saha: Physikalische Erklärung der Sternspektren (entscheidender Schritt zur Verschmelzung der Physik und Astronomie zur Astrophysik)

Hermann Stegemann (* 1870): „Geschichte des Krieges 1914—1918" (4 Bände seit 1918)

† *Nikolai Jegorowitsch Shukowskij*, russ. Begründer der Tragflächen-Wirbeltheorie (* 1847)

C. Wirtz entd. erste Anzeichen f. Spiralnebelflucht

Dt. Gesellschaft für Vererbungsforschung

„Zeitschrift für angewandte Mathematik und Mechanik"

Herstellung zellwollähnlicher Faser in Deutschland

Frz. Flugzeug mit 300-PS-Motor steigt 6000 m in 14 Min. (im 1. Weltkriege mit 160 PS 5000 m in 29 Min.)

Mißlungener brit. Versuch den Mt. Everest (8882 m) zu ersteigen (weitere erfolglose Versuche zunächst 1922 und 1924; Besteigung gelingt d. Neuseeländ. Imker *Hillary* u. d. Sherpa *Tensing* aus Nepal 1953)

Eröffnung der Avus-Autostraße Berlin—Wannsee

Mit dem Unterhaltungsrundfunk i. USA (vgl. V) beg. eine neue Ära der Kommunikation (1. dt. Sender 1923 in Berlin)

Venezuela beginnt Aufstieg als bedeutendes erdölförderndes Land m. Förderung von 220000 t (1929: 20,4 Mill. t, 1939: 30 Mill. t, 1948: 69,7 Mill. t, nach USA stärkste Förderung)

Unterhaltungsrundfunk in den USA (erster Sender Pittsburg)

Funkwirtschaftsdienst in Deutschland

39216 Ehescheidungen in Deutschland (1913: 17835)

M. O. Bircher-Benner (*1867, †1939): „Grundlagen unserer Ernährung" (tritt für Rohkost ein)

Bubikopf kommt auf

José Raoul Capablanca (Kuba) erringt von *Emanuel Lasker* (Deutschland) Schachweltmeistertitel (seit 1894 bei *Lasker*)

Russ. Versuch, das Schachspiel dreidimensional zu erweitern: „Raumschach"

Sehr gutes Weinjahr

(1921)

Bolschewisten schlagen zaristische Truppen in der Äußeren Mongolei und setzen Regierung ein

Span. Ministerpräsident *Dato e Jradier* in Madrid ermordet (* 1856); unterdrückte 1920 autonomist. Aufstand in Barcelona

Türk. Nationalversammlung unter *Kemal Pascha (Atatürk)* verkündet vorläufige Verfassung. Griechen werden bis 1922 aus Türk.-Westkleinasien vertrieben

Türkei anerkennt Sowjetunion

Frz. Truppen unterdrücken Unruhen in Syrien

Irak wird Königreich (1920 von Türkei abgetrennt; 1924 Verfassung); *Faisal* (* 1883, † 1933) wird König (unter engl. Einfluß, 1920 von den Franzosen als König von Syrien verdrängt); sein Bruder *Abdullah Ibn el Hussein* Emir von Transjordanien (ab 1949 König bis 1951 [†, ermordet, * 1882])

„Jungperser" bekämpfen mit sowjetruss. Hilfe brit. Einfluß in Persien

Pers. Kosakenoffizier *Risa Khan* (* 1878) erobert Teheran und übernimmt Regierung (wird 1925 Schah)

Harding (Republikan.) Präsident der USA bis 1923

Abrüstungskonferenz in Washington (bis 1922)

USA lehnen den Versailler Friedensvertrag ab und schließen mit Deutschland Sonderfrieden

Edward House (* 1858, † 1939): „Was wirklich in Paris geschah" (USA-Bericht von den Friedensverhandlungen)

Liberale Regierung in Kanada

Ablehnung des Frauenstimmrechts in Japan

Arbeiterunruhen in Japan infolge sinkenden Lebensstandards

Japan. Kronprinz und Regent *Hirohito* macht eine Weltreise nach Europa

Sun Yat-sen Präsident der „Regierung der Republik des Südens" in Kanton (unterliegt gegen General *Wu P'eifu*, der in Nordchina von Angloamerikanern unterstützt wird)

Grdg. d. Kommunistischen Partei Chinas

M. Reinhardt überträgt seine „Sommernachtstraum"-Inszenierung von 1905 i. d. Gr. Schauspielhaus Berlin

„BayrischeLandesbühne GmbH" (zur Pflege des Provinztheaters; 1922 „Preußische Landesbühne GmbH")

„Gesamtkatalog der Preuß. Bibliotheken" (2 Mill. Zettel seit 1903)

Rund 31000 selbständige Druckschriften (Bücher usw.) erscheinen in Deutschland; dazu rund 5050 Zeitschriften; über 13000 Buchhandlungen in Deutschland (USA etwa 8600, England etwa 11000, Japan etwa 13000 Bücher jährlich)

Anna Siemsen (* 1882, † 1951): „Erziehung im Gemeinschaftsgeist" (schulreformerisch)

E. Stern-Rubarth: „Die Propaganda als politisches Instrument"

Paul Tillich (* 1886, † 1965): „Ideen zu einer Theologie der Kultur"

Tischner: „Über Telepathie und Hellsehen" (Experimente zum Gedankenlesen)

Max Weber: „Gesammelte Aufsätze zur Religionssoziologie" (3 Bde. seit 1920; posthum)

Werner Weisbach: „Barock als Kunst d. Gegenreformation" (kennz. f. d. vom Expressionismus beeinfl. Blüte der Barockforschung)

Leopold v. Wiese (*1876): „Soziologie des Volksbildungswesens"

Joseph Weißenberg(*1855, † 1941) wirkt in Berlin als „Heilapostel", versucht in seiner Sekte Krankheiten durch Auflegen von weißem Käse zu heilen

„Akademie der Arbeit" in Frankfurt/M. (vermittelt in Zusammenarbeit mit der Univ. Volksbildung in der Sozialwissenschaft)

Internationaler Arbeitskreis für Erneuerung der Erziehung, Calais

National-Institut für industrielle Psychologie, London

Washingtoner Abkommen untersagt völkerrechtlich die Verwendung von Giftgas im Krieg

„Die Drei" (anthroposophische Monatsschrift)

Nordische Gesellschaft in Deutschland; pflegt kulturelle Verbindung mit Skandinavien

„Dt. Freidenkerbund" (gegr. 1881) und „Bund freireligiöser Gemeinden" (gegr. 1859) vereinigen sich z. „Volksbund f. Geistesfreiheit" (Mitglied der „Arbeitsgemeinschaft der freigeistigen Verbände der Dt. Republik)"

Heilsarmee (gegr. 1865) in 73 Ländern mit etwa 130000 Mitgliedern und Helfern; 83 Zeitschriften mit rd. 1,5 Mill. Aufl.; 1286 Sozialanstalten

Nur etwa 10% Nicht-Analphabeten in Indien; Religionen: 217 Mill. Hindu; 69 Mill. Mohammedaner; 12 Mill. Buddhisten; 5 Mill. Christen; 10 Mill. Heiden; 3 Mill. Sikh, 1 Mill. Dschaina; 0,1 Mill. Parsen

Schule im dt. Jugendstrafvollzug

1922	Friedens*nobel*pr. a. *F. Nansen* (Norw.) *Nansen*-Paß für staatenl. Flüchtlinge Deutschland anerkennt USSR Weltwirtschaftskonferenz in Genua, führt z. dt.-russ. Vertrag v. Rapallo zwischen *Wirth*, *Rathenau* u. *Krassin* † *Walther Rathenau* (von Nationalisten ermordet), dt. Reichsaußenminister seit 1922 (* 1867) 376 Polit. Morde in Dt. seit 1919 Republikschutzgesetz in Deutschland. Reichskonflikt mit Bayern *Wilhelm Cuno* (* 1876, † 1933) dt. Reichskanzler bis 1923; stützt sich auf bürgerliche Wirtschaftskreise Reichstag verlängert Amtszeit des Reichspräsidenten *Ebert* bis 1925 „Deutschlandlied" Nationalhymne durch Verordnung d. Reichspräs. Reichsbank von der Regierung unabhängig *Walter Simons* (* 1861, † 1937) Präsid. d. Reichsgerichts bis 1929 Vereinigung von USPD mit SPD Prälat *Ignaz Seipel* (christl.-sozial, * 1876, † 1932) österr. Bundeskanzler bis 1924 (wieder 1926 bis 1929); fördert Heimwehrbewegung Internat. Kredit an Österreich unter Verzicht auf Anschluß an Deutschl., Völkerbundskontrolle (bis 1926) *Friedrich Adler* ruft eine Konferenz der drei Internationalen (Sozialist., Kommun., Unabhäng. Sozial.) nach Berlin ein. Ohne Erfolg Aufhebung d. brit. Schutzherrschaft über Ägypten (jedoch militär. Vorrechte am Suezkanal; Konflikt 1951) *Fuad I.* König von Ägypten (seit 1917 Sultan unter brit. Schutzherrschaft) bis 1936 (†, *1868) Brit. Wahlen: Konservative: 347, Labour: 147, Liberale: 120 *Herbert Samuel* brit. Hoher Kommissar in Palästina Gesondertes brit. Mandat üb. Transjordanien unter Emir *Abdullah* Irische Nationalisten (Sinn Fein) trennen sich in radikale Partei unter *Eamonn de Valera* und gemäßigte unter *Cumann nan Gaedheal*. Verfassg. für Irischen Freistaat; Nordirland (Ulster) bleibt bei Großbritannien	Literatur-*Nobel*preis an *J. Benavente* (Span.) *Andersen-Nexö*: „Stine Menschenkind" (dän. sozialer Roman, 5 Bände seit 1917) *Ernst Barlach*: „Der Findling" (Schauspiel) *Bert Brecht* (* 1898, † 1956): „Trommeln in der Nacht" (Schauspiel); erhält *Kleist*preis *A. Bronnen*: „Die Exzesse" (Drama) *Carossa*: „Eine Kindheit" (Erzählung) *Willa Cather*: (* 1876, † 1947): „One of ours" (nordamerikan. Roman) *T. S. Eliot*: „The waste Land" (engl. Lyrik) *Galsworthy*: „Die Forsyte-Saga" (engl. Bürgerroman seit 1906; „Eine moderne Komödie" 1924 bis 1928 als Fortsetzung) *Joh. V. Jensen*: „Zug der Cimbern" (dän. Roman) *G. Hauptmann*: „Phantom" (Roman) *H. Hesse*: „Siddhartha" (ind. beeinfl. Dichtung) *Hofmannsthal*: „Das Salzburger große Welttheater" (Mysterienspiel) *J. Joyce*: „Ulysses" (engl. Roman, oft verboten) *Ernst Jünger*: „Der Kampf als inneres Erlebnis" *Isolde Kurz*: „Die Nächte von Fondi" (Roman) *Lewis*: „Babbitt" (nordamerikan. satir. Roman über den Spießbürger) *Th. Mann*: „Goethe und Tolstoi" (Essay) *Katherine Mansfield*: „Das Gartenfest und andere Erzählungen" (engl. Kurzgeschichten) *André Maurois*: (* 1885): „Die Gespräche des Dr. O'Grady" (frz. Roman)	*Bischoff*: „Die Religion der Freimaurer, ein Weg zum deutschen Aufbau" (Sammelwerk über Freimaurerei) *Rudolf Carnap* (*1891, + 1970): „Der Raum" (erkenntnistheoretisch) *J. Dewey*: „Die menschliche Natur" (nordamerikan. pragmatische Philosophie) *v. Ehrenfels*: „Über Gestaltqualitäten" *A. Görland*: „Religionsphilosophie" *Hans Günther* (* 1891): „Rassenkunde des deutschen Volkes" (nationalsozialistisch) *Gustav Herbig*: „Religion und Kultus der Etrusker" *Herbert Hoover*: „Der amerikanische Individualismus" *G. Kafka*: „Handbuch der vergleichenden Psychologie" (3 Bände) *Hermann von Keyserling*: „Schöpferische Erkenntnis" und „Politik, Wirtschaft, Weisheit" **Übersetzung von *Kierkegaards* „Gesammelten Werken" ins Deutsche von *Christoph Schrempf* (* 1860, † 1944) (12 Bd. seit 1909; beeinfl. Existentialphilosophie)** *L. Klages*: „Vom kosmogonischen Eros" *Ernst Krieck* (* 1882): „Philosophie der Erziehung" Fürst *Peter Alexejewitsch Kropotkin* (* 1842, † 1921): „Worte eines Rebellen", „Anarchistische Moral" (russ. Sozialphilosophie) *O. Külpe*: „Vorlesungen über Psychologie" (bes. experiment. Psycholog.) *v. Pestalozza*: „Der Streit um die Koedukation"

Willi Baumeister (* 1889, † 1955): „Apoll" (abstrakt. Gemälde)

Beckmann: „Vor dem Maskenball" (express. Gemälde)

Erich Buchholz (*1891, † 1972): „Roter Kreis im Goldkreis" (konstruktivist. Gem.)

Chagall geht v. Rußl. n. Paris (1941–47 i. USA)

F. Hodgkins: „Doppelporträt" (engl. Gemälde)

K. Hofer: „Seefahrers Heimkehr" (express. Gemälde)

***Klee:* „Die Zwitschermaschine" (surrealist. Gem.)**

Rudolf Koch: Antiqua (Drucktypen)

O. Kokoschka: „Maler mit Puppe" (Selbstporträt mit lebensechter weibl. Modellpuppe)

John Marin (* 1870): „Sonnenuntergang" (nordam. express. Gemälde)

Le Corbusier (* 1887, † 1965): Idealplan einer „Stadt der Gegenwart"

Mies van der Rohe: Glaswolkenkratzer (Architekturentwurf)

Ed. Munch: 12 Wandgemälde in einer Schokoladenfabrik, Oslo (norweg., seit 1921)

Pechstein: „Das Ruderboot" (Gemälde)

Frederic Poulsen: „Etruskische Grabbilder" (engl. Darstellung dieser sinnenfrohen Kunst)

Hans Prinzhorn (* 1886, † 1933): „Bildnerei der Geisteskranken"

Fritz Busch (*1890, † 1951) Dirigent a. d. Staatsoper Dresden bis 1933 (später New York)

Wilhelm Furtwängler übernimmt als Dirigent Gewandhauskonzerte in Leipzig (bis 1928) und Philharmonische Konzerte in Berlin (bis 1945)

Jean Gilbert: „Katja die Tänzerin" (Operette)

Leo Fall: „Madame Pompadour" (Operette)

Graener: „Byzanz" (Oper)

Hindemith: „Sankta Susanna" (Einakter-Oper)

Lehár: „Frasquita" (Operette)

Malipiero: „Impressionen" (ital. symphon. Komposition in 3 Teilen seit 1911)

† *Arthur Nikisch*, dt. Dirigent ungar. Herkunft; leitete seit 1895 Gewandhauskonzerte in Leipzig (* 1855)

† *Filippe Pedrell*, span. Komponist (* 1841)

Ravel: Duosonate für Violine und Cello (frz. Komposition)

Respighi: „Concerto Gregoriano" (ital. Violinkonzert)

Schoeck: „Venus" (Schweiz. Oper nach *Merimée*)

~ *A. Schönberg* entw. Zwölftontechnik

Physik-*Nobel*preis an *N. Bohr* (Dänem.) für quantenphysikalisches Atommodell

Chemie-*Nobel*preis an *F. W. Aston* (Großbrit.) für Isotopenforschung mit Massenspektrographen

Medizin-*Nobel*preis an *A. V. Hill* (Großbrit.) und *O. Meyerhof* (Dt.) für physiologisch-chemische Muskeluntersuchungen

J. Bjerknes: Polarfront-Theorie der atmosphärischen Zirkulation (entscheidende Verbesserung der Wetterkunde)

Ludwig Borchardt: „Gegen die Zahlenmystik an der großen Pyramide bei Gizeh" (Widerlegung der zahlreichen Versuche, den Pyramidenerbauern unerklärliche Kenntnisse zuzuschreiben)

R. W. Boyle untersucht wissenschaftlich Ausbreitung und Eigenschaften des Ultraschalls

Howard Carter findet das Felsengrab des ägypt. Königs *Tut-ench-Amun* mit reichen Kunstschätzen (Ägyptologie wird dadurch populär)

Joe Engl, Joseph Massolle, Hans Vogt: Tonfilmtechnik „Triergon" (entwickelt seit 1919; setzt sich zunächst nicht durch, müssen Patente verkaufen)

Evans und *Burr* entdecken das Antisterilitätsvitamin E (seine Eigenschaften klären sich nur langsam)

H. Hahne: „22 Jahre Siedlungsarchäologie"

Hedin: „Südtibet" (Forschungsbericht, 9 Text- und 3 Atlas-Bände, seit 1917)

Element Hafnium mit Hilfe der *Röntgen*spektroskopie von *G. v. Hevesy* und *D. Coster* entdeckt

Heyrovsky: Elektrochemische Mikroanalyse (Polarographie)

Alfred Kühn (* 1885, † 1968): „Grundriß der allgemeinen Zoologie" (Standardwerk)

† *Charles Laveran*, frz. Arzt; *Nobel*preis 1907 (* 1845)

Julius Menadier (* 1854, † 1939): „Deutsche Münzen" (4 Bände seit 1891; Standardwerk der Münzkunde)

A. Hoffmann: „Die Konzentrationsbewegung in d. deutschen Industrie"

J. M. Keynes: „Revision d. Friedensvertrages" (engl.)

Alfred Möller (* 1860, † 1922): „Der Dauerwaldgedanke" (organ. Forsttheorie)

Salzdetfurth-Konzern (Kali, Steinsalz, Metalle, Braunkohle, Kapital etwa 150 Mill. RM)

Ernst-Heinkel-Flugzeugwerke in Warnemünde (*Heinkel* * 1880)

Rohrbach-Flugzeugbau, Berlin (entwickelt bes. Flugboote)

Durch Bankenfusion Darmstädter und Nationalbank gegründet (1931 von Dresdner Bank übernommen)

Preuß. Landespfandbriefanstalt (zur Vermittlung nichtlandwirtschaftl. Grundkredite für Wohnungsbau)

Reichsmietengesetz führt gesetzliche Miete ein

Lord *Rothermere* (*1868, † 1940) erbt von seinem Bruder Lord *Northcliffe* (*1865, †1922) die brit. konservative Tageszeitg. „Daily Mail" (gegründet 1896)

Segelflugrekorde auf der Rhön: *Martens* eine Stunde, *Hentzen* drei Stunden Flugdauer

(1922)

Nach Sturz *Briands* wird *Poincaré* frz. Ministerpräs. u. Außenmin. b. 1924

Syrien frz. Völkerbundsmandat

„Marsch auf Rom", faschist. Staatsstreich in Italien, König ernennt *Mussolini* zum Ministerpräsidenten. Im ital. Parlament stimmen 316 für *Mussolini*, 116 Sozialisten dagegen, 7 Enthaltungen (1924 erhalten Faschisten 65% d. Stimmen)

Schwehla (Republ. Partei) tschechoslow. Ministerpräsident bis 1929 (Koalitions-Regierung der 5 tschechischen Parteien)

Ungarn im Völkerbund

Polen erhält Wilna (bisher Litauen; seit 1920 von Polen besetzt)

„Baltische Entente": Polen, Lettland, Estland, Finnland gegen USSR

Griechenland muß nach verlorenem Krieg gegen die Türkei (seit 1921) Ostthrakien wieder abtreten, und König *Konstantin I.* muß abdanken; *Georg II.* König bis 1924 und 1935 bis 1947 (†, * 1890)

Sowjetstaaten bilden Union der Sozialistischen Sowjetrepubliken (USSR), Hauptstadt Moskau. GPU neue sowjetruss. politische Polizei (bisher Tscheka, ab 1934 NKWD). Ganz Sibirien zur USSR (11 Mill. qkm, 1939: 14 Mill. Einwohner)

Washingtoner Abrüstungskonferenz: Abkommen zw. USA, Großbrit., Japan, Frankreich, Italien über Flottenstärke 5 : 5 : 3 : 1,75 : 1,75

Viermächteabkommen USA, Großbritannien, Japan, Frankreich über Garantie d. Besitzstandes im Pazifik

Neunmächteabkommen über „Offene Tür" in China. Japan muß seine Truppen aus China abziehen

Millspaugh (USA) pers. Finanzberat.

Versuch, d. mittelamerikan. Staaten politisch zu vereinigen, scheitert

Alvear argent. Präsident bis 1928

Chitta Ranjan Das (* 1870, † 1925), Anhänger *Gandhis*, gründet Swaradsch-Partei, d. Unabhäng. Indiens auf parlamentar. Wege erstrebt

Gandhi: „Junges Indien" (polit. Aufsätze seit 1919); wird zu 6 Jahren Gefängnis verurteilt (1924 entlassen)

Gabriela Mistral (Lucila Godo y Alcayaga, * 1889): „Desolacion" (chilen. Gedichte)

Molo: „Ein Volk wacht auf" (Romantrilogie seit 1918)

† *Mori Ogai*, japan. Dichter und Faustübersetzer (* 1860)

O'Neill: „Anna Christie" (nordamerikan. Bühnenst.), „Der haarige Affe" (nordamerikan. Proletarierstück)

Pirandello: „Heinrich IV." (ital. Schauspiel)

Fr. Schnack: „Vogel Zeitvorbei" (Gedichte)

W. von Scholz: „Der Wettlauf mit dem Schatten" (Schauspiel)

Streuvels: „Prütske" (kinderpsycholog. Studie)

Sudermann: „Bilderbuch meiner Jugend" (Autobiographie)

Thieß: „Die Verdammten" (Roman)

E. Toller: „Die Maschinenstürmer" (Drama)

Undset: „Kristin Lavranstochter" (norweg. Roman, 3 Bde. seit 1920)

Walpole: „The cathedral" (engl. Roman)

Jakob Wassermann: „Wendekreis" (Roman in 2 Bänden seit 1920)

Maria Waser (* 1878, † 1939): „Wir Narren von gestern" (Schweiz. realist. Roman)

Wiechert: „Der Wald" (Roman)

Virginia Woolf: „Jacobs Zimmer" (engl. Roman)

Heinrich George (* 1893, † 1946) als Charakterspieler in Berlin

Mrs. *Dawson Scott* gründet i. London PEN-Club (erster Präs. *Galsworthy*; intern. Literaturkonfer.)

Pius XI. Papst bis 1939 (†, * 1857)

G. Radbruch: „Kulturlehre des Sozialismus"

Friedr. Rittelmeyer (* 1872, † 1938) grdt. „Die Christengemeinschaft" (deutet Christentum kosmisch)

Wilh. Schäfer: „Die dreizehn Bücher der deutschen Seele" (dt. Kulturentwicklung)

Spengler: „Der Untergang des Abendlandes. Umrisse einer Morphologie der Weltgeschichte" (2 Bände seit 1918; biologisierende Kulturgeschichte)

Spranger: „Der gegenwärt. Stand d. Geisteswissensch. u. d. Schule"

Eduard Stemplinger (* 1870): „Der antike Aberglaube in seinen mod. Ausstrahlungen"

Ferd. Tönniës: „Kritik der öffentl. Meinung"

E. Troeltsch: „Der Historismus und seine Probleme"

Vierkandt: „Gesellschaftslehre" (Soziolog.)

Max Weber: „Wissenschaftslehre" und „Wirtschaft und Gesellschaft" (beides posthum)

Ludwig Wittgenstein (* 1889, † 1951): „Tractatus logico-philosophicus" (Logistik der *Russell*-Schule)

Zentralisierung der heimatlichen kathol. Missionsvereine

Internationaler Verband für kulturelle Zusammenarbeit in Wien

Reichsjugendwohlfahrtsgesetz

Pädagogische Akademien zur Volksschullehrerausbild. in Preußen

Werkunterricht ab 5. Schuljahr in dt. Schulen

Slevogt: „Die Prinzessin auf den Inseln Wak-Wak" (Lithographien)

Russische Kunstausstellung i. d. Galerie *van Diemen* (macht russ.-revol. Kunst bekannt)

„Luise Millerin" (Film mit *W. Krauß* nach *Schillers* „Kabale und Liebe"; Regie: *Carl Froelich*)

„Lukrezia Borgia" (Film mit *Liane Haid* und *Albert Bassermann*; Regie: *Richard Oswald*)

„Dr. Mabuse, der Spieler" (Film von *F. Lang*)

„Das Weib des Pharao" (Film von *E. Lubitsch*)

„Omas Junge" (nordamerik. Film mit *Harold Loyd*, *1893, + 1971)

„Nosferatu", „Der brennende Acker" (Filme von *F. W. Murnau*, letzterer mit *Lya de Putti*)

„Zahltag" (nordamerik. Film von u. mit *Ch. Chaplin*); „Nanuk, d. Eskimo" (nordamerikan. Film v. *Robert J. Flaherty*, *1884, †1951); „Der Letzte d. Mohikan." (nordamerikan. Film v. *Maurice Tourneur*, * 1878, mit *Wallace Berry*)

„Das glorreiche Abenteuer" (engl. Farbfilm von *Stuart Blackton*, * 1875, † 1935)

Triergon-Tonfilm (vgl. Spalte W)

Leo Slezak: „Meine sämtlichen Werke" (humorist. Autobiographie, 1927: „Der Wortbruch", 1940: „Rückfall")

Strawinsky: „Mavra" (russ. Buffo-Oper)

R. V. Williams: „Pastorale" (engl. Sinfonie)

Zilcher: „Doktor Eisenbart" (Oper)

„Internat. Gesellschaft für Neue Musik" in Salzburg

Umfass. Ordnung des Berufsschulwesens in Berlin

„Reichselternbund", bekämpft weltliche und Gemeinschafts-Schulen

Ch. Bühler (* 1893, † 1974): „Das Seelenleben d. Jugendalters" (grundleg.)

L. F. Richardson: „Wettervorhersage durch numerischen Prozeß" (engl. Grundleg. einer berechenbaren Prognose)

† *Heinrich Rubens*, dt. Physiker, bes. Ultrarotforscher (* 1865)

Bastian Schmid (*1870, †1944): „Die Sprache d. Tiere" (Tierpsychologie)

Georg Schweinfurth (*1836, † 1925): „Auf unbetretenen Wegen in Ägypten" (Berichte über Reisen seit 1863)

† *Ernest Henry Shakleton*, engl. Polarforscher, infolge Krankheit bei einem Versuch, die Antarktis zu umfahren (* 1874)

Otto Warburg (* 1859, †): „Die Pflanzenwelt" (3 Bände seit 1913)

„Ergebnisse der exakten Naturwissenschaften" (Jahrbuch)

Großherstellung von Methylalkohol (Holzgeist) aus Wassergas (Kohlenoxyd und Wasserstoff) unter 200 Atmosphären Druck mit Katalysator (Reaktionsbeschleuniger)

BerlinerFernsprech-Selbstanschlußamt

Mercedes-*Daimler*-Rennwagen mit Kompressor

Farman-Goliath fliegt 34½ Stunden (Doppeldecker, zwei 260-PS-Motoren, 160 km/Stunden, Eigengewicht und Nutzlast je 2250 kg)

Fokker Hocheindecker (360-PS-Motor; mit 10 Fluggästen 1800 km in 10 Stunden)

Hochdruck-Dampfturbine (für 110 Atmosphären Druck, in Berlin)

Großgasmotor für 4000 kW (2 Zylinder von 1,5 m Durchmesser, Prinzip von *Oechelhäuser* 1893)

Fernheizwerk für 24 Gebäude in Hamburg

Auslandsabteilung des Dt. Normenausschusses

Gesellschaft für Heilpädagogik in München

Vulkan Aniakshak an der Küste Alaskas entdeckt (einer der größten der Erde)

A. Friedman (* 1888, † 1925): Theorie eines expandierenden Universums (wird durch die 1929 entd. Nebelflucht gestützt)

Hannes Schneider (* 1890, † 1955) grdt. Skischule in St. Anton, Arlberg

„Klassischer" Stil in der Frauenmode (glatt fallende Gewänder)

Deutsche Gewerbeschau in München

Ballonreifen

Alfredo Codona gelingt dreifacher Salto von Trapez zu Trapez

„Raffke" als volkstüml. Bezeichnung für die Gestalt des Kriegsgewinnlers und Inflationsschiebers

1923

Ruhrbesetzung durch Frankreich

Große Koalition SPD bis Volkspartei unt. Reichskanzler *Stresemann*

Aufgabe des passiven Widerstandes gegen Ruhrbesetzung

† *Albert Leo Schlageter*, wegen Spionage v. d. frz. Besatzungsmacht standrechtl. erschossen (* 1894)

Versuch e. Separatisten-Regierung i. Rheinld. (scheitert 1924 endgültig)

Konflikt zwischen der Reichsregierung und dem bayr. Generalstaatskommissar *von Kahr*, der sich weigert, das Organ der NSDAP „Völkischer Beobachter" zu verbieten (*v. Kahr* tritt 1924 zurück)

Reichsregierung beseitigt sozialist. Reg. *Zeigner* in Sachsen durch militär. Gewalt. SPD verläßt Reichsreg.

Kommunist. Aufstand in Hamburg

Antidemokrat. *Hitler-Ludendorff*-Putsch in München. *Hitler* erhält Festungshaft (bis 1924)

Hjalmar Schacht (*1877, † 1970) Reichsbankpräsident (tritt 1930 wegen *Young*plan zurück)

Höhepunkt der Inflation in Deutschland. 1 Dollar = 4,2 Billionen M. Entschuldung der Sachwertbesitzer, Verarmung bes. des Mittelstandes. Währungsstabilisierung durch Einführung der Rentenmark

Wilhelm Marx (Zentr., * 1863, † 1946) dt. Reichskanzler bis 1924 (wieder 1926 und 1927 bis 1928)

Stresemann (Dt. Volkspartei) dt. Reichsaußenminister bis 1929 (†)

E. Marcks u. *Karl Alex. v. Müller:* „Meister d. Politik" (Biogr. s. 1922)

Richard Nikolaus von Coudenhove-Kalergi (österr.-ung./jap. Herkunft, * 1894) grdt. Pan-Europabewegung

Dt. Liga für Menschenrechte (Vorläufer seit 1914; für Sozialismus und Völkerversöhnung)

Fememorde d. illegal. „Schwarzen Reichswehr" auch nach ihrer Auflös.

Kronprinz *Wilhelm* (* 1882, † 1951) kehrt nach Verzicht auf Thronrechte nach Deutschland zurück

Brit. Empire-Konferenz gestattet Dominions eigene Außenpolitik; Kanada schließt selbständig Fischereivertrag mit den USA

Literatur-*Nobel*preis an *W. B. Yeats* (Großbrit.)

J.R.Becher: „Maschinenrhythmen", „Verklärung" (express. Lyrik)

Willa Cather: „Frau im Zwielicht" (nordamerikan. Roman)

Conrad: „Der Freibeuter" (engl. Roman)

Th. Däubler: „Sparta" (Prosa)

Olav Duun (* 1876, † 1939): „Die Juwikinger" (norweg. kulturgeschichtl. Roman in 6 Bänden seit 1918)

Edschmid: „Das Bücher-Dekameron. Eine Zehn-Nächte-Tour durch die europäische Gesellschaft und Literatur" (Literaturkritik)

Gide: „Dostojewsky" (Literaturkritik, frz.)

Hamsun: „Das letzte Kapitel" (norw. Rom.)

Hedin: „Mount Everest" (schwed. Reisebericht)

Hofmannsthal: „Der Unbestechliche" (Kom.)

Ric. Huch: „Michael Bakunin" (Biographie)

G. Kaiser: „Gilles und Jeanne" (Bühnenstück)

Rudolf Kayser (* 1889): „Die Zeit ohne Mythos" (Essays)

Klabund: „Das heiße Herz" (Gedichte) und „Pjotr" (Roman über *Peter den Großen*)

W. Mahrholz: „Literargeschichte und Literarwissenschaft" (Probleme und Methoden der Literaturforschung)

H. Mann: „Diktatur der Vernunft" (sozialist. Betrachtungen)

Th. Mann: „Bekenntnisse des Hochstaplers Felix Krull" (Romanfragment), „Von deutscher Republik" (Rede)

E. Barthel: „Lebensphilosophie" (gründet 1924 „Gesellschaft für Lebensphilosophie")

Baudouin: „Suggestion und Autosuggestion" (Darstellung der Methode von *Coué*)

M. Dessoir: „Vom Diesseits der Seele" (Briefe an eine Freundin über Psychologie)

E. Drahn: „Bibliographie des wissenschaftl. Sozialism. 1914—1922"

Freud: „Das Ich und das Es" (Tiefenpsychologie)

Hans Freyer (* 1887): „Prometheus, Ideen zur Philosophie der Kultur" (geisteswissenschaftl. Soziologie)

Fritz Graebner: „Das Weltbild d. Primitiven"

E. R. Jaensch: „Über den Aufbau der Wahrnehmungswelt und ihre Struktur im Jugendalter" (Forschungsergebnisse über Eidetik)

Georg Lukács (*1885, † 1971): „Geschichte und Klassenbewußtsein" (ungar. marxist. Philosophie)

Manfred Kyber: „Einführung in das Gesamtgebiet des Okkultismus"

Fritz Mauthner (* 1849, † 1923): „Der Atheismus und seine Geschichte im Abendlande" (4 Bände seit 1920)

Eduard Meyer: „Ursprung u. Anfänge des Christentums" (3 Bde. seit 1920)

Moeller van den Bruck: „Das dritte Reich"

Heinrich Pesch (* 1854, † 1926): „Lehrbuch der Nationalökonomie" (kathol. „Solidarismus", 5 Bände seit 1905)

Romain Rolland: „Mahatma Gandhi"

Karl Albiker (*1878): „Weiblicher Torso" (Plastik)

Barlach: „Der Rächer" (expression. Bronzeplastik) und „Weinende Frau" (Holzplastik)

Beckmann: „Das Trapez" (express. Gemälde)

Chagall: „Liebesidylle" (russ. Gem.)

Corinth: „Baum am Walchensee" und „Früchteschalen" (impress. Gemälde)

R. Dufy: „An den Ufern der Marne" (frz. expr. Gem.)

Heckel: „Allgäu" (express. Gemälde)

† *Georg Hendrik Breitner*, niederländ. Maler; u. a. „Das weiße Pferd" (1884) (* 1857)

K. Hofer: „Lots Töchter" (express. Gemälde)

Fr. Höger: Chilehaus, Hamburg (Hochhaus, Baubeginn 1922)

Kandinsky: „Entstehende Verbindung", „Kreise im Kreis" (abstrakt. Gemälde)

G. Kolbe: „Adagio" und „Nacht" (Plastiken)

H. Kühn: „Die Kunst der Primitiven"

Fernand Léger: „Der große Schleppdampfer" (frz. kubist. Gem.)

G. Marcks: „Mann und Frau" (Plastik)

Nash: „Die Küste" (engl. express. Gem.)

† *Adolf Oberländer*, deutscher Karikaturist (* 1845)

Bartók: „Tanzsuite für Orchester" (ungar. Komposition anläßl. der 50-Jahrfeier der Vereinigung von Pest und Ofen zu Budapest)

de Falla: „Meister Pedros Puppenspiel" (span. Oper)

Jean Gilbert: „Das Weib im Purpur" (Operette)

Walther Hensel (Julius Janiczek, *1887) leitet „Singwoche" in Finkenstein bei Mährisch-Trübau

Erich Kleiber, Gen.-Musikdirektor d. Staatsoper Berlin

Paul von Klenau: „Die Weise von Liebe und Tod des Cornets Christoph Rilke" (dän.-dt. Chorwerk)

Zoltán Kodaly (* 1882, † 1967): „Psalmus hungaricus" (ungarische Komp. für Soli, Chor u. Orchester)

Křenek: „Der Sprung über den Schatten" (komische Jazzoper)

Hans Mersmann: (*1891, † 1971) „Musik d. Gegenwart"

Respighi: „La primavera" (ital. Chorwerk)

Reznicek: „Holofernes" (Oper)

Schoeck: „Elegie" (schweiz., 24 Lieder nach *Lenau* und *Eichendorff*)

Julius Weismann (* 1879): „Schwanenweiß" (Oper)

Egon Wellesz (* 1885): „Alkestis" (express. Oper)

Physik-*Nobel*preis an *R. A. Millikan* (USA) für Messung der Elektronenladung und des *Planck*schen Wirkungsquantums

Chemie-*Nobel*preis an *Fr. Pregl* (Österr.) für organische Mikroanalyse

Medizin-*Nobel*preis an *F. Banting* (Kanada) und *J. J. R. Macleod* (Kanada) für Entdeck. d. Insulins

J. L. Baird und *C. F. Jenkins:* Fernsehen mit Lochscheibe

Stereoplanigraph von *Bauersfeld* zur Luftbildvermessung

August Bier: „Regeneration beim Menschen" (klinische Abhandlung)

Hans Bredow ermöglicht erste Sendung des dt. Unterhaltungsrundfunks im Berliner Voxhaus (29. 10., 20 Uhr)

A. H. Compton weist nach, daß die Energiequanten der *Röntgen*strahlen wie korpuskulare Teilchen stoßend auf Elektronen wirken („Compton-Effekt")

P. Debye und *Hückel:* Theorie der starken Elektrolyte (vollendet die Ionentheorie von *Arrhenius* 1887)

H. v. Ficker verbessert Wettervorhersage und beginnt auf die wettersteuernde Bedeutung der Stratosphäre hinzuweisen

H. Ford: „Mein Leben und Werk"

A. Isaac: „Die Entwicklung der wissenschaftlichen Betriebswirtschaftslehre seit 1898" (25 Jahre Betriebswirtschaftslehre an der Handelshochschule Leipzig)

August Karolus (* 1893) konstruiert Zelle zur Umwandlung von elektr. Spannungsschwankungen in Lichtschwankungen (*Kerr-* oder *Karolus*-Zelle)

Wladimir Köppen (* 1846, † 1940): „Die Klimate der Erde"

A. Korn: Drahtlose Bildtelegraphie Italien—USA

Erf. d. Nitrierhärtung bei *Krupp*

„Handbuch der Zoologie" beginnt zu erscheinen (gegründet von *Willy Kükenthal*, * 1861, † 1927)

R. S. Lillie kann die Grundererscheinungen d. Nervenleitung m. einem

Dt. Kartellverordnung gegen Mißbrauch wirtschaftl. Macht: Kartellgericht beim Reichswirtschaftsgericht

Vereinigte Industrie - Unternehm. AG (VIAG) (Dachgesellsch. f. Reichsunternehmungen)

Preuß. Bergwerks- und Hütten - AG: Preußag (Zusammenfassung von Staatsbetrieben)

Messerschmitt-Flugzeugbau-Gesellschaft, Bamberg

Wirtschaftskrise in Polen

Zeitschrift für Betriebswirtschaft

J. M. Keynes: „Ein Traktat üb. Währungsref." (engl.)

Notgeldumlauf in Dt. ca. 500 Trill. Papiermark (= ½ Milliarde Goldm.)

Nach der Währungsreform entsteht i. Deutschld. im Winter 1923/24 Deflationskrise

Dt. überseeische Auswanderung: etwa 114000 (1913: etwa 20000; Hauptteil in die USA)

Internat. Mittelstandsbund i. Bern

Internat. Vereinigung v. Angestellten, Beamten und Lehrern in öffentl. Diensten in Wien

Invaliden- und Arbeitslosen-Versich. in Italien (1922: Unfallversicherung)

In Nevada u. Montana als erste Staaten d. USA Altersrenten (noch keine Sozialversich.)

(1923)	*Stanley Baldwin* brit. Ministerpräsident bis 1924 (konservat. Mehrheit seit 1918). Neuwahlen bringen Sieg der Labour-Party Wahlsieg der antibrit. Wafd-Partei in Ägypten *Chaim Weizmann* (* 1874, † 1952), von 1903 bis 1918 Professor der Biochemie in Manchester, Präsident der Zionistischen Weltorganisation (b. 1931 u. 1935–46) Der Brit.-Südafrikanischen Gesellschaft (gegründet 1889 von *Cecil Rhodes)* wird die Verwaltung Rhodesiens entzogen. Nordrhodesien Kronkolonie, Südrhodesien erhält parlamentar. Regierung *Ross*meer und Süd-*Victoria*land bis zum Südpol brit. Besitz Litauer besetzen Memelgebiet (1924 im Memelabk. anerkannt, Memelstatut sichert Selbstverwaltung zu) Poln. Handelsverträge mit Türkei, Finnland u. Großbrit. (1924 mit Dänem., Lettl. u. den Niederlanden) Völkerbundanleihe für Ungarn Rumän. Verfassung beseitigt Dreiklassenwahlrecht Militär stürzt in Bulgarien radikales Regiment der Bauernpartei. Regierung *Zankow* versucht Restaurationspolitik *Kemal Pascha (Atatürk)* erster Präsident der türk. Republik bis 1938 (†). Friede von Lausanne bestätigt den Besitzstand der Türkei. Hauptstadt Ankara. Griechen fliehen aus der Türkei Durch das Lausanner Abkommen werden die Dardanellen entmilitarisiert und unter internationale Kontrolle gestellt (bis 1936) *Kalinin*, Vorsitzender des Präsidiums des Obersten Rates der Sowjetunion (Staatspräsident) bis 1946 (†) *Miguel Primo de Rivera* errichtet durch Staatsstreich Diktatur in Spanien (1930 vom König entlassen) *Risa Khan* pers. Ministerpräsident Abessinien im Völkerbund *Calvin Coolidge* (Republ.) Präsident der USA bis 1929 General *Carlos Ibanez* diktatorischer Präsident in Chile (dankt 1931 ab) *Sun Yat-sen* reorg. chin. Kuomintang	*Max Mell* (* 1882): „Das Apostelspiel", „Das Schutzengelspiel" (österr. religiös. Schauspiele) *Münchhausen:* „Meisterballaden" (literarhistor. Beitrag zur Lehre von der Ballade) *Rilke:* „Sonette an Orpheus" und „Duineser Elegien" *Ringelnatz:* „Kuddel Daddeldu" (Gedichte) u. „Turngedichte" *Felix Salten* (eig. *Salzmann*, * 1869, † 1945): „Bambi" (Tierroman f. Kinder) *Ina Seidel:* „Sterne der Heimkehr" (Roman) *Italo Svevo* (* 1861, † 1928): „Das Gewissen des Zeno" (ital. selbstanalyt. Roman) *Timmermans:* „Der Pfarrer vom blühenden Weinberg" (fläm. Roman) *E. Toller:* „Schwalbenbuch" (Lyrik) *Valéry:* „Gedichte" (frz. Lyrik) *Werfel:* „Verdi" (Roman der Oper) *Josef Winckler:* „Der tolle Bomberg" (Schelmengeschichten) *St. Zweig:* „Amok" (Novellen) „Die schöne Literatur" (Zeitschrift, herausgegeben von *Will Vesper*; ab 1931 als „Die neue Literatur") „Deutsche Vierteljahrsschrift für Literaturwissenschaft u. Geistesgeschichte" Theaterwissenschaftlich. Institut d. Univ. Berlin „Das Puppentheater" (Zeitschrift)	*Wilh. Schäfer:* „Der deutsche Gott" („dt. christl." Ablehnung von Kirche und Altem Testament) *Heinrich Scharrelmann* (* 1871): „Herzhafter Unterricht" (2 Bände seit 1902) *Schweitzer:* „Verfall und Wiederaufbau der Kultur" (Kulturphilosophie) *Söderblom:* „Einigung d. Christenheit" (schwed. ev. Einigungsbestrebg.) *H. Sperber:* „Einführg. in die Bedeutungslehre" (Untersuchung d. Wort- u. Zeichenbedeutungen = Semasiologie) † *Ernst Troeltsch*, dt. protestant. Theologe und Philosoph (* 1865) *S. Webb:* „Niedergang der kapitalist. Zivilisation" (engl. Fabian-Sozialismus) *Th. Ziehen:* „Das Seelenleben der Jugendlichen" Lutherischer Weltkonvent in Eisenach Intern. Verband zur Verteidigung d. Protestantismus, Berlin „Zeitschrift f. systemat. Theologie" (evang.) Reichsjugendgerichtsgesetz (besondere Jugendgerichte und milde, erzieherische Strafen) Weltbund der Erziehervereinig. in San Francisco (1925 in Edinburg) Sächs. Volksschullehrerbildungsgesetz; Pädag. Institut in Dresden (1924 in Leipzig) Grundsätze einer Neuordnung der preuß. Universitätsverfassung Ital. faschistische Unterrichtsreform durch *Giovanni Gentile* (Minister von 1922 bis 1925) *Einstein* weiht Univ. Jerusalem ein

Picasso: „Dame mit blauem Schleier“ (neoklassizistisch), „Frauen“ (surrealistisch) und „Schwermut“ (express. span.-franz. Gemälde)

Richard Scheibe (* 1897, † 1964): Gefallenendenkmal der Höchster Farbwerke

O. Schlemmer: „Die Tischgesellschaft“ (kubist.-expressionist. Gemälde)

Utrillo: „Das Rathaus von Yvry“ (frz. impr. Gemälde)

Maurice de Vlaminck (* 1876): „Nordfranzösisches Dorf“ (frz. Gemälde)

*Ballin*haus in Hamburg

R. Piper-Verlag (gegründet 1904) gibt farbige Reproduktionen von Gemälden heraus

„Gebrauchsgraphik“ (Monatsschrift zur Förderung künstlerischer Reklame, herausgegeben von *H. K. Frenzel*)

Ende d. Dada-Bewegung

—

„Die Straße“ (Film mit *Eugen Klöpfer*, * 1886, † 1950)

„Fridericus Rex“ (mehrteil. Film seit 1921, m. *Otto Gebühr*)

„Nora“ (Film nach *Ibsen*)

„Das Leben auf dem Dorfe“ (erste öffentliche Vorführung eines Triergon-Tonfilms)

„Sylvester“ (Film v. *Lupu Pick*, * 1886, † 1931, mit *E. Klöpfer*); „Das alte Gesetz“ (Film von *E. A. Dupont*, * 1891, mit *H. Porten, E. Deutsch*); „INRI“ (Film von *R. Wiene* mit *A. Nielsen, H. Porten, W. Krauß*)

„Robin Hood“ (nordam. Film von *Allan Dwan* mit *D. Fairbanks, W. Berry*)

„Ausgerechnet Wolkenkratzer!“ (nordamerik. Film m. *H. Lloyd*)

„Der Pilgrim“, „Die öffentliche Meinung“ (nordam. Filme von u. mit *Ch. Chaplin*)

„Don Juan u. Faust“ (französ. Film von *L'Herbier*)

„Gösta Berling“ (schwedischer Film von *Mauritz Stiller*, * 1883, † 1928, mit *G. Garbo, Lars Hanson*)

„Blätter für Menschenrecht“ (Monatsschrift für straffreie Homosexualität; 2—4% Homosexuelle in Deutschl.)

Allg. Anthroposophische Gesellsch. gegr.

Eisendraht in Salpetersäure nachahmen (unterstützt elektrochem. Theorie der Nervenleitung)

Th. H. Morgan, Sturtevant, C. B. Bridges und *Hermann Joseph Muller* (* 1890, † 1967): „Der Mechanismus der Mendelschen Vererbung“ (Chromosomen-Theorie der Vererbungslehre)

H. Oberth: „Die Rakete zu den Planetenräumen“ (Anfänge einer wissenschaftlichen Theorie der Weltraumschiffahrt)

† *Wilhelm Röntgen*, dt. Physiker; entdeckte 1895 *Röntgen*strahlen (X-Strahlen); *Nobel*preis 1901 (* 1845)

Eduard Georg Seler (* 1849, † 1922): „Gesammelte Abhandlungen zur amerikanischen Sprach- und Altertumskunde“ (erklärte die altmexikanischen Bilderhandschriften; 5 Bände seit 1902, Band 5 posthum)

Theodor Svedberg (* 1884, + 1971) beginnt die Entwicklung der Ultrazentrifuge (erreicht bis 1942 mit 200 Umdrehungen pro Sekunde das Millionenfache der Erdschwere, wichtig f. d. Erforsch. v. Makromolekülen)

† *Johannes Diderik van der Waals*, niederl. Phys.; *Nobel*pr. 1910 (* 1837)

Gustav Wolf: „Quellenkunde der deutschen Reformationsgeschichte“ (3 Bde. seit 1915)

Max Wolf: Absorption u. Entfernung kosmischer Dunkelwolken (wichtig f. wahre Gestalt d. Milchstraße)

Bekämpfung der Schlafkrankheit durch Germanin („Bayer 505“)

Ross-Institut zur Erforschung tropischer Krankheiten, London

Erste Professur für Vorgeschichte, in Königsberg/Pr.

Erstes dt. Selbstwähler-Fernamt (Netzgruppe Weilheim)

1,25-m-Spiegelteleskop für Sternwarte in Berlin-Babelsberg

„Columbus“ (dt. Kolben-Ozeandampfer mit 39000 t Wasserverdrängung; erhält 1930 Turbinen)

Erste Polarstation der USSR

Erster Versuch, i. d. Luft v. Flugzeug zu Flugzeug zu tanken, i. USA

Erste *Diesel*-LKW

Der Gedanke des „Muttertages“ kommt von USA nach Deutschland

In Dt. sterben 2 Mensch. an Pocken (vor Einführung des Impfzwanges [1874] jährl. mehrere tausend Todesfälle; 1870/2 üb. 129000 Todesfälle i. Preußen; 1916/7 547 Todesf. i. Dt.)

„Der Impfgegner“ (Zeitschrift des dt. Reichsverb. zur Bekämpfung der Impfung; 1927 rd. 1 Mill. Mitglieder)

Emily Post „Etikette“ (nordamer. Anstandsbuch)

P. Nurmi läuft die Meile (1609,3 m) in 4 Min. 10,4 Sek. (1945 *G. Hägg* in 4 Min. 01,4 Sek.; 1954 *R. G. Bannister* in 3 Min. 59,4 Sek.: „Traummeile“)

Valentich: „Der moderne Sport“ (Handbuch d. Leibesübungen; nach dem 1. Weltkrieg wird der Sport zur Massenbewegung)

Sowjetunion geht vom *julian*ischen z. *gregor*ianischen Kalender über

Erdbeben bei Tokio fordert 100000 Todesopfer, zerst. 650000 Gebäude

Beg. d. Dammbaus z. Trockenlegung d. Zuidersees (erste Pachtbetriebe 1934)

Tempelhofer Feld i. Berlin wird Flugplatz

Rundfunk i. Dtl.

1924	*Dawes*plan regelt die dt. Reparationen: ab 1928 2,5 Milliarden jährl., zeitlich nicht begrenzt; bis dahin jährl. zwischen 1,2 und 1,75 Milliarden Mark ansteigend (vgl. 1929) † *Karl Helfferich*, dt. Finanzmann und deutschnationaler Politiker; Gegner *Erzbergers* u. *Rathenaus* (* 1872) *K. Kenkel*: „Die politischen Parteien der Staaten des Erdballs" *Richard Müller:* „Vom Kaiserreich zur Republik. Ein Beitrag zur Geschichte der revolutionären Arbeiterbewegung während des Weltkrieges" *Hitler* aus der Festung Landsberg vorzeitig entlassen; schrieb während der Haft „Mein Kampf" (Hauptschrift des Nationalsozialismus) *Fr. Otto Hörsing* (* 1874, † 1937) gr. „Reichsbanner Schwarz-Rot-Gold" „Zeitschrift für Geopolitik" (mit *Karl Haushofer* [* 1869, † 1946, Selbstmord], ab 1933 alleiniger Herausgeber) Durch Attentat wird der österr. Bundeskanzler *Ignaz Seipel* schwer verwundet *J. R. MacDonald* erster brit. Labour-Ministerpräsident (muß sich auf Koalition mit Liberalen stützen) Wahlsieg der Konservativen, *Stanley Baldwin* brit. Ministerpräsident bis 1929 *Austen Chamberlain* brit. konservat. Außenminister im Kabinett *Baldwin* Nach Übertritt zu den Konservativen wird *Winston Churchill* (vorher Liberaler) Finanzminister im Kabinett *Baldwin* Konflikt Großbritannien-Ägypten wegen Ermordung des brit. Oberkommandierenden in Ägypten. Rücktritt des Ministerpräsidenten *Saghlul Pascha*, der mit großer Mehrheit wiedergewählt wird. Ägypt. König löst Parlament auf General *James Hertzog* (* 1866, † 1942) englandfeindlicher südafrikan. Ministerpräsident bis 1939 (bis 1933 von *Smuts* bekämpft)	Literatur-*Nobel*preis an *W. Reymont* (Polen) *Barlach* erhält *Kleist*preis *Bengt Berg* (* 1885): „Mit den Zugvögeln nach Afrika" (schwed. Erz.) *Carossa:* „Rumänisches Tagebuch" † *Joseph Conrad (Korczeniowski)*, poln.-engl. Dichter; war bis 1894 Handelsschiffskapitän (* 1857) *Döblin:* „Berge, Meere u. Giganten" (Zukunftsroman) *Fleuron:* „Schnock" (dän. Tierroman) *Irene Forbes-Mosse* (* 1864, † 1946): „Gabriele Alweyden" (Roman) † *Anatole France*, frz. Dichter; *Nobel*preis 1921 (* 1844) *Galsworthy:* „Der weiße Affe" (engl. Roman) *Gundolf:* „Cäsar. Geschichte seines Ruhms" *G. Hauptmann:* „Die Insel der großen Mutter" (Roman) *Hedin:* „Von Peking nach Moskau" (schwed. Reisebericht) *Hemingway:* „In unserer Zeit" (nordamerikan. Kurzgeschichten) *Arthur Holitscher* (* 1869, † ~1939 im Exil): „Narrenbaedeker" (sozialist. Reiseschilderung, von *Masereel* illustriert) *James Johnson:* „Anthologie d. Negerdichtung" (nordamerik.) *F. Kafka:* „Ein Hungerkünstler" (österr. Erzählung) † *Franz Kafka*, österr. Dichter (* 1883). Sein Werk wird von *Max Brod* herausgegeben *G. Kaiser:* „Kolportage" (Tragikomödie)	*Karl Adam* (* 1876, † 1966): „Das Wesen d. Katholizismus" (aus katholischer Sicht) *K. Barth:* „Die Auferstehung der Toten" (Auslegung des ersten Korintherbriefes) und „Das Wort Gottes und die Theologie" (Gesammelte Vorträge über Dialektische Theologie: Erkenntnis des jenseitigen Gottes im ewigen Widerspruch) *Emil Brunner* (* 1889, † 1966): „Die Mystik und das Wort" (dialekt. Theologie; trennt sich *K. Barth*) *Georg Buschan* (* 1863, † 1942): „Das Weib im Spiegel der Völkerkunde" *Dacqué:* „Urwelt, Sage und Menschheit" *Freud:* „Gesammelte Schriften" (bis zu seinem Tode 1939: 12 Bände) *Gandhi* fastet 21 Tage in Delhi als moralische Demonstration gegen politisch-religiös. Zwist der Hindus und Moslems in Indien *Nic. Hartmann:* „Diesseits von Idealismus und Realismus" *Kurt Hiller* (* 1885): „Verwirklichung des Geistes im Staat" (gegen Machtpolitik) *Ellen Key:* „Der Allsieger" (schwed., 4 Bände seit 1920) *Felix Krieger:* „Der Strukturbegriff in der Psychologie" (Ganzheitspsychologie) *Hans Leisegang* (* 1890, † 1951): „Die Gnosis" (Religionsgeschichte) *Fr. Meinecke:* „Idee der Staatsräson in der neueren Geschichte"

Beckmann: „Vesuv“ (express. Gemälde)

P. Behrens: Verwaltungsgebäude der Höchster Farbwerke

Henri Berlewi (* 1884, † 1967) begrdt. in Warschau u. Berlin konstruktivist. Malerei der „Mechanofaktur“

Bernhard Bleeker (* 1881): „Der tote Soldat“ (Marmorbildwerk im Kriegerdenkmal München)

Paul Bonatz: Bürohaus Stumm Konzern, Düsseld. (beg. 1922)

C. Brancusi: „Weltenanfang“ (rumän. „Skulptur f. Blinde“)

Braque: „Zuckerdose“ (frz. express. Gemälde)

Chagall: „Tochter Ida am Fenster“ (frz.-russ. Gem.)

de Chirico: „Der große Metaphysiker“ (ital. kubist. Plast.); kommt von Italien nach Paris und malt bis 1929 surrealist.

Corinth: „Walchenseelandschaft“ (Gemälde)

Dehio: „Geschichte d. deutschen Kunst“ (6 Bände seit 1919)

Expression. Künstlergruppe „Die Blauen Vier“: *Feininger, v. Jawlensky, Kandinsky, Klee*

Heckel: Radierungen aus dem Artistenleben (express.)

Hielscher: „Deutschland“ (künstlerisch. Photowerk)

† *Friedrich Kallmorgen*, dt. Maler; u. a. Hafenbilder (* 1856)

A. Kanoldt: „Bellegra“ (Landschaftsbild i. Stil d. „Neuen Sachlichkeit“)

Alban Berg: „Kammerkonzert“ (zum 50. Geburtstag *A. Schönbergs*)

† *Ferruccio Busoni*, ital.-dt. Komponist und Klaviervirtuose; schrieb Werke für Orchester, Klavier, Opern, bearbeitete *Bach* (* 1866)

Gershwin: „Rhapsody in blue“ (nordamerik. Jazzkomposition für Klavier und Orchester)

Walter Hensel gründet Finkensteiner Bund z. Pflege gemeins. Volksmusik

Honegger: „Pacific 231“ (schweizer.-frz. Komposition; ahmt d. Geräusche einer Schnellzuglokomotive nach)

Kálmán: „Gräfin Mariza“ (Operette)

Sergej Kussewitzky übern. Leitg. des Bostoner Symphonieorchesters (USA, gegr. 1880) bis 1949

Hans Joachim Moser (* 1889): „Geschichte der deutschen Musik“ (3 Bände seit 1920)

Puccini: „Turandot“ (ital. Oper)

† *Giacomo Puccini*, ital. Opernkomponist; Vertreter eines klangschönen Verismus (* 1858)

Respighi: „Die Pinien von Rom“ (ital. symphon. Dichtung)

Schoeck: „Penthesilea“ (Schweiz. Oper nach *Kleist*)

A. Schönberg: „Er-

„Dt. Glocke“ für den Kölner Dom (mit 4500 kg die größte dt. Glocke)

Physik-*Nobel*preis an *Karl Manne Georg Siegbahn* (Schwed., * 1886, † 1978) für *Röntgen*spektroskopie

Medizin-*Nobel*preis an *W. Einthoven* (Niederl.) für Untersuchung der Herzaktionsströme

Bailey, Morshead und *Ward* lösen das Tsangpo-Brahmaputra-Problem (Tsangpo ist der Brahmaputra-Oberlauf in Tibet)

K. H. Bauer: Mutationstheorie der Krebsgeschwulst-Entstehung

Prince *Louis de Broglie:* Theorie der Materiewellen (Welle-Teilchen-Dualismus, 1927 experimentell bewiesen)

Callizo erreicht 12066 m Flughöhe

de la Cierva fliegt im Hubschrauber über 12 km (erste Flüge 1918 mit elektrischem Motor und Stromzuführung durch erdverbundenes Kabel in Österreich-Ungarn)

Dessauer, Blau, Altenburger (1922) und *Crowther* führen das „Trefferprinzip“ in die Biophysik ein (wonach z. B. ein Bakterium durch ein einziges Lichtquant getötet werden kann)

Hugo Eckener (* 1868, † 1954) führt Luftschiff Z. R. III als dt. Reparationsleistung von Friedrichshafen nach New York (Lakehurst)

Eddington: Gesetzm. Bezieh. zw. Masse u. Leuchtkraft eines Sternes

Rotorschiff „Buckau“ von *A. Flettner* (Atlantiküberfahrt 1926)

Max Hartmann (* 1876): „Allgemeine Biologie“ (Standardlehrbuch)

R. Hesse: „Tiergeographie auf ökologischer Grundlage“

Magnus Hirschfeld: „Geschlechtskunde“

Holzknecht: „Röntgentherapie“ (Pionierarbeit für die Heilbehandlung mit *Röntgen*strahlen)

Hubble: Andromedanebel ist rund 1 Mill. Lichtjahre entfernt, also eine „Weltinsel“ außerhalb der Milchstraße

Erste dt. Funkausstellung und erste Automobilausstellung in Berlin

Dt. Institut für Zeitungskunde in Berlin (Leitung ab 1928 *Emil Dovifat*, * 1890)

Karl d'Ester (* 1881, † 1960) erster dt. Ordinarius für Zeitungswissenschaften, in München

Weltwirtschafts-Institut d. Handelshochschule Leipzig

Ein Höhepunkt der Kolonisierung und der Kohlegewinnung auf Spitzbergen

Notenumlauf der Reichsbank nicht begrenzt (Deckung normal 40%, davon mindestens 75% Gold)

Dt. Rohstahlgemeinschaft (Kartell der Stahlindustrie)

J. R. Commons: „Rechtl. Grundlegung des Kapitalismus“ (nordamerikan. sozialrechtl. Richtung)

Deutsche Reichsbahngesellsch. gegrdt. (übernimmt 11 Milliarden Mark Reparations-Schuldverschreibungen zu 5%)

Umschlag im Binnenhafen Duisburg: 46000 Lastkähne führen 4 Mill. t Güter ein und 15,7 Mill. t aus

Imperial Airways (brit. Luftverkehrsgesellschaft)

(1924)

Wahlsieg des „Kartells“ der linkspolit. frz. Parteien. *Edouard Herriot* (Radikalsozialist, * 1872) frz. Ministerpräsident bis 1925 (noch einmal 1932)

Gaston Doumergue (Radikalsozialist, * 1863, † 1937) frz. Staatspräsident bis 1931

Neuer frz.-tschechoslowak. Freundschafts- und Bündnisvertrag

Internationale Vereinigung der demokrat. Parteien in Boulogne

Sozialdemokrat. Regierung in Dänemark; Ministerpräsident *Stauning* bis 1926 und 1929 bis 1940

† *Giacomo Mateotti*, ital. Sozialist, von Faschisten ermordet (* 1885). Rücktritt der meisten nichtfaschistischen Abgeordneten

Ministerpräsident *Venizelos* muß wegen monarchist. Politik Griechenland verlassen

Griechenland wird Republik (bis 1935); *Konduriotis* Staatspräsident bis 1929

Bolschewist. Putsch in Reval niedergeworfen

Finnland verhaftet kommunist. Parlamentarier

Großbrit., Frankreich, Italien anerkennen USSR

† *Wladimir Iljitsch Lenin* (*Uljanow*), russ. Staatsmann; Begründer des Bolschewismus und der Sowjetunion (* 1870); nach seinem Tode Kämpfe um die politische Führung, die *Stalin* gewinnt

Stalin verbündet sich mit *Sinowjew* und *Kamenew* gegen *Trotzki*

Volkskommissar für Heerwesen *Leo Trotzki* abgesetzt und in den Kaukasus verbannt

Alexei Iwanowitsch Rykow Vorsitzender des Rates der Volkskommissare der USSR

Aufstand in Georgien gegen Sowjetregierung niedergeschlagen

Autonomer Rätefreistaat der Wolgadeutschen errichtet (1941 aufgelöst, Bevölkerung in Strafgebiete verbracht)

Turkmenische SSR gegründet

Margaret Kennedy (* 1896): „Die treue Nymphe“ (engl. Roman)

Kisch: „Der rasende Reporter“ (gesammelte Feuilletons)

Klabund: „Der Kreidekreis“ (Drama nach dem Chinesischen)

Elisabeth Langgässer (* 1899, † 1950): „Wendekreis des Lammes“ (Gedichte)

Gertrud von Le Fort (* 1876): „Hymnen an die Kirche“ (kathol. Dichtung)

Rudolf Leonhard (* 1886): „Segel am Horizont“ (kommunist. Drama)

H. Mann: „Abrechnungen“ (Novellen)

Th. Mann: „Der Zauberberg“ (Rom. 2 Bde.)

E. F. T. Marinetti: „Futurismus und Faschismus“ (ital. Programmschrift, erklärt Futurismus zum faschist. Kunststil)

J. Masefield: „Sard Harker“ (engl. Tropenrom.)

Münchhausen: „Balladenbuch“, „Liederbuch“

Reinhold Conrad Muschler (* 1882): „Bianca Maria“ (Roman)

O'Neill: „Gier unter Ulmen“ (nordamerikan. Bühnenstück)

Paul Raynal (* 1885): „Das Grabmal d. unbekannten Soldaten“ (frz. Kriegsheimkehrerrom.)

Hans J. Rehfisch (* 1891): „Wer weint um Juckenack?“ (Tragikomödie)

Ringelnatz: „Geheimes Kinderspielbuch“ (Gedichte)

Schnitzler: „Fräulein Else“ (Novelle) und „Komödie der Verführung“ (Schauspiel)

† *Paul Natorp*, dt. Philosoph; Neukantianer (* 1854)

Peter Petersen: „Allgemeine Erziehungslehre“ (2 Bände; Grundlage von „Der Jenaplan einer freien allgemeinen Volksschule“)

Rickert: „Kant als Philosoph der modernen Kultur“

† *Alois Riehl*, dt. Philosoph; Neukantianer (* 1844)

Scheler: „Schriften zur Soziologie und Weltanschauungslehre“ (3 Bände seit 1923)

Schweitzer: „Kultur und Ethik“ (Kulturphilosophie II)

Sombart: „Die Ordnung des Wirtschaftslebens“ („verstehende Nationalökonomie“ auf histor.-soziologischer Grundlage) und „Der proletarische Sozialismus“ (Neubearbeitung von „Sozialismus und soziale Bewegung“ von 1897)

Spranger: „Psychologie des Jugendalters“

W. Stern: „Person und Sache“ (3. Bd. „Wertphilosophie“)

E. Troeltsch: „Der Historismus und seine Überwindung“ (Geschichtsverlauf unwiederholbar) (posthum)

Vaihinger: „Pessimismus und Optimismus vom Kantschen Standpunkt aus“

Max Weber: „Gesammelte Aufsätze zur Soziologie und Sozialpolitik“ und „Gesammelte Aufsätze zur Sozial- u. Wirtschaftsgeschichte“ (beides posthum)

Konkordat mit Bayern (weitere: 1922 mit Lettland, 1925 mit Polen, 1927 mit Litauen)

E. L. Kirchner: „Paar vor den Menschen" (express. Gemälde)

Kokoschka: „Die Börse v. Bordeaux" und „Venedig" (express. Städtebilder)

Kollwitz: „Selbstbildnis" und „Brot" (Lithographien)

W. Kreis (*1873, + 1955): *Wilhelm-Marx*-Haus in Düsseldorf (eines der ersten deutschen Hochhäuser, Baubeginn 1922)

Masereel: „Gier" (fläm. expression. Zeichnung)

J. Miró geht von gegenständl. Malerei zur abstrakt-surrealistischen über

László Moholy-Nagy (* 1895, † 1946): „Theater der Totalität" (Vereinigung von Kunst, Technik, Wissenschaft, entstand im Bauhaus, Weimar)

Ed. Munch: „Ballsaal" (norweg. impress. Gemälde)

Otto Nagel (* 1894, † 1967): „Straße am Wedding" (Gem.)

Nash: „Die Schöpfung" (engl., 12 Holzschnitte)

Abstrakte Periode in der Malerei *Pablo Picassos* („Die Natur existiert, aber meine Bilder auch")

Picasso: „Großer Harlekin" (span.-frz. express. Gemälde)

Schmidt-Rottluff: „Arbeiterkopf" (express. Holzschnitt)

† *Franz Schwechten*, dt. Architekt; erbaute bis 1895 Kaiser-*Wilhelm*-Gedächtniskirche in Berlin (* 1841)

wartung" (musik. Monodrama)

Sibelius: Symphonie in C-dur (finn.)

† *Charles Stanford*, irischer Komponist (* 1852)

Urauff. d. unvoll. 10. Sinfonie von *G. Mahler* († 1911)

R. Strauss: „Intermezzo" (Oper) und „Schlagobers" (Ballett)

Strawinsky: Oktett für Bläser (russ. Komposition)

Hermann Suter (* 1870, † 1926): „Le Laudi" (Schweiz. Chorwerk über den Sonnenhymnus d. heiligen *Franz von Assisi*)

S. Wagner: „Der Schmied von Marienburg" (Oper)

Anton v. Webern (* 1883, † 1945): „Drei geistliche Lieder" (12-Ton-Technik)

Modetanz Jimmy

≈ Rundfunk schafft ein neues Verhältnis zur Musik

„Ich hab' mein Herz in Heidelberg verloren" (Schlager)

Bruno Taut: „Die neue Wohnung" (über modernes Wohnungswesen)

† *Hans Thoma*, dt. Maler u. Graphiker (* 1839)

Lesser Ury: Rheinlandschaften

Junkers Metall-Eindecker G 24 (ein 195-PS- und zwei 100-PS-Motoren, rd. 2000 kg Nutzlast, ca. 170 km/h)

Lepeschkin: „Kolloidchemie des Protoplasmas"

Bei dem Versuch, den Mt. Everest zu ersteigen, werden *George Leigh-Mallory* und *Andrew Irvine* etwa 250 m unter dem Hauptgipfel aufsteigend das letzte Mal gesehen. Vorher hatte *E. F. Norton* im Alleingang 8573 m erreicht

K. Rasmussen erforscht auf der bisher längsten arktischen Schlittenreise das Leben der amerikanischen Eskimos (seit 1921, galt 15 Mon. als verschollen)

H. Riegger: Elektrodynamischer Lautsprecher (elektrodynamisches Telephon von *W. v. Siemens* 1878) und Kondensator-Mikrophon (verbessert Klangqualität)

Manne Siegbahn: „Spektroskopie der Röntgenstrahlen" (grundlegende Untersuchungen der Upsala-Schule)

H. W. Siemens: „Zwillingspathologie" (Bedeutung, Methoden, Ergebnisse)

Eduard Sievers (* 1850, † 1932): „Ziele und Wege der Schallanalyse" (Nachweis von charakteristischen sprachl. „Personalkurven", auch zur Textkritik verwendet)

Otto Stern (* 1888, † 1969) und *W. Gerlach* (* 1889) beweisen durch Ablenkung von Atomstrahlen im Magnetfeld die magnetischen Eigenschaften des Elektrons

Hans Stille (* 1876, † 1966): „Grundfragen der vergleichenden Tektonik" (mit „Regeln" der Gebirgsbildungsprozesse, Schrumpfung der Erde als treibende Kraft; umstritten)

O. H. Warburg: „Stoffwechsel der Tumoren" (Physiologie der Geschwülste)

O. H. Warburg gelingt es, die Wirkgruppen („Cofermente") einiger Enzyme (Fermente) chemisch aufzuklären oder rein darzustellen

A. Wegener und *W. Köppen:* „Die Klimate der geologischen Vorzeit" (Begründung d. Paläoklimatologie unter Zuhilfenahme d. Kontinentalverschiebungs-Theorie, vgl. 1915)

Flugplatz Berlin-Tempelhof eröffnet

Bahnhof Berlin-Friedrichstr. (Neubau)

Berliner Verkehrspolizei

Internationales Abkommen üb. Kraftfahrzeugverkehr

Teilweise Reform der dt. Gerichtsverfassung und Strafrechtspflege (u. a. allgemeine Berufungsmöglichkeiten)

Ludwig Ebermayer (* 1858, † 1933): „Arzt und Patient in der Rechtsprechung"

Jährlich etwa 200000 illegale Abtreibungen in Deutschland vermutet

Reichsknappsch.-Gesetz (Bergarbeiterversicherung)

„Die Wohnungsbauprobleme Europas nach dem Krieg" (vom Internationalen Arbeitsamt)

In Deutschl. gehen durch Krankheiten etwa 13,4 Mill. Arbeitstage verloren

178000 Geisteskranke in dt. Anstalten (Neuzugang 26000 pro Jahr)

Auguste Forel: „Warum soll man den Alkohol meiden?" (Abstinenzschrift eines Schweiz. Nervenarztes)

Deutsche Einheitskurzschrift (seit 1906 angestrebt; ab 1936 Deutsche Kurzschrift)

(1924)

In der Äußeren Mongolei bildet sich Mongolische Volksrepublik mit Sowjetverfassung. USSR anerkennt (formal) Zugehörigkeit zu China

Wahhabitenherrscher *Ibn Saud* erobert zu seinem Stammland Nedsch das Hedschas (mit Mekka) hinzu

Schah *Ahmed* wird gezwungen, Persien zu verlassen

† *Woodrow Wilson*, Präsident der USA von 1913 bis 1921; Friedens*nobel*preis 1919 (* 1856)

USA-Einwanderungsgesetz(schließt Chinesen nud Japaner aus)

Plutarco Elias Calles (* 1877) Präsident von Mexiko bis 1928 (kämpft auch nach dieser Zeit gegen kathol. Kirche)

Aufstand im brasilian. Kaffeestaat Sao Paulo und Rio Grande do Sul; wird unterdrückt, veranlaßt aber Reformen

Sun Yat-sen: „Drei Grundsätze der Volksherrschaft" (chin. demokrat. Lehre)

Die politische Richtung deutscher Zeitungen:

rechtsstehend	444
Zentrum	284
demokratisch	166
sozialdemokratisch	142
kommunistisch	20

W. von Scholz: „Die gläserne Frau" (Schauspiel)

A. Serajemowitsch(* 1863, † 1949): „Der eiserne Strom" (russ. Roman)

Shaw: „Die heilige Johanna" (engl. Schausp.)

Spitteler: „Prometheus der Dulder" (Schweiz. Versepos, Bearbeitung des Prosaepos von 1881)

† *Carl Spitteler*, Schweiz. Dichter; *Nobel*preis 1919 (* 1845)

Konstantin Stanislavsky: „Mein Leben i. d. Kunst"

Thieß: „Der Leibhaftige" (Roman)

Timmermans: „Das Licht in der Laterne" (fläm. Erzählungen)

Mark Twain: „Autobiographie" (2 Bände, posthum)

Valéry: „Eupalinos oder der Architekt" (franz. kunstphilos. Prosadial.)

Werfel: „Juarez u. Maximilian" (dram. Hist.)

Wiechert: „Der Totenwolf" (Roman)

† *Eleonora Duse*, ital. Schauspielerin (* 1859)

Max Reinhardt übernimmt die Leitung des Theaters in der Josefstadt, Wien, und der Sommerfestspiele in Salzburg („Jedermann"-Inszenierung); in Berlin: Dt. Theater, Kammerspiele und Komödie

G. Witkowski: „Textkritik u. Editionstechnik neuerer Schriftwerke"

Kurt Robitschek gründet Kabarett der Komiker, Berlin

„Who's who in Literature" (angelsächsisches Schriftstellerlexikon)

Rich. Hughes (* 1900): „Danger" (gilt als 1. Hörspiel)

Evang. Sozialpfarrer zur Pflege der sozialen Kirchenarbeit

Reichsarbeitsgemeinschaft der Kinderfreunde (sozial. Kinderfürsorge)

Arbeitsgemeinschaft dt. Bauern- und ländlicher Volkshochschulheime

Dän. Arbeiterbildungs-Vereinig.

Preuß. Richtlinien für die Kunsterziehung an höheren Schulen

Jahrbuch der Charakterologie

33557 Einäscherungen in Deutschland (~1900 etwa 800 jährlich)

Aufhebung des türkischen Kalifats (Sultanat seit 1922 aufgehoben)

Rundfunk verändert geistige Kommunikation

Brit. Bericht über Entd. der Induskultur (bestand ≈ –2500 bis ≈ –1500)

„Die surrealistische Revolution" (frz. Zeitschr.)

Bildungsverband d. dt. Buchdrucker grd. „Büchergilde Gutenberg" (gewerkschaftl. orient., 1954: 250000 Mitgl.)

Erstes dt. Rundfunkhörspiel

Wilhelm Waetzold (* 1880): „Deutsche Kunsthistoriker“ (2 Bände seit 1921)

Neuer oder Mariendom in Linz (Baubeginn 1862, 135 m hoher Turm)

„Der letzte Mann“ (Film mit *E. Jannings*; Regie: *F. W. Murnau*)

„Nibelungen“ (Film; Regie: *F. Lang*)

„Das Wachsfigurenkabinett“ (Film von *Paul Leni*, * 1885, † 1929, mit *E. Jannings*, *C. Veidt*, *W. Krauß*)

„Berg d. Schicksals“ (Film von *A. Fanck*, mit *Luis Trenker*, * 1892)

„Amerika“ (nordamerikan. Film; Regie: *D. W. Griffith*; schildert in großen Schlachtszenen die amerikanische Revolution)

„Die zehn Gebote“ (nordamerikan. Film von *C. B. de Mille*); „Der Dieb von Bagdad“ (nordamerikan. Film v. *Raoul Walsh* mit *D. Fairbanks*); „Jazz“ (nordamerik. Film v. *James Cruze*, * 1884, † 1942); „Der Steuermann“ (nordamerikan. Film von *Donald Crisp* mit *Buster Keaton* [* 1895, † 1966])

„Zwischenakt“ (frz. Film von *René Clair*)

„Mechanisches Ballett“ (frz. Film von *Fernand Léger*)

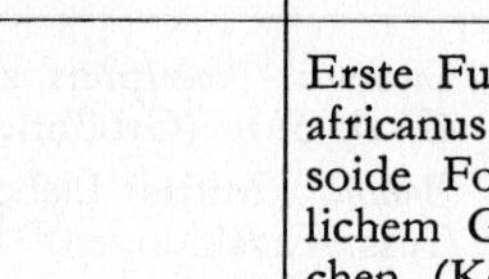

G. L. Mallory verunglückt beim (seit 1921) 3. Versuch, den Mount Everest zu besteigen (nächste Exped. findet 1933 statt. Erstersteigung 1953)

Erste Funde des Australopithecus in Südafrika (später Funde 1936 u. 1959 auch in Ostafrika). Gilt mit einem Alter von 1–3 Mill. Jahren als früher Vorfahr des heutigen Menschen

Anfänge archäologischer Aufnahmen aus dem Flugzeug i. Gr.-Brit. (zeigen Schatten, Boden- u. Bewuchsmerkmale)

Erste Funde des Australopithecus africanus in Südafrika: schimpansoide Formen mit menschenähnlichem Gebiß, frühe Kulturanzeichen (Kannibalismus wahrscheinlich). (Weitere Funde 1936/38, 1947/48.) Lebte vor 0,5 bis 1 Mill. Jahren

Zeitschrift für Geophysik

Königsberger Gelehrte Gesellschaft

Messung der Temperaturen auf dem Mars: zwischen + 15° und — 100° C, Jahresmittel — 15° C (Erde + 14° C)

Katalog mit Spektren von über 225000 Sternen („Henry Draper Catalogue“ des Harvard Observatoriums seit 1918)

Zeiß-Projektions-Planetarium in Jena (i. d. Folgezeit 27 weitere für Europa, Amerika und Ostasien)

Weltkraftkonferenz in London (behandelt internationale Energieerzeugung und -verteilung; 1930 in Berlin)

Rundfunkverständigung zwischen England und USA sowie England und Australien (letzteres auf Kurzwelle)

Stärkere Verbreitung von Radioliteratur (bes. Bastelbücher)

Reihen-Rotationsmaschine zum Druck beliebig großer Zeitungen (*Koenig & Bauer*)

Flugzeugmotoren 2,4 kg Gewicht/PS Leistung und 190 g Brennstoffverbrauch pro PS-Stunde Arbeit (1914: 2 kg/PS und 225 g/PS-Std.; 1900: 25 kg/PS und 400 g/PS-Std.; 1939: 0,6 kg/PS und 165 g/PS-Std.)

Eisenbahnausstellung in Seddin (bei Berlin); u. a. Turbolokomotive von *Krupp* (vgl. 1908)

25% aller Seeschiffe verwenden Ölfeuerung (1921 16%)

160 m Tauchtiefe erreicht (Walchensee)

Einführung der Melkmaschine in der dt. Landwirtschaft (in USA, Australien, Schweden bereits verbreitet)

Verbesserte Torfpresse

10000000. Fordauto

Klein-Kraftwagen mit Heckmotor von Hanomag

Im dt. Rundfunk entw. sich typische Sendeformen: erstmalig Konzert- u. Opernübertragung, Hörspiel, Werbesendung etc.

Olympiade in Paris

Erste Olympische Winterspiele, in Chamonix

R. Seyffert: „Allg. Werbelehre“ (Standardwerk)

Carl Diem (1913 bis 1933 Generalsekretär des dt. Reichsausschusses für Leibesübungen): „Persönlichkeit und Körpererziehung“

Dt. und österr. Alpenverein hat etwa 250000 Mitglieder in 405 Sektionen (gegründet in Österreich 1862, in Deutschland 1869, vereinigt 1874)

Kandahar-Skiclub in Mürren zur Förderung des Abfahrtrennens

Volkssportschule in Wünsdorf

Weltschachbund im Haag

Chin. Mah-Jongg-Spiel wird ein dt. Modespiel

Bubikopf wird vorherrschende weibl. Frisur (gelangte ~ 1920 von USA nach Europa)

Massenmörder *Haarmann* verhaftet; beging in Hannover 26 Morde an jungen Männern

1925

Friedens*nobel*preis an *A. Chamberlain* (Großbrit.) und *Ch. G. Dawes* (USA)

Genfer Protokoll über das Verbot des chemischen und bakteriolog. Krieges

Hans Luther (parteilos, * 1879) dt. Reichskanzler bis 1926. Koalitionsregierung vom Zentrum bis zu den Deutschnationalen

† *Friedrich Ebert*, dt. Sozialdemokrat, Reichspräsident seit 1919 (* 1871)

Im 1. Wahlgang der Reichspräsidentenwahl erhält *Jarres* (vereinigte Rechtsparteien) relative Mehrheit. Im 2. Wahlgang wird *von Hindenburg* (14,656 Mill. Stimmen) gegen *Marx* (13,752 Mill.) u. *Thälmann* (1,951 Mill.) zum Reichspräsidenten gewählt (bis 1934 [†])

Theodor Lessing schreibt gegen *Hindenburg* (verliert deswegen 1926 das Recht, in Hannover Vorlesungen zu halten)

E. Schiffer Vorsitzender des Reichsrechtsausschusses der dt.-österr. Arbeitsgemeinschaft

Beginn der Räumung der in Deutschland besetzten Gebiete (beendet 1930)

Jacob Gould Schurman (* 1854, † 1942) USA-Botschafter in Deutschland bis 1930 (fördert Erweiterungsbau der Universität Heidelberg)

„Heidelberger Programm" der SPD

Hitler gründet die NSDAP neu. 27000 Mitglieder (1931: 806000)

Nationalsozialistische „Schutzstaffel" (SS) aus der SA gebildet

Adolf Hitler: „Mein Kampf" erscheint (wird zum Programm der NSDAP; 2. Band 1926)

Zypern wird brit. Kronkolonie (1914 annektiert)

Völkerbund spricht Erdölgebiet Mossul dem Königreich Irak zu (seit 1918 von Großbrit. besetzt). Brit. Irakmandat auf 25 Jahre verlängert

Großbritannien schlägt Italien Aufteilung Abessiniens in Interessensphären vor (1926 wird das Ge-

Literatur-*Nobel*preis an *G. B. Shaw* (Großbrit.)

Bunin: „Mitjas Liebe" (russ. Erzählungen)

Jo(hanna) van Ammers-Küller (* 1884, † 1966): „Die Frauen der Coornvelts" (niederl. Romanfolge mit Fortsetzung: 1930 „Frauenkreuzzug", 1932 „Der Apfel und Eva")

Joh. R. Becher: „Arbeiter, Bauern, Soldaten" (Drama)

Willa Cather: „Das Haus des Professors" (nordamerikanischer Roman)

Warwick Deeping (* 1877, † 1950): „Hauptmann Sorrell u. sein Sohn" (engl. Roman)

Dos Passos: „Manhattan Transfer" (nordamerik. Roman)

Th. Dreiser: „Amerikanische Tragödie" (nordamerikan. Roman)

F. H. Ehmcke: „Schrift, ihre Gestaltung und Entwicklung" (buchkünstlerisch)

John Erskine (*1879, + 1951): „Das Privatleben der schönen Helena" (nordamerikan. Roman)

Lion Feuchtwanger (*1884, + 1954): „Jud Süß" (Roman, 1917 als Drama)

F. Scott Fitzgerald: „The great Gatsby" (nordamerikan. Roman)

Wolfgang Goetz (* 1885, † 1955): „Neidhart v. Gneisenau" (Drama)

Gorki: „Das Werk der Artamonows" (russ.)

Hofmannsthal: „Der Turm" (Schauspiel)

Arno Holz: „Das Werk" (vorläufige Gesamtausgabe in 10 Bänden)

Aldous Huxley (*1894, + 1963): „Parallelen der Liebe" (engl. gesellschaftskrit. Roman)

F. Alverdes (* 1889, † 1952): „Tiersoziologie"

Walter Benjamin (*1892, + 1940 Freitod): „Ursprung des dt. Trauerspiels" (sozialist. Ästhetik, als Habilitationsschrift abgelehnt)

Buber: „Die Schrift" (Übersetzung d. Alten Test. [b. 1938], jüd. Religionswissenschaft)

Artur Buchenau: „Sozialpädagogik" (nach *Natorp-Pestalozzi*)

Dessoir: „Der Okkultismus in Urkunden" (ablehnende Kritik des Okkultismus; vgl. 1926)

Philipp Fauth (* 1867, † 1941): „Hörbigers Glazialkosmogonie" (Darstellung der Welteislehre)

Frobenius gründet Forschungsinstitut für Kulturmorphologie in Frankfurt/M.

Etienne Gilson (* 1884): „Saint Thomas Aquin" (frz. neuscholastische Philosophie)

R. v. Haas: Bilderatlas zur Religionsgeschichte

Max Hartmann: „Biologie und Philosophie" (kausalistische, antivitalistische Naturphilosophie)

Nic. Hartmann: „Ethik" (bejaht an sich bestehende ethische Werte)

Werner Jaeger (*1888, + 1961): „Antike und Humanismus"; gründet Zeitschrift „Die Antike"

E. R. Jaensch: „Die Eidetik und die typologische Forschungsmethode" (Typenpsychologie)

Erwin G. Kolbenheyer: „Die Bauhütte. Elemente einer Metaphysik der Gegenwart"

O. Bartning: Rotes-Kreuz-Verwaltungsgebäude, Berlin

André Breton: „Surrealistisches Manifest“ („Traum und Wirklichkeit bilden zusammen eine Art absoluten Realismus, sozusagen einen Surrealismus“)

Chagall: „Trinkendes grünes Schwein“

Corinth: „Ecce Homo“ (Gemälde)

† *Lovis Corinth*, dt. Maler eines teils impress., teils express. Stils (* 1858)

A. Derain: „Cathérine Hessling“ (frz. Bildnis)

O. Dix: „Tänzerin Anita Berber“ (Gemälde)

Feininger: „Torturm“ (express. Gemälde)

Grant: „Nymphe u. Satyr“ (engl. Gem.)

Hoernes u. *Menghin:* „Urgeschichte d. bild. Kunst in Europa“

Marcel Gromaire (*1892, † 1971): „Der Krieg“ (frz. pazifist. Gem.)

K. Hofer: „Paar am Fenster“ (Gemälde)

Willy Jaeckel (*1888): „Liegender Frauenakt“ (express. Gem.)

Klee: „Pädagogisches Skizzenbuch“, „Der goldene Fisch“ (Gem.)

Fritz Koch-Gotha (* 1877, † 1956): „Die Hasenschule“

Kokoschka: „Tower bridge in London“ u. „Verkündigung“ (express. Gemälde)

Kollwitz: „Gefangene hören Musik“ (Lithographie)

Masereel: „Die Stadt“ (fläm. Holzschnitte)

Georges Balanchine (*1904) Choreograph i. Paris beim „Ballets Russes“ des *Sergej Diaghilew* (gegr. 1909)

Alban Berg: „Wozzek“ (Uraufführg. in Berlin. Oper nach *Büchner* im Zwölftonstil)

Aaron Copland (* 1900): 1. Symphonie (nordamerikan. Komp.)

Alfred Einstein: „Neues Musik-Lexikon“

† *Leo Fall*, österreich. Operettenkomponist (* 1873)

E. Goossens: „Judith“ (engl. Oper)

„NegroSpirituals“ (Samml. rel. Lieder der Neger v. *James Johnson*)

A. László: „Die Farblichtmusik“ (Unterstützung d. Musik durch Farben; konstr. auch Farblichtklavier)

Lehár: „Paganini“ (Operette)

Nellie Melba (* 1865, † 1931, australische Koloratursopranistin): „Melodien u. Erinnerungen“ (Autobiographie)

Pfitzner: Violinkonzert in h-moll

Orgel im Passauer Dom von *Steinmeyer* (gilt als größte der Welt)

Kurt Thomas (* 1904): „Messe in a-moll“ (A-cappella-Messe)

Bruno Walter Gen.-Musikdirektor an der Staatsoper Berlin

Physik-*Nobel*preis an *J. Franck* (Dt.) und *G. Hertz* (Dt.) für Erforschung von Quantensprüngen durch Elektronenstoß

Chemie-*Nobel*preis an *R. Zsigmondy* (Dt.) für grundlegende Arbeiten über Kolloidchemie

Edward V. Appleton (* 1892, † 1965) u. *M. A. F. Barnett* weisen durch Funkechos die *Heaviside*-Schicht nach (vgl. 1902; leitende Luftschichten in über 100 km Höhe: Ionosphäre)

Erstes Modell der „Leica“ von *Oskar Barnack* fördert entscheidend die Kleinbildphotographie auf Normalfilm

A. Bethe, G. v. Bergmann, Embden, Ellinger: „Handbuch der normalen und pathologischen Physiologie“ (erscheint in der Folgezeit in 17 Abteilungen mit je mehreren Bänden)

† *Ernst Bumm*, dt. Frauenarzt; wies bakterielle Erreger vieler Frauenkrankheiten nach (* 1858)

Couvé: „Die Psychotechnik im Dienst der deutschen Reichsbahn“

Danner: Ziehmaschine für Glasröhren

Dt. atlantische Expedition des Forschungsschiffes „Meteor“ (bis 1927, erweitert entscheidend ozeanographisches Wissen; *Albert Defant* veröffentlicht die Ergebnisse ab 1932 in 16 Bänden)

Arthur Dix: „Geoökonomie, Einführung in die erdhaften Wirtschaftsbetrachtungen“; beginnt Monatsschrift „Weltpolitik und Weltwirtschaft“ herauszugeben

Drouhin und *Landry* fliegen 4400 km in 45 Stunden 12 Min.

Karl Engler und *v. Höfer:* „Das Erdöl, seine Physik, Chemie, Geologie, Technologie und sein Wirtschaftsbetrieb“ (6 Bände seit 1909, Standardwerk, kennzeichnet steigende Bedeutung des Erdöls)

Franz Fischer und *H. Tropsch* entwickeln die nach ihnen benannte Benzinerzeugung durch Kohleverflüssigung (kommt ohne hohe Drucke aus)

Esau erzeugt Kurzwellen im Wellenlängenbereich 3 bis 8 m

Dt. Volks-, Berufs- und Betriebszählung

7676 dt. Krankenkassen m. 18,3 Mill. Mitgl. und 1 375 Mill. M Ausgaben

Rentenzahlungen in Deutschland: 1 529 097 Invalid.-, 597 694 Waisen-, 233 404 Witwen-, 89 462 Alters-, 29 481 Kranken-Renten

Ernst Wagemann (* 1884) gründet und leitet „Institut für Konjunkturforschung“ (von 1923 bis 1933 Leiter des Statistischen Reichsamts; ab 1926 „Vierteljahrshefte zur Konjunkturforschg.“)

K. Haushofer: „Geopolitik des Pazifisch. Ozeans“

Walter Jellinek (* 1885): „Verfassg. und Verwaltung des Reiches und der Länder“ (Verwaltungsrecht)

Hugo Sinzheimer (* 1875, † 1945): „Grundzüge des Arbeitsrechts“

Friedrich-List-Gesellschaft

Haager Abkommen gewährt internationalen Schutz auf 15 Jahre für hinterlegte Muster und regelt internationales Konkursrecht

Weltrundfunkverein

Mittlerer Sonnentag von Greenwich als „Weltzeit“ allgemein eingeführt (1883/4 festgesetzt)

(1925)

heimabkommen von Frankreich angegriffen und daraufhin teilweise dementiert)

Briand frz. Außenminister bis 1932; bis 1926 Ministerpräsident

Konferenz von Locarno zwischen *Luther*, *Stresemann*, *Briand*, *Chamberlain*, *Vandervelde* (Belg.), *Mussolini*, *Skrzynski* (Pol.), *Benesch* führt zu Abmachungen im Interesse der Friedenssicherung und Stabilisierung des Nachkriegseuropas

Zollunion Frankreich—Saargebiet

Pétain beginnt Neuordnung des frz. Heerwesens; führt die Kämpfe in Marokko

Aufstand in Syrien (Franzosen beschießen 1926 Damaskus und werfen Aufstand nieder)

Verschärfung der faschist. Diktatur in Italien

Dopolavoro (ital. staatl.-faschist. „Freizeitgestaltung")

Hauptstadt Norwegens Kristiana (seit 1624) in Oslo umgenannt

Republ. Partei (agrarisch) überflügelt die sozialdemokrat. in der Tschechoslowakei

Albanien Freistaat unter *Achmed Zogu* (macht sich 1928 zum König *Zogu I.*)

Bombenanschlag auf die Sophien-Kathedrale in Sofia: 200 Tote. Belagerungszustand in Bulgarien. Verbot der kommunist. Partei

Der Führer der oppositionellen Kroaten *Stefan Radic* anerkennt jugoslaw. Verfassung und übernimmt Kultusministerium (tritt 1926 zurück)

Stalin fordert „Sozialismus in einem Land" entgegen *Trotzkis* bolschewistischer „Weltrevolution"

Kliment J. Woroschilow (* 1881) Kriegsminister der USSR

Charkow Hauptstadt der Sowjet-Ukraine

Nichtangriffspakt USSR — Türkei (1945 von der USSR gekündigt)

Japan anerkennt USSR und gibt ihr Nordsachalin gegen Konzession zurück

Sowjettruppen räumen die Äußere Mongolei

F. Kafka: „Der Prozeß" (österr. Rom., posthum)

Kolbenheyer: „Paracelsus" (Romantrilogie seit 1907)

Isolde Kurz: „Der Despot" (Roman)

Lagerlöf: „Charlotte Löwensköld" (schwed. Roman)

Lewis: „Dr. med. Arrowsmith" (nordamerikan. Roman)

Emil Ludwig: „Napoleon" u. „Wilhelm II." (Biographien)

H. Mann: „Der Kopf" (sozialkrit. Roman, 3. Band der Trilogie „Das Kaiserreich", 1. Bd. 1917 „Die Armen" und 2. Bd. 1918 „Der Untertan")

Maugham: „Der bunte Schleier" (engl. Roman)

Karin Michaelis: „Das Mädchen mit den Scherben" (dän.-dt. Frauenroman, 5 Bände)

† *Arthur Moeller van den Bruck* (Selbstmord), dt. konservativer Schriftsteller (* 1876)

Alfred Neumann (* 1895, † 1952): „Der Patriot" (Roman; Drama 1926)

Marta Ostenso (* 1900): „Der Ruf der Wildgänse" (nordamerikan. Roman)

† *Teuvo Pakkala,* finn. Dichter (* 1862)

Alfred Polgar: „An den Rand geschrieben" (gesammelte Feuilletons)

Ponten: „Architektur, die nicht gebaut wurde" (Versuch einer künstlerischen Geographie)

Charles Ferdinand Ramuz (* 1878, † 1947): „Das große Grauen in den Bergen" (Schweiz. Roman)

Alain Locke: „Der neue Neger" (nordamerikan. Schrift für Gleichberechtigung)

H. de Man (* 1885, † 1953): „Zur Psychologie d. Sozialismus"

José Ortega y Gasset (* 1883, † 1955): „Die Aufgabe unserer Zeit" (span.)

J. Rehmke: „Grundlegung der Ethik als Wissenschaft"

Géza Róheim: „Der australische Totemismus" (engl. psychoanalyt. Deutung)

R. Seeberg: „Christliche Dogmatik" (evang. Theologie)

Weltkirchenkonferenz i. Stockholm auf Veranlassung von *Söderblom* (zwischenkirchl. Einigungsbewegung)

Erich Stange (* 1888): „Vom Weltprotestantismus der Gegenwart"

† *Rudolf Steiner*, Begründer der Anthroposophie (* 1861); *Albert Steffen* (* 1884) wird Leiter des „Goetheanums"

E. Vatter: „Der australische Totemismus"

Joh. Volkelt: „Phänomenologie und Metaphysik der Zeit"

K. Vorländer: „Von Machiavelli bis Lenin"

Alfred Weber: „Die Krise des modernen Staatsgedankens in Europa"

M. Wertheimer: „Über Gestalttheorie" (Gestaltpsychologie)

Josef Wittig (* 1879, † 1949): „Leben Jesu in Palästina, Schlesien und anderswo" (führt zu seinem Ausschluß aus der kathol. Kirche)

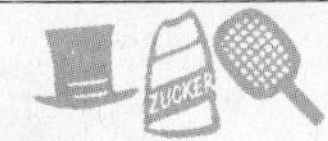

Joan Miro (* 1893): „Der Katalane" (frz.-span. surreal. Gem.)

Pinder: „Der Naumburger Dom u. seine Bildwerke" (m. *Hege*)

H. Poelzig: Lichtspielhaus Capitol am Zoo, Berlin (Baubeginn 1924) u. Konzerthaus in Breslau

† *John Singer Sargent*, nordamerikan. Maler (* 1856)

Bruno Taut (* 1880, † 1938): Hufeisensiedlung Bln.-Britz

Henry van de Velde: „Der neue Stil in Frankreich" (belg. Architektur)

E. R. Weiß: „Renée Sintenis" (Bildnis seiner Gattin)

v. Zur Westen: „Reklamekunst aus zwei Jahrtausenden"

Staatl. Bauhaus in Weimar siedelt nach Dessau um

„Die Wohnung" (Zeitschrift für moderne Wohnkultur)

Stahlrohrmöbel

Internation. Kunstgewerbeausstellung. in Paris und Monza („Europäisches Kunstgewerbe" in Leipzig 1927)

Westfalenhalle in Dortmund

„Jahrbuch für prähistorische und ethnographische Kunst" („Ipek", herausg. v. *H. Kühn*)

„Die Neue Sachlichkeit" (Ausst. i. Mannheim, vgl. 1920)

„Götz von Berlichingen" (Film mit *E. Klöpfer*)

Föppl: „Vorlesungen über technische Mechanik" (Standardwerk)

Fritz Giese: „Handbuch psychotechnischer Eignungsprüfungen" und „Theorie der Psychotechnik"

Max Hartmann: „Untersuchungen über relative Sexualität" (grundlegende experiment. Untersuchungen an Algen)

W. Heisenberg (* 1901, † 1976), *M. Born* und *P. Jordan* entwickeln die Quantenmechanik für Atome (Erweiterung der klassischen Mechanik durch Einbeziehung des *Planck*schen Wirkungsquantums)

† *Felix Klein*, dt. Mathematiker; u. a. mathem. Pädagogik und Geometrie (* 1849)

Weltrekord im Streckenflug von *Lemaitre* und *Arachart* mit 3166 km

Neubau des „Dt. Museums" in München durch *Oskar von Miller* eröffnet (vorbildliche anschauliche Darstellungen aus Technik und Naturwissenschaft; gesamter Materialwert von Gebäuden, Installationen und Sammlungen ca. 28 Mill. Mark)

Das chemische Element 75, Rhenium, durch sein *Röntgen*spektrum von *W. Noddack* und *J. Tacke-Noddack* entdeckt

Wolfgang Pauli (* 1900) erklärt das Periodische System der chemischen Elemente durch „Verbot" zustandsgleicher Elektronen

Erich Stern: „Die Psyche d. Lungenkranken" (psychosomatische Medizin)

Staudinger: Anf. ein. Chemie der synthetischen Fasern

W. Schmidt († 1924): Hochdrucklokomotive für 60 at

G. E. Uhlenbeck und *S. Goudsmit* führen die Vorstellung des kreiselnden Elektrons ein (Elektronen-Spin)

N. Vavilov: Genzentrentheorie (Kulturpflanzen stammen aus wenigen gemeinsamen Mannigfaltigkeitszentren)

Serge Voronoff (* 1866, † 1951): „Organüberpflanzung und ihre praktische Verwertung beim Haus-

Gründung des I.G. Farbenkonzerns (erster Zusammenschluß 1904; 1916 „Anilinkonzern"; Aktienkapital 1926: 1100 Mill. RM)

Carl Duisberg wird Vorsitzender des Aufsichtsrats, des Verwaltungsrats d. I. G. Farben und des „Reichsverbandes der Dt. Industrie"

Firma für landwirtschaftliche Maschinen *Heinrich Lanz* (* 1838, † 1905) wird AG (gegründet 1859)

Walter P. Chrysler (* 1875, † 1940), nordamerikanisch. Autokonstrukteur, gründet *Chrysler* Corporation (liegt 1927 mit 192000 Verkäufen an 5. Stelle)

Deutsche *Ford*-gesellschaft

Japan hat seine Maschinenerzeugung gegenüber 1913 auf 304 % gesteigert (Weltdurchschnitt 108 %

Max von Böhn: „Die Mode. Menschen und Moden vom Untergang der Alten Welt bis zum Beginn des 20. Jahrhunderts" (8 Bände seit 1923)

Taillenlose Frauenkleidung, kniefreie Röcke, Topfhüte, Bubikopf

Versuchsstelle für Hauswirtschaft des Dt. Frauenwerks (verl. Gütezeichen)

„Das Reformhaus. Monatsschrift für gesunde Lebensführung"

Dr. *Ritter* wandert mit seiner Lebensgefährtin nach den Galapagosinseln aus, um dort fern von der Zivilisation ein *Robinson*leben zu führen

Jagdgesetz in Sachsen (gilt als bes. sachgerecht)

Letzte wilde Wisentherde im Kaukasus ausgestorben

Anwachsende Verbreitung d. Kreuzworträtsels und anderer „Denksport"-Aufgaben

~ Sport- u. and. Reportagen im Rundfunk (bilden bis zum Fernsehen ein Gegengewicht zur Bevorzugung des Bildes)

Rhönrad von *Otto Feick*

Dt. Tischtennisbund

Skandal um die Brüder *Barmat* wegen Schädigung des Reiches durch Lebensmittellieferungen (seit 1919)

Internat. Rauschgiftkonvention

1. Motel (i. Kaliforn.)

Kleinbildphotographie mit Leica (vgl. 1913)

(1925)

Kadscharen-Dynastie in Persien durch das Parlament abgesetzt (seit 1786)

Risa Khan als erblicher pers. Schah *Risa* Schah *Pählewi* eingesetzt (regiert bis 1941). Moderne Entwicklung des Landes beginnt

Afghanistan wird Königreich. *Amanullah* König bis 1929 (abgesetzt; seit 1919 Emir); beginnt Modernisierung

† *Sun Yat-sen*, chin. Republikaner und Demokrat; seine Kuomintang stürzte 1911 chin. Kaisertum (* 1866); sein Nachfolger wird *Tschiang Kai-schek*, der bis 1928 ganz Nordchina erobert

Antibrit. Bewegung in China

Allgem. Wahlrecht für Männer zum japan. Parlament (1920 war Steuermindestleistung für das Wahlrecht von 10 auf 3 Yen ermäßigt worden)

Rama VII. Prajadhibok König von Siam (dankt 1935 ab)

Pachtvertrag Liberia — Firestone-Gummigesellschaft (USA) gegen Anleihe (Zinszahlungen ruinieren die Finanzen des Landes und werden 1932 eingestellt)

Surendranath Banerjee: „Eine Nation im Werden“ (ind.-nationale Darstellung)

Louis Armstrong (*1900, † 1971), ,,King of Jazz'' grdt. seine Combo ,,Hot Five''

Stark atonaler Jazzstil in Chicago

„Charleston“-Gesellschaftstanz

† *Wladyslaw Reymont*, poln. Dichter; *Nobel*preis 1924 (* 1868)

A. Soergel: „Dichtung und Dichter der Zeit“ (2. Band „Im Bann des Expressionismus“)

Gertrude Stein (* 1874 i. USA, † 1946): ,,The Making of Americans“, Amer. Familienroman (*G. St.* ist s. 1902 Mitteİp. eines kultur. Zirkels i. Paris)

Virginia Woolf: „Mrs. Dalloway“ (engl. Rom.)

Hasse Zetterström (* 1877): „Schwedenpunsch“ (schwed. Humoresken)

Carl Zuckmayer (* 1896): „Der fröhliche Weinberg“ (Bühnenstück, *Kleist*preis)

St. Zweig: „Die Augen des ewigen Bruders“ (Erzählung), „Der Kampf mit dem Dämon“ (Essays über *Hölderlin*, *Kleist* und *Nietzsche*)

Teatro d'Arte unter *Pirandello* in Rom

„Die Schule am Meer“ auf der Insel Juist (pflegt Jugend- und Laienspiel)

Karl Voßler: „Geist und Kultur in der Sprache“ (Romanistik)

1. Band des Gesamtkatalogs der Wiegendrucke

„Die Verrufenen“ (Film; Regie: *G. Lamprecht*)

„Wege zu Kraft und Schönheit“ (Film mit Betonung naturnaher Körperkultur)

„Der Flug um d. Erdball“ (Film mit Originalaufnahmen aus aller Welt)

„Ein Walzertraum“ (Film)

„Die freudlose Gasse“ (Film von *G. W. Pabst* [*1895, † 1967], mit *W. Krauß, A. Nielsen, G. Garbo*); „Varieté“ (Film von *E. A. Dupont* mit *E. Jannings, L. de Putti*); „Tartüff“ (Film von *F. W. Murnau* m. *W. Krauß, L. Dagover, E. Jannings*); „Die Elendsviertel von Berlin“ (Film von *G. Lamprecht*)

„Das Gespenst von Moulin Rouge“ (frz. Film von *R. Clair*)

„Die Abenteuer des braven Soldaten Schwejk“ (tschechoslow. Film v. *Karel Lamac*)

„Goldrausch“ (nordam. Film von u. mit *Ch. Chaplin*); „Lady Windermeres Fächer“ (nordam. Film v. *E. Lubitsch*); „Der Sportstudent“ (nordam. Film von *F. Newmayr* mit *H. Lloyd*); „Die große Parade“ (nordam. Film von *King Vidor*, * 1894, mit *John Gilbert*)

G. Wobbermin: „Systematische Theologie nach religionspsychologischer Methode“ (3 Bde. seit 1913)

Lutherischer Weltkonvent in Oslo

Evang.-sozialer Kongreß (Präsident *Walter Simons*)

Verband evang. Theologinnen Deutschlands

Etwa 40000 Blinde in Deutschland, davon 4000 Kriegsblinde

Päpstl. Einsetzung des Festes des Königtums Christi und Ausdehnung des röm. Jubiläums auf den kathol. Erdkreis

Konflikt Tschechoslowakei—Vatikan wegen *Huß*feier

Kathol. Mission: 88000 (weiße) Missionsarbeiter auf 66400 Stationen (13 Mill. Getaufte). Evang. Mission: 30000 Missionsarbeiter auf 4596 Stationen und 46500 Schulen (2 Mill. Schüler)

Zahl der Jesuiten 18718 in 32 „Provinzen“ zu 6 Assistenzen

Die Bibel kostete im 14. Jahrhundert (Handschrift): bis 20000 M; 1455 *(Gutenberg)*: 4000 M; 1462 *(Fust)*: 1600 M; 1483 *(Koberger)*: 400 M; 1522 *(Luthers N. T.)*: 60 M; 17. Jhdt.: 65 M; 18. Jhdt.: 12 bis 25 M; 1925 (Bibelgesellsch.) 3 M

Bibelgesellschaft in London setzt 10,5 Mill. Bibeln in 566 Sprachen und Dialekten ab

Einweihung der hebräischen Universität in Jerusalem

Rund 15 Mill. Juden (ca. 9,5 Mill. in Europa, 4 Mill. in USA)

Internationales Institut für Geistige Zusammenarbeit (Organ des Völkerbundes, Sitz Paris)

Internationale Pädagogische Konferenz in Heidelberg

„Psychologie und Medizin“ (Zeitschrift für psychosomat. Medizin)

„Arzt und Seelsorger“ (Schriftenreihe)

H. Richert: Richtlinien f. d. höheren Schulen Preußens

Dt. Oberschule verbreitet sich als neuer Schultyp

„Zeitschrift für Völkerpsychologie und Soziologie“ (ab 1932 „Sociologus“)

„Zeitschrift für Menschenkunde“

„Deutsche Kultur im Leben der Völker“ (Zeitschrift)

„Deutscher Gelehrtenkalender“ (Abzweigung von *Kürschners* Literaturkalender, seit 1878)

1. Intern. Radiologenkongreß in London (Strahlenforschung)

tier“ (Versuche der Haustierverjüngung durch Keimdrüsenübertragung)

R. Wagner untersucht biologische Regelung (frühe Anwendung des Regelung-Begriffs in der Biologie)

John B. Watson: „Der Behaviorismus“ (Tierpsychologie im Sinne einer Analyse des äußeren „Verhaltens“)

Mumie des ägypt. Pharao *Tut-ench-Amun* (≈ —1358) gefunden (vgl. 1922)

Fluggeschwindigkeitsrekord 486 km/St. von *Williams* (1922: 300 km/St., 1923: über 400 km/St., 1924: 450 km/St., 1939: 755 km/St.)

„Einsteinturm“ der Sternwarte Potsdam (Turmteleskop für spektroskopische Sonnenforschung mit Objektiv von 600 mm Durchmesser und 14,4 m Brennweite)

Zeiß-Planetarium für „Dt. Museum“ in München (1926 für Berlin; bis 1939 25 weitere, davon 15 für das Ausland)

Beginn der dt. Fernseh-Entwicklung mit *Nipkow*-Scheibe und *Karolus*- (*Kerr*-) Zelle (erste öffentliche Vorführung auf Ausstellungen in Deutschland ab 1928)

Niagara-Kraftwerke leisten etwa 700000 kW (erstes Kraftwerk dort 1896)

Walchensee-Kraftwerk (Baubeginn 1918; 122000 kW Leistung)

Reiß-Mikrophon von Telefunken

Ca. 600000 km Unterseekabel

Ca. 750000 Elektromotoren mit 2500000 kW Leistung und ca. 480000 Pferdegöpel in der dt. Landwirtschaft

15000-PS-Dieselmotor (MAN)

DIN-Passungen mit Toleranzen für Bohrungen und Wellen erleichtern Austauschbau (1939 werden internationale ISA-Passungen von DIN aufgenommen)

Reichsamt für Landesaufnahme beginnt Vermessungswerk der Topographischen Grundkarte 1 : 5000

Akademie zur wissenschaftlichen Erforschung und Pflege des Deutschtums, in München

1926	Friedens*nobel*preis an *A. Briand* (Frankr.) und *G. Stresemann* (Dt.) Erster Pan-Europakongreß unter dem Ehrenvorsitz *A. Briands* *Strupp:* „Wörterbuch des Völkerrechts" (3 Bände seit 1922) *Luther* erneut dt. Reichskanzler mit Minderheitskabinett der Mitte; Rücktritt *Luthers* wegen Flaggenfrage. *Wilhelm Marx* (Zentr.) dt. Reichskanzler bis 1928 SPD wendet sich gg. Reichswehr Rücktritt des Chefs der Heeresleitung *von Seeckt* w. Teilnahme eines *Hohenzollern*prinzen an Manövern. Nachfolger *Heye* (* 1869, † 1946) bis 1930 Volksentscheid auf entschädigungslose Enteignung der dt. Fürsten erhält nur 14,5 Mill. Stimmen (20 Mill. notwendig) Deutschland mit ständigem Ratssitz im Völkerbund (tritt 1933 aus) Freundschafts- und Neutralitätsvertrag Deutschland—USSR Der bisherige Berliner Polizeipräsident *Grzesinski* ersetzt den preuß. Innenminister *Carl Severing* *Josef Goebbels* wird nationalsozialistischer Gauleiter von Berlin (führt zur Radikalisierung des politischen Kampfes, 1932 ist KPD stärkste Berliner Partei) *Hitler*jugend gegründet (wird 1933 „Staatsjugend") Völkerbund beschließt, Finanzkontrolle in Österreich aufzuheben (seit 1922) *Seipel* (christl.-sozial) österr. Bundeskanzler bis 1929 Ergebnislose Seeabrüstungskonferenz zwischen Großbrit., USA und Japan in Genf Generalstreik in Großbrit., endet mit Niederlage der Arbeiter 12. Tagung der Interparlamentarischen Union in London (gegr. 1888 mit d. Ziel der Völkerverständig.) Brit. Reichskonferenz erklärt Gleichberechtigung der Dominions in der freien Vereinigung des Britischen Empire; Südafrika lehnt Beteiligung ab und beansprucht volle Entscheidungsfreiheit	Literatur-*Nobel*preis an *G. Deledda* (Ital.) *Fritz von Unruh*, *H. Burte* und *Franz Werfel* erhalten *Schiller*preis *Bengt Berg:* „Abu Markúb" (schwed. Tierdarstellung) *E. Barlach:* „Der blaue Boll" (Schauspiel) *Georges Bernanos* (*1888, †1948): „Die Sonne Satans" (frz. Roman) *Louis Bromfield:* „Früher Herbst" (nordamerikan. Roman) †*Otto Ernst* (eig. *Schmidt*), dt. Dichter u. Volksschullehrer (* 1862) *Concha Espina de la Serna* (* 1877, † 1955): „Altar mayor" (span. Roman) *Bruno Frank:* „Trenck" (Roman) *Galsworthy:* „Der silberne Löffel" (engl. Roman) *Fjodor Wasiljewitsch Gladkow* (* 1883): „Zement" (russ. Roman) *Gide:* „Die Falschmünzer" (frz. Roman) *C. Goetz:* „Die tote Tante" (Einakter-Lustspiel) *Sigmund Graff* (* 1898): „Die endlose Straße" (Schauspiel, gemeinsam mit *Carl Ernst Hintze*) *Hans Grimm*: „Volk ohne Raum" (Roman im Geist des Imperialismus) *G. Hauptmann:* „Dorothea Angermann" (Schauspiel) *Hemingway:* „Fiesta" (nordamerik. Roman) *Ric. Huch:* „Der wiederkehrende Christus" (Roman) † *Siegfried Jacobsohn*, dt. politischer Journalist; Begründer der „Weltbühne" (* 1881) *F. Kafka:* „Das Schloß" (österr. Rom., posthum)	*Rudolf K. Bultmann* (* 1889, † 1976): „Jesus" (ev. Theologie, mit d. These, J. habe sich nicht f. d. Messias gehalten) *M. Ernst:* „Maria verhaut den Menschensohn" (hat in Paris schockierende Wirkung) † *Rudolf Eucken*, dt. Philosoph einer idealist. Lebensphilosophie; *Nobel*preis für Literatur 1908 (* 1846) *F. Giese:* „Reklame" (im Handwörterbuch d. Sexualwissenschaften) *F. Giovanoli:* „Zur Soziologie des Parteiwesens" (Schweiz. politische Soziologie) *Hartmann Grisar* (*1845, † 1932): „Martin Luthers Leben u. sein Werk, zusammenfassend dargestellt" (katholische *Luther*forschung) *Friedrich Heiler* (* 1892, 1920 vom Kathol. zum Protest. übergetreten): „Evangelische Katholizität" (mit hochkirchlicher Tendenz) *Kurt R. Grossmann* (*1897, + 1972): Generalsekr. der Dt. Liga f. Menschenrechte (bis 1933) *Kerschensteiner:* „Theorie der Bildung" (im Sinne moderner Schulreform) † *Ellen Key*, schwed. Pädagogin (* 1849) *Hermann von Keyserling:* „Die neu entstehende Welt" *L. Klages:* „Die psychologischen Errungenschaften Nietzsches" *König:* „Reklamepsychologie" † *Emil Kraepelin*, dt. Psychiater; unterschied den schizoiden und manisch-depressiven Formenkreis der Geisteskrankheiten (* 1856)

Barlach: „Die Begegnung von Christus u. Thomas" (express. Holzplastik)

Beckmann: „Stilleben mit Zigarrenkiste" (express. Gemälde)

Hubert Ermisch restauriert Dresdner Zwinger (bis 1936 u. von 1945—1951 [†])

W. Gropius: Bauhaus Dessau (modernes Bauwerk)

Hoetger baut für *Ludw. Roselius* (*1874, †1943, Gründer der ‚Kaffee-Hag'-Firma) Böttcherstr. Bremen

K. Hofer: „Angelica" (express. Gemälde)

Max Kaus (* 1891): „Amaryllis" (Aq.)

„Blaue Vier" (Künstlergruppe der abstrakten Malerei mit *Paul Klee)*

Kokoschka: „Terrasse in Richmond" (expressionist. Landschaftsgemälde)

G. Kolbe: „Sitzende Frau" (Bronzeplast.)

W. Kreis: Düsseldorfer Ausstellungsgebäude a. Rheinufer

Le Corbusier (eigtl. *Charles E. Janneret*, * 1887, † 1965): „Kommende Baukunst" (frz.-schweizer.); vertritt konstr. Eisenbetonbau

W. Lübbert: „Rationeller Wohnungsbau"

†*Claude Monet*, frz. Maler d. Impressionismus (* 1840)

Georg Muche (*1895): „Schwarze Maske" (Gem. aus dem Bauhaus; wechselt seit 1921 von der abstr. zur figurativen Malerei)

Alban Berg: „Lyrische Suite" (mit abschließend. Tristan-Zitat; Kammermusik i. Zwölftonstil)

Hindemith: „Cardillac" (Oper)

Honegger: „Judith" (schweiz.-frz. Oper)

Křenek: „Orpheus und Eurydike" (Oper, Text von *Oskar Kokoschka*)

Milhaud: „Der arme Matrose" (frz. Oper)

H. J. Moser: „Die evang. Kirchenmusik"

Puccini: „Turandot" (ital. Oper, Urauff. posthum in Mailand)

R. Strauss: „Briefwechsel mit Hugo v. Hofmannsthal"

Hermann Unger (* 1886): „Richmodis von Aducht" (Oper)

S. Wagner: „Der Friedensengel" (Oper)

P. Whiteman u. *M. M. McBride:* „Jazz" (nordamerik.)

Laban: „Choreographie", „Tanz und Gymnastik", „Des Kindes Tanz und Gymnastik"

Ed. Munch „Das rote Haus" (norweg. express. Gemälde)

E. Nolde kauft Sommersitz Seebüll

Orlik „Neue 95 Köpfe" (Porträtzeichn. von Zeitgenossen)

Physik-*Nobel*pr. a. *J. Perrin* (Frankr.) f. Entdeckung des Sedimentationsgleichgewichtes von Kolloiden

Chemie-*Nobel*preis an *Th. Svedberg* (Schwed.) für Erforschung der Kolloide mit Ultrazentrifuge

Medizin-*Nobel*preis an *Johannes Fibiger* (Dänem., * 1867, † 1928) für Entd. des Spiroptera-Karzinoms

Abel: Reindarstellung kristallisierten Insulins (Bauchspeicheldrüsen-Hormon); teilw. Aufklärung des chemischen Baus

Amundsen und *Nobile:* Erfolgreicher Flug Spitzbergen—Nordpol—Alaska mit Luftschiff „Norge"

M. Born gibt statistische Deutung der atomaren Wellenmechanik

Breit und *Tuve:* Erste Echolotung der Ionosphäre (in üb. 100 km Höhe)

H. Busch (* 1884, † 1973): Magnetlinse f. Elektronenstrahlen (begr. Elektronenoptik)

Richard E. Byrd (* 1888, † 1957) fliegt mit Flugzeug von Spitzbergen z. Nordpol und zurück

A. C. Downing, R. W. Gerard und *A. V. Hill* stellen Wärmeerzeugung in erregten Nerven fest (Hinweis auf Stoffwechsel)

A. S. Eddington: „Der innere Aufbau der Sterne" (wegweisendes astrophysikalisches Werk)

Fermi: Elektronenstatistik (bedingt z. B. hohe Energie der Elektronen i. einem Metall auch beim absoluten Nullpunkt der Temperatur)

W. Filchner: Expedition nach Tibet bes. für erdmagnetische Messungen (bis 1928; Fortsetzung 1934 bis 1938; schreibt 1929 „Om mani padme hum" und 1940 „Bismillah")

Otfried Förster: Reizphysiologische Karte des Gehirns (weist den Gehirnfunktionen bestimmte Gehirngebiete zu)

E. Germer (* 1901): Prinzip d. Leuchtstoff-, Hg-Lampe u. Höhensonne

Hale beweist Zusammenhang zwischen Sonnenprotuberanzen und Störungen des irdischen Magnetfeldes 26 Stunden später

Niederrhein.-westfäl. Inst. für Zeitungforschung, Dortmund

„Zeitungswissenschaft" (Zeitschr.)

„Arbeitsschutz" erscheint als Teil III des Reichsarbeitsblattes

„Der dt. Volkswirt" (Zeitschrift)

J. M. Keynes: „Das Ende des Laissez-Faire" (engl. antiliberalist. Volkswirtschaftslehre

Dt. Arbeitsgerichtsgesetz

Reichsknappschaftsgesetz

Starke technische Rationalisierung in Deutschland

Intern. Rohstahlgemeinschaft (Kartell mit Produktionsbegrenzung zw. Deutschland, Frankreich, Belgien, Luxemburg)

† *August Thyssen*, dt. Unternehmer (* 1842)

Verein. Stahlwerke AG, Düsseldorf, (Dachkonzern der *Stinnes-, Thyssen-*, Phönix-Gruppe u. der Rhein. Stahlwerke; 1930 800 Mill. RM Aktienkapital)

Hamburg-Amer.-Linie übernimmt *Stinnes*linie

Mitteldt. Stahlwerke AG

Imperial Chemical Industries (brit. chem. Industriekonzern als Gegengewicht zur I. G. Farben, 1936 Aktienkapital 95 Mill. £

(1926)	Lord *Halifax* (Lord *Irwin*, * 1881) brit. Vizekönig in Indien bis 1931 Singapur wird brit. Flottenstation erster Klasse *de Valera* gründet irische Partei „Fianna Fail“ (für völlige irische Selbständigkeit) Großer Aufstand *Abd el Krims* und seiner Rifkabylen von den Franzosen und Spaniern in Marokko niedergeworfen (begann 1921) *Raymond Poincaré* frz. Ministerpräsident und Finanzminister bis 1929 (stabilisiert den Franken); stützt sich auf „Nationale Union“ der bürgerl. Parteien; *Briand* bleibt Außenminister *Emile Vandervelde* (* 1866, † 1938; belg. sozialist. Außenmin. 1925 bis 1927): Rede über Belgiens Außenpolitik Belg. Finanzkrise. Abwertung und Stabilisierung Aufhebung des kollegialischen Kabinetts und der parlamentar. Verantwortlichkeit in Italien. Aufhebung der Wahlen in Provinzen und Gemeinden. Streikverbot. *Mussolini* „Duce del Fascismo“. Freundschaftsvertrag Italien—Spanien Italien erlangt durch Militärkonvention von Tirana starken Einfluß in Albanien; Freundschaftsvertrag mit Rumänien (1927 Anerkennung Bessarabiens als rumän. Gebiet) Ein von der ital. Regierung eingesetzter Governatore verwaltet die Stadt Rom Staatsstreich *Josef Pilsudskis* in Polen; als Kriegsminister und zeitweiliger Ministerpräsident (1926 bis 1928, 1930 bis 1931) übt er diktatorische Herrschaft in Polen aus bis 1935 (†) *Ignaz Moscicki* (* 1867, † 1946) poln. Staatspräsident (geht 1939 ins Ausland) Austritt Spaniens aus dem Völkerbund (Wiedereintritt 1928) General *Carmona* erricht. Militärdikt. in Portugal (wird 1928 Präsident) Bis 1932 liberale und konservative Regierungen in Schweden Freundschaftspakt zwischen Litauen und der USSR. Nationalistische Diktatur in Litauen unter Staatspräsident *Smetona*	*G. Kaiser*: „Zweimal Oliver“ (Bühnenstück) *Klabund*: „Cromwell“ (Drama) *Th. E. Lawrence*: „Die sieben Säulen der Weisheit“ (engl. Bericht vom Araberaufstand 1916/18) *Emil Ludwig*: „Bismarck“ (Biographie) *Majakowski*: „Wie ich Amerika entdeckte“ (russ. Erzählung) *Th. Mann*: „Unordnung u. frühes Leid“ (Novelle), „Lübeck als geistige Lebensform“ (Rede) *Miegel*: „Geschichten aus Altpreußen“ *Henri de Montherlant* (* 1896): „Die Tiermenschen“ (frz. Roman) *A. Neumann*: „Der Teufel“ (historisch. Roman, *Kleist*preis) *Sean O'Casey* (* 1884, † 1964): „The plough and the stars“ („Der Pflug und die Sterne“, irisches Drama) *Pirandello*: „Einer, Keiner, Hunderttausend“ (ital. Roman) *A. Polgar*: „Orchester von oben“ (Skizzen) und „Ja und Nein“ (Kritiken) † *Rainer Maria Rilke*, dt. Dichter (* 1875) *Schnitzler*: „Der Gang z. Weiher“ (Schauspiel) *W. von Scholz*: „Perpetua“ (Roman) *Lulu v. Strauß und Torney* (eig. *Luise Diederichs*, * 1873): Gesamtausgabe der Balladen und Lieder *Sudermann*: „Der tolle Professor“ (Zeitroman) *Thieß*: „Das Tor zur Welt“ (Erziehungsrom.) *B(ernhard) Traven* (eig. *Traven Torsvan*, * 1890, † 1969): „Das Totenschiff“, Die Baumwollpflücker“ (Romane)	*Felix Krueger*: „Über psychische Ganzheit“ *Th. Litt*: „Möglichkeit und Grenzen der Pädagogik“ *Marbe*: „Praktische Psychologie der Unfälle und Betriebsschäden“ (behauptet die Existenz von zu Unfällen neigenden Personen) *Herman Menge*: Übersetz. des Alten Testam. (Neues Testament 1906) *Messer*: „Pädagogik der Gegenwart“ (Zusammenfassung) Stigmatisierung von *Therese Neumann* in Konnersreuth (* 1898) (Ca. 322 Fälle von Stigmatisierung seit *Franz von Assisi* bekannt) *Pichl* und *Rosenstock*: „Im Kampf um die Erwachsenenbildung“ *Erich Rothacker* (* 1888, † 1965): „Logik u. Systematik der Geisteswissenschaften“ *Scheler*: „Die Wissensformen und die Gesellschaft“ (phänomenologische Soziologie des Wissens) *M. Schlick*: „Erleben, Erkennen, Metaphysik“ (Positivismus) *Wilhelm Schmidt*: „Die Sprachfamil. u. Sprachkreise der Erde“ (kathol. Kulturkreislehre mit Atlas) *Walther Schücking* (* 1875, † 1935) wird Direktor des Instituts für internationales Recht in Kiel (fördert Völkerbundspolitik) *W. Stern*: „Jugendliche Zeugen in Sittlichkeitsprozessen“ (Zeugenpsychologie) *Ferd. Tönniës*: „Fortschritt und soziale Entwicklung“

Pechstein: „Kornpuppen“ (expressionist. Gemälde)

Fr. Schumacher: Finanzgebäude in Hamburg

St. Spencer: „Auferstehung“ (engl. surrealist. Gemälde)

Lesser Ury: Bilder aus London

„Das ideale Heim“ (Zeitschrift für Innenarchitektur)

---

† *Rudolf Valentino*, italienisch - nordam. Filmschauspieler; Hunderttausende bei s. Beisetzung (*1895)

Filmreg. *Ernst Lubitsch* geht nach USA

„Geheimnisse einer Seele“ (psychoanalytisch. Film von *Pabst* mit *W. Krauß*)

„Metropolis“ (utopischer Film, Buch von *Thea von Harbou*, mit *Brigitte Helm*, *Gustav Fröhlich*, *H. George*, *Alfred Abel*; Regie: *F. Lang*)

„Faust“ (Film von *F. W. Murnau* mit *E. Jannings*, *Camilla Horn*, *Yvette Gilbert*)

„Die Unehelichen“ (Film; Regie: *G. Lamprecht*)

„Panzerkreuzer Potemkin“ (sowjetr. avantgard. Film; Regie: *Serge Michailowitsch Eisenstein*, * 1898, † 1948)

„Ein Sechstel der E[illegible]de“ (Russ. Film vo[illegible] *Dziga Vertow*, * [illegible]97); „Die Mutt[illegible] (russ. Film nach [illegible]ki von *Wsewolod* [illegible]*wkin*, * 1893)

Entscheid. Verbess. d. Schallplattenqualität durch elektr. Aufnahme u. Wiedergabe

W. Homann: „Die Erreichbarkeit der Himmelskörper“ (Technik der Raumschiffahrt)

E. P. Hubble (* 1889, † 1953) erkennt in den Spiralnebeln einzelne Sterne (erweisen sich dadurch als ferne milchstraßenähnliche Weltinseln)

Jaederholm: „Psychotechnik des Verkaufs“

Jansen und *Donath* gelingt die Reindarstellung kristallisierten Vitamins B_1 (Aneurin)

G. Jobst: Pentode (5-Pol-Verstärker-Röhre)

L. W. H. Keesom bringt das Edelgas Helium in den festen Aggregatzustand (bei —271° C)

Klingenberg-Kraftwerk in Berlin-Rummelsburg mit Dampfturbinen für 270000 kW Leistung

Paul de Kruif (* 1890): „Mikrobenjäger“ (vorbildlich populäre Darstellung der Bakteriologie)

Hans Lassen (* 1897, † 1974): Theorie der Ionosphäre (Leitfähigkeit durch ultraviolettes Sonnenlicht)

Lorenzen: Gleichdruck-Gasturbine

Leberdiät gegen perniziöse Anämie von *George Richards Minot* (* 1885) und *William Perry Murphy* (* 1892)

P. Moede: „Lehrbuch der industriellen Psychotechnik“ (2 Teile)

Myers: „Industrielle Psychologie in Großbritannien“

Hermann Oncken: „Die Rheinpolitik Napoleons III. 1863—70 und der Ursprung des Krieges 1870“ (2 Bände)

Pawlow: „Die höchste Nerventätigkeit (das Verhalten) von Tieren“ (Physiologie der „bedingten Reflexe“)

Michail Rostovtzeff (* 1870, † 1952): „Die soziale und ökonomische Geschichte des Römischen Reiches“

E. Schrödinger entwickelt quantenphysikalische Wellenmechanik

Staeding: „Psychotechnik in der Landwirtschaft“

Carl Stumpf: „Die Sprachlaute“ (physiologische Akustik)

James Batcheller Sumner (* 1887): Reindarstellung des Enzyms (Ferments) Urease in kristall. Form

Dt. Benzin- und Petroleum GmbH (Olex)

Dt. *Woolworth*-Ges. in Berlin (Einheitspreisgeschäfte)

Zeiß-Ikon AG, Dresden, gegr. (Zusammenschluß optischer Werke)

Zusammenschluß der deutschen Linoleum-Industrie

Deutsche Lufthansa gegründet (aus Aero Lloyd und *Junkers* Luftverkehr AG)

Dornier-Wal startet zum Südam.-Flug von Spanien aus

Handwerk in Deutschl. vertr. durch Reichsverband des dt. Handwerks (1919) m. 67 Handwerks- u. Gewerbekammern, 59 Innungs- und Fachverbänden, 6 Fachverbands-Kartellen u. a. Organisationen (Handwerk steht teilweise im harten Konkurrenzkampf zur Industrie)

Volkstrauertag in Deutschland eingeführt

Reichsmuseum für Gesellschafts- und Wirtschaftskunde in Düsseldorf (mit Material der Ausstellung für Gesundheitspflege, soziale Fürsorge und Leibesübungen, Gesolei)

In Deutschl. 1,35 l Trinkbranntwein pro Kopf (1905: 3,8 l pro Kopf)

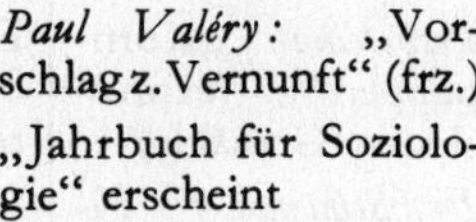

(1926)

Augustinas Voldemaras (* 1883) litau. Ministerpräsid. u. Außenminister bis 1929 (gestürzt; nach Militärputsch 1934 zu Kerker verurteilt)

Litauen verhängt Belagerungszustand über das Memelgebiet

Dt. Minister in der tschechoslowakischen Regierung

Ungar. Oberhaus mit Vertretern des Großgrundbesitzes

Kroatenführer *Stefan Radic* (seit 1925 jugoslaw. Erziehungsminister) scheidet aus dem Kabinett aus. Vertrag mit Griechenland über jugoslaw. Freihafenzone in Saloniki. Freundschaftsvertrag Jugoslawien—Polen

† *Nicola Paschitsch*, jugoslaw. Ministerpräsident seit 1921 (* 1846)

Ljaptschew bulgar. Ministerpräsident (Mazedonier) bis 1931; schaltet Bauernpartei weiterhin aus

Bündnis- u. Freundschaftsvertr. Rumäniens m. Polen, Frankr. u. Italien

Vorübergehende Diktatur von General *Pangalos* in Griechenland

Türkei verzichtet auf Erdölgebiet von Mossul zugunsten Iraks

Türk. Zivilgesetzbuch (nach dem Schweizer von 1907)

Persisch-türkischer Freundschaftsvertrag

Liberaler Wahlsieg in Kanada über Konservative. Erster kanad. Gesandter in USA

Nationalisierung der Bodenschätze in Mexiko

Brasilien tritt a. d. Völkerbund aus

Kantonarmee unter *Tschiang Kaischek* beginnt Feldzug zur Einigung Chinas (1928 Einnahme Pekings)

Hirohito Kaiser von Japan (seit 1921 Prinzregent für seinen geisteskranken Vater *Yoshihito* [†])

Aufstand in Niederländ.-Java (1927 n. harten Kämpf. niedergeschlagen)

Unruh: „Bonaparte" (Drama)

Ramon del Valle-Inclán (* 1870, † 1936): „Tyrann Banderas" (span. Roman)

Edgar Wallace (* 1875, † 1932): „Der Hexer" (engl. Kriminalroman)

Wells: „Die Welt William Clissolds" (engl. gesellschaftskrit. Rom.)

Wiechert: „Der Knecht Gottes Andreas Nyland" (Roman)

Thornton Niven Wilder (* 1897): „Die Cabala" (nordamerikan. Roman)

Wildgans: „Wiener Gedichte"

E. Zahn: „Frau Sixta" (Schweiz. Roman)

St. Zweig: „Verwirrung der Gefühle" (Erzählgn.)

Kartell d. „Großen Vier" f. d. Erneuerung d. frz. Theaters: *Baty*, *Dullin*, *Jouvet*, *Pitoëff* (bekämpfen d. rein kommerzielle Theater)

Abteilung Dichtung der Preuß. Akademie gegr.

Adolf Erman u. *Hermann Grapow:* „Wörterbuch d. ägypt. Sprache" (1. Bd., 4 weitere b. 1952)

„Die physikalischen Phänomene der großen Medien" (den Okkultismus verteidigende Erwiderung auf Teil II des „Okkultismus in Urkunden" von 1925: „Siebenmännerbuch", da 7 Autoren)

Paul Valéry: „Vorschlag z. Vernunft" (frz.)

„Jahrbuch für Soziologie" erscheint

Der Papst verurteilt die nationalist. kathol. Action française i. Frankr.

Konkordat mit Polen

„Scholastik" (Zeitschr. für kathol. Philosophie)

Ring kathol. dt. Burschenschaften (farbentragend)

28 162 Freimaurerlogen mit 4,2 Mill. Mitgliedern (davon Nordamerika 3,3 Mill.)

In Deutschland (vergleichsweise 1899) 559 (212) Niederlassungen männlicher religiöser Orden mit 10 458 (4250) Mitgliedern und 6619 (2661) Niederlassungen weiblicher Orden mit 73 880 (32 381) Mitgliedern

Erste preuß. Pädagogische Akademie für Volksschullehrer in Bonn (kath.) und Elbing (evang.)

Reichsausschuß für hygien. Volksbelehrung

Reichsausschuß der Jugendverbände umfaßt 3,5 Mill. Jugendliche

Gesetz zur Bewahrung der Jugend vor Schmutz- und Schundschriften

„Zeitschrift für psychoanalyt. Pädagogik"

Koloniale Frauenschule in Rendsburg gegründet

Türk. Schulwesen wird nach westl. Vorbild reformiert und verstaatlicht (seit 1924)

„Zeitschrift für Ok[illegible]tismus und Gre[illegible]zfragen des Seelenlebe[illegible]"

Preußen entzieht S[illegible] dentenschaften An[illegible] kennung wegen an[illegible] mitischer Tendenze[illegible]

„Ben Hur" (nordam. Film von *Fred Niblo* mit *Ramon Novarro*); „Don Juan" (nordamerik. Film mit synchron. Musik von *Alan Crossland* mit *John Barrymore*)

„Nana" (frz. Film v. *Jean Renoir* * 1894) mit *W. Krauß*

„Die letzten Tage von Pompeji" (ital. Film)

Der Ufa-Filmkonzern leiht Geld von USA-Filmgesellschaften (Verleihanstalt „Parufamet")

Fr. v. Wettstein: Es gibt Erbfaktoren i. Plasma

„Ergebnisse d. Biologie" (Jahrbuch)

Archiv für Polarforschung in Kiel

Entwicklung d. überseeischen Kurzwellen-Verkehrs (bes. durch USA-Amateure seit 1924 vorbereitet, erster zusammenfassender Bericht *Rukop* 1925)

Erste Ansätze einer mathematisch. Wettervorhersage in Großbritan. (wird nach dem 2. Weltkrieg durch elektron. Rechenmaschinen entscheidend verbessert)

Einführung des Begriffs „Großwetterlage" zur Kennzeichnung der weiträumigen Druckverteilung

Elektrische Schallplattentechnik („Electrola")

16-mm-Schmalfilm von Kodak (begünstigt Amateurfilm; 1928 Agfa-Schmalfilm)

Zugspitz-Schwebebahn v. Ehrwald (Österr.)

Berliner Funkturm eröffnet (120 m hoch, Baubeginn 1925)

Zugfunk-Telefon auf der Strecke Hamburg–Berlin

Netzanoden für Rundfunkgeräte

Fernleit. f. Ströme bis 380000 Volt

Freiluft-Schaltanlage f. 100000 Volt Hochspannung (Böhlen bei Leipzig)

Diamanthartes Widia-Hartmetall *(Krupp)*; führt zu Höchstleistungsmaschinen für Metallbearbeitung (Schnittgeschwindigkeiten bei Aluminium bis 1000 m/Minute)

Zweckmäßige *Maier*-Form des Schiffsbugs wird verwendet (nach unten zurückweichend)

In Deutschland etwa 600 homöopath. Ärzte (Homöopathie sehr umstritten.)

Volkswirtschaftl. Schäden durch Geschlechtskrankheiten in Deutschland ca. 6—7 Mill. Mark

H. L. Mencken: „Demokratenspiegel" (nordam. Kritik am öffentlichen Leben)

33 Lynchmorde in USA (1950 nur noch vereinzelte Fälle; seit 1889 insgesamt 3592; Antilynchgesetz 1922 abgelehnt)

Völkerbundsabkommen über Abschaff. d. Sklaverei

Türk. Eherecht reformiert (Abschaffung der Polygamie; besteht weiter in den anderen mohammedanischen Staaten)

Türkei verbietet Fes (Türkenmütze)

Reichsverband für Körperkultur

Antonio Buzzacchino (* 1889, † 1958): Dauerwelle

C. J. Luther: „Schule d. Schneelaufs" (Arlbergschule, bewirkt stark. Aufschwung des Skilaufs)

Kegel unternimmt ersten Gewitterflug im Segelflugzeug

Erste dt. Kanaldurchschwimmg. von *Gertrud Ederle*

Gene Tunney schlägt *Jack Dempsey* nach Punkten und wird Boxweltmeister (Rekordeinnahme: 2,6 Mill. Dollar)

Internation. Tischtennisverband

Erste „Grüne Woche" in Berlin

Genfer Rundfunkwellenplan in Kraft

Einw. d. Berliner Funkturms

1927

Friedens*nobel*preis an *Ferdinand Buisson* (Frankr., * 1841, † 1932) und *L. Quidde* (Dt.)

Jahrbuch des Völkerbundes (frz.)

Deutschnationale in der Regierung *Marx* bis 1928; keine Unterstützung mehr durch SPD

Dt.-frz. Handelsvertrag

Deutschland tritt dem Internationalen Schiedsgerichtshof i. Haag bei

In Sachsen spaltet sich „Alte Sozialdemokratische Partei“ unter *Heldt* als rechter Flügel ab

Nationaldenkmal Tannenberg eingeweiht

Albrecht Mendelssohn-Bartholdy und *Thimme:* „Die große Politik der europäischen Kabinette 1871 bis 1914“ (40 Bände aus den Akten des dt. Auswärtigen Amtes seit 1922)

Gottfried Feder (* 1883): „Das Programm der NSDAP“ (mit „Brechung der Zinsknechtschaft“; dieses Programm spielt nach 1933 keine wesentliche Rolle)

K. Haushofer: „Grenzen“ (Geopolitik)

Erich Ludendorff: „Die überstaatlichen Mächte im letzten Jahre des Weltkrieges“ und „Vernichtung der Freimaurerei durch Enthüllung ihrer Geheimnisse“ (Kampfschriften gegen internationale Organisation.; „Dolchstoß“-Legende)

Arbeiterunruhen in Wien, Brand des Justizpalastes

Abbruch der diplomat. Beziehungen Großbrit. zur USSR

Brit. Gewerkschaftsgesetz schränkt Arbeiterbewegung ein

Brit. Vertrag mit Irak, erkennt ihn als unabhängigen Staat an. Brit. Mandat bleibt erhalten

Brit. Kommission zum Studium ind. Verfassungsfragen

Südafrikan. Union schafft eigenes Außenministerium und Frauenwahlrecht

Autonomiebewegung in Elsaß-Lothringen (1928 scharf bekämpft)

Freundschaftsvertrag Jugoslawien—Frankreich

Literatur-*Nobel*preis an *Henri Bergson* (Frankr.)

Benn: Gesammelte Gedichte

F. Blei: „Glanz u. Elend berühmter Frauen“

Bonsels: „Mario und die Tiere“ (Erzählung)

† *Georg Brandes (Cohen)*, dän. Literaturkritiker u. Schriftsteller; Wegbereiter des Naturalismus (* 1842)

Brecht: „Hauspostille“ (Gedichte)

Willa Cather: „Der Tod kommt zum Erzbischof“ (nordamerik. Roman)

Jean Cocteau (* 1892, † 1963): „Ödipus rex“ (frz. Schausp., vertont v. *Igor Strawinsky*) u. „Orpheus“ (frz. Schauspiel)

Duun: „Olsoy - Burschen“ (norweg. Rom.)

Erskine: „Adam und Eva“ (nordam. Roman)

Alexander A. Fadjejew (*1901): „Vernichtung“ (russ. Novelle)

Bruno Frank: „Zwölftausend“ (Schauspiel)

Leonhard Frank: „Karl und Anna“ (Erzählung)

Friedrich von Gagern (* 1882, † 1947): „Das Grenzerbuch“ (Geschichte der nordamerikan. Indianergrenze)

Gide: „Tagebuch der Falschmünzer“ (franz. Roman)

Jean Giraudoux (* 1882, † 1944): „Eglantine“ (frz. Roman)

Oskar Maria Graf (* 1894, † 1967): „Wir sind Gefangene“ (Autobiographie)

Friedrich Griese (* 1890): „Winter“ (Roman)

† *Maximilian Harden,* dt. Schriftsteller; Herausgeber der „Zukunft“

Léon Brunschvicg (* 1869, † 1944): „Der Fortschritt des Wissens in d. abendl. Philosophie“ (frz. Rationalismus)

† *Houston Stewart Chamberlain,* engl.-dt. Philosoph, Schwiegersohn *Richard Wagners*; gilt als Vorläufer der nationalsozialist. Rassenideologen (* 1855)

A. Deißmann: „Die Stockholmer Bewegung“ (protest.)

Freud: „Die Zukunft einer Illusion“ (Religionspsychologie)

Th. Haecker: „Christentum und Kultur“ (kathol. Kulturphilosophie)

Harnack: „Die Entstehung der christlichen Theologie und des kirchlichen Dogmas“ (protestant.)

Heidegger: „Sein und Zeit“ (Begründung einer weltlichen Existential-Philosophie)

L. Klages: „Persönlichkeit“

E. Krieck: „Bildungssysteme d. Kulturvölker“

Lucien Lévy-Brühl (* 1857, † 1939): „Die geistige Welt d. Primitiven“ (frz. Ethnologie)

M. Maeterlinck: „Das Leben der Termiten“ (belg. philosoph. Naturbeschreibung)

Müller-Freienfels: „Geheimnisse der Seele“

F. Oppenheimer: „System der Soziologie“ (3 Bände seit 1922)

Peter Petersen entwickelt auf der IV. internationalen Konferenz für Erneuerung der Erziehung in Locarno seinen „Jenaplan“: Für Schule mit lebendigem Gruppenunterricht. Gegen „Lern- u. Lehrschulen“

Ernst Benkard (* 1884, † 1946): „Das ewige Antlitz" (Sammlung von Totenmasken)

Braque: „Glas und Früchte" (frz. express. Gemälde)

Edward Burra (* 1905): „Terrasse" (engl. express. Gemälde)

Chagall: Illustr. z. „Die Toten Seelen" v. *Gogol*, (s. 1923)

Le Corbusier: Haus der Weißenhofsiedlung, Stuttgart (Architektur d. Neuen Sachlichkeit)

Charles Demuth (* 1883, † 1935): „Ägyptische Impression" (nordam. kubist. Gemälde)

K. Hofer: „Jazzband", „Stilleben" und „Knabe mit Ball" (express. Gem.)

Edward Hopper (* 1882): „An der Manhattan-Brücke" (nordamerikan. Gemälde in neusachlichem Stil)

A. Kanoldt: „Stillleben" (sachlicher Stil)

Kokoschka: „Courmajeur 1927" (alpines Landschaftsbild)

Fritz Koelle: „Der Bergmann" (Bronzeplastik)

Kollwitz: „Arbeiterfrau mit schlafendem Jungen" (Lithogr.)

Mies van der Rohe: Wohnbauten Afrikan. Str., Berlin

G. A. Munzer: Marineehrenmal bei Laboe (bis 1936)

Pechstein: „Lupowmündung" (Gem.)

d'Albert: „Der Golem" (Oper)

Bachs „Kunst der Fuge" in der Einrichtung von *Wolfgang Gräser* (* 1906, † 1928, Selbstmord) unter Thomaskantor *Karl Straube* uraufgeführt

Graener: „Hanneles Himmelfahrt" (Oper)

Alois Hába (* 1893, Tschech.): „Neue Harmonielehre des diatonischen chromatischen Viertel-, Drittel-, Sechstel- und Zwölfteltonsystems" (deutsche Übersetzung)

† *Friedrich Hegar*, Schweizer Komponist; u. a. Männerchöre (* 1841)

Hindemith: „Felix der Kater" (Filmmusik für mechanische Orgel)

Honegger: „Antigone" (schweiz.-frz. Oper, Text von *J. Cocteau*)

Křenek: „Jonny spielt auf" (Jazzoper), „Der Diktator" („tragische" Oper), „Das geheime Königreich" (Märchenoper) u. „Schwergewicht oder die Ehre der Nation" (burleske Operette)

Lehár: „Der Zarewitsch" (Operette)

Malipiero: „Philomela und ihr Narr" (ital. Oper)

Milhaud: „3 Opéras minutes" (frz. Oper)

Ravel: Violinsonate (frz. Komposition)

Physik-*Nobel*preis an *A. H. Compton* (USA) für Erforschung des Stoßes zwischen *Röntgen*quant und Elektron und an *C. T. Wilson* (Großbrit.) für Sichtbarmachung atomarer Teilchen in der Nebelkammer

Chemie-*Nobel*preis an *Hch. Wieland* (Dt.) für Konstitutionsaufklärung der Gallensäuren

Medizin-*Nobel*preis an *J. Wagner von Jauregg* (Österr.) für Malariatherapie der Paralyse (Heilfieber)

† *Svante Arrhenius*, schwed. Naturforscher; *Nobel*preis 1903 (* 1859)

Adolf Bach: „Die Siedlungsnamen des Taunusgebietes" (philologische Geschichtsforschung nach *Wilhelm Arnold*)

Bilau: „Die Windkraft in Theorie und Praxis"

Davidson Black: Ausgrabungen von Resten der altsteinzeitl. Peking-Affenmenschen („Sinanthropus", erste Funde 1920)

Theodor Brugsch (* 1878): „Spezielle Pathologie und Therapie innerer Erkrankungen" (2 Bände seit 1914)

C. J. Davisson und *L. H. Germer* sowie unabhängig *Georg Paget Thomson* (* 1892) weisen durch Interferenzversuche die Materiewellen der Elektronen und damit ihren Teilchen-Welle-Dualismus nach

***Otto Diels* (* 1876) und *Kurt Alder* (* 1902, † 1958) finden chemische Diën-Synthese zur Erzeugung wichtiger organischer Stoffe**

W. Dörpfeld: „Alt-Ithaka" (Bericht über eigene Ausgrabungen, 2 Bände)

Artur Fürst (* 1880, † 1926): „Das Weltreich der Technik" (gemeinverständlich, 4 Bände seit 1923)

R. Geiger: „Das Klima der bodennahen Luftschichten" (Mikroklimatologie)

R. Goldschmidt: „Physiologische Theorie der Vererbung"

Sven Hedin beginnt seine schwedisch-dt.-chin. Innerasien-Expedition (bis 1935, errichtet u. a. ständige meteorologische Stationen)

Weltwirtschaftskonferenz in Genf, empfiehlt Liberalisierung der Weltwirtschaft

Weltbevölkerungskongreß in Genf

Welthilfsverband (Großkatastrophendienst des Völkerbundes)

Welt-Funkkonferenz z. Washington

Mit 5475 Schiffen (28 Mill. t) Jahresleistung erreicht der Panamakanal die Grenze seiner Leistungsfähigkeit (führt zur Erwägung eines Nikaraguakanals)

5422 Schiffe mit 337741 Passagieren passieren den Suezkanal

Bau von *Diesel*motorschiffen übertrifft mit 1,6 Mill. BRT erstmalig den von Dampfschiffen (1,5 Mill.).

Pflichtversicherung gegen Arbeitslosigkeit in Deutschland

Reichsarbeitsgericht beim Reichsgericht

Arbeits- u. Kündigungsschutzgesetz für werdende und stillende Mütter in Deutschland

Dt. Lebensmittelgesetz (1936 geändert)

Reichsgesetz zur Bekämpfung der Geschlechtskrankheiten

Preußische Elektrizitäts-AG (Zusammenfassung staatlicher Unternehmen)

(1927)

Faschist. Arbeitsrecht in Italien („Carta del lavoro“)

Zwangskorporationen als berufsständische Körperschaften in Italien

Freundschaftsvertrag Ungarn—Italien

Attentate auf *Mussolini* und den ital. König. Wiedereinführung der Todesstrafe

Tschechoslowakische Verwaltungsreform schafft böhmische, slowakische und karpatoruss. Landesvertretungen (ab 1929)

Auflösung des poln. Parlaments und Verhaftung zahlreicher oppositioneller Abgeordneter

USA-Anleihe für Polen

Poln. Grenzzonenverordnung erschwert die Lage der nationalen Minderheiten

† *Ferdinand I.*, König von Rumänien seit 1914 (* 1865). *Michael* (unmündig) König von Rumänien bis 1930 (und ab 1940); sein Vater *Carol (II.)* mußte wegen Eheskandals mit Mme. *Lupescu* 1926 auf den Thron verzichten, regiert aber ab 1930

† *Jonel Bratianu*, liberaler rumän. Politiker; war seit 1909 5mal Ministerpräsident (* 1864). Ende des maßgebenden liberalen Einflusses

Codreanu gründet rumän.-faschist. „Legion Erzengel Michael“ (1931 „Eiserne Garde“, 1933 verboten)

Sinowjew und *Trotzki* als Oppositionsführer aus der kommunist. Partei ausgeschlossen (1926 war *Sinowjew* als Leiter der 3. Internationale abgesetzt worden); *Trotzki* wird nach Turkestan verbannt

Erster Fünfjahresplan und Kollektivierung der Landwirtschaft in der USSR vom kommunist. Parteitag beschlossen

Kemal Atatürk: „Die neue Türkei“ (große programmat. Rede des Staatspräsidenten)

Persien schließt Freundschaftsverträge mit Afghanistan und USSR und führt Gesetzbuch nach frz. Muster ein

---

von 1892 bis 1923; kämpfte gegen Hofkamarilla i. Berlin (* 1861)

W. Hasenclever: „Ein besserer Herr“ (satir. Komödie)

Hemingway: „Männer ohne Frauen“ (nordamerikan. Roman)

H. Hesse: „Der Steppenwolf“ (Roman)

Rudolf Huch: „Spiel am Ufer“ (Roman)

† *Jerome K. Jerome*, engl. humorist. Dichter (* 1859)

F. Kafka: „Amerika“ (österr. Rom, posthum)

Hermann Kesten (* 1900): „Josef sucht die Freiheit“ (Roman)

Kisch: „Zaren, Popen, Bolschewiken“ (journal. Reisebericht aus Rußl.)

Kolbenheyer: „Das Lächeln der Penaten“ (Roman)

Th. E. Lawrence: „Aufstand i. d. Wüste“ (engl.)

Lewis: „Elmer Gantry“ (nordamerikan. Roman)

H. Mann: „Mutter Maria“ (Roman)

Francois Mauriac (* 1885): „Thérèse Desqueyroux“ (frz. Roman)

Miegel: „Spiele“ (dramatische Dichtungen)

Ralph Hale Mottram (* 1883): „Der spanische Pachthof“ (Romantrilogie seit 1924)

Rob. Neumann (* 1897, † 1975): „Mit fremden Federn“ (Parodien)

Ponten: „Die Studenten von Lyon“ (Roman)

Marcel Proust (* 1871, † 1922): „Auf der Suche nach der verlorenen Zeit“ (frz. Romanzyklus seit 1913)

Ringelnatz: „Reisebriefe eines Artisten“ (Gedichte)

Ranade u. *Belvalkar*: „Geschichte d. ind. Philosophie“ (1. Band)

B. Russell: „Analyse der Materie“ (engl. empirist. Naturphilosophie)

R. Steiner: „Eurhythmie als sichtbare Sprache. Eurhythmie als sichtbarer Gesang“ (anthroposophische Ausdruckskunst; posthum)

Alfred Weber: „Ideen der Staats- und Kultursoziologie“

Konferenz für Glaube und Kirchenverfassung (kirchl. Einigungsbestrebung)

Museum für Mission und Völkerkunde (Lateran, Rom)

Siebenjähriger Seminarkursus für sächs. Volksschullehrer

„Das Landschulheim“ (Zeitschrift)

„Handbuch der Arbeitswissenschaft“

„Handwörterbuch des deutschen Aberglaubens“ (herausgegeben von *Bächtold-Stäubli*)

Pinder: „Das Problem der Generation" (betrachtet kunstgeschichtl. Ablauf nach Generationen)

Emil Preetorius, Professor an der Staatsschule für angewandte Kunst in München

Walter F. Schubert: „Die deutsche Werbegraphik"

Slevogt: Illustrationen zum „Faust" (seit 1922)

Bruno Taut: „Ein Wohnhaus" (Beschreibung eines modernen Einfamilienhauses mit direktem Sonnenlicht für jeden Raum und hausarbeitssparendem Zuschnitt)

Zille: „Das große Zille-Album" Zeichnungen aus den Arbeitervierteln Berlins)

Geradlinige Möbel ohne Ornamente

„Der Jazzsänger" (erster erfolgreicher USA-Tonfilm von *A. Crossland* mit *Al Jolson*, † 1950)

„Unterwelt" (nordamer. Film von *Josef v. Sternberg*); „Liebe" (nordamer. Film mit *G. Garbo* und *J. Gilbert* n. „Anna Karenina"); „Hochzeitsmarsch" (nordamer. Film von *Stroheim*); „Das Fleisch und der Teufel" (nordam. Film von *Clarence Brown* mit *G. Garbo, J. Gilbert*); „Der König der Könige" (nordam. Christus-

Respighi: „Die versunkene Glocke" (ital. Oper nach *Gerhart Hauptmann*)

Reznicek: „Satuala" (Oper)

A. Schönberg: „Die glückliche Hand" (Drama mit Musik in express. Stil)

Dimitri Schostakowitsch (* 1906, † 1975): 1. Symphonie (russische Komposition)

Strawinsky: „Ödipus rex" (russ. szenisches Oratorium)

Kurt Thomas: „Markuspassion" (Kirchenmusik)

Weill: „Der Protagonist" und „Royal Palace" (Jazzopern)

Jaromir Weinberger (* 1896, † 1967): „Schwanda d. Dudelsackpfeifer" (tschech. Oper)

Wolf-Ferrari: „Sly", „Das Himmelskleid" (Opern)

Internationale Gesellschaft für Musikwissensch., Basel

Welt-Musik- und Sanges-Bund, Wien

Jörg Mager: Sphärophon (elektr. Musikinstrument)

Leo Theremin: Ätherwellenmusik (elektroakustisches Musikinstrument)

Erfolge der Negertänzerin *Josephine Baker* in Paris

„Showboat" (US-Musical, gilt als 1. d. typ. Form) mit dem Song „Ol' man River"

W. Heitler u. *Fritz London* erklären chemische Bindungskräfte durch quantenphysikalische Wechselwirkung elektrisch geladener Teilchen und führen damit im Prinzip die Chemie auf die Physik zurück

Alfred Hettner (* 1859, † 1941): „Die Geographie, ihre Geschichte, ihr Wesen und ihre Methoden" (vom Herausgeber der „Geographischen Zeitschrift" seit 1895)

M. Hirmer: „Handbuch der Paläobotanik" (Zusammenfassung der vorzeitlichen Pflanzenkunde)

H. J. Muller findet Erbänderungen der Taufliege durch *Röntgen*strahlen (Begründung der Strahlengenetik)

O. Naegeli: „Allgemeine Konstitutionslehre" (moderner medizinischer Zentralbegriff)

Nikolai K. Koltzoff (* 1870, † 1940): „Die physikochemischen Grundlagen der Morphologie" (Aufbau d. Zelle aus Molekülen u. Mizellen)

Oort: Rotation d. Milchstraße

Ramon entwickelt aktive Schutzimpfung gegen Wundstarrkrampf (1936 beim frz. Heer eingeführt, 1944 für frz. Kinder)

Ferdinand Sauerbruch Professor für Chirurgie in Berlin

v. Sengbusch: Auffindung der Süßlupine durch Schnellbestimmungsmethode der Bitterstoffe (führt zur systemat. Züchtung u. Anwendung)

Johannes Weigelt: „Rezente Wirbeltierleichen und ihre paläobiologische Bedeutung" (sog. „Aktuopaläontologie")

R. Wideröe u. *M. Steenbeck:* Prinzip d. Betatrons (Elektronenschleuder)

R. W. Wood und *A. L. Loomis* untersuchen physikalische und biologische Effekte des Ultraschalls

L. Woolley findet in Ur (Babylonien) „Königsgräber von Ur" aus dem —4. Jtsd. mit Menschenopfern, „Mosaik-Standarte", reichem Kopfschmuck

„Jahresberichte für deutsche Geschichte"

Gesellschaftstanz Slowfox

Vickers-Armstrong Ltd., London (britische Maschinen-, Schiffs- und Rüstungsindustrie)

W. Schmidt und *G. Heise:* „Welthandelsatlas"

W. Vershofen: „Die Grenzen der Rationalisierung"

E. Dovifat: „Der amerikan. Journalismus" (Zeitungswissenschaft)

„Handwörterbuch des Kaufmanns" (5 Bände seit 1925)

Deutsche Einzelhandelsumsätze 34 Mrd. RM = rd. 50% des Volkseinkommens

„Auslese" (Monatsschrift mit Auszügen aus Zeitschriften vieler Länder)

Charles A. Lindbergh (* 1902, † 1974) überfliegt Nordatlantik in West-Ost-Richtung (etwa 6000 km in 33,5 Stunden), wird begeistert gefeiert und zum Nationalhelden der USA

Am Vorabend d. Lindberghfluges mißlingt ein frz. Versuch ein. Atlantikfluges

Walter Mittelholzer (* 1894, † 1937): „Afrikaflug"

Ferdinand Schulz: 4 Stunden Segelflug i. d. Rhön

Einführung des Motorschlepps für Segelflugzeuge in Deutschland

Eröffn. d. Nürburgring-Rennstrecke i. d. Eifel

(1927)

Bötzke (Dt.) Finanzberater der pers. Regierung

Nahas Pascha übernimmt Führung der ägypt. Wafd-Partei

USA unterstützen den konservativen Präsidenten *Diaz* von Nikaragua, Mexiko den liberalen Gegenpräsidenten. Protest der ABC-Staaten gegen Besetzung Nikaraguas durch USA-Truppen

Sacco und *Vanzetti* in Mass./USA hinger. (1921 wegen angebl. Raubmordes verurteilt; starke Reaktion in der ganzen Welt auf diesen Justizskandal)

Brit. Kapitalgruppen erwägen Konkurrenzbau zum Panamakanal. Kolumbien lehnt Konzession ab

Diktatur des Generals *Ibanez* in Chile bis 1931 (wird durch soziale Unruhen während der Weltwirtschaftskrise beendet)

Neue australische Hauptstadt Canberra eingeweiht (gegründet 1913)

Nanking-Regierung unter *Tschiang Kai-schek*. Ausschluß der Kommunisten aus der Kuomintang. Sowjetische Berater verlassen China

Kommunist. Regierungen in den chin. Provinzen Kiangsi und Fukien unter *Mao Tse-tung* und *Tschu-Te* (1934 von *Tschiang Kai-schek* beseitigt)

Bankkrise und Depression in Japan. General *Tanaka* japan. Ministerpräsident bis 1929 († 1930); leitet expansive Mandschurei- und Mongolei-Politik ein

Japan besetzt Shantung. Offener Konflikt mit China

A. Schaeffer: „Odyssee" (Nachdichtung)

Schnitzler: „Spiel im Morgengrauen" (Novellen)

Sinclair: „Petroleum" (nordamerikan. sozialist. Roman)

Thieß: „Abschied vom Paradies", „Frauenraub" (Romane)

E. Toller: „Hoppla, wir leben!" (Bühnenstück)

Br. Traven: „Der Schatz der Sierra Madre" (Roman)

Undset: „Olav Audunsson" (norweg. Roman, 4 Bände seit 1925)

E. Utitz: „Überwindung des Expressionismus" (Progr. d. „Neuen Sachlichkeit" i. d. Literatur)

Georg von der Vring (* 1889): „Soldat Suhren" (Roman)

Th. N. Wilder: „Die Brücke von San Luis Rey" (nordamerikan. Erzählung)

Wildgans: „Kirbisch" (Hexameter-Epos)

Friedrich Wolf (* 1888): „Kolonne Hund" (gesellschaftskrit. Schauspiel)

Virginia Woolf: „Die Fahrt zum Leuchtturm" (engl. Roman)

E. Zahn: „Die Hochzeit des Gaudenz Orell" (Schweiz. Roman)

Zuckmayer: „Schinderhannes" (Drama)

A. Zweig: „Der Streit um den Sergeanten Grischa" (Weltkriegsromantrilogie)

St. Zweig: „Volpone" (Komödie nach *Ben Jonson*)

Frankfurt/M. stiftet *Goethe*preis von jährlich 10000 Mark (Preisträger: *Stefan George*, *Albert Schweitzer*, *Ricarda Huch*, *Gerhart Hauptmann*, *Hermann Stehr*, *Hans Pfitzner*, *Hermann Stegemann*, *Georg Kolbe*, *E. G. Kolbenheyer*, *Hans Carossa*, *Thomas Mann* u. a.)

„The Cambridge History of English Literature" (engl. Literaturgeschichte, 15 Bände seit 1907)

Der prozentuale Anteil der einzelnen bibliographischen Gebiete an der Gesamtbücherproduktion in dt. Sprache (zum Vergl. 1740): Allgemeines 1,95% (5,33), Theologie 8,27 (37,54), Rechts- und Staatswissenschaften 11,90 (14,22), Heilkunde 3,76 (6,65), Naturwissenschaft, Mathematik 3,87 (3,34), Philosophie 1,85 (3,59), Erziehung, Jugendschriften 19,21 (1,63), Sprach- und Literaturwissenschaft 2,84 (3,14), Geschichte 4,81 (9,55), Erdkunde 2,63 (1,89); Kriegswissenschaften 0,68, Handel, Verkehr, Gewerbe, Bau- und Ingenieurwissenschaften 9,20, Haus-, Land- und Forstwissenschaft 2,94, zus. 12,82 (1,09); Schöne Literatur 16,32 (7,84), Kunst 4,99 (0,96), Verschiedenes 4,78 (3,23)

film von *C. B. de Mille)*

„Berlin, Symphonie einer Großstadt" (Film von *Walter Ruttmann*, * 1888 † 1942)

Institut zur Erforschung und Bekämpfung der Maul- und Klauenseuche auf der Insel Riems vor Greifswald (Herstellung des *Löffler*-Serums)

Deutsche Gesellschaft für Rheumabekämpfung

Erster öffentlicher Bildtelegraph Berlin—Wien

Überseeische Funksprechverbindungen

Rundfunkgeräte mit vollem Netzanschluß

Mehrfachtelegraphie auf Einfachleitung durch hochfrequent abgestimmte Sender und Empfänger

Leunabenzin aus Braunkohle nach *Bergin*verfahren

Dt. Kohlenstaublokomotive und Hochdrucklokomotive (60 at)

*Diesel*motor für 10000 kW Leistung (MAN für *Blohm & Voss*)

Rotations-Schnellpresse druckt in einer Stunde 100000 12-seitige Zeitungen

*Hindenburg*damm zur Insel Sylt (11 km)

Expeditionen in China nur unter chinesischer Aufsicht gestattet

„Psychotechnische Zeitschrift"

T. H. Berlin eröffn. Studienweg d. „Wirtschaftingenieurs"

Dt. Forschungsschiff „Meteor" entd. mit Echolot d. mittelatlantische Schwelle (diese ozean. Schwellen erweisen sich als d. Ursprung der Meeresboden-Ausbreitung, ein Grundphänomen d. Plattentektonik. Vgl. 1954, 1970)

Johnny Weißmüller (USA) schwimmt Freistilweltrekord über 100 Yards in 51,0 Sekunden

Suzanne Lenglen: „Tennis"

E. Matthias: „Tennis" (Standardwerk)

Alexander Aljechin (Rußland, * 1892, † 1946) erringt Schachweltmeisterschaft gegen *Capablanca* (Weltmeister bis 1935 und ab 1937)

Ausstellung „Das Wochenende" in Berlin (belebt die dt. Wochenendbewegung)

„Werkstoffschau" in Berlin

Intern. Blumenversand „Fleurop" gegrdt.

Seit 1908 wurden i. d. USA 15070033 Ford-Autos Modell T gebaut (meistgebautes Auto d. Welt. 1972 überschreitet die Volkswagenproduktion diese Zahl)

~ 1927–29 werden 20 Ozeanflüge mit Flugzeug (7 über Nordatlantik) gezählt. Außerdem 5 Luftschiffflüge Dtl.–Amerika

1928

Der USA-Außenminister *Frank Kellogg* erreicht einen Kriegsächtungspakt: „Kellogg-Pakt"; unterschrieben von USA, Frankreich, Großbritannien, Deutschland, Belgien, Italien, Japan, Polen, Tschechoslowakei, brit. Dominions (b. Ende 1929 unterschr. 54 Staaten)

Länderinteressen setzen sich in Deutschland gegen vereinheitlichende Reichsreform durch

Nach Rücktritt von *O. Geßler* wird *Groener* dt. Reichswehrminister

Große Regierungskoalition SPD bis Volkspartei bis 1930

Hermann Müller (SPD) dt. Reichskanzler bis 1930; nimmt Bau des Panzerkreuzers A in Angriff

Wilhelm Leuschner (* 1890, † 1944, hingerichtet) hessischer Innenminister (seit 1926 Bezirksvorsitzender der Gewerkschaften)

Alfred Hugenberg (* 1865, † 1951), Vorsitzender der Deutschnational. Volkspartei; bedeutet scharf nationalist. Oppositionspolitik (*H.* war von 1909 bis 1918 Vorsitzender des *Krupp*-Direktoriums, grdte. s. d. Krieg Nachrichten/Film-Konzern)

L. Kaas (* 1881, † 1952) Zentrums-Vors. bis 1933 (nach *W. Marx*)

Hans von Seeckt: „Gedanken eines Soldaten"

Reichs-Osthilfe für verschuldeten Landbesitz in Ostpreußen (führt zu heftigen polit. Auseinandersetzungen über d. Verw. der Gelder)

Wilhelm Miklas (christl.-sozial) österr. Bundespräsident bis 1938

Völkerbund anerkennt bedingungslose Neutralität der Schweiz

Wahlsieg der Regierung *R. Poincaré*. Abwertung und Stabilisierung des frz. Franken

Frz. nationalist. Feuerkreuz-Verband (1936 aufgelöst)

Wahlalter der Frauen in Großbritannien von 30 auf 21 Jahre herabgesetzt

Agypten lehnt brit. Vertragsentwurf für den Status des Landes ab. Entsendung brit. Kriegsschiffe. Wafd-Führer *Nahas Pascha* wird Ministerpräsident und muß wieder

Literatur-*Nobel*preis an *S. Undset* (Norweg.)

Ernst Barlach: „Ein selbsterzähltes Leben" (Autobiographie)

Benn: Gesammelte Prosa

R. G. Binding: „Erlebtes Leben" Autobiograph.)

Hans Friedrich Blunck (* 1888): „Urvätersaga" (Romantrilogie)

G. A. E. Bogeng: „Geschichte der Buchdrukkerkunst" (1. Band bis 1500; 2. Band 1941: ab 1500)

André Breton (*1896, + 1966): „Nadja" (frz. Erz. eines „klassischen" Surrealismus)

Colette: „Tagesanbruch" (frz. Roman)

Antoon Coolen: „Brabanter Volk" (niederl. Rom.)

Th. Däubler: „L'Africana" (Roman)

Tilla Durieux (Schauspielerin): „Eine Tür fällt ins Schloß" (Schauspielerroman)

Paul Eipper (* 1891): „Tiere sehen dich an"

Paul Ernst: „Das Kaiserbuch" (Versepos seit 1923)

Galsworthy: „Schwanengesang" (engl. Roman)

Frederico Garcia Lorca (* 1899, † 1936, von Faschisten ermordet): „Zigeunerromanzen" (span. Lyrik, seit 1924)

Horst Wolfram Geißler: „Gestaltungen des Faust, die bedeutendsten Werke der Faustdichtung seit 1587" (3 Bände)

St. George: „Das neue Reich" (Gedichte)

Ernst Glaeser (* 1902): „Jahrgang 1902" (Rom.)

Alex. von Gleichen-Rußwurm: „Weltgeschichte in Anekdoten"

Ludwig Binswanger (* 1881, † 1966): „Wandlungen i. d. Auffassung und der Deutung des Traumes von den Griechen bis zur Gegenwart"

R. Carnap: „Scheinprobleme in der Philosophie. Das Fremdpsychologische und der Realismusstreit" (Neopositivismus im Sinne eines logischen Empirismus) und „Der logische Aufbau der Welt" (angewandte Logistik)

Friedrich Gogarten (* 1887): „Die Schuld der Kirche gegen die Welt" (a. d. Schule der Dialektischen Theolog.)

Groethuysen: „Philosoph. Anthropologie"

Karl Joël (*1864, + 1934): „Wandlungen der Weltanschauung" (Philosoph. ein. organ. Weltauffassg.)

C. G. Jung: „Die Beziehungen zw. dem Ich und dem Unbewußten" (Schweiz. Psychoanal.)

Hermann von Keyserling: „Das Spektrum Europas"

Wilhelm Lange-Eichbaum: „Genie, Irrsinn und Ruhm"

Hans Leisegang: „Denkformen" (Darstellung verschiedener Logiken)

Lindsey: „Die Kameradschaftsehe" (für Auflockerung der Eheform)

E. Ludwig: „Der Menschensohn" (Jesusbiogr.)

Salvador de Madariaga (* 1885): „Engländer, Franzosen, Spanier" (span. Völkerpsychol.)

Richard v. Mises (* 1883, † 1953): „Wahrscheinlichkeit, Statistik und Wahrheit" (erkenntnistheoret. Schrift)

Barlach: „Der Geisteskämpfer“ (oder „Sieg d. Wahrheit“), „Singender Mann“ (Bronzeplastik)

Beckmann: „Blick aufs blaue Meer“, „Schwarze Lilien“, „Damen am Fenster“ (express. Gemälde)

Braque: „Stilleben mit Krug“ (frz. kubist. Gemälde)

Wilhelm Büning (* 1881): „Bauanatomie“ (moderne Architektur)

Chagall: „Hochzeiterin“

Otto Dix (* 1891, † 1969): „Großstadt“ (Triptychon)

Martin Elsaesser (* 1884): Großmarkthalle i. Frankf./M. (1927)

K. Hofer: „Selbstbildnis“ (Gemälde)

† *Leopold von Kalckreuth*, dt. naturalist. Maler (* 1855)

Hugo Lederer: „Läufergruppe“ (Bronzeplastik)

Ed. Munch: „Mädchen, auf dem Sofa sitzend“ (norweg. express. Gemälde)

Georgia O'Keeffe (* 1887): „Nachtwoge“ (nordamer. abstraktes Gemälde)

Pinder: „Deutsche Plastik vom Ausgange des Mittelalters bis zum Ende der Renaissance“ (2 Bände seit 1914)

Schultze-Naumburg: „Kunst und Rasse“

† *Franz von Stuck*, dt. Maler und Gebrauchsgraphiker (* 1863)

d'Albert: „Die schwarze Orchidee“ (Oper)

„Musikalisch. Opfer“ von *J. S. Bach* von Thomaskantor *Straube* uraufgeführt

Gershwin: „Ein Amerikaner in Paris“ (nordamerik. symph. Dichtung im Jazzstil)

Tatjana Gsovsky (*1901) leitet Ballett-Schule in Berlin

Honegger: „Rugby“ (schweizer.-frz. symph. Dichtung)

Clemens Krauß (* 1893, † 1954), österr. Kapellmeister, wird Direktor der Staatsoper in Wien (1934 in Berlin, 1936 in München)

Josef Lechthaler (* 1891): „Stabat mater“ (für Einzelstimmen, Chor, Orgel und Orchester; österr. kathol. Kirchenmusik)

Lehár: „Friederike“ (Singspiel)

Ravel: „Boléro“ (frz. Komposition)

Albert Roussel: Klavierkonzert (frz. Komposition)

Fedor I. Schaljapin (* 1873, † 1938, russischer Bassist): „Mein Werden“ (Autobiographie)

R. Strauss: „Die ägyptische Helena“ (Oper mit Text von *Hugo von Hofmannsthal*)

Physik-*Nobel*preis an *O. Richardson* (USA) für Gesetz für Elektronenaustritt aus erhitzten Metallen (Glühemission)

Chemie-*Nobel*preis an *Adolf Windaus* (Dt., * 1876); besonders Vitamin-D-Forschung

Medizin-*Nobel*preis an *Ch. Nicolle* (Frankr.) für Typhusforschung

† *Roald Amundsen*, norweg. Polarforscher, auf einem Rettungsflug für die Besatzung des verunglückten Luftschiffes „Italia“, das auf einer Polfahrt unter *Nobile* verunglückte (* 1872)

E. Bäcklin aus dem Institut von *Siegbahn* macht Präzisionsmessungen von *Röntgen*wellenlängen (gestattet genaue Bestimmung atomarer Konstanten)

E. Baur und *Max Hartmann:* „Handbuch der Vererbungswissenschaft“ beginnt zu erscheinen

Niels Bohr löst den Welle-Teilchen-Widerspruch der Quantenphysik durch Einführung des „Komplementaritäts“-Begriffes

K. H. Bauer (* 1890): Mutationstheorie d. Krebsentst. (gew. wachs. Bedtg.)

J. Braun-Blanquet: „Pflanzensoziologie“

Hans Delbrück: „Weltgeschichte“ (5 Bände seit 1924)

Paul A. M. Dirac (* 1902) erweitert quantenphysikalische Wellenmechanik unter Berücksichtigung der Relativitätstheorie: erklärt Drehimpuls und magnetisches Moment des Elektrons

Hans Fischer (* 1881, † 1945): Aufklärung des chemischen Baus vom roten Blutfarbstoff (Hämoglobin)

Alexander Fleming (* 1881, † 1955) entdeckt das Bakteriengift Penicillin in einem Schimmelpilz

Gamow kann die statistischen Grundgesetze des radioaktiven Zerfalls aus der Quantentheorie ableiten

F. Griffith: Übertrag. v. Erbeigensch. zw. Bakterien (Transduktion)

Harington und *Barger:* Synthese d. Schilddrüsen-Hormons Thyroxin

K. Haushofer, Obst, Lautensach, Maull: „Bausteine zur Geopolitik“

Ernst Wagemann: „Konjunkturlehre“

Adolf Weber: „Allgemeine Volkswirtschaftslehre“ (liberaler Standpunkt)

Köhl, Fitzmaurice und *von Hühnefeld* überqueren i. einem *Junkers*-Flugzeug erstmalig d. Atlantik von Ost nach West: 6750 km in 35,5 Stunden

Die ersten Funkzeichen der verunglückten „Italia“-Mannschaft werden von Kurzwellen-Amateuren aufgenommen; 16 Schiffe, 21 Flugzeuge und mehrere Schlittenabteilungen (insges. 1500 Mann) versuchen verunglückte „Italia“-Mannschaft in d. Arktis zu retten. Die Rettg. gelingt vor allem dem Eisbrecher „Krassin“ und dem Flieger *Tschuchnowski*, nachdem *Nobile* sich als erster von d. Flieger *Lundborg* hatte retten lassen

Erster Fünfjahresplan in der USSR

„Großeinkaufsgesellschaft dt. Konsumvereine“ 444 Mill. RM Umsatz (1913: 154 Mill.)

Bau-u. Wohnungsgenossenschaften haben seit ihrem Bestehen etwa 380000 Wohnungen gebaut

(1928)

entlassen werden. Auflösung des ägypt. Parlaments und Aufhebung der Presse- und Versammlungsfreiheit für 3 Jahre

Kanada ernennt eigene diplomat. Vertreter in Japan und Frankreich

Großbritannien anerkennt chin. Nankingregierung unter *Tschiang Kai-schek*

Undemokrat. Wahlgesetz in Italien; ital. Freundschaftsverträge mit Türkei, Griechenland und Abessinien

Tanger-Abkommen gibt Spanien verstärkten Einfluß

Aufstand span. Offiziere (und Studenten 1929) gegen Militärdiktatur wird unterdrückt

Carmona Präsident von Portugal bis 1951 (+). *Antonio de Oliveira Salazar* (*1889, + 1970) portug. Finanzminister; ordnet zerrüttete Finanzen (bildet 1932 diktatorische Regierung)

Achmed Zogu nimmt Königstitel an als *Zogu I.* von Albanien

† *Stefan Radic* (von serb. Radikalen ermordet), Kroatenführer (* 1871); Kroaten verlassen jugoslaw. Parlament und eröffnen separatist. Landtag in Agram

I. Maniu (Nationale Bauernpartei) stürzt liberale rumän. Regierung (mit Unterbrechung seit 1922), wird Ministerpräsident bis 1930

Venizelos wird nach Rückkehr griech. Ministerpräsident bis 1932

Erstmalig konservative Bauernbundregierung in Lettland

Syrische Nationalversammlung gebildet

Wirtschaftl. und kulturelle Reformen in Persien. Aufhebung der Ausländer-Vorrechte

König *Amanullah* von Afghanistan unternimmt Europareise (u. a. Berlin); während seiner Abwesenheit Aufstand der konservativen Fürsten und Geistlichen gegen seine Reformen

Alle ind. Parteien fordern auf einer Konferenz Dominion-Status

Nur etwa 2% der Inder haben Wahlrecht

Kristmann Gudmundsson (* 1902): „Der Morgen des Lebens" (isl.-norw. Roman)

Gundolf: „Shakespeare" (2 Bände)

Marguerite R. Hall: „Quell der Einsamkeit" (engl. Roman)

G. Hauptmann: „Till Eulenspiegel" (Epos) und „Der weiße Heiland" (Schauspiel)

Heinrich Hauser (* 1901): „Brackwasser" (Roman)

Manfred Hausmann (* 1898): „Lampioon küßt Mädchen und junge Birken" (Roman)

A. Huxley: „Kontrapunkt des Lebens" (engl. gesellschaftskrit. Rom.)

Josef Kallinikow (* 1890): „Reliquien" unter dem dt. Titel: „Frauen und Mönche" (russ. Roman, 1. vollst. Ausgabe nach dem russ. Manuskript)

Erich Kästner (* 1899): „Herz auf Taille" (Ged.)

Klabund: „Borgia" (Roman)

† *Klabund* (* 1890, *Alfred Henschke*), dt. Dichter

Lagerlöf: „Anna das Mädchen aus Dalarne" (schwed. Roman)

D. H. Lawrence: „Lady Chatterley's Liebhaber" (engl. Roman)

G. von Le Fort: „Das Schweißtuch der Veronika" (kathol. Roman)

Antonio Machado (* 1875, † 1939): „Poesias completas" (span. Lyriksammlung)

Mauriac: „Schicksale" (frz. Roman)

Molnar: „Spiel i. Schloß" (Komöd.)

Joseph Nadler: „Literaturgeschichte der deutschen Stämme und Landschaften" (4 Bände seit 1912)

Müller-Freienfels: „Metaphysik des Irrationalen"

† *Emmeline Pankhurst*, Führerin der engl. Suffragettenbewegung von 1906 bis 1913; trat mehrmals in den Hungerstreik im Kampf um das Frauenwahlrecht (* 1856)

Ludwig Pastor von Campersfelden (* 1854, † 1928): „Geschichte der Päpste seit dem Ausgang des Mittelalters" (bis 1800; 16 Bände seit 1886)

Papst *Pius XI.* lehnt in der Enzyklika „Mortalium animos" die gesamt-christl. ökumenische Bewegung ab

Hans Reichenbach (* 1891, † 1953): „Philosophie der Raum-Zeitlehre" (Philosophie der Relativitätstheorie im Sinne eines logischen Empirismus)

B. Russell: „Skeptische Essays" (engl. Rationalismus)

Scheler: „Die Stellung des Menschen im Kosmos" (philosoph. Anthropologie mit Stufen der Existenz des Lebendigen)

† *Max Scheler*, dt. Philosoph; verwandte phänomenologische Methode auf Religionsphilosophie, Wertphilosophie, Wissenssoziologie (* 1874)

Albert Schweitzer erhält *Goethe*preis der Stadt Frankfurt/M.

R. Seeberg: „Die Geschichte und Gott" (protestant.)

G. B. Shaw: „Wegweiser für die intelligente Frau zum Sozialismus und Kapitalismus" (engl. Fabian-Sozialismus)

Josef Thorak (*1889, † 1952): „Penthesilea“ (Großplastik) und *Kleist*denkmal, Berlin

W. Tiemann: Kleist-Fraktur (Drucktyp.)

Hochhäuser in Berlin-Siemensstadt (u. a. Schaltwerk der *Siemens-Schuckert*-Werke)

Fr. Winter (* 1905): „Mädchen in Blumen“ (Gem.)

Tagblatt-Turmbau, Stuttgart

Kugelhaus auf der Ausstellung „Die technische Stadt“, Dresden

—

Walt Disney (* 1901, † 1966): Erste Micky-Mouse-Stummfilme (nordamerikan. Zeichentrickfilme)

„Der singende Narr“ (USA-Tonfilm mit *Al Jolson*; damit hat sich der Tonfilm durchgesetzt)

„Zirkus“ (nordam. Film von u. mit *Ch. Chaplin*); „Der Patriot“ (nordamerik. Film von *E. Lubitsch* mit *E. Jannings*)

90% aller Filme stammen aus den USA (dieser starke amerikanische Einfluß wird durch den Tonfilm gemildert)

„Sturm über Asien“ (russ. Film von *Pudowkin*); „Oktober“ (russ. Film von *Eisenstein* u. *Alexandrow*); „Das elfte Jahr“ (russ. Film v. *D. Vertow*)

„Die Frau im Mond“ (Film von *F. Lang*)

Strawinsky: „Apollon musagète“ (russisches Ballett) und „Capriccio für Orchester“ (russ. Komposition)

Ernst Toch (*1887): „Egon u. Emilie“ (Kurzoper nach *Chr. Morgenstern*)

Weill: „Dreigroschenoper“ (Neugestaltung d. engl. „Bettleroper“ im Jazzsongstil, Text von *Bert Brecht*) und „Der Zar läßt sich photographieren“ (groteske Jazzoper nach *Georg Kaiser*)

Weingartner: „Ratschläge für Aufführungen klassischer Symphonien“ (3 Bände seit 1906)

Harald Kreutzberg (* 1902, † 1968) tanzt in „Turandot“ bei den Salzburger Festspielen und wird dadurch bekannt

Elektroakustischer Neo-*Bechstein*-Flügel von *Walther Nernst*

In vier Wochen werden 12 Mill. Schallplatten mit dem *Al-Jolson*-Tonfilmschlager „Sonny Boy“ verkauft

Curt Oertel: „Die steinernen Wunder von Naumburg“ (Kulturfilm)

Jährlich mehr als 12 *Harry-Liedtke*-Filme

Dt. Tonbild Syndikat AG (Tobis, Berlin)

Hedin: „Mein Leben als Entdecker“ (autobiographisch)

Heisenberg stellt quantenphysikalische Unbestimmtheitsbeziehung auf, wonach sich z. B. Ort und Geschwindigkeit eines atomaren Teilchens nicht gleichzeitig beliebig genau bestimmen lassen (s. a. *Bohr*)

D. Hilbert und *W. Ackermann:* „Grundzüge der theoretischen Logik“ (Logik in mathematischer Form)

Polizeibildfunk (nach *A. Korn*)

Gustav Kossinna (* 1858, † 1931): „Ursprung und Verbreitung der Germanen in vorgeschichtlicher Zeit“ (Archäologie)

† *Hendrik Antoon Lorentz*, niederl. Physiker; *Nobel*preis 1902 (* 1853)

Th. H. Morgan: „Die Theorie des Gens“ (nach den Ergebnissen seiner Schule an der Columbia-Universität, USA; siedelt an das Kalifornische Institut für Technologie um)

Th. H. Morgan und seine Schüler: Chromosomen-Karten der Taufliege (lineare Anordnung u. Lokalisierung d. Gene als Erbfaktoren, ein Höhepunkt der experimentellen Genetik; entw. seit 1919)

J. v. Neumann: Anfänge einer Spieltheorie (vgl. 1944)

Chandraschara Venkata Raman (*1888, † 1970) entdeckt die von *Smekal* vorhergesagte charakteristische Lichtstreuung an Molekülen (dieser „Raman-Effekt“ wird wichtig zur Strukturbest. von Molekülen)

R. Richter: „Psychische Reaktionen fossiler Tiere“ (Versuch einer physiologischen Paläopsychologie)

P. Schmidt: „Das überwundene Alter. Wege zu Verjüngung und Leistungssteigerung“

A. Sommerfeld: Quantenphysikalische Elektronentheorie d. Metalle

H. Sörgel: Atlantropa-Projekt (Senkung des Mittelmeerspiegels durch Gibraltar-Damm)

Thoms: „Handbuch der wissenschaftlichen und praktischen Pharmazie“ (seit 1924)

Voronoff: „Die Eroberung des Lebens“ (Verjüngung durch Drüsenübertragung)

In Deutschld. entstehen zahlreiche mod. u. hygien. Kleinwohnungsbauten (Reihensiedlungen, Wohnblocks)

In Deutschl. fehl. 550000 Wohnungen, 300000 sind abbruchreif

General Motors übernimmt *Opel*werke als AG

Intern. Föderation d. Nationalen Normen-Vereinigungen (ISA) gegrdt.

Stier-Somlo und *A. Elster:* „Handwörterbuch der Rechtswissenschaft“ (6 Bände seit 1926)

„Handwörterbuch der Betriebswirtschaft“ (5 Bände seit 1926)

„Die Ernährung“, Ausstellung in Bln.

„Ila“ in Berlin (internationale Luftfahrtausstellung)

Presseausstellung „Pressa“ in Köln

Neue Arbeiten zur Trockenlegung d. Pontinisch. Sümpfe (Anfänge 1899)

Olympiade in Amsterdam

„die neue linie“ (Modezeitschrift)

„Garçon“-Stil in der Frauenmode

„Denken u. Raten“ (Rätsel- u. Denksport-Zeitschrift)

Neue dt. Skatordnung für den Einheitsskat

Sonja Henie (Norw.) Weltmeisterin im Eiskunstlauf (ununterbrochen bis 1936)

(1928)

Erster Fünfjahresplan i. USSR (führt zu rascher Industrialisierung) Zwangskollektivierung d. Landwirtschaft i. USSR (bis 1932, verurs. zunächst Hungersnöte)

Pan-Amerikanischer Kongreß in Havana. Nichtangriffs-Resolution

Moncada, Gegner des von den USA unterstützten *Diaz*, Präsident von Nikaragua

Der Wunsch Boliviens nach einem Zugang zum Meer über den Paraguay-Fluß führt zum Chacokonflikt mit Paraguay (Chacokrieg von 1932 bis 1935)

Nichtabsetzbare Kaffeeproduktion führt zum wirtschaftl. Zusammenbruch Brasiliens

Tschiang Kai-schek einigt unter Kuomintang-Partei nach langem Bürgerkrieg China. Einzug in Peking. Nanking Hauptstadt

Japan entsendet Truppen nach Tsingtau (zieht sie 1929 zurück)

O'Casey: „The silver Tassie" (irisches pazifist. Schauspiel)

O'Neill: „Seltsames Zwischenspiel" (nordamerikan. Bühnenstück)

Eugen Ortner (* 1890, † 1947): „Meier Helmbrecht" (soziales Drama)

A. Polgar: „Ich bin Zeuge" (Essays)

Ludwig Renn (eig. *A. F. Vieht von Golssenau*, * 1889): „Krieg" (Weltkriegstagebuch)

Ringelnatz: „Allerdings" (Gedichte) und „Als Mariner im Krieg" (Kriegserinnerungen)

C. Sandburg: „Guten Morgen, Amerika" (nordamerik. Gedichte)

Friedr. Schnack (* 1888): „Das Leben der Schmetterlinge" (Naturdichtg.)

Anna Seghers (eig. *Netty Radvanyi*, * 1900): „Aufstand der Fischer von St. Barbara" (Erzählung, *Kleist*preis)

Wilhelm Speyer (* 1887, † 1952): „Der Kampf der Tertia" (Schülerroman)

Sinclair: „Boston" (nordamerikan. sozialist. Roman in 2 Bdn. gegen das Todesurteil für *Sacco* und *Vanzetti*)

† *Hermann Sudermann*, dt. Dichter (* 1857)

Tucholsky: „Mit fünf PS" (politische Satiren mit Selbstgesprächen des Spießers „Wendriner")

Jakob Wassermann: „Der Fall Mauritius" und „Der Moloch" (Romane)

Günther Weisenborn (* 1902, † 1969): „U-Boot S 4" (Drama)

Werfel: „Der Abituriententag" (Roman)

Wildgans: „Gedichte um Pan"

Virginia Woolf: „Orlando" (engl. Roman)

A. Zweig: „Pont und Anna" (Roman)

St. Zweig: „Sternstunden der Menschheit" (hist. Miniaturen)

W. v. Warburg: „Französisches etymologisches Wörterbuch" (seit 1922)

Russ.-jüd. Theater „Habima" siedelt von Moskau nach Tel Aviv um (wird 1948 Israel. Nationaltheater)

„The New English Dictionary" (10 Bände seit 1888)

Karl-May-Museum in Radebeul

1776 „Esperanto"-Sprachgruppen in der Welt

O. Spann: „Gesellschaftsphilosophie" („universalistische" Soziologie eines christl. Ständestaates)

Spranger: „Das deutsche Bildungsideal der Gegenwart in geschichtsphilosophischer Beleuchtung" (kulturphil. Pädagogik)

Theodoor Hendrik van de Velde: „Die vollkommene Ehe" (niederl.)

Joh. Volkelt: „Das Problem der Individualität"

Richard Wilhelm (* 1873, † 1930): „Geschichte der chinesischen Kultur"

Agnes von Zahn-Harnack: „Die Frauenbewegung"

Th. Ziehen: „Die Grundlagen der Religionspsychologie" (Gottheit als Summe der Gesetze der Natur und des Geistes; 8 Rundfunkvorträge)

„Encyclopaedia Judaica" beginnt zu erscheinen (soll „Jewish Encyclopedia", von 1901 bis 1906, ersetzen)

Abkommen Tschechoslowakei – Vatikan

Vorbereitende Konferenzen (auch 1929) für eine „Allgemein-religiöse Friedenskonferenz"

Internationaler Missionsrat tagt in Jerusalem

Weltbund für Sexualreform

Preuß. Prüfungsordnung für Volksschullehrer-Hochschulstudium

Engl. Arbeiterbildungs-Vereinigung (WEA) zählt 2896 Körperschaften, 400 Gewerkschaften und 23880 Einzelmitglieder

Erster dt. Volkshochschultag in Dresden

„Krise der Psychoanalyse" (Sammelwerk zur Kritik der Psychoanalyse)

Amtliche Einführung der Lateinschrift in der Türkei

Afghanische Akademie in Kabul. Afghanisch wird statt Persisch Schriftsprache

Geiger-Müller-Zählrohr zum Nachweis energiereicher (etwa radioaktiver) Strahlen

Hannes Schneider grdt. Arlberg-Kandahar-Skirennen

Autopilot v. *Boykow* f. Flugz. (1934 i. Dtl. angew.)

O. H. Warburg: „Katalytische Wirkungen der lebendigen Substanz"

F. von Wettstein: „Über plasmatische Vererbung und das Zusammenwirken von Genen und Plasma" (Problem der „mütterlichen Vererbung" auf Grund von Versuchen an Moosen seit 1924)

† *Wilhelm Wien*, dt. Physiker; *Nobel*preis 1911 (* 1864)

Transarktischer Flug von *H. Wilkins* (Alaska-Nordgrönland-Spitzbergen); im selben Jahr unternimmt er 1. Flug im Südpolargebiet

Kaiser-*Wilhelm*-Institut für Züchtungsforschung, Müncheberg

Historische Reichskommission zur Erforschung der Reichsgeschichte seit 1858

„Arbeitsphysiologie" (Zeitschrift)

„Hippokrates" (Zeitschrift für Naturheilkunde)

Coolidge-Talsperre in USA (Arizona) 76 m hoch, 1610 Mill. cbm Inhalt (Baubeginn 1927)

„Romar"-Flugboot der *Rohrbach*-Flugzeugbau (20 t Tragkraft, 3 × 720 PS)

Regelmäßige Funksprechverbindung Berlin—Buenos Aires

Leistungsendröhren f. Rundfunkgeräte

Erfindung des Fernschreibers (Übertragung von Schreibmaschinenschrift durch Draht)

Luftschiffhalle Friedrichshafen

Dampfmaschine erreicht eine größte Leistung von 230000 kW (1780: 40 kW, 1875: 1500 kW, 1900: ca. 75000 kW), Verbrauch 2250 Kalorien pro kWh = 26% Nutzeffekt (1800: 42000 Kalorien pro kWh, 1850: 18000 Kalorien pro kWh, 1900: 5000 Kalorien pro kWh)

Fritz v. Opel (*1899, † 1971) erprobt Raketenrennwagen mit 228 km/Stunde

Panzertaucher (bis 200 m Tiefe)

Fachausschuß Staubtechnik b. VDI

Vorführ. v. drahtlosem Fernsehen auf d. Berliner Funkausstellung durch *Denes von Mihály* (mit *Nipkow*scheibe)

Amerikaner entd. Bambusbär in China (1938/9 erste lebende B. in Europa)

1929

Friedens*nobel*pr. a. *F. Kellogg* (USA)

Blutige Zusammenstöße zwischen Demonstranten und Polizei am 1. Mai in Berlin

† *Gustav Stresemann*, dt. Außenminister seit 1923; verfolgte Politik d. Verständig. mit Frankr. (* 1878)

*Dawes*plan wird durch den *Young*plan für dt. Reparationszahlungen ersetzt: bis 1988 sind von Deutschland 105 Mrd. Mark zu zahlen, davon bis 1966 jährl. 1,7 bis 2,1 Mrd. Mark. Gründung der Bank für Internationalen Zahlungsausgl. (BIZ, Basel)

Volksentscheid d. Deutschnat. u. Nationalsoz. geg. *Young*plan erfolgl.

Reichskassendefizit 1,7 Mrd. Mark. Rücktr. Reichsfinanzmin. *Hilferdings*

A. Stegerwald Vorsitzender d. Zentrumsfraktion im Reichstag

Erwin Bumke (* 1874, † 1945) Reichsgerichtspräsident

Heinrich Himmler (*1900, †1945, Giftselbstmord) wird „Reichsführer" der SS

Bauernunruhen i. Schleswig-Holst.

Gdingen beginnt Danzig als Hafen Konkurrenz zu machen

Schober (parteilos) österr. Bundeskanzler bis 1930

Österr. Heimwehren erreichen Verfassungsänderung zugunsten des Einflusses des Bundespräsidenten

Brit. Labour-Party gewinnt 289 von 615 Unterhaussitzen

MacDonald (Labour-Party) brit. Ministerpräsident bis 1935

Arthur Henderson brit. Außenminister bis 1931. Wiederaufnahme der diplomat. Beziehung. zur USSR

Australien widerruft Wehrpflichtgesetz von 1909

R. Poincaré tritt zurück. Es folgen bis 1932 Regierungen unter *Briand* und *Tardieu*

† *Georges Clémenceau* („Der Tiger"), frz. Staatsmann; Ministerpräsident von 1906 bis 1909 u. v. 1917 bis 1920; schrieb „Größe und Tragik eines Sieges" (* 1841)

Nationaler Rat der Korporationen in Italien gebildet

Literatur-*Nobel*preis an *Th. Mann* (Dt.)

Paul Alverdes (*1897): „Die Pfeiferstube" (Kriegserzählung)

Vicky Baum (*1888, † 1960): „Menschen im Hotel" (Roman)

Werner Beumelburg (*1899, † 1963): „Sperrfeuer um Deutschland" (Roman)

A. Bronnen: „O. S." (Oberschlesien-Roman)

Ferd. Bruckner: „Krankheit der Jugend" und „Die Verbrecher" (Dramen)

Claudel: „Der seidene Schuh" (frz. Schauspiel)

Cocteau: „Les enfants terribles" (frz. Drama)

Döblin: „Berlin Alexanderplatz" (Roman)

Eipper: „Tierkinder", „Menschenkinder"

Gide: „Die Schule der Frauen" (mit Fortsetzung „Robert" 1930 und „Geneviève" 1936 frz. Romantrilogie)

Jean Giono (*1895, † 1970) „Der Hügel" (frz. Roman)

Julien Green (*1900): „Leviathan" (frz. Roman)

Carl Haensel (*1889, † 1968): „Kampf ums Matterhorn" (Tatsachenroman)

G. Hauptmann: „Das Buch der Leidenschaft" (Roman, 2 Bände)

Hedin: „Auf großer Fahrt" (Reisebericht)

Alfred Hein (*1894, † 1945): „Eine Kompanie Soldaten" (Verdun-Roman)

Hemingway: „In einem and. Land" (Kriegsrom.)

W. Herzog u. *H. J. Rehfisch*: „Affaire Dreyfus" (Drama)

Max René Hesse (* 1885, † 1952): „Partenau" (Rom. a. d. Offiziersleb.)

E. Cassirer: „Philosophie der symbolischen Formen" (3 Bde. s. 1923, neukantian. Philosophie)

Heidegger: „Was ist Metaphysik?", „Kant und das Problem der Metaphysik"

Theodor Heuss: „Das Wesen der Demokratie" (*H.* ist seit 1920 Dozent an der Dt. Hochschule für Politik)

E. R. Jaensch: „Grundformen des menschlichen Seins" (mit den Typen d. „Integrierten" u. „Desintegrierten")

E. R. Jaensch und *Grünhut*: „Über Gestalt und Gestalttheorie"

Ernst Kretschmer: „Geniale Menschen"

Osw. Kroh: „Entwicklungspsychologie des Grundschulkindes"

Fritz Künkel (*1889, † 1956): „Charakter, Krisis und Weltanschauung" (Individualpsych.)

A. Liebert: „Geist und Welt der Dialektik" (Bd. 1, Neuheglianismus)

Karl Mannheim (* 1894, † 1947): „Ideologie und Utopie" (Soziologie, betont Standortgebundenheit allen Denkens)

E. Pacelli Kardin. i. Rom

Will Erich Peuckert (*1895, † 1969): „Zwei Lichte in der Welt" (schles. myst. Erzählung)

Erich Przywara (*1889): „Das Geheimnis Kierkegaards" (kathol.)

B. Russell: „Ehe u. Moral" (engl.)

Schweitzer: „Selbstdarstellung"

Erich Stange: „Die Religionswissenschaft der Gegenwart in Selbstdarstellungen" (5 B. s. 1925)

R. Urbantschitsch: „Die Probeehe" (Sexualref.)

† *Wilhelm von Bode*, dt. Kunsthistoriker und Museumsleiter (* 1845)

Burra: „Wahrsagerinnen" (engl. surrealist. Gemälde)

Massimo Campigli (* 1895): „Entwurf für ein Fresko" (ital. surrealist. Gemälde)

Chagall: „Liebesidyll" (frz.-russ. Gemälde)

Otto Dix: „Spielende Kinder" (Gemälde)

Feininger: „Segelboote" (kubist. Gemälde)

Fritz Höger, Hans und *Oskar Gerson:* Sprinkenhof in Hamburg

A. Kanoldt: „Clivia" (Gemälde in sachlichem Stil)

Rudolf Koch: „Blumenbuch" (3 Bände, 1932 als Inselbändchen)

G. Kolbe: „Große Sitzende", „Junge Frau", „Junges Mädchen" (Plastiken)

Kollwitz: „Maria u. Elisabeth" (Holzschnitt)

Otto Kümmel: „Die Kunst Chinas, Japans und Koreas" (Kunstgeschichte)

Le Corbusier: „Städtebau" (frz. Planung)

László Moholy-Nagy (* 1895, † 1947): Dekorationen f. abstrakte Filme in Berlin (ungar.) angewandte Kunst im Bauhausstil

Hans Mühlestein: „Die Kunst der Etrusker"

Nash: „März" (engl. Gemälde)

G. Anschütz: „Das Farbe-Ton-Problem" (veranstaltet von 1927 bis 1931 Kongresse über dieses Thema)

Hindemith: „Neues vom Tage" (heitere Oper, Text v. *Marcellus Schiffer*)

Hindemith-Weill: „Lindbergh-Flug"

Křenek: „Reisebuch aus den österreichischen Alpen" (Zykl. v. 20 Lied.)

Lehár: „Das Land des Lächelns" (Operette)

Pfitzner: „Werk u. Wiedergabe" (über Dirigierkunst)

Respighi: „Römische Feste" (ital. symphon. Dichtung)

Riemann-Einstein: „Musiklexikon" (Standardwerk)

Hermann Scherchen: „Lehrbuch des Dirigierens"

A. Schönberg: „Von Heute auf Morgen" (Opernkomödie im Zwölftonstil) und Variationen für Orchester (Zwölftontechnik)

Der Dirigent *Arturo Toscanini* geht, vom ital. Faschismus vertrieben, nach USA

Weill: „Mahagonny" (Jazzoper)

Wassilij de Basil (* 1888, † 1951) gründet in Monte Carlo russ. Emigranten-Ballett

† *Sergej P. Diaghilew,* Begründer des modernen russ. Balletts (* 1872)

Physik-*Nobel*preis an *L. de Broglie* (Frankr.) für Wellentheorie der Materie

Chemie-*Nobel*preis an *A. Harden* (Großbrit.) und *H. v. Euler-Chelpin* (Dt.-Schwed.) für Enzym- und Fermentforschung

Medizin-*Nobel*preis an *Christiaan Eijkman* (Niederl., * 1858, † 1930) und *F. G. Hopkins* (Großbrit.) für Vitaminforschung

H. Berger: Das Elektrenkephalogramm d. Menschen (Forschungen seit 1924 über elektrische Spannungsschwankungen im Gehirn)

R. Byrd überfliegt Südpol

Hans Cloos (* 1885): Künstliche Gebirge (Anfänge einer experimentellen Gebirgsforschung)

M. Czerny (* 1896): Langwellige Ultrarot-Photographie auf dünnen Ölschichten (Evaporographie)

Dam entdeckt Vitamin K (wichtig für Blutgerinnung)

† *Hans Delbrück*, dt. Geschichtsforscher und Politiker (* 1848)

Doisy und *Butenandt:* Reindarstellung des Follikel-Hormons (weibl. Sexualhormon)

v. Economo: „Großhirnrinde" (zusammenfassende Darstellung der Leistung der höheren Zentren)

T. Edinger: „Die fossilen Gehirne" (Anfänge einer Paläoneurologie)

Einstein: Allgemeine Feldtheorie (Versuch einer einheitlichen Behandlung der Gravitations- und elektrischen Felder)

Esau u. *E. Schliephake:* Diathermie (Hochfrequenzerwärmung f. Heilzwecke)

A. Fleming: Erster Bericht über Penicillin-Forschung

W. Forssmann Erst. Herzkatheter

Frobenius: „Erlebte Erdteile" (7 Bde. st. 1925; Naturvölkerkunde)

Geiger und *Scheel:* „Handbuch der Physik" (24 Bände seit 1926)

Heisenberg kann den starken Magnetismus des Eisens (Ferromagnetismus) durch die Quantentheorie erklären

~ *Hubble:* Spiralnebel sind Sternsysteme ähnlich unserer Milchstraße. Die mit der Entfernung zunehmende Rotverschiebung ihrer

Vom 21. b. 29. Okt. 15 Mrd. Doll. nordamerikan. Börsen-Verluste

Eingemeindung Duisburg-Hamborn (verbreitete Eingemeindungsbestrebg. westdt. Großstädte)

Stier und *Somlo:* „Handbuch des Völkerrechts" (6 Bände seit 1912)

„Schiffssicherheitsvertrag" von London z. Schutz von Menschenleben

Internat. Luftprivatrechtsabkommen von Warschau

Weltpostkongreß in London

Erster Postflug v. d. „Bremen" mit Schleuderstart

Washingtoner Radiowellenplan

Fusion Dt. Bank mit Disconto Ges.

Vereinigte Elektrizitäts- u. Bergwerke-AG, Berlin

Unilever-Konzern (Sunlicht-Seife, Margarine u. a.)

Burgdörfer: „D. Geburtenrückgang u. s. Bekämpfung"

„Wunderdoktor" *Valentin Zeileis* „behandelt" stündlich mehr. Hundert

Abendkleider vorn kurz, hinten lang; Herrenschnitt

Wolfr. Hirth siegt i. Sportflugzeugwettb. üb. 4000 km (Böblingen - Paris - Mailand - Rom - Böblingen)

Massenmörder *Peter Kürten* beunruhigt Düsseldorf

(1929) Tschechisch-dt. bürgerliche Koalition weicht einer agrar.-sozialen

Staatsstreich König *Alexanders* von Jugoslawien. Serbische Militärdiktatur unter General *Schiwkowitsch*. Staatsname „Jugoslawien". Kroatenführer *Matschek* verhaftet (1930 freigesprochen)

Zaïmis griech. Staatspräs. bis 1935

Voldemaras gestürzt; es folgt Regierung *Tubelis* in Litauen

Leo Trotzki aus der USSR nach der Türkei ausgewiesen

XV. Parteitag der KPSU verurteilt „Rechte Abweichung" von *Rykow* und *Bucharin* (werden ausgeschlossen). Aufruf zum „Sozialistischen Wettbewerb". Parteisekr. *Stalin* praktisch Alleinherrscher

Kollektivierung in der USSR stößt auf großen Widerstand der Bauern

Konflikt USSR—China um Mandschurei u. mandschur. Eisenbahn. Nach Einmarsch sowjet. Truppen Wiederherstellung des Status quo

Herbert Hoover (Republik.) Präsident der USA bis 1933

Kursstürze (29. 10. u. 13. 11.) an der New Yorker Börse lösen tiefe Weltwirtschaftskrise u. pol. Folgen aus (dauert bis etwa 1933)

Mißgl. Revolution in Mexiko. *Ortiz Rubio* Präsident bis 1932; vorübergehender Frieden zw. Staat und Kirche

Peru erhält Tacna von Chile zurück (ging mit anderen Salpeterprovinzen 1883 verloren)

Jewish Agency als Gesamtvertret. d. zionist. und nichtzionist. Juden

König *Amanullah* von Afghanistan wird nach seiner Europareise wegen Reformen gestürzt; *Nahir Chan* König von Afghanistan bis 1933 (†)

Blutige Zusammenstöße zw. Hindus u. Mohammedanern in Bombay. Ind. Nationalkongreß in Lahore fordert Trennung vom Brit. Reich

Zahl der eingeborenen Abgeordneten im Volksrat auf Niederl.-Java von 25% auf 50% erhöht

Nilwasser-Vertrag Ägypt.-Sudan

† *Hugo von Hofmannsthal*, österr. Dichter (* 1874)

† *Arno Holz*, dt. Dichter des Naturalismus (* 1863)

N. Jacques: „Die Limburger Flöte" (Roman)

Mirko Jelusich (*1886, + 1969): „Caesar" (österr. histor. Roman)

Ernst Jünger: „Das abenteuerliche Herz"

E. Kästner: „Emil und die Detektive" (Kinderroman)

H. Kesten: „Ein ausschweifender Mensch" (Roman)

Kolbenheyer: „Heroische Leidenschaften" u. „Die Brücke" (Schauspiele)

Peter Martin Lampel (* 1894, † 1965): „Revolte im Erziehungshaus" (sozialkrit. Bühnenstück)

Lewis: „Sam Dodsworth" (nordamerikan. Roman)

Charles Morgan (*1894, + 1954): „Das Bildnis" (engl. Roman)

Axel Munthe: „Das Buch von San Michele" (schwed. Lebenserinnerungen, wird in 41 Sprachen übersetzt)

Erwin Piscator (* 1893, † 1966): „Das politische Theater"

Theodor Plievier (*1892, † 1955): „Des Kaisers Kulis" (Roman, später Drama)

A. Polgar: „Schwarz auf Weiß" (Essays)

John Cowper Powys (* 1872): „Wolf Solent" (engl. Roman)

Erich Maria Remarque (*1898, + 1970): „Im Westen nichts Neues" (pazifist. Kriegsroman)

Elmer Rice (* 1892, † 1967): „Street Scene" (nordamer. Schauspiel, musikal. Fassung 1947 mit *K. Weil*)

Wilh. Schäfer: „Gesammelte Anekdoten" (erste Sammlung 1908)

Shaw: „Der Kaiser von Amerika" (engl. Schauspiel)

Robert Cedric Sherriff (* 1896): „Die andere Seite" (engl. Kriegsschauspiel)

Friedrich Sieburg (* 1893, † 1964): „Gott in Frankreich?" (kulturgesch.)

Sinclair: „So macht man Dollars" (nordamerikan. sozialistischer Roman)

Stehr: „Nathanael Maechler" (Roman)

Tucholsky: „Deutschland, Deutschland über alles" (antinationalist. Satiren)

Undset: „Gymnadenia" (norweg. Roman vom kathol. Standpunkt aus)

Viebig: „Die mit den tausend Kindern" (Roman)

Werfel: „Barbara oder d. Frömmigkeit" (Roman)

Wiechert: „Die kleine Passion" (Roman)

Friedrich Wolf: „Cyankali" (gesellschaftskrit. Schausp. um den § 218)

Th. Wolfe: „Schau heimwärts, Engel" (nordamerikanischer Roman)

Zuckmayer: „Katharina Knie" (Drama)

St. Zweig: „Fouché" (Biographie)

„Katakombe" (Berliner Kabarett mit *Werner Finck*, *Hans Deppe* u. a. bis 1935)

Staatstheatermuseum in Berlin

A. N. Whitehead: „Geschehen u. Wirklichkeit. Ein kosmologischer Essay“ (engl. Naturphilosophie)

L. v. Wiese: „Allgem. Soziologie“ (2 Teile seit 1924)

Lateranverträge u. Konkordat des Vatikans mit dem ital.-faschist. Staat. Papst verzichtet auf Rom und Kirchenstaat. Verfassung d. Vatikanstadt: Papst oberste gesetzgebende, vollziehende und richterliche Gewalt

Konkordat mit Preußen

Lutherischer Weltkonvent in Kopenhagen

„Zeitschrift für Christentum und Sozialismus“

In Schottland schließt sich die United Free Church (seit 1900) mit der Staatskirche zur Church of Scotland zusammen

„Deutsche Christen“ bilden sich in der evang. Kirche (treten für „artgemäßes“ Christentum ein)

Genfer Konvention zwischen 47 Staaten über die menschliche Behandlung von Kriegsgefangenen

„Wiener Kreis“ entsteht aus dem „Verein Ernst Mach“ mit *R. Carnap, Ph. Frank, H. Hahn, O. Neurath, M. Schlick* u. a., vertritt eine antimetaphysische, wissenschaftliche Philosophie und Erkenntnislehre: „Logischer Empirismus“

„Universität und Volkshochschule“ (Tagung in Heidelberg)

Es bestehen 60 dt. Volkshochschulheime

Paracelsus-Gesellschaft

Türkei verbietet Unterricht in arabischer Schrift

Georgia O'Keeffe (* 1887, USA): „Schwarze Stockrosen und blauer Rittersporn“ (überdimensionales Blumenbild)

Pechstein: „Der Cellospieler“ (express. Gemälde)

Sintenis: „Grasendes Fohlen“, „Polospieler“

St. Spencer: „Landmädchen“ (engl. Gemälde)

† *Heinrich Zille*, Zeichner d. Berliner Arbeiter-Milieus (* 1858)

Werkbundausstellung „Wohnung u. Werkraum“ in Breslau

Westfalen-Hochhaus in Dortmund

Veitsdom in Prag vollendet (Baubeginn 1344, Abschlußarbeiten seit 1873)

Ausst. „Chinesische Kunst“ in Berlin unter *O. Kümmel*

Museum of modern art, New York, gegründet. Eröffnet mit Ausstellung von *Cézanne, Gauguin, Seurat, van Gogh*

Folkwang-Museum, Essen gegr.

—

Der Tonfilm setzt sich allgemein durch

„Die Königsloge“ (erster dt.-sprachiger Spieltonfilm, in USA gedreht mit *A. Moissi* u. *C. Horn*)

„Melodie des Herzens“ (erster vollständiger dt. Tonfilm, mit *Willy Fritsch*)

„Dich hab' ich geliebt“ (Spieltonfilm mit *Mady Christians* und *Walter Jankuhn*)

„Pamir, das Dach der Welt“ (Expeditionsfilm)

„Silberkondor über Feuerland“ (Naturfilm von *Gunther Plüschow*)

„Hallelujah!“ (nordam. Negerfilm von *K. Vidor*); „Liebesparade“ (nordam. Film von *E. Lubitsch* mit *Maurice Chevalier* und *Jeanette Mac Donald*); „Das gottlose Mädchen“ (nordamerik. Film v. *C. B. de Mille*); „Brodway-Melodie“ (nordam. Revuefilm)

Erster Micky-Maus-Tonfilm von *Walt Disney* (nordam. Zeichentrickfilm)

„Die Büchse der Pandora“ (Film von *Pabst* mit *B. Helm*);

„Die weiße Hölle v. Piz Palü“ (Film von *A. Fanck*); „Menschen am Sonntag“ (Film von *Robert Siodmak*)

„Das weiße Geheimnis“ (russ. Film von d. Fahrt d. russ. Eisbrechers „Krassin“ zur Rettung der *Nobile*-Expedition)

„Die Generallinie“ (russischer Film von *Eisenstein*)

„Turksib“, „Der blaue Express“ (russ. Filme)

Elektrifizierung der Berliner Stadtbahn

Müllverbrennungsanlage in Zürich (300 t Müll in 24 Stunden)

Spektrallinien deutet auf eine sich ausdehnende Welt

Diesel-(Schweröl-)Flugzeugmotor von *Junkers*

B. Malinowski: „Das Sexualleben von Naturvölkern“

W. A. Marrison: Quarzuhr (in den folgenden Jahren von *Scheibe* und *Adelsberger* verbessert; tägl. Fehler $^1/_{1000}$ Sek.; gestattet, Erdumdrehung zu kontrollieren)

Hans Mühlestein: „Die Herkunft der Etrusker“

H. Oberth: „Wege zur Raumschiffahrt“ (maßgeb. Raketentheorie)

Christoph Schröder (* 1871): „Handbuch der Entomologie“ (Insektenlehre, 40 Lieferungen seit 1912)

Weltumfahrt des Luftschiffes „Graf Zeppelin“ (49000 km) unter *Eckener*

Flugboot Do X für 169 Personen

„Bremen“ (dt. Turbinen-Ozeandampfer mit 54000 t Wasserverdrängung, 125000 PS und 53 km/St.; gewinnt „Blaues Band“)

„Meteor“-Expedition in der Arktis und im Nordatlantik (weitere Fahrten 1930, 1933, 1937, 1938)

„Forschungsinstitut für langfristige Witterungsvorhersage“ in Bad Homburg v. d. H. (arbeitet nach statistischen Verfahren über die Großwetterlage)

Erste Gesellsch. f. Fließkunde (Rheologie) i. USA gegrdt.

„Künstl. Gebirge“ exper. erzeugt i. Geolog. Inst. Bonn

Versuche mit jarovisiertem Saatgut in der USSR (erstes Stadium der Entwicklung außerhalb des Bodens)

16-mm-Umkehr-Farbenfilm „Kodakcolor“ (1932 d. entspr. „Agfacolor“)

Erste Fernsehsendung in Berlin

Beendigung des Cascade-Basis-Tunnels in Nordamerika (12500 m, Baubeginn 1926)

Straßenbrücke über die Ammer bei Eschelsbach (Stahlbetonbogenbrücke mit 130 m Stützweite)

Rhein-Straßenbrücke Köln-Mühlheim (315 m weit gespannte Hängebrücke)

1930

Friedens*nobel*preis an *N. Söderblom* (Schwed.)

Reichsbankpräsident *Schacht* tritt wegen *Young*plans zurück. Nachfolger *Luther*. Reichstag stürzt Regierung *Müller*. Ende der großen Koalition

Heinrich Brüning (Zentrum, * 1885, † 1970) dt. Reichskanzler bis 1932

Rheinlandräumung

Reichspräsident erläßt auf Grund Art. 48 Notverordnung zur Sicherung von Wirtschaft und Finanzen; Reichstag nach ihrer Aufhebung aufgelöst. Nationalsozialisten und Kommunisten gewinnen in den Reichstagswahlen. *Brüning* führt weiterhin, gestützt allein auf das Vertrauen des Reichspräsidenten, Minderheitenregierung. Notverordnung mit Kürzung von Beamtengehältern und Erhöhung der Arbeitslosenversicherung. 4,4 Mill. Arbeitslose

Umbenennung der Dt. Demokrat. Partei in Dt. Staatspartei (verliert weiter an Bedeutung)

Wilhelm Frick (* 1877, † 1946, hingerichtet) als Minister für Inneres und Volksbildung in Thüringen erster nationalsozialist. Minister

Hitler schwört im Reichswehrprozeß vor dem Reichsgericht in Leipzig, die Weimarer Verfassung einzuhalten

Freundschaftsvertrag Österreich-Italien. Österr. erlangt auf der Haager Konferenz fast völlige Aufhebung seiner Reparationsverpflichtungen

Schober (parteilos) österr. Vizekanzler und Außenminister der Regierung *Ender* bis 1932

Kathol.-faschist. Heimwehren in Österreich unter Fürst *Ernst Rüdiger von Starhemberg* (* 1899)

Londoner Seeabrüstungskonferenz: USA, Großbritannien und Japan vereinbaren Höchststärken und Einschränkung des U-Boot-Handelskrieges. Gleichberechtigung nur für USA und Großbrit.

Brit.-ägypt. Konferenz in London scheitert an der Sudanfrage. Autoritäre Regierung durch ägypt.

Literatur-*Nobel*preis an *S. Lewis* (USA)

Bengt Berg: „Die Liebesgeschichte einer Wildgans" (schwed. Tierschilderung)

Beumelburg: „Gruppe Bosemüller" (Kriegsroman)

Karl Friedrich Boree (*1886, † 1964): „Dor und der September" (Liebesroman)

Ferd. Bruckner: „Elisabeth von England" und „DieKreatur" (Dramen)

Bunin: „Im Anbruch der Tage" (autobiographischer Roman aus der russ. Emigration)

† *Arthur Conan Doyle*, engl. Schriftsteller und Arzt; schrieb seit 1891 die Sherlock-Holmes-Detektiv-Rom. (* 1859)

Duhamel: „Spiegel der Zukunft" (frz. Amerikabuch)

T. S. Eliot: „Aschermittwoch" (engl. Gedicht aus wiedergewonnenem religiösem Glauben)

Arthur Eloesser (*1870, † 1938): „Literaturgeschichte" (vom Barock zur Gegenwart)

Paul Ernst: „Jugenderinnerungen"

Fallada: „Bauern, Bonzen, Bomben" (gesellschaftskrit. Roman)

Feuchtwanger: „Erfolg" (Roman)

O. Flake: „Romane um Ruland" (Romanreihe seit 1922)

Bruno Frank: „Sturm im Wasserglas" (Schauspiel)

Giono: „Die Geburt der Odyssee" (frz. Roman)

Giraudoux: „Amphitryon 38" (frz. Lustspiel)

Alfred Adler: „Technik der Individualpsychologie" (österr. Psychoanalyse: bei Störung des Geltungsbewußtseins entstehen „Minderwertigkeitskomplexe")

Max Adler: „Lehrbuch der materialistischen Geschichtsauffassung" (positivist. - empirischer Standpunkt im Gegensatz zu *Lenin*)

Freud: „Das Unbehagen in der Kultur" (psychoanalytische Kulturphilosophie; Konflikt zwischen Ich und Kultur-Über-Ich)

W. Frick führt nationalist. Gebete („Fricksche Gebete") in den Thüringer Schulen ein

I. Frischeisen-Köhler: „Untersuchungen an Schulzeugnissen von Zwillingen" (Untersuchung der erbbiologischen Grundlagen der Leistung)

† *Adolf von Harnack*, dt. protest. Kirchenhistoriker (* 1851)

Max Horkheimer (*1895, † 1973) begründet mit *Th. W. Adorno* an der Univ. Frankf./M. Soziologieschule der „Kritischen Theorie"

Ricarda Huch: „Alte und neue Götter" (kulturphilosophisch)

E. R. Jaensch: „Über den Aufbau des Bewußtseins"

Ch. S. Johnson: „Der Neger in der amerikanischen Zivilisation" (nordamerikan.)

William Kellogg (* 1860, † 1951) ruft „Kellogg-Stiftung" (ca. 47 Mill. Dollar) f. Kinder- und Jugendwohlfahrt ins Leben

Beckmann: „Der Löwenbändiger“, „Selbstbildnis mit Saxophon“, „Winterbild“ (express. Gemälde)

O. Bartning: Rundkirche in Essen (protestant. Kirche in modernem Stil)

Robert Bednorz: Porträtkopf des Malers *Oskar Moll* (Plastik aus der Kunstakad. Breslau)

Wilh. Büning: „Weiße Stadt“ (Siedlung in Berlin-Reinickendorf mit Fernheizung, Wäscherei usw.)

G. Grosz: „Kaltes Buffet“ (gesellschaftskrit. karikaturist. Gemälde)

Heckel: „Tanzende Matrosen“ u. „Zirkus“ (farbige express. Holzschnitte)

K. Hofer. „Frauen mit Lautenspieler“ (express. Gemälde)

G. Kolbe: „Große Pieta“ (Frauenakt, Plastik)

Leo von König (*1871, † 1943): „Ernst Barlach“ (impress. Bildnis)

W. Kreis: Dt. Hygiene - Museum, Dresden

† *Otto Müller*, express. Maler (*1874)

† *Ilja Repin*, russ. naturalist. Maler (* 1844)

L. Serlins: Etagen-Großgarage, Berlin (mit vollständiger Glasfront)

M. Taut u. *F. Hoffmann:* Reichsknappschaftshaus i. Berlin

George Antheil (* 1900): „Transatlantic“ (nordamerikan. surrealist. Oper)

Bartók: „Cantata profana“ (ungar. Komposition für 2 Männerstimmen, Chor, Orchester)

Ralph Benatzky: „Im weißen Rößl“ (Operetten-Revue im Gr. Schauspielhaus, Berlin)

Hindemith: Konzert f. Solobratsche und größeres Kammerorchester

Honegger: „Abenteuer des Königs Pausole“ (schweiz. frz. Operette) u. „Sinfonie“ (schweiz.-franz. Kompos. im klass. Stil)

Křenek: „Das Leben des Orest“ (Oper)

Milhaud: „Christoph Columbus“ (frz. Oper)

Pfitzner: „Das dunkle Reich“ (Chorw. m. Orch.)

Reznicek: „Spiel oder Ernst“ (Oper)

Schoeck: „Vom Fischer und syner Fru“ (Schweiz. Oper nach *Grimm*)

A. Schönberg: „Begleitmusik zu einer Lichtspielszene“ (Filmmusik)

William Grant Still: „Afrika“, „Afro-Amerikanische Symphonie“ (nordamerikan. Musik eines Negerkomponisten)

Strawinsky: „Der Kuß der Fee“ (russ. Ballett)

Physik-*Nobel*preis an *Ch. V. Raman* (Ind.) für Molekülspektroskopie

Chemie-*Nobel*preis an *Hans Fischer* (Dt.) für Blut- und Blattfarbstoff-Forschung

Medizin-*Nobel*preis an *K. Landsteiner* (Österr.) für Hauptgruppen des Blutes

Auf Vitö bei Spitzbergen werden die Reste der *Andrée*-Polar-Exdedition im Ballon von 1897 gefunden (Tagebücher, entwickelbare Photos)

J. L. Baird: Großbild-Fernsehen mit Viellampenschirm

Fr. Bergius: Chemisches Verfahren der Holzverzuckerung zur Futtermittelgewinnung

Dirac sagt auf Grund der von ihm erweiterten Quantentheorie das „Positron“ (positives Elektron) voraus (entdeckt 1932)

Franz M. Feldhaus: Umfangreiches Arch. z. Geschichte d. Technik (etwa 134000 Karteikarten u. 8500 Bände)

Franz Kruckenberg (* 1882): „Schienenzeppelin“ (Luftschraubenantrieb für Eisenbahntriebwagen, erreicht 1931 230 km/h)

E. H. Land: Polarisationsfilter aus Herapathit (gestatten verbreitete Anwendung polarisierten Lichtes)

B. Lange und *W. Schottky:* Sperrschicht-Photoelement (findet als Lichtmeßgerät weite Verbreitung)

Ernest Lawrence (*1901): Zyklotron (erstes Modell; magnetischer Resonanz-Beschleuniger zur Herstellung energiereicher atomarer Teilchen zur Atomkernumwandlung; ersetzt Spannungen bis z. vielen Mill. Volt)

B. Lyot: Koronograph (Fernrohr zur Sichtbarmachung der Sonnenkorona durch „künstliche Sonnenfinsternis“ auf dem Pic du Midi)

J. H. Northrop: Reindarstellung der Enzyme (Fermente) Pepsin und Trypsin in kristallisierter Form

~ *Walter Reppe* beg. moderne Acetylenchemie zu entwickeln (führt zu vielen Kunststoffen)

Schmidt-Rohr (Verpuffungsstrahltriebwerk (im 2. Weltkrieg in der Fernwaffe V 1 verwendet)

B. Schmidt erf. astron. „Schmidt-Spiegel“ (entsch. Fortschritt)

E. Kahn und *F. Naphtali:* „Wie liest man den Handelsteil einer Tageszeitung“

J. M. Keynes: „Vom Gelde“ (brit. Währungstheorie, für manipulierte Währung)

Normung (DIN) erreicht wesentliche Kosten- und Preissenkungen

„Gesellschaft und Wirtschaft“ (bildstatistisches Elementarwerk nach der Wiener Methode)

Verordg. üb. Devisenbewirtschaftg. in Deutschland

S. Wyatt: „Das Problem der Monotonie und Langeweile bei der Industriearbeit“

Etwa 2100 dt. Kartelle (1922 etwa 1000)

Hochofenanlage der Gutenhoffnungshütte (Oberhausen/Rheinland)

Dt. Gesellschaft für öffentliche Arbeiten (Öffa) (verwaltet Reichsdarlehen für Arbeitsbeschaffung)

Zusammenschluß der dt. landwirtschaftl. Genossenschaften zum *Raiffeisen*-Verband

Bau von Magnitogorsk (östl. Ural) entwickelt sich gemeinsam mit dem 2230 km entfernten Kusnezk zum Eisen-Kohle-Kombinat (1. Hochofen 1932)

(1930)

König (dauert unter inneren Unruhen bis 1935)

Brit. Weltkonferenz in London zur Stärkung des Empirehandels durch Vorzugszölle

Symbol. Meersalzgewinnung *Gandhis* gegen das brit. Salzmonopol. Unruhen. Verhaftung *Gandhis*

Erste Round-Table-Konferenz in London; ind. Nationalkongreß lehnt Teilnahme ab (weitere 1931 und 1932). Vizekönig empfängt *Gandhi*

Vertrag Großbritannien—Irak löst brit. Mandat ab (1932 Aufnahme Iraks in den Völkerbund)

Beaverbrook und *Rothermere* gründen brit. Weltreichspartei (antisowjet., konservative Kolonialpolitik)

Pan-Europa-Denkschrift von *Briand*

Frankreich baut militär. *Maginot*-Linie gegen einen etwaigen Angriff Deutschlands

Ital. Flottenbauprogramm; führt zu Spannungen mit Frankreich

Italien dehnt seine Macht von der Küste in das Innere Libyens gegen die Eingeborenen aus

† *Miguel Primo de Rivera*, nach Entlassung als diktatorischer span. Ministerpräsident (* 1870). Antimonarchist. Unruhen

Gründung der portugies. faschist. Partei „Nationale Union"

Unfreie Parlamentswahlen bringen Sieg *Pilsudskis*, der zugunsten von Oberst *Slavek* als poln. Ministerpräsident zurücktritt

Kundgebungen in Ungarn gegen Trianon-Vertrag von 1920/21

Zar *Boris III*. von Bulgarien vermählt sich mit Prinzessin *Giovanna* von Italien

Carol II. an Stelle seines unmündigen Sohnes *Michael* König von Rumänien bis 1940; Ministerpräsident *Maniu* tritt zurück

Freundschaftsvertrag Türkei—Griechenland

Kviesis (Bauernbund) lett. Staatspräsident bis 1936

Marsch der finn. antibolschewist. Lappobewegung auf Helsinki

Maxim Gorki kehrt in die USSR zurück; veröffentl. kein weiteres Werk (lebte seit 1921 in Sorrent)

Hans Grimm: „Der Richter in der Karu" (Roman)

H. Hesse: „Narziß und Goldmund" (Roman)

M. Hausmann: „Kleine Liebe zu Amerika" (Reisebericht)

Joseph Hergesheimer (*1880, † 1954): „Das Pariser Abendkleid" (nordamerik. Roman)

August Hinrichs (*1879, † 1956): „Swienskomödi" (als „Krach um Jolanthe" später verfilmt)

Kisch: „Paradies Amerika" (sozialist. Reisebericht aus den USA)

John Knittel (*1891, † 1970): „Abd-el-Kader" (Roman)

G. von Le Fort: „Der Papst aus dem Ghetto" (Novelle)

† (Selbstmord) *Wladimir Majakowski*, russ. Dichter; Werke in 6 Bdn. s. 1927 (* 1893)

Th. Mann: „Die Forderung des Tages" (Essays)

Robert Musil (* 1880, † 1942): „Der Mann ohne Eigenschaften" (österr. Romantrilogie, 3. Band 1943, posthum)

Ernst Penzoldt (*1892, † 1955): „Die Powenzbande" (heiterer Roman)

John Boynton Priestley (* 1894): „Engelgasse" (engl. Roman)

Renn: „Nach-Krieg" (sozialist. Roman)

Romains: „Die guten Willens sind" (frz. Romanfolge in 27 Bänden bis 1946)

† *Helene Lange*, Führerin der dt. Frauenbewegung (* 1848)

M. Maeterlinck: „Das Leben der Ameisen" (belg. philosophische Naturbeschreibung)

W. v. Moellendorff: „Konservativer Sozialismus"

Cesare Orsenigo (* 1873, † 1946) päpstl. Nuntius in Berlin

Ortega y Gasset: „Der Aufstand der Massen" (span. Philosophie eines Individualismus)

Eugenio Pacelli Kardinalstaatssekretär in Rom (ab 1939 Papst *Pius XII.*)

Marianne Raschig: „Hand und Persönlichkeit" (Handdeutungslehre)

Alfred Rosenberg (* 1893, † 1946, hingerichtet): „Der Mythos des 20. Jahrhunderts" (nationalsozial. Weltanschauung)

H. Rost: „Der Protestantismus als Prinzip des Individualismus" (kathol. Darstellung)

M. Schlick: „Fragen der Ethik" (Moralphilosophie aus dem positivist. Wiener Kreis)

Schweitzer: „Die Mystik des Apostels Paulus"

Sombart: „Die drei Nationalökonomien. Geschichte und System der Lehre von der Wirtschaft" (Methodenlehre einer „verstehenden" Nationalökonomie)

Carl Stange: „Das Ende aller Dinge" (evang. Theologie)

J. v. Üxküll: „Lebenslehre"

Adrian Wettach (Musik-Clown „Grock", *1880): „Ich lebe gern" (Selbstbiogr.; zieht sich 1954 zurück; erhält d. Dr. h. c. der Philosophie)

Edward Wadsworth (* 1889): „Komposition“ (engl. kubist.-abstraktes Gemälde)

Th. Whittemore beginnt die byzantinischen Mosaike in der Hagia Sophia vom Mörtelbewurf zu befreien

Pergamon-Museum mit Pergamonaltar in Berlin neu eröffnet

Petri-Nikolai-Kirche in Dortmund (Eisenbetonbau)

Chrysler - Hochhaus in New York (65 Stockwerke, 306 m hoch, Baubeginn 1929)

—

„Der blaue Engel“ (Tonfilm nach „Professor Unrat“ von *Heinrich Mann,* mit *Marlene Dietrich* u. *E. Jannings.* Regie: *J. v. Sternberg* [* 1894, † 1969])

„Im Westen nichts Neues“ (nordamer.-dt. Film; Regie: *Lewis Milestone*, nach *Remarque)*

„Die drei von der Tankstelle“ (Tonfilmoperette mit *L. Harvey* [* 1907, † 1968], *W. Fritsch* [* 1901, † 1973], *Heinz Rühmann;* wird typisch f. d. Gattung)

„Westfront 1918“ (Film v. *Pabst* mit *H. Porten);* „Melodie der Welt“ (Film von *Ruttmann);* „Wochenende“ („Tonfilm ohne Bilder“ [Tonband] von *Ruttmann)*

† *Cosima Wagner*, Gattin *Rich. Wagners* seit 1870; leitete 1883 bis 1908 Bayreuther Festsp. (* 1837; Tochter *Franz Liszts*)

† *Siegfried Wagner*, Sohn *Richard Wagners*, dt. Opernkomponist; leitete seit 1908 Bayreuther Festspiele (* 1869); seine Frau *Winifred* geb. *Williams* übernimmt Festspielleitung (* 1897)

Weill: „Der Jasager“ (Schuloper)

F. Trautwein baut elektroakustisches Trautonium

Symphonie - Orch. British-Broadcasting Co. (BBC) gegründet (spielt u. a. unt. *Toscanini*)

Jacques Thibaud (Violine), *Alfred Cortot* (Klavier) u. *Pablo Casals* (Cello) bilden ein Trio (bis 1935)

~ „Happy Days are here again“ („Wochenend und Sonnenschein“) (optimist. Kenn-Melodie d. US-Parteidemokraten)

Max Theiler (* 1899) gelingt Serum-Schutzimpfung gegen Gelbfiebervirus (*Nobel*preis 1951)

B. Thomas durchquert die Große Wüste Arabiens (bis 1931, dadurch wird Arabien im wesentl. erforscht)

Clyde Tombaugh entdeckt Planeten Pluto (von *Lowell* vorausberechnet aus Störungen des Planeten Neptun)

R. J. Trümpler weist lichtabsorbierende Materie zwischen den Sternen der Milchstraße nach (diese interstellare Materie kann astronomische Helligkeits- und Entfernungsmessungen verfälschen)

B. L. van der Waerden: „Moderne Algebra“ (Zusammenfassung der axiomatischen Algebra)

† *Alfred Wegener*, dt. Geophysiker, auf dem Grönlandeis, nachdem er dort Forschungsstation „Eismitte“ angelegt hat (* 1880)

Theodor Wiegand (* 1864, † 1936): „Pergamon“ (Ausgrabungsbericht vom Schöpfer des Berliner Pergamon-Museums)

Dt. Hygiene-Museum in Dresden eröffnet (besonders bekannt wird der „Gläserne Mensch“)

Schnelldampfer „Europa“ d. Norddt. Lloyd gew. „Blaues Band“

Ost-West-Ozeanflug des *Dornier-Wal*

Beendigung des Appenin-Tunnels (18508 m, Baubeginn 1923)

Schiffshebewerk Niederfinow (Hub 36 m für 1000-t-Kähne; Baubeginn 1927)

Erste drahtlose Fernsehübertragung

Kurzwellen-Richtstrahl-Antenne in Zeesen

Elektrodynam. Lautsprecher. Lautsprecher werden in Empfangsgerät eingebaut

Öllose Hochspannungs-Schalter (sicherer als Ölschalter)

Größte Dampfturbine leistet 280000 PS oder 208000 kW (USA)

2 t Kohle liefern durchschnittlich 1 Kilowattjahr zu 2500 Arbeitsstunden (Nutzeffekt der Kohle 15% gegenüber 5% 1870)

1 PS Dampfmaschinenleistung kostet etwa nur noch 1/10 des

Eröffnung der Turkestanisch-sibirischen Eisenbahn (Turksib)

O. Heller: „Sibirien, ein anderes Amerika“ (kennzeichnet rasche wirtschaftliche Erschließung)

Ledigensteuer in Deutschland

„Blondie“-Serie beginnt in den USA zu erscheinen (primitive, gezeichnete Bildergeschichte in Zeitungsfortsetz.)

~ *Hearst* (USA) bes. 33 Zeitungen mit rd. 11 Mill. Auflage

International. Skikongreß in Oslo, gibt Regeln für Abfahrts-u. Slalomkonkurrenzen

Max Schmeling (Dt.) durch Disqualifikation *Jack Sharkeys* Boxweltmeister (erster nichtamerikanisch. Boxweltmeister)

Bridgespiel auch in Deutschland sehr verbreitet

Dauerwellen in der Friseurtechnik

Modernisiertes Strandbad Berlin-Wannsee eröffnet (faßt mehr als 60000 Besucher)

Arbeitsleistg. eines Industriearbeiters pro Arbeitsstunde i. d. USA: 80 Cent (1900: 50 Cent, 1950: 130 Cent unter Berücksichtigung der Preisänderungen)

(1930)	*Leo Trotzki:* „Mein Leben" (Autobiographie) *Maksim Maksimowitsch Litwinow* (* 1876, † 1951) sowjetruss. Volkskommissar des Äußeren bis 1939; befürwortet kollektive Sicherheit im Rahmen des Völkerbundes *Wjatscheslaw Molotow* (* 1890) Vorsitzender des Rates der Volkskommissare der USSR bis 1941 Kanad. Zollerhöhungen gegen Einfuhr aus USA USA bricht wegen Sklaverei in Liberia seine Beziehungen zu diesem ab Durch Erdölexport kann Venezuela Staatsschuld tilgen (vgl. 1921) *Augusto B. Leguia*, Präsident von Peru seit 1924, gestürzt Wirtschaftskrise löst in Brasilien Unruhen aus; *Getulio Vargas* wird Präsident bis 1945 (wieder ab 1950); gibt dem Land 1934 und 1937 autoritäre Verfassung, unterdrückt nationalist. Integralismus 1938 Verstärkter Nationalismus in Japan. Jap. Ministerpräsident *Hamagutschi* durch Attentat schwer verwundet *Haile-Selassie* (* 1892, † 1975) Kaiser von Abessinien (1936 bis 1941 wegen ital. Besetzung des Landes im Ausland)	*Josef Roth* (* 1894, † 1939): „Hiob" (Rom.) *Ernst von Salomon* (*1902, + 1972): „Die Geächteten" (autobiograph. Roman über den Mord an *W. Rathenau*) *Wilh. Schäfer:* „Der Hauptmann von Köpenick" (sozialer Roman) *J. Schaffner:* „Die Jünglingszeit des Johannes Schattenhold" (Roman) *R. A. Schröder:* „Mitte des Lebens" (Dichtungen) *Ina Seidel:* „Das Wunschkind" (Roman) *Karl Heinrich Waggerl* (* 1897): „Brot" (Roman) *Jakob Wassermann:* „Hofmannsthal der Freund" (Nachruf) *Josef Magnus Wehner* (* 1891): „Sieben vor Verdun" (Roman) *Friedrich Wolf:* „Die Matrosen von Cattaro" (Schauspiel) *Petzet* und *Glauning:* „Deutsche Schrifttafeln des 9. bis 16. Jahrhunderts" (paläographische Sammlung, 5 Bände seit 1910) *Paula Wessely* (* 1908) am Theater in der Josefstadt, Wien, und bei den Salzburger Festspielen	*Th. Ziehen:* „Die Grundlagen der Charakterologie" Papst gestattet Geburtenregelung nur durch Beachtung d. empfängnisfreien Tage d. Frau i. d. Enzyklika „Casti connubii" Bistum Berlin gegründet; *Christian Schreiber* (* 1872, † 1933) erster Bischof Breslau und Paderborn werden Erzbistümer „Handwörterbuch der Soziologie" *Meyers* Lexikon (12 Bände seit 1924, danach 3 Nachtragsbände) Institute of advanced studies a. d. Univ. Princeton (USA) gegr. (später arbeiten hier *Einstein*, *Oppenheimer* u. and.)

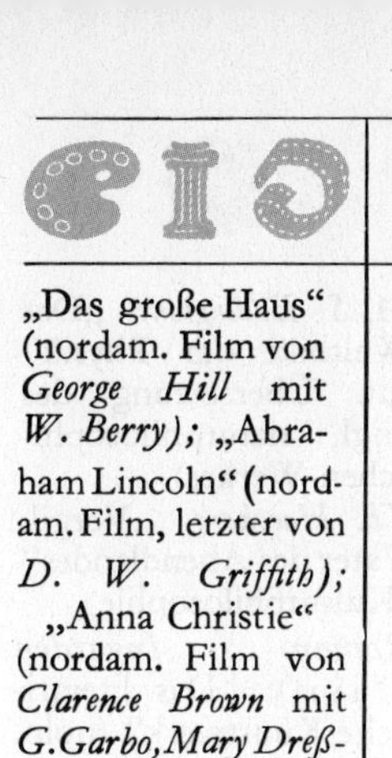

„Das große Haus" (nordam. Film von *George Hill* mit *W. Berry*); „Abraham Lincoln" (nordam. Film, letzter von *D. W. Griffith*);

„Anna Christie" (nordam. Film von *Clarence Brown* mit *G. Garbo, Mary Dreßler*, † 1934)

„Min und Bill" (nordam. Film von *George Hill* mit *M. Dreßler, W. Berry*)

„Unter den Dächern von Paris" (frz. Film von *R. Clair*)

„Pariser Abkommen" der dt. und nordamerikan. Tonfilmgesellschaften: Abgrenzung der Interessensphären, Patentaustausch

Wöchentlich 250 Mill. Kinobesucher in der Welt (davon 115 Mill. in den USA)

Preises von 1800. Dampfmaschinenanlagen kosten pro 1 PS 200 bis 500 Mark

In USA entsteht die „Technokratie"-Bewegung zur Beseitigung von Wirtschaftskrisen durch planmäßigen Einsatz der Technik durch Techniker

Beginn einer systematischen Lärmbekämpfung

Kautschuk-Pflanze Tau-Ssagis in Westturkestan entdeckt

„Der Vogelflug" (Zeitschrift)

Hafenbrücke v. Sydney/Australien (Bogenbrücke mit 503 m Stützweite)

Bayrische Zugspitzbahn u. Schneefernerhaus

In der USSR Industrieproduktion 53%, landwirtsch. Produktion 47% (damit wird die Sowjetunion Industriestaat)

~ Billige Agfa-Box mit Rollfilm popularisiert Fotografie

1931

Friedens*nobel*preis an *Jane Addams* (USA, * 1860, † 1935) und *Nicholas Murray Butler* (USA, * 1862, † 1947)

„Wiener Protokoll“ zwischen den Außenministern *Curtius* (Dt.) und *Schober* (Österr.) üb. eine dt.-österr. Zollunion (Frankreich protestiert)

Haager Gerichtshof verkündet mit 8 zu 7 Stimmen Unzulässigkeit einer dt.-österr. Zollunion

Albert Einstein unterstützt die Internationale der Kriegsdienstverweigerer (ist nach 1933 für Verteidigung der Demokratie)

Nach einer Ansprache *Hitlers* vor dt. Industriellen beschließen diese, ihn zu unterstützen (Subventionen von Eisen Nordwest, Rhein.-Westf. Kohlensyndikat, *Kirdorf*, *Thyssen*, *Schröder)*

Harzburger Front zwischen *Hitler* (NSDAP), *Hugenberg* (DNVP), *Seldte* (Stahlhelm). (Als Reichskanzler beseitigt *Hitler* ab 1933 den Einfluß der anderen Gruppen)

Antifaschistische „Eiserne Front“ zwischen SPD, „Reichsbanner Schwarz-Rot-Gold“ und Gewerkschaftsbund

Goerdeler, Oberbürgermeister von Leipzig, Reichskommissar für Preisüberwachung

Osthilfegesetz (Siedlungsprogramm stößt auf Widerstand des Großgrundbesitzes)

Heimwehrputsch in der Steiermark scheitert

Frankreich vers. i. *Tardieu*plan Donauraum m. Österreich zu ordnen

Karl Renner (Sozialdem.), Präsident des österr. Nationalrates bis 1933

Julius Karolyi ungar. Ministerpräsident bis 1932

Rücktritt der brit. Labour-Regierung unter *MacDonald. MacDonald* leitet Koalitionsregierungen einschl. der Konservativen, deshalb Konflikt mit Mehrheit der Labour-Party unter *Henderson*

Großbritannien gibt Goldparität der Währung auf (viele Länder folgen)

Liberale Partei Großbritanniens in drei kleine Gruppen gespalten

Literatur-*Nobel*preis an *Erik Axel Karlfeldt* (Schwed., †)

Andersen-Nexö: „See-Novellen“ (dän.)

Jacques Bainville: „Napoleon“ (frz. Biographie)

Hermann Broch (* 1886, † 1951): „Die Schlafwandler“ (Romantrilogie über die Zeit 1888 bis 1918, seit 1928)

P. S. Buck: „Die gute Erde“ (nordamerikan. Chinaroman)

Carossa: „Der Arzt Gion“ (Erzählung)

Edschmid: „Glanz und Elend Südamerikas“ (literar. Reisebericht)

William Faulkner (*1897) „Die Freistatt“ (nordamerikan. Roman)

Werner Finck: „Neue Herzlichkeit“ (Gedichte)

Leonhard Frank: „Von drei Millionen drei“ (Arbeitslosenroman)

Giono: „Die große Herde“ (frz. Roman)

K. Gudmundsson: „Die blaue Küste“ (isl.-norweg. Roman)

† *Friedrich Gundolf*, dt. Literarhistoriker (*1880)

† *Hsü Tschi Mo*, chin. Lyriker (* 1895)

Ernst Jünger: „Die totale Mobilmachung“

† *Erik Axel Karlfeldt*, schwed. Dichter; *Nobel*preis 1931 (* 1864)

E. Kästner: „Fabian. Die Geschichte eines Moralisten“ (Großstadt-Roman)

Herm. Kesten (* 1900): „Glückliche Menschen“ (Berlin-Roman)

Knickerbocker: „Der rote Handel droht“, „Der rote Handel lockt“ (nordamerikan. Untersuchung der USSR)

A. S. Eddington: „Das Weltbild der Physik“ (dt. Übersetzung des engl. naturphilosophischen Werkes)

Th. Haecker: „Vergil, Vater des Abendlandes“ (Kulturphilosophie)

Roman Ingarden (* 1893): „Das literarische Kunstwerk“ (poln. Literaturwiss.)

Hermann Glockner (* 1896): „Hegel“ (2. Bd. 1940)

Jaspers: „Die geistige Situation der Zeit“ (fragt, ob der Mensch frei sein kann; Band 1000 der Sammlung *Göschen*)

C. G. Jung: „Seelenprobleme der Gegenwart“ (Schweiz. Psychoanalyse)

W. Künneth: „Das Wunder als apologetisch-theologisches Problem“ (evang.)

Emile Meyerson: „Der Weg des Denkens“ (frz. philosoph. Geschichte der Naturwissenschaften)

Otto Neurath: „Empirische Soziologie“ (antimetaphysische Gesellschaftslehre aus dem Wiener Kreis) und „Soziologie im Physikalismus“ (zur Begründung einer Einheitswissenschaft)

Papst *Pius XI.* entwickelt in der Enzyklika „Quadragesimo anno“ die kathol. Soziallehre

M. Planck: „Positivismus und reale Außenwelt“ (kritischer Realismus)

Ernst Rothe: „Psychogymnastik“ (2 Bände seit 1929)

Scheler: „Die Idee des Friedens und der Pazifismus“ (posthum)

Schweitzer: „Aus meinem Leben und Denken“

Beckmann: „Stilleben mit Atelierfenster" (express. Gemälde)

Chagall beg. Illustr. z. Bibel (bis 1955); „Inneres d. Synagoge Jerusalem", „Die Kunstreiter" (frz.-russ. Gemälde)

Otto Dix: „Junges Mädchen" (naturalist. Gemälde aus d. Großstadtmilieu)

Feininger: „Marktkirche in Halle" (Gem.)

E.Hopper: „Route 6, Eastham" (nordamerikan. Gemälde im neusachl. Stil)

Klee: „Das Gespenst verschwindet" (surrealist. Gemälde)

G. Marcks: „Tänzerin mit gekreuzten Beinen" (Plastik)

Nash: „Kinetik" (engl.abstrakt.Gem.)

H. Poelzig: Verwaltungsgebäude d. I.G.-Farben-Werke i. Frankfurt/M. (Baubeginn 1928)

Kurt Seligmann: „Einäugige Kreatur" (symbolist.Gemäld.)

H. Tessenow: Umgestaltung von *Schinkels* Neuer Wache z. Gefallenenehrenmal

E. R. Weiß: Antiqua (Drucktyp., seit 1926)

Glaspalast in München brennt ab (für Kunstausstellungen 1854 erbaut)

Bauausstellung in Berlin (mit Bauform. aus Stahl, Eisenbeton und Glas)

Empire-State-Hochhaus in New York (381 m hoch, höchst. Bauwerk der Erde)

„Die Brüder Schellenberg" (Film m. *C. Veidt)*

„Bunte Tierwelt" (erster dt. Farbfilm)

Edwin Fischer (* 1886) leitet Klavier-Klasse an der Musikhochschule Berlin

Graener: „Friedemann Bach" (Oper)

Hindemith: „Das Unaufhörliche" (oratorisches Chorwerk, gilt als Abkehr vom rein Konstruktiven)

Leo Kestenberg: „Jahrbuch d. deutschen Musikorganisation" (Musiksoziologie)

Malipiero: „Triumph der Liebe" (ital. atonale Oper)

Pfitzner: „Das Herz" (Oper)

Strawinsky: „Psalmensymphonie" (russ. Chorwerk)

„Encyclopédie de la musique" (frz., 11 Bände seit 1920)

† *Anna Pawlowa*, russ. Tänzerin; berühmt bes. durch den Tanz „Der sterbende Schwan" (* 1885)

E. Varèse (*1885, †1965): „Ionisation" (Komposition für 41 Schlaginstrumente)

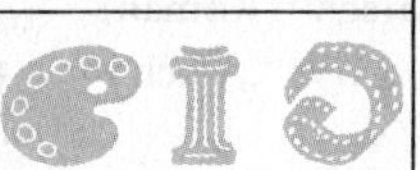

H. Poelzig: Haus des Rundfunks, Berlin (Baubeginn 1929, ein Höhepunkt d. techn. und künstlerischen Entfaltung des Funks; Einweihung mit „Faust" I u. II)

Chemie-*Nobel*preis an *K. Bosch* (Dt.) und *Fr. Bergius* (Dt.) für Kohleverflüssigung

Medizin-*Nobel*preis an *O. H. Warburg* (Dt.) für Erforschung des Atmungsfermentes

Beginn der Entwicklung des Elektronen-Übermikroskopes durch *B. v. Borries, Brüche, Knoll, Mahl, Ruska* u. a. (nach verschiedenen Prinzipien an verschiedenen Stellen; führt ~ 1940 zu technisch reifen Geräten)

P. W. Bridgman (* 1882): „Physik hoher Drucke" (erreicht 1933 über 50000 at)

† *David Bruce*, engl. Tropenarzt; erforschte Schlafkrankheit (* 1855)

Butenandt: Reindarstellung des männlichen Sexualhormons Androsteron

„Quellenkunde zur deutschen Geschichte" (9. Auflage des „Dahlmann-Waitz", besorgt von 42 Fachgelehrten)

† *Thomas Alva Edison*, nordamerik. Erfinder: Mikrophon, Sprechmaschine, Glühlampe, Dampfdynamo, Elektrizitätswerk, Zementbau, Eisen-Nickel-Akkumulator u. a.

Karl Escherich: „Forstinsekten Mitteleuropas" (3 Bände seit 1914)

Kurt Gödel (* 1906): Unvollständigkeitstheorem (vollständ. Beweis d. Widerspruchsfreiheit d. Mathematik ist nicht möglich)

R. Goldschmidt: „Die sexuellen Zwischenstufen"

Oskar (* 1871, † 1945) und *Magdalena Heinroth:* „Die Vögel Mitteleuropas" (4 Bände seit 1924)

E. P. Hubble und *M. L. Humason* leiten aus d. beobachteten Spiralnebelflucht Expansionsalter der Welt zu ca. 2 Mrd. Jahren ab (heute auf ca. 13 Mrd. Jahre verbessert)

Präzisionsmessungen von *G. Joos* ergeben die von der Speziellen Relativitätstheorie behauptete Konstanz der Lichtgeschwindigkeit (kein „Ätherwind", Wiederholung des *Michelson*-Versuches)

Paul Karrer, v. Euler-Chelpin und *Richard Kuhn:* Chemischer Aufbau des Wachstumvitamins A (stammt vom gelben Möhrenfarbstoff Carotin)

Zusammenbruch der Österr. Creditanstalt und der Darmstädter und Nationalbank in Deutschland. Zeitweilige Schließung der Banken

F. v. Gottl-Ottilienfeld (*1868): „Wirtschaft und Wissenschaft" (engere Verbindung von Wirtschaft u. tägl. Leben)

W. Jellinek: „Grenzen d. Verfassungsgesetzgebung"

Jürgen Kuczynski (*1904): „Die Lage des deutschen Industriearbeiters" (marxist. Darstellung)

Ernst Wagemann: „Struktur und Rhythmus der Weltwirtschaft"

Bata-Schuhwerke werden AG (*Thomas Bata* * 1876, † 1932; 1928: 12000 Personen produzierten tägl. 75000 Paar Schuhe)

Intern. Kolonialausstellung Paris

Rechtliche Regelung des Rundfunkwesens in Deutschland

Einführung eines Welttierschutztages

Wolfram Hirth überfliegt mit Segelflugzeug New York

Franz und *Toni Schmid* ersteigen erstmal. Nordwand d. Matterhorns

See- und Erdbebenkatastrophe an der Ostküste Neuseelands (Napier zerstört)

(1931)

Australische Arbeiterregierung tritt zurück

Pierre Laval (* 1883, † 1945, erschossen) erstmalig frz. Ministerpräsident bis 1932 (wieder 1935 bis 1936; 1940 Vizepräsident der Regierung *Pétain*)

Paul Doumer frz. Staatspräsident bis 1932 (ermordet, * 1857)

André François-Poncet frz. Botschafter in Deutschland bis 1938

Durch Eroberung der Oase Kufra (Libyen) vernichten die Italiener die Macht der Senussi (mohammed. Orden)

Wahlsieg der verbündeten span. Linksparteien. König *Alfons XIII.* (seit 1885) dankt ab. Spanien Republik. Ministerpräsident *Manuel Azana* bis 1933. Präsident *Alcala Zamora* bis 1936. In Barcelona Autonomie Kataloniens verkündet

Niederl. faschist. Gruppe unter *Mussert*

Norwegen besetzt Ostgrönland (1933 vom Völkerbund Dänemark zugesprochen)

Pehr Evind Svinhufvud (* 1861, † 1944) finn. Staatspräsident bis 1937

Diktatur in Rumänien durch neue Verfassung formal aufgehoben

Zar beruft bauernparteifreundliche Regierung in Bulgarien

Stalin betont Industrialisierung sowie Rolle der Technik und der Techniker

Kanada erhält durch Statut von Westminster volle Autonomie

Hoover-Moratorium für internationale Zahlungen

Lord *Willingdon* brit. Vizekönig in Indien bis 1936

Gandhi auf erfolgloser Londoner Konferenz (als Zwischendeckpassagier, Audienz im Lendenschurz beim König)

Gegenregierung gegen *Tschiang Kai-schek* in Kanton. Japanische Eroberung der Mandschurei führt zur Einigung Nord- und Südchinas unter *Tschiang Kai-schek* als militärischem Führer

Verfassung und Verwaltungsreform in Abessinien

Kolbenheyer: „Jagt ihn — ein Mensch" und „Das Gesetz in dir" (Schauspiele)

Isolde Kurz: „Vanadis" (Roman)

G. von Le Fort: „Die Letzte am Schafott" (Novelle)

Alexander Lernet-Holenia (* 1897): „Die Abenteuer eines jungen Herrn i. Polen" (österr. Roman)

v. d. Leyen und *Zaunert:* „Märchen der Weltliteratur" (35 Bde. seit 1912)

Molo: „Ein Deutscher ohne Deutschland" (*Friedrich-List*-Roman)

Benito Mussolini und *G. Forzano:* „100 Tage" („Camp di Maggio", ital. *Napoleon*spiel)

O'Neill: „Trauer muß Elektra tragen" (nordamerikan. Schauspieltrilogie)

Alja Rachmanowa (eig. *Galina von Hoyer*, * 1898): „Studenten, Liebe, Tscheka und Tod" (russ. Roman)

Erik Reger (eig. *Hermann Dannenberger*, * 1893, † 1954): „Union der festen Hand" (Roman der westdt. Industrie; *Kleist*preis)

Remarque: „Der Weg zurück" (Roman)

Josef Roth (* 1894): „Radetzkymarsch" (Roman)

Saint-Exupéry: „Nachtflug" (frz.)

René Schickele (* 1883, † 1940): „Das Erbe am Rhein" (Romantrilogie über das Elsaß seit 1925)

† *Arthur Schnitzler*, österr. Dichter (* 1862)

R. A. Schroeder: „Der Wanderer und die Heimat" (Gedichte)

Frans Eemil Sillanpää (* 1888, † 1964): „Silja die Magd" (finn. Rom.)

Sinclair. „Alkohol" (nordamerikan. Roman)

E. Strauß: „Der Schleier" (Novellensammlung"

Thieß: „Der Zentaur" (Roman seit 1926)

Tucholsky: „Schloß Gripsholm" (iron. Liebesgeschichte)

Will Vesper: „Das harte Geschlecht", „Sam in Schnabelweide" (Romane)

Jakob Wassermann: „Etzel Andergast" (Roman)

Werfel: „Die Geschwister von Neapel" (Roman)

Zuckmayer: „Der Hauptmann von Köpenick" (Drama)

A. Zweig: „Junge Frau von 1914" (Roman)

F. Garcia Lorca, aus USA zurückgekehrt, leitet span. Studententheater „La Barraca" (spielt in vielen Provinzen Spaniens *Calderon*, *Cervantes*, *Lope de Vega*)

Verein der *Raabe*-Stiftung in München

„Deutsche Nationalbibliographie", herausgegeben vom Börsenverein d. dt. Buchhändler

† *Nathan Söderblom*, schwed. evang. Erzbischof von Upsala seit 1914; Friedens*nobel*preis 1930 (* 1866)

O. Spann: „Fluch und Segen der Wirtschaft"

Spengler: „Der Mensch und die Technik" (Kritik der Technik)

Spranger: „Der Kampf gegen den Idealismus"

Rich. Thurnwald (* 1869, † 1954): „Die menschliche Gesellschaft" (Soziologie)

Paul Valéry: „Betrachtungen über die gegenwärtige Welt" (frz. Gegenwartsphilosophie)

Vierkandt: „Handbuch der Soziologie"

J. Wach: „Einführung in die Religionssoziologie"

Kirchenfeindliche Aktionen in Spanien (Kirche hat bedeutenden Grundbesitz)

Carl-Schurz-Gebäude der Heidelberger Universität (USA-Stiftung, Baubeginn 1929)

Volkshochschultagung des Reichsausschusses für sozialistische Bildungsarbeit in Bad Grund/Harz

NS-Studentenbund erlangt Mehrheit in der Dt. Studentenschaft (bedeutet Abkehr vom parlamentar. Aufbau)

„Intern. Gesellsch. f. Ökonometrie" i. Chikago gegrdt. (verbindet Statistik mit Wirtschaftstheorie)

„Der Hauptmann v. Köpenick" (Film v. *R. Oswald* mit *Max Adalbert*)

„Die Dreigroschenoper" (Film v. *Pabst* mit *Rudolf Forster*); „Mädchen in Uniform" (Film v. *Léontine Sagan* u. *C. Froelich* mit *Dorothea Wieck*, *Hertha Thiele*); „Emil u. die Detektive" (Film von *G. Lamprecht*); „Berlin Alexanderplatz" (Film v. *Peter Jutzi*); „Der Kongreß tanzt" (Operettenfilm von *Eric Charell* mit *L. Harvey*, *W. Fritsch*)

„Wir schalten um auf Hollywood" (dt.-amerikan. Film mit großer Starparade)

„Blumen u. Bäume" (erster Farbentrickfilm v. *Walt Disney*)

„Lichter der Großstadt" (nordam. Film von u. mit *Ch. Chaplin*); „Tabu" (nordam. Südseefilm von *F. W. Murnau*); „Frankenstein" (nordam. Film von *James Whale* mit *Boris Karloff*)

Clark Gable (* 1901) beginnt seine Filmkarriere in Hollywood (verdient bis 1951 mit 46 Filmen 17,5 Mill. Dollar)

„Die Million" (frz. Film v. *R. Clair* mit *Annabella*, *P. Ollivier*)

Insgesamt 1000 Tonfilme von 2,5 Mill. m Länge (Dt.: 142 Tonfilme)

Keesom erreicht durch Verdampfen flüssigen Heliums 0,7° über dem absoluten Nullpunkt bei —273,2° C

† *Albert Michelson*, nordamerikan. Physiker; machte grundlegende Experimente üb. Lichtausbreitung; *Nobel*preis 1907 (* 1852)

E. Schüz und *H. Weigold:* „Atlas des Vogelflugs"

In USA und USSR findet man Bakterien im Erdöl (Befund wird von *W. Schwartz* und *A. Müller* in Deutschland sichergestellt u. beeinflußt Theorie der Erdölentstehung)

Johannes Weigelt: Ausgrabungen von Wirbeltieren aus der Braunkohle im Geiseltal b. Halle (Anwendung seiner Biostratonomie von 1927, d. h. Berücksichtigung der postmortalen Veränderungen am Fossil)

Hermann Weil: „Gruppentheorie und Quantenmechanik" (Anwendung mod. mathematischer Hilfsmittel auf die Atomphysik)

W. Wien und *Harms:* „Handbuch der Experimentalphysik" (25 Bände seit 1926)

H. Wilkins erreicht mit dem U-Boot „Nautilus" den Packeisrand bei 82° nördlicher Breite (Tauchfahrt zum Pol gelingt nicht, jedoch wichtige meereskundliche Ergebnisse)

J. L. Wilser: „Lichtreaktionen in der fossilen Tierwelt. Versuch einer Paläophotobiologie"

A. Windaus: Das antirachitische Vitamin D entsteht durch Ultraviolettbestrahlung von Ergosterin als „Provitamin"

Kreuzung von Weizen und Queckengras (führt ~ 1936 in USA und USSR zur Züchtung mehrjährigen Weizens)

„Kunststofftechnik und Kunststoffanwendung" (Monatsschrift; kennzeichnet großen Aufschwung dieses Gebietes)

Arktisfahrt des Luftschiffes „Graf Zeppelin" (mit russ. Hilfe und Beteiligung)

Forschungsstation Jungfraujoch (3500 m) eröffnet

Gesamtleistung auf der Erde: Autos (36 Mill.) 1200 Mill. PS, Lokomotiven 170 Mill. PS, Elektrizitätswerke 135 Mill. PS

1932	Ergebnislose Abrüstungskonferenz in Genf: Deutschland verlangt allgemeine Abrüstung, Frankreich zuvor Sicherheiten Verbot von SA und SS. Landtagswahl in Preußen mit Gewinnen der NSDAP erschüttert Stellung der Regierung *Braun-Severing* Wiederwahl *Hindenburgs* im 2. Wahlgang zum dt. Reichspräsidenten gegen *Hitler* und *Thälmann* mit 53:37:10 % Letzte dt. Verfassungsfeiern Regierung *Brüning* tritt zurück, nachdem der Reichspräsident auf Betreiben des Reichswehrministers *von Schleicher* ihr seine Unterstützung entzog. *Franz von Papen* (rechtes Zentr., * 1879, † 1969) bildet „Kabinett der nationalen Konzentration“. Reichstagsauflösung. SA- und SS-Verbot aufgehoben *von Papen* setzt als Reichskommissar für Preußen die verfassungsmäßige preuß. sozialdemokrat. Regierung *Braun-Severing* ohne Widerstand ab *Bracht*, Oberbürgermeister von Essen, Stellvertreter *von Papens* als Reichskommissar in Preußen *Johannes Popitz*, preuß. Finanzminister bis 1944 (†, hingerichtet, * 1884) Kürzung der Arbeitslosen-, Krisen- und Wohlfahrtsunterstützung in Deutschl. Über 6 Mill. Arbeitslose Reparationskonferenz von Lausanne setzt *Young*plan außer Kraft: praktisches Ende der Reparationszahlungen; Deutschland beziffert seine gesamten Leistungen auf 53 Mrd. Mark, Gutschriften der Reparations-Kommission seit Kriegsende 21,4 Milliarden Goldmark (Forderungen 1920: 269 Milliarden) Reichstagswahl: NSDAP erhält 37,8% Sitze. *Hitler* lehnt Vizekanzlerposten ab. Auflösung des Reichstages wegen Aufhebung einer Notverordnung. Reichstagswahl mit Rückgang der NSDAP und Gewinn der KPD. *Gregor Strasser* verläßt NSDAP. Regierung *Papen* tritt zurück. *v. Schleicher* dt. Reichskanzler; kommt als gewerkschaftsfreundlicher „sozialer General“ in	Literatur-*Nobel*preis an *J. Galsworthy* (Großbrit.) Internationale Feier des 100. Sterbetages *Goethes* Stiftung der *Goethe*-Medaille für Wissenschaft und Kunst *Jean Anouilh* (* 1910): „Hermelin“ (frz. Drama) *R. G. Binding:* „Moselfahrt aus Liebeskummer“ (Novelle) *Bert Brecht:* „Heilige Johanna der Schlachthöfe“ (Drama) *Georg Britting* (* 1891, † 1964): „Lebenslauf eines dicken Mannes, der Hamlet hieß“ (surreal. Roman) *Duhamel:* „Salavins Leben und Abenteuer“ (franz. psychologische Romanreihe seit 1920) *Edwin Erich Dwinger* (* 1898): „Deutsche Passion“ (antibolschew. Romantrilogie: „Die Armee hinter Stacheldraht“ [1929], „Zwischen Weiß und Rot“ [1930], „Wir rufen Deutschland“ [1932]) *Edschmid:* „Deutsches Schicksal“ (Roman) *Fallada:* „Kleiner Mann — was nun?“ (Roman aus der Zeit der Arbeitslosigkeit; auch als Hörspiel und Film) *Faulkner:* „Licht im August“ (nordamerikan. Roman) *Giono:* „Der Träumer“ (frz. Roman) *C. Goetz:* „Dr. med. Hiob Prätorius“ (Komödie) *J. Green:* „Treibgut“ (frz. Roman) *G. Hauptmann:* „Vor Sonnenuntergang“ (Schauspiel); seine gesammelten dramatischen Werke (6 Bände) erscheinen	*K. Barth:* „Kirchliche Dogmatik“ (1. Tl. prot. Dialektische Theologie) *R. Carnap:* „Die physikalische Sprache als Universalsprache der Wissenschaft“ (zur Begründung einer physikalist. Einheitswissenschaft auf raumzeitlicher Begriffsbasis) *Hans Driesch:* „Parapsychologie“ (abnorme Erscheinungen des Seelenlebens wie Gedankenübertragung u. ä.) *Philipp Frank:* „Das Kausalgesetz und seine Grenzen“ (naturphilosophische Untersuchung im Sinne eines logischen Empirismus) *Etienne Gilson:* „Der Geist der mittelalterlichen Philosophie“ (2 Bände, frz. Neuthomismus) *Wilhelm Hartnacke* (* 1878, † 1952): „Bildungswahn—Volkstod“ (geg. Berechtigungswesen auf Grund massenstatistischer Begabungsanalysen) *Günther Jacoby:* Ontologie (seit 1925) *Jaspers:* „Philosophie“ (3 Bände, existentialist.) † *Georg Kerschensteiner*, dt. Pädagoge; förderte Arbeits- und Berufsschule (* 1854) *Hermann von Keyserling:* „Südamerikanische Meditationen“ *L. Klages:* „Der Geist als Widersacher der Seele“ (antirationalist. Lebensphilosophie, 3 Bände seit 1929) und „Graphologie“ (Handschrift als Ausdruck des Charakters) *v. Martin:* „Die Soziologie der Renaissance“

Burra: „Das Café“ (engl. express. Gemälde)

† *Georg Dehio*, dt. Kunstgelehrter; förderte Kunstdenkmalspflege (* 1850)

George Grosz siedelt in die USA über. (In Zukunft wendet sich seine Malerei von scharfer Sozialkritik in eine mehr romantische Richtung)

K. Hofer: „Maskentanz“ (Gemälde)

Kollwitz: „Mutter“ (Lithographie)

Gerhard Kreische (* 1905): „Große Sommerlandschaft“ (Bleistiftzeichnung)

M. Liebermann: „Professor Sauerbruch“ (Bildnis)

Mies van der Rohe: Haus Lemcke, Berlin-Wannsee

Ed. Munch: „Frau Thomas Olsen“ (norweg. express. Bildnis)

W. Nicholson: „Schwarze Schwäne“ (engl. Gemälde)

O. Schlemmer: „Bauhaustreppe“ (Gem.)

Ben Shahn (* 1906 in Kowno, † 1969): „Sacco u. Vanzetti“ (nordam. Gemälde)

Slevogt: „Kreuzigung“ (Fresko in der Friedenskirche zu Ludwigshafen)

† *Max Slevogt*, dt. Maler und Graphiker (* 1868)

Bibliotheksbau des Dt. Museums in München (Baubeginn 1928)

Reichsbankneubau Frankfurt/M

Internationale Architekturausstellung im Museum of modern art, New York

—

† *Eugen d'Albert*, dt. Pianist und Komponist frz. Herkunft (* 1864)

Thomas Beecham gründet das Londoner Philharmonische Orchester

Wilhelm Kempff (* 1895): „König Midas“ (Oper)

Milhaud: „Maximilian“ (frz. Oper)

Pfitzner: Symphonie cis-moll

Prokowjew: 5. Klavierkonzert (russ.), spielt i. d. Berl. Urauff.

Ravel: Concerto in G-dur und Klavierkonzert G-dur (frz. Kompositionen; Nervenleiden beendet sein Schaffen)

Hermann Reutter (* 1900): „Der große Kalender“ (Oratorium)

Der Tenor *Josef Schmidt* († 1942) erlebt den Höhepunkt seiner Popularität durch Rundfunk u. Schallplatte

A. Schönberg: „Moses und Aaron“ (Oper im Zwölftonstil) (vgl. 1959)

Schreker: „Der Schmied von Gent“ (erot.-symbol. Oper)

Strawinsky: „Violinkonzert“ (russ. Komposition; Uraufführung im Berliner Rundfunk)

Einführung eines „Tages der Hausmusik“ in Deutschland

Joos (*Laban*-Schüler): „Der grüne Tisch“ (freier Tanz

Physik-*Nobel*preis an *W. Heisenberg* (Dt.) für Quantenmechanik

Chemie-*Nobel*preis an *I. Langmuir* (USA) für Katalysator-Forschung

Medizin-*Nobel*preis an *Charles Scott Sherrington* (Großbrit., * 1861, † 1952) und *Edgar D. Adrian* (Großbrit., * 1889) für Neuronenforschung

Aitken: Doppelstern-Katalog mit 17180 Paaren

F. Alverdes: „Die Tierpsychologie in ihren Beziehungen zur Psychologie des Menschen“

Carl David Anderson (* 1905) entdeckt das Positron (positiv geladenes Elektron)

Gustav v. Bergmann (* 1878): „Die funktionelle Pathologie“ (Standardwerk dieser medizin. Denkrichtung)

Blegen verlegt das *homer*ische Troja nach neuen Grabungen in die Schicht ≈ —1200 (nach *Schliemann* ≈ —2200)

Bourdillon und *Windaus:* Reindarstellung des antirachitischen Vitamins D_2 in kristallisierter Form

Wernher v. Braun (* 1912) beg. Flüssigkeitsrakete zu entwickeln (führt über d. V-2-Waffe zur Saturn-Rakete d. USA)

O. Bumke: „Handbuch der Geisteskrankheiten“ (11 Bände seit 1928)

James Chadwick (* 1891) entdeckt das Neutron (physikal. Elementarteilchen)

J. D. Cockroft und *E. T. S. Walton* erreichen erstmals durch Beschießung mit künstlich beschleunigten Teilchen (Wasserstoffkerne mit 150000 Volt) Atomkernumwandlung (dafür *Nobel*preis 1951)

Gerhard Domagk entwickelt Sulfonamide als chemische Heilmittel (vgl. 1935)

Ebert: „Reallexikon der Vorgeschichte“ (15 Bände seit 1924)

Roberto Galeazzi erreicht mit Tauchgerät 210 m Tiefe

Karl Hampe: „Das Hochmittelalter“

Heisenberg: Atomkern besteht aus positiv geladenen Protonen und neutralen Neutronen

Höhepunkt der Weltwirtschaftskrise; Weltarbeitslosigkeit etwa 30 Mill. (geht i. d. folg. Jahr. nicht zul. d. Staatseingriffe zurück)

E. Schneider: „Theor. monopolistischer Wirtschaftsformen“

Zusammenbruch des Zündholzkonzerns v. *Ivar Kreuger* (†, Selbstmord, * 1880, Schwede)

Beginn japanischer Exportvorstöße durch Preisunterbietung auf dem Weltmarkt

„Marktanalyse und Marktbeobachtung“ (v. Institut für Wirtschaftsbeobachtung)

In Brasilien werden große Mengen Kaffee wegen Absatzschwierigkeiten vernichtet

In Deutschland seit 1919 57500 Siedlerstellen mit 602000 ha geschaffen

Von 77 in Deutschland gefällten Todesurteilen wird keines vollstreckt (1933: 75%)

Deut. Margarineverbrauch etwa 500000 t (1913 etwa 200000 t)

52% des dt. Fettbedarfs durch Einfuhr gedeckt

Südamerikadienst mit dt. Luftschiff

Weltflug von *Elly Beinhorn* (* 1907), seit 1931

(1932)

Gegensatz zu Großindustrie und Großgrundbesitz; wird 1933 entl. Kommunist.-nationalsozialist. Verkehrsstreik in Berlin

Kommunistische Partei erhält 100 Sitze im Reichstag (1949 noch 15, 1953 keinen Sitz im Bundestag)

Emil Julius Gumbel (Statistiker, * 1891) als Professor in Heidelberg amtsenthoben (1933 ausgebürgert)

Hitler erhält durch Ernennung zum braunschweig. Regierungsrat dt. Staatsangehörigkeit

Krise in der NSDAP, Unruhen in der Berliner SA; Fememorde d. SA

K. Haushofer: „Wehr-Geopolitik"

Knickerbocker: „Deutschland so oder so?" (nordamerikan. journal. Analyse Deutschlands zw. Nationalsozialism. u. Kommunism.)

Engelbert Dollfuß (christl.-sozial) österr. Bundeskanzler bis 1934 (†). Völkerbundsanleihe unter Verzicht des Anschlusses an Deutschland bis 1952

Karl Seitz (Sozialdemokrat) Oberbürgermeister von Wien bis 1934

Gyula Gömbös (rechtsradikal) ungar. Ministerpräsident bis 1936 (†, * 1886); verfolgt faschistische Politik

Brit. Weltreichs-Konferenz in Ottawa beschließt System von Vorzugszöllen. Von den Liberalen bleibt nur Außenminister *John Simon* in der brit. Regierung

Durch Wahlsieg der irisch-nationalist. „Sinn-Fein"-Partei wird *de Valera* irischer Ministerpräsident (erreicht 1937 Selbständigkeit Irlands). Zollkrieg mit England

Albert Lebrun (* 1871, † 1950) frz. Staatspräsident (wieder 1939 bis 1940)

Frz. Außenminister *Briand* tritt zurück

† *Aristide Briand*, frz. Staatsmann; seit 1909 sechsmal Ministerpräsident; wirkte für frz.-dt. Verständigung; schrieb: „Frankreich und Deutschland"; Friedens*nobel*preis 1926 (* 1862)

Radikalsoziale und Sozialisten siegen bei den frz. Kammerwahlen

M. Hausmann: „Abel mit der Mundharmonika" (Roman)

Hedin: „Rätsel der Gobi" und „Jehol, die Kaiserstadt" (schwed. Reiseberichte)

Hemingway: „Tod am Nachmittag" (nordamerikan. Roman)

Hofmannsthal: „Andreas oder die Vereinigten" (Roman, posthum)

A. Huxley: „Wackere neue Welt" (brit. satir. Utopie)

Ernst Jünger: „Der Arbeiter, Herrschaft und Gestalt"

Ferenc Körmendi: „Versuchung in Budapest" (ungar. Roman)

E. Ludwig: „Gespräche m. Mussolini"

Rose Macauley (*1881, +1958): „They were defeated" (engl. histor. Roman)

Th. Mann: „Goethe als Repräsentant des bürgerlichen Zeitalters" (Rede zum *Goethe*jahr)

Maugham: „Menschen der Südsee" (engl. Erzählungen)

Mauriac: „Das Otterngezücht" (frz. Roman)

Maurois: „Im Kreis der Familie" (frz. Roman)

Max Mell: „Die Sieben gegen Theben" (österr. Schauspiel)

Moissi: „Der Gefangene" (*Napoleon*-Drama)

Charles Morgan: „Der Quell" (engl. Roman)

Plievier: „Der Kaiser ging, die Generäle blieben" (Roman)

A. Rachmanowa: „Ehen im roten Sturm" (russ. antibolschewist. Roman)

Erik Reger: „Das wachsame Hähnchen" (Roman)

Emmanuel Mounier gründet „Esprit" (frz. Zeitschrift für kathol. Sozialismus)

Rudolf Olden (* 1885, † 1940, torpediert auf dem Weg nach USA): „Das Wunderbare oder die Verzauberten" (über Sekten und „Wundertäter")

K. R. Popper (* 1902): „Logik d. Forschung" (neopositivist. Philosophie)

Anna Siemsen, Professor für Pädagogik in Jena seit 1923, wegen Eintretens für Prof. *Gumbel* amtsenthoben

Victor v. Weizsäcker (* 1886, † 1957): „Körpergeschehen und Neurose" (Psychiatrie)

Universität Seoul (Korea)

Kunstakademie Breslau aufgrund d. finanziellen Notverordnung geschlossen

Rudolf Arnheim: „Film als Kunst" (kritische Ästhetik des Films)

Shirley Temple beginnt als „Wunderkind" mit 4 Jahren zu filmen

127 dt. Spielfilme (alles Tonfilme, 1929 waren es nur 8 von 183)

„Kuhle Wampe" („Wem gehört die Welt", Film von *S. Th. Dudow* mit *H. Thiele, Ernst Busch,* nach *Brecht* u. *Weill,* wird verboten)

„Der träumende Mund" (dt.-frz. Film mit *Elisabeth Bergner* u. *R. Forster;* Regie: *Paul Czinner*)

„M" (Film von *F. Lang*)

„Das blaue Licht" (Film von *A. Fanck* mit *Leni Riefenstahl*)

„Für uns die Freiheit" (frz. Film von *R. Clair*); „La Maternelle" (frz. Film von *Benoit-Lévy*)

„Reise ohne Wiederkehr" (nordam. Film von *Tay Garnett* mit *William Powell, Kay Francis*); „Menschen im Hotel" (nordam. Film nach *Vicky Baum* mit *Joan Crawford, W. Berry, Lionel Barrymore*); „Shanghai-Express" (nordam. Film von *J. von Sternberg* mit *M. Dietrich*); „Farewell to arms" (nordam. Film nach *Hemingways* gleichnam. Roman „In einem anderen Land" v. *Frank Borzage,* * 1893, mit *Gary Cooper, Adolphe Menjou*); „Das Zeichen des Kreuzes"

gemischt mit klass. Ballett-Technik) u. „Großstadt" (Ballett), beide in Essen aufgeführt

K. G. Jansky (* 1905, † 1950) beobachtet Radiokurzwellenstrahlung aus der Milchstraße (führt ab 1939 zur „Radio-Astronomie")

Heinrich Kayser (* 1853, † 1940); „Handbuch der Spektroskopie" (8 Bände seit 1900)

F. Kögl isoliert das Wachstumshormon der Hefe Biotin oder Vitamin H (entdeckt 1901)

† *Wilhelm Ostwald,* dt. Chemiker und Philosoph; *Nobel*preis 1909 (* 1853)

Piccard: Ballonaufstieg in die Stratosphäre (s. 1931) bis 16940 m Höhe

† *Ronald Ross,* engl. Tropenarzt; *Nobel*preis 1902 (* 1857)

Unter *O. Schmidt* und *W. Wiese* gelingt dem Eisbrecher „Sibirjakow" die Fahrt von Archangelsk zum Stillen Ozean erstmalig ohne Überwinterung (1934 gelingt es dem Eisbrecher „Lütke" in umgekehrter Richtung)

Hermann Staudinger (* 1881, † 1965): „Die hochmolekularen organischen Verbindungen Kautschuk u. Zellulose" (Zusammenfassung über die für Kunststofftechnik und Biologie wichtigen Riesenmoleküle)

Albert v. Szent-Györgyi (* 1893): Antiskorbut-Vitamin C ist chemisch identisch mit der Ascorbinsäure

Harald C. Urey entdeckt den schweren Wasserstoff (daraus wird „schweres Wasser" gewonnen)

Hans Weinert (* 1887, † 1967): „Ursprung der Menschheit" (Ergebnisse der Abstammungsforschung; 1. Bd. einer „Trilogie" bis 1940)

Wildt entdeckt Ammoniak- und Methan-Spektrum der Atmosphäre der äußeren Planeten

A. H. Wilson u. and. beg. Theorie d. Halbleiter zu entwickeln (daraus entw. sich später techn. wichtige Anwendungen wie Transistoren)

F. Zernike: Prinzip d. Phasenkontrast-Mikroskops (gestattet u. a. das Studium lebender, ungefärbter Zellen); *Nobel*preis 1953)

1. Frau (*Amelia Earhart USA*) überfliegt Nordatlantik

Lufthansakapitän *Wende* erreicht 1 000 000 Flugkilometer

Autobahn Köln—Bonn

Weltnachrichtenvertrag (regelt u. a. internationalen Funkverkehr)

Olympiade in Los Angeles

Max Schmeling verliert Boxweltmeistertitel wieder an *Jack Sharkey*

Bracht verbietet „unmoralische" Badekleidung („Zwickel-Erlaß")

Untergang des dt. Segelschulschiffes „Niobe" mit 70 Mann

Lindbergh-Baby in USA von Erpressern geraubt; wird tot aufgefunden

W. v. Gronau (* 1893, † 1977) unternimmt Erdrundflug von 60 000 km Länge

(1932)

Regierung *Herriot* (radikalsozial, zugleich Außenminister) in Frankreich; muß zurücktreten, weil sie Schuldenrate an USA zahlen will

Belgien, Niederlande und Luxemburg beschließen schrittweisen Abbau der Zollschranken

P. A. Hansson (Sozialdemokrat) schwed. Ministerpräsident mit kurzen Unterbrechungen bis 1946(†)

Stadt Littoria in den pontinischen Sümpfen gegründet

Kommunistische Unruhen und Militärputsche in Spanien. Entschädigungslose Enteignung des span. Großgrundbesitzes

Salazar wird portug. Min.-Präsid. (im Amt b. 1968, seit 1928 Finanzminister); begründet faschist. korporativen Staat (Verf. 1933)

3jähriges Ermächtigungsgesetz für poln. Regierung

Beck poln. Außenminister (betreibt Annäherung an das nationalsozialist. Deutschland)

Titulescu rumän. Außenminister bis 1936; Anlehnung an Frankreich, Kl. Entente und USSR

Rücktritt des griech. Ministerpräsidenten *Venizelos*. *Tsaldaris*, Führer d. monarchist. Volkspartei, griech. Ministerpräsident bis 1936

Litwinow (USSR) vertritt im Völkerbund die Politik der kollektiven Sicherheit

USSR schließt Nichtangriffspakte mit Finnland, Polen, Lettland, Estland, Frankreich

Schwere Hungersnot in der USSR

Persien widerruft Ölkonzession an die Anglo-Persian Oil Co. (1933 Kompromiß über neue Konzession mit Großbritannien; neuer Konflikt 1951)

Ibn Saud benennt sein arabisches Herrschaftsgebiet (Nedsch und Hedschas) „Saudisch-arabisches Königreich" (1,5 Mill. qkm mit 5,3 Mill. Einwohnern)

Hoovers Abrüstungsbotschaft

Bürgermeister von New York *Jimmy Walker* tritt zurück, weil *F. D. Roosevelt* ihn der Mißwirtschaft überführte

General *Rodriguez* Präsident von Mexiko bis 1935

Brasilianisch-faschistische Integralisten-Bewegung („Grünhemden")

Militär unterdrückt sozialist. Revolution in Chile

Chacokrieg zwischen Bolivien und Paraguay (bis 1935)

Grenzkonflikt Kolumbien — Peru (1934 durch Völkerbund beigelegt)

Gandhi, seine Frau und andere führende Mitglieder des Allindischen Kongresses erneut vorübergehend verhaftet

Siam durch Militärputsch konstitutionelle Monarchie; Verwaltungsreform

Jap. Offiziere ermorden japan. Ministerpräsidenten *Inukai*

Nach Besetzung der Mandschurei (1931) bildet Japan den Staat Mandschukuo

Japan beschießt Chinesenstadt von Shanghai wegen chin. Boykotts jap. Waren

Der letzte Herrscher der *Mandschu*-Dynastie in China (1909—1912) *Kang Teh (Pu-i)* wird Präsident des japan. Protektorates Mandschukuo (1934 Kaiser)

Lytton-Bericht für den Völkerbund, wonach Japans Vorgehen in der Mandschurei unrechtmäßig ist. Schlägt Mandschurei als autonomes Gebiet Chinas unter japan. Kontrolle vor (wird 1933 vom Völkerbund angenommen)

Ruth Schaumann (* 1899); „Amei. Eine Kindheit"

Sillanpää: „Eines Mannes Weg" (finn. Roman)

Sinclair: „Auf Vorposten" (nordamerikan. sozialist. Roman)

Timmermans: „Franziskus" (fläm. Roman)

Undset: „Ida Elisabeth" (norweg. Roman)

H. Wahl und *A. Kippenberg:* „Goethe und seine Welt" (mit 580 Abb.)

Ernst Weiss: „Der Gefängnisarzt" (Roman)

Wiechert: „Jedermann" (Kriegsroman) und „Die Magd des Jürgen Doskocil" (Roman)

† *Anton Wildgans,* österr. Dichter (* 1881)

Heinz Hilpert (* 1890, † 1967) Direktor der Volksbühne Berlin

A. Walde und *J. Pokorny:* „Vergleichendes Wörterbuch der indogermanischen Sprachen" (3 Bände seit 1927)

S. Wininger: „Große jüdische National-Biographie" (6 Bände seit 1921)

Basic English (Grundenglisch mit nur 850 Wörtern) als Vorschlag einer Umgangsweltsprache für praktische Zwecke

(nordam. Film von *C. B. de Mille* mit *Claudette Colbert);* „Morning Glory" (nordam. Film mit *Katharine Hepburn)*

Bekannte Tierart. (i. Tsd., vgl. 1758)

1932	1025	1848	107
1925	720	1833	88
1911	525	1788	19
1886	276	1767	6
1859	130	1758	4

Münchener Zoo versucht durch Rückkreuzung Züchtung des ausgestorbenen Auerochsen

Zeitschrift für Vitaminforschung

Cordoba-Katalog für 613993Sterne des südl. Sternhimmels (seit 1892)

Brauchbare Gasentladungslampen (Natrium und Quecksilberhochdrucklampen mit hoher Lichtausbeute)

2. Internationales Polarjahr mit planmäßigen Beobachtungen auf 75 Stationen bis 1933 (1. Polarjahr 1882/83)

Saaletalsperre (Bleiloch) (65 m größte Höhe, 215 Mill. cbm Inhalt)

George-Washington-Brücke über den Hudson mit 1067 m Spannweite (Baubeginn 1929)

„Rex" (ital. Turbinen-Ozeandampfer mit 45 000 t Wasserverdrängung, 120000 PS und 53,5 km/st.; gew. 1933 „Blaues Band")

Groß-Kraftwerk am Dnjepr in der USSR (Baubeginn 1927)

Durch Umgehungsschleusen der Stromschnellen beim Dnjepr-Kraftwerk entsteht eine durchgehende Wasserstraße vom und zum Schwarzen Meer

8-mm-Schmalstfilm von Kodak. 16-mm-Agfacolor-Farbenfilm

Mit Entd. des Neutrons, Theorie des Kernbaus, künstlicher Kernumwandlung kann dieses Jahr als entscheidend für die weitere Entw. der Kernphysik betrachtet werden

1933 Friedens*nobel*preis an *Ralph Norman Angell (Lane)* (Großbrit., * 1874)

Gespräche zwischen *v. Papen*, *Hitler* u. Bankier *v. Schröder* in Köln leiten Ernenn. *Hitlers* z. Reichskanzler ein

Durch Einsatz aller Geld- u. Machtmittel erlangt NSDAP Wahlsieg im Lande Lippe (dient zur Begründung von *Hitlers* Reichskanzlerschaft)

Kommunisten: Erst *Hitler*, dann wir

Reichspräsident *von Hindenburg* beruft *Hitler* zum Reichskanzler; *von Papen* Vizekanzler und Reichskommissar in Preußen; *Hugenberg* Wirtschaftsminister; *Seldte* Arbeitsminister; *von Blomberg* Reichswehrminister; *von Neurath* Außenminister; *Schwerin von Krosigk* Finanzminister; *Gürtner* Justizminister; *von Eltz-Rübenach* Verkehrsminister; *Frick* Innenminister; *Göring* Min. o. Geschäftsbereich (bald für Luftfahrt u. preuß. Innenmin.)

Hindenburg erhält von der nationalsoz. preuß. Reg. Domäne Langenau und den Preußenwald als Geschenk

Brandstiftung im Reichstag leitet terrorist. Ausschaltung der polit. Gegner der NSDAP ein; sie erhält 44% der Reichstagssitze

Nationalsoz. Konzentrationslager errichtet (Zahl der Häftlinge bis 1945 wird auf mindestens 8—10 Mill. geschätzt, davon kommt mehr als die Hälfte um)

Wahlergebnisse zum Dt. Reichstag:

	1919[1]	1924[2]	1928	1932[3]	1933[4]
KPD[5]	22	45	54	100	81
SPD	165	131	153	121	120
Zentrum	71	69	61	70	73
BVP	18	19	17	19	19
DDP (DStP)	74	32	25	2	5
DVP	22	51	45	11	2
DNVP	42	111	78	54	53
NSDAP	—	14	12	196	288
andere	9	21	46	10	6

[1] Nationalversammlung; [2] Dezemberwahl; [3] Novemberwahl; [4] f. d. antifaschist. Parteien unter dem Terror nach dem Reichstagsbrand; [5] f. 1919 USPD

Wels (SPD) hält die letzte Oppositionsrede im Dt. Reichstag

Literatur-*Nobel*preis an *I. Bunin* (Rußl.)

Hervey Allen: „Antonio Adverso" (nordam. Rom.)

Bruno Brehm (* 1892): „Apis und Este" (1931), „Das war das Ende" (1932), „Weder Kaiser noch König" (1933) (Romantrilogie über Österreich-Ungarn)

H. Broch: „Die unbekannte Größe" (Roman)

Hermann Eris Busse (* 1891): „Bauernadel" (Schwarzwälder Romantrilogie)

Colette: „Die Katze"

Edschmid: „Das Südreich" (Roman über die Germanenzüge)

Frenssen: „Meino, der Prahler" (Roman)

Galsworthy: „Die Cherrellchronik" (engl. Roman seit 1931)

† *John Galsworthy*, engl. Dichter; schilderte in Romanen das engl. Bürgertum; *Nobel*preis 1932 (* 1867)

F. Garcia Lorca: „Die Bluthochzeit" (span. Schauspiel)

† *Stefan George*, dt. Dichter einer formstrengen Wortkunst (* 1868)

Trygve Gulbranssen (* 1894): „Und ewig singen die Wälder" (norweg. Roman, mit Fortsetzung „Das Erbe von Björndal" 1935)

Hamsun: „Nach Jahr und Tag" (norw. Rom., Schlußband der Romantrilogie mit „Landstreicher" 1927 u. „August Weltumsegler" 1930)

M. R. Hesse: „Morath schlägt sich durch", „Morath verwirklicht einen Traum" (Romane)

Ch. Bühler: „Der menschliche Lebenslauf als psycholog. Problem" (find. berufl. Höchstl. vorzugsw. i. mittl. u. höher. Alter)

W. Dubislaw: „Naturphilosophie" (log. Empirismus)

„Warum Krieg?" (Antwortbrief *Freuds* an *Albert Einstein*; „Alles, was die Kulturentwicklung fördert, arbeitet auch gegen den Krieg")

Kardinal *von Faulhaber*: „Judentum — Christentum — Germanentum" (kathol., antinationalsozialist. Standpunkt)

Frobenius: „Kulturgeschichte Afrikas. Prolegomena zu einer historischen Gestaltlehre"

R. Guardini: „Der Mensch und der Glaube" (kath. Religionsphilosophie)

Th. Haecker: „Was ist der Mensch?" (kathol. Kulturphilosophie)

Nic. Hartmann: „Das Problem d. geist. Seins"

O. Koehler: „Das Ganzheitsprobl. i. d. Biologie"

Erich und *Mathilde Ludendorff*: „Am heilig. Quell dt. Kraft" (Zeitschrift für antichristl. dt. Gotterkenntnis)

Ortega y Gasset: „Über die Liebe" und „Buch des Betrachters" (span. Philosophie, dt. Ausg.)

M. Planck: „Wege zu physikalischer Erkenntnis" (naturphilosophischer Realismus)

W. Reich: „Charakteranalyse" (Ausbau der Psychoanalyse *Freuds*)

G. Santayana: „Der letzte Puritaner" (span. Selbstbiogr.)

† *Hans Vaihinger*, dt. Philosoph (* 1852)

Barlach: „Lesende" (Plastik)

Heckel: „Rummelplatz" (expressionist. Aquarell)

Rudolf Koch: Claudius-Fraktur (Drucktypen, vollendet 1937)

Matisse: „Der Tanz" (frz. express. Gem.)

Pinder: „Deutsche Barockplastik"

Völkerbundspalast in Genf (Baubeginn 1929)

Die bildende Kunst in Deutschland unterliegt einer zunehmenden „Ausrichtung" durch den nationalsozialist. Staat (im Sinne eines oberflächlichen Realismus)

„Am Horst der wilden Adler" (Kulturfilm v. *Walter Hege)*

„Das Testament des Dr. Mabuse" (Film von *F. Lang,* in Dt. verboten)

„Brennendes Geheimnis" (Film von *R. Siodmak* mit *Willy Forst,* * 1903, und *Hilde Wagner)*

„Reifende Jugend" (Film v. *G. Froelich,* mit *H. George, H. Thiele)*

„S. O. S. Eisberg" (Film von *A. Fanck)*

„Hitlerjunge Quex" (Film); „Der Rebell" (Film von und mit *L. Trenker)*

„Heinrich VIII." (engl. Film von *Alexander Korda* mit *Charles Laughton)*

„Freitagabend um 8" (nordam. Film von

Der dt. Geiger *Adolf Busch* geht mit seinem Bruder, dem Dirigenten *Fritz Busch,* nach USA

Roy Harris (*1898): Symphonie (nordamerikan. Komposition)

Hindemith: „Plöner Musiktag" (Musik zum Singen und Spielen)

Paul von Klenau: „Michael Kohlhaas" (dän.-dt. Oper nach *Kleist)*

Křenek: „Karl V." (Bühnenspiel mit Musik)

† *Arnold Mendelssohn,* dt. Komponist und Förderer protestant. Kirchenmusik (*1855)

Prokowjew kehrt in die Sowjetunion zurück (hatte Rußland 1918 verlassen)

† *Max von Schillings,* dt. Komponist (* 1868)

R. Strauss: „Arabella" (Oper, Text v. *Hofmannsthal)*

Strawinsky: „Persephone" (russ. melodram. Oper)

Bruno Walter geht von Deutschland nach Wien

George Balanchine und *Lincoln Kirstein* gründen „School of American Ballett"

Physik-*Nobel*preis an *E. Schrödinger* (Österr.) und *P. A. M. Dirac* (Großbrit.) für Wellenmechanik und Anwendung auf das Elektron

Medizin-*Nobel*preis an *Th. H. Morgan* (USA) für Aufbau der modernen Genetik

Berckhemer findet und beschreibt den Schädel von Steinheim (Weiterentwicklung des Affenmenschen zu reineren menschlichen Formen)

Ludwig v. Bertalanffy: „Theoretische Biologie" (Anwendung mathematisch-physikalischer Methoden auf Lebenserscheinungen; 2. Bd. 1942)

R. E. Byrds zweite Südpolar-Expedition (bis 1936): durch mehrere Flüge 500000 qkm Neuland aufgenommen und das Südpolargebiet als einheitliches Festland vermutet

† *Albert L. Ch. Calmette,* frz. Arzt, seit 1917 Abteilungsleiter im *Pasteur*-Institut; entwickelte BCG-Tuberkulose-Schutzimpfung (* 1863)

Auto-Geschwindigkeitsrekord mit 437,91 km/St. von *Malcolm Campbell* (* 1885, † 1949)

Irène Curie (* 1897, † 1956) und *Frédéric Joliot* (* 1900, † 1958): Materialisation von Energie durch Umwandlung radioaktiver Wellenstrahlung in ein Elektron-Positron-Paar (*Thibaud* u. *Joliot* entdecken 1934 Umkehrung dieses Prozesses: Materiezerstrahlung)

K. Daeves: „Praktische Großzahlforschung" (statistische Untersuchungsmethoden in Industrie und Wirtschaft)

A. S. Eddington: „Dehnt sich das Weltall aus?" (dt. Übersetzung; verbreitet das astronomische Weltbild einer in sich gekrümmten, expandierenden Welt)

Ph. Farnsworth und *Vladimir Zworykin:* Rein elektronisches Fernsehen ohne mechanisch bewegte Apparateteile

C. Filatow begründet „Gewebetherapie" durch Entdeckung der stimulierenden Wirkung konservierter Transplantate

Höhepkt. d. Weltwirtschaftskrise wird überschritten (vgl. 1932)

Reichsbank erhält das Recht, gegen Wertpapiere Noten abzugeben (dient dem Geldbedarf d. einsetzenden Rüstungskonjunktur)

Gustav Cassel: „Die Krise im Weltgeldsystem" (schwed. neuliberalist. Währungstheorie)

Ed. Chamberlin: „Theorie des monopolistischen Wettbewerbs" (nordamerikan. nationalökonom. Monopoltheorie)

† *Carl Fürstenberg,* Berliner Bankier; Leiter der Berliner Handelsgesellsch. seit 1883 (* 1850)

Martin Wolff: „Internationales Privatrecht" (geht 1938 nach Großbritannien)

Internat. Rohstahlexportgemeinsch. (Kartell der dt., belg., brit., frz., luxemburg. Stahlindustrie, Sitz Luxemburg)

Durch künstl. Dünger Ernteerträge der dt. Landwirtschaft gegenüber 1880 rund verdoppelt

Sowjetruss. Viehbestand seit Beginn der Kollektivierung 1928 auf etwa die Hälfte gesunken

(1933)	Alle Parteien im Dt. Reichstag außer der SPD stimmen dem Ermächtigungsgesetz für *Hitler*-Regierung zu (Kommunist. und Teile der SPD-Fraktion durch Verhaftungen und Terror am Erscheinen verhindert). Ende der Weimarer Republik (durch Schwäche d. liberalen Bürgertums u. d. Arbeiterbewegung) *Josef Goebbels* Reichsminister für Volksaufklärung und Propaganda „Tag von Potsdam" mit Festakt in der Garnisonkirche am Grabe *Friedrichs II.* Antijüd. Ausschreit. in Deutschland Der 1. Mai zum Staatsfeiertag in Deutschland erklärt. Sturm auf d. Gewerkschaftshäuser. Auflösung d. Gewerkschaften. Gesetz zur „Wiederherstellung des Berufsbeamtentums" schließt „Nichtarier" aus. Auflösung und Selbstauflösung aller dt. Parteien außer der NSDAP † *Clara Zetkin* (i. USSR) dt. Kommunistin, leitete 1891–1916 „Die Gleichheit" (sozialdemokr. Frauenzeitschr.) (* 1857) *Hermann Göring* preuß. Ministerpräsident. Beseitigung des Landtages. Reichsbankgesetz hebt Autonomie der Reichsbank auf (seit 1922). *Schacht* finanziert als Reichsbankpräsident (bis 1938) Arbeitsbeschaffung und Aufrüstung *Hugenberg* scheidet aus dem Kabinett aus, bleibt Reichstagsabgeordneter Reichsminister für Ernährung und Landwirtschaft *Darré* organisiert „Reichsnährstand" und erläßt Erbhofgesetz Deutschland verläßt Völkerbund und 2. Abrüstungskonf., die ihm 200000-Mann-Heer zugestehen will Kombinierte Volksabstimmung und „Reichstagswahl" ergibt 92% für Einheitsliste der NSDAP Dt. Gesellschaft für Wehrpolitik und Wehrwissenschaften, Berlin Nationalsozialist. Regierung unter Senatspräs. *Rauschning* in Danzig Bundeskanzler *Dollfuß* schaltet österr. Nationalrat aus; stützt sich	*H. Johst:* „Schlageter" (Drama) *Mascha Kaléko:* „Lyrisches Stenogrammheft" (Großstadt-Lyrik) *Lernet-Holenia:* „Ich war Jack Mortimer" (österr. Roman) *Lewis:* „Ann Vickers" (nordamerikan. Roman zur Frauenfrage) *André Malraux* (* 1901): „So lebt der Mensch" (frz. Roman aus dem chin. Bürgerkrieg) *Masefield:* „The Bird of Dawning" (engl. Roman) *Miegel:* „Die Fahrt der sieben Ordensbrüder" (Erzählung) *Muschler:* „Die Unbekannte" (Roman) *O'Neill:* „O Wildnis!" (nordamerikan. Bühnenstück) *A. Rachmanowa:* „Milchfrau in Ottakring" (russ. Roman) *Rolland:* „Verzauberte Seele" (frz. Romantetralogie seit 1922) *Ernst von Salomon:* „Die Kadetten" (autobiograph. Roman) *Ulrich Sander* (* 1892): „Pioniere" (Roman) *Margarete Schiestl-Bentlage (zur Bentlage,* * 1891): „Unter den Eichen" (Erzählungen) *Ina Seidel:* „Der Weg ohne Wahl" (Roman) *Shaw:* „Auf den Felsen" (engl. Schauspiel) *Silone:* „Fontamara" (ital. antifaschist. Roman) *Heinrich Spoerl* (* 1887, † 1955): „Die Feuerzangenbowle" (humor. Schülerroman; wird verfilmt) *Stehr:* „Die Nachkommen" (Roman)	*A.N.Whitehead:* „Abenteuer d. Denkens" (engl. Naturphilosophie) Konkordat m. Deutschl. Reichskulturkammergesetz in Deutschland Bekenntnisfront der dt. evang. Christen gegen „Dt.Christen" u. Reichskirchenreg., wählt *Friedr. v. Bodelschwingh* z. Reichsbischof; tritt zurück. Wehrkreispfarrer *Ludwig Müller* (* 1883) „Reichsbischof" der dt. evang. Kirche (hat ab 1935 keine Befugnisse mehr) † 13. Dalai Lama von Tibet (14. folgt 1940) Dt. Tierschutzgesetz (1945 anerkannt) Gesetzl. Schulpflicht i. Ägypt. (aus sozialen Gründen wenig effektiv) Das kulturelle Leben in Dtl. wird durch NS-Diktatur zerstört

George Cukor mit *Joan Harlow*, † 1937, *M. Dreßler, W. Berry)*; „Cavalcade" (nordam. Film von *Frank Lloyd)*; „King-Kong" (nordam. Film eines Riesenaffen); „Drei kleine Schweinchen" (*Walt-Disney*-Farb-Zeichenfilm); „Königin Christine" (nordam. Film mit *G. Garbo)*; „Fährboot-Annie" (nordamerik. Film mit *M. Dreßler, W. Berry)*

„14. Juli" (frz. Film v. *R. Clair* mit *Annabella)*

Zahl d. großen Spielfilme in USA 547, Dt. (1932) 127, Gr. Brit. 169, Frankr. 158, USSR 44, Italien 33

Siemens-Hell-Schreiber zur drahtlosen Übertragung von Schreibmaschinenschrift

~ Überlagerungsempfänger (Superheterodyn) setzt sich allgemein durch

R. Frisch untersucht „volkswirtschaftliche Regelkreise" (frühe Anwendung des „Regelung"-Begriffes auf Wirtschaftsprobleme)

R. J. van der Graaff (* 1901, † 1967): Bandgenerator (Influenzmaschine zur Erzeugung hoher elektrischer Spannungen von mehr als 1 Mill. Volt für die Atomkernumwandlung)

Giauque u. *McDongall* err. durch magnetischen Effekt Temperatur von — 272,7° C (*de Haas* nähert s. 1935 auf 0,0044° C d. absol. Nullp.)

O. Haas erhält Versuchstiere durch künstl. Durchblutung des Gehirns bei Unterbrechung des übrigen Blutkreislaufes am Leben (wichtig für Herzoperationen)

E. Heitz, H. Bauer und *T. S. Painter* entdecken die Riesenchromosomen in den Speicheldrüsen von Zweiflüglern (fördert entscheidend Chromosomenforschung)

W. N. und *L. A. Kellog*: „Der Affe und das Kind" (Vergleich des Verhaltens von Kindern und jungen Schimpansen)

F. Kögl und *F. A. F. C. Went* untersuchen Chemie und Wirkung des Pflanzenwuchsstoffes Auxin (Pflanzenhormon)

*R. Kuhn, Szent-György*i und *Wagner von Jauregg*: Reindarstellung des kristallisierten Vitamins B_2 (Lactoflavin als Fermentvorstufe; wichtig für Stoffwechsel; chemischer Bau und Synthese von *P. Karrer* und *R. Kuhn* 1935)

Hermann Oncken: „Das Deutsche Reich und die Vorgeschichte des Weltkrieges"

Umfliegung der Erde in 121 Stunden durch *Willy Post* (1931: 142 St.)

Scheibe und *Adelsberger* konstruieren genaugehende Quarzuhr (gestattet, ungleichmäßige Drehung der Erde nachzuweisen; erste „Kristalluhr" 1929 von *W. A. Marrison*)

Brit. Flieger überfliegen den Mt. Everest (8882 m)

Bau von Autobahnen besonders in Deutschland und den USA (bis 1939 in Deutschland über 3000 km fertiggestellt)

Aufhebung der Prohibition in USA (seit 1919)

Elly Beinhorn umfliegt Afrika (erster Afrikaflug 1931)

Starke Emigration aus Deutschland setzt ein (insges. bis 1939 etwa 60000, oft führende Künstler, Ingenieure, Wissenschaftler, Politiker)

„Gesetz zur Verhütung erbkranken Nachwuchses" in Deutschland (führt zur Verletzung der Menschenrechte)

Eugen Hadamovsky (* 1904): „Propaganda und nationale Macht" und „Der Rundfunk als politisches Führungsmittel" (kennzeichnet Beginn der Politisierung des dt. Rundfunks)

Südatlantische Postbeförderung mit *Dornier-Wal* über schwimmenden Flugstützpunkt „Westfalen"

~ Mittlere Wintertemperatur auf Spitzbergen (1931 bis 1935) —8,6° C zeigt eine merkliche Erwärmg. d. Arktis (—17,6° C im Zeitraum 1900—1915; noch umstritten, ob Klimaschwankung oder Klimaänderung)

Tierwelt breitet s. polwärts aus; Gletscherrückg. i. allen Erdteilen

(1933)

auf austrofaschist. Heimwehr. Verbot der Nationalsozialist. Partei Österreichs

Sir *Oswald Mosley* (* 1896) gründet brit. faschist. „Schwarzhemden"-Bewegung

Syrien lehnt frz. Vertragsentwurf ab, der weiterhin Mandatsstatus vorsieht

Südafrikan. Koalitionsreg. *Hertzog-Smuts* (bekämpften sich seit 1924)

Edouard Daladier (*1884, † 1970, Radikalsozialist) erstmals frz. Min.-Präs. (letztmals 1940)

Viererpakt Italien, Deutschland, Großbritannien und Frankreich

Nichtangriffspakt u. Freundschaftsvertrag Italien—USSR

Balbo ital. Statthalter in Libyen bis 1940

Anarchist. und syndikalist. Unruhen in Spanien. Nationalisierung des kirchlichen Großgrundbesitzes. Rechtsregierungen bis 1936 mit umfangr. polit. u. soz. Unruhen

José Antonio Primo de Rivera (* 1903, † 1936 im Bürgerkrieg) gründet span.-faschist. Falangisten-Beweg.

Erneuerung der Kl. Entente zwischen Tschechoslowakei, Jugoslawien und Rumänien

Der Verbandsturnwart *Konrad Henlein* (* 1898, † 1945, hingerichtet) gründet die später staatsfeindliche nationalsozialist. sudetendt. Partei in der Tschechoslowakei

Codreanu gründet in Rumänien „Eiserne Garde"; wird aufgelöst; Ermordung des altliberalen Ministerpräsidenten *Duca*

Nasjonal Samling (norweg.faschist. Partei) von *Vidkun Quisling* (* 1887, † 1945, hingerichtet)

Sozialdemokrat. Partei wird stärkste Partei in Finnland

Handelskonflikt Großbritannien—USSR wegen Verurteilung brit. Ingenieure (werden begnadigt)

F. D. Roosevelt (Demokrat) Präsident der USA bis 1945 (†) (Wiederwahl 1936, 1940, 1944); startet „New Deal" (staatl. Wirtschaftsplanung), NIRA und TVA (Gesetze über neuen Industrieaufbau und Kraftwerke im Tennessee-Tal)

Cordell Hull (Demokrat, * 1871, † 1955) Außenminister der USA bis 1944

Sumner Welles (* 1892) USA-Unterstaatssekretär für Äußeres

USA-Truppen verlassen Nikaragua

Machado de Morales, Präsident von Kuba seit 1925, gestürzt. Oberst *Batista* Oberbefehlshaber und Machthaber

Ghasi I. König von Irak bis 1939

Mohammed Sahir Schah König von Afghanistan

Japan verläßt den Völkerbund. Behält die Mandate. Besetzt chin. Provinz Dschehol

† 13. Dalai Lama i. Tibet

Thieß: „Johanna und Esther" (Roman) *Walpole:* „Herries Chronicle" (engl. hist. Roman in 4 Bänden seit 1930) *Felix Weingartner:* „Terra, ein Symbol" (dramat. Dichtung) *Wells:* „Bulpington von Blup" (engl. gesellschaftskritischer Roman) *Werfel:* „Die vierzig Tage des Musa Dagh" (Roman in 2 Bänden) *Virginia Woolf:* „Flush" (engl. Roman) Öffentliche Verbrennung von Büchern unerwünschter Autoren in Berlin (bedeutet Ende eines freien dt. Schrifttums) Reichsschrifttumskammer i. Deutschland (führt zunehmend „Gleichschaltung" der dt. Literatur durch) Präsident *H. F. Blunck* (bis 1935)		Projektor für 16-mm-Tonfilm „Technokratie" (Zeitschrift) „Econometrica" (Zeitschr. für Ökonometrie, Leitartikel von *A. Schumpeter)* ∼ Die Wissenschaft in Dtl. wird durch nationalsozialistischen Einfluß zunehmend behindert und entscheidend geschwächt	Ital. Geschwader-Ozeanflug unter *Balbo* *Emilio Comici* und 2 Seilgefährten bezwingen in 3 Tagen und 2 Nächten die Große Zinne/Dolomiten (1938 Winterbesteigung der Nordwand der Großen Zinne)

1934	Friedens*nobel*preis an *A. Henderson* (Großbrit.) Deutsch-poln. Nichtangriffspakt zwischen *Hitler* und *Pilsudski* Dt. Reich übernimmt Hoheitsrechte der Länder *Schacht* Reichswirtschaftsminister bis 1937 *Himmler* Chef der Geheimen Staatspolizei (Gestapo) in Preußen *Hitler* und *Mussolini* treffen sich in Venedig, Gegensätze um Österr. Marburger Rede *von Papens* (verfaßt von *Edgar Jung*, stellt den nationalsozialist. Anschauungen mehr konservative gegenüber) In SA-Kreisen fordert man eine „zweite", soziale Revolution Wegen angebl. geplanter SA-Revolte werden ihr Stabschef *Ernst Röhm* und andere hohe SA-Führer auf Befehl *Hitlers* erschossen; außerdem weitere politische Gegner wie General *Schleicher* und Frau, *Gregor Strasser*, *Dr. Klausener* (Kathol. Aktion), *Edgar Jung* (Mitarbeiter *Papens*). Entmachtung der SA. *Hitler* stützt sich auf SS und Reichswehr *v. Papen* dt. Gesandter in Wien † *Paul von Beneckendorff und von Hindenburg*, dt. Generalfeldmarschall; Reichspräsident seit 1925 (* 1847). Nationalsozialisten fälschen sein Testament *Hitler* macht sich zum Diktator. „Führer und Reichskanzler" (Volksabstimmung ergibt angebl. 90% Zustimmung) „Heimtückegesetz" (Terrorgesetz zum Schutz der nationalsozial. Diktatur). Volksgerichtshof zur Durchführung gegründet *Gertrud Scholtz-Klink* (* 1902) dt. Reichsfrauenführerin Österr. Arbeiter im „Republikan. Schutzbund" unterliegen in blutigen Kämpfen dem klerikalen Austrofaschismus. Absetzung der sozialdemokr. Wiener Stadtverwaltung Autoritäre klerikal-ständische Verfassung in Österr. Erbitterter Kampf zw. Austro- und großdt. Faschismus	Literatur-*Nobel*preis an *L. Pirandello* (Ital.) *Anouilh:* „Die Wilde" (frz. Schauspiel) ***Louis Aragon*** **(* 1897): „Die Glocken von Basel" (frz. kommunist. Roman)** † *Hermann Bahr*, österr. Dichter (* 1863) *M. Böttcher* (* 1872): „Krach im Hinterhaus" (volkstüml. Lustspiel) *P. S. Buck:* „Die Mutter" (nordamerikan. Roman) *K. Čapek:* „Daschenka oder das Leben eines jungen Hundes" (tschech.) † *Theodor Däubler*, dt. express. Dichter (* 1876) *Fallada:* „Wer einmal aus dem Blechnapf frißt" (Gefängnisroman) *Francis Scott Fitzgerald* (* 1896, † 1940) „Zärtlich ist die Nacht" (nordam. Roman) *Helmut von Gerlach* (* 1866, † 1935): „Von rechts nach links" (Autobiographie des dt. Pazifisten in der Emigration) *Giono:* „Lied der Welt" (frz. Roman) *J. Green:* „Der Geisterseher" (frz. Roman) *G. Hauptmann:* „Hamlet in Wittenberg" (Schauspiel) und „Das Meerwunder" (Erzählung) *Ric. Huch:* „Im alten Reich" (histor., 3 Bände seit 1927) und „Röm. Reich Dt. Nation" *Ernst Jünger:* „Blätter und Steine" (Essays) *Mervyn Brian Kennicott:* (eig. *Gertrud Hamer*): „Das Herz ist wach" (Roman) *Knittel:* „Via mala" (Roman) *Kolbenheyer:* „Gregor und Heinrich" (Dram.)	Der Prof. für protestant. Theologie in Bonn *Karl Barth* wird wegen Verweigerung des Beamteneides amtsenthoben (erhält 1935 Ruf nach Basel) *A. Baeumler:* „Männerbund und Wissenschaft" (nationalsozialist. Erziehungslehre) *Ruth Benedict:* „Patterns of Culture" („Kulturformen", gilt als Begründung einer Wissenschaft vom Nationalcharakter) *Evangeline Booth* General der Heilsarmee bis 1939 (Tochter des Gründers) *Buber:* „Erzählungen von Engeln, Geistern und Dämonen" *R. Carnap:* „Logische Syntax der Sprache" („Überwindung der Metaphysik durch logische Analyse der Sprache") Kardinal *von Faulhaber* in München hält und veröffentlicht stark beachtete Predigten gegen die nationalsozialistische Weltanschauung (vgl. 1933) † *Pietro Gaspari*, vatikan. Staatsmann; von 1914 bis 1930 päpstl. Staatssekretär; beteiligte sich an der Neufassung des kanonischen Rechts „Codex juris canonici" (* 1852) *Laz. Goldschmidt:* Dt. Übersetzung des babylonischen Talmud (12 Bände seit 1893) † *Hedwig Heyl*, dt. Hauswirtschaftslehrerin und -förderin: schrieb „ABC der Küche" (* 1850) *Werner Jaeger* (ab 1936 in Chicago): „Paideia, die Formung des griechischen Menschen"

O. Bartning: Gustav-Adolf-Kirche, Bln.

† *Hendrik Petrus Berlage*, niederl. Baumeister (* 1856)

Dali: „Wilh. Tell" (span. surrealistisch. Gemälde)

K. Hofer: „Die schwarzen Zimmer" (express. Gemälde)

Le Corbusier: Palast der Sowjets in Moskau (Baubeg. 1928; gilt als letzter moderner Bau der Stalinära)

G. Marcks: „Tanzende Schwestern" (Bronzeplast. s. 1933)

John Piper (* 1903): „Rye Harbour" (engl. Gemälde)

Alfred Roller (* 1864, † 1935): Bühnenbild zu „Parsifal" in Bayreuth

---

Kulturfilmpflicht f. dt. Lichtspielhäuser

„Die verlorene Patrouille" (nordamerikan. Film ohne Frauen; Regie: *John Ford)*

„Es geschah in einer Nacht. New York-Miami" (nordamer. Film v. *Frank Capra* mit *C. Colbert, C. Gable)*; „Die lustige Witwe" (nordamer. Operettenfilm von *E. Lubitsch* m. *J. Mac Donald* [* 1907, † 1965] und *M. Chevalier)*

„Das große Spiel" (frz. Film v. *J. Feyder*, * 1888); „Der letzte Millionär" (frz. Film v. *R. Clair)*

„Maskerade" (österreich. Film von *W. Forst* m. *P. Wessely)*

Alban Berg: „Requiem für Manon" (Violinkonzert im Zwölftonstil)

E. Bücken: „Handbuch der Musikwissenschaft" (13 Bände seit 1927)

† *Frederick Delius*, dt.-engl. Komponist (* 1863)

† *Edward Elgar*, engl. Komponist (* 1857)

Hindemith: „Mathis der Maler" (Symphonie als Vorarbeit zu einer Oper um *Matthias Grünewald)*

Frederick Jacobi (* 1891): Konzert (nordamerik., mit Jazz- und indianischen Motiven)

Lehár: „Giuditta" (Operette)

Eugen Jochum Generalmusikdirektor in Hamburg

Hans Mersmann: „Deutsche Musikgeschichte"

Ernst Pepping (* 1901): „Stilwende der Musik" (kirchenmusikal., Anknüpfung an Barockmusik)

Schostakowitsch: „Lady Macbeth in Minsk" (russ. Op.)

Musikfest der „Internationalen Gesellschaft für Neue Musik" in Florenz (u. a. wird *B. Britten* durch sein Quartett für Oboe und Streicher bekannt)

„Oxford History of Music" (engl. Musikgeschichte, 7 Bände seit 1929)

Chemie-*Nobel*preis an *H. C. Urey* (* 1893, USA) für Entdeckung des schweren Wasserstoffes

Medizin-*Nobel*preis an *G. R. Minot* (USA), *W. P. Murphy* (USA) und *G. Whipple* (USA) für Heilverfahren gegen perniziöse Anämie

W. Beebe (* 1877) erreicht mit Taucherkugel bei den Bermudainseln eine Meerestiefe v. 923 m u. fördert damit entscheidend die Tiefseeforschung (1953 *A.* u. *J. Piccard:* 3150 m)

Butenandt: Reindarstellung d. Gelbkörperhormons (2. weibl. Sexualhormon). Die anschl. an die Reindarstellungen (seit 1929) erfolgende Aufklärung des chemischen Baues der männl. u. weibl. Sexualhormone erweist ihre nahe chemische Verwandtschaft als Sterine

Das Ehepaar *I. Curie* und *F. Joliot* entdeckt künstliche Radioaktivität (entwickelt sich zu einem umfassenden Forschungsgebiet)

† *Marie Curie* (geb. *Sklodowska*), poln.-frz. Chemikerin und Physikerin; entdeckte u. a. das radioaktive Radium und Polonium; *Nobel*preise 1903 und 1911 (* 1867)

Enrico Fermi (* 1901, † 1954) führt in d. Atomkernphysik d. Neutrino-Teilchen ein, um d. Energieerhaltungssatz zu wahren; beg. Kernumwandlung durch Neutronenbeschuß

Bierens de Haan: „Die tierpsychologische Forschung"

† *Fritz Haber*, dt. Chemiker; Mitbegründer des *Haber-Bosch*-Verfahrens zur Ammoniaksynthese aus Luftstickstoff; *Nobel*preis 1918; 1911 bis 1933 Leiter des Kaiser-*Wilhelm*-Instituts für physikalische Chemie (* 1868)

J. Hämmerling (* 1901): Bestimmender Einfluß des Zellkerns auf die Formvererbung von Schirmalgen (der Einfl. d. Zellplasmas auf die Vererbung weiter umstritten)

G. Holst und *G. H. de Boer* erzielen erste brauchbare Bilder mit einem Bildwandler (verwandelt Ultrarot-Abbildung in sichtbare)

P. L. Kapiza verflüssigt Helium bei −271° C

W. Eucken: „Kapitaltheoretische Untersuchungen"

Sombart: „Deutsch. Sozialismus" (unterstützt nationalsozialist. Volkswirtschaftslehre)

Nationalsozialist. Arbeitsordnungsgesetz (beendet durch Einführung des „Führerprinzips" die Bestrebungen zur Gleichberechtigung der Sozialpartner)

„Dt. Arbeitsfront" unter *Robert Ley* (* 1890, † 1945, Selbstmord)

Durch Zusammenlegung von *Cunard* (1840) und White Star Line entsteht die brit. *Cunard* White Star Line

In den USA beginnt schärfster Kampf gegen das organisierte Gangsterunwesen. Das FBI unter *J. Edgar Hoover* bringt den „Staatsfeind Nr. 1" *John Dillinger* zur Strecke

Ein einziger Staubsturm verweht 300 Mill. t Ackererde in den USA (Versteppungsgefahr)

Blitzstreckenluftverkehr m. *Heinkel*-Flugzeug He 70

Kanadische Fünflinge der Familie *Dionne* geboren

Knöchellange Kleider in Deutschland

„Schalke 04" erstmals dt. Fußballmeister (wieder 1935, 1937, 1939, 1940, 1942)

(1934)

† *Engelbert Dollfuß* (von Nationalsozialisten ermordet), österr.christl.-sozialer Bundeskanzler seit 1932 (* 1892)

Kurt Schuschnigg (* 1897) österr. Bundeskanzler bis 1938; versucht, Nationalsozialismus durch „Vaterländische Front" und Legitimismus auszuschalten

Starhemberg österr. Vizekanzler und Leiter der „Vaterländischen Front" (geht 1938 ins Ausland)

Politischer Korruptionsskandal um *Stavisky* (†, Selbstmord, * 1886): nach blutigen Unruhen in Paris kommt es zur Bildung eines Ministeriums der „Nationalen Union" unter *Doumergue;* nach Rücktritt bildet sich „Regierung des Burgfriedens" *Pierre-Etienne Flandin* (* 1889, † 1958)

† *Alexander I.*, König von Jugoslawien seit 1921 (* 1888), und *Louis Barthou*, frz. Außenminister seit 1934 (* 1862), durch Attentat in Marseille während eines Staatsbesuches (verhind. „Ost-Locarno")

Prinz *Paul* Regent in Jugoslawien bis 1941 für unmündigen König *Peter II.*

Erste frz. Kolonialkonferenz

† *Raymond Poincaré*, frz. Staatsmann; Staatspräsident von 1913 bis 1920 (* 1860)

Leopold III. König der Belgier (muß 1951 auf seinen Thron verzichten)

Römische Wirtschaftsprotokolle zwischen Italien, Österreich und Ungarn gegen frz. Donaupolitik

Span. Bergarbeiter-Aufstand in Asturien niedergeschlagen. Versuch, Kataloniens Unabhängigkeit zu proklamieren, scheitert

Unterdrückung von Unruhen i. Portugal unter d. faschist. Verf. v. 1933 (besteht bis 1974)

Balkanbund zwischen Rumänien, Griechenland, Türkei und Jugoslawien zur Sicherung ihrer Balkangrenzen

Autoritäre Regierung des Bauernführers *Ulmanis* in Lettland (wird 1936 Staatspräsident)

Konstantin Paets (Landwirtepartei) schlägt in Estland durch Staatsstreich autoritäre „Freiheitskämpferbewegung" (wird 1937 Staatspräsident)

Finnland beteiligt sich am skandinavischen Ministertreffen. Neubefestigung der Aaland-Inseln

Veröffentlich. d. 2. Fünfjahrespl. i. d. USSR. GPU i. NKWD überführt. USSR im Völkerbund (bis 1939)

Ermordung *Kirows* in Leningrad (Mord wird der *Stalin*opposition zugeschrieben)

Abwertung des USA-Dollars auf 59%

USA nimmt diplomat. Beziehungen zur USSR auf, wegen Japans Ostasienpolitik

USA geben Rechte auf Kuba (seit 1902) und Schutzherrschaft über Haiti (seit 1915) auf. Versprechen Philippinen in 10 Jahren volle Unabhängigkeit

Streik der Baumwollarbeiter in USA

Korporative Verfassung in Brasilien

In Uruguay wird liberal-demokrat. Verfassung von 1919 durch autoritäre ersetzt; Frauenstimmrecht

Lázaro Cardenas Präsident von Mexiko bis 1940; führt sozialist. Politik

Tschiang Kai-schek besiegt bis 1936 die kommunist. Heere in Südchina

Japan kündigt Flottenabkommen von Washington (1922), um seine Flotte zu verstärken

Lewis: „Das Kunstwerk" (US-Roman um das Hotelwesen)

A. Makarenko (* 1888, † 1939): „Der Weg ins Leben" (russ. pädagog. Poem, seit 1933)

Maurois: „Instinkt für das Glück" (frz. Roman)

H. Miller (* 1891): „Wendekreis des Krebses", „Schwarzer Frühling" (nordamer. sexuell betonte Romane)

† *Erich Mühsam* (im KZ), dt. sozialist. Dichter und Politiker (* 1878)

O'Neill: „Tage ohne Ende" (nordamerikan. Bühnenstück)

Jan Petersen (* 1906): „Unsere Straße" (illegaler antifaschistischer Roman)

Mazo de la Roche: „Die Leute auf Jalna" (nordamerikan. Roman)

J. B. Priestley: „Englische Reise"

† *Joachim Ringelnatz (Hans Bötticher)*, dt. Dichter und Kabarettist (* 1883)

William Saroyan (* 1908): „Der tollkühne Jüngling auf dem fliegenden Trapez" (nordamerikan. Kurzgeschichten)

W. v. Scholz: „Gedichte" und „Erzählungen" (Gesamtausgaben)

A. Soergel: „Dichtung und Dichter der Zeit" (III. „Dichter aus dt. Volkstum")

E. Strauß: „Das Riesenspielzeug" (Roman)

Alexej N. Tolstoi: (* 1883, † 1945): „Peter d. Große" (russ. hist. Roman seit 1930)

Ludwig Tugel: (*1889): „Sankt Blehk oder die große Veränderung" (Roman)

Oswald Kroh (* 1887) „Experimentelle Beiträge zur Typenkunde" (experim. Pädagogik, 3 Bände seit 1929)

Max Picard: „Die Flucht vor Gott" (Schweiz. christl. Philosophie)

B. Russell: „Freiheit und Organisation 1814 bis 1914" (engl. histor. Gesellschaftsphilosophie)

O. Spann: „Gesellschaftslehre und Philosophie" (Soziologie)

Spranger: „Die Urschichten des Wirklichkeitsbewußtseins"

B. u. S. Webb: „Der sowj. Kommunismus — eine neue Zivilisation" (engl. Reisebericht, ersch. 1936)

„Barmer Synode" der dt. „Bekennenden ev. Kirche" wendet sich gegen nationalsozialist. Kirchenpolitik

† *Jakob Wassermann*, dt. Dichter (* 1873)

Wiechert: „Die Majorin" (Roman)

Friedr. Wolf: „Professor Mamlock" (Drama)

Heinz Hilpert Direktor d. Dt. Theaters in Berlin

Louis Jouvet (* 1888, † 1952), frz. Schauspieler u. Regisseur übernimmt Théâtre de l'Athène in Paris

Festspiele auf dem Heidelberger Schloßhof

Franz Dornseiff: „Der deutsche Wortschatz nach Sachgruppen" (systemat. Wörterbuch)

Erster Sowjetischer Schriftstellerkongreß in Moskau unter *Gorki*

Hermann Knaus (*1892, † 1970): „Die Physiologie d. Zeugung des Menschen" (m. d. seit 1929 gewonn. Erkenntnis der empfängnisfreien Tage der Frau; zugl. m. d. Japaner *K. Ogino* (* 1882,)

F. Kögl: Chemischer Bau des Pflanzen-Zellstreckwachstum-Hormons Auxin

† *Oskar von Miller*, dt. Energie-Ingenieur; Gründer des Dt. Museums, München (* 1855)

Isidor Isaac Rabi (* 1898) und Mitarbeiter bestimmen Eigenschaften von Atomkernen mit der Atomstrahlmethode

Tadeus Reichstein (* 1897) stellt Vitamin C künstlich her

A. D. Speranskij: „Grundlagen der Theorie der Medizin" (betont auf Grund von Experimenten ausschlaggebende Rolle des Nervensystems für Krankheiten und ihre Heilung)

Thibaud und *Joliot:* Zerstrahlung von Materie (Beobachtung der Umwandlung eines Elektron-Positron-Paares in ultrakurze *Röntgen*-Strahlung)

Voronoff berichtet von 12jährigen Erfahrungen über die operative Verpflanzung von Keimdrüsen, wodurch er bemerkenswerte Verjüngungserscheinungen bei seinen Patienten erhielt

Erster Kongreß für die „Einheit der Wissenschaft" (maßgebend der Wiener Kreis; vgl. 1929; weitere Kongresse 1935, 1936, 1938, 1939 in USA)

Spezialkrankenhaus in Dresden zur Prüfung von Naturheilmethoden

Bei Ausgrabungen des Heiligtums des Fruchtbarkeitsgottes Abu auf dem Tell Asman werden 12 Alabasterstatuetten gefunden (sumerische „Beter" von ≈ —2600)

Erste dt. Nanga-Parbat-Expedition (weitere 1937 und 1938)

Erst. Diesel-PKW

Großglockner-Hochalpenstraße (Straßentunnel 2508 m ü. NN)

Beginn von Versuchen der unterirdischen Kohlevergasung in der USSR

Nordsee-Eismeer-Kanal i. d. USSR eröffnet

1935

Friedens*nobel*preis (1936 verliehen f. 1935) an *Carl von Ossietzky* (Dt., * 1889, † 1938 nach KZ-Haft); *Hitler* verbietet für Deutsche Annahme d. *Nobel*preises

Saarland durch Abstimmung zum Dt. Reich (91% dafür)

Arbeitsdienstpflicht in Deutschland

Allgem. Wehrpflicht in Deutschland

Hitler fordert zweiseitige Nichtangriffsverträge an Stelle von kollektiver Sicherheit

Dt.-brit. Seeabkommen gestattet Deutschland 35% der brit. Flottenstärke. Prot. Frankreichs

Sog. „Blutschutzgesetz" (antisemit. „Nürnberger Gesetze") in Deutschland

Hakenkreuzflagge wird zur alleinigen Reichsflagge erklärt

Erich Ludendorff: „Der totale Krieg" (fordert Einbeziehung der Zivilbevölkerung in den Krieg)

Sozialdemokraten stärkste Schweiz. Partei (im Bundesrat bleibt bürgerliche Mehrheit)

Stanley Baldwin brit. Ministerpräs. der „Nationalregierung" bis 1937

Brit. Parlament beschließt neue Verfass. für Indien (1937 in Kraft)

Anthony Eden (Konserv., * 1897, † 1977), brit. Außenminister bis 1938

† *Arthur Henderson*, brit. Politiker der Labour-Party; leitete wiederholt seit 1908 seine Fraktion im Unterhaus; war Innen- u. Außenmin.; Friedens*nobel*pr. 1934 (* 1863)

Pierre Laval, frz. Außenmin. 1934 bis 1936, verständigt sich m. Italien

Frz. Linksparteien bilden durch kommunist. Initiative „Volksfront"

Zeeland bildet Regierung der „Nationalen Konzentr." in Belgien

Léon Degrelle gründet belg.-faschist. Rex-Bewegung

Italien überfällt Abessinien. Unwirksame Völkerbunds-Sanktionen

Sozialdemokratische Arbeiterpartei bildet Regierung in Norwegen

Neue Verfassung in Polen festigt die seit 1926 diktator. Herrschaft

† *Josef Pilsudski*, poln. Marschall und Staatsmann; militär. Diktator seit 1926 (* 1867)

† *Henri Barbusse*, frz. Dichter und Pazifist (* 1873)

Henry Benrath (eig. *Albert H. Rausch*, * 1882, † 1950): „Die Kaiserin Konstanze" (hist. Rom.)

Werner Bergengruen (* 1892, † 1964): „Der Großtyrann und das Gericht" (Roman)

Bernanos: „Ein Verbrechen" (frz. Roman)

R. G. Binding: „Wir fordern Reims zur Übergabe auf" (Kriegsnov.)

† *Paul Bourget*, frz. katholisch-konservativ. Erzähler (* 1852)

P. S. Buck: „Das geteilte Haus" (nordam. Roman)

E. Canetti (* 1905): „Die Blendung" (Roman)

Archibald Joseph Cronin (* 1896): „Die Sterne blicken herab" (engl. sozialer Roman)

T. S. Eliot: „Mord im Dom" (engl. Versdrama)

Giraudoux: „Der trojanische Krieg findet nicht statt" (frz. iron. Schauspiel)

K. Gudmundsson: „Kinder der Erde" (isl.-norweg. Roman)

Sacha Guitry (*1885, † 1957): „Roman eines Schwindlers" (frz. satir. Rom.)

Hedin: „Die Flucht des groß. Pferdes" (schwed. Reisebericht)

Ödön von Horváth (* 1901, † 1938): „Hin und Her" (österr. politische Komödie)

Lewis: „Es kann nicht hier geschehen" (nordamerikan. polit. Roman)

Heinr. Mann: „Henri Quatre" (2 Bde.)

Th. Mann: „Leiden an Deutschland"

K. Barth: „Credo" (Dialektische Theologie mit Betonung der Bibelgläubigkeit)

Maurice Blondel (* 1861, † 1949): „Das Denken" (frz. relig. Philosophie d. „Modernismus")

Dacqué: „Organische Morphologie und Paläontologie" (antidarwinistische Entwicklungslehre)

Albert Ehrhard: „Urkirche und Frühkatholizismus" (vom kathol. Standpunkt aus)

Gandhi schweigt 14 Tage zum Protest gegen Tötung von 40 Moslems b. engl.-ind. Zusammenstößen in Karatschi

Max Hartmann: „Analyse, Synthese und Ganzheit in der Biologie" (Naturphilosophie)

Nic. Hartmann: „Zur Grundlegung der Ontologie" (lehrt Schichtenaufbau des Seienden)

Hans Heyse (* 1891): „Idee und Existenz" („Existenz als Wirklichkeit des Ganzen")

Emanuel Hirsch (* 1888): „Christlicher Glaube und politische Bindung" (vom Standpunkt der „Deutschen Christen")

Jaspers: „Vernunft und Existenz" (Existential-Philosophie)

Kerrl dt. Reichsminister für kirchliche Angelegenheiten (es gelingt ihm nicht, die evang. Kirche gleichzuschalten)

H. Maier: „Philosophie der Wirklichkeit" (3 Bände seit 1926)

K. Mannheim (seit 1933 an der London School of Economics): „Mensch und Gesellschaft im Zeitalter des Umbaus" (Soziologie)

† *Hans Baluschek*, dt. Maler (* 1870)

Beckmann: „Tulpenstilleben" (express. Gemälde)

H. B. Burardo (* 1901): „Dies- und Jenseits" (abstraktes Gemälde)

Chagall: „Verwundeter Vogel" (frz.-russ. Gemälde)

Hermann Gießler: (* 1898): Ordensburg Sonthofen/Allgäu (*G.* wird 1938 „Generalbaurat" für München)

F. Hodgkins: „Straße nach Barcelona" (engl. express. Gem.)

Heckel: „Erzgebirge" (express. Gem.)

K. Hofer: „In der Mansarde" (express. Gemälde)

G. Kolbe: „Zehnkampfmann", „Ruhender Athlet", „Sportsmann", „Aufsteigende Frau"

† *Max Liebermann*, deutscher impress. Maler (* 1847)

G. Marcks: „Mädchen mit Bademantel", „Der Philosoph" u. „Trauernder Eros" (Bronzeplastiken)

Ed. Munch: „Der moderne Faust" (norweg. express. Bildfolge seit 1934)

Nash: „Landschaft der Megalithe" (engl. surrealist. Gemälde)

W. Nicholson: „Mädchen im roten Ballkleid" (engl. Gemälde)

† *Paul Signac*, frz. Maler (* 1863)

St. Spencer: „Handwerker im Haus"

† *Alban Berg* (* 1885): Violinkonzert; hinterläßt „Lulu" (unvollendete atonale Oper n. *Wedekind*)

† *Paul Dukas*, französischer impressionistisch. Komponist (* 1865)

Egk: „Die Zaubergeige" (heitere Oper)

Gershwin: „Porgy und Bess" (volkstüml. nordamerikan. Oper)

Hindemith: Violin-Sonate in E-dur und „Der Schwanendreher" (Konzert nach alten Weisen für Bratsche und kl. Orchester)

Honegger: „Johanna auf dem Scheiterhaufen" (schweiz. - französ. Opern-Oratorium, Text von *Paul Claudel*)

† *Erich M. von Hornbostel*, österr. Musikgelehrter; schuf Archiv für exotische Musik und förderte entscheidend vergleichende Musikwissensch. (* 1877)

Walter Kollo: „Berlin, wie es weint und lacht" (Operette)

Olivier Messiaen: „Das Leben d. Herrn" (9 frz. Orgel-Meditationen)

Pfitzner: Cello-Konzert in G-dur

R. Strauss: „Die schweigsam. Frau" (Oper, Text von *Stefan Zweig*)

*Nobel*pr. f. Physik an *J. Chadwick* (* 1891, † 1974, GB) f. Entd. d. Neutrons

Chemie-*Nobel*preis an *F. Joliot* und *I. Curie* (Frankr.) für künstliche Radioaktivität

Medizin-*Nobel*preis an *H. Spemann* (Dt.) f. biolog. Entwickl.-Mechanik

Stratosphärenballon - Höhenrekord 22066 m Höhe von *Orvil Anderson* und *Albert Steven*

Otto H. F. Buchinger (* 1875, † 1966): „Das Heilfasten und seine Hilfsmethoden" (wendet das System in seinem Sanatorium in Pyrmont an)

de Burthe d'Annelet erforscht frz. Sahara- und Sudan-Gebiete (seit 1932; 1. Reise 1928 bis 1931)

Malcolm Campbell: Autogeschwindigkeitsrekord mit 485,175 km/St. (über 1 km mit fliegendem Start)

Domagk führt Prontosil als erstes Sulfonamid in die Therapie ein

W. Dörpfeld: „Alt-Olympia" (Altertumskunde)

L. Ellsworth überfliegt die Westantarktis v. *Weddell*- zum *Ross*meer

Georg Henning: Herstellung d. Adenylsäure (erweist sich als entscheidend für Muskelkontraktion)

E. C. Kendall u. *T. Reichstein* entd. unabh. voneinander Nebennierenrindenhormon (Corticosteron)

O. Koehler erweist d. Erlernen unbenannter Anzahlen (bis „6") b. Tauben

Laqueur: Reindarstellung des eigentlichen männlichen Sexualhormons Testosteron aus Stierhoden (aus 100 kg Hoden 10 mg Hormon)

F. London: Theorie d. Supraleitung (wird von *v. Laue* verbessert)

B. Lyot: Zeitrafferfilme von Sonnenprotuberanzen a. d. Pic du Midi

Egas Moniz und *Almeida Lima* begründen durch Lobotomie Psychochirurgie (Heilung von Geisteskrankheiten durch Durchschneidung bestimmter Hirnnerven)

† *Iwan Mitschurin*, russ. Pflanzenzüchter (* 1855)

Sakel: Insulinschock gegen Schizophrenie

Schliephake: Ultraschall-Therapie

S. Sokoloff wendet den Ultraschall zur zerstörungsfreien Werkstoffprüfung an (erste Versuche 1929)

5,5% der dt. Industriebetriebe vereinigen 76,1% des gesamten Jahresumsatzes auf sich; 3,4% der dt. Großhandelsfirm. 60,8% des Umsatzes

Ernst Wagemann: „Narrenspiegel der Statistik" (Fehler u. ihre Vermeidg.)

Rheinmetall übernimmt *Borsig* (Rheinmetall-*Borsig* AG, 50 Mill. RM Grundkapital, 1939 Kapitalmehrh. an die Reichswerke „Hermann Göring")

Wagner Act garantiert in USA volles Koalitionsrecht d. Arbeiter und verbiet. „unfaire Praktiken" der Arbeitgeber

Gründung der CIO-Gewerkschaft in den USA (bedeutet mit dem Prinzip der Organisierung aller Arbeiter eines Industriezweiges den Beginn einer nordamerikan. gewerkschaftlich. Massenbeweg. (vgl. 1946)

Verteilung d. USA Kraftwagenproduktion: General Motors: 38,4%; Ford: 30,2%; Chrysler: 22,9%

Gallup-Institut zur Erforschung der öffentlichen Meinung in den USA

Ackerbaugrenze in Sibirien bis z. 65. Breitengrad vorgeschoben (1916 am 60., 1950 am 75., bes. durch neue Pflanzenzüchtgn.)

(1935)

Edward Rydz-Smigly (* 1886) Generalinspekteur der poln. Armee mit entscheid. polit. Einfluß

Die nationalsozialist. Sudetendt. Partei *Konrad Henleins* wird bei den tschechoslowak. Parlamentswahlen die stärkste Partei (gegründet 1933)

Hodscha (slowak. Republ. Partei) tschechoslow. Ministerpräs. bis 1938

Nach Rücktritt *T. Masaryks* wird *Benesch* tschechoslow. Staatspräsident (geht 1938 nach USA)

Profaschist. Kurs in Jugoslawien

Vertrag über gegenseitige militärische Hilfe zwischen USSR und Frankreich sowie Tschechoslowakei

Weltkongreß der Komintern in Moskau für Bündnis mit den bürgerl. Demokratien geg. Faschismus

Stachanow fährt Kohlenschicht mit „1300%". Beginn der „Stachanow-Bewegung" mit Erhöhung der Arbeitsnormen in der USSR

Beginn der gr. politischen Schauprozesse in Moskau (bedeuten prakt. Liquid. d. leninist.-bolschew. „Alten Garde" durch *Stalin*)

USSR verkauft ostchin. Eisenbahn an Mandschukuo

Monarchie in Griechenland, Rückrufung König *Georgs II.*

Griechenland nimmt den amtlichen Namen „Hellas" an

Der Oberste Gerichtshof der USA erklärt Industriebelebungsgesetz v. 1933 für verfassungswidrig

US-Sozialversicherungsgesetz

Neutralitätsgesetz und Waffenausfuhrverbot der USA, nehmen Bezieh. zu Liberia wieder auf

Handelsvertrag USA—USSR

Mackenzie King (Liberal.) zum drittenmal kanad. Ministerpräsident bis 1948 († 1950)

Ende des Chacokrieges (seit 1932). Bolivien erhält Zugang zum Meer, Paraguay Chacogebiet

Persien wählt amtl. Namen „Iran"

Rama VIII. Ananda Mahidon König von Siam bis 1946 (†, ermordet)

Japanische militärische Vorstöße in Nordchina. Kommunist. Ablösungsbestr. nordchin. Provinzen

Pirandello: „Man weiß nicht wie" (ital. Schausp.)

A. Rachmanowa: „Die Fabrik des neuen Menschen" (russ. antibolschewist. Roman)

Erwin H. Rainalter (* 1892): „Der Sandwirt" (österr. Roman)

Eugen Roth (* 1895): „Ein Mensch" (heiter-besinnliche Gedichte)

Ruth Schaumann: „Der Major" (Roman)

Schmidtbonn: „Der dreieckige Marktplatz" (Roman)

B. Schönlank: „Fiebernde Zeit" (Sprechchöre)

Ina Seidel: „Meine Kindheit und Jugend"

Shaw: „Die Insel der Überraschungen" (engl. Schauspiel)

Sinclair: „Ende der Armut" (nordamer. Rom.)

† *Kurt Tucholsky* (Selbstmord in der Emigration), dt. sozialistischer Schriftsteller mit den Pseudonymen *Peter Panter*, *Ignaz Wrobel*, *Kaspar Hauser*, *Theobald Tiger* (* 1890)

Th. N. Wilder: „Dem Himmel bin ich auserkoren" (nordam. Roman)

Th. Wolfe: „Von Zeit u. Strom" (nordam. Rom.)

† *Alexander Moissi*, dt. Schauspieler (* 1880)

Gust. Ehrismann (* 1855, † 1941): „Geschichte der dt. Literatur bis zum Ausgang des Mittelalters" (2 Teile seit 1918)

Weltschriftstellerkongr. „Zur Verteidigung der Kultur" in Paris

Dt. Sprachatlas beginnt zu erscheinen

Dt. PEN-Club verboten

Hanns Johst Präs. der Reichsschrifttumsk.

Margaret Mead: „Geschlecht und Temperament in drei primitiven Gesellschaften" (nordamerik. vergl. Sexualforschung auf Neuguinea s. 1931, erweist Relativität „männlicher" und „weiblicher" Charakterzüge)

Konrad von Preysing kathol. Bischof von Berlin

H. Reichenbach: „Wahrscheinlichkeitslehre" (logist. Wahrscheinlichkeitstheorie)

† *M. Schlick* (ermord.) aus d. neopositivist. Wiener Kreis (* 1882)

Wilhelm Schmidt (* 1868, † 1954): „Der Ursprung der Gottesidee" (6 Bde seit 1912, kathol.)

† *Reinhold Seeberg*, evang. Theologe (* 1859)

W. Stern: „Allgemeine Psychologie auf personalistischer Grundlage"

Dt. Evangel. Wochen von *Reinhold Thadden-Trieglaff* (* 1891, v. d. Bekenn. Kirch.) begründet

A. Tarski: „Wahrscheinlichkeitslehre und mehrwertige Logik" u. „Der Wahrheitsbegriff in den formalisiert. Sprachen"

Alfred Weber: „Kulturgeschichte als Kultursoziologie"

Heiligsprechung von *Thomas More* († 1535)

„Encyclopaedia Britannica" (14. Auflage in 29 Bänden seit 1929)

Enzyklika „Mit brennender Sorge"

Erste iranische Universität (in Teheran)

Auflösung der dt. Studentenverbindungen, dafür Kameradschaften des NSDStB und NS-Altherrenbundes

Walter Tiemann: Fichte-Fraktur (Drucktypen)

Museum of Modern Art, New York, bezieht Photographie und Film mit ein

„Ich war Jack Mortimer" (Film mit *E. Klöpfer)*

„Mazurka" (österr. Film mit *P. Negri*; Regie: *W. Forst*; Musik: *Peter Kreuder)*

„Pygmalion" (Film nach *G. B. Shaw* mit *Jenny Jugo, Gustaf Gründgens*, * 1899, † 1963; Regie: *Erich Engel*, * 1891, † 1966)

„Die ewige Maske" (österr. Film mit *Mathias Wieman* u. *Peter Petersen*; Regie: *Werner Hochbaum)*

„Anna Karenina" (nordam. Film v. *Cl. Brown* mit *G. Garbo)*; „Becky Sharp" (nordam. Farbfilm von *Rouben Mamoulian)*; „David Copperfield" (nordam. Film v. *David Selznick)*; „Meuterei auf d. Bounty" (nordam. Film v. *F. Lloyd* mit *Ch. Laughton, C. Gable)*; „Louis Pasteur" (nordam. Film von *William Dieterle)*

„Ein Sommernachtstraum" (Film v. *M. Reinhardt* i. USA)

„Toni" (frz. Film v *J. Renoir)*

„Die Bauern" (russ Film v. *Ermler)*

R. Vaughan Williams: 4. Symphonie F-dur (gilt als Beginn einer engl. symph. Schule)

Laban kommt nach England (macht dort während des Krieges Bewegungsstud. zwecks Erleichterung der industriellen Arbeit)

„Hammond-Orgel" mit rein elektrischer Tonerzeugung wird i. USA entwickelt

Modetanz Rumba

„Der Große Brockhaus, Handbuch des Wissens" (21 Bände seit 1928)

Olzscha kann etruskischen Text der Agramer Mumienbinde als Gebete deuten

1. Parkuhren i. Oklahoma (USA)

Spielzeugeisenbahn kleiner. Spur

Boulder-Talsperre (USA): 223 m hoch, 37 850 cbm Inhalt

1935–38 scheitern Versuche, den Mt. Everest zu besteigen

Wendell Meredith Stanley (* 1904): Das rapid vermehrungsfähige Virus der Tabakmosaikkrankheit ist ein kristallisierbarer Molekülkomplex (die zunehmende Strukturanalyse solcher Viren liefert wesentliche Einsichten in die Lebensvorgänge)

M. Steenbeck: Elektronenschleuder (Betatron, von *D. W. Kerst* 1941 entscheidend verbessert)

F. Trendelenburg, E. Freystedt: Elektroakustisch. Klanganalyse (für Sprach- und Instrumentenforsch.)

† *Hugo de Vries*, niederl. Botaniker u. Genetiker (* 1848)

***Williams* und *Windaus*: Aufklärung des chem. Aufbaus von Vitamin B_1 (Aneurin; Synthese v. *Grewe* 1936)**

H. Yukawa sagt das Meson (schweres Elektron) voraus (in der Höhenstrahlung 1937 gefunden)

~ Die Hypophyse (Hirnanhang) m. ihren zahlreichen Hormonen (bis 1944 28 beschrieben) wird immer mehr als ein steuerndes Zentrum der hormonalen Aktivität erkannt

Seit 1890 1,25 Mill. USA-Patente (USA-Patente doppelt so zahlreich wie in Großbrit. oder Frankr.; viermal so zahlreich wie i. Deutschland)

„Normandie" (frz. turboelektr. Ozeandampfer mit 67 500 t Wasserverdrängung, 170 000 PS, 55 km/st.)

Dampflokomotiven mit Stromlinienverkleidung erreichen 183 Stundenkilometer

Regelm. Fernsehprogr. in Berlin

Erste öffentl. Fernsehstelle in Berlin

Erste Ganzmetall-Rundfunkröhre in den USA (1936 auch in Deutschl.)

Magnetophonband-Verfahren zur Tonaufzeichnung (Prinzip 1900)

16-mm-Farbfilm „Kodachrom" (Handhabung wie gewöhnlicher Film ohne Umkehrverfahren)

Die Bedeutung der Stratosphäre für das Wetter wird stärker erkannt, führt zu regelmäßigen Höhenaufstiegen

Hamburger Seewarte veröffentlicht regelmäßig Höhenwetterkarten

~ Magnetische Aufzeichnung entwickelt sich zum universellen Verfahren der Informationsspeicherung (Ton, Bild, EDV; vgl. 1938)

Erste Linie der Moskauer U-Bahn (bes. repräsentativ gebaut)

Arbeitsdienstgesetz, Luftschutzgesetz, Naturschutzgesetz in Deutschland

Arbeitsbuch in Deutschland gesetzlich eingeführt

Plan staatl. Arbeitsbeschaff. in USA

neues Sozialprogramm mit Einführung v. Altersrenten

Kanadische Sozialgesetzgebung (1936/37 v. Obersten Gerichtshof u. v. Londoner Kabinettsrat für ungesetzlich erklärt)

Hermann Göring „Reichsjägermeister"

Max Euwe (Niederlande) erringt von *Alexander Aljechin* Schachweltmeistertitel

Tazio Nuvolari (* 1893, † 1953) siegt auf d. Nürburgring vor *v. Brauchitsch, Caracciola* u. *Stuck*

Atlantikrennen (Hochseeregatta)

Internat. Bridgeregeln (fördern Verbreitung dieses Kartenspiels)

Längere Haare in der weibl. Haarmode („Rolle")

Erstes Skiflugspringen auf der Riesenschanze in Planica/Jugoslawien (Theorie von *Straumann* 1927)

1936

Friedens*nobel*preis an *C. Saavedra Lamas* (Argentinien)

Dt.-schweiz. Spannungen wegen Ermordung des Landesgruppenleiters der NSDAP, *Wilhelm Gustloff*, in der Schweiz

Einmarsch dt. Truppen in die entmilitarisierte Zone des Rheinlandes (nur schwache Proteste des Auslandes)

Abstimmung über Remilitarisierung des Rheinlandes ergibt angeblich 99% Ja-Stimmen

Zweijährige Dienstpflicht in Deutschland

Vierjahresplan unter *Göring* (dient der intensiven Aufrüstung)

Antikominternpakt zw. Deutschland und Japan (1937 auch mit Italien, 1939 Ungarn, Mandschukuo, Spanien)

Reichsbankpräsident *Schacht* besucht den Schah von Iran

Verein für Sozialpolitik aufgelöst (gegründet 1872, vertrat „Kathedersozialismus", veröffentlichte 187 Bände)

Korfes: „Grundsätze der Wehrwirtschaftslehre"

Allgemeine Wehrpflicht in Österreich

Stärkung des Nationalsozialismus in Österreich durch dt.-österr. Abkommen; Auflösung der Heimwehr

† *Marianne Hainisch*, führend in der österr. Frauenbewegung, Mutter d. ersten Bundespräsidenten (*1839)

† *Georg V.*, König von Großbritannien seit 1910 (* 1865)

Eduard VIII. (*1894, + 1972) König von Großbritannien; dankt ab und heiratet als Herzog *von Windsor* Mrs. *Simpson*

Georg VI. (Bruder *Eduards VIII.*) König v. Großbritannien b. 1952 (+)

Brit.-irischer Handelsvertrag beendet Zollkrieg (seit 1932)

Auf der Londoner Seeabrüstungskonferenz beschränken Großbritannien, Frankreich und USA ihre Seerüstungen (1938 aufgehoben). Japan verläßt die Konferenz wegen Verweigerung der Gleichberechtigung

Literatur-*Nobel*preis an *E. G. O'Neill* (USA)

Bernanos: „Tagebuch eines Landpfarrers" (frz. Roman)

Friedrich Bischoff (*1896): „Die goldenen Schlösser" (Roman)

Carossa: „Geheimnisse d. reifen Lebens" (Erz.)

† *Gilbert Chesterton*, engl. Dichter (*1874)

Benedetto Croce: „Die Poesie" (ital. Kritik u. Gesch. d. Literatur)

† *Grazia Deledda*, ital. Dichterin; *Nobel*preis 1926 (*1875)

Wilhelm Ehmer: „Um den Gipfel der Welt" (Roman der engl. Himalaja-Expedition)

Faulkner: „Absalom, Absalom!" (nordamerik. Roman)

Feuchtwanger: „Der falsche Nero" (Roman)

Cecil Scott Forester: „Der General" (engl. Roman)

F. Garcia Lorca: „Bernarda Albas Haus" (span. gesellschaftskritische Frauentragödie)

† *Federico Garcia Lorca* (v. d. Faschist. ersch.), span. Bühnendichter (* 1899)

Gide: „Geneviève" (Abschluß einer frz. Romantrilogie, vgl. 1929)

† *Maxim Gorki* (eigentlich *Peschkow*), russ. sozialist. Dichter (*1868)

Graham Greene (*1904): „Eine Waffe zu verkaufen" (engl. Roman)

Hamsun: „Der Ring schließt sich" (norweg. Roman)

G. Hauptmann: „Im Wirbel der Berufung" (Roman)

Hedin: „Die Seidenstraße" (schwed. Reisebericht)

Ödön von Horváth: „Jugend ohne Gott" (österr. Roman)

E. Stuart Bates: „Inside out" (engl., Probleme der Autobiographie)

E. Fromm: „Autorität und Familie" (tiefenpsycholog. Soziologie)

Jaspers: „Nietzsche"

C. G. Jung: „Wotan" (als „Archetyp" d. Nationalsozialism.; Schweiz. Psychoanalyse)

F. Kaufmann: „Methodenlehre der Sozialwissenschaft" (wissenschaftstheoret. Analyse)

Hermann von Keyserling: „Das Buch vom persönlichen Leben"

L. Klages: „Grundlegung der Wissenschaft vom Ausdruck" (Umarbeit. ein. Werk. v. 1913)

Mathilde Ludendorff: „Der Seele Wirken und Gestalten" (antihumanistische Glaubenslehre)

M. Maeterlinck: „Die Sanduhr" (belg. Philos.)

Fr. Meinecke: „Die Entstehung d. Historismus"

Müller-Freienfels: „Psychologie d. Wissensch."

† *Heinrich Rickert*, dt. Philosoph; Neukantianer (* 1863)

Sombart: „Soziologie"

† *Oswald Spengler*, dt. Kulturphilosoph (*1880)

† *Carl Stumpf*, dt. Philos. u. Psychol. (* 1848)

H. Teske: „Vormilitärische Schulerziehung"

† *Miguel de Unamuno*, span. Philosoph und Dichter (* 1864)

Vierkandt: „Familie, Volk, Staat" (Soziologie)

Päpstl. Enzyklika über die Lichtspiele

KPdSU (B) gegen „Reformpädagogik" (strebt auf Disziplin beruhende „Sowjetpädagogik" an)

Beckmann: „Waldweg im Schwarzwald", „Selbstbildnis mit Glaskugel" (express. Gemälde)

Edw. Bowden (* 1903): „Februar 2 Uhr nachmittags" (engl. Gemälde)

Burra: „Harlem", „Todeskampf i. Garten" (Gethsemane, engl. expression. Gemälde)

Lyonel Feininger kehrt aus Deutschland in seine Geburtsstadt New York zurück

Werner March: Olympia-Stadion Berlin (Baubeginn 1934)

G. Marcks: „Reiter" (Bronzeplastik)

Pechstein: „Welliges Land" (express. Gemälde)

J. Piper: „Abstrakte Malerei" (engl. Gemälde)

† *Hans Poelzig*, dt. Baumeister (* 1869)

P. L. Troost: „Haus der deutschen Kunst" in München (neoklassizistischer Stil)

E. R. Weiss: Gotische Schrift (Drucktypen)

F. L. Wright: Haus „Fallendes Wasser" (nordamerik. Wohnhaus in konstruktiv. Formen über einem Wasserfall) und Verwaltungsgebäude in Wisconsin (Ziegelwände mit horizontalen Glasröhren für Tages- und künstl. Licht, nordamerik. Bauwerk)

Hieronymus - Bosch - Ausstellung in Rotterdam (vereinigt erstmalig alle Hauptwerke)

Egk: „Olympische Festmusik"

Ottmar Gerster (* 1897): „Enoch Arden" (Oper)

Paul von Klenau: „Rembrandt van Rijn" (dänisch-deutsche Oper mit Text von *Klenau*)

Musikalisches Manifest der französ. Komponistengruppe „Jeune France": *Olivier Messiaen* (* 1908), *Yves Baudrier* (* 1906), *André Jolivet* (* 1905), *Daniel Lesur* (* 1908); richtet sich gegen Neoklassizismus

† *Ottorino Respighi*, ital. Komponist (* 1879)

H. Reutter: „Dr. Johannes Faust" (Oper)

A. Schönberg: Violinkonzert (Zwölftonstil)

Schostakowitsch: 4. Symphonie (russ. Komposition)

Norbert Schulze (* 1911): „Schwarzer Peter" (Oper)

Strawinsky: Autobiographie (russ.)

Wolf-Ferrari: „Il Campiello" (Oper)

„Die Volksmusik" (nationalsozialist. Musikzeitschrift)

M. Tobey (* 1890, † 1976): „Broadway" (US-Gem., das als Vorläufer f. *Pollock* gilt)

Physik-*Nobel*preis an *C. D. Anderson* (USA) für Entdeckung des Positrons und *V. F. Hess* (Österr.) für Erforschg. der Höhenstrahlung

Chemie-*Nobel*preis an *Petrus Debye* (Niederl., * 1884, † 1966) für Erforschung des Molekülaufbaues

Medizin-*Nobel*preis an *H. H. Dale* (Großbrit.) und *O. Loewi* (Dt.) für Chemismus der Nervenleitung

T. Casparsson: Mikroskopische Ultraviolettanalyse v. Zellen (weist Nukleinsäuren im Kern nach)

Philipp Fauth: „Unser Mond" (Ergebnisse umfassender und sorgfältiger Beobachtungen)

G. Gentzen beweist die Widerspruchsfreiheit der reinen Zahlentheorie

Heinroth und *Koch:* „Gefiederte Meistersänger, das tönende Lehr- und Hilfsbuch" (mit Schallplatten)

Karl G. Hohmann (*1880, + 1970): „Orthopädische Technik" (grundl. Werk)

Erich Marcks: „Der Aufstieg des Reiches. Deutsche Geschichte von 1807 bis 1871/78" (2 Bände)

Meduna: Cardiazol-Schock gegen manisch-depressives Irresein

† *Charles Nicolle*, frz. Mediziner; *Nobel*preis 1928 (* 1866)

† *Iwan Pawlow*, russ. Physiologe; *Nobel*preis 1904 (* 1849)

R. Rompe und *W. Thouret:* Quecksilber-Höchstdrucklampen (Lichtquellen höchster Leuchtdichte)

H. Spemann: „Experimentelle Beiträge zu einer Theorie der Entwicklung" (Zusammenfassung der Arbeiten seiner Schule durch Überpflanzung von Keimgewebe, um die Embryonalentwicklung zu verfolgen)

O. Voegeli: „Unsere Zähne in Gefahr" (Gefahren der verbreiteten Zahnkrankheiten)

E. Voigt: Lackfilmmethode zur Präparierung paläontologischer Funde

C. F. v. Weizsäcker: Energieerzeugung in den Sternen erfolgt durch Kernreaktionen bei hohen Temperaturen (Millionen Grad)

Konrad Zuse entwickelt Großrechenmaschine mit 2200 elektrischen Relais (bis 1941)

Gustav Cassel: „Der Zusammenbruch der Goldwährg." (schwed.)

J. M. Keynes: „Allgemeine Theorie d. Beschäftigung, des Zins. u. d. Geldes" (brit. Wirtschaftstheorie, fordert Staatseingriffe)

Alb. Vögler (* 1877) Vorsitzender des Vorstands d. Vereinigt. Stahlwerke AG bis 1935

Preisstopp in Dt.

Planmäßige Versuchsflüge der Dt. Lufthansa über dem Nordatlantik

Erste Flugzeugfabrik in Australien

Oberleitungs-Omnibus-Netz entsteht in Moskau

Gesetz gegen Schwangerschaftsunterbrechung in der USSR

Reichsführer SS *Himmler* gründet „Lebensborn" zur Aufzucht unehelicher SS-Kinder

Olymp. Spiele Berlin: Meiste Med. an Dtl. Zehnkampf-Weltrek. m. 7900 Punkten v. *Morris* (USA). Olympiarekord im Marathonlauf mit 2:29:19,2 v. *Son* (Japan). *Jesse Owens* 100-m-Weltrek. i. 10,2 Sek.

Bernd Rosemeyer († 1938 durch Unglücksfall) gewinnt 9. Großen Preis v. Deutschland auf dem Nürburgring

M. Schmeling schl. *Joe Louis* k.o.

(1936)

Londoner Protokoll über Regeln des U-Boot-Krieges

Bündnis Großbrit.-Ägypten, wodurch Ägypten weitgehend unabhängig wird

Faruk (* 1920, † 1965) König von Ägypten (1952 v. Gen. *Nagib* gestürzt; 1953 Äg. Republ.)

Beschränktes Wahlrecht für die Farbigen in Südafrika und beratender Eingeborenenrat

Lord *Linlithgow* (* 1887, † 1952) Vizekönig von Indien bis 1943

Australisch-japan. Handelsabkommen

KP Frankreichs kann ihre Sitze im Parlament von 10 auf 72 erhöhen

Léon Blum (Sozialist) frz. Ministerpräsident, Volksfront-Regierung, bildet Gesetze über 40-Stunden-Woche, Verstaatlichung der Bank von Frankreich und der Munitionsindustrie

Edouard Herriot frz. radikal-sozialer Kammerpräsident bis 1940

Frz.-syrischer Vertrag über Umwandlung d. Mandats in ein Bündnis

Frankreich tritt den Sandschak von Alexandrette (Syrien) a. d. Türkei ab

André Gide: „Zurück aus der USSR" (enttäuschter Reisebericht über die Sowjetunion)

Belgien kündigt Militärbündnis mit Frankreich

Mussolini verkündet ital. Imperium

Nach der Eroberung Abessiniens durch Italien nimmt König *Viktor Emanuel* den Titel „Kaiser von Äthiopien" an; Vizekönig Marschall *Rodolfo Graziani* (* 1882)

Dt.-ital. Vertrag; *Mussolini* spricht von der „Achse Berlin-Rom"

Galeazzo Ciano ital. Außenminister bis 1943

Volksfrontsieg in Spanien. *Manuel Azana* Präsident. Kataloniens Autonomie wiederhergestellt

Militärrevolte in Spanisch-Marokko unter General *Francisco Franco* (* 1892) leitet span. Bürgerkrieg ein. Italien und Deutschland unterstützen militär. faschistische Gegenregierung in Burgos, USSR Volksfront-Regierung in Madrid (später Valencia). Demokratische Staaten bleiben weitgehend neutral („Nichteinmischung"; 1939 Sieg *Francos*)

Tschechoslow.-österr. Annäherung

Daranyi ungar. Ministerpräsident bis 1938, treibt antinationalsozialistische Politik

Rumän. Außenminister *Titulescu* (seit 1932) entlassen; Nachfolger *Tatarescu*

Republikanischer Aufstand in Griechenland. Auflösung des Parlaments. Diktatorische Regierung unter General *Metaxas* bis 1941 (†)

† *Eleutherios Venizelos*, griech. Republik.; Ministerpräsident von 1910 bis 1915, 1917 bis 1920, 1928 bis 1932, 1933 (* 1864)

Vertrag von Montreux zw. Türkei und Großmächten gibt der Türkei Wehrhoheit im Dardanellengebiet (Durchfahrtsverbot f. Kriegsschiffe kriegführenderMächte; freieDurchfahrt für Handelsschiffe)

„Stalinsche Verfassung" tritt in der USSR in Kraft mit dem Anspruch, eine „Demokratie höheren Typs" zu begründen (praktisch bleibt die Diktatur einer Schicht führender Funktionäre erhalten)

Trotzki erhält Aufenthaltserlaubnis in Mexiko

Afghanistan schließt Nichtangriffsverträge mit USSR, Türkei, Iran und Irak

Roosevelts „Quarantänerede" gegen Japan

Trotz starken Widerstandes konservativer Kreise wird *Roosevelt* mit großer Mehrheit als US-Präsident wiedergewählt

Interamerikanische Friedenskonferenz in Buenos Aires

Guatemala verläßt den Völkerbund

Eguiguren (Sozialist) Präsid. v. Peru

Gefangennahme *Tschiang Kai-scheks* in Sian, um ihn zu einer stärkeren Politik gegen Japan zu zwingen. Annäherung der Nanking-Regierung an die kommunist. Regierung in Nordwestchina (Ye-nan)

Militärrevolte in Tokio. Ermordung mehrerer Minister; Versuch der Militärdiktatur mißglückt

Ernst Jünger: „Afrikanische Spiele" (Roman)

† *Rudyard Kipling*, engl. Dichter; *Nobel*preis 1907 (* 1865)

Knittel: „El Hakim" (Roman)

Th. Mann: „Leiden und Größe d. Meister" (Aufsätze). *Th. M.* wird ausgebürgert; geht n. USA

Margaret Mitchell (* 1900, † 1949): „Vom Winde verweht" (nordam. Rom.

Thyde Monnier (* 1887, † 1967): „Die kurze Straße" (frz. Roman)

Muschler: „Nofretete" (Roman)

Eckart von Naso (* 1888): „Moltke. Mensch und Feldherr" (Roman)

† *Luigi Pirandello*, ital. Dichter; *Nobel*preis 1934 (* 1867)

C. Sandburg: „The people, yes" (nordamerikanische Gedichte)

Karl Aloys Schenzinger (* 1886): „Anilin" (technischer Roman über die chemische Industrie)

Anton Schnack (* 1892): „Die Flaschenpost" (Gedichte), „Zugvögel der Liebe" (Roman)

Silone: „Brot und Wein" (ital. Roman)

Sinclair: „Co-op" (nordamerik. sozialist. Rom.)

Stehr: „Das Stundenglas" (Tagebuch)

Thieß: „Tsushima" (Roman einer Seeschlacht)

Timmermans: „Bauernpsalm" (fläm. Roman)

Wiechert: „Wälder und Menschen" (Erinner.)

Th. Wolfe: „Vom Tod zum Morgen" (nordamerikanischer Roman)

Waldbühne (*Dietrich-Eckart*-Bühne), Berlin

„Dt. Künstlerbund" verboten (wird 1950 neu gegründet)

NS-Bildersturm verbannt modern. Kunst (vgl. 1937)

„Der Kaiser von Kalifornien" (*Trenker*-Film)

„Das Schönheitsfleckchen" (erster dt. Farbspielfilm, Schmalfilm)

„Traumulus" (Film mit *E. Jannings, Harald Paulsen, Ernst Waldow;* Regie: *C. Froelich)*

„Allotria", „Burgtheater" (Filme von *W. Forst)*

„Broadway-Melody" (USA - Revuefilm, wird Vorbild für diese Gattung)

„Moderne Zeiten" (nordam. Film von u. mit *Ch. Chaplin*); „Der Roman d. Marguerite Gauthier" (nordam. Film von *Cukor);* „Furie" (nordam. Film von *F. Lang)*; „San Francisco" (nordamerik. Film von *W. S. van Dyke* mit *C. Gable, J. Mac Donald, Spencer Tracy,* * 1900, † 1967)

„Der Roman eines Schwindlers" (frz. Film von und mit *Sacha Guitry)*

„Die Matrosen von Kronstadt" (russ. Film von *Dzigan)*

„Gespenst zu verkaufen" (engl. Film von *R. Clair);* „Sabotage" (engl. Film von *Alfred Hitchcock,* * 1899)

„Intermezzo" (schwed. Film von *Molander* mit *Ingrid Bergman*)

Weitere wichtige Schädelfunde bei Sterkfontein (Transvaal): Schimpansoide Formen, menschliches Gebiß (Australopithecus africanus)

Katalog der Hamburger Sternwarte mit Eigenbewegungen für etwa 95 000 Sterne

Ein Jahrgang der „Physikalischen Berichte" referiert über etwa 12 500 Veröffentlichungen auf dem Gebiete der Physik und Grenzgebieten (Beispiel für den Umfang wissenschaftlicher Forschung)

Künstliche Darstellung des Anti-Beriberi-Vitamins B_1

„Queen Mary" (brit. Turbinen-Ozeandampfer, mit 66 000 t Wasserverdräng., 180 000 PS, 53 km/st., 297 m lang, 36 m breit) gewinnt das „Blaue Band" mit Ozeanüberquerung in 3 Tagen, 23 Stund., 57 Minuten

Junkers Flugzeug*diesel*motor Jumo 205 (600/750 PS, 1 kg/PS, Treibstoffverbrauch 165 g/PS-Stunde)

Dt. Akademie der Luftfahrtforschung (zur wissenschaftl. Förderung der dt. Luftrüstung)

BBC eröffnet offiziellen Fernsehdienst (Versuche seit 1932)

Vorführung plastisch-wirkender Probefilme unter Verwendung von Polarisationsbrillen in Dresden

Künstlicher Kautschuk der I. G. Farben („Buna", Entwicklung seit 1925, teilweise Naturgummi überlegen)

Künstlicher Maschsee bei Hannover (80 ha)

Rheinbrücke bei Krefeld (860 m)

Institut zur Erforschung der Supernova-Sterne auf dem Palomar Mountain (USA)

Marcel Laporte (* 1889, † 1979 i. Frankr.): Elektronenblitzlicht

Fernsehübertragung von den Olympischen Spielen Berlin im Zwischenfilmverfahren

Karl Foerster (* 1874, † 1970): „Der Steingarten"

1937

Friedens*nobel*preis an *Cecil of Chelwood* (Großbrit.)

C. J. Burckhardt Völkerbundskommissar in Danzig (bis 1939)

Dt. Kriegsschiffe beschießen Almeria (Span.) n. Bombard. d. Flieger der Republik Spanien. Demokraten u. Kommunist. aller Länder kämpfen in der Internationalen Brigade geg. den span., ital. u. dt. Faschismus

Staatsbesuch *Mussolinis* in Deutschland (1938 von *Hitler* erwidert)

Lord *Halifax* besucht *Hitler* zur Aussprache über dt.-brit. Politik

Schacht als Reichswirtschaftsminister entlassen (bleibt zunächst Reichsbankpräsident); Nachfolger *Göring* (1938 *Walter Funk*, * 1890, 1946 zu Freiheitsstrafe verurteilt)

† *Erich Ludendorff*, dt. General und rechtsradikaler Politiker (* 1865)

Th. Heuß: „Friedrich Naumann"

Habsburger Restaurationsbestrebungen in Österreich. *Mussolini* lehnt *Schuschnigg* Hilfe gegen Nationalsozialismus ab

Brit.-ital. Abkommen über Status quo im Mittelmeer

Baldwin tritt zurück; *Neville Chamberlain* brit. Ministerpräsid. bis 1940

† *Austen Chamberlain*, brit. Staatsmann; Friedens*nobel*preis mit *Dawes* 1925 (* 1863)

† *James Ramsey MacDonald*, brit. Ministerpräsident 1924 und von 1929 bis 1935 (* 1866)

Verfassung für Irland (bisher Irischer Freistaat)

† *Tomáš Masaryk*, tschech. Philosoph u. Soziologe; tschechoslow. Staatspräsident von 1918 bis 1935 (* 1850)

Abschaffung der europäischen Kapitulationen in Ägypten. Ägypten Mitglied des Völkerbundes

Peel-Report (Teilung Palästinas zw. Juden und Arabern) wird abgelehnt

389000 Juden in Palästina (1919: 60000), Araber etwa 891000

Streiks und Widerstand in Indien gegen neue Verfassung, die Burma von Indien trennt

Australien ernennt Botschaftsrat in Washington als erste eigene diplomatische Vertretung

Chautemps (Radikalsozialist) bildet neue frz. Volksfrontregierung

---

Literatur-*Nobel*preis an *Roger Martin du Gard* (Frankr., * 1881)

Gertrud Bäumer: „Adelheid. Mutter d. Königreiche" (histor. Roman)

Benrath: „Die Kaiserin Galla Placidia" (histor. Roman)

Bengt Berg: „Verlorenes Paradies" (schwed. Tierschilderung)

A. J. Cronin: „Die Zitadelle" (engl. sozialer Roman)

Catherine Drinker Bowen: „Geliebte Freundin" (nordamerikan. *Tschaikowskij*-Biographie)

Ferd. Bruckner: „Napoleon" (Schauspiel)

Edschmid: „Italien" (literar. Reisebericht) und „Der Liebesengel" (Roman)

Fallada: „Wolf unter Wölfen" (realist. Roman)

Giraudoux: „Elektra" (frz. Schauspiel)

Olav Gullvaag (* 1885, † 1961): „Es begann in einer Mitsommernacht" (norweg. Roman)

G. Hauptmann: „Das Abenteuer meiner Jugend" (Autobiographie, 2 Bände); „Finsternisse" (Requiem f. s. jüd. Freund *Max Pinkus*, † 1934)

Hemingway: „Haben u. Nichthaben" (nordamerikanischer Roman)

Jochen Klepper (* 1903, † 1942 Freitod): „Der Vater." Der Roman des Soldatenkönigs

E. Ludwig: „Franklin D. Roosevelt" (Biogr.)

---

† *Alfred Adler*, österr. Arzt und Begründer der „Individualpsychologie" (* 1870)

E. Cassirer: „Determinismus und Indeterminismus in der Physik. Historische und systematische Studien zum Kausalproblem" (Neukantianismus)

† *Adolf Deißmann*, evang. Theologe; erforschte Urchristentum (* 1866)

A. Görland: „Ästhetik. Kritische Philosophie des Stils"

Max Hartmann: „Philosophie der Naturwissenschaften" (an *Kant* und Biologie orientiert, kritisch gegenüber „Ganzheit")

Max Hartmann und *W. Gerlach:* „Naturwissenschaftliche Erkenntnis und ihre Methoden" (naturphilosophische Erkenntnistheorie eines Biologen und eines Physikers)

K. Horney: „Die neurotische Persönlichkeit unserer Zeit" (nordamerikan. Psychoanalyse)

Ricarda Huch: „Zeitalter der Glaubensspaltung" (historisches Werk)

Jaspers: „Descartes und die Philosophie" (*J's* Werke werden in Deutschland verboten)

Samuel S. Leibowitz (* 1893) erreicht Niederschlagung der Notzuchtanklage gegen 5 der 9 jungen Neger in Alabama USA. (Die übrigen 4 werden nach und nach freigelassen. Alle waren seit 1931 wiederholt zum Tode verurteilt worden)

Beckmann: „Geburt", „Tod", „Hölle der Vögel" (express. Gemälde)

Burra: „Landschaft mit Rädern" (engl. express. Gemälde)

Raoul Dufy (* 1877, † 1953) „Gesch. der Elektrizität" (frz. monum. Wandbild)

Heckel: „Phlox" (express. Aquarell)

Klee: „Revolution d. Viaduktes" (surrealist. Gemälde)

Kollwitz: „Selbstbildnis" (Radierung)

G. Marcks: „Grasende Stute" (Bronzeplastik)

Joan Miro: „Stilleben mit altem Schuh" (span. Gemälde)

Nash: „Traumlandschaft" (engl. surrealist. Gemälde)

Victor Pasmore (* 1908): „Pariser Leben" (engl. Gem.)

Picasso: „Guernica" (span.-frz. Gemälde aus Anlaß der Bombardierung dieser span. Stadt durch die Faschisten)

O. Schlemmer: „Waldbilder" (abstrakte Bildserie)

David Alfaro Siqueiros: „Geburtsschrei einer neuen Zeit" (mexik. expr. Gem.)

Albert Speer (* 1905) Generalbauinspektor für Berlin

J. Thorak, Prof. an der Akademie für bildende Künste in München (repräsentativ-monumentaler Stil)

Josef Wackerle: Neptunsbrunnen (alter Botanischer Garten,

Benj. Britten (* 1913): Variationen f. Streichorchester üb. ein Thema v. *F. Bridge*

Alfredo Casella: „Il deserto tentato" (ital. Oper)

† *George Gershwin*, nordamerik. Komponist symphonischer Jazzmusik (* 1898)

Hindemith: „Unterweisung im Tonsatz" (Prinzipien einer erweiterten Tonalität)

Jos. Haas (* 1879): „Tobias Wunderlich" (Oper)

† *Errki Melartin*, finn. Komponist; schrieb 6 Symphonien und andere Werke (* 1875)

Gian-Carlo Menotti (* 1911): „Amelia geht zum Ball" (nordamerik. musikal. Lustspiel)

Carl Orff (* 1895): „Carmina Burana" (szenische Kantate nach mittelalterl. lat. Gedichten)

† *Maurice Ravel* (nach einer Hirnoperation), frz. impressionist. Komponist (* 1875)

† *Albert Roussel*, frz. Komponist; schrieb 4 Symphonien, Konzerte u.a. (* 1869)

Schoeck: „Massimilka Doni" (Schweiz. Oper n. *Balzac*)

Schostakowitsch: 5. Symphonie (russ. Komp.)

Swingstil im Modetanz

Physik-*Nobel*preis an *C. J. Davisson* (USA, *1881, † 1958) und *G. P. Thomson* (Gr.-Brit., *1892,) für experimentellen Nachweis der Elektronenwellen

Chemie-*Nobel*preis an *W. Haworth* (Gr.-Brit., *1883, † 1950) und *P. Karrer* (Schweiz, *1889, † 1971) f. Strukturaufklärung a. Vitaminen

Medizin-*Nobel*preis an *A. v. Szent-Györgyi* (Ungarn) für Ferment-Vitaminforschung

C. D. Anderson entdeckt das my-Meson („schweres Elektron") in d. Höhenstrahlung (1935 von *Yukawa* vorausgesagt)

A. Bernatzik erforscht das Mongoloid-Volk Phi tong luang im nördl. Siam, eines der primitivsten noch lebenden mit Horden-Bambus-Kultur; aussterbend

M. Blau und *H. Wambacher:* Einführ. d. photograph. Platte in die Erforsch. d. kosmisch. Höhenstrahlung

A. L. Hodgkin weist elektr. Grundvorgänge der Nervenleitung nach

Erich v. Holst: „Vom Wesen der Ordnung im Zentralnervensystem" (geordnete Bewegung von Fischflossen durch rhythmische, vom Nervenzentrum gesteuerte Impulse)

von Königswald findet auf Java frühеiszeitlichen Affenmenschenschädel (Pithecanthropus) mit 800 ccm Schädelinhalt (weitere Funde bis 1941)

Walter Lorch: Nachweis von vorgeschichtlichen Siedlungen durch Bestimmung des Phosphatgehaltes im Boden

Konrad Lorenz (* 1905): „Über den Begriff der Instinkthandlung "(Verschärfung des Begriffes zum „erbkonstanten, auslösbaren, relativ fixierten Bewegungsablauf")

O. Loewi: „Die chemische Übertragung der Nervenwirkung" (Nerven reizen stofflich. Muskeln)

T. D. Lyssenko: Pflanzen lassen sich erblich in gewünschter Richtung beeinflussen. (Diese „Sowjetbiologie" wird unter scharfen Angriffen auf die Genetik in den USA mit politischen Mitteln in der USSR durchgesetzt)

Weltausstellung in Paris

† *John Davison Rockefeller*, nordamerikan. Unternehmer, „Petroleumkönig"; Höhepunkt seines Vermögens etwa 6 Mrd. Mark bei 300 Mill. Jahreseinkommen (* 1839)

Arbeitslosenversicherung (nicht allgemein) und Sozialversich. in USA

Dt. Beamtengesetz

Aktiengesetz in Deutschland

Ausstellung „700 Jahre Berlin"

Reichswerke „Hermann Göring" (Industriekonzern, bes. b. Salzgitter und Linz)

Schering AG (Chemie-Konzern)

Rüstungsbetriebe des frz. *Schneider-Creusot*-Konzerns verstaatlicht (gegr. 1836)

Dritter Fünfjahresplan in der USSR (durch den 2. Weltkrieg unterbrochen). Amtl. industrieller Produktionsindex:

1913	= 100,0
1920	13,8
1925	75,5
1927	123,7
1931	314,0
1934	468,0
1937	846,1
1940	1200,0
1950	2075,0

93% aller Bauernhöfe in Kollektivwirtschaften

(1937)

Prinz *Bernhard von Lippe-Biesterfeld* heiratet Kronprinzessin *Juliana* der Niederlande

Volksrat von Niederländisch-Ostindien verlangt Dominionstatus innerhalb von 10 Jahren

Austritt Italiens a. d. Völkerbund

Jugoslawien schließt Freundschaftsvertrag mit Bulgarien, Nichtangriffspakt mit Italien

Salazar betont die tradit. Freundschaft Portugals mit Großbritannien

Kallio (Agrarpartei) Präsident von Finnland bis 1940; sozialist.-agrarische Koalitionsregierung

Höhepunkt der *stalin*istischen Säuberung der KPSU: Ausschaltung und Liquidierung zahlreicher Kommunisten und Sozialisten

Hinrichtung des sowjetruss. Marschalls *Tuchatschewski* und anderer höchster Offiziere der USSR

† *Grigory Ordschonikidse* (Selbstmord?), seit 1930 Vorsitzender des Obersten Volkswirtschaftsrats der USSR (*1886)

Ostpakt zwischen Türkei, Iran, Irak und Afghanistan

Blutige Streikunruhen in USA

† *Frank Kellogg*, nordamer. Staatsm., Friedens*nobel*preis 1929 (* 1856)

Kommunist.-sozialist. Wahlsieg in Venezuela; radikale sozialist. Bewegung wird unterdrückt

Getulio Vargas erläßt neue brasilian. Verfassung auf korporativ-totalitärer Grundlage

Japan. Truppen aus Peking stoßen bei einer Nachtübung an der *Marco-Polo*-Brücke mit chin. Truppen zusammen. Beginn des japan.-chin. Krieges (mündet 1941 in den 2. Weltkrieg ein). Japaner erobern Peking, Tientsin, Shanghai, Nanking und dringen südlich bis Tsinan vor

Japan. Blockade der chin. Küste

Innere Mongolei unter japan. Einfl.

Nichtangriffspakt zw. China u. USSR

Tschiang Kai-schek verlegt nationalchin. Regierungssitz von Nanking nach Tschunking

Fürst *Fumimaro Konoye* (* 1891) japan. Ministerpräsident bis 1939 (wieder ab 1940 bis 1945); treibt aggressive Kriegspolitik

John. P. Marquand: „The late George Apley" (nordamerikan. Roman)

Gerhart Pohl (* 1902, † 1966): „Der verrückte Ferdinand" (Roman)

Friedrich Reck-Malleczewen (* 1884, † 1945 im KZ): „Bockelson" (Roman eines Massenwahns)

Kenneth Lewis Roberts: „Nord - West - Passage" (englischer Roman)

A. Schaeffer: „Ruhland" (Roman)

Anna Seghers: „Die Rettung" (Roman)

Sinclair: „Der Autokönig" (nordamerikan. sozialist. Roman) und „Drei Freiwillige" (nordamerikan. sozialist. Roman aus dem span. Bürgerkrieg)

John Steinbeck (* 1902, † 1968): „Von Mäusen und Menschen" (nordamer. Drama)

Hermann Hirt (* 1865, † 1936): „Indogermanische Grammatik" (7 Bände seit 1921)

G. Gründgens Generalintendant der Preuß. Staatstheater in Berlin

† *Adele Sandrock*, dt. Schauspielerin (* 1864)

„Peter d. Gr." (russ. Film von *Petrow*)

„Die gute Erde" (nordam. Film v. *Sidney Franklin* mit *Luise Rainer* nach *Pearl S. Buck*); „Das Leben Zolas" (nordam. Film v. *W. Dieterle* mit *Paul Muni*

„Serenade" (österr. Film v. *W. Forst*)

Mathilde Ludendorffs „Dt. Gotterkenntnis" als „religiöses Bekenntnis" amtlich anerkannt

Eugène N. Marais (Bure): „Die Seele der weißen Ameise" (1. Buchausgabe, engl.; Naturphilosophie über den Termitenstaat)

Otto Neurath: „Die Unterteilung der Einheitlichen Wissenschaft" (neopositivist. Wissenschaftssystematik)

Martin Niemöller (*1892), Pfarrer in Berlin-Dahlem, Mitglied des Bruderrats der Bekennenden Kirche, im KZ bis 1945 trotz gerichtlichen Freispruchs

Ortega y Gasset: „Stern und Unstern. Gedanken über Spaniens Landschaft und Geschichte" (span. Geschichtsphilosophie)

Institut und Zeitschrift für Parapsychologie in den USA (aus diesem Kreis *I. B. Rhine*: „Neuland der Seele", dt. 1938)

Spranger: „Probleme der Kulturphilosophie"

Leopold Ziegler: „Apollons letzte Epiphanie" (Religionsphilosophie)

„Revidierte Standard-Ausg. d. Bibel"; nordam. Übers. mit Textkritik v. 91 Gelehrten (1952 abgeschl.)

StGB der Schweiz sieht keine Todesstrafe vor

Angeblich 28 Mill. Schüler der Grund- und Mittelschulen u. 542000 Hochschul-Studenten in der USSR (1914: 8 Mill. bzw. 112000)

Neopositivist. „Wiener Kreis" wirkt i. USA fort (*Carnap*, *v. Mises*, *Reichenbach* u. and.)

München; 7 m hohe Monumentalplastik)

Großes Dessauer Theater (fertiggestellt 1949)

,,Haus der Dt. Kunst'', München (mit gleichgeschalteter Ausst.)

„Entartete Kunst" (nationalsozialist. Ausstellung z. Diffamierung der mod. Kunst; z. T. werden diese Bilder vom Staat im Ausland verkauft)

—

„Kampf um den Himalaja" (Expeditionsfilm)

„Der Tiger v. Eschnapur" und „Das indische Grabmal" werden in Indien gedreht (Filme mit *La Jana;* Regie: *Richard Eichberg*)

„Der Mann, d. Sherlock Holmes war" (Lustspielfilm mit *Hans Albers* u. *H. Rühmann;* Regie: *Karl Hartl*)

„Die Kreutzersonate" (Film nach *Tolstoi* mit *L. Dagover, P. Petersen;* Regie: *Veit Harlan*)

„Versprich mir nichts" (Film mit *Victor de Kowa, Luise Ullrich;* Regie: *Wolfgang Liebeneiner*)

„Der zerbrochene Krug" (Film n. *Kleist* mit *E. Jannings;* Regie: *Gustav Ucicky*)

„Elephanten-Boy" (engl. Film von *Flaherty u. Zoltan Korda*)

„Die Ballkarte" (frz. Film von *Julien Duvivier,* * 1896); „Die große Illusion" (frz. Film von *J. Renoir*)

† *Guglielmo Marconi,* ital. Physiker; erreichte erste drahtlose Verbindung über größere Entfernung; *Nobel*preis 1909 (* 1874)

G. Perrier und *E. Segré* entdecken Element 43, Technetium („künstliches" Element, da durch Eigen-Radioaktivität „ausgestorben")

† *Ernest Rutherford,* engl. Physiker; *Nobel*preis 1908 (* 1871)

Franz Schnabel (* 1887, † 1966): „Dt. Geschichte im 19. Jahrh." (4 Bd. seit 1929)

P. P. Schirschow (Hydrobiologe), *E. Fedorow* (Geophysiker), *E. Krenkel* (Funker) beginnen ihre 274tägige Drift auf einer Eisscholle vom Nordpol bis Ostküste Grönlands (2000 km Driftweg; 1938 v. Eisbrechern aufgenommen)

R. Schottenloher erforscht Südabessinien (bis 1938)

N. W. Timoféeff-Ressovsky: „Experimentelle Mutationsforschung in der Vererbungslehre" (Biophysik)

V. Tschkalow fliegt von Moskau über den Nordpol nach Portland (USA) mit einmotorigem Flugzeug (10000 km i. 63 Stunden 25 Minuten)

H. Wilkins sucht *S. Lewanewski,* der auf dem Fluge Moskau—Pol—San Francisco verscholl, erforscht dabei große Teile d. Polargebietes

Ralph Wyckoff bestimmt die Größe des Tabakmosaikvirus: Eiweißriesenmolekül, etwa 50millionenfaches Gewicht des Wasserstoffatoms

Fernsehsender mit regelmäßigem Studio-Programm in Berlin (441 Zeilen mit 260000 Bildpunkten)

Stahlröhren f. Rundfunkempfänger

Vereinigung wissenschaftlicher Arbeiter in Großbritannien gegründet zur Überwachung der gesellschaftlichen Konsequenzen wissenschaftl. Forschung (1938 folgen die USA)

Festkörper-Tagung, Zürich (kennzeichnet die noch offenen Probleme des festen Aggregatzustandes)

Heilung der Geschlechtskrankheit Gonorrhöe durch Sulfonamide (aber auch Züchtung widerstandsfähiger Bakterienstämme durch Auslese)

„Zeitschrift für Tierpsychologie"

Hamburger Univ.-Klinik verw. Insulinschock i. d. Psychotherapie

Deutscher Fremdenverkehr: 27,2 Mill. Fremde mit 104,5 Mill. Übernachtungen, davon 2,4 Mill. Ausländer mit 6,7 Mill. Übernachtungen

Luftpoststrecke Berlin—Kabul (Afghanistan)

~Flugzeit.: Berlin – London 4 Std. 40 Min., New York – San Francisco 20 Std., Paris – Dakar 1,5 Tage, London – Kapstadt 6 Tage, Bangkok – Sydney 10,5 Tage

18,8 Mill. Flugkilometer, 323101 Fluggäste, 8721 t Luftfracht in Deutschland

Moskau-Moskwa-Kanal eröffnet

Verzehnfachung d. dt. Treiböleinfuhr seit 1925 kennzeichnet wachs. Bedeut. des *Diesel*motors

*Diesel*motoren wiegen pro Leistungseinheit etwa 30 kg PS (1910 etwa 150 kg/PS)

Luftschiff LZ 129 bei der Landung in Lakehurst durch Feuer zerstört, unter d. Toten Flugkapitän *Lehmann* (bedeutet das Ende der regelmäßigen Luftschiff - Personenbeförderung seit 1932)

16,6% aller Todesfälle in Deutschld. durch Krebs (z. T. infolge höheren mittleren Lebensalters und verbesserter Diagnose)

„Normandie" (Frankreich) gewinnt das „Blaue Band" mit 3 Tagen 23 Stunden 2 Min.

Erster Internationaler Rhönsegelflug-Wettbewerb

Segelflugrekorde: 652,3 km von *Rastorgoneff;* 40 Stunden, 55 Minuten von *Jachtmann*

Aljechin (*1892, † 1946) Schachweltmeister durch Sieg über *Euwe* bis 1946

Rudolf Caracciola fährt auf dem Nürburgring im 10. Großen Preis von Deutschland über 502 km Bahnrekord mit einem Durchschnitt von 133,2 km/st. (28-km-Rundenrek.; 1939 *Hermann Lang* mit 138,3 km/st.)

Rekord an 149547 Zuschauern beim Fußballspiel England - Schottland (jährlich seit 1872)

Joe Louis wird durch K.o.-Sieg über *Braddock* Boxweltmeister (gibt den Titel 1948 ungeschlagen ab)

Focke-Hubschrauber FW 61 (fliegt 1938 Entfernungsrekord v. 230 km)

Goldene-Tor-Brükke, San Francisco (Hängebrücke, 1280 m Stützweite)

Hubschrauber FW 61 von *H. Fockel* (* 1890, † 1979) erobert alle Weltrekorde f. diese Gattung

1938	Friedens*nobel*preis an *Nansen*-Hilfskomitee (Schweiz) Feierlicher Besuch *Hitlers* in Rom *Hitler* gestaltet Staats- und Wehrmachtsführung für die nationalsozialistischen Ziele um: Kriegsminister *v. Blomberg* muß gehen; an Stelle *v. Fritschs* wird *v. Brauchitsch* Oberbefehlshaber d. Heeres b. 1941 *Wilhelm Keitel* (* 1882, † 1946, hingerichtet) Chef des Oberkommandos der Wehrmacht *Heinz Guderian* (* 1889, † 1954): „Die Panzertruppe" (2. Aufl.); *G.* wird kommandierender General der Panzertruppen (1944 Chef des Generalstabes) *Joachim von Ribbentrop* (* 1893, † 1946, hingerichtet) dt. Reichsaußenminister bis 1945 *Hitler* erklärt in einer Sportpalastrede die Abtretung des Sudetengeb. als letzte Revisionsforderung *Hitler* veranlaßt Besuch *Schuschniggs* in Berchtesgaden; erzwingt Berufung *Seyß-Inquarts* zum österr. Innenminister Unter dem Druck der nationalsozialist. Wehrmacht erfolgt der Anschluß Österreichs an Deutschland. Abstimmung ergibt starke Mehrheit für den Anschluß *Arthur Seyß-Inquart* (* 1892, † 1946, hingerichtet) österr. Bundeskanzler, dann Reichsstatthalter bis 1939 Nichtangriffspakt Deutschland-Estland (1939 Deutschland-Lettland) Generaloberst *Ludwig Beck* (* 1880, † 1944, Selbstmord) tritt als Chef des Generalstabes des Heeres zurück. Nachfolger General *Franz Halder* (* 1884) Der brit. Ministerpräsident *Chamberlain* versucht durch persönliche Verhandlungen mit *Hitler* in Berchtesgaden und Godesberg den Frieden zu bewahren USSR unterstützt tschechoslow. Politik gegen *Hitler*, ihr Eingreifen wird d. brit.-frz. Einlenken verh. Im Münchener Abkommen stimmen Großbritannien, Frankreich und Italien der Abtrennung der Sudetengebiete von der Tschechoslowakei und ihrer Angliederung an Deutschland zu Schwere Judenverfolgungen durch dt. NS-Regime („Kristallnacht")	Literatur-*Nobel*preis an *Pearl S. Buck* (USA) † *Gabriele d' Annunzio*, ital. Dichter und Politiker; Freund der *Duse* (* 1863) *Bernanos:* „Die großen Friedhöfe unter dem Mond" (franz. kathol. Dichtung) † *Rudolf G. Binding*, dt. Dichter (* 1867) *Bert Brecht:* „Furcht und Elend des Dritten Reiches" (Szenenfolge) *L. Bromfield:* „Der große Regen" (nordamerikan. Roman) † *Karel Čapek*, tschech. Journalist und Schriftsteller, bes. humoristische Feuilletons (* 1890) *Duun:* „Der Mensch u. die Mächte" (norweg. Roman) *Dos Passos:* „USA-Trilogie" (nordamerikan. Romanzyklus: „Der 42. Breitengrad" 1930, „Auf den Trümmern" 1932, „Das große Geschäft") *Werner Finck:* „Das Kautschbrevier" *G. Greene:* „Brighton Rock" (nordam. Rom.) *Sacha Guitry:* „Die Straße der Liebe" (franz. humorist. Geschichte d. Champs Elysées) *Konr Haemmerling* (* 1888, † 1957): „Der Mann, der Shakespeare hieß" (Roman) *Ric. Huch:* „Frühling in der Schweiz. Jugenderinnerungen" *G. Kaiser:* „Der Gärtner von Toulouse" (Schauspiel) *Kurt Kluge* (* 1886, † 1940): „Der Herr Kortüm" (Roman) *Kolbenheyer:* „Das gottgelobte Herz" (Roman aus der dt. Mystik)	*Hans Freyer:* „Machiavelli" (nationalistische Staatsphilosophie) † *Leo Frobenius*, dt. Ethnologe; begr. „Kulturkreis-Lehre" (* 1873) *Gundolf:* „Anfänge deutscher Geschichtsschreibung" (posthum) *Nic. Hartmann:* „Möglichkeit und Wirklichkeit" (Ontologie) † *Edmund Husserl*, dt. Philosoph; Begründer der Phänomenologischen Schule (* 1859) *E. R. Jaensch:* „Der Gegentypus" (stellt dem „integrierten I-Typus" den „desintegrierten S-Typus" gegenüber) *Jaspers:* „Existenzphilosophie" *Alwin Mittasch* (* 1869, † 1953): „Katalyse und Determinismus. Ein Beitrag zur Philosophie der Chemie" *H. Murray* (* 1893): „Themat. Aperzeptionstest" (nordamerik., charakterologisch) *Rothacker:* „Die Schichten der Persönlichkeit" *Schweitzer:* „Afrikanische Geschichten" *Hugo Sinzheimer:* „Jüd. Klassiker d. Dt. Rechtswissenschaft" (erscheint in Amsterdam) *Sombart:* „Vom Menschen" (Anthropologie) *L.L. Thurstone:* „Menschliche Fähigkeiten" (nordamerik. mathemat. Analyse d. intellig. Verhalt.) *J. v. Üxküll:* „Der unsterbliche Geist in der Natur" (Naturphilos.) „Lexikon für Theologie und Kirche" (10 Bde. seit 1929, kath. Einstellung) Nationalsoz. Schulreform; Dt. Oberschule als Hauptform, Gymnasium als Nebenform

† *Ernst Barlach*, dt. express. Holzschnitzer, Graphiker und Dichter (* 1870)

Dufy: „Regatta" (frz. Gemälde)

Grant: „Figur unter Glasglocke" (engl. Gemälde)

G. Grosz: „Ein Teil meiner Welt" (express. Gemälde)

K. Hofer: „Stehende mit Tuch" (express. Gemälde)

Kaus: „Liegende Frau am Meer" und „Pferde in der Schwemme" (express. Gemälde)

† *Ernst Ludwig Kirchner* (Freitod), dt. express. Maler (* 1880)

Klimsch: „Olympia" (Bronzeakt)

Oskar Kokoschka geht n. Großbritannien (erwirbt brit. Staatsangehörigkeit)

W. Nicholson: „Glaskrug und Früchte" (engl. express. Gem.)

Picasso: „Dame im Armstuhl" (kubist. Gemälde)

† *Christian Rohlfs*, dt. impress., später express. Maler, bes. Soester Kirchen (* 1849)

Ausstellung „Drei Jahrhunderte amerikanischer Kunst" in Paris

—

Dokumentarfilm von der Berliner Olympiade 1936

„Tanz auf dem Vulkan" (Film mit *G. Gründgens;* Regie: *Hans Steinhoff)*

„Pygmalion" (engl. Film von *A. Asquith* und *Leslie Howard);*

Die Negersängerin (Alt) *Marian Anderson* (USA, * 1908) wird Ehrendoktor der Harvard - Universität

Bartók: Violinkonzert (ungar. Komposition)

A. Copland: „Billy, the Kid" (nordamerikan. volkstüml. musikalische Schau)

Egk: „Peer Gynt" (Oper)

Hindemith: „Nobilissima Visione" (Ballettmusik); „Mathis der Maler" (Oper um d. Maler *Grünewald)*

Honegger: „Totentanz" (schweiz.-franz. szenisches Oratorium, Text von *Paul Claudel)*

† *Fedor Schaljapin*, russ. Sänger (Baß) in Moskau u. New York (* 1873)

R. Strauss: „Friedenstag" u. „Daphne" (Opern)

Modetanz Lambeth-Walk

~ Höhepunkt des Jazz-Swingstils unter *Benny Goodman*

NS-Regime zerstört Synagogen i. Dtl.

US-Kinderchirurg *R. E. Gross* gelingt wegweis. Herzfehleroperation

Physik-*Nobel*preis an *E. Fermi* (Ital.) für Atomkernreaktionen mit Neutronen

Chemie-*Nobel*preis an *R. Kuhn* (Österr.) für Vitaminforschung

Medizin-*Nobel*preis an *C. Heymanns* (Belg.) für Atmungsforschung

Cerletti und *Bini:* Elektroschock (elektrische Stoßbelastung des Gehirns zur Besserung gewisser Neurosen). Daneben entwickelt sich in Frankreich eine Beeinflussung neurotischer Zustände durch Narkotisierung während der Anfälle

K. Clusius und *G. Dickel:* Trennrohrverfahren für Isotopentrennung (erhält große Bedeutung für Atomphysik)

A. P. Dustin: Untersuchungen von Colchicin als Mitosegift (erzeugt Riesenzellen und -wachstum durch Zellteilungshemmung)

Einstein und *Leopold Infeld:* „Die Entwicklung der Physik"

R. Goldschmidt: „Physiologische Genetik"

O. Hahn und *Straßmann* entd. die Spaltbarkeit des Urankerns durch Neutronen (die darauf beruhende Kettenreaktion führt z. technischen Ausnutzung der Atomenergie)

W. R. Heß: „Das Zwischenhirn und die Regulation von Kreislauf und Atmung" (Zwischenhirn als lebenswichtiges Regulationszentrum)

H. I. Ives bestätigt durch Beobachtung der Spektrallinien bewegter Atome die von der Speziellen Relativitätstheorie vorausgesagte Gangverlangsamung bewegter „Uhren"

P. Jordan begründet Verstärkertheorie der Biophysik, wonach grundlegende Lebenserscheinungen auf Verstärkung ursprünglich quantenphysikalisch-molekularer Prozesse beruhen (bedeutet Vorstoß der Atomphysik in die Biologie)

P. Karrer synthetisiert das Antisterilitäts-Vitamin E

P. Kapitza entd. supraflüssiges Helium bei Temperatur nahe absolutem Nullpunkt

6094 dt. Aktiengesellschaften m. 18,7 Mrd. RM (1902: 5186 AGs mit 12 Mrd. RM)

Interessengemeinschaft *Humboldt-Deutz*motoren AG und *Klöckner*-Werke AG

Pflichtversicherung für Handwerker i. Deutschl.

Emil Lederer: „Technischer Fortschritt u. Arbeitslosigkeit" (Studien u. Berichte d. Internat. Arbeitsamtes

Deutsche Lebensversicherungen: Privat 25,5 Mill. Verträge über 20,4 Milliard. M; öffentlich 1,8 Mill. Versicherte über 3,6 Milliarden M

Dt. Kleinempfänger (35 RM) zur stärkeren politischen Beeinflussung der Bevölkerung geschaffen

„Ehrenkreuz der deutschen Mutter" (nationalsozialist. Auszeichnung zur Hebung der Geburtenfreudigkeit für Mütter mit mehr als 3 Kindern; für mehr als 7 Kinder„ i. Gold")

Kennkartenpflicht in Deutschland

Gesetz zur Kontrolle der Geschlechtskrankheiten in den USA

40-Std.-Woche in USA

2. Erdgasfund i. Dtl. b. Bentheim (1. Fund 1910 b. Hamburg)

(1938)

Einmarsch dt. Truppen in das Sudetenland; *Konrad Henlein* Gauleiter

Tschechoslow. Staatspräsident *Benesch* tritt zurück (geht nach d. USA)

Durch *Hitlers* außenpolitische Erfolge wird eine Erhebung hoher dt. Offiziere vereitelt

Emil Hacha (* 1872, † 1945 im Gefängnis) tschechoslow. Staatspräsident bis 1939

Slowakei autonomer Staat unter Ministerpräsident *Josef Tiso* (* 1887, † 1945, erschossen)

Karpato-Ukraine autonomer Staat

Teschener Land von der Tschechoslowakei an Polen

Dt.-ital. 1. „Wiener Schiedsspruch" (u. a. erhält Ungarn Gebietsteile der Slowakei, 1939 das ganze Karpatenland)

Dt.-brit. und dt.-frz. Nichtangriffserklärungen

Staatlich organisiert. Judenpogrom in Deutschland („Kristallnacht"); Niederbrennung der Synagogen

Rücktritt *Edens*, dafür Lord *Halifax* brit. Außenminister bis 1940 (dann Botschafter in USA)

Brit.-ital. Abkommen; Großbritannien anerkennt Annexion Abessiniens

Nordirland schließt freundschaftlichen Vertrag mit Großbritannien

Douglas Hyde irischer Staatspräsident bis 1945; Wahlsieg der Regierung *de Valeras*

Australien erläßt gegen Japan gerichtete Ausfuhrsperre für Eisen- und Manganerze

Daladier Ministerpräsident (vor d. Münchener Abkommen) einer frz. bürgerlichen Regierung bis 1940. Bruch mit der Volksfront wegen des Münchener Abkommens mit *Hitler*

Der ital. Faschismus übernimmt vom Nationalsozialismus die vorher abgelehnte Rassenideologie

Ital. Deputiertenkammer durch Kammer der Fasci und Korporationen ersetzt

Ungar. Regierung unter *Bela Imredy* (tritt 1939 zurück); Reichsverweser *v. Horthy* macht Staatsbesuch in Deutschland

König *Carol II.* von Rumänien errichtet totalitäre Herrschaft; verfolgt faschistische „Eiserne Garde", ihr Führer *Codreanu* erschossen. Kabinett der „Konzentration" unter dem Patriarchen *Miron Christea* bis 1939

Polen erlangt durch Ultimatum von Litauen Anerkennung der Wilnagrenze

Japan.-sowjetruss. militärische Zwischenfälle

Hinrichtung von *Bucharin*, *Rykow*, *Jagoda* u. a. nach Schauprozessen in der USSR

L. P. Berija (* 1899) Volkskomm. d. NKWD (1953 erschossen)

„Geschichte der Kommunistischen Partei der Sowjetunion (Bolschewiki). Kurzer Lehrgang" (anonym, weitgehend von *Stalin* verfaßt; wird zum „Katechismus" der KP)

† *Kemal Atatürk*, türk. Staatspräsident seit 1923; Begründer der modernen Türkei (* 1881)

Ismet Inönü (* 1884) türk. Staatspräsident

Wahlsieg der liberalen Regierungspartei in Ägypten (Wafd durch Besserung der ägypt. Beziehungen zu Großbritannien politisch geschwächt)

10,4 Mill. Arbeitslose in den USA (Höhepunkt)

Nach dem Münchener Abkommen beginnt USA intensiv aufzurüsten

8. Pan-Amerikanische Konferenz in Lima: Amerikanische „Solidarität" erklärt

Mexiko enteignet brit. und nordamerikan. Erdölgesellschaften

Sieg der politischen Linken bei der Präsidentschaftswahl in Chile; soziale Reformgesetze

Japan. Mobilisierungsgesetz; gibt im Kriegsfall der Regierung weitgehende Vollmachten

Japaner besetzen in China Tsingtau, K'aifeng, Hankou; erreichen Hoangho. USA und Großbritannien protestieren gegen Verletzung des Neunmächteabkommens von 1922

Marschall *Phibul Songkhram* übernimmt Regierung in Siam (kämpft im 2. Weltkrieg auf japan. Seite)

Lewis: „Die verlorenen Eltern" (nordamerik. Roman)

Georg Lukacs (*1885, + 1971): „Essays über Realismus" (ungar. Essays für den „sozialist. Realismus" in der Literatur)

A. Malraux: „Die Hoffnung" (frz. Roman)

Th. Mann: „Achtung, Europa" (Aufsätze), „Der kommende Sieg der Demokratie", „Dieser Friede" (Reden)

Mauriac: „Asmodée" (frz. Schauspiel)

H. Miller: „Wendekreis des Steinbocks" (nordamer. sexuell betonter Roman)

Molo: „Geschichte einer Seele" (Roman)

Monnier: „Liebe — Brot der Armen" (frz. Romanzyklus)

Jean Paul Sartre (* 1905): „Der Ekel" (frz. Bühnenstück)

Margarete Schiestl-Bentlage: „Die Verlobten" (westfäl. Heimatroman)

Michail A. Scholochow (* 1905): „Der stille Don" (russ. Roman in 4 Bänden seit 1928)

Ina Seidel: „Lennacker" (Roman)

Shaw: „Geneva" (engl. Schauspiel)

„Schlaf schneller, Genosse" (dt. Ausgabe russ. satir. Erzählungen von *Michael Sostschenko*, * 1895, *Valentin Katajew* u. a.)

Th. N. Wilder: „Unsere kleine Stadt" (nordamerikan. Schauspiel)

Th. Wolfe: „Das Geweb aus Erde" (nordamerikan. Roman)

† *Thomas Wolfe*, nordam. Dichter (* 1900)

„Bankfeiertag" (engl. Film v. *Carol Reed*, * 1906); „Die Zitadelle" (englisch. Film von *K. Vidor* nach *Cronin)*

„Das Tier im Menschen" (franz. Film v. *J. Renoir* m. *Simone Simon)*; „Fahrendes Volk" (frz. Fim von *Feyder)*; „Artisten" (frz. Film von *Marc Allégret)*

„AlexanderNewski" (russ. Film v. *Eisenstein)*; „Gorkis Jugend" (russ. Film v. *Donskoi)*; „Professor Mamlock" (russ. Film v. *Minkine* und *Rapoport)*; „Sieg" (russ. Film v. *Pudowkin)*

„Schneewittchen u. die sieben Zwerge" (nordamerik. abendfüllender Zeichenfarbfilm von *Walt Disney)*

Superman als Comic-Figur

† *Konstantin Stanislavskij*, russ. Schauspieler und Regisseur; begründete das „Moskauer Künstlerische Theater" (1898) u. pflegte realistischen Stil (* 1863)

† *Ludwig Wüllner*, dt. Schauspieler, Rezitator und Sänger (* 1858)

Willi Schaeffers (* 1884, † 1962) leitet Kabarett der Komiker in Berlin

Kellett, Gething, Gaine: Weltrekord im Streckenflug mit 11526 km

R. Kuhn: Chemischer Bau und Synthese von Vitamin B_6 (Adermin, heilt mit B_2 Hauterkrankungen der Ratte)

R. Kuhn und *Moewus:* Aufklärung des chemischen Baus der Befruchtungsstoffe von Algen (Beitrag zur Theorie der Sexualität)

W. Paulcke: „Praktische Schnee- und Lawinenkunde"

Mario Pezzi: Weltrekord im Höhenflug mit 17074 m

Nicolas Rashevsky: „Mathemat. Biophysik" (nordamer. mathem. Behandlung von Zellwachstum und -teilung v. physikal. Standp. aus)

Bernhard de Rudder (* 1894): „Meteorobiologie des Menschen"

B. de Rudder, L. Weickmann u. a.: „Klima – Wetter – Mensch"

Nachweis eines unsichtbaren planetenartigen Begleiters von doppelter Jupitermasse beim nächsten Fixstern (Proxima Centauri)

Fernsehsendungen in New York mit 20000 Empfängern

Erfindung des Kunststoffes „Nylon"

Dt. Rundfunk führt Magnetband-Sendungen ein (1941 über 50% der Sendung, 1950 über 90%)

Flugboot-Langstreckenrekord mit 8500 km (*Dornier*)

Focke-Wulf FW 200 „Condor": Berlin–New York–Berlin (vier 580/880-PS-Motoren mit 0,57 kg/PS); Berlin–New York in Rekordzeit von 24 Std. 56 Min.

W. Hohlweg und *H.-N. Inhoffen:* Ovulationshemmer-Synthese (Grundlage der „Antibaby-Pille")

Fernflug Berlin—Tokio (13650 km in 46 Std. 37 Min.)

Fisch mit gestielten Flossen gefangen (Crossopterygier, „lebendes Fossil")

Autobahnbrücke über das Teufelstal bei Jena (Stahlbetonbrücke mit 138 m Stützweite)

Transiranische Bahn Kaspisches Meer—Teheran—Persischer Meerbusen (1400 km, Baubeginn 1927)

Höchstleistungen für Zivilflugzeuge: Nutzlast: 6290 kg; Flugweite: 5300 km; Gipfelhöhe: 8500 m; Steigzeit: 1000 m in 2,2 Min.; Reisegeschwindigkeit: 390 km/st (Höchstgeschwindigk.: 430 km/st); einzelne Motorleistung: 600 PS (Spitzenleistung: 880 PS).

101,5 Mill. Fluggastkilometer und 2,4 Mill. Luftposttonnen-Kilometer d. Dt. Lufthansa

Segelflugweltrekorde: 390 km Zielstreckenflug. 305,6 km Zielflug mit Rückkehr. 50 St. 26 Min. Dauerflug. 6840 m Höhe über Start

Erstersteigung der Eigernordwand

Malcolm Campbell stellt Geschwindigkeitsrekord für Motorboot mit 210,7 km/st auf (1939: 228,11 km/st)

Weltmeister *Joe Louis* schlägt *Max Schmeling* in der ersten Runde k.o.

Orson Welles' (* 1915) Hörspielsendung einer utopischen Marsinvasion („Der Krieg der Welten") ruft eine Massenpanik in den USA hervor

Arabische Sendungen des ital. und danach d. brit. Rundfunks (entscheid. Ausweitung des Ätherkrieges)

1939

Reichswirtschaftsminister *Walter Funk* wird an Stelle *Hjalmar Schachts* Reichsbankpräsident; Reichsbank völlig d. Reichsregierung unterstellt

Hitler zerstört die Souveränität der Tschechoslowakei durch Gründung des „Protektorates Böhmen und Mähren“ und Bildung einer abhängigen Slowakei unter militär. Druck *von Neurath* Reichsprotektor von Böhmen-Mähren bis 1941

† *Otto Wels*, sozialdemokr. Politiker (* 1873)

Tiso Staatspräsident eines von Deutschland abhängigen slowakischen Staates bis 1944

Italien besetzt Albanien und vereinigt es mit der ital. Krone

Faschisten gewinnen mit dt. und ital. Hilfe span. Bürgerkrieg. *Franco* diktatorischer span. Staats- und Regierungschef. Spanien verläßt Völkerbund. Großbritannien und Frankr. anerkennen *Franco*-Regier.

Deutschland besetzt das Memelgebiet und gliedert es ein (seit 1924 unter litauischer Staatshoheit)

Brit.-frz. Garantieerklärungen für Polen, Rumänien und Griechenland

Nichtangriffspakt Deutschland-Dänemark; Schweden, Norwegen und Finnland lehnen Nichtangriffsvertrag mit Deutschland ab

Während seiner militärischen Aktionen verlangt Deutschland Danzig und Korridor nach Ostpreußen. Polen lehnt ab

Molotow löst als Volkskommissar des Äußeren der USSR *Litwinow* ab

Beistandspakte der Türkei mit Großbritannien und Frankreich, letzteres erhält Sandschak Alexandrette zurück

Militärbündnis Deutschland-Italien (Italien erweist sich beim Ausbruch des 2. Weltkrieges als noch nicht kriegsbereit und bleibt zunächst „nichtkriegführend“)

Zwischen Großbritannien, Frankreich und USSR laufen stockende ergebnislose Verhandlungen über gegenseitige militärische Hilfe. Polen verweigert Durchmarschrecht

Hitler lehnt *Roosevelt*botschaft ab; kündigt dt.-brit. Flottenabkommen und dt.-poln. Nichtangriffspakt

Literatur-*Nobel*preis an *F. E. Sillanpää* (Finn.)

Stefan Andres (* 1906, † 1970) „Der Mann von Asteri“ (Roman)

Bergengruen: „Tod von Reval“ („Sammlung kurioser Geschichten um den Tod“)

Eipper: „Das Haustierbuch“

T. S. Eliot: „Der Familientag“ (engl. existentialist. Orest-Drama)

Fr. von Gagern: „Schwerter u. Spindeln“ (Ahnen des Abendlandes)

Gide: „Das Tagebuch André Gides 1889 bis 1939“ (frz.)

G. Greene: „Der Geheimagent“ (engl. Rom.)

G. Hauptmann: „Die Tochter der Kathedrale“ (Schauspiel) und „Ulrich von Lichtenstein“ (Lustspiel)

N. Jacques: „Leidenschaft“ *(Schiller*roman)

J. Joyce: „Finnegans Wake“ (engl. psychologist. Roman)

Ernst Jünger: „Auf den Marmorklippen“ (symbol. polit. Roman)

H. Kesten: „Die Kinder von Guernica“ (Roman)

Isolde Kurz: „Das Haus des Atreus“ (Gedichte)

Th. Mann: „Lotte in Weimar“ (Rom. um *Goethe*)

Monnier: „Annonciata“ (frz. Roman)

Ernst Moritz Mungenast (* 1898): „Der Zauberer Muzot“ (Lothringer Roman)

Mussolini: „Cavour“ (ital. Schauspiel)

Naso: „Preußische Legende“ (Novelle)

Saint-Exupéry: „Wind, Sand und Sterne“ (frz. Fliegererlebnisse)

Gertrud Bäumer: „Gestalt und Wandel. Frauenbildnisse“

August Bier: „Die Seele“ (Gedank. e. Arzt.)

Frank Buchman (* 1878, USA) gründet Bewegung „Moralische Aufrüstung“ f. christl.-ethische Erneuerung (findet sein Zentrum in Caux)

F. N. Freeman: „Intelligenztests, ihre Geschichte, Grundsätze u. Anwendungen.“ (engl.)

† *Siegmund Freud*, österr. Nervenarzt; Begr. der Psychoanalyse (* 1856)

Johannes Haller: „Das Papsttum“ (3 Teil. s. 1934)

Willy Hellpach: „Mensch u. Volk d. Großstadt“ (Sozialpsychologie)

Johan Huizinga: „Homo ludens“ (niederl. Kulturphilosophie)

Hewlett Johnson (* 1874, † 1966; „roter Dekan“ von Canterbury): „Ein Sechstel d. Erde“ (engl., prosowjetisch)

B. Malinowski: „Die Gruppe u. d. Individuum i. funktionaler Analyse“ (engl. Soziologie m. Berücksichtigung der biolog., psycholog. u. Umweltfaktoren mit ihren Wechselwirkungen)

Pius XII. (bisher *Eugenio Pacelli*) Papst; gilt als „polit.“ Papst

A. Sartorius von Waltershausen: „Gesellschaft u. Wirtschaft vor- u. frühgeschichtlicher Völker“

Arnold J. Toynbee (* 1889): „Studie zur Weltgesch.“ (engl. Geschichtsphilos. betont Bedeutung d. Religionsgesch.; 6 Bde. seit 1933; Bd. 7–10 1954)

M. W. Urban: „Sprache und Wirklichkeit“ (nordamerikan. Philosophie)

Curth Georg Becker (* 1904): „Provenzalischer Kirchplatz" (express. Gemälde)

Arno Breker: „Bereitschaft" (Monumentalplastik)

Burra: „Der Aufstand" (engl. surrealist. Gemälde)

M. Chagall: „Brautpaar mit Eiffelturm" (russ.-frz. Gem.)

Feininger: „San Francisco" (Aquarell)

Heckel: „Lesende Frau" (expr. Aquarell)

Joseph Hirsch (* 1910): „Bildnis eines alten Mannes" (nordamer. realist. Gem.)

Kandinsky: „Nachbarschaft" (russ. abstraktes Gemälde)

† *Alexander Kanoldt*, dt. Maler; wechselte vom Expressionismus zur „Neuen Sachlichkeit" (*1881)

Kaus: „Frau mit Anthuriumblüte" (express. Aquarell)

Henry Moore (*1898): „Landschaft mit Figuren" (engl. express. Gemälde)

W. Nicholson: „Schnee im Bretton Park" (engl. Gem.)

Pasmore: „Das gestreifte Kleid" (engl. Gemälde)

J. Piper: „Hamsey Church" (engl. Gemälde, Kircheninn.)

Kurt Seligmann: „Sabbath Phantome" (Schweiz. surrealist. Gemälde)

Shahn: „Ballspieler" (nordam. Gemälde)

St. Spencer: „Christus in der Wildnis mit Füchsen", „Christus i.d. Wildnis mit Skorpionen" (engl. Gem.)

Albert Speer: Neue Reichskanzlei, Berlin

Bartók: 6. Streichquartett (ungar. Komposition)

Egk: „Joan von Zarissa" (dramatische Tanzdichtung)

Hindemith: Konzert für Violine, Violinsonate in C-dur und Bratschensonate

Orff: „Der Mond" („Das kleine Welttheater", Oper)

Schostakowitsch: 6. Symphonie (russ. Komp.)

Heinrich Sutermeister (* 1910): „Romeo und Julia" (Schweiz. Oper)

Rudolf Wagner-Régeny (* 1903, † 1969): „Die Bürger von Calais" (Oper um die Plastik von *Rodin*)

Julius Weismann: „Die pfiffige Magd" (Oper)

Im dt. Rundfunk beginnt ein zielbewußter Einsatz musikalisch. Mittel zur Hebung der Kriegsbegeisterg. (u. a. „Wir fahren gegen Engeland", „Frankreichlied", „Panzer rollen in Afrika vor", „Bomben auf Engeland", „Von Finnland bis zum Schwarzen Meer", Fanfaren aus „Les Préludes" v. *Liszt*; Wunschkonzerte)

Physik-*Nobel*preis an *E. Lawrence* (USA) für Zyklotron

Chemie-*Nobel*preis *A. F. Butenandt* (Dt.) f. Forsch. über Sexualhormone

Medizin-*Nobel*preis an *G. Domagk* (Dt.) für Sulfonamide und *L. Ruzicka* (Jugoslaw.-Schweiz) für Synthese von Polyterpenen

Beadle, *Bonner*, *Tatum*: Erforschung des Stoffwechsels vom roten Brotschimmel und seiner erblichen Änderungen (Methode d. biochem. Mutanten auf spez. Nährböden)

R. E. Byrds dritte Südpolar-Expedition (bis 1941)

H. Caspers: Einfluß der Mondphasenperiode a. d. Fortpflanzungsrhythmus einer Meeresmücke (exakte Tatsachenforschung, Kausalkette noch unbekannt)

R. Doerr und *C. Hallauer*: „Handbuch der Virusforschung" (2 Bände seit 1938, 2 Ergänzbde. bis 1950)

Archiv für die gesamte Virusforschung (Zeitschr. v. *Doerr*)

S. Flügge: „Kann der Energieinhalt der Atomkerne praktisch nutzbar gemacht werden?" (vorläuf. Bejahung)

Gibbons ersetzt Herz und Lunge von Katzen f. 20 Minuten d. Blutdurchströmungsapparat: „Künstliches Herz" (Tiere überleben)

E. Gildemeister und *E. Hagen*: „Handbuch der Viruskrankheiten"

Walter Grotrian (* 1890, † 1954) identifiziert Sonnenkoronalinien als die Spektrallinien hocherhitzter (ca. 1000000°) Eisenatome

Max Hartmann: „Geschlecht und Geschlechtsbestimmung im Tier- und Pflanzenreich" (Sexualtheorie auf biochemischer Grundlage)

Robert Henseling: „Umstrittenes Weltbild" (geg. Verzerrung des Weltbildes durch Astrologie, Welteislehre, Hohlwelttheorie u. a.)

R. Houwink: „Chemie und Technologie d. Kunststoffe" (kennzeichnet stürm. Entwicklung: mehr als 150 Kunststoffarten bekannt)

P. Karrer isoliert das Vitamin K (Blutgerinnung)

Lise Meitner (* 1878) und *O. R. Frisch* erklären die von *Hahn* und *Straßmann* gefundene Urankern-

Lebensmittel- u. Kleiderkarten zur Rationierung i. Dtl.

Ad. Weber: „Geld, Banken, Börse"

Fluglinie Berlin—Bangkok (10500 km in 5 Tagen)

Regelmäßigkeit d. deutschen Luftverkehrs im Winter 1938/39: 91% (30/31: 69,5%); Sicherheit: 0,2 Notlandungen auf 1 Mill. km (1931: 8,8)

3065 km Autobahn in Deutschland (1849 km im Bau)

Erweit. des Kaiser-*Wilhelm*-Kanals

Leistung pro Arbeitsstunde in USA (Großbrit. = 100): Bergbau 425, Auto- und Radioindustrie 310, Maschinenbau 280, Eisen und Stahl 173, Textilindustrie 160, Baugewerbe 115, Gesamtindustrie 215

Massenherstellung von Metallgegenständen im Schnitt- u. Stanzenbau vermag Preise auf ca. 20% gegenüber 1900 zu senken

Lt. Gesetz erlöschen dt. Fideikommisse (in Preußen schon 1920)

Dt. Heilpraktikergesetz

Harbig (Dt.) läuft Weltrekord über 800 m mit 1:46,6

Etwa 2 Mill. Briefmarkensammler in Deutschland; ca. 20 Mill. in d. USA

Erdbeben in Anatolien, 45000 Opfer

(1939)

Brit.-poln. Beistandspakt

Deutschland anerkennt baltische Staaten, Finnland, Ostpolen und Bessarabien als Interessengebiete der USSR

Hitler beginnt 2. Weltkrieg mit Überfall auf Polen. Vergeblicher Versuch *Mussolinis*, in letzter Minute zu vermitteln

Großbritannien und Frankreich erklären Deutschland den Krieg

Brit. Dominions einschl. Indien erklären Deutschland den Krieg

Schwere dt. Luftangriffe a. Warschau

Polen bleibt gegen dt. Angriff ohne effektive Hilfe und unterliegt militärisch vollständig

† *Werner von Fritsch* (fällt vor Warschau), dt. Generaloberst; 1938 durch Verleumdungen als Oberbefehlshaber des Heeres abgesetzt (* 1880)

Hitler versucht in einer Reichstagsrede vergeblich, Großbritannien und Frankreich zu einer Anerkennung der dt. Ostpolitik durch Friedensschluß zu bringen

Hans Frank (* 1900, † 1946, hingerichtet) Generalgouverneur im besetzten Polen

Ernst Udet (* 1896, † 1941, Selbstmord) dt. Generalluftzeugmeister

Brit. Passagierdampfer „Athenia" wird von dt. U-Boot versenkt. Brit. Kreuzer vernichten Panzerschiff „Admiral Graf Spee" in der La-Plata-Mündung

Günther Prien (* 1908, † 1941) versenkt mit seinem U-Boot das brit. Schlachtschiff „Royal Oak" bei Scapa Flow

Sicherheitsdienst der SS bildet Sicherheitshauptamt (Zentrale für die Verfolgung politischer Gegner)

Arbeitsdienstpflicht der weiblichen Jugend in Deutschland

Über 500000 Umsiedlungen Auslandsdeutscher aus Baltikum, Rußland und Balkan nach Deutschland (bis 1940)

Südtiroler werden nach Deutschland umgesiedelt

Mißglückt. Bombenattentat a. *Hitler* im Münchener Bürgerbräukeller

Dt.-sowjetruss. Nichtangriffspakt

K. Haushofer: „Deutsche Kulturpolitik im indopazifischen Raum" (Beispiel imperialistischer Ideologie)

Allgem. Wehrpflicht in Großbrit.

Brit. Kriegskabinett gebildet. Großbritannien verhängt Seeblockade gegen Deutschland

General *Gort* führt brit. Expeditionskorps nach Frankreich

Brit.-frz. Wirtschaftsrat gebildet

Winston Churchill zum zweitenmal brit. Marineminister

Großbritannien sperrt jüdische Einwanderung in Palästina

Jan Smuts südafrikan. Ministerpräsident bis 1948; erklärt Deutschland den Krieg

Graf *Téleki* ungar. Ministerpräsident bis 1939 (†, Selbstm.)

Allgemeine Wehrpflicht in Ungarn. Ungarn tritt Antikominternpakt bei, besetzt Karpato-Ukraine und tritt aus dem Völkerbund aus

Rücktritt der jugoslaw. Regierung *Stojadinowitsch*; Regierung *Zwetkowitsch* m. 5 kroat. Ministern bis 1941

„Eiserne Garde" ermordet rumän. Ministerpräsidenten *Calinescu*; danach Kabinett *Tatarescu*

USSR greift Finnland an und wird aus dem Völkerbund ausgeschlossen

Neutralität der skandinavischen Staaten im Finnlandkrieg

USSR lehnt RK-Konvention ab

Franz von Papen Botschafter in Ankara (Türkei)

Faisal II. (unmündig) König von Irak. Abbruch der diplomatischen Beziehungen zu Deutschland

USA liefert Waffen gegen Barzahlung und Transport auf Schiffen der Käufer (Cash and Carry)

Integralisten-Aufstand in Brasilien niedergeschlagen

Burmastraße von Lashio (Bahnanschluß nach Rangun) bis Tschunking (China) (3350 km, schwierigstes Terrain. Baubeginn 1937)

Erstarrung der Fronten im chin.-japan. Krieg; Partisanenkrieg

Mandschukuo tritt Antikominternpakt bei

Siam nennt sich nun Thailand

Saroyan: „Die Zeit deines Lebens“ (nordamerikan. Erzählungen)

J. Schaffner: „Kampf und Reife“ (Roman)

K. A. Schenzinger: „Metall“ (techn. Roman)

R. Schickele: „Die Heimkehr“ (elsäss. Roman)

Anna Seghers: „Das siebte Kreuz“ (KZ-Roman)

Shaw: „Karl II.“ (engl. Schauspiel)

Sinclair: „Marie Antoinette“ (nordamerikan. Drama)

J. Steinbeck: „Früchte des Zorns“ (nordam. gesellschaftskrit. Roman)

† *Ernst Toller* (Freitod), dt. Dichter (* 1893)

Josef Weinheber (* 1892, †1945, Freitod): „Kammermusik“ (österr. Gedichte)

Wiechert: „Das einfache Leben“ (Roman)

† *William Butler Yeats*, irischer Dichter; Mitbegründer der irisch-keltischen Renaissance; *Nobel*preis 1923 (* 1865)

E. Zahn: „Die tausendjährg. Straße“ (Schweiz. Roman)

Rund 350 Theater in Deutschland

Blegen findet 600 Täfelchen mit kretischer Schrift auf Burg Pylos (Peloponnes, thyrrhenisch-etruskisch, 1951 von *E.L.Bennet* entziff.)

18257 deutschsprachige Zeitschriften erscheinen

„Négritude“ (afrokarib. Kampfbegriff geg. weiße Vorherrschaft)

(monumental. klassizist. Bau)

Versteigerung moderner Malerei aus dt. Museen in Luzern. (Dadurch gehen allein 15 Hauptwerke v. *Corinth* u. 7 v. *Barlach* für Dt. verloren)

„Ninotschka“ (nordamer. antisowj. Film v. *E. Lubitsch* mit *G. Garbo* u. *F. Bressart*)

„Männer u. Mäuse“ (nordam. Film nach *Steinbeck*); „Vom Winde verweht“ (nordam. Film nach *Mitchell* von *Fleming* mit *Vivien Leigh*, *C. Gable*, Kosten 3,85 Mill. Dollar)

„Die Spielregel“ (frz. Film von *J. Renoir*); „Tagesanfang“ (frz. Film v. *Marcel Carné*, * 1900); „Der Tag endet“ (frz. Film v. *Duvivier*)

„Robert Koch“ (Film v. *H. Steinhoff* m. *E. Jannings*, *W. Krauß*); „Bel ami“ Film von und mit *W. Forst*, mit *Ilse Werner*, *Olga Tschechowa*, *Lizzy Waldmüller*)

„Es war eine rauschende Ballnacht“ (*Tschaikowskij*-Film mit *Zarah Leander*; Regie: *C. Froelich*); „Der Schritt vom Wege“ (Film n. *Fontanes* „Effie Briest“ mit *Marianne Hoppe*, *Karl Ludwig Diehl*, *Paul Hartmann*; Regie: *G. Gründgens*); „Opernball“ (Film mit *Heli Finkenzeller*, *Hans Moser*, *Theo Lingen*; Regie: *Géza v. Bolvary*)

Jährl. ca. 650 Mill. m Filme (Weltprodkt.)

spaltung (*L. M.* mußte 1938 aus polit. Gründen Dtl. verlassen)

I. Mitschurin: „Die Anwendungen von Mentoren bei der Erzielung hybrider Sämlinge“ (posthum)

Paul Müller (*1899, † 1965) synthetisiert und prüft das hochwirksame Kontakt-Insektengift DDT (ab 1942 Produktion in USA u. Deutschl.)

Reber empfängt Kurzwellen aus der Milchstraße. Beginn der Radio-Astronomie (Vorläufer *Jansky* 1932)

Heinrich Schade, *C. Häbler:* „Physiko-chemische Medizin“

Bastian Schmid: „Zur Psychologie unserer Haustiere“

Paul A. Smith: „Atlantische untermeerische Täler der USA“ (über Echolotungen m. Höhenlinienkarte)

A. Thienemann: „Grundzüge einer allgemeinen Ökologie“ (biolog. Umweltforschung)

Wendel erreicht mit Flugzeug Me 109 (*Messerschmitt*) 755 km/St.

Etwa 300 wissenschaftliche Sternwarten auf der Erde (davon 50, die modernsten, in USA)

Ausdehnung des größten bekannten Riesensterns (VV Cephei) mit 1220fach. Sonnendurchm. bestimmt

250 Mill. Dollar in USA für wissenschaftliche Untersuchungen jährlich aufgewendet, davon 10% für reine Forschung

1890 Seiten Formelregister im Chemischen Zentralblatt für die Zeit von 1935 bis 1939

Sichtbarmachung der ersten Riesenmoleküle (Pflanzen-Viren) im Elektronen-Übermikroskop

Rasche Entwicklung von Radar

8-mm-Farbenfilm

Nickelkombinat in der sibirischen Taiga mit Zentrum Norilsk (erreicht etwa 10000 t Nickel jährlich)

Entdeck. eines angelsächs. Schiffsgrabes b. Sutton Hoo (East Suffolk)

Erster Passagier-Atlantikflug der PAA (b. 1952 über 40000 Atl.-Fl.)

2500 Museen i. USA (1914: 600)

Nylonfaser i. USA (Dupont), Perlonfaser i. Dtl. (IG Farben) (Chemiefasern beg. Natur-Fasern zu verdrängen)

1940

Dt. Hilfsschiff „Altmark“ mit brit. Gefangenen in norweg. Gewässern von brit. Kriegsschiffen angegriffen

Deutschland besetzt durch militär. Überfall die neutralen Länder Dänemark und Norwegen (letzteres gegen brit.-norw. Widerstand); schwerer Kreuzer „Blücher“ u. zwei leichte Kreuzer gehen verloren

König *Haakon VII.* von Norwegen geht nach England

Josef Terboven (* 1898 † 1945, Selbstmord) Reichskommissar in Norwegen, arbeitet mit *Quisling* zusammen

USSR billigt dt. Angriff auf Norwegen

Unter Verletzung der Neutralität Belgiens, Luxemburgs und der Niederlande (schwere Luftangriffe auf Rotterdam) schlägt Deutschland Frankreich militärisch und zwingt es zum Waffenstillstand

Frankreich lehnt brit.-frz. Union ab

Dt.-frz. Waffenstillstand in Compiègne, demonstrativ in demselben Salonwagen wie 1918

Belg., niederl. und luxemburg. Exilregierungen in London

Eupen-Malmedy kommt wieder an Deutschland

Seyß-Inquart Reichskommissar in den Niederlanden; *von Falkenhausen* Militärgouverneur in Belgien bis 1944 (dann von Dt. verhaftet); *O. von Stülpnagel* Militärgouverneur im besetzten Frankreich bis 1942 (* 1878, † 1948 Freitod)

Hermann Göring wird „Reichsmarschall des Großdeutschen Reiches“ (1939 von *Hitler* als sein Nachfolger bezeichnet; 1945 von *Hitler* wegen „Verrats“ abgesetzt)

2. dt.-ital. „Wiener Schiedsspruch“ (u. a. Nord- und Ostsiebenbürgen von Rumänien an Ungarn; 1941 Teile Jugoslawiens an Ungarn)

Dreimächtepakt zwischen Deutschland, Italien und Japan (nachträgl. Beitritt von Ungarn, Rumänien und Slowakei); Beitritt für USSR wird offengehalten

Fritz Todt (* 1891, † 1942) Reichsminister f. Bewaffnung u. Munition

Benrath: „Die Kaiserin Theophano“ (Roman)

Bergengruen: „Am Himmel wie auf Erden“ (Roman um Kurfürst *Joachim I.* von Brandenburg)

Brecht: „Das Verhör d. Lucullus“ (lehrhaftes Hörspiel; 1951 Oper v. *Paul Dessau*)

G. Greene: „Die Kraft und die Herrlichkeit“ (engl. Roman; wird v. *John Ford* verfilmt)

† *Walter Hasenclever*, dt. express. Dichter (Freitod) (* 1890)

† *Verner v. Heidenstam*, schwed. Dichter; Vertreter des „Neuidealismus“; *Nobel*preis 1916; u. a. „Hans Alienus“ (faustischer Entwicklungsrom., 1892) (* 1859)

Hemingway: „Wem die Stunde schlägt“ (Rom.)

Jelusich: „Der Traum v. Reich“ (österr. Roman)

† *Selma Lagerlöf*, schwed. Dichterin (* 1858)

Th. Mann: „Die vertauschten Köpfe“ (Legende n. ind. Motiven)

R. Martin du Gard: „Epilogue“ (frz. Romanzyklus „Les Thibaults“ in 8 Bänden seit 1922)

Saroyan: „Höhepunkt des Lebens“ (nordamerikan. Schauspiel)

Sinclair: „Zwischen zwei Welten“ u. „Weltende“ (nordamer. Romane)

† *Hermann Stehr*, dt. Dichter (* 1864)

Undset: „Madame Dorothee“ (norweg. Roman)

Th. Wolfe: „Es führt kein Weg zurück“ (nordamerikanischer Roman, posthum)

Karl Vossler: „Poesie der Einsamkeit in Spanien“ (Romanistik)

James Burnham: „Die Revolution der Manager“ (Bedeutung des Systems der Wirtschafts-Direktoren für eine neue Gesellschaft)

M. Dessoir: „Die Kunst der Rede“

Alfred Döblin tritt als Emigrant in Frankreich zum Katholizismus über

Nic. Hartmann: „Der Aufbau der realen Welt“ (Schichtung des „Gesamtphänomens Welt“ in 1. physische, 2. organische, 3. seelische, 4. geistige Schicht)

† *Erich Rudolf Jaensch*, deutscher Psychologe; erforschte besonders Eidetik (* 1883)

Arthur Koestler (* 1905): „Sonnenfinsternis“ (Kritik a. d. bolschewist. Schauprozessen)

R. v. Mises: „Kleines Lehrbuch des Positivismus. Einführung in die empiristische Wissenschaftsauffassung“

S. L. Rubinstein: „Die Grundlagen einer allgemeinen Psychologie“ (sowjetruss.)

Santayana: „Das Reich des Seins“ (nordamerikan.-span. Philosophie seit 1927); *S.* wird Hospitant in einem kathol. Konvent in Rom

H. Schultz-Henke: „Der gehemmte Mensch“ (Psychoanalyse)

J. v. Üxküll: „Bedeutungslehre“ (Philosophie der biologischen Erkenntnis mit Betonung finaler Erklärungsweis.)

5500 Soziologiekurse in 600 Colleges in den USA (von 1942 bis 1946 steigt die Mitgliederzahl der Amerikan. Soziologischen Gesellschaft von ca. 1000 auf 2250)

Beckmann: „Der Zirkuswagen" (Gem.)

† *Peter Behrens*, dt. Baumeister (* 1868)

Hyman Bloom (* 1913 i. Litauen): „Synagoge" (nordam. Gem.)

Brancusi: „Aufsteigender Vogel" (rumän.-frz. Plastik)

Chagall: „Das Martyrium"

Heckel: „Kresse", „Berge in Kärnten" (express. Aquarelle)

Kaus: „Frauen am Meer" (expr. Gem.)

† *Paul Klee*, schweiz.-dt. Maler und Graphiker, Lehrer am Bauhaus; seit 1933 i. Ausland (* 1879)

Yasuo Kuniyoshi (* 1893 i. Japan): „Der Milchzug" (nordam. realistisch. Gemälde)

† *Hugo Lederer*, dt. Bildhauer (* 1871)

P. Mondrian: „Broadway Boogie-Woogie" (Gem.)

H. Moore: „Die Braut" (engl. Plastik aus Blei und Kupferdrähten), „Zwei sitzende Frauen" (engl. express. Gem.)

W. Nicholson: „Lord und Lady Strafford" (engl. Bildnis)

Nolde: „Nachmittagswolken, Friesland" (expr. Gem.)

R. Scheibe: „Die Flehende" (Plastik)

Schmidt-Rottluff: „Rittersporn" (express. Gemälde)

St. Spencer: „Im Wollladen" (engl. surrealistisches Gemälde)

F. L. Wright: Southern College in. Lakeland-Florida (nordamerikan. konstruktivist. Bauwerk)

Marcel Cuvelier gründet „Jeunesse Musicales" (intern. Jugendorganisation zur Erneuer. d. Musiklebens)

Hindemith: Konzert für Violincello

† *Walter Kollo*, Berliner Operettenkomponist (* 1883)

Milhaud: „Médéa" (frz. Oper)

Pfitzner: „Über musikalische Inspiration"

Günther Ramin Thomaskantor in Leipzig

Schostakowitsch: Klavier-Quintett (russ. Komp.)

R. Strauss: „Liebe der Danae" (Oper)

Strawinsky: „Symphonie in C-dur"

Seit 1930 siedelten folgende europäische Komponisten in die USA um: *Igor Strawinskij*, *Arnold Schönberg*, *Béla Bartók*, *Paul Hindemith*, *Darius Milhaud*, *Bohuslav Martinu* (* 1890), *Ernst Křenek*, *Kurt Weill*, *Ernst Toch*, *Alexander Tansman* (* 1897)

„Rodeo" (nordamerikan. Ballett mit volkstüml. Wildwestromant., Choreographie v. *Agnes de Mille*)

O. Sala entwickelt Konzert-Trautonium (*H. Genzmer* schreibt Konzert m. Orchester für dies. elektroakust. Instrument)

Manfred von Ardenne: „Elektronen-Übermikroskopie. Physik. Technik" (kennzeich. erreichte techn. Reife)

Hermann Baumann, Richard Thurnwald, Diedrich Westermann: „Völkerkunde von Afrika. Mit besond. Berücksichtig. d. kolon. Aufgabe"

Ludwig von Bertalanffy: „Vom Molekül zur Organismenwelt" (biophysikalische Lebenslehre: Der lebende Organismus wird mehr und mehr als ein offenes System aufgefaßt, in dem durch Biokatalysatoren gesteuerte Stoffwechselvorgänge eine nur langsam veränderliche äußere Form im Quasi-Gleichgewicht aufrechterhalten)

† *Karl Bosch*, dt. Chemiker und Industrieller; *Nobel*pr. 1931 (* 1874)

A. E. Douglass: Baumjahresring-Chronologie von 150—1934 (als Hilfsmittel der Klimatologie und Frühgeschichtsforschung)

H. Fischer: Aufklärung des chemischen Baus des grünen Blattfarbstoffes Chlorophyll (begonnen v. *R. Willstätter* u. *A. Stoll* 1913, ist dem roten Blutfarbstoff ähnlich)

W. Goetsch: „Vergleichende Biologie der Insektenstaaten"

Bierens de Haan: „Die tierischen Instinkte und ihr Umbau durch Erfahrungen" (Tierpsychologie)

Erich von Holst: „Neue Anschauungen über die Tätigkeit des Zentralnervensystems" (relative Koordination von Bewegungsabläufen durch zentrale Rhythmen); baut Flugmodelle mit weitgehender Nachahmung des Tierfluges (Vogel, Libelle)

K. Landsteiner und *A. S. Wiegner:* Rhesus-Faktor des menschlichen Blutes (rh-negative Mutter kann ihre rh-positive Frucht schädigen)

Edwin M. McMillan u. *Abelson* weisen erstes transuran. Element nach (Element [93] Neptunium, v. *O. Hahn* seit 1936 vermutet; 1951 Chemie-*Nobel*preis für Transuranchemie an *McMillan* u. *Glenn Th. Seaborg*, USA)

M. Richter: „Grundriß der Farbenlehre der Gegenwart" (Zusammenfassung unter bes. Berücksichtigung der Farbmessung)

J. M. Keynes: „Wie finanziert man den Krieg?" (brit. Volkswirtschaftstheorie)

Der engl. Karikaturist *David Low* erzielt mit seinen politischen Bildern gegen *Hitler* große Wirkungen

Ernst Reuter: „Einführg. in die Kommunalwissensch." (erscheint in Ankara)

Ernst Wagemann: „Wo kommt das viele Geld her?"

„Winterhilfswerk" (seit 1933) bringt 916 Mill. RM (nimmt mehr und mehr den Charakter einer Sondersteuer an)

Vernichtung von Geisteskranken in Deutschland ohne Zustimmung oder Kenntnis ihrer Angehörigen

Die ersten Nylon-Strümpfe (Nylon entwickelt sich zu einem vielseitigen Werkstoff)

~Platzersparnis f. Bibliotheken, Karteien usw. durch Mikrophotographie beträgt etwa 95 bis 99%

Prozentualer Anteil verschiedener Lebensalter an der Gesamtbevölkerung (vergleichsweise vorausberechnet für 1970, ohne Kriegsfolgen): 0—29 Jahre: Engl. 44 (31), Dt. 46 (35), USA 52 (47), USSR 64 (54); 50—79 J.: Engl. 26 (37), Dt. 23 (33), USA 19 (26), USSR 12 (20)

(1940)

Baldur v. Schirach (* 1907, † 1974) Gauleiter u. Reichsstatthalter i. Wien; *Axmann* Reichsjugendführer

Starker dt. Luftangriff auf engl. Stadt Coventry

Beginn heftiger dt. Luftangriffe auf London und Malta

† *Michael Hainisch*, österr. Bundespräsident von 1920 b. 1928 (* 1858)

Island von den Alliierten besetzt (später wichtiger Stützpunkt der USA-Streitkräfte)

Winston Churchill (Konserv.) bildet brit. Koalitionsregierung (bis 1945); stellvertretender Ministerpräsident *Clemens Richard Attlee* (Labour; * 1883); Kriegsminister *Eden*. *Churchill* stellt „Blut, Mühsal, Tränen und Schweiß" in Aussicht

Stafford Cripps (* 1889, † 1952) brit. Botsch. in Moskau, bis 1942

Brit. Niederlage bei Dünkirchen; der brit. Expeditionsarmee gelingt Einschiffung n. Engl. unter Zurücklassung der schweren Ausrüstung

Brit. Luftwaffe und Luftverteidigungskräfte zerschlagen in der entscheidenden „Schlacht um England" dt. Luftoffensive; führt zur Aufgabe des dt. Invasionsplanes „Seelöwe"

† *Neville Chamberlain*, brit. Premier 1937–40 (* 1869)

Poln. Exilregierung i. London unter General *Sikorski;* General *Anders* befehligt nahöstl. poln. Armee

Großbritannien anerkennt provisor. tschechoslow. Exilregierung unter *Benesch*

Anthony Eden nach Lord *Halifax* brit. Außenminister bis 1945

Samuel Hoare (* 1880) brit. Botschafter in Madrid (ihm gelingt, Spanien außerh. d. Krieges zu halten)

Irland lehnt militär. Stützpunkt für Alliierte ab

Paul Reynaud (* 1878, † 1966) frz. Minister-Präs. bis zur militär. Niederlage (unter *Pétain* verhaftet)

Marschall *Pétain* frz. Staatschef des unbesetzten Frankreichs in Vichy bis 1944; arbeitet mit der dt. Besatzungsmacht zusammen; daneben Widerstandsbewegung („Résistance") umfaßt Kommunisten, Sozialisten und Bürgerliche

Das frz. provisorische Nationalkomitee unter *Charles de Gaulle* (* 1890) wird von Großbritannien anerkannt; es bekämpft *Pétain*-Regierung und erlangt Regierungsgewalt im frz. Kolonialgebiet

Briten vernichten frz. Flottengeschwader vor Oran, um es dt. Zugriff zu entziehen

Pétain setzt seinen Stellvertreter *Laval* ab und läßt ihn verhaften; wird von dt. Behörden befreit

Italien greift von Albanien aus Griechenland an; erfolgreicher Widerstand der Griechen

Kurz vor dem frz. militär. Zusammenbruch tritt Italien auf dt. Seite in den Krieg ein

Balbo wird als Generalgouverneur Libyens durch *Graziani* abgelöst

Italien erobert Brit.- und Frz.-Somaliland; ital. Vorstoß nach Ägypten löst siegreichen brit. Vormarsch in die Cyrenaika aus

† *Italo Balbo*, ital. Marschall, von eigenen Flugzeugen über Nordafrika abgeschossen (* 1896)

Bei einem brit. Luftangriff auf Tarent 3 ital. Schlachtschiffe und 2 Kreuzer schwer beschädigt

Spanien nennt sich „nicht kriegführend", lehnt Eingreifen in den Krieg ab und besetzt internat. Zone in Tanger (1945 wieder freigegeben)

Franco fordert Gibraltar für Spanien

Rumänien muß Bessarabien und nördl. Buchenland an Sowjetunion, nördl. und östl. Siebenbürgen an Ungarn, südl. Dobrudscha an Bulgarien abtreten

König *Carol II.* von Rumänien (seit 1930, * 1893) wird durch General *Antonescu* gezwungen, zugunsten seines Sohnes und Thronfolgers *Michael* abzudanken. *Antonescu* schaltet die faschist. „Eiserne Garde" nach einer blutigen Revolte endgültig aus

Wirtschaftsabkommen zwischen Deutschland und USSR

Finnland muß nach starkem Widerstand an die USSR Karelische Landenge, Teile von Ostkarelien abtreten und Hangö verpachten

Die Sektionen der kommunistischen Internationale unterstützen im Zeichen des dt.-sowjet. Paktes den Angriffskrieg *Hitlers* bis zu seinem Überfall auf die USSR

USSR liefert oppositionelle dt. Kommunisten an *Hitler* aus

Umbildung der Roten Armee durch Aufhebung von Neuerungen seit der Revolution (Wiedereinführung deutlicher Rangabzeichen, neue Disziplinarordnung, Abschaffung d. polit. Kommissare)

Andrej Wyschinski (* 1883, † 1954) stellvert. Außenkommissar d. USSR

USSR gliedert mit Duldung des Dt. Reiches baltische Staaten ein (1941 bis 1944 von dt. Truppen besetzt)

† *Leo Trotzki* (in Mexiko ermordet), russ. bolschewist. Politiker; Gründer der Roten Armee; Gegner *Stalins* (* 1879)

Staatsbesuch *Molotows* bei *Hitler* ergibt Gegensatz der Interessen

Achsenfreundliche Regierung in Syrien gestürzt. Brit. Truppen marschieren in Bagdad ein

USA kündigen Handelsvertrag mit Japan von 1911

USA-Marineprogramm für 150 Schiffe (2,5 Milliarden Dollar)

USA-Unterstaatssekretär *Sumner Welles* untersucht Friedensmöglichkeiten in Europa

Teilweise Wehrpflicht in den USA; 16,4 Mill. Mann werden gemustert

Grönland unter USA-Verwaltung

USA pachten von Großbritannien für 99 Jahre Neufundland, Bermudainseln, Bahamainseln, Jamaika, Antigua, Santa Lucia, Trinidad und Brit.-Guayana; liefern dafür 50 Zerstörer an brit. Marine

F. D. Roosevelt z. drittenmal Präs. der USA bis 1945 (†); „Nationaler Verteidigungsrat" gebildet

Autoritäre Regierung in Japan unter Fürst *Konoye*

Japaner setzen Regierung *Wang Tsching-wei* in Nanking ein. Trotz der japan. Bedrohung Konflikte zw. Kuomintang u. Kommunisten

Japan besetzt nördl. Teil von Frz.-Indochina

„Friedrich Schiller" (Film mit *Horst Caspar*, *E. Klöpfer* und *H. George*)

„Operette" (Film v. u. mit *W. Forst*)

„Der Postmeister" (Film nach *Puschkin* mit *H. George* und *Hilde Krahl*; Regie: *G. Ucicky*)

„Bismarck" (Film v. *W. Liebeneiner* mit *P. Hartmann*)

„Michelangelo" (Kulturfilm von *Curt Oertel* (* 1890, † 1959)

„Jud Süß" (Film v. *V. Harlan* mit *Ferd. Marian*, *W. Krauß*, *Kristina Söderbaum*)

„Die Früchte des Zorns" (nordamerikan. Film nach dem Roman *Steinbecks*; Regie: *J. Ford*; Solo-Akkordeon mit wiederkehrendem Volksliedthema als neuartige Filmmusik)

„Der Diktator" (nordam. *Hitler*persiflage von u. mit *Ch. Chaplin*); „Rebecca" (nordamerik. Film nach *du Maurier* von *A. Hitchcock*); „Fantasia" (nordam. farb. Zeichenfilm v. *Walt Disney* nach klassisch. Musik wie „Nußknackersuite", „Pastorale" u. a.); „Die lange Heimreise" (nordam. Film nach *O'Neill* von *J. Ford*)

„Ein Tag in der neuen Welt" (russ. Film von *Karmen*)

„Gaslicht" (engl. Film von *Thorold Dickinson*); „Das stolze Tal" (engl. Film v. *Pen Tennyson*)

Ruben: Klärung des Verbleibs der Kohlensäure im Assimilationsvorgang mit der Indikator-Methode (Verwend. radioakt. Isotope, deren Verbleib verfolgt werden kann)

Hermann Schmidt plant in Berlin Institut für Regelungstechnik (Anfänge der Kybernetik in Dtl., vgl. 1948)

H. Stille: „Einführung in den Bau Amerikas" (geologische Analyse der zeitlichen Entwicklung)

G. v. Studnitz weist drei Farbsubstanzen in den Zapfen der Netzhaut als stoffliche Grundlage des Farbensehens nach

Timoféeff-Ressovsky: „Eine biophysikalische Analyse des Mutationsvorganges" (Deutung der Erbänderungen durch Strahlen)

† *Julius Wagner von Jauregg*, österr. Nervenarzt; *Nobel*pr. 1927 (* 1857)

Waksman und *Woodruff* entd. das Antibioticum Actinomycin A

Hans Weinert: „Der geistige Aufstieg der Menschheit" (aus der Sicht d. Abstammungslehre; 3. Bd. der Trilogie seit 1932)

Bahnen von 1513 kleinen Planeten bekannt (seit 1910 über 700 ausgemessen; erster 1801 entdeckt). 4000 weitere wenigst. einmal beob.

Entdeckung der steinzeitl. Höhlenmalereien bei Lascaux (Südfrankr.)

Anwendung und Entwicklung der plastischen Chirurgie bei Gesichtsverletzungen im Kriege

In Kanada wird Fichtenblattwespe als Schädling durch künstlich hervorg. Seuche erfolgreich bekämpft

Technisch brauchbare Gasentladungs - Leuchtstofflampen mit hoher Lichtausbeute u. vielen Farbtönungen (diese „kalten" Lichtquellen konkurrieren mit den Glühfadenlampen geringerer Lichtausbeute)

USA ersetzt das 441- durch das 525-Zeilen-Fernsehbild

~ Ersatz v. Dampf- durch *Diesel*lokomotiven i. USA (1953 ca. 50%)

Starker Ausbau des Wasserstraßensystems in der USSR (Ostsee-Wolga-Kanal, Dnjepr-Bug-Kanal, Moskwa-Wolga-Kanal, Seekanal Schwarzes — Kaspisches Meer)

~ Radioaktiver Phosphor in der Medizin

1941

† *Ludwig Quidde*, dt. Historiker und Politiker; Friedens*nobel*preis 1927 (* 1858)

General *Rommel* schlägt mit dem dt. Afrikakorps die Briten in Nordafrika zurück. Tobruk wird eingeschlossen. Gegenstoß der Briten

Brit. Truppen besetzen Somaliland, Eritrea und Abessinien; Ende des ital. Imperiums

Rodolfo Graziani, Marschall von Italien, tritt von allen Ämtern zurück (Generalstabschef des Heeres, Generalgouverneur in Libyen, Oberbefehlshaber in Nordafrika)

Leih- und Pacht-Gesetz in den USA zur sofortigen und wirksamen Unterstützung der Gegner *Hitlers*

Der dt.-freundliche Prinzregent *Paul* von Jugoslawien muß nach dem Beitritt zum Dreimächtepakt für König *Peter II.* abdanken. Freundschaftspakt USSR — Jugoslawien. Deutschland greift Jugoslawien an. Schwere Luftangriffe auf Belgrad

Dt. Truppen marschieren von Bulgarien aus in Griechenland ein. Dt. und ital. Truppen besetzen ganz Griechenland. Brit. Truppen ziehen sich nach Kreta zurück. Ungarn, Bulgarien, Italien und Deutschland erhalten von Jugoslawien und Griechenland Gebietsteile

Dt. Fallschirmjägertruppen erobern Kreta

Ante Pavelitsch leitet in dt.-ital. Abhängigkeit den neugegründeten Staat Kroatien; stützt sich auf terrorist. „Ustascha"-Bewegung

Besuch des japan. Außenministers *Matsuoka* in Berlin, Rom und Moskau (in Moskau Abschluß eines Neutralitätspaktes)

Reichsminister *Rudolf Heß* springt mit Fallschirm über Großbritannien ab, um durch persönl. Verhandlungen die Front der Gegner zu schwächen. (Reichsregierung erklärt ihn für geisteskrank, brit. Regierung setzt ihn gefangen)

† *Wilhelm II.* (in Doorn), dt. Kaiser von 1888 bis 1918 (* 1859)

Josef Martin Bauer (* 1901): „Das Mädchen auf Stachet" (Roman)

Brecht: „Mutter Courage" (Urauff. i. Zürich mit *Th. Giehse*, * 1898, † 1975)

Camus grdt. „Le Combat" (frz. Zeitung des Widerstandes)

Carossa: „Das Jahr der schönen Täuschungen" (Roman, Fortsetzung v. „Verwandlungen einer Jugend" 1928)

A. J. Cronin: „Schlüssel zum Königreich" (engl. Roman)

Ilja Ehrenburg (*1891, † 1967): „Der Fall von Paris" (russ. Roman)

G. Hauptmann: „Iphigenie" (Schauspieltrilogie, letzt. Teil 1948 posthum)

Fritz Hochwälder (* 1911): „Das heilige Experiment" (österr.-schweiz. Schauspiel)

† *James Joyce*, engl. Dichter irischer Abkunft (* 1882)

† *Dimitrij Mereschkowskij*, russ. Dichter (* 1865)

Pablo Picasso: „Der Wunsch beim Schwanz ergriffen" (sein einziges Bühnenstück)

Charles Plisnier: „Meurtres" (frz. Romanzyklus in 5 Bänden seit 1939)

† *Johannes Schlaf*, dt. natural. Dichter (* 1862)

W. E. Süskind: „Vom ABC zum Sprachkunstwerk" (philolog. Essays)

† *Rabindranath Tagore*, ind. Dichter; *Nobel*preis 1913 (* 1861)

Thieß: „Das Reich der Dämonen" (Roman)

Alexej N. Tolstoi: „Der Leidensweg" (russ. Romantrilogie seit 1920)

F. Ahlers-Hestermann: „Stilwende" (entscheid. Würdigung d. Jugendstils um 1900)

† *Henri Bergson*, frz. Philosoph und Psychologe; *Nobel*preis für Literatur 1927 (* 1859)

Lucien Cuénot (* 1866): „Zweckgebundenheit u. Erfindung in der Biologie" (frz.)

E. B. Greene: „Die Messung menschlichen Verhaltens" (kennzeichnend für den hohen Stand des Intelligenzprüfwesens in den USA)

C. G. Jung: „Einführung in das Wesen der Mythologie" (Schweiz. psychoanalyt. Deutung)

Herbert Marcuse (* 1898): „Vernunft und Revolution" (dt.-amer. gesellschaftskrit. Philosophie)

† *Werner Sombart*, dt. Soziologe und Nationalökonom; urspr. Marxist, später Antimarxist (* 1863)

Spranger: „Weltfrömmigkeit"

Ralph Turner: „Die großen kulturellen Traditionen" (nordamerik. Soziologie)

V. v. Weizsäcker: „Arzt und Kranker"

58 dän. Volkshochschulen (alle auf dem Lande) (schon 1870 bestanden ca. 50 VHS)

Werfel: „Das Lied von Bernadette" (Roman um den Wallfahrtsort Lourdes, seit 1940)

Th. Wolfe: „Strom des Lebens" (nordam. Roman, posthum)

Beckmann: „Perseus" (express. Triptych.)

Bowden: „Kathol. Kirche in Addis Abeba" (engl. Gem.)

† *Robert Delaunay*, frz. Maler (* 1885)

Heckel: „Königskerze", „Wolken vor Bergen", „Winterlandschaft" (express. Aquarelle)

F. Hodgkins: „Mauern, Dächer und Blumen" (engl. express. Gemälde)

† *Alexej von Jawlensky*, express. Maler russ. Herkunft (* 1864)

J. Lipchitz flieht von Paris (dort seit 1909) nach den USA

Matisse: „Die beiden Freundinnen" (frz. Gemälde)

† *George Minne*, belg. Bildhauer (* 1866)

H. Moore: Schlafende Menschen in den Londoner U-Bahnschächten während der Luftangriffe (engl. Zeichn.)

Nash: „Bomber üb. Berlin" (engl. Gem.)

Pasmore: „Lampenlicht" (engl. Gem.)

Picasso: „Natura morte" (frz.-span. Stilleben im kubist.-abstrakten Stil)

St. Spencer: „Schiffsbau" (engl. Gem.)

Graham Sutherland (* 1903): „Verbranntes Papier" (engl. Gemälde)

Röm. Dionysos-Mosaik i. Köln entd.

—

Egk: „Columbus" (oratorische Oper)

Hindemith: „Danses Concertantes" („Konzertante Tänze") und „Sinfonie in Es-dur"

† *Wilhelm Kienzl*, dt. Opernkomponist (* 1857)

Křenek: „Tarquin" (Oper um den heiligen Aufstand gegen einen Diktator)

Gian-Carlo Menotti: „Die alte Jungfer und der Dieb" (nordamerikan. komische Oper; 1938 als Funkspiel)

† *Christian Sinding*, norweg. Komponist; schrieb drei Symphonien, Violinkonzerte, Lieder u. a. (* 1856)

Aufkommen populärer Soldatenlieder: Dt. Soldatensender i. Belgrad macht d. Platte „Lili Marleen", ges. v. *Lale Andersen* (*1912, + 1972), Text 1915 v. *Hans Leip*, bekannt; „Wir hängen unsere Wäsche an der Siegfriedlinie auf" (engl.) u. a.

† *F. G. Banting*, kanad. Insulinforscher, *Nobel*preis 1923 (* 1891)

Keine *Nobel*preise verliehen

G. H. Faget beginnt in Carville Lepra erfolgreich mit Promin und anderen Sulfonen zu behandeln

Hans Hass: „Unter Korallen und Haien" (neuartige Unterwasserforschung mit Schwimmflossen und Kamera)

A. Kühn: Analyse einer stofflichen Wirkkette vom Gen zum Merkmal am Augenpigment der Mehlmotte: Phänogenetik

Kuhn und *Rittmann* vermuten sonnenähnliche, wasserstoffreiche Materie im Erdkern (dagegen steht weiterhin Eisenhypothese)

L. D. Landau: Theorie des superflüssigen Heliums

Loos: Phasenkontrast-Mikroskop nach *Zernike* (vgl. 1932)

M. Milankovitch: „Kanon der Erdbestrahlung und seine Anwendung auf das Eiszeitenproblem" (Ableitung des Eiszeitenverlaufes aus den langfristigen Änderungen der Erdlage zur Sonne)

† *Walther Nernst*, dt. Physikochemiker; *Nobel*preis 1920 (* 1864)

† *Hans Spemann*, dt. Entwicklungsphysiologe; *Nobel*preis 1935 (*1869)

Albert Vögler Vorsitzender der Kaiser-*Wilhelm*-Gesellschaft für Wissenschaften

Konrad Zuse (* 1910): 1. elektr.-mechan. Digital-Rechner (mit 2000 Relais)

„Vitamine und Hormone" (Zeitschrift für Wirkstofforschung)

Elektronen-Übermikroskop erlangt nach etwa 10jähriger Entwicklung technische Reife für den praktischen Gebrauch (übertrifft die etwa 2000fache Maximalvergrößerg. des Lichtmikroskopes um das 50fache)

Sichtbarmachung von Viren (Krankheitserreger), Phagen (Bakterienfresser) und Riesenmolekülen

~ Rasche Entwicklung der Dezimeterwellen-Technik (Grundl. der Radar-Ortung)

Etwa 1 Mill. Tierarten bekannt (dav. ca. 75% Insekten) u. 200000 Pflanzenarten (50 Mill. ausgestorb. Tierarten geschätzt)

S. Kuznet: „Nationaleinkommen u. ihre Zusammensetzung" (engl. Wirtschaftsstatist., kennzeichnend für wachsendes Interesse an dieser Fragestellung)

„Eisernes Sparen" (Spareinlagen steigen während des Krieges von 301 auf 940 RM/Kopf der Bevölkerung; Guthaben dienen der Kriegsfinanzierung und werden durch die Währungsreform 1948 auf 5% entwertet)

Auflösung der dt. Verbrauchergenossenschaften (seit 1933 zunehmend eingeschränkt)

Die brit. Presse übernimmt die Aktien der *Reuter*-Nachrichtenagentur

75% der *Ford*-Arbeiter stimmen für die CIO-Gewerkschaft (bedeutet das Ende des „Fordismus"; *Fords* Marktanteil war von 50% 1925 auf 20% 1940 zurückgegangen)

USSR verlagert in 3 Monaten 1360 Großbetriebe aus den kriegsbedrohten Gebieten nach Sibirien und baut weitere 2250 dort auf

Weltrekord im Hochsprung mit 2,11 m von *Steers* (USA)

(1941)

Botschafter *von Papen* schließt dt.-türkischen Freundschaftsvertrag auf 10 Jahre ab

Brit. und frei-frz. Truppen besetzen Syrien (frz. Einflußgebiet)

Verbot der kommunist. Partei in der Schweiz (1945 Parteiorgan wieder zugelassen)

Hitler greift die USSR an und hat große Anfangserfolge. Sowjetarmee bringt in der Winterschlacht vor Moskau die vordringende dt. Panzerarmee zum Stehen

Stalin (bisher formal nur Generalsekretär der KPSU) Vorsitzender des Rates der Volkskommissare (Rang eines Ministerpräsidenten)

Belagerungszustand in Moskau; Reorganisierung der sowjet. Verteidigungskraft unter den Generälen *G. K. Schukow* (* 1895), *Timoschenko*, *Woroschilow*, *Budjenny*

Auflösung der Wolgadeutschen Republik (galt als Mustergebiet), Verbannung der dt. Einwohner nach sibir. Strafgebieten

„Atlantic Charta" von *Roosevelt* und *Churchill* auf einem Schlachtschiff verkündet (wiederholt die 4 Freiheiten: Freiheit der Meinung und Religion, Freiheit von Not und Furcht)

Iran von brit. und sowjetruss. Truppen besetzt. Ausbau einer Nachschubstraße

Risa Pählewi, Schah von Iran seit 1925, zur Abdankung gezwungen; es folgt sein Sohn *Mohammed Risa Pählewi* (* 1919)

Hitler übernimmt an Stelle *von Brauchitschs* Oberbefehl über das Ostheer. Schwere Winterkrise des Ostheeres. Beginn heftiger Partisanenkämpfe

Alfred Rosenberg Reichsminister für die besetzten Ostgebiete; behandelt die slawische Bevölkerung nach der „Untermenschen"-Parole

Heydrich (SS) Reichsprotektor in Böhmen-Mähren; unterdrückt Unruhen

SS-Einsatzgruppe erschießt in der Babi-Jar-Schlucht bei Kiew 33 771 Juden (1968 werden 8 daran Beteiligte zu 4–15 Jahren Freiheitsstrafe verurteilt)

Großbritannien schränkt irische Ausfuhr durch Navycerts ein

Admiral *Darlan* frz. Regierungschef

Aktivität der frz. Widerstandsbewegung; *Hitler* läßt 50 Geiseln erschießen. „Nacht-und-Nebel-Erlaß" ordnet Verschleppung politischer Gegner ins Ungewisse an

Finnland beteiligt sich unter Oberbefehl Marschall *Mannerheims* am Krieg gegen die USSR; tritt Antikominternpakt bei

von Bardossy ungar. Ministerpräsident bis 1942 († 1945, hingerichtet); ungar. Truppen beteiligen sich am Einmarsch in Jugoslawien und in die USSR

Rumänien erobert unter *Antonescu* Bessarabien zurück, tritt Antikominternpakt bei

Poln. Exilregierung schließt mit der USSR Freundschafts- und Hilfspakt

† *Ignaz y Paderewski*, poln. Ministerpräsident von 1919 bis 1921 und Klaviervirtuose (* 1860)

Franco-Spanien stellt „Blaue Division" gegen Sowjetunion

Fehlschlag von Verhandlungen Japan—USA. Regierung *Konoye* tritt zurück. Militärkabinett unter General *Tojo*

Regierungskonflikt mit den USA-Bergarbeitergewerkschaften unter *John L. Lewis*

Japan. Luftangriff auf USA-Flottenstützpunkt Pearl Harbour zieht die USA in den 2. Weltkrieg. Deutschland und Italien erklären den USA den Krieg

USA erhalten von Ekuador Stützpunkte auf den Galapagosinseln im Stillen Ozean

Erste Konferenz zwischen *Roosevelt* und *Churchill* in Washington

Thailand tritt auf japan. Seite in den Krieg und erwirbt an Frz.-Indochina abgetretene Gebiete zurück

Japaner erobern Hongkong

† *Virginia Woolf*, (Freitod), engl. Dichterin (* 1882): „Zwischen den Akten" (engl. Roman)

E. Piscator übernimmt Studio-Theater d. Neuen Schule für soziale Forschungen in New York

„Reitet für Deutschland" (dt. Film v. *A. M. Rabenalt* mit *W. Birgel* (* 1891, † 1973)

„Frauen sind doch bessere Diplomaten" (erster dt. Farbspielfilm im Normalformat, mit *Marika Rökk, W. Fritsch*)

„Das andere Ich" (Film mit *H. Krahl* [Doppelrolle] und *Matthias Wiemann*, * 1902, † 1969; Regie: *W. Liebeneiner)*

„Friedemann Bach" (Film mit *G. Gründgens, E. Klöpfer;* Regie: *Traugott Müller)*

„Auf Wiedersehen Franziska" (Film mit *M. Hoppe* u. *Hans Söhnker;* Regie: *Helmut Käutner)*

„Ohm Krüger" (Film v. *H. Steinhoff)*

„Citizen Kane" (nordam. Film von *O. Welles)*; „So grün war mein Tal" (nordamerik. Film nach *Richard Llewellyn* von *J. Ford)*; „Verdacht" (nordamer. Film von *A. Hitchcock)*; „Sergeant York" (nordamer. Film mit *G. Cooper, Joan Leslie)*

„Maskerade" (russ. Film)

„Kipps" (engl. Film von *C. Reed)*

„Nous les Gosses" (frz. Film v. *Daquin)*

Gewebe aus Perlonseide (vgl. 1939)

Entgiftungsmittel gegen Schwermetalle BAL (British Anti-Lewisit)

Erstes britisches Düsenflugzeug

Brit. Kampfflugzeug „Mosquito" (DH 98, schnell und vielseitig)

Gasturbinenlokomotive (in der Schweiz)

Im Zuge der Atombomben-Entwicklung werden i. USA die Uran-Isotope massenspektroskopisch getrennt (Calutron)

1942

Militärbündnis Deutschland, Italien und Japan

Panama, Luxemburg (Exilregierung), Mexiko, Brasilien und Abessinien geraten mit Deutschland in Kriegszustand

Hitler entläßt Generalstabschef Generaloberst *Franz Halder*

Dt. Truppen erreichen den Kaukasus und die Wolga bei Stalingrad; 6. Armee unter General *Paulus* bei Stalingrad eingeschlossen

General *Wlassow* ruft aus der dt. Gefangenschaft die Völker der Sowjetunion zum Sturz des bolschewist. Systems auf; wird später entlassen, erhält aber bis 1944 keine militär. Befehlsgewalt

Albert Speer Reichsminister für Bewaffnung und Munition, Generalinspektor für Straßen, Wasser und Energie (wird 1946 zu Gefängnis verurteilt)

Fritz Sauckel Generalbevollmächtigter für Arbeitseinsatz; unter ihm werden Millionen von Arbeitern aus den besetzten Gebieten nach Deutschland gebracht

Attentat auf den Reichsprotektor von Böhmen-Mähren *Reinhard Heydrich* (†): als Vergeltung wird das Dorf Lidice dem Erdboden gleichgemacht, seine Männer getötet, Frauen und Kinder verschleppt

Beginn der Ermordung von Millionen Juden in den Gaskammern der Vernichtungslager Auschwitz, Maidanek u. a.

Illegale Organisation „Die rote Kapelle" mit Verbindungen zur USSR in Deutschland aufgedeckt; Hunderte werden hingerichtet

Cripps brit. Min. f. Flugzeugprod.

Molotow unterzeichnet in London brit.-sowj. Vertrag über Zusammenarbeit für 20 Jahre

Heinrich v. Stülpnagel Militärbefehlshaber von Frankreich bis 1944 (hingerichtet im Zusammenhang mit dem 20. Juli)

Alliierte Probelandung bei Dieppe

USA- und brit. Truppen unter *Eisenhower* landen in Marokko und Algerien. Schwacher Widerstand

Anouilh: „Colombe" (frz. Bühnenstück; aufgeführt 1950)

B. Brecht: „Galileo Galilei" (Drama)

A. Camus: „Der Fremdling" (frz. Roman)

Paul Eluard: „Poesie und Wahrheit" (franz. Lyrik)

Ernst Jünger: „Gärten u. Straßen" (Tagebuch v. Frankreichfeldzug)

Astrid Lindgren: „Pippi Langstrumpf" (mod. schwed. Jungmädchenbuch)

Klaus Mann (* 1906, † 1949, Selbstm.): „Der Wendepunkt" (Autobiogr.)

Monnier: „Nans, der Hirt" (frz. Roman)

Ponten: „Volk auf dem Wege" (Romanreihe über Auslandsdeutschtum in 6 Bd. seit 1933)

Katherine Anne Porter: „Der schiefe Turm und andere Erzählungen" (nordamerikan. realistische Kurzgeschichten)

Saroyan: „Menschliche Komödie" (nordamerik. Roman)

Sinclair: „Drachenzähne" (nordamerikan. Roman)

Vercors (Jean Bouller, * 1902): „Das Schweigen des Meeres" (frz. Novelle)

Th. N. Wilder: „Wir sind noch einmal davongekommen" (nordamerikan. surrealist. Schauspiel)

† *Stefan Zweig* (Freitod in Brasilien), dt. Dichter; hinterläßt unvollendete *Balzac*-Biographie (* 1881)

R. Carnap: „Einführung in die Semantik" (Erkenntnis als Abbildung der Welt durch Zeichen nach festgelegten Regeln)

H. Reichenbach: „Philosophische Grundlagen der Quantenmechanik" (empirisch-logische Naturphilosophie; drückt die Anomalien d. Quantenphysik durch dreiwertige Logik aus)

Wilhelm Röpke (* 1899, † 1966): „Gesellschaftskrise der Gegenwart" (neoliberal)

Schweiz schafft Todesstrafe ab

Widerstand der norweg. Geistlichkeit gegen *Quislings* Erziehungsprogramm; zahlreiche Verhaftungen

Bei ihrem 75jährigen Bestehen umfaßt *Reclams* Universalbibliothek 7500 Nummern (bis Kriegsende 275 Mill. Bände gedruckt)

† *Otto Arpke*, dt. Plakatkünstler (* 1886)

Beckmann: „Prometheus“ (express. Gemälde)

† *German Bestelmeyer*, dt. Baumeister, bes. in München (* 1874)

Braque: „Toilettentisch am Fenster“ und „Patience“ (frz. kubist. Gemälde)

Burra: „Soldaten“ (engl. surreal. Gem.)

Max Ernst (* 1891): „Antipapa“ (dt.-frz. surrealist. Gemälde)

Grant: „Blumen“ (engl. Gem.)

Kaus: „Mädchen am Ufer“ (express. Aquarell)

G. Marcks: „Rafaello“ (Bronzeplastik)

Matisse: „Die rumänische Bluse“ (frz. express. Gemälde)

H. Moore: „Rote Felsen und liegende Figur“ (engl. surreal. Gem.)

Ed. Munch: „Selbstbildnis“ (norweg.)

Picasso: „Stilleben mit Stierschädel“ (span.-frz. kubist. Gemälde)

J. Piper: „Windsor Castle“, „Akt“ (engl. Gem.)

Shahn: Wandbilder für Sozialversicherungs-Gebäude Washington (seit 1940)

Graham Sutherland: „Rote Landschaft“ (engl. express. Gemälde)

B. Britten: 1. Streichquartett (engl. Komposition)

† *Hugo Distler* (Freitod), dt. Komponist u. Kantor in Lübeck; erneuert lutherische Kirchenmus. (* 1908)

H. Reutter: „Odysseus“ (Oper)

Schostakowitsch: 7. Symphonie (russ. Komposition, verherrlicht den Widerstand des belagerten Leningrad; sofort. Aufführungen in Rußland, Großbritann. und USA)

R. Strauss: „Capriccio“ (Oper)

Hch. Sutermeister: „Die Zauberinsel“ (Schweiz. Oper nach *Shakespeares* „Sturm“)

† *Felix Weingartner*, dt. Komponist u. Dirigent, bes. in Deutschland, Österreich und der Schweiz (* 1863)

„Musik bei der Arbeit“ zur Hebung der Arbeitsfreude in engl. Fabriken (wird zum regelm. Rundfunkprogr.)

Kein *Nobel*preis verliehen

† *Franz Boas*, dt-nordamerik. Ethnologe u. Anthropologe; gründete erfolgreiche Schule für Kulturforschung (* 1858)

† *William Henry Bragg*, engl. Physiker; *Nobel*preis 1915 (* 1862)

E. Fermi gelingt erste fortlaufende Erzeugung von Atomenergie durch Kettenreaktion der Uranspaltung. Gilt als „Beginn des Atomzeitalters“ am 2. 12. 1942, 15.30 Uhr Chicagoer Zeit. „Manhattan“-Projekt in den USA zur Entwicklung der Atombombe (führt mit 150000 Menschen, davon 14000 Wissenschaftler u. Ingenieure, und Kosten von etwa 2 Milliarden Dollar 1945 zum Erfolg)

Florey entwickelt das schon 1928 von *A. Fleming* entdeckte bakterientötende Penicillin zu einem wirksamen Heilmittel

F. Kögl klärt Aufbau des Hefehormons Biotin (Vitamin H)

G. P. Kuiper findet Anzeichen einer Atmosphäre beim Saturnmond Titan

Mauchly und *Eckert* entwickeln elektronische Großrechenmaschine ENIAC (18000 Röhren, 500000 Lötstellen, Raumbedarf 135 qm; 300 Multiplikationen in einer Sek.; eröffnet neue Epoche d. Rechenmöglichkeiten; Inbetr.nahme 1946)

Heinrich Mitteis (* 1889, † 1952): „Der Staat des hohen Mittelalters“

Oskar Pareth: „Die Pfahlbauten“ (erweist sie am Bodensee als überflutete ursprüngl. Landsiedlungen)

† *August von Parseval*, dt. Erfinder des unstarren Luftschiffes und Fesselballons (* 1861)

N. Sinizyn: Überpflanzung eines zweiten Herzens in den Blutkreislauf von Kalt- und Warmblütlern

Der planetarische Krabben-Nebel wird als Folge des Supernova-Ausbruches vom Jahre 1054 erkannt

Die Temperatur der Sonnenkorona wird zu etwa eine Million Grad bestimmt (Sonnenoberfläche 6000°)

Brit. Radarstationen entdecken Kurzwellenstrahlung der Sonne (ab 1946 setzt intensive Radio-Sonnenforschung ein)

Feuersturm n. Fliegerangriff zerstört Lübeck

W. Beveridge, engl. liber. Nationalökonom (* 1879): Plan für engl. Sozialreform (beeinflußt d. brit. Sozialpolitik ab 1945)

Colin Clark: „Die Wirtsch. v. 1960“ (engl. statist. Wirtschaftsprognose)

„Studien über mathematische Ökonomie u. Ökonometrie“ (nordam. Sammelwerk)

Steueraufkommen in Deutschland: 42684 Mill. RM (1933: 6882 Mill. Reichsmark)

Mieterschutzgesetz in Deutschland

Produktions - Beratungsausschüsse zwischen Gewerkschaften und Fabrikleitungen in Großbritannien

Einheitl. schweizerisches Strafgesetzbuch tritt in Kraft (1938 gebilligt)

Bau der Alaskastraße (Kanada—Alaska, rund 2500 km)

Sportliche Kleidung mit kurzen Röcken

Hochgekämmte Frauenfrisuren („Entwarnungsfrisur“)

Weltrekord im Stabhochsprung mit 4,77 m von *Warmerdam* (USA)

(1942) von Vichy-Truppen. Dt. Truppen besetzen Tunis. Einmarsch dt. Truppen in den bisher unbesetzten Teil Frankreichs. Selbstversenkung der franz. Kriegsschiffe in Toulon

Rommels Panzerarmee geht auf die Grenze der Cyrenaika zurück

General *Giraud* (nach Flucht aus dt. Gefangenschaft) und Admiral *Darlan* gehen auf die alliierte Seite über. *Pétain* enthebt *Darlan* seiner Ämter. *Darlan* erklärt sich zum Staatschef in Nordafrika und wird ermordet

In Griechenland sind eine monarchist. und eine kommunist. Widerstandsbewegung aktiv, die sich untereinander und die Exilregierung bekämpfen

Aufhebung der Trennung zwischen militär. und politischer Kommandogewalt in der USSR (seit 1940)

Washington-Pakt zwischen 26 Staaten gegen Sonderfrieden

Pan-Amerikanische Konferenz in Rio de Janeiro zur Verteidigung der westl. Hemisphäre

Preiskontrollgesetz und „Sieben-Punkte-Programm" gegen Inflationsgefahr in den USA

Gandhi fordert Großbritannien auf, Indien zu verlassen: wird verhaftet, seine Frau folgt ihm ins Gefängnis. Großbrit. bietet Indien Dominionstatus an, der abgelehnt wird

Hitler unterstützt den antibrit. Inder *Subhas Chandra Bose*

Japan erobert Singapur und dringt in Burma ein; Burmastraße nach China wird abgeschnitten

Japan besetzt Philippinen, Celebes, Amboina, Timor, Java, Guam, Wake, *Bismarck*-Archipel, Salomonen, landet auf den Aleuten. Japan. Luftangriffe gegen Australien. Japaner beherrschen 450 Mill. Menschen, kontrollieren 95% der Weltgummiproduktion und 70% der Zinn- und Reisproduktion

MacArthur erhält Oberbefehl im Fernen Osten. Japan. Niederlage in der Seeschlacht bei den Midway-Inseln bedeutet Wendepunkt des Krieges im Fernen Osten

Japaner unterliegen in der Seeschlacht bei den Salomonen. Beginn der alliierten Großoffensive im Südpazifik

„Diesel" (Film mit *Willy Birgel*; Regie: *G. Lamprecht*)

„Rembrandt" (Film mit *Ewald Balser*; Regie: *H. Steinhoff*)

„Die goldene Stadt" (Farbfilm mit *K. Söderbaum*; Regie: *V. Harlan*)

„Paracelsus" (dt. Film v. *Pabst*)

„Mrs. Minniver" (nordam. Film von *William Wyler* mit *Greer Garson*); „Warum wir kämpfen" (nordam. Film von *Capra*); „Sein oder Nichtsein" (nordam. Film von *E. Lubitsch*); „Meine Frau die Hexe" (nordam. Film von *R. Clair*); „Bambi" (nordam. Zeichenfarbfilm von *Walt Disney*)

„Die phantastische Nacht" (frz. Film v. *L'Herbier*); „Liebesbriefe" (frz. Film von *Claude Autant Lara*, *1903); „Die abendlichen Besucher" (frz. Film v. *Carné*)

„Die deutsche Niederlage vor Moskau" (russ. Film)

Dauernd besetzte brit. Forschungsstation im südpolaren *Rossmeer*

Weißgliedriger Satansaffe auf Fernando Poo entdeckt

Internat. Entwicklungsstand der Flugabwehr: Verwendung automatisch rechnender Kommandogeräte und elektrischer Übertragung der Werte an die Geschütze, Verwendung von Funkmeßgeräten (Radar) zur Ortung, ausgedehnte Flugwarnnetze. Technische Entwicklung der Flugwaffe verurteilt diesen gewaltigen Aufwand zu relativ geringen Erfolgen. Große Bedeutung der Flakgeschütze für den direkten Panzerbeschuß

Junkers und BMW entwickeln Turbinen-Strahltriebwerke (für Jagdflugzeuge); parallele Entwicklung besonders in Großbritannien

Dt. Messerschmittjäger mit Strahlantrieb wird bis Kriegsende serienmäßig gebaut

Durch fast 8 Mill. Impfdosen erkrankt kein USA-Soldat an Gelbfieber

Feuergeschwindigkeit des Maschinengewehres wird auf etwa 1000 Schuß pro Minute gesteigert

1943	Die unter General *Paulus* in Stalingrad eingeschlossene dt. 6. Armee vernichtet oder gefangen (ca. 146000 Gefallene und 90000 Gefangene; bedeutet Wendepunkt des Krieges) General *Paulus* und andere dt. Kriegsgefangene sowie kommunist. Emigranten bilden in Moskau das „Nationalkomitee Freies Deutschland" zur antifaschist. Propaganda in der dt. Wehrmacht Casablanca-Konferenz zwischen *Roosevelt* und *Churchill:* Forderung der bedingungslosen Übergabe Deutschlands; wird vom Nationalsozialismus propagandistisch gegen die wachsende Kriegsmüdigkeit ausgenutzt Sowjet. Truppen öffnen Zugang zum seit 17 Monaten belagerten Leningrad. Charkow wechselt dreimal den Besitzer. Sowjets erobern Ukraine zurück und dringen bis Kiew vor *Hitler* befiehlt Politik d. „Verbrannten Erde" beim Rückzug aus der USSR (sowj. Schätzung der gesamten Kriegsschäden: 679 Mrd. Rubel) Rücktritt der dän. Regierung. Dt. Militärbefehlshab. übernimmt vollziehende Gewalt. Ausnahmezustd. Die für die Erzeugung von Atomenergie wichtige Produktion schweren Wassers in Norwegen durch brit.-norweg. Sonderkommandos und Bombenangriffe lahmgelegt Irak, Bolivien, Iran, Italien (*Badoglio*-Regierung), Kolumbien geraten mit Deutschland in Kriegszustand Hamburger Außenbezirke d. brit. Luftangriffe weitgehend zerstört. Beginn fortgesetzter schwerer Luftangriffe auf Berlin Zunehmender Einsatz von Schulkindern, Frauen, Gefangenen bei der deutschen Heimatflak Die Geschwister *Sophie* (*1921) u. *Hans* (*1918) *Scholl* verbreiten in der Münchener Univ. antifaschist. Flugblätter „Weiße Rose" (werden, wie Prof. *Kurt Huber* [* 1892], der einen Teil der Flugblätter verfaßte, hingerichtet)	*St. Andres:* „Wir sind Utopia" (Novelle) *David Gascoyne* (*1916): „Poems 1937—1942" (engl. Gedichtsammlung) *G. Greene:* „Das Ministerium des Schreckens" (engl. Rom.; w. verfilmt) † *Rudolf Herzog*, dt. Romanschriftst. (* 1869) *H. Hesse:* „Das Glasperlenspiel" (Roman einer pädagogischen Provinz) *Kasack:* „Dies ewige Dasein" (Gedichtsammlung) *E. Lasker-Schüler:* „Mein blaues Klavier" (letzte Ged., in Jerusalem) *H. Mann:* „Lidice" (Roman) *Th. Mann:* „Josef und seine Brüder" (Romantetralogie seit 1933) † *Hendrik von Pontoppidan*, dän. Dichter; *Nobel*preis 1917 (* 1857) *A. Polgar:* „Geschichten ohne Moral" *J. B. Priestley:* „Die ferne Stadt" (engl. Drama) *J. P. Sartre:* „Die Fliegen" (existentialistisch. Schauspiel aus der frz. Résistance) *Werfel:* „Jacobowsky u. der Oberst" (Drama) † *Max Reinhardt (Goldmann)*, dt. Regisseur; leitete von 1905 bis 1933 das Dt. Theater in Berlin (* 1873) Begr. d. v. Regisseur bestimmten Theaters	*Ludwig Binswanger:* „Grundformen und Erkenntnis menschlichen Daseins" (schweizer. „Daseinsanalyse") *R. Carnap:* „Formalisierung der Logik" (Logistik) *H.C. Dent:* „Erziehung im Übergang. Eine soziologische Analyse des Kriegseinfl. auf die engl. Erziehung 1939-1943" (engl.) *Walter Lippmann:* „Die Gesellschaft freier Menschen" (angelsächs. demokrat. Gesellschaftsphilosophie) *B. Russell:* „Philosophie des Abendlandes. Ihr Zusammenhang mit der politischen und sozialen Entwicklung" (engl. Philosophiegeschichte) *J. B. Sartre:* „L'Etre et le Néant" („Sein und Nichts", frz. Existentialphilosophie) *Sergius* zum Patriarchen von Moskau gewählt, bedeutet Änderung der sowjet. Kirchenpolitik zur Stärkung d. Heimatfront im „Großen vaterländischen Krieg" Der engl. Erzbischof von York besucht Moskau 44 Nationen gründen in Washington d. UNRRA zur Hilfeleistung für die ehemals besetzten Gebiete (bis 1947) Luftkrieg desorganisiert zunehmend deutsches Erziehungswesen

Michael Ayrton (* 1921): „Fliegender Schläfer“ (engl. surrealist. Gemälde)

Ludwig v. Baldass: „Hieronymos Bosch“ (kunstgeschichtliche Biographie)

Beckmann: „Junge Männer am Meer“, „Odysseus und Kalypso“ (expr. Gem.)

Chagall: „Kreuzigung i. Gelb“, „Zwischen Dunkelheit u. Licht“, „Der Krieg“ (russ.-frz. Gem.)

† *Otto Freundlich* (im KZ), dt. abstrakter Maler (* 1878)

Karl Otto Goetz (* 1914): „Komposition“ (abstrakt. Gemälde)

Morris Graves (* 1910): „Vogelgeist“ (nordam. Gemälde)

Heckel: „Herbsttag“, „Landschaft im Herbst“, „Mühle in der Landschaft“ (express. Aquarelle)

K. Hofer: „Der Trinker“, „Im grünen Kleid“ u. „Früchtekorb“ (expr. Gem.)

Kokoschka: „Wofür wir kämpfen“, „Wildentenjagd“, „Capriccio“ (expr. Gemälde) u. „Iwan Maiski‘ (Bildnis des sowj. Botschafters in London)

G. Marcks: „Ver sacrum“, „Ecce homo“ u. „Große Maya“ (Plastiken)

Mies van der Rohe: Metallforschungsinstitut IIT, Chikago

Picasso: „Der Schaukelstuhl“ (span.-frz. Gemälde)

Blacher: „Romeo und Julia“ (Kammeroper nach *Shakespeare*)

Georg Henschel: Musik zum Farbfilm „Münchhausen“

Oscar Hammerstein (* 1905, † 1960): „Oklahoma“ (nordamer. Musical)

Hindemith: Streichquartett Es-dur (in USA entstanden)

Milhaud: „Bolivar“ (frz. Oper)

Orff: „Catulli Carmina“ (szenisches Spiel nach Gedichten *Catulls*); „Die Kluge“ (Oper)

† *Sergej Rachmaninow*, russ. Komponist u. Pianist; schrieb u. a. Klavierkonzerte und Symphonien (* 1873)

Hermann Scherchen: „Vom Wesen der Musik“

Schoeck: „Das Schloß Dürande“ (Schweiz. Oper nach *Eichendorff*)

Schönberg: Variationen i. g-moll

R. Vaughan Williams: 5. Symphonie (engl. Musik mit ländlich. Charakter)

Physik-*Nobel*preis an *O. Stern* (Dt.) für Messung magnetischer Eigenschaften von Atomen

Chemie-*Nobel*preis an *G. v. Hevesy* (Ung., * 1885, † 1966) für Entwicklung der Methode radioaktiver Indikatoren

Medizin-*Nobel*preis an *H. Dam* (Dänem.) und *E. A. Doisy* (USA) für Entdeckung und Erforschung des K-Vitamins

O. Avery (* 1877, † 1955): DNS ist die Erbsubstanz (Grundl. d. molekular. Biologie)

W. Baade: Sichtbarmachung von Einzelsternen im Kern d. Andromeda-Spiralnebels unter letzter Ausnutzung des 2,5-m-Spiegels auf dem Mt. Wilson

Charlot: Chemische qualitative Schnellanalyse (1—2 statt 8 Stunden)

G. Erdtman: „Eine Einführung in die Pollenanalyse“ (berücksichtigt rd. 1500 pollenanalyt. Arbeiten)

Ossip K. Flechtheim (* 1909) prägt für wiss. Behandlung v. Zukunftsfragen den Begriff der „Futurologie“

† *David Hilbert*, dt. Mathematiker; bes. Grundlagenforschung, theoret. Logik (* 1862)

Henry Kaiser baut „Liberty“-Schiffe in den USA nach dem Serienmontage - Prinzip (Rekord: ein Hochseeschiff in 4,5 Tagen)

Otto Köhler (* 1889, † 1974): Zählversuche m. Vögeln (Verhaltensforschung)

von Muralt ordnet Aktionssubstanzen der Nerven (ergänzen die elektr. Vorgänge bei der Nervenleitung)

G. N. Papanicolaou: Frühdiagnose des Gebärmutterkrebses durch Zellabstrichmethode (gestattet vorbeugende Reihenuntersuchungen)

Arne W. K. Tiselius (*1902, † 1971) macht im Elektronenmikroskop Virus der Kinderlähmung sichtbar

O. H. Warburg: Das vom Blattfarbstoff Chlorophyll absorbierte Licht spaltet Wasser in Wasserstoff und Sauerstoff. Der Wasserstoff baut mit der Kohlensäure der Luft Kohlenhydrate auf (vgl. 1940)

C. F. von Weizsäcker: Theorie der Entstehung des Planetensystems aus Wirbelringen in einer gasför-

E. Tangye Lean: „Stimmen in der Dunkelheit — Die Geschichte des europäischen Radiokrieges“ (engl.)

Verstärkte Luftoffensive gegen Deutschland und seine Verbündet. (insgesamt wirft während d. Krieges die anglo-amerikanische Luftwaffe 2,7 Mill. t TNT Bomb. ab u. verliert dabei 40 000 Flugz. und 160 000 Mann; i. Deutschland selbst werden durch 1,3 Mill. t Bomben etwa 450 000 Menschen getötet u. 7,5 Mill. obdachlos)

Hungersnot i. Bengalen verursacht üb. 1 Million Tote (die im Frieden 5,5 Mill. t betragende Reisausfuhr aus Burma, Thailand, Indochina kommt im Krieg zum Erliegen)

Stapellauf v. insgesamt 14 Mill. BRT Schiffsraum (Höchstzahl; 1939: etwa 2,5 Mill. BRT)

Verbot d. „Frankfurter Zeitung“ (gegr. 1856) als letzte, nicht streng gleichgeschaltete dt. Zeitung

Neuer Vulkan entsteht in Mexiko

(1943)

Höhepunkt des dt. U-Boot-Krieges mit Versenkung von 851000 BRT im März (1942: 6,3 Mill. BRT, 1943: 2,6 Mill. BRT, 1944: 0,8 Mill. BRT). 237 U-Boote gehen verloren (1942: 85, 1944: 241). Alliierte Radartechnik schaltet dt. U-Boote weitgehend aus. Im Verlauf des Krieges fallen von 39000 U-Boot-Leuten 33000

Von Tunis aus verlassen letzte dt. und ital. Soldaten Afrika

Landung der Alliierten auf Sizilien und in Italien. Zusammenbruch des ital. Faschismus. *Mussolini* wird verhaftet und von dt. Fallschirmjägern befreit; bildet einflußlose Gegenregierung. Italien kapituliert und erklärt Deutschland den Krieg

Der ital. König beauftragt Marschall *Badoglio* mit der Regierungsbildung. Dt. Wehrmacht entwaffnet die ital. Truppen in ihrem Machtbereich und nimmt sie gefangen

Poln. Exilregierung in London fordert Untersuchung der Massengräber von 4143 poln. Offizieren bei Katyn (nach d. 2. Weltkr. wird eine Schuld der USSR festgestellt). USSR stellt Lubliner Nationalrat auf und anerkennt ihn als provisorische poln. Regierung. *Mikolaiczyk* wird Nachfolger *Sikorskis* in der poln. Exilregierung in London. USSR bricht Beziehung zu letzterer ab.

Aufstand im Warschauer Ghetto gegen die Nationalsozialisten. Fast alle (etwa 40000) Einwohner werden getötet

Teheran - Konferenz zwischen *Roosevelt*, *Churchill* und *Stalin:* der USSR wird die *Curzon*-Linie von 1920 als Westgrenze zugestanden. (*Churchill* verspricht 1944, Polen durch dt. Gebiet zu entschädigen)

Besprechungen von *Cordell Hull* und *Anthony Eden* in Moskau führen u. a. zum Beschluß der Wiedererrichtung der Republik Österreich und ihrer Behandlung als „befreites Land"

Der Leiter der tschechosl. Exilregierung, *Benesch*, schließt Freundschafts- und Beistandspakt mit der USSR

Großbritannien läßt den monarchistischen Führer der jugoslaw. Partisanen, *Mihailowitsch*, fallen und unterstützt den Kommunisten *Tito*

Ryti zum finn. Staatspräsidenten gewählt

Stalin wird Marschall

Auflösung der Kommunistischen Internationale („Komintern", gegr. 1919 als 3. Internationale)

Litwinow stellvertr. Außenminister der USSR bis 1946

USA-Truppen landen auf Neuguinea, auf Bougainville, auf den *Gilbert*-Inseln

Totale wirtschaftl. Mobilmachung in Japan

Staatsbesuch Präsident *Roosevelts* in Mexiko. (Mexiko erklärt sich 1944 bereit, die 1938 enteigneten US-Ölgesellschaften mit 24 Mill. Dollar zu entschädigen)

Bergarbeiterstreik in USA; militär. Besetzung der Eisenbahnen gegen Streikgefahr. Antistreikgesetz. Amt für wirtschaftl. Kriegshilfe

† *Oskar Schlemmer*, dt. Maler, 1920—25 am Bauhaus (* 1888)

Shahn: „Die Schweißer" (nordam. Gem.)

„Kinder sehen dich an" (italien. Film; Regie: *Vittorio de Sica*, * 1902)

„Unsere Träume" (ital. Film; Regie: *Vittorio Cottafavi)*

„Münchhausen" (Farbfilm mit *H. Albers, F. Marian;* Regie: *Josef v. Baky)*

„Romanze in Moll" (Film mit *M. Hoppe, Paul Dahlke, Siegfried Breuer;* Regie: *H. Käutner)*

„Sieg in der Wüste" (engl. Film v. *Roy Boulting*); „Die Welt im Überfluß" (engl. *F. v. Rötha)*

„Es ist alles Wahrheit" (nordam. Farbfilm von *O. Welles)*; „Der Schatten eines Zweifels" (nordam. Film v. *A. Hitchcock)*; „Die Kinder Hitlers" (nordam. Film v. *Dmytryk)*

„Licht des Sommers" (frz. Film v. *Grémillon*, * 1902); „Der Rabe" (frz. Film von *H. G. Clouzot)*; „Die ewige Wiederkehr" (frz. Film v. *Delannoy* und *Cocteau)*

„Stalingrad" (russ. Film v. *Varlanow)*; „Im Namen des Vaterlandes" (russ. Film)

migen Sonnenumgebung (steht neben mehreren weiteren Theorien der Planetenentstehung)

F. E. Zeuner versucht eine „Paläontologie ohne Fossilien": Rekonstruktion der vorzeitlichen Tierwelt aus Körperbau und geographischer Verteilung der lebenden Tiere

Ca. 10000 veränderliche Sterne bekannt (1930: 4581)

Fabrikatorische Herstellung von Silikon - Kunstharzen (bes. vielseitige, temperaturunempfindliche Werkstoffe)

Wirksame Entwicklung der Papierchromatographie zur Trennung organischer Substanzen in England (Prinzip 1881 entdeckt)

Messerschmitt fertigt serienmäßig Düsenflugzeuge (Jäger)

1944	Friedens*nobel*preis an Internationales Komitee vom Roten Kreuz (Schweiz) Ungar. Reichsverweser *von Horthy* muß dt. Besetzung und Regierungsumbildung zustimmen König *Michael* von Rumänien läßt *Antonescu* verhaften (erschossen 1946); Verfassung von 1923 wieder in Kraft; Waffenstillstand mit Sowjetunion, Kriegserklärung an Deutschland Sowjettruppen besetzen Krim und dringen bis zur Weichsel und nach Warschau vor; besetzen Rumänien, Bulgarien und Ungarn; Budapest wird eingeschlossen. *Tito* besetzt Belgrad In Italien stoßen die Alliierten über Monte Cassino, Rom (wird zur „Offenen Stadt" erklärt), Florenz, Ravenna in die Lombardei vor Alliierte Luftlandung bei Arnheim und Nimwegen führt zur Eroberung Antwerpens. Aachen und Straßburg werden erobert. Überraschende dt. Ardennenoffensive bringt alliierte Truppen vorübergehend in schwierige Lagen, bis Wetterbesserung ihre Luftüberlegenheit zur Wirkung kommen läßt (bedeutet Schwächung der dt. Ostfront) Mißglückter Versuch dt. Offiziere und Politiker, *Hitler* durch Attentat zu beseitigen und seine Diktatur zu stürzen („20. Juli", *v. Stauffenberg*, *Goerdeler*, *v. Witzleben*, *v. Helldorf*, *Leuschner*, *Erwin Planck* u. a. werden hingerichtet) *Himmler* an Stelle *Fromms* (†), der am 20. Juli eine schwankende Haltung zeigt, zum Oberbefehlshaber des Ersatzheeres ernannt u. Reichsinnenminister Im Zusammenhang mit dem 20. Juli finden über 5000 Menschen, darunter etwa 700 Offiziere den Tod † *Erwin Rommel*, dt. Generalfeldmarschall (zum Selbstmord gezwungen, erhält Staatsbegräbnis) (* 1891); weitere Selbstmorde: Generalfeldmarschall *von Kluge*, Generaloberst *Beck*, die Generale *Wagner* und *von Treskow* † *Rudolf Breitscheid* (SPD), (* 1874) u. *Ernst Thälmann* (KPD), (* 1886), im KZ Buchenwald ermordet	Literatur-*Nobel*preis an *J. V. Jensen* (Dänem.) *V. Baum:* „Hotel in Berlin" (Roman) *Camus:* „Caligula" (frz. Drama) *Giraudoux:* „Die Irre von Chaillot" (franz. Schauspiel) † *Jean Giraudoux*, frz. Dichter und Diplomat (* 1882) † *Max Halbe*, dt. Dichter (* 1865) *Ernst Jünger:* „Über den Frieden" (illegale politische Schrift) † *Isolde Kurz*, dt. Dichterin (* 1853) *Pär Fabian Lagerkvist* (* 1891): „Der Zwerg" (schwed. Roman) *Th. Mann:* „Das Gesetz" (Erzählung zur Entstehung der 10 Gebote) *A. Neumann:* „Es waren ihrer sechs" ("Six of them", Roman über die Münchener Studentenrevolte 1943) † *Romain Rolland*, frz. Dichter (* 1866) † *Antoine de Saint-Exupéry* (abgeschossen) franz. Flieger und Dichter (* 1900) *J. P. Sartre:* „Hinter verschlossenen Türen" (frz. Schauspiel) *Sinclair:* „Presidential agent" (nordamerikan. sozialist. Roman) *St. Zweig:* „Die Welt von gestern" (Erinnerungen, posthum) Theater, Literatur u. das übrige kulturelle Leben kommen in Dtl. vollkommen zum Erliegen (Neuanfänge schon kurz nach Kriegsende)	*S. Glueck:* „Kriegsverbrecher, ihre Verfolgung und Bestrafung" (nordamerikan. völkerrechtl. Untersuchung) *W. E. Hocking:* „Wissenschaft und die Idee von Gott" (nordamerik. idealist. Philosophie) *C. G. Jung:* „Psychologie und Alchimie", „Psychologie und Religion" (Schweiz. Psychoanalyse) *Harold Laski:* „Religion, Vernunft und neuer Glauben" (engl. sozialist. Sozialphilosophie) *K. G. Myrdal:* „Das amerikanische Dilemma" (Negerproblem u. modern. Demokratie) (schwed. Untersuchung) Schweizer Aufruf zum Bau eines Kinderdorfes für Waisen (Baubeginn des *Pestalozzi*-Dorfes 1946) Erziehungsgesetz (*Butler*-Act) in Großbritannien verbessert und demokratisiert brit. Schulwesen (wird ab 1945 schrittw. durchgeführt)

Beckmann: „Stilleben m. grünen Gläsern", „Felsen bei Cap Martin" (expression. Gemälde)

Bowden: „Kamelmarkt in Saudi-Arabien" (englisch. Gemälde)

Braque: „Ofen" (frz. Gemälde)

Feininger: „Flußdampfer auf dem Yakon" u. „Hafen" (Aquarelle)

K. Hofer: „Auf dem St. Gotthard", „Morgenstunde", „Frau i. Bademantel", „Der Redner", „Grammophon" u. „Aufziehendes Gewitter" (express. Gemälde)

† *Wassily Kandinsky*, russ. abstrakt. Maler, seit 1921 i. Ausland (* 1866)

G. Kolbe: „Die Flehende" (Plastik)

† *Aristide Maillol*, frz. Bildhauer und Graphiker (* 1861)

G. Marcks: „Mädchen im Hemd" und „Kämmende" (Plastiken)

Matisse: „Das weiße Kleid", „Der blaue Hut" (frz. Gem.)

† *Piet Mondrian*, ndl. abstrakt. Maler, zuletzt in USA (* 1872)

† *Edvard Munch*, norweg. frühexpression. Maler u. Graphiker (* 1863)

Pasmore: „Ein Wintermorgen", „Die Woge" (engl. Gem.)

Picasso: „Stilleben mit Kerze" (Gem.)

Josef Scharl (* 1896): „Albert Einstein" (express. Gemälde)

Leonard Bernstein (* 1918): „Fancy Free" („Drei Matrosen a. Urlaub", nordamerikanisch. Tanzrevue)

Luigi Dallapiccola: „Der Gefangene" (ital. Oper in 12-Ton-Technik. 1940: „Nachtflug", ital. Oper n. *Saint-Exupéry)*

† *Paul Graener*, dt. Komponist; schr. Opern, Orchester- u. Kammermusik, Lieder (z. B. nach *Morgenstern)* (* 1872)

Hindemith: „Herodiade" (für Bläser- u. Klavierquintett)

R. Strauss: „Danae" (Oper; Urauff. 1952)

Debüt von *Renata Tebaldi* (* 1922), lyr. Sopran

Physik-*Nobel*preis an *I. I. Rabi* (USA) für Atomkernforschung mit Atomstrahlen

Chemie-*Nobel*preis an *O. Hahn* (Dt.) für Uranspaltung durch Neutronen

Medizin-*Nobel*preis an *J. Erlanger* (USA) und *H. S. Gasser* (USA) für Arbeiten über Nervenleitung

Avery, MacLeod, McCarty: Übertragung von Erbfaktoren bei Bakterien vermittels Zellextrakten („Transformation" durch Nukleinsäure als Erbsubstanz)

W. Baade unterscheidet Sternpopulation II (Riesensterne im Nebelkern u. Kugelhaufen) und I („normale" Sterne in den Spiralarmen und Sonnenumgebung)

Erste Operation eines „blauen Babys" (Erstickungsgefahr) durch *Alfred Blalock* nach 80 Hundeversuchen

J. Brachet: „Chemische Embryologie" (biochemische Entwicklungslehre)

V. Bush beginnt systematisch die Entwicklung moderner Blindengeräte zu untersuchen (führt zu Mustern von Ultraschall- und elektrooptischen Lesegeräten)

P. Jordan entwickelt eine neue Stern- u. Weltentstehungshypothese: Das Weltall entstand vor etwa 2 Milliarden Jahren aus Atomkerndimensionen und dehnt sich seitdem unter ständiger Entstehung neuer Sterne (Supernovae) mit Lichtgeschwindigkeit aus

K. Michel: Zeitrafferfilm von einer Zellteilung mit dem Phasenkontrast-Mikroskop

John v. Neumann und *Oskar Morgenstern:* „Spieltheorie und wirtschaftliches Verhalten" (nordamer. Begründung der Spieltheorie; vgl. 1928)

Negovski wendet sein Verfahren der Wiederbelebung „klinisch Gestorbener" auf lebensgefährlich verletzte russ. Soldaten an

E. Schrödinger: „Was ist Leben?" (Erörterung der biologischen Grundprobleme vom physikalischen Standpunkt aus)

Verzár: Genaue Analyse der chemischen Wirkungsweise des Nebennierenrindenhormons im Reagenzglas

W. Beveridge: „Vollbeschäftigung in einer freien Gesellschaft" (engl. Wirtschaftsplan f. eine „Sozialisierung d. Nachfrage")

„Theorie der Vollbeschäftigung" (englisch. Gemeinschaftsarbeit aus Oxford)

Trygve Haavelmo: „Der Wahrscheinlichkeitsgedanke i. der Ökonometrie" (nordamerikan.)

A. P. Lerner: „Kontrollierte Wirtschaft" (nordam. System einer gemischt kapitalist.-sozialist. Wirtschaft)

85% der nordamerikan. Tarifverträge enthalten bezahlten Urlaub (1940 25%)

100 Jahre Konsumgenossenschaften (1844 Rochdale/England): USSR: 35 Mill. Mitglieder (nicht freiwillig); Großbritann.: 10 Mill. Mitglieder; USA: 5 Mill. Mitglieder; Schweden: 800000 Mitgl.; 37 Länder gehören z. International Cooperative Alliance (gegr. 1895)

„Plan für ein größeres London" (Verlagerung der Industrie in die Außenbezirke)

Infolge der Luftangriffe geht die kriegswichtige dt. Treibstoffproduktion stark zurück (bis auf 20% und weniger)

(1944)

Am 1. August 524277 In- und Ausländer in den nationalsozialist. KZ-Lagern (gegen Kriegsende entstehen dort besonders grauenhafte Verhältnisse, die vielen das Leben kosten)

Erfolgreiche Invasion der Anglo-Amerikaner und ihrer Verbündeten an der Küste der Normandie mit bisher einmaligem technischem Aufwand („Schwimmende Häfen", Unterwasser-Ölleitung, Spezialfahrzeuge). Befreiung Frankreichs. Einzug *de Gaulles* in das unzerstörte Paris

Einsatz der V 1- und V 2-Raketenwaffen gegen England ohne wesentlichen Erfolg

Griechenland und Finnland werden von dt. Truppen geräumt

Finnland schließt Waffenstillstand in Moskau

Antidt. Aufstand der poln. Untergrundbewegung in Warschau bleibt ohne Unterstützung der sowjet. Truppen am anderen Weichselufer und wird niedergeschlagen

Liberia, Rumänien, Bulgarien, San Marino, Ungarn geraten mit Deutschland in Kriegszustand

„Dt. Volkssturm" aufgerufen und mangelhaft bewaffnet unter *Himmler* und *Bormann* eingesetzt

de Gaulle bildet provisorische frz. Regierung mit *Bidault* als Außenminister

Antidt. Sabotageakte in Dänemark, Generalstreik in Kopenhagen, Entwaffnung der dän. Polizei

Proklamierung der Republik Island; *Sveinn Björnsson* Staatspräsident

Ital. „Komitee der nationalen Befreiung" gebildet (stark kommunist.). Ital. Koalitionsregierung unter Ministerpräsident *Bonomi* mit *Togliatti* (Kommunist) als Stellvertreter

Spanien stellt Wolframlieferungen nach Deutschland ein; erhält Treibstoff von den Alliierten

Ukraine und Weißrußland erhalten eigene Außenminister (somit später eigene Vertreter in der UN)

Syrien erlangt Unabhängigkeit (wurde schon 1941 erklärt)

Bretton-Woods-Konferenz empfiehlt nach Vorschlägen von *Keynes* und *Morgenthau* Internationale Bank für Wiederaufbau mit 10 Milliarden Dollar Fonds (1945 gegründet)

Roosevelt widerruft den „Morgenthau-Plan", Deutschland zu verkleinern und zu einem Agrarstaat zu machen

MacArthur beginnt Philippinen wiederzuerobern

CIO-Gewerksch. grdt. polit. Komitee zur Wahlunterstützung *Roosevelts* (verläßt damit polit. Neutralität; AFL folgt 1952)

Roosevelt zum 4. Mal zum Präsidenten der USA gewählt; Vizepräsident *Harry S. Truman* (* 1884)

Präsident von Argentinien *Ramirez* gestürzt. General *Farrell* Präsident, Vizepräsident *Juan Perón*

Keine Einigung zwischen chin. Nationalregierung und kommunist. unter *Mao Tse-tung*; USA berufen General *Stillwell* aus Tschunking ab

In Japan tritt Regierung *Tojo* zurück

Erster Staatshaushalt i. Abessinien

Verschiedene Attentate auf Hitler (bes. von militärischer Seite) mißlingen

Graham Sutherland: „Sonnenuntergang" (engl. Gemälde)

Mark Tobey (* 1890): „Widerspruchsvolle Welt" (nordamerik. abstraktes Temperagemälde)

Ausstellung „Konkrete Kunst" in Basel mit Werken von *Arp, Baumeister, Bill, Calder, Domela, Gabo, Kandinsky, Klee, Moholy-Nagy, Mondrian, H. Moore, Vantongerloo* u. a. („konkret" i. Sinne von „nicht von der Natur abstrahiert", d. h. völlig absolut)

„Amerikanisches Bauen 1932—44" im Museum of Modern Art, New York (Ausstellg. erweist starke Entwicklg. d. nordamerikanischen Architektur)

—

„Große Freiheit Nr. 7" (Farbfilm mit *H. Albers, I. Werner;* Regie: *H. Käutner)*

„Lifeboat" (nordam. Film von *A. Hitchcock);* „Es geschah morgen" (nordam. Film von *R. Clair);* „Murder my Sweet" (nordam. Film von *Dmytryk)*

„Zola" (russ. Film v. *Arnstam);* „Das befreite Frankreich" (russ. Film v. *Jutkewitsch)*

„Heinrich V." (engl. Film v. *Laurence Olivier)*

„Der Himmel gehört dir" (frz. Film von *Grémillon)*

„Das Himmelstor" (ital. Film v. *de Sica)*

Selman A. Waksman (* 1888, *Nobelpr.* 1952) und *A. Schatz* entdecken Streptomycin als hochwirksames antibiotisches Heilmittel (ähnlich Penicillin)

Modell - Uranbrenner in Berlin-Dahlem erreicht eine bescheidene Neutronenvervielfachung (weitere Erfolge der dt. Versuche, Atomenergie zu erzeugen, werden durch den Kriegsverlauf verhindert. Damit gewinnen die USA den Wettlauf um die Atomwaffe mit großem Vorsprung)

Bildfunkübertragung von Zeitungsdruckplatten von New York nach San Francisco. Gleichzeitig Versuche (seit 1928) zur draht- und drucklosen Bildfunkübertragung v. Zeitungen

Relais-Rechenmaschine Mark I in den USA (vgl. 1942)

Kanad. Schiff durchfährt die Nordwestliche Durchfahrt (Atlantik-Eismeer-Pazifik) erstmalig in e i n e m Sommer (bisherige Gesamtdurchfahrten 1903 bis 1906, und 1940 bis 1942)

Brit. Strahlantrieb-Flugzeug überschreitet 800 km/Stunde

V 1 hat Verpuffungsstrahlrohr als Strahlantrieb (wird vom Turbostrahlantrieb übertroffen)

Dt. V-2-Rakete erreicht 175 km Höhe

„Panzerfaust" und „Panzerschreck" werden als tragbare, einfache Panzerabwehrwaffen im dt. Heer eingesetzt (können den Mangel an schweren panzerbrechenden Waffen nicht aufwiegen)

Der bisher nur fossil bekannte Metasequoia-Nadelbaum in China lebend entdeckt

An der Westfront stehen 209 dt. Bomber u. 2473 dt. Jäger 2682 anglo - amerikan. Bombern u. 4573 anglo - amerikan. Jägern gegenüber

Weltrekord im 10000-m-Lauf mit 29:35,4 von *Heino* (Finnland)

1945

Friedens*nobel*preis an *C. Hull* (USA)

Konferenz von Jalta zwischen *Roosevelt*, *Churchill* und *Stalin*; Aufteilung Deutschlands in Besatzungszonen

† *Roland Freisler* (durch Fliegerangriff), berüchtigt durch seine Terrorurteile im „Volksgerichtshof" (* 1893)

Türkei und Argentinien erklären Deutschland den Krieg. *Perón* muß vorübergehend zurücktreten

Zweifacher nächtlicher Luftangriff auf Dresden zerstört die Stadt und fordert große Opfer (Angriff dient der Unterstützung des sowjet. Vormarsches)

Würzburg, Paderborn, Hildesheim, Münster, Potsdam durch Luftangriffe zerstört

Die Eroberung der dt. Ostgebiete durch sowjet. Truppen löst eine — oft zu späte — Massenflucht aus. Viele Menschen, besond. Kinder, erfrieren. Die Eroberer begehen zahlreiche Greueltaten

Der russ. Marschall *Schukow* führt den siegreichen Vorstoß nach Berlin, nachdem er bei Moskau (1941/42), Stalingrad (1942), Leningrad (1943) erfolgreich eingegriffen hatte. Deutschland wird von Westen und Osten her vollständig besetzt; Amerikaner und Briten bleiben an der Elbe stehen

Die Verteidigung Berlins erfordert große Opfer unter Soldaten und Zivilbevölkerung

Truppen der USA und USSR treffen sich bei Torgau an der Elbe. Die nationalsozialist. Propaganda verbreitet Gerüchte über einen unmittelbar bevorstehenden Konflikt zwischen diesen beiden Großmächten

Himmler versucht Friedensverhandlungen mit den Westmächten

Hitler läßt *Göring* in Süddeutschland wegen „Verrats" verhaften

Hitler gibt den Befehl „Verbrannte Erde": Zerstörung aller lebenswichtigen Einrichtungen in Deutschland (wird nur teilweise befolgt, *Speer* stellt sich dagegen)

Sowjets erobern in heftigen Kämpfen Budapest und Wien

Zusammenbruch der oberital. Front; Waffenstillstand

Hamburg kampflos übergeben

† *Benito Mussolini* (von Italienern zusammen mit seiner Geliebten *Petacci* erschossen), ital. Faschistenführer; seit 1922 nach dem „Marsch auf Rom" Ministerpräsident und „Duce" (* 1883)

† *Adolf Hitler* (Selbstmord im Bunker der Reichskanzlei, Berlin, zusammen mit *Eva Braun* nach Eheschließung), Begründer des Nationalsozialismus; seit 1933 dt. Reichskanzler, seit 1934 auch Staatsoberhaupt; („Führer"); beseitigte Demokratie; begann 1939 2. Weltkrieg (* 1889)

† *Josef Goebbels*, dt. Reichspropagandaminister, begeht nach Tötung der 6 Kinder mit seiner Frau Selbstmord im Bunker der Reichskanzlei (* 1897). Weitere Selbstmorde *Heinrich Himmler* (* 1900), *Robert Ley* (* 1890)

Antidt. Aufstand in Prag wird von der *Wlassow*-Armee unterstützt. Sowjet. Truppen besetzen Tschechoslowakei

Am 9. 5. 00.01 Uhr tritt dt. Gesamtkapitulation in Kraft. *Dönitz*-Regierung wird in Schleswig-Holstein gefangengenommen

Von 9,6 Mill. europäischen Juden wurden ca. 5,7 Mill. von den Nationalsozialisten ausgerottet

Etwa 10 Mill. Menschen kamen seit 1933 in die nationalsozialist. Konzentrationslager (allein in Auschwitz etwa 4 Mill. Tote)

Neben einer dt. Staatsschuld von rd. 400 Milliarden RM steht ein geschätzter Verlust des Volksvermögens von etwa 300 Milliarden RM (etwa 50 %). Demnach kostete der Krieg Deutschland pro Kopf der Bevölkerung ca. 10000 RM

Potsdamer Konferenz zwischen *Truman*, *Churchill* (später *Attlee*) u. *Stalin* beschließt die Politik in Deutschland nach der Kapitulation: Alliierter Kontrollrat, Reparationen, Demontagen; Polen erhält die Verwaltung von Ostdeutschland bis zur Oder-Neiße-Linie, USSR die von Königsberg (Kaliningrad) und benachbartes Ostpreußen. Einteilung Deutschlands in 4 Besatzungszonen und Berlins in 4 Sektoren

Alliierter Kontrollrat wird in Deutschland aufgestellt und erläßt „Aufhebung von Nazigesetzen", „Grundsätze für die Umgestaltung der Rechtspflege", „Kriegsverbrechergesetz", „Wohnungsgesetz"

Saargebiet wird frz. Protektorat

Gründung der UN (United Nations) in San Francisco, besteht aus Vollversammlung, Sicherheitsrat, Internationalem Gerichtshof, Rat für wirtschaftl. und soziale Angelegenheiten, Sekretariat, Rat für Treuhandschaft, Generalstabsausschuß. Sonderrechte der „Großen Fünf": USA, USSR, Großbritannien, Frankreich, China. 50 Nationen unterschreiben Gründungsurkunde

Nach Eroberung der Philippinen landen USA-Truppen in unmittelbarer Nähe der japan. Hauptinsel. Beginn schwerster Luftangriffe (Superfestungen). USA-Atombombe auf Hiroshima

USSR erklärt Japan den Krieg

USA-Atombombe auf Nagasaki. Japan kapituliert. Ende der Kampfhandlungen des 2. Weltkrieges. (Durch beide Atombomben insgesamt 110000 Tote und 110000 Verwundete auf 17 qkm zerstörter Fläche)

Menschenverluste im 2. Weltkrieg: Soldaten: 24,4 Mill. (USSR 13,6; Deutschl. 3,25; China 3,5; Japan 1,7; Gr.-Brit. 0,37; Ital. 0,33; Jugoslawien 0,3; Frankreich 0,25; USA 0,22; Österr. 0,23) Zivilpersonen: 25 Mill. (China 10,0; USSR 6,0; Deutschl. 3,64; Polen 2,5; Jugoslawien 1,3; Frankr. 0,27). Ermordete Juden: 5,98 Mill. (Polen 2,8; Rumänien 0,43; Tschechoslow. 0,26; Ungarn 0,2; Deutschl. 0,17). Insgesamt forderte der 2. Weltkrieg ca. 55,3 Mill. Tote

Im 2. Weltkrieg blieben neutral: Afghanistan, Irland, Portugal, Schweden, Schweiz und Spanien. Island war nicht im Kriegszustand

Durch den 2. Weltkrieg verschwinden als europäische Staaten: Danzig, Estland, Lettland, Litauen, Kroatien, Serbien, Montenegro, Karpato-Ukraine; wieder entstehen: Österreich, Polen, Jugoslawien, Tschechoslowakei; neu entstehen: Island, Triest

„Weltbund der Demokratischen Jugend" (kommunist. beeinflußt) und „Internationale Demokratische Frauenföderation"

Helgoland von der Bevölkerung geräumt (dient dann der brit. Luftwaffe als Zielübungsgelände; Wiederaufbau ab 1952)

Wilhelm Pieck (* 1876) kehrt aus Moskau, wo er im „Nationalkomitee Freies Deutschland" arbeitete, nach Deutschland zurück und reorganisiert KPD

Sowjet. Besatzungsmacht läßt Uranvorkommen im Erzgebirge (Aue) ausbeuten

Alliierter Kontrollrat in Österreich. Viermächtebesetzung in Wien (abwechselnd Kommandogewalt im Stadtzentrum). *Karl Renner* österr. Bundespräsident bis 1951 (†); Koalitionsregierung unter *Leopold Figl* (Volkspartei); im Parlament Volkspartei 85 Sitze, Sozialdemokr. 76, Kommunisten 4

Labour-Mehrheit in Großbritan.; *Attlee* (Sozialist) brit. Ministerpräsid., *Churchill* Führer d. Opposit.

Ernest Bevin (* 1881, † 1951) brit. Außenminister; Gewerkschaftler, ehemals Dockarbeiter

Außenhandels- u. Stahlerzeugungsplan in Großbritan.; Sozialisierungsprogramm: Bank von England, Zivilluftfahrt, Rundfunk (es folgen Transport, Elektrizität, Kohle, Eisen und Stahl)

Interims-Nationalregierung in Delhi mit *Pandit Nehru* als ind. Vizepräsidenten

Pétain und *Laval* von frz. Gerichten zum Tode verurteilt; *Flandin* freigesprochen (*de Gaulle* begnadigt *Pétain* zu lebenslängl. Festungshaft)

Aus den Wahlen zur verfassunggebenden Versammlung in Frankreich gehen die Kommunisten als stärkste Partei hervor, fast gleich stark: Sozialisten und MRP. *De Gaulle* zum Regierungschef gewählt (tritt 1946 zurück)

Reparationskonferenz in Paris;

(1945)

spricht der USSR außer Reparationen aus der eigenen dt. Zone 26% der aus den 3 Westzonen zu

Alcide de Gasperi (*1881, †1954; Christl. Demokr.) ital. Ministerpräsident bis 1953

Westl. Teil v. Triest v. westalliiert. Truppen besetzt, östl. von jugoslaw.

Franco verspricht Errichtung der Monarchie nach seinem Tode. Grundgesetz garantiert bürgerl. Rechte. Wiederherstellung der internationalen Verwaltung in Tanger

† *David Lloyd George*, brit. Ministerpräs. 1916 bis 1922; Finanzminister von 1908 bis 1915 (* 1863)

Sozialdemokr. Regierungen in Dänemark, Norwegen und Schweden (versuchen zunächst eine mehr neutrale Politik im entstehenden Ost-West-Konflikt)

Léon Jouhaux (*1878, †1954) wieder Generalsekretär der frz. CGT-Gewerkschaften (erhält 1951 Friedens*nobel*preis)

Wahlen in Finnland: Demokr. Volksfront (komm.) 49 Sitze, Sozialdemokraten 50, Bauernpartei 49, konservat. Sammlungspartei 28, schwed. Volkspartei 15,. Liberale Fortschrittspartei 9; Ministerpräsident *Juho Kusti Pasikivi* sucht Einvernehmen mit der USSR; Bodenreform löst Flüchtlingsfrage

Rückkehr der tschechoslow. Exilregierung unter *Benesch* nach Prag; Außenmin. *Jan Masaryk;* Anlehng. an USSR. *Henlein* beg. Selbstmord; *K. H. Frank*, *Tiso* u. a. hingerichtet. Beginn d. Austreibung d. Sudetendeutschen mit großen Verlusten an Menschenleben und Besitz. Weitgehende Verstaatlichung von Betrieben; Abtretung der Karpato-Ukraine an die USSR

Polen muß seine Ostgebiete an die USSR abtreten. Erlangt dafür Verwaltung der dt. Gebiete östl. der Oder-Neiße-Linie (vorbehaltl. endgültiger Regelung in einem Friedensvertrag), weist die dt. Bevölkerung nach Deutschland aus

Beistandspakt USSR-Polen auf 30 J. Poln. Regierung mit Mitgliedern der Londoner Exilregierung (Vizepräsident *Mikolaiczyk)*. Verstaatlichung der Grundindustrie

Literatur-*Nobel*preis an *G. Mistral* (Chile)

† *Theodore Dreiser*, nordamerikan. Romanschriftsteller (* 1871)

Al. Fadejew: „Die junge Garde" (russ. Rom. aus d. 2. Weltkrieg)

† *Gustav Frenssen,* dt. Dichter und Pfarrer (* 1863)

Die von seiner profaschist. Haltung enttäuschten Leser *Knut Hamsuns* bringen seine Bücher zurück

Albrecht Haushofer: „Moabiter Sonette" (80 Gedichte in politischer Haft. *H.* wird kurz vor dem Fall Berlins von der Gestapo ermordet)

† *Georg Kaiser*, dt. Dramatiker (* 1878)

† *Else Lasker-Schüler*, dt. Lyrikerin, zuletzt in Jerusalem (* 1876)

Carlo Levi: „Christus kam bis Eboli" (ital. Roman)

Lewis: „Cass Timberlane" (nordam. Roman)

Th. Mann: „Adel des Geistes" (Essays), „Deutschland und die Deutschen" (Rede) und „Deutsche Hörer" (antifaschist. Radiosendungen seit 1940)

Maugham: „Auf des Messers Schneide" (englischer Roman)

Sinclair: „Eine Welt ist zu gewinnen" (nordamerikan. sozialist. Roman)

J. Steinbeck: „Die Straße der Ölsardinen" (nordamerikanischer Roman)

† *Paul Valéry*, frz. Dichter (* 1871)

G. Weisenborn: „Die Illegalen" (Schauspiel)

† *Franz Werfel*, österr. Dichter (* 1890)

Georgij A. Alexandrow: „Geschichte der westeuropäischen Philosophie" (sowjetrussisch, später scharf kritisiert)

Hans Barth (* 1904, † 1965): „Wahrheit und Ideologie"

† *Ernst Cassirer*, dt. Philosoph aus der Marburger Schule, seit 1940 in den USA (* 1874)

Erich Fromm: „Die Furcht vor der Freiheit" (über die Antriebe zur Aufgabe der Freiheit in totalitären Staaten)

A. Kardiner: „Die psychologischen Grenzen der Gesellschaft" (nordamerikan. vergleichende psychoanalyt. Soziolog.)

Arthur Koestler: „Der Yogi und der Kommissar" (Vergleich politischer Typen)

Ernst Kretschmer: „Medizinische Psychologie"

Max Picard: „Hitler in uns selbst" (Schweiz. Philosophie)

Paul Tillich: „Die christliche Antwort" (Religionsphilosophie)

H. G. Wells: „Geist am Ende seiner Möglichkeiten" (engl.)

E. Wiechert: „Rede an die dtsch. Jugend 1945"

„Die Wandlung" (kulturelle Zeitschrift)

„Die Gegenwart" (dt. kulturellpol. Zeitschrift)

Die UN gründen die UNESCO (Organ der Vereinten Nationen für Erziehung, Wissensch. und Kultur)

Gründung des „Nansen-Bundes" in Bern zur Erziehung der kriegsgeschädigten Jugend

Polen löst Konkordat

Wiederaufleben der freien Volksbildungsarbeit in Deutschland

Beckmann: „Selbstbildnis vor d. Staffelei“ „Messingstadt“ (express. Gemälde), „Blinde Kuh“ (express. Triptychon)

H. Bloom: „Der verborgene Schatz“ (nordamerikan. symbolist. Gemälde)

Stuart Davis (*1894): „Nur für internen Gebrauch“ (nordamerikan. abstraktes Gemälde)

Heckel: „Teichrosenblüte“ (expression. Aquarell)

K. Hofer wird Direktor der Berliner Akademie; malt „Alarm“, „Männer im Walde“ u. „Blumenstilleben“ (express. Gemälde)

Kaus: „Verdorrte Sonnenblumen“ (2 express. Gemälde)

G. Kolbe: „Der Befreite“ (Plastik)

† *Käthe Kollwitz*, dt. Graphikerin, bes. Bilder aus dem Arbeiterleben (* 1867)

Hans Kuhn (* 1905): „Stilleben“ (express. Gemälde)

J. Lipchitz: „Mutter und Kind“ II (lit.-nordamer. Plastik, seit 1941)

O. Nagel: „Berliner Ruinenstraße“

Nash: „Finsternis d. Sonnenblume“ (englisch. surrealist. Gemälde)

Ernst Wilhelm Nay (* 1902): „Komposition“ (abstraktes Gemälde)

Heinz Trökes (* 1913): Skizzenbuch (surrealistische Zeichnungen)

B. Britten: „Peter Grimes“ (englisch. Oper)

Honegger: „Symphonie liturgique“ (schweiz.-frz.-Komposition)

† *Pietro Mascagni*, ital. Opernkomponist (* 1863)

Prokowjew: „Ode auf d. Ende d. Krieges“ (russ. Komposit.), „Aschenbrödel“ (russisch. Ballett)

R. Strauss: „Metamorphosen. Studie f. 23 Solostreich.“ (Variationen, enden mit ein. Motiv aus dem Eroica-Trauermarsch)

Strawinsky: „Symphonie i. 3 Sätzen“ (russ. Komposition)

† *Anton v. Webern*, österr. Komponist der Zwölftontechnik, Schüler *Schönbergs* (* 1883)

„Zwischenspiel“ (nordamerikan. abstraktes Ballett, Choreographie v. *Jerome Robbins*)

~ „Be-bop“-Stil der Jazzmusik

Physik-*Nobel*preis an *W. Pauli* (Österr.) für Atomforschung

Chemie-*Nobel*preis an *Artturi Ilmari Virtanen* (Finnl., * 1895) für Vitamin- und Futtermittelforschung

Medizin-*Nobel*preis an *A. Fleming, F. Florey, E. B. Chain* (alle Großbrit.) für Penicillin-Forschung

† *Francis William Aston*, engl. Physiker; *Nobel*pr. 1919 (* 1877)

A. Carrel züchtet seit 33 Jahren embryonale Herzzellen eines Huhns (Kultur geht in diesem Jahr durch Unglücksfall zugrunde)

W. Goetsch entdeckt wachstumsförderndes Vitamin T (bedingt bei den Termiten die „Soldatenformen“)

† *Arthur Korn*, dt. Physiker u. Erf. der Bildtelegraphie, zuletzt in den USA (* 1870)

E. M. McMillan und *V. Veksler:* Synchrotonprinzip zur Erzeugung höhenstrahlartiger Teilchen (bis 1951 in der USA 3 Milliarden Volt effekt. Beschleunigungsspannung)

† *Th. H. Morgan*, nordamer. Vererbungsforscher (* 1866)

Sonneborn stellt bei Pantoffeltierchen Übertragung von Merkmalen durch das Zellplasma fest („Plasmatische Vererbung“)

J. Stebbins und *A. E. Whitford* weisen das optisch unsichtbare Zentrum der Milchstraße durch seine Ultrarotstrahlung nach

Etwa 300000 organische u. 30000 anorganische chemische Verbindungen bekannt

100 - Millionen - Volt - Elektronenschleuder in den USA (Betatron)

Mikro-(mm-)Wellen-Spektroskopie entsteht (besonders in den USA auf den Grundlagen der Radartechnik)

USA erforschen Nordpolargebiet mit Flugzeugen

Rasche Erforschung und Erschließung Alaskas und Nordkanadas (1941 im nördl. Drittel Kanadas nur 14000 Menschen)

24 - zylindrige Rotationspresse druckt 1200000 achtseitige Zeitungen in einer Stunde

Verluste i. 2. Weltkrieg etwa: je 25 Mill. getöteter Soldaten u. Zivilisten; direkte Kosten: 1 Bill. Dollar, indirekte Kosten: 2 Bill. Dollar

Dt. Verluste im 2. Weltkrieg: ca. 3 Mill. gefallene Soldaten und 3,6 Mill. getötete Zivilisten, 0,45 Mill. durch Luftangriff getötete Zivilpersonen, 2 Mill. Kriegsbeschädigte (6295 Kriegsblinde), 1 bis 2 Mill. in Flüchtlingstrecks Verstorbene oder nach dem Osten Verschleppte. Pro Tag des Krieges 2500 Deutsche getötet oder verwundet

Europ. Flüchtling. od. Heimatvertriebene: 1937—1945 nach Deutschland verbracht 1,3 Mill., vor den Russen nach Deutschland geflohen 4,3 Mill., aus den Ostgebiet. ausgewiesen 5,85 Mill., aus Polen nach Rußland umgesied. 4,25 Mill., aus d. Tschechoslowakei ausgewiesene Deutsche 2,6 Mill., aus der Slowakei nach Ungarn ausgewiesen 0,75 Mill., aus Ungarn in die Slowakei ausgewies. 0,15 Mill., aus Rumänien ausgewiesene Deutsche 0,15 Millionen, Exilspanier in Frankreich 0,35 Mill., Exilpolen in England 0,05 Mill.; insgesamt heimat-

(1945)

Bodenreform in Ungarn

Josip Broz-Tito Regierungschef in der „Föderativen Volksrepublik" Jugoslawien; wird von den Westmächten anerkannt; Bodenreform

Regierung *Petru Groza* („Ackermannsfront") unter sowjet. Einfluß in Rumänien; Bodenreform

„Vaterländ. Front" (kommunist.-sozialist.) mit *Georgii Dimitrow* (* 1882, † 1949) in Bulgarien; Bodenreform

Griech. Bürgerkrieg zwischen Monarchisten (von Großbrit. und den USA unterstützt) und Kommunisten (von der USSR unterstützt) bis 1949 (Niederlage d. Kommnist.)

Stalin zum Generalissimus ernannt

USSR kündigt Nichtangriffspakt mit der Türkei von 1925

Freundschaftspakt USSR-Nationalchina

USSR erlangt vorherrschenden Einfluß in der Mandschurei

Außenministerrat in Moskau sieht allgemeine Friedenskonferenz vor und empfiehlt UN-Kommission zur Atomenergiekontrolle

Türkei tritt der UN bei

Spannung zw. Iran u. USSR (USSR zieht erst 1946 Truppen zurück)

† *Franklin Delano Roosevelt* (12. 4.), Präsident der USA seit 1933 (* 1882)

Truman (Dem.) Präsident d. USA

Interamerikanische Konferenz in Mexiko City

Vargas, Diktator in Brasilien seit 1930, gestürzt (1950 wiedergewählt)

Ägypt. Ministerpräsident *Achmed Maher Pascha* von einem ägypt. Faschisten ermordet

Bildung der Arab. Liga in Kairo: Irak, Ägypten, Syrien, Libanon, Transjordanien, Saudi-Arab., Jemen

Ho Chi-minh (* 1890, † 1969) wird nach Abdankung des Kaisers *Bao Dai* Präsident der Republik Vietminh: Tonking, Annam, Kotchinchina mit Hanoi als Hauptstadt (unterstützt kommunist. Bewegung in diesem Teil Frz.-Indochinas)

Nach der Niederlage Japans setzt der Bürgerkrieg zwischen -den Kuomintang-Truppen (von den USA unterstützt) und kommunist.

Boleslaw Barlog Intendt. u. Regisseur des Schloßparktheaters, Berlin (vgl. 1951)

Ida Ehre (* 1900) übernimmt Leitung der Hamburger Kammerspiele (hatte 1933–45 Auftrittsverbot)

† *Friedrich Kayssler* (von sowjet. Soldaten umgebracht), dt. Schauspieler und Dichter (* 1874)

In den USA seit 1943 über 1 Milliarde „Comic"-Hefte verkauft (primitive Bildergeschichten)

Seit der Erfindung der Buchdruckerkunst wurden ca. 30 Mill. Titel veröffentlicht (1970 erdweit 450 000. Vgl. 1501)

Das Zeitungswesen in Dtl. wird unter Einfluß der Besatzungsmächte erneuert (1946 gr. USA „Die Neue Zeitung", außerdem entstehen die Wochenschrift „Die Zeit" und „Die Welt". Die USSR gr. 1945 „Tägliche Rundschau")

Gegenwartskunde in dt. Schulen; Geschichtsunterricht zunächst untersagt

In Dtl. entstehen Institute zur Erfassung der öffentlichen Meinung

Staatsbürgerkunde als Schulfach in den frz. Schulen

Der Synod der russ.-orthodoxen Kirche wählt den Metropoliten von Leningrad zum Patriarchen von Moskau und Rußland (angebl. 20000 Gemeinden mit 30000 Priestern)

Papyrusfunde i. Ägypt. enthalten u. a. Thomas-Evangelium mit 114 Logien (Jesusworte), das ≈ 170 entstanden ist

Fast vollständige Vernichtung des hochentwickelten Berliner Museumswesens durch Krieg und Kriegsfolgen

Karl R. Popper (* 1902) ,,Die offene Gesellschaft und ihre Feinde'' (engl. positivist. Philosophie a. d. ,,Wiener Kreis'' betont d. Bedeutung d. Falsifikation f. d. Wissenschaftlichkeit v. Theorien

Intern. Forum Alpach/Tirol gegr.

Das Ende des 2. Weltkrieges bedeutet in vielen Bereichen eine Zäsur, die am Anfang einer neuen Phase rascher Entwicklung steht (Die nächsten 30 Jahre bringen grundlegende Veränderungen)

Max Weber (* 1881 i. Rußland): „Blasorchester" (nordamerikanisch. expression. Gemälde)

Erfolgreicher *Vermeer*-Fälscher *Han van Meegeren* (* 1888, † 1947) erhebt Selbstanklage

„Kolberg" (Film m. *H. George, K. Söderbaum;* Regie: *V. Harlan;* kurz vor Kriegsende mit „Durchhalte"-Tendenz)

„Rhapsody in blue" (nordam. Film von *Gershwin* mit *Al Jolson*); „Das verlorene Wochenende" (nordamerik. Film v. *Billy Wilder*); „Der Mann aus dem Süden" (nordam. Film von *J. Renoir*); „Die Geschichte des Soldaten Joe" (nordam. Film v. *Wellmann*); „Der wahre Ruhm" (nordamerik. Film von *Garson Kanin* und *C. Reed*)

„Die Kinder des Olymp" (frz. Film v. *Carné* mit *Jean-Louis Barrault*); „Falbalas" (frz. Film von *Jacques Becker*)

„Der Weg zu den Sternen" (engl. Film von *A. Asquith*); „Kurze Begegnung" (engl. Film v. *David Lean*)

„Rom offene Stadt" (ital. Film v. *Roberto Rossellini*, * 1906)

„Die letzte Chance" (Schweizer Film von *Lindtberg*)

„Maria Candelaria" (mexikan. Film von *Emilio Fernandez*)

„Der Sieg von Berlin" (russ. Film)

„Iwan der Schreckliche" (russ., letzter Film von *Eisenstein*)

Beginn der Bekämpfung der Malaria-Mücke durch DDT in Griechenland (führt in den nächsten Jahren zur weitgehenden Beseitigung des Malaria-Fiebers)

Langstreckenflugzeug Ju 390 mit 6 1800-PS-Motoren und 18 000 km Reichweite (wird in der NS-Führung als Fluchtmittel in Erwägung gezogen)

Truppen (von der USSR unterstützt) in China ein

Der 38. Breitengrad auf Korea wird zur Grenze zwischen nördl. sowjet. und südl. nordamerikan. Besatzungszone

Volksrepublik Korea (in Nordkorea) ausgerufen

entwurzelte Europäer 19,75 Mill.

Victor Gollancz gründet d. Wohltätigkeitsbewegung „Rettet Europa" unter Einschluß der Bevölkerung der bisher Großbritannien feindlichen Staaten

In Westdeutschland zerstört: 2,25 Mill. Wohnungen, 4752 Brücken, 4304 km Eisenbahnschienen, 2356 Stellwerke, 95% des Handelsschiffsraumes

Starke Demontagen, bes. in Ostdeutschland und Berlin: z.B. *Siemens* (Berlin) verliert v. 17000 Werkzeugmaschinen alle bis auf 138 minderwertige (Verlust insges. 450 Mill. Mark)

Neun Fernsehprogramme i. d. USA

Das Volksvermögen Großbrit. ist während d. Krieges um etwa 7,5 Milliarden Pfund (etwa 100 Milliarden DM) gesunken

Bank von Frankreich verstaatlicht

Erst. Weltgewerkschaftskongreß in London

USSR schuld. USA 11 Milliard. Dollar aus Pacht- u. Leihlieferungen

Hans Böckler (SPD, reorganisiert westdt. Gewerkschaftsbewegung

„Freier Dt. Gewerkschaftsb." (FDGB) i. Berlin gegrdt. (1948 Spaltung weg. kommunist. Tendenz)

~ Strenge Rationierungen in Dtschl. u. anderen Ländern. Trotz weitgehender ausländ. Hilfe schwerer Mangel an all. Bedarfsgütern. „Schwarze Märkte"; starkes Ansteigen d. Kriminalität u. Unmoral

„Süddeutsche Zeitung" in München übernimmt Tradition der „Münchner Neuesten Nachrichten"

„Der Tagesspiegel", Ztg. in Berlin (W)

1946

Friedens*nobel*preis an *J. Mott* (USA) u. *Emily Balch* (USA, * 1867, † 1961)

Sitzung des Völkerbundes mit Auflösungsbeschluß (Funktionen gehen auf die UN über)

Adenauer Vors. d. CDU

Kurt Schumacher (* 1895, † 1952) Reorganisator d. SPD, wird ihr Vorsitzender

Franz Neumann (* 1904, † 1974) Vors. d. SPD Berlin (bis 1958)

Durch Zwangsvereinigung KPD-SPD „Sozialistische Einheitspartei Deutschlands" (SED) unter Einfluß der sowjet. Besatzungsmacht in Ostdeutschl. gegr. In West- und Ostberlin bleibt selbst. SPD

Im Nürnberger Kriegsverbrecher-Prozeß werden zum Tode durch den Strang verurteilt: *Göring*, *Ribbentrop*, *Keitel*, *Kaltenbrunner*, *Rosenberg*, *H. Frank*, *Frick*, *Streicher*, *Sauckel*, *Jodel*, *Bormann* (in Abwesenheit), *Seyß-Inquart*; zu lebenslängl. Zuchthaus: *Heß*, *Funk*, *Raeder*; zu 20 Jahren: *Schirach*, *Speer*; zu 15 Jahren: *v. Neurath*; zu 10 Jahren: *Dönitz*; Freispruch für *Schacht*, *v. Papen*, *Fritzsche*. *Göring* begeht Selbstmord

„Entnazifizierungs"-Gesetze in Deutschland. Jugendamnestie für die Jahrgänge 1919 und jünger

James F. Byrnes (USA-Außenminister 1945—1947): Rede in Stuttgart; fordert dt. Bundesreg., anerkt. Frankreichs Saaransprüche

Vorläufig letzte Stadtverordnetenwahl in ganz Berlin: SPD 48,7%, CDU 22,1, SED 19,8, FDP 9,4%

Bildung nationalisierter „Volkseigener Betriebe" (VEB) in Ostdeutschl. (ohne demokrt. Kontrolle)

FDJ gegr.

Dolf Sternberger gründet Deutsche Wählergesellschaft zur Durchsetzung des Mehrheitswahlrechtes

Pariser Friedenskonferenz: Verträge mit Finnland, Italien, Ungarn, Rumänien u. Bulgarien (mit Österr. weg. Uneinigkeit vertagt)

1. Vollversamml. d. UN

Literatur-*Nobel*preis an *H. Hesse* (Dt.)

Bergengruen: „Dies irae" (antinationalsozialist. Gedichte)

Dietrich Bonhoeffer (* 1906, † 1945, von Gestapo ermordet): „Auf dem Wege zur Freiheit. Gedichte aus Tegel" (posthum)

H. Broch: „Tod des Vergil" (Roman)

C. Goetz: „Hollywood" (Komödie)

O. M. Graf: „Das Leben meiner Mutter" (Roman)

Rudolf Hagelstange (* 1912): „Venezianisches Credo" (Sonette)

Hamsun: „Auf überwachsenen Pfaden" (norweg. Tagebuchskizzen 1945—46, mit Versuch der Rechtfertigung seiner pro-faschist. Haltung)

G. Hauptmann: „Neue Gedichte"

† *Gerhart Hauptmann* (kurz vor seiner Ausweisung aus Schlesien), dt. Dichter; *Nobel*preis 1912 (* 1862); wird nach Hiddensee überführt

E. Kästner: „Das fliegende Klassenzimmer" (Roman für Kinder)

H. Kesten: „Die Zwillinge von Nürnberg" (Roman)

Kisch: „Entdeckungen in Mexiko" (sozialist. Reisebericht)

Wolfgang Langhoff (*1901, † 1966) Intendant des Dt. Theaters in Berlin (Ost) (wird 1963 wegen liberalistischen Spielplans abgesetzt)

Asta Nielsen (*1885, † 1972): „Erinnerungen" (d. dän. Schauspielerin)

Theodor Plievier: „Stalingrad" (Roman aus dem 2. Weltkrieg)

F. Alexander: „Irrationale Kräfte unserer Zeit" (Versuch einer „Dynamischen" Soziologie)

Arnold Bauer: „Thomas Mann und die Krise der bürgerlichen Kultur"

E. Cassirer: „Der Mythos vom Staat" (in engl. Sprache, posthum)

M. Dessoir: „Buch der Erinnerungen" (Autobiographie)

Viktor Frankl: „Ärztliche Seelsorger" (vom Begründer einer „Existenzanalyse", als wertbetonende Psychotherapie „vom Geistigen her")

Nic. Hartmann: „Leibniz" (Philosophiegesch.)

Jessipow und *Gontscharow*: „Pädagogik" (russ. Lehrbuch der „Sowjetpädagogik" in 3. Aufl.)

Friedrich Georg Jünger (* 1898): „Die Perfektion der Technik" (Kritik der modernen techn. Entwicklung)

† *Hermann* Graf *Keyserling*, dt. Philos.; grdte. „Schule der Weisheit" in Darmstadt (* 1880)

Eugen Kogon: „Der SS-Staat. Das System der dt. Konzentrationslager"

† *Arthur Liebert*, dt. Philosoph; wirkte in der *Kant*-Gesellsch. (* 1878)

A. Malraux: „Conditio humana" (frz. Kulturkritik)

Rudolf Olden: „Die Geschichte der Freiheit in Deutschland" (erscheint in London, posthum)

Santayana: „The Idea of Christ in the Gospels or God in Man" (nordamerikan.-span. Philos.)

Paul Reiwald: „Vom Geist d. Massen. Handb. der Massenpsychologie" (psychoanalyt.)

Ayrton: „Ebbe", „Die Versuchung d. heiligen Antonius" (engl. surreal. Gem.)

Alexander Camaro (* 1901): „Rosa Dame" (express. Gemälde)

Chagall: „Kuh mit Sonnenschirm" (Gemälde)

Edgar Ende (* 1901, † 1965): „Dädalos" (surrealist. Gemälde)

Feininger: „Verklärung" (Aquarell)

Werner Gilles (*1894): „Nächtlicher Hafen" (abstr. Gem.)

Karl Hartung (*1908): „Vegetative Form" (abstrakte Plastik)

F. Hodgkins: „Bauernhaus" (engl. express. Gemälde)

K. Hofer: „Wartende Frauen", „Liebende am Strand" und „Das Mahl des Matrosen" (Gem.)

L. Justi Generaldirektor d. staatl. Museen in Ostberlin

G. Kolbe: „Elegie" u. „Die Niedergebeugten" (Plastiken)

Hans Kuhn: „Tauben" (abstr. Gem.)

H. Moore „Familie" (engl. Bronze)

† *Paul Nash*, engl. Maler, besond. surrealistisch (* 1889)

(Mrs.) *J. Rice Pereira* (* 1907): „Schräge Illusion" (nordamer. kombinierte Öl- und Caseintechnik auf uneben. Glasplatten)

Picasso: „Flötenblasender Faun", „Kentaur mit Dreizack", „Pastorale" (Öl auf Zement)

Shahn: „Hunger" (express. Gemälde)

Charles Sheeler (* 1883); „Die Welt

Blacher: „Die Flut" (Rundfunkoper)

B. Britten: „Der Raub der Lukrezia" (engl. oratorische Kammeroper) u. 2. Streichquartett (englische Kammermusik)

Sergiu Celibidache (* 1912 in Rumänien) leitet d. Berliner Philharmon. Orchester

† *Manuel de Falla*, span. Komponist; vereinte Volksmusik und impress. Stil; schrieb Opern, Ballette, Orchestermusik u.a. (* 1876)

Charles Ives (*1874, †1953): 3. Sinfonie (nordam.; Uraufführung; komp. ~ 1914)

† *Heinrich Kaminski*, dt. Komponist; bes. Chorwerke u. Kammermusik im polyphonen Stil (*1886)

Křenek: „Symphonische Elegie für Streichorchester" (z. Andenken an d. Komponist. *Anton von Webern*, * 1883, † 1945), 5 Klavierstücke

† *Paul Lincke*, dt. Kompon.; schrieb „Berliner Luft", „Frau Luna" u.a. Operetten (*1866)

Milhaud: 2. Symphonie (frz.)

O. Schoeck: „Das stille Leuchten" (Liederzyklus)

Schostakowitsch: 9 Symphonie (russ. Komposit.; trägt ihm den Vorwurf d. „unsozialistisch. Formalismus" ein)

Physik-*Nobel*preis an *P. W. Bridgman* (USA) für Physik sehr hoher Drucke

Chemie-*Nobel*preis an *J. B. Sumner, J. H. Northrop* und *W. M. Stanley* (*1904, + 1971) (alle USA) für Enzym- und Virusforschung

Medizin-*Nobel*preis an *J. H. Muller* (USA) für *Röntgen*strahl-Mutationen

H. W. Babcock weist auf einem Fixstern ein Magnetfeld nach

L. Bergmann entdeckt im Gebiet der oberen Indigirka (Jakutien/Nordostasien) Gebirge mit Erhebungen bis zu 3010 m

Felix Bloch (* 1905) u. *Edw. M. Purcell* (* 1912) messen hochfrequenzmäss. magnetische Eig. d. Atomkerne (*Nobel*pr. 1952)

Große Südpolar-Expedition unter *R. E. Byrd:* 12 Schiffe (darunter Flugzeugträger) und 4000 Mann. Aufnahme von 2,4 Mill. qkm auf 84 Flügen, Entdeckung eines neuen 5000 m hohen Gebirges, Südpolflug, Umschiffung der ganzen Antarktis (bis 1947)

H. H. Clayton: „Sonnenflecken- und Wetteränderungen" (Versuch statist. Verknüpfung des Wettergeschehens mit der Fleckenaktivität der Sonne)

M. Delbrück, Luria u. a.: Biophysikalische Untersuchung der virusartigen Bakteriophagen („Bakterienfresser")

Forbush: Ein Teil der energiereichen Höhenstrahlung kommt von der Sonne (d. h., normale Sterne sind Quelle dieser Strahlung)

J. I. Frenkel: „Die kinetische Theorie der Flüssigkeiten"

F. E. Zeuner: „Datierung der Vergangenheit. Eine Einführung in die Geochronologie" (geolog. Zeitrechnung bes. der Eiszeit)

In Zusammenhang mit der technischen Entwicklung der Atomenergie seit 1940 wurden in den USA 4 transuranische, radioaktive Elemente entdeckt: Neptunium (93, wägbare Mengen, seit 1936 von *O. Hahn* vermutet, entdeckt von *McMillan* 1940), Plutonium (94, explosible Mengen), Americium (95, wägbare Mengen), Curium (96,

RIAS (Rundfunk im amerikanischen Sektor Berlins)

Ital. Motorroller Vespa

Schwed. Reichstag beschließt Pflichtkrankenk. ab 1950

Serienproduktion d. „Volkswagens" wird aufgenomm.

„Die Welt", „Die Zeit" (Zeitungen in Hamburg)

Ca. 15 Mill. Gewerkschaftsmitgl. in den USA: AFL (nach Fachverbänden organisiert seit 1886) 6,5 Mill. Mitgl., CIO (Industrie-Gewerksch., seit 1935) 6,0 Mill. Mitgl., Unabhängige Gewerkschaft 1,5 Mill. Mitgl. (1935 etwa 4 Mill.)

Seit Kriegsende in den USA 42 große Streiks von über 500000 Arbeitern

Internationale Arbeitsorganisation der UN für Arbeiter- und Gewerkschaftsfragen

Umwandlung von etwa 130 ostdt. Großbetrieben in Sowjet-Akt.-Ges. (SAG); darunter Leuna, Mansfeld-Kupfer, Wintershall, Preußag, Agfa

Ländl. Maschinenausleih-Stationen (MAS) in Ostdeutschland

Hans de Meiss-Teuffen segelt allein von Spanien nach USA in 58 Tagen

Nach dem Tode *Alex. Aljechins* gilt *Michael Botwinnik* (USSR) als weltbest. Schachspieler

(1946)

Paul Henri Spaak (* 1899) belg. Ministerpräs. u. Präs. der UN

Trygve Lie (norweg. Völkerrechtler, * 1896) Generalsekretär der UN

Churchills Fultonrede (Missouri, USA): fordert militär. Zusammenarbeit Großbrit.-USA (Labour-Regierung distanziert sich)

In den Wahlen zur frz. Nationalversammlung führt MRP vor Kommunisten, Sozialisten und Radikalsozialisten. *George Bidault* frz. Ministerpräsident. 2. Verfassungsentwurf durch Volksabstimmung angenommen. Verstaatlichung von Versicherungswesen, Energiewirtschaft, Kohlenbergwerken

Frz. Parlamentswahlen (im Vergl. zu 1951 nach Wahlrechtsreform)

	1946		1951	
	Stimm.	Sitze	Stimm.	Sitze
KP	28,6%	182	26,5%	103
Soz.	17,9%	101	14,5%	104
MRP	26,4%	164	12,3%	85
Radik.	12,4%	69	11,5%	94
Unabh. u. Kons.	12,8%	101	13,1%	121
Gaull.	1,6%	24	21,7%	118

Sekretariat in Brüssel zur Vorbereitung der wirtschaftl. Verschmelzung von Belgien, Niederlande und Luxemburg: „Benelux" (1947 gemeinsamer Zolltarif)

König *Viktor Emanuel III.* von Italien dankt ab. Italien wird Republik. Wahlen zur Nationalversammlung: Christl. Demokr. 207 Sitze, Sozialisten 115, Kommunisten 104, Demokr.-Nationale 41, Uomo Qualungue 30, übrige 50. *de Nicola* ital. Staatspräsident. Spaltung der Sozialisten in „Nenni"- (linker Flügel) und „Saragat"- (rechter Flügel) - Sozialisten (bis 1967)

Triest wird unabhängiger Freistaat

UN empfiehlt Mitgliedern, Diplomaten aus Spanien zurückzuziehen (diese politische Isolierung wird von Portugal und Argentinien, 1951 von den USA zur Erlangung militär. Stützpunkte durchbrochen)

Erlander (Sozialdemokr.) schwed. Ministerpräsident

Verstaatlich. d. Bergbaus in Ungarn

Republik Ungarn proklamiert. Präsident *Zoltan Tildy* (Kleinlandwirte-Partei) (Rücktritt 1947)

Remarque: „Der Triumphbogen" (Roman)

J. Romains: „Die guten Willens sind" (frz. Romanfolge in 27 Bänden seit 1930)

St. Exupéry: „Der kleine Prinz" (frz. Erzählung, posthum)

Saroyan: „Die Abenteuer des Wesley Jackson" (nordamerikan. Roman)

Sartre: „Die ehrbare Dirne" (frz. Schausp.)

Konstantin Simonow (* 1915): „Tage und Nächte" (russ. Stalingradroman)

Dylan Thomas (* 1914): „Deaths and Entrances" (engl. Gedichtsammlg.)

Thieß: „Caruso" (Roman in 2 Bänden seit 1942)

† *Herbert George Wells*, engl. Dichter u. sozial. Schriftsteller (* 1866)

Werfel: „Stern der Ungeborenen" (Roman, posthum)

Zuckmayer: „Des Teufels General" (Drama um *Udet*)

Werner Finck: „Schmunzelkolleg" (kabarettist. Vorlesung über den Humor)

† *Heinrich George*, dt. Schauspieler (* 1893)

„De Profundis" (Anthologie bis 1945 verbotener Gedichte)

„RoRoRo" (Rotationsromane des *Ernst Rowohlt* Verlages [gegründet 1908], hochwertige Literatur in Zeitungsdrucktechnik; Auflagen etwa je 50—100000; ab 1950 in Form der amerikan. „Pocket Books")

„Die Neue Zeitung", Chefred. *H. Wallenberg* (* 1907, † 1977)

Paul Sering: „Jenseits des Kapitalismus" (antibolschew. Sozialismus)

Harry Wilde: „Sozialpsychologische Erfahrungen aus dem Lagerleben"

„Frankfurter Hefte" (Zeitschrift)

Erste allgemeine Sitzung der UNESCO in Paris

32 neue Kardinäle in Rom gewählt; darunter Erzbischof *Frings* von Köln, Bischof Graf *Preysing* von Berlin, Bischof Graf *Galen* von Münster, ferner je 4 für USA und Italien, je 3 für Frankreich und Spanien, 6 für Südamerika, je 1 für England, Kanada, Australien, Belgien, Polen, China, Niederlande, Ungarn und portugies. Kolonien

Tito und andere am Prozeß gegen Erzbischof *Alois Stepinatsch* (* 1898) Beteiligte von der kathol. Kirche exkomm.

Die CARE-Gesellschaft (1945 in den USA gegründet) beginnt im Auftrag Privater die Versendung von Lebensmittel- und anderen Paketen in die unter den Kriegsfolgen leidenden Länder (1947 etwa 4 Mill. Pakete)

Gefängnisreform in Schweden

Der engl. Rundfunk führt das kulturell anspruchsvolle „Dritte Programm" ein

Pädagogische Fakultäten der Universitäten zur Ausbildung von Lehrern für die Einheitsschule in der sowjet. besetzten Zone Deutschlands

Die Zahl d. Analphabeten wird auf 60% der Weltbevölkerung geschätzt

Tschechoslowakische Nationalversammlung: *Benesch* Präsident bis 1948 (†); *Jan Masaryk* Außenminister (Selbstmord 1948), *Gottwald* (Kommunist) Ministerpräsident, *Nosek* (Kommunist) Innenminister. Zweijahresplan soll Erzeug. um 10% über 1937 steigern

USA und Großbrit. anerkennen Regierung von Rumänien. Eine Wahl bringt der Einheitsliste der Kommunisten, Sozialisten, *Groza*-Agrarpartei u. *Tatarescu*-Liberalen 70% d. Stimmen u. 91% d. Mandate

Georgii Dimitrow (Komm.) bildet Regier. in d. Volksrepubl. Bulgarien

Albanien Volksrepublik

König *Georg II.* kehrt nach Griechenland zurück († 1947)

Neuer Fünfjahresplan in der USSR; sieht 157 Mrd. Rubel Investit. vor. *Stalin* wieder Vorsitzender des Ministerrates und Minister der Streitkräfte; *Molotow* stellvertretender Ministerpräsident u. Außenminister. *Kalinin* tritt als Präs. der USSR zurück. Nachf. *Nikolai Schwernik*. *Jakob Malik* an Stelle *Litwinows* stellvertret. Außenmin.

† *Michail Iwanowitsch Kalinin*, Staatsoberhaupt der USSR s. 1919 (* 1875)

USA und USSR können sich nicht über Kontr. d. Atomenergie einigen

Sowjet. Atomspionage in Kanada aufgedeckt

Seit 1941 für 50,7 Milliarden Dollar Pacht- und Leihlieferungen (bes. an USSR). Gesamtkriegskosten für die USA etwa 317 Milliarden Dollar

Juan Perón Präs. v. Argentinien; verfolgt faschistenfreundl. Politik

General *Dutra* brasil. Präsident (bis 1950); neue Verfassung läßt wieder ausländ. Kapital zu

Geplante Verlegung der Hauptstadt Brasiliens in den Staat Goyaz (Mittelbrasilien)

Philippinen unabhängig. Terrorartige Widerstandsbew. d. ehemal. Volksarmee (Huks) gegen USA

Chin. Nationalversammlung nimmt neue Verfassung an. Widerstand der Kommunisten. USA geben Unterstützung Nationalchinas wegen Korruption auf

ist klein" (nordam. Gem. im photographisch beeinfl. Stil)

Restaurierung der „Nachtwache"

O. Zadkine (* 1890, † 1967): „Die zerstörte Stadt" (russ.-frz. Plastik in Rotterdam)

Saul Steinberg (* 1914): „All in Line" (nordamerik. „Cartoons")

„Paisa" (ital. Film v. *R. Rosselini*); „Sciuscia" (ital. Film v. *de Sica*)

„Die Schöne u. die Bestie" (frz. Film v. *Cocteau* u. *Clément*); „Pastorale Symphonie" (frz. Film von *Delannoy*)

„Die besten Jahre unseres Lebens" (nordam. Film v. *W. Wyler*); „Gilda" (nordam. Film von *Charles Vidor*); „Notorious" (nordam. Film v. *A. Hitchcock* mit *I. Bergman*); „Träume, die man sich kaufen kann" (nordam. Film v. *Hans Richter*)

„Ich weiß, wohin ich gehe" (engl. Film von *Michael Powell*, * 1905, und *Emerich Preßburger*)

„Enamorada" (mexikanischer Film v. *E. Fernandez*)

„Die Mörder sind unter uns" (Film von *Wolfgang Staudte*)

„Irgendwo in Berlin" (Nachkriegsfilm von *G. Lamprecht*)

Erster dt. Film-Club Münster (1951 umfaßt d. „Verband der dt. Film-Clubs" 89 örtliche Clubs mit 200000 Mitgliedern)

unwägbaren Mengen); außerdem die fehlenden Elemente des periodischen Systems: Technetium (43, wägbare Mengen, entdeckt 1937), Element 61 (noch kein Name, grundsätzlich wägbare Mengen möglich), Astatine (85, unwägbar), Francium (87, unwägbar, entdeckt 1939)

Bei der Entwicklung der Atomenergie fallen starke radioaktive Präparate für Heilzwecke und Forschung an

Behandlung der perniziösen Anämie mit den Chemikalien Thymin und Folsäure

Raketenaufstieg zur Erforschung hoher Atmosphärenschichten in den USA bis 88 km (u. a. Aufnahme des ultravioletten Sonnenspektrums; vgl. 1949)

3 jährige systematische Gewitterforschung (bis 1949) mit modernsten Hilfsmitteln in den USA (Blindflüge, Radar, Radiosonden)

Gründung des Arktis-Forschungsinstitutes der USA und Kanadas: Verstärkung der Nordpolarforschung bes. mit Flugzeugen

USA-Flugzeug mit 12 Mann von Alaska nach dem Nordpol und zurück in 9000 m Höhe in 23 Stunden

Das geopolitische Erdbild im Zeichen der Luftfahrt ist der Globus oder die Polkarte (gegenüber der *Mercator*-Karte im Zeitalter der Seefahrt)

Höhenrekord für Flugzeuge 17000 m

Funkecho am Mond mit Radargerät (Rückkehr nach 2,6 Sekunden)

Beobachtung von Meteoren und Meteoriten-Schwärmen mit Hilfe von Radargeräten (Funkecho-Methode, auch bei Tage möglich)

Nordsüdlicher Baumgürtel mit 22 Mill. Bäumen seit 1936 quer durch die USA angepflanzt (zum Schutz gegen Bodenerosion)

Entd. einer bewegl. ausgedehnten Tiefseeschicht durch Echolotung (wahrsch. biolog. Natur)

1. elektron. Digital-Rechner ENIAC (i. USA) mit 18000 Röhren

1947

Friedens*nobel*preis an Gesellschaft der Freunde (Quäker) (USA)	Literatur-*Nobel*preis an *A. Gide* (Frankr.)	*Theodor W. Adorno* (* 1903, † 1969) und *Max Horkheimer* (* 1895): „Dialektik der Aufklärung" (sozialkrit. Philosophie; später Grundlage des Studentenprotestes d. sechziger Jahre)
Auflösung des preuß. Staates (seit 1701); gegen Widerst. der USSR Internation. Reparationskonferenz setzt dt. Reparationen von 20 Mrd. Dollar an, davon 10 Mrd. für USSR	*St. Andres:* „Die Hochzeit der Feinde" (Roman)	*Otto Friedrich Bollnow:* „Die Ehrfurcht"
Doppelzonenabkommen zwischen amerikan. und brit. Zone i. Dt.	*S. Babajewskij* (* 1909): „Ritter des goldenen Stern" (russ. Roman)	*M. Dessoir:* „Das Ich. Der Traum. Der Tod" (bestreitet persönliches Überleben des Todes)
Treffen ost- und westdt. Ministerpräsidenten in München; ostdt. Vertreter verlassen Konferenz, weil Vorwegentscheidung über dt. Zentralregierung abgelehnt wird	*Gertrud Bäumer:* „Der Jüngling im Sternenmantel" (histor. Rom. über *Otto III.)*	† *Max Dessoir*, dt. Philosoph und Psychologe (* 1867)
Landtag Nordrhein-Westfalen beschließt Enteign. d. Kohlengruben	*Benn:* „Statische Gedichte. Ein Buch der Arche" (express. Gedichte), „Der Ptolemäer" (Novelle)	Durch sein 15. Fasten versöhnt *Gandhi* Hindus und Mohammedaner u. ermöglicht ind. Unabhängigkeitserklärung
Bildung der „Dt. Wirtschaftskommission" für Ostdeutschland (leitet zentralistisch eine demokrat. nicht kontrollierte Planwirtschaft)	*Wolfgang Borchert* (* 1921, † 1947): „Draußen vor der Tür" (Heimkehrer-Schauspiel)	*H. Glockner:* „Das Abenteuer des Geistes" (Ethik der philos. Persönlichkeit, 3. Aufl.)
Demontage für Ostdeutschland als beendet erklärt; weiterhin starke Entnahmen aus der laufenden Produktion. Demontageliste für Westdeutschland mit 918 Werken, davon 25% für die USSR. (1949 werden 159 Werke von der Liste gestrichen)	*Hermann Broch* (* 1886, † 1951): „Der Tod des Vergil" (Roman)	*Th. Haecker:* „Tag- und Nachtbücher 1939 bis 1945" (christl.-antinationalsozialist. Tagebücher)
„Dt. Volkskongreß" der SED in Ostberlin versucht Außenministerkonferenz in London im Sinne der USSR zu beeinflussen	*Albert Camus:* „Die Pest" (frz. existentialist. Roman, 1949 dramatisiert)	*Th. Heuß:* „Deutsche Gestalten"
Friedrich IX. Kg. v. Dänemark (* 1899)	*Th. Dreiser:* „Der Stoiker" (nordamerikan. Roman, posthum)	*Hrkal:* „Der etruskische Gottesdienst" (nach der entzifferten Agramer Mumienbinde; nimmt Herkunft der Etrusker aus Innerasien an)
Schweiz. Volksabstimmung gestattet Staatseingriffe z. Sicherg. d. Wirtsch.	*Edschmid:* „Das gute Recht" (Roman)	*Jaspers:* „Die Schuldfrage" (zur Diskussion über eine etwaige dt. „Kollektivschuld")
Außenministerkonferenzen in Moskau und London: keine Einigung über das Deutschland-Problem zwischen USSR und Westmächten	† *Hans Fallada (Rudolf Ditzen)*, dt. realist. Romanschriftsteller (* 1893)	*Jaspers:* „Von der Wahrheit" (Band 1 d. „Philosophischen Logik")
Bündnis Großbrit.—Frankreich	*C. Goetz:* „Das Haus in Montevideo" (Komödie) und „Tatjana" (Novelle)	*Fr. Meinecke* (* 1862, † 1954): „Die deutsche Katastrophe" (histor. Untersuchung)
Cripps brit. Schatzkanzler b. 1950	*G. Greene:* „19 Kurzgeschichten" (darunter „Das gefallene Idol", wird v. *C. Reed* verfilmt)	*M. Niemöller* ev. Kirchenpräsident in Hessen-Nassau
Graf *Sforza* (* 1872, † 1952) ital. Außenmin. b. 1951	*L. P. Hartley:* „Eustace und Hilda" (engl. Romantrilogie seit 1944)	*M. Planck* (†): „Scheinprobleme der Wissenschaft" (Probleme der „Willensfreiheit" als vom Beobachtungsstandpunkt abhängiges Scheinproblem)
Vincent Auriol frz. Staatspräs. (bis 1954). *de Gaulle* gründet in Straßburg „Sammelbewegung des frz. Volkes". Kommunisten scheiden aus dem frz. Kabinett aus	† *Ricarda Huch*, dt. Dichterin (* 1864)	
2 Militärputsche in Portug. unterdr.	*Kasack:* „Die Stadt hinter dem Strom" (Rom.)	
Friedensvertrag verweist Ungarn in die Grenzen von 1938	*Maria Luise Kaschnitz:* Gedichte	
Ungar. Dreijahresplan. Regierungskoalition: Kommunisten, Sozialisten, Kleinlandwirte, Nationale Bauernpartei (60,4%). Verhaft. v. Mitgliedern d. Oppositionsparteien	*Kisch:* „Marktplatz der Sensationen" (journalist. Feuilletons)	

William A. Baziotes (*1912): „Mondische Welt" (nordamerik. abstraktes Gem.)

† *Pierre Bonnard*, frz. expr. Maler (* 1867)

de Chirico: „Perseus und Andromeda" (griech.-ital. neoklass. Gemälde)

Feininger: „Verlassen" (Aquarell)

Heckel: „Selbstbildnis" (express.)

K. Hofer „Frauen am Meer", „In der Tür", „Im Neubau" und „Stehende Mädchen" (expr. Gem.)

Kaus: „Badende" (5 express. Bilder)

Kokoschka: „Dr. Reinh. Winterthur", „Wirbelsturm von Sion" (expr. Gem.)

G. Kolbe: *Beethoven*-Denkmal (Guß 1948)

† *Georg Kolbe*, dt. Bildhauer (* 1877)

Jack Levine (* 1915): „Apotheke" (nordamer. impress. Gem.)

† *Oskar Moll*, dt. Maler; Schüler von *Matisse*; seit 1925 Direktor d. Akad. in Breslau (* 1875)

Marino Marini (* 1901): „Reiter" (ital. Plastik)

H. Moore: „Familiengruppe" (engl. abstrakte Bronzeplast.)

Picasso: „Hahn und Messer" (Gem.)

Hans Purrmann (* 1880, † 1966): „Tessin im Frühling" (impress. Gemälde)

† *Max Roeder*, dt. Maler in Rom; bewahrte d. Tradition der „Deutschrömer" (* 1866)

Prokowjew: „Krieg u. Frieden" (Oper)

B. Britten: „Albert Herring" (engl. komische Oper)

Maria Meneghini-Callas (* 1923), nordam. Sängerin, beg. in Italien ihre glänzende Karriere als Opernsängerin

Der span. Cellist *Pablo Casals* (* 1876) weigert sich, weiterhin öffentl. zu spielen, solange *Franco* an d. Macht ist (spielt trotzdem 1950 im *Bach*jahr)

† *Alfredo Casella*, italien. Komponist; schuf Opern, Symphonien u. a. (* 1883)

Gottfried von Einem (* 1918): „Dantons Tod" (Oper)

Roberto Gerhard (*1896): „Duenna" (span.-engl. Buffo-Oper)

Walter Felsenstein (*1901) Intendant d. Komischen Op., Berlin (Ost)

Hindemith: „Jüngstes Gericht" (für Chor u. Orchester, nach Versen aus dem 7. Jhdt.) und Konzert für Klarinette in A-dur

† *Bronislaw Hubermann*, poln. Violinvirtuose (* 1882)

Orff: „Die Bernauerin" (Oper)

A. Schönberg: „Ein Überlebender aus Warschau" (Sprecher, Chor u. Orchester)

Tanzwettbewerb i. Kopenhagen (darunter existentialist. Balletts)

Physik-*Nobel*preis an *E. V. Appleton* (Großbrit.) für Ionosphärenforschung

Chemie-*Nobel*preis an *Robert Robinson* (Großbrit., * 1886, † 1975) für Alkaloidforschung

Medizin-*Nobel*preis an *C. F.* und *G. T. Cori* (Tschech.-USA) für Erforschung der Glykogen-Katalyse und *B. A. Houssay* (Argent.) für Hormonforschung

Arens und *van Dorp*: Künstliche Herstellung des Vitamins A

F. A. Beach: „Ein Überblick über die physiologischen und psychologischen Untersuchungen des sexuellen Verhaltens der Säugetiere" (erweist u. a. das regelmäßige Vorkommen „unnatürlicher" Verhaltensweisen bei den Menschenaffen)

Max Bürger (* 1885, † 1966): „Altern und Krankheit" (modern. Geriatrie)

Bykow: „Die Großhirnrinde und die inneren Organe" (Nervenphysiologie)

John Cobb: Absoluter Geschwindigkeitsrekord für Autos mit 630 km/Std.

Ehrlich: Chloromycetin (wirkt spezifisch gegen Typhus)

Geßler und *Grey*: Elektronenmikroskopische Aufnahmen von Krebszellen machen Ultra-Viren als Krankheitserreger wahrscheinlich

Thor Heyerdahl segelt in 101 Tagen mit einem Floß von Peru nach Polynesien, um Kulturverwandtschaft durch vorgeschichtliche Einwanderung zu beweisen

Johannes Humlum: „Kulturgeographischer Atlas"

† *Philipp Lenard*, dt. Physiker; *Nobel*preis 1905 (* 1862)

Mansfeld: Hormone der tierischen Wärmeregulation

† *Max Planck*, dt. Physiker; Begründer der Quantenphysik; *Nobel*preis 1918 (* 1858)

Cecil F. Powell, *Lattes*, *Occhialini* entdecken das Pion (kernkrafterzeugendes Meson)

Schwarzmarktpreise in Berlin: 20 amerikan. Zigaretten 150 RM, 1 kg Kaffee 1100 RM, 1 Ei 12 RM, 1 Schacht. Streichhölzer 5 RM

Deutschland darf Küstenschiffe mit 1500 BRT und 12 Knoten bauen (Beschränkung fällt 1951)

Dekartellisierungsgesetz in der amerikan. u. brit. Zone Deutschands

Dt. Stahlquote auf 11,1 Mill. t festgesetzt (Prod. 1935: 16,3)

Umfassende Sozialversicherung in Großbrit. mit dem Ziel d. vollständ. sozialen Sicherheit für jeden Staatsbürg. (Gesamt-Sozialaufwendungen in Großbrit. 1950: 23,5 Mrd. DM, d. h. 473,53 DM/Kopf, dav. Altersrent., Krankengeld 130,43 DM/K.; Kinderzuschläge 36,43 DM/K.; Gesundheitsdienst 108,10 DM/K.; Erziehung 84,60 DM/K.; Lebensm.-Subvent. 97,53 DM/K.; Wohnungszuschüsse 16,45 DM/K.)

Währungsreform in Österreich

Abwertung des ital. Lire

Österr. Gewerkschaften verlassen den Weltgewerkschaftsbund

Bodenreform in d. Tschech. enteignet Besitz über 50 ha

(1947)	*Boleslaw Bierut* Präsident der Republik Polen. Regierung des „Demokrat. Blocks". Vereinigung der sozialist. und kommunist. Partei. Dreijahresplan. *Mikolaiczyk* flieht nach Großbrit. und wird verbannt Rumän. Außenminister *Tatarescu* (Liberal.) tritt zugunsten von *Ana Pauker* (Komm.) zurück. König *Michael* dankt ab. Rumänien Volksrepublik; Bessarabien u. Bukowina an USSR, Süddobrudscha an Bulgarien, behält Nordsiebenbürgen *Paul I.* Kön. v. Griechenl. Gegenreg. d. kommunist. Aufständischen *Stalin* macht in einem Prawda-Interview Westmächte für internation. Spannungen verantwortlich Gründung des „Kominform" in Warschau (zentrales Informationsbüro der komm. Parteien; gilt als Neugr. d. 1943 aufgel. Komintern) Handelsvertrag USSR—Finnland; Finnland braucht nicht alle ehemals dt. Vermögenswerte abzutreten Teilung Palästinas durch die UN in einen jüdischen und einen arabischen Teil gegen den Widerstand der Araber und Juden USA-Europahilfe (ERP oder Plan v. *Marshall* (Friedens*nobel*pr. 1953) Polen lehnt Teilnahme am *Marshall*-plan trotz anfänglicher Zusage ab *Truman*-Doktrin der USA: Hilfe für alle bedrohten freien Völker Forder. Panamas: Abzug der USA-Truppen außerhalb der Kanalzone. USA erwägen neues Kanalbauproj. Kanada erhält Verwaltung der Alaskastraße (USA-Alaska) In Indien entstehen die beiden autonomen Staaten Indien (vorwiegend Hindus) und Pakistan (vorwiegend Mohammedaner). *Pandit Nehru* (* 1889, † 1964), ind. Min.Präs. Burma unabhängige Republik Ceylon brit. Dominium Militärdiktatur in Thailand (führt 1949 zu neuer Verfassung einer autoritären Monarchie) Neuer Bürgerkrieg in China zw. Kommun. und Nationalregierung Japan erhält neue Verfassung (Kaiser nur noch repräsentativ)	*Elis. Langgässer:* „Das unauslöschliche Siegel" (Roman) und „Der Laubmann und die Rose" (Gedichte) *Lewis:* „Der königliche Kingsblood" (nordamerikan. Roman zur Negerfrage) *H. Mann:* „Ein Zeitalter wird besichtigt" *Th. Mann:* „Doktor Faustus. Das Leben des deutschen Tonsetzers Adrian Leverkühn erzählt v. einem Freunde" (Roman mit Motiven aus dem Leben *Nietzsches)* und „Nietzsche" (Vortrag) *F. Mauriac:* „Le cahier noir" (frz. kathol.) *Monnier:* „Wein und Blut" (frz. Roman) *J. B. Priestley:* „Ein Inspektor kommt" (engl. Schauspiel) *Renn:* „Adel im Untergang" (Roman) *Hans Werner Richter* (* 1908) grdt. literar. „Gruppe 47" mit *H. Böll, Ingeborg Bachmann, W. Jens, M. Walser, G. Grass, H. M. Enzensberger* u. a. *G. Weisenborn:* „Memorial" (Tagebuch 1933 bis 1945) *Denton Welch:* „Jungfernreise" (engl. Rom.) *Wiechert:* „Die Jerominskinder" (Roman) *Zuckmayer:* „Der Seelenbräu" *G. Gründgens* Generalintendant der Städt. Bühnen Düsseldorf Internationaler Schriftstellerkongreß in Berlin „Neolatino" eine Verbindung von Esperanto mit 4 anderen Kunstsprachen Seit 1917 wurden in der USSR 859000 Druckschriften in 11 Mrd. Exemplaren veröffentlicht	*N. Rashevsky:* „Mathematische Theorie menschlicher Beziehungen" (nordamerikan. mathem. Soziologie) *W. Röpke:* „Das Kulturideal d. Liberalismus" *A. A. Schdanow* verlangt in Philosophie, Literatur u. Musik konsequenten Dienst an den Zielen der kommunist. Partei, begründ. damit „Schdanow-Linie" im sowjetruss. Machtbereich *Spranger:* „Die Magie der Seele" (philosophische Psychologie) *A. J. Toynbee:* „Studie zur Weltgeschichte" (kurzer Abriß der 6 Bde., macht d. Werk bekannt) *E. J. Walter:* „Psychologische Grundlagen d. geschichtlichen und sozialen Entwicklung" (Verbindung von materialist. Geschichtsauffassung, Tiefenpsychologie und antimetaphysischer Erkenntnistheorie) † *Sidney Webb*, engl. Sozialist; gehörte zusammen mit seiner Frau *Beatrice Webb-Potter* zu den Gründern und Inspiratoren der Fabian-Gesellschaft (1883), Labour-Party (1901), London School of Economics (1895) (* 1859) † *Alfred North Whitehead*, engl. Mathematiker und Philosoph (* 1861) Neuauflage der „Encyclopaedia Americana" in 30 Bänden (1. Aufl. 1832) Abschaffung der Todesstrafe in der USSR (dafür 25 Jahre Arbeitserziehungslager) *G. Strehler* u. *P. Grassi* gr. „Piccolo Teatro", Mailand

Edwin Scharff (* 1887, † 1955): „Emil Nolde" Plast.

K. Scheffler: „Grundlinien einer Weltgeschichte der Kunst"

† *Fritz Schumacher*, dt. Baumeist. (*1869)

Malergruppe „Fronte nuove delle arti" in Italien

Gr. Kunstausstellg. im Art Institut in Chicago steht im Zeichen surrealist. und abstrakter Malerei

Nordamerik. Nachkriegsarchitektur erstrebt mit neuen Formen und Baustoffen Einpassung in die Landschaft

---

„Zwischen Gestern und Morgen" (Zeitfilm mit *V. de Kowa, W. Birgel* u. *Sybille Schmitz*; Regie: *Harald Braun)*

„Ehe im Schatten" (Film mit *Paul Klinger, Ilse Steppat;* Regie: *Kurt Maetzig)*

„Monsieur Verdoux" (nordamerikan. Film von u. mit *Ch. Chaplin* als Massenmörder)

„Schweigen ist Gold" (frz. Film v. *R. Clair);* „Antoin et Antoinette" (frz. Film v. *J. Becker);* ‚Teufel im Leib" (frz. Film v. *Autant Lara);* „Die Tore der Nacht" (franz. Film v. *Carné)*

„In Frieden leben" (ital. Film v. *Luigi Zampa)*

„Odd man out" (engl. Film von *C. Reed)*; „Schwarzer Narzissus" (engl. Film v. *M. Powell)*

Eugene G. Rochow: „Eine Einführung in die Chemie der Silikone" (Entwicklung vielseitiger Kunststoffe in Öl-, Harz- und Gummiform; vgl. 1943)

Milton Rynold fliegt in 79 Stunden um die Erde (in fahrplanmäßigen Flugzeugen Erdumfliegung in 126 Stunden möglich)

H. Staudinger: „Makromolekulare Chemie und Biologie" (Kolloid-Biochemie) (*Nobel*pr. 1953)

J. Stebbins und *A. E. Whitford* weisen das für sichtbares Licht durch Absorption verdeckte Zentrum der Milchstraße durch seine Kurzwellenstrahlung nach (vgl. 1939)

Francis Steele rekonstruiert aus den Ausgrabungen von Nippur (1888 bis 1900) die Gesetzestafel des Königs *Lipit-Ischtar* von ≈ —2100 (Gesetz vor *Hammurapi)*

L. Woolley findet Grab des Hethiterkönigs *Yarim-Lim* (≈ —2000)

Charles Yeager erreicht mit Düsenflugzeug erstmalig Überschallgeschwindigkeit (etwa 1700 km/Std.)

Erdumfahrt der schwed. „Albatros"-Tiefsee-Expedition (wichtige Ergebnisse über Struktur der Ozeanböden)

Quantitative Bakteriophagenforschung durch *M. Delbrück* (vgl. *Nobel*pr. 1969)

Versuche, Krebs mit Antibiotica aus Schimmelpilzen zu bekämpfen

Die Bekämpfung von Geschwulsten mit zellteilungsstörenden Chemikalien (Mitosegifte) macht Fortschritte

„Dt. Institut für Geschichte der nationalsozialistischen Zeit" (gibt „Tischgespräche Hitlers" heraus und wird deshalb kritisiert)

Fund der bisher ältesten Bibelhandschriften am Toten Meer in Palästina: *Jesaja*-Rolle, *Habakuk*-Kommentar, Sektenbuch, Danklieder, *Henoch*-Buch, „Kampf der Kinder des Lichtes gegen die Kinder der Finsternis" (aus der Kuram-Sekte um Chr. Geb.)

Breitband-Antibiotikum Chloramphenicol entd.: senkt z. B. Typhus-Todesrate auf unter 3 %

Taft-Hartley-Gesetz in den USA schränkt besond. Streikrecht d. Gewerkschaften ein (Veto des Präsid.)

† *Henry Ford*, USA-Industrieller; „Automobilkönig" (*1863); hinterläßt ein Vermögen von 625 Mill. Dollar (größtes nordamerikan. Vermögen; außerdem gibt es noch sechs weitere über 100 Mill. Dollar)

9 Mill. kg Nylon in d. USA erzeugt (1948 üb. 20 Mill.)

Schwed. Reichstag garantiert d. Landwirtsch. festes Realeinkommen

Moskau hat 4,3 Mill. Einwohner (1917: 1,7 Mill.)

Von den etwa 350 Mill. Indern etwa 70% in der Landwirtsch., etwa 10% i. d. Großindustrie (besonders Baumwolltextilindustr.). Lebensstandard: 340 g Getreideerzeugnisse täglich pro Kopf und 9 m Baumwollstoff pro Kopf jährlich

1. Industriemesse in Hannover

Pakistan hat mehr als 80% d. Welt-Juteerzeugung

Ein modern. Nachrichtenbüro *(Reuter)* erhält täglich etwa 500000 Worte Meldungen

Erste Nachrichten über sog. „Fliegende Untertassen"

Nach sehr kaltem Winter folgt in Mitteleuropa sehr trockener u. heißer Sommer

25000 Astrologen und 80000 Wahrsager und Wahrsagerinnen in den USA registriert (in allen Ländern verbreitet sich der Aberglaube nach dem Krieg)

„New-Look"-Mode: Halblange, stoffreiche Kleider

In England kommt Cocktailkleid auf

Strand (Schweden) läuft Weltrekord über 1500 m in 3:43,0

1. Erdölbohrung i. Meer (Golf v. Mexiko)

„Varityper" (photomechan. Setzverfahren)

„Das sozialistische Jahrhundert" (sozialdemokr. Zeitschrift)

Christl. Weltmissionskonferenz in Kanada

Frauenstimmrecht in Japan

Blutige Unruhen zwischen Mohammedanern und Hindus i. Indien

1948

Friedens*nobel*preis nicht verliehen

USA- und brit. Luftflotte brechen sowjetruss. Blockade Berlins; politisch feste Haltung der Berliner Bevölkerung

Spaltung Berlins durch Einsetzung einer nicht gewählten Ostberl. Verwaltung unter *Friedrich Ebert*. Westberl. Wahlen: SPD 64,5%, CDU 19,4%, LDP 16,1% (SED stellt sich nicht zur Wahl). *Ernst Reuter* (SPD) zum Oberbürgermeister Berlins gewählt (wird 1951 Regierender Bürgermeister des Berliner Senats)

USSR erklärt Entlassung dt. Kriegsgefangener für beendet (1,9 Mill. entlassen). Nach Informationen der westdt. Bundesregierung müßten sich noch viele Gefangene und Verschleppte in der USSR befinden (bes. 1953 finden weitere Entlassungen statt)

Ruhrstatut verkündet: internationale Kontrollbehörde von 7 Nationen verteilt Kohle und Eisen mit weitgehenden Vollmachten (1949 Mitwirkung der Bundesrepublik; 1952 durch Montanunion beend.)

Westdt. Bizonen-Wirtschaftsrat gegründet. Präsident *Erich Köhler*

Westl. Besatzungsmächte lehnen Sozialisierungen in Deutschland auf Länderbasis ab

Während der Bodenreform in Ostdeutschland (seit 1945) wurden 3,1 Mill. ha an 500000 Kleinstbauern verteilt. In Westdeutschland kommt die beabsichtigte Bodenreform über Ansätze nicht hinaus

Ruth Fischer: „Stalin und der deutsche Kommunismus" (anti*stalin*istische Geschichte der KPD bis 1929)

Westverteidigungsstab unter Marschall *Montgomery* (Großbrit.)

Winston Churchill: „Memoiren" des 2. Weltkrieges

Dougl. Hyde, Chefredakt. d. kommunist. „Daily Worker" (brit.) tritt z. kath. Kirche über

Harold Laski: „Die amerikanische Demokratie" (engl. sozialist. Kritik der kapitalist. Demokratie)

Literatur-*Nobel*preis an *T. S. Eliot* (Großbrit.)

St. Andres: „Sintflut" (1. Bd. „Das Tier aus der Tiefe", 2. Bd. „Die Arche", 1951)

W. Ashajew (* 1915): „Fern von Moskau" (russ. Roman)

B. Brecht: „Herr Puntila und sein Knecht" (Bühnenstück)

Lawrence Durrell (*1914): „On Seeming to Presume" (engl. Gedichte)

Ilja Ehrenburg: „Der Sturm" (russ. Zeitrom.)

Fallada: „Jeder stirbt für sich allein" (Roman)

J. Fehling insz. „Die Fliegen" von *J. P. Sartre* im Hebbel-Theater Berlin (erkrankt 1955)

A. Huxley „Affe und Wesen" („Ape and Essence", englischer utopischer Roman über das Leben 2018 nach einem Atomkrieg)

† *Alfred Kerr*, dt. Theaterkritiker m. eigenwilligem Stil, u. a. im „Berliner Tageblatt" vor 1933 (* 1867)

Kisch: „Landung in Australien" (sozialist. Reisebericht)

† *Egon Erwin Kisch*, tschech. sozialist. Journalist und Schriftsteller „Der rasende Reporter" (* 1885)

Hans Leip (* 1893): „Die kleine Hafenorgel"

† *Emil Ludwig (Cohn)*, dt. hist. Schriftsteller; schrieb u. a. „Hindenburg" 1936, „Cleopatra' 1937, „Stalin" 1945 (* 1881)

Norman Mailer (* 1923): „Die Nackten und die Toten" (realist. Kriegsroman der USA)

Th. Mann: „Neue Studien" (Essays)

K. Barth: „Dogmatik im Grundriß" (Dialektische Theologie)

† *Nikolai Berdjajew*, russ. christl. Sozialist; emigrierte 1923; schrieb „Wahrheit und Offenbarung", „Das Reich Cäsars und des Geistes" u. a. (* 1874)

Buber: „Moses" (jüd. Religionswissenschaft)

Albert Einstein: „Botschaft an die geistigen Arbeiter" (Aufruf zur Unterstützung einer Weltregierung)

M. Gandhi (†): „Die Geschichte meiner Versuche mit der Wahrheit" (Autobiographie bis 1920)

R. Guardini: „Freiheit, Gnade und Schicksal" (ital. kathol. Religionsphilosophie)

Max Horkheimer (*1895, † 1973) u. *T. W. Adorno* (*1903, † 1969): „Dialektik der Aufklärung" (aus d. Frankf. Soziologenschule)

Roman Ingarden: „Der Streit um die Existenz der Welt" (poln. Philosophie)

Jaspers: „Von der Wahrheit" (Band 1 d. „Philosophischen Logik")

Alfred Ch. Kinsey: „Das sexuelle Verhalten des Mannes" (nordamerik. Untersuchung „Kinsey-Report", liefert erstmalig Zahlen aus einem größeren Personenkreis: Von den Befragten kannten 80% vorehelichen Verkehr, 87% Masturbation, 90% „Petting")

Paul Matussek: „Metaphysische Probleme der Medizin"

Beckmann-Ausstellg. in St. Louis, USA

Chagall: „Das fliegende Pferd" (Gem.)

Feininger: „Der See", „Hochhäuser i. Manhattan", „Thüringische Kirchen" (Aquarelle)

Renato Guttuso: „Nächtlicher Fischfang" (ital. express. Gemälde)

Heinrich Heuser (* 1887, † 1967): Wandgemälde i. d. Kammerspielen des Dt. Theaters, Berlin

Heckel: „Bildnis Otto Dix", „Mann mit Baskenmütze", „Wanderzirkus" (express. Lithograph.) und „Der Zeichner" (express. Holzschn.)

† *Thomas Theodor Heine*, dt. Maler u. Graphiker; gründete mit *A. Langen* 1896 den satir. „Simplizissimus" (* 1867)

Anton Hiller (* 1893): „Mädch. mit Blume" (Bronzeplastik)

Hofer: „Die Blinden" (Gem.)

Kaus: „Stilleben mit Maske u. Guitarre" (express. Aquarell) u. „Sinnendes Mädchen" (expr. Gem.)

Hermann Kirchberger: Bildschmuck im Nationaltheat., Weimar

Le Corbusier: Wohnblock in Marseille (17 Stock, Stahl- u. Glasbauweise, für 300 Famil.; Dachgarten m. Schwimm- und Sonnenbädern; Kindergarten und Schule, Parkumgebung; vollend. 1952)

G. Marcks: „Gefesselter Prometheus" (Plastik)

Georges Balanchine grdt. New-York-City-Ballett

Blacher: „Die Nachtschwalbe" (Oper)

B. Britten: „Bettleroper" (engl. Erneuerung d. Oper von 1728)

Egk: „Circe" (heitere Oper)

W. Furtwängler: „Gespräche über Musik"

Hindemith: Cellosonate

Otto Klemperer (* 1885) geht als Dirigent nach Budapest (war s. 1933 in Los Angeles)

Arnim Knab (* 1881, † 1951): „Das gesegnete Jahr" (Oratorium)

† *Georg Kulenkampff*, dt. Violin-Virtuose (* 1898)

† *Franz Lehár*, österr. - ungarisch. Operettenkompon. (* 1870)

Otto Leuning: „Evangeline" (Musikdrama nach ein. Idylle *Longfellows)*

Yehudi Menuhin (* 1916) konzert. auf d. UN-Versammlung z. Erkl. d. Menschenrechte

Jerome Moross: „Willy the Weeper" (nordamerik., gereimte Münchhausiade als Variationen i. Boogie-Woogie-Stil)

Pepping: „Die Tageszeiten" (3. Symphonie im neoklassizist. Stil)

Cole Porter (* 1893, † 1964): „Kiss me, Kate" (nordamer. Musical n. *Shake-*

Physik-*Nobel*preis an *Patrick Maynard Stuart Blackett* (Großbrit., * 1897) für Mesonenforschung

Chemie-*Nobel*preis a. *A. W. K. Tiselius* (Schwed.) für Kolloidtrennung

Medizin-*Nobel*preis an *Paul Müller* (Schweiz) für Insektengift DDT

W. Adrian: „Die Frage der norddeutschen Eolithen" (erweist die angebl. Werkzeuge aus dem Alttertiär als Naturprodukte)

Charlotte Auerbach: Auslösung von Mutationen durch Senfgas (Beginn einer „Chemogenetik")

J. Bardeen u. *W. H. Brattain:* Transistor (Germanium-Krist.-Verstärk., beruf., Elektronenröhr. zu ersetz.)

Otis Barton erreicht mit Tauchkugel 1372 m Tiefe

Russel C. Brock: Erste Valvulotomie (Sprengung verengter Herzklappen)

K. Daeves und *A. Beckel:* „Großzahlforschung und Häufigkeitsanalyse" (angewandte Statistik)

Dennis Gabor (* 1900): „Holographie" (Abbildung durch Rekonstruktion der Wellenzüge. Wird ab 1960 mit Hilfe des Lasers zur Erzeugung plastisch wirkender Bilder entwickelt)

Gardner und *Lattes:* Künstliche Erzeugung des leichten und schweren Mesons im Zyklotron (kommen natürlich in der kosmischen Höhenstrahlung vor)

Philip S. Hench (* 1896) und *E. C. Kendall* heilen mit Cortison-Hormon rheumatische Krankheiten

P. Kirkpatrick und *A. V. Baez:* Beginn der Entwicklung eines *Röntgen*strahlmikroskops

5. Uranus-Mond von *G. P. Kuiper* entdeckt

Lyssenko säubert mit Hilfe der kommunist. Partei die russ. Vererbungswissenschaft von seinen Gegnern, welche auf der internationalen Linie *Mendel-Morgan* arbeiten

B. Rajewsky (* 1893, † 1974): „Biophysik" (grundl. für Erforsch. biolog. Strahlenwirkungen, mit *M. Schön*)

W. H. Ramsay nimmt für Kern und Mantel der Erde (und den erdähnl.

Am Rekordtag der Berlin. Luftbrücke bringen 896 Flugzeuge etwa 7000 t nach Berlin

J. Kuczynski: „Geschichte der Arbeiter unter dem Industriekapitalismus" (7 Bände seit 1946, kommunist.)

Währungsreform in West- und Ostdeutschland. Umtauschverhältnis 10 RM = 1 DM (1950: 1 DM West = etwa 5 DM Ost)

45,2 Mrd. RM dt. Sparguthab. durch Währungsreform auf 2,2 Mrd. DM abgewertet (51 % der westdt. Akt.-Gesellsch. stellen bis 1951 ihr Kapital 1 : 1 um)

Index der Weltindustrieproduktion 1948/49 (ohne USSR; 1937 = 100): 141; Elektrizitätserzeug.: 194

Eröffnung d. erst. Läden der staatl. Handels-Organisation (HO) in der sowjetisch besetzt. Zone u. Ost-Berlin (steigern bis 1950 ihren Anteil am Einzelhandel auf 29 %, Konsumgenoss. auf 19 %, Privathandel geht auf 52 % zurück)

Volkseinkommen in den USA 260 Milliarden Dollar (1860 Dollar/Kopf)

USA-Gewerkschaften erreichen „Indexlohn" für die Arbeiter der General Motors mit automatischer

(1948)

Dr. *Daniel Malan* (Nationalpartei) Ministerpräsident der Südafrikan. Union (tritt 1954 zurück); politische Entrechtung der nichtweißen Bevölkerung; Selbständigkeitsbestrebungen gegenüber Großbritannien

Brüsseler Vertrag zw. Frankreich, Gr.-Brit., Benelux über wirtschaftl. Zusammenarbeit und kollektiven Beistand bes. gegen Deutschl. (Die Londoner Akte von 1954 sieht Aufn. Italiens u. Deutschlands vor)

Frankreich hebt Zollgrenze zum Saargebiet auf und führt dort frz. Währung ein

Abwertung des frz. Franken. Frz. Militär besetzt die bestreikten, verstaatlichten Kohlengruben

Juliana, nach Thronverzicht ihrer Mutter *Wilhelmina* (Königin seit 1890), Königin der Niederlande

Wahlen zur italien. Abgeordnetenkammer: Christl.-Demokrat. 303 Sitze, „Demokratische Volksfront" (Kommunisten, Linkssozialisten, Gewerkschaften) 178, Rechtssozialisten 29. Attentat auf den ital. Kommunistenführer *Togliatti* löst Generalstreik aus

Skandinav. Länder nehmen am *Marshall*plan teil

Dänemark gewährt Grönland weitgehende Selbstverwaltung

Skandinav. Militärbündnis scheitert

Arpad Szakasits (Sozialist) ungar. Staatspräsident bis 1950 (Rücktritt)

Vereinigung der kommunist. und sozialist. Parteien in Ungarn

Kommunist. „Jugend-Weltfriedenskongreß" in Budapest

Vereinigung der tschechoslowak. Kommunist. u. Sozialisten. Staatsstreichartige Einführung einer neuen Verfassung, Staatspräsident *Benesch* tritt zurück. *Gottwald* zum Präsidenten gewählt; Regierung mit 50% kommunist. Ministern. Selbstmord von *Jan Masaryk* (* 1886)

† *Eduard Benesch*, tschechoslowak Staatsmann, Staatspräsident von 1935 bis 1938 und seit 1945 (*1884)

Verstaatlichung der Produktionsmittel in Rumänien

Norman Nicholson (* 1914): „Rock Face" (engl. Gedichtsammlg.)

Saint-Exupéry: „Die Stadt in der Wüste" (frz., posthum)

J. P. Sartre: „Die schmutzigen Hände" (frz. Schauspiel um das Problem der Parteilinie)

W. Speyer: „Das Glück der Andernachs" (Rom.)

Max Tau (* 1897): „Glaube an den Menschen" (autobiograph. Roman; erhält 1950 ersten Friedenspreis dt. Verleger)

Unruh: „Der nie verlor" (Roman)

Th. N. Wilder: „Die Iden des März" (nordamerik. Roman)

Jean-Louis Barrault pflegt in Paris ein pantomimisch-symbol. Theater: „Hamlet", *Kafkas* „Prozeß"

† *Paul Wegener*, dt. Schauspieler (* 1874) 1938–45 am Schillertheater, Berlin

Etwa 135 Mill. „Pocket Books" (Taschenbücher) von teilw. hochwertigen Autoren in den USA verkauft (1945: 66 Mill.)

M. Mead: „Mann und Frau" (tiefenpsychologische Studie über Verhältnis der Geschlechter bei den sieben Gesellschaftsformen der Südsee und im amerikan. Mittelstand)

Müller-Freienfels: „Der Mensch im Universum", „Das Lachen und das Lächeln"

Ernst Niekisch (* 1889, † 1967): „Zum Problem der Freiheit", „Deutsche Daseinsverfehlung" (marxist.)

Anna Siemsen: „Die gesellschaftlichen Grundlagen der Erziehung" (Erziehungssoziologie, geschrieben 1934/35)

Paul Tillich: „Das Zeitalter des Protestantismus" (engl.)

C. F. von Weizsäcker: „Die Geschichte der Natur" (Naturphilosophie der Physik, zeigt histor. Denkkategorien in den Naturwissenschaften)

Kirchen aus 40 Nationen gr. i. Amsterdam Ökumenischen Rat

Erklärung d. Menschenrechte durch die UN-Vollversammlung

„Menschliche Beziehungen" (engl. Zeitschrift für empirische Sozialpsychologie vom Tavistock-Institut, gegründet 1947)

„Vierteljahreszeitschrift für experimentelle Psychologie" (engl.)

„Freie Universität Berlin" aus student. Initiative gegrdt. (wegen Unterdrückung der polit. und wissenschaftl. Freiheit an der Ostberl. „Humboldt"-Univ.)

Landesuniversität Potsdam (für Land Brandenburg)

„Jeunesse“ (belg. Holzschnitte, Einf. von *Th. Mann)*
Gabriele Münter (* 1877): „Wolken üb. Murnau“, „Winter in den Bergen“ (express. Gemälde)
Picasso: Keramiken (seit 1947)
Emy Roeder (* 1890): „Röm. Bergziegen“ (Bronzeplastik)
Werner Scholz (* 1898): Bibelillustrationen (Pastellmalerei)
Hans Sedlmayr: „Verlust der Mitte“ (Kunstkritik)
Herbert Spangenberg (* 1907): „Strand am Kattegatt“ (Gemäld. im geometr. Stil)
Lewittown (New York), moderne Großsiedlg. in zeitsparender Bauweise

„Hamlet“ (englisch. Farbfilm nach *Shakespeare* von *L. Olivier*; besond. Ausnutzung der Tiefenschärfe); „Rote Schuhe“ (engl. Film v. *M. Powell)*; „Oliver Twist“ (engl. Film von *D. Lean)*; „Das gestürzte Idol“ (engl. Film von *C. Reed)*
„Paris 1900“ (frz. Film von *Nicole Védrès)*; „Die schrecklichen Eltern“ (frz. Film von *Cocteau)*
„Deutschland im Jahre Null“ (italien. Film v. *R. Rosselini*); „Bitterer Reis“ (ital. realist. Film; Regie: *Giuseppe de Santis*); „Die Fahrraddiebe“ (ital. Film v. *de Sica*); „Die Erde bebt“ (ital. Film v. *Luchini Visconti)*
† *David Wark Griffith*, nordam. Filmregisseur; drehte

speares „Der Widerspenstigen Zähmung“)
Walter Piston (* 1894): 3. Symphonie und „Toccata“ (nordamerikan. Orchesterkompositionen)

Pierre Schaeffer beg. i. Paris mit d. „Musique concrète“
Strawinsky: Messe (russische Komposition)
Hch. Sutermeister: „Raskolnikow“ (Schweiz. Oper)
† *Richard Tauber*, dt. Tenor (* 1892)
R. Vaughan Williams: 6. Symphonie (engl. Orchestermusik)
† *Ermanno Wolf-Ferrari*, dt.-italien. Opernkomponist (* 1876)

Moskauer Musikerkonferenz verurteilt die Werke der russ. Komponisten *Schostakowitsch, Prokowjew, Katschaturian, Miaskowskij* u. a. als „formalistisch“ u. „volksfremd“
Langspielplatte (LP) hoher Klangqualität

Planeten) durchgehend gleichen stofflichen Aufbau an (daneben besteht die Eisenkernhypothese)
Rickes und *Smith* kristallisieren Vitamin B_{12} (wirksam gegen perniziöse Anämie)
Claude E. Shannon (* 1916) und *W. Weaver:* „Mathematische Theorie der Kommunikation“ (gilt als exakte Begründung der Informationstheorie)
John W. Tuckey benennt die Informationseinheit „bit“ (binary digit)
O. H. Warburg: „Wasserstoffübertragende Fermente“ (physiologisch. Chemie); weitere Unters. d. Photosynthese
Norbert Wiener (* 1894, † 1964): „Kybernetik“ (nordamer. Begründung d. Wissenschaft von Steuer- und Regelungsvorgängen in der belebten und unbelebten Natur)
Einweihung des 5-m-Teleskop-Spiegels auf dem Palomar-Mountain (USA)
Neuere Präzisionsmessungen ergeben kein ständiges allgem. Magnetfeld der Sonne
Brit. Düsenflugzeug err. 20 km Höhe (USA-Düsenfl. 1952 24 km)
Unbemannter Ballon mit Radiosonde erreicht in USA 42 km Höhe (relativ warme Ozonschicht)
Häufigere Durchführung schmerzarmer Entbindungen u. a. mit Trichloräthylen (z. B. bei der engl. Prinzessin)
Antibiotisches Heilmittel „Aureomyzin“ isoliert
Verwendung von Streptomycin gegen Hirnhautentzündungen und Tuberkulose
Entwicklung „Künstlicher Herzen“ in Schweden (s. 1947 v. *Clarence Crawford)* und den Niederlanden (zur Aufrechterhaltung des Blutkreislaufes bei Herzoperationen)
USSR unterhält in der Arktis 137 ständig besetzte meteorologische Stationen (1914: 5)
Erzeugung von 139200 Mill. cbm Erdgas und 16560 Mill. cbm Kunstgas in den USA; 350000 km Ferngasleitung und 22,9 Mill. Verbraucher (Deutschland 6588 Mill. cbm Kunstgas)
~ Rasche Entwicklung des UKW-Rundfunks

Angleichung an das Preisniveau

USA-Europahilfe durch *Marshall*plan (ERP) beg.: 1. Jahr 4875 Mill. Dollar, 2. Jahr 3880 Mill., 3. Jahr 2720 Mill., 4. Jahr (voraussichtl.) 2000 Mill. Davon an Großbrit. 4450 Mill. Dollar, Frankreich 3100 Mill., Italien 1300 Mill., Westdeutschland 1000 Mill., Niederlande 785 Mill., 13 andere Länder 3540 Mill.

Gründg. d. angloamerikan. Produktivitätsrates zum Austausch industriell. Erfahrung. zwischen USA und Großbritannien

Umfassender nationaler Gesundheitsdienst i. Großbrit. (n. d. Ges. v. 1946)

Alters- und Invalidenversorgungsgesetz in Schweden mit erhöhten Leistungen

Erneute Sandstürme in den USA verwüsten 700000 Morgen Ackerland in Texas und Neu-Mexiko

Uranförderung in Belgisch-Kongo jährlich etwa 5000 t (reicht nach dem derzeitigen Stand d. Atomkrafttechnik f. etwa 50 Milliard. kWh, d. sind rund 10% d. Weltstromerzeugung). Elektrische Energie aus Atomkraftanlagen wäre

(1948)

Kominform verurteilt *Titos* Politik in Jugoslawien als Abweichung vom „Marxismus-Leninismus-Stalinismus"

Bündnisvertrag Finnland-USSR für 10 Jahre

Finn. Wahlen: Sozialdemokr. 56 Sitze, Agrarpartei 56, Volksdemokr. (Komm.) 38, Konservative 30, Schwed. Partei 14, Liberale 6; *Fagerholm* (Sozialdemokr.) bildet Regierung

Israel als jüd. Staat in Palästina gegründet; schlägt arabische Angriffe zurück; bei den Unruhen wird der schwed. UN-Vermittler Graf *Folke Bernadotte* (* 1896) getötet

Chaim Weizman, „Der Vater Israels", erster Präsident Israels b. 1953 (†, * 1874) und *David Ben Gurion* (* 1886) erster Ministerpräsident (Rücktritt 1953)

USA-Finanzhilfe für Siebenjahresplan in Iran

In der Präsidentenwahl der USA siegt *Truman* (Demokr.) über *Th. E. Dewey* (Republ., *1902, + 1971) durch Unterstützung der Gewerkschaften entgegen Pressevorhersagen (1952 wird General *Eisenhower* [Republ.] gew.)

St. Laurent wird als kanad. Ministerpräsident Nachfolger von *Mackenzie King*

Manuel Odria stürzt Präsident *Bustamente* von Peru

† *Mahatma Gandhi* (durch Attentat eines Hindu-Brahmanen), Kämpfer für die ind. Unabhängigkeit, nach einem als vorbildlich geltenden Leben für Frieden und Gerechtigkeit (* 1869)

Tschiang Kai-schek zum Präsidenten von China gewählt. Kommunist. Volksarmee erobert Nordchina (vgl. 1949)

~ Rasche Entwicklung der Volkshochschulen i. Dtl. (1953 gibt es in der BRDt. u. Westberlin 1023 VHS, 2835 Nebenstellen, 22 Heimvolkshochschulen, 1389505 eingeschriebene Hörer u. 4025131 Besucher v Einzelveranstaltungen. Soziale Gruppen: männl. 45,6%, weibl. 54,4%; Schüler u. Stud. 19,7%, Arbeiter 15,9%, Beamte 5,3%, Angestellte 34,9%, Freie Berufe 5,1%, Hausfr. 12,5%, selbst. Handw. 2,3%, ohne Beruf 4,4%)

Clausthaler Gespräche über „Naturwissenschaft, Religion, Weltanschauung"

„Lindsay - Vorschläge" eines dt. - engl. Ausschusses zur Hochschulreform: Studium aller Volksschichten, engerer Kontakt mit der Bevölkerung (zeigt wenig Wirkung)

„Studium Generale" (Zeitschrift für die Einheit der Wissenschaften im Zusammenhang ihrer Begriffsbildungen und Forschungsmethoden)

Neugrdg. d. Hochschule f. Politik, Berlin (Direktor wird *Otto Suhr*. (* 1894), Präsident des Berl. Abgeordnetenhauses)

„Arbeit und Leben", Erwachsenenbildungswerk der westdeutschen Gewerkschaft u. Volkshochschulen (gegründet in Niedersachsen)

„Der Monat. Eine internationale Zeitschrift für Politik und geistiges Leben" (Chefredakteur *Melvin J. Lasky*)

~ Unters. in Europa zeigen schnelleres körperliches, seelisches und geistiges Reifen der Jugendlichen

484 Filme; „Vater d. Filmkunst" (*1875)

„Lusiana Story" (nordam. Film von *Flaherty*); „Die Dame aus Shanghai" (nordam. Film von und mit *O. Welles, Rita Hayworth*); „Macbeth" (nordam. Film von *O. Welles*); „Die Staaten der Union" (nordamerik. Film von *Capra*)

„Die junge Garde" (russ. Film v. *Gerassimow*); „Der dritte Schlag" (russ. Film von *Sawtschenko*); „Mitschurin" (russ. Film v. *Dowschenko*)

„Irgendwo in Europa" (ungar. Film)

„Die letzte Etappe" (poln. Film)

„Die geteilte Welt" (schwed. Film)

„Affaire Blum" (Film mit *Gisela Trowe* u. *Christian Blech*; Regie: *E. Engel*)

„Berliner Ballade" (satir.-kabarettist. Film von *Robert A. Stemmle*, * 1903, und *Günter Neumann*)

„Film ohne Titel" (Film von *R. Jugert* mit *H. Söhnker, Hildegard Knef*)

Anstieg der Fernsehempfänger in den USA von 200000 auf 750000 (vgl. 1950)

In Schweden s. 1945 aus 151 künstl. Befruchtungen 23 Kinder geboren

Strahlung auf Kreisbahn umlaufender Elektronen (Synchrotronstrahlung) im Labor nachgewiesen (gewinnt meßtechnische und theoretische Bedeutung)

Brit. Expedition in Kenia macht zahlreiche Funde aus dem Dryopithecus-(Baumaffen-)Kreis, in dem vor ca. 13–20 Mill. Jahren die gemeinsamen Vorfahren von Mensch und Menschenaffen vermutet werden. Als Untergattung gehört „Proconsul" in diesen Kreis

etwa halb so teuer wie aus Kohle

F. Osborn: „Die ausgeplünderte Erde" (amer. Wachstumskritik)

1 t Uran kostet etwa 1600 Dollar

Beginn des Baues von Staudämmen für Damodarregulierung in Indien (insgesamt Kraftwerke für 240000 kW vorgesehen). Ind. Kraftwerke erzeugen etwa 1,4 Mill. kW

Erste Konferenz d. Weltgesundheitsorganisation d. UN

Jährl. Todesfälle an Weltseuchen: Syphilis etwa 20 Mill., Malaria etwa 3 Mill., Tuberkulose etwa 4,5 Mill.

Olympiade i. London (mehr als 5000 Sportler)

Fanny Blankers-Koen (Niederl.) gewinnt auf d. Olympiade in London 4 Goldmedaillen („Die fliegende Mutter")

Frauen-Weltrekord i. Kugelstoßen mit 14,39 m von *Adrejewa* (USSR) und Diskuswurf mit 53,25 m von *Dumbaase* (USSR)

Roy Bietila (USA) erreicht im Skispringen 83,5 m

Weltrekord im Diskuswurf mit 55,33 m von *Consolini* (Ital.)

Weltrekord im beidarmig Stoßen für Schwergewicht mit 177,5 kg von *John Davis* (USA) (nicht anerkannt 189,5 kg von *Zaferatos*, USA)

Weltrekord im Kugelstoßen mit 17,68 m von *Fonville* (USA)

Weltrekord im 100-m-Freistilschwimmen mit 55,4 Sek. von *Ford* (USA)

Joe Louis schlägt *Walcott* in der 11. Runde k. o. u. dankt ab, nachdem er seit 1937 25mal erfolgreich sein. Weltmeistertitel als „Brauner Bomber" verteidigt hatte (vgl. 1950)

Ferd. Porsche (* 1875, † 1951) konstruiert d. PKW „Porsche 356"

Heinrich Nordhoff (* 1899, † 1968) wird Generaldirektor des Volkswagenwerkes in Wolfsburg

Transandenbahn Argent.–Chile überquert Paß i. 3857 m Höhe

1949

Friedens*nobel*preis an *Boyd Orr* (Gr. Brit., *1880, + 1971) f. Bemühungen um d. Welternährung

Brit. Demontagen in Deutschland führen zu örtlichen Unruhen

Aufhebung der Blockade („Verkehrsbeschränkungen") geg. Westberlin. Wirtschaftskrise des von Westdeutschland abhängigen Westberlins (bis 300000 Arbeitslose)

Der ,,Dt. Volksrat" in Ostdeutschland (SBZ) ruft ,,Nationale Front" ins Leben, kommunist. beeinflußt

Es konstituieren sich BRD und DDR

Westdt. Bundesrepublik (11 Länder) mit vorläufiger Verfassung und Hauptstadt Bonn. Erster Bundespräsid. *Theodor Heuss* (FDP)

Wahl zum westdt. Bundestag: CDU 139 Sitze, SPD 131, FDP 52, Bayernpartei 17, DP 17, KPD 15, WAV 12, Zentrum 10, DRP 5, SSV 1, parteilos 3. Bundeskanzler *Konrad Adenauer* (CDU) bildet Regierung aus CDU, FDP, DP

Inoffizieller Führer der Opposition *Kurt Schumacher* (* 1895, † 1952), SPD

Wilhelm Pieck (Komm.) Präsident der ostdt. „Deutschen Demokratischen Republik"

Otto Grotewohl (SED, * 1894, † 1964) bildet ostdeutsche Regierung im Sinne der „Blockpolitik" aus genehmen Vertretern aller Parteien und Massenorganisationen

Besatzungsstatut für Westdeutschl.

Margarete Buber-Neumann: „Als Gefangene bei Stalin und Hitler" (als Frau eines dt. Kommunisten vor 1940 in russ., danach bis 1945 in dt. KZ's)

Neuwahlen in Österreich: Volkspartei 77 Sitze, Sozialdemokr. 67, Unabhängige 16, Linksblock 5; *Figl* bildet neue Regierung

Die Delegierten von Großbrit., USA, Norwegen, den Niederlanden verlassen (kommunist. beeinflußten) Weltgewerkschaftsbund (verliert etwa 35 Mill., d. h. ca. 50% seiner Mitglieder)

Irland löst alle Beziehungen zur brit. Krone (seit 1948 *John A. Costello* Ministerpräsident)

Literatur-*Nobel*preis an *W. Faulkner* (USA) (verliehen 1950)

Benn: „Trunkene Flut" (express. Lyrik), „Ausdruckswelt" (Essays u. Aphorismen)

Brecht: „Kalendergeschichten"

Camus: „Belagerungszustand" (frz. Schauspiel; Uraufführung im Théâtre Marigny von *Jean-Louis Barrault*)

Colette: „Le fanal bleu" (frz. Roman)

Döblin: „Novemb. 1918" (Romantrilog. seit 1939)

Th. S. Eliot: „Cocktail Party" (engl. Komödie)

Christopher Fry: „Die Dame ist nicht fürs Feuer" (engl. Bühnenstück)

G. Greene: „Der dritte Mann" (engl. Roman aus dem Nachkriegs-Wien, wird von *C. Reed* verfilmt)

Hans Egon Holthusen: „Hier in d. Zeit" (Ged.)

Ernst Jünger: „Strahlungen" (Tagebuch), „Heliopolis" (Zukunftsroman)

Lewis: „Der Gottsucher" (nordamerikan. histor. Roman)

Georg Lukacs: „Thomas Mann" (marxist.-kommunistisch)

Th. Mann: „Die Entstehung des Doktor Faustus. Roman eines Romans" (Tagebuch-Notizen), „Ansprache im Goethejahr 1949", „Goethe und die Demokratie" (Vorträge)

† *Maurice Maeterlinck*, belg. Dichter und Philosoph; *Nobel*preis 1911 (* 1862)

T. M. Abel und *F. L. K. Hsu:* „Einige Merkmale des chinesischen Charakters auf Grund des Rorschachtestes" (Assoziations-Test i. Anwendung auf Völkerpsychologie)

Theodor W. Adorno: ,,Philosophie der neuen Musik" (beeinflußt von der Zwölftonkunst *A. Schönbergs*)

C. W. Ceram (eig. *Kurt W. Marek,* *1915, + 1972): ,,Götter, Gräber und Gelehrte. Roman der Archäologie" (begrdt. neuen sehr erfolgr. Stil d. Sachbuchs)

Philipp Frank: „Einstein. Sein Leben und seine Zeit" („Einstein verstehen, heißt die Welt des 20. Jhdts. verstehen")

Paul Frölich: „Rosa Luxemburg" (demokr.-sozialist. Würdigung)

Josef Goldbrunner: „Individuation, die Tiefenpsychologie von Carl Gustav Jung" (Darstellung und Kritik vom kathol. Standpunkt aus)

Heidegger: „Holzwege" (philosoph. Abhandlg.)

Th. Heuß: „1848. Werk und Erbe"

Jaspers: „Vom Ursprung und Ziel der Geschichte" (Geschichtsphilosophie mit dem Begriff der kulturell entscheidend. „Achsenzeit" ≈ —500)

Kardinal *Mindszenty* (seit 1945 Fürstprimas von Ungarn) wegen „Hochverrats" zu lebenslängl. Gefängnis verurteilt

H. Mitteis: „Deutsche Rechtsgeschichte"

G. P. Murdock: „Sozialstruktur" (nordamerik.

Eduard Bargheer (*1901): „Ruinen am Meer", „Neapel" (abstrakte Gemälde)

C. G. Becker: „Großer Pierrot" (expr. Gemälde)

Beckmann: „Der verlorene Sohn", „Stillleben mit Kerzen" (express. Gemälde)

Hub. Berke (*1908): „Blaue Welt" (express. Gemälde)

Chagall: „Rote Sonne" (frz.-russ. Gem.)

† *James Ensor*, belg. Maler, erst im-, später expressionist. Richtung (* 1860)

H. A. P. Grieshaber (* 1909): „Ulmer Tuch" (expression. Komposition aus bemalten Teilstücken)

Günter Grote (*1911): „Spaziergang" (Gemälde)

K. Hofer: „Mädchen mit Orange", „Die Flut" (express. Gemälde)

Kaus: „Spannungen" u. „Muscheln und Götzen" (express. Aquarelle)

Kokoschka-Ausstellg. im Museum of modern art, New York

G. Marcks: „Sich Neigende" (Bronzeplastik)

J. Marin: „Bewegte See nach dem Hurrikan" (nordamerikan. express. Gemälde)

Rolf Nesch (*1893): „Dschingis-Khan" (expr. Metalldruck)

Pechstein: „Die Sonne kam wieder" (expr. Gemälde)

B. Britten: „Wir machen eine Oper" (engl. Kinderoper unter Mitwirkung des Publikums)

Egk: „Abraxas" (Faustballett) und „Französ. Suite nach Rameau"

Hindemith: Concertino für Horn und Orchester

Křenek Streichtrio

Orff: „Antigonae" (Oper nach *Sophokles* und *Hölderlin*)

† *Hans Pfitzner*, dt. Komp. (* 1869)

A. Schönberg (seit 1946): Violin- und Klavier-Konzert, „Ode an Napoleon", „Der Überlebende von Warschau" (Kantate)

† *Richard Strauss*, dt. Komponist (* 1864)

Hch. Sutermeister: „Die schwarze Spinne" (Schweiz. Oper nach *J. Gotthelf*)

Mary Wigman kommt nach Berlin (West)

Modetanz Samba

O. Sala entwickelt Mixtur-Trautonium (Anwendung dieses vielseitigen elektroakustischen Instrumentes für Theater-, Hörspiel- und Filmmusik)

Physik-*Nobel*preis an *H. Yukawa* (Jap.) für Vorhersage des Mesons

Chemie-*Nobel*preis an *W. F. Giauque* (Kanada) für Chemie tiefster Temperaturen

Medizin-*Nobel*preis an *W. R. Heß* (Schweiz, * 1881, † 1973) für Zwischenhirnforschung und *E. Moniz* (Portug.) für Hirnchirurgie

W. Baade entdeckt kleinen Planeten, dessen Sonnennähe noch innerhalb der Merkurbahn liegt (entdeckte 1924 den sonnenfernsten kleinen Planeten)

K. H. Bauer: „Das Krebsproblem" (grundl. vgl. 1928)

† *Friedrich Bergius*, dt. Chemiker und Industrieller; *Nobel*preis 1931 (* 1884)

B. v. Borries: „Die Übermikroskopie" (Zusammenfassung üb. die ersten 10 Jahre ihrer Anwendung)

Dussik: Ultraschall-Schattenbild d. Gehirns zur Diagnose von Gehirngeschwulsten (auf der ersten Ultraschalltagung in Erlangen)

W. Fischer u. *G. B. Gruber:* „Fünfzig Jahre Ontologie in Deutschland" (zur Gründung d. Dt. Pathologischen Gesellschaft 1897)

Geoffrey de Havilland: „Comet" (engl. Verkehrsflugzeug für 36 Passagiere mit 4 Düsenmotoren für 800 Stundenkilometer in 11 km Höhe; regelmäßige Flüge nach Australien ab 1953)

A. Kelner findet Wiederbelebung ultraviolett abgetöteter Bakterien durch Licht („Photoreaktivierung")

R. Kuhn: Biochemische Genetik (Nachweis v. Pilz-Mutationen durch chemische Nährbodenänderung zeigt, daß die Gene Katalysatoren für die Lebensprozesse liefern)

G. P. Kuiper entd. 2. Neptunmond

Williard F. Libby bestimmt als Gehalt an radioaktivem Kohlenstoffisotop das Alter prähistorischer Holzgegenstände (neue Methode zur Bestimmung unsicherer vor- und frühhistor. Daten)

Alexander I. Oparin: „Die Entstehung des Lebens auf der Erde" (Versuch einer chemischen Theorie)

Die Ernährungsfähigkeit der Erde wird verschieden abgeschätzt (von „mangelhaft" bis „ausreichend für 13,5 Milliarden Menschen")

Luftbrücke nach Berlin: in 13 Monaten 274718 Flüge, 160 Mill. Flug-km., 2 Mill. t Versorgungsgüter

Von 5556000 dt. Schulkindern sind 2865550 (52%) nicht bei beiden Elternteilen

Interzonen - Handelsabkomm. zwischen West- und Ostdeutschl. (1950 verlängert)

Abwertung des engl. Pfundes um 30% (verbessert in der Folgezeit brit. Außenhandelsbil.)

Nettoeinkommen in Großbritannien (1939): über 6000 Pfund 86 Pers. (6550), 1000 bis 1500 Pf. 400000 Person. (130000), 250—500 Pfund 9300000 Personen (1400000)

Kaufkraft d. Stundenlohns eines Industriearbeiters f. Nahrungsmittel: USA = 100, Norwegen 88, Dänemark 80, Großbrit. 71, Schweden 69, Schweiz 51, Irland 45, Frankreich 35, Deutschland 32, Italien 24, Österreich 23, USSR 18

USA Gewerkschaften stell. Pensions- u. Unterstützungs-

(1949)	Liberaler Wahlsieg in Australien. *Menzies* austral. Ministerpräsident Europarat in Straßburg (Versuch eines westeuropäischen Parlaments) Kommunist. „Weltfriedenskongreß" in Paris Unterzeichnung eines französ.-ital. Zollunionsvertrages Außenministerkonferenz der 4 dt. Besatzungsmächte in Paris, ohne wesentliche Erfolge hinsichtlich Deutschland Konsultativrat der europäischen ERP-Länder in Paris berät unter Präsident *van Zeeland* Liberalisierung des europ. Handels *Thorez* (Frankr.) und *Togliatti* (Ital.) erklären kommunist. Unterstützung der USSR im Kriegsfalle Niederlande anerkennen Indonesische Republik (Java, Sumatra, Madoera, Borneo). Neuguinea bleibt niederl. Kolonie Agrarkrise in Italien: Landarbeiterstreiks und gewaltsame Landbesetzung Freundschafts- und Handelsabkommen Spaniens mit Argentinien Staatsbesuch *Francos* in Portugal. Keine Einigung mit dem Infanten Don *Juan* Norwegen lehnt Nichtangriffspakt mit USSR ab *Rajk* (ungar. Außenminister) wegen „Titoismus" hingerichtet *Rokossowski*, Marschall der USSR, wird poln. Verteidigungsminister Bodenreform in Rumänien enteignet privaten Grundbesitz über 50 ha *Tito* sucht Wirtschaftsbeziehungen zur USA und zu anderen westl. Staaten. USSR erklärt Jugoslawien zum Feind Griech. königl. Regierung beendet siegreich den Bürgerkrieg; starke antidemokratische Tendenzen Osteurop. Wirtschaftsrat zwischen USSR, Tschechoslowakei, Polen, Rumänien, Ungarn, Bulgarien *Stalin* lehnt eine Einladung *Trumans* nach Washington ab und schlägt Treffen auf osteurop. Boden vor	† *Axel Munthe*, schwed. Arzt und Schriftsteller (* 1857) *George Orwell:* „1984" (engl. Roman eines totalitären Zukunftsstaates) *K. A. Ott:* „Der Mensch vor dem Standgericht" *A. Polgar:* „Anderseits" (Erzählungen) *Kathleen Raine* (* 1908): „The Phytoness" (engl. Gedichtsammlung) *Nelly Sachs* (* 1891, † 1970): „Sternverdunklung" (Lyrik) *A. Schaeffer:* „Janna Ducœur" (Roman) *Edzard Schaper:* „Der letzte Advent" (poln.-schweiz. Roman) *Edith Sitwell* (* 1887): „The Canticle of the Rose" (engl. Gedichtsammlung; u. a. Gedichte über die Atombombe) † *Sigrid Undset*, norweg. Dichterin; *Nobel*preis 1928 (* 1882) *Egon Vietta:* „Monte Cassino" (Schauspiel) *Zuckmayer:* „Barbara Blomberg (Drama) *Goethe* - Jahr: *Thomas Mann* erhält in Frankfurt a. M. und Weimar *Goethe*preise. Wiederaufbau des Frankfurter *Goethe*-Hauses; neue kleinere *Goethe*-Ausgbn. *Goethe*-Feier in Wetzlar mit einem „Europäisch. Gespräch" unt. Leitung von Prof. *Karl Geiler* (* 1878, † 1953) *Theodore Bestman:* „Eine Weltbibliographie der Bibliographien" (3 Bände seit 1947, 2. Ausgabe, registriert bis 1945 64000 Bände in mehr als 45 Sprachen)	Soziologie unter Verwendung von acht sozialen Grundbeziehungen) *Schweitzer:* „Spital im Urwald" (Friedens*nobel*preis 1953) *Upton Sinclair* wendet sich öffentlich vom Stalinismus ab *L. v. Wiese* beruft anthropologisch-soziologische Konferenz nach Mainz: „Mensch u. Kollektiv", „Die Folgen der großen Bevölkerungsvermehrg. im 19. Jahrhdt." *Leop. Ziegler:* „Menschwerdung" (Religionsphilosophie in 2 Bänd.) Das „Große Palindrom": „SATOR AREPO TENET OPERA ROTAS" aus frühchristl. Zeit entziffert (AREPO = Rex et Pater zwischen A und O = Gott) Aufhebung der Todesstrafe in der Dt. Bundesrepublik Arbeitsgemeinschaft der Landesverbände dt. Volkshochsch. (westdt.) Dt. Katholikentag in Bochum Rumänien löst kathol. Orden auf „Kulturverordnung" in Ostdeutschl. (stellt erhebliche Mittel für politisch genehme Zwecke zur Verfügung) *H. Gmeiner* (* 1919): 1. SOS-Kinderdorf i. Imst, Österr. (b. 1969 entst. 65 Kinderdörfer) Institut f. humanist. Studien in Aspen/Colorado (USA) i. Anwesenh. v. *Ortega y Gasset* (* 1881, † 1955) gegr. Frankfurter Allgemeine Zeitung (FAZ) gegr. (gewinnt führende Stellung)

Mark Rothko (*1903, † 1970): „Violett, Schwarz, Orange, Gelb auf Weiß und Rot" (russ.-nordam. abstr. Gem.)

Herbert Sandberg: „Eine Freundschaft" (graphische Folge über ein KZ-Lager)

Werner Scholz „König Saul", „Das böse Tier" (express. Gemälde)

Hermann Teuber (* 1894) „Jumbo" (Gemälde)

Grindel-Wohnhochhäuser in Hamburg-Harvestehude (bis 1954)

„Moderne Kunst in Deinem Leben" (Ausstellung im Museum of modern art, New York)

Allindischer Kunstrat i. Kalkutta (pflegt Tradition und Auslandsbeziehungen)

„Der dritte Mann" (engl.-österr. Film nach *Graham Greene* mit *O. Welles;* Regie: *C. Reed;* mit Zitherspiel als Begleitmusik: „Harry-Lime-Thema")

„Der Engel mit der Posaune" (österr. Film von *K. Hartl* mit *P. Wessely)*

„La Macchina Amazzacaiva" (ital. Film v. *R. Rossellini)*

„Die Buntkarierten" (Film von *K. Maetzig* mit *Camilla Spira);* „Nachtwache" (Film von *H. Braun* mit *L. Ullrich, Hans Nielsen,* * 1911, † 1965)

„Rendezvous i. Juli" (frz. Film von *J.*

Overholt u. *Langer:* „Technik der Lungenresektion" (für Behandlung des Lungenkrebses)

S. J. Rudenko findet im sibir. Pazyryk-Tal in einem skythischen Hügelgrab Knüpfteppich (185 × 200) mit Bildmotiven aus der Zeit ≈ — 500 (gilt als ältester s. Art)

M. Schwarzschild: Theorie der Magnetfelder der Sterne (elektromagnetisch-hydrodynamische Schwingungszustände; erklärt 11-jährigen Fleckenzyklus der Sonne)

R. W. G. Wyckoff: „Elektronenmikroskopie" (Zusammenfassung über die ersten 10 Jahre ihrer Anwendung)

5-m-Teleskop auf dem Mt. Palomar weist Spiralnebel erstmalig in etwa 1 Milliarde Lichtjahre Entfernung nach

Astronomische Radio-Teleskope zum Empfang der Kurzwellenstrahlung aus dem Weltraum in den USA

Aus biologischen Kenntnissen und astronomischen Theorien folgt, daß wahrscheinlich viele der etwa 100 Milliarden mal 100 Milliarden Sonnen Planeten mit Lebensmöglichkeiten als Begleiter haben

Dt. Astronomische Gesellschaft verurteilt Astrologie als unwissenschaftlich

Für die Arbeit mit radioaktiven Indikatoren stehen durch die Uranbrenner ca. 46 künstlich radioaktive Elemente zur Verfügung

Entdeckung neutraler Mesonen mit Zyklotron

Verwendung der Elektronenschleuder (Betatron) zur Krebsbehandlung (bes. Hautkrebse)

Die 55. Tagung der Dt. Gesellschaft für innere Medizin behandelt folgende aktuelle Hauptthemen: Psychosomatische Medizin (Leib-Seele-Einheit); Eiweiß-Stoffwechsel; Chemotherapie des Krebses, der Herzentzündung, der Tuberkulose

Der 27. Dt. Gynäkologenkongreß behandelt u. a. folgende Probleme der Frauenheilkunde: Hormontheorie der Milchbildung, gynäko-

fragen in den Vordergrund (1948 für 3 Mill., 1950 für 7,5 Mill. Arbeiter geregelt)

Gründung des „Internat. Bundes Freier Gewerkschaften" (IBFG)

1,5 % des italien. Volkseinkommens (100 Mrd. Lire), doppelt soviel wie 1939, für Unterhaltungen verwendet: Kino: 53 Mrd.; Sportwetten: 30; Geselligkt.: 6; Theater u. Oper: 5,5; Sportveranst.: 5,5

Astrolg. Katastrophen-u. Weltuntergangs-Psychosen i. Deutschland

Rekordvergleich f. Männer zw. 1900 und 1949; 100-m-Lauf: 10,8, 10,2 S.; 400-m-Lauf: 49,0, 45,9 S.; 800-m-Lauf: 2:01, 1:46,6; 3000-m-Lauf: 9:18,2, 7:58,8; 10000-m-Lauf: 34:28,8, 29:21,2; 110-m-Hürdenlauf: 15,4, 13,6 S.; Hochsprung: 1,96, 2,11 m; Weitsprg.: 7,50, 8,13 m; Stabhochsprung: 3,63, 4,81 m; Kugelst.: 14,69, 17,81 m; Speerwurf: 49,32, 78,70 m; Diskuswurf: 38,70, 56,79 m; Hammerwurf: 51,04, 59,57 m; Schwimmen: 100 m. Crawl 1:16,8, 55,4 S.; 100 m Brust: 1:24, 1:07; 100 m Rücken: 1:24,6, 1:03,6

Dt. Gewerkschaftsbund (DGB) i. München gegrdt.

(1949)	*Molotow* seines Postens als sowjetruss. Außenminister enthoben. *Wyschinski* Außenminister, *Gromykow* (bisher beim UN-Sicherheitsrat) stellvertr. Außenminister. *Malik* im Sicherheitsrat. Marschall *Sokolowski* erster stellvertr. Minister der Streitkräfte. Sein Nachfolger in Deutschland wird *Tschuikow*	*Bertolt Brecht* grdt. mit seiner Frau *Helene Weigel* (*1900, + 1971) ,,Berliner Ensemble'' für ,,episches Theater'' in Berlin (Ost)	
	Amtliche Verlautbarung der USA-Regierung: Es liegen sichere Anzeichen dafür vor, daß die USSR über Atombomben verfügt		
	Oberst *Husni Znaim* durch Staatsstreich syrischer Präsident, bei neuem Staatsstreich erschossen. Nach drittem Staatsstreich neue Regierung		
	Nordatlantikpakt zwischen USA, Kanada und 10 westeurop. Staaten; Atlantikgeneralstab		
	Indien und Pakistan erklären sich zu selbständigen Republiken, verbleiben im Commonwealth		
	Pandit Nehru wird Ministerpräsident der neuen Republik Indien		
	Liaquat Ali Khan Premierminister von Pakistan bis 1951 (†, ermordet, * 1895; studierte in Großbrit.)		
	Union von Burma gegründet (1947 aus dem brit. Commonwealth entlassen)		
	Kommunist. Volksarmee unter *Mao Tse-tung* erobert ganz China. Ausrufung der ,,Chinesischen Volksrepublik". Nationalregierung *Tschiang Kai-schecks* flieht nach Formosa. Indien anerkennt Regierung *Mao Tse-tung* (* 1893, † 1976)		
	Tschu En-lai (* 1898, † 1976) chines. Min.-Präs. eines mittleren Kurses		
	Mao Tse-tung in Moskau (die westl. Welt beobachtet das Verhältnis China-USSR sorgfältig auf etwaige Spannungen)		
	Liberaldemokrat. Wahlsieg i. Japan unterstützt konservat. Politik des Ministerpräsidenten *Yoshida*		

Becker); „Manon" (frz. Film von *H. G. Clouzot*)

„Das Treffen an der Elbe" (russ. Film v. *Alexandrow*)

Erster international. Kulturfilmkongreß in Hamburg

logische Strahlentherapie (besond. Krebstherapie), Blutzerfall bei Neugeborenen (Rh-Faktor), Krampferscheinungen während der Geburt (Toxikosen)

USA-Bomber umfliegt die Erde (37000 km) in 94 Stunden (mit viermaligem Lufttanken)

Zweistufige USA-Rakete erreicht mit flüssigem Treibstoff 402 km Höhe (1951: Einstufige Rakete 216 km)

„Künstliches Gehirn" erscheint möglich (im Sinne rechenmaschinenartiger Nachahmung von Denkvorgängen nach festen logischen Regeln durch elektronische Schaltgeräte)

Maisbastardzüchtung erhöht in den USA Ertrag um 700 Mill. Dollar pro Jahr (Forschungs- und Züchtungskosten 10 Mill. Dollar)

~ *Ewan, Purcell* u. and. entd. 21-cm-Linie d. Wasserstoffs i. Radiospektrum (wichtig f. Radioastronomie, wird seit 1945 vermutet und um 1950 mehrfach bestätigt)

Sichelzellenanämie wird als Erbkrankheit auf molekularer Basis erkannt (wichtiger Schritt der molekularen Genetik. Vgl. 1953)

~ *Soichiro Honda* konstruiert in Japan Motor und begr. damit großes Motorrad-Unternehmen

(1952: 6,05 Mill. Mitgl.) Vors. *Hans Böckler* (* 1875, † 1951), erreicht 1951 Mitbestimm. der Gewerkschaften in der Schwerindustrie)

Der dt. Energieverbrauch hat die Tendenz, sich in 10 Jahren zu verdoppeln

Seit 1900 sank bei Dampfkraftwerken der Energiebedarf pro Kilowattstunde von 8100 auf 2400 Kilokalorien

„Frankfurter Allgemeine Zeitung" erscheint (setzt Tradition der „Frankfurter Zeitung" fort)

Skiflugschanze Oberstdorf beg. (vgl. 1950, 1967)

1950	Friedens*nobel*preis an Prof. Dr. *Ralph Johnson Bunche* (* 1904), Enkel eines amerikan. Negersklaven, für Beilegung des Palästina-Konfliktes zwischen Juden und Arabern Alliiertes Entmilitarisierungsgesetz für Deutschland *Hermann Ehlers* (* 1904, † 1954; CDU) Präsident des Dt. Bundestages Bundeswirtschaftsminister *Erhard* erstrebt eine weitgehend freie Marktwirtschaft für Westdeutschland Wirtschaftl. Zusammenarbeit der Dt. Bundesrepublik mit USA (ECA-Abkommen) Dt. Bundesrepublik tritt in den Europarat ein (SPD-Opposition fordert erst Lösung der Saarfrage) Meinungsverschiedenheit im Straßburger Europarat über Schaffung einer „Europäischen Armee" *Schuman*plan zur Vereinigung der dt., frz., ital. u. Benelux-Schwerind. (Bundestag ratifiziert gegen SPD 1951 Gesetz z. Bild. der „Montanunion"; tritt 1952 in Kraft) 600000 Berliner demonstrieren auf der Maikundgebung in Westberlin für die Freiheit Die 3 westl. Besatzungsmächte stellen Revision des Besatzungsstatuts in Aussicht und erklären, in Berlin zu bleiben Ostdt. Regierung lehnt gesamtdt. freie Wahlen ab (1951 macht *Grotewohl* Vorschlag für gesamtdt. Beratungen und Wahlen) Gesetz zum „Schutze des Friedens" in Ostdeutschland (stellt politisch nicht genehme Meinungen unter Strafe, einschl. Todesstrafe) „Wahl zur dt. Volkskammer" mit Einheitsliste d. „Nationalen Front" in Ostdeutschland; wird von Westdeutschland wegen undemokrat. Durchführung nicht anerkannt Die ostdt. Dt. Demokratische Republik anerkennt die verwaltungsmäßige Oder-Neiße-Linie als „Friedensgrenze" gegen Polen Angesichts der ost-westl. Spannungen erwägen die Westmächte	Literatur-*Nobel*preis an *Bertrand Russell* (Großbrit.) als „Apostel der Humanität und Gedankenfreiheit" Erster Friedenspreis der dt. Verleger an *Max Tau* (1951 an *Alb. Schweitzer*, 1952 a. *R. Guardini*, 1953 a. *M. Buber*, 1954 a. *Carl Jacob Burckhardt*) *George Barken* (* 1913): „News of the World" (engl. Versdichtung) *Benn:* „Doppelleben" (Autobiographie) *H. Broch:* „Die Schuldlosen" (Rom. in 11 Erz.) † *Hedwig Courths-Mahler*, dt. Schriftstellerin; schrieb 192 Unterhaltungsromane mit Millionenauflagen (* 1867) *Christopher Fry:* „Venus im Licht" (engl. Versdrama) und „Schlaf der Gefangenen" (engl. kirchliches Weihespiel) *Hemingway:* „Über den Fluß und in die Wälder" (Kriegsroman) *John Hersey:* „Der Wall" (nordamerikan. Roman um die Vernichtung des Warschauer Gettos 1943) *E. Ionesco* (* 1912): „Die kahle Sängerin. Ein Antistück" (rumän.-frz. Schauspiel d. absurden Theaters) † *Anton Kippenberg*, übernahm 1905 den Insel-Verlag, 1938 Präsident der dt. *Goethe*-Gesellschaft; schuf bedeutende *Goethe*-Sammlung (* 1874) *P. F. Lagerkvist:* „Barabbas" (schwed. Roman; *Nobel*preis 1951) † *Heinrich Mann*, dt. sozialist. Dichter (* 1871) *Th. Mann:* „Meine Zeit" (Rede mit Verurteilung jeden Totalitarismus)	*K. S. Bader:* „Die Veränderung der Sexualordnung und die Konstanz der Sittlichkeitsdelikte" (Vortrag auf der 1. sexualwissenschaftl. Arbeitstagung in Frankfurt/M.) *Nigel Balchin:* „Anatomie der Schurkerei" (engl. Biographien der Bösartigen von *Judas Ischariot* bis *Rasputin*) *Buber:* „Pfade in Utopia" (jüd. Sozialismus) *Heinrich Eildermann:* „Die Urgesellschaft. Ihre Verwandtschaftsorganisationen und ihre Religion" (geschichtsmaterialistisch) *N. Hartmann:* „Philosophie d. Natur" (Ontologie) † *Nicolai Hartmann*, dt. Philosoph; Begr. einer Ontologie m. Schichtenaufbau d. Welt (* 1882) *Jaspers:* „Vernunft und Widervernunft in neuester Zeit" (geg. Psychoanalyse und Marxismus) *C. G. Jung:* „Gestaltungen des Unbewußten" (u. a. „Psychologie u. Dichtung", Schweiz. Psychoanalyse) † *Harold Laski*, engl. Politiker und Theoretiker des demokratischen Sozialismus (* 1893) *A. Malraux:* „Psychologie der Kunst" (frz. Kunstphilosophie, 3 Bände seit 1947) *M. Mead:* „Soziale Anthropologie und ihre Beziehung zur Psychiatrie" (nordamerik. psychoanalyt. Soziologie) *Armin Mohler:* „Die konservative Revolution in Deutschland 1918—1932. Grundriß ihrer Weltanschauungen" (konserv. Standp.)

Max Ackermann (* 1887): „Bild 31" (abstraktes Gemälde)

Friedrich Ahlers-Hestermann (*1883): „Gelbes Zimmer" (express. Gemälde)

Hans Arp (* 1887, † 1966): „Evocation d'une forme humaine, lunaire, spectral" (frz. „organ.-abstrakte" Plastik)

Beckmann: „Hinter der Bühne", „Liegende", „Fallender Mann" (expr. Gem.)

†*Max Beckmann*, dt. Maler des Expressionismus (* 1884)

Braque: „Terrasse" (frz. Gemälde)

Camaro: „Die fromme Spanierin" (Gem.)

Karl Caspar (*1879): „Beweinung" (expr. Gemälde)

Chagall: „König David", „Tanz", „Zirkus" (russ.-frz. Gem.)

Otto Dix: „Verkündigung", „Saul und David", „Offenbarung" (expression. Gemälde)

August Wilh. Dreßler (* 1886): „Straße in Alt-Töplitz" (Gem. in Mischtechnik)

Philip Evergood (* 1901): „Der Invalide" (nordam. Gem.)

Arn. Fiedler (*1900): „Schiff und Brücke" (abstraktes Gemälde)

Ludwig Gies (* 1887, † 1966): „Schauender" (Gipsplastik)

Gilles: „Daniel in der Löwengrube", „Nach dem Bombenangriff" (expr. Gem.)

Guttuso: „Steinbrecher" (ital. express. Gemälde)

Internation. *Bach*-Jahr

Concerto grosso D-dur aus einer *Bach*-Kantate rekonstruiert

Joseph Ahrens: Passionsmusik (kath. Kirchenmusik)

Irving Berlin: „Call me Madam" (nordamerikan. musikal. Komödie, 250000 Dollar Inszenierungskosten)

Leonard Bernstein: „Das Zeitalter der Angst" (nordamerikan. symbol. Ballett, Choreograph. von *Jerome Robbins*)

B. Blacher: „Ornamente" (Studien über „variable Metren" f. Klavier; unterwirft wechselnden Rhythmus mathematischer Regelmäßigkeit)

Karl-Birger Blomdahl (* 1916): 3. Symphonie „Facetten" (schwed. Komposition)

Hindemith: „Harmonie d. Welt" (Sinfonie)

Honegger: 5. Sinfonie

Křenek: Doppelkonzert für Geige, Klavier und kleines Orchester in 7 Sätzen (Zwölftönemusik)

Gian-Carlo Menotti: „Der Konsul" (it.-nordamerikan. Zeitoper)

Olivier Messiaen: „Turangolila-Symphonie" (schildert Liebe der Geschlechter in express. Tonsprache, frz.)

Physik-*Nobel*preis an *Cecil F. Powell* (Großbrit., * 1903, † 1969) für Mesonenforschung

Chemie-*Nobel*preis an *O. Diels* (Dt.) und *K. Alder* (Dt.) für Diën-Synthese

Medizin-*Nobel*preis an *T. Reichstein* (Pol.-Schweiz), *E. C. Kendall* (USA) und *Ph. S. Hench* (USA) für Erforschung des ACTH- u. Cortison-Hormons

† *Emil Abderhalden*, dt. Physiologe (* 1877)

Birren: „Farbpsychologie und Farbtherapie" (Bericht aus dem „Spektrochrometrischen Institut", New Jersey)

Einstein veröffentlicht allgemein. Feldtheorie (neuer Versuch e. Erweiterung der Allgem. Relativitätstheorie durch Zusammenfassung der Gesetze des elektromagnetischen und Gravitations-Feldes)

Gösta Haeggqvist züchtet mit Kolchizin Haustiere von besonders großem Wuchs (Kaninchen, Schweine)

F. L. Hildebrandt erkennt den echten Schillerschädel durch Zahn- u. Kieferuntersuchung (vgl. 1911)

Erich von Holst und *Horst Mittelstaedt:* „Das Reafferenzprinzip. Wechselwirkungen zwischen Zentralnervensystem und Peripherie" (ersetzt klassische Reflexlehre durch ein Modell mit zentralen „Kommandos" und ihren Vergleich mit „Rückmeldungen" aus dem Ausführungsorgan)

W. E. Le Gros Clark: „Neue paläontologische Einsichten in die Evolution der Hominiden" (Deutung der neuesten Funde zur Abstammungslehre des Menschen)

Gerh. Küntscher (*1900, + 1972): „Die Marknagelung" (wegweisende Knochenbruchbehandl. seit 1940)

E. W. Müller: Sichtbarmachung einzelner Atome und Moleküle im Feldelektronenmikroskop (bedeutet fast 10millionenfache Vergrößerung)

William Vogt: „Die Erde rächt sich" (empf. Geburtenbeschränkung geg. Übervölkerung)

Weltzählung der Bevölkerung: etwa 2,33 Milliarden (Verdoppelg. zw. 1650 und 1850 und zw. 1850 u. 1950; maximal mögliche Zahl auf etwa 8 Milliarden gesch.)

Aufhebung der Lebensmittelrationierung in der Dt. Bundesrepublik

Allgemeines Steigen d. Weltmarktpreise. Lebenshaltungsindex d. USA steigt durch die Kämpfe in Korea von 166,9 (Jan.) auf 172,5 (Juli) (Durchschn. 1935 bis 1939: 100)

Kosten für Atombombensicherheit der New-Yorker Bevölkerung (9 Mill.) auf 500 Mill. Dollar geschätzt (Geschätzt. Atombombenbesitz Sept. 1951: USA ca. 1500; USSR ca. 50; Produktion: USA 1 in ca. 2 Tagen; USSR 1 in ca. 3 Tagen). USA entwickelt wirkungsvollere Wasserstoffbombe

Süd- u. Südostasien (etwa 570 Mill. Einwohner) ist mit etwa 2000 Kalorien täglich pro Kopf Notstandsgebiet. Säuglingssterblichkeit etwa 4mal höher, durchschnittl. Lebenserwartg. etwa halb so groß wie in Großbrit.

Colomboplan des Commonwealth z. Wirtschaftsentwicklung in Süd-

(1950)

Remilitarisierung Deutschlands (am stärksten die USA, größte Reserve in Frankreich; SPD fordert „gleiche Rechte, Risiken und Chancen“; 1953 ratifiz. Bundestag EVG-Vertrag, 1954 v. frz. Parlament verworfen)

Westberliner Wahlen: SPD 44,7%, CDU 24,6%, FDP 23,0% (1951 gemeinsamer Senat der 3 Parteien mit Regierendem Bürgermeister *Reuter* gebildet)

Neue Verfassung für Stadt und Land Berlin (Ostberlin bleibt de facto außerhalb der Verfassung; Westmächte verhindern, daß Berlin de jure 12. Land der Bundesrepubl. wird, jedoch weitgehende Rechtsangleichung)

Etwa 1,5 Mill. Deutsche werden noch vermißt

Otto Meißner: „Staatssekretär unter Ebert — Hindenburg — Hitler. Der Schicksalsweg des deutschen Volkes 1918 bis 1945, wie ich ihn erlebte“ (Autobiographie)

Brit. Unterhauswahlen: Labour 315, Konservative 297, Liberale 9, Sonstige 3, Kommunisten 0. *Attlee* wieder britisch. Ministerpräsident (Neuw. 1951: Konservative: 321, Labour: 295, Liberale: 6, Sonst.: 4, Kommunisten: 0; *Churchill* bildet konservat. Regierung). Unterhaus beschließt Nationalisierung der Eisenindustrie (1951 aufgehoben)

Staatsbesuch des frz. Präsidenten *Auriol* (Sozialist) und seiner Gattin in England

Atlantikrat tagt in London (Außenminister von USA, Großbrit., Frankreich, Italien, Benelux, Norwegen, Dänemark, Island, Portugal, Kanada)

Brüsseler Konferenz des Atlantikrates beschließt gemeinsame westeurop. Streitmacht unter zentraler Kontrolle (*Eisenhower* Ob.-Bfh. in Eur.), einschl. westdt. Kontingente

Churchill verlangt vom Straßburger Europarat Europaarmee gegen Bolschewismus; führt zu keinem verbindlichen Beschluß

Der aus Deutschland emigrierte Atomphysiker *Fuchs* in Großbrit. wegen Spionage zugunsten der USSR verhaftet und verurteilt

---

Naso: „Die große Liebende“ (Roman um *Ninon de Lenclos*)

K. A. Schenzinger: „Atom“ (techn. Roman)

† *George Bernard Shaw*, irisch-engl. Dichter und Sozialist; *Nobel*preis 1925 (* 1856)

Peter Alexander Ustinov (* 1921): „Die Liebe d. vier Obersten“ (engl. Komödie um das Nachkriegsberlin)

Evelyn Arthur St. John Waugh: „Helena“ (engl. kathol.-histor. Roman)

Wiechert: „Missa sine nomine“ (Roman)

† *Ernst Wiechert*, dt. Dichter (* 1887)

Zuckmayer: „Der Gesang im Feuerofen“

† *Emil Jannings*, dt. Schauspieler (* 1886)

† *Eugen Klöpfer*, dt. Schauspieler (* 1886)

Etwa 35 Mill. Titel gedruckter Bücher seit Erfind. d. Buchdrucks

Ca. 50 Mill. Bände in den 26 größten Bibliotheken

In der USA-Bundesbibliothek in Washington sind katalogisiert: 8 689 639 Büch., 128 055 Zeitungsjhrg., 11 320 000 Manuskripte, 1 928 574 Landkarten, 76 609 Mikrofilmrollen, 81 278 Spielfilmrollen, 1 919 609 Partituren und Kompositionen, 305 848 Schallplatten, 1 963 231 Photonegative, 579 298 Photoabzüge, 668 772 Verschiedenes, insgesamt 27 560 873 Stücke

In d. USA in diesem Jahr die dramatischen Werke von 5198 Autoren registriert

Welt-Esperantobund hat etwa 100 000 organisierte Mitglieder; etwa 4000 in Deutschland

---

Max Picard: „Die Welt des Schweigens“ (Schweiz. Philosophie über die kulturelle Bedeutung des Schweigens)

Heiliges Jahr der kathol. Kirche

Papst *Pius XII.* veröffentlicht Enzyklika „Humani generis“ geg. Existentialismus, naturwissenschaftl. „Hypothesen“ (insbes. mehrwurzlige Abstammungslehre) u. a. „Irrlehren“ u. verkündet die leibliche Himmelfahrt Mariä als kirchliches Dogma

† Kardinal *Konrad* Graf *von Preysing*, kathol. Bischof von Berlin seit 1935 (* 1880)

B. Russell: „Unpopuläre Essays“ (engl. rationalist. Betrachtungen)

Santayana: „Die Spanne meines Lebens“ (span.-nordam. Autobiogr.)

H. Schultz-Hencke: „Neopsychoanalyse“ („Psycho-Physio-Pathologie“)

„Ein Gott hat versagt“ („The God that failed“ antibolschewist. Kritik ehemaliger Bolschewisten: *Ignazio Silone*, *Arthur Koestler*, *André Gide*, *Louis Fischer*, *Stephan Spender*, *Richard Wright)*

Vercors: „Mehr oder weniger Mensch“ (frz. Essay über die Rebellion des Menschen gegen das Tierische in ihm)

M. Wolfenstein und *N. Leites:* „Filme, eine psychologische Studie“ (USA)

60 Nationen unterzeichnen neue Rote-Kreuz-Konventionen

Erster Weltkongreß für Soziologie (in Zürich)

Robert Gwathmey (* 1903): „Auf der Veranda" (nordamerik. express. Gemälde)

Phil. Harth: (*1887): „Schwan" (Bronzeplastik)

K. Hartung: „Großer Torso" (Plastik)

Heckel: „Die Vögel" (express. symbolist. Gemälde)

Bernhard Heiliger (*1915): „Mutter-Kind-Gruppe" (Gipsplastik), „Karl Hofer" (Bildn.)

Wern. Heldt (*1904, †1954): „Eisheiligentag" (expr. Gem.)

K. Hofer: „Frauenzimmer" (express. Gemälde)

Karl Kluth (* 1898): „Ein Kriegsbild" (express. Gemälde)

Karl Knaths (* 1891): „Korb mit Blumen" (nordamerikan. Gemälde)

Kokoschka: „Louis Cronberg" u. „Theodor Heuß" (express. Bildnisse)

Ludwig Peter Kowalski (* 1891): „Familie" (Gemälde)

La Farge: „Verwundetes Europa. Photographische Übersicht d. zerstörten Kunstdenkmäler"

Ewald Mataré (* 1887): Relief (Schiefer)

~ *Henri Matisse* läßt nach seinen Entwürfen Kapelle in Vence bei Nizza erbauen und malt sie aus (1951 geweiht)

Meid: „Toter Reiter i. Schnee" (Zeichng.)

Bernh. Paumgartner (*1887, † 1971): „Joh. Seb. Bach" (Biogr.; *P.* wird 1959 Präsid. d. Salzburger Festspiele)

H. Reutter: „Don Juan und Faust" (Oper)

† *Karl Straube*, dt. Kirchenmusiker; Thomaskantor in Leipzig von 1902 bis 1922 (* 1873)

Weill: „In den Sternen verloren" (musikal. Tragödie)

† *Kurt Weill*, dt. Komponist i. Jazzstil (* 1900)

Helmut Zacharias (* 1920): „Die Jazzvioline"

„Musikalische Jugend Deutschlands" gegründet (für Erneuerung des Musiklebens)

Musikwochen in Donaueschingen erneuert (1921 gegr.)

Intern. Dokumentationszentrum f. Musik i. Paris (Partituren, Schallplatten)

~ „Cool-Jazz" mäßigt den „Bebop"-Stil

~ Pop-Musik: Rhythm and Blues (z. B. *Ray Charles*)

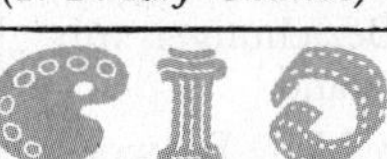

Für abstrakte Maler der von *G. Mathieu* veranstalt. Ausstellung „L'imaginaire" in Paris wird die Bezeichnung „Tachismus" („Flecken"-Malerei) geprägt

Abraham Wald (* 1902, † 1950) veröffentl. statistische Entscheidungstheorie

Auflösungsgrenze des normalen Elektronenmikroskops bei 2 millionstel mm (1939: 10 millionstel mm)

Ca. 1 Mill. wissenschaftl. Originalarbeiten erscheinen jährlich

Vorbeugende Fluorbehandlung gegen Zahnfäule

Antibiotisches Heilmittel „Terramyzin" isoliert

Sulfonamide, Penicillin, Streptomycin u. a. Antibiotica heilen mit gutem Erfolg: Scharlach, Keuchhusten, Hirnhautentzündung, Tuberkulose, Typhus, Ruhr, Gonorrhöe, Kindbettfieber, Lungenentzündung, Fleckfieber, Mumps, Gürtelrose, Herzentzündung u. a.

Erster internat. Kardiologenkongr. (in Paris; steht im Zeichen zunehmender Herzkrankheiten u. der sich entwickelnden Herzchirurgie)

Es existieren 10 Beschleunigungsanlagen zur Erzeugung schnellster atomarer Teilchen für 100 u. mehr Millionen Volt (bes. i. d. USA, 9 weitere bis 6 Milliarden Volt i. Bau)

Erzeugung der transuranischen und radioaktiven Elemente Berkelium (97) u. Californium (98) in den USA

Über 300 krankheitserregende Virusarten bekannt

Zeitschr. „Weltraumfahrt" erscheint („Zeitschr. d. brit. interplanetarischen Gesellschaft" seit 1934)

V. Internationaler Kongreß für Mikrobiologie in Rio de Janeiro

Erste Löschung einer Paratyphus-Epidemie durch Phenol-Öltröpfchen-Atmosphäre

Institut zur Erforschung von Insektenkrankheiten in Sault Ste. Marie/Kanada (modernstes Institut für biolog. Schädlingsbekämpfung)

Sterblichkeit bei Gehirntumor-Operationen auf 7% zurückgegangen (1902 ca. 90%)

Etwa 30000 Rosenarten bekannt (kennzeichnend für Erfolge der Pflanzenzüchtung)

USA-Bibliotheken photokopieren die großen Handschriftenbestände des Katharinen-Klosters (Sinai) und d. Griech.-Orthodoxen Bibliothek, Jerusalem

und Südostasien (1951—1957: 1,9 Milliarden Pfund für 3,5% mehr Anbaufläche, 17% mehr bewässertes Land, 10% mehr Brotgetreide, 67% mehr Kraftstrom)

UN-Bericht: Von 800 Mill. Kindern der Welt etwa 480 Mill. unterernährt

3870000 versorgungsbedürftige Opfer beider Weltkriege in Deutschland

In Westdeutschland 988000 Witwen und 1,3 Mill. Waisen; davon 1,25 Mill. vaterlos, 20000 mutterlos, 30000 Vollwaisen

In den 11 ursprünglichen Mitgliedstaaten des Europarates (ohne Deutschland) suchen 12 Mill. Familien Wohnraum

Der ordentliche Haushalt der DBR für 1951 mit 13,4 Mrd. DM enthält für soziale Kriegsfolgelasten 4,03 Mrd., Besatzungskosten und Verwandtes 4,60 Mrd., Berlinhilfe 0,61 Mrd., sozial. Wohnungsbau 0,40 Mrd., Arbeitslosenhilfe 0,99 Mrd., Zuschüsse zur Sozialversich. 0,86 Mrd., Verzins. und Tilgung der Schulden 0,36 Mrd. DM

Lebenshaltungskosten in West- u. Ostdeutschland für vierköpfige Familien: Lebens-

(1950)

† *Jan Christian Smuts*, südafrikan. Staatsmann und Militär; kämpfte im Burenkrieg gegen England; von 1919 bis 1924 und von 1939 bis 1948 englandfreundlicher Ministerpräsident der Südafrik. Union (* 1870)

† *Léon Blum*, frz. Sozialist; Ministerpräsident 1936, 1938, 1946, während des Krieges im KZ (* 1872)

Fr. Joliot-Curie (Komm.) als frz. Hochkommissar für Atomenergie abgesetzt

König *Leopold III.* kehrt nach Belgien zurück (muß aber 1951 wegen Widerstandes bes. der Arbeiter auf den Thron zugunsten des Kronprinzen verzichten)

Italien übernimmt Treuhänderschaft über Ital.-Somaliland für 10 Jahre

Freundschaftsvertr. Italien–Türkei

† *Gustav V.*, König von Schweden seit 1907 (* 1858)

Gustav VI. Adolf (* 1882) König von Schweden

Sandor Onai ungar. Staatspräsident

Rücktritt des tschechoslow. Außenministers (seit 1948) *Clementis* (Komm.) (wird 1951 verhaftet)

Truppenkonzentrationen der Kominformländer gegen Jugoslawien

Rubel auf Goldbasis gestellt (4 Rubel = 1 Dollar)

Generalsekretär der UN *Trygve Lie* versucht in Moskau Ost-West-Spannung zu vermindern

Griechische Regierung tritt wegen alliierter Einmischung in Innenpolitik zurück

Celal Bayar (Demokrat. Partei) zum Präsidenten der Türkei gewählt. Ende der Einparteienherrschaft der Republikan. Volkspartei (Demokrat. Partei wiederh. Wahlsieg 1954)

Trumans „Punkt-Vier-Programm" zur wirtschaftl. Förderung unentwickelter Gebiete

† *William Lyon Mackenzie King*, kanad. liberaler Staatsmann; Ministerpräsident von 1921 bis 1930 und von 1935 bis 1948 (* 1874)

Argentinien hebt Beschränkungen für Deutschland und Japan auf

„Europ. Gespräch" üb. „Arbeiter u. Kultur" auf d. Ruhrfestspielen (v. DGB) (1951: „Das Problem d. Managers"; 1952: „Die Gewerksch. i. Staat")

„Kongreß für kulturelle Freiheit" in Westberlin (antibolschewist.)

Rund ¼ Mill. Hörer in den westdt. Volkshochschulen

Verfolgung der Sekte der „Ernsten Bibelforscher" in Ostdeutschland (war auch 1933 bis 1945 verboten)

Kirchl. Grundbesitz üb. 250 ha in Polen enteignet

Abkommen zwischen poln. Staat und Kirche ordnet diese dem Staatsinteresse unter

Lieblingsautoren dt. jg. Mädchen: *Spyri, Defoe, Ury, Gündel, Halden, Kloss, Courths-Mahler, Kästner*. Jungen: *May, Defoe, Löns, Twain, Kästner, Seton, Hedin, Wörrishöfer*

Etwa 400 Mill. Kinderbücher in der USSR seit 1940 gedruckt (das Kinderbuch wird bes. aus politischen Gründen stark gefördert)

In USA sind ca. 4 Mill. Kinder zwischen 6 u. 16 Jahren ohne Schulunterricht (Gründe: Bevölkerungswachstum, Lehrermangel)

Indischer Rat für kulturelle Beziehungen mit dem Ausland

Die 570 Mill. Einwohner Süd- und Südostasiens sind zu etwa 80% Analphabeten (in Pakistan etwa 6500 neue Schulen und 15 Lehrerseminare geplant)

Weltbund für Tierschutz im Haag gegründet

Georg Meistermann (* 1911): „Hieroglyphentiere" (abstraktes Gemälde)

H. Moore: Liegende Figur f. d. brit. Festivals 1951 (Bronzeplastik)

Munch-Ausstellg. im Mus. of Mod. Art, New York

Thomas Niederreuther (*1909): „Nordmeer" (expr. Gem.)

Pechstein: „Beim Tropflanzen, Palau" (express. Gemälde)

Picasso: „Winterliche Landschaft" (Gem.)

Jackson Pollock (* 1912): „Bild 9" (nordamerikan. abstraktes Gemälde)

Otto Ritschl (* 1885): „Abstrakte Komposition" (Gemälde)

K. Scheffler: „Kunst ohne Stoff" (über abstrakte Malerei)

Richard Scheibe (* 1879): „Schreitender", „Das Echo" (Bronzeplastiken)

Schmidt-Rottluff: „Selbstporträt", „Stilleben b. offenem Fenster" (express. Gemälde)

Ernst Schumacher (* 1905): „Einsames Haus" (express. Gemälde)

Richard Seewald (* 1889): „Hügel (Toscana)" (Gemld.)

Sintenis: „Junge mit Rohrflöte" (Bronzeplastik)

Hans Thiemann (* 1910): „Spielraum" (konstruktivist. Gemälde)

Max Unold (* 1885): „Im Kinderzimmer" (Gemälde)

Ultraschallphotographie mit Hilfe der Löschung v. Leuchtphosphoren

„Photographische Konferenz“ in Bristol bringt weitere Aufklärung über den noch nicht voll geklärten photographischen Elementarprozeß

Filmkamera für 10 Mill. Aufnahmen in der Sekunde

Einmotoriger Düsenjäger überquert den Atlantik im Nonstop-Flug (5280 km in 10 Stunden mit dreimaligem Nachtanken in der Luft)

Ballonflug Moskau - Zentralasien (3100 km in 83 Stunden 24 Min., Langstreckenrekord)

Erster Düsendampfer (Schottland)

Vorarbeiten zur Anlegung eines Stausees (etwa von der Größe Deutschlands) in dem Steppengebiet Westturkestans (USSR)

Bau des Tauern-Kraftwerkes Glockner-Kaprun (Fertigstellung bis 1954 mit 300000 kW geplant)

Entdeckung eines Meteoritenkraters auf Labrador von 5 km Durchmesser durch Luftaufnahmen (größter bisher bekannter)

Weltraumflug-Tagung in Paris (sagt Erreichung des Mondes noch im 20. Jahrhundert voraus)

USA: 1,5 Mill. Fernsehempfänger (1951: ca. 15 Mill.), England: ¼ Mill.

USA-Rennbootrekord 258 km/st. (1939: 228 km/st.)

Ausstellungshallen mit 18000 qm Grundfläche im Stahlskelettbau innerhalb 90 Tagen (für die Berliner Industrieausstellung)

UNESCO gründet Komitee für d. Dokumentation auf d. Geb. der Sozialwissenschaften

Erster Weltkongreß für Soziologie in Zürich

Köln-Mülheimer Hängebrücke im Bau (485 m lang, größte Europas; 1951 eröffnet)

Beispiele für höchste Maschinenproduktivitäten: Glühlampen-Kolbenblasmaschine 700000/Tag, Ziegelmaschine 400000/Tag, Zigarettenmaschine 150000/Stunde, Zeitungsrotationspresse 200000/Stunde

Waldanpflanzungsplan zur Klimaverbesserung im europ. Steppengebiet der USSR (Bepflanzung von 5709000 ha bis 1965)

Für USA 3—4 Mrd. Dollar Ernteschäden durch Schädlinge, 3 Mrd. Dollar durch Unkräuter geschätzt (1951 „Europäische Pflanzenschutzorganisation“ gegründet)

Die *Nobel*preisträger 1901—50 nach Fachgebiet und Wohnland

	Physik	Chemie	Medizin	Frieden	Literatur	Insges.
Deutschland	12	21	8	3	5	49
Groß Britann.	13	7	9	6	5	40
USA	9	7	14	11	4	45
Frankreich	7	6	3	6	8	30
Schweden	2	5	1	3	3	14
Übrig. Europa	9	5	20	12	19	65
Übrige Welt	2	0	4	1	1	8
Insgesamt	54	51	59	42	45	251

≈ Die seit Ende des 18. Jh.s in Gang befindliche „Industrielle Revolution“ tritt in eine neue entsch. Phase, gekennzeichnet durch Elektronik, Kernenergie, vom Staat geförderte technische Großprojekte (Weltraumflug) und Industrialisierung der gesamten Erde

Traditionelle politische und soziale Formen stehen oft in einem Spannungsverhältnis zu den rasch wachsenden technischen Möglichkeiten

Die Entw. der Wissenschaft profitiert von der Kriegstechnik (Kernenergie, Raketen, cm-Wellen, Elektronik u. and.)

(Vgl. Abschnitt „Leben in Zahlen“)

notwendig West 149 DM (W), Ost 149 DM (O), elast. Kulturbedarf West 169 DM(W); Ost 501 DM (O)

Die Güterversorg. pro Kopf der Bevölk. beträgt in (1936 = 100) DBR 75, DDR 38

Westdt. Spareinlagen pro Kopf der Bevölk. 58 DM, pro Sparbuch 139 DM(1913 pro Kopf 314 M, pro Sparbuch 834 M)

Investitionen in Westdeutschland seit d. Währungsreform 1948 rund 57 Milliarden DM (etwa 1250 DM pro Kopf der Bevölkerung; vorwiegend Selbstfinanzierg.)

W. Röpke: Gutachten zu westdt. Wirtschaftspolitik (liberalist.)

SED beschließt für DDR Fünfjahresplan 1951—55 mit folgenden Zielen (1940 = 100): Industr. Produktion 190, Volkseinkommen 160, Energie 176, Arbeitslöhne 117, Preise 72

Etwa 5,3 Mill. Mitglieder des Deutschen Gewerkschaftsbd. (DGB) in Westdeutschld. und Westberlin. DGB verlangt weitgehende Mitbestimmung d. Arbeiter in den Betrieben

„Gesetz der Arbeit“ in der ostdt. DDR (In Ostdeutschland sind

(1950)

Vargas wieder mit großer Mehrheit z. Präsidenten von Brasilien gewählt (* 1883, † 1954; Freitod)

Wafd-Sieg in Ägypten. *Nahas Pascha* erneut Ministerpräsident

Aufstand in Brit.-Malaya nimmt kriegsähnl. Formen an (wird vermutl. komm. unterstützt)

Schwere Kämpfe frz. Truppen und Fremdenlegionäre gegen aufständische Vietminh in Indochina (Aufständische werden anscheinend von Rot-China unterstützt)

Ausrufung der Republik Indonesien (Malaiischer Archipel) unter Staatspräsident *Sukarno* (*1901, + 1970) (nach langen Freiheitskämpfen gegen die Niederlande)

Huks (vgl. 1946) zerstören und plündern mehrere Städte bei Manila

Großbritannien anerkennt „Chinesische Volksrepublik"

Antrag der USSR auf Ausschluß Nationalchinas aus d. UN abgelehnt

Freundschafts- und Beistandspakt USSR—Chines. Volksrepublik für 30 Jahre

Einmarsch rotchin. Truppen in Tibet. Dalai Lama flieht vorüberg. n. Indien (bleibt trotz Appell an d. UN ohne Hilfe)

Kommunist. Unterschriftensammlung zur „Ächtung d. Atombombe"

Truppen des sowjetruss. beeinflußten Nordkorea überschreiten den 38. Breitengrad nach Südkorea. UN fordert Mitglieder zur Hilfe für Südkorea auf. Nach wechselvollen schweren Kämpfen gelingt es den UN-Streitkräften unter *MacArthur*, die Angreifer hinter den 38. Breitengrad zurückzudrängen. (USSR schlägt 1951 Waffenstillstandsverhandl. vor, die 1953 Erfolg haben)

Truman trifft sich mit *MacArthur* z. Besprechung d. Koreafrage (entsetzt *MacArthur* 1951 aller Posten)

Der ind. Ministerpräsident *Pandit Nehru* versucht im Koreakonflikt zu vermitteln

Während des Korea-Konfliktes heftige Debatten im Weltsicherheitsrat um Anerkennung und Aufnahme des Vertreters „Rot-Chinas"

Theodor Werner (* 1886, † 1969): „Komposition in Schwarz, Gelb und Blau" (abstr. Gem.)

Fr. L. Wright: Unitarierkirche b. Madison (USA)

~ „Wiener Schule" des phantast. Realismus der Schüler von *Albert Paris-Gütersloh* (*1887, + 1973): *Erich Brauer* (*1929), *Ernst Fuchs* (*1930), *Rudolf Hausner* (* 1914), *Wolfgang Hutter* (*1928), *Anton Lehmden* (*1929)

„Deutscher Künstlerbund 1950" (Neugründung, erste Ausstellung 1951 in Berlin)

Internationale Ausstellung kirchlicher Kunst in Rom anläßlich des Heiligen Jahres (Bilder kirchenamtlich vorzensiert)

Umgestaltung der Grotten der Peterskirche (Rom) zu einer Unterkirche (nach Ausgrabungen seit 1940)

UN-Sekretariat in New York (kubischer Wolkenkratzer mit 39 Stock)

Hochhäuser am Grindelberg/Hamburg (zwei 13 stökkige Wohn- und Geschäftshäuser)

Einweihung des fast originalgetreu wiederaufgebauten brit. Unterhauses (alter Bau durch Fliegerangriff zerstört)

*Goethe*schule in Kiel (Beispiel eines modernen ebenerdigen Schulbaues mit Möglichkeiten zum Freiluftunterricht)

Sowjets sprengen Berliner Stadtschloß (war im Kriege beschädigt worden)

Nordamerikan. Architekturinstitut verleiht Kunstmedaille erstmalig einem Photographen, *Edward Steichen* (* 1879)

„Orphée" (frz. Film von J. Cocteau); „Schwurgericht" (frz. Film von *A. Cayatte)*

„Reigen" (frz. Film nach den Dialogen von *A. Schnitzler*, mit *Adolf Wohlbrück*)

René Clair: „Nach reiflicher Überlegung" (frz. Aufzeichnungen zur Geschichte der Filmkunst 1920—1950) und „Die Schönheit des Teufels" (frz. Faust-Film)

„Staatsgeheimnis" (engl. Film über das Thema der politischen Diktatur)

„So beginnt ein Leben" (dän. Aufklärungsfilm in Spielform, zeigt Geburt)

„Das Schwarzwaldmädel" (erster dt. Nachkriegsfarbfilm mit *Sonja Ziemann;* Regie: *Hans Deppe*)

„Frauenarzt Dr. Prätorius" (Film von u. mit *C. Goetz* sowie *Valerie von Martens)*

„Herrliche Zeiten" (Filmsatire v. *Günter Neumann)*

„Semmelweis — Retter der Mütter" (Film v. *G. C. Claren* mit *Karl Paryla)*

die Betriebsräte weitgehend. entmachtet, die Gewerkschaften vom Staat abhängig)

1,5 Mill. Arbeitslose in Westdeutschland (1948: 600000). 300000 in Westberlin

Dt. Konsumgenossenschaften (seit 1850) 1,25 Mill. Mitglieder b. 6114 Verteilerstellen u. Fertigungsbetrieben; 5% des Einzelhandelsumsatz.

Von 100 dt. Erwerbstätigen sind 9 Beamte (1940: 10, 1920: 8, 1890: 6)

In USA üb. 100000 Kollektivverträge für insgesamt über 15 Mill. Arbeiter

Dt. Industrieausstellung in Westberlin (politisch-wirtschaftl. Demonstration der westl. Welt)

Industrieller Produktionsindex in Frankreich (1913 = 100): 1929 = 136, 1950 = 126. *Monnet*plan von 1946 nur zu etwa 75% erfüllt

Als Ergebnis des Fünfjahresplans 1946/50 i. d. USSR werden amtlich folgende Relativzahlen angegeben (1940 = 100): Gesamte Industrie 173, Kohlenförderung 157, Energieerzeugung 187, Eisen- und Stahlerzeugung 145, Maschinenbau 230, Chemische Industrie 180, Getreideanbaufläche 120, Nationaleinkommen 164. (Vgl. „Das Leben in Zahlen")

AFL schätzt i. d. USSR 175 Strafkolonien mit ca. 14 Mill. Insassen

Kopenhagener Wellenplan tritt in Kraft (benachteiligt stark dt. Sendestationen)

USA u. Kanada prod. 60 t Titan (1951: 700 t; 1952: 5000 t)

Selbstschutz-Organisation d. westeuropäisch. Kinobesitzer gegen Fernsehen

Chron. Alkoholiker etwa 945000 in den USA, 375000 in Frankreich, 150000 in Westdeutschland, 86000 in England

27 Mill. Briefmarkensammler in den USA (etwa 10 Millon. ernsthafte Sammler)

Aufwand für Kosmetik in den USA 2,5 Milliarden Dollar jährl. (rd. 1% des Volkseinkommens)

Betont „weiblicher" Stil in der Frauenmode; kleine Hüte, kurze gelockte Frisuren

Schwerstes Erdbeben i. Assam (Indien) Bergstürze: 1 Mill. Vermißte

Maurice Herzog u. *Louis Lachenal* besteigen ersten Berg über 8000 m (Annapurna/Himalaja 8078 m); erleiden schwere Erfrierungen an Füßen und Händen

Weltrekorde: Kugelstoßen 17,95 m (*J. Fuchs*, USA); 400-m-Lauf 45,8 Sek. (*G. Rhoden*, USA); 10000-m-Lauf 29 Min. 12 Sek. (*E. Zatopek*, Tschech.); Kanaldurchschwimmung 10 St. 53 Min. (*Hassan Abde Rehm*, Ägypt.)

John Davis (USA) stößt beidarmig 178,65 kg

Entwicklung der Skisprungweiten: 1879 *Torjust Hammestweit* (Norw.) 23 m, 1900 *Olaf Tandberg* (Norw.) 35,5 m, 1924 *Tullin Thams* (Norw.) 60 m, 1934 *Birger Ruud* (Norw.) 92 m, 1936 *Sepp Bradl* (Österr.) 101 m, 1950 *Dan Netzell* (Schwd.) (i. Oberstdorf) 135 m

Ezzard Charles schlägt d. Herausforderer *Joe Louis* nach Punkt. (mißglücktes Comeback)

Jersey Joe Walcott (USA-Negerboxer) schlägt *Hein ten Hoff* (Dt.) i. Mannheim nach Punkten (*ten Hoff* wird 1951 Europameister)

Das industrielle Kräfte-Parallelogramm

Das Verhältnis der Anteile Prod. : Bevölkerung ergibt eine relative Wohlstandszahl, die ein West-Ost-Gefälle aufweist:

	USA	W.-Eur.	DDR. u. O.-Eur.	USSR	China u. Ind.	Rest	
Industrieprod. .	40 %	25 %	6 %	10 %	5 %	14 %	d. Weltprod.
Bevölkerung . . .	6 %	12 %	4 %	8 %	38 %	32 %	d. Weltbevölk.
rel. Wohlst. . . .	6,7 %	2,1 %	1,5 %	1,3 %	0,13 %	0,4 %	

(Die Zahlen sind abgerundet. Vgl. auch 1965 u. 1972 V und „Das Leben in Zahlen. Güterproduktion etc." im Anhang)

1951	Friedens*nobel*preis an *Léon Jouhaux*, frz. demokratischer Gewerksschaftsführer (* 1879, † 1954) Berliner Koalitionsregierung SPD-CDU-FDP, Reg. Bürgerm. *Ernst Reuter* bis 1953 Kommunistische Weltjugendfestspiele in Ostberlin; werden von Westberlin zu zahlreichen politischen Kontakten ausgenutzt Dt. Bundestag nimmt SPD-Antrag an, der freie Wahlen in Berlin als 1. Schritt zur Wiedervereinigung fordert Ministerpräs. *Grotewohl* macht Vorschläge f. gesamtdt. Beratungen Gesetz über die Mitbestimmung d. Arbeitnehmer in den Aufsichtsräten und Vorständen der Unternehmen des Bergbaus und der Eisen und Stahl erzeugenden Industrie i. d. BRDtl. Lex *Kemritz*, Ges. gegen Menschenraub und polit. Denunziation i. d. BRDtl. Bundeskanzler *Adenauer* übernimmt Außenministerium (gibt es 1955 an *Heinrich v. Brentano*) Erste Reise des Bundeskanzlers *Adenauer* nach Paris Erster Staatsbesuch *Adenauers* in Italien Republik Indien beend. als 1. Land den Kriegszustand mit Deutschland Die westl. Alliierten beenden den Kriegszustand mit der BRDtl. Revision des Besatzungsstatuts in der BRDtl. (führt 1952 zur Unterzeichnung des „Deutschland-Vertrages") Bundestag ratifiziert d. Gesetz zur Bildung d. westeurop. Montanunion geg. Stimmen d. SPD (1952 in Kraft) BRDtl. gleichberechtigtes Mitgl. im Ministerausschuß d. Europarates in Straßburg Grundsatzerklärung der Sozialistischen Internationale in Frankfurt am Main: „Ziele und Aufgaben des demokratischen Sozialismus"	*Nobel*preis f. Literatur: *Pär Lagerkvist* (Schweden, * 1891, † 1974) Friedenspreis des dt. Buchhandels an *Albert Schweitzer* *Pulitzer*-Preis für *Conrad Richter* „The Town" *Georg-Büchner*-Preis für *Gottfried Benn* *Hansischer Goethe*-Preis für *Martin Buber* *Fontane*-Preis (Berlin) für *H. W. Richter* *Stefan Andres*: „Die Arche" (2. Teil des Romans „Die Sintflut") *Wystan Hugh Auden* (* 1907): „Das Zeitalter der Angst" (dt. Fassung d. engl. Schauspiels von 1947) *Gottfried Benn*: „Fragmente" (Gedichte) „Probleme d. Lyrik" (Essay) † *Walter Bloem*, dt. Romanschriftsteller (* 1868) *Bert Brecht*: „Hauspostille" (Lyrik; erste Veröff. 1927) † *Hermann Broch*, österreich. Dichter von Romanen und Schauspielen, zuletzt in USA (* 1886) *Louis Bromfield*: „Mr. Smith" (nordamer. Roman) *Camus*: „L'Homme revolté" (frz. Essay) *H. Carossa*: „Ungleiche Welten" *Paul Claudel*: Gesammelte Werke (1. Bd. von 20 Bänden) *Heimito von Doderer* (* 1896, † 1966): „Die Strudlhofstiege" (Roman) *T. S. Eliot*: „Gesammelte Gedichte" (engl. Lyrik), „Die Cocktail Party" (dt. Ausg. d. engl. Schauspiels von 1949)	*Th. W. Adorno* (* 1903): „Minima moralia" (kulturhist. Betrachtg.) *Simone de Beauvoir*: „Das andere Geschlecht" (Geschlechtspsychologie d. Frau) *B. Breitner*: „Das Problem der Bisexualität" *R. Carnap*: „Logische Begründung der Wahrscheinlichkeit" *H. Dolch*: „Theologie und Physik" (römisch-kathol. Wunderlehre) *Romano Guardini*: „Die Macht" (ital. kath. Philosophie) *K. Horney*: „Neue Wege der Psychoanalyse" (betont die Gemeinsamkeiten der verschiedenen Schulen) *Karl Jaspers*: „Rechenschaft und Ausblick" (v. Standp. d. Existenzphilosophie) *C. G. Jung*: „Aion, Untersuchungen zur Symbolgeschichte" (schweiz. Psychoanalyse) † *Fritz Karsen*, dt. Schulreformer, zuletzt in den USA; vertrat „differenzierte Einheitsschule" (* 1885) *George Katona*: „Psychological Analysis of Economic Behaviour" (nordamer. Analyse des ökonomischen Verhaltens) *Herbert Kühn*: „Das Problem des Urmonotheismus" (faßt Monotheismus als ursprünglichste religiöse Denkform auf) *Hans Leisegang* (* 1890, † 1951): „Einführung in d. Philosophie", „Meine Weltanschauung"

Karrel Appel (*1921): „Kind und Tier II" (niederl. Gem.)

Kenneth Armitage (*1916): „Familien-Spaziergang" (engl. Bronzeplastik)

Hermann Baur: Allerheiligenkirche, Basel

Max Bill (*1908): „Sechs Energiezentren" (schweiz. abstrakt. Gem.)

Dominikus Böhm: Kathol. Kirche in Geilenkirchen mit gläserner Chorwand

Georges Braque: „Mädchenkopf" (frz. Lithographie)

Alberto Burri (*1915): „Malerei" (ital. abstrakt. Gem.)

Reg Butler (*1913): „Mädchen und Knabe" (engl. geschmiedete und geschweißte Eisenplastik)

Massimo Campigli (*1895): „Turm und großes Rad" (ital. Gem.)

Salvador Dali: „Manifeste Mystique" (Grdl. d. span. Surrealismus)

O. Dix: „Bauernmädchen mit Kind" (express. Gem.), „Joseph Haubrich" (Porträtgem.)

L. Feininger: „Mondgewebe" (nordamer. abstrakt. Gem.)

Helen Frankenthaler (* 1928): „Abstrakte Landschaft" (nordamer. Ölgem. in neuer Einfärbetechnik)

Alois Giefer u. *Hermann Mäckler:* Maria-Hilf-Kirche, Frankfurt/Main

† *Wassilij de Basil,* emigrierter russ. Ballettmeister (*1888)

Conrad Beck (Schweizer Kompon., *1901), Violinkonzert, 6. Symphonie

Boris Blacher (*1903): „Dialog für Flöte, Violine, Klavier u. Streichorchester" (Concerto grosso mit Taktwechsel nach „mathemat. Gesichtspunkten"), Violinkonzert op. 29, „Lysistrata" (Ballett)

Cesar Bresgen (*1913): „Der Igel als Bräutigam" („Oper für große und kleine Leute", Text: *Bresgen* und *Andersen*)

Benjamin Britten: „Billy Budd" (engl. Oper)

† *Fritz Busch,* dt. Dirigent, seit 1933 in England, USA und Südamerika (*1890)

Luigi Dallapiccola (*1904): „Tartiniana" (ital. Kompos. für Violine und Orchester)

Paul Dessau (* 1894): „Die Verurteilung des Lukullus" (Oper; Text v. *B. Brecht. B.* mildert unter Druck der SED die ursprüngl. pazifist. Tendenz)

W. Egk: „Columbus" (Umarbeit. d. Oper von 1941)

Hans U. Engelmann (*1921): Fantasie f. Orchester op. 6 (gemäß. Zwölftonm.)

*Nobel*preis f. Physik: *John Douglas Cockcroft* (Großbrit., *1897) und *Ernest Thomas S. Walton* (Irland, *1903) für die 1932 durchgeführte Atomkernumwandlung mittels künstlich beschleunigter Protonen

*Nobel*preis f. Chemie: *Glenn T. Seaborg* (USA, *1912) und *Edwin M. McMillan* (USA, *1907) für Chemie der Transurane

*Nobel*preis f. Medizin an *Max Theiler* (USA) f. d. Entwickl. einer Anti-Gelbfieber-Vakzine

J. André-Thomas: Herz-Lungen-Maschine für Operationen am blutleeren Herzen

Charles F. Blair: Erster Alleinflug über den Nordpol

H. Bortels: „Beziehungen zwischen Witterungsablauf, physikalisch-chemischen Reaktionen, biologischem Geschehen u. Sonnenaktivität"

William Bridgeman erreicht mit raketenangetriebenem, vom fliegenden Bomber startenden „Skyrocket" 1,88fache Schallgeschwindigkeit und 24080 m Höhe

Fr. Cramer: „Die Papierchromatographie" (diese analytische Trennungsmethode gewinnt für organische Stoffe rasch wachsende Bedeutung)

E. D. DeLamater u. *M. E. Gallegly jr.* finden Zellkernteilung bei Teilung von Bakterienzellen

M. Deutsch: Entdeckung des „Positronium-Atoms", bei dem ein positiv und ein negativ geladenes Elektron kurzzeitig umeinander kreisen

† *Karl Escherich,* dt. Forstzoologe (*1871)

W. Filchner: „In der Fieberhölle Nepals" (Reisebericht)

Ernst Kraus: „Die Baugeschichte der Alpen", „Vergleichende Baugeschichte der Gebirge" (gibt Magmaströmungen in der Tiefe entscheidenden Anteil an der Gebirgsbildung)

† *Hans Böckler,* 1. Vorsitzender d. Deutschen Gewerkschaftsbundes (*1875)

† *William Randolph Hearst,* nordamer. Zeitungsunternehmer; erwarb 1887 die erste Zeitung, besaß schließlich 38 Zeitungen und Magazine (*1863)

Bundespräsident *Th. Heuss* stiftet Verdienstorden

Fritz Sternberg (* 1895, † 1963): „Kapitalismus und Sozialismus v. d. Weltgericht" (internationale politisch-ökonomische Analyse der letzten 100 Jahre)

„The International Labour Code" (intern. Arbeitsgesetzbuch mit 104 Übereinkommen u. 100 Empfehlungen der Intern. Arbeitsorg.)

Übereinkommen i. d. Internationalen Arbeitsorgan. (Genf) über Mindestlöhne in der Landwirtschaft (1952: über bezahlten Urlaub in der Landwirtschaft)

Arbeitszeit f. d. Erwerb von 1 kg Butter:

BRDtl.	240 min
Dänem.	95 min
Frankr.	375 min
Großbrit.	91 min
Schwed.	123 min
USA	68 min

Lockerung von Produktionsverboten i. d. BRDtl. durch die Alliiert.

(1951)	Brit. Außenminister *Morrison* besucht Bonn (1. Besuch ein. brit. Min. i. Dtl. seit 1939) Staatsbesuch *Adenauers* in London (1. offizieller Bes. ein. dt. Regierungschefs i. London seit 1925) Empfang durch König *Georg VI.* Delegationen aus West- u. Ost-Dtl. äußern sich vor dem politischen Ausschuß der UN-Vollversammlung in Paris zur Deutschlandfrage Volksabstimmung für die Schaffung des „Südweststaates" Baden-Württemberg (1956 neuer Volksentsch.) Bundesverfassungsgericht i. Karlsruhe eröffnet Bundesregierung beantragt beim Bundesverfassungsgericht, d. Sozialistische Reichspartei und die Kommunistische Partei Deutschlands für verfassungswidrig zu erklären (SRP wird 1952, KPD 1956 verboten und aufgelöst) „Stahlhelm" (Bund der Frontsoldaten) neu gegrdt. (1953 wird der ehem. Gen.-Feldmarschall *A. Kesselring* sein Leiter; K. war 1947 von einem brit. Kriegsgericht zum Tode verurteilt u. d. begnadigt worden) † *Alfred Hugenberg*, dt.-nationaler Politiker und Finanzmann; bekämpfte mit seinem Nachrichtenkonzern die Weimarer Republik u. verhalf *Hitler* zur Macht (* 1865) † *Wilhelm v. Preußen*, verzichtete auf Thronfolge (* 1882); sein Sohn *Louis Ferdinand* (* 1907) wird Chef des Hauses Hohenzollern † *Karl Renner*, österr. sozialdemokr. Staatsmann; seit 1945 Bundespräsident; sein Nachfolger wird der Sozialdemokr. u. ehem. General *Theodor Körner* (*Edler von Siegringen*, * 1873, † 1957) *A. Bevan* tritt als brit. Arbeitsmin. zurück aus Protest geg. Rüstungsprogramm *Bevin* tritt als Außenminister von Großbrit. zurück; sein Nachfolger wird *Herbert Stanley Morrison* (* 1888, † 1965) † *Ernest Bevin*, brit. sozialist. Politiker; grdte. d. Transportarbeiter-Gewerkschaft; 1940 Arbeitsmin., seit 1945 brit. Außenmin. (* 1881)	† *John Erskine*, nordamer. Literarhistoriker u. Schriftsteller (* 1879) *W. Faulkner*: „Requiem für eine Nonne" (nordamer. Drama nach dem 1931 ersch. Roman „Sanctuary" *Christopher Fry*: „Ein Schlaf Gefangener" (engl. Drama) † *André Gide*, frz. Dichter einer kritischen Geisteshaltung; *Nobel*preis 1947 (* 1869) *Albrecht Goes* (* 1908): „Gedichte 1930–1950" (Lyrik), „Unruhige Nacht" (Erz.) *Helmut Gollwitzer* (* 1908): „Und führen, wohin du nicht willst" (Bericht einer Gefangenschaft) *Graham Greene*: „Das Ende einer Affäre" (engl. Roman) *Hugo Hartung* (* 1902, † 1972): „Der Himmel war unten" (Roman über das Schicksal v. Breslau im 2. Weltkrieg) *Hermann Hesse*: „Späte Prosa" *Ruth Hoffmann*: „Meine Freunde aus Davids Geschlecht" (über jüd. Menschen) *James Jones* (* 1921, † 1977): „From Here to Eternity" („Verdammt in alle Ewigkeit", nordamer. Soldatenroman) † *Louis Jouvet*, frz. Schauspieler u. Theaterregisseur (* 1888) *Ernst Jünger*: „Der Waldgang" (gegen Totalitarismus)	*Erich Lüth* (* 1902): „Friede mit Israel" (dt. Aufruf zur Wiedergutmachung und Verständigung) *H. de Man*: „Vermassung und Kulturverfall" (belg. Soziologie) *Ludwig v. Mises*: „Sozialismus. Eine ökonomische und soziologische Analyse" (dt.-nordamer.) *E. Mittenecker* und *W. Toman*: „Der P(ersönlichkeit)-I(nteressen)-Test" (enthält 214 Fragen) *Gerhard Nebel* (* 1903): „Weltangst und Götterzorn" (christl.-theolog. Neudeutung d. griech. Tragödie) *Ernst Niekisch*: „Europäische Bilanz" (für sowjetische Planwirtschaft in einem übervölkerten Europa) *Ortega y Gasset*: „Vom Menschen als utopischem Wesen" (span. Philosophie, dt. Ausg.) *Hans Reichenbach*: „Der Aufstieg der wissenschaftl. Philosophie" (dt.-nordamer.; vertr. d. Möglichkeit einer wissenschaftl., antimetaphysischen Philosophie im Sinne d. logischen Empirismus) † *Karl Scheffler*, dt. Kunstschriftsteller (* 1869) *H. Schultz-Hencke*: „Lehrbuch der analytischen Psychotherapie" † *Anna Siemsen*, sozialist. Pädagogin u. Schulreformerin (* 1882) *Eduard Spranger*: „Pädagogische Perspektiven" Handbuch der experimentellen Psychologie (engl., Herausg. *S. S. Stevens*)

Sidney Gordin (*1918): „Promenade" (russ.-nordamer. bemalte Stahlkonstruktion)

David Hare (*1917): „Jongleur" (nordamer. stilisierte Stahlplastik)

W. Robert Huth (*1890): „Bonn", „Goldenes Kalb" (express. Gem.)

Herbert Katzmann (*1923): „Die rote Kaffeekanne" (nordamer. Gem.)

William Kienbusch (*1914): „Dirigo Island" (nordam. Gem.)

Oskar Kokoschka: „Bildnis des Bundespräsidenten Theodor Heuss" (Gem.)

Curt Lahs: „Oberwelt und Unterwelt" (abstr. Gem.)

Le Corbusier: Wohnblock Cité radieuse in Marseille. Planung d. Regierungsstadt Chandigarh im Ostpandschab (Ind.) (frz. Architektur)

F. Léger: „Die Bauarbeiter" (frz. Gem.); „Großes Blau und roter Zweig" (frz. abstrakt. Keramik-Plastik)

Seymour Lipton (*1903): „Nachtblume" (nordamer. Plastik aus Nickelsilber)

Alberto Magnelli (*1888): „Gebändigte Kräfte Nr. 2", „Mesures illimitées Nr. 1" (ital.-frz. abstrakt. Gem.)

Alfred Manessier (*1911): „Spiele im Schnee" (frz. abstr. Gem.)

Wolfgang Fortner (*1907): Konzert für Cello und Orchester (Komposition in Zwölftontechnik) „Die weiße Rose" (Ballett) Urauff.

Lukas Foss (*1922): Klavierkonzert Nr. 2 (dt.-nordamer. Komposition)

Peter Racine Fricker (*1920): Violinkonzert, 2. Sinfonie (engl. Komposition für Orchester)

Roy Harris (*1898): Sinfonie Nr. 7 (nordamer. Kompos.)

Karl Amadeus Hartmann (*1905): dt. Komponist, 5. Symphonie

Hans Werner Henze (*1926): Klavierkonzert „Jack Pudding" „Labyrinth" (Choreograph. Variationen)

Karl Höller (*1907): „Sweelinck-Variationen für Orchester"

Arthur Honegger (frz. Komponist, *1892): 5. Symphonie, „Monopartita", „Je suis Compositeur" (Betrachtung. über Musik)

Norman Dello Joio (*1913): „The triumph of St. Joan" (nordamer. Sinfonie um *Jeanne d'Arc*)

W. Kuhn u. *B. Harbitay*: Systeme aus künstlichen Makromolekülen mit muskelähnlicher Arbeitsleistung durch Änderung der elektrischen Ladung des Gelgerüstes

G. Kuiper: „Die Atmosphären der Erde und der Planeten" (Kohlensäure auf den kl. Planeten, Methan auf den großen nachgewiesen)

Laborit: Vegetative Blockade („Künstl. Winterschlaf") ermöglicht Operationen ohne Narkose

† *Otto Meyerhof*, dt. Physiologe, seit 1940 in USA; untersuchte Reaktionsketten d. Energiestoffwechsels; *Nobel*preis 1922 (*1884)

J. C. P. Miller u. *D. J. Wheeler* finden mit elektronischer Rechenmaschine die 81stellige Zahl $180 \cdot (2^{127}-1)^2+1$ als bisher größte Primzahl (es gibt keine endgültig größte)

Erwin Müller (*1911): Feldionen-Mikroskop (Fortentw. des extrem vergrößernden Feldelektronen-Mikroskops, Vergr. ca. 10 Mill. mal)

Frank Roberts: Fernseh-Mikroskop

W. L. Russel u. Mitarb. (USA) stellen an insgesamt 86000 untersuchten Mäusen nach einmaliger starker Röntgenbestrahlung etwa 15mal häufigere Erbänderungen fest als bei der Taufliege (dieser fortgeführte Großversuch ist wichtig für die Beurteilung von Strahlenschäden beim Menschen)

F. Sanger u. *H. Tuppy* legen die Reihenfolge der Aminosäuren in der einen Hälfte des Insulin-Moleküls fest (großer Fortschritt in der Analyse der Eiweißmoleküle)

† *Ferdinand Sauerbruch*, dt. Arzt u. Chirurg; verbesserte vor allem Lungenchirurgie und Kunstglieder (*1875)

E. Sittig: „Entzifferung der ältesten Silbenschrift Europas, der kretischen Linearschrift B"

† *Arnold Sommerfeld*, dt. theor. Physiker; klärte besonders d. Aufbau der Atomhüllen u. Entstehung d. Spektrallinien m. Hilfe d. Quantentheorie (*1868)

Astronom. wichtige 21-cm-Spektrallinie des Wasserstoffs entd.

Schumanplan (Montanunion) in Paris unterzeichnet (tritt 1952 in Kraft)

Aufhebung des Ruhrstatuts

Kohlenvorräte der Erde: 5 Bill. t, davon etwa:

USA	2,0
USSR	1,5
Asien	0,7
Europa	0,8

Jährl. Weltenergieerzeugung entspr. 2 Mrd. t Kohle; davon entfallen:
70% auf Kohle
20% auf Erdöl
8% auf Wasserkr.
2% auf Erdgas

Produktivität i. d. USA (Prod. pro Arbeitsstunde):

1891–1900	100
1901–1910	122,8
1911–1920	146,0
1921–1930	196,4
1931–1940	233,5
1941–1950	281,3

Landwirtschaft in den USA (alle Zahlen in Millionen):

	1910	1950
Bev.	92	151
Ldbev.	32	25
Zahl d. Farmen	6,4	5,4
Pferde u. Mault.	24,2	7,8
Trakt.	0,1	5,8
Farmland (ha)	350	465

Farmproduktion (1935–39 = 100):

	1910	1953
Gesamt	79	144
pro Farmarb.	76	172

(1951)

Die beiden hohen brit. Beamten *Donald Duar MacLean* und *Guy Francis de Moncy Burgess* fliehen i. d. USSR (stehen im Verdacht, Staatsgeheimnisse verraten zu haben)

Pariser Konferenz: Die Außenmin. d. USA, Großbrit. u. Frankr. einigen sich mit Bundeskanzler *Adenauer* über den Entwurf eines Generalvertrages an Stelle d. Besatzungsstatuts u. Grdg. einer europäischen Armee (EVG: Europ. Verteidigungsgemeinschaft)

Vorkonferenz in Paris zu einer Viermächtekonferenz zw. West und Ost scheitert am Problem der Tagesordnung nach der 73. Sitzung

Ergebn. d. Wahlen zur frz. Nationalversammlung, nach einem Wahlsystem, das die Mittelparteien bevorzugt: 118 Gaullisten; 105 Sozialisten; 99 Kommunisten; 83 M.R.P.; 66 Radikalsozialist.; 43 Unabh. Republikan.; 34 Soziale Bauernbeweg.; 14 Demokrat. u. sozialist. Union; 64 Sonstige

Frz. Min.-Präs.: *René Pleven* (seit 1950), *Henri Queuille* (2 Tage), *Pleven* (bis 1952)

† *Henri-Philippe Pétain* (in Haft), frz. Marschall; verteidigte im 1. Weltkrieg Verdun; schloß im 2. Weltkrieg Waffenstillstand m. *Hitler* (* 1856)

Baudouin I. (* 1930) wird König der Belgier, nachdem sein Vater *Leopold III.* v. d. Sozialisten gezwungen wurde abzudanken

Mohamed Mossadegh (* 1880, † 1967), iranischer Min.-Präs.; verfolgt antibrit. Politik

Iran verstaatlicht Erdöl und enteignet die Anglo-Iranian Oil Company; Großbrit. schickt Kriegsschiffe und verhängt Ölblockade (führt 1953 zum Sturz d. Min.-Präs. *Mossadegh*)

Ägypten kündigt Vertrag v. 1936 über brit. Streitkräfte im Lande, bes. am Suezkanal (brit. Räumung der Kanalzone 1956; dann verstaatlicht *Nasser* den Kanal)

Niko(laos) Kazantzakis (* 1882, † 1957): „Griechische Passion" (dt. Übertr. d. griech.. Romans)

† *Bernhard Kellermann*, dt. Romanschriftsteller, bes. technisch-utopischer Romane (* 1879)

Martin Kessel (* 1901): „Gesammelte Gedichte"

Wolfgang Koeppen (* 1906): „Tauben im Gras" (Roman aus der Besatzungszeit)

Elisabeth Langgässer (* 1899, † 1950): „Geist in den Sinnen behaust" (Erz., postum)

† *Sinclair Lewis*, nordamer. Dichter; schrieb zahlr. realist. Romane; *Nobel*preis 1930 (* 1885)

S. Lewis: „Wie ist die Welt so weit" (nordamer. Roman, postum)

† *Amanda Lindner*, dt. Schauspielerin, u.a. in Meiningen und Berlin (* 1868)

Norman Mailer (* 1923): „Am Rande der Barbarei" (nordamer. Roman)

Th. Mann: „Der Erwählte" (legendärer Roman nach „Gregorius" von *Hartmann von Aue*)

John Phillips Marquand (* 1893): „Es gibt kein Zurück" (nordamer. Roman; Originalausgabe 1949)

François Mauriac: „Le Sagouin" (frz. Roman; dt. „Denn Du kannst weinen")

† *Maxence van der Meersch*, frz. Schriftsteller, schrieb (1943) „Leib und Seele" (* 1907)

Agnes Miegel: „Der Federball" (Erz.)

J. B. Priestley: „Das große Fest" (engl. Roman)

Frank Tannenbaum: „A philosophy of Labor" (nordamer. Philosophie d. Arbeiterbewegung)

Helmuth Thielicke (* 1908): „Theologische Ethik" Bd. I, Dogm., philos. u. kontroverstheol. Grundlegung

Heinrich Vogel: „Gott in Christo. Ein Erkenntnisgang durch d. Grundprobleme der Dogmatik" (ev.)

V. v. Weizsäcker: „Der kranke Mensch" (psychosomatische Medizin)

† *Ludwig Wittgenstein*, neopositivistischer Philosoph und Logistiker (* 1889)

Festivals of Britain in London (mit gr. kulturellen und technischen Ausstellungen)

Langfristiges intern. Jugendprogramm d. UN

BRDtl. Mitglied der UNESCO

Dt.-frz. Vereinbarung über den Unterricht in strittigen Fragen europ. Geschichte, bes. über d. Kriege 1870/71 und 1914/18

Landtag in Bayern lehnt Abschaffung der Prügelstrafe i. d. Schulen ab

„Rahmenzeitplan für das 10-Monate-Studium" f. d. Hochschulen d. DDR

Evangelischer Kirchentag in Berlin

Der Papst anerkennt die Beachtung der unfruchtbaren Tage der Frau als einziges zulässiges Mittel d. Geburtenkontrolle

Intern. Übereinkommen über gleichen Frauenlohn bei gleicher Arbeit

Internat. Schulbuchinst. i. Braunschweig, Dir. *G. Eckert* (* 1912, † 1974)

Marcello Mascherini (*1906): „Hahn“, „Narziß“ (ital. express. Bronzen)

Marino Marini (*1901): „Reiter“, „Klagendes Pferd“ (ital. Bronzeplastik)

H. Matisse: Kapelle in Vence (vollend. u. geweiht, frz. Architektur u. Malerei)

Matthew: Festival Hall in London

Mies van der Rohe (* 1886, † 1969): Haus Farnsworth b. Chikago (seit 1945); Wohnhochhäuser „Lake Shore Drive Apartments“, Chik.

Luciano Minguzzi (*1911): „Ziege“, „Hund im Schilf“ (ital. Bronzen)

Henry Moore: „Tierkopf“ (engl. Bronze)

Ernst Wilhelm Nay (*1902): „Blüten“ (abstrakt. Gem.)

E. Nolde: „Lichte Wolken überm Meer“, „Junge blonde Mädchen“ (express. Gem.)

Pieter Ouborg (*1893): „Ahnenbild“ (niederl. abstr. Gem.)

Bernard Perlin (*1918): „Die Jacke“ (nordamer. Gem.)

P. Picasso: „Massaker in Korea“ (span.-frz. express. Gem.)

P. Picasso u. *Françoise Gilot*, seine Gefährtin seit 1946, trennen sich (1955 stirbt *Olga Chochlowa*, seine Frau seit 1918)

Richard Pousette-Dart (*1916): „Amorphes Blau“ (nordamer. abstr. Gem.)

André Jolivet (frz. Komponist, *1905): Klavierkonzert

Giselher Klebe (*1925): „Deux Nocturnes op. 10“, „Symphonie f. 42 Streicher, op. 12“

† *Armin Knab*, dt. Komponist, vor allem Vokalwerke (* 1881)

Ernst Křenek: Konzert f. Harfe u. Kammerorch. 4. Klavierkonzert (*1900), z. Z. USA

† *Sergej Kussewitzky*, russ. Kontrabassist, Dirig. u. Musikverleger; seit 1924 Leiter des Bostoner Symphonieorchesters (*1874)

Frank Martin (*1890): Violinkonzert

† *Willem Mengelberg*, niederl. Dirigent; 1895–1945 d. Concertgebouw Orchesters, Amsterdam (*1871)

Gian Carlo Menotti (ital.-amer. Komponist, * 1911): „Das Medium“ (Kurzoper), dt. Erstauff.

Marcel Mihalovici (rumän. Kompon. in Frankreich, *1898): Oper „Phädra“ Urauff.

Darius Milhaud (franz. Komponist, *1892): 4. Klavierkonzert.

Ildebrando Pizzetti (ital. Komponist, *1880): „Iphigenie“

Nikolas Tinbergen: „Instinktlehre“ (engl.)

H. Walther-Büel: „Pharmakopsychiatrie“ (über die Beeinflußbarkeit des menschlichen Seelenlebens mittels Medikamente, wie Narkotika u. Weckamine)

Aufwand f. wissenschaftliche Forschung:
USA
1,4% v.Volkseink. = 71 DM/Kopf
Großbritannien
1% v.Volkseink. = 25 DM/Kopf
BRDtl.
0,4% v.Volkseink. = 8 DM/Kopf
In den USA wurden 1949–54 ebensoviel für Forschung aufgewandt wie 1790–1949 insgesamt

US-Versuchs-Kernreaktor erzeugt Strom

Moderne Massenspektroskopie gestattet es, die Massen von Atomen auf 1/1000000 genau zu bestimmen

Radioaktives Kobalt 60 gewinnt zunehmende Bedeutung in der Krebstherapie

Mit Szintillationszähler gelingt die Messung von Zeiten kürzer als eine milliardstel Sekunde als Lebensdauer angeregter Atomkerne

Erste dt. Rheologentagung in Berlin (zeigt d. allg. Bedeutung der Fließkunde)

Produktion von Antibiotika in USA:

	Penicillin	Streptomycin
1945	12000	6000 kg
1948	62000	37000 kg
1951	195000	160000 kg

Diphtheriefälle in Europa: 69000 (1947: 183000); diese Krankheit befindet sich im raschen Rückgang

Internationales Arzneibuch d. Weltgesundheitsorganisation in Genf

Das brit. Schiff „Challenger“ lotet im Pazifik mit Echo und Draht eine bisher größte Tiefe von 10863 m

Neues Gebirge im Atlantik entdeckt (1500 m hoch, 8 km lang)

Unterwasser-Fernseh-Apparatur zur Absuchung des Grundes von Gewässern

Prozentsatz der in Industrie u. Handwerk tätigen Menschen:

Großbrit.	46,1%
Dtl.	41,5%
USA	30,5%
Italien	29,3%
Japan	20,0%
Indien	10,5%

Gesetz d. Alliierten Hochkommission über das dt. Auslandsvermögen erklärt alle dt. Ansprüche f. erloschen (das Vermögen wird 1945 mit rd. 40 Mrd. RM geschätzt)

Industrie Nordrh.-Westfalens verbraucht pro Jahr 22 Mrd. cbm Wasser (1570 cbm/Einwohner)

Weltluftverkehr (außer USSR)
Flugstrecken-km
1,6 Mrd. (1937 0,3)
Fluggäste
39 Mill. (1937 2,5)
Fluggast-km
34 Mrd. (1937 1,4)
Fracht-tkm
900 Mill. (1947 297)
Post-tkm
240 Mill. (1947 132)
Reisende/Flugzeug
21,9 (1937 5,3)

Nur 42% d. festen Erdoberfläche sind genauer als 1:260000 kartiert, nur 2% im Maßstab 1:25000

BRDtl. Mitgl. d. Weltgesundheits-Organisation

(1951) Nach einem knappen konservativen Wahlsieg bildet *W. Churchill* die Regierung: Außenminister *A. Eden*, Schatzkanzler *R. A. Butler*. Sitze im Unterhaus:

Konservative u. Lib.-Kons. (48,1% Stimmen)	321
Liberale	6
Labour-Party (Arbeiter-P.) (48,8% Stimmen)	295
Sonstige	3
Insgesamt	625

Die brit. konservative Regierung hebt Beschluß auf, Eisenindustrie zu nationalisieren (setzt im wesentl. sozialpolitischen Kurs der Labour-Regierung fort)

de Gasperi bildet in Italien sein 8. Kabinett und übernimmt auch das Außenministerium

Der früh. tschechosl. Außenminister *Wladimir Clementis* wird verhaftet (wird 1952 mit 10 anderen Kommunisten gehängt)

† *Oscar Carmona*, seit 1928 Staatspräs. v. Portugal (* 1869); sein Nachfolger wird General *Francisco Craveiro Lopes* (* 1894)

† *Maksim Maksimowitsch Litwinow*, 1930—39 Volkskommissar d. Äußeren d. USSR; arbeitete mit Westmächten im Völkerbund zusammen (* 1876)

Präsident *Truman* (USA) fordert Politik der Stärke

UN verurteilt Volksrepublik China als Angreifer in Korea. Nordkorea erobert Seoul zum zweiten Male. UN-Truppen erobern in Korea die Hauptstadt Seoul zurück. Südkoreanische Truppen überschreiten erneut den 38. Breitengrad

Präsident *Truman* setzt den Oberbefehlshaber der UN-Streitkräfte im Koreakrieg *Douglas MacArthur* (* 1880) ab, weil er durch ihn eine Ausdehnung des Krieges auf China befürchtet; der Nachfolger wird *M. B. Ridgway* (* 1895)

Jakob A. Malik (* 1906), Vertr. d. USSR b. d. UN (1948—52), schlägt Waffenstillstandsverhandlungen für Korea vor, die bald darauf in Kaesong beginnen (erst 1953 erfolgreich)

J. P. Sartre: „Der Teufel und der liebe Gott" (frz. atheist. Schauspiel)

Edzard Schaper (* 1908): „Die Freiheit des Gefangenen" (poln.-schweiz. Schauspiel)

† *Thassilo v. Scheffer*, dt. Kulturhistoriker und Schriftsteller (* 1873)

Oscar Schuh (* 1904): „Salzburger Dramaturgie"

Anna Seghers: „Die Kinder" (Erz.)

Annemarie Selinko: „Desirée" (dän. Roman)

T. Williams: „Die tätowierte Rose" (nordamer. Drama)

Marguerite Yourcenar (* 1903): „Ich zähmte die Wölfin" (belg. Hadrian-Roman)

Schiller-Theater in Berlin unter *Boleslaw Barlog* (*1906) neu eröffnet (leitet daneben seit 1945 das Schloßpark-Theater in Berlin-Steglitz, beides bis 1972)

Wolfgang Goetz: „Du und die Literatur" („Eine Einführung in die Kunst d. Lesens u. i. d. Weltliteratur")

„Dankspende d. dt. Volkes" gegrdt. (sendet zum Dank für Nachkriegshilfe Werke dt. Künstler ins Ausland)

„Europäisch. Gespräch" über „Das Problem des Managers" auf d. Ruhrfestspielen in Recklinghausen

Kriminalitätsziffer (Verurteilte auf 100000 Personen der strafmündigen Zivilbevölkerung) in Dtl. bz. BRDtl.

	insges.	weibl.	jgdl.
1951	1056	302	977
1936	737	202	404
1928	1188	324	536
1923	1693	528	1082
1913	1169	359	662
1900	1164	357	745

Entziff. kretischer Schrift (vgl. *Blegen* 1939 D)

Briefe von *Bar Kochba* († 135) i. Israel gefunden, werden 1960 veröffentl.

Emy Roeder (* 1890): „Hans Purrmann" (Bronze)

Hans Scharoun (* 1893): Entwurf f. einen Schulbau in Darmstadt

William Scott (* 1913): „Stilleben", „Tisch mit Stilleben" (engl. Gem.)

Honoré Sharrer (* 1920): „Der amerikanischen Arbeiterschaft gewidmet" (nordamer. fünfteiliges realist. Gem.)

Toni Stadler (* 1888): „Der Hund" (Bronze)

Graham Sutherland: „Dornenhaupt" (engl. Gem.)

† *Walter Tiemann*, dt. Maler, Graphiker, Schriftzeichner (* 1876)

Hans Uhlmann (* 1900): Stahlskulptur (abstr. Plastik)

Geer van Velde (* 1898): „Paris" (niederl. abstr. Gem.)

Theodor Werner (* 1886): „Verschollenes", „Taifun", „Schwarz, Grün, Rot" (abstr. Gem.)

Fritz Winter: „Erhebung" (abstr. Gem.)

Wols (eig. *Wolfgang Schulze*) (* 1913, † 1951): „Das blaue Phantom" (abstr. Gem.)

—

† *Arthur Schnabel*, dt. Pianist und Komponist, vor allem *Beethoven*-Interpret (* 1882)

† *Arnold Schönberg*, österr. Komponist, ab 1925 in Berlin, ab 1934 in Los Angeles; Schöpfer des atonalen Zwölftonsystems (* 1874) „Der Tanz ums goldene Kalb" (aus der Oper Moses und Aaron") Urauff.

William Schuman (* 1910): „Judith" (nordam. Ballett)

Igor Strawinsky: „Der Wüstling" („The Rake's Progress", russ.-frz. Oper, Text von *W. H. Auden* und *Ch. Kallman*)

Howard Swanson: „Short Symphony" (nordam. Orchestermusik)

„Musik in Geschichte und Gegenwart" (allg. Enzyklopädie der Musik), Herausg. *F. Blume* (* 1893)

„Die Klangwelt der elektronischen Musik" (erste öff. Vorführung auf den Intern. Ferienkursen f. Neue Musik i. Darmstadt)

In der Jazzmusik geht der seit 1940 vorherrschende „Be-Bop"-Stil in den ruhigeren „Cool-Jazz" über

Populäre Schlager: How high the moon, Blueberry Hill, Ich hab' mich so an dich gewöhnt

Ausgrabungen in Nimrud/Kalach (seit 1949) konzentrierten sich auf den „Nordwestpalast" Assurnasirpals II. und auf den „verbrannten Südostpalast": Löwin-Kentaur, Sandsteinstele mit Baubericht, Elfenbeinarbeiten u. a.

Ausgrabung von Gordion, der Hauptstadt Phrygiens (bis 1953 werden 6 Kulturschichten vom 3. Jtsd. bis 2. Jhdt. v. Chr. entdeckt)

Forschungsreise d. *Frobenius*-Instituts d. Univ. Frankf./M. nach Abessinien zur Erforschung d. Wirtschaftslebens d. Schangama (seit 1950)

Ausgaben f. Meß- u. Regelgeräte i. d. USA 9mal größer als 1935; übrige Investitionen 3mal größer (zeigt die Fortschritte der Automatisation)

Hochautomatisierte Kolbenfabrik in der USSR

Erstes Farb-Fernsehen (in USA) Fernseh-Relais-Kette New York—San Franzisko

USA-Düsenflugzeug „Bell X 5" mit verstellbaren Pfeilflügeln

„Rucksackhubschrauber" i. d. USA

Gasturbinen-Lokomotive v. Brown und Boveri mit 1650 kW

Stapellauf des USA-Fahrgastschiffes „United States" (51 500 BRT)

„Dome of Discovery" („Haus der Erfindungen") der „British Festivals" in London (bisher größter Aluminium-Kuppelbau mit 110 m Durchmesser)

Das seltene Metall Rhenium (entd. 1925) beg. technische Anwendung zu finden (Preis etwa 13 DM/g)

Es gelingt in den USA, das Titanmetall wesentlich billiger zu erzeugen

Sonnenofen von 3 m Durchmesser zur Erzielung von Temperaturen von etwa 2000° C in den USA

Rheinbrücke Düsseldorf—Neuß mit 206 m Stützweite

Tunnelbaugeschwindigkeit etwa 740 m/Monat (1872: 21 m/Monat)

Europäische Pflanzenschutz-Organisation gegründet. (Jährlich verderben etwa 10% des lagernden Getreides, die Jahresnahrung von rd. 150 Mill. Menschen)

Zahl d. Rundfunk- und Fernsehempf.	Mill.
Welt	218
USA	119
übriges Amerika	16
Europa	64
Asien	13
Afrika	2,5
Australien	3,5

Messung d. Hörermeinung durch Registrierung der Zahl d. An- u. Abschaltung v. Rundfunkempfängern i. Hamburg

Durchschnittliche Heiratsentfernung d. Einbecker Bevölkerung: etwa 140 km (1700—50: etwa 13 km, um 1850 etwa 25 km)

Heiratsrate in der BRDtl.: 10,2 pro 1000 Einw. (1886 bis 1895: 7,92)

Scheidungsrate in d. BRDtl. 1,16 pro 1000 Einw. (1911: 0,25)

Heiratsrate in den USA 10,4 pro 1000 Einw. (1890: 9,0) Scheidungsrate in den USA 2,5 pro 1000 Einw. (1890: 0,5)

Bermuda - Sturmtaucher, seit 300 Jahren verschollen, wiederentdeckt

William Barnie (Schottl.) durchschwimmt erst-

(1951)

Konferenz in Washington: Außenminister der USA, Großbrit. und Frankr. wünschen die Einbeziehung eines demokr. Dtls. auf der Grundlage d. Gleichberechtigung in eine europäische Gemeinschaft und eine Mitwirkung Westdtls. an der Verteidigung des Westens

Verbot der kommunistischen Ideologie in den USA

† *Charles Gates Dawes*, nordamer. Staatsmann, Rechtsanwalt und Bankier; Partei-Republikaner; Friedens*nobel*preis 1925 (* 1865)

Friedensvertrag v. San Franzisko zw. Japan und den USA sowie 47 anderen Staaten (ohne USSR): Japan erhält Souveränität und Gleichberechtigung; verzichtet auf Korea, Formosa, Südsachalin, Kurilen, Südsee-Mandate und Besitzungen in China; Sicherheitspakt gestattet USA, Streitkräfte in Japan zu stationieren

19 Japaner (darunter eine Frau) kapitulieren 6 Jahre nach Kriegsende auf d. einsamen Insel Anatahan vor den Amerikanern (noch 1972 findet man japan. Soldaten, die das Kriegsende nicht erfahren haben)

Vertrag Volksrepublik China–Tibet

Péron schlägt in Argentinien eine Militärrevolte nieder und wird wiedergewählt (1955 gestürzt)

† *Liaquat Ali Khan* (ermordet), Premier von Pakistan seit 1949 (* 1895), (1953 folgt *Mohammed Ali*)

† *Abdullah Ibn el Hussein* (ermordet), seit 1921 Emir v. Transjordanien, seit 1949 Kg. d. „Haschemitischen Königreichs des Jordan" (* 1882)

„Unter dem Himmel von Paris" (frz. Film, Regie: *J. Duvivier* (* 1896))

„Wunder von Mailand" (ital. Film, Regie: *V. de Sica*)

"A streetcar named desire" („Endstation Sehnsucht", nordamer. Film mit *Vivien Leigh*, *Marlon Brando*, Regie: *Elia Kazan*)

„Ein Amerikaner in Paris" (nordamerik. Ballett-Farbfilm, Regie: *Vincente Minelli*, Darst.: *Leslie Caron* (* 1932), *Gene Kelly* (* 1912), Mus.: *G. Gershwin*)

„Viva Zapata" (nordamer. Film, n. *John Steinbeck*; Reg.: *Elia Kazan*, m. *Marlon Brando* (* 1926) u. a.)

„Das Haus in Montevideo" (Film nach dem Theaterstück v. *C. Goetz*, Regie: *C. Goetz*, Darst.: *C. Goetz*, *Valerie v. Martens* u. a.)

„Der Untertan" (Film n. d. Roman v. *H. Mann*; Regie: *Wolfgang Staudte*; Darsteller: *Werner Peters*, *Renate Fischer* u. a.)

„Grün ist die Heide" (Farbfilm, Regie: *Hans Deppe*, Darst.: *Rudolf Prack*, *Sonja Ziemann*; typisch für eine ganze Serie erfolgr. „Heimatfilme")

† *Robert J. Flaherty*, nordamer. Filmregisseur, vor allem Dokumentarfilme (* 1884)

„National Film Theatre" in London als Pflegestätte des künstlerischen Films

Filmproduktion und Filmtheater

	Filme	Theater
USA	391	19048
Indien	221	2933
Japan	205	3100
Italien	110	8625
Frankr.	107	5385
Mexiko	106	2021
Ägypt.	79	250
Gr.-Brit.	64	4623
BRDtl.	60	4547
DDR	8	1500
Argent.	54	2190
Spanien	54	3950
Österr.	28	1069
Schwed.	28	2583
USSR	26	46000
Brasil.	21	1736
Finnl.	19	507
Dänem.	15	476

Auf d. Erde befinden sich etwa 91000 ortsfeste Filmtheater mit etwa 42 Mill. Sitzplätzen. Ein Spitzenfilm kostet 1 Mill. DM bis 8 Mill. $

1. Internat. Filmfestspiele i. Berlin

In den nächsten Jahrzehnten geht der Kinobesuch stark zurück (vgl. 1978)

Technisierung d. Landwirtschaft i. d. USA: Traktoren: 5,8 Mill. (1940: 2,6 Mill.; 1915: 25000). Energiequellen: 178 Mill. PS (1940: 85 Mill.). 90% d. Farmen haben elektr. Anschluß (1935: 10%)

4. Internationaler Kongreß für Große Talsperren in Neu Delhi (kennzeichnet die großen Anstrengungen Indiens auf diesem Gebiet)

≈ Ergebnisse der technischen Revolution 1800–1950: Die Erdbevölkerung wuchs von 840 auf 2500 Mill. auf das 3fache; die Energieversorgung mit etwa 1 t Steinkohlenäquivalent pro Kopf (1950) auf etwa das 40fache; die Energieversorgung insges. ca. 120fach (+ 3,2 %/Jahr)

malig Ärmelkanal in beiden Richtungen in einem Jahr

Wilhelm Herz fährt absoluten Weltrekord für Motorräder m. 290 km/st

1. FC Kaiserslautern Dt. Fußballmeister

Tauno Luiro (* 1932, Finnland) springt auf der Oberstdorfer Skiflugschanze mit 139 m Weltrekord

„Sandwich"-Bauweise von Metallskiern in den USA (verhilft z. raschen Verbreitung)

Erstes Skibobrennen in Kiefersfelden / Bayern (Skibob wurde ab 1948 systemat. entwickelt, findet ab Ende der sechziger Jahre stärkere Verwendung)

Ausbruch des Vulkans Mt. Lamington auf Neuguinea (mehr als 3000 Tote)

Lawinenkatastrophen in den Alpen fordern an einem Tag 320 Tote

Po - Überschwemmung tötet i. Oberital. mehr als 150 Menschen u. macht etwa 150000 obdachlos

Schlagwetter-Explosion im Bergbau Westfrancfort (Ill., USA) fordert 119 Tote

Brit. U-Boot „Affray" im Kanal gesunken. 75 Tote (wird mit Unterwasser - Fernseh - Kamera gesucht)

1952

Friedens*nobel*preis: *Albert Schweitzer* (Frankr., * 1875; verwendet den erst 1953 verliehenen Preis für den Ausbau seines Urwaldhospitals)

In je 4 Deutschlandnoten d. USSR und der Westmächte wird keine Einigung über die vom Westen vorgeschlagene Reihenfolge: Freie Wahlen, Regierungsbildung, Friedensvertrag erzielt. Weiterer Streitpunkt ist die internationale Kontrolle gesamtdeutscher Wahlen

Delegation der Volkskammer der DDR unterbreitet Bundestagspräsident *Ehlers* Vorschläge zur Wiedervereinigung (werden in der BRDtl. als ungeeignet abgelehnt)

DDR schafft Schußschneisen an der Zonengrenze

Telefonverbindung zw. West- und Ostberlin v. d. Sowjetzonenpost unterbrochen

Westberliner dürfen nur noch mit besond. Genehmigung der sowjetzon. Behörden in die DDR reisen (der Verkehr zw. West- und Ostberlin bleibt im wesentl. erhalten)

Im August 16000 Flüchtlinge aus d. DDR nach Westberlin (Rekordhöhe)

Sowjetische Jäger beschießen frz. Passagierflugzeug im Luftkorridor nach Berlin (keine Menschen verletzt)

Sowjets verhindern brit. u. amer. Militärpatrouillen Berlin-Helmstedt

Rechtsanwalt *Walter Linse* aus Westberlin entführt (Proteste bleiben erfolglos)

Helgoland wieder unter dt. Verwaltung (vorher brit. Bomber-Übungsziel)

Landtagswahlen an der Saar ohne dt. Parteien; werden von der BRDtl. nicht anerkannt

Dt.-frz. Saarverhandlungen

„Deutschlandvertrag" in Bonn unterzeichnet (sein wesentlicher Inhalt erlangt mit der Ratifizierung d. Pariser Verträge 1955 Geltung)

Abkommen zw. BRDtl. und Israel über Wiedergutmachung des vom Naziregime an den Juden begangenen Unrechts, über 3,5 Mrd. DM (arab. Protest)

*Nobel*preis f. Literatur: *François Mauriac* (Frkr., *1885, + 1970)

Friedenspr. d. dt. Buchhandels an *R. Guardini* (Ital., * 1885)

Pulitzer-Preis für *Herman Wouk* „Caine Mutiny"

Hansischer Goethe-Preis für *Eduard Spranger*

Fontane-Preis (Berlin) für *Kurt Ihlenfeld*

Jean Anouilh: „Der Walzer der Toreros" (frz. Schauspiel)

Peter Bamm (* 1897): „Die unsichtbare Flagge" (Erinnerungen eines Frontchirurgen)

† *Albert Bassermann*, dt. Schauspieler, in Meiningen u. Berlin, seit 1934 in USA (* 1867)

Samuel Beckett (*1906): „Warten auf Godot" (irisch-frz. surrealist. Schauspiel)

Martin Beheim-Schwarzbach: „Die Geschichten der Bibel" (Nacherzählung)

† *Waldemar Bonsels*, dt. Dichter (* 1880)

Max Brod: „Der Meister" (Christus-Roman)

Ferd. Bruckner: „Pyrrhus und Andromache" (Schauspiel)

† *Horst Caspar*, dt. Schauspieler (* 1913)

A. J. Cronin (* 1896): „Abenteuer in zwei Welten" (engl. Autobiographie)

† *G. Norman Douglas*, engl. Schriftst. (* 1886)

Friedrich Dürrenmatt (* 1921): „Die Ehe des Herrn Mississippi" (schweiz. Drama)

Paul Eluard (* 1895, † 1952): „Poèmes pour tous" u. a. (frz. Lyrik)

H. Bardtke: „Die Handschriftenfunde am Toten Meer" (ev. Kommentar zu den 1947 aufgefundenen Schriftrollen (vgl. 100 v. Chr.)

Leo Baeck (* 1873, † 1956): „The faith of Paul" (f. d. Zusammenleben von Juden- und Christentum)

Ernst Bloch (* 1885): „Avicenna und die Aristotelische Linke" (marxistische Philosophie)

Martin Buber: „Gottesfinsternis", „Die chassidische Botschaft", „An der Wende, neue Reden über das Judentum" (jüd. Religionsphilosophie)

Carl Jacob Burckhardt: „Reden und Aufzeichnungen" (schweiz.)

† *Benedetto Croce*, ital. Philosoph eines an *Hegel* anknüpfenden Idealismus; führte 1943—47 die Liberale Partei (* 1866)

† *John Dewey*, nordamer. pragmatisch. Philosoph und Pädagoge; betrachtete das Denken als „Instrumentalismus", förderte Arbeitsunterricht (* 1859)

Otto Dibelius (* 1880, † 1967): „Predigten" (des ev. Bischofs von Berlin)

† *Michael v. Faulhaber*, s. 1917 Erzbischof von München-Freising, seit 1921 Kardinal; Gegner d. Nationalsozialismus (* 1869)

Kathol. Kirche setzt die Werke von *A. Gide* auf den Index

† *Albert Görland*, dt. Philosoph, nahe d. Neukantianern (* 1869)

Romano Guardini (* 1885): „Die Macht" (ital. Moralphilosophie)

Afro (Afro Basaldella,*1912): „Stadt" (ital. abstr. Gem.)

Kenneth Armitage: „Stehende Gruppe II"; „Sitzende Gruppe Musik hörend" (engl. Bronze-Plastiken)

Hans Arp (*1888): „Cobra-Zentaur" (Plastik)

Francis Bacon (*1910): „Hund" (engl. Gem.)

E. u. *G. Balser:* Chemag-Haus in Frankfurt a. Main (Bürohaus)

Jean Bazaine (*1904): „Mittag, Bäume u. Felsen" (frz. abstrakt. Gem.)

André Beaudin (*1895): „L'évasion", „Pierres plantées" (frz. abstrakt. Gem.)

Roger Bissière (*1888): „Komposition" (frz. abstrakt. Gem.)

Georges Braque: „Vogel III" (frz. Farbradierung), „Cahiers" (französ. Tagebuch seit 1917)

Carlyle Brown (*1919): „Tisch mit Flaschen und Landschaft" (nordamerik. Gem.)

Reg Butler: Modell für ein Denkmal für den unbekannten politischen Gefangenen (Bronzekonstruktion auf Steinbasis; wird auf einer Ausstellung in London von einem Gegner dieser Kunstrichtung zerstört); „Orakel" (engl. geschmiedete symbol. Bronze)

Georges Auric (frz. Kompon., *1899): „Der Weg zum Licht" (Ballett)

Boris Blacher: „Preußisches Märchen" (Ballettoper um das Thema des „Hauptmanns von Köpenick"; Text v. *H. v. Cramer*)

† *Adolf Busch*, dt. Geigenvirtuose u. Streichquartettleiter; seit 1940 in den USA (* 1891)

Joh. N. David (dt.-österr. Kompon., *1895): „Deutsche Messe" opus 42

Werner Egk: „Allegria" (Godimento in quattro tempi für großes Orchester, Suite)

Gottfried von Einem (Schweiz, *1918): „Pas de coeur oder Tod u. Auferstehung einer Ballerina", „Das Rondo vom goldenen Kalb" (Ballette)

† *Alfred Einstein*, dt. Musikforscher u. -kritiker; seit 1933 USA (*1880)

Wolfgang Fortner: „Die Witwe von Ephesus" (Pantomime), Urauff., „Isaaks Opferung" (Kantate)

Peter R. Fricker: Konzert für Bratsche und Orchester (engl. Kompos.)

Hans Werner Henze: „Der Landarzt" (Funkoper n. Kafka), „Boulevard Solitude" (Oper n. „Manon Lescaut" v. Prevost), „Der Idiot" (Ballett n. Dostojewski)

*Nobel*preis f. Physik: *Edward Mills Purcell* (USA, *1912) und *Felix Bloch* (USA, *1905) für die Präzisionsmessung magnetischer Atomkernmomente

*Nobel*preis f. Chemie: *Archer John Porter Martin* (Großbrit., *1910) und *Richard Laurence Millington Synge* (Großbrit., *1914) für die Entwicklung der Papierchromatographie zur Trennung chemischer Komponenten seit 1944

*Nobel*preis f. Medizin: *Selman Abraham Waksman* (USA, *1888) für Mitentdeckung des antibiotischen Heilmittels Streptomycin

† *Friedrich Alverdes*, dt. Zoologe; bes. Sinnesphysiologie, Tierpsychologie u. -soziologie (*1889)

Camas, Guire, Platt, Schulte (USA) weisen die Strahlung von Atomen nach, bei denen ein Elektron in der Atomhülle kurzzeitig durch ein Meson ersetzt ist

Crane und *Marks* erhalten Bastard aus Kreuzung zw. Birne u. Apfel

W. Cyran u. *Becker* weisen statistisch Zusammenhang zwischen Todeshäufigkeit und Wetterlage nach

Delay und *Deniker* behandeln psychische Störungen mit Chlorpromazin (gilt als Begründung der Psychopharmakologie)

D. A. Glaser: Blasenkammer zum Nachweis hochenergiereicher atomarer Teilchen

† *Sven Hedin*, schwed. Geograph u. Schriftsteller; erforschte besonders Zentralasien (*1865)

Ilda McVeigh u. *Charlie Joe Hobdy* gelingt Bakterien zu züchten, die gegen Streptomycin 250000fach widerstandfähiger sind als die Ausgangsform und die starke Veränderungen in Form und Stoffwechsel zeigen (Artumwandlung)

Wolfgang Kühnelt: LD-Prozeß zur Stahlerzeugung mit reinem Sauerstoff (1. LD-Werke in Österreich)

H. Metzner weist Ähnlichkeit der Chloroplasten im Zellplasma mit Genen nach

C. A. Muller, J. H. Oort u. *van de Hulst:* Messungen der Wasserstoff-Radiostrahlung von 21 cm (erweisen Spiralcharakter der Milchstraße)

Walter Freitag an Stelle von *Christian Fette* zum 1. Vorsitzenden des DGB gewählt

† *Philip Murray*, Präsident der CIO-Gewerkschaft in den USA seit 1940 (*1886 i. Schottl.)

Walther Reuther (*1907, † 1970) wird Präsid. des US-Gewerkschaftsverbandes CIO (seit 1946 Vors. d. Automobilarbeiter-Gewerkschaft)

Durch Streiks verlorene Arbeitstage i. d. USA 59,1 Mill. (1935: 15,5 Mill., 1946: 116 Mill.)

Dt. Bundestag verabschiedet Lastenausgleichsgesetz z. gleichmäßigeren Verteilung der Kriegs- u. Kriegsfolgeschäden (das abzuführende Vermögen wird auf rd. 35 Mrd. DM geschätzt)

Ende d. *Marshall*-Plan-Hilfe f. Europa (durch 13 Mrd. Dollar stieg die Produktion d. M.P.-Länder seit 1948 um 43%)

15 Staaten einschl. d. BRDtl. erklären sich zur Bildung einer „Agrar-Union" bereit (dieser Plan stagniert; die Kritik an solchen „supranationalen" Behörden wächst)

BRDtl. Mitglied d. Weltbank

BRDtl. im Internationalen Roten Kreuz

Handelsvertrag BRDtl.—Türkei

(1952)

Dt. Bundestag verabschiedet Gesetz über d. Europäische Montanunion

Kundgebungswelle der Gewerkschaften gegen unzureichende Mitbestimmung; nach Aussprache *Adenauer—Fette* eingestellt

Bundestag nimmt das Betriebsverfassungsgesetz an, einschl. Mitbestimmung i. d. Schwerindustrie

CDU, FDP, DP nehmen im Bundestag Lastenausgleichsgesetz an; Opposition lehnt es als unzulänglich ab

Opposition im Dt. Bundestag klagt vor d. Bundesverfassungsger. auf Unvereinbarkeit d. EVG m. Grundgesetz (abgewiesen). Der Bundespräsident fordert Rechtsgutachten an und verzichtet, als dieses d. weiteren Entscheidungen d. Bundesverfassungsgerichts zu binden droht (wird als Parteinahme f. d. Politik d. Bundesregierung v. d. Opposition kritisiert)

Bundespräsident *Heuss* erhebt 3. Strophe des Deutschlandliedes zur Nationalhymne der BRDtl.

Adenauer wieder Vors. d. CDU, *F. Blücher* (* 1896, † 1959) wieder Vors. d. FDP, neben ihm *Middelhauve*, Vertreter d. „Deutschen Programms"

Hellwege wieder Vors. d. DP

† *Kurt Schumacher*, Wiederbegr. u. Vors. d. SPD u. Führer d. Opposition im Bundestag (* 1895)

Erich Ollenhauer (* 1901, † 1963) wird Vorsitzender der SPD (wiedergewählt 1954, 56 u. 58)

Sozialistische Reichspartei (SRP) wird für undemokratisch und verfassungswidrig erklärt

An Bundeskanzler *Adenauer* adressiertes Paket mit Höllenmaschine explodiert in München

G. Heinemann (fr. CDU), *Helene Wessel* (fr. Zentrum), *Hans Bodensteiner* (fr. DSU) grd. „Gesamtdt. Volkspartei"; erstreben Wiedervereinigung Dtls. durch Neutralisierung (finden keinen Anhang, treten 1957 zur SPD über)

† *Ludwig Kaas*, dt. kathol. Priester u. Politiker; 1928—33 Vors. d. Zentrumspartei (* 1881)

Leonhard Frank: „Links, wo das Herz ist" (Roman)

Curt Goetz (* 1888): „Gesammelte Bühnenwerke" (neue Ausgabe)

Giovannino Guareschi (* 1908, † 1968): „Don Camillo und seine Herde" (ital. humoristischer Roman; Fortsetzung v. „Don Camillo und Peppone" v. 1948)

Rudolf Hagelstange (* 1913): „Ballade vom verschütteten Leben" (Lyrik)

† *Knut Hamsun*, norweg. Dichter, 1920 *Nobelpreis* (* 1859)

G. Hauptmann: „Herbert Engelmann" (postum, vollendet von *Zuckmayer*; Urauff. am Wiener Burgtheater)

Sven Hedin (†): „Große Männer, denen ich begegnete" (2 Bde. s. 1951)

Bernt v. Heiseler (* 1907): „Versöhnung" (Erzählung)

E. Hemingway: „Der alte Mann und das Meer" (nordamer. Roman)

Hermann Kasack: „Das große Netz" (Roman)

Marie-Luise Kaschnitz (-Weinberg) (* 1901): „Ewige Stadt" (christl. Lyrik)

Niko(laos) Kazantzakis: „Die letzte Versuchung" (dt. Übertragung des griech. Christus-Romans; wird vom Papst auf den Index gesetzt)

† *Wilhelm Hartnacke*, dt. Schulmann; schrieb bes. über das Problem der Begabung (* 1878)

Albert Huth stellt gegenüber der Vorkriegszeit an dt. Schulkindern einen durchschnittlichen Begabungsrückgang von 4—5 % und eine Begabungsverschiebung vom sprachlich-theoretischen auf das organisatorisch-praktische Gebiet fest; vermutet für Sprachgefühl und Kombinationsgabe erblichen Substanzverlust

C. G. Jung: „Antwort auf Hiob" (schweiz. Psychoanalyse)

Robert Jungk: „Die Zukunft hat schon begonnen. Amerikas Allmacht und Ohnmacht" (krit. Philosophie d. Technik)

Oswald Kroh: „Revision der Erziehung" (psycholog. Pädagogik)

† *Maria Montessori*, ital. Erzieherin und Ärztin; schuf ein modernes, die Selbständigkeit förderndes Unterrichtsverfahren (* 1870)

Hubert Muschalek: „Gottbekenntnisse moderner Naturforscher" (zum Problem der Vereinbarkeit von Wissenschaft und Religion)

Ev. Kirchenpräsident *Niemöller* reist nach Moskau

Norman V. Peale: „The power of positive thinking" (nordamer. Lebensphilosophie auf religiöser Grundlage)

† *George Santayana*, nordamer. Philosoph, span. Herkunft (* 1863)

E. Stransky: „Staatsführung und Psychopathie" (fordert „psychopathologische Prominentenexpertise")

Lynn Chadwick (* 1914): „Das Innere des Auges", „Gerstenharke" (engl. Eisenskulpt.)

Chagall: „Die grüne Nacht", „Moses empfängt die Gesetzestafeln" (russ.-frz. Gemälde)

Sonja Delaunay (eig. *S. Terk*, * 1885): „Komposition" (russ.-frz. abstrakt. Gem.)

O. Dix: „Sitzendes Kind" (expr. Gem.)

R. Dufy: „Mozart", „Erinnerung an Claude Debussy", „Die rosa Violine", „Der schwarze Frachter", „Die öffentlichen Anlagen in Hyeres" (frz. Gem.)

Jimmy Ernst (* 1920): „Tropisch" (dt.-nordam. abstr. Gem.)

Maurice Estève: „Rebecca" (frz. abstrakt. Gem.)

Charlotte v. d. Gaag (* 1923): „Raubvogel" (niederl. Terrakotta-Plastik)

Adolph Gottlieb (* 1903): „See und Gezeiten" (nordam. abstr. Gem.)

Bernhard Heiliger (* 1915): „Porträt Anna Dammann" (Zement-Plastik), „Karl Hofer" (Plastik), „Große kniende Figur" (Zementplastik)

Werner Heldt: „Sonntag Nachmittag" (kubist. Gem.)

Barbara Hepworth (* 1903): „Standbild" (engl. abstrakt. Steinplastik)

Paul Hindemith: „Cardillac" (Neufassung der Oper von 1926), Septett

Giselher Klebe: „Römische Elegien" (Text von Goethe) f. Sprecher, Klavier, Cembalo, Kontrabaß

Ernst Křenek: „Brasilianische Sinfonietta"

Franz Xaver Lehner (* 1904): „Die schlaue Susanne" (komische Oper, Text von *Lope de Vega* u. *Schlegel*)

Rolf Liebermann (* 1910): „Leonore 40/45" (schweiz. Opera semiseria, Text v. *Heinrich Strobel*)

Ricardo Malipiero (* 1914, Neffe *Gian Francesco M*'s.): Violinkonzert (ital. Konzert in 12-Tontechnik)

Bohuslav Martinu: Konzert f. 2 Klaviere u. Orchester

Luigi Nono, * 1924: Komposition für Orchester

Carl Orff: Musik zum „Sommernachtstraum" von *Shakespeare* (Neufassung)

Francis Poulenc (* 1899, † 1963): „Stabat Mater" (frz. Chormusik)

Sergej Prokowjew (* 1891): 7. Symphonie „Symphonie der Jugend"

Owings u. *Mervill:* 24stöckiges Lever-Haus in New York in Glas-Stahl-Bauweise; spezielle Fensterwaschmaschine

J. Papadimitriou entdeckt dicht außerhalb des Löwentores von Mykene ein zweites Gräberrund aus dem −17. Jh. mit Grabstelenreliefs, die als älteste europ. Kunst gelten

L. C. Pauling (* 1901): Helix-Modell d. Proteine

B. de Rudder: „Grundriß einer Meteorobiologie" (Beziehungen zwischen Wetter und Gesundheit)

„Weltatlas d. Seuchenverbreitung und Seuchenbewegung" (Teil I; herausgeg. von *Ernst Rodenwaldt*)

Alberto Ruz findet in der Pyramide des „Tempels der Inschriften" in Palenque (Mexiko) ein Königsgrab mit einer Gesichtsmaske aus Jade (erste bekannte Grabstätte in einer Pyramide außerhalb Ägyptens)

† *Charles Scott Sherrington, brit.* Nervenforscher (* 1861)

H. A. Stuart: „Die Physik der Hochpolymeren" (Physik d. Riesenmoleküle; 4 Bde. bis 1956)

W. H. Sweet u. *M. Javid* schlagen vor, Krebsgeschwülste im Gehirn durch Neutronenbestrahlung von in der Geschwulst angereichertem Bor zu heilen

N. D. Zinder u. *J. Lederberg* finden die Übertragung von Erbanlagen von einer Bakterienzelle zur anderen durch Bakteriophagen („Transduktion")

1. Erprobung einer nicht-transportablen Wasserstoffbombe auf einer Pazifikinsel durch die USA am 31. 10. (entwickelt von *E. Teller* u.a.; Sowjetunion folgt ein Jahr später mit verbesserter Anordnung)

Erster brit. Atombombenversuch auf den Montebello-Inseln (nahe Australien)

Aufnahmen der Sonnenfinsternis bestätigen erneut die von der allgemeinen Relativitätstheorie geforderte Lichtablenkung im Schwerefeld der Sonne mit hoher Genauigkeit

Nach einer Sonneneruption steigt die Temperatur in der Ionosphäre (27 km Höhe) über Berlin innerhalb

Einkommen und Aktienbesitz in den USA:

Jahres-eink.	Fam. i. Tsd.	davon m. Akt.-Besitz
— 2000 $	9910	220
2000— 3000	8560	310
3000— 4000	10990	510
4000— 5000	8210	610
5000—10000	10480	2080
über 10000	1850	1020
	50000	4750

Int. Wirtschaftskonferenz in Moskau

Weltverbrauch an Nichteisenmetallen 9,4 Mill. t, davon 2 Mill. t Aluminium, 3,3 Mill. t Kupfer (1900: 2 Mill. t, dav. 6000 t Al., 600000 t Kupfer)

Welt-Energieproduktion in Mrd. kWh:

Kohle	13300
Petroleum	7700
Erdgas	2700
vegetab. Brennst.	4600
Wasserkr.	400
animal. Energie	300
	29000
Verluste	18800
Nutzung	10200
davon als Wärme	8100
Elektr.	1000
anderes	1100
total	10200

(1952)	Ex-Reichskanzler *Wirth* (früher Zentrum) verhandelt in Ostberlin über Wiedervereinigung DDR kündigt Aufstellung nationaler Streitkräfte an DDR-Volkskammer ersetzt die 5 Länder Brandenburg, Mecklenburg, Sachsen, Sachsen-Anhalt und Thüringen durch 14 Bezirke USA, Großbrit. u. Frankr. billigen auf der Londoner Außenministerkonferenz EVG; *Adenauer* wird hinzugezogen USSR warnt vor Abschluß der EVG und fordert Deutschlandkonferenz Vertrag über die Europ. Verteidigungsgemeinschaft (EVG) in Paris unterzeichnet (wird 1954 vom frz. Parlament abgelehnt) + *Georg VI.* (*1895), Kg. v. Großbrit. seit 1936; seine Tochter *Elisabeth II.* (*1926) wird Königin v. Großbrit. *Churchill* reist zu Präsident *Eisenhower* † *Stafford Cripps*, brit. sozialist. Politiker; seit 1942 in verschied. brit. Regierungen; bes. einflußreich als Schatzkanzler 1947–50 (*1889) Großbrit. reprivatisiert Eisen- und Stahlindustrie Linksradikale Gruppe um *Aneurin Bevan* in der brit. Labour-Party löst sich auf (*B.* übt auch weiterhin starken Einfluß aus) Erster brit. Atombombenversuch bei Australien † Lord *Linlithgow*, brit. Vizekönig von Indien 1936–43 (*1887) Politik der Rassentrennung in der Südafrikanischen Union (Apartheid) Europäische Gemeinschaft f. Kohle u. Stahl (Montanunion) nimmt ihre Tätigkeit auf *Spaak* Präsident des Montanparlamentes *Jean Monnet* (Frankr., *1888) Präsid. d. Oberbehörde d. Montanunion (bis 1955) Montanparlament bekommt den Auftrag, eine europäische Verfassung auszuarbeiten (erzielt keine konkreten Ergebnisse)	*K. Krolow*: „Die Zeichen der Welt" (Lyrik) *Pär Lagerkvist*: „Barabbas" (schwed. Roman) *Horst Lange* (*1904): „Ein Schwert zwischen uns" (Erzählung) † *Franz Molnar*, ungar. Lustspieldichter (*1878) *Alfred Neumann*: „Das Kind v. Paris" (Roman) † *Alfred Neumann*, dt. Erzähler, Dramatiker, Lyriker u. Übersetzer; meist i. Ausland (*1895) *E. O'Neill*: „Fast ein Poet", „Eines langen Tages Reise in die Nacht" (nordamerikan. Schauspiele) *Cesare Pavese* (*1908, †1950): „Il mestiere di vivere" (ital. Tagebuch 1935–50, postum) *Theodor Plievier*: „Moskau" (Roman aus dem 2. Weltkrieg) *Ezra Pound* (*1885, + 1972): „Translations" (nordamer. Nachdichtungen u. a. aus d. Frühital., Chines. u. Japanischen) † *Wilhelm Schäfer*, dt. Schriftsteller, pflegte bes. Novelle und Anekdote; Frankf. *Goethe*preis 1941 (*1868) *Reinhold Schneider*: „Innozenz und Franziskus" (Drama) *Ignazio Silone*: „Eine Hand voll Brombeeren" (ital. Roman) † *Wilhelm Speyer*, dt. Schriftsteller (*1887) *Gabriel Scott* (*1874): „Fergemannen" (norw. Roman) *Vern Sneider*: „Die Geishas des Captain Fisby" (dt. Ausg. des amer. Romans)	*R. Thieberger*: „Der Begriff der Zeit bei Thomas Mann" *Paul Tillich*: „Der Mut zum Sein" (religiöse Lebensphilosophie) *F. Trojan*: „Der Ausdruck der Sprechstimme" (unterscheidet 40 Merkmale [„Akueme"] des lautlichen Ausdrucks seelischer Zustände) *Joseph Wendel*, bisher Bischof v. Speyer, wird Erzbischof v. München und Freising *Norbert Wiener*: „Mensch und Menschmaschine (Philosophie der Kybernetik; vgl. 1948 W) „Empirische Sozialforschung. Meinungs- und Marktforschung, Probleme und Methoden" (Bericht von einer Tagung 1951 unter dem Vorsitz von *Leopold v. Wiese*, mit Beiträgen von *Th. W. Adorno*, *E. P. Neumann*, *H. Kellerer*, *C. Kapferer* u.a.) Seit 1880 hat die Durchschnittsgröße von dt. Schulkindern um 10,4 cm zugenommen „Der Große Brockhaus" (Konversationslexikon 16. Aufl. in 12 Bden.; abgeschl. 1957) „Der Große Herder" (Konversationslexikon vom kathol. Standpkt.; Zusammenschau in Bd. 10: „Der Mensch in seiner Welt"; abgeschl. 1957) „Lexikon der Pädagogik" (4 Bde. bis 1955; vom kathol. Standpunkt) Konferenz über Fragen der Hochschulreform i. Hinterzarten (1955 in Bad Honnef fortgesetzt) Bayrischer Landtag entscheidet gegen eine 4 Landesuniversität

Karl Hofer: „Das Mahl des Matrosen" (express. Gem.)

Loren Mac Iver (* 1909): „Les Baux" (nordamer. Gem.)

Max Kaus: „Frau mit Handspiegel" (Gem.)

Fritz Klimsch: „Geformte Bilder eines Lebens und zweier Jahrhunderte. Erinnerungen und Gedanken eines Bildhauers"

Herbert Kühn: „Die Felsbilder Europas" (Zusammenfassung)

† *Otto Kümmel,* dt. Kunsthistoriker, speziell der Kunst Ostasiens; seit 1934 Generaldirektor d. staatl. Museen in Berlin (* 1874)

† *Max Läuger,* dt. Baukeramiker, Architekt, Bildhauer u. Maler (* 1864)

Le Corbusier: Unité d'Habitation in Nantes-Rézé (frz. Wohnblock, beruhend auf der der menschlich. Gestalt entnommenen „Modulor"-Maßeinheit)

Fernand Léger: „Kontraste auf rotem Grund" (frz. abstr. Gem.)

Raymond Legueult (* 1898): „Das blaue Kleid" (frz. Gem. zwischen Im- und Expressionismus)

Linde: Ludwigskirche Freiburg/Br. (Stahlbetonschalenbau)

Alfred Manessier (* 1911): „Für das Fest", „Christus der König" (frz. abstr. Gem.)

Hermann Reutter (* 1900): „Notturno Montmartre" (Ballett)

† *Heinrich Schlusnus,* Bariton, u. a Staatsoper Berlin (* 1888)

† *Elisabeth Schumann* (* 1888), berühmte Sopranistin in Oper und Konzertsaal

† *Georg Schumann,* dt. Komponist; wurde 1900 Leiter der Berliner Singakademie (* 1866)

Richard Strauss: „Die Liebe der Danaë" (Heitere Mythologie, Uraufführung der Oper in Salzburg postum; Text: *J. Gregor)*

Igor Strawinsky: „Babel" (Kantate), russ.-nordamerik. Komposition, „Cantata" (russ.-nordamer. Komposition)

Ernst Toch (* 1887): Sinfonie op. 73 (österr.-nordamer. Komposition, *Albert Schweitzer* gewidmet)

Wladimir Vogel (* 1896): „Spiegelungen" (russ.-schweiz. Komposition f. Orchester in 12-Tontechnik)

Gerhard Wimberger (* 1923): Kammerkonzert

Bernd A. Zimmermann (* 1918): Symphonie in einem Satz

von 24 Std. von −64° auf −17° C („Berliner Phänomen")

Neoteben und Rimifon zeigen in Erprobungen eine starke Heilwirkung bei Tuberkulose

Über das Antibiotikum Streptomycin gibt es bereits 5550 Veröffentlichungen

Jährliche Neubestimmung von biolog. Arten:
etwa 1000 Insektenarten
etwa 500 Molluskenarten
etwa 25 Säugetierarten
etwa 2 Vogelarten
etwa 2000 Pflanzensorten (entdeckt oder neu gezüchtet)

Filmaufnahmen von Tieren im Dunkeln mit Hilfe von Ultrarotlicht

Ozeanographische Galathea-Expedition abgeschlossen (seit 1950); bereicherte u. a. die Kenntnisse über das Tiefseeleben

Neue Ausgrabungen in Nippur (seit 1948) legten Tempel der Kriegs- und Liebesgöttin Inanna von Uruk frei (20 Kulturschichten reichen bis in das −23. Jh. zurück)

Expedition der Carnegie-Institution zur Freilegung von Mayabauten in Bonampak (Mexiko); es werden Inschriften aus der 2. Hälfte des 8. Jh. und sehr gut erhaltene Wandmalereien gefunden

Uranfunde in Nordkanada (Athabasca-See) führen zu einer raschen Erschließung, die zunächst nur durch Flugzeuge möglich ist

Rhônekraftwerk mit jährlich 2 Mrd. kWh als größtes westeurop. Wasserkraftwerk in Betrieb

„United States" (USA) gewinnt das Blaue Band mit der Atlantikpassage in 3 Tagen 10 Std. 40 Min. (1869 war die Rekordzeit 7 Tage 22 Std. 3 Min.)

Versuche mit Einschienen-Sattelbahn in Dtl. (werden als aussichtsreich beurteilt)

De Havilland Comet als erstes Düsenverkehrsflugzeug London—Rom—London in 4 St. 46 Min. (wiederholte Unfälle führen zum Rückzug dieses Typs)

Erster Nonstop-Transpazifik-Flug

Vertrag ü. Europäische Gemeinschaft f. Kohle u. Stahl in Kraft („Montanunion", urspr. „Schumanplan") Prod. der beteiligten Länder:

	Kohle	Rohstahl (Mill. t)
BRDtl.	123,3	15,8
Saarg.	16,2	2,8
Frankr.	55,4	10,9
Belg.	30,4	5,1
Ndle.	12,5	0,7
Lxbg.	—	3,0
Italien	1,1	3,5
Zus.	239	42

200 000 Ackerschlepper in der BRDtl. (1949: 75 000); 1,36 Mill. Pferde (1950: 1,57 Mill.)

Erstes dt. Nachkriegs-Fernsehprogramm d. NWDR

Stenographie-Schreibmaschine bürgert sich ein

Der frz. Modeschöpfer *Christian Dior* (* 1905, † 1957) bringt die „fließende Linie" mit der „wandernden Taille" in der Damenmode

Karierter Smoking und farbige Westen für Herren

Die amerikanische Mode der „blue jeans" (vermutlich benannt nach Genua, dem Herstellungsort des Stoffes; Leinenhosen mit aufgesetzten und angenieteten Taschen) beginnt sich in Europa rasch zu verbreiten

(1952)

Der frz. Außenminister *Schuman* wendet sich gegen Aufnahme der BRDtl. i. d. Atlantikpakt (NATO)

Frz. Min.-Präs.: *René Pleven* (* 1901, seit 1951), es folgten *Edgar Faure* (* 1908, Radikalsoz.), *Antoine Pinay* (* 1891, Unabh. Rep.)

Der Bei von Tunis lehnt frz. Reformvorschläge ab; beugt sich später dem Ultimatum

Sozialisten gewinnen Wahlen in den Niederlanden: Sozialist.-christl. Koalitionsregierung

Zweiter Kongreß d. sozialistischen Internationale in Mailand

† Graf *Carlo Sforza*, ital. Staatsmann; 1947–1951 ital. Außenmin. (* 1872)

Eisenhower verläßt Europa; NATO-Oberbefehlshaber wird *Ridgway*

Boleslaw Bierut (* 1892, † 1956) kommunist. poln. Min.-Präs. bis 1954 (war seit 1947 poln. Staatspräs.)

Polen erhält sog. volksdemokratische Verfassung

Schauprozeß in Prag endet mit 11 Todesurteilen gegen führende KP-Funktionäre, die vollstreckt werden (*W. Clementis, R. Slansky* u. and., 1963 werden die Opfer rehabilitiert)

Matyas Rakosi (* 1892) ungar. Min.-Präs. bis 1953 (wieder 1955; tritt 1956 als Exponent der *Stalin*-Politik zurück)

Petrů Groza, rumän. Min.-Präs. seit 1945, wird Staatspräs. bis 1958 (†, * 1884)

Anna Pauker als rumän. kommunist. Außenmin. (seit 1947) abgesetzt; Wahlen ergeben für die kommunistische Einheitsliste 98,84%

Marschall *Alexandros Papagos* (* 1883) griech. Min.-Präs., nachdem seine Sammlungsbewegung $^4/_5$-Mehrheit erlangte

Griechenland und die Türkei treten der NATO bei

Konferenz einer UN-Kommission über Kriegsgefangene i. d. USSR; diese behauptet, keine mehr zurückzuhalten

Ende der Reparationslieferungen Finnlands an die USSR

Puschkin stellvertr. Außenmin. der USSR

Bruno Snell (* 1896): „Der Aufbau der Sprache"

John Steinbeck: „Die wilde Flamme" (dt. Ausgabe d. nordamer. Romans „Burning bright" v. 1950), „Jenseits von Eden" (Roman)

F. F. v. Unruh (* 1893): „Tresckow" (preußische Novelle)

† *Louis Verneuil*, frz. Komödiendichter (* 1893)

† *Clara Viebig*, dt. Romanschriftstellerin (* 1860)

*Goethe*preis der Stadt Frankfurt/M. an *Carl Zuckmayer*

Arnold Zweig: „Westlandsaga" (Roman)

„Perspektiven" (Ztschr. für Kunst, Literatur, Wissenschaft der USA)

Darmstädter Gespräch über „Mensch u. Technik"

„Europäisches Gespräch" über „Die Gewerkschaften im Staat" auf d. Ruhrfestspielen i. Recklinghausen

Neufassung des Übereinkommens über Mutterschutz von 1919 der Intern. Arbeitsorganis.

91 Gelehrte in den USA schaffen „Revidierte Standard-Ausgabe der Bibel" (seit 1937; stößt in konservativen Kreisen auf Widerstand)

Dt. ev. Kirchentag in Stuttgart unter dem Leitwort: „Wählt das Leben" (DDR verbietet Teilnahme)

2. Tagung d. Lutherischen Weltbundes in Hannover; Bischof *Hanns Lilje* (Hannover) wird Präsident

75. Dt. Katholikentag in Berlin mit dem Leitwort „Gott lebt"

Wiener Stephansdom neueröffnet

Jugoslawien bricht Beziehungen z. Vatikan ab

Entzifferung der kretischen Schrift „Linear B" durch *M. Ventris* u. *J. Chadwick* als Ausdruck griechischer Sprache im –2. Jtsd.

Gerhard Marcks: „Theodor Heuss" (Bronze)

Henry Matisse: „Fische", „Kopf n. links gewandt" (frz. Aquatinten)

Miro: Figuren im Garten von Montroig, Spanien

Henry Moore: „Time/Life Screen" (engl. Bronze)

P. Picasso: „Ziegenschädel, Flasche und Kerze", „Frauenkopf", „Der Krieg", „Der Friede" (span.-frz. Gem.), „Paloma schlafend" (Porträtgem. seines Kindes), „Balzac" (Lithographie), „Der Strauß" (Bronze)

Fausto Pirandello (* 1899): „Mann in gestreiftem Pyjama" (ital. Gem.)

Jackson Pollock (* 1912, † 1956): „Blaue Maste", „Number 12" (nordam. abstr. Gemälde)

Germaine Richier (* 1904): „Das Wasser" (frz. symbol. Bronzeplastik)

Georges Rouault (* 1871, † 1958): „Ende des Herbstes II", „Ende des Herbstes V", „Flucht n. Ägypt.", „Passion", „Zwielicht", „Christnacht" (frz. express. Gem.)

Attilio Salemme (* 1911): „Inquisition" (nordamerik. kubist. Gem.)

Fr. Schröder Morgenstern (* 1892): „Meta [-Physik] mit dem Hahn" (Farbkreidezeichn. eines sexualsymbol. Stils)

W. Spengler und *H. H. Rust:* Vorschlag für eine elektronische Orgel mit beliebig vielen Klangfarben

Populäre Schlager: Blue Tango, Dreh dich noch einmal um, O mein Papa

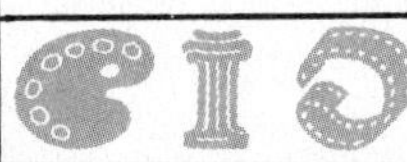

Pierre Soulages (* 1919): „10. Oktober 1952" (frz. abstrakt. Gem.)

Alaska—Japan in 9 St. 50 Min. durch einen USA-Düsenbomber

Erster planmäßiger Verkehrsflug Los Angeles—Kopenhagen über die Arktis

Brit. Bristol-Hubschrauber 173 mit 2 Tragschrauben für 13 Personen

USA-B-26-Bomber tankt Düsenflugzeug in der Luft

Zwei Hubschrauber überqueren in fünf Stationen von USA nach Schottland erstmalig den Atlantik

Britischer Düsenbomber fliegt von Nordirland nach Neufundland und zurück in 7 St. 59 Min. Flugzeit (erster Transatlantik-Rundflug an einem Tag)

M. D. Gates u. *G. Tschudi:* Morphin-Synthese

Olympische Spiele in Helsinki. Goldmedaillen einschl. Winterspiele in Oslo: USA 43, USSR 22, Ungarn 17. Dtl. wieder zugelassen

Auf d. Olympiade in Helsinki gewinnt *E. Zatopek* (Tschechoslow.) d. Läufe über 5000 m, 10000 m und den Marathonlauf

Olympische Winterspiele in Oslo

Ria und *Paul Falk* erneut Weltmeister im Paarlauf

† *John R. Cobb*, nordamer. Motorsportler; erreichte 1947 im Rennwagen 403,135 Meilen/st. (649 km/st.) und im Motorboot unmittelbar vor seinem tödlichen Unfall 206,89 Meilen/st. (333 km/st.) u. war damit „der schnellste Mann zu Wasser und zu Lande"

Fausto Coppi (Ital.) gewinnt Tour de France

Rocky Marciano (* 1923) gewinnt Schwergewichts-Weltmeisterschaft im Boxen gegen *Joe Walcott* (M. tritt 1956 ungeschlagen zurück)

Heinz Neuhaus Europameister im Schwergewichtsboxen

VfB Stuttgart dt. Fußballmeister

(1952)

J. Stalin: „Probleme des Sozialismus" (stellt objektive Gesetzmäßigkeiten für die sozialistische Wirtschaft fest)

Parteitag d. KPSU (B) (letzter war 1939); *Malenkow* hält Hauptreferat. Parteitag d. KPSU beschließt Auflösung des Politbüros

Sicherheitspakt USA mit Japan, Philippinen, Australien, Neuseeland

Eisenhower fliegt nach Korea, um die Möglichkeiten, den Konflikt zu beenden, zu prüfen (dieser Punkt wird sein – wahrscheinlich wirksamstes – Wahlversprechen)

Truman beschlagnahmt amer. Stahlindustrie zur Vermeidung eines Streiks, Maßnahme wird als verfassungswidrig erklärt; 83 Tage Stahlstreik

Dwight D. Eisenhower (Republikaner, * 1890, † 1969) wird mit 33,8 Mill. Stimmen zum Präsidenten der USA gewählt; *Adlai E. Stevenson* (Demokrat, * 1900, † 1965) erhält 27,3 Mill. Stimmen

Die Gewerkschaften CIO und AFL unterstützten *Stevenson*

USA bringen ihre erste H-Bombe zur Explosion

Prozeß gegen Kommunisten in den USA

Truman: „Mr. President" (nordamer. Autobiographie des ehemal. Präsidenten)

† *Chaim Weizmann*, jüd. Politiker; seit 1948 Präsident d. neugegrdt. Staates Israel (* 1874); Nachfolger wird *Isaak Ben-Zwi*

Arabische Liga droht Wirtschaftsbeziehungen abzubrechen, wenn BRDtl. Wiedergutmachungsabkommen mit Israel ratifiziert

König *Talal* v. Jordanien wegen Geisteskrankheit abgesetzt, sein Sohn *Hussein* (* 1935) wird König

Schah von Iran gibt *Mossadegh* Ermächtigung

Iran bricht im Ölkonflikt Beziehungen zu Großbritannien ab

General *Nagib* stürzt Kg. *Faruk* v. Ägypten (seit 1936), der außer Landes geht

Mau-Mau-Aufstände in Brit.-Kenia (Ostafrika) mit scharfen brit. Gegenmaßnahmen gegen diese Geheimorganisation der Bantuneger

Freundschaftsvertrag zwischen der Sowjetunion und der chinesischen Volksrepublik

Nehru erlangt Mehrheit bei den Wahlen in Indien

Wahlsieg d. Liberalen Partei in Japan; *Yoschida* wieder japanischer Ministerpräsident

Syngman Rhee erneut zum Präsidenten Südkoreas gewählt

† *Evita Perón*, Frau d. argentin. Diktators seit 1945; hatte großen Einfluß auf die Sozialpolitik; wird nach ihrem Tod kultisch verehrt (* 1919)

Theodoros Stamos (* 1922): „Griechisches Gebet“ (nordamer. abstr. Gem.)

Graham Sutherland: „Drei stehende Figuren im Garten“ (engl. Gem.)

Max Taut: Reutersiedlung Bonn (seit 1950)

† *Josef Thorak*, dt. Bildhauer eines monumentalen Stils (* 1889)

Emilio Vedova (* 1919): „Invasion“ (ital. abstr. Gem.)

Lorenzo Vespigniani (* 1924): „Boote am Strand“ (ital. Tuschzeichn.)

Alberto Viani (* 1906): „Frauenakt“ (ital. Plastik)

Theodor Werner: „Loslösung“, „Prähistorisch“, „Venedig“ (abstr. Gem.)

Fritz Winter: „Nächtlich. Regen“, „Spannungen“ (abstr. Gem.)

1. juryfreie Kunstausstellung i. Berlin seit 22 Jahren

Jugendstil-Ausstellung in Zürich

Lever Brothers-Bürohaus i. New York (Glasarchitektur)

„Don Camillo und Peppone“ (frz. Film n. d. Buch von *G. Guareschi*, Regie: *Julien Duvivier* (*1896), Darsteller: *Fernandel* (*1903, † 1971), *Gino Cervi u. a.*)

„Verbotene Spiele“ (frz. Film, Regie: *René Clément*, Darstell.: *Brigitte Fossey, Georges Poujouly* u.a.)

„Le salaire de la peur“ („Lohn der Angst“, frz. Film, Regie: *H. G. Clouzot*)

„The Pickwick Papers“ (engl. Film, Regie: *N. Langley*)

„Processo alla città“ (ital. Film, Regie: *L. Zampa*)

„Moulin Rouge“ (nordam. Farbfilm um *Toulouse-Lautrec*, Regie: *John Huston* (* 1906), Darsteller: *José Ferrer* (* 1912), *Colette Marchand* u.a.)

„Lilli“ (nordamerik. Farbfilm, Regie: *Charles Walters*, Darst.: *Leslie Caron, Mel Ferrer* (* 1917) und andere)

„The Greatest Show on Earth“ (nordam. Film, Regie: *Cecille B. deMille*)

„Rampenlicht“ („Limelight“, nordamer. Film, Regie: *Charles Chaplin*, Darst.: *Ch. Chaplin, Claire Bloom*)

Charlie Chaplin darf nicht von Großbrit. in die USA zurückkehren

„Der fröhliche Weinberg“ (Film n. *Carl Zuckmayer*, Regie: *Erich Engel* (* 1891), Darsteller: *Gustav Knuth, Camilla Spira* u. a.)

„Alraune“ (Film n. d. gleichn. Roman v. *Hanns Heinz Ewers*, Regie: *Arthur Maria Rabenalt*; Darsteller: *Hildegard Knef, Erich v. Stroheim*

Erste Vorführung d. Cinerama-Filmsyst. mit Rundhorizont u. 3 Projektions-App. (erf. v. *Fred Waller*, † 1954)

Dt. Fußballbund umfaßt 14000 Vereine mit 54000 Mannschaft. u. 1,5 Mill. Mitgliedern

Taifune töten in Indochina und auf den Philippinen mehr als 1000 Menschen

Explosion i. sächsischen Uranbergbau fordert vermutl. 162 Tote

Auf der Strecke Manchester–London stoßen 3 Expreßzüge zusammen: 112 Tote

In Elisabeth, N. J. (USA) ereigneten sich in 3 Monaten 3 schwere Flugzeugunglücke mit insges. 118 Toten

Bisher schwerstes Flugzeugunglück auf dem Militärflugplatz Larson (USA): 86 Tote

Ein KLM-Verkehrsflugzeug stürzt bei Frankfurt/Main ab: 45 Tote

Kapitän *Henrik K. Carlsen* harrt vergebl. 12 Tage auf d. sinkenden „Flying Enterprise“ aus, um d. Frachter u. seine Ladung zu retten

In Frankreich mit Myxomatose infizierte Kaninchen verbreiten diese Seuche in Mitteleuropa

1953

Friedens*nobel*preis *George C. Marshall* (USA, * 1880, † 1959)

Dag Hammarskjöld (* 1905, Schweden) Generalsekretär d. UN nach dem Rücktritt von *Trygve Lie* (* 1896, Norweg.)

Rüstungsausgaben in Mrd. Dollar:

USA	50
USSR	26,2
Großbrit.	4,7
Frankreich	4,1
Kanada	2,0
Übrige NATO	6,5

(Bei der USSR werden verborgene Rüstungsausgaben vermutet)

Entwurf einer Verfassung für eine „Europäische Gemeinschaft" von der Montanunion und den 6 Außenministern gebilligt

Ivon Kirkpatrick, brit. Hoher Kommissar in der BRDtl., geht nach Großbrit. zurück; Nachfolger: *Frederick Hoyer Millar*

James B. Conant (* 1893), Hoher Kommissar der USA in der BRDtl. als Nachfolger *McCloys* bis 1955

BRDtl. unterzeichnet Schuldenabkommen in London: Gesamtschulden 14 Mrd. DM (7,2 Vorkriegs-, 6,8 Mrd. Nachkriegsschulden); jährl. Schuldendienst 600 Mill., ab 1958 750 Mill. DM

Am 2. März suchen 6000 Menschen aus der DDR um Asyl in Westberlin nach. Der Bundestag verabsch. d. Flüchtlings-Notleistungsgesetz

Europarat billigt „Europäisierung der Saar"

Bundestag stimmt dem Deutschland- und dem EVG-Vertrag zu (SPD dagegen). Bundesrat stimmt zu

Bundesverfassungsgericht erklärt Klage der Bonner Koalition für unzulässig, wonach die SPD dem Bundestag unrechtmäßig bestreite, die westalliierten Verträge mit einfacher Mehrheit zu verabschieden

Gemäßigter „Neuer Kurs" in der DDR angekündigt

Arbeiteraufstand in Ostberlin und in der DDR am 17. Juni nimmt für die Regierung gefährliche Formen an und wird durch Mobilisierung sowjet. Panzer niedergeschlagen

*Nobel*preis f. Literatur: *Winston Churchill* (Gr.-Brit., * 1874)

Friedenspr. d. dt. Buchhandels an *Martin Buber* (Israel, * 1878)

Pulitzer-Preis für *Ernest Hemingway* „Der alte Mann und das Meer"

Georg-Büchner-Preis für *Ernst Kreuder*

Hansischer Goethe-Preis für *Eivind Berggrav*

Fontane-Preis (Berlin) für *Edzard Schaper*

Arthur Adamov (*1908, † 1970): „Alle gegen Alle" (russ.-frz. surreal. Schauspiel)

Ludwig Berger (* 1892, † 1969): „Wir sind vom gleichen Stoff, aus dem die Träume sind. Summe eines Lebens" (bes. Regisseur und Shakespeare-Kenner)

Heinrich Böll: „Und sagte kein einziges Wort" (Nachkriegs-Eheroman)

† *Iwan A. Bunin*, russ. Dichter; emigrierte 1917; *Nobel*preis 1933 (* 1870)

Friedrich Dürrenmatt (* 1921): „Ein Engel kommt nach Babylon" (schweiz. Drama)

Th. S. Eliot: „Der Privatsekretär" (engl. Schauspiel), „The three voices of poetry" (engl. Betracht. zur Lyrik)

M. Frisch: „Don Juan oder die Liebe zur Geometrie" (schweiz. Schauspiel)

Julien Green: „Süden" (frz. Drama)

G. Gründgens: „Wirklichkeit des Theaters"

† *Paul Gurk*, dt. Erzähler u. Dramatiker, *Kleist*preis 1921 (* 1880)

R. Hagelstange: „Zwischen Stein und Staub" (Lyrik)

W. Banning (* 1888): „Der Kommunismus als politisch-soziale Weltreligion" (niederl.; 1. dt. Aufl.)

Allan Bullok: „Hitler". Eine Studie über Tyrannei (engl.)

Churchill (im Unterhaus): „Es mag sein, daß der Fortschritt der Vernichtungswaffen bis zu jenem Punkt, da jeder jeden töten kann, einen Zustand herbeiführt, in dem niemand mehr jemanden zu töten wünscht."

Charles Galton Darwin: „Die nächsten Millionen Jahre" (engl. Versuch einer Vorhersage der Menschheitsgeschichte, optimistischer Grundton)

H. J. Eysenck: „Die Struktur der menschl. Persönlichkeit" (engl.)

Friedrich Heer (* 1916): „Europäische Geistesgeschichte"

Arnold Hauser: „Sozialgeschichte der Kunst und Literatur"

M. Heidegger: „Einführung in die Metaphysik" (Existenzphilosophie)

Julian Huxley: „Entfaltung des Lebens" (engl. Naturgeschichte)

Karl Jaspers: „Lionardo als Philosoph"

A. Juda: „Höchstbegabung" (psycholog. Analyse von Anlage und Umwelt)

C. G. Jung: „Von den Wurzeln des Bewußtseins" (schweiz. Psychoanalyse)

W. Leontief (* 1906): Input-output-analysis (Begr. d. quantitativen Wirtschaftstheorie)

Afro (*Afro Basaldella*, * 1912): „Der Knabe mit dem Kreisel", „Ballett" (ital. abstrahier. Gem.)

Karrel Appel: „Mensch u. Tiere" (niederl. Gem.)

Hans Arp: „Weiblicher Torso" (abstr. Plastik), „Ptolemäus" (Bronze)

Francis Bacon: „Studie eines Pavians" (engl. Gem.)

Eduard Bargheer (* 1901): „Kopf am Strand" (express. Gem.)

Otto Bartning und *Otto Dörzbach*: Christus-Kirche, Bad Godesberg

Willi Baumeister (* 1889): „Großer Montaru" (abstr. Gem.)

Jean Bazaine: „Chikago" (frz. abstr. Gem.)

William Baziotes (* 1912): „Mondfantasie" (nordamerik. abstr. Gem.)

Hubert Berke (* 1908): „Komposition" (abstr. Gem.)

Manfred Bluth: „Atlantis" (express. Gem.)

Dominikus Böhm gewinnt Wettbewerb um das Modell f. d. Kathedrale in San Salvador (Mittelam.)

Georges Braque: „Äpfel", „Austern", „Gitarre" (frz. Lithographien); Deckendekoration im Louvre, Paris

Conrad Beck: „Der Tod von Basel" (Oratorium)

Joachim Ernst Berendt (* 1922): „das jazzbuch" (Entwicklung u. Bedeutung d. Jazzmusik)

Boris Blacher: „Abstrakte Oper Nr. 1". Text v. *W. Egk* in wortloser Lautmalerei

Ernest Bloch (* 1880): Concerto Grosso Nr. 2, Quartett Nr. 3 (nordamer. Instrumental-Musik)

Hans Brehme (* 1904): 2. Symphonie

B. Britten: „Gloriana" (engl. Krönungsoper)

Jacques Chailly: „Die Dame u. das Einhorn" (Ballettmusik z. d. Libretto von *Jean Cocteau*)

Johannes Driessler (* 1921): „Claudia amata" (Oper)

Carl Ebert (* 1887), Regiss. u. Intendant der Glyndbourne-Festspiele (Engl.), wird Intendant der Städt. Oper Berlin

Werner Egk: „Chanson et Romance" (M. nach frz. Prosatexten f. Sopran u. Orchest.) „Die chinesische Nachtigall" (Ballett n. Andersen)

*Nobel*preis f. Physik: *Fritz Zernike* (Niederl., * 1888, † 1966) für Entwicklung des Phasenkontrast-Mikroskops

*Nobel*preis für Chemie: *Hermann Staudinger* (Dtl., * 1881, † 1965) für Erforschung der Makromoleküle

*Nobel*preis f. Medizin: *Hans Adolf Krebs* (Großbrit., * 1900 i. Dtl.) u. *Fritz Albert Lipmann* (USA, * 1899 i. Dtl.) f. Enzymchemie der lebenden Zelle

Walter Baade und *R. Minkowski* identifizieren eine besonders intensive kosmische Radioquelle als zwei zusammenstoßende Milchstraßensysteme (später als irrig erkannt)

A. Buzatti-Traverso entdeckt erbliche Unterschiede der chemischen Zellkomponenten bei der Taufliege Drosophila mit Hilfe der Papierchromatographie

Frank K. Everest erreicht mit Düsenflugzeug 1215,298 km/st. (Überschallgeschwindigkeit)

D. Fraser u. *R. C. Williams* machen im Elektronenmikroskop die Nukleinsäure-Fäden der Bakterienfresser (Phagen) sichtbar (diese Fäden haben die Funktion der Erbsubstanz)

Höhenrekord mit Düsenflugzeug: *Walter F. Gibb* (Großbrit.) mit 19400 m

† *Edwin Powell Hubble*, nordamer. Astronom; erforschte besonders das Reich der milchstraßenartigen Spiralnebel einschl. ihrer Fluchtbewegung (* 1889)

K. Jolly u. *Singer* finden in der Kap-Provinz den „Saldanha"-Schädel eines Menschen aus der letzten Zwischeneiszeit (jüngere Altsteinzeit)

Alfred Kinsey (* 1894): „Sexual behaviour in the human female" („Die Sexualität der Frau"; dieser 2. „Kinsey-Report" beunruhigt mit seinen statistischen Daten noch stärker die Öffentlichkeit, da er die konventionellen Vorstellungen stark verletzt; Methodik und Ergebnisse werden vielfach kritisiert)

A. Krieg: Nachweis eines Bakterienzellkerns mit dem Fluoreszenzmikroskop

E. Wagemann: „Welt von morgen" (volkswirtschaftl. Prognose)

UNESCO-Bericht: Von 2,3 Mrd. Menschen (1951) tragen 700 Mill. Gürtel oder Lendenschurz, 310 leben nackt; 710 Mill. leben in Hütten, 310 ohne festes Obdach

UN-Projekt über die soziale Eingliederung der 6 Mill. Anden-Indianer in Südamerika

Volkseink. d. USA

	1929	1933	1944	1953
Mrd. jew. Doll.	104	56	214	367
Mrd. 1939 Doll.	86	62	157	178
pro Kopf (Kaufkr. 1939)	705	489	1134	1114

Realer Stundenlohn i. d. Industrie d. USA (1929 = 100) 204,6

Zahl d. Gewerkschaftsmitglieder i. USA

1900	868000
1913	2716000
1920	5048000
1929	3443000
1933	2973000
1937	6334000
1945	12725000
1953	17010000

Hohe Behörde d. Montanunion eröffnet gemeinsam. Markt f. Kohle, Eisen u. Stahl

Regelung d. Auslandsschulden d. BRDtl. im Londoner Abkommen: Verbindlichkeiten rd. 14 Mrd.

(1953)

Konflikt um den DGB-Wahlaufruf „Wählt einen besseren Bundestag"

Zahl der Sitze im neugewählten Dt. Bundestag:

CDU/CSU	244
SPD	151
FDP	48
DP	15
Ges. Dt. Bl. BHE	27
Zentrum	2
KPD	0
Zusammen	487

Stichproben ergeben: CDU u. SPD erhielten etwa gleichen Prozentsatz an Stimmen von Wählern unter 30 Jahren; CDU verdankt ihre absolute Mehrheit im Bundestag Frauenstimmen

Bundeskanzler *K. Adenauer* bildet Koalitionsregierung aller Parteien außer SPD: Vizekanzler *Fr. Blücher* (FDP), Inneres: *G. Schröder* (CDU), Justiz: *Fr. Neumayer* (FDP, bis 1956), Finanzen: *Fr. Schäffer* (CSU), Wirtschaft: *L. Erhard* (CDU), Landw.: *H. Lübke* (CDU), Arbeit: *A. Storch* (CDU), Verkehr: *H. Seebohm* (DP), Post: *S. Balke* (CSU, 1956 Atommin.), Vertriebene: *Th. Oberländer* (BHE), Wohnung: *V.-E. Preusker* (FDP), Bundesrats.Ang.: *H. Hellwege* (DP; ab 1956 *J. Meerkatz*, auch als Justizmin.), Ges.dt. Fragen: *J. Kaiser* (CDU), Familie: *Fr.-J. Würmeling* (CDU), bes. Aufgaben: *R. Tillmanns* (CDU, † 1955), *W. Kraft* (BHE, bis 1956), *H. Schäfer* (FDP, bis 1956), *Fr.-J. Strauss* (CSU; erhält 1955 Atomenergiefragen; 1956 bis 62 Verteidigungsmin.). 1955–56 ist *Th. Blank* (CDU) Verteidigungsminister; Außenmin. ab 1955 *Heinrich von Brentano* (CDU)

† *Ernst Reuter;* sozialist. Politiker; 1948 Oberbürgermeister, 1951 Regierender Bürgerm. von (West-) Berlin (* 1889)

Berliner Abgeordnetenhaus wählt *Walther Schreiber* (CDU) zum Regierenden Bürgermeister (bis 1955, * 1884, † 1958). Bildet Koalitionsregierung aus CDU u. FDP

Fritz Hochwälder (* 1911): „Donadieu" (österr.-schweiz. Schauspiel)

Claus Hubalek (* 1926): „Der Hauptmann und sein Held" (satirisches Drama)

Ernst Jünger: „Der gordische Knoten" (über die Widersprüchlichkeit der Weltgeschichte)

Erhart Kästner (* 1904): „Ölberge, Weinberge". Ein Griechenlandbuch

Wolfgang Koeppen: „Das Treibhaus" (krit. Roman um die vorläufige Bundeshauptstadt Bonn)

Karl Krolow (* 1915): „Von nahen und fernen Dingen" (Naturlyrik)

Pär Lagerkvist: „Aftonland" (schwed. Lyrik)

Wilhelm Lehmann (* 1882): „Ruhm des Daseins" (Lyrik)

Mechtilde v. Lichnowsky: „Zum Schauen bestellt" (Essays)

Th. Mann: „Die Betrogene" (Erzähl.), „Altes und Neues. Kleine Prosa aus 5 Jahrzehnten", „Gerhart Hauptmann" (Essay)

F. Mauriac: „Das Ende der Nacht" (dt. Ausg. d. frz. Romans v. 1935)

Arthur Miller: „Hexenjagd" (nordamer. Drama; gegen polit. Verfolgungen gerichtet)

† *Eugene Gladstone O'Neill*, nordam. Dramatiker psycho-analytischer Richtung; *Nobelpreis* 1936 (* 1888)

Saint-John Perse (*Alexis Léger* * 1887): „Oeuvre poétique" (frz. Lyrik)

G. Pohl: „Bin ich noch in meinem Haus? Die letzten Tage G. Hauptmanns"

† *Hendrik de Man*, belg. sozialist. Politiker und Soziologe; emigrierte wegen Vorwurfs der Kollaboration in die Schweiz (* 1885)

Ludwig Marcuse (*1894, + 1971): „Pessimismus. Ein Stadium der Reife" (dt.-amer. Philosophie)

+ *Richard v. Mises*, österr. Mathematiker u. neopositivist. Philosoph, entw. bes. Wahrscheinlichkeitslehre; zul. in USA (*1883)

Reinhold Niebuhr (*1892, + 1971): „Christl. Realismus u. polit. Probleme" (nordamer. evangel. Theologie)

Ernst Niekisch: „Das Reich der niederen Dämonen"

Beg. der histor.-krit. Gesamtausgabe von *Nietzsches* Werken (korrigiert Verzerrungen des N.-Bildes durch *Elisabeth Förster-N.* (* 1846, † 1935))

Ortega y Gasset: „Meditationen über die Jagd" (span. Philosophie, dt. Ausg.)

† *Hans Reichenbach*, dt. Philosoph eines logisch. Empirismus (Neopositivismus); zuletzt in USA (* 1891)

J. B. Rhine: „New world of the mind" (nordamer. Parapsychologie; diese Wissenschaft okkulter Erscheinungen ist nach wie vor umstritten)

Helmut Schelsky (* 1912): „Wandlungen der dt. Familie der Gegenwart. Darstellung und Deutung einer empirisch-soziologischen Tatbestandsaufnahme"

Anna Seghers: „Frieden der Welt" (Ansprachen und Aufsätze)

Friedr. Sieburg: „Kleine Geschichte Frankreichs"

James Brooks (* 1906): „E-1953“ (nordamer. abstrakt. Gem.)

Alexander Calder: „Ein Gong als Mond“ (nordamer. Mobile: hängende Gleichgewichtsfigur)

Alexander Camaro (* 1901): „Mädchen am Fenster“, „Ein Sommertag“ (abstr. Gem.)

Massimo Campigli (* 1895): „Auf dem Balkon“ (ital. Gem. in einem naiven Stil)

Giuseppe Capogrossi (* 1900): „Section Nr. 4“ (ital. abstr. Gem.)

Bruno Caruso (* 1927): „Phantasie zur Silhouette von New York“ (ital. Gem.)

M. Chagall: „Concorde – Die Nacht“, „Der Eiffelturm“ (russ.-frz. surrealist. Gem.)

C. G. Corneille (* 1922): „Die weiße Stadt“ (niederl. abstrakt. Gem.)

Antonio Corpora (* 1909): „Mittelmeerlandschaft“ (ital. abstr. Gem.)

Otto Dix: „Wilhelm v. Scholz“ (Gem.)

Jean Dubuffet: „Das geschäftige Leben“ (frz. Gem.)

† *Raoul Dufy*, frz. Maler eines zeichnerisch betonten, farbenfrohen Stils zw. Im- u. Expressionismus (* 1877)

Egon Eiermann (*1904, + 1970): Matthäus-Kirche, Pforzheim

Gottfried v. Einem (* 1918): „Der Prozeß“ (Oper, Text nach *Kafka* von *B. Blacher* u. *H. v. Cramer*)

Wolfgang Fortner: „Der Wald“ (Zwischenspiel u. lyrische Szene nach *Federico Garcia Lorca*)

P. R. Fricker: Konzert für Klavier und Orchester, Bratschenkonzert

Harald Genzmer (* 1909): Konzert für Mixtur-Trautonium u. Orchester (Komposition für elektrisches Soloinstrument)

K. A. Hartmann: 6. Symphonie; Konzert f. Klavier, Bläser u. Schlagzeug

Hermann Heiß (* 1897): „Sinfonia atematica“ (1950) Urauff.

Pierre Henry u. *Pierre Schaeffer:* „Orphée 53“ (frz. Komp. der „Musique concrète“)

Hans Werner Henze: „Ein Landarzt“, „Das Ende einer Welt“ (Funkopern)

Kurt Hessenberg (* 1908): Psalmen-Triptychon

P. Hindemith: „Gesang an die Hoffnung“ (Chorwerk, Text von *P. Claudel*); „A Composer's World“ (autobiographisch)

† *Charles Ives*, nordamer. Komponist (* 1874)

J. L. Kulp u. *H. L. Volchok* ermitteln mit Hilfe des radioaktiven Kohlenstoffes C 14, daß die kosmische Höhenstrahlung sich seit 35000 Jahren nicht wesentlich änderte

Mazet entdeckt die Höhle Cougnac bei Gourdon mit Malereien aus dem Aurignacien

P. Michaelis: Hohe Mutationsraten mit den radioaktiven Isotopen Phosphor 32 und Schwefel 35 bei Weidenröschen; Nachweis einer Plasmavererbung beim Weidenröschen

Stanley L. Miller (USA) erzeugt durch elektrische Funkenentladungen in einem Gemisch von Wasserstoff, Ammoniak und Methan Aminosäuren, die Bausteine der Eiweiße (wichtiger Beitrag zum Problem der „Urzeugung“)

† *Robert Andrews Millikan*, nordamer. Physiker; bestimmte Ladung des Elektrons; *Nobel*preis 1923 (* 1868)

† *Alwin Mittasch*, dt. Katalyseforscher (* 1869)

Auguste Piccard taucht mit seinem Sohn *I. P.* im Tiefseeboot „Trieste“ 3150 m im Thyrrhenischen Meer

† *Ludwig Prandtl*, dt. Physiker und Strömungsforscher; lieferte wichtige Beiträge zur Tragflächentheorie (* 1875)

S. I. Rudenko: „Die Kultur der Bevölkerung der Altaivorberge zu skythischer Zeit“ (Ergebnisse von Grabungen 1947–51 an Hügelgräbern aus dem –5. bis –4. Jh.; u.a. große Filzwandteppiche mit figürlichen Applikationen)

F. Sanger (* 1918): Struktur d. Insulins n. 15jähriger bahnbr. Arbeit (vgl. 1951)

IV. Internationaler Astronautischer Kongreß in Zürich; *S. F. Singer* legt Pläne für unbemannte künstliche Erdsatelliten vor

Vincent du Vigneaud und Mitarbeiter analysieren und synthetisieren das Hypophysenhinterlappen-Hormon Oxytocin

J. D. Watson und *F. H. C. Crick:* Doppelspiraliges Strukturmodell d. Desoxyribonukleinsäure (DNS),

Bundestag verabschiedet kleine Steuerreform mit Steuersenkungen und Altsparergesetz

Hjalmar Schacht: „76 Jahre meines Lebens“ (Autobiographie)

Produktionszahl.:

	USA	USSR	Gr. Br.	Frankr.	
Stahl	100	34	18	10	Mill. t
Kohle	435	288	225	60	Mill. t
Elektrizität	442	132	66	39	Mrd. kWh

Bei gegenüb. 1914 etwa verdoppelter Welttonnage stieg der Anteil der ölgefeuerten u. Motorschiffe auf 87% gegenüber 3,4%; Ölverschmutzung der Meere wird zu einem ernsten Problem

Hochseefährschiff „Deutschland“ m. 4000 BRT für 10 D-Zugwagen f. d. Strecke Großenbrode—Gjedser

Vorarbeiten für eine Fernwasserleitung Bodensee—Stuttgart beginnen (für den Raum um Stuttgart wird bis 1980 ein zusätzlich. Wasserbedarf von mindestens 3000 l/sek. erwartet)

Chr. Dior bringt die „Tulpenlinie“ i. d. Damenmode. Glockenröcke in d. Damenmode

1. FC Kaiserslautern dt. Fußballmeister

(1953)

Interzonenpässe zw. BRDtl. und DDR werden abgeschafft (hat eine Verstärkung des Reiseverkehrs zur Folge)

Abkommen USSR-DDR in Moskau verkündet: Auflockerung des Besatzungsstatus, Beendigung der Reparationen, Umwandl. sowj. AGs in „Volkseigene Betriebe" (VEB)

W. Semjonow (* 1902): Botschafter der USSR in der DDR bis 1954

Tschuikow als Oberbefehlshaber der sowjetischen Truppen in Dtl. abberufen

Franz Dahlem aus der SED-Parteiführung ausgeschlossen (1956 rehabilitiert)

Chemnitz in Karl-Marx-Stadt umbenannt

Nationalratswahlen in Österreich: ÖVP (christl sozial) 74 (77), SPÖ (Sozialdem.) 73 (67), Unabh. 14 (16), Volksopposition (Kommunist.) 4 (5) Sitze (Vgl. mit 1949). Koalitionsreg. ÖVP u. SPÖ unter Bundeskanzler *Julius Raab* (* 1891, ÖVP) (*R.* bildet auch eine solche Koalitionsreg. n. d. Wahlen 1956).

Frz. Min.-Präs.: *René Mayer* (* 1895, liberal. Radikalsoz.), *Joseph Laniel* (* 1889, PRL = Republ. Freiheitspartei; bis 1954)

Frankreich erkennt Laos (Indochina) als souverän und unabhängig an

René Coty (* 1882) frz. Staatspräs.

Hans Hedtoft (* 1903) bildet nach dem Rücktritt von *Erik Eriksen* in Dänemark sozialdemokr. Regierg. (war schon 1947—50 Min.-Präs.)

Ital. Min.-Präs. *de Gasperi* gestürzt (reg. seit 1945)

Wahlen in Italien: Die Democrazia Christiana erlangt nur 40% d. Stimmen; nach Regierungskrise bildet *Giuseppe Pella* (* 1902) neue Regierung (bis 1954)

Triest-Frage vor dem Sicherheitsrat der UN

† *Mary*, Kgin v. Großbrit. u. Irland; heiratete 1893 d. späteren König *Georg V.* (* 1867)

Marcel Proust (* 1871, † 1922): „Auf der Suche nach der verlorenen Zeit" (dt. Gesamtübertragung v. *E. Rechel-Mertens* beg. zu ersch.)

Wolfdietrich Schnurre (* 1920): „Sternstaub u. Sänfte. Aufzeichnungen des Pudels Ali" (Parodie auf d. Dichter im „Elfenbeinturm", mit Zeichnungen des Autors)

M. A. Scholochow (* 1905) gibt ideolog. veränderte Ausgabe seines Kosakenromans „Der stille Don" heraus (urspr. 1928—1940)

Lothar Schreyer (* 1886, † 1966): „Der Sieg über Tod und Teufel"

Oscar Fritz Schuh (* 1904) übernimmt künstler. Leitung d. Theaters am Kurfürstendamm der Volksbühne Berlin (ab 1958 Generalintendant der Städtisch. Bühnen Köln, ab 1963 General-Intendant in Hamburg)

Dylan Thomas: „Unter dem Milchwald" (Ein „Spiel für Stimmen"; brit. Lyrik, Urlesung in den USA)

† *Dylan Marlais Thomas*, walisischer Dichter; schrieb u.a. „25 Gedichte" (1936), „Death and Entrances" (1945) (* 1914)

W. Weyrauch: „Die Minute des Negers" (Lyrik)

Paul Willems: „Der Bärenhäuter" (fläm. romant.-poet. Schausp.)

Tennessee Williams: „Camino Real" („Die Straße des Lebens"; nordamer. Drama), „Mrs. Stone und ihr römischer Frühling" (dt. Ausg. d. nordamer. Romans)

B. F. Skinner: „Science and Human Behavior" (Wissenschaft und menschl. Verhalten)

K. S. Sodhi u. *R. Bergius*: „Nationale Vorurteile"

Jürgen Spanuth: „Das enträtselte Atlantis" (m. der bestrittenen Hypothese, das versunkene Atlantis liege bei Helgoland)

N. Tinbergen: „Soziales Verhalten bei Tieren" (engl.)

Th. v. Uexküll: „Der Mensch und die Natur. Grundlage einer Naturphilosophie"

† *Alfred Vierkandt*, dt. Soziologe (* 1867)

A. Weber: „Der Dritte oder der Vierte Mensch" (Kultursoziologie)

† *Hildegard Wegscheider*, dt. sozialdemokratische Pädagogin (* 1871)

Günther Weisenborn: „Der lautlose Aufstand" (Bericht über die antinationalsozialist. Widerstandsbewegung nach Material von *Ricarda Huch*)

Richard Wright (* 1908): „Der Außenseiter" (nordam. Negerschriftsteller, begrdt. Bruch mit Kommunismus)

Europäische Konvention d. Menschenrechte in Kraft

Internationale Empfehlung, Mindestalter für Untertagearbeit auf 16 Jahre festzusetzen

Die im Grundgesetz der BRDtl. vorgesehene Frist für die Herstellung der Gleichberechtigung der Frau läuft ergebnislos ab (Gesetz erst 1958)

Handwörterbuch der Sozialwissenschaften beg. zu erscheinen

Max Ernst (* 1891): „Heuschreckenlied an den Mond" (Gem.)

Herbert Ferber (* 1906): „Flache Wandskulptur" (nordamer. abstrakt. Plastik aus Kupfer und Blei)

Sue Fuller (* 1914): „Fadenkonstruktion, Nr. 55" (nordamer. abstrakt - ornament. Arbeit mit Kunststoff-Fäden)

† *Albert Gleizes*, frz. kubist. Maler (* 1881)

Stephen Greene (* 1918): „Die Aufführung" (nordamer. Gem.)

Marcel Gromaire (* 1892): „Zwei Badende" (frz. Gem.)

Renato Guttuso (* 1912): „Proletarischer Held" (ital. Gem. d. „Sozialistischen Realismus")

Etienne Hadju: „Soldaten" (frz., getriebenes Kupferblech)

Karl Hartung (* 1908): „Komposition" (abstr. Zement-Plastik)

Bernhard Heiliger: „Kopf Ganga" (Plastik)

Karl Hofer: „Erinnerungen eines Malers" (Selbstbiogr.); „Lunares" (express. Gem.); „Tänzerinnen" (express. Gem.)

Fritz Jöde (* 1887) wird Leiter des Intern. Instituts f. Jugend- u. Volksmus. (Trossingen)

† *Emmerich Kálmán*, ungar. Operettenkomp., zuletzt in Paris (* 1882)

Giselher Klebe: Sinfonie op. 16 (über ein Thema *Mozarts*, in 12-Tontechnik)

† *Eduard Künneke*, Operetten-Komponist, schrieb u. a.: „Der Vetter aus Dingsda" (* 1885)

Gian Francesco Malipiero (* 1882): Elegia-Capriccio für Orchester

Frank Martin (* 1890, Schweiz): Passacaille für Streichorchester

Bohuslav Martinu: „Komödie auf der Brücke" (Funkoper)

† *John Meier*, dt. Germanist u. Erforscher d. Volksliedes (* 1864)

Olivier Messiaen: „Livre d'orgue" (7 Orgelstücke), „Réveil des oiseaux" (Das Erwachen der Vögel, frz. klangmalende Komposition für Klavier und Orchester)

Darius Milhaud: „David" (Festoper zur 4000-Jahrfeier Jerusalems)

† *Walter Niemann* (* 1876): Komponist, Lehrer und Musikschriftsteller

dieses Modell der Erbsubstanz kann als Begründung der molekularen Genetik gelten (vgl. *Avery* 1943, *Nirenberg* 1965)

Charles E. Yeager erreicht mit Raketenflugzeug Bell X-IA eine Geschwindigkeit von etwa 2570 km/st.

Anton Zischka: „Befreite Energie. Der Menschheitskampf um die Nutzung der Naturkräfte"

Nachweis einer „Wasserstoffbomben"-Explosion (genauer: Kernverschmelzungsbombe auf Lithiumbasis) in der Sowjetunion

USA besitzen Atomgranate

Baubeginn des ersten größeren Atomkraftwerkes in Calder Hall (Großbrit.) (1956 in Betrieb genommen)

Mit dem „Cosmotron"-Protonenstrahl von 2200 Mill. Volt Energie gelingt es in USA, künstliche Mesonen zu erzeugen

12 westeurop. Staaten gründen die Atomkern-Forschungsgemeinsch. CERN (Plan einer Maschine für 25 Mrd. Volt-Protonenstrahl; 1960 in Betrieb)

Elektronische Rechenmaschine mit Trommel-Zahlenspeicher „Mark IV" in USA (solche Maschinen multiplizieren 13stellige Zahlen in 31 millionstel Sekunde)

Durch Einführung von Antibiotika sinkt die Sterblichkeit an tuberkulöser Hirnhautentzündung auf 15% (bis 1946 100%)

Ultraschall in d. Gehirnchirurgie

Korrektur d. astronomischen Entfernungsskala: Spiralnebel sind mindest. doppelt so weit entfernt wie bisher angenommen; damit kommen radioaktives u. Expansions-Alter d. Welt in Übereinstimmung (vgl. 1931, 68, 75)

Mit Hilfe des Mengenverhältnisses der Sauerstoff-Isotope im „Donnerkeil" eines fossilen Tintenfisches gelingt es, die Wassertemperatur des Jurameeres zu bestimmen

In USA gelingt es, ultrakurze Radiowellen von nur 1,37 mm Wellenlänge herzustellen (1951: 2,3 mm)

Die Reaktion von Mäusen und Affen in abgeschossenen Raketen

Luftrennen London–Neu Seeland (19700 km): Sieger *Roland Burton* in 23 St. 51 Min. im Düsenbomber (damit schrumpft die größte irdische Entfernung auf eine Tagesreise zusammen)

Erstbesteigung d. höchsten Berges d. Erde, Mt. Everest (8882 m) durch *E. P. Hillary* (Neuseeland) u. den Sherpa *Tensing* (Nepal) zu Ehren d. Krönung d. Kgin. *Elisabeth II.*

Dt.-österr. Willy-Merkl-Gedächtnisexpedition unter Ltg. v. *K. M. Herligkoffer* (BRDtl.): *H. Buhl* (Österr.) ersteigt den Nanga Parbat (8125 m) im Alleingang

Florence Chadwick (USA) erreicht mit 14 St. 42 Min. neuen Rekord für Durchschwimmung des Ärmelkanals von England nach Frankr. (kürzeste Zeit für andere Richtung 1950 v. *Abd el Rehim* (Ägypt.) mit 10 St. 49 Min.)

† *William Tatum Tilden* („Big Till"), nordamer. Tennisweltmeister; ab 1930 Berufsspieler (* 1893)

In den USA kommen auf 100 Mill. Personen/km mit
Auto 1,8 Tote
Autob. 0,08 Tote
Eisenb. 0,1 Tote
Flugz. 0,35 Tote

(1953)	Die Krönung d. Kgin. *Elisabeth II.* v. Großbrit. u. Nordirland wird glanzvoll gefeiert und findet, unterstützt durch moderne Nachrichtentechnik einschl. Fernsehen, weltweites Interesse *Churchill* schlägt „Locarno-Politik" (kollektive Sicherheit) zur internationalen Entspannung und Treffen der „Großen Vier" auf „höchster Ebene" vor (kommt 1955 in Genf zustande) *Churchill* Ritter des Hosenbandordens *W. Churchill:* „Der 2. Weltkrieg" (brit. Memoiren; 6 Bde, seit 1948) † *Klement Gottwald*, tschechisch-slowak. Kommunist; 1946–48 Min.-Präs., seit 1948 Staatspräs. (* 1896) *Antonin Zapotocky* (* 1884), tschechoslowak. Staatspräs. *Viliam Siroky*, tschechoslowak. Min.-Präs. *Imre Nagy* (* 1896) kommunist. ungar. Min.-Präs. (b. 1955); vertritt nach dem Rücktritt *Rakosis* den „Neuen Kurs" (dann aus der kommunist. Partei ausgeschlossen, 1956 rehabilitiert, 1958 zusammen mit *Maleter* hingerichtet: löst · Weltprotest aus) *Urho Kekkonen* (* 1900), finnischer Min.-Präs. seit 1950 tritt zurück; *Sakari S. Tuomioja* finn. Min.-Präs. bis 1954 Neun russische Ärzte verhaftet wegen Verdachts an *Schdanows* Tod schuldig zu sein; werden nach *Stalins* Tod freigelassen † *Josef Wissarionowitsch Stalin*, russ. Bolschewist; erreichte nach *Lenins* Tod durch blutige Verfolgungen die diktatorische Macht in der USSR (1923 Generalsekretär der Partei, später höchste Staatsämter); unter seiner Herrschaft wurde die USSR zur zweitstärksten Industriemacht und im „Kalten Krieg" zum mächtigen Gegenspieler der USA (* 1879). Nach seinem Tod beginnt ein „Neuer Kurs" in der Sowjetpolitik, dessen Ziel und Bedeutung umstritten bleibt; der Stalinkult wird erst langsam, dann auf und nach dem 20. Parteitag der KPdSU (1956) offen verurteilt	1. Intern. Kongreß der Freunde des Volkstheaters in Berlin 12050 Buchtitel in USA veröffentl. (dar. mehr als 463 Taschenbücher) Ges. üb. d. Verbreitung jugendgefährdender Schriften in der BRDtl. *G. v. Rezzori* (* 1914): „Maghrebinische Geschichten" (Erzählungen)	*Lomonossow*-Universität in Moskau eröffnet (240 m hoch, 45000 Räume) Oxforder Philosophie d. Umgangssprache Kulturabkommen USA–BRDtl. Papst ernennt 23 Kardinäle (dar. 9 Italiener, 2 Franzosen, 2 Spanier, 1 Nordamerik., 1 Brasilianer, 1 Ire, 1 Jugosl., 1 Deutscher, 1 Pole, 1 Kanadier, 1 Inder, 1 Kolumbianer, 1 Ecuadorianer). Dt. Kardinäle sind die Erzbischöfe von München *Joseph Wendel* und von Köln *Joseph Frings* Römisches Prätorium aus dem 4. Jh. bei Erdarbeiten in Köln entd.

Emanuel Jacob (* 1917): „Statische Komposition“ (schweiz. abstr. Gem.)

Willem de Kooning (* 1904): „Frau und Fahrrad“ (nordamer. Gem.)

Ibram Lassaw (* 1913): „Feuersäule“ (nordamer. abstrakte Bronze)

Le Corbusier: Pilgerkapelle Notre-Dame du Haut in Ronchamp (im Zuge der „religiösen Erneuerung“ f. d. Dominikaner-Orden; eingew. 1955)

F. Léger: „Die Landpartie“ (frz. realist. Gem.)

Giacomo Manzù (* 1908): „Stehender Kardinal“ (ital. Plastik)

Marcello Mascherini: „Kauernde“, „Tänzerin“ (ital. express. Bronzen)

† *Erich Mendelsohn*, dt. Architekt; seit 1941 in San Franzisko (* 1887)

Mies van der Rohe: Entwurf zum Mannheimer Theater (wird nicht ausgeführt)

Luciano Minguzzi: „Akrobatin am Trapez“ (ital. Bronze)

Harry Mintz (* 1907): „Die brütende Stadt“ (nordamer. Gem.)

Mirko (al. *Basaldella*, * 1910): „Stimmen“ (ital. abstr. Bronze)

Luigi Nono (* 1924): „Epitaph auf Federico Garcia Lorca“ (ital. Komposition in 3 Teilen für Solostimmen, Sprecherin, Sprechchor, Chor und Orchester)

Carl Orff: „Trionfi“. Szenisches Triptychon aus „Carmina burana“, „Catulli carmina“ und „Trionfo di Afrodite“ (letzteres szenisches Konzert in einem Bild, Liebesgedichte in der Ursprache von *Catull*, *Sappho*, *Euripides*), „Astutuli“ (bayer. Komödie)

Mario Peragallo (* 1910): Violinkonzert (ital. Komposition in 12-Tontechnik)

Goffredo Petrassi (ital. K., * 1904): „Récréation concertante“, 3. Konzert für Orchester

Ildebrando Pizzetti: „Cagliostro“ (Oper)

† *Sergej Prokowjew*, russ. Komponist; 1948 wegen „dekadenten westlichen Formalismus“ politisch verurteilt, 1951 *Stalin*preis; schrieb u. a. 7 Sinfonien, 5 Klavierkonzerte, Opern, Ballette (* 1891)

S. Prokowjews Oper „Krieg und Frieden“ nach *Tolstoi* in Florenz uraufgeführt

werden in USA registriert und photographiert; der Zustand zeitweiser Schwerelosigkeit wird gut überstanden

Zeitdauer zwischen Isolierung und Strukturaufklärung chem. Stoffe:

Morphin	1805–1925
Chinin	1820–1907
Ajmalin	1932–1954
Reserpin	1952–1954

Großversuche mit Grünalgen als Lieferant von Nährstoffen (Erträge von 20 t Trockensubstanz pro ha geschätzt)

Diffusions-Vakuumpumpe mit 50000 l pro Sekunde Pumpleistung (USA)

BOA - Comet - Düsenverkehrsflugzeug London–Dakar–Rio de Janeiro 9650 km mit 4 Stops in einer Flugzeit von 12½ Stunden

Dt. Motorschiff „Santa Teresa“, komb. Frachter u. Fahrgastschiff für 28 Passagiere mit 9000 BRT

Etwa 50% der Lokomotiven in USA sind Diesellokomotiven

In Dtl. verkehren Leichtbau-FT-Züge aus 3 Wageneinheiten und 800-PS-Dieselmotor mit 120 km/st. Höchstgeschwindigkeit

Erste Autokarosserien aus Kunststoff (Polyesterharz)

Messerschmidt-Kabinenroller

Unterirdische Großgarage f. 2000 Wagen in 3 Stockwerken in Los Angeles

125 m hoher Wolkenkratzer mit 30 Stockwerken mit Außenwänden und Stockwerk-Decken aus Aluminium in Pittsburgh (USA)

Aluminium-Flugzeughalle in Hatfield (Großbrit.) 100 × 66 m, 16,8 m Höhe.

Schwarzwaldhalle in Karlsruhe mit Hängedach (freie Spannweite 71 m)

Schweden baut erste Hochspannungs-Gleichstrom-Übertragungsanlage: Leistung von 10000 kW mit 100 kV über 100 km

Elektrizitätswerk, das Temperaturunterschiede des Meereswassers mit wachsender Tiefe ausnutzt, an d. frz. Elfenbeinküste (etwa 10000 kW)

Ein Sabena-Verkehrsflugzeug explodiert bei Frankfurt/Main: 44 Tote

BOA-Comet-Düsenverkehrsflugzeug stürzt im Sturm nahe Kalkutta ab; 43 Tote

Bei Tokio verunglückt ein „Globemaster“-Flugzeug: 129 USA-Soldaten getötet (bis dahin schwerstes Flugzeugunglück)

Auf Neuseeland stürzt Zug von einer Brücke: über 155 Tote und Vermißte

Engl. Fährboot „Princess Victoria“ sinkt i. d. Irischen See (133 Tote)

Türkisches U-Boot sinkt nach Kollision mit schwed. Frachter (81 Tote)

Schwere Sturmflut an der Nordsee tötet in NW-Europa 1794 Menschen

Schwere Erdbeben suchen griech. Inseln heim

Tornado-Serie tötet 132 Menschen in Michigan und Ohio (USA)

Die 3köpfige engl. Familie *Drummond* in der Provence ermordet aufgefunden (*Gaston Dominici* wird zum Tode verurteilt; d. Strafe wegen seines Alters v. 80 Jahren nicht vollstreckt)

Erste Grüne Welle im Straßenverkehr (i. München)

(1953)

Georgi M. Malenkow (*1902) Min.-Präs. der Sowjetunion und kurzzeitig Generalsekretär d. Kommunist. Partei (tritt 1955 zurück); *Nikita N. Chruschtschow* (*1894, + 1971) Generalsekretär d. KPSU; *Molotow* Außenmin. u. stellvertr. Min.-Präs. (tritt 1956 kurz vor einem Besuch *Titos* in Moskau zurück)

Parteitag d. KPSU (B); stimmt der Nachfolge *Stalins* zu

† *Lawrentij Berija* (hingerichtet), seit 1938 Volkskommissar der NKWD i. d. USSR, seit 1945 Marschall, seit 1946 stellvertr. Min.-Präs. u. Mitgl. d. Politbüros (* 1899). (Es wird vermutet, daß er als einer d. mächtigsten Männer das kollektive Führungssystem der neuen Sowjetregierung gefährdete)

J. A. Malik Botschafter der USSR in London

Malenkow: USSR besitzt Wasserstoffbombe (1 Jahr später als USA; *Oppenheimer:* USA und USSR gleichen 2 giftigen Skorpionen in einer Flasche)

Wiederaufnahme diplomat. Beziehungen zw. USSR u. Jugoslawien

USSR verzichtet auf alle territorialen Forderungen gegenüber der Türkei (betrifft bes. Dardanellendurchfahrt)

D. D. Eisenhower bildet seine parteirepublikan. Regierung: Äußeres: *John Foster Dulles* (* 1888, † 1959), Finanzen: *G. M. Humphrey*, Verteidigung: *Ch. E. Wilson*, Generalstaatsanw.: *H. Brownell jr.*, Post: *A. E. Summerfield*, Inneres: *D. McKay*, Landwirtsch.: *E. T. Benson*, Handel: *S. Weeks*, Arbeit: *M. Durkin* (tritt 1954 zurück, weil Gewerkschaften mit Reg.-Politik unzufrieden)

Eisenhower schlägt vor der UN Bildung eines internationalen friedlichen Atom-Pools vor

Julius und *Ethel Rosenberg* wegen Atomspionage für die USSR in USA hingerichtet (verurteilt 1951; hatten sich geweigert, zur Rettung ihres Lebens Einzelheiten preiszugeben)

Waffenstillstand in Korea; das Land bleibt im wesentlichen längs des 38. Breitengrades geteilt in nordkor. Volksrepublik u. südkor. „Republik Korea" unter Präs. *Syngman Rhee*. Internationale Kommission überwacht Waffenstillstand (33417 Gefallene bei den UN-Streitkräften; die große Zahl getöteter Koreaner ist nicht genau festgestellt)

S. Rhee läßt nordkoreanische Kriegsgefangene frei, um Kriegsgefangenenabkommen von Pan Munjon zu vereiteln

Eisenhower, *Churchill* u. *Laniel* treffen sich auf Bermuda, um westl. Außenpolitik zu koordinieren; beschließen Annahme der sowj. Einladung zur Außenminsterkonferenz; halten an NATO und EVG fest

† *Robert Alphonso Taft*, nordamer. Senator (Republikaner); Gegner d. Macht d. Gewerkschaften (* 1889)

Earl Warren (* 1891) Chefrichter des Obersten Gerichtshofes d. USA

Theodore H. White: „Fire in the ashes. Europe in the mid-century" (nordamer. Analyse der europ. Situation)

Wahlen in Israel bestätigen Regierungskoalition zwischen gewerkschaftl.-sozialdemokrt. Mapai und Zionisten

Min.-Präs. *Ben Gurion* tritt zurück; Nachfolger wird d. bish. Außenmin. *Moshe Sharett*

UN-Sicherheitsrat tadelt Israel für Überfall auf Kibia (Jordanien)

Ägypten wird Republik; General *Nagib* wird Präsident und Premier (letzteres bis 1954)

Brit.-ägypt. Sudanabkommen: Wahlen und Entscheidungsfreiheit für den Sudan

Höhepunkt der Kämpfe mit dem Mau-Mau-Neger-Geheimbund in der brit. Kolonie Kenia

  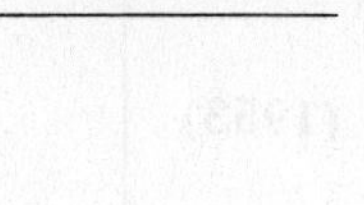

Joan Miró: „Der Blumenstengel stößt an den Mond", „Die rote Scheibe in der Verfolgung der Lerche" (span. surrealist. Gem.)

Henry Moore: „Mutter und Kind", „König und Königin", „Drei stehende Figuren", „Krieger" (engl. Plastiken)

Ennio Morlotti (* 1910): „Landschaft" (ital. abstr. Gem.)

Walter Murch (* 1907): „Nähmaschine" (nordamer. naturalist. Gem.)

Ben Nicholson (* 1894): „30. September 1953. Blauer Staub" (engl. abstrakt. Gem.)

Nowicki u. *Deitrick*: Messehalle in Raleigh (USA)

Max Pechstein: „Aufkommende Flut" (Gem.)

† *Francis Picabia*, frz. Maler; Dadaist, Surrealist u. abstrakter Maler (* 1879)

P. Picasso: „Kopf einer lesenden Frau", „Weibliches Brustbild", „Der Raucher" (span.-frz. Gem.); „Mann und nackte Frau" (Tuschzeichnung); „Ziegenschädel auf einem Tisch" (Radierung); „Vase mit Blumen" (span.-frz. Bronzeplastik); „Struppige Taube" (Keramik)

Picasso-Ausstellung in Rom u. Mailand

Edouard Pignon (* 1905): „Schwarzer Akt" (frz. Gem.)

Helge Roswaenge (* 1897): „Lache Bajazzo" (Lebenserinnerungen eines Tenors)

Matyas Seiber (* 1905): „Elegie für Bratsche und kleines Orchester" (ungar.-engl. Kompos. im Mischstil aus Tonalität und 12-Tontechnik)

Karlheinz Stockhausen (* 1928): „Elektronische Studie I" (Komposition für elektrisch erzeugte reine Töne [Sinusschwingungen])

Igor Strawinsky: „Septett" (für 3 Bläser, 3 Streicher und Klavier), „Cantata" (Sopran, Tenor, Frauenchor und kl. Ensemble)

Ralph Vaughan Williams: 7. Sinfonie („Südpolsinfonie", engl. Komposition f. gr. Orchester m. Glokken, Vibraphon, Windmaschine, Orgel, textlose Frauenstimmen)

Bernd Aloys Zimmermann (* 1918): Cello-Konzert (in 12-Tontechnik)

Populäre Schlager: Mäcki-Boogie, Bravo, beinah' wie Caruso, Bim-Bam-Baby

Entdeckung von gravierten Felsbildern in der Addaura-Höhle bei Palermo (Sizilien); u.a. Kulttanz-Darstellung aus dem späten Magdalénien

Frz. Ausgrabung der elamitischen Stadt Dur-Untashi mit einem bis zur 3. Terrasse erhaltenen Turmtempel (Ziggurat) aus dem −13. Jh.

Fund einer kegelförmigen Goldbekleidung einer Kultsäule bei Etzeldorf-Buch (Landkr. Nürnberg) aus der Zeit ≈ −1000, aus einem einzigen Blech getrieben, mit geometrischen Ornamenten

Erforschung d. einstigen Wikingerhafens Haithabu b. Schleswig aus der Zeit des 9. u. 10. Jh. n. Chr.

Die öffentliche Hand finanzierte die Wissenschaft pro Kopf der Bevölkerung in mit

USA	71,00 DM
Großbrit.	27,00 DM
Schweden	10,70 DM
BRDtl.	8,80 DM

Mit der Strukturaufklärung d. Erbsubstanz (DNS) (*Watson* u. *Crick*) u. d. Insulin-Moleküls (*Sanger*) erreicht die molekulare Biologie einen Höhepunkt

(1953)	Unruhen in Marokko führen zur Absetzung des Sultans *Sidi Mohammed V.* (seit 1927) durch Frankr. und zu seiner Ersetzung durch *Sidi Mohammed ben Mulai Arafa* (1955 kehrt der alte Sultan zurück) *M. Mossadegh* löst in Iran das Parlament auf; der Schah flieht, kehrt zurück u. läßt *Mossadegh* verhaften (*M.* wird zu 3 Jahren Gefängnis verurteilt) *Zahedi* iran. Min.-Präs. (bedeutet Einlenken gegenüber Großbrit. im Ölkonflikt) *Faisal II.* (*1935) wird volljährig und König vom Irak (1958 in der Revolution gestürzt und getötet)	† *Ibn Saud*, Kg. v. Saudi-Arabien seit 1926; entwickelte sein Land mit Hilfe d. 1933 gegr. Arabian American Oil Company (*1880), Nachfolger wird sein Sohn *Saud* (*1903) Liberale bleiben stärkste Partei in Japan und bilden Regierung unter *Joschida* Konferenz der sozialistischen Parteien Asiens in Rangoon (bilden von Europa unabhängige Organisation) *Mohammed Ali* Min.-Präs. von Pakistan

Jackson Pollock: „Grayed Rainbow", „Die Tiefe" (nordamer. abstr. Gem.)

Erich F. Reuter (* 1911): „Prophet" (Plastik)

Germaine Richier: „Stierkampf" (frz. symbol. Bronzeplastik)

H. Schädel: St. Kilians - Kirche, Schweinfurt (repräsentativ f. d. modernen kathol. Kirchenbaustil)

Schelling: Schwarzwaldhalle, Karlsruhe (Stahlbeton-Hängedach)

Karl Schmidt-Rottluff: „Schwindender Schnee" (express. Gem.)

Paul Schneider: Oberirdische Großgarage für 500 Wagen in Düsseldorf

Ernst Schumacher: „Wattenmeer" (express. Gem.)

Gustave Singier (* 1909): „Paseo triste" (belg.-frz. abstrakt. Gem.)

Pierre Tal-Coat (* 1905): „Lumière affleurante" (frz. abstrakt. Gem.)

Bradley Walker Tomlin (* 1899, † 1953): „Nr. 10—1952/3" (nordamer. abstrakt. Gem.)

Victor de Vasarely (* 1908): „Zombor" (ungar.-frz. abstrakt. Gem.)

Emilio Vedova: „Im Kreise der Natur" (ital. abstrakt. Gem.)

Robert Vickrey (* 1926): „Allerheiligen-Maske" (nordamer. realist. Gem.)

Maria Helena Vieira da Silva (* 1908): „Eiserne Brücken" (portug. abstr. Gem.)

Jacques Villon (* 1875): „Normannischer Bauernhof", „Ländl. Rhythmus" (frz. abstrakt. Gem.)

F. Vordemberge-Gildewart (* 1899): „Komposition Nr. 198" (ndl. abstrakt. Gem.)

Fritz Winter (* 1905): „Große Komposition (Wandlung)", „Stilles Zeichen" (abstrakt. Gem.)

Wright: Entwurf f. *Guggenheim*-Museum in New York

„40000 Jahre moderne Kunst" (Ausstellung über prähistorische u. primitive Malerei i. Paris, 1955 in Köln)

Warschau restauriert (seit 1951) stilgetreu den alten Markt

Sowjetunion baut in Warschau „Kulturpalast" (im „Zukkerbäckerstil" der *Stalin*-Zeit)

---

† *Carl Froelich*, dt. Filmregisseur seit 1913 (* 1875)

„Weg ohne Umkehr" (Film mit *Ruth Niehaus* und *René Deltgen*, Regie: *Victor de Kowa*)

„Königliche Hoheit" (Farbfilm nach *Thomas Mann*, Regie: *Harald Braun* (* 1901), Darsteller: *Ruth Leuwerik*, *Matthias Wiemann*, *Dieter Borsche* u. a.)

„Nanga Parbat" (dt.-österr. Expeditionsfilm, Kamera: *Hans Ertl*)

„Der goldene Garten" (farbiger Dokumentarfilm von Kalifornien v. *Hans Domnick*)

„Die Bettler-Oper" (engl. Film, Regie: *Brook*)

„From Here to Eternity" („Verdammt in alle Ewigkeit", nordamer. Film, Regie: *Fred Zinnemann*, mit *Burt Lancaster*, *M. Clift* u. a.)

„Ein Herz und eine Krone" („Roman Holiday", nordamer. Film, Regie: *William Wyler* (* 1902), Darsteller: *Audrey Hepburn* (* 1929), *Gregory Peck* (* 1916) u. a.)

„Das Gewand" (nordamer. Film, erster abendfüllend. Spielfilm für Cinemascope-Breitwand, Regie: *Henry Koster*, Darst.: *Richard Burton*, *Jean Simmons* u. a.)

„Die Wüste lebt" (nordamer. farbiger Dokumentarfilm v. *Walt Disney*)

„This is Cinerama" (nordamer. Farbfilm auf Rundhorizont (3 Projektoren) mit Stereoton u. starken Raumeffekten)

„Rom – Station Termini" (ital. Film, Regie: *Vittorio de Sica* [* 1902], Darst.: *Jenifer Jones* [* 1919], *Montgomery Clift* [* 1920, † 1966])

„Schwurgericht" (frz. Film, Regie: *André Cayatte*)

Die ersten plastisch. Spielfilme erscheinen (beruhen meist auf Verwendung der Polarisationsbrille u. setzen sich nur langsam durch)

~ Besonders die nordamer. Filmind. beginnt unter Ausnutzung technischer Neuerungen in einen heftigen Konkurrenzkampf mit dem Fernsehen zu treten

Filmwissenschaftl. Gesellschaft und Dt. Institut f. Filmkunde gegrdt. (nach Vorbild. d. 1946 gegrdt. Institut de Filmologie in Paris)

435 Kulturfilme in Dtl. (diese Filmgattung hat noch nicht wieder ihre frühere Höhe erreicht)

1954

Friedens*nobel*pr. an Flüchtlingsorg. d. UN

Berliner Konferenz d. „Großen Vier", vertreten durch d. Außenmin. *Dulles*, *Eden*, *Mendès-France*, *Molotow*: Kein Ergebnis i. d. Dtl.-Frage; Verabredung über Indochina-Konferenz in Genf

Pariser Verträge sehen Wiederbewaffnung d. BRDtl. vor; Frankr. erlangt dabei Vorteile in seiner Position an der Saar

Dt. Bundestag billigt Wehrergänzung zum Grundgesetz

Theodor Heuss wird von der in Berlin tagenden Bundesversammlung mit großer Mehrheit zum 2. Male zum Bundespräsidenten gewählt

Streikwelle in der BRDtl. mit Höhepunkt im bayer. Metallarbeiterstreik

Landtagswahlen in Bayern ergeben folg. Mandate (zum Vgl. 1950): CSU 84 (64), SPD 61 (63), FDP 13 (12), Bayern-P. 27 (39), BHE 19 (26) (ab 1955 Koalitionsregierung aller Parteien gegen CSU)

Koalitionsregierung unter *K. Arnold* (CDU) in Nordrhein-Westf. (wird 1956 gestürzt und durch eine Koal.Reg. unter *F. Steinhoff* (SPD) ersetzt)

Wahl zum Abgeordnetenhaus in Westberlin (z. Vgl. 1950): SPD 64 (61) Sitze, CDU 44 (34) Sitze, FDP 19 (32) Sitze (ab 1955 SPD-CDU-Koalitionsregierung. Reg. Bürgerm. *Otto Suhr* (SPD, * 1894, † 1957); Präsident d. Abgeordnetenhauses *Willy Brandt* (SPD; * 1913)

Kuratorium „Unteilbares Deutschland" gegr.

„Volkswahl" mit Einheitsliste in der DDR (amtl. Ergebnis: fast 100 % Ja-Stimmen)

† *Hermann Ehlers*, dt. Politiker; seit 1950 Präsident d. Dt. Bundestages, seit 1952 2. Vors. d. CDU (* 1904); Präsident d. Dt. Bundestages wird *Eugen Gerstenmaier* (CDU, * 1906)

† *Hermann Höpker-Aschoff*, Präsident d. Bundesverfassungsgerichts (* 1883). Sein Nachfolger wird *Josef Wintrich* (* 1891)

*Nobel*preis f. Literatur: *Ernest Hemingway* (USA)

Friedenspr. d. dt. Buchhandels an *Carl Jacob Burckhardt* (Schweiz, * 1891)

Georg-Büchner-Preis für *Martin Kessel*

*Hansischer Goethe*preis f. *Thomas Stearns Eliot*

Fontane-Preis (Berlin) für *Albert Vigoleis Thelen*

Prix Goncourt für *Simone de Beauvoir* „Die Mandarins von Paris" (frz. Nachkriegsroman)

† *Jacinto Benavente*, span. Bühnendichter; *Nobel*preis 1922 (* 1866)

† *Colette* (eig. *Gabrielle de Jouvenel*), frz. Schriftstellerin; schrieb sinnenfrohe u. sinnliche Romane (* 1873)

Tilla Durieux: „Eine Tür steht offen" (Autobiographie)

Reinhard Federmann (* 1923): „Romeo und Julia in Wien" (Roman)

Chr. Fry: „Das Dunkel ist licht genug" (engl. Schauspiel)

† *Thea v. Harbou*, dt. Schriftstellerin (* 1888)

Hugo Hartung (* 1902): „Ich denke oft an Piroschka" (Roman)

Aldous Huxley: „The Doors of Perception" („Die Pforten der Wahrnehmung", schildert Erlebnisse unter d. Einfluß des Rauschgiftes Mescalin, empfiehlt es als „Erlösung von der Ichgebundenheit")

„Im Rasthaus. 32 Erzählungen aus dieser Zeit", ausgewählt von *Walther Karsch* (* 1906, † 1975), mit Beiträgen von *H. G. Adler* (* 1910), *Stefan Andres* (* 1906)

Th. W. Adorno: „Essays zur Kulturkritik und Gesellschaft"

A. Anastasi: „Psychologische Teste" (engl., schon 1946 gab es über 5000 Begabungstestverfahren)

† *Gertrud Bäumer*, dt. Frauenrechtlerin und Schriftstellerin (* 1873)

M. Bleuler: „Endokrinologische Psychiatrie" (hormonale Psycholog.)

Ritchie Calder: „Menschen gegen Dschungel" (nordamer. Schilderung der UN-Hilfe in Asien)

I. L. Child: „Socialization" (pädagogische Sozialpsychologie)

E. W. Dürr: „Wesen und Ziele des Ordo-Liberalismus" (im Sinne d. sozialliberalen Neoliberalismus von *W. Eucken* [* 1891, † 1950])

Egon v. Eickstedt (* 1892, † 1965): „Atom und Psyche" (Versuch einer atomaren Deutung psychischer Phänomene)

F. M. Feldhaus: „Die Maschine im Leben der Völker"

B. Fruchter: „Einführung in die Faktorenanalyse" (engl., statistische Psychologie)

S. J. Gerathewohl: „Die Psychologie des Menschen im Flugzeug"

H. Geyer: „Über die Dummheit" (essayistische Studie über das dumme Verhalten bei niedriger, normaler u. hoher Intelligenz)

Bernh. Grzimek (* 1909): „Kein Platz f. wilde Tiere" (f. d. Tierschutz i. Afrika)

Afro: „Zusammenstoß“, „Knabe mit Truthahn“ (ital. abstrakte Gemälde)

Josef Albers (*1888): Studien zu „Ehrung an das Viereck: Apodiktisch und Mittelwort“ (dt.-nordamerik. abstr. Gem.)

Leo Amino (*1911): „Geschöpf aus der Tiefe“ (nordamer. Plastik aus durchsichtigem Kunststoff)

Karel Appel: „Kopf und Fisch“, „Wildes Pferd“ (niederl. express. Gemälde)

Kenneth Armitage: „Quadratische Figur“ (engl. abstrakt. Bronzerelief)

Eduard Bargheer (*1901): „Netzträger“ (kubist. Gem.)

Willi Baumeister: „Wachstum 2“ (Gem.)

P. Baumgarten: Konzertsaal der Hochschule für Musik in Berlin

Roger Bissière (*1888): „Komposition“ (frz. abstrakt. Gem.)

Georges Braque: Farbradierungen zur „Theogonie“ des *Hesiod* (erscheint mit weiteren 16 Radierungen von 1930/32 und griechischem Text)

James Brooks: „T-1954“ (nordamer. abstrakt. Gem.)

Carlyle Brown: „Die rote Kammer“ (nordamer. Gem.)

S. Dali: „Brennende Giraffe“ (span. surrealist. Gem.)

Joseph Ahrens (*1904): Konzert für Orgel u. Bläser

† *Peter Anders* (*1908), dt. Tenor

Henk Badings (holl. Komponist, *1907): Scherzo fantastique (Orchestermusik)

Lennox Berkeley (engl. Komponist, *1903): „Nelson“ (Oper)

Karl Böhm (*1894): Direktor d. Wiener Staatsoper

† *Walter Braunfels* (*1882), dt. Komp. bekannt durch s. Oper „Die Vögel“

Hans Brehme (*1904): Klavierkonzert Nr. 2, op. 58

Benjamin Britten: „The Turn of the Screw“ (Oper)

Aaron Copland (USA, *1900): „The Tender Land“ (Oper) Urauff.

Ernst v. Dohnányi: „Amerikanische Rhapsodie“ (für Orchester)

Gottfried von Einem (*1918): „Meditationen, op. 18“, „Glück, Tod und Traum“ (Ballett)

Wolfgang Fortner: „Mouvements für Klavier und Orchester“ (Komposition in Zwölftontechnik)

W. Furtwängler: „Ton und Wort“ (Aufsätze und Vorträge)

*Nobel*preis für Physik: *Max Born* (Großbrit., *1882, † 1970) für statistische Deutung der Quantentheorie (1926) und *Walther Bothe* (Dtl., *1891) f. Zählung atomarer Teilchen mittels der Geigerzähler-Koinzidenzmethode (seit 1929)

*Nobel*preis f. Chemie: *Linus Carl Pauling* (USA, *1901) bes. f. d. Arbeiten über die Struktur von Eiweißmolekülen

*Nobel*preis f. Medizin: *John F. Enders* (USA, *1897), *Thomas H. Weller* (USA, *1915), *Frederick C. Robbins* (USA, *1916) f. d. Züchtung d. Viren der Kinderlähmung in Zellen außerhalb des Tierkörpers (erspart teure Versuche an Affen)

C. Arambourg findet bei Mascara (Ternifine) in Nordafrika zwei urmenschl. Unterkiefer, aus dem Chelléen-Acheuléen; haben große Ähnlichkeit mit dem Peking-Menschen; jener Mensch wird Atlanthropus benannt

Butenandt und *Karlson* stellen „Ecdyson“ als erstes Insekten-Hormon kristallisiert dar; 1/100000 mg löst Häutung aus

† *Hugo Eckener*, dt. Luftschiffkapitän, erlebte Höhepunkt u. Niedergang d. Luftschiffahrt (*1868)

Edwin Fels: „Der wirtschaftende Mensch als Gestalter der Erde“ (Wirtschaftsgeographie)

Elsa M. Felsko u. *H. Reimers:* „Blumen-Atlas“ (300 erläuterte Aquarelle d. mitteleuropäischen Flora; seit 1950)

† *Enrico Fermi*, ital. Physiker, seit 1939 in den USA; erforschte besonders die Einwirkung von Neutronen auf Atomkerne; schuf ersten Atomreaktor; *Nobel*preis 1938 (*1901)

† *Walter Grotrian*, dt. Astrophysiker; untersuchte bes. Sonnenspektrum am Einsteinturm bei Potsdam (*1890)

E. C. Hammond und *D. Horn* finden erhöhte Sterblichkeit, Krebs- und Herzgefäßerkrankungs-Todesfälle bei Zigarettenrauchern

Hans Harmsen: Starke UKW-Strahlung verschiebt Geschlechtsverhältnis bei Ratten und Mäusen

Die USA haben
6% der Weltbevölkerung
60% aller Automobile
58% aller Telefone
45% aller Radios
34% aller Eisenbahnstrekken;
und verbrauchen:
56% aller Seide
53% allen Kaffees
51% allen Gummis;
sie produzieren:
62% allen Öls
53% allen Maises
50% aller Baumwolle
43% allen Eisens
34% aller Kohle
32% allen Kupfers
32% aller industriellen Güter

Rund 100 Mill. Kraftfahrzeuge a. d. Erde (ohne Motorroller u. Mopeds). Davon 62% Personenwagen, 20% Lastwagen, 18% Militärfahrz., Schlepper, Motorräder.
USA: 48,0 Mill. Pkw, 9,6 Mill. Lkw, Busse
BRDtl. 1,3 Mill. Pkw, 0,52 Mill. Lkw, Busse

General Motors produziert d. 50-millionsten Kraftwagen

Stagnierende Wirtschaftskonjunktur in den USA (wird 1955 durch neuen Aufschwung abgelöst; 1956/1958 neue Stagnation, „Recession“)

(1954)

Konstantin v. Neurath (* 1873, † 1956), früher Reichsaußenmin. u. Reichsprotektor, vorzeitig aus der im Nürnberger Prozeß zuerkannten Gefängnishaft entlassen

Der Leiter des Verfassungsschutzamtes der BRDtl. *Otto John* (* 1909) geht am Abend d. 20. Juli in die DDR, um von dort gegen die „neonazistische Gefahr“ zu kämpfen (flüchtet 1955 in die BRDtl zurück, wird wegen Verdachts des Landesverrats verhaftet u. verurteilt)

Der CDU-Bundestagsabgeordnete *Wittmack* flüchtet aus der BRDtl. in die DDR

Herbert Lüthy: „Frankreichs Uhren gehen anders“ (Kritik an Frankreichs Politik)

Pierre Mendès-France (Radikalsozialist (* 1907), frz. Ministerpräsident und Außenminister (bis 1955); nimmt eine energische Außen- und Sozialpolitik in Angriff

Aufstand in Algerien (führt in den Folgejahren zu einem erbitterten Kleinkrieg zwischen Frankreich und der algerischen Bevölkerung, 1958 zu einer schweren Staatskrise und einer Regierung *de Gaulle*)

Schwere Unruhen in Frz.-Marokko

Frz. Min.-Präs. *Mendès-France* gibt bei einem Blitzbesuch in Tunis dem Bei Zusicherungen für innere Selbständigkeit Tunesiens

† *Léon Jouhaux*, frz. Gewerkschaftsführer; bekämpfte kommunist. Einfluß; Friedens*nobel*preis 1951 (* 1879)

Brüsseler Konferenz der Außenmin. v. Frankr., BRDtl., Belgien, Niederl., Luxemburg, Italien über den EVG-Vertrag scheitert

Frz. Parlament verwirft Vertrag f. d. Europäische Verteidigungsgemeinschaft (EVG), der 1953 vom Dt. Bundestag ratifiziert wurde (wird vielfach als schwerer Rückschlag f. d. europäische Integration gewertet)

Neue Verfassung in Ghana (Goldküste) (1957 wird Ghana souveränes Mitgl. d. brit. Commonwealth)

Weltreise der brit. Königin

Josef M. Bauer (* 1901), *Hans Bender* (* 1919), *Alfred Berndt* (* 1920), *Albert Bosper* (* 1913), *Hans G. Brenner* (* 1903), *Günter Eich* (* 1907), *Geno Hartlaub* (* 1915), *Hugo Hartung* (* 1902), *Wilhelm Jacobs* (* 1915), *Walter Jens* (* 1923), *Martin Kessel* (* 1901), *Ernst Kreuder* (* 1903), *Kurt Kusenberg* (* 1904), *Helene Lahr* (* 1894), *Siegfried Lenz* (* 1926), *Lorenz Mack* (* 1917), *Carl H. Möhle* (* 1926), *H. E. Nossack* (* 1901), *R. Pilchowski* (* 1909), *Julia Pons* (* 1923), *Egon Reim* (* 1895), *Ernst Schnabel* (* 1913), *Wolfd. Schnurre* (* 1920), *W. v. Scholz* (* 1874), *Hermann Stahl* (* 1908), *Gerhard Thimm* (* 1899), *Werner Tilger* (* 1924), *Georg v. d. Vring* (* 1889), *Annem. Weber* (* 1918), *Lotte Wege* (* 1904)

Hermann Kasack wird Präsident der Dt. Akademie für Sprache und Dichtung

Niko(laos) Kazantzakis: „Freiheit oder Tod“ (dt. Übertragung d. griech. Romans)

Th. Mann: „Bekenntnisse des Hochstaplers Felix Krull“ (Schelmenroman; unvoll. Ergänzg. d. Fragments von 1922)

William Somerset Maugham: „Ten novels and their authors“ (behandelt die nach seiner Ansicht 10 bedeutendsten Romane d. Weltliteratur: *H. Fielding*: „Tom Jones“, *J. Austen*: „Stolz u. Vorurteil“, *E. Brontë*: „Sturmhöhe“, *Ch. Dickens*: „David Copperfield“, *H. de Balzac*: „Vater Goriot“, *Stendhal*:

Billy Graham organisiert i. d. USA evangel. Massenversammlungen (besucht in den folg. Jahren London, Berlin, New York u. a. Plätze; erhält wegen seiner Sprechweise den Spitznamen „Maschinengewehr Gottes“); bekommt Preis der Heilsarmee

Musikclown *Grock* (Dr. h. c. *Adrian Wettach*) zieht sich v. d. Bühne zurück

R. G. Hinckley u. *L. M. Herrmann*: „Gruppenbehandlung i. d. Psychotherapie“

W. Hollmann: „Lungentuberkulose und psychische Situation“ (psychosomatische Medizin)

K. Jaspers — *R. Bultmann*: „Die Frage der Entmythologisierung“

Friedr. Georg Jünger: „Die Sprache“ (in „Die Künste im techn. Zeitalter“)

Max Gustav Lange (* 1899): „Totalitäre Erziehung. Das Erziehungssystem der Sowjetzone Deutschlands“ (kritische Darstellung)

Handbuch der Sozialpsychologie (engl., Herausgeber: *G. Lindzey*)

M. Mead: „Mann und Weib“ (nordamer. Geschlechtspsychologie)

† *Friedrich Meinecke*, dt. liberaler Historiker; bes. Beiträge zur Ideengeschichte (* 1862)

J. L. Moreno: „Die Grundlagen der Soziometrie“

Hermann Muckermann: „Vom Sein und Sollen des Menschen“ (Anthropologie v. katholischen Standpunkt)

Alberto Burri: „Rot und Sackleinen" (ital. Komposition von Sackleinen auf Baumwolle), „Alles Schwarz II" (ital. Komp. aus Baumwolle, Seide, Leim und Farbe auf Kunststoff)

Reg Butler: „Mädchen Hemd ausziehend", „Der Handwerker" (engl. Bronzen)

Massimo Campigli (* 1895): „Diabolospieler" (ital. kubist. Gem.)

Giuseppe Capogrossi: „Oberfläche Nr. 106" (ital. ovales abstrakt. Gem.)

Carlo Carra: „Frauen am Meer", „San Lorenzo al Mare" (ital. Gem. des „Archaischen Realismus")

Lynn Chadwick: „Zwei tanzende Figuren" (engl. Plastik)

Marc Chagall: „Die roten Dächer", „Sonntag" (russ.-frz. surrealist. Gem.)

William Congdon (* 1912): „St. Germain" (nordamer. Gem.)

Leonardo Cremonini (* 1925): „Mann ein Pferd fesselnd" (ital. express. Gem.)

Georg Creutz: „Auf dem Bahnsteig" (Holzschnitt)

Roberto Crippa (* 1921): „Erinnerung an Igorrotes" (ital. Gem.)

† *André Derain*, frz. Maler d. Expressionismus und Kubismus (* 1880)

† *Wilhelm Furtwängler*, dt. Dirigent und Komponist (* 1886)

Karl Amadeus Hartmann: Konzert f. Bratsche und Orchester

Hans Werner Henze: „Ode an den Westwind" (Kompos. f. Cello u. Orchester)

† *Clemens Krauss*, österr. Dirigent; leitete seit 1924 Frankfurter, 1928 Wiener, 1934 Berliner u. 1936—45 Münchner Oper (* 1893)

Ernst Křenek: 2. Violinkonzert, „Pallas Athene weint" (Oper)

Rolf Liebermann: „Penelope" (schweiz. Oper, Text von *Heinrich Strobel*), „Concerto for Jazzband and Symphony Orchestra" (Jump, Blues, Boogie Woogie und Mambo in strenger Zwölftontechnik)

Bruno Maderna (ital. Komponist, * 1921): Serenata

Frank Martin: Konzert für Cembalo u. Orchester, Urauff.

Bohuslav Martinu: „Die Heirat" (Oper n. Gogol), Urauff.

Gian-Carlo Menotti (* 1911): „Die Heilige v. d. Bleecker Street" (ital.-nordamer. Oper)

Georges Houot und *P. Willm* erreichen mit dem Tauchschiff („Bathyskaph") FNRS 3 im Atlantik eine Tauchtiefe von 4050 m

K. Kenyon und *Garrod* graben in Jericho, Palästina (Kohlenstoffalter von Tonwaren zeigt Übergang zum Ackerbau um ≈ —5000)

† *Fritz London*, dt. theoret. Physiker, zuletzt in USA; klärte u. a. mit *Heitler* die physikalische Natur der chemischen Bindungskräfte (* 1900)

Paul Niehans (*1882, + 1971): „Die Zellulartherapie" (Ergebnisse der Behandlung mit Frischzellen)

Charles Oberlin: „Der Krebs" (frz., betont Entstehung durch Virus-Infektion)

Hans Peter: „Mathematische Strukturlehre des Wirtschaftskreislaufes"

Gerh. Schramm (* 1910, † 1969): „Die Biochemie der Viren" (grundlegende Forschungsergebnisse am Tabakmosaik-Virus)

Gregory Pincus und *John Rock* (USA) entd. pharmazeutische Grundlage der „Antibaby-Pille" (Verkauf ab 1960 i. d. USA, ab 1962 i. d. BRD)

W. Schröck-Vietor u. *Streil* führen Siebbestrahlung in die dt. Röntgentherapie ein (seit 1950 in den USA; ermöglicht größere Röntgendosen)

1. Dreistufenbombe der USA am 1. März (hat mit etwa 20 Mill. t TNT-Wirkung mehr Sprengkraft als alle Sprengmittel der bisherigen Menschheitsgeschichte zusammen; dieser Typ der „schmutzigen Bombe" verursacht weltweite radioaktive Verseuchung)

In Hiroshima zeigte sich seit der Atombombenexplosion 1945 eine Erhöhung der angeborenen Mißbildungen von 1% auf 12% (in Dtl. stieg diese Zahl bis 1949 etwa auf 3 bis 4%)

Kernphysiker in den USA erzeugen und entdecken die Elemente 99 „Einsteinium" und „Fermium" 100 (zerfallen radioaktiv und waren daher „ausgestorben")

Zahl der bekannten chemischen Elemente:

Um Chr. Geb.	9	1869	63
1500	12	1900	84
1700	14	1954	100
1800	33		

J. Tinberger: „International economic integration" (nordamer. Theorie einer Weltwirtschaft)

Durchschnittliche Arbeitsz. p. Woch.

in BRDtl.	48,6
Großbrit.	46,3
Frankr.	44,5
USA	39,7

Streik d. öffentl. Betriebe in Hamburg

In Hamburg läuft größter Tanker mit 47000 t f. d. griech. Millionär *Onassis* v. Stapel

Großbrit. hebt die letzte Lebensmittelrationierung auf

Säuglingssterblichkeit in ‰ (z. Vgl. 1920)

Schweden	18,5 (61,4)
Niederl.	21,1 (74,4)
Großbrit.	26,4 (79,2)
USA	26,6 (76,7)
Schweiz	27,0 (70,3)
Frankreich	36,5 (97,1)
BRDtl.	42,9 (127,2)
Österreich	48,2 (141,6)
Italien	52,9 (128,8)
Portugal	86,0 (152,8)

Lebensstandard im Nahostgebiet als Sozialprodt./Kopf in Dollar:

Iran	77
Jordanien	108
Irak	126
Syrien	132
Ägypten	135
Libanon	274
Israel	595
USA (z. Vgl.)	2240

(1954)

Nach Ablehnung der EVG beschließt Londoner Neunmächtekonferenz Aufnahme der BRDtl. und Italiens in den Brüsseler Pakt von 1948 (ursprüngl. Defensivbündnis gegen etwaigen deutschen Angriff)

Ralf Toerngren (schwed. Partei) finn. Min.-Präs. einer Koalitionsregierung

† *Alcide De Gasperi*, ital. christl.-demokr. Staatsmann, 1945–1946 Außenmin., 1945–53 Min.-Präs. (* 1881)

Mario Scelba (Democrazia Christiana) bildet in Italien Regierung der Mittelparteien

Lösung der Triester Frage: Hafen Triest zu Italien, Hinterland zu Jugoslawien

Militärpakt zw. Jugoslawien, Griechenland u. d. Türkei: „Balkanpakt"

Wahlsieg d. Demokrat. Partei d. Türkei

Außenminister d. USSR *Molotow* besucht die DDR und schlägt den Abzug aller Besatzungstruppen vor; USSR fordert Viermächtekonferenz über Europa; Westmächte verlangen Verhandlungen über Deutschland und europäische Sicherheit

† *Andrej Wyschinski*, sowj. Politiker; Außenminister seit 1949 (* 1883)

USA-Vizepräsident *Nixon* fordert Truppeneinsatz in Indochina (geschieht nicht)

Frankreich verliert Dien Bien Phu im Indochina-Krieg

Genfer Asienkonferenz unter Beteiligung der Volksrepublik China legt den Indochinakonflikt bei: Teilung in Nord- und Südindochina; spätere Wahlen vorgesehen

Südostasien-Vertrag (SEATO) im Rahmen der UN zwischen USA, Großbrit., Frankr., Austral., Neuseeland, Pakistan, Thailand, Philippinen. Richtet sich gegen etwaige kommunist. Aggressionen

Mao Tse-tung (* 1893) wird nach Annahme der Verfassung endgültig zum Präsidenten der chines. Volksrepublik gewählt

„Rot und Schwarz", *G. Flaubert*: „Madame Bovary", *F. Dostojewski*: „Die Brüder Karamasow", *L. Tolstoi*: „Krieg und Frieden", *H. Melville*: „Moby Dick")

François Mauriac: „L'agneau" (frz. Roman, dt. „Das Lamm")

Henri de Montherlant: „Port-Royal" (frz. Schauspiel)

Gerhard Nebel: „Phäakische Inseln" (Reisebuch)

† *Nexö* (eig. *Martin Andersen*), dän. kommun. Dichter, zuletzt in der DDR (* 1869)

Wolf v. Niebelschütz (* 1913): „Robert Gerling" (Roman)

Vera Panowa: „Jahreszeiten" (russ. gesellschaftskrit. Roman; wird nach 2 Monaten des Erfolges als „kleinbürgerlich" verurteilt)

Theodor Plievier: „Berlin" (Roman, 3. Tl. der Kriegstrilogie Moskau-Stalingrad-Berlin)

John Patrick: „The Teahouse of the August Moon" („Das kleine Teehaus", nordamer. Lustspiel aus d. Besatzungszeit in Japan)

Ezra Pound: „Fisch und Schatten" (Ausw. nordamer. Ged. mit Übers. v. *Eva Hesse*)

J. B. Priestley: „The magicians" („Die Zauberer", engl. Roman), „Take the Fool away" („Nehmt den Narr hinweg", engl. Roman)

Terence Mervyn Rattigan (* 1911): „An Einzeltischen" (engl. Schauspiel)

Heiligsprechung von *Pius X.*, Papst 1903–14

Luise Rinser (* 1911): „Die Wahrheit über Konnersreuth" (krit. Psychologie)

Hugh J. Schonfield: „Authentisches Neues Testament" (Versuch einer textlichen Rekonstruktion durch Rückübersetzung aus dem Griechischen in das Althebräische)

Albert Schweitzer: „Das Problem" (*Nobel*preis-Rede; betont die Notwendigkeit individueller moralischer Verantwortung)

O. Semmelroth: „Maria oder Christus? Christus als Ziel der Marienverehrung" (kathol.)

E. Spranger: „Der unbekannte Gott"

V. v. Weizsäcker: „Natur und Geist"

Richard Wright: „Schwarze Macht" (zur afrikan. Revolution von einem nordamer. Negerschriftst. u. Exkommunist)

„Das große Bildungswerk. Ein Handbuch zum Selbststudium" (2 Bde. b. 1955; Hersg. *W. H. Westphal*)

Weltkirchenkonferenz i. Evanston mit 163 nichtkathol. Kirchengemeinden aus 48 Nationen: Bezeichnet Christentum und Kommunismus als unvereinbar, aber nebeneinander existierbar; lehnt Atomwaffen und Rassentrennung ab

Kathol. Kirchentag in Fulda (50000 Gäste aus der DDR)

Vatikan unterbindet Tätigkeit der frz. „Arbeiterpriester" wegen politischer Radikalität (wirkten seit 1943)

O. Dix: „Mädchen mit Herbststrauß" (express. Gem.)

Jean Dubuffet (*1901): „Der Vagabund" (frz. Gem.)

E. Eiermann: Matthäus-Kirche, Pforzheim (ev. mod. Kirchenbau)

Edgar Ende (*1901): „Engel der Passion" (surrealist. Gem.)

Max Ernst: „Einsam" (abstr. Gem.)

Herbert Ferber: „Grüne Skulptur II", „Skulptur mit langem Dach" (nordamer. abstr. Plastiken aus Kupfer und Blei)

Werner Gilles (*1894): „Landschaft" (kubist. Gem.), „Fischfang" (Aquarell)

Fritz Glarner (*1899): „Relational Painting" (schweiz. abstr. Gem.)

Emilio Greco: „A. Bernhard" (ital. Porträtplastik)

Etienne Hadju (*1907): „Die jungen Mädchen" (frz., getriebenes Aluminiumblech)

Adolf Hartmann: „Richard Scheibe" (Porträtgem.)

Hans Hartung (*1904): „Komposition" (abstrakt. Gem.)

Bernhard Heiliger: „Figuren in Beziehung", „Ernst Reuter" 2. Fassung (Plastiken)

† *Werner Heldt*, dt. expressionist. Maler (*1904)

Marcel Mihalovici: „Die Heimkehr" (Oper), Text n. *Maupassant* v. *K. H. Ruppel*

Darius Milhaud: „La Rivière Endormie" (franz. Komp. der „Musique concrète" mit Geräuschen)

Luigi Nono: „Der rote Mantel" (ital. Ballett, f. Berliner Festwochen)

Mario Peragallo (ital. Komponist, *1910): „La gita in campagna" (D. Ausflug aufs Land), Oper, Urauff.

Günther Raphael (*1903): 5. Symphonie

Hermann Reutter (*1900): „Die Witwe v. Ephesus" (Kurz-Oper), „Die Brücke von San Luis Rey" (Oper n. *Th. Wilder*)

Henri Sauguet (*1901): „Les Caprices de Marianne" (Oper)

Arnold Schönberg: „Moses u. Aaron" (unvoll. hinterlass. Oper), konzertante Urauff. NWDR Hamburg, 1. szen. Auff. 1957 i. Zürich

Dimitri Schostakowitsch (russ. Komponist, *1906): 10. Symphonie

† *Oscar Straus*, österr. Operettenkomponist (*1870)

USA-U-Boot „Nautilus" mit Kernenergieantrieb für etwa 40 Mill. Dollar erbaut (unterfährt 1958 die Eisdecke des Nordpols)

USSR betreibt erstes Atomkraftwerk mit 5000 kW elektrischer Leistung

Künstlich-radioaktive Strahlungsquelle aus Cobalt 60 mit 10 kg Radium-Äquivalenz

Bevatron in Berkeley (Kalifornien) liefert Protonenstrahlen von 5 Mrd. Volt

Die Wanderung radioaktiver Schwaden mit einem Strahlstrom in etwa 10 km Höhe über 8000 km in 12 Tagen wird nachgewiesen

Die Toleranzdosis für Dauerbestrahlung mit Röntgenstrahlen wird auf ein Fünftel erniedrigt (von 1,5 Röntgen pro Woche auf 0,3; für Keimzellen werden 0,03 für zulässig angesehen)

USA-Rakete erreicht 250 km Höhe

Die Firma *J. Lyons & Co.*, London, verwendet elektronische Rechenmaschine LEO für Büroarbeiten (rechnet und druckt u.a. 15000 Lohnzettel in 6 Stunden; leistet 280 Multiplikationen 10stelliger Faktoren in einer Sekunde)

Erster Versuch einer elektronischen Übersetzungsmaschine (russisch-englisch) in den USA

Vollautomatische Maschinenstraße für Zylinderblöcke in den Opel-Werken in Rüsselsheim versieht täglich 680 Blöcke mit über 100000 Bohrungen

Kürzeste elektrotechnisch erzeugte Ultrakurzwelle: 0,77 mm (1953: 1,37 mm). Erzeugung und Verwendung längster Ultrarotwellen bis 1,4 mm (damit ist die Lücke zwischen Ultrarot und Ultrakurzwellen überbrückt)

Intensive Erforschung des Planeten Mars bei seiner Erdnähe: neues blaugrünes Gebiet in einer früheren „Wüste" (wird als niederer Pflanzenwuchs gedeutet)

Totale Sonnenfinsternis, u.a. in Südskandinavien, gibt Anlaß zu zahlreichen Beobachtungen bes. d. Corona (ist vom Wetter nicht begünstigt)

Energieverbrauch in Europa (ohne USSR) in kWh pro Einwohner und Jahr:

	Insgesamt	dav. feste Brennst.
1954	4710	3600
1937	3910	3450
1925	3180	2950

(von 1925 bis 1954 erhöhte sich der Anteil der Petroleum-Produkte v. 3,5% auf 14,6%, d. Wasserkraft v. 2,8% auf 7,9%)

„Die Dt. Presse 1954" (i. d. BRDtl. u. Westberlin gibt es 1403 Zeitungen mit tägl. 16 Mill. Exemplaren, i. d. DDR 274 Ztgn. mit tägl. 2,3 Mill. Exemplaren)

In den USA gibt es 1786 Zeitungen m. tägl. 59 Mill. Exemplaren

In USA gibt es 440 Fernsehstationen und 31,7 Mill. Fernsehempf. (1946: 5 bzw. 8000; 1949: 100 bzw. 4 Mill.; 1951: 108 bzw. 15,8 Mill.), etwa 125 Mill. Radioempfänger in etwa 50 Mill. Heimen

Die Fernsehübertragung der Fußballweltmeisterschaft gibt dem Fernsehen in Dtl. einen starken Impuls

(1954)	Artillerie-Duelle zw. der Volksrepublik China u. Nationalchina Internationales Konsortium schließt Ölvertrag mit Iran (Ende des Ölstreites seit 1951) In Ägypten wird *Nagib* durch *Nasser* gestürzt; *Gamal Abd el Nasser* wird Minister- u. Staatspräsident (*1918, † 1970). Ägypt.-brit. Vertrag auf Basis der Räumung der Suezkanalzone. Staatsbesuch des Kaisers v. Äthiopien *Haile Selassie* in Bonn USA greifen in innenpolitische Auseinandersetzungen in Guatemala ein, wo der United Fruit-Konzern bedeutende Interessen hat Präsident *Eisenhower* kündigt Initiative des Westens im Kalten Krieg an Der Atomphysiker *J. Robert Oppenheimer* (* 1904, † 1967), der entscheidend an der Entwicklung der Atombombe mitarbeitete, wird in USA vom Dienst als Berater der Regierung ausgeschlossen, „weil er keinen Anspruch mehr auf das Vertrauen der Regierung... hat, weil ihm grundsätzliche charakterliche Mängel nachzuweisen sind" (weltweite heftige Diskussionen; später rehabilitiert) Fernsehsendungen der Untersuchungen des *McCarthy*-Ausschusses über „unamerikanische" Umtriebe (vermindern die Popularität *M.s.)* Auf dem Hintergrund einer Wirtschafts-Stagnation erlangt die Demokratische Partei d. USA unter einer parteirepublikan. Regierung Mehrheit im Senat und Repräsentantenhaus (unterstützen mehrfach Präs. *Eisenhower* gegen rechten Flügel seiner Partei) Nach den Kongreßwahlen in USA geht der Einfluß des parteirepublikan. Senators *McCarthy* (* 1909, † 1957), der mit umstrittenen Methoden wahre oder vermeintliche Kommunisten verfolgte, merklich zurück (seit 1947 Senator von Wisconsin) Präs. *Eisenhower* schlägt vor der UN internationale Gemeinschaft zur friedlichen Nutzung der Atomenergie vor	† *Erik Reger* (eig. *Hermann Dannenberger*), dt. polit. Schriftsteller; Mitbegr. u. Chefredakt. d. Westberl. Ztg. „Der Tagesspiegel" seit 1945 (* 1893) *Hans J. Rehfisch* (* 1891): „Der Kassenarzt" (Schauspiel) *Françoise Sagan* (* 1935): „Bonjour tristesse" (frz. Roman) *Edzard Schaper* (* 1908): „Der Gouverneur" (poln.-schweiz. Erz.) *Reinhold Schneider*: „Die Sonette von Leben und Zeit, dem Glauben und der Geschichte" (relig. Lyrik; Sch. erhält 1956 den Friedenspreis des dt. Buchhandels) *Ina Seidel* (* 1885): „Das unverwesliche Erbe" (Roman) *J. Steinbeck*: „Wonniger Donnerstag" („Sweet Thursday"; nordamer. Roman, Forts. v. „Die Straße der Ölsardinen" v. 1945) *Hans Venatier* (* 1903): „Der Major und die Stiere" (Roman der Besatzungszeit) *Thornton Wilder*: „Die Heiratsvermittlerin" (amer. Lustspiel, nach „Einen Jux will er sich machen" von *Nestroy*, 1842) *Marguerite Yourcenar*: „Electre ou La chute des Masques" (belg. Roman) *A. M. Julien* grdt. „Pariser Festspiele" (ab 1956 als „Theater der Nationen") mit Gastspielen aus aller Welt Vers. mit elektronischer Sprachübersetzung russisch-englisch (i. USA)	Dt. evangelischer Kirchentag in Leipzig (wird zu einer gesamtdt. Begegnung; rd. 500 000 Teilnehmer) Evangelisches Soziallexikon Oberster Gerichtshof d. USA verfügt Aufhebung der Rassentrennung („Desegregation") i. d. öffentl. Schulen (führt zu ernsten Auseinandersetzungen in d. Südstaaten) USSR führt *Todesstrafe* für Mord wieder ein (war 1947 abgeschafft, 1950 für Hochverrat, Spionage und Sabotage wiedereingeführt)

John Heliker (*1909): „East River" (nordamer. abstr. Gem.)

Heinrich Heuser: „Grüne Konsole" (Gem.)

Karl Hofer: „Harfenspielerin" (express. Gem.)

W. R. Huth: „Der Künstler u. s. Frau", „Rote Kreuzigung" (express. Gem.)

Franz Kline (*1910): „Malerei Nr. 2" (nordamer. abstrakt. Gem.)

Berto Lardera (*1911): „Nächtl. Begegnung" (ital.-frz. abstr. Plastik aus Metall)

Ibram Lassaw: „Die Planeten" (nordam. symbolist. Bronze)

† *Henri Laurens*, frz. kub. Bildh. (*1885)

Fernand Léger: „Akrobat u. Pferd" (frz. kubist. Gem.)

Dietmar Lemcke (*1930): „Stadt" (Gem.)

Jack Levine (*1915): „Wahlnacht" (nordamer. Gem.)

Seymour Lipton: „Sturmvogel" (nordamer. abstr. Plastik aus Nickelsilber)

G. Marcks: „Hokkender Kranich", „Almtanz" (Plast.)

Marcello Mascherini: „Erwachender Frühling", „Orfeo" (ital. express. Plastiken)

Georges Mathieu (*1921): „Die Kapetinger" (frz. abstr. Gem. i. ein. intuitiven Stil)

† *Henri Matisse*, frz. express. Maler; Begründ. d. „Fauvismus" (*1869)

Igor Strawinsky: „In Memoriam Dylan Thomas" (Komposition für Tenor, Streichquartett und 4 Posaunen)

Heinr. Sutermeister (Schweiz, *1910): Requiem, 2. Klavierkonzert, Urauff.

Arturo Toscanini, zuletzt in New York, legt den Dirigentenstab nieder

† *Herm. Freiherr v. Waltershausen* (dt. Komp., *1882): bekannt d. s. Oper „Oberst Chabert"

Bernd A. Zimmermann (dt. Komp., *1918): „Darkey's darkness" (Trompetenkonzert), Konzert f. Violoncello u. Orchester

Populäre Schlager: Drei Münzen im Brunnen, Boogie für Geigen, Vaya con Dios

~ Pop-Musik: Rock and Roll; bes. *Elvis Presley* (*1935 USA)

P. M. S. Blackett erkennt die Bedeutung der Magnetisierung der Mineralien für die Analyse der Erdgeschichte (Paläomagnetismus; wichtiger Schritt für die Entw. der Plattentektonik; vgl. 1970)

Der 8. gefangene Quastenflosser (Krossopterygier) kann 20 Stunden lebend beobachtet werden

Dän. Forschungsschiff „Galathea" findet in 3950 m Tiefe Weichtiere, die sich 1956 als mit der scheinbar vor 350 Mill. Jahren ausgestorbenen Monoplacophora-Gruppe identisch erweisen

Internationaler Gerontologischer Kongreß in London (untersucht Probleme des menschlichen Alterns)

Königsbett mit Elfenbeinskulpturen in Ugarit (Nordsyrien) gefunden (≈ −1200)

Vollständig erhaltene Sonnenschiffe in der Nachbarschaft der Cheops-Pyramide (Ägypt.) gefunden

Keltisches Fürstinnengrab bei Reinheim aus der Zeit um −400 entd.: offener Armreif mit Sphinx-Vorderkörpern erweist Kontakt der Kelten mit dem gräco-skythischen Kulturbereich

Ausgrabung eines frühchristlichen Kuppelgrabes bei Centcelles (Tarragona); großes Kuppelmosaik mit heidnischen und christl. Motiven (vermutl. ≈ 340)

Mithras-Tempel im Zentrum Londons ausgegraben

Eröffnung des Flugverkehrs auf der Strecke Kopenhagen—Los Angeles auf der kurzen Polarroute (27 St.)

Nordamer. Transkontinentalflug Los Angeles—Floyd Bennett Field, N. Y., in 4 St. 6 Min. 16 Sek. (960 km/St.)

Comet II-Düsenverkehrsflugzeug fliegt London—Khartum (Sudan), 4950 km, in 6 St. 22 Min., Nonstop-Flug

Düsenflugzeug TU 104 in d. USSR (wird auch als Verkehrsmaschine benutzt)

T 43-Panzer (USA): 54 t, 12-cm-Geschütz, 810-PS-Motor

T 54-Panzer (USSR): 40 t, 10-cm-Geschütz

Lichtsetzmaschine Linofilm in USA (Drucksatz entsteht optisch auf einem Film)

Verbesserte Abstrahlung des Klangspektrums in Rundfunkempfängern („Raum-" oder „3-D-Klang")

Teilstrecke Taischet—Ust Kut der Eisenbahnlinie n. Komsomolsk am Amur i. d. USSR eröffnet

Der frz. Modeschöpfer *Dior* proklamiert die knabenhafte „H-Linie" f. d. Frauenmode

Verregneter Sommer in Mitteleuropa

R. G. Bannister (Gr. Brit.) läuft die Meile (1609,3 m) in 3:59,4 („Traummeile", weil unter 4 Min.)

Heinz Fütterer läuft 100 m in Weltrekordzeit 10,2 Sek.

Emil Zatopek (Tschechoslowak.) hält alle Laufweltrekorde zw. 5000 und 30000 m

Fußballmannschaft der BRDtl. gewinnt in Bern Weltmeisterschaft über Ungarn

Hannover 96 dt. Fußballmeister

Fußball-Toto i. d. BRDtl. setzt 477 Mill. DM um (1949: 96,2 Mill. DM)

USSR erlangt Eishockey - Weltmeisterschaft gegen Kanada

Erstersteigung des K 2-Gipfels (8611 m) im Karakorum (vgl. 1979)

(1954)	1. Versuch mit einer atomaren 3-Stufen- oder Superbombe im Pazifik durch die USA: 23 jap. Fischer werden in 130 km Entfernung durch radioaktiven Staub verletzt (man berechnet, daß 70 solcher Bomben ganz Dtl., in den Grenzen von 1937, zerstören und gefährlich vergiften könnten) † *Getulio Vargas*, diktator. Präsident Brasiliens 1930–45, 1950–54, durch Selbstmord wegen Zwang zum Rücktritt durch das Offizierkorps (* 1883)	Der „Index Translationum" der UNESCO mit 21000 Autorennamen bzw. Buchtiteln zählt f. Dtl. 1804 Übersetzungen, Tschechoslowakei 1467, Frankr. 1452, Polen 1342, Ital. 1116, Israel 1071, Japan 1063, als Länder mit den meisten Übers. aus Fremdsprachen	100 Tote bei einem Zugzusammenstoß in Pakistan BOA-Comet-Düsenverkehrsflugzeuge stürzen über Elba (35 Tote) und bei Capri (21 Tote) ab (führt zur Zurückziehung dieses Typs und zu umfangreichen Untersuchungen, die Konstruktionsmängel aufdecken) Eine KLM-Super-Constellation stürzt auf Irland in d. Shannon-Fluß: 28 Tote trotz mutiger Rettungstätigkeit einer Stewardess Lawinen töten in den Alpen etwa 150 Menschen Schweres Erdbeben auf griech. Inseln Überschwemmungs-Katastrophe in Ostbayern und Thüringen Am Dachstein (Alpen) finden 11 dt. Schulkinder und 2 Lehrer bei einem Wettersturz den Tod durch Erfrieren Erstbesteigung des K 2 (Mount Godwin Austen) i. Karakorum-Gebirge, 8611 m (zweithöchster Berg der Erde), durch die Italiener *Achille Compagnoni* u. *Lino Lacedelli*

Luciano Minguzzi: „Männl. Torso" (ital. Bronze) „Seilspring. Frau" (ital. Bronze-Plastik)

Mirko: „Architekt. Element" (ital. abstr. Skulptur aus Messingblech)

H. Moore: „Krieger mit Schild" (engl. Plastik)

Giorgio Morandi (*1890): „Stillleben" (ital. Gem.)

Mattia Moreni (*1920): „Das Geschrei der Sonne" (ital. expr. Gem.)

Robert Motherwell (*1915): „Fische m. rotem Streifen" (nordamer. Gem.)

Ernst Wilh. Nay (*1902): „Rhythmen i. Purpur u. Grau"; „Karos u. grüne Scheiben" (abstr. Gem.)

Rolf Nesch (*1880): „Hahn" (Gem.)

Bernard Perlin: „Colosseum" (n.-amer. Gem.)

M. Picard: „Die Atomisierung i. d. modernen Kunst" (schweiz. Kunstkritik)

Pablo Picasso: „Sylvette", „Madame Z." (span.-frz. kub. Porträtgem.); „Gauklerfamilie" (Litho); „Clown m. Spiegel u. nackte Frau" (Tuschzeichn.); „Zeichner u. Modell", „Frau u. alter Mann", „Affe als Maler" (Zeichngn.); „Vase m. Künstlern" (bemalte Keramik)

P. Picasso: „Wort u. Bekenntnis" (ges. Zeugnisse u. Dichtungen)

Alton Pickens (*1917): „Henry Hope mit Familie" (nordamer. natur. Gem.)

Edouard Pignon: „Jasmin-Pflücker" (frz. Gem.)

Ad Reinhardt (*1913): „Nr. 24 – 1954" (n.-amer. abstr. Gem.)

José de Rivera: „Schwarz u. Blau" (nordamer. Aluminiumplastik)

Helmut Rogge (*1924): „Oben u. unten" (Plastik)

Mark Rothko (*1903): „Ohne Titel" (nordamer. abstr. Gem.)

Alfred Russel (*1904): „Diana u. Kallisto" (n.-amer. Gem.)

† *Josef Scharl*, dt. Maler eines realist. gemäßigten Expressionismus (*1893)

Gérard Schneider (*1896): „Komposition" (frz. abstr. Gem.)

Ernst Schumacher: „Ischia" (expr. Gem.)

William Scott: „Sitzende Figur" (brit. abstrakt. Gem.)

Honoré Sharrer: „Rose Callahan u. Kind" (nordamer. Gem.)

Gustave Singier: „La blonde" (frz. abstrakt. Gem.)

Franz Heinr. Sobotka u. *Gustav Müller:* Hörsaalgeb. u. Biblioth. d. Fr. Univ. Berlin (seit 1952)

Pierre Soulages (*1919): „Komposition", „3. April 1954" (frz. abstr. Gem.)

Horst Strempel: „Frau mit Krug" (express. Gem.)

Graham Sutherland: „Hydrant II" (engl. Gem.)

Max Taut (*1884): Wohnblock IG Druck u. Papier

George Tooker (*1920): „Der rote Teppich" (n.-am. surrealist. Gem.)

Heinz Trökes (*1913): „Großer Gaukler" (abstr. G.)

Hans Uhlmann (*1900): „Vogel" (Plastik); „Geflügeltes Insekt", „Stahl Skulptur", „Musik" (Metallplastik f. Musikhochschule Berlin)

Maria-Helena Vieira da Silva: „Silvester", „Der Hof d. Schlosses", „Nächtl. Raum" (portug.-frz. abstr. Gem.)

Theodor Werner (*1886): „Nr. 10", Wandgem. f. Musikhochsch. Berlin (abstr. Gem.)

Fritz Winter: „Kommendes", „Gelb in Schwarz" (abstr. Gem.)

Mac Zimmermann: „Familienleben" (surrealist. Gem.)

---

† *Otto Gebühr*, dt. Schauspieler (*1877)

„Des Teufels General" (Film mit *Curd Jürgens*, *Viktor de Kowa*; Regie: *Helmut Käutner*)

„Feuerwerk" (Film mit *Lilli Palmer*, R.: *Kurt Hoffmann*).

„Ludwig II." (Farbfilm m. *Ruth Leuwerik*, *O. W. Fischer*; Regie: *Helmut Käutner*)

„Kinder, Mütter u. ein General" (Film m. *Ursula Herking*, *Ewald Balser*; Regie: *Laslo Benedek*)

„Die letzte Brücke" (dt.-jugoslaw. Film, Regie: *Helmut Käutner* [*1908], Darst.: *Maria Schell*, *Bernhard Wicki*, *Barbara Rütting*, *Tilla Durieux*, *Zvonko Zungul*, *Stevo Petrovic* u. a.)

„Canaris" (Film m. *O. E. Hasse*, Regie: *Alfred Weidenmann*)

„La Strada" (ital. Film, Regie: *Federico Fellini*, Darst.: *Giulietta Masina* u. a.)

„Herr im Haus" (brit. Film, Regie: *David Lean*, Darst.: *Charles Laughton* [*1899], *John Mills*)

„Die Faust i. Nakken" („On the Waterfront"), (n.-am. Film, Regie: *Elia Kazan*, Darsteller: *Marlon Brando* u. a.)

„Die Caine war ihr Schicksal" (n.-am. Film n. d. Drama v. *Herman Wouk*, Regie: *Edward Dmytryk*, Darst.: *Humphrey Bogart*, *José Ferrer*)

„Wunder der Prärie" (nordamer. Farb-Dokumentarfilm von *Walt Disney*)

1955

Kein Friedens*nobel*preis

Dt. Bundestag billigt Pariser Verträge (geg. Stimmen d. SPD): 1. Protokoll über Beendig. d. Besatzungsregimes; 2. Vertrag über Aufenth. ausländ. Streitkräfte i. d. BRDtl., 3. Beitr. d. BRDtl. z. Brüsseler Vertr., z. Westeurop. Union u. zur NATO; 4. Abk. üb. Saarstatut

Warschauer Achtmächtepakt konstituiert Militärblock der Ostblockstaaten (einschl. d. DDR) unter dem Oberbefehl des sowjetruss. Marschalls *Iwan Konjew* („Ost-NATO")

Bundeskanzler Adenauer reist nach Washington.

Behörden d. DDR vervielfachen Autobahngebühren zw. Berlin u. BRDtl. (angebotene Verhandlungen sollen zur Anerkennung der DDR-Reg. führen)

Dt. Bundestag tagt in Berlin: Debatte um Konjunkturpolitik

NATO-Luftmanöver üb. d. BRDtl. „Carte blanche": „Atomkrieg kennt keinen Sieger"

Dt. Bundestag verabschiedet Freiwilligengesetz (Opposition kritisiert diese Verabschiedung unmittelbar vor der Genfer Viermächtekonferenz)

Genfer Konferenz „auf höchster Ebene" zwischen *Eisenhower* (Präs. d. USA), *Bulganin* (Min.-Präs. der USSR), *Eden* (brit. Min.-Präs.) u. *Faure* (frz. Min.-Präs.) einigt sich über Tagesordnung einer Konferenz d. Außenminister und führt zu einer gewissen internationalen Entspannung; Wiedervereinigung Deutschlands bleibt in der Schwebe

Staatsbesuch *Adenauers* in Moskau unter Beteiligung von Politikern der Opposition: Aufnahme diplomatischer Beziehungen, Entl. weiterer Deutscher aus dem Gewahrsam d. USSR; *A.* verneint eine „Politik der Stärke" gegenüber der USSR

J. Conant 1. USA-Botschafter in Bonn

Moskau entsendet Botschafter *Sorin* nach Bonn, dieses Botschafter *Wilhelm Haas* nach Moskau (*Sorin* wird 1956 zurückgerufen und durch *Smirnow* ersetzt)

*Nobel*preis f. Literatur an *Halldor Laxness* (Island, * 1902; schrieb u. a. 1934/36 den Roman „Der Freisasse")

Hermann Hesse erhält Friedenspreis des dt. Buchhandels

Pulitzer-Preis f. *William Faulkner* „A Fable"

Georg-Büchner-Preis für *Marie Luise Kaschnitz* (* 1901, † 1974)

Gabriel Marcel (* 1889)

Leopold Ahlsen (* 1927): „Philemon und Baucis" (Schauspiel um Partisanenkämpfe in Griechenland; erhält Gerhart-Hauptmann - Preis der Berliner Volksbühne)

Jean Anouilh: „Ornifle de Saint Ognon" („Ornifle oder der erzürnte Himmel", frz. Tragikomödie um das Don-Juan-Thema)

Herbert Asmodi (* 1923): „Jenseits vom Paradies" (Schauspiel; *Gerhart-Hauptmann*-Preis der Berliner Volksbühne)

† *Julius Bab*, dt. Schriftsteller u. Dramaturg; s. 1933 i. d. USA (* 1881)

Martin Beheim-Schwarzbach: „Die Insel Matupi" (autobiogr. Roman)

Kurt Benesch: „Die Flucht vor dem Engel" (österr. Roman um Gut und Böse)

Rudolf Bernauer: „Das Theater meines Lebens" (Schauspieler-Erinnerungen)

Max Brod: „Armer Cicero" (Roman)

Hans Carossa: „Der Tag des jungen Arztes" (letzter Bd. d. Jugendbiographie)

F. H. Allport: „Theorien der Wahrnehmung und der Auffassung von Strukturen" (engl. Zusammenfassg. d. Wahrnehmungstheorien)

Peter Bamm: „Frühe Stätten der Christenheit"

Hermann Baumann (* 1902): „Das doppelte Geschlecht. Ethnologische Studien zur Bisexualität in Ritus und Mythos"

Edmund Bergler: „Revolte der Fünfzigjährigen" (österr. psychoanalytische Darstellung d. alternden Mannes)

„Psychische Hygiene" (Herausg. *E. Brezina* u. *E. Stransky*)

I. W. Ellison ordnet stilkritisch Bibeltexte mit Hilfe elektronischer Rechenmaschine

Alfred Frisch (* 1913): „Une Réponse au Défi de l'Histoire; la Mission de la Technocratie" (dt.-frz. Soziologie)

Arnold Hildesheimer: „Die Welt der ungewohnten Dimensionen. Versuch einer gemeinverständlichen Darstellung der modernen Physik und ihrer philosophischen Folgerungen" (Geleitwort von *W. Heisenberg*)

M. Irle: „Berufs-Interessen-Test" (messende Psychologie)

Werner Keller: „Und die Bibel hat doch recht" („Forscher beweisen d. historische Wahrheit")

W. Kemper: „Der Traum und seine Be-Deutung" (Traumpsychologie)

† *Oswald Kroh*, dt. Psychologe u. Pädagoge; begründete eine Phasenlehre der Jugendentwicklung (* 1887)

Guy Bardone: „Normandie" (frz. Gem.)

André Bauchant: „Kermesse tourangelle" (frz. Gem.)

Willi Baumeister: „Weißer Kaminzug mit Punkten" (abstr. Gem.)

† *Willi Baumeister*, dt. Maler eines abstrakten Stils; schrieb 1943 „Das Unbekannte in der Kunst" (veröff. 1947) (* 1889)

Max Bill (* 1908): „1 schwarz bis 8 weiß" (schweiz. abstrakt. Gem.)

Renato Birolli (* 1906): „Adrialandschaft" (ital. abstrahier. Gem.)

† *Dominikus Böhm*, kathol. Kirchenbaumeister; baute 1922 in Neu-Ulm erste unverschalte Eisenbetonkirche (* 1880)

Francisko Bores: „Intérieur" (frz. Gem.)

Georges Braque: „Wagen III" (frz. Farblithographie; „Wagen II" 1953, „Wagen I" oder „Phaeton" 1954)

Bernard Buffet (* 1928): „Zirkus" (fr. Gem.; B. gilt als einer der erfolgreichsten lebenden Maler)

Reg Butler: „Fetisch" (engl. Bronze)

Arturo Carmassi (* 1925): „Unterholz" (ital. abstr. Gem.)

Lynn Chadwick (* 1914): „Drei stehende Figuren", „Begegnung" (engl. abstr. Eisenplastiken)

Boris Blacher: „Der Mohr von Venedig" (Ballett); „Traum vom Tod und vom Leben" (Kantate, Text v. *Hans Arp*) Bratschenkonzert

Pierre Boulez (frz. Komponist, * 1925): „Livre pour Quatuor" (Streichquartett)

† *Willy Burkhard* (* 1900, Schweizer Kompon.), Oper: „Die schwarze Spinne", Oratorium: „Das Gesicht Jesaias"

Luigi Dallapiccola: „Canti di liberazione" (Musik für Chor u. Orchester), „An Mathilde" (ital. Kantate für Frauenchor und Kammerorchester n. *Heinrich Heine*)

Joh. Nepomuk David (Österr., * 1895): 6. Symphonie

Werner Egk: „Irische Legende" (mythisch-symbolische Oper nach *W. B. Yeats*; Uraufführung i. Salzburg)

Heimo Erbse (* 1924): Impression f. Orchester

Hermann Heiß (* 1897): „Der Manager" (Spiel f. d. Bühne m. Orchester)

† *Frieda Hempel*, Koloratursopranistin (* 1885)

Paul Hindemith: „Ite, angeli veloces" (Chorwerk zu Texten v. *Claudel*)

*Nobel*preis f. Physik an *Willis E. Lamb* (* 1913, USA) f. d. Ultrakurzwellen-Nachweis der „Zitterbewegung des Elektrons" im Spektrum des Wasserstoffatoms („*Lamb-Bethe*-Effekt") und an *Polykarp Kusch* (* 1911, Dt.-Amerik.) f. d. genaue Messung des magnetischen Moments d. Elektrons

*Nobel*preis f. Chemie an *Vincent du Vigneaud* (* 1900, † 1978) für Erforschung der Hormone der Hypophyse (Hirnanhangdrüse)

*Nobel*preis f. Medizin an *Hugo Theorell* (* 1903, Schweden) f. seine Forschungen über die Natur und Wirkung d. Oxydations-Enzyms

Erste Verleihung des „*Otto-Hahn*-Preises für Chemie und Physik" an *Heinrich Wieland* (Chemie) und *Lise Meitner* (Physik)

Thomas S. Barthel erklärt, die Schrift der Osterinsel entziffert zu haben

Emil Seb. Bücherl (* 1919): Herz-Lungen-Maschine für künstl. Kreislauf bei Operationen (ab 1957 angew.)

Bundy, Hall, Strong und *Wentorf* berichten über künstliche Erzeugung von Diamanten bei 2700°C u. 100000 Atmosphären Druck

B. F. Burke u. *K. L. Franklin:* Radiowellen-Emission von 13,3 m vom Jupiter (erweisen sich als häufige kurzzeitige Impulse aus einer Region mit weißem Fleck)

O. Chamberlain, E. Segrè, Ch. Wiegand, Th. Ypsilantis erzeugen und entdecken Proton mit negativer Ladung („Antiproton") mit Bevatron-Teilchenbeschleuniger in Berkley (USA)

L. Couffignal: „Denkmaschinen" (Entwicklungsstand elektronischer Rechen- u. Kombinationsmaschin.)

† *Albert Einstein*, überragender Physiker; Begrd. d. Relativitätstheorie, führte Begriff d. „Lichtquanten" ein; Förderer humanitärer Bestrebungen; s. 1933 i. d. USA, *Nobel*preis 1921 (* 1879)

† *Alexander Fleming*, brit. Bakteriologe; Entd. d. Penicillins; *Nobel*pr. 1945 (* 1881)

„Handbuch d. Physik. Encyclopedia of Physics" beg. zu erscheinen (54 Bde. mit Beitr. i. dt., engl. u. frz. Sprache; Hersg. *S. Flügge*)

Spielbanken vom Bayrischen Landtag zugelassen

Kapitalkonzentration i. d. dt. Aktiengesellschaften im Durchschnitt:

	Zahl	Kap. Mill. DM
1955	2542	8,7
1937	6094	3,1
1909	5222	2,8

Vereinigung der Gewerkschaftsverbände AFL u. CIO mit insges. etwa 16 Mill. Mitgliedern in den USA

Eisenbahnerstreik in Großbritannien

Streiks in d. eisenschaffenden Industrie Nordrhein-Westfalens führen zu Lohnerhöhungen (Zeitlöhne um 14 Dpf./St., Akkordlöhne um 11 Dpf./St.)

Größere wilde Streiks in Hamburg und Kassel

Proteststreik geg. gewerkschaftsfeindl. Äußerungen des Generaldirektors *H. Reusch* in Oberhausen

Verbraucherstreiks geg. höhere Milchpreise

Landwirtschaft Niedersachsens kündigt Käuferstreik für Januar 1956 an, wegen Ausbleibens d. versprochenen Soforthilfe

(1955)

Staatsbesuch d. iranischen Herrscherpaares in Bonn; bes. Kaiserin *Soraya* findet starkes Interesse i. d. Öffentlichkeit (wird 1958 geschieden)

Theodor Blank (CDU, * 1905) Verteidigungsminister d. BRDtl. (bis 1956)

Personalgutachter-Ausschuß siebt die hohen Offiziersgrade der neuen Streitkräfte d. BRDtl.; über einige Urteile kommt es zu Konflikten mit dem Verteidigungsminsterium. Die ersten Soldaten d. BRDtl. erhalten ihre Ernennungsurkunden

Schwere Krise im BHE: Vors. *Waldemar Kraft* und *Th. Oberländer* treten aus der Partei aus, bleiben jedoch Bundesminister

Krise um die Außenpolitik d. Koalition in Bonn mit Briefwechsel *Adenauer—Th. Dehler* (FDP) (Koalitionstreue FDP-Minister gründen 1956 Freie Volkspartei [FVP])

„Hanstein-Doktrin : BRD droht diplom. Bezieh. abzubrechen, wenn Anerkennung der DDR erfolgt (wird später korrigiert)

Leonhard Schlüter (FDP) kurzzeitig Kultusminister in Niedersachsen; Proteste der Univ. Göttingen und weiterer Kreise wegen neonazistischer Haltung zwingen ihn zum Rücktritt

Saarbevölkerung lehnt nach heftigem Wahlkampf mit ⅔-Mehrheit das Saarstatut ab; Regierung *Johannes Hoffmann* tritt zurück

Mandate aus den Landtagswahlen an der Saar (Vergleich 1952):

CDU	14	SPD	7
DPS	12	SPS	2 (17)
CVP	13 (29)	KP	2 (4)

Dt. Parteien an der Saar verhandeln um eine gemeinsame Regierung (Anfang 1956 wird *Heinr. Schneider* [DPS] Landtagspräsident; *H. Ney* [CDU] Ministerpräsident)

Sitze in der Bürgerschaft Bremen nach Neuwahl (z. Vgl. 1951):

SPD	52 (43)	KPD	4 (6)
CDU	18 (9)	BHE	0 (2)
DP	18 (16)	And.	0 (12)
FDP	8 (12)		

Koalitionsregierung SPD, CDU, FDP in Bremen unter Senatspräs. *Wilhelm Kaisen* (SPD, * 1887)

Joyce Cary (* 1888): "Not Honour more" (engl. Roman; 3. Band einer Trilogie; 1. Bd. „Prisoner of Grace", 1952, 2. Bd. „Except the Lord", 1953)

† *Paul Claudel*, frz. kath. Dichter; vertrat eine mystische Erkenntnislehre (so i. d. „L'art poétique" 1907) (*1868)

Franz Theodor Csokor (* 1885): „Der Schlüssel zum Abgrund" (österr. Wiedertäufer-Roman)

Ilja Ehrenburg: „Tauwetter" (dt. Ausg.; für eine liberalere sowjet. Kulturpolitik)

Faulkner: „Eine Legende" (nordamer. Roman; dt. Ausgabe)

Taschenbuchausgabe v. „Tagebuch der *Anne Frank* (* 1929, † 1945 i. KZ Bergen-Belsen), erreicht in wenigen Monaten 100000 (1958: 400000)

M. Frisch: „Die chinesische Mauer" (schweiz. Schauspiel)

† *Wolfgang Goetz*, dt. Dramatiker u. Erzähler (* 1885)

Julien Green (* 1900): „Der Feind" (frz. Drama; dt. Erstaufführung)

G. Gründgens übernimmt künstlerische Leitung d. Hamburger Bühnen (war seit 1947 Theaterleiter in Düsseldorf)

Hermann Hesse: „Beschwörungen"

Hans Egon Holthusen (* 1913): „Der unbehauste Mensch. Motive u. Probleme d. modernen Literatur"

B. R. Iloy (* 1922): „Violons galantes" (13 frz. Gedichte u. 1 Romanze)

Max Gustav Lange: „Wissenschaft im totalitären Staat. Die Wissenschaft der sowjetischen Besatzungszone auf dem Weg zum ‚Stalinismus'"

Wolfgang Leonhard (* 1922): „Die Revolution entläßt ihre Kinder" (kritische Autobiographie)

Walt. Lippmann (* 1889): „The public philosophy" (nordamer. Philosophie)

Herbert Marcuse: „Eros und Zivilisation" (philosophische Wertung der Lehre *Freuds*)

Jules Moch: „Abrüstung oder Untergang" (engl., mit einem Vorwort von *A. Einstein*)

A. Montagu: „Die natürliche Überlegenheit der Frau"

† *Ortega y Gasset*, span. Philosoph; vertrat einen humanistischen Individualismus (* 1883)

Perón wendet sich gegen die katholische Kirche in Argentinien und wird exkommuniziert

A. Pontvik: „Heilen durch Musik" (Psychotherapie)

H. Schelsky: „Soziologie der Sexualität"

C. A. Schleussner stellt erhebliche Abweichungen unter versch. graphologisch. Gutachtern fest, die den praktischen Wert der Graphologie einschränken

Albert Schweitzer erhält Ehrendoktor der Univers. Cambridge (Engl.)

E. Spranger: „Der Eigengeist der Volksschule"

E. Stern: „Der Mensch in der zweiten Lebenshälfte" (Entw.-Psych.)

Chagall „Der rote Akt“ (Gem.)

Giorgio de Chirico: „Italienischer Platz“ (ital. Gem.)

Le Corbusier: Chapelle de Notre Dame du Haut (frz. Wallfahrtskirche in Ronchamp; seit 1950) Wohnhaus in Nantes-Rézé

Antonio Corpora: „Gelbe Lagune“ (ital. abstr. Gem.)

Lucien Coutaud: „En souvenir d'un peintre“ (frz. surreal. Gem.)

Salvador Dali: „Das Sakrament d. Abendmahls“ (span. surrealist. Gem.)

O. Dix: „Disteln u. Schmetterlinge“, „Erich Schwinge als Rektor d. Univ. Marburg“ (express. Porträtgem.)

Miodrag Djuric (gen. *Dado*, * 1933): „Der Radfahrer“ (jugosl. Gem. surrealist. Prägung)

Charles Hubert Eyck (* 1897): „Negerin mit Kind“ (niederl. express. Gem.)

Josef Fassbender (* 1903): „Ban-Banca“, „Dialog“ (abstr. Gem.)

W. Gilles: „Heidegräber am Meer“ (Aquarell-Folge)

Jos. Glasco (* 1925): „Salome“ (nordam. Gem.)

Sidney Gordin: „Konstruktion“ (russ.-nordamer. abstrakte Messing-Plastik)

Camille Graeser (* 1892): „Dislozierte Elemente“ (schweiz. abstraktes Gem.)

† *Arthur Honegger*, schweiz. Komponist; seit 1913 in Paris (* 1892)

H. v. Karajan, Dirigent d. Philharm. Orch. Berlin

Wilhelm Killmayer: 5 Romanzen für Gesang, Klavier u. Schlagzeug nach Gedichten von *Garcia Lorca*

Giselher Klebe: „Moments musicaux“ (Komposition f. Orchester)

Eröffnung d. instand gesetzten Staatsoper Unter den Linden in (Ost-) Berlin; Dirigent *Franz Konwitschny*, nachdem Generalmusikdirektor *Erich Kleiber* demonstrativ abgelehnt hatte

Ernst Křenek: „Pallas Athene“ (Oper)

Rolf Liebermann: „Schule d. Frauen“ (Oper n. *Molière*, Text v. *H. Strobel*)

Bohuslav Martinu: „Wovon die Menschen leben“ (Oper n. *Tolstoi*)

Darius Milhaud: 6. Symphonie

Luigi Nono: „Canti per tredeci“ (für kl. Orchester)

Walter Piston (amer. Komponist, * 1894): 6. Symphonie

Sergej Prokowjew: „Der feurige Engel“ (Oper), Urauff. d. vollst. Fassung

D. Schostakowitsch: Violinkonzert (für *David Oistrach*)

Heinz L. Fränkel-Conrat u. *Robley Williams:* Synthese eines aktiven Tabakmosaik-Virus aus den aus seiner Zerlegung erzielten Teilstücken (gilt als ein wichtiger Schritt auf dem Wege zur Synthese biologischer Strukturen)

Albert Frey-Wyssling (* 1900): „Submikroskopische Struktur des Cytoplasmas“ (weist u.a. den Feinbau der Chlorophyll-Körper als makromolekulare Lamellenschichtung nach)

Richard Goldschmidt (* 1878, † 1958): „Theoretische Genetik“ (engl. verfaßte Vererbungslehre)

Otto Hahn: „Cobalt 60, Gefahr oder Segen für die Menschheit?“ (betont Sinnlosigkeit des Atomkrieges)

W. Heisenberg vertritt auf der 5. Tagung der Nobelpreisträger in Lindau den Bau eines Kernreaktor-Instituts für etwa 28 Mill. DM (als Ort wird Karlsruhe vorgesehen)

Eduard Justi (* 1904): Brennstoffelement zur „kalten Verbrennung“ von Kohle mit hohem Wirkungsgrad (große Bedeutung, trotz noch fehlender technischer Reife)

L. R. Klein u. *A. S. Goldberger:* „An economic model of the United States 1929—52“ (Eine mathem.-theoret. Wirtschafts-Darstellung der Ver. Staaten 1929—52)

G. P. Kuiper: „Die Entstehung der Planeten“ (engl. Ausbau d. Theorie *v. Weizsäckers*, vermutet bei 10% der Sterne Planetensysteme)

In d. USA wird bekanntgegeben, daß der Großversuch, mit der Vaccine nach *Jonas E. Salk* die Kinderlähmung zu bekämpfen, erfolgreich war (wird bald auch in anderen Ländern eingeführt)

T. D. Lyssenkos international abgelehnte sowjetische Vererbungslehre wird mehr und mehr auch in der USSR kritisiert (1956 tritt *Lyssenko* als Präsident der sowjet. Akad. f. landwirtsch. Forschung „auf eigenen Wunsch“ zurück)

† *Erich Regener*, dt. Physiker; erforschte bes. kosmische Höhenstrahlung (* 1882)

Salk-Impfung gegen Kinderlähmung i. USA (vgl. 1964)

Dt. Bundestag beschließt Parität für d. Landwirtschaft zur Vermeidung d. Preisschere Landwirtschaft — Industrie

Bergarbeiterlöhne in d. BRDtl. um 9,5% erhöht

Lohnerhöhung in d. baden-württemberg. Metallindustrie um 7,3%

Tiefster Stand der Arbeitslosigkeit seit dem Kriege in der BRDtl. (rd. 495 000) und West-Berlin (115 900, sinkt 1957 unter 100 000)

Durch Amnestie werden i. d. USSR viele Zwangsarbeiter in ihre Heimat entlassen (man schätzt etwa 2 Mill. Entlassungen)

Diskonterhöhungen in Großbrit., USA, Kanada, Belgien, BRDtl. zeigen Furcht vor Konjunktur-„Überhitzung“

Interzonen - Handelsvertrag über 1 Mrd. „Verrechnungseinheiten“ (DM [West] bzw. DM [Ost])

Dt. Bundesreg. billigt Wiederaufbauplan für Berlin mit 1,6 Mrd. DM bis 1959

Lohn-, Einkommen- und Körperschaftssteuer in (West-) Berlin um 20% gesenkt

(1955)

Betriebsratswahlen in der Westfalenhütte AG, Dortmund, ergeben kommunistische Mehrheit: 16 KPD, 7 SPD, 2 CDU, obwohl KPD nur 40,2% d. Stimmen, SPD 47,2%

Versuche der Neugründung christl. Gewerkschaften finden starken Widerstand des DGB, der an dem Gedanken der Einheitsgewerkschaft festhält

Paul Löbe (SPD) wird zu seinem 80. Geburtstag Ehrenbürger von Berlin und der Freien Univ. Berlin

† *Otto Braun*, sozialdemokr. preuß. Min.-Präs. 1920–32/33 (* 1872)

† *Robert Tillmanns*, dt. Bundesminister für Sonderaufgaben seit 1953, stellvertr. Bundesvorsitzender der CDU (* 1896)

*Stalin*friedenspreis an den früh. Reichskanzler *Joseph Wirth* (* 1879, † 1956)

E. Raeder, früher dt. Großadmiral, vorzeitig aus der im Nürnberger Prozeß zuerkannten Gefängnishaft entlassen

Österreichischer Staatsvertrag abgeschlossen und ratifiziert; die vier Besatzungsmächte räumen d. Land. Österreich erklärt seine ständige Neutralität

Gründung der Westeuropäischen Union (WEU)

Winston Churchill tritt zurück; wird geadelt (Sir Winston) und Ritter d. Hosenbandordens. *Anthony Eden* (* 1897, † 1977) brit. Premier

Ergebnis der brit. Unterhauswahl:

	Stimmen	Sitze
Konservative	13,3 Mill.	345
Labour-Partei	12,4 Mill.	277
Liberale	0,7 Mill.	6
Kommunisten	0,03 Mill.	0
Unabhängige	0,3 Mill.	2

Streit zw. Großbrit., Griechenland und Türkei um die Insel Zypern bricht offen aus (Mehrheit d. Bewohner dieser brit. Kolonie ist für den Anschluß an Griechenland)

Bagdad-Pakt zwischen Großbrit., Türkei, Irak, Iran, Pakistan (wird 1958 durch blutige Revolution im Irak empfindlich geschwächt)

Hans H. Kirst: „Null-acht-fünfzehn" (Roman um den dt. „Kommiß")

Annette Kolb erhält den *Goethe*-Preis der Stadt Frankfurt/Main

Arnold Krieger (* 1904, † 1965): „Geliebt, gejagt und unvergessen" (Roman)

Ray Lawler: „Der Sommer der 17. Puppe" (austral. Schauspiel)

T. E. Lawrence (* 1888, † 1935): „The Mint" (engl. Roman, postum)

H. Laxness: „Weltlicht" (isländ. Roman in 4 Teilen; dt. Ausgabe)

Alexander Lernet-Holenia: „Der Graf Luna" (österreichisch. Roman)

Thomas Mann: Rede z. *Schiller*-Jahr (gehalten in West- u. Ost-Dtl.); versöhnt sich mit s. Vaterstadt, „Lübecker Rede"

† *Thomas Mann*, dt. Dichter; emigr. 1934, seit 1939 in den USA, seit 1953 in d. Schweiz; *Nobel*preis 1929 (* 1875)

Arthur Miller: „Ein Blick von der Brücke" (nordamer. Drama)

Vladimir Nabokov (* 1899): „Lolita" (russ.-nordamer. erot. Roman)

N. R. Nash (* 1916): „Der Regenmacher" (Schauspiel)

Sean O'Casey (* 1884): „The Bishops Bonfire" (irisch. Schauspiel)

Marcel Pagnol (* 1895): „Judas" (frz. Schauspiel)

† *Theodor Plievier*, dt. Schriftsteller; bes. zeitkritische Romane (* 1892)

Gerhart Pohl: „Fluchtburg" (Roman vom Untergange Schlesiens)

† *Alfred Polgar*, österr. Schriftst. u. Kritiker, seit 1938 i. d. USA (* 1875)

Fritz Sternberg: „Marx und die Gegenwart. Entwicklungstendenzen in der 2. Hälfte des 20. Jahrhunderts" (internationale politisch-ökonomische Analyse)

Frank Tannenbaum: „Die amerikanischen Traditionen in der Außenpolitik"

Pierre Teilhard de Chardin (* 1881, † 1955): „Werke" (Jesuit, seine biolog. Abstammungslehre wird 1961 v. d. kathol. Kirche verurteilt)

Otto-Wilhelm von Vacano: „Die Etrusker" (Deutung ihrer Kultur m. d. Tiefenpsychol. v. C. G. Jung)

Thérèse u. *Guy Valot:* „Lourdes und die Illusion" (frz. medizinische Kritik an d. Heilungen)

Alfred Weber: „Einführung in die Soziologie" (Sammelwerk mit s. Schülern)

D. Wechsler: „Die Messung der Intelligenz Erwachsener" (Testpsychologie)

A. Wellek: „Ganzheitspsychologie u. Strukturtheorie"

Edmund Wilson: „The Scrolls from the Dead Sea" („Die Schriftrollen vom Toten Meer"; löst Diskussion aus, ob diese Funde aus dem Beginn der christl. Zeitrechnung das herkömmliche Jesusbild erschüttern)

Kant-Ausgabe der Dt. (Preuß.) Akademie der Wissenschaften zu Berlin mit Bd. 23 im wesentl. abgeschlossen (Beg. 1900)

Kundgebung von *Nobel*preisträgern auf der Insel Mainau gegen Atomkrieg

Ernst Graupner: „Tänzerin m. Clown" (express. Gem.)

George Grosz: „Ein kleines Ja und ein großes Nein" (Autobiographie)

David Hare: „Sonnenaufgang" (nordamer. stilisierende Plastik aus Bronze und Stahl)

Hans Hartung (* 1904): „T 55-10" (dt.-frz. abstr. Gem.)

Bernhard Heiliger: „Boris Blacher" (Porträtkopf)

† *Karl Hofer* (sign. *C. H.*), dt. express. Maler; 1920—34 Lehrer a. d. Berliner Hochschule für bildende Künste, seit 1945 ihr Direktor (* 1878), sein Nachfolger wird hier *Karl Otto* (* 1904)

W. Robert Huth: „Stilleben" (express. Gem.)

O. Kokoschka: „Thermopylae. Ein Triptychon" (Texte von *O. Kokoschka* u. *W. Kern*); Bühnenbilder und Kostüme für Mozarts „Zauberflöte" in Salzburg

Hans Kuhn: „Rote Scheibe" (abstrakt. Gem.)

Gerard Lataster (* 1920): „Icarus Atlanticus", „Der neue Weg" (ndl. Gem.)

† *Fernand Léger*, frz. Maler d. Kubismus; bevorzugte maschinentechnische Formen (* 1881)

Kurt Lehmann (* 1905): „Hirtenknabe" (Bronze)

Michael Tippett (* 1905): „The Midsummer Marriage" (engl. Oper), Uraufführung

R. Vaughan Williams: Sinfonie d-Moll (engl. Komposition, dem Dirigenten *John Barbirolli* gewidmet; Urauff. 1956)

Yannis Xenakis: „Les Metastassis" (griech. Komposition in Reihentechnik f. Orchest.)

B. A. Zimmermann: Solosonate für Bratsche

Öffentliche Disputation auf dem Musiktag für zeitgenössische Tonkunst in Donaueschingen: „Wie soll das weitergehen?" (um das Problem der Publikumsentfremdung der radikalmodernen Musik)

Populäre Schlager: Rock around the clock, Ganz Paris träumt von der Liebe, This old house, Unchained melody

J. Schmidlin, G. Anner, J.-R. Billeter, A. Wettstein: Totalsynthese des Nebennierenrinden-Hormons Aldosteron

Schmidt-Spiegel-Fernrohr m. 120 cm Durchmesser u. 240 cm Brennweite auf der Sternwarte in Hamburg-Bergedorf

„Universitas Litterarum" (Hdb. d. Wissenschaftskunde; Hersg. *Werner Schuder*)

Karl Schütte: Index mathematischer Tafelwerke und Tabellen (ordnet über 1200 Tafeln und Tabellen)

Carlton E. Schwerdt u. *Frederik I. Schaffer:* Kristalline Darstellung des Virus d. Kinderlähmung (1. Kristallisierung ein. tier. Virus)

A. R. Todd: Konstitutionsaufklärung des Vitamins B 12

Townes: Maser (Mikrowellenverstärker)

Radioteleskop d. Univ. Manchester (Großbrit.) mit 76 m Durchmesser

Cambridge (Großbrit.) veröffentl. Katalog mit 1936 kosmischen Objekten als Quellen kurzwelliger Radiostrahlung als wichtige Grundlage f. d. Erforschung dieser Strahlung

Transistoren finden als raumsparende Schaltelemente Anwendung in Großrechenanlagen (Computer)

Analyse von im Laufe der Erdgeschichte magnetisierten Gesteinen lassen starke Polwanderung vermuten:

vor 600 Mill. Jahren	130° W, 0° N (Äquator)
vor 350 Mill. Jahren	140° O, 40° N (Japan)
vor 60 Mill. Jahren	133° O, 76° N (Neusib. Ins.)

(diese Deutung ist umstritten)

Bisher hatten Versuche, durch Ausstreuung von Trockeneis Wolken und künstlichen Niederschlag zu erzeugen, keine eindeutigen Erfolge

Südpolarexpeditionen von d. USA, USSR, Großbrit. Frankr., Australien, Norwegen beschleunigen Erschließung der Antarktis

Drift der sowjetrussischen Eisschollen-Stationen „Nordpol 3, 4, 5" in der Arktis (3 und 4 seit April 1954)

Gebäude m. Industrie- u. Handelskammer u. Börse in Berlin eingeweiht

Dt. Privatvermögen in den USA teilw. freigegeben; Vermögen über 10000 DM bleiben beschlagnahmt

Waldfläche d. Erde 3978 Mill. ha (22% der festen Fläche), davon 1200 Mill. ha bewirtschaftet

Tropenwald	48%
Laubwald	16%
Nadelwald	36%

Berechnungen ergeben, daß für die Ernährung der Menschheit 1960 folgende Produktionssteigerungen erforderlich sind: Getreide 21%, Wurzeln u. Knollen 27%, Zucker 12%, Fette u. Öle 34%, Hülsenfrüchte 80%, grünes Gemüse 103%, Fleisch 46%, Milch 100%

Erster Weltkongreß f. Unfallverhütung in Italien

In der BRDtl. werden pro Jahr etwa 12 Mrd. DM für Alkohol u. Nikotin ausgegeben; die Gefahren des zunehmenden Alkoholismus werden diskutiert

107 Mill. t Handelstonnage jährlich durch den Suezkanal (1948: 49 Mill. t, 1910: 22 Mill. t)

31 Mill. Schallplatten i. d. BRDtl. hergestellt

(1955)

A. Eden bildet brit. Regierung um: Lordsiegelbew. *Richard A. Butler* (statt bisher *Crookshank*), Schatzkanzler *Harold Macmillan* (statt *Butler*), Außenmin. *Selwyn Lloyd* (statt *Macmillan*) u.a. Veränderungen

Clement Attlee legt Partei- und Fraktionsvorsitz d. brit. Labour-Partei nieder; bekommt als *Earl Attlee* Sitz im Oberhaus. Sein Nachfolger wird *Hugh Tod Gaitskell* (* 1906)

Die Fraktion d. Labour-Partei im brit. Unterhaus schließt den linksradikalen *Aneurin Bevan* aus (*B.* wird 1956 auf dem Parteitag mit großer Mehrheit zum Schatzkanzler der Partei gewählt)

Prinzessin *Margaret* von Großbrit. verzichtet auf Heirat mit schuldlos geschiedenem *Peter Townsend* vor allem auf Druck d. Staatskirche (ruft heftige Diskussionen hervor)

Regierung *P. Mendès-France* in Frankr. gestürzt

Frankreich verläßt vorübergehend die UN-Vollversammlung, weil sie die algerische Frage auf die Tagesordnung setzte, die Frankreich als innerfrz. Angelegenheit betrachtet

Schwere Unruhen in Marokko

Sidi Mohammed V. (ben Yussef) kehrt unter dem Druck der einheimischen Marokkaner auf Frankr. als Sultan von Marokko zurück; sein Gegner *El Glaoui*, Pascha von Marrakesch, unterwirft sich ihm fußfällig

E. Faure (Radikalsozialist) frz. Min.-Präs.; wird am Ende d. Jahres v. *Mendès-France* (Radikalsozialist) gestürzt. (Neuwahlen 1956 ergeben Regierung *Guy Mollet* (*1905, Sozialist))

G. M. Malenkow tritt als Min.-Präs. der Sowjetunion zurück; wird Min. f. Energieversorgung u. stellvertr. Min.-Präs.; Marschall *Nikolai A. Bulganin* (*1895) Min.-Präs. der USSR bis 1957

In der USSR werden 5 hohe Politiker Georgiens, frühere Mitarbeiter von *Berija*, hingerichtet

J. B. Priestley: „Schafft den Narren fort" (engl. Drama gegen Totalitarismus)

Rehfisch: „Oberst Chabert" (Schauspiel, frei nach *Balzac*)

Jens Rehn: „Nichts in Sicht" (Erzählung)

Hans Werner Richter (*1908): „Du sollst nicht töten" (Dichtung aus der „Gruppe 47")

Alain Robbe-Grillet (* 1922): „Le Voyeur" („Der Augenzeuge", frz. Roman, vgl. 1957)

J. P. Sartre: „Nekrassow" (frz. Drama)

Grand Prix für Literatur der Académie Française an *Jean Schlumberger* (*1877) für sein Gesamtwerk

Hans Scholz (*1911): „Am grünen Strand der Spree" (Berliner Erzählungs-Zyklus; 1956 Berliner Fontane-Preis)

† *Robert E. Sherwood*, nordamer. Schriftsteller (*1896)

† *Heinrich Spoerl*, dt. humorist. Schriftsteller (*1887)

Karl Heinz Stroux geht als Intendant nach Düsseldorf (*1908)

Frank Thieß: „Geister werfen keine Schatten" (Roman, Forts. v. „Die Straßen des Labyrinths" v. 1951)

Evelyn Waugh (* 1903, † 1966): „Officers and gentlemen" (engl. Roman)

Thornton Wilder: „Ein Leben in der Sonne" (nordamer. Schauspiel, n. d. Alkestis-Legende).

T. Williams: „Die Katze auf dem heißen Blechdach" (nordamer. Schauspiel)

~ Weltweite Diskussion über die wirtschaftlichen, sozialen, kulturellen und politischen Aspekte der „Zweiten industriell. Revolution" gekennzeichnet durch Automatisierung der Produktion u. Nutzung der Atomenergie

Rektoren von 88 europäischen Universitäten treffen sich auf Einladung d. Westeuropäischen Union zu einer Konferenz in Cambridge (Engl.), u. a. über „Spezialisierung und Allgemeinbildung"

Hochschulkonferenz in Bad Honnef um Probleme der Studenten- u. Hochschulnachwuchs-Förderung

Ausbildung von Hochschulingenieuren

	1950	1955
USA	50000	22000
UdSSR	28000	60000

Die Ausbildung von Technikern wird als ein Schlüsselpunkt d. wirtschaftlichen und politischen Wettstreits angesehen (vgl. 1957)

Nach amtlichen Zahlen beträgt in der USSR die Zahl (in Tausend) der Spezialisten mit

	1941	1955
höherer Ausbildg.	908	2184
mittlerer Ausbildg.	1492	2949

Konflikt zw. Staat und Kirchen in der DDR, weil der Staat die allg. Jugendweihe (atheistisch) durchsetzen will

Der ökumenische Rat der Kirchen (Weltkirchenrat) betont d. christliche Verantwortung gegenüber wirtschaftl. und sozial zurückgebliebenen Gebieten

Richard Lippold (* 1915): „Meteor" (nordamer. Plastik aus Gold- u. farblosen Stahldrähten)

Richard P. Lohse (* 1902): „Dreißig systematische Farbtonreihen" (schweiz. abstr. Gem. seit 1950)

J. Lynch: „Mobile design" (nordamer. Entwürfe f. Mobiles [Hängeplastiken])

Alfred Manessier: „Die Nacht von St. Jean de Luz" (frz. abstrakt. Gem.)

G. Marcks: „Albertus Magnus" (Modell zum Denkmal v. d. Kölner Univ.)

Marcello Mascherini: „Rhythmen", „Ikarus" (ital. express. Bronzen)

Georg Meistermann (* 1911): „Gerüste" (abstrakt. Gem.)

Hans Mettel (* 1903, † 1966): „Großer Sitzender" (Bronze)

† *Carl Milles*, schwed. Bildhauer, monumentaler Stil (* 1875)

Mirko (*Basaldella*, * 1910): „Stele Nr. 1", Stele Nr. 2", „Heroisches Motiv" (ital. Plastiken)

Ennio Morlotti (* 1910): „Landschaft in der Brianza" (ital. Gem.)

Max von Mühlenen (* 1903): „Schwarze Form auf weißem Grund" (schweiz. abstrakt. Gem.)

Zoran Music (* 1909): „Dalmatinisches Motiv" (jugoslaw.-frz. abstr. Gem.)

Ernst Wilhelm Nay (* 1902): „Gruß an *Scharoun*" (abstr. Gem.)

Ben Nicholson: „März 1955 (Amethyst)" (engl. abstr. Gem.)

† *Max Pechstein*, dt. express. Maler, Mitglied d. „Brücke", Mitbgr. d. „Berliner neuen Sezession" (* 1881)

† *Auguste Perret*, frz. Architekt, u. a. Wiederaufbaupläne für Le Havre (* 1874)

Picasso: „Göttliche Besucher i. Atelier" (span.-frz. Radierg.); 15 Variationen nach *Delacroixs* „Frauen in Algier" (span.-frz. Gem.)

Picasso-Ausstellung in Paris, Hamburg u. München (in letzterer 126 Gemälde, 57 Graphiken, 25 Zeichnungen, 35 Plastiken, 13 Keramiken)

Hans Purrmann (* 1893): „Stilleben m. Früchten" (Gem.)

Attilio Salemme: „Madame X" (nordamer. kubist. Gem.)

Giuseppe Santomaso (* 1907): „Zaumzeuge" (ital. abstr. Gem.)

† *Edwin Scharff*, dt. Bildhauer (* 1887)

† *Rudolf Schlichter*, dt. Maler, d. „Neuen Sachlichkeit" (* 1890)

Jan Stekelenburg (* 1922): „Kathedrale von Reims" (ndl. express. Gem).

Rupert Stöckl: „K 25/7/55" (abstr. Gem.)

Ausgrabung eines ägypt. Sonnentempels Abusir (nahe Kairo) aus d. Zeit 2500 v. Chr. (gilt als ältestes ägypt. Sonnenheiligtum)

Entd. eines Höhlenkultraumes am Kyffhäuser: 60 zerstückelte Skelette verkrüppelter Jugendlicher (wahrscheinl. Menschenopfer aus d. Zeit 2000 v. Chr.)

Entd. eines Grabes eines Frankenfürsten aus d. Zeit um 600 n. Chr. an der Erft; Beigaben: schwedisch. Schild u. rhein. Goldgürtelspange

Nach 25jährigen Versuchen ermitteln engl. Tierspychologen folgende Reihenfolge der Intelligenz: 1. Schimpanse, 2. Kapuzineraffe, 3. Gorilla, 4. andere Affen, 5. Hund, 6. Katze, 7. Elefant, 8. Waschbär, 9. Schwein, 10. Pferd.

Erzeugung von 18000° C in Argongas durch Stoßwellen in d. USA

~ Eine physikalische Laboreinrichtung für grundlegende Untersuchungen kostete Anfang des 19. Jhs. *(Faraday)* etwa 100 DM, Ende d. 19. Jhs. *(Hertz)* etwa 10000 DM, um 1935 etwa 300000 DM, modernes physikal. Inst. etwa 5 Mill. DM, Materialprüfreaktor etwa 50 Mill. DM

Mit den großen Hochspannungsmaschinen in d. USA („Cosmotron", „Bevatron") gelingt, künstlich Elementarteilchen von rd. 1000 (K-Mesonen) und 2000 (Hyperonen) Elektronenmassen herzustellen

Erzeugung von Element 101, Mendelevium, durch Bestrahlung des Elementes 99, Einsteinium, mit Alpha-Strahlen i. d. USA; Element 101 zerfällt durch spontane Kernspaltung innerhalb einiger Stunden

Internationaler Kongreß über „Friedliche Verwendung der Atomenergie" in Genf (unerwartet freimütiger Austausch von Erfahrungen zwischen West und Ost; Ergebn. in 16 Bdn. in Engl., Frz., Russisch und Spanisch)

Fordstiftung setzt jährlich einen Preis von 315000 DM aus für friedliche Entwicklung der Atomenergie (1. Preisträger *Bohr*)

† *Jacques Fath*, Pariser Modeschöpfer (* 1912)

A-Linie in d. Damenmode: hängende Schultern, keine Hüften, breite Röcke

Nordeuropa verzeichnet den „schönsten Sommer seit 100 Jahren"

Bundes-Gartenschau in Kassel

Louis Bobet (Frankreich) gewinnt z. 3. Mal hintereinander Tour de France (Straßen-Radrennen)

Donald Campbell (Sohn von *Maccolm C.*) stellt mit 325,606 km/St. in seinem Düsenmotorboot „Blue Bird" neuen Weltrekord auf, den er bald auf 347,9 km/St. erhöht

Sandor Iharoz (Ungarn) läuft über 5000 m Weltrekord in der Zeit 13:40,6

Roger Moens (Belgien) läuft mit 1:45,7 neuen Weltrekord über 800 m

Gordon Pirie siegt in 29:19,0 Min. üb. 10000 m gegen *Zatopek*

„*Sugar*" *Ray Robinson* erlangt die Boxweltmeistersch. im Mittelgewicht zurück durch Sieg über *Carl Bobo Olson*

(1955)	USSR vermindert ihre Streitkräfte um 640000 Mann auf etwa 4,1 Mill. (damit beginnt eine internationale „Umrüstung", welche die Atomwaffen berücksichtigt) Staatsbesuch d. sowjetruss. Min.-Präs. *Bulganin* und d. Parteisekretärs *Chruschtschow* in Belgrad beendet die Verfemung des „Titoismus" im sowjet. Machtbereich (diese Politik führt im Ostblock zu nationalkommunistischen Bestrebungen, die sich 1956 besonders in Polen und Ungarn auswirken) Sowjetruss. Min.-Präs. *Bulganin* u. Parteisekretär *Chruschtschow* reisen nach Indien, Burma und Afghanistan; werden bes. i. Indien stürmisch begrüßt. USA antworten mit Beschlüssen, Ostasien wirtschaftlich verstärkt zu helfen USSR gibt Flottenstützpunkt Porkkala an Finnland zurück (wurde 1944 abgetreten) Sowjetunion verkauft Waffen an Ägypten (stärken Ä. gegen Israel) Ernster Zwischenfall zw. Truppen Israels und Jordaniens am See Genezareth (Spannung verschärft sich während der Suezkrise 1956) Asiatisch-afrikanische Konferenz in Bandung mit 29 Nationen einschl. d. Volksrepublik China (wird als Zeichen d. fortgeschrittenen Emanzipation der ehemaligen Kolonialvölker gewertet) Europareise *Nehrus*, um im kalten Krieg zwischen Ost und West zu vermitteln Internationale Krise um die Formosastraße; militärische Zwischenfälle zw. d. nationalchines. Regierung auf Formosa- und d. volksrepublikan. Reg. auf d. chines. Festland USA verkünden eine Politik der Stärke *Syngman Rhee* verlangt Ausweisung d. Internationalen Waffenstillstandskommission aus Südkorea; droht mit Angriff auf Nordkorea; setzt sich nicht durch	*Zuckmayer:* „Das kalte Licht" (Drama um Atomspionage) „Texte und Zeichen. Eine literarische Zeitschrift" (Hersg. *Alfred Andersch*) In der BRDtl. werden 1955 16240 Buchtitel verlegt *Bertelsmann* GmbH i. Gütersloh gegrdt. (zum Massenvertrieb v. Büchern u. Schallplatten) In den USA gibt es 8512 Buchverkaufsstellen u. 8420 öffentliche Bibliotheken; in der BRDtl. u. Westberlin [1950] 4444 Buchverkaufsstellen u. Bibliotheken Buchproduktion d. Erde rund 5 Mrd. Bände, davon etwa 50% Schulbücher Wiener Burgtheater mit „König Ottokars Glück und Ende" von *Grillparzer* neu eröffnet Internationale Tagung für Theaterwissenschaft in London Darmstädter Gespräche über das Theater 150. Auftritt der „Insulaner"; Berliner politisches Kabarett von *Günter Neumann*, mit *Bruno Fritz*, *Walter Gross*, *Tatjana Sais* u.a.	Durch eine „liebevolle Indiskretion" wird eine „Christusvision" des Papstes bekannt (ruft kritische Stellungnahmen nichtkatholisch. Kreise hervor) Enzyklika „Musicae sacrae" Starke Diskussion in Großbrit. über Rundfunkvorträge: „Moral ohne Religion" Brit. Unterhaus lehnt mit geringer Mehrheit ab, die Todesstrafe versuchsweise für 5 Jahre zu suspendieren (1956: Mehrheit gegen Todesstrafe) ~ Das Problem der Jugendverwahrlosung („Halbstarke") wird in Presse und Öffentlichkeit – oft wenig pädagogisch – diskutiert, teils wird Kriegs- und Nachkriegsschädigung, teils zu geringe Strenge der Erzieher verantwortlich gemacht Lynchmord im Staate Mississipi (USA) an einem 14jährigen Negerjungen, weil eine weiße Frau sich durch seinen Pfiff beleidigt fühlte; die Täter werden freigesprochen (bis dahin seit 1946 10 Lynchfälle in den USA, seit 1951 keiner) Multiple Faktoren-Analyse zur Unters. v. Vielfaktoren-Problemen d. Psychologie (entw. seit 1947 durch *L. L. Thurstone* [* 1887, † 1955] i. USA)

† *Yves Tanguy*, frz. surrealist. Maler, s. 1939 in USA (*1900)

Hans Trier (*1915): „Nestbau II" (abstr. Gem.)

Heinz Trökes: „Planetenwinter" (abstr. Gem.)

Hans Uhlmann: „Stahlplastik" (abstrakt)

† *Maurice Utrillo*, frz. Maler bes. von Stadtansichten in einem impressionist. Stil (*1883)

Robert Vickrey: „Konversation" (n.-amer. surreal. Gem.)

Fritz Winter: „Bewegung im Raum", „Geöffnet n. Weiß" (abstr. Gem.)

„documenta". Kunst des 20. Jhs. Internationale Ausstellg. im Museum Fridericianum in Kassel

„The Family of Man" („Die Menschenfamilie"; Photoausst. mit 503 Bildern aus 68 Ländern im Museum of Modern Art, New York (1956 auch in Dtl.)

„The New Decade" („Die letzten 10 Jahre"); Ausstellg. moderner Kunst im Museum of Modern Art in New York mit Werken der europäischen Künstler: *Afro*, *Appel*, *Armitage*, *Bacon*, *Bazaine*, *Burri*, *Butler*, *Capogrossi*, *Chadwick*, *Dubuffet*, *Hadju*, *Manessier*, *Minguzzi*, *Mirko*, *Pignon*, *Richier*, *Scott*, *Soulages*, *Uhlmann*, *Vieira da Silva*, *Werner*, *Winter*; u. d. amerikanischen Künstler: *Amino*, *Baziotes*, *Brooks*, *Brown*, *Congdon*, *de Kooning*, *Ernst*, *Ferber*, *Fuller*, *Glasco*, *Gordin*, *Gottlieb*, *Greene*, *Hare*, *Heliker*, *Katzmann*, *Kienbusch*, *Kline*, *Lassaw*, *Lippold*, *Lipton*, *Motherwell*, *Murch*, *Perlin*, *Pickens*, *Pollock*, *Pousette-Dart*, *Reinhardt*, *Russel*, *Salemme*, *Sharrer*, *Stamos*, *Tomlin*, *Tooker*, *Vickrey*.

Die moderne Malerei im Stil *Picassos* wird i. d. BRDtl. folgendermaßen bewertet:

(in Prozent)

	ja	nein	unentsch.	uninter.
allgem.	6	32	11	51
mit mittl. Schulbildg.	13	42	24	21
mit Abitur	16	45	26	13

Umfrage d. Inst. f. Demoskopie bei 1046 Frauen über Wohnraum - Geschmack: 7% bevorzug. ganz moderne Räume; 30% einfach. Werkstättenstil; 61% gängige Möbelkonfektion m. Hochpolitur; 2% den dunklen Wohnraum im Stil um 1900. Die gängige Konfektion ist besonders b. d. älteren Jahrgängen, insbes. b. Arbeitern, Beamten u. d. Landbevölkerung beliebt

Parteisekretär der KPDSU *Chruschtschow* verurteilt

Brit. Reg. stellt 51 Mill. Pfund (etwa 600 Mill. DM) für Atomkernforschung zur Verfügung; BRDtl. (1956) rd. 24 Mill. DM

Neutrino-Nachw. mit 400 000 l Flüssigkeitszähler i. 1600 m Tiefe i. USA (Anf. ein. Neutrino-Astronomie)

Großbrit. plant an Stromerzeugungskapazität und Anteil der Atomenergie:
für 1965 35—40 Mill. kW
davon 5% Atomenergie
für 1975 55—60 Mill. kW
davon 20—25% Atomenergie

Von etwa 1300 vorhandenen Elektronen-Mikroskopen stehen etwa 450 in den USA, etwa 57 in Deutschland

Internat. Konferenz über automatische Fabriken in Engl. (diese stark von der Elektronik beeinflußte „Automatisation" gilt als Beginn einer neuen industriellen Revolution)

„Volkswirtschaftliche Regelvorgänge im Vergleich zu Regelungsvorgängen der Technik" (ökonometrische Tagung)

Zur Erzeugung einer kWh in der BRDtl. wird 0,5 kg Steinkohle verbraucht (1948: 0,65 kg/kWh, 1900: 1,5 kg/kWh)

Titanproduktion in den USA rd. 10000 t (1953: 2250 t)

Synthetischer Diamant „Borazon" unter hohem Druck in d. USA hergestellt (hitzefest bis 1950° C)

Werkzeugmaterial auf keramischer Grundlage ermöglicht Schnittgeschwindigkeiten bei Metallbearbeitung bis 2500 m/min (bisher Hartmetallwerkzeuge max. 250 m/min)

Drehzahlbereich von Drehbänken
1955 20—3000/min, stufenl. regelb.
1938 15—1200/min
1914 15— 360/min
1900 10— 150/min
1870 12— 120/min
(1938–1870: in Stufen regelbar)

Schaufelradbagger für 100000 cbm/Tag und 7380 kW elektr. Leistungsbedarf, Gesamtgewicht 5600 t im rheinischen Braunkohlengebiet

Perinatale Medizin fördert durch Fruchtwasseruntersuchung Früherkennung embryonaler Schäden

Gerhard Hecht d. Sieg über *Heinz Neuhaus* dt. Box-Schwergewichtsmeister

Hans Günter Winkler wird in Aachen zum 2. Mal Weltmeister d. Springreiter

Kanada erlangt Weltmeisterschaft i. Eishockey durch Sieg über die USSR

Fußballweltmeister Dtl. unterliegt in Moskau gegen die USSR 2:3 (erstmalig größerer Reiseverkehr von der BRDtl. in die Sowjetunion nach dem Kriege)

Rot-Weiß Essen schlägt in der dt. Fußballmeisterschaft 1. FC Kaiserslautern 4:3

Dtl. erlangt über d. Schweiz wieder Handball - Weltmeisterschaft

Lohmann (Dtl.) radelt hinter Motorschrittmacher 94,106 km in einer Stunde

Katastrophe beim Autorennen in Le Mans (Frankreich) mit 82 Toten; das Rennen wird weitergefahren; Mercedes zieht seine Wagen zurück

Antennenturm in Oklahoma (USA) mit 479 m höchstes Bauwerk der Erde

Opt. Kamera mit sofortentwickelten Bildern (Polaroid)

(1955)

Präsident *Eisenhower* ernennt *Harold Stassen* (* 1907) zum Minister f. Abrüstungsfragen (tritt 1958 zurück)

H-Bomben-Luftschutzübung in den USA; Regierung verläßt Washington (die fiktive Zahl der Toten durch 61 Bomben beträgt etwa 16 Millionen)

Präsident *Eisenhower* erleidet einen Herzanfall, was große politische und wirtschaftliche Unruhe in der westl. Welt auslöst

Parteirepubl. USA-Regierung veröffentlicht Dokument über die Jalta-Konferenz von 1945, um gegen die Demokrat. Partei einen Propagandaerfolg zu erzielen (wird bes. außerhalb d. USA kritisiert)

USA stellen neue H-Bomben-Explosion i. d. USSR fest (wird v. d. Sowjetunion als „bisher stärkste" bestätigt)

Erster H-Bomben-Abwurf vom Flugzeug in der USSR (USA folgen 1956)

Otto Hahn, der Entdecker der Spaltung d. Urankerns, warnt vor den vernichtenden radioaktiven Wirkungen der Atombombe mit Kobalt-Mantel

Die Menge spaltbaren Materials (Uran 235 u. Plutonium) in den USA wird ausreichend für etwa 35000 Atombomben geschätzt, in der USSR für 15000 A-Bomben

Diskussion in den USA, ob die USSR einen Vorsprung in der militärischen Luftfahrttechnik zu gewinnen drohen (wird auch als Ausdruck der Konkurrenz zw. Heer, Marine und Luftwaffe i. d. USA angesehen, in dem die Luftwaffe einen Vorsprung in der Mittelbewilligung erringt)

† *Cordell Hull*, parteidemokr. Außenminister d. USA 1933–44; Friedens*nobel*pr. 1945 (* 1871)

Militärputsch in Argentinien beseitigt die auf die Staatsgewerkschaften gestützte Diktatur *Juan Peróns* (seit 1946). Nach dem Sturz *Peróns* folgen sich rasch zwei Revolutionsregierungen

die reichverzierende sowjetische Architektur der *Stalin*zeit. Diese Kritik findet ihr Echo in der DDR und richtet sich auch gegen die *Stalin*allee in Berlin

---

„Marty" (nordamer. Film, Regie: *Daniel Mann*, Darst.: *Ernest Borgnine*, *Betsy Blair* u.a.)

„End of the Road" (nordamer. sozialkrit. Film, Regie: *Wolf Rilla*, Darst.: *Finlay Curry* u.a.)

„Jenseits von Eden" (nordamer. Farbfilm, Regie: *Elia Kazan*, Darst.: *James Dean*, *Julie Harris* [* 1925] u.a.)

„Die tätowierte Rose" (nordamer. Film, Regie: *Daniel Mann*, Darst.: *Anna Magnani* [* 1908, † 1973], *Burt Lancaster* [* 1913] u. a.; n. d. Bühnenstück)

„Fenster zum Hof" (nordamer. Farbfilm, Regie: *Alfred Hitchcock* [* 1899], Darsteller: *James Stewart* [* 1908], *Grace Kelly* [* 1930] u.a.)

„Blackboard Jungle" („Die Saat der Gewalt", nordamer. Film um das Problem der Jugendkriminalität)

„Das verflixte 7. Jahr" (nordamer. Film, Regie: *Billy Wilder*, Darst.: *Marilyn Monroe* [* 1928] u.a.)

„Oklahoma" (nordamer. Breitleinwandfilm nach dem erfolgr. Musical von *Richard Rodgers*)

„Richard III." (engl. Shakespeare - Film; Produzent, Regisseur u. Hauptdarsteller *Laurence Olivier*)

„Ladykillers" (engl. Farbfilm, Regie: *Alexander Mackendrick*, Darst.: *Alec Guinness*, *Kathie Johnson* [† 1957] u.a.)

„Ciske — Ein Kind braucht Liebe" (niederl. Film, Regie: *Wolfgang Staudte*, Darst.: *Dick van der Velde*, *Heli Finkenzeller*, *Berta Drews* u.a.)

„Kinder, Mütter u. ein General" (Film, Regie: *Laslo Benedek*, Darst.: *Hilde Krahl*, *Therese Giehse*, *Ewald Balser* u.a.)

„Es geschah am 20. Juli" (Film, Regie: *G. W. Pabst*, Darst.: *Bernhard Wicki*, *Karl Ludwig Diehl* [* 1896, † 1958] u.a.)

„Himmel ohne Sterne" (Film, Regie: *Helmut Käutner*, Darst.: *Eva Kotthaus*, *Erik Schuman* u.a.)

„Rififi" (frz. Film, Regie: *Jules Dassin*, Darst.: *Jean Servais*, *Jules Dassin*, *Marcel Lupovici* u.a.)

„Das Geheimnis des Marcelino" (span. Film, Regie: *Ladislao Vajda*)

~ Zahlreiche Wiederverfilmungen (Remakes) früherer erfolgreicher Filmstoffe; mehrfach Zusammenstellungen früherer Filmszenen mit bek. Schauspielern

„Lärmbekämpfung, Grundlagen und Übersicht" (kennzeichnend f. d. wachsende Bedeutung dies. Problems)

Okertalsperre (im Harz) wird gebaut

„Dt. Lufthansa" nimmt wied. Luftverkehr auf (dt. Verkehrsflugzeuge werden noch nicht gebaut)

80% aller Automobile werden in 20 Typen in d. USA gebaut; die restlichen 20% in 100 Typen

Volkswagenwerk produziert 330120 (1950: 91038), exportiert 177591 (29387) Wagen, insgesamt den millionsten Wagen

Erste schlauchlose Autoreifen in Dtl. (entwickelt in den USA)

Kabinenroller „Isetta" (f. 2 Personen, 4rädrig)

Ausgaben in der BRDtl. pro Kopf d. Bevölkerung f. alkohol. Getränke 131,00 DM, für Rauchwaren 87,00 DM, für Kinobesuch 13,00 DM, für Totowetten 7,70 DM

Schweden hebt Einschränkung. d. Alkoholismus auf

Tuberkulosesterblichkeit in Dtl.: 2 auf 10000 Einw. (1892: 26/10000)

Mit 5,4 Mill. BRT wird ein Höchststand des Weltschiffsbaus seit 1920 erreicht

Geschätzte Energiereserven der Erde in Mrd. Tonnen Kohlenäquivalent:

Kohle	3000
Öl, Gas	450

dazu jährlich aus Wasserkraft 2,5. Diese Vorräte reichen bis z. Jahre 2090, wenn pro Jahr Energieverbrauch um 3% wächst und ab 2050 konstant bleibt. Uran u. Thorium-Vorräte reichen f. Atomenergie für etwa 1700 Jahre, wenn Verbrauch ab 2000 konstant. Im Jahre 2000 wird d. Energiebedarf d. gegenüber 1950 verdoppelten Menschheit etwa 5mal höher geschätzt

In Äquatorial-Afrika werden Wasserkraftwerke mit 3,5 Mill. kW ausgebaut (die Reserven des unteren Kongolaufes betragen allein 100 Mill. kW; i. d. USA werden von 85 Mill. kW 20 Mill. genutzt)

Energieerzeugung pro Kopf u. Jahr in den USA 3200 kWh (1913: 160 kWh)

Anteile an den Lebenshaltungsausgaben in der BRDtl. (in %)

Nahrungsmitt.	41
Bekleidung	14
Wohnung	9
Bildg, Unterh.	8
Hausrat	8
Genußmittel	7
Heiz., Beleucht.	6
Hyg., Reinig.	4
Verkehr	3

Höchststand d. arbeitstägl. Produktionsindex i. der BRDtl. a. 1.11. 235 (geg. 204 am 1.11.54) und in Berlin a. 15.9. mit 111 (geg. 90 am 15.9.54) (1936 = 100)

Spareinlagen i. der BRDtl. in Mill. DM a. Jahresende:

1955	20668
1954	16717
1953	11241
1952	7404
1951	4984
1950	4066
1949	3061
1948	1599

Betriebsunfall i. US-Testreaktor kann ohne gesundheitliche Schäden kontrolliert werden

Triebfahrzeug-km d. Dt. Bundesbahn

	1955	1950
Dampflok-km	76,1%	88,2%
Dieseltrieb-km	12,9%	3,0%
Elektrotrieb-km....	11,0%	8,8%

Wirtschaftl. Indexzahlen f. BRDtl. (1950 = 100)

	1951	1955
Industr.-Prod. insges.	118	178
Grundstoff-Prod.	118	174
Invest. Güter-Prod.	131	233
Verbr.-Güter-Prod.	114	162
Lebenshaltungskosten	108	110
Industr. Produktivität	111	140
Brutto-wochenverdienst:	113 (= DM 68,52)	144 (= DM 86,85)

Wirtschaftsentwicklung in der DDR:

	1950 (Ist)	1955 (Ist)	1960 (Plan)
Industrie-Brutto-prod. (Mrd. DM)	23,0	44,4	68,8
Elektr. Mrd. kWh	18,9	28,8	44,0
Braunk. Mill. t	137	200	260
Rohstahl Mill. t	1,0	2,5	3,5
Zellst. 1000 t	80	106	118
Baumw. Mill. qm	261	264	395
Schuhe Mill. Paar	8,5	17	22
Kühlschr. 1000 St.	—	17	110
Fernseher 1000 St.	—	39	350
Butter 1000 t	—	126	163
Zucker 1000 t	—	655	950

Brutto-Sozialprodukt der USA und seine Verwendung (Mrd. Dollar):

Brutto-Sozialprod.	391
Verbrauchsausgaben	254
Verteidigung	41
andere Staatsausgaben	35
Wohnungsbau	17
Industriebau	16
Investitionen	24
Inventarbewegung	4
Auslandsbilanz	—1

Vom Weltsozialprodukt entfallen auf rd. je ein Drittel der Erdbevölkerung 85%, 10% und 5%

(1955)

Staatsstreich der Armee in Brasilien: geschäftsführender Präsident *Luz* tritt zurück

Folgende Staaten werden neu in die UN aufgenommen: Albanien, Bulgarien, Ceylon, Finnland, Irland, Italien, Jordanien, Kambodscha, Laos, Libyen, Nepal, Österreich, Portugal, Rumänien, Spanien, Ungarn (Nichtmitgl.: Dtld., Japan [tritt 1956 ein], Korea, Monaco, San Marino, Schweiz, Vatikan, Vietnam)

Fraktionen im Schweizer Nationalrat	1955	1939
Sozialdemokraten	53	45
Freisinnige	50	51
Kathol. Konservative	47	43
Bürger-, Gewerbe-, Bauernpartei	22	22
Duttweiler	10	9
Liberaldemokraten	5	6
Demokraten	5	6
Sonstige	4	14
Insgesamt	196	196

1323 km/st Fluggeschwindigkeit über 18 km in 12 km Höhe (USA) (1956: 1822 km/st); Flughöhenweltrekord mit 20079 m (Großbrit.)

Probeflug um die Erde des brit. Düsenverkehrsflugzgs. „Comet III"

Brit. Düsenflugzeug „Canberra" fliegt die Strecke London–New York–London in 14 st 21 min

Langstrecken-Verkehrsflugzeug Douglas DC 8 mit 4 Turbinen-Luftstrahl-Triebwerken für 115 t. Startgewicht: über 100 Fluggäste mit 900 km/st über 5500 km

Douglas C-133 A, der größte Luftfrachter der Welt, mit 4 T-34-Propeller-Turbinen-Luftstrahl-Triebwerken zu je 5800 PS (Kolbentriebwerke treten vermutlich in Zukunft im Langstreckenflug zurück)

Brit. Diesel-Lok mit 2×3300 PS-Motoren für Schnellzüge bis 145 km/st

Die amtl. Statistik der USSR weist aus

	1940	1955	
Rundfunkgeräte	1,12	6,10	Mill.
Fernsehgeräte	—	0,82	Mill.
Filmtheater	15,5	33,3	Tausend
Veröffentl. Buchtitel	45,8	54,7	Tausend
Büchereien	277	392	Tausend
Bücher in Büchereien	527	1351	Mill.
Zeitungen (Zahl)	8,8	7,2	Tausend
Auflage d. Zeitungen	38	49	Mill.

Wirtschaftszahlen für Westeuropa, USA und USSR

	Westeur. 1950	Westeur. 1955	USA 1950	USA 1955	USSR 1950	USSR 1955	USSR (Plan) 1960
Bev'k. (Mill.)	164	169	152	165	200	216	233
Kohlen (Mill. t)	517	560	501	448	260	390	593
Rohöl (Mill. t)	2,4	4	270	332	38	71	135
Strom (Mrd. kWh)	150	210	389	623	91	170	320
Stahl (Mill. t)	46	67	88	106	27	45	68

Produktion in der USSR nach amtlichen Angaben

	1940	1955	
Stahl	18,3	45,3	Mill. t
Kohle	165,9	391,0	Mill. t
Öl	31,1	70,8	Mill. t
Elektrizität	48,3	170,1	Mrd. kWh
Traktoren	31,6	153,4	Tausend
Kraftwagen	145,4	445,3	Tausend
Baumwolle- und Wolltuch	4074	6155	Mill. m
Lederschuhe	211	274,5	Tsd. P.
Butter	266	459	Tsd. t

Amtliche Statistik der USSR verzeichnet für 1950
Einwohner 200 Mill., davon 87 Mill. Städter
Städt. Beschäftigte 48,14 Mill., davon 45% weiblich und 17,4 Mill. in der Industrie

Die USSR weist pro 1000 der Bevölkerung aus

	1940	1955
Geburten	31,7	25,6
Todesfälle	18,3	8,4

Entwicklung der realen industriellen Produktion in Mrd. Dollar (Kaufkraft 1929)

	1850	1900	1913	1929	1937	1950	1955
USA	1,9	19,4	37,6	68,0	69,9	129,8	160,7
USSR (Rußl.)	.	2,7	4,6	7,9	24,5	42,6	77,6
Dtl. (W. u. O.)	1,0	9,1	15,0	17,6	20,7	17,9	30,8
BRDtl.	.	.	.	.	.	13,1	23,5
Großbrit.	3,5	11,3	14,8	14,8	18,9	23,0	27,7
Frankreich	1,5	4,7	7,4	10,5	9,1	10,2	14,3
Kanada	.	0,9	2,4	3,9	4,2	8,1	10,2
Japan	.	0,5	1,3	4,2	7,1	4,4	9,4
	7,9	48,6	83,1	126,9	154,4	249,1	354,2

insges. nimmt die Produktion dieser Staaten 1850–1955 von 7,9 auf 354,2 44,8fach zu (+42,7 %/Jahr)

(1 US-Dollar v. 1929 = 2 US-Dollar v. 1955; die amtl. Ziffern der USSR lauten für 1950 80 und 1955 140 Mrd. Dollar v. 1929; vgl. 1688, 1822)

1956

Kein Friedens*nobel*preis

~ Sprengwirkung v. Atomwaffen

28-cm-Atomgr.	0,015	Mill. t TNT
A-Bombe, takt.	0,015	Mill. t TNT
A-Bombe, strat.	0,12	Mill. t TNT
H-Bombe 1952	5	Mill. t TNT
H-Bombe 1955	45	Mill. t TNT

(die über Dtl. im 2. Weltkrieg abgeworfene Bombenmenge entsprach etwa 1 Mill. t TNT)

Das Weltpotential an Atombomben wird auf 50000 geschätzt, davon etwa 35000 f. d. USA, 15000 f. d. USSR

1. Abwurf einer nordamer. Wasserstoffbombe vom Flugzeug (in der USSR: 1955)

Londoner 5-Mächte-Verhandlungen üb. Abrüstung ohne Einigung

USSR will Streitkräfte um 1,2 Mill. Mann erniedrigen (wird als Teil der „Umrüstung" i. Atomzeitalter gedeutet)

Atlantikrat empfiehlt Erweiterung der NATO auf polit. u. wirtschaftl. Gebiet; Grdg. d. sog. „Rates der Drei Weisen"

CDU-Regierung *K. Arnold* (* 1901, † 1958) in Rheinland-Westfalen v. einer Koalition zwischen SPD, FDP und Zentrum gestürzt, *F. Steinhoff* (SPD) Min.-Präs.

FDP-Bundesvorstand kündigt Koalition mit d. CDU im Bundestag (1958: CDU-Regierung)

Ministerflügel der FDP-Bundestagsfraktion, der die Politik d. Parteivorsitzenden *Dehler* bekämpft, grd. „Freie Volkspartei" (FVP) (1957 vereinigt sich FVP mit der Deutschen Partei [DP])

Landtagswahlen in Baden-Württemberg: CDU 42,6%, SPD 28,9%, FDP 16,6%: Reg. *Gebhard Müller* (* 1900, CDU)

Bundestag verabschiedet mit $^2/_3$-Mehrheit Wehrergänzg z. Grundgesetz; 20 Abg. d. SPD stimmen dagegen. Bundesrat stimmt auf einer Sitzung in Berlin zu. Erste Einheiten der Bundeswehr

Parteitag d. CDU in Stuttgart; *Adenauer* wieder Bundesvorsitzend.

Staatsbesuch d. Bundespräs. *Heuss* in Griechenland

Literatur-*Nobel*preis an *Juan Ramon Jiménez* (* 1881, span. Lyriker)

Friedenspreis des dt. Buchhandels an *Reinhold Schneider*

Prix Goncourt für *Romain Gary* „Les racines du ciel" (russ.-frz. Roman, dt. Übertragung „Die Wurzeln des Himmels")

Georg-Büchner-Preis für *Karl Krolow*

*Hansischer Goethe*preis f. *Walter Gropius*

Fontane-Preis (Berlin) für *Hans Scholz*

Jean Anouilh: „Pauvre Bitoz" (frz. Tragikomödie)

† *Gottfried Benn*, dt. Lyriker u. Arzt; pflegte expressionist. u. monologischen Stil (* 1886)

Mattias Braun (* 1933): „Die Troerinnen des Euripides" (Nachdichtung d. pazifist. griech. Dramas)

† *Bert(olt) Brecht*, dt. Dichter, zuletzt in der DDR; schrieb u. a. „Die Dreigroschenoper" mit *Weill* (1928) (* 1898)

† *Louis Bromfield*, nordamer. Erzähler; schrieb 1938 „Der große Regen" (* 1896)

Heimito von Doderer: „Die Dämonen" (Rom.)

Wladimir Dudinzew: „Der Mensch lebt nicht vom Brot allein" (russ. Roman, gilt als Bruch mit dem „sozialist. Realismus")

Fr. Dürrenmatt: „Der Besuch der alten Dame" (schweiz. Schauspiel)

† *Alexander Fadejew* (Freitod), russ. Dichter in der USSR (* 1901)

† *Leo Baeck*, jüd. Theologe; schrieb 1905 „Das Wesen des Judentums"; förderte jüd.-christl. Verständigung (* 1873)

R. F. Benedict: „Urformen der Kultur" (nordamer. Völkerpsychologie durch Studien an Primitiven)

E. Bloch: „Das Prinzip Hoffnung" (3 Bände seit 1954)

W. de Boor: „Pharmakologische Psychopathologie" (medikamentöse Behandlung v. Geisteskranken)

R. Dahrendorf: „Industrie und Betriebssoziologie"

A. Gehlen: „Urmensch und Spätkultur" (Kultur ist vom Menschen umgearbeitete Natur)

P. R. Hofstätter: „Sozialpsychologie"

L. v. Holzschuher: „Psychologische Grundlagen der Werbung" (Reklamepsychologie)

J. Huizinga: „Homo ludens" („Der spielende Mensch", Psychologie der Phantasie)

I. Jakab: „Zeichnungen und Gemälde der Geisteskranken"

† *Alfred Kinsey*, nordamer. Biologe u. Sexualforscher (* 1894)

† *Ludwig Klages*, dt. Philosoph u. Psychologe; schrieb u. a. „Der Geist als Widersacher der Seele" (1929—32) (* 1872)

Walter Krickeberg: „Altmexikanische Kulturen"

W. Lange-Eichbaum u. *W. Kurth*: „Genie, Irrsinn und Ruhm" (Psychologie d. Anomalen)

Adolf Abel u. *Rolf Gutbrod:* Liederhalle in Stuttgart (asymmetrisch, 2000 Sitze)

Carlo Baratelli (*1926): „Orange et brun" (schweiz. abstrakt. Gem.)

Renato Birolli (*1906): „Die Nacht" (ital. Gemälde)

Wolf Bloem: „Paris, Notre Dame bei Nacht" (Gemälde)

Manfred Bluth: „Rudolf Springer" (Porträtgemälde)

Walter Bodmer (*1903): „Komposition in 2 Teilen" (schweiz. Gemälde)

Enzo Brunori (*1924): „Grüner Baum", „Anemonen" (ital. Gem.)

Bernard Buffet: „Der Schädel", „Kanal Saint Martin", „Selbstbildnis" (frz. Gem.)

Reg Butler: „Sinnendes Mädchen" (engl. Bronze)

Bruno Cassinari (*1912): „Herbst" (ital. abstr. Gem.)

Chagall: „Das grüne Pferd", „Huldigung an Gauguin" (russ.-frz. Gem.)

Fabrizio Clerici: „Complesso di tre templi dell' Uovo" (ital. surreal. Gem.)

Guy Dessauges (*1924): „Winter" (schweiz. Gem.)

Ernst Faesi (*1917): „Architektonisch-vegetativ" (schweiz. abstr. Gem.)

† *Lyonel Feininger*, kubist. Maler des Bauhaus-Kreises, zuletzt in USA (*1871)

† *Hermann Abendroth*, dt. Dirigent (*1883)

Benjamin Britten: „The Prince of the Pagodas" (Ballett)

† *Guido Cantelli* (Flugzeugabsturz), ital. Dirigent; Meisterschüler *Toscaninis* (*1920)

Joh. Nepomuk David: „Sinfonia breve"

Hans Ulrich Engelmann (*1921): „Die Mauer" (radiophonische Kantate)

Heimo Erbse: Sinfonietta giocosa

† *Walter Gieseking* (*1895), international bekannter deutscher Pianist

† *Alexander Gretschaninoff* (*1864), russ. Komponist, seit 1925 Paris und d. USA (Klaviermusik und Lieder)

Hermann Heiß: „Expression K", Liederzyklus n. *Kafka*

Hans Werner Henze: „Concerto per il Marigny" (Klavier u. 7 Soloinstrumente) „König Hirsch" (Oper, Text n. *Gozzi* v. *H. v. Cramer*), Urauff.

Herbert v. Karajan (*1908): dt.-österr. Dirigent, löst *Karl Böhm* an der Wiener Staatsoper ab

*Nobel*preis für Physik an *William Shockley*, *John Bardeen*, *Walter H. Brattain* (alle USA) für Entwicklung des Transistors (Kristallverstärker, vgl. 1948)

*Nobel*preis f. Chemie an *N. N. Semenow* (USSR) und *Cyril Norman Hinshelwood* (*1897, Großbrit.) für die Erforschung chemischer Kettenreaktion

*Nobel*preis f. Medizin an *Werner Forssmann* (*1904, Dtl.), *André Cournand* (*1894, USA) und *Dickinson W. Richards* (*1894, USA) für erste Herzkatheterisierung (1929) bzw. ihre Entwicklung zu der Standardmethode (seit 1940)

Luis W. Alvarez und 11 andere Physiker entd. in den USA die Verschmelzung eines Protons mit einem Deuteron zu Helium 3 bei tiefer Temperatur mit katalytischer Hilfe eines kurzlebigen Mesons (erscheint grundsätzlich wichtig als energieliefernder Kernfusionsprozeß bei tiefer Temperatur)

T. C. Carter und Mitarbeiter (Großbrit.) berichten über Dauerbestrahlung von Mäusen mit energiereichen (Gamma-) Strahlen (erweist die großen Schwierigkeiten bei Säugetieren, Feststellungen über strahlungsausgelöste Erbänderungen zu machen)

Cork, *Lambertson*, *Piccioni* u. *Wenzel* entd. das Antineutron, das ein zum Neutron entgegengesetztes magnetisches Moment hat

H. Fraenkel-Conrat u. *B. Singer:* Viren lassen sich in Eiweiß- und Nukleinsäure-Komponente zerlegen und wieder zu aktiven Einheiten zusammensetzen. Nukleinsäure trägt Erbeigenschaften, Eiweiß serologisches Verhalten (1957 gelingt Nachweis, daß sich Eiweiß und Nukleinsäure verschiedener Stämme wirksam kombinieren lassen)

† *Christian Gerthsen*, dt. Physiker bes. Atomkernphysik (*1894)

L. Groß: Elektronenmikroskopischer Nachweis des Viruserregers

D. Hodgkin Strukturformel v. Vitamin B12

Außenminister d. Montanunion-Staaten beschl. europ. Atomplan: „Euratom"

Frederick Pollock, *Alfred Weber* u. a.: „Revolution der Roboter" (Unters. über Probleme der Automatisierung)

Hermann Roloff: Gesamtbebauungsplan der neuen Stadt Kaster (Beispiel einer einheitlichen Stadtplanung für 10000 Einw.)

† *Ernst Wagemann*, dt. Volkswirtsch. und Statistiker; grdte. 1925 Inst. f. Konjunkturforschung; 1923–33 Präs. des Statist. Reichsamtes (*1884)

Bruttosozialprodt. d. BRDtl. u. seine Verwendung (Mrd. DM):

	1951	1956
in Preisen 1936	62,7	91,9
in jeweil. Preisen	113,6	180,2
Privatverbrauch	65,1	101,8
Staatl. Verbr.	18,4	25,8
Bruttoinvest.	28,1	47,0
Außenbeitrag	2,0	5,6

Verfügbares Einkommen d. Privathaushalte d. BRDtl. und Sparquote:

	Eink. (Mrd. DM)	Sp.Qu.
1951	67,8	4,0
1954	88,6	7,8
1956	108,4	6,1

(1956)

Adenauer und *Mollet* einigen sich üb. Rückgliederung d. Saargebietes, das polit. ab 1. 1. 57 (frz. wirtschaftl. Vorrechte b. 1959) zu Dtl. zurückkehrt, und Bau eines Moselkanals im bes. Interesse der lothringischen Industrie

Parteitag u. Konferenz der SPD in München bzw. Düsseldorf diskutieren Probl. d. „Zweiten Industriellen Revolution" unt. bes. Berücks. der Bildungsfragen. *Ollenhauer* wieder 1. Vorsitzender

Dt. Bundestag verabschiedet gegen die Stimmen der Opposition 12-monat. Wehrpflichtgesetz

Treffen *Nehru-Adenauer* in Bonn

Bundesverfassungsgericht verbietet Kommunistische Partei Deutschlands auf Klage der Bundesreg. hin

Hitler amtlich für tot erklärt

Bundesreg. läßt in Moskau Memorandum z. Wiedervereinigung Dtls. überreichen (wird abgelehnt)

Kg. *Paul I.* und K.gin *Friederike* v. Griechenland besuchen BRDtl.

Bundestag tagt in Berlin

Nach Rücktritt der 4 FVP-Minister scheiden aus der Bundesreg. aus: *Th. Blank* (Verteidigung), *Neumayer* (Justiz), *W. Kraft* u. *H. Schäfer* (ohne Ressort). *F. J. S. Strauß* wird Verteidig.-Min. (vorher Atom), *Balke* Atommin. (vorher Post), *v. Merkatz* auch Justizmin. (zugl. wirtsch. Zusammenarbeit); *Ernst Lemmer* (*1898, + 1970, CDU Berlin) Postminister

Kommunalwahlen in Nordrhein-Westfalen, Baden-Württemberg, Rheinland-Pfalz, Niedersachsen, Hessen (relativer Zuwachs der SPD)

E. Ollenhauer u. *Carlo Schmid* (SPD) unternehmen Asienreise und unterstreichen Bedeutung dieser Gebiete

Besprechung zwischen *Nehru* und *Adenauer* auf dem Flugplatz Düsseldorf

Anklage wegen Landesverrats geg. *Otto John*, ehem. Leiter d. Verfass.-schutzamtes; Urteil: 4 Jahre Zuchth. (1958 begnadigt)

Frances Goodrich und *Albert Hackett*: „Das Tagebuch der Anne Frank" (dt. Auff. des nordamer. Bühnenstücks nach dem Originaltagebuch d. *A. Fr.*)

† *Lucie Höflich*, dt. Schauspielerin u.a. am Dt. Theater *Max Reinhardts* (* 1883)

Eugène Ionesco (* 1912): „Die Stühle" (rumän.-frz. tragische Posse)

C. Malaparte: „Diese verfluchten Toskaner" (ital. Satire auf seine Heimat)

Félicien Marceau (* 1913): „Das Ei" (belg. satir. Schauspiel)

John Osborne (* 1930): „Blick zurück im Zorn" (engl. Schauspiel)

Gore Vidal (* 1926): „Besuch auf einem kleinen Planeten" (nordamer. satir. Schauspiel)

G. Weisenborn: „Lofter" (Drama), „Der dritte Blick", „Auf Sand gebaut" (Romane)

Ingeborg Wendt: „Notopfer Berlin" (Fam.-Roman)

W. Weyrauch: „Gesang, um nicht zu sterben" (Lyrik)

Colin Wilson: „The Outsider" (engl. Roman)

Briefwechsel zw. *Hugo v. Hofmannsthal* u. *Carl J. Burckhardt* wird veröff.

„Die Großen Deutschen", Deutsche Biographie, herausg. von *H. Heimpel*, *Th. Heuss*, *B. Reifenberg*

Wladimir Lindenberg: „Die Menschheit betet." Praktiken der Meditation in der Welt" (Religionspsychologie)

D. Riesman: „Die einsame Masse" (Massenpsychologie)

R. Stagner: „Psychologie der industriellen Konflikte" (engl.)

H. Strehle: „Vom Geheimnis der Sprache" (i. Sinne einer natürlichen „Sprachphysiognomik")

W. H. Thorpe: „Lernen und Instinkte bei Tieren" (Lernpsychologie)

A. Toynbee: „An Historians Approach to Religion" („Eines Historikers Stellungnahme zur Religion", betont das Gemeinsame der Weltreligionen)

V. v. Weizsäcker: „Pathosophie" (psychologische Philosophie)

H. D. Wendland: „Die Kirche in der modernen Gesellschaft" (evangel.)

„Informationstheorie" (Herausg. *J. Wosnik*)

„Automation" (engl. Untersuchung über Probleme der Automatisierung)

~ In einem modernen Walzwerk sind etwa 75% Facharbeiter tätig (1913: 6%)

Für die BRDtl. wird ein jährlicher Ingenieurbedarf von mindestens 18500 berechnet, statt der vorhandenen 12500 Absolventen der Hoch- und Ingenieurschulen

Mao: „Laßt 1000 Blumen blühen" (führt zu keiner Liberalisierung d. chines. Kulturlebens) vgl. S. 1266, Sp. P

Karl Gerstner (* 1930): „Das blaue Exzentrum“ (schweiz. abstraktes Gem.)

Emilio Greco (* 1913): „Kauernde“ (ital. Bronze)

Walter Gropius: „Architektur. Wege zu einer optischen Kultur“

B. Heiliger: „Nike“ (Eternit-Plastik)

† *Fritz Koch-Gotha*, humorist. Maler u. Illustrator (* 1877)

Oskar Kokoschka: „Stadt Köln vom Messeturm“ (expr. Gem.)

Kurt Lehmann (* 1905): „Badende“ (Plastik)

Giacomo Manzu: „Testa di Donna“ (ital. Bronze)

G. Marcks: „Konrad Adenauer“, „Hererofrau“ (Bronz.)

Marcello Mascherini: „Vestalin“, „Liegender Faun“ (ital. express. Kleinplastik)

Hansjörg Mattmüller (* 1923): „Geflecht“ (schweiz. abstraktes Gem.)

H. Moore: „Sitzende vor gekrümmter Mauer“ (engl. Plastik, vollend. 1957)

Giorgio Morandi (* 1890): „Karaffen und Flaschen“ (ital. Stich der Schule „Valori Plastici“)

Mattia Moreni (* 1920): „Ehrung für De Pisis“ (ital. abstr. Gem.)

Ennio Morlotti: „Studie 1956“ (ital. abstr. Gem.)

Giselher Klebe: „Raskolnikows Traum“ (n. *Dostojewski*, f. Sopran, Klarinette und Orchester), „Fleuronville“ (Ballett), Urauff.

† *Erich Kleiber* (* 1890), dt.-österr. Dirigent an der Berliner Staatsoper, in Buenos Aires, Havanna u. London

Hans-Martin Majewski (* 1911): „Thema in Moll“ (Jazzbearbeitung eines Fugenthemas von *J. S. Bach*)

Jean Martinon (frz. Komp., * 1910): „Hecube“ (Musikdrama, Text: *Serge Moreux*)

Luigi Nono: „Il canto sospeso“ (Kantate für Soli, Chor u. Orchester)

Ernst Pepping (* 1901): „Tedeum“ (f. Sopran, Bariton, Chor u. Orchester)

† *Günther Ramin* (* 1898), Thomaskantor in Leipzig, Organist u. Dirigent

Hermann Reutter: (* 1900): Concerto grosso „Aus dem Hohenlied Salomonis“

Igor Strawinsky: „Canticum sacrum ad honorem Sancti Marci nominis“ f. Tenor, Bariton, Chor, Orchester u. Orgel

† *Irène Joliot-Curie*, frz. Kernphysikerin; entd. mit ihrem Mann 1934 die künstl. Radioaktivität; *Nobel*preis 1935 (* 1897)

Kürti, Robinson, Simon u. *Spohr* erreichen in Oxford durch „Kernkühlung“ $^1/_{50000}$° über dem absoluten Nullpunkt

G. Löwenthal und *J. Hauser*: „Wir werden durch Atome leben“ (optimist. Ausblick in das Atomzeitalter)

† *Alfred Eilhard Mitscherlich*, Gelehrter auf dem Gebiet der Bodenkunde und Pflanzenernährungslehre (* 1874)

„Regelungsvorgänge i. d. Biologie“ (Herausg. *H. Mittelstädt*)

H. Nachtsheim: „Sterilisation aus eugenischer Indikation“ (auf freiwilliger Grundlage, zur Bekämpfung von Erbkrankheiten)

Malcolm D. Ross u. *Morton L. Lewis* erreichen in d. USA mit Stratosphärenballon Rekordhöhe von 22,8 km

Friedrich Vogel (* 1925): „Über die Prüfung von Modellvorstellungen zur spontanen Mutabilität an menschlichem Material“ (schließt auf die Entstehung von Erbänderungen vorwiegend bei der Keimzellteilung des Mannes)

Zahl der Chromosomenpaare des Menschen ergibt sich zu 23 (vorher 24 angenommen)

„Die biologischen Wirkungen ionisierender Strahlen“ (USA), „Die Strahlengefährdung des Menschen“ (Großbrit.); wiss. Berichte z. Strahlenbelastung des Menschen im Atomzeitalter; weisen besonders auf die Gefahren durch Erbschäden und auf die Belastung durch Röntgendiagnose hin

82 Staaten unterzeichnen Vertrag für die friedliche Nutzung der Atomenergie

In Betrieb befindliche Kernreaktoren: USA 53, Großbrit. 10, USSR 4, Kanada 2, Westeuropa 7 (Dtl. 0), Indien 1

Amerikanische Wissenschaftler halten eine Beeinflussung des Wetters durch bisherige Atombombenversuche für sehr unwahrscheinlich;

Die Einkommensschichtung in der BRDtl. (Bruttojahreseinkommen)

DM	%
unter 1200	7,2
1200– 2400	12,4
2400– 3600	18,4
3600– 4800	21,8
4800– 6000	19,2
6000– 7200	10,7
7200–12000	8,7
12000–24000	1,5
über 24000	0,1

Insges. bezogen 18,05 Mill. beschäftigte Arbeitnehmer ein Bruttoeinkommen von 81,5 Mrd. DM, im Durchschnitt rd. 377,— pro Monat

Haushalt der BRDtl. (Mrd.DM)

Einnahmen	34,8
dav. Steuern	27,9
Ausgaben	34,8
dav. Verteid.	9,7
Sozialleist.	11,3
Wohnungsb.	1,6
Schuldend.	1,4
Berlinhilfe	0,85

Gesamtsteuereinnahmen v. Bund u. Ländern 39,4 (1953: 29,7)

Bank von England erhöht Diskont v. 4½% auf 5½% (höchster Stand seit 1931)

Zentralbankrat d. Bank dt. Länder beschließt Diskonterhöhung von 3½% auf 4½%, dann auf 5½% (diese „Konjunkturbremse“ wird auch kritisiert).

Brit. Kernkraftwerk Calder Hall in Betrieb (für 184 MW entworfen, vorzugsweise Plutonium-Erzg.)

(1956)

DDR im Oberkommando d. Warschauer Paktes

Volkskammer der DDR beschließt „nationale Volksarmee“ (ohne Wehrpflicht) u. Verteidigungsministerium

† *Wilhelm Miklas*, österr. Politiker; 1928–38 Bundespräsident (*1872)

Österr. Parlamentswahlen: ÖVP 82 Sitze, SPÖ 75 von insges. 164: wieder ÖVP-SPÖ-Koalition unter Bundeskanzler *Julius Raab* (ÖVP)

Frz. Min.-Präs.: *E. Faure* (seit 1955), *Guy Mollet* (* 1905, Sozialist; 21. frz. Nachkriegskabinett)

Staatsbesuch *Titos* in Frankreich

Frz. Min.-Präs. *Mollet* u. Außenmin. *Pineau* besuchen Moskau

Frankr. verhaftet in einem Handstreich in Algier fünf Führer der algerischen Aufstandsbewegung aus einem marokkanischen Flugzeug heraus

Schwedische Reichstagswahlen (% der Stimmen):

	1956	1958
Sozialdemokraten	44,6	46,9
Liberale	23,8	18
Konservative	17,1	18,7
Zentrum (Bauern)	9,4	13
Kommunisten	5	3,4

Rainier, Fürst von Monaco, heiratet USA-Filmstar *Grace Kelly* (Geburt einer Thronfolgerin 1957 sichert Unabh. Monacos v. Frankreich)

Eisenhower und *Eden* können sich über Nahost-Politik nicht einigen

Briten deportieren den Führer der progriechischen Bewegung auf Zypern, Erzbischof *Makarios*

Jordanische Regierung muß zurücktreten, weil sie dem Bagdadpakt beitreten will. König *Hussein* entläßt engl. Kommand. *Glubb Pascha* (*H.* ruft 1958 brit. Truppen gegen Rebellen)

UN-Generalsekretär *Hammarskjöld* auf Friedensmission im Nah. Osten: Israel u. Ägypten verspr. Waffenstillstand zu halten

Ägypten, Saudi-Arabien und der Jemen schließen 5jährigen Beistandspakt

USSR-Außenmin. *Schepilow* besucht Ägypten, das d. Räumung d. Suezkanalzone durch Großbrit. feiert

Kardinal *Wyszynski* wieder Primas von Polen (war seit 1953 in Haft)

Abkommen über das Verhältnis von Kirche und Staat in Polen (poln. kathol. Kirche unterstützt 1957 *Gomulka* bei den Wahlen zum Sejm)

Rat der ev. Kirche in Dtl. billigt revidierten *Luther*-Text des Neuen Testaments (hergestellt nach einem Beschluß der Dt. ev. Bibelgesellschaften 1921)

Intern. Rotes Kreuz: „Entwurf von Regeln betr. den Schutz der Zivilbevölkerung gegen die Gefahren des unterschiedslos geführten Krieges“

Die Durchführung des Urteils des Obersten Bundesgerichtes d. USA, daß die Rassentrennung in den Schulen verfassungswidrig sei, stößt in einigen südl. Staaten mit großer Negerbevölkerung auf starken Widerstand und führt zu erheblichen Unruhen u. Terrorakten; in anderen Staaten macht jedoch die „Desegregation“ gute Fortschritte

Universität Alabama (USA) schließt die Negerin *Autherine Lucy* unter dem Druck der Gegner der „Desegregation“ aus.

In der Präsidentenwahl i. d. USA stimmten weniger als 50% der wahlberechtigten Neger, der Anteil der Negerstimmen nimmt jedoch stetig zu

In d. USA werden jährlich etwa eine Mrd. Beruhigungs- (Tranquilizer-) Tabletten auf der Basis der Meprobamate verkauft

Entd. d. altperuan. Vicuskultur (vgl. –280)

Schulausgaben in DM/Jahr pro Einwohner und Schüler

Land	pro Einw.	pro Schüler
Hamburg	145	893
Bremen	132	660
Schleswig-Holstein	122	571
Nordrhein-Westf.	105	590
Niedersachsen	104	522
Baden-Württemberg	104	572
Hessen	100	557
Rheinland-Pfalz	100	500
Bayern	95	510

Berlin gibt für 236121 Schüler der allgemeinbildenden und 78421 Schüler der Berufsschulen 182 Mill. DM aus (= 580 DM pro Schüler)

Antonio Music (* 1909): „Fischernetze bei Chioggia" (ital. Gem.)

Johannes Niemeyer: „Tessiner Wintersonne" (express. Gem.)

† *Emil Nolde (*eig. *Hansen)*, dt. express. Maler, bes. auch religiöse Bilder i. einem nordisch-schwerblütigen Stil (* 1867)

† *Filippo De Pisis*, impress. ital. Maler (* 1896)

† *J. Pollock*, US-Maler d. Action Painting (* 1912)

Jean Paul Riopelle (* 1923): „Rencontre" (frz. Gem.)

Charles Rollier (* 1912): „La bouche des sources" (schweiz. abstraktes Gem.)

Hans Scharoun: „Romeo"-Wohnhochhaus in Stuttgart mit 18 Stockw. (nach d. Grunds. d. sozialen Wohnungsbaus); Entw. f. d. Philharmonie Berlin i. Form des Amphitheaters

Ernst Schumacher: „Finestrat" (Gem.)

Mario Sironi (* 1885): „Eisenbahner" (ital. Gem.)

Pierre Soulages: „Komposition 1956" (frz. abstr. Gem.)

Horst Strempel: „Meine Mutter" (Gem.)

Pierre Terbois (* 1932): „Chantier" (schweiz. abstraktes Gem.)

† *Arturo Tosi*, von *Cézanne* beeinfl. ital. Maler (* 1871)

Heinz Tietjen (* 1881). Intendant der Hamburger Staatsoper (war 1930—44 Generalint. d. Preuß. Staatstheaters, 1948—54 Intend. d. Städt. Oper Berlin)

Henri Tomasi (frz. Komp., * 1901): „Don Juan de Manara" (Oper), Urauff.

„Candide" (nordamer. Musical n. *Voltaire*)

Populäre Schlager: „A rivederci Roma", „Love me tender", „Whatever will be"

W. Grünhagen beg. Ausgrab. d. Terrassenheiligt. Munigua b. Sevilla

Neutrino-Nachweis aus ein. Reaktor i. USA (vgl. 1955)

Isaacs u. *Lindeman* entd. Interferon als virushemmendes Agens (später wird Krebshemmung erkannt)

empfehlen weitere sorgfältige Beobachtungen

Operationsrisiko sinkt: z.B. Entfernung der Gallenblase bei Patienten über 60 Jahre 5,7% Sterblichkeit (1942: 16,6%), bei Patienten unter 60 Jahre 1,1% (1942: 4%)

Sulfonyl - Harnstoff - Tabletten erweisen sich geeignet für die Behandlung von Zuckerkranken

4 neue Antibiotica in d. USA in Erprobung (1955: 12 neue Antibiotica)

~ Durch die verbreitete Verwendung der Antibiotica (wie Penicillin) werden immer mehr arzneifeste Stämme der Krankheitserreger gezüchtet

Durch Automation: Produktion von 13000 Zylinderköpfen pro Monat durch 2 Mann in 2 Schichten (1950: 10000 St. monatl. durch 40 Mann in 2 Schichten)

In d. USA blasen Raketen Stickoxydgas in über 100 km Höhe in die Atmosphäre; reagiert unter Aufleuchten mit atomarem Sauerstoff und gestattet Aussagen über die Zusammensetzung der oberen Atmosphäre (Ionosphäre)

Brit. Düsenflugzeug fliegt mit 1822 km/St. Geschwindigkeitsweltrekord

USA-Raketenversuchsflugzeug Bell X-2 erreicht 3000 km/St. außerhalb Weltrekordbedingungen

USA-Flugzeugträger „Forrestal" in Dienst gestellt (60000 Tonnen, 80 Flugzeuge, 55 km/St. Geschw., etwa 200 Mill. Dollar Kosten; neue Entw. für 80000-t-Typ mit Atomantrieb wird begonnen)

Erstes Telefonkabel Europa—USA (macht Telefonverkehr v. Kurzwellenstörungen unabhängig)

Fernsehturm Stuttgart (Betonsäule mit Höhengaststätte für 161 Personen, maximale Höhe 211 m)

Herstellung künstlicher Diamanten in d. USA und Schweden bei 3000° C und Drucken von 70000 bis 100000 Atü

5-PS-Elektromotor wiegt etwa 40 kg (1930: 65 kg; 1890: 155 kg)

Ausgrabung des Palastes des *Diokletian* in Split (Solona, vgl. 300)

USA erhöht Diskont um ½% auf 2¾—3%

Hohe Behörde der Montanunion beschl. Kohlepreis i. Ruhrrevier freizugeben

Willi Richter Bundesvors. d. DGB

Löhne westdt. Arbeiter i. Industriedurchschn. i. DM:

	Männer	Frauen
Bruttostunde	2,17	1,37
Bruttowoche	107	63

Groß. Metallarbeiterstreik i. Schleswig-Holstein

45 - Stund. - Woche mit Lohnausgleich in der Metallindustrie der BRDtl.

Textil- u. Bekleidungsindustrie der BRDtl. vereinbaren ab 1. 4. 1957 45 - Stund. - Woche mit vollem Lohnausgleich

4wöch. Stahlstreik erreicht Lohnerhöhung in den USA

Pro Industrie-Arbeiter sind in der BRDtl. mit 4,26 kW elektr. Leistung etwa 60 „technische Sklaven" tätig; in den USA etwa 150

Sozialkabinett der Bundesreg. beschl. Rentenreform mit „dynamischer Leistungsrente" (Gesetz 1957 v. Bundestag beschloss.)

Von rd. 800 Mill. Erwerbstätigen d. Erde sind rd. 500 Mill. in d. Landwirtschaft tätig

(1956)

Dreierkonferenz *Nehru-Tito-Nasser* auf Brioni (Jugoslaw.)

Ägypt. Min.-Präs. *Nasser* enteignet Suezkanalgesellsch., um die Einnahmen für d. Bau d. Assuan-Staudammes zu erhalten (USA hatten zuvor Hilfe für diesen Bau abgelehnt)

Londoner Suezkonferenz zwischen 22 Staaten scheitert. *Nasser* lehnt Plan für Internationalisierung ab Grdg. einer Vereinigung der Benutzer des Suezkanals in London; scharfe Ablehnung in Ägypten

Israel erwidert Angriffshandlungen Transjordaniens (die arab. Staaten üben einen zunehmenden Druck auf Israels Grenzen aus)

Valerian Sorin 1. Botschafter der USSR i. d. BRDtl.; wird noch im selben Jahr durch Botschafter *Smirnow* ersetzt. *Wilhelm Haas* Botsch. d. BRDtl. in Moskau

† *Juho Kusti Paasikivi*, finn. Staatspräs. seit 1946 (* 1870); Nachfolger: *Urho Kekkonen* (* 1900)

Bulgarische KP rehabilitiert d. 1949 hingerichteten stellv. Min.-Präs. *Traitscho Kostoff*

Auflösung der Kominform (gegrdt. 1947 als Nachfolger d. Komintern)

XX. Parteitag der Kommunistischen Partei d. USSR. *Chruschtschow* kritisiert scharf den Persönlichkeitskult d. Stalinära u. schlägt Politik der „aktiven Koexistenz" vor (diesem Höhepunkt d. „Entstalinisierung" folgt um die Jahreswende 1956/57 unter dem Eindruck d. Ereignisse in Polen u. Ungarn eine Abschwächung dieser Tendenz)

Sowj. Energiemin. *Malenkow* besucht Großbrit.; anschließend besuchen Min.-Präs. *Bulganin* u. Parteisekr. *Chruschtschow* Großbrit. Brit. Froschmann *Crabb* kommt b. Unterwasserspionage gegen sowjet. Kriegsschiff um

Dimitri T. Schepilow löst *Molotow* als sowjet. Außenminister ab

Chruschtschow und *Tito* unterzeichnen Erklärung, wonach es in versch. Ländern versch. Wege zum Sozialismus gibt

Gomulka, der 1949 in Polen als „Titoist" verurteilt worden war, wird freigelassen u. rehabilitiert

Arbeiteraufstand in Posen v. Militär niedergeschlagen (anschließende Prozesse führen zu relativ milden Urteilen und kommunist. Selbstkritik)

Tito und *Chruschtschow* treffen sich auf der Krim, um die im Ostblock anwachsende Krise zu besprechen

Trotz sowjet. Druckes wird *W. Gomulka* kommunist. Parteisekr. in Polen; verkündet Unabhängigkeit und Demokratisierung

Ungarische KP rehabilitiert d. 1949 als Titoisten hingerichteten *Laszlo Rajk* (* 1909) und setzt ihn in einem feierlichen Staatsbegräbnis in Gegenwart v. Frau u. Sohn erneut bei *Erno Gerö* löst den Stalinisten *Matyas Rakosi* als 1. Sekretär der ungarischen KP ab

Ungar. KP-Delegation unter *Gerö* und *Hegedüs* bei Tito

Am 23. Oktober beginnt in Budapest mit antistalinistischen Demonstrationen von Studenten und Arbeitern eine starke revolutionäre Bewegung. *Imre Nagy* wird ungar. Ministerpräs.; *Kadar* löst *Gerö* als Parteisekr. ab; Kardinal *Mindszenty* befreit; Westungarn in der Hand d. Aufständischen; sowj. Truppen ziehen sich aus Budapest zurück. Ungarn kündigt Warschauer Pakt und fordert sowj. Truppen auf, das Land zu räumen. Sowjets täuschen Ungarn über ihre wahren Absichten und schlagen dann Aufstand blutig nieder. Min.-Präs. *Nagy* wird verschleppt (1958 wird seine Hinrichtung bekanntgegeben); sein Nachfolger *Kadar* kann sich mit Hilfe der SU-Truppen halten. UN-Vollversammlung verurteilt Eingreifen der USSR in Ungarn. Ungarn lehnt die Einreise einer UN-Kommission ab. 190000 Flüchtlinge aus Ungarn (30000 n. USA, 51000 bleiben zunächst in Österreich)

Israel besetzt die Halbinsel Sinai u. marschiert zum Suezkanal

Raoul Ubac (* 1910): „Die Lampe" (frz. Gem.)

Sergio Vacchi (* 1925): „Notiz über den Naturalismus" (ital. Gem.)

Neue *Staatsoper* in Hamburg von *Gerhard Weber*

Fritz Winter: „Sonnenwende", „Fehlendes Schwarz" (abstr. Gem.)

F. Wotruba (* 1907, † 1975): „Stehende Figur" (österr. blockartige Steinplastik)

Beginn d. Verwendg. v. Kunstharzlacken zur Malerei. Großes Lackbild (3×18 m) im Foyer d. neuen Oper Wuppertal-Barmen

~ Anfänge d. Pop-Art i. New York u. London

L. Alloway, brit. Kritiker, prägt den Begriff POP-Art nach den Buchstabenzeichen auf einem Gem. von *R. Kitaj* (ab ~ 1961 als „populäre" Kunst gedeutet)

„Krieg u. Frieden" (nordamer. Farbfilm n. *L. Tolstoi*, Regie: *King Vidor* [* 1894], Darsteller: *Audrey Hepburn*, *Henry Fonda* [* 1905] u. a.)

„Carmen-Jones" (nordamer. Farbfilm, Negeroper n. *Bizet*, Regie: *Otto Preminger*, Darstell.: *Dorothy Dandridge* [* 1922, † 1965], *Harry Belafonte* u. a.)

„Der König und Ich" (nordamer. Farbfilm, Regie: *Walter Lang*, Darst.: *Deborah Kerr* [* 1921], *Yul Brynner* [* 1915] u. a.)

„Baby Doll" (nordamer. Film nach *T. Williams*, Regie: *Elia Kazan*, Darst.: *Carol Baker* u. a.)

„Der Mohr von Venedig" (russ. Film, Regie: *Sergej Jutkewitsch*, Darst.: *Sergej Bondarschuk*, *Irina Skobetsewa*, *A. Popow* u. a.)

„Romeo und Julia" (russ. Ballettfilm des Moskauer Bolschoi-Theaters, Regie: *L. Arnstam*, Tänzer: *Galina Ulanowa*, *J. Shdanow*, Musik: *S. Prokowjew*)

„Wie herrlich, jung zu sein" (brit. Film, Regie: *Victor Skutezky*, Darst.: *John Mills*, *Cecil Parker* u. a.)

„Der rote Ballon" (frz. Farbkurzfilm, Regie: *Albert Lamorisse*, Darst.: *Pascal Lamorisse*)

„Der Hauptmann v. Köpenick" (Farbfilm n. *Zuckmayer*, Regie: *Helmut Käutner*, Darst.: *Heinz Rühmann*, *Hannelore Schroth*, *Martin Held* u. a.)

„Ich denke oft an Piroschka" (Farbfilm nach *H. Hartungs* Roman. Regie: *Kurt Hoffmann*, Darsteller: *Liselotte Pulver* [* 1929], *Gunnar Möller* u. a.)

„Eine Welt voller Rätsel" (farbiger Naturfilm v. *Walt Disney*)

„Schweigende Welt" (frz. Unterwasser-Farbfilm v. *Jacques-Yves Cousteau*)

„Kein Platz f. wilde Tiere" (Farbfilm ü. die Gefährdung der Tierwelt in Afrika von *Bernhard Grzimek*, dem Dir. des Frkf. Zoos [* 1909])

† *Alexander Korda*, ungar.-brit. Filmregisseur u. Produzent (* 1893)

6483 Filmtheater m. 2,7 Mill. Sitzplätzen in der BRDtl. Unter 495 vorgeführt. Filmen befinden sich 118 Breitwandfilme (1955: 66)

D. landwirtschaftliche Überschuß d. USA erreicht 8,2 Mrd. Dollar (dav. Baumwolle 21,5%, Mais 25%, Weizen 22%)

Das techn. Hilfsprogramm der UN für wirtsch. unterentwickelte Länder hat 30 Mill. $ zur Verfügung (bes. f. Experten)

Bericht des California Inst. of Technology sagt für d. Jahr 2050 6,7 Mrd. Erdbewohner mit einem Energieverbrauch v. 70 Mrd. t. Kohleäquivalent voraus, davon etwa 50% Atomenergie

Kanada verlegt d. Stadt Aklavik, die erste mod. Stadt in der Arktis

Eisenhower legt Veto gegen das Erdgas-Gesetz ein, weg. „höchst fragwürdiger" Einwirkung von Interessentenkreisen auf den Kongreß

J. Donat u. *F. v. Tischendorf*: „Lärmprobleme der Gegenwart" (betonen Bedeutg. d. Lärmbekämpfung)

Gesetz zur Einf. d. metrisch. Maßsystems in Indien (stufenw. b. 1967)

Brit. Prinzgemahl *Philip* eröffnet die XVI. Olympisch. Sommerspiele in Melbourne (Australien): USSR u. USA erringen die meisten Medaillen (Schweiz u.a. neh-

(1956)

Großbrit. und Frankr. greifen Ägypten an; scharfer Widerstand d. Labour Party im Unterhaus u. auf d. Straße. UN beschließt Polizeitruppe nach Ägypten zu senden; USSR droht mit Eingreifen i. Ägypten. Israel, Großbrit. und Frankr. stellen Angriffshandlungen ein u. befolgen damit d. UN-Beschlüsse

Veto Großbrit. und Frankr. im Weltsicherheitsrat gegen Antrag d. USA und USSR über sofortige Abziehg. d. Truppen Israels aus Ägypten

USA warnt USSR vor Aktionen gegen Österreich, Westberlin oder Türkei; Alarmbereitsch d. US-Flotte

Atombomber der USSR und USA in unmittelbarer Vergeltungsbereitschaft

Schweiz schlägt am 6. 11. zur Bannung der drohenden Gefahr eines Krieges sofortige internationale Konferenz vor

Rokossowski tritt als poln. Verteidigungsmin. zurück (bedeutet Minderung des sowjet. Einflusses)

USSR schlägt 5-Mächte-Konferenz vor, erklärt sich mit begrenzter gegenseitiger Luftinspektion einverstanden

Brit. Premier *Eden* nimmt Krankheitsurlaub auf Jamaika (tritt 1957 zurück)

UN-Polizeitruppe übernimmt nach Abzug der brit. und frz. Truppen d. Kontrolle am Suezkanal

Ägypter sprengen das Denkmal *Lesseps'*, des Erbauers des Suezkanals, in Port Said

Kadar bekämpft Streik in Ungarn durch Auflösung des Zentralen Arbeiterrates u. Verhängung des Standrechtes

In verschiedenen nationalen Sektionen der KP kommt es wegen des blutigen Eingreifens der Sowjetunion in Ungarn zu scharfer Kritik und Austrittserklärungen, bes. unt. den Intellektuellen. In zahlr. Städten stürmen erregte Menschen kommunistische Zentralen

USSR gesteht Polen Kontrolle üb. sowjetische Truppen im Lande zu (*Gomulka* anerkennt Anfang 1957 d. Recht d. USSR, Truppen in Polen zu haben)

Nach den militärischen Ereignissen in Ungarn und am Suezkanal sehen manche die militärischen Bündnissysteme in Ost und West, Warschauer Pakt bzw. NATO, als erschüttert an

Paul Henry Spaak Generalsekretär der NATO

Zentralkomitee der KPSU beschließt Umbildung der obersten Wirtschaftsbehörde: an Stelle *Saburow* wird *Perwuchin* Planungsminister

Präs. *Eisenhower* legt 66-Mrd.-Dollar-Haushalt mit 42 Mrd. Verteidigungsausgaben vor

USA-Außenmin. *Dulles* besucht indischen Min.-Präs. *Nehru* in Neu-Delhi

Präs. *Eisenhower* muß sich Darmoperation unterziehen (läßt eine Zeitlang seine neue Kandidatur zweifelhaft erscheinen)

Adenauer besucht die USA und hat Besprechungen mit *Dulles* u. *Eisenhower*

Auf d. Höhepunkt d. internat. Krise (6. 11.) kandidiert *D. D. Eisenhower* erneut für die Republikaner in der Präsidentenwahl und gewinnt mit 35 Mill. von 60 Mill. Stimmen gegen *Adlai Stevenson* (Demokrat). Demokraten verstärken ihre Mehrheit in beiden Häusern des Kongresses

Nixon bleibt Vizepräsident d. USA

Indischer Min.-Präs. *Nehru* besucht *Eisenhower* in den USA

Sowjetunion und Japan unterzeichnen Beendigung d. Kriegszustandes

Ischibaschi wird japan. Min.-Präs. Tritt für stärkeren Handel mit der chines. Volksrepublik ein

Japan Mitglied der UN (nur noch 7 Staaten Nichtmitgl.)

USSR und China schließen einen Vertrag über gemeinsame Vermessung und Erschließung des Amurbeckens

Sudan wird unabhängige Republik

Revolution in Sumatra

men wegen der weltpolitisch. Krise nicht teil; West- u. Ostdtl. stellen gemeins. Mannschaft)

Olympische Spiele in Melbourne

Winterspiele in Cortina

Anquetil (Frankr.) radelt 46,159 km in einer Std. ohne Schrittmacher

Borussia Dortmund dt. Fußballmeister

Verkehrsmin. *Seebohm*: 10-Jahres-Plan für Straßenbau in d. BRDtl. in Höhe von 35 Mrd. DM

In der BRDtl. ereignen sich 625 400 Straßenverkehrsunfälle mit 361 000 Verletzt. u. 12 800 Toten. Sach- und Personenschaden etwa 2 Mrd. DM

Donald Campbell (* 1921, † 1967) fährt mit Düsenauto „Blue Bird" (4500 PS) Geschwindigkeitsrekord 648,7 km/h

Verkehrsopfer in der BRDtl.

	Tote	Verletzte
1956	12645	361134
1950	6422	150415
1950-56	70972	1909420

Todesrate je Fahrzeug 4mal höher als in den USA

2 Verkehrsflugzeuge stoßen über d. Grand Canyon (Arizona, USA) zusammen: 128 Tote

Ozeandampfer „Stockholm" (schwed.) u. „Andrea Doria" (ital.) stoßen vor der nordamerik. Küste zusammen; „Andrea Doria" sinkt, nur wenige Tote

Grubenunglück a. der Zeche Marcinelle in Belgien; 260 Tote, überwiegend Italiener

≈ In den Alpen dauert der Gletscherschwund der vergangenen Jahrzehnte an

	Energieverbrauch pro Kopf in t Steinkohleeinheiten (vgl. 1951) 1937	1956	Stahlverbrauch/Kopf 1937	1956
Welt	0,94	1,35	72	100 kg
USA	5,89	8,58	318	600
Großbritannien	4,24	5,03	227	380
BRD (Dtschl.)	(2,9)	3,60	(263)	417
USSR	0,87	2,45	103	235
Indien	0,09	0,12	3,8	9,3

6,4-Mill.-kW-Wasserkraftwerk am Jennissej i. USSR

1957

Friedens*nobel*preis an *Lester Pearson* (* 1897) (ehem. kanad. Außenmin., liberal)

Dag Hammarskjöld (Schweden) weitere 5 Jahre Generalsekr. der UN

Verträge üb. d. Gemeinsamen Markt der Montanunionländer u. über Kernenergie-Gemeinschaft („Euratom") treten in Kraft

Abrüstungsverhandlung. zwischen West und Ost in London; enden mit dem Vorschlag d. USSR, sie in größerem Rahmen der UN-Mitglieder fortzusetzen

Verschiedene Pläne üb. Luftinspektions-Zonen werden diskutiert

Saarland 10. Bundesland

Der sowjet. Min.-Präs. *Bulganin* schlägt in einem Brief an *Adenauer* Handelsvertrag und bessere Beziehungen vor

Erste Wehrpflicht-Soldaten in der BRDtl.

„Göttinger Appell" von 18 führenden Atomforschern gegen Ausrüstung der Bundeswehr mit Atomwaffen. *Albert Schweitzer* warnt vor Atomgefahren. (1958 beschließt Bundestag atomare Bewaffnung gegen scharfen Protest von SPD und FDP)

Dt. Bundeskanzler zu Besuch in den USA

Soldaten der Bundeswehr ertrinken bei einer Übung i. d. Iller (eine Diskussion entflammt, ob Aufbau d. Bundeswehr überstürzt)

Paul Sethe (* 1902, † 1967): „Zwischen Bonn und Moskau" (das Problem der Wiedervereinigung Dtlds.)

Regierung der DDR schlägt dt. Staatenbund als Vorstufe z. Wiedervereinigung vor; BRDtl. lehnt ab

Chruschtschow unterstützt i. Ostberlin Politik der DDR

Wolfgang Harich, Prof. f. Gesellsch.-Wissensch. u. SED-Mitgl., wird in Ostberlin wegen eines antistalinistischen Programms verurteilt; es folgen Urteile geg. weitere Intellektuelle

Literatur-*Nobel*preis an *Albert Camus* (Frankr.)

Friedenspreis des dt. Buchhandels für *Thornton Wilder*

Georg-Büchner-Preis für *Erich Kästner*

Fontane-Preis (Berlin) für *Ernst Schnabel*

„Das Tagebuch d. Anne Frank" 1954mal an 61 dt.-sprachigen Bühnen in einer Spielzeit aufgef.

† *Schalom Asch*, jüdischer Dichter, zul. in d. USA; letzte Romane: „Der Nazarener", „Der Apostel" (* 1880)

Beckett: „Endspiel" (dt. Erstauff. d. irisch-frz. surrealist. Schauspiels)

Günter Blöcker: „Die neuen Wirklichkeiten. Linien und Profile der modernen Literatur"

† *Alfred Döblin*, dt. Schriftsteller, ausgehd. von einem realist. Stil (* 1878)

† *Käthe Dorsch*, dt. Schauspielerin, vorwiegend in Berlin u. Wien (* 1889)

Max Frisch: „Homo Faber" (schweizer. Roman des industriellen Zeitalters)

Jonathan Griffin: „The hidden King" („Der verborgene König"; engl. Versdrama)

Hugo Hartung: „Wir Wunderkinder" (Roman, Droste-Hülshoff-Preis)

Roger Ikor: „Die Söhne Abrahams" (dt. Übertr.)

Hans Henny Jahnn (* 1894): „Thomas Chatterton" (Schauspiel)

Erich Kuby: „Das ist des Deutschen Vaterland" (politische Gegenwartsanalyse)

Leo Brandt (*1908, + 1971): „Die zweite industrielle Revolution"

A. Noam Chomsky (* 1928): „Syntaktische Strukturen" (nordamer. theoretische Linguistik)

Georg Claus: „Jesuiten, Gott, Materie" (antikathol. Streitschrift)

Milovan Djilas (* 1911): „Die neue Klasse" (jugoslaw. Analyse d. kommunist. Systems. Der früher führende titoist. Theoretiker wird weg. dieser Veröff. zu 7 Jahr. Gefängnis verurteilt)

Hermann Levin Goldschmidt: „Das Vermächtnis des dt. Judentums"

P. Heintz: „Soziale Vorurteile" (Sozialpsychologie)

Walther Hofer: „Der Nationalsozialismus. Dokumente 1933-1945"

R.R.Hofstätter: „Gruppendynamik" (Psychologie der Gruppe)

Karl Jaspers: „Die großen Philosophen" (Bd. I einer Philosophiegesch.)

Ernest Jones: „Sigmund Freud. Leben u. Werk" (engl. Biogr. in 3 Bdn.)

C. G. Jung: „Ein moderner Mythos" (deutet die sog. „Fliegenden Untertassen" als Archetypus)

H. Lückert: „Stanford-Intelligenz-Test" (Revision des Binet-Tests zur Ermittlung des Intelligenz-Quotienten)

P. Ringger: „Parapsychologie" (Psychologie der außersinnl. Wahrnehmung)

H. Roth: „Pädagogische Psychologie des Lehrens und Lernens"

† *Aga Sultan Mahomed Schah* (* 1875), als *Aga Khan* der Imam der mohammed. Ismaeliten (schiitische Sekte; Nach-

René Acht (*1920): „Toter Stern I" (schwz. abstr. Gem.)

Giuseppe Ajmone (*1923): „Winterregen" (ital. abstr. Gem.)

E. M. And (*1925): „Liebe" (express. Gem.)

Jean Baier (*1923): „Komposition" (schwz. abstr. Gem.)

Wolf Barth (*1926): „Äsender Skytim" (schwz. abstr. Gem.)

Renato Birolli (*1906): „Meereswellen" (ital. abstr. Gem.)

André Bloc: Abstr. Plastik aus Polyester (frz. Plastik, Interbau Berlin)

† *Constantin Brancusi*, rumän. Bildhauer, seit 1904 in Paris (*1876)

Buffet: „Ruhender Mann" (frz. Gem.)

Elsa Burckhardt-Blum (*1900): „Melancholie" (schweiz. abstr. Gem.)

Domenico Cantatore: „Odaliske" (ital. Gem.)

Chagall: „Selbstbildnis", „Die Liebenden von Vence", „Seiltänzer in der Nacht" (Gem.)

Alfredo Chighine (*1914): „Sonnenuntergang" (ital. abstr. Gem.)

Antonio Corpora (*1909): „Komposition Nr. 2 1957" (ital. abstr. Gem.)

O. Dix: „Bauer mit Sense" (Gem.)

Gianni Dova (*1925): „Die Spiegel" (ital. abstr. Gem.)

Franz Fedier (*1922): „Geht spazieren" (schwz. abstr. Gem.)

Gilbert Amy: Garcia-Lorca-Kantate (frz. Komp.)

† *Ralph Benatzky*, österr. Operettenkomponist, u. a. „Im Weißen Rößl" (*1887)

Pierre Boulez (frz. Komp., *1926): „Le visage nuptial" (Das bräutliche Antlitz), Kammerkantate

Elliot Carter: „Variationen für Orchester" (nordam. Kompos.)

Werner Egk: „Der Revisor" (Oper n. Gogol), Urauff.

Wolfgang Fortner: „Bluthochzeit" (Oper nach *Fed. G. Lorcas* Tragödie), Uraufführg.; „Impromptus für Orchester" (Kompos. in Zwölftontechnik)

Jean Françaix (frz. Komp., *1912): „König Midas" (Ballett), Urauff.

† *Benjamino Gigli* (*1890), ital. Tenor, als Nachfolger *Carusos* gefeiert

Joseph Haas (*1879): „Die Seligen", Oratorium n. d. Bergpredigt

Hermann Heiß: „Interieurs", Liederzyklus zu Texten v. *Gottfried Benn*

Hans Wern. Henze: „Maratona di danza" (Ballett), Urauff.; „Nachtstücke und Arien" (zu Texten von *Ingeborg Bachmann*)

Hindemith: „Die Harmonie der Welt" (*Kepler*-Op.)

Physik-*Nobel*preis f. *Tsung Dao Lee* (*1926 i. China) und *Chen Ning Yang* (*1930 i. China) in d. USA f. d. Vermutung, daß das Paritätsprinzip (Natur unterscheidet nicht „rechts" und „links") ungültig ist. Ihre vorgeschlagenen Versuche mit radioaktivem Zerfall bestätigen diese Vermutung kurz darauf

Chemie-*Nobel*preis an *A. R. Todd* (*1907 i. Schottld.) für Analyse der Nukleoproteide (bedeutungsvoll als Virus- und Erbsubstanz) u. Erforschung des Vitamins B 12

*Nobel*preis f. Medizin an *Daniel Boret* in Rom (*1907 Schweiz); erforschte vor allem das Pfeilgift Curare als Narkotikum und Heilmittel

*Nobel*preisträger nach Preisart und Wohnland 1901–57 (vgl. 1975)

	Fried.	Lit.	Phys.	Chem.	Med.	Zus.
USA	12	5	18	11	22	68
Deutschland	4	6	15	21	9	55
Großbrit.	6	6	16	11	10	49
Frankreich	7	9	7	6	4	33
Schweden	3	4	2	4	2	15
Schweiz	4	1	1	3	4	13
Niederlande	1	—	5	—	2	8
Italien	1	3	1	—	2	7
Rußl. (SU)	—	1	—	1	1	3
übr. Europa	6	15	2	3	12	38
übr. Erde	2	2	1	—	3	8
Intern. Org.	7	—	—	—	—	7
Zusammen	53	52	68	60	71	304

Bardeen, Cooper u. *Schrieffen* finden in USA Theorie der Supraleitung (betrachten Elektronenpaarwechselwirkung mit Schallquanten des Kristallgitters. Vgl. 1911)

† *Walther Bothe*, dt. Atomkernphysiker, *Nobel*preis 1954 (*1891)

Wernher v. Braun: „Die Erforschung des Mars" (Astronautik)

† *Anton v. Braunmühl*, dt. Nervenarzt; begrdte. Insulinschocktherapie der Schizophrenie (*1902)

† *Richard E. Byrd*, nordamer. Polarforscher; überflog 1926 den Nordpol und 1929 den Südpol (*1888)

W. Dement u. *A. Kleitmann:* „Die Beziehung der Augenbewegungen während des Schlafens zur Traumaktivität. Eine objektive Methode für das Studium des Träumens"

Einw. d. Weltstädte i. Mill. (vgl. 1503 u. 1815)

1800

1. Jeddo (Tokio) 1,2
2. London 0,95
3. Paris 0,55
4. Neapel 0,50
5. Istanbul 0,50
6. Lissabon 0,40
7. Petersbg. 0,27
8. Wien 0,23
9. Amsterd. 0,21
10. Moskau 0,20
11. Berlin 0,17

1957 tats. (amtl.)

1. New York 13,0 (8,1)
2. London 9,4 (8,4)
3. Tokio 8,5 (8,5)
4. Moskau 8,1 (6,1)
5. Schanghai 7,3 (7,3)
6. Chicago 5,8 (3,8)
7. Los Angel. 5,7 (2,2)
8. Kalkutta 5,6 (3,6)
9. Paris 5,2 (3,0)
10. Buenos Aires 4,3 (3,6)
11. Berlin (O u. W) (3,3)

Zahl der Millionenstädte:

1800: 1–(2)
1900: 11,
1914: 16,
1937: 37,
1950: 75,
1957: 89,
1970: 150,
1974: 171

Es wachsen immer mehr benachbarte Städte zu Stadtschaften (Metropolitan Areas) zusammen, was neue kommunalpolit. Aufgaben stellt

(1957)

Bundestagsmehrheit verhindert Gesetz für friedliche Nutzung d. Atomenergie

SPD behauptet: Dt. Industrie- und Wirtschaftskreise unterstütz. Wahlkampf der CDU mit 100 Mill. DM; CDU bestreitet diese Höhe

Wahl zum 3. Bundestag i. d. BRDtl.

	Mill. 2. Stimm.	Sitze	%	Sitze 1953
CDU/CSU	15,0	270	54,3	244
SPD	9,5	169	34,0	151
FDP	2,3	41	8,3	48
BHE	1,4	0	—	27
DP/FVP	1,0	17	3,4	15
BP+Zentr.	0,25	0	—	2

Weitere Parteien bleiben unter 5% und ohne Sitz

Das Berliner Abgeordnetenhaus entsendet 12 SPD, 7 CDU, 2 FDP und 1 FDV nicht stimmberechtigte Mitglieder des Bundestages

Der Bundestag wählt in Berlin *Gerstenmaier* wieder zum Präsidenten

Neue dt. Bundesregierung: *K. Adenauer* (Bundeskanzler, CDU), *L. Erhard* (Vizekanzl., Wirtschaft, CDU), *Franz Etzel* (Finanz., CDU), *H. v. Brentano* (Äußeres, CDU), *G. Schröder* (Inneres, CDU), *Fr. J. Strauß* (Verteidigung, CSU), *Fr. Schäffer* (Justiz, CSU), *H. Lübke* (Ernährung, CDU), *Th. Blank* (Arbeit, CDU), *H. Chr. Seebohm* (Verkehr, DP), *Richard Stücklen* (Post, CSU), *Heinr. Lindrath* (Bundesvermögen, CDU), *Paul Lücke* (Wohnung, CDU), *Th. Oberländer* (Vertriebene, CDU), *E. Lemmer* (Gesamtdt. Fragen, CDU), *H. J. v. Merkatz* (Bundesrat, DP), *S. Balke* (Atom, Wasserwirtschaft, CSU), *Fr. J. Wuermeling* (Familie, CDU)

Konflikt zwischen Bundesreg. u. Ruhrbergbau wegen Preiserhöhungen nach d. Bundestagswahl. Preiserhöhungen auch auf anderen Wirtschaftssektoren

Bürgerschaftswahl in Hamburg: SPD erreicht 53,9% der Stimmen, CDU 32,2%, FDP 8,6%, DP 4,1%, übrige 1,2%. *Max Brauer* bildet Koalitionsregierung mit der FDP

† *Valéry Larbaud*, frz. Dichter (* 1881)

† *Curzio Malaparte* (eig. *Kurt Erich Suckert*), ital. kritischer Schriftsteller; konvertierte kurz vor seinem Tode zum Katholizismus (* 1898)

Henri de Montherlant (* 1896): „Erbarmen m. den Frauen" (dt. Ausg. d. frz. Tetralogie von 1936 bis 1939)

J. Osborne: „The Entertainer" (engl. Schauspiel)

† *Erich Ponto*, dt. Schauspieler (* 1885)

E. M. Remarque: „Der schwarze Obelisk" (Roman)

Alain Robbe-Grillet: „D. Augenzeuge" (dt. Ausg. d. frz. Romans der „experimentierenden Literatur")

† *Erich von Stroheim*, österr. Schauspieler u. Regisseur (* 1885)

Lit.-Professor *A. Kantorowicz* (* 1899, † 1979) flieht aus der DDR nach Westberlin

Seit 1950 64,7 Mill. Taschenbücher in der BRD hergestellt (2,4% der Bücherproduktion, 888 belletrist. Titel)

Hans Peters (* 1896, † 1966): „Handbuch der kommunalen Wissenschaft und Praxis" (2 Bde. seit 1956)

H. Schelsky (* 1912): „Die skeptische Generation" (Jugendsoziologie)

folg. Enkel Prinz *Karim* (* 1938)

K. Schmitz: „Heilung durch Hypnose"

† *Viktor v. Weizsäcker*, dt. Neurologe u. Tiefenpsychologe, vertrat die Psychosomatik (* 1886)

M. Wertheimer: „Produktives Denken" (Psychologie des Denkens)

Erich Zehren: „Das Testament der Sterne" (Bedeut. d. Sterne f. d. kult. u. relig. Entwicklung d. Menschen)

Etwa 50% d. dt. Haushalte besitzen außer Schulbüchern kein Buch, 10% 1—10 Bücher, üb. 10 nur 40%

Sechs der verbreitetsten dt. Comic-Streifen erreichen eine tägliche Gesamtauflage v. 7 Mill.; 3 der verbreitetsten dt. Comic-Hefte für die Jugend haben eine Gesamtauflage von etwa 3 Millionen

Die technischen Erfolge der Sowjetunion beunruhigen die westl. Welt und lösen besond. Diskussionen über Verbesserung und Erweiterung des Bildungswesens aus

Schulversuche mit 5-Tages- und Ganztagsschule in der BRDtl. Verstärkte Forderung nach Ausbau d. „Zweiten Bildungsweges" zur Hochschulreife

Weltkongreß d. Lehrer und Erzieher in Frankfurt/M. Stellt u.a. internationalen Lehrermangel wegen Unterbezahlung fest

Pädagogen schätzen, daß in der BRDtl. etwa 40000 Schulräume (würden etwa 4 Mrd. DM kosten) und gleichviel Lehrer fehlen

Josef Hegenbarth: „Illustrationen zu 5 Shakespeare-Dramen"

B. Heiliger: „Mensch und Fortschritt" (Plastik für dt. Pavillon auf der Weltausstellung in Brüssel 1958)

Rolf Iseli (* 1934): „Rot III" (schweiz. abstr. Gem.)

Lenz Klotz (* 1925): „Studie zur wüsten Begebenheit" (schweiz. abstraktes Gem.)

Fritz Koenig: „Camargue IV" (Bronze)

Walter Kohlhoff: „Gedächtniskirche Berlin" (expression. Gem.)

Ludwig Peter Kowalski: „Kreuzwegstationen" (Wandmalerei i. d. kath. St.-Ansgar-Kirche Berlin); „R. N. 5701 Lea" (express. Aquarell)

Hans Kuhn: „Schwarze Tafel" (abstr. Gem.)

Hans Laabs: „Schwebend. Blau" (abstr. Gem.)

Le Corbusier: Kunstmuseum in Tokio (im Bau); Hauptquartier d. UNESCO in Paris (ab 1958 benutzt); baute seit 1950 für die Hauptstadt vom Pandschab (Ind.) Chandigarh: Gerichtshof, Ministerien, Gouverneurspalast, Parlament im Rahmen seiner Gesamtplang.

Leo Leuppi (* 1893): „Familial" (schweiz. abstr. Gem.)

Wilhelm Killmayer: „Due Canti" (Komp. f. Orch.)

Giselher Klebe (* 1925): „Die Räuber" (Oper in Zwölftontechnik)

† *Erich Wolfgang Korngold* (* 1897): dt.-österr. Komp., Oper „Die tote Stadt", 1938 nach Hollywood, Filmmusik u. Revuen

Rolf Liebermann: „Schule d. Frauen" (Salzburg. Urauff. der Neufassung)

Nono: „Varianti" (f. Violine, Streicher u. Holzbläs.), „Epitaph auf Federico Garcia Lorca" Urauff. d. vollst. Werkes

† *Robert Oboussier,* schweiz. Komponist; schrieb u. a. die Oper „Amphitryon" (* 1900)

Carl Orff: „Comoedia de Christi Resurrectione" (Oster-Oratorium)

Francis Poulenc (frz. Komp., * 1899): „Dialogue des Carmélites" (Oper n. *Bernanos'* „Die begnadete Angst")

Pierre Schaeffer u. *Pierre Henry:* „Symphonie pour un Homme Seul" (Stil d. „musique concrète", als Ballett aufgeführt)

† *Othmar Schoeck* (* 1886), Schweizer Komponist

D. Schostakowitsch: 11. Symphonie

† *Jan Sibelius,* finn. Komponist; schuf 7 Sinfonien, 7 sin-

Domagk: Es gibt kein chemotherapeutisches Krebsheilmittel, nur eine zusätzliche Chemotherapie

† *Wilhelm Filchner,* dt. Asienforscher (* 1877)

W. Heisenberg u. *W. Pauli* erarbeiten einen Vorschlag für eine universelle Formel für die Elementarteilchen der Materie und ihre Wechselwirkungen unter Benutzung des Begriffes der „kleinsten Länge" und bestimmter Symmetriebeziehungen (als sog. „Weltformel" diskutiert)

Südpolexpedition zu Land des Mount-Everest-Bezwingers *Hillary* (erreicht vor einer brit. Expedition im Januar 1958 den Pol)

Arthur Kornberg und Mitarbeiter isolieren ein Enzym, das die Erbsubstanz, die *D*esoxyribo*n*ucleinsäure (DNS), nach einem natürlichen Muster (Matrize) synthetisiert

† *Irving Langmuir,* nordamer. Physiker und Elektrotechniker, erfand u. a. gasgefüllte Glühlampe, *Nobel*preis 1932 (* 1881)

H. Nachtsheim: „Atomenergie und Erbgut" (betont die Gefahren aus den Strahlenquellen und die Lücken in den Kenntnissen)

J. C. Sheehan (USA) gelingt Synthese des Penicillins V

† *Kiyoschi Shiga,* jap. Bakteriologe, Entd. des Ruhrbazillus, Mitarbeiter *Paul Ehrlichs* (* 1871)

Ballonaufstieg auf 30,5 km Höhe für eine Zeit von 32 Stunden durch *David Simons* (USA)

† *Johannes Stark,* dt. Physiker, *Nobel*preis 1919 (war Vertreter der „Deutschen Physik" [* 1874])

A. N. Tupolev: Sowjetisches Vierstrahlwerk-Flugzeug TU-110; max. Geschw. 1000 km/st, Reichweite 3500 km. Reguläre Passagierflüge mit Düsenflugzeug TU-104 von Moskau nach Peking, Kabul, Prag

A. Unsöld: „Energieerzeugung u. Entwicklung der Sterne" (spiegelt den Erkenntnisgewinn mit Hilfe der Atomkernphysik)

† *Paul Walden,* Chemiker, bes. Elektro- u. Stereochemie (* 1863 in Livland)

Felix Wankel (*1902): Drehkolbenmotor (wird ab 1964 als Serienmotor für PKWs gefertigt)

Einwohner von Berlin

1600:	9000
1709:	57000
1800:	172000
1852:	511000
1900:	2,7 Mill.
1939:	4,3 Mill.
1957:	3,36 Mill.

(West 2,22; Ost 1,14 Mill.)

Sozialeinkommen aus Versicherung. u. ä. i. d. BRDtl.

	1957	1950 (Mrd.DM)
Einkommen	26,2	11,4
% v. Nettosozialprod.	13,7	13,1
% v. Ausg. d. öff. Hand	34,4	35,1

Sozialprodukt der BRDtl. (i. Mrd. DM)

Brutto-Soz.-Pr.	207,0
Volkseinkommen	158,0
Ges. Investition.	45,7

Außenhandel der BRDtl. i. Mrd.DM (vgl. 1950)
Einfuhr 31,6 (11,4)
Ausfuhr 36,0 (8,4)

Kartell- u. Bundesbankgesetz (ursprüngl. beabsichtigtes strenges Kartellverbot nicht realisiert)

Gesetz über Rentenreform in der BRDtl. (sieht bei Preiserhöhungen nicht-automatische Rentenangl. vor)

Bundesbesoldung für Beamte um durchschnittl. 6% höher

(1957)

Verhandlungen d. Bundesreg. mit d. Reg. d. Sowjetunion üb. Handels-, Konsular- und Repatriierungsfragen (werden 1958 erfolgreich abgeschlossen)

Konferenz der Regierungschefs d. NATO-Staaten in Paris: zeigt Reserve gegenüb. d. amer. Plänen d. Raketen- u. Atombewaffnung Europas u. beschließt nochmaligen Versuch, Abrüstungsgespräche mit Moskau zu führen

Anerkennung d. DDR durch Jugoslawien veranlaßt Abbruch dipl. Bezieh. seitens BRDtl. (entgeg. d. Empfehlungen d. bundesdt. Botschafters *Pfleiderer*)

DDR-Volkskammer verabschiedet neues Paßgesetz (behindert innerdt. Verkehr)

Reinhold Maier (* 1889), löst *Thomas Dehler* (* 1897) als 1. Vors. d. FDP ab

† *Louise Schroeder*, sozialdem. Politikerin; 1920–33 Mitgl. d. Reichst., 1946–49 Bgm. und stellvertr. OBgm. v. Berlin, seit 1949 i. Bundestag (* 1887)

† *Otto Suhr*, Reg. Bgm. v. Berlin (SPD) seit 1955; vorh. Präs. d. Abg.-Hauses v. Berlin u. Direktor der Hochschule f. Politik (* 1894). Sein Nachf. wird *Willy Brandt*, bisher Präs. d. Abg.-Hauses

† *Karl Georg Pfleiderer*, dt. Politiker (FDP); seit 1955 Botschafter in Belgrad. Hinterläßt krit. Bemerk. z. Ostpolitik d. Bundesreg. (* 1899)

† *Otto Nuschke*, Vors. d. Ost-CDU, stellv. Min.-Präs. d. DDR seit 1949 (* 1883)

Bundesgericht spricht den sozialdemokr. Wirtschaftswissenschaftler u. Gewerkschaftstheoretiker *Viktor Agartz* (* 1897, † 1964) von der Anklage landesverräterischer Beziehungen zur DDR frei

† *Theodor Körner*, österr. sozialdem. Bundespräsident seit 1951 (* 1873); Nachfolger: *Adolf Schärf* (* 1890, † 1965, SPÖ)

Südtiroler protestieren in Wien geg. italienische Volkstumspolitik

Vorlesungsstreik von 30000 Ingenieurstudenten in der BRDtl. wegen ungenügender Studienförderung

Verbesserte Studentenförderung in d. BRDtl. nach dem „Honnefer Modell"

Bundesverfassungsgericht sieht im Gegens. zur Bundesregierung keine Anwendbarkeit d. Reichskonkordats von 1933 auf Schulpolitik der Länder

Bundesverfassungsgericht stellt fest, daß § 175 StrGB nicht geg. die Gleichberechtigung der Geschlechter verstößt

Dt. Bundestag verabschiedet Gesetz über Gleichberechtigung von Mann und Frau. Mann behält Entscheidungsrecht in Erziehungsfragen (Stichentscheid)

SED-Kulturkonferenz in Ostberlin verurteilt ideologische Abweichungen (Reaktion auf „Tauwetter"-Stimmung in der Intelligenz).

Kirchenkampf in der DDR: obligatorische Jugendweihe; Verurteilung des Leipziger Studentenpfarrers *Schmutzler*

Geplanter Dt. ev. Kirchentag in Thüringen scheitert

Außerordentliche Generalkongregation des Jesuitenordens in Rom

Papst nimmt geg. Auswüchse der Mode Stellung

USA-Kongreß verabschiedet Gesetz z. Sicherung des Wahlrechtes der Neger

USA - Bundespolizei besetzt Schule i. Little Rock (Arkansas), um Negerschülern die Teilnahme am Unterricht zu ermöglichen (in anderen Teilen der USA macht die Desegregation der Rassen leichtere Fortschritte)

Seit Ende d. 2. Weltkrieges rd. 200000 Selbstmorde in Dtl.

,,Sputnik-Schock'': Weltraumerfolg d. USSR regt Bildungsreform in westl. Ländern an

B. Grzimek (* 1909): „Kein Platz für wilde Tiere" (tritt f. Naturschutz ein)

Absolventen von Technischen Hochschulen

	1957	1950
USSR	83 000	28 000
USA	31 000	50 000

Verteilung der Ausgaben und Schüler 1957 in der BRD

Schulart	Ausgaben Mill. DM	Ausgaben %	Schüler %
Volksschulen ...	2942	56,6	58,8
Mittelschulen ...	302	5,8	3,9
Höhere Schulen .	1054	20,3	9,6
Berufsschulen ..	604	11,6	24,2
Fachschulen	294	5,7	3,5
Alle Schulen ...	5196	100	100

Carlo Levi: „Anna Magnani" (ital. express. Porträtgem.)

Jean-François Liegme (* 1922): „Végétal rouge" (schweiz. abstraktes Gem.)

G. Marcks: „Drei Grazien" (Bronze)

Marcello Mascherini: „Cantico dei Cantici", „Lebensfreude", „Bacchantin" (ital. express. Plast.)

Georg Meistermann: Fenster f. d. Kaiser-Friedr.-Ged.-Kirche im Berl. Hansaviert.

H. Moore: „Fallend. Krieger" (engl. Plastik)

Wilfried Moser (*1914): „Kolchis" (schwz. abstr. Gem.)

Charles-François Philippe (*1919): Elément vertical, fond bleu" (schweiz. abstraktes Gem.)

Otto Ritschl: „Komposition 57/15" (abstraktes Gem.)

† *Diego Rivera,* realist. - monumentaler mexikanisch. Maler (*1886)

Ludw. Gabriel Schrieber: Leben d. Hlg. Ansgar (getriebenes Kupferblech f. d. St.-Ansgar-Kirche, Hansaviertel, Berlin)

Charl. Sheeler: „Continuity" (nordamer. Gem.)

R. Sintenis: „Junger Bär" (Plastik)

Toni Stadler: „Kopf einer jungen Französin" (Bronzeplastik)

fon. Dichtungen, 1 Violinkonzert, kleinere Orchesterwerke, Kammermusik, Chor- und Gesangswerke (* 1865)

Mischa Spoliansky (* 1898): „Katharina Knie" (Musical n. *Carl Zuckmayer*)

Strawinsky: „Agon. Ballett für 12 Tänzer" (russ.-frz. Ballett in Anlehnung an Tanzformen des 17. Jhs. Erstauff. unter dem Komp. bei den Donaueschinger Musiktagen)

† *Arturo Toscanini,* ital. Dirigent, 1907 bis 1921 Metropolitan-Oper i. New York, 1921—31 Mailänder Scala, 1929—36 New Yorker Philharmoniker, seit 1937 Orchester d. NBC (* 1867)

William Walton (engl. Komponist, * 1902): Konzert für Violoncello u. Orchester

Gerhard Wimberger (österr. Kompon., * 1923): „Figuren und Phantasien" (Orch.-Komp.)

„Modern Jazz Quartett" unter *John Lewis* auf den Donaueschinger Musiktagen

Populäre Schlager: Just walkin' in the rain; Banana-Boat-Song; Yes tonight; Josephine

C. F. v. Weizsäcker: „Die Verantwortung der Wissenschaft im Atomzeitalter"

Robert H. Wentorf: Borazon aus Bornitrid als z. Z. „härtester Stoff der Welt" (hitzebeständig bis 1900° C)

F. Whipple u. *L. Jacchia:* Meteore gehören zumindest 99% (vielleicht 100%) zum Sonnensystem, 90% sind aus Kometen hervorgegangen

Sowjetunion erprobt interkontinentale ballistische Rakete

Intern. Geophysikalisches Jahr (1.7.57—31.12.58) mit umfassendem Beobachtungsprogramm einschließlich künstl. Erdsatelliten

90% aller Wissenschaftler, die je lebten, leben heute

Am 4.10. und 3.11. werden in der USSR die ersten beiden künstlichen Erdsatelliten gestartet: Sputnik I (84 kg) + 3. Raketenstufe mit 575 km mittl. Höhe und 96,2 min anfängl. Umlaufzeit (Absturz Anfang Januar 1958); Sputnik II (508 kg, mit Polarhündin *Laika*, die etwa eine Woche lebt) mit mittl. Höhe 930 km und 103,7 min Umlaufzeit (Absturz April 1958)

Satellitenstart mit Vanguard-Rakete in d. USA mißglückt (am 1.2.58 starten d. USA m. Jupiter-Rakete erfolgr. künstl. Satelliten Explorer I mit 13 kg. Weitere Starts: Explorer II [USA, 17.3.58, 1,5 kg]; Explorer III [USA, 26.3.58, 14 kg], Sputnik III [USSR, 15.5.58, 1327 kg], Explorer IV [USA, 26.7.58, 17 kg])

USA-Raketen:	Geschw.	Reichweite
Nike	3 000 km/st.	30 km (Höhe)
Corporal	4 000 km/st.	150 km
Matador	1 000 km/st.	1000 km
Jupiter	6 000 km/st.	2400 km
Atlas	25 000 km/st.	8000 km

USA schießt erste Luftabwehr-Rakete mit Atomwaffenkopf, der am Ziel zur Explosion gebracht wird

Erfolge der USSR veranlassen USA-Präs. *Eisenhower*, einen Sonderbeauftragten für Raketenfragen zu ernennen

Bund und Länder beschließen Bildung eines Wissenschaftsrates zur Förderung und Koordinierung der Forschung (wird 1958 konstituiert)

Bundestag beschl. Besserstellung der Arbeiter i. Krankheitsfall (noch keine volle Gleichber. m. d. Angestellten)

Bundesverfassgs.-gericht erklärt gemeinsame Einkommensteuer-Veranlagung von Eheleuten als grundgesetzwidrig

Bundesreg. plant Reprivatisierg. des Volkswag.-Werkes m. „Volksaktien"

Begrenzte Senkg. der Zolltarife (alle Agrarprodukte ausgenommen)

Geldnotenumtausch i. d. DDR (dieser Geldschnitt trifft bes. d. wirtschaftlich noch Selbstständigen)

Metallarb.-Streik i. Schleswig - Holst. nach 114 Tagen beendet

Einf. d. Fünftagewoche in versch. dt. Gewerbezweigen mit Verkürzung d. Arbeitszeit auf 45 Stunden wöchentlich

Die Preise f. Kohle und Stahl i. d. BRDtl. erhöht, wodurch das gesamte Preisgefüge beeinflußt wird

Dt. Industrieausstellung in Kairo

Wirtschaftsentw. i. d. BRDtl.:

	1957	1950
Privatverbr. (DM/Einw.)	2372	1301
(Mrd. DM)		
Spareinl.	31	4,1
Ausfuhr	36	8,4
Einfuhr	31,6	11,4

(1957)

† *Nikolaus Horthy*, Admiral, 1920 bis 1944 antibolschewist. ungar. Reichsverweser, zul. i. Portugal (* 1868)

† *Haakon VII.*, König v. Norweg. seit d. Trennung v. Schweden 1905; 1940–45 i. brit. Exil (* 1872). Sein Nachf. wird sein Sohn *Olav V.*, der auch als Sportsmann bekannt ist (* 1903)

Brit. Premier *A. Eden* tritt als Folge d. Suezkrise zurück. *Harold Macmillan* (* 1894) wird sein Nachf. (bisher Verteid.-Min.)

Kgin. *Elisabeth* macht Staatsbesuch in Paris

Erzbischof *Makarios* v. Zypern kehrt aus d. polit. Verbannung nach Athen zurück

Großbrit. erprobt seine erste Wasserstoffbombe und wird damit 3. Atommacht

Großbrit. schlägt Aufst. geg. den Sultan von Oman am Pers. Golf nieder (in diesem Gebiet haben Großbrit. u. d. USA Ölinteressen)

Großbrit. u. d. USA liefern Waffen an Tunesien; Protest Frankreichs

Frz. Nationalvers. billigt Verlänger. d. Vollmachten z. Meisterung der Lage in Algerien

Gaillard frz. Min.-Präs. (1958 folgt *Pierre Pflimlin* [* 1907, MRP], der unter d. Druck d. Militärs d. Regier. 1958 an *de Gaulle* abtreten muß)

Mendès-France tritt als Vors. d. frz. Radikalsozialistischen Partei zurück

† *Edouard Herriot*, linksbürgerl. frz. Politiker u. Staatsmann (Radikalsozial.); 1947–54 Präs. d. Nationalversammlg. (* 1872)

Streiks in Lodz (Polen)

Polens Außenminister von 1956– 68 *Adam Rapacki* (*1909, † 1970) schlägt vor der UN-Vollversammlg. Verzicht auf Herst. u. Lagerung v. Atomwaffen in Mitteleuropa vor

Die ersten stellv. Min.-Präs. d. USSR *Molotow* u. *Kaganowitsch* sowie der stellv. Min.-Präs. *Malenkow*, außerd. d. Parteisekr. *Schepilow* aus d. ZK d. KPdSU ausgeschl. u. ihrer Ämter enthoben, Verteid.-Min. *Schukow* in das ZK aufgenommen

Sowj. Parteisekr. *Chruschtschow* fordert Abzug aller ausländ. Truppen aus Mitteleuropa

Sowjetunion schlägt Einstellg. aller Atomversuche vor; USA will sie zunächst auf 2 Jahre befristen. (1958 kündigt USSR die befristet einseit. Einstellung ihrer Versuche an)

Sowjetunion berichtet über erfolgreiche Erprobung einer interkontinentalen Fernrakete

UN-Vollversammlung verurteilt z. 3. Mal USSR wegen Ungarn-Intervention 1956

Verteidigungsminister d. USSR, Marschall *Schukow*, „Held der Sowjetunion", gestürzt (wird als Machtkonzentration bei *Chruschtschow* gewertet; 1958 übernimmt *Ch.* auch das Amt d. Min.-Präs.)

Der sowj. Min.-Präs. *Bulganin* schreibt Briefe an die Regierungschefs d. Westmächte, *Nehru* und *Adenauer*

NATO-Konferenz in Paris beschl. Mittelstreckenraketen f. Mitteleur., Außenmin.-Konferenz m. Moskau; Entscheidung üb. atomare Bewaffnung verschoben

Chruschtschow fordert Ost-West-Konferenz d. Reg.-Chefs oder Verhandlungen USSR-USA

US-Staatssekretär f. Verteidigung *Wilson* wird durch *McElroy* und US-Staatssekretär f. Finanzen *G. Humphrey* (* 1890) durch *Anderson* abgelöst (gilt als Zeichen, daß die führenden Leute aus Industrie und Finanz vor den wachsenden Staatsausgaben resignieren)

Mit der „Eisenhower-Doktrin" versuchen die USA den brit. Machtverlust im Nahen Osten mit Blick auf d. Sowjetunion z. kompensieren

Magenleiden Präs. *Eisenhowers* beunruhigt Weltöffentlichkeit; Börsensturz

USA schlagen Herabsetzung der Streitkräfte d. USA u. USSR auf 2,5 Mill. vor

Beunruhigung in den USA nach einigen mißglückten Versuchen mit Fernraketen

Heinz Trökes: Farbiges Altarfenster in der Kaiser-Friedrich-Gedächtnis - Kirche i. Berlin. Hansaviertel (abstr. Komp.)

Ferenc Varga (*1908): „Composition en long" (ungar.-frz. abstr. Gem.)

† *Henry van de Velde*: belg. Architekt, begründete Jugendstil u. Werkbund (*1863)

F. Winter: „Zeichen mit rotem Punkt", „In Grau" (abstr. Gem.)

F. L. Wright: „Ein Testament"

Interbau Berlin 1957: Intern. Bauaustellg. vorwiegend im neugestalteten Hansaviertel. Kirchenbauten v. *Ludwig Lemmer* (ev.) u. *Willy Kreuer* (kath.); Grd.-schule v. *Bruno Grimmek*; Kongreßhalle v. *Hugh A. Stubbins* (USA); Hochhäuser (16—17 St.) v. *Luciano Baldessari* (Ital.), *J. H. van den Broek* u. *J. B. Bakema* (Niederl.), *Gustav Hassenpflug*, *Raymond Lopez* u. *Eugene Beaudouin* (Frankr.), *Klaus Müller-Rehm* u. *Gerhard Siegmann*, *Hans Schwippert*; 8- b. 10geschossig. freistehende Wohnzeilen v. *Alvar Aalto* (Finnl.), *Walter Gropius* (USA), *Fritz Jaenecke* u. *Sten Samuelson* (Schwed.), *Oscar Niemeyer Filho* (Brasil.), *Pierre Vago* (Frankr.). *Le Corbusier* (frz. Schweiz): Unité d'Habitation „Typ Berlin" (17 Geschosse). Außerdem 1- bis 5geschossige Mehr- u. Einfamilienhäuser von *F. H. Sobotka*, *H. Scharoun*, *M. Taut* u. a.

Neubau des Wallraf-Richartz - Museums in Köln eröffnet (1855 gegrdt., 1861 erstmalig eröffnet)

Neueröffnung der Alten u. der Neuen Pinakothek in München

Rhein - Main - Kongreß- und Ausstellungshalle in Wiesbaden

---

† *Sascha Guitry*, frz. Filmautor u. -darsteller (*1885)

Sir *Laurence Olivier* (*1907) erhält von der Univ. Oxford Ehrendoktor f. s. *Shakespeare* - Verfilmungen

† *Max Ophüls*, Filmregisseur, u. a. „Der Reigen" (1952), „Maison Tellier" (1954) (*1902)

† *Charles Pathé*, frz. Filmpionier; grdte. mit seinem Bruder 1897 erste frz. Filmgesellschaft (*1864)

„In 80 Tagen um die Welt" (nordam. Farbfilm nach dem Todd - AO - Verfahren (*Mike Todd* † 1958), Regie: *Michael Anderson*, Darstell.: *David Niven*, *Cantinflas*, *Shirley MacLaine* u. a.

„Ariane" (nordam. Film, Regie: *Billy Wilder*, Darst.: *Audrey Hepburn*, *Gary Cooper* [*1901], *Maurice Chevalier* [*1889] u. a.)

Weltatombehörde in Wien gegrdt.

8 Forschungs-Kernreaktoren in der BRDtl. im Bau (Inbetriebnahme zwischen 1957 und 1960)

Erster dt. Kernreaktor in der TH München in Betrieb (Typ „Swimming-Pool"); als zweiter folgt Forschungsreaktor bei Dresden (die Entwicklung von Leistungsreaktoren stößt in der BRDtl. auf den Widerstand konkurrierender Energieerzeuger)

In mehreren Ländern laufen Vorversuche zur Verschmelzung leichter Kerne durch kontrollierte Kernfusion (Anfang 1958 gibt Großbrit. seine Anfangserfolge mit dem Zeta-Gerät in Harwell bekannt)

Beschleuniger f. 10 Mrd. Volt i. Atomzentr. Dubna b. Moskau

Elektronenrechner in der USSR berechnet in 40 Min. mit 20 Mill. Operationen Luftdruckverteilung über Europa für 24 Stunden voraus (Resultat wird als befriedigend angesehen)

Ausgrabung des „Fort Salmanassar" in Nimrud-Kalasch (aus der Zeit —840); Elfenbeinschnitzereien um den Ischtar-Tammuz-Kult

Neue Ausgrab. b. Pergamon

Dänische Archäologen graben in Schemschara in Südkurdistan (früh. Schuscharra) Palast mit Briefen auf Schrifttafeln aus (wahrscheinl. aus der Zeit ≈ —1730)

Ausgrabungen der Pipinsburg bei Osterode (Harz) seit 1953 ergeben, daß sie seit dem —5. Jhdt. ein nördlicher Eckpfeiler des keltischen Einflußgebietes ist

Als Seewaffe der Zukunft gilt Atom-U-Boot mit Fernraketen

USA-Düsenflugzeuge vollbringen ersten Nonstopflug um die Erde

USA-Düsenjäger fliegt Los Angeles–New York in 3 Std., 23 Min., 8,4 Sek.

1 Karat künstl. Industriediamant 4,25 Dollar gegenüber 2,85 Dollar f. natürl. Diamanten (Rentabilität künstl. Diam. in Kürze erwartet)

Bisher größte erbohrte Tiefe in Dtl.: 3918 m bei Sterup (Kr. Schleswig)

Handel der BRDtl. m. d. Sowjetunion:

Mill. DM	Einf.	Ausf.
1957	409	250
1956	224	289
1955	151	112
1953	66	7

Sowjetunion gibt 700 Mill. Rubel Wirtschaftshilfe an Ägypten

USA geraten in eine Wirtschaftskrise mit erheblich. Produktionsrückgang u. Anstieg d. Arbeitslosigkeit („Recession")

Seeschiffsbau:

	Mill. BRT
Großbrit.	2,08
Japan	1,43
BRDtl.	0,86
Welt	8,38

Dt. Handelsflotte 2501 Schiffe mit 3,56 Mill. BRT (90% von 1939)

Weltproduktion v. Kunststoffen 3,5 Mill. t (1937: 0,25 Mill. t)

Weltprod. v. Aluminium 3 Mill. t (1937: 0,5 Mill. t)

Schätzung d. chinesischen Reserven an Eisen 6,8 Mrd. t, Steinkohlen 445 Mrd. t, Erdöl 1,7 Mrd. t, Wasserkräften 300 Mill. kW

Weltjugendfestspiele in Moskau

Borussia Dortmund dt. Fußballmeister (1958 wieder Schalke 04, Gelsenkirchen)

Dt. Segelschulschiff „Pamir" sinkt im Atlantik, 80 Seeleute finden den Tod

(1957)

Eisenhower u. *Macmillan* beschließen engere Zusammenarb. zwischen den USA u. Großbrit.

Eisenhower erleidet leichten Schlaganfall

George F. Kennan (* 1904): „Rußld., der Westen und die Atomwaffe" (der ehemalige USA-Botschafter in Moskau fordert im brit. Rundfunk Beendigung d. Wettrüstens durch Verhandlungen)

„Solidaritätskonferenz" der afro-asiatischen Nationen in Kairo

Syrienkrise: Syrien beschuldigt die USA des Umsturzversuches (1958 bilden Ägypten und Syrien „Vereinigte Arab. Republik")

Wirtschaftshilfe d. USSR an Syrien

Mao Tse-tung hält Widersprüche zwischen Volk u. polit. Führung auch in einem kommunist. Staat für möglich. Fordert kulturellen Reichtum: „1000 Blumen sollen blühen"

Attentat auf indonesischen Staatschef *Achmed Sukarno* (* 1901). Indonesien geht gegen Niederländer vor

Das im Indochinakrieg 1954 geteilte Laos wiedervereinigt

Malaya u. Westind. Bund selbst. Mitglieder des Commonwealth

„Die Brücke am Kwai" (nordamer. Film, Regie: *David Lean*, Darst.: *Alec Guinness*, *William Holden* u.a.)

„Heiße Erde" (nordamer. Farbfilm, Regie: *Robert Rossen*, Darst.: *James Mason*, *Harry Belafonte*, *Dorothy Dandridge* u.a.)

„Junggesellen-Party" (nordamer. Film, Regie: *Daniel Mann*, Darst.: *Don Murray*, *E. G. Marshall*, *Jack Warden* u.a.)

„Die 12 Geschworenen" (nordamer. Film mit konsequenter Einheit von Ort, Zeit und Handlung, Regie: *Sidney Lumet*, Darst.: *Henry Fonda*, *Lee J. Cobb* u.a.)

„Der König und die Tänzerin" (brit.-nordamer. Farbfilm, Regie: *Laurence Olivier*, Darst.: *Marilyn Monroe*, *L. Olivier* u.a.)

„Till Eulenspiegel, der lachende Rebell" (dt. - frz. Farbfilm, Regie: *Gérard Philipe*, Darst.: *G. Philipe*, *Nicole Berger* u.a.)

„Lissy" (Film nach *F. C. Weiskopf*, Regie: *Konrad Wolf*, Darst.: *Sonja Sutter*, *Hans Peter Minetti* u.a.)

„Der letzte Schuß" (russ. Film, Regie: *G. Tschuchrai*, Darsteller: *Isolda Iswitzkaja*, *Oleg Strischenow* u.a.)

„Asken Chitai" (jap. sozialkrit. Film, Regie: *Kenji Mizoguchi*, Darst.: *Machiko Kyo*, *Aiko Mimasu* u.a.)

87% des Filmpublikums i. d. BRDtl. sind an der Wochenschau interessiert

Potential der kommunistischen Welt

	Bevölkerung in Mill.	Stahlprod. in Mill. t	Elektr. Prod. in Mrd. kWh
USSR	200,2	51	209,5
China	627,8	5,2	19
Übrige	116,9	17,3	98
	944,9	73,5	326,5

Entspricht etwa $ 0,35 BSP-Dollar/Kopf u. Jahr

Neue Schätzung der Entwicklung der Erdbevölkerung (in Mill.)

	1950	2000
Europa (ohne USSR)	393	569
USSR	202	379
Asien (ohne Mittleren Osten)	1300	3600
Mittlerer Osten	82	279
USA und Kanada	168	312
Mittel- und Südamerika	162	593
Afrika	178	443
Ozeanien	13	29
Insgesamt	2498	6204

Geburtenkontrolle wird vielfach diskutiert und gefordert.

Fr. Baade sieht das Ernährungsproblem für das Jahr 2000 durch Verbesserung der Bodenbearbeitung, Düngung und Bewässerung als lösbar an

Sacklinie in der Damenmode

† *Christian Dior*, Pariser Modegestalter (*1905)

Jährl. etwa 150 Mill. künstliche Zähne, davon in Dt. etwa 30 Mill.

Weltgesundheitsorganisation warnt v. Gefahren radioaktiver Stoffe aus der Kernspaltung (bes. wird d. Einlagerung radioaktiven Strontiums in die Knochen diskutiert)

Veranlaßt durch häufige Verkehrsunfälle (1956 in der BRDtl. 12500 Tote), wird die Kfz - Geschwindigkeit in geschlossenen Ortschaften auf 50 km/st. begrenzt

Lord *Altrincham* kritisiert brit. Königin u. ihren Hof, was lebhafte Diskussionen hervorruft

† *Hermann Buhl*, österr. Alpinist; abgestürzt auf dem Rückweg von der Chogolisa im Karakorum; erstieg 1953 den Nanga Parbat, 1957 den Broad Peak(*1924)

Mißglückter Versuch zweier Italiener und zweier Deutscher, d. Eigernordwand zu ersteigen, kostet 3 Tote. (Damit erhöht sich die Zahl der Todesopfer in der Wand auf 21)

Robert (Bobby) J. Fischer (*1943) gewinnt US-Schachmeisterschaft (wird 1958 intern. Großmeister, 1972 Weltmeister)

Derek Ibbotson (Großbrit.) läuft neuen Weltrekord über die Meile in 3,57,2 (3 weitere Läufer bleiben in diesem Rennen unter 4 Min.)

Gültige leichtathletische Weltrekorde

	Männer	Frauen
100-m-Lauf	10,1 Sek	11,2 Sek.
800-m-Lauf	1:45,7	2:05,8
10000-m-Lauf	28:30,4	—
42,2 km (Marathon-Lauf)	2 St. 23:3,2	—
Hochsprung	2,15 m	1,76 m
Weitsprung	8,13 m	6,35 m
Kugelstoßen	19,25 m (7,25 kg)	16,76 m (4 kg)
Diskuswurf	59,28 m (2 kg)	57,04 m (1 kg)
Speerwurf	85,71 m (800 g)	55,48 m (500 g)
Zehnkampf	7985 Punkte	—
Fünfkampf	—	4767 Punkte

Kernreaktorunfall i. Windscale (England) führt zur zeitweisen Stillegung (Bis 1979 werden 10 Reaktorunfälle registriert. 1961 gibt es in USA bei einem militärischen Reaktor durch Fahrlässigkeit 3 Todesfälle; vgl. Unfall b. Harrisburg 1979)

Nach Schätzungen in den USA:	Bevölker. in Mill.	Brutto-Soz.-Prod.	davon Priv. u. Soz. Konsum	Investitionen	Militärische Ausgaben
		Milliarden Dollar			
Erde	2700	1160	820	223	117
		Dollar/Kopf			
Nichtkommunistische Industrieländer	620	1200	870	235	95
Nichtkommunistische Entwicklungsländer	1110	121	102	15,4	3,6
Kommunistische Industrieländer	350	650	360	155	135
Kommunistische Entwicklungsländer	620	92	71	9,7	11,3

1958	Friedens*nobel*preis an d. Dominikaner *Dominique Georges Pire* (* 1910, Frankr.) für seine umfassende karitative Tätigkeit Verträge über Europäische Wirtschafts- und Atomgemeinschaft in Kraft (beteiligt: Frankr., BRD, Italien, Benelux-Staaten) Im Rahmen der EWG wird Europäisches Parlament in Straßburg gegrdt. (142 Mitgl. werden aus den nationalen Parlamenten delegiert) SPD unterstützt die Aktion „Kampf dem Atomtod" Gegen SPD und FDP stimmt der Bundestag einer evtl. Ausrüstung der dt. Bundeswehr mit taktischen Atomwaffen zu. SPD fordert Volksbefragung Luftschutzgesetz in der BRD. Grdg. der Organis. freiwill. Luftschutz-Helfer in der DDR Wirtschafts-, Konsular- und Repatriierungsabkommen zwischen der USSR und BRD Staatsbesuche von Bundespräsident *Heuss* in Kanada und Gr.Brit. Erstes Jagdbombergeschwader der dt. Bundeswehr Bundesverfassungsgericht entscheidet: Volksbefragungen in den Ländern über Atombewaffnung sind verfassungswidrig Gesetzentwurf der SPD über eine Volksbefragung im ganzen Bund über Atombewaffnung vom Bundestag abgelehnt Bundestag und Bundesregierung fordern 4-Mächte-Gremium der früheren Besatzungsmächte für Behandlung d. dt. Wiedervereinigung. USSR will demgegenüber Vorbereitung eines Friedensvertrages *Adenauer* trifft in Frankreich *de Gaulle*, später im Jahr besucht *de Gaulle Adenauer* (der Anfang einer engen Zusammenarbeit bis zum Rücktritt *Adenauers* 1963) *Dulles* (USA) erneuert Berlin-Garantie. *Chruschtschow* fordert Aufhebung d. Potsdamer Abkommens (1945) und d. Viermächtekontrolle in Berlin *Chruschtschow* verlangt am 27. 11. ultimativ die Umwandlung des Status von Berlin in den einer „Freien Stadt" unter Aufhebung der Viermächteverantwortung	*Nobel*preis f. Literatur an *Boris Pasternak* (USSR); wird von kommunist. Seite gezwungen abzulehnen Friedenspreis des Dt. Buchhandels an d. Philosophen *Karl Jaspers* *Margarita Josifowna Aliger* (* 1915): „Gedichte" (russ.; war 1957 von *Chruschtschow* gerügt worden) *Louis Aragon* (* 1897): „Die Karwoche" (frz. histor. Roman) *Simone de Beauvoir:* „Memoiren einer Tochter aus gutem Hause" (frz. Autobiographie) *J. R. Becher:* „Schritt der Jahrhundertmitte" (Gedichte) † *Johannes R. Becher*, dt. Dichter, unterstützte Kulturpolitik der DDR (* 1891) *Mose Ya'aqob Ben-Gavriêl* (* 1891): „Das Haus in der Karpfengasse" (israel. Zeitroman aus dem besetzten Prag) *H. F. Blunck:* „Elbsagen" („Donausagen" 1959, „Nordseesagen" 1960, „Alpensagen" 1961) *Andrzej Braun* (* 1923): „Die gepflasterte Hölle" (dt. Ausgabe des poln. antistalinist. Romans v. 1957) † *Ferdinand Bruckner*, dt. Dichter (* 1891) *Truman Capote* (* 1924): „Frühstück bei Tiffany" (nordamer. Roman) *Jean Cayrol* (* 1911): „Les corps étrangers" (frz. Roman) *Blaise Cendrars* (* 1887, † 1961): „A l'aventure" (frz. Dichtung) *Carlo Coccioli* (* 1920): „Manuel der Mexikaner" (dt. Ausgabe des ital. Romans von 1956) *Cyril Connolly* (* 1903)	*F. Arlt:* „Der zweite Bildungsweg" (Wege z. Hochschulreife außerhalb des Gymnasiums) *K. Barth:* „Brief an einen Pfarrer in der DDR" *Thomas Barthel* (* 1923): „Grundlagen zur Entzifferung der Osterinsel-Schrift" *George Bell* (* 1883, † 1958): „Dokumente christlicher Einheit 1920 bis 1957" (anglikanisch; 4 Bde. seit 1924) *N. Bohr:* „Atomphysik und menschliche Erkenntnis" (7 Aufsätze) *E. O. F. Bollnow:* „Wesen und Wandel der Tugenden" *Ruth Fischer* (* 1895, † 1961): „Die Umformung der Sowjetgesellschaft" *Heinrich Fries* (* 1911): „Kirche als Ereignis" (kathol. Theologie) *Kenneth Galbraith* (* 1908): „The Affluent Society" („Die Überflußgesellschaft") *E. Hiller:* „Automation und Menschen" *M. Hochrein:* „Der alte Mensch in unserer Zeit" *Josef Hromadka* (* 1889, tschech. ref. Theologe): „Evangelium für Atheisten" † *Ernest Jones*, engl. Psychoanalytiker, früher *Freud*-Schüler (* 1879) *Johannes* (Pater) *Leppich* (* 1915): „Gott zwischen Götzen und Genossen" (kathol.-jesuit. Bemühungen um Arbeiterseelsorge) *Golo Mann:* „Deutsche Geschichte im 19. und 20. Jahrhundert" *Klaus Mehnert* (* 1906, in Moskau): „Der Sowjetmensch" *Tom Mutters* grdt. „Lebenshilfe für das geistig behinderte Kind" (in

Afro (Basaldella): „Composizione" (ital. abstrakt. Gem.)
Karel Appel (* 1921): „Sorcellerie" (niederl. abstr. Gem.)
O. Bartning: „Vom Raum der Kirche" (Theorie d. mod. evangel. Kirchenbaus)
Eugen Batz (* 1905): „Schwarzer Grat" (abstrakt. Gem.)
Jean Bazaine: „Le Buisson" (frz. abstrakt. Gem.); Wandbilder im Unesco-Gebäude, Paris
Ludwig Bemelmans (* 1898, † 1962): „Mein Leben als Maler" (Autobiographie d. nordam. humorist. Schriftstellers u. Malers)
Renato Birolli (* 1906, † 1959): „Canto d'Inverno" (ital. abstrakt. Gem.)
Roger Bissière (* 1888): „Gris" (frz. abstrakt. Gem.)
Walter Bodmer (* 1903): „Rotes Metallrelief auf Weiß" (schweiz. Metallkomposition)
Victor Brauner (* 1903): „La Clef est blanche" (rumän.-frz. surrealist. Gem.)
James Brooks (* 1906): „Acanda" (nordamer. abstrakt. Gem.)
Carl Buchheister (* 1890): „Komposition BET" (Ölrelief)
Alberto Burri (* 1915): „Ferro" (ital. Eisenkomposition)
Jan Burssens (* 1925): „Femme" (belg. Gem.)
Alexander Calder: Mobile für Flugha-

Conrad Beck: „Aeneas Silvius" (Sinfonie), Urauff.
Boris Blacher: „Gesänge des Seeräubers u. seiner Geliebten"
Pierre Boulez: „Le Visage Nuptial" („Das bräutl. Antlitz"), Kantate, Uraufführung
Benjamin Britten: „Noah's Flood" (engl. Kurzoper)
J. Cage: „Klavierkonzert" (nordam. Komposition der „experiment. Musik", die nur die „Aktion des Spielers", nicht aber d. Klangbild festlegt)
Aram Chatschaturian (* 1903): „Gajaneh" (russ. Ballett)
Werner Egk: „Das Zauberbett" (Komödie), schrieb auch die Bühnenmusik
Gottfried v. Einem: „Sinfonische Szenen", Urauff.
Georg Enescu (* 1881): „Oedipus" (rumän. Op.), Uraufführung
† *Karl Erb*, dt. Tenor, bes. bek. als Evangelist d. Matthäus-Pass. (* 1877)
Kirsten Flagstad (* 1895, † 1962), norweg. Sopranistin, Leiterin d. Norsk Opera
Wolfg. Fortner: Impromptus f. Orchester, „Ballet blanc" (dt. konzertante Uraufführung)
Hans Werner Henze: „Undine" (dt. Ballett), Urauff.

*Nobel*preis für Physik an *Ilja M. Frank* (*1908), *Igor E. Tamm* (*1895, + 1971) und *Pawel A. Tscherenkow* (*1904) (alle USSR) für Hochenergie-Physik
*Nobel*preis für Chemie an *Frederick Sanger* (* 1918, Gr. Brit.) für Analyse der Struktur des Insulin-Moleküls seit 1943
*Nobel*preis für Medizin und Physiologie an *Edward L. Tatum* (* 1909, USA), *George Beadle* (* 1903, USA) und *Joshua Lederberg* (* 1925, USA) für bahnbrechende Arbeiten auf d. Gebiet der Mikrobengenetik
Van Allen entd. Strahlungsgürtel der Erde in Höhen über 600 km
Alvarez und Mitarbeiter finden Wasserstoffkernfusion zum Heliumkern mit Mesonenkatalyse
A. Butenandt und *H. Rembold*: Nachweis des Biopterins als charakteristischen Bestandteil d. Weiselfuttersaftes der Bienen
Gierer und *Schramm*: Beweis, daß reine Virusnucleinsäure (ohne Eiweiß) infektiös ist
† *Richard Goldschmidt*, dt. Genetiker, zuletzt in USA (* 1878)
L. M. Gould: „Die Polarregion in ihren Beziehungen zu menschlichen Angelegenheiten" (nordamer. Darstellung der wachsenden Bedeutung dieses Gebietes)
Edmund Hillary erreicht mit neuseeländ. Expedition Südpol; kurz darauf brit. Exp. unter *Vivian Fuchs*
Georges Mathé (Curie-Hospital, Paris) behandelt strahlengeschädigte jugoslawische Techniker erfolgreich mit fremden menschlichen Knochenmarkzellen
Rud. Mössbauer (* 1929): Rückstoßfreie Kernresonanzabsorption von Gammastrahlen in Kristallen (gestattet Energiemessungen auf ein Billionstel genau)
† *Friedrich A. Paneth*, Erforscher d. Radioaktivität (* 1887)
† *Wolfgang Pauli*, schwz. Physiker, *Nobel*preis 1945 (* 1900)
M. Schwarzschild: „Aufbau und Entwicklung der Sterne" (nordamer. Astrophysik, gekennzeichnet durch Erkenntnisse der Atomkernphysik)
3-m-Spiegelteleskop für das Lick-Observatorium auf Mt. Hamilton
W. M. Sinton: Ultrarot-Spektrum

Anteil d. Investitionen am Sozialprodukt (Mittel 1955–60)

Schweiz	24,2%
Österreich	22,9%
BRD	22,8%
Italien	20,9%
Frankreich	18,0%
USA	16,9%
Gr.Brit.	15,6%

Über 8 Mill. t Kohle liegen in d. BRD auf Halde. Gegenmaßnahmen der Bundesreg.
Absatzschwierigkeiten der Ruhrkohle führen zu Schachtschließgn.
20793 neuerbaute Wohnungen in West-Berlin (230000 seit 1949), 9452 in Ost-Berlin
Elb-Pumpspeicherwerk Geesthacht bei Hambg. eingeweiht. Leistung: 105000 kW, Speicherkapazität 580000 kWh
Neckarhafen Stuttgart in Betrieb
DDR schafft Lebensmittelkarten ab (Lebensmittelrationierung bes. 1961 wieder verstärkt)
Frankreich wertet den Franc ab. Zehn europ. Staaten (einschl. Frankreich) verkünden freie Konvertierbarkeit ihrer Währungen
Brüsseler Weltausstellung. Zentrale Themen Kerntechnik u. Raumfahrt. Bautechnik ermöglicht kühne Ausstellungsbauten. Wahrzeichen „Atomium" (42 Mill. Besucher)
3. Fünfjahresplan

(1958)

NATO-Mächte bekräftigen Berlin-Garantie

CDU stärkste Partei in Schleswig-Holstein. *Kai-Uwe von Hassel* bildet CDU-FDP-Regierung

CSU erlangt im bayr. Landtag 101 von 204 Mandaten. Regierung unter *Hanns Seidel* (CSU)

SPD erlangt in Hessen 48 der 96 Mandate. Regierung unter *Georg August Zinn* (SPD)

CDU erlangt in Nordrhein-Westf. mit 50,5% der Stimmen absolute Mehrheit. *Franz Meyers* bildet CDU-Regierung

Wahl zum Abgeordnetenhaus von Berlin(West): SPD 78 Sitze, CDU 55 Sitze. Alle anderen Parteien bleiben unter 5%-Grenze (SED: 1,9%) und ohne Sitz. Wahlbeteiligung 92,9%.

† *Walter Freitag*, dt. Gewerkschaftler, Vors. d. DGB 1952–56 (* 1889)

† *Karl Arnold*, ehem. nordrhein-westf. Min.Präs. (CDU), Gewerkschaftler (* 1901)

SED-Zentralkomitee maßregelt *Karl Schirdewan* (* 1907) u. a. wegen Fraktionstätigkeit (*Sch.* widerruft seine Abweichungen 1959)

Michail Perwuchin (* 1904) Botschafter der USSR in der DDR

DDR erhebt Wasserstraßen-Benutzungsgebühr, werden von d. Bundesreg. d. Schiffahrt erstattet

V. Parteitag der SED: „Aufbau des Sozialismus in der DDR" (bis 1961 soll Pro-Kopf-Verbrauch der Bundesrepublik erreicht sein)

Wahlen zur Volkskammer in der DDR. Die Bevölkerg. hat nur die Möglichkeit, die Einheitsliste der „Nationalen Front" zu „wählen", die von der SED beherrscht wird

Strafergänzungsgesetz zur Bestrafung von Staatsverbrechen, wie „Abwerbung", „Republikflucht" u. ä. in der DDR

Schwerer Konflikt zw. Frankreich und Tunesien. Frz. Luftangriff auf tunes. Dorf

Franz. Reg. unter *Gaillard* stürzt über Algerienfrage. Ausnahmezustand in Frankreich. Reg. *Pflimlin* tritt zurück

Autoritäre Regierung *de Gaulle* beendet die 4. Republik in Frankreich. Frankr. erhält neue Verfassung,

beend. Herausgabe der engl. literar. Zeitschrift „Horizon" (seit 1939)

James Gould Cozzens: „Von Liebe beherrscht" (nordamer. Roman)

Shelagh Delaney (* 1939): „A taste of honey" (engl. Schauspiel)

Mazo De La Roche (* 1885, † 1961): „Hundert Jahre Jalna" (kanad. Roman; „Die Leute auf Jalna" 12 Bde. 1927 bis 1952)

John R. Dos Passos: „Die großen Tage" (nordam. Roman)

Lawrence G. Durrell (* 1912): „Balthasar" (engl. Roman)

Stanislaw Dygat (* 1914): „Verwehte Träume" (poln. Roman)

Günther Eich (* 1907): „Stimmen. 7 Hörspiele"

T. S. Eliot: „Dichter und Dichtung" (dt. Ausgabe der engl. Essaysammlung von 1957)

Gerd Gaiser (* 1908): „Schlußball" (Roman)

David Gascoyne (* 1916): „Night Thoughts" (engl. „Radiogedicht")

Rumer Godden (* 1907): „Gefährliche Freundschaft" (engl. Roman)

Nadine Gordimer (* 1923): „Fremdling unter Fremden" (engl. Rom.)

† *Geerten Gossaert*, niederl. Dichter, schrieb 1911 „Experimenten" (Gedichte) (* 1884)

Peter Hacks (* 1928): „Der Müller von Sanssouci" (Komödie)

Hermann Hiltbrunner (* 1893, † 1961): „Alles Gelingen ist Gnade" (schweiz. Tagebücher)

František Hrubín (* 1910): „Die Verwandlung (tschech. Lyrik), „Ein Sonntag im August" (tschech. Schauspiel)

der BRD werden jährlich ca. 30000 solcher Kinder geboren)

Cyril N. Parkinson (* 1909) veröff. seine teilw. satirische Darstellung d. Wachstums der Bürokratie

† *Pius XII.*, Papst seit 1939 (* 1876)

Johannes XXIII. Papst bis 1963 (†, * 1881), vorher *Angelo Giuseppe Roncalli*, Erzbischof von Venedig

K. Popper: „Falsche Propheten" (neopositivist. Philosophie)

Helmut Schelsky (* 1912): „Die skeptische Generation"

Erhard Schlesier (* 1926): „Die melanesischen Geheimkulte"

Hans Sedlmayr: „Kunst und Wahrheit"

† *Leopold Ziegler*, Philosoph (* 1881)

1. Christliche Friedenskonferenz in Prag (weitere 1959, 60; vorwiegend östl. Kirchen)

Erklärungen der kathol. und der evangel. Kirche zur Mischehe (seit 1914 ist der Prozentsatz in Dtl. von 10 auf 25% gestiegen)

Lübeck, Anhalt, Pfalz geben Frauen Gleichberechtigung im evangel. Pfarramt

Freie Universität Berlin feiert im Beisein des Bundespräsidenten 10-jähriges Bestehen (Studentenzahl wächst bis 1963 auf 15000)

Versuche mit d. 5-Tage-Schulwoche in Hambg.

Schulgesetz führt in Dänemark 7jährige ungeteilte Grundschule ein

Polytechnischer Unterricht zur Erhöhung der Arbeitsproduktivität in den Schulen der DDR eingeführt (Unterrichts-

fen Idlewild, New York
Giuseppe Capogrossi (* 1900): „Oberfläche 290", („Superficie 290" ital. Gem. mit schriftartigen Zeichen)
Bruno Cassinari (* 1912): „Composizione" (ital. abstrakt. Gem.)
Chagall: „Die Erschaffung des Menschen", „Das Hohe Lied II" (russ.-frz. Gem.)
Corneille (* 1922): „Paysage d'Amérique" (belg.-frz. abstrakt. Gem.)
Bernard Dufour (* 1922): „Imaginäre Pflanze" (frz. Gem.)
E. Eiermann u. *S. Ruf:* Dt. Pavillon auf der Weltausstellung Brüssel
Max Ernst (* 1891): „What kind of a bird are you?" (dt.-frz. surrealist. Gem.)
Jean Fautrier (* 1898): „L'ilôt mauve" (frz. abstrakt. Gem.)
† *Max Friedländer*, Kunsthistoriker, 1908–33 Direktor Berliner Sammlungen (* 1867)
Werner Gilles: „Fluglandschaft" (Gem.)
Philip Guston (* 1912): „Ohne Titel" (kanad.-nordamer. abstrakt. Gem.)
† *H. Häring*, dt. Architekt „organhaften Bauens" (* 1882)
Auguste Herbin (* 1882): „Naissance" (frz. abstrakt, Gem.)
Asger Jorn (* 1914): „Im Niemandsland" (dän. abstr. Gem.)
Zoltan Kemény (*

Hindemith: Oktett
Erland v. Koch (* 1910): „Tanzrhapsodie" (schwed.), Urauff.
Ernst Křenek: „Sestina" (musik. Werk für Sopran u. Kammerorchester), Uraufführg.
† *Rudolf v. Laban* (* 1879), österr. Tanzpäd., schuf neue Ausdrucksformen d. Tanzes
† *Artur Malawski* (* 1904), poln. Komp. (Ballettpantomime „Wierchy", Sinfonien, Streichquartette)
Frank Martin: Musik zu „The Burrow" („Der Kaninchenbau"), (Ballett v. Kenneth Macmillan), Uraufführung
Gian-Carlo Menotti: „Maria Golovin" (ital. Oper), Uraufführung
Marcel Mihalovici: Iwan-Goll-Lieder, Uraufführung
Gian Francesco Malipiero: „Vergilii Aeneis" (ital. Op.), Uraufführung
Nicolai Nabokov (* 1903): „The holy Devil" (russ.-nordamer. Oper)
I. Pizzetti: „Mord im Dom" (ital. Oper n. *T. S. Eliot*)
Swjatoslaw Richter (*1914), sowjetruss. Pianist, wird in Westeuropa bek.
Armin Schibler (* 1920): „Media in vita" (schweiz. Oratorium)
Igor Strawinsky: „Threni – id est Lamentationes Jeremiae Prophetae"

des Mars weist auf die Anwesenheit von C-H-Bindungen organischer Substanzen hin
56 Nationen mit 2000 Stationen beteiligen sich am Internationalen Geophysikalischen Jahr, zur Zeit hoher Sonnenaktivität
2. Intern. Atomkonferenz in Bonn
Fund eines fast vollständigen Oreopithecus-Skeletts in der Braunkohle in Toskana (steht zwischen Hominiden und Pongiden)
Ausgrabung der (1957 entd.) Stadt Pella, nordw. von Saloniki, aus dem 4. Jhdt. v. Chr.
Ausgrabung des „Tempels d. roten Stele" (Teil der Ausgrabungen der Maya-Stadt Tikal seit 1956)
Fund eines Schädels des Liukiang-Menschen aus dem Pleistozän in Südchina; Homo sapiens mit frühmongoloiden Zügen
Veröffentlichung der amerik. Grabungen in Troja (seit 1950)
~ Magnetisierung vorgeschichtlicher Gefäße und Öfen aus eisenhaltigem Ton gestattet aus der Variation des erdmagnetischen Feldes neue objektive Altersbestimmungen (Archäomagnetismus)
Erster USA-Satellit „Explorer I" gestartet (unbemannt, weitere folgen im gleichen Jahr)
SCORE-Satellit (USA) als erster Nachrichtensatellit
„Atlas"-Rakete (USA) mit 10000 km Reichweite (Strecke Pol-Äquator)
USA-U-Boot „Nautilus" mit Kernkraftantrieb erreicht unter dem Eis den Nordpol
Eisbrecher „Lenin" (USSR) mit Atomkernantrieb wird nach 3jähriger Bauzeit in Dienst gestellt
USA-Düsenflugzeug „Boeing 707" auf Europarouten
Beginn der Verkehrsluftfahrt mit Düsenantrieb mit erhebl. verkürzten Reisezeiten (bald kommen Meinungen auf, daß die Sicherheit mit der Geschwindigkeit nicht voll Schritt halte)
Bisher tiefste Bohrung mit 7724 m in West-Texas (USA)
Schallplatten-Stereophonie
~ Epoxyharze als Gieß-, Lack- und Klebe-Werkstoffe
Von 239 beobachteten Alpengletschern sind 227 im Rückgang

Polens (1956–60) wird in einen Siebenjahresplan umgewandelt. Planziele (gegen 1937)
Steinkohle
112 Mill. t (36,2)
Roheisen
6,6 Mill. t (0,8)
Werkzeugmasch.
27000 (4300)
Rundfunkgeräte
1,24 Mill. (0,16)
Baumwollwaren
822 Mill. m (325)
USSR verkündet Siebenjahresplan 1959–65 und will bis 1970 USA wirtschaftl. überholen
Zentralsibirische Bahn zur Verbindung Ural–Westsibirien beg. (insges. 1500 km)
Kraftwerk am Hirakud-Damm (Indien) mit 123000 Kilowatt
Planzahlen der Volksrepublik China wesentlich unterschritten (1960–62 Versorgungskrise) (trotzdem muß mit einer relativ raschen Industrialisierung gerechnet werden)
Volksrep. China hat 34 Städte mit mehr als 500000 Einw., 14 Städte mit mehr als einer Million
24stündiger Warnstreik in den kommunalen Verkehrsbetrieben der BRD
Ca. 35 Mill. durch Streiks und Aussperrungen verlorene Arbeitstage jährlich in d. USA (Mittel 1950–60) (in den anderen Industrieländern

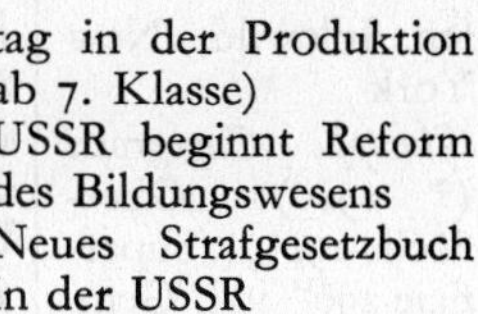

(1958)

welche die Rechte der Parteien und des Parlamentes einschränkt
Volksentscheid in Frankr. billigt Verfassung, welche die Rechte des Parlaments erheblich einschränkt: „Fünfte Republik"
Gaullistische Union stärkste Partei in der frz. Nationalversammlung. Niederlage der Kommunisten. *De Gaulle* wird zum frz. Staatspräsidenten gewählt
Oppositioneller Präsidentschaftskandidat erringt in Portugal ca. 25% der Stimmen. *A. Tomás* wird Präsident, *Salazar* bleibt Min.Präs.
Portug. Regierung hindert den Bischof von Porto an der Verwaltung seines Bistums (wegen der Sozialpolitik bestehen Spannungen zwischen Staat und Kirche)
Wahlerfolg der Kommunisten in Finnland führt zur Regierungskrise (1959 beendet)
Nikita Chruschtschow (* 1894) wird Min.Präs. d. USSR an Stelle von *Bulganin*
Chruschtschow besucht *Mao Tse-tung* in Peking
Bulganin wird aus dem Parteipräsidium der KPSU ausgeschlossen
Im Spätherbst stellen die Atommächte ihre Kernwaffenversuche ein (1960 beg. Frankr., 1961 USSR, 1962 USA mit neuen Versuchen)
Konferenz in Genf über Kernwaffen-Versuchsstop (erst 1963 erzielen USA und USSR ein Teilergebnis)
Demokraten siegen bei der Kongreßwahl in USA
N. A. Rockefeller, Parteirepubl. (* 1908) zum neuen Gouverneur von New York gewählt
Dulles will Vertreter der DDR als Beauftragte der USSR an den Kontrollpunkten nach Berlin anerkennen („Agententheorie")
Alaska 49. Staat der USA
George Kennan: „Rußland, der Westen und die Atomwaffe" (dt. Ausgabe der nordamer. kritischen Analyse)
Konservative erhalten unter *J. G. Diefenbaker* im kanad. Parlament absol. Mehrheit (verlieren sie 1962)
Arturo Frondizi (* 1908) Staatspräsident von Argentinien (1962 gestürzt)

Denis Johnston (* 1901): „The scythe and the sunset" (irisches Schausp.)
James Jones: „Some came running" (nordamer. naturalist. Roman)
Franz Kafka: „Briefe 1902–24" (herausg. von *M. Brod*)
Jack Kerouac (* 1922): „Gammler, Zen und hohe Berge" (nordamer. Roman der „Beat-Generation")
Hans Kirk (* 1898, † 1962): „Novellen" (des dän. Fischer- und Arbeiterdichters)
Werner Krauss: „Das Schauspiel meines Lebens" (Autobiographie)
Günter Kunert (* 1929): „Echos" (Lyrik)
Carmen Laforet (* 1921): „Die Wandlung der Paulina Goya" (dt. Ausgabe des span. Romans von 1955)
Walter Ljungquist (* 1900): „Ossian" (schwedischer Roman)
Arnošt Lustig: „Nacht und Hoffnung" (tschech. Roman aus dem KZ Theresienstadt)
Archibald MacLeish (* 1892): „Spiel um Job" (nordamer. Versdrama)
Félicien Marceau (* 1913): „Der Nerz" (frz.-belg. Schauspiel)
Richard Mason (* 1919): „Suzie Wong" (dt. Ausgabe d. engl. Romans von 1957)
† *Walter v. Molo*, dt. Schriftsteller (* 1880)
Henri de Montherlant: „Don Juan" (frz. Schauspiel)
Slawomir Możek (* 1930): „Die Polizei" (poln. satir. Komödie)
O'Neill: „Hughie" (nordamer. Einakter, posthum in Stockholm uraufgef.)

tag in der Produktion ab 7. Klasse)
USSR beginnt Reform des Bildungswesens
Neues Strafgesetzbuch in der USSR

V. A. Ambarzumian weist auf den zeitweise explosiven Kern der Galaxien als Motor ihrer Entw. hin

1907): „Banlieu des anges“ (ungar.-schweiz. Komposition aus Kupfer)
Willem de Kooning (* 1904): „Suburb in Havanna“ (niederl.-nordamer. abstrakt. Gem.)
Drei Bronze-Portale des Salzburger Domes: *Toni Schneider-Manzell:* „Tor des Glaubens“ (österr.), *Giacomo Manzù:* „Tor der Liebe“ (ital.), *Ewald Mataré:* „Tor der Hoffnung“ (dt.)
André Masson (* 1896): „Nacht“ (frz. Gemälde)
K. Mayekawa: Wohnhochhaus Harumi, Tokio (s. 1957)
Georg Meistermann (* 1911): „Fahles Rot“ (abstr. Gem.)
Mies van der Rohe u. *Ph. Johnson:* Seagram Building, New York (Baubeg. 1956)
H. Moore: „Große sitzende Frauenfigur auf Stufen“ (engl. Plastik)
Giorgio Morandi (* 1890): „Natura morta“ (ital. Gem.)
Klaus Müller-Rabe (* 1910): „Dame in Grün“ (Gem.)
Edo Murtič (* 1921): „Remembrance on Blue“ (jugoslaw. abstrakt. Gem.)
Serge Poliakoff (* 1906): „Komposition in Blau-Gelb-Rot-Braun“ (russ.-frz. abstrakt. Gem.)
Gérard Schneider (* 1896): „Ohne Titel“ (schweiz.-frz. abstr. Gem.)
Amar Nath Seghal (* 1922): „Geschrei ohne Echo“ (ind. Plastik)
K. R. H. Sonderborg (* 1923): „Flying Thought. 12. II.-58. 16.53–23.09“ (dän.-frz. abstrakt. Gem.)
Theodoros Stamos (* 1922): „Taygetos“ (nordamer. abstr. Gem.)
Ch. Sterling: „Die frz. Malerei in der Eremitage. Von Poussin bis zu Picasso“
J. Stirling u. *J. Gowan:* Wohngebäude in Ham Common, London (engl. „brutalistische“ Architektur)
Kenzo Tange: Rathaus in Tokio (Baubeg. 1952)
Heinz Trökes (* 1913): „Bildtafel“ (abstrakt. Gem.)
Emilio Vedova (* 1919): „Scontro di Situazioni 1958, V“ (ital. abstr. Gem.)
† *Maurice de Vlaminck*, frz. Maler des „Fauvismus“ (* 1876)
Fritz Winter: „Gläserner Garten“ (abstrakt. Gem.)
Karl Anton Wolf (* 1908): „Babylonischer Turm“ (österr. Gem.)
Bryan Wynter (* 1915): „Under Mars“ (engl. abstr. Gem.)
Mac Zimmermann (* 1912): „Kopf I“ (Lackmalerei auf Papier)
Die Weltausstellung in Brüssel zeigt „50 Jahre moderne Kunst“. USA und USSR zeigen in ihren Pavillons die bei ihnen vorherrschenden Kunstrichtgn.
† O. Gulbransson (* 1873)

(für Soli, Chor u. Orchester)
Hans Heinz Stukkenschmidt (* 1901): „Schöpfer d. Neuen Musik“
H. Sutermeister: „Titus Feuerfuchs“ (schweiz. Oper)
† *Florent Schmitt* (* 1870), franz. Komponist (wichtigste Werke: XLVII. Psalm u. „La Tragédie de Salomé“, Ballett)
Josef Tal: „Der Auszug aus Ägypten“ (erste israelische elektron. Komposition)
Ralph Vaughan Williams: 9. Sinfonie, Urauff. († 1958)
Yannis Xenakis (* 1922): „Achorripsis“ (griech. Komposit. f. 21 Instrumente)
„Darmstädt. Beiträge zur Neuen Musik“ erscheinen (zur N. M. werden gerechn.: serielle M. (z. B. Zwölftontechnik), elektronische Musik, konkrete Musik, experimentelle M.)
ChaChaCha, kubanischer Tanz, verbreitet sich in Europa
Populäre Schlager: „True Love“ (Cole Porter), „Cindy, oh Cindy“ (Barron/Long), „Tipitipitipso“ (Gietz)

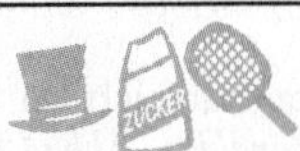

liegt diese Zahl unter 5 Mill. Tage)
Bundeskartellamt in Berlin beginnt seine Tätigk. geg. Kartellmißbrauch
Novelle d. Lebensmittelgesetzes in der BRD bringt Verbote bzw. Kennzeichnungspflicht von Zusatzstoffen
~ Es verbreitet sich die Anwendung empfängnisverhütender Pillen
Im Nordatlantikverkehr überflügelt der Luft- den Schiffsverkehr
Botwinnik Schachweltmeister
Dieter Hasse und 3 Seilgefährten bezwingen „Diretissima“ in der Nordwand der Großen Zinne/Dolomiten (löst auch Kritik aus und Zweifel an der Sportlichkeit des modernen Alpinismus. Winter-Diretissima d. Gr. Zinne folgt 1961)
† *Bess Mensendieck*, niederl.-nordam. Gymnastiklehrerin (* 1864)
Schalke 04 Fußballmeister der BRD
Beim Flugzeug-Absturz in München kommen 23 Menschen, darunter 11 Spieler des brit. Fußballmeisters ums Leben
Hilton-Hotel in Berlin eröffnet

(1958)	*Perez Jimenez*, Staatspräsident von Venezuela, wird gestürzt. *Romulo Betancourt* wird zu seinem Nachfolger gewählt † *Imre Nagy* (hinger.), unterst. 1956 als ungar. Min.Präs. d. Revolution (* 1896) Schah von Persien trennt sich von Kaiserin *Soraya* (*S.* wird damit zum Mittelpunkt einer indiskreten Berichterstattung in Massenblättern) „Vereinigte Arabische Republik" (VAR) zwischen Ägypten und Syrien (besteht bis 1961, neue Konföderation 1963) „Arabische Föderation" zw. Irak und Jordanien Revolution im Irak stürzt die Monarchie. König *Feisal II.* (* 1938), Kronprinz und Min.Präs. *Nuri es-Said* (* 1888) getötet. General *Kassem* wird Regierungschef (1963 gestürzt und erschossen). Irak verläßt Föderation mit Jordanien Bürgerkrieg in Libanon. Kurzzeitige Intervention der USA. Oppositionsführer *Raschid Karame* wird Min.Präs. (bis 1960 und ab 1961) Ägypt. Staatspräs. *Nasser* besucht USSR Durch Staatsstreich im Sudan wird General *Ibrahim Abbud* Reg.Chef u. Staatsoberhaupt. Parlamentar. Regierungsform wird beseitigt *Hendrik Verwoerd* (* 1901), Min.-Präs. d. südafrikan. Union, betreibt Politik der Rassentrennung („Apartheid") Guinea gewinnt Unabhängigkeit Erste Volkskommunen in der Volksrepublik China. 2. chinesisch. 5-Jahres-Plan 1958–62 China beschießt die zu Nationalchina gehörenden Quemoy-Inseln USSR kritisiert die chinesischen „Volkskommunen" Standrecht, Aufhebung der Verfassung und Verbot der polit. Parteien in Pakistan	*Hans Erich Nossack* (* 1901): „Der jüngere Bruder" (Roman) *Sean O'Casey:* „The drums of Father Ned" (irisch.-engl. Schausp.) *J. Osborne* u. *A. Creighton:* „Epitaph for George Dillon" (Urauff. d. engl. Schauspiels) *Marcel Pagnol* (* 1895): „Le château de ma mère" (2. Teil d. frz. Autobiographie) *Vera F. Panowa:* „Ein sentimentaler Roman" (russ. Roman) *B. Pasternak:* „Dr. Schiwago" (russ. Roman, dt. Ausgabe nach der ital. 1957. Starke Kritik der offiziellen Stellen in der USSR) *Octavio Paz* (* 1914): „Piedra de sol" (mexikan. Lyrik) *Nikolaj F. Pogodin* (* 1900, † 1962): „Die dritte Pathetique" (3. Teil einer Dramen-Trilogie um *Lenin*, seit 1939) *S. Quasimodo:* „La terra impareggiabile" („Das unvergleichliche Land", ital. Lyrik) *Ezra Pound* wird aus d. Heilanstalt entlassen, schreibt „Pavannes and divagations" (Essays) *Christiane Rochefort* (* 1917): „Das Ruhekissen" (frz. erot. Roman) *Karl Shapiro* (* 1913): „Gedichte eines Juden" (nordamer. Lyrik) *Nevil Shute* (* 1899, † 1960): „Die Rose und der Regenbogen" (nordamer. Roman) *Alan Sillitoe* (* 1928): „Samstag nacht und Sonntag morgen" (engl. Roman) *Josef Škvorecky* (* 1924): „Die Feiglinge" (tschechische Dichtung) † *Albert Soergel*, dt. Literarhistoriker (* 1880) *J. E. Steinbeck:* „Once there was a war" (nordamer.) 90bändige Gesamtausgabe von *L. N. Tolstoi* (seit 1928) in der USSR abgeschlossen *Giuseppe Tomasi von Lampedusa* (* 1896, † 1957): „Der Leopard" (ital. Roman aus der Garibaldizeit; posthum) *Leon Uris:* „Exodus" (nordamer. Roman um das Schicksal der Juden) *Angus Wilson* (* 1913): „The middle age of Mrs. Eliot" (engl. Rom.) Frz. literar. Zeitschrift „Esprit" veröff. Sondernummer über den „Roman Nouveau" Poln. Schriftstellerverband protestiert gegen staatl. Maßnahmen gegen realist. Schilderung des poln. Alltags in der „Schwarzen Literatur" (1959 kann die kommunist. Partei sich teilweise durchsetzen) ~ Reform der chin. Schrift in der Volksrep. China (seit 1956; Ziel die Einführung lat. Buchstaben)

Museum f. moderne Kunst und Architektur auf Seeland (Dänemark)

Stadthalle in Wien (Mehrzweckhalle)

Kunstgewerbe-Sammlung aus dem Dresdner „Grünen Gewölbe" kehrt aus der USSR zurück

Europarat-Ausstellung „Zeitalter des Rokoko" in München

Kurt Hoffmann (* 1910): „Wir Wunderkinder" (zeitkrit. Film mit *Johanna v. Koczian* (* 1933))

„Helden" (Film mit *O. W. Fischer* (* 1915)

„Das Mädchen Rosemarie" (dt. Film um das käufliche Mädchen *Rosemarie Nitribitt*, mit *Gert Fröbe* (* 1913) und *Nadja Tiller* (* 1929)

„Jakobowsky und der Oberst" (Film mit *Danny Kaye* (* 1913) u. *Curd Jürgens* (* 1915))

„Ist Mama nicht fabelhaft?" (Film mit *Luise Ullrich* (* 1911))

„Es geschah am hellichten Tag" (Film mit *Michel Simon* (* 1895))

Jacques Becker (* 1906, † 1960): „Montparnasse 19" (frz. Film)

Claude Chabrol (* 1930): „Die Enttäuschten" (frz. Film, gilt als Beginn der „Neuen Welle")

Georges Franju: „Ein Schrei gegen die Mauer" (frz. Film d. „Neuen Welle")

Louis Malle (* 1932): „Die Liebenden" (frz. Film)

Jacques Tati (* 1908): „Mein Onkel" (frz. Filmkomödie mit *J. T.* in der Hauptrolle)

Claude Goretta und *Alain Tanner:* „Zeitvertreib" (engl. Film)

„Tiger Bay" (engl. Film mit *Horst Buchholz* (* 1933))

„Der Weg nach oben" (nordamer. Film mit *Simone Signoret* (* 1921))

„Die Katze auf dem heißen Blechdach" (nordamer. Film nach *T. Williams* m. *Elizabeth Taylor* (* 1932))

„Die Brüder Karamasow" (nordamer. Film mit *Yul Brynner* (* 1920))

„Getrennt von Tisch und Bett" (nordam. Film mit *Rita Hayworth* (* 1919))

„Majorie Morningstar" (nordam. Film mit *Gene Kelly* (* 1912))

† *Mike Todd*, nordamer. Filmproduz., Erfinder des Todd-AO-Breitwandverfahrens (* 1907)

Andrzej Wajda: „Asche und Diamant" (poln. Film)

„Wenn die Kraniche ziehen" (sowjetruss. Film)

Sergej Gerassimow: „Der stille Don" (russ. Film)

~ Der sowjetrussische Film überwindet mehr und mehr die Enge der stalinist. Ideologie

Auf der Weltausstellung Brüssel werden als die 12 bisher besten Filme bezeichnet:
Eisenstein: „Panzerkreuzer Potemkin" (1925)
Chaplin: „Goldrausch" (1925)
de Sica: „Fahrraddiebe" (1948)
Dreyer: „La passion de Jeanne d'Arc" (1928)
Renoir: „La grande Illusion" (1937)
v. Stroheim: „Greed" (1916)
Griffith: „Intolerance" (1916)
Pudowkin: „Mutter" (1926)
Welles: „Citizen Kane" (1941)
Dosjenko: „Erde" (1930)
Murnau: „Der letzte Mann" (1924)
Wiene: „Das Kabinett des Dr. Caligari" (1919)

Spielfilmproduktion in der BRD: 115 (1962: 63) Filme

1959	Friedens*nobel*preis an den brit. Labour-Politiker *P. Noel-Baker* als Befürw. d. Abrüstung (* 1889) USSR veröffentlicht Friedensvertragsentwurf für Deutschland, der an der Existenz zweier dt. Staaten und einer „freien Stadt" West-Berlin festhält. BRD erklärt ihn für unannehmbar, ford. Friedensvertrag mit ganz D. auf der Grundlage der Selbstbestimmung Karlspreis der Stadt Aachen an *George Marshall* *Willy Brandt* (SPD) bildet als Reg. Bürgerm. v. Berlin SPD-CDU-Regierung. Abgeordnetenhaus ohne Oppositionspartei. Weltreise *W. Brandts*, um Verständnis für Berlin zu verstärken Schloß Bellevue in Berlin wird zweiter Wohn- und Amtssitz des Bundespräsidenten Das v. *Chruschtschow* 1958 verkündete Berlin-Ultimatum verstreicht ohne sichtbare Konsequenzen USSR will Luftkorridore nach Berlin auf 3000 m Höhe begrenzen Bundeskanzler *Adenauer* kandidiert vorübergehend für das Amt des Bundespräsidenten. Bundesversammlung wählt in Berlin (West) *Heinrich Lübke* (* 1894, † 1972), vorher Bundesmin. f. Ernährung (CDU) Kulturabkommen BRD–USSR Bundeskanzler *Adenauer* besucht London Gespräche des Bundeskanzlers *Adenauer* mit Staatspräs. *de Gaulle* und Min.Präs. *Debré* in Paris SPD beschließt Godesberger Grundsatzprogramm (bejaht Landesverteidigung, Überführung von Betrieben in Gemeineigentum nur soweit Notwendigkeit nachgewiesen) (letztes gültiges Grundsatzprogramm war das Heidelberger 1925) *F. J. Röder* (* 1909), Min.-Präs. im Saarland (vgl. 1979) Landtagswahlen in Niedersachsen (SPD 65, CDU 51, DP 20, BHE 13, FDP 8 Sitze) Min.-Präs. *H. Kopf* (SPD) Rheinland-Pfalz (CDU 52, SPD 37, FDP 10, DRP 1 Sitze) Min.Präs. *P. Altmeier* (CDU) Bürgerschaftswahl i. Bremen: SPD 61, CDU 16, DP 16, FDP 7 *W. Kaisen* bildet SPD/FDP-Senat	*Nobel*pr. f. Literatur an den ital. Lyriker *Salvatore Quasimodo* (* 1901) Friedenspreis des Dt. Buchhandels an den Alt-Bundespräsid. *Theodor Heuss* *K. Abell:* „Kameliadamen" (dän. Schausp.) † *Manuel Altolaguirre*, span. Lyriker (* 1906) *Stefan Andres:* „Der graue Regenbogen" (3. Bd. des Romanzyklus „Die Sintflut") *J. Anouilh:* „Der General Quijote" (frz. Schauspiel) *Jean Louis Barrault* wird Leiter des Théâtre de France, Paris *Samuel Beckett* (* 1906): „Das letzte Band" (irisch.-frz. Schauspiel) *Brendan Behan* (* 1923, † 1964): „Die Geisel" (irisch.-engl. satir. Schauspiel) *Saul Bellow* (* 1915): „Der Regenkönig" (nordamer. Roman) *H. Böll:* „Billard um halb zehn" (Roman) *Jorge Luis Borges* (* 1899): „Labyrinthe" (dt. Ausgabe der argentin.-span. Erzählungen von 1956) *John Gerard Braine* (* 1922): „Vodi" (dt. 1960, „Denn die einen sind im Dunkeln", engl. Rom.) *Gwen Bristow* (* 1903): „Celia Garth" (nordamer. Roman) † *Arnolt Bronnen*, dt. Schriftsteller wechselnder polit. Richtung (* 1895) (1960 erscheint: „Tage mit Brecht. Die Geschichte einer unvollendeten Freundschaft") *Paul Celan* (* 1920): „Sprachgitter" (dt. Lyr.) *Chruschtschow* fordert auf dem Schriftstellerkongreß der USSR erneut Führungsanspruch der Partei	*Hannah Arendt* erhält Lessingpreis der Stadt Hamburg *Karl Barth:* „Kirchliche Dogmatik IV, 3"; „Die Lehre von der Versöhnung" (evangel. dial. Theologie) *H. Belser:* „Zweiter Bildungsweg" (wichtig für eine offene und mobile Gesellschaft) *Adolf Bolte* (* 1901) Bischof von Fulda *R. R. Bush* und *W. K. Estes:* „Studien zur mathematischen Lerntheorie" (nordamer.) *Erich Fromm* (* 1900): „Sigmund Freuds Sendung" (dt.-nordamer. Psychoanalyse) † *Grock* (eig. *Adrian Wettach*), schweiz. Artist u. Musikal-Clown (Dr. h. c.) (* 1880) *Hans v. Hentig:* „Der Gangster" (Soziologie des Bandenunwesens) † *Ernst Jäckh*, polit. Schriftsteller (* 1875) † *Rudolf Kassner*, philos. Essayist (* 1873) *G. Kath:* „Das soziale Bild der Studentenschaft in Westdtl. und Berlin" (krit. Betrachtungen zur Studienförderung) *René König* (* 1906): „Praktische Sozialforschung. III. Testen und Messen" (I. „Das Interview" 1952; II. „Beobachtung und Experiment" 1956) *P. Koessler:* „Christentum und Technik" *K. Mollenhauer:* „Der Ursprung der Sozialpädagogik in der industriellen Gesellschaft" *Alfred Müller-Armack* (* 1901): „Religion und Wirtschaft" † *Paul Oestreich*, dt. Reform-Pädagoge (* 1878) *K. Revermann:* „Die stufenweise Durchbre-

René Acht (* 1920): „Graue Scheibe" (schweiz. abstrakt. Gem.)
Francis Bacon: „Two Figures in a Room" (irisch.-engl. Plastik)
† *Otto Bartning*, dt. Baumeister, besond. protestant. Kirchen (* 1883)
Paul R. Baumgarten: Kirche am Lietzensee, Berlin (evang.)
William Baziotes (* 1912): „Morning" (nordamer. abstr. Gem.)
André Beaudin (* 1895): „La Lune de Mai" (frz. abstrakt. Gem.)
Julius Bissier (* 1893): „18.II.59 M" (abstr. Farbkomposition)
Norman Bluhm (* 1920): „Chicago" (nordamer. abstr. Gem.)
Alexander Camaro (* 1901): „Gezeiten" (Gem.)
M. Chagall: „Le Champ de Mars" (russ.-frz. Gem.)
† *Jacob Epstein*, russ.-engl. Bildhauer (* 1880)
Aldo van Eyck: Kinderheim in Amsterdam
Joseph Faßbender (* 1903): „Conjectura" (abstrakt. Gem.)
Luis Feito (* 1929): „No. 113" (span. abstrakt. Gem.)
Lucio Fontana (* 1899): „Concetto spaziale N. 2001" (ital. abstr. Gem.; *L. F.* verfaßte Manifest des „Spazialismo" 1946)
Helen Frankenthaler (* 1928): „Nude" (nordamer. Gem.)
Winfried Gaul (*

Th. W. Adorno: „Klangfiguren" – (Theorie d. mod. Musik)
† *Eduard van Beinum* (* 1901), Dirigent d. Concertgebouw-Orchesters, Amsterdam (Nachf. v. Willem Mengelberg)
Lennox Berkeley: 2. Sinfonie, Uraufführung
† *Ernest Bloch*, schweiz. Komponist, seit 1906 in den USA (* 1880)
Karl-Birger Blomdahl (* 1916): „Aniara" (schwedisch. „Weltraum-Oper" nach d. Epos von *Harry Martinson* (* 1904) von 1956)
J. Cage: „Zur Geschichte d. experimentellen Musik in USA" (Anfänge dieser das Klangbild nicht festleg. Musik 1950)
Harald Genzmer: „Sinfonischer Prolog" (Orchesterwerk), Urauff.
Hans Werner Henze: „Des Kaisers Nachtigall" (Ballett), „Ballett - Variationen", szenische Uraufführungen
A. M. Jones: „Studies in African Music" (2 Bde.)
Giselher Klebe: „Die tödlich. Wünsche" (Oper, Text vom Komponisten), „Die Ermordung Cäsars" (einaktige Oper), Urauff.
† *Mario Lanza*, nordamer. Tenor, bes. bekannt Film „Der große Caruso" (1951) (* 1921)
Fortsetzung Seite 1280

*Nobel*preis für Physik an *Owen Chamberlain* (* 1920, USA) und *Emilio Segrè* (* 1905, Ital.) für Entdeckung des Antiprotons (1955)
*Nobel*preis f. Chemie an *Jaroslav Heyrovsky* (Prag, * 1890, † 1967) f. Erfindung d. Polarographie (1922)
*Nobel*preis für Medizin und Physiologie an *Arthur Kornberg* (* 1918, USA) und *Severo Ochoa* (* 1905, Spanien) für zellfreie Synthese der für d. Vererbung wichtigen Nucleinsäuren
F. T. Bacon: Hochdruck-Knallgas-Batterie (Element für „kalte Verbrennung") mit 5 kW Leistung
O. H. F. Buchinger: „Biologie und Metabiologie des Fastens" (Ernährungstherapie, angew. in seinem Kurhaus in Pyrmont)
E. Burger: „Einführung in die Theorie der Spiele" (wichtig für spielanaloge gesellschaftliche Situationen, z. B. Marktvorgänge)
A. Butenandt, R. Bekmann, D. Stamm, E. Hecker ermitteln erstmalig Konstitution eines Schmetterling-Sexualduftstoffes mit d. Bruttoformel $C_{16}H_{30}O$, von dem bereits wenige Moleküle wirksam sind
A. R. Dart findet in Zentraltransvaal Schädel des Australopithecus (weitere Funde 1960/61). Dieser Frühmensch kannte Stein-, Geröll- u. Knochengeräte (vgl. Vorgeschichte u. 1924)
Vladimir P. Demiklov gelingt es, einem Hund chirurgisch einen zweiten Kopf zu übertragen
† *Grantly Dick-Read*, engl. Geburtshelfer, entw. ein System der natürlichen, schmerzarmen Geburt (* 1890)
V. R. Eshleman, R. C. Barthle und *P. B. Gallagher:* Erste Radarechos an der Sonne (benötigen für Hin- u. Rückweg 1000 Sekunden)
G. Friedmann: „Grenzen der Arbeitsteilung" (frz. Soziologie)
H. Friedrich-Freksa (* 1906, † 1973): „Virusarten u. Urzeugung" (z. Probl. d. einfachsten Lebewesen)
H. Fritz-Niggli: „Strahlenbiologie" (wichtige Zusammenfassung)
H. Goja: Zeichenversuche mit Menschenaffen (ein Schimpanse zeichnete und malte etwa nach Art eines Kleinkindes)

Gemeinsamer Markt zw. Frankr., BRD, Ital., Benelux-Staaten i. Kraft
Gr.Brit., Dänemark, Norwegen, Schweden, Österr., Schweiz, Portugal grden. als Schutz vor Auswirkungen der EWG Europäische Freihandelszone (EFTA) (Liechtenstein schließt sich später an, Finnland 1961 assoziiert)
Europ. Wirtschaftsrat (OEEC) nimmt Spanien auf
Saargebiet wird in das Währungsgebiet der BRD eingegliedert (vorher frz. Währung)
In der BRD gibt es weniger Arbeitslose als offene Stellen: Vollbeschäftigung
5-Tage-Woche im Ruhrbergbau (Lohnausgleich bis 1961)
Kindergeld in der BRD vom dritten Kind an erhöht
5. DGB-Kongreß wählt in Stuttgart *Willi Richter* wieder als Vorsitzend.
ÖTV kündigt alle öffentl. Gehalts- u. Lohntarife
Christlicher Gewerkschaftsbund Deutschlands gegründet
Kohle-Öl-Kartell in der BRD aufgelöst (war auf Grund d. Kohlenkrise gebildet worden)
Durchschnittl. Dividende der AGs in der BRD 12,4% (1954: 6,7%)

(1959)

Rechtsradikale schänden Synagoge in Köln (vereinzelte derartige Aktionen schädigen dt. Ansehen)
Wehrbeauftragter des Bundestages bestellt
Der frühere NS-Gauleiter von Ostpreußen *Erich Koch* (* 1896) in Warschau zum Tode verurteilt
DDR fügt in die schwarz-rot-goldene Flagge Hammer und Zirkel ein (bis dahin gleiche Flaggen in beiden Teilen Dtls.) Berlin (West) geht gegen diese Flagge auf Westberliner S-Bahnhöfen vor
West-Ost-Außenministerkonferenz in Genf mit west- und ostdeutscher Delegation als Berater (bleibt ohne Ergebnis)
Zehnmächte-Abrüstungsausschuß innerhalb der UN mit paritätischer Besetzung von Ost und West beschlossen
Eisenhower, *Macmillan*, *de Gaulle* und *Adenauer* treffen sich in Paris: Westl. Gipfelkonferenz, schlagen USSR Serie von Ost-West-Konferenzen vor
Nationalratswahlen in Österreich (Ergebn. vgl. 1962). *Julius Raab* (ÖVP) bildet als Bundeskanzler seine 3. Koalitionsreg. mit der SPÖ: Vizekanzler bleibt *Bruno Pittermann* (SPÖ), Außenmin. wird *Bruno Kreisky* (SPÖ, * 1911)
Michel Debré (* 1912) frz. Min.-Präs. bis 1962
de Gaulle räumt Algerien das Recht der Selbstbestimmung ein (Wende der frz. Algerien-Politik)
Pierre Mendès-France aus der frz. Radikalsozialist. Partei ausgeschlossen
Brit. Min.Präs. *Macmillan* besucht *Chruschtschow*, keine Einigung in der Deutschland-Frage
Parlamentswahlen in Gr.Brit.:

Konservative	365 Sitze
Labour	258 Sitze
Liberale	6 Sitze
Unabhängige	1 Sitz

Macmillan bildet neue Regierung
Staatsbesuch des finn. Staatspräsidenten *Kekkonen* in der USSR zur Verbesserung der Beziehungen (1961 wiederholt)
Alexej Iwanowitsch Adschubej (* 1924), Schwiegersohn *Chruschtschows*, wird Chefredakteur der „Iswestija"

Edward Estlin Cummings (* 1894, † 1962): „Hundred selected Poems" (nordamer. Lyrik)
Eduardo De Filippo (* 1900): „Cantata dei giorni pari" (des ital. Volksdramatikers)
Miguel Delibes (* 1920): „Wie der Herr befehlen" (span. Roman)
Heimito von Doderer: „Grundlagen und Funktion des Romans"
Allen Drury (* 1918): „Macht und Recht" (nordamer. Roman)
† *Luc Durtain*, frz. Schriftsteller (* 1881)
T. S. Eliot: „Ein verdienter Staatsmann" (engl. Schauspiel)
Willem Elsschot (* 1882, † 1960): „Gesammelte Werke" (fläm. Romanschriftsteller)
W. Faulkner: „The mansion", dt. 1960 „Das Haus" (letzter Band einer nordamer. Romantrilogie seit 1940)
Th. Friedrich u. *L. J. Scheithauer:* „Kommentar zu Goethes Faust" (mit Wörterbuch und Bibliographie)
Jean Genet (* 1910): „Der Balkon" (dt. Fassung des frz. Schausp. von 1957; *G.* wurde aus lebensl. Haft begnadigt)
Paul Goodman: „The empire city" (nordamer. Roman)
Luis Goytisolo (* 1935): „Auf Wegen ohne Ziel" (span. Roman)
Günter Grass (* 1927): „Die Blechtrommel" (Roman)
Graham Greene: „Der verbindliche Liebhaber" (engl. Schauspiel)
Gustav Gründgens gastiert mit Dt. Schauspielhaus, Hamburg, in der USSR
Olav Gullvaag (* 1885, † 1961): „Die Sigurd

chung des Verfassungssystems der Weimarer Republik 1930–33"
W. Rudolph: „Die amerikan. ‚Cultural anthropology' und das Wertproblem" („Wert" als ganzheitl. Begriff)
Charles Percy Snow (* 1905): „Zwei Bildungsarten und die wissenschaftliche Revolution" (engl. Bildungsphilosophie)
D. G. Pire, frz. Dominikaner. grdt. „Die Welt des offenen Herzens" zur Linderung menschl. Not
Frank Thieß: „Die griechischen Kaiser", „Die Geburt Europas"
W. Wieser: „Organismen, Strukturen, Maschinen" (Kybernetik)
An der Stelle einer von den Nationalsozialisten eingeäscherten Synagoge entsteht in Berlin (West) jüdisches Gemeindehaus und Kulturzentrum
„Handreichung über das Evangelium und das christl. Leben in der DDR" der Evangel. Kirche der Union (früher „Altpreuß. Union")
Evangel. Kirchen veranstalten erstmalig die Sammlung „Brot für die Welt"
Enzyklika „Princeps Pastorum" über Mission; fordert stärkste Heranziehung einheimischer Kräfte zum Aufbau der Kirche
Bundesverfassungsgericht hebt Vorrechte des Vaters gegenüber der Mutter auf, die im BGB enthalten waren
Hessen-Kolleg als Institut für den 2. Bildungsweg in Wiesbaden
„Rahmenplan zur Umgestaltung und Vereinheitlichung des dt. Schulwesens" vom Dt.

1928): „Couleur et signification“ (abstrakt. Gem.)
Rupprecht Geiger (* 1908): „Schwarzer Keil vor zweimal Rot“ (abstr. Gem.)
Roger Edgar Gillet (* 1924): „Peinture“ (frz. abstr. Gem.)
† *George Grosz*, (in Berlin), dt. sozialkritischer Maler und Graphiker, 1932–59 in d. USA, wo er zu einem nichtaggressiven realistischen Stil fand (* 1893)
Grace Hartigan (* 1922): „Sweden“ (nordamer. abstr. Gem.)
H. Heuser: „Willi Schaeffers (Porträtgem.)
Yûichi Inoue (* 1916): „Fisch“ (japan. abstrakt. Gen.)
† *Olav Iversen*, dt. Zeichner u. Karikaturist, Herausg. des „Simplicissimus“ (* 1902)
Kokoschka: „Bundesminister Ludwig Erhard“ (Porträtgem.)
† *Alfred Kubin*, österr. Graphiker, bes. Illustrator (* 1877)
Ger Lataster (* 1920): „La Chute“ (niederld.-frz. Gem.)
D. Lasdun: Cluster Block, Bethnal Green, London (engl. Architektur)
Jan Lebensztejn (* 1930): „Figur auf der Achse“ (poln. abstrakt. Gem.)
Carl Linfert: „Hieronymus Bosch“ Gesamtausstellung von *Alfred Manessier* (* 1911) in Den Haag

H. Moore: „Drapierte Liegende“ (engl. Plastik)
Robert Motherwell (* 1915): "Ohne Titel“ (abstr. nordam. Gem.)
Ernst Wilhelm Nay (* 1902): „Gelb und Purpur“ (abstrakt. Gem.)
Ben Nicholson (* 1894): „February 1959. Half Moon“ (engl. abstrakt. Gem.)
Dieter Oesterlen: Christuskirche in Bochum (evangel.)
K. Otto: „Die Stadt von morgen“ (Städtebauplanung)
Hans Platschek (* 1923): „Insekten über Klondyke“ (abstrakt. Gem.)
M. Ragon: „Jean Dubuffet“ (kennzeichnet die gr. Beachtg. d. frz. Malers)
Robert Rauschenberg (* 1925): „Kickback“ (nordamer. Komposition in Mischtechnik)
Otto Ritschl (* 1885): „Komposition 59/9“ (abstrakt. Gem.)
Giuseppe Santomaso (* 1907): „Barbacane“ (ital. abstrakt. Gem.)
H. Scharoun: Wohnhochhäuser „Romeo und Julia“, Stuttgart (Baubeg. 1954)
Emil Schumacher (* 1912): „Hephatos“ (abstrakt. Gem.)
Charles Sheeler (* 1883): „Sonne, Fels und Bäume Nr. 2“ (nordamer. Gem.)
Pierre Soulages (* 1919): „22. März 1959“ (frz. abstrakt. Gem.)

H. Heydén (Schweden): Versuch einer chem. Deutung des Gedächtnisses durch ,,molekulare Aufzeichnung“ mittels Nukleinsäure
Holm entd. in der südafrikanischen Kalahari Felsbilder mit Eiszeittieren (gilt als Hinweis, daß prähistorische Malerei von Süden nach Norden wanderte)
T. Keller: „Probleme der Automation“
A. D. Kuzmin und *A. E. Salomonovich* (USSR): Messung der Temperatur des Planeten Venus mit Radioteleskop ergibt ca. 40° C
Lejeune, *Gautier*, *Turpin* entdecken, daß ein doppeltes (statt einfaches) Chromosom im Ei der Mutter zum mongoloiden Kind führt (im Anschluß daran werden weitere krankhafte Chromosomen-Aberrationen beim Menschen gefunden)
K. Mayer: „Die Ursachen der Insektizidresistenz“ (Probleme der Schädlingsbekämpfung)
H. B. Reichow: „Die autogerechte Stadt“ (Stadtplanung und Verkehr)
H. Rohracher untersucht psychologische Regelprobleme
Erwin Schrödinger: „Geist und Materie“ (Erkenntnistheorie)
Leonid I. Sedow (* 1907, USSR) Präsident der Internat. Astronautischen Gesellschaft
† *Oskar Vogt*, dt. Neurologe und Gehirnforscher (* 1870)
Atombombenexplosion in 400 km Höhe erzeugt künstl. Strahlungsgürtel
USA: Radarechos an der Venus
Gasausbrüche aus Mondkrater beobachtet
USSR startet Rakete, die auf dem Mond aufschlägt
Mit Radioteleskopen wird ein Himmelsobjekt entdeckt, das nach seiner starken Rotverschiebung ca. 6 Milliarden Lichtjahre entfernt ist (vermutl. zwei kollidierende Milchstraßen)
Entgiftetes Stadtgas in Basel
75-m-Radioteleskop in Jodrell Bank (England) registriert Aufschlag v. Lunik II auf dem Mond
Raumschiff der USSR überträgt Bilder von der Rückseite des Mondes, die stets erdabgewandt ist

Diskontsatz in der BRD von 3 auf 4% erhöht (gilt als Konjunkt.bremse)
Ausgab. pro Kopf und Jahr in der BRD: (DM)
für Werbung 76,–
Alkohol 180,–
Tabak 121,–
Auslandsreisen 30,–
Kosmetik 30,–
Private Förderung d. Wissensch. 0,92
Edmund Rehwinkel (* 1899) wird Präsident des Dt. Bauernverbandes
Weltbestand an Pferden 70,3 Mill. (1939: 92 Mill.)
DDR verkündet Siebenjahresplan 1959–65. Planziel: Produktionsmittel auf 195%, Konsumgüter auf 177% in der Produktion zu steigern
Frankreich beg., in der Sahara nach Öl zu bohren
In USA tritt eine halbe Mill. Stahlarbeiter in den Streik. Oberstes Ger. setzt Streik zwecks Schlichtungsverhandlungen für 80 Tage aus
Wiederaufbau Stettins unter poln. Verwaltung beg.
USSR beginnt Siebenjahresplan (1959–67); soll Butterversorgung um 80% erhöhen
Indisches Stahlwerk Rourkela in Betrieb, erbaut v. dt. und österr. Firmen für 1 bis 2 Mill. t jährlich (1964 wird die Produktion durch religiöse Streitig-

(1959)	XXI. Parteitag der KPdSU: „Entfalteter Aufbau d. Kommunismus" US-Ausstellung in Moskau findet starke Beachtung Im Gegensatz zur KP Chinas verkündet *Chruschtschow* die Möglichkeit der Koexistenz mit dem Kapitalismus ohne Kriege Zypern wird d. brit.-griech.-türk. Einigung unabh. Republik mit Erzbischof *Makarios* (III.) (* 1913, † 1977) als Präsident. Gr.Brit. behält zwei Militärstützpunkte (1964 wird diese Vereinbarung gekündigt, vgl. 1960 u. 74) USA-Vizepräsident *Nixon* besucht USSR, anläßl. amerikan. Ausstellung in Moskau. Streitgespräch mit *Chruschtschow* USA-Präsident *Eisenhower* besucht Europa (Bonn, Paris) *Chruschtschow* besucht USA-Präsidenten *Eisenhower*. Gespräch in Camp David gilt eine Zeitlang als Zeichen der Ost-West-Entspannung („Geist von Camp David") *Chruschtschow* fordert vor der UN-Versammlung in New York vollständ. Abrüst. innerh. v. 4 Jahren *Christian Herter* löst den kranken *J.F. Dulles* als Außenmin. d. USA ab † *John Foster Dulles*, 1953–59 Außenmin. d. USA (gilt als der Vertreter einer harten Politik gegenüber d. USSR, „am Rande des Krieges"; zuletzt stärker zu Kompromissen geneigt) (* 1888) USA-Präsident *Eisenhower* reist nach Europa, Asien und Afrika, besucht 11 Länder *Nelson Aldrich Rockefeller* (* 1908) Gouverneur des Staates New York Hawaii wird 50. Staat der USA Antarktis wird durch 12-Staaten-Vertrag in Washington neutralisiert † *George Marshall*, nordamer. General und Staatsmann, mehrfach Minister d. USA, 1953 Friedens*nobel*pr. (* 1880) Revolution in Kuba unter *Fidel Castro* siegreich (nähert sich in den folgd. Jahren dem Kommunismus) Neue kuban. Regierung. *Batista* flieht ins Ausland. *Fidel Castro* (* 1927) wird Min.Präs. Ausnahmezustand im Irak nach Attentat auf Min-Präs. *Kassem*, der verletzt wird	Saga" (dt. Ausg. d. norweg. Romane von 1945 und 1947) *Gustav Hedenvind-Eriksson* (* 1880): „Gismus Jägares saga" (schwed. Roman) *Hans Henning Holm*: „De nakte Adam" (niederdt. Komödie) † *Laurence Housman*, engl. Dichter (* 1865) *Eugène Ionesco* (* 1912): „Die Nashörner" (rumän.-frz. Schauspiel des „absurden Theaters". Die Uraufführung in Düsseldorf wird als entscheidend. Durchbruch für *I.* angesehen) *Jarosław Iwaszkiewicz* (* 1894), poln. Lyriker u. Prosaist, 1. Vors. des polnischen Schriftstellerverbandes (1958: 10 Bde. ges. Werke) † *Hans Henny Jahnn*, dt. Schriftsteller, Orgelbauer, Baumeister und Biologe (* 1894) † *Rudolf Jašik*, slowak. Schriftsteller (* 1919); u. a. „Die Toten singen nicht" (1961 posthum) *Uwe Johnson* (* 1934): „Mutmaßungen über Jakob" (Roman; siedelt in diesem Jahr aus der DDR in die BRD über) *Ernst Jünger*: „An der Zeitmauer" *Fritz Kortner*: „Aller Tage Abend" (Autobiographie) † *Werner Krauss*, dt. Schauspieler (* 1884). Von *Werner Krauss* geht der *Iffland*-Ring testamentarisch an *Josef Meinrad* (* 1913, österr. Schauspieler, bes. in *Nestroy*-Stücken) *Mary Lavater-Sloman* (* 1891): „Der strahlende Schatten" (Biographie *Eckermanns*) *Siegfried Lenz* (* 1926:) „Brot u. Spiele" (Roman)	Ausschuß f. d. Erziehungs- und Bildungswesen; 4jährige Grundschule, 2jährige Förderstufe, dann Hauptschule, Realschule oder Gymnasium; außerd. 9jährige Studienschule „Gesetz über die sozialist. Entwicklung des Schulwesens" in der DDR (bis 1964 Schaffung der zehnklassigen allgemeinbildenden polytechnischen Schule f. alle Kinder) In Moskau erscheinen: „Geschichte der KPdSU", „Politische Ökonomie", „Grundlagen des Marxismus-Leninismus" (korrigieren entsprechende Lehrbücher der Stalinzeit) Naturkunde-Museum in Peking 20% Analphabeten in Portugal  *Fortsetzung v. S. 1277* † *Bohuslav Martinu*: (tschech. Komponist, * 1890) „Fantasia Concertante", „Parabel", Uraufführungen *Nicolai Nabokov* (* 1903): „Der Tod des Grigori Rasputin" (russ.-amerikan. Oper), Uraufführung *Carl Orff*: „Oedipus, der Tyrann" (musik. Drama) † *S. Revueltas*, brasilian. Komponist (* 1887) † *Artur Rodzinski* (* 1894 i. d. USA), poln.-amer. Dirig. *Fortsetzung Seite 1283*

Werner Speiser (* 1908, † 1965): „Chinesische und japanische Malerei"
† *Stanley Spencer*, engl. Maler (* 1891)
Helmut Striffler: Trinitatis-Kirche, Mannheim (evang.)
Gabrijel Stupica (* 1913): „Selbstbildnis" (jugoslaw. surrealist. Gem.)
Graham Sutherland: „Hanging Form" (engl. Plastik)
Arpad Szenès (* 1900): „Paysage" (ungar.-frz. abstr. Gem.)
Rufino Tamayo (* 1899): „Femmes" (mexik. Gem.)
Yûkei Tejima (* 1901): „Lotus" (japan. abstr. Tuschzeichnung)
Hans Trier (* 1915): „Taubenschlag II" (abstrakt. Gem.)
† *Josef Wackerle*, dt. Bildhauer (* 1880)
Theodor Werner (* 1886): „Nr. I,59" (abstrakt. Gem.)
Frank Lloyd Wright: Guggenheim-Museum, New York (Gemäldegalerie mit spiralförmiger Anordnung)
† *Frank Lloyd Wright*, führender Architekt der USA (* 1869)
Minoru Yamasaki: Reynolds Metals Building, Detroit
Taiho Yamazaki (* 1908): „By a hair's breadth" (japan. Tuschzeichnung)
„Documenta II" in Kassel (umfassende internat. Ausstellung moderner Malerei, Skulptur und Druckgraphik)
„Phantastische Realisten" (Wiener Ausst.)
Gebäude d. Austral. Akademie d. Wissenschaften in Canberra (als Betonkugelsegment mit halbrunden Stützbögen)
Mehrere Kunstdiebstähle in dt. Museen

———

Wolfgang Staudte (* 1906): „Rosen für den Staatsanwalt" (dt. zeitkrit. Film mit *Walter Giller* (* 1927) und *Martin Held* (* 1908))
Bernhard Wicki (* 1919): „Die Brücke" (Film des schweiz. Reg. über die letzten Kriegstage)
Marcel Camus (* 1912): „Orfeu negro" (frz. Film über den Karneval in Rio)
C. Chabrol: „Les Cousins" (frz. Film, dt.: „Schrei, wenn du kannst")
René Clément (* 1913): „Zazie" (frz. Film)
Jules Dassin (* 1912): „Sonntags nie" (frz. Film)
Jean-Luc Godard (* 1930): „Außer Atem" (frz. Film d. „Neuen Welle" mit *Jean-Paul Belmondo* (* 1933))
Alain Resnais (* 1922): „Hiroshima mon amour" (frz.-japan. Film mit *Emmanuele Riva* u. *Eiji Okada* nach dem Drehbuch v. *Marguerite Duras* (* 1914))
Roger Vadim (* 1928): „Gefährliche Liebschaften" (frz. Film mit *Annette Stroyberg* und *Gérard Philipe*)

USA senden zwei Affen mit Rakete in 480 km Höhe, Tiere kehren heil zurück
USA starten Satelliten „Explorer VI"
Neue Funde vom Sinanthropus in China
Grabungen bei Jericho ergeben das Bild einer präkeramischen Stadtkultur um ca. — 8000
Fürstengrab aus der frühen Latènezeit (≈ — 400) auf dem Dürnberg bei Hallstein gefunden
Dorf aus der Bronzezeit (ca. 1000 v. Chr.) in Berlin-Lichterfelde ausgegraben (seit 1957)
Erstes Atomkraft-Handelsschiff (USA)
1. USA-Kreuzer mit Atomantrieb
Dt. Elektron-Synchroton (Desy) f. Energien von 6 Mrd. Elektronenvolt für 1964 geplant
Elektronische Geräte höchst. Pakkungsdichte in den USA (Mikro-Modul-Systeme mit ca. 11 Bauelementen pro cm^3)
Hahn-Meitner-Institut f. Kernforschung in Berlin-Wannsee seiner Bestimmung übergeben (50-kW-Reaktor)
Weltgesundheitsorganisation (WHO) bekämpfte Malaria und befreite ca. 20% der bedrohten Menschen von dieser Gefahr (weiterer rascher Rückgang wird erwartet)
„Neuropsychopharmakologie" (Tagungsbericht aus Amsterdam, kennzeichnet Bedeutung der Arzneimittelbehandlung v. Nervenkrankheiten)
Penicillin-Synthese (seit 1957) eröffnet Ausblicke auf neue, synthetische Therapeutika
Grundstein für Universitäts-Klinikum in Berlin-Steglitz (nach amerikanischem Vorbild, soll Kooperation der verschiedenen medizinischen Fachrichtungen in der Forschung und am Krankenbett ermöglichen)
Meeresbiologische Anstalt auf Helgoland neu eröffnet (gegrdt. 1892)
Die mittlere Sichttiefe im Bodensee hat in den letzten 30 Jahren von 9,50 auf 7,50 m abgenommen (kennzeichnet starke Vermehrung

keiten gestört)
Panchet-Hill-Damm mit Kraftwerk am Damodar/Indien (vermindert Hochwassergef.)
Revidierte Planzahl für Rohstahlerzeugung in der Volksrepublik China 12 Mill. t (1952: 1,35 Mill t)
„Gesetz über die friedl. Verwendg. von Kernenergie und den Schutz gegen ihre Gefahren" in der BRD
Infolge des Kernwaffen-Versuchsstops nimmt weltweite Verseuchung v. Luft u. Wasser mit radioaktiven Stoffen ab
„Manchester Guardian" (liberale Zeitung) ändert seinen Namen in „Guardian"
Brenner Autobahn begonnen (1963 Teilstück mit Europabrücke eröff.)
Ca. 11 Mill. dt. Reisende i. Ausland
1. Eurotel in Meran (Eigentumswohnungen in Hotelform)
Autostraße USA nach Veracruz/Mexiko eröffnet (1958–61 in Mexiko 7000 km neue Straßen)
St. Lorenz Seeweg für d. Schiffahrt freigegeben
Lotto-Toto-Einnahmen in d. BRD 220 Mill. DM (dav. werden 20% f. kultur. u. soz. Zwecke verwendet)
† *Rudolf Caracciola*, dt. Auto-Rennfahrer (* 1901)

(1959) CENTO (vorher Nahost-Pakt) Bindeglied zw. SEATO u. NATO, neubenannt und Sekretariat nach Ankara verlegt

Grenzstreit zwischen Iran und Irak

Schah von Persien (Iran) heiratet *Farah Diba* (* 1938)

Achmed Sukarno wird Min.Präs. Indonesiens; löst verfassungsgeb. Versammlung auf (regiert mehr u. mehr nichtparlamentarisch)

Kämpfe zw. Regierungstruppen u. kommunist. Partisanen in Nordost-Laos. Ausnahmezustand in ganz Laos. UN-Laos-Kommission erstattet Bericht. (1961 Laos-Konferenz in Genf)

Kommunistische Regierung in Kerala wird vom indisch. Staatspräs. abgesetzt

Liu Schao-tschi (* 1898) Staatsoberhaupt der VR China

Volksrepublik China wirft Aufstand in Tibet nieder. Der Dalai Lama flieht nach Indien

Truppen der Volksrepublik China besetzen indischen Grenzstreifen (bedeutet Nichtanerkennung der Mc Mahon-Grenzlinie)

Robert Lowell: „Life studies" (nordamer. Dichtung)

Artur Lundkvist (*1906): „Komedi i Hägerskog" (schwed. Roman)

Alexander Márai (*1900): „Geist im Exil, Tagebücher 1945–57" (ung.)

Hans Mayer (*1907): „Von Lessing bis Thomas Mann. Wandlungen der bürgerl. Literatur in Deutschland"

Siegfried Melchinger: „Keine Maßstäbe? Kritik der Kritik"

Artur Müller (*1909): „Die Sonne, die nicht aufging. Schuld u. Schicksal Leo Trotzkis" (Prosawerk)

Vladimir Nabokov (* 1899): „Lolita" (dt. Ausgabe des russ.-nordam. erotischen Romans von 1955)

Marie Noël (* 1883): „Notes intimes" (frz. dichter. Tagebuch, dt. „Erfahrungen mit Gott", 1961)

Tadeusz Nowakowski (* 1920): „Picknick der Freiheit" (poln. Roman über dt. Kriegsverbrechen, dt. 1962)

John Osborne (*1929): „Die Welt des Paul Slickey" (engl. Schauspiel)

Pier Paolo Pasolini (* 1922): „Una vita violenta" (ital. Roman marxist. Tendenz)

Harold Pinter (* 1930): „Der Hausmeister" (engl. Schauspiel)

W. Pintzka: „Die Schauspielerin Helene Weigel" (*H. W.* [* 1900] war mit *Bert Brecht* verheiratet)

Raymond Queneau (* 1903): „Zazie in der Métro" (frz. Roman)

Hans José Rehfisch: „Lysistratas Hochzeit" (Roman)

† *Alfonso Reyes*, mexikan. Schriftsteller und Gelehrter, bes. Essayist (* 1889)

Klaus Rifbjerg (* 1931) und *Villy Søvensen* (* 1929) geben dän. literarische Zeitschrift „Vindrosen" heraus

Robert Chester Ruark (* 1915, † 1965): „Nie mehr arm" (nordamer. Roman)

Adolf Rudnicki (* 1912): „Die Kuh" (polnischer Roman)

Françoise Sagan: „Lieben Sie Brahms ..." (frz. Roman)

Hans Sahl (* 1902): „Die Wenigen und die Vielen" (Roman)

Saint-John Perse: „Seemarken" (1957 frz. „Amers", Lyrik)

Delmore Schwartz (* 1913): „Summer Knowledge" (US-Gedichte)

Konstantin Simonow (* 1915): „Die Lebenden und die Toten" (russ. Roman)

N. F. Simpson (* 1920): „One way pendulum" (engl. Bühnenstück)

Gerhard Storz (* 1898), Kultusmin. v. Baden-Württembg. (bis 1964): „Der Dichter F. Schiller"

† *Peter Suhrkamp*, dt. Verleger (* 1891)

Jules Supervielle: „Le corps tragique" (frz. Gedichte)

Bonaventura Tecchi (* 1896): „Die Egoisten" (ital. Roman)

Johannes Urzidil (* 1896): „Das große Hallelujah" (tschech.-nordamerik. Roman)

Robert Penn Warren (* 1905): „The cave" (nordamer. Roman, dt. 1961 „Die Höhle von Johntown")

Vernon Phillips Watkins (* 1906): „Cypress and acacia" (engl. Lyrik)

J. Willett: „The Theatre of Bert Brecht" (engl. Darstellung)

Štefan Žáry: „Das nüchterne Wunderschiff" (slowak. Lyrik)

Dt. Bibliothek in Frankfurt/Main

Schriftstellerkongreß d. SED in Bitterfeld will „die Bewegung des lesenden Arbeiters durch den schreibenden Arbeiter ergänzen"

Rügenfestspiele auf der Freilichtbühne Ralswiek

Ungar. Schriftstellerverband reorganisiert (war nach dem Aufstand 1956 verboten worden; Liberalis. setzt sich fort)

† *Gérard Philipe*, frz. Filmschauspieler (* 1922) „Babette geht in den Krieg" (frz. Film mit *Brigitte Bardot* (* 1934))
† *Henri Vidal*, frz. Filmschauspieler (* 1919)
Federico Fellini (* 1920): „La dolce vita" („Das süße Leben", ital. sozialkrit. Film mit *Marcello Mastroianni* (* 1924))
Anthony Asquith (* 1902): „Die Nacht ist mein Feind" (brit. Film)
Marlon Brando (* 1924): „Der Besessene" (nordamer. Film)
† *Cecil B. De Mille*, nordamer. Filmregisseur (* 1881)
Edward Dmytryk (* 1908): „Der blaue Engel" (nordamer. Film)
J. L. Mankiewicz: „Plötzlich im letzten Sommer" (nordam. Film mit *Elizabeth Taylor* und *Katherine Hepburn* (* 1909))
Otto Preminger: „Porgy and Bess" (nordam. Filmoper)
King Vidor: „Salomon und die Königin v. Saba" (nordamer. Film mit *Gina Lollobrigida* (* 1928))
William Wyler (* 1902): „Ben Hur" (nordamer. Monumentalfilm m. *Charlton Heston* (* 1924))
Fred Zinnemann (* 1907): „Geschichte einer Nonne" (nordamer. Film)
„Spartacus" (nordamer. Film m. *Charles Laughton)*
„Das letzte Ufer" (nordamer. Film m. *Gregory Peck* (*1916))
Jerzy Kawalerowicz: „Nachtzug" (poln. Film)
Andrzej Munk (* 1921, † 1961): „Ein Spaziergang durch die Altstadt" (poln. Film)
Michail Kalatosow: „Ein Brief, der nie ankam" (russ. Film)
Grigorij Tschuchrai: „Ballade vom Soldaten" (russ. Film)
KonIchikawa: „Kagi" und „Nobi" (japan. Filme)

des Planktongehaltes, vorwiegend durch industrielle Abwässer)
22,91 Mill. m^3 Abwasser jährlich in der BRD, davon erreichen die Gewässer:
38% ohne jede Reinigung,
39% partiell gereinigt,
23% hinreichend gereinigt.
Erster Internat. Ozeanographischer Kongreß, New York
„Turm von Madrid" (142 m hohes Hochhaus)
Severins-Brücke in Köln
Moderne Müllverbrennungsanlage in Bern (Müllbeseitigung wird ein immer größeres Problem der Zivilisation)
Vierspurverfahren für Tonbandgeräte
Entgiftetes Stadtgas in Basel
Brit. Luftkissenfahrzeug („Hovercraft SRN 1") überquert mit 50 km/h Ärmelkanal (1962: SRN 2 mit 113 km/h)
1. Prozeßrechner (f. Ölverarbeitung) i. USA

Schelfgebiet d. Nordsee beg. sich als gr. Erdgas- u. Öl-Reservoir zu erweisen (bis zu 6 Mrd. t Erdöl werden vermut. Es beg. starke Bohrtätigk.)

Weltenergieverbrauch nach Anteil der Energieträger (vgl. 1978)

Jahr	Kohle	Mineralöl	Erdgas	Wasserkraft
1970	34,6	43,9	18,8	2,7 %
1959	51,2	30,4	12,3	6,1 %
1929	76,3	15,3	3,8	4,6 %
1900	93,0	3,7	1,3	2,0 %

† *Wolfram Hirth* (durch Absturz), dt. Sportflieger (* 1900)
1. Universiade der östl. und westl. student. Sportvereinigungen in Turin (1961 in Sofia)
„Eintracht Frankfurt" Fußballmeister der BRD
Chruschtschow ist über Can-Can-Tänze im USA-Filmzentr. Hollywood schockiert
Bruch des südfrz. Staudammes Malpasset ford. mehr als 400 Tote
Ingmar Johannsson (Schweden) gewinnt Boxweltmeisterschaft im Schwergewicht gegen *Floyd Patterson* (USA)
~ Kugelschreiber setzt sich durch

Fortsetzung v. S. 1280
Armin Schibler (* 1920): „Der Gefangene" (Kammerballett), Urauff.
Schönberg: „Moses und Aron" Auff. in der Städtischen Oper Berlin (West), Regie *G. Sellner* (komp. 1932)
Dimitri Schostakowitsch: Violoncellokonzert op. 107, Urauff.
D. Schulz-Koehn u. *W. Gieseler;* „Jazz i. d. Schule" (Musikpädagogik)
Heinz Tietjen scheidet als Intendant d. Hambg. Staatsoper aus (war es seit 1956)
Rudolf Wagner-Régeny (*1903): „Prometheus" (Oper)
~ Verbreitung v. Stereoschallplatten
† *Heitor Villa-Lobos* (* 1881), brasil. Komponist
Julien-François Zbinden (* 1917): „Rhapsodie f. Violine u. Orchester" „2. Sinfonie" (schweiz.), Urauff.
Bernd Aloys Zimmermann: „Die Soldaten" (dt. Oper), Uraufführung
Populäre Schlager: „Bambina" („Volare") *(Modugno)*, „Sail along silvery moon" („Eine Reise ins Glück") *(Wenrich)*, „Buona sera" *(de Rose)*

1960	Friedensnobelpreis an *Albert Luthuli* (* 1899, Südafr. Union) f. sein Eintreten gegen Rassentrennung (verliehen 1961) Sprengkraft des nuklearen Potentials von USA und USSR wird auf ca. 3–4 t TNT pro Kopf der Erdbevölkerung geschätzt. Dazu kommt die Wirkung der radioaktiven Verseuchung. Dieser Überfluß an Vernichtungskraft („Overkill") bedingt das atomare Patt 10-Mächte-Abrüstungskonferenz in Genf beginnt Ost- und Westmächte lehnen in Genf gegenseitig ihre Abrüstungsvorschläge ab Bundeskanzler *Adenauer* besucht USA *Thomas Dehler* (* 1897, † 1967) FDP; wird Bundestags-Vizepräsident Dt. Bundesreg. kündigt Interzonenhandelsabkommen wegen polit. Übergriffe der DDR und setzt es gegen Jahresende wieder in Kraft Handelsabkommen zwischen der BRD und der USSR, nach Kompromiß über die Einbeziehung von Berlin (West) Bundesvertriebenenminister *Oberländer* tritt wegen Vorwürfen gegen seine polit. Vergangenheit zurück SPD fordert im Bundestag Reg.-Parteien zur gemeinsamen Außenpolitik auf Die Bundesminister *Seebohm* und *Merkatz* treten von der Deutschen Partei (DP) zur CDU über Bundeskanzler *Adenauer* besucht Staatspräs. *de Gaulle* zu Gesprächen über EWG- und NATO-Politik Führungsstab der Bundeswehr fordert Atombewaffnung für die Bundeswehr (Bundesverteidigungsmin. *Strauß* als Initiator vermutet, teilw. heftige Kritik) Zwischenfall bei Eröffnung der Afrikawoche in Bonn zw. Bundesmin. *Erhard* und Botschafter der USSR *Smirnow* (*S.* unterbricht eine Rede *E.s*, als dieser vom kommunistischen Imperialismus spricht) Bundeskanzler unterzeichnet Vertrag über „Deutschland-Fernsehen GmbH" (dieses von der Bundesreg. geplante 2. Programm wird 1961 als verfassungswidrig erklärt)	Literatur*nobel*preis an *Saint-John Perse* (* 1887, Frankr.) Friedenspreis des Dt. Buchhandels an den englischen Verleger *Victor Gollancz* (* 1893, † 1967) *Marcel Achard* (* 1899): „L'idiote" (frz. Schauspiel, dt. „Die aufrichtige Lügnerin") *Piet van Aken* (* 1920): „De Nikkers" (fläm. Roman um Belgisch-Kongo) *Rafael Alberti* (* 1903): „Zu Lande, zu Wasser" (span. Gedichte) *Alfred Andersch* (* 1914): „Die Rote" (Roman, Kritik an der Wohlstandsgesellschaft) *Jean Anouilh:* „Becket oder die Ehre Gottes", „Majestäten" (franz. Schauspiele) *Marcel Arland* (* 1899): „A perdre haleine" (frz. Roman) *Marcel Aymé:* „Die Schubladen des Unbekannten" (französischer Roman) † *Vicki Baum*, dt. Schriftstellerin, mehrere ihrer Romane wurden verfilmt (* 1888) *S. de Beauvoir:* „La force de l'âge" (frz. Autobiographie) *John Betjeman* (* 1906): „Summoned by bells" (engl. Autobiographie in Versen) † *Ernst Beutler*, dt. *Goethe*-Forscher, seit 1925 Direktor d. Goethemuseums in Frankfurt/Main (* 1885) *Vratislav Blažek* (* 1925): „Ein allzu reichlicher Weihnachtsabend" (tschech. satir. Komödie) *Karen Blixen-Finecke* (* 1885, † 1962): „Schatten wandern übers Gras" (dän. Roman)	† *John L. Austin*, Vertreter der Oxforder Schule der philosophischen linguistischen Analyse (* 1911) *C. J. Burckhardt:* „Meine Danziger Mission 1937—39" *Kay Cicellis* (* 1926): „Way to Colonos, a Greek triptych" (nordamer. psychoanalytisch. Deutung altgriechischer Mythen) Die Schrift des evang. Bischofs von Berlin *Dibelius* über die Obrigkeit in totalitären Staaten wird stark diskutiert u. kritisiert *Hans Jürgen Eysenck* (* 1916): „Behaviour therapy and the neuroses" (dt.-engl. Psychologie) *Karl Jaspers'* Äußerungen zur dt. Wiedervereinigung („in der Selbstbesinnung irreal") führen zu starker Diskussion Papst *Johannes XXIII.* empfängt den Erzbischof von Canterbury (erste Begegnung seit der engl. Reformation 1534) *H. March* (Herausg.): „Verfolgung und Angst in ihren leib-seelischen Auswirkungen" *W. van Orman Quine:* „Wort und Objekt" (nordamer. Semantik) *A. Rapoport:* „Fights, games, and debates" (Beitrag zur mathematischen Sozialtheorie) *H. Ristow* u. *K. Matthiae* (Herausg.): „Der historische Jesus und der kerygmatische Christus" (Kerygma = apostolische Überlieferung) (Probleme der Leben-Jesu-Forschung) *S. I. Rudenko:* „Die Kultur der Bevölkerung des Zentral-Altais in skythischer Zeit" (russ. Be-

David Aronson (* 1923): „Garten Eden" (nordamer. Gemälde)
van den Broek und *Bakema:* Reformiert. Kirche in Nagele (Niederlande)
Gordon Bunshaft: Chase Manhattan Bank, New York (Baubeg. 1957)
Ernst Buschor (* 1886, † 1961): „Das Porträt, Bildniswege und Bildnisstufen in fünf Jahrtausenden" (Archäologie der Kunst)
M. Chagall und *O. Kokoschka* erhalten niederl. Erasmus-Preis (gestift. 1958)
Le Corbusier: Kloster La Tourette, Eveux bei Lyon
Die neue Bundeshauptstadt Brasiliens (Brasilia) wurde nach einem Entwurf des Architekten *Lúcio Costa* erbaut
Mario Cravo jr. (* 1923): „Mondreflekt" (brasil. Eisenplast.)
Werner Düttmann (*1921): Akademie d. Künste, Berlin (W)
Jean Effel, eigentl. *François Lejeune* (* 1908): „Die Erschaffung Evas" (dt. Ausg. d. frz. Zeichnungen)
Adolph Gottlieb (*1903): „Drei Scheiben" (nordam. Gem.)
H. Hentrich u. *H. Petschnigg:* Thyssen-Hochhaus, Düsseld.
A. Jacobsen: Hotel Air Terminal, Kopenhagen (dän. Architektur)
L. Kahn: Gebäude des Medizin. For-

† *Paul Abraham*, dt. Operettenkomponist, „Viktoria und ihr Husar" (1930), „Die Blume von Hawaii" (1931), „Ball im Savoy" (1931) (* 1892)
† *Hugo Alfvén* (* 1872), schwed. Komponist
Boris Blacher: „Rosamunde Floris" (Oper, Uraufführung während der 10. Berliner Festwochen)
Pierre Boulez (*1925): „Pli selon pli, Portrait de Mallarmé" (franz. Solo-Kantate, serielle Musik)
† *Ernst v. Dohnányi*, Komponist ungar. Herkunft (*1877)
† *Edwin Fischer*, dt. Pianist (*1886)
† *Joseph Haas*, dt. Kompon., Schüler v. *Reger* (* 1879)
† *Clara Haskil*, Pianistin rumän. Herkunft, bedeut. Mozart-Interpretin (* 1895)
H. W. Henze: „Prinz von Homburg" (Op.), „Antifone" (Orchesterwerk)
Gian Francesco Malipiero: „L'Asino d'oro" („Der goldene Esel") f. Bariton u. Orch., Uraufführung
Marcel Mihalovici: „Variation" (rum.-frz. Komposition), szen. Urauff.
† *W. Meyer-Eppler*, schrieb 1949 „Elektronische Klangerzeugung", Grundlage der elektron. Musik (*1913)

*Nobel*preis für Physik an *Donald A. Glaser* (* 1926, USA), der seit 1952 die Blasenkammer zur Beobachtung von Elementarteilchen entwickelte
*Nobel*preis f. Chemie an *Willard F. Libby* (* 1908, USA), der radioaktiven Kohlenstoff zur Altersbestimmung von Natur- und Kulturprodukten benutzte (Radiokarbonmethode)
*Nobel*preis für Medizin und Physiologie an *Frank MacFarlane Burnet* (* 1899, Australien) und *Peter Bryan Medawar* (* 1915, Brasilien), welche beide die Abwehrreaktionen bei der Überpflanzung körperfremden Gewebes untersuchten
Fritz Baade: „Der Wettlauf zum Jahre 2000" (die Aufgaben der Menschheit in der neuen Phase der industriellen Revolution)
† *Walter Baade*, nordamer. Astronom dt. Herkunft am Mt.-Wilson-u. Mt.-Palomar-Observat. (* 1893)
E. G. Bowen: „Radar" (Zusammenfassung der vielseitigen Methode der Abstandsmessung durch Echo elektrischer Wellen)
H. Brezowsky: „Wetterphase und Organismus" (danach haben besonders Wetterumschlagssituationen biologisch ungünstige Auswirkungen: Bestimmte Krankheiten steigen von 10–30%, Todesfälle um 10%)
† *Maurice de Broglie*, frz. Experimentalphysiker auf dem Gebiet der Röntgen- und Gammastrahlen (* 1875)
Adolf Butenandt wird Präsident der Max-Planck-Gesellschaft
E. und *K. Delavenay:* Bibliographie der mechanischen Übersetzung (automatisches Übersetzen von Fremdsprachen mit elektronischen Maschinen)
Hans Freudenthal: „LINCOS" (niederl. Entwurf einer Sprache für einen kosmischen Nachrichtenverkehr auf der Grundlage morseartiger Verständigung über mathem. Grundtatsachen)
Toni Hagen: „Nepal" (erforscht 1950–62 Tektonik des Himalaja)
R. F. Heizer und *S. F. Cook:* „Die Anwendung quantitativer Methoden in der Archäologie" (kenn-

Weltzensus soll gleichzeitige statistische Unterlagen aller Länder liefern
Produktionskräfte der Erde; Anteil an der Weltbevölkerung bzw. am Weltsozialprod.

Westl. Industrieländer	20%	70%
Ostblockstaaten	33%	20%
Nichtkommunist. Entwicklungsländer	47%	10%

Kapazität d. Kraftwerke (in Mill. kW) in:

USA	185,3
USSR	66,7
Gr.Brit.	34,6
BRD	25,8
Frankreich	20,1
DDR	7,8

Energieerzeugung Afrikas 58 Mill. t Steinkohleneinheiten, weniger als 1% der Weltenergieerzeugung
Seit 1950 im Rahmen von Wirtschaftsplänen in Afrika (außer Ägypten und Südafrika) 35 Mrd. DM Investitionen
Baubeginn des Assuan-Staudammes in Ägypten (100 m Höhe, 5 km Länge, Stausee 650 km lang, 135 Mrd. cbm Stauraum, Kosten ca. 5 Mrd. DM)
Vom Welt-Bruttosozialprodukt in Höhe von 1438 Mrd. Dollar entfallen auf:

USA, Kanada	37,5%
USSR	15,8%
Westeuropa	21,4%
dav. BRD	4,9%

(1960)

Landtagswahlen in Baden-Württemberg: CDU 51, SPD 44, FDP 18, GB/BHE 7 Sitze. *K.-G. Kiesinger* (CDU) bleibt Min.Präs.
Landtagswahl im Saarland: CDU 19, SPD 16, Dem. Part. d. Saar 7, Saarl. Volkspart. 6, Dt. Dem. Union 2 Sitze, Min.Präs. *F. J. Röder* bildet (1961) CDU-DPS-Regierung
Willy Brandt – *L. Lania:* „Mein Weg nach Berlin"
Erich Mende FDP-Vorsitzender
Renate Riemek, Viktor Agartz, Gleisberg u. a. grden. „Deutsche Friedensunion": „Für Entspannung und Frieden – gegen Rüstung und Krieg", für eine Neutralisierung Dtlds. (erhält in den Bundestagswahlen 1961 1,9% der Stimmen)
Alfred Frenzel (SPD, MdB) wegen Spionage für die ČSSR verhaftet (1961 15 Jahre Zuchthaus)
† *Erich Raeder*, ehem. Großadmiral (* 1876)
Ehemaliger SS-Obersturmbannführer *Adolf Eichmann* von Agenten Israels in Argentinien festgenommen und nach Israel verbracht. Argentinien protestiert. (*Eichmann* wird 1961 wegen Mitschuld an der Ermordung von Millionen von Juden in Jerusalem zum Tode verurteilt und 1962 durch den Strang hingerichtet)
Letzter Kommandant des Konzentrationslagers Auschwitz, *Baer*, als Waldarbeiter verhaftet
DDR kollektiviert Landwirtschaft (führt zu landwirtschaftlicher Produktionskrise und zur Bauernflucht)
† *Wilhelm Pieck*, dt. Kommunist, seit 1934 mit *Ulbricht* in der USSR, seit 1949 Präsident der DDR (* 1876). Das Amt des Präsidenten wird durch einen Staatsrat ersetzt, dessen Vorsitzender *W. Ulbricht* wird. Dieser Staatsrat erhält gesetzgebende und exekutive Befugnisse
In der DDR wird mit *W. Ulbricht* als Vorsitzendem Nationaler Verteidigungsrat gebildet, der der Volkskammer untersteht
Karl-Heinz Hoffmann (* 1910), Verteidigungsminister der DDR
DDR führt für Besucher Ostberlins aus Westdtl. Passierscheine ein (Westberliner weiterhin auf Personalausweis). Paß der Bundes-

Günter Blöcker (* 1913): „Heinrich v. Kleist oder Das absolute Ich" (Biographie)
Kay Boyle (* 1903): „Generation without farewell" (nordamer. Roman)
Tadeusz Breza (* 1905): „Das eherne Tor" (poln. Roman über die Diplomatie des Vatikans)
Max Brod: „Streitbares Leben" (Autobiograph.)
† *Rudolf Brunngraber*, österr. Schriftsteller sozialist. Gesinnung (* 1901)
Miodrag Bulatović (* 1930): „Der rote Hahn fliegt himmelwärts" (jugoslaw. Roman)
† *Hermann Burte* (eigentl. *Strübe*), dt. Schriftsteller (* 1879)
Michel Butor (* 1926): „Repertoire" (Essays des frz. Theoretikers d. Neuen Romans"), „Degrés" (frz. „absurder" Roman)
† *Albert Camus*, franz. Dichter, Existenz-Philosoph u. Widerstandskämpfer d. 2. Weltkriegs (* 1913)
Carlo Cassola (* 1917): „Mara" (ital. Roman)
Louis-Ferdinand Céline: „Nord" (frz. Roman)
Hilda Doolittle (* 1886, † 1961): „Bid me to live" (nordamer. Lyrik)
Wladimir D. Dudinzew: „Ein Neujahrsmärchen" (russ. Prosa)
Lawrence Durrell (* 1912): „Alexandria Quartet" (engl. Romantetralogie seit 1957)
Friedrich Dürrenmatt: „Der Doppelgänger" (schweiz. Schauspiel)
Astrid Ehrencron-Kidde (* 1871, † 1960): „Hvem Kalder" (dän. Autobiographie)
Hans Magnus Enzens-

schreibg. seiner Funde)
J. Rudin: „Psychotherapie und Religion"
J.-P. Sartre: „Critique de la raison dialectique" I (frz. Philosophie)
Wolfgang Schadewaldt (* 1900): „Natur–Technik–Kunst"
Günther Schmölders (* 1903): „Das Irrationale in der öffentlichen Finanzwirtschaft"
W. L. Shirer: „Aufstieg und Fall des Dritten Reiches" (nordamerik. Zeitgeschichte)
Kardinal *J. Wendel* eröffnet 37. Eucharistischen Weltkongreß in München; anwesend: 27 Kardinäle, 400 Bischöfe, 100000 Besucher)
† *Joseph Wendel*, Kardinal, Erzbischof von München und Freising seit 1952 (* 1901) (sein Nachfolger wird 1961 Kardinal *Julius Döpfner*, Bischof von Berlin seit 1957 (* 1913)
† *Heinrich Weinstock*, dt. Pädagoge und Philosoph (* 1889)
Bibelübersetzungen in 221 Sprachen vorhanden (der Bibeltext ist durch weitere Handschriftenfunde erneut kritischer Forschung unterworfen)
Gesamtdt. Synode der evang. Kirche in Berlin
Nordamer. Care-Nachkriegshilfe für Westdtl. abgeschlossen (USA-Bevölkerung spendete seit 1945 346 Mill. DM)
Pro 1000 d. Bevölkerung

	Ehen	Scheidg.
BRD	9,5	0,8
Österr.	8,5	1,0
Schweiz	8,0	0,9
USA	9,0	2,1

Einehe, Verbot der Kinderehe und Gleichberechtigung der Geschlechter in Nord-Vietnam

schungszentrums in Philadelphia

† *Fritz Klimsch*, dt. Bildhauer (* 1870)

G. Mardersteig: „Dante" (engl. Schrifttype)

K. Mayekawa: Konzerthalle, Tokio (seit 1959)

Rolf Nesch (*1893): „Graphik, Materialbilder, Plastik" (norweg. Beschreibung neuartiger Kunstformen)

Oscar Niemeyer: Parlament, Gouverneurspalast, Justizgebäude in Brasilia (seit 1959)

G. Ponti u. a.: Verwaltungsgebäude Pirelli, Mailand (Baubeg. 1957)

A. Portmann u. *R. Arioli:* „Gärten, Menschen, Spiele" (zur Gartengestaltung)

Piotr Potworowski (* 1898): „Wasserfall in Niedzica" (poln. abstrakt. Gemälde)

Sir Herbert Edw. Read (* 1893): „Formen des Unbekannten" (engl. ästhetische Essays)

Otto Ritschl (*1885): „Komposition" (abstrakt. Gemälde)

Eero Saarinen (* 1910, † 1961): USA-Botschaftsgebäud. in London (finn.-nordamer. Architektur)

Jacques Schader: Kantonschule in Zürich (Baubeg. 1956)

R. Schwarz: „Kirchenbau" (als mod. Architektur)

Renée Sintenis: „Otto Suhr" (Bronzekopf)

Reuben Tam (* 1916): „Die Küsten des Lichtes"

† *Dimitri Mitropoulos*, nordamer. Dirig. griech. Herkunft (*1896)

A. Moles: „Die experiment. Musik" (frz.)

Luigi Nono (*1924): „Intolleranza" (ital. Oper)

F. K. Prieberg: „Musica ex machina" (üb. elektronische Musik)

Serg. Prokowjew: „Der wahre Mensch" (1947/48), letzte Oper (russ.), posthum

Armin Schibler: „Concerto 1959" Uraufführung

† *Clemens Schmalstich*, dt. Komp. u. Dirigent (*1880)

† *Mátyás Seiber* (* 1905), ungar. Komponist

K. Stockhausen: „Kontakte" f. elektronische Klänge, Klavier, Schlagzeug

I. Strawinsky: „Movements" (f. Klavier und Orchester), Doppelkanon (f. Streichquartett)

Heinr. Sutermeister: „Seraphine od. Die stumme Apothekerin" (schweiz. Oper)

Neues Opernhaus in Leipzig eingeweiht

Populäre Schlager: „Marina" *(Granata)*, „Tschau Tschau Bambina" („Piove") *(Modugno)*, „Petite fleur" *(Bechet)*

O. Coleman (* 1930) begründ. „Free Jazz" i. USA

zeichnet das Vordringen naturwiss. Methoden, bes. Altersbestimmung)

H. Hofer: „Stammesgeschichte der Säugetiere" (4 unabhängige Stämme, die von den Kriechtieren abstammen)

K. Hofmann, Li und *R. Schwyzer:* Synthese des Hypophysenhormons Corticotropin (Eiweißmolekül mit einer Kette von 39 Aminosäuren)

E. v. Holst und *U. v. Saint Paul:* „Vom Wirkungsgefüge der Triebe" (über den hierarchischen Aufbau der Instinkte)

F. Hoyle schätzt das Alter d. Milchstraße aus d. Annahme, daß bestimmte Atomkerne bei Supernovaexplosionen entstehen, auf 12 bis 20 Mrd. Jahre

M. Jacobson: Synthese eines künstlichen Sexuallockstoffes für den Schwammspinner (wichtig f. Schädlingsbekämpfung)

† *Abraham Fedorovich Joffe*, russ. Physiker, Schüler Röntgens, bes. Kristallphysik (*1880)

G. H. R. v. Koenigswald: „Die Geschichte des Menschen". (moderne Abstammungslehre)

† *Max von Laue*, dt. theoret. Physiker, *Nobel*preis 1914 (*1879)

Jacques Piccard und *Don Walsh* erreichen mit Tiefseetauchboot (Bathyskaph) 10970 m Meerestiefe 11034 m Meerestiefe im Marianengraben gemessen

R. V. Pound und *G. A. Rebka* weisen das *Einstein*sche Uhren-Paradoxon mit Hilfe des *Mössbauer*-Effektes nach

R. Reiter: „Meteorobiologie und Elektrizität der Atmosphäre" (elektrisch. Wellen von 1–25 Hz erweisen sich als biologisch wirksam)

Lewis Fry Richardson (*1881): „Bewaffnung u. Unsicherheit", „Statistik tödlicher Streitigkeiten" (engl. mathematische Theorie der Außenpolitik und Kriege)

≈ Meeresbodenausbreitung erkannt (vgl. 1970)

A. Rittmann: Entstehung v. Faltengebirgen durch subkrustale Massenverlagerung infolge von Temperaturunterschieden unter dem Ozean und unter dem Kontinent

In den USA wird der Laser (*L*ight

Osteuropa 5,1%
Asien 12,8%
dav. komm. Länd. 3,9%
Süd-, Mittel-Amerika 4,2%
Australien 1,1%
Afrika 2,2%

Jährlicher privater Verbrauch je Person: (DM)

USA	4850,–
Gr.Brit.	3190,–
BRD	2570,–
Frankreich	2490,–
Italien	1395,–

Nahrungsmittelverbrauch in kcal/Tag:

Gr.Brit.	3290
Australien	3260
USA	3120
BRD	2955
Italien	2740
Brasilien	2640
Japan	2210
Indien	1980

Stickstoffdüngerverbrauch in der EWG: (kg/ha)

Niederlande	92
Belgien	53
BRD	44
Italien	17
Frankreich	15

Fleischverbrauch (kg pro Einwohn. und Jahr):

Australien	114
Argentinien	109
USA	95
BRD	57
Italien	27
Ägypten	13
Indien	2

In der BRD werd. für ca. 100 Mill. DM schmerzstill. Mittel jährl. konsumiert, in der Schweiz pro Kopf und Jahr ca. 90 Tabletten

Volkseinkommen pro Kopf blieb in Indien im letzten Jahrzehnt im wesentlichen unver-

(1960)	republik bei Westberlinern nicht mehr anerkannt Die Zwangskollektivierung der Landwirtschaft in der DDR wird für abgeschlossen erklärt, Kollektivierung des Handwerks wird vorläufig aufgeschoben 199 188 registr. Flüchtlinge (darunter 48,8% unter 25 Jahre) verlassen die DDR (1959: 144 000, 1958: 204 000) *Hermann J. Flade*, als Schüler 1950 wegen Verbreitung v. Flugblättern i. d. DDR zum Tode verurteilt, wird aus der Haft in die BRD entlassen Wahlen zum dän. Folketing: Sozialdem. 76, Liberale 38, Konservative 32, Radikale 11, Sozialist. Volkspartei 11, Unabh. 6, Schleswigpartei 1 Sitze Einer der beiden grönländ. Abgeordneten ist von diesem Jahr an dän. Minister für Grönland Wahl zur 2. Kammer in Schweden: Sozialdemokraten 114, Liberale 40, Konservative 39, Bauernpartei 34, Kommunisten 5 Sitze Unruhen der weißen Siedler in Algerien (die Spannungen zu *de Gaulle* vertiefen sich) *De Gaulle* fordert und erhält Sondervollmachten für ein Jahr; beruft General *J. Massu* aus Algerien ab *Jacques Soustelle* scheidet aus der frz. Regierung aus Frankreich zündet in der Sahara seine erste Atombombe (2 weitere Versuche folgen in diesem Jahr; Frankr. betreibt in der Folgezeit die Politik einer selbständigen Atommacht: „Force de frappe") Staatsbesuch von *de Gaulle* in Gr.-Britannien Frankr. beginnt Verhandlungen mit algerischer Exilregierung über Waffenstillstand (Abschluß 1962) *De Gaulle* kündigt „Algerisches Algerien" an, scharfe Reaktion der Algerienfranzosen *De Gaulle* in Algerien, wo er gegen starken Widerstand für eine unabh. Republik Algerien eintritt. Blutige Zusammenstöße zwischen Algerienfranzosen und Moslems Dt. Truppen zu Übungszwecken in Frankreich Frz. Nationalversammlung billigt eigene frz. Atommacht (wider-	*berger* (* 1929): „Landessprache" (satirische Gedichte) *Leslie Fiedler:* „Liebe und Tod im amerikanischen Roman" (nordamer. Literaturkritik) † *Frank Stuart Flint*, engl. Schriftsteller der „Imagisten" (* 1885) † *Paul Fort*, frz. Dichter (* 1872) *Jack Gelber:* „The connection" (nordamer. Schauspiel) *J. Genet:* „Wände überall" (frz. Schauspiel) *C. Goetz:* „Die Memoiren des Peterhans von Binningen" (Autobiographie) † *Curt Goetz*, dt. Schriftsteller und Schauspieler, schrieb vorwieg. Lustspiele (* 1888) *Günter Grass:* „Gleisdreieck, Gedichte und Graphiken" *J. Green:* „Chaque homme dans sa nuit" (frz. Roman) *Hans Habe* (* 1911): „Ilona" (Roman) *Lillian Hellman:* „Toys in the attic" (nordamer. Schauspiel) † *Wilhelm Herzog*, dt. sozialist. Dramatiker u. Lyriker (* 1884) *Randall Jarrell* (* 1914): „The woman at Washington Zoo" (nordamer. Dichtung) *Elizabeth Joan Jennings* (* 1926): „Let's have some poetry" (engl. Lyrik für die Jugend) *Walentin Petrowitsch Katajew* (* 1897): „Winterwind" (russ. Roman) † *Wolfgang Kayser*, dt. Literarhistoriker; u. a. „Entstehung und Krise des modernen Romans" 1954 (* 1906) *Arthur L. Kopit* (*1937): „O Vater, armer Vater, Mutter hing dich in den	Internationaler „Kongreß f. Kulturelle Freiheit" in Berlin mit dem Thema „Fortschritt im Zeichen der Freiheit" Wissenschaftsrat in der BRD veröffentl. Denkschrift, in der 3 neue Universitäten und 1200 zusätzliche Lehrstühle gefordert werden, Ausbau des sog. Mittelbaus Politische Geographie ist wieder Lehrfach an Universitäten der BRD Denkschrift über den Aufbau und d. Zukunft der dt. Ingenieurschule Saarbrückener Rahmenvereinbarung der Kultusministerkonferenz: ordnet die gymnasiale Oberstufe (Stufenabitur, Wahlpflichtfach) Lehrerverbände beschließen Neugestaltung des Schulwesens („Bremer Plan") Universität für Völkerfreundschaft in Moskau In Afrika gehen durchschnittlich 16% der Kinder im Schulpflichtalter zur Schule (reale Zahlen schwanken zwischen 2 und 60%) Papst err. Sekretariat f. d. Einigung d. Christen unter Kardinal *Bea* (* 1881, † 1968) Zeitschrift „Grundlagenstudien aus Kybernetik u. Geisteswissenschaften" begründet „Abteilung zur Erforschung der Telepathie" a. d. Univ. Leningrad (parapsychologische Phänomene bleiben umstritten) Erzbischof von Lille erklärt die Sünden aller Menschen und nicht die Juden als verantwortlich für den Kreuzestod Christi

G. *Trump:* Trump-Mediaeval (Schrifttype)
Gert Tuckermann (* 1915): „Berliner Destille" (Tuschzeichnung)
Minoru Yamasaki: Pavillon d. Wissenschaften in Seattle (USA)
„Laokoon" (vgl. 1905)

---

† *Hans Albers,* dt. Schauspieler bes. im Film (* 1892)
Harald Braun (*1901, † 1960): „Die Botschafterin" (dt. Film)
Gustaf Gründgens: „Das Glas Wasser" (Film m. *Hilde Krahl* (*1917) und *G. G.*)
Kurt Hoffmann: „Das Spukschloß im Spessart" (Film m. *Liselotte Pulver)*
Wolfgang Neuss (* 1923): „Wir Kellerkinder" (Filmsatire)
† *Curt Oertel,* dt. Filmregisseur, bes. Kulturfilme (* 1890)
† *Henny Porten,* dt. Filmschauspl., bes. d. Stummfilmzeit (* 1890)
Ingmar Bergman (* 1918): „Wie in einem Spiegel" (schwed. Film)
Henri-Georges Clouzot (*1907): „Die Wahrheit" (frz. Film mit *Brigitte Bardot)*
Albert Lamorisse (* 1922): „Die Reise im Ballon" (frz. Film vorwieg. aus der Vogelperspektive)
Jean Rouch: „Chronik eines Sommers" (frz. Film mit *E. Morin)*
Michelangelo Antonioni (*1912): „Die mit der Liebe spielen" (ital. Film)
Alessandro Blasetti (*1900): „Ich liebe, Du liebst" (ital. Film)
Luigi Comencini (* 1916): „Der Weg zurück" (ital. Film)
Juan Antonio Bardem (*1922): „Brot und Blut" (span. Film)
Alfred Hitchcock (* 1899): „Psycho" (engl. Film)
Karel Reisz: „Samstag nacht bis Sonntag morgen" (engl. Film der „Free Cinema"-Gruppe)
John Huston (*1906): „Nicht gesellschaftsfähig" (nordamer. Film mit *Marilyn Monroe)*
† *Clark Gable,* nordamer. Filmschausp., z. B. in „Vom Winde verweht" 1939 (* 1901)
„Frühstück bei Tiffany" (nordam. Film mit *Audrey Hepburn* (*1929)
„Lieb. Sie Brahms?" (Film nach *F. Sagan* mit *Ingrid Bergman* und *A. Perkins)*
„Die Welt der Suzie Wong" (nordamer. Film mit *William Holden* (*1918)
Aleksander Ford (* 1907): „Kreuzritter" (poln. Film)
J. Kawalerowicz: „Mutter Johanna v. d. Engeln" (poln. Film)
Andrzej Munk: „Das verfängliche Glück" (poln. Film)
Grigorij Tschuchrai: „Klarer Himmel" (russ. Film)
Alain Resnais: „Letztes Jahr in Marienbad" (frz. Film, Drehb. *A. Robbe-Grillet)*
Masaki Kobayashi: „Barfuß durch die Hölle" (japan. Film)

*A*mplification by *S*timulated *E*mission of *R*adiation = Lichtverstärkung durch angeregte Aussendung von Strahlung) als Lichtverstärker höchster Intensität erfunden
USA-Rakete nimmt mit Lochkamera in 200 km Höhe Röntgenbild der Sonne auf
H. Vogt: „Außergalaktische Sternsysteme und Struktur der Welt im Großen"
CERN-Protonensynchrotron für 25 Mrd. Elektronenvolt Energie in Genf in Betrieb. Entwicklung der Beschleunigungsspannungen:

1930	0,2 Mill. El. Volt mit Kaskadengenerator
1932	1,0 Mill. El. Volt[1]
1936	10 Mill. El. Volt[1]
1945	100 Mill. El. Volt mit Betatron
1952	1 000 Mill. El. Volt[2]
1954	6 000 Mill. El. Volt[2]
1957	10 000 Mill. El. Volt[2]
1960	25 000 Mill. El. Volt[2]
1976	400 000 Mill. El. Volt[2]

[1] mit Zyklotron [2] mit Protonsynchrotron

Gestatten Erforschung und Entdeckung von Elementarteilchen
Durchmesserbestimmung eines Fixsterns mittels Beobachtung des Helligkeitsabfalls durch Mondbedekkung
Satellit der USSR kehrt nach 17 Erdumkreisungen mit Tieren und Pflanzen unversehrt zurück
USA starten ersten Wettersatelliten „Tiros I", der auch das Auftreten von Wirbelstürmen frühzeitig erkennbar macht; übermittelt in drei Monaten ca. 23 000 Fernsehbilder von Wolkenformationen, die der Wettervorhersage dienen
„Echo I" (USA) als Ballon-Nachrichtensatellit (Reflektor) (ist mit bloßem Auge nachts sichtbar)
Fernrakete der USSR legt im Stillen Ozean über 12 000 km zurück
Unterwasser-Erdumfahrt des USA-Atom-U-Bootes „Triton" mit insgesamt 57 600 km
Getauchtes nordamerikanisches U-Boot schießt erstmalig Polaris-Rakete ab (kann Kernwaffenträger sein)
15-kW-Elektro-Traktor mit 1008 „kalten" Brennstoffelementen der Fa. Allis-Chalmers

ändert (ca. 7% des Pro-Kopf-Eink. in der BRD)
20%ige Zollsenkung innerhalb d. EWG und EFTA
Finnlands wichtigste Außenhandelspartner (E = Einfuhr, A = Ausfuhr): BRD (E 19,4, A 11,6%), Gr.Brit. (E 15,8, A 24,5%), USSR (E 14,7%, A 14,2%)
USA, Kanada und 18 westeurop. Staaten gründen „Organisation für wirtschaftl. Zusammenarbeit und Entwicklungshilfe" (OECD)
Höhepunkt der Zahlungsbilanzkrise der USA: starker Goldabfluß
Molotow wird Vertreter der USSR bei der internat. Atomenergiebehörde in Wien
† *John D. Rockefeller* (Jun.), nordamer. Wirtschaftsmagnat, Sohn des Erdölmillionärs (* 1874)
Der russ. Rubel wird im Verhältnis 1 : 10 zusammengelegt. Amtlicher Wechselkurs: 1 Dollar = 0,9 Rubel (bish. = 4 Rubel)
USSR zahlt an d. USA 1,1 Mrd. Dollar f. Schiffstransporte im 2. Weltkrieg
Lateinamerikan. Freihandelszone zw. Argentinien, Brasilien, Chile, Uruguay, Paraguay, Peru und Mexiko

(1960)

spricht NATO-Absichten)
Kg. *Baudouin* v. Belgien heiratet die span. Aristokratin *Fabiola* (* 1928)
Schwere Streikwelle gegen Regierungs-Sparprogramm in Belgien
* *Andrew v. Windsor*, Prinz v. Gr.-Brit., 3. Kind der Kgin. *Elisabeth II.*
Prinzessin *Margaret Rose* von Gr.-Brit. heiratet den Photographen *Antony Armstrong-Jones* (* 1930, wird 1961 *Viscount Linley* und *Earl of Snowdon*)
Lord *Home* wird brit. Außenminister (1963 Min.Präs.)
Labour-Parteitag fordert atomare Abrüstung Gr.-Britanniens
† *Aneurin Bevan*, brit. Labour-Politiker, 1945–51 Gesundheitsminister, Schöpfer d. staatl. Gesundheitsdienstes (* 1897)
† *Hans Christian Hansen*, dän. Min.-Präs. seit 1955 (Sozialdemokrat) (* 1906)
Nach Rücktritt der Reg. *A. Segni* (* 1891) bildet *Tambroni* ital. Regierung, die bald wegen neofaschist. Tendenzen zurücktreten muß. Es folgt Regierung *A. Fanfani* (* 1908) mit einer „Öffnung nach links" (*Fanfani* Min.Präs. bis 1963)
Antiösterreichische Demonstrationen in Italien. UN fordert Österreich und Italien zu Verhandlungen über Südtirol auf
In Spanien werden Lohnstreiks zur militärischen Rebellion erklärt. Todesstrafe für Attentate und Bandenunwesen
Spannungen zwischen Jugoslawien einerseits und China/Albanien andererseits verschärfen sich
Neue Verfassung der ČSSR erklärt sie zur „Sozialistischen Republik"
Tschechoslowakei ändert abgekürzte Bezeichnung ČSR in ČSSR
† *Anna Pauker*, war 1947 Außenminister Rumäniens (* 1897)
KPSU verkündet die „Vermeidbarkeit von Kriegen" gegenüber der KP Chinas, welche die revolutionären Kräfte in den ehemaligen Kolonialvölkern zu wecken sucht
USSR kündigt Truppenreduzierung um 1,2 Mill. auf 2,4 Mill. Mann und Umrüstung auf Raketenwaffen an

Schrank, und ich bin ganz krank" (nordamer. „Tragifarce")
† *Hermine Körner*, dt. Schauspielerin (* 1882)
† *Artur Kutscher*, dt. Theaterwissenschaftl. u. Literarhistor. (* 1878)
„Lady Chatterley's lover" in Gr.Brit. freigegeben (engl. erot. Roman von *D. H. Lawrence* aus dem Jahr 1928)
Clive Staples Lewis (* 1898): „Der Welt letzte Nacht" (engl. Essays)
Henry Miller: „Nexus" (nordamer. Roman-Trilogie; „Sexus" 1949, „Plexus" 1952)
Alberto Moravia (* 1907): „La Noia" (ital. Rom.)
H. Montherlant: „Le Cardinal d'Espagne" (frz. Schauspiel)
Ladislav Mňačko (* 1919): „Der Tod heißt Engelchen" (slowak. Roman)
Pablo Neruda (* 1904, Lyriker): „Aufenthalt auf Erden" (dt. Ausgabe d. chilen. Werkes von 1925 bis 1931)
Jurij Karlowitsch Olescha (* 1899, † 1960): „Neid" (dt. Ausg. der russ. ausgew. Erzählungen)
W. Pabst: „Literatur zur Theorie des Romans"
† *Feodor I. Panferow*, russ. Dichter, gilt als Vorläufer des „Tauwetters" (* 1896)
† *Boris Pasternak*, russ. Dichter, Autor des Romans „Dr. Schiwago", mußte Nobelpreis ablehnen (* 1890)
John Cowper Powys (* 1872, † 1963): „All or nothing" (engl. Roman)
Vasco Pratolini (* 1913): „Lo scialo" (2. Bd. des ital. Romanzykl. „Una storia italiana")
Erwin Herbert Rainalter (* 1892, † 1960): „Kaisermanöver" (österr. Roman)
Robert von Ranke-Graves: "Food for Centaurs" (engl. Ged. u. Erzählungen)
† *Hans J. Rehfisch*, dt. Dramatiker u. Schriftsteller (* 1891)
Harold Rosenberg: „The tradition of the new" („Die Tradition des Neuen", nordamer. Literaturkritik)
† *Ernst Rowohlt*, dt. Verleger, machte bes. nordamer. Autoren in Dtl. bekannt, förderte Taschenbuch (vgl. 1946) (* 1887)
Françoise Sagan: „Ein Schloß in Schweden" (frz. Schauspiel)
Armand Salacrou (* 1899): „Boulevard Durand" (frz. Schauspiel)
Nathalie Sarraute (* 1902): „Das Planetarium" (frz. Roman)
J.-P. Sartre: „Die Eingeschlossenen" (frz. Schauspiel)
Michail A. Scholochow: „Neuland unterm Pflug" (russ. Roman)
Claude Simon (* 1913): „Die Straße in Flandern" (frz. Roman eines Vertr. des „Neuen Romans")
Charles Percy Snow (* 1905): „The affair" (8. Bd. des engl. Romanzyklus, 1. Bd. „Strangers and brothers" 1940)
Muriel Spark (* 1918): „Junggesellen" (engl. Roman)
† *Emil Strauß*, dt. Schriftsteller (* 1866)
William Styron (* 1925): „Und legte Feuer an dies Haus" (nordamer. Roman)
† *Jules Supervielle*, frz. Dichter (* 1884)
† *Jakob Tiedtke*, dt. Schauspieler (* 1875)

53% der Gesamtkohle der BRD voll- und teilmechanisiert gewonnen (1957: 36%)

Hydraulischer Strebausbau im westdt. Steinkohlenbergbau (mit ca. 2800 hydraulischen Ausbaurahmen)

~ Automatisierung des Warenflusses in dt. Versandhäusern (z. B. mittels Lochkarten, Abruf vom Lager bis zur Heranführung an die Verladerampe)

Max-Planck-Institut für Dokumentationswesen in Frankfurt/Main (dieses Gebiet erhält für Wissenschaft und Technik höchste Bedeutung)

Kälteminimum mit —88,3° C in der Antarktis

Die jährliche Produktion organischer Substanz im Meer wird auf ca. 35 Mrd. t geschätzt (d. h. ca. 100 g/m², in Feldkulturen ca. 650 g/m²)

Zeitschrift „Kybernetik" gegrdt. (kennzeichnet d. rasch wachsende Bedeutung dieser zentralen Wissenschaft der Steuerungs- und Informationsvorgänge)

Kongreß der International Federation of Automatic Control in Moskau (Vereinigung f. Regelungstechnik, gegrdt. 1957)

~ Theorie und Praxis der „Lernenden Automaten" wird ausgebaut

Alter geolog. Formationen nach neuer Forschung:

Erdalter	4600 Mill. Jahre
Kambrium	600 Mill. Jahre
Ordovicium	500 Mill. Jahre
Gotlandium	440 Mill. Jahre
Devon	400 Mill. Jahre
Karbon	350 Mill. Jahre
Perm	270 Mill. Jahre
Trias	225 Mill. Jahre
Jura	180 Mill. Jahre
Kreide	135 Mill. Jahre
Tertiär	70 Mill. Jahre

Verkehrsflugzeuge mit

	1960	1952
200–325 km/St.	37,2%	67,4%
325–480 „	37,0%	32,3%
480–560 „	12,1%	0,3%
560–650 „	6,6%	0,0%
725–975 „	7,1%	0,0%

Ca. 100000 elektronische Einzelteile in US-Militärflugzeugen (1942 waren es ca. 2000)

Luftkissenfahrzeuge kommen auf

Index der Konsumentenpreise in Argentinien 1156 (1950 = 100). Argentinische Wirtschaft stagniert seit 1950

1 Neuer französischer Franc entspricht 100 alten Francs

COMECON („Rat für gegenseitige Wirtschaftshilfe" im Ostblock) setzt seine Statuten von 1959 in Kraft. Das reale Sozialprodukt der COMECON-Länder wächst seit 1950 um jährlich 7,2% (USA: 3,3%); Sozialprodukt pro Kopf ca. 1000 Dollar (USA: 2800 Dollar)

8234 Mill. Dollar internat. Entwicklungshilfe, davon 5140 Mill. aus öffentl. Mitteln (USA 3781, BRD 616, Ostblock 183)

Die bisherige Wirksamkeit der Entwicklungshilfe wird vielfach als gering angesehen

Entwicklungshilfe für asiat. Staaten seit 1954 insges. 12 Mrd. Dollar

Geburtenhäufigkeit in Asien jährlich 30–40 pro 1000 Einw. Sterbeziffern um teilweise 9 pro Tsd. (BRD 11,4)

Kindersterblichkeit halbierte sich seit 1950 auf westeuropäisches Niveau

Volkseinkommen je Einwohner in asiatischen Staaten (Dollar) i. 3 Staaten mehr als 300 in 4 St. 200–300 in 12 St. 100–200 in 1 Staat weniger als 100 (zum Vergleich BRD 968)

Am Ende des Jahres hat die BRD 55785000 Einw. (einschl. West-Berlin) (1956: 53319000)

Gesamtzahl der Vertriebenen in d. BRD (ohne Berlin und Saarland) 9,7 Mill.

Durch vorzeitige Tilgung betragen die Auslandsschulden d. BRD 6,9 Mrd. DM

Bundesbaugesetz schafft einheitliche städtebauliche Rechtsordnung

Gesetz über „Abbau d. Wohnungszwangswirtschaft" (diese Liberalisierung ist stark umstritten)

Regier.entwurf f. ein neues Aktiengesetz in d. BRD

Durchschnittl. Aktienkurs-Index in der BRD im August: 822 (Ende 1959: 516, April 1963: 476, am 31. 12. 1953 = 100)

Mitte des Jahres erreichen Auto-Aktien an den dt. Börsen Kurse bis zu 4000 (2 Jahre später erreichen Aktienkurse einen Tiefpunkt)

Fritz-Thyssen-Stiftung zur Förderung d. Wissenschaft mit 100 Mill. DM Grundkapital gegrdt.

Werbungsausgabe je Kopf/% des Nationaleink.:

USA	65 Doll.
	= 2,9%
Schweiz	27 Doll.
	= 2,2%
Gr.Brit.	24 Doll.
	= 2,2%
BRD	13 Doll.
	= 1,5%
Italien	3 Doll.
	= 0,6%

Oswald v. Nell-Breuning (* 1890): „Kapitalismus u. gerechter Lohn" (Sozialwissenschaft eines Jesuiten)

Tarifpartner der eisenschaffend. Industrie in der BRD einigen sich auf stufenweise Einführung der 40-Stunden-Woche b. 1965

Gesetz zum Schutz d. arbeitenden Jugend in der BRD (u. a. 40 Wochenstunden Arbeitszeit f. Jugendliche unter 16 Jahre)

Bundestag beschl. Privatisierung des Volkswagenwerks

Rentenerhöhung um 5,94% in der BRD

Verkaufszeiten am 3. u. 4. Advent in der BRD abgeschafft

9638 Konsumläd. in BRD mit 3,2 Mrd. DM Umsatz

Einzelhandels-Umsätze in der DDR:

HO	37,2%
and. staatl. Unternehmen	7,1%
Konsumgenoss.	32,4%
privater Handel	22,8%

(1960)

Chruschtschow betont die Fähigkeit der USSR, angreifende Länder „auszulöschen"
Chruschtschow besucht Indien, Burma, Indonesien, Afghanistan und Frankreich
Marschall *Sacharow* löst Marschall *Sokolowski* als Generalstabschef der USSR ab
Leonid Breschnew (* 1906) wird als Vors. d. Präsidiums d. Obersten Sowjets Staatsoberhaupt der USSR
Staatsbesuch *Chruschtschows* in Österreich
Chruschtschow trommelt in der UN protestierend mit seinem Schuh auf dem Tisch. Verlangt die Aufnahme der Volksrep. China
Jekaterina Furzewa (* 1910, † 1974) wird Kultusminister der USSR
81 kommunist. Parteien, einschl. d. chinesischen, feiern in Moskau Oktoberrevolution. Anschließend Ostblockkonferenz (der Gegensatz zwischen der KPSU und der KP Chinas lockert diesen Block in der Folgezeit erheblich auf)
Anzeichen eines Konflikts zwischen den kommunist. Parteien der USSR und der Volksrepublik China (China betont stärker die revolutionäre Aktion bes. in Entwicklungsländern, USSR stärker den Wettbewerb der Systeme in der „Koexistenz")
Neuer Sicherheitsvertrag zwischen USA und Japan mit Recht auf amerikan. Stützpunkte für 10 Jahre (gegen starke Opposition in Japan)
USA-Fernaufklärer vom Typ U 2 mit dem Piloten *Francis Gary Powers* über der USSR abgeschossen. Pilot wird von einem sowjetischen Gericht wegen Spionage verurteilt, später vorzeitig freigelassen
Pariser Gipfelkonferenz scheitert an dem Konflikt USSR–USA über den U 2-Fernaufklärer-Zwischenfall. *Chruschtschow* verlangt vom Präsidenten *Eisenhower* offizielle Entschuldigung. USA erklären, Aufklärungsflüge einzustellen
Fernost-Reise des USA-Präsidenten *Eisenhower*, sein Besuch in Japan wegen antiamerikan. Unruhen abgesagt
Abschuß eines USA-Flugzeuges durch die USSR üb. der Barents-See

John F. Kennedy (* 1917), Parteidemokrat, mit knapper Mehrheit gegen bisher. Vizepräs. *R. Nixon* zum Präsidenten der USA gewählt: 49,7% gegen 49,6%
Wahl zum Repräsentantenhaus: 259 Demokraten, 178 Republ.; Senat: 64 Demokraten, 36 Republikaner
Vizepräsident wird *Lyndon B. Johnson*, Außenmin. *Dean Rusk*
Robert S. McNamara (* 1916) Verteidigungsminister der USA
USA wollen 284000 von 461000 Soldaten im Ausland zurückbeordern
A. Mikojan, stellvertr. Min.Präs. d. USSR, besucht Kuba
Kuba enteignet und verstaatlicht nordamerikanischen Besitz, kündigt Beistandspakt mit USA von 1952
Brasilia, unter modernen Gesichtspunkten erbaut, wird Hauptstadt Brasiliens (es entstehen Schwierigkeiten bei der Besiedlung dieser Stadt im Landesinneren)
Aufrührerische brasilianische Bauern eignen sich gewaltsam Boden an (ausbleibende oder verspätete Bodenreform erweist sich in allen Teilen der Welt als Schrittmacher des polit. Radikalismus)
Castro-Anhänger rebellieren ohne Erfolg in Nicaragua, Guatemala und Costa Rica (gilt als Anzeichen sozialer Labilität in Lateinamerika)
Nach schweren kommunist. Aufständen Ausnahmezustand in Venezuela
Türkische Armee stürzt Regierung *A. Menderes* (*M.* wird 1961 wegen Verfassungsbruch hingerichtet)
General *Cemal Gürsel* (* 1895, † 1966) übernimmt die politische Macht in der Türkei (1961—66 Staatspräsident)
35 Griechen und 15 Türken sind im Parlament der unabhängigen Republik Zypern vertreten (griechischer Präsident · Erzbischof *Makarios*, türkischer Vizepräsident *Fazil Kütschük*, vgl. 1974)
Min.Präs. *Madschali* von Jordanien durch Bombenanschlag ermordet (Monarchie bleibt unerschüttert)
Kamerun wird unabhängig
Blutige Zusammenstöße zw. farbigen Eingeborenen und Polizei in

Péter Veres (* 1897): „Die Geschichte der Familie Balogh" (ungar. Roman)

† *Wilhelm Vershofen*, dt. Schriftsteller u. Volkswirtschaftler (* 1878)

Gore Vidal (* 1925): „Der beste Mann" (nordamer. politisch-satirisch. Schauspiel)

Martin Walser (* 1927): „Halbzeit" (zeitkrit. Roman)

Peter Weiss (* 1916): „Der Schatten des Körpers des Kutschers" (Erzählung m. Collagen d. Autors)

† *Richard Wright*, nordamer. Neger-Dichter (* 1908)

Ausstellung in Marbach: „Expressionismus. Literat. u. Kunst 1910–1923"

Dt. Taschenbuchverlag (dtv) von 12 Verlagen gegründet

(1962 erreichen Luftkissenschiffe f. einige Dutzend Personen bis zu 90 km pro Stunde)

Anteil der Staaten an wissenschaftlichen Arbeiten, die von einer Referatenzeitschrift („Biological Abstracts") veröffentlicht wurden:

USA	26,75%	Frankr.	4,10%
USSR	11,40%	Italien	3,15%
Japan	5,85%	Brasilien	2,64%
Gr.Brit.	5,83%	Indien	2,60%
Dtl.	4,22%	Kanada	2,13%

Argentinien, Australien, Belgien, Dänemark, Finnland, Niederlande, Polen, Spanien, Schweden, Schweiz, Südafrikan. Union, ČSSR je 1–2%.

Therapie-Kongreß in Karlsruhe erörtert Zellular- (z. B. Frischzellen-) Therapie (begrdt. 1931 von *Niehans*)

Weltärzte-Kongreß in Westberlin

Internat. Organ. f. Medizin. Physik

Sterblichkeit an Tuberkulose in der BRD 16,2 je 100000 Einw. (1951 37,1 je 100000)

Zahnärztliche Bohrer mit bis zu 40000 Umdrehungen pro Minute verbreiten sich in Deutschland

Meeresbodenausbreitung (Seafloor-spreading) als Motor der Plattentektonik erkannt

Wert der jährl. staatlichen Sozialleistung. in Schweden ca. 6 Mrd. DM, das sind ca. 960 DM je Einwohner (1947: ca. 1,2 Mrd. DM). Das reale Sozialprodukt pro Kopf stieg seit 1950 um ca. 30%

Bodenreform in Süditał. schuf seit 1950 auf 700000 ha 120000 Bauernbetriebe (ital. Wirtschaft leidet weiterhin unter dem starken sozial. Gefälle Nord–Süd)

USA-Gewerkschaft. (AFL-CIO) haben 15,1 Mill. Mitglieder

USSR verkündet Einführung d. 40-Std.-Woche b. 1962

Produktion von Nahrungsgetreide in Pakistan 13,2 Mill. t (nach dem 2. Fünfjahresplan 1965: 15,9 Mill. t bei um 10% größerer Bevölkerg.)

† *Karl d'Ester*, dt. Zeitungswissenschaftler (* 1881)

Dt. Bundesbahn: Personal - Bestand 480000, beförderte Personen 1,54 Mrd.

Deutschlandfunk für Europadienst gegrdt.

Ausbau der Mittelweser zwisch. Minden und Bremen für 1000 t-Schiffe; Bau elektr. Kraftwerke

Tegel wird 2. Zivilflugplatz für Berlin (West) (wird für Düsenmaschinen ausgebaut)

Panamerican Highway: Straßensyst. Alaska – Feuerland v. 30000 km Länge bis auf etwa 2,7% fertiggestellt

Transasiat. Eisenbahn überschreitet die Grenze USSR–VR China

Schweiz erläßt Landverkaufsgesetz mit Genehmigungspflicht für Grundstücksverkäufe an Ausländer (bes. dt. Käufe im Tessin erregen Unruhe)

Umsatz der Spielbanken in d. BRD ca. 1 Mrd. DM

Mich. Tal (* 1936 in Riga) Schachweltmeister

Carl Diem: „Weltgesch. des Sports u. der Leibeserziehung"

Bikila (Abessinien) läuft die Marathonstrecke (42,2 km) in 2 : 15 : 16,2 Std.

Hary (Dtl.) läuft 100 m in 10,0 Sek.

Olymp. Winterspiele in Squaw Valley (Medaillen f. d. ersten Sechs):

USSR 7 G, 5 S, 9 B
USA 4 G, 6 S, 4 B
Ges.-Dtl. 4 G, 3 S 1 B
Norw. 3 G, 3 S, 0 B
Schwed. 3 G, 2 S, 2 B
Finnl. 2 G, 3 S, 3 B

Olymp. Spiele in Rom (Medaillen f. d. ersten Drei):

USSR 43 G, 29 S, 31 B
USA 34 G, 21 S, 16 B
Ges.-Dtl. 12 G, 19 S, 11 B
(G = Gold, S = Silb., B = Bronze)

Zielstrecken-Segelflug erreicht 714 km (USSR)

Dhaulagiri (8222 m) in Nepal als 13. Achttausender erstmals bestiegen

Hamburger SV Fußballm. d. BRD

Schweres Erdbeben zerstört Agadir / Marokko, 12000 Tote. Weitere Erdbeben in Iran und in Chile

Erdbeben und Springflut im Stillen Ozean fordern u. a. 1400 Tote in Chile, 800 Tote in Japan

Bei 3,41 Unfällen auf 1 Mill. Zugkilometer der Dt. Bundesbahn werden 454 Personen getötet

Zwei Verkehrsflugzeuge stoßen kurz vor der Landung über New York zusammen: 136 Tote

Absturz eines Militärflugzeuges auf eine Straßenbahn i. München: 50 Tote

USA-Flugzeugträger „Constellation" (60000 t) gerät auf der Werft in Brand: 46 Tote

(1960)

der Südafrikan. Union. (Die Politik d. Rassentrennung [„Apartheid"] führt zu immer größeren Spannungen und Protesten)
Attentat eines weißen Farmers auf südafrikan. Min.Präs. *H. Verwoerd* (wird verletzt)
Südafrika wird nach Austritt aus dem Commonwealth Republik
Marokko verb. Kommunist. Partei
Ehemalige Kolonie Togo wird selbständig
Patrice Lumumba gewinnt Wahlen in (Belgisch-)Kongo und bildet Koalitionsreg. Staatspräsident *Kasawubu* (* 1916, † 1969) stürzt *Lumumba* und liefert ihn (1961) an die Bergbau-Provinz Katanga (unter Präs. *Moise K. Tschombé*, * 1919, † 1969) aus, wo er ermordet wird
UN-Truppen versuchen im Kongo Ordnung aufrechtzuerhalten
Tschombé proklamiert Unabhängigkeit der Kongo-Provinz Katanga (wegen ihres Uran-Bergbaus steht diese im Mittelpunkt intern. Interesses)
Armeeoberbefehlshaber *Mobutu* in Kongo weist diplomat. Vertretungen der USSR und ČSSR aus
Sondersitzung der UN-Vollversammlung über die Kongo-Frage
Mali-Republik (ehem. frz. Sudan und Senegal) unabhängig
Madagaskar wird unabhängig unter dem Staatsoberhaupt und Reg.Chef *Philibert Tsiranana* (* 1912)
Britisch- u. Ital.-Somaliland schließen sich zur unabhängigen Republik Somalien zusammen
Ghana wird Republik, Staatspräs. *Kwame Nkrumah* (* 1909) mit großen Vollmachten, will „westafrikan. Sozialismus"
Dahomey, Niger und Obervolta (ehem. frz. Westafrika) unabhäng.
Elfenbeinküste unabhängig
Republik Tschad, Zentralafrikan. Republik und Gabun (alle ehem. französisch Äquatorialafrika) unabhängig
Republik Mittel-Kongo (Brazzaville, ehem. frz.) unabhängig
Nigeria unabh. (ehem. britisch)
15. Vollversammlung der UN in New York nimmt 13 neue afrikanische Staaten auf

Dieses Jahr markiert besonders deutlich das Ende der Kolonialherrschaft in Afrika: 17 Staaten werden unabhängig
Putschvers. i. Abessinien von Teilen der Armee und Intelligenz scheitert
Kg. *Saud* von Saudiarabien übernimmt selbst die Regierung, nachdem sein Bruder *Feisal* als Min.-Präs. zurücktrat (1962 wird *F.* wieder Min.Präs.)
Persischer Thronfolger geboren
† *Amanullah*, bis 1929 Kg. von Afghanistan, in Zürich (* 1892)
Nehru und *Tschu En-lai* konferieren in Neu-Delhi ergebnislos über chin.-ind. Grenzverlauf
Regierung in Laos durch Staatsstreich einer Armee gestürzt (Bürgerkrieg führt zur Genfer Laos-Konf. 1961/2)
Sirimawo Bandaranaike (* 1916) Min.-Präsidentin von Ceylon; Wahlerfolg ihrer linksgerichteten Partei
Nord-Vietnam erhält Verfassung einer Volksdemokratie
Kg. *Mahendra* v. Nepal schaltet Regierung und Parlament aus und übernimmt selbst Regierung (verbietet 1961 alle Parteien)
Dem japan. Kronprinzenpaar wird ein Thronfolger geboren
In Japan löst der liberaldemokr. Min.Präs. *Hayato Ikeda* (* 1899) d. Liberalen *Nobosuke Kischi* (* 1896) ab, der es seit 1957 war
Asanuma, jap. Sozialistenführer, auf einer Wahlversamml. erstochen
Nach schweren Unruhen tritt in Südkorea Regierung *Syngman Rhee* (* 1875, † 1965) zurück. *S. R.* verzichtet auch auf das Präsidentenamt (seit 1948) und ordnet Wiederholung der Wahl an
Großer Wahlsieg der demokrat. Opposition in Südkorea führt zu einem parlamentar. System (1961 durch Militärreg. abgelöst)
Chinas Heer wird auf 2,2 Mill. Mann geschätzt (maximal 5 Mill.)
Tschiang Kai-schek als Staatspräsident Nationalchinas (Formosa od. Taiwan) auf 6 Jahre wiedergewählt (Formosa hat 1961 11 Mill. Einw. = 1,6% der Volksrep. China)
Erdölexportländer gr. OPEC (vgl. 1973 P, 1974 u. 75 V)

Nach 120 Siegen i. Springreiten, bes. u. *H. G. Winkler* (* 1926), wird d. „Wunderstute Halla" (* 1945, † 1979) d. Zucht zugeführt

Die Gebiete östl. der Oder-Neiße-Linie unter poln. Verwaltung haben

7 Mill. westpoln. Einwohner (1939: 9,6 Mill.)

Caryl Chessman in USA wegen Mordes hingerichtet (Gaskammer) nach 12jähriger Haft, in der die Exekution immer wieder aufgeschoben wurde

Pro 1000 Einw. gibt es:

	Zeitungen	Rundfunkger.
Ges. Erde	100	126
Europa	252	216

	Fernsehger.	Kinositze
Ges. Erde	33	22
Europa	61	55

U-Bahn i. Lissabon

Entwicklungstendenzen

Industrieproduktion (1938 = 100)

USSR	687
USA	350
Italien	295
Japan	272
BRD	236
Frankr.	224
Gr.Brit.	166
Erde	273

Industriekonzentration in d. BRD: 50 größte Firmen erhöhten ihren Umsatz seit 1954 von 18% auf 29% des gesamten industriellen Umsatzes

Sozialprodukt wächst (seit 1950) jährlich um in:

USSR	7,0%
West-Europa	4,6%
USA	3,3%

Welt-Energieverbrauch in Mill. t Steinkohleneinheiten:

	1951	1960
Kohle	1626	2213
Erdöl	705	1318
Erdgas	318	618
Wasserkraft	47	86
Zus.	2696	4235

Elektrizitätserzeugung in Ägypten 2639 Mill. kWh (1950: 881)

Erdölgewinnung insges. 1060 Mill. t (1950: 523 Mill. t)

Erdgasgewinnung (Mrd. cbm)

	1960	1950
USA	362	177
USSR	45	5,8
Kanada	14	1,9
Rumän.	10	3,2

Lebenserwartung Neugeborener in der BRD:
männl. 66,7 Jahre
weibl. 71,9 „

Erdbevölkerung: 3 Mrd. (1950: 2,4)

Bevölkerung Asiens stieg seit 1950 um 300 Mill. auf 1,7 Mrd. (das sind 57% der Erdbevölkerung)

Ind. Geburtenrate 32,8‰, Sterberate 11,1‰. Bei 430 Mill. Einwohnern bedeutet das eine Zunahme von rd. 10 Mill. pro Jahr

Bevölkerung Chinas ca. 680 Mill. m. einem Zuwachs von 20 Mill. jährlich (1980 1 Mrd. Einw. vermutet)

Geburtenüberschuß je 1000 Einwohner in Japan: 9,6 (1950: 17,3)

60% der japan. Einwohner wohnen in Städten (1920: 18,1%)

Reales Volkseinkommen pro Kopf in Japan (zu Preisen 1950): 82864 Yen = ca. 1400 DM/Kopf (1950: 40796 Yen)

Anteil der Angestellten in d. BRD 22,2% (1950: 16,0 Proz.).

Anteil der Arbeiter in der BRD 50,1% (1950: 50,9%)

Auf einen Angestellten entfallen 2,3 Arbeiter

Welt-Uranförderung (ohne Ostblock): 38400 t (1956: 13125 t).

USA 17184 t, Kanada 11534 t, Südafrika 5814 t, Frankr. 1451 t

Rohstahlproduktion der Welt 350 Mill. t (1950: 189 Mill. t); Anteil der USA 28,3% (1950: 43,9%).

Japans Produktion verfünffachte sich seit 1950

Chemische Industrie der Erde erzeugt für 344 Mrd. DM (ca. 250% von 1950)

1 Mill. t Salpeter in Chile (mit staatl. Unterstützung) erzeugt (1913 üb. 3 Mill. t).

Eisenerzbergbau in Chile wächst bedeutend 2,99 Mill. t (1950: 1,77 Mill. t)

Kunststoffherstellung in: (Mill. t)

	1953	1960
USA	1,32	3,07
BRD	0,24	1,07
Japan	0,08	0,63
Gr.Brit.	0,21	0,56
USSR	(1957: 0,24)	0,60

Benzin-Erzeugung der Welt (ohne USSR u. Volksrep. China): 249,5 Mill. t (1950: 160 Mill. t)

Weltproduktion von Pkws 12,7 Mill., dav. 52,7% USA (1950: 8,2 Mill., 81,7% USA)

Zahl der Kraftfahrzeuge in Finnland 362000 (1950: 72000)

Ca. 5,5 Mill. Menschen in der Weltbekleidungsindustrie beschäftigt (80% Frauen).

Weltproduktion stieg von 1950 bis 1960 um ca. 50%

Weltmargarineherstellg. 3,4 Mill. t (1950: 2,2 Mill. t)

Nettoeinkommen der Farmer in USA sank seit 1950 um ca. 25%

11% der poln. Landwirtschaft ist kollektiviert (1956: 23,4%)

Traktorenbestand in Afrika 218000 Einheiten (1939: 17000)

Fischereiertrag d. Erde: 38 Mill. t (1938: 21 Mill. t); Durchschnitt 1900 bis 1910: 4 Mill. t

Der gesamte Handel der Erde hat sich seit 1900 vervierfacht

Einzelhandelsumsatz in der BRD 93 Mrd. DM (1950: 32 Mrd. DM). Konzentrationsbewegung zu Betrieben mit größerem Umsatz

302000 ausländ. Touristen in Griechenland (1952: 76200)

Die amerik. Zeitschrift „Fortune" sagt für 1970 voraus: Kontrollierte Erbänderungen; entscheidende medizin. Fortschritte bei Herz-, Geistes- und Geschwulstkrankheiten; elektron. Sicherung d. Straßenverkehrs; direkte Umwandlung von Kernenergie in elektrische; weltweites Nachrichtennetz durch Satelliten

1961	Friedens*nobel*preis an *Dag Hammarskjöld* (Schwed.) nach seinem Tode in Afrika † *Dag Hammarskjöld*, schwed. Generalsekretär der UN seit 1953, stürzt auf dem Flug zu einer Besprechung mit Katanga-Präsident *Tschombé* tödlich ab (* 1905) *U Thant* (* 1909, † 1974, Burma) einstimmig zum Generalsekretär der UN gewählt (amt. b. 1971) USSR stellt Truppenreduzierung ein, erhöht Verteidigungsausgaben USA antwortet mit entsprechenden Verstärkungen der Verteidigung USSR beginnt neue Serie von Kernwaffenversuchen, die sich bis zu Explosionen von 50 Megatonnen TNT-Äquivalent steigern (abgesehen von frz. Versuchen entscheidende Durchbrechung des Teststops seit Spätherbst 1958). Die radioaktive Verseuchung von Luft und Wasser beginnt wieder zu steigen Auf Grund der USSR-Versuche ordnet Präs. *Kennedy* Wiederaufnahme unterirdischer Kernwaffenversuche an (vermeiden Verseuchung der Biosphäre) Zwölf-Mächte-Antarktis-Vertrag in Kraft (vgl. 1959) Bundeskanzler *Adenauer* besucht Staatspräsident *de Gaulle* in Paris Reg.Bgm. v. Berlin *Willy Brandt* erhält von *Kennedy* in Washington Erneuerung der Berlin-Garantie Abgeordnetengruppe der Dt. Partei im dt. Bundestag mit 3 Abgeordneten löst sich auf Bundespräs. *Lübke* als erstes dt. Staatsoberhaupt zum Staatsbesuch in Paris Im Juli verlassen 30444 Einw. fluchtartig die DDR (in einer Woche kommen 8000 nach West-Berlin, an einem Tag 2000) Bis September verlassen 1961 195828 registr. Flüchtlinge die DDR (darunter 49,1% unter 25 Jahre) DDR errichtet am 13. August mit Billigung der Staaten des Warschauer Paktes eine stark befestigte Mauer zwischen Ost- und West-Berlin, welche den bis dahin funktionierenden Verkehr zwischen beiden Teilen der Stadt fast völlig zum	Nobelpreis f. Literatur an *Ivo Andrić* (* 1892, in Serbien); schrieb 1945 „Die Brücke über die Drina", „Das Fräulein" (Romane) Friedenspreis des Dt. Buchhandels an den indischen Philosophen u. Politiker *Sarwapalli Radhakrischnan* † *Kjeld Abell*, dän. Dramatiker (* 1901) *Anna A. Achmatowa* (* 1889, † 1966): „Gedichte" (russ.; 1946—50 Publikationsverbot) *Gerrit Achterberg* (* 1905, † 1962): „Cryptogamen IV" (niederl. Lyrik, Teil I–III 1946–54) *J. Anouilh:* „La grotte" (frz. Schauspiel) *Alexej N. Arbusow* (* 1908): „Der verlorene Sohn" (russ. Schausp.) *Jacques Séraphin Audiberti* (* 1899, † 1965): „Die Ameysz im Fleische" (frz. Schauspiel) *Marcel Aymé* (* 1902): „Die Mondvögel" (dt. Auff. des frz. Schauspiels von 1956) *Ingeborg Bachmann* (* 1926): „Das dreißigste Jahr" (Erzählung) *Beckett:* „Glückl. Tage" *G. Blöcker:* „Die neuen Wirklichkeiten" (Analyse der mod. Literatur) † *Hans Friedr. Blunck*, dt. Schriftsteller (*1888) *Joh. Bobrowski* (* 1917, † 1965): „Sarmatische Zeit" (Lyrik) *H. Böll:* „Ein Schluck Erde" (Schauspiel) † *Louis-Ferdinand Céline*, frz. Schriftstell., schrieb u. a. „Reise ans Ende der Nacht" 1932 (*1894) *Austin Clarke* (*1896): „Later Poems" (irisch-engl. Gedichte) *Giovanni Comisso* (*1895): „Le mie stagioni" (ital. Autobiographie)	*Alexius Aleksej* (* 1877), seit 1945 Patriarch von Rußland, führt die russ.-orthodox. Kirche in den ökumenischen Rat *Gordon W. Allport* (* 1897): „Pattern and growth in personality" nordamer. Psychologie) *Hannah Arendt* (* 1906): „Rahel Varnhagen" *A. Armstrong:* „Unconditional Surrender" („Bedingungslose Übergabe" im 2. Weltkrieg) *R. Behlke:* „Der Neoliberalismus und die Gestaltung der Wirtschaftsverfassung in der BRD" *P. Benenson* gründet Amnesty International (ai) † *Michael Buchberger*, Bischof v. Regensburg seit 1925, seit 1950 Titular-Erzbischof (* 1874) † *Frank N. D. Buchman*, nordamer. Gründer der „Moralischen Aufrüstung" (* 1878) *R. K. Bultmann:* „Das Verhältn. d. urchristl. Christusbotsch. z. histor. Jesus" (ev. Theologie, Entmythologisierung des NT) *Albert K. Cohen* (*1918): „Kriminelle Jugend. Zur Soziologie jugendlichen Bandenwesens" (dt. Übers. d. nordamer. Werkes) *W. Czajka:* „Die Wissenschaftlichkeit d. Politischen Geographie" *Ralf Dahrendorf* (*1929): „Freiheit und Gesellschaft" (Soziologie) *H. P. David* und *J. C. Brengelmann:* „Perspektiven der Persönlichkeitsforschung" † *Giovanni Dellepiane*, Erzbischof, seit 1952 Nuntius in Wien (*1889) *Otto Dibelius:* „Reden an eine gespaltene Stadt";

A. Aalto: Wohnhochhaus i. d. Neuen Vahr, Bremen

† *Karl Albiker*, dt. Bildhauer, bes. Akte u. Bildnisse (*1878)

Fritz Bornemann: Deutsche Oper Berlin (West)

Carl Buchheister (* 1890, †1964): „Komposition Nemalos" (abstr. Gem.)

M. Chagall: Entwürfe für die Glasfenster der Synagoge d. Hadassah-Klinik/Jerusalem (seit 1960)

Egon Eiermann (* 1904): Neue Kaiser-Wilh. - Gedächtnis - kirche, Berlin (West) (alte Turmruine aus d. 2. Weltkrieg bleibt erhalten, Lösung stark umstritten)

† *Werner Gilles*, dt. Maler u. Graphiker, Schüler *Feiningers*, häufig auf Ischia (* 1894)

Ernst Gisel: Reformierte Kirche in Effretikon (schweiz. Architektur)

Robert Goodnough (* 1917): „Entführung XI" (nordam. Gem.)

Karl Otto Götz (* 1914): Gouache (abstrakt. Bild)

† *Richard Hamann*, dt. Kunsthist., bes. bekannt „Geschichte d. Kunst" 1932 u. ö. (* 1879)

Karl Hartung: „Turm" (Bronze)

Fritz Hundertwasser (* 1928): „Sonne u. Spiraloide über dem Roten Meer" (österr. phantast.-abstraktes Gemälde)

† *Augustus Edwin John*, engl. Maler, u. a. Bildnisse (* 1878)

Henri Barraud (* 1900): „Lavinia" (franz. Buffo-Op.), Uraufführung

† *Sir Thomas Beecham*, brit. Dirigent (* 1879)

Benjamin Britten (* 1913): „Ein Sommernachtstraum" (dt. Erstaufführg. d. engl. Oper)

† *Marquis de Cuevas*, frz. Ballett-Direktor (*1885)

P. Dessau: „Puntila" (Oper nach *Brecht*)

† *Walter W. Goetze*, Berliner Operett.-komp. (25 musik. Bühnenw.) (*1883)

H. W. Henze: „Elegie für junge Liebende" (Oper)

G. Klebe: „Alkmene" (Oper in Zwölftontechn. n. *Kleists* „Amphitryon")

Frederick Loewe: „My Fair Lady" (nordam. Musical nach *G. B. Shaws* „Pygmalion", uraufg. 1956) in Berlin (West) in dt. Sprache erstaufgeführt (wird zu einem großen Erfolg dieser Gattung in Dtl.)

E. Mauersberger, Kantor d. Thomanerchors.

Darius Milhaud: Liturg. Werk für Bariton u. Orgel (Text: Sprüche Salomons), Urauff.

Renzo Rosselini (* 1908): „Uno Sguardo dal Ponte" (ital. Oper nach d. Drama „Blick von der Brücke" v. *Arthur Miller*), Urauff.

*Nobel*preis für Physik an *Rudolf Mössbauer* (* 1929, Dtl.) für die Entd. der rückstoßfreien Gammastrahlenemission in Kristallen (*M.*-Effekt, 1957) und an *Rob. Hofstadter* (* 1915, USA) für Analyse der Ladungsverteilung beim Proton und Neutron

*Nobel*preis für Chemie an *Melvin Calvin* (* 1911, USA) für Analyse der Photosynthese in d. Pflanzen

*Nobel*preis für Medizin u. Physiologie an *Georg v. Békésy* (* 1899, Ungarn) für Beiträge zur Physiologie des Hörens (erarbeitet in den USA)

S. Balke: „Die imperfekte Perfektion der Technik"

J. Becker und *G. Schubert:* „Die Supervolttherapie" (Geschwulstbekämpfung mit Röntgen- und Gamma-Strahlung mit mehr als einer Million Elektronenvolt)

† *Jules Bordet*, belg. Bakteriologe, entdeckte 1906 Keuchhusten-Bakterium, *Nobel*preis 1919 (* 1870)

† *Henri Breuil*, frz. Vorgeschichtsforsch., bes. Steinzeitchronologie u. vorgeschichtliche Kunst (* 1877)

† *Percy W. Bridgman* (Freitod), nordamerikanischer Physiker, untersuchte Materie bei höchsten Drukken, *Nobel*preis 1946 (* 1882)

† *Paul ten Bruggencate*, Astrophysiker in Dtl. (* 1901)

De Carli: „Erzeugung von Diamanten durch explosive Druckwellen" (bei 400000 Atmosphären und rel. niedrigen Temperaturen)

Clark und *Kraushaar:* Gammastrahl-Teleskop f. Satellit Explorer XI (Beginn e. Gammastrahlen-Astronomie)

Allert Defant: „Physikalische Ozeanographie" (in englischer Sprache, 2 Bde.)

P. Eisler: „Gedruckte Schaltungen" (kennzeichn. f. neue Produktionsmethoden d. elektron. Industrie)

† *Anton Flettner*, dt. Ingenieur, zuletzt in USA (* 1885)

† *Lee de Forest*, nordamer. Radiotechniker (* 1873)

Juri Gagarin (* 1934, † 1968, USSR) umkreist im Raumschiff „Wostok I" am 12. 4. als erster Raumpilot einmal die Erde und landet sicher

Virgil Grissom (USA) unternimmt

Welterzeugung v. Gütern u. Dienstleistungen (Bruttosozialprodukt) ca. 1400 Mrd. Dollar (davon erzeugen 67% der Weltbevölkerung in den Entwicklungsländern nur etwa 20%)

USA-Präsident schlägt neue Entwicklungshilfe für Lateinamerika vor: „Allianz für den Fortschritt", die von wirtschaftlichen u. sozialen Reformen begleitet sein soll: Agrar-, Steuer-Reform, Wirtschaftspläne (stößt auf Widerstand der traditionellen Kräfte)

USA-Präs. *Kennedy* gründet Friedenskorps für Entwicklungsländer

Elektrizitätserzeugung in Mrd. kWh:

USA	871,3
USSR	327,0
Japan	128,3
Gr.Brit.	127,6
BRD	124,6
Kanada	113,1
Frankreich	76,6
Italien	59,4
DDR	42,5
Erde	2424,4

Anteil der Investitionen am Sozialprodukt (z. Vgl. BRD 24%):

Indonesien	6 %
Pakistan	10 %
Südkorea	14 %
Indien	17,5%
Burma	19 %

(kennzeichnet langsame wirtsch. Entwicklung in Ostasien)

(1961)

Erliegen bringt. Angebl. Zweck: Schutz der Staatsgrenze gegen westl. Aggression; offensichtl., um der starken Flüchtlingsbewegung Einhalt zu gebieten

Westmächte protestieren. Vizepräs. *Johnson* und eine Kampfgruppe aus den USA in West-Berlin jubelnd begrüßt

Willy Brandt bittet USA-Präsidenten *Kennedy* schriftlich um politische Maßnahmen

Bundeskanzl. *Adenauer* unterstreicht in einem Gespräch mit dem Botschafter der USSR korrekte Beziehungen, kommt 9 Tage nach dem Mauerbau nach Berlin

West-Berlin boykottiert die von Behörden in Ost-Berlin betriebene S-Bahn, die der DDR Einnahmen in DM(West) bringt

In West-Berlin werden die Büros der SED geschlossen (die SED bleibt weiterhin eine in West-Berlin zugelassene Partei)

Die SPD löst ihre Organisationen in Ost-Berlin auf, um ihre Mitglieder dort vor Pressionen zu schützen

Lucius Clay wird Sonderbeauftragter des USA-Präsid. in Berlin (bis 1962)

Im Schatten der Mauer geht das Leben in West-Berlin ungebrochen weiter: Funkausstellung, Industrieausstellung, Festwochen usw. (anfängliche Unsicherheit der Einw. weicht bald neuer Zuversicht)

Erklärung aller Fraktionen im Dt. Bundestag fordert Friedensvertrag für Gesamtdeutschland

Die politischen Parteien bedienen sich bes. im Wahlkampf stark der Meinungsforschung

Wahl zum 4. Bundestag: CDU/CSU 242, SPD 190, FDP 67 Sitze (der Verlust der absoluten Mehrheit für die CDU/CSU wird vorwiegend als Mißtrauen gegen *Adenauer* gewertet)

Eugen Gerstenmaier (CDU) wird erneut Präsident des Bundestages (Vizepräs.: *Carlo Schmid* (SPD), *Thomas Dehler* (FDP), *Richard Jaeger* (CSU), *Erwin Schöttle* (SPD))

Konrad Adenauer wird zum 4. Mal vom Dt. Bundestag zum Bundeskanzler gewählt (tritt 1963 zugun-

---

Heinz Cramer (* 1924): „Die Konzessionen des Himmels" (Roman)

Shelagh Delaney (* 1939): „Der verliebte Löwe" (engl. Schauspiel)

Giuseppe Dessi (* 1909): „Das Lösegeld" (ital. Roman)

Will. Dieterle (* 1893), Intendant der Hersfelder Festspiele

Maria Dombrowska (* 1889): „Der dritte Herbst" (dt. Ausg. des poln. Romans von 1955, der den Stalinismus in der Literatur überwinden half)

Petru Dumitriu (* 1924): „Treffpunkt Jüngstes Gericht" (rumän. Rom.)

F. Dürrenmatt: „Gesammelte Hörspiele" (schweiz.), „Die Ehe des Herrn Mississippi" (Filmdrehbuch)

Ilja G. Ehrenburg: „Menschen, Jahre, Leben" (russ. Autobiographie, wird in der USSR von staatl. Seite kritisiert)

W. Falk: „Leid und Verwandlung" (über *Georg Trakl*)

Ennio Flaiano (* 1910): „Un marziano a Roma" (ital. Schauspiel)

† *Walter Franck*, dt. Schausp., vorwiegend in Berlin (* 1896)

† *Leonh. Frank*, dt. pazifistischer Schriftsteller, Fontane- u. Kleistpreis (1914 u. 20), 1933–50 in USA (* 1882)

E. Franzen: „Formen des modernen Dramas. Von der Illusionsbühne zum Antitheater"

Max Frisch: „Andorra" (schweiz. zeitkrit. Schauspiel)

Chr. Fry: „Curtmantle" (engl. histor. Drama)

Roy Fuller (* 1912): „The father's comedy" (engl. Roman)

---

legt Vorsitz des Rats der Evangel. Kirche in Dtl. nieder

† *Bruno Doehring*, ehem. Hof- und Domprediger (* 1879)

William J. Durant (* 1885): „Das Zeitalter der Vernunft" (als 7. Bd. von „Die Kulturgesch. der Menschheit" seit 1935)

E. Feldmann: „Theorie d. Massenmedien Presse – Film – Funk – Fernsehen"

Geoffrey Fisher (* 1887), Erzbischof der Anglikan. Kirche seit 1945, tritt in den Ruhestand

Otto Flake: „Der letzte Gott" (atheist. Tend.)

W. A. Flitner: „Europäische Gesittung"

W. Frauendienst: „Zur Problematik des Erkennens und d. Verstehens der jüngsten deutschen Vergangenheit"

Georges Friedmann (* 1902): „Abhandlung üb. Arbeitssoziologie" (frz.)

Froese, Haas, Anweiler: „Bildungswettlauf zwischen West und Ost"

† *Paul Geheeb*, Pädagoge, Grder. d. „Odenwaldschule" (1910) und der „Ecole d'Humanité" (Schweiz) (* 1870)

† *Arnold Gesell*, nordam. Kinderpsychologe (* 1880)

J. Hromadka: „Theologie und Kirche zwisch. gestern und morgen" (tritt als tschech. Theologe für christl.-kommunist. Verständ. ein)

Johannes Itten (* 1888): „Kunst der Farbe, subjektives Erleben und objektives Erkennen als Wege zur Kunst" (schweiz. Kunsterziehung)

Phil. Johnson: Amon Carter Museum, Fort Worth
Harry Kramer (* 1925) und *Wolfgang Rambott:* „Automobile Skulpturen, Mechanisches Theater, Experimentelle Filme" (Ausstellung in Köln)
Alfr. Lenica (*1899): „Zwischenräume in der Landschaft" (poln. Gem., seit 1957)
H. Linde: Landtagsgebäude in Stuttgart (Baubeg. 1958)
René Magritte (* 1898): Wandbilder im Palais de Congrès, Brüssel
André Masson (* 1896): „Eine Kunst des Wesentlichen" (frz. Essay eines vorwiegend surrealist. Malers), „Bestiarium der Wälder" (frz. Gemälde)
† *Anna Mary Robertson-Moses* (genannt *Grandma Moses*), nordam. Amateurmalerin seit etwa ihrem 75. Lebensjahr (* 1860)
Jerzy Nowosielski (* 1923): „Synthetische Landschaft" (poln. abstrakt. Gem.)
Raimond Peynet (* 1908): „Verliebte Welt" (frz. Zeichn.)
† *Eero Saarinen*, finnisch-nordam. Architekt (* 1910)
Greta Sauer (*1909): „Peinture Huile" (österr.-frz. abstr. Gemälde)
Hans Schädel und *Friedrich Ebert:* St. Margareta-Pfarrkirche in Bürgstadt/Main (kathol.)

Dimitri Schostakowitsch: „Bilder aus d. Vergangenheit" (Zyklus von fünf Romanzen), „12. Sinfonie", Urauff.
Gustav Rudolf Sellner (*1905), Intendant der Dt. Oper Berlin (war seit 1945 Intendant in Darmstadt)
Deutsche Oper Berlin eingeweiht
Karlheinz Stockhausen (*1928): „Carrée" (für 4 Chöre u. Orchester)
I. Strawinsky: „Gespräche" (autobiographisch)
Yannis Xenakis (* 1922): „Grundlagen einer stochastischen Musik" (griech. Musiktheorie unter Einbezieh. d. Wahrscheinlichkeitsrechnung)
Dt. Musik-Phonothek in Berlin (West) gegrdt.
42000 DM für die Partitur eines *Beethoven*-Streichquintetts
Schallplatten-Umsatz in USA 245 Mill. Dollar
Twist kommt als Gesellschaftstanz v. USA n. Europa
Populäre Schlager: „Ein Schiff wird kommen" („Les enfants du Pirée") *(Hadjidakis)*, „Seemann, deine Heimat ist das Meer" *(Scharfenberger)*, „Kalkutta liegt am Ganges" *(Gaze)*

Parabelflug in Raumkapsel (Höhe 190 km)
M. Gell-Mann u. *J. Ne'eman:* Achtfach-Weg-Modell der Elementarteilchen (faßt die Vielfalt der E. als gequantelte Energiezustände auf)
W. Haack: „Automation des Flugsicherungsdienstes mittels digitaler Rechenautomaten" (elektronische Flugsicherung)
P. Jordan: „Zum Problem der Erdexpansion" (auf Grund einer abnehmenden Gravitation)
† *Hanns Klemm*, dt. Flugzeugkonstrukteur (* 1885)
H. W. Knipping u. *H. Kenter:* „Heilkunst u. Kunstwerk" (Kunst als therapeutisches Mittel)
Hans Kretz: „Vollständige Modelldarstellung des bedingten Reflexes" (mit Hilfe einer mechanischen auf Licht u. Ton reagierenden „Schildkröte")
† *Otto Loewi*, dt.-nordamer. Physiologe und Pharmakologe, besond. Nervenphysiologie, *Nobel*preis 1936 (* 1873)
Josef Naas und *Hermann Ludwig Schmid* (Hrsg.): „Mathematisches Wörterbuch"
Ezat O. Neghaban, Archäologe der Univ. Teheran, gräbt in Marlik am Kaspischen Meer Königsfriedhof von ≈ —1000 aus; u. a. zahlreiche Bronzen von Jagdtieren und Menschenfigurinen
J. Heinrich Nirenberg und *Marshall W. Matthaei* gelingt erste zellfreie Eiweißsynthese mit künstlicher Boten-(transfer-) RNS und erweisen damit diese Ribonukleinsäure als Kopie der Erbsubstanz DNS
C. Overzier: „Die Intersexualität" (beruht teilweise auf Anomalien des Chromosomenbestandes)
† *Erwin Schrödinger*, österr. Physik., *Nobel*preis 1933, begründete die Wellenmechanik der Atome, 1940 bis 1955 in Dublin (* 1887)
M. Schwarzbach: „Das Klima der Vorzeit" (Zusammenfassung der Ergebnisse neuer, bes. physikalischer Methoden)
Alan Shepard (* 1923, USA) vollführt in Raumkapsel Parabelflug mit 175 km Höhe
German Titow (* 1935, USSR) umkreist als zweiter Raumpilot der

Industrieproduktionsindex in der BRD 262 (1950: 100), für die Elektroindustrie 469
Braunkohleförderung in d. DDR 236,9 Mill. t, in d. BRD 97,2 Mill. t
Weltbauxitförderung: 28,3 Mill. t (seit 1950 mehr als verdreifacht)
Weltgewinnung v. Naturkautschuk 1,9 Mill. t (davon Malaiischer Bund 0,75 Mill. t, Indonesien 0,58 Mill. t); Synth. Kautschuk: USA (1960) 1,34 Mill. t, USSR (1959) 0,6 Mill. t
Faserstoffproduktion d. Erde (Millionen t):

Wolle	1,400
Baumwolle	10,120
Naturseide	0,032
Zellulose	4,429
Synthet. Fasern	1,006

Heizölerzeugung in der BRD 17,8 Mill. t (1955: 2,4 Mill. t)
Weltpapiererzeugung 51,8 Mill. t (pro Kopf ca. 17 kg)
Welt-Kartoffelernte: 284,7 Mill. t auf 25,3 Mill. ha (BRD: 24,5 Mill. t auf 1,04 Mill. ha)
41,2 Mill. t Fischfang, davon

	(Mill. t)
Japan	6,7
VR China	5,3
Peru	5,2
USSR	3,3
Norwegen	1,5
Spanien	1,0
BRD	0,6

Landwirtschaft d. USA beschäftigt 10% der Erwerbstätigen, die der

(1961)

sten *Ludwig Erhards* zurück). Bildet CDU/CSU-FDP-Regierung: Vizekanzler u. Wirtschaft: *L. Erhard*, Äußeres: *G. Schröder*, Inneres: *H. Höcherl*, Verteidigung: *F. J. Strauß*, Gesamtdt. Fragen: *E. Lemmer*

Karlspreis der Stadt Aachen an *Walter Hallstein* (* 1901)

Vizeadmiral *Hellmuth Heye* (CDU, * 1895) wird neuer Wehrbeauftragter des Bundestages

Paul Nevermann (* 1902, SPD): Erster Bürgermeister und Präsident des Senats von Hamburg als Nachfolger *M. Brauers*

F. J. Strauß, Vorsitzender der CSU (1963 wiedergewählt)

Dt. Partei vereinigt sich mit dem Gesamtdt. Block/BHE zur Gesamtdt. Partei (GDP) (kennzeichnend für den Existenzkampf der kleinen Parteien)

Ausgleichsvertrag zw. BRD und Österreich: Bundesrep. verpflichtet sich in 4 Jahren 321 Mill. DM zu zahlen

In einem Personenzug brechen 25 Einwohner der DDR nach West-Berlin durch

Regierung der BRD beschließt Verlängerung des Wehrdienstes von 12 auf 18 Monate

Wahl zur Hamburger Bürgerschaft: SPD 69, CDU 41, FDP 10 Sitze: SPD-FDP-Senat

† *Ruth Fischer*, dt. polit. Publizistin, ursprüngl. Kommunistin, seit 1941 in USA (* 1895)

† *Willy Henneberg* (SPD), Präsident des Abgeordnetenhauses von Berlin, während einer Ansprache zur Wahl der Berliner Bundestagsabgeordneten (* 1898); sein Nachfolger als Präsident wird *Otto Bach* (SPD, * 1899)

† *Paul Hertz* (SPD), Wirtschaftssenator in Berlin seit 1951 (* 1888)

† *Jakob Kaiser*, christdemokr. Politiker, Gewerkschaftler, Mitbegründer der CDU, 1949–57 Min. für Gesamtdeutsche Fragen (* 1888)

† *Hinrich Wilhelm Kopf*, niedersächs. Ministerpräsident (SPD, „Der rote Welfe") 1946–55 und seit 1959 (* 1893)

Peter Gan (* 1894): „Die Neige" (Gedichte)

J. Genet: „Tagebuch eines Diebes" (dt. Ausg. des frz. Romans von 1948)

Allen Ginsberg (*1926): „Kaddish" (nordamer. Gedicht eines grausam. Naturalismus)

José Maria Gironella (* 1917): „Un millón de muertos" (span. histor. Roman der Jahre 1936 bis 39)

Anne Golon: „Angélique et son amour" (frz. Roman)

Robert Graves (v. Ranke-Gr.) (* 1895): „More Poems" (engl. Ged.)

Grah. Greene: „A burnt-out case" (engl. Roman, dt. „Ein ausgebrannter Fall")

Dt. Schauspielhaus Hamburg unter *Gründgens* mit „Faust I" in New York (erstes dt. Gastspiel seit dem Krieg)

† *Hj. Gullberg*, schwed. Lyriker (* 1898)

† *Olav Gullvaag*, norweg. Schriftsteller (* 1885)

† *Lasse Heikkilä*, finn. Lyriker (* 1925)

† *Ernest Hemingway* (beim Reinigen s. Gewehrs), nordamer. Dichter eines knappen, lebensvollen Stils (* 1898)

Hermann Hesse: „Stufen. Alte und neue Gedichte in Auswahl"

Th. Heuss: „Vor der Bücherwand"

Wolfg. Hildesheimer (* 1916): „Die Verspätung" (Schauspiel)

Kurt Hirschfeld (* 1902), Leiter des Schauspielhauses Zürich (ab 1933 dort Dramaturg und Regisseur)

Walter Höllerer (* 1922) gibt Zeitschrift „Sprache im technischen Zeitalter" heraus

„Aeterna Dei", Enzyklika Papst *Johannes' XXIII.*, betont Primat des Papstes

† *Carl Gustav Jung*, schweiz. Tiefenpsychologe, wandelte d. Lehre *S. Freuds* stark ab (* 1875)

† *Michael Keller*, Bischof von Münster seit 1947 (* 1896)

Jürgen v. Kempski Rakoszyn (* 1910): „Grundlegung zu einer Strukturtheorie des Rechts" (mathem. Sozialtheorie)

E. Krause: „Grundlagen einer Industriepädagog."

Walter Krickeberg (* 1885, † 1962): „Die Religionen des alten Amerika"

E. Kunze: „Bericht über die Ausgrabungen in Olympia VII" (die er seit 1952 leitet)

G. Menges: „Ökonometrie" (quantitative Erfassung der Wirtschaftsvorgänge)

H. Mittelstaedt: „Die Regeltheorie als methodisches Werkzeug der Verhaltensanalyse"

L. J. Pongratz: „Psychologie menschl. Konfl."

Sarwapalli Radhakrischnan (* 1888): „Religionen in Ost u. West", „Meine Suche nach Wahrheit" (erscheinen in dt. Übersetzung)

Marcel Reding (* 1914): „Über Arbeitskampf u. Arbeitsfrieden" (kathol. Moraltheologie)

E. H. Roloff: „Bürgertum u. Nationalsozialismus" (soziolog. orientierte Zeitgeschichte)

M. Sader: „Möglichkeiten u. Grenzen psychologischer Testverfahren"

Helmut Schelsky: „Die Bedeutung d. Klassen-

H. Scharoun: Siedlung Charlottenburg-Nord, Berlin (Baubeg. 1956)
† *Rudolf Schwarz*, dt. Architekt u. Kirchenbauer, bes. in Köln (* 1897)
† *Mario Sironi*, ital. Maler, u.a. Wandgem. in Rom und Mailand (* 1885)
H. Skrobucha: „Von Geist und Gestalt der Ikone" (über Ikonenmalerei)
Henryk Stażewski (* 1894): „Komposition" (poln. abstr.-geom. Gemälde)
Saul Steinberg (* 1914): „Das Labyrinth" (Sammlung v. Zeichnungen des rumän.-nordam. Karikaturisten)
† *James Thurber*, nordamer. satir. Zeichner und Schriftsteller (* 1894)
Emilio Vedova: „Spanien heute" (span. Lithographien zu zeitgenöss. span. Gedichten)
Yack Youngerman (* 1926): „26. Juli" (nordamer. Gem.)
Karl Zerbe (* 1903): „Tanzender Kommissar" (nordamer. Gemälde)
Kongreßhalle im Kreml, Moskau
Für *Rembrandts* „Aristoteles betrachtet d. Büste Homers" werden 2,3 Mill. Dollar (Gemälde-Höchstpreis) bezahlt

---

Kurt Hoffmann: „Die Ehe des Herrn Mississippi" (Film nach *Dürrenmatt* mit *Martin Held* und *Johanna v. Koczian)*
Herbert Vesely: „Das Brot der früh. Jahre" (Film. n. *H. Böll* aus der Oberhausener Gruppe von Kurzfilmregisseuren)
B. Wicki: „Das Wunder des Malachias" (zeitkrit. schweiz. Film)
Georges Franju (* 1912): „Mitternachtsmörder" (frz. Film)
M. Antonioni: „Liebe 1962" (ital. Film)
Anselmo Duarte: „Fünfzig Stufen zur Gerechtigkeit" (ital. Film)
F. Fellini: „Boccaccio 70" (ital. Film mit *Romy Schneider*)
Elio Petri: „Trauen

begriffs für die Analyse unserer Gesellschaft" Lehrerbildung, der Sozialpädagogik und Didaktik (* 1894)
K.-H. Wewetzer: „Der Prozeß der Begabung" (relativiert Tests)
Erich Schneider (* 1900), Direktor des Inst. f. Weltwirtschaft, Kiel
B. Spiegel: „Die Struktur der Meinungsverteilung im sozialen Feld. — Das psychol. Marktmodell"
E. Stange: „Telefonseelsorge" (seit 1956 in der BRD)
† *Erich Weniger*, dt. Pädagoge auf d. Gebiet d. Sozialpädagog. (* 1894)

USSR die Erde 17mal in 25 Stunden 18 Minuten
W. S. Troizkij analysiert Radiostrahlung d. Mondes (erlaubt Rückschlüsse auf seine Oberflächenbeschaffenheit)
F. Vogel: „Lehrbuch der allgem. Humangenetik" (Darstellung neuer Fortschritte)
Zahl der elektronischen Rechenanlagen in USA 5304, Europa 1517, BRD 717
Es wird über 21500 wissenschaftliche Arbeiten pro Jahr im Umkreis der Physik berichtet, d.h. es erscheinen pro Tag mindestens 60 solcher Arbeiten (kennzeichnend für die Schwierigkeiten einer übersichtl. Dokument. auf fast allen Gebieten)
„Mathematische Theorie" (auch der Volkswirtschaft, im Handwörterbuch der Sozialwissenschaft)
Künstl. Herstellung des Elementes Lawrencium in USA (radioaktives Transuran d. Ordnungszahl 103, zerfällt zur Hälfte in ca. 8 Sek.)
Neue Einheit des Atomgewichts internat. beschlossen: Kohlenstoffisotop ^{12}C erhält durch Definition das Atomgewicht 12,00000
Halbwertszeit d. radioaktiven Kohlenstoffs C-14 erneut bestimmt zu 5770 ± 60 Jahre (wichtig zur Anwendung der Radiokarbonmethode in der Archäologie)
Kunststoffe erreichen Temperaturbeständigkeit bis ca. 200° C
Wetterdienst der BRD beginnt, Gehalt der Luft an radioaktiven Stoffen anzugeben
Atlas der Mondrückseite (nach Aufnahmen von Lunik III 1959)
Schimpanse umkreist in USA-Raumkapsel zweimal die Erde und landet unverletzt
Mit Raketen erhaltene Röntgenbilder der Sonne (seit 1960) erweisen Kondensationen der inneren Korona mit ca. 2000000° C als Quelle der Strahlung
Aus Radarmessung der Venusentfernung wird die Sonnenentfernung zu 149599500 ± 3500 km bestimmt
Flaschenblasmaschinen erreichen 70 Stück pro Minute
Erste interkontinentale Festtreibstoff-Rakete der USA erfolgreich erprobt

USSR ca. 40%, d.h. 8mal mehr Arbeitskräfte; erreicht damit etwa 50% d. Erzeugung der USA (Produktivität also ca. $^1/_{16}$)
20-Jahres-Plan (Generalperspektive) d. USSR projektiert Erreichg. des „echten Kommunismus"
Stalinstadt und Fürstenberg/Oder vereinigt und in Eisenhüttenstadt umbenannt (33000 Einwohn., Jahreskapazität 1,2 Mill. t Roheisen)
3. Fünfjahresplan 1961–65 in Indien (die Planziele halten mit der raschen Bevölkerungszun. kaum Schritt)
Stadtkern v. Neu-Delhi hat 200000 Einwohner, ca. 50000 pro qkm (vgl. West-Berlin 4569 pro qkm)
Jährliches Einkommen pro Kopf in DM (West):

USA	11 354
Schweden	7 671
Schweiz	6 775
BRD	5 746
Gr.Brit.	5 675
Frankreich	5 450
Niederlande	4 215
Österreich	3 527
USSR	2 967
Italien	2 618
Japan	1 992
Spanien	1 186
Ägypten	1 111
Türkei	845
Brasilien	454
VR China	297
Indien	272
Äthiopien	151

(läßt nur indirekte Schlüsse auf den Lebensstandard zu) vgl. 1972

(1961)

Arbeitsgesetzbuch d. DDR schränkt Rechte der Arbeiter entscheidend ein (kein Streik- und Koalitionsrecht)

Willy Stoph wird 1. stellvertr. Min.-Präs. d. DDR

Alex. Abusch (* 1902), seit 1958 Min. f. Kultur in der DDR, wird stellvertr. Vors. d. Min.Rats für Kultur und Erziehung

P.-H. Spaak legt Amt als NATO-Generalsekretär nieder, wird belg. Außenminister. Sein Nachfolger wird d. Niederl. *Dirk Stikker*

Terroristische Anschläge in Südtirol (wiederholen sich in den folgenden Jahren und führen zu Prozessen)

Italien und Österr. verhandeln in Zürich vergeblich über die Südtiroler Probleme

Julius Raab gibt sein (seit 1953 bekleidetes) Amt als österr. Bundeskanzler aus Gesundheitsgründen an *Alfons Gorbach* (* 1898, ÖVP) ab

Hohe Strafen im Pariser „Barrikaden"-Prozeß gegen die Putschisten von Algier

Nigeria bricht (wegen Kernwaffenversuchen i. d. Sahara) diplom. Beziehungen zu Frankreich ab

4. frz. Atomversuch in der Sahara (USA, USSR und Gr.Brit. halten Teststop ein)

Rebellion frz. Generäle in Algerien gegen *de Gaulle* bricht zusammen. Frz. Militärgericht verkündet 8 Todesurteile

Jussef Ben Khedda (* 1920), Min.-Präs. d. algerischen Exilregierung (bis 1962)

Konferenz zwischen Frankr. und algerischer Exilregierung in Evian (Frankr.) beginnt

Brit. Unterhaus stimmt Beitritt zur EWG zu, Labour-Fraktion enthält sich der Stimme (Beitritt scheitert 1963 an der frz. Haltung)

Wahl zum norweg. Parlament: Arbeiterpartei 74 (vorher 78), Konservative 29 (29), Bauernpartei 17 (15), Christl. Volkspartei 15 (12), Liberale 13 (15), Sozialist. Volkspartei 2 (–), Kommunisten 0 (1) Sitze

† *Luigi Einaudi*, ital. Staatspräsident 1948–55, Finanzwissenschaftler (* 1874)

Miroslav Holub (* 1923): „Das ABC-Buch" (tschech. Lyrik)

Gyula Illyés (* 1902): „Neue Gedichte" (ung.; schrieb 1956 das Ged. „Ein Wort über die Tyrannei")

Hans Henny Jahnn (* 1894, † 1959): „Trümmer des Gewissens", „Der staubige Regenbogen" (Schausp., posthum)

† *Franz Kuhn*, Sinologe, Übers. chin. Werke ins Deutsche (* 1889)

Olof Lagercrantz (* 1911): „Schwedische Lyriker" (schwed. literar. Porträts)

Hans von Lehndorff (* 1910): „Ostpreußisches Tagebuch" (Erinnerungen eines Arztes an das Kriegsende 1945)

Stanislaw Lem (* 1921): „Die Sterntagebücher d. Weltraumfahrers Ijon Tichy" (dt. Ausg. d. poln. wissenschaftl. Utopie v. 1957)

Siegfried Lenz: „Zeit der Schuldlosen" (Schausp. um das Problem der polit. Schuld)

E. Lohner: „Passion und Intellekt. Die Lyrik Gottfried Benns"

Carson McCullers (* 1917): „Uhr ohne Zeiger" (nordamer. Prosa)

Bernard Malamud: „A new life" (nordamer. Roman)

Th. Mann: „Briefe 1889 bis 1936" (hrsg. v. *Erika Mann*, * 1905, † 1969)

Josef Marschall (* 1905): „Flöte im Lärm" (österr. Gedichte)

François Mauriac (* 1885): „Le Nouveau Bloc-notes" (frz. Zeitbetrachtungen, „Bloc-notes I" 1958)

Hans Mayer: „Bertolt Brecht u. d. Tradition"

W. Wickler: „Ökologie und Stammesgeschichte von Verhaltensweisen"

P. Winter: „Über den Prozeß Jesu" (histor. Leben-Jesu-Forschg.)

H. Wölker: „Die Bedeutung der empirischen Verhaltensforschung für die ökonom. Theorie"

Vollversammlung der UN erklärt Massenvernichtungswaffen als völkerrechtswidrig

10. Dt. Evang. Kirchentag in Berlin (in Ost-Berlin verboten)

Ökum. Rat d. evangel. Kirchen tagt in Neu Delhi

„Mater et Magistra", päpstl. Enzyklika über kirchl. Soziallehre (ergänzt Enzykliken von 1891 und 1931)

Richtlinien der Erzdiözese Paderborn gegen gewisse Züge im modernen Kirchenbau wie Kapelle in Ronchamp

Österreich anerkennt d. evangel. Kirchen als gleichberechtigt (Mitgliedz. 1955–60 von 23000 auf 415000 gest.)

Gesetz über Jugendwohlfahrt in der BRD enthält Vorrang der freien (nichtstaatl.) Maßnahmen

Gesetz über die Verbreitung jugendgefährdender Schriften in der BRD

Baubeg. d. Ruhrunivers. Bochum

Bundesinstitut zur Erforschung des Marxismus-Leninismus in Köln

Umfass. Schulgesetzgebung in Hessen (u. a. 9. Schuljahr, schulpsycholog. Dienst, Mittelpunktsschulen)

„Arzneimittel und menschliches Verhalten" (engl. Sammelwerk üb. die psychischen Wirkungen von Drogen: „Psychopharmaca")

Versuchsatomkernkraftwerk mit 15000 kW in Kahl am Main. Insges. sind auf der Erde 17 Atomkraftwerke mit 1,1 Mill. kW in Betrieb, 34 mit 6,8 Mill. kW im Bau

Tagung d. Internationalen Atom-Energie-Organisation in Salzburg über Plasmaphysik und thermonukleare Fusion: Trotz kurzzeitiger Plasmen mit Ionentemperaturen bis 40 Mill. °C kann eine technisch kontrollierte Kernverschmelzung noch nicht erreicht werden

2. Internationales Symposium für Chemotherapie in Neapel zeigt Ansätze für chemische Behandlung von Viruskrankheiten

Internationales Kolloquium über wissenschaftliche Photographie in Zürich behandelt insbesondere neue Verfahren der Elektrophotographie

Erneuerung d. Kontinentaldrift-Theorie

Mohole-Projekt in USA: Tiefbohrung am Ozeanboden

Volkswagenstiftung zur Förderung der Wissenschaft und Technik

Neue Medizin. Klinik in Tübingen

Autoparkhochhaus in Birmingham (England) nach der Lift-Slab-Methode (Zwischendecken auf der Kellerdecke betoniert und dann gehoben, seit 1947 in USA)

Stereosystem im USA-Rundfunk

Nähtransferstraße zur Fertigung von Herrenhemden-Vorderteilen (weiter ist die wachsende Produktivität der Bekleidungsindustrie durch Schnittmaschinen gekennzeichnet, die bis zu 300 Stofflagen bewältigen)

Ausgrabungen von Catal Hüyük/Anatolien beginnen (vgl. —6700)

Sie Alfredo einen Mord zu?" (it. Film)

Luis Buñuel (*1900): „Viridiana" (span. Film, von span. Reg. u. Kirche verurteilt)

John Cassavetes: „Too late blues" (nordam. Film)

† *Gary Cooper*, nordamer. Filmschausp. (*1901)

Stanley Kramer (*1913): „Das Urteil v. Nürnberg" (nordamer. Film m. *Maximilian Schell* (*1930), *Marl. Dietrich*, *Spencer Tracy* (*1900) u. *Burt Lancaster* (*1913))

Jerome Robbins: „West Side Story" (nordamer. Film nach d. Musical v. *Leonard Bernstein* (*1918))

„Eines langen Tages Reise in die Nacht" (nordamer. Film n. *E. O'Neill* m. *K. Hepburn*)

„Lolita" (nordamer. Film nach *V. Nabokov* mit *James Mason* (*1909))

„Sodom und Gomorrha" (nordam. Monumentalfilm m. *St. Granger* [*1913])

„Stadt ohne Mitleid" (nordam. Film mit *Kirk Douglas* (*1916))

† *Anna May Wong*, chin.-nordam. Filmschauspielerin

A. Wajda: „Samson" (poln. Film)

Mich. Romm: „Neun Tage eines Jahres" (russ. Film)

60% des Grundkapitals i. priv. Hand

In der BRD (einschl. Berlin (W)) 2532 Aktienges. mit 35,5 Mrd. DM Grundkapital

369 wirtschaftliche Interessengruppen in Bonn vertreten (kennzeichnet den Lobbyismus am Sitz d. Parlaments)

In den Ballungsgebieten der BRD entfallen 43% der Bevölkerung auf 14% der Fläche. Sachverständigenausschuß macht Vorschläge zur Raumordnung

In der Industrie der BRD ist die 45-Std.-Woche praktisch erreicht, die 40-Std.-Woche wird – bes. von d. Gewerkschaften – angestrebt. In den USA ist die 40-Std.-Woche err.

„Gesetz zur Vermögensbildung der Arbeitnehmer" in der BRD

„Der Angestellte zwischen Arbeiterschaft und Management" (Herausg. *H. Bayer*)

Bundesbeamtenrechtsrahmengesetz gleicht Rechtsverhältnisse in den Ländern an

Borgward-Auto-Werke gehen trotz anerkannter Konstruktionsleistung in Konkurs

Pkw auf 1000 Einwohner:

USA	344
Kanada	234
Neuseeland	231
Australien	200
Schweden	173
Frankreich	148
Gr.Brit.	114
BRD	112
DDR	9

85% d. industriellen Bruttoproduktion der DDR entfallen auf die „volkseigenen Betriebe" (VEB)

Zahl der LPGs (Landwirtschaftl. Produkt. Genossensch.) in d. DDR 18850 mit 5,4 Mill. ha = 84% der ges. landwirtsch. Nutzfläche

Nach der Kollektivierung der Landwirtschaft in der DDR 1960 gehen die Ernteerträge um ca. 30% zur.

Dänische Altersversorgung umfaßt die gesamte Bevölkerung (Volkspension)

Anteil der frz. Industrie in Paris: 77% Optische, 67% Kraftfahrzeug-, 55% Elektro-, 44% Chemische Industrie

∼ Nach 1958 ruft die EWG-Politik starke Konzentrationsbewegungen in der Industrie Frankreichs hervor

Trade Unions Congress (Gewerkschafts-Dachorganisation in Groß-Brit.) umfaßt 183 Trade Unions mit 8,3 Mill. Mitgl.

Zweite Bodenreform in Ägypten (erste 1952)

Anteil der Verkehrsmittel im öff. Personenverkehr in der BRD:

Dt. Bundeshaushalt beträgt rund 48 Mrd. DM

Volkswagenwerke im Zuge der Privatisierung in eine AG umgewandelt.

Genossenschaften in der BRD

	Zahl	Mitgl. (Mill.)
Ländliche	22531	4,2
Gewerbliche	2317	2,2
Konsum	258	2,5
Bau	1632	1,1
Zusammen	26738	10,0

(1961)	Gegner *Salazars* kapern portug. Passagierdampfer im Karib. Meer Belgrader Konferenz von 25 blockfreien Staaten beschließt Friedensappell Albanien entfernt sich politisch von der USSR und nähert sich der Volksrepublik China † *Zogu I.*, Kg. v. Albanien 1928–39, im Pariser Exil (* 1895) *János Kádár* (* 1912) wieder ungar. Min.Präs. (vorher 1956–58) Türk. Militärregierung tritt zurück. Neue türk. Regierung unter General *Gürsel* Neue Verfassung der Türkei mit 6,3 gegen 3,9 Mill. Stimmen angenommen Wahlen zum türk. Parlament: *Inönüs* Volkspartei 173, Gerechtigkeitspartei (Opposition) 158, Partei „Neue Türkei“ 65, Nationale Bauernpartei 54 Sitze Türk. Koalitionsreg. ohne Gerechtigkeitspartei In der Türkei werden Strafen gegen Anhänger des *Menderes*-Regimes verhängt: 15 Todesurteile, 39 Urteile auf lebensl. Haft, 418 Freiheitsstrafen, 123 Freisprüche Nach blutigen Unruhen in Teheran wird pers. Regierung gestürzt und *Ali Amini* Min.Präs. (bis 1962, bekämpft Korruption, fördert Bodenreform) Militärrevolte in Syrien führt zum Ausscheiden aus der Vereinigten Arab. Republik. *Nasim Qudsi* wird Staats- u. Min.Präs. (1963 durch Militärputsch abgesetzt) BRD erkennt Syrien als selbst. Staat an Türk. Parlament wählt General *Gürsel* zum Staatsprädisenten (für 7 Jahre) XXII. Parteitag der KPSU setzt Entstalinisierung weithin sichtbar fort. *Stalins* Leichnam wird aus dem Mausoleum auf dem Roten Platz entfernt Zahlreiche Umbenennungen von Orten in der USSR, die nach *Stalin* hießen; u. a. wird Stalingrad in Wolgograd umbenannt *Molotow*, *Malenkow* u. *Kaganowitsch* werden aus der KPSU ausgeschlossen (gilt als weiterer Schritt der Entstalinisierung)	*Karel Michal:* „Schreckgespenster für den Alltag“ (tschech. satirische Dichtung) *A. Miller:* „Nicht gesellschaftsfähig“ (nordamer. Roman und Drehbuch) *H. de Montherlant:* „Tagebücher 1930–44“ (dt. Ausgabe) *Walter Muschg* (* 1898, † 1965): „Von Trakl zu Brecht. Dichter des Expressionismus“ (schwz. Literaturgeschichte) Georg-Büchner-Preis d. Dt. Akad. f. Sprache u. Dichtung an *Hans Erich Nossack* (* 1901) *Sean O'Casey:* „Behind the green curtains“ (drei irisch-engl. Schauspiele) *K. Otten* (* 1889, † 1963): „Herbstgesang“ (Ged.) † *Rudolf Pechel*, deutsch. Schriftsteller u. Publizist (* 1882) *Harold Pinter:* „Die Geburtstagsfeier“ (dt. Aufführg. des engl. Schauspiels von 1957) *A. Denti di Pirajno* (* 1886): „Ippolita“ (ital. Roman) *Helmut Qualtinger* (* 1928): „Der Herr Karl“ (österr. Satire auf den Spießbürger, zus. m. *C. Merz*) † *Henry Morton Robinson*, nordamer. Schriftstell., u. a. „Der Kardinal“ (Roman, 1950), Chefredakteur von „Reader's Digest“ (* 1898) † *Mihail Sadoveanu*, rumänisch. Schriftstell. (* 1880) † *Albin Skoda*, österr. Schauspieler, seit 1946 am Wiener Burgtheater (* 1909) *E. Sylvanus* (* 1917): „Der rote Buddha“ (Schauspiel) *Junichiro Tanizaki* (* 1886, † 1965): „Der Schlüssel“	Vollakadem. Lehrerbildung in Hessen durch Anschluß der Hochschulen f. Erziehung an Universitäten Ca. 16000 Studenten an den Hochschulen Breslaus (Breslau [Wroclaw] hatte 1960 428000 Einwohner, dav. ca. 1200 dt.) USSR bildete seit 1955 mehr Ingenieure und Techniker aus als die westlichen Länder zus. Afrikan. Konferenz beschließt, bis 1966 Schülerzahlen von 11 auf 16 Mill. (d. h. Allg. Schulpflicht) zu erhöhen. Die Bildungskosten erhöhen sich von 584 (1961) auf 2593 Mill. Dollar (1981) City University of New York (Hochschul-Dachorganisat.) gegrdt. (hat über 82000 Studenten) Im 3. Fünfjahresplan (1961–65) setzt die indische Regierung 200 Mill. DM für Geburtenbeschränkung ein (z. B. 20 DM Prämie für Sterilisierung) Man zählt d. 107. Todesurteil aus polit. Gründen in der DDR seit ihrer Gründung (in der BRD keine Todesstrafe) Neues Strafgesetzbuch Ungarns schränkt die Todesstrafe ein und schafft sie für Jugendliche unter 20 Jahren ab Todesstrafe für Wirtschaftsverbrechen in der USSR Museum zur Chines. Revolution in Peking Etwa 50% aller Kinder der Erde erhalten keine Elementarschulausbildung. Ca. 44% aller Erwachsenen sind Analphabeten 23132 Buchtitel (Neuerscheinung.) in der BRD

Eisenbahnverkehr 45,3%
Straßenverkehr 52,7%
Luftverkehr 2,0%
Insges. 87,6 Mrd.
Personenkilometer (1950: 56,2 Mrd.)
In der BRD ca. 150 Mrd. kmt Güterverkehr: Eisenbahn 44%, Binnenschiffahrt 27%, Kraftwagen 27%, Ölfernleitungen 2% (seit 1951 rd. 60% Steigerung)
Motorisierung in der BRD (Pkw auf 1000 Einw.)

Frankfurt/M	151
München	140
Köln	124
Hamburg	111
Essen	89
Berlin (West)	80

Dt. Funkausstellung, erstmals n. dem Kriege in Berlin (Eröffng. durch Vizekanzler *Erhard*)
4 DM (West) = 1 Dollar (vorher 4.20 DM). Aufwertung des niederl. Gulden folgt
Dt. Bundesregierung bietet USA einmaligeDevisenhilfe von 982 Millionen Dollar an
Griechenland zur EWG assoziiert
Der Außenhandel Algeriens ist zu rund 83% mit Frankreich verbunden
Benutzungsgebühren für Panamakanal 54 Mill. Doll. (1956: 36 Mill.). Panama erhält jährlich 1,9 Mill. Dollar Kanalpacht
Dt. Bundesreg. stellt für Berlin außerhalb d. Bundeszuschusses 500 Mill. DM zur Verfügung (wird zu einem großen Teil zur Urlaubshilfe verwendet)
Umsatz von Kosmetika in d. BRD gegenüber 1954 um 74% erhöht
200000 Neubauwohnungen in Berlin seit 1949
Stalinallee in Ost-Berlin in Karl-Marx-Allee umbzw. in Frankfurter Allee zurückbenannt
Gesetz über die Entschädigung für Impfschäden in der BRD
Dt. Bundesländer unterzeichnen Staatsvertrag für ein Zweites Fernsehprogramm (wird ab 1963 ausgestrahlt)
Fernsprechstellen pro 1000 Einw.:

USA	408
Gr.Brit.	157
BRD	108
Frankreich	95
Italien	78
Polen	30
USSR	20
Erde	47

Transsibirische Bahn Moskau–Irkutsk elektrifiziert (bis Wladiwostok voraussichtlich 1965)
M. Botwinnik wird wieder Schachweltmeister (war es 1951–58, bleibt es bis 1963)
H. G. Prescher: „Sport – Fluch oder Segen unserer Epoche?"
Fritz Thiedemann, erfolgreicher Reiter, scheidet freiwillig aus dem aktiven Sport; schreibt „Meine Pferde, mein Leben"
Segelflug-Höhenrekord: 14102 m (USA)
1. FC Nürnberg wird zum 8. Mal Fußballmeister d. BRD
Rennfahrer *Wolfg. Berghe von Trips* verunglückt tödlich bei einem Autorennen in Monza
14209 Personen im Straßenverkehr der BRD getötet
Eisenbahnunglück in Italien fordert 71 Todesopfer

Entwicklungstendenz (vgl. „Leben in Zahlen")

Sterbefälle pro 1000 Einw.:

	1961	1881/90
BRD (Dtl.)	10,9	(25,1)
Frankr.	10,9	29,5
Italien	9,4	27,1
Indien	12,2	–
USA	9,3	–
USSR (Rußl.)	7,1	(33,9)

Kindersterblichkeit in Indien 98‰ (1901: 232‰).
Mittlere Lebenserwartung eines Neugeborenen 42 Jahre (1931: 23 Jahre)
Die BRD (einschl. Berlin-West) hat 56,2 Mill. Einw. (1950: 50,8 Mill.)
Die DDR hat 16,02 Mill. Einw. (1950: 17,20 Mill.)
Bruttoinlandprodukt der BRD (in Preisen von 1954)
1961 253 Mrd. DM
1955 175 Mrd. DM
Produktivität und Reallöhne in der BRD (1950 = 100)

	Prod.	Reall.
1950	100	100
1955	151	137
1961	174	180

Index d. mittleren Lebenshaltung in der BRD

1961	123,5
1950 =	100,0
1940	66,4
1932	61,6
1924	66,9

Geschätzte Weltreserven an Erdöl ca. 50 Mrd. cbm (1938: 4,9; 1950: 15,1 Mrd. cbm)
Welt-Aluminium-Erzeug. 4,6 Mill. t, davon die USA 1,7 Mill. t (seit 1950 Welterzeugung verdreifacht)
Spareinlagen in d. BRD 47,7 Mrd. DM (1950: 12,9 Mrd. DM)
In der BRD sind 7,1 Mill. Frauen erwerbstätig (1951: 4,5 Mill.)
23000 Lebensmittel-Selbstbedienungsläden in der BRD mit 30% des Gesamtumsatzes des Einzelhandels (1954: 300 Läden)
Brotverbrauch in der BRD 77,3 kg je Einw. (1936 in Dtl. 108 kg je Einwohner)
56 Mill. Liter Schaumwein in d. BRD verbraucht (1950: 5 Mill. l)
Zigarettenverbr. pro Einw. über 15 Jahre in der BRD 1780 Stück (1957: 1336 Stück)
Industrieerzeugg. der gesamten Erde seit 1938 etwa verdreifacht
Landwirtschaftl. Erzeugung der Erde wuchs seit 1950 um 20%
Durchschnittl. jährl. Zuwachsrate der industriellen Prod. seit 1954:

Italien	9,0%
BRD	7,9%
Frankreich	7,1%
Norwegen	5,5%
Schweiz	5,2%
Gr.Brit.	2,6%

Weltsteinkohleförderg.: 2 Mrd. t, davon (Mill. t)

VR China	430
USSR	377
USA	376
Gr.Brit.	194
BRD	143

(1950: 1,45 Mrd. t)

(1961)

Sozialdemokrat. Mapai-Partei Israels erhält 42 (linkssozialist. Mapam-Partei 9) von 120 Sitzen im Parlament und 11 von 16 Ministern in d. Regierung

Schwere Unruhen in Portugiesisch-Angola

Min.Präs. Katangas gibt den Tod (Ermordung) von *Lumumba* bekannt (Min.Präs. von Kongo seit 1960, * 1925)

Präs. d. Bergbauprovinz Katanga Kongos vorübergehend verhaftet

Cyrille Adoula (* 1921) wird Min.-Präs. von Kongo

In Kongo brechen zwischen UN-Truppen und denen der separatist. Katanga-Provinz offene Feindseligkeiten aus (nach einem Monat tritt Waffenstillstand ein)

Kongo-Soldaten ermorden 13 ital. UN-Flieger

Min.Präs. von Togo (seit 1958) *Sylvanus Olympio* wird zum Staatspräs.gewählt (*1902, ermordet 1963)

Sierra Leone gewinnt seine Unabhängigkeit

Südafrikan. Union verläßt Commonwealth, weil dessen Mitglieder Politik d. Rassentrennung („Apartheid") ablehnen

USA brechen diplomatische Beziehungen zu Kuba ab

Dean Rusk (* 1909) Außenminister der USA

George Kennan: „Außenpolitik unter Lenin und Stalin" (dt. Ausgabe der nordamer. Analyse)

Walt Whitman Rostow, nordamer. Nationalökonom, wird Berater *Kennedys*

† *Emily Green Balch*, nordamer. Volkswirtschaftlerin und Frauenrechtlerin; erhielt 1946 Friedens*nobel*preis (* 1867)

Präsid. *J. F. Kennedy* schlägt Zehnjahresplan für die wirtschaftliche Entwicklung Lateinamerikas auf der Basis eines 500-Mill.-Dollar-Kredites vor

Exilkubaner landen von USA aus in der Schweinbucht Kubas. USA verweigern Unterstützung, Unternehmen scheitert

Kennedy trifft *Chruschtschow* in Wien (*Chr.* versucht – nach seinen späteren Worten – „dem jungen Mann das Fürchten beizubringen")

USA-Präs. *Kennedy* hat ein Gespräch mit dem Schwiegersohn *Chruschtschows*, dem Chefredakteur der „Iswestija", *Alexej I. Adschubej*

Panama bemüht sich um eine Revision des Vertrages mit USA über Kanalzone von 1903 (1963 kommt es zu Unruhen)

† *Rafael Trujillo* (ermordet), Diktator der Dominikanischen Republik. Sein Sohn wird Nachfolger

Janio Quadros Präsident v. Brasilien (tritt noch im selben Jahr nach drast. Sparmaßnahmen zurück)

João Goulart (* 1918), Arbeiterpartei, wird brasilian. Staatspräsident mit eingeschränkten Vollmachten

Bürgerkrieg in Laos. USA versorgen Regierungstruppen gegen Kommunisten. Genfer Konferenz sucht das Land zu neutralisieren

Waffenstillstand in Laos

Indien marschiert in die bisher. portug. Kolonie Goa ein und macht es zum Bestandteil d. Ind. Republik

Militärputsch in Südkorea: Verfassung wird aufgehoben

Anteil an der Industrieproduktion der Erde (vgl. 1955, 1977)

	1860	1913	1961
Gr.-Brit.	24	14	6,5
Frankr.	16	6,4	3,5
Dtl./BRD	13	15,7	6,6
USA	16	35,8	31,0
Rußl./SU	6	5,5	19,4
zus.	75	77,4	67,0

(um 1970 erreicht Japan 3. Rang)

(dt. Ausgabe des japan. erotisch. Romans von 1956)

Wladimir F. Tendrjakow (*1923): „Das außerordentliche Ereignis" (russ. Roman)

Giovanni Testori (*1923): „Stadtrand" (ital. Rom.)

† *Dorothy Thompson*, nordamer. Schriftstellerin und Journalistin (* 1894)

† *Regina Ullmann*, schweiz. Schriftstellerin (* 1884)

† *Helene Voigt-Diederichs*, dt. Schriftstellerin aus Schlesw.-Holst. (*1875)

K. Wagner: „Begegnung der Völker im Märchen. I. Frankreich–Deutschland"

Martin Walser (*1927): „Der Abstecher" (Schauspiel)

† *Oskar Wälterlin*, schweiz. Direktor des Schauspielhauses Zürich seit 1938 (*1895)

† *Hedwig Wangel*, dt. Schauspielerin (* 1875)

† *Aribert Wäscher*, dt. Schauspieler (* 1895)

Peter Weiss (* 1916): „Abschied von den Eltern" (Erzählung)

John Whiting (* 1917, † 1963): „Die Teufel" (engl. Schauspiel)

† *Eduard v. Winterstein*, dt. Schauspieler österr. Herkunft, 22 Jahre unter *Max Reinhardt* (* 1871)

Carl Zuckmayer: „Die Uhr schlägt eins" (Schauspiel über die Judenverfolgung in Dtl.)

† *Paul v. Zsolnay*, dt. Verleger, grdte. 1923 *Z.*-Verlag in Berlin–Wien (* 1895)

Akademien in Göttingen und Berlin (Ost) geben Abschluß des Deutschen Wörterbuches bekannt, von den Gebrüdern *Grimm* 1852 begonnen

Dt. Bibliothek in Frankfurt/Main hat 482000 Bde. u. 16000 lfde. Zeitschriften.

Deutsche Bücherei in Leipzig hat ca. 3 Mill. Bde. und 21000 lfde. Zeitschriften

Entwicklungstendenzen (Fortsetzung)

Textilproduktion der Welt (1948 = 100) 152 (1938: 85)

Verteilung d. Goldbestände in Mrd. Dollar:

	1961	1928
USA	16,9	6,5
Übrige (ohne USSR)	24,2	10,8

Spareinlagen in d. BRD: 60,4 Mrd. DM (1952: 7,1 Mrd. DM)

Steuereinnahmen je Einw. in der BRD 1366 DM (1950: 429 DM)

Öffentl. Sozialleistungen in der BRD 47,7 Mrd. DM (1950: 12,9 Mrd. DM)

Filmtheaterplätze i. d. BRD; Zahl: 2,76 Mill., je Theater: 405, pro 1000 Einwohn.: 50, Gesamteinnahm.: 778 Mill. (1958: 1013 Mill.)

Interzonenhandel

Mill. DM Verrechnungseinheit	Lieferungen	Bezüge der BRD
1951	177,9	186,2
1956	699,2	653,4
1959	1078,0	
Maxima		1960 1122,5
1961	872,9	940,9

Struktur des Bauhauptgewerbes in der BRD

mit Beschäftigten	Betriebe	Beschäftigte
1–19	73,0%	19,6%
20–99	22,2%	37,8%
100 u. mehr	4,8%	42,6%
absolut 100%	= 59 941	1,47 Mill.

Produktionsentwicklung und Planziel der USSR

	1913	1961	(USA 1961)	Plan 1965
Kohle (Mill. t)	30	510	(376)	600
Rohstahl (Mill. t)	4,5	71	(89)	88,5
Elektr. Energie (Mrd. kWh)	2	327	(871)	510

1962	Kein Friedens*nobel*preis verliehen Außenminist.-Konferenz zw. USA, USSR und Gr.Brit. über Abrüstung und Berlin in Genf 18-Mächte-Abrüstungskonferenz in Genf (ohne Frankreich) USA-General *Lyman Lemnitzer* (* 1899) löst General *Lauris Norstad* (* 1907) als Oberbefehlshaber der NATO-Truppen in Europa ab NATO-Konferenz empfiehlt Bildung einer umfassenden Atlantischen Gemeinschaft Gemeinsame Agrarpolitik der EWG tritt in Kraft (Durchführung stößt auf große Schwierigkeiten, bes. in der BRD) UN-Vollversammlung nimmt Ruanda, Burundi, Trinidad-Tobago und Jamaika als neue Mitgl. auf (es entsteht eine immer stärkere Gruppe blockungebundener Staaten) *U Thant* (* 1909) einstimmig als Generalsekretär der UN bestätigt Bundespräs. *Lübke* besucht afrikanische Staaten (Liberia, Guinea, Senegal) Bundespräs. *Lübke* u. Sonderbevollmächtigter des USA-Präsidenten *Lucius D. Clay* erhalten Ehrenbürgerwürde von Berlin (West). *Clay* beendet seine Mission Allgemeine Wehrpflicht v. 18 Monaten in der DDR BRD verlängert Wehrpflicht auf 18 Monate (seit 1956 12 Monate) Nationale Volksarmee der DDR hat ca. 19 0000 aktive Soldaten (240 000 Reservisten) Staatspräs. *de Gaulle* und Bundeskanzler *Adenauer* einigen sich in Baden-Baden auf eine beschleunigte Bildung einer politischen europäischen Union Westalliierte ziehen in Berlin ihre Panzerfahrzeuge von der Mauer zurück In den 12 Monaten nach Errichtg. der Mauer gelangten 12316 Menschen meist unter Lebensgefahr aus der DDR in die BRD Sperrung des US-Sektors i. Berlin für den sowjet. Stadtkommandanten; Sperrung Ost-Berlins für den USA-Stadtkommandanten Dt. Bundestag verabschiedet Berlinhilfe-Gesetz (enthält u. a. Steuerpräferenzen)	Nobelpreis f. Literatur an *John Ernst Steinbeck* (USA) Friedenspreis des dt. Buchhandels in Frankfurt/M. an den Theologen *Paul Tillich* *Ivo Andrić:* „Das Fräulein" (jugosl. Roman in dt. Ausg., in Originalsprache 1945) *Jerzy Andrzejewsky* (* 1909): „Finsternis bedeckt die Erde" (dt. Ausg. d. poln. Romans von 1957) *Peter Bamm* (* 1897, eigentl. *Curt Emmerich*): „Anarchie mit Liebe" *S. Beckett:* „Glückliche Tage" (irisch-frz. Schauspiel) *W. Bergengruen:* „Der dritte Kranz" (Roman) *Henry Bordeaux* (* 1870, † 1963): „Geschichte eines Lebens" (frz. Autobiographie, 8 Bde. seit 1946) *Joseph Breitbach* (*1903): „Bericht über Bruno" (Roman; *B.* wirkt in Frankreich für dt.-frz. Verständigung) *Bernard von Brentano:* „Schöne Literatur und öffentliche Meinung" *Wladyslaw Broniewski* (* 1897, † 1962): Gesammelte Gedichte (poln. sozialist. Lyrik) *William Burroughs:* „The naked lunch" (nordamer. Lit. der „Beat-generation") *A. Camus:* „Carnets 1935 bis 1942" (posthume Veröff. autobiograph. Aufzeichnungen) *René Char* (* 1907): „La parole en archipel" (frz. Dichtung) *Tibor Déry* (* 1894): „Der unvollendete Satz" (dt. Ausgabe des ungar. Romans von 1954) *H. v. Doderer:* „Die Merowinger oder die	*Fr. Alexander* (*1891): „The scope of psychoanalysis 1921–61" (nordamer. medizin. orientierte Tiefenpsycholog.) *Karl Barth* scheidet aus seinem akad. Lehramt in Basel (vertrat dialekt. Theologie u. bekämpfte Antikommunismus als christl. Ideologie) *Augustinus Bea:* „Die christliche Union" (ital.) *Hellmut Becker* (* 1913): „Quantität und Qualität. Grundfragen der Bildungspolitik" *Alfred Bengsch*, seit 1959 Weihbischof von Berlin, erhält persönl. Titel eines Erzbischofs *K. Bleicher:* „Unternehmungsspiele" (Ausbildung an betriebswirtschaftlichen Modellen) *H. Bobek:* „Kann die Sozialgeographie in der Wirtschaftsgeogr. aufgehen?" *F. Edding:* „Ziele für die Erziehung in Europa bis 1970" (in engl. Sprache) *J. Ehrlich:* „Wilhelm Busch der Pessimist. Sein Verhältnis zu A. Schopenhauer" *Erich Eichele* (* 1904) wird evang. Landesbischof v. Württemberg *Jean Fourastié* (* 1907): „La grande métamorphose du XXe siècle" (Soziologie) *H. Frank:* „Kybernetische Grundlagen der Pädagogik" *E. Gellner:* „La philosophie analytique" (formale und sprachliche Analyse philosophischer Probleme) *W. Haacke:* „Publizistik. Elemente u. Probleme" Papst *Johannes XXIII.* eröffnet im Petersdom II. Vatikanisches Konzil, das bes. a. d. Vereinig. d.

Alvar Aalto: Kulturzentrum Wolfsburg (seit 1958)
Grundsteinlegung d. von *Gropius* entworfenen Siedlung in Berlin (West) („Gropius-Stadt" in Britz-Buckow-Rudow m. 15 500 Wohnungen)
Otto Herbert Hajek (* 1927): „Große Plastik 1962"
Phil. Johnson: Entwurf für d. New York State Theater im Lincoln Center
W. Kallmorgen: Ernst-Barlach-Mus., Hamburg
Max Kaus (* 1891): „Veneziana III" (abstrakt. Gem.)
Konrad Klapheck (* 1935): „Der Supermann" (surrealist. Gemälde)
† *Yves Klein,* frz. Maler, Vertreter der einfarb. abstrakten Malerei (Monochromismus) (* 1928)
† *Franz Kline,* nordamer. Maler d. „Action Painting" (* 1910)
Kokoschka: „Flut in Hamburg" (Gem.)
Ferdinand Lammeyer (* 1899): „Turm" (abstrakt. Tempera-Bild)
† *Hans Leistikow,* dt. Künstler, besonders Gebrauchsgraph. (* 1892)
Jack Levine (* 1915): „Der Kunstliebhaber" (nordamer. Gemälde)
Rich. Lytle (* 1935): „Die Höhle" (nordamer. Gem.)

Th. W. Adorno (* 1903): „Einleitg. in die Musiksoziologie"
Georges Auric (* 1899) wird Gen.-Dir. d. frz. nationalen Musiktheat.
Benjamin Britten: „War-Requiem"
Jan Cikker (* 1911): „Auferstehung" (tschech. Oper), Uraufführung
† *Alfred Cortot,* franz. Pianist (* 1877)
† *Marcel Delannoy* (* 1898) schrieb Opern, Ballette, Musik f. Bühnenstücke, sinfonisch. Werke u. Kammermusik
Norman Dello Jocio: „Blood Moon" (nordam. Oper), Uraufführung
† *Hanns Eisler,* dt. Komp. (* 1898)
Manuel de Falla: „Atlantida", dt.-sprach. Uraufführung d. nachgelass. Oper in Berlin (W)
Wolfg. Fortner: „In sein. Garten liebt Don Perlimplin Belisa" (dt. Oper), Uraufführung
Harald Genzmer: „Christ ist erstanden", Missa, Uraufführung
Karl Amad. Hartmann: 8. Sinfonie
Paul Hindemith: „Das lange Weihnachtsmahl" (dt. Kammeroper), Uraufführung
† *Jacques Ibert* (* 1890), frz. Komponist, schrieb u. a. die Opern „Angélique" und „Der König v. Yvetot"

*Nobel*preis für Physik an *Lew D. Landau* (* 1908, USSR) für Erforschung des superfluiden Heliumzustandes bei Tiefsttemperaturen
*Nobel*preis für Chemie an *Max Perutz* (* 1914, Österr.) u. *John C. Kendrew* (* 1917, Engl.) für gemeinsame Strukturanalyse d. Hämoglobins
*Nobel*preis für Physiologie und Medizin an *Francis H. Crick* (* 1916, Gr.Brit.), *James D. Watson* (* 1928, USA) und *Maurice H. F. Wilkins* (* 1916, Neuseeland) für Aufklärung der Molekularstruktur d. Nucleinsäure als Erbsubstanz
J. Allen: „Molekulare Kontrolle des Zellgeschehens" (nordamer. „molekulare Biologie")
† *William Beebe,* nordam. Zoologe, Tiefseetaucher (* 1877)
† *Wilhelm Blaschke,* dt. Mathematik., bes. Geometrie (* 1885)
† *Niels Bohr,* dänischer Physiker, *Nobel*preisträger, gab mit seinem Atommodell 1913 entscheidenden Beitrag zur Quantenphysik der Atome (* 1885)
USA-Astronaut *Malcolm Scott Carpenter* (* 1925) umkreist dreimal die Erde
† *Arthur Holly Compton,* nordam. Physiker, *Nobel*preis 1927 (* 1892)
H. J. Dombrowski beschreibt fossile Bakterien aus dem Unterkambrium und dem Mitteldevon
E. Fry: „Lehrmaschinen und programmiertes Lernen" (nordamer. Lernpsychologie)
Erster USA-Astronaut *John Herschel Glenn* (* 1921) umkreist in einer Raumkapsel dreimal die Erde
H. Grapow: „Grundriß der Medizin der alten Ägypter" (7 Bde. seit 1954)
† *Max Hartmann,* dt. Zoologe (* 1876)
G. Heberer: „Die Oldoway-Schlucht als Fundort fossiler Hominiden" (Australopithecus (seit 1959) und Archanthropus-Funde)
† *Erich v. Holst,* Physiologe des Zentralnervensystems (* 1908) *Justi* und *Winsel:* „Kalte Verbrennung" (Fortschritte des Brennstoffelementes bis zu theoret. 100% Nutzeffekt)
Ph. Morrison: „Neutrino-Astronomie" (nordamer. Aufsatz über die

Ca. 4700 Mrd. t förderbare Steinkohle werden als Weltvorrat vermutet (davon 40% in Nordamerika, 33,6% in USSR, 10% VR China, 6% BRD, 3,6% Gr.Brit.)
Produktion an Atomkernsprengstoffen in USA über 30000 t (1955: ca. 2000 t)
Weltgetreideernte 865 Mill. t, ca. 2,6 Mrd. Jahresnahrungen (1960: 920 Mill. t)
Weltreisernte 242 Mill. t (1950: 161 Mill. t)
Weltkaffee-Ernte 4,3 Mill. t (1950: 2,1 Mill. t)
Bundeswirtschaftsmin. *Erhard* appelliert an die Sozialpartner zum „Maßhalten"
Ludwig Erhard: „Dt. Wirtschaftspolitik"
H. D. Ortlieb: „Das Ende des Wirtschaftswunders"
Kurssturz an internationalen und dt. Börsen: Aktienindex fällt auf 475 gegenüber Höchststand 783 im Jahr 1960 (1953 = 100)
† *Gottlieb Duttweiler,* schweiz. Großunternehmer und Politiker (* 1888)
4. frz. Wirtschaftsplan 1962–65 (1. begann 1949); mehr als die Hälfte aller Investitionen unterliegt staatl. Einfluß

(1962)	Volkspolizisten der DDR erschießen an der Mauer den 18jährigen Ostberliner Bauarbeiter *Peter Fechter*, der in den Grenzbefestigungen ohne Hilfeleistung verblutet. Dieser Vorfall löst in der Berliner Bevölkerung heftigste Erregung aus und führt zu einer politisch äußerst kritischen Situation USSR löst ihre Kommandantur in Berlin(Ost) auf Regierung der DDR ernennt Generalmajor *Helmut Poppe* zum Stadtkommandanten (damit wird der international vereinbarte Viermächtestatus von Berlin einseitig u. entscheidend verletzt) 14 Ostberliner kommen trotz Beschusses durch Grenzposten der DDR mit einem Ausflugsdampfer nach West-Berlin; 12 andere erreichen West-Berlin durch einen selbstgegrabenen Tunnel 29 Einw. Ost-Berlins gelangen durch einen geheimen Tunnel nach West-Berlin 8 Einwohner der DDR durchbrechen mit gepanzertem Omnibus Grenze nach West-Berlin In der DDR seit 1949 166 Todesurteile, dav. 108 wegen polit. Delikte Frz. Staatspräs. *de Gaulle* unternimmt Staatsbesuch in die BRD unter starker Beteiligung der Bevölkerung *Heinz Brandt*, Gewerkschaftsredakteur aus der BRD, in der DDR wegen angebl. Spionage zu 13 Jahren Zuchthaus verurteilt (zahlr. Proteste in der westl. Welt; 1964 begnadigt und entlassen) 143 Richter und Staatsanwälte in der BRD lassen sich auf Grund eines Gesetzes wegen ihrer Tätigkeit in der NS-Justiz vorzeitig pensionieren Dt. Bundespräsident versetzt den Generalbundesanwalt in den Ruhestand, weil diesem Beteiligung an der NS-Justiz vorgeworfen wird Staatsbesuch von Bundeskanzler *Adenauer* in Frankreich unterstreicht eindrucksvoll die engen Beziehungen zwischen d. BRD u. Frankreich zu dieser Zeit. Wird mit einer dt.-frz. Truppenparade abgeschlossen Das in der BRD erscheinende Nachrichten-Magazin „Der Spiegel" ver-	totale Familie" (humorist. Roman) *Friedr. Dürrenmatt:* „Die Physiker" (schweiz. zeitkrit. Schauspiel) *H. M. Enzensberger:* „Einzelheiten" (zeitkrit. Betrachtungen) *Martin Esslin:* „Das absurde Theater" (engl. Analyse dieser bes. von *Adamov*, *Beckett* und *Ionesco* begründeten Gattung) *W. Faulkner:* „Die Spitzbuben" (nordamerikanischer Roman) † *William Faulkner*, nordamer. Dichter, *Nobelpreis* 1950 (*1897) *William Gaddis:* „The recognitions" (nordam. Roman) *Albert Paris Gütersloh* (* 1887): „Sonne und Mond" (Roman) *Willy Haas* (* 1891): „Gestalten" (Essays) *Hella S. Haasse* (*1918): „De Meermin" (niederländischer Roman) † *Daniel Halévy*, frz. Schriftsteller, bes. Kultur- u. Sozialgeschichte (* 1872) *Joseph Heller:* „Der Iks-Haken" (nordamer. antimilitarist. Roman) † *Herm. Hesse*, dt. Dichter, seit 1923 Schweizer Bürger, Nobelpr. 1946 (* 1877) *Karl-August Horst* (* 1913): „Kritischer Führer durch d. dt. Literatur der Gegenwart" *Peter Huchel* (* 1903), Lyriker, muß die Chefredaktion der ostdt. literar. Zeitschrift „Sinn und Form" aufgeben (leitete sie seit 1948) *Aldous Huxley:* „Island" (engl. optimist. Utopie) *Eugène Ionesco:* „Fußgänger der Luft" (rumän.-frz. Schauspiel des „absurden Theaters", Ur-	christl. Kirchen hinwirken soll Papst *Johannes XXIII.* schafft Sekretariat für die Vereinigung der Christen, Leiter: Kardinal *Aug. Bea* (* 1881) USA-Präsident erzwingt durch Entsendung von Bundestruppen Aufnahme eines Negerstudenten an d. Universität Mississippi *H. Klein:* „Polytechnische Bildung und Erziehung in der DDR" *H. Kohn:* „Wege und Irrwege. Vom Geist des deutschen Bürgertums" *D. Langer:* „Informationstheorie und Psychologie" *A. Lauterbach:* „Psychologie des Wirtschaftslebens" † *Theodor Litt*, dt. Philos. und Pädagoge (* 1880) *L. Marcuse:* „Obszön" (krit. Unters.) *Klaus Mehnert:* „Moskau und Peking" (zeitgeschichtliche Analyse) *S. J. Mushkin:* „Die Ökonomie der höheren Erziehung" (nordamer. Bildungsplanung) *W. J. Revers:* „Ideologische Horizonte der Psychologie" *J. B. Rhine* u. *J. G. Pratt:* „Parapsychologie" (veröffentl. statist. Versuchsergebn. bereits 1957) *P. E. Schramm* (*1894, + 1970): „Hitler als militärischer Führer" *H. Schwerte:* „Faust und das Faustische. Ein Kapitel deutscher Ideologie" *Paul Sethe:* „Geschichte der Deutschen" *F. Steinwachs:* „Körperlich-seelische Wechselbeziehungen in der Reifezeit" (Jugendpsychologie)

Georges Mathieu (* 1921): „Au delà du Tachisme“ (franz. Kunsttheorie der „informell. Kunst“)
† *Gabriele Münter*, dt. Malerin, Schülerin *Kandinskys* (* 1877)
† *Caspar Neher*, dt. Bühnenbildner (* 1897)
J. Paulhan: „L'art informel“ (über regellose abstrakte Kunst)
Pablo Picasso: „Stiere u. Toreros“, „Linolschnitte“, „Aquarelle und Gouachen“ (Veröff. von Reprodukt. seiner Werke)
H. Platschek: „Bilder als Fragezeich.“ (über mod. Kunst)
Jean Renoir: „Mein Vater Auguste Renoir“
Erich F. Reuter (* 1911): „Gegenständl. Strukturen“ (Reliefwand Techn. Universität Berlin, Bronze)
Eero Saarinen (*1910, † 1961): Empfangsgebäude des Flughafens Idlewild, New York
Stefan Samborski (* 1898): „Stilleben – Blumen u. Blätter“ (poln. Gem.)
Mitchell Siporin (* 1910): „Der Tod und das Mädchen“ (nordamer. Gem.)
Basil Spence: Kathedrale in Coventry/England
† *Ottomar Starke*, dt. Künstler, Graphik. u. Bühnenbildner
G. Sutherland (* 1915, † 1974): Bildteppich f. d. Hochaltar i. Coventry
Horst Strempel (*

† *Massolis Kalomiris* (*1883 Smyrna): letzte Oper „Konstantinos Palaeologos“ uraufgef.
† *Fritz Kreisler*, österr. Geiger u. Komp., meist in den USA (* 1875)
Ernst Křenek: „Dunkle Wasser“ und „Vertrauenssache“ (Opern-Einakter), Uraufführungen
Mark Lothar (* 1902): „D. Glücksfischer“ (Opera piccola), Uraufführung
Felix Mendelssohn-Bartholdy: „Soldatenliebe“ (Jugendwerk) uraufgef.
Krysztof Penderecki (* 1933): „Fluorescences“ (Orchest.-werk), Uraufführ.
G. Perle: „Serial Composition and Atonality“ (nordam. Musiktheorie)
Nikolai Rimski-Korssakow: „Das Märchen vom Zar Saltan“ (russ. Op.) dt. Erstaufführg.
Armin Schibler (* 1920): „Media in Vita“ (sinfon. Oratorium), Uraufführung
Dimitri Schostakowitsch beendet 12. Sinfonie, schreibt Musik z. Spielfilm „Die Eingeschlossenen“
Roger Sessions (* 1896): „Montezuma“ (nordam. Op. um den Aztekenfürst., Urauff. 1964 in der Dt. Oper Berlin)
Heinrich Sutermeister: 3. Klavierkonzert

Neutrinos für den Energiehaushalt des Kosmos)
† *Hermann Muckermann*, dt. Anthropologe und Eugeniker mit kathol. Grundhaltung (* 1877)
† *Friedrich Münzinger*, dt. Ingenieur (* 1884)
USSR starten 2 Raumkapseln, die sich auf Sichtweite begegnen, mit den Astronauten *Nikolajew* (64 Erdumkreisungen) und *Popowitsch* (48 Erdumkreisungen) (jede Erdumkreisung dauert ca. 2 Stunden)
† *Aug. Piccard*, schweiz. Stratosphären- u. Tiefseeforscher (* 1884)
Erich v. Tschermak, Botaniker und Genetiker (* 1871)
J. A. Wheeler: „Geometrodynamics, topics of modern physics“ (Versuch, auch die elektrischen Kräfte zu geometrisieren)
In Dtl. werden 521 Fach-Dokumentationsstellen gezählt (BRD: 360, DDR: 161)
12000 - kW - Forschungs-Kernreaktor (FR 2), Karlsruhe, auf voller Leistung; hoher Neutronenfluß
Dt. Rechenzentrum in Darmstadt gegrdt. (kennzeichnet wachsende Bedeutung elektronischer Rechenmaschinen)
Durch 85 000 Aufnahmen von der Blasenkammer des Protonen-Synchrotrons in Genf (CERN) und Brookhaven (USA) wird das Anti-Chi-Hyperon entdeckt
Radioteleskop v. Green Bank (USA) mit 92 m Durchmesser in Betrieb
USA-Astronaut *Schirra* umkreist sechsmal die Erde
USA starten Rakete „Ranger III“, welche den Mond verfehlt
USA-Mondrakete schlägt auf dem Mond auf, spezielle Geräte versagen jedoch
USA starten unbemanntes Raumschiff zur Venus, das am 14. Dezember den Planeten in 40000 km Entfernung passiert und Meßdaten über Strahlung, Magnetfeld u. a. zurückfunkt
Fernseh- und Nachrichten-Satellit „Telstar“ der USA; ermöglicht Fernsehübertragung USA–Europa
Wettersatellit „Tiros VI“ von den USA gestartet (übermittelt besonders Fernsehbilder von Wolken-

Jugoslawien verfünffachte seine Industrieprod. seit 1940
Industrieprod. in Ungarn 347, landwirtsch. Prod. 113 (1949 = 100)
66,4% der ungar. Landwirtsch. sind kollektiviert
Bruttosozialprodukt von 2700 DM/Kopf in Israel (zum Vergl. BRD ca. 6000 DM/Kopf)
2. wirtschaftlicher Fünfjahresplan in Afghanistan (1. Plan steigerte Pro-Kopf-Einkommen um 30%)
In der BRD leben 30,9% in Groß- u. 45,8% in Kleinstädten
Gesamtsumme d. (Kriegs-) Lastenausgleichs d. BRD erreicht 46,9 Mrd. DM (endgültige Summe auf 90 Mrd. DM geschätzt)
Zahl der (familienfremden) Landarbeiter in d. BRD 314000 (in 1949: 1012000)
Für den „Grünen Plan“ zur Verbesserung der Agrarstruktur und zur Förderung d. Einkommensverhältnisse in d. Landwirtschaft stellt die dt. Bundesregierung 2060 Mill. DM z. Verfügung
Internat. Arbeitskonf. empfiehlt d. 40-Std.-Woche als Grundnorm
In der BRD sind Angestellte organisiert in der DAG 470200

(1962)

öffentlicht scharfe Angriffe gegen Bundesverteidigungsminister *F. J. Strauß* und einen kritischen Aufsatz „Bedingt abwehrbereit" über die Schlagkraft der Bundeswehr

Bundesanwaltschaft geht in einer Nachtaktion gegen das Nachrichten-Magazin „Der Spiegel" vor. Scharfe Durchsuchung der Redaktionsräume. Verleger *Rudolf Augstein*, Verlagsdirektor *H. D. Becker* u. drei Redakteure werden wegen Verdachts des Landesverrats verhaftet. Bundesverteidig.Min. *Strauß* läßt telefon. Redakteur *Ahlers* in Spanien verhaften, was ihm den Vorwurf der „Freiheitsberaubung im Amte" einbringt (die Spiegel-Affäre wächst sich zu einer schweren Regierungskrise aus, wird von der Bevölkerung heftig diskutiert)

Bundeskanzler *Adenauer* spricht in der Bundestagsdebatte um die Spiegel-Affäre von einem der „schwersten Landesverratsfälle"

BRD baut U-Boote

Bundesregierung tritt zurück, um Kabinettsumbildg. zu ermöglichen

Nach längeren Verhandlungen auch mit der SPD bildet *Adenauer* neue CDU-FDP-Regierung ohne den bisherigen Verteidigungsminister *F. J. Strauß* (CSU). An seine Stelle tritt *Kai-Uwe von Hassel* (CDU)

DGB-Kongreß lehnt jede Notstandsgesetzgebung in der BRD ab, wählt *Ludwig Rosenberg* (* 1903) zum 1. Vorsitzenden

Dt. Bundesreg. verabschiedet Notstandsgesetzgebung (sieht verfassungsändernde Einschränkung der Grundrechte im Notstand vor und bedarf daher der Zweidrittelmehrh. des Bundestages, also auch der Zustimmung der SPD als Opposition)

Unter dem Druck der politischen Situation gibt Bundeskanzler *Adenauer* seinen Rücktritt in Jahresfrist bekannt

Bundeskanzler *Adenauer* bildet nach der „Spiegel"-Krise sein 5. Kabinett. CDU/CSU-FDP-Koalition bleibt mit personellen Änderungen bestehen: Verteidigung: *K.-U. v. Hassel* (CDU), Finanzen: *R. Dahlgrün* (FDP), Gesamtdt. Fragen: *R. Barzel* (CDU), Wissensch. u. Forschung: *H. Lenz* (FDP)

aufführung in Düsseldorf)

Uwe Johnson: „Das dritte Buch über Achim" (Roman)

James Jones: „The thin red line" (nordamer. Kriegsroman)

Klaus Kammer (* 1929, † 1964), Schauspieler in Berlin (West), spricht in der Rolle eines Affen *Kafkas* „Bericht für eine Akademie"

Walther Karsch: „Wort und Spiel. Aus der Chronik eines Theaterkritikers 1945–62"

† *Erwin Guido Kolbenheyer*, dt. Schriftsteller (* 1878)

C. Krijgelmans: „Messiah-Fragment" (fläm. Roman)

† *Charles Laughton*, engl. Schauspieler (* 1899)

Väinö Linna: „Hier unter dem Nordstern" (dt. Ausg. d. finn. Romantrilogie seit 1959)

Friedrich Luft (* 1911): „Berliner Theater" (Theaterkritiken 1945–61, bes. bekannt durch seine ‚Stimme der Kritik', im Sender RIAS Berlin)

Hans Mayer: „Heinr. v. Kleist. Der geschichtliche Augenblick"

Siegfried Melchinger und *H. Rischbieter:* „Welttheater" (Gesamtüberblick über das zeitgenössische Theater)

Ogden Nash (* 1902): „Die neue Nußknacker-Suite u. andere nutzlose Verse" (nordamer. burleske Verse)

Viktor P. Nekrassow (* 1911): „Kira Georgijewna" (russ. Roman)

Robert Neumann: „Die Parodien" (Ges.ausg.)

Konstantin G. Paustowskij (* 1892): „Erzählung vom Leben" (russ. Autobiographie, 1946–60)

Paul Tillich: „Die protestantische Verkündigung und der Mensch der Gegenwart" (betont Gefahr für Protestantismus zwischen Katholizismus und Glaubenslosigkeit)

Hermann Volk, Bischof von Mainz (schrieb 1961: „Die Einheit der Kirche und die Spaltung der Christenheit")

† *Heinrich Weitz*, 1952 bis 1960 Präsident d. Dt. Roten Kreuzes (* 1890)

Provinzialsynode der Evang. Kirche von Berlin-Brandenburg muß erstm. getrennt in West- und Ost-Berlin tagen

Denkschrift der evangel. Kirche Deutschlands: „Eigentum in sozialer Verantwortung"

79. Dt. Katholikentag in Hannover. Leitwort: „Glauben, Danken, Dienen." DDR erlaubt keine Teilnahme

Neues Haus der „Deutschen Kulturgemeinschaft Urania Berlin" eingeweiht (dient vorzugsw. d. Erwachsenenbildung)

Von den 1,6 Mrd. Erwachsenen der Erdbevölkerung sind ca. 44% Analphabeten. Über 50% aller Kinder der Erde können nicht einmal eine Grundschule besuchen

UNESCO beschließt Internat. Institut für Bildungsplanung

EURATOM beschließt 2. Fünfjahresprogramm für Forschung und Ausbildung

„Anregungen des Wissenschaftsrates zur Gestalt. neuer Hochschulen" (empfiehlt z. B. Auflockerung der Fakultäten)

Fortsetzung Seite 1317

1904): „Die Mauer" (Radierungen)
Waclaw Taranczewski (*1903): „Stilleben II" (poln. abstrakt. Gemälde)
Landtagsgebäude v. Niedersachsen in Hannover
Festspielhaus Recklinghausen
Museum d. 20. Jahrhunderts in Wien
Neues Festspielhaus in Salzburg
31. intern. Kunstbiennale in Venedig unter Beteiligung v. 33 Nationen
ART:USA:NOW (private nordamer. Kunstausst. (*Johnson-Collection*) mit Bildern (entstand. seit 1959) der Richtungen „romant. Realismus", „exakter Realismus", „phantast. Surrealismus", abstrakt. „New Image"-Richtung, „Expressionismus" u. a.)
Dt. Kunstausstell. in Dresden (steht noch vorwieg. unter dem Vorzeichen des staatlich geförderten „Sozialistisch. Realismus")
Ausstellung „Entartete Kunst" in München (als nachträgliche Kritik an der nationalsozialist. Kunstauffassung)

Wolfg. Staudte: „Dreigroschenoper" (Film mit *Hildegard Knef*, *Curd Jürgens*)
„Axel Munthe, der Arzt v. San Michele" (Film mit *O. W. Fischer*)
„Les séquestrés d'Altona" (dt.: „Die Eingeschlossenen", (Film n. *J.-P. Sartre*

Michael Tippett (* 1905): „King Priam" (engl. Oper) Uraufführung
† *Bruno Walter*, dt. Dirigent, seit 1940 in USA (* 1876)
Isang Yun (* 1917, Südkorea): „Bara" (dodekaphon. Orchesterstück), Uraufführung
25jährig. Bestehen der Israel. Philharmonie (Tel-Aviv), begrdt. v. d. Violinvirtuosen *Bronislaw Hubermann*
Populäre Schlager: „Morgen" (*Loesser*), „Die Zuckerpuppe aus der Bauchtanzgruppe" (*Gietz*), „Zwei kleine Italiener" (*Brühne*)

Hanse-Kogge (Großschiffstyp a. d. 13./14. Jh.) i. d. Weser bei Bremen gefunden
Ausgrabung einer frühneolitischen Stadt (≈ —7000) auf dem Doppelhügel Catal Hüyük in Anatolien: Akkerbau (Weizen, Gerste, Linsen, Apfel), Tierzucht (Schaf), daneben Jagd. Keramik, Flechten, Weben, Teppichknüpfen. Halb- und Rundplastiken, mehrfarbig gemalte Jagdbilder. Verehrung der „Großen Mutter", Stierkult
~ Dieselmotoren mit 2,5 kg/PS

bildungen über den Kontinenten)
Bisher 133 erfolgreiche Starts unbemannt. Erdsatelliten in USA und USSR (davon 102 in den USA)
USA starten einen Satelliten mit Sonnenobservatorium für größeres Meßprogramm
Weltausstellung „Century 21" in Seattle (USA) steht besonders i. Zeichen künftiger Weltraumschiffahrt
Gründungsversammlung der Pugwash-Konferenz in Kanada: 22 Wissenschaftler aus Ost und West beraten über die Gefahren eines Atomkrieges im Geiste des *Einstein-Russell*-Appells 1955
III. Internationales Symposium der Neurobiologen in Kiel mit den Hauptthemen: chemische Spezifität der Nervenzellen, das „Riechhirn", das Zwischenhirn
„Der Mensch und seine Zukunft" (intern. Symposium mit eugenischer Tendenz in London)
~ Es stellt sich seit 1960 mehr und mehr heraus, daß das Schlafmittel Contergan (Thalidomid) in den ersten drei Monaten der Schwangerschaft zu Mißbildungen der Neugeborenen führt (eine größere Zahl geschädigter Kinder in mehreren Ländern führt zu besonderen Maßnahmen und einem Prozeß)
J. McConnel i. USA: „Kannibalismus-Experiment" (Übertragung von Dressurleistungen durch Verfütterung dressierter Würmer an Artgenossen; Hinweis auf Gedächtnisstoffe)
Verkehrsflugzeuge mit 4 Strahltriebwerken befördern je 189 Fluggäste mit 970 km/Std. Reisegeschwindigkeit über 7250 km
Narrows-Hänge-Brücke bei New York (mit 2 Fahrbahnen u. 12 Fahrspuren)
Hochbrücke über Panama-Kanal
508 m hoher Stahlbetonb. in Moskau
Beim Bau des Assuan-Staudammes in Ägypten wird bei Tûskha ein Umschlagplatz für Diorit und Amethyst aus dem Mittleren Reich (≈ —1800) entdeckt
Brücke über den Maracaibo-See in Venezuela (mit 8679 m Länge die bisher größte Spannbetonbrücke der Erde)

dem DGB 724200
dem DHV 58100
Tarifvertrag für d. Baugewerbe in der BRD begünstigt erstmals Gewerkschaftsmitglieder
Gewerkschaftsmitgl. in der BRD:

DGB	6,4	Mill.
DAG	0,47	„
DBB	0,67	„
DHV	0,06	„
sonst.	0,07	„

Bundessozialhilfe-gesetz in Kraft
Altrenten werden vom Dt. Bundestag um 6,6% erhöht
„Die Rehabilitation" (dt. Zeitschrift für Herstellung d. beruflichen Leistungsfähigkeit)
Gesamtkreditvolumen d. Banken der BRD 168 Mrd. DM, davon Großbanken 18,3 Mrd. DM
Teilzahlungs-Kreditvolumen in der BRD 5,4 Mrd. DM
Ca. 632 Tageszeitungen in d. BRD mit rd. 18 Mill. Auflage
Prozentual. Anteil der in der BRD m. Fertigteilen gebauten Wohnungen: 1,5% (1961: 0,8%)
Subvent. der Landwirtschaft in USA erfordert 10 Mrd. Doll. (1953: 3 Mrd.)
Reform der Landwirtschaftspolitik in der USSR (Revision des Stalinismus)
Bodenbesitz in Indien:

bis zu 1 ha	38,7%
1—4 ha	40,0%
4—20 ha	19,9%
über 20 ha	1,4%

(1962)

Das Ausscheiden früherer Minister, wie z. B. von *Ernst Lemmer*, vollzieht sich teilw. unter Bedingungen, die als unwürdig angesehen werden

Landtagswahlen in Nordrhein-Westfalen (vgl. 1958): CDU 96 (104), SPD 90 (81), FDP 14 (15) Sitze. CDU-FDP-Reg. unter Min.-Präs. *F. Meyers*

Landtagswahlen in Schleswig-Holstein (vgl. 1958): CDU 34 (33), SPD 29 (26), FDP 5 (3), SSW 1 (2), BHE 0 (5) Sitze. CDU-FDP-Regierung unter Min.Präs. *Kai-Uwe von Hassel* (CDU, wird 1963 Bundesverteidigungsmin.)

Landtagswahlen in Hessen (vgl. 1958): SPD 51 (48), CDU 28 (32), FDP 11 (9), Ges.Dt.P. 6 (7) Sitze

Landtagswahl in Bayern (vgl. 1958): CSU 108 (101), SPD 79 (64), FDP 9 (8), BP 8 (14), Ges.Dt.Block/BHE 0 (17) Sitze. Min.Präs. *Alfons Goppel* (CSU, * 1905) bildet CSU-BP-Reg. CSU gew. im bayr. Landtag wieder die absolute Mehrheit mit 108 Sitzen (vorher 101)

Jos. Hermann Dufhues (* 1908) wird Geschäftsführender Vorsitzender der CDU, um die Partei zu reformieren (1964 wird *Adenauer* wieder 1. Vorsitzender)

Felix von Eckardt (* 1903), seit 1952 Bundespressechef, wird Bundesbevollmächtigter in Berlin

Karl-Günther v. Hase (* 1917) wird Bundespressechef

† *Helene Weber*, dt. kathol. Politikerin (CDU) (* 1881)

† *Rudolph Wissell*, dt. Politiker (SPD) (* 1869)

Marschall *Konjew* als Oberstkommandierender der Streitkräfte der USSR in der DDR von *Jakubowski* abgelöst

Nationalratswahlen in Österreich (vgl. 1959): ÖVP 81 (79), SPÖ 76 (78), FPÖ 8 (8), KPÖ 0 (0) Sitze

Jens Otto Krag (* 1914), Sozialdem., wird dänischer Min.Präsident

Wahlen zur französ. Nationalversammlung ergaben Sitze für: UNR 233, Unabh. Rep. 32, Kommunisten 41, extreme Linke 5, Sozialisten 66, Radikalsoz. 26, linkes Zentrum 19, Christl. Demokraten 40, Konservative 17

In Frankreich folgt auf die Regierung *Debré* eine unter Min.-Präs. *Georges Pompidou* (* 1911). Außenmin. bleibt *Maurice Couve de Murville*

Frankreich kündigt den Vertrag von 1918 mit Monaco

Frankreich unternimmt unterird. Kernwaffenversuch in der Sahara (gegen die frz. Versuche erheben sich zahlreiche Proteste afrikan. Nationen)

Nach wechselvollen Vorverhandlungen beginnen offizielle frz.-algerische Verhandlungen in Evian: führen zum Waffenstillstand und einem unabh. Algerien (der sog. „schmutzige Krieg" begann 1954 und schwächte Frankreich sehr kritisch. Die Beendigung des Algerienkrieges wird als besondere staatsmännische Leistung *de Gaulles* gewertet)

99,97% der algerischen Wähler stimmen für ein unabh. Algerien. Frankreich erkennt Unabhängigkeit an

Machtkämpfe in Algerien zw. Min.-Präs. *Ben Khedda* und seinem Stellvertr. *Ben Bella* (* 1916)

Erste allgem. Wahlen in Algerien: Einheitsliste der Nationalen Befreiungsfront (FLN) *Ben Bella* mit großer Mehrheit gewählt

Frz. Parlament stürzt Reg. *Pompidou*. *De Gaulle* schreibt Neuwahlen aus: Regierungspartei UNR u. Verbündete erhalten absolute Mehrheit, *Pompidou* wieder Min.Präsident

61,67% frz. Wähler stimmen dem Vorschlag *de Gaulles* zu, daß der Staatspräsident künftig in direkter allgem. Wahl gewählt wird

Brit. Premier *Macmillan* besucht Staatspräs. *de Gaulle* in Paris

Umbildung der brit. konservativen Regierung führt zur Verjüngung des Kabinetts

Bedenken der Commonwealth-Staaten gegen einen Beitritt Groß-Brit. zur EWG

Umbildung der span. Regierung (in Richtung auf eine Monarchie)

Prinz *Don Juan Carlos* v. Spanien vermählt sich mit Prinzessin *Sophie* v. Griechenland

Vatikan unterstützt die polnische Kirche auch in den polnisch verwalteten Gebieten

Milovan Djilas: „Gespräche mit

Roger Pierre Peyrefitte (* 1907): „Die Söhne des Lichts" (frz. Rom.)
Harold Pinter: „The Collection" (engl. Fernseh- (1961) u. Theaterstück)
Erwin Piscator wird Intendant des Theaters d. Freien Volksbühne in Berlin (West) (setzt sich für das engagierte Theater ein). Inszeniert zu d. Berliner Festwochen *G. Hauptmanns* „Atriden-Tetralogie" mit zeitgeschichtl. Unterstreich.
Katherine Anne Porter (* 1894): „Ship of Fools" („Narrenschiff", nordamer. Roman)
John Priestley: „The shapes of sleep" (engl. Roman)
Paavo Rintala: „Meine Großmutter und Mannerheim" (dt. Ausgabe der finn. Romantrilogie seit 1960)
A. Robbe-Grillet: „Le nouveau roman" (frz. Essay)
K. H. Ruppel: „Großes Berliner Theater. Gründgens, Fehling, Hilpert, Engel"
† *George Saiko*, österr. Schriftsteller, schrieb 1955 u. a. Roman „Der Mann im Schilf" (* 1892)
Jerome David Salinger (* 1919): „Der Fänger im Roggen" (dt. Ausg. des nordamer. Romans von 1954)
† *Willi Schaeffers*, dt. Kabarettist und Theatermann (* 1884)
† *Alois Schenzinger*, dt. Schriftsteller wissenschaftl. und technischer Romane (* 1886)
Hans Scholz (* 1911): „An Havel, Spree und Oder"
G. Schöne: „Tausend Jahre Deutsches Theater. 914–1914"

† *Rudolf Alexander Schröder*, dt. Dichter humanist.-protestantischer Prägung, Mitbegr. des Inselverlages (1902) u. der „Bremer Presse" (1911) (* 1878)
† *Paul Schurek*, dt. Schriftsteller, bes. in plattdt. Dialekt (* 1890)
G. R. Sellner und *W. Wien:* „Theatralische Landschaft"
A. Soergel – C. Hohoff: „Dichtung und Dichter der Zeit" (Neubearbeitung, 2 Bde.)
Aleksander Solschenizyn: „Ein Tag im Leben des Iwan Denissowitsch" (russ. Roman über ein Straflager *Stalins*)
Leopold Tyrmand (* 1920): „Ein Hotel in Darlowo" (poln. Rom.)
Peter Alexander Ustinov (* 1921): „Endspurt" (engl. Schauspiel)
Hendrik de Vries: „Auswahl aus früheren Versen" (niederl. Gedichte)
Martin Walser: „Eiche und Angora" (Schausp.)
Otto F. Walter (* 1928): „Herr Tourel" (Rom.)
Peter Weiss (* 1916): „Fluchtpunkt" (Rom.)
Gerhard Zwerenz (* 1925): „Wider die deutschen Tabus" (kam aus der DDR in die BRD)
Gutenberg-Museum in Mainz nach Kriegszerstörung wiedereröffnet
Neubau des Kleinen Hauses der Württemb. Staatstheater i. Stuttgart

mit *Frederic March* (*1897) und *Maximilian Schell* (* 1930); Regie: *Vittorio de Sica* (*1902))
„Lulu" (Film mit *O. E. Hasse* (*1903) und *Hildegard Knef* (* 1925))
„Das schwarz-weiß-rote Himmelbett" (Film mit *Martin Held, Margot Hielscher* (*1919) und *Thomas Fritsch)*
J.-P. Belmondo: „Ein Affe im Winter" (frz. Film)
Rob. Bresson (*1907): „Der Prozeß der Jeanne d'Arc" (franz. Film)
M. Camus: „Der Paradiesvogel" (frz. Film)
J.-L. Godard: „Vivre sa vie" (frz. Film)
François Truffaut (* 1932): „Liebe mit zwanzig Jahren" (frz. Film)
Alberto Lattuada (* 1914): „La steppa" (ital. neorealistisch. Film)
Luchino Visconti (* 1906): „Der Leopard" (ital. Film mit *Burt Lancaster)*
David Lean (*1908): „Lawrence of Arabia" (engl. Film mit *Sir Alec Guinness* (* 1914))
John Huston (*1906): „Freud" (nordamer. Film um den Begrd.

der Psychoanalyse mit *Montgomery Clift* (*1920))
† *Marilyn Monroe* (* 1926) (Freitod), nordam. Filmschausp., zeitw. Gattin *Arthur Millers* (ihr Tod löst kritische Betrachtungen über den nordamer. Filmbetrieb aus)
Mark Robson: „Neun Stunden zur Ewigkeit" (Film um *Gandhi* mit *H. Buchholz)*
Robert Siodmak (* 1900): „Tunnel 28" (nordamer. Film üb. die Flucht durch die Berliner Mauer)
Orson Welles: „Der Prozeß" (nordamer. Film nach *Kafka* mit *Anthony Perkins* (* 1932) und *Romy Schneider* (* 1938))
„Botschafter der Angst" (nordamer. Film mit *Frank Sinatra* (* 1915))
„Spiel zu zweit" (nordamer. Film m. *Shirley MacLaine* (* 1934))
„Cleopatra" (nordamer. Film mit *Elizabeth (Liz) Taylor* (*1932) und *Richard Burton)*

Prozentanteil am Weltverbrauch von Textilfasern

Jahr	Baumwolle	Wolle	Chemiefasern
1909–13	85,1	14,6	0,3
1938	77	12	11
1950	71	12	17
1962–63	63	11	26

(1962)

Stalin" (jugoslaw., *D.* erhält 5 Jahre Freiheitsstrafe, weil er das Buch auch im Ausland veröffentl. ließ)
Wahlen zum finn. Reichstag: Bauernpartei 53, Kommunisten 47, Sozialdemokraten 38, Konservative 32, Schwed. Volkspartei 14, Finn. Volkspartei 13, Sozialdem. Opposition 2 Sitze, Freisinnige 1 Sitz
A. Karjalainen (* 1923) bildet finn. Regierung aller Parteien außer Kommunist. u. Sozialdemokr.
Kekkonen wieder zum Staatspräsident Finnlands gewählt
Adolf Eichmann wegen Beihilfe bei der Ermordung der Juden im NS-Reich in Israel hingerichtet
In der USSR verurteilter Pilot *Powers* des abgeschossenen Fernaufklärers U 2 wird gegen den in den USA verurteilten Sowjetspion *Abel* ausgetauscht
Sondierungsgespräche über Berlin zwischen USA und USSR
Spannung zwischen USA und BRD
USA und USSR nehmen Kernwaffenversuche in der Atmosphäre wieder auf (USSR ging 1961 voraus)
USSR setzt ihre Versuche mit interkontinentalen Raketen im Pazifik fort
USA-Justizminister *Robert Kennedy* (* 1925) besucht BRD einschließlich Berlin, das ihm einen begeisterten Empfang bereitet. Garantie der USA für Berlin wird erneuert
Kennedy und *Macmillan* beschließen auf der Bahama-Konferenz multilaterale Atomstreitmacht der NATO
Zwischenwahlen in den USA ergeben parteidemokratische Mehrheit im Kongreß
† *Eleanor Roosevelt*, nordamer. parteidemokrat. Politikerin (* 1884)
Exil-Kubaner unternehmen kleineren Feuerüberfall auf Havanna
USSR erklärt sich zu Waffenlieferungen an Kuba bereit
Senat und Repräsentantenhaus beschließen, amerikafeindliche Aktionen von Kuba aus mit Waffengewalt zu verhindern
USA blockieren Kuba, um den Aufbau sowjetischer Raketenstützpunkte zu verhindern. Nach 4 Tagen höchster weltpolitischer Spannung, in denen *Kennedy* und *Chruschtschow* mehrere Briefe wechseln, lenkt die USSR ein und baut Raketenstützpunkte ab. (Die Beilegung dieser Krise wird von vielen als eine Wende der Weltpolitik angesehen)
Mikojan, stellvertr. Min.Präs. der USSR, besucht Kuba während des Abbaus der sowjet. Raketen-Stützpunkte
Staatsstreich der Armee in Jemen: *Abdullah Sallal* ruft Republik aus. Neue Verfassung konstituiert Rechtsgleichheit aller Bürger. Zunächst ergeben sich bürgerkriegsähnliche Zustände
UNO-Truppen besetzen die Katanga-Provinz des Kongostaates, die unter *Tschombé* die Separation suchte. USA unterstützen diese UNO-Politik, während Belgien u. Gr.Brit. dieses Vorgehen kritisieren. (Die Katanga-Provinz ist Mittelpunkt des Uranbergbaus)
Drei laotische Prinzen unterzeichnen Vertrag über Dreiparteienregierung in Laos
Genfer Laos-Konferenz endet mit einer Vereinbarung der Neutralität des Landes
Wahlen zum indischen Parlament: Kongreßpartei 353, Kommunisten 22, andere 131 Sitze
Indischer Staats-Präsident *Radschendya Prasad* (* 1884, † 1963) tritt zurück; Nachfolger: *Sarwapalli Radhakrischnan* (* 1888)
Die Niederlande und Indonesien unterzeichnen Abkommen über West-Neuguinea, wonach es 1963 an Indonesien fällt
Die Behörden Hongkongs weisen zahlreiche Flüchtlinge aus der Volksrepublik China zurück
Präsident *Ayub Khan* erläßt neue präsidiale, eingeschränkt demokratische Verfassung für Pakistan
Volksrepublik China und Pakistan vereinbaren Verhandlungen über Kaschmirgrenze, Indien protestiert
Kampfhandlungen an der indisch-chinesischen Grenze
Streitkräfte der Volksrep. China stellen Feuer und Vormarsch in Indien einseitig ein

Kunstdüngerverbrauch in Indien 2 kg/ha (zum Vergleich Japan 215,6 kg/ha). Verbrennung von Kuhmist deckt 75% des ind. Energiebed.
Einzelhandelspreisindex in Brasilien bei 1350 (1950 = 100)
(Zwischen 1950 u. 1960 ging d. Volkseinkommen pro Kopf um ca. 6% zurück)
Von den rd. 10 Mill. Einwohnern Algeriens sind ca. 200000 Europäer (meist Franzosen)
Starke Arbeitslosigkeit in Algerien (Folgen betreffen ca. 50% der Bevölkerung)
63 Spielfilme in der BRD produziert (1958: 115, kennzeichnet ernste Krise im dt. Film)
Ufa stellt eigene Filmprodukt. ein
Intern. Industrie-Messe in Hannov. gilt als größte dieser Art (5433 Aussteller aus 26 Ländern)
H.P.Bauer: „Automation im Bankwesen" (das Guthaben wird zu einem abstrakten Zeichen z. B. auf einem Magnetbd.)
Statistisches Bundesamt nimmt elektronische Großrechenanlage in Betrieb
Erste Zollkonzessionen zwischen EWG und USA als Vorstufe einer Atlantischen Wirtschaftsgemeinschaft
EWG beschließt Übergang zur 2. Phase des Gemeinsamen Marktes (besond. Schwierigkeiten liegen im Agrarmarkt)
Der Ausfuhrwert der USA beträgt ca. 4% des Bruttosozialprodukts
DDR wünscht im Rahmen des Interzonenhandels Kredite von der BRD in Höhe von 2,4 Mrd. DM
Autobahn Hamburg–Basel vollendet („Hafraba")
Baubeg. d. Felber–Tauern-Straße als wintersich. Straße über die Hohen Tauern 11,6 km lg. Montblanc-Autobahntunnel durchstoß. (verkürzt Strecke Paris–Rom um 300 km; Fertigstellung 1964)
Autobahnring um Moskau beendet (gleichzeitig Stadtgrenze)
Größte Reisegeschwindigkeit der Dt. Bundesbahn 108 km/D. (max. Fahrgeschwindigkeit 160 km/Std.)
Ca. 60000 Motels in den USA, 138 in Europa
Seilbahn Eibsee–Zugspitze
Erste Winterbesteig. d. Matterhorn-Nordwand
Von den 200 Bergen Asiens mit über 7000 m Höhe sind bisher 72 bestiegen
† *Carl Diem*, dt. Sportorganisator, u. a. Olymp. Spiel. 1936 in Berlin (* 1882)
Cläsges (Dtl.) fährt mit dem Rad in 1 Std. 54,013 km (ohne Schrittmacher)
Brumel (USSR) springt 2,27 m hoch
Long (USA) erreicht beim Kugelstoßen 20,08 m
Meiffret erreicht a. d. Rad hinter Schrittmacher Geschwindigkeit von 204,77 km pro Std.
Snell (Australien) läuft 1 Meile in 3 : 54,4 min
Wlassow (USSR) erreicht im Gewichtheben 550 kg
Brasilien erlangt in Chile im Endspiel gegen die ČSSR Fußball-Weltmeisterschaft (bleibt bis 1974 WM)
1. FC Köln Fußballmeist. d. BRD
Halbschwergew.-Boxweltmstr. *Harold Johnson* verteidigt im Olympia-Stadion, Berlin (West), seinen Titel erfolgreich geg. *Gustav („Bubi") Scholz*, BRD
Schlagwetterexplosion tötet in Völklingen 299 Bergleute
Schwere Sturmflut an d. Nordsee mit Schadensschwerpunkt i. Hamburg: 336 Tote, 20000 Obdachlose (Senator H. Schmidt leitet Katastropheneins.)
Überschwemmung bei Barcelona fordert etwa 700 Tote
Bergsturz in Peru fordert 3500 Tote
Erdbeben in Persien fordert 12000 Tote
Seit 1900 ca. 450 Todesfälle im Boxring, seit 1945 ca. 250
Rezeptpflichtige Antibaby-Pille w. i. d. BRD verkauft. Trägt zur Veränderung des Sexualverhaltens bei, das im Rahmen einer „Sex-Welle" viele gesetzliche u. moralische Normen sprengt

Fortsetzung von Seite 1312

1,64 Mill. Belegungen von Volkshochschulkursen in der BRD
Änderung des Westberliner Schulges. zug. des „2. Bildungsweges"
Entwurf zu einem neuen Strafgesetzbuch der BRD (Kritiker vermissen eine grundlegende Umgestaltung)
≈ Arzneimittel-Mißbrauch kennzeichnet seelische Belastung in der modernen Gesellschaft
Gesetzl. Neuordnung des Schulwesens in Österreich (allg. Schulpflicht 9 Jahre)
Stiftung Preuß. Kulturbes. i. Berlin (W) (Präsident: *H. G. Wormit*, Generaldirektoren *St. Wätzoldt* u. *E. Vesper*). Träger zunächst Bund u. 4, ab 1975 alle Länder

1963	*Kennedy* und *U Thant* rufen zum „Befreiungskampf gegen den Hunger“ auf (schätzungsweise hungert wenigstens ein Drittel der Menschheit) UN hat 111 Mitglieder (außerhalb stehen u. a. Volksrep. China, Dtl., Schweiz, Vatikanstaat) Es wird geschätzt, daß die USA ca. 475 einsatzfähige Interkontinentalraketen besitzt, die USSR ca. 100 Kernwaffenvorrat der Atommächte dürfte ausreichen, um 200 Großstädte der Erde 1200mal zu vernichten („Overkilling“) *Pierre Pflimlin*, ehemal. frz. Min.-Präs., zum Präsidenten des Europarates in Straßburg gewählt *Carlo Schmid* zum Präsidenten des Parlamentes der Westeuropäischen Union gewählt Direkte Leitung zwischen USA u. USSR zum schnellen und sicheren Nachrichtenaustausch in krisenhaften Situationen („Heißer Draht“) USA, USSR, Gr.Brit. unterzeichnen in Moskau Vertrag über die Einstellung von Kernwaffenversuchen in der Atmosphäre, unter Wasser und im Weltraum. Frankreich und Volksrep. China lehnen diesen Vertrag ab; DDR und BRD unterzeichnen ihn neben den meisten Staaten der Erde. Unterirdische Versuche bleiben außerhalb dieses Vertrages Zwischen 16. 7. 1945 und 31. 7. 63 wurden 416 Kernwaffenversuche festgestellt: USA 260, USSR 126, Gr.Brit. 23, Frankr. 7. Sprengkraft der Waffen: USSR über 300 Mill. t, USA ca. 150 Mill.t, insges. ca. 500 Mill. t TNT-Äquivalent Seit 1961 verletzten 95mal sowjet. Flugzeuge NATO-Luftraum und 77mal westl. Flugzeuge den östl. Luftraum Dt. Bundeswehr hat 398000 Soldaten, davon Heer 253000, Luftwaffe 90000, Marine 28000, sonstige 27000 BRD bricht diplomatische Beziehungen zu Kuba ab, weil dieses die DDR anerkannte *Chruschtschow* schlägt auf einem SED-Parteitag in Ost-Berlin ideologischen Burgfrieden zwischen Moskau und Peking vor	*Nobel*preis für Literatur an *Giorgos Seferis* (* 1900, + 1971, Griechenland) Friedenspreis des Dt. Buchhandels an den Physiker und Naturphilosophen *C. F. v. Weizsäcker* *S. Beckett:* „Spiel“ (engl. Schauspiel) † *Werner Beumelburg*, dt. Schriftsteller nationalist. Gesinnung (* 1899) *H. Böll:* „Ansichten eines Clowns“ (zeitkrit. Roman aus kathol. Gesinnung) *Casanovas* Memoiren im Orig.manuskript veröff. (in Frankr. und BRD seit 1960) † *Jean Cocteau*, frz. Dichter, Filmregisseur und Zeichner (* 1892) *Heimito v. Doderer:* „Roman No 7“ *F. Dürrenmatt:* „Herkules und der Stall des Augias“ (schweiz. Komödie) *Richard Friedenthal:* „Goethe“ (Biographie) † *Robert Lee Frost*, nordamer. Lyriker, mehrfacher Pulitzer-Preisträger (schrieb 1962: „In the clearing“) (* 1875) † *Ernst Glaeser*, dt. Schriftsteller (* 1902) † *Ramon Gómez de la Serna*, span. Schriftsteller (* 1891) *G. Grass:* „Hundejahre“ (Roman) *Max von der Grün* (* 1925): „Irrlicht und Feuer“ (zeitkrit. Roman eines westdt. Bergarb.) † *Gustaf Gründgens* (auf einer Weltreise in Manila), dt. Schauspieler, Regisseur und Theaterintendant (* 1899) † *Walter Henn*, dt. Regisseur, vorwiegend in Berlin (West) (* 1931)	Kardinal *Döpfner* weiht Gedenkkirche „Maria Regina Martyrum“ in Berlin-Plötzensee ein *F. Edding:* „Bildungsplanung“ Professor *Robert H. G. Havemann* (* 1910), Kommunist seit 1932, Nationalpreisträger der DDR, hält an der Humboldt-Universität in Ost-Berlin die Vorlesung „Naturwissenschaftliche Aspekte philosophischer Probleme“, welche die Ideologie in der DDR kritisiert (wird 1964 gemaßregelt) *Th. Heuss:* „Erinnerungen“ *K. H. Janssen:* „Macht und Verblendung. Kriegszielpolitik der dt. Bundesstaaten“ (über den 1. Weltkrieg) Papst *Johannes XXIII.* tritt mit seiner Enzyklika „Pacem in terris“ für den Weltfrieden ein (wird in West und Ost stark beachtet) † *Johannes XXIII.*, Papst seit 1958, für die Einheit der Christenheit (* 1881) Kardinal *Montini* (* 1897) wird zum Papst gewählt, nennt sich *Paul VI.* Setzt das Konzil fort, unternimmt Pilgerfahrt nach Palästina *Ernst Nolte:* „Der Faschismus in seiner Epoche“ (betrachtet den F. als „transpolitisches Phänomen“) † *Alexander Rüstow*, dt. Nationalök. (* 1885) Neugebildete regionale Kirchenleitung Ost beruft d. Generalsuperintendenten *Günter Jacob* zum Verwalter d. evang. Bischofsamtes in Brandenburg bis zur Rückkehr des aus der DDR ausgewiesenen Präses *Kurt Scharf* (* 1902)

Horst Antes (*1936): „Figur mit blauem Arm" (surrealist. Gem., vollend. 1964)
Georg Baselitz: „Nackter Mann", „Große Nacht im Eimer" (Gemälde, wegen vermut. Unzüchtigk. beschlagn.)
Frédéric Benrath (*1930): „Ohne Titel" (frz. surrealist. Gem.)
Fritz Bornemann: Theater der Freien Volksbühne Berlin (West) (Baubeginn 1960); Intendant: *Erwin Piscator*
† *Georges Braque*, frz. Maler, entwickelte gleichz. m. *Picasso* d. Kubismus (*1881)
Ruth Francken (*1924): „Stierkampf" (tsch.-frz. Gouache-Serie)
Marvin Goldstein (*1931): „Landsch. 2" (nordamer. abstrakt. Gemälde in Collage-Technik)
Otto Herbert Hajek: „Raumknoten" (Bronze)
Karl Hartung: „Relief Figuration" (Gips)
Gerhard Hoehme (*1920): „beiderlei geschlechts" (Kunstharz-Bild)
H. Jaenisch (*1907): „TB 48" (abstrakt. Tuschbild)
Fritz Koenig (*1924): „Portal" (2. Fassg., Bronze)
† *David Low*, brit. polit. Karikaturist. neuseeländ. Herk., wurde bes. im 2. Weltkrieg internat. bekannt (*1891)
Gerhard Marcks: „Der Befreite" (dt. Skulptur)
André Masson: „Ge-

Béla Bartók: „Herzog Blaubarts Burg" (B.s einzige Oper) Uraufführg.
Batsheva Dance Company Tel Aviv gegrdt. (israel. Ballett, künstl. Leiter: *Martha Graham*)
Pablo Casals (*1876): „Die Krippe" (Oratorium)
Helmut Eder (*1916): „Concerto semiserio", Uraufführung in Wien
Werner Egk: „Die Verlobung in San Domingo" (Kleist-Oper), Uraufführg.
Jan F. Fischer (*1921): „Romeo, Julia u. die Finsternis" (zweiteil. Oper), dt. Erstaufführung
Wolfgang Fortner: „Tristan" (Ballett)
† *Ferenc Fricsay*, Dirigent ungar. Herkunft, zuletzt in Berlin u. München (*1914)
† *Karl Amad. Hartmann*, dt. Komp., gründete 1945 in München die „Musica viva" - Konzerte (*1905)
Joseph Haydn: Cellokonzert in C-Dur, dt. Erstaufführung (wurde 1961 in einer Partiturensamml. des Prager National-Museums entd., rd. 200 Jahre alt)
Hans Werner Henze: 4. und 5. Sinfonie (dt.), „Il Re Cervo" (Oper, Neufass. v. „König Hirsch")
† *Paul Hindemith*, dt. Komp. (*1895)
Rudolf Kelterborn (*1931): „Scènes

*Nobel*preis für Physik an *Maria Goeppert-Mayer* (*1906, Dtl.) und *J. H. D. Jensen* (*1907, Dtl.) für das Schalenmodell des Atomkerns und an *Eugene Wigner* (*1902, Ungarn) für gruppentheoret. Quantenphysik
*Nobel*preis für Chemie an *Karl Ziegler* (*1898, Dtl.) und *Giulio Natta* (*1903, Ital.) für Entwicklung der Kunststoffchemie
*Nobel*preis für Medizin und Physiologie an *Alan L. Hodgkin* (*1914), *Andrew F. Huxley* (*1917) und *John C. Eccles* (*1903) für Ionenmechanismus der Nervenerregung
Valerie Bykowski, USSR-Astronaut, umkreist in 5 Tagen mit Raumschiff „Wostok V" 82mal die Erde; ihm folgt mit „Wostok VI" 2 Tage später die erste Astronautin *Valentina Tereschkowa* mit 49 Erdumkreisungen. Beide landen am gleichen Tage (beide heiraten einige Monate später)
USA-Astronaut *Gordon Cooper* umkreist in einer Raumkapsel 22mal die Erde
† *Friedrich Dessauer*, dt. Biophysiker, grundlegende Arbeiten über biologische Wirkungen v. Strahlen (*1881)
Rul Gunzenhäuser: „Informationstheorie und ästhetik. Aspekte einer kybernetischen Theorie ästhetischer Prozesse"
† *Theodore Kármán*, ungar. Aerodynamik., 1930–49 in USA (*1881)
† *Hans Kopfermann*, dt. Physiker (*1895)
Edwin H. Land u. Mitarbeiter: Polaroid-Kamera f. Farbphotos in 50 Sekunden (analoges Schwarzweiß-Verfahren seit 1959)
J. Robert Oppenheimer erhält Enrico-Fermi-Medaille (höchste Auszeichnung für Atomwissenschaftler in den USA)
† *Otto Struve*, Astronom, seit 1921 in den USA (*1897)
Elektronen-Rechenmaschine ermittelt in 85 Min. 2917stellige Zahl als Primzahl (im Kopf wären dafür ca. 80000 Rechnerjahre nötig)
In der USSR ergibt Altersbestimmung präkambrischer Gesteine 5 Mrd. Jahre (bisher 3,5 Mrd. Jahre als höchstes Alter). Danach wäre

70% der Erdbevölkerung gelten als unterernährt (95% aller Asiaten u. Afrikaner)
Weltweizenernte 259,6 Mill. t (dav. USSR 66,3, USA 29,8, Kanada 15,2, Frankr. 13,5, Indien 11,8 Mill. t)
Weltvorräte an verhüttbar. Eisen auf 130 Mrd. t geschätzt (Hauptvorräte in Afrika)
Schätzung d. Erdölvorräte ca. 45 Mrd. t (davon rd. 50% um den Persischen Golf)
Von 225 Stahlwerken der EWG produzieren 18 mit je jährlich mehr als 1 Mill. t nahezu 50%
COMECON-Staaten d. Ostblocks haben 75% der industriell. Produktion der USA, Produktion pro Arbeiter 25% der USA
Industrieprod. in Ungarn gegenüb. 1938 etwa verfünffacht
Generalbevollmächtigter der Fa. *Krupp*, *Beitz*, bei *Chruschtschow*
Ludw. Albert Hahn (*1889): „50 Jahre zwisch. Inflation u. Deflation" (zeitkrit. Nationalökonomie)
Conrad Hilton (*1888) eröffnet 12 neue internationale Hotels (die Hilton-Hotels besitzen insges. 80000 Betten)
Haushalt der BRD umfaßt 57,75 Mrd.

(1963)	*Chruschtschow* besichtigt die Berliner Mauer Der Reg. Bgm. von Berlin *W. Brandt* wird im letzten Moment durch eine ultimative Drohung der Berliner CDU als Koalitionspartner daran gehindert, den Min.Präs. der USSR, *Chruschtschow*, in Ost-Berlin zu sprechen Die folgende schwere Wahlniederlage der CDU wird auch auf diesen Vorgang zurückgeführt Wahl zum Abgeordnetenhaus von Berlin(West) (vgl. 1958): SPD 89 (78), CDU 41 (55), FDP 10 (0) Sitze. SED 1,3% (1,9%) ohne Sitz. Wahlbeteiligung 89,9% (92,9%). SPD errang sämtliche 80 Direktmandate Präsident des Abg.Hauses *Otto Bach*. *Willy Brandt* bildet als Regierender Bürgermeister SPD-FDP-Regierung *Adenauer* besucht *de Gaulle* in Paris Unterzeichnung des dt.-frz. Freundschaftsvertrages, der umfangreiche Konsultationen und Kooperationen vorsieht (die Politik der dt. Bundesreg. wird durch den Gegensatz USA–Frankr. sehr erschwert) Keine Änderung der frz. Haltung gegenüber Gr.Britanniens Aufnahme in die EWG USSR protestiert gegen dt.-frz. Vertrag Dt. Bundespräsident *Lübke* setzt seine regelmäßigen Besuche in Berlin fort (diese werden von den Behörden der DDR als „illegal" u. „provokativ" bezeichnet) Im Bundestag kommt es bei der ersten Lesung über das sog. „Sozialpaket" (Gesetze über Lohnfortzahlung im Krankheitsfall, Krankenversicherung mit Kostenbeteiligung, Kindergelderhöhung) zu heftigen Debatten *Helmut Lemke* (* 1907, CDU) bildet als Nachfolger von *v. Hassel* in Schleswig-Holstein CDU-FDP-Regierung Bundesreg. veröffentlicht Bericht über das Vorgehen gegen das Nachrichtenmagazin „Der Spiegel" wegen des Verdachts des Landesverrats (enthält schwerwiegende Widersprüche)	*W. Hildesheimer*: „Nachtstück" (Schauspiel) *Rolf Hochhuth* (* 1931): „Der Stellvertreter" (Schauspiel, kritisiert Papst *Pius XII.* wegen seiner Haltung zur nationalsozialist. Judenverfolgung. Urauff. im Theater d. Volksbühne Berlin unter *E. Piscator*. Heftige Diskussionen u. an manchen Orten Störungen der Aufführgn.) *Walter Höllerer* grdt. „Literar. Colloquium" in Berlin (W) (beschäftigt sich kritisch mit zeitgen. literar. Strömungen) *L. Hughes*: „Poems from Black Africa" (Sammlg. von Negergedichten) *J. Jahn*: „Afrika erzählt" (Sammlung von Negerprosa) *Jewgenij Jewtuschenko* (* 1933): „Mit mir ist folgendes geschehen" (russ. Dichtung). *J.* wird nach einem Besuch in der BRD in der USSR von der Partei kritisiert *Siegfried Lenz*: „Stadtgespräch" (Roman) *Erik Lindegren* (* 1910): „Gedichte" (dt.-schwed. Ausgabe) *Hans Mayer*, Prof. für Literatur in Leipzig, bleibt auf einer Reise in der BRD *Henry Miller*: „Just Wild About Harry" (nordamer. Schauspiel, sein erstes) † *Josef Nadler*, österr. Literarhistoriker (* 1884) † *Paul Reboux*, frz. Schriftsteller (* 1877) † *Hans Rehberg*, dt. Schriftsteller (* 1901) *A. Robbe-Grillet* (* 1922): „Pour un roman nouveau" *H. Schwitzke*: „Das Hörspiel, Dramaturgie und	*H. Schelsky*: „Einsamkeit und Freiheit. Zur Idee und Gestalt der dt. Universitäten und ihrer Reformen" *Josyf Slipyj* (* 1892), seit 1944 uniert-ruthen. Metropolit von Lemberg, wird freigelassen (war seit 1945 in sowjet. Haft) † *Eduard Spranger*, dt. Philosoph, Psychologe und Pädagoge (* 1882) „Club Voltaire" I (Sammelwerk mit gegenüber traditionellem Denken krit. Beiträgen; Herausg. *Gerhard Szczesny*) † *Paul Tkotsch*, Weihbischof in Berlin (Ost) (* 1896) † *Adolf Weber*, dt. Volkswirtschaftler (* 1876) *G. Wurzbacher*, *Th. Scharmann* u. a.: „Der Mensch als soziales und personales Wesen" 4. Weltkonferenz für Glauben und Kirchenverfassung des Weltkirchenrates in Montreal; zeigt starke Einigungsbestrebungen der nichtkatholischen christlichen Kirchen Synode der Evangel. Kirche muß getrennt in West- u. Ost-Berlin tagen, weil DDR-Behörden den Westsynodalen den Übergang verwehren. Beide Teilsynoden fordern Recht auf Gesamtsynode Konferenz d. evang. Kirchenleitungen in der DDR veröff. „Über Freiheit und Dienst der Kirche" zur Abgrenzung geg. kommunist. Ideologie 11. Dt. Evangel. Kirchentag in Dortmund: „Mit Konflikten leben" 2. Sitzungsperiode des II. Vatikanischen Konzils. Verkündung einer Liturgie-Reform und

spräch mit dem Adler" (französisches Gemälde)

Jac. Joh. Pieter Oud (* 1890, † 1963): Kongreßgeb. f. Den Haag (Baubeg., Entwurf 1958)

H. Purrmann: „Garten mit Mauern und Bänken" (Gem. im gegenständl. Stil)

Paul Reich (*1925): „Xcs/63" (abstrakt. Plastik aus Stein, Metall u. Glas)

Eduardo Affonso Reidy: Museum f. mod. Kunst, Rio de Jan.

Berliner Philharmonie: Architekt *Hans Scharoun* ordnete Zuhörerplätze amphitheaterartig an (Grundstein 1960)

Eva Schwimmer: „Trümmerfrauen" (Tuschzeichnung)

Amar Nath Seghal: „Nukleare Köpfe" (ind. Plastik)

Gruppe SPUR *(H. Prem, H. Sturm, H.-P. Zimmer, L. Fischer)*: „Spurbau" (Architekturmod.als Gemeinschaftsarb.)

Toni Stadler (*1888): Studie z. Marshall-Denkmal

Fred Thieler (*1916): „Triptychon63" (abstrakt. Gemälde)

Heinz Trökes: „Vertrocknete Insel" (abstrakt. Gemälde)

Franz Willi Wendt (*1909): „Peinture Huile" (dt.-frz. abstrakt. Gemälde)

Bayer - Bürohochh., Leverkusen (120,6m hoch)

„Polnische Malerei vom Ausgang des 19. Jahrhunderts bis z. Gegenwart" (Ausfugitives", „Die Errettung Thebens" (erste Oper des Komponist.), Uraufführungen

Giselher Klebe: „Figaro läßt sich scheiden" (dt. Oper i. Zwölftonstil), Uraufführg.

Gian Francesco Malipiero: „Per Antigenida" (Sinfon.), „Il Capitan Spavento" (dreiteilige mascherata eroic.), Uraufführung

Ricardo Malipiero: „Battono alla porta", szenische Uraufführung

Marcel Mihalovici: „Die Zwillinge" (komisch. Oper), Uraufführung

Darius Milhaud: „Orestie" (frz. Op. seit 1912, erste vollst. Aufführg. i. d. Dt. Oper Berlin)

Nicolai Nabokov (* 1903, Minsk), russisch-amerik. Komp., europ. Uraufführg. v. „Studies in solitude"

† *Edith Piaf*, frz. Chanson-Sängerin („Spatz v. Paris") (*1916)

† *Francis Poulenc*, frz. Komp. (*1899) „Die menschliche Stimme" (lyr. Tragöd.), dt. Erstaufführung

Renzo Rosselini (* 1908): „Die Sprache der Blumen" (ital. Oper)

Karlheinz Stockhausen (* 1928): X. Klavierstück („Vitalità furiosa"), Uraufführung

I. Strawinsky: „Die Sintflut" (Op., Ur-

Alter der Erde auf ca. 6 Mrd. Jahre anzusetzen

Wissenschaftl. i. USA (MIT) entd. Mikrowellen des OH-Moleküls von einem sog. Radio-Stern (zeigt größere Häufigkeit atomarer Verbindungen. Vgl. 1968, 69)

In USA gelingt Radar-Kontakt mit dem sonnennächsten Planeten Merkur

US-Radioastronomen weisen das OH-Molekül im interstellaren Raum nach (bis 1978 werden ca. 40 interstellare Moleküle radioastronomisch entd.)

US-Astronomen beobachten veränderliche rötliche Farbflecke in der Nähe eines Mondkraters (seit 1945 werden Gasausbrüche vermutet)

USA geben 3,7 Mrd. Dollar für Raumfahrt aus (für militärische Zwecke); über 600000 Beschäftigte in der nordamerikanischen Raumfahrtindustrie (Kosten der ersten Mondexpedition werden bis zu 40 Mrd. Dollar geschätzt)

„Telstar II" (USA) als Nachrichtensatellit

USA-Interkontinentalrakete „Titan II" erreicht eine Reichweite von 10400 km

10 Forschungs-Atomkernreaktoren in der BRD, 2 im Bau; 1 Versuchs-Atomkraftwerk (15000 kW)

Kongreß der Weltorganisation für Meteorologie in Genf diskutiert weltweites Beobachtungsnetz einschließl. Raketen, Satelliten, automatischer Stationen

Techn. Erzeugung von Drähten mit weniger als $^1/_{1000}$ mm Durchmesser

Farbfernsehen, in den USA schon teilweise eingeführt, ist in Europa noch im Versuchsstadium

Medway-Brücke mit 150 m Stützweite (größte Spannbetonbrücke Europas)

91000-t-Tanker „Esso Deutschland" erbaut

Rockefeller-Stiftung stellt 37 Mill. Dollar für Forschungszwecke zur Verfügung, davon 604000 Dollar für Europa

2620 Lokomotiven mit autom. Beeinfl. bei der Dt. Bundesbahn

DM (1964: 60,3 Mrd. DM)

Bund fordert höheren Anteil an der Einkommen- u. Körperschaftssteuer. Führt zu Konflikt mit den Ländern über den Finanzausgleich

GATT - Ministerkonf. beschließt Zollkonferenz zur Senkung d. Zölle zwischen USA u. EWG *(Kennedy-Runde)*

UN-Entwicklungskonferenz in Genf unter Teilnahme v. Fachleuten aus 87 Staaten

Erhöhung d. Expreßguttarife auf der Dt. Bundesbahn um 12%

Erhöhung d. meisten Postgebühren d. Dt. Bundespost um 8,5%

Milchpreiserhöhungen in der BRD

Vors. d. Industr.-Gewerksch. Bau, Steine, Erden, *Leber*, gibt Lohnerhöhung v. 4,9% bekannt

Streik u. Aussperrungen i. d. badenwürttemberg. Metallindustrie. Einigung d. Tarifpartner nach längeren Verhandlungen

Beamtenbesoldung in der BRD um 6% erhöht

Bei den Gerichten in der Bundesrepublik Deutschland wurden 3132 Insolvenzen angemeldet. Die Zahl der Konkurse mit Schulden über eine Million DM stieg

(1963)	Berliner Senat lehnt Vorschlag *Ulbrichts*, völkerrechtlich gültigen Vertrag mit der DDR zu schließen, ab (Berlin ist nach dt. Recht ein Teil der Bundesrepublik) Bundesrichter *Ludwig Martin* (* 1909) wird Generalbundesanwalt Sprengstoffanschlag auf das Intourist-Reisebüro der USSR in West-Berlin Dt. Bundesreg. untersagt Ausfuhr von Rohren mit großem Querschnitt nach der USSR und anderen Ostblockstaaten, da diese zum Bau strategisch wichtiger Kraftstoffleitungen dienen könnten (die Zweckmäßigkeit und Wirksamkeit dieses Verbotes ist sehr umstritten) Einwohner der DDR durchbrechen mit Kraftwagen die Mauer, um nach West-Berlin zu gelangen In den 2 Jahren seit Errichtung der Mauer flohen 16456 Menschen aus der DDR. Wenigstens 65 wurden dabei erschossen Auschwitz-Prozeß in der BRD geg. 22 SS-Leute und einen Kapo dieses Konzentrationslagers, in dem mehrere Millionen Menschen an Mißhandlungen starben oder vergast wurden (dauert bis 1965) Sozialdemokrat. Partei Deutschlands feiert ihr hundertjähriges Bestehen Im Abgeordnetenhaus von Berlin ergeben sich wiederholt Debatten üb. Berlin- und die Deutschlandfrage zw. d. CDU als Opposition und SPD-FDP als Regierungsparteien; letztere befürworten größere Beweglichkeit im Sinne *Kennedys* Fernsehbericht vom Wiederaufbau Breslaus unter poln. Verwaltung ruft heftigen Widerspruch besond. in Kreisen der vertriebenen Schlesier hervor Leiter der kritischen Fernsehsendungen „Panorama", *Gert von Paczensky*, wird entlassen BRD schließt Militärhilfeabkommen mit Entwicklungsländern Regierung der BRD fürchtet Aufwertung der DDR durch Unterzeichnung des Atomteststop-Vertrages. USA und Gr.Brit. teilen diese Befürchtung nicht Bundeskanzler *Adenauer* zeigt sich wiederholt kritisch gegenüber	Geschichte" (diese Kunstform ist rund 40 Jahre alt) *Léopold Sédar Senghor* (* 1906): „Botschaft und Anruf" (Gedichte des Präs. d. Republik Senegal in dt. und frz. Fassung) *Erwin Strittmatter* (* 1912): „Ole Bienkopp" (Roman im Stil des „sozialist. Realismus") *Erwin Sylvanus:* „Am Rande der Wüste" (Schauspiel) † *Tristan Tzara*, Schriftsteller rumän. Herkunft, Mitbegrd. d. Dadaismus (* 1896) *Christa Wolf* (* 1929): „Der geteilte Himmel" (krit. Roman über Menschenschicksale im geteilten Dtld., Heinrich-Mann-Preis der DDR) „Deutsche Buchhändlerschule" als Neubau in Frankfurt/Main Brit. Nationaltheater mit „Hamlet" eröffnet (Regie: *Sir Laurence Olivier*)  *F. Edding* (* 1909): „Ökonomie d. Bildungswesens" (grundl. Untersuchung)	eines Dekrets über die publizistischen Mittel der Kirche St. Hedwigs-Kathedrale in Berlin (Ost) nach Wiederaufbau eingeweiht Selbstverbrennung buddhistischer Mönche in Südvietnam als Protest gegen Verfolgung der Buddhisten durch die kathol. Staatsführung Literaturzeitschrift der ČSSR „Kulturní Život" („Kulturleben") fordert Überwindung des stalinist. Dogmatismus (gilt als Übergreifen des „Tauwetters" von Polen und Ungarn; DDR erscheint zunehmend geistig isoliert) Hochschullehrerges. für Berlin (West) (bezieht sich auch auf künstler. Hochschulen, stärkt den sog. Mittelbau) Universität Salzburg gegründet Hochschule für Sozial- u. Wirtschaftswissenschaften in Linz gegrdt. Neue Kathedrale i. Coventry geweiht Im fränkischen Gräberfeld Krefeld-Gellep über 2000 Gräber entd. u. untersucht (vgl. 5. Jh.) Der dt.-frz. Freundschaftsvertrag sieht einen umfangreichen Kulturaustausch vor Mittel für den Bundesjugendplan betragen jährlich 81 Mill. DM Gesamtschule i. Schweden Knapp 20% der erwachsenen Bevölkerung in Pakistan kann lesen und schreiben Ausschreitungen im Rassenkonflikt in USA Saudi-Arabien proklamiert Abschaffung der Sklaverei

stellg. des Nationalmuseums Warschau in der BRD, erweist den Anschluß der poln. Malerei an die internat. Entwicklung. Demgegenüb. ist die offiziell geduldete Malerei in der DDR isoliert) Progressive Künstler in der USSR werden als „bürgerliche Formalisten" verurteilt

---

† *Harry Piel*, dt. Filmschausp., bes. in sensat.-artist. Filmen d. Stummfilmzeit (* 1892)

Alain Robbe-Grillet: „L'Immortelle" (frz. Film)

Ingmar Bergman: „Das Schweigen" (schwed. Film, erregt d. seine real.erot. Szenen vielf. Anstoß)

A. Hitchcock: „Die Vögel" (engl. Film)

„Der Kardinal" (nordamer. Film mit *Romy Schneider* (* 1938))

Verteilung der „Oscars": *Sidney Poitier:* bester Schauspieler; *Patricia Neal:* beste Schauspielerin; „Tom Jones" (England): bester Film; „Achteinhalb" (Regie *Federico Fellini*, Italien): bester ausländischer Film

„Africa Addio" (ital. Dokumentarfilm, Regie: *Gualtiero Jacopetti* u. *Franco Prosperi;* stößt auf starke Proteste)

Renaissance der Stummfilmkomiker der zwanziger Jahre: *Charly Chaplin, Buster Keaton, Harold Lloyd*

aufführung)

Alexander Tscherepnin (* 1899): 2. Sinfonie, europ. Uraufführung

Wieland Wagner (* 1917) inszeniert u.a. *Richard Wagner* „Meistersinger" im Rahmen d. Bayreuther Festspiele im 150. Geburts- u. 80. Todesjahr *Rich. Wagners*

† *Gerhart von Westermann* (* 1884), Kritiker, Musikschriftsteller, Pianist u. Komponist. 1939–1945 Intendant d. Berliner Philharmon. Orchesters, nach 1952 wieder Geschäftsführer der Philharmoniker

† *Winfried Zillig* (* 1905), Komp. u. Kapellmeister, schrieb u.a. die Opern „Rosse" u. „Das Verlöbnis"

Musikakademie in Graz gegrdt.

Grand Théâtre, Genf (aus dem 19. Jhdt. stammend, 1951 durch Brand zerstört), mit modernsten Errungenschaften der Technik wiedererstanden

Populäre Schlager: „Junge komm bald wieder" *(Olias)*, „Tanze mit mir in den Morgen" *(Götze)*, „Heißer Sand" *(Scharfenberger)*

von 66 (1962) auf 105 Fälle

Ehemalige Kriegsgefangene demonstrieren in Bonn für bessere Entschädigung

Mittleres Familieneinkommen in USA 6600 Doll. (1935: 3700 Doll., in gleicher Kaufkraft)

30–40 Mill. Menschen in USA gelten als (relativ) „arm" (Familieneinkommen unter 3000 Dollar jährlich, entsprechend einer Kaufkraft v. etwa 6000 DM)

4,5 Mill. Arbeitslose in USA bei 70 Mill. Beschäftigten

114tägiger Zeitungsstreik in New York

34tägiger Bergarbeiterstreik in Frankreich

Verwaltungsreform i. d. USSR

Internat. Konvention über den Staatseintritt für Atomschäden

Ca. 134 Millionen Fluggäste in der Weltluftfahrt (ohne USSR und VR China). 26 Abstürze u. schwere Unfälle mit insges. 1069 Toten (1962: 1318 Tote)

Vorübergehende Flugverbindung zwischen Wien u. Ost-Berlin. DDR öffnet für den Weg zum Flugplatz Schönefeld einen besonderen Durchlaß durch die Mauer

Neues Projekt eines Tunnels zw. Frankreich u. Gr.-Brit. (Kosten ca. 16 Mrd. DM)

„Vogelfluglinie" Deutschland–Dänemark mit Brücke über den Fehmarnsund und Fähre über den Belt eröffnet (ersetzt die alte Fährverbindg. nach Gedser)

20% der Westberlin. Stadtautobahn im Betrieb (gepl. Gesamtlänge ca. 100 km)

41. Internationale Automobil-Ausstellung in Frankfurt/Main mit ca. 800000 Besuchern

Zweites Deutsches Fernsehen (ZDF) in Mainz beginnt sein Programm (ist als „Kontrastprogramm" zu dem der ARD geplant)

„Shopping-Centre" und „Super-Market" (Einkauf-Zentren) in der BRD (nach USA-Muster)

Warentests finden wachsendes Interesse. Bundesreg. plant Test-Institut

Internat. Gartenbau-Ausst. (IGA) in Hamburg

Dt. Presserat fordert Zeugnisverweigerungsrecht für Journalisten

Petrusjan Schachweltmeister

Internat. Olympisches Komitee entscheidet, daß bei den Olympischen Spielen 1964 in Innsbruck u. Tokio eine gesamtdt. Mannschaft antritt

(1963) Bundeswirtsch.Min. *Erhard*, der als sein Nachfolger nominiert wird

Wochenzeitschrift „Die Zeit" beschuldigt Verfassungsschutz der BRD illegaler Telefonüberwachg.; führt zu heftigen Bundestagsdebatten u. parlamentar. Untersuchungs-Ausschuß

Konrad Adenauer verabschiedet sich als Bundeskanzler von Berlin und wird zum Ehrenbürger ernannt

Dt. Bundestag wählt mit 279 von 484 Stimmen *Ludwig Erhard* als Nachfolger des zurückgetretenen *Konrad Adenauer* zum Bundeskanzler

Erich Mende (* 1916, Vors. d. FDP) wird Vizekanzler und Min. f. gesamtdt. Fragen; *Kurt Schmücker* (CDU) Wirtschaftsmin.; *Hans Krüger* (CDU) Vertriebenenmin. (muß 1964 zurücktreten, Nachfolger *Ernst Lemmer*)

Vertrag über Errichtung von Handelsvertretungen zw. BRD und Rumänien

Vertrag über Errichtung von Handelsmissionen zw. BRD und Ungarn

Südflügel des Reichstagsgebäudes in Berlin wird dem Dt. Bundestag übergeben

Grundsatzprogramm des Deutschen Gewerkschaftsbundes in Düsseldorf verabschiedet (betont Bedeutung gemeinwirtschaftlicher Unternehmen zur Kontrolle monopolistisch beherrschter Märkte)

Senat von Berlin(West) und Regierung der DDR unterzeichnen unter Wahrung ihrer unterschiedlichen politischen Standpunkte ein Verwaltungsabkommen über Passierscheine, das um Weihnachten und Neujahr Millionen Deutsche aus Ost und West in Ostberlin zusammenführt (eine Wiederholung kommt vorerst nicht zustande)

Während der Passierschein-Aktion in Berlin wird ein 18jähriger Flüchtling von Grenzorganen der DDR an der Mauer erschossen

Im Zuge der Familienzusammenführung dürfen insbesondere ältere Personen aus der DDR in die BRD umsiedeln (ca. 25 000 pro Jahr)

Landtagswahlen in Rheinland-Pfalz (vgl. 1959): CDU 46 (52), SPD 43 (37), FDP 11 (10), DRP 0 (1) Sitze. *Peter Altmeier* (CDU) bildet CDU-FDP-Regierung

Landtagswahl in Niedersachsen: SPD 73, CDU 62, FDP 14, DP u. BHE keine Sitze. *G. Diederichs* (SPD) bildet als Min.Präs. SPD-FDP-Regierung

Bürgerschaftswahl in Bremen: SPD behält absolute Mehrheit. SPD-FDP-Regierung unter Senatspräsident Bgm. *W. Kaisen*

† *Wolfgang Döring*, Fraktionsvorsitzend. d. FDP i. Bundestag (* 1919)

† *Theodor Heuss*, dt. liberaler Politiker und Schriftsteller, 1949–59 1. Präsident der Bundesrepublik Deutschland (* 1884)

† *Erich Ollenhauer*, dt. sozialdemokrat. Politiker, seit 1952 Vorsitzender der SPD (*1901) (1964 wird sein Nachfolger als Parteivorsitzender *Willy Brandt*, als Fraktionsvors. *Fritz Erler*)

VI. Parteitag der SED in Ost-Berlin. *Chruschtschow* als Gast. Ideolog. Auseinandersetzung mit der Volksrepublik China

Anhaltende Versorgungskrise in der DDR

Karl Mewis (* 1907), Vors. d. staatl. Plankommission der DDR, aus allen Funktionen abberufen. Sein Nachfolger wird *Erich Apel* (* 1917)

„Gesetz über den Ministerrat" in der DDR schwächt die Regierungsgewalt zugunsten des Staatsrates

Arbeiter- und Bauerninspektion als Kontroll- und Überwachungsorgan in der DDR

Volkskammer der DDR wählt *Walter Ulbricht* erneut zum Staatsratsvorsitzenden und *Otto Grotewohl* zum Regierungschef (die Volkskammer ging 1958 nicht aus freien Wahlen, sondern aus einer Einheitsliste d. „Nationalen Front" hervor)

Adolf Schärf (SPÖ) wird z. Bundespräs. v. Österreich wiedergewählt

A. Gorbach bildet weitgehend unveränderte österr. ÖVP-SPÖ-Regierung

Willy Spühler (* 1902, Sozialdem.) Bundespräsident der Schweiz

Schweiz tritt dem Europarat bei

Wahl zur 2. Kammer in den Niederlanden (vgl. 1959): Kathol. Volkspartei 50 (49), Sozialist. Partei 43 (48), Liberale Partei 16 (14), Antirevolut. Partei 13 (14), Christl.-Historische Union 13 (12), Kommunist. Partei 4 (3), Pazifist.-Sozialist. Partei 4 (2), Orthod. Calvinisten 3 (3), Bauernpartei 3 (0), Politisch-Reformierte Partei 1 (0) Sitze
Frankreich entläßt letzte wegen Kriegsverbrechen verurteilte Deutsche
Attentat auf *de Gaulle* vereitelt
Frz. Geheimdienst entführt widerrechtlich den Chef der frz. Geheimorganisation OAS, *Argoud*, von München nach Frankr.
de Gaulle fordert eine eigene, unabhängige Atomstreitmacht Frankreichs („Force de frappe") im Gegensatz zur multilateralen Atommacht, welche die USA vorschlagen
Staatsbesuch *de Gaulles* in Griechenland
Frankreich entzieht seine Nordatlantik-Flotte d. Oberkommando der NATO
Letzte frz. Truppen verlassen Tunesien
† *Robert Schuman*, frz. Politiker, „Vater der Montan-Union", 1958 bis 1960 Präsident d. Europ. Parlaments (* 1886)
de Gaulle wendet sich gegen eine Vollmitgliedschaft von Gr.Brit. in der EWG, schlägt Assoziierung vor. Die anderen EWG-Staaten wünschen weitere Verhandlungen. In Gr.Brit. sind die Meinungen geteilt
USA wünschen Vollmitgliedschaft von Gr.Brit. in der EWG. Die Aufnahme scheitert bei den Verhandlungen in Brüssel am Widerstand *de Gaulle*s (wird als eine ernste Gefährdung d. europäischen und atlantischen Gemeinschaft angesehen)
Gr.Brit. unterstellt seine Atombomber-Streitmacht der NATO
Bei den brit. Kommunalwahlen gewinnt die Labour-Party wesentlich an Stimmen (wird vielfach als Vorentscheidung f. künftige Parlamentswahl gedeutet)
Edward Heath (* 1916), brit. Politiker, erhält Karlspreis der Stadt Aachen
Brit. Heeresminister *Profumo* tritt wegen einer Callgirl-Affäre zurück
Harold Macmillan, seit 1957 brit. Premiermin., tritt zurück. Nachfolger wird Außenmin. Lord *Alexander Home* (* 1903), der darauf seinen Adelstitel ablegt
† *William Henry Beveridge*, „Vater" der Sozialversicherung in Gr.Brit. (* 1879)
† *Hugh Gaitskell*, Vorsitzender d. brit. Labour-Party u. Oppositionsführer seit 1955 (* 1906). Sein Nachfolger wird *Harold Wilson* (* 1916)
Vorübergehend nicht-sozialistische Regierung inNorwegen unter Min.-Präs. *Lying*
In Italien wird die Zahl der Senatoren von 243 auf 315, die Zahl der Abgeordneten von 596 auf 630 erhöht
Parlamentswahlen in Italien (Zahl d. Sitze): Democrazia Cristiana 260, Kommunisten 166, Nenni-Sozialisten 87, Liberale 39, Sozialdemokraten 33, Neofaschisten 27, Monarchisten 8, Republikaner 6, Südtiroler Volkspartei 3, Union Valdotaine 1. Min.Präs. *Fanfani* tritt zurück. Es folgt Reg. unter *Giovanni Leone* (Dem. Crist.)
10 Carabinieri in Bozen freigesprochen, die wegen Mißhandlung von Südtirolern angeklagt waren
Hinrichtung des Sekretärs der illegalen kommunist. Partei Spaniens, *Grimau*, in Madrid
† *Abd el-Krim*, Führer des Freiheitskampfes der Rifkabylen geg. Spanien 1920–26, zuletzt in Kairo (* ~ 1880)
Griech. Staatsbesuch in Gr.Brit. führt zur Regierungskrise in Griechenland. Regierung *Karamanlis* tritt zurück. *Panayotis Pipinelis* wird Min.Präs. und Außenminister
Neue Verfassung in Jugoslawien (*Tito* bleibt lebenslängl. Staatspräs.)
Rumänien läßt einen politischen Kurs zwischen USSR und Volksrepublik China erkennen
Inönü tritt zurück (war seit 1961 türkischer Min.Präs.)
Finn. Staatspräsident *Kekkonen* tritt

In den Dolomiten überflutet der Vaiont-Stausee durch Bergrutsch das anschließende Tal, über 2000 Todesopfer. Eine Untersuchung auf Fahrlässigkeit schließt sich an
Gruben- u. Eisenbahnunglück in Japan fordern an einem Tag über 600 Tote
USA-Atom-U-Boot „Tresher" sinkt mit gesamter Besatzung
128 Todesopfer beim Brand und Untergang des griechischen Passagierdampfers „Lakonia"
Flugzeugabsturz in der Schweiz fordert 82 Todesopfer
Grubenunglück in der Erzgrube Lengede durch Wassereinbruch: 29 Tote, unt. dramatischen Umständen werden durch aufwendige u. langwierige Rettungsaktionen je eine Gruppe von 3 u. 11 Bergleuten gerettet. Durch Fernsehen nehmen Millionen Anteil
14000 Tote und 400000 Verletzte durch Verkehrsunfälle in d. BRD
Brian Sternberg (USA) überspringt i. Stabhochsprung die 5-m-Marke
Nikula (Finnland) erreicht im Stabhochsprung 5,10m
Marika Kilius und *Hans Jürgen Bäumler* (BRD) gewinnen in Cortina

(1963) für atomwaffenfreie Zone in Skandinavien ein
USSR bietet Atom-Inspektionen an
Reform der KP-Parteiorganisation in der USSR
USA und USSR unterstützen gemeinsam das Genfer Abkommen über die Neutralität von Laos
Höflichkeitsbesuch des USSR-Generals *Jakubowski* beim brit. Oberkommandierenden Gen. *J. Cassels* in der BRD
Die Mitgliederzahl der kommunist. Parteien aller Länder wird auf ca. 40 Millionen geschätzt
USA fördern Plan für eine multilaterale Atommacht (mit Mitentscheidung der übrigen NATO-Mächte)
USA-Präsident *Kennedy* unternimmt Europa-Reise mit Besuchen in der BRD, Irland, Gr.Brit., Ital. u. Vatikan. Ein Höhepunkt ist die Kundgebung auf dem Platz vor dem Schöneberger Rathaus in West-Berlin, wo er ausruft: „Ich bin ein Berliner". Der Präs. wird Ehrenbürger der Stadt Berlin
Chruschtschow kommt nach Ost-Berlin: „Die Mauer gefällt mir"
Hunderttausende von Negern demonstrieren in Washington gegen Rassendiskriminierung; Präsident *Kennedy* empfängt die Führer der disziplinierten Demonstration
USA-Präs. *Kennedy* legt d. Kongreß d. Civil-Rights-Programm vor, das die Rassenintegration fördern soll
USA - Lufttransportunternehmen „Big Lift" fliegt in 64 Stunden 14500 Soldaten von USA zu einem Manöver nach Europa
Am 22. 11. wird USA-Präsident *J. F. Kennedy* auf einer Fahrt durch Dallas in Texas durch Schüsse ermordet (* 1917). Sein Tod erschüttert die Welt. Besonders in Berlin finden spontane und gewaltige Trauerkundgebungen statt. Der vermutliche Attentäter *Lee Oswald* wird durch d. Nachtbarbesitzer *Jack Ruby* trotz Polizeibewachung erschossen
Vizepräsident *Lyndon B. Johnson* (* 1908) wird wenige Stunden später als 36. Präsident der USA vereidigt. Er kündigt an, die Politik *Kennedys* fortzusetzen
Durch das Aufhalten von militärischen US-Konvois auf der Autobahn nach Berlin durch sowjetische Kräfte kommt es mehrmals zu dramatischen Situationen, die sich durch Hartnäckigkeit der Amerikaner friedlich auflösen
Kanad. Parlament stürzt Regierung *John G. Diefenbaker* (Konserv.), d. USA-Kernwaffen ablehnte. Neuwahlen: Liber. 130, Konserv. 94, Sozialkreditpartei 24, Demokr. 17 Sitze. Neue kanad. Regierung bildet *Lester B. Pearson* (* 1897, Lib.)
Kubanischer Min.Präs. *Fidel Castro* besucht USSR für 4 Wochen
Guatemala erklärt Kriegszustand mit Deutschland für beendet
Militärputsch in Guatemala stürzt Castro-feindlichen Präsidenten *Miguel Y. Fuentes*
Putschversuch der Marine in Argentinien scheitert
Nach kurzer parlamentar. Regierungsform wird in Brasilien wieder das Präsidialsystem eingeführt. *João Goulart* (* 1918) bildet Koalitionsregierung mit Arbeiterpartei und Sozialdem. (wird 1964 gestürzt)
UN-Generalsekretär *U Thant* fordert ultimativ von *Tschombé* Wiedervereinigung d. Provinz Katanga mit dem übrigen Kongo
Waffenruhe im Kongo. *Tschombé* beugt sich der Streitmacht der UN und beendet Separation
† *Sylvanus Olympio*, seit 1958 Min.-Präs., seit 1961 Staatspräs. in Togo (* 1902). Regierung übernimmt ein Revolutionsausschuß aus Militärs
Kämpfe an der algerisch-marokkanischen Grenze
In Marokko wird Partei des Königs der starke politische Rechte hat, stärkste Partei (nach der Verfassung von 1962 ist Marokko konstitutionelle, demokratische und soziale Monarchie)
Kongo (Léopoldville) weist sämtl. Angehörigen der Botschaft der USSR aus
J. Kenyatta, 1953 als Mau-Mau-Führer zu 7 Jahren Zuchthaus verurteilt, bildet nach dem Wahlsieg seiner KANU-Partei erste Regierung in Kenia
Tagung der Arab. Liga in Kairo; alle 13 Mitgliedsstaaten vertreten (Beitritt von Tunesien und Marokko 1958, Kuwait 1961, Algerien 1962)

Bundeskanzler *Erhard* besucht USA-Präsident *L. B. Johnson* i. Texas
Israel protestiert gegen die Tätigkeit dt. Wissenschaftler in Ägypten, da es Mitarbeit an d. Entwicklung von Vernichtungswaffen vermutet
Israelisch. Min.-Präs. *Ben Gurion* (seit 1948) tritt zurück. Nachfolger wird Finanzmin. *Levi Eschkol* (* 1895, † 1969)
† *Isaak Ben-Zwi*, israelischer sozialdemokr. Politiker, 1931–48 Präsident d. Nationalrates, seit 1952 Staatspräs. von Israel (* 1884). Sein Nachfolg. wird *Zalman Shneor Shasar*
Militärputsch im Irak: †*Abdel-Kerim Kassem* (erschossen), seit 1958 autokrat. Min.Präs. (* 1914). Staatspräs. wird *Abdel Salam Mohammed Aref* (* 1920)
Militärputsch in Syrien bringt die Nasser-freundliche Baath-Partei mit Min.Präs. *Salah Bitar* an die Macht
Volksabstimmung über eine Sozialreform in Iran. Frauen erstmals stimmberechtigt. Unruhen i. Teheran
Schwere Kämpfe in Südvietnam
USSR liefert MIG-Jäger nach Indien, das sich im Grenzkonflikt mit der Volksrep. China befindet
Bisher. Niederländ.-Westneuguinea nach UN-Verwaltung Indonesien eingegliedert
Bei einem Militärputsch wird in Südvietnam Min.Präs. *Ngo Dinh Diem* getötet (* 1901, Kath.). Nachfolger wird *Ngoc Tho*, der Buddhistenverfolgung einstellt.
Föderation Malaysia gegr.
† *Mohammed Ali*, islam.-indischer Politiker, 1953–55 Premier, 1962 Außenminist. v. Pakistan (* 1909)
Föderation von Malaysia gegrdt., zu der auch Singapur gehört
Neue Kampfhandlungen in Laos (nachdem 1962 Genfer Laos-Konferenz einen Kompromiß erzielt hatte)
Militär. Ausgaben (in Mrd. Dollar):

USA	45,6	ČSSR	1,2
USSR	40,0	Italien	1,0
Gr.Brit.	4,2	Jugoslaw.	0,7
Polen	3,8	Rumän.	0,6
Frankr.	3,4	Indien	0,6
BRD	2,6	Schweden	0,5
VR China	2,4	Insges.	
Kanada	1,7	Welt	115,6

d'Ampezzo die Weltmeisterschaft im Eiskunst-Paarlauf (gewinnen auf den Olymp. Winterspielen 1964 in Innsbruck Silbermedaille)
Rainer Kauschke, Peter Siegert und *Gerd Uhnert* bezwingen „Superdiretissima" i. d. Nordwand der Gr. Zinne unter den Augen der Presse in 16 Tagen bei Temperaturen zw. —30⁰ und —40⁰C (löst neben Bewunderung auch Kritik aus)
Borussia Dortmund Fußballmeister der BRD (ab 1964 wird die Meisterschaft in d. Bundesliga ausgetragen)
Fußball-Bundesliga beginnt ihre Spielserie (die Aufnahme in die Bundesliga führt zu starken Auseinandersetzungen)
Wirbelsturm in Pakistan tötet über 15000 Menschen und macht etwa 2 Millionen obdachlos
Taifun fordert auf Kuba und Haiti etwa 6500 Menschenleben
Vulkanausbruch auf Bali tötet etwa 1900 Menschen u. macht etwa 180000 obdachlos
Erdbeben in Libyen fordert über 500 Tote
Erdbeben in Skopje (Jugosl.), 1070 Menschen getötet, Sachschaden 1,9 Milliarden DM
Internationale Zivilluftfahrt beförderte 134 Millionen Flugpassagiere
Telephon. Kabelverbindung Vancouver (Kanada)–Sydney (Australien)
Bundesbahn beförderte 305 Millionen Tonnen im Güterverkehr
In der BRD steigen Löhne um 6,8%, Lebenshaltungskosten um 3,2%. Es werden (einschl. Westberlin) für 8,3 Milliarden DM Tabakerzeugnisse abgesetzt, 1,5% mehr als 1962
Eine Fakultät für Journalismus in d. USA nennt als 10 beste Zeitungen n. intern. Spannweite, Stil, Unabhängigkeit: Asahi Shimbun (Tokio), Dagens Nyheter (Stockholm), Frankf. Allg. Ztg. (Frankf./Main), La Prensa (Buenos Aires), Le Monde (Paris), Neue Zürcher Ztg. (Zürich), The Christian Science Monitor (Boston), The Guardian (Manchester), The New York Times (New York), The Times (London)
Bhakrastaudamm in Indien f. 1 Mill. kW elektr. Leistung eingeweiht (ist mit 226 m höchster Staudamm der Erde)

Jährliches Familien-Einkommen in USA

unter 2000	Dollar	6,0 Mill. Familien
2000– 4000	„	8,0 „ „
4000– 6000	„	11,0 „ „
6000– 8000	„	9,0 „ „
8000–10000	„	5,0 „ „
10000–15000	„	5,0 „ „
15000–25000	„	1,5 „ „
über 25000	„	0,5 „ „

Bruttosozialprodukt der BRD

	nominal	in Preisen 1954
1950	97,2	113,1
1955	178,3	174,4
1960	282,4	239,4
1962	336,8	262,9
1977	1193,3	580,2

(real 1950–77 + 6,2 %/Jahr)

1964

Friedensnobelpreis an den US-Negerführer und Geistlichen *Martin Luther King* (* 1929, ermordet 1968)

Finanzkrise der UNO, vor allem wegen Weigerung der USSR, rückständige Beiträge zu zahlen

Bundesversammlung in Berlin wählt *Heinrich Lübke* (CDU) zum zweitenmal zum Bundespräsidenten (die SPD stellt keinen eigenen Kandidaten auf, weil *L.* als Verfechter einer großen Koalition CDU/CSU-SPD gilt)

Landtagswahl in Baden-Württemberg (vgl. 1960): CDU 59 (51) Mandate, SPD 47 (44), FDP 14 (18), BHE/GDP 0 (7)

Willy Brandt wird als Nachfolger *E. Ollenhauers* 1. Vorsitzender der SPD

Fritz Erler (* 1913, † 1967) wird Fraktionsvorsitzender der SPD im Deutschen Bundestag

Rechtsextreme Nationaldemokratische Partei Deutschlands (NDP) in der BRD gegründet (gewinnt in den nächsten Jahren Sitze in Landtagen)

Münchner Schwurgericht verurteilt den ehemaligen Chefadjutanten *Himmlers Wolff* wegen Beihilfe zum Mord an 300.000 polnischen Juden zu 15 Jahren Zuchthaus

Willi Stoph (* 1914) Ministerpräsident der DDR

Freundschaftsvertrag zwischen USSR und DDR (wird von der SED als ein „separater Friedensvertrag" gewertet)

DDR gestattet ihren Rentnern jährlich eine Reise in die BRD (einschließlich Berlin [West])

† *Otto Grotewohl,* dt. Politiker, fördert als Sozialdemokrat 1946 die SPD-KPD-Vereinigung zur SED in der sowjetischen Besatzungszone; Min.-Präs. der DDR seit 1949 (* 1894)

Österr. Bundeskanzler *Alfons Gorbach* (* 1898, ÖVP) tritt zurück

† *Julius Raab,* österr. Bundeskanzler (ÖVP) 1953 bis 1961 (* 1891)

Neues brit. Kabinett (Labour): Premier: *Harold Wilson* (* 1916), Außenmin.: *Patrick Gordon-Walker* (bis 1965; dann *Michael Stewart*), Wirtschaftsmin.: *George A. Brown*

J. P. Sartre (Frankr.) lehnt Nobelpreis f. Literatur als „bürgerlichen Preis" ab

Friedenspreis des Dt. Buchhandels an *Gabriel Marcel* (* 1889), franz. Vertreter eines christlichen Existenzialismus

Leopold Ahlsen (* 1928): „Sie werden sterben, Sire", „Der arme Mann Luther" (Schauspiele)

Edward Albee: „Tiny Alice" (nordamerikan. Schauspiel)

L. Aragon (* 1897): „La mise à mort" (frz. Lit.)

Fernando Arrabal (* 1932): „Die Krönung" (frz. Schauspiel)

Hans Carl Artmann (* 1921): „Das suchen nach dem gestrigen tag oder schnee auf einem heißen brotwecken" (österr. Erz.)

Herbert Asmodi (* 1923): „Mohrenwäsche" (Schauspiel)

Georg-Büchner-Preis d. Dt. Akad. f. Sprache u. Dichtung an *Ingeborg Bachmann* (* 1926)

Jürgen Bartsch (* 1921): „Krähenfang" (Roman)

† *Werner Bergengruen,* dt. Schriftsteller (* 1892)

Thomas Bernhard (* 1931): „Amras" (österr. Erz.)

François Billetdoux (* 1927): „Il faut passer par les nuages" (frz. absurdes Schauspiel)

H. Böll: „Entfernung von der Truppe" (Erzählung)

† *Willi Bredel,* dt. Schriftsteller, zuletzt in Berlin (Ost), seit 1952 Chefredakteur der Zeitschr. „Neue deutsche Literatur" (* 1901)

† *Brendan Behan,* irischer Schriftsteller (* 1923)

Prix Goncourt an *Georges*

Th. W. Adorno: „Moments musicaux" (soziologische Musiktheorie)

137 Predigten von *Albertus Magnus* (* 1193, † 1280) in Leipzig entdeckt

† *Oskar Becker,* dt. Philosoph der Logik u. Mathematik (* 1889)

Ernst Bloch: „Verfremdungen" (werden durch revolutionäre Schübe aufgehoben; 2 Bde. seit 1962), „Tübinger Einleitung in die Philosophie" (2 Bde. seit 1963)

Hans Magnus Enzensberger: „Politik und Verbrechen" (betont das Böse in der Politik)

H. G. Frank: „Lehrmaschinen — ein zukunftsreicher Aufgabenkreis der kybernetischen Technik"

L. v. Friedeburg u. andere ermitteln folgendes „politisches Potential" der Studenten der Freien Universität Berlin (West)

	%	%
demokratisch		26
definitiv	13	
tendenziell	13	
unprofiliert		62
eher demokr.	13	
ganz unprofil.	19	
disparat	10	
eher autoritär	20	
autoritär		12
tendenziell	6	
definitiv	6	
	100	100

(diese Verteilung wird in den Konflikten der kommenden Jahre immer wieder deutlich)

T. J. Gordon und *Olar Helmer* veröffentlichen Prognose über die Welt im Jahre 1984: Weltbevölkerung 4,3 Mrd., mit 80 bis 95% Wahrscheinlichkeit bis dahin kein Weltkrieg, sinkende Geburtenrate, Organ-

Fr. Ahlers-Hestermann: „Intervalle" (Gem.)

Woody van Amen (* 1936): „Woody's Wunder" (niederl. popartiges Holz-Assemblage)

† *Alexander Archipenko,* russ. Bildhauer, zuletzt in den USA (* 1887)

Gillian Ayres (* 1930): „Kabul" (engl. abstr. Gem.)

Kurt Bartel (* 1928): „FigürlicheBallung" (abstr. Gem.)

Georg Baselitz (* 1938): „Landschaft" (Gem.)

Eva Böddinghaus (* 1911): „Stilleben" (express. Gem.)

ErichBrauer (* 1929): „Vogelschlinge" (Gem. d. Wiener „Phantast. Realismus")

Peter Brüning (* 1929): „10/64" bis „16/64"(abstr.Gem., „légendes")

Marc Chagall: Deckengemälde im Auditorium der Pariser Oper; „Pan" (Gem.)

† *Stuart Davis,* nordamer. Maler des Kubismus u. d. „Standard-Still-Life" (* 1894)

Eugène Dodeigne (* 1923): „Große Studie in Bronze" (belg.-frz. Plastik)

Jean Dubuffet: „Ohne Titel" (frz. abstr. Gem.)

Egon Eiermann (* 1904): Botschaftsgebäude der BRD in Washington (USA) (seit 1962)

Ernst Fuchs (* 1930): „Der Behälter des Weltalls" (Gem. des

Georges Auric (* 1899): Musik zu *Molières* „Monsieur de Pourceaugnac" (Komp. des [seit 1962] Generalintend. d. Pariser Oper)

Tadeusz Baird (* 1928): „4 Dialoge f. Oboe und Kammerorchester" (poln.Kompos.aus der „Gruppe 49"

Max Baumann (* 1917): „Passion op. 36" (Orgelkonz. mit Streichern und Pauken)

Conrad Beck (* 1901): „Concertino f. Oboe und Orch." (schweiz. Kompos.)

Richard Rodney Bennett (* 1936): „Am Abgrund" (engl. Kammeroper)

Niels Viggo Bentzon (* 1919): „Faust 3 opus 144" (dän. Oper, Urauff. in Kiel)

Luciano Berio (* 1925): „Sincronie" (ital. Komp. f. Streichquartett)

Boris Blacher: „Demeter" (Ballettmusik)

Pierre Boulez (* 1925): „Figures, Doubles, Prismes" (frz. Kompos. für Orchester)

Benjamin Britten: „Curlew Riwer" (brit. Kompos. f. vier Männer-, vier Knabenstimmen, acht Chorsänger u. Orch., nach dem japan. Nô-Spiel) und Symphonie f. Cello u. Orch., op. 68 (Kompos. f. den sowjet. Cellisten

Nobelpreis für Physik an *Nikolai G. Bassow* (* 1922, USSR), *Alexander M. Prochorow* (* 1916, USSR), *Charles H. Townes* (* 1915, USA) für unabhängige Entdeckung des Maser-Prinzips um 1954/55

Nobelpreis für Chemie an *Dorothy Hodgkin* (* 1910, Gr.-Brit.) für Röntgenstrukturanalyse von Makromolekülen

Nobelpreis für Medizin an *Konrad E. Bloch* (* 1912, USA, dt. Herkunft) und *Feodor Lynen* (* 1912, Dtl.) für Arbeiten über Fettstoffwechsel

Flerow u. and. (USSR) entdecken durch Teilchenbeschuß schwerer Elemente das transuranische Element 104

P. K. Brown u. *G. Wald:* Messung der Absorption der Sehfarbstoffe in den Zapfen des menschlichen Auges ergab blau-, grün- und rotempfindlichen Stoff (unterstützt Drei-Komponenten-Theorie von *Young-Helmholtz;* vgl. 1866)

† *Gerhard Domagk,* dt. Chemiker und Nobelpreisträger, entdeckte Sulfonamide (* 1895)

† *Hans v. Euler-Chelpin,* deutsch-schwed. Chemiker, Nobelpreisträger (* 1873)

† *James Franck,* deutsch-amerik. Physiker und Nobelpreisträger (* 1882)

M. Gell-Mann u. *G. Zweig:* Theorie der Zusammensetzung der Elementarteilchen aus 3 fundamentalen „Quark"- und 3 entsprechenden „Anti-Quark"-Teilchen

T. J. Gordon u. *Olav Helmer* veröff. Report mit Prognosen über wiss.-techn. Entwicklung. Danach wahrscheinlich:

Siegfried Balke (* 1902), Präsident der Bundesvereinigung dt. Arbeitgeber

Ludwig Rosenberg (* 1903), Bundesvors. des DGB, wird Präs. d. Int. Bundes Freier Gewerkschaften

In den USA beginnen Atomkraftwerke wirtschaftlich konkurrenzfähig mit konventionellen Kraftwerken zu werden

Steinkohlenförderung d. Erde (ohne China) 2000 Mill. Tonnen. Davon

	Mill. t
USA	455
USSR	411
Gr.-Brit.	197
BRD	142
Polen	117
Indien	64
Japan	64
Frankreich	53
Südafrika	45
CSSR	28

Kraftwagenproduktion (i. Mill. Stück)

	Pkw	Lkw
USA	7,8	1,5
BRD	2,7	0,25
Gr.-Brit.	1,9	0,47
Frankr.	1,3	0,26
Italien	1,0	0,06
Japan	0,7	1,12
USSR	0,19	0,42

Ernährung der Erdbevölkerung	Bev. (Mill.)	Kal./Tag u. Kopf	Eiweiß g	davon tierisches g
Europa	661	3040	88	36
Afrika	254	2360	61	11
Nordamerika	208	3110	91	62
Lateinamer.	229	2575	66	22
Naher Osten	143	2470	76	14
Fern. Osten	1704	2060	56	8
Austr., Ozean.	16	3210	94	63
insges.	3216	2410	67	19

(1964)

(* 1914, 1966—68 Außenmin.), Schatzkanzler: *Jim Callaghan*

de Gaulle fordert polit. Union der 6 EWG-Staaten im Rahmen eines „europäischen Europas" (gegen Einfluß der USA gerichtet)

In der EWG kommt es zu Spannungen zwischen Frankreich und den übrigen 5 Mitgliedsstaaten

Frankreich u. Volksrepublik China geben die Aufnahme diplomatischer Beziehungen bekannt

Nationalchina (Taiwan) protestiert gegen die Anerkennung der Volksrepublik China durch Frankreich und bricht diplomatische Beziehungen ab

† *Maurice Thorez,* Generalsekretär der franz. kommunistischen Partei seit 1930, 1945—47 Mitglied der Regierung (* 1900)

Giuseppe Saragat (* 1898) Staatspräsident von Italien

Kerkerurteile im Mailänder Sprengstoffprozeß gegen Terroristen in Südtirol (Alto Adige)

† *Palmiro Togliatti,* 1919 Mitbegründer und seit 1944 Generalsekr. der ital. KP, hinterließ antistalinistisches Testament (* 1893)

Luigi Longo Vorsitzender der KP Italiens

Sozialdemokratische Mehrheit bei dän. Reichstagswahlen; Konservative gewinnen Stimmen. *Krag* bleibt Ministerpräsident

Sozialdemokraten verlieren ihre absolute Mehrheit im schwed. Reichstag

Hochzeit des span. Prinzen *Carlos Hugo von Bourbon-Parma* mit Prinzessin *Irene* der Niederlande (* 1939) in Rom

† *Paul I.,* Kg. von Griechenland seit 1947 (* 1901)

Konstantin II. (* 1940) wird Kg. von Griechenland (verläßt 1967 sein Land)

Josef Klaus (* 1910), österr. Bundeskanzler 1964—70 (ÖVP)

Zypernkonflikt zwischen Griechenland und der Türkei. USSR unterstützt türkische Minderheit. Internationale Vermittlungsversuche. UNO-Friedenstruppe auf Zypern eingesetzt (ab 1967 Abzug d. griech. Truppen)

Conchon (* 1925) für frz. Roman „L'état sauvage"

Nigel Dennis (* 1912): „Jonathan Swift" (südafrik.-engl. Schauspiel)

H. v. Doderer: „Tangenten. Tagebuch eines Schriftstellers, 1940 bis 1950"

Dürrenmatt: „Der Meteor" (schweiz. satir. Lustspiel)

† *Ludwig Finckh,* dt. Schriftsteller (* 1876)

Brian Friel (* 1929): „Philadelphia, here I come" (irisches Schauspiel)

Max Frisch: „Mein Name sei Gantenbein" (schweiz. Roman)

Peter Hacks: „Polly" (Bühnenstück als Fortsetzung der „Bettleroper")

Peter Härtling: (*1933): „Niembsch" (Roman)

Helmut Heissenbüttel (* 1921): „Textbuch 4" (abstr. Lyrik)

† *Kurt Hirschfeld,* schweiz. Theaterleiter u. Regisseur, leitete Züricher Schauspielhaus 1933/34 und seit 1938 u. rettete dort das deutschsprachige Theater über die NS-Zeit (* 1902)

Eugène Ionesco: „Hunger und Durst" (frz. Schauspiel)

A. Jellicoe: „The sport of my mad mother" (engl. Lit.)

Elizabeth Jennings (* 1926): „Recoveries" (engl. Lyrik)

Heinar Kipphardt: „In der Sache J. Robert Oppenheimer" (dokum. Schauspiel um den amerikan. Atomphysiker, Urauff. Volksbühne Berlin, Regie *Erwin Piscator)*

† *Agnes Miegel,* dt. Schriftstellerin (* 1879)

verpflanzung, Verbreitung persönlichkeitssteuernder Drogen, automatisierte Bibliotheken, Übersetzungsmaschinen, Führungsentscheidungen durch Computer, bemannte Mondbasis (vgl. Spalte W)

Robert Havemann(*1910): „Naturwissenschaftliche Aspekte philosophischer Probleme" (diese ideologiekritische Vorlesungsreihe kostet ihm sein Lehramt in der DDR und seine Mitgliedschaft in der SED)

Joachim Gustav Leithäuser (* 1910, † 1965): „Das neue Buch vom Aberglauben" (allgemeinverständliche rationalistische Lebensbetrachtung)

Herbert Marcuse(*1918): „Der eindimensionale Mensch" (Kritik an der modernen Industriegesellschaft)

Johann Baptist Metz: „Freiheit als philosophisch-theologisches Grenzproblem" (aus kathol. Sicht)

R. Mössbauer führt als Physiker an der TH München für seinen Bereich das Department-System ein, das er in den USA kennenlernte

Abkommen zwischen Vatikan und Ungarn. Papst ernennt 5 neue ungar. Bischöfe

3. Sitzungsperiode des II. Vatikanischen Konzils verabschiedet unter anderem Schema über den Ökumenismus. Maria wird als „Mutter der Kirche" proklamiert

Papst *Paul VI.* betont in der Enzyklika „Ecclesiam suam" Bereitschaft zum Dialog mit der nichtkatholischen Welt

Papst *Paul VI.* hebt Ver-

Wiener „Phantast. Realismus“)

An Futura (* 1915): „Saiten“ (jap. Gem.)

Willi Geiger (* 1879): „Großer Blumenstrauß“ (Gem.)

Adolf Hartmann (* 1900): „Ich male Hofer“ (Gem.)

Rudolf Hausner (* 1914): „Kleiner Laokoon“ (Gem. d. Wr. „Phant. Realismus“)

Heinrich Heuser (* 1887, † 1967): „Gärtnerei“ (Gem.)

Willy Robert Huth (* 1890): „Die Sandbank“ (Gem.)

Wolfgang Hutter (* 1928): „Erotisierte Pflanzen“ (Gem. d. Wiener „Phantast. Realismus“)

Allen Jones (* 1937): „Green Girl“ (engl. popartig. Gem.)

Carl-Heinz Kliemann (* 1924): „Olevano I, II, III“ (abstrakte Tuschzeichnungen)

Anton Lehmden (* 1929): „Landschaft mit Spiegelungen“ (Gem. d. Wiener „Phantast. Realismus“)

Heinrich Graf Luckner (*1889): „Badende Leute“ (Gem.)

G. Marcks: „Indianerin mit Kind“ (Bronze)

Mies van der Rohe: US-Courthouse and Federal Office Building, Chikago (seit 1959)

H. Moore: „Moonhead“(„Mondkopf“, brit. Bronzeplastik)

Jaap Mooy (* 1915): „Die phantastische Blume“ (niederl.-norweg. surrealist. Collage-Montage)

Mstislaw Rostropowitsch [*1927])

Earle Brown (* 1926): „Corroborree f. 3 Klaviere“ (brit. Kompos.)

Sylvano Bussotti (* 1931): „Tableaux vivants avant la Passion selon Sade“ (ital. Komp. f. 2 Klaviere zu 4 Händen)

Luigi Dallapiccola: „Parole di San Paola“ (ital. Musik f. Mezzosopran u. 9 Instrumente)

Hans Werner Henze: „Being Beauteous“ (Komposition n. *Rimbaud* für Sopran, Harfe und 4 Cellis)

Milko Kelemen (* 1924): „Der neue Mieter“ (dt.-jugoslaw. Oper n. *Ionesco*)

Thomas Kessler (* 1937): „4 Stücke f. Streichquartett“ (schweiz. Komp.)

Giselher Klebe: „Miserere nobis“ (Missa für 18 Bläser, opus 45)

Ernst Křenek: „Der goldene Bock“ (Oper in serieller Technik)

Rafael Kubelik (* 1914): „Libera nos“ (tschechoslowak.-dt. Requiem)

Rainer Kunad: „Sinfonie 1964“

Rolf Liebermann (* 1910): „Sinfonie für 156 Büromaschinen“ (schweiz. Komp. f. Exportausstellung)

Gustav Mahler: „10. Sinfonie“ (Vervollständigung

1970: Landung auf dem Mond
1974: Verbreitung einfacher Lehrautomaten
1975: Mondbasis für 1 Monat mit 2 Mann
1978: Korrekte automatische Sprachübersetzung
1979: Automatisierte höhere Planung
1982: Mondbasis zeitlich nicht begrenzt
1985: Elektrische Prothesen. Landung auf dem Mars
1989: Primitive Formen künstl. Lebens
1990: Industrielle Eiweißproduktion
2000: Automatisierte Volksabstimmungen. Universalsprache

(vgl. Spalte Ph)

† *Viktor Franz Hess,* österr.-nordamerik. Physiker, Nobelpreisträger (* 1883)

Khorana (Ind.) gelingt in USA chem. Synthese kleinerer Einheiten der Erbsubstanz Desoxyribonukleinsäure

„*Woschod I*“, russ. Raumschiff mit den 3 Kosmonauten *W. Komarow, K. Feokstitow, B. Jegorow* vollführt 17 Erdumkreisungen

A. Moortgat: „Tell Chuéra in Nordost-Syrien“ (Grabungen seit 1955 erweisen T. Ch. als Zentrum sumerisch-akkadischer Kultur um ≈ —2600)

Charles D. Ray entwickelt hochempfindliche Hirnsonde zur Potentialmessung an Einzelzellen

P. O. Vandervoort ermittelt Alter des Orionnebels zu 23000 ± 10000 Jahren (als überraschend niedrig)

† *Norbert Wiener*, Mathematiker der USA, Begründer der Kybernetik (* 1894)

A. T. Wilson macht Vereisung der Antarktis zum Ausgangspunkt einer Eiszeittheorie (danach leben wir in einer Eiszeit)

K. A. J. Wise (USA) entdeckte 500 km vom Südpol entfernt bisher unbekanntes spinnenartiges Insekt

Mount-Palomar-Spiegelteleskop ermittelt bisher fernste Milchstraße mit 8 Mrd. Lichtjahren (durch Raum-

Entwickl. Hilfe d. BRD 3023 Mill. DM, davon staatlich 57% (1961: 3315 Mill. DM, 75% staatlich)

Dt. Institut f. Entwicklungspolitik Berlin (West) gegründet

Welthandelskonferenz der UNO beschließt, eine internationale Handels- und Entwicklungsbehörde der UNO zu gründen (Kompromiß im Streit zwischen West und Ost sowie zwischen West u. Entwicklungsländern)

Dt. Bundespost eröffnet Bodenfunkstelle für Verkehr über Fernmeldesatelliten

Autotunnel unter dem St. Bernhard: 5855 m Länge in ca. 1900 m Höhe (schafft neue Nord-Süd-Verbindung durch die Alpen)

Stahlflachstraßen zur Umgehung v. Autobahnbaustellen in der BRD

Fußgänger-Zebrastreifen i. BRD

Main-Taunus-Einkaufszentrum

Großschiffahrtsstraße Mosel mit 13 Staustufen auf 271 km Länge durch die Staatsoberhäupter der beteiligten Nationen eröffnet

Mesoscaphe, erstes Touristen-U-Boot für 40 Personen, im Genfer See

Dt. Lufthansa stellt

(1964)	*Kádár,* ungar. Reg.-Chef, verkündet, daß friedliche Koexistenz mit dem Westen vereinbar mit sozialistischer Politik ZK der KP Rumäniens fordert volle wirtschaftliche Souveränität Rumäniens (gilt als Emanzipation von Moskau) *Leonid Iljitsch Breschnew* (* 1906), seit 1960 Staatsoberhaupt der USSR, wird als Nachfolger *Chruschtschows* 1. Sekretär des ZK der KPdSU *Alexei Kossygin* (* 1904), seit 1948 Minister, wird als Nachfolger *Chruschtschows* Min.-Präs. der USSR USSR beantwortet in Genf ein 5-Punkte-Abrüstungsprogramm der USA v. 1963 — beginnend mit Gewaltverzicht, Einfrieren der atomaren Rüstung — mit einem 9-Punkte-Programm, beginnend mit Abzug aller Truppen von fremden Territorien, Verminderung der bewaffneten Streitkräfte. Verhandlungen laufen sich fest USSR greift auf der Genfer Abrüstungskonferenz die beabsichtigte Aufstellung einer multilateralen NATO-Atomstreitmacht (MLF) einschließlich der BRD an Gespräche zwischen den kommunistischen Parteien der USSR und Volksrep. China ergebnislos abgebrochen. Auf seiten Chinas stehen nur 8 kommunist. Organisationen (China, Japan, Nordkorea, Nord-Vietnam, Australien, Neuseeland, Indonesien, Albanien), 8 weitere sind geteilter Meinung, 72 auf seiten Moskaus Der ehemalige israel. Min.-Präs. *Ben Gurion* tritt von seinem Sitz im ZK der Mapai-Partei zurück *Arafat* übernimmt Führung der *„Fatah“* (arab. Bewegung zur Vertreibung der Israelis aus Palästina. Diese Guerilla-Organisation gerät insbes. nach 1967 in Gegensatz zu arab. Regierungen) *Ibn Faisal Saud* (* 1902), seit 1953 Kg. von Saudi-Arabien, wird entthront. Nachfolger wird sein Bruder *Ibn Saud Faisal* (* 1904), der Reformprogramme aufstellt *Jomo Kenyatta* (* ∼ 1893) erster Präsident der afrikan. Republik Kenia	*Arthur Miller:* „After the Fall“ („Nach dem Sündenfall“, nordamer. Schauspiel um *M*'s Ehe mit *Marilyn Monroe*) und „Zwischenfall in Vichy“ (Schauspiel um das Vichy-Frankr. des 2. Weltkrieges) † *Lothar Müthel,* dt. Schauspieler und Regisseur (* 1895) † *Sean O'Casey,* irischer Dramatiker (* 1884) *John Osborne:* „A Patriot for Me“ (engl. Schauspiel um den österr. Spion *A. Redl)* *Harold Pinter:* „Homecoming“ („Die Heimkehr“, engl. Schauspiel) Goethepreis der Stadt Frankfurt/M. an *Benno Reifenberg* (* 1892), Mitherausgeber der Frankf. Allg. Ztg. Internationaler Literaturpreis an *Nathalie Sarraute* (* 1902) für den Roman „Les fruits d'or“ (gilt als Vorläufer des frz. „nouveau roman“) *Jean Paul Sartre:* „Les mots“ („Die Wörter“, frz. Kindheitserinnerungen) *James Saunders* (* 1925): „A Scant of Flowers“ („Ein Duft von Blumen“, engl. Schauspiel) *Günter Seuren* (* 1932): „Das Gatter“ (neureal. Roman, 1966 verfilmt als „Schonzeit für Füchse“) *Peter Shaffer* (* 1926): „The Royal Hunt of the Sun“ (engl. hist. Schauspiel mit relig. Sinngebung) † *Frans Eemil Sillanpää,* finn. Schriftsteller und Nobelpreisträg. (* 1888) *Dolf Sternberger* Präs. des dt. PEN-Zentrums *Martin Walser:* „Der schwarze Schwan“ (Schauspiel)	bot der Feuerbestattung auf (war 1866 verkündet worden) Delegation der SPD vom Papst empfangen Papst *Paul VI.* spricht mit dem orthodoxen Patriarchen *Athenagoras I. Spyridon* (* 1886, seit 1948 Patriarch von Konstantinopel) in Rom. (Diese Begegnung führt 1965 zur Aufhebung der gegenseitigen Bannung von 1054) Papst *Paul VI.* besucht Eucharistischen Weltkongreß in Bombay Papst legt seine Tiara nieder (wird verkauft) *Ernst Richert:* „Das zweite Deutschland“ (Bericht über die DDR) *Paul Schütz:* „Freiheit — Hoffnung — Prophetie“ (Bd. 3 seines evangelisch-theologischen Werkes existenzialist. Richtung) Karlspreis der Stadt Aachen an ital. Staatspräs. *Ant. Segni* (*1891) *K. Thomas:* „Handbuch der Selbstmordverhütung“ (einschl. Erfahrungen der Telephonseelsorge) *Richard Freiherr v. Weizsäcker* zum Kirchentagspräs. der EKD gewählt Konferenz europäischer Kirchen (nichtkathol., Ost und West) tagt auf dem Schiff „Bornholm“ in der Ostsee Salzburger Universität mit Kath.-Theol. und Philosoph. Fakultät neu gegründet (war 1810 geschlossen worden) Europäische Rektorenkonferenz in Göttingen erklärt sich zur ständigen Einrichtung Studentenunruhen an der Universität Berkeley, Kalifornien, mit Go-ins,

† *Giorgio Morandi*, ital. Maler, zeitw. d. Kubismus und der Pittura metafisica (* 1890)

E. W. Nay: „Rhythmen und Kürzel", „Kosmogon" (abstraktes Gem.)

E. R. Nele: „Flügelskulptur" (Bronze)

Rolf Nesch: „He" (dt.-norweg. Metalldruck)

Richard Oelze: „Empfängl. Landschaft" (Gem. eines mag. Realismus)

Toshinobu Onosato (* 1912): „Ohne Titel" (japan. geometr. abstr. Gem.)

Pablo Picasso: „Liegende Frau mit einer Katze spielend", „Der Maler und sein Modell" (span.-frz. Gem.)

Pia Pizzo (* 1937): „Regula del 4" (ital. geom.-abstr. Gem.)

Robert Rauschenberg (* 1925): „Press", „Tracer" (nordam. Gem. mit photographischen Elementen)

Bridget Riley (* 1931): „Metamorphose" (engl. geom.-abstr. Gem.)

Hans Scharoun: Zum Bau angenommener Entwurf für Staatsbibliothek Preußischer Kulturbesitz in Berlin (West) (als Pendant zur benachbarten Philharmonie *Scharouns* am Kemperplatz. Baubeginn 1967)

† *Richard Scheibe*, dt. Bildhauer (* 1879)

Konrad Schnitzler (* 1937): „Signale von toten Dingen" (Stahlplastik)

der hinterlassenen Bruchstücke durch *Deryck Cooke* in London aufgeführt)

Gian Francesco Malipiero: „Don Giovanni" (ital. Oper)

Gian Carlo Menotti (* 1911): „Martins Lüge" (ital. Kirchenoper)

Darius Milhaud: „Pacem in terris" (Vertonung päpstlicher Verkündung)

Hans Otte (* 1926): „Defilé-Entracte-Révérance" (Komposition für eine Sängerin und Klavier)

Dimitrij Schostakowitsch: „Die Hinrichtung des Stepan Rasin" (russ. Kantate auf Verse von *Jewtuschenko*)

Humphrey Searle (* 1915): „Das Photo des Colonel" (engl. Zwölfton-Oper nach *Ionescos* „Mörder ohne Bezahlung")

Roger Session: (* 1896) „Montezuma" (Berliner Urauff. d. nordamer. Oper um die Eroberung Amerikas)

Karlheinz Stockhausen: „Plus/Minus" (Kompos. f. Klavier, 2 Harmonien, 2 Radios)

Igor Strawinski: „Abraham und Isaac" (Kantate in hebräischer Sprache)

Sandor Szokolay „Bluthochzeit" (ungar. Oper nach *Lorca*)

krümmung bedingte „antipodische" kosmische Objekte erscheinen wahrscheinlich)

Eine Umdrehung des Planeten Venus mit USA-Radioteleskop zu 253 Tagen bestimmt. USA-Ballonteleskop weist Wasserdampf in der Venus-Atmosphäre nach

Radiostrahlung vom Jupiter zeigt Elektronengürtel um den Planeten

US-Rakete entdeckt unbekannte kosmische Objekte mit Röntgenstrahlung (Sonnenröntgenstrahlung mit Raketen seit 1960 beobachtet)

USA-Satellit „Ranger 7" gibt 4316 Fernsehbilder in den letzten 16,7 Minuten vor dem Aufschlag auf dem Mond

US-Erdsatellit „Nimbus I" nimmt Wolkenbilder und Infrarotbilder der Nachtseite der Erde auf

USA-Satellit „Relay 2" als aktives Nachrichtenrelais für interkontinentalen Funkverkehr

Gr.-Brit. startet seinen 2. Satelliten (für Strahlungsmessungen)

Gesteinsuntersuchungen ergeben, daß Magnetfeld der Erde in den letzten 4 Mio. Jahren siebenmal seine Richtung wechselte

Struktur des Elementarteilchens Proton in USA mit Hilfe höchstbeschleunigter Teilchen (ca. 6 Mrd. Elektronenvolt Energie) als durchdringbare Ladungs-„Wolke" festgestellt

Kern des Anti-Schwerwasserstoffs (Antiproton + Antineutron) in USA durch höchstbeschleunigte Teilchen für kurze Zeit künstlich geschaffen

Physikal. Arbeitsgruppe in Kalifornien findet ein neues Meson von ca. 1870 Elektronenmassen

USA-Forscher stellen Kohlenwasserstoffverbindung Cuban (C_8H_8) her

Zellulose-Synthese in USA geglückt

An der TH Aachen gelingt synthetische Herstellung des Insulins

Lebensspuren in 2,7 Mrd. Jahre altem Gestein gefunden (bisher älteste Lebensspuren ca. 1,9 Mrd. Jahre)

Neuer Tierstamm der Pogonophoren entdeckt: Tiere ohne Mund

f. d. Mittelstreckenverkehr d. dreistrahlige Boeing 727 ein

520 km lange Normalspur-Eisenbahnlinie Bagdad —Basra ersetzt Schmalspurbahn

Einschienen(Alweg-)bahn i. Tokio in Betrieb

Zunehmende Ölverschmutzung d. Wassers führt zur Einführung von Ölwehren (z. B. in München)

„Die Verunreinigung der Luft" (dt. Übersetzung der Monographie der Weltgesundheitsorganis., WHO)

Mediziner in USA geben für Raucher 1,68mal größere Sterblichkeitsziffer an als für Nichtraucher

Bei Arzneiverschreibungen in der BRD stehen schmerzstillende Mittel (18,4%) u. Kreislaufmittel (17,2%) an erster Stelle

Erkrankungen an Kinderlähmung in der BRD 54 (1952: 9700)

Familienferiendorf Grafenau d. „Hilfswerks Berlin" eingeweiht: Gemeinschaftshaus u. 125 Familienwohnhäuser

Olympische Spiele in Tokio. Die meisten Medaillen (Gold, Silber, Bronze) fallen an: USA (36, 26, 28), USSR (30, 31, 35), Japan (16, 5, 8),

(1964) Republik Südafrika tritt aus der Internationalen Arbeitsorganisation (ILO) und aus der Weltgesundheitsorganisation (WHO) aus

Ian Douglas Smith (* 1919) Premierminister von Südrhodesien (seine Politik führt zum Konflikt mit Großbritannien)

Buddhistische Opposition i. Vietnam gegen Min.-Präs. General *Nguyen Khanh,* der von den USA unterstützt wird. Nach seinem Rücktritt wird der Zivilist *Tran Van Huong* Min.-Präs. Vietcong-Angriffe und -Erfolge werden stärker

USA-Justizminister *Robert Kennedy* unternimmt Europareise. Wird auch in Polen von der Bevölkerung begeistert empfangen

Rassenunruhen in mehreren Städten der USA

Programm Präs. *Johnsons* „Feldzug gegen die Armut" mit 948 Mill. Dollar Ausgaben für Notstandsgebiete

Antiamerikanische Demonstrationen in Panama mit der Forderung nach Verstaatlichung des Kanals

„*Warren*-Bericht" über das Attentat auf den Präsidenten *Kennedy* schließt eine Verschwörung aus (wird in den kommenden Jahren mehrfach angezweifelt)

Lyndon B. Johnson mit 61,4% der Stimmen zum Präsidenten der USA gewählt (Vizepräsident *Hubert H. Humphrey,* * 1911)

† *Herbert Hoover,* parteirepublikanischer Politiker der USA, Präsident 1929—33 (* 1874)

Gustavo Diaz Ordaz (* 1911), Präsident von Mexiko

Aufgrund der Sanktionsbeschlüsse der OAS (Organis. amerikan. Staaten) brechen Chile, Bolivien u. Uruguay Beziehungen zu Kuba ab

† *Jawaharlal (Pandit) Nehru,* ind. Min.-Präs. seit 1947 (* 1889)

Blutige Unruhen in Kalkutta, weil in Ostpakistan wegen Diebstahls einer Reliquie mit einem Haar Mohammeds Hindus umgebracht worden sein sollen

Hungerdemonstrationen in Indien

In Ceylon löst *Dudley Senanayake* (Vereinigte Nationalpartei) als

Peter Weiss (* 1916): „Die Verfolgung und Ermordung Jean Paul Marats, dargestellt durch die Schauspielgruppe d. Hospizes zu Charenton unter Anleitung des Herrn de Sade" (Schauspiel, Urauff. Schiller-Theater, Berlin, Regie: *Konrad Swinarski,* mit *Ernst Schröder, Peter Mosbacher)*

Gerhart - Hauptmann - Preis der Freien Volksbühne Berlin an *Tankred Dorst* (* 1925) u. *Heinar Kipphardt* (* 1922)

† *Hans Moser,* österr. Schauspieler (* 1880)

† *Siegfried Nestriepke,* seit 1919 Förderer und nach 1945 Neubegründer der Freien Volksbühne Berlin (* 1885)

Institut für deutsche Sprache in Mannheim gegründet

Veröffentl. Buchtitel in d. BRD:	1963	1964
insges.	26228	25673
davon Erstaufl.	20940	20553
Schöne Literatur	5865	5242

Bestsellerliste für die BRD: 1. *McCarthy:* „Die Clique". 2. *Frisch:* „Mein Name sei Gantenbein". 3. *Hochhuth:* „Der Stellvertreter". 4. *Böll:* „Ansichten eines Clowns". 5. *Carleton:* „Wenn die Mondwinden blühen". 6. *Grass:* „Hundejahre". 7. *Bachmann:* „Gedichte, Erzählungen, Hörspiele, Essays". 8. *Philipe:* „Nur einen Seufzer lang". 9. *Golon:* „Angélique und ihre Liebe". 10. *P. Weiss:* „Die Ermordung Jean Paul Marats".

Sit-ins und Streiks (erlangen in den Folgejahren weltweite Auswirkungen)

3. Fernsehprogramm in Bayern (Schulfunk) und in Hessen (Erwachsenenbildung)

Union Académique Internationale erhält Erasmus-Preis f. Verdienste um die europ. Kultur

Brit. Unterhaus stimmt für Abschaffung der Todesstrafe

Bürgerrechtsvorlage in den USA angenommen. Sieht für Neger gleiches Wahlrecht und Aufhebung der Rassentrennung vor

Dt. Archäologen identifizieren in einem Grab ≈ —2040 Kopf des ägypt. Feldherrn *Antef* (gefunden 1963)

Rettung des Abu-Simbel-Tempels vor gestauten Nilfluten durch internat. Aktion d. Höherlegung (Dauer 4 Jahre)

Isang Yun (*1917): „Om mani padme hum" (südkorean. Komp. für Sopran, Bariton, Chor und Orchester

Jacques Wildberger (* 1922): „Epitaph für Evariste Galois" (schweiz. Komp. für Sprech- und Gesangssolisten, Sprechchor, Orchester, Tonband um das Leben des frz. Mathematikers *G.*s)

~ Brit. Sänger- u. Instrumentalquartett für Tanzmusik „Beatles" aus Liverpool verändern musikal. und modischen Geschmack der Jugend (* 1940—43)

Pop-Musik: Beat

Friedrich Schröder-Sonnenstern (* 1892): „Herzen im Schnee" (Farbstiftzeichnung eines sexualsymbol. Stils)

Bernhard Schultze (* 1915): „Migof Hierarchie" (Bronze)

Emil Schumacher (* 1912): „Seram" (abstraktes Gem.)

Curt Stenvert (* 1920): „Menschliche Situation: Manipuliert werden" (österr. Collage)

Walter Stöhrer (* 1937): „Bild Nr. 3" (abstr. Gem.)

Max Walter Svanberg (* 1912): „Die Keuschheit und die Versuchung, in zehn Phasen" (schwed. surrealist. Collagen)

Hann Trier: „Primavera" (abstr. Gem.)

Heinz Trökes: „Signal" (abstr. Gem.)

H. Uhlmann: Modell zum Rom-Relief (Stahl)

† *Max Unold,* dt. Maler einer „Neuen Sachlichkeit" (* 1885)

URSULA: „Spree-Athens schwimmender Garten" (Gem. eines phantast. Realismus)

Andy Warhol (* 1930): „Jackie Kennedy", „Marilyn Monroe" (nordam. Siebdrucke der Pop-Art). („Pop-Art" geht auf eine Collage v. *Richard Hamilton,* 1956, zurück und wird im Sinne von „populär" gedeutet)

„Documenta III" in Kassel zeigt etwa 800 moderne Werke der Malerei und Plastik sowie ca. 400 Handzeichnungen

Lincoln Center als neues Kulturzentrum in New York

~ Acrylfarben verdrängen i. d. Malerei Ölfarben

—

„Das Haus in der Karpfengasse" (dt. Film mit *Edith Schultze-Westrum, Frantisek Filipovsky;* Regie: *Kurt Hoffmann*)

„Der geteilte Himmel" (dt. Film [Defa] mit *Renate Blume, Eberhard Esche;* Regie: *Konrad Wolf*)

„Wälsungenblut" (dt. Film n. d. Novelle v. *Th. Mann* mit *Rudolf Forster, Margot Hielscher;* Regie: *Rolf Thiele*)

„Die Zeit der Schuldlosen" (dt. Film mit *Eric Schumann, Peter Pasetti;* Regie: *Thomas Fantl*)

„Ein Haufen toller Hunde" („The hill", brit. Film mit *Sean Connery, Harry Andrews;* Regie: *Sidney Lumet*)

„Schüsse in Batasi" (brit. Film mit *Richard Attenorough, Mia Farrow;* Regie: *John Guillermin*)

„Yeah!Yeah!Yeah!" (brit. Film um die und mit der Musikantengruppe der Beatles)

„Das Schweigen" (schwed. Film, gerät wegen seiner sexuellen Offenheit in die Diskussion)

und After, in Röhren am Tiefseeboden lebend, mit Krone dünner Fangarme

Biologen der USSR finden Eidechsenart, die sich anscheinend rein parthogenetisch (ohne Männchen) vermehrt

Brit. Ornithologe stellt landschaftl. gebundene „Dialekte" im Gesang der Vögel mittels Klanganalyse fest

Grad der Ähnlichkeit in der Struktur der Erbsubstanz DNS bei verschiedenen Tierarten wird als Hinweis auf Nähe der stammesgeschichtlichen Verwandtschaft verwendet

„Der Mensch und seine Zukunft" (Ergebnis des nordamerik. Ciba-Symposiums). „Die Kontrolle menschlicher Vererbung und Entwicklung" (Ergebnisse eines nordamerik. Symposiums 1963 über Beeinflußbarkeit der Vererbung): Als Ideen zur Beeinflussung der menschlichen Entwicklung gibt es in USA die v. *H. J. Muller* vertretene „Eugenik" als Auswahl und Beeinflussung der Erbsubstanz und die von *J. Lederberg* vertretene „Euphenik" als physiologische und embryologische Beeinflussung der Keimentwicklung

Mikroelektronische Halbleiterschaltungen durch Erzeugung von Schichten von $^1/_{1000}$ mm Dicke auf Grundfläche von wenigen mm² ermöglichen Fertigungskapazitäten von ca. 1 Mio. Schaltkreisen pro Jahr mit kleinster Abmessung

Bisher größte elektronisch errechnete Primzahl $2^{11213}-1$ (eine Zahl mit etwa 3365 Stellen; es gibt keine endgültig größte Primzahl)

Computer ermittelt in USA aus EKG-Daten mit mehr als 90% die richtige Diagnose für Herzkrankheiten

Fünf Institute des Dt. Krebsforschungszentrums in Heidelberg eröffnet

Von den jährl. ca. 12 Mio. Patienten der BRD bedürfen wenigstens 2,5 Mio. einer psychischen Therapie

Dt. Forschungsgemeinschaft fördert Forschung in der BRD mit 146 Mill. DM.

Dt. Elektronen-Synchroton (Elek-

BRD u. DDR gemeins. (10, 22, 18) Italien (10, 10, 7), Ungarn (10, 7, 5), Polen (7, 6, 10), Austr. (6, 2, 10), Gr.-Brit. (4, 12, 2)

Donald Campbell erreicht mit dem Kraftwagen „Bluebird II" (4500-PS-Turbine) Automobilgeschwindigkeitsweltrekord 648,72 km/h

Weltrekord im 200-m-Lauf mit 20,2 Sek. von *Henry Carr* (* 1942, USA, Neger)

Cassius Clay (USA) Schwergewichtsweltmeister im Boxen gegen *Sonny Liston* (USA)

Jukio Endo (* 1937, Japan) Olympiasieger im turnerischen Zwölfkampf

Joseph (Sepp) Herberger (* 1897, † 1977), Fußballtrainer der dt. Nationalmannschaft seit 1936, tritt in den Ruhestand

Ingrid Krämer (DDR, * 1943) erringt olymp. Goldmedaille im Kunstspringen, die silb. im Turmspringen)

Willi Kuhweide (BRD, * 1943) erringt olymp. Goldmedaille im Segeln der Finn-Dinghi-Klasse

Geraldine Mock (USA) fliegt als erste Frau im Alleinflug in 28 Tagen um die Erde

Gustav (Bubi) Scholz (BRD) gewinnt Europamei-

(1964)

„Sieg in Frankreich" (frz. Dokumentarfilm, Regie: *Jean Murel*)

„Le bonheur" (frz. Film mit *Jean-Claude Drouot, Claire Drouot;* Regie: *Agnès Varda*)

„Das ausgeliehene Mädchen" (ital.-frz. Film mit *Annie Girardot, Rossano Brazzi;* Regie: *Alfredo Gianetti*)

„Das Matthäus-Evangelium" (ital. Film mit *Enrique Irazoqui, Margherita Caruso;* Regie: *Pier Paolo Pasolini*)

„Zu lieben" (poln. Film mit *Zbigniew Cybulski* [* 1927, † 1967])

„Alexis Sorbas" (griech. Film mit *Anthony Quinn, Alan Bates, Irene Papas;* Regie: *Michael Cacoyannis*)

„Sallah — oder tausche Tochter gegen Wohnung" (israel. Film, Regie: *Ephraim Kishon*)

„Sie nannten ihn King" (nordamer. Film mit *George Segal, Tom Courtenay;* Regie: *Bryan Forbes*)

„Der Pfandleiher" (nordamer. Film mit *Rod Steiger* u. *Geraldine Fitzgerald;* Regie: *Sidney Lumet*)

„Mary Poppins" (nordamerik. Film, Regie: *Robert Stevenson*)

Sidney Poitier erhält „Oscar"-Filmpreis für Rolle in „Lilien auf dem Felde"

„Tokio 1964" (jap. Dokumentarfilm v. den Olympischen Spielen, Regie: *Kon Ichikawa*)

Auf dem Kurzfilm-Festival in Oberhausen werden polnischer Trickfilm „Rot und Schwarz" und der tschechoslowakische Realfilm „Josef Kilian" ausgezeichnet

Auf der Mannheimer Filmwoche werden durch Umfrage die anerkanntesten Dokumentarfilme d. Filmgeschichte ermittelt:

Robert Flasherty: „Nanook of the North" (1920)

Harry Watt u. *Basil Wright:* „Night Mail" (1963)

Viktor Turin: „Turksib" (1929)

Walter Ruttmann: „Berlin — Symphonie einer Großstadt" (1927)

Dziga Wertow: „The man with the movie-camera" (1928/29)

Robert Flasherty: „Louisiana-story" (1946—48)

Georges Rouquier: „Farrebique" (1945/46)

Alain Resnais: „Nacht und Nebel" (1955)

Serge Eisenstein: „Die Generallinie" (1926—29)

John Grierson: „Drifters" (1929)

Min.-Präs. Frau *Sirimawo Bandaranaike* ab (im Amt seit 1960, sozialist. Freiheitspartei)

Erste Atombombe der Volksrep. China zur Explosion gebracht (1965 der zweite Test)

Konferenz der blockfreien Staaten in Kairo fordert sofortige Beendigung des Kolonialismus

Afro-asiatische Gipfelkonferenz gegen den Wunsch der Volksrep. China verschoben

tronenbeschleuniger „DESY" für ca. 7 GeV) bei Hamburg in Betrieb genommen (wird vom Bund und allen Bundesländern finanziert)

Prototyp des USA-Bombers B-70 mit dreifacher Schallgeschwindigkeit und 9600 km Reichweite

Sowjetisches Düsenflugzeug TU 134 für 64 Passagiere und 900 km Stundengeschwindigkeit

Erkrankungen an Kinderlähmung in der Schweiz

Vor Schutzimpfung		Seit Einführung der Schutzimpfung	
1952	579	1957	333 n. *Salk*
1953	964	1958	126
1954	1628	1959	272
1955	919	1960	139 n. *Sabin*
1956	973	1961	152
		1962	13
		1963	12
		1964	5

Vollautomatische, elektronische Zugfolgeregelung bei einer dt. Industriebahn (ohne Zugführer)

Turbinen-PKW in USA entwickelt

Verrazano-Narrows-Hängebrücke über die Hafeneinfahrt von New York (Stützweite 1278 m, Gesamtlänge 2007 m)

„Meteor", Forschungsschiff (2500 BRT) der BRD getauft und in Dienst gestellt (erstes der Nachkriegszeit)

Kaiserpfalz in Paderborn neben dem Dom entdeckt

Fund einer Vollplastik eines keltischen Kriegers in Hirschlanden bei Stuttgart (größer als 1,5 m, aus der Zeit v. Chr., gilt als älteste groß-

figurige Vollplastik nördlich der Alpen)

In Rom wird Sarkophag mit Mumie eines achtjährigen Mädchens aus dem 2. Jh. n. Chr. gefunden, das eine Goldkette mit Saphiren trägt

Archäologische Funde lassen Anfänge Roms schon um —1300 vermuten (legendäres Gründungsjahr —753)

Im Komitat Komarom (Ungarn) werden Feuerstellen von ≈ —400000 gefunden (älteste bisher bekannte)

„Aphrodite von Taman" aus dem 2. bis 3. Jh. v. Chr. am Schwarzen Meer in der USSR gefunden (1963) und datiert

Bei Kato Zakro (Ost-Kreta) minoischer Palast (≈ —1500) entdeckt, mit Goldgegenständen und geschliffenen Kultgefäßen

Ausgrabungen in Bankao, Thailand, (seit 1960) unter Leitung von *Eigil Nielsen* ergeben jungsteinzeitliche Kultur seit ca. —1800 (vermutlich aus Zentralchina, um den Huang Ho stammend)

In China und Vietnam werden mehrere eiszeitliche Menschenreste (Alter zwischen 200000—800000 Jahren) gefunden. Folgerung: In der Eiszeit gingen vom südostasiatischen Kontinentalraum Wanderungsschübe nach Nord und Süd

Chinesischer Archäologe entdeckt in der Nähe des Tien-Sees (südwestchines. Provinz Yünnan) eine bronzezeitliche Kultur aus der Zeit —3. bis —1. Jh., die sog. Tien-Kultur

Im Bergland Perus vermutlich die sagenhafte Stadt Vilcabamba gefunden, Zuflucht des letzten Inkaherrschers im 16. Jh.

Ausgabe für Forschung und Entwicklung in

	Mill. Dollar	% d. Br.-Soz.-Prod.	Dollar pro Kopf
USA	21075	3,7	110,5
Schweiz	323	2,5	54,3
Gr.-Brit.	2160	2,3	39,8
Frankreich	1299	1,9	27,1
BRD	1436	1,6	24,6
Japan	892	1,5	9,3
Italien	291	0,7	5,7

Dt. Bundespost schafft interkontinent. Satelliten-Telefonverb.

fahrlässige Brandstift.	12425
Raub	7218
vorsätzl. Brandstfg.	2909
Abtreibung	2388
fahrlässige Tötung	982
versuchter Mord	977
Mord und Totschlag	471

Bei 149 Bankberaubungen in der BRD 5 Menschen getötet, 19 verletzt, 2,3 Mill. DM geraubt

Die Kriminalität i. d. größten Städten der BRD liegt zwischen 40 und 50 Straftaten pro 1000 Einwohner und Jahr. Im Durchschnitt in allen Gebieten (1963) bei 29 (Aufklärungsquote betrug 1963: 55,5%, 1962: 64,6%)

In Wiesbaden wird der siebenjährige *Timo Rinnelt* entführt und (nach 2 Jahren) in einem Keller tot aufgefunden

In USA 1300 Verbrechen pro 100000 Einwohner (1954: 780). Darunter Fälle von

Mord und Totschlag	9249
Raubüberfall	1110458
Autodiebstahl	462971
Körperverletzung	184908
Einbruch	111753

Bei Tumulten und einer Panik kommt es in Lima, Peru, währ. eines Fußballspiels zu 285 Toten

sterschaft im Halbschwergewicht gegen *Giulio Rinaldi* (Ital.), der disqualifiziert wird

Peter Shell (* 1938, Neuseeland) gewinnt b. d. Olympischen Spielen in Tokio Goldmedaillen im 800-m-Lauf (1:45,1) und 1500-m-Lauf (3:38,1)

Internationale Gartenschau in Wien

Pulitzer-Preis für Pressefotos an *R. H. Jackson* für Bild von der Ermordung *Lee Oswalds* durch *Jack Ruby*

Die vier größten Illustrierten der BRD, „Stern", „Quick", „Bunte Illustrierte", „Neue Illustrierte" haben Auflagen zwischen 0,95 und 1,3 Millionen

Damenmode: enge Röcke, Länge bis über das Knie, Taille tief, Modefarbe Blau

Vereinzelt oberteillose Damenbadeanzüge („Oben ohne" nimmt bes. in bildlichen Darstellungen zu)

Schweres Erdbeben verwüstet Südalaska: 170 Tote, ca. 3 Mrd. DM Sachschaden

Heftiger Ausbruch des Ätna (Sizilien)

Olympische Spiele in Tokio, Winterspiele in Innsbruck

Olympische Spiele seit 1896 und in der Regel alle 4 Jahre

Bei Skifilmaufnahmen in der Schweiz kommen Olympiasiegerin *Barbara Henneberger* und *Budd Werner* ums Leben

Bekanntgewordene Straftaten in der BRD in Auswahl:

Diebstahl	994714
Betrug, Untreue	184043
Sittlichkeitsdelikte	63800
schwere Körperverl.	29858
Urkundenfälschung	16686
Begünst., Hehlerei	13058

1965	Friedens-Nobelpreis an internationale Kinderhilfsorganisation UNICEF Karlspreis der Stadt Aachen für Verdienste um Europa nicht vergeben Dritte Passierscheinaktion in Berlin für Besuche von West-Berlinern in Ost-Berlin *K. Adenauer* kritisiert einseitiges Südostasien-Engagement der USA; SPD weist diese Kritik zurück Bundestag beschließt, daß Verjährung von NS-Mordtaten erst Ende 1969 eintritt Dt. Bundestag in Berlin (nach $6^1/_2$ Jahren), wird durch sowjetische Tiefflieger ostentativ gestört SPD verhindert im Dt. Bundestag die von Innenmin. *Höcherl* eingebrachte Notstandsverfassung. Bundestag verabschiedet die nichtverfassungsändernden („einfachen") Notstandsgesetze Dt. Bundestag führt als parlamentarische Diskussionsform die „aktuelle Stunde" ein Aufnahme diplomatischer Beziehungen zwischen BRD und Israel (führt zum Abbruch diplomat. Beziehungen arabischer Staaten mit der BRD). *Rolf Pauls* (* 1915), dt. Botschafter in Jerusalem (bis 1968), *Asher Ben-Natan* (* 1921), israel. Botschafter in Bonn bis 1969 Syrische Regierung schließt das Goethe-Institut der BRD Landtagswahl im Saarland: CDU 42,7% (vorher 36,6%), SPD 40,7% (30%), FDP 8,3% (13,8%), SVP/CVP 5,2% (14,6%) *Wilhelm Kaisen* (* 1887, SPD), Senatspräsident in Bremen seit 1945, tritt zurück. Nachfolger *Willy Dehnkamp* (* 1903, SPD), seit 1951 Senator für Bildungswesen (bis 1967) 1. Bürgermeister von Hamburg, *Paul Nevermann* (SPD), tritt aus persönl. Gründen zurück. Nachfolger *Herbert Weichmann* (* 1896, SPD), bisher Finanzsenator Koalition SPD—CDU in Niedersachsen unter Min.-Präs. *G. Diederichs* (SPD) (bis 1970)	Nobelpreis für Literatur an *Michail Alexandrowitsch Scholochow* (USSR, * 1905) Friedenspreis des dt. Buchhandels an *Nelly Sachs* (* 1891 Dtl., seit dem 2. Weltkrieg im schwed. Exil, † 1970) *Samuel Josef Agnon* (* 1888, † 1970, eig. *J. S. Czackes*): „Der Treueschwur" (dt. Übersetz. israel. Erzählung) *Ilse Aichinger* (* 1921): „Eliza, Eliza" (Erzählungen) *John Arden* (* 1930): „Armstrong's last good night" (engl. Schauspiel) † *Jacques Audiberti*, frz. Dichter, Gedichte, Romane, Bühnenwerke surrealist. Richtung (* 1899) *Saul Bellow* (* 1915): „Herzog" (dt. Übers. d. nordamer. Romans) † *Moscheh Y. Ben-Gavrîêl* (* 1891, früher *Eugen Hoeflich*). 1965: „Kamele trinken auch aus trüben Brunnen" (israelisch) (1958: „Das Haus in der Karpfengasse", Roman) *Wolf Biermann* (* 1936): „Die Drahtharfe" (Texte seiner zeitkrit. Lieder aus der DDR) † *Johannes Bobrowski* (* 1917). 1965: „Das Mäusefest" (Erzählungen), „Levins Mühle" (Roman) Prix Goncourt an *Jacques Borel* (* 1927) *Nicolas Born*: „Der zweite Tag" (Roman) *Peter O. Chotjewitz*: „Hommage à Frantek. Nachrichten für seine Freunde" (Roman) *Herbert Eisenreich* (* 1925): „Sozusagen Liebesgeschichten" (österr. Erz.)	*Th. W. Adorno*: „Noten zur Literatur I—III" (seit 1958) Versuche mit der integrierten Oberschule (Gesamtschule) in Berlin (West) und anderen Bundesländern mit dem Ziel, die Dreiteilung der Oberstufe (Hauptschule, Realschule, Gymnasium) durch Integration zu überwinden, wobei statt Jahrgangsklassen Leistungsgruppen gebildet werden *Jürgen Becker* und *Wolf Vostell*: „Happening, Fluxus, Pop-Art, Nouveau Réalisme" (Dokumentation neuester Formen der Kunst) *Arnold Bergsträsser* (* 1896, † 1964), Kulturhistoriker und Soziologe: „Weltpolitik als Wissenschaft, geschichtliches Bewußtsein u. politische Entscheidung" (postum) *Otto Friedrich Bollnow* (* 1903): „Die anthropologische Betrachtungsweise in der Pädagogik", „Französischer Existenzialismus" *Max Born*: „Von der Verantwortung des Naturwissenschaftlers" (weist auf ihre Bedeutung im Atomzeitalter hin) † *Martin Buber*, dt.-israel. Religionsphilosoph, vertrat den Chassidismus (* 1878) Erasmus-Preis an *Charlie Chaplin* und *Ingmar Bergman* *Ralf Dahrendorf* (* 1929): „Gesellschaft und Demokratie in Deutschland" (kritisch-analytische Betrachtung), „Bildung ist Bürgerrecht"

David Annesley (* 1936): „Großer Ring" (engl. abstr.-geometr. farb. Aluminium-Plastik)

Horst Antes (* 1936): „Dreiäugige Figur m. schwarzer Weste" (Gem.)

Hans Bellmer (* 1902): „Die Puppe" (poln.-frz. Aluminium-Plastik)

Rosemarie Bremer: „Die Blumen des Guten im Garten d. Bösen" (Montage)

Gernot Bubenik (* 1942): „Die Genitalien der Venus (Schema), Schautafel Nr. 2" (Gem.)

Alex Calder: „Têtes et Queue" (nordam. Stahlstabile)

Marc Chagall: „Blumenbukett mit Liebespaar" (russ.-frz. Gem.)

Ch. Csuri als Künstler und *J. Shaffer* als Programmierer gewinnen „Computer Art Contest"

Edgar Ende (* 1901): „Aurora" (surrealist. Gem.)

Winfred Gaul (* 1928): „Signalraum" (4 Objekte in einem ausgemalten Raum)

Rupprecht Geiger (* 1908): „2mal Rot" (abstr. Gem.)

K. O. Götz (* 1914): „Gouache/Karton" (abstr. Gem.)

Otto Herbert Hajek (* 1927): „Farbwege" (Raumgestaltung m. malerischen u. plast. Mitteln)

Ernst Hermanns (* 1914): „65/1" bis

Helmut Barbe (* 1927): „Der 90. Psalm" (Komp. f. A-cappella-Chor)

Conrad Beck (* 1901): Streichquartett Nr. 5 (schweiz. Komp.)

Niels Viggo Bentzon (* 1919): 11. Sinfonie (dän. Komp.)

Leonard Bernstein: „Chichester Psalms" (nordam. Oratorium auf hebräischen Text)

Antonio Bibalo (* 1922): „Lächeln a. Fuße der Leiter" (ital. Oper zus. mit *Henry Miller;* Urauff. Hamburg)

Boris Blacher: „Tristan und Isolde" (Ballett), Konzert für Cello

B. Blacher und *H. v. Cramer:* „Zwischenfälle bei einer Notlandung" (elektron. Oper, Uraufführung in Hamburg)

Karl-Birger Blomdahl (* 1916): „Der Herr v. Hancken" (schwed. Oper)

Carlos Chávez (* 1899): „Tabuco" (mexikan. Orchesterkomp.)

† *Nat „King" Cole,* Negersänger und Musiker der USA (* 1919)

Joh. Nepomuk David: 8. Sinfonie

Paul Dessau: „Requiem f. Lumumba" (Oratorium)

Helmut Eder (* 1916): „Der Kardinal" (österr. Fernsehoper um d. Schicksal eines Geistlichen im

Nobelpreis für Physik an *Richard P. Feynman* (* 1918, USA), *Julian S. Schwinger* (* 1918, USA) und *Sin-Itiro Tomonaga* (* 1906, Japan) für Entwicklung der Quanten-Elektrodynamik

Nobelpreis für Chemie an *Robert B. Woodward* (* 1917, USA) für Totalsynthese von Naturstoffen, darunter Chlorophyll (1960)

Nobelpreis für Medizin an *François Jacob* (* 1920, Frankreich), *André Lwoff* (* 1902) und *Jacques Monod* (* 1910, Frankreich) für Arbeiten zur Enzym- und Virussynthese

† *Edward Appleton,* brit. Ionosphärenphysiker und Nobelpreisträger (* 1892)

Manfred von Ardenne veröffentlicht „Mehrschritt-Krebstherapie": Chemotherapie nach vorheriger Überwärmung des Körpers bis 44° C

Pawel Beljajew (* 1925) u. *Alexei Leonow* (* 1934) starten mit USSR-Erdsatelliten „Woschod 2". *A. L.* verläßt als erster Mensch für ca. eine Viertelstunde Raumschiff im Weltraum

USA-Astronauten *Frank Borman* u. *James Lovell* vollführen bisher längsten, zweiwöchigen Raumflug mit Rendezvousmanöver mit zweitem Raumschiff mit den Piloten *Walter Schirra* und *Thomas Stafford*

Unterwasserstation „Sealab 2" in 62 m Tiefe vor der kaliforn. Küste verankert. Astronaut *Carpenter* bleibt 29 Tage unter Wasser

G. Cooper (* 1927) und *Charles Conrad* (* 1930) führen vom 21. bis 28. August in Gemini 5 bisher längsten Weltraumflug um die Erde aus

R. Dearnley schätzt Erdradius vor 2,75 Mrd. Jahren auf 4400 km (heute 6367 km; Hinweis auf Expansion der Erde)

Paul Dirac entwickelt aus der Quantenmechanik *Heisenbergs* eine Quantenfeldtheorie

G. Eder schließt auf eine Zunahme des Erdradius um 0,07 cm pro Jahr, d. h. in den 3,4 Mrd. Jahren seit der Oberflächenerstarrung nahm danach die Erdoberfläche von 213 auf 510 Mill. km² zu

%-Anteile an der Weltindustrieproduktion von etwa insges. 2700 Mrd. DM (zum Vgl. 1951):

	1951	1965
USA	40,9	30,3
USSR	11,8	19,8
Dtld.	7,0	8,6
BRD	5,5	6,6
DDR	1,5	2,0
Gr.-Brit.	8,5	5,5
VR China	—	4,5
Japan	1,6	3,9
Italien	2,0	2,4
Polen	1,2	2,0
CSSR	1,2	1,6

BRD steht mit der pro-Kopf-Prod. n. d. USA an 2. Stelle, DDR an 3. Stelle

Durchschnittlicher Stundenlohn eines Arbeiters (umgerechnet in DM):

USA	10,56
Schweden	6,04
Gr.-Brit.	4,80
Australien	4,40
BRD	4,16
Frankreich	2,92
Italien	2,84
Israel	2,52
USSR	2,40
Argentinien	2,32
Mexiko	2,24
Polen	1,80
Griechenld.	1,68
Japan	1,60
Kolumbien	0,80
Ghana	0,60
Südkorea	0,32

Sichere Erdölreserven betragen ca. 50 Mrd. t (Weltölreserven insges. werden auf ca. 600—2500 Mrd. t geschätzt). Erdöljahresproduktion 1,5 Mrd. t

Leistungskapazität von Kernenergie i. Mill. Watt (MW): Großbrit. 7006,

(1965)

Ergebnis der Wahlen zum Dt. Bundestag (Vgl. 1961):

	% Wähler	Sitze
CDU/CSU	47,6 (45,3)	196/49 (192/50)
SPD	39,3 (36,2)	202 (190)
FDP	9,5 (12,8)	49 (67)
NPD	2,0	
DFU	1,3	
übrige	0,3	

Koalitionsregierung: Bundeskanzler: *L. Erhard* (CDU), Vizekanzler: *E. Mende* (FDP), Außenminister: *G. Schröder* (CDU), Innenminister: *P. Lücke* (CDU), Finanzen: *R. Dahlgrün* (FDP) (tritt Ende 1966 zurück)

Konflikt Bundeskanzler *Erhards* mit Gewerkschaften, weil er in der Regierungserklärung zur Sparsamkeit oder Mehrarbeit aufrief

Denkschrift der evangelischen Kirche Deutschlands (EKD) über „Die Lage der Vertriebenen und das Verhältnis des deutschen Volkes zu seinen östlichen Nachbarn" (wird insbes. von Vertriebenenverbänden heftig kritisiert)

Rechtsgerichtete Deutsche Reichspartei (DRP) beschließt Auflösung. Mitglieder schließen sich meist der Nationaldemokratischen Partei (NPD) an

Prozeß in Frankfurt/Main gegen Angehörige des KZ Auschwitz führt zu 6 lebenslänglichen Zuchthausstrafen, 11 zeitlich begrenzten Freiheitsstrafen und 3 Freisprüchen

USA ziehen die nach dem Mauerbau 1961 vorgenommenen Verstärkungen aus Berlin zurück

Über 1,8 Mill. Rentnerbesuche aus der DDR in der BRD im ersten Jahr dieser Möglichkeit

Passierscheinausgabe in Berlin für Besuche von Westberlinern in Ostberlin für Weihnachten/Neujahr. (Über 980000 Besuche wurden genehmigt)

2600 politische Häftlinge aus der DDR durch Warenlieferungen aus der BRD ausgelöst

26 Starfighter der Bundeswehr stürzten im Laufe des Jahres ab (führt zu einer Diskussion, ob Wiederbewaffnung der Bundeswehr übereilt geschah)

Otto Winzer (* 1902), Außenmin. der DDR

† *Thomas Stearns Eliot*, brit. Dichter, Nobelpreisträger (* 1888)

Hubert Fichte (* 1935): „Das Waisenhaus" (Roman einer verlorenen Generation)

Georg-Büchner-Preis an *Günter Grass*

Günter Grass: „Dich singe ich, Demokratie" (Wahlreden für die SPD)

Jorge Guillén (* 1893): „Mein Freund F. G. Lorca. Ein Briefwechsel" (dt. Übers. aus d. Spanischen)

Peter Hacks (* 1928): „Moritz Tassow" (Bühnenstück über Konflikte zwischen pragmatischen und utopischem Sozialismus)

† *Benvenuto Hauptmann*, dt. Schriftsteller, Sohn *Gerhart H.*s (* 1902)

Stefan Heym (* 1913): „Lenz oder die Freiheit"

Wolfgang Hildesheimer (* 1916): „Tynset" (Roman)

Walter Höllerer: „Theorie der modernen Lyrik"

Uwe Johnson: „Zwei Ansichten" (Roman)

Hermann Kant (* 1926): „Die Aula" (Roman)

Marie Luise Kaschnitz: „Ein Wort weiter" (Gedichte)

Armand Lanoux (*1913): „Wenn das Meer zurückweicht" (dt. Übers. d. frz. Romans)

Gerhard Ludwig: „Tausendjahrfeier" (satir. Roman)

Norman Mailer: „Der Alptraum" (nordamer. Roman)

Mao Tse-tung: 37 Gedichte (dt. Übers. aus d. Chinesischen)

Wilhelm Emrich (* 1909): „Geist und Widergeist" (literaturhistor. Essays)

Theodor Eschenburg (* 1904): „Über Autorität"

Ossip K. Flechtheim: „Weltkommunismus im Wandel"

Peter Glotz und *Wolfgang R. Langenbucher:* „Versäumte Lektionen, Entwurf eines Lesebuchs" (mit bisher vernachlässigten Lesestükken)

H. Gollwitzer u. *W. Weischedel:* „Denken und Glauben"

„Freiheitsmarsch" weißer und schwarzer Bürgerrechtler der USA nach Montgomery unter der Leitung von *Martin Luther King*

René König: „Soziologische Orientierungen"

† *Carl E. Lund-Quist*, evang. Theologe, wurde 1952 Generalsekretär d. Luther. Weltbundes (* 1908)

Herbert Marcuse: „Kultur und Gesellschaft" (dt.- amer. gesellschaftskrit. Philosophie)

Erich Müller-Gangloff (* 1907): „Mit der Teilung leben. Eine gemeindeutsche Aufgabe" (mit der These: „Die Wiedervereinigung ist verspielt")

G. H. Mostar (*1901, + 1973): „Liebe, Klatsch und Weltgeschichte (Satire)

Papst *Paul VI.* zieht aus kirchenpolitischen Gründen die schon vom Konzil angenommene Erklärung über die Juden zurück, die auf die traditionelle Anklage wegen „Gottesmordes" verzichtet hatte

Papst benennt „Heiliges Offizium" (gegr. 1542)

„65/5" (geometr. Leichtmetallplastiken)

Rolf Heym (* 1930): „Stilleben mit Rose" (neorealist. Gem.)

David Hockney (* 1937): „California" (engl. pop-artiges Gem.)

Horst Hödicke (* 1938): „Passage 19" (pop-artig. Objekt, Lack/Papier/Leinwand)

Gerhard Hoehme (* 1920): „Randstörungen" (abstr. Gemälde)

Horst Egon Kalinowski (* 1924): „Osiris - Schrein" (Leder auf Holz)

R. B. Kitaj (* 1932): „Der kulturelle Wert von Angst, Mißtrauen und Hypochondrie" (amerik.-engl. pop-art. Siebdruck)

Konrad Klaphek (* 1935): „Vergessene Helden" (Gem.)

Ferdinand Kriwet (* 1942): „PUBLIT, poem painting 12" (Gem.)

† (ertrunken) *Le Corbusier*, frz.-schwz. Architekt (* 1887)

Wolfgang Ludwig (* 1923): „Kinematische Scheibe" (geometrisch-konstruktivistisches Gem.)

Konrad Lueg (* 1939): „Waschlappen" (pop-art. Gem.)

Josaku Maeda (* 1926): „Mystagogie d'Espace" (jap. abstr. Gem.)

René Magritte (* 1898, † 1967): „Im Freien" (belg.-frz. surrealist. Gem.)

Ostblock, Mischung aus freier Tonqualität und Zwölftontechnik); „Die Irrfahrten d. Odysseus" (Ballett)

Hans-Ulrich Engelmann: „Manifest vom Menschen" (Oratorium, im Auftrag des DGB)

Jean Françaix (* 1912): „La Princesse de Clève" (frz. Oper nach *Voltaire*)

Heinz F. Hartig (* 1907, † 1969): „Studie I" (Musik für konzertante Gruppen)

Hans Werner Henze: „Der junge Lord" (satir. Oper, Libretto v. *Ingeborg Bachmann*)

Gerald Humel (* 1931): Kammerkonzert f. Horn, Klavier, Streicher (nordam. Komp.)

Milko Kelemen: „Hommage à Heinrich Schütz" (jugosl.-dt. Oratorium zum *Schütz*-Fest in Berlin)

Giselher Klebe: „Jacobowsky und der Oberst" (Oper)

† *Hans Knappertsbusch*, dt. Dirigent bes. in München, Wien, Bayreuth (* 1888)

Rafael Kubelik: Streichquartett Nr. 2 (tschechosl.-dt. Komp.)

Rolf Liebermann: „Capriccio" (schweiz. Ballett)

György Ligeti: „Requiem" (ung. Komp.)

K. Flemming u. *M. Langendorff*: Es gibt Strahlenschutzsubstanzen wie Histamin, welche Strahlenwirkung etwa um die Hälfte herabsetzen

S. W. Fox: „Die Entstehung präbiologischer Systeme" (nordamerikanische Zusammenfassung der chemischen und biologischen Evolution auf der Erde)

Klaus-Dieter Gattner: „Über die Problematik der Simulation konstruktiver Tätigkeiten" (zum Problem der automatischen Konstruktion)

Rudolf Geiger (* 1894): 12 Karten zur Atmosphäre der Erde, darunter jährliche Sonnenstrahlung, Wärmetransport durch Meeresströmungen, jährliche Verdunstung

Erster Weltraum-Gruppenflug der USA: Gemini G T 3 mit *Virgil I. Grissom* (* 1926, † 1967) u. *John W. Young* (* 1930)

Hardy (USA) transplantiert Schimpansenherz auf herzkranken Patienten (funktioniert $1^1/_2$ Stunden). Daneben Versuche von *Kollf* (USA) und *Emil S. Bücherl* (BRD), Kunststoffherz zu konstruieren und zunächst in Tierversuchen zu erproben

Robert W. Holley (* 1912) und Mitarbeitern gelingt Strukturaufklärung (Basensequenz) der Alanintransfer-RNS (wichtig für Analyse der Protein-Biosynthese)

F. Hoyle vermutet, daß die beobachtete Expansion des Weltalls nur zeitlich vorübergehend oder sogar nur ein begrenzter Zustand in unserer kosmischen „Umgebung" ist

Herman Kahn (* 1922): „On Escalation" („Über Eskalation"; der führende US-Futurologe unterscheidet 44 Stufen der Krisensteigerung)

H. Kusch: Elektronisches Gerät zur automatischen Erkennung gesprochener Zahlen (mit einer Sicherheit von 87% pro Zahl. Problem allgemein noch nicht ausreichend gelöst)

L. B. Leakey datiert aufgrund neuer Funde in Ostafrika Alter des Menschen auf 1,75 Mill. Jahre

Konrad Lorenz (* 1903): „Über tierisches und menschliches Ver-

USA 5382, Frankr. 1580, USSR 877, Ital. 620, Indien 580, BRD 324, Kanada 220, Belg. 200, Spanien 153, Japan 150, CSSR 150, Schweden 148, DDR 70 (Erde insgesamt 17537)

Voltastaudamm in Ghana (Afrika) m. 588000 kW elektrischer Leistung

Rohstahlerzeugung d. Erde 458 (1950: 161) Mill. t, davon

USA	122
USSR	91
Japan	41
BRD	37
Gr.-Brit.	27
Frankreich	20
Italien	13
VR China	12
Belgien	9,2
Kanada	9,1
Polen	9,0
CSSR	8,6
Indien	6,3
DDR	3,9

Erzeugung von Papier und Pappe: Erde ca. 96 Mill. t, davon (in Mill. t)

USA	37,6
Kanada	9,4
Japan	7,3
USSR	4,7
Gr.-Brit.	4,4
BRD	4,2
Frankreich	3,2
Finnland	3,2
Schweden	3,1
Italien	2,2
Niederlande	1,0
Norwegen	1,0
DDR	0,9

Von 18,2 Mill. t Bekleidungsfaser-Produktion der Erde sind 30% Chemiefaser (davon 2 Mill. t = 11% synthet. Faser), 62% Baumwolle, 8% Wolle

(1965)

† (Freitod) *Erich Apel,* stellvertr. Min.-Präs. der DDR und Vors. d. staatl. Planungskommiss. (* 1917)

Volkswirtschaftsrat der DDR zugunsten von sieben Industrieministerien aufgelöst

Jugoslawischer Staatspräsident *Tito* kommt zum ersten Staatsbesuch in die DDR

† *Leopold Figl,* österr. Bundeskanzler von 1945 bis 1953 (* 1902)

Krise im EWG-Ministerrat zwischen Frankreich und den anderen Mitgliedern über Agrarsubventionen

Frankreich bleibt SEATO-Konferenz fern wegen unterschiedlicher Haltung zum Vietnamkrieg. Auch sonst starke Spannungen im Bündnis

Abkommen über kulturelle, wirtschaftliche und technische Zusammenarbeit zwischen Frankreich und Volksrep. China

Staatspräsident *de Gaulle* verkündet eine unabhängige franz. Politik, um einer Vorherrschaft der USA oder der USSR zu begegnen, und kündigt an, daß Frankreich 1969 aus der NATO ausscheiden wird

de Gaulle wird im zweiten Wahlgang mit 55% der abgegebenen Stimmen für sieben Jahre zum franz. Staatspräsidenten gewählt (*François Mitterand,* Linkspolitiker, erhielt im ersten Wahlgang 32% der Stimmen)

† *Winston Churchill,* brit. konservativer Staatsmann. Im Unterhaus seit 1900; wiederholt Regierungsämter seit 1906. Premierminister 1940—45, 1951—55. Rettete sein Land im 2. Weltkrieg (* 1874)

Elizabeth II., brit. Königin, besucht BRD, einschließlich Berlin

Edward Heath (* 1916), wird nach dem Rücktritt von *A. F. Douglas Home* (* 1903) Führer der brit. Konservativen

Kommunalwahlen in England bringen Konservativen große Gewinne, Labour entsprechende Verluste

Regierung *Ian D. Smith* ruft Unabhängigkeit Rhodesiens aus. Gr.-Brit. verlängert wirtschaftl. Sanktionen, um politische Gleichberechtigung der Neger in der bisherigen Kolonie durchzusetzen

† *William Somerset Maugham,* brit. Schriftsteller (* 1874)

François Mauriac: „Nouveaux mémoires intérieurs" (frz. Lit.)

Hans Günter Michelsen: „Helm" (Schauspiel)

Arthur Miller (USA) Präsident des PEN — Schriftstellervereinigng.

Henri de Montherlant: „La guerre civile" („Der Bürgerkrieg", frz. Schauspiel)

Percy H. Newby (* 1918): „One of the founders" (engl. Lit.)

Robert Pinget: „Inquisitorium" (dt. Übers. d. schweiz-frz. Romans)

Kathleen Raine (* 1908): „The hollow hill" (engl. Lit.)

Nelly Sachs: „Späte Gedichte"

National Book Award an *Arthur Schlesinger* (f. histor.-biogr. Schriften) und *Katherine Anne Porter* (für Romane)

Henri Troyat (* 1911): „Tolstoi" (russ.-frz. Biographie)

Franz Tumler (* 1912): „Aufschreibung aus Trient" (österr. Prosa)

Peter Weiss: „Die Ermittlung" (Schauspiel um den Frankfurter Auschwitzprozeß)

„Kursbuch" (polit.-lit. Zeitschr., Hg. *Hans Magnus Enzensberger*)

Folgende Bühnendichter erlebten seit 1955 an dt.-sprachigen Bühnen an Aufführungen: *Shakespeare* 24902, *Schiller* 17860, *Shaw* 11200, *Goethe* 11080, *Lessing* 10317, *Brecht* 9956, *Molière* 9806, *G. Hauptmann* 9793, *Anouilh* 8509, *C. Goetz* 7075, *Goldoni* 6004, *Dürrenmatt*

in „Kongregation für die Glaubenslehre" um

Papst *Paul VI.* richtet in New York Friedensappell an die UNO

Papst *Paul VI.* empfängt den stellvertr. (linkssozialist.) Min.-Präs. *Nenni* in Privataudienz

† *Erich Rothacker,* dt. Philosoph, schuf eine anthropolog. Schichtenlehre (* 1888)

† *Albert Schweitzer,* evangel. Theologe, Mediziner („Urwalddoktor"), Organist, Friedensnobelpreisträger (* 1875)

Bruno Snell: „Dichtung und Gesellschaft" (Studien zum Einfluß der Dichter auf das soziale Denken im alten Griechenland)

v. Stackelberg: „Alle Kreter lügen" (Soziologie der nationalen Vorurteile)

Wolfgang Sucker (* 1905) Kirchenpräsident der Evangel. Kirche von Hessen-Nassau

† *Paul Tillich,* evangel. Theologe u. Philosoph dt. Herkunft, seit 1933 in USA, Mitbegrd. d. Berliner Kreises der Religiösen Sozialisten (um 1925 wirksam) (* 1886)

Zweites Vatikanisches Konzil verabschiedet u. a. Erklärung über die Religionsfreiheit u. über missionarische Tätigkeit der Kirche

Mischehendekret der kathol. Kirche hebt Exkommunikation für nichtkathol. Eheschließung auf

Abschluß des 21. ökumenischen (2. vatikan.) Konzils in Rom (seit 1962). Brachte grund-

G. Marcks: „Stehende mit Locken" (Bronze)

Roberto Matta (* 1911): „Erimau – Stunde d. Wahrheit (monumental. chil. surrealist. Wandbild um die Hinrichtung des span. Kommunisten *Erimau*)

Frieder Nake: Computer — Grafik („Klee")

E. W. Nay: „Menschenlicht", „Der Morgen", „Terrestral" (abstr. Gem.)

Rolf Nesch: „Heringsfang" (dt.-norweg., seit 1939, 3 m mal 11 m, 11 Kupferplatten belegt mit Schiefer, Holz, Glas, für Exporthaus in Oslo)

Richard Oelze (* 1900): „Ohne andere Gesellschaft" (surrealist. Gem.)

Georg Karl Pfahler (* 1926): „Farbskulptur" (dreiteil. Holzplastik als „spirit of reality")

Pablo Picasso: „Weiblicher Akt", „Selbstporträt", „Guitarrist" (span.-frz. Gemälde)

Otto Piene (* 1928): „Große Feuerblume 65" (Produkt eines Niederschlages aus Feuer und Rauch auf Leinwand)

Louis Pons (* 1927): „Sie agitieren" (frz. Federzeichnung)

Gerhard Richter (* 1932): „2 Fiat" (popart. Gem.)

Hans Scharoun: 1. Preis für Entwurf zum Stadttheater Wolfsburg

Nikolai Nabokow (* 1903): „Don Quichote" (russ.-nordamer. Ballett)

Hans Otte: „Alpha-Omega II" (Kirchenmusik f. Männerstimmen, Orgel und Schlagzeug)

Aribert Reimann (* 1936): „Ein Traumspiel" (Oper nach *Strindberg*), „Drei Hölderlin-Fragmente"

Hermann Reutter (* 1900): „Der Tod des Empedokles" (Oper n. *Hölderlin*)

† *Walter Riezler*, dt. Musikhistoriker, u. a. Beethovenbiographie 1936 (* 1878)

Wilhelm Dieter Siebert (* 1931): „Variationen einer Elegie" (f. Klarinette, Violine, Cello und Harfe)

Karlheinz Stockhausen: „Microphonie I", „Momente 1965"

Michael Tippett: „Vision des hl. Augustin" (engl. Oratorium)

Neuinszenierung des Opernzyklus „Ring der Nibelungen" durch *Wieland Wagner* in Bayreuth

Isang Yun: „Der Traum des Liu-Tung" (südkorean. Oper, komp. in Berlin W.)

Bernd Alois Zimmermann (*1918, + 1970): „Die Soldaten" (Urauff. d. Oper nach dem Schauspiel von *Lenz*); „Antiphohalten" (2 Bde., österr. Verhaltensforschung)

J. A. McDivitt u. *Edward H. White* (* 1930) unternehmen zweiten USA-Gruppenflug mit Raumfahrzeug „Gemini G T 4". *White* ist 22 Min. frei im Raum, Landung nach 62 Umläufen in 97 Stunden

M. Nirenberg u. a. geben Übersetzungsregel („Code") zwischen Basenfolge in der Erbsubstanz (Nukleinsäure) und Aminosäurenfolge im zugeordneten Eiweißmolekül (das etwa als Enzym wirkt)

Penzias u. *Wilson* (USA) entdecken kosmische Hintergrundstrahlung im elektromagnetischen Mikrowellengebiet (wird als Relikt eines sehr frühen, heißen Entwicklungsstadiums der Welt gedeutet, das sich inzwischen auf etwa 3° über den absoluten Nullpunkt [–273,2° C] abgekühlt hat. Ein solcher früher Zustand [„Urknall"] wurde schon 1946 von *Gamow* postuliert)

N. U. Prabhu: „Warteschlangen-Theorie" (engl.; schon 1961 gab es über dieses Thema ca. 1000 einschlägige Arbeiten)

M. G. Rutten: Erdgeschichtliche Entwicklung des Sauerstoffes in der Atmosphäre, gemessen am heutigen Gehalt von $^1/_5$ atm. = 100: vor 500 Mill. Jahren = 10, vor 1000 Mill. Jahren = 1 (Beginn der Lebensentwicklung im Meer), vor 2200 Mill. Jahren = 0,1 (Übergang von anorganischen zu organischen Formen, Lebensentstehung), vor 3000 Mill. Jahren 0,01

† *Hermann Staudinger*, dt. Chemiker und Nobelpreisträger, entwickelt speziell Erforschung der Makromoleküle (* 1881)

Horst T. Witt gibt Schema der Photosynthese aufgrund periodischer Blitzlichtbestrahlung mit acht Lichtquanten pro erzeugtem Sauerstoffmolekül

US-Forscherteam weist mit höchstbeschleunigten (30 Mrd. e-Volt) Protonen erzeugte Anti-Deuteronen (Anti-Proton + Anti-Neutron) nach

Das theoretisch vorhergesagte Omega-Elementarteilchen wird auf 2 von 1 Mill. Blasenkammer-

Anteile an Chemiefaserproduktion d. Erde: USA 27,9%, Japan 16,4%, BRD 8,7%, Gr.-Brit. 7,4%, Italien 7,2%, Frankreich 4,2%

Installierte Computer (Vgl. 1960)

USA	25 000	(6000)
BRD	2 000	(200)

Fernsehempfänger (in Mill. Stück):

USA	67,0
Japan	17,7
Gr.-Brit.	14,6
USSR	11,8
BRD	10,6
Frankreich	5,6
DDR	3,0

Farbfernsehkonferenz führt zu einer techn. Trennung zwischen Frankreich (und Ostblock) u. dem größeren Teil von Westeuropa und USA (Umwandlersysteme mildern diese Trennung)

Erträge der Weizenernte (als Kennzeichen der Intensität der Landwirtschaft): dz/ha

Frankreich	31,9
Italien	22,8
Argentinien	18,6
USA	18,1
Kanada	16,1
Australien	12,0
USSR	10,9
Indien	9,0

Welternte an Weizen ca. 280 Mill. t, an Roggen ca. 36 Mill. t

Reisernte der Erde ca. 255 Mill. t, darunter:

VR China	85
Indien	58
Pakistan	18
Japan	16
Indonesien	12
Thailand	10

(1965)	Parlamentswahlen in Kanada ergeben knappen Wahlsieg der Liberalen. Min.-Präs. *Lester B. Pearson* (* 1897) Wahlen zur portug. Nationalversammlung gestatten nur Stimmabgabe zur Einheitsliste der Regierung Freundschaftspakt USSR—Polen garantiert Nachkriegsgrenzen Polens. Bei den Parlamentswahlen in Polen ist erstmalig Streichung von Kandidaten in der einzigen Liste zulässig *Anastas Iwanowitsch Mikojan* (* 1895) tritt als Staatsoberhaupt der USSR zurück *Nikolai V. Podgorny* (* 1903) wird Staatsoberhaupt der USSR *Gromyko,* Außenminister der USSR, vereinbart in Paris Beilegung des Vietnam-Konfliktes auf der Grundlage der Genfer Verträge von 1954 Parteichef *Breschnew* wird in das Präsidium des Obersten Sowjets der USSR gewählt Min.-Präs. der USSR *Kossygin* besucht Peking. Besprech. mit *Tschu-En-lai* (führt zu keiner Entspannung). Besucht anschließend Hanoi zur Besprechung der Situation in Vietnam *János Kádár* tritt als ungar. Min.-Präs. (seit 1956) zurück; bleibt erster Sekretär der KP. Nachfolger: *Gyula Kállai* (* 1910) † *Gheorghe Gheorghiu-Dej,* rumän. Staats- und KP-Chef seit 1961 (* 1901); *Nicolae Ceausescu* (* 1918) Vors. der rumänischen KP; *Chiru Stoica* (* 1908) wird Staatsratsvorsitzender und Staatsoberhaupt Kg. *Konstantin* von Griechenland setzt nach Rücktritt von *Papandreou,* der die Rolle der Armee kritisierte, *Athanasiadis-Novas* als Min.-Präs. ein Straßenschlacht zwischen Anhängern des entlassenen griech. Min.-Präs. *Papandreou* und der Polizei in Athen (ein Student getötet, mehrere hundert Verletzte) Anhaltende Regierungskrise in Griechenld., gekennzeichnet durch Opposition des Parlaments gegen Politik des Königs und seiner Ratgeber	4506, *Ibsen* 4209, *Frisch* 4007, *Sartre* 3955, *Calderon* 3820, *Giraudoux* 3800, *Tschechow* 3508, *Ionesco* 3359, *Sternheim* 2716, *Wilde* 2667, *Strindberg* 1907, *Aristophanes* 455, *Äschylos* 238 Außerdem: *Goodrich:* „Tagebuch der Anne Frank" 4010, *Lessing:* „Minna von Barnhelm" 3669 (an erster Stelle der klassischen Dramen)  *Georg Picht* (* 1913): krit. d. dt. „Bildungskatastrophe" Dt. Bildungsrat gegr. (berät bes. Schulentw.)	legende Besinnung der Kirche auf ihre Stellung in der modernen Welt, Verständigungsbereitschaft mit anderen Glaubensrichtungen. Reform der Kirchenverfassung und des Kults Kathol. Bischöfe Polens richten Versöhnungsappell an dt. Amtsbrüder und laden sie nach Tschenstochau ein Ökumenischer Rat der Kirchen benennt acht Theologen, die in einem „Gemeinsamen Arbeitsausschuß" mit 6 kathol. Theologen die Zusammenarbeit beider Kirchen beraten sollen Dt. evang. Kirchentag in Köln „In der Freiheit bestehen" Konkordat des Landes Niedersachsen mit dem Vatikan (führt zu starken Kontroversen und Bruch der Koalition SPD-FDP in der Landesregierung) 211488 Studierende an den Univ. d. BRD, davon 58605 weibl. 52337 Studierende an techn. Hochschulen, davon 2670 weibl. 4358 Studierende an sonst. wiss. Hochschulen, davon 572 weibl. (man rechnet bis 1975 etwa mit einer Verdoppelung der Studentenzahl) In der „Aktion 1. Juli" demonstrieren Studenten aller Hochschulen der BRD gegen Bildungsnotstand Ruhr-Universität in Bochum eröffnet Medizinische Hochschule in Hannover Beschluß der Kultusmin.-Konf. d. BRD, das Schuljahr von 1967 in allen Bundesländern am

Tim Scott (* 1937): „Yenidje" (engl. abstr. Plastik aus Acrylplatten und Stahlgestänge)

Herbert Schneider (* 1924): „I bin I" (Gem. mit ironischer Anspielung auf alte Bilderhandschriften)

Elisabeth von der Schulenburg („Tisa", * 1903): „Zug der KZ-Häftlinge" (Bronze-Relief)

Bernhard Schultze (* 1915): „temt-Migof" (abstr. Wandrelief)

Emil Schumacher (* 1912): „Saraph" (abstr. Gem.)

Yoshio Sekine (* 1922): „Ohne Titel" (japan. ornamental-abstr. Gem.)

† *Renée Sintenis,* dt. Bildhauerin, besonders Tierplastiken (* 1888)

Richard Smith (* 1931): „Blue moon" (engl. geometr.-abstr. Gem.)

Saul Steinberg (* 1914): „Der Künstler und die erdachte Landschaft" (nordamer. Federzeichn.)

Dorothea Tanning: „Vollkommene Intimität" (nordamer. Gem.)

Fred Thieler (* 1916): „Situationsbericht 65" (dreiteil. abstr. Gem. 2,5 m x 6 m)

H. Trier: „Chinoiserie" (abstr. Gem.)

Fritz Winter: „Roter vertikaler Klang" (abstr. Gem.)

Isaac Witkin (* 1936): „Vermont I" (engl. geometr. farbige Stahlplastik)

nen für Viola und Kleines Orchester"

Musikfestspiele in Darmstadt m. zeitgen. Kompositionen von *Jacques Calonne* (Belgien), *Milko Kelemen* (Jugoslaw.), *Marek Kopelent* (CSSR), *György Ligeti* (Ungarn), *Francis Miroglio* (Frankreich), *Luis de Pablo* (Spanien) u. a.

Musiktage in Donaueschingen mit zeitgen. Kompositionen von *Luciano Berio* (Ital.), *Earle Brown* (USA), *Witold Lutoslawski* (Polen), *Enrique Raxach* (Spanien), *Karlheinz Stockhausen* (BRD), *Roman Vlad* (Italien) u. a.

Folgende Opernkomponisten erlebten seit 1955 an deutschsprachigen Bühnen an Aufführungen: *Verdi* 20631, *Mozart* 18064, *Johann Strauß* 15555, *Puccini* 12794, *Lortzing* 8719, *Richard Wagner* 7763, *Donizetti* 4118, *Rossini* 4082, *C. M. v. Weber* 3064; ferner wurden in diesem Zeitraum aufgeführt: *Johann Strauß:* „Die Fledermaus" 4764, *W. A. Mozart:* „Die Zauberflöte" 4263, *C. M. v. Weber:* „Der Freischütz" 3016, *Leoncavallo:* „Bajazzo" 1943, *Mascagni:* „Cavalleria rusticana" 1670

aufnahmen entdeckt (Lebensdauer etwa eine zehnmilliardstel Sekunde) Mit Elektronensynchrotron bei Hamburg (DESY) über hochenergiereiche Gammaquanten Anti-Protonen erzeugt

Institut für Plasmaphysik der Max-Planck-Ges. in Garching erreicht durch kondensierte elektrische Entladung kurzzeitig Temperaturen bis 60 Mill. Grad

USA-Mondsonden Ranger 8 und 9 senden vor ihrem Aufschlag detailreiche Bilder von der Mondoberfläche zur Erde: Krater bis herab zu einem halben Meter Durchmesser

US-Marssonde photographiert Marsoberfläche mit Kraterlandschaft. Temperaturbestimmung ergibt —93° C

USA-Satellit „Early Bird" gestattet ständige Funkverbindung zwischen USA und Europa, da seine Umlaufzeit von 24 Stunden konstante Position zwischen den Kontinenten sichert

USSR startet die drei Satelliten „Kosmos 54, 55, 56" zusammen mit einer Rakete

US-Amateurfunk-Satellit Oscar III für 2-m-Band in Kreisbahn mit 935 km Höhe

5-m-Reflektor auf dem Mt. Palomar (USA) ermittelt für eine quasistellare Radioquelle („Quasar") stärkste bekannte Rotverschiebung im Spektrum und damit eine Entfernung von ca. 10 Mrd. Lichtjahren

In USA wird in 700 m Erdtiefe ein Tetrachloräthylen-Detektor zum Nachweis von Neutrinos von der Sonne errichtet

Radioteleskop in Green Bank (West Virginia, USA) mit 43 m Durchmesser. Damit gelingt bald die Entdeckung einer Linie der Wasserstoffstrahlung mit 6 cm Wellenlänge

Die Belichtungszeit astronomischer Farbaufnahmen ist seit ihren Anfängen (Mt. Palomar 1959) von ca. 2 Stunden auf ca. 1 Minute gefallen

Sonnenfinsternis wird im Pazifik von US-Flugzeug in 12000 m Höhe wissenschaftlich beobachtet

Fischmehl-Welterzeugung hat sich seit 1950 etwa verachtfacht (übrige Fischereierzeugnisse etwa verdoppelt). Frischfischverbrauch ca. 18 Mill. t (1950 ca. 10 Mill. t)

Es fehlen zur Ernährung der Erdbevölkerung ca. 100 Mill. t Getreideerzeugnisse und 33 Mill. t Tierprodukte.

Von d. ca. 50 Mill. jährlichen Todesfällen auf der Erde sind 35 Mill. auf Hunger u. Hungerkrankheiten zurückzuführen

Stärke der Handelsflotten (in Mill. BRT):

Gr.-Brit.	21,5
USA	21,5
Liberia	17,5
Norwegen	15,6
Japan	12,0
USSR	8,3
Griechenland	7,1
Italien	5,7
BRD	5,3
Frankreich	5,2
Niederlande	4,9
Panama	4,5
Erde	160
	(1955: 105)

Von den 50 größten Unternehmen gehören 40 zu den USA, 2 zu Niederlande/Gr.-Brit., 3 zur BRD, 2 zu Gr.-Brit., 1 zu den Niederl., 1 zur Schweiz, 1 zu Ital.

† *Bernard Baruch* Bankier der USA, Wirtschaftsberater im 1. und 2. Weltkrieg, schlug int. Kontrolle der Atomenergie vor (* 1870)

(1965)

Regierung *Stefan Stefanopoulos* erhält Vertrauen des griech. Parlaments

Türk. Parlament stürzt *M. I. Inönü,* Min.-Präs. seit 1961; Nachfolger: *Suat Haryi Ürgüplü* (* 1903)

Schah *Mohammed Pahlewi* von Iran macht Staatsbesuch in Moskau

Ehemal. israel. Min.-Präs. *David Ben Gurion* aus der (sozialdemokr.) Partei Mapai ausgeschlossen

Blutige Grenzzwischenfälle zwischen Israel und Jordanien

Tunes. Min.-Präs. *Burgiba* fordert Verhandlungen der arab. Staaten mit Israel mit dem Ziel der „friedlichen Koexistenz" (heftige Ablehnung in der arab. Welt). Tunesien verzichtet auf Mitarbeit in der Arabischen Liga

Syrische Reg. verhängt Kriegsrecht; Reg. verstaatlicht Industrie- und Handelsunternehmen

Nasser lädt *Ulbricht* nach Ägypten ein. BRD bezeichnet dies als einen feindlichen Akt und stellt nach dem Besuch Wirtschaftshilfe für Ägypten ein

Revolutionsrat unter Oberst *Boumedienne* (* 1925) stürzt algerischen Staatspräsidenten *Ben Bella* (seit 1963; * 1916)

Dritte Gipfelkonferenz der Arab. Liga (ohne Tunesien). Erweist ägyptische Vorherrschaft

König *Saud* von Saudi-Arabien verzichtet auf seinen Thron und verläßt das Land

Gambia (Westafrika) unabhängig (bisher brit. Kolonie)

Tansania (Ostafrika) läßt DDR-Konsulat in Dar-es-Salaam zu. BRD stellt Militärhilfe ein

General *Joseph D. Mobutu* (* 1930) stürzt im Kongo Staatspräsident *Joseph Kasavubu* (seit 1960; * 1910, † 1969)

Singapur löst sich von Malaysia und wird unabhängig

Kämpfe zwischen Indien und Pakistan im Kaschmirgebiet. Waffenstillstand auf Forderung des Weltsicherheitsrates

Indonesien verläßt die UNO

Kommunisten Indonesiens versuchen mit Offizieren aus der Um-

1. August beginnen zu lassen (führt zu größeren Umstellungsschwierigkeiten)

Studenten fordern in Madrid freie Studentenvertretung. Es kommt zu Unruhen und Schließungen

Reform des Urheberrechts in der BRD: Verlängerte Schutzfrist, Beteiligung bildender Künstler an Wertsteigerung bei Besitzwechsel

In Gr.-Brit. wird Todesstrafe für viele Verbrechen abgeschafft

Dt. Bundestag verändert Verjährungsdatum für NS-Morde vom 8. 5. 65 auf 31. 12. 1969

~ Im Mittelpunkt öffentlicher Aufmerksamkeit und Diskussion steht das Bildungswesen, insbes. d. Notwendigkeit seiner Reform

Paul Wunderlich (* 1927): „Leda 65" (Farblitho)

„Die Wiener Schule des phantastischen Realismus" (Kunstausstellung d. Kestner-Ges. in Hannover u. Berlin [West] mit Werken von *E. Brauer, E. Fuchs, R. Hausner, W. Hutter, A. Lehmden,* vgl. 1964/65, Schule bildete sich zwischen 1949 und 1959)

„The responsive Eye" (Ausst. im Mus. of modern Art, New York von *W. C. Seitz* im Bereich der Op-Art)

„Signale, Manifeste, Proteste im 20. Jahrhundert" (Ausstell. engagierter Kunst d. Ruhrfestspiele Recklinghausen)

Galerien beginnen Computer-Grafik auszustellen

~ Bezeichnung „Op-Art" (optische Kunst) für kinetische Kunstformen kommt auf

Europarat-Ausstellung „Karl d. Gr." in Aachen

—

—

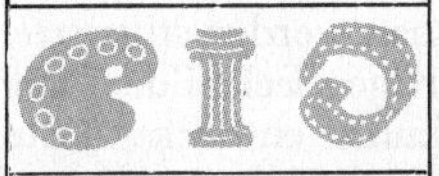

„Schonzeit für Füchse" (Film von *Peter Schamoni* nach dem Roman „Das Gatter" v. *Seuren,* vgl. 1964 D, mit *Helmut Förnbacher, Christian Doermer, Andrea Jonasson, W. Birgel*)

„Es" (dt. Film mit *Sabine Sinjen, Bruno Dietrich, Tilla Durieux;* Kamera: *Gerard Vandenberg;* Regie: *Ulrich Schamoni*)

„Der junge Törless" (dt. Film nach *Musil* mit *Matthieu Carrière, Bernd Tischer;* Regie: *V. Schlöndorff*)

„Julia und die Geister" (dt.-ital.-frz. Film mit *Giulietta Masina, Sandra Milo, Valesca Gert;* Regie: *Federico Fellini*)

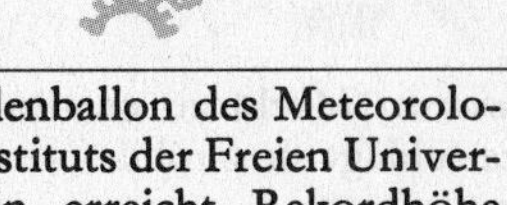

Radiosondenballon des Meteorologischen Instituts der Freien Universität Berlin erreicht Rekordhöhe von 46836 m

Berliner Sferic-Kathodenstrahlpeiler weist auf 30-km-Wellenlänge Gewitter über Nordamerika nach

Mittels Atomuhren wird seit 1955 Rotationsgeschwindigkeit der Erde gemessen. Insgesamt ergibt sich eine Verlängerung der Tageslänge seit 1963 um ca. $^1/_{10000}$ Sekunden in hundert Tagen

Beginn der Intern. Hydrologischen Dekade als Grundlage einer erdweiten Wasserplanung

Am Beginn der Intern. Hydrologischen Dekade ist die Eis- und Schneebilanz der Erde sehr unsicher (80% des Süßwassers sind in dieser festen Form vorhanden)

Intern. Symposium in Davos über wissenschaftl. Aspekte von Schnee- und Eislawinen (jährlich kommen in den Alpen 40 bis 80 Menschen durch Lawinen ums Leben)

Dt. Forschungsschiff „Meteor" entdeckt im mittleren Atlantik Grabensystem bis 7028 m Tiefe

US-Tauchboot „Trieste II" für 6000 m Tauchtiefe

INTERDATA, New York (2. Int. Kongr. für Informationsverarbeitung) mit dem Kennwort „Künstliche Intelligenz"; läßt zukünftige Bedeutung des Computers mit fernbedientem Vielfachzugriff (time sharing) erkennen

Es existieren Prototypen von Fahrzeugen, die mit Brennstoffelementen und Elektromotor angetrieben werden

Es mehren sich die Hinweise, daß RNS aus dem Gehirn dressierter Tiere Dressureffekte auf undressierte Tiere übertragen kann

Registrierung der Augenbewegung bei Schlafenden führt zu dem Schluß, daß der Mensch etwa alle 90 Min. eine Traumepisode hat.

~ Es verbreitet sich automatische Überwachung von Blutdruck, Pulsfrequenz, Atemfrequenz u. Temperatur bei Schwerkranken in Kliniken

Werbeaufwand d. Industrie in den USA mehr als 15 Mrd. Dollar, davon ca. 4,5 Mrd. Zeitungsinserate

Teilprivatisierung der VEBA in der BRD unter Ausgabe kleingestükkelter „Volksaktien" (die sozialpolit. Bedeutung dieser Eigentumsstreuung ist umstritten)

Aktienindex in der BRD (Industrieaktien) 1953 = 100

1962	445
1964	518
1965	438

Technische Ausstellung der BRD in Bukarest

Groß-London gebildet (32 Bezirke mit 8 Mill. Einw. und selbst. City)

24 Flugunfälle in der intern. Linienluftfahrt mit 680 Todesopfern: 0,34 pro 100 Mill. Passagierkilometer

Weltausstellung d. Verkehrs in München

Zug München—Augsburg erreicht mehr als 200 km Stundengeschw.

Mont-Blanc-Tunnel zwischen Chamonix und Courmayeur eröffnet, mit 11,96 km längster Straßentunnel der Welt

Forth Road Bridge, Straßenbrücke in Schottland, eröffnet

5 km lange Oosterschelde-Brücke (Niederl.) eingeweiht

(1965)

gebung *Sukarnos* Macht zu gewinnen. Armee schlägt sie zurück

Bei der Kommunistenverfolgung in Indonesien kommen schätzungsweise 100000 Menschen ums Leben

Volksrep. China verschärft Politik gegen die „imperialistischen" USA und die „revisionistische" USSR

Spannungen zwischen Armee und kommunist. Partei Chinas. „Kulturrevolution" mit Säuberungswelle als Antwort *Maos* auf antikommunist. Strömungen

Tibet wird „autonomes Gebiet" der Volksrep. China

Volksrep. China zündet seine zweite Atombombe

2. Bandung-Konferenz verschoben, weil Volksrep. China gegen Teilnahme der USSR

Buddhistischer Widerstand (mit Selbstverbrennungen) gegen Reg. *Huong* in Südvietnam. Neuer Min.-Präs. von Südvietnam wird *Phan Huy Quat*

Schwere innere Unruhen und schwere Kämpfe mit dem Vietkong in Südvietnam. Min.-Präs. wird *Nguyen Cao Ky* (* 1930), verkündet Kriegszustand. Amerikaner verstärken ihre Truppen in Südvietnam

Lyndon B. Johnson tritt als 36. Präsident der USA sein Amt an

Beginn der Luftangriffe der USA auf Nordvietnam (erklärt als Vergeltung für Angriffe auf Kriegsschiffe der USA. Nehmen an Häufigkeit und Intensität rasch zu, ohne kriegsentscheidend zu wirken; 1968 eingestellt, 1972 wiederaufgenommen. 1971 veröffentl. die New York Times eine Geheimstudie, wonach diese Begründung ein unwahrer Vorwand ist)

Demonstrationen gegen die Bombardierung Nordvietnams durch die USA in Ost und West

Negerunruhen in Los Angeles werden von Nationalgarde unterdrückt: 34 Tote, mehr als 800 Verletzte

† *Malcolm Little* (ermordet), nordamerik. Negerführer (* 1925)

Kanadische Wissenschaftler entw. neues vielseitig wirksames Antibioticum Myxin

Auffindung einer Weltkarte um 1440 aus Basel in den USA mit den Entdeckungen von *Leif Eriksson* um das Jahr 1000

Zypressen in der Sahara mit mehr als 4700 Jahren als vermutlich älteste Bäume der Erde erkannt

Erstes vollständiges Grab eines minoischen Herrschers (Priesterkönigin) auf Kreta gefunden (≈ —1375)

Steinzeitliches Dorf bei Damaskus entdeckt (≈ —6500) mit Anbau von Weizen, Gerste, Linsen und anderen Feldfrüchten

Bauerndorf bei NeaNikomedeia (Makedonien) ausgegraben. Nachweis von Weizen, Gerste, Schafen, Ziegen (≈ —6250)

Bei Pataz, Ostanden (Peru) Steinruinen einer Stadt mit Terrassentempel gefunden

In der südwestchines. Provinz Yünnan werden stilisierte, silhouettenartige Felsbilder unbekannter Herkunft entdeckt (Alter mindestens 500 Jahre)

Volksrepublik China gibt mit ca. 2,2 Mrd. DM 1,1% seines Bruttosozialproduktes für Forschung und Entwicklung aus

Elso S. Barghoorn (USA) entd. fossile Mikroorganismen (schätzt ihr Alter auf 3,1 Mrd. Jahre)

Die Entziff d. genetischen Codes durch *Nirenberg* u. and. stellt eine Vollend. d. Grundlagen d. molekularen Biologie dar (vgl. 1943 *Avery*, 1953 *Sanger*, *Watson* u. *Crick*, 1961 *Nirenberg*)

Computerrechnungen ermöglichen Theorie der Sternentwicklung durch Kernverschmelzungsphasen

Fossilfunde 1910, 34 und später in Indien werden zur Art Ramapithecus zusammengefaßt, ein Vorfahr des Menschen, der vor etwa 14 Mill. Jahren lebte

„Wenn Katelbach kommt..." („Cul-De-Sac", brit. Film mit *Donald Pleasence, Françoise Dorléac;* Regie: *R. Polanski*)

„Othello" (brit. Film mit *Laurence Olivier, Frank Finlay, Maggie Smith;* Regie: *Stuart Burger* nach der Bühnenregie von *John Dexter*)

„Mademoiselle" (brit.-frz. Film mit *Jeanne Moreau, Ettore Manni;* Regie: *Tony Richardson*)

„Zum Beispiel Balthasar" (frz.-schwed. Film mit *Anne Wiazemsky* u. *Françoise Lafarge;* Regie: *Robert Bresson*)

„Der Krieg ist vorbei" (frz.-schwed. Film mit *Yves Montand* u. *Ingrid Thulin;* Regie: *Alain Resnais*)

„Masculin — Feminin" (frz.-schwed. Film mit *Jean-Pierre Léaud* u. *Chantal Goya;* Regie: *Jean-Luc Godard* [* 1930])

„Lemmy Caution gegen Alpha 60" (frz.-ital. Film, Regie: *Jean-Luc Godard*)

„Made in Italy" (ital. Film mit *Lando Buzzanca* u. *Yolanda Modio;* Regie: *Nanni Loy*)

„Die Liebe einer Blondine" (tschech. Film mit *Hana Brechova, Vladimir Pucholt;* Regie: *Miloš Forman*)

„Der Wald der Gehenkten" (rumän. Film, Regie: *Liviu Ciulei*)

„Wer hat Angst vor Virginia Woolf?" (nordam. Film von *Mike Nichol* mit *Elizabeth Taylor* und *Richard Burton* nach dem Schauspiel von *Edward Albee,* 1962)

„Doktor Schiwago" (nordam. Film nach dem Roman von *Boris Pasternak* mit *Omar Sharif, Julie Christie;* Regie: *David Lean*)

„Krieg und Frieden I" (russ. Film, Regie: *Sergej Bondartschuk*)

„Onibaba — Die Töterinnen" (japan. Film mit *Nobuku Otowa, Jitsuko Yoshimura;* Regie: *Kaneto Shindo*)

„The Knack" („Der gewisse Kniff"), brit. Film, erlangt „Goldene Palme" in Cannes

„Goldener Löwe v. San Marco" der 26. Intern. Filmfestspiele in Venedig für „Sterne im Großen Bär", ital. Film von *Visconti,* f. beste Schauspielerin *Annie Giardot* in „Drei Zimmer in Manhattan", f. besten Schauspieler *Toshiro Mifune* (Japan) in „Rotbart"

„Goldener Bär" der 15. Intern. Filmfestspiele Berlin für „Lemmy Caution gegen Alpha 60" (frz.); „Silberner Bär" für beste Regie an *Satyajit Ray* (Ind.) für den Film „Die einsame Frau"

14. Intern. Filmwoche in Mannheim vergibt großen Preis für besten Erstlingsfilm für „Niemand wird lachen" (CSSR)

Größte Drehbrücke der Erde (317 m Länge, Mittelöffnung 167 m) am Suezkanal

Klassifizierte Straßen	km
in der BRD	154 882
in der DDR	45 544
davon Autobahn	
BRD	3 204
DDR	1 391

Erster in Europa eingesetzter Verkehrsrechner in Berlin-Wilmersdorf zur Automatisierung der Verkehrsregelung

Tiflis erhält Untergrundbahn

† *Helena Rubinstein,* nordam. Kosmetikerin (* 1870)

Sommermode aus Paris zeigt weibliche Note: schmale Taille, schwingender Rock, spielerische Details

Bob Summers erzielt mit radgetriebenen Kraftwagen in USA Geschwindigkeitsrekord v. 658,667 km/h

Craig Breedlove erreicht mit düsengetriebenen Kraftwagen „Spirit of America" absoluten Weltrekord für Landfahrzeuge v. 966,570 km/h

Rik van Steenbergen (* 1925, Belg.) gewinnt sein 40. Sechstagerennen

Ernie Terell (USA) gewinnt Schwergewichts-Boxweltmeisterschaft gegen *Eddie Machen* (*Cassius Clay* wurde Titel aberkannt)

Dt. Sportbund beschließt in Köln Wiederaufnahme d. gesamtdt. Sportverkehrs

Zwei dt. Olympiamannschaften für 1968 zugelassen: „Deutschland" (BRD) und „Ost-Deutschland" (DDR)

Werder-Bremen wird Fußballmeister in der BRD

Herta BSC (Berl.) wegen Verstößen gegen das Statut aus der Fußball-Bundesliga ausgeschlossen (kommt 1968 wieder in die Bundesliga)

Weltgesundheitsorganisation (WHO) schätzt pro Jahr ca. 25 Millionen Abtreibungen auf der Erde (in der BRD sterben jährlich ca. 250 Frauen an illegalen Eingriffen)

Schätzung der täglichen Kriminalität in der BRD:
4 Morde und Totschläge oder Versuche
17 Notzuchtsdelikte an Frauen
46 Urkundenfälschungen
125 Autodiebstähle
113 Automatenplünderungen
60% der Kriminalität entfallen auf einfachen u. schweren Diebstahl

Zahl d. rechtskräftigen Verurteilungen wegen Mordes in der BRD geringer als um 1900 im Dt. Reich (obwohl damals Todesstrafe bestand)

52 Mill. ernstliche Unfälle in USA:

(1965)

† *Adlai Stevenson,* parteidemokratischer Politiker der USA, mehrfacher Präsidentschaftskandidat, zuletzt Chefdelegierter bei der UNO (* 1900)

Ausnahmezustand über Kolumbien wegen schwerer Zusammenstöße zwischen Polizei und Studenten

Blutig unterdrückte Unruhen in den bolivian. Zinngruben gegen Militärregierung

Umsturzversuch in der Dominikanischen Republik; USA greift dagegen ein

Übergangsregierung in der Dominikanischen Republik auf Grundlage eines Friedensplanes der Organisation Amerikanischer Staaten

Castelo Branco, Präs. von Brasilien, löst alle politischen Parteien auf und schränkt bürgerliche Rechte ein

Normalisierungsvertrag zwischen Japan und Südkorea. Führt zu Unruhen in Südkorea

David Singer, US-Politologe, erhält im Rahmen s. Friedensforschung f. d. Zeitraum 1816–1965 folgende Ergebnisse:

Es fanden 93 Kriege mit mehr als 1000 Gefallenen statt, davon 43 Kolonialkriege.

144 Länder kämpften in 4500 „Nationen-Monaten" mit 29 Millionen Gefallenen auf d. Schlachtfeld. Im 2. Weltkrieg gab es pro Nationen-Monat 17084 Gefallene.

Es führten in diesem Zeitraum Kriege: Frankr. 19, Gr. Brit. 19, Türkei 17, Rußl. 15, Italien 11, Deutschl. 6, USA 6 (ohne Vietnam-Krieg) (vgl. 1967 P)

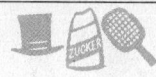

107000 Tote, 400000 zeitlebens u. 10 Mill. zeitlich begrenzt Körperbeschädigte

Seit 1950 Rückgang d. Säuglingssterblichkeit in USA unterbrochen (läßt in diesem Zeitraum der Atomwaffenversuche (ca. 375.000 Opfer durch radioaktive Verseuchung vermuten)

Überschwemmungskatastr. in Österreich und Nordital. fordert mehr als 60 Tote

Gletscherabbruch im Saastal (Schwz.) begräbt Baustelle mit 88 Arbeitern

Lawinenunglück am Schneefernerhaus auf der Zugspitze fordert zehn Tote

Explosion in einem Raketensilo i. USA tötet 53 Menschen

In Südafrika verunglückt Personenzug mit Negerarbeitern: 83 Tote

„Yarmouth Castle" gerät in der Floridastraße in Brand und sinkt: 81 Tote

2 Flugzeugunfälle bei Tokio fordern 133 bzw. 124 Tote

117 Tote beim Absturz einer Air-India-Maschine auf dem Flug Bombay—New York

46 Tote beim Absturz einer Lufthansa-Maschine b. Bremen

Staudammbruch i. Bulgarien fordert 96 Todesopfer

Wirbelsturm i. den südl. USA fordert über 250 Tote und macht mehr als 200000 Menschen obdachlos

Schweres Erdbeben in Mittelchile zerstört Staudamm (ca. 600 Tote)

Wirbelsturm und Flutwelle fordert über 12000 Todesopfer in Ostpakistan

Schlagwetterexplosion in einer japan. Kohlengrube fordert 236 Todesopfer

Mehr als 150 Tote durch Taifun-Verwüstungen in Jap.

Vulkanausbruch auf den Philippinen fordert mehrere hundert Tote

Winterbesteigung der Matterhorn-Nordwand im Alleingang durch *Bonnati*

Die häufigsten Sprachen

Chinesisch	660 Mill.	Bengali	80 Mill.
Englisch	280 „	Malaiisch	80 „
Hindi	175 „	Portugiesisch	78 „
Spanisch	170 „	Arabisch	75 „
Russisch	120 „	Französisch	69 „
Japanisch	98 „	Italienisch	58 „
Deutsch	96 „		
			2039 Mill. = 67%

W. Fucks: „Formeln zur Macht." Gibt folgende Prognose für Entwickl. d. „Macht" = Stahlproduktion plus Energieproduktion mal Kubikwurzel aus der Bevölkerungszahl (USA 1960 = 100):

Jahr	1960	1980	2000
USA	100	160	180
USSR	55	110	170
China	20	160	700
BRD	17	24	28
Gr.-Brit.	13	19	22
Japan	10	39	50
Frankreich	7	11	12

Volkseinkommen in der BRD

	Mrd. DM	DM/ Einw.	DM/ Erwerbstät.
1950	75,2	1602	3759
1955	139,5	2834	6109
1960	229,8	4146	8755
1965	345,4	5854	12733
1967	361,6	6064	13755

Weltenergieerzeugung und ihre Entwicklung (in Mrd. t Steinkohleneinheiten):

Jahr	1955	1965	geschätzt 1975	2000
Erdöl	1,0	2,0	4,0	6,0
Erdgas	0,3	0,8	1,5	4,5
Wasserkr.	0,1	0,3	0,5	1,0
Kohle	2,1	2,6	3,0	5,5
Kernenergie	—	—	0,5	7,0
Gesamt	3,5	5,7	9,5	24,0

Die größten Industrieunternehmen der Erde

	Umsatz Mrd. DM	Beschäftigte in 1000
Gen. Motors	82,9	735
Ford	46,2	364
Standard Oil	45,7	148
ATT (Nachrichtentechn.)	44,3	795
Royal Dutch/ Shell	28,8	186

Bruttoinlandsozialprodukt insges. (in Mill. US-Dollar) und pro Einwohner (in US-Dollar)

	1958 insges.	1965 insges.	1958 pro Einw.	1965 pro Einw.
USA	414425	624582	2370	3210
BRD	50556	97488	931	1651
Gr.-Brit.	56277	85241	1086	1561
Frankr.	49843	78946	1113	1614
Italien	25917	50102	528	971
Indien	28224	44997	68	92
Nigeria	2423	3882	48	68

Zigaretten-Produktion der Erde

2322 Mrd. Stück

Davon	1965	1955	1938
USA	556	414	172
USSR	304	215	100
Japan	179	100	46
BRD	102	45	} 47
DDR	18	—	

Luftverkehr der Erde (ohne USSR, VR China, DDR) (in Mill. km)

	1965	1961
geflog. km	4100	3120
Passag.-km	198000	117000
Fracht-t-km	4960	2480
Post-t-km	1100	720

Die größten Industrieunternehmen Europas

	Umsatz Mrd. DM	Beschäftigte in 1000
Royal Dutch/ Shell	28,8	186
Unilever	20,4	294
Brit. Petrol.	9,6	60
Volkswagenwerk	9,3	125
ICI (Chemie, Gr.-Brit.)	9,2	170
Philips	8,4	252
Siemens	7,2	257
Thyssen	6,9	94
Nestle	6,3	85
Fiat	6,1	123

1966

Friedensnobelpreis nicht verliehen

Karlspreis der Stadt Aachen an dän. Min.-Präs. *Jens Otto Krag* (* 1914)

U Thant (* 1909, Burma) wird nach anfänglichem Zögern zum UNO-Generalsekretär wiedergewählt

Der 90. Geburtstag des Altbundeskanzlers *K. Adenauer* (am 5. 1.) wird glanzvoll gefeiert

† *Marie-Elisabeth Lüders,* dt. liberale Politikerin, zuletzt FDP (* 1878)

Ludwig Erhard wird Bundesvors. der CDU (als Nachfolger *Adenauers*)

Führungskrise in der Bundeswehr. Generalinspekteur (seit 1964) *Heinz Trettner* (* 1907) tritt zurück. Nachfolger General *Ulrich de Maizière* (* 1912)

Polemischer Briefwechsel zwischen SPD und SED über Behandlung der Deutschlandfrage wird in beiden Teilen Deutschlands veröffentlicht. Rednerauastausch in Karl-Marx-Stadt (Chemnitz) und Hannover kommt nicht zustande

Gesetz über „Freies Geleit" für Politiker der DDR in der BRD. Wird von der DDR als Diffamierung empfunden und als Begründung zur Absage des Rednerraustausches mit der SPD benutzt

Auf dem SPD-Parteitag in Dortmund fordert *Willy Brandt* ein „geordnetes Nebeneinander" der beiden Teile Deutschlands. *Brandt* wird fast einstimmig zum 1. Vorsitzenden der SPD wiedergewählt (Stellvertreter *Fritz Erler, Herbert Wehner*)

Semjon Zarapkin (* 1906) wird als Nachfolger von *Andrej Smirnow* Botschafter der USSR in der BRD

Regierender Bürgermeister von Berlin *W. Brandt* besucht Botschafter *P. Abrassimow* in Ost-Berlin (baldiger Gegenbesuch)

Regierungskrise in der CDU/CSU-FDP-Koalition in Bonn wegen Haushalt 1967. Bundeskanzler *Ludwig Erhard* tritt zurück. *Georg Kiesinger* (* 1904), Min.-Präs. von Baden-Württemberg seit 1958, wird Bundeskanzler einer CDU/CSU-SPD-Koalition. Vizekanzler und Außenminister: *Willy Brandt*

Nobelpreis für Literatur an *Nelly Sachs* (Schweden, früher Deutschld.) und *Samuel Josef Agnon* (Israel, früher Polen)

† *Anna A. Achmatowa,* russ. Lyrikerin, 1946 polit. verurteilt, später rehabilitiert (* 1889)

Edward Albee: „Winzige Alice" (nordam. Schauspiel von 1964, dt. Urauff. in Hamburg)

Wystan Hugh Auden (* 1907): „About the house" (engl. Dichtung)

Samuel Beckett: „Kommen und Gehen", „Alle, die da fallen" (engl. Schauspiele, Urauff. Werkstatt-Theater, Berlin [West])

Simone de Beauvoir: „Les belles mages" (frz. Erz.)

H. Böll: „Ende einer Dienstfahrt" (zeitkrit. Erzählung)

† *André Breton,* frz. Schriftsteller, bis 1922 Dadaist, gründete 1924 literar. Surrealismus marxist. Richtung (* 1896)

† *Otto Burrmeister,* Grd. u. Leiter der Ruhrfestspiele für Arbeiter in Recklinghausen seit 1948 (* 1899)

Jean Cayrol (* 1911): „Midi minuit" (frz. Roman)

Prix Goncourt an *Edmonde Charles-Roux* (* 1920) für ihren Roman „Oublier Palerme"

Nigel Dennis (* 1912): „A house in order" (südafrik.-engl. Roman)

Dürrenmatt: „Herkules und der Stall des Augias" (schweizer. Schauspiel, Urauff. in Dortmund)

† *Kasimir Edschmid,* dt. Schriftsteller (* 1890)

Günter Eich (* 1907):

Lothar von Balluseck: „Selbstmord — Tatsachen, Probleme, Tabus, Praktiken" (bei der Erforschung dieses Bereichs Computer-Anwendung)

† *Ludwig Binswanger,* schweizer. Psychiater, schuf „Daseinsanalyse" als psychotherapeut. Behandlung („Drei Formen mißglückten Daseins", 1956) (* 1881)

Der Neger *Eugene C. Blake* (* 1906, USA) wird Gen.-Sekr. des Ökumen. Rates

Heinrich Böll: „Möglichkeit einer gegenwärtigen Ästhetik des Humanen" (4 Frankfurter Vorlesungen)

O. F. Bollnow: „Sprache und Erziehung", „Krise und neuer Anfang"

† *Emil Brunner,* schwz. evangel. Theologe, neben *K. Barth* Begrd. d. Dialektischen Theologie (* 1889)

Otto Dibelius (* 1880, † 1967), Bischof von Berlin-Brandenburg seit 1945, tritt von seinem Amt zurück. Nachfolger: *Kurt Scharf* (* 1902), 1961—67 Präses der Evangel. Kirche Dtlds. Wird an der Ausübung des Amtes in der DDR gehindert

H. G. Franck: „Kybernetik und Philosophie" (Betrachtungen über zwei Disziplinen, welche Wissen verknüpfen)

Betty Frielan: „Der Weiblichkeitswahn" (gegen das konventionelle Wunschbild v. d. Frau)

Hans Giese (*1920, + 1970): ,,Das obszöne Buch'' (Sexualforschg.)

Hermann Glockner (* 1896): „Gegenständlichkeit und Freiheit"

Valerio Adami (* 1935): „Pornographisches Thema in Rosa“ (ital. Gem.)

Fr. Ahlers-Hestermann: „Papiervogel und Feder“ (Gem.)

Otmar Alt (* 1940): „Pinguin mit Spielzeug“ (ornam. Gem.)

† *Hans Arp,* dt. Dichter, Maler und Bildhauer (* 1887)

Gruppe Geflecht (*Hans Bachmayer, Reinhold Heller, Florian Köhler, Heino Naujoks, Helmut Rieger, Helmut Sturm, Hans-Peter Zimmer*): „Anti-Objekt“ (Polichrome Eisenmontage)

Rudolf Belling: „Capriccio“ (Bronze)

Michael Bolus (* 1934): „Sculpture“ (engl. geometr. farbige Aluminium-Plastik)

Jan Bontjes van Beek (* 1899, † 1969): „H H 82. Grau — Grün — Überlauf“ (Steinzeug — Vase)

Erich Buchholz (* 1891): „Dreiprismenobjekt“ (konstruktivist. Glasplastik)

Giuseppe Capogrossi (* 1900): „Superficie 570“ (ital. abstr.-ornamentales Gem.)

† *Carlo Carrà,* ital. Maler d. Futurismus und der „peintura metafisica“ (* 1881)

Marc Chagall: „Der Winter“, „König Davids Traum“ (russ.-frz. Gem.); Wandgemälde für d. neue Metropolitan-Oper, New York

Marc Chagall (mit

Cathy Berberian (* 1928): „Stripsody“ (armenisch-nordamer. Kompos. für Singstimme der avant gard. Sängerin)

Boris Blacher, Paul Dessau, Karl Amadeus Hartmann, Hans Werner Henze und *Rudolf Wagner-Régeny:* „Jüdische Chronik“ (Gemeinschaftskomp. einer fünfteiligen Kantate)

Benjamin Britten: „The Burning Fiery Furnace“ (engl. Oper vom „Gesang im Feuerofen“)

Erhard Großkopf (* 1934): „Sonata concertante 1“ (Komp. f. Kleines Orchester)

Roman Haubenstock-Ramati (* 1919): „Amerika“ (poln.-österr. Oper n. *Kafka,* Urauff. in Berlin [West])

Hans Werner Henze: „Tancredi“ (Ballett, Urauff. in Wien)

† *Jan Kiepura,* poln.-nordamer. Tenor (* 1904)

Ernst Křenek: 6 Lieder von *Emil Barth*

Hamburger Bachpreis an *Ernst Křenek*

Darius Milhaud: „La mère coupable“ (frz. Oper n. *Beaumarchais*), „Musik für Prag“ (Komp. f. Festspiele „Prager Frühling“)

Krysztof Penderecki (* 1933): Lukas-

Nobelpreis für Physik an *Alfred Kastler* (* 1902, Elsaß) für Untersuchungen über das „optische Pumpen“ zur Klärung des energetischen Aufbaus der Atome

Nobelpreis für Chemie an *Robert S. Mulliken* (* 1886, USA) für Erforschung von Elektronenbahnen in Molekülen (Quantenchemie)

Nobelpreis für Medizin an *Francis Peyton Rous* (* 1879, † 1970, USA) u. *Charles B. Huggins* (* 1901, USA) für Krebsforschung, insbesondere Hormonbehandlung

Baarghorn u. *Schopf* finden Bakterium in 3,1 Mrd. Jahre alten Mineralien aus Osttransvaal

Eugene Cernan (* 1934) verläßt als Kopilot des USA-Raumschiffes Gemini 9 für ca. 2 Stunden die um die Erde kreisende Kapsel

US-Weltraumgruppenflug von *C. Conrad* und *R. F. Gordon* mit Gemini G T 11 und von *J. A. Lovell* und *E. E. Aldrin* mit Gemini G T 12. *Gordon* verbringt 40 Min., *Aldrin* 330 Min. im Raum

Michael De Bakey (* 1908, USA) ersetzt linke Herzkammer durch künstliches Herz außerhalb des Körpers (1969 Einpflanzung eines von außen angetriebenen künstlichen Herzens für drei Tage in den USA, vor der Transplantation eines Spenderherzens)

† *Peter Debye,* niederländ. Physiker in der Schweiz, Deutschland und USA, Nobelpreis für Chemie 1936 (* 1884)

R. H. Dicke findet Hinweise für seine neue Gravitationstheorie (seit 1961) in der Abplattung der Sonne (Theorie stellt eine Korrektur der von *A. Einstein* dar)

Otto Hahn, Lise Meitner, Fritz Strassmann erhalten für Entdeckung der Urankernspaltung 1938/39 den Enrico-Fermi-Preis

Robert Havemann (* 1910), dt. Chemiker in der DDR, wegen oppositioneller Ansichten aus der Akademie der Wissenschaften entlassen

S. Heyden (Inst. f. Sozial- und Präventivmedizin Zürich) macht vorwiegend fettreiche Nahrung sowie

Erdbevölkerung 3406 Mill., davon in Asien 56,7%, Europa (m. USSR) 20%, Afrika 9,3%, Lateinamer. 7,2%, Nordamer. 6,3%, Australien u. Ozeanien 0,5%

Einkommen j. Ew. in US-Dollar

	1960	1966
Industrieländer	1800	2250
Entwickl.-Länder	170	195

Otto Ernst Fischnich (* 1912): „Versorgung der Welt mit Nahrung bis zum Jahr 2000“ (fordert weitreichende Änderungen in der Landwirtschaftspolitik der Nationen)

Fischfang (i. Mill. t): Erde 56,8 (1954: 27,0); Afrika 3,1; Nordamerika 4,4; Lateinamerika 11,1; Asien 21,2; Europa (außer USSR) 11,5; USSR 5,5; An der Spitze: Peru 8,8; Japan 7,1; VR China 5,8

Steinkohlenförderung der Erde (o. China) 2,05 Mrd. t (davon USA 25%, USSR 22%, Gr.-Brit. 8,5%, Polen 6%, BRD 6,3%, DDR 1%)

Weltumsatz d. chemischen Industrie ca. 520 Mrd. frz. Francs (= 415 Mrd. DM). Davon entfielen auf die USA 200, USSR 90, BRD 45, Gr.-Brit. 32, Japan 30, Frankr. 29, Ital. 23, DDR 20 Mrd. Fr.

(1966)

(* 1913), Wirtschaftsminister: *Karl Schiller* (* 1911)

CDU/CSU-SPD-Bundesreg. kündigt Sparmaßnahmen, Finanzreform, aktive Ostpolitik und Einführung d. Mehrheitswahlrechts an

Unruhe in der SPD-Mitgliedschaft wegen Bildung der Großen Koalition; besonders auch wegen Tolerierung von *Franz Josef Strauß* (CSU-Vorsitzender) als Finanzmin.

Bundesverfassungsgericht erklärt nur die Erstattung von Wahlkampfkosten als Parteienfinanzierung zulässig

NS-Politiker *Speer* und *Schirach* nach 20 Jahren Haft aus dem Spandauer Kriegsverbrechergefängnis entlassen. *Heß* verbleibt als letzter Häftling (von mehreren Seiten wird Begnadigung empfohlen)

CDU-SPD-Koalition in Baden-Württemberg unter Min.-Präs. *Hans Karl Filbinger* (* 1913, CDU)

Landtagwahlen in Bayern: CSU 110 Sitze (vorher 108), SPD 79 (79), NPD 15 (0), FDP 0 (9), BP 0 (8) (letztere scheitern an 10%-Hürde)

Bürgerschaftswahl in Hamburg: SPD 74 Mandate (1961: 72), CDU 38 (36), FDP 8 (12), NPD und übrige Parteien unter 5%, daher kein Mandat. SPD-Senat unter 1. Bürgermeister *Herbert Weichmann*

Landtagwahlen in Hessen: SPD 52 Sitze (vorher 51), CDU 26 (28), FDP 10 (11), NPD 8 (0), GDP/BHE 0 (6) (die Erfolge der rechtsradikalen NPD in den Landtagen der BRD löst im In- und Ausland Unruhe aus)

Landtagwahlen in Nordrhein-Westfalen: SPD 99 Sitze (bisher 90), CDU 86 (90), FDP 15 (14). Die daraufhin gebildete Regierung *Franz Meyers* (* 1908, CDU) wird bald durch SPD-FDP-Koalition unter Min.-Präs. *Heinz Kühn* (* 1912, SPD) abgelöst

Studenten und linksgerichtete Jugendorganisationen demonstrieren in Berlin (West) gegen Vietnamkrieg der USA

Passierscheinaktion in Berlin (Weihnachten 1965, Neujahr 1966) ermöglicht 824000 Besuche von Westberlinern in Ostberlin

„Anlässe und Steingärten" (Gedichte)

Endre Fejes: „Schrottplatz" (dt. Übers. d. ungar. Romans)

Oskar Maria Graf: „Gelächter von außen. Aus meinem Leben 1918 bis 1933"

Günter Grass: „Die Plebejer proben den Aufstand. Ein deutsches Trauerspiel" (Drama um *Bert Brecht* und den 17. 6. 53. Urauff. Schiller Theater, Berlin)

Peter Handke: „Die Hornissen" (Roman)

Wolfgang Hildesheimer (* 1916) erhält Bremer Literaturpreis und Georg-Büchner-Preis d. Akad. Darmstadt

Peter Hirche erhält Hörspielpreis der Kriegsblinden

Daniel Juri (* 1926), Schriftsteller der USSR, veröff. unter d. Namen *Nikolai Arschak* im Ausl. ein antisowj. Buch u. wird zu 5 Jahren Freiheitsentzug verurteilt

† *Wolfgang Langhoff,* dt. Schauspieler und Regisseur, 1946—63 Leiter des Deutschen Theaters, Berlin (Ost), (* 1901)

J. M. LeClezio (* 1940): „*Le Deluge*" („Die Sintflut", frz. Roman)

Lotar: „Tod des Präsidenten" (Schauspiel, Urauff. in Göttingen und Karlsruhe)

James A. Michener: „Die Quelle" (dt. Übers. d. nordamer. Romans)

Slawomir Mrożek (* 1930): „Tango" (poln. Schauspiel, Urauff. in Düsseldorf)

Joe Orton (* 1933, † 1967, ermordet): „Seid nett zu Mister Sloane" (dt. Erstauff. d. engl. Schauspiels)

(2. Bd., 1. Bd. 1963); „Die ästhetische Sphäre" (Philos. aus dem Bereich der *Hegel*-Forschung)

Karl Jaspers: „Wohin treibt die Bundesrepublik? Tatsachen, Gefahren, Chancen" (kritisiert bisherige Politik der BRD)

Helmut Kreuzer und *Rul Gunzenhäuser* (Hrsg.): „Mathematik und Dichtung — Versuche zur Frage einer exakten Literaturwissenschaft" (Beiträge von 19 Autoren)

Herbert Marcuse: „Die Kritik der reinen Toleranz" (philos. Kritik der bürgerl.-liberalen Gesellschaft und ihrer „repressiven Toleranz")

Jacques Maritain (* 1882): „Der Bauer von der Garonne" (frz. kathol. Philosophie gegen das „neo-modernistische Fieber" der Kirche)

Alfredo Ottaviani (* 1890), Vors. der päpstl. Studienkommission für Geburtenkontrolle

Erster Besuch des Erzbischofs von Canterbury (*Arthur Michael Ramsey,* * 1904) beim Papst

E. Rothacker: „Genealogie des menschlichen Bewußtseins" (geisteswiss. Psychologie; postum)

Wilhelm Wolfgang Schütz (* 1911): „Reform der Deutschlandpolitik" (Kritisches zur bisherigen Politik vom Vors. d. Kuratoriums unteilbares Dtld.)

E. M. Stack: „Das Sprachlabor im Unterricht" (kennzeichnend für neue elektronische Methoden des Fremdsprachenunterrichts)

Charles Marq): „Jakobs Traum" (Glasfenster, entstanden i. Zusammenhang mit den Fenstern der Kathedrale in Metz)

Fabrizio Clerici (* 1913): „Labyrinth" (ital. surreal. Gem.)

Bernard Cohen (* 1933): „Winziger Punkt" (engl. abstr. Gem.)

Paul Delvaux (* 1897): „L'Acropole" (belg. Gem. d. phantast. Realismus)

Robyn Denny (* 1930): „Go-between" („Vermittler", engl. geometr.-abstr. Gem.)

Jean Dubuffet (* 1901): „Pendule IV (Flamboiement de l'heure)" (frz. geom.-abstr. Gem.)

Lucio Fontana (* 1899, † 1968): „Concetto Spaciale" (argent.-ital. Gem.)

Roy Grayson (* 1936): „Why not Cabinet Gift Wrapped Dr. Cagliari I" (engl. abstr. Gem.)

Rüdiger Hartwig: Computer-Grafik

Werner Hilsing (* 1938): „Allegorie: Time has changed" (Gem. eines phant. Stils)

Rudolf Hoflehner (* 1916): „Liebespaar" (abstr. Stahlplastik)

Hundertwasser: „Le Recontre dans la Piscine de Deligny-Sonne-Tränen-Blut" (Gem.)

Jean Ipousteguy (* 1920): „Frau im Bade" (frz. Plastik)

Tess Jaray (* 1937):

Passion (polnische Komp., Urauff. in Münster), „De natura sonoris" (Orchesterwerk)

Renzo Rosselini (* 1908): „La Legenda del Ritorno" (ital. Oper n. dem „Großinquisitor")

† *Hermann Scherchen,* dt. Dirigent, Vorkämpfer moderner Musik (* 1891)

Dieter Schnebel: „Deuteronomium" (avantgardist. Kirchenmusik für 15 Solostimmen)

Günther Schuller (* 1925): „Visitation" (nordamer. Oper, Urauff. in Hamburg)

Edward Staempfli (* 1908): „Großes Mosaik" (2 Klaviere, 11 Instrumente), „Weg des Wanderers" (Kantate n. Texten v. *Hölderlin* für Sopran mit 12 Instrumenten)

† *Wieland Wagner,* Enkel *Rich. Wagners* leitete und erneuerte die Bayreuther Festspiele im Sinne eines symbolisierenden Bühnenbildes (* 1917)

Karl Heinz Wahren (* 1933): „Wechselspiele I f. Kammerorchester"

Jürg Wyttenbach: „Divisions" (schweiz. Komp. f. Klavier und Streichorchester)

Yannis Xenakis (* 1922): „Nomos"

Nikotin- u. Alkoholmißbrauch für Herzinfarkt verantwortlich

Pascual Jordan: „Die Expansion der Erde" (Folgerungen aus der *Dirac*schen Gravitationshypothese)

W. Wolff (USA) kann Kälber bis zu 50 Stunden mit künstlichen, von außen durch Motor angetriebenen Herzen am Leben halten

† *Georges Lemaitre,* belg. Theologe und Astronom, untersuchte astronomische Konsequenzen der Relativitätstheorie (* 1894)

W. H. Masters u. *E. V. Johnson* (Gynäkologen, USA) untern. wiss. Kohabitations-Forschung

P. Michaelis: „Plasmatische Vererbung beim Weidenröschen" (weist Erbkomponenten auch im Zellplasma nach, die bei Zellteilung der Entmischung unterliegen)

Payton Rous erhält Paul-Ehrlich-Preis für Nachweis der Krebsübertragung durch Viren (bei Hühnern)

K. E. Seiffert u. *R. Geißendörfer:* „Transplantation von Organen und Geweben" (Intern. Symp. in Bad Homburg. Am erfolgreichsten ist die Transplantation von Nieren)

Smith u. *Bellware* zeigen, daß zu einem künstlichen Protein polymerisierte Aminosäuren ein „präbiologisches System" mit koazervatähnlichem Verhalten ergeben (Modell der Lebensentstehung)

I. Suda, K. Kito u. *C. Adachi* weisen elektrische Aktivitäten im Katzenhirn nach, das bis zu 203 Tagen bei —20° C eingefroren war

H. Frank: „Lehrmaschinen in kybernetischer und pädag. Sicht"

Donald Wilkes: Rolamite (extrem reibungsarmer Rollmechanismus aus freibeweglichen Rollen zwischen s-förmig gewundenem Stahlband)

R. H. Wright führt spezifische Gerüche auf niederfrequente Schwingungen der Geruchssubstanzen zurück (faßt Theorien von *Beets* und *Amoore* zusammen, wonach es auf „funktionelle Gruppen" und „spezifische Silhouette" der Substanz ankommt)

Ygaël Yadin: Ausgrab. d. Festung Massada a. Toten Meer (seit 1963. Vgl. 73 P)

Weltkraftkonferenz in Tokio (im Zeichen der Konkurrenz der verschiedenen Energieträger; vgl. Statistik 1965 V)

In 116 Städten mit mehr als 1 Mill. Einwohner wohnen 285 Mill. Menschen = 8,5% der Erdbevölkerung

Erstes Atomkraftwerk der DDR (b. Rheinsberg) mit 70000 kW Leistung (ca. 100000 PS)

† *Wilhelm Röpke,* dt. neoliberalist. Volkswirtschaftler (* 1899)

DGB-Kongreß in Berlin spricht sich gegen jede Notstandsgesetzgebg. aus; fordert Ausweitung der qualifizierten Mitbestimmung. *Ludwig Rosenberg* (* 1903) als 1. Vorsitzender wiedergewählt

Wohnungszwangswirtschaft nur n. in 31 „schwarzen" Kreisen von 565 Stadt- und Landkreisen der BRD. (Diese Liberalisierung führt vorerst zu zahlreichen sozialen Härten)

Brit. Zeitung „The Times" ändert ihr Äußeres durch Nachrichten statt Anzeigen auf der Titelseite

Schwed. Zeitung „Stockholm Tidningen" stellt Erscheinen ein

Japanischer Tanker „Idemitsu

(1966)	In Berlin wird Passierscheinvereinbarung für Ostern und Pfingsten unterzeichnet. (Ermöglicht 978 000 Besuche von Westberlinern in Ostberlin) Keine Weihnachtspassierscheine in Berlin (diese gab es seit 1963). Härtestelle bleibt nach neuen Verhandlungen geöffnet *Heinrich Albertz* (* 1915, SPD) als Nachfolger *Willy Brandts* Regierender Bürgermeister von Westberlin (tritt 1967 zurück) Westberliner SED hält Parteitag in Berlin-Spandau ab und gibt sich neues Statut in formaler Übereinstimmung m. Westberl. Verf. *Klaus Gysi* (* 1912) löst *Hans Bentzien* (* 1926) als Kulturminister der DDR ab; verurteilt pazifistische und „Weltangst"-Tendenzen in der Kunst der DDR Parlamentswahlen in Österreich: ÖVP 85 Sitze (bisher 81), SPÖ 74 (76), FPÖ 6 (8), KPÖ 0 (0). ÖVP-Regierung unter *Klaus* beendet die Zeit der Großen Koalition seit Kriegsende *Otto von Habsburg* erhält österr. Reisepaß (beendet 47jähriges Exil, Protest der SPÖ) Dän. Sozialdemokraten erleiden Wahlniederlage *Jens Otto Krag* (* 1914) bildet sozialdemokratische Minderheitsregierung Hochzeit der niederl. Thronfolgerin Prinzessin *Beatrix* (* 1938) mit dt. Diplomat *Claus von Amsberg* (* 1926) Schwere Unruhen im Kohlenrevier Belgiens. Christsoziale-sozialistische Regierung *Harmel* zerbricht am Krankenversicherungsproblem. Neue Regierung unter Min.-Präs. *Paul Vanden Boeynants* (* 1920, Christsoz.) mit Liberalen General *de Gaulle* tritt zweite siebenjährige Amtszeit als franz. Staatspräsident an Franz. Regierung *Georges Pompidou* (* 1911) umgebildet *De Gaulle* kündigt Herauslösung Frankreichs aus der NATO an macht der USSR zwölftägigen Staatsbesuch Frankreich setzt im Pazifik Atomwaffenversuche fort	*Jean Paulhan:* „Berühmte Fälle" (dt. Übers. frz. Prosastücke) † *Erwin Piscator,* dt. Theatermann des politisch engagierten Theaters, ging 1934—53 in die USA; zuletzt Intendant des Theaters der Freien Volksbühne Berlin (* 1893) *Françoise Sagan:* „Le cheval évanoui" (frz. Erz.) † *Lothar Schreyer,* dt. Dichter und Maler, 1916 Schriftleiter an der express. Zeitschr. „Der Sturm" (* 1886) *Waleri Jakowlewitsch Tarsis* (* 1906), Schriftsteller in der USSR („Das Schöne und sein Schatten", seit 1939), wird vom Präsidium des Obersten Sowjet ausgebürgert *Peter Ustinov* (* 1921): „Halbwegs auf dem Baum" (engl. satir. Schauspiel um die moderne Jugend) *Tarjei Vesaas* (* 1897): „Die Nachtwache" (dt. Übers. d. norw. Romans) *Martin Walser:* „Das Einhorn" (Roman) *Dieter Wellershoff* (* 1925): „Ein schöner Tag" (neureal. Roman) *Arnold Wesker* (* 1932): „The four seasons" (engl. Schauspiel) Ruhrfestspielhaus in Recklinghausen eröffnet Würzburger Stadttheater eröffnet *Luchterhands* Loseblatt-Lyrik (neue Form der Lyrik-Edition) Literarische „Gruppe 47" besucht USA und tagt in Princeton Herstellung der Deutschen Bibliographie (Frankfurt/M.) mit Hil-	*Karl Steinbuch* (* 1917): „Die informierte Gesellschaft. Geschichte und Zukunft der Nachrichtentechnik" (politische u. soziale Auswirkungen) „Der Mensch und seine Zukunft" (dt. Übers. d. CIBA-Symposiums in London 1962); diskutiert auch die biolog.-genetischen Einflußmöglichkeiten auf die Menschheitsentwicklung Gründung eines Bildungsrates in der BRD zur langfristigen Bildungsplanung (arbeitet im Bildungsbereich parallel zum Wissenschaftsrat) Universität Düsseldorf eröffnet Medizinische Fakultät an der Techn. Hochschule Aachen Min. *Ernst Schütte* (* 1904) initiiert neues Hochschulgesetz in Hessen mit Wahl zwischen Rektor- und Präsidial-Verfassung, Berufungen werden ausgeschrieben (Vorläufer einer Reihe neuer Univ.-Ges. in der BRD) 1500 Studenten besetzen nach dem Tod eines Studenten die Universität Rom und erzwingen Rücktritt des Rektors Universität Barcelona wegen Studentenunruhen geschlossen An den Hochschulen der BRD kommt es zunehmend zu Konflikten zwischen Professoren u. Studenten. Reformvorschläge von Studentenverbänden (SDS 1961, VDS 1962) fanden bisher auch bei Studenten wenig Beachtung Psychologische Beratungsstellen an dt. Uni-

„Garden of Anna" (engl. geometr.-abstraktes Gem.)

Phillip King (* 1934): „Punkt X" (engl. abstr. Plastik aus Fiberglas und Polyester)

Oskar Kokoschka: Berlin v. Springer-Hochhaus in Kreuzberg (Gem.)

Bela Kondor (* 1931): „Die Kränze Petöffis. Lorbeerkranz für einen Dichter" (ungar. Lithografie), *B. K.* gilt als einer der Väter der zeitgen. ungar. Grafik

Nicholas Krushenik (* 1929): „Ohne Titel" (nordamer. ornam.-abstr. Gem.)

Roy Lichtenstein (* 1923): „Yellow and Green Brushstroke" (nordamer. Gem. der Pop-Art)

G. Marcks: „Läufer im Ziel" (Bronze)

Joan Miró: Vase — Grüner Grund (Keramik)

H. Moore: „Upright Form Knife Edge" (brit. Marmorplastik)

(Madm.) *Morgan-Snell:* „Interférences" (frz. Gem.)

E. W. Nay: „Gelb mit schwarzen Tropfen", „Nachtblau mit weißer Kette" (abstr. Gem.)

Pablo Picasso: „Drei stehende Männer" (span.-frz. Zeichng.)

Hans Purrmann: „Mädchenbildnis Dodo" (Gem.)

† *Hans Purrmann,* dt. Maler gegenständl. Richtung * 1880)

(griech. Komp. f. Solo-Cello)

Erweiterungsbau der Komischen Oper in Ostberlin eröffnet (Intendant *Felsenstein*)

Metropolit. Opera New York erhält neues Haus im Lincoln Center

„Stranger in the night" (US-Spitzenschlager)

~ Pop-Musik: Soul (z. B. *Aretha Franklin*)

1966 erfolgr. Satelliten u. Raumsonden: USA 17, USSR 7, Frankr. 1

Instrumentenkapsel Luna 9 der USSR landet weich auf dem Mond und sendet Fernsehbilder; 5 Monate später weiche Mondlandung von Surveyor 1 der USA. Luna 10 der USSR bringt Satelliten auf Bahn um den Mond. USA folgen mit Lunar Orbiter 1

20 Mrd. Elektronenvolt Linearbeschleuniger in Stanford, USA (3000 m Länge)

In Stanford (USA) supraleitender 6-MeV-Elektronenlinear-Beschleuniger in Betrieb

Intern. Cold Spring Harbor-Symposium (USA) ergibt: Grundlagen des genetischen Codes geklärt (eindeutige Zuordnung zwischen DNS-Basensequenz und Protein-Aminosäure-Sequenz). Solche Ergebnisse werden in intern. Zusammenarbeit und Konkurrenz mehrerer wissenschaftlicher Teams erzielt

Abfolge der 188 Aminosäure-Einheiten u. damit Struktur d. Wachstum-Hormons in USA aufgeklärt

Aus der Unterschiedlichkeit der Proteine bei verschiedenen Tierarten läßt sich die Zeitdauer abschätzen, die seit der Verzweigung der Arten im Lebens-Stammbaum vergangen ist: Säugetiere — Einzeller 1200 Mill. Jahre, Warmblütler — Fisch 500 Mill. Jahre, Säugetiere — Vögel 280 Mill. Jahre

Myoelektrische Steuerung (d. h. durch Muskelstromimpulse) einer künstlichen Hand (in England)

Durch Satellitenbeobachtungen kann der äquatoriale Erddurchmesser mit 12756338 m auf ca. 8 m genau angegeben werden

US-Wettersatellit „Nimbus II" nimmt mit Infrarotstrahlung um 4 μm Wolkenbilder bei Nacht auf

In Berlin läßt sich während 4 Erdumrundungen des US-Wettersatelliten ESSA 2 ein gesamteuropäisches Wetterbild abrufen und wird als Beilage zur Berliner Wetterkarte veröffentlicht

Wetterballon umfliegt von Neuseeland aus in 10 Tagen die Erde

USSR gibt Atlas der Antarktis heraus (Forschungsergebnisse des letz-

Maru" in Dienst gestellt (209000 t, 18 m Tiefgang, 342 m Länge, 50 m Breite)

177 m hoher Postturm als bisher höchstes Gebäude in London

Jungfernfahrt des dt. Passagierschiffes „Europa" nach New York (21164 BRT)

„Naturpark Vorderer Bayerischer Wald" mit 450 km² eröffnet

Neuer zentraler Westberliner Autobusbahnhof am Funkturm

† *Elizabeth Arden,* nordam. Kosmetikerin (* 1885)

Der Minirock verbreitet sich vor allem von England aus als Teil einer Popmode in Dtl.

5 m langer, weißer Belugawal dringt im Rhein bis Duisburg vor und erreicht trotz vieler Fangversuche wieder d. offene Meer

Cassius Clay (USA, * 1942) verteidigt Schwergewichts-Weltmeistertitel i. Boxen durch K.o.-Sieg über *Karl Mildenberger,* BRD (Titel wird 1967 aberkannt)

Georg Thoma (Olympiasieger 1960) wird Weltmeister in der Nordischen Kombination; zieht sich vom aktiven Sport zurück

Gr.-Brit. erringt mit 4:2-Sieg über BRD Fußball-Weltmeisterschaft

(1966)

† *Vincent Auriol,* 1947—54 erster Staatspräsident der 4. franz. Republik (* 1884)

Regierung zwischen Christl. Demokraten, Sozialdemokraten, Sozialisten u. Republikanern unter Min.-Präs. *Aldo Moro* (* 1916) in Italien

Vatikan und Jugoslawien vereinbaren Wiederaufnahme diplomatischer Beziehungen

Neuwahlen in Gr.-Brit. bringen der Labour-Party klaren Wahlsieg: 47,9% Stimmen, 363 Sitze (1964: 44,1% und 317 Sitze); Konservative: 41,9%, 253 Sitze (43,4%, 304 Sitze); Liberale: 8,5%, 12 Sitze (11,2%, 9 Sitze)

Brit. Reg. erklärt Lohn- und Preisstop zur Währungsstabilisierung

Gr.-Brit. fordert vollen Devisenausgleich für brit. Rheinarmee in Höhe von ca. 1 Mrd. DM

Nach dem Rücktritt von *Menzies* (* 1908, liberal) wird *Harold E. Holt* (liberal) austral. Min.-Präs. (* 1908, † 1967 ertrunken)

† *Hendrik Verwoerd,* südafrikan. Min.-Präs. seit 1958, wegen seiner Rassenpolitik von einem (weißen) Parlamentsdiener ermordet (* 1901). *Balthazar Johannes Vorster* (* 1915) wird südafrikan. Min.-Präs.

Rumän. KP-Chef *Ceausescu* betont nationale Unabhängigkeit d. Völker

Polen nimmt die seit 1961 unterbrochenen diplomat. Beziehungen zu Albanien wieder auf

Leonid Iljitsch Breschnew (* 1906), bisher Erster Sekretär, wird Generalsekretär des ZK der KPSU

Freundschafts- und Beistandspakt zwischen USSR und Mongolischer Volksrepublik (Laufzeit 20 Jahre)

Kongolesischer Staatspräsident *Mobutu* (* 1930) entmachtet das Parlament in Leopoldville

Kongolesische Regierung läßt ehemaligen Min.-Präs. *Kimba* und drei frühere Minister wegen Hochverrats öffentlich hinrichten

Truppenstärke der USA in Vietnam erreicht 235000 Mann (auch aus der BRD werden US-Spezialisten abgezogen)

Nordvietnamesische Hauptstadt Hanoi wird von den USA in den Luftkrieg mit einbezogen

versitäten weisen neurotische Fehlhaltungen besonders bei Studenten in der Philosophischen Fakultät nach

Stiftung der Pädagogik für die Naturwissenschaften in Kiel gegrdt.

Technische Hochschule Manchester erprobt programmierte Fremdsprachenkurse für Naturwissenschaftler

„Bericht der dt. Bundesregierung über die Situation der Frau in Beruf, Familie und Gesellschaft" (erweist relativ schwachen öffentlichen Einfluß der Frau)

Evang. Synoden (EKD) tagen räumlich getrennt, aber im „Geiste vereinigt" in West- und Ostberlin

Papst hebt Index auf (vgl. 1557)

Weltkonferenz für Kirche und Gesellschaft in Genf

Nach Neuaufnahme von 4 Kirchen besteht der Ökumenische Rat der Kirchen aus 218 Mitgliedskirchen mit je mindestens 10000 Mitgliedern

Jahrtausendfeier der Christianisierung Polens in Tschenstochau

Im Fuldaer Dom werden Gebeine gefunden, die *Bonifatius* zugeschrieben werden

„Leigh-Report" (über sexuelles Gruppenverhalten in den USA. Dt. Übers.)

Kannibalismus noch bei den Bosavi-Leuten im Papua-Territorium, Neu Guinea, festgestellt

Jahrestag d. Germanistenverb. i. München: „Nationalismus i. Dichtung u. Wissenschaft" (fordert radikale Reform d. Germanistik)

fe einer Datenverarbeitungsanlage

In der USSR werden die Schriftsteller *A. Sinjawski* und *J. Daniel* wegen antisowjetischer Propaganda zu 7 bzw. 5 Jahren Arbeitslager verurteilt; scharfe Reaktionen in der westlichen Welt

Der jugoslaw. Schriftsteller *Mihajlov* zu 12 Monaten Gefängnis verurteilt. Proteste aus der nichtkommunist. Welt

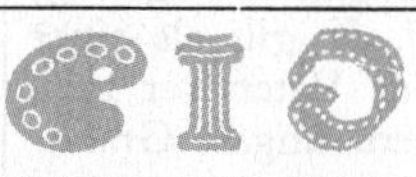

Christian Roeckenschuss (* 1933): „Engramm XXVI/66" (konstruktivist. Relief; Hartfaserstoff u. Novopanplatte)

Dieter Ruckhaberle (* 1938): „Stilleben III" (abstr. Gem.)

Anton Sailer (* 1903): „Am Gries in München" (Gem.)

Hans Scharoun: Institute der Fakultät für Architektur der Techn. Univ. Berlin

Emil Scheibe (* 1914): „Winkelkorrelationsmeßgerät" (Gem. mit Ironis. modern. Technik)

Bernard Schultze (* 1915): „Das große Migof-Labyrinth" (Assemblage, Holzkästen mit farbigen skulpturalen und kinetischen Elementen für die Ausstellung „Labyrinthe" in der Akadem. d. Künste Berlin [West])

Kumi Sugai (* 1919): „Mer soleil" (japan.-frz. ornamental-abstraktes Gem.)

Shinkichi Tajiri (* 1923): „No 2" (amer.-frz. Messing- und Aluminium-Plastik a. Metallresten)

Hann Trier: „Raumfahrt I", „Am Mond vorbei" (abstraktes Gem.)

Heinz Trökes (* 1913): „An Zinnen und Palisaden" (Gem. m. folklorist.-exot. Elementen), „Gewitter" (geometrisches Gem.)

H. Uhlmann: Plastik für Montreal (dreifarbige Chrom-Nikkel-Stahl-Plastik)

Vladimir Velickovic (* 1935): „Der Rächer" (jugosl. Gem.)

Gerhard Wendland (* 1910): Modell II von „Labyrinth, begehbares Bild" (für die Ausst. „Labyrinthe" in der Akad. d. Künste in Berlin [West])

Theodor Werner: „G I/1966" (abstr. Gem.)

Ausstellung „10" v. Minimal-Art in der *Virginia-Dwan*-Galerie, New York (M.-Art arbeitet mit einfachsten Formen in häufig riesigen Dimensionen), darunter: *Carl Andre* (* 1935), *Dan Flavin* (* 1933), *Donald Judd* (* 1928), *Sol Le Witt* (* 1928), *Robert Morris* (* 1931), *Robert Smithson* (* 1938), *Michael Steiner* (* 1942), alle USA

„Signale", Kunstausstellung in Basel

„Kunst — Licht — Kunst" (Ausstellung in Eindhoven/Niederlande).

ten Jahrzehnts in ca. 500 Karten, Graphiken und Profilen)

Neues Rechenzentrum der TH Darmstadt

„Wissenschaftliche Kommunikation", Symposium in London (bis zu 20% der Mittel für Forschung und Entwicklung gehen in das Dokumentationswesen)

Physik-Kolloquium in China behandelt die Arbeit „Untersuchungen über die Theorie der Elementarteilchen, durchgeführt unter der Erleuchtung durch *Mao Tse-tungs* Gedanken"

Period. Umkehr d. Erdmagnetfeldes gefunden

Monet-Bilder gefunden († 1926)

Rathaus i. Toronto

„Abschied von gestern" (dt. Film von *Alexander Kluge* mit *Alexandra Kluge*)

„Mahlzeiten" (dt. Film mit *Heidi Stroh* und *Georg Hauke;* Regie: *Edgar Reitz*)

„Kopfstand Madame" (dt. Film mit *Heinz Bennent* und *Miriam Spoerri;* Regie: *Christian W. Rischert*)

„Ganovenehre" (Film von *Wolfgang Staudte*)

„Grieche sucht Griechin" (dt. Film mit *Heinz Rühmann, Irena Demick;* Regie: *Rolf Thiele*)

„Ursula — oder das unwerte Leben" (schweiz. Film über die pädagog. Beeinflussung geistig behinderter Kinder; Regie: *Walter Marti*)

„Persona" (schwed. Film mit *Bibi An-*

USSR durch Sieg über CSSR zum 4. Mal Eishockey-Weltmeister

München 1860 Fußballmeister der BRD

München wird zur Stätte der Olympischen Spiele 1972 gewählt

† *Hermann Geiger* (abgestürzt), schweizer. Gletscherpilot; rettete über 600 Menschen (* 1914)

Düsenjäger der USSR stürzt in Westberlin in den Stößensee. Reg. Bürgerm. *Brandt* dankt dem Piloten für Selbstaufopfer.

USA-Flugzeug mit 4 Kernsprengsätzen stürzt über Spanien ab. Vierte Bombe wird erst nach langem Suchen gefunden

Absturz eines Verkehrsflugzeuges in Bremen (46 Tote)

Postflugzeug der PAA Frankfurt/Main—Berlin stürzt kurz vor Berlin ab

U-Boot „Hai" der dt. Bundesmarine sinkt. Von den 20 Besatzungsmitgliedern wird nicht eines gerettet

Unwetterkatastrophe im Alpenraum und Italien. Hochwasser zerstört in Florenz zahlreiche Kunstwerke (durch internationale Hilfe wurden viele ger.

144 Tote, darunter 116 Kinder, beim Abrutsch einer Abraumhalde i. Aberfan (Wales)

Erdbeben in der Osttürkei fordern mehr als 2000 Todesopfer

Wolkenbrüche in Rio de Janeiro verursachen mehr als 400 Tote in den Slums

Vereinbarung ü. gemeins. Agrarmarkt d. EWG (wird d. nationalen Protektionismus ausgehöhlt)

Direttissima der Eiger-Nordwand

2277 m lange Hängebrücke über Tejo bei Lissabon

Rohstahl- bzw. Roheisenprod. d. Erde in Mill. t (zur Verdeutlichung d. Wachstums interpoliert und abgerundet):

Jahr	Stahl	Eisen	Jahr	Stahl	Eisen
1977	677	537	1891	15	
1966	480	340	1885	8	24
1954	240		1880	4	
1950	161	113	1874	2	
1941	120		1871	1	12
1927	100		1854		6
1910	60		1837		3
1902	30	48	1818		1,5

Entw. d. Golderz. (in t)

Jahr	Erde	Südafrika
1900	359,2	10,8
1966	1278,4	960,1

(1966)

Robert Clifton Weaver (* 1907) als Minister für Wohnungsbau und Städteplanung erster Neger mit Kabinettsrang in den USA

Blutige Zusammenstöße zwischen Anhängern der Gleichberechtigung der Neger und der Polizei in Alabama, USA

Blutige Rassenunruhen im Negerviertel von Chikago

General *Juan Carlos Ongania* (* 1914) übernimmt in einem unblutigen Staatsstreich die Macht in Argentinien: Parlament und politische Parteien werden aufgelöst

Staatspräsident *Frei* von Chile kündigt „Politik der harten Faust" gegen Unruhen im Bergarbeitergebiet an

Friedenskonferenz in Taschkent ergibt unter Vermittlung der USSR friedliche Vereinbarung zwischen Indien und Pakistan über Grenzregelung

† *Lal Bahadur Shastri*, ind. Min.-Präs. seit 1964 (* 1904)

Indira Gandhi (* 1917, Tochter *Nehrus*) wird ind. Ministerpräsident

Armeechef General *Suharto* (* 1921) entmachtet Min.-Präs. *Sukarno* in Indonesien

Indonesien und Malaysia beenden Kriegszustand

Volksrep. China zündet seine fünfte Atombombe

In der sog. „Kulturrevolution" mobilisiert *Mao* in der Volksrep. China die Jugend u.a. gegen eine unbewegliche Organisation der kommunistischen Partei (führt zu zeitweise chaotischen Zuständen und zum Machtzuwachs der Armee)

USSR bezeichnet chinesische „Kulturrevolution" als Entehrung des Marxismus-Leninismus

Verteidigungsminister *Lin Piao* wird nach *Mao* zweiter Mann im Staat (1969 als Nachfolger vom Parteitag bestätigt)

dersson und *Liv Ullmann;* Regie: *Ingmar Bergman*)

„Hier hast Du Dein Leben" (schwed. Film mit *Eddie Axberg* u. *Gudrun Brost;* Regie: *Jan Troell*)

„Blow up" (brit. Film, Regie: *Michelangelo Antonioni*)

„Die Verfolgung u. Ermordung Jean Paul Marats..." (brit. Film nach dem Schauspiel von *Peter Weiss* mit *Cillord Rose* u. *Brenda Kemner;* Regie: *Peter Brook*)

„Darling" (brit. Film von *John Schlesinger* mit *Julie Christie*)

„Flüsternde Wände" (brit. Film, Regie: *Bryan Forbes*)

„Georgy Girl" (brit. Film, Regie: *Silvio Narizzano*)

„Protest" (brit. Film mit *David Warner* u. *Robert Stephens;* Regie: *Karel Reisz*)

„Fahrenheit 451" (brit. Film mit *Oskar Werner* und *Julie Christie;* Regie: *François Truffaut*)

„Privileg" (brit. Film mit *Paul Jones* und *Jean Shrimpton;* Regie: *Peter Watkins*)

„Der alte Mann und das Kind" (frz. Film mit *Michel Simon;* Regie: *Claude Bervi*)

„Verheiratete Frau" (frz. Film von *Jean-Luc Godard*)

„Der Dieb v. Paris" (frz. Film mit *Jean-Paul Belmondo* und *Geneviève Bujold;* Regie: *Louis Malle*)

„Africa Addio", Film von *Jacopetti* und *Prosperi*, führt in Berlin (West) zu heftigen Tumulten und Absetzung

„Mamma Roma" (ital. Film von *Pier Paolo Pasolini* mit *Anna Magnani*)

„Zwei Särge auf Bestellung" (ital. Film mit *Gian Maria Volonte* u. *Irene Papas;* Regie: *Elio Petri*)

„Mut für den Alltag" (tschechoslow. Film von *Evald Schorm*)

„In der Hitze der Nacht" (nordamer. Film mit *Sidney Poitier*, Regie: *Norman Jewison*)

„Das Mädchen aus der Cherry-Bar" („Gambit", nordam. Film mit *Shirley MacLaine, Michael Caine;* Regie: *Ronald Neame*)

„Der Widerspenstigen Zähmung" (nordam.-ital. Film mit *Elizabeth Taylor* u. *Richard Burton;* Regie: *Franco Zefirelli*)

„Würgeengel" (mex. Film v. *Luis Buñuel*)

„Frau in den Dünen" (japan. Film von *Hiroshi Teshigahara*)

Dt. Film- und Fernsehakademie in Berlin gegründet (1967: Hochschule für Film und Fernsehen in München gegrdt.)

51 lange westdt. Filme, davon 24 Koproduktionen (1965: 72 mit 47 Koprod.) 1965/66 bringt einen internation. Durchbruch des jungen dt. Films

Erste Kurzfilmtage in Oberhausen „Oscar"-Verleihung in Hollywood an beste Schauspieler *Julie Christie* in „Darling" und *Lee Marvin* in „Cat Ballou". Für besten Film und beste Regie „Meine Lieder — meine Träume" von *Robert Wise*. Bester ausländ. Film „Der Laden in der Hauptstraße" (CSSR). Weitere „Oscars" an „Dr. Schiwago" (nordamer. Film n. dem Roman von *Boris Pasternak*) und „Das Narrenschiff" „Goldene Palme" d. 20. Filmfestspiele v. Cannes an „Damen und Herren" (Ital.) und „Ein Mann und eine Frau" (Frankr.). Als bester Erstlingsfilm „Winter in Flammen" (Rumän.) ausgezeichnet; bester Schauspieler: *Per Oscarsson* (Schwed.) in „Hunger" Gold. Bär d. Internat. Filmfestspiele Berlin f. „Cul-De-Sac" (Gr. Brit.) von *R. Polanski*

† *Eric Pommer*, dt. Filmproduzent, 1934 bis 1946 in den USA, prod. u. a. „Der Blaue Engel", „Der Kongreß tanzt" (* 1889)

„Der zweite Atem" (frz. Film von *Jean-Pierre Melville* mit *Lino Ventura, Paul Meurisse*)

Produktionen i. d. BRD und DDR:

	BRD	DDR
Einwohner (Mill.)	59,5	17,0
Erwerbstätige (Mill.)	27,1	8,0
elektr. Energie (Mrd. kWh)	175,0	57,0
Rohstahlprod. (Mill. t)	35,3	4,1
Steinkohlenprod. (Mill. t)	126,0	2,0
Braunkohlenprd. (Mill. t)	98,1	249,6
Kunststoffprod. (Mill. t)	2,3	0,3
PKW-Produktion (Mill. Stück)	2,8	0,1

Vergleich verschiedener Gebiete der Erde, davon

	Erde	OECD %	EWG %	BRD %
Fläche (1000 km²)	135697	17,4	0,86	0,18
Einwohn. (Mill.)	3356000	19,8	5,45	1,80
Produktion von				
Getreide (1000 t)	1018519	35,0	6,0	1,37
Kartoffeln (1000 t)	292956	28,0	13,2	6,40
Rinder (1000 Stk. Bestand)	1087100	20,5	4,7	1,30
Steinkohle (1000 t)	2052000	46,5	9,9	6,1
Strom (Mrd. kWh)	3562	68,0	11,8	5,0
Eisenerz (1000 t)	336000	37,0	6,5	0,77

(OECD = EG [9] und 15 andere westliche Industriestaaten)

Prozentuale Verteilung der Bruttomonatsverdienste männl. Arbeitnehmer in der BRD

DM	Arbeiter	Angest.
über 2000	—	8%
1500—2000	4%	16%
1250—1500	10%	18%
1000—1250	32%	25%
800—1000	38%	18%
600— 800	14%	10%
unter 600	2%	5%

Fünfjahresplan der USSR 1966—70 hat folgende Ziele:

	Ist 65	Plan 70
Stahl (Mill. t)	91	129
Kohle (Mill. t)	578	675
Erdöl (Mill. t)	243	355
Strom (Mrd. kWh)	507	850
Getreide (Mill. t)	121	167
Fleisch (Mill. t)	4,8	6,2
Butter (1000 t)	1066	1160
PKW (1000 Stk.)	201	800
Schuhe (Mill. P.)	484	630

Relativer Anteil an der Energieerzeugung:

	1966	1980	2000
Kohle	40 %	27 %	23 %
Öl	37 %	42 %	37 %
Erdgas	17 %	18 %	13 %
Wasserkraft	6 %	5 %	2 %
Kernenergie	–	8 %	25 %

Bei einer jährlichen Steigerungsrate d. Gesamterzeugung von 3 bis 4 %: 1966 = 100, 1980 = 162, 2000 = 320)

1967

Friedensnobelpreis nicht vergeben

Politische Konflikte nach Zahl und Art:

	Kriege zw. Staaten	Aufstände	Bürgerkriege	gewaltsame Staatsstreiche
1918—27	5	5	1	0
1928—37	5	5	2	0
1938—47	5	6	1	0
1948—57	9	18	1	0
1958—67	15	13	8	9

Davon in	1918—27	1928—37	1938—47	1948—57	1958—67
Europa	2	1	3	3	0
Mittelost	4	0	2	5	10
Asien	2	6	6	10	12
Afrika	3	2	1	5	18
N-u. S-Amer.	0	3	0	5	5

Ausgewiesene Rüstungsausgaben (in Mrd. US-Dollars): NATO 95 (davon USA 71), Warschauer Pakt 43 (davon USSR 15), Entwicklungsländer 12; insgesamt 165, das ist nahezu das Vierfache der Ausgaben für das Gesundheitswesen

NATO-Oberkommando verläßt Roquencourt (bei Paris) und zieht nach Casteau (Belgien)

NATO-Verteidigungsminister konzipieren flexible Abwehr statt sofortiger nuklearer Vergeltung

Dt. Bundespräsident *Lübke* unternimmt Asienreise

BRD und Rumänien nehmen diplomatische Beziehungen auf (gilt als Anfang einer neuen aktiven Ostpolitik der Großen Koalition in Bonn)

Bundeswirtschaftsminister *Karl Schiller* beginnt Gespräche mit den Sozialpartnern zur Einleitung der „Konzertierten Aktion" im Sinne einer volkswirtschaftlichen Gesamtrechnung und Planung

† *Konrad Adenauer,* dt. christdemokratischer Staatsmann, Bundeskanzler 1949—65 (* 1876), prägte politische Entw. der BRD, bewirkte Aussöhnung mit Frankreich

Kiesinger wird anstelle *Erhards* Vorsitzender der CDU

Arbeitspapier der FDP (*Schollwer-Studie*) schlägt Anerkennung der DDR und der Oder-Neiße-Grenze vor

Erich Mende, FDP-Vorsitzender, verzichtet auf Parteivorsitz und

Nobelpreisträger für Literatur an *Miguel Angel Asturias* (* 1899, Guatemala)

L. Aragon: „Blanche et l'oubli" (frz.)

Fernando Arrabal (* 1932): „Théâtre panique" (span.-frz. Beitrag zum absurden Theater)

Samuel Beckett: „Têtes mortes" („Tote Köpfe")

„*Wolf Biermann* (Ost) zu Gast bei *Wolfgang Neuss* (West)" (zeitkrit. gesamtdeutsches Kabarett, Schallplatte)

Paul Celar (eig. *Antschel*; * 1920, † 1970 Freitod): „Atemwende" (Lyrik)

Heimito v. Doderer: „Der Grenzwald" (Roman, postum)

Marguerite Duras (* 1914): „L'amante anglaise" („Die englische Geliebte", frz. Roman im Sinne des nouveau roman)

† *Ilja G. Ehrenburg,* russ. Schriftst. (* 1891)

Brian Friel: „Verliebte. I Gewinner. II Verlierer" (irische Einakter)

Max Frisch: „Biografie. Ein Spiel" (schweiz. Bühnenstück)

† *Oskar Maria Graf,* dt. Schriftsteller, ging 1933 in die USA (* 1894)

Peter Handke: „Kaspar" (Schauspiel um Kaspar Hauser, uraufgeführt 1968)

Norbert Herholz (* 1932): „Die schwarzen Hunde" (Roman)

† *Heinz Hilpert,* dt. Regisseur und Schauspieler in Berlin, Wien, Zürich, Konstanz, zuletzt in Göttingen (* 1890)

Rolf Hochhuth: „Soldaten" (Schauspiel um *Churchill* und den Luftkrieg)

Dänemark hebt das Verbot unzüchtiger Schriften auf (1968 auch das unzüchtiger Bilder. Pornographie verbreitet sich rasch von dort in andere Länder, einschl. BRD)

Alfred Bengsch (* 1921), kathol. Bischof von Berlin seit 1959, seit 1962 Titel eines Erzbischofs, wird Kardinal (darf nur 3 Tage im Monat nach Westberlin)

† *Otto Dibelius,* evang. Theologe, seit 1933 in der Bekennenden Kirche, Bischof von Berlin-Brandenburg 1945—66, Präses des Rates der evangel. Kirche 1949 bis 1961, Präsident des Ökumen. Rates 1954 bis 1961 (* 1880)

Richard Friedenthal (* 1896): „Luther — Sein Leben und seine Zeit" (Biographie) (1963: „Goethe — Sein Leben und seine Zeit")

† *Victor Gollancz,* brit. Verleger und Schriftsteller, förderte Versöhnung mit den Deutschen nach 1945 (* 1893)

† *Friedrich Heiler,* protestant. Theologe, ursprüngl. katholisch, um eine „evangel. Katholizität" bemüht (* 1892)

A. van Kaam: „Existential foundations of psychology" (Existenzpsychologie)

† *Wolfgang Köhler,* dt. Psychologe, einer der Begründer der Gestalt-Psychologie (* 1887)

Peter Nettl: „Rosa Luxemburg" (Biographie)

† *Ernst Niekisch,* dt. politischer Publizist nationalbolschewist. Richtung (* 1889)

Bernhard Pauleikhoff: „Psychopathologie im

Alexis Akithakis (* 1939): „Anti-Landschaft" (griech. ornamentales Gem.)

Horst Antes (* 1936): „Mauerbild VIII — Maskierte Rohrfigur" (phantastisches Gem.)

Francis Bacon (* 1909): „Porträt d. Isabel Rawthorne in einer Straße von Soho" (irisches Gemälde)

Georg Baselitz (* 1938): „B für Larry" (Gem.)

† *Henryk Berlewi*, poln.-dt. Maler, begründete 1924 abstrakte Malerei der konstruktivistischen „Mechanofaktur" (* 1884)

Oliver Bevan (* 1941): „Dropping Zone" (engl. ornamentales Gem.)

Jochen Harro Bierzunski (* 1936): „Ohne Titel" (abstrakt-ornamentales Gem.)

Detlef Birgfeld (* 1937): „Komposition" (abstr. Stahlplastik)

Kees van Bohemen (* 1929): „American Football" (niederl. Gem.)

Gernot Bubenik (* 1942): „Seriegraphie" (pop-artiges Gem.)

Alexander Camaro (* 1901): „Orchestrion" (Gem.)

Jorge Castillo (* 1933): „Composition (Diptychon)" (span. phantast. Gemälde)

Patrick Caulfield (* 1936): „Der Brunnen" (engl. neonaturalist. Gem.)

Cornelius Cardew: „Treatise" (200 Seiten graphischer Elemente zur musikalischen Übersetzung)

Wolfgang Fortner: „Triplum"

Alexander Goehr (* 1932): „Arden muß sterben" (Oper)

Hans Werner Henze: „Los Caprichos" (Orchesterfantasie nach Bildern von *Goya*)

André Jolivet (* 1905): „Konzert für Cello" (frz. Komp.)

Herbert von Karajan veranstaltet erste Osterfestspiele in Salzburg, dirigiert u. inszeniert „Die Walküre" von *R. Wagner*

Rudolf Kelterborn (* 1931): „Kaiser Jovian" (schweiz. Oper)

Giselher Klebe: 3. Sinfonie (für großes Orchester)

Ernst Krenek: „Glauben u. Wissen" (Komp. für Chor)

Gerhard Lampersberg (* 1928, Komponist) u. *H. C. Artmann* (* 1920, Dichter): „Strip" (Comic Opera in 7 Bildern)

Hans Ulrich Lehmann (* 1937): „Rondo für eine Stimme und Orchester" (schweiz. Vertonung eines Textes v. *Helmut Heissenbüttel*)

Gian Francesco Malipiero: 10. Sin-

Nobelpreis für Physik an *Hans A. Bethe* (USA, * 1906 in Dtl.) für Aufklärung der Energieproduktion der Sonne durch Atomkernverschmelzung

Nobelpreis für Chemie an *Manfred Eigen* (* 1927, BRD), *Ronald G. W. Norrish* (* 1897, Gr.-Brit.), *George Porter* (* 1920, Gr.-Brit.) für Untersuchung schnell ablaufender chem. Reaktionen

Nobelpreis für Medizin an *George Wald* (* 1906 USA), *Jaldan K. Hartline* (* 1903, USA), *Ragnar Granit* (* 1900, Schweden) für Erforschung der Sehvorgänge

Christiaan N. Barnard (* 1923) gelingt erste Herztransplantation in Kapstadt; um 5.52 Uhr am 3. 12. 67 beginnt ein fremdes Herz in *Louis Washkansky* (* 1914) zu schlagen (Patient stirbt nach einigen Tagen. Es folgen rasch gleiche Operationen auch in USA und anderen Ländern, z. T. mit besseren Erfolgen)

F. H. Bushby u. *M. S. Timpson* (brit. Wetteramt) veröff. erste erfolgr. 24-Stunden-Prognose über Niederschläge mittels Computer

Sidney Cobb: In gestörten Ehen (in USA) haben Frauen mit Rheumatismus mit erhöhter Wahrscheinlichkeit Männer mit Magengeschwüren

John H. Crook: „Gesellschaftsstruktur bei Primaten" (engl. Ethologie der Menschenaffen)

H. W. Franke: „Phänomen Kunst. Die naturwissenschaftlichen Grundlagen der Ästhetik" (Kybernetische Informationsästhetik)

Allan Gardner und *Beatrice Gardner* (USA) erreichen durch intensive Bemühungen, daß Schimpansin „Washoe" Zeichensprache mit mehreren Dutzend Zeichen und satzartige Kombinationen von 2 bis 3 Zeichen beherrscht

† *Robert J. van de Graaff*, nordamerikanischer Physiker, Pionier der (Millionen Volt-) Hochspannungs-Physik (* 1901)

Die USA-Astronauten *V. I. Grissom*, *E. White* und *R. Chaffee* kommen bei einer Startprobe durch Kapselbrand ums Leben

Trotz internation. Goldspekulationen halten die USA am Dollarwert fest

Gr.-Brit. wertet d. Pfund Sterling um 14,3% ab, um Außenhandelsbil. zu verbessern

Bemühungen Gr.-Brit. um Eintritt in die EWG am Widerstand Frankreichs vorerst gescheitert (es beginnen Bemühungen um Zwischenlös.)

Rohstahlprod. der Erde 498 Mill. t, davon USA 24%, USSR 21%, Japan 12%, BRD 7,3%, Gr.-Brit. 5%, Frankr. 4%, VR China 2,8%, Indien 1,3%, DDR 1%)

Kunststoffprod. d. Erde ca. 18 Mill. t, davon BRD ca. 2,6 Mill. t (bis zum Jahr 2000 dürfte sich die Produktion etwa verhundertfachen)

Erd-Weizenernte 296 Mill. t. Davon USSR 33%, USA 14%, Kanada 5,3%, Frankreich 4,8%, ferner BRD 1,9%, DDR 0,5% (Ertrag 8,1—36,6, durchschnittlich 13,1 dz/ha)

Israel.-arab. Krieg hat vorübergehend Sperrung von Öllieferungen an israelfreundliche europäische Staaten zur Folge

Rüstungsausgaben in US-Dollar pro Einwohner:

USA	327,25
Polen	139,71

(1967)

nimmt leitende Stellung in einer USA-Investment-Firma an (Nachfolger wird 1968 *Walter Scheel,* * 1919)

Staatsbesuch des Schah von Persien in der BRD. Führt insbesondere in Berlin (West) zu Gegendemonstrationen, bei denen der Student *Benno Ohnesorg* durch einen Polizeibeamten erschossen wird. Dieser Tag wird zum Ausgangspunkt starker studentischer Unruhe und Solidarisierung in der BRD

Im Zuge dieser Ereignisse tritt d. Reg. Bürgermeister v. Berlin *Heinrich Albertz* (*1915, SPD) zurück, sein Nachfolger wird *Klaus Schütz* (*1926, SPD)

17 Südkoreaner werden vom Geheimdienst ihres Landes aus der BRD entführt. Werden als angebl. Parteigänger des Kommunismus zu hohen Strafen verurteilt. BRD protestiert. (In den nächsten Jahren kehren einige in die BRD zurück)

BRD schließt mit CSSR Vertrag über Errichtung von Handelsmissionen

Bundesaußenminister *Brandt* macht Staatsbesuch in Rumänien

Staatsbesuch des dt. Bundeskanzlers *Kiesinger* und Außenministers *Brandt* in USA wegen des Atomsperrvertrages und dt. militärischer Einsparungen

Bundeskanzler *Kiesinger* vereinbart in Pakistan regelmäßige Konsultation

USSR warnt in Noten die BRD, USA, Gr.-Brit., Frankreich vor angeblichem Militarismus, Revanchismus, Neonazismus in der BRD

† *Fritz Erler,* dt. sozialdemokratischer Politiker, zuletzt Vors. der SPD-Bundestagsfraktion (* 1913); erhält Staatsbegräbnis

† *Paul Löbe,* SPD-Politiker, Reichstagspräsident 1920—32 (Unterbr. 1924) (* 1873). Staatsakt in Berlin (wird von Studenten gestört)

Adolf von Thadden (* 1921), Vorsitzender der rechtsradikalen NPD

VII. Parteitag der SED in Berlin (Ost) in Anwesenheit des KPSU-Chefs *Breschnew*

DDR-Staatssekretariat für gesamtdeutsche Fragen erhält veränderte

---

† *James Langston Hughes,* nordam. Neger-Schriftsteller, u. a. „Ich werfe meine Netze aus" (1940) (* 1902)

Jean-Claude van Italie: „Amerika Hurra" (dt. Erstauff. d. nordamer. Schauspiels)

Wilhelm Lehmann (* 1882, † 1968): „Sichtbare Zeit" (Gedichte 1962—66)

André Malraux: „Antimémoires" (frz.)

† *John Masefield,* engl. Dichter (* 1875)

Arthur Miller: „The Price" (nordamer. Bühnenstück)

Henri de Montherlant: „La ville dont le prince est un enfant" (frz. Roman)

Peter Nichols: „Ein Tag im Tode von Joe Egg" (irisches Schauspiel um ein spasmisches Kind)

† *José Martinez Ruiz* (Pseudonym *Azorin*), Schriftsteller des spanischen Modernismus, geprägt bes. von Kastilien (* 1874)

Karin Storch: „Erziehung zum Ungehorsam" (linksliberale Abiturientenrede, ausgezeichnet mit dem *Theodor-Heuss-*Preis)

Peter Terson (* 1932): „Zicke-Zacke" (brit. satir. Bühnenstück um den Fußballkult der Jugend)

† *Heinz Tietjen,* dt. Intendant, Regisseur, Dirigent, 1930—44, 1948—54 in Berlin (* 1881)

Martin Walser: „Zimmerschlacht" (Bühnenstück)

Charles Wood: „Dingo" (engl. antimilitarist. Bühnenstück)

Jochen Ziem (* 1932): „Die Einladung" (tra-

Umbruch" (behauptet einen Umbruch seit 1950, nach dem Biologie und Biographie gleichwertig nebeneinander stehen)

† *Ernesto Ruffini,* ital. Kardinal, Erzbischof v. Palermo seit 1945 (* 1888)

Bertrand Russell: „Mein Leben" (engl. Autobiographie, bekennt sich zu Liebe, wiss. Erkenntnis und Mitleid als den Leidenschaften seines Lebens)

Goethe-Preis der Stadt Frankfurt (Main) an *Carlo Schmid*

Karin Storch: ,,Erziehung zum Ungehorsam'' (Abiturientenrede, Th.-Heuss-Preis)

† *Joachim Tiburtius,* Nationalökonom und Politiker (CDU), 1951—63 Senator f. Volksbildung in Berlin (West) (* 1889)

Wilhelm Weischedel (* 1905): „Philosophische Grenzgänge"

„Die nahe Zukunft der Menschheit — Friede und Entwicklung 1970 bis 2000". Kongreß in Oslo des „International Peace Research Institute Oslo" und des „Institut für Zukunftsfragen in Wien" mit folgenden Ergebnissen: Im Jahre 1990 ca. 5 Mrd. Erdbewohner; 1995 Wasser- und Luftverunreinigung auf dem Stand von 1940; 2005 technische Kernverschmelzungsenergie; 1995 Verdoppelung des Welt-Bruttosozialproduktes pro Kopf (1967: ca. 135 Dollar pro Jahr); 2000 Senkung des hungernden Teils der Erdbevölkerung auf 6% (1967: 12%)

Marc Chagall: „Das blaue Dorf", „Die Vögel in der Nacht" (russ.-frz. Gem.)

F. Clerici: „Der Tod des Minotaurus" (ital. surreal. Gem.)

Carl Crodel (* 1894): „Venedig I" (Gem.)

Dado (Miodrag Djuric) (* 1933): „Kopf ohne Gedächtnis" (jugoslaw.-frz. phantast. Gem.)

Rolf Gunter Dienst (* 1942): „Momentetagebuch 7. 3. 67" (abstr. Gem.)

Otto Dix: „GüntherGrzimek", „Max Frisch" (Porträt-Gem.)

Paul Uwe Dreyer (* 1939): „Labyrinthisches Interieur" (abstr.-ornamentales Gem.)

Werner Düttmann (* 1921): Brücke-Museum, Berlin-Grunewald (Museum beruht auf einer Stiftung von *Schmidt-Rottluff* u. a. Künstlern der „Brücke"-Gruppe)

Max Ernst: „Die Geburt einer Konstellation" (dt.-frz. Gem.)

Max Ernst: „Die Rückkehr der schönen Gärtnerin" (surrealist. Gem. nach dem unter dem NS-Regime verschollenen Bild „Schöne Gärtnerin" v. 1923)

Conrad Felixmüller (* 1897): „Selbstbildnis" (Aquarell)

Frei Otto (* 1925) schafft dt. Ausstellungspavillon in Zeltform für Weltausstellung in Montreal, Kanada

fonie (ital. Komp., Urauff.)

Frank Martin (* 1890): Konzert für Cello und Orchester (niederl. Komp.)

Ernst Pepping: „Deines Lichtes Glanz" (Motette)

Zoltán Peskó: „Tensions" (Streichquartett)

Aribert Reimann (* 1936): „Verrà la morte" (Chorkantate)

Karlheinz Stockhausen: „Ensemble" (vierstündiges, pausenloses Studiokonzert. Gemeinschaftsarbeit von zwölf jungen Komponisten)

Heinr. Sutermeister: „Madame Bovary" (schweiz. Oper)

„Puppet on a string" (US-Spitzenschlager)

~ Pop-Musik: Balladenfolklore, Blues-Renaissance (z. B. *Alexis Korner*)

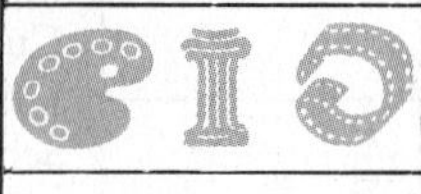

Eröffnung des Brücke-Museums in Berlin unter Direktion von *Leopold Reidemeister* (* 1900)

Bernhard Grzimek (* 1909): „Grzimeks Tierleben" (umfassende allgemeinverständl. Darstellung)

Otto Hahn: „Uran — Schlüssel zum Nachweis des Kleinsten und zur Entfesselung des Größten"

W. Heisenberg: „Einführung in die einheitliche Feldtheorie der Elementarteilchen" (während bis 1932 nur Proton und Elektron bekannt waren, sind es inzwischen ca. 200 solcher, meist sehr kurzlebiger Teilchen, deren Theorie noch sehr in der Entwicklung ist)

A. Hewish u. Mitarb. entd. 1. Pulsar m. Radioteleskop

E. R. John: „Mechanismen des Gedächtnisses" (nordamerikan. Zusammenfassung. Es gibt stoffliche Übertragung von Gedächtnisleistung von einem Individuum zum anderen)

Herman Kahn und *Anthony J. Wiener:* „The Year 2000" („Das Jahr 2000", nordamerikan. wiss. Zukunftsforschung)

† *Wladimir Komarow,* Astronaut der USSR, bei einem Weltraumflug abgestürzt (* 1926)

† *Hermann J. Muller,* nordamerikan. Genetiker, Nobelpreis 1946 (* 1890)

† *Robert Oppenheimer,* nordamer. Physiker, „Vater der Atombombe", später gegen Entwicklung der Wasserstoffbombe (* 1904)

H. Strasser, G. Sievert u. *K. Munk:* „Kinder mit Fehlbildungen der Gliedmaßen in Deutschland, ihre Lebensbedingungen und ihre Entwicklung, ein Untersuchungsbericht"

Hans-Georg Wunderlich: „Gebirgsbildung der Gegenwart im Mittelmeerraum" (Appenin entwickelt sich danach weiter)

US-Erdsatelliten kosten je Gerät (einschl. Entwicklung) 80 bis 310 Mill. Dollar und pro Einsatz 10 bis 62 Mill. Dollar

US-Mondlandung mit unbemannten Raumfahrzeugen Surveyor 5 und 6; chemische Bodenanalyse. Technischer Testflug des dreiteiligen Apollo-Mondlandefahrzeuges auf zwei Erdumrundungen (Saturn-Apollo 4)

Frankreich	86,48
Gr.-Brit.	75,60
USSR	62,0

(ohne verdeckte Ausg.)

Brasilien	2,68

Stapellauf von 15,8 Mill. BRT Schiffsraum (o. USSR); davon ca. 50% in Japan, es folgen Schweden, Gr.-Brit., BRD mit ca. je 8%)

Im letzten Jahrzehnt hat die Wirtschaftskraft Japans stark zugenommen. Beispielsweise ist sein Rangplatz unter den Nationen (Vergleich 1954) im Schiffbau 1. (5.), in der Kraftwagenerzeugung 2. (7.), in der Rohstahlerzeugung 3. (6.)

Bruttosozialprod. der BRD

Jahr	Mrd. DM	in Preisen 1954
1950	97,9	= 100
1955	180,4	157
1960	296,8	226
1965	452,7	288
1967	483,6	295

Haushalt d. BRD: 73,9 Mrd. DM, davon i. Mrd. DM

Verteidigung	19,6
Arbeit u. Soz.	14,5
Landwirtsch.	4,6
Forschung	1,7;

ein Eventualhaushalt von 2,5 Mrd. DM soll aktive Konjunkturpolitik ermöglichen

Gesamtleistung d. in der BRD in Bau oder in Betrieb befindlichen Kernkraftwerke ca. 915 MW (Schätzung: 1980: ca. 25 000 MW, 2000: ca. 200 000 MW in-

(1967)

Zuständigkeit für westdeutsche Fragen

Neuwahl zum Schweizer Nationalrat ergibt folgende Sitzverteilung (zum Vergl. bisherige Zahl):

Freisinnig-demokr. Partei	49 (51)
Konserv. christl.-soz. Partei	45 (48)
Bauern- u. Bürgerpartei	21 (22)
Sozialdemokratische Partei	51 (53)
Liberal-Konservative Partei	6 (6)
Unabhängige Partei	16 (10)
Demokratische Partei	3 (4)
Evangelische Volkspartei	3 (2)
Partei der Arbeit	5 (4)
Liste gegen Überfremdung	1 (0)

Prinz *Wilhelm* als Sohn von Kronprinzessin *Beatrix* und Prinz *Klaus* der Niederlande geboren (erster männlicher Thronfolger in den Niederlanden seit 116 Jahren)

Wahlen zur franz. Nationalversammlung: Gaullisten erringen wieder absolute Mehrheit, Erfolge der Kommunisten und der Föderation der Linksparteien

Franz. Staatspräsident *de Gaulle* erhebt Einwendungen gegen die Aufnahme Gr.-Brit. in die EWG

De Gaulle ruft bei Besuch in Kanada Skandal hervor, indem er in Quebec für Selbständigkeit der Frankokanadier eintritt

De Gaulle stattet Polen Staatsbesuch ab (verärgert BRD durch betonte Anerkennung der Oder-Neiße-Grenze)

Gr.-Brit. kündigt Aufgabe der militärischen Stützpunkte östlich von Suez bis 1975 an (gilt als Aufgabe letzter Weltmachtpositionen)

Bevölkerung Britisch-Gibraltars stimmt gegen Anschluß an Spanien

Gr.-Brit. gibt der Südarab. Föderation die Unabhängigkeit. NLF geht aus blutigen Kämpfen als beherrschende Kraft in der neuen Volksrepublik Südjemen hervor

Neue Regierungskrise in Griechenl. n. Rücktr. d. Reg. *Paraskevopoulos*

Griech. Armee übernimmt durch Staatsstreich wegen angebl. kommunistischer Gefahr die Macht im Lande. *Konstantin Kollias* wird Min.-Präs. Politische Gegner werden verhaftet. (Scharfe aber wirkungslose Proteste in vielen Teilen der Welt)

Blutige Kämpfe auf Zypern führen

gikomisches Schauspiel über west-östl. Privatbeziehungen in Dtld.)

„Ein Gedicht und sein Autor. Lyrik und Essay" (21 Autoren über ihre Lyrik, Hg. *Walter Höllerer* als Leiter des Literarischen Colloquiums, Berlin)

„Die Gruppe 47. Bericht, Kritik, Polemik" (Hg. *R. Lettau*)

Schriftstellerkongreß in Prag wird zum geistigen Ausgangspunkt der Kritik am konservativen Kommunismus in der CSSR (führt zur starken Reformbewegung im ersten Halbjahr 1968)

165 Staats-, Landes- und Stadt-Theater der BRD erhalten 340 Mill. DM Subventionen. In Gr.-Brit. ca. 16 Mill. DM Theatersubventionen

Es gibt 240 fremdsprachige Übersetzungen d. Bibel als Ganzes und 1040 weitere Übersetzungen von Teilen von ihr.

Chines. kommunist. „Mao-Bibel" wurde in 400 Mill. Auflage in 26 Sprachen übersetzt und in 180 Länder verteilt

F. de Saussure (* 1857, † 1913): „Grundfragen d. allg. Sprachwissenschaften" (dt. Übers. d. grundl. Werkes d. Linguistik)

„Street Art" Hauswandmalereien i. USA (beg. 1930–33 unt. mexikan. Einfl.)

„Der Mensch und seine Zukunft" (9. Darmstädter Gespräch mit biologischen, soziologischen u. human-philosophischen Aspekten)

Hundertjähriges Bestehen der Bodelschwinghschen Anstalten bei Bielefeld

Reform-Universität Konstanz beginnt zu arbeiten

Universität Regensburg eröffnet

Bayrisches Fernsehen führt als 1. dt. Bundesland Tele-Kolleg zur Erlangung der Fachschulreife ein

~ Ausgehend von den Hochschulen, wird mehr und mehr eine weltweite Radikalisierung d. Jugend deutlich, welche viele tradierte Werte u. Einrichtungen in Frage stellt. Orientiert sich an revolutionärem Partisanentum und Räteverfassungen. Erzwingt vielfach Reformwilligkeit, aber auch Bekämpfung ihrer anarchistischen Praktiken

Gesellsch. z. Förderung der Verhaltenstherapie i. München gegrdt. (diese Therapie nimmt das Symptom als die Krankheit)

Dahrendorf (* 1929): Hochschulgesamtplan f. Baden Württemberg (m. d. Begriff d. Gesamthochschule)

S. B. Robinsohn (* 1916, † 1972): „Bildungsreform als Revision d. Curriculum" (Begr. Curr.-Forsch.)

Schwere Rassenunruhen in Detroit und and. Städten d. USA 1966–68

Friedrich Gerlach (* 1903): „Die Phantasie" (Gem.)

Bruno Goller (* 1901): „Das große Ohr" (Gem.)

Roel d'Haese (* 1921): „Der Flieger" (frz. Bronze)

Otto Herbert Hajek (* 1927): „Farbwege 67/9" (farbige Aluminium-Plastik)

David Hall (* 1937): „Vier II" (engl. geometrisch-abstrakte Plastik)

Hans Hanko (* 1923): „Die Mauern" (österr. Gem. eines phantast. Stils)

† *Karl Hartung,* dt. Bildhauer (* 1908)

Friedrich Heubner (* 1886): „Frühling auf Montisola" (Tempera-Gem.)

Hannah Höch: „Industrielandschaft" (Collage)

Paul van Hoeydonck (* 1925): „Kleiner Astronaut" (belg. phantast. Assemblage)

Wolf Hoffmann (* 1898): „Der Haremsgarten" (ornamental-geometr. Gemälde)

John Hoyland (* 1934): „9. 1. 67" (engl. abstr. Gem.)

Fritz Friedrich Hundertwasser (* 1928): „Die falschen Augenwimpern" (Farblitho)

Nahoki Inukai (* 1937): „Four and Six No. 5" (japan. geometr.-abstraktes Gem.)

Günter Isleib (* 1936): „In" (pop-artige Gouache)

Horst Janssen (* 1929): „Der Daumen" (Zeichnung)

Bernd Koberling (* 1938): „Bergspiegelung I" (geometr.-abstr. Gem.)

Oskar Kokoschka: „Iris und Glockenblumen" und andere Blumenaquarelle

Fritz Koenig (* 1924): „Augenvotiv II" (Bronze)

Alfred Kothe (* 1925): Kruzifix im Altarraum der Lutherkirche, Berlin-Schöneberg

Hans Krenn (* 1932): „Eine Monderuption" (österr. phantastisches Gem.)

Roger Loewig (* 1930): „Ausgebluteter Strom" (Buntstift-Zeichnung)

Christiane Maether (* 1941): „Apfelfall" (surrealist. Gem.)

Gerhard Marcks: „Stehende i. Kleid", „Liegender Tiger" (Bronzen)

Meier—Denninghoff (* 1923): „67/9" (Stahlplastik)

Mies van der Rohe: Mansion House Square Project, London

Joan Miró: „Gold im Azur", „Flug des Vogels im Mondschein" (span.-frz. Gem.)

Jeremy Moon (* 1934): „Ohne Titel" (engl. geometr.-abstraktes Gem.)

H. Moore: „Skulptur mit Loch", „Carving Divided Oval Butterfly" (brit. Plastik)

Pit Morell (* 1939):

Elementenhäufigkeit auf dem Mond nach Analyse durch US-Satelliten Surveyor 5 und 6:

Kohlenstoff	weniger als 2%
Sauerstoff	(57 ± 5)%
Natrium	weniger als 2%
Magnesium	(3 ± 3)%
Aluminium	(6,5 ± 2)%
Silizium	(20 ± 4)%
Atome mit Masse 30—46	(6 ± 2)%
Atome mit Masse 47—65	(5 ± 2)%

(Ähnlichkeit mit Oberfläche der Erde)

USSR-Raumsonde „Venus 4" landet auf dem Planet Venus

USA-Mondrakete „Saturn 5" (126 t) wird in eine Umlaufbahn um die Erde gebracht

Provisorische Karte von der Rückseite des Mondes 1 : 10 Mill. aufgrund von Aufnahmen aus unbemannten Raumkapseln (das Auflösungsvermögen verbessert sich bis zur Erkennbarkeit von Objekten von 2,4 m Durchmesser gegenüber Erdbeobachtungen von 300 m Durchmesser)

Erstes Fernseh-Farbbild von der ganzen Erde vom US-ATS 3-Satellit aus 35 800 km Höhe

USSR nimmt größten Protonenbeschleuniger der Erde bei Serpuchow in Betrieb (78 Mrd. Elektronenvolt Energie, Radius des Hochvakuum-Beschleunigerkreises 236 m. Bei Chikago Beschleuniger für ca. 300 Mrd. e-Volt in Bau)

Universität v. Kalifornien errichtet computergesteuertes Informationsspeichersystem. (6 Filmstreifen der Größe 35 x 70 mm² bieten Platz für die Werke *Shakespeares*)

Cold Spring Harbor Symposium der quantitativen Biologie beschäftigt sich mit dem wichtigen Problem der Antikörperbildung (Allergien, Krebs, Organtransplantation, Immunisierung)

Neues Gelbfiebervirus im Hamburger Bernhard-Nocht-Institut entdeckt. (7 Menschen starben daran in der BRD)

In der TU-Hannover beginnt spezifische Züchtung spezifisch pathogenfreier Versuchstiere („SPF-Tiere") in sterilen Isolatoren zur Standardisierung der Bedingungen bei medizinischen Tierversuchen

stalliert). In den USA 31 500 MW in Betrieb, Bau od. Planung

Umsatz der zehn größten Unternehmen der BRD:

	Mrd. DM
Volkswagenw.	9,3
Siemens	7,9
Farbw. Hoechst	6,6
August-Thyssen-Hütte	6,5
Klöckner-Gr.	6,4
Farbenfabriken Bayer	6,3
Veba	6,2
Daimler-Benz	5,8
AEG-Telefunken	5,2
BASF	5,0

(vgl. auch 1965 V)

Umwandlung der Firma *Friedrich Krupp,* Essen, in eine Kapitalgesellschaft zur Erlangung einer Bürgschaft der Bundesregierung

† *Alfried Krupp von Bohlen und Halbach,* dt. Industrieller, (* 1907)

Änderung des Patentgesetzes in der BRD (vermindert Prüfungszwang f. das Patentamt)

Flughafen Amsterdam-Schiphol eröffnet (gilt als modernster Europas)

Weltausstellung in Montreal (Kanada) wird von ca. 50 Mill. Menschen besucht (inoffizielle Wertungen geben den Pavillons der CSSR und von Gr.-Brit. Vorzug)

Reformplan der Verkehrsstruktur durch den dt. Bundesverkehrsminister *Georg Leber*

(1967)

zu Spannungen zwischen Griechenland und der Türkei
Kg. *Konstantin* von Griechenland scheitert bei dem Versuch, Militär-Junta zu stürzen; flüchtet nach Rom
Georgios Papadopoulos (* 1919) wird griech. Min.-Präs. (Militärdiktatur verschärft sich)
Mosche Dajan (* 1915) wird Verteidigungsminister Israels, vertritt entschlossene Politik gegen die arab. Nachbarstaaten
UNO-Friedensstreitmacht an der Grenze Israels auf Forderung Ägyptens zurückgezogen
Ägyptisch-jordanisches Abkommen schließt arabische Front gegen Israel. Irak tritt dem Bündnis bei
Sperrung des Golfs von Akaba für Israel durch Ägypten
Israel schlägt in einem 6-Tage-Krieg seine arabischen Nachbarn entscheidend, die seit Bestehen Israels ihm völlige Vernichtung angedroht haben. Israel besetzt Sinaihalbinsel bis zum Suezkanal, Jordanien bis zum Jordan und Alt-Jerusalem
Ägypt. Präsident *Nasser* kündigt nach der militärischen Niederlage gegen Israel seinen Rücktritt an, bleibt jedoch im Amt
Podgorny, Staatsoberhaupt der USSR, besucht Ägypten und sichert Ersatz des gegen Israel verlorenen Kriegsmaterials zu
Israel. Minister-Präs. *Levi Eschkol* (*1895, † 1969) macht Rückzug der israel. Truppen aus den besetzten Gebieten von Friedensverträgen mit den einzelnen arab. Staaten abhängig
† (Selbstmord) *Muhammad Abd Al Hakim Amir*, der wegen Verschwörung verhaftet wurde, 1953—67 Oberbefehlshaber der ägypt. Streitkräfte (* 1919)
UNO-Vollversammlung verweist Nahost-Konflikt an Weltsicherheitsrat zurück
Ägypt. Kriegsschiff mit Raketen der USSR versenkt israelischen Zerstörer „Elath". Israelis schießen zur Vergeltung ägyptisches Öllager am Suezkanal in Brand
Manescu, rumänischer Außenmin., wird Präsident der 22. Sitzungsperiode der UNO-Vollversamml.
Podgorny, Staatsoberhaupt d. USSR,

„Wolken ziehen sich zusammen" (Farbkreide)
Pablo Picasso: „Weiblicher Akt und Flötist", „Mangeurs de pastèque" (span.-frz. Gem.)
Emy Roeder (*1890): „Sinnende" (Bronze)
Bernard Schultze (* 1915): „Großes Dreikopfbild II" („unterwegs zu Arcimboldi") (Gem. eines phantast. Stils)
Peter Sorge (*1937): „Für L. W. D." (neorealist. Gem.)
Klaus-Michel Steiner (* 1940): „Ohne Titel" (abstr. Gem.)
Ian Stephenson (* 1934): „Diorama SS 2" (engl. abstr. Gem.)
Rolf Szymanski (* 1928): „Minitaura" (Bronze)
Antoni Tapies (* 1923): „Peinture aux bois de lit" (span. abstr. Gem.)
† *Max Taut*, dt. Architekt, bes. in Berlin (* 1884)
H. Trier: „Aus dem Gesicht verlieren" (I und II), „Leo" (abstr. Gem.)
William Tucker (* 1935): „Memphis" (engl. geometr. Kunststoffplastik)
Hans Uhlmann: „Kopf-Fetisch" (dreifarbige Chrom-Nickel-Stahl-Plast.)
Charmion von Wiegand: „The secret Mandala" (nordamer. abstr. Gem.)
Günter Wirth (* 1932): „P 11" (op-artiges geometr. Gem.)

† *O. Zadkine*, frz. Bildhauer russ. Herkunft (* 1890)
Ch. Csuri als Künstler und *J. Shaffer* als Programmierer gewinnen „Computer Art Contest"
W. E. Simmat: „Kunst aus dem Computer" (in der Reihe „Exakte Ästhetik")
„Der Mensch und seine Welt" (Querschnitt der bildenden Kunst aus allen Zeiten auf der Weltausstellung in Montreal)
„Pop. Graphik und Objekte" (Ausstell. in Darmstadt)
„Science fiction" (Ausstell. in Bern v. Zukunftsbildern des Neuen Realismus u. der Pop Art)
„Kinetika. Museum des 20. Jahrhunderts" (Ausstellung kinetischer Kunst in Wien)
„Licht, Bewegung, Farbe" (Kunstausstell. in Nürnberg)
„Lumière et Mouvement" (Ausstellung kinetischer Kunst in Paris)
„Avantgarde Osteuropa 1910—1930" (Ausstellung in Berlin [West]; zeigt revolutionäre Kunstbeiträge, die später durch den „sozialistischen Realismus" verschüttet wurden)

—

„Rheinsberg" (dt. Film nach *Tucholsky* mit *Cornelia Froboess*; Regie: *Kurt Hoffmann*)
„48 Stunden bis

Acapulco" (Film v. *Klaus Lemke*)

„Kuckucksjahre" (dt. Film aus dem Literar. Colloquium Berlin [West] mit *Francesca Oehme* und *Rolf Zacher;* Regie: *George Moorse*)

† *Georg Wilhelm Pabst,* dt. Filmregisseur böhm. Herkunft, nach 1933 in Frankreich und USA, drehte „Die freudlose Gasse", „Die Dreigroschenoper", „Die weiße Hölle vom Piz Palü" u. a. (* 1885)

„Katz und Maus" (Film von *Hansjürgen Pohland*)

„Protest" (Film von *Karel Reisz*)

„Tätowierung" (dt. Film mit *Helga Anders* u. *Christof Wakkernagel;* Regie: *Johannes Schaaf*)

„Alle Jahre wieder" (dt. Film mit *Hans-Dieter Schwarze* und *Ulla Jacobsson;* Regie: *Ulrich Schamoni*)

„Die letzten Paradiese" (dt. Dokumentarfilm seit 1959, Regie: *Eugen Schuhmacher*)

„Zur Sache, Schätzchen" (dt. Film mit *Uschi Glas;* Regie: *May Spils*)

„Der Lügner und die Nonne" (dt. Film v. *Rolf Thiele*)

„Die Gräfin von Hongkong" (engl. Film von *Charlie Chaplin*)

„Weekend" (frz. Film von *Jean-Luc Godard* [* 1930])

„Siebenmal lockt d. Weib" (ital. Film von *Vittorio de Sica*)

† *Jayne Mansfield* (Autounfall), nordam. Filmschauspielerin, Typ der „Sexbombe" (* 1932)

„Bonnie und Clyde" (nordamer. Film um ein jugendliches Verbrecherpaar mit *Warren Beatty* und *Faye Dunaway;* Regie: *Arthur Penn*)

„Ein Mann zu jeder Jahreszeit" (nordamer. Film, Regie: *Fred Zinnemann.* Darsteller: *Paul Scofield;* beide erhalten Oscars)

Filmförderungsgesetz der BRD tritt in Kraft (fördert den erfolgreichen Film)

„Paarungen" (Film von *Michael Verhoeven* mit *Lili Palmer, Karl Michael Vogler*)

„Romeo und Julia" (ital.-brit. Film von *Franco Zeffirelli* mit *Leonard Whiting, Olivia Hussey*)

„Die Stunde der Komödianten" (nordam. Film von *Peter Glenville* mit *Richard Burton, Elizabeth Taylor*)

„Rosemaries Baby" (nordam. Film von *Roman Polanski* mit *Mia Farrow, John Cassavetes*)

„Die Braut trug Schwarz" (frz.-ital. Film von *François Truffaut* mit *Jeanne Moreau, Jean-Claude Brialy, Michel Bouquet*)

„Die Chinesin" (frz. Film von *Jean-Luc Godard* mit *Anne Wiazemsky, Jean-Pierre Léaud*)

„Herbst der Gammler" (Film von *Peter Fleischmann*)

13. Generalkonferenz für Maß und Gewicht gibt neue Definition der Sekunde als das 9192631770fache der Periodendauer der Strahlung, welche den beiden Hyperfeinstrukturniveaus des Cäsium-Atoms 133 entspricht (diese Atomuhr geht mit der Erduhr nicht völlig synchron)

Gesellschaft für Zukunftsfragen in Duisburg gegründet. Vorstand: *Karl Steinbuch, Bruno Fritsch, Helmut Klages, Ossip K. Flechtheim, Rüdiger Proske*

„Information, Computer u. künstliche Intelligenz" (nordamerikan. Aufsätze, Hrsg. *K. Steinbuch*)

Rundgespräche über Psychosomatik auf dem Kongreß der Dt. Gesellschaft für innere Medizin (Vermutung, daß in der BRD jährlich 3 Mill. Menschen falsch, weil nicht psychotherapeutisch behandelt werden)

Intern. Generalkatalog der Fachzeitschriften für Technik u. Wirtschaft (6. Aufl., umfaßt ca. 30000 Zeitschr. aus mehr als 100 Ländern)

Dornier entwickelt Senkrechtstarter-Flugzeug (DO 31)

Fernmeldetransatlantikverbindung für 6000 Zeichen/Min. zwischen Weltwetterzentrale Washington u. Zentrale der BRD in Offenbach (ersetzt bisherige Fernschreibverbindung)

Vertikalstarter Dornier 31

„Incident" (nordam. Film von *Larry Peerce* mit *Tony Musante, Martin Sheen*)

„Ich traf sogar glückliche Zigeuner" (jugosl. Film von *Aleksander Petrovic*)

„Kaltblütig" (nordam. Film von *Richard Brooks* mit *Scott Wilson, Robert Blake*)

„Lebenszeichen" (Film von *Werner Herzog* mit *Peter Brogle, Wolfgang Reichmann*)

„Ein Liebesfall" (jugosl. Film von *Dusan Makavejew*)

„Mozart in Prag — Don Giovanni 67" Film von Wolf Esterer von einer Schallplattenaufnahme unter *Karl Böhm*)

„Anna Karenina" (russ. Film von *Alexander Zarkhi*)

(versucht schwere Verkehrsgüter von Straße auf Bahn zu verlegen; Plan wird je nach Interessenlage sehr verschieden beurteilt)

Saale-Autobahnbrücke schließt Teilstück d. Autobahn Berlin-München zwischen DDR (Hirschberg) und BRD (Rudolfstein). (Kosten trug die BRD)

Autostraßentunnel durch d. St. Bernhard (Schweiz) mit 6,6 km Länge eröffnet

Schweden stellt Straßenverkehr v. Links- auf Rechtsverkehr um

Neuer Rekord auf der Skiflugschanze Oberstdorf/Allgäu mit 150 m v. *Lars Grini,* Norwegen (vgl. 1950)

Ca. 40 Mill. Menschen sind Skiläufer, geben ca. 40 Mrd. DM jährlich dafür aus

Weltmeisterschaft im Eispaarlaufen in Wien gewinnen *Belousowa-Protopopow* (USSR) vor *Glockshuber-Danne* (BRD)

† *D. Campbell,* brit. Motorsportler, i. Rennboot (* 1921; vgl. 1955, 1964)

Francis Chichester (* 1901) vollendet als einhändiger brit. Segler Weltumseglung

Schwergewichts-Boxweltmeister *Cassius Clay* (USA)

(1967)

wird bei einem Staatsbesuch in Italien auch vom Papst empfangen

† *Rodion Malinowski,* Marschall und Verteidigungsminister (seit 1957) der USSR (* 1898)

Andrej Gretschko (* 1903) wird Verteidigungsmin. der USSR

Große Feier zum 50. Jahrestag der Oktoberrevolution in der USSR

Stalins Tochter *Swetlana* flieht über Indien in die USA und veröffentlicht ihre Memoiren (heiratet 1970)

Krönung des persischen Kaiserpaares in Teheran mit gr. Pomp

Biafra, die Ostregion Nigerias, erklärt sich unter Militärgouverneur *Ojukwu* als unabhängige Republik; Beginn eines Bürgerkrieges in Nigeria (dauert b. 1970)

Tschombe, ehem. kongol. Min-Präs., wird aus Spanien nach Algerien entführt

Treffen von US-Präsident *Johnson* und USSR Min.-Präs. *Kossygin* in Glassboro (USA). Keine Annäherung im Vietnam- und Nahostproblem

Gleichlautende Atomsperrverträge von USA und USSR der Genfer Abrüstungskonferenz vorgelegt. Kontrollartikel noch ausgespart (stößt auf Widerstand der nichtatomaren Mächte, in der BRD bes. bei der CSU)

Schwere Rassenunruhen in Detroit (USA)

Mehrtägige blutige Rassenunruhen in Newark/New Jersey (USA)

Weltbank wählt US-Verteidigungsminister (seit 1960) *McNamara* (* 1916) zum neuen Präsidenten (tritt im Schatten eines Höhepunktes des Vietnamkrieges Anfang 1968 dieses Amt an)

† *„Che" Ernesto Guevara,* kubanischer sozialistischer Revolutionsführer, vermutlich getötet von bolivianisch. Regierungstruppen (wird zum Idol revolutionärer Jugend in aller Welt) (* 1928)

Indonesischer Volkskongreß setzt Präsident *Sukarno* ab und vereidigt General *Suharto* als amt. Präs.

In Südvietnam wird der bisherige Staatspräsident *Nguyen Cao Ky* zum neuen Präsidenten gewählt (es gibt Wahlanfechtungen)

Kommunistische „Rote Garden" stürmen im Zuge der „Kulturrevolution" Rathaus in Peking

Brit. Gesandtschaft in Peking von Demonstranten gestürmt

Demonstrationen vor der Botschaft der USSR in Peking

Rotchinesische Armee greift zugunsten von *Mao* in innerpolitische Auseinandersetzungen in China ein. *Mao* fordert in einem Edikt die Wiedereröffnung der im Laufe der „Kulturrevolution" funktionsunfähig gewordenen Schulen und Hochschulen in der Volksrep. China

Volksrep. China zündet ihre erste Wasserstoffbombe (nach fünf Kernspaltungsbomben)

wird wegen Wehrdienstverweigerung zu 5 Jahren Gefängnis verurteilt. Verliert Weltmeisterschaft

Walsh (USA) stellt Weltrekord im 100-m-Kraul-Schwimmen (Männer) auf: 52,6 Sek.

Burton (USA) stellt Weltrekord im 1500-m-Kraul-Schwimmen (Männer) auf: 16,34,1

Bayern München gewinnt geg. Glasgow Rangers Europapokal der Pokalsieger im Fußb.

Eintracht Braunschweig wird geg. den 1. FC Nürnberg dt. Fußballmeister

Kinobesucher (in Mill.):

	1967	1956
Italien	632	730
BRD	280	750
Frankr.	258	371

† *Jacques Heim,* frz. Modeschöpfer (* 1899)

Schwere Überschwemmungen i. Gebiet von Lissabon mit über 470 Toten

Ölpest aus einem vor England gestrandeten Tanker gefährdet brit. u. frz. Küste

Auf d. Funkausstellung in Berlin (W) wird offiziell das Farbfernsehen f. d. BRD eröffnet (arbeitet n. d. dt. PAL-Verfahren, das mit d. frz. SECAM-Verf. d. Ostblockländer inkompatibel ist. F. d. Programmaustausch sind daher Bildwandler nötig)

Nullwachstum d. BSP der BRD bedeutet Ende des „Wirtschaftswunders" seit 1949

Bevölkerungsbewegung im Zeitraum 1960—67, bezogen auf 1000 Einwohner:

	Geburten	Sterbefälle	Zuwachsrate
Afrika	46	22	24
Lateinamer.	40	12	28
Asien	38	18	20
Ozeanien	26	11	15
USSR	21	7	14
Nordamer.	21	9	12
Europa	19	10	9
Erde	34	15	19

Welthandel

	Mrd. Dollar Einfuhr	Mrd. Dollar Ausfuhr
Insgesamt	201,9	189,6
Industrieländer	159,5	149,5
Entwicklungsl.	42,4	40,1

Gesamte laufende Ersparnisse in der BRD (%)

	Insges. Mrd.DM	Privat %	Unter-nehmg. %	öff. Haush. %
1950	11,7	17,3	45,7	37,0
1956	36,9	16,8	43,9	39,3
1960	56,7	25,7	42,0	32,3
1965	74,4	44,2	34,1	21,7
1967	60,6	50,3	35,4	14,3

Fluggäste im Jahr

	1951 Mill.	1967 Mill.
Weltluftverkehr	42	236
BRD-Flughäfen	11	20

Lebenshaltungskosten-Index i. d. BRD (4-Personen-Arbeitnehmerhaushalt):

1967:	114,4
1962:	100,0
1957:	90,7
1952:	86,7
1950:	78,8

(Kaufkraft d. DM sank in den letzten 10 Jahren auf 0,77)

Landwirtschaftl. Betriebe in der BRD nach Größenklassen

Größe (ha)	Zahl 1967	Zahl 1949
0,5— 1,0	195232	292090
1 — 2	186992	305897
2 — 5	300554	553490
5 — 7,5	153080	250304
7,5— 10	118688	153538
10 — 15	177470	171838
15 — 20	111132	84446
20 — 50	141010	112410
50 —100	14598	12620
über 100	2784	2971
insgesamt	1401540	1939604
Gesamtfläche (in 1000 ha)	12911	13487

Produktionsentw. in der USSR

	1928	1958	1967	geplant 1970
Elektroenergie (Mrd. kWh)	5,0	235,0	589,0	830—850
Erdöl (Mill. t)	11,6	113,0	288,0	345—355
Kohle (Mill. t)	35,5	493,0	595,0	665—675
Stahl (Mill. t)	4,3	54,4	102,2	124—129

Arbeitszeitaufwand eines Industriearbeiters in der BRD für

	1960	1967
1 kg Butter	2 h 19 m	1 h 39 m
1 kg Kaffee	6 h 15 m	3 h 31 m
1 Herrenhemd	5 h 14 m	4 h 07 m
Volkswagen	1395 h 01 m	908 h 54 m

(als Maß für den Stundenreallohn)

1968

Friedensnobelpreis an *René Cassin* (* 1887, Frankr.), Präs. des Europ. Gerichts f. Menschenrechte

Der Kernwaffenbestand der USA und USSR entspricht etwa einer Sprengkraft von über 3 t TNT pro Kopf der Erdbevölk. (ca. 10fache Overkill-Situation)

Viele Staaten, darunter die DDR, unterzeichnen den von USA und USSR formulierten Atomwaffen-Sperrvertrag in Washington, Moskau und London (BRD zögert nicht zuletzt wegen unterschiedl. Auffassungen zwischen CDU/CSU und SPD)

Schwere Studentenunruhen u. a. in Paris, Rom, Kopenhagen, Tokio; auch in der BRD

Henry Cabot Lodge (* 1902), Parteirepublikaner, US-Botschafter in der BRD (1953—64 UN-Delegierter, danach Botschafter in Südvietnam)

Wiederaufnahme d. diplomatischen Beziehungen zwischen der BRD und Jugoslawien (abgebr. 1957)

Anti-Vietnam-Krieg- und Gegendemonstration in Berlin (West)

Bundeskanzler *Kiesinger* erklärt sich bereit zu Gesprächen mit DDR-Min.-Präs. *Stoph*. DDR beharrt auf Anerkennung und vertraglichen Beziehungen zwischen „beiden deutschen Staaten"

Bundesparteitag der SPD in Nürnberg (steht im Zeichen der umstrittenen großen Koalition). Wahlrechtsreform wird vertagt. Innenminister *Paul Lücke* tritt deshalb zurück, sein Nachfolger wird *Ernst Benda* (* 1925, CDU)

Attentat auf den linksradikalen Studentenführer u. Ideologen *Rudi Dutschke* in Berlin. Heftige Studentenunruhen in der BRD, die sich besonders gegen den Zeitungskonzern *Springer* richten: 2 Tote, mehr als 100 Verletzte

Trotz heftiger Demonstrationen vor allem Jugendlicher verabschiedet dt. Bundestag mit verfassungsändernder Mehrheit Notstandsverfassung zum Schutz der Demokratie in Notzeiten

Studenten mit asozialen „Rockern" greifen polizeigeschütztes Land-

Literatur-Nobelpreis an *Yasunari Kawabata* (* 1899, Japan)

Friedenspreis des Dt. Buchhandels an *Leopold Sedar Senghor* (* 1906), Staats- und Reg.-Chef von Senegal. Bei der Verleihung in der Paulskirche kommt es zu heftigen Demonstrationen vor allem Jugendlicher

Edward Albee: „Box — Mao — Box" (nordam. Schauspiel), „Empfindliches Gleichgewicht" (dt. Erstauff.)

Donald Barthelme: „Schneewittchen" (dt. Übers. d. nordamer. erotisch-satirischen Romans)

Wolfgang Bauer (* 1941): „Magic Afternoon" (österr. Schauspiel)

John Bowen: „Nach der Flut" (engl. Schauspiel, Erstauff. in Frankfurt/M.)

Cathérine Breillat: „Der leichte Mann" (frz. erotischer Roman einer 16jährigen)

† *Max Brod,* dt. Schriftsteller, Prager jüd. Herkunft, Freund *F. Kafkas* (* 1884)

„Prix Goncourt" für *Bernard Clavel* für seinen Roman „Les fruits de l'hiver" („Früchte des Winters")

Hilde Domin (* 1912): „Wozu Lyrik heute? Dichtung und Leser in der gesteuerten Gesellschaft" (fordert Mut zum Sagen, zum Bekennen, zum Anrufen)

Tankred Dorst (* 1925): „Toller" (Schauspiel um bayr. Räterepublik)

Erica Maria Dürrenberger (* 1908): „Der Sizilische Garten" (schweiz. Sonetten-Zyklus)

Nobelpr. f. Wirtschaftswissensch. gestiftet

Angriffe radikaler Studenten gegen *Th. W. Adorno,* unter dessen Leitung seit 1950 das Frankfurter Institut für Sozialforschung zum Zentrum einer radikalen Kulturkritik wurde

† *Karl Barth,* schweiz. Begründer der dialektischen Theologie (* 1886)

† *Augustinus Bea,* Kurienkardinal am Vatikan, dt. Abstammung; seit 1960 Sekretär des Päpst. Sekr. f. d. Einigung des Christentums (* 1881)

Richard Behrendt: „Über die Gestaltbarkeit der Zukunft" (futurologische Soziologie, fordert für die dynamische Kulturphase den gesellschaftlich mündigen Menschen)

Bergmann, Dutschke, Lefèvre, Rabehl: „Rebellion der Studenten oder Die neue Opposition"

Ernst Bloch: „Atheismus im Christentum"

L. v. Friedeburg, Jürgen Hörlemann, Peter Hübner, Ulf Kadritzke, Jürgen Ritsert, Wilhelm Schumm: „Freie Universität (Berlin) und politisches Potential der Studenten" (soziologische Studie, Ergebnis vgl. 1964 Ph)

Wilhelm Fucks: „Nach allen Regeln der Kunst" (quantitative Diagnosen über Literatur, Musik, bildende Kunst — die Werke, ihre Autoren und Schöpfer. Zeigt u. a., daß Streuung der Tonhöhen in Kompositionen um 1600 von 3,7 auf 10,8 in der 12-Ton-Technik steigt)

Fr. Ahlers-Hestermann: „Sirene“ (Gem.)

Otmar Alt (* 1940): „Der Stiefelspecht“ (pop-artiges Gem.)

Horst Antes: „Figur im Kasten“ (Gem.)

Fernandez Armand (* 1928, Frankr.): Durch Nummern gekennzeichnete Plexiglasplatten, in die gleichartige flache technische Konstruktionselemente in mehr oder weniger zufälliger Anordnung eingeschlossen sind

Heinrich Brummack (* 1930): Spielplastik aus Kunststoff für eine Kindertagesstätte, Gropiusstadt, Berlin; „Blume“ (pop-artige Polyesterplastik) „Astronautenstuhl“ (Polyesterplastik)

Wassenaar Bonies (* 1937): „Rot-Weiß-Blau 68“ (niederl. abstr. Gem.)

Felix Candela, Antonio Peyri, Enrique Castañeda Tamborrel: Sportpalast in Mexiko City (gilt als Höhepunkt d. olympischen Bauten)

Marc Chagall: „Der Regenbogenhahn“ (russ.-frz. Gem.)

Christo: „Verpackte Luft“ (70 m lange, 9 m breite, luftgefüllte Plastikhülle eines bulgar.-amer. Künstlers) als Wahrzeichen der „documenta IV“ in Kassel

F. Clerici: „Die 25. Stunde“ (ital. surrealist. Gem.)

Curtis & Arthur Q.

Gilbert Amy „Chant pour grand orchestre“ (frz. Komp.)

Luigi Dallapiccola: „Odysseus“ (ital. Oper in Zwölftontechnik; Urauff. in Dt. Oper Berlin [West])

Vinko Globokar (* 1934): „Etude pour Folklore II“ (jugosl.-dt. Komp. für Orch. u. Chor)

Erhard Grosskopf und *Bernd Damke:* „Nexus“ (akustische und optische Kompos. f. Flöte, Schlagzeug, Tonband und optische Elemente)

Hans Werner Henze: „Das Floß der Medusa“ (Oratorium, Text: *Ernst Schnabel,* Uraufführung in Hamburg. Konzert u. Rundfunkübertragung werden wegen Störungen abgebrochen)

Gerald Humel (* 1931): „Flashes“ (nordamer. Komp. für Kammerensemble)

† *Joseph Keilberth* (am Pult während einer „Tristan“-Auff. i. München), dt. Dirigent (* 1908)

Thomas Kessler (* 1937): „Revolutionsmusik für Ensemble und Tonbänder“ (mit unterlegten Reportagen von Studentenunruhen 1967/1968)

Berliner Musikpreis „Junge Generation“ an *Thomas Kessler*

Nobelpreis für Physik an *Luis W. Alvarez* (* 1911, USA) für die Auswertung der Spuren von Elementarteilchen (Blasenkammer, Nachweis seltener Ereignisse)

Nobelpreis für Chemie an *Lars Onsager* (* 1903, Norw.) für Entwicklung einer „irreversiblen Thermodynamik“ (bes. wichtig für chemische Abläufe in Organismen)

Nobelpreis für Medizin an *Robert W. Holley* (* 1922, USA), *H. Gobind Khorana* (* 1922, USA), *Marshall W. Nirenberg* (* 1927, USA) für die Entschlüsselung der chemischen Information der Erbsubstanz und ihrer Funktion bei der Eiweißsynthese

R. L. Armstrong und andere stellen eine Eiszeit in der Antarktis vor ca. 2,7 Mill. Jahren fest

Christiaan N. Barnard (* 1923) pflanzt in Kapstadt dem 58jährigen *Philip Blaiberg* (* 1910, † 1969, 595 Tage nach der Herzverpflanzung) ein fremdes Herz ein (bis zum Ende des Jahres gibt es 104 Herztransplantationen, davon 41 in den USA. Bei hoher Sterblichkeit überleben einige der Patienten zumindest die ersten Monate)

US-Astronauten *Frank Borman* (*1928), *James Lovell* (* 1928), *William Anders* (* 1933) umkreisen am 25. 12. im Raumschiff „Apollo 8“ in 110 km Entfernung als erste Menschen zehnmal den Erdmond. Jede wichtige Phase dieses 147-Stunden-Fluges wird durch öffentliches (auch Farb-) Fernsehen weltweit sichtbar gemacht

Heinz Brücher bezweifelt die Gen-Zentren-Theorie von *N. J. Wawilow,* wonach unsere Kulturpflanzen aus 8 geographischen Mannigfaltigkeitszentren stammen; vielmehr stamme Mannigfaltigkeit aus menschlichen Züchtungen

E. K. Fedorov (USSR) hält künstliche Klimaänderung nicht vor 20 bis 30 Jahren möglich; fordert aber schon weltweite Zusammenarbeit in dieser Frage

O. K. Flechtheim gibt Zeitschrift „Futurum“ für Zukunftsfragen heraus

† *Otto Hahn,* dt. Chemiker, erforschte und entdeckte vorzugs-

Als Protestdemonstration „Marsch der Armut“ nach Washington (vor allem Neger)

Japan ist im Begriff die BRD als drittgrößte Industrienation (hinter USA und USSR) zu überholen

Spaltung d. Goldmarktes: USA und 6 europ. Mitgl. d. Goldpools (dar. BRD) anerkennen freie private Preise neben dem offiziellen Kurs von einer Unze Feingold pro 35 Dollar

Beistandkredit v. 12 Ländern an Gr.-Brit. von 2 Mrd DM

Währungskrise: Intern. Druck auf die BRD, die DM aufzuwerten. BRD weigert sich und nimmt statt dessen steuerliche Belastung des Exports und Entlastung d. Imports vor.

Frankreich erhält 8 Mrd. DM zur Stützung des Franc, weigert sich aber, Franc abzuwerten

Die von Bundeswirtschaftsminister *Karl Schiller* eingeleitete „konzertierte Aktion“ der Wirtschafts- und Sozialpartner führt zur erwünschten Konjunkturbelebung in der BRD (niedr. Arbeitslosenquote 0,9%)

Energieverbrauch in der BRD (in

(1968)

gericht in Berlin (West) gewaltsam an

Bundesaußenminister *W. Brandt* schlägt auf der Genfer Konferenz der nichtnuklearen Mächte weltweiten Gewaltverzicht vor. Konferenz billigt entspr. Resolution der BRD

Bundespräsident *Heinrich Lübke* kündigt für 1969 vorzeitigen Rücktritt an

Bundestagspräsident ruft Bundesversammlung zum 5. 3. 69 zur Wahl des Bundespräsidenten nach Berlin ein

Bundesparteitag der CDU in Berlin (West). Proteste der USSR und DDR

Walter Scheel (* 1919) wird Vorsitzender der FDP (gilt als liberaler als sein Vorgänger *Erich Mende)*

Bundesverfassungsgericht: Auch Splitterparteien ab nur 0,5% Stimmenanteil erhalten pauschalierte Wahlkampfkosten erstattet

Landtagswahlen in Baden-Württemberg ergeben folg. Mandatsverteilung (Vgl. 1964): CDU 60 (59), SPD 37 (47), FDP/DVP 18 (14), NPD 12 (0). Koalition CDU/SPD wird unter Min.-Präs. *Filbinger* (CDU) fortgesetzt

„Deutsche Kommunistische Partei" (DKP) in der BRD gegründet unter Zusammenfassung mehrerer linksradikaler Gruppen

Linksradikale Partei „Aktion demokratischer Fortschritt" in der BRD gegründet

Selbstmorde hoher Beamter der BRD lösen Spionageverdacht aus

Freispruch in der BRD für einen Beisitzer am ehem. NS-Volksgerichtshof; findet heftige Kritik.

Todesurteil in der DDR für ehem. Gestapoaufseher

Neue Verfassung der DDR tritt in Kraft („Volksentscheid" ergab 94,5% Ja-Stimmen)

DDR beschließt Paß- und Visumpflicht zwischen beiden Teilen Deutschlands und bei Durchreise nach Berlin (West) durch die DDR

DDR sperrt ihr Gebiet für Berlinreisen leitender Politiker der BRD (so dem Reg. Bürgerm. v. Berlin als Bundesratsvorsitzenden)

Charles Dyer: „Unter der Treppe" (dt. Erstauff. d. brit. Bühnenstücks)

Günter Eich: „Maulwürfe" (Prosastücke)

† *Jürgen Fehling*, dt. Regisseur, vorzugsweise in Berlin, seit 1955 schwer erkrankt (* 1885)

Günter Bruno Fuchs (* 1928): „Bericht eines Bremer Stadtmusikanten" (Roman)

Marzotto-Preis für *Natalia Ginzburg* (* 1916) für Schauspiel „L'Inserzione" („Das Inserat")

Fontane-Preis d. Landes Berlin an *Günter Grass*

Max von der Grün (* 1926): „Zwei Briefe an Pospischiel" (gesellschaftskrit. Roman)

Michael Hatry: „Notstandsübung" (linksradikal. agitator. Bühnenstück)

Václav Havel (* 1936): „Erschwerte Möglichkeit d. Konzentration" (tschechoslowak. satir. Bühnenstück)

John Hopkins: „Diese Geschichte von Ihnen" (engl. Bühnenstück)

Urs Jaeggi (* 1931): „Ein Mann geht vorbei" (schweiz. Roman)

Jewgenij Jewtuschenko (* 1933): „Gedichte u. Poeme" (russ. Dichtung ein. Antistalinisten)

Siegfried Lenz (* 1926): „Deutschstunde" (Roman um den Maler *E. Nolde*)

Berliner Kunstpreis für darstellende Kunst an *Hans Lietzau*

Norman Mailer: „Marsch auf das Pentagon" (nordamer. Darstellung einer Anti-Vietnam-Demonstration, bei der der Autor verhaftet wurde. Pulitzer-Preis)

Liga f. Menschenrechte, Berlin, verleiht Carl v. Ossietzky-Medaille an *Günter Grass* und *Kai Hermann*

Heinrich Grüber (* 1891): „Erinnerungen aus sieben Jahrzehnten" (Autobiogr. d. evangel. Theologen und NS-Widerstandskämpfers)

† *Romano Guardini*, kathol. Philosoph, führend in der Kathol. Jugendbewegung und in der dt. Liturgischen Bewegung (* 1885)

Jürgen Habermas (* 1929): „Technik und Wissenschaft als ‚Ideologie'" (aus dem Frankfurter Institut f. Soziologie)

Hans von Hentig: „Der jugendliche Vandalismus" (führt Zerstörungswut auf die „Auflösung der Familie" u. „Zerstörung des Vaterbildes" zurück)

Arthur R. Jensen (USA) behauptet bei Negern einen erheblich geringeren Intelligenzquotienten (IQ) festgestellt zu haben als bei Weißen. (Dagegen wenden sich Forscher, die der Umwelt größeren Einfluß a. d. Intell. einräumen)

† *Helen Keller*, nordam. blinde und taubstumme Philanthropin, absolvierte Universitätsausbildung, Inspektorin für Taubstummen- u. Blindenanstalten in den USA (* 1880)

Waldemar Knoeringen: „Geplante Zukunft? Aufgabe von Politik u. Wissenschaft" (Referate aus der Sicht der SPD)

Kardinal *König* (Wien) kündigt auf der 18. Nobelpreisträgertagung in Lindau Überprüfung d. *Galilei*-Prozesses an

Davis u. *Franz Mokken:* Univ.-Klinikum i. Berlin-Steglitz (für 1426 Betten; 300 Mill. DM Baukosten; 25 Kliniken u. Institute; im Bau seit 1959)

Paul Uwe Dreyer (* 1939): „Seitenwand, aufklappbar, frontal" (Gem.)

Max Ernst: „Humanae Vitae I" (Collage, phototechn. auf Leinw. übertr.

Helen Frankenthaler: „Klangformen" (nordamer. Acrylgemälde)

Günter Fruhtrunk (* 1923): „Rote Vibration" (abstr. Gemälde)

Ausstellung d. Werke von *Xaver Fuhr* (* 1898) in Berlin (West) (seine Bilder sind undatiert)

Vic Gentils (* 1919): „Brasil" (engl.-belg. Gem. mit Holzreliefs)

Manfred Gräf (* 1928): „Mandala 2" (Konstruktivist. Tuschmalerei)

HAP Grieshaber (* 1909), Graphiker, erhält Kulturpreis d. DGB

† *Will Grohmann,* dt. Kunsthistoriker u. -kritiker, schrieb Monographien über *Klee, Schmidt-Rottluff, Kirchner, Kandinsky, Baumeister* (* 1887)

† *John Heartfield,* „Vater der künstlerischen Fotomontage", zuletzt in der DDR (* 1891)

Bernhard Heiliger: „Montana" (abstr. Bronze)

Rudolf Komorous (* 1931): „Düstere Anmut" (tschechoslowak. Komp. f. Kammerensemble)

Marek Kopelent (* 1931): „Stilleben" (tschechoslowak. Kompos. f. Solobratsche u. Kammerensemble)

† *Harald Kreutzberg,* dt. Ausdruckstänzer (* 1902)

Ladislav Kupkovič (* 1936): „Vor-Mit-Nach f. Streicher, Holzbläser u. ein Tasteninstrument" (tschechoslowak. pop-art. Komposition)

György Ligeti: „Continuum" (ung. Komp. für Cembalo)

Nikos Mamangakis (* 1929): „Tetraktys" (griech. mathem.-abstr. Komposition f. Streichquartett)

Gian-Carlo Menotti: „Wer hat Angst vor Globolinks" (nordamer.-ital. Kinderoper, Uraufführung in Hamburg)

† *Elly Ney,* dt. Pianistin, interpretierte insbes. *Beethoven* (* 1882)

Carl Orff: „Prometheus" (Vertonung d. *Aschylos*-Dramas in griech. Originalsprache; mit europ., asiatischen und afrikanischen Instrum.

Hans Otte (* 1926): „Buch für Orchester" (Kompos. f. Orchester und Klavier)

weise radioaktive Elemente, eröffnete 1938 mit der Entdeckung der Urankernspaltung technische Auswertung der Kernenergie, Nobelpreis 1945, 1948—60 Präsident der Max-Planck-Gesellschaft (* 1879)

Gerhard Heberer gibt aufgrund neuerer Funde für die Abstammung des Menschen folgende Daten: Verzweigung Mensch-Affenzweig vor ca. 25 Mill., Tier-Mensch-Übergangsfeld vor ca. 10—2 Mill., humane Phase seit ca. 2 Mill. Jahren

W. Heine: „Gnotobiologie" (Zucht und Haltung keimfreier Versuchstiere für die praktische Medizin)

Horst Jatzkewitz (* 1912): „Biochemische Aspekte in der Psychiatrie" (körperliche, insbes. genetische Ursachen von Geisteskrankheiten werden deutlicher)

Shinsuke Kawasaki: Fernsehen mittels Neutronen (kann Wasserströmung in Metallrohren sichtbar machen)

Massenprod. von Asparaginase mit E. coli-Zellen in der BRD gestattet Großversuche zur Leukämiebekämpfung (diese Wirkung wurde 1963 von *J. G. Kidd* entd.)

† *Lew Landau,* russ. Physiker, erforschte besonders Supraleitung, Nobelpreis 1962 (* 1908)

Benjamin Masar (Hebräische Univ.) entdeckt Fundamente des im Jahr 70 zerstörten Tempels von König *Herodes*

US-Tiefbohrforschungsschiff „Glomar Challenger" unter wiss. Leitung von *A. E. Maxwell* und *R. P. von Heezen* findet Auseinanderdrift des Atlantikbodens um ca. 4 cm im Jahr (bestätigt Kontinentalverschiebung)

† *Lise Meitner,* österr. Atomphysikerin, 1908—38 Mitarbeiterin *Otto Hahns,* zuletzt i. Cambridge (* 1879)

Helmut Metzner: Gewinnung von Sauerstoff und Wasserstoff aus Wasser, Chlorophyll und Sonnenstrahlen (Lichtquantenenergie)

Hans Muxfeldt (* 1927) berichtet in den USA über Synthese des Antibiotikums Terramycin (1949 entd., 1950 isoliert, 1952 chemischer Aufbau geklärt)

Mill. t Steinkohleneinheiten):

Steinkohle	98,2
Braunkohle	28,3
Heizöl	76,1
sonstiges Öl	65,4
Naturgas	9,3
Wasserkraft	7,4
Kernkraft	0,8
Holz, Torf u. ä.	1,4
insgesamt	286,9

Abnahmetendenz bei Kohle, Zunahmetendenz bei Öl und Kernkraft

Zahlreiche Zechen der BRD finden sich in der Ruhrkohlen-AG zusammen, um Krise des Kohlenbergbaus zu überwinden

In Angleichung an d. weiteren EWG-Bereich führt BRD die Mehrwertsteuer (11%) statt der Umsatzsteuer ein

Durchschnittliche Baulandpreise in der BRD pro m² in Orten

Einw.	DM
unter 2000	13,40
2—5000	20,50
5—20000	31,90
20—50000	37,10
50—200000	48,90
200—500000	53,90
über 500000	87,60

Im Gesamtdurchschnitt DM 30,10 (1961: DM 13,60)

Zunehmende Diskussion über ein sozial vertretbares Bodenrecht

Interzonenhandel wird ausgeweitet (betrug 1957 1752, 1967 2745 Mill. Verrechnungseinh.)

(1968)

DDR verbietet NPD-Mitgliedern Durchreise nach und von Berlin

Volkskammer der DDR verabschiedet neues Strafrecht

Schweizer Regierung bekennt sich in den „Richtlinien für die Regierungspolitik 1968—71" unverändert zur Neutralität (kann als 1. Reg.-Programm in der Schweizer Geschichte gelten)

Brit. Regierung verkündet erneut machtpolitischen Rückzug aus den Gebieten „östlich von Suez" bis 1971 und ein weiteres Sparprogramm

Brit. Außenmin. *George A. Brown* (* 1914) tritt zurück. Nachfolger: *Michael Stewart* (* 1906)

Gr.-Brit. beschränkt Einwanderung von Farbigen

Niederlage der brit. Labour Party bei den Kommunalwahlen

Schwere Unruhen in Paris, ausgehend von Studentenaktionen. Solidarisierung mit der Arbeiterschaft gelingt nur eingeschränkt. Franz. Wirtschaft erleidet starke Einbußen durch Streikbewegung

Polizei räumt die seit einem Monat von Studenten besetzte Pariser Universität

Staatsbesuch des franz. Staatspräsidenten *de Gaulle* in Rumänien: fordert Entspannung auf der Grundlage der Souveränität aller Staaten

Franz. Staatspräsident *de Gaulle* begibt sich während der Maiunruhen fluchtartig für einen Tag von Paris nach Baden-Baden, wo er mit General *Massu* spricht

Franz. Staatspräsident *de Gaulle* schreibt Parlamentsneuwahlen aus: Gaullisten erzielen absolute Mehrheit in der Nationalversammlung. Anstelle v. *Pompidou* wird *M. Couve de Murville* (* 1907) franz. Min.-Präs.

Streikwelle in ganz Italien

Parlamentswahlen in Italien bringen Gewinne für Christliche Demokraten und Kommunisten, Verluste für Sozialisten

Regierung der „linken Mitte" unter *Mariano Rumor* (* 1915) in Italien

† *Trygve Lie,* bis Kriegsende norwegischer Exilminister, 1946—53 erster Generalsekretär der UNO (* 1896)

Büchner-Preis der Dt. Akad. Darmstadt an *Golo Mann*

Gabriel Marcel erhält gr. Literaturpreis v. Paris

Egon Monk, Intendant des Hamburger Schauspielhauses (seine avantgardistischen, scharf kritisierten Inszenierungen, u. a. *Schillers* „Räuber", führen zur vorzeitigen Lösung seines Vertrages)

Helga Novak (* 1935) erhält Bremer Literaturpreis

Arthur Maria Rabenalt: „Theatron eroticon" mit erotisch und sexuell betonten Aufführungen in München

Christa Reinig: „Aquarium"; erh. Kriegsblinden-Hörspielpreis

Gerlind Reinshagen (* 1926): „Doppelkopf" (satir. Bühnenstück um einen Betriebsausflug)

Felix Rexhausen: „Die Sache. 21 Variationen" (erotische Darstellungen)

Hubert Selby: „Letzte Ausfahrt Brooklyn" (nordamer. Roman)

† *Upton Sinclair,* nordamer. Schriftsteller vorwiegend sozialkrit. Romane (* 1878)

Alexander Solschenizyn (* 1918): „Der erste Kreis der Hölle", „Krebsstation" (russ. Romane in dt. Übers.)

† *John E. Steinbeck,* nordamer. Schriftsteller, Nobelpreis 1962 (* 1902)

Fritz Usinger (* 1895): „Gedichte"

Peter Weiss: „Vietnam-Diskurs" (polit. agitatorisches Bühnenstück gegen USA-Politik)

Peter Zadek: „Maß für Maß" — Phantasie (freie popartige Interpret. d. *Shakespeare*-Stückes)

G. Konopka: „Soziale Gruppenarbeit, ein helfender Prozeß" (Eingliederungshilfe für gefährdete Jugendliche)

Herbert Marcuse: „Psychoanalyse und Politik" (dt.-amer. Philosophie unter Berücksichtigung der Lehren von *Marx* und *Freud*)

Desmond Morris: „Der nackte Affe" (der Mensch im Lichte der Abstammung von den übrigen Primaten, Übersetzung aus dem Engl.)

Papst *Paul VI.* untersagt in seiner Enzyklika „Humanae Vitae" jede künstliche Geburtenkontrolle für Katholiken (ruft starke Kritik auch in kathol. Kreisen hervor)

Papst *Paul VI.* anerkennt Knochenfunde aus dem Marmorgrab G unter dem Petersdom als echte Petrus-Reliquie (seit 1953 von der Frühhistorikerin *Margherita Guarducci* (* 1900) untersucht)

Reimut Reiche: „Sexualität und Klassenkampf" (monogame „Zwangsehe" wird als Anpassung an kapitalist. Herrschaft gewertet)

Lutz Röhrich: „Adam und Eva" (volkskundliche und kunsthistorische Monographie)

Erwin K. Scheuch (u. a.): „Die Wiedertäufer der Wohlstandsgesellschaft. Eine kritische Untersuchung der ‚Neuen Linken' und ihrer Dogmen"

Günther Schiwy: „Der französische Strukturalismus — Mode, Methode, Ideologie" (krit. Darstellung einer auf Zerlegung und Aus-

Otto Hellmeier (* 1908): „Winter am Weißensee" (natural. Gem.)

Hannah Höch (* 1889): „Die Sonne" (Gem.)

Gerhard Hoehme (* 1920): „Himmelfahrt" (Leinen, Holz, Wachstuch, Eisen gespritzt u. gemalt)

Wolf Hoffmann: „Wetterfahne" (ornamental-geometr. Radierung)

Hans Jaenisch (* 1907): „29 — 6 — 68" (Gem.)

Wolf Kahlen (* 1940): „Vermont Heights" (2 geometr. Raumsegmente)

Horst Egon Kalinowski (* 1924): „La carillon muet" (Caisson, Leder auf Holz)

Heinrich Kirchner (* 1902): „Moses" (Bronze)

Oskar Kokoschka: „Die Frau des Matrosen" (Gem.)

Rainer Küchenmeister (* 1926): „Nov/Dez. 66 / März/April 68" (Gem.)

Arnold Leißler: „Frau im Lehnstuhl" (geometr. stilisierendes Gem.)

Helmut Lortz (* 1920): 6 Fotowände im Univ.-Klinikum, Berlin-Steglitz

Heinrich Graf von Luckner: „Drei Vögel" (Gem.)

Heinz Mack (* 1931): „Lichtraum für Berlin" (aus teilweise kinetischen Objekten, Scheinwerfern, Elektromotoren

G. Marcks: „Wan-

Krzysztof Penderecki: „Capriccio per Siegfried Palm" (poln. Kompos. f. Solo-Cello)

Zoltán Peskó: „Bildnis einer Heiligen" (für Sopran, Kinderstimmen u. Kammerensemble)

Tona Scherchen (* 1938): „WAI" (Kompos. f. Stimme, Streichquartett u. Schlagzeug. WAI [chines.] = anderswohin)

Vladimir Sramek (* 1923): „Kaleidoskop" (tschechoslowak. Komp. für Streichtrio, durch die Spieler selbständig angeordnete „Klangsplitter")

Edward Staempfli (* 1908): „Wenn der Tag leer wird..." (schwz. Oratorium f. Soloquartett, gemischten Chor und Orchester nach Gedichten von *Nelly Sachs*)

Joseph Stein u. *Jerry Bock:* „Anatevka" (dt. Erstauff. des nordam. Musicals „Fiddler on the Roof")

Karlheinz Stockhausen: „Stimmung" (Komp. f. 6 Solostimmen mit eingebauten Geschichten, Uraufführung im Pariser Funkhaus)

Werner Thärichen (* 1921): 139. Psalm f. Orchester, Alt-Solo, Chor u. Elektronik

Zbynek Vostřák (* 1920): „Pendel

Rainer Otto und Mitarbeiter (Züricher Univ.-Klin.) zeigen, daß Radio-Indium sich bevorzugt in Krebszellen ablagert (wichtig für Krebsdiagnose)

Asko H. S. Parpola und Mitarbeitern gelingt in Kopenhagen mit Computerhilfe Entzifferung der Schrift der Induskultur anhand der Steinsiegel von Harappa (Blütezeit —2. Jtsd.)

Franz Schötz: „Vererbung außerhalb des Zellkerns" (Zusammenfassung, welche Wahrscheinlichkeit der Plastidenvererbung betont)

Ithiel de Sola Prol (MTT, USA): „Der Computer in der sozialwissenschaftlichen Forschung" (betont die zu verarbeitende große Datenmenge in diesem Bereich)

C. H. Townes u. *A. C. Cheung* entd. i. USA i. d. Milchstraße Dunkelwolken, welche die Mikrowellen des Ammoniak-Moleküls (1,3 cm) ausstrahlen

J. Weber (USA) versucht Gravitationswellen durch kleinste Deformation nachzuweisen (Erfolg noch zweifelhaft)

Georges Ungar (USA): Hinweise, daß Ratten durch Hirnextrakt von dressierten Artgenossen die Dressurleistung deutlich übernehmen

Joseph Weber (USA) weist durch an verschiedenen Orten extrem störungsfrei aufgehängten tonnenschweren Zylindern gleichzeitige Schwingungen nach, die er auf kosmische Gravitationswellen zurückführt (werden von der Relativitätstheorie gefordert)

Etwa 200 subatomare Elementarteilchen und Antiteilchen sind bekannt, meist sehr kurzlebig. Bei fortschreitender Systematik steht die Theorie noch in den Anfängen

Die besten Bestimmungen der Entfernungen kosmischer Objekte und ihrer durch spektrale Rotverschiebung gekennzeichneten Fluchtgeschwindigkeiten ergeben eine Hubble-Konstante, die einem Weltalter von 13 Mrd. Jahren zugeordnet ist (dieser Wert ist widerspruchsfrei gegenüber anderen Altersbestimmungen, z. B. der Erde und der Sonne. Vgl. 1931)

Verbrauch v. Tiefkühlprodukten in der BRD bei über 0,5 Mill. t, USA ca. 6 Mill. t (Temperaturen um minus 20° C notwendig)

Assuan-Staudamm in Ägypten vollendet (600 km langer Stausee mit 135 Mrd. m^3 Wasser)

„Photokina" (Int. Photo- und Kinoausstell.) in Köln

Auf der Erde gibt es ca. 450 Mill. Hörfunkteilnehmer, 200 Mill. Fernsehteilnehmer, 210 Mill. Fernsprechteilnehmer, davon jeweils die Mehrzahl in den USA

Leipziger Universitätskirche wird trotz Protestes abgebrochen (Anf. aus dem 13. Jh., um 1500 umgeb.)

US-Präsidentenwitwe *Jacqueline Kennedy* (* 1929) heir. griechischen Großunternehmer *Aristoteles Onassis* (* 1906, † 1975)

Fahrpreiserhöhungen in Bremen führen zu heftigen Demonstrationen vor allem Jugendlicher

Schwere Rassenunruhen i. Detroit

Bummelstreik von Beamten der BRD zur Erlangung höheren Weihnachtsgeldes

(1968)			
(1968)	Spanien schließt Landweg nach Gibraltar außer für die dort beschäftigten span. Arbeitnehmer Nach schwerer Erkrankung von *A. O. Salazar*, portug. Reg.-Chef seit 1932, wird *M. Caetano* (* 1906) port. Min.-Präs. (reg. bis 1974) † *Georgios Papandreou,* griech. liberaler Politiker (seine Beisetzung wird eine Demonstration gegen die herrschende Militärdiktatur; * 1888) Neue griech. Verfassung hebt wichtige Grundrechte auf Zusammenstöße zwischen Studenten und Polizei in Belgrad. Staatspräsident *Tito* setzt sich für Hochschulreform ein Im Zuge des liberalen Reformkurses in der CSSR löst *Alexander Dubcek* (* 1921) *Antonin Novotny* als Generalsekretär der KP ab. Letzterer tritt auch als Staatspräsident (seit 1957) zurück. *Ludvik Svoboda* (* 1895) wird Staatspräsident der CSSR Ostblock-Gipfelkonferenz in Dresden ohne Rumänien Neue Regierung der CSSR unter Min.-Präs. *Oldrich Cernik* (* 1921) *Josef Smrkovsky* (* 1911) wird Parlamentspräsident der CSSR Warschauer Pakt unternimmt Manöver in der CSSR, die sich später als Vorphase der Besetzung erweisen Warschau-Konferenz der Ostblockstaaten fordert KP der CSSR auf, der „Konterrevolution" entgegenzutreten. Antwort der CSSR bekräftigt Reformkurs, BRD verlegt geplantes Manöver von der Grenze der CSSR in den SW-Raum der BRD Verhandlungen in Cierna (Schwarzau an der Theiß) zwischen USSR sowie später weiteren Ostblockstaaten und CSSR um deren Reformkurs (CSSR sieht sich zu Zugeständnissen genötigt) Jugoslaw. Präsident *Tito* besucht CSSR, um Sympathie mit Reformkurs zu bezeugen (wird begeistert empfangen). SED-Chef *Ulbricht* verhandelt in Karlsbad mit CSSR (kühler Empfang)	† *Arnold Zweig,* dt. sozialkrit. Schriftsteller, ging 1933 nach Palästina, 1948 nach Berlin (Ost), 1950—53 Präs. d. Akad. d. Künste in der DDR (* 1887) „Tintenfisch 1" (Jahrbuch für Literatur. Hgg. von *Michael Krüger* und *Klaus Wagenbach*) In der BRD werden ca. 450000 Buchtitel angeboten, davon ca. 150000 ausländische. 19 Mill. Einwohner der BRD sind Buchleser Auf dem Höhepunkt der Mai-Unruhen besetzen Studenten in Paris das Odéon-Theater. Sein Direktor *Jean-Louis Barrault* beugt sich der Besetzung und wird von der Reg. diszipliniert Eine starke Politisierung des Theaters in der BRD ist von abnehmenden Besucherzahlen begleitet Auf einigen Bühnen der BRD werden v. Schauspielern und Studenten Proteste gegen die Verabschiedung der Notstandsgesetze verlesen Abschaffung der Theaterzensur in Gr.-Brit. (bestand seit 1737 in gesetzl. Form) „Literarni Listy", lit. Wochenzeitung, neues Verbandsorgan der tschechoslowakischen Schriftsteller (mit liberalisierender Tendenz) *Eduard Goldstücker,* Vorsitzender des CSSR-Schriftstellerverbandes (geht nach der Besetzung durch die USSR ins westl. Ausland) Moskauer Literaten *Juri Galanskow, Alexander Ginsburg, Alexej Dobrowolski* erhalten 2 bis 7	tauschbarkeit beruhenden Ästhetik von *Claude Lévi-Strauß*) *Karl Steinbuch:* „Falsch programmiert. Über das Versagen unserer Gesellschaft in der Gegenwart und vor der Zukunft und was eigentlich geschehen müßte." (Fordert eine Umstellung d. geistigen Haltung der Deutschen im Sinne stärkerer Rationalität) *Carl F. v. Weizsäcker:* „Über die Kunst der Prognose" (naturwiss.-philosoph. Betrachtung; betont Probleme der Kernenergie, Computertechnik, Welternährung, Auswirkungen der Biologie, Waffenentwicklung, Einheit Europas u. des Weltfriedens) 4. Vollversammlung des Ökumenischen Rates d. Kirchen in Uppsala, Schweden, unter dem Motto „Siehe, ich mache alles neu" (bekennt sich zu weltweiter Verantwortung) 70 Persönlichkeiten der CSSR, bes. aus dem kulturellen Bereich, veröffentl. „Aufruf der 2000 Worte", der für die Liberalisierung eintritt Philosophenkongreß in Wien ≈ In der Philosophie gibt es die Hauptströmungen Phänomenologie, Existenzphilosophie, Neopositivismus, Marxismus „Futurum" (Zeitschr. f. Zukunftsforschung, Hg. *Ossip K. Flechtheim*) „Ausblick auf die Zukunft" (Aufsätze von *M. Born, W. Heisenberg, O. Hahn* u. a.)

derer, Hut in der Hand" (Bronze)

Marino Marini: „Porträt Mies van der Rohe" (Bronze)

Brigitte Meier-Denninghoff (* 1923): „Brasa III" (Messing-Zinn-Plastik)

Mies van der Rohe: Neue Nationalgalerie, Berlin (West) (seit 1963); Toronto Dominion Centre, Kanada (zwei Stahlskeletthochhäuser m. 56 bzw. 46 Stockwerken, seit 1963)

Joan Miró: „Der mühsame Gang hinter dem Flammenvogel der Wüste" (frz. Gem., 2 m mal 4 m)

Henry Moore: „Interlocking" (engl. Zweiteileskulptur Nr. 10)

Otto Nagel (* 1844, † 1967): „Heinrich Zille" (Biographie aus verwandtem Künstlertum)

E. W. Nay: „Weiß-Schwarz-Gelb" (sein letztes Gem.)

† *Ernst Wilhelm Nay,* dt. abstrakter Maler (* 1902)

Rolf Nesch (* 1893): „Bernadette" (Metalldruck)

Richard Oelze (* 1900): „Ornithologisches Bildnis" (Gem.)

Georg-Karl Pfahler (* 1926): „B/RB II" (abstr. Gem.)

Paul Pfarr (* 1938): „Skulptur" (Bronze)

Peter Phillips (* 1939): „Pneumatik" (engl. popartige farbige Lithographie)

der Zeit" (tschechoslowak. Komp. f. Solo-Cello, vier Spielergruppen u. elektron. Orgel)

Robert Wittinger (* 1945): „Irreversibilitazione" (Op. 10 f. Cello u. Orchester)

Isang Yun (* 1917): „Träume" (südkoreanische Oper, vollendet in polit. Gefangenschaft, Urauff. 1969 in Nürnberg)

Donaueschinger Musiktage stehen im Zeichen mod. Musik aus d. CSSR (erweisen auch, daß Virtuosentum zum Impuls der Komposition geworden ist)

„Internationale Woche f. experimentelle Musik" von der Akad. d. Künste u. d. Techn. Univ. Berlin (West) über Raum Musik, Visuelle Musik, Medien Musik, Wort Musik, Elektronik Musik, Computer Musik

Mailänder Scala eröffnet Saison unter starkem Polizeischutz

„Hair", Hippie-Musical mit Aktszenen in München

„Delilah" (engl. Spitzenschlager)

~ Pop-Musik: Psychedelic-Underground (Elektro-Pop mit harten Klang- und Lichteffekten)

Radioastronomen entdecken kosmisches Objekt mit rasch pulsierender Radiostrahlung: „Pulsar" (bald erweist sich Zentralstern im Krebsnebel, Supernova vom Jahr 1054, ein mit ca. 1000 Umdrehungen pro Sekunde rotierender Neutronenstern, ebenfalls als Pulsar)

US-Ballonteleskop „Stratoscope II" (8 Stunden in 24000 m Höhe, Aufnahmen von 3 astronomischen Nebeln)

Erfolgreich gestartete Raumflugzeuge (bis 22. 10. 68):

	USA	USSR	Zus.
für Erdumlauf	529	272	801
Mond getroffen	12	6	18
Mondumlauf	6	5	11
Venus getroffen	—	2	2
Sonnenumlauf	11	8	19
Insges.	558	293	851
Sonstige Staaten			14
			865

Bemannte Raumflüge (12. 4. 61 bis 22. 10. 68)

	USA	USSR	Zus.
Flüge	15	9	24
Erdumkreis.	840	310	1150
Piloten	27	12	39
Pilotenstunden im Raum	2773	533	3306

(China startet 1. Erdsatell. 1970

„Apollo 6" unternimmt Testflug eines kompletten (unbemannten) Mondlandefahrzeuges

USSR startet unbemanntes Raumfahrzeug „Luna 14", das Mondumlaufbahn erreicht

Koppelung zweier „Kosmos"-Erdsatelliten der USSR in einer Erdumlaufbahn

Unbemannte „Sonde 5" der USSR umrundet Mond und kehrt zur Erde zurück

Auswertung von Registrierungen der USSR-Venussonde ergibt für die Venus-Atmosphäre die Zusammensetzung: Kohlendioxyd ca. 90%, Sauerstoff ca. 1%, Stickstoff ca. 2%, Wasser ca. 5 mg pro Liter (diese Zusammens. ergibt aufheizenden „Treibhauseffekt")

UN-Konferenz über die Erforschung und friedliche Nutzung des Weltraums (erörtert auch Nachwuchsprobleme)

In Wien wird (nach US-Vorbild) Polizeicomputer zur Auswertung einer Verbrecherkartei errichtet (1. Ausbaustufe bis 1969)

Toni Hiebeler (* 1930) bezwingt in 3 Tagen und 2 Nächten mit einer dt.-ital. Viererseilschaft erstmals die Nordost-Route d. Eigernordwand

Olympische Winterspiele in Grenoble: Norwegen mit 6 Goldmed. bes. erfolgreich; BRD erringt 2 Gold-, 2 Silber-, 3 Bronzemed. Spiele werden durch Farbfernsehen wirkungsvoll weltweit verbreitet

Schwere Studentenunruhen vor d. Olympischen Spielen in Mexiko

Weltweite Farbfernsehübertragung mit Hilfe v. Nachrichten-Satelliten zeigt d. Kommunikationskraft dieses Mediums

1. FC Nürnberg zum 9. Mal dt. Fußballmeister

61 Sporttauchklubs mit ca. 3000 Mitgliedern in der BRD (daneben zahlreiche nichtorganisierte Amateure). In den USA sind einige Millionen Sporttauchgeräte im Gebrauch

Von den Frauen schützen sich vor der Empfängnis mit spezifischem Mittel („Pille") in Austral. ca. 23%,

(1968)	Rumäniens Staats- und Parteichef *Ceausescu* unterzeichnet in der CSSR Freundschafts- und Beistandspakt Truppen der USSR, Polens, Bulgariens und der DDR besetzen die CSSR, um Reformkurs zu beenden. Verhaftung maßgeblicher Politiker der CSSR. Heftige Demonstrationen der Bevölkerung. Proteste in aller Welt. Starker Rückschlag für die westliche Verständigungspolitik mit dem Osten. Versuch der USSR, orthodox-kommunistische Regierung einzusetzen, mißlingt zunächst Verhandlungen zwischen USSR u. CSSR in Moskau: CSSR verpflichtet sich, Interessen des Sozialismus zu wahren, USSR sagt Abzug ihrer Truppen nach „Normalisierung" zu Zahlreiche kommunistische Parteien (z. B. in Frankreich, Italien, China) verurteilen die Intervention der USSR in der CSSR Einschränkung der Presse- und Koalitionsfreiheit in der CSSR. Die Reformpolitiker haben weiterhin das Vertrauen der Bevölkerung Albanien verläßt den Warschauer Pakt KP-Weltkonferenz kommt wegen CSSR-Besetzung nicht zustande CSSR stimmt einer Stationierung von Truppen d. Warschauer Paktes auf ihrem Gebiet zu, bis eine „Normalisierung" stattgefunden habe USSR behält sich jedes Interventionsrecht vor, wenn die Lebensinteressen des Sozialismus verletzt und Übergriffe auf die Unantastbarkeit der Grenzen der sozialist. Gemeinschaft vorgenommen werden (diese „*Breschnew*-Doktrin" wird auch in kommunist. Kreisen stark kritisiert) NATO verstärkt Kampfkraft in Europa gegenüber militär. Expansion der USSR in der CSSR und im Mittelmeer Nationalversammlung der CSSR verabschiedet Föderalisierungs- u. Nationalitätengesetz (ab 1. 1. 69 wird CSSR eine Föderation aus Tschechei und Slowakei) Im Zuge der Umwandlung in einen	Jahre verschärftes Arbeitslager, *Vera Laschkowa* 1 Jahr Freiheitsentzug; Intern. PEN-Club protestiert *Walter Lingenberg*: „Computereinsatz in Bibliotheken der Bundesrepublik Deutschland" „Anti-Theater" in München (bringt Schauspiele in verfremdeter, provozierender Form)  Radioastronomen entdecken Molekül Ammonik (NH_3) i. interstellaren Raum (vgl. 1970)	Kultusmin.-Konf. und Wissenschaftsrat empfehlen weitgehende Hochschulreform: Präsidentenverfassung, Fachbereiche statt Fakultäten, Berufung durch Ausschreibung, Erleichterung der Habilitation, stärkere Mitwirkung v. Mittelbau u. Studenten. Radikale Studenten fordern „herrschaftsfreie Räume" durch Lehr- u. Forschungsveranstaltungen in alleiniger Verantwortung der Studenten und Assistenten Godesberger Erklärung der Westdt. Rektorenkonferenz zur Hochschulreform: Freiheit f. Forschung und Lehre, Hochschulautonomie, Differenzierung der Hochschulfunktionen, korporative Selbstkontrolle, Neuordnung der Mitverantwortung aller Mitglieder Senat u. Abgeordnetenhaus von Westberlin ermöglichen gesetzlich Institutsreformen an den Universitäten ohne Zustimmung des akademischen Senats und erlassen neue Hausordnung gegen Störer des Universitätsbetriebes Universität Würzburg wegen student. Störungen zeitw. geschlossen Die Erwartung, daß in den nächsten 10 Jahren die Zahl der Abiturienten sich mindestens verdoppeln wird, führt zu Überlegungen u. Maßnahmen, den tertiären Bildungsbereich zu Gesamthochschulbereichen zu koordinieren und integrieren (*Dahrendorf*-Plan [FDP], *Evers*-Plan [SPD], *Martin*-Plan [CDU])

Lil Picard: Verbrannte Vinylkrawatte (Collage, Produkt der „Destruction Art" in USA)

Pablo Picasso: 347 Gravüren (Radierungen, Aquatinta, Kupferstich) datierte Folge mit dem erotisch betonten Hauptthema d. Frau

Erich F. Reuter (* 1911): Wandrelief für Europa-Haus, Berlin-Kreuzberg

Frantisek Ronovsky (* 1929): „Der Tod des Professors" (tschechosl. Gem. eines zeitkrit. Realismus)

Heinz Rose (* 1902): „Weiße Reiter II" (Gem.)

Nicolas Schöffer (* 1912): „Prisma mit 7 Effekten" (ungar.-frz. Objekt aus Spiegelglas, verschiedenen Materialien und elektr. Licht)

Michael Schoenholtz: „Torso" (Plastik)

Rudolf Schoofs (* 1932): „Mädchen" (Bleistift u. Aquarell)

Emil Schumacher (* 1921): „Alpha 1—4" (Acryl auf Papier u. Leinwand)

Hein Sinken (* 1914): Aerokinetische Plastik für das Hauptgebäude der Techn. Univ. Berlin-Charlottenburg

Peter Sorge (* 1937): „Does sex cause cancer?" (Zeichn.)

Toni Stadler (* 1888): „Knabentorso", „Mädchenfigur" (Bronzen)

Laszlo Szabo (* 1917): „Die Unzertrennlichen" (ungarisch-frz. Bronze abstrakt-organischer Form)

Rolf Szymanski (* 1928): „Die öffentliche Rose" (Metallplastik)

Dorothea Tanning (Frau von *Max Ernst*): „Sturz in die Straße" (nordamer.-frz. Gem.)

Göta Tellesch (* 1932): „Bewegliches Objekt" (popartige farbige Plastik)

Heinz Trökes: „Tarnkappe" (Gem.)

Hans Uhlmann: „Säule" (dreifarbige Stahlplastik)

Elyane Varian zeigt „Destruction Show" im Finch College Museum, New York, mit Kunstprodukten aus zerstörten Materialien

Stella Waitzkin: Skulptur aus zerstörtem Glas (Produkt der „Destruction Art" in USA)

Woty Werner (* 1903): „Von Anbeginn" (Webbild aus Wolle u. Baumwolle)

Wilhelm Wessel (* 1904): „n-Tor" (abstr. Gem.)

Hans Wimmer (* 1907): „Großes gesatteltes Pferd" (Bronze)

Fritz Winter: „Schwarz-Weiß vor Blau" (Gem.)

Derrick Woodham (* 1940): „5 Zylinder mit geteilter dreieckiger Basis" (engl.

Der 1960 gestartete US-Ballonsatellit „Echo 1", der nachts mit bloßem Auge sichtbar war, stürzt ab und verglüht

12097 seit 1947 in den USA registrierte nichtidentifizierte fliegende Objekte (Ufos) haben sich schließlich zu 90% als irdische Objekte erwiesen. Für den Rest ergab sich kein überzeugender Nachweis außerirdischer Herkunft

In der USSR wird Element 105 durch Beschießen von Element Americium mit Neon-Ionen künstlich erzeugt

Max-Planck-Institut für Plasmaphysik gibt auf internationaler Tagung bekannt, daß es langlebige Modellplasmen aus Alkalien und Erdalkalien erzielte (wichtige Voraussetzung f. Kernverschmelzungsreaktoren)

Versuchsreaktor mit Uran 233 als Brennstoff in Oak Ridge Lab., USA

Drei Leistungsreaktoren in der BRD: Grundremmingen (240 MW), Obrigheim (300 MW), Lingen (240 MW); Baubeginn weiterer Reaktoren in Würgassen (612 MW) und Stade (660 MW) (1 MW = 1000 kW)

Konferenz über Computer in der Klinischen Medizin in New York unter *E. R. Gabrieli*

Anfang einer Neutrino-Astronomie i. USA (vgl. 1975)

Intern. Kybernetik-Kongreß in München mit 700 Teilnehmern

Europäische Physikalische Gesellschaft in Genf gegründet

Ribonuklease A mit 124 Aminosäuren in USA als erstes Enzym vollständig synthetisiert

Verzweigungspunkte des Stammbaums der Evolution aufgrund der Ähnlichkeit von Enzymen und ihre Veränderung durch Mutationen im Laufe der Lebensentwicklung.

Gemeinsame Vorfahren von	lebten vor Mill. Jahren
Mensch—Affe	30
Mensch—Huhn	280
Mensch—Fische	490
Mensch—Insekten	750

i. d. USA ca. 20%, Schweden 19%, BRD ca. 13%; (BRD 1964: ca. 2%; Mittel seit 1962 in dt. Apotheken auf Rezept erhältlich)

Der Hosenanzug verbreitet sich in der dt. Frauenmode, auch als Abendkleidung

Mini-Rock läßt sich durch Versuch einer Maxi-Mode nicht verdrängen

Damenkleidung mit durchsichtigen Oberteilen als extravagante sexbetonende Mode

Vorzugsweise von Skandinavien her finden pornographische Schriften in der BRD Verbreitung

Für die BRD werden ca. 1,5 Mill. private Aktfotos geschätzt

In den USA haben ca. 20 Mill. Einwohner alle Zähne verloren, bei weiteren 91 Mill. findet man durchschnittlich 18 faule, fehlende od. plombierte Zähne.

Fluor ist als bestes Mittel erkannt, Karies einzudämmen.

Ca. 400 Mill. Menschen sind ständig mit Wurmkrankheiten infiziert

Prozeß gegen die Hersteller des Schlafmittels Contergan, das im Verdacht steht, durch Anwendung bei Schwangeren Mißgeburten hervor-

(1968)	Bundesstaat tritt Regierung der CSSR zurück. Staatspräsident *Smrkovsky* betraut bisherigen Min.-Präs. *Cernik* mit Bildung der Bundesregierung Studenten demonstrieren in Warschau und anderen poln. Städten gegen Unterdrückung geistiger Freiheit. Polizei geht hart dagegen vor. Amtsenthebung von Hochschullehrern. Kathol. Klerus unterstützt Studenten Poln. Staatsoberhaupt (seit 1964) *Edward Ochab* (* 1906) tritt zurück. Nachfolger: *Marian Spychalski* (* 1906) Poln. Außenminister *Rapacki* wird durch *Jedrychowski* abgelöst USSR beansprucht unter Berufung auf „Feindstaaten"-Artikel der UNO-Charta Interventionsrecht gegenüber der BRD *Clark Clifford* (* 1906) neuer Verteidigungsminister der USA (sein Vorgänger *McNamara* wurde Weltbankpräsident) US-Aufklärungsschiff „Pueblo" v. Nordkorea aufgebracht und der Spionage beschuldigt. Besatzung wird nach 11 Monaten freigelassen Vietkong besetzen nach Großoffensive in Südvietnam zeitweise Teile Saigons und Hué USA erhöhen ihre Truppenstärke in Vietnam um 10500 auf 510500. In diesem Jahr fallen ca. 14500 US-Soldaten in Vietnam (seit 1962 ca. 30000) US-Präsident *Johnson* gibt Bombardierungsstop in Vietnam nördlich des 20. Breitengrades und Verzicht auf eine erneute Kandidatur für sein Amt bekannt (gilt als Wende). Friedensvorgespräche zwischen USA und Nordvietnam stoßen auf starke Schwierigkeiten und kommen zunächst nicht voran † *Robert Kennedy* (durch Attentat), Senator der USA, aussichtsreicher demokratischer Bewerber um die Präsidentenschaft (* 1926) † *Martin Luther King* (ermordet), US-Negerführer (* 1929) Geistlicher u. Friedensnobelpreisträger (Attentäter 1969 zu 99 Jahren Freiheitsstrafe verurteilt)	Volksentscheid in Bay. ergibt Mehrheit für christl. Gemeinschaftsschule (gegenüber der bisherigen Konfessionsschule) Internationale Lehrmittelschau in Hannover (steht im Zeichen audiovisueller Hilfsmittel und von Lernmaschinen) 47. Dt. Juristentag in Nürnberg fordert Liberalisierung des Sexualstrafrechts (Anfänge 1969 durch Novellierung im Bundestag) Auswertung von 10000 Krankenbogen durch d. Ärztliche Lebensmüdenbetreuung, Berlin: 52% depressiv, 23% neurotisch, 2,8% körperlich krank. Ehe-, Liebes- u. Sexualkonflikte machen 53% der psychologischen Motive der Selbstmordgefährdung aus Keine Hinrichtung in den USA (1967: 1, 1966: 6. Tendenz: Todesstrafen in lebenslängliches Zuchthaus umzuwandeln) In USA wird durchschnittlich alle 3 Tage ein Museum gegründet (im Gegensatz zur kritischen Diskussion über die Bedeutung dieser Institution) Amerikanische Gesellschaft zur Erforschung des Selbstmordes gegründet (in über 100 Städten der USA bestehen Selbstmord-Verhütungszentren) Ehescheidungen auf 100000 Bürger: USA 290, USSR 280, Ägypten 184, DDR 170, Österr. 120, BRD 108, Frankr. 75, Gr.-Brit. 72, Norwegen 71, Holland 55 (Deutschland 1905: 18,5)	geometr. Plastik aus farbigem Kunststoff und Fiberglas) *Mac Zimmermann* (* 1912:) „Familie des Schmetterlingssammlers" (surrealist. Gem.) *Guy Brett*: „Kinetic Art: the language of movement" (Betracht. zur kinet. Kunst) „Reiche des Phantastischen" (Kunstausstellung von *Thomas Grochowiak* für die Ruhrfestspiele Recklinghausen) Eröffnung d. Neuen Nationalgalerie der Stiftung Preuß. Kulturbesitz in Berlin (West) (Direktor: *Werner Haftmann*) (* 1912) † *René d'Harnoncourt*, seit 1944 Direktor des Museum of modern art, New York (* 1901) Gemäldegalerie des Louvre, Paris, wird unter der Leitung eines neuen, eigenen Direktors, *André Parrot*, neu gestaltet (zunächst die Sammlung frz. Kunst) 12 „Environments" (pop-artige Kunstform, die einen Raum mit Licht, Klang, Farbe füllt) in der Kunsthalle Bern (Dir.: *Harald Szeemann*) Zille-Stiftung Hannover-Berlin (gegründet 1966) vergibt erstmals Preise für kritische Graphik an *Rudolf Schoofs* (* 1932), *Friedel Deventer* (* 1947), *Peter Neugebauer*

(* 1929), *Kurt Halbritter* (* 1924), *W. P. Eberhard Eggers* (* 1939), *Arwed Gorella* (* 1937), *Joachim Palm* (* 1937)

Baseler Kunstmuseum kauft Picasso-Bilder für 8 Mill. Franken (Volksabstimmung billigt diesen Kauf)

„documenta IV" in Kassel zeigt zeitgen. Kunstwerke von 148 Künstlern aus 17 Ländern (bevorzugt USA)

„Erotische Kunst" (schwed. Ausstellung mit Überblick über die klassischen Werke aller Zeiten und Völker)

„Cybernetic Serendipity" (Ausstellung kybernet. Kunst in London)

„Kunst aus dem Computer" (Ausstellung anläßlich d. Kongresses „Der Computer in der Universität" in der Techn. Univ. Berlin)

Eröffnung der Mailänder Triennale (Kunstausstell.) verzögert sich infolge Besetzung durch links-oppositionelle Kräfte

34. Biennale Venedigs der bildenden Kunst kurzzeitig wegen Störungen geschlossen

1. Plakatmuseum, i. Warschau

Die provokative „Antikunst" dringt auch in öffentliche Museen ein (z. B. Bern, Amsterdam) u. wird im Katalog registriert

„Lebenszeichen" (Film von *Werner Herzog*)

„Goldener Löwe v. St. Markus" der Filmfestspiele von Venedig an „Artisten in der Zirkuskuppel: ratlos" von *Alexander Kluge*

„Liebe und so weiter" (Film von *George Moorse*)

„Quartett im Bett" (satir. Film um Berlin von *Ulrich Schamoni*)

„Chronik der Anna Magdalena Bach" Film v. *Jean-Marie Straub*)

„La Chinoise" (frz. (Film von *Jean-Luc Godard*)

„Die Braut trug Schwarz" (frz. Film von *François Truffaut*)

„Raus mit Dir" (schwed. Film von *Jan Troll*)

„Biotaxia" (span. Film von *José Maria Nunes*)

„Rosemarys Baby" (poln.-nordam. Film von *Roman Polanski*)

„Oscar" an „In der Hitze der Nacht" als bestem Film

Großer Preis der Kurzfilmtage in Oberhausen a. CSSR und Jugoslawien

Filmfestspiele i. Cannes fallen den inneren Unruhen in Frankr. zum Opfer und werden abgebrochen (finden 1969 wieder statt)

„Liebe und so weiter" (Film von *Gorge Moorse* mit *Vera Tschechowa, Vadim Glowna*)

„Die Liebe eines

USSR entwickelt als erstes Land Überschall-Verkehrsflugzeug TU-144 (2500 kmh, 6500 km Reichweite, Flughöhe 20000 m. 1. Probeflug 1. 1. 69)

US-Tiefseebohrschiff „Glomar Challenger" beg. seine aufschlußreichen Tiefseebohrungen

Britische Luftkissen-Kanalfähre SRN IV für 800 Personen und 120 km/h

Züricher Univ.-Klinik gibt wirkungsvollere Krebsbestrahlung in Sauerstoff-Überdruckkammer bekannt

Universitäts-Klinikum in Berlin-Steglitz wird als modernstes Univ.-Krankenhaus Europas der Freien Universität Berlin übergeben (Baukosten ca. 300 Mill. DM)

4 psychiatrische Tageskliniken in der BRD (erste 1934 in der USSR, 1945 erste westliche in Montreal)

Antarktischer Eisschild in Dicke von 2164 m durchbohrt

Orientierung der Zugvögel gilt noch immer als ungeklärt

Funde endeiszeitlicher Reliefzeichnungen auf Schieferplatten bei Neuwied am Rhein. Darstellungen von Wildpferd, Wisent, Auerochs, Bär, Mammut (Alter ca. 15000 Jahre)

Auf dem Hügel Tell Kamid el Loz (Libanon) wurden seit 1963 45 Bauschichten aus der Zeit —1600 bis —1300 ausgegraben (vermutlich Hauptstadt der ägypt. Provinz Upe in Vorderasien)

Täglich erscheinen ca. 7000 neue wiss. Abhandlungen, jährlich ca. 2,5 Mill. (die Zahl nimmt pro Jahr um etwa 6% zu)

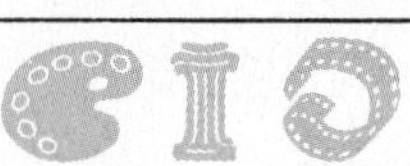

Sommers" (nordam. Film von *Paul Newman* mit *Joanne Woodward, James Olson*)

„Adam" (Zeichentrickfilm, Regie: *Jan Lenica*)

gerufen zu haben (macht die Problematik pharmazeutischer Entwicklung deutlich)

In den USA jährlich 22000 Selbstmorde (11 pro 10000 Einwohner), in der BRD 12000 (20 pro 10000 Einwohner)

Verkehrstote auf 1 Mill. Einwohner:

Australien	283
Österreich	280
BRD	279
USA	271
Kanada	270
Frankreich	249

Dt. Kernkraftschiff „Otto Hahn"

US-Atom-U-Boot „Scorpion" mit 99 Mann gesunken (wird erst nach längeren Suchaktionen gefunden)

Israel. U-Boot „Dakar" und frz. U-Boot „Minerve" gehen verloren (69 bzw. 52 Tote)

US-Bomber stürzt mit 4 Atombomben über Grönland ab

Erdbeben auf Sizilien fordert etwa 500 Tote

Erdbeben im Iran fordert 15000 Todesopfer

68 Tote bei einer Panik im Fußballstadion in Buenos Aires

Rheinisches Freilichtmuseum in Kommern/Eifel als Landesmuseum für Volkskunde

(1968)

Nach der Ermordung *M. L. Kings* schwere Unruhen in den USA mit 46 Toten

US-Präsident *Johnson* verkündet Einstellung aller Luftangriffe gegen Nordvietnam und Teilnahme von Südvietnam und des Vietkong an Pariser Friedensgesprächen

Zwei US-Zerstörer fahren trotz Protest der USSR in das Schwarze Meer

Richard M. Nixon (* 1913, Parteirepublikaner) mit knapper Mehrheit vor *Hubert H. Humphrey* (* 1911, Parteidemokrat) zum Präsidenten der USA gewählt. *George C. Wallace* (* 1920, rechtsextrem) gewinnt 13% der Stimmen (Amtsantritt von *Nixon* 20. 1. 69)

Lester Bowles Pearson, seit 1963 Premier von Kanada, tritt zurück. Nachfolger *Pierre Elliot Trudeau* (* 1921), beide Liberale Partei

Blutige Studentenunruhen in Mexiko-City unmittelbar vor den Olympischen Spielen. Universität wird militär. besetzt

Araber entführen israelisches Verkehrsflugzeug nach Algerien

Arabische Terrorakte u. israelische Vergeltungsmaßnahmen gipfeln im Angriff auf eine israelische Verkehrsmaschine in Athen u. Vernichtung von 13 arabischen Verkehrsflugzeugen in Beirut. Weltsicherheitsrat verurteilt Israel

Arabischer Bombenanschlag in Jerusalem: 12 Tote, 52 Verletzte

Im Irak wird durch Staatsstreich Präsident *Aref* gestürzt. Nachfolger *Al Bakr* (rechter Flügel d. Baath-Partei)

Rhodesien richtet 3 Neger hin trotz Gnadenerweises der brit. Königin

Schwere Hungersnot in Biafra, der abgefallenen Ostregion Nigerias, bringt Massensterben vor allem der Kinder. Internationale Hilfsaktionen werden von den Politikern und Militärs beider Bürgerkriegsparteien behindert

Studentendemonstrationen in Pakistan (Beginn einer innenpolitischen Krise, die im Frühjahr 1969 zum Rücktritt des Präsidenten *Ayub Khan* und zur Machtübernahme der Armee unter General *Yahya Khan* führt

Aus der BRD entführte Südkoreaner erhalten hohe Strafen wegen Spionage (ein Todesurteil, 10 Jahre Zuchthaus für Komponisten *Isang Yun,* der 1969 in die BRD zurückkehren kann)

Liu Schao-tschi, chines. Staatsoberhaupt, wird nach langer Zeit der Polemik aus der KP ausgeschlossen und aus den Ämtern entfernt

Volksrep. China macht am Jahresende 8. Atombombentest

In Japan bildet sich „Rote Armee" u. beginnt Terrorakte

Bevölkerung und Sozialprodukt in politischen Bereichen:

	Bevölkerung		Brutto-Sozialprod.	
westl. Industriel.	631 Mill.	18%	1683 Mrd. $	65%
kommun. Länder	1115 Mill.	32%	560 Mrd. $	22%
Entwicklungsl.	1734 Mill.	50%	350 Mrd. $	13%
insgesamt	3480 Mill.	100%	2593 Mrd. $	100%

G. Myrdal: „Das asiatische Drama" (Unters. ü. d. Armut d. Völker)

Sozialprodukt der BRD und seine Verwendung in jeweiligen Preisen (in Mrd. DM):

			%
Priv. Verbrauch		298,0	56,1
staatl. Verbrauch		82,9	15,7
Investitionen		122,4	23,1
dav. Bauten	63,9		
Ausrüstung	58,5		
Vorräte +		8,2	1,6
Außenbeitrag +		18,5	3,5
aus Ausfuhr	125,9		
und Einfuhr	107,4		
Brutto-Sozialprod.		530,0	100,0

Medaillenspiegel der Olympischen Spiele in Mexiko und Punktewert. (G = 3, S = 2, B = 1 Punkt):

	G	S	B	P	
1. USA	45	28	34	225	1,12
2. USSR	29	32	30	181	0,76
3. Ungarn	10	10	12	62	6,1
4. Japan	11	7	7	54	0,53
5. DDR	9	8	7	50	3.15
6. BRD	5	11	10	47	0,78
7. Frankreich	7	3	5	32	0,64
8. CSSR	7	2	4	29	2,0

(letzte Spalte: Pkt. pro Mill. Einw.)

Brutto-Sozialprod. der BRD (in Mrd. DM):

Land- und Forstwirtsch.	20,5
Energie, Bergbau	21,0
Industrie	195,5
Handwerk	18,2
Baugewerbe	36,2
Einzelhandel	31,4
Großhandel	38,0
Verkehr, Nachrichten	31,1
Kreditinst., Versich.-Ges.	19,7
Wohnungs-vermietung	23,4
Staat	48,8
Sonstige Dienste	46,4
Einkommen v. Ausland	—0,2
Brutto-Sozialprod.	530,0

(1967: 485,1)

Jährlicher privater Verbrauch (in DM umgerechnet):

BRD	4700
CSSR	2800
Ungarn	2420
Bulgarien	2110
Polen	1815
USSR	1700
Rumänien	1560

Zuwachsrate (%) des realen Brutto-Sozialproduktes in der BRD zeigt 4- bis 5jährigen Zyklus mit abflachender Tendenz

	Max.	Min.
1950	12,8	
1954		7,2
1955	12,0	
1958		3,3
1960	8,8	
1963		3,5
1964	6,6	
1967		0,0
1968	6,2	

Brutto-Sozialprodukt (BSP) in Mrd. US-Dollar u. sein reales Wachstum i. Zeitraum 1958 bis 1968 in %:

	BSP	%
USA	883	58
Japan	134	179
BRD	132	64
Frankr.	118	63
Gr.-Brit.	103	40
Italien	72	71
Kanada	62	57

Bei Berücksichtigung d. Ostblockstaaten wäre die USSR hinter den USA an 2., die DDR hinter Gr.-Brit. an 7. Stelle einzufügen

Jährl. Pro-Kopf-Einkommen (nach dem Brutto-Sozialprodukt) in US-Dollar:

USA	3520
Schweiz	2250
Frankreich	1730
BRD	1700
Gr.-Brit.	1620
DDR	1220
Italien	1030
CSSR	1010
USSR	890
Ungarn	800
Polen	730
Rumänien	650
Jugoslawien	510
VR China	ca. 100

Beg. weltweiter Inflation (vgl. 1974/75)

1969

Friedensnobelpreis an Intern. Arbeitsorganisation (ILO), Genf

Jährlicher Rüstungsaufwand der Erde wird auf 650 Mrd. DM geschätzt

Eugen Gerstenmaier tritt als Präsident des Dt. Bundestages wegen öffentlicher Kritik zurück

Kai Uwe von Hassel (* 1913, CDU) wird Bundestagspräsident

Brit. Premier *Wilson* besucht BRD einschließlich Berlin (West)

USSR und DDR versuchen mit Drohungen Wahl des Bundespräsidenten durch die Bundesversammlung in Berlin zu verhindern. Diese findet ordnungsgemäß statt.

Bundesversammlung in Berlin (West) wählt mit Stimmen der SPD und FDP *Gustav Heinemann* (* 1899, † 1976) (SPD) zum Bundespräsidenten. Der Gegenkandidat *Gerhard Schröder* (CDU) unterliegt mit den Stimmen von CDU/CSU und NPD knapp

FDP schlägt im Bundestag Staatsvertrag mit der DDR vor (wird von der großen Koalition abgelehnt)

In der BRD bildet sich Dt. Kommunistische Partei (DKP) (1956 war die KPD verboten worden)

Bundesregierung übergibt Botschafter der USSR in Bonn ein Papier zum Thema Gewaltverzicht

Gegen Ende ihrer Amtszeit wird die große Koalition CDU/CSU—SPD in der BRD zunehmend durch innere Konflikte belastet. Besonderer Streitpunkt Aufwertung der D-Mark, die von *Schiller* befürwortet und von *Strauß* und *Kiesinger* abgelehnt wird

Ergebnis der Wahl zum Dt. Bundestag:

	Zweitstimmen 1969 %	Zweitstimmen 1965 %	Sitze (+Berlin) 1969	Sitze (+Berlin) 1965
CDU CSU	46,1	47,6	242+8	245+6
SPD	42,7	39,3	224+13	202+15
FDP	5,8	9,5	30+1	49+1
NPD	4,3	2,0	0	0
sonst.	1,1	1,6	0	0

Bundestag wählt mit knapper Mehrheit *Willy Brandt* (SPD) zum Bundeskanzler. SPD-FDP-Koalition m. *Walter Scheel* (FDP) als Vizekanzler

Nobelpreis f. Literatur an *Samuel Beckett* (* 1906 in Dublin, lebt in Paris)

Friedenspreis des Dt. Buchhandels an den Mediziner und Psychologen *Alexander Mitscherlich* (* 1908)

Wolfgang Bauer (*1942): „Magic Afternoon", „Change", „Party for six" (3 Bühnenstücke)

Ulrich Becher (* 1910): „Murmeljagd" (Roman)

Manfred Bieler: „Maria Morzek oder Das Kaninchen bin ich" (Roman)

Bremer Literaturpreis an *Horst Bienek* (* 1930)

Manfred von Conta (* 1931): „Der Totmacher" (Roman)

† *Ernst Deutsch,* dt. Schauspieler, bis 1933 bes. in Berlin, dann in USA; trat nach seiner Rückkehr bes. in der Rolle des „Nathan" hervor (* 1890)

Dürrenmatt: „Play Strindberg" („Komödie über die bürgerlichen Ehetragödien" nach dem „Totentanz" v. *Strindberg,* Urauff. Basel)

Christian Enzensberger: „Größerer Versuch über den Schmutz" (sozialkritische Betrachtungen)

Ota Filip (* 1930): „Ein Narr für jede Stadt" (tschechischer Roman, dt. Übers. *F.* wird 1970 in der CSSR inhaftiert)

Wolfgang Georg Fischer: „Wohnungen" (Roman)

Günter Grass: „Davor", „Örtlich betäubt" (Bühnenstück und Roman um den Protest der Jugend)

Max von der Grün: „Notstand oder Das Straßen-

† *Theodor W. Adorno,* dt. Soziologe, dt. Philosoph, Musiktheoretiker und Komponist. Begründete die an Hegel, Marx und Freud orientierte Frankfurter Schule mit Kritik an der modernen Industriegesellschaft (* 1903)

Wolf Graf Baudissin: „Soldat für den Frieden. Entwürfe für eine zeitgemäße Bundeswehr" (Vom Urheber des Begriffes des Soldaten als „Bürger in Uniform")

Hellmut Becker (* 1913): „Bildungsforschung, Bildungsplanung, Bildungspolitik" (weist auf die Notwendigkeit langfristiger Reformprozesse im Bildungswesen hin)

Hedwig und Max Born: „Der Luxus des Gewissens" (Erlebnisse und Einsichten im Atomzeitalter)

Ernst Fischer (* 1899, † 1972): „Erinnerungen und Reflexionen" (selbstkrit. Memoiren des österr. aus der KPÖ ausgeschlossenen Kommunisten)

Peter Gorsen: „Das Prinzip Obszön" (Kunst, Pornographie, Gesellschaft)

Jürgen Habermas: (* 1929): „Protestbewegung und Hochschulreform "(tritt für Demokratisierung der Hochschule ein)

Martin Heidegger: „Zur Sache des Denkens"

† *Karl Jaspers,* dt. Philosoph, bes. Existenzphil., setzte sich insbes. mit aktuellen polit. Fragen auseinander (* 1883)

Mit *Rolf Kreibich* (* 1938) wird erstamlig ein Assistent i. d. BRD Univ.-Präsident (an d. FU Bln.)

Gerhard *Altenbourg* (* 1926): „Hier lebte, starb und litt Herr Blumentritt" (Aquarell u. chin. Tusche)

Dorothee Bachem (* 1945): „Ohne Titel II" (Pulverfarben)

Bernhard Boes (* 1931): „Zweiteiliges Eckbild" (Gem.)

Alexander Camaro: „Tauros" (Gem.)

Jean Dewasne (* 1921): „Essai pour la longue marche" (frz., Email auf Platte)

† *Otto Dix,* dt. Maler der Neuen Sachlichkeit, sozialkrit. (* 1891)

Karl Gerstner (* 1930): „janus relief" (schweiz. mixed media)

Camille Graeser (* 1892): „translokation" (schweiz., Acryl auf Leinwand)

Gerhard von Graevenitz (* 1934): „Kinetischer Raum" (Motor, Holz, Eisen, Lampen)

† *Walter Gropius,* dt. Architekt, begründete das „Bauhaus", lebte zuletzt in USA (* 1883)

Werner Hilsig (* 1938): „Lucie in the Sky with Diamonds" (Gem.)

Ronald B. Kitaj (* 1932): „In unserer Zeit" (nordamer.-engl. popartige Siebdruckfolge)

Jan Kubiček (* 1927): „Vertikalsysteme" (CSSR, Acryl auf Leinwand)

Henning Kürschner (*1941): „Barrikade" (Kunstharz-Bild)

Luciano Berio (* 1925): „Traces" (ital. Komp.)

Boris Blacher: „Collage" (Komp. für großes Orchester, Urauff. in Wien), „200000 Taler" (Oper um das Leben des zarist. Judentums, Urauff. in der Dt. Oper Berlin)

Benjamin Britten: „Kinderkreuzzug" (engl. Ballade für Kinderstimmen u. Orchester, Urauff. in der St. Paul's Cathedral in London anläßlich des 50. Jahrestages des Kinderhilfs-Fonds)

Jan Cikker (*1911): „Das Spiel von Liebe und Tod" (tschechoslowak. Oper, Urauff. in München)

Paul Dessau: „Lanzelot" (Oper, Urauff. an der Dt. Staatsoper in Berlin [Ost])

Werner Egk: „Zweite Sonate f. Orchester" (Urauff. in Ludwigshafen), „Casanova in London" (Urauff. in der Staatsoper München)

Wolfgang Fortner: „Triplum" (Komposition f. Orchester, Ballett. Urauff. in München)

Lukas Foss (*1922): „Untitled" (dt.-amer. Komp. für einen Prinzipaldirigenten, vier Subdirigenten u. großes Orchester, Urauff. in Hamburg)

Cristóbal Halffter (* 1930): „Yes

Nobelpreis für Physik an *Murray Gell-Mann* (* 1929, USA) für grundlegende Theorie der Elementarteilchen („Achtfach-Weg-Modell" 1961, das als eine Art Urteilchen das „Quark" mit $^2/_3$ Elementarladung voraussetzt)

Nobelpreis für Chemie an *Odd Hassel* (* 1897, Norw.) und *Derek H. R. Barton* (* 1918, Gr.-Brit.) für Konformationsanalyse organischer Moleküle

Nobelpreis für Medizin an *Max Delbrück* (* 1906, Dtl., lebt in USA), *Alfred D. Hershey* (* 1908, USA), *Salvador E. Luria* (* 1912, Ital., lebt in USA) für Erforschung der Bakteriophagen mit grundl. Einsichten in die molekularbiolog. Lebensprozesse

D. Buhl u. Mitarb. entd. mit Radioteleskop Green Bank (USA) Mikrowellenstrahlung des Molekülkomplexes Formaldehyd aus d. Milchstraße (vgl. 1963, 68).

M. Calvin: „Molekulare Paläontologie" (Nachw. v. Molekülen aus ältesten Lebensprozessen)

US-Raketenflug „Apollo 11" gelingt in 195 Stunden, 18 Min. und 22 Sekunden planmäßig Mondlande-Unternehmen:

Am 21. Juli, 3 Uhr 56 MEZ, betritt *Neil Armstrong* (* 1931) als erster Mensch den Mond mit den Worten: „Das ist ein kleiner Schritt für einen Menschen — aber ein großer für die Menschheit". Ihm folgt *Edwin Aldrin* (* 1930), während *Michael Collins* (* 1931) im Mutterschiff um den Mond kreist und auf die Rückkehr der Landefähre wartet. Alle Phasen des Unternehmens werden durch Fernsehen weltweit übertragen.

Im „Apollo 12"-Unternehmen landen die US-Astronauten *Charles Conrad* und *Alan Bean* auf dem Mond, errichten Beobachtungsinstrumentarium, bergen Teile einer 1967 gelandeten US-Sonde und kehren zum Mutterschiff, gesteuert von *Richard Gordon,* zurück (diese zweite Mondlandung findet schon nicht mehr das starke öffentliche Interesse wie die erste im gleichen Jahr)

Max-Planck-Institut für Astrono-

Heinz-Oskar Vetter (* 1917) aus der IG Bergbau wird als Nachfolger von *Ludwig Rosenberg* Vors. des DGB

Bundeshaushalt f. 1969 beläuft sich auf 83,3 Mrd. DM (+5,4% gegenüber 1968)

Aktienindex in der BRD am Jahresanfang 132,7 (1966 = 100) 1970 starke Kursrückgänge

Im Außenhandel sind die wichtigsten Handelspartner der BRD: Frankreich, USA, Niederlande, Italien, Belgien-Luxemburg, Gr.-Brit. (bzw. Schweiz f. d. Ausfuhr) mit insgesamt 55% des Volumens

Verhandlungen m. der USSR über Erdgaslieferungen in die BRD (ab 1973) und dt. Röhrenlieferungen z. Leitungsbau

Ruhrkohle AG als Einheitsgesellschaft des Ruhrbergbaus gegrdt., um durch Staatsbürgschaft Zechen zu sanieren

Zentralbankrat d. BRD erhöht Diskontsatz zur Konjunkturdämpfung von 3 auf 4,5 und 6% (1970 auf 7,5%). In Frankreich steigt der Diskontsatz von 6 auf 8%

Lohnfortzahlung für Arbeiter im Krankheitsfall in Analogie zum Angestelltenrecht in der BRD

(1969)	und Außenmin., *Hans-Dietrich Genscher* (FDP) als Innenmin., *Helmut Schmidt* (SPD) als Verteidigungsmin., *Alexander Möller* (SPD) als Finanzmin., *Hans Leussink* (parteilos) als Min. f. Bildung und Wissenschaft, *Horst Ehmke* (SPD) Min. f. d. Kanzleramt Bundeskanzler *Brandt* kündigt in seiner Regierungserklärung innere Reformen mit „mehr Demokratie" und eine Außenpolitik der Verständigung mit West und Ost an. Spricht von zwei deutschen Staaten, die füreinander aber nicht Ausland sind. Als Opposition greift die CDU/CSU die beabsichtigte Deutschland- und Ostpolitik heftig an. Bundesregierung wertet DM um 8,5% auf: 1 US-Dollar = 3,66 DM Bundespräsident *Heinemann* macht Staatsbesuch in den Niederlanden (verbessert das politische Klima) BRD und VR Polen einigen sich über die Aufnahme von politischen Gesprächen zur Verbesserung der Beziehungen Der Vorsitzende des Staatsrates der DDR *Ulbricht* schlägt in einem Brief an Bundespräsident *Heinemann* Beziehungen zwischen beiden deutschen Staaten einschließlich diplomatischer vor. *Heinemann* beantwortet mit Hinweis auf Zuständigkeit der Bundesregierung und unterstreicht Einheit der Nation. (1970 kommt es zu ersten Gesprächen zwischen Bundeskanzler *Brandt* u. Min.-Präs. *Stoph* in Erfurt und Kassel) BRD und USSR beginnen in Moskau Gespräche über Gewaltverzichtserklärungen Westmächte schlagen USSR Gespräche über Berlin vor (beginnen 1970) NATO-Ministerrat unterstützt die auf Entspannung zielende Ostpolitik der neuen Bundesregierung Reg. Bürgermeister von Berlin, *Klaus Schütz*, besucht Polen als ein Zeichen guten Willens Berlins Reg. Bürgermeister *Klaus Schütz* tritt für eine Politik der Anerkennung der „Realitäten" im West-Ost-Verhältnis ein (führt zur	theater kommt" (Bühnenstück) *Hans Habe* (* 1911): „Das Netz" (Roman) *Peter Hacks* (* 1928): „Margarete von Aix" (Bühnenstück, Urauff. in Basel; veröff. 1967) *Peter Handke*: „Quodlibet" (Bühnenstück; Urauff. Basel 1970) *Peter Härtling* (* 1933): „Das Familienfest" (Roman) *Willi Heinrich* (* 1920): „Schmetterlinge weinen nicht" (Roman) *Günter Herburger*: „Die Messe" (Roman) Hörspielpreis d. Kriegsblinden an *Ernst Jandl* u. *Friederike Mayröcker* für „Fünf Mann Menschen" *Nina Keller*: „Der Schritt" (Roman) † *Hilde Körber*, dt. Schauspielerin u. Schauspiellehrerin (* 1906) Schriftsteller *Anatoli Kusnezow* (USSR) erhält Asyl in Gr.-Brit. *Reinhard Lettau*: „Feinde" (Erz.) Pulitzerpreis an *Norman Mailer* für „Armies of the night" (Bericht über Protest gegen Vietnamkrieg) *Angelika Mechtel* (* 1943): „Die feinen Totengräber" (13 Erzählungen) *Anna Seghers*: „Das Vertrauen" (DDR-konformistischer Roman) *Alexander Solschenizyn* (* 1918) wird wegen zensurfeindlicher Haltung aus dem sowjetischen Schriftstellerverband ausgeschlossen (führt zu weltweitem Protest) *Dominik Steiger* (* 1940): „Wunderpost für Co-	(Widerstand d. Professoren) *Rudolf Walter Leonhardt*: „Wer wirft den ersten Stein?" (über „Minoritäten in einer züchtigen Gesellschaft") *Siegfried Maser*: „Numerische Ästhetik — Neue mathematische Verfahren zur Beschreibung und Bewertung ästhetischer Zustände" *Herbert Marcuse*: „Versuch über die Befreiung" (gesellschaftskrit. Philosophie) *G. Meineke*: „Psychohygiene des Daseinsgenusses" (Beitrag zur angewandten Hygiene) *Alex. Mitscherlich*: „Die Idee des Friedens und die menschliche Aggressivität" *Georg Picht*: „Mut zur Utopie. Die großen Zukunftsaufgaben" (zwölf Vorträge) *Helmut Schmidt*: „Strategie des Gleichgewichts. Deutsche Friedenspolitik und die Weltmächte" (Wehr- als Friedenspolitik) *Dieter Wellershoff*: „Literatur u. Veränderung" (Versuche zu einer Metakritik der Literatur) † *Leopold v. Wiese*, dt. Soziologe und Volkswirtschaftler, entwickelt Soziolog. als Lehre von den zwischenmenschl. Beziehungen (* 1876) Karlspreis der Stadt Aachen an die Kommission der Europäischen Gemeinschaften Einweihung des Bibliothekgebäudes des Israel-Museums, Jerusalem (gespendet von d. *Axel-Springer*-Stiftung) Papst *Paul VI.* ernennt 35 Kardinäle Papst besucht Welt-

† *Ludwig Mies van der Rohe,* dt. Architekt aus dem „Bauhaus"-Kreis, seit 1934 in Chikago (* 1886)

Roberto Matta (* 1911): „Erimau – Stunde d. Wahrheit" (monumental. chil. surrealist. Wandbild um die Hinrichtung des span. Kommunisten *Erimau*)

Leonardo Mosso (* 1926): Modelle für eine programmierte Stadt (ital. Architekturentwurf)

Willy Müller-Brittnau (* 1938): „no. 1/69" (schweiz. Ölbild)

Bernhard Pfau (* 1902) Schauspielhaus in Düsseldorf (1970 eröffnet)

George Rickey (* 1907): „Zwei Rechtecke vertikal rotierend" (nordam. bewegl. Skulptur)

Joachim Schmettau (* 1937): „Weibl. Figur sich den Strumpf anziehend" (Plastik)

K. Schmidt-Rottluff: „Wintermelancholie" (Tusche und Aquarell)

Wolfgang Schmidt (* 1929): „Serie 25" (audiovisuelles Spektakel, Dias u. Tonband)

Nicolas Schöffer (* 1912 Ungarn, lebt in Paris) entwirft kybernetische Stadt der Zukunft mit über 300 m hohem Lichtturm, der Informationen über das Leben in Paris in Lichtsignale umsetzt, 450 m hohe turmartige Arbeits-

Speak Out Yes" (span. Kantate im Auftrag der UNO, Urauff. in New York), „Don Quichote" (span. Oper, Urauff. an der Dt. Oper am Rhein)

Werner Heider (* 1930): Musik zu Versen *Picasso*'s (Klavier, Klarinette, Geige, Singstimme)

Hans Werner Henze: „Being Beauteous" (Balletturauff. i. Köln), „6. Sinfonie" (Urauff. in Havanna)

Milko Kelemen (* 1924): „Belagerungszustand" (finn. Oper nach *Camus* mit starken elektroakust. Elementen. Uraufführung 1970 in Hamburg)

Rudolf Kelterborn (* 1931): „Tres Cantiones sacrae" (schweiz. Komp. für siebenstimmigen gemischten Chor, Urauff. in Kassel), „Fünf Madrigale f. großes Orchester und zwei Solostimmen" (Urauff. in Luzern)

Giselher Klebe: „Concerto f. Beat-Band u. Sinfonie-Orchester" (Urauff. in Gelsenkirchen), „Märchen von der schönen Lilie" (Urauff. der Dt. Oper am Rhein)

Joseph Kosma (* 1905, † 1969): „Die Husaren"

mie in Heidelberg nimmt unter *Hans Elsässer* seine Arbeit auf

Forti und Mitarbeiter entd. Ruinen von Sybaris in Unteritalien (diese griech. Stadt der sprichwörtlichen Lebensfreude wurde —510 durch Krieg zerstört, später verlegt)

Thor Heyerdahl versucht mit Papyrus-Floß altägypt. Bauweise den Atlantik zu überqueren, muß es aber mit der Mannschaft in stürmischer See verlassen (neuer Versuch 1970)

R. Huber, O. Epp, H. Fomanek: „Aufklärung der Molekülstruktur des Insektenhämoglobins" (Röntgenstrukturanalyse eines Eiweißmoleküls mit dem Molekulargewicht 16000 aus einigen tausend Atomen)

Hans Kleinwächter und Mitarbeiter konstruieren „Synchron-Telemanipulator" zur Fernübertragung der Bewegungen eines Menschen auf einen Roboter

Charles McCusker und *I. Cairns* veröffentlichen Nebelkammeraufnahmen von Höhenstrahlung, auf denen sie Spuren von „Quark"-Teilchen mit $^2/_3$ Elementarladung vermuten (dieses soll nach *Gell-Mann* Urbaustein der Materie sein)

Minsky u. Mitarbeiter (Mass. Inst. of Technology, Boston, USA) untersuchen Probleme der Hand-Auge-Koordination für einen Roboter (Fernsehkamera = Auge, mechan. Manipulator = Hand)

M. H. Rassem (* 1922): „Seelische Störungen" (mit kultursoziologischen Aspekten des Abnormalen; kennzeichnet ideologischen Konformismus als pathologisch)

A. Visser: „Werkstoffbearbeitung mit Photonenstrahlen" (kennzeichnend für den Fortschritt der Technik mit Laserstrahlen, z. B. Mikroschweißung)

Vorbereitung zur Mondlandung: Im „Apollo 9"-Unternehmen wird Mondlandefähre in einer Erdumlaufbahn erprobt

„Apollo 10"-Unternehmen übt wichtige Manöver einer Mondlandung, so Ab- und An-Koppelung der Mondlandefähre in einer Mondumlaufbahn

Wirtsch.-*Nobel*pr. vgl. 1970

Mansholt-Plan f. EG-Landwirtsch.

Zwei Bürger der DDR zwingen polnisches Verkehrsflugzeug in Berlin (W) zu landen, um aus der DDR zu fliehen (von einem frz. Gericht verurteilt, da Frankr. f. d. Flughafen Tegel zustdg.)

Lebensstandard in der DDR wird auf ca. $^2/_3$ des der BRD geschätzt

Neun Bewohner der DDR flüchten mit einer Werkslokomotive in die BRD

Arbeitsmarkt der BRD erreicht Rekord mit 861000 offenen Stellen, über 1,5 Mill. Gastarbeitern u. 0,5% Arbeitslosigkeit

Starke Konjunktur ruft Befürchtung einer „Überhitzung" hervor

Preis- und Lohnwelle in der BRD (wird auf verspätete Aufwertung und übersteigerte Konjunktur zurückgeführt. Setzt sich Anfang 1970 fort)

Wilde Streiks in der BRD führen zu Lohnerhöhungen in Industrie u. im öffentl. Dienst

Kurzzeitige Schließung der Devisenbörsen in der BRD vor der Bundestagswahl, um Spekulationen mit der erwarteten DM-Aufwertung zu un-

(1969)

Kritik insbes. der CDU-Opposition)

Demonstrationen Jugendlicher in Berlin (West) gegen Ausfliegung von Bundeswehrdeserteuren nach Westdeutschland

Nach Rücktritt von *Georg August Zinn* (* 1901, SPD) wird *Albert Osswald* (SPD) Min.-Präs. von Hessen

Helmut Kohl (* 1930, CDU) wird als Nachfolger von *Peter Altmeier* (* 1899, CDU) Min.-Präs. von Rheinland-Pfalz

Italien. Behörden ermitteln gegen Münchner Weihbischof und früheren Hauptmann *Defregger* wegen vermuteter Verantwortlichkeit für Geiselerschießungen während des 2. Weltkrieges; Kardinal *Döpfner* deckt ihn

Der Nürnberger Photokaufmann *Hannsheinz Porst* wird wegen landesverräterischer Beziehungen zur DDR zu 33 Monaten Gefängnis und 10000 DM Geldstrafe verurteilt

BRD und Jugoslawien schließen Wirtschaftsabkommen

Kenneth Rush (* 1910, US-Industrieller) wird Botschafter in der BRD

Rolf Pauls Botschafter der BRD in USA (vorher in Israel)

BRD unterzeichnet in Washington, London und Moskau den Atomsperrvertrag

Gerald Götting (* 1923), Ost-CDU, wird Präsident der Volkskammer der DDR

Die DDR wird von folgenden arabischen Staaten nacheinander anerkannt: Irak, Sudan, Syrien, Südjemen, Ägypten

Kambodscha anerkennt die DDR

BRD beschließt Beziehungen zu Kambodscha „einzufrieren". Darauf bricht Kambodscha die Beziehungen ab

SED fordert BRD solle Pariser Verträge mit NATO-Zugehörigkeit kündigen (wird von den Bundestagsparteien einmütig abgelehnt)

Im Gegensatz zur BRD feiert die DDR mit militärischer Parade und vielen Feierlichkeiten ihren 20. Jahrestag

Piloten" (Erzählungen im Stil des sprachspielerischen „Nonsense")

John Updike (* 1932): „Ehepaare" (dt. Übers. d. nordamer. Romans von 1968 um den Partnertausch)

„Lesebuch. Deutsche Literatur der sechziger Jahre" (Herausg. *Klaus Wagenbach,* bringt folgende Autoren: *Ilse Aichinger* (* 1921, Wien), *H. C. Artmann* (* 1921, Österr.), *Ingeborg Bachmann* (* 1926, Klagenfurt), *Konrad Bayer* (* 1932, Wien), *Jürgen Bekker* (* 1932, Köln), *Peter Bichsel* (* 1935, Luzern), *Manfred Bieler* (* 1934, Zerbst), *Wolf Biermann* (1936, Hamburg), *Johannes Bubrowski* (* 1917, Tilsit), *Heinrich Böll* (* 1917, Köln), *Nicolas Born* (* 1937, Duisburg), *Paul Celan* (* 1920, Czernowitz), *P. C. Delius* (* 1943, Rom), *Friedrich Dürrenmatt* (* 1921, bei Bern), *Günter Eich* (* 1907, Lebus/Oder), *Hans Magnus Enzensberger* (* 1929, Kaufbeuren), *Hubert Fichte* (* 1935, Perleberg), *Erich Fried* (* 1921, Wien), *Max Frisch* (* 1911, Zürich), *Günter Bruno Fuchs* (* 1928, Berlin), *Franz Fühmann* (* 1922, Rochlitz/Riesengeb.), *Günter Grass* (* 1927, Danzig), *Peter Handke* (* 1942, Kärnten), *Rolf Haufs* (* 1935, Düsseldorf), *Helmut Heissenbüttel* (* 1921, Wilhelmshaven), *Stephan Hermlin* (* 1915, Chemnitz), *Wolfgang Hildesheimer* (* 1916, Hamburg), *Walter Höllerer* (* 1922, Sulzbach-Rosenberg), *Peter Huchel* (* 1903, Berlin), *Ernst*

kirchenrat in Genf und afrikan. Staat Uganda. Es gelingt ihm nicht, im Konflikt um Biafra zu vermitteln

Wegen ernster Gefährdung stellt das Intern. Rote Kreuz Hilfsflüge nach Biafra ein

Jean-Marie Villot (* 1905), seit 1965 Erzbischof von Lyon, wird Staatssekr. des Vatikans

Kardinal *Joseph Frings,* seit 1942 Erzbischof von Köln, legt sein Amt aus Altersgründen nieder. Sein Nachfolger wird *Joseph Höffner* (* 1906), 1962—68 Bischof von Münster

Hans Otto Wölber (* 1913), Bischof der Landeskirche Hamburg, wird Leitender Bischof der Vereinigten Ev.-Luther. Kirche Deutschlands, nachdem *Hanns Lilje* zurücktrat

Thüringische Landeskirche kündigt Mitarbeit in der Evangelischen Kirche Deutschlands (DDR-Regierung drängt immer mehr auf Teilung der Kirche in beiden Teilen Deutschl.)

In der BRD wird stärkeres Anwachsen der Austritte aus den Kirchen verzeichnet

„Theologiestudenten 1969" (Dokumente einer revolutionären Generation auch in der Kirche)

Durch Grundgesetzänderung erhält die dt. Bundesreg. Zuständigkeit für Bildungsplanung und Hochschulbau zusammen mit den Bundesländern (ab 1970 gemeinsame Planungsausschüsse)

Hamburg und Berlin verabschieden Universitätsgesetze, die auf Ko-

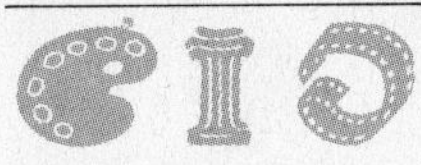

stadt und Freizeitzentrum mit erotisch sensibilisierenden Farb- und Duftprogrammen

Jan J. Schoonhoven (* 1914): „R 69, 1—19" (niederl., Papier auf Paneel)

Hans-Peter Sprinz (* 1941): „Kirchspiel" (Holz, Farbe, Blattgold, Kunstst.)

Henryk Stazewski (* 1894): „Blaues Relief" (poln., bemaltes Holz)

George Sugarman (* 1912): „Rote und gelbe Spirale" (nordamer. polychrome Holzskulptur)

Slavko Tihec (* 1928): „Aquamobil" (jugoslaw., Polyester)

Peter Umlauf (* 1938): „Fisch und Schwein" (dreifarb. Radierung)

„Konstruktive Kunst: Elemente und Prinzipien" (intern. Ausstellung in Nürnberg)

„Konzeption" (Ausstellung der „Conceptual Art", die Werke mehr gedanklich konzipiert als materiell realisiert)

—

„Liebe — kälter als der Tod" (Film von *Rainer Werner Faßbinder*

„Jagdszenen aus Niederbayern" (Film von *Peter Fleischmann* mit *Michael Strixner*)

„Die Artisten in der Zirkuskuppel: Ratlos" (Film von *Alexander Kluge*)

(frz. Oper, Urauff. in Lyon)

Ernst Krenek: „Deutsche Messe" (Urauff. in Luzern)

Helmut Lachenmann: „tem A" (Kompos. f. Mezzosopran, Flöte, Cello)

György Ligeti (* 1920): „Zehn Stücke für Bläserquintett" (Urauff. in Stockholm), „Etude Nr. 2" (ungar.-österr. Komp. für Orgel, Urauff. in Graz)

Gian Francesco Malipiero: „Die Helden des Bonaventura" (ital. Oper, Urauff. in Mailand)

Frank Martin (* 1890): „Maria-Tryptichon" (schweiz. Komp. f. Sopran, Violine und Orchester, Urauff. i. Rotterdam)

Olivier Messiaen: „La Transfiguration" (frz. Komp., Urauff. beim XIII. Gulbenkian Musikfestival in Lissabon)

Diether de la Motte: „Der Aufsichtsrat" (Oper, Text: *Rolf Schneider,* Urauff. Hannover 1970)

Luigi Nono: „Suite da Concerto" aus „Intolleranza 1960" (ital. Komp. für Sopran, Chor [Tonband] und Orch. Urauff. in Edinburgh)

Luis de Pablo: Versionen über „Ein Wort" von *Gottfr. Benn* (Kompos. f. Sopran und Ensemble)

US-Mars-Sonden „Mariner" 6 und 7 passieren nach ca. fünfmonatigem Flug den Planeten, senden Fernsehbilder und Meßdaten

USSR startet Venussonden „Venus" 5 und 6, die nach ca. 4 Monaten Flug und weicher Landung Meßdaten vom Planeten senden

USSR startet kurz nacheinander bemannte Raumschiffe „Sojus" 4 und 5; Koppelungsmanöver und Umstieg zweier Astronauten

USSR startet kurz hintereinander drei Raumschiffe („Sojus" 6, 7, 8) mit insgesamt 7 Astronauten, die u. a. Schweißtechniken unter Weltraumbedingungen erproben (die erwartete Koppelung zu einer Raumstation bleibt aus)

Raumfahrtstatistik:

	USA	USSR
Anzahl bemannter Flüge	22	15
Astronauten	44	24
Astronauten a. d. Mond	4	0
i. Raum verbr. Stunden	6834	1699
Ausstiege aus dem Raumschiff	14	3
Koppelungsmanöver	10	4
Sonden zu Nachbarplaneten	7	18

Am Lick-Observatorium (USA) wird der Zentralstern des Crabnebels als ein Pulsar erkannt (P.e als kurzzeitig pulsierende Radioquellen 1968 entdeckt)

Ablenkung kosmischer Radiowellen durch d. Schwerkraft d. Sonne in guter Übereinst. mit allgem. Relativitätstheorie (USA-Messungen)

Ca. 700 infrarote Sterne seit 1966 entdeckt (mit Temperaturen bis herab zu —200° C, möglicherweise Frühstadien einer Sternentwicklung). Nachweis mit Strahlenempfängern, die bis nahe dem absoluten Nullpunkt gekühlt werden

Frei schwenkbares Spiegelteleskop mit 100 m Durchmesser für kosmische Radiostrahlung bis herab zu 2 cm Wellenlänge in Effelsberg bei Bonn (Kosten: 28 Mill. DM, Inbetriebnahme 1970)

Europäische Sternwarte für den südlichen Himmel in den chilenischen Anden eröffnet

Erste Mondgloben im dt. Handel

Zur Vermeidung von Luftverun-

terbinden (nach d. Wahl wird der Kurs freigegeben)

Frankreich wertet den Franc um 21,5% ab

US-Tanker „SS Manhattan" erschließt mit der Nordwest-Passage durch das nördliche Eismeer einen neuen Seeweg nach Alaska. Alaska gewinnt durch Erdölfunde seit 1968 zunehmend wirtschaftliche Bedeutung

Durch Verwaltungsreform in Nordrhein-Westfalen entstehen neue Großgemeinden

Bonn wird mit Bad Godesberg, Beuel und anderen Gemeinden z. Gr.-Bonn vereinigt

„Teenage Fair 69" in Düsseldorf wendet sich mit popartiger Werbung an eine Jugend, die in der BRD pro Jahr eine Kaufkraft von 20 Mrd. DM repräsentiert (davon 3,0 Mrd. f. Kleidung, 0,75 f. Kosmetik, 0,3 für Süßwaren, 0,25 f. Lektüre, 0,26 für Freizeit, 0,9 f. Tabak, 0,44 f. Alkohol, 2,0 für Auto, 2,6 für Sport und Reise)

Überlange Maxi-Mäntel mit Stiefeln kontrastieren zum Mini-Rock in d. Mode der weibl. Jugend

Die Tendenz zu längeren Röcken

(1969)

Wahlen in Wien ergeben für den Landtag: SPÖ 63 Sitze (1964: 60), ÖVP 30 (35), FPÖ 4 (3), Demokrat. Fortschrittl. Partei (*Franz Olah,* früher SPÖ) 3 (0), KPÖ 0 (2) (in der Bundeswahl zum Nationalrat 1970 wird SPÖ stärkste Partei)

Regelung der Südtirolfrage auf der Grundlage stärkerer Autonomie findet die mehrheitliche Zustimmung der Südtiroler, im ital. Parlament sowie Österreichs

Österr. Altkommunist *Ernst Fischer* aus der KPÖ ausgeschlossen wegen Kritik an Besetzung d. CSSR durch Ostblockstaaten

11. Kongreß der Sozialistischen Internationale in Eastbourne (Gr.-Brit.) mit 134 Delegierten und Gästen aus 40 Ländern. Präsidium: *Bruno Pittermann* (Österr.), *Willy Brandt* (BRD), *Tage Erlander* (Schweden), *Harold Wilson* (Gr.-Brit.)

Regierungschefs der EWG-Staaten einigen sich auf Vorbereitungen für Beitrittsgespräche mit Gr.-Brit. (dieses maßgebl. von Bundeskanzler *Brandt* erzielte Ergebnis gilt als Wendepunkt der frz. Haltung)

Gr.-Brit. erklärt Abbruch diplomatischer Beziehungen zu Rhodesien

Bürgerkriegsartige Kämpfe zwischen der unterprivilegierten katholischen Minderheit und Protestanten in Nordirland. Engl. Reg. entsendet Truppen

Schweden anerkennt als erster westlicher Staat Regierung in Nordvietnam

Tage Erlander, Sozialdemokr. Min.-Präs. Schwedens seit 1946, tritt zurück. Nachfolger wird der bisherige Kultusmin. *Sven Olof Palme* (* 1927)

Frankreich stoppt Rüstungslieferungen an Israel

Studentenunruhen in Paris

Generalstreik in Frankreich

Charles de Gaulle tritt als frz. Staatspräsident (seit 1958) zurück, weil ein von ihm vertretenes Referendum über Regierungs- und Ver-

Jandl (* 1925, Wien), *Bernd Jentzsch* (* 1940, Plauen), *Uwe Johnson* (* 1934, Cammin), *Yaak Karsunke* (* 1934, Berlin), *Marie Luise Kaschnitz* (* 1901, Karlsruhe), *Alexander Kluge* (* 1932, Halberstadt), *Wolfgang Koeppen* (* 1906, Greifswald), *Karl Krolow* (* 1915, Hannover), *Günter Kunert* (* 1929, Berlin), *Siegfried Lenz* (* 1926, Masuren), *Reinhard Lettau* (* 1929, Erfurt), *Kakov Lind* (*1927, Wien), *Christoph Meckel* (* 1935, Berlin), *Karl Mickel* (* 1935, Dresden), *Franz Mon* (* 1926, Frankfurt/M.), *Helga M. Novak* (* 1935, Berlin), *Christa Reinig* (* 1926, Berlin), *Hans Werner Richter* (* 1908, Bansin), *Peter Rühmkorf* (* 1929, Dortmund), *Arno Schmidt* (* 1914, Hamburg), *Robert Wolfgang Schnell* (* 1916, Barmen), *Wolfdietrich Schnurre* (* 1920, Frankfurt/M.), *Anna Seghers* (* 1900, Mainz), *Vagelis Tsakiridis* (* 1936, Athen), *Volker von Törne* (* 1934, Quedlinburg), *H. Günter Wallraff* (* 1942, Köln), *Martin Walser* (* 1927, Wasserburg/Bodensee), *Peter Weiss* (* 1916, Nowawes/Berlin)

Dieter Weltershoff (* 1925): „Die Schattengrenze" (Roman)

Intern. Buchmesse in Frankfurt/M. wird von einem Messerat einschließlich der linken „Literaturproduzenten" geleitet. Stand der Südafrikanischen Union wird gestürmt, Hauptversammlung des Börsenvereins gesprengt

operation von Hochschullehrern, Assistenten, Studenten und Arbeitnehmern beruhen. Auflösung der Fakultäten zugunsten kleinerer Fachbereiche. In beiden Ländern wird von den Wahlgremien ein Assistent zum Univ.-Präsidenten gewählt

Der nur aus Mitgliedern des linksradikalen SDS bestehende Vorstand des VDS tritt zurück (bedeutet ernste Krise des student. Dachverbandes; SDS löst sich 1970 auf)

Studentenunruhen a. d. Universität Frankfurt

Jugendkongreß d. SPD in Bad Godesberg mit lebhaften Auseinandersetzungen

Volksbegehren in Österreich fordert Nichteinführung des 9. Schuljahres. Unterrichtsmin. *Theodor Piffl-Perčevic* (* 1911, ÖVP) tritt zur.

Abschaffung der Todesstrafe in Gr.-Brit.

Dt. Bundestag hebt Verjährung von Völkermord auf und verlängert sie für Mord von 20 auf 30 Jahre

Strafrechtsreform in der BRD: Homosexualität und Ehebruch nicht mehr strafbar (ab 1970 keine Zuchthausstrafen)

Die Stellung des unehelichen Kindes wird in der BRD durch Gesetz verbessert

Italien schafft Strafe für Ehebruch ab (die sich praktisch nur auf die Frau auswirkte). Um die staatliche Ehescheidung gibt es starke Auseinandersetzungen zwischen konservativen u. progressiven Kräften

„Michael Kohlhaas" (Film von *Volker Schlöndorff*)

„Ich bin ein Elefant, Madame" (Film von *Peter Zadek* mit *Wolfgang Schneider, Günther Lüders, Heinz Baumann, Margot Trooger*)

„Three into two won't go" („2 durch 3 geht nicht", brit. Film von *Rod Steiger* mit *Claire Bloom*)

„If" (brit. Film)

Luis Buñuel (* 1900): „La Voie lactée" (frz. Film)

„Le Gai Savoir" („Die fröhliche Wissenschaft", frz. gesellschaftskrit. Film von *Jean-Luc Godard*)

„Made in Sweden" (schwedischer gesellschaftskrit. Film von *Johan Bergenstrahle* mit *Lena Granhagen, Per Myrberg*)

„Rani Radovi" („Frühe Werke", jugoslaw. Film von *Zelimir Zilnik*). Erhält Goldenen Bären der Intern. Filmfestspiele Berlin (West)

Oscar-Verleihung an *Barbra Streisand* in „Funny Girl", an *Katherine Hepburn* in „The Lion in Winter", an *Cliff Robertson* in „Charley", an *Carol Reed* als Regisseur von „Oliver", für den fremdsprachigen Film „Krieg u. Frieden" (USSR)

„Greetings" (nordamer. Film v. *Brian de Palma*)

„Brasilien Anno 2000" (brasil. Film von *Walter Lima*, jr.)

Krzysztof Penderecki (* 1933): „Die Teufel von Loudun" (poln. Oper, Urauff. in Hamburg), „Lukaspassion" (szenische Urauff. in Düsseldorf)

Goffredo Petrassi (* 1904): „Der Wahnsinn des Orlando" (Urauff. d. ital. Tanzspiels in Nürnberg)

Aribert Reimann (* 1936): „Loqui" (Komp. f. großes Orchester)

Dieter Schnebel: „MO-NO. Musik zum Lesen" („Versuch neuer Denkanstrengungen zw. den Künsten")

Dimitri Schostakowitsch: „14. Sinfonie" (russische Komp., Urauff. in Moskau)

Wilhelm Dieter Siebert (* 1931): „James-Bond-Oratorium. Akustisch-optische Meditation über die Lust und die Herrlichkeit zu töten" (pazifist. Komp.)

Stockhausen: „Kurzwellen mit Beethoven" (elektron. Musik mit Einblendung *B.*'scher Musik)

Michael Tippett (* 1905): „Knot Garden" (engl. Oper, Urauff. an der Covent Garden Opera in London)

Alexander Tscherepnin (* 1899): „Klavierkonzert Nr. 5" (russ.-frz. Komp.)

reinigungen wird in den USA neben dem Elektromotor der Dampfmotor für Kraftwagen diskutiert

Wissenschaftler der USSR geben die Entdeckung des Elements 108 bekannt (ist ein Alpha-Strahler mit 400 Mill. Jahren Halbwertszeit, also relativ stabil)

US-Forscherteam an der Havard Medical School in Boston gelingt die Isolierung eines einzelnen Gens (Erbfaktor) und seine elektronenoptische Sichtbarmachung (gilt als Schlüsselexperiment)

Systematische Forschung in China ergibt Rekonstruktion eines Riesenaffen (Gigantopithecus) von 3 m Höhe und 300 kg Gewicht, der vor ca. 500000 bis 750000 Jahren lebte (kein Menschenvorfahre, erste Funde seiner Riesenzähne in chines. Apotheken von *G. v. Königswald* seit 1935)

In USA erste kombinierte Herz-Lungen-Transplantation (Patient stirbt nach einigen Tagen)

In USA wird erstmalig ein künstliches Herz aus Plastik einem Menschen eingepflanzt (Patient stirbt nach 3 Tagen)

Atlantische Expedition der Forschungsschiffe „Meteor" (BRD), „Planet" (BRD), „Discoverer" (USA), „Hydra" (Gr.-Brit.) insbes. zur Erforschung der Passatwinde

Ungewöhnlich hoher Luftdruck von 1083,8 mb (normal 1013 mb) in Sibirien beobachtet

Entwicklung des Boeing 747 (Jumbo-Jet) Langstreckenflugzeuges für 362 Passagiere abgeschlossen (nimmt 1970 Linienflüge zwischen USA und Europa auf)

Erfolgreicher Probeflug des frz.-brit. Überschall-Verkehrsflugzeuges „Concorde" (diese Entwicklung des Luftverkehrs stößt wegen der Lärm- und Sicherheitsprobleme auf Kritik)

Passagierluftfahrt nähert sich der Allwetterlandung (Blindlandung); nächste Stufe: Bodensicht aus 30 m Höhe und 400 m Landebahnsicht

Verdoppelung des Wissens wurde erreicht zwischen den Jahren: 1800 und 1900, 1900 und 1950, 1950 und 1960, 1960 und 1969.

setzt sich nur zögernd durch

Jugendliche demonstr. in Hannover erfolgreich gegen Fahrpreiserhöhungen d. Nahverkehrsmittel (organisieren „Rote-Punkt-Aktion" d. Beförderung durch sympathisierende Privatfahrer)

Ca. eine halbe Million Beat-Fans feiert California-Rock-Festival bei San Franzisko

Bühnenstück „Oh, Calcutta" in New York bringt Höhepunkt an Sex-Darstellung (wird in anderen Ländern verboten)

Rauschgiftmißbrauch unter der Jugend breitet sich in vielen Ländern aus

Geburt von Sechslingen in London

Robin Knox-Johnston erreicht nach 312 Tagen alleinigen Segelns um die Erde wieder England

† *Rocky Marciano* (Flugzeugunglück), Boxweltmeister im Schwergewicht (* 1924)

Brasilianischer Fußballspieler *Pelé* schießt sein 1000. Tor als Nationalspieler

Liesel Westermann (BRD) verbessert Diskusweltrekord für Frauen auf 63,96 m

Manfred Wolf (DDR) stellt auf der Skiflugschanze von Planica (Ju-

(1969)	waltungsreform mit 52,4% gegen 47,6% negativ entschieden wurde. Sein Nachfolger wird *Georges Pompidou* (* 1911), 1962—68 Min.-Präs. Frz. Parlamentswahlen ergeben Erfolg der Gaullisten Neue frz. Reg.: Min.-Präs.: *Jacques Chaban-Delmas* (* 1915), Äußeres: *Maurice Schumann* (* 1911) In Italien Streikwelle, erneute Spaltung der Sozialistischen Partei, Rücktritt der Regierung der Mitte-Links-Koalition, bisheriger Min.-Präs. *Rumor* bildet Minderheitsreg. der Christdemokraten (1970 wieder Reg. einer Mitte-Links-Koalition) Generalstreik u. schwere Unruhen in der ital. Provinz Caserta wegen sozialer Not Bombenanschläge in Mailand und Rom kosten 15 Menschen das Leben Streikwelle gegen neofaschist. Terror i. Ital. Wegen politischer Unruhen Pressezensur und dreimonatiger Ausnahmezustand in Spanien. Schließung der Universitäten Madrid und Barcelona Span. Staatschef *Franco* benennt Prinz *Juan Carlos von Bourbon* als seinen Nachfolger und künftigen König von Spanien *Michael Stassinopoulos* wird als Präsident des griech. Staatsrates mit unwahrer Begründung entlassen. 10 weitere Mitglieder des Staatsrates treten zurück Griechenland kommt mit einem Austritt aus dem Europarat seinem Ausschluß wegen undemokratischer Zustände zuvor Verfassungsänderung in der Türkei gibt früheren Ministern und Abgeordneten der ehemaligen Demokratischen Partei ihre politischen Rechte zurück Jugoslaw. Staatspräsident *Tito* lehnt *Breschnew*-Doktrin von der begrenzten Souveränität der Warschauer-Pakt-Staaten ab und verurteilt Intervention in der CSSR „Budapester Konferenz" der Warschauer-Pakt-Staaten fordert gesamteuropäische Sicherheitskonferenz	1. nackte Darsteller auf Bühnen d. BRD „Josefine Mutzenbacher" (Wiener Dirnenerzählung, angebl. von *Felix Salten,* * 1869, † 1945), gilt als Porno-Bestseller  „Gotteslästerung" hört in BRD auf, strafbarer Tatbestand zu sein Erste Papstbesuche in Afrika u. Israel 44 % d. Erdbevölkerung über 15 Jahre sind Analphabeten (d. h. mehr als 1 Mrd. Menschen); davon in Afrika 80 bis 85 %, in Asien 60 bis 65 %, in Lateinamerika 41–43 %, in Ozeanien 10–11 %, in Europa 7–9 %, in Nordamerika 3–4 % (das letzte Jahrzehnt brachte trotz aller Bemühungen keine wesentliche Besserung) *Joseph Lortz* (* 1887, † 1975): „Kleine Reformationsgeschichte" (schrieb 39/40 maßg. Darstellung d. Reformation aus kathol. Sicht) Kultusmin. d. BRD vereinb. Schulversuche mit d. Gesamtschule (wird i. einig. Ländern Regelschule, löst das traditionelle 3zweigige Schulsystem ab) *A. R. Jensen* (USA): Intelligenz ist zu 80 % erblich fixiert (führt zu heftigen Kontroversen mit Anhängern d. „kompensatorischen Erziehung")	*Isang Yun* (* 1917): „Träume" (koreanische Oper, Urauff. mit dem 2. Teil „Die Witwe d. Schmetterlings" in Nürnberg) *Bernd Alois Zimmermann* (* 1918): „Photoptosis" (Prelude f. großes Orchester; Urauff. in Gelsenkirchen) 1. Internationaler Dirigentenwettbewerb der *Herbert-von-Karajan*-Stiftung in Berlin (W), 1. Preis *Okko Kamu,* Finnland) „Sechs Tage Musik" der Gruppe Neue Musik in Berlin (West) 1. Treffen von Jugend-Orchestern aus aller Welt in St. Moritz „Sugar, sugar" (nordam. Spitzenschlager) ~ Pop-Musik: Rock-Renaissance (vgl. 1954) Musikal. Pop-Festival b. Woodstock (USA) mit 400 000 Teilnehmern, die mehrere Tage im Freien verbringen (gekennzeichn. durch unkonventionelle Lebensformen der Jugend, z. B. Rauschgiftgebrauch)  ~ Videokunst mit Magnetbildband entw. sich

goslaw.) mit 165 m Weite einen Weltrekord auf

Offizielle Grundsteinlegung für die Bauten der XX. Olympischen Spiele 1972 auf dem Münchner Oberwiesenfeld (vermutete Baukosten 1,15 Mrd. DM)

Bayern München Fußballmeister der BRD

Brutalität v. Spielern und Publikum nimmt im Berufsfußball weltweit zu

Fußballspiel löst bewaffneten Konflikt zw. Honduras und El Salvador aus: über 1000 Tote

Boris W. Spasski (USSR, * 1937) wird Schachweltmeister (bis 1972)

Es werden jährlich ca. 5 Mill. Selbstmordversuche auf der Erde geschätzt, von denen 10% erfolgreich sind (in der BRD gibt es etwa soviel Selbstmorde wie Verkehrstote). Erforschung der Gründe und Vorbeugungsmaßnahmen nehmen zu

Starke Grippewelle breitet sich von Süd- nach Nordeuropa aus, verursacht zahlreiche Todesfälle u. lähmt empfindlich das öffentliche Leben

Ostpakistanische Hauptstadt Dacca von Wirbelsturm betroffen: 518 Tote, ca. 100000 Obdachlose

Durch Überschwemmungen kommen in Tunesien ca. 500 Menschen ums Leben

Hurrikan „Camille" kostet mehr als 300 Menschen an d. amerikanischen Golfküste das Leben

Bisher schwerstes Flugzeugunglück m. 150 Toten beim Absturz über Maracaibo/Venezuela; über 100 Menschen werden i. d. Stadt schwer verletzt

145 Bergleute kommen durch Explosion in Neu-Mexiko um

Luftwaffe der BRD verliert den 100. Starfighter (bei diesen Verlusten wurden 53 Piloten getötet; die Luftwaffe will die Hauptschwierigk. überwunden haben)

Beim SEATO-Flottenmanöver durchschneidet austral. Flugzeugträger US-Kriegsschiff: 77 Tote

Bei einer Explosion auf dem US-Flugzeugträger „Enterprise" kommen 25 Besatzungsmitglieder ums Leben

Bei Explosion eines Munitionsgüterwagens bei Hannover kommen 12 Menschen ums Leben

350000 t großer Tanker japan. Herkunft zerbricht u. sinkt

Edward Kennedy, Präsidentschaftskandidat der US-Demokraten, verursacht nach einer Party Autounfall, bei dem seine Begleiterin ertrinkt (erhält wegen Fahrerflucht 2 Monate Freiheitsstrafe mit Bewährungsfrist u. verliert an politischer Geltung)

Sharon Tate, Gattin des Filmregisseurs *Roman Polanski,* wird i. ihrem Haus bei Los Angeles mit 4 Gästen von ein. „Hippie-Kommune" ermordet. Diese Gruppe wird bald darauf verhaftet. Sie steht unter dem Einfluß eines jungen Mannes („Satan"), der durch rituelle Morde die Reichen „strafen" und die Gesellschaft „reinigen" will

Der Jordanier *Sirhan Bishara* wegen Mordes an *Robert Kennedy* in USA zum Tode verurteilt

James Earl Ray wegen Mordes an *Martin Luther King* zu 99 Jahren Zuchthaus verurteilt

Sprengstoff-Attentat arabischer Terroristen in einem Jerusalemer Supermarkt fordert 2 Tote und 10 Verletzte

Desertierter US-Marinesoldat entführt ein Verkehrsflugzeug von Los Angeles nach Rom trotz Zwischenlandungen in USA u. Wechsel der Besatzung

Wiederholt werden Verkehrsflugzeuge durch Gewaltandrohung zur Kursänderung gezwungen

Fernsehturm in Ost-Berlin (am Alexanderpl.) beherrscht mit 365 m Gesamthöhe das Stadtbild

Europas Anteil am Welthandel geht auf 50,1 % zurück (1900: 66%). Volumenmäßig stieg d. Welthandel v. 1900–1969 um das Siebenfache

Schätzungen der Bevölkerung in Mill. u. d. Bruttosozialproduktes pro Kopf in US-Dollar (Wert von 1965):

	1965		1975		2000	
	Bev.	BSP/K	Bev.	BSP/K	Bev.	BSP/K
Afrika	311	141	398	174	779	277
Asien	1889	152	2343	214	3701	577
Europa u. USSR.	675	1369	732	1976	886	5055
Ozeanien........	14	2000	16	2510	25	4310
Nordamerika	294	2632	354	3403	578	6225
Lateinamerika ...	166	375	221	413	420	695
Erde	3349	632	4064	825	6389	1700

(vgl. 1977)

(1969)

Kommunistische Weltkonferenz in Moskau von 73 Delegationen mit scharfen Angriffen gegen VR China (nicht anwesend u. a. China, Jugoslawien, Albanien, Nordkorea, Nordvietnam, Japan, Niederlande)

Warschauer-Pakt-Staaten sprechen sich in Moskau für bessere Beziehungen zur BRD aus, erwarten Anerkennung der Oder-Neiße-Grenze und der DDR

CSSR wird Bundesstaat (tschechischer und slowakischer Teil)

Auf dem Prager Wenzelsplatz verbrennt sich der Student *Jan Palach* aus Protest gegen politische Entwicklung nach dem Einmarsch der Truppen der Staaten d. Warschauer Paktes (Todesstelle und Grab werden Orte von Demonstrationen aus gleicher Gesinnung)

Antisowjetische Demonstrationen nach dem Eishockeysieg der CSSR über die USSR rufen schwierige Situation hervor

In der CSSR wird KP-Parteichef *Dubček* durch *Gustav Husak* (*1913) abgelöst, der den Reformkurs fortzusetzen verspricht. *Dubček* wird Präsident der Bundesversammlung

Dubček wird aus dem KP-Präsidium der CSSR ausgeschlossen, 27 weitere Reformpolitiker verlieren Mitgliedschaft im ZK

Umfassende „Säuberungen" in der CSSR kosten den Reformkommunisten *Dubček* und *Smrkovsky* ihre Ämter als Präsidenten der Bundesversammlung bzw. der Volkskammer

Josef Smrkovsky legt mit anderen Abgeordneten sein Mandat im Parlament der CSSR nieder

A. Dubček wird Botschafter der CSSR in der Türkei (1970 wird ein Parteiausschlußverfahren angestrengt)

Ca. 50.000 Bürger der CSSR kehren in diesem Jahr von Auslandsreisen nicht in ihr Land zurück

Finnische KP spaltet sich in einen stalinistischen und einen revisionistischen Flügel (erleidet 1970 Wahlniederlage)

Peru nimmt diplomatische Beziehungen zur USSR auf

Blutige Grenzzwischenfälle zwischen VR China und USSR am vereisten Ussuri-Fluß (später folgen Verhandlungen)

Demonstrationen gegen USSR in Peking

Vergleich zwischen den Streitkräften der USSR und der VR China:

	USSR	VR China
Soldaten (Mill.)	3,3	3,6
Raketen:		
Langstrecken	1150	—
Mittelstrecken	700	200
Panzer	45000	3500
Flugzeuge	10500	2800
Kreuzer	29	—
Zerstörer	99	4
Schnellboote	525	466
U-Boote	364	33

9. Parteitag der chines. KP verabschiedet neues Parteistatut, das die Lehre Maos festigt. Verteidigungsminister *Lin Piao* (* 1908) wird offiziell zum Nachfolger des Parteivorsitzenden *Mao Tse-tung* proklamiert

An d. Waffenstillstandslinien Israels zu den arabischen Nachbarstaaten kommt es häufig zu Kampfhandlungen

Araber unternehmen Anschlag auf israelische Verkehrsmaschine in Zürich (Täter erhalten langjährige Gefängnisstrafen)

Israel antwortet mit Gegenmaßnahmen in den arabischen Nachbarstaaten

Ölleitung bei Haifa von arabischen Guerillas gesprengt

Brandstiftung in der Al-Aksa-Moschee in Jerusalem führt zu heftiger anti-israelischer Kampagne in den arabischen Staaten. Der Australier *Michael Rohan* wird nach einem Prozeß in eine Heilanstalt überführt

Arabische Terroristen verübten Anschläge auf israelische Auslandsvertretungen. Israel greift arabische Truppen am Golf von Suez an

Israel entführt fünf in Frankreich bestellte Schnellboote, die wegen des Waffenembargos nicht ausgeliefert werden sollten

In New York bemühen sich USA, USSR, Gr.-Brit. und Frankreich um eine Lösung des Nahost-Konfliktes

Golda Meir (* 1898) Ministerpräsidentin von Israel

König *Idris* (* 1890) von Libyen durch linksrevolutionäre Offiziere abgesetzt (im Amt 1950/51)

Verteidigungsrat der Arabischen Liga hält politische Lösung des Konfliktes mit Israel nicht für möglich und fordert Weg der Gewalt

Arabische Gipfelkonferenz in Rabat endet in Uneinigkeit über das Vorgehen gegen Israel

Univ. in Ägypten wieder geöffnet (waren wegen schwerer Unruhen mit 19 Toten geschlossen worden)

Im Irak werden 14 Spione öffentlich erhängt (weitere öffentliche Hinrichtungen folgen)

Von der Armee gestützter Revolutionsrat übernimmt nach Staatsstreich die Macht im Sudan. Reg.-Chef wird *Abu Bakr Awadallah,* der „sozialistisch-demokratischen" Kurs ankündigt

Bürgerkrieg Nigeria—Biafra setzt sich unter schrecklichen Umständen wie Ausrottungen, Hungersnot fort (wird 1970 durch Niederlage Biafras beendet)

Staatschef von Ghana *Joseph Ankrah* (* 1916) gestürzt (im Amt seit 1966)

Die regierende Kongreßpartei in Indien spaltet sich in einen linken Flügel unter der Ministerpräsidentin *Indira Gandhi* und einen rechten unter Parteichef *Nijalingappa*

Vietcong gibt Bildung einer „Provisorischen Regierung der Republik Vietnam" bekannt

† *Ho Tschi Minh,* Präsident von Nordvietnam seit 1954, gründete 1930 Kommunist. Partei Indochinas, besiegte 1954 frz. Kolonialmacht. Wurde zum Symbol einer revolutionären 3. Welt, sein Name wurde zum Schlachtruf einer kritischen Jugend auch in USA und Europa (* ~ 1890). Sein Nachfolger wird *Ton Duc Than*

Unruhen in Pakistan gegen Präsidenten *Ayub Khan,* seit 1958 im Amt, der darauf zurücktritt

Soka Gakkai, japan. buddhistische Laienbewegung, kann durch ihre politische Organisation Komeito ihre Sitze im Parlament von 25 auf 47 vermehren (vertritt Trennung von Politik und Religion)

Parlamentswahlen in Japan, Wahlbeteiligung 69%

Liberaldemokraten	288
Sozialisten	90
Komeito	47
Kommunisten	14
Unabhängige	16

Starker Verlust der Sozialisten

Richard Nixon (* 1913, Parteirepublikaner) tritt sein Amt als Präsident der USA an; Vizepräsident: *Spiro Th. Agnew* (* 1918), Außenminister: *William P. Rogers* (* 1913), Verteidigungsminister: *Melvin R. Laird* (* 1922)

Nach langem Streit um die Prozedur (z. B. Tischform) beginnen in Paris Vietnam-Verhandlungen zwischen USA und Südvietnam einerseits, Nordvietnam und Vietcong andererseits (erzielen in diesem Jahr keine Ergebnisse)

Europareise von Präsident *Nixon,* besucht BRD einschließlich Berlin (West)

US-Präsident *Nixon* trifft sich mit südvietnames. Staatschef *Thieu* auf Midway, um amerikanischen Truppenabzug zu besprechen

US-Präsident *Nixon* und der südvietnamesische Staatschef *Thieu* geben Abzug von 25000 US-Soldaten aus Südvietnam bekannt (bis Jahresende folgen noch einmal 35000, insgesamt ca. 10% des Bestandes)

Für die Tötung eines Gegners wurden aufgewendet:
In den Kriegen Cäsars 0,75 Dollar, Napoleons 3000 Dollar, im 1. Weltkrieg 21000 Dollar, im 2. Weltkrieg 50000 Dollar und im Vietnamkrieg 100000—300000 Dollar

US-Präsident *Nixon* besucht auf einer Weltreise 5 asiatische Länder, England und Rumänien (der Besuch in einem Ostblockland findet besondere Beachtung)

Seit 1961 fielen in Vietnam 40800 US-Soldaten und wurden über 200000 verwundet

In USA demonstrieren mehrere Millionen Menschen gegen den Vietnam-Krieg

(1969)

Rassen- und Studentenunruhen beunruhigen die USA

USA beginnen ein Massaker zu untersuchen, bei dem 1968 US-Soldaten i. d. südvietnamesischen Dorf My Lay über 100 Zivilisten getötet haben sollen

USA und USSR beginnen in Helsinki Vorbesprechungen über eine Begrenzung des Raketen-Wettrüstens, insbesondere zur Vermeidung kostspieliger Anti-Raketensysteme, die das atomare Patt gefährlich aufheben würden. Einigen sich auf weitere Gespräche in Wien 1970

USA und USSR ratifizieren Atomsperrvertrag (gilt als wesentlicher Schritt zur Entspannung zwischen den beiden Weltmächten)

† *Dwight D. Eisenhower,* Militär und Politiker der USA, leitete 1944/45 alliierte Invasion gegen NS-Streitkräfte, war 1953—1961 Präsident der USA (* 1890)

Artur da Costa e Silva, Präsident von Brasilien, erleidet Schlaganfall. Regierungsgewalt wird militärputschartig von den Oberbefehlshabern der Streitkräfte übernommen

US-Botschafter in Rio entführt und nach Entlassung 15 politischer Häftlinge durch die brasilianische Regierung wieder freigelassen

reales Bruttosozialprodukt/Kopf i. USA in $ (1958)
1869 ca. 650
1969 3580 + 1,8 %/Jahr

Atomwaffenpotential (1975 geschätzt):

	USA		USSR	
Sprengköpfe f. Träger:	1969	1975	1969	1975
Langstreckenbomber	2144	2144	600	600
Globalraketen	1054	3000	1350	4050
U-Boote	656	5120	205	1645
Insgesamt	3854	10264	2155	6295

Militärausgaben (in Mrd. Dollar):

USA	79,8
USSR	42,1
NATO	105,1
Warsch. P.	49,2
Erde	180,1 (außer VR China)

Ausgaben stiegen von 1966–68 um ca. 30 %
(vgl. „Leben in Zahlen“)

1970

Friedens*nobel*preis an *Norman E. Borlaug* (* 1914, USA) für die Züchtung von „Wunderweizen" mit über 3fachem Ertrag

Atomwaffensperrvertrag tritt nach Ratifizierung durch 43 Staaten in Kraft

10. Kernwaffenversuch (i. d. Atmosphäre) der VR China

USA und USSR setzen in Wien Gespräch über die Begrenzung strategischer Raketenwaffen (SALT = strategic arms limitation talk) fort

3. Runde der SALT-Gespräche zw. USA u. USSR in Helsinki

† *Heinrich Brüning*, dt. Reichskanzler in der Krisenzeit 1930–32 (* 1885)

Reg. d. BRD beg. eine eig. konsequente Entspannungspolitik gegenüb. d. Ostblockstaaten i. Rahmen des atlant. Bündnisses

Bundespräsident *Heinemann* stattet Staatsbesuche in Dänemark, Schweden und Norwegen ab

Niedersächsischer Landtag beschließt Selbstauflösung, da SPD/CDU-Regierung keine sichere Mehrheit hat

Landtagswahlen (% Wähler)

	SPD	CDU/CSU	FDP
Bad. Württ.**	37,6	52,9	8,9
Bayern	40,8	47,8	4,4
Berlin*	50,4	38,2	8,5
Bremen*	55,3	31,6	7,1
Hamburg	55,3	32,8	7,1
Hessen	45,9	39,7	10,1
Nieders.	46,3	45,7	4,4
NR.-W.	46,1	46,3	5,5
Saarl.	40,8	47,8	4,4
Schl.-Holst.*	41,0	51,9	3,8
Rheinl.-Pf.*	40,5	50,0	5,9

* Wahl 1971 ** Wahl 1972

Wahlen erg. nur gering. Verschieb.: FDP tritt i. Hessen u. Hamburg i. d. Landreg. ein, scheidet i. Berlin u. Bremen aus, bleibt in NR.-W. CDU scheidet i. Nieders. aus, SPD i. Bad. W.
Im Bundesrat behalten CDU/CSU-Länder d. Mehrheit, weil Berliner Stimmen nicht mitzählen
(Vgl. Min.-Präs. u. Regier.-Part. 1973 P)

Min.-Präsid. *Alfons Goppel* (* 1905, CSU), bildet erneut CSU-Reg. in Bayern

Im Bericht zur Lage der Nation spricht d. dt. Bundeskanzler *Brandt* von 2 Staaten auf dt. Boden und schlägt der DDR Gewaltverzichtserklärungen vor

Erstes innerdeutsches Gipfelgespräch zwischen Bundeskanzler *Willi Brandt* und Min.-Präs. *W. Stoph* (DDR) in Erfurt (es kommt zu starken Sympathiebekundungen der Bevölkerung f. *W. B.*)

Literatur*nobel*pr. an *Alex. Solschenizyn* (* 1918, USSR), der zur Entgegennahme nicht nach Stockholm reisen kann

† *Arthur Adamov* (Freitod), frz.-russ. Dramatiker (* 1908)

† *Jossef Agnon*, israel. Schriftsteller, *Nobel*preis 1966 (* 1888)

† *Stefan Andres* dt. Schriftsteller (* 1906)

Jürgen Becker (* 1932): „Umgebungen" (Verschmelz. v. Lyrik u. Prosa)

Josef Breitbach (* 1903): „Genosse Veygond" (Schauspiel)

† *Tadeusz Breza*, poln. Schriftsteller (* 1905)

† *John Dos Passos*, nordam. Schriftsteller (* 1896)

Tilla Durrieux wird zu ihrem 90. Geb. in der BRD und der DDR geehrt

Dürrenmatt: „Der Mitmacher" (schweizer. Bühnenstück, Urauff. i. Zürich)

† *Edward M. Forster*, engl. Schriftsteller, bahnbr. f. Roman u. Erz. (* 1879)

Lars Gustafsson (* 1936): „Nächtliche Huldigung" (schwed. Schauspiel v. 1966. Uraufführung in Zürich)

„Bund Freiheit d. Wissenschaft" gegrdt. (wendet sich gegen die Tendenz neuer Ges. zur Univ.-Reform)

Klaus Allersbeck: „Soziale Bedingungen f. student. Radikalismus" (gibt vorw. polit. Gründe an)

Simone de Beauvoir: „Das Alter" (frz. autobiogr. Betrachtg.)

Osw. Nell-Breuning (* 1911): „Aktuelle Fragen d. Gesellschaftspolitik" (Teilsammlung, aus kath. Sicht)

John Dollard u. and.: „Frustration u. Aggression« („A. ist immer die Folge einer F.")

Der Berliner Senator für das Schulwesen, *Carl-Heinz Evers*, tritt wegen s. E. unzureichender mittelfrist. Finanzplanung zurück

Ossip K. Flechtheim (* 1909): „Futurologie" (Der Kampf um die Zukunft)

Gershon Legman: „Der unanständige Witz" (Übers. aus d. Engl.)

Frankf. Goethepreis an *György Lukács* (ungar. marxist. Literaturwiss., * 1885)

H. Nachtsheim: „Geburtenkontrolle! Eine wichtige Entwicklungs-

Von den Altmeistern der modern. Malerei wirken:
Marc Chagall (* 1889)
Giorgio de Chirico (* 1888, † 1978)
Salvador Dalí (* 1904)
F. Ahlers Hestermann (* 1883, † 1973)
Oskar Kokoschka (* 1886, † 1980)
Marino Marini (* 1901, † 1980)
Joan Miró (* 1893)
Pablo Picasso (* 1881, † 1973)
Karl Schmidt-Rottluff (* 1884, † 1976)

Luichi Armbruster (* 1940); „Und die Kuppel war ein plumpes fremdartiges Ding" (Acryl)

Joseph Beuys (* 1921): „Ofen" (realist. Objekt)

M. Chagall: Glasfenster i. Frauenmünster Zürich

Giorgio de Chirico: „Piazza d'Italia" (ital. Litho)

Peter Collien (* 1938): „Akt April 1970" (Gem.)

Catharina Cosin (* 1940): „Mannequin" (Gem.)

Bernhard Dörries (* 1898): „Gedeckter Tisch" (realist. Gem.)

† *Egon Eiermann*, dt. Architekt (Neue Kaiser-Wilh.-Ged.-Kirche, Berlin) (* 1904)

Naum Gabo (* 1890, Rußl.): „Lineare Konstruktion Nr. 4" (russ.-nordamer. Plastik aus Aluminium und Stahl)

Fritz Gerkinger (* 1934): „Der Bomber mit dem großen

Beethoven wird anl. seines 200. Geburtstages weltweit gefeiert

† *John Barbirolli* (* 1899), engl. Dirigent ital. Abst.

Sylvano Bussoti: „Ultima rara" (ital. Komp.)

Friedrich Cerha: „Catalogue des objets trouvés"

Hans Chemin-Petit: „Die Komödianten" (Oper, Urauff. in Coburg)

Jan Cikker: „Hommage à Beethoven" (slowak. Kompos.)

Dietr. Fischer-Dieskau (* 1923), Bariton und berühmter Liedersänger, wird Ehrenmitgl. d. Royal Acad. of Music, London

Wolfgang Fortner: „Terzinen" (f. Männerstimme u. Klavier)

Wolfg. Fortner: „Zyklus" (Komp. f. Cello, Bläser, Harfe u. Schlagzeug)

Harald Genzmer: „Konzert f. Trompete u. Streicher"

† *Jimi Hendrix*, brit. exzentrischer Pop-Music-Star (* 1946)

K. H. Füssl (* 1924): „Dybuk" (österr. Oper)

Hans Werner Henze: „L'Usignolo" (Komp. f. 3 Schlagzeugspieler, Klavier, Celesta u. Flöte)

*Nobel*preis f. Physik an *Hannes Alfvén* (* 1908, Schweden) f. Beiträge zur Plasmaphysik, insbes. Magnetohydrodynamik

*Nobel*pr. f. Physik an *Louis Néel* (* 1904, Frankr.) f. Erforsch. d. Antiferromagnetismus

*Nobel*pr. f. Chemie an *Luis Leloir* (* 1906, Argent.) f. Erforschg. v. Enzymen d. Biosynthese

Medizin-*Nobel*pr. an *Ulf Swante Euler Chelpin* (* 1905, Schweden) u. *B. Katz* (* 1911, Dtl.) u. *Jul. Axelrod* (* 1912, USA) f. Erforsch. d. Nerven-Muskelübertragung

David Baltimore, Howard Temin, Satoshi Mizitani entd. in USA Enzym Revertase, das in Umkehrung des Informationsflusses eine RNS-Struktur auf ein DNS-Molekül (Gen) überträgt (erklärt z. B. Zellinfektionen durch RNS-Viren)

Thomas Barthel beginnt Inka-Schrift zu entziffern, indem er ca. 400 rechteckigen farbigen ornamentalen Zeichen Wort-(Silben-)Zeichen zuordnet.

† *Max Born*, dt. Physiker, entw. in Göttingen maßgeblich Quantenphysik; Nobelpreis 1954 (* 1882)

Robert Dietz u. *John Holden* (USA) entwerfen mit Compu-

Wirtschafts*nobel*pr. an *P. A. Samuelson* (* 1915, USA), schrieb 1948 ein maßgebl. Lehrb. d. mathemat. Volkswirtschaftslehre (dt. ab 1952), und an *S. S. Kuznets* (* 1901, Rußl., lebt i. USA). Dieser *Nobel*pr. wurde erstmal. 1969 an *Jan Tinbergen* (* 1903, Niederl.) f. Ökonometr. Modell d. Wirtschaft u. an *Ragnar Frisch* (* 1895, Norw.) als einer d. Begr. d. Ökonometrie verg.

† (Flugzeugabsturz) *Walter Reuther*, Führer der US-Automobilarbeiter-Gewerkschaft (* 1907)

Bruttoprodukt der USA in Preisen von 1970 in Mrd. Dollar:

1960	642,	1962	671,
1964	784,	1966	888,
1968	954,	1970	977;

(1971 1010) geschätzt

Prognose d. real. Bruttosozialprod. i. Dollar/Einw. im J. 1980 (Preise 1970):
Welt 1360, USA 6700, OECD-Länd. 3800, europ. Comecon-Länd. 3200, Entw.-Länd.: a) nicht kommun. 350, b) kommunist. 200

Bruttosozialprodukt in Mrd. Dollar:
USA 1010, Japan 196, BRD 186, Frankr. 145, Gr.-Brit. 118, China 75, Ital. 93, Niederl. 31, Schweiz 30, Belg./Lux. 26, Österr. 14 (in Japan geschätzt)

Preisanstieg in %: Japan 7,8, Schweden 6,9, Gr.-Brit. 6,4, USA 5,9, Frankr. 5,3, Ital. 4,9, Niederl. 4,4, Belg. 3,9, BRD 3,8

47000 brit. Hafenarbeiter legen durch 15tägigen Streik alle Häfen des Landes lahm

DGB-Delegation unter *Heinz Vetter* in Warschau

Wilde Streiks um Lohnerhöhungen in der BRD

Die Maikundgebungen in der BRD werden kämpferischer in ihren gesellschaftspolitischen Forderungen um Mitbestimmung, Vermögensbildung etc.

In der BRD empfiehlt eine Expertenkommission erweiterte, aber nicht paritätische Mitbestimmung der Arbeitnehmer (Mitbestimmung bleibt i. d. n. Jahren Streit-

(1970)

2. Treffen (i. Kassel) zw. *W. Brandt* (* 1913) u. *W. Stoph* (* 1914). *Brandt* schlägt 20 Punkte f. d. Regelung gleichberecht. Bezieh. zw. BRD u. DDR vor (Treffen wird d. Demonstrationen gestört, führt zu einer »Denkpause« im gesamtdt. Dialog)

D. Frankf. Kaufhausbrandstifter *Baader* wird mit Schußwaffengebr. in Berlin aus d. Haft befreit. Nach monatelanger Fahndung werden er u. and. Mitgl. d. *Baader-Meinhof*-Gruppe verhaftet u. wegen vieler strafb. Handlungen v. Gericht gestellt

In Berlin beg. Prozeß gegen linksradikalen Rechtsanw. *Horst Mahler* (unter starken Sicherheitsvorkehrungen folgen weitere Prozesse geg. Mitgl. d. *Baader-Meinhof*-Gruppe)

Schwere Zusammenstöße zwischen Demonstranten und Polizei in Berlin (West)

SPD-FDP-Koalition i. d. BRD beschließt Amnestie f. Demonstrationstäter u. liberale Reform d. Demonstrationsrechts

Sowj. Soldat am sowj. Ehrenmal i. Berlin (W) angeschossen

Die DDR stört mehrfach Zufahrtswege nach Berlin (West) mit der Begründung unzulässiger Präsenz der BRD in Berlin

Beginn der Berlin-Gespräche zwischen den 4 Botschaften der 4 Siegermächte (USSR wird durch ihren Botschafter in Ost-Berlin vertreten); führt zum Berlin-Abkommen 1972

Gespräche zw. d. Staatssekretären *E. Bahr* (BRD) u. *M. Kohl* (DDR) üb. einen Grundvertrag zw. beiden dt. Staaten (wird 1973 ratifiziert)

81,9 % stimmen für Verbleib Badens im Bundesland Baden-Württemberg (seit 1946 vereinigt)

Nach Vorverhandlungen durch Staatssekr. *Egon Bahr* (* 1922) und Außenmin. *Scheel* unterzeichnen Bundeskanzler *Brandt* und Min.-Präs. *Kossygin* Gewaltverzichtsvertrag zwischen BRD und USSR (BRD macht Ratifizierung von Fortschritten in der Berlinfrage abhängig)

Scharfe Polarisierung zwischen Koalition und Opposition in der BRD hinsichtl. Innen- und Außenpolitik, bes. Deutschland- u. Berlinfrage

Mehrere Bundestagsmitgl. d. FDP gehen zur CDU/CSU. FDP wird i. d. Koalition mit der SPD stärker zu einer »linken« Partei (vorher eher konserv. »Unternehmer«-Partei)

Von der FDP sondert sich die ,,National-liberale Aktion" als rechter Flügel ab (vermag keinen entscheidenden Einfluß zu gewinnen)

3 FDP-Bundest.-Abgeordn. treten z. CDU/

Heinrich Henkel ,,Eisenwichser" (Schauspiel)

Rolf Hochhut: ,,Guerillas" (polit. Schauspiel)

Hildegard Knef: (* 1925) ,,Der geschenkte Gaul" (Schausp.-Autobiographie)

† *John (Hermann) Knittel*, schweizer. Schriftsteller (* 1891)

† *Fritz Kortner*, dt. Regisseur und Schauspieler (* 1892)

† *François Mauriac*, frz. Schriftsteller (* 1885)

David Mercer (* 1928): ,,Flint" (engl. satir. Schauspiel)

Yukio Mishima (* 1925, † 1970): ,,Der Seemann, der die See verriet" (dt. Übers. d. japan. Romans v. 1963; begeht Harakiri, um f. d. nationale Idee zu demonstrieren)

,,Vom Winde verweht", Roman v. *M. Mitchell* (1936) erzielte in 26 Sprachen eine Auflage von mehr als 15 Mill. Film von 1939 mehr als 300 Mill. Zuschauer (vgl. M.)

† *John O'Hara*, nordam. Schriftsteller (* 1905)

† *Erich-Maria Remarque*, dt. Schriftsteller (* 1898)

Curt Riess: ,,Theaterdämmerung oder das Klo auf

hilfe" (a. d. Sicht d. Genetikers)

J. Monod: ,,Zufall u. Notwendigkeit" (frz. Philos. d. mod. Biologie)

Papst *Paul VI.* reist nach Asien und Australien (Attentatsvers. in Manila)

† *Bertrand Russel*, brit. Wissenschaftler, Philosoph, militanter Pazifist u. Sozialist, erklärte Lebensziele: Erkennen, Helfen, Lieben *Nobelpr.* f. Lit. 1950 (* 1872)

*Nobel*pr. f. Wirtschaft an *P. A. Samuelson* (* 1915, USA) f. wirtschaftswiss. Theorie

U. Weinreich: ,,Erkundungen zur Theorie der Semantik" (a. d. Amer.)

UN-Vollversammlung erklärt 1970 z. Erziehungsjahr

Univ. Augsburg eröffn.

Bundesinst. f. Sportwissenschaft i. Köln gegr.

Max-Planck-Inst. zur Erforschg. d. Lebensbedingungen d. wissenschaftl.-technischen Welt in Starnberg gegr. (Dir. C. F. v. Weizsäcker, * 1912)

Neue Approbationsordnung i. d. BRD bedingt Neuordnung d. Medizinstudiums (z. B. stärkere Ausb. am Krankenbett)

Schuh" (iron. Fußballerplastik)

HAP Grieshaber: „Selbstporträt (Litho)

† *Erich Heckel*, dt. express. Maler aus der „Brücke"-Gruppe (* 1883)

Rolf Iselli (* 1934): „Einfaches Stockhorn" (schweiz. farb. Druckgraphik)

Albrecht Joachim (* 1913): „Alu-Relief"

O. Kokoschka: Kinderbildnis (Sohn v. S. Loren u. C. Ponti)

O. Kokoschka: Radierungen zu „Penthesilea" v. H. Kleist

Joseph Lonas (* 1925): „Gedenkstätte f. Kurt Schumacher" (1. Vors. d. SPD n. d. Kriege) in Berlin-Reinickendorf

Adolf Luther: „Spiegelobjekt 1970"

Giacomo Manzu (* 1908): „Umarmung (ital. Radierg.)

Frans Masereel (* 1889, † 1972): „Visage du Port" (belg. Holzschnitt)

† *Ernst May*, Stadtplaner in vielen dt. Städten (* 1886)

Peter Nagel (* 1941) „Junge mit gestreiftem Tuch" (farb. Druckgraphik)

P. Picasso (* 1881, † 1973): „Femme au Fauteuil" (span.-franz. Gem.)

Das Werk von *Pablo Picasso* (* 1881, † 1973) 1969/70 (Ausst. i. Avignon)

Christian Rickert (* 1940): „Gärtner Trio"

Jugendorchestertreffen der H.-v.-Karajan-Stiftung in Berlin (West)

Milko Kelemen: „Der Belagerungszustand" (jugosl. Oper nach *Camus*, Urauff. i. Hamburg)

Ernst Krenek: „Das kommt davon" (Oper)

Ernst Krenek: „Doppelt beflügeltes Band" (Komp. f. 2 Klaviere u. Tonband)

Ernst Krenek: „Verschränkung" (Komp.)

György Ligeti (* 1923, Siebenbürgen): Kammerkonzert f. 13 Spieler

Yehudi Menuhin erhält ind. Musikpreis f. intern. Verständigung

Manfred Niehaus: „Maldoror" (Oper)

Krzysztof Penderecki: (* 1933): „Zweites Streichkonzert" (poln. Komp.)

Penderecki: „Kosmogonia" (Komp. f. Chor u. Orchester)

Aribert Reimann: „Die Vogelscheuchen" (Ballett m. Text v. G. Grass)

Hermann Reutter: „Phyllis u. Philander" (Vertonung v. 6 Gedichten)

„Vom Winde verweht" als Musical in Japan aufgeführt (Musik von *Rome* [* 1908],

ter-Hilfe Drift der Kontinente über 225 Mill. Jahre

Das nordamerikan.-finnische Forscherteam *A. Ghiorso, J. Harris, Matti Nurmin, Kari A. Y. Eskola u. Pirkko Eskola* erzeugt transuranisches Element 105 („Hahnium") mit Atomgewicht 260 und 1,6 Sek. mittlerer Zerfallszeit

Thor Heyerdahl überquert mit Papyrusboot „Ra 2" Atlantik (will damit Seetüchtigkeit der altägypt. Boote beweisen)

Gohiad Khorana synthetisiert in den USA erstmals ein Gen (Erbfaktor) der Hefe

Lucie Jane King (USA) faßt die bisherige Chemotherapie der Depressionen zusammen

Spyridon Marinátos, griech. Archäologe, findet bei Grabungen (seit 1967) auf der Insel Santorin eine um –1500 durch Naturkatastrophe zerstörte minoische Stadt mit hochstehender Wandmalerei: Boxende Knaben, Antilopen, Lilien und Schwalben

Alexander Marshack (USA) weist in Ritzzeichnungen auf Knochen Mondkalender des Cro-Magnon-Menschen vor ca. 30000 Jahren nach

† *Otto H. Warburg*, dt. Physiologe. *Nobel*preis 1931 (* 1883)

punkt in u. unter d. polit. Parteien)

Die 10 größten Unternehmen in der BRD

	Umsatz Mio. DM	Beschäft. in Tsd.
VW-Werk	15791	190,3
Siemens	11763	301,1
Farbw. Hoechst	11591	139,5
Farbw. Bayer	11129	135,8
Daimler Benz	11054	144,4
Thyssen Hütte	10881	97,5
BASF	10520	106,8
AEG-Telef.	8543	178,0
Klöckner-Gr.	8300	178,0
Veba	8060	53,7
Dt. Bundespost	14470	484,1
Dt. Bundesb.	11729	401,3
Lufthansa	2019	–

In Frankfurt/M. demonstrieren 4500 Polizeibeamte für bessere Berufsbedingungen

8 % Lohn- und Gehaltserhöhungen im öffentlichen Dienst der BRD, 7,5 % Erhöhung im Bauhauptgewerbe, 12,5 % i. d. Bekleidungsindustrie. Immer mehr Ausg. d. öff. Hand fließen in den Personalsektor

Lohnerhöhung in der Eisenindustrie der BRD um 10–13,5 % (allg. steigen d. Löhne schneller als die Preise)

Haushalt der BRD mit 91 Mrd. DM verabschiedet

Verbesserung der gesetzlichen Krankenversicherung und d. Kindergeldes i. d. BRD

Zur Konjunkturdämpfung erhöht Zentralbankrat der BRD Diskontsatz auf 7,5 % (wird später im Jahr auf 6 % gesenkt)

Krise des Investmentfonds IOS

Eine Neugliederung des Bundesgebietes wird gefordert und diskutiert (etwa Verringerung der Zahl der Länder von 11 auf 7; wird vielfach f. kaum durchführbar gehalten)

Welthandelsflotte 227,5 Mill. BRT (1939: 68,5 Mill., 1951: 87,2 Mill. BRT)

Entwicklungshilfe der westl. Industrieländer (DAC): 14,8 Mrd.

(1970)

CSU-Fraktion über, Mehrheit d. SPD-FDP-Koalition vermind. sich auf 6 Stimmen (Hintergr. d. Übertritte werd. polemisch diskutiert)

In Würzburg grdt. sich die rechtsgerichtete ,,Aktion Widerstand" unter heftigen Gegendemonstrationen

DDR wird von zahlr. Staaten anerk.

EWG beg. Beitrittsverhandlungen mit Gr.-Brit., Irland, Dänemark u. Norwegen (spaltet d. Öffentlichkeit dieser Länder)

EWG steuert eine Endphase an, in der bis 1980 volle polit. u. währungspolit. Gemeinsch. erreicht werden soll

Europarat verurteilt griech. Militärregierung wegen Verletzung der Menschenrechtskonvention

† *Charles de Gaulle*, frz. Staatspräsid. s. 1958, Politiker eines autoritär. Reg.-Stils, sicherte Frankr. i. 2. Weltkr. d. Pl. a. d. Seite d. Siegermächte, beend. d. Algerienkrieg, förd. d. Aussöhn. m. Dtl., erstrebte Einigung Westeuropas u. ein ,,Europa d. Vaterländer", trat 1969 zurück (* 1890)

An der Totenfeier für *de Gaulle* in Notre Dame nehmen ca. 80 Staats- und Regierungschefs teil

† *Edouard Daladier*, frz. Politiker, Radikalsozialist, zw. 1933–40 mehrf. Min.-Präsid., unterzeichn. Münchner Abkommen (* 1884)

Frz. Staatspräsident (s. 1969) *G. Pompidou* (* 1911) macht Staatsbesuch in der USSR

Überraschender Wahlsieg der Konservativen in Gr.-Brit. führt zur Reg. unter Premiermin. *Edward Heath* (* 1916) (Konserv. 330 Sitze, Labour 287, Liberale und andere 12 Sitze) (bis 1974)

Bürgerkriegsartige Zusammenstöße zwischen Protestanten und unterprivilegierten Katholiken in Nordirland dauern Jahre an

Rhodesien erklärt sich zur Republik und löst sich damit endgültig von Gr.-Brit.

Parlamentswahlen führen in Österreich zu einer Minderheitsregierung der SPÖ unter Bundeskanzler *Bruno Kreisky* (* 1911) (ÖVP u. FPÖ in der Opposition)

Sozialdemokraten erhalten in Schweden knappe Mehrheit: *Olof Palme* (* 1927) bleibt Min.-Präs., s. Minderheitsreg. ist auf kommunistische Unterst. angewiesen

† *Halvard Lange*, sozialdemokrat. norw. Außenmin. von 1946 bis 1965 (* 1902)

Reichstagswahlen in Finnland ergeben Stärkung der Konservativen. Sozialdemokraten bleiben trotz Verlusten stärkste Partei. Koalitionsreg. unter *Ahti Karjalainen* (* 1923)

der Bühne" (krit. Pamphlet)

Luise Rinser (* 1911): ,,Eine Art Tagebuch 1967–70

† *Nelly Sachs*, jüd. Dichterin dt. Herkunft, seit 1940 in Stockholm, Nobelpreis 1966 (* 1891)

Arno Schmidt (* 1914): ,,Zettels Traum" (überdimensionale romanhafte Darstellung in eigenwilliger Schreibweise als faksimiliertes Typoskript)

† *Viktor Otto Stomps*, dt. Verleger junger Autoren (in Berlin-W.), grdte. Verlag Neue Rabenpresse s. 1967 (* 1897)

In der BRD bieten ca. 170 öff. finanzierte Theater pro Jahr ca. 30 Mill. Plätze an, von denen ca. 17,6 Mill. benützt werden. Subventionen ca. 450 Mill. DM, Kasseneinnahmen ca. 148 Mill. DM

Besucherzahl von Theatern i. d. BRD zeigt Rückgang: 1951 15402000 (ohne Saarl. u. Berlin), 1960 19878000, 1970 17655000 (vgl. 1973)

,,Living Theatre" aus New York löst sich nach Mißerfolgen in Berlin (West) auf

Neue Büchertitel in der BRD: 1950 14094, 1960 22524, 1970 47096

Sozialist. Student.-Verein (SDS) löst sich auf

BRD und USSR vereinbaren Austausch v. Wissenschaftlern

CDU/CSU lehnt i. Bundesrat wichtige Teile der Sexualstrafrechtsreform ab (z.B. Freigabe d. Pornographie)

Mehrere Verurteilungen i. d. USSR wegen ,,Verleumdungen" d. Staates (wachsende Verfolgung d. ,,Dissidenten" ruft intern. Proteste hervor)

In der BRD wird das aktive Wahlalter von 21 auf 18 Jahre herabgesetzt

8320 männl. Selbstmorde u. Selbstbeschädigungen i. d. BRD (4816 weibl.)

Seit 1950 wurden in Frankr., Spanien, Portugal, Italien, USSR 27 Höhlen mit eiszeitlichen Malereien entd. (insges. sind 131 Höhlen bekannt)

Neuere Funde seit 1950 erg. folg. Entw. d. Eiszeitmalerei: Aurignacien (≈ –25000) linear. Stil d. einfachen Umrißzeichnung; Solutréen (≈ –15000) Übergangsstil; mittl. Magdalénien (≈ –12000) malerischer Stil (Altamira); spät. Magdal. (≈ –9000) entw. linearen Stil

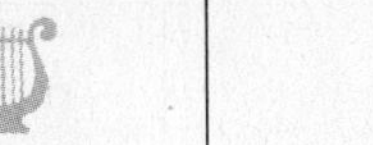

Anselm Riedl: „George Rickey – Kinetische Objekte"

Diter Rot (* 1930): „Gewürzfenster" (abstr. Kompos. aus organ. Materialien)

† *Mark Rothko* (Freitod), nordamer. abstr. Maler (* 1903)

Matthias Schäfer (* 1944): „Watte-Objekt"

Eva Scankmajerova: „Besuch des frühen Picasso bei van Gogh in Arles" (tschech. Gem. mit parodist. Kombination zweier Bilder der beiden Maler)

Jean Tinguely, Luginbühl u. *N. de Saint Phalle* beg. Bau einer begehbaren Riesenplastik „Monstre" b. Paris

Stefan Wewerka (* 1928): „Der rote Stuhl" (neodadaist. Objektkunst in Form eines zerbrochenen Stuhles)

Plakatmus. in Essen

„The end of the road" (amer. Film v. *Aram Avakian*)

„The touch" (amerik. Film v. *Ingmar Bergman*, * 1918)

„Die Feuerzangenbowle" (dt. Film v. *Helmut Käutner*)

„Ryans Tochter" (amer. Film v. *David Lean*, * 1908, Engl.)

„König Lear" (russ. Film v. *Grigori Michailowitsch Kosinzew*, * 1905)

„Gesellschaft mit beschr. Haftung" (ind. Film v. *Satyajit Ray*, * 1921)

Text *Horton Foote* n. d. Roman v. *M. Mitchell*; europ. Erstauff. in London 1972) (vgl. D)

† *George Szell*, nordam. Dirigent österr.-ung. Abst. (* 1897)

Bernd Alois Zimmermann: „Ich wandte mich und sah an alles Unrecht, das geschah unter der Sonne" (Kantate f. 2 Sprecher, Baß-Solo und Orchester)

† *Bernd Alois Zimmermann*, dt. Komponist (* 1918)

Häufigste Aufführungen der deutschsprachigen Opernbühnen 1969/70: „Zauberflöte" 282 ×; „Hochzeit des Figaro" 281 ×; „Die Entführung aus dem Serail" 259 ×; „Hoffmanns Erzählungen" 236 ×; „Zar und Zimmermann" 213 ×; „Carmen" 201 ×; „Der Rosenkavalier" 191 ×; „Cosi fan tutte" 179 ×; „Rigoletto" 178 ×; „La Traviata" 171 ×

Arbeitstage f. Musik i. Berlin (West) (Ensemble-Improvisationen u. musikal. Werkbegriffe)

Herb. v. Karajan: Plattenaufn. d. Tripelkonz. v. Beethoven i. Berlin (W) m. d. Berl. Philharmonikern (russ. Solisten:

US-Raumschiff „Apollo 13" auf dem Mondflug durch Explosion zum Verzicht auf Mondlandung gezwungen. Mondlandefähre wird zum „Rettungsboot" und bringt Astronauten *Lovell, Swigert, Haise* gesund zurück

Unbemannte sowj. Sonde „Luna 16" landet auf dem Mond, sammelt Bodenproben und kehrt zur Erde zurück

USSR läßt die unbemannte Mondsonde „Luna 17" das erste Mondfahrzeug „Lunachod 1" absetzen, das wochenlang von der Erde gesteuert wird und Daten von der Mondoberfläche vermittelt

USSR startet die Raumsonde „Venus 7"

USSR-Raumschiff „Sojus 9" mit den Kosmonauten *Nikolajew* u. *Sewiastianow* stellt mit 17 Tagen u. 17 Stunden Erdumkreisung neuen Zeitrekord auf (wird 1973 von USA mit Skylab mit 59 und 1973/74 mit 85 Tagen übertroffen)

Am Serpukow-Protonen-Synchroton (USSR) werden schwere Wasserstoffkerne der Antimaterie erzeugt (Anti-Deuterium-Kerne)

VR China startet ersten Weltraum-Satelliten „Tung Fang Hung"

Dollar, davon 6,8 Mrd. Dollar aus d. öff. Hand (entspr. 0,74 bzw. 0,34 % d. Bruttosozialprodukts)

Entwickl. d. Weltexports (ohne Ostblock und VR China) in Mrd. Doll.: 1960 113, 1964 152, 1968 212, 1970 279

Anteil 1970 (i. %)

USA	15,5	Ital.	4,7
BRD	12,3	Niederl.	4,2
Gr.-Brit.	6,9	Belg.	4,2
Japan	6,9	Schwed.	2,4
Frankr.	6,4	Schweiz	1,8
Kanada	5,8	Austr.	1,7
		Österr.	1,0

EWG-Beschlüsse in Brüssel zur Vollendung des Gemeinsamen Marktes (pol. Einheit soll b. 1980 err. werden)

BRD und Frankr. einigen sich, Verhandlungen mit Gr.-Brit. über Eintritt in die EWG zu ermöglichen

EWG nimmt Beitrittsverhandlungen mit Gr.-Brit., Irland, Dänemark u. Norwegen auf

BRD und USSR unterzeichnen Verträge über Lieferung russischen Erdgases (wird ab 1973 geliefert) und dt. Großröhren

Konjunkturdämpfungsprogramm in der BRD mit Steuervorauszahlungen

Entw. des Anteils d. Energiequellen d. Welt (in %):

	Kern	Nat.-gas	Öl	feste St.	Sonst.
1960	–	13	35	46	6
1970	–	17	45	21	17
1985	8	16	47	24	13

(geschätzt)
(bedeut. wachsende Macht d. Ölstaaten)

Wirtschaftswachstum in % 1960–70:

	real. Soz.-Prod.	Industrie-prod.
Japan	185	269
Frankr.	76	76
Ital.	73	97
BRD	59	74
USA	52	55
Gr.-Brit.	30	32

(zeigt Spitzenstellung Japans, das drittgrößte Industriemacht wird)

(1970)

Emilio Colombo (* 1920) (Christdemokrat) bildet neue ital. Mitte-Links-Regierung (Ital. bleibt ein Land starker sozialer Spannungen)

Schwere Unruhen im ital. Reggio di Calabria um die Wahl der Regionalhauptstadt

†*Antonio O. Salazar*, portug. Staatspräsid. u. Diktator seit 1932 (* 1889)

Putsch in Guinea scheitert. Portugal wird der Beteiligung bezichtigt

Schwere Unruhen in Spanien, Baskenprozeß mit Todesstrafen, die in Freiheitsstrafen umgew. werden

Warschauer-Pakt-Staaten begrüßen Gewaltverzichtsvertrag zw. USSR u. BRD u. setzen sich f. eine gesamteurop. Sicherheitskonferenz ein

NATO-Ministerrat in Rom ist mit der Vorbereitung einer gesamteuropäischen Sicherheitskonferenz einverstanden

†*Adam Rapacki*, poln. Außenmin. (1956–68) (* 1909) für ost-westl. Verständigung

Lebenslange Freiheitsstrafe für den ehemaligen Kommandanten des Vernichtungslagers Treblinka (b. Warschau), wo wenigstens 400 000 Juden umgebracht wurden

Loubomir Strougal löst als Min.-Präs. der ČSSR *Cernik*, einen letzten Reformpolitiker, ab.

Im neuen Freundschafts- und Beistandspakt zwischen USSR und ČSSR wird die Verteidigung des Sozialismus als eine gemeinsame internationale Pflicht der sozialistischen Länder erklärt (diese „*Breschnew*-Doktrin" rechtfertigt die militärische Intervention der USSR von 1968)

Nach kurzer Zeit als Botschafter der ČSSR in der Türkei verliert *Dubcek* alle übrigen Funktionen in Partei und Staat

Nach Vorverhandlungen durch Staatssekr. *Duckwitz* und Außenmin. *W. Scheel* unterzeichnen Bundeskanzler *Brandt* und Min.-Präs. *Cyrankiewicz* den dt.-poln. Vertrag, der die faktische Anerkennung der Oder-Neiße-Grenze bedeutet

Wirtschaftl. bedingt. Arbeiteraufstand an d. Ostseeküste Polens erzwingt Wechsel i. d. polit. Führung. Parteichef *Gomulka* wird durch *Gierek*, Min.-Präs. *Cyrankiewicz* durch *Jaroszewicz*, Präs. d. Staatsrats *Spychalski* durch *Cyrankiewicz* ersetzt

†*Alexander Kerenski* (* 1881) i. d. USA, russ. Politiker, 1917 Min.-Präs. vor der bolschew. Revolution

†*Semjon K. Timoschenko*, maßgebl. sowj. Marschall i. 2. Weltkrieg (* 1895)

Alkoholmißbrauch i. BRD greift auf Schüler über

R. Kottje u. *B. Moeller:* „Ökumenische Kirchengeschichte (2 Bde. eines ev. u. eines kathol. Autors)

D. Wyss: „Die tiefenpsychologischen Schulen v. d. Anfängen (um 1893) bis zur Gegenwart (Zusammenfassung i. d. Zeit ihrer Verschmelzung)

Hans Frhr. v. Kress (* 1902): „Klinische Aspekte d. Sterbens" (Üb. d. Funktion d. Arztes am Sterbelager)

Dt. Gesellsch. f. Friedens- u. Konfliktforschung unter d. Protektorat d. Bundespräsid. gegr.

Klaus Weltner: „Informationstheorie und Erziehungswissensch."

Durch Hochschulbauförderungsgesetz beteiligt sich Bund zu 50 % am Hochschulbau d. Bundesländer i. gemeins. Planung

Das Bild vom „Raumschiff Erde" kommt auf (verdeutl. die Erschöpfbarkeit aller Reserven)

„Abgeschnittene Köpfe" (brasil. Film v. *Glauber Rocha*, * 1938)

„Erste Liebe" (Film v. *Maximilian Schell*, * 1930)

„Hund u. Menschen" (tschech. Film v. *Evald Schorm*, * 1931, Prag)

„Liebesfilm" (ungar. Film v. *István Szabó*, * 1938)

„D. Privatleben v. Sherlock Holmes" (engl. Film v. *Billy Wilder*, * 1906)

N. W. Tomski: Lenin-Denkmal i. Ost-Berlin (russ. Skulptur z. Leninjahr)

Straßenkunst-Aktion i. Hannover

Malergruppe „KWARZ" i. Berlin (W) gegr. (gehör. z. d. Berliner Realisten)

David Oistrach (Violine, * 1908, † 1974), *Svjatoslav Richter* (Piano, * 1915) und *Mstislaw Rostropowitsch* (Cello, 1927). (Es kommt aus pol. Gründen zu keiner öff. Konzertveranstalt.)

Schlager: „A Banda"

Japan startet erstmals einen Satelliten durch eigene Trägerrakete

Mit dem 5atomigen Molekül Cyanoacethylen sind 20 anorg. u. organ. Moleküle i. Weltraum nachgewiesen (vgl. 1963, 68, 78)

Tiefseebohr-Forschungsschiff „Glomar-Challenger" erforscht Nordatlantik

In der BRD sind ca. 6000 größere elektronische Rechenanlagen vorhanden (entspricht ca. 400 Mill. menschlichen Rechnern). Seit 1950 wurden elektr. Rechner per Rechenleistung etwa 500mal billiger

Ein schallplattenartiger Träger für Fernsehaufzeichnungen wird in Berlin (West) v. Telefunken vorgeführt (aus dünner Kunststoffolie bestehend, gestattet dieser Träger billige, rasche und vielfache Reproduktion)

Gesetz von 1969 über Einheiten im Meßwesen tritt in Kraft: die wissenschaftlich, vorzugsweise atomphysikalisch, neu definierten Grundeinheiten Meter, Kilogramm, Sekunde, Grad Kelvin, Ampère, Candela werden allgemeinverbindlich (unterscheiden sich prakt. nicht von den bisherigen Definitionen)

Die Kurzzeitmessung i. d. Physik erreicht die billionstel Sekunde

Weltausstellung „Expo 70" in Osaka/Japan

Hausmüllanfall i. d. BRD (Mill. cbm): 1948 20, 1960 45, 1970 80 (vgl. Aufglied. d. Abfälle), 1975 105 (Müllbeseitigung: Verbrennung, Ablagerung, Kompostierung wird ein dringl. Problem)

Hausmüll u. and. Abfälle i. d. BRD (i. Mill. cbm): Hausmüll 80, Sondermüll (gift., explos.) 2,0, Bauschutt 2,5, Abf. a. Bergb. u. Stahlerz. 10,0, Autowracks 12,0, sonst. Gewerbe 16,0, insges. rd. 125

Die Erkenntnis der hohen Bedeutung eines wirksamen Umweltschutzes breitet sich nach langer Vernachlässigung rasch aus

Sofortprogramm in der BRD zur Reinhaltung von Luft und Wasser sowie zur Lärmbekämpfung (wirkt sich nur langsam aus)

Zahl der Computer in

	BRD	USA
1960	200	3000
1970	5000	200000

Fernsehgenehmigungen in der BRD:

1960	4637000
1970	16669000

251000 Kinos auf der Erde (140000 i. d. USSR; 3500 i.d. BRD, 85 i. d. DDR)

Zahl d. Zeitungen i. d. BRD vermindert sich von 1065 auf 998 (davon 686 selbst.)

· ≈ Die rasche Zunahme des Individualverkehrs (Pkw) und dessen Probleme regt die Entwicklung neuer Nahverkehrsmittel an (von der U-Bahn bis zum Transportverbund)

Erster dt. Nationalpark im bayr. Wald eröffn.

Verstärkung der Telefon- und Fernschreibverbindungen zwischen BRD und DDR (innerhalb Berlins werden zunächst nur die Fernschreibverbindungen vermehrt)

Weltfremdenverkehr (ohne China): 1950 25 Mill., 1960 70 Mill., 1970 167 Mill. Auslandsreisen (davon entf. ca. 80 % auf OECD-Länder)

Erster Nordatlantik-Passagierflug der Boeing 747 („Jumbo Jet")

Erster Tunnel durch d. Pyrenäen (3 km lang)

19123 Verkehrstote i. d. BRD (+ 15 % gegenüb. Vorjahr)

In den USA wird geschätzt die Wahrscheinlichkeit innerhalb eines Jahres einen Schaden zu erleiden durch

alle Krankheiten	zu 1 : 100
Automobile	zu 1 : 100
Zigaretten	zu 1 : 2000
Luftverschmutzung	zu 1 : 10000
Schußwaffen	zu 1 : 50000
elektr. Strom	zu 1 : 50000
Wärmekraftwerke	zu 1 : 250000
Naturkatastrophen	zu 1 : 1500000
Strahlung von 1 m rem	zu 1 : 10000000 (ca. 1/15000 der Toleranzdosis)

Lawinenkatastrophe in St. Gervais i. d. frz. Alpen fordert 71 Todesopfer

Hochwasserkatastrophe in Rumänien fordert ca. 200 Tote

Wirbelstürme u. Flutwellen fordern in Ostpakistan 150000–300000 Tote u. ca. 1 Mill. Obdachlose (eine d. schwersten Naturkatastrophen)

Flutkatastrophe a. d. Ostküste Brasiliens macht ca. 200000 Menschen obdachlos

2 Taifune fordern auf d. Philippinen insges. mehr als 1000 Todesopfer

Erdbeben in Nord-Peru fordert etwa 50000 Todesopfer

Erdbeben in Gediz (Türkei) fordert 1100 Todesopfer

Zahlreiche Flugzeugentführungen aus polit. Gründen führen zu Sicherheitsmaßnahmen und Erschwerungen des Flugverkehrs

Schweizer Flugzeug nach Tel Aviv stürzt durch Sprengstoffattentat ab (47 Tote); weitere Anschläge

(1970) Außenmin. d. USSR *Gromyko* besucht Vatikanstaat

Neuer Freundschaftsvertrag zwischen USSR und Rumänien

Wegen versuchter Flugzeugentführung werden in Leningrad u.a. zwei jüdische Sowjetbürger zum Tode verurteilt. Weltweiter Protest auch in KP-Kreisen. Moskauer Berufungsgericht wandelt die Todesstrafe in 15 Jahre Arbeitslager um

US-Präs. *R. Nixon* kündigt weitere Verringerung d. US-Truppen in Vietnam an

Politische Erpressungen durch Bedrohung Unschuldiger mittels Geiselnahme. Verschleppungen oder (vorzugsw. Flugzeug-)Entführungen nehmen zu (wiederholt führt das z. Befreiung polit. Gefangener od. Erlangung hohen Lösegeldes) (vgl. 1973 P)

Arab. Terroristen entführen 4 Verkehrsflugzeuge, 409 Passagiere werden üb. 1 Woche i. d. jordan. Wüste festgehalten, die Flugz. schließl. gesprengt

Kämpfe der jordanischen Armee gegen palästinensische Guerillas enden mit deren Niederlage und der Festigung der Position Kg. *Husseins*, der mit Guerilla-Chef *Arafat* Waffenstillstand schließt

† *Graf v. Spreti*, Botschafter der BRD in Guatemala, von seinen Entführern als Geisel ermordet

Botschafter der BRD in Brasilien, *Ehrenfried v. Holleben*, von linken Guerillas entführt und gegen 40 politische Häftlinge freigelassen

Schweiz. Botsch. *Bucher* in Rio entführt (wird gegen 70 polit. Häftlinge freigelassen)

In Uruguay werden d. brasilian. Generalkonsul und ein US-Sicherheitsbeamter entführt; letzterer wird ermordet aufgefunden

Extremisten der frz. Minderheit in Kanada entführen brit. Handelsattaché *Cross* und kanad. Min. *Laporte*; letzterer wurde ermordet, *Cross* gegen freies Geleit für die Entführer freigelassen

USSR hilft Ägypten beim Ausbau von Raketenstellungen gegen Israel (kommt im Krieg 1973 zu starker Wirkung)

Dreimonatige Waffenruhe am Suezkanal, um Friedensgespräche mit dem UN-Beauftragten *Jarring* zu ermöglichen. Israel beschuldigt Ägypten der Verletzung des Waffenstillstandes und verweigert Teilnahme an Gesprächen

Waffenruhe am Suezkanal um 3 Monate verlängert (wird schl. 1973 d. ägypt. Angriff beendet)

Ägypt. Staatspräs. *Nasser* verhandelt in Moskau über Nahost-Konflikt und wird zu einer polit. Lösung bestimmt

† *Gamal Abd el Nasser*, ägypt. Staatspräs. (s. 1954) herausrag. Führer d. arab. Bewegung (* 1918). Seine Beisetzung wird zu einer einmal. Massendemonstration

Anwar as Sadat (* 1918) Kampfgef. *Nassers*, wird Staatspräs. v. Ägypten

Palästinensische Guerillas bekämpfen zunehmend Israel, das Gegenschläge führt

Sudanes. Reg. verstaatlicht alle ausländ. Unternehmen

Libyen zwingt durch Beschlagnahmung 21000 Italiener zur Rückwanderung

Im Irak werden 44 Menschen, vorwiegend Offiziere, wegen Verschwörung gegen die Regierung hingerichtet

Blutiger Bürgerkrieg in Nigeria durch bedingungslose Kapitulation der Region Biafra beendet

In der UN-Vollversammlung ergibt sich eine knappe Mehrheit für die Aufnahme der VR China (jedoch nicht die erforderliche 2/3-Mehrheit) (wird 1973 aufgenommen)

Diplomatische Beziehungen zwischen VR China und Kanada sowie Italien

US-Präs. *Nixon* verzichtet auf Giftstoffe als offensive Kriegswaffen

US-Präs. *Nixon* unternimmt Europareise (Mittelmeerflotte, Italien, Jugoslawien, Spanien, Gr.-Brit., Irland)

Kongreß- und Gouverneurswahlen in USA lassen *Nixon* ohne republikanische Mehrheit und bringen den Demokraten mehrere Gouverneursämter

Einsatz von US-Truppen i. Kambodscha, um Basen d. Vietkong zu vernichten (führt zu weltweiten Protesten)

Salvador Allende (* 1908) wird in Chile zum Staatspräsid. gewählt. Vers. geg. bürgerl. Widerstand parlamentar.-demokratischen Sozialismus zu realisieren (stirbt 1973 bei einem Militärputsch)

Prinz *N. Sihanouk* (* 1922) von Kambodscha abgesetzt (betrieb eine antiamerikanische Politik); nimmt Asyl i. Peking

Wahlsieg der linken „Freiheitspartei" auf Ceylon; Frau *Bandaranaike* (* 1916) bildet neue Regierung unter Einschluß der Kommunisten

Oberbefehlshaber der Streitkräfte setzen in Argentinien Staatspräs. *Ongania* ab; General *Roberto M. Levingston* wird sein Nachfolger

† *Sukarno*, indones. Politiker, leitete 1945–67 d. Politik d. unabh. Rep. Indonesien (* 1901)

Neugew. japan. Parlament bestätigt. Min.-Präs. *Eisaku Sato* (* 1901), seit 1964 i. Amt (tritt 1972 zurück)

Patrick Moore u. a.: ,,Atlas of the universe" (,,Weltraum-Atlas", kennz. f. d. zunehmende Erforsch. d. Weltraums mit Teleskopen u. Raumsonden)

US-Satellit entd. 160 kosmische Röntgenquellen (100 i. unserer Milchstraße) als Ursache versch. Neutronensterne: oder ,,Schwarze Löcher" vermutet

4. Saturnring entd.

Erste opt. Sichtung eines Quasars (Radiostern)

2 Röntgenpulsare entd. (waren urspr. als Radiosterne gef. worden)

Für CERN, Genf, wird ein 400-Mrd.-e-Volt-Beschleuniger beschlossen

Transuran. Element 106 erz., erh. d. Namen ,,Bohrium"

Video-Cassettenrekorder Bild-Ton-Platte (ab 1973 auch farbig)

Mit Förderung von Manganknollen vom Meeresboden beg. ein Tiefseebergbau

Nachrichtenübermittlg. mit Laserstrahlen durch Glasfaseroptik

Theorie d. Plattentektonik i. d. Geologie vermittelt ein neues Bild d. Erde (vgl. 1927)

Aufbau des Fieberstoffes (Endotoxin) wird geklärt (*O. Westphal* u. and.)

und verstärkte Sicherheitsmaßnahmen im Flugverkehr

Absturz eines brit. Urlauberflugzeuges bei Barcelona fordert 122 Tote

1 Toter und 11 Verletzte durch Anschlag palästinensischer Guerillas auf dem Flughafen München

20 Pockenkranke durch Einschleppung der Erreger aus Pakistan in die BRD (4 Todesfälle)

Cholera-Epidemie dringt von Südostasien in den Nahen Osten vor

Nach 2½jähriger Dauer wird Prozeß gegen die Hersteller von Contergan, das Mißbildungen erzeugte, eingestellt (Fa. hatte 114 Mill. DM zur Entschädigung bereitgestellt)

DDR gewinnt in Stockholm vor USSR und BRD Europapokal der Leichtathleten

† *Jochen Rindt* beim Training zum ,,Gr. Automobil-Preis von Italien" (* 1942) (wird nach seinem Tode zum Weltmeister erklärt)

† *Otto Peltzer*, dt. Rekordläufer über Mittelstrecken (* 1900)

Borussia Mönchengladbach Fußballmeister der BRD

Brasilien zum 3. Male Fußballweltmeister (vor Italien u. BRD)

Cassius Clay erreicht sein Comeback durch Sieg über *Jerry Quarry* durch technischen k. o.

Meeresbodenforschung, Paläomagnetismus, Pflanzen- u. Tier-Geographie und andere Beobachtungen führen zur Plattentektonik als neue umfassende Theorie des Geschehens a. d. Erdoberfläche (Kontinentalverschiebung, Gebirgsbildung, Erdbeben, Vulkanismus, Meeresbodenausbreitung u. and.)

Krokodile durch extensive Jagd vom Aussterben bedroht

Japan. Schwarzschnabelstorch als natürliche Population erloschen

Rohstahlprod. d. Erde 592 Mill. t, davon (i. 1000 t): USA 131 175, USSR 110 315, Japan 82 166, BRD 45 316, DDR 5 180, Gr.-Brit. 26 846, Frankr. 22 510, Ital. 16 428

Weltenergieverbr. d. Erde (in Mrd. t SKE; 1 kg SKE entspr. ca. 8 kWh):

Jahr	1960	1970	1980	2000
Kohle	2,1	2,6	3,2	4,0
Erdöl	1,5	3,0	4,8	10,0
Erdgas	0,6	1,3	2,0	3,6
Kern	0,3	0,4	2,0	4,5
Sonst.	0,3	0,4	0,6	0,9
	4,8	7,7	12,6	23,0

(Zahlen berücksichtigen noch nicht d. Ölkrise ab 1973)

Energieverbrauch d. Menschheit bis 2000 wahrsch. größer als insges. seit Beg. d. Zeitrechn.

Elektr. Energieerz. i. d. öff. E-Werken d. BRD (in Mrd. kWh) mit

Wasser 1,26 = 1,5 %, Steink. 39,9 = 54,5 %, Braunk. 4,5 = 6,0 %, Öl 15,3 = 20,0 %, Gas 12,3 = 16,0 %, Sonst. 1,4 = 2,0 %, insges. 74,5

Erdölförd. d. Erde 2,5 Mrd. t, davon (i. %): Naher Osten 30,5; Nordamer. 26; Ostblock 16,8; Afrika 11,7; Lateinamer. 11,4; Ferner Osten 3,0; Westeuropa 0,7

Das Wachstum der Erdbevölkerung erreicht mit +2,1 % Jahr (= +76 Mill./Jahr) einen Höhepunkt (1977 liegt das Wachstum bei +1,9 % Jahr = +78 Mill./Jahr)

Textilfaserproduktion der Welt (in Mill. t bzw. %):

	Baumwolle		Wolle		Chemiefaser	
1900	3,2	81 %	0,7	19 %	–	0 %
1950	6,6	71 %	1,1	11 %	1,7	18 %
1970	11,6	54 %	1,6	7 %	8,4	39 %
1980*	12,0	39 %	1,6	5 %	17,1	56 %

* geschätzt

1971

Friedens*nobel*preis an *W. Brandt* (* 1913) f. seine Friedens- und Entspannungspolitik insbes. gegenüb. d. Ostblockstaaten (vgl. 1972)

Streitkräfte der NATO	in Tsd.	des Warschauer Paktes in Tsd.
Heer	3183	2762
Marine	986	530
Luftwaffe	1342	721
Spezialwaff.	502	878
insges.	6013	4891

Erstes US-U-Boot mit Poseidon-(Kernwaffen-)Raketen

USA, USSR u. Gr.-Brit. unterzeichn. Vertrag über Verbot von Kernwaffen auf dem Meeresgrund

USA u. USSR unternehmen unterirdische Kernwaffenversuche

Frankr. untern. Kernwaffenversuche im Pazifik (darunter auch eine Wasserstoffbombe; Proteste bes. v. Japan)

Frankr. stellt 3 Atom-U-Boote i. Dienst

Ernst Benda (* 1925) wird Präs. d. Bundesverfassungsgerichts i. Karlsruhe

† *Wald. v. Knoeringen*, dt. Politiker, insbes. Bildungspol. (SPD) (* 1906)

Bundesfinanzmin. *Alex Möller* tritt zurück (Nachf. wird *K. Schiller*, d. 1972 zurücktritt)

Karl Schiller (* 1911) wird Bundesmin. f. Wirtschaft u. Finanzen (tritt 1972 zurück u. aus d. SPD aus)

In Bremen löst n. Wahlsieg d. SPD SPD-Senat unt. Sen.-Präs. *Koschnick* (* 1929, SPD) SPD/FDP-Koalition ab

Peter Schulz (* 1930, SPD) wird Bürgerm. v. Hamburg; bild. SPD/FDP-Senat

Gerh. Stoltenberg (* 1928, CDU) wird Min.-Präsid. einer CDU-Reg. i. Schleswig-Holstein

Bombenanschläge d. linksradikal. *Baader-Meinhof*-Gruppe i. d. BRD

In der BRD werden vom Verfassungsschutz 555 Terror- und Gewaltakte registriert

SPD grenzt sich gegen Linke ab (insbes. geg. Aktionen mit Kommunisten u. d. Programm d. Jungsozialisten)

Die 4 Siegermächte schließen Berlin-Abkommen, das d. dt. Verh. üb. Transitverkehr u. Reisen i. d. DDR ergänzt

Literatur-*Nobel*preis a. *Pablo Neruda* (* 1904, Chile, † 1973), schrieb 1950 „El canto general" (sozialist. Dichtung über die Entw. Chiles)

Friedenspr. d. dt. Buchhand. an *Marion Gräfin Dönhoff* (* 1909, Ostpr.)

Louis Aragon (* 1897): „Henri Matisse" (frz. biogr. Roman)

H. C. Artmann (* 1921, Österr.): „How much, Schatzi?" (10. Erz.)

Ing. Bachmann: „Malina" (österr. Roman)

Heinr. Böll: „Gruppenbild mit Dame" (Roman a. d. 2. Weltkrieg)

Jos. Breitbach (* 1903): „Requiem f. d. Kirche" (Komödie, Urauff. i. Augsb.)

Hans Magnus Enzensberger: „Gedichte 1955–70"

Rainer Werner Fassbinder: „Bremer Freiheit, ein bürgerl. Trauerspiel" (um eine 1831 hinger. Giftmischerin)

J. Fernau (* 1909): „Cäsar läßt grüßen" (histor. Betrachtung)

Dieter Forte (* 1935): „Martin Luther & Thomas Münzer oder Die Einführung der Buchhaltung" (dt. Erstauff., Urauff. 1970 in Basel) (Bühnenstück, das M. L. als Marionette Fuggers darstellt)

Paul Goma (* 1935), „Ostinato" (russ. Roman, erscheint i. d. BRD)

Graham Greene (* 1904) „A sort of Life" (engl. Autobiographie)

Peter Handke (* 1942, Österr.): „Der Ritt über d. Bodensee" (Schauspiel mit Sprachspielen)

W. Hildesheimer (* 1916): „Mary Stuart" (Schauspiel)

Th. W. Adorno (* 1903, † 1969): „Ästhetische Theorie" (postum)

Carl Andersen (* 1904): „Die Kirchen der alten Christenheit" (dän. Kirchengeschichte)

J. Apresjan: „Ideen u. Methoden d. modernen strukturellen Linguistik" (Sprachwissenschaft aus d. Russ.)

Karl-Barth-Stiftung in Basel gegr. zur Pflege seines theolog. Werkes

Marion Gräfin Dönhoff (* 1909, Ostpr.) erhält Friedenspreis des dt. Buchhandels

Carl-Heinz Evers (* 1922) u. and.: „Versäumen unsere Schulen d. Zukunft (krit. Analyse eines d. Väter d. Gesamtschule)

Basel gibt d. Herderpreis an *Jiři Kolař* (* 1914), Schriftst. i. d. ČSSR

R. Lettau (* 1929): „Der tägl. Faschismus" (Kritik a. d. US-Presse)

E. Künzel: „Jugendkriminalität u. Verwahrlosung"

Golo Mann (* 1909) „Wallenstein" (histor. Roman)

† *Ludwig Marcuse*, dt. Philosoph (* 1894)

Ehemal. ung. Kardinal *Mindszenty* (* 1892), seit 1956

Alvar Aalto (* 1898): „Finlandia" (Konzerthaus i. Helsinki)

Bele Bachem: „Magischer Stillstand"

Rosemarie Blank (* 1931): „Fußbank" (Polyester)

Manfred Bluth (* 1926): „Bäreninsel mit schiffbrüchigem Weib"

M. Chagall „Zirkus mit Jongleuren", „Erinnerung an das Dorf" (russ.-frz. Gouachen)

Ingrid Dahn (* 1939): „Von innen nach außen IV" (Plexiglasplastik)

Jonas Dangschat (* 1931): „Emanzipation II" (Gem.)

Roland Dörfler (* 1926): „Karton II" (Gem.)

Gr. Dürerausst. in Nürnberg

„Dürers Glanz u. Gloria" (Ausst. i. Berlin [West], ironisiert im Dürerjahr den Nachruhm als typisch „deutscher" Künstler bes. i. 19. Jh.)

Uwe Hässler (* 1938): „Stehende" (3-Farben-Radierg.)

Hrdlicka: „The Rakes Progress" (österr. Radierzyklus)

HAP Grieshaber (* 1909): „Hommage à Dürer" (Holzschnitt)

B. Heiliger: „Flugmotiv" (Alu-Plastik)

Albert Hermann (* 1937): „Spiegel Nr. 5"

Utz Kampmann (* 1935): „Maschinenplastiken" (aus Acrylglas, Formica, Holz)

† *Frans Masereel*, belg. Graphiker, Holzschnittmeister, führend im Holzschnitt (* 1889)

Peter Nagel (* 1941): „Nägel im Kies"

Oscar Niemeyer: Partei-

† *Louis Armstrong* (Uncle Satchmo), US-Neger, weltbekannter Jazzmusiker u. Trompeter (* 1900)

L. Bernstein (* 1918): „Messe" (Kompos. f. d. Einweihung d. John F. Kennedy-Kulturzentrums i. Washington, vgl. Spalte K)

Cesar Bresgens: „Der Wolkensteiner" (österr. Oper)

John Cranko: „Carmen" (Ballett mit Musik von *W. Fortner* i. Stuttgart)

G. v. Einem (* 1918): „Besuch der alten Dame" (Oper n. *Dürrenmatt*)

H. W. Henze (* 1926): „Der langwierige Weg in die Wohnung der Natascha Ungeheuer" (Komp. f. klass. Quintett, Jazz-Kombo, Blechbläser, Schlagzeug, menschl. Stimme. Gegen sozialist. Utopien einer bürgerlichen Linken) Text v. *Salvatore*

Mauricio Kagel (* 1931): „Staatstheater" (parod. Oper ohne Orchester, Urauff. i. Hamburg)

György Ligeti: „Lontano" (Ballett)

H. v. Karajan grdt. Orchester-Akad. in Berlin (West)

*Nobel*pr. f. Physik an *Dennis Gabor* (* 1900, Ungarn) f. Erf. d. Holographie (opt. Abbildungsverf., bei dem die Objekte vollst. aus den Wellenfeldern rekonstruiert werden)

*Nobel*preis f. Chemie an *Gerhard Herzberg* (Kanada, * 1904 i. Dtl.) f. spektrosk. Erforschung des Molekülbaus

Medizin-*Nobel*pr. an *Earl Wilbur Sutherland* (* 1915, † 1974), USA, f. d. Entd., daß Adenosinmonophosphat durch die Zellwand hindurch d. Neubildung von Glukose enzymatisch katalysiert (veröff. 1957); bed. neues Prinzip einer Hormonwirkung

† *W. L. Bragg*, brit. Physiker, Bahnbrecher d. Röntgenanalyse v. Kristallen, *Nobel*preis 1915 (* 1890)

Darleane Hoffmann u. and. (USA) entd. transuran. Plutonium 244 mit 80 Mill. Jahren Halbwertszeit in ird. Mineral (Nachweis d. 1. Transurans i. d. Natur)

† *B. A. Houssay*, argent. Physiologe u. *Nobel*preisträger 1947 (* 1887)

† *A. W. K. Tiselius*, schwed. Biophysiker, *Nobel*preisträger 1948 (* 1902)

Angebl. 10. Planet zw. Sonne u. Merkur während einer Sonnenfinsternis entd.

Max-Planck-Ges. nimmt Radioteleskop (100 m Durchm.) i. d. Eifel i. Betr.

Bei d. Explosion eines

Gewerkschaftsgesetz gegen „unfaire" Handlungen in Gr.-Brit. (wird v. d. Gewerksch. bekämpft)

Rolls-Royce, brit. Auto- u. Flugzeug-Fabrik, erklärt Konkurs (gegr. 1906)

930000 (0,9 %) Arbeitslose in Gr.-Brit.

4,6 Mill. Arbeitslose in USA (6 %)

Weltwährungskrise durch Dollarschwäche (verstärkt sich in den nächsten Jahren)

Elektr. Energ. i. d. BRD stammt aus (in Mrd. kWh):

	1971	1980 (gesch.)
Steink.	108,0	62,0
Braunk.	61,6	108,0
Öl	36,8	63,3
Erdg.	19,2	65,0
Wasser	14,0	19,0
Kern	5,8	144,0
Sonst.	14,2	23,0
insges.	162,4	484,3

EWG muß 62,8 % der Energie einführen (1960 30 %) (macht sich in der Ölkrise 1973 stark bemerkbar)

Mit 12 Turbinen größtes Wasserkraftwerk der Erde mit 6000000 kW Leistung bei Krasnojarsk/Jenissei in USSR fertiggestellt

Kunststofferzeugung (i. 1000 t):
USA 8186, Japan 5100, BRD 4824, USSR 1860, Frankr. 1765, DDR 420

Ausfuhr der BRD 135992 Mill. DM, davon Frankr. 12,5 %, Niederl. 10,7 %, USA 9,7 %, Belg., Lux. 8,5 %, Ital. 8,4 %, Schweiz 5,9 %, Österr. 4,7 %, Gr.-Brit. 4,0 %. EWG 40,1 %, EFTA 22,4 %, westl. Industrieländer 83,5 %, Entwickl.-L. 12,0 %, Staatshandelsl. 4,3 %

(1971)			
	wird (danach ist Berlin [W] kein konstitutiver Teil d. BRD, aber s. Bindungen sollen erhalten u. entwickelt werden; tritt 1972 n. Ratifizierung d. Ostverträge i. Kraft) *Walter Ulbricht* (* 1893, † 1973) tritt als 1. Sekr. d. ZK d. SED (seit 1950) zurück (bed. Ende s. polit. Einfl.) Nachfolger 1973 *E. Honecker* (* 1912) (vgl. 1973) DDR betont die Notwendigkeit, sich von d. BRD „abzugrenzen" Störungen des Verkehrs BRD–Berlin (W) durch d. DDR Frankr. beschließt 6. Modernisierungs- und Ausrüstungsplan (1971–75) mit Leitlinien f. d. Wirtschaft *Walentin Falin*, Botsch. d. USSR i. d. BRD † *Lin Piao*, Politiker u. Armeechef der VR China, desig. Nachfolger *Maos*, durch Absturz auf einem Flug i. d. USSR, nachdem, wie erst 1972 verlautet, er einen Putsch u. einen Mordanschlag gegen Mao versucht haben soll (* 1907) Das chin. orientierte Albanien verurteilt Gewaltverzichtsvertrag BRD–USSR Wahlen in Indien bringen der reg. Kongreßpartei u. *Indira Gandhi* im Unterhaus 2/3-Mehrheit (gefolgt v. d. Kommunistischen Parteien) Die asiat. Staaten liegen im ideol. Spannungsfeld zw. Moskau u. Peking Freundschaftsvertrag zwischen USSR und Ägypten (verschleiert Meinungsverschiedenheiten über Lösung der Nahostfrage) Ägypten, Libyen und Syrien grd. „Union Arabischer Republiken" (im übrigen bleibt das arab. Lager zerstritten) 99,98 % Stimmen f. neue ägypt. Verfassung Diplomat. Beziehungen zw. Äthiopien und VR China Aufn. diplomat. Bez. zwischen Iran u. VR China (trotz Verfolg. d. iran. Mao-Anhänger) † *Dean Acheson*, Politiker d. USA (* 1893, 1949–53 Außenmin.) In USA gibt es heftige Auseinandersetzungen über Vietnam-Krieg Stimmengewinne der Sozialdemokr. in Dänemark	*U. Johnson:* „Jahrestage, Aus d. Leben der Gesine Cresspahl" (2. Bd. einer Romantrilogie) Georg-Büchner-Preis an *Uwe Johnson* (* 1934) *Walter Kempowski* (* 1929, Rostock): „Tadellöser & Wolff". Ein bürgerlicher Roman (Roman um Krieg u. Nachkrieg i. Rostock in einem faktenregistrierenden Stil. Forts. mit „Uns geht's ja noch gold" 1972) *Werner Koch:* „Seelenleben I" (Roman) *Franz Xaver Kroetz* (* 1946): „Stallerhof" (Schauspiel) u. „Männersache" (gesellschaftskrit. bayr.-mundartliches Schauspiel) *Dieter Kühn:* „Ausflüge im Fesselballon" (Roman) *Siegfr. Melchinger:* „Geschichte d. polit. Theaters" *Harold Pinter* (* 1930): „Alte Zeiten" (engl. Schauspiel) *J. M. Simmel* (* 1924): „Der Stoff, aus dem die Träume sind" (österr. Rom.) „Phonetische Poesie" (Schallpl. mit Entw. d. Lautgeschichte im 20. Jh.) Schaubühne am Halleschen Ufer i. Berlin (W) beg. unter dem Regisseur *Peter Stein* Erfolgsserie, die sie mit „Peer Gynt" u. and. Inszen. i. d. nächsten Jahren an die Spitze des deutschsprachigen Theaters führt (vgl. 1973)	in der Botsch. d. USA in Budapest, erhält Ausreiseerlaubnis nach Rom (wird 1974 v. Papst abgesetzt) *Jacques Monod* (* 1910): „Zufall u. Notwendigkeit" (philos. Fragen d. modernen Biologie) *A. Pointner:* „Schule zwischen Repression und Revolution" (kennzeichnet die von der Hochschule auf die Schulen übergreifende Unruhe) *Joach. Ritter:* (* 1903, † 1974) „Histor. Wörterb. d. Philosophie" (1. v. 8 Bänden) *Karl Steinbuch:* „Mensch, Technik, Zukunft" (Probleme von Morgen, hält sie für rational lösbar) *K. E. Zimen* kommt zu dem Schluß, daß sich zwischen 2000 und 2100 eine gleichbleibende Bevölkerungszahl mit gleichbleibender Energieversorgung und Wohlstand einstellt 2. Allg. Bischofssynode mit den Themen „Der priesterl. Dienst" u. „Gerechtigkeit i. d. Welt" „9 Thesen gegen Mißbrauch der Demokratie" des ZK der dt. Katholiken (fordern „Partizipation" statt „Demokratisierung")

haus für die KP Frankreichs in Paris (mit geschwungener Glasfassade, betont unorthodoxer Baustil)

Silvia Quandt: „Allegorie des Abschieds" (Gem.)

George Rickey (* 1907): „Drei rotierende Quadrate" (amer. kinet. Skulptur f. d. Univ. Heidelb.)

Wolfgang Rohloff (* 1939): „Topfblumen II" (Stoffmontage)

Ludwig Scharl (* 1929): „Fun for Men" (Gem.)

K. Schmidt-Rottluff: (* 1884) „Das schwarze Haus" (Gem.)

Emil Schumacher (* 1912): „B-99/1971" (Gouache)

Toni Stadler: „Torso" (Bronzepl.)

Edward D. Stone: John F. Kennedy-Kulturzentrum in Washington (DC) mit Konzertsaal, Oper, Theater u. Versammlungssaal (beg. 1966) (vgl. Sp. M)

Hann Trier: „Lauschen II" (Acryl-Gem.)

Heinz Trökes: „Vogelparadies" (Gem.)

Paul Wunderlich: „Daniela verhüllt" (Gem.)

Ausgrabungen eines Palastes mit Fresken in Kiew (gilt als erstes Denkmal russ. Steinbaukunst, vermutl. a. d. 10. Jh.)

Kunstausst. i. Berlin (W) unterteilt sich in Gruppen, die in eigener Verantw. ausstellen (bewährt sich als Organisationsform f. d. pluralistische Kunstgeschehen)

Heinz Zander (* 1939): „Der gr. Dt. Bauernkrieg" (Gem. i. DDR)

Peter Campus (* 1937, USA): „Dynamische Felder" (Videoband)

Frank Martin (* 1891): „Trois Danses" (schweiz. Komp. f. Orchester, Oboe, Harfe u. Streichquintett)

Darius Milhaud (* 1892) erhält frz. Nationalpreis f. Musik

Aribert Reimann (* 1936): „Melusine" (Oper)

Peter Sandloff: „Traum unter dem Galgen" (Oper über François Villon)

Dimitrij Schostakowitsch (* 1906): Sinfonie Nr. 15, A-Dur (russ. Orchestermus.)

Stockhausen (* 1928): „Sternklang" (Freiluftmusik auf 5 Podesten im Tiergarten Berlin aufgef. „Musik für die Vorbereitung auf Wesen von anderen Sternen und ihre Ankunft")

† *Igor Strawinsky*, russ.-amer. Komponist, maßgebl. Schöpfer der modernen rhythmisch betonten Musik (* 1882)

Michael Tippett: „The Knot Garden" (engl. Oper psychoanalyt. Prägung)

Isang Yun (* 1917): „Geisterliebe" (korean. Auftrags-Oper f. „Kinder-Woche")

„Song of joy" (Schlußchor a. d. Freude aus d. 9. Sinf. v. Beethoven als Pop-Schlager)

Quasars (Radiostern) werden mit Radioteleskopen anschein. Überlichtgeschwindigkeiten beobachtet

Mikrowellen-Radiostrahlung von Molekülen (OH) auch außerhalb d. Milchstraße nachgewiesen (vgl. 1963)

L. E. Snyder u. *D. Buhl* (USA) finden mit Radioteleskop von Kitt Peak Strahlung des siebenatomigen Moleküls CH_3C_2H in der Milchstraße

Es gelingt, aus künstl. Marsatmosphäre Formaldehyd (HCHO) zu erz. (spricht f. d. Möglichk. einer molekularbiolog. Entw.)

US-Astronomen entd. 2 Sternensysteme i. d. Nähe d. Milchstr.: Maffei 1 u. 2, die durch Staubwolk. opt. Beob. entzogen sind

3. US-Mondlandung mit Apollo 14

Apollo-15-Untern. gelingt 4. Mondlandung der USA mit *D. R. Scott, A. M. Worden* u. *J. B. Irwin*. Lunare Meßstation mit 24 Experimenten und erstm. Ausflüge mit bemanntem Mondauto

Sojus II nimmt SU-Raumstation Salut I i. Betr.

VR China startet 2. Satelliten.

Start der Europa-II-Rakete mißlingt

Größter kommerz. Nachrichtensatellit „Intelsat IV" gestartet (f. gleichz. 6000 Ferngespr. od. 4 Fernsehprogr.)

Nachrichtenübertr.

Bruttosozialprod. i. d. BRD 756,1 Mrd. DM

Müllanfall in der BRD 350 Mill. cbm. Davon (i. Mill. cbm): Landw. Abfälle 191, Hausmüll 114, Autowracks 18, Bauschutt 2,5, Autoreifen 1,0, Sonstiges 23,5

Ca. 1,1 Mill. Schrottautos in BRD (in USA ca. 7 Mill.)

DDT-Anw. i. d. BRD verboten

Ges. zur Vermind. d. Bleigeh. im Benzin

Ges. üb. künstl. Besamung b. Tieren i. d. BRD

US-Kongreß verweigert Mittel für Überschallflugzeug aus Gründen des Umweltschutzes (wirft diese Entw. auch in Europa stark zurück)

63 Tote b. einem Flugzeugabsturz auf der Strekke London–Salzburg

Notlandung eines Flugzeuges der Pan-International auf der Autobahn Hamburg–Kiel fordert zahlreiche Menschenopfer (führt zu einer Krise der Fluggesellschaft)

Dt. Bundesbahn eröffnet Intercity-Verkehr zwischen 33 dt. Großstädten

Abriß der Pariser Markthallen von 1864 (waren frühmorgendl. Treffpunkt der Nachtbummler)

Ausbruchsperiode des Ätna

Erdbeben in Südkalifornien: 52 Tote

Wirbelsturm an der Ostküste Indiens tötet mehr als 10000 Menschen

Ca. 100 Tote bei Überschwemmung in Westbengalen

88 Tote bei Wirbelsturm in Südvietnam

(1971)	Europarat schließt Griechenland aus (das vorher s. Austritt erklärt) Comecon verabsch. ein 20-Jahres-Programm f. stärkere Integration Die „Organisation f. d. Einheit Afrikas" kommt zu keinen entscheidenden Ergebnissen f. d. polit. zersplitterten Kontinent Aufstand d. linksrad. Volksbefreiungsfront in Ceylon niedergeschlagen (USA, USSR u. VR China unterst. d. Reg.) Kuba verbietet das Ausfliegen v. Emigranten n. USA (s. 1965 246000 ausgefl.) In Argentinien setzen militär. Oberbefehlshaber Präs. General *R. M. Levingston* (seit 1970) ab. *Alejandro Agustin Lanusse* (* 1918) wird von der Junta als Staatspräs. eingesetzt Schwere wirtschaftl. Krise in Bolivien führt zu blutigen Auseinanders. zw. Links u. Rechts Chile verstaatlicht Bergbau einschl. US-Kupferminen VR China Mitgl. d. UN ≈ Die Situation in Lateinamerika ist gekennzeichnet d. d. Konfrontation sozialreform. Kräfte (Arbeiter, Gewerksch., Intellektuelle) gegen konservat. Kräfte (Kapital, Militär, Kirche) auf d. Hintergrund gr. Armut Ein Vertreter der Urbevölkerung wird Mitgl. d. austral. Parlaments Konvention zur Verhinderung verbrech. Terrorakte d. Org. Amer. Staaten (N- u. S-Am.)		Bundesausbildungsförderungsges. i. d. BRD (verbessertes Stipendienwesen) Institut f. Begabungs- und Testforschung i. d. BRD Kultusmin. d. BRD geb. Empfehlungen f. d. Unterricht v. Gastarbeiterkindern Graduiertenfördegungsgesetz f. d. wiss. Nachwuchs i. d. BRD Reformuniv. Bremen eröffnet (wird von den SPD-Bundesländern finanziert) Aktion „Brot für die Welt" der dt. Ev. Kirche zum 13. Mal eröffnet 34,2 % Analphabeten auf d. Erde (Afrika 73,7 %, i. Südamerika 23,6 %), über 50 % aller Kinder können keine Elementarschule besuchen

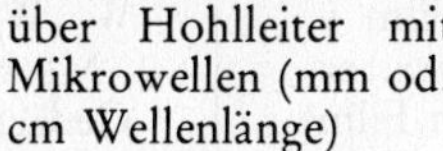

,,Die Rolle meiner Familie in der Weltrevolution" (jugosl. Film von *Bata Cengič*) auf der 32. Biennale in Venedig

Oscar an ,,French Connection" (amer. Film v. *William Friedkin*). Sonder-Oscar an *Charlie Chaplin* (* 1889, n. 20 Jahren wieder in USA)

,,Die bitteren Tränen d. Petra v. Kant" (Film v. *R. W. Fassbinder*, * 1946)

,,Warum läuft Herr R. Amok?" (Film v. *R. W. Fassbinder*)

,,Roma" (ital. Film v. *Federico Fellini*, * 1920)

,,Mio" (japan.-frz. Film v. *Susumo Hani*, * 1928)

,,Frenzy" (engl. Film v. *Alfred Hitchcock*, * 1899)

,,Fat City" (engl.-amer. Film v. *John Huston*, * 1906)

,,Die Besucher" (amer. Film v. *Elia Kazan*, * 1909, Türkei)

,,Der große Verhau" (Film v. *Alex. Kluge*, * 1932)

Intern. Filmfestspiele i. Cannes: Goldene Palme f. ,,The Go between", brit. Film v. *Joseph Losey*

,,Liebe", ung. Film v. *Károly Makk*, erhält kathol. Filmpreis

,,Uhrwerk Orange" (engl. Film v. *Stanley Kubrick*, * 1928, USA)

,,Decamerone" (ital. Film v. *Pier Paolo Pasolini*, * 1922)

,,Tolldreiste Geschichten" (ital.-frz.-dt. Film v. *Pier Paolo Pasolini*)

,,W(ilhelm) R(eich)-Mysterien des Organismus" (jugosl. Film von *Dusan Makavejew*)

,,Der Fall Mattei" (ital. Film v. *Francesco Rosi*, * 1922)

Radioastronomen finden Anzeichen für einen starken explosionsartigen Vorgang im Zentrum der Milchstraße vor 10 Mill. Jahren, bei dem 10. Mill. Sonnenmassen ausgeschleudert wurden

Jane Goodall berichtet über Freilandbeobachtungen an Schimpansen in Tansania (Verhaltensforschung an Primaten gewinnt an Bedeutung)

über Hohlleiter mit Mikrowellen (mm od. cm Wellenlänge)

Überschallflugzeug ,,Concorde" (frz.-brit.) u. TU 144 (USSR) auf d. Pariser Flugzeugausst.

US-Senat sagt Bau eines Überschall-Verkehrsflugz. ab (schwerer Rückschlag f. diese umstrittene Entw.)

Transuranelement 112 möglicherw. entd.

In d. Kernforsch.-Anlage Jülich gelingt es i. einem Plasma f. eine Millionstel Sek. eine Temperatur von ca. 100 Mill. Grad zu erzeugen (wichtig f. Energieerz. aus Kernverschmelzung; im Innern d. Sonne herrschen ca. 20 Mill. Grad)

Protonenbeschleuniger bis zu 1000 Mrd. elektr. Volt für CERN beschlossen (bes. wichtig f. Physik der Elementarteilchen)

,,Gargamelle", größte Blasenkammer d. Welt (Nachweis v. Elementarteilchen) i. Betr.

Elektronenmikrosk. Nachweis d. Virus Doppelhelix (diese Doppelspiralstruktur kennz. d. Nukleinsäure-Erbsubstanz)

Es gelingt, d. Entw. von unbefrucht. Mäuseeizellen außerhalb d. Organismus bis zur Herzfunktionstüchtigkeit zu züchten

Es gelingt, immer mehr Lebenserscheinungen auf molekulare Strukturen zurückzuführen (,,Molekulare Biologie") (vgl. 1953 *Watson* u. *Crick* u. ff. Daten)

Schlagwetterexplosion auf Formosa (Taiwan) tötet 35 Bergleute

Grubenunglück b. Recklinghausen fordert 7 Menschenopfer

Haldenrutsch in Rumänien tötet 51 Menschen

Hotelbrand in Seoul (Südkorea) fordert mehr als 160 Menschenopfer

Zwei Bergsteiger aus der ČSSR besteigen Nanga Parbat (8125 m) im westl. Himalaja

Ilona Gusenbauer (Österr., * 1948): Hochsprungweltrekord f. Damen mit 1,92 m (*Yolanda Balas* sprang 1960 1,91 m)

Korruptions-Skandal i. d. dt. Fußball-Bundesliga (abstieggefährdete Vereine kaufen sich Spielgewinne)

Borussia Mönchengladb. Fußballmeister d. BRD

Volkszählung erg. f. Indien ca. 547 Mill. Einw. (stieg im letzten Jahrzehnt um 24,6 %) (Nach VR China mit ca. 800720000 der zweitgrößte Staat)

Sehr gutes Weinjahr

2–8 Mill. ostpakist. Flüchtl. i. Indien

Wirtschaftskrise auf Kuba (schlechte Zuckerrohrernte u. sinkende Arbeitsmoral)

Geburt von Neunlingen i. Australien: 2 tot, 7 lebensschwach

Prozeß i. USA geg. US-Soldat wegen eines Massakers von *My Lai* (Vietnam)

K. Buchwald schätzt Kosten für Umweltschutz i. d. BRD in der Zeit 1971–80 auf ca. 84,5 Mrd. DM (davon Kläranlagen u. Kanalisation 40, lfde. Sanierung von Luft u. Wasser 30, Forschung 10) (Bildungsausgaben bis 1985 ca. 90 Mrd. DM)

(1971)

,,Patton" (amer. Film v. *Franklin J. Schaffner*, erhält Oscar als bester Film)

,,Die Gärten d. Finzi Contini" (Film v. *Vitt. de Sica*, * 1902)

,,Herzbube" (dt.-amer. Film v. *Jerzy Skolimoski*, * 1938, Polen)

,,Großalarm f. d. Davidswache" (Film v. *Wolfgang Staudte*, * 1906)

,,Trafic" (frz. Film von u. mit *Jacques Tati*, * 1908)

,,Goya" (dt.-russ. Film v. *Konrad Wolf*, * 1925, Dtl.)

,,Der Weg zum Tode des alten Reales" (argent. Film v. *Gerardo Vallejo)* auf d. 20. Intern. Filmwoche Mannheim

,,Der Tod in Venedig" (ital. Film v. *Luchino Visconti*, * 1906)

VR China zeigt in Venedig auf der 32. Biennale den Film ,,Die rote Frauenkompagnie"

Internationale Filmfestspiele Berlin werden zweigeteilt in ,,A-Festival" (n. Regeln der FIAPF) u. ,,Intern. Forum des jungen Films" (vorw. sozialkrit.)

Int. Filmfestsp. Berlin (West): Goldener Bär f. ,,Die Gärten der Finzi Contini", ital. Film von *de Sica*. Silb. Bär f. ,,Decamerone", ital. Film v. *Pier Paolo Pasolini*

† *Harold Lloyd*, US-Filmkomiker (* 1893)

W. W. Dergatschew: ,,Mechanismen des Gedächtnisses" (russ. Darstellung d. 1966 aufg. Theorie, wonach ein molekularer Mechanismus [DNS-Molek.] d. G. zugrunde liegt)

W. Rotzach u. and.: ,,Molekularbiologie d. Alterns (einschl. einer mathem. Theorie, kennz. f. eine sich entw. biolog. medizin. Theorie d. Alterns, das als ein multiformer Prozeß d. Veränderung v. enzymat. wirkenden Makromolekülen begriff. wird)

Max-Planck-Inst. f. molekulare Genetik in Berlin (West)-Dahlem eingeweiht

William Schopf, Dorothy Z. Oehler, Keith A. Kvenvolden entd. in 3,3 Mrd. alten Gesteinen Kohlenstoff, den sie auf pflanzl. Photosynthese zurückführen

Assuan-Staudamm z. Nilregulierung eingew. (staut 5,5 Mrd. m³, späteres Kraftwerk vorges.)

Es gelingt Kunststofferz. mit Molekülgerüst auf Stickstoffbasis

1. Elektrospeicherbus i. Linienverk.

Internationale Funkausstellung Berlin (bringt den Start verschiedener Audiovisions-Verfahren [Bildplatten, Kassettenfernsehen etc.] (vgl. 1973), Quadrophonie

Auf der Zugspitze wird ein markanter Einbruch stratosphärischer Luft zur Erdoberfläche registriert

Driftende sowjet. Nordpolexped. passiert als erste driftende Station 85° n. Br. (Polentfernung rd. 555 km)

Bisher größter Mammut-Kadaver im Dauerfrostboden der sibir. Taiga gefunden (vgl. 1799)

Hans Georg Wunderlich: ,,Das Geheimnis der minoischen Paläste Alt-Kretas" (deutet sie als Stätten der Totenbestattung und Totenverehrung)

Farbige weibl. Steinfigur (1,5 m hoch) in Baza/Granada entd. (,,Dame von Baza" aus altphöniz. Kulturepoche ≈ −2500)

Bronzefunde in NO-Thailand erweisen Exist. v. Bronzeguß schon ≈ −5000

Becher u. *Röseler:* Röntgenunters. peruanischer Mumien (Paläontomedizin)

Ausgrabung d. Stadt Thera auf Santorin (mit gr. Fresken)

Wirtschaft d. BRD wendet 8,7 Mrd. DM f. wiss. Forschung auf (d. öff. Hand 13,6 Mrd. DM)

Quarz-Armbanduhren höchster Ganggenauigkeit

G. Goldhaber find. unter 500 000 Blasenkammeraufnahmen eine Spur d. s. 1969 vorhergesagten posit. gelad. Omega-Teilchens (negat. O.-T. wurde 1969 gef.)

Charles Manson wird wegen Mordes a. d. Schauspielerin *Sharon Tate* verurteilt

Sozialprodukt der BRD (Mrd. DM jeweilige Preise):

	1960	1971	
Bruttosozialprod.	302,3	752,0	
Volkseinkommen	235,7	579,9	
je Einw.	4252 DM	9332 DM	
Verwendung:			
Priv. Verbrauch	172,4	410,2	54,0 %
Staatsverbrauch	41,4	128,8	17,0 %
Investitionen	72,7	202,2	26,8 %
Außenbeitrag	7,4	10,4	1,4 %
		752	100 %

Öffent. Ausgaben (Mill. DM):

	1950*	1961	1971
Bund	15 438	51 645	104 627
Länder	10 843	37 720	85 084
Gemeinden	7 485	24 627	68 151

* ohne Saargeb. u. Berlin

Verkehrsdaten der BRD:

Beförderte Personen	1960	1971
Eisenbahn	1399 Mill.	1 067 Mill.
Nahverkehr	6418 Mill.	6 354 Mill.
Luftverkehr	4885 Tsd.	24 808 Tsd.

Straßenverkehrsunfälle

Tote	14 406	18 727
Verletzte	454 960	517 953

Das Bruttosozialprodukt pro Kopf als Kennzahl für den Lebensstandard entwickelt sich i. USA, dem stärksten Industriestaat im 20. Jh., wie folgt (Angaben in Dollarkaufkraft 1958; real):

1900	836
1910	1299
1920	1315
1930	1490
1940	1720
1950	2342
1960	2699
1970	3555
1975	2825

1972

Kein Friedens*nobel*pr. verliehen. *W. Brandt* nimmt ihn f. 1971 entgegen. Sondermin. *Egon Bahr* (* 1922) begl. ihn n. Stockholm, der mit sein. Rede vor d. Akad. in Tutzing „Wandlung durch Annäherung" 1963 d. neue Ostpolitik einleitete

Bundeskanzler *Willy Brandt* wird Ehrenbürger seiner Geburtsstadt Lübeck und von Berlin, wo er 1957–66 Reg. Bgm. war

Kurt Waldheim (* 1918, Österr.) Generalsekretär der UN

Sicco Mansholt (* 1908), wird Präsident der Europäischen Kommission in Brüssel (hatte 1968 den umstrittenen *M*-Plan zur Agrarreform i. d. EWG vorgelegt)

UN nimmt VR China auf, wird anstelle Taiwans Mitgl. d. Weltsicherheitsrates

USA, Gr.-Brit., USSR u. 75 andere Staaten unterzeichnen Konvention über Verbot bakteriologischer Waffen

USA und USSR unterzeichnen SALT-Abkommen zur Begrenzung strategischer Waffen

Intern. Meeresbodenvertrag verbietet Lagerung nuklearer und anderer Massenvernichtungswaffen auf dem Grund der Ozeane

Gr.-Brit., Irland und Dänemark werden neue Mitglieder der Europ. Wirtschaftsgemeinschaft (EWG od. EG) (der beabsichtigte Beitritt Norwegens wird durch Volksabstimmung verhindert). Gemeinschaft umfaßt nun 9 Mitgliedsstaaten mit rd. 250 Mill. Einw. und stellt nach den USA das stärkste Wirtschaftsgebiet dar

Karlspreis der Stadt Aachen an *Roy Harris Jenkins* (* 1920), der als führendes Mitgl. d. Labour-Party für EWG-Beitritt Gr.-Brit.s eintrat

Dt. Bundesregierung veröff. Materialien zur „Lage der Nation" mit Vergleichen der Verhältnisse in der DDR und BRD (von der Opposition als „unkritisch" abgelehnt)

Westberliner können nach längerer Zeit zu Ostern und Pfingsten Ostberlin und DDR besuchen

Bundeskanzler u. Min.-Präs. d. Bundesländer erklären, daß Angehörige des öffentl. Dienstes auf dem Boden der freiheitl.-demokratischen Grundordnung stehen müssen (wird als „Radikalenbeschluß" teilw. heftig kritisiert)

Der Kern der *Baader-Meinhof*-Gruppe, welche die Gesellschaftsordnung auch mit Gewalt ändern will, wird verhaftet und

Literatur-*Nobel*preis an *Heinrich Böll* (* 1917, Dtl.)

Thomas Bernhard (* 1931): „Der Ignorant u. d. Wahnsinnige" (Schauspiel um die inhumane Funktion v. Wissenschaft und Kunst. Urauff. in Salzb.) Regie *Claus Peymann* (* 1937)

Ingeb. Bachmann (* 1926, † 1973): „Simultan" (österr. Erzählung)

Jean-Louis Barrault (* 1910) wird Direktor d. Théâtre des Nations, Paris

S. Beckett (* 1906): „Mercier u. Camier" (dt. Übers. d. frz. Romans, geschr. 1946, veröff. 1970)

Wolf Biermann (* 1936): „Für meine Genossen" (Hetzlieder, Balladen, Gedichte a. d. DDR)

Jossif Brodskij (* 1940), i. d. USSR verfolgter Dichter, emigriert

Wladimir Bukowski, Schriftsteller i. d. USSR, wegen „antisowjetischer Tätigkeit" zu 12 Jahren Haft und Verbannung verurteilt

H. M. Enzensberger (* 1929): „Der kurze Sommer d. Anarchie"

Frederick Forsyth: „Der Schakal" (Roman)

Max Frisch (* 1911): „Tagebuch 1966 bis 71"

Walter Helmut Fritz (* 1929): „Aus der Nähe" (Ged.) (arb.

Rudolf Augstein (* 1923): „Jesus Menschensohn" (wird v. Theolog. kritisiert, umstrittene Darstellung eines theolog. Laien mit der Frage, mit welchem Recht sich Kirchen auf einen Jesus berufen, der nie gelebt hat)

J. Beuys wird aus d. Kunst-Akad. Düsseldorf wegen unges. Verhaltens entlassen (Klage wird gerichtl. abgewiesen)

H. E. Brekle: „Semantik" (Zeichentheorie als Sprachwissenschaft)

C. W. Ceram: „Der erste Amerikaner" (Ur- und Entdekkungsgeschichte der amerikan. Einwohner)

Amleto Giovanni Ciorgnani wird Dekan d. Kardinals-Kollegiums der kathol. Kirche als Nachfolger d. Kardinals *Eugéne Tisserant*

Klaus v. Dohnanyi (* 1928) wird Bundesm. f. Bildung u. Wiss. (vgl. P)

Vladimir I. Georgiew (* 1908, Bulgar.) erkennt Etruskisch als Spätform eines west-hethitischen Dialekts, also als indogerm. Sprache, und vermutet in den Etruskern die Nachfolger der Trojaner, die im –9. Jh. von Kleinasien nach Italien einwanderten

Roy H. Jenkins (* 1920), brit. Labour-Abgeordn., erhält Karlspreis der Stadt

„documenta 5", Kunstausstellung i. Kassel unter d. Titel „Befragung der Realität-Bildwelten heute" unter Leitung v. *Harald Szeemann* (* 1933) vers. eine Theorie d. heutigen Bildwelten einschl. Werbung, Propaganda, Zeitschriften, Kitsch aller Art, Bildnerei d. Geisteskranken u. a., bes. treten figürl. panoptikumartige Darstellungen u. Szenen hervor mit Hilfe sehr realist. bemalter Polyesterharz-Plastiken (USSR u. VR China beteil. sich nicht, so daß d. sozialist. Realismus fehlt). Löst neben Anerkennung Kritik und Proteste aus

† *Rudolf Belling*, dt. Bildhauer, um 1919 Vork. f. abstr. Plastik (* 1886)

Christo: Gr. Talvorhang in Colorado, USA (extremes Beispiel der Land Art)

Gene Davis (USA) produziert das „größte Gemälde", indem er den 2900 m² großen Parkplatz des Museums in Philadelphia mit farbigen Streifen bemalt

Hans Haacke (* 1936) „Kreislauf 1972" (verzweigtes Leitungsnetz)

Dane Hanson: „Bowery" (panoptikumsart. Sze-

Rudolf Bing (* 1902) scheidet als Gen.-Dir. der Metropolitan Opera, New York, aus (war es seit 1950), Nachf. *Göran Gentele* u. *Sch. Chapin*

Boris Blacher: „Yvonne, Prinzessin von Burgund" (Oper nach *W. Gombrowicz*); „Blues und Rumba philharmonica" (Kompos. f. 12 Celli soli)

Boris Blacher: Konzert f. Klarinette u. Kammerorchester

Luigi Dallapiccola: „Tempus destruendi"

Mc Dermont: „Die zwei Herren aus Verona" (Musical)

Luc Ferrari (* 1929): „Hier spricht die Erde" (frz. Orchesterkomp. mit Projektion von 2500 Dias aus 40 Bildwerfern)

Wolfgang Fortner: „Elisabeth Tudor" (Oper, Buch von *Matthias Braun*. Urauff. i. d. Dt. Oper Berlin [West])

Heinz Geese/Walter Schmidt Binge: „Kollisionen für Jazz u. Beatgruppe, Elektronik u. Orchester"

Klaus Jungk (* 1916): „Musik im technischen Zeitalter" (von der Edison-Walze zur Bildplatte; über die Wechselwirkung Technik-Kunst)

*Nobel*pr. f. Physik an *John Bardeen* (* 1908, USA), *Leon L. Cooper* (* 1930, USA) u. *J. R. Schrieffer* (* 1931, USA) f. quantenmechan. (sog. BCS-) Theorie d. Supra-Leitung

*Nobel*pr. f. Chemie an die in USA arb. Biochemiker: *Christian B. Anfinsen* (* 1916, USA), *Stanford Moore* u. *William H. Stein* f. Erf. von Bau u. Wirkungsweise d. Enzyms Ribonuklease (insbes. d. exakten Abfolge d. 124 Aminosäuren i. d. Proteinkette) (vorhergeg. war um 1950 die Herstellung von 1 kg reinen Enzyms)

*Nobel*pr. f. Medizin an *Rodney R. Porter* (* 1917, Engl.) u. *Gerald M. Edelman* (* 1929, USA) f. Erforsch. d. Struktur der Antikörper, insbes. die die Spezifizität bedingende Abfolge d. Aminosäuren

Die Biochemie hat in den letzten Jahrzehnten die Eigenschaften der Proteine weitgeh. auf ihren Aufbau aus Aminosäuren zurückgeführt (einem Gen-Code der Vererbung steht ein Proteincode der Lebensfunktionen gegenüber). Damit ist eine gewisse Erfüllung des Pro-

Wirtschafts-*Nobel*pr. an *John Richard Hicks* (* 1904, Gr.-Brit.) f. Beitr. z. Konjunktur- u. Wachstumstheorie u. an *K. J. Arrow* (* 1923, USA), bek. durch „Social Choice and individual values" (1951)

US-Investitionen i. Kanada stiegen seit 1965 v. 1,3 auf 25,8 Mrd. US-Dollar

Intern. Gerichtshof untersagt Island 50-Meilen-Zone gegen fremden Fischfang (Versuch, sie durchzusetzen führt zu Zwischenfällen)

Eugen Loderer (* 1920) Vors. der IG-Metall (führ. Gewerkschaft i. d. BRD)

Neues Betriebsverf.-Ges. d. BRD, berücks. nicht d. Mitbestimmungswünsche d. Gewerkschaften

Verwaltungsreform i. d. Flächenstaaten d. BRD verringert die Zahl d. Gebietskörpersch. (z. B. i. Bayern 71 statt 143 Landkreise)

Bergarbeiterstreik in Gr.-Brit. führt zu 20%iger Lohnerhöhung (1974: 30 %)

In der BRD erreicht Diskontsatz im Februar mit 3 % tiefsten Stand, steigt bis Jahresende auf 4,5 %

Anstieg der Verbraucherpreise inf. weltweiter Inflation. Preisanstieg gegenüber Vorjahr: Niederl. + 7,9, Gr.-Brit. + 7,1, Frankr. + 5,9, BRD + 5,8, Kanada + 4,8, USA + 3,3, Schweiz + 6,7 %

In der BRD werden die Kriegsopferrenten um 9,5 % erhöht

Tagelange Demonstrationen in Hannover gegen Fahrpreiserhöhungen im Nahverkehr (häufig wird für den Nahverkehr der „Nulltarif" gefordert)

UN-Umweltschutzkonferenz in Stockholm (aus d. Ostblock nur Rumänien)

Bundesreg. erhält zentrale Kompetenz f. d. Umweltschutz

Umweltfreundliches Abfallbeseitigungsges. i. d. BRD

Gesetz zur Verminderung des Bleigehaltes im Benzin f. d. BRD in Kraft

Konrad Lorenz: „Ökologisches Manifest" (für funktionsfähige Landschaften, gegen unbegrenzt wirtschaftl. Wachstum)

Neues Tierschutzges. i. d. BRD

(1972)	kommt vor Gericht (bei der Fahndung gibt es Tote auf seiten der Polizei u. d. Gruppe) Zahlreiche Bombenanschläge in der BRD (u. a. US-Hauptquartier Heidelberg, Springer-Hochhaus Hamburg) (vgl. Baader-Meinhof-Gr.) Präsident des Bundesamtes für Verfassungsschutz muß sein Amt wegen Kritik an seiner NS-Vergangenheit aufgeben Offizieller Besuch Bundeskanzlers *Willy Brandt* im Iran (wird von Gegnern der Politik des Schahs kritisiert) Iran feiert 2500-Jahres-Feier des pers. Kaiserreiches i. Persepolis (Iran) unter Teiln. zahlr. Staatsoberhäupter (der Prunk findet vielfach Kritik) Schah von Persien schließt in Moskau Vertrag über wirtsch. u. techn. Zusammenarbeit USSR unterrichtet Obersten Sowjet über den „Brief zur deutschen Einheit" der Bundesregierung, worin diese feststellt, daß der Moskauer Gewaltverzichtsvertrag nicht im Widerspruch zu einer Wiedervereinigung unter Anwendung des Selbstbestimmungsrechtes steht. USSR nimmt ohne Widerspruch Kenntnis Gewaltverzichtsverträge mit USSR und Polen (1970 unterzeichnet) sind im dt. Bundestag heftig umstritten, wurden schließlich mit den Stimmen der SPD und FDP bei Stimmenthaltung und einigen Gegenstimmen der CDU/CSU ratifiziert. Einer Resolution zu den Verträgen wird fast einstimmig zugestimmt Wehrdienstzeit in der BRD von 18 auf 15 Monate verkürzt USA, USSR, Gr.-Brit. u. Frankr. unterzeichnen in Berlin (West) Viermächteabkommen über Berlin. Sichert die gewachsenen Bindungen Westberlins an die BRD, ermöglicht den Einwohnern Reisen in die DDR und erleichtert den Transitverkehr Berlin–BRD (diese Unterzeichnung war mit der Ratifizierung der Ostverträge gekoppelt) Durch Übertritt einiger SPD- und FDP-Bundestagsabgeordneter zur CDU/CSU verliert die SPD-FDP-Koalition ihre Mehrheit im Bundestag (Motive u. Form der Übertritte werden heftig diskutiert) Nach Rücktritt von Minister *Hans Leussink* wird *Klaus von Dohnanyi* (* 1928), Bundesmin. f. Bildung u. Wissenschaft Bundeswirtschafts- und -finanzminister	a. d. Roman „Ohne Nachricht") BBC-Fernsehfassung der Forsyte-Saga v. *J. Galsworthy* wird ein weltweiter Erfolg *G. Grass* (* 1927): „D. Tagebuch einer Schnecke" (autobiogr. Rückblick a. d. Bundestagswahlkampf d. SPD) *Julien Green* (* 1900): „Der Andere" (dt. Übers. d. frz. Romans) Literaturpreis d. dt. Kritiker an DDR-Dramatiker *Peter Hacks* (* 1928) *Peter Handke* (* 1942): „Der kurze Brief zum langen Abschied" (Roman) *Peter Handke:* „Wunschloses Unglück" (Erz.) *Rolf Hochhuth:* „Die Hebamme" (satir. Komödie) *Peter Huchel* (* 1903): „Gezählte Tage" (Lyrik a. d. DDR) (ging 1971 n. Italien) † *Kurt Ihlenfeld*, Literaturkritiker u. Schriftsteller (* 1901) *E. Ionesco:* „Macbeth" (frz. Bühnenstück) *Hermann Kant* (* 1946): „Das Impressum" (Roman aus d. DDR) *W. Kempowski:* „Uns geht's ja noch gold" (Roman einer Rostocker Familie 1945–48) (vgl. 1971) *H. D. Kroppach:* „Sportberichterstattung d. Presse." Un-	Aachen (ist im Gegensatz zur Mehrheit s. Partei f. d. EWG-Beitritt Gr.-Brit.s) (vgl. P) *Dennis Meadows* u. and. Mitarb. d. MIT, Boston: „Die Grenzen des Wachstums" (Bericht d. „Club of Rome" zur Lage d. Menschheit; warnt vor unkontrolliertem Wachstum) (vgl. 1973) *Alfred Müller Armack* (* 1901) (zus. mit *Rolf Hasse*, *Volker Merx* u. *Joachim Starbatty*): „Stabilität in Europa. Strategien u. Institutionen f. eine europ. Stabilitätsgemeinschaft" *Oswald von Nell-Breuning* (* 1890) erhält *Guardini*-Preis der kath. Akademie in Bayern *Andrej Sacharow* (* 1921), hochdekorierter Physiker d. USSR, fordert Annäherung des Sozialismus und Kapitalismus *Hans Sachsse:* „Technik u. Verantwortung" (Problem d. Ethik i. techn. Zeitalter) *Herbert Selg* u. a.: „Zur Aggression verdammt? Ansätze einer Friedensforschung" (mit Kritik an der Annahme eines naturgegebenen Aggressionstriebes) *Carola Stern* erhält in Berlin (West) *Carl v. Ossietzky*-Medaille v. d. Liga f. Menschenrechte für ihre Verdienste um Amnesty International (vgl. 1961 Ph)

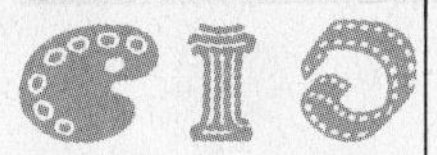

ne a. d. New Yorker Elendsmilieu)

Edward Kienholz (* 1927): „Five Car Stud" (amerikan. panoptikumsartig-realist. Szene einer Negerkastration)

Waldemar Otto (* 1929): „Mann aus der Enge heraustretend" (Bronze-Plastik)

William Pareira: Pyramidenförmiges Hochhaus in San Francisco (48 Stock, 260 m Höhe)

† *Hans B. Scharoun*, dt. Architekt, baute Neue Berl. Philharmonie (vgl. 1963) (* 1893)

Bauhaus-Archiv von Darmstadt (dort 1960 gegr.) nach Berlin (West) verlegt

„Constructivist Tendencies" (amer. Ausst. konstruktivist. Kunst)

Michelangelos „Pieta" im Petersdom von einem religiös Wahnsinnigen mit Hammerschlägen schwer beschädigt

Schongauers „Maria i. Rosenhag" aus d. Stiftskirche Colmar gestohlen (1973 wiedergef.) (solche Kirchendiebst. mehren sich)

„Der letzte Tango in Paris" (frz.-ital. Film v. *Bernardo Bertolucci*, * 1941)

H. W. Henze: „Heliogabalus" (Allegoria per Musica)

H. v. Karajan-Stiftung veranst. Treffen d. Jugendorch. in Berlin (W)

Dieter Kaufmann: „Concertomobil" (Komp. f. Violine u. Orchester)

Milko Kelemen (* 1924): „Passionato für Flöte u. Chor" (kroat. Kompos.)

R. Kelterborn: „Miroirs" (Ballett)

Ernst Křenek: „Kitharaulos" (f. Harfe, Oboe u. Kammerorchester)

André Laporte: „La vita non è sogno" (ital. Oratorium)

Ivo Maler: „Les Collectioneurs" (Ballett, Choreograph. v. *J. Charrat*)

Robert Moran: „Der Wendepunkt" (Ballett)

N. Nabokov: „Loves Labours Lost" (amer. Oper, Text v. *W. H. Auden*, Urauff. i. Brüssel i. Anw. *W. Brandts*)

Maurice Ohana: „Etudes choreographiques" (Ballett) Choreogr. v. *Michel Descombey* (* 1930, Frankr.)

K. Penderecki (* 1933): „Canticum canticorum Salomonis" (f. 16stimmigen Kammerchor)

gramms der Molekularbiologie erreicht (vgl. 1971)

D. B. Burkitt (* 1911, Engl.) u. *J. Waldenström* erh. Paul Ehrlich-Preis f. Erforsch. menschl. Viren u. Krebserkrankungen

US-Forscherteam synthetisierte in USA mit RNS, dem Enzym Revertase und entsprechenden Priern (Kristallisationskernen) einen Molekülstrang des menschlichen Gens für roten Blutfarbstoff (vgl. 1970)

Es verdoppeln sich: alle 10 Jahre die Chemieliteratur, alle 20 Jahre die Zahl der wichtigsten Entd., alle 5 Jahre das Wissen über Molekularbiologie, alle 5 Wochen Kapaz. d. EDV-Anlagen

E. Bahke: „Transportsysteme heute und morgen" (behandelt Auswege aus der bestehenden und anwachsenden Krise der Verkehrsmittel, z.B. Fahr- statt Gehsteige, Rohrtransport-Systeme etc.)

6. US-Mondlandung

Wernher v. Braun (* 1912, † 1977), amer. Raketening. aus Dtl., geht v. der NASA i. die Industrie (1973 beenden die USA zunächst d.

Ind.-Prod., Energieverbrauch, Lebensstandard in Ost u. West

Primärenergieverbrauch der Erde pro Einwohner (in t Steinkohleneinheiten – 1 t StKE ~ 8000 kWh) 1961: 1,5; 1972: 2,0; 1985 (gesch.): 3,2

Anteil an d. Weltstahlerz. (rd. 625 Mill. t): EG (9) 22 %, USSR 20 %, USA 19 %, Jap. 16 %, Übrige 23 %, VR China ca. 3,5 %

Wirtschaftsentw. Industrieprod. (1963 = 100): Nordamer. 155, EWG (6) 173, EFTA 147, Europ. Comecon 240, Industrieländer (ohne Comecon) 171

Bruttosozialprodukt (i. Dollar pro Einwohner):

EG		Comecon	
Irland	1850	Bulgarien	840
Italien	2170	Rumänien	1130
England	2870	Polen	1550
Niederl.	3350	Ungarn	1800
Luxemburg	3530	USSR	1930
Frankreich	3810	ČSSR	2440
Dänemark	4050	DDR	2730
BRD	4170		

Bruttomonatslohn-Kaufkraft in DM: USA 1760, Dän. 1540, Schweden 1520, BRD 1165, Ndl. 1100, Gr.-Brit. 1060, Belg. 1000, Frankr. 870, Österr. 760, DDR 692, Ital. 690, Japan 640, ČSSR 560, Jugosl. 515, USSR 460, Polen 450, Ungarn 405, Spanien 400, Bulgarien 330, Rumän. 260, Portugal 260

Primärenergieverbrauch der Erde: 1960 4,6 Mrd. t StKE; 1972 8,1 Mrd. t StKE; 1975 9,5 Mrd. t StKE (geschätzt); 1985 15,9 Mrd. t StKE (geschätzt)

Wasserkraftwerk Eisernes Tor (11,4 Mrd. kWh/Jahr) als jugosl.-rumän. Gemeinschaftsarbeit eröffnet

Größtes kanad. Wasserkraftwerk an den Churchill Falls eröffnet (wird mit 7 Mill. PS das sechstgrößte der Erde)

Elektrische Energieerz. (in Mrd. kWh): USA 1853,4; USSR 858; BRD 274,8; DDR 72,8; Japan 414,3; Gr.-Brit. 260; VR China 80–85

Weltweite Vorräte an fossilen Brennstoffen auf 4070 Mrd. t StKE geschätzt (davon 2890 Kohle, 360 Öl u. Erdgas;

(1972)	*Karl Schiller* tritt zurück (verläßt später die SPD, tritt 1974 i. d. CDU ein). Sein Nachfolger wird *Helmut Schmidt*, *Georg Leber* wird Verteidigungsminister *Hans Joachim Vogel* (* 1926), seit 12 Jahren Ob.-Bgm. v. München, legt das Amt nach Auseinandersetzung mit d. Jusos nieder; wird Vors. d. bayr. SPD u. n. d. Bundestagswahl Bundesminister f. Städtebau u. Raumordnung. *Georg Kronawitter* (SPD) wird Ob.-Bgm. v. München Landtagswahlen in Baden-Württemberg (vgl. 1968): CDU 53,0 % (44,2), SPD 37,5 (29,0), FDP 8,9 (14,4) *Hans Filbinger* bleibt Min.-Präs., löst die Koalition mit der SPD und bildet reine CDU-Landesregierung. (Dadurch verschlechtert sich die Situation der SPD/FDP-Bundesreg. im Bundesrat, wo CDU-Länder nun eindeutige Mehrheit, wegen der Sonderbehandlung der Berliner Stimmen, besitzen) Haushalt des Bundeskanzleramtes im Bundestag mit 247 zu 247 Stimmen abgelehnt (kennzeichnet Patt-Situation nach Fraktionswechsel von SPD/FDP-Abgeordneten). Der Bundeshaushalt für 1972 wird erst n. Neuwahlen am Jahresende verabschiedet Konstruktives Mißtrauensvotum der CDU/CSU im Bundestag gegen Bundeskanzler *Brandt* scheitert: *Barzel* erreicht nicht die erforderliche Mehrheit (vgl. *Stein*eraffäre 1973) Bundeskanzler *Brandt* stellt Vertrauensfrage im Bundestag. Durch Stimmenthaltung der Kabinettsmitglieder kommt es zur kalkulierten Niederlage. Bundespräsident löst Bundestag auf und schreibt Neuwahlen aus † *Karl Theodor Freih. v. u. z. Guttenberg*, CDU-Politiker, 1967–69 Staatssekr. Kritiker der Ostpolitik d. SPD/FDP (* 1921) Nach Aufl. d. Bundestages erg. Neuwahlen (vgl. 1969): SPD 45,8 % (42,7), CDU/CSU 44,9 % (46,1), FDP 8,4 % (5,8) *Willy Brandt* bildet neue SPD/FDP-Regierung. Vizekanzler u. Außenminister *W. Scheel* (FDP), Innenmin. *H.D. Genscher* (FDP), Finanzmin. *Helmut Schmidt* (SPD), Verteid. *G. Leber* (SPD), Wirtschaft *H. Friderichs* (FDP), Städtebau *H. J. Vogel* (SPD), Sondermin. *E. Bahr* (SPD) Grundvertrag zw. BRD u. DDR (ermöglicht Reisen in einem Gebietsstreifen beiderseits d. Grenze u. Reisen v. DDR-Bürgern in dringenden Angelegenheiten. Es werden auch gegenseitige ständige Vertretungen vereinbart)	ters. zum Wortschatz u. zur Syntax † *J. Kawabata*, japan. Lit.-Nobelpreisträger 1968 (* 1899) *Robert Lucas* (* 1904): „Frieda v. Richthofen" (ihr Leben mit D.H. Lawrence) Kulturpreis des DGB an *Hans Werner Richter* (* 1908) *Gerhard Roth:* „Die Autobiographie des Albert Einstein" (österr. Roman) *Arno Schmidt* (* 1914): „Die Schule der Atheisten" (als Typoskript) *Ernst Herhaus Schröder:* „Siegfried" (Autobiogr. eines Porno-Verlegers) *A.I. Solschenizyn* (* 1918): „August 1914" (zwei dt. Übers. d. russ. Romans führten zum Streit über Urheberrechte) *H. Wouk* (* 1915): „Der Feuersturm" (dt. Übers. d. amer. Romans a. d. 2. Weltkrieg) *Gerhard Zwerenz* (* 1925): „Bericht a. d. Landesinneren" Vielfacher Intendantenwechsel in der BRD: Berliner Staatsth. *Hans Lietzau* statt *Boleslav Barlog* (s. 1945); Dt. Oper Berlin *E. Seefehlner* statt *G.R. Sellner* (s. 1961); Stuttg. Staatsth. *Hans Peter Doll* statt *Walter Erich Schäfer* (s. 1949); Bochumer Schauspielhaus *Peter*	*Leopold Szondi* (* 1893, Ung.): „Lehrb. d. exper. Triebdiagnostik" *Nikolaas Tinbergen* (* 1907, Ndl.): „Functional Ethology and the human sciences" (Darst. ein. Zoologen; *Nobel*pr. 1973) US-Gericht spricht die marxistische Negerin *Angela Davis* von der Anklage frei, Terroristen Tatwaffen besorgt zu haben (weltweite Proteste gegen eine Verurteilung gingen voraus) Vatikan ernennt polnische Bischöfe f. d. ehemals dt. Gebiete und bestätigt damit die Oder-Neiße-Grenze Verhand. Vatikan–Ungarn führt zur Weihe 4 neuer ungar. Bischöfe Kathol. Kirche gibt bekannt, daß 1964–70 13440 Priester ihr Amt niederlegten. Diskussion um Zölibat d. Priester Ev. Bischofsamt in Berlin-Brandenburg wird durch Beschlüsse beider Teilsynoden geteilt: Bischof *Scharf* zuständig f. Berlin (West), Bischof *A. Schönherr* (* 1911) f. d. östl. Teil (unveränderte Zusammengehörigkeit wird unterstrichen) Hochschulrahmengesetz d. Bundes scheitert an kontroversen Auffassungen zw. SPD/FDP – CDU/CSU (neuer Entwurf 1973)

„La vieille Fille" (frz. Film v. *Pierre Blanc*)

„Der diskrete Charme der Bourgeoisie" (frz. Film v. *Luis Buñuel*, * 1900)

„Husbands" (amer. Film v. *John Cassavetes*, * 1929)

† *Maurice Chevalier*, frz. Chansonier u. Filmschauspieler, galt als Typ des Charmeurs (* 1888)

„Alles geht gut" (frz.-ital. Film v. *Jean Luc Godard*, * 1930)

„Die Eigenart d. Lebens" (frz. Film v. *Louis Malle*, * 1932)

„Cabaret" (amer. Film v. *Bob Fosse* mit *Liza Minelli*) erhält 8 Oscars

„Was?" (ital.-frz.-dt. Film v. *Roman Polanski*, * 1933, Frankr.)

„Wer ist Beta?" (brasil. Film v. *Nelson Pereira dos Santos*, * 1928)

26. Filmfestspiele in Cannes geben „Goldene Palme" an „Affaire Mattei" (ital. Film v. *Francesco Rosi*) u. „Die Arbeiterklasse geht ins Paradies" (ital. Film v. *Elio Petri*)

„Trotta" (Film v. *Joh. Schaaf*)

„Geschichtsunterricht" (Film v. *Jean Marie Straub*, * 1933, Frankr.)

Alfred Peschek: „Dimensionen zwischen Pop u. Klassik" (schweiz. Komp. f. Kammerorch. u. Popgruppe)

Ca. 100 Mill. Schallplatten i. d. BRD verk. mit etwa 1 Mrd. DM Umsatz (überholt allm. Buchumsatz)

Dieter Schnebel: „Maulwerke" (Komp. f. mehrere elektr. Reproduktionsgeräte)

D. Schostakowitsch (* 1906): 15. Symphonie (russ. Komp. Erstauff. in urspr. Besetzung in Berlin [West])

S. Prokowjef: „Dyade" (Ballett, Choreogr. v. *Janine Charrat* [* 1924])

Gerhard Wimberger: „Lebensregeln" (Katechismus mit Musik)

Intern. Sommerakad. d. Tanzes i. Köln mit üb. 500 Tanzpädagogen

Schlager: „How Do You Do", „Mamy Blue", „Popcorn"

Schlager: „Pour un flirt avec toi"

bemannte Raumfahrt)

† *Richard Courant*, dt. Mathematiker, seit 1934 i. USA, schrieb klassische Lehrbücher d. Differential- u. Integralrechnung, u. a. „Was ist Mathematik?" 1941 (dt. 1962) (* 1888)

† *Maria Goeppert-Mayer*, dt.-amer. Physikerin, *Nobel*preisträgerin von 1969, entw. Schalenmodell d. Atomkerns (* 1906 i. Kattowitz)

† *E. C. Kendall*, amerik. Biochemiker, *Nobel*preisträger 1950 (* 1886)

Edwin H. Land (* 1909) demonstriert neue elektron.-automatische Photokamera für farbige Sofortbilder

Großbeschleuniger f. Protonen in Batavia b. Chikago (USA, Ill.) für 200 Milliarden Elektronenvolt i. Betrieb genommen (die erzeugte Protonenenergie ist einer Massenerzeugung von 100 Protonen äquivalent)

Versuche, überschwere Transurane herzustellen (z. B. Element 112), stoßen auf gr. Schwierigkeiten (man vermutet überschwere quasistabile Elemente)

Amerikanische u. japanische Astronomen analysieren ringförmige Materiewolke im Zen-

dagegen Vorräte an Kernbrennstoffen ca. 133000 Mrd. t StKE) (1 kg StKE = 8 kWh)

Ölreserve d. Erde auf 90,3 Mrd. t geschätzt (ca. 60 % in Vorderasien) (jährl. Verbrauch 2,5 Mrd. t)

Vergl. d. Hauptgegner im Nahost-Konflikt:

	Einw. (Mill.)	Soz.-Prod. (Doll./Kopf)
Israel	3,1	2200
Ägypten	34,8	230

Vgl. asiat. Staaten–BRD:

	Ind.	Pak.	Bangl. D.	BRD
a)	570	65	75	61
b)	139	142	259	24
c)	110	130	70	4170
d)	9759	1361	681	38490

a) Bev. (Mill.)
b) Säuglingssterbl. (pro 1000 Geb.)
c) Soz.-Prod. (Doll./Kopf)
d) Haushalt (Mill. Doll.)

Welthandel i. d. letzten 10 Jahren verdreif. (realer Zuwachs + 120 %)

Es gibt 108 Seefahrt-Nationen (von Liberia mit 2151 Seeschiffen, 41,5 Mill. BRT, bis Bangla Desh mit 1 Frachtschiff, 9150 BRT)

3. Welthandelskonferenz d. UN findet in Santiago/Chile statt (Bangla Desh 142. Mitgl.)

EWG unterzeichnet mit den restlichen EFTA-Ländern Freihandelsabkommen

Entg. d. klassischen Volkswirtschaftslehre tritt Erscheinung u. Begriff d. „Stagflation" auf (d. h. Inflation trotz stagnier. Wirtschaft, z. B. i. Gr.-Brit.)

Sieben afrikan. Länder unterzeichnen Gründungsurkunde der „Westafrikanischen Wirtschaftsgemeinschaft" (CEAO)

UNO-Konferenz für Welthandel und Entwicklung in Lima (den rd. 25 Mrd. Dollar Entwicklungshilfe der westl. Industriestaaten werden ihre Ausgaben von 200 Mrd. Dollar für Rüstung, 35 Mrd. für alkohol. Getränke, 15 Mrd. f. Nikotin gegenübergestellt)

Handelsabkommen BRD–USSR (Röhren gegen Erdgas)

198 Mill. Grenzüberschr. v. Reisenden (Welt-Tourismus steigt gegenüb.

(1972)

Dt. Bundestag stimmt Verkehrsvertrag zw. BRD u. DDR zu (erleichtert Reiseverkehr u. Transporte). DDR-Flüchtlinge werden ausgebürgert u. bleiben straffrei

Staatsrat der DDR beschließt Amnestie u. erlaubt Freigelassenen Ausreise i. d. BRD

Gerhard Schröder (CDU) besucht als Vors. d. Auswärtigen Ausschusses des Bundestages die VR China; regt Aufn. diplomatischer Bez. an

Besuch des Bundesaußenmin. *W. Scheel* in der VR China führt zur Aufn. diplomat. Beziehungen

Henryk Jablonsky (* 1909) wird als Staatsratsvors. neues Staatsoberhaupt der VR Polen (löst *Josef Cyrankiewicz*, * 1911, ab)

Handelsvert. BRD–VR China (mit Berlinklausel)

BRD nimmt mit der VR Polen diplomatische Beziehungen auf

DDR, Polen, ČSSR schaffen gegenseitige Visapflicht ab (der einsetzende starke Reiseverkehr in d. DDR führt zu Schwierigkeiten und Zahlungsmittelbegrenzung)

Giulio Andreotti (* 1919), Christdemokrat, bildet neue ital. Regierung einer linken Mitte (1974 neue Mitte-Links-Reg. unter *Rumor*)

Indien und zahlr. andere Staaten anerkennen die DDR (insbes. n. Unterzeichn. d. Grundvertrages)

Anker Jørgensen (* 1922) Min. ein. dän. sozialdem. Regierung (1973 Neuwahlen, wegen Fraktionszersplitt.)

† *Frederik IX.*, Kg. v. Dänemark seit 1947 (* 1899); seine Tochter wird als Margarete II. Nachfolgerin (* 1940)

Pierre Messmer (* 1916) frz. Min.-Präsid.

† *Paul Henri Spaak*, belg. sozialist. Politiker, Mitbegr. d. EWG (* 1899)

US-Präsident *Nixon* macht Staatsbesuch in der VR China und trifft *Mao Tse-tung* (gilt als Herstellung einer neuen weltpolitischen Situation im Dreieck USA-USSR-VR China)

R. Nixon besucht als 1. US-Präsident USSR; Abschluß mehrerer zweiseitiger Abkommen. Anschließend Besuch in der VR Polen

USA beschl. 1973 Wehrpflicht abzuschaffen

† *J. F. Byrnes*, USA-Politiker, 1945–48 Außenminister (* 1879)

Der Berater des US-Präsidenten *Nixon*, *Henry A. Kissinger* (* 1923), führt umfang-

---

Zadek statt *Hans Schalla* (s. 1949); Düsseldorf: *Ulricht Brecht* statt *Karl Heinz Stroux* (s. 1955); Münchner Kammerspiele *R. Müller* statt *Aug. Everding*; Hamburger Oper *Aug. Everding* statt *Rolf Liebermann* (s. 1959, geht n. Paris), Hbg. Theater *Ivan Nagel* statt *H. Lietzau*, Residenztheater München *Kurt Meisel* statt *H. Henrichs*

„Peer Gynt"-Auff. d. Berl. Schaubühne a. Hall. Ufer (Arenabühne, Regie *Peter Stein* (* 1937), findet weithin Beachtung und Anerkennung

1972 wird von der UNESCO zum internat. Jahr des Buches erklärt

Christa Wolf (* 1929) lebt i. d. DDR, lehnt Wilh.-Raabe-Preis d. Stadt Braunschweig ab

---

Verteidigungsmin. beschließt eigene Bundeswehrhochschulen zu errichten (findet Kritik)

Krise um die Reformuniv. Konstanz. Rektor *Hess* tritt zurück (Kultusmin. beanst. Reformsatzung)

DDR Mitglied der UNESCO (BRD seit 1951)

Heftige Diskussion um die Aufhebung d. § 218 (Abtreibungsverbot; Fristenlösung gegen erweiterte Indikation)

DDR-Volkskammer beschließt Fristenlösung f. Schwangerschaftsunterbrechung, wonach diese in den ersten 3 Monaten generell zulässig

Ev. und kath. Kirche in der BRD sind gegen „Fristenlösung" f. d. Schwangerschaftsunterbrechg.

US-Bundesgericht erklärt Todesstrafe für verfassungswidrig

US-Magazin „Life" stellt Erscheinen ein (gegr. 1926)

Neuer Soka-Gakkai-Tempel Sho-Hondo am Berg Fudschi in Japan eingeweiht (einer militanten nationalistischen Sekte, gegr. 1946)

Ägypt. Tempelinsel Philae wird auf Kosten d. UNESCO versetzt

„Anna u. d. Wölfe" (span. Film v. *Carlos Saura*, * 1932)

„Ludwig II." (dt.-ital. Film v. *Luchino Visconti*, * 1906)

„Die Hochzeit" (poln. Film v. *Andrzej Wajda*, * 1926)

„Der Schakal" (frz.-engl. Film v. *Fred Zinnemann*, * 1907, Österr.)

Jugoslawien erlangt auf d. 18. Kurzfilmtagen in Oberhausen die meisten (20) Auszeichnungen

~ Mit „Schulmädchen-, Hausfrauen-, Schwestern- etc. Report" findet die Sex- und Pornowelle im Film eine pseudowiss. Form

trum der Milchstraße mit ca. 1000 Lichtjahren Durchmesser, die sich mit etwa 40 km/Sek. ausdehnt und aus einer gewaltigen Explosion vor wenigen Millionen Jahren zu stammen scheint

Brit.-nordamer. Astronomen entd. Radiostrahlung eines kosmischen Objektes in ca. 10 Mrd. Lichtjahren Entfernung (bisher größte analys. kosmische Entfernung)

Raumschiff „Apollo 16" mit Mondfähre „Orion" startet zum Mond; *J. W. Young*, *T. K. Mattingly*, *C. M. Duke* führen 5. Mondlandung der USA einschl. Rundfahrten mit einem Mondauto erfolgreich durch. Rückkehr nach 11 Tagen

USA-Satellit ERTS-1 umkreist Erde in 890 km Entferng. u. sendet wöchentl. ca. 9000 Funkbilder. Bevorzugung bestimmter Spektralbereiche gestattet Analysen f. d. Umweltschutz u. and. (vgl. 1973)

Raumsonde „Venus 8" der USSR setzt weich auf dem Planet Venus auf. Das Wissen üb. Planeten u. and. Himmelskörper nimmt durch

Vorjahr um +9 %). Ausgaben i. Reiseverk. ca. 25 Mrd. DM

In den ersten 11 Monaten kamen ca. 1 Mill. Bürger der DDR i. d. BRD, umgekehrt 5,8 Mill. Besuche (davon 2,8 aus Berlin (West)

Selbstwähl-Fernsprechverkehr zw. Berlin (West) u. DDR eröffnet

VW-Produktion überschreitet mit über 15 Mill. die seinerzeitige des Ford-Modell T (vgl. 1927 u. 74)

In der BRD Geschwindigkeitsbegrenzung von 100 km auf allen einfachen Bundes- u. Landstraßen

Mehrere Charterfluggesellschaften in der BRD beenden ihre Tätigkeit (kennzeichnet starke Konkurrenz i. d. neuen Form des Massentourismus)

Lufthansa nimmt Linienverkehr Frankfurt/Main–Moskau auf (nach 30jähriger Unterbrechung)

Neues Flughafengebäude des Rhein-Main-Flughafen in Frankfurt/Main eröffnet (Baukosten 1,1 Mrd. DM), für 7,30 Mill. Passagiere jährl.

Flugzeugentführungen (meist mit Geiselnahme in erpresserischer Absicht:)

	erfolgreich	vereitelt
1968	33	5
1969	70	12
1970	46	26
1971	21	30
1972 (1. Halbj.)	20	15

Bis Mitte d. J. 32 Tote (7 Flugpersonal, 4 Passagiere, 19 Luftpiraten, 2 Sonstige)

Eintägig. Intern. Streik von 40000 Piloten gegen Luftpiraterie

Drei japan. Terroristen töten im arab. Auftrag auf dem israel. Flughafen Tel Aviv 26 Menschen und verletzen über 70

Drei brit. Techniker und neun Terroristen, die sie als Geiseln entführten, kommen in der Türkei bei dem Versuch der Geiselbefreiung um

Arabische Terroristen entführen Jumbo-Jet d. Lufthansa nach Aden. Geben ihn für 16 Mill. DM frei

Bei Flucht von elf Bürgern der ČSSR nach Bayern erschießt ein Entführer

(1972)

reiche Verhandlungen um einen Waffenstillstand in Vietnam. Nach der Wiederwahl *Nixons* läßt sich das Verhandlungsergebnis nicht realisieren. Unter weltweitem Protest folgen schwerste Luftangriffe der USA auf Nordvietnam, die Anfang 1973 durch eine neue Verhandlungsrunde abgelöst werden

Nordvietnam und Vietkong beantworten den Abzug der US-Truppen mit einer militärischen Großoffensive gegen Südvietnam, die erheblich Boden gewinnt, aber keine Entscheidung herbeiführt.

USA antworten mit starken Bombenangriffen auf Nordvietnam (Waffenstillst. 1973)

USA verminen alle Häfen Nord-Vietnams

Bombenabwürfe der USA: 2. Weltkrieg 2 Mill. t, Koreakrieg 1 Mill. t, Vietnamkrieg (b. Mitte 72) 6,9 Mill. t (am Jahresende noch bes. schwere Angriffe)

Republikaner greifen in USA in illegaler Weise i. d. Wahlkampf der Demokraten ein (daraus entw. sich die „Watergate-Affäre", vgl. 1973)

R. Nixon (Republ. Partei) wird mit großer Mehrheit zum 2. Mal zum Präsidenten der USA gewählt. Auch *Sp. Agnew* bleibt Vizepräsid. (tritt 1973 zurück). Der Parteidemokrat *George McGovern*, Gegner d. Vietnampolitik, unterliegt

Streik gegen sozialist. Politik i. Chile. Präsid. *S. Allende* verh. Ausnahmezustand u. bildet neue Regierung (wird 1973 gestürzt)

Bei Bombenanschlägen und anderen Gewalttaten in Nordirland gibt es zahlreiche Tote und Verletzte

Bei bürgerkriegsähnl. Unruhen werden in Londonderry/Nordirland an einem „Blutsonntag" (30. 1.) 13 Menschen getötet

Brit. Reg. übernimmt direkte u. volle Regierungsgewalt in Nordirland. *William Whitelaw* sucht im neugeschaffenen Amt eines Staatssekretärs f. Nordirland nach einer politischen Lösung im erbitterten Bürgerkrieg zwischen protestantischer und katholischer Partei

Malta erzwingt verbessertes Stützpunktabkommen mit Gr.-Brit.

Bundespräs. *G. Heinemann* stattet Gr.-Brit. Staatsbesuch ab

Gr.-Brit. und VR China beschließen Austausch v. Botschaftern

Nord- und Südkorea schließen Gewaltverzichtsabkommen und beabs. Beziehungen zu entwickeln

Scheich *Muhibur Rahman* (* 1919) wird Min.-Präs. des neuen Staates Bangla Desh (ca. 62 Mill. Einw., vorher Ost-Pakistan)

Pakistan tritt aus dem Commonwealth aus

Pakistan tritt aus der SEATO aus u. anerkennt die DDR; wird Mitgl. d. UN

Tschiang Kai-schek für weitere 6 Jahre Staatspräsident von Nationalchina (Taiwan)

Annäherung USA–VR China führt zum Rücktritt d. japan. Min.-Präsid. *Eisaku Sato*; *Kakuei Tanaka* (* 1918), Liberaldemokrat, wird japan. Min.-Präsid. mit dem Ziel, die Beziehungen zur VR China zu normalisieren

VR China und Japan nehmen diplomat. Beziehungen auf (beend. Kriegszustand seit 1937). Taiwan (Nat.-China) bricht sie ab

Georgios Papadopoulos (* 1919) nach d. Gegenputsch d. Königs Min.-Präs. v. Griechenland u. Staatsoberh. (1973 gestürzt)

5. Afroasiat. Konferenz i. Kairo verurteilt Nahostpolitik d. USA, das Israel unterstützt

Wiederaufnahme diplomat. Beziehungen zwischen BRD und Libanon

Wiederaufnahme diplomat. Beziehungen zwischen BRD und Ägypten

Arab. Terroristen brechen olymp. Frieden u. bringen in München 11 Mitgl. d. Mannschaft Israels trotz allen Gegenmaßnahmen um. Israel bombardiert nach dem Terrorakt von München Lager paläst. Freischärler i. Libanon und Syrien (vgl. V)

Verfass. d. Verein. arab. Republik (VAR) (Ägypt., Libyen, Syrien) i. Kraft (vorerst geringe Realisierung d. Union)

Nach Attentatsversuch auf Kg. *Hassan II.* von Marokko begeht sein Verteidigungsmin. Selbstmord

Stammes-Bürgerkrieg in Burundi/Ostafrika fordert etwa 50000 Tote

Erfolgr. Militärputsch in Ghana

Ägypten verlangt den Abzug aller sowjet. Militärberater (wegen zu geringer Hilfe gegen Israel)

Studentenunruhen in Ägypten (es wird eine stärkere Politik gegen Israel gefordert)

Anti-israelische arabische Vereinigungen Al Fatah u. „Schwarzer September" schicken Sprengstoff-Pakete und -Briefe an Juden in- und außerhalb Israels

Satell.-Forschung sprunghaft zu

USSR landet mit „Luna 20" zweites, erdgesteuertes Mondauto (Lunochod 2, „L 1" 1970)

8 Mill. Grad heißes Plasma für 5 Hundertstelsek. (in Moskau)

100 km langes Förderband in Spanisch-Sahara

Vers.-Anst. f. Wasser- u. Schiffsbau in Berlin (W) erh. größte Umlaufkanalanlage

Erste unbemannte Meeresraupenfahrzeuge (bis 100 m Tiefe)

Laserstrahlen gestatten genaueste Entf.-Best. (etwa auf 25 mm bei 2 km)

Physikal.-Techn. Bundesanstalt der BRD realisiert hydraulisches Kraftnormal von ca. 1 500 000 kp = 1500 Tonnen Gewicht

Europ. längste Brücke (6070 m, Schweden–Öland)

Japan baut weltgrößtes Schiff mit 477 000 BRT

Quastenflosser lebend geborgen (gilt als „lebendes Fossil" aus d. Devon)

Bisher 20 sowjet. Eisschollenstationen z. Erf. der Arktis (vgl. 1971)

Mit 28 Ex. gilt das Java-Nashorn als seltenstes Säugetier

den Piloten (wird von einem dt. Gericht abgeurteilt)

Weltluftverkehr verzeichnet 20 Totalschäden mit ca. 1500 Toten

Flugzeugabsturz auf der Strecke Valencia–Ibiza fordert 104 Menschenopfer

Flugzeugabsturz bei Ost-Berlin fordert 156 Tote

Flugzeugabsturz b. Moskau: 176 Tote

Flugzeugabsturz auf der Strecke Ceylon–Kopenhagen fordert 112 Menschenopfer

Auf der Strecke Singapur–Hongkong kommen 82 Menschen bei einer Flugzeugexplosion ums Leben

107 Tote bei einem Eisenbahnzusammenstoß in Tunnel b. Paris

Eisenbahnungl. mit üb. 200 Toten u. 1000 Verl. in Mexiko

Schlagwetter-Katastrophe in Rhodesien fordert mehr als 400 Tote (meist Neger)

Orkanartiger Novembersturm über Mitteleuropa (30 Tote i. d. BRD, 18 i. d. DDR)

Erdbeben im Iran (Prov. Fars) zerstört 58 Dörfer u. tötet mit ca. 5000 Menschen ein Viertel der Bevölkerung

Flutkatastrophe in Rapid City, USA, fordert ca. 280 Tote

Mißernte in der USSR (Notkäufe verteuern Futtergetreide und Fleisch)

119 Tote bei einem Kaufhausbrand in Osaka, Japan

„Queen Elisabeth", größtes Passagierschiff d. Welt, brennt im Hafen von Hongkong aus (sollte als Hochschule ausgeb. werden)

Schwere Pockenepidemie in Südserbien (Jugoslawien), Pockenalarm in Hannover

Intern. Betäubungsmittel-Konvention geg. Rauschgiftmißbrauch zur Abänderung der internat. Bestimmungen von 1961

Erhöhung der Kriminalität i. d. BRD geg. Vorjahr um 5,4 %

Olymp. Jahr 1972 (XX. Spiele)

Olympische Winterspiele in Sapporo (Japan). Der österr. Skiläufer *Karl Schranz* wird wegen Verletzung der Amateurregeln ausgeschlossen (wird vielfach als willkürlich kritisiert) USSR mit 16 Medaillen erfolgreichster Teilnehmer

Oberwiesenfeld in München unter der Bauleitung von *Merz* durch Bauten neuartiger Konstruktion (zeltartige Dächer aus Acrylfolie) zum Zentrum der Olympischen Spiele 1972 ausgebaut (insges. kosten die Vorbereit. d. Spiele ca. 2 Mrd. DM)

Einweihung des Olympiastadions in München, BRD schlägt USSR im Fußball 4:1

München erhält mit Fußgängerzone i. d. City sowie mit U- und S-Bahn-Nahverkehr wesentlich neue Züge als rasch wachsende Millionenstadt

Rhodesische Olympiamannschaft wird wegen ang. Rassendiskr. in Rhod. auf Drängen der 3. Welt von den Spielen ausgeschlossen

Bundespräs. *Heinemann* eröffnet in München die XX. Olympischen Spiele

Arab. Terroristen überfallen israel. Quartier im Olympischen Dorf und nehmen Geiseln. Beim Versuch, ihren erzwungenen Flug ins Ausland zu verhindern, kommen 11 Israelis, 5 Terroristen u. 1 Polizeibeamter ums Leben. 3 Terroristen werden verhaftet (später unter Druck neuer Geiselnahme freigelassen). Die Spiele werden nach einer Trauerfeier fortgesetzt

Arab. Luftpiraten befreien durch Entführung einer Lufthansamaschine mit Geiseln die überlebenden Terroristen, die in München 11 Israelis töteten

Lord *Killanin* (* 1914, Irland) wird als IOC-Präsident des Intern. Olymp. Komitees Nachfolger von *Avery Brundage* (* 1887, USA, war Präsid. seit 1952)

Olympische Spiele in München – Medaillenspiegel:

	Gold	Silber	Bronze
USSR	50	27	22
USA	33	31	30
DDR	20	23	23
BRD	13	11	16
Japan	13	8	16
Australien	8	7	2
Polen	7	5	9
Ungarn	6	13	16
Bulgarien	6	10	5
Italien	5	3	10

(1972)

Drei südl. Provinzen Sudans erhalten Autonomie-Status (beendigt 17jährigen Bürgerkrieg)

Uganda (Afrika) weist Asiaten mit brit. Pässen aus

Stimmengewinn linker Parteien i. Japan. Liberaldemokrat *Tanaka* (* 1918) Min.-Präs.; nimmt diplomat. Bez. z. USSR auf, tritt 1974 zurück

~ Dieses Jahr ist durch erdweiten polit. Terror gekennzeichnet: Palästinens. PLO, japan. „Rote Armee", ir. IRA, ital. Neofaschismus, dt. „Rote Armee-Fraktion" (RAF) u. and.

„Sport in unserer Welt – Chancen und Probleme" (wiss. Kongreß anl. der Olymp. Spiele i. München)

Intern. Stockholmer Konf. f. Umweltschutz (vgl. V)

USA verbieten DDT-Anwendung (wegen Umweltgefahr)

Herzinfarktdiagnose d. Myoglobinnachweis

Hochwirksamer Krebshemmstoff Maytansin

Vollsynthese d. ACTH-Hormons

Totalsynthese von Vitamin B12

Erste hochsterile Operationskabine i. d. BRD

Glasfaseroptik gestattet vollst. Magen-Darm-Besichtigung

Fund eines mittelsteinzeitlichen Grabes mit einem 17jähr. weibl. Skelett, im Arm ein dreijähriges Kind, bei Altessing im Altmühltal entd. (stammt aus dem 5. Jtsd. v. Chr. und widerlegt die These, der Mensch der Jungsteinzeit nach –4000 sei n. Europa eingewandert)

Am 4. 8. besonders starke Radio-, Ultraviolett- und Röntgenstrahlung durch eine Sonnenfleckengruppe: 1/200stel d. Sonnenfläche strahlt für Minuten 50mal stärker als die ganze Sonne (bisher stärkster bekannter Ausbruch)

Die hohe Ganggenauigkeit mod. Uhren macht in unregelm. Abständen „Schaltsekunden" zur Angl. a. d. astronom. Zeit notwendig

Hohe Beschl.-Energien gestatten es, Atomkerne zu verschmelzen u. sog. „Kernmoleküle" kurzzeit. zu bilden

2 Forschergruppen i. USA u. Schweiz gelingt i. 12 Jahren Synthese d. Vitamins B12 (Struktur s. 1956 bek.)

Land: Elektron. Kamera SX70 f. Sofortbilder

Es gelingt Industrieforschern i. BRD d. beiden Aminosäureketten d. Insulins d. Schwefelbrücken zu verbinden (wichtiger Schritt z. techn. Synthese) (vgl. 1973)

R. W. Kaplan: „Der Ursprung d. Lebens" (Theorie der chemischen Evolution, d. keine übernatürl. Faktoren anerk.)

Bezieht man die Medaillen auf d. Einw.-Zahl d. Landes, so ergibt sich ein sehr verschiedenes Bild (so müßte man die Med. d. BRD durch 3,5 dividieren, um sie mit der DDR zu vergleichen [vgl. 1968])

H. Lenk: „Leistungssport, Ideologie oder Mythos?“

Mark Spitz (* 1950, USA) gew. im Schwimmen 7 olymp. Goldmedaillen, schwamm insges. 34 Weltrekorde

Ruotsalainen (Finnl.) erreicht im Skiflug auf d. Schanze bei Planica (Jugoslawien) 162 m. 1936 spr. *Sepp Bradl* (Österr.) erst runde 100 m

Im Fußball-Länderspiel schlägt BRD Gr.-Brit. in London 3:1 (1. dt. Sieg auf engl. Boden)

BRD gewinnt mit 3:1 geg. USSR Europameisterschaft im Fußball

ČSSR wird Eishockey-Weltmeister durch Sieg über den 11fachen Weltmeister USSR (der Jubel gewinnt polit. Bedeutung)

Bayern München bundesdt. Fußballmeister mit 5:1 gegen Schalke 04

Eddy Merckx, Belgien, gewinnt zum 3. Mal nacheinander Tour de France (Radfernfahrt)

Weltmeisterschaft in Golf (in Melbourne/Australien): 1. Taiwan, 2. Japan, 3. Südafrika, 4. USA (6. Gr.-Brit., 17. BRD)

Tischtennismannschaft der VR China besucht USA (erster Sportaustausch seit 25 Jahren)

Donald Cameron (* 1939, Schottland) und *Mark Barry* (* 1940, USA) überqueren mit Heißluftballon die Alpen über das Monte-Rosa-Massiv (ca. 5000 m)

Bobby Fischer (* 1943, USA) wird geg. *Boris Spasskij* (* 1937, USSR) Schachweltmeister (*Sp.* war WM s. 1969). Dieser Kampf macht Schach populär

~ Es verbreiten sich gr. Einkaufszentren a. d. Peripherie gr. Städte (erstes i. BRD 1964)

Berlin (West) tauscht mit d. DDR gegen 31 Mill. DM ein 8,5 ha gr. Gelände am Potsdamer Platz wegen seiner Bedeutung für die Stadtplanung

† *Emilio Schuberth*, ital. Modeschöpfer (* 1905) (Konkurrent gegen die Extravaganz d. Pariser Häuser)

Computergesteuerte Schnellbahn i. San Franzisko (BART)

Mißernte i. USSR gefährdet durch Getreidekäufe Welternährung

Schwerer Novembersturm a. 13.11. über Mitteleuropa (verurs. Tote u. schwere Forstschäden, vgl. 1872)

globale Sozialstruktur (vgl. 1950 und 1977)
globale Zahlen: Bevölkerung 3800 Mill. Einw.
Brutto-Sozialprodukt 4680 Mrd. $
BSP/Einw. 1231 $

%-Anteil	Amerika N	Europa W	Europa O	Sowjetunion	Asien China VR	Asien Japan
Ew.	6,0	9,5	2,8	6,5	21,0	2,7
BSP	30,7	25,2	5,5	14,5	3,5	7,3
BSP/Ew.	511,0	265,0	223,0	223,0	16,0	270,0

	Amerika Lat.	Afrika	Asien Vord.	Asien SO
Ew.	8,0	9,6	3,9	29,6
BSP	5,0	2,0	1,5	3,5
BSP/Ew.	62,5	21,0	38,0	12,0

BSP ist ein Maß für wirtschaftliche (und politische) Macht.
BSP/Ew. ein Maß für (möglichen) Wohlstand.
Das N-S- und W-O-Gefälle treten deutlich hervor.

1973	Friedens*nobel*preis an *H. A. Kissinger*, USA (* 1923, geb. i. Dtl.), und *Le Duc Tho* (* 1912, Nord-Vietnam) f. ihre Verhandlungen zur Beend. d. Vietnamkrieges (wird polit. kritisiert) *Le Duc Tho* lehnt Friedens*nobel*preis ab Generalkonsulat der USSR in Berlin (W) gemäß Berlin-Vereinbarung Dt. Konsul in Nordirland v. d. IRA entführt Der Transitverkehr n. u. v. Berlin durch d. DDR verläuft weitgehend reibungslos. Allerd. führt Fluchthelfertätigkeit zu Prozessen i. d. DDR mit hohen Freiheitsstrafen DDR verdoppelt Zwangsumtausch b. Aufenth. i. d. DDR (verstößt n. westl. Ansicht gegen d. Berlin-Abkommen. Besuchszahl geht etwa auf 50 % zurück) Parlamentswahlen in Israel (während d. Friedenskonf. in Genf) bringen der sozialdemokr. Arbeiterpartei *Golda Meirs* Verluste (bleibt aber stärkste Partei) Neuer griech. Präs. Generalleutnt. *Gisikis* *W. Scheel* bes. Ägypten, Jordanien u. Libanon DDR hat im innerdt. Handel Rekorddefizit v. 1,8 Mrd. „Verrechnungseinheiten" Ehemal. Reichsleiter der NSDAP *Martin Bormann* f. tot erklärt (* 1900, 1945 Selbstmord) US-Präs. lehnt einseitige Truppenverminderung in Europa ab Diplom. Bez. zw. Finnland u. BRD sowie DDR Ägypt. Überraschungsangr. am höchsten jüd. Feiertag (Jom Kippur) verwick. Israel in Zweifrontenkrieg am Suezkanal u. b. d. Golanhöhen (geg. Syrien). Nach wechselvollen Kämpfen u. hohen Verlusten wird d. 3. ägypt. Armee b. Suez eingeschl. USSR u. USA setzen i. d. UNO Waffenstillstand u. Friedenskonf. durch. Araber verl. d. Räumung aller v. Israel s. 1967 besetzten Geb., Israel ford. sichere Grenzen u. Anerk. s. staatl. Existenz u. d. Lösung d. Problems d. seit 1948 geflücht. 820000 Palästinenser Androhung ein. arab. Raketenangriffs auf Flugplätze i. d. BRD führt z. höchsten Alarm- u. Sicherungsmaßn. USA erklären sich enttäuscht üb. d. Beziehungen Westeuropa–USA	Literatur*nobel*pr. an *Patrick White* (* 1912, Austral.) Friedenspreis d. dt. Buchhandels an *Dennis Meadows* Für d. Veröff. d. Club of Rome: „Die Grenzen des Wachstums." Zur Lage d. Menschheit (weist auf die Gefahr d. raschen Erschöpfung d. Lebensmöglichkeiten hin) *Edward Bond* (* 1934): „Die See" (engl. Schauspiel, dt. Erstauff. i. Hamb.) † *W. H. Auden*, amer. Schriftsteller (* 1907) † *Ingeborg Bachmann* (Unfall), österr. Lyrikerin, Mitgl. d. Gruppe 47 (* 1926) Internat. *Beckett*-Colloquium in Berlin (W) † *Willi Birgel*, dt. Schauspieler (* 1891) *H. Böll* verz. auf Vorsitz i. Intern. PEN-Club *H. Ch. Buch:* Literaturmagazin 1 (f. eine neue Lit. geg. spätbürg. „Literaturbetrieb") *Lothar Günter Buchheim* (* 1918) „Das Boot" (U-Boot-Roman d. 2. Weltkrieges eines Kriegsber., Künstlers und Kunstsammlers) *Michail Djemin:* „Die Tätowierten" (üb. d. russ. Unterwelt, dt. Übers.) *Tankred Dorst* (* 1925): „Die Eiszeit" (Schauspiel) *Dürrenmatt:* „Der Mitmacher" (schweizer. Bühnenstück, Urauff. i. Zürich) *Gisela Elsner:* „Herr	*Hans Bender* (* 1907): „Verborgene Wirklichkeiten" (Traumtheorie aus parapsycholog. Sicht) *Winfr. Böll* u. and. (dar. Mitgl. d. Bundesreg.): „Die Zukunft d. Wachstums" (krit. Antworten zum Bericht des „Club of Rome", vgl. 1972) *Vincent Cronin:* „Napoleon" (engl. Biogr. mit Betonung d. Privatlebens) (man schätzt d. Zahl der N.-Biogr. auf ca. 24000) *Joach. C. Fest:* „Hitler" (Biogr.) *Bernt Engelmann* (* 1921): „Wir Untertanen" (ein dt. Anti-Geschichtsbuch) *Ed. Fuchs:* „Sozialgeschichte der Frau" (sozialkrit. Fassung d. Sittengeschichte d. Autors) Geheimes Tagebuch *J. Göbbels* kommt von der DDR i. d. BRD *J. Habermas* (* 1929): „Legitimationsprobleme i. Spätkapitalismus" (a. d. Frankf. Soziologenschule) Im Schatten d. Ölkrise mahnt am Jahresende Bundespräsid. *G. Heinemann*, von der Verschwendungswirtsch. zur Bewährungswirtsch. zu gelangen *Werner Heisenberg* erhält *Guardini*-Preis der Katholischen Akademie in Bayern *Arthur Janov:* „Der Urschrei", ein neuer Weg der Psychotherapie (dt. Übers. der amer. Ausg. 1970) *Rob. Jungk:* „Der

F. Ahlers-Hestermann: „Avallon" (Gem.)

† *Friedr. Ahlers-Hestermann*, dt. Maler, seit 1955 i. Berlin (* 1883)

Max Ackermann (* 1887): „Ohne Titel" (abstr. Gem.)

Paul Berger-Bergner (* 1904): „Kind im Raum" (Gem.)

Christa (* 1940) u. *Karlheinz* (* 1934) *Biederbick:* panoptikumsartige lebensgr. Plastiken n. Gipsabg. aus Polyesteter (s. 1969)

Fritz Bornemann, Berlin, erhält Auftrag, Oper in Kairo zu bauen

Chagall-Ausstellung in Moskau (*Ch.* kehrt kurzzeitig von Paris i. d. USSR zurück)

Joachim Dunkel (* 1925): „Pferd" (Bronze)

Herbert W. Franke (* 1927): „Apparative Kunst", „Vom Kaleidoskop zum Computer"

Gunter Freyse (* 1937): „Einzelheiten unbekannt" (Acrylgem.)

† *Xaver Fuhr*, dt. Maler d. „Neuen Sachlichkeit" (* 1898)

Karl Gauting (* 1897): „Blessierter Flügelstier" (Linolschnitt)

Hans Geisberger (* 1906): „Karambolage"

Rudolf W. Groeschel (* 1891): „Spätherbst am See"

Wilh. Höck (* 1928): „Kunst als Suche nach Freiheit" (Entwürfe einer ästhetischen Gesellschaft von der Romantik bis zur Modernen)

Fritz Hundertwasser (* 1928): „Regentage"

Wolfg. Inanger (* 1936): „Der Puppenmörder" (Temp.-Gem.)

L. Bernstein: „Dybouk" (amerik. Ballett)

Joachim E. Behrendt (* 1922): „Das Jazzbuch – Von Rag bis Rock" (4. Bd. seit 1953)

R. Bing (* 1902): „5000 Abende i. d. Oper" (Geschichte d. Metr. Opera New York a. d. Feder ihrer Intendanten, 1950–72)

B. Blacher (* 1903): „Yvonne" (Oper nach *W. Gombrowicz*)

B. Britten (* 1913): „Der Tod in Venedig" (engl. Oper n. Th. Mann)

† *Pablo Casals*, span. Cellist, verl. 1937 Spanien, zuletzt in Südfrankr. (* 1876)

John Cage, Merce Cunningham, Jos. Johns: „Un jour ou deux" (Ballett, Urauff. i. Paris)

† *John Cranko*, brit. Ballettmeister u. Choreograph, gab seit 1960 dem Stuttgarter Ballett eine intern. Spitzenposition (* 1927)

H. W. Henze: „Streik bei Mannesmann" (sozialkritische Oper zu den XX. Weltjugendfestspielen in Berlin [Ost])

Klaus Huber (* 1924): „Kontrafaktur nach Perotin" (schweiz. Komp.)

M. Kagel (* 1931): „Variationen ohne

*Nobel*pr. f. Physik an *Ivar Glaever* (* 1929, Norw.), *Leo Asaki* (* 1925, Jap.) u. *Brian Josephson* (* 1940, Gr.-Brit.) f. Erforschg. d. Tunneleffektes bei d. elektr. Supra-Leitung (gew. prakt. Bed.)

*Nobel*pr. f. Chemie an *Ernst Fischer* (* 1918, Dtl.) u. *G. Wilkinson* (* 1921, Gr.-Br.)

Medizin-*Nobel*pr. an d. Verhaltensforscher *Karl v. Frisch* (* 1886, Österr.), *Konrad Lorenz* (* 1903, Österr.) u. d. *Ethologen Nikolaas Tinbergen* (* 1907, Niederl.)

Manfred v. Ardenne (* 1907): „Ein glückliches Leben f. Technik u. Forschung" (v. d. Rundfunktechnik zur Krebstherapie. Autobiogr.)

Erich Bahke: „Stadtverkehr d. Zukunft", schildert mod. öff. Verkehrsmittel unter d. Aspekt, daß im Jahr 2000 80 % d. Weltbev. in Städten wohnt

594 Tage n. Herztransplantation stirbt *Barnard*-Patient *Philip Blaiberg*

Brandenburg u. *Zahn* (TH Aachen) gelingt Insulinsynthese i. klinisch brauchbarer Menge

Erhard Hornbogen (* 1930): „Werkstoffe nach Maß" (wird d. elektronenmikrosk. Analyse ermöglicht)

Dieter Janz: „Denkschrift Epilepsie" (5 % der Bev. d. BRD leiden daran)

Walter Klingmüller: „Therapie mit Genen"

Nach Schätzung d. Weltbank leben rd. 800 Mill. Menschen (ca. 25 % d. Menschheit) unter elenden Lebensverhältnissen)

Dürrekatastrophe und Hungersnot am Südrand d. Sahara (Sahelzone)

Dollarkurs sinkt auf 2,832 DM

Gruppenfloating gegenüb. US-Dollar senkt seinen Kurs (verh. Aufwertung d. DM)

Hochofen i. Duisburg f. 3,5 Mill. t Roheisen/Jahr (bish. größter d. Welt)

Durch d. Ölkrise erh. der Bau v. Kernkraftwerken wachsend. Bedtg. (d. beste Weg techn. Erschl. ist noch umstritten)

DDR nimmt 2. Kernkraftwerk i. Betr. (b. Rostock, 1. b. Rheinsberg; s. 1966)

Frankr. nimmt Schnellbrüterreaktor (auf Plutoniumbasis) als Kernkraftwerk f. 250000 kW i. Betr. (USSR ging i. d. Hinsicht voraus)

Rückschläge i. d. Bauwirtschaft d. BRD

Konkurse in der BRD: 1950: 4235, 1960: 2689, 1965: 2928, 1970: 3943, 1973: 5277

Jubiläumsfunkausstellung in Berlin (1923–1973) mit tragbaren Farbfernsehgeräten, audiovisueller Farbbildplatte, Quadrophonie, Video-Cassetten-Recorder etc.

Benzin- u. Heizölknappheit inf. arab. Ölboykotts beeinfl. d. tägl. Leben i. d. BRD u. Westeuropa

Japan. Reg. ruft Notstand wegen Ölkrise aus

Niederl. geb. mit Sonntagsfahrverbot infolge arab. Ölboykott (and. Länder, einschl. BRD, folgen)

(1973)

Erweiterung der EWG um Gr.-Brit., Irland u. Dänemark in Kraft

Europ. Konf. über Sicherheit u. Zusammenarbeit in Helsinki unter Teiln. west- u. osteurop. Staaten einschl. BRD u. DDR

W. Brandt unterz. in Prag Normalisierungsvertrag mit d. ČSSR, der das Münchner Abk. v. 1938 für nichtig erklärt. BRD err. diplomat. Bez. mit Ungarn u. Bulgarien

Israel-Reise d. Bundeskanzlers *Willy Brandt* unterstreicht wohlwollende Neutralität der BRD im Nahostkonflikt

Ölboykott d. OPEC führt zu einem Energiesicherungsges. i. d. BRD (Reg. erhält Verordnungsvollm.; zeitw. Pkw-Fahrverb. i. westeurop. Ländern

UN-Gen.-Sekr. *K. Waldheim* eröffn. die v. USA u. USSR geford. Nahost-Friedenskonf. m. Israel u. arab. Nachbarstaaten in Genf

Außenminister d. BRD, *W. Scheel*, u. d. DDR, *O. Winzer*, sprechen vor d. UNO nach d. Aufn. beider dt. Staaten. *Scheel* unterstreicht das Recht auf Wiedervereinigung

Bundeskanzler *W. Brandt* spricht vor d. UNO über d. Politik d. BRD

BRD vertr. d. Interessen W.-Berlins i. d. UNO

Bundespräsid. *G. Heinemann* lehnt 2. Amtsperiode ab. *W. Scheel* (FDP) entw. s. zum Favorit als Nachfolger

Bund.-Verf.-Ger. erklärt d. Grundvertrag mit d. DDR als verfassungskonform (betont Beachtung d. Wiedervereinigungsgebotes des Grundvertr.)

Chef d. KPdSU, *Breschnew*, besucht BRD (ist sich m. *W. Brandt* üb. d. Bedeut. d. Erfüllung d. Berlin-Abkommens einig)

Auch n. d. Berlin-Abkommen wehren sich d. Ostblockstaaten geg. d. Einbeziehung v. Berlin (W) in Abmachungen mit d. BRD (führt zu erneuten Spannungen u. Diskussionen über den Wert der Ostpolitik)

Reichstagswahlen in Schweden ergeben gleiche Stärke der Sozialisten-Kommunisten u. d. bürgerl. Parteien. *Palme* (Sozialdemokrat) bleibt Min.-Präs.

Trotz SPD/FDP-Mehrheit im Bundestag haben die CDU/CSU-Länder im Bundesrat eine Mehrheit, da wegen alliierten Vorbehalts d. Stimmen Berlins

Leiselheimer u. weiterer Versuch, die Wirkl. zu bewältigen" (Rom.)

Werner Finck (* 1902): „Alter Narr, was nun?" (Autobiogr. d. Kabarettisten)

Manfred Franke: „Mordverläufe 9./10. 11. 1938" (Roman der Judenverfolgung in d. „Kristallnacht")

Hans Frick (* 1930): „Tagebuch einer Entziehung" (Memoiren ein. Trinkers)

† *Henry Greene*, engl. Romanschriftsteller (* 1904)

Wolfgang Hildesheimer (* 1916): „Masante" (autobiogr. Erz.)

Walter Höllerer (* 1922): „Die Elephantenuhr" (Roman)

Kurt Hübner (* 1916) wird Intendant des Theaters der Freien Volksbühne Berlin (W) (war 1962–72 Intendant der Bremer Bühnen)

Rainer Kunze (* 1933): „Zimmerlautstärke" (Ged. aus d. DDR, *R. K.* wurde zeitw. i. d. DDR nicht gedr.)

Dieter Lattmann (* 1926) u. and.: „Die Literatur d. BRD s. 1945" (Prosa, Lyrik, Dramatik)

S. Lenz: „Das Vorbild" (Roman)

Jakov Lind (* 1927): „Der Ofen" (eine Erz. u. 7 Legenden) (dt. Übers. a. d. Engl.)

Norman Mailer: „Marilyn Monroe" (amer. Biogr. d. US-Filmstars, * 1926, † 1962)

Christoph Meckel (*

Jahrtausendmensch" (mit optimist. Zukunftsperspektive)

Werner Keller (* 1909): „Was gestern noch als Wunder galt. Die Entd. geheimnisvoller Kräfte des Menschen" (Kennz. f. einen sich ausbreitenden Okkultismus)

Marie E. P. König: „Am Anfang d. Kultur. Zeichensprache d. frühen Menschen" (weist Kalendersystem d. Eiszeitmenschen [vor ≈–10000] nach)

Claude Lévi-Strauss (* 1908, Belg.) erh. Erasmuspreis f. „strukturale Anthropologie"

Konrad Lorenz: „Ökologisches Manifest" (f. d. Erhaltung u. Wiederherst. gesunder, funktionsfäh. Landschaften)

Konr. Lorenz: „Die Rückseite d. Spiegels" (erstrebt eine auf biolog. Kenntnis d. Menschen beruhend. Kulturtherapie)

Paul Moor: „Die Freiheit zum Tode". Ein Plädoyer für das Recht auf menschenwürdiges Sterben (Thema erg. s. aus sinnloser Lebensverlängerung d. ärztlichen Kunst)

Adriaan v. Müller (* 1928): „Berlins Urgeschichte" u. „Berlin vor 800 Jahren" (Berichte d. Bodendenkmalpfleger aufgrund vermehrter Grabungstätigkeit i. Berlin)

Heinz Ohff: „Antikunst" (ein gr. Teil d. gegenw. Kunst ist Antikunst)

Papst *Paul VI.* empfängt israel. Min.-Präs. *G. Meir*

Arne Jacobsen (* 1902, Dän., † 1971), Rathaus i. Mainz (streng funktionalistisch)

Privatmuseum *F. Léger* vom franz. Staat übernommen

Gerh. Marcks (* 1884): „Sitzender alter Mann" (Bronze)

Marino Marini (* 1901) schenkt Mailand 150 seiner Werke (die in einer Ausst. gezeigt werden)

Max Pfaller (* 1937): „Bauerwartungsland" (Gem.)

† *Pablo Picasso* (span.-frz. Maler span. Herkunft, gilt als der führende Maler d. 20. Jh., * 1881)

Graphik-Ausst. i. d. Nationalgalerie Berlin (W)., „Hommage á Picasso", bietet repräsentativ. Querschnitt d. d. zeitgen. künstl. Schaffen mit Werken von *Shusaku Arakawa* (* 1936, Jap.), *Enrico Baj* (* 1925, Ital.), *Joseph Beuys* (* 1921, Dtl.), *Max Bill* (* 1908, Schweiz), *Pol Bury* (* 1922, Belg.), *Jorge Castillo* (* 1933, Span.), *Lynn Chadwick* (* 1914, Engl.), *Eduardo Chillida* (* 1924, Span.), *Christo* (* 1935, Bulgar.), *Corneille* (* 1922, Bulg.), *Alan Davie* (* 1920, Schottl.), *HAP Grieshaber* (* 1909, Dtl.), *Richard Hamilton* (* 1922, Engl.), *Alfred Hrdlicka* (* 1928, Österr.), *R. B. Kitaj* (* 1932, USA), *Jìrì Kolař* (* 1914, ČSSR), *Nicholas Krushenick* (* 1929, USA), *Wilfredo Lam* (* 1902, Kuba), *Roy Lichtenstein* (* 1923, USA), *Jacques Lipchitz* (* 1891, Lit.), *Heinz Mack* (* 1931, Dtl.), *Giscomo ManZù* (* 1908, Ital.), *André Masson* (* 1896, Frankr.), *Roberto Matta* (* 1911, Chile),

Fuge" (argent. sinfon. Komp.)

Herb. v. Karajan wird Ehrenbürger v. Berlin (W), dessen Philharmon. Orch. er s. 1955 leitet

Rudolf Kelterborn (* 1931): „Dies unus" (schweiz. Komp.)

† *Otto Klemperer*, dt. Dirigent, seit 1933 i. Ausland (* 1885)

E. Krěnek: „Statisch und ekstatisch" (Komp. f. Kammerorchester)

Frank Martin: „Requiem" (schweiz. Komp.)

Pariser Oper unter *Liebermann* (vorher in Hamburg) neu eröffnet

R. Liebermann beg. seine Pariser Intendantentätigk. mit einer Gala-Auff. d. „Figaro" in Versailles

† *Bruno Maderna*, ital. Komp., bes. elektron. Musik (* 1920)

C. Orff: „De temporum fine comoedia" (Oper, Urauff. i. Salzburg unter *H. v. Karajan*)

Artur Rubinstein (* 1886): „Erinnerungen" (Autobiogr. d. poln. Pianisten)

Walter Steffens: „Unter dem Milchwald" (Oper n. *D. Thomas*)

Karl Thieme (* 1909): „Hoffnung" (Kantate

(insbes. Heilung von Erbkrankheiten d. Gentherapie)

Lubos Kohoutek entd. frühz. Kometen, der ab 1974 auf d. Erde sichtbar werden soll

Zweite Skylab-Besatzung bleibt trotz anfängl. Schwierigkeiten, die ein Rettungsmanöv. nahelegen, die geplanten 59 Tage i. Weltraum, photogr. u. a. gr. Sonnenprotuberanzen. Dritte Skylab-Besatzung startet zu einem 85-Tage-Flug (gilt als vorl. Abschluß der bemannten US-Raumfahrt)

In Skylab 2 bauen Spinnen auch schwerefrei normale Netze; im Weltraum geb. Fische schwimmen normal

„Raum-Krankheit" als Spezialthema d. 21. Intern. Kongresses f. Luft- u. Raumfahrtmedizin i. München

USA starten zwei Jupiter-Sonden, Pionier 10 u. 11 (erf. u. a. Magnetfeld). USSR startet in einem Monat 4 Marssonden

USSR landen Mondauto Lunochod auf dem Mond

USSR startet „Sojus 13" mit 2 Kosmonauten in eine Erdbahn, gleich danach mit einer Trägerrakete 8 Satelliten d. Kosmos-Serie

Radioastronom. Aufnahme der Venusoberfläche in USA ergibt viele Krater von 10–100 km Durchmesser

Marsgloben (1,2 bis 1,8 m Durchm.) aufgr. von 7300 Aufn. d. US-Sonde Mariner 9

BRD stoppt wegen Energiekrise Vermittlung ausl. Gastarbeiter (z. Zt. sind ca. 2,6 Mill. i. d. BRD tätig, davon ca. 0,5 Mill. Türken)

Am Jahresende liegt das Preisniveau 7,4 % über dem des Vorjahres (Gew. fordern Lohnerhöhungen um mehr als 10 %)

SPD-Aktion „gelber Punkt" gegen Preistreiberei (wird v. Handel kritisiert)

Mit 100 Tochterges. im Ausland erzielt Siemens dort mit 6 Mrd. DM ca. 40 % d. Umsätze (kennz. f. intern. Verflechtung d. Konzerne)

In Brüssel wird Europ. Gewerksch.-Bund gegr.

Zahlreiche Streiks richten sich gegen die Arbeitsbedingungen am Fließband

Generalstreik i. Italien

Schwed. Gewerksch. erstreben bis 1984 d. 30stündige Arbeitswoche

Arab. Terroristen setzen in Rom mit Sprengkörpern PanAm-Maschine in Brand (31 Passagiere verbrennen). Mehrere Geiseln überl. anschl. Entf. einer Lufthansamaschine (Entf. täuschen ihre Ermordung vor)

Arab. Terrorakt in Khartum/Sudan

Überschwemmungen in Südspanien fordern ca. 300 Todesopfer

Vulkanausbruch auf Island gefährdet Fischereihafen

Bewaffnete Bankräuber erbeuten in Frankf./M. 2 Mill. DM

Hans Werner Hamacher: „Tatort Deutschland" (sagt von 1970–80 Verdoppelung bis Verdreifachung der Kriminalität voraus)

(1973)

nicht mitgezählt werden (führt zu parteipolit. Spannungen b. d. Gesetzgebung)

Parlament. Untersuchungsausschuß soll klären, ob d. ehemal. CDU-Abg. *Steiner* 1972 beim konstrukt. Mißtrauensvotum *Barzel* geg. *Brandt* durch Bestechung von *Wienand* (SPD) zugunsten *Brandts* stimmte (erg. keine Klärung)

Barzel tritt als Parteivors. d. CDU u. Fraktionsvors. d. CDU/CSU zurück

Helmut Kohl (* 1930), Min.-Präs. v. Rheinl.-Pfalz, wird Bund.-Vors. d. CDU

K. Carstens (* 1914) wird Vors. d. CDU/CSU-Fraktion im Bundestag

† *Walter Ulbricht*, dt. kommunist. Politiker, grdt. mit der DDR kommunist. Staat auf dt. Boden; zuletzt Staatsratsvorsitzender, i. d. Spaltung Dtlds. der Gegenspieler Adenauers (* 1893)

Nach d. Tode von *W. Ulbricht* wird *Honecker* Gen.-Sekr. des ZK d. SED, *Stoph* Vors. d. Staatsrats, *Sindermann* Vors. d. Min.-Rats

Dän. Parlam.-Wahlen bringen den tradit. Parteien (einschl. Sozialdemokr.) Verluste

† Kg. *Gustav VI. Adolf* von Schweden (seit 1950, sein Nachfolger Carl Gustav muß auf politische Macht verzichten) (* 1892)

Engl. Prinzessin *Anne* heiratet in London *Mark Philips* (500 Mill. sehen üb. Fernsehen d. Zeremonie)

Reg. aus Protest. u. Katholiken in Nordirland löst ab 1974 engl. Staatskommiss. ab

Min.-Präsid. u. Reg.-Parteien i. d. Ländern d. BRD:

Bad.-Württ.	*Filbinger*	(* 1913)	CDU
Bayern	*Goppel*	(* 1905)	CSU
Berlin	*Schütz*	(* 1926)	SPD
Bremen	*Koschnick*	(* 1929)	SPD
Hamburg	*Schulz*	(* 1930)	SPD/FDP
Hessen	*Osswald*	(* 1919)	SPD
Nieders.	*Kubel*	(* 1909)	SPD
NRW	*Kühn*	(* 1912)	SPD/FDP
Rh.-Pfalz	*Kohl*	(* 1930)	CDU
Saarland	*Röder*	(* 1909)	CDU
Schlesw.-Holst.	*Stoltenberg*	(* 1928)	CDU

(vgl. 1979)

1935): „Bockshorn" (Roman über jugendl. Herumtreiber)

Bernard Malamud (* 1914): „Die Mieter" (dt. Übers. d. amer. Romans über das Verh. v. Weißen und Schwarzen)

Henry de Montherlant: „Ein Mörder ist mein Herr u. Meister"

† *Pablo Neruda*, chil. Dichter, Sozialist, Freund *S. Allendes* (1950: „Canto general") (* 1904)

Ulrich Plenzdorf (* 1934): „Die neuen Leiden des jungen W." (Theatererfolg i. d. DDR u. BRD)

Gottfried Reinhardt: „Der Liebhaber" (Biogr. üb. *Max Reinhardt* v. s. Sohn)

Gerhard Roth (* 1942): „Lichtenberg" (österr. Schauspiel)

Arno Schmidt (* 1914): „Nachrichten von Büchern u. Menschen" (Zur Lit. d. 18. u. 19. Jh.s)

Goethepreis d. Stadt Frankfurt/M. an *Arno Schmidt*

Anna Seghers: „Sonderbare Begegnungen" (Erz.)

J. M. Simmel (* 1924): „Die Antwort kennt nur der Wind" (Rom.)

E. v. Salomon (* 1902, † 1972) „Der tote Preuße" (postum)

Helmut Schelsky: „Systemüberwindung, Demokratisierung u. Gewaltenteilung" (soziolog. Analyse)

Dragoslav Srejovič: „Lepenski Vir" (Entd. einer Steinzeitkommune a. d. Donau [Eisern. Tor] m. monumentalen Sandsteinskulpturen v. ≈–5000)

Steinbuch: „Kurskorrektur" (warnt vor Linksradikalismus)

Leopold Szondi: „Moses, Antwort auf Kain" (Deutung s. Persönl. aus schuldbewußter Gewalttätigkeit)

Karl Erik Zimen (* 1912): „Strukturen d. Natur" (Das atomare Weltbild a. d. Sicht ein. Kernchemikers)

Bundesreg. legt den v. Bund u. Ländern aufg. Bildungsgesamtplan bis 1985 vor (mit insges. 91,1 Mrd. DM Kosten)

Min.-Präs. d. BRD-Länder beschließen gemeinsame Finanz. d. Stiftung Preußischer Kulturbesitz

Bundesverfassungsgericht erkennt den Professoren maßgebl. Einfluß auf Forschung, Lehre und Berufungen zu u. korrigiert damit teilw. Hochschulreformges.

BRD u. Gr.-Brit. grden. dt.-brit. Stiftung zum Studium d. Industriegesellsch.

Inst. f. Bevölk.-Forschung i. Wiesb. gegr.

In der BRD wird eine Reform d. Lehrerbil-

Joan Miró (* 1893, Span.), *Robert Motherwell* (* 1915, USA), *Eduardo Paolozzi* (* 1924, Schottl.), *Edouard Pignon* (* 1905, Frankr.), *Robert Rauschenberg* (* 1925, USA), *Niki de Saint Phalle* (* 1930, Frankr.), *Antoni Tâpies* (* 1923, Span.), *Hervé Télémaque* (* 1937, Haiti), *Joe Tilson* (* 1928, Engl.), *Walasse Ting* (* 1929, China), *Jean Tinguely* (* 1925, Schweiz), *Cy Twombly* (* 1929, USA), *Jan Voss* (* 1936, Dtl.), *Stefan Wewerka* (* 1928, Dtl.) *Fritz Wotruba* (* 1907, Österr.)

Weitere Zusagen zu dies. Ausst. von *Jim Dine* (* 1935, USA), *Willem de Kooning* (* 1904, Niederl.), *Marino Marini* (* 1901, Ital.), *Henry Moore* (* 1898, Engl.), *Andy Warhol* (* 1930, USA)

G. Rickey (* 1907): „Vier schräge Rechtecke" (amer. konstruktivist. Plastik)

H. Scharoun: Theater i. Wolfsburg (Eröffn.)

Richtfest f. d. Staatsbibliothek Preuß. Kulturbesitz in Berlin (W) von *Hans Scharoun* († 1972) als größte Bibl. d. BRD (Fertigst. 1977 gepl.)

Horst Schmidt-Brümmer (* 1940): „Die bemalte Stadt" (Initiativen zur Veränd. d. Straßen i. USA; dokumentiert anwachs. Fassadenmalerei u. Bemalung i. d. gr. US-Städten, hat teilw. d. Charakter polit. Protestes)

Werner Scholz (* 1888): „Rote Haare" (Gem.)

Peter Schubert (* 1929): „Alte Mechanik" (Gem.)

Sears-Tower i. Chikago mit 443 m Höhe höchstes Geb. d. Erde

nach Texten von *Nelly Sachs*)

Michael Tippett (* 1905): „Mitsommernachtshochzeit" (dt. Erstauff. d. engl. Oper v. 1955)

† *Mary Wigman*, Gründerin einer wegweisenden Ballettschule des Ausdruckstanzes (* 1886)

Grdg. einer Musikhochschule in Würzburg

Grdg. einer Richard Wagner-Stiftung mit Festspielhaus u. Archiv in Bayreuth

3. Intern. Dirigentenwettbewerb d. *H. v. Karajan*-Stiftung in Berlin (W) mit 65 Teiln.; die beiden Sieger kommen aus USSR u. Japan

10. Jazz-Tage in Berlin (W) erweisen Erneuerung d. Jazz u. maßgebl. Rolle d. Stadt

Schlager: „Jetzt geht die Party richtig los"

Schlager: „Ein Festival d. Liebe"

Mit 25 Mill. Langspielplatten ist *James Last* erfolgreichster Unterhaltungsmusiker (z. B. „Non Stop Dancing" od. „Ännchen v. Tharau bittet zum Tanz")

32. Fahrt d. dt. Forschungsschiffes „Meteor" üb. d. Atlantik (spez. Messung v. Spurenstoffen)

Magn. Vermessung d. Ind. Ozeans erweist Entst. d. Ozeans und Indiens vor 75 Mill. Jahren durch Zerbr. d. Gondwana-Kontinents d. Südhalbkugel

Je ca. 100 Pulsare (rasch rotierende Radiosterne, entd. seit 1967) u. Quasare (qusi punktförmige Radioobjekte, entd. 1965) bekannt

Frz.-amer. Tauchboot „Archimède" holt Gestein aus d. 3000 m tiefen Bruchstelle zw. europ.-afr. u. amer. Kontinentalblock

Holger Heuseler: „Deutschland aus dem All", mehrfarbige Multispektral-Aufn. d. Satelliten ERTS-1 (solche Aufn. erl. zun. auch wirtsch. Bedeutung) (Satelliten-Erderkdg. beg. 1960)

US-Wettersatellit Nimbus 5 (gestart. 1972) analys. m. sog. „Falschfarbaufn."

Klimafaktoren d. Antarktis

Abk. üb. europ. Zentrum f. mittelfrist. Wettervorhers. i. Brüssel unterz.

Die in d. Vorjahren angebl. nachgewiesenen Gravitationswellen werden d. weitere Versuche in Frage gestellt

In der BRD wird ein Bundesmin. f. Forschung u. Technologie begr. Min. *Horst Ehmke* (* 1927)

Mehr als 0,8 ‰ Alkoholgeh. (i. Blut) am Steuer wird i. BRD bestraft

Anzeichen f. eine Abn. d. Mißbrauchs v. Rauschgiften (insbes. v. Heroin i. USA)

58 Staaten beschließen auf einer UNO-Konferenz in London Konvention zur Reinhaltung der Meere

Internat. Tierschutzvertrag f. 375 Tierarten

Umweltskandal i. Hessen führt z. Rücktr. d. verantw. Min. (unkontroll. Ablagerung von ca. 15 000 Tonnen Giftmüll)

Cholerafälle bei Neapel (verbreiten sich durch mangelhafte Hygiene; über 20 Tote)

† *Paavo Nurmi*, finn. Langstreckenläufer mit 9 olymp. Goldmedaillen u. 29 Weltrekorden (* 1897)

Bayern München Fußballm. d. BRD

USSR erringt i. d. Eiskunstlauf-Weltmeistersch. f. Paare 1. u. 2. Platz

Allwetterzoo in Münster m. gedecktem Rundgang

Nationalpark Mt. Everest i. Nepal gegr.

E-Lok der E 103 der dt. Bundesbahn fährt 250 km/h im Probebetrieb

Bau eines Eisenbahntunnels Frankr.–Engl. bis 1980 gepl.

3 km lange Brücke üb. d. Bosporus zum 50. Jahrestag d. Grdg. d. mod. Türkei (verb. Europa mit Asien)

Aquaplaning (Schleudergefahr auf nassen Straßen) als Gefahr f. Kfz erkannt

12 Männer überqueren mit d. Floß in 175 Tagen den Pazifik u. landen i. Australien

(1973)

Gegen Jahresende fordern zahlreiche Sprengstoffanschläge der IRA in London zahlr. Verletzte

Nordirl. entsch. sich in einer Volksabst. f. d. Verbleib bei Gr.-Brit. Es kommt zur Bildg. eines Gesamtirischen Rates

Wahl der Nationalvers. in Frankr.:

Fraktion der Union der Demokraten	183 Sitze
Fraktion der unabhängigen Republikaner	55 Sitze
Fraktion der zentristischen Union	30 Sitze
Fraktion der sozialdemokr. Reformatoren	34 Sitze
Fraktion der Sozialisten u. Linksradikalen	102 Sitze
Fraktion der Kommunisten	73 Sitze
Fraktions- u. Parteilose	10 Sitze
insges.	477 Sitze

254 Abg. wählen *Pierre Messmer* zum Min.-Präs.

† *Carero Blanco*, span. Admiral, 1972 v. *Franco* zum Min.-Präs. ernannt (durch Sprengstoffattentat am Vorabend eines polit. Prozesses geg. einen Priester) (* 1903)

Mitte-Links-Reg. in Ital. unter Min.-Präs. *M. Rumor* (* 1915, Christdemokrat), 1974 erneuert

Schwere Studentenunruhen lösen in Griechenland die Ausrufung d. Kriegsrechts aus

Erste Zivilreg. i. Griechenland n. d. Militärputsch 1967

Neuer Militärputsch in Griechenland setzt Zivilreg. wieder ab u. verspricht Normalisierung

† *Ismet Inönü:* 1923 1. Min.-Präs. d. Neuen Türkei, förd. Reformen i. Staat u. Gesellsch., mehrmals Staatspräs. (* 1884)

Linksliberal. Wahlsieg i. d. Türkei. Min.-Präs. *Demirel* (Gerechtigkeitspart.) tritt zurück

US-Präsid. *Nixon* beg. s. 2. Amtsperiode (vgl. 1972)

Mit Präs.-Berater *Henry Kissinger* (* 1923 in Fürth) wird ein geb. Dt. Außenminister d. USA. Mit häufigen erdumspannenden Reisen, die vorwiegend der Friedenssicherung dienen, spielt er eine dominierende Rolle i. d. Weltpolitik

Watergate-Skandal um unsaubere Wahlkampfpraktiken belastet Präs. *Ni-*

Solschenizyn (USSR) gibt sein Buch „Archipel GULAG" üb. sowj. Terror zur Veröff. i. Westen frei. Wird 1974 ausgebürgert

E. Strittmatter (* 1912): „Der Wundertäter" (Roman, Bestseller i. d. DDR 2. Bd. 1974)

John Updike (* 1932): „Unter dem Astronautenmond" (dt. Übers. d. amer. Romans)

Martin Walser: „Der Sturz" (Roman)

Dieter Wellershoff: „Literatur und Lustprinzip" (Essays)

G. Zwerenz: „Die Erde ist unbewohnbar wie der Mond" (Roman)

„Theater heute" (Zeitschr., Red. *H. Rischbieter*) diagnostiziert Ende d. Krise durch steig. Besucherzahlen, räumt d. Schaubühne a. Halleschen Ufer i. Berlin (W) unt. *Peter Stein* (dort seit 1970) absolute Spitzenstellung i. deutschspr. Theater ein

Erstes audiovisuelles Buch (z. B. mit Bildplatten oder Video-Kassetten)

Reiner Kunze (* 1933, DDR) erhält Literaturpreis der Bayerischen Akademie der Schönen Künste

dung u. -besoldung i. Sinne d. Ausb. von Stufenlehrern in Angr. genommen (Einzelh. bleiben zw. SPD- u. CDU-Ländern kontrovers)

Gesamtschule als Regelschule in Berlin (W) und Hessen (wird v. d. CDU abgel.)

Generelle Kleinschreibung wird als Rechtschreibereform in der BRD kontrovers diskutiert

„Kunst unter Mikroskop u. Sonde", Ausst. i. Berlin (W) kennzeichnet verbreitete Anw. d. Naturwissensch. zur Prüfung von Alter u. Echtheit b. Kunstwerken

Neue Funde zeigen, daß Spandau b. Berlin schon i. 9. Jh. bestand

89 *Nobel*preistr. protestieren geg. „Dissidentenverfolgung" i. d. USSR

Weltweiter Protest gegen die Verfolgung politischer Dissidenten in der USSR (z. B. gegen den Physiker *Sacharow* und Schriftsteller *Solschenizyn*) (vgl. D)

Das politische u. soziale Klima ist weithin durch rücksichtsloses Durchsetzen von Interessen u. Meinungen gekennzeichnet unter Anwend. v. Gewalt u. anderer illegaler Mittel

F. Th. Schütt: „Drei Puppen" (Gem.)

William Tarr: Denkmal f. *Martin Luther King* i. New York (Metallkubus mit Aussprüchen d. ermord. Friedensnobelpreisträgers)

Hann Trier (* 1915) malt das Deckengemälde im weißen Saal des Schlosses Berlin-Charlottenburg (anstelle der verlorenen Gem. v. *Pesne*)

Jörn Utzon (* 1918, Dänem.): Oper in Sidney eröffn. (eigenwill. Konzeption a. d. J. 1957)

Victor de Vasarely (* 1908): „Farbwelt"

Rudolf Wachter (* 1923): „Reliquie eines Waldes" (Plastik aus Aluminium-Zylindern)

Kölner Dombaumeister *Wolff* weist auf Gefahren der Zerstörung des Domes (bes. durch Industrieabgase) hin. (Derzeitige Ausgaben für Restaurierung reichen nicht aus)

Ausstellung „Der Kubismus" i. Paris (i. Rückbl. auf s. Entwickl. 1908–23)

„Realität, Realismus, Realität", Kunstausst. in d. BRD (mit *Duchamp, Warhol, Beuys*, reflektiert den modernen Realismus in der bild. Kunst)

Gr. Kunstausstellung in München zeigt in einer Abteilung „Das neue Bild der Landschaft" (zwischen Photo-Realismus u. Sozialkritik)

Dieses Jahr gilt mit Rekordpreisen als die erfolgreichste Kunsthandelssaison s. 1945

Staatl. Museum *Marc Chagall* in Nizza eröffnet

† *J. Lipchitz*, Bildhauer litauischer Herkunft in Frankr. u. USA (* 1891)

Weltgrößte biomedizin. Datenbank i. d. BRD

Es gelingen Nervenzellenkulturen in vitro

Einw. d. Neubaus d. Instituts f. Biochemie d. Max-Planck-Ges. i. München

Vertrag über ein europäisches Labor f. molekulare Biologie (wahrsch. i. Heidelberg)

Es gelingt im Labor, aus Formaldehyd Zukker zu bilden (gilt als erster Evolutionsschritt präbiologischer „Bioide")

Strukturaufklärung d. Proteine macht rasche Fortschritte (beg. 1953 m. *Sanger*)

Weltgrößter gepulster Supraleitermagnet in Karlsruhe

Überreste eines 200 Mill. Jahre alten Säugetieres gef.

Audiovisuelle Unterhaltungselektronik zeigt auf d. Funkausstellung i. Berlin (W) gr. Fortschritte (vgl. Spalte V)

Versuchszug d. dt. Bundesbahn err. über 250 km/h (1972 ein frz. Zug 318 km/h. Höhere Geschwind. sollen Flugzeugkonkurrenz mindern)

4. Atomprogramm d. BRD 1973–76 f. 6,1 Mrd. DM (gew. durch Ölkrise wachs. Bedeutung)

Die Häufigkeit v. Riesenmeteoren (üb. 10 Mrd. t) wird berechnet: Erde wird durchschnittl. 1mal in 1 Mill. Jahren getroffen (vgl. 1908) (f. d. Mond gelten analoge Werte). Krater (Ries) b. Nördlingen entst. v. ca. 25 Mill. Jahren

~ Die Ölkrise lenkt die wissenschaftliche Forschung der Folgezeit stark auf die Probleme neuer Energieformen (Sonne, Wind, Erdwärme, Kohleverflüssigung etc.). Die Kernenergie gewinnt trotz manchem Widerstand an Bedeutung

261 000-t-Tanker „Golar Patricia" sinkt (größter bekannter Schiffsverlust)

Taucherexped. sucht vergebl. n. Ungeheuer von Loch Ness

Im Zuge der „Trimm-Dich-Bewegung" entw. sich Wandern zum Volkssport

Kothurnartige Schuhe i. d. Damenmode; weiche, feminine Welle i. d. Damenmode

In d. BRD werden erstmals pro Jahr mehr Damenhosen als Röcke verkauft

Flugzeugabsturz b. Tanger fordert zu Weihnachten über 100 Tote

Alle 109 Passagiere überl. Bruchlandung einer LH-Maschine b. Delhi

Flugzeugungl. in Nord-Nigeria fordert 180 Todesopfer

Schwerer Vulkanausbruch b. Island

Kältewelle in Indien (bis –15°C) ford. mehr als 300 Tote

1973/74 wärmster Winter i. d. Schweiz seit 58 Jahren

Gr.-Brit. führt weg. Wirtschafts- u. Energiekrise 3-Tage-Arbeitswoche ein (1974 aufgeh.)

Letzte Gaslaterne in Nürnberg erlischt. 1847 dort eingef.

B. Grzimek (* 1909), tritt als Beauftr. d. Bundesreg. f. Naturschutz zurück

SPD u. FDP suchen gemeinsame Haltung i. d. Mitbestimmungsfrage (Diff. üb. Beteiligung d. leitenden Angest.). CDU-Parteitag verabsch. geg. Stimmen d. Sozial-Ausschüsse u. Jung. Union Mitbestimmungsmodell ohne echte Parität

(1973)

xon u. seine Mitarbeiter schwer (*Nixon* weigert sich, zurückzutreten). Vizepräs. *Agnew* tritt wegen anderer Beschuldigungen zurück. Nachfolger *Gerald Ford*

Nixon u. *Breschnew* schließen Abk. über Vermeidung von Atomkriegen (VR China verkündet danach Zündung einer H-Bombe)

Spannung zw. W-Europa u. USA weg. mangelhafter Unterst. d. amer. Nahostpolitik (verschärft sich 1974)

In Paris wird Waffenstillstand f. Vietnam zw. d. Beteiligten abgeschlossen

USA stellt Kampfhandl. geg. Nordvietnam ein

US-Soldaten verlassen Südvietnam (Kämpfe zw. N.- u. S.-Vietnam schwelen weiter)

USA u. N.-Vietnam beschuld. sich gegens. d. Waffenstillstandsverletzung

Trotz Waffenstillstands fordern Kampfhandlungen i. d. J. noch ca. 50000 Tote in Vietnam

Vietkong läßt 2 dt. Malteserhelfer nach läng. Gefangenschaft frei

Libyen verlangt durch einen Marsch auf Kairo d. staatliche Vereinig. mit Ägypten (Entsch. wird vertagt)

† *David Ben Gurion* (* 1886, Polen): 1948–53 u. 55–63 1. Min.-Präs. des neu gegründeten Staates Israel

Nach ägypt. Überraschungs-Angriff auf Israel ergibt sich ein schwerer Nahostkrieg. Nach wechselvollen Kämpfen setzen USA und USSR Waffenstillstand u. Friedenskonf. durch

Im Nahostkrieg erweisen sich Panzer und Flugzeuge hochentw. Raketen unterlegen (führt zu großen Verlusten beider Seiten – gilt als Wende milit. Überl. auch in der NATO)

Wahl in Israel bringt Reg. *Golda Meir* i. Minderheit (s. 1969) (1974 folgt *Y. Rabin* ohne Verteid.-Min. *M. Dajan*)

Araber erzw. d. Geiselnahme Schließung des jüd. Auswandererlagers b. Wien

Arab. Staaten erk. *Arafats* (* 1929) paläst. Befreiungsorg. (PLO, gegr. 1963) als alleinige Vertretung der Palästinenser an (beabsichtigt Exilregierung)

Araber kündigen Bau von Atombomben an (weil Israel dazu i. d. Lage ist)

Notstand in Japan wegen Energiekrise ausgerufen

Die Bahamas werden v. Gr.-Brit. unabh. u. damit 134. unabh. Staat d. Erde

Bei 22 Geiselentf. in Lateinamerika seit 1969 wurden 16 Geiseln freigelassen, 2 befreit, 3 getötet

Mit 61 % Wählerstimmen wird *Peron* (* 1895) in Argentinien zum Staatspräsid. gew. (seine Frau wird Vizepräsidentin)

Das Jahr endet für W-Europa u. USA mit einer schweren Öl- und Treibstoffkrise, weil die Lieferländer (OPEC) einen Lieferstopp einführen als polit. Waffe im Nahostkonflikt

† *Salvador Allende* bei Militärputsch, demokrat. Sozialist i. Chile, s. 1970 Präsid. (* 1908). Die Verfolg. s. Anhänger w. weltweit verurteilt

Kommunisten dringen am Jahresende kämpfend auf Saigon (Südvietnam) vor

Kloster Chorin (DDR) zur 700-Jahr-Feier restauriert

Brucknerhaus als Kulturzentrum i. Linz eröffn.

---

† *Willy Birgel*, dt. Schauspieler (z. B. „Reitet f. Dtl.", Film 1941 (* 1891)

† *Willy Fritsch*, dt. Filmschauspieler, Partner v. *Lilian Harvey* (* 1901)

† *Victor de Kowa*, dt. Schauspieler (bes. Film) (* 1904)

„Der Erbe" (frz. Film v. *Philippe Labro*)

„Die rote Hochzeitsnacht" (frz. Film v. *Claude Chabrol*, * 1930)

„Plus-minus ein Tag" (ungar. Film v. *Zoltán Fábri*, * 1917)

„Roma" (ital. Film v. *F. Fellini*)

„Canterbury Tales" (ital.-brit. Film v. *P. Pasolini*)

„Das große Fressen" (ital.-frz. Film v. *Marco Ferreri*)

„Traumstadt" (Film v. *Joh. Schaaf*) n. d. Roman v. *Alfr. Kubin* „Die andere Seite" (1909)

„Der Fußgänger" (Film v. *Max. Schell*)

„Der Reigen" (Film v. *Otto Schenk* n. *A. Schnitzler*)

G. Schlemmer: „Avantguard. Film 1951–71." Theorie

„Ich liebe Dich, ich hasse Dich" (frz.-ital. Film v. *François Truffaut*, * 1932)

Schüler der Berliner Film- u. Fernsehakademie dominieren mit sozialkrit. Filmen auf d. 22. Intern. Mannheimer Filmwoche

Mike Harker (* 1947, USA) fliegt mit Drachengleiter v. d. Zugspitze n. Ehrwald (Drachengleitersport breitet sich schnell aus)

Ca. 6 Monate dauert „Dienst nach Vorschrift" d. Fluglotsen i. d. BRD (lähmt den Flugverkehr und verursacht hohen Schaden von ca. 477 Mill. DM)

Es entwickelt s. ein rechtl. Datenschutz geg. Mißbrauch v. EDV-Anlagen

Mehr als 100 000 schwere Verbrechen i. Detroit (USA) dar. 751 Morde

In Texas (USA) wird Massenmord an 37 jung. Männern entd.

Kaufhausbrand in Japan fordert 100 Tote

Weihnachtsfeier d. Skylab-Besatzung wird v. Fernsehen übertragen

Arab. Erdöl-Lieferanten verdoppeln Ölpreis (beeinfl. empfindl. Energie- u. and. Kosten i. d. Industrieländern)

Erpresser verl. v. Bischof v. Münster 1,5 Mill. DM (andernfalls er ein beliebig. Kind zu töten droht)

Am Jahresende brennen die Bürger der BRD für 100 Mill. DM Feuerwerk ab

I. BRD 0,8 ‰ Blutalkoholgrenze f. Kfz-Führer

13. Monatsgehalt i. öff. Dienst

Wilde Streiks erzwingen vielfach Teuerungszulagen

Reiseausgaben:
a) Ausl. i. d. BRD
b) BDt. i. Ausl.
(in Mrd. DM)

	a)	b)
1969	3,6	7,5
1970	4,9	10,2
1971	5,3	12,3
1972	6,0	14,5
1973	5,8	17,3

D. Weltwährungssystem v. Bretton Woods (1944 mit festen Wechselkursen begr.) wird d. weltweites Floaten (freie Kursgestaltung) abgelöst (weltweite Inflation seit 1968)

Volksvermögen d. BRD auf 3700 Mrd. DM geschätzt (etwa 60 000 DM/Kopf) (59 % privat, 37 % öff. Hand)

Durch Zusammenlegung verringert s. d. Zahl d. Gemeinden i. BRD von 24 182 (1968) auf 14 928 (1973)

Es kommt dabei zum Streit um Änderung v. Autokennzeichen

1974	Friedens*nobel*pr. an *S. Mac Bride* (* 1904, Ire) (Gr.-Br.) 1961–74 Präsident v. Amnesty International u. *E. Sato* (* 1901, Japan) 1964–72 jap. Min.-Präs. Nach 25 Jahren NATO neue atlant. Deklaration v. Ottawa (v. USA u. EG i. Brüssel feierl. unterz.) Das Jahr ist gekennz. d. polit. Führungswechsel i. USA, Gr.-Brit., Frankr., BRD, Kriege auf Zypern u. i. Nah-Ost. Umsturz i. Portugal, Griechenland, Äthiopien. Reg.-Krise i. Ital. Bürgerkrieg i. Vietnam. Weltweite Inflation, Ölkrise, Hungersnöte. Terrorakte u. a. i. Irland u. Palästina Intens. Friedens- u. Entspannungsbemühungen Krise d. EG durch eigene Währungspol. Frankreichs, neue Forderungen Gr.-Brit. u. ital. Einfuhrbeschränkungen *Walter Scheel* (FDP *1919) v. d. Bundesversammlung i. Bonn zum Bundespräsidenten gewählt (erstmals find. die Wahl des Bu.-Präs. nicht in Berlin (W) statt) *H. D. Genscher* wird Bundesvors. d. FDP BRD ratifiziert Atomsperrvertrag Normalisierungs-Vertrag BRD–CSSR i. Kraft (Münchner Abk. v. 1938 damit endg. nichtig) Veröff. ein. Dokumentat. über Vertreibung v. Deutschen s. 1945 v. Bund.-Reg. abgelehnt BRD verlängert zinslosen (Swing-)Kredit f. d. DDR z. Ausgl. d. Handelsbilanz. DDR bietet Verh. über Verbess. hins. Berlin (W) an BRD u. DDR begehen ihr 25jähriges Bestehen (BRD schlicht, DDR volksfestartig) Seit 1961 verl. 155 000 Bürger d. DDR. 34 000 flüchteten unt. Lebensgefahr DDR tilgt d. Begriff „deutsche Nation" aus ihrer Verfassung BRD u. DDR tauschen „ständige Vertreter" unterh. d. Botschafterstatus aus (*G. Gaus* in Berlin (O), *M. Kohl* i. Bonn) BRD u. DDR legen genauen Grenzverlauf i. d. Lübecker Bucht fest Ost-West-Streit wegen Err. d. Umweltbundesamtes i. Berlin (W). DDR	*Nobel*pr. f. Lit. an *Eyvind Johnson* (* 1900, Schweden) u. *Harry Martinson* (* 1904), Schweden) † *M. A. Asturia*, Schriftst. aus Guatemala. *Nobel*pr. 1967 (* 1897) Friedenspreis d. dt. Buchhandels an Prior *Roger Schutz* (Ökumen. Bruderschaft Burgund). Demonstranten stören Verleihung *Peter Bamm:* „Am Rande der Schöpfung" *Simone de Beauvoir* (* 1908): „Alles in allem" (frz. Memoiren) *Thomas Bernhard* (* 1931): „Die Jagdgesellschaft" (Schausp.) *Thomas Bernhard:* „Die Macht der Gewohnheit" (Komödie, Urauff. i. Salzburg) *H. Böll:* „Katharina Blum" (krit. Schlüsselroman geg. Rufmord d. Sensationspresse) *Tibor Déry* (* 1894): „Erfundener Bericht" (ungar. Roman) *Tankred Dorst* (* 1925): „Eiszeit" (Schauspiel um Hamsun) † *Marieluise Fleisser*, dt. Schriftstellerin (* 1901) *Frederick Forsyth:* „Die Hunde d. Krieges" (Roman) *Simon Gray* (* 1936): „Butley" (dt. Erstauff., engl. Urauff. 1971) *Peter Härtling* (* 1933): „Eine Frau" (dt. Zeitroman) *R. Hochhuth:* „Lysi-	† *Adolf Arndt*, Verfassungsjurist u. Kulturpolitiker, trat als geistvoller Redner hervor (* 1904) † *Charlotte Bühler*, Psychologin maßg. Mitgl. d. Wiener Schule d. Jugendpsychologie (* 1893) † *Carl Jacob Burckhardt*, schweiz. Historiker, Schriftsteller u. Diplomat (* 1891) *S. Dali:* „Unabhängigkeitserklärung d. Phantasie u. Erklärung d. Rechte d. Menschen auf s. Verrücktheit (ges. Schriften d. span. surrealist. Malers) *Rudi Dutschke* (* 1940): „Versuch, Lenin auf die Beine zu stellen" (geg. L's Revolution „von oben") *Ernst Fraenkel* (* 1898, † 1975): „Der Doppelstaat" (Faschismusforschung, dt. Übers. d. amerikan. Ausg. v. 1938) *Erich Fromm* (* 1900): „Anatomie menschlicher Destruktivität" (Aggressions-Theorie) † *Jekatarina Furzewa*, Kultusmin. d. USSR seit 1960 (* 1910) *A. W. Gouldner:* „Die westliche Soziologie in der Krise" (dt. Übers. d. amerikan. Ausg. 1970) *M. Heidegger:* Ges.-Ausg. beg. zu erscheinen (auf 70 Bde. veranschl.) † *A. Hundhammer*, bayr. Politiker konserv. Prägung. 1946–50 bayr. Kultusminister (* 1900) † *Lewi Pethrus*, schwed. Grd. d. „Pfingstbewegung",

Bele Bachem (* 1916): „Nachtgesang d. Mütter" (Federzeichn.)

S. Dali (vgl. Ph)

H. Fehling u. *Gogel*: *Max-Planck*-Inst. f. Bildungsforschung i. Berlin (W) (funktionalist. Bau a. d. *Scharoun*-Schule)

Dane Hanson (* 1925 i. USA): „Drogenbenutzer" (Kunst eines panoptikumsartigen radikalen Realismus)

B. Heiliger: „Großes Pendel" (Bronzeplastik)

Jubiläums-Ausstellung f. *C. D. Friedrich* (* 1774) i. Hamburg u. Dresden hat gr. Zulauf (i. Hbg. 220 000 Besucher)

Ernst Fuchs (* 1928): „Der Tanz" (Radierung)

M. v. Gerkan (* 1935 u. *Volkwin Marg* (* 1936): Großflughafen Berlin-Tegel (Flugh. d. „kurzen Wege" f. 5 Mill. Pass. jährl.)

Werner Glich (* 1927): „Dolomitenlandschaft" (Gem.)

G. Graßmann (* 1900): „Café am See" (Mischtechn.)

Egon Jux (* 1927): Köhlbrandbrücke über Hamburger Hafen (formschöne Hängebrücke mit 172 m Spannweite)

Max Kaminski (* 1938): „Blick auf Meer" (Kohle, Kreide, Pastell)

O. Kokoschka: „Bückendes Mädchen" (Tuschzeichn.)

Anton Lamprecht: „Voralpenlandschaft" (Zeichn.)

Max Pfaller (* 1937): „Die Noblesse der Einsamkeit" (Acryl)

N. Sagrekow (* 1897): „Berlinerin 1974"

Jubiläums-Ausst. f. *Karl Schmidt-Rottluff* (* 1884)

B. Blacher (* 1903, † 1975): „Pentagramm" (f. 16 Streicher)

P. Dessau (* 1894): „Einstein" (Oper, Urauff. i. Berlin (Ost)

Werner Egk (* 1901): „Cinque incontri" (f. 5 Bläser)

† *Duke Ellington*, US-Jazz-Musiker (* 1899)

Carlisle Floyd (* 1925): „Von Mäusen u. Menschen" (amer. Oper n. *Steinbeck*)

H. W. Henze: „Stimmen" (Lieder f. 2 Sänger u. 15 Spieler)

Mauricio Kagel: „Mirum f. Tuba" (Kompos.)

G. Klebe: „Ein wahrer Held" (Oper)

György Ligeti (* 1923): San Francisco Polyphony (f. Orch.)

† *Frank Martin*, Schweizer Komponist, von *A. Schönberg* beeinfl. (* 1890)

† *Darius Milhaud*, frz. Komp. Mitgl. d. Groupe des six (vgl. 1920) (* 1892)

† *David Oistrach*, führ. russ. Geigenvirtuose (* 1908)

D. Schostakowitsch: 14. Sinfonie i. 11 Sätzen f. Orch., Sopran u. Baß (russ. Komp.)

Karlheinz Stockhausen (* 1928): „Herbstmusik"

*Nobel*pr. f. Physik an *Martin Ryle* (* 1918, Gr.-Br.) f. Verbess. d. Radioteleskope, u. *Antony Hewish* (* 1924, Gr.-Brit.) f. Entd. d. Pulsare (senden Radioimpulse)

*Nobel*pr. f. Chemie an *Paul L. Flory* (* 1910, USA) f. Chemie d. Makromoleküle)

*Nobel*pr. f. Medizin an *Albert Claudeo* (* 1899, Lux.), *G. E. Palade* (* 1912, Rumän.) u. *Christian René de Duve* (* 1917, Gr.-Brit.) f. Zellforschung, Anw. v. Elektronenmikroskop u. Ultra-(Gradienten-) Zentrifuge

Barnard gelingt Implantation eines 2. Herzens u. d. Verbindung mit d. ursprünglichen

E. S. Bücherl, K. Affeld u. and.: „Der Totalersatz d. Herzens mit künstl. Blutpumpen (Zus. d. Vers. i. Berlin (W), die 1973 z. Überleben eines Kalbes um 123 Stunden führten) (vgl. 1966)

† *James Chadwick* (* 1891), engl. Physiker, entd. 1932 d. Neutron, *Nobel*pr. 1935

Annie Chang u. *S. N. Cohen* gelingt übertrag. v. Erbfaktoren (Genen) auf Coli-Bakterien (Promin. Forscher warnen v. solchen biotechn. Experimenten wegen unabs. Folgen)

J. D. Watson u. 11 andere namh. US-Wissenschaftler warnen vor modern. Biotechnik (z. B. Erbmanipulation)

*Nobel*preis f. Wirtschaft an *Gunnar Myrdal* (* 1898, Schwed.)

Weltbevölk.-Konf. i. Bukarest verabsch. Programm, d. b. 1985 eine Senkung d. Zuwachsrate von 2 auf 1,7 % vorsieht (keine Einigkeit üb. d. Problem d. Übervölkerung)

Man schätzt, daß i. d. Entw.-Ländern jährl. 15 Mill. Kinder verhungern

Es entst. d. wirtschaftspol. Begriff d. „4. Welt" f. d. Länder, die weder Industrie noch Rohstoffe haben

2. Club-of-Rome-Bericht, 3-Stufen-Energieprogramm: a) Öl, b) Kohle, c) Sonne (statt Kernenergie)

F. d. Zukunft wird Rohstoffknappheit (bes. NE-Metalle) kritischer eingeschätzt als Energieknappheit

Zustand d. EG durch negative Zahlungsbilanzen u. Preisanstiege gekennz. (posit. H.-Bilanz i. BRD u. Niederl.)

Importbeschränk. i. Italien stört Wirtschaftspol. d. EG

Regionalfonds d. EG f. notl. Mitgl. (insbes. Ital. u. Gr.-Brit.)

EG-Rat beschl. Programm f. Wissenschafts- u. Technologie-Politik

Bauernunruhen i. Frankr. u. and. EG-Ländern um höhere Einkünfte

EG stoppt Rindfleischeinf., um hohe Vorräte abzubauen

Vertrag über Erdgasliefer. von Iran üb. USSR i. BRD

Verstromungsgesetz d. BRD fördert Kohle als Energiequelle

(1974)	beh. Transitverkehr. 3 Westmächte protestieren i. Moskau. Amt wird erricht. DDR nimmt erhöhten Zwangsumtausch f. Einreisende weitgeh. zurück DDR meld. i. kurz. Zeit demonstrat. 31 strenge Urteile geg. „Fluchthelfer" (sog. „staatsfeindl. Menschenhandel") Pers. Referent d. Bundeskanzlers *W. Brandt* wird als Spion f. d. DDR entlarvt. *W. B.* tritt zurück *Helmut Schmidt* bild. eine neue SPD-FDP-Koalitionsreg. FDP: *Genscher* (Äußeres u. stellvertr. Kanzler) *Maihofer* (Inneres) *Friderichs* (Wirtschaft) *J. Ertl* (Ernährung) SPD d. anderen Ressorts dar. *H. Apel* (Finanz.) *O. Leber* (Verteidigung) *Katharina Focke* (Fam., Gesundh., Sport) *H. J. Vogel* (Justiz) *H. Rohde* (Bildung u. Wissensch.) Entw.-Min. *Eppler* (SPD) tritt zurück, Nachf. wird *Egon Bahr* Bund.-Kanzler *Schmidt* u. Außenmin. *Genscher* verhandeln in Moskau üb. konsequente Anwendung u. strikte Einhaltung d. Viermächte-Abk. bzgl. Berlin. Seine Einbez. i. ein Abk. üb. Atomstrom wird vereinbart Straßenschlachten in Frankfurt/M. wegen poliz. Räumung besetzter Häuser i. Westend Landtagswahlen i. Hamburg, Hessen u. Bayern bringen d. SPD Verluste (Unionsparteien gew. Mehrheit i. München u. Frankfurt) SPD-FDP-Reg. i. Hamburg unt. *P. Schulz,* nach dessen Rücktritt wegen Finanzschwierigkeiten, *H. U. Klose* *Rommel* (Sohn d. Feldmarschalls) wird als Kand. d. CDU Oberbgm. v. Stuttgart CSU-Reg. i. Bayern unt. *A. Goppel,* SPD-FDP-Landesreg. i. Hessen unt. *A. Osswald* u. Niedersachsen unt. *A. Kubel* Terroristen erschießen i. Berlin (W) Kammergerichtspräs. *v. Drenkmann* (*1910). Löst Maßn. z. Bekämpfung linker Anarchisten aus Hungerstreik inhaftierter Mitgl. d. kriminellen Baader-Meinhof-Gruppe. Ein Häftling stirbt (wird 1975 abgebrochen) Verschärfung d. Prozeßordnung gegen Mißbrauch durch Rechtsanwälte *U. Meinhof* u. *RA H. Mahler* wegen Be-	strata oder die NATO" (Zeitkrit. Schauspiel) *Huchel* (DDR) erh. *Andreas-Gryphius*-Preis d. BRD † *Marie Luise Kaschnitz,* dt. Schriftstellerin bes. Lyrik (* 1901) † *Erich Kästner,* dt. Schriftst. (* 1899) *Katja Mann:* „Meine ungeschriebenen Memoiren" (v. d. Frau v. *Th. Mann*) *Erh. Riemann:* „Preussisches Wörterbuch" (4 Bde. über ost- u. westpreußische Mundarten s. 1952) Schaubühne a. Hall. Ufer, Berlin (W): „Sommergäste" v. *Gorkij* (stark beacht. Insz. v. *P. Stein*) *Solschenizyn* wird aus d. USSR ausgewiesen, geht i. d. BRD u. Schweiz, veröff. 2 Bd. v. „Archipel Gulag" *Solschenizyn* erneuert Zweifel an *Scholochows* Autorenschaft am „Stillen Don" *Erwin Strittmatter* (* 1912): „Der Wundertäter" (2. Bd. Bestseller i. d. DDR) *G. Zwerenz:* „Der Widerspruch" (autobiogr. Betrachtung ein. Linken) Erfolgreichste Theaterstücke 1973/4: 1. *Bethencourt*: „Der Tag, an dem der Papst gekidnappt wurde" 2. *Rayburn*: „Früher oder später" 3. *Plenzdorf*: „Die neuen Leiden des jungen W." 8. „Was ihr wollt"	einer freikirchl. Erweckungsbeweg. (* 1884) *H. W. Richter* (* 1908): „Briefe an einen jungen Sozialisten" (m. Kritik am Linksradikalismus) *C. F. v. Weizsäcker:* „Die Einheit der Natur" (Studien z. Weltbild d. Physik) *Swyadoschch:* „Sexuelle Probleme d. Frau" (erscheint i. USSR u. find. starke Beachtg.) BRD senkt Volljährigk. v. 21 auf 18 Jahre (mit d. 1. 1. 1975 werden 2,5 Mill. Bürger volljährig) Kriegsdienstverweigerer i. BRD 1968: 11 952 1973: 35 192 Bund.-Reg. erwägt fr. Wahl d. Zivil-Ersatzdienstes Club of Rome-Tagung i. Berlin (W): „Menschheit am Wendepunkt" (Abkehr v. radikaler Wachstumskritik. Ford. organischen Wachstums) Im polit. u. geistigen Leben d. BRD wird eine konservative „Tendenzwende" festgestellt Wirtschaftl. u. finanzielle Schwierigkeiten verurs. Reformmüdigkeit (z. B. i. d. Bildungspolitik) Erzbischof v. Canterbury (s. 1961) *A. M. Ramsey* (* 1904) tritt zurück; trat f. d. ökumenische Bewegung ein, reiste zuletzt i. d. DDR) FDP fordert in einem umstrittenen „Kirchenpapier" stärkere

u. a. in Berlin (W) und *Karl-Marx*-Stadt, deren Ehrenbürger er ist.

Heikki Siren (Finne): Brucknerhaus i. Linz

Jürgen Tenz (* 1942): „Negativer Aufruhr d. Maschinen" (Federzeichn.)

Neubauten d. Univ. Paris (spiegeln Dezentralisierungsges. v. 1968)

„Hommage à *Schönberg*" (Der Blaue Reiter u. d. Musikalische i. d. Malerei) (damit verabsch. s. *W. Haftmann* v. d. Nationalgal. Berlin (W)

Auf d. Gr. Kunstausstellung i. München ist d. realist. u. naturalist. Darstellung stark vertreten

„Landschaft – Gegenpol oder Fluchtraum?" Ausst. i. Leverkusen u. Berlin (W), unterstreicht neue Bedeutung d. Landschaftsmalerei

Gr. Ausst. d. Abtei Gladbach, die 974–1802 bestand

Wieland Schmied (* 1929): „malerei nach 1945" (in Deutschland, Österreich, Schweiz)

UN-City in Wien gegr. als modern. Kongreß-Zentrum (Bauzeitplanung 1974–78)

Die Kinowochenschau i. BRD fast gänzlich d. Fernsehen verdrängt

—

„Szenen einer Ehe" (schwed. Film v. *I. Bergman*)

„Unmoralische Geschichten" (frz. Film v. *Walerian Borowczyk*)

„Das Gespenst der Freiheit" (span.-frz. Film v. L. *Buñuel*, * 1900)

„Der Nachtportier" (ital. Film v. *Liliana Carani* über Waffen-SS)

James Whitman: „The Dance of Shiva" (elektron. Kompos.)

Fr. Zehm: „Schwierigkeiten & Unfälle mit 1 Choral"

Hans Zender (* 1936): „Zeitströme" (f. Orch.)

Beliebteste Musiktheaterstücke 73/4: „Fledermaus", „Zauberflöte", „Zigeunerbaron"

Erneute Finanzkrise d. Metropolitan Opera, New York

Schönberg-Jahr wird weltweit begangen

H. H. Stuckenschmidt (* 1901): „*Schönberg*. Leben, Umwelt, Werk" (Biogr.)

H. H. Stuckenschmidt: „Schöpfer d. neuen Musik", nennt: *Debussy* (* 1862, † 1918), *Busoni* (* 1866, † 1924), *Schönberg* (* 1874, † 1951), *Ravel* (* 1875, † 1937), *de Falla* (* 1876, † 1946), *Bartók* (* 1881, † 1945), *Strawinsky* (* 1882, † 1971), *v. Webern* (* 1883, † 1945), *Berg* (* 1885, † 1935), *Prokofieff* (* 1891, † 1953), *Milhaud* (* 1892, † 1974), *Hindemith* (* 1895, † 1963), *Dallapiccola* (* 1904, † 1975), *Schostakowitsch* (* 1906, † 1975), *Messiaens* (* 1908,

Dt.-frz. Nachrichtensatellit „Symphonie" mit US-Trägerrakete gestartet

3. Skylab-Besatzung landet n. 84 Tagen

2 Sowj. Kosmonauten besetzen 15 Tage Raumstation Saljut 3 (f. 1975 ist gemeins. Kopplungsmanöver USA-USSR geplant)

Größter Forschungsreaktor d. Ostblocks i. Polen i. Betr.

Doppelringspeicher DORIS d. Elektronensynchrotrons DESY b. Hamburg eingeweiht (gestattet energiereiche Elektronen-Kollisionen)

SU-Forscher finden instabiles Transuran v. d. Ordnungs-(Ladungs-)Zahl 106 als 14. Transuran. Es werden relativ stabile Transurane mit d. Ordn.-Zahl 114 u. 164 vermutet u. z. erzeugen versucht

Um die Entd. d. transuran. Elementes 106 entst. Prioritätsstreit zw. USA u. USSR

6-m-Spiegelteleskop i. USSR (Kaukasus) i. Bau

USA planen 3-m-Weltraum-Spiegelteleskop f. astron. Beobachtungen außerhalb d. Atmosphäre (wegen d. Kosten v. 200–300 Mill. Dollar umstritten)

US-Raumsonde Mariner 10 funkt 2000 Aufn. v. Merkur (kraterübersäte Oberfläche, Magnetfeld u. dünne Atmosphäre

US-Raumsonde erkund. Jupiter

Steinkohlenabs. a) u. Haldenbestände b)

	Mill. t	Mrd. t
1974	a) 109,5	b) 1,5
1973	99,4	14,8
1972	95,5	16,2
1971	101,6	9,5
1970	113,3	1,3

Weltweite Inflation. Preisanstieg geg. Vorjahr

Japan	24,2 %
Italien	15,5 %
Großbritannien	14,4 %
Dänemark	14,3 %
Frankreich	12,4 %
USA	10,3 %
Belgien	10,0 %
Schweiz	9,9 %
Schweden	9,3 %
Österreich	9,2 %
Niederlande	9,1 %
BRD	7,2 %

Prognose f. d. reale Wirtschaftswachstum nach d. Ölkrise

BRD	+2,5 %
USA	+0,5 %
Schweden	+4,0 %
Kanada	+5,0 %
Großbrit.	−1,0 %

Industrieprod. Japans geht um 2 % zurück

BRD senkt Diskontsatz

Konjunktur-Sonderprogramm üb. 950 Mill. DM i. BRD

318 Firmenfusionen in BRD (Max. seit 1966)

Im 1. Halbj. steigen i. d. BRD d. Tariflöhne f. 15 Mill. Arbeitn. um ca. 12 %

Mit 2,5 % Arbeitslosen i. d. BRD wird s. 14 Jahren Höchststand erreicht. I. Winter 74/75 werden bis 5 % = 1 Mill. Arbeitslose erreicht (in USA 6 % Arbeitslose)

Schwerpunktstreiks d. ÖTV i. d. BRD um Besoldungserh. i. öffentlichen Dienst (diese Aktion schwächt d. Stellung d. Bundesreg.)

(1974)	freiung d. Brandstifters Baader zu hohen Freiheitsstrafen verurteilt † *Franz Jonas* (SPÖ) österr. Bundespräs. s. 1965 (* 1899) *R. Kirchschläger* (* 1915, parteilos) wird österr. Bundespräs. In österr. Regionalwahlen siegt ÖVP üb. SPÖ † *Georges Pompidou*, frz. Staatspräs. s. 1969 (* 1911). Nachf. *Giscard d'Estaing* (* 1926) *Giscard d'Estaing* (* 1926) z. frz. Staatspräs. gewählt (erhält gegenüb. d. Kandidaten d. Linken *Mitterand* mit 50,9 % knappe Mehrheit Annäher. Frank.–USA i. d. Energiefrage Schwere innenpol. Krise i. Italien, Mitte-Links-Reg. *Rumor* tritt zurück. *A. Moro* (* 1916) bild. neue Koal.-Reg. (38. Nachkriegsreg.) 2 Unterhauswahlen i. Gr.-Brit.: i. d. 1. wird Labour stärkste Partei, i. d. 2. gew. s. abs. Mehrheit Reg. unter *H. Wilson* Reg. *Wilson* legt i. Gr.-Brit. Konflikt mit Gewerkschaften d. starke Lohnerhöhungen bei Bombenterror d. IRA i. Irland u. England ford. zahlr. Tote u. Verletzte. Engl. Reg. verschärft Gesetze. Einf. d. Todesstrafe wird gefordert IRA-Bombenattentat in Birmingham fordert 19 Tote u. 220 Verletzte IRA wird in Gr.-Brit. verboten Terroranschläge (Autobomben) töten an einem Tag in Dublin (Irland) 28 Menschen u. verl. 150 † *Georgios Grivas*, griech. General auf Zypern (* 1898) Griech. Offiziere stürzen auf Zypern Präsid. Erzbischof *Makarios*, der d. Insel zeitweise verläßt Im Zuge d. Zypernkrise tritt griech. Militärjunta zurück. Es wird eine Zivilreg. gebildet, Min.-Präs. *K. Karamanlis* (* 1907). Verk. Amnestie u. läßt pol. Häftlinge frei (war 1963 weg. Diff. m. d. Kg. als Min.-Präsid. zurückgetreten) Griech. Volksabst. entsch. geg. Monarchie *Kissinger* err. israel.-arab. Abk. über Truppentrennung am Suezkanal u. auf d. Golanhöhen, UN-Truppen überwachen d. Trennung. Suezkanal wird wieder schiffbar gemacht	Volksabst. üb. Subventionierung d. neuerb. Stadt-Theaters i. Basel (halbiert d. vorges. Haushalt)  Neubau des Römisch-Germanischen Museums über dem Dionysos-Mosaik in Köln eröffnet (zeichnet sich durch moderne Museumstechnik aus)	Trennung v. Kirche u. Staat Volksabst. i. Ital. erg. Mehrheit (59 %) f. Ehescheidungsmöglichkeit (Niederl. f. Christdemokraten u. Kirche) Dt. Bildungsrat empfiehlt Versuche m. d. Gesamtschule (christdemokr. Bundesländer stellen Existenz d. Rates in Frage) Pädagog. Ausstellung „Didacta" i. Brüssel Berlin (W) novelliert das Univ.-Reformges. v. 1969 (stärkerer Staatseinfl.) Hochschulentwicklungsplan i. Berlin (W) sieht 1975–78 10 000 neue Studienpl. vor Bewerber pro Studienplatz i. d. BRD: Chemie 1, Biologie 4, Zahnmedizin 6, Medizin 6, Pharmazie 6, Psychologie 7. Die Zulassung z. Studium erschwert sich. Es droht ein allg. Numerus clausus (Zulassungsstopp) Argentinien säubert seine Universitäten von linken Revolutionären (ERP = „Volksheer") Bundestag beschl. Fristenlösung (3 Monate) f. legale Abtreibung. Christdemokr. rufen Verfassungsger. an, das diese Lösung verwirft Frz. Parlament beschl. Fristenlösung (10 Wochen) f. leg. Schwangerschaftsabbruch Papst enth. Kardinal *Mindszenty* (* 1892) s. Amtes als Primas v. Ungarn (war es s. 1945)

„Der Hochzeitstag“ (frz. Film v. *Claude Carrière*)

„Une Partie de Plaisir“ (frz. Ehefilm v. *Claude Chabrol*)

Chaplin-Renaissance i. Film

„Le Train“ (frz.-ital. Film v. *Pierre Grania Deferre*)

„Effi Briest“ n. „Angst essen Seele auf“ (dt. Filme v. *R. W. Fassbinder*)

„Der Exorzist“ (US-Film v. *William Friedkin*; teilw. heftige Reaktionen d. Publikums)

„*Jesus Christ* Superstar“ (US-Film v. *Norman Jewison*)

„Besitzbürgerin Jahrgang 1908“ (dt. Film v. *Alexander Kluge*)

„Ein ganzes Leben“ (frz. Film v. *C. Lelouch*)

„Lacombe Lucien“ (frz. Film v. *Louis Malle*, * 1932)

„Chinatown“ (US-Film v. *R. Polanski*)

„Stoppt die Todesfahrt der U-Bahn 123“ (US-Film v. *Joseph Sargent*)

„Chapeau Claque“ (dt. Film v. *U. Schamoni*)

„Der Fußgänger“ (Film v. *Maximilian Schell*) erh. Bundesfilmpr.

„Gewalt und Leidenschaft“ (ital. Film v. *L. Visconti*)

„Ein Mann sieht rot“ (US-Film v. *M. Winner*)

„Fußballschlachten d. Jahrhunderts“ (Dokumentarfilm)

Am dt. Spielfilm hat Pornographie starken Anteil. Kinokette f. „harte“ Pornofilme nützt Gesetzeslücke i. BRD

Bes. beliebte Filme vgl. 1975

„Jakob der Lügner“ (DDR-Film von *Frank Beyer* um KZ-Schicksale)

), *Britten* (* 1913,), *Henze* (* 1926).

Ergänzend ist zu nennen *Stockhausen* (* 1926)

In USA wird ältest. Lied d. Erde rekonstr. (babylon. Liebeslied f. Sänger u. Lyra v. ca. –1800)

Krysztof Penderecki (* 1933): „Le Song de Jakob“ (f. Orch.)

Schlager: „Waterloo“, „Theo, wir fahren nach Lodz!“, „Wir zwei fahren irgendwo hin“

Mt.-Palomar-Teleskop ent. 13. Jupitermond

USA u. BRD starten Spezialraumsonde Helios A zur Erkundung d. Sonnenumgebung

Möglichkeit u. Grenzen einer Astronomie m. d. schwer beobachtbaren Gravitationswellen werden diskutiert (vgl. 1970)

In USA wird i. 503 Tagen eine Rekordtiefe v. 9600 m erbohrt

Ca. 1500 erbl. bedingte Krankheiten bekannt (beansp. 26 % d. Krankenhausbetten)

Biomedizin. Datenbank i. BRD (wertete ab 1969 jährl. 4000 Zeitschr. aus. Datenschatz ca. 2 Mill. Wörter)

Herzzentrum f. schwierige Operationen i. München gegr.

Raster-Elektronenmikroskopie entw. s. mit bis zu 40 000facher Vergrößerung z. verbreiteten Forschungsinstrument

Schwimmende Forschungsplatten „Nordsee“ für 14 Wissenschaftl. wird v. Helgoland stationiert

Intern. Geologenkongr. i. Zürich stellt allg. Erdkrustenbewegung fest: Europa–N.-Amerika nähern sich mit 12 cm/Jahr, Alpen heben sich ca. 10 mm/Jahr. Genaueste Messungen durch Mond-Laser-Reflektoren

Messung. ergeben Senkung d. Rheingrabens um 1/2 mm pro Jahr

130 km/h Richtgeschwindigkeit f. Autobahnen i. d. BRD (Teilerprobungsstrecken mit 130 km/h Höchstgeschwindigkeit)

VW-Werk i. Wolfsburg stellt Prod. d. „Käfers“ ein (wird i. Ausl., auch Übersee, fortges.)

Produkt. v. Elektroautos (City cars) i. d. BRD: 100 km Reichw. 60 km/h Geschw. Vorläufer umweltfrdl. PKWs

Island besteht weiter auf einer Fischereizone v. 50 Meilen (führt zu Konflikten)

Wirtsch. Hintergrund d. portug. Staatskrise: Hohe Militärausg., niedrig. Lebensstandard, Inflation, Handelsdefizit

Portugal verw. mehr als 50 % s. Staatshaushaltes f. d. Überseeprovinzen

Iran beteiligt sich mit 25 % bei Krupp, Essen, Kuwait b. Mercedes (Öllânder suchen rentable Anlagen ihrer Mehreinnahmen)

Massenstreik i. Japan (ca. 6 Mill. Streikende) lähmt öffentl. Leben

Indisches Sozialprod. steigt langsamer als Bevölkerg.

Indien wird d. d. unterird. Erprobung einer Atombombe nach USA, USSR, Gr.-Brit., Frkr. u. VR China 6. Atommacht (dies. polit. Ehrgeiz w. heftig kritis.)

Autofirma Volvo (Schwed.) ersetzt Fließband durch weniger monotone Gruppenarbeit

I. d. BRD steigt Beamtenbesoldung um 11 % u. schwächt Position d. Bundesreg. unter *W. Brandt*

40-Stunden-Woche i. Öff. Dienst d. BRD

Sozialwahlen i. BRD brin-

(1974)	Die Lage i. Nah-Ost spitzt sich zu Palästinenser stürmen in Maalot israel. Schule, israel. Gegenstoß: 30 Tote, 89 Verletzte *Golda Meir,* israel. Min.-Präs. s. 1969 (* 1898) tritt zurück, Nachf. *Yitzhak Rabin* (* 1922, Arb. Partei) Arab. Staaten gestehen d. terroristischen PLO *Arafats* Alleinvertretung d. Palästinenser zu. *Arafat* spricht vor der UN Kolonialkrieg Portugals belastet Wirtschaft u. Sozialpol. General *A. Spinola* (* 1910) stürzt Min.-Präs. *Caetano* i. Portugal (beend. d. faschist. Diktatur n. 40 Jahren [vgl. 1934], Übersee-Prov. erhalten Selbständigkeit) Die eingeleitete Unabh. d. portug. Überseeprovinzen bed. Ende d. 500jährigen europ. Kolonialpolitik (vgl. 1446 W, 1462 W, 1458 P) Portug. Staatspräs. *Spinola* ernennt nach Reg.-Krise neue Reg. aus Militärs u. linken Parteien Portugal anerk. d. Unabh. v. Guinea-Bissau. Aufstand d. weißen Siedler i. portug. Moçambique bricht zusammen I. Spanien überg. d. erkrankte *Franco* Reg. kurzz. an Prinz *Carlos Juan* Demokrat. Wahlen i. Griechenl. bringen d. Partei v. *Karamanlis* (* 1907) absol. Mehrheit *Bülent Ecevit* (* 1925) bild. türk. Koalitionsregierung d. linken Mitte In Jugoslawien werden stalinist. Moskau-Anhänger verhaftet u. verurteilt US-Präsid. *Nixon* bes. Nahostländer, Brüssel (EG) u. USSR (wird vielf. als Flucht vor inneren Schwierigkeiten ged.) 4 Mitarbeiter *Nixons* wegen Watergate-Affäre verurteilt US-Präs. *R. Nixon* entg. Amtsenthebungsverfahren (Impeachment) weg. Watergate-Skandal d. Rücktritt *Gerald Rudolph Ford* (* 1913, Parteirepublikan.) wird Nachfolger v. Präs. *Nixon,* d. er von Strafverfolgung freistellt Vize-Präs. *N. A. Rockefeller* (* 1908) N. d. Watergate-Skandal erl. US-Republikaner b. d. Zwischenwahlen gr. Verluste. US-Präsid. verl. Sperrminorität i. Kongreß	Kritik a. Vatikan weg. opportunist. Politik gegenüb. Kommunismus Tagung d. Zentralausschusses d. Ökumenischen Rates d. evangel. Kirche i. Berlin (W) (Anti-Rassismus-Programm weg. antiwestl. Tendenzen umstritten). Richtungsstreit i. d. ev. Kirche Berlins um d. Politik v. Bischof *Scharf* Bibel i. 6 Comic-Heften i. England Weltkongr. d. Blinden i. Berlin (W) behand. Ausbildungsfragen Computergesteuerte Analyse d. Entst. d. Frühneuhochdeutschen i. Mittel-Dtl. zw. 1350–1700 (Höhepunkt i. d. *Luther*-zeit) Stiftung Preuß. Kulturbesitz i. Berlin (W) wird vom Bund u. allen Bundesländern finanz. (bisher nur v. Bund u. 4 Bundesl.) Ausgrab. d. 1. askan. Burg b. d. Spandauer Zitadelle (erb. ca. 1200) Wertvolle Funde aus der Han-Zeit i. d. VR China (Manuskripte versch. Art)	Erforschung d. Meeresbodens mit ferngesteuert. Unterwasserfahrzeug (TV-Kontrolle) Univ. Gießen entw. Ionentriebwerk f. Raumfahrzeuge (geringes Treibstoffgewicht) Isotopenhäufigkeit in einem 1500 m langen, auf Grönland erbohrten Eiskern erg. regelm. Klimaschwankungen i. 63-Jahre-Zyklus Parallel zur Sonnenfleckenaktivität In Kalifornien wird ein ca. 50 000 Jahre alter Indianerschädel gefunden Menschl. Werkzeuge i. südafrikan. Höhlen erweisen sich als 2,5–3 Mill. Jahre alt 6000 Jahre alte Zypresse als ältester Baum auf Taiwan entd.

gen Niederlage f. d. Gewerkschaften

Konkursverluste i. BRD ca. 3mal höher als i. Vorjahr

Rücktrittsrecht f. Abzahlungskäufer i. BRD

Bankhaus *Herstatt* i. Köln wird insolvent (geh. z. *Gerling*-Konzern)

Hamburg eröffn. Köhlbrandbrücke i. Freihafen (mit 520 m Länge zweitgrößte Brücke i. Europa nach d. Europa-Brücke [800 m] b. Innsbruck)

3 km Autobahn-Elbtunnel i. Hamburg nach 6jährig. Bauzeit für 500 Mill. DM fertiggest. Wird Anfang 1975 d. Verkehr übergeben

1. elektron. Fernsprechvermittlungsstelle i. BRD

Durch Eingemeindungen (Porz, Wesseling) wird Köln 4. Millionenstadt d. BRD (n. Berlin, Hamburg u. München)

I. d. BRD stehen ca. 250 000 Wohnungen i. Werte von 50 Mrd. DM leer

Straßenunr. i. Frankfurt/Main weg. Tariferh. i. Nahverkehr

Nahverkehrssysteme erfordern hohe Zuschüsse, z. B. Berlin. Verkehrsbetriebe (Autobus u. U-Bahn) 244 Mill. DM

Schuldenstand d. Bundespost

1974 44,0 Mrd. DM
1972 30,1 Mrd. DM
1970 20,1 Mrd. DM
1966 12,9 Mrd. DM

Erhöhung d. Postgebühren i. BRD

Bombenanschlag im Tower, London, tötet mehrere Touristen (vermutl. IRA)

Terroristen nehmen i. Nicaragua 17 Geiseln. Nach Erfüllung ihrer Forderungen (Gefangenenbefreiung) können sie im freien Geleit n. Kuba fliegen

In Ital. s. 1960 332 Menschen entführt, dabei 19 Mrd. Lire erpreßt (8 ermordet, 2 verschollen, 322 unversehrt freigel.)

Papierpreis steigt geg. Vorjahr um 80 %

Pressekonzentration i. BRD: selbst. Zeitungsredaktionen 124 (1969: 149); Anteil d. Gebiete mit nur einer Zeitung stieg um 6,5 %

Kabelfernsehversuche i. 7 frz. Städten, i. Nürnberg u. Hamburg
(Die Verkabelung d. BRD wird auf ca. 20 Mrd. DM geschätzt)

Munitionsräumer fanden s. 1945 i. NRW 140 000 Bomben u. 10 Mill. Granaten, 97 verungl. tödl. Bei Kosten v. 40 Mill. DM jährl. rechnet man mit weiteren 50 Jahren Räumungsarbeit

Bundes-Umweltamt i. Berlin (W) errichtet (SU u. DDR protestieren)

Der 1973 v. d. DDR willkürlich erhöhte Zwangsumtausch f. Einreisende wird weitgeh. wieder herabges.

† *Charles Lindbergh*, überquerte 1927 erstmals i. Alleinflug d. Atlantik v. W. n. O. i. 33,5 St.

US-Düsenflugzeug SR 71 fliegt USA–Gr.-Brit. i. 1 : 56 (Brit. Flugz. flog 1969 i. 4 : 46 üb. d. Atlantik)

Pariser Großflughafen „*Charles de Gaulle*" (f. jährl. 10 Mill. Passagiere)

In Berlin löst d. Flughafen Tegel den Flugh. Tempelhof ab (best. s. 1922)

VR China untern. Versuchspassagierflüge i. d. USA

Mittelstreckenflugz. Airbus A 300 B 2 im Dienst (erb. v. BRD, Frankr., Gr.-Brit. u. Niederl.)

Bau einer neuen Strecke d. transsibir. Eisenbahn (3200 km Länge). I. Afrika wird die Uhuru-Bahn v. Daressalam i. d. Kupferzentrum Sambia gebaut (1850 km)

Zugunglück i. Zagreb: 147 Tote

1. Absturz eines Großraum-Flugzeuges (DC 10 b. Paris): alle 346 Insassen tot

1. Absturz eines Jumbo Jet (b. Nairobi): 59 Tote, 98 überleben

Flugzeugabsturz b. Leningrad fordert 118 Tote

Zivilluftfahrt hat mit 20 Unfällen und mehr als 1500 Toten bisher verlustreichstes Jahr ihrer Geschichte

Mit etwa 0,24 Todesfällen auf 100 Mill. Passagier-km besteht ein hoher Sicherheitsstandard im Luftverkehr

I. BRD wird mehrf. Giftmüllablagerung gefunden (z. B. radioakt. Abfälle)

Beim 1. japan. Atomkraftschiff „Mutsu" wird Reaktor undicht (lief trotz Proteste aus)

Hochhausbrand i. Sao Paulo ford. üb. 200 Tote (Hochhäuser erw. s. oft als Sicherheitsproblem)

Explosion einer chem. Fabrik in Flixborough/Engl. fordert 28 Tote

Grubenunglück i. Polen fordert 32 Tote

Unwetterkatastrophe i. Oberbayern (schwere Sach- u. Viehverluste)

Wirbelsturm fordert i. Honduras 7000–10 000 Tote

(1974) US-Präs. *Ford* besucht Japan (heftige Protestdemonstrationen)

Kakuei Tanaka, japan. Min.-Präs. seit 72 tritt unter Korruptionsverdacht zurück

US-Präs. *Ford* u. KPSU-Sekr. *Breschnew* vereinb. i. Wladiwostok konstruktive Forts. d. SALT-Gespräche (jede Seite soll 2500 atomare Sprengköpfe haben)

P. E. Trudeau (Liberale Partei, * 1919) gew. i. Kanada n. Scheitern s. Minderheitsreg. absolute Mehrheit

† *Juan Peron,* argent. Staatspräs. 1946–55 u. 73–74 vers. Ausgleich zw. Militär u. Gewerkschaften (* 1895)

Neu gewählter Oberster Sowjet bestätigt Führungs-Spitze d. SU: *L. Breschnew* (Gen.-Sekr. d. KPSU s. 1964), *Podgorny* (Staatsoberh. s. 1965) u. *Kossygin* (Reg.-Chef s. 1964)

† *G. Schukow,* sowj. Marschall (D. „Sieger v. Berlin" 1945) (* 1896)

Grabdenkmal f. *N. Chruschtschow* am 3. Jahrestag s. Todes

Reformfreudige Militärs entmachten i. Äthiopien Kaiser *Haile Selassie.* 60 führ. Persönlichkeiten werden erschossen, d. Kaiser inhaftiert (reg. s. 1930)

Staatsstreich in Niger: Armee stürzt Präs. *Hamani Diori* (s. 1960) (25. Staatsstr. seit 1963 i. Afrika)

Somalia wird 20. Mitgl. d. Arab. Liga

Mit unterird. Atomtest wird Indien nach USA, USSR, Gr.-Brit., Frankr. u. VR China 6. Atommacht (will sich auf friedl. Nutzung beschränken)

Indien annektiert Kgr. Sikkim (seit 1950 Protektorat m. ca. 200 000 Einw.)

Pakistan anerk. Bangla Desch (vorher Ost-Pakistan)

Auch n. d. Waffenstillstand 1973 dringen d. Kommunisten i. S.-Vietnam kämpfend auf Saigon vor

Ernesto Geisel (* 1908), Staatspräsident in Brasilien, schlägt liberalen Kurs ein

Tornado i. USA u. Kanada: 237 Tote u. mehr als 2000 Schwerverletzte

Überschwemmungskatastrophe i. Brasilien: 2000–5000 Tote, ca. 200 000 Obdachlose

Überschwemmungskatastrophen i. Indien und Bangla Desch (Millionen Obdachlose)

Hungerkatastrophe in Bangla Desch (mehr als 200 000 Opfer)

Schwere Tornados i. USA fordern 350 Tote, mehrere tausend Verletzte u. verurs. 1,5 Mrd. Doll. Schaden

Wirbelsturm zerstört Darwin i. N-Austral. völlig. 20 000 Obdachlose u. 80 Tote

Erdbeben i. China (Szetschuan) fordert mehr als 20 000 Tote

Erdbeben i. Pakistan fordert ca. 5000 Tote

3-kg-Steinmeteor durchschlägt Schuldach i. Iran (niemand verletzt)

Die Bundesärztekammer sieht 15 % d. Verkehrsunfälle d. Arzneimittel verursacht

Opposition jüngerer Krankenhausärzte geg. d. ärztliche Standesvertrtg. auf d. Ärztetag i. Berlin (W)

I. BRD erkranken jährl. ca. 500 000 am Herzinfarkt (ca. 50 % tödlich)

In USA stirbt ein Herzempfänger 6 1/4 Jahre n. d. Transplantation, in denen er fast normal lebte

Ca. 400 Typhus-Fälle i. BRD

Pockenepidemie i. ind. Staat Bihar fordert 25 000 Tote

Elektron. Datenerf. d. Bürger erf. Datenschutzgesetze geg. Mißbrauch

Fußball-WM 74 i. d. BRD: 1. BRD, 2. Niederl., 3. Polen, 4. Brasilien (bisher WM) erbr. 75 Mill. DM Einnahmen

Weltweite Teiln. d. Fernsehen: Ca. 1 Mrd. Zuschauer

Im Rahmen d. WM 74 spielen BRD geg. DDR 0 : 1 i. Hamburg

Sportabkommen zw. BRD u. DDR

Cassius Clay (Muhammad Ali, * 1942) gew. Box-Schwergewichts-WM geg. *George Foreman* (Titel war ihm 1967 aberk. worden)

Hochsprungweltrekord f. Frauen mit 1,95 m v. *Rosemarie Witschas* (DDR)

In d. Damenmode wadenlange schwingende Röcke u. hohe Stiefel

In der Herrenmode verdrängt das bunte das s. 1955 dominierende weiße Oberhemd

† *Jacques Esterel,* frz. Modeschöpfer (* 1917)

Letzte europ. Zylinderhutfabrik schließt

Fernsehturm (550 m hoch) i. Toronto (Kanada) i. Bau

Japan. Soldat d. 2. Weltkriegs ergibt sich nach 29 Jahren Verborgenheit

Winter 73/74 i. d. Schweiz d. mildeste seit 58 Jahren

Niederschlagreichster Oktober s. 1875 i. Mitteleuropa (in Berlin 136 l/m² statt normal 44 l/m²)

Frühlingshaftes Weihnachtswetter

Wirtschaftlicher Aufstieg in Japan flacht ab: Bruttosozialprod. nimmt um 2 % ab

I. d. BRD überwiegt b. d. Frauen erstmals d. Lungenkrebs d. Gebärmutterkrebs (Folge d. seit d. Kriege verstärkten Nikotingenusses)

23,9 Mill. Bürger d. BRD verreisen:

mit Auto	58,4 %
mit Bahn	20,0 %
mit Flugzeug	12,3 %
mit Bus od. Schiff	9,3 %

Ölförderung d. OPEC-Länder (gegr. 1960 = Org. d. Öl(Petrol)export. Länder) in Mill. t

Saudi-Arabien	412
Iran	301
Venezuela	156
Kuwait	112
Nigeria	112
Irak	95
Libyen	77
Abu Dhabi	68
Indonesien	72
Algerien	49
Katar	25
Gabun	10
Ecuador	10

646 m hoher Funkmast i. Polen (höchstes Bauwerk d. Erde)

Arab. Staat Kuwait beteiligt sich finanz. b. Mercedes

1975	Friedens*nobel*preis an den russ. Physiker u. Systemkritiker *A. D. Sacharow* (* 1921) (Protest d. USSR) Wettrüsten zw. Warschauer Pakt, NATO, VR China hält an (Die militär. Ausgaben sind von gleicher Größenordnung wie die Kosten f. d. Ernährung d. Menschheit, etwa 200 Mrd. Dollar, ca. 5,5 % des BSP der Erde) Zahl d. UN-Mitgl. steigt um 3 auf 141 (Schweiz bisher kein Mitgl.) UN-Seerechtskonferenz i. Genf Sondervollversamml. d. UN zur Lösung des Konfliktes zw. Industrie- u. Entwicklungs-Ländern („Nord-Süd-Konflikt") Nord-Süd-Dialog i. Paris. Konferenz zw. 27 Ländern zur Regelung d. Beziehungen zw. Industrie- u. Entw.-Ländern (Ausschüsse f. Energie, Rohstoffe, Entw.-Hilfe u. Finanzfragen) Gipfeltreffen zur Weltwirtschaftslage in Rambouillet (USA, Gr.-Brit., BRD, Japan, Frankr., Ital.) Es tagen gleichz. (i. Juli) KSZE, OAU (Org. f. afrikan. Einheit) u. OAS (Org. d. amer. Staaten) USSR bestreitet Rechte d. Westmächte i. Berlin (O) Im Widerspruch z. USSR bekräftigen Außenmin. v. USA, GB, Frankr. u. BRD Viermächtestatus f. ganz Berlin Vertrag BRD–Polen, wonach für 2,3 Mrd. DM Kredit Polen 120 000 Deutsche ausreisen lassen will Es wird bekannt, daß n. d. 2. Weltkrieg ca. 600 000 Deutsche durch Vertreibung und Verfolgung umkamen Der CDU-Vors. *Peter Lorenz* wird in Berlin entführt und gegen Freilassung v. 5 rechtskräftig verurteilten Anarchisten freigekauft B. d. Wahlen z. Berliner Abgeordnetenhaus verliert SPD absolute Mehrheit Reg. Bgm. *K. Schütz* (SPD) bildet sozialliberale Senatskoalition *H. Kohl* (* 1930, CDU) gewinnt Wahl in Rheinland-Pfalz und bildet neue Landesreg; wird Kanzlerkandidat d. CDU/CSU f. 1976 Berlin (W) sagt nach Brüskierung durch die Sowjetunion „Sibirische Wochen" ab *F. J. Strauß* (CSU) besucht VR China u. wird betont freundl. empfangen	*Nobel*pr. f. Lit. an *Eugenio Montale,* ital. Lyriker, schrieb 1925 „Ossi di seppia" (Tintenfischknochen) (* 1896) Friedenspr. d. dt. Buchhandels an *A. Grosser* (* 1928, lebt in Paris) † *Peter Bamm* (*Al. Curt Emmerich*) dt. Schriftsteller u. Arzt (* 1897) *S. Beckett* inszen. mit „Warten auf Godot" sein 4. Schauspiel in Berlin (W) *Th. Bernhard:* „Der Präsident" (Schauspiel) *Lodewijk de Boer* (* 1937): „The Family" (dt. Erstauff. d. niederl. Schauspiels in 4 Teilen, Urauff. i. Amsterdam 1972) *H. Böll,* vgl. K (Film) *Edward Bond* (* 1934): „The Fool" (engl. Schauspiel, Urauff. i. London) *R. W. Faßbinder* verläßt das Theater am Turm (TAT) i. Frankfurt/M. † *Therese Giehse,* dt. Schauspielerin, nach 1933 i. Zürich die erste „Mutter Courage" (* 1898) *P. Handke:* „Die Stunde der wahren Empfindung" (Prosadichtung) *Heinr. Henkel* „Die Betriebsschließung" (sozialkrit. Schauspiel, Urauff. i. Basel) *E. Ionesco:* „L'homme aux valises" (frz. Schauspiel) *W. Kempowski:* „Ein Kapitel für sich" (3. Roman einer dt. Fami-	UN erklärt 1975 zum „Jahr d. Frau" Im „Jahr der Frau" werden Mängel d. err. Emanzipation kritisiert *Nobel*preisträger fordern neue Wirtschaftsordnung f. d. westl. Welt (Kritik am Profitstreben) Europ. Denkmalschutzjahr. Modellstädte i. BRD Berlin (W), Trier, Rothenburg o. d. T. Weltkirchenrat tagt in Nairobi (Kenia) † *Hannah Arendt,* dt. Philosophin u. Soziologin, ab 1940 i. USA (* 1906) † *Josephine Baker,* amer.-frz. Varieté-Künstlerin („Die schwarze Venus") half Kindern aus aller Welt (* 1906) *Hellmut Becker* (* 1913): „Weiterbildung" (Beiträge zu ein. zentralen Thema d. Bildungspolitik) † *M. Boveri,* dt. Journalistin (* 1900), schrieb „Der Verrat im 20. Jahrhundert" (4 Bände 1956–60) *R. Dutschke* u. *M. Wilke:* „Die Sowjetunion, Solschenizyn u. d. westl. Linke" (polit. Studie) *Bernt Engelmann* (* 1921): „Einig gegen Recht und Freiheit" (krit. Zeitgeschichte n. 1918) † *Heinrich Grüber,* Propst i. Berlin, evang. Philanthrop (* 1891) † *Julian Huxley,* brit. Zoologe, 1946–48 Generalsekr. d. UNESCO (* 1887)

Eva Böddinghaus (* 1911): „Stillebenrequisiten" (Gem.)

Reinhard Buddeweg (* 1924): „Alter Mann" (Gem.)

Grünewald-Altar v. 1520 i. Stockholm wiederentd. (war 1631 v. d. Schweden in Mainz erbeutet)

Joh. Grützke (* 1937): „Der Dichter" (Gem.)

B. Heiliger (* 1915): „Berg und Kugel" (Bronze)

Reinh. Hoffmann (* 1943): „Kwarzorama II" (Gem. aus der Berliner Kwarz-Gruppe)

E. Kienholz (* 1927, USA): Zufall-Schießmaschine (gefährdet angebl. Betrachter durch einen Schuß zu zufallsbedingter Zeit)

Kollektiv Kreuzberg: „Jugendarbeitslosigkeit" (Environment v. 10 Autoren)

G. Manzu (* 1908): „Große Falten i. Wind" (ital. Kunststoff-Plastik)

H. Moore: „Gefallener Krieger" (Engl. Bronze)

Curt Mühlenhaupt (* 1921): „Ich male Schnee f. m. Kinder" (Gem.)

Klaus Müller-Rabe (* 1910): „In Gedanken"

† *Rolf Nesch*, dt. Maler d. Expressionismus, kompon. auch Materialbilder (* 1893)

† *Karl Otto*, dt. Architekt, baute Martin-Luther-King-Kirche in Berlin-Buckow, wurde 1955 Direkt. d. Staatl. Kunsthochschule (* 1905)

Friedr. Schröder-Sonnenstern (* 1892):

† *Boris Blacher*, dt. Komponist, Direktor d. Staatl. Musikhochschule i. Berlin (W) 1953–70, schrieb u. a. „Preußisches Märchen" (Ballett, 1950), „Yvonne, Prinzessin v. Burgund" (Oper, 1972), (* 1903)

B. Blacher: „Das Geheimnis d. entwendeten Briefes" (Kl. Oper z. Eröffn. d. Theatersaales d. Musikhochschule)

B. Blacher: „Pentagramm f. 16 Streicher z. Ehren *Scharouns* (postum i. d. v. *Sch.* erb. Philharmonie Berlin)

† *Luigi Dallapiccola*, ital. Komp., wandte sich 1936 d. Zwölftontechnik zu, schrieb Oper „Odysseus" (1968), (* 1904)

† *W. Felsenstein*, Intendant, leitet (ab 47) Komische Oper in Berlin (O), erneuerte die Oper aus der Partitur, z. B. „Carmen", „Orpheus i. d. Unterwelt", „Figaros Hochzeit", (* 1901)

Brian Ferneyhough (* 1943): „Time and motion study III" (Kompos. f. Sänger, Verstärker, Transformer u. Schlagzeuge)

Wolfg. Fortner: „Prismen" (Kompos., Urauff. i. Basel)

H. W. Henze:

Physik-*Nobel*pr. an *Aage Bohr* (* 1922 als Sohn v. *N. Bohr*), *Benjamin Mottelsen* (* 1926, USA) u. *James Rainwater* (* 1917, USA) f. Berechnung d. Energiezustände von Atomkernen

Chemie-*Nobel*pr. an *Warcup Cornforth* (* 1917 i. Austral.) u. *Vladimir Prelog* (* 1906, Jugoslaw.) f. Stereochemie d. Enzyme

Medizin-*Nobel*pr. f. Krebs-Virus-Forschung an *David Baltimore* (* 1938, USA), *Howard Temin* (* 1935, USA) u. *Renato Dulbecco* (* 1914 i. Ital., forscht i. USA)

M. S. Brown u. *J. L. Goldstein* entd. i. USA den Bluteiweißkörper, der Arteriosklerose und Herzinfarkt verursacht

C. Creutz u. *N. Sutin* (USA) spalten mit Ruthenium-Pyridin u. Licht Wasser in Wasser- und Sauerstoff (Energie- und Brennstoff-Erzeugung)

† *T. Dobzhansky*, russ.-amer. Genetiker („Darwin des 20. Jh.") (* 1900)

† *Gustav Hertz*, dt. Physiker, zuletzt i. d. DDR, *Nobel*pr. 1925 (* 1887)

Arbeitsgruppe um *H. Koester* (BRD) gelingt Synthese eines Gens, das Hormonproduktion steuert

P. B. Price (* 1933, USA) will magnetische Ladung (Monopol) entd. haben (ist umstritten)

Entd. neuer Elementarteilchen (Psi) mit

*Nobel*pr. f. Wirtschaftswissenschaft an *Leonid Kantorowitsch* (* 1912, USSR) u. *Tjalling Koopmans* (* 1910 i. Niederl., lebt i. USA)

UN-Konferenz i. Lima über industrielle Entw. (UNIDO)

EG (9) schließt mit 46 Entw.-Ländern umfass. Handelsabkommen („Vertrag von Lomé") m. ein. Finanz.-Fond v. 10 Mrd. DM

Pressefoto aus afrikan. Hungergebiet „Leidet, kleine Kinder" preisgekrönt

Weltenergiekonferenz wird vorbereitet

Der Energiebedarf d. Menschheit liegt b. 8 Mrd. t Steinkohleneinheiten = 65 000 Mrd. kWh = 16 000 kWh/Kopf (das entspricht etwa dem 80fachen menschlicher Arbeitskraft)

Von der Erdölförderung 74/75 v. 2900 Mill. t liefern (i. Mill. t)

Saudi Arab.	412	(14,2 %)
Iran	301	(10,4 %)
Venezuela	156	(5,4 %)
Nigeria	112	(3,9 %)
Andere	450	(15,5 %)
	1431	(49,3 %)
verbrauchen		
USA	818	(28,2 %)
Japan	244	(8,4 %)
BRD	150	(5,2 %)
Gr.-Brit.	114	(4,0 %)
Ital.	108	(3,7 %)
	1434	(49,4 %)

Importe d. ölexport. Staaten (OPEC) steigen von 73 zu 74 v. 13,4 auf 23,9 Mrd. Dollar

Brit. Nordseeöl-Pipeline eröffnet

Kernkraftwerke liefern i. BRD 4 %, in USA 8 % d. elektr. Energie (Entw. durch Ölkrise gefördert)

BRD plant bis 1980 28 %, bis 1985 45 % d. elektr. Energie aus Kernenergie zu erz.

2 Todesopfer bei konventioneller Reparatur i. ein. Kernkraftwerk d. BRD

(1975)

SPD-Parteitag i. Mannheim verabschiedet i. gr. Geschlossenheit „Orientierungsrahmen 85", der an d. Godesberger Progr. anschließt (wählt *Brandt*, *Schmidt* u. *Koschnik* als Vors.)

Prozeß gegen Kern d. kriminellen *Baader-Meinhof*-Gruppe beg. i. Stuttgart (extreme Sicherheitsmaßn., Verteidigung nutzt alle Mittel d. Verzögerung)

Bundestag d. BRD verabsch. Ges. gegen Extremisten im öffentl. Dienst gegen Opposition d. Unionsparteien, denen das Ges. nicht weit genug geht

Von 109 i. BRD strafrechtl. gesuchten Anarchisten befinden sich 85 in Haft

In der BRD werden ca. 100 entschlossene polit. Gewalttäter vermutet

Die Zahl d. polit. Gefangenen i. DDR wird auf 6500 geschätzt

Neues Zivilges.-Buch i. DDR (s. 1958 i. Arbeit, beend. dt. Rechtseinheit)

† *Otto Winzer*, 1965–75 Außenmin. d. DDR (* 1902)

DDR veranstaltet als einziges Ostblockland z. 1. Mai Militärparade in Berlin (O)

DDR begeht ihren Verfassungstag (7. 10.) als Nationalfeiertag

Verkehrsvereinbarung BRD–DDR über Autobahnbau und erhöhte Transitpauschale zugunsten d. Berlinverkehrs.

Wahlsieg d. SPÖ, *B. Kreisky* (* 1911) bleibt österr. Bundeskanzler

Parlamentswahlen in der Schweiz bestätigen Regierungskoalition Sozialdemokraten, Freisinnige, Christdemokraten u. Volkspartei (Bauern-, Gewerbe-, Bürgerpartei) Wahlbeteiligung bei 50 %

Anarchisten besetzen Botschaft d. BRD in Stockholm, töten 2 Geiseln u. sprengen Gebäude, Bund.-Reg. lehnt Freilassung inhaftierter Anarchisten ab

Ital. u. frz. KP betonen Recht auf autonome Politik

Niederl. Fabrikdirektor *Herrema* überlebt 36 Tage Geiselhaft i. Irland

Margaret Thatcher (* 1926) wird Vorsitzende d. brit. Konservativen

† *Eamon De Valera* („Vater d. irischen Republik"), ir. Min.-Präs. 32–48, 51–54 u. 57–59, Staatspräs. 59–73 (* 1882)

In den nordir. Unruhen kamen seit 1970 ca. 1170 Menschen um

lienchronik aus Rostock)

H. Knef (* 1925: „Das Urteil" (autobiogr. Bericht einer Krebskranken)

O. Kokoschka: „Comenius" (Schauspiel, 1935 geschrieb., Urauff. i. ZDF)

Xaver Kroetz: „Das Nest" (Schauspiel)

Hartmut Lange: „Jenseits v. Gut und Böse oder Die letzten Stunden der Reichskanzlei" (Schauspiel um *Hitler*)

S. Lenz: „Der Geist der Miralbelle" („Geschichten aus Bollerup")

† *Luigi Malipiero*, ital. Theater-Künstler (* 1901)

Thom.-Mann-Gedenkjahr (* 1875)

Tagebücher v. *Th. Mann* (* 1875, † 1955) werden geöffnet

P. de Mendelssohn: „Der Zauberer" (Thom.-Mann-Biographie)

Otto Mühl (* 1923): „Siebenschläfer" (Roman)

† *Saint John Perse*, frz. Dichter, *Nobel*pr. 1960 (* 1887)

† *Konrad Swinarski*, poln. Regisseur, insz. 1964 i. Berlin (W) „Tod d. Marat" v. *P. Weiß* (* 1929)

† *Elsa Wagner*, Berliner Staatsschauspielerin, seit 1921 i. Berlin (* 1880)

M. Walser: „Sauspiel" (Schauspiel um Wiedertäufer in Nürnberg)

Peter Weiß: „Der Prozeß" (Schauspiel n. *Kafka*)

US-Futurologe *Herman Kahn* (* 1922) veröff. Studie, die entgegen dem vorherrschenden Pessimismus für d. nächsten 50 Jahre positive Entwickl. vorhersagt

N. Nabokov: „2 rechte Schuhe im Gepäck" (Erinnerungen eines russischen Weltbürgers; Kulturberater i. Berlin [W])

H. Schelsky: „Die Arbeit tun die anderen. Klassenkampf und Priesterherrschaft d. Intellektuellen" (zeitkrit. Betrachtung)

K. Steinbuch: „Ja zur Wirklichkeit" („Buch zur Tendenzwende")

† *Arnold J. Toynbee*, brit. Historiker und Philosoph (* 1889)

† *Wilhelm Weischedel*, Philosoph im „Schatten des Nihilismus"; schrieb zuletzt „Skeptische Ethik" (* 1905)

Peter Weiß: „Ästhetik d. Widerstandes"

Fristenlösung f. Schwangerschaftsabbruch vom Bund.-Verf.-Ger. verworfen. Sozialliberale Koalition legt umfassende Indikationslösung vor

BRD ändert Ehenamenrecht i. Sinne d. Gleichberechtigung (DDR hat analoge Regelung)

„Das neue Bild der alten Welt" (umfass. archäolog. Ausstellung i. Köln über Funde nach 1945)

Ausgrabung v. Segobriga i. Spanien (gegr. ca. –179)

Fund 30 000 Jahre alter Höhlenmalerei i. SW-Afrika

„Spuckecirkelinchen oder die monmoraloische Eva“ (aus d. Kreis d. Berliner Malerpoeten)

Eva Schwimmer (* 1901): „Berliner Gastarbeiter“ (Zeichnung)

Peter Sorge: „Kinder“ (Zeichnung)

Hans Trier (* 1915): „Lettern“ (Druck)

Heinz Trökes (* 1913): „Ferne Erinnerung“ (Gem.)

† *Hans Uhlmann*, dt. Bildhauer, vorzugsweise abstrakte Metallskulpturen (* 1900)

† *Fritz Wotruba*, österr. Bildhauer eines blockhaften Stils (* 1907)

Folgende „Rangliste“ lebender Maler wird angegeben: 1. *R. Rauschenberg* (* 1925, USA), 2. *C. Oldenburg* (* 1929, Schweden), 3. *J. Johns* (* 1930, USA), 4. *J. Tinguely* (* 1925, Schweiz), 5. *J. Beuys* (* 1921, Dtl.), 6. *A. Warhol* (* 1930, USA), 7. *J. Klein* (* 1924, Dtl.), 8. *R. Lichtenstein* (* 1923, USA), 9. *F. Stella* (* 1936, USA), 10. *Arman* (* 1928, Frankr.), 11. *Christo* (* 1935, Bulgar.), 12. *J. Dine* (* 1935, USA)
Zur Pop-Art rechnen 1, 2, 3, 6, 8, 12

Verwaltungsgebäude Bahlsen, Hannover

Grundstein f. neue Pinakothek i. München

Neue Funde v. Mosaik-Gemälden i. Paestum (1968 Fund eines Gem. v. −430; inzw. ca. 500 Grabfresken)

„The River“ (Oper, Urauff. i. London)

† *Leonid Jakobson*, Choreograph am Moskauer Bolschoi- u. Leningrader Kirow-Theater (* 1904)

M. Kagel: „Mare Nostrum“ (Mittelmeer als Kulturmittelp., Auftragskomp. d. Berliner Festwochen)

Volker David Kirchner (* 1942): „Die Trauung“ (Oper n. *Gombrowicz*, Urauff. i. Wiesbaden)

Luigie Nono (* 1924): „Al gran sole“ (ital. Oper sozialist. Gesinnung, Urauff. i. Mailänder Scala)

† *D. D. Schostakowitsch*, russ. Komponist, schrieb 15 Sinfonien u. 13 Streichquartette. Wurde 1936 westl. Dekadenz beschuldigt (* 1906)

Kurt Schwertsik: „Der Lange Weg zur Großen Mauer“ (österr. Oper, Urauff. i. Ulm)

† *Robert Stolz*, 1905–38 u. ab 1950 in Wien, österr. Operettenkomponist, schrieb 60 Operetten u. Singspiele (* 1880)

Viktor Ullmann: „Der Kaiser von Atlantis“ Kammeroper, die 1944 im KZ Theresienstadt entstand; Text v. *Peter Kien*,

3,1–3,7 Protonenmasse. Ihnen wird eine neue Eigenschaft, „Charm“ genannt, zugeschrieben

Internat. Forscherteam entd. i. USSR das h-Meson, Elementarteilchen mit doppelter Protonenmasse

2 SU-Kosmonauten umkreisen 60 Tage d. Erde

Russ. Rakete bringt 1. ind. wissensch. Satelliten in Erdumlauf

USA u. USSR koppeln zwei bemannte Raumschiffe (Apollo und Sojus). Besatzungen machen gemeinsame Experimente

USA unterbrechen die bemannte Raumfahrt b. 1980

USA stellen Laser-Blendung ihrer Frühwarnung-Aufklärungs-Satelliten durch d. Sowjetunion fest

USA starten 2 Mars-Sonden Typ Viking, die 1976 dort weich landen

2 Venus-Sonden d. USSR senden Bilder einer nicht vermuteten Gebirgslandschaft

US-Forscher entd. radioastronom. Äthylalkohol i. Weltraum (als 33. Molekülart i. Raum)

US-Radio-Astronomen können allg. Relativitätstheorie durch Messung d. Ablenkung d. Strahlen im Gravitationsfeld d. Sonne bestätigen

US-Radio-Astronomen entd. Schwingungen des Sonnenballs

Neutrinofluß der Sonne mit nur 10 % d. theoret. Sollwerte

Demonstranten besetzen Kernkraftwerk-Bauplatz Wyhl (Oberrhein)

Kernkraftgetriebener US-Flugzeugträger „Nimitz“ mit 91 000 t Verdrängung und 6100 Mann Besatzung (größtes Kriegsschiff d. Erde) besucht Europa

Versuchssprengungen mit Kernenergie i. USSR beim Bau eines Kanals zum Kaspischen Meer

Kaufkraftverlust 1969–74 (i. %)

BRD	24
USA	26
Österr.	27
Schweiz	29
Frankr.	30
Niederl.	30
Schweden	30
Ital.	34
Gr.-Brit.	37
Japan	40

4,27fache Preiserhöhung s. d. Vorjahr i. Chile

Reg. d. BRD hat 94 Mrd. DM Schulden (höchster Stand s. 1949)

I. d. BRD wird 15 % d. Einkommens gespart

Diskont i. BRD sinkt auf 5 %

Steuerreform d. BRD ruft trotz 14 Mrd. DM Steuerverzicht zunächst Enttäuschung u. Kritik hervor

Reallohn i. BRD gegenüb. 1969 um 22 % gestiegen

Reg. d. BRD berichtet über 50 Mrd. DM Subventionen

Wegen Finanzkrise erwägt Bundesbahn Strecken-Netz von 29 000 auf 10–15 000 km zu reduzieren

Autoindustrie d. BRD überwindet Krise

Elektroind. setzt Geräte um, die zu 50 % jünger als 5 Jahre sind

Spielbank i. Berlin (W)

BRD-Industrie-Ausstellung in Moskau

In USSR 5. Mißernte i. 13 Jahren

(1975)	*Franco* läßt 5 militärgerichtlich verhängte Todesurteile vollstrecken † *F. Franco,* span. General u. faschist. Diktator, errichtete durch Bürgerkrieg 1936–39 mit Hilfe *Hitlers* und *Mussolinis* faschist. Diktatur i. Spanien (32 Ärzte verlängern Agonie auf 35 Tage) (* 1892) Prinz *Juan Carlos* (* 1938), von *Franco* 1969 vorbestimmter Nachfolger als Kg. *Juan Carlos I.* gekrönt (Spanien war bis 1931 Monarchie) Wahlen in Portugal erg. klare Mehrheit d. nichtkommunist. Parteien (nur 12,7 % f. Kommunisten). Die Beweg. d. Streitkräfte begünstigt Kommunisten Putsch rechter Militärs i. Portugal, *Spinola* muß das Land verlassen. Mehrheitsparteien wehren sich gegen kommunist. Einfluß Moçambique wird n. 477 Jahren portugies. Kolonialherrschaft selbständig (wurde 1498 v. *Vasco da Gama* erreicht) Schwere Kämpfe d. rivalisierenden Freiheitsbewegungen i. Portug. Angola kurz vor der zugesagten Unabh. Unruhen auf Korsika geg. frz. Zentral-Reg. Regionalwahlen i. Ital. schwächen Christdemokr. u. stärken Kommunisten (einige Industriestädte erh. kommunist. Verwaltung) Parteivors. d. DC i. Ital. *A. Fanfani* (* 1908) tritt zurück Marokko beansprucht Spanisch-Sahara (mit wicht. Phosphatlagern) Griech.-türk. Zypernkrise bewirkt Militärhilfekonflikt USA–Türkei, der bald beigelegt wird Innerhalb weniger Tage werden d. türkischen Botschafter i. Wien u. Paris ermordet (man vermutet d. Täter i. griech., armenischen oder kurdischen Kreisen) Bombe d. PLO i. Jerusalem tötet 14 Menschen u. verletzt 60 PLO-Terroristen sprengen n. Geiselnahme Hotel i. Tel Aviv: 9 Zivilisten, 7 Terroristen u. 3 israel. Soldaten werden getötet Suezkanal wird n. 8 Jahren Schließung geöffn. (erfaßte 1966 14 % d. seegehend. Welthandels) Libyen strebt n. Atommacht US-Min. *Kissinger* deutet Möglichkeit	*Morris L. West* (* 1916): „Der Harlekin" (austral. Roman um die Macht der Computer) † *Thornton Wilder,* US-Schriftsteller (* 1897) *T. Williams:* „The red Devil Battery Sign" (nordamer. Schauspiel, dt. Urauff. i. Wien). *T. Williams* (* 1911): „Erinnerungen" (Autobiogr.) *C. Zuckmayer* (* 1896): „Der Rattenfänger" (Schausp., Urauff. i. Zürich) Staatstheat. i. Karlsruhe eingew. Theaterbesuch i. BRD hat seit 73/74 steigende Tendenz Buchmesse Frankfurt/M. zeigt 250 000 Titel  Südmolukker nehmen Geiseln in den Niederlanden. Deren Befreiung kostet 8 Tote	Etwa 6 % der Schulkinder i. BRD sind sonderschulbedürftig 79 % d. Abiturienten d. BRD wollen studieren (1971/72 90 %) Vergebl. Warnstreik d. Professoren i. Österr. geg. beabs. Universitätsgesetz 8 jugoslaw. Professoren aus d. „Praxis"-Kreis (jugoslaw. Zeitschr. f. demokratischen Sozialismus) erhalten Lehrverbot Bundesreg. erstattet Bericht über die Lage d. Künstler i. BRD Einheitsgesangbuch f. deutschsprachige Katholiken 26 Bischofsgräber aus d. 9.–14. Jh. u. alte Fundamente i. Bremer Dom entd. Gebeine d. Sachsenherzogs *Widukind* b. Herford vermutl. gefunden und erneut beigesetzt BRD hebt Pornographieverbot auf (verboten bleibt „harte" P.) In USA wird ein angeblich realer Lustmord im Film gezeigt (vermutl. i. Argentin. gedreht) Man schätzt i. USSR doppelt so hohen Verbrauch harten Alkohols wie in USA u. W-Europa

Schloß i. Bruchsal u. Kirche i. Neresheim (beide v. *B. Neumann*) restauriert

---

Bes. beliebte Filme 74/75: „Der Clou", „Der Exorzist", „Zwei wie Pech und Schwefel", „Robin Hood", „Ein Mann sieht rot", „Zwei Missionare"

Oscar-Verleihung: 6 Oscars an „Der Pate II" (amer. Film von *Francis Ford Coppola*) (* 1939), weitere an „Armarcord" (ital. Film v. *F. Fellini*) (* 1920)

† *P. P. Pasolini* (ermordet), ital. Schriftsteller und ab 1961 Filmregisseur (* 1922)

Pasolinis letzter Film i. Ital. wegen „perverser Szenen" verboten

„Die Unschuldigen mit den schmutzigen Händen" (frz. Film v. *Claude Chabrol* [* 1910] läuft i. BRD)

„Faustrecht der Freiheit" (Film v. *R. W. Faßbinder*)

„Lotte in Weimar" (DDR-Film n. *Th. Mann* v. *Egon Günther*)

„John Glückstadt" (dt. Film n. *Storm* v. *Ulf Miehe*)

„Die verlorene Ehre der Katharina Blum" (dt. Film v. *V. Schlöndorff* n. d. zeitkrit. Roman von *H. Böll*)

„Falsche Bewegung" (Film v. *Wim Wenders* n. *P. Handke*)

„L'Histoire d'O" (frz. erot. Film, umstritten u. teilw. beschlagnahmt)

Urauff. i. Amsterdam)

Udo Zimmermann „Levins Mühle" (Oper, Premiere i. BRD, Urauff. 1973 i. Dresden)

In BRD werden mehr Band-Kassetten als Schallplatten verkauft

Schlager: „Paloma blanca"

W. Kandinsky: „Gelber Klang" (abstraktes Gesamtkunstwerk von 1909). Urauff. mit der Musik von *A. Schnittke* in Frankreich

nachgewiesen (wird als Abnahme der Solaren Energieprod. gedeutet, die sich erst in Mill. Jahren a. d. Oberfläche bemerkbar macht)

14. Jupitermond entd. (1974 d. 13.)

100-m-Radioteleskop i. d. Eifel entd. das Molekül d. Ameisensäure i. zentralen Regionen d. Milchstraße

Messung kosmischer Mikrowellen mit einer Ballonsonde (i. 39 km Höhe) bestätigt d. allseitige Hintergrund-Strahlung, die als Folge eines „Urknalls" vor 17 Mrd. Jahren angesehen wird

In USA werden 30 kW Gleichstrom durch Mikrowellen drahtlos übertragen (wichtiger Schritt für Satelliten-Solarkraftwerk)

Sorgfältige Auswertung d. Spiralnebelflucht führt zu einem Weltalter (seit dem „Urknall") von ca. 17 Mrd. Jahren ± 15 % (8mal größer als vgl. 1931)

Weitere Menschenfunde i. d. südafrikan. Oldoway-Schlucht erweisen sich als 3,75 Mill. Jahre alt (bisher älteste Funde)

Kultur d. Jungsteinzeit i. Merzbachtal (rhein. Braunkohlengeb.) freigelegt

5000 Jahre alte Stadtkultur i. Ekuador b. Real Aalto entd. (hatte ca. 1000 Einw.)

Sahara als Ursprungsgebiet d. Landpflanzen vermutet (nach Funden aus der Zeit vor –350 Mill. Jahren)

In Texas werden Rie-

New York droht mit 28 Mrd. Dollar Schulden finanzieller Bankrott

Alle 30 Sekunden geschieht in New York ein schweres Verbrechen (ca. 1 Mill. pro Jahr)

† *Aristoteles Onassis*, griech. Großunternehmer, führte zuerst Supertanker ein (* 1906)

Massenstreik in Japan lähmt öff. Leben

Reg. d. BRD beschl. Ges. geg. anwachs. Wirtschaftskriminalität

Abtlg. T (Terror) i. Bundeskriminalamt

I. d. BRD ereignen sich in 6 Monaten 6 Unfälle im Bereich d. Eisenbahn mit insges. 79 Toten

Im Sommer 200 Bergtote i. d. Alpen

Man schätzt erdweit über 250 000 Verkehrstote

Passagierschiff brennt b. Köln aus: 16 Tote

Bundeswehrmaschine stürzt über Kreta ab: 40 Tote

5 Kinder verbrennen a. 23. 12. i. einem Kinderladen i. Berlin (W)

16 Jugendl. verbrennen zu Silvester i. einer südbelg. Bar

Über 372 Bergleute in Indien verschüttet (genaue Zahl nicht veröffentlicht). Selbstverbrennung einer Witwe

Heißer Sommer führt zu gr. Waldbränden i. Niedersachsen, fordert 5 Tote u. schweren Sachschaden

Erdbeben i. Türkei (b. Lice) fordert mehr als 2000 Tote (seit 1939 6 gr. türk. Beben mit ca. 45 000 Toten)

Starkes Erdbeben i. Griechenland

Flugzeugabsturz b. Agadir fordert 188 Tote

US-Flugzeug mit Kriegswaisen aus S-Vietnam stürzt bei Saigon ab: 150 Kinder tot

USA heben verunglücktes Atom-U-Boot d. USSR aus

(1975)	militär. Intervention geg. arab. Ölländer an USSR kündigt Handelsabk. mit USA, weil diese auf freie Auswanderung d. Juden drängen US-Min. *Kissinger* trifft *Gromyko* i. Wien, besucht BRD und Berlin (W), dessen Schutz er bekräftigt † *N. A. Bulganin*, 1955–58 Min.-Präs. d. USSR (* 1895) Schwere Bürgerkriegsartige Kämpfe zw. Moslems u. Christen i. Libanon Militärputsch im Sudan mißlingt Eritrea kämpft geg. Äthiopien um s. Unabh. (verlor 1962 s. Autonomie) † *Haile Selassie*, Kaiser v. Äthiopien, s. 1930, in der Haft s. innenpolit. Gegner (* 1892) In Äthiopien endet 3000 Jahre alte Monarchie. Mit Volksrepublik in Laos endet 622 Jahre alte Monarchie † *Feisal* (ermord.) Kg. v. Saudi-Arabien s. 1964, verfolgte antikommunist. Politik (* 1905) Grenzvertrag Iran–Irak. Iran stellt Unterst. d. Kurden ein *Indira Ghandi* läßt ihre Gegner verhaften u. schränkt Rechtsstaatlichkeit Indiens ein, nachdem ein regionales Gericht sie wegen Korruption verurteilte Kommunisten überrennen trotz Waffenstillstand 50 % v. Südvietnam. 2 Mill. Flüchtlinge verursachen Chaos Kommunisten nehmen Saigon i. S-Vietnam ein und geben ihr den Namen Ho-Tschi-Minh-Stadt Pnom Penh, Hauptstadt Kambodschas (700 000 Ew.) kapituliert vor d. kommunist. Khmer Staatspräsident *Lon Nol* (* 1913) verl. Kambodscha und geht i. d. USA USA erobern v. Kambodscha Handelsschiff zurück Die Kämpfe in Vietnam währen s. 30 Jahren. Verluste d. USA: 56 000 Gefallene und 150 Mrd. Dollar Kriegskosten USA verläßt ILO (internat. Arbeitsamt) aus polit. Gründen Nach Ende d. Vietnamkrieges löst sich d. Südostasien-Pakt (SEATO) auf Veto d. USA gegen Aufn. beider Vietnam-Staaten i. d. UN		Paris veranstaltet erstmalig Filmfestspiele Gesetzeslücke ermöglicht Auff. „harter“ Pornofilme (teure Getränke mit „Gratisfilm“) Filme d. BRD finden im Ausland Anerkennung (*Faßbinder, Herzog, Kluge, Schlöndorff, Wenders*)

senflugsaurier mit 11–21 m Spannweite gefunden

50 000 Jahre alter Menschenschädel i. Kalifornien gefunden (bisher ältester Menschenfund i. Amerika)

Es gelingt antike röm. Siedlungen mit Magnet-Sonde nachzuweisen

1. europ. Kongreß f. Neurowissenschaften (i. München)

„Grenzen der Medizin" (Ärztekongreß i. Davos)

Schwerpunktprogramm Alternsforschung d. DFG auf molekularer u. Zellbiolog. Grundlage

In einem Bakterium werden 1100 verschiedene Eiweißstoffe analysiert

US-Verhaltensforscher analysieren „Sprache" der Grisly-Bären

Bundesbank entw. ein ökonometrisches Modell mit 96 Gleichungen zur Wirtschafts-Prognose

Kernkraftwerk i. Biblis b. Darmstadt mit 1,2 Mill. kW (bisher größtes d. Erde, weitere Stufen geplant)

USA entw. Pacer Projekt: durch unterird. Wasserstoff-(Kernverschmelzungs-)Bomben-Explosion Wasserdampf f. Kraftwerk zu erzeugen (wird bald aufgegeben)

USSR erbohrt 7263 m Tiefe

Sprengungen zur Seismometrischen Erkundung d. Alpen-Untergrundes

Verbundwerkstoff Siliziumkarbid mit Sil. als Füllstoff (bis 1400° C temperaturfest)

Kamera mit automatischer Scharfeinstellung entwickelt (USA)

USA bereiten Übern. d. metrischen Systems vor

Computer-Tomographie verbreitet sich v. England aus (liefert durch Umrechnung zahlreicher Röntgenintensitäten scharfe Querschnittsbilder d. menschlichen Körpers und seiner Organe u. begründet eine neue Epoche der Röntgendiagnose)

*Nobel*preise 1945–75

	Ph	Ch	M	W	L	F	
USA	24	17	37	4	3	10	95
Gr.Br.	7	12	10	1	2	4	36
Frankr.	2	0	3	0	4	1	10
Dtl.	4	5	3	0	3**	(2)*	17
SU	5	1	0	1	3	1	11
andere	14	11	16	4	16	12	73
zus.	56	46	69	10	31	30	242

Preis f. F. nicht vergeben: 48, 55, 56, 66, 67, 72.
* einschl. *Albert Schweitzer* ** einschl. *N. Sachs*
(Ph = Physik, Ch = Chemie, M = Medizin, W = Wirtschaft, L = Literatur, F = Frieden)

5000 m Tiefe mit 70 Toten (1963–72 sanken 3 US- u. 3 USSR-Atom-U-Boote)

Reste einer US-Weltraumrakete stürzen auf die Erde, ohne daß Schaden entst. (es gibt zahlr. solcher vagabundierender Teile)

Bus stürzt b. Grenoble i. d. Fluß: 27 Tote

U-Bahn-Unglück in London: 45 Tote

U-Bahn-Unglück i. Mexiko-City: 29 Tote

Tokio glaubt Vorzeichen eines schweren Erdbebens zu erkennen

Invasion v. Feuerameisen vom Amazonas i. d. USA

Mildester Januar seit 1794 i. Mitteleuropa

Japanerin *Junko Tabei* (* 1940) besteigt als 1. Frau d. Mt. Everest (seit d. Erstbest. 1953 best. ihn 35 Männer)

Extrem kaltes und schneereiches Osterfest i. Mitteleuropa

Später Winter fordert i. d. Alpen 40 Lawinentote i. April

Wachstum d. Alpengletscher nachweisbar

Wohnhaus mit Energieversorgung aus Sonnenstrahlung (Versuch i. BRD)

Märkisches Viertel, Satellitenstadt i. Berlin-Reinickendorf, mit 16 943 Wohnungen, 46 922 Einw., 307 Schulklassen, 15 Kindertagesstätten, 227 Kinderspielplätze, Sportplatz erbaut s. 1963

W-Berliner Zivil-Luftfahrt zieht von Tempelhof n. Tegel um

Bonn erhält U-Bahn

Schwere Unruhen wegen Fahrpreiserhöhungen i. Heidelberg

Kanaltunnelprojekt zw. Gr.-Brit. u. Frankr. zunächst aufgegeben

Genfer Konferenz beschließt neuen Rundfunkwellenplan

Elektron. Digital-Quarz-Armbanduhren

(1975)	UN-Vollversammlung verurteilt bei zahlr. Enthaltungen den „Zionismus" als „Rassismus" (ruft zahlr. Proteste und eine Krise d. UN hervor)	In USA beg. Veranstaltungen zum 200jähr. Bestehen 1976
	UN-Sicherheitsrat verlängert Mandat d. UN-Friedenstruppe auf den Golanhöhen (plant Nahost-Sondersitzung)	Kommunist. Machtstreben (b. 12 % Wählerstimmen) führt i. Portugal zur Dauerkrise. Linksradikaler Militärputsch scheitert
	Bangladesh ersetzt parlamentar. Demokratie durch Einheitspartei. Diktator *Muhibur Rahman* wird in einem Putsch mit antikommunist. Tendenz erschossen (* 1920). Nachfolger wird *Ahmed*	Bombenattentate auf vorn. Restaurants i. London fordern Todesopfer
	† *E. Sato,* japan. Politiker eines konsequenten pro USA-Kurses 1964–72 Min.-Präs. (* 1901)	Politik d. Härte in Moskau, der westliche KPs reserviert gegenüberstehen
	Neuer Militärputsch in Bangladesh scheitert (wird als ind. Gegenputsch gedeutet)	Terroristen aus d. Südmolukken nehmen über lange Zeit 50 Geiseln i. d. Niederlanden (erschießen 3 in einem Zug, der 12 Tage besetzt wurde)
	† *Tschiang Kai-schek,* nationalchines. Politiker, unterst. chines. Revolution von 1911. Herrscht als Gegner *Maos* ab 1949 auf Taiwan (* 1887)	Terroristen („Arm d. arab. Revolution") überfallen in Wien OPEC-Konferenz, töten 3 Menschen, nehmen 11 Minister als Geiseln, erhalten freien Abflug n. Algerien
	Peking entl. d. „Kriegsverbrecher" d. 1949 beend. Bürgerkrieges u. stellt Ausreise nach Taiwan frei	Bombenanschlag auf Flughafen La Guardia, New York: 11 Tote, über 100 Verletzte
	Argent. Reg. bekämpft Revolutionäre Volksarmee (ERP) i. Dschungelgebieten d. Landes	Militärputsch gegen Präsidentin *Peron* i. Argentinien scheitert. Anschließend Straßenkämpfe mit über 150 Toten
	Konflikt d. argentin. Gewerkschaften mit Staatspräsidentin *Peron*	VR China läßt 3 Hubschrauberpiloten d. Sowjetunion nach 20 Monaten Haft frei
	Verdoppl. d. Zivilisten in der Reg. Chiles in schwerer Wirtschaftskrise	VR China warnt westliche Welt vor der Politik d. Sowjetunion
	Portug. Angola wird unabh. Kampf d. von Moskau bzw. v. Westen abhängigen Freiheitsbewegungen.	BRD unterstützt Griechenland beim Bestreben, Vollmitglied d. EG zu werden
	Durch Staatsstreich wird Gen. *F. M. Bermudez* Staatspräs. v. Peru	Diplomat. Bez. zw. BRD und Kuba (ruhten 12 Jahre)
	Putsch i. Ecuador	Staatschef v. Madagaskar ermordet
	Surinam (Niederl. Guyana) wird unabh. (144. Mitgl. d. UN)	NATO bietet f. Europa Abzug von Kernwaffen gegen Abzug sowjetischer Panzer an
	10 000 polit. Häftlinge i. USSR vermutet	Drastisches staatl. Sparprogramm i. BRD
	Nord-Süd-Konferenz in Paris endet mit dem Kompromiß, sie 1976 fortzusetzen (Das Nord-Süd-Gefälle bleibt in der Folgezeit Dauerthema internationaler Konferenzen wie UNCTAD und anderer)	Israel. Min.-Präs. *Rabin* besucht BRD und Berlin (West)
		Wahlniederlagen f. Labour i. Neuseeland u. Australien
		32 europäische Staaten, USA u. Kanada unterzeichnen KSZE-Schlußakte in Helsinki (gilt als Anerkennung der im 2. Weltkrieg entstandenen Grenzen)

Frauenmode: gr. weite Formen („Schlabberlook"), Overdress, Zweiteiler, Zeltmäntel

T-Silhouette i. d. Damenmode

Der Wunsch d. Nichtraucher (i. Sitzungen etc.) wird stärker respektiert

Bundesgartenschau i. Mannheim

Muhammad Ali (Cassius Clay) vert. erfolgr. i. hartem 14-Runden-Kampf Box-WM-Titel gegen *Frazier*, der durch techn. K.o. verliert

Michel Dujan verunglückt tödlich bei Test-Skiabfahrt i. Val d'Isère (* 1956)

Bobby Fischer (USA) verliert s. Schachweltmeisterschaft geg. *Karpow* (USSR), da er Herausford. ablehnt

Die Tiroler *R. Messner* u. *P. Habeler* besteigen NW-Wand des Hidden Peak (8068 m) i. Zweierseilschaft ohne Träger-Expedition (gilt als ein Markstein d. Alpinismus)

† *Graham Hill* (Flugzeugunfall), brit. Automobilweltmeister (* 1929)

J. Montgomery (USA) krault 100 m in 50,59 Sek.

John van Reenen erz. m. 68,48 m Weltrekord i. Diskuswurf

Karl Hans Riehm (BRD) Weltrekord i. Hammerwurf mit 78,50 m

Dave Roberts (* 1952, USA) erz. mit 5,65 m Weltrekord im Stabhochsprung

Drachenflug-Weltmeistersch. i. Österr. (Weltrekord 8 Stunden 20 Min.)

Tödlicher Absturz eines Drachenfliegers i. Allgäu

Motorrad-Rekord mit 481,9 km/h

Langfristige Entwicklung des realen Pro-Kopf-Einkommens (USA 1973 = 100).

	1870	1973
USA	12	100
Gr.-Brit.	11	50
Dtl. (BRD)	10	BRD: 70
Japan	1,7	45
Rußl. (SU)	(1890:) 3,5	35
Indien	(1950:) 1,3	1,8

Für Dtl. bed. das eine Steigerung von rd. 20 % pro Jahrzehnt

Globaler Energieverbrauch:
Einheit 1 Q = 300 000 Mrd. kWh
Die globale Elektrizitätserzeugung war 1972 1,7 % v. Q
Der gesamte glob. Energieverbrauch betrug 1975 17 % v. Q
Man schätzt den globalen Energieverbrauch

bis 1860	auf 6–9 Q
1860–1950	auf 4 Q
1970–2030	auf 90 Q

Die Sonne strahlt jährlich der Erde 5000 Q zu, wovon ca. 50 % die Erdoberfläche erreichen

Pro Kopf der Erdbevölkerung entfallen pro Jahr rund dreißigtausendmal mehr zugestrahlte Sonnenenergie als der technisch-wirtschaftliche Verbrauch von 2 t Steinkohleneinheiten

Globale Energieproduktion in Mrd. t Steinkohlenäquivalent

1870	0,6
1900	1,2
1940	2,4
1955	3,1
1960	4,2
1965	5,2
1970	6,8
1975	8,2
1870–1975	+2,5 %/Jahr

Iran erwirbt Anteile der Fa. *Krupp*

Erdweite Rezession

1976	Kein Friedens*nobel*preis verliehen, obwohl 50 Vorschläge eingingen Frauenfriedensbewegung gegen Terror in Nordirland USA und USSR vereinbaren Begrenzung unterirdischer Kernexplosionen für friedliche Zwecke auf 150 kt TNT mit örtlichen Inspektionen 21. Kernwaffenversuch in VR China liegt im Mill.-t-TNT-Bereich Polnischer KP-Chef *Gierek* besucht BRD zu Wirtschaftsverhandlungen Bundestag und Bundesrat stimmen Vertrag BRD–Polen zu, wonach gegen finanzielle Leistungen der BRD 125 000 deutschstämmige Polen ausr. dürfen Gesetz zur Abwehr von Verfassungsfeinden scheitert im Bundesrat an Differenzen SPD/FDP–CDU/CSU Anti-Terrorismus-Gesetz in BRD gegen Bedenken der CDU/CSU, die es verschärfen wollen Anarchistischer Bombenanschlag auf US-Hauptquartier in Frankfurt/M. fordert 16 Verletzte † *Ulrike Meinhof* (Selbstmord) während des Prozesses gegen terroristische *Bader-Meinhof*-Gruppe (* 1934) Nach Flucht von 4 Anarchistinnen aus Berliner Gefängnis tritt Justizsenator *Oxfort* (FDP) zurück Bundestagswahlen bringen trotz Stimmenverlust SPD-FDP-Koalition knappe Mehrheit *H. Schmidt* erneut Kanzler, *H. D. Genscher* Außenminister, Gesundheitsminister *K. Focke* und Sozialminister *W. Arendt* scheiden aus. Rentensanierung erweist sich als dringend und schwierig CSU kündigt 27jährige Fraktionsgemeinschaft mit der CDU (Kreuther Konferenz). Wird nach Verhandlungen wiederhergestellt. *H. Kohl* übernimmt Vorsitz *K. Carstens* (* 1914, CDU) löst *A. Renger* (SPD) als Bundestags-Präsident ab CDU erreicht 600 000 Mitglieder CDU erhält in Landtagswahlen Baden-Württemberg stärkere absolute Mehrheit In Niedersachsen tritt Min.-Präs. *A. Kubel* (SPD) zurück. Landtag wählt trotz SPD-FDP-Mehrheit *E. Albrecht* (CDU) zum Min.-Präs., der später mit FDP Koalition bildet	Literatur*nobel*preis an *Saul Bellow* (* 1915, USA) schrieb u. a. 1964 „Herzog" (Roman einer jüdischen Lebenskrise) Friedenspreis des deutschen Buchhandels an *M. Frisch* (* 1911, Schweiz) *Wolfgang Bächler* (* 1925): „Gedichte aus 30 Jahren" (von einem Mitbegründer der Gruppe 47, die ab 67 ihren Zusammenhang verlor) *Th. Bernhard:* „Die Berühmten" und „Minetti" (österr. Schauspiele) † *Agatha Christie*, engl. Autorin von Kriminalromanen u. Bühnenstücken (* 1891) *A. Hailey:* „Die Bankiers" (dt. Übersetzung des US-Romans) † *Eywind Johnson*, schwedischer Schriftsteller, *Nobel*preis 1974 (* 1900) *Erica Jong* (* 1942): „Angst vorm Fliegen" (dt. Übersetzung des US-Romans „Fear of Flying") † *Alexander Lernet-Holenia*, österr. Dichter (* 1897) † *André Malraux*, frz. Dichter, 1958–69 frz. Staatsminister für kulturelle Angelegenheiten (* 1901) *Heiner Müller* (* 1929): „Die Bauern" (kritisches Schauspiel um die Kollektivierung der Landwirtschaft in der DDR, verzögerte Uraufführung in Berlin [O]) *U. Plenzdorf* (* 1934): „Buridans Esel" (Schauspiel)	DDR bürgert kritischen „Liedermacher" *W. Biermann* (* 1936) aus, der in die BRD geht Selbstverbrennung des Pfarrers *O. Brüsewitz* in Zeitz (DDR) wegen staatlicher Behinderung der Arbeit der Kirche † *Hans Bürger-Prinz*, maßgeblicher Psychiater und Sexualforscher, seit 1937 in Hamburg (* 1897) † Kardinal *Döpfner* 1957–61 Erzbischof von Berlin, dann von München, Leiter der Bischofskonferenz (* 1913) † *Arnold Gehlen*, dt. Philosoph und Soziologe. Seine Anthropologie begreift den Menschen als „Mängelwesen", das institutioneller Hilfe bedarf *H. Gruhl* (CDU-MdB): „Ein Planet wird geplündert" (die Schreckensbilanz unserer Politik als kritische Futurologie) † *Hans Rothfels*, dt. Historiker, insbesondere Zeitgeschichte. Schrieb 1949 „Die dt. Opposition gegen Hitler" (* 1891) † *Martin Heidegger* dt. Philosoph, führender Vertreter der Existenzphilosophie „als Fundamentalontologie" (* 1889) † *Max Tau*, Pazifist und Philanthrop jüd.-dt. Herkunft, ging 1938 nach Norwegen, schrieb 1948 „Glaube an den Menschen" (* 1897) † *R. v. Thadden-Trieglaff*, Kirchenpoli-

† *A. Aalto,* finnischer Architekt, baute 1962–71 Konzert- und Kongreßhaus in Helsinki (* 1898)

† *Josef Albers,* Maler und Farbtheoretiker, 1922–33 am Bauhaus später in USA. Begründer einer „Logik des Sehens" (* 1888)

Hermann Albert (* 1937): „Bauer hinter Bäumen" (kritisch realist. Gem.)

Jan Balet (* 1913): „Hommage à Godard" (Gem.)

A. Brandt (* 1935): „Gelb-Gelb" (abstr. Gem. senkrechter Streifen)

Bodo Buhl (* 1951): „Rolltreppe I" (realist. Gem.)

† *Alexander Calder,* US-Künstler, Schöpfer der Mobiles und Stabiles (* 1898)

Christo: „Running Fence", 40 km langer Zaun aus Nylon-Tüchern in Kalifornien, der nach 14 Tagen demontiert wird

Ernst Fuchs (* 1930): „Daphne in Eva Mystica" (Farbradierung)

J. Grützke (* 1937): „Bach von seinen Kindern gestört" (Gem.)

R. Hausner (* 1914): „Adam maßstäblich" (Gem. des phantastischen Realismus)

R. W. Huth: „Doppelporträt" (Selbstbildnis mit Gattin)

O. Kokoschka (* 1886) porträtiert Bundeskanzler *H. Schmidt*

Dieter Kraemer (* 1937): „Altenburgerstr. 169" (realistisches Gem. mit VW-Motiv)

† *B. Britten,* brit. Komponist (* 1913)

Götz Friedrich (* 1930) Leitender Regisseur an der Covent Opera London

H. W. Henze: „We come to the river" („Wir kommen zum Fluß" Oper, Uraufführung in London)

G. Klebe: „Das Mädchen aus Domrémy" (Oper um Jean d'Arc)

† *Lotte Lehmann,* dt. Opernsängerin, zuletzt in USA (* 1888)

Mayuzumi: „Der Tempelbrand" (japan. Oper, Uraufführung in Berlin [W])

Detlev Müller-Siemens (* 1957): „Nocturne für Violine und Klavier" (auf den 28. internationalen Ferienkursen in Darmstadt)

Siegfried Palm (* 1927), bekannt als Violincellist wird Generalintendant der Deutschen Oper Berlin (W). Sein Vorgänger *E. Seefehlner* wird Direktor der Wiener Oper

Josef Tal (* 1910): „Die Versuchung" (israel. Oper)

Alle verliehenen *Nobel*preise gehen in die USA (vgl. 1975)

Physik*nobel*preis an *Samuel C. C. Ting* (* 1936) und *Burton Richter* (* 1931) in USA für die Entdekkung neuer Elementarteilchen (Psi-Teilchen) mit der neuen Qualität „Charm"

Chemie*nobel*preis an *W. N. Lipscomb* (* 1919) in USA für Erforschung der Borane

*Nobel*preis für Medizin und Physiologie an *Baruch S. Blumberg* (* 1925) und *Charleton Gajdusek* (* 1923) in USA für Virusforschung (Erreger der Hepatitis bzw. Kuru-Krankheit)

E. S. Bücherl und Mitarbeiter setzen Entwicklung eines künstlichen Herzens fort. Ein Kalb lebt mit dieser gewebeverträglichen Kunststoffpumpe 4 Monate

Juri Chorosow entziffert Maya Hieroglyphen

† *W. Heisenberg,* dt. Physiker, Begründer der Quantenmechanik mit Unbestimmtheitsrelation. *Nobel*preis 1932 (* 1901)

† *T. Lyssenko,* sowjetischer Biologe, dessen ideologische Erblehre von *Stalin* gefördert wurde und dann scheiterte (* 1898)

† *Jaques Monod,* frz. Mikrobiologe und Naturphilosoph. *Nobel*preis 1965 (* 1910)

† *Lars Onsager,* US-Chemiker norwegischer Herkunft. *Nobel*preis 1968 (* 1903)

*Nobel*preis für Wirtschaftswissenschaft an *Milton Friedmann* (* 1912, USA). Schrieb „Kapitalismus und Freiheit" (1962), „Die optimale Geldmenge" (1970). Vertreter des Monetarismus

Das Bruttosozialprodukt der Erde liegt bei 5800 Mrd. $ (+5 % jährlich) bei einer Erdbevölkerung von 4,1 Mrd. (+2 % jährlich). Pro Kopf entfallen durchschnittlich 1420 $ (+3 %jährlich)

Die erdweite Elektrizitätserzeugung (ohne VR China) liegt bei 6500 Mrd. kWh (1975: 6250). Die Produktion der VR China liegt bei 250 Mrd. kWh

Das Risiko der Nutzung der Kernenergie wird Gegenstand heftiger Diskussionen und Auseinandersetzungen. Der Bau von Kernkraftwerken in Whyl und Brokdorf wird von Bürgerinitiativen und linksradikalen Kräften behindert

Erdweite Erdölförderung 2844 Mill. t (2,5fache Steigerung seit 1961, d.h. +6 % jährlich). Davon in %: Sowjetunion 18,3, Saudi-Arabien 15,1, USA 14,2, Iran 10,3, Venezuela 4,1, Kuwait 3,8, Irak 3,7, Nigeria 3,6, VR China 3,0, andere 23,9

Preispolitik der OPEC-Staaten spaltet sich: Saudi-Arabien und VAE erhöhen um 5 % (andere um 10–15 %)

414 m langer Supertanker für 677 000 t Öl

Frankreich verläßt westeuropäischen Währungsverbund („Währungsschlange")

Pfund Sterling sinkt zeitweise unter 4 DM

Großbritannien erhält umfangreiche Kredite

Pfundschwäche löst ausländische Käuferinvasion in London aus

Gesetz über paritätische Mitbestimmung in Großbetrieben in BRD

(1976)

In Hessen löst *Börner* (SPD) *A. Osswald* (SPD) als Min.-Präs. ab

† *August Zinn*, SPD-Politiker, 1950–69 Min.-Präs. von Hessen

Im Saarland verhandeln CDU und FDP über Koalition

Bürgerblockmehrheit beendet in Schweden 44 Jahre sozialdemokratische Regierung. *T. Fälldin* (* 1926, Zentrum) löst *Palme* als Min.-Präs. ab

EG beschließt allgemeine Wahl zum europäischen Parlament 1978 (410 Sitze)

W. Brandt wird Vorsitzender der sozialdemokratischen Internationale als Nachfolger von *Kreisky*

KP-Gipfeltreffen in Ost-Berlin anerkennt verschiedene Wege auch des „Euro-Kommunismus" (KPI, KPF)

SED-Chef *Honecker* stärkt seine Position

25. Parteitag der KPdSU bestätigt *Breschnew* als KP-Chef. Dieser wird Feldmarschall

Polnische Regierung nimmt Preissteigerungen nach Widerstand der Bevölkerung zurück

DDR weist Korrespondenten der ARD aus

Französischer Min.-Präs. *Chirac* (Gaullist) tritt zurück. Präsident *Giscard D'Estaing* beruft *R. Barre* (parteilos)

Britischer Min.-Präs. *H. Wilson* tritt zurück, Nachfolger wird *J. Callaghan* (* 1912)

Gr.-Brit. gibt nach 157 Jahren Stützpunkt Singapur auf. 86 Seyschellen-Inseln im Indischen Ozean mit 482 qkm und 58 000 Einw. erlangen nach 182 Jahren britischer Herrschaft Unabhängigkeit

† *Montgomery*, britischer Feldmarschall, schlug 1942 Deutsches Afrika-Korps unter *Rommel*

In Italien tritt Regierung *Moro* (DC) zurück. Wahlen führen zur Minderheitsregierung *Andreotti* (DC), welche Duldung der KPI benötigt

Wahlen in Portugal: Sozialistische Partei erreicht 35 %, KP 14,6 %, keine Partei die absolute Mehrheit. Staatspräsident wird *R. Eanes* (* 1934), der den Sozialisten *Mario Soares* (* 1924) zum Reg.-Chef ernennt

Spanischer König entläßt Reg.-Chef

† *Eugen Roth*, humorvoller Schriftsteller, Verfasser der „Ein Mensch . . ."-Gedichte (* 1895)

† *Fritz Schreyvogel*, österr. Schriftsteller, 1954–59 Vizedirektor des Burgtheaters (* 1899)

Über 100 deutsche Dichter und Schriftsteller durch Literaturpreise und anders ausgezeichnet

Über 100 Buchverlage in BRD haben einen Umsatz größer als 8 Mill. DM.

Seit 1951 erschienen in BRD ca. 1 Mill. Titel, davon 80 % Erstauflagen, 20 % Neuauflagen

Anteil der Taschenbücher 1965/74 in %: Schöne Literatur 15,7/28,8, Philosophie, Psychologie 6,4/19,5, Jugendschriften 4,6/15,0. Die größten Taschenbuchverlage haben 30 Mill. DM und mehr Umsatz

Bd. 1 des Großen Wörterbuchs der deutschen Sprache erscheint

tiker, ab 1934 führende Position im Kirchenkampf gegen NS-Regime. Ab 1949 Präsident und Ehrenpräsident des Dt. evang. Kirchentages, den er begründete (* 1891)

Neues Eherecht in BRD (gültig ab 77). Ehescheidung basiert auf Zerrüttungs- statt auf Schuld-Prinzip

Papst bekräftigt strenge katholische Sexualethik (erhöht Spannung zur sozialen Realität)

Grabungsfund in Athen wird als Gefängniszelle des *Sokrates* gedeutet, der –399 dort durch Gift hingerichtet wurde

Grundriß des Sonnentempels von *Echnaton* bei Theben in Ägypten gefunden (Dieser Pharao führte um –1350 den Sonnenkult als monotheistische Religion ein)

Echnaton-Ausstellung in München, Berlin und Hildesheim (allein in München 322 000 Besucher)

Ausstellung *Ramses II.* in Paris. Seine Mumie wird mit militärischen Ehren empfangen und fachmännisch konserviert

Ursyrisches mächtiges Königreich Ebla um –2300 aus 15 000 Schrifttafeln in Rom erschlossen

Institut für wirtschaftliche Zukunftsforschung in Tübingen gegründet

Mitte-Links-Gruppierung des Konzils wählt Prof. *Lämmert* als

Marwan (* 1934 in Damaskus): „Kopf Nr. 177" (Gem. mit expressiver Gesichtslandschaft)

W. Mühlenhaupt: „Eisenbahn" (Collage aus der Gruppe der Berliner „Malerpoeten")

Max Pfaller (* 1937): „Unrentable (Bahn-) Strecke" (realistisches Gem.)

† *Man Ray*, Maler und Photograph in USA und Frankreich (* 1890)

† *Karl Schmidt-Rottluff*, dt. expressionistischer Maler, Gründungsmitglied der „Brücke" 1905, Ehrenbürger von Berlin (W) und Karl-Marx-Stadt (* 1884)

Ruth Speidel (* 1916): „Slalom" (Bronze)

F. Schröder - Sonnenstern: „Die Waage des Weltgerichts" (Zeichnung)

† *Mark Tobey*, US-Maler. Seine ostasiatisch beeinflußte Malweise um 1936 gilt als Vorläufer von *Pollock*

Hann Trier: „Phoenix" (abstr. Gem.)

Hans Vogelsang (* 1945): „Ohne Titel" (in einer Reihe Arbeits-Aspekte des künstlerischen Prozesses)

W. Vostell (* 1932): Straßenhappening in Berlin (W)

† *Fritz Winter*, abstrakter Maler, 1927–30 am Bauhaus (* 1905)

6. Freie Berliner Kunstausstellung mit rd. 1300 Künstlern in 61 Gruppen

Cosima Wagner (* 1837, † 1930): Tagebücher 1869–77

Robert Wilson (* 1943): „Einstein on the Beach" (US-Oper)

100 Jahre *Wagner*-Festspielhaus Bayreuth: Stark umstrittene „Ring"-Inszenierung von *Patrice Chéreau* (* 1945), unter Stabführung von *P. Boulez* (* 1925). *Peter Stein* inszeniert „Rheingold"

17. Chorfest des Dt. Sängerbundes in Berlin (W)

Popmusic-Festival auf Fehmarn

Schlager: „Ein Bett im Kornfeld", „Girls, Girls, Girls", „Fernando", „Silver Bird", „Schmidtchen Schleicher"

K. Appel und *W. Haken* beweisen in USA mit 1200 Computerstunden Rechenzeit den Vierfarbensatz der Landkartentheorie (1852 aufgestellt)

† *R. W. Pohl*, dt. Physiker (Kristallphysik). Begründete moderne Vorlesungstechnik der Experimentalphysik. (* 1884)

† *Walter Schottky*, Physiker schweizerischer Herkunft, Pionier der Rundfunkröhrentechnik (* 1886)

Schwer-Ionenbeschleuniger in Darmstadt liefert Uran-Ionen mit 1,57 Mrd. Elektronenvolt Energie

Super-Protonen-Synchrotron b. CERN, Genf erreicht 400 Mrd. Elektronenvolt (400 GeV)

Weitere Experimente sichern Existenz einer neuen Quantenzahl „Charm", die ein 4. Quarkteilchen mit dieser Qualität erfordert. Damit erreicht die Theorie der Elementarteilchen eine als entscheidend angesehene Erweiterung von ähnlicher Tragweite wie die Entdeckung der „Fremdheit" (Strangeness) um 1950

US-Forscher finden neues Elementarteilchen (Energieresonanz) mit 6 Protonenmassen als bisher schwerstes

Wissenschaftler der Sowjetunion geben Entdeckung des Transurans 107 bekannt, das 2/1000 Sekunden Lebensdauer hat. Im Bereich der Entdeckung neuer Transurane gibt es eine Prioritätskonkurrenz zwischen USA und Sowjetunion

Der angebliche Nach-

Die größten Chemie-Konzerne sind

	Umsatz (Mrd. DM)
1. Hoechst, BRD	8520
2. BASF, BRD	8208
3. Bayer, BRD	7273
4. Du Pont, USA	7222

Bemühungen der Bundesregierung um Rentenstabilisierung und Kostendämpfung im Gesundheitswesen führten zu politischer Unruhe (1977 kommt es zu „Streiks" von Ärzten)

Druckerstreik in BRD lähmt zeitweise Zeitungsherstellung und -vertrieb

Elbeseitenkanal eröffnet, der den Schiffsweg Hamburg–Ruhr um 250 km verkürzt. Ein Dammbruch legt ihn schon im 1. Jahr zeitweise still

EG errichtet 200-Meilen-Zone für Fischfang

Deutsche Antarktis-Expedition stellt ca. 200 Mt jährlich Zuwachs an Krill (Krebsart) fest. Diese Eiweißquelle ist mit dem erdweiten Fischfang zu vergleichen, der 1970 70 Mt erbrachte

Eisenbahnlinie Belgrad–Bar mit 237 Brücken

Baikal-Amur-Magistrale (BAM) als zusätzliche transsibirische Bahn im Bau (hält größeren Abstand von chinesischer Grenze)

UHURU-Bahnlinie Tansania–Sambia eröffnet (1850 km, von VR China erbaut)

Bundesbahn legt letzte Dampflokomotiven still

12 500 t schwere Rheinbrücke in Düsseldorf wird um 50 m verschoben

In der Internationalen Zivilluftfahrt-Organisation liegt die Verkehrsleistung bei 630 Mrd. Passagier-km (1975: 569) bei der durchschnittlichen Unfallrate von einem Toten pro 400 Mill. Passagier-km sind etwa 1580 Todesopfer zu erwarten

Fluglotsenfehler verursacht Zusammenstoß zweier Verkehrsflugzeuge über Zagreb, wobei alle 176 Insassen getötet werden

(1976)	*A. Navarro*, der als Anhänger der *Franco*-Politik gilt, ernennt *A. Suarez Gonzales* (* 1932), der Demokratisierung beginnt Spanische Ständekammer Cortes löst sich auf, um Parlamentswahlen zu ermöglichen. Nach Aufhebung des Waffenembargos schließt Türkei neues Stützpunkt- und Hilfs-Abkommen mit USA Bestechungsskandal der US-Flugzeugfirma Lockheed belastet führende Politiker in US-Bündnis Präsidentenwahl in USA: *J. E. Carter* (* 1924, Demokrat) siegt knapp mit 48 % über *G. F. Ford* (* 1913, Republikaner) Amtszeit ab 1977. Vizepräsident *W. F. Mondale* (* 1928), Außenminister *Vance* (* 1917) Präsidentin *I. Peron* in Argentinien nach 21 Monaten Reg. durch Staatsstreich abgesetzt und inhaftiert. Generalstabschef *J. R. Videla* (* 1925) Staatspräsident † *J. Kubitschek*, brasilianischer Staatspräsident 1956–61 (* 1902) Militärputsch in Uruguay Ägyptischer Staatschef *Sadat* kritisiert libyschen Staatschef *Gaddafi*, der als Vertreter des linken Extremismus gilt Israelisches Kommando befreit im Handstreich auf dem Flugplatz Entebbe/Uganda über 100 israelische Geiseln, mit denen die Freilassung von 53 Anarchisten auch von der BRD erpreßt werden sollte OAU-Konferenz in Addis Abeba findet keine Lösung für denBürgerkrieg in Angola, in dem die Kommunisten (MPLA) 1975 die Macht gewannen *H. Kissinger* vermittelt im Rhodesienkonflikt im Sinne einer Mehrheitsregierung der Neger. Rhodesienkonferenz unter britischer Leitung in Genf scheitert 1977 Schwere Rassenunruhen in Südafrika fordern viele Opfer *E. Sarkis* (* 1922, Bankfachmann) Staatspräsident des Libanon Nach 14 Monaten blutigen Bürgerkriegs im Libanon trennen syrische Truppen die kämpfenden Parteien. Das Land droht in je einen Staat der Moslems und Christen zu zerfallen	Nachfolger von *R. Kreibich* zum Präsidenten der FU, Berlin Studentenunruhen in Frankreich wegen staatlicher Studienreform, die Praxisnähe anstrebt New York City-University (270 000 Studenten, 12 000 Professoren und Dozenten) zeitweise zahlungsunfähig Futurologische Betrachtungen werden im Gegensatz zu früheren Untersuchungsprophezeiungen optimistischer (z. B. *H. Kahn* [* 1922, USA], der erdweite Verbesserung der Lebensbedingungen vorhersagt. Vgl. 1975) Im Bundesrat d. BRD wird ein Kompromiß für das Hochschulrahmengesetz gefunden, das nun in Kraft treten kann (es realisiert die Gruppen-Universität, in der die Hochschullehrer Vorrang haben)

Internationaler Kunstmarkt in Düsseldorf mit 170 Galerien und rd. 500 Künstlern (*Baumeister, Beuys, Christo, Dali, Trökes, Vostell, Wols, Wunderlich* u. a.)

Umfassende Ausstellung des Werkes von *W. Kandinsky* (* 1866, † 1944) in München

Kunstausstellung von 12 Nonkonformisten in Moskau erweist die Ausbreitung inoffizieller Kunst in der Sowjetunion (1977 wird inoffizielle sowjetische Kunst in London gezeigt)

„Euro-Bau 76", Ausstellung von mehr als 110 Musterhäusern in Hamburg

Akropolis Athen durch Umweltschäden bedroht

André Bazin († 1958): „Was ist Kino?" (dt. Übersetzung der frz. Ausgabe 1958–62)

† *Jean Gabin*, frz. Filmschauspieler (z. B. 1959: „Im Kittchen ist kein Zimmer frei") (* 1904)

† *Fritz Lang*, dt. Filmregisseur („Die Nibelungen" u. a.), schuf expressionistischen Filmstil, nach 1933 in USA (* 1890)

† *Carol Reed* brit. Filmregisseur (z. B. 1949 „Der Dritte Mann") (* 1906)

† *L. Visconti* (ermordet), ital. Filmregisseur (z. B. 1970: „Der Tod in Venedig") (* 1906)

F. Wotruba und *G. Mayr:* Kirche Zur Heiligen Dreifaltigkeit bei Wien (Kirche aus 152 Betonklötzen, „Skulptur als Gebäude")

weis superschwerer Elemente (über 110) erweist sich als Irrtum

Optisches 6-m-Spiegelteleskop der Sowjetunion im Kaukasus (Zelenchuckskaja), ist bisher größtes Instrument dieser Art

Radioteleskop aus 900 Einzelspiegeln auf Kreis von 600 m Durchmessern der Sowjetunion im Nordkaukasus

US-Radarteleskop entdeckt Hochfläche („Maxwell") auf der Venus

Max Planck-Institut für Astronomie in Heidelberg. Arbeiter mit 1,2-, 2,2- und 3,5-m-Spiegelteleskopen auf dem Calar Alto in Spanien. Mit Infrarot-Bildwandler-Teleskop gelingen Aufnahmen junger Sterne, die sonst durch Staubwolken verdeckt sind

Infrarot-Bildwandler-Teleskop auf dem Calar Alto entdeckt Nachbargalaxie der Milchstraße

3,6-m-Spiegel-Teleskop für europäische Südsternwarte in Chile im Bau

US-Marssonden Viking 1 und 2 liefern zahlreiche Bilder und Informationen: Wassereis an den Polen, von Wasser geformte Oberfläche, keine Spuren von Leben

Ein Signal der Marssonde Viking 1 eröffnet US-Raumfahrtmuseum

Erfolgreiche intravenöse Impfung gegen Geflügeltumor als

Flugzeugabsturz in Türkei mit 154 Toten, bei Bombay mit 95 Toten

Absturz eines US-Transporters auf Santa Cruz (Bolivien) verursacht ca. 130 Tote, darunter zahlreiche Kinder

Frz. Flugzeug mit 257 Insassen entführt. Es wird die Freilassung von 53 Terroristen auch von BRD gefordert. Die nach Entebbe, Uganda, entführten Israelis werden durch ein israelisches Kommando in einer unwahrscheinlich kühnen Aktion handstreichartig befreit

Absturz einer Seilbahngondel bei Cavalese (Trient) fordert 42 Tote

Von einer Schweizer Fabrik in Seveso (N-Italien) verbreiten sich Giftstoffe, wodurch Sperre und Evakuierung notwendig werden

45 Tote bei der Explosion in einer finnischen Munitionsfabrik

16 Tote und 60 Verletzte bei Explosion auf einer Hamburger Werft

Reichsbrücke in Wien stürzt ein

„Jahr der Erdbeben": 45 bedeutende Beben (davon 11 schwere und 3 sehr schwere) fordern in NO-Italien, Türkei, bei Peking, auf den Philippinen, in Guatemala an die 150 000 Tote. Zahl der Toten in China weitgehend unbekannt

Dammbruch in USA (Idaho) verursacht 35 000 Obdachlose

Mit 10 Vulkanausbrüchen auf der Erde (1975: 25) handelt es sich um ein „ruhiges" Vulkanjahr

Orkan und Nordseesturmflut fordern 40 Tote

Grippewelle in DDR

Extrem heißer und trockener Sommer in Mittel- und W-Europa (wie noch nie seit 100 Jahren). Wasserrationierung in England

Wirbelsturm zerstört in Mexiko La Paz: über 1000 Tote und 40 000 Obdachlose

(1976) Arabische Liga beschließt Aufstellung einer Friedenstruppe

Friedensbereitschaft der Gegner im Nahostkonflikt wächst

† *Tschu En-lai,* chinesischer Min.-Präs. seit 1949, vertrat gemäßigten Kurs (* 1898)

Nachfolger wird *Hua Kuo feng* (* 1921), der bald Nachfolger von *Mao* wird

Politische (Wandzeitungs-)Kampagne gegen *Teng Hsiao ping,* der *Tschu En-lai* vertrat spiegelt Machtkampf kurz vor *Maos* Tod in China

In Peking kommt es zu Demonstrationen für *Tschu En lai*

† *Mao Tse tung,* Begründer der VR China und des „Maoismus" (* 1893)

Nachfolger wird *Hua Kou feng* (* 1921)

Linke Vierergruppe mit *Mao*-Witwe *Tschiang Tsching* (* 1912) wird scharf bekämpft

USA räumen letzte Militärbasen in Thailand

USA-freundliche, konservative Mehrheit bei Wahl in Thailand

Regierung in Kambodscha gibt 1 Million Tote durch Krieg und Bürgerkrieg an (bei ca. 8 Millionen Einw.)

Kommunistisch beherrschte Nationalversammlung beschließt Vereinigung von N- und S-Vietnam zu einem sozialistischen Staat (45 Mill. Einw.)

Japan schließt mit insgesamt 1,51 Mrd. $ Reparationen für Kriegsschäden ab

Sowjetisches Kampfflugzeug MIG 25 flüchtet nach Japan. Pilot erhält in USA Asyl

UNCTAD-Konferenz i. Nairobi zeigt Gegensätze im Nord-Süd-Konflikt

5. Seerechtskonferenz (i. New York) bleibt ohne Einigung

Fortschritt intensiver Krebsforschung

In USA gelingt Embryo-Transplantation beim Pavian

Versuche in Israel Erdöl aus Algen in besonnten Teichen zu gewinnen

1 Mrd. Jahre alte Tierspuren als bisher älteste entdeckt (älteste Mikroorganismen über 3 Mrd. Jahre)

Auf Spitzbergen Fund bisher ältesten Wirbeltiers (500 Mill. Jahre altes Ur-Neunauge)

Alter eines Pekingmenschen-Fundes in Afrika wird zu 1,5 Mill. Jahre bestimmt. Lebte zusammen mit Australopithecinen (ursprünglich bestimmte man das Alter des Pekingmenschen zu 0,5 Mill. Jahre)

5500 Jahre alte Bronzefunde in Thailand erweisen sehr frühen Gebrauch dieses Metalls (etwa 1000 Jahre älter als bisher angenommen)

US-Elektronenmikrospektroskopie identifiziert Mumie als Pharaonin *Teje* an Haarproben (Vergleich mit Haaren einer Grabbeigabe, deren Herkunft erkennbar war)

Sowjetunion erprobt Kfz. mit Wasserstoffverbrennungsantrieb

Max Planck-Institut für Festkörperphysik in Stuttgart eröffnet

Computer löst Vierfarbenhypothese der Landkartentheorie (4 Farben reichen aus, um Grenzen zu vermeiden, an denen gleiche Farben zusammentreffen)

Von den 1901–76 verliehenen 309 *Nobel*preisen für Physik, Chemie und Physiologie entfielen in %: USA 35, Großbritannien 19, Deutschland 17, Frankreich 7, Schweden 3, Schweiz 3, Rußland (SU) 3, Dänemark 2, Niederlande 2, Österreich 2, 16 andere 7 (vgl. 1975)

Im Flugzeug bewegte Atomuhren zeigen die von der Relativitätstheorie geforderte Gangverlangsamung (Versuche in USA)

† *A. Zukor,* Pionier der US-Filmindustrie, Gründer der Paramount 1917, deren Präsident bis 1933 (* 1873)

„Casanova“ (ital. Film von *F. Fellini*)

„Einer flog übers Kuckucksnest“ (US-Film von *Milos Forman* [* 1932] erhält zahlreiche Oscars)

„Numéro deux“ (frz. Film von *J.-L. Godard* [* 1930])

„Die Unbestechlichen“ (US-Film um die Watergate-Affäre von *Alan Jack Pakula*)

„Der Fangschuß“ (dt. Film von *V. Schlöndorff* [* 1939])

„Jeder stirbt für sich allein“ (dt. Film nach *H. Fallada* von *A. Vohren*)

„Sommergäste“ (Film von *Peter Stein* seiner *Gorki*-Inszenierung in der Schaubühne Berlin)

Olympische Spiele in Montreal. Medaillenspiegel (G/S/B)

USSR	47/43/35
DDR	40/25/25
USA	34/35/25
Japan	9/ 6/10
BRD	10/12/17
Polen	8/ 6/11

12. Olympische Winterspiele in Innsbruck.

Medaillen	G/S/B
Sowjetunion	13/6/8
DDR	7/5/7
USA	3/3/4
BRD	2/5/3
Österreich	2/2/2

An 1380 Sportlern aus 37 Ländern werden 111 Medaillen vergeben

Populäre Skiabfahrtssieger sind *Rosi Mittermayer* (* 1950, BRD) und *Franz Klammer* (* 1953, Österreich)

Rosi Mittermayer gewinnt Ski-Weltpokal nach 2 Olympischen Goldmedaillen

Toni Innauer (* 1958, Österreich) springt auf der Skiflugschanze Oberstdorf mit 176 m Weltrekord

Polen schlägt Sowjetunion 6:4 bei der Eishockey-Weltmeisterschaft

Rangfolge in der Europa-Fußballmeisterschaft: ČSSR, BRD, Niederlande, Jugoslawien

† *Gottfried v. Cramm,* dt. Tennismeister (* 1909)

Weltrekord im Stabhochsprung von *Dave Roberts* (USA) mit 5,70 m

3 Drachenflieger aus der BRD fliegen vom Kilimandscharo in 50 Min. 5500 m tief in die Ebene

Transatlantik-Segelregatta nach USA aus Anlaß ihrer 200-Jahr-Feier

Karl Thomas (USA) scheitert beim Versuch, Atlantik im Ballon zu überfliegen (19 andere Versuche scheitern zuvor)

Hamburger SV gewinnt Pokal der DFB Fußballmeisterschaft

Boxweltmeister *Muhamad Ali (Cassius Clay)* tritt ungeschlagen vom Titel zurück, den er 1964 erstmals gewann (vgl. 1978)

Hunt wird im Formel-I-Autorennen in Fuji (Japan) Weltmeister gegen *N. Lauda,* der wenige Wochen nach einem schweren Unfall wegen schlechter Rennstrecke aufgibt

Hochhausneubauten verändern einschneidend die Skyline von Frankfurt/Main (Manhattanisierung ähnlich wie in Paris)

Photokina in Köln im Zeichen der Pockett- und Sofortbildkamera

Sohn eines Industriellen in BRD entführt und für 21 Mill. DM freigekauft

Ein Mann gesteht den Mord an 8 Frauen im Ruhrgebiet

Energieverbrauch in BRD
Anteil der Prämienenergie in %

	1966	1976
Erdöl	46	53
Erdgas	1,5	14
Steinkohle	38	19
Braunkohle	11	10
Kernenergie	0,04	2
Wasser u. a.	3,5	2
Mill. t SKE ges.	266,7	370,7
t SKE/Kopf	4,6	6,0

Die Erdbevölkerung verdoppelte sich seit 1941 auf 4 Mrd., ihr Bruttosozialprodukt in 14 Jahren auf 6820 Dollar = 1700 Dollar/Kopf (davon 35 % Industrie, 9 % Landwirtschaft). Das durchschnittliche BSP/Kopf liegt 17mal höher als in Indien

1977	Friedensnobelpreis an Amnesty International (1961 gegr. Organisation, die sich für politische Gefangene einsetzt). Für 1976 wird der Preis nachträglich an die Friedensbewegung nordirischer Frauen (*Petty Williams* und *Mairead Corrigan*) verliehen Als die Friedenstat des Jahres gilt weithin die Reise des ägypt. Präsidenten *Sadat* nach Israel, um Frieden anzubieten Mit der Aufnahme von Vietnam und Djibuti umfaßt UN 149 Mitglieder (zwischen 149 Staaten bestehen 22 052 Beziehungen [Botschafter]) KSZE-Folgekonferenz in Belgrad führt zu einer West-Ost-Debatte über Menschenrechte *J. Carter* (* 1924, Parteidemokrat) als 39. Präsident der USA im Amt. Tritt für Bürgerrechte in der Sowjetunion ein US-Präsident *Carter* kämpft um Energiesparprogramm gegen Ölindustrie und ihre Lobby *C. R. Vance* (* 1917) Außenmin. d. USA als Nachfolger von H. Kissinger (* 1923) Die Bemühungen der USA um Wiedereinberufung der Genfer Nahostkonferenz kreisen um die Beteiligung der PLO *Edward Koch* (* 1925, Parteidemokrat) wird ObBgm. von New York Schah-Besuch in USA führt zu schweren Tumulten vor dem Weißen Haus *Carter* unternimmt am Jahresende Weltreise in 6 Länder (Polen, Indien, Saudi-Arabien, Iran etc.) Bundesverfassungsgericht rügt werbende Regierungsinformationen in Wahlzeiten Bundesverfassungsgericht suspendiert auf Antrag d. CDU/CSU Wehrpflichtnovelle, welche Gewissensprüfung aufhob Das politische Klima der Bundesrepublik Deutschland wird von schweren terroristischen Verbrechen beeinflußt (Morde an *S. Buback, J. Ponto, H.-M. Schleyer* u. a.) Im *Baader-Meinhof*-Prozeß werden *Baader, Ensslin* u. *Raspe* wegen 4 Morden und 23 Mordversuchen zu lebenslänglicher Freiheitsstrafe verurteilt (begehen noch in diesem Jahr Selbstmord) (Prozeßkosten ca. 18 Mill. DM) Telefonabhör-Affären b. d. Terroristenbekämpfung gefährden Position des Innenmin. Maihofer (FDP). Justizmin. *Bender* (CDU) i. Baden-Württemberg tritt wegen Selbstmord dreier Terroristen im Gefängnis Stammheim zurück. Nachfolger wird *Palm* (CDU) Bundestag beschließt im Eilverfahren fallweises Kontaktverbot für Terroristen Generalbundesanwalt *S. Buback* u. 2 Begleiter von Terroristen i. Karlsruhe ermordet (* 1920)	Literaturnobelpreis an den spanischen Lyriker *Vicent Alexandre* (* 1898) Friedenspreis d. dt. Buchhandels an den polnischen Philosophen *Leszek Kolakowski* (* 1927), der den Marxismus kritisch betrachtet und 1966 aus der polnischen Arbeiterpartei ausgeschlossen wurde *Friedrich Beissner* (* 1905, † 1977): *Hölderlin*-Ausgabe (8 Bde. in neuer Editionstechnik seit 1943) *W. Biermann* (* 1936), *R. Kunze* (* 1933) und 7 andere zur Opposition neigende Künstler wechseln aus der DDR in die Bundesrepublik *Didier Decoin* (* 1945, Frankr.) erhält Prix Goncourt für den Roman „John L'Enfer" † *Tibor Déry*, ungar. Schriftsteller, der nach dem Aufstand 1956 fünf Jahre im Gefängnis saß (* 1894) *F. Dürrenmatt*: „Die Frist" (schweiz. Schauspiel) † *K. A. Fedin*, russ. Schriftsteller (* 1892). Wurde 1959	*B. Bettelheim*: „Kinder brauchen Märchen" (dt. Übersetzung der US-Fassung) † *Ernst Bloch*, dt. Philosoph eines dialektischen Materialismus, der zu einer „Philosophie der Hoffnung" gelangt. Kommt 1957 aus der DDR in die Bundesrepublik (* 1885) *Carsten Bresch* (* 1921): „Zwischenstufe Leben, Evolution ohne Ziel?" (vertritt eine dreiteilige Evolution der Materie, des Lebendigen u. des Geistigen) *J. Goebbels* Tagebücher werden veröffentlicht (erweisen ihn als politisch wenig urteilsfähig) *Robert Jungk*: „Der Atomstaat" (Warnung vor Entw. der Kernenergie) *M. Kruse* (* 1929) wird in Berlin (W) als ev. Bischof Nachfolger von *K. Scharf* (* 1902) † *Joh. Lilje*, seit 1947 ev. Landesbischof von Niedersachsen, gr. 1952 Ev. Akademie in Loccum (* 1899) *Golo Mann*: Terrorismus schafft bürger-

Joseph Beuys (* 1921): „Honigpumpe am Arbeitsplatz" (weitläufiger Kreislauf einer Fettmasse auf der documenta 6)

† *Arnold Bode*, Schöpfer der Kunstausstellung documanta i. Kassel (* 1900)

Christo plant die „Verpackung" des Reichtstagsgebäudes in Berlin. Bundestagspräsident lehnt ab. Skizzen auf der documenta 6

Jean Dubuffet: „La ronde des images" (frz. Gem.)

Klaus Fussmann (* 1938): „Grunewald" (Farbradierung)

† *Naum Gabo*, Bildhauer russ. Herkunft. Arbeitete in Dtl., England, USA (* 1890)

Jochen Gerz (* 1940): „Der Transsibirien-Prospekt" (Fußabdrücke als Spuren einer 16-Tage-Reise durch Sibirien mit abgedeckten Fenstern auf der documenta 6)

HAP Grieshaber (* 1909): Mahnbilder für Freiheit u. Menschenrechte. Ausstellung von Holzschnitten i. Athen

Horst Hirsig (* 1929): „Kämpfende Doppelfigur" (Zeichnung)

† *Willy Robert Huth*, dt. expressionist. Maler (* 1890)

L. Bernstein: „Songfest" (Vertonungszyklus von 13 Gedichten)

Musik-Institut von *P. Boulez* (* 1925) i. Pariser Kulturzentrum *G. Pompidou*

† *Maria Callas*, griech. Sopranistin mit Weltruhm! Ihr eigenwilliges Auftreten förderte ihre Popularität (* 1923)

† *Johann Nepomuk David*, dt.-österr. Komponist von Kirchenmusik (* 1895)

† *Georges Derveaux*, frz. Musiker, schrieb zahlreiche Filmmusiken (* 1901)

Paul Dessau: Vier 8stimmige Chöre auf Brieftexte *van Goghs*

W. Fortner: „That Time" (Oper nach *S. Beckett*)

† *Errol Garner*, US-Neger-Jazz-Pianist (* 1921)

H. W. Henze: „Wir kommen zum Fluß" (Oper). Henze legt musikalische Leitung der *Mozart*oper „Zauberflöte" nieder

W. Hildesheimer (* 1916): „Mozart" (Biographie)

Physik-Nobelpreise f. Entwicklung der Festkörperphysik an *P. W. Anderson* (* 1923, USA), *N. F. Mott* (* 1905, USA) und *H. van Vleck* (* 1899, USA);

Chemie-Nobelpreis an *I. Prigogine* (* 1917, Sowjetunion) f. d. Theorie irreversibler Prozesse, die auch biologisch bedeutsam sind;

Medizin-Nobelpreis an *Rosalyn Yalow* (* 1921, USA), *Roger Guillemin* (* 1924, USA) und *Andrew Schally* (* 1926, USA) für Peptid-Hormonforschung und Radioimmuntest

† *Franz Baur*, dt. Meteorologe, gilt als Begr. d. langfristigen Wetterprognose (* 1887)

M. Bookman vom MIT, USA, zeigt durch Versuche, daß Vögel ein magnetisches Feld erkennen

Herbert Boyer gelingt in USA, durch Gen-Übertragung vom Säugetier auf Bakterium das Wachstum regulierende Hormon Somatostatin, Bakterienkulturen zu erzeugen (gilt als ein Durchbruch der Gen-Chirurgie)

† *Wernher von Braun*, dt. Raketenforscher, leitet nach 1945 maßgeblich das Raumfahrtprogramm d. USA (* 1912)

*Nobel*preis f. Volkswirtschaftslehre an *B. Ohlin* (* 1899, † 1979, Schweden) u. *J. Meade* (Großbrit.) für Theorie des internationalen Handels

Nord-Süd-Dialog in Paris endet mit unvollständigen Ergebnissen für den sozialen Ausgleich zwischen Industrie- und Entwicklungsländern. Rohstoffonds zur Stabilisierung der Rohstoffpreise prinzipiell vereinbart. Erdölfrage bleibt offen. *W. Brandt* wird Vorsitzender einer Kommission für diesen Dialog

UN-Wasserkonferenz in Mar del Plata (Argentinien). Für eine Verbesserung der Wasserversorgung werden in den nächsten 20 Jahren ca. 220 Mrd. $ (Dollar) benötigt. (Nur 25–28 % der Bevölkerung der Entwicklungsländer waren 1970 mit Wasser und Abwässerung versorgt.)

USA verlassen UN-Organisation ILO, weil antiamerikanische Mehrheit das Internationale Arbeitsamt beherrscht. Führt zu scharfen Sparmaßnahmen

Wirtschaftsgipfel in London mit den Regierungschefs von USA, Kanada, BRD, Großbritannien, Frankreich, Japan, Italien u. EG-Vertretung

Preissteigerungen gegen Vorjahr i. BRD +3,9 % (1975: +6,0 %, 1974: +7,0 %)

Dollarschwäche. Kurs sinkt bis auf 2,10 DM

RGW-Verschuldung an OECD liegt zwischen 30–50 Mrd. Dollar

Zeitweiser Uran-Lieferstopp v. USA und Kanada erschwert Kernenergie-Politik in BRD. SPD und FDP finden auf ihren Parteitagen eine flexible Einstellung zur notwendigen Kernenergie

Kernkraftgegner besetzen das Baugelände bei Whyl in Baden-Württemberg. Demonstrationen gegen das geplante Kernkraftwerk bei Brockdorf führen zu schweren Zusammenstößen mit der Polizei

Bürgerinitiativen und einige Gerichtsurteile behindern die Entwicklung der Kernkraftenergie. Parteitage von SPD und FDP respektieren ihre Notwendigkeit durch Beschlüsse mit Kompromißcharakter

(1977)	Terroristen ermorden in seinem Haus den Sprecher der Dresdner Bank *J. Ponto,* wahrscheinlich bei mißglückter Geiselnahme Arbeitgeberpräsident *Hanns-Martin Schleyer* wird als Geisel verschleppt, nachdem sein Fahrer und 3 Bewacher ermordet wurden. Als nach 6 Wochen Verhandlungen die Bundesregierung die Forderung auf Freilassung von 11 inhaftierten Terroristen nicht erfüllt hat und auch die 86 Geiseln einer Flugzeugentführung durch ein Grenzschutzkommando in Somalia befreit werden, wird Präsident *Schleyer* ermordet aufgefunden (* 1915). Ein weiteres Todesopfer des Terrorismus ist der Pilot der Lufthansamaschine *Schumann.* 3 Terroristen in Stammheim begehen Selbstmord. Heftige, oft kontroverse Diskussion über Ursachen und Bekämpfung des Terrorismus Sondertrupp (GSG 9) befreit in Mogadischu (Somalia) aus gekaperter Lufthansamaschine 86 Geiseln (3 der 4 Entführer finden den Tod) 4 verurteilte Terroristen verüben i. Gefängnissen d. BRD Selbstmord (hat Kampagne linker Kreise gegen den Staat zur Folge) Rechtsanwalt *Croissant* mit starken Beziehungen zur Terroristenszene flieht nach Frankreich, das ihn an die BRD ausliefert Bundeskanzler *H. Schmidt* reist nach Polen, Italien u. Ägypten Schwerer Spionagefall für DDR i. Bundesverteidigungsministerium (Agentin *Lutze*) Terroristen erpressen mit 2 Geiselentführungen von Wiener Industriekreisen über 6 Mill. DM. Dazu kommen 2 Mill. DM aus Banküberfällen i. Berlin (W) Dt. Terrorist in den Niederlanden nach kurzem Prozeß zur höchsten Freiheitsstrafe von 20 Jahren verurteilt 2 dt. Terroristen nach Schußwechsel i. d. Schweiz verhaftet † *Ludwig Erhard,* Wirtschaftspolitiker und -minister d. CDU 1949–63. „Vater der Marktwirtschaft" und des „Wirtschaftswunders". Bundeskanzler 1963–66 (* 1897) Nach Rücktritt von Bundeswirtschaftsmin. *H. Friderichs* (* 1931, FDP), der in den Vorstand der Dresdner Bank geht, wird *O. Lambsdorff* (* 1926, FDP) sein Nachfolger Kieler Parteitag der FDP bekennt sich zur Marktwirtschaft und stimmt gegen Baustopp von Kernkraftwerken Parteitag d. SPD i. Hamburg *W. Brandt* übernimmt im Auftrag der Weltbank Vorsitz i. d. Nord-Süd-Kommission für den Dialog zwischen Industrie- und Entwicklungsländern (vgl. Spalte V Ende)	1. Sekretär des sowjetischen Schriftstellerverbandes † *René Goscinny* (* 1926, Frankr.), Autor der weitverbreiteten Asterix-Comics *G. Grass:* „Der Butt" (Roman um die Frauenemanzipation) *Alex Haley* (* 1921): „Roots" („Wurzeln", US-Roman um Geschichte der Neger) Schaubühne am Halleschen Ufer spielt *Hölderlins* „Hyperion" im Olympiastadion, Berlin (Regie *M. Grüber*) † *Hans Habe,* dt. Journalist und Schriftsteller (* 1911) Ausstellung über *H. Hesse* (* 1877) in Marbach *R. Hochmuth:* „Der Tod des Jägers" (Schauspiel um den Freitod *Hemingways,* Urauff. in Salzburg) *W. Höllerer* grdt. Archiv f. dt. Nachkriegsliteratur in Sulzbach-Rosenberg (Oberpfalz) † *H. Ihering,* dt. Theaterkritiker, schrieb ab 1919 in der „Schaubühne" (später „Weltbühne"), (* 1888)	kriegsartige Zustände und erfordert harte Sofortmaßnahmen (Teil einer umfangreichen Terrorismus-Debatte) † *Jan Patocka,* Philosoph in ČSSR (Phänomenologie), schrieb Kommentar zur „Charta 77" f. d. Menschenrechte (* 1907) *J. Ratzinger* (* 1927), Theologie-Professor, wird als Nachfolger von Döpfner Erzbischof von München *Sacharow*-Hearing in Rom enthüllt Verletzung der Menschenrechte in der Sowjetunion Regimekritiker veröffentlichen „Charta 77", die für Bürgerrechte eintritt und sich auf KSZE beruft i. Prag. Führt zu ihrer Verfolgung Studentische Unruhe (mit Vorlesungsboykott) um die Anpassung der Landesgesetze an das Hochschulrahmengesetz des Bundes, das Einfluß der Hochschullehrer verstärkt VR Polen ratifiziert Menschenrechtskonvention der UN von 1966

Bukichi Inoue (* 1930, Japan): „Kartons, Kartons, Kartons" Skulptur aus Verpackungsmaterial als Werk seiner „Box-Art"

Max Kaminski (* 1938): „Großes Grabmal" (Gem.)

E. Kienholz: „The Art Show" (Environment des US-Künstlers mit 19 puppenhaft nachgebildeten Persönlichkeiten der internationalen Kunstszene, die Tonbänder über Kunst hören lassen)

Matthias Koeppel (* 1937): „Grenzgebiet" (Berliner Stadtlandschaft aus der Realisten-Schule der „Neuen Prächtigkeit")

Siegfried Kühl (* 1929): „Bestürzte Stadt" (Gem.)

Walter De Maria (* 1935, USA): „Der vertikale Erdkilometer" (1000 m tiefes Bohrloch mit Röhre auf der documanta 6 i. Kassel)

Klaus Müller-Klug (* 1938): „Große Liebe" (Eichenskulptur)

Peter Schubert (* 1929): Deckengem. i. d. Orangerie im Schloß Berlin-Charlottenburg

Ausstellung d. engl. Bildhauers *Tim Scott* (* 1937) i. Hamburg

Kenneth Snelson (* 1927, USA): „Neue Dimensionen" (monumentale

M. Kagel: „Kantrimusik" (Ein-Mann-Oper)

H. v. Karajan dirigiert wieder i. d. Wiener Oper, die er als Direktor 1964 verließ

R. Kelterborn (* 1931): „Ein Engel kommt nach Babylon" (schweizer. Oper)

† *Elvis Presley,* weltberühmter US-Rock 'n' Roll-Musiker (* 1935)

W. Rihm: „Faust und Yorik" (Kammeroper)

Luise Rinser: „Der verwundete Drache – Dialog über Leben und Werk des (Komponisten) Isang Yun" (der koreanische Komponist I. Y. (* 1917) lebt in Berlin (W)

† *Leopold Stokowski,* brit. Dirigent polnischer Herkunft, berühmt vor allem als Leiter des Philadelphia Symphonie-Orchesters 1912–34 i. USA (* 1882)

Michael Tippett (* 1905): „Der Eisgang" (engl. Oper)

14. Musik-Festival von Royan (Südfrankr.) mit Kompositionen von *Dittrich,*

† *G. I. Budker,* Physiker der Sowjetunion, förderte Entw. der Teilchenbeschleuniger (* 1918)

† *Pehr Edman,* schwed. Chemiker, entwickelte 1950 automatische Sequenzanalyse der Aminosäuren in Eiweißmolekülen (* 1916)

Objekt *Kowal* als eine Art Miniplanet zwischen Saturn- und Uranusbahn i. USA entd. (erhält Namen „Chiron")

F. Sanger und Mitarbeiter bestimmen die Folge von 5375 DNS-Bausteinen (Nukleotiden) in der ringförmigen Erbsubstanz eines „kleinen Bakteriophagen" u. finden dabei neues, raumsparendes Prinzip der Erbinformation

Sowjetunion startet (seit 1957) 1000 Erdsatelliten (USA seither 680 Erdsatelliten und Raumsonden)

Sowjetunion startet zum 20. Jahrestag des Sputnikstarts Raumflugkörper mit 2 Kosmonauten, der nach mißglücktem Kopplungsmanöver abgebrochen wird.

USA starten Satellit als Observatorium f. d. Röntgenstrahlung kosmischer Objekte. Es gelingt die Röntgenstrahlung eines Neutronensternes zu analysieren: Die Strahlung kommt von ei-

US-Präsident *Carter* kritisiert Kernenergiepolitik des schnellen Brüters und der Wiederaufbereitungsanlagen wegen Verbreitung von Kernwaffentechnologie

Energieprogramm der Bundesregierung gibt Steinkohle Vorrang vor Kernenergie, ohne auf diese zu verzichten

14 Kernkraftwerke mit 7400 MW liefern i. BRD 10 % der elektr. Energie

Geologen entdecken große Uranlager im türkischen Teil des Schwarzen Meeres

DDR stellt wegen Erschöpfung der Lager Steinkohlenförderung ein

Ruhrkohlehalden (mit 33 Mt ca. 35 % der jährl. Kapazität) erfordern staatl. Subvention

Auslaufender Fischereivertrag mit Island führt zur Fischverknappung i. BRD

Alaska-Pipeline für ca. 60 Mill. t Erdöl jährlich in Betrieb. Bau seit 1975 (Länge 1277 km, Kosten über 18 Mrd. DM = 14 Mill. DM pro km)

Großer Erdölausbruch beim norwegischen Ölfeld Ekofisk verursacht ca. 500 km² großen Ölteppich, der sich ohne größere Schäden auflöst

OPEC kann sich in Caracas auf Ölpreiserhöhung nicht einigen

† *L. Rosenberg,* Vorsitzender des DGB 1962–69 (* 1903)

Arbeitskonflikt im Druckgewerbe wegen Einführung elektronischer Satzverfahren, wodurch Arbeitsplätze bedroht werden

Krise der Textilindustrie durch Konkurrenz der Entw.-Länder, wodurch Produktion seit 1973/74 weniger rasch wächst

EG verhängt Schutzzölle gegen billigen Stahl

Krise der saarländischen Stahlindustrie

Sanierung der Rentenversicherung i. BRD durch heftig kritisierte Maßnahmen (wird bald als unzureichend angesehen)

Ärzte i. BRD bekämpfen das Sparprogramm der Bundesregierung im Gesundheitswesen. Es kommt zu „Streik"-Aktionen

(1977)	SPD-Parteitag in Hamburg beschließt Kompromiß in der Frage der Kernenergie: Vorrang der Kohle, Kernenergie soweit notwendig. *W. Brandt, H. Schmidt* u. *H. Koschnick* erneut zu Vorsitzenden gewählt Jungsozialisten i. BRD wählen marxistischen Stamokap-Anhänger zum Vorsitzenden, der später aus der SPD ausgeschlossen wird CDU schlägt SPD in hessischen Kommunalwahlen. *H. Börner* ersetzt *A. Osswald* als Min.-Präs. d. SPD *R. Arndt* tritt nach Wahlniederlagen d. SPD als ObBgm. v. Frankfurt/Main zurück. Nachfolger *W. Wallmann* (CDU) SPD verliert durch Austritte Mehrheit im Stadtparlament Münchens *Klaus Schütz* (* 1926, SPD) tritt als Reg. Bürgermeister von Berlin (seit 1967) zurück. Nachfolger wird *D. Stobbe* (* 1938, SPD). *K. Schütz* wird Botschafter in Israel Unruhen Jugendlicher am Alexanderplatz i. Berlin (O), (DDR dementiert Todesopfer) Am Jahresende wird die anonyme Schrift eines „Bundes demokratischer Kommunisten Deutschlands" i. DDR bekannt, die echte Demokratie und Wiedervereinigung fordert (ihre reale Bedeutung bleibt vorerst unklar) Frz. Sozialisten unter *Mitterand* und Kommunisten unter *Marchais* gewinnen in den Gemeindewahlen Mehrheit in den größeren Städten. Ihr politisches Bündnis wird durch Uneinigkeit über ein Wahlprogramm f. d. Parlamentswahlen 1978 belastet und gefährdet Erster seit 1871 gewählter Bürgermeister von Paris wird *J. R. Chirac* (Gaullist), (vorher setzte Reg. Bgm. ein) Insgesamt 549 Sprengstoffanschläge i. Frankr. (zahlr. i. Paris) Konferenz der 43 Staaten des Commonwealth zum 25. Kronjubiläum v. Königin Elisabeth II. † *Anthony Eden*, brit. Politiker der konservativen Partei. 1935–38, 40–45, 51–57 Außenmin., 55–57 Premiermin. (* 1897) † *A. Crosland*, brit. Außenminister (Labour) (* 1918). Nachfolger *D. Owen* (* 1938) Durch Bündnis mit Liberalen wendet brit. Labour-Regierung Sturz durch Mißtrauen ab („Lib-Lab-Koalition") Durch Ablehnung der Verhältniswahl verzögert brit. Parlament die 1. Wahl i. d. EG Wahlsieg der Christdemokraten in Belgien. *L. Tindemanns* (* 1922) bleibt Min.-Präs. Niederländ. Fünfparteienreg. unter d. Sozialdemokraten *den Uyl* zerbricht an der Frage der Bo-	† *James Jones*, US-Schriftsteller (* 1921), schrieb 1951 „From here to eternity" („Verdammt in alle Ewigkeit") *Hermann Kant:* „Der Aufenthalt" (Roman) *Franz Xaver Kroetz:* (* 1946) „Agnes Bernauer" (Schauspiel, Urauff. in Leipzig) *Thomas Mann* († 1955): Tagebücher (ab 1933) beginnen zu erscheinen. Herausgeber *Peter de Mendelssohn* (* 1908) *Colleen McCullough:* „Dornenvögel" (dt. Übersetzung d. US-Familienromans) † *Vladimir Nabokov*, US-Schriftsteller russischer Herkunft (* 1899), schrieb „Lolita" 1955 † *Hans Erich Nossack*, dt. Schriftsteller (* 1901) † *Terence Rattigan*, engl. Bühnenschriftsteller (u. a. „Tiefe blaue See" 1952), (* 1911) *Hans Werner Richter* leitet letztes offizielles Treffen der „Gruppe 47" i. Saulgau *Wolfdietrich Schnurre* (* 1920): „Er-	USA treten auf der KSZE-Nachfolgekonferenz in Belgrad für Beachtung der Menschenrechte in der Sowjetunion und anderen Ländern ein. Ruft kommunistische Proteste hervor Diskussion in BRD, ob Anarchisten im Hungerstreik zwangsernährt werden sollen (Mehrheit ist dagegen) CDU-Kongreß zur wissenschaftlichen Analyse des Terrorismus Bundesverfassungsgericht erklärt lebenslange Haftstrafe für Mord als verfassungsgemäß, fordert aber gesetzliche Regelung der Gnadenpraxis Brasilien führt trotz kirchlichen Widerstandes die Eheschließung ein Schweizer lehnen im Referendum Fristenlösung f. legale Schwangerschaftsunterbrechung ab 110 Staaten unterzeichnen Neufassung der Genfer Konvention von 1949 zum Schutz der Zivilbevölkerung bei Kampfhandlungen;

Raumkompositionen aus Metallrohren und Drähten als Gleichgewichtsfiguren)

15. Europarats-Ausstellung „Tendenzen der 20er Jahre" findet in Berlin (W) lebhaften Besuch

documenta 6 in Kassel über das Thema „Kunst und Medien" mit den Abteilungen Malerei, Skulptur, Environment, Handzeichnungen, Video, Film, utopisches Design. Eine neue Konzeption ist die „Spurensicherung". Insgesamt 350 000 Besucher

Auf der documenta 6 sind erstmalig DDR-Künstler vertreten: Bildhauer *Fritz Cremer* (* 1906), Berlin, Maler *Willi Sitte* (* 1921), Halle, *Werner Tuebke* (* 1929), Leipzig, Graphiker *B. Heisig* (* 1925), Leipzig, Maler *W. Mattheuer* (* 1927), Leipzig

„Kunstübermittlungsformen". Ausstellung i. Berlin (W). Vom Tafelbild bis zum Happening. Die Medien der bildenden Kunst (Tafelbild, Plastik, Grafik, Ready made u. Objet trouvé, Collage und Fotomontage, Kinetik und Lichtkunst, Fotografie, Film, Video, Environment, Happening, Konzeptkunst, Land

Huber, Lenot, Rihm u. a.

„Musik der Zeit", Zyklus im westdt. Rundfunk um die Trends „Neue Einfachheit" und „Neoromantische Expressivität" mit Minimal-Art-Kompositionen von *J. Cage* u. a.

2000 Tanzvorführungen i. New York erweisen diese Stadt als Metropole des Balletts

„100 Jahre Tonträger". Veranstaltung zur Erinnerung an den Phonographen von *Edison* 1877 (1976 wurden i. BRD 136 Mill. Schallplatten und Kassetten verkauft)

nem heißen Fleck mit 100 Mill. Grad. Der Stern hat ein Magnetfeld 10 000 Mrd.mal stärker als das der Erde

USA starten europäischen Wettersatellit „Meteosat", der zu einem erdweiten Beobachtungssystem der WOM gehört (beteiligt sind USA, Europa, Sowjetunion, Japan)

USA starten Raumsonden Voyager 1 und 2 zur Erforschung der Planeten Jupiter und Saturn, die sie 1979 u. 1981 erreichen sollen. Danach verlassen sie das Sonnensystem. An Bord befindet sich eine bilderschriftartige Information über die Menschheit („kosmische Flaschenpost")

Erfolgreiche Probelandungen des US-Space-Shuttle-Raumtransporters

Japan startet seinen ersten geostationären Satelliten

US-Astronomen entd. einen ca. 1000 Jahre alten „Scheibenstern", den sie als entstehendes Planetensystem deuten

Langfristige Schwankungen der Sonnenaktivität gelten als gesichert (möglicherweise ist die „Kleine Eiszeit" 1645–1715 auf solche an den Sonnenflecken ablesbaren Schwankungen zurückzuführen)

Extreme Kältewelle in USA am Jahresanfang fordert Todesopfer

Kühlfeuchter Sommer in Mitteleuropa

Orkan bei Temperaturen bis + 16° C am 24. 12. über dem nördlichen Mitteleuropa

Neue Sahel-Dürre (wie 1972–74) droht

Nach einem Wirbelsturm im östlichen Indien werden bis zu 50 000 Tote und ein Mehrfaches an Obdachlosen und Verwundeten befürchtet

Erdbeben verursacht schwere Zerstörungen in und um Bukarest mit über 1500 Toten. (Schwerstes Beben in Europa seit dem von Basel 1356.)

Erdbeben höchster Stärke bei Bali registriert

Erdbeben in Argentinien: 70 Tote

Schweres Beben in Zentral-Iran: 545 Tote

Auf Hawaii bricht der Vulkan Kilauea aus

Der Welttourismus zeigt 1960–76 eine Steigerung von im Mittel + 7,6 % jährlich, d. h. mehr als eine Verdreifachung

Bundesbahn rangiert die letzten Dampflokomotiven aus (damit geht eine Epoche von 145 Jahren zu Ende)

Überschall-Linienflüge Paris– u. London–New York mit der „Concorde" eröffnet (Flugdauer 3 1/2 Stunden, etwa 10mal schneller als vor 50 Jahren)

Sowjetunion nimmt Überschallflugverkehr mit TU-144 auf

Von unbekannten Tätern entführtes Verkehrsflugzeug explodiert bei Singapur in der Luft: 100 Tote

Mißglückte Landung einer Verkehrsmaschine auf Madeira fordert 130 Tote

Auf Teneriffa stoßen zwei Großraumflugzeuge beim Start zusammen. Mit 575 Toten ergibt sich die bisher größte Flugzeugkatastrophe

54 Tote beim Absturz eines israelischen militärischen Hubschraubers

66 Tote beim Absturz einer sowjetischen Verkehrsmaschine über Kuba

(1977)	denreform. Trotz Wahlerfolg hat *den Uyl* große Schwierigkeiten eine neue Regierung zu bilden. Nach Fehlschlägen bei der Reg.-Bildung kommt es zur Koalition Christdemokraten-Rechtsliberale mit Min.-Präs. *Dries van Agt* (* 1931) Prinzgemahl *Bernhard* wird in die Bestechungsaffäre der US-Flugzeugfirma Lockheed verwickelt Bei militär. Geiselbefreiung i. d. Niederlanden kommen 2 Geiseln und 6 Terroristen ums Leben Wahlsieg der niederländ. Regierung *den Uyl* (Sozialdemokrat) im Schatten des Geiseldramas Regierung Christdemokraten-Liberale unter Min.-Präs. *van Agt* i. d. Niederlanden Knapper Wahlsieg der sozialdemokratischen Arbeiterpartei Norwegens unter *Nordli* (* 1928) Unruhen in Polen gegen Preispolitik der Regierung An der Spitze des Eurokommunismus, der ein Mehrparteiensystem bejaht, stehen: KPF unter *G. Marchais* (* 1920), KPI unter *E. Berlinguer* (* 1922) u. span. KP unter *Carillo Solares* (* 1915) Neue finnische Regierung aus 5 Parteien einschl. KP unter Min.-Präs. *K. Sorsa* (Sozialdemokrat) (* 1930) In der neuen Verfassung der Sowjetunion bleibt trotz Übergang zum „Volksstaat“ die Vormacht der KP erhalten Bei den Feiern des 60. Jahrestages der Oktoberrevolution i. USSR werden Spannungen im kommunist. Lager deutlich *Tito* besucht Peking und Moskau (*Mao* verurteilte Titoismus) Terror erschwert in Spanien die vom König erstrebte Demokratisierung Freie Wahlen nach Francos Tod führen in Spanien zur Festigung der Demokratie. 31 % Demokratisches Zentrum (*Suarez*), 28,6 % Sozialist. Arbeiterpartei (*Gonzales*), 9,4 % Kommunisten und Katalanen, 8,5 % Alianza Popular (Francisten), *Suarez* bleibt Min.-Präs., Diplomat. Beziehungen zur USSR Kommunisten u. bürgerl. Parteien stürzen Regierung des Sozialisten *Soares* i. Portugal, der neue Reg. bildet Ital. Minderheitsregierung unter *G. Andreotti* (* 1919, Christdemokrat) benötigt Tolerierung durch KPI Die Befreiung des schwerkranken dt. Kriegsverbrechers *Kappler* durch seine Frau aus ital. Haft führt zu heftigen antideutschen Reaktionen Schwere Studentenunruhen in Italien Wahlen in Griechenland bestätigen trotz Verluste Mehrheit der Konservativen unter *Karamanlis*. Die Linkssozialisten unter *Papandreou* verzeichnen stärkere Gewinne	zählungen 1945–65“ *Neil Simon* (* 1937): „Chapter Two“ (amerikan. autobiograph. Bühnenstück, Urauff. in New York) *Botho Strauß* (* 1944): „Trilogie des Wiedersehens“ (Schauspiel, Urauff. in Hamburg) † *Frank Thieß*, dt. Schriftsteller (* 1890) † *Carl Zuckmayer*, dt.-österr. Schriftsteller und Theaterdichter (* 1896) Krise in BRD-Sektion des PEN-Clubs wegen Aufnahme des Trotzkisten *Mandel* (führt zu Austritten)	17. Evangel. Kirchentag in Berlin (W) mit über 50 000 Gästen (Motto: Jeder trage des anderen Last) „Der Mensch um 1500“ (Kunstausstellung z. Kirchentag in Berlin) Neubau des Museums für ostasiatische Kunst in Köln eröffnet 15. Didacta in Hannover zeigt eine gewisse Korrektur gegenüber der starken Betonung des Programmierten Unterrichts 1968 Unversehrtes Grab von *Philipp II.*, König von Mazedonien, Vater *Alexander d. Gr.*, i. Griechenland entd., der −336 ermordet wurde Frauenhaus in Berlin (W) für Frauen in Bedrängnis wird stark frequentiert Chinesischer Atlas in phonetischer Schrift (lateinisches Alphabet) Amnesty International: zunehmende Menschenrechtsverletzungen in mehr als 100 Staaten

Art, Körpersprache) „D-Realismus" (Realistische Kunst in der Bundesrepublik Deutschland). Ausstellung in Kassel mit Werken von *M. Bluth* (* 1926), *H. J. Diehl* (* 1940), *H. Duwe* (* 1926), *J. Goertz* (* 1939), *J. Grützke* (* 1937), *D. Kraemer* (* 1937), *P. Nagel* (* 1941), *W. Petrick* (* 1939), *P. Sorge* (* 1937), *J. P. Tripp* (* 1945), *K. Vogelsang* (* 1945), *J. Waller* (* 1939). Diese gesellschaftskritische Richtung entwickelt sich vorwiegend in Berlin (W) „Malerei und Photographie im Dialog", Ausstellung in Zürich „Die Zeit der Staufer" (umfassende Ausstellung der Zeit 1138–1254 i. Stuttgart) Kulturzentrum *Georges Pompidou* i. Paris eröffnet (Museum f. moderne Kunst und Musik-Institut) Ausstellung „inoffizieller" sowjetischer Künstler i. London zeigt 241 Bilder von 40 Künstlern Kunstglas-Ausstellung der Veste Coburg *Mao*-Mausoleum i. Peking i. antiken Säulenstil —		US-Mars-Sonde registr. starke Stürme Nahaufnahme des Marsmondes „Deimos" aus 23 km von US-Sonde zeigt sandartiges Oberflächenmaterial Sowjet-Astronomen vermuten sonnenartige Energieproduktion beim Planeten Jupiter US-Astronomen entdecken bei einer Sternbedeckung saturnartige Ringe beim Uranus 100-m-Radioteleskop i. d. Eifel entd. Wasser in einer Materiewolke in 2,2 Mill. Lichtjahren Entfernung (erstmaliger Nachweis extragalaktischen Wassers) Sowjetforscher entd. in 2,5 Mrd. Jahren alten Gesteinen Moleküle organischen Ursprungs (Aminosäuren) (bestätigt Alter irdischen Lebens von ca. 3 Mrd. Jahren) Methan erzeugende Bakterien werden als sehr früher Zweig des Lebens analysiert, der vor ca. 3,5 Mrd. Jahren entstand Untersuchung eines Säugetierskeletts aus dem Jura Portugals (ca. 150 Mill. Jahre alt) erweist es als ein baumlebendes, insektenfressendes Beuteltier mit noch teilweise reptilienartigen Merkmalen Alter eines Fischfossils in Australien	Man zählt i. d. Zivilluftfahrt 8 Unfälle mit 1136 Toten (das sind 1 Toter auf 625 Mill. Passagier-km) Eisenbahnunglück i. DDR fordert 29 Tote 24 Tote bei Hotelbrand in Moskau Brand in einem Nachtclub in Kentucky/USA mit Platz für 4000 Personen fordert 200 Tote Absturz einer Seilbahngondel mit Skifahrern b. Cavalese nahe Trient: 42 Tote Die Zahl der Toten durch Heroin-Mißbrauch in der Bundesrepublik nimmt stark zu. Allein in Berlin (W) alle 5 Tage ein Toter. In der Bundesrepublik werden 5000 Rauschgiftabhängige vermutet Stromausfall in New York stürzt die Stadt in Chaos, über 3300 Plünderer werden verhaftet *Rosemarie Ackermann* (* 1953, DDR) überspringt als erste Frau 2 m (1960 stand der Rekord auf 1,85 m) † *W. v. Gronau*, dt. Flugpionier, unternahm 1932 60 000 km Weltrundflug † *Josef (Sepp) Herberger*, 1936–64 dt. Fußballtrainer (* 1897) Plazierung in der Tour de France: 1. *B. Thevenet* (Frankreich), 2. *D. Thurau* (* 1955, BRD), 3. *E. Merckx* (* 1945, Belgien) Dt. Alpenverein veröffentlicht Alpenschutzprogramm gegen Auswüchse des Tourismus Doping im Leistungssport hält an und wird inoffiziell zunehmend toleriert FC Liverpool gewinnt gegen Mönchengladbach Fußball-Europa-Pokal 1. FC Köln gewinnt dt. Fußballpokal gegen Hertha BSC Berlin In der Eishockey-WM schlägt Sowjetunion Kanada 11 : 1 3 dt. Drachenflieger fliegen vom Kilimandscharo in Afrika (5050 m) i. d. Ebene Amerikaner ersteigt die 412 m hohe Fassade des World Trade Centers in New York Bankraub in Nizza durch unterirdischen Tunnel bringt 27 Mill. DM Beute Drachenflug vom Matterhorn

(1977) Wahlsieg der sozialdemokratischen Volkspartei unter *Ecevit* i. d. Türkei. Die parlamentarische Mehrheit erlangt eine Koalition unter *Demirel*. Cypernkonflikt bleibt ohne Lösung

Opposition unter *Ecevit* (* 1925, Republ. Volkspartei) stürzt türkische Regierung *Demirel* (* 1924, Gerechtigkeitspartei)

† *Makarios III.*, Staatspräs. von Zypern seit 1959 (* 1913)

Nach der Wahlniederlage der sozialdemokratischen Arbeiterpartei wird *M. Begin* (* 1913, konservativ) Min.-Präs. von Israel, dessen Politik einen Ausgleich mit den arabischen Staaten, aber auch mit USA erschwert. Sein Außenmin. wird *M. Dayan*, der früher die Arbeiterpartei unterstützte

Ägypten und Israel (*Sadat* und *Begin*) bieten sich öffentlich Friedensgespräche an

Begin unterbreitet US-Präsident *Carter* u. ägypt. Präs. *Sadat* Friedensplan. Trotz Uneinigkeit in der Palästinenserfrage werden für 1978 weitere Verhandlungen vorgesehen, um den Nahostkonflikt beizulegen

Unruhen in Kairo mit 65 Toten werden Kommunisten zugeschoben

Blutiger Putsch mit „Hinrichtungen" begleitet Wechsel der militär. Machthaber im Revolutionsrat Äthiopiens. Neues Staatsoberhaupt wird *Mengistu Haile Mariam*

Ägypt. Staatspräsident *Sadat* besucht Knesseth in Jerusalem. Verzichtet mit *Begin* auf kriegerische Mittel im Nahostkonflikt. Die meisten arab. Staaten verurteilen diese Reise

Ägypten löst diplomat. Beziehungen zur Sowjetunion, zu Algerien, Irak, Südjemen und Syrien, die auf einer Konferenz in Tripolis die Friedenspolitik *Sadats* verurteilten

Ägypten weist Konsulate und Kultureinrichtungen der Sowjetunion und anderer RGW-Staaten aus

Ägypten, Israel, USA und UN halten Nahostkonferenz in Kairo ab. Andere arab. Staaten bleiben fern. *Begin* kündigt Besuche in Ägypten an.

† (ermordet) *Kamal Dschumblat*, libanesischer Drusenführer (* 1917)

Djibuti mit 20 000 Ew. wird unabhängiger Staat (49. in Afrika)

Äthiopien schließt Einrichtungen d. USA und weist US-Bürger aus

Frankreich, Marokko, Ägypten, Südafrika u. VR China unterstützen Zaire gegen Angriff des kommunist. beherrschten Angola auf die Kupferprovinz Katanga

Dem Regime von *Idi Amin* in Uganda (Afrika), seit 1970, werden ca. 100 000 Tote durch Ausrottungskampagnen angelastet

≈ Es werden auf der Erde 2500–3000 Sprachen gesprochen. Als Muttersprache von mehr als 50 Mill. nur etwa 16. Darunter

Chinesisch	800 Mill.
Englisch	350–370 Mill.
Spanisch	220–225 Mill.
Hindi	200–220 Mill.
Russisch	150–160 Mill.
arab. Dialekte	130–140 Mill.
Portugiesisch	125–135 Mill.
Japanisch	115 Mill.
Deutsch	100–120 Mill.
Französisch	80– 90 Mill.
Italienisch	60– 65 Mill.

† *Charlie Chaplin* (eig. *Charles Spencer*), weltberühmter Filmschauspieler und -regisseur brit. Herkunft. Filmt seit 1914 i. USA, die ihm 1952–62 Einreise verweigern. 1975 geadelt (* 1889)

† *Bing Crosby*, amerikan. Filmschauspieler u. Sänger (* 1904)

Oscar f. d. besten Film „Rocky" von *John Avildsen*. Mehrere Oscars an „Network" (Film von *Sidney Lumet*)

„Das Schlangenei" (Film von *I. Bergman*)

„Cet obscur objet du désir" (frz. Film von *L. Buñuel*)

„Hitler, Eine Karriere" (Film des Hitler-Biographen *J. C. F. Fest*), (* 1926)

„Heinrich" (dt. Film um *Heinrich v. Kleist* von *Helma Sanders*)

„Padre Padrone" (ital. Film von *P. u. V. Taviani* erhält goldene Palme von Cannes)

† *Roberto Rosselini*, ital. Filmregisseur, Mitbegr. d. Neorealismus (* 1906)

„L'Innocente" (ital. Film von *L. Visconti*) (* 1906, † 1976)

Der US-Fernsehfilm „Roots" n. *A. Haley* (vgl. D) bringt Rekord an Zuschauern

† Joan Crawford, US-Filmschauspielerin (* 1908)

wird auf 480 Mill. Jahre datiert

Schädelfund von Petralona/Griechenland erweist sich mit rd. 700 000 Jahren als bisher „ältester Europäer", der wahrscheinlich Werkzeug- und Feuergebrauch kannte

2. Urpferdfund i. d. Ölschiefergrube Messel, deren Verwendung als Mülldeponie stark umstritten ist (insgesamt werden in d. J. 15 300 Fossilien gefunden)

Berichte über erfolgreiche „Kopftransplantation" bei Affen durch *R. J. White* (USA). (Es handelt sich um Verbindung eines abgetrennten Affenkopfes mit dem Blutkreislauf eines anderen Körpers, ohne daß ein Gesamtorganismus entsteht.)

Operation eines Blutgerinsels i. USA mit einer Ganzkörperunterkühlung auf 14° C

Keramik-Metall-Hüftprothese aus gesintertem Aluminiumoxyd

In Japan wird Armprothese entwikkelt, die von einem Mikrocomputer gesteuert wird

USA und Schweden bereiten Verbot von Spraydosen vor, um die Ozonschicht der Erde nicht zu gefährden

Mord an der Familie eines Bankdirektors bei Braunschweig nach Erpressung von 165 000 DM gilt als größtes Kapitalverbrechen in der Geschichte der Bundesrepublik. Täter wird gefaßt

Hinrichtung in USA nach 10 Jahren Aussetzung (1976) waren in USA 65 % für, 28 % gegen Todesstrafe. Unter dem Eindruck des Terrorismus nehmen in der BRD Anhänger der Todesstrafe zu

Die Berechtigung des Todesurteils gegen Sacco und Vanzetti 1927 wird in USA bezweifelt. Die Verurteilten und Hingerichteten erscheinen weitgehend rehabilitiert

Schwere Zusammenstöße Jugendlicher mit Polizei um neuen Flughafen in Tokio

Jean Loret (* 1918, Frankreich) behauptet, ein unehelicher Sohn *Adolf Hitlers* aus seiner Soldatenzeit im 1. Weltkrieg zu sein. Erbgutachter bezweifeln dies

Sowjetunion schreibt einem ihrer Bürger ein Alter von 142 Jahren zu. (Die angebliche Existenz vieler über Hundertjähriger in der Sowjetunion erweckt Zweifel.)

Motorisierung in der Bundesrepublik. Pkw auf 1000 Einw. Mrd. l Benzinverbr.

1957	53	4,6
1977	326	29,0

Bei 20,2 Mill. Pkw sind das 1977 1435 l/Pkw oder bei 10 l/100 km ca. 14 350 km Jahr = 40 km/Tag

VW-Werk schließt Lieferungsvertrag mit DDR über Lieferung von 10 000 Wagen Typ Golf, die 30 000 DM (O) kosten sollen

Die Bundesrepublik hat 21,1 Mill. Fernsprechstellen mit ca. 440 Gesprächen je Hauptanschluß monatl. (Auf der Erde gibt es ca. 400 Mill. Fernsprecher.)

Internat. Funkausstellung in Berlin. Die dort gezeigte „Bildschirmzeitung" löst Diskussion aus, ob sie Zeitung oder Rundfunk ist

Bundesgartenschau in Stuttgart

Drehorgelfabrik, die seit 1875 in Berlin arbeitete, schließt

Sektverbrauch in BRD vervierfacht sich seit 1957 auf mehr als 3,5 l/Kopf

(1977)	*Bokassa* krönt sich mit unzeitgemäßem Pomp zum Kaiser der früheren (bis 1976) Zentralafrikanischen Republik In Südafrika wird der Neger-Studentenführer *Biko* von der Polizei getötet, wie nachträglich ein Gericht feststellt Wähler der weißen Minderheit (18 % d. Bev.) in Südafrika verhelfen der Nationalpartei des Min.-Präs. *Vorster* zu 81 % der Parlamentssitze. Bedeutet Fortsetzung der Apartheid-Politik † *F. A. Ahmed*, ind. Staatspräsident seit 1974 (* 1905) Wahlniederlage der Kongreßpartei beendet ihre 30jährige Regierung in Indien. *Indira Gandhi*, Min.-Präs. seit 1966, folgt *M. Desai* (* 1896, Janata-Partei) als Reg.-Chef Neue Regierung in Indien verzichtet auf Kernwaffen *Indira Gandhi* wird wegen Korruption verhaftet, aber bald freigelassen Wahlerfolg der Opposition auf Sri Lanka (Ceylon) gegen *S. Bandaranaike*, Reg.-Chef seit 1970. Neuer Min.-Präs. *Jagewardene* (* 1906, Vereinigte Nationalpartei) Militärputsch stürzt Regierung *Bhutto* in Pakistan, der Wahlfälschung vorgeworfen wird Militärputsch in Thailand Linksorientierte „Viererbande" um Maos Witwe ausgeschaltet, der von ihr verurteilte *Teng* rehabilitiert Radikale Autonomisten aus den Süd-Molukken (Amboneser) nehmen zahlreiche Geiseln in einem Zug und einer Schule der Niederlande, die schließlich durch Militäreinsatz befreit werden Konservative Koalition schlägt Labour bei Parlamentswahlen in Australien Militärjunta in Chile uneins über eine von Staatschef *A. Pinochet* (* 1915) angeordnete Volksabstimmung Die militärischen Ausgaben aller Staaten liegen bei 5,5 % ihres Sozialprodukts (BSP). Der Betrag von rund 330 Mrd. Dollar reicht zur Ernährung der Erdbevölkerung. Das Vernichtungspotential dieser Rüstung beträgt 15 t TNT/Kopf d. Erdbev.	Erreger der Legionärskrankheit als bisher unbekanntes Bakterium identifiziert Künstliches Herz außerhalb d. Körpers (Pumpe aus Kunststoff) nach Herzoperation erstmals erfolgreich (i. Zürich) angewandt Erste Erfolge einer Kernfusion durch Laserstrahlen i. USA JET-Anlage für Kernfusion der EG kommt nach Großbritannien und erhält Physiker aus BRD als Leiter USA kündigen Bau einer Neutronenbombe an, die bei relativ geringem Sachschaden vor allem durch Strahlen tödlich wirkt (Proteste der Sowjetunion u. a.) Versuche in USA zeigen, daß aus Reaktoren gewonnenes Plutonium ein wirksamer Kernsprengstoff ist (erhöht die Furcht vor Mißbrauch des anfallenden Plutoniums) Am DESY-Beschleuniger b. Hamburg wird Elementarteilchen („F-Meson") gefunden, das gleichzeitig die Eigenschaften „Charme" und „Fremdheit" („Strangeness") aufweist. (Stützt die 4-Quark-Theorie der Elementarteilchen.)

Es mehren sich Hinweise auf die Existenz eines superschweren Elektrons (ca. 3800 Elektronenmassen), dessen theoretische Einordnung offen ist

In Heidelberg werden unerwartet stabile Zustände benachbarter Antimaterie entdeckt

In CERN, Genf, wird die Uhrenverlangsamung nahe der Lichtgeschwindigkeit gemäß der Relativitätstheorie am Zerfall von Elementarteilchen mit einer Genauigkeit von 0,1 % nachgewiesen

US-Wissenschaftler zweifeln i. einer Studie an der Notwendigkeit, den schnellen Brüter zu entwickeln

Frankreich demonstriert neues Verfahren zur Anreicherung spaltbaren Urans für Reaktoren, das für Kernwaffen nicht geeignet ist

„Y-Teilchen" mit 10facher Protonenmasse i. USA gefunden (wirft die Frage nach weiteren noch unbekannten Eigenschaften der Elementarteilchen auf)

Mikroanalyse von Spurenelementen i. Keramik ergibt Hinweise auf Überseehandel i. Mittelmeerraum im −6. Jtsd.

Internationaler Kongreß f. Nutzung der Sonnenenergie in Hamburg (Sonne liefert jährlich 30 000mal die von der Menschheit verbrauchte Energie) (vgl. 1975 V)

Finnische Physiker erreichen Temperatur von 4/10 000° über dem absoluten Nullpunkt (bei −273,2° C) als neuen Kälterekord

Antarktisforscher d. USA durchbohren mit flammenwerferartigem Bohrgerät 420 m dickes Eis des Roßmeeres

Sowjetischer Eisbrecher „Arktika" erreicht mit Kernkraftantrieb den Nordpol als erstes Überwasserschiff

Superplastische Verformung des Titan bei 925° C i. USA erschließt technische Anwendung des spröden Metalls, das bei 1668° C schmilzt und korrosionsfest ist

Vorführung eines Sofortentwicklungsfilms für Schmalfilmkameras

Paul Maccready konstruiert in USA pedalgetriebenes Muskelkraftflugzeug, das 1978 Ärmelkanal überfliegt

Pfennigabsatz kehrt in die Damenschuhmode zurück (trat zuerst 1970 auf)

WHO proklamiert „Jahr der Rheumakrankheiten", an denen 33 % der Bev. der westl. Welt leiden

%-Anteil an der globalen Industrieproduktion von ca. 2500 Mrd. Dollar:

USA	34,7
USSR	28,2
Japan	9,0
BRD	8,4
Frankr.	5,9
Gr.-Brit.	3,9
Italien	3,2
Kanada	2,5
Indien	1,1

(vgl. 1688, 1955)

Neben der Ost-West-Spannung beherrscht der soziale Nord-Süd-Gegensatz die Weltpolitik. Ein globales Bruttosozialprodukt von rd. 6030 Mrd. $ verteilt sich wie folgt auf eine Erdbevölkerung von 4125 Mill.:

	% Einw.	% BSP	$ BSP/Einw.
a) Industriestaaten			
westl. (OECD)	19,7	66,1	4907
östl. (RGW)	9,2	15,5	2463
b) Entw.-Länder	71,1	18,4	378
dav. VR China	21,0	4,4	306
Erde	100	100	1462

Zur Erreichung des globalen Mittelwertes von BSP/Ew (Gleichverteilung) fehlen den Entw.-Ländern 53 % des globalen BSP = 3200 Mrd. $. In der Nähe des globalen Mittels liegen Portugal und Jugoslawien (vgl. 1972 V).

1978 Friedens*nobel*preis an *Anwar as Sadat* (* 1918), Staatspräsident von Ägypten, für sein Friedensangebot an Israel (1977), und *M. Begin* (* 1913), Reg.-Chef von Israel, für sein grundsätzliches Einverständnis. *Sadat* bleibt der Verleihung fern

13tägige schwierige Verhandlungen zwischen *Carter, Begin* und *Sadat* in Camp David, USA, führen zur Vereinbarung, in 3 Monaten Frieden zu schließen. Dabei soll das Palästinenserproblem berücksichtigt werden (1979 kommt es zum Friedensvertrag)

Sondervollversammlung der UN über Abrüstung bleibt ohne wesentliche Ergebnisse (die erdweiten militärischen Ausgaben liegen bei 450 Mrd. Dollar)

Friedensbewegung der irischen Frauen zerfällt

Wechsel i. d. dt. Bundesregierung
im Bereich der SPD:
Verteidigung: *H. Apel* folgt *G. Leber*, der zurücktritt
Bildung: *J. Schmude* folgt *H. Rohde*
Entw.-Hilfe: *R. Offergeld* folgt *M. Schlei*
Finanzen: *H. Matthöfer* folgt *H. Apel*
Forschung: *H. Hauff* folgt *H. Matthöfer*
Wohnung: *D. Haack* folgt *K. Ravens*
im Bereich der FDP:
Inneres: *G. Baum* folgt *W. Maihofer*, der zurücktritt

Dt. Bundestag verabschiedet mit einer Stimme Mehrheit Gesetze zur Bekämpfung des Terrorismus, die der CDU/CSU nicht weit genug gehen

CDU verabschiedet in Ludwigshafen (ihr erstes) Grundsatzprogramm

Bei den Wahlen in Niedersachsen und Hamburg bleibt FDP unter 5 % und ohne Mandat. In Hamburg bildet *H.-U. Klose* Alleinregierung der SPD, in Niedersachsen *E. Albrecht* eine der CDU. „Grüne Listen" der Umweltschützer erzielen beachtete Erfolge unter 5 %

Wahl zum Bayrischen Landtag:

	%Stimmen	(1974)
CSU	59,1	(62,1)
SPD	31,4	(30,2)
FDP	6,2	(5,2)

Andere Parteien bleiben unter 5 %.
Alleinregierung der CSU. *F. J. Strauß* löst *A. Goppel* ab, der seit 1962 Min.-Präs. ist

Landtagswahl in Hessen:

	%Stimmen	(1974)	Sitze
CDU	46,0	(47,3)	53
SPD	44,3	(43,2)	50
FDP	6,6	(7,4)	7

H. Börner (* 1931, SPD) setzt sozialliberale Koalition fort

H. Filbinger (* 1913, CDU) tritt wegen d. Vorwürfe gegen seine Tätigkeit als Kriegsmarinerichter vor und nach Kriegsende als Min.-Präs. von Ba-

Literatur*nobel*preis an den jiddischen Dichter *Bashevis Singer* (* 1904) in Polen), der in USA lebt

Friedenspreis d. Dt. Buchhandels an die schwedische Kinderbuchautorin *Astrid Lindgren* (* 1907)

E. Albee: „Zuhören" (US-Schauspiel, dt. Urauff. i. Trier)

† (Freitod) *Jean Amery*, Schriftsteller österr. Herkunft (* 1912)

Jackson Bate: „Samuel Johnson" (US-Biographie, die Pulitzer-Preis gewinnt)

Th. Bernhard: „Immanuel Kant" (satirische Komödie um eine Seereise des Philosophen mit seiner Frau nach USA)

† *Alfred Braun*, dt. Rundfunkpionier, „Vater der aktuellen Reportage" (* 1888)

Hans Magnus Enzensberger (* 1929): „Der Untergang der Titanic" (Kritik an der Neuen Linken von einem ihrer Vertreter)

† *Werner Finck*, dt. Kabarettist, Schauspieler und Humorist. In-

Rudolf Bahro (* 1935), Systemkritiker i. DDR, Autor von „Die Alternative", 1977 zu 8 Jahren Freiheitsstrafe verurteilt, erhält *Carl-von-Ossietzky*-Medaille der Liga für Menschenrechte in Berlin (W)

R. Borger: Handbuch der Keilschriftliteratur (gilt als Abschluß der Entzifferung der altmesopotamischen Keilschrift, die 1802 begann)

† *James B. Conant*, Chemiker, Hochschul- und Schulpolitiker u. Diplomat in USA. 1955–57 US-Botschafter i. BRD (* 1893)

H. Diwald: „Geschichte der Deutschen" (Darstellung im „gegenchronologischen" Verfahren von der Gegenwart aus)

† *Joseph Frings*, 1942–69 Erzbischof von Köln, seit 1946 Kardinal, 1945–65 Vorsitzender der Fuldaer Bischofskonferenz (* 1887)

W. Fucks: „Mächte von Morgen" (untersucht künftige Macht der Staaten anhand ihrer Bevölkerung und wirtschaftlicher Produktion (Energie, Stahl). Vermutet in China die Weltmacht des kommenden Jahrhunderts und einen weiteren Rückgang der Macht Europas

Sebastian Haffner (* 1907): „Anmer-

Mordecai Ardon (* 1896), dt.-israelischer Maler aus der Bauhausschule: „Der letzte Gruß der Paletten" (Gem.). Sein Werk wird in Berlin (W) ausgestellt

George Baker (* 1931 USA): Kinetische Aluminium-Skulptur (i. d. Dt. Oper Berlin)

† *G. de Chirico,* ital. Maler der surrealistischen „pittura metafisica" (* 1888)

P. U. Dreyer (* 1939): „Architekturlinie II" (geometrisches Gemälde)

† *Duncan J. C. Grant,* schottischer Maler, von *Cézanne* beeinflußt (* 1885)

Ausstellung von Polyester-Plastiken des Neuen Realismus (Hyper-Realismus) von *Duane Hanson* (* 1925, USA)

† *Hannah Höch,* dt. Malerin, Mitbegründerin von Dada-Berlin (* 1890)

D. Honisch u. andere: „Adolf Luther. Licht und Materie". Darstellung des lichtopt. orientierten Werkes des Künstlers (* 1912)

R. Hübler (* 1928): „Wo die Wege enden" (Gem.)

John Cage: „Variations VIII" (Urauff. i. Köln)

† *Aram Chatchaturjan,* Komponist i. USSR (* 1903 in Tiflis)

J. L. Collier: „The Making of Jazz" (US-Jazzgeschichte)

† *W. Domgraf Faßbaender,* dt. Sänger (* 1897)

G. v. Einem: Streichquartett g-Moll

Valeska Gert, dt. Tänzerin u. Kabarettistin (* 1892 od. 1902)

Walter Haupt (* 1935): Klangwolke über Münchens Innenstadt. Orchesterkonzert auf dem Marienplatz wird durch Lautsprecher von Türmen und von einem Ballon auf die Stadt zurückgestrahlt

† *Peter Igelhoff,* österr.-dt. Komponist der U-Musik (* 1904)

H. v. Karajan gastiert mit den Berliner Philharmonikern in Dresden

G. Ligeti: „Le grand Macabre" (Oper, Urauff. i. Stockholm)

Zubin Mehta (* 1936 in Bombay) löst *P. Boulez* (* 1925) als Chefdirigent der New Yorker Philharmoniker ab

† *K. Moon,* brit.

*Nobel*preis für Physik an *A. Penzias* (* 1933 USA) und *R. W. Wilson* (* 1936 USA) für Entdeckung der Hintergrundstrahlung 1965, die sich als Rest des „Urknalls" erweist, u. an *P. Kapitza* (* 1894) in USSR für Tieftemperaturphysik des Heliums

*Nobel*preis für Chemie an *Peter Mitchell* (* 1920, Gr.-Brit.) für Analyse der ATP-Bildung im Energie- und Stoffwechsel der Zelle

*Nobel*preis für Medizin und Physiologie an *D. Nathans* (* 1928 USA), *H. O. Smith* (* 1931 USA) und *Werner Arber* (* 1929 Schweiz) für Forschungen in der molekularen Genetik, einschl. Genchirurgie

† *K. H. Bauer,* Chirurg u. maßgeblicher Krebsforscher, der die Mutationstheorie des Krebses aufstellte (* 1890)

† *Kurt Gödel,* österr. Mathematiker und Logiker, der zuletzt in den USA fundamentale Theoreme fand (* 1906)

† *S. A. Goudsmit,* US-Physiker, der den Spin (Drehimpuls) des Elektrons fand (* 1902)

† *Ch. Best,* US-Physiologe, Insulinforscher (vgl. 1921) (* 1899)

R. Bosio (* 1933 Ital.): Kunstherz außerhalb d. Körpers, in Zürich erfolgreich erprobt

M. Eigen: Hyperzyklus als Bindeglied zwischen chemischer und biologischer Evolution, das sich selbst reproduzieren und mutieren kann

*Nobel*preis für Wirtschaftswissenschaft an *H. A. Simon* (* 1916, USA) für Forschung über Entscheidungsprozesse in Wirtschaftsorganisationen

Energieversorgung vgl. Spalte W

%-Anteil der Primärenergieformen am gesamten Energieverbrauch (vgl. 1959 V)

	%
Kohle	19
Erdöl	50
Erdgas	19
Wasserkraft	7
Kernenergie	5

Die erdweite Erdölförderung erreicht 3050 Mt (sie stieg seit 1956 + 6,1 %/Jahr)

OPEC-Staaten beschließen Ölpreiserhöhung um 15 % in 4 Teilschritten 1979

Weltbank klassifiziert in ihrem „World Development Report 1978" 20 % der Erdbevölkerung (800 Mill.) als in „absoluter Armut" lebend

Brüsseler Gipfelkonferenz der EG einigt sich auf ein europäisches Währungssystem, um Wirtschaft und Handel zu stabilisieren. Es tritt 1979 in Kraft

Weltwirtschaftsgipfel der 7 stärksten westlichen Industrienationen (USA, Japan, BRD, Frankreich, Großbritannien, Italien, Kanada), die zus. 54 % des BSP u. 75 % der industriellen Produktion der Erde erzeugen

11 Industrieländer erlassen 30 besonders armen Entwicklungsländern rd. 6 Mrd. Dollar Schulden (BRD verzichtet auf 2,3 Mrd.)

Von 58,2 Mrd. DM Kapitalanlagen der BRD im Ausland entfallen auf

alle Ind.-Länder	41,2
alle Entw.-Länder	17,0
speziell auf Nordamerika	12,6

VR China tätigt mit BRD Kreditgeschäft über 8 Mrd. DM zum Bezug von Kohletechnologie

Haushalt der Bundesregierung der BRD beträgt 189,1 Mrd. DM (er stieg in den letzten 5 Jahren durchschnittlich um + 9,1 %/Jahr)

Nach 50 Jahren ohne Streik kommt es zum Streik der Stahlwerker im Ruhrgebiet

Hafenarbeiterstreik i. BRD

(1978) den-Württemberg zurück. Sein Nachfolger wird *L. Späth* (* 1937, CDU)

CDU stellt *R. v. Weizsäcker* als Spitzenkandidat in Berlin (W) 1979 auf

Johannes Rau (* 1931, SPD) wird als Nachfolger von *H. Kühn* Min.-Präs. von Nordrhein-Westfalen

Landesbank-Affäre führt in Nordrhein-Westfalen zum Min.-Rücktritt

Justizsenator *J. Baumann* (FDP) tritt in Berlin (W) wegen gewaltsamer Befreiung eines Terroristen zurück. Sein Nachfolger wird *G. M. Meyer* (FDP)

US-Präsident *J. Carter* besucht BRD und Berlin (W) u. erneuert Sicherheitsgarantie für diese Stadt

Königin *Elisabeth II.* von Großbritannien besucht BRD und Berlin (W)

L. Breschnew besucht BRD. Beidseitiges Bekenntnis zur Entspannungs- und Friedenspolitik. Langfristiges Wirtschaftsabkommen

Russell-Tribunal gegen „Berufsverbote" i. d. BRD in Frankfurt/Main (liefert keine überzeugenden Ergebnisse)

Demonstrationen gegen die Politik des Schah in Frankfurt/Main führen zu Zusammenstößen, viele Verletzte

DDR verurteilt Regimekritiker *Bahro* zu 8 Jahren Haft

Verkehrsabkommen BRD–DDR umfaßt neue Autobahn Berlin–Hamburg und weitere Verbesserungen

Volksabstimmung in Österreich entscheidet mit knapper Mehrheit gegen Kernkraftwerk in Zwentendorf

Neuer (26.) Kanton Jura i. d. Schweiz durch Volksabstimmung gebilligt

† *J. O. Krag,* dänischer sozialdemokratischer Politiker. 1962–72 Min.-Präs. (* 1914)

Schwedische Regierung *Fälldin* tritt im Kernkraftstreit zurück. Es folgt die Minderheitsregierung *Ola Ullsten* (Liberale Partei)

Niederländische Marine-Infanterie befreit 72 Geiseln aus der Gewalt von Südmolukkern

Führender liberaler Politiker *J. Thorpe* (* 1929) in Großbritannien angeklagt wegen Verdachts der Mordanstiftung gegen einen Erpresser. Er muß 1979 trotz Freispruch politisch abtreten

14 Tote bei Bombenanschlag der IRA auf Restaurant in Belfast

Belgische Regierung *Tindemans* (* 1922, Christdemokrat) scheitert an der Sprachenfrage. Sein Nachfolger wird *P. V. Boeynants*

† *A. François-Poncet,* frz. Politiker und Diplomat. 1931–38 Botschafter in Dtl., 1953–55 i. BRD (* 1887)

spirierte 1933 die „Katakombe" gegen die NS-Zeit (* 1902)

† *O. E. Hasse,* dt. Schauspieler, besonders in München und Berlin (* 1903)

Käthe Kamossa (* 1911): „Es" (Lyrik)

Alexander Kluge (* 1932): „Unheimlichkeit der Zeit" (kurze dokumentarische Erzählungen)

Jerzy Kosinski (* 1933): „Cockpit" (dt. Übersetzung des US-Romans eines Polen, der seit 1973 Präsident des PEN i. USA ist)

S. Lenz: „Heimatmuseum" (Ostpreußen-Roman)

† *Theo Lingen,* dt. Schauspieler und Humorist (* 1903)

H. Pinter: „Betrogen" (engl. Schauspiel)

† *Willi Rose,* Volksschauspieler in Berlin (* 1912)

† *Hans Rothe,* dt. Shakespeare-Übersetzer (* 1894); „Der elisabethanische Shakespeare" erscheint 1961

† *Ignazio Silone,* ital. Schriftstell. sozialist. Richtung (* 1900)

John Updike: „The Coup"

kungen zu Hitler" (zeitgeschichtliche kritische Analyse)

† *Arnold Hauser,* Kunstsoziologe und -historiker ungar. Herkunft, wirkte besonders in USA und Großbritannien (* 1892)

Kurt Hübner (* 1916): „Kritik der wissenschaftlichen Vernunft" (betont Einheit von Natur- und Geisteswissenschaft)

Hans Küng (* 1928): „Existiert Gott?" (katholisch-theologische Glaubenskritik im Gegensatz zur Bischofskonferenz, die Gegenschrift veröffentlicht)

† *Salvador de Madariaga y Rojo,* spanischer Kulturphilosoph u. Diplomat (* 1886). Veröff. 1951 „Porträt Europas"

† *Margaret Mead,* US-Anthropologin, die mit vorbildlicher Feldforschung über Sitten und Gebräuche in der Südsee hervortrat (* 1901)

† *Nikodim,* Metropolit von Leningrad seit 1963, einer der 6 Präsidenten des Ökumenischen Rats seit 1961. Er stirbt bei einem Besuch bei Papst *Johannes Paul I.* (* 1929)

† Papst *Paul VI.* (*G. B. Montini;* * 1897). Seine Amtszeit seit 1963 steht spannungsreich zwischen Tradition und Neuerung. Erdweite Rei-

J. R. Ipoustéguy: „Ekbatana". Bearbeitung der Plastik von 1965, bezogen auf eine Episode im Leben *Alexanders d. Gr.*, für das Internationale Kongreßzentrum (ICC) Berlin, das 1979 eingeweiht wird

† *Richard Lindner*, US-Maler dt. Herkunft, Vorläufer der Pop-Art (* 1901)

Katja Meirowsky (* 1920): „Nike" (Gem.)

E. Lucie-Smith, S. Hunter, A. M. Vogt u. a.: „Kunst der Gegenwart". *G. C. Argan*, Rom, schreibt einleitend: (ästhetischer) „Wert ist die Antithese des Konsums"

Das Künstler-Register läßt den Schluß zu, daß nur ein sehr kleiner Kreis maßgeblich die Kunst der Zeit prägt. Erdweit findet man unter 2,5 Mill. Menschen einen solchen Künstler; in Europa und Nordamerika mag ihre Häufigkeit 4–5mal größer sein

J. Miró (* 1893): Entwürfe für Keramikwand (55 × 10 m) für das Wilhelm-Hack-Museum in Ludwigshafen

Schlagzeuger der Rockmusik (wahrscheinlich an Drogenüberdosis) (* 1947)

† *Nicolas Nabokov*, US-Komponist russischer Herkunft, ab 1963 Kulturberater in Berlin (W) (* 1903)

N. Nabokov: „Opus Strawinsky" (postum aufgeführte Komposition zu Ehren seines Freundes)

Seiji Otawa (* 1935 in Mandschurei), studierte in Japan, Dirigent des Boston Symphony Orchestra, dirigiert als erster Ausländer Zentrales Philharmonisches Orchester in Peking

K. Penderecki: „Paradise Lost" (poln. Oper nach *Milton*, Urauff. in Chikago)

† *Günther Rennert*, dt. Regisseur und Theaterleiter. Opernintendant 1946 bis 55 i. Hamburg, 1967–76 i. München (*1911)

† *Frank Rosolino*, US-Jazzmusiker ital. Herkunft

M. Rostropowitsch, Meister-Cellist (* 1927 i. Baku) wird von USSR ausgebürgert

Musik aus US-Filmen mit *John*

D. Habs und *V. Metag* erforschen Form der Atomkerne und entdecken längliche Formen

† *M. Keldysch*, sowjetischer Mathematiker und Physiker, Pionier der Raumfahrt, 1961 bis 1975 Präsident der Akademie der Wissenschaften in der USSR (* 1911)

Sowjetische Kosmonauten *Kowaljonok* u. *Iwantschenkow* kehren nach 140 Tagen Raumflug und Kopplungsmanövern mit bemannten Zubringern gesund zur Erde zurück. Ihr Rekord wird 1979 durch andere Kosmonauten gebrochen

† *Karl Küpfmüller*, dt. maßgeblicher Elektrotechniker (* 1897)

Richard Leackey (* 1944 i. Kenia), Eltern aus USA, vertritt die Ansicht, daß vor etwa 3 Millionen Jahren in Afrika Homo habilis, Australopithecus africanus und Australopithecus boisei lebten, von denen Homo habilis zum Vorfahr der heutigen Menschen wurde

† *W. Messerschmitt*, dt. Flugzeugkonstrukteur, der Düsenjäger, Senkrechtstarter u. a. entwickelte (* 1898)

† *Rudolf Nebel*, dt. Raketenpionier, der ab 1930 mit Flüssigkeitsraketen experimentierte (* 1894)

† *R. Norrish*, brit. Chemiker, der 1967 *Nobel*preis für Erforschung sehr schneller chemischer Reaktionen erhielt (* 1897)

1964–76 gingen durchschnittlich durch Streik Arbeitstage pro 1000 Arbeitnehmer verloren in

Italien	1754
USA	508
Großbritannien	353
Japan	245
Frankreich	243
Schweden	40
BRD	25
Schweiz	3
Österreich	2

Streiks und Aussperrungen in der Metallindustrie der BRD (enden mit 5 % Lohnsteigerung und Arbeitszeitvergünstigungen)

Streiks und Aussperrungen verhindern zeitweise das Erscheinen von Zeitungen

Bei 13 Mrd. Dollar Ausgaben und 13,5 Mrd. Dollar Verschuldung befindet sich New York in einer finanziellen Dauerkrise, in der es auf staatliche Hilfe angewiesen ist

Dollarkurs sinkt im Oktober auf Tiefststand von 1,7285 DM (beruht im wesentlichen auf Dollarschwemme durch hohe Ölimporte)

Von 2,5 Mill. Vermißtenanzeigen nach dem Krieg gelten 80 % als (meist negativ) geklärt. Rd. 565 000 werden noch vermißt

Statistische Überlegungen ergeben: Ein Unglück mit über 1000 Toten ereignet sich in USA

durch Technik	alle 20 Jahre
durch Naturereignisse	alle 10 Jahre
zusammen	alle 6,7 Jahre

Bisher schwerste Flutkatastrophe in Indien verursacht 2 Mill. Obdachlose und ca. 100 Mill. Dollar Sachschäden. Hochwasser in Pakistan fordert über 100 Tote

Über 157 Tote, 600 000 Obdachlose und 200 Mill. DM Gesamtschäden durch Taifun auf den Philippinen

Schweres Erdbeben zerstört im Iran Oasenstadt Tabas (etwa 15 000 Tote)

Starkes Erdbeben in Mitteljapan fordert 22 Tote und viele Verletzte

Erdbeben in Saloniki fordert 22 Tote

Schäden durch Erdbeben in der Schwäbischen Alb (auch Burg Hohenzollern betroffen)

(1978)

Parlamentswahlen in Frankreich:

	Sitze
RPR (Gaullisten; *Chirac*)	148
UDF (*Giscard*)	137
andere Regierungsfreundliche	6
Regierungslager zus.	291
Opposition	
Sozialisten (*Mitterand*)	103
Kommunisten (*Marchais*)	86
Linksliberale	10
Linksradikale	1
Opposition zus.	200

R. Barre (* 1924, parteilos) bleibt frz. Min.-Präs.

Italien zählt über 2000 politische Attentate in einem Jahr

Mit dem Rücktritt von *G. Andreotti* (DC) endet Italiens 39. Nachkriegsregierung. Andreotti bildet neue Minderheitsregierung, die auf Unterstützung der KP angewiesen ist

Der mehrfache ital. Min.-Präs. *A. Moro* (* 1916, DC) wird von Roten Brigaden entführt und ermordet, als ihre Freipressungsversuche scheitern. Bei seiner Entführung erschossen sie 5 seiner Begleiter. Prozeß gegen Rote Brigaden wegen früherer politischer Gewalttaten endet mit Freiheitsstrafen bis 15 Jahren gegen den Rädelsführer und 28 Komplizen

Rücktritt des ital. Staatspräsidenten *G. Leone* (* 1908, DC), im Amt seit 1971, nach Vorwürfen der Steuerhinterziehung. Nachfolger wird *A. Pertini* (* 1897, Sozialist)

Spanien entscheidet sich mit großer Mehrheit für die Verfassung einer parlamentarisch-demokratischen Monarchie (Volksabstimmung ergibt 87 %)

KP Spaniens unter *S. Carillo* (* 1915) nennt sich nicht länger „leninistisch", was ihre eurokommunistische Haltung unterstreicht

Regierungskrise in Portugal wegen sozialistischer Landwirtschaftspolitik. Präsident *Eanes* entläßt *Soares* (Sozialist) und beruft *Nobre da Costa*, dessen Regierung der Fachleute im Parlament unterliegt. Ihm folgt Universitätsprofessor *Mota Pinto* (* 1936, Sozialdemokrat)

Generalstreik mit blutigen Unruhen in Tunesien

† *H. Boumedienne*, algerischer Staatspräsident seit 1965 (* 1925)

† *J. Kenyatta*, afrikanischer Politiker, der Kenia 1963 zur Unabhängigkeit führte und 1964 sein Staatspräsident wurde (* 1894 oder 91)

Min.-Präs. *Ian Smith* in Rhodesien vereinbart mit gemäßigten Negerführern „Interne Lösung", die die schwarze Mehrheit in Jahresfrist an die Regierung bringt. Die radikalen Negerführer proklamieren dagegen weiteren Kampf gegen weiße Minderheit

(US-Roman um einen afrikanischen Diktator)

M. Walser: „Ein fliehendes Pferd" (Erzählung)

S. Yizhar: „Yemel Ziklag" (israel. Roman)

8. Schriftstellerkongreß der DDR in Berlin (O). *Anna Seghers* (* 1900) wird zum Ehrenpräsident gewählt.

H. Kant hält Hauptreferat mit Kritik an den DDR-Schriftstellern, die in der BRD leben

L. Tolstois gesammelte Werke erscheinen zu seinem 150. Geburtstag in großer Auflage in der Sowjetunion

Shakespeares Werke erscheinen in VR China

Die Zahl der erdweit erscheinenden Buchtitel wird nach Angaben der UN auf etwa 770 000 geschätzt. Die Zahl wächst um ca. 6 %/Jahr

sen stehen neben Enzykliken konservativer Prägung. Einführung von Ehescheidung und legaler Abtreibung in Italien widersprechen seiner Lehre. 1967 gründet er die Bischofssynode als weisen Ratgeber

Kardinal *Albino Luciani* von Venedig (* 1912) wird als *Johannes Paul I.* neuer Papst. Er stirbt nach 33 Tagen Amtszeit. Als „Papst, der lachen konnte", gewann er in kurzer Zeit viel Sympathie. Ihm folgt der Erzbischof von Krakau, Kardinal *Wojtyla* (* 1920), als Papst *Johannes Paul II.* Er ist der erste nicht-italienische Papst seit 4½ Jahrhunderten und der erste slawische Papst überhaupt

In Frankreich wird *Monique Pelletier* (* 1926) Minister für Frauenfragen

Helge Pross (* 1927): „Die Männer" (soziologische Untersuchung mit dem Ergebnis, daß es keine Gleichberechtigung gibt und die Mehrzahl d. Frauen sie nicht will)

† *W. S. Schlamm*, Publizist österr. Herkunft, wandelte sich vom Kommunisten zum Antikommunisten (* 1904)

K. Steinbuch: „Maßlos informiert. Die Enteignung unseres Denkens" (Kritik an der Qualität der stark zu-

I. M. Pei (* 1917 i. China): Erweiterung der National Gallery, Washington, in einem wuchtigen geometrischen Stil

H. Scharoun († 1972): Staatsbibliothek Preußischer Kulturbesitz Berlin (mit 11jähriger Bauzeit)

Walter Stöhrer: „Tagträume, die durch Tag-Träume sehen" (Gem.)

Ausstellung Paris–Berlin im Centre Pompidou Paris macht Frankreich mit bisher unbekannten Entwicklungen der Kunst in Dtl. dort bekannt

In USA wird ein Porträt des Anatomen *Vesalius* von *Tintoretto* entdeckt (die Echtheit bedarf der Prüfung)

Woody Allen (* 1935): „Anni Hall" („Der Stadtneurotiker"). US-Film erhält Oscar für den besten Film

† *Charles Boyer,* US-Filmschauspieler frz. Herkunft (* 1899)

J. Badham: „Saturday Night Fever" (US-Film mit *J. Travolta* [* 1954] als Diskothektänzer)

Travolta (vgl. Spalte K) wird populär

† *Lenny Tristano,* US-Jazzpianist aus ital. Familie, seit 1928 blind, begründete um 1950 den Cool Jazz (* 1919)

† *Joe Venuti,* US-Jazzgeiger ital. Herkunft (* 1904)

Armenische Musikfestspiele in London

53. *Bach*fest der Neuen *Bach*gesellschaft i. Marburg mit 140 Werken von *J. S. Bach*

Die Hamburger Staatsoper feiert mit zahlreichen Gastaufführungen als älteste Oper in Dtl. ihr 300jähriges Jubiläum

3. Metamusik-Festival in Berlin (W). *W. Bachauer* legt Leitung nieder

Als führende Jazzmusiker gelten i. d. USA *Dizzy Gillespie,* Trompete (* 1917), *Oscar Peterson,* Piano (* 1925), und *Stan Getz,* Saxophon (* 1927)

Das schwedische Gesangsquartett ABBA ist in der Popmusik besonders erfolgreich („Waterloo", „Fernando" u. a.)

Die Kosmonauten der USSR *Romanenko* und *Gretschko* brechen mit 97 Tagen Erdumkreisung in Raumstation Saljut 6 US-Rekord in Skylab 1973

† *K. M. G. Siegbahn,* schwedischer *Röntgen*physiker, der durch exakte Messung der *Röntgen*wellenlängen Bestimmung grundlegender Naturkonstanten verbessert. *Nobel*preis 1924 (* 1886)

† *Vincent du Vigneaud,* US-Biochemiker, *Nobel*preis 1955 (* 1901)

† *Wilhelm Westphal,* dt. Physiker, Autor maßgeblicher Lehrbücher (* 1882)

Das Welt-(Nebelflucht-)Alter wird auf 20–25 Mrd. Jahre bestimmt

US-Astronomen vermuten in einer Galaxie (M 87) ein „Schwarzes Loch" von 5 Mrd. Sonnenmassen

Die Entdeckung zweier Galaxien erweitert die „lokale Gruppe" um die Milchstraße auf 25 Objekte

US-Radioastronomen entdecken i. Weltraum Molekül HC_9N (mit 123 Wasserstoffmassen). 1968–78 wurden 46 interstellare Moleküle entdeckt

Das transuranische Element Americium erweist sich unter −274° C als supraleitend

US-Wissenschaftler melden Realisierung einer Temperatur von 60 Mill. Grad bei Kernfusionsversuch (gilt als ein wesentlicher Fortschritt)

Schneestürme lähmen New York und andere Städte an der Ostküste der USA

Paris verzeichnet kältesten Junitag seit 105 Jahren bei 800 m Schneefallgrenze i. d. frz. Alpen

Indisches Großraumflugzeug stürzt ab: 213 Tote

Absturz eines Flugzeugs mit Pilgern bei Sri Lanka verursacht 183 Tote

Absturz eines US-Verkehrsflugzeugs auf eine Ortschaft nach Kollision mit Privatflugzeug: 150 Tote

Bummelstreik frz. Fluglotsen deorganisiert Sommerferienverkehr

Im Weihnachtsverkehr für Gastarbeiter stürzt ein Flugzeug bei Palermo ab: 108 Tote

Flugzeugabsturz in Bulgarien fordert 73 Tote

Militärsatellit der Sowjetunion stürzt über Kanada ab. Trotz radioaktiver Teile richtet er keinen erheblichen Schaden an

Havarierter Tanker verliert vor Frankreich 230 000 l Öl (führt zur bisher größten Ölpest mit einem Schaden von über 200 Mill. DM)

Bei Explosion eines Tankwagens auf einem Campingplatz in Spanien werden 200 Menschen getötet und etwa 100 schwer verletzt

Zugunglück in Argentinien fordert 50 Tote

Erdrutsch verursacht Eisenbahnunglück bei Bologna mit 45 Toten und über 120 Verletzten

Seilbahnunglück in Squaw Valley (USA) mit 4 Toten und 30 Verletzten

Ölpest durch havarierten Supertanker (250 000 t) vor der bretonischen Küste (Schaden wird auf 250 Mill. DM geschätzt)

Frachtschiff „München" mit 28 Mann Besatzung verschollen

6000 Grippetote zu Jahresbeginn in USA

Neue Erkrankungswelle der neuentdeckten Legionärskrankheit in New York

900 Selbstmorde in einer religiös-sozialistischen Sekte (vgl. Spalte Ph)

2 Anhänger einer indischen Sekte verbrennen sich öffentl. i. Berlin (W)

(1978)

Vermutlich aus Angola gesteuerte Rebellion in der Kupferprovinz Shaba (früher Katanga) von Zaire. Die Bedrohung der Weißen (über 300 Tote und Vermißte) führt zu frz.-belgischer Luftbrücke

Hereroführer in Namibia (Südwestafrika) *Kapuuo* wird in Stammesfehden ermordet (* 1923)

† *N. Diederichs,* Staatspräsident von Südafrika seit 1975 (* 1903)

B. J. Vorster, Min.-Präs. von Südafrika seit 1966, tritt zurück und wird Staatspräsident

Konferenz der blockfreien Staaten in Belgrad ist durch Streit um die prosowjetische Politik Kubas gekennzeichnet. Havanna als nächster Tagungsort ist umstritten

Jugoslawien entläßt 4 verhaftete Terroristen, deren Auslieferung die BRD verlangt. Umgekehrt sieht sich BRD aus rechtlichen Gründen gehindert, jugoslawische Gewalttäter auszuliefern

Hua Kuo-feng besucht Rumänien, wo er betont freundlich begrüßt wird. *Ceaucescu* lehnt für Rumänien die vom Warschauer Pakt geforderte Erhöhung der Militärausgaben ab

B. Ecevit (* 1925, Sozialdemokr. Rep. Volkspartei) bildet neue türkische Regierung. Das Land wurde 1977 durch politische Gewalttaten erschüttert. Die jährliche Inflationsrate liegt bei 57 %

Blutige Unruhen in der Türkei führen zum Kriegsrecht am Jahresende

† *A. Mikojan,* Staatsoberhaupt der Sowjetunion 1964/65 (* 1895)

† *Fjodor Kulakow,* führender KP-Funktionär im ZK der KPdSU. Galt als aussichtsreicher Bewerber um die Nachfolge *Breschnews* (* 1918)

† *Golda Meir,* Min.-Präs. i. Israel 1969–74. Mitglied der Arbeiterpartei (* 1898)

Israelisches Parlament billigt die Vereinbarung *Begins* in Camp David über einen Friedensvertrag mit Ägypten, einschließlich Räumung der Siedlungen auf Sinai

Terrororganisation der PLO El Fatah tötet bei Anschlag auf israel. Bus 37 Menschen u. verletzt 82

Israel beantwortet PLO-Terror mit Einmarsch im Südlibanon. Weltsicherheitsrat entsendet Friedenstruppe (Blauhelme) und fordert Israel zum Rückzug auf

Blutige Kämpfe zwischen Syrern und christlichen Milizen im Libanon

Palästinenser erschießen auf Zypern einen Freund *Sadats* und nehmen Geiseln. Als ein ägyptisches Kommando die Maschine mit den Geiseln stürmen will, töten Soldaten Zyperns 15 ägyptische Soldaten. Geiselnehmer werden verhaftet und verurteilt

Auseinandersetzung zwischen PLO (*Arafat*) und Irak. Es kommt zu blutigen Attentaten auf iraki-

Schlager: „Die Legende von Babylon", „Von Hollywood träumen", „Follow me", „Lied der Schlümpfe", „Kreuzberger Nächte", „Wann wird's mal wieder richtig Sommer?"

nehmenden Information mit dem Slogan: Wir erfahren mehr und wissen weniger)

F. Vester: „Unsere Welt ein vernetztes System" (Wanderausstellung i. BRD aus der Studiengruppe für Biol. u. Umwelt, München)

Esther Vilar: „Die 5-Stunden-Gesellschaft" (Argumente für eine Utopie der Arbeitszeitverkürzung)

Das Bundesverfassungsgericht verwirft Wehrdienstverweigerung ohne Gewissensprüfung

Katholikentag in Freiburg i. Br. Polnischer Kardinal *Wyszynski* besucht Bischöfe der BRD

Neuauflage des internationalen „Who is Who?" enthält 15 000 Namen

Man kann schätzen, daß auf der Erde rd. 25 000 Menschen leben, die es zu einer weithin beachteten Leistung gebracht haben (in Kunst, Wissenschaft, Politik, Sport etc.). Das sind erdweit 6 von einer Million

Die Zahl der Studenten auf der Erde liegt bei 50 Mill., d. h. 1,2 % aller Menschen befinden sich im tertiären Bildungsbereich.

1950–73 wuchs die Studentenzahl im Mittel um +7 %/Jahr, was eine Verdoppelung in 10 Jahren bedeutet

Richard Donner: „Superman“ (US-Film mit *Christopher Reeve,* der 35 Mill. Dollar kostet). Die Comics-Figur Superman entstand 1938

R. W. Faßbinder: „Eine Reise ins Licht“ (dt. Film nach *V. Nabokov*)

R. W. Faßbinder und *V. Schlöndorff:* „Deutschland im Herbst“ (dt. Film über das Terrorjahr 1977)

Geissendörfer: „Die gläserne Zelle“ (dt. Film)

† *Oscar Homolka,* Filmschauspieler österr. Herkunft, in USA (* 1901)

Randal Kleisen: „Grease“ (US-Film mit *J. Travolta,* * 1954)

† *Theo Lingen* (eig. *Schmitz*), dt. Bühnen- und Filmschauspieler und Humorist (* 1903)

Der US-Science-fiction-Film „Krieg der Sterne“ von *George Lucas* erhält vor allem für seine Technik 7 Oscars (Urauff. 1977)

Ermanno Olmi (* 1931): „Der Holzschuhbaum“ (italienischer Film). Erhält in Cannes Goldene Palme

Paul Mazursky: „Eine entheiratete Frau“ (US-Film um das Problem der geschiedenen Frau)

Wolfgang Petersen: „Weiß und Schwarz wie Tag und Nacht“ (dt. Film um einen Schachspieler)

Maximilian Schell (* 1930): „Der Richter und sein Henker“ (dt. Film nach *Dürrenmatt*)

† *Jack Warner,* US-Filmproduzent, der 1927 mit seinem Bruder (Warner Brothers) den ersten Tonfilm „Jazzsinger“ herausbrachte (* 1892)

Jährliche Kinobesuche pro Einwohner

	1965	1978
USA	11,6	4,8
SU	18,6	16,5
BRD (1956: 15,4)	5,4	2,1
DDR	7,0	4,7
Indien	3,9	3,8
Höchstwerte	24,6 (Hongkong)	18,7 (Singapur)

2,3 km langer Speicherring „Petra“ für 19 Mrd. e-Volt-Elektronen beim Elektronensynchrotron Desy b. Hamburg in Betrieb (Kosten 98 Mill. DM)

VR China baut Protonenbeschleuniger für 30–50 Mrd. e-Volt

Beschleuniger f. hochenergetische Teilchen sind wichtige Instrumente der Elementarteilchen-Physik

Es werden 2 weitere Quarkteilchen als Bausteine der Elementarteilchen vermutet (ihre Zahl 6 würde dann der Zahl der bekannten leichten Elementarteilchen [Leptonen] entsprechen)

Hahn-Meitner-Institut in Berlin (W) erhält Schwerionenbeschleuniger für Kernforschung (200–400 Mill. e-Volt)

Planung eines dt.-frz. astronomischen Instituts mit 30-m-Teleskop für 1,3-mm-Mikrowellen i. Grenoble zur Erforschung junger Sterne in Staubwolken

Radioteleskop aus 900 Einzelreflektoren im 579-m-Kreis der USSR i. Nordkaukasus („Ratan 600“)

Mit HC9N wurden seit 1963 46 interstellare Moleküle radioastronomisch entdeckt (davon 33 „organische“ Kohlenstoffverb.)

Mond des sonnenfernsten Planeten Pluto in USA von der Erde aus entdeckt

NASA plant den Start von 25 Raumsonden in diesem Jahr, davon 15 für andere Organisa-

Saudi-arabische Prinzessin wird vor den Augen ihres bürgerlichen Liebhabers erschossen, dieser anschließend enthauptet

In USA wird ein Mann des Mordes an 32 jungen Männern verdächtigt, deren Leichen gefunden wurden

Bombenanschlag bretonischer Separatisten zerstört wertvolle Teile des Versailler Schlosses

Zahlreiche Bombenanschläge der Separatisten auf Korsika

Karakorum-Straße zwischen China und Pakistan. 800 km bis 4800 m Höhe. 400 Tote beim Bau

Nach 6 Jahren heftiger Demonstrationen kann Tokio seinen neuen Flughafen Nanita eröffnen

VW-Werk beginnt in USA sein Modell „Golf“ zu bauen

Neckartalbrücke bei Horb schließt Autobahn Dänemark–Schweiz

14 km langer Autotunnel durch den Arlberg eröffnet

1. Teilstück der Wiener U-Bahn eröffnet

U-Bahn in Nürnberg

Elektrozüge m. 250 km/h i. Gr.-Brit.

Jahresende bringt starke Verkehrsbehinderungen durch extremes Winterwetter

Mindestens 10 % der Erdbevölkerung sind mit den 420 Mill. vorhandenen Fernsehgeräten erreichbar. Je nach Nutzung können es 20–30 % und mehr sein (vgl. Spalte K). Dazu kommen rd. 1 Mrd. Hörfunkgeräte, so daß die Erde rundfunktechnisch weitestgehend erschlossen ist

Neuer Wellenplan für 1248 (vorher 4400) Rundfunksender im Mittel- und Langwellenbereich tritt in Kraft (1975 in Genf beschlossen)

Schleswig-Holstein kündigt Staatsvertrag über NDR mit Hamburg und Niedersachsen (führt zu schwierigen, wechselvollen Verhandlungen mit unterschiedlicher Einstellung zum privaten Rundfunk)

Kinobesuche vgl. Spalte K

Photokina in Köln zeigt Sofortbildkamera mit automatischer Entfernungseinstellung mit Ultraschall (Fledermausprinzip)

(1978)	sche Diplomaten in London, Paris und anderen Hauptstädten Regierung *Sharif Imami* tritt nach schweren Unruhen im Iran zurück. Schah setzt Militärregierung unter General *Azhari* ein Blutiger Staatsstreich in der Demokratischen Volksrepublik Jemen (Südjemen) führt zu einem Regime, das als abhängig von der Sowjetunion gilt Militärputsch in Afghanistan stürzt Staatspräs. *M. Daud*, der getötet wird. Die neue Regierung unter *N. M. Taraki* wird von der Sowjetunion unterstützt In Pakistan wird der frühere Regierungschef *Bhutto* wegen Mordes an politischen Gegnern zum Tode verurteilt (Urteil wird 1979 vollstreckt) *Indira Gandhi* spaltet Kongreß-Partei. Sie wird wegen Verfehlungen vom Parlament ausgeschlossen, später zeitweise verhaftet Ca. 90 000 Chinesen fliehen aus Vietnam, wodurch es zu Spannungen mit der VR China kommt Friedens- und Freundschaftsvertrag zwischen VR China und Japan beendet Kriegszustand seit 1937. Sowjetunion tadelt den Vertrag *M. Ohira* (* 1910) wird Vorsitzender der Liberaldemokraten in Japan und Regierungschef *Hua Kuo-feng*, Chef der KP Chinas, besucht Rumänien, Jugoslawien und Iran Militärischer Grenzkonflikt zwischen Vietnam, das von der Sowjetunion, und Kambodscha, das von der VR China unterstützt wird. Man spricht von einem „Stellvertreterkrieg" *Tsching-Kuo*, Sohn *Tschiang Kai-scheks,* wird Präs. der Republik China (Taiwan). War seit 1972 Reg.-Chef NATO-Gipfel in Washington verurteilt militärisches Eingreifen der Sowjetunion in Afrika USA und VR China vereinbaren ab 1979 die Entwicklung der gegenseitigen Beziehungen bei Abbau der Beziehungen USA–Taiwan USA sagen Rückgabe der Panamakanalzone an Panama bis zum Jahr 2000 vertraglich zu USA liefern moderne Kampfflugzeuge an Israel, Ägypten und Saudi-Arabien, wodurch sich Israel brüskiert fühlt † *R. D. Murphy*, US-Politiker, Parteidemokrat, 1944–49 Berater für Deutschland i. USA (* 1894) † *Lucius D. Clay*, General und Politiker der USA, „Vater der Luftbrücke für Berlin 1948/49". 1947–49 US-Militärgouverneur i. Deutschland, 1961 Sonderbeauftragter für Berlinfragen nach dem Bau der Mauer (* 1897) † *H. H. Humphrey*, US-Politiker, Parteidemokrat, 1949–64 Senator, 1965–69 Vizepräsident der USA (* 1911)	Der teilweise sehr starke Rückgang des Kinobesuchs ist vor allem auf das Fernsehen zurückzuführen, das immer stärkere Anstrengungen unternimmt, Einschaltrekorde zu erreichen. (Vgl. Spalten Ph und V) US-Fernsehgesellschaft erwirbt Rechte für „Vom Winde verweht" für 35 Mill. Dollar (erzielt Zuschauerrekord) „Holocaust", US-Fernsehfilmserie von *G. Green* (* 1922) über Judenvernichtung des dt. NS-Regimes (wird von 120 Mill. i. USA gesehen, 1979 i. dt. Fernsehen) Das dt. Fernsehen übernimmt US-Fernsehfilmserie „Roots" nach dem Roman von *A. Haley* über die Geschichte der Neger in USA, die in USA 80 Mill. Zuschauer fand Fernsehdaten (vgl. auch Spalten Ph und V)	Konzil der TU Berlin wählt Univ.-Präsidenten ab Serie von Prozessen gegen Systemkritiker und Bürgerrechtler i. Ostblock (RGW-Bereich). Sowjetunion verurteilt mit *Y. Orlow* den 164. Bürgerrechtler seit Abschluß der KSZE. *Alexander Ginsburg* wird zu 8 Jahren schweren Arbeitslagers verurteilt „Die Parler und der Schöne Stil 1350 bis 1400", Ausstellung in Köln über die Zeit von Kaiser *Karl IV.* (1347 bis 1378 vorwiegend in Prag). Vereinigt Exponate aus West- u. Osteuropa Wissenschaftliche Weltkongresse für Genetik in Moskau, Gerontologie in Hamburg, Mikrobiologie in München, Philosophie in Düsseldorf, biologische Psychiatrie in Barcelona, Soziologie in Uppsala erweisen und fördern erdweite Verbindung der Wissenschaftler *Jim Jones* (* 1931), Gründer und „Messias" der kalifornischen Sekte „Volkstempel", zwingt 913 Bewohner der Kommune Jonestown in Guyana zum gemeinsamen Selbstmord durch Gift, nachdem 4 Mitglieder einer nachforschenden Besuchsgruppe getötet worden waren

tionen (1977 waren es 16 bzw. 12)

USSR startet seit 1962 1000. Satelliten der Kosmos-Serie

USA starten 2 Raumsonden zur Erforschung der Venus (1961–75 startete USSR 10 Venussonden, wobei 1975 weiche Landung mit Datenübermittlung gelingt)

US-Venussonden messen hohe Argonhäufigkeit u. höhere Temp. am Pol als am Äquator

USA veröffentlichen Atlas vom Planeten Merkur mit 400 von 2000 Fotos, die 1974–76 empfangen wurden

Raumstation der USSR Saljut 6 stellt Rekorde für bemannten Raumflug auf, wobei mehrfach Kopplung mit bemannten Sojus-Fahrzeugen (Sojus 26–31) erfolgt. Dabei wirkt auch ein Kosmonaut aus der Tschechoslowakei mit

Es wird die 4milliardste chemische Verbindung registriert. Dabei sind 96 % organische (Kohlenstoff-)Verbindungen (1860 kannte man etwa 3600 organische Verbindungen)

Es gelingt die gezielte Synthese eines Antibioticums

In BRD (MPI München) gelingt es, den Aufbau eines Viroids („Nackter Virus") als Folge von 359 Nukleinsäurebasen aufzuklären

Durch Embryonenverschmelzung werden Mäusechimären erzeugt, die das Erbgut von 3 Elternpaaren (6 Individuen) besitzen

Erstes Baby, das im Reagenzglas gezeugt wurde, kommt in Großbritannien zur Welt

Es werden Hefepilz-Mikrofossilien mit einem Alter von 3,8 Mrd. Jahren entdeckt

3 Herztransplantationen an einem Patienten in USA (dieser überlebt 1. Transplantation 1976, 2. u. 3. 1978 innerhalb von 3 Tagen)

Im Iran wird 185 Millionen Jahre alte Blütenpflanze gefunden

Oberschenkel eines fliegenden Wirbeltieres i. USA entdeckt (dieses 130 Mill. Jahre alte Fossil wird als „Neuer Urvogel" diskutiert)

US-Tiefseebohrschiff „Glomar Challenger" entdeckt im Nordatlantik eine vor 40 Mill. Jahren versunkene Landbrücke

Fast lückenlose Folge frühmenschlicher Fossilien aus 14 Mill. Jahren führt zur Theorie der Herkunft des Menschen aus diesem Erdteil (vgl. *R. Leackey*). Dem steht die Theorie asiatischer Herkunft gegenüber

Grabfeldfunde bei Varna in Jugoslawien erweisen Goldgebrauch vor 7000 Jahren (1000 Jahre führer als in Mesopotamien)

40 km Glasfaser-Telefonleitung in Kanada. Man erwartet für die nächsten Jahre Ersatz der Telefonkabel durch Glasfaserleitung. In USA erwartet man 1978–83 50fache Ausdehnung der Glasfasertechnik

Autofunk für privaten Sprechverkehr verbreitet sich (CB-Funk)

Wegen Streit mit den Gewerkschaften stellt die seit 1788 erscheinende Londoner Zeitung „The Times" bis auf weiteres ihr Erscheinen ein

Erbin *Tina* des griech. Tankerkönigs *Onassis* heiratet in Moskau Sowjetbürger

Chaplin- und New-Orleans-Look in der Pariser Sommermode

† *U. Nobile*, ital. Flieger, überlebte 1928 den Polarflug des Luftschiffes „Italia" (* 1885)

† *Ronnie Peterson* (* 1944, Schweden), 73. Todesopfer im Formel-1-Autorennen in Monza

† Springreiter *H. Steenken* nach Autounfall und langer Bewußtlosigkeit (* 1941)

† *Hans Stuck*, dt. Autorennfahrer („Bergkönig"), gewann 1922–62 512 Rennen (* 1900)

† *Gene Tunney*, 1926–28 Boxweltmeister (* 1897, USA)

3 US-Bürger *(M. Anderson, B. Abruzzo, L. Newman)* im Alter zwischen 31 u. 44 Jahren fliegen im Ballon 5000 km Amerika–Paris in 5 Tagen. Damit wird Strecken- und Dauerflugrekord erzielt (seit 1873 waren 17 Ballonflüge gescheitert)

Muhammad Ali (Cassius Clay) (* 1942, USA) wird durch Punktesieg über *Leon Spinks* (* 1953) zum 3. Mal Boxweltmeister. Vorher 1964 gegen *S. Liston*, 1974 gegen *G. Foreman*

Björn Borg (* 1956, Schweden) gewinnt zum 3. Mal Tennismeisterschaft in Wimbledon (1979 zum 4. Mal)

Sigmund Jähn (* 1927) lebt in DDR, ist 1. deutscher Kosmonaut in einem Raumschiff der USSR (vorher flogen ein Bürger der CSSR und ein Pole)

W. Jaschtschenko (* 1959, Ukraine) erreicht mit neuer Sprungtechnik Hochsprungrekord von 2,35 m

Britin *Naomi James* (* 1949) beendet allein Erdumseglung in 9 Monaten

R. Messner (Südtirol, Ital.) bezwingt 1200 m hohe steile Eiswand „ Breach Wall" am Kilimandscharo

R. Messner u. *P. Habeler* ersteigen Mt. Everest ohne Sauerstoffgerät

(1978) Nach Annullierung unregelmäßiger Wahlen in Bolivien wird durch Militärputsch *Pereda* (* 1931) Staatspräsident. Noch im gleichen Jahr bringt ein unblutiger Putsch General *Arancibia* an die Macht. Man zählt den 187. Militärputsch in der Geschichte des Landes

Das Problem des Zugangs zum Meer führt zum Abbruch der diplomatischen Beziehungen mit Chile

In Brasilien wird ein ehemaliger KZ-Kommandant entdeckt, dem der Tod von über 200 000 Juden angelastet wird. Die Auslieferung wird verweigert. Später wird er wegen Verjährung in Brasilien freigesprochen

Militärjunta in Chile veranstaltet Volksabstimmung, die 75 % für die Junta ergibt. Danach werden für 10 Jahre freie Wahlen ausgeschlossen

Christdemokraten schlagen Sozialdemokraten in Venezuela bei der Präsidentenwahl

Salomon-Inseln werden 151. Mitglied der UN

Internationaler Terrorismus vgl. Spalte Ph

und er das Ende seiner „Mission“ fürchten mußte. Dieses in seiner Schrecklichkeit einmalige Geschehen beleuchtet den Grad der Verworrenheit eines Teils der Jugend, der in solchen Sekten Lebensinhalt und Geborgenheit sucht

Zahlen zum internationalen Terror:

Zahl der Anschläge

1968	50
1972	200
1978	250

1977 gibt es 32 Versuche einer Flugzeugentführung. 50 % Bombenanschläge.

Regionale Häufigkeit 1978

W-Europa ü.	30 %
O-Europa	0 %
L.-Amerika ü.	25 %
N-Amerika	10 %
Nahost- u. andere Regionen	31 %

Einschaltrekorde des Fernsehens („Vom Winde verweht“, „Roots“, „Holocaust“) sind geeignet, die Gedankenwelt einer ganzen Nation nachhaltig zu beeinflussen. Gelegentlich ist ein Großteil der Menschheit gleichzeitig durch gleiche Erlebnisse verbunden wie früher ein Dorf durch eine Schauspieltruppe (vgl. Spalte V)

Schallplatte mit Laserstrahl-Abtastung wird in BRD vorgeführt. Sie läßt eine neue Phase der hochwertigen Klangreproduktion erwarten

Bisher größte Primzahl zu 2^{21701}-1 in 3 Jahren und 18 Tagen Computerrechnung i. USA. (Die Zahl hat 6510 Stellen.) Es gibt keine größte Primzahl

Centre-Point-Tower i. Sydney (305 m hoher Stahlturm)

Planung eines Energie-Museums in Hamm

Gesellschaft für Energietechnik i. BRD stiftet *Robert-Mayer*-Preis für allgemeinverständliche Darstellung von Energieproblemen

Die Energieversorgung der Erde erreicht mit 8820 Mrd. t Steinkohleneinheiten (SKE) 2,1 t SKE/Einwohner. Das entspricht einer Wärmeenergie von 17 100 kWh/Einw. = 85,5mal der jährlichen Arbeitsfähigkeit eines Menschen von 0,1 kW mal 2000 Stunden

Die elektrische Energieversorgung der Erde erreicht mit 7371 Mrd. kWh 1760 kWh/Einw. Daran ist die Kernenergie erdweit mit 643 Mrd. kWh (+29 %/Jahr) zu 8,5 % beteiligt

Seit 1953 erreichten 61 Bergsteiger den Gipfel des Mt. Everest

R. Messner ersteigt Nanga Parbat im Alleingang

Nordpol wird im Alleingang mit Hundeschlitten erreicht

D. Schmitt fliegt mit einmotoriger Maschine Alaska–München über den Nordpol (8200 km in 32 Std. 38 Min.)

Japaner *Naomi Uemura* (* 1941) erreicht allein mit Hundeschlitten den Nordpol (Unterstützung durch Flugzeuge und Radio)

Mit Ersteigung des Mt. Everest ohne Sauerstoffgerät, des Nanga Parbat im Alleingang, der Ballonüberquerung des Atlantik, der Erreichung des Nordpols im Alleingang, ist 1978 ein Jahr geglückter extremer Unternehmungen

US-Expedition ersteigt erstmals den 8611 m hohen „K2"-Gipfel im Himalaja (zweithöchster Berg der Erde)

Seilschaft von 4 Frauen scheitert in der Nordwand des Matterhorns und wird mit Hubschrauber gerettet

A. Scharkow (* 1951), Meister der Sowjetunion, verteidigt seinen Schachweltmeistertitel, den er 1975 von *Fischer* (USA) kampflos gewann, gegen SU-Emigranten *V. Korchnoi* (* 1931) mit 6:5 Siegen in 32 Partien

Hochwertige Schachcomputer im Einzelhandel der BRD

Sara Simeoni (* 1953, Italien) stellt mit 2,01 m Frauenweltrekord im Hochsprung auf

Durch Sieg über Sowjetunion wird BRD Weltmeister im Hallenhandball

Fußball-WM in Argentinien: 1. Argentinien, 2. Niederlande, 3. Brasilien, 4. Italien

Fußball-WM fördert Verbreitung der Fernsehaufzeichnung durch Videorecorder (ähnlich wie die WM 1954 das Fernsehen populär machte)

Schwimmweltmeisterschaften in Berlin (W) ergibt Medaillenspiegel G/S/B:

USA 23/14/7	BRD 1/2/4
SU 6/4/6	Ital. 1/0/1
Kanada 3/1/5	Ungarn 0/2/2
Austral. 2/0/0	Japan 0/2/1
DDR 1/10/4	

In Norwegen werden Skateboards als zu gefährlich verboten

Kommunistisch gelenkte Weltjugendfestspiele in Havanna mit dem Motto „Jugend klagt den Imperialismus an"

1979

Friedens*nobel*preis an die katholische Ordensschwester „Mutter *Teresa*", albanisch-jugoslawischer Herkunft (* 1910), die seit 1948 in den Slums von Kalkutta aufopfernd karitativ wirkt

Der ägyptische Staatspräsident *Sadat* und der Min.-Präs. von Israel, *Begin,* unterzeichnen in Washington den von US-Präsident *Carter* vermittelten Friedensvertrag

Die militärischen Ausgaben aller Staaten werden auf 450 Mrd. Dollar geschätzt, die mit 108 Dollar/Kopf die Menschheit ernähren könnten. Das Overkill-Potential der Supermächte liegt bei 3,5 t TNT-Äquivalenz pro Kopf der Erdbevölkerung

Bundesversammlung in Bonn wählt *K. Carstens* (* 1914, CDU) zum Bundespräsidenten. *Annemarie Renger* unterliegt als SPD-Gegenkandidat

Bundeskanzler *H. Schmidt* besucht Brasilien, Peru und Polen

SPD-Parteitag in Berlin stimmt Nachrüstung der NATO und begrenzter Nutzung der Kernenergie zu und stützt damit sozialliberale Regierung

Bundeskanzler *H. Schmidt* kündigt Treffen mit SED-Chef *Honnecker* im 1. Quartal 1980 an

Spannungen zwischen CDU und CSU um Kanzlerkandidatur für 1980

CDU-CSU-Fraktion nominiert *F. J. Strauß* zum Kanzlerkandidaten für 1980. *Kohl*s Kandidat *Albrecht* unterliegt

Bundesregierung korrigiert durch Verzicht auf Regelanfrage beim Verfassungsschutz Extremistenbeschluß („Radikalenerlaß") von 1972, der weiterhin parteipolitisch umstritten ist

† *Rudi Dutschke* an den Spätfolgen des Attentats auf ihn 1968 als Anführer radikaler Studenten in Berlin (* 1940)

† *R. Gehlen,* bis 1945 Abteilungschef „Fremde Heere Ost" im Generalstab, 1956–68 Leiter des BND (* 1902)

† *Wilhelm Kaisen,* SPD-Politiker, 1945–65 Regierungschef (Senatspräsident) in Bremen (* 1887)

† *Carlo Schmid,* Literat und SPD-Politiker, maßgebl. Mitgl. d. Parlamentarischen Rates (* 1896)

Bürgerschaftswahl in Bremen bestätigt absolute Mehrheit der SPD. „Grüne Listen" erhalten 4 Mandate

F. J. Strauß (* 1915) löst *A. Goppel* (* 1905) als Min.-Präs. von Bayern ab

Landtagswahlen in Rheinland-Pfalz bestätigen bei abnehmender Stimmenzahl Regierung unter *Bernhard Vogel* (CDU)

Wahlen in Berlin erhalten sozialliberale Mehrheit mit dem Reg. Bürgermeister *D. Stobbe* (SPD). CDU bleibt stärkste Partei

Giftmüllskandal auf dem Gelände einer Chemie-

Literatur*nobel*preis an den griech. Schriftsteller *Odysseas Elytis* (* 1911 auf Kreta). Schrieb 1959 „Gepriesen" (Lyrik)

Friedenspreis des dt. Buchhandels an den Geiger *Yehudi Menuhin* (* 1916), „weil er Musik als Chance begreift, Frieden zu stiften"

Frankfurter *Goethe*preis an *Raymond Aron* (* 1905, Frankr.) für frz.-dt. Verständigung

† *Bruno Apitz,* Schriftsteller in DDR, schrieb 1958 „Nacht unter Wölfen" (KZ-Roman) (* 1900)

Thomas Bernhard: „Vor dem Ruhestand" (Schauspiel um einen früheren SS-Mann)

H. Böll: „Fürsorgliche Belagerung" (Roman um eine Familie, die von der Polizei zum Schutz gegen Terror bewacht wird)

† *Johan Borgen,* norweg. Schriftsteller (* 1902). Schrieb Romantrilogie „Lillelord" (1955–57)

† *Nicolas Born,* dt. Lyriker und Epiker des „Kölner Realismus" (* 1937)

† *Richard Friedenthal,* dt.

† *Alfred Bengsch,* kathol. Bischof von Berlin und Kardinal seit 1961 (* 1921)

† *Sefton Delmer,* brit. Journalist, ab 1941 in der psychologischen Kriegführung (* 1904)

A. B. Hasler (* 1937): „Wie der Papst unfehlbar wurde. Macht und Ohnmacht eines Dogmas" (Kritik am Konzil 1870)

† *J. Jeremias,* dt. neutestamentlicher Theologe (* 1900)

Johannes Paul II: „Redemptor hominis". 1. Enzyklika des neuen Papstes, betont Menschenrechte in allen Gesellschaftssystemen

Vatikan entzieht *Hans Küng* (* 1928 in der Schweiz) kirchliche Lehrbefugnis (vor allem wegen Zweifel am Unfehlbarkeitsdogma)

† *Herbert Marcuse,* Soziologe der Frankfurter Schule und Philosoph der Neuen Linken, lebt seit 1934 in USA, schrieb 1969 „Ideen zu einer kritischen Theorie der Gesellschaft" (* 1898)

† *Wolfgang Metzger,* Gestaltpsychologe

† *E. Bargheer,* dt. Maler, lebte auf Ischia (* 1901)

Joseph-Beuys-Ausstellung im Guggenheim-Museum, New York

† *Sonia Delaunay Terk,* Malerin des Orphismus, Gattin von *R. Delaunay* (* 1885)

Gerson Fehrenbach (* 1932): „Schachfiguren" (polierte Bronze)

Bauhaus-Archiv nach den Plänen von *W. Gropius* (* 1883, † 1969) in Berlin (W) erbaut

Waldemar Grzimek (* 1918): „Liebendes Paar" (Bronze)

Dieter Honisch (* 1932): „Nationalgalerie Berlin". Geschichte der Sammlung vom Direktor in Berlin (W)

Peter Hübel (* 1938): „Im Dunst des Morgens" (Ölbild)

Umfassende Ausstellung der Skulpturen, Bilder, Graphiken von *Jean R. Ipousteguy* (* 1920, Frankr.) in Berlin (W)

† *H. Kahnweiler,* einflußreicher frz. Kunsthändler dt. Herkunft, der ab 1907 entscheidend den Kubismus *(Picasso, Braque, Gris)* förderte (* 1885)

Ausstellungen mit Werken von *Ernst Ludwig Kirchner* (* 1880, † 1938) in Berlin (W) und Basel

Ausstellung mit dem Spätwerk von

Aufführung der ergänzten Fassung der Oper „Lulu" von *Alban Berg* (* 1885, † 1935) in Paris

† *Paul Dessau,* Komponist (DDR) schrieb Opern nach Texten von *B. Brecht* (* 1881)

† *Antonio Ghiringhelli,* ital. Generalintendant d. Mailänder Scala 1945 bis 72 (* 1903)

H. W. Henze: „Orpheus" (Ballett, Urauff. i. Stuttgart)

Warren Casey und *Jim Jacobs:* „Grease" („Schmiere") (Das Musical erlebt i. New York mit 3243 Aufführungen in 8 Jahren einen Rekord, der den von „Fiedler auf dem Dach" übertrifft.)

† *Kurt Jooss,* Tänzer und Choreograph, gewann 1932 mit dem Ballett „Der grüne Tisch" internationale Anerkennung (* 1901)

*Nobel*preis für Physik an *H. L. Glashow* (* 1932), USA, *Steven Weinberg* (* 1933), USA, *Abdus Salam* (* 1926) aus Pakistan, der in London lebt, für Vereinheitlichung der Theorie der Elementarteilchen (Zusammenfassung von elektromagnetischer Kraft und schwacher Wechselwirkung des radioaktiven Zerfalls)

*Nobel*preis für Chemie an *Georg Wittig* (* 1897), Dtl., und *Herbert C. Brown* (* 1912) für Fortschritte in der Synthese organischer Naturstoffe (z. B. Vitamin A)

*Nobel*preis für Medizin an *Allan McLeod Cormack* (* 1924), USA, und *Godfred Newbold* (* 1919), Gr.-Brit., für Röntgendiagnose mit Computer-Tomographie, die seit etwa 1973 angewandt wird

† *E. B. Chain,* brit. Biochemiker dt. Herkunft, *Nobel*preis 1945 (* 1906)

M. Eigen: „Zeugen der Genesis" (Versuch der Rekonstruktion der Urformen des Lebens aus ihren in den Biomolekülen seit Milliarden Jahren hinterlassenen Spuren) (zusammenfassender Vortrag, der den Stand der Ausführung dieses Programms erläutert)

Der 100. Geburtstag der Naturwissenschaftler *Albert*

*Nobel*preis für Wirtschaftswissenschaft an *Theodor Schultz* (* 1902, USA) und *Arthur Lewis* (* 1915, USA) für Forschungen über Entwicklungsländer

† *B. Ohlin,* schwed. Wirtschaftswissenschaftler, *Nobel*preis 1977 (* 1899)

Die Bevölkerung von VR China wird mit 1 Mrd. angegeben.

1970–79 nahm die Bevölkerung der Erde um 800 Millionen auf 4400 Millionen zu

Erdbevölkerung hat folgende Altersgliederung: 0–14 36,7 %, 14–60 54,3 %, über 60 9 %

Rd. 1 Mrd. Menschen leiden an Unterernährung, davon sind 33 % Kinder unter 10 Jahren

Energieversorgung bleibt erdweites Zentralproblem

Die globale Elektrizitätserzeugung erreicht 8500 Mrd. kWh (davon 12 % aus Kernenergie)

Seit 1965 stieg der globale Energieverbrauch pro Kopf um 2,3 %/Jahr, der Verbrauch an elektrischer Energie um 4,7 %/Jahr

Erdweite Proteste gegen Kernkraftwerke, z. B. in Washington DC und Bonn (Vgl. Sp. P u. W)

OPEC-Konferenz in Genf erhöht Ölpreise um etwa 16 %

Einnahmen aus Ölexport der OPEC-Staaten

	Mrd. $	$/Einw.
Saudi-Arabien	62,3	8900
Kuwait	21,0	19090
Irak	20,6	1716
Iran	20,5	586
Nigeria	16,7	209
Venezuela	14,7	1131
V. Arab. Emir.	13,6	16000
Libyen	13,1	5038
Indonesien	12,0	84
Algerien	10,5	583
Katar	3,6	18000
Ecuador	2,4	316
Gabun	1,7	1888
zus.	212,7	686

Heizöl in BRD verdoppelt Preis gegenüber Vorjahr

Ölpreis für 159 Liter (Barrel):

	Dollar		Dollar
1973	2,70	1977	12,40
1974	9,76	1978	12,70
1975	10,72	Mitte	
1976	11,51	1979	18–23,50

Spannungen im RGW, weil Rumänien

(1979)

firma in Hamburg führt in Hamburg zur politischen Krise mit Rücktritt eines Senators

Nach Wahlsieg der CDU bleibt *Stoltenberg* Min.-Präs. von Schleswig-Holstein

† *Franz Josef Röder,* Min. des Saarlandes seit 1959 (* 1909, CDU). Nachf. *W. Zeyer* (* 1929, CDU)

Neue Ministerpräsidenten der Bundesländer seit 1973 (vgl. 1973)

Bayern	*A. Goppel–F. J. Strauß*	(* 1915, CSU)
Berlin (W)	*K. Schütz–D. Stobbe*	(* 1938, SPD)
Hamburg	*P. Schulz–H.-U. Klose*	(* 1937, SPD)
Nordrh.-Westf.	*H. Kühn–J. Rau*	(* 1931, SPD)
Rheinl.-Pfalz	*H. Kohl–B. Vogel*	(* 1932, CDU)
Saarland	*F. J. Röder–W. Zeyer*	(* 1929, CDU)
N.-Sachsen	*A. Kubel–E. Albrecht*	(* 1939, CDU)
Baden-Württemberg	*L. Späth*	(* 1937, CDU)
Hessen	*A. Osswald–H. Börner*	(* 1931, SPD)

† *Josef Müller* („Ochsensepp"), bayrischer Politiker, Mitbegründer der CSU (* 1898)

DDR erläßt zum 30. Jahrestag umfassende Amnestie, die auch Regimekritiker *Rudolf Bahro* (* 1936) und Wehrdienstverweigerer *Niko Hübner* (* 1956) nach einem Jahr Haft gewährt wird

Nach Wahlsieg der SPÖ bleibt *B. Kreisky* österr. Bundeskanzler

B. Kreisky und *W. Brandt* treffen sich in Wien mit PLO-Führer *Arafat,* was Israel scharf verurteilt

Griechenland wird als EG-Mitglied aufgenommen (ab 1981, ab 1986 Vollmitglied)

EG schließt mit 57 AKP-Staaten Lomé-2-Abkommen über 14 Mrd. DM Hilfe

1. Direktwahl des Europa-Parlaments in EG (9) mit 65 % Wahlbeteiligung

Simone Veil (* 1927) wird erster Präsident des neu (direkt) gewählten europäischen Parlaments (früher frz. Gesundheitsminister liberaler Richtung)

Sitze im ersten direkt gewählten Europa-Parlament in Straßburg:

Sozialisten	112	Liberale	40
Christdemokraten	106	Progress. Demokr.	21
Konservative	63	Sonstige	24
Kommunisten	44	zusammen	410

† *Jean Monnet,* frz. Wirtschaftspolitiker der Westeuropäischen Vereinigung (* 1888)

Nach hohem Wahlsieg der Konservativen in Großbritannien wird *Margaret Thatcher* (* 1925) erster weiblicher Regierungschef in Europa

Die letzten Briten verlassen Malta (aufgrund des Abkommens von 1972)

Volksabstimmungen über Autonomie i. Schottland und Wales erreichen nicht erforderliche Mehrheit

Terror der IRA tötet in 2 Tagen 23 Menschen

† *L. Mountbatton* (Terroranschlag in Irland), brit. Admiral, letzter Vizekönig Indiens (* 1900)

Schriftsteller, seit 1938 in London. Verfasser mehrerer Biographien (*Luther, Händel, Goethe* u. a.) (* 1896)

G. Grass: „Das Treffen in Telgte" (Erzählung um ein Dichtertreffen 1647)

R. Hochhuth: „Juristen" (Schauspiel um das Leben von *H. K. Filbinger* als Marine-Richter in der NS-Zeit)

Elfriede Jelinek (* 1946): „Was geschah, nachdem Nora ihren Mann verlassen hatte?" (Schauspiel in Anlehnung an *Ibsen.* Urauff. i. Graz)

† *Marcel Jouhandeau,* franz. Schriftsteller (* 1888)

Krit. Gesamtausgabe der Werke v. *F. Kafka* ab 1980 angekündigt

† *Alfred Kantorowicz,* dt. Schriftsteller, der 1957 aus der DDR in die BRD ging, gab Werke *Heinrich Manns* heraus (* 1899)

Arthur Kopit (* 1937): „Wings" (US-Schauspiel)

† *Anatolij Kusnezow,* sowjetischer Schriftsteller, schrieb „Babij Jar" (über das deutsche Judenmassaker bei

der „Berliner Schule" (* 1899)

K. Popper: „Schöpferische Selbstkritik in Wissenschaft und Kunst" (Eröffnungsrede in Salzburg mit kulturoptimistischer Tendenz)

† *G. A. Rein,* dt. Historiker, gründete 1950 *Ranke*-Gesellschaft (* 1885)

Horst Stern (* 1923): „Rettet den Wald" (Veröffentlichung, die zum Naturschutz aufruft)

Papst *Johannes Paul II.* verurteilt auf einer Reise in Mexiko die „Theologie der Befreiung" in S-Amerika

Auf einer weiteren Reise besucht der Papst Irland, wo er „auf den Knien" um Gewaltverzicht bittet, und tritt vor der UN-Vollversammlung für die Menschenrechte ein

Papst *Johannes Paul II.* unternimmt umjubelte Reise in sein Heimatland Polen

„Novum Testamentum Graece" entsteht in ökumenischer Zusammenarbeit aus 5300 bekannten griechischen Handschriften

Paul Klee (* 1879, † 1940) in seiner Geburtsstadt Bern

Henning Kürschner (* 1941): „Skizzenblatt mit schwarzer Kreuzfigur" (Aquarell)

† *B. Leach,* brit. Keramiker (* 1887)

„*Max Liebermann* in seiner Zeit" (Ausstellg. Berlin [W])

B. Luginbühl (* 1929): „Kardinal" (Schweizer Plastik aus Abfallmaterial)

Marino-Marini-Museum entsteht in seiner Geburtsstadt Pistoia (* 1901, † 1980)

Henry Moore: „Two large forms" (Leihgabe der Plastik 1966–68 für das Bundeskanzleramt in Bonn)

Kunito Nagaoka (* 1940, Japan): „Erdkreislauf" (Aquarell und Tusche)

Wolfgang Petrick (* 1939): „Blinde" (Environment mit 6 Figuren aus verschiedenen Materialien nach *Bruegel*)

Nachlaß von *P. Picasso* wird als künftiges Museum in Paris ausgestellt

Ausstellung des Werkes von *Man Ray* (* 1890, † 1978) in Basel

(Ehepaar) *R. Schüler* und *U. Schüler-Witte* Internationales Congreß-Center (ICC) Berlin mit 800 000 m³ umbauten Raums (Einweihung mit 7000

† *Stan Kenton,* US-Jazz-Musiker, erneuerte 1946–50 den Jazz (* 1912)

† *Richard Rodgers,* US-Komponist erfolgreicher Musicals (* 1902)

Dieter Schnebel (* 1930): „Thanatos–Eros" (zwei sinfonische Improvisationen)

Dieter Sicker (* 1932): „Der Untergang der Titanic" (Mitspieloper Uraufl. i. Berlin [W])

† *Natascha Trofimowa,* russ. Primaballerina, Schülerin v. *T. Gsovsky* (* 1923)

„Klangmeile" (ein Teil des Kurfürstendamms in Berlin wird zu Beginn der Sommerfestwochen von einer Vielzahl von Musikgruppen „beschallt")

„Ars Electronica". Musikfest in Linz. Zum *Bruckner*jahr wird seine 8. Sinfonie als elektron.

Einstein (* 1879, † 1955), *Otto Hahn* (* *1879,* † 1968), *M. v. Laue* (* 1879, † 1960) und *Lise Meitner* (* *1878,* † 1968) und ihr Lebenswerk werden erdweit gewürdigt

Zum 100. Geburtstag *Einsteins* kann auf eine genaue Bestätigung seiner Relativitätstheorie durch neue Meßverfahren seit seinem Tode (*Mößbauer*-Effekt, Atomuhren, Radioastronomie) verwiesen werden. Auch die Existenz von Gravitationswellen erscheint nachweisbar

† *H. Focke,* dt. Flugzeugkonstrukteur, baute 1936 ersten Hubschrauber, der 1937 alle Weltrekorde eroberte (* 1890)

† *Werner Forßmann,* der 1929 Herzkatheter im Selbstversuch erstmals erprobte, *Nobel*preis 1956 (* 1904)

† *Otto Robert Frisch,* Physiker österr. Herkunft (Neffe von *L. Meitner*), deutete mit *L. Meitner* 1939 die von *O. Hahn* gefundene Urankernspaltung (* 1904)

† *Dennis Gabor,* brit. Physiker ungar. Herkunft, der 1948 das Holographie-Verfahren zur Erzeugung plast. Bilder fand (* 1900)

Die sowjetischen Kosmonauten *W. Ljachow und*

von allen Reisenden für Benzin harte (westliche) Währungen fordert

USA stoppen Erdöleinfuhr aus Iran, die etwa 10 % ihrer Ölimporte ausmacht (2–3 % ihres Verbrauchs)

Export der Industriestaaten in % Bruttoinlandsprodukt

	1958–62	1968–72	1973–78
Gr.-Brit.	20,9	22,7	28,4
BRD	18,5	21,1	25,0
Ital.	14,0	19,5	24,7
Frankr.	13,8	15,8	19,9
Japan	10,5	11,0	12,7
USA	4,9	5,5	8,1

(USSR 1977 ca. 6,2 % BSP)

UNCTAD-Konferenz in Manila endet mit Programm, die Hilfe für die ärmsten Länder zu verstärken (die geplanten 0,7 % BSP für Entwicklungshilfe leisten nur wenige Staaten. Auch die BRD bleibt darunter)

In Israel wird eine Inflationsrate von 100 % befürchtet

12 % Diskont in USA festigt Dollarkurs bei 1,77 DM

Der Goldpreis steigt im Jahr von 223 auf 511 $/31,3 g (Unze) um 229 %

Durchschnittliches Monatseinkommen in BRD 1680 DM (1970: 890 DM), durchschnittliche Rente 1050 DM (1970: 490 DM. Der Kostenindex stieg 1970–79 von 100 auf 154)

Abzüge vom Durchschnittseinkommen i. BRD

Lohnsteuer	15,6 %
Sozialabgaben	13,5 %
Verbrauchsteuern	9,8 %
zus.	38,9 %

Verbesserung von Saatgut, Bewässerung und Düngung läßt in Indien die Getreideernte 1966–78 um 4,7 %/Jahr auf 125 Mt steigen, während die Bevölkerung um 2,3 %/Jahr zunahm. Früher befürchtete katastrophale Hungersnot i. Indien gilt als zunächst abgewendet

Wirtschaftsgipfel der 7 stärksten westlichen Industrienationen in Tokio beschließt Erdölimporte bis 1985 nicht zu erhöhen, sondern Erdöl durch Kohle und Kernkraft zu ersetzen

† *Rudolf Blohm,* dt. Unternehmer der Schiffsbauindustrie (* 1885)

† *Adolph Kummernus,* dt. Gewerkschafter (* 1895)

Wirtschaftskrise in Frankreich mit hoher

(1979)	Reichstagswahlen in Schweden führen zur Mehrheit von einem Mandat der bürgerlichen Parteien gegenüber Sozialdemokraten und Kommunisten. *Th. Fälldin* (* 1926, Zentrum) bildet Regierung Volksabstimmung i. Grönland ergibt klare Mehrheit für Selbstverwaltung des dänischen Gebiets † *Pietro Nenni*, ital. Linkssozialist, mehrfach Minister nach 1945 (* 1890) *Andreotti* (DC) bildet in Italien 41. Nachkriegsregierung (Minderheitsreg.) Nach seinem Rücktritt bringen Wahlen den Kommunisten merkliche Verluste. DC bleibt stärkste Partei Nach monatelanger Verhandlung bildet in Italien *F. Cossiga* (* 1928) christdemokrat. Minderheitsregierung. KPI bleibt in Opposition Parlamentswahlen in Spanien ergeben: Zentrumsunion 34 %, Sozialisten 29 %, Kommunisten 10 %, andere 27 % *A. Suarez Gonzales* (* 1932, Union Demokrat. Zentrum) bildet nach der Wahl in Spanien Reg. Terrororganisation ETA der Basken in Spanien tötet zahlreiche Menschen Blutige Demonstrationen in Madrid gegen neues Hochschulrecht, bei denen 2 Studenten umkommen In Portugal folgt *Carlos Mota Pinto* auf *Alfredo Nobre da Costa* als Reg.-Chef Nach Rücktritt von *Mota Pinto* (* 1936) folgt *Maria L. Pintassilgo*, die ebenfalls bald zurücktritt Parlamentswahlen in Portugal bringen nichtsozialistischer Demokratischer Allianz unter *F. Sa Carneiro* (* 1934) Erfolg In der Türkei gewinnt *Demirel* (Gerechtigkeitspartei) Mehrheit gegen *Ecevit* (Sozialdemokrat) u. wird Reg.-Chef Radikale Palästinenser stürmen ägyptische Botschaft in Ankara u. töten 3 Menschen. Später ergeben sie sich und lassen Geiseln frei *L. Breschnew* kündigt in Berlin (O) zum 30. Jahrestag der DDR Verringerung sowjetischer Truppen und Verhandlungsbereitschaft über Mittelstreckenraketen an NATO beschließt bei Vorbehalten von Belgien und der Niederlande Nachrüstung der Mittelstrekkenraketen in Europa und Verhandlungen über Abrüstung mit dem Warschauer Pakt, der diese Nachrüstung heftig verurteilt Außenminister der USSR, *Gromyko*, besucht Spanien und BRD Internationale Krise durch militärische Intervention der USSR in Afghanistan Regimekritiker in Polen beschuldigen Sowjetunion des Völkermordes an Polen 1939–41 (einschl. Katyn)	Kiew 1941) (* 1930) *Hartmut Lange* (* 1937): „Pfarrer Koldehoff" (Schauspiel, Urauff. Berlin [W]) *Else Lasker-Schüler* (* 1869, † 1945 i. Israel): „IchundIch" (Schauspiel gegen NS-Regime, das 1945 in Israel entstand und jetzt i. BRD uraufgeführt wird) *N. Mailer:* „Des Henkers Lied" (US-Roman um den hingerichteten Mörder *G. Gilmore*) † *Ludwig Renn* (eig. *A. Veith v. Golßenau*) in der DDR, deutscher Schriftsteller, schrieb 1928 „Krieg" (* 1889) † *Arno Schmidt*, dt. Schriftsteller, schrieb 1970 „Zettels Traum" (* 1914) *Stefan Schütz* (* 1917, lebt i. DDR): „Majakowski" (Tragikomödie, Urauff. i. London) *S. Shepard:* „Buried Child" (US-Schauspiel) † *Konstantin, Simonow*, Schriftsteller in USSR, schrieb 1944 „Tage und Nächte" (Stalingradroman) (* 1915) † *Angelos Tersakis*, griechischer Schriftsteller und Chefdramaturg	Die erdweiten Ausgaben im Bildungswesen liegen bei 6 % des globalen Bruttosozialprodukts von etwa 7500 Mrd. Dollar (sie entsprechen damit etwa den militärischen Ausgaben) Parteipolitischer Streit um die Gesamtschule als Regelschule Niedersächsischer Kulturminister *Remmers* (CDU) tritt als stellvertretender Vors. der Bildungskommission von Bund und Ländern zurück UN proklamiert das „Jahr des Kindes" (der Anteil der 0–14 Jahre alten Jugend an der Erdbevölkerung beträgt rd. 33 %) World Atlas of the Child (sozialstatistische Veröffentlichung der Weltbank zum „Jahr des Kindes") In Brasilien gelten 28 % der Jugendlichen unter 18 Jahren als verwahrlost. In Sao Paulo werden etwa 1200 kriminelle Kinderbanden geschätzt Amnesty International veröffentlicht Berichte über Mißhandlung von

Gästen). Baukosten bei 900 Mill. DM

J. Tinguely (* 1925): „Meta-Harmonie Nr. 2" (schweiz. Raumkunstwerk aus bewegten Maschinenteilen)

Richard Serra (* 1939, USA), Bildhauer: „Berlin-Block" (Stahlwürfelplastik)

Ausstellungen und Veröffentlichungen zum 50. Todestag von *Heinrich Zille* (* 1858, † 1929) (seit 1945 erschienen etwa 20 Bücher in BRD über ihn)

Ausstellung über Holographie, die räumliche Bilder ermöglicht, als künstlerisches Medium in Berlin (W)

„Die Entfremdung der Stadt" (Kunstausstellung i. Berlin [W]) von *Lucie Schauer* (* 1926)

Schallplattenhüllen (Ausstellung dieser Gattung angewandter Kunst in Berlin [W])

„Horizonte 79", Festspiele in Berlin (W) mit Kunst und Künstlern aus Afrika und Haiti

Ausstellung in Böblingen mit 1300 Bildern von Sonntagsmalern

„30 Jahre Kunst in der Bundesrepublik Deutschland" (Ausstellung in Bonn)

Museum mit der *Sprengel*-Kollektion in Hannover eröffnet

„Photographie als Kunst 1879–1979, Kunst als Photo-

„Klangwolke" realisiert, mit der die Stadt beschallt wird

„New Music, New York" (Festival für experimentelle Musik in New York)

Peking-Oper gastiert erfolgreich in BRD

Die Berliner Philharmoniker gastieren in Tokio und Peking

Britische Rock-Musikgruppe „The Who" hält seit 1965 eine Spitzenstellung

Schlagerfestival Grand Prix Eurovision ergibt die Rangfolge: 1. Israel, 2. Spanien, 3. Frankreich, 4. BRD

Schlager: „YMCA", „Sing me, sing me", „Dschingis Khan", „You're the one that I want" („Die Wanne ist voll"), „One way ticket", „Sing mir, sing mir ein Chanson", „Music Box Dancer", „Hallelujah"

W. Rjumin brechen mit 175 Tagen Raumflug bisherigen Rekord (139 Tage) und landen unversehrt

† *Feodor Lynen*, dt. Biochemiker, der den Fettstoffwechsel erforschte, *Nobel*preis 1964 (* 1911)

Zhores Medwedjew: „Bericht und Analyse der bisher geheimgehaltenen Atomkatastrophe i. d. USSR" (schildert eine Kernexplosion durch Atommüll bei Tscheljabinsk 1957, die bisher amtlich nicht bestätigt wurde)

† *Hans Nachtsheim*, dt. Zoologe und Humangenetiker, speziell Erbpathologe (* 1890)

Jerry Nims und *Allen Lo:* Amateurkamera für dreidimensionale Fotos analog zur 3-D-Postkarte

A. E. Ringwood: „Origin of the Earth and Moon" (astronomische Theorie über Entstehung von Erde und Mond unter Auswertung der Mondlandungen)

† *R. B. Woodward*, US-Chemiker, *Nobel*preis 1965 (* 1917)

Europa-Rakete „Ariane", Gemeinschaftsunternehmen europäischer Länder, gelingt nach mehrfachen Versuchen der Start

2,2-m-Spiegelteleskop im dt.-span.

Arbeitslosigkeit und Inflationsrate mobilisiert Volksfrontpolitik

Arbeitslosenzahl i. BRD sinkt erheblich unter 1 Mill. (Quote unter 5 %)

DAG fordert 35-Stunden-Woche

Nach 44 Tagen Streik in der Stahlindustrie der BRD um 35-Stunden-Woche kommt es zum Kompromiß mit mehr Freischichten und Urlaub

Österreichische Gewerkschaften (ÖGB) fordern 35-Stunden-Woche

Gewerkschaften i. BRD fordern Verbot der Aussperrung, wird 1980 gerichtlich abgelehnt

Lehrergewerkschaft GEW proklamiert 2stündigen Proteststreik in 4 Bundesländern für Arbeitszeitverkürzung

Bundesverfassungsgericht erklärt Mitbestimmungsgesetz, das dicht unter der vollen Parität liegt, für verfassungskonform

NRW-Landesregierung präsentiert 5-Mrd.-DM-Hilfsprogramm für das Ruhrgebiet

Die jährliche Preissteigerungsrate in der BRD beträgt am Jahresende 5,4 % (liegt im Vergleich zu anderen Staaten relativ niedrig)

Bundestag beschließt Bundeshaushalt für 1980 mit 214,5 Mrd. DM Ausgaben und 24,5 Mrd. DM Neuverschuldung (Gesamtschuld liegt bei 220 Mrd. DM)

Bundesbank erhöht Diskontsatz

An der Kautschuk-Produktion von 13 Mt ist der synthetische mit 68 % beteiligt (1935: 1 %)

Textilfaserproduktion der Erde liegt bei 28 Mt (davon 45 % Chemiefasern, speziell 33 % synthetische Fasern) (vgl. 1970 V)

Londoner Zeitung „The Times" kann nach Vereinbarungen mit den Gewerkschaften nach einem Jahr Pause wieder erscheinen

Bryan Allen überfliegt mit Muskelkraftflugzug Ärmelkanal

Stan Barrett (* 1943) erreicht in USA mit Raketenauto Überschallgewindigkeit 1190 km/h

Björn Borg (* 1956, Schweden) gewinnt zum 4. Mal in Wimbledon Meisterschaft im Herren-Einzel gegen *Tanner* (USA)

R. Messner besteigt im Alleingang K-2-Gipfel (8611 m) i. Karakorum; zweithöchster Berg der Erde, der alpi-

(1979)

Demonstrationen in Warschau zum Gedenken an 45 Tote bei Arbeiterunruhen 1970 in Danzig. Es kommt zu etwa 100 Festnahmen

In Prag werden *V. Havel* und 5 andere Regimekritiker der Charta 77 zu Freiheitsstrafen von 2 bis 5 Jahren verurteilt. Zu den zahlreichen Kritikern des Verfahrens gehört auch KPF

† *L. Svoboda*, Staatspräsident der ČSSR 1968–75 (* 1896)

J. Carter und *L. Breschnew* unterzeichnen in Wien nach 6 1/2 Jahren Verhandlung das Abkommen zur Begrenzung strategischer Waffen SALT 2, das in den USA beim Ratifizierungsverfahren kontrovers diskutiert wird (Salt 3 wird angestrebt)

Spannung zwischen USA und Sowjetunion wegen Anwesenheit militärischen Personals der USSR auf Kuba. USA verstärken ihre militärische Präsenz in diesem Raum

Fidel Castro spricht als Vorsitzender der Blockfreien vor der UN-Vollversammlung in New York

Junta stürzt in unblutigem Putsch *Humberto Romero* (* 1929), der seit 1977 als Diktator in El Salvador herrscht

Dem Machtwechsel in El Salvador folgen bürgerkriegsartige Unruhen

A. Somoza, Diktator in Nicaragua seit 1947, tritt nach blutigen Kämpfen gegen Befreiungsfront zurück. Damit endet die Herrschaft seiner Familie seit 1937

US-Präsident entscheidet Bau der MX-Interkontinentalrakete mit mobiler Abschußstellung

US-Präsident *Carter* verkündet Programm umfassender Energieeinsparung

US-Regierung bietet wegen Schwierigkeiten in der Energiepolitik Präsident *Carter* geschlossen den Rücktritt an, der darauf einige Positionen umbesetzt

200 000 Kernkraftgegner protestieren in Washington (DC), etwa 110 000 Kernkraftgegner protestieren in Bonn

USA unterbrechen Erdöleinfuhr aus Iran, die etwa 10 % der Erdölimporte ausmacht

Untersuchungen in den USA ergeben im Gegensatz zu bisherigen Ansichten Hinweise auf Verschwörungen bei der Ermordung von *J. F. Kennedy* und *Martin Luther King*

Joe Clark (* 1939, konservativ) löst *P. E. Trudeau* (* 1921, liberal) als Min.-Präs. von Kanada ab

Mißtrauensvotum stürzt Regierung *J. Clark* (* 1939) in Kanada

Militärputsch in Bolivien unterbricht Demokratisierungsprozeß (nach umstrittener Zählung 191. Staatsstreich während der 154 Jahre Unabhängigkeit)

---

des Athener Nationaltheaters (* 1907)

J. R. R. Tolkien (* 1892): „Der Herr der Ringe" (dt. Übers. der engl. Trilogie seit 1954)

† *Friedrich Torberg*, dt. Schriftsteller, Übersetzer von *E. Kishon* (* 1908)

F. F. v. Unruh (* 1893): „Das Liebespaar" (Novellen)

† *Mika Waltari*, finn. Schriftsteller (* 1908). Schrieb 1954 „Sinuhe d. Ägypter" (dt. 1960)

Per Waestberg (* 1933, Schweden) wird Präsident des internationalen PEN-Clubs

T. Williams (* 1911): „A lovely Sunday for Creve Cœur" (US-Schauspiel)

9 Autoren in der DDR (darunter *Stefan Heym* [* 1913] u. *Rolf Schneider* [* 1932] werden unter dem Vorsitz von *H. Kant* (* 1926) aus dem Schriftstellerverband ausgeschlossen

CSSR bürgert den Schriftsteller und Regimekritiker *Pavel Kohout* (* 1928) aus

*Schiller*gesellschaft i. Marbach veröffentlicht Briefwechsel von

---

Kindern aus politischen Gründen (z. B. Erpressung der Eltern)

Nach einer Untersuchung werden erdweit jährlich 40–55 Mill. legale und illegale Abtreibungen vorgenommen (etwa bei 25,5 % aller Schwangerschaften)

Club of Rome tagt in Berlin (W) und stellt als Hauptproblem die ausreichende Versorgung der rasch wachsenden Menschheit fest

6 Monate Mutterschaftsurlaub i. BRD, der für Berufstätige bezahlt wird

Gesetzliches Sorgerecht der Eltern i. BRD neu geregelt

Bundesverfassungsgericht prüft das seit 1977 gültige Scheidungsrecht, das die Gleichberechtigung der Frau zu realisieren versucht

DDR knebelt durch neue Gesetze, die oppositionelle Tätigkeit unter Strafe stellen, die Meinungsfreiheit

USA tauschen 2 sowjetische Spione gegen 5 inhaftierte Regimekritiker a. d. Sowjetunion aus

graphie 1949–79" (Ausstellung i. Innsbruck)

Wilhelm-Hack-Museum in Ludwigshafen eröffnet

Kunstausstellung Paris–Moskau 1900–1930 im Centre Pompidou, Paris (im Anschluß an „Paris–New York" und „Paris–Berlin")

„Europa 79" (Kunstausstellung in Stuttgart)

Fresken im Kloster Klosterneustift bei Brixen aus der (Pest-)Zeit um 1350 restauriert

---

„Manhattan" (tragikomischer US-Film von und mit *Woody Allen*)

„Unmoralische Engel" (erotischer Film um Raffaels Geliebte von *Walerian Borowczyk*)

„Elvis – the King" (US-Film von *Joe Carpenter* [* 1948])

„Coming Home" (US-Film über Vietnam von *M. Cimino*) erhält 5 Oscars

† *John Cromwell*, US-Filmregisseur (* 1888)

„La Luna" (ital. Film von *Bernardo Bertolucci* [* 1941])

„Die dritte Generation" (Film um Terrorismus von *R. W. Faßbinder*)

„Die Ehe der Maria Braun" (Film von *R. W. Faßbinder* n. d. Roman von *Zwerenz*)

„Alien" (US-Scien-

Calar-Alto-Observatorium in Betrieb (3,5-m-Spiegel für 1982/83 geplant)

Durch Berechnung des Strahlenspektrums einer „Urgalaxie", die vor etwa 17 Mrd. Jahren entstand, wird ihre ab 1985 mit Satelliteneleskop wahrscheinlich mögliche Beobachtung theoretisch vorbereitet (einige bekannte Quasare könnten im Zustand einer „Urgalaxie" sein)

Die 1974 gestartete US-Raumsonde Pioneer 11 entdeckt 7. Ring des Saturn und (möglicherweise) 12. Mond (erreicht bisher größte Entfernung eines menschlichen Objekts)

1974 gestartete Raumsonde erreicht Uranusbahn in 2900 Mill. km Entfernung von der Erde

US-Raumsonden vermitteln neue Bilder und Informationen von Jupiter und seinen Monden

Zeitpunkt und Ort des Absturzes von Skylab (77,5 t) wird von der NASA nur sehr ungenau vorhergesagt. Der Absturz über Australien verursacht nur geringe Sachschäden

Schwerer Störfall mit der Gefahr der Reaktorkernschmelze in Harrisburg (USA) verläuft zwar ohne unmittelbare Gesundheitsschäden, bedeutet aber einen

nistisch besonders schwierig ist (Ersteersteigung 1954)

† *Hanna Reitsch*, Testpilotin und erster weiblicher Flugkapitän i. Dtl. (* 1912)

† *Hans Stuck*, dt. Autorennfahrer (* 1901)

A. Scharkow (* 1951, USSR) verteidigt Titel des Schachweltmeisters gegen USSR-Emigranten v. Korchnoi (* 1931) mit 6 gewonnenen Partien von 32

Spartakiade in Moskau (internationales kommunistisches Sportfest, erstmalig 1928) in Vorbereitung der Olympischen Spiele 1980

75. 6-Tage-Rennen in Berlin (W) (vgl. 1909)

6 DDR-Bürger fliehen mit selbstgebautem Heißluftballon in die BRD

Frz. Großexpedition scheitert am K-2-Gipfel

Turner der USSR schlagen bei der WM i. USA die Japaner, die 2 Jahrzehnte führten

Hamburger Sportverein (HSV) zum 4. Mal dt. Fußballmeister

24 Verletzte, davon mehrere lebensgefährlich, bei Tumulten im Hamburger Fußballstadion

Die Zahl der Indochina-Flüchtlinge, die unter ärmlichsten Verhältnissen leben, erreicht rd. 400 000. Nach Genfer Konferenz finden sie zunehmend Aufnahme in Gastländern (vor allem in USA)

Zahlreiche Vietnamflüchtlinge kommen um, weil ihre Schiffe von den Zielländern ihrer Flucht zurückgewiesen werden

VR China gibt 242 000 Tote bei den Erdbeben 1976 bekannt

20 000 Flüchtlinge aus Vietnam sind nach australischer Schätzung ertrunken

Internationale Hilfsaktion für Kambodscha, wo 2 Mill. Menschen der Hungertod droht

Hurrikan verwüstet karibische Staaten (1400 Tote, vgl. 1980)

1100 Tote bei einem Dammbruch in Indien werden befürchtet

Erdbeben im Iran fordert 1000 Tote

300 Tote bei Erdbeben in NO-Iran

275 Tote beim Absturz eines Großraumflugzeuges bei Chikago, das beim Start Motor verliert (führt zum Startverbot für den Typ DC 10)

257 Tote beim Absturz eines Touristen-

(1979)

Siedlungspolitik Israels in besetzten Gebieten stößt auf Bedenken der USA und ihrer Verbündeten

Oberstes Gericht in Israel verurteilt eine israelische Siedlung nach arabischer Enteignung als illegal

M. Dayan tritt als Außenminister Israels zurück, weil er Palästinenserpolitik *Begins* ablehnt

Gemäß Friedensvertrag gibt Israel die 1967 besetzte Sinai-Stadt Al Arich an Ägypten zurück und beginnt Verhandlungen über Autonomie für die Palästinenser

PLO-Terroranschläge in Israel halten an

Im Südlibanon halten die Kämpfe zwischen christlichen Milizen und Arabern an

Volksabstimmung in Ägypten billigt mit großer Mehrheit Friedensvertrag mit Israel

Ägypten stellt Mitarbeit in Arabischer Liga ein, die den Friedensvertrag mit Israel bekämpft

Arabische Liga verlegt Sitz von Kairo nach Tunis, um sich von ägyptischer Politik zu distanzieren

OPEC-Konferenz in Caracas mißlingt Einigung auf Ölpreis. Die Forderungen liegen zwischen 24 und 30 Dollar pro 159 Liter (= Barrel)

Wahlen in Simbabwe-Rhodesien mit 64 % Beteiligung führen zum Sieg des gemäßigten Negerführers Bischof *Muzorewa* (* 1925). In der gemischten Regierung behalten weiße Minister Schlüsselpositionen. Die patriotische Front unter *Nkomo* (* 1917) und *Mugabe* (* 1927) kämpft weiter für Alleinherrschaft der Schwarzen

Commonwealth-Konferenz in Lusaka (Sambia) einigt sich auf Konferenz über Simbabwe-Rhodesien in London mit dem Ziel, die Verfassung zugunsten der schwarzen Mehrheit zu ändern

Allparteienkonferenz in London beendet nach 15 Wochen Beratung Bürgerkrieg in Simbabwe-Rhodesien durch Waffenstillstandsabkommen und Einsetzung eines britischen Gouverneurs als Übergangslösung zu einer Regierung der Einheimischen

Staatspräs. *Forster* von Südafrika tritt wegen Verwicklung in Finanzskandal zurück

Südafrika bestreitet Vermutung der USA, es habe Kernsprengsatz gezündet

Diplomatische Beziehungen zw. BRD u. Angola

† *T. A. Neto,* Präsident von Angola seit 1975 (* 1922)

Idi Amin (* 1925), Staatschef von Uganda seit 1971, wird nach einer Schreckensherrschaft durch Einmarsch von Tansania gestürzt und flieht ins Ausland

(„Kaiser") *Bokassa* (* 1921), Staatschef von Zentralafrika seit 1966, wird mit frz. Hilfe von seinem Vetter *Dacko* gestürzt und flieht ins Ausland (Elfenbeinküste).

† *M. Nguema* (hingerichtet), Staatschef von Äqua-

Goethe mit seinem Verleger *Cotta*

Jährlich werden ca. 560 000 Buchtitel veröffentlicht (davon 40 % in den westl. Industrieländern). Bei gleichbleibender Steigerung würde um 1985 1 Million Titel herauskommen

Mit der Holocaust-Serie erweist das Fernsehen seine Fähigkeit, einen großen Teil der Bevölkerung mit einem ernsten und schwierigen Thema zu beschäftigen

Bundestag hebt Verjährung von Mordtaten generell auf, damit NS-Verbrechen auch nach 1979 verfolgt werden können

Nach der Aufhebung des staatlichen Rundfunkmonopols in Italien 1976 entstanden über 600 Sender (in Rom 30 private). Die Programme werden von Werbung und Porno-Darstellungen beherrscht. In der BRD wird über die öffentlich-rechtliche Form des Rundfunks kontrovers diskutiert

Landesarbeitsgericht verbietet geplanten Rundfunkstreik gegen Auflösung des Senderverbundes NDR als unzulässigen politischen Streik. Die Erhaltung der 3-Länder-Anstalt ist nach der Kündigung durch Schleswig-Holstein gefährdet

Bei Genf entsteht ein internationales Natur-

ce-fiction-Film von *H. R. Giger*)

„Pfingstausflug" (Film von *Michael Günther* [* 1935] mit *Elisabeth Bergner* [* 1897] und *Martin Held* [* 1908])

„Die Patriotin" (Film von *Alexander Kluge*)

„Tess" (Film von *R. Polanski* mit *Nastassia Kinski*)

† *Jean Renoir*, frz. Filmregisseur, 1941–47 in USA („Die große Illusion", 1937, „Der Strom", 1951) (* 1894)

Filmfestspiele in Cannes vergeben „Goldene Palme" an die Filme „Die Blechtrommel" (Film von *V. Schlöndorff* nach *G. Grass*) und „Apocalypse Now" von *F. F. Coppola*, USA

† *Darryl F. Zanuck*, US-Filmproduzent i. Hollywood 1927 bis 71, produzierte 1927 Tonfilm „Der Jazzsinger" (* 1902)

Ostblockländer verlassen Filmfestspiele in Berlin (W) aus Protest gegen einen Vietnamfilm aus USA

Das Fernsehen i. BRD (ARD) übernimmt aus USA die Fernsehfilmserie „Holocaust", welche die Judenverfolgung der NS-Zeit mit starker Wirkung verdeutlicht

„Hair" (US-Musical-Film von *Milos Forman*)

ernsten Rückschlag für die Anwendung der Kernenergie (vgl. Spalte V)

Die Diskussion um die friedliche Nutzung der Kernenergie leidet unter der Schwierigkeit, objektive Maßstäbe für Notwendigkeit und Risiken dieser Energieform zu gewinnen und zur Geltung zu bringen. Auch unter Fachleuten gibt es widerstreitende Meinungen. Radikale Kräfte versuchen, die Angst der Bürger zu mißbrauchen

Eine kritische Nachprüfung der Rasmussen-Studie über Sicherheit von Kernkraftwerken bestätigt das geringe Risiko: Ein Unfall mit über 1000 Toten ist bei 100 Kraftwerken statistisch „alle 200 000 Jahre zu erwarten". Die industrielle Technik in ihrer Gesamtheit verursacht i. USA im Mittel alle 30 Jahre solch einen Unfall

Die Kernfusion bei hoher Plasmatemperatur (über 20 Mill. Grad) macht in versch. Forschungsinstituten der Erde Fortschritte

Häufigkeit der Kohlenstoffisotope in präkambrischen Sedimentgesteinen auf Grönland zeigt, daß es schon vor 3,8 Mrd. Jahren Leben gab

In USA wird Schulterblatt eines Ultra-

flugzeuges in der Antarktis, das von Neuseeland aus startete

150 Tote bei Erdbeben in Kolumbien

Flugzeugzusammenstoß über der Ukraine fordert 150 Tote

Vulkanausbruch auf Java fordert 137 Tote. Unerwarteter Ausbruch tötet Besucher am Ätna-Krater

Erdbeben in Jugoslawien (Montenegro) und Albanien fordert über 100 Tote

100 Tote bei Kinobrand in Indien

83 Tote bei Hotelbrand in Saragossa

74 Tote bei Flugzeugunglück in Mexiko

Mehr als 50 Tote b. Eisenbahnunglück i. Jugoslaw. (1971–76 mehr als 700 Tote bei Eisenbahnunfällen in Jugoslaw.)

Kaufhausbrand in Bukarest fordert zahlreiche Tote. Autobus in Spanien verunglückt mit Lehrern und Schülern (50 Tote)

42 Tote bei Bergwerksunglück in Südkorea

25 Tote und 13 Schwerverletzte bei Hotelbrand in Wien

Waldbrand in Spanien (wahrscheinlich Brandstiftung) tötet 21 Urlauber

Einsturz eines Krankenhauses in Parma fordert 17 Tote

12 Tote bei Staubexplosion im Bremer Hafen (50 Mill. DM Sachschaden)

Panik beim Einlaß zu einem Rock-Konzert in USA (Cincinnati) fordert 11 Tote

In der südirischen See kentern im Orkan 30 Hochseeyachten (4 Tote, 100 werden aus Seenot gerettet)

Dammbruch am Rhein-Main-Donau-Kanal bei Nürnberg

Erdbeben zerstört Tabas im Iran und fordert 129 Tote

Brand in der Nationalbank, Wien

BRD verzeichnet in 9 Monaten 400 Herointote (1970: 22)

10 Tote bei Hochwasser in SW-England

Störfall im Kernkraftwerk bei Harrisburg (USA) führt zum Katastrophenalarm. Erkennbare gesundheitliche Schäden treten nicht auf (vgl. Spalte W)

Gefährdung durch giftige Gase nach einem Eisenbahnunglück in Kanada (etwa 200 000 Menschen verlassen das Gebiet)

Ölbohrkatastrophe vor Mexiko führt zur bisher größten Ölverschmutzung eines Teils der Weltmeere

(1979)	torial-Guinea seit 1968, der nach Schreckensherrschaft gestürzt wurde (* 1924) Autokratische Herrscher verlieren in diesem Jahr ihre Macht i. Iran, Uganda, Äquatorial-Guinea, Zentralafrika, Nicaragua, El Salvador, Afghanistan (nicht überall verbessert der Sturz die Situation) Nach schweren Unruhen verläßt der Schah mit seiner Familie fluchtartig den Iran. Er findet zunächst Zuflucht in Ägypten, Mexiko, USA und Panama († 1980) Der Schiitenführer (Ayatollah) *Khomeini* (* 1902) kehrt aus dem Pariser Exil zurück und übt im Iran die höchste Gewalt aus. Er gründet islamische Republik Der vom Schah eingesetzte Reg.-Chef *Baktiar* kann nach Paris fliehen. *Khomeini* ernennt neuen Reg.-Chef *Bazargan* (* 1906), der nach Besetzung der US-Botschaft durch ‚revolutionäre Studenten zurücktritt Revolutionsgerichte im Iran lassen zahlreiche Anhänger des geflüchteten Schahs exekutieren. Darunter *A. A. Hoveida*, Reg.-Chef 1964–77 (* 1921) Im Iran werden von Februar bis August 519 Hinrichtungen durch Revolutionsgerichte vollzogen (es werden 60 000 Tote der Revolution gegen den Schah angegeben) Über 90 Geiselnahmen durch Besetzung der US-Botschaft in Teheran, um Auslieferung des Schahs zu erpressen, der in einem New Yorker Krankenhaus liegt. *Bazargan* und seine Reg. treten zurück Nach Geiselnahme in der US-Botschaft in Teheran verläßt der Schah Krankenhaus in New York und nimmt Asyl in Panama Iran verstaatlicht Schlüsselindustrien Im Iran werden 20 Kurdenführer hingerichtet, die sich gegen Herrschaft *Khomeinis* auflehnen Bei Stimmenthaltung der Sowjetunion droht der Weltsicherheitsrat dem Iran Wirtschaftssanktionen an, falls nicht die Geiseln in der US-Botschaft in Teheran freigelassen werden. UN-Generalsekretär *Waldheim* reist zur Vermittlung nach Teheran Wegen Verschwörung gegen die Regierung werden im Irak 21 Menschen hingerichtet *H. Amin* (* 1925) wird Staatschef von Afghanistan. Sein Vorgänger *Tarakis* (* 1913) ist seit dem Machtwechsel verschollen (sein Tod wird vermutet) Durch militärische Intervention der USSR in Afghanistan löst *Karmal H. Amin* als Regierungschef ab. *Amin* wird hingerichtet. Diese Intervention löst eine internationale Krise aus. NATO erwägt Sanktionen † *Z. A. Bhutto* (hingerichtet) wurde 1972 Staatspräs. von Pakistan, 1977 gestürzt und wegen Anstiftung eines Mordversuchs verurteilt (* 1928)		schutzzentrum, das den World Wildlife Fund (WWF), die Internationale Union zur Erhaltung der Natur (IUCN), das Sekretariat des Artenschutz-Abkommens (CITES) und den Internationalen Rat für Vogelschutz umfaßt UNO erklärt im Mondvertrag diesen Himmelskörper zum gemeinsamen Erben der Menschheit Das Deutsche Archäologische Institut stellt zum 150. Jubiläum in Berlin (W) fest, daß sich sein Forschungsgebiet von der klassischen Archäologie zur Welt-Archäologie erweitert hat Radikale Moslems erstürmen die Moschee von Mekka u. nehmen Geiseln, die von saudiarabischen Truppen befreit werden. Dieser Vorgang ist von Übergriffen gegen Einrichtungen der USA in Pakistan begleitet

„Die Buddenbrooks“ (elfteiliger Fernsehfilm von *F. P. Wirth*) nach *Th. Mann*

saurus gefunden, der mit 25 m Gesamtlänge und 80 t Gewicht das bisher größte bekannte Lebewesen gewesen sein dürfte

In USA gelingt erste Hoden-Transplantation

Eine erfolgreiche Kreuzung zweier verschiedener Menschenaffenarten 1976 in USA wird bekannt

In USA gelingt Synthese des Wachstumshormons Somatotropin

Kloning (genetisch identische Vermehrung) gelingt beim Säugetier (Maus) i. Genf (wird beim Menschen für möglich gehalten)

Sensationelle Berichte über das Klonen (genetisch identische Vermehrung) menschlicher Zellen werden bisher als nicht gesichert betrachtet

MPI für Biochemie in München mißt chemische Reaktion der Nervenerregung mit 2 Milliardstel Sek. Genauigkeit

Physiker in Finnland erreichen eine Temperatur von 30 Milliardstel Grad über dem absoluten Nullpunkt (bei −273° C)

Hahn-Meitner-Insitut in Berlin (W) weiht Schwerionenbeschleuniger ein (bis zu 400 Mill. e-Volt, 40 Mill. DM Kosten)

Der Haushalt der

Mittlere Wartezeit in Jahren auf ein Unfallereignis in USA

Ereignis mit über	100	1000
	Toten	
alle Technik	1,4	24
alle Naturereignisse	2,5	10
alle Ereignisse	0,9	7
Flugzeugabsturz	5	–
Stürme	5	25
Feuer, Explosion	9	110
Erdbeben	20	50
Dammbruch	25	90
100 Kernreaktoren	11 000	200 000
Meteoritenfall	0,1 Mill.	1 Mill.

Internationale Funkausstellung Berlin informiert über neue Nachrichtenmedien

Zivilluftfahrt ohne USSR erreicht 890 Mrd. Passagier-km (mit USSR ca. 1020 Mrd.). Wachstum 8,5 %/Jahr

Dt. Bundesbahn verstärkt Intercity-Zugverkehr: „Jede Stunde, jede Klasse“

Internationale Verkehrsausstellung (IVA) in Hamburg

Kfz-Bestand der Erde

	Mill. Bestand	Wachstum 1965–76
PkW	325	+ 6,1 %/Jahr
LkW	82	+ 5,7 %/Jahr

Über 80 % der PkW in N-Amerika und Europa

U-Bahn in Hongkong eröffnet

Recycling-Kongreß in Berlin (W)

† *Peter Frankenfeld*, dt. Showmaster (* 1913)

† *Conrad Hilton*, US-Unternehmer, gründete Hotelkette mit mehr als 125 Häusern (* 1887)

Bundesgartenschau in Bonn

Kalifornische Weine übertreffen bei einem internationalen Test frz. Produkte

Brasilien plant den Schutz von 1,5 Mill. km² Urwald, nachdem vorher jährlich 0,1 Mill. km² gerodet wurden

† *Barbara Hutton*, Woolworth-Erbin i. USA, schloß 7 Ehen (* 1913)

Damenmode geht vom „Schlabber-Look“ zur engeren Kleidung über

Bundesregierung beschließt Sommerzeit ab 1980 (gleichzeitig mit DDR)

Unterschiedliche Geburtsraten i. West und Ost lassen den Anteil der Russen i. USSR unter 50 % sinken

(1979)

In Indien treten kurz nacheinander die Min.-Präs. *M. Desai* (* 1896) und *C. Singh* (* 1902), beide Janata-Partei, zurück. *Indira Gandhi* (* 1917) gewinnt an Einfluß

Vietnam greift Kambodscha an. Dieser Krieg zwischen zwei kommunistischen Staaten gilt als „Stellvertreterkrieg" Sowjetunion (Vietnam) – VR China (Kambodscha)

Durch Krieg und Hunger kommen 1975–79 in Kambodscha vermutlich 4 Mill. Menschen um (1968 betrug die Bev. ca. 7 Mill.)

Nach grausamer Herrschaft mit vielen Todesopfern wird *Pol Pot* (* 1927) als Regierungschef v. Kambodscha abgelöst

† *Park Chung Hee*, seit 1962 Staatspräs. von Südkorea, durch Attentat des Chefs der Staatssicherheitsdienste (* 1917)

In Japan löst *Ohara* († 1980) *Fukuda* (beide Liberaldemokraten) als Reg.-Chef ab und erleidet in der Wahl dieses Jahres eine Niederlage

Nach Grenzkonflikten marschiert VR China auf breiter Front in Vietnam ein, um „eine Lektion zu erteilen". Aktion wird nach 4 Wochen beendet. Im Sicherheitsrat der UN blockieren sich Sowjetunion und VR China

Nach dem Tode *Maos* werden die Todesopfer der chinesischen Kulturrevolution 1966–69 auf ca. 400 000 geschätzt

VR China kündigt vorzeitig Freundschaftsvertrag mit Sowjetunion. Beide Staaten nehmen Verhandlungen über ihre Beziehungen auf

Hua Kuo-feng, Partei- und Regierungschef der VR China, besucht Frankreich, BRD, Großbritannien und Italien

Teng Hsiao-ping (Deng Xiaoping), stellvertr. Min.-Präs. der VR China, besucht USA

Santa Lucia i. d. Karibik wird 152. Mitglied der UN

Am Jahresende überschatten mehrere Krisenherde die politische Szene: Wettrüsten, Energiekrise, Nord-Süd-Konflikt; Nordirland, spanisches Baskenland, Naher Osten, Iran, Afghanistan

Max-Planck-Gesellschaft beträgt 597,9 Mill. DM bei 2092 Stellen für Wissenschaftler (= 286 000 DM pro Wissenschaftler)

Krebs-Atlas der Bundesrepublik Deutschland zeigt regionale Unterschiede der Todesfälle durch Krebs.

Magnetschwebefahrzeug „Transrapid 05" für 68 Passagiere geht in BRD in Erprobung (1981 sollen Geschwindigkeiten v. 400 km/h erreicht werden)

In USA wird ein elektrisches Auto entwickelt mit 160 km Reichweite und einer Höchstgeschwindigkeit von 100 km/h

Teletext (über Telefon) und Videotext (über Fernsehkanal) liefern abrufbare Schrifttafeln mit Informationen für das Fernsehgerät (Versuchsbetrieb i. BRD 1980)

Erster Telefonanschluß mit Glasfaserkabel i. BRD und Europa

In Mazedonien werden Steinwerkzeuge mit einem Alter von 2,9–3 Mill. Jahren in der Nähe einer Jagdbeute gefunden

Fund eines 40 Mill. Jahre alten rhesusaffenartigen Primaten in Burma, der gemeinsamer Vorfahr von Menschenaffen und Mensch sein könnte (wird in die Diskussion über die Herkunft des Menschen einbezogen, die bisher Afrika vor Asien bevorzugte)

1980

Friedens*nobel*preis an den Argentinier *Adolfo Perez Esquivel* (* 1931), der an der Spitze einer Organisation für Frieden und Menschenrechte in Südamerika eintritt

Globale Militärausgaben 515 Mrd. Dollar (1978: 480 +3,6 %/Jahr)

Das Jahr ist gekennzeichnet durch politische Spannungen (Iran, Afghanistan, Naher Osten)

H. Schmidt und *H.-D. Genscher* bringen durch Besuch in Moskau den abgebrochenen Dialog über Abrüstung zwischen West und Ost wieder in Gang. Besonders betrifft das die Mittelstreckenraketen-Rüstung

Die kernkraftfeindlichen „Grünen" bilden i. BRD eigene Partei, wobei sich die Abgrenzung nach links als problematisch erweist. Erfolge wechseln mit Krisen. Ein Mandat im Bundestag erlangen sie 1980 nicht

% Zweitstimmen i. Bundestagswahl (vgl. 1969 u. 76)

	1969	1976	1980
CDU/CSU	46,1	48,6	44,5
SPD	42,7	42,6	42,9
FDP	5,8	7,9	10,6
andere	5,4	0,9	2,0

% Stimmen bei Landtagswahlen in Baden-Württemberg (vgl. 1976)

CDU	53,4	(56,7)
SPD	32,5	(33,5)
FDP	7,8	(8,3)
„Grüne"	5,3	(–)

Bundestagswahl: Bund und Länder der BRD beabsichtigen neue Kompetenz- und Finanzverteilung

Nach dem Wahlsieg bildet *J. Rau* (SPD) in NRW Alleinregierung der SPD (vorher bestand SPD-FDP-Koalition). CDU bleibt stärkste Partei

Bundestagswahl: Es bleibt bei der sozialliberalen Koalition *H. Schmidt* (SPD) – *H.-D. Genscher* (FDP), die *Brandt* (SPD) – *Scheel* (FDP) 1969 begründeten

Die neue Regierung der BRD bleibt personell weitgehend unverändert

† *Conrad Ahlers*, „Spiegel"-Redakteur, seit 1972 MdB (* 1922)

† *Wilhelm Kaisen*, dt. Politiker (SPD), Sen.-Präs. (Min.-Präs.) von Bremen 1945–65 (* 1887)

P. Glotz wird als Nachfolger von *E. Bahr* Geschäftsführer der SPD. Sein bisheriges Amt als Senator für Wissenschaft und Forschung in Berlin übernimmt *G. Gaus* (* 1929, SPD), bisher ständiger Vertreter der BRD i. DDR

† *Herzogin Viktoria Luise*, einzige Tochter *Wilhelms II.* von Preußen (* 1892)

*Nobel*preis für Literatur an den Exilpolen *Czeslaw Milosz* (* 1911 in Litauen, lebt in USA)

Friedenspreis des dt. Buchhandels an *Ernesto Cardenal* (* 1925) aus Nicaragua

† *Alfred Andersch*, dt. Schriftsteller (* 1914)

E. Albee: „The Lady from Dubuque"

† *R. Barthes*, frz. Sprachforscher (* 1916)

Thomas Bernhard: „Der Weltverbesserer" (Bühnenstück, Urauff. in Bochum mit *Minetti*)

† *Alejo Carpentier*, kubanischer Schriftsteller frz.-russ. Herkunft (* 1904)

† *Lil Dagover*, dt. Schauspielerin (* 1897 i. Java)

† *Louis Guilloux*, frz. Schriftsteller (* 1899)

Peter Hacks: „Die Lehre der Sainte Victoire" (poetisches Manifest)

Peter Hacks: „Senecas Tod" (Bühnenstück, Urauff. in Berlin/O)

Rolf Hochhuth (* 1931): „Ärztinnen" (Bühnenstück mit

† *Erich Fromm*, Psychoanalytiker i. d. USA, dt. Herkunft (* 1900)

† *Jean Piaget*, Schweizer Kinderpsychologe, seit 1929 Direktor des Internationalen Erziehungsbüros (* 1890)

Der Papst spricht dem kritischen Theologen *Hans Küng* (* 1928) wegen Zweifel an der kirchlichen Lehre, insbes. am Unfehlbarkeitsdogma, die kirchliche Lehrbefugnis ab

† Bischof *Romeiro* von Salvador (ermordet), der auf seiten der sozial Schwachen stand (* 1917)

Der russ. Nobelpreisträger und Regimekritiker *A. Sacharow* (* 1921) wird von Moskau nach Gorki verbannt

† *Jean-Paul Sartre*, frz. Philosoph der Existentialphilosophie und einer entsprechend ungebundenen Lebensweise, die nach dem Krieg in Pariser Kreisen modisch wird (* 1905)

Papst unternimmt ausgedehnte Afrikareise

A. von Branca: Neue Pinakothek in München

Hans Jürgen Diehl: „Der Anspruch" (Gem.)

Otto Dressler (* 1930): „Tradition Europa" (Mahnmal gegen den Krieg)

Salvador-Dalí (* 1904) Retrospektive mit 342 Werken im Centre Pompidou, Paris

Ausstellung des naturalistischen Malers *Edward Hopper* (* 1882 i. USA) in New York

Ausstellung mit Werken von *Anke Holfeld,* Malerin (* 1934), *Axel Sander,* Maler (* 1951), *Herbert Schackwitz,* Bildhauer (* 1911) in Darmstadt

† *Nina Kandinsky* (ermordet), Ehefrau von *Wassily Kandinsky* (* 1866, † 1944) seit 1917 (* 1896)

† *Harald Isenstein,* dt. Bildhauer, der seit 1933 in Dänemark lebte (* 1899)

† *Oskar Kokoschka,* expressionist. Maler österr. Herkunft (* 1886)

† *Marino Marini,* ital. Bildhauer, in dessen Werk die Motive von Pferd und

Der frz. Musiker *Pierre Boulez* (* 1925) erhält Deutschen Schallplattenpreis

Mayhard Solomon will in seiner Biographie *Beethovens* in dessen „Unsterblicher Geliebten" Frau *v. Brentano* geb. *v. Birkenstock* erkennen

Michael Bennett: „A Chorus Line" (US-Tanz-Musical) auf Gastspiel in Europa

† *Ernst A. Busch,* kommunist. Kampfsänger und Schauspieler (* 1900)

S. Celibidache (* 1912) wird Leiter der Münchner Philharmoniker

Erstaufführung der von *F. Cerha* (* 1926) vervollständigten Fassung der Oper „Lulu" von *Alban Berg* (* 1885, † 1935) unter Leitung von *P. Boulez* in Paris

F. Cerha (* 1926): „Baal", (Oper nach Brecht), Urauff. in Salzburg

† *Carl Ebert,* Opernintendant i. Berlin 1931–33 und 1954–62. Werkte nach 1933 in Amerika (* 1887)

G. v. Einem: „Jesu Hochzeit"

Physik-*Nobel*preis an *James W. Cronin* (* 1931, USA) und *Val L. Fitch* (* 1923, USA) für Nachweis der Symmetrieverletzung (CPT-Invarianz) bei Elementarteilchen

*Nobel*preis für Chemie an *Paul Berg* (* 1926), *Walter Gilbert* (* 1932) u. *Frederik Sanger* (* 1918), alle USA, für DNS-Forschung

Medizin-*Nobel*preis an *B. Benacerraf* (* 1920, Venezuela und USA), *Jean Dausset* (* 1916, Frankr.) und *G. D. Snell* (* 1903, USA) für Erforschung der Transplantations-Immunologie

† *W. Gentner,* dt. Kernphysiker, der an der Analyse des Mondgesteins beteiligt war (* 1906)

Robert Gries in USA entd. eine mathematisch fundamentale Gruppe mit 1054 Mitgliedern (das „Monster") † *Pascual Jordan,* dt. Physiker mit Interessen in vielen Bereichen (Biophysik, Kosmologie), Mitbegründer der Quantenphysik (* 1902)

Die sowjetischen Kosmonauten *W. Kowaljonik* und *A. Iwanschenkow* übertra-

*Nobel*preis für Wirtschaftswissenschaften an *Robert Klein* (* 1920, USA) für Konjunkturanalyse

† *George Meany,* führender Gewerkschaftler in USA, der 1955 AFL und CIO vereinigte (* 1894)

Bericht der Nord-Süd-Kommission zur Hilfe für die dritte Welt unter *Willy Brandt* veröffentlicht

Ölpreis Dollar/159 l (Barrel)	
Ende 1978	12,90
Ende 1979	26,20
Ende 1980	32–41

OPEC-Konferenz auf Bali beschließt Ölpreiserhöhung um 10 %

Index der globalen Industrieproduktion (1970 = 100) 150 (ohne VR China) + 5,7 %/Jahr. Die Ind.-Prod. umfaßt ca. 50 % BSP

Index globaler Nahrungsmittelproduktion: 130 (1970 : 100, pro Kopf : 120). Der Anteil der landwirtschaftlichen Produktion zum BSP liegt bei 11 %

Gipfelkonferenz der 6 größten westlichen Industriestaaten in Venedig

UN-Konferenz für industrielle Entwicklung »UNIDO III« scheitert an der Forderung der dritten Welt nach einem Rohstoff-Fonds, der es ihr ermöglicht, bis zum Jahr 2000 25 % der Weltindustrieproduktion zu erzeugen

In BRD werden 1970–80 120 Mrd. DM für Umweltschutz aufgewendet (rd. 2000 DM/Ew.)

Mrd. DM Schulden (BRD)	1974	1976	1978	1980
Bund	79	135	182	231
Länder	47	82	102	131
Gemeinden	66	80	87	95
zus.	192	297	371	457

Dollarkurs: 21. 6. 3,33 DM; 10. 12. 1,999993 DM

Unerwünschte Auswirkungen des Assuanstaudammes in Ägypten werden deutlich

7 Anrainerstaaten des Mittelmeers schließen Vertrag über seine Reinerhaltung

Seit einer Explosion an einem Bohrloch im Golf von Mexiko flossen in 8 Monaten rd. 800 Mill. Liter Öl ins Meer

An der globalen Elektrizitätserzeugung von 7633 Mrd. kWh ist die Kernenergie

(1980)	†*Karl Dönitz*, Großadmiral, nach *Hitlers* Selbstmord bis zur Verhaftung Reichspräsident (wird in Nürnberg zu 10 Jahren Haft verurteilt, die er verbüßt; * 1891) In Berlin (W) löst *Heinrich Lummer* (* 1932) *Peter Lorenz* (* 1922) als Parlamentspräsident ab (beide CDU). *Lorenz* wird MdB Straßenschlacht mit zahlreichen Verletzten bei öffentlicher Rekrutenvereidigung in Bremen. CDU/CSU vermutet volksfrontartiges Bündnis SPD–Kommunisten †*Wilhelm Hoegner*, dt. Politiker (SPD), 1945–46 und 54–57 Min.-Präs. von Bayern, 1956–62 Vors. der SPD-Fraktion (* 1887) †*Schlabrendorff*, Jurist, als Gegner *Hitlers* 1944 zum Tode verurteilt (* 1907) Landtagswahl im Saarland: CDU behält mit FDP absolute Mehrheit, SPD wird stärkste Partei, „Grüne" bleiben unter 5 %. Es bleibt CDU-FDP-Koalition DDR vertieft Abgrenzung, indem sie die Reisemodalitäten mit Polen und BRD, z. B. durch Erhöhung des Zwangsumtausches, verschlechtert *R. Kirchschläger* (* 1915, parteilos) wird mit großer Mehrheit für 6 weitere Jahre zum österr. Bundespräsidenten gewählt *H. Androsch* (* 1938, SPÖ), Finanzmin. und Vizekanzler v. Österreich, tritt zurück Dt.-frz. Gipfeltreffen in Paris zeigt Einigkeit in der Beurteilung der weltpolitischen Situation zwischen Staatspräs. *V. Giscard d'Estaing* und Bundeskanzler *Helmut Schmidt*, die als die führenden Staatsmänner Westeuropas gelten Mitglieder der IRA geben ihren Hungerstreik auf. Er dauerte teilweise 53 Tage und sollte ihnen einen politischen Status erzwingen Frankreich verkündet Entwicklung, Erprobung und etwaigen Einsatz von Neutronenbomben Frz. Staatspräs. *V. Giscard d'Estaing* besucht BRD und fordert stärkeren politischen Einfluß Europas i. d. Weltpolitik Sprengstoffanschlag gegen jüdische Synagoge in Paris fordert 3 Tote (in Frankreich mehren sich antijüdische Aktionen) Staatsreform in Belgien führt zum Bundesstaat aus Flandern und Wallonien mit Teilautonomie *Juliana* (* 1909), Kgin. der Niederlande seit 1948, verzichtet auf den Thron zugunsten ihrer Tochter *Beatrix* (* 1938). Straßentumulte begleiten den Wechsel	Kritik an Medizin und Pharmazie) *Rolf Hochhuth:* „Juristen" (Schauspiel) †*Helmut Käutner*, dt. Regisseur und Schauspieler (* 1908) †*Werner Keller*, Sachbuchautor in Dtl. und i. d. Schweiz (* 1909). Schrieb 1955 „Und die Bibel hat doch recht" †*Franziska Kinz*, Schauspielerin österr. Herkunft (* 1897) *Norman Mailer* (* 1923) erhält zum zweiten Mal den *Pulitzer*-Preis für „Das Lied des Henkers" †*Katia Mann*, geb. *Pringsheim*, Ehefrau v. *Thomas Mann* seit 1905. Schrieb 1974 „Meine unveröffentlichten Memoiren" (* 1883) †*Henry Miller*, US-Schriftsteller (* 1898) †*Robert Minder*, dt. Literaturhistoriker elsässischer Herkunft, wirkte seit 1934 in Frankreich (* 1902) *Meredith* (* 1828, † 1900): „Vessel" (epische Oper an 3 Schauplätzen in Berlin; Aufführ-	Der Papst fordert auf einer Reise in Brasilien mehr soziale Gerechtigkeit Beim Besuch des Papstes in BRD führt er Gespräche mit Protestanten und Vertretern anderer Konfessionen Im Vatikan wird ein Theaterstück aufgeführt, das der jetzige Papst 1960 über Eheprobleme geschrieben hatte Weltfrauenkonferenz in Stockholm endet in politischer Zwietracht (z. B. über die Nahostprobleme) 30. Pugwash-Konferenz, die in Breukelen/Ndl. tagt und das Wettrüsten behandelt *Russell*-Tribunal verurteilt in Rotterdam Indianerbehandlung in Nord- u. Lateinamerika Internationaler Historiker-Kongreß in Bukarest Auch der neuen Fassung der Oberammergauer Passionsfestspiele werden von einigen Seiten Reste antisemitischer Tendenz vorgeworfen *Tutanchamun*-Ausstellung in Berlin (W) eröffnet Ausstellungsserie i. d. BRD

Reiter vorherrschen (* 1901)

Arnulf Rainer (* 1929): Ausstellung des österr. Malers in Berlin (W)

† *Andreas Paul Weber,* dt. satirischer Graphiker (* 1893)

Das Museum of Modern Art in New York zeigt zum 50jährigen Bestehen Ausstellung von *P. Picasso* mit 1000 Werken

† *G. Sutherland,* brit. Maler (* 1903)

Medici-Ausstellung in Florenz

Monet (* 1840, † 1926) – Ausstellung in Paris

Wanderausstellungen der Gruppe „Zebra" (1965 gegr.) mit Werken von *Dieter Asmus* (* 1939), *Christa Biederbick* (* 1940), *Harro Jacob* (* 1939), *Peter Nagel* (* 1941), *Dietmar Ullrich* (* 1940) in Bremen, Rom, Leverkusen, Hamburg, Berlin (W), Darmstadt (seit 1980)

Museum für Gegenwartskunst i. Basel eröffnet

Ausstellung dt. Expressionisten im Guggenheim-Museum, New York

„Bilder vom Menschen", Ausstellung in

(Oper um die Vereinigung von Liebe und Tod)

† *Franco Evangelisti,* ital.-dt. Komponist elektronischer Musik (* 1926)

D. Fischer-Dieskau (* 1925) erhält Schallplattenpreis

Götz Friedrich (* 1930) wird als Nachfolger von *S. Palm* als Generalintendant an die Dt. Oper Berlin berufen. Früher war er Spielleiter an der Komischen Oper Berlin (O)

Mauricio Kagel (* 1931): „Die Erschöpfung der Welt" (multimediale Szenenfolge für Orchester, Chöre, Solisten), Urauff. in Stuttgart

Claudio Abbado (* 1933, Ital.) wird Dirigent des Londoner Symphonieorchesters

Steirischer Herbst in Graz feiert *Ernst Krenek* (* 1900)

L. Maazel (* 1930) wird Direktor der Wiener Staatsoper

Hermann Reutter (* 1900): „Hamlet" (Oper), Urauff. i. Stuttgart

Tilo Modek: Konzert in c für Violine und Orchester

fen Dauerflugzeit im Raumflug mit 96 Tagen und 10 Stunden

† *Villard F. Libby,* US-Kernforscher, der die Datierungsmethode des Radiokarbonalters fand. *Nobelpreis 1960 (* 1908)*

† *Hans Nachtsheim,* dt. Genetiker (* 1899)

† *I. Oparin,* russ. Biologe, der sich besonders mit der Lebensentstehung beschäftigte (* 1894)

† *Friedrich Pauwels,* dt. Mediziner, der erfolgreiche Hüftgelenkoperation einführte (* 1868)

† *William Stein,* US-Biochemiker, *Nobelpreis* 1972 (* 1911)

† *F. W. Straßmann,* dt. Chemiker, Mitarbeiter von *O. Hahn* und *L. Meitner,* die zusammen 1939 die Urankernspaltung fanden (* 1902)

58 % der Schweden stimmen für Nutzung der Kernenergie im begrenzten Umfang

Konrad Zuse (* 1910), dt. Erfinder, erhält Technikpreis für den ersten elektronischen Rechner

„Exotisches" Wasserstoffatom in der Schweiz von *G. Pulitz* u. *V. W. Hughes* entdeckt. Es besteht aus Heliumkern, My-

mit 240 Kernkraftwerken zu 8 % beteiligt

Goldpreis erreicht im Januar mit 850 Dollar pro Feinunze (31,1 g) Rekordhöhe

+ % Lebenshaltungskosten gegenüber Vorjahr

BRD	4,1
Schweiz	3,6
Österr.	3,7
USA	11,3
Japan	3,6
Frankr.	10,8
Gr.-Brit.	11,3
Italien	14,8
Kanada	9,1
Schweden	7,3
Portugal	23,6
Türkei	63,5

Baukosten für 1 m³ umbauten Raumes für Einfamilienhaus: 417 DM (Schweiz), 400 DM (BRD), 206 DM (USA), 198 DM (Italien)

Arbeitslose i. EG-Ländern:

	Mill.
1973	2,6
1974	3,1
1975	4,6
1976	5,2
1977	5,7
1978	6,0
1979	6,1
1980	7,0

% Erwerbstätige (Quote)

BRD	3,2
Frankr.	6,8
Gr.-Brit.	7,8
Ital.	7,9
Belg.	10,5

Arbeitskampf in Schweden mit ca. 1 Mill. Streikenden und Ausgesperrten endet mit Lohnerhöhungen von 7–8 %

Stahlarbeiterstreik in Gr.-Brit. um 7,5 % Lohnerhöhung (letzter großer brit. Stahlstreik war 1926)

BRD hat Anfang Dezember 967 500 Arbeitslose (1981 wird Anstieg über 1 Mill. erwartet)

Verkehrsstreik in New York verursacht ca. 1 Mrd. Dollar Kosten

Poststreik i. d. BRD zur Vorweihnachtszeit, um Ausgleich für Schichtarbeit durchzusetzen. Angebot der öffentlichen Arbeitgeber wird akzeptiert

Stahlkrise in der EG drängt zum Staats-

(1980)	Sprengstoffanschlag auf Bahnhof von Bologna (46 Tote und 160 Verletzte). Als Urheber werden Rechtsextremisten vermutet *F. Cossiga* (* 1928, DC) bildet in Italien Mitte-Links-Regierung ohne Kommunisten (es ist die 41. Reg. der Republik) Ital. Spezialtruppe schlägt Aufstand von 70 Terroristen der Roten Brigaden im Gefängnis blitzartig nieder (20 Verletzte) Aus Rache ermorden Rote Brigaden (?) den Carabinieri-General *E. Calvaligi* (* 1920) Terroristen ermorden den Chef der Regionalregierung Siziliens *S. Matarella* (* 1935, DC) † *Pietro Nenni*, ital. Politiker (Sozialist), der sich 1976/77 von den Kommunisten entfernte (* 1891) Nach Sturz der Regierung *Pinto* in Portugal ergeben Wahlen eine Regierung der Demokratischen Allianz unter *F. Sà Carneiro* (* 1934) † *Francisco Sà Carneiro* (bei Flugzeugabsturz), portugies. Min.-Präs. seit 1980 (* 1934) *M. Soares* (* 1924) bildet in Portugal nichtmarxistische Regierung Das Parlament in Jerusalem erklärt gegen scharfen arabischen Protest und verbreitete Bedenken die ganze Stadt zur „ewigen, unteilbaren" Hauptstadt Israels Israel-Erklärung der EG stößt auf israelische und arabische Kritik Militärputsch in Liberia stürzt *R. W. Tolbert* (* 1913), seit 1971 Staatspräsident Kaiser *Bokassa* von Zentralafrika wird in Abwesenheit zum Tode verurteilt (appelliert an die UN) *M. O. Obote* (* 1925), Staatschef von Uganda. Durch Militärputsch ging die Macht auf *Idi Amin* über, dessen Schreckensregime 1979 endete *R. G. Mugabe* (* 1924 od. 25) wird nach freien Wahlen Min.-Präs. von Simbabwe-Rhodesien Bürgerkriegsartige Stammeskämpfe im Tschad Schwere Rassenunruhen in Südafrika Senegalesischer Staatspräsident *L. S. Senghor* (seit 1960, * 1906) kündigt seinen Rücktritt an Nach der Flucht des Schahs leitet *Khomeini* (* 1901) im Iran eine Revolution zu einer Islamischen Republik ein, die das Land in chaotische Zustände stürzt. Iranische Studenten nehmen völkerrechtswidrig etwa 50 Botschaftsangehörige als Geiseln, um Auslieferung des Schahs und seines Vermögens zu erpressen US-Kommandounternehmen, 52 in Teheran völkerrechtswidrig festgehaltene Geiseln aus der US-Botschaft zu befreien, scheitert unter Verlust von 8 Kommandoangehörigen. Die Gefangenschaft der Geiseln dauert über ein Jahr	rung der Schaubühne) † *Eva Müthel*, dt. Schriftstellerin, die 1954 von Ost- nach West-Berlin ging. Schrieb 1957 „Für Dich blüht kein Baum" (* 1926) † *Rosalie Albach-Retty*, seit 1912 Hofschauspielerin in Wien (* 1875) † *Alf Sjöberg*, schwed. Regisseur (* 1903) † *Ch. P. Snow*, brit. Schriftsteller, der naturwissenschaftliche und humanistische Bildung unterscheidet, die verbindungslos nebeneinanderstehen (* 1905) † *Adrienne Thomas*, Schriftstellerin, schrieb 1934 „Die Kathrin wird Soldat" (* 1897) † *Thaddäus Troll* (eigtl. *Hans Bayer*), dt. Schriftsteller (* 1914) † *Olga Tschechowa*, dt. Schauspielerin russ. Herkunft, Ehefrau des Neffen von *A. Tschechow* seit 1914 (* 1897) *Gabriele Wohmann* (* 1932): „Wanda Lord" (Bühnenstück, Urauff. i. Darmstadt) Dt. Akademie für Sprache und Dichtung in	Ägyptologen regen ein Weltzentrum für Mumienforschung an, das die Daten der Untersuchungen von Tausenden von Mumien sammelt und auswertet Neuere Untersuchungen ergeben Besiedlung Polynesiens zwischen −1500 und −1000 von Asien aus. Daneben zeigen sich peruanische Einflüsse, auf die *Th. Heyerdahl* seine Kontiki-Theorie aufbaute 86. Dt. Katholikentag in Berlin (W) mit ca. 100 000 Teilnehmern unter dem Motto „Christi Liebe ist stärker" Enzyklika des Papstes: Dives in misericordia Bistum Dresden-Meißen gegr. Baptistischer Weltkongreß in Toronto. 20 000 Teilnehmer vertreten 30 Mill. Mitglieder in 85 Ländern Habilitationen i. BRD haben sich mit 1100 gegenüber 1960 mehr als verdoppelt (1977 sind 3,3 % Frauen und 4 % Ausländer habilitiert) Jugendkrawalle in Amsterdam,

Berlin (W) zum 150. Gründungstag der Staatlichen Museen

Reiterstandbild *Friedrichs II. v. Preußen* von *Ch. D. Rauch* a. d. J. 1851 wird an seinem alten Platz Unter den Linden in Berlin erneut aufgestellt

Restaurierung der großen Granitschale im früheren Berliner Lustgarten, die *Christian Gottlieb Cantian* schuf

Das *K.-F.-Schinkel*-Jahr (* 1781, † 1841) wird in BRD und DDR, besonders in Berlin, durch Ausstellungen etc. vorbereitet

Bernard Schultze (* 1915): „Circe" (Gem.)

„Mit den Händen" (Plastik-Ausstellung für Blinde in Marburg)

Auf New Yorker Auktion erzielt *Van-Gogh-Gemälde* 5,2 Mill. Dollar (= 9,4 Mill. DM)

Am Einsturz der Berliner Kongreßhalle im Tiergarten erweist sich, daß einige Spannbetonkonstruktionen nach dem Kriege volle Sicherheit vermissen lassen

† *A. P. Mantovani*, Unterhaltungsmusiker der „verzauberten Geigen" (* 1904)

† *John Lennon* (von einem Geisteskranken erschossen), maßgeblicher Musiker der Beatles (1955–70 in Liverpool) (* 1940)

L. Nono: „Fragmente – Stille – An Diotima" (Beethoven gewidmetes Streichquartett)

Harry Partch (* 1903 i. Kalif.): „The bevitched" (Komposition als Auftakt der „Berliner Musiktage")

Wolfgang Rihm: „La musique creuse le ciel" (Konzert für 2 Violinen)

Dieter Schnebel (* 1930): „KiNo", musikalische Graphiken auf der Ausstellung „Für Augen und Ohren" in Berlin (W)

Wilhelm Dieter Siebert (* 1931): „Untergang der Titanic" (Oper um den Schiffsuntergang, die das Publikum in den Spielvorgang einbezieht)

† *Friedrich Smend*, dt. Theologe und *Bach*forscher (* 1893)

on und Elektron. Seine Strahlung beträgt 6,7 statt 21 cm

Die Raumfahrttechnik der USSR erlaubt es, durch Kopplungsmanöver Kosmonautenmannschaften mehrfach zusammenzuführen und auszuwechseln. Es werden dabei Flugzeiten von 175 Tagen (1979) und mehr erreicht

USSR zieht Angehörige anderer Nationen als Kosmonauten heran (wie 1978 *Sigmund Jaehn* a. d. DDR)

Um Venus kreisende Raumsonde vermaß seit 1978 mit Radar das Höhenprofil der Planetenoberfläche, die i. allg. durch Wolken irdischen Blicken entzogen ist. Es werden markante Höhenunterschiede festgestellt

US-Raumsonde Voyager I zeigt bisher unbekannte Details der Saturnringe

Auf Telebildern der US-Raumsonde „Voyager 1" sind mehrere hundert Saturnringe und 10 seiner Monde zu unterscheiden

USA bringen Raumfähre zum Starplatz Cape Canaveral, die nach flugzeugartiger Landung bis

dirigismus, den die Regierung der BRD ablehnt

Das Bundesarbeitsgericht in Kassel entscheidet, daß Aussperrung im Rahmen der Verhältnismäßigkeit rechtmäßig ist (Urteil wird von den Gewerkschaften kritisiert)

65 % aller Arbeitnehmer der BRD haben mindestens 5 Wochen Urlaubsanspruch (1974: 25 %)

Internationale Asylantenschwemme (ca. 6,5 Mill.) belastet BRD als Staat mit gefestigter Sozialordnung und hoher sozialer Sicherheit

52 000 Menschen kommen aus Osteuropa in die BRD

Die Zahlungsbilanz der BRD wird ab August defizitär. Für 1980 wird insges. mit 25–30 Mill. DM Defizit gerechnet

Staatsverschuldung der BRD
Neuverschuldung: 24,4 Mrd. DM
Gesamtverschuldung: 414,5 Mrd. DM (= 29,7 % BSP)
(z. Vgl.: USA 52 %, Ital. 65 %, Japan 33 % BSP)

Gesamtverschuldung in DM/Kopf

Belg.	11100
USA	9400
Gr.-Brit.	6600
BRD	5900
Frankr.	2600

Die Schulden des Ostblocks (RGW) bei den westl. Industrieländern (OECD) betragen 57 Mrd. Dollar

Berliner Landgericht kennzeichnet das vollstreckte Todesurteil gegen den vermeintlichen Reichstagsbrandstifter *Van der Lubbe* als klare Rechtsbeugung

Absturz eines Flugzeugs mit US-Boxern b. Warschau

Nach bruchfreier Notlandung verbrennen alle 265 Insassen eines Verkehrsflugzeuges in Saudi-Arabien, weil die Ausgänge sich nicht öffnen lassen

12 Tote bei Busunglück im Rheinland

Zugunglück in Polen mit mehr als 40 Toten erschüttert zusätzlich die Gemüter der Menschen in den Streiktagen

222 Tote bei einem Tribüneneinsturz in einer Stierkampfarena Kolumbiens

128 Tote beim Absturz eines Pilgerflugzeugs im Iran

Caravelle in Kolumbien in der Luft explodiert; alle 69 Insassen tot

(1980)	US-Außenmin. *C. Vance* (* 1917) tritt zurück. Nachfolger wird *E. S. Muskie* (* 1914) Die USA erklären das Ölgebiet am Persischen Golf als ihre unmittelbare Interessenssphäre US-Präs. *Carter* schlägt dem Kongreß vor, die Ratifizierung von SALT 2 auf „unbestimmte Zeit" zu vertagen *Khomeini* (* 1901) beklagt öffentlich ein Chaos durch die islamische Revolution im Iran Iraner besetzen iranische Botschaft in London, um mit den Geiseln Gesinnungsgenossen im Iran freizupressen Iranisches Parlament wählt den Khomeini-Anhänger *A. Bani-Sadre* (* 1933) zum Staatspräsidenten des Iran Der Schah von Persien gelangt über mehrere Asylorte nach Ägypten, wo er nach Operation stirbt † *Mohammed Resa Pahlewi* im ägypt. Exil nach schwerer Krankheit, Schah von Persien seit 1941; krönte sich und seine Frau 1967 zum Kaiserpaar. Wird 1979 gestürzt und vertrieben (* 1919) Mit Erlangung der Volljährigkeit ernennt sich der Sohn (* 1960) des verstorbenen Schahs in Ägypten als Nachfolger des Schahs von Persien Der Iran verlangt von den USA 23 Mrd. Dollar Lösegeld für die widerrechtlich gefangenen Geiseln. Er gestattet diesen keine eigene Weihnachtsfeier Militärische Spannungen zwischen Syrien und Jordanien, das den Irak im Kampf gegen den Iran unterstützt. Der Iran ist mit USSR verbündet Der bisherige Präsident der USA *J. Carter* (* 1924, Parteidemokrat) verliert bei der Wahl sein Amt an *R. Reagan* (* 1911, Parteirepublikaner). Einfluß der Republikaner nimmt zu, Demokraten behalten Mehrheit US-Präs. *Reagan* bestimmt General *A. Haig* zum neuen Außenminister (Secretary of State) Griechenland kehrt in den Kreis der NATO-Mitglieder zurück, aus dem es wegen des Zypernkonfliktes mit der Türkei 1974 ausgeschieden war. Dadurch wird die Südflanke der NATO gestärkt In der Türkei errichtet General *Evren* (* 1918) Militärregierung gegen Terror und Bürgerkriegsgefahr. Reg.-Chef *Demirel* und sein Gegner *Eccevit* werden zeitweise inhaftiert Nach langer kontroverser Diskussion über die Tagesordnung beginnt in Madrid die 2. Folgekonferenz der KSZE Streikwelle in Polen wegen Steigerung der Lebensmittelpreise gewinnt politische Dimensionen und führt zur Bildung unabhängiger Gewerkschaften Die Krise in Polen, in der die Arbeiter die Bildung unabhängiger Gewerkschaften durchsetzen, ver-	Darmstadt verleiht den *Büchner*-Preis an *Christa Wolf* (* 1929), die i. d. DDR lebt † *Wolfgang Weyrauch,* dt. Lyriker (* 1907) *Tennessee Williams* (* 1911): „Will Mr. Merrywether return from Memphis?" (US-Schauspiel) *Dietrich Wieland* (* 1924): „Danach" (dt. Schauspiel, Urauff. in Polen/Danzig) *Christiane F.:* „Wir Kinder vom Bahnhof Zoo" (Reportage von der Berliner Rauschgiftszene) Auf der Frankfurter Buchmesse sind 95 Länder mit 5045 Verlagen vertreten (1352 Verlage aus BRD). Schwerpunktthema: Schwarzafrika Die Sprache wandelt sich ständig durch Aufnahme neuer und Aussonderung überlebter Begriffe. Beispiele: Holocaust (Judenverfolgung der NS-Zeit); Boatpeople (SO-asiatische Bootsflüchtlinge); alternativ (abweichend von der Norm); Nachrüsten (Aufholen im	Berlin (W), Bremen, Freiburg, Zürich, Hannover, Hamburg u. a. erweisen Fortdauer des Generationskonfliktes, der um 1967 begann Im Zuge politischer Veränderungen fordern Warschauer Studenten mit Sitzdemonstrationen unabhängigen Studentenverband, der zugestanden wird Indische Polizei foltert und blendet Häftling Besonders durch die Revolution im Iran verstärkt sich der weltpolitische Einfluß des Islam. Spezielle Macht gibt ihm das Erdöl

„Being There" („Willkommen Mr. Chance") (US-Film von *Hal Ashby* mit *Peter Sellers* * *1925*, † 1980)

† *Lil Dagover*, dt. Schauspielerin, trat seit 1919 besonders im Film hervor (* 1897 in Java)

† *Willi Forst*, dt. Filmkünstler (* 1903)

„All that Jazz" („Hinter dem Rampenlicht") (US-Film von *Bob Foss*)

„Berlin, Alexanderplatz" (Fernsehfilm nach *A. Döblin* von *R. W. Faßbinder* mit *Günter Lamprecht*)

† *Alfred Hitchcock*, brit. Filmregisseur (* 1899)

† *Steve Mc Queen*, US-Filmschauspieler (* 1930)

† *Helmut Käutner*, dt. Filmregisseur (* 1908)

„Der Preis fürs Überleben" (russ. Film von *Hans Noever*, * 1928)

„Das Boot" (dt. U-Boot-Film von *Wolfgang Petersen* nach dem Buch von *Lothar Günter Buchheim*)

† *Walther Rilla*, dt. Schauspieler (* 1894)

Karlheinz Stockhausen (* 1928): „Michaels Jugend" (Komposition mit autobiographischen Zügen)

† *Edith Türkheim*, Tänzerin (* 1910)

† *Winifred Wagner*, Witwe *Siegfried Wagners*, leitete 1930–44 als Verehrerin *Hitlers* die Bayreuther Festspiele (* 1897)

Y. Xenakis (* 1922): „Dikthas" (für Violine und Klavier)

Festival moderner Musik „Warschauer Herbst" findet zum 25. Mal statt und bietet 120 Musikstücke

USSR plant für 1981 erstmalig ein internationales Festival moderner Musik (in dieses Jahr fallen der 100. Geb. von *Bartók*, der 100. von *Prokofjew*, der 91. von *N. Miaskowski*)

„Luzifer" (Multimediaspiel mit klassischer Musik und Lasereffekten)

Lehrstuhl für Diskologie in Hamburg

Abnutzungsfreie „digitale" Schallplattentechnik verbreitet sich

Richard-Wagner-Museum in Altgraupa bei Dresden

zu 100mal starten kann

In verschiedenen Ländern werden „Biofirmen" gegründet, welche die moderne Gentechnik kommerziell nutzen wollen (z. B. Enzymherstellung)

2 US-Firmen produzieren Interferon durch genetische Manipulation an Bakterien

Hinter der Ausweitung der Interferonforschung steht die Hoffnung auf wirksame Krebsbekämpfung

Die genchirurgische Manipulation eröffnet Hoffnungen und nicht weniger Befürchtungen wegen der Gefahren eines neuen wissenschaftlichen Zeitalters

Die lange Agonie *Titos* zeigt ähnlich wie beim Tode *Francos* die Möglichkeiten der modernen Intensivmedizin, ihre menschlich problematische Anwendung und ggf. ihre politische Bedeutung

Somatostatin als neues hormonales Heilmittel gegen Magen- u. Darmblutungen

Neues Antibiotikum Claforan mit breitem Wirkungsspektrum in Dtl. entdeckt

Das verbreitete Formaldehyd erweist sich überra-

Flugzeugabsturz auf Teneriffa fordert 146 Tote

4 Flugzeugabstürze i. d. USA an einem Tage: 91 Tote

Bruchlandung einer rumänischen Verkehrsmaschine mit 160 Insassen im Meer (1 Toter)

Ca. 20 000 Tote durch Erdbeben, das El-Asnam zu 80 % zerstört. Dieser Ort in Algerien war schon 1954 durch Beben verwüstet und wiederaufgebaut worden

25 Tote bei Erdbeben im Iran

Über 3000 Tote und 200 000 Obdachlose durch schweres Erdbeben in Süditalien. Die Behörden versagen trotz internationaler Hilfe in der Katastrophenbekämpfung

Im Sturm kentert die Versorgungs- und Wohninsel im norwegischen Erdölbohrgebiet Ekofisk in der Nordsee: 124 Tote und Vermißte

49 Tote bei Grubenunglück in Rumänien

37 Tote bei Brand in 2 Londoner Nachtlokalen

Gasexplosion bei Festvorbereitung (Verlobung) tötet 97 Frauen und Kinder in einem türkischen Dorf

Explosionsunglück im Iran fordert zahlreiche Tote

Hurrikan »Allen« fordert in der Karibik ca. 300 Tote

Mehrere Erdbeben begrenzter Stärke in Kalifornien, wo Erdbebenforscher größere Beben erwarten. Die jährliche Erdbebenenergie beträgt im Mittel 35 000 Mrd. kWh

Hitzewelle in Texas fordert 338 Tote

Vulkanausbruch des Mount St. Helen in Washington/USA nach 123 Jahren Inaktivität (Aschewolken sind auch in Garmisch-Partenkirchen nachweisbar)

Die Kongreßhalle im Berliner Tiergarten in Spannbetonbauweise stürzt ein: 1 Toter

13 Tote bei Rassenunruhen in Miami/USA

Nach Straßenbrückeneinsturz durch Schiffskollision in Schweden werden 10 Menschen und ihre Fahrzeuge vermißt

Explosionsunglück in einer Schule bei Bilbao tötet 48 Kinder und 3 Erwachsene

Über 39 Tote beim Brand im MGM-Hotel in Las Vegas, das mit 2100 Zimmern eines der größten i. d. USA ist

(1980)	hindert das vorbereitete Treffen zwischen *E. Gierek* und *H. Schmidt* *Lech Walesa* (* 1943) ergreift Führung bei der Bildung der parteiunabhängigen Gewerkschaft „Solidarität", die das politische Bild Polens grundlegend verändert Einweihung des Mahnmals auf der Leninwerft in Danzig, das an die 28 Toten erinnert, die dort 1970 bei einer Arbeiterdemonstration gegen die Regierung ihr Leben lassen mußten. Der Staat wird bei dieser Feier durch Präsident *Jablonski* vertreten Poln. Min.-Präs. *Jaroszewicz* (* 1909) wird von *Babiuch* (* 1927) abgelöst Wegen der Situation in Polen und drohender Intervention der USSR senden USA Fernaufklärer Awacs i. BRD (zuvor schon nach Saudi-Arabien) † *A. Kossygin,* Reg.-Chef der USSR seit 1964 (* 1904) Grenzkrieg zwischen Irak und Iran spaltet das arabische Lager und vernichtet etwa 10 % der globalen Erdölförderung *Bani-Sadre* (* 1933, gilt als Marxist) mit großer Mehrheit in Volkswahl zum Präsidenten des Iran gewählt Kriegsmanöver des Warschauer Paktes an den polnischen Grenzen lassen eine Intervention der USSR in Polen befürchten, was als Katastrophe betrachtet würde Wahlen in Kanada bringen Sieg von *P. E. Trudeau* (* 1919, liberal) über *J. Clark* (* 1939, konservativ) Volksabstimmung über die Autonomie von Quebec entscheidet mit großer Mehrheit für den Verbleib bei Kanada † *Josip (Broz) Tito,* Partisan des 2. Weltkrieges, Begr. des Neuen Jugoslawien mit führender Bedeutung für die Bewegung der Blockfreien (* 1892). Nach Beinamputation dauert die Agonie über 100 Tage Anläßlich der Beisetzung *Titos* kommt es zu weltpolitisch bedeutungsvollen Begegnungen *A. Kossygin,* Min.-Präs. der USSR seit 1964 (* 1904), wird von *Tichonow* (* 1905) abgelöst † *J. A. Malik,* Außenpolitiker der USSR (* 1906) Der Systemkritiker der USSR *Sacharow* (* 1921) wird nach Gorki verbannt 3 Kinder von Erholungsreisenden werden in Italien entführt und nach Zahlung einer hohen Lösegeldsumme nach 68 Tagen unversehrt freigelassen † *Ludvik Svoboda,* Politiker der ČSSR (* 1895) Infolge des russischen Einmarschs in Afghanistan rechnet man mit ca. 1 Mill. Flüchtlingen in Pakistan aus Afghanistan Konferenz islamischer Staaten in Islamabad/Pakistan verurteilt russischen Einmarsch in Afghanistan	Rüstungswettlauf); Ölschock (Erschütterung einer Ölkrise); Jogging (Dauerlauftraining); Disco (Schallplattentanzmusik und ihr Sound) usw.	„Die Blechtrommel" (Film nach *G. Grass* von *V. Schlöndorff,* * 1939), erhält „Oscar" als bester ausländischer Film † *Sam Levene,* US-Filmschauspieler russ. Herkunft (* 1905) „Der Kandidat" (kritischer Film über *F. J. Strauß* von *Kluge, Aust, Schlöndorff*) „Atlantic City" (US-Film von *Louis Malle,* * 1932, Frankr.) mit *Burt Lancaster* (* 1913, USA) † *Mae West,* US-Filmschauspielerin, zu ihrer Zeit Sex-Idol (* 1893)

	GEMA erzielt Erträge von 433,5 Mill. DM aus musikalischen Urheberrechten Schlager: „Sing', mei' Sachse, sing'" (beliebt in BRD u. DDR), „Sun of Jamaica", „Abschied ist ein bißchen wie sterben" Der Discosound steht einer Schlagerpopularität oft entgegen Es wird eine Krise in der Discomusik-Industrie registriert, wozu private Tonbandaufnahmen beitragen Wegen Streik der Musiker sagt die Metropolitan Opera New York zunächst sämtliche Aufführungen der Winterspielzeit 1980–81 ab	schend als krebserzeugend Ärztekongreß in Innsbruck stellt entgegen früheren Ansichten positive Wirkungen des Hochgebirgsklimas auf Kreislaufkranke fest In BRD liefern regionale Testprogramme zusätzliche Informationen für den Fernsehschirm als Bildschirmtext (über Telefon) oder Videotext (über Fernsehkanal). Dabei können Schrifttafeln nach Wahl sichtbar gemacht werden Euronet als Verbund von 90 europäischen Datenbanken eröffnet In USA wird räumliches (Stereo-)Fernsehen vorbereitet Ca. 2000 Jahre alter Einbaum in Köln entdeckt 450 000 Jahre alte menschliche Gebeine in einer Höhle in Frankreich entdeckt Mikroanalysen erweisen Waldvernichtung in Sibirien 1908 durch Riesenmeteoriten, der bei 30–40 m Durchmesser auf 4000 t geschätzt wird Eine kosmische Katastrophe wird zunehmend erkennbar (evtl. Kometenzusammenstoß), der vor 65 Mill. Jahren auch die Dinosau-	45 Tote bei einem Hotelbrand in Japan (Kawaji) Zugunglück in Italien: 120 Tote, über 100 Verletzte Sprengstoffanschlag auf Bundesanstalt für Arbeit in Nürnberg verursacht ca. 1 Mill. DM Schaden Sprengstoffanschlag auf den Hauptbahnhof Bologna: 82 Tote (Täter vermutlich Rechtsextremisten) Ein schweres Sprengstoffattentat auf dem Münchner Oktoberfest wird Rechtsextremisten zugeschrieben: 12 Tote, über 140 teilweise schwer Verletzte. Ein Attentäter wird getötet 11jähriges Mädchen nach Entführung in Karlsruhe ermordet aufgefunden, obwohl die Eltern bereit waren, hohes Lösegeld zu zahlen. 2 Tage später wird ein dringend der Tat verdächtiger Diplom-Volkswirt verhaftet In USA tragen ca. 400 Motorradbanden erheblich zur Kriminalität bei Gefängnismeuterei i. Santa Fé erfordert 75 Tote. Häftlinge bringen sich gegenseitig um Ein Massenmörder, der „Jack the Ripper" aus dem Jahr 1888 nachahmt, beunruhigt mit 12 Frauenmorden das Gebiet um Leeds (Gr.-Brit.) Jugendkrawalle in mehreren Städten (vgl. Ph) Vom Mont-Blanc-Tunnel (1965) bis zum Arlberg- und St.-Gotthart-Tunnel (1980) werden die Alpen dem Kfz-Verkehr weiter erschlossen Nach 9 Jahren Bauzeit wird der St.-Gotthart-Straßentunnel eröffnet und schafft mit 16,5 km Länge schnelle und sichere Verbindung durch das Alpengebiet BRD verschifft Baumaterial für Antarktisstation Inbetriebnahme Europas höchster Seilbahn auf das „Kleine Matterhorn" (3820 m). Die intensive Seilbahnerschließung der Berge wird kontrovers diskutiert Neue Planung für einen Kanaltunnel Frankreich–England auf privater Grundlage Verkehrsverbund Rhein-Ruhr (VRR) mit 12 000 km Netz eröffnet Stapellauf des Kreuzfahrtschiffes „Europa" durch *Simone Veil* in Bremen

(1980)

und erklärt dort eingesetzte Regierung unter *Babrak Karmal* (* 1929) für illegal

USSR zieht kleine Truppenkontingente aus der DDR ab. Dieser Geste folgt der Einmarsch in Afghanistan

Nach einem Veto der USSR im Sicherheitsrat verurteilt die UN-Vollversammlung mit der großen Mehrheit von 104 Stimmen den sowjetischen Einmarsch in Afghanistan

Im Spannungsfeld von USSR und VR China und ihren Verbündeten bleibt SO-Asien von Kriegswirren und Flüchtlingselend überschattet

Die politische und militärische Intervention der USSR in Afghanistan ruft eine internationale Krise hervor, die die Entspannungspolitik des letzten Jahrzehnts in Frage stellt

Es kommt zur 2. Verurteilung der USSR-Invasion in Afghanistan durch die UN-Vollversammlung

Nach dem Scheitern der Janata-Partei gewinnt *Indira Gandhi* (* 1917) nach 33 Monaten durch Wahlsieg der Kongreßpartei als Min.-Präs. Indiens die politische Macht zurück

Militärputsch in Bolivien – als etwa 200. Staatsstreich seit Staatsgründung (1836) – begründet Militärdiktatur

Durch plebiszitäre Verfassungsänderung verlängert General *U. Pinochet* (* 1915) seine Amtszeit als Staatschef von Chile von 1979 bis 1981

29 Tote bei der Erstürmung der spanischen Botschaft durch die Polizei in Guatemala

Geiseldrama in der dominikanischen Botschaft in Bogotá/Kolumbien endet ohne Blutvergießen und Freipressung

40 Tote bei Zusammenstößen mit 150 000 linken Demonstranten in San Salvador

Erzbischof von San Salvador *Romero* wird ermordet. Tumulte bei seiner Beisetzung fordern 40 Tote

Zentralregierung Indiens unter *I. Gandhi* setzt 9 Landesregierungen ab, um Neuwahlen herbeizuführen

† *Sanjai Gandhi* (durch Flugzeugunglück), Sohn von *Indira G.* (* 1947)

† *M. Ohira,* japan. Min.-Präs., nach politischer Niederlage (* 1933), ihm folgt *S. Suzuki* (* 1911)

Hua Kuo-feng tritt als Min.-Präs. der VR China zurück, bleibt aber KP-Vorsitzender

In China beginnt der Prozeß gegen die „Viererbande" um die Witwe *Maos,* der Verbrechen in der Kulturrevolution zur Last gelegt werden

Südkoreanische Militärregierung unterdrückt blutig Volksaufstand in Kwangju

In Südkorea folgt Militärdiktatur auf Studentenunruhen

(35 000 BRT, 2 × 14 460 PS Antrieb), 600 Passagiere

2 US-Autofahrer fahren in 75 Tagen auf den Landstrecken um die Erde (46 670 km)

Von rd. 111 000 Münzfernsprechern i. BRD wurden 1979 54 % mutwillig zerstört

Der Doppelwolkenkratzer World Trade Center in New York (erbaut 1976) erweist sich als unrentabel und steht zum Verkauf

Schachweltmeisterschaftskandidaten *Rudolf Hübner* (* 1948, BRD) und *Viktor Kortschnoi* (* 1940, Exilrusse) kämpfen um Entscheidungsrunde mit Weltmeister (seit 1975 *Karpow,* * 1951, USSR)

US-Studie erwartet im Jahr 2000 ca. 6,35 Mrd. Menschen, davon ca. 4 Mrd. unzureichend ernährt

Die Statistik der UN gibt die Zahl der Einwohner der VR China mit 833 Mill. an (die bestehende Wachstumsrate läßt bis zum Jahr 2000 1 Mrd. Einwohner erwarten)

23 Banküberfälle in 11 Monaten in Berlin (W)

US-Pentagon gibt für die letzten 30 Jahre 32 „gefährliche" Unfälle mit Atomsprengstoff bekannt

Fachleute erwarten in den nächsten Jahrzehnten durch Recycling keine Verknappung von Nichteisenmetallen

Der Geburtenzuwachs i. DDR steigt gegenüber 1979 um 4 %. Auch i. BRD steigt Geburtenzahl an

Weltluftverkehr verzeichnet nur 2–3 % realen Zuwachs

Japan baut mehr PKW als USA

300 000 Videorecorder für Fernsehaufnahmen i. BRD. Bis 1985 werden etwa 3 Mill. Aufnahmegeräte erwartet

Mit 12,7 Liter Alkohol pro Kopf erreicht die BRD einen Höhepunkt des Konsums (1,5 Mill. Menschen gelten als alkoholabhängig)

In USA verursachen 13 % der Patienten in Krankenhäusern mit Leiden durch Alkohol, Nikotin und Übergewicht dieselben Kosten wie die anderen 87 %

2 Familien aus der DDR fliehen im selbstgebauten Heißluftballon unversehrt in die BRD (andere Fluchtwege führen über die Ostsee)

rier zum Opfer fielen

Die 1970 gegr. Arbeitsgemeinschaft der Großforschungseinrichtungen i. BRD (AGF) hat 16 000 Mitarbeiter (davon 4000 Wissenschaftler) und 1,6 Mrd. DM Jahresausgaben

Die *Max-Planck*-Ges., 1911 als *Kaiser-Wilhelm*-Ges. gegr., hat über 10 000 Mitarbeiter (davon 4000 Wissenschaftler) und einen Jahreshaushalt von 844 Mill. DM

Supercomputer „Cray" in Garching b. München für 80 Mill. Rechenoperationen in der Sekunde mit einer Leistungsdichte v. 50 kW/m³

Die Abnahme der Umlaufzeit von Doppelsternen um 1/100 000 Sekunde im Jahr erweist die Abstrahlung der von *Einstein* erwarteten Gravitationswellen

Die größte bekannte Primzahl mit 13 395 Stellen wird von einem Computer in 20 Minuten berechnet

BRD beteiligt sich zunehmend an Erforschung und Erschließung der Antarktis. Dauerhafte Station ist geplant und im Bau

Zweiter Fehlstart der Europarakete „Ariane"

Indien gelingt erfolgreicher Start einer Langstrekkenrakete. Bisherige Starts eigener Raketen:
Dtl. 1942 (V 2)
USSR 1957
USA 1958
Frankr. 1965
Japan u. VR China 1970
Indien 1980
Europa (BRD u. Frankr.) –

Eine Woche nach dem Ausbruch des Vulkans Mount St. Helen in USA werden Staubpartikel in Garmisch-Partenkirchen nachgewiesen

Die kontroverse Debatte um die friedliche Nutzung der Kernenergie verzögert erheblich Planung und Realisierung wichtiger Projekte

Bundesinnenminister *G. Baum* genehmigt den Bau des Kernkraftwerks Brockdorf, was zu neuen Protestdemonstrationen führt

1969–79 werden 421 unterirdische Kernexplosionstests registriert: USSR 191, USA 154, Frankr. 55, VR China 15, Gr.-Brit. 5 und Indien 1

„The clock universe" („Die Welt als Uhr") (Ausstellung von Uhrmacherkunst aus Leipzig in Washington)

Wissenschaftliche Forschung und technische Entwicklung erfordern jährlich ca. 300 Mrd. DM (2,4 % globales BSP)

(1980)

Die Min.-Präsidenten von N- und S-Korea konferieren über Wiedervereinigung

Im 155. Wahlgang wählt UN-Vollversammlung Mexiko in den Sicherheitsrat, nachdem Kuba und Kolumbien verzichtet hatten

Saint Lucia mit 4,4 Mill. Einw. wird 152. Mitgl. der UN

Die Regierung von El Salvador läßt 6 Mitglieder der Opposition grausam ermorden

Staatsanwalt beantragt in China Todesstrafe gegen die Witwe von *Mao*, *Chiang Chin* (* 1914), die in der Kulturrevolution auf Weisung ihres Gatten gehandelt haben will

Zahl der politischen Flüchtlinge wird auf rd. 16 Mill. geschätzt
Asien: 7,3
Afrika: 4,0
Naher Osten: 4,3
Lateinamerika: 1,0
Osteuropa: 0,23

Kühl-feuchter Sommer gefährdet Ernte in Mitteleuropa, Überschwemmung in Polen

Olympische Winterspiele in Lake Placid/USA

Medaillenspiegel G:S:B (Auswahl)

USSR	10:6:6
DDR	9:7:2
USA	3:2:2
Österr.	3:2:2
BRD (12. Platz)	0:2:2

Olympische Sommerspiele in Moskau: von 145 teilnahmeberechtigten Ländern nehmen 81 teil, 64 bleiben fern, um gegen den Einmarsch der USSR in Afghanistan zu protestieren, darunter USA, BRD und Japan

Medaillenspiegel G:S:B (Auswahl)

1. USSR	80:69:46
2. DDR	47:37:17
3. Bulg.	8:16:17
4. Kuba	8: 7: 5
5. Ital.	8: 3: 4
8. Frkr.	6: 5: 3
usw.	

Bei den Olympischen Sommerspielen in Moskau werden 55 neue Weltrekorde erzielt.

Ca. 10 Mill. Rheumaleidende in BRD. Der Wert des Arbeitsausfalls liegt bei 11 Mrd. DM

Bei einem Tagesbedarf von 70 g Eiweiß/Mensch besteht ein Jahresdefizit von 22 Mill. t für die Menschheit

Hitzewelle in Texas und feuchtkalter Frühsommer in Mitteleuropa

1. Smog-Alarm in Berlin (W)

Anderson u. *Anderson* (Vater und Sohn) überqueren in Kanada erstmalig im Ballon Nordamerika von Ost nach West

Björn Borg (* 1956 i. Schweden) gewinnt zum 5. Mal hintereinander Herren-Tennis-Einzel in Wimbledon

Eisschnelläufer *Eric Heiden* (* 1960, USA) gewinnt 5 olympische Goldmedaillen (500 m, 1000 m, 1500 m, 5000 m, 10 000 m)

Der polnische Einhandsegler *Henryk Jaskula* (* 1923) segelt in 344 Tagen um die Erde

† *Jesse Owens*, schwarzer Leichtathlet der USA, der 1936 in Berlin 4 olympische Goldmedaillen gewann (100 m, 200 m, 4 × 100 m, Weitsprung) (* 1913)

† *Hanna Reitsch,* dt. Fliegerin, wurde 1937 1. dt. Luftkapitän, hielt bis in die letzten Kriegstage Flugverbindung zum eingeschlossenen Berlin. Unternahm Hubschrauberflug in geschlossener Halle (* 1912)

Nachfolger des IOC-Präsidenten *Lord Killanin* (* 1914) wird der Spanier *Samaranch* (* 1920)

Irina Rodnina (* 1949, USSR gewinnt mit Alexander Saitsew Goldmedaille im Eispaarlauf und gilt damit als „erfolgreichste Läuferin aller Zeiten" (3 x olymp. Gold, 10 x WM-Gold, 11 x EM-Gold)

D. Thurau gibt die Tour de France auf, die er 1977 auf dem 2. Platz abschloß

Gerd Wessig (* 1959, DDR) erreicht im Hochsprung bei den Olympischen Spielen in Moskau neuen Weltrekord mit 2,36 m

Sportlerin der USSR wirft den Speer über 70 m

Schnelle Verbreitung des Rollschuhlaufens (Kölner Domplatz wird beliebter Laufplatz)

Nottingham gewinnt gegen HSV Europa-Fußballpokal (UEFA-Cup)

Außerhalb Chinas sind nur 12 lebende Pandabären (meist in Tiergärten) bekannt

Pandabär nach natürlicher Zeugung im Zoo Mexiko-Stadt geboren (2. Geburt in einem Zoo). Es leben insges. noch etwa 80 Tiere

Neugeborener Pandabär im Zoo von Mexiko vom Muttertier erdrückt

VR China schenkt dem Westberliner Zoo 2 Bambusbären

1981

Friedensnobelpreis an die UN-Flüchtlingskommission unter Hochkommissar *Poul Hartling* (* 1914)

Demonstrationen gegen Auf- und Nachrüstung in Berlin (W), Rom, Paris, London, Brüssel, Stockholm, Oslo mit jeweils etwa 100 000 Teilnehmern. Es bildet sich eine internationale Friedensbewegung. In DDR wird die kirchliche Parole „Schwerter zu Pflugscharen" unterdrückt

Bei dem Problem der Mittelstreckenraketen in Europa steht die „Nullösung" der NATO einem Moratoriumsvorschlag der USSR gegenüber

USA und USSR kommen überein, Verhandlungen über Mittelstreckenraketen in Europa aufzunehmen. Mit Unterstützung der BRD schlägt USA die „Nullösung" vor, bei der beide Seiten auf diese Raketen verzichten

In d. BRD fordern 150 Schriftsteller Stop des Wettrüstens

Etwa 250 000 demonstrieren in Bonn für Abrüstung und Frieden (NATO-Politik und Nachrüstung werden verurteilt)

Veto der VR China verhindert erneute Wahl von *K. Waldheim* (* 1918 i. Österr.). Sein Nachfolger wird *Perez de Cuéllar* (* 1920 i. Peru)

Militärische Ausgaben der Erde (in Mrd. Dollar) 1970–80

1970	312
1975	329
1978	345
1980	455

1970–80 + 3,8%/Jahr

Die Lage in und um Afghanistan, Polen, Israel, Iran/Irak, mangelnde Verhandlungsbereitschaft der Weltmächte steigert die Kriegsfurcht der Menschen

25. Runde der MBFR-Verhandlungen für ausgewogene beiderseitige Truppenreduzierung, seit 1973 i. Wien, ohne Ergebnis beendet (Forts. Januar 1982)

Das Kernwaffenpotential der Erde wird auf 50 Mrd. t TNT geschätzt (=11,3 t TNT pro Kopf der Menschheit)

Die NATO geht von 220 modernen sowjetischen Mittelstreckenraketen aus, die mit mehr als 600 Kernwaffensprengköpfen Europa bedrohen

NATO-Doppelbeschluß führt auch zu starken Spannungen in der SPD. BK *H. Schmidt* kündigt Rücktritt an, wenn SPD-Parteitag gegen den Doppelbeschluß votiert

Das Verhältnis der Gefechtsköpfe auf Mittelstreckenraketen SU:NATO beträgt 8:1. Mit westlicher Nachrüstung würde sich 2,5:1 ergeben, ohne 10:1

Literatur-Nobelpreis an den dt.-sprachigen Schriftsteller *Elias Canetti*, bulgarischer Herkunft (* 1905). Schrieb „Die Blendung" 1935

Friedenspreis des Dt. Buchhandels an *Lew Kopelew* (* 1912), einem sowjetischen Dissidenten

USSR bürgert Schriftsteller *Lew Kopelew* aus

Woody Allen (* 1935): „Die schwebende Glühbirne" (US-Bühnenstück, Urauff. in New York)

Jean Anouilh (* 1911): „Le Nombril" (Der Nabel) (frz. Lustspiel) Urauff. i. Paris

† *Mariama Bâ*, senegalesische Schriftstellerin, schrieb „Ein so langer Brief" (* 1929)

† *Adolf Beck*, Herausgeber der *Hölderlin*-Ausgabe 1943 ff (* 1908)

S. Beckett (* 1906): „Company, Gesellschaft, Compagnie" (Fabel in 3 Sprachen mit der Aussage „Gott ist nicht die Liebe")

Ingmar Berg-

Amnesty international beklagt Verletzung der Menschenrechte in 117 Ländern, besonders in El Salvador und Guatemala

„Frieden – Abrüstungen – Entspannung" als Leitthema der 36. Ruhrfestspiele in Recklinghausen

Meinungen zur Technik i. BRD (%) 1966 – 80

	1966	75	76	80
eher ein Segen	72	55	51	34
eher ein Fluch	3	10	16	13
weder/noch	17	28	26	49
keine Meinung	8	7	7	4

Internationale Vereinigung nennt als Rangfolge der Genies: 1. *Leonardo da Vinci*, 2. *Albert Einstein*, 3. *Isaac Newton*, 4. *T. A. Edison*

UN erklärt dieses Jahr zum „Jahr der Behinderten"

Denkschrift der Evang. Kirche Deutschlands (EKD) fordert Friedensordnung

Menschenrechtskonferenz in Genf stellt fest, daß 11–13000 Menschen spurlos verschwunden sind (allein in Argentinien ca. 7000)

Hermann Albert (* 1937): „Akt im sonnigen Zimmer"

Arnold Bambert: „Afrika" (Stammeskunst in Urwald und Savanne)

G. Bergmann (* 1922): „Südliche Landschaft" (Gem.)

Neubau der bayrischen Hypobank in München (Architekten: Das Ehepaar *Walther* und *Bea Betz*)

J. Beuys: „Loch" (auf der Ausstellung „Schwarz" i. Düsseldorf)

Boris Birger: „Ehepaar Pasternak" (russ. Porträt, gemalt von einem Sohn Pasternaks)

Ausstellung von Werken des koreanischen Videokünstlers *N. Paik* (* 1932) und des dt. Objektkünstlers *J. Beuys* (* 1921) in New York

Peter Brandt (* 1937): „Grüne Kurve" (Straßenbild aus der Sicht eines Autofahrers)

Paul Braslow (* 1927 i. Kalifornien): „With Life" (Plastik)

Ausstellung von Werken von *A. Breker* (* 1900) in Berlin (W) stößt wegen dessen NS-Vergangenheit auf starken Protest

† *Marcel Breuer* (in USA), Architekt und Bauhausschüler ungar. Herkunft (* 1902)

Louis Andriessen (* 1940): „Die Zeit" (niederländ. Minimal-Musik)

† *Hendrik Andriessen*, niederl. Komponist (* 1892)

† *Samuel Barber*, US-Komponist lyrisch-romantischer Richtung (* 1910) schrieb 1962 Klavierkonzert

Im Mittelpunkt der Ars-nova-Musikwochen in Baden-Baden steht die Form des Instrumentalkonzerts z. B. *Tilo Medek* (*1940): Konzert für Orgel und Violine

Gedenkjahr für *Bela Bartók* (* 1881 i. Ungarn, † 1945 i. USA)

Das Manuskript von *Beethoven* „Exaudi deus" wird in Breslau entdeckt

M. Béjart (* 1927): „Light" (Ballett nach Musik von *Vivaldi*. Urauff. i. Brüssel)

† *Robert Russell Bennett*, US-Komponist, Arrangeur u. Dirigent von Musicals (* 1894)

† *Karl Böhm*, Dirigent österr. Herkunft, weltweit berühmt als Mozartinterpret

Nobelpreis für Physik an *K. M. Siegbahn* (* 1918 i. Schweden) für hochauflösende Elektronenspektroskopie und *Nikolaas Bloembergen* (* 1920 i. Niederl.); weiter an *L. Schawlow* (* 1921 i. USA. Letztere, die in USA arbeiten, für Laserspektroskopie)

Nobelpreis f. Chemie an *Kenichi Fukui* (* 1918 i. Japan) und *Roald Hoffmann* (* 1937 i. Polen) für Erforschung von Reaktionskinetik (H. arbeitet in USA)

Nobelpreis f. Medizin und Physiologie an *R. W. Sperry* (* 1913 i. USA) und *David H. Hubel* (* 1926 i. USA) sowie an *Torsten N. Wiese* (* 1924 i. Schweden) für Hirnforschung (alle 3 arbeiten in USA)

Atkin u. *Rickert* berechnen den bisher größten Primzahlzwilling: $2^{3424} \pm 1$

50. Herztransplantation im Groote Schuur-Krankenhaus in Kapstadt unter Leitung von *Ch. Barnard* (* 1922), der 1967 die erste ausführte

Harald Fritzsch (* 1934): „Quarks", verbreitet die Theorie der Elementarteilchen, die *Gell-Mann* (* 1929 i. USA) 1964 begr., in nichtmathemati-

Nobelpreis für Wirtschaftswissenschaften an *J. Tobin* (* 1918 i. USA) für seine Beiträge zur Investitionstheorie

A. W. Clausen (* 1923 i. USA) wird Präsident der Weltbank

Während der Amtszeit *R. McNamaras* (* 1916) von 1968 bis 1981 als Präsident der Weltbank steigerte sich die Kreditaufnahme von 1 auf 7 Mrd. US-$ (+16,1 % / Jahr)

Nord-Süd-Konferenz in Cancún/Mexiko erzielt nur bescheidene Ergebnisse

Anstieg der Arbeitslosigkeit 1974–80 (%)

Belgien	252,7
Gr.Brit.	206,3
Austral.	181,1
Frankr.	136,6
Kanada	68,7
Japan	56,2
Ital.	52,6
BRD	52,6
USA	46,7
Schweden	7,5

Anfang Dezember zählt BRD 1,49 Mill. Arbeitslose (Quote 7,5 %, in der EG 8,8 %)

An Arbeitstieren gibt es auf der Erde 61,6 Mill. Pferde, 1200 Mill. Rinder und 150 Mill. andere

30 % der Menschen in der EG leben in Armut (ca. 78 Mill. Menschen)

Ausfuhrkunden der BRD (in %)

Frankreich	13,6
Niederl.	9,0
Ital.	8,7
B.Lux.	7,7
Gr.Brit.	6,2
USA	6,0
Schweiz	5,5
Österr.	5,1
Schwed.	2,7
USSR	2,1
Rest	10,0

Auslandsinvestitionen der BRD betragen 84,0 Mrd. DM

Banken i. BRD stellen Geldautomaten auf

Der Preis pro Computereinheit fällt jährlich um 15 %

Erdweite Kapazität der Container-Flotte steigt 1979–81 jährlich um

(1981)

Der NATO-Doppelbeschluß von 1980, auf dem Gebiet der europäischen Mittelstreckenraketen nachzurüsten und gleichzeitig mit der Sowjetunion über ein Gleichgewicht dieser Waffen auf niedrigem Niveau zu verhandeln, ist heftig umstritten. *Breschnew* bietet ein Moratorium an, das die sowjetische Überlegenheit (etwa 8:1) unverändert ließe

NATO beschließt, Spanien als 16. Mitglied aufzunehmen

Sitzung der NATO-Verteidigungsminister im Schatten des Konflikts Griechenland-Türkei

Internationale Abrüstungskommission unter *Palme* (früherer sozialdem. Min.-Präs. von Schweden) mahnt die Weltmächte zur Beschränkung der Raketenwaffen

Waffenhandel (vgl. Spalte V)

W. Brandt führt in Moskau Gespräche über Abrüstung

Gaston Thorn (* 1928, Liberaler aus Luxemburg) wird Präsident der EG

Gipfeltreffen der 10 EG-Länder in Luxemburg

EG-Konferenz in Luxemburg beschließt, durch ihren Präsidenten Lord *Carrington* (* 1920) Moskau eine Konferenz zur Beilegung des Konfliktes um den sowjetischen Einmarsch in Afghanistan vorzuschlagen. Sowjetunion lehnt den Plan ab

EG-Gipfel in London bleibt ohne wesentliche Ergebnisse. Außenmin. erhalten Auftrag, nach Wegen zu suchen

EG-Gipfeltreffen in Maastricht läßt wichtige wirtschaftliche Probleme ungelöst (Fischereigebiete, Stahlkrise etc.)

Das Europaparlament will Straßburg zum ständigen Tagungsort (bisher auch Luxemburg und Brüssel). Die Entscheidung steht aus

KSZE-Folgekonferenz in Madrid vertagt sich ohne Ergebnisse

Das Gipfeltreffen der 7 führenden Industrienationen in Ottawa (Kanada) ist durch Meinungsverschiedenheiten gekennzeichnet (Über Hochzinspolitik der USA und Erdgasgeschäft BRD-USSR)

Außenminister von 22 Staaten bereiten Nord-Süd-Konferenz in Mexiko vor

Bundeskanzler *H. Schmidt* erhält Herzschrittmacher bei nur kurzzeitiger Unterbrechung der Amtsgeschäfte

Dt.-frz. Konsultationstreffen in Bonn (ohne frz. kommunistische Minister) bekräftigt dt.-frz. Freundschaft auch nach frz. Regierungswechsel

Richard Löwenthal veröff. Thesen über Randgruppen in der SPD, denen das Lager um *H. Schmidt* eher zustimmt als das um *W. Brandt*

man (* 1918 in Schweden) beendet seine Arbeit am Residenztheater in München

Thomas Bernhard: „Am Ziel" (österr. Bühnenstück), Urauff. in Salzburg mit *Marianne Hoppe* (* 1911)

Thomas Bernhard: „Ave Vergil" (Gedicht)

Thomas Bernhard: „Vor dem Ruhestand" und *Nelly Sachs* „Eli" (Bühnenstücke) erstmalig in USA aufgeführt

Thomas Bernhard: „Die Kälte, eine Isolation"

Lucien Bodard (Frankr.) erhält Prix Goncourt

† *Rolf Bongs*, dt. Lyriker, Germanist und Kunsthistoriker, lebte und wirkte zeitweise in USA (* 1907)

Howard Brenton (*1942): „The Thirteenth Night" (engl. Bühnenstück, Urauff. i. London)

† *Elisabeth Brock-Sulzer*, Schweizer Theater-Kritikerin (* 1903)

B. Brecht: „Der Bettler oder der tote Hund" (1. Auf. i. BRD)

† *Karl Büchner*, klassischer Phi-

„Berliner Begegnung" unter Leitung von *St. Hermlin* (* 1915, aus DDR) mit Teilnehmern aus BRD und DDR diskutiert offen die Probleme von Rüstung und Frieden

Nach 474 Verhandlungstagen wird im Majdanekprozeß eine KZ-Aufseherin zu lebenslanger Haft verurteilt (Der Prozeß dauerte fast 5 Jahre. Sein Ergebnis löst heftige Proteste aus)

Frankreich schafft die Todesstrafe ab

In Bayern wird die Prügelstrafe in der Schule abgeschafft

† *Fritz Blättner*, dt. Pädagoge, speziell f. Berufsbildung und Erwachsenenbildung (* 1891)

Giorgio Colli: „Die Geburt der Philosophie" (ital.)

Historikerpreis der Stadt Münster an *Gordon A. Craig* (* 1914, USA) für seine „Dt. Geschichte 1866–1945"

Gabriele Dietze: „Todeszeichen" (Freitod in Selbstzeugnissen)

† *Will Durant*, US-Philosoph und Kulturhi-

Karl. H. Bröhan (* 1921) schenkt seine Kunstsammlung (Sezession, Jugendstil, Art Deco) dem Land Berlin

Bernard Buffet (* 1928): „Begonientopf" (Farblitho)

James Butler (* 1931): „Mädchen auf Kissen" (engl. Bronze)

René Carcan (* 1925 i. Brüssel): „Les Murs" (Farbradierg.)

M. Chagall: Glasfenster für das Straßburger Münster

M. Chagall (* 1887): „Vielfarbiger Strauß" (Farblitho)

Bernhard Charoy (* 1931 i. Lothringen): „Vogelflug" (Farbholzschnitt)

Ausstellung von Werken von *G. de Chirico* († 1978) in Rom

Salvadore Dali (* 1904): „Licorne" (Farblitho)

Christa Dichgans: „New York" (2 m hohes Gem. als Komposition vieler Details)

Piero Dorazio (* 1927) ital. Maler, der sich vom sozialistischen Realismus zur informellen Malerei wandte (Ausst. i. Ludwigshafen)

Werke von *Paul Eliasberg* (* 1907 i. München) (Ausstellung in Paris)

und Bewahrer der Werktreue (* 1894)

Friedrich Cerha (* 1926): „Baal" (österr. Oper nach *Brecht*, Urauff. i. Salzburg)

Marius Constant (* 1907): (rumän. Komponist aus Paris) „Nana-Sinfonie"

† *H. Chemin Petit*, Komponist und Chorleiter in Berlin(W) (* 1902)

† *Bill Coleman*, Jazztrompeter franz. Abstammung, Vertreter des Swingstils (* 1904)

Donaueschinger Musiktage: Urauff. Engführung n. *Paul Celan*, *Lorenzo Ferero*: „Marilyn-Suite'" f. Sopran, Tenor, Orchester *P. Boulez*: „Repons" für 6 Solisten u. Live Electronic

† *Nico Dostal*, österr. Operettenkomponist (* 1895)

Bob Dylan (* 1941), US-Pop-Musiker auf Deutschland-Tournee

† *Werner Eisbrenner*, dt. Filmmusikkomponist (* 1908)

Götz Friedrich (* 1930), Schüler von *W. Felsenstein*, wird Ge-

scher Form, die ihre Bewährung für einen größeren Kreis erkennen läßt

≈ Das Ziel der theoretischen Physik ist es, mit einer Theorie der Elementarteilchen (etwa Quark-Theorie) alle 3 Wechselwirkungen der Materie (starke, schwache und elektromagnetische) aus einheitlicher Sicht zu verstehen

Elektrisch neutrales Elementarteilchen mit etwa doppelter Elektronenmasse in der Schweiz entd. (dieses „Axion" ergänzt die Theorie der Vereinigung der Wechselwirkungen)

Die Kernphysik sucht mit aufwendigen Detektoren nach dem Zerfall des Protons, dessen Lebensdauer auf 10^{30} Jahre geschätzt wird

Indisch-japanisches Forscher-Team berichtet über eine Beobachtung des erdweit gesuchten Protonenzerfalls mit einer Halbwertszeit von 10^{31} Jahren (Weltalter ca. 2 x 10^{10} Jahren), die für Theorie der Elementarteilchen und die Struktur der Materie fundamentale Bedeutung hat

Im Gegensatz zu bisherigen Vorstellungen wird vermutet, daß Neutrinos Masse besitzen, die

8,5 % und beträgt 1981 1,24 Mrd. 20-Fußeinheiten mit je 20 t Bruttogewicht

US-Dollar steigt im August nach 5 Jahren auf einen Kurs von 2,50 DM

Die Entwicklungshilfe der OECD erreichte 1980 mit 61,4 Mrd. DM 0,44 % des BSP (angestrebt werden 0,7 % des BSP)

Die allg. Lage der öffentlichen Finanzen zwingt den Senat von Berlin zu einem Sparprogramm von 3,8 Mrd. DM bis 1985

Nominelles Wachstum des Haushaltes der BRD (i. Mrd. DM)

1972	110,7
1981	231,2

+ 8,5 %/Jahr (reine +3,5%)

An der Spitze liegen Soziales, Verteidigung und Verkehr

Kartellamt der BRD weist warnend auf zunehmende Firmenfusionen hin

DGB verabschiedet sein 3. Grundsatzprogramm seit 1945

Metallindustrie der BRD wendet mit +4,9 % Lohnerhöhung drohenden Streik ab

10. Parteitag der SED in Berlin (O) verabschiedet 5-Jahresplan mit Steigerung des Nationaleinkommens von 32 % bis 1985

EG-Gerichtshof erklärt Seefahrten zum Einkauf billiger Butter etc. für unzulässig

Heringsfang nach dreijähriger Schonzeit in der EG freigegeben

Fischerei-Abkommen der EG scheitert, was die Fischerei der BRD schwer belastet

Das Wirtschaftswachstum in den OECD-Ländern sinkt fast auf Null

1,06 Mrd. Dollar Verlust bei Ford Detroit

Die 10 größten Industrieunternehmen in BRD haben Umsätze zwischen 20.700 und 49.600 Mill. DM

Carl Hahn (* 1926) neuer VW-Vorstandsvorsitzender als Nachfolger von *Toni Schmücker* (*1921), der es seit 1975 war

(1981)	*H-D. Genscher* führt Anfang April Gespräche in Moskau mit *Gromyko* und *Breschnew* über die gespannte Weltlage SPD-Vorsitzende *W. Brandt* u. *H.-J. Wischewski* besuchen Moskau zur Förderung der Abrüstung Die Reise *W.Brandt's* nach Moskau und seine Gespräche mit *Breschnew* über Mittelraketenrüstung werden von CDU/CSU stark kritisiert Die staatsmännische Leistung der BRD-Regierung *Schmidt-Genscher*, Verhandlungen zwischen USA und USSR zu vermitteln, wird (außer von der Opposition) weltweit anerkannt Bundeshaushalt für 1981 mit 231 Mrd. DM Umfang und 34 Mrd. DM Neuverschuldung verabschiedet (für 1982 wird ein strenger Sparkurs angekündigt) (1966 betrug der Bundeshaushalt 70 Mrd. DM d.h. +8,3%/Jahr nominal) Bundestag in Bonn verurteilt einmütig Militärdiktatur in Polen Haushalt der Bundeswehr deckt nicht ihren notwendigen Bedarf Vermittlungsausschuß findet Kompromiß zwischen Bund und Ländern für Sparhaushalt des Bundes 1982 SPD-Fraktion im Dt. Bundestag über Wehretat zerstritten, Minderheit will kürzen Bundeskongreß der Jungsozialisten kritisiert die Verteidigungspolitik der Bundesreg., insbes. den NATO-Doppelbeschluß, der etwaige Nachrüstung vorsieht Bund und Länder einigen sich über Hochschulbau-Finanzierung Bundesrat stimmt Bundeshaushalt 1980 zu. Bayern strengt als einziges Land Verfassungsklage wegen Kürzung der Bundesmittel für den Hochschulbau an Die sozialliberale Bundesregierung plant eine notwendige Haushaltskürzung von 15,2 Mrd. DM und kündigt Opfer für „alle" an Ernste Differenzen in der sozialliberalen Koalition der BRD über das Sparprogramm † *Albert Speer*, Architekt und Rüstungsbeauftragter *Hitlers*. Verbüßte nach Urteil im Nürnberger Prozeß 20-jährige Freiheitsstrafe in Spandau (* 1905) Nach 5 Jahren Verhandlung Urteile im Prozeß gegen Wachmannschaften des KZ Majdanek, wo etwa 200 000 Menschen umgebracht wurden: 1 mal lebenslänglich, 7 mal Freiheitsstrafen zwischen 3 und 12 Jahren, 1 Freispruch. Die Urteile lösen Empörung aus. Revisionsanträge von Staatsanwaltschaft und Verteidigung	lologe der lateinischen Literatur †*Christy Brown*, irischer Schriftsteller, der, gelähmt, seine Werke mit dem linken Fuß tippte (* 1932) † *P. Chayefsky*, US-Dramatiker russ.-jüdischer Abstammung. Schrieb „Network" (verfilmt 1976) (* 1923) *Jan Christ:* „Gehn wir die Hunde bewegen oder Gespräche in Brokdorf" (Bühnenstück, Urauff. in Bochum) † *Archibald Joseph Cronin*, schottischer Schriftsteller („Die Zitadelle" 1937) (* 1896) *Tankred Dorst* (* 1925): „Merlin oder das wüste Land" (Bühnenstück, Urauff. i. Düsseldorf) † *Edwin Erich Dwinger*, Kriegsberichterstatter und NS-Schriftsteller, schrieb 1951 „General Wlassow" (* 1898) Es kann genau geklärt werden, wann und wo der frz. Dichter *Saint Exupery* 1944 von einem dt. Jagdflugzeug abgeschossen wurde	storiker. Schrieb 1935–67 eine Kulturgeschichte in 10 Bänden (dt. ab 1946) (* 1885) Cottbusser Generalsuperintendent *Gottfried Forck* wird zum neuen evangel. Bischof in der Region DDR-Brandenburg gewählt † *Kurt Hakenberg*, 1955–1979 Kulturdezernent in Köln (* 1913) (Nachfolger: *P. Nestler*) *M. Heidegger* (†1976): „Grundbegriffe" (philosophische Vorlesung 1941) *Jeanne Hersch* (* 1910): „Das philosophische Staunen. Einblicke in die Geschichte des Denkens" † *Richard Honig*, dt. Jurist (* 1892) *Walter Jens* (* 1923) erhält *Heine*-Preis † *Heinz Kohut* (* 1913), Psychoanalytiker † *J. Lacan* , frz. Psychoanalytiker (* 1901) † *K. E. Logstrup*, dän. Religionsphilosoph (* 1905), schrieb „Auseinandersetzung mit Kierkegaard" (dt. 1968) *Luthers* Werke

   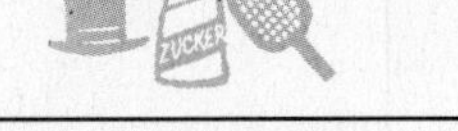

Ernst Fuchs (* 1930): „Leda" (Kolorierte Radierung aus der Schule des Wiener Phantast. Realismus)

Ernst Fuchs: „Der Kuß" (Farblitho)

Ivan Generalić (* 1936): „Bauernfest" (Farbserigraphie d. naiven Malerei in Jugoslawien)

Bert Geresheim: Heinrich Heine (Denkmal zum 125. Todestag in Düsseldorf)

Hamburger Kunstverein zeigt Plastiken des Schweizers *Alberto Giacometti* (* 1901, † 1966)

Grab *Giottos* im Florenzer Dom entdeckt

Hermann Glöckner (* 1889 i. Dresden): „Auf und Ab" Bild im geometrischen Formen aus Dresden)

† *HAP Grieshaber*, dt. Farb-Holzschnittkünstler (* 1909)

† *Robert Gutmann*, 1969–74 Geschäftsführer des Rates für Formgebung von Industrie- und Gebrauchswaren (* 1910)

Ausstellung des Bildhauers *Otto Herbert Hajek* (* 1927) auf der Engelsburg in Rom

Architekt *Thomas Herzog* erhält den erstmals verliehenen *Mies-van-der-Rohe*-Preis

neralintendant der Dt. Oper Berlin (W)

Philip Glas (* 1937): „Satyagrahan" (US-Oper über *Gandhi* von 1980. Dt. Erstaufführung i. Stuttgart)

Friedrich Gulda (* 1930): Cello-Konzert

† *Bill Haley*, US-Rockmusiker (* 1925)

Peter Michael Hamel (*1911): „Ein Menschheitstraum" (dt. Oper, Urauff. in Kassel)

Peter Michael Hamel: „Rasa" (Komp. f. Chor, Klavier, indische Instrumente, Urauff. in Indien)

H. W. Henze: „Pollicino" (Märchen für Musik, Urauff. b. d. Schwetzinger Festspielen)

Heinz Hollinger (* 1939): „Not I" (nicht Ich) Kompos. f. Sopran und Tonband

Klaus Huber (* 1924): „Erniedrigt-geknechtet-verlassen" (Schweizer gesellschaftskritische Komposition für 16 Streicher, Chor und Orchester)

† *K. P. Kondraschin*, Dirigent i. d. USSR (* 1914)

zu Oszillationen führt (könnte ein Defizit der Sonnenneutrinos erklären)

Blas Carbrera gelingt in USA wahrscheinlicher Nachweis eines magnetischen Monopols, das theoretisch vorhergesagt wurde

Suche nach vermuteten superschweren Teilchen (etwa 1000-fache Protonenmasse) als Folge des Urknalls

Hamburger Synchrotron-Strahlungslabor „Hasylab" in Betrieb (Kosten: 14,4 Mill. DM)

CERN in Genf plant LEP (large electron positron collider) für 50 Mrd. e-Volt Energie (Kosten: 1,1 Mrd. DM)

Am Schwerionenbeschleuniger in Darmstadt wird transuranisches Element 107 nachgewiesen

Bei den Isotopen Lutetium 151 und Thulium 174 wird Protonenradioaktivität als neue radioaktive Zerfallsart entdeckt

† *Karl Bechert*, dt. Physiker und Politiker (MdB) (* 1901)

Reinhard Breuer: „Das anthropische Prinzip" (Die Existenz des Menschen erfordert die bekannten Naturgesetze)

Umsatzstärkste Wirtschaftszweige in BRD in Mrd. DM

	1981	1970
Ernährung	140	66
Chemie	138	58
Fahrzeuge	137	55
Maschinen	126	61
Elektrotechn.	55	118

Inflationsrate (I) und Arbeitslosenquote (I/A)

BRD	5,5/5,0
CH	6,0/0,2
Jap.	6,5/2,2
A	6,7/3,7
USA	11,3/8,0
GB	12,5/7,4
F	12,7/7,4
S	14,6/2,5
I	19,5/8,8

Inflation führt zur Einführung von 1 Mill. Peso-Geldschein in Argentinien (= 143 Dollar)

Wirtschaftswachstum im OECD-Bereich gegenüber Vorjahr:

1977	+ 5,8 %
1978	+ 3,7 %
1979	+ 3,9 %
1980	+ 3,4 %
1981	+ 1,0 %
1982	± 0,0 %

Goldpreis hat sich seit 1 ½ Jahren pro Unze auf 400 US $ halbiert

In einer Urabstimmung entscheiden sich Opernchöre und Bühnentänzer i. BRD für Einleitung von Kampfmaßnahmen um verbesserte Arbeitsbedingungen

Monatlicher Bruttoverdienst je Arbeitnehmer

1969 1000 DM

1979 2369 DM (+ 1369 DM) davon ab 266 DM f. höhere Steuern 214 DM f. höhere Sozialabgaben 636 DM für höhere Preise bleiben +253 DM

Lohn und Abzüge (Steuern, Sozialabgaben) i. BRD

	Bruttolohn	%Brutto-als Nettolohn
1965	901 DM	71,5
1971	1518 DM	64,2
1975	2274 DM	59,6
1980	3102 DM	56,9

Die Gastarbeiter i. BRD überweisen 1981 in ihre Heimat insges. 8,3 Mrd. DM. Davon

Türken 3,5

(1981)	Von der höheren NS-Führung leben noch *R. Heß* und Gauleiter *E. Koch* (* 1896) SS-Mann zu 7 Jahren Haft wegen Beihilfe zum Mord an 23 000 belgischen Juden verurteilt. Gericht lehnt Haftbefehl ab Seit 1945 wurden Verfahren gegen 87 305 Verdächtige wegen Verbrechen in NS-KZ eingeleitet. 6640 führten zu rechtskräftiger Verurteilung (169 zum Tode oder zu lebenslanger Freiheitsstrafe)(vgl. Ph) Terroristen verüben i. BRD mehr als 400 Brand- und Sprengstoffanschläge (davon mehr als 50 gegen Einrichtungen der USA) In BRD wird Waffenlager von Rechtsextremisten gefunden Behörden i. BRD stellen Zunahme des Rechtsextremismus fest Es gibt in der BRD ca. 20 000 Rechtsradikale in 75 Vereinigungen. Ihr Gewaltpotential nimmt zu Aufhebung des Gesetzes i. BRD von 1976, das den Aufruf zur Gewalt unter Strafe stellt (angeblich unwirksam) Bombenanschlag verwüstet Radio Free Europe in München, das Informationen für kommunistische Länder ausstrahlt (Es gibt 8 Verletzte) Bundestag weist Einspruch des Bundesrates gegen Aufhebung der Strafbarkeit bei Anleitung zur Gewalt zurück Hoher Sachschaden durch Sprengstoffanschlag auf US-NATO-Flughauptquartier in Ramstein Attentat mit Panzerfaust auf US-4-Sterne-General bei Heidelberg, der mit seiner Frau nur leichte Verletzungen erleidet. Es werden Spuren der RAF gefunden Starker Widerstand von Bürgerinitiativen gegen neue Startbahn auf dem Frankfurter Flughafen führt zu großen Polizei-Einsätzen Kommunalwahlen bringen „Grünen" und örtlichen Bürgerinitiativen i. BRD ortsweise größere Erfolge † *Wilhelmine Lübke*, Frau des früheren Bundespräsidenten (* 1885) Studentenkämpfe i. BRD für und gegen den iran. Diktator *Chomeini* † *Margot Kalinke*, 6 Legislaturperioden CDU Abgeordnete im Bundestag und Sozialexpertin (* 1909) Bundespräsident *Carstens* durchwandert die BRD Bundespräsident der BRD besucht Indien In den 20 Jahren seit Bau der Berliner Mauer gelingen 1961–81 177 000 Fluchtversuche aus der DDR. 3100 scheitern mit 71 Toten und 112 Verletzten Nach 10 Jahren ist die Beurteilung des Viermächte-Abkommens über Berlin überwiegend positiv	*H. Fallada* (* 1893): „Jeder stirbt für sich allein" (Auff. des Romans als Bühnenstück unter der Regie von *Zadek* in Berlin (W)) † *Erich Fiedler*, dt. Schauspieler (* 1901) † *Hans Flesch-Brunningen*, österr. Schriftsteller (* 1985) † *Lew Ginsburg*, Schriftsteller u. Übersetzer in USSR (* 1922) *Goethe*'s „Faust" ins Kasatanische übersetzt (Sprache einer asiatischen Republik der USSR) Hauptversammlung der *Goethe*-Gesellschaft in Weimar mit 1300 Teilnehmern aus aller Welt † *Paolo Grassi*, ital. Kulturschaffender gründete mit *G. Strehler* (* 1921) in Mailand das „Piccolo Teatro" (*1919) *Ulla Hahn*: „Herz über Kopf" (Gedichte) *Peter Handke* (* 1942 in Österr.): „Über die Dörfer" (dramatisches Gedicht, Urauff. i. Salzburg) *Peter Handke*: „Die Lehre der Sainte Victoire"	erscheinen in japanischer Sprache (bis 1983 36 Bände geplant) CSU schließt Friedensforscher *Mechtersheimer* (* 1939) wegen parteiwidrigen Verhaltens aus *A. Mitscherlich* (* 1908): „Ein Leben für die Psychoanalyse, Anmerkungen zu meiner Zeit" *Elisabeth Nemeth*: „Otto Neurath und der Wiener Kreis. Revolutionäre Wissenschaftlichkeit als politischer Anspruch" *Sandra O'Connor* (* 1930) wird als erste Frau in das höchste Gericht (Supreme Court) der USA berufen Österr.-brit. Philosoph *Karl Popper* (* 1902) wird preisgekrönt Auf Druck der Weltöffentlichkeit darf *Lisa Aleksejewa* zu ihrem Mann, dem Sohn von *Sacharow* in USA ausreisen. Darauf brechen die Schwiegereltern einen Hungerstreik ab *Igor Scharfarewitsch* (* 1923 i. USSR): „Der Todestrieb in der Geschichte. Erscheinungsfor-

† *M. Hirmer*, dt. Fotograf und Verleger (* 1893)

Stipendiaten der *Karl-Hofer*-Gesellschaft, Berlin:

Albert Held (* 1949)
Mathias Langner (* 1950)
Max Neumann (* 1949)
Koichi Oho (* 1946)
Sigrun Paulsen (* 1945)
Manfred Schling (* 1951)

Ausstellung von Werken des US-Malers *E. Hopper* (* 1882, † 1967), dessen Realismus als eine der Wurzeln der modernen US-Malerei gilt

F. Hundertwasser (*1928): „Regentropfenzähler“ (österr. Farblitho)

Max G. Kaminski (*1938): „Figur schwarz“ (Ölgem.)

Hennig Kürschner (*1941): „Im Schlachthaus“ (Temperagem. 2 x 2 m)

† *Erich Kühn*, Architekt und Landesplaner i. NRW (* 1902)

Leonardos Fresko „Abendmahl“ in Mailand veränderte sein Aussehen durch Restaurierung erheblich

† *Wolfgang Lotz*, dt. Kunsthistoriker (* 1911)

Loxun (* 1881, † 1936) chines. Maler, seine Werke

Frankfurter Musikpreis an den Violinspieler aus USSR *Gidon Kremer* (*1947 i. Riga) der seit 1978 im Westen lebt

E. Krenek (* 1900): 8. Streichquartett opus 233 (Urauff. i. New York) (1. Quartett 1921)

† *Peter Kreuder*, dt. Schlagerkomponist (z. B. „Man müßte Klavierspielen können“) (* 1907), schrieb ca. 200 Filmmusiken

† *Lotte Lenya* i. USA, trat als Sängerin von Brechtliedern hervor. Ehefrau von *K. Weill* (* 1898)

† *Zarah Leander*, dt. Sängerin und Filmschauspielerin schwed. Herkunft (* 1907)

Bruno Liberdas: „Das Ende des Kreises“ (Oper um die Psychoanalyse von *S. Freud*. Urauff. i. Ulm)

† *Walther Ludwig*, lyrischer Tenor, erwarb um 1971 mit der Dissertation „Musik und Medizin“ Dr. med.

† *Bob Marley*, Vertreter einer Musik, die Rock und westindi-

† *Harold Clayton Urey*, US-Chemiker, der das „schwere Wasser“ entd.; Nobelpreis 1934 (* 1893)

† *Ulrich Dehlinger*, Begrd. der modernen Metallphysik, der die Bedeutung kleiner Kristallbaufehler in den Kristallen der Metalle für ihre Eigenschaften entdeckte (* 1901)

† *Max Delbrück*, US-Viren- und Bakteriophagenforscher dt. Herkunft. Nobelpreis 1969 (* 1906)

M. Eigen u. a. erkennen am Molekül der Transfer-RNS die wahrscheinlichen Eigenschaften eines Urgens

H. J. Eysenk (* 1916): „Struktur und Messung der Intelligenz“ (Messung durch EEG-Potentiale)

K. Ilmensee u. *C. C. Hoppe* berichten in Genf über die ersten geklonten genetisch identischen Säugetiere (Mäuse)

R. D. Kornberg, *A. Klug* u. andere klären Aufbau der Chromosomen aus DNS und Eiweiß (Histonen, die zusammen die Nucleosomen bilden)

† *Hans Krebs*, dt. Biochemiker, seit 1933 in Gr.-Brit., klärte den Zitronensäurezyklus (* 1900)

Jugoslawen	1,7
Italiener	1,05
Griechen	0,6
Spanier	0,4
Portugiesen	0,25
Rest	0,8

Frankreich verstaatlicht Konzerne und Banken

Ein dt. Gericht bewertet die Arbeit einer Hausfrau in einer 5-köpfigen Familie mit 4067 DM monatlich

DDR kauft in Japan 10 000 Autos

Japan verpflichtet sich zur freiwilligen Exportbeschränkung von Automobilen in die USA

Japan erreicht Spitze in der Videorecorderproduktion

Kartoffelanbau geht in BRD 1953–81 von 24,5 Mill. t auf 7,6 Mill. t zurück (d. h. – 2,5 % / Jahr)

Unterhalts- und Betriebskosten für KFZ i. BRD seit 1970 verdoppelt

Die Ratenkredite der Konsumenten i. BRD stiegen 1972–80 von 45,0 auf 131,8 Mrd. DM (+ 10,3 % / Jahr)

Die Kreditaufnahme der BRD steigt von 2,0 Mrd. DM (1967) auf 17,0 Mrd. DM (1981), + 16,5 % / Jahr; der Zinsendienst von 6,6 Mrd. DM (1970) auf 17,0 Mrd. DM (1981)

Globale Pharmaproduktion 135 Mrd. DM. Davon (i. Mill. DM)

Schweiz	4339
Ital.	7088
Gr.B.	7997
Frankr.	10753
BRD	15083
USA	23837
Jap.	28080

L. Walesa (* 1943) wird im 1. Wahlgang zum Vorsitzenden der unabhängigen und staatskritischen Gewerkschaft „Solidarität“ gewählt (wird nach Errichtung der Militärdiktatur interniert)

Polen ist an den Westen mit ca. 25 Mrd. Dollar verschuldet

In Polen werden Brot und Getreideprodukte um das 2 bis 3-fache verteuert

Die Zahl der Industrie-Roboter (Bewegungsautomaten) nimmt rasch zu (i. BRD 1350 = + 25 %/Jahr) Japan liegt an der Spitze

(1981)	CDU veranstaltet in Hamburg Parteitag mit Jugendlichen als Gästen und freimütiger Diskussion *Herbert Wehner* (* 1906) nach 12 Amtsjahren erneut zum Vors. der SPD-Fraktion gewählt Bundeskanzler *H. Schmidt* trifft Staatsratsvors. *E. Honecker* am Werbellinsee, um die Beziehungen beider dt. Staaten auch in Krisenzeiten zu pflegen (erhoffte positive Folgen, etwa beim Zwangsumtausch, bleiben zunächst aus) Treffen BRD-DDR am Werbellinsee stellt einen Zusammenhang zwischen Zurücknahme der Erhöhung des Zwangsumtausches und der weiteren Kreditgewährung in Form des „Swing" im Handel BRD-DDR her. Bayrischer Min-Präs. F. J. Strauß wird Ehrenbürger von München Im Zuge verfehlter Wohn- und Sanierungspolitik führt ein Potential radikaler und krimineller Jugendlicher zur Besetzung leerstehenden Wohnraumes. Straßenunruhen und polizeiliche Aktionen gefährden in zahlreichen Städten Ruhe und Sicherheit Energisches Vorgehen gegen gewalttätige Demonstranten der Hausbesetzerszene in Nürnberg wird von Sozialliberalen heftig kritisiert (als Gegenbeispiel gilt die „Berliner Linie", die sich um Verständigung bemüht) † *Franz Amrehn*, CDU-Politiker, 1955–63 Bgm. von Berlin, seit 1976 MdB (* 1912) † *Otto Bach*, SPD-Politiker „der ersten Stunde", seit 1946 im Berliner Stadtparlament, 1961–67 Präsident des Abgeordnetenhauses von Berlin (W) (* 1900) † *Horst Korber*, SPD-Politiker in Berlin (Passierscheinunterhändler 1963–66, später Senator und Präsident des Landessportbund Berlin) (* 1927) Kreditbürgschaftsskandal um *Garski* in Berlin. Rücktritt des Bürgermeisters und Wirtschaftssenators *Lüder* (FDP) und schließlich des Reg. Bgm. *Stobbe* (SPD) und des ganzen Senats. *Hans Jochen Vogel* (SPD) bildet neuen sozialliberalen Senat. Neuwahlen nach Selbstauflösung des Abgeordnetenhauses Berliner SPD/FDP-Senat mit Reg. Bgm. *D.Stobbe* (* 1938,SPD) tritt zurück Nach Rücktritt des Reg. Bgm. von Berlin *Stobbe* erhält *P. Glotz* (*1939) (Senator für Wissenschaft und Forschung) den Parteiauftrag, einen neuen Kandidaten zu suchen. Dies führt zum Vorschlag von *H.-J. Vogel* (* 1926), der bis zur Wahl gewählt wird Das Abgeordnetenhaus wählt *H.-J. Vogel* (* 1926, SPD), der neuen SPD/FDP-Senat bildet (war vorher Bundesmin.)	*Vaclac Havel* (* 1936 i. Prag): „Das Berghotel" (tschech. Bühnenstück, Urauff. in Wien) *V. Havel* (CSSR) erhält für sein Theaterstück „Petition" frz. Theaterpreis *Wolfgang Hildesheimer* (* 1916): „Marbot" (fiktive Biographie) Stadt Mainz unterstützt das Kabarett-Archiv *Reinhard Hippens* (* 1942), das vor über 5 Jahren entstand † *Martin Hirthe*, dt. Schauspieler und Charakterdarsteller in Berlin (W) (* 1921) † *Paul Hörbiger*, österr. Schauspieler ungar. Herkunft (* 1894) † *Adrian Hoven*, dt. Schauspieler (* 1923) † *Peter Huchel*, dt. Lyriker i. d. DDR, 1945–48 Sendeleiter am Ostberliner Rundfunk (* 1903) Den 1977 von Klagenfurt begr. *Ingeborg Bachmann*-Preis erhält der dt.-schweizer Soziologe und Schriftsteller *Urs Jaeggi* (* 1931) *Ernst Jünger* (* 1895): „Siebzig verweht II"	men des Sozialismus" † *K. H. Volkmann-Schluck*, Philosoph aus dem *Heidegger*-Kreis (* 1914) † *Roy Wilkins*, führender US-Bürgerrechtler (* 1901) Die Jugend i. BRD von 18–22 Jahren würde als Freizeitsport am liebsten Surfen, Tauchen oder Tennis spielen. Die Erfüllung dieser Wünsche würde etwa 4 Mrd. DM kosten Jugendunruhen in der Schweiz setzen sich fort und breiten sich aus Wissenschafts-Kolleg als Institute for advanced studies in Berlin (W) begr. Länder der BRD klagen vor dem Bundesverfassungsgericht gegen Bund wegen Kürzung der Mittel zum Hochschulausbau Polnische Studenten lehnen Pflichtstudium des Marxismus ab Polens Studenten erzwingen nach dem Vorbild der Arbeiter und Bauern einen parteiunabhängigen Studentenverband Bildungsgesamt-

werden in Bremen ausgestellt

Marianne Maderna (* 1944 in Wien) „Springer" (15 Figuren)

† *Gerhard Marcks*, dt. Bildhauer, Grafiker und Bauhausschüler (* 1889)

Henry Moore-Retrospektive in Madrid mit 230 Skulpturen im Retiro-Park Madrid

Miguel Moreno (* 1935): „Venus, der Sonne entgegen" (span. Plastik)

† *Robert Moses*, Architekt in USA, der New York städtebaulich maßgeblich gestaltete (* 1889)

Kaiko Moti (* 1921 in Bombay): „Petit marine" (Farbradierung)

Kurt Mühlenhaupt (* 1921): Ausstellung des Berliner Malerpoeten

J. Oroczo (* 1883, † 1949): Ausstellung monumentaler Fresken des mexikanischen Malers in Berlin (W)

Christian Peschke (* 1946): „Torso romana" (Bronze)

Picasso-Ausstellung in Madrid und Barcelona

P. Picassos Antikriegsbild „Guernica" von 1937 wird von New York nach Spanien gebracht

Selbstbildnis von *Picasso* von 1901 bei Sothebys für 5,3 Mill. $ versteigert

sche Musik verbindet (* 1945)

Gian Carlo Menotti (* 1911): „La Loca" (ital. Oper, Urauff. i. Gießen)

Sinfonie in F-Dur von *W. A. Mozart* (bisher verschollen) in Privatbesitz entdeckt

John Neumeier (* 1942 i. USA): „Matthäuspassion" (Ballettversion, Urauff. i. Hamburg)

Luigi Nono: „Io frammento dal Prometeo" (Ich, Splitter des Prometheus. Kompos. f. 2 Soprane, kleinen Chor, Soloinstrumente und Live-Electronic)

† *Helge Peters Pawlinin*, russ. Tänzer und Choreograph (* 1903)

Krzysztof Penderecki: „Tedeum" (poln. Komp., Urauff. i. Berliner Rundfunk (SFB)

† *Ernst Pepping*, evangel. Kirchenmusiker (* 1901)

S. Prokofjew († 1953): „Maddasena" (russ. Oper, Urauff. i. Graz)

Tom Rice: „Evita" (Musical, Urauff. i. Wien)

2 Mill. US-Bürger hören in 3

Rudolf Pichlmayr, in Hannover, entwickelt die Lebertransplantation zu einer Routine-Operation. Bei 47 Transplantationen seit 1972 überlebten 22 Patienten

P. Rentrop, in Göttingen, behandelt erfolgreich Herzinfarkt mit Streptokinase

† *H. Göttrup*, dt. Raketenforscher (* 1916)

D. I. Groves, *S. R. Dunlop* und *R. Buick* finden in NW-Australien Gesteine mit Lebensspuren, denen sie ein Alter von 3,6 Mrd. Jahren zuschreiben (1 Mrd. Jahre nach Entstehung des Sonnensystems)

† *Hideki Yukawa*, japan. Physiker, der mittelschwere Teilchen (Mesonen) vorhersagte, die später gefunden wurden (* 1907). Nobelpreis 1949

Weltgesundheitsorganisation (WHO) veröffentlicht „Health for all" („Gesundheit für alle")-Plan bis zum Jahr 2000 (erfordert Verzicht auf kostspielige Medizin für Entwicklungsländer)

Die ärztlich ermittelte Todesursache erweist sich bei der Autopsie zu 36,1 % als zutreffend, zu 2,6 % als falsch

Die „Rote Liste

Internationaler Waffenhandel in Mrd. Dollar

1950–59	10
1960–69	20
1970–79	60

+ 6,2 % / Jahr

Beispiele für Kosten von Rüstungsgütern: Jagdflugzeug „Tornado" 70 Mill. DM, B 1-Bomber 100 Mill. Dollar, Flugzeugträger mit Flugzeugen und Begleitschiffen 25 Mrd. Dollar

Krise in der Schweizer Uhrenindustrie wegen japan. Konkurrenz

Seerechtskonferenz in Genf fortgesetzt (begann 1958) (vgl. 1982)

Zu den Währungskorrekturen in Europa gehört die Aufwertung der DM

SO_2 als Verbrennungsprodukt von Kohle und Öl ist Ursache des sauren Regens

Saurer Regen durch Verschmutzung der Atmosphäre führt zu Baumkrankheiten und Baumsterben

Die Industrie der CSSR zerstört zunehmend die Fichtenwälder des Erzgebirges

Lindensterben in Schwetzingen und anderen Parkanlagen in SW-Dtl.

Tannensterben durch sauren Regen (infolge von Industrieabgase) breitet sich aus

Fischer blockieren quecksilberverseuchte Elbe

Giftmüllskandal in den Niederlanden: Fa. leitet 70000 t giftige Abwasser in die Rheinmündung

Von ca. 10 Mill. km^2 Tropenwald gehen jährlich ca. 0,25 Mill. km^2 verloren (Fläche der BRD)

Ölverschmutzung der Nordsee hat sich seit 1975 verdoppelt

In Italien müssen Urlauber vor starken Waldbränden auf das Meer fliehen

Dürrekatastrophe in Spanien

Steigender Dollarkurs verteuert Erdöl, obwohl reichlich Lager vorhanden sind

UN-Energiekonferenz in Nairobi/Kenia

(1981)	Abgeordnetenhaus von Berlin (W) löst sich einmütig auf, um nach dem Kreditskandal um den Architekten *Garski* Neuwahlen zu ermöglichen Wahlen in Berlin (W) nach Rücktritt des Senats unter *D. Stobbe* (SPD) Spitzenkandidaten % % 1979 Stimmen CDU (*v. Weizsäcker*) 47,3 (44,4) SPD (*H.-J. Vogel*) 38,8 (42,7) FDP (*Kunze-Vetter*) 8,1 (5,6) AL=alternative Liste 7,4 (3,7) *v. Weizsäcker* bildet Minderheitssenat, der von einem Teil der FDP ohne Koalition toleriert wird Wahl zum Abgeordnetenhaus von Berlin: CDU verfehlt knapp die absolute Mehrheit, SPD hat starke Verluste, die bisher regierende sozialliberale Koalition verliert die Mehrheit; die Alternative Liste stellt 7 Abgeordnete Berliner Abgeordnetenhaus wählt mit einigen FDP-Stimmen CDU-Minderheits-Senat mit Reg. Bgm. *R. v. Weizsäcker* (* 1920, CDU) bei Opposition von SPD und Alternativen Seit Kriegsende ist die SPD erstmalig nicht in der Stadt- bzw. Landesregierung Berlins vertreten *Heinrich Lummer* (* 1922, CDU) erhält das Bürgermeister- und Innensenatoren-Amt im Senat von Berlin Senat von Berlin läßt 8 besetzte Häuser polizeilich räumen. Ein Demonstrant wird durch Verkehrsunfall getötet Hausbesetzerszene reagiert auf Durchsuchungen und Räumungen des neuen Senats mit aufruhrartigen Unruhen und Zerstörungen. Dabei wurde die Bannmeile um das Rathaus während einer Sitzung verletzt Berliner FDP leitet Parteiverfahren gegen Parlamentarier ein, die den CDU-Minderheitssenat unter *R. v. Weizsäcker* unterstützten CDU stellt *Leisler Kiep* (* 1929) als Kandidat für den Senatspräsident Hamburgs für die Wahl 1982 gegen *Klaus v. Dohnanyi* (* 1928, SPD) auf † *Herbert Karry*, hessischer Min. f. Wirtschaft und Technik u. stellvertr. Min.- Präs. (* 1920, FDP) durch Attentat ermordet (Täter bisher unbekannt) 1. Bgm. von Hamburg *Klose* (* 1937, SPD) tritt zurück, nachdem die SPD das KKW Brockdorf ablehnte. Nachfolger wird *Klaus von Dohnanyi* (* 1928) Kommunalwahlen in Hessen: Verluste der SPD, Erfolge der CDU und „Grünen", FDP kein Mandat in Frankfurt/M Min.-Präs. von Hessen *H. Börner* (SPD) erhält Vertrauensvotum für seine umstrittene Politik	*Marie Luise Kaschnitz* (* 1901, † 1974): Gesammelte Werke *Walter Kempowski* (* 1929): „Schöne Aussicht" (Roman, Abschluß der Nachkriegsgeschichte einer Familie in Rostock) *Pavel Kohout*: „Maria kämpft mit den Engeln" (Bühnenstück, Urauff. in Wien) † *M. Krleža*, kroatischer Schriftsteller, schrieb „Der Kroatische Mars" (Anti-Kriegsbuch, dt. 1964) (* 1893) *Wolfgang Koeppen* (* 1906): „Die elenden Skribenten" (Aufsätze über Literatur) *Franz Xaver Kroetz*: „Nicht Fisch, nicht Fleisch" (Bühnenstück um Arbeiterprobleme. Auff. in Düsseldorf und Berliner Schaubühne) † *Edvard Kubcek*, slowenischer Schriftsteller linkskatholischer Einstellung. Bekleidete bis 1952 wiederholt politische Ämter in Jugoslawien (* 1904) *Reiner Kunze* (*1933): „auf eigene hoffnung" (Gedichte)	plan von Bund und Ländern i. BRD, der bis 1985 jährlich 94 Mrd. DM erfordert, scheitert am Einspruch der Finanzminister Schwere Rassenunruhen in Liverpool mit wenigstens 100 Verletzten Italiener entscheiden sich im Volksentscheid gegen Abschaffung der Abtreibung (Fristenregelung), des Antiterrorgesetzes und gegen die Aufhebung der lebenslangen Haftstrafe Volksabstimmung in der Schweiz ergibt schwache Mehrheit für die Gleichberechtigung der Frau Schweizer stimmen für gleichberechtigte Entlohnung der Frauen Ehescheidungsgesetz in Spanien gültig (beruht auf dem Zerrüttungsprinzip) In Finnland hat sich die Zahl der Abtreibungen bei unter 19-jährigen seit 1950 versiebenfacht In England werden ca. 5000 von 1,6 Mill. 13–15-jährigen schwanger Die nichteheli-

† *Peter Poelzig*, dt. Architekt (* 1906)

Ivan Rabuzin (* 1919): „Mein Dorf" (kroatische naive Malerei)

Arturo Schwarz: „Man Ray" (* 1890, † 1976) (Würdigung des US-Malers und Photographen)

† *Lotte Reiniger*, Scherenschnittkünstlerin (* 1899)

Rembrandt-Bild „Die Blendung Simsons" von 1636 aus dem Städel in Frankfurt/M. restauriert

Ausstellung von Werken *Tilmann Riemenschneiders* († 1531) in Würzburg

Ausstellung des US-Pop-Malers *Larry Rivers* (* 1923) in Hannover

Ausstellung über *Karl Friedrich Schinkel* (* 1781 † 1841) in Berlin (W) u. (O)

Zum *Schinkel*jahr gibt der Senat von Berlin die Skulpturen der Schloßbrücke an die DDR zurück gegen Archivmaterial der Porzellanmanufaktur

Erwin A. Schinzel (* 1919) „Innige Umarmung" (Plastik)

Emil Schumacher (* 1912): „Markanah" (Öl auf Holz)

Der Graphiker linker politischer Satiren *Klaus Staeck*

Monaten die „Rolling Stones", größter Erfolg in ihrer 19-jährigen Karriere

† *Walther Erich Schäfer*, Generalintendant der Stuttgarter Oper 1949–72, auch Dramatiker (* 1901)

Maxim (* 1938) und *Dimitri Schostakowitsch*, Sohn und Enkel des russischen Komponisten *D. Sch.* (* 1906) ersuchen bei einer Konzertreise um politisches Asyl i. BRD

Franz Schreker (* 1878, † 1932): „Der Schmied von Gent", Oper von 1932, Auff. in Berlin (O)

Stefan Schütz (*1944): „Odysseus' Heimkehr" (verfremdete Oper, geschrieben 1972 i. DDR, Urauff. in Wuppertal)

D. Müller-Siemens (* 1957): Sinfonie (Urauff. in Frankfurt/M.)

Karlheinz Stockhausen: „Donnerstag aus Licht" (Oper, Urauff. i. Mailand, bei der der Chor im 3. Akt streikt)

Ernest Thompson „The West Side Waltz" (Musical mit *Katherine Hepburn*)

'81" enthält 8000 Arzneimittel

Eine Anhörung des Bundesgesundheitsamtes weist auf gefährliche Nebenwirkungen pyrazonhaltiger Schmerzmittel hin

Lithiumsalze werden als Psychopharmaka erkannt. Ihre Wirkung kann als die auf eine „molekulare" Genkrankheit gedeutet werden

Nach 12 Jahren wieder eine Herztransplantation in München

Operationen am offenen Herzen pro Mill. Einw.

USA	520,
BRD	260,
Ital.	100

In USA lebt ein Kalb 256 Stunden mit künstlichem Herz (Herzpumpe)

Der plötzliche „Krippentod" von Säuglingen wird in USA auf hohen Schilddrüsenhormonspiegel zurückgeführt (es gibt noch keine allgemein anerkannte Theorie)

Britische Forscher synthetisieren mit Interferon das bisher längste künstliche Gen mit über 1000 Nukleotiden

Vollautomatische Minnigen-Synthese in Kanada. In 6 Stunden werden 14 Nukleotide in 90-97 % Reinheit synthetisiert

US-Forschungsin-

%-Anteil der Primärenergie 1950/1979 i. BRD

Steinkohle	72,8/18,6
Braunkohle	15,3/9,6
Mineralöl	4,7/50,7
Erdgas	0,1/16,0
Wasserkraft	2,6/1,0
Kernenergie	–/1,0
Sonstige	4,5/1,0

Privater Energieverbrauch i. BRD

Kern	1,0
Heizung	56 %
Auto	31 %
Warmwasser	6 %
Licht	0,6 %
el. Geräte	6,4 %
Sonstige	3,4
zus.	100 %

Holz und Holzkohle decken erdweit ca. 40,3 SDE des Energieverbrauchs (ca. 5 %)

4-stündiger Stromausfall in New York

Edward Koch (* 1925, Parteidemokrat) erneut mit 75 % aller Stimmen zum Oberbürgermeister von New York gewählt

Vertrag über umfangreiches Erdgasgeschäft USSR-BRD über Lieferung von Erdgas durch eine Pipeline von Sibirien über 5000 km. Jährlich sind ab 1968 12 Mrd. m³ vorgesehen. Dieser Vertrag stößt auf nachdrückliche Bedenken und energischen Widerstand der US-Regierung. Die BRD hält daran fest

Preissteigerungen bei Benzin und Heizöl

OPEC-Konferenz über Produktion und Preise des Öls in Genf bleibt ohne Einigung

Erdweite Erdölförderung

1980	3059 Mt
1981	2859 Mt (d. h. –6,5 %)

In Städten der BRD (z. B. Köln) erscheinen wieder Droschken als Pferdetaxen (als Reaktion auf hohe Benzinpreise)

Kombination neuer Kohlenzeche „Neumonopol" und Kohlekraftwerk bei Bergkamen liefert Strom für Stadt f. 650000 Einw.

NRW nimmt Kohlehydrierungsanlage in Betrieb, die täglich 200 t Kohle in Öl oder Gas umwandelt

(1981)

(Flughafenerweiterung, Kernenergie) vom Parteitag und vom Landtag

† *Gilbert Grandval*, 1948–52 Hoher Kommissar und Botschafter in Saarbrücken bis zum Anschluß als Saarland an die BRD, den Frankreich behindert (*1904)

† *Michael Kohl*, DDR-Politiker, Verhandlungspartner von *H. Korber*, 1974 1. ständiger Vertreter der DDR i. BRD

Bei Volkskammerwahlen in der DDR erhält die Einheitsliste der Nationalen Front über 99% der Stimmen. Im Gegensatz zum Berlinstatus und Viermächteabkommen werden die Berliner Mitglieder nicht mehr von der Stadtverordnetenversammlung gesondert gewählt

DDR-Volkskammer bestätigt einmütig (durch Aufstehen) Staatsratsvors. *E. Honecker* (* 1930), Min.ratsvors. *W. Stoph* (*1914) und Volkskammerpräsident *Horst Sindermann* (* 1915) alle SED, in ihren Ämtern

E. Honecker wird vom 10. Parteitag der SED als 1. Sekretär des ZK wiedergewählt, ein Amt, das er seit 1971 bekleidet

KP-Parteitage in Sowjetunion, Berlin (O), CSSR und Bulgarien stehen im Zeichen der Polenkrise, die das kommunistische System bedroht und die Gefahr einer Intervention der „Bruderländer" befürchten läßt

Christdemokratisch-sozialistische Regierung in Belgien unter *W. Martens* (* 1910, fläm. Christdemokrat), die seit 1980 regiert, tritt wegen Inflationsproblemen zurück. (Sie war die 25. Reg. seit Kriegsende)

Dän. Min. Präs. *Jörgensen* (* 1922, Sozialdemokrat) tritt nach Wahlniederlage zurück

Wird erneut Reg.-Chef einer Minderheitsreg.

Wilfried Martens (* 1936, Christdemokrat) tritt zurück. Ihm folgt vorübergehend *Mark Eyskens* (* 1933, fläm. Christdemokrat), der die 28. Regierung seit 1946 leitet (Sprachenkonflikt und wirtsch.Schwierigkeiten sind Hintergrund der Krise)

Wahlen in Belgien schwächen die traditionelle Mehrheit der Christdemokraten

2 Tote und etwa 100 teilw. Schwerverletzte bei Terroranschlägen auf Synagoge in Antwerpen

† *Ludmilla Schikowa* (* 1942), führende Kulturpolitikerin Bulgariens, Tochter des bulgarischen Staats- und Parteichefs (* 1911)

François Mitterand (* 1916, Sozialist) gewinnt die Wahl zum Staatspräsidenten von Frankreich gegen *Giscard d'Estaing* (* 1926, unabh. Republikaner) (war seit 1974 im Amt, nachdem er *Mitterand* geschlagen hatte)

Siegfried Lenz: „Der Verlust" (Roman)

† *Carl Linfert*, dt. Literat und Kritiker (* 1900)

Monika Maron „Flugasche" (Roman)

Gabriel Garcia Marquez (* 1928): „Chronik eines angekündigten Todes" (dt. Übers. eines span. Kurzromans)

† *Walter Mehring*, dt. Schriftsteller, zuletzt in der Schweiz (* 1896)

† *Ilse Molzahn*, dt. Schriftstellerin und Lyrikerin, schrieb 1936 „Der schwarze Storch" (Roman), „Dieses Herz will ich verspielen" (Lyrik) (* 1895),

† *Eugenio Montale*, ital. Lyriker, Nobelpr. 1975 (*1896)

† *Sergej Naratschatow*, (* 1919) russischer Lyriker und seit 1974 Leiter der Literaturzeitschrift „Nowy Mir" (* 1930)

Walcker Percy: „Der Kinogänger" (US-Roman, übers. von *P. Handke*)

Harold Pinter: „Das Treibhaus" (Dt. Erstauff. i. Berlin (W))

† *Josep Pla*, kata-

chen Lebensgemeinschaften nehmen schnell zu

Iran sieht Steinigung als Strafe für Ehebruch vor

Evangelischer Kirchentag in Hamburg mit etwa 120.000 Teilnehmern. Motto: „Fürchte Dich nicht". Im Mittelpunkt stehen die Kriegsgefahr und ihre Bekämpfung

Am Rande des Kirchentages in Hamburg demonstrieren etwa 60.000 gegen Auf- und Nach-Rüstung

3. Welt-Zigeuner-Kongreß in Göttingen (es gibt 5–6 Mill. Zigeuner, davon ca. 3 Mill. in Europa)

Treffen von Überlebenden des Holocaust der NS-Zeit in Jerusalem mit etwa 5000 Teilnehmern in Jerusalem

Papst und 2 Pilger werden auf dem Petersplatz in Rom durch Schüsse eines Attentäters verletzt. Der schwerverletzte Papst kann durch sofortige Darmoperation gerettet werden. Er verzeiht dem Attentäter

(* 1938) erhält einen Ruf an die Gesamthochschule Essen

W. Vostell (* 1932): Fluxus-Zug, Museum auf Schienen, das im Zuge finanzieller Auseinandersetzungen von der Bundesbahn beschlagnahmt wird

Wilfried Wiegand: „Die Wahrheit der Photographie" (aus d. Engl.)

Tatsuhiko Yookoo (* 1928): „Der blaue Klang" (japan. Gouache)

~ Akropolis von Athen wird mit Hilfe von Titan-Metall restauriert

Bildhauertechniken (Ausstellung in Berlin(W)) mit Werken aus unterschiedlichsten Materialien (Stein, Metall, Kunststoffe, Textilien, konzeptionelle Plastik usw.)

„Berlin konstruktiv" (Längsschnitt-Ausstellung der Berlinischen Galerie (W) unter der Direktion von *E. Roters*

Preußen-Ausstellung mit zahlreichen, auch künstlerischen, Begleitveranstaltungen in Berlin (W) (z. B. Sezession in Preußen)

Friedrichstadtpalast wird abgerissen. Wurde 1919 von *Max Poelzig* für *Max Reinhardt* als Großes Schauspielhaus in Berlin erbaut

In Israel wird eine *Wagner*-Aufführung gestört

† *Mary Lou Williams*, US-Jazz-Pianistin (* 1910)

† *Harry Warren*, US-Komponist von Filmmusik (u. a. Chatanooga ChouChou) erhielt 3x Oscar für Filmmusik (* 1894)

„Venezia Danza Europa 81" (internat. Ballettfestival in Venedig)

Ballett-Olympiade mit 103 Teilnehmern in Moskau (alle 4 Jahre). Sonderpreis an *Irek Muchamedow* (USSR)

Schallplattenfirma stellt als junge Musiker heraus:
Göran Söllscher (* 1955 Schwed. Gitarrist)
Peter Zafosky (* 1954, Geiger aus USA)
Michail Faerman (* 1955, russ.-rumän. Pianist)
Alexander Longquic (* 1960, dt. Pianist)
Ewa Poblocka (* 1957, poln. Pianistin)
Hans Christian Wille (* 1958, dt. Pianist)
Dimitry Sitkovetsky (* 1954, russ. Geiger)

Wittener Tage für neue Kam-

stitut testet jährlich 14000 Substanzen auf Krebserzeugung. Nur schnelle Verfahren gestatten, einem etwaigen Risiko rechtzeitig zu begegnen

In Japan werden Hinweise auf menschliche Krebsviren entdeckt

Elektronenmikroskopische Bilder zeigen die Zerstörung einer Krebszelle durch Abwehrzellen

In BRD gelingt es, Nierensteine mit durch Funken erzeugten Stoßwellen zu pulverisieren und chirurgische Eingriffe zu vermeiden

In Australien gelingt es, durch Befruchtung im Laborgefäß und nachträgliche Implantation in Gebärmutter, Zwillinge (Retortenbabies) heranzuziehen

1. Retortenkalb geboren (in USA)

Übertragung von Bakteriengenen zur Stickstoffixierung auf pflanzliche Zellen, die in USA gelingt, eröffnet den Ausblick auf Einsparung von Stickstoffdünger

Erdweit werden im Jahr mikrobentechnisch 1270 t von 4 Enzymen mit einem Wert von 750 Mill. DM, hergestellt

12 Ärzte und 9 Schwestern trennen

%-Anteil der Kernenergie an der Stromerzeugung

Schweiz	24,7
Frankr.	23,5
Belgien	23,5
Schweden	21,8
Gr.-Brit.	12,1
Japan	11,9
BRD	11,6
USA	11,0
Niederl.	6,4
DDR	5,4
USSR	4,4
Ital.	1,2
Erde	ca. 8,8

In Japan wird Reaktordefekt mit Wasserverseuchung 3 Monate verschwiegen

USA zahlen 25 Mill. Dollar Schadenersatz für KKW-Unfall Harrisburg

Ca. 80.000 Demonstranten veranstalten eine im wesentlichen friedliche Demonstration gegen das Kernkraftwerk Brokdorf bei Hamburg (jedoch verletzen 3000 militante Teilnehmer 128 Polizeibeamte)

Hamburg will Bau des Kernkraftwerkes Brokdorf um 3 Jahre verschieben

BRD verliert wegen Gerichtsentscheidungen und Demonstrationen den Anschluß an die internationale Entw. des Kernkraftwerkbaus

In Frankreich wurden 1980 6300 MW Kernenergie in Betrieb genommen

Italien plant 8 weitere Kernkraftwerke mit 35000 MW (4 davon bis 1990)

Das letzte Maultier der Gebirgsjäger, „Renate", wird für das bayrische Armeemuseum bestimmt. In Zukunft werden Hubschrauber verwendet

Schweizer Armee stellt 3 Flugzeuge Ju 52 nach 42 Jahren Verwendung außer Dienst

Indien muß nach einer Pause von 5 Jahren wegen schlechter Ernte wieder Getreide einführen

Zwei Mißernten seit 1979/80 verknappen die Nahrungsmittel in USSR

Wegen schlechter Ernte muß USSR in USA Getreide kaufen

(1981)	Steuerbekämpfer *M. Glistrup* (* 1926), Vors. der dänischen Fortschrittspartei, wird zu 4 Jahren Freiheitsstrafe verurteilt Sozialisten unter *Mitterand* erreichen bei den Wahlen zur Nationalversammlung starke Mehrheit. Kommunistische Fraktion wird halbiert. Deutliche Verluste auch für Giscardisten und Chiracisten (Gaullisten) *Mitterand* ernennt *P. Maurois* (* 1928, Sozialist) zum frz. Min.-Präs. Min.-Präs. *Maurois* nimmt in das frz. Kabinett 4 Kommunisten auf, nachdem die KPF weitgehende Zugeständnisse gemacht hatte KPF war seit 1947 nicht in der frz. Regierung Finnischer Staatspräs. *Kekkonen* (* 1900, Bauernpartei), im Amt seit 1956, tritt wegen Krankheit zurück Regierungserklärung des frz. Min.-Präs. *Maurois* sieht Verstaatlichung und Dezentralisierung vor Konflikt Frankreich mit Libyen, das Einfluß im Tschad sucht Griechenland 10. Mitglied der EG (es gelten Übergangsregelungen) Wahlen in Griechenland und Sitze (vgl. 1977) Pasok (Sozialisten) 48,1% 174 Sitze (93) Neue Demokratie 36% 113 Sitze (171) KP 10,8% 13 Sitze (11) *A. Papandreou* (* 1919, Sozialist) wird Min.-Präs. Nach Wahlsieg über *G. Rallis* (* 1918) wird *A. Papandreou* (* 1919, Sozialist) griech. Reg.-Chef Griech. Reg.-Chef *A. Papandreou* kritisiert NATO und EG PLO-Führer *Arafat* (* 1929) wird Ehrenbürger von Athen In Italien entführen die „Roten Brigaden" US-NATO-General *Dozier*, der später befreit werden kann Wirtschaftspolitik der brit. Reg. *M. Thatcher* führt zu hoher Arbeitslosigkeit Auf dem Hintergrund von sozialer Not und Spannungen mit farbigen Einwanderern kommt es in Liverpool und anderen Städten Groß-Britanniens zu schweren Straßenschlachten mit zahlreichen Verletzten In Gr.-Brit. werden während 13-tägiger Unruhen Jugendlicher rund 2500 Personen festgenommen In Gr.-Brit. bildet sich „Rat für Sozialdemokratie" gegen linkssozialistische Politik der Labour-Party 4 Angehörige der Labour-Party in Gr.-Brit. (darunter *R. Jenkins,* (* 1920)) gründen sozialdemokratische Partei (SDP) (*Jenkins* wird 1982 als SDP-Kandidat in das Unterhaus gewählt) Britische Liberale beschließen Wahlbündnis mit	lanischer Schriftsteller (* 1897) † *Boris Polevoi*, Schriftsteller und Journalist der USSR (* 1908) † *Katherine Anne Porter*, US-Schriftstellerin (* 1894) † *Ulrich Pretzel*, Germanist. Herausg. des mittelhochdt. Wörterbuchs 1956–64 in 6 Bden (* 1898) *Ingrid Puganigg* (* 1947): „Fasnacht" (österr. Roman) † *Kurt Raeck*, Theaterleiter in Berlin und Hamburg u. Theaterwissenschaftler. 1946–79 Leiter des Renaissance-Theaters i. Berlin (W) (*1904) *Hans Werner Richter* (*1908): „Die Stunde der falschen Triumphe" (Roman um das Kriegsende) *Luise Rinser* (*1911): „Den Wolf umarmen" (Autobiographie) *Roman J.*: „Freiwillig aus dem Leben" (Dokumente einer Krebskranken) *Francoise Sagan* (*1935): „Ein Traum vom Senegal" (dt. Übers. aus dem Frz.)	Papst-Attentäter zu lebenslänglicher Haft verurteilt. Hintergründe der Tat bleiben ungeklärt † *Stefan* Kardinal *Wyszynski*, Primas von Polen, Kardinal seit 1953 (* 1901). Suchte Ausgleich zwischen Staat und Kirche Der Papst beruft *Jozéf Glemp* (* 1929), Bischof von Ermland (Allenstein) zum Erzbischof von Gnesen und Warschau und damit zum Primas von Polen Papst feiert den 1600. Jahrestag des Konzils zu Konstantinopel als Tag der Einheit der Christenheit (vgl. +381) Mehrfach werden Reliquien aus Kirchen gestohlen In Venedig werden die als Reliquien verwahrten Gebeine der Heiligen *Lucia* († 303 in Syrakus) geraubt und wiedergefunden Kircheneinweihung auf dem dt. Zugspitzplatt in 2690 m Höhe Die indische Stadt Poona wird zum Anziehungspunkt vieler junger Menschen, welche

In Bonn werden Kunstwerke gezeigt, die weit gestreutes Eigentum der BRD sind

Barock in Baden-Württemberg. Ausstellung im restaurierten Schloß Bruchsal bei Karlsruhe

Kunstschätze aus China, Ausstellung in Zürich, Berlin (W), Hildesheim, Köln von Grabungsfunden nach 1949 aus der Zeit –5000 bis +900 aus der VR China

„Email international" (Ausstellung auf der Veste Coburg)

„Schwarz" (Kunstausstellung in Düsseldorf um „Schwarzes Quadrat" von *Kasimir Malewitsch* (* 1878, † 1935) von 1913

„Westkunst" (Ausstellung mit 1000 Werken der Avantgarde seit 1921 in Köln)

Neue Pinakothek in München eröffnet (Architekt *A. v. Branca*) (*1919)

Dt. Kunst des 19. Jh. (Ausstellung im Metropolitan-Museum New York (war bisher in USA unterbewertet))

Kunstausstellung „Paris/Paris" (1937–1957) im Centre Pompidou, Paris

1. Kunstausstellung der DDR in Paris

2 männliche Bronzefiguren, die 1972

mermusik (seit 1936)

In München streikt der Opernchor, indem er den Chor-Text der Meistersinger leise flüstert

Renovierung der im Krieg zerstörten Oper in Frankfurt/Main als Oper, Konzert- und Kongreßgebäude abgeschlossen

Neues Leipziger Gewandhaus mit der 9. Sinf. von *Beethoven* eröffnet

H. v. Karajan und Berliner Philharmoniker als Gäste im neuen Leipziger Gewandhaus

San Francisco-Sinfonieorchester (gegr. 1911) erhält neue Konzerthalle (Architektenentwurf von *Skillmore* u. *Belluschi*)

The New Grove Dictionary of Music and Musicians (erscheint in 20 Bänden in London)

„Weltgeschichte der Musik" (Auftrag der UNESCO an das Internat. Institut für vergl. Musikstudien und Dokumentation in Berlin (W)

Digitalschallplatten mit abnutzungsfreier

erfolgreich in 11½-stündiger Operation in München „Siamesische Zwillinge", die am Becken zusammengewachsen sind

In den Niederlanden werden die Folgen des Herzinfarktes erfolgreich mit dem Betablocker Timolol bekämpft

Internationales Expertengremium diskutiert wechselnde Erfolge der Krebstherapie mit Interferon

Versuche in Mainz ergeben magnetisch empfindliche Bereiche im Gehirn von Tieren, die als Kompaß dienen (Pinealforschung)

Computertomographie mit Schallwellen gestattet gewebeschonende Krebsdiagnose

In USA werden erbidentische Zierfische (Bärblinge) geklont

In USA gelingt die Übertragung von Kaninchen-Genen auf Mäuse

In USA erhält ein Mikroorganismus rechtsgültig ein Patent, der durch Ölzersetzung zur Ölpestbekämpfung geeignet ist

Der Intelligenzquotient (IQ) wird mittels EEG-Potentialen als stark erblich (70–85%) erkannt

Es wird eine von Genen gesteuerte Kulturentwicklung

Metallverbrauch/Kopf in OECD (in kg)

	1973	1979	1981
Alumin.	11,2	12,6	11,7
Kupfer	6,9	7,5	7,4
Zink	4,8	4,6	3,8
Blei	4,1	4,6	3,8
Nickel	0,5	0,6	0,5
Zinn	0,2	0,2	0,2

Mangan-, Nickel- und Kupfer-Vorräte reichen voraussichtlich noch 50–100 Jahre. Ihre Gewinnung aus der Tiefsee (etwa ab 1997) birgt ökologische Gefahren

Cadmium und Asbest erweisen sich als gefährliche Umweltgifte, deren Handhabung Sicherung erfordert

Erdweite Phosphatproduktion 143 Mt (4 Mrd. Dollar)

davon

USA	40 %
USSR	20 %
Marokko	15 %
Übrige	25 %

In BRD verursacht Rost jährlich 30 Mrd. DM-Schaden

Auslastung der Stahlproduktionskapazität

F	75 %
I	71 %
D	64 %
Belg. Lux.	63 %
NL	61 %
GB	40 %

%-Anteil an globaler Rohstahl-Erzeugung 1969/80

EG	23,4/17,9
USA	22,3/14,0
RGW (+USSR)	25,7/30,3
Japan	14,3/15,5
VR China	2,8/ 5,2
Entw. Länder	3,3/ 8,0

Indien will das Stahlwerk Rourkela erweitern und modernisieren

EG-Plan gegen Stahlkrise

Björn Borg (* 1956 i. Schweden) beendet im Tennis seine fünfjährige Siegesserie mit einer Niederlage gegen *John Mc Enroe* (* 1959, USA)

Neuer Weltrekord im 800 Meter-Lauf von *Sebastian Coe* (in 1:42,33 s)

† *Max Euwe*, niederländ. Schachweltmeister 1935–37 (* 1901)

A. Karpov (* 1951, USSR), Schach-

(1981)

der neuen Partei der Sozialdemokraten bei nächster Wahl

Bei einer Nachwahl in Crosby schlägt die neue brit. Partei der Sozialdemokraten Labour und Konservative, so daß sie im Parlament erstmalig vertreten sind (einer Koalitionsregierung mit den Liberalen werden künftig gute Chancen eingeräumt)

17 britische Labour-Abgeordnete spalten sich als weniger radikale Fraktion ab, die z.B. EG-Zugehörigkeit bejaht

Brit.-Labour Party hat Erfolge bei den Kommunalwahlen (Mehrheit in London)

Groß-Britannien verkleinert Überseeflotte zugunsten von U-Booten mit Nuklearraketen

Die neugegr. brit. Sozialdemokratische Partei unter *Roy Jenkins* erhält bei einer Nachwahl 42% der Stimmen, die Labour-Party 48,4% und die Konservativen 7,1%

Innerhalb eines Vierteljahres sterben 9 verurteilte IRA-Terroristen am Hungerstreik, mit dem sie ihre Haftbedingungen verbessern wollten. Die brit. Regierung lehnt dies ab

Der brit. Thronfolger Prinz *Charles* (* 1948) heiratet in der St. Pauls-Cathedral Lady *Diana Spencer* (* 1961). Die Feierlichkeit kann von ca. 750 Mill. Menschen im Fernsehen verfolgt werden. In London säumen 2 Mill. Menschen die Straßen

Zwischen Irland und Gr.-Brit. wird ein Angloirischer Rat vereinbart. (Protest der nordirischen Protestanten)

Weitere Todesfälle von IRA-Terroristen durch Hungerstreik nach Plan folgen

Schwere Unruhen in Nordirland durch Todesfälle infolge Hungerstreik von Häftlingen

Der zu 14 Jahren Haft verurteilte IRA-Terrorist *Bobby Sands* wird ins brit. Unterhaus gewählt. Sein Tod durch Hungerstreik löst heftige Unruhen aus

Nach 10 Todesopfern geben nordirische IRA-Häftlinge Hungerstreikserie auf

G. Fitzgerald (* 1927, „Fine Gael"-Partei) löst *Ch. Haughey* (* 1925) als Irischen Reg.-Chef ab

† *Ferruccio Pari*, ital. Politiker, 1945 Min.-Präs., Mitgl. der unabhängigen Linken (* 1890)

Gewinne der Sozialisten bei Kommunalwahlen in Italien. Kommunisten behaupten sich in Rom, müssen sonst aber Verluste hinnehmen

Rote Brigaden in Italien lassen gefangenen ital. Richter *D'Urso*, den sie zu ermorden drohten, nach 32 Tagen frei

Wegen Aufdeckung eines politischen Geheimbun-

Wolfdietrich Schnurre (* 1920): „Ein Unglücksfall" (Berlinroman)

† *Tatjana Sais*, dt. Kabarettistin (* 1910)

† *William Saroyan*, US-Schriftsteller (* 1908)

Ulrich Schacht (* 1951, in einem Frauengefängnis der DDR): „Traumgefahr" (Gedichte)

„Theater der Welt" in Köln beginnt mit Straßenrevue von *Jerome Savary*

Weimar feiert den 222. Geburtstag von *Schiller*

† *Karl Ludwig Schneider*, dt. Germanist und Literaturhistoriker, der an den NS-feindlichen Aktivitäten der Geschwister *Scholl* beteiligt war und 1943–45 in KZ-Haft war (* 1920) (edierte *E. Stadler* 1945 u. *G. Heym* 1960ff.)

A. Schnitzlers (* 1862, †1931) „Reigen" (erotisches Bühnenstück von 1900) von den Erben für die Bühne wieder freigegeben. Auff. in München

Anna Seghers (* 1900): „Frauen aus Haiti" (Erzähl.)

die ihnen lästigen Konventionen abschütteln wollen („Aussteiger")

Das Zentrum des Gurus *Bhagwan* in Poona/Indien, wo viele „Aussteiger" sich versammelten wird aufgelöst, nachdem der Guru seine Jünger unter zweifelhaften Umständen verlassen hatte

Zeitungsverleger der BRD planen mit Radio Luxemburg Satellitenfernsehprogramm (stößt auf Widerstand der öffentlich-rechtlichen Rundfunkanstalten)

Beweisnot der NS-Verfahren durch Zeitabstand führt zu Urteilen, die als skandalös empfunden werden

Notartag in Berlin kritisiert unverständliche juristische Sprache, die das Recht dem Bürger entfremdet

Computer-Analyse der Genesis der Bibel läßt den Schluß zu, daß der Text von einem einzigen Autor stammt

Zentralausschuß des Ökumenischen Rates tagt in Dresden

Kirche in DDR diskutiert Er-

vor der Küste bei Riace gefunden wurden (etwa aus dem –5. Jh.) werden in Rom bei großem Andrang ausgestellt

Äneas in Latium (Ausstellung auf dem Kapitol in Rom)

Manierismus-Ausstellung in Venedig

Mythos und Ritual in der Kunst der siebziger Jahre (Ausstellung in Zürich)

Die *Tut ench Amun*-Ausstellung haben in N-Amerika 10 Mill., i. BRD 3,6 Mill. Menschen besucht. Ägypten beschließt, die wertvollen Gegenstände nicht mehr auszuleihen

In Italien verschwanden in den letzten 5 Jahren ca. 57.000 Kunstwerke (meist durch Diebstahl aus Kirchen, Museen und anderen Gebäuden)

——

† *René Clair*, frz. Filmregisseur (* 1898)

† *Melvyn Douglas*, US-Filmschauspieler in Rollen des eleganten Charmeurs (* 1901)

„Wir Kinder vom Bahnhof Zoo" (Film von *Uli Edel* n. d. Buch von *Christiane F.* über Berliner Rauschgiftszene)

† *J. Eustache*, frz. Filmregisseur (* 1938)

Laserabtastung auf der Funkausstellung in Berlin leiten eine neue Phase der Musikreproduktion ein

Schlagerwettbewerb „Grand Prix d'Eurovision" i. Dublin:
1.) Gr. Brit. „Making your mind up"
2.) BRD „Jonny blue"
3.) Schweiz „Io senza te"

15. Internat. Jazzfestival in Montreux

Schlager: „Über sieben Brücken mußt du gehen"

Schlager: „La Montanara"

Brit. Schlager: „Ghost Town. Prince Charming"

vermutet, die schon in 1000 Jahren merkliche kulturelle Veränderungen hervorbringt (Co-Evolution)

USSR produziert 1,1 Mt Bakterieneiweiß

Der erdweite Primärenergieverbrauch stieg 1950 – 79 von 2,5 auf 9,3 Mrd. Mt SKE, d. h. um + 4,6 % / Jahr

3300 kWh Strom pro Haushalt erfordern

	kg	DM-Preis
Kohle	1100	215
Öl	790	280
Kern-Brennstoff	0,08	55

Europäische Nationen erproben in S-Spanien Solarkraftwerke (insges. sind erdweit 15 Solarkraftwerke bis 1982 im Bau)

1. Europ. Solarkraftwerk auf Sizilien i. Betrieb

Mit Solarzellen angetriebenes Einmannflugzeug fliegt von Paris nach London

Die Kernkraft liefert etwa 15 % der elektrischen Energie in der EG

Geringes Kernkraftrisiko ergibt sich aus den bisherigen Erfahrungen aus mehr als 2500 Reaktorjahren in über 250 Reaktoren in 23 Ländern (vgl. auch 1979 V)

Im Lichte der Erfahrungen des

weltmeister seit 1975 verteidigt in Meran erfolgreich seinen Titel gegen *V. Kortschnoi* (* 1940, Exilrusse)

Kombinatorischer Farbwürfel von *Ernö Rubik* (Ungarn) mit 3 x 3 x 3 Würfeln, die sich in 43 x 10^{18} Stellungen drehen lassen, verbreitet sich. Das Prinzip des Würfels wurde auch in Japan gefunden

Segelflieger *Hans Werner Grosse* erreicht in Australien Streckenrekord von 1306 km im Dreiecksflug

† *Hanns Kilian*, Exbobweltmeister (* 1905)

Armin Kogler (* 1960) stellt in Oberstdorf mit 180 m Weltrekord im Skiflug auf

† *Joe Louis*, Neger-Berufsboxer der USA, verliert 1937–49 von 71 Kämpfen 3 (1 gegen *Max Schmeling*). War fast 12 Jahre Weltmeister (* 1914)

† (durch Unfall) Rennfahrer *Herbert Müller* (* 1941 Schweiz). Dieser Unfall auf dem Nürburgring stellt die Brauchbarkeit dieser Rennstrecke in Frage

Josef Neckermann (* 1912), erfolgreicher dt. Dressurreiter, zieht sich vom aktiven Reitsport zurück

Hans Rasp (* 1904) Durchstieg 1925–81 200 mal die Watzmann-Ostwand, die 1881 erstmals erstiegen wurde

Ben Plucknett (* 1954 i. USA) erreicht mit 72,34 m Weltrekord im Diskuswurf

Diskus-Weltrekord von *Plucknett* wegen Anabolika-Doping annulliert

Jari Puikonnen (* 1960, Finnland) mit 170 m Weltmeister im Skifliegen bei der WM in Oberstdorf

Sportler und Sportlerinnen der DDR und USSR siegen im Leichtathletik-Cup in Zagreb
Frauen: 1. DDR 109 P., 2. USSR 93,7 P., 3. Gr.Brit. 74,5 P., 4. BRD 74 P., 5. Bulgarien, 6. Polen, 7. Ungarn, 8. Jugoslawien
Männer: 1. DDR 123 P., 2. USSR 117,5 P., 3. Gr.Brit. 106,5 P., 4. BRD 97,5 P., 5 Ital., 6. Polen, 7. Ungarn, 8. Jugoslawien

US-Leichtathleten schlagen in Leningrad USSR mit 118:105 Punkten. US-Frauen unterliegen 60:99

(1981)	des, an dem hohe Politiker beiteiligt sind, tritt ital. Regierung zurück *G. Spadolini* (* 1925, Republikan. Partei) bildet als 40. ital. Nachkriegsreg. Koalitionsregierung aus 5 Parteien (ohne KPI). Erstmals seit dem Krieg ist der Min.-Präs. kein Christdemokrat, obwohl DC stärkste Partei Der Luxemburger *G. Thorn* (*1928, Liberaler) löst *Roy Jenkins* (* 1920, GB Labour Party) als EG-Kommissar ab Wahlen auf Malta bestätigen *D. Mintoff* (* 1916, Sozialist) als Regierungschef. (Seit 1971 i. Amt) Unruhen in der jugoslawischen Provinz Kosovo mit vorwiegend albanischer Bevölkerung werden mit Ausnahmezustand beantwortet † *Mehmed Shehu* (Freitod), albanischer Min.-Präs. seit 1954 (* 1913) Christdemokrat *D. v. Agt* (*1931), seit 1977 Min. Präs. bildet in den Niederlanden Mitte-Links-Regierung Niederländ. Min.-Präs. *Dries van Agt* (* 1931, Christdemokrat) tritt zurück und bildet seine Links-Mitte-Koalition zu einer Mitte-Rechts-Koalition um Min.-Präs. v. Norwegen *Nordli* (* 1927) tritt zurück, seit 1976 im Amt (Sozialdemokrat) *Gro Harlem Brundtland* (* 1941, Sozialdemokratin) Nachfolgerin von *Nordli* als Min.-Präs. von Norwegen In Polen werden der frühere Parteichef *Gierek* und der frühere Min.-Präs. *Babiuch* aus der Partei ausgeschlossen Langwierige Verhandlungen zwischen der parteiunabhängigen Gewerkschaft „Solidarität" und polnischer Regierung wenden Generalstreik ab, der wegen staatlicher Übergriffe gegen die Gewerkschaft droht *W. Jaruzelski* (* 1923) nach *Jaroszewicz*, *Babiuch* u. *Pinkowski* 4. poln. Min.-Präs. in einem Jahr Die Lage in Polen führt zu mehreren Flugzeugentführungen nach Berlin (W) Zahlreiche Polen suchen Aufenthalt in Wien, Berlin(W) und anderen Städten in nichtkommunistischen Ländern Unter dem Eindruck der Rücktrittsdrohung des Min.-Präs. stimmt das polnische Parlament (Sejm) einer 2-monatigen Streikpause zu. Der desolate Wirtschaftszustand und hohe Auslandsverschuldung fordern hohe Arbeitsdisziplin Blutige Zusammenstöße zwischen Militär und streikenden Arbeitern in Polen Die Polnische Gewerkschaft Solidarität in Radom zwingt KP-Funktionäre zum Rücktritt	*Ina Seidel* (* 1885, † 1974): Aus den schwarzen Wachstuchheften (unveröffentlichte Texte) *Georges Simenon* (* 1903): „Memoires intimes" (belg.-schweizer Roman) *Isaac B. Singer* (* 1904 in Polen): „Das Erbe" (dt. Übers. des US-Romans) *Peter Steins* Schaubühne (bisher am Halleschen Ufer) bezieht den restaurierten Bau von *E. Mendelsohn* von 1926–28 am Kurfürstendamm mit vielseitigen theatertechnischen Möglichkeiten *Udo Steinke* (* 1942): „Die Buggenraths" (Roman eines Autors, der 1968 aus der DDR in die BRD kam) *Strittmatter*: „Der Wundertäter" (Roman aus der DDR, 3. Teil) *Vilma Sturm* (* 1912): „Barfuß auf Asphalt – ein unordentlicher Lebenslauf" (erotische Biographie) *Joachim Tettenborn* (*1918): „Tilmann Riemenschneider" (Bühnenstück, Urauff. i. Würzburg)	satzdienst als Alternative zum Wehrdienst Caritas-Verbände unterstützen in diesem Jahr 422 Hilfsprogramme in 94 Ländern mit mehr als 100 Mill. Dollar „Preußen – Versuch einer Bilanz" (historisch-kritische Ausstellung über den 1947 aufgelösten Staat) im *Gropius*-Museumsbau an der Berliner Mauer in Berlin (W) mit zahlreichen Sonderausstellungen und einschlägiger Literatur „Rausch und Realität" (Ausstellung in Köln über Drogenkonsum) Grabungen in Spandau (Berlin W) stoßen auf Gebäudereste aus dem 13. oder 14. Jh. In diesen Fachwerkbauten will man die ältesten Wohnhäuser Spandaus erkennen Limes-Museum in Aalen eröffnet 1960–80 steigen die Museumsbesuche in BRD um 4,7 %/Jahr auf 25,7 Mill. In der Hamburger Innenstadt Funde aus der Hammaburg aus der Zeit um +600

„Lola" (dt. gesellschaftskritischer Film über die 50-er Jahre von *R. W. Faßbinder*)

„ Lili Marleen" (dt. Film um das Soldatenlied von *R. W. Faßbinder* mit *Hanna Schygulla*) (*1943)

„Das Ende des Regenbogens" (Fernsehfilm von *V. Friessner* aus dem Leben eines Trebegängers)

† *Abel Gance*, frz. Filmregisseur, benutzte 1926 Breitwandverfahren (* 1889)

„Der Mond ist nur a nackerte Kugel" (Film von *Jörg Graser* erhält „Goldenen Bären" der Berliner Filmfestspiele)

† *Alec Guinness*, brit. Filmschauspieler (* 1914)

Alice Guy (* 1863, † 1968): „Autobiografie einer Filmpionierin, und einer frz. Filmproduzentin"

†*Paul Hörbiger*, dt.-österr. Schauspieler in mehr als 230 Filmen (*1895 in Budapest)

„Der unvergessene Krieg" Fernsehfilmproduktion in 15 Folgen (Koproduktion, Regie *Isaac Kleinermann* (USA), und *Karmen* (USSR). Wurde 1978 in USA und USSR, 1979 in DDR gesendet, 1981 in BRD)

„Kagemusha" (ja-

KKW Harrisburg in USA erklärt die Regierung der BRD ihr Sicherheitskonzept für ausreichend

1. Forschungsreaktor der BRD (FR 2) in Garching nach 20 Jahren störungsfreiem Betrieb stillgelegt

Trotz finanzieller und juristischer Schwierigkeiten wird der Bau des schnellen Brüters in Kalkar fortgesetzt (Kosten ca. 5 Mrd. DM)

1225 MW-Kernkraftwerk in Grafenrheinfeld wird kritisch (Mitte 1982 volle Leistung erwartet)

Es gibt 270 kernkraftgetriebene Kriegsschiffe (vom U-Boot bis Flugzeugträger). In der Handelsschiffahrt kann sich die Kernenergie nicht durchsetzen

EG beabsichtigt, in 5 Jahren 3,7 Mrd. DM für Entwicklung eines Fusionsreaktors aufzuwenden, für dessen technische Realisierung weitere 20 Jahre geschätzt werden

Erdweit werden etwa 2 Mrd. DM/Jahr für die Erforschung und Realisierung der Kernverschmelzung ausgegeben, woran über 1000 Mitarbeiter beteiligt sind

In USA wird die Kernfusion durch

Ballon „Double Eagle" mit 2 Amerikanern und 1 Japaner überquert den Pazifik von Japan nach USA (5300 km)

Erd-Umrundung zweier US-Bürger im Ballon scheitert am Himalaya

Die US-Piloten *Calvin* und *Pitts* umrunden in einmotorigem Flugzeug mit allen Formalitäten in 9 Wochen die Erde (1931 benötigten 2 Piloten nur 8 1/2 Tage)

VR China gewinnt alle 7 Titel der WM für Tischtennis in Jugoslawien

Dynamo Tiflis gewinnt gegen Jena (DDR) Europa-Fußballpokal in Düsseldorf

USSR wird in Prag Basketball-Europameister gegen Jugoslawien (BRD wird 10.)

11 Todesopfer am Matterhorn in der Bergsteigersaison

22 Bergsteiger verunglücken tödlich im Himalayagebiet

Es gibt etwa 250000 Windsurfer in Europa

BRD gewinnt das Fußball-UEFA-Turnier gegen Polen 1:0

Eishockey-WM:
1. USSR (17. mal)
2. Schweden
3. CSSR
4. Kanada

20 Alpenorte rüsten sich mit „Schneekanonen" für künstlichen Schnee aus (in USA und Kanada sind es 700 Orte)

Alpenländer stellen Rückgang der Zahl der Skiläufer fest. Die Zahl der Ski-Langläufer nimmt weiter zu

Skifahrer-Aufstiegshilfe mit Hubschraubern in N-Amerika und Europa

Zahl der Bergluftseilbahnen der Erde erhöhte sich von 1975 um 10,3 % auf 1122 (BRD unverändert 49 Bahnen)

Solarzellenangetriebenes Flugzeug „Solar Challenger" fliegt von Paris nach England (265 km)

Ballon-Überquerung der USA von West nach Ost in 55,5 Stunden mit heliumgefülltem Ballon

IOC beschließt in Baden-Baden für 1988: Olympische Sommerspiele in

(1981)	Im Zuge der Unruhe der Bevölkerung werden 5 Minister in der polnischen Regierung ausgewechselt Parteiunabhängige polnische Gewerkschaft „Solidarität“ vereinbart mit der Staatsführung, daß einer von 4 Sonnabenden arbeitsfrei ist Die Delegierten für den poln. Sonderparteitag werden frei und geheim gewählt In Polen wird eine parteiunabhängige Handwerkergenossenschaft zugelassen (die dominierende Rolle der kommunist. Vereinigten Arbeiterpartei wird mehr und mehr eingeschränkt) Sonderparteitag der poln. PVAP sucht nach einem Ausweg aus der politischen und wirtschaftlichen Krise. Nach seinem Abschluß setzen sich Verknappung und Teuerung fort, die Demonstrationen auslösen In Polen gedenkt die Bevölkerung der Toten der Aufstände von 1956 (Posener Aufstand) und 1970 (Danzig) Polen errichten ein Denkmal für die über 4000 Offiziere, die die Russen bei der Besetzung 1939 in Katyn erschossen In Polen wird erstmals nach dem Kriege die Unabhängigkeit vom 11.11.1918 gefeiert Kritik der Sowjetunion an der unabhängigen polnischen Gewerkschaft „Solidarität“ schafft mit Manövern an Polens Grenzen eine weltpolitisch bedrohliche Situation Der Poln. PVAP-Parteitag beschließt für die Zukunft ständige demokratische Kontrolle der Parteigremien von unten nach oben und genaue Festlegung der Kompetenzen. Die USSR bleibt tolerant, aber kritisch Der Parteitag der poln. PVAP wählt *St. Kania* (* 1927), einen Anhänger des Reformkurses gegen *K. Barcikowski* in geheimer Wahl zum Parteivorsitzenden Warnstreik in Polen wegen polizeilicher Verfolgung von Mitgliedern der unabhängigen Gewerkschaft „Solidarität“ Die politische Gesellschaftsstruktur in Polen ändert sich durch Organisationen (der Gewerkschaften, Bauern, Studenten), die von der kommunist. Arbeiterpartei unabhängig sind. Die Sowjetunion betrachtet sie als Konterrevolutionäre und fordert ihre Bekämpfung. Der Westen warnt sie vor einer Intervention Der poln. Gewerkschaftsführer *Lech Walesa* (* 1943) spricht in Genf vor der ILO, die ihm Ovationen darbringt Die parteiunabhängige Gewerkschaft „Solidarität“ verändert mit Forderungen und Aktionen Staats-	*Friedrich Torberg* (* 1908, † 1979): „Apropos – Nachgelassenes, Kritisches, Bleibendes“ † *Volker von Törne*, dt. Lyriker, schrieb „Wolfspelz“ und „Kopf über Hals“ (* 1934) † *Peter Tramin*, österr. Schriftsteller südtiroler Herkunft (* 1932) *John Updike* (* 1932): „Der Coup“ (dt. Übers. des US-Romans über den Phantasiestaat Kusch) † *Jurij Trifonow*, kritischer sowjetischer Schriftsteller der Stalinzeit, schrieb „Das Haus an der Moskwa“. (* 1925) *Peter Turrini* (* 1944): „Ein paar Schritt zurück“ (Lyrik des Steirischen Herbstes) † *Ilse Urbach*, dt. Journalistin und Kritikerin (* 1912) *Peter Ustinow*: „Abgehört“ (Komödie, Urauff. i. Wien) † *Andreas B. Wachsmut*, Goetheforscher, 1951–71 Präsident der Goethe-Gesellschaft (* 1890)	Gut erhaltenes römisches Schiff bei Mainz gefunden Wanderausstellung der Grabbeigaben für *Tut ench Amun* findet 3,6 Mill. Besucher in aller Welt In Griechenland wird ein Tempel aus der Zeit um ~ – 700 auf der Insel Euböa als bisher ältester bekannter mit einer Fläche von 40 qm ausgegraben Im Grab des 1. chines. Kaisers in Xiang werden zahlreiche Leichen lebendig begrabener Menschen gefunden US-Archäologen entdecken in Syrien Hauptstadt Schubat Enlil des assyrischen Herrschers *Schamsi Adad* (≈ – 1749. (älteste Schichten ≈ – 7000) Astronomische Maya-glyphen in Süd-Mexiko als Venus-Beobachtungen und -Berechnungen gedeutet Als wichtigste Ereignisse des Jahres werden von der Presse notiert: 1. Ermordung *Sadats* 2. Polenkrise 3. Attentat auf *Reagan*

pan. Film von *A. Kurusowa* (* 1910) wird in Cannes preisgekrönt † *Zarah Leander*, schwedische Filmschauspielerin und Sängerin (* 1907) „Das Mädchenorchester von Auschwitz" (US-Film von *Daniel Mann* nach dem Bericht der überlebenden Jüdin *Fania Fénelon*) † *Mont Montgomery*, US Filmschauspieler und -Regisseur (* 1904) „Das Boot" (Film von *W. Petersen* nach dem Buch von *L.-G. Buchheim* (Kosten 22 Mill. DM) „Loulou" (Frz. Film von *Maurice Pialat* (* 1925) † *Glauber Rocha*, brasilianischer Filmregisseur (* 1938) „Die Fälschung" (dt. Film von *Volker Schlöndorff* um den Krieg in Beirut) „Der Zauberberg" (dt. Film n. d. Roman von *Thomas Mann* von *Franz Seitz)* *† Hans Söhnker*, dt. Schauspieler (* 1903) „Mephisto" (ungar. Film von *Istvan Szabo* (* 1940) nach dem Buch von *Klaus Mann* über *G. Gründgens* „Le dernier Métro" (frz. Film von *François Truffaut* (* 1932))		Laserstrahlung als wenig aussichtsreich angesehen Die Raumfähre „Columbia" wurde in 10 Jahren für 10 Mrd. Dollar gebaut Die US-Raumfähre (Space-Shuttle) „Columbia" unternimmt 2 im wesentlichen erfolgreiche Probeflüge, die jeweils mehrere Tage dauern. (1982 folgen 2 weitere) Schwerelosigkeit in Raumfahrzeugen gestattet Glasherstellung hoher Qualität Die am 29.9.77 in eine Erdumlaufbahn gebrachte sowjetische Raumstation „Sojus 6" wurde von 16 Mannschaften besucht, die sich zusammen 676 Tage an Bord aufhielten. 1981 findet letzter Besuch einer Mannschaft der SU und Rumänien statt. Insges. waren Kosmonauten aus 9 sozialist. Ländern an diesem Programm beteiligt Langzeitrekord von Kosmonauten der USSR mit 75 Tagen Raumflug Mit einem Flug zum Raumschiff „Sojus 6" ist der 100. Mensch im Weltraum (USSR 50, USA 43, DDR 1, sonstige: 6 mit insges. 2700 Flugtagen) Es werden erfolgreiche Satellitenkil-	Seoul/Südkorea, Winterspiele in Calgary/Kanada In BRD ersticken jährlich etwa 500 Säuglinge In den tropischen Entwicklungsländern rechnet man mit rd. 500 Mill. Durchfallerkrankungen bei Kindern, an denen 5 Mill. sterben Gelbfieber und andere von Insekten übertragene Viruskrankheiten nehmen wieder zu. (Gelbfieber schien um 1950 durch Massenimpfung ausgerottet) Alle 2 Sekunden stirbt in der Dritten Welt ein Kind Schneereicher Winter 1980/81 führt verbreitet zu Hochwasser im Frühjahr 1981 6 Tote bei Frühjahrsüberschwemmungen in Nordbayern und Niedersachsen Im Juli Hochwasser in Bayern (Passau, Wasserburg und andere Orte). Schneefall bis 1600 m Hochwasserkatastrophe im Sommer verursacht i. BRD 2 Tote und 100 Mill. DM landwirtschaftlichen Schäden Heftiger Ausbruch des Ätna (es sind 135 frühere Eruptionen bekannt) Etwa 6000 Tote durch Erdbeben in Nord-Algerien Über 3000 Tote und 1000 Verletzte bei Erdbeben in iranischer Provinz Kerman. Stadt Golbaf völlig zerstört Der Schaden des Erdbebens in Italien im Nov. 1980 wird auf 35 Mrd. DM geschätzt Mehr als 300 Tote beim Erdrutsch an einem Vulkan auf Java 42 Tote bei Taifun über Tokio 150 Tote durch Taifun auf den Philippinen Auf dem Hamburger Volksfest am Heiligengeistfeld rammt ein Kran eine Kabinenbahn: 6 Tote 14 Tote und 52 Verletzte durch Zugunglück infolge Gleisverwerfung bei Erfurt 17 Tote und 60 Verletzte bei Zugunglück in Irland 4 Tote und 100 Verletzte bei Zugunglück im Nahverkehr in Wien

(1981)	und Gesellschaftsordnung in Polen und erschüttert damit den Machtbereich der USSR General *W. Jaruzelski* (* 1923) errichtet in Polen unter dem Druck der USSR und des Warschauer Paktes eine Militärdiktatur, die die Gewerkschaft „Solidarität" und andere Regimekritiker verfolgt. *L. Walesa* und Tausende andere werden inhaftiert Manöver des Warschauer Paktes in Polen und Grenzgebieten begleiten die Unruhen im Lande. Eine Intervention der USSR wird befürchtet *Francisco Pinto Balsameo* (* 1938, rechtsliberal) wird Min.-Präs. Portugals, nachdem sein Vorgänger *F. Sa Caneiro* im Flugzeug abstürtzte Nach 7 Monaten Amtszeit tritt der portugies. Min. Präs. *Pinto* einer Mitte-Rechts-Reg. als 9. Reg.-Chef seit 1974 zurück Militärischer Putschversuch mit Überfall auf das span. Parlament in Madrid. Kg. *Juan Carlos* tritt ihm erfolgreich entgegen (Putschisten kommen 1982 vor Militärgericht) Durch über 100 Geiseln in der Zentralbank in Barcelona versuchen bewaffnete Rechtsradikale Verantwortliche für den Angriff auf das Parlament in Madrid freizupressen. Der Versuch mißlingt 300 000 Spanier demonstrieren am 6. Todestag des früheren faschistischen Diktators *Franco* Drei Tote durch Attentat und faschistische Demonstrationen in Madrid ETA entführt 3 Konsuln auswärtiger Staaten im Baskenland. Freilassung nach erpreßter Veröffentlichung von Dokumenten Spanien fürchtet ein rechtextremes Komplott gegen den König Span. Parlament stimmt Beitritt zur NATO mit deutlicher Mehrheit zu *S. Carillo* (* 1915) wird zum Parteichef der spanischen KP wiedergewählt (die Partei ist in „Eurokommunisten, Moskauanhänger und Erneuerer" geteilt) Spanischer Min.-Präs. *Adolfo Suarez Gonzales* (* 1932, Dem. Zentrum) tritt zurück *Leopoldo Calvo Sotelo* (* 1928, Dem. Zentrum) wird Min.-Präs. Spaniens. Er folgt *Adolfo Suarez Gonzales* (* 1932, der seit 1976 amtierte) Im Krieg um Spanisch-Sahara werden 2 Marokkanische Flugzeuge mit Raketen aus USSR abgeschossen 7 1/2 Jahre Haft als bisherige Höchststrafe für Bürgerrechtler in CSSR Nach Ausscheiden der Konservativen wird *Th. Fälldin* (* 1926,Zentrum) mit einer Stimme Mehrheit erneut schwedischer Min.-Präs. U-Boot der USSR, das vermutlich Atomwaffen	† *Gottfried Weber*, Erforscher des Nibelungenliedes, schrieb 1965 „Das N., Problem und Idee") (*1897) *Peter Weiss*: „Die Ästhetik des Widerstandes" (3. Band, 1.1975) † *Ewald Wenck*, Schauspieler und Kabarettist in Berlin (* 1892) *Gabriele Wohmann* (* 1932): „Wanda Lords Gespenster" (Bühnenstück, Urauff. i. Darmstadt) *Marguerite Yourcenar*, frz. Schriftstellerin belg. Herkunft, als 1. Frau in der Académie Française (* 1903) † *Zoltan Zelk*, ungar. Lyriker, der 1956 verurteilt wurde. (* 1906) SW-Funk gibt folgende Rangliste neuer dt. Literatur: *W. Hildesheimer* (* 1916): „Marbot" *Paul Nizon* (* 1929): „Jahr der Liebe" *Th. Hürliman* (*1950 i. d. Schweiz): „Die Tessinerin" *Jürgen Becker* (* 1932): „Erzählen bis Ostende" *Forts. S. 1543*	4. Attentat auf Papst 5. Wahl von *Mitterand* i. Frankreich 6. O-W-Konflikt um Mittelstreckenraketen

† *Fritz Umgelter*, dt. Film-Regisseur (* 1923)

† *Raoul Walsh*, US-Filmregisseur (* 1892)

„Ohne Betäubung" (poln. Film gegen Stalinismus von *Andrzej Wajda*)

US-Film „Eine ganz normale Familie" von *Robert Redford* erhält Oscar als bester Film

„Goldene Palme" der Filmfestspiele in Cannes an „Der Mann aus Eisen" (polnischer Film von *Andrzej Wajda*)

† *Natalie Wood*, US-Filmschauspielerin und Sängerin, mehrmals mit Oscars ausgezeichnet (Westsidestory) (* 1938)

† *William Wyler*, US-Filmregisseur (* 1902) (z. B. 1959 „Ben Hur", 1968 „Funny Girl" mit *Barbra Streisand* (* 1942)

BRD zeichnet keinen Spielfilm mit einem Filmband in Gold aus

Niklaus Meienberg: „Die Erweiterung der Pupillen beim Eintritt in das Hochgebirge"

Botho Strauß (* 1944): „Paare, Passanten"

Frankfurter Buchmesse zeigt 285000 Buchtitel aus 5452 Verlagen

Aus der früheren Zunahme (vgl. LiZ) folgert, daß im Jahr ca. 1,1 Mill. Buchtitel erscheinen

Zeitweise Besetzung führt zu Krise und Entlassungen am Frankfurter Schauspielhaus

Organisationsmodell des Frankfurter Theaters, das die Mitbestimmung einschloß, wird vielfach als gescheitert betrachtet (wurde seit 1972 praktiziert)

Das Nibelungenlied – Zeit und Bedeutung (Ausstellung in Worms)

Etwa 20 Angriffe von Rechtsradikalen mit Zerstörungen auf Buchhandlungen in Paris seit 1976

lerversuche der USSR gemeldet (die Weltraumrüstung dehnt sich bei den Supermächten offensichtlich aus) (vgl. 1982)

Nach dem 4. erfolgreichen Start der Europarakete „Ariane" gilt sie als einsatzfähig

Europarakete „Ariane" bringt zwei Satelliten (für Wetter, bzw. für Nachrichten) in Erdumlauf

Wettersatellit „Meteosat 2" in Betrieb („Meteosat 1" seit 1977)

US-Raumsonde „Pionier 6" 15 Jahre in Betrieb, die mit anderen Sonden das magnetische Sonnenwetter beobachtet

US-Raumsonde „Pionier 10", gestartet 1972, sendet noch auswertbare Signale aus 25-facher Sonnenentfernung

Raisting am Ammersee wird mit 5 Parabolantennen zur größten Erdfunkstelle mit 2250 Kanälen für 47 Länder ausgebaut

USA bereiten für 1985 Satellitenfernsehen für 3 Programme vor

Auf der Funkausstellung in Berlin (W) steht die Videotechnik im Mittelpunkt

ZDF i. BRD führt Stereoton ein

680 Tote bei Erdbeben in Kolumbien

Überschwemmung durch höchste Flutwelle des Jangtsekiangs seit 1905 mit über 3000 Toten und etwa 400000 Obdachlosen

Erdbeben in Griechenland: 16 Tote und zahlreiche Verletzte

26 Verletzte durch Zugunglück bei Eichstätt, wo ein Güterzug ein Haltesignal überfuhr

28 Tote bei Zugunglück auf Taiwan

30 Tote bei Zugunglück in Argentinien

65 Tote und zahlreiche Verletzte durch Zugunglück in Südkorea

Blitz verursacht Explosion auf japan. Supertanker im Hafen von Genua: 7 Tote, 4 Vermißte

Gestrandeter Tanker bedroht brit. Küste mit seiner Ladung von 150000 t Öl, bevor er freigeschleppt werden kann

Ein Tanker mit 80000 t Öl strandet bei der Einfahrt in den Hamburger Hafen. Eine schwere Umweltkatastrophe wird knapp vermieden

Dt. Containerfrachter sinkt im Atlantik. 24 Seeleute vermißt

200 Tote bei Fährunglück in Bangladesh

500 Tote bei Untergang eines Fährschiffes in Indonesien

Dt. Frachter „Gotland 2" wird auf Antarktisexpedition leck geschlagen und sinkt (ohne Personenverluste)

49 Tote bei Discothekbrand am Valentinstag in Dublin

19 Tote bei Hotelbrand in Chikago

Brände bei Athen zerstören 88 Gebäude und Olivenhaine

Hotelbrand in Las Vegas/USA fordert 8 Tote und 300 Verletzte

45 Tote durch Hotelbrand in Tokio

Größte Feuersbrunst in San Francisco seit dem Erdbeben 1906 vernichtet Hochhaus und 20 andere Gebäude

30 Tote bei Hochhausbrand in Sao Paulo

45 Tote bei Wahlkampfveranstaltung in Stierkampf-Arena in Mexiko

100 Tote durch Zirkusbrand in Indien

(1981) trägt, strandet im militärischen Sperrgebiet Schwedens

Hedi Lang (* 1931, Sozialdemokratin) wird Vorsitzende der Schweizer Bundesversammlung

Schweizer stimmen gegen Politik zugunsten Fremdarbeitern

Terror in der Türkei führt zu Militärregierung, sie löst Parteien auf und sieht neue Verfassung vor. *Demirel* und *Ecevit* zeitweise in Haft

Der frühere sozialdemokr. türk. Min.-Präs. *Ecevit* (*1925) wird wegen politischer Kritik am Militärregime zu 4 Monaten Gefängnis verurteilt

Armenier nehmen in Paris 60 Geiseln, um in der Türkei polit. Gefangene freizupressen. (Versuch mißlingt und fordert 1 Toten und 6 Verletzte)

Beim 26. Parteitag der KPSU wird die Rede des Vorsitzenden *L. Breschnew* nicht vom Rundfunk übertragen

Parteitag der KPSU wählt *L. Breschnew* (* 1906) erneut einstimmig zum Vorsitzenden (Gen.Sekr. seit 1966)

Breschnew besucht Bundesregierung in Bonn

Sowjetunion unterzeichnet Freundschaftsvertrag mit dem Kongo (analoge Verträge mit Indien (71), Irak (72), Angola (76), Mocambique (77), Äthiopien (78), Vietnam (78), Afghanistan (78), Südjemen (79), Syrien (80), Kongo (81). Kündigungen: Ägypten (76), Somalia (77))

Breschnew bietet Abrüstungsverhandlungen ohne Vorbedingungen an und betont den Friedenswillen der Sowjetunion

Großes Landemanöver der USSR in der östlichen Ostsee vor Polen

USA veröffentlichen Stand der Rüstung der USSR

Sacharow und seine Frau geben ihren Hungerstreik auf, nachdem die Behörden der USSR seine Schwiegertochter zu ihrem Mann in die USA ausreisen ließen

Gipfelkonferenz der Blockfreien distanziert sich von der Politik der USSR (insbes. vom Einmarsch in Afghanistan Ende 1979)

† *O. N. Bradley*, erfolgreicher US-General im 2. Weltkrieg (* 1893)

US-Präsident *R. Reagan* (* 1913, Parteirepublikaner) übernimmt sein Amt. Gründet seine Politik auf militärische Stärke. *Bush* (* 1924) Vizepräs. *Haig* (*1924) Außenmin. (bis 1982)

US-Präsident *Reagan* übergeht Außenminister *Haig* und macht Vizepräsidenten *Bush* zum Krisenmanager

US-Präsident *R. Reagan* erhält durch Attentat Brustschuß. Baldige Genesung nach Operation

In einem Hotel in Kansas City/USA stürzen brückenartige Konstruktionen in einen Ballsaal: 108 Tote, 180 Verletzte

9 Tote bei Hotelbrand in Sydney

16 Tote bei Hotelbrand in Nairobi

235 Tote durch Absturz eines Zuges von einer Brücke in Indien

Mehrere hundert Tote bei Einsturz einer indischen Seidenspinnerei

Waldvernichtung in Nepal verstärkt Gangesüberschemmungen

In Europa jährlich 177 Tote pro 1 Mill. Einw. bei Verkehrsunfällen

Speziell:

Norwegen	87
Frankr.	250
Portugal	311

Anfang 1953 bis Ende 1980 i. BRD über 419000 Tote im Straßenverkehr (ca. 12,5 Mill. Verletzte)

Die Zahl der Verkehrstoten in BRD geht gegenüber 1980 um 9,3 % zurück

In der BRD gibt es jährlich (1980) in 28000 Fällen Fahrerflucht bei schweren Verkehrsunfällen (mit Verwundeten)

25 Tote bei Busunfall in Spanien

30 Tote bei Busunglück in Peru

80 Tote bei LKW-Unfall in Uganda

50 Tote durch Panik bei Beleuchtungsausfall auf einer Turmtreppe in Indien

In Spanien sterben seit Mai über 227 Personen an gepantschtem Olivenöl. Andere siechen dahin

317 Tote durch Methyl-Alkohol-Vergiftung in Indien

174 Tote bei Touristenflug Jugoslawien-Korsika

Pro Jahr (1980) werden bei 23 Flugunfällen 745 Tote registriert (dem entspricht 0,1 Toter auf 100 Mill. Passagier-km)

14 Tote durch Absturz auf den US-Flugzeugträger „Nimitz"

301 Passagiere verbrennen bei Notlandung einer saudiarabischen Verkehrsmaschine

47 Tote bei Flugzeugabsturz in Mexiko

Kg. v. Schweden eröffnet Ionosphärenforschungsstation EISCAT

Auswertung von Aufnahmen eines Forschungs-Satelliten zeigt, daß 1979 ein Komet in die Sonne stürzte

6 m-Spiegelteleskop im Kaukasus arbeitet nicht völlig einwandfrei (Benutzung von Glaskeramik wird erwogen)

Indien startet seinen 4. Satelliten mit eigenen Raketen

Die Langbasis (VLBI-Radioastronomie) erlangt ein Auflösungsvermögen von 0,003 Bogensekunden (100 mal genauer als große Lichtteleskope)

Milchstraße ist sandwichartig von kühlem Gas umgeben und hat einen heißen Halo als Hülle

Mit Computer gerechnete Karte der Radiostrahlung des Himmels für die Wellenlänge 73 cm entsteht 1966–81 aus 20 Mill. Einzelmessungen

Energiereiche kosmische Röntgenblitze können gedeutet werden als Ansammlung von Helium auf einem Neutronenstern, das sich explosionsartig (flash) durch Fusion in Kohlenstoff verwandelt. Das Helium entsteht durch Überfließen von Wasserstoff von einem Begleiter, der auf dem Neutronenstern durch Fusion Helium bildet

Nova-Sterne werden als thermonukleare Prozesse an der Oberfläche weißer Zwerge in engen Doppelsternsystemen erkannt

Astronomen in Bochum entd. Stern mit etwa 1000 Sonnenmassen

Supraleitendes Galliumarsenid erlaubt Computerschaltzeiten von 10^{-12} Sek. (= 1000 Mrd. Schaltungen pro Sek.)

Gleichungen mit 100.000 Unbekannten mit neuartiger Mehrgittermethode lösbar

Projekt „Europäischer Geoschnitt" plant Erdkruste vom Nordkap bis Nordafrika in etwa 10 Jahren durch Bohrungen und geologische Messungen zu erforschen

Internationales Projekt, das Erdinnere mit Neutrinostrahlen zu durchleuchten

US-Tiefseebohrschiff „Glomar Challenger" wird nach 12 Jahren mit über 878 Bohrungen durch „Glomar Explorer" ersetzt, das 1984 seine Arbeit aufnehmen soll

Israel plant einen Kanal zwischen Mittelmeer und Totem Meer im Gazastreifen

BRD beginnt aktive Antarktisforschung mit eigener Station

5 deutsche Forscher überwintern in der neuen Forschungsstation der BRD in der Antarktis

Säuregehalt des Grönlandeises läßt die Vulkanausbrüche seit 553 ablesen

Fundament einer Römerbrücke in London gefunden

Die Archäomagnetische Methode ergibt für die Zerstörung der mykenischen Hauptburg Tiryns das Datum (–1190 ± 10 (bisher ≈ –1150 vermutet)

US-Archäologen stoßen auf die Hauptstadt des syrischen Herrschers *Schamsi Adad* (≈ -1900). Älteste gefundene Grabungsschichten reichen bis ≈ -5000

Isotopengehalt Kohlenstoff 13 erweist, daß in der mittleren Steinzeit vor (≈ – 4000) Jahren der Mensch in Dänemark von der Ernährung von Fischen zur Ernährung von Landtieren überging

US-Forscher ermitteln das Alter der frühesten Einwanderer, die über die Beringstraße kamen, mit 13000 Jahren (gelegentlich vermutetes höheres Alter erscheint widerlegt)

In SO-Afrika werden Spuren von durch Menschen entfachtem Feuer gefunden, etwa 1,5 Mill. Jahre alt

Die bisherigen Funde menschlicher Fossilien bieten noch kein eindeutiges Bild menschlicher Abstammung (Afrika oder Asien bleiben mögliche Ursprungsgebiete)

In USA entbrennt erneut der Streit um die Abstammung des Menschen, der auch Gerichte beschäftigt

Computer-Tomographie von Mumien erweitert die Methoden der Archäologie

Bei Bonn findet man die Reste eines Hundes, der vor 14000 Jahren als ältestes bekanntes Haustier lebte

ca. 80 Mill. Jahre alte steinbrechartige Blüten aus der Kreidezeit in Schweden gefunden

325 Mill. Jahre altes Urinsekt (Springschwanz) entdeckt

Die Forschungskosten i. BRD steigen 1975 – 81 von 26,8 auf 41,5 Mrd. DM (+ 7,6 % / Jahr)

Forschungsgemeinschaft i. BRD gab 1980 815 Mill. DM für 10000 Projekte

Ausgaben des Stifterverbandes f. d. Dt. Wissenschaft:
1981 21,2 Mill. DM
1980 22,2 Mill. DM

(1981)

Das Attentat auf *Reagan* ist bisher das 9. bis zu diesem 40. US-Präsidenten (4 verliefen tödlich):
Ermordung von US-Präsidenten durch Attentat
1865 Lincoln (R)
1881 Garfield (R)
1901 Mc Kinley (R)
1963 J. F. Kennedy (D)
R=Republikaner, D=Demokrat.

US-Präsident *R.Reagan* setzt sein Wirtschaftsprogramm mit 25% Steuersenkung im Senat und Kongreß durch

US-Präsident *R.Reagan* ordnet ohne Konsultation der Verbündeten Bau der Neutronenbombe an, die zunächst in USA gelagert werden soll

US-Präsident *Reagan* erlangt Zustimmung zum Verkauf 5 elektronischer Awacs Fernaufklärer an Saudi-Arabien, das dadurch stärker an US-Nahostpolitik gebunden wird

USA stationieren 2 Awacs-Aufklärungsflugzeuge an der Grenze zwischen Libyen und Ägypten-Sudan. USSR kritisiert dies als „Einmischung"

USA planen, Zahl ihrer strategischen Waffen zu erhöhen (1982 leiten sie eine Politik der Verhandlungen mit USSR ein, um Rüstung allseitig zu verringern)

Äußerungen führender US-Politiker über einen denkbaren Atomkrieg und seine Folgen rufen in Europa Furcht, Kritik und Mißtrauen hervor

„Ocean venture", großes Seemanöver der USA und ihrer Verbündeten

Die militärischen Ausgaben der USA sollen von 100 Mrd. $ (1972) auf 350 Mrd. (1986) real steigen

Bürgerkrieg in El Salvador fordert in 14 Monaten 12 000 Tote. USA unterstützen Junta unter *J. N. Duarte* (* 1925, Christdemokrat)

Vermutlich rechtsgerichtete Terroristen mißhandeln in El Salvador 46 Menschen vor ihrer Erschießung oder Enthauptung

In Honduras/Mittelamerika erreicht liberale Partei Wahlsieg

Wachsende Unruhe in Kolumbien

USA warnen Nicaragua mit militärischer Intervention, um ein „2. Kuba" zu vermeiden

Staatspräsident *Videla* von Argentinien (* 1925) verschiebt demokratische Wahlen auf 1984

Der Vorsitz in der Militärjunta Argentiniens wechselt zwischen den Generalen der Teilstreitkräfte *L. Galtieri* (Heer), *A. Lambruschini* (Marine), *O. Graffinga* (Marine)

Staatspräsidenten von Argentinien bis 29.3. General *J. Videla* (* 1925)
ab 29.3. General *Eduardo Viola* (* 1924)
ab 22.12 General *Leopoldo Galtieri*

110 Tote bei Flugzeugexplosion über Taiwan

1971 gestarteter sowjetischer Satellit stürzt über Australien ab und verglüht

49 Tote bei Flugzeugabsturz in Somalia

7 Tote bei Explosion in polnischem Bergwerk

93 Tote bei Grubenunglück in Japan

15000 Obdachlose durch Feuersbrunst auf Sumatra

294 Tote durch Taifun auf den Philippinen

In Berlin (W) sterben 63 Personen an Rauschgift

Rauschgifttote

	1980	1981
BRD	494	unter 400
Ital.	208	231

Herointote in BRD
1979: 623
1980: 494
1981: 360
(es werden 50–60000 Süchtige geschätzt)

Die Kosten der gesundheitlichen Schäden des Rauchens werden in der BRD auf 30 Mrd. DM jährlich geschätzt

Kriminalbeamte warnen vor dem starken Anstieg der Kriminalität i. BRD

In Großstädten greifen Hausbesetzungen, als Protest gegen leerstehende Häuser als Spekulationsobjekte, um sich

10000 Menschen in Berlin (W) demonstrieren gegen Wohnungsnot

Hausbesetzer-Prozeß verursacht Straßenkrawalle in Berlin(W)

Generalbundesanwalt *K. R. Rebmann* (* 1924) schätzt etwa 2000 DDR-Agenten i. BRD

FBI berichtet mit 9 % stärksten Anstieg schwerer Verbrechen in USA

Terroristen planen Sprengstoffanschlag auf Heidelberger Schloß (kommt nicht zur Ausführung)

2 bewaffnete Täter nehmen in Heidelberg 28 Geiseln und erbeuten durch Bankraub 3 Mill. DM

Das Land befindet sich in einer krisenhaften Situation

Argentinien erhält mit Armee-General *Galtieri* als Nachfolger von *R. E. Viola* in diesem Jahr den 5. Staatspräs.

Belize in Mittel-Amerika mit 151 000 Einw. (früher brit. Kolonie) wird als selbständiger Staat 156. Mitgl. d. UN

Putsch in Bolivien endet mit Rücktritt von Präsid. General *Garcia* (* 1930). (Bolivien erlebte in 150 Jahren seiner Geschichte mehr als 188 Staatsstreiche. 18 Regierungen seit 1950 erlangten zu 50% durch Umsturz die Macht)

Isabel Perón (* 1939), 3. Frau von *J. D. Perón*, 1974-76 argentinische Staatspräsidentin, wird aus der Haft ins spanische Exil entlassen

Kämpfe im Libanon zwischen PLO und Syrien flammen auf

† *M. Dajan*, israel. Politiker, Sieger im „6-Tage-Krieg" 1967 (* 1915)

Kriegsartige Zustände zwischen Israel und Libanon. Syrien, Palästinenser und Waffen der USSR stehen Israel gegenüber (USA vermitteln zeitweise Waffenruhe)

Israel zerstört Kernforschungsanlage im Irak, um Bau von Kernwaffen zu verhindern. Weltsicherheitsrat verurteilt einstimmig diesen Angriff, ohne jedoch Sanktionen zu verhängen

Bewaffnete Zusammenstöße zwischen Israel und Syrien im Libanon erhöhen Kriegsgefahr, zumal Waffen der Weltmächte beteiligt sind

70–100 Tote und etwa 150 Verletzte bei Bombenanschlag radikaler Moslems in Damaskus

Israel wendet sich gegen Europäer in einer Friedenstruppe für Sinai

Israel annektiert die 1967 eroberten Golanhöhen

40 Tote bei Bombenanschlag auf ein PLO-Büro in Beirut

US-Vermittler *P. Ch. Habib* (* 1920) erreicht durch zähe Verhandlungen Waffenruhe im Libanon, die bald gebrochen wird (1982 setzt er den Abzugsplan für 15 000 PLO-Kämpfer durch)

Israelischer Min.-Präs. *M. Begin* verliert parlamentarische Mehrheit und setzt Neuwahlen an

Rücktritt des Finanzministers in Israel gefährdet die knappe Mehrheit der Koalitionsregierung *Begin*

Der israel. Min. Präs. *Begin* führt einen rücksichtslosen Wahlkampf, der weithin Bedenken auslöst, da er auch die nicht schont, die Israel helfen wollen

Israel. Min.-Präs. *M. Begin* tadelt in scharfer Form

Am Ammersee wird 10-jährige Schülerin entführt und findet den Tod durch lebendiges Begraben. Der Vater zahlt 1 Mill. DM Lösegeld

In Atlanta (USA) werden 28 jugendliche Schwarze ermordet

In Atlanta/USA bekennt sich ein unbekannter Bürger brieflich als Mörder von 20 farbigen Jugendlichen

3 bewaffnete Pakistanis entführen in Kabul eine Boeing 720 mit 148 Insassen, erschießen 2 und erpressen die Freilassung von 54 Häftlingen durch Pakistan. Die 3 Täter ergeben sich in Damaskus/Syrien

14 Tote bei Sprengstoffanschlag gegen Hotel in Nairobi (Politische Motive vermutet)

Flugblatt der Hausbesetzer in Berlin(W) droht mit Unruhe und Gewalt

Aktionsserie von Hausbesetzern und Sympathisanten beanspruchen die Ordnungskräfte (in Berlin kommt es zu einem tödlichen Unfall)

Etwa 5000 Mitglieder der Hausbesetzerszene demonstrieren in Berlin(W) und üben gegen Einzelpersonen psychologischen Terror aus. Es gibt zahlreiche Schäden und Verletzte

In New York werden 21 Taxifahrer ermordet und 63 beraubt

Vierfacher Mörder wird in USA mit seinem Einverständnis auf dem elektrischen Stuhl hingerichtet (4. Hinrichtung in USA seit 1977). Es gibt in USA 732 zum Tode Verurteilte. 73 % der Bürger sind für den Vollzug der Todesstrafe

Der Prozeß um Entführung und Tod des *Lindbergh*-Babys 1932, der zur Hinrichtung *Bruno Hauptmanns* (* 1900) 1936 führte, wird neu aufgerollt

Über 20 Tote und zahlr. Verletzte bei Bombenanschlag auf irakische Botschaft in Beirut

Streit und gewalttätige Demonstrationen gegen weitere Startbahn des Flughafens Frankfurt/Main

3 Personen versuchen, Brand im Reichstag in Berlin zu legen. Geringer Schaden, 2 Täter werden verhaftet

(1981)

BK der BRD *H. Schmidt*, weil dieser wie die EG das Heimatrecht der Palästinenser bejaht

Saudi-Arabien schlägt einen Friedensplan für den Nahen Osten vor, den Israel ablehnt

Vorgezogene Wahlen in Israel (Sitzverteilung)

Arbeiterpartei (*Peres*)	49
Likudblock (*Begin*)	49
Kommunisten	4
religiöse u. and.	18
insges.	120

In Israel lehnt *S. Peres* (Arbeiterpartei) Koalition mit *Begin* (Likudblock) ab und wählt damit die Opposition

M. Begin bildet aus seinem Likudblock und 3 religiösen Gruppen israelische Regierung mit einer Stimme Mehrheit gegenüber der Arbeiterpartei im Parlament

In und bei Beirut beginnen neue schwere Kämpfe zwischen syrischen und christlichen Milizen

A. Chomeini (* 1900) zum höchsten und autarken Staatsorgan der iranischen islamischen Republik gewählt

Chomeini setzt Staatspräs. *Bani Sadr* (*1934) ab, nachdem ihn das Parlament für unfähig erklärt hatte. Er war 1980 mit 75,7% Stimmen gewählt worden. Dieser Vorgang ist mit Straßenschlachten und Hinrichtungen verbunden und gilt als Sieg der orthodoxen Geistlichkeit. *Bani Sadr* hält sich verborgen

Der bisherige iranische Min.-Präs. *Ali Radschai* wird als Nachfolger des abgesetzten *Bani Sadr* mit 80% der Stimmen zum Staats-Präs. gewählt. *Bani Sadr* kann nach Paris fliehen und erhält Asyl

1980–81 werden in der islamischen Revolution im Iran über 3000 Menschen hingerichtet

Militärische Führung Irans stürzt im Flugzeug ab

Nach 14 Monaten illegaler Haft läßt der Iran 52 Mitglieder der US-Botschaft in Teheran frei. Die USA zahlen aus iranischen Guthaben 9 Mrd. Dollar

72 Tote durch Bombenanschlag auf islamisch-republikanische Regierungspartei, darunter der Oberste Richter und Vors. der Reg. Partei Ajatollah *Beneschti* und andere führende Politiker

J. Bahonar iranischer Min.-Präs.

Im Iran werden in der Woche der Absetzung des Staatspräs. *Bani Sadr* 61 Todesurteile vollstreckt

Bani Sadr ruft vom Kurdengebiet aus die Iraner zum Widerstand gegen das *Chomeini*-Regime auf

Der Iran verweigert 62 Franzosen, darunter dem Botschafter die Heimreise nach Frankreich, weil es *Bani Sadr* Asyl gewährt

Spielcasino in Berlin (W) wird um 562000 DM beraubt

5 Verletzte und Sachschaden durch Explosionsanschlag auf dem Flugplatz Zürich-Kloten

In Rio werden jährlich etwa 2800 Menschen durch „Todesschwadronen" umgebracht

Hohe Freiheitsstrafen im Wiener Krankenhausprozeß wegen Bestechungen beim Bau

Jährlich etwa 60000 Kindesmißhandlungen in BRD

Rundfunkjournalist *M. Walden* wird zu Schmerzensgeld an den Schriftsteller *H. Böll* verurteilt, weil er ihm Ermutigung zum Terrorismus vorwarf

17 % der Kündigungen in BRD erfolgen wegen Alkoholmißbrauches

53,3 Mrd. DM Ausgaben für alkoholische Getränke i. BRD

An einem Tag werden 3 venezolanische und 1 libysches Flugzeug entführt (Die Geiseln kommen ohne Schaden davon)

Der 13-fache Frauenmörder „Yorkshire the Ripper" legt ein Teilgeständnis ab

In USSR werden 4 Männer hingerichtet, weil sie für Privatprofit Textilien herstellten

DDR gibt Teilstück der Autobahn Berlin (W)-Hamburg frei (Anschlußstrecke in Berlin (W) noch umstritten)

DDR gibt Teltowkanal für den Frachtverkehr BRD-Berlin (W) frei

Autobahnbrücke über das Guttachtal i. Schwarzwald

Schnellzug Paris-Lyon fährt 250 km/h

Schnellzug erreicht in Frankreich auf geradliniger Strecke Rekordgeschwindigkeit von 381 km/h

Unsichere Zustände in Italien, bes. in Städten wie Rom und Neapel, stoßen Touristen ab

15 % weniger Touristen (i. Vgl. zu 1980) besuchen im 1. Halbjahr Italien

Touristen aus der BRD geben (1980) im Ausland mit 37,3 Mrd. DM erstmals mehr als 30 Mrd. DM aus. 32 %

Explosionen in Chom, der heiligen Stadt Irans, wo sich *Chomeini* aufhält

Bani Sadr (* 1934) und andere Oppositionelle gegen Chomeini-Regime rufen in Paris iranische Gegenregierung aus

Der Zerfall der zentralen Macht im Iran hält an

Der Golfkrieg zwischen Irak und Iran zieht sich mit wechselnden Behauptungen über Erfolge hin

Hua Kuo feng wird als Generalsekretär der KP China durch *Hu Juo pang* abgelöst. Er bleibt Stellvertretender Vors.

Es mehren sich die Anzeichen des Rücktritts von *Hua Kuo feng*, Vorsitzender der KP Chinas

In der VR China löst *Hu Yaobang* (* 1915) *Hua Kuo feng* als Vors. der KPC ab

Als starker Mann in China gilt *Teng Hsiao ping (Deng Xiaoping)* (* 1904)

Urteile im Prozeß gegen die „Viererbande" in China wegen konterrevolutionärer Umtriebe während der Kulturrevolution: Todesurteil gegen die Witwe *Maos*, die in Freiheitsstrafe umgewandelt wird. Sonst Freiheitsstrafen zwischen 16 Jahren und lebenslänglich

VR China setzt seinen Kurs der Annäherung an den Westen fort, obwohl die Taiwanfrage die Beziehungen zu den USA belastet

Philippinen heben Ausnahmezustand auf, der vor 10 Jahren verhängt worden war, weil man kommunistischen Umsturz fürchtete

Blutige Grenzzwischenfälle zwischen VR China und Vietnam

Präsident von Südkorea *Choi* wandelt Todesurteil gegen Studentenführer und Regimekritiker *Kim Dae Jung* (* 1925) in lebenslange Haftstrafe um

Putsch des Generales *Sant* in Thailand scheitert am Widerstand des Königs. (In Thailand gab es 1933–81 44 Regierungen)

Ägypten weist Diplomaten und Berater aus der USSR aus

Präs. v. Ägypten *Sadat* läßt 1536 politische Gegner schlagartig festnehmen

Ägyptischer Staatschef *A. Sadat* spricht vor dem EG-Parlament in Straßburg

† *A.Sadat* (* 1918), ägyptischer Staatspräsident seit 1970, Friedensnobelpreis 1978 für Friedensschluß mit Israel (durch Attentat bei einer Militärparade)

Nach dem Tode *Sadat's* kommt es zu blutigen Unruhen orthodoxer Moslems und Bombenanschlägen im Luftverkehr

Das Attentat auf *A. Sadat* tötet 11 Menschen (die Täter werden hingerichtet)

Mit 99% der abgegebenen Stimmen wird der bisherige Vizepräsident *M. Mubarak* (* 1929) als

dieser Summe ausländische Touristen i. BRD

Viele Polen suchen der Krise ihres Landes durch Ausreise in den Westen zu entkommen

Bundespräsident *K. Carstens* (* 1914) und seine Frau wandern in Etappen 1129 km von Hohwacht bis Garmisch-Partenkirchen durch die BRD

Nürnberg baut U-Bahn

Insel Sylt wird durch Massentourismus stark gefährdet: Im Sommerhalbjahr kommen etwa 560000 Automobile. Im Hochsommer sind 4 mal mehr Gäste als Einwohner auf der Insel. Westerland ist seit 1855 Seebad

Gletscherwachstum in den Alpen (1980 72 % der Gletscher bis zu 70 m)

US-Präsident wehrt Fluglotsenstreik durch Entlassungen und Geldstrafen ab

Neues Kuppel-Thermalbad in Badenweiler

Beim Bundesverfassungsgericht seit 1951 47345 Verfahren anhängig, davon 1,2 % erfolgreich

Scheidungsquote auf 1000 Ehen

USA	5,7
Ukraine	3,86
BRD	1,66

32 % der Frauen im fortpflanzungsfähigen Alter in BRD nehmen empfängnisverhütende „Pille". Dazu kommen zunehmend Mädchen ab 13 Jahren

In BRD gab es 1980 87700 Schwangerschaftsabbrüche (+ 5,9 % gegenüber 1979)

Geburt von Sechslingen in Hildesheim

Ärzte in BRD
1960: 81000
1981: 172000

Mit rd. 100 Mrd. DM beträgt die Leistung der gesetzl. Krankenversicherung in BRD ca 10 % des BSP 1970–1980 +11,6 % / Jahr

Gerontologen nehmen das (theoretische) Höchstalter des Menschen zu 115–120 Jahren an (In BRD leben 1000–1200 Menschen über 100 Jahre, davon 750–900 Frauen)

(1981)

Nachfolger *Sadats* zum Staatspräsident gewählt. Er erklärt, die Politik seines Vorgängers fortsetzen zu wollen

Putsch in Gambia, der von der senegalesischen Armee niedergeschlagen wird

Senegal und Gambia beabsichtigen nach Putsch in Gambia Konföderation

Exleutnant *Jerry Rawlings* (* 1947) stürzt in Ghana zivilen Präsidenten *Hilla Liman* (* 1934)

OAU tagt in Nairobi (Kenia) (Situation im Tschad und Spanisch-Sahara belasten OAU)

OAU sieht für Tschad Friedenstruppe vor, um den Bürgerkrieg zwischen Nord und Süd zu mäßigen

Libyen und Tschad künden die Vereinigung zu einer Volksrepublik an

Nachdem Libyen seinen Einfluß im nördlichen Tschad stärkte und mit ihm eine einheitliche VR anstrebt, kommt Frankreich der regulären Regierung im südlichen Tschad zu Hilfe

Putschversuch promarokkanischer Militärs in Mauretanien fordert 85 Tote. Rädelsführer werden hingerichtet

Bei den ersten Wahlen nach der Unabhängigkeit in Tunesien erhält die Reg.-Partei alle Sitze

Rep. Südafrika zerstört Stützpunkte der Swapo in Südangola, wobei 1500 Swapo-Anhänger getötet werden

Angola ordnet Mobilmachung an, nachdem südafrikanische Truppen bei der Bekämpfung der Swapo ca. 300 km tief eingedrungen sind

Im Rahmen der negerfeindlichen Apartheidspolitik wird das reservatartige Homeland Ciskei i. Südafrika mit 538 000 Einwohnern als unabhängig anerkannt

Namibia (früher Dt. SW-Afrika)-Konferenz in Genf scheitert, die einen Waffenstillstand zwischen radikaler Swapo- und „Turnhallen-Bewegung" erstrebt

Nach Rücktritt von *L. Senghor* (* 1906) im Senegal wird der bisherige Reg.-Chef *Abdou Diouf* (* 1935) Staatspräs.

Aus der Wahl der allein stimmberechigten Weißen in Südafrika geht die Regierung unter *P. W. Botha* (* 1916) hervor

5 Luftpiraten entführen ein indonesisches Verkehrsflugzeug, um 80 politische Gefangene freizupressen. In Bangkok wird die Maschine gestürmt und alle Piraten getötet. Passagiere bleiben unverletzt

Nach 13-tägiger Gefangenschaft entlassen Luftpiraten aus einem pakistanischen Verkehrsflugzeug 104 Geiseln, mit denen sie 54 politische Gefangene in Damaskus freipreßten

Es gibt auf der Erde 25 städtische Ballungsgebiete mit mindestens 5 Mill. Einw. (Vgl. Millionenstädte 1957)

Die Bevölkerung der Schweiz nahm 1970–80 um 1,5 % zu (kleinster Zuwachs seit 1850)

Bisher dürften 60–80 Mrd. Menschen gelebt haben

Die Hälfte der Menschheit lebt in den 8 Staaten: VR China, Indien, Indonesien, Brasilien, Bangladesh, Nigeria, Pakistan und Mexiko

Ca. 800 Mill. Menschen (= 17,8 % der Menschheit) entbehren einwandfreies Wasser

Die Bevölkerung Indiens wächst mit + 2,1 %/Jahr auf 683 Mill.

Wie in zahlreichen Millionenstädten sank die Einwohnerzahl Wiens (in 10 Jahren um 7 % auf ca. 1,5 Mill.)

2 Tage Zeitungssetzerstreik in Polen

Die Londoner „Times" findet nach zeitweiliger Einstellung wegen gewerkschaftlicher Auseinandersetzungen in dem Australier *Murdoch* einen neuen Käufer

Nach Verlegerwechsel meldet die Berliner Zeitung „Der Abend" Konkurs an. Damit wächst der Einfluß der *Springer*-Presse

SPD und FDP halten an der öffentlich-rechtlichen Form des Rundfunks fest, während CDU/CSU stärker privatrechtliche Formen für die Zukunft einbeziehen

Erdweit 482 Mill. Telefonapparate (+ 6,8 %/Jahr) (Wert des Netzes ca. 2000 Mrd. DM)

243,30 m hoher Richtfunkturm in Köln

Dt. Tieftauchschiff birgt bei Murmansk aus einem 1942 versenkten brit. Kreuzer in 250 m Tiefe für 70 Mill. DM Goldbarren

Wettersatellit „Meteosat 2" in Betrieb

Ital. Fernsehen überträgt Todeskampf eines 6-jährigen Jungen, der 35 m tief in ein ungesichertes Brunnenloch fiel. Die vergeblichen Rettungsversuche erschüttern die Menschen

Es wird geschätzt, daß die Hochzeit

Konferenz der blockfreien Staaten in Neu-Delhi verurteilt Einmarsch der Sowjetunion in Afghanistan (1979–1980), das sich gegen diesen Einmarsch heftig wehrt

Sudan bricht diplomatische Beziehungen zu Libyen ab

† *Ziaur Rahman* (* 1936), Staatspräs. von Bangladesch seit 1975 (bei einem Militärputsch getötet). *Abdur Saffar* (* 1907) wird amtierender Präsident

Gegner des von Vietnam abhängigen *Heng Samrin* und der Besetzung Kambodschas wollen Koalitionsregierung bilden

Kambodscha-Konferenz der UN in New York mit den Außenmin. der ASEAN-Staaten wegen des Einmarsches von Vietnam

Unter der von Vietnam eingesetzten Regierung *Heng Samrin* (* 1934) erholt sich Kambodscha vom vernichtenden Terror der Roten Khmer 1975–79

Blutige Zusammenstöße auf Sri Lanka zwischen singhalesischer Mehrheit und tamilitischer Minderheit. Die Armee wird alarmiert

Regierung von Sri Lanka verhängt Ausnahmezustand

Unblutiger Militärputsch in Thailand bricht zusammen

Südkoreas Staatspräs. General *Chun Doo Hwan* (* 1932) wird für 7 Jahre im Amt bestätigt

Japan. Min.-Präs. *Z. Suzuki* (* 1911) wechselt 15 von 20 Ministern aus

von Prinz *Charles* in London von 750 Mill. Menschen über Fernsehen gesehen wird (16,7 % der Menschheit)

Österreich wird assoziiertes Mitglied der ESA (Europ. Weltraumorganisation)

Große Planeten-Konjunktion Jupiter-Saturn ähnlich wie im Jahr –7

Sonnenfinsternis in USSR

In der USSR wird das Wildpferd Tarpan durch Kreuzung rückgezüchtet und in einer 30-köpfigen Herde in einem Reservat gehalten

In Peking gelingt zum 2. Mal künstliche Befruchtung beim Pandabär (erstmals 1978)

Der Elefant ist zunehmend vom Aussterben bedroht

Reste einer Wetterstation in Kanada entdeckt, die ein dt. U-Boot im 2. Weltkrieg dort zurückließ

Das Große Schauspielhaus in Berlin (O) (durch Zirkusumbau 1919 von *Hans Poelzig*) wird abgerissen

Patentanmeldungen pro Mill. Einw.

BRD	794
Japan	1379

1982	Die globale Situation der Erde ist durch dramatisches Wettrüsten gekennzeichnet, dem eine anwachsende Friedensbewegung vor allem der Jugend gegenübersteht Die durch die Politik von US-Präs. *Reagan* wachsenden Spannungen USA-USSR beunruhigen die EG, die stärker an Entspannung interessiert ist Friedens*nobel*preis an *Alva Myrdal* (* 1900 i. Schweden) und *Alfonso Garcia Robles* (* 1911 in Mexiko) für ihre Beiträge zur UN-Abrüstungskonferenz *McNamara* und *McGeorge Bundy* erhalten Einstein-Friedenspreis für Forderung nach Änderung der NATO-Abschreckungstheorie *Perez de Cuéllar* (* 1921 in Peru) folgt auf *Waldheim* als Generalsekretär der UN Die Zahl der Mitglieder der UN erreicht 157 Militärische Ausgaben auf der Erde liegen bei etwa 500 Mrd. Dollar (ca. 5% BSP der Erde) Ausgaben der stärksten Militärmächte in % BSP (gemäß IISS [1981]) 1.) USA 5,5% 2.) USSR 12–13% 3.) VRChina ? 4.) Israel 23,3% Die USA halten etwa 9500 nukleare Sprengköpfe bereit, die USSR etwa 6500 mit je Kopf 40–9000 kt TNT. USA schlagen USSR Verminderung der atomaren Sprengköpfe auf beiderseits 5000 vor NATO-Studie stellt Überlegenheit des Warschauer Paktes im konventionellen und atomaren Bereich fest. NATO-Stärke genüge aber zur Abschreckung Abrüstungsdebatte der UN fordert Ende der Atomtests Sondersitzung der UN über Abrüstung bleibt ohne konkretes Ergebnis Die seit 1973 in Wien tagende MBFR-Konferenz zur Truppenreduzierung in Europa, die bisher ohne greifbare Ergebnisse blieb, plant Bestandsaufnahme der militärischen Kräfte zur Überwindung der Krise KSZE-Folgekonferenz in Madrid vertagt sich wegen Verhandlungsschwierigkeiten von Mitte März bis 9. November Während der NATO-Gipfelkonferenz in Bonn demonstrieren etwa 300 000 für Abrüstung in West und Ost Die beiden Supermächte geben für Weltraumrüstung jährlich etwa 30 Mrd. DM aus USA veröffentlichen einen Plan eines sechsmona-	Literaturnobelpreis an *G. García Márquez* (* 1928 in Kolumbien) Friedenspreis des Dt. Buchhandels an *G. F. Kennan*, Gegner der Kernbewaffnung (* 1904) grdt. 1976 Institut für Sowjetologie in Washington DC. Laudatio hält *C. F. von Weizsäcker (* 1912)* *Anna Achmatowa* (* 1889, † 1956): „Im Spiegelland" (russische Gedichte einer politisch Verfolgten) *Herbert Achternbusch* (* 1938 i. München): „Mein Herbert" (Schauspiel, Urauff. beim Steirischen Herbst) *Ilse Aichinger* (* 1921 i. Wien) erhält Petrarca-Preis *Jürg Aman* (* 1947 i. d. Schweiz) erhält – *Ingeborg Bachmann* – Preis f. erzählende Prosa *Sascha Anderson* (* 1953, lebt i. d. DDR): „Jeder Satellit hat seinen Killersatelliten" (Gedichte) † *Louis Aragon*, frz. Schriftsteller (* 1897), schrieb 1958 „Die Karwoche" (Roman)	Papst empfängt trotz starken Protestes Israels den PLO-Führer *Arafat* † *Jean Beaufret*, frz. Philosoph, im Dialog mit *Heidegger* (* 1907) † Kardinal *Benelli*, Erzbischof von Florenz seit 1977 (* 1921) *Barbara Beuys*: „Und wenn die Welt voll Teufel wär", Luthers Glauben und seine Erben (zum Lutherjahr) *William Borm*, F. D. P.-Politiker (* 1905), erhält die *Carl v. Ossietzky*-Medaille † *Otto Brunner*, dt. Historiker österr. Herkunft, speziell Sozialgeschichte (* 1898) † *Richard Butler*, brit. konservativer Politiker, der 1944 das bahnbrechende brit. Erziehungsgesetz („Butler Act") durchsetzte und 1963–64 Außenmin. war(* 1902) *Gordon A. Craig*: „Über die Deutschen" (aus Sicht der USA) † *Fritz Eberhard*, Mitverfasser des Grundgesetzes und Wissenschaftler der Publizistik, zeitweise Rund-

„10 Jahre Berliner Malerpoeten". Ausstellung mit *Günter Bruno Fuchs*, *Günter Grass*, *Aldona Gustas*, *Roger Loewig*, *Arthus Märchen*, *Kurt Mühlenhaupt*, *Karl Oppermann*, *Oskar Pastior*, *Robert Wolfgang Schnell*, *Wolfdietrich Schnurre*, *Friedrich Schröder-Sonnenstern*, *Joachim Uhlmann*, *Hans-Joachim Zeidler*

J. Beuys (* 1921) läßt 7000 Basaltblöcke im Gelände der Documenta formlos aufschütten, wobei für jeden Block ein Baum als „Stadtverwaldung" gepflanzt werden soll

Joseph Beuys formt aus einer goldenen Replik der Zarenkrone Iwans des Schrecklichen einen Hasen als Friedenssymbol

J. Beuys Lehmhaufen (3 m hohes Objekt als „soziales Kunstwerk" im Ramen der Installation „Hirschdenkmäler" auf der „Zeitgeist-Ausstellung", Berlin)

Uffizien in Florenz zeigen restauriertes Gemälde „La Prima-vera" von *Botticelli* (1445–1510) von ~ 1500

G. Braque (1882–1963) (Ausstellungen des frz. Kubisten in Paris und Bordeaux)

Kalevi Aho (* 1949 i. Finnl.): „Der Geburtstag" (Oper, Urauff. i. Hamburg)

Manuskript der Missa h-Moll von *J. S. Bach* in Dresden erfolgreich restauriert

Giorgio Bastelli (* 1953 i. Rom): „Stahloper" (Fabrikgeräusche als Klangkulisse einer Oper im Rahmen der ars electronica in Linz)

Pina Bausch (* 1940): „Walzer" (Choreographie, Urauff. im Holland Festival)

L. Bernstein: „Tahiti Two" (US-Oper)

D. Brand (*1934): „Kalahari" (südafrikanische Jazzoper gegen Apartheid)

Luciano Berio (* 1925): „La vera Storia" (italien. Oper i. 2 Teilen, Urauff. i. Mailand)

Opéra de Rhin aus Straßburg führt in Peking die Oper „Carmen" von *G. Bizet* auf (Jahrzehnte gab es keine europäische Oper in China)

Glenn Branca: 2. Sinfonie (extrem lautstarke Kompos., Urauff. i. New York)

† *Bully Buhlan*

Physik-*Nobel*preis an: *Kenneth G. Wilson* (* 1936 i. USA) f. Studium der Phasenumwandlung

Chemie-*Nobel*preis an: *Aaron Klug* (* 1926 i. Südafrika) für Strukturbestimmung nukleinsäurehaltiger Zellkomplexe

Medizin-*Nobel*preis an: *Sune Bergström* (* 1916 i. Schwed.) *Bengt Samuelson* (* 1934 i. Schwed.) und *John Vane* (* 1927 i. Gr.Brit.) für Erforschung der Prostaglandine

Einweihung des *Max-Planck*-Instituts für Mathematik in Bonn-Beuel

Chang aus Taiwan verbessert das *Laue*-Verfahren der Röntgenstrukturanalyse

† *Hans Closs*, dt. Geophysiker (* 1907)

P. Dirac warnt in Lindau: Die renomierte Quantenmechanik, mit der die Physiker arbeiten, um sie mathematisch beherrschbar zu machen, findet keine Rechtfertigung

Es finden sich Anzeichen für Existenz eines magnetischen Monopols, das, 1931 von *Dirac* vorausgesagt, eine einheitliche Theorie der Naturkräfte ermöglichen würde

US-Gericht aner-

*Nobel*preis f. Wirtschaftswissenschaften an *George Stigler* (* 1911 i. USA) für Erforschung des Einflusses der Gesetzgebung auf den Markt

Die Erdbevölkerung beträgt 4500 Mill. Menschen, die in 178 staatlichen Regionen leben. Ihr Bruttosozialprodukt liegt bei 10 000 Mrd. Dollar (= 2222 Dollar / Kopf)

Der Index der wirtschaftlichen Produktion (1970=100) stieg bis 1980 global in der Landwirtschaft auf 125 (+ 2,3 %/Jahr), in der Industrie (o. China) auf 152 (+ 4,3 %/Jahr)

Das reale BSP der westlichen Industrieländer (OECD) geht um 0,5 % zurück

Stahlverbrauch der EG sinkt unter 100 Mt (1980:128 Mt)

Gründung eines Ruhrstahlkonzerns *(Krupp & Estel)* wird auf dem Hintergrund der Stahlkrise verhandelt

Inflation und Arbeitslosigkeit sind erdweit verbreitete Krisenerscheinungen, wobei die BRD eine gute Position hält

Das BSP der BRD stieg 1970-81 in Preisen von 700 (real von 679) auf 900 Mrd. DM (+ 2,6 %/Jahr)

Lebenshaltungskostenindex stieg in BRD 1976-81 auf 124 (1976=100) (+ 1,4 %/Jahr)

DGB-Kongreß in Berlin, der vom Skandal seines Baukonzerns „Neue Heimat" überschattet wird, wählt den Vors. der Postgewerkschaft *Ernst Breit* (* 1924) zum neuen DGB-Vors. Sein Vorgänger *Heinz Oskar Vetter* (* 1917) amtierte seit 1969

† *David Dubinsky*, US-Gewerkschaftler, 1932-63 Präsident der Frauentextilgewerkschaft. Flüchtete 1911 von Sibirien nach USA (* 1892)

† „Zinnkönig" und Milliardär *Antenor Patino* (* 1896). Familie *P.* floh vor der Revolution in Bolivien 1952 ins Ausland

† *Herbert Quandt*, dt. Unternehmer eines Wirtschaftsimperiums um den Varta-Konzern (* 1911)

† *Hugo Stinnes* jun., Erbe eines Konzerns, der 1971 in den Konkurs ging (* 1897), Vater (* 1870, † 1924)

(1982)	tigen siegreichen Kernwaffenkrieges gegen die USSR Die meisten Staaten anerkennen die neue Seerechtskonvention, über die seit 1958 verhandelt wird. (Streitpunkt ist die Regelung der Nutzung der Meeresrohstoffe wie Manganknollen) BRD verschiebt die Entscheidung Von 5772 Demonstrationen in BRD u. Berlin (W) verlaufen 6,2% unfriedlich *W. Wallmann* als Nachfolger von *Dregger* Vors. der CDU in Hessen † *Walter Hallstein*, Mitarbeiter Adenauers, Urheber der Alleinvertretung beanspruchenden „*Hallstein*-Doktrin", 1958–67 Präs. der EWG (* 1901) *Antje Huber*, Minister für Familie, Jugend und Gesundheit seit 1976 (* 1924, SPD), tritt zurück. Führt zur Kritik am Bundeskanzler. Nachfolgerin Anke Fuchs (SPD) † *H.-J. Merkatz*, dt. Politiker (FDP) (* 1905) † *Werner Schwarz*, CDU-Politiker, 1953–65 MdB, 1959–65 Landwirtschaftsmin. (* 1900) *Andreas Urschlechter* (* 1919, SPD), viele Jahre Mitglied der Partei und Obgm. von Nürnberg tritt aus der SPD aus Wachsender Widerstand in der SPD gegen Doppelbeschluß der NATO (mit evtl. Nachrüstung), den *H. Schmidt* durchsetzen will CDU verabschiedet im Reichstag in Berlin Erklärung, in der sie sich zum NATO-Bündnis bekennt BK *H. Schmidt* stellt zum Konjunkturbelebungsprogramm die Vertrauensfrage, in der er obsiegt Meinungsforschung i. BRD ergibt folgende Parteiensympathie: CDU/CSU 52,7% SPD 31,4% FDP 8,4% Grüne 6,7% sonstige 0,7% Auf einer CDU-Kundgebung in Bonn demonstrieren etwa 10.000 für den Frieden und für *Reagan*-Besuch in BRD SPD-Bundesparteitag in München wählt als Vorsitzenden *W. Brandt* (* 1913), als stellv. Vors. *H. Schmidt* (* 1918) und, im Austausch mit *H.-J. Wischnewski* (* 1922), *Johannes Rau* (* 1931). Entscheidung über NATO-Doppelbeschluß wird auf 1983 verschoben, Moratorium für Kernkraftwerke abgelehnt. Im Gegensatz zur FDP wird Arbeitsbeschaffungsprogramm und dessen Finanzierung auch durch höhere Steuern gefordert BRD Staatsmin. *Wischnewski* (* 1922, SPD) besucht DDR und eröffnet Architekturausstellung	*Mariama Bâ*: „Der Scharlachrote Gesang (afrik. Roman, dt. aus dem Frz.) *Wolfgang Bächler* (* 1925): „Nachtleben" (Gedichte) *Wolfgang Bauer* (* 1941 i. Österr.): „Gespenster" (Bühnenstück, Urauff. i. Bonn) *Wolfgang Bauer* (* 1941): „Woher kommen wir, was sind wir, wohin gehen wir?" (Schauspiel, Urauff. in Graz und Bad Godesberg) *Werner Bergengruen* (1892–1964): „Leben eines Mannes" (90 chronologisch geordnete Gedichte) *John Berger* (* 1926): „Sau-Erde" (Geschichten vom Lande, Übers. aus dem Englischen) *Thomas Bernhard*: „Über allen Gipfeln ist Ruh'" (österr. Schauspiel um den modernen Literaturbetrieb, Urauff. i. Berlin (W)) *Thomas Bernhard*: „Beton" (Erz.) *Thomas Bernhard*: „Wittgensteins Neffe – Eine Freundschaft" (Erz.) *Horst Bienek* (* 1930 i. Glei-	funkintendant (* 1896) † *Karl Georg Faber*, dt. Neuhistoriker (* 1925) Span. Kg. *Juan Carlos* (* 1938) erhält von der Stadt Aachen Karlspreis für Verdienste um Europa † *Sir Gerald Fitzmaurice*, brit. Völkerrechtler (* 1902) † *Anna Freud* (* 1895) Tiefenpsychologin, Tochter und Schülerin von *S. Freud* (1856–1939) Baptistenprediger *Billy Graham* aus USA (* 1918) beteiligt sich an Kirchenkonferenz in Moskau über Abrüstung *Rodolfo Groth* (* 1908 i. Lübeck) als Kunst- und Menschenfreund wird Ehrenbürger von Lübeck † *Robert Havemann*, dt. Wissenschaftler i. d. DDR, Gegner und Verfolgter des NS- und DDR-Regimes, unterstützte bis zuletzt Friedensbewegung in Ost und West (* 1910) Evangel. Bischof *Johannes Hempel* (* 1929) wird Vorsitzender des DDR-Kirchenbundes

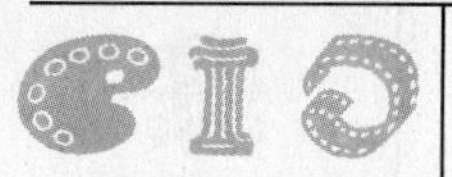   

Der Senat von Berlin akzeptiert Schenkung der Sammlung von *Bröhan*, die eigenständiges Museum der Zeit des Sezessionismus werden soll

Werner Büttner (* 1928): „Vogelhäuschen und Stahlhelme" (Radierung)

P. Cézanne (1839–1906): Aquarelle (Ausstellung in Tübingen)

Marc Chagall (* 1887): „Les fleurs sur Saint Jeanne" (farbiges Litho)

Giorgio De Chirico (*1888–1978) (Ausstellung seiner pittura metafisica in München)

S. Dali klagt gegen Fälschungen seiner Werke, die in letzter Zeit unter AusnutzungseinerSorglosigkeit zunehmen

† *„Gala"*, Ehefrau von *S. Dali* seit 1939, der starker Einfluß auf sein Werk nachgesagt wird

Werner Düttmann (* 1921, † 1983) baut Erweiterung der Bremer Kunsthalle, die 100 Gemälde, 600 Skulpturen und 250 000 graphische Blätter besitzt

† *Jean Effel*, frz. Karikaturist(*1908)

† *Günter Fruhtrunk*, dt. Maler, 1954–67 i. Paris (* 1923)

(*1922)dt. Schlagersänger der Nachkriegszeit, anfangs mit *Rita Paul*(*1922)

„Busch singt" (DDR-Film von *Konrad Wolf* (* 1927, † 1982) über Fritz Busch (1900–1980), den Sänger proletarischer Kampflieder)

† *Clifford Curzon*, brit. Pianist (*1907)

Johann Nepomuk David (* 1895, † 1977): „Pollio" (Chorwerk, Auff. postum)

Dirigent *Chr. v. Dohnanyi* (* 1929) geht vorzeitig von der Hamburger Oper zum Cleveland Orchestra

† *Kurt Edelhagen*, Tanz- und Jazz-Orchesterleiter (* 1920)

† *Kurt Feltz*, Komponist von Schlager-, Operetten- und Film-Musik (* 1910)

Ernst - v. - Siemens-Musikpreis an den Geiger *Gidon Kremer* (* 1947 in Riga)

† *Fatty George* (eig. *Franz Georg Pressler*, österr. Jazz-Klarinettist, (* 1910)

† *Glenn Gould*, kanadischer Pianist (* 1932)

† US-Jazz-

kennt *Gould* im Streit mit *Townes* und *Schawlow* als Laser-Erfinder. *Townes* erhielt 1964 den *Nobel*preis

† *W. H. Heitler*, der 1927 mit *F. London* den quantenphysikalischen Charakter der chemischen Bindung klärte (* 1904 in Karlsruhe)

Physikpreis an *Wolfgang Hillebrandt* (* 1944) und *Hans Volker Klapdor* (* 1942) für Klärung der Entstehung der schweren Elemente in der Sternentwicklung

Mößbauer und Mitarbeiter finden in der Schweiz stabile Neutrinos im Gegensatz zu Beobachtungen in USA 1980, als man Oszillationen fand

Max Planck-Medaille an *Hans Arwed Weidenmüller* für Förderung der Theorie der Atomkerne

† *Heinrich Welker*, (* 1912) dt. Pionier der Halbleiter- und Transistortechnik

Am Schwerionenbeschleuniger in Darmstadt wird durch Beschuß von Eisen mit Wismut das transuranische Element 109 entd. (mit einer Halbwertszeit von 1–2/1000 Sek.)

50 Jahre nach den ersten Elektronenmikroskopen werden mit heliumge-

† *Erich Welter*, Volkswirtschaftler und Journalist, begr. 1949 die FAZ (* 1900)

Monika Wulf-Mathies (* 1942) wird Vorsitzende der ÖTV als Nachfolgerin *H. Klunckers* (* 1925), der aus Gesundheitsgründen nicht mehr kandidiert

Die Erde erwartet eine reiche Ernte mit 1,23 Mrd. t Getreide

Breschnew verkündet Ernährungsplan für USSR und vereinbart mit USA vermehrte Getreidelieferung

Während 4 Mißernten seit 1978 importiert die USSR jährlich 34-44 Mt Getreide (etwa 10 % der Erdweizenernte)

Der Anteil der USA am Weltgetreidemarkt beträgt 82/83 56,4 %

Weltbank stellt für Indien in den letzten 20 Jahren positive Indikatoren auch für die Entwicklung der Landwirtschaft fest

Der globale Export liegt bei 20 % des BSP der Erde

GATT-Ministerkonferenz endet mit schwacher Forderung nach Handelsfreiheit mit mehreren Vorbehalten

Schwere Krise im Baugewerbe der BRD durch hohe Zinsen verstärkt

Kosten der Arbeitsstunde:

Schweden	27,45 DM
Belgien	26,29 DM
Norwegen	25,37 DM
BRD	25,03 DM
Spanien	13,40 DM
Irland	13,26 DM
Griechenl.	7,92 DM

%-Belastung der Bruttolöhne in BRD

durch	Sozialabg.	Steuern
1960	9,6	6,7
1965	9,4	8,4
1970	10,9	12,0
1975	10,9	12,0
1980	13,6	17,0
1982	14,3	17,6

Britische Bergleute stimmen gegen von Gewerkschaften gewollten Streik

Streik der Transportarbeiter in Norwegen droht durch Ausweitung, die Wirtschaft lahmzulegen (Lohnforderungen bis 30 %)

(1982) aus d. BRD „Stadtpark-Parkstadt" in Berlin (O). Politische Gespräche mit DDR-Führung suchen nach weiterer Zusammenarbeit beider dt. Staaten

Bundestag verabschiedet neues Mietrecht

Unterschiedliche Reaktionen auf die polnische Krise und den Einfluß der USSR führen zu Spannungen zwischen USA und BRD

% Stimmen bei Landtagswahlen in Bayern (1978)

CSU	53,8 (59,1)
SPD	31,9 (31,4)
FDP	3,2 (6,2)
Grüne	4,6 (1,8)
NPD	0,5 (0,4)
BP	0,5 (0,4)
DKP	0,2 (0,3)

Berliner FDP in der Frage der Unterstützung des CDU-Minderheitssenates tief zerstritten

Landtagswahl in Niedersachsen: % Stimmen (1978)

CDU	50,7 (48,7)
SPD	36,5 (42,2)
FDP	5,9 (4,2)
Grüne	6,5 (3,9)
DKP	0,3 (0,3)
NPD	– (0,4)

% Stimmen bei Kommunalwahlen in Schleswig-Holstein

CDU	50,1 (+0,9)
SPD	34,6 (−5,9)
FDP	6,8 (−0,5)
SSW	1,8 (+0,1)
Grüne	mehr als 5%

Min. Präs. *G. Stoltenberg* v. Schleswig- Holstein (* 1928, CDU) tritt als Finanzmin. in Reg. *Kohl.* Sein Nachfolger wird Uwe Barschel

Nach der ersten Landtagswahl in Hamburg ergibt die Sitzverteilung eine Mehrheit SPD + Grüne Alternative, was „Unregierbarkeit durch Hamburger Verhältnisse" genannt wird

SPD und Alternative lehnen i. d. Hamburger Bürgerschaft CDU-Antrag auf Rücktritt des SPD-Senats ab

In Niedersachsen bleibt *E. Albrecht* (* 1930, CDU) Min.-Präs.

Stimmenanteile bei den Landtagswahlen in Hessen in %

	1982	(1978)
CDU	45,6	46,0
SPD	42,8	44,3
GAL	8,0	2,0
FDP	3,1	6,6

A. Dregger wird Vors. der CDU-Fraktion im Bundestag

witz): „Erde und Feuer" (Roman um den 2. Weltkrieg)

Heinrich Böll (* 1917): „Vermintes Gelände" (essayistische Schriften 1977–81)

Heinrich Böll: „Das Vermächtnis" (Nachkriegsroman)

H. Böll, dt. Schriftsteller und Nobelpreisträger wird Ehrenbürger von Köln

Edward Bond (* 1934): „Summer" (engl. Schauspiel Urauff. i. London)

Jorge Luis Borges (* 1899 in Argent.) besucht BRD (gilt als Kandidat f. Nobelpreis)

† *Dieter Borsche*, dt. Schauspieler (* 1910)

Kuba entläßt die Schriftsteller *Cuadra* und *Valladares* aus polit. Haft

Jean Cocteau (1889–1963): „Das Weißbuch" (autobiographisch über seine Homosexualität, aus d. Frz.)

Pulitzer-Preis an *John Darton* für Bericht über Polenkrise

Martin Gregor Dellin (* 1926)

† *Hans Herzfeld*, 1958–78 Leiter der Historischen Kommission in Berlin (W) (* 1892)

Kardinal *Höffner*, Erzbischof von Köln, für weitere 6 Jahre zum Vors. der kathol. Bischofskonferenz in Fulda gewählt

Der 2. Besuch von Papst *Johannes Paul II.* in Polen wird wegen der labilen Situation unter der Militärdiktatur um ein Jahr verschoben

Comic-Heft über das Leben von Papst *Johannes Paul II.*

† *Arthur Jores*, Psychosomatiker und Endokrinologe, der biologische Rhythmen erforschte (* 1901)

Thilo Koch (* 1920): „Chronik des 20. Jahrhunderts" (illustriertes Kalendarium ab 1900)

Kathol. Kirche spricht den poln. Priester *Maximilian Kolbe* (* 1894) heilig, der 1941 im KZ Auschwitz sich für einen anderen NS-Häftling opferte

Hans Küng (*1928): „Ewiges Leben?" (theologische Betrachtungen)

Sighard Gille (* 1942) Wandgemälde im Neuen Gewandhaus Leipzig (700 m², angeregt von *Mahlers* „Das Lied von der Erde")

Retrospektive des Werks von *Albert Paris Gütersloh*, dem Lehrer der Wiener Schule des Phantastischen Realismus (* 1878 i. Wien, † 1973 i. Baden b. Wien)

Theodor Hetzer (* 1890 i. Charkow, † 1946 i. Überlingen): „Giotto – Grundlegung einer neuzeitlichen Kunst"

E. L. Kirchner-Museum (1880–1938) im Schweizer Kanton Graubünden, wo er den Freitod fand

Hans Hollein (* 1934 i. Wien): Neues Museum am Abteiberg in Mönchengladbach im Sinne „des Baus als Kunstwerk"

Alfred Hrdlicka (* 1928 i. Wien): „Schubertzyklus" (Graphiken)

Helmut Jahn (* 1940 b. Nürnberg): Modell für Illinois Center in Chikago (Diese Glasarchitektur gilt als 3. Wolkenkratzer-Generation in Chikago)

Kunito Nagaoka (* 1940 i. Japan). Ausstellung in Berlin (W)

„Kubismus" (Aus-

Schlagzeuger *Sonny Greer* (* 1904), 1919–51 bei *Duke Ellington*, dann eigene Combo

† *Herbert Groh*, bekannt als Operettensänger im Rundfunk (* 1906)

† *Franz Grothe*, dt. Komponist von Film- und U-Musik (* 1908)

† *Al Haig*, US-Jazzpianist und Bebop-Veteran (* 1924)

Peter Michael Hamel (* 1947): „Gestalt für Orchester" (Urauff. in Berlin [W])

4 Originalpartituren von *Joseph Haydn* in Melbourne / Australien für 4 Streichquartette aus d. J. 1787 entd.

Die Welt der Musik feiert *Haydns* 250. Geburtstag

Theater an der Wien stiftet *Johannes Heesters*-Ring (*J.H.* [* 1902 i.d. NL] tritt dort in der 500. Auff. der „Lustigen Witwe" auf)

H. W. Henze (* 1926): „Orpheus" (Urauff. dramatischer Szenen in Frankfurt/M)

H.W.Henze: „Le Miracle de la Rose" (Musik für einen Klarinettisten und 13

kühlten Linsen Moleküldimensionen sichtbar. Elektronenrastermikroskop liefert 300 000fache Vergrößerung mit großer Tiefenschärfe

Elektronenspeicherring „Bessy" für 800 MeV zur Erzeugung von Synchrotronstrahlung (UV- u. Röntgenstrahlung) der *Max-Planck*-Gesellschaft in Berlin [W])

Energie des Hamburger Doppelspeicherrings Doris von 3,5 auf 5,6 Mrd. e-Volt erhöht, um das neu entdeckte (5.) Quarkteilchen „bottom" zu erforschen

LEP CERN-Speicherring bereitet sich auf den Nachweis der Z-Bosonen mit etwa 100-facher Protonenmasse vor

Spiegelmaschine als Testreaktor für Kernfusionsforschung im Kernforschungsinstitut Karlsruhe

Physiker aus dem *Max-Planck*-Institut in Garching melden Erfolge bei Plasma-Aufheizung für Kernfusion

Fehler in der Radiokarbon-Altersbestimmung werden nachgewiesen (können teilweise korrigiert werden)

In London gelingt es, Kugelblitz durch Gasentladung zu erzeugen

US-Präs. *Reagan* setzt Lokomotivführerstreik für 60 Tage aus

Wirtschaftszahlen (%)

	a)	b)
Japan	4,3	2,1
Schweiz	4,7	0,3
BRD	5,2	7,6
Österr.	6,0	4,1
USA	7,6	8,8
Niederl.	7,6	9,5
Schweden	9,5	3,1
Gr. Brit.	11,0	12,5
Frankr.	13,9	8,8
Ital.	16,9	10,3

a) = Inflationsrate
b) = Arbeitslosenquote

Neue Seerechtskonvention nach 8-jährigen Verhandlungen mit 130:4 Stimmen angenommen (dagegen: USA, USSR, BRD, Gr. Brit., Ital.) 17 Enthaltungen, dar. RGW.

110 Länder wollen neue Seerechtskonvention unterzeichnen, welche die Entwicklungsländer begünstigt

Osthandel ist Streitpunkt bei Gipfeltreffen der 7 größten Industrienationen in Versailles

Größter Kurssturz seit 1929 an der Wallstreet-Börse in New York

Für 1981 wird erstmals nach dem Kriege i. BRD ein Rückgang des Realeinkommens des 4 Personen-Arbeitnehmerhaushalts berechnet (Nominal + 4,5 %, Inflationsrate + 5,9 %, real -1,4 %)

Insolvenzen in BRD

1965	2070
1975	6953
1979	5483
1981	8494
1982	12 800 (gesch.)

AEG verliert 2300 Arbeitsplätze durch Betriebsschließung in Berlin

Wirtschaftshilfe der sozialliberalen Bundesregierung und Verzicht der Arbeitnehmer sichern 20 000 Arbeitsplätze bei Arbed Saarstahl

Veränderung des Nationaleinkommens (in %) in RGW-Staaten

	1980	1981
USSR	+3,5	+ 3,1
DDR	+4,2	+ 4,8
Polen	−6,0	−13,0
Rum.	+2,9	+ 2,1
CSSR	+2,9	+ 0,2

(1982)

Umbildung der Regierung in BRD: *Lahnstein* wird Finanzmin., *H. Westphal* Arbeitsmin., *Anke Fuchs* Min. f. Familie, Jugend und Sport, *Matthöfer* Postmin. *Gscheidle* und *Ehrenberg* scheiden aus. *Bölling* Reg.-Sprecher *Wischnewski* Staatsmin. i. Kanzleramt und Berlinbeauftragter

Eine Zeitlang regieren Minderheitsregierungen in Bund, Berlin, Hamburg, Niedersachsen, Saarland (signalisiert Schwächung der Stabilität der BRD), in NRW hält sich SPD-Landesreg. unter *Joh. Rau*

Mitte des Jahres sind „Grüne" und „Alternative" in 4 Landtagen der BRD vertreten (nicht im Bundestag). Sie beginnen die FDP zu überrunden

Sozialliberale Koalition lehnt Verschärfung des Demonstrationsrechtes i. BRD ab

Bundestag verabschiedet nach langwierigen Beratungen gegen CDU/CSU-Opposition Haushalt für 1982 über 240,5 Mrd. DM mit 6,8 Mrd. DM Neuverschuldung

CDU/CSU klagen vor dem Bundesverfassungsgericht gegen Verschuldung der BRD (öff. Schulden 1980/81 453, 523 Mrd. DM)

Hessische FDP beschließt Koalition mit der CDU nach den Landtagswahlen im Herbst

Nach dem Parteitag der SPD in München Spannungen zwischen SPD und FDP in wirtschaftspolitischen Fragen, die sich verschärfen

Wirtschaftspapier von *Otto Graf Lambsdorff* (* 1926, FDP), beendet angeschlagene sozialliberale Koalition, da er zur Krisenbekämpfung und Haushaltssanierung radikale Kürzungen sozialer Leistungen fordert. Führt wenige Tage später mit zur Auflösung der Sozialliberalen Koalition, die 1970 gegr. wurde

SPD legt Wirtschaftsminister *Graf Lambsdorff* (FDP) nach seinem Wirtschaftsgutachten Rücktritt nahe

Bundesrat lehnt Beschäftigungsprogramm der BRD-Regierung durch erhöhte Mehrwertsteuer ab

Im Zuge der Haushaltsberatungen treten die 4 FDP-Mitglieder der Bundesregierung zurück und verabreden mit CDU/CSU konstruktives Mißtrauensvotum gegen Kanzler *H. Schmidt* (SPD) zugunsten *H. Kohl* (CDU). Damit enden 13 Jahre sozialliberale Koalition

Durch Rücktritt der 4 FDP-Minister regiert in BRD kurzzeitig eine SPD Minderheitsreg., bis durch konstruktives Mißtrauensvotum *H. Kohl* (* 1930, CDU) H. Schmidt (* 1918, SPD) als Bundeskanzler ablöst

Nach konstruktivem Mißtrauensvotum gegen Bundeskanzler *H. Schmidt* (* 1918, SPD) bildet *H. Kohl* (* 1930, CDU) Koalitionsregierung aus CDU, CSU und FDP

als Nachfolger von *Walter Jens* (* 1923) Neuer Präsident des PEN der BRD

Hilde Domin (* 1912, 1932–54 im Ausland): „Aber die Hoffnung" (Autobiographisches aus und über Dtl.)

Umberto Eco (* 1923): „Der Name der Rose" (ital. Roman)

† *Axel Eggebrecht*, dt. Schriftsteller, Publizist, Kritiker, Drehbuchautor (*1899)

† *Jürgen Eggebrecht*, dt. Lyriker (* 1898)

† *Kurt Enoch*, Verleger, Wegbereiter des Taschenbuches als Mitbegr. der brit. Albatrosbücherei (* 1896)

Per Olof Enquist (* 1934): „Der Auszug der Musikanten" (schwed. Roman)

Joachim Fest (* 1926): „Aufgehobene Vergangenheit"

Joachim Fest erhält *Thomas-Mann*-Preis

Erich Fried (* 1921 i. Wien, lebt in London) erhält Bremer Literaturpreis

Max Frisch: „Blaubart – Eine Erzählung" (um einen Mord aus Eifersucht)

Frz. Erzbischof *Lefebvre* (* 1905), Führer der frz. Traditionalisten, tritt zurück, nachdem ihn der Papst suspendiert hatte

Jim E. Lovelock: „Unsere Erde wird überleben. Eine optimistische Ökologie"

Vielfache Vorbereitungen für den 500. Geburtstag von *Martin Luther* (1483–1546) in BRD und DDR

Luthers ges. Werke erscheinen in 100 Lexikonbänden in der DDR

Golo Mann (* 1909) erhält den Aschendorfer Geschichtspreis

† *A. L. Meyer Pfannholz*, Kulturhistoriker (* 1892)

H. Maier-Leibniz (* 1911) dt. Physiker und Wissenschaftsorganisator macht einen Vorschlag zur Glaubwürdigkeitsprüfung von Expertengruppen

† *Alexander Mitscherlich*, dt. Arzt und Psychologe mit gesellschaftskritischer Haltung. Zuletzt Direktor des S. Freud-Instituts in Frankfurt/Main (* 1908)

stellung in Köln mit 140 Werken von 22 Künstlern der um 1908 entstandenen Kunstform)

† *Nadja Léger*, Malerin und Ehefrau von *F. L.* seit 1952 (* 1905)

Museum für das Werk des frz. Malers *H. Matisse* (1869–1954), des Hauptvertreters des „Fauvismus" seit 1905 in seiner nordfrz. Geburtsstadt Le Cateau-Cambrésis

Matisse-Ausstellungen in Düsseldorf und Zürich

Melina Mercouri (* 1925) fordert von Gr.Brit. Rückgabe der Parthenon-Skulpturen

„Russische Malerei heute", Ausstellung in Hamburg

Das Bild von *Newman* (* 1905, † 1970 i. USA) "Wer hat Angst vor Rot, Gelb, Blau", das die Berliner Nationalgalerie für 3,7 Mill. DM kaufte, wird aus Protest von einem Attentäter ernsthaft beschädigt

† *Alexei Okladinov*, russ. Erforscher der Felsbilder Westsibiriens aus der Zeit ≈ -3500

Meret Oppenheim (* 1913 i. Berlin), Malerin und Objektgestalterin i. Paris, erhält Kunstpreis i. Berlin (W)

Großer Preis des Architektenbundes

Begleitinstrumente, kontinentale Erstauff. i. Tübingen nach der Urauff. in London)

Hans Werner Henze: „Die englische Katze" (dt. Oper, Urauff. in Schwetzingen)

Reinhild Hoffmann (* 1943): „Könige und Königinnen" (Tanzstück, Urauff. i. Bonn)

Lotte Ingrisch (* 1930 i. Wien, verheiratet mit G. v. Einem): „Kybernetische Hochzeit" (Oper, Urauff. i. Wien)

Elfriede Jelinek: „Clara S." (musikalische Tragödie um *Clara Schumann*)

† *Maria Jeritza*, Sopran, Opernsängerin in Europa u. USA (* 1887 in Brünn)

M.Kagel: „Prinz Igor" (Totenmesse für I. Strawinsky [1882–1971]), Urauff. i. Venedig)

† *Egon Kaiser*, Film- und Unterhaltungsmusiker (* 1901)

„Gelber Klang", Oper von *W. Kandinsky* im Guggenheimmuseum/New York im Rahmen der Ausstellung „*Kandinsky*

† *W. F. Giauque*, US-Chemiker, *Nobel*preis 1949 (* 1895 in Kanada)

Hermann Haken erhält Dr. hc für Erforschung der Synergetik (veröff. 1981)

† *Burchardt Helferich*, dt. Chemiker der Kohlehydratchemie, Schüler von *E. Fischer* (* 1888)

† *Standford Moore*, US-Enzymchemiker, *Nobel*preis 1972 (* 1913)

† *Hugo Theorell*, schwed. Enzymforscher, *Nobel*preis 1955 (* 1903)

Die chemische Nachweisempfindlichkeit stieg seit 1962 etwa um das Milliardenfache bis auf 1 millionstel Gramm pro t (ermöglicht Spurennachweis für viele Zwecke)

~ *Fred Mc Lafferty* in USA baut Datenbank für 55 000 Massenspektrogramme Chemischer Verbindungen auf (bedeutsam für klinische Chemie)

100 Jahre nach *Darwins* Tod wird seine Lehre von der Evolution der Lebewesen als grundlegend anerkannt. Er wird als „*Kopernikus* der Biologie" bezeichnet

Thomas Cech in USA entd. Ribonukleinsäure mit autokatalytischen

Schwere Wirtschaftskrise in Polen hält unter dem Militärregime an

% Arbeitslosenquote in der EG:

1972	2,9	1978	6,0
1974	3,1	1980	6,8
1976	5,2	1982	10,9

Mill. Arbeitslose i. BRD

1962	0,2
1967	0,5
1972	0,3
1975	1,1
1980	0,9
1981	1,3
1982 (Juli)	1,9
1983 (1.1.)	2,2
1983 (1.2.)	2,5

Frz. Regierung beschließt 39 Stundenwoche ab 1.2., ab 1985 35 Stundenwoche

3 Mill. Arbeitslose Ende Januar in Gr.-Brit., Quote 12,5 % (in der EG 11,1 %)

Anfang Dezember erreicht die Arbeitslosenzahl i. BRD 2 Mill. (Quote 8,4 %) in der EG

US-Zölle auf in Europa subventionierten Stahl führten zum Stahlhandelskonflikt, der durch Kontingentierung beigelegt werden kann.

USA entziehen Polen die Meistbegünstigungsklausel

Wachstum des Stromverbrauchs in der BRD

1951–60	+10,3 %
1961–70	+ 7,4 %
1971–80	+ 4,4 %

(insges. 1980 369 Mrd. kWh)

Zur Preisstabilisierung will Ölkartell OPEC die Förderung drosseln

OPEC-Konferenz i. Wien scheitert an unterschiedlichen Interessen

Ein Erdgasfeld in Sibirien wird auf 3,5 Trillionen m^3 geschätzt, d. h. auf 18 Jahresförderungen der USSR 1970

Nach 7 Jahren Auseinandersetzungen entscheidet Oberverwaltungsgericht, daß das Kernkraftwerk Wyhl (Baden-W.) gebaut werden darf

In Brasilien werden bis 40 t Holz/ha Wald und Jahr erzielt (in Europa 4-5 m^3 = 1,6 - 2 t/ha u. Jahr, 1 t Holz liefert etwa 500 kg StKE)

1 Landarbeiter in USA versorgt 80 Menschen mit landwirtschaftlichen

(1982)

H.-D. Genscher (* 1927, FDP) bleibt Außenmin. u. Vizekanzler

Außenmin. *Genscher* und Wirtschaftsmin. *Lambsdorff*, beide FDP, behalten ihre Min.-Ämter in der neuen Koalition. Weitere Min. in der neuen Reg. d. BRD: Innenmin. *Zimmermann* (* 1925, CSU), Finanzmin. *G. Stoltenberg* (* 1928, CDU), Verteid.-Min. *M. Wörner* (* 1934, CDU), Berlin-Beauftragter *P. Lorenz* (* 1922, CDU)

Krisen in den Landesverbänden der FDP wegen Koalitionswechsel in Bonn

Sozialliberale gründen neue Partei „Liberale Demokraten". Linke Sozialdemokraten um *M. Coppik* (* 1943) und *K.-H. Hansen* (* 1927) gründen Partei „Demokratische Sozialisten"

Jungdemokraten trennen sich nach Koalitionswechsel von der FDP

William Borm (* 1898) tritt nach 37jähriger Parteizugehörigkeit wegen des Koalitionswechsels der FDP von SPD zur CDU/CSU aus der FDP aus. Weitere Parteiaustritte und Abspaltungen sozialliberaler Gruppen folgen

Parteitag der FDP in Berlin billigt trotz starker Spannungen und Auseinandersetzungen Koalitionswechsel zur CDU/CSU und wählt *Genscher* erneut zum Vors. Als stellvertr. Vorsitzende: *Ronneburger, Mischnik* und *Baum*, der als Min. ausscheidet

Helmut Schmidt lehnt erneute Kandidatur als Bundeskanzler aus Gesundheitsgründen ab

H. J. Vogel (* 1926) wird Kanzlerkandidat der SPD (nach Wahlniederlage 1983 Fraktionsvorsitzender im Bundestag)

Herbert Wehner (* 1906, SPD) verzichtet auf neue Kandidatur zum Bundestag, dem er seit 1949 angehörte

Bundeskanzler *H. Kohl* stellt Vertrauensfrage, deren gewollte Ablehnung Neuwahlen am 6.3.1983 ermöglichen soll. Klagen vor dem Verfassungsgericht werden abgewiesen

Neuer ständiger Vertreter der BRD in DDR *Hans Otto Bräutigam* (* 1931)

Staatsanwaltschaft leitet gegen Parteien und prominente Abgeordnete im Bundestag Verfahren wegen Steuerhinterziehung bei Spenden f. d. Parteien ein. Bundespräsident beruft Kommission zur Klärung der Sachfrage. Parteispendenaffäre, an der der Flick-Konzern beteiligt ist, wird zum öffentlichen Skandal

In Hamburg verhandelt SPD mit GAL über Tolerierung eines SPD Minderheitssenats

2 Bürgerschaftswahlen in Hamburg vor und nach Regierungswechsel in Bonn

Franz Fühmann (* 1922 i. CS): „Der Sturz des Engels" (Essay). Erhält den Geschwister *Scholl*-Preis

† *Hela Gerber*, dt. Schauspielerin und Theaterleiterin in Berlin (1958–73) (* 1907)

Jorge Guillén (* 1893 i. Spanien), span. Lyriker, erhält mex. Literaturpreis

Festakt und Colloquium zum 150. Todestag *Goethes* (1749–1832) in Weimar

Goethes 150. Todestag findet vielfachen Niederschlag im Literaturangebot

Albrecht Schöne (* 1925): Untersuchungen über Goethes „Götterzeichen, Liebestränke, Satanskult"

Günter Grass erhält den internat. *Antonio Feltrinelli*-Preis

Peter Handke: „Über die Dörfer" (Schauspiel, Urauff. in Salzburg)

Georg Hensel (* 1923) erhält *Julius Bab*-Preis für Theaterkritik

Stefan Heym (* 1913): „Ahasver" (Roman)

Alfred-Döblin-Preis an *Gert Hofmann* (* 1933)

Sekten wie die des Koreaners *Sun Myung Moon* gewinnen auch in Europa unheilvollen Einfluß

Sektenführer *Moon* traut in New York 2075 Paare, um die Bindung an seine Sekte zu festigen

† *Peter Noll*, Schweizer Jurist der Strafrechtsreform (* 1920)

† *Georg Picht*, dt. Pädagoge, schrieb 1965 „Die dt. Bildungskatastrophe" (* 1913)

H. Pietschmann: „Das Ende des wissenschaftlichen Zeitalters" (betont die Denkschulen des Orients)

† *Hellmuth Plessner*, dt. Soziologe und Philosoph, seit 1951 in Göttingen (* 1892)

Karl Popper (* 1902) und *John Eccles* (* 1903): „Das Ich und sein Gehirn" (erkenntnistheoretische Konzeption der „3 Welten")

† *Hans Konrad Roethel*, dt. Kunsthistoriker, zuletzt in USA (* 1910)

† *Alain de Rothschild* in New York, frz. Bankier und seit 1974 Leiter des

an *Frei Otto* (* 1925), bekannt durch Leichtbau und Hängedach-Konstruktionen

Giulio Paolini (* 1940 i. Ital.): „De Bello intelligibile" (Die geistige Schönheit) (Austellung in Berlin, Bielefeld und Wuppertal mit dem Prinzip der Reihung konzeptueller Bilder)

Ausstellung in Berlin (W) erinnert an *Bruno Paul* (1874–1968), der den Werkbund 1907 in München gründete

P. Picasso-Ausstellung in Moskau

Der Maler *Sigmar Polke* (* 1940 i. Schlesien) erhält den *Will Grohmann*-Preis

J. Pollock (1912–56, USA) – Retrospektive im Städel in Frankfurt/Main

44 Werke, angeblich aus *Rembrandts* Hand, sind nach Meinung von Experten von Schülern und Fälschern

Ausstellung des avantgardistischen Malers u. Filmgestalters *Hans Richter* (* 1888, † 1976)

Alexander Rodtschenko (* 1891, † 1956), russ. Maler, Ausstellung in Düsseldorf

† *K. H. Roethel* (i. USA), dt. Kunsthistoriker und ehemal. Direktor der Lenbachgalerie i. München (* 1910)

in München 1896–1914" aufgeführt

Berliner Philharmoniker feiern unter ihrem Chefdirigenten (seit 1955) *Herbert von Karajan* (* 1908) mit Festkonzert ihr 100-jähriges Bestehen

H. v. Karajan-Dirigentenwettbewerb: 1. Preis nicht vergeben, 2. an *Igo Golowitschin* (USSR), 3. an *Oleg Caetani* (Ital.)

† *Kara Karajew*, russ. Komponist aus Baku (* 1918)

„Dream Girls" (US-Musical, mit Musik von *Henry Krieger)*

† *Ludwig Kusche*, Komponist und Musikhistoriker (* 1901)

Bernhard Lefort, seit 1980 Pariser Opernchef, tritt wegen Konflikten mit dem künstler. Personal zurück

Bernhard Leitner (* 1938 in Österr., lebt seit 1968 i. New York): „sound square" (Tonraum-Installation mit 16 Lautsprechern im Rahmen der ars electronica in Linz)

G. Ligeti (* 1923): Trio für Violine, Horn u. Klavier

Eigenschaften, welche die Evolution des Lebens begünstigt haben könnte

† *Pei Weng Chung*, chines. Paläoanthropologe, der 1929 Sinanthropus pekinensis fand

S. Ohno in Duarte, *J. Collins* in Braunschweig und *Ch. Weissmann* in Zürich gelingt unabhängig durch Genmanipulation die Erzeugung von Mäusezellen, die menschliches Interferon produzieren

† *Karl v. Frisch*, österr. Zoologe und Verhaltensforscher, der den Schwänzeltanz der Bienen als informationsvermittelnde „Sprache" deutete. *Nobel*preis 1937 (* 1886)

† *Joachim Illies*, dt. Biologe und Limnologe (* 1925)

† *Ralph v. Koenigswald*, dt. Paläontologe, speziell Stammesgeschichte des Menschen (Javafunde) (* 1902)

Die Entstehung irdischen Lebens kann durch neue Erkenntnisse seit 1977 in eine Zeit vor etwa 4 Mrd. Jahren verlegt werden (Erdalter ca. 4,6 Mrd.)

Molekularbiologen klären Genstruktur von Alpha-Beta- und Gamma-Interferon

Das 1932 entd. Peptid P wird als

Produkten (1880 waren es nur 5,5 Versorgte)

Seit 1977 werden große Diamantenfelder in Australien entd.

Hohe Auslandsverschuldung führen Mexiko, Polen, Rumänien, Venezuela, Argentinien u. and. Staaten an die Grenze der Zahlungsfähigkeit, die Umschuldung erfordert

Weltwährungskonferenz in Toronto

GATT sieht internationale Finanzkrise wie um 1930

Goldpreis in Dollar/Feinunze

1970	35
1973	65
1975	186
1979	437
1980	850 (21.1.)
1980	721 (23.9.)
1982	319 (22.3.)
1983	477 (24.1.)

USA und BRD senken die Leitzinsen zur Wirtschaftsbelebung

Bundesbank senkt Diskont von 6 auf 5 %

% BSP öffentliche Verschuldung in BRD

1969	19
1970	19
1975	25
1980	32
1981	24
1982	39 (= 9740 DM / Bürger)

Lebenshaltungskostenindex i. BRD. (1976 = 100) sinkt gegen Vorjahr um 5,9 %

Sozialliberale Bundesregierung kürzt Berlinzuschuß und Flugsubventionen nach Berlin (Reg. *Kohl-Genscher* hält später Flugsubventionen aufrecht)

Der Bundesbankgewinn 1981 von 10,5 Mrd. DM wird auf Bundeshauptkasse (Haushalt) übertragen

Der „Sparhaushalt" 1982 für BRD beträgt 245,5 Mrd. DM (+ 3,2 % gegenüber 1981)

Die Zahlungsbilanz der BRD verbessert sich von -15 Mrd. DM auf -1 Mrd. DM im 1. Halbjahr gegenüber Vorjahr

Auch Städte in BRD klagen über Finanznot, welche die Erfüllung ihrer Aufgaben sehr erschwert

(1982)

	6. Juni	19. Dezember
SPD	42,8%	51,3%
CDU	43,8%	38,6%
FDP	4,9%	2,6%
GAL	7,7%	6,8%

Erhard Eppler, linkes Mitgl. des SPD-Vorstandes, fällt bei der Wahl des Präsidiums durch, E. Bahr wird gewählt

Demoskopische Stärke der Parteien Ende November bei der neuen Koalition:

CDU/CSU	51,1%
SPD	38,6%
FDP	3,6%
Grüne	6,3%
Sonstige	0,4%

Die Reg. der BRD registriert in 14 Monaten 165 Terrorakte mit 2 Toten und 15 Verletzten (darunter 119 Brandanschläge und 40 Sprengstoffzündungen)

Mit Festnahme von *Christian Klar* (* 1952), *Brigitte Mohnhaupt* und *Adelheid Schulz* und Aufdekkung der Waffen- und Archiv-Depots wird der seit 1977 verfolgte Kern der RAF innerhalb einer Woche ausgeschaltet

In BRD erhalten 4 Rechtsextremisten wegen Mord und Mordversuch an Ausländern lange Freiheitsstrafen (2mal lebenslänglich)

Der Berliner Verfassungsschutz beurteilt die Aktionen der Hausbesetzer als „breit gefächerten Angriff auf den Staat"

Palästinenser bekennen sich zu 3 Bombenanschlägen in Frankfurt/Main

Seit 1961 wurden 27 415 Gewalt- und Unrechtstaten der DDR an der „innerdeutschen Grenze" registriert (179 Tote bei Fluchtversuchen)

DDR verabschiedet einstimmig neues Wehr- und Grenzgesetz, das auch den Schußwaffengebrauch regelt

Durch internat. Agentenaustausch mit dem Osten werden 8 in Haft befindliche Bürger der BRD frei

DDR lehnt Senkung des Zwangsumtausches von 1980 ab, dessen Erhöhung die Besuche in der DDR halbierte. Trotzdem gewährt BRD weiterhin zinslosen Überziehungskredit („Swing") im innerdt. Handel

† *Max Graf Podewils*, Botschafter der BRD in Österreich seit 1977 (* 1920)

Österr. Bundespräs. *Kirchschläger* (* 1915) besucht BRD (ohne nach Berlin (W) zu kommen)

Besuch *Ghaddafis* in Wien bringt BK *Kreisky* Kritik ein

† *Roger Bonvin*, Schweizer Christdemokrat, 1962–73 Min., 1966 und 1972 Bundespräs. (* 1907)

Wolfgang Hildesheimer (* 1916): „Marbot – eine Biographie" (Roman). Erhält Literaturpreis der Bayerischen Akademie d. Schönen Künste

† *Walther Hof*, dt. Literaturwissenschaftler (* 1910)

W. Höllerer (* 1922): „Gedichte 1942–82"

Eugene Ionesco (* 1918 i. Rumänien): „Reise zu den Toten" (Bühnenstück, Urauff. i. Basel)

† *Roman Jakobson*, US-Sprachforscher russischer Herkunft (* 1896)

Elfriede Jelinek (* 1946): „Clara S." (österr. Schauspiel um *Clara Schumann*, Urauff. i. Bonn mit Regie von *H. Hollmann*)

Juan Ramón Jiménez (* 1881, † 1958): „Stein und Himmel" (span. Gedichte, postum)

Terry Johnson: „Insignificance" (Schauspiel um *A. Einstein* und *Marilyn Monroe*, Urauff. i. London)

Ernst Jünger (* 1895) erhält unter Protesten wegen seiner politischen Vergan-

frz. Judentums (* 1910)

† *Gershom Scholem*, Judaist, speziell Mystik der Kabbala (* 1897 i. Berlin)

Dolf Sternberger (* 1907) wird Ehrendoktor der Univ. Trier

† *Theo Stillger*, Direktor des Dt. Museums in München seit 1970 (* 1921)

† *Eduard Winter*, Historiker in Berlin (O) (* 1896), erforschte speziell Werk und Wirken des Priesterphilosophen *F. Brentano* († 1917)

Wittkowsky, seit 1977 Präsident der Univ. Bremen, vorher der TU Berlin, tritt zurück

Seit 1945 zählt man auf der Erde etwa 140 Kriege mit ca. 10 Mill. Toten

Zeitschrift „Alternative" stellt ihr Erscheinen ein wegen „Erschütterung der linken Theorie"

Barbican-Kulturzentrum (drei Hochhäuser) in London nach 10-jähriger Bauzeit eröffnet (Leitung: *Henry Wrong*, Kanada)

Club of Rome: „Auf Gedeih und Verderb, Mikroelektronik und

† *Sepp Ruf*, dt. Architekt des Funktionalismus, baute 1964 den Bungalow des Bundeskanzlers i. Bonn und war am Wiederaufbau seiner Vaterstadt München stark beteiligt (* 1908)

Salomè: (* 1954) „Junger Reigen" (f. d. „Zeitgeistausstellung", Berlin)

Schinkel-Ausstellung der DDR in Hamburg

In Weimar wird ein verschollenes Gemälde des Bauhauskünstlers *Oskar Schlemmer* (1888–1943) entdeckt.

Werner Schmalenbach (* 1909): „Jean Miro. Zeichnungen aus den späten Jahren"

Emil Schumacher (* 1912) erhält den *Rubens*-Preis der Stadt Siegen

† *Friedrich Schröder Sonnenstern*, eigenwilliger skuriler Maler in Berlin (* 1892)

3 nach dem Krieg verschollene *Spitzweg*-Gemälde werden in München entd.

Ausstellung der Bilder aus der Spraydose des „Sprayers von Zürich" in Köln, gelegentlich wird diese Art der „Kunst" als Sachbeschädigung verurteilt

† *Toni Stadler*, dt. Bildhauer, Schüler Maillol's (* 1888)

† *Marta Linz*, Geigerin, Komponistin, Dirigentin. Dirigierte als 1. Frau Berliner Philharmoniker und Gürzenich-Orchester (* 1898 i. Budapest)

Franz Liszt (1811–1886): „Franziskus-Legenden" (Orchesterwerk, Urauff. postum in Berlin [W])

„Richthofens Tod" (US-Musical von *McAnuff*)

Mahlers 5. Sinfonie cis-Moll als Linzer „Klangwolke" mit 40000 Watt über 8 Lautsprechern unter *L. Maazeel* (*1930 i. Frankr.)

Festwochen in Berlin (W) sind dem Musiker *G. Mahler* (1860–1911) gewidmet

Hans van Manen (* 1932 i. Niederl.): „Pose" (Ballett)

Hans van Manen: „Sarkasmen" (erotisches Ballett)

† *Erhard Mauersberger*, Thomaskantor 1961–72 (* 1903)

Gian Carlo Menotti (* 1911): „Der letzte Wilde" (italo-amerikanische kulturkritische komische Oper, dt. Erstauff. in Detmold)

Yehudi Menuhin

Botenstoff der Schmerzempfindung erkannt

~Längere geologische Untersuchungen ergeben, daß ein etwa 50 Mrd. t schwerer Meteorit das Eozän vor rd. 35 Mill. Jahren beendete.

R. Leacky findet in Nordkenia Oberkiefer mit 5 Zähnen eines Hominiden, etwa 8 Mill. Jahre alt (wird als Zwischenglied zwischen Ramapithecus und Australopithecus gedeutet)

Spuren eines 1,5 Mill. Jahre alten Lagerfeuers in Kenia entd.

Fund eines 36 000 Jahre alten Neandertalers bei Hamburg, der Vermischung mit Cro-Magnon-Bevölk. erkennen läßt

Gensequenz des menschlichen Gamma-Interferons wird aufgeklärt (eröffnet neue Perspektiven für Krebs-Therapie)

Es leben noch 388 Przewalski-Urpferde in Gefangenschaft, deren Erhaltung zunehmend schwierig ist (das P.-Pferd existiert etwa 60 Mill. Jahre)

Orientierung durch Magnetfeld auch bei Schmetterlingen nachgewiesen

Krebsforschungsinstitut i. Heidelberg erprobt Hyperthermiever-

Bundeshaushaltsentwurf der CDU/CSU-FDP-Regierung für 1983 sieht 253,8 Mrd. DM Ausgaben und 41,6 Mrd. DM neue Schulden vor

Neue Bundesregierung (CDU/CSU-FDP) kürzt Ministergehälter um 5 %

DDR fordert von BRD 430 statt bisher 85 Mill. DM Postpauschale

3. Welt ist mit 625 Mrd. Dollar verschuldet (der Schuldendienst verschuldet weiter)

Verschuldung des Ostblocks (RGW) verzehnfachte sich seit 1972 auf 81,4 Mrd. Dollar, wovon 25 Mrd. kurzfristig fällig werden

Finanzkrise und Zahlungsunfähigkeit in Mexiko, Polen, Rumänien und anderen Staaten gefährden globales Finanzsystem

Moskau gewährt Polen zur wirtschaftlichen Stabilisierung 8,7 Mrd. DM Kredit

Bankrott der Mailänder Bank Ambrosiano, in den die Vatikanbank verwickelt ist

Erstmals in der Geschichte überschreitet unter Präs. *Reagan* Haushaltsdefizit der USA 100 Mrd. Dollarbetrag

Änderungen der Währungsrelationen in EG

BRD	+4,25 %
Niederl.	+4,25 %
Frankr.	−5,75 %
Ital.	−2,75 %

Bruttostundenverdienste der Industriearbeiter in DM

USA	18,03
Japan	12,90
BRD	14,14
Frankfr.	10,94
Gr.-Brit.	12,12
Griechenl.	5,11
Schweiz	16,79

Das Wachstum der Erdbevölkerung sinkt von + 1,9 % / Jahr (1965-78) auf 1,5 % Anfang 1982

Seit 1950 hat sich das BSP / Kopf in den Entw.-Ländern verdoppelt (+ 2,2 % / Jahr)

In USA werden von den Weißen 9,4 % zu den Armen gezählt, von den Schwarzen 30,2 %. Die wohlhabendste Region ist Washington DC

(1982)

Die Stadt Zürich erhält seit 1928 erstmals eine bürgerlich-konservative Mehrheit

Tonband-Schallanalyse ergibt keinen zweiten Schuß (Täter) beim Attentat auf US-Präsident *Kennedy* 1963

USA und BRD schließen „Wartime Host Nation Support Agreement", das zusätzliche US-Truppen im Krisenfall vorsieht

Der Rücktritt des US-Außenmin. *A. Haig* beunruhigt NATO i. Europa

George Shultz (* 1921) wird Außenmin. der USA

US-Präsident *Reagan* besucht Europa (Paris, Rom, London, Bonn und Berlin [W]). Spricht vor dem brit. Parlament und im dt. Bundestag

Straßenkampfähnliche Zusammenstöße beim Besuch des US-Präs. *Reagan* in Berlin (W) (offizieller Teil im Schloßgarten Charlottenburg verläuft ohne Zwischenfälle)

Nach den Krawallen beim Besuch des US-Präs. *Reagan* in Berlin (W) wird das Büro der alternativen Liste durch Brandanschlag verwüstet

USA und BRD stimmen in der Rüstungspolitik, die eine Raketennachrüstung evtl. einschließt, überein

NATO bestätigt Doppelbeschluß, der evtl. die Nachrüstung von Mittelstrecken-Raketen in Europa ab 1983 vorsieht

Ca. 800 000 demonstrieren in New York für Abrüstung und Frieden

USA und USSR beginnen in Genf Verhandlungen über Abbau oder Nachrüstung von Mittelstreckenraketen in Europa, von denen die USSR 300 in Stellung hat. USA strebt „Nullösung" an, USSR Rüstungsmoratorium

Clark wird Sicherheitsberater des US-Präsidenten als Nachfolger von *Allen*

US-Außenmin. Exgeneral *A. Haig* tritt zurück, Nachfolger wird früherer Finanzmin. *George Shultz* (* 1921)

US-Präsident *Reagan* besucht Brasilien, Kolumbien, Salvador, Guatemala und Honduras

Die USA bemühen sich auf diplomatischem Weg, die in Camp David vereinbarte Räumung der Sinai-Halbinsel durch Israel sicherzustellen, die durch Abgrenzungs-Streitigkeiten und Widerstand israelischer Siedler erschwert ist

USA, Frankr. und Ital. fordern ultimativ Abzug Israels aus Beirut

Bei den Zwischenwahlen zum Kongreß verliert US-Präs. *Reagan* merklich an parlamentarischem Einfluß und Durchsetzungsvermögen für seine Politik

genheit den Goethepreis der Stadt Frankfurt

† *Curd Jürgens*, dt. Schauspieler (in „Des Teufels General" u. and.) (* 1915)

Es werden ca. 10 000 Bücher und Schriften über *F. Kafka* (1883–1924) geschätzt

1. Band der kritischen Ausgabe der Werke (Hrsg. Malcolm Pasley) von *F. Kafka* erscheint: „Das Schloß"

Hartmut Binder (Hrsg.): *Kafka*-Handbuch in 2 Bden (in den letzten Jahren wuchs die *Kafka* (1883–1924) – Literatur stark an)

† *Irmgard Keun*, Schriftstellerin aus Berlin, schrieb 1932 „Das kunstseidene Mädchen" (* 1910)

Heinar Kipphardt (* 1922): „März" Schauspiel (Urauff. i. München, Regie *Hollmann*)

† *Heinar Kipphardt*, dt. Dramatiker („In der Sache Oppenheimer" 1964) (* 1922)

Sarah Kirsch (* 1935): „Erdreich" (Gedichte)

Kritikerpreis für Literatur an *Sa-*

Gesellschaft" (Kernproblem Arbeitsplatzerhaltung)

Archäologen der USSR finden etwa 25–35 000 Jahre alte Bärenfiguren aus Rhinozeroshorn

Neben der Cheopspyramide wird das 1954 entdeckte 5000 Jahre alte Sonnenboot des Pharao für die Fahrt ins Totenreich nach geeigneter Aufstellung dem Publikum gezeigt

„Die Camuni – an den Wurzeln der europäischen Kultur" (Ausstellung in Mailand über eine Kultur mit Felszeichnungen im Val Camonica ≈ -3200)

Staatsarchiv von Ebla (in Syrien) von ≈ -2500 wird entziffert. (Spiegelt den Höhepunkt wirtschaftlicher Macht mit Kontrolle des damaligen Handels in Vorderasien)

Dt. Archäologen entdecken Mumien zweier Königinnen (von ≈ -1900) in einer der 5 Pyramiden von Dahur

Mykenisches Grabmal von 15 m Durchmesser aus dem -16. Jh. auf dem Peloponnes freigelegt

Yves Tanguy (* 1900 i. Paris, † 1955 i. USA). Surrealistische Ausstellung in Paris (Centre Pompidou)

† *Jean Villert*, italo-frz. Maler, der 1931 zur Gruppe Abstraktion-Kreation gehörte und 1946 in Paris Salon für abstrakte Kunst gründete (* 1896)

Ostberliner Akademie der Künste wählt den Intendanten des Berliner Ensembles *Manfred Wekwerth* (* 1929) zum Präsidenten (gilt als parteilinientreu)

† *Josef Wittlich*, dt. naiver Maler (* 1903)

London feiert seinen Architekten *Christopher Wren* (1632–1723), der u. a. 1675–1710 die Paulskirche in London baute

Gustav Wunderwald(*1882, †1945). Ausstellung des Malers Berlins in den 20er Jahren in Berlin (W)

Museum für den Bildhauer *Ossip Zadkine* in Paris (* 1890 i. Russl., † 1967 i. Paris)

Die Diskussion über die moderne Kunst wird in diesem Jahr besonders durch die stark beachteten Ausstellungen „documenta 7" in Kassel und „Zeitgeist" in Berlin (W) geprägt

„documenta 7" in

(* 1916 i. USA) erhält Kulturpreis der dt. Freimaurer

† *Philipp Mohler*, Komponist und Direktor der Frankfurter Musikhochschule 1958–75 (* 1908)

† *Mario del Monaco*, ital. Operntenor (* 1915)

† *Thelonius Monk*, US-Jazzpianist des Bebop (* 1920)

Zu den Vertretern der „Neuen Einfachheit" in der Musik rechnet man u. and.: *W. Rihm*(*1952), *H. Chr. Dadelsen* (* 1948), *P. M. Hamel* (* 1947), *D. Müller-Siemens* (* 1957)

John Neumeier (* 1942 i. USA): „Artus-Sage" (Ballett, Urauff. i. Hamburg)

Nicole Hohloch (* 1965) aus BRD gewinnt „Grand Prix Eurovision" mit "Ein bißchen Frieden"

Luigi Nono-Konzert in Freiburg mit dt. Urauff. „Das atmende Klarsein"

Auf den Musiktagen in Donaueschingen treten Werke von *L. Nono* (* 1924) und *M. Kagel* (* 1931) hervor

R. Nurejew

fahren von . *Ardenne* als Krebs-Mehrschritt-Therapie

† *John Charnley*, brit. Pionier der Hüftgelenkchirurgie (* 1912)

Preis für Krebsbekämpfung an den US-Forscher *Charles Heidelberger* (* 1921)

Wolf-Dieter Heiss am *Max-Planck*-Institut findet Positronen-Emissions-Tomographie (PET) zur Früherkennung von Stoffwechselstörungen im Hirn

Maschallah Najami entw. in Würzburg Tomosynthese zur Darstellung der Hirngefäße

Manfred Porkert: „Die chinesische Medizin"

Robert Weinberg u. and. US-Forscher entdecken menschliches Krebsgen, dessen Aktivierung Krebs erzeugt

Otto Westphal (* 1913) übernimmt die Leitung des Deutschen Krebsforschungsinstituts in Heidelberg, dessen Arbeit zuvor kritisch beurteilt wurde

Krebsforschungspreis in USA (10 Jahre je 100 000 Dollar an verdiente Forscher) soll einen Durchbruch der Forschung ermöglichen

Es leben auf der Erde mindestens 25 Menschen, die (seit

Ca. 25 % Arbeitslosigkeit in Detroit/USA führt zum Hungernotstand

% BSP Sozialleistungen i. BRD

1960	20,7
1970	25,7
1981	31,2

% BSP f. Steuern (St) und Sozialabgaben

	SA (St/SA)	Summe
Schweden	34,6/15,1	49,7
BRD	24,3/14,1	38,4
Japan	18,4/ 7,9	26,3
Frankr.	24,3/18,2	42,5
Gr.-Brit.	32,8/ 6,6	39,4

1979–82 stiegen die realen Einkünfte der Beschäftigten um 30 %, die der Rentner um 43 %

Rd. 80 000 Jugendliche i. BRD haben keine Lehrstelle

Polnische Regierung führt Arbeitspflicht ein

Über 60 Tote bei der Ausweisung von 3 Mill. Gastarbeitern aus Ghana und anderen afrikanischen Staaten

Neue Hungersnot in der Sahelzone bedroht 800 000 Menschen und 3 Mill. Tiere, nachdem 1968–73 ca. 150 000 Menschen verhungert sind

Umfrage in der EG ergibt, daß Angst vor Kriminalität bei der Bevölkerung vorherrscht. Es folgen Arbeitslosigkeit und Krieg als weitere Sorgen

Zahl der Verbrechen i. BRD stieg 1980/81 um + 6,7 % auf über 4 Mill. Straftaten. Überfälle auf Geldinstitute um + 53 % auf 632. Landfriedensbruch verdreifacht sich (Aufklärungsquote liegt bei 45 %)

Staatshaftungsgesetz in BRD verbessert Schadenersatz für Bürger bei Unruhen

Jährlich sterben bis zu 1000 Kinder i. BRD durch Mißhandlung

Beim Bhf Zoo in Berlin (W) bis Mitte August 4570 Anzeigen und 2490 Festnahmen

Der Terrorist *Klar* und die Terroristinnen *Schulz* und *Mohnhaupt* aus der RAF werden verhaftet, und mehrere Verstecke für Waffen und andere Mittel des Terrors entdeckt

Sieglinde Hoffmann (* 1935) wird wegen Beteiligung an der Ermordung

(1982)	Veto des US-Präs. *Reagan* in Haushaltsfragen wird von Kongreß und Senat zurückgewiesen US-Präs. *Reagan* hebt Erdgas-Röhren-Embargo gegen westeurop. Firmen auf, das den Erdgasbezug aus USSR verhindern sollte Spannungen zwischen USA u. VR China, weil USA die Rep. China auf Taiwan militärisch unterstützen US-Vizepräs. *Bush* besucht VR China, mit der Spannungen wegen Waffenlieferungen an die Rep. China auf Taiwan bestehen. USA und VR China finden die Kompromißformel: Es gibt nur ein China, Taiwan ist ein Teil davon Nach 2 Fehlstarts gelingt den USA 3. Pershing-Raketentest Im November wird KSZE-Folgetreffen in Madrid fortgesetzt EG-Präs. *G. Thorn* aus Luxemburg besucht Berlin (W), dessen Zugehörigkeit zur EG vom RGW-Bereich bestritten wird *Piet Dankert* (* 1935, niederl. Sozialdemokrat) wird Präsident des Europa-Parlaments in Straßburg EG verzichtet auf wirtschaftlichen Druck auf USSR, will aber US-Maßnahmen gegen sowjetische Polen-Politik nicht unterlaufen Gipfelkonferenz der EG in Brüssel, 25 Jahre nach der Gründung durch die Römischen Verträge, verläuft in Krisenstimmung ohne hilfreiche Entscheidungen Gr.-Brit., Frankr. und andere EG-Staaten durchbrechen das Embargo der USA gegen Pipelinebau der USSR nach Europa *Poul Schlüter* (* 1929, Konservativer) bildet Koalitionsregierung aus 4 bürgerlichen Parteien in Dänemark (letzter konservativer Min. Präs. i. Dänemark 1901) Bevölkerung Grönlands stimmt als Teil Dänemarks auf dem Hintergrund seiner Fischerei-Interessen gegen Verbleib in der EG *Mauno Koivisto* (* 1923, Sozialdemokrat) neuer finnischer Staatspräs. (seit 1979 Reg. Chef) Sozialdemokrat. finn. Ministerpräsident *Sorsa* (* 1930) tritt wegen Kritik der KP am Verteidigungshaushalt zurück † *A. Béthouart*, frz. General, trat 1951 für die EVG ein (* 1889) Gipfelkonferenz der 7 größten westlichen Industriestaaten in Versailles in (kritisierter) pompöser Form ohne bedeutende Ergebnisse Wahlniederlage der frz. Reg. unter *Mitterand* bei Regionalwahlen	*rah Kirsch* (* 1935, Lyrikerin, bis 1977 i. d. DDR) *Volker Ludwig* (* 1937), Leiter des Berliner Grips-Theaters (Jugendtheater) erhält Preis dt. Kritiker *Friederike Mayröcker* (* 1924 i. Wien) erhält den *Gandersheimer Roswitha*-Preis *Hildegard Knef*: „So nicht" (Autobiographisches) † *J. H. Koch*, Herausgeber der Zeitschrift „Exil" (für Literatur 1933–45) *Uwe Kolbe* (* 1957, lebt in DDR): „Hineingeboren" (Gedichte 1975–79) † *Marlise Ludwig*, dt. Schauspielerin und Schauspiellehrerin in Berlin (* 1886) † *Clara Malraux*, frz. Schriftstellerin (* 1897) *Kurt Marti* (* 1921 in Bern): „Ausgewählte Gedichte 1959–70" (eines schweizer. reformierten Pfarrers) † *Peter de Mendelssohn*, Schriftsteller und Biograph von *Thomas Mann*, Präs. der dt. Akademie für Sprache und Dichtung	Grabung in Masat Höyük (310 km östl. Ankara) findet Keilschriftarchiv aus der Zeit ≈ -1400 Archäologen entdecken bei Prag keltische Siedlung aus dem - 5. Jh. 20 Skelette von Opfern des Vesuvausbruchs i. J. -79 im Herculaneum gefunden Ausgrabungen in Oldenburg zeigen Begegnung germanischer und slawischer Kultur i. d. Zeit 680–976 Eichenholz der Wartburg nach dem Baumringkalender (Dendrochronologie) vor 1168 gefällt Analphabetentum Afrikas ist rückläufig In der EG wird die Zahl der Analphabeten auf 10 Mill. (mehr als 4 %) geschätzt Studien der Weltbank zeigen Ertragssteigerung durch Aus- und Weiterbildung 45 % der Eltern i. BRD erstreben für ihre Kinder Abitur (1938: 38 %), ein Studium 22 % 1. private Hochschule der BRD in Herdecke (NRW)

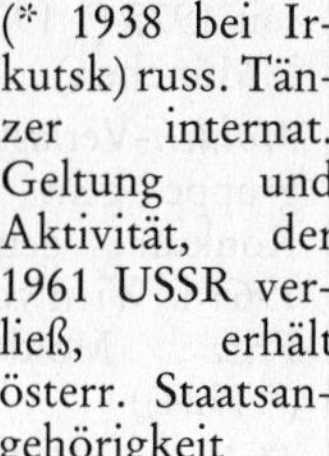

Kassel unter Leitung des niederl. Museumdirektors *Rudi Fuchs* (* 1942) sucht nach einem Goethewort einen Leitfaden durch die Widersprüche moderner Kunst. Sie ist als „Dialog der Kunstwerke" arrangiert. Sie zeigt etwa 1000 Kunstwerke von 164 Künstlern aus 40 Ländern in theoretisch nicht gebundener Anordnung, was ihr die Kritik „L'art pour l'art" einbringt

Von den 1830 dokumentierten Bodendenkmälern sind nur noch 5 % vorhanden. In BRD wird „Archäologische Wüste" befürchtet

Knochenritzzeichnungen im Bezirk Halle werden mit 350 000 Jahren für die ältesten von Menschenhand gehalten

Das Radiokarbonalter der Felsmalereien in der Höhle von Lascaux wird mit ≈ -15 000 ermittelt

Das *Frobenius*-Institut in Frankfurt/Main wertet nordafrikanische Felsbilder seit ≈ -10 000 mit Computer zur kulturellen Klassifizierung aus

Tübinger Archäologe vollendet Rekonstruktion eines etruskischen Tempelgiebels (13 x 4 m

(* 1938 bei Irkutsk) russ. Tänzer internat. Geltung und Aktivität, der 1961 USSR verließ, erhält österr. Staatsangehörigkeit

† *Carl Orff*, dt. Komponist (* 1895) (1935-36 "Carmina burana")

Komponist *Hans Otte* (* 1926) vom Sender Bremen veranstaltet „Pro musica nova" (zweijährliche Veranstaltung)

† *Eleanor Powell*, US-Filmschauspielerin und Steptänzerin (* 1912) (1936 „The Broadway-Melody")

† *Marie Rambert* (eig. *Myriam Ramberg*), Tänzerin und Choreographin poln. Herkunft, vorwiegend in Paris und London (* 1888 in Warschau)

Aribert Reimann: „Chacun sa Chimère" (Ballett, Urauff. i. Düsseldorf)

Aribert Reimann (* 1936): „Lear" (Oper, Urauff. i. Paris)

„Evita" (Auff. d. brit. Musicals um Evita Péron von *Tim Rice* u. *Andrew Webber* in Berlin [W], Urauff. 1978 in London)

1978) außerhalb des Körpers (als „Retortenbabies") gezeugt wurden.

Erstes Retortenbaby in BRD (Erlangen)

In USA wird ein 2. Samenbank-Kind geboren (aus Samen eines begabten Vaters)

Z - (Zick - Zack -) Form der DNS als neue Form der Erbsubstanz, die 1979 entd. wurde, wird untersucht

Neues wirksames Antibioticum der Cephalosporingruppe entd.

Der Antigen-Baukasten, mit dessen Hilfe der Mensch an die 10 Mill. Antikörper gegen körperfremde Schadstoffe (Viren, Bakterien etc.) erzeugt, wird weiterhin analysiert und verstanden

Prostaglandine eröffnen neue therapeutische Möglichkeiten z. B. bei Entzündungen (nicht ohne Nebenwirkungen)

Cadmium erhöht nachweislich die Gefahr von Herzerkrankung u. Krebs

Verbesserung der Behandlung des Herzstillstandes durch automatische Geräte

Erste Bilder der Kernspintomographie, die ohne Strahlenbelastung z. B. Tumoren im Körper erkennen

des Bankiers *J. Ponto* 1977 zu 15 Jahren Haft verurteilt

„Rote Zellen" bekennen sich zu 2 Bombenanschlägen auf die „Gesellschaft für Reaktorsicherheit" in Köln und auf „Interatom" in Bensberg

Polizei zerschlägt Verbrecherring um St. Pauli, Hamburg

Berlin (W) liegt mit 123 besetzten Häusern an der Spitze der Bundesländer (Bayern und Saarland verzeichnen keine Besetzungen)

Über 2000 „reisende Demonstranten" von außerhalb beteiligen sich an den Unruhen während des *Reagan*-Besuches in Berlin (W)

DDR klagt über Zerstörungslust Jugendlicher in den Städten

† *Vittorio Bolognese*, Führer der „Roten Brigaden" von Neapel (* 1950)

In Bergamo/Ital. werden 87 Terroristen verurteilt

Auf Zypern werden 1619 Personen länger als 8 Jahre vermißt

70 000 Menschen demonstrieren auf Sizilien gegen Mafia und ihre Verbrechen

Über 90 Tote durch Explosion im israelischen Hauptquartier in Tyrus/Libanon (Zweifel, ob Anschlag oder Unglücksfall)

Bewaffnete Banden ermorden in Guatemala 110 Menschen

Britischer Weltumsegler *Mike Croker* (* 1940) wird in der Karibik von Piraten ermordet

Massengrab aus dem algerischen Unabhängigkeitskrieg 1954-62 mit 936 Toten wird entdeckt

In Argentinien werden Massengräber entdeckt, in denen wahrscheinlich 400 Vermißte aus der Zeit 1976-79 beigesetzt sind

Amnesty International stellt für Pakistan starke Zunahme der Folterungen und Hinrichtungen fest

Mord an drei weißen Geiseln im Herrschaftsbereich von *Nkomo* in Zimbabwe

Sophia Loren, ital. Filmschauspielerin, muß wegen Steuerhinterziehung 4 Wochen ins Gefängnis (bei milden Haftbedingungen)

(1982)	Internationales Treffen in Paris, anläßlich des 50. Jahrestages der NS-Machtübernahme Frz. Staatschef *Mitterand* besucht die ehemaligen frz. Kolonien Niger, Elfenbeinküste und Senegal Frz. Staatspräs. *F. Mitterand* besucht Israel, wo er keine Einigung in der Palästinenserfrage erzielt Frankreich baut 5. Atom-U-Boot (bis 1994 sind 7 geplant) 19.7.–10.8. 112 Terroranschläge in Paris mit 8 Toten und 50 Verletzten. Dabei 6 Tote bei Überfall auf jüdisches Restaurant Jüdische Organisation tötet einen Vertreter der PLO in Paris † Lord *Noel Baker*, brit. Minister (Labour-Party, Friedens*nobel*preis 1959), olympische Silbermedaille im 1500 m-Lauf 1920 (* 1889) Brit. Flotte besetzt Süd-Georgia, nachdem die argentinische Flotte die 1300 km entfernten Falklandinseln besetzten. Briten blockieren Falklandinseln USA unterstützen die Falklandpolitik von Gr.Brit. Nach hohen Verlusten beider Seiten im Falkland-Konflikt versucht *Haig* (USA) vergeblich zu vermitteln Nach wiederholten Versuchen, die Falklandkrise friedlich beizulegen, landen Briten auf den von Argentinien besetzten Inseln. Argentinien kapituliert Der Falklandkrieg kostet Gr.-Brit. ohne Schiffsverluste 3 Mrd. DM Konservative unter *M. Thatcher* erringen in Kommunalwahlen während der Falklandkrise großen Erfolg (das Ausland beurteilt den Konflikt kritischer) Der Sieg im Krieg um die Falklandinseln stützt die brit. Reg. unter *M. Thatcher* und erschüttert das Militärregime in Argentinien Brit. Außenmin. *Lord Carrington* (* 1919) tritt wegen des Konfliktes um die Falklandinseln zurück. *F. L. Pym* (* 1923, Konservativer), 1979–81 Verteidigungsmin., wird Nachfolger Nach der Kapitulation Argentiniens hebt EG Handelsembargo auf, das zur Unterstützung Gr.-Brit. beschlossen worden war *Roy Jenkins* (* 1920, SDP) schlägt bei einer brit. Nachwahl Konservative und Labour, wird Vors. der brit. SDP (Social democratic party) Brit. Regierungschefin *Margret Thatcher* besucht Bonn und Berlin (W) Brit. Liberale unter *David Steel* (* 1940) planen Koalition mit SDP Gr.-Brit. u. VR China wollen über den Status von Hongkong nach Ablauf des Pachtvertrages 1997 verhandeln	seit 1975 (* 1908 i. München) *Molden*-Verlagsgruppe geht in Konkurs; gegr. 1964 i. Wien von Fritz Molden (* 1924)) *Heiner Müller* (* 1929, lebt i. d. DDR): „Quartett"; erotisches Bühnenstück nach *Choderlos Laclos* (1741–1803). Urauff. in Bochum) *Adolf Muschg* (* 1933): „Leib und Leben" (Schweizer Dichtungen) *Paul Nizon* (* 1933): „Das Jahr der Liebe" (autobiograph. Roman eines Schweizers) *Joyce Carol Oates* (* 1938 i. USA): „Belle fleur" (US-Roman) † *Hans Oppermann*, klassischer Philologe bes. Plotin (* 1895) † *Georges Perec*, frz. Schriftsteller (* 1936) *Heinz Piontek* (* 1925): „Früh im September" (Gedichte) *Karin Reschke*: „Verfolgte des Glücks", Findebuch der *Henriette Vogel* (literarische Konstruktion des Lebens der Todesgefährtin von *H. v. Kleist*)	Baden-Württemberg schafft die Mengenlehre in der Grundschule nach einem Jahrzehnt des Versuches ab In Österreich entscheidet sich SPÖ mit LPÖ gegen Gesamtschule. Die Hauptschule soll verbessert werden In Gießen findet 1. „Bundeskongreß für Politische Bildung" statt Club of Rome tagt in Tokyo New Yorker „Time"-Magazin wählt den Computer zum „Mann des Jahres" In USA gerät die wissenschaftliche Abstammungslehre (der Darwinismus) erneut durch politische und religiöse Dogmatiker in Zweifel (auch Gerichte werden bemüht) „Europalia", Ausstellung in Brüssel, zeigt griech. Kunst vom Altertum bis zur Gegenwart Erste Frau Mitglied der Berliner Philharmoniker (Geigerin *Madeleine Caruzzo*) An 5 Stimmen im US-Senat scheitert die Aufnahme der Gleichberechtigung der

von ≈ -150) aus der Stadt Talamone

Der Apoll von Belvedere wird als eine römische Marmorkopie aus der Zeit 130–150 erkannt (griech. Originalbronze ≈ -330)

~ 1977–95: Parthenon auf der Athener Akropolis wird wegen Umweltschäden restauriert

„Die Pferde von San Marco" in Venedig. Restaurierte Bronzegüße aus dem Zeitraum -400 bis 400 werden in Berlin (W) u. a. dt. Städten ausgestellt

Baumjahreringdatierung am Göttinger Rathaus ergibt Bauzeit 1264–74 (älter als Häuser in Frankfurt/M. und Lübeck)

„Attitüden, Konzept Bilder" (Ausstellung im Stedelijk-Museum/Amsterdam als Rückblick auf die Zeit seit 1960)

Auf der Basler Kunstmesse treten die „Neuen Wilden" mit über 10 000 DM/Bild hervor

Expressionistensammlung von *L. G. Buchheim* (* 1918) wird in der Akad. d. Künste in Berlin (W) ausgestellt

„Kunst wird Materie" (Ausst. i. Berlin [W])

Kunstausstellung in Fabrikhalle Hamburg-Barmbeck

„Tutuguri" (Ballett mit Musik von *Wolfgang Rihm* * 1952), Choreographie von *Moses Pendleton* Auff. Berlin (W)

„Musik im 20. Jh." in Saarbrükken mit Protest gegen Tutuguri-Musik von *Wolfgang Rihm* (* 1952) einem Vertreter der „Neuen Einfachheit" in der Musik

Im Central-Park i. New York hören 500 000 die Rolling Stones

In Paris feiern etwa 40 000 Zuhörer die brit. Pop-Gruppe der Rolling Stones mit *Mick Jagger* (* 1943)

Die Rockgruppe „Rolling Stones" in 4 Städten der BRD

† *Artur Rubinstein*, weltberühmter Klaviervirtuose, Schüler von Paderevski (* 1886 i. Ukraine, seit 1946 i. USA)

Wolfgang Sawallisch (* 1923) löst Intendant *A. Everding* (* 1928) an der Bayerischen Staatsoper ab

Die musikalische Welt feiert *Igor Strawinskys* 100. Geburtstag († 1971)

† *Vera Strawin-*

lassen, werden veröffentlicht

Gefäßdarstellung durch digital-subtraktive Synchrotron-Röntgenstrahlung wird entwikkelt, die voraussichtlich statt Herzkatheter auch auf Herzgefäße anwendbar ist

In Paris lebt 61-jähriger schon 14 Jahre mit 2. Herzen (nach Herztransplantation 1968 in Marseille)

75 % der in Stanford/USA durch Transplantation operierten Herzempfänger leben danach noch 1–12 Jahre

Erstes (von außen angetriebenes) künstliches Herz wird in USA eingepflanzt

Kunstherzpatient in USA muß wegen Komplikationen wiederholt operiert werden (stirbt 25 Tage nach der Operation)

Erste gemeinsame Transplantation von Herz und Lunge in Stanford/USA, bei der der Patient durch Unterdrückung der immunologischen Organabstoßung 10 Monate überlebt

Max-Planck-Ges. gründet Forschungsgruppe für Multiple Sklerose

Nach neueren Forschungsergebnissen besteht das Erdinnere aus einem etwa

In Kanada wird Deutscher festgenommen, der im Verdacht steht, in der NS-Zeit an der Tötung von 10 000 Menschen in Litauen beteiligt gewesen zu sein

US-Gericht erklärt Attentäter, der auf US-Präs. *Reagan* schoß, als nicht schuld- und zurechnungsfähig

Bombenanschlag auf das Haus von *Simon Wiesenthal* (* 1908) i. Wien, der erfolgreich NS-Verbrechen aufklärte

† *Gracia Patricia* (vorher *Grace Kelly*) durch Autounfall mit ihrer Tochter (* 1929) (vgl. Sp. K)

Dt. Rettungsschiff „Cap Amur" kehrt nach 9507 Rettungen Schiffbrüchiger aus ostasiatischen Gewässern zurück

Angeblich über 1000 Tote bei einem Verkehrsunfall in einem Tunnel in Afghanistan

55 Tote bei Busunglück in Zimbabwe

Ausgrabungen von Herculaneum legen Skelette von Menschen frei, die offensichtlich vor dem Vesuv-Ausbruch i. J. 79 zu fliehen suchten

104 Tote durch Vulkanausbruch in Indonesien

40 Tote beim Einsturz einer Hängebrücke in Brasilien

Für Dtl. relativ starkes Beben im Westerwald

Frankfurt/Main spürt Erdbeben (ohne Schäden)

Erdweit 56 „bedeutende" Erdbeben mit 3338 Toten

Vom Erdbeben in Kampanien (1980) bis zur Brandkatastrophe in Todi erweist sich der Katastrophenschutz in Italien als mangelhaft

In den letzten 10 Jahren gab es 4 schwere Flugunfälle mit der Großraummaschine DC 10 mit etwa bis 400 Insassen

43 Tote von 393 Insassena durch Flugzeugunglück bei Malaga

Antarktis-Forschungsschiff „Gotland" der BRD wird durch Packeis zerstört und sinkt (ohne Mannschaftsverluste)

Mehr als 70 Nomaden ertrinken in der Wüste am Turkansee

(1982)	Meinungsverschiedenheiten zwischen DC und Sozialisten (PSI) führen zur Regierungskrise in Italien, die durch Bildung derselben Regierung unter *Spadolini* (Republ.) gelöst wird (vgl. 1981) Ital. Reg. Chef *G. Spadolini* (* 1925, Republ.) tritt zurück und bildet darauf die 42. Nachkriegsregierung des Landes *Ciriaco De Mita* (* 1928, linker Flügel DC) wird in Italien als Nachfolger von *Forlani* (* 1925) neuer Vorsitzender der DC. (Christdemokraten) Zahlreiche Anschläge auf US-Einrichtungen in Italien US-General *Dozier* in Italien von Roten Brigaden entführt und nach 43 Tagen gewaltsam befreit Der Bau der ersten Cruise-missile-Rampen der USA in Italien wird von Demonstranten verhindert In den Niederlanden bildet *Jos Van Kemmende* Mitte-Rechts-Koalition aus Christdemokraten, Liberalen und Konservativen Vorgezogene Wahlen in den Niederlanden bringt Sozialisten unter *van Uyl* (* 1919) die meisten Stimmen, denen aber eine Mehrheit der Christdemokraten unter *van Agt* und der Volkspartei *(Nijpels)* gegenübersteht Niederl. Regierung *van Agt* (* 1931, kathol. Volkspartei Mitte-Links) tritt wegen wirtschaftspolit. Meinungsstreit zurück In den Niederlanden bildet Christdemokrat *R. Lubbers* (* 1939) Mitte-Rechts-Koalitionsregierung Portugals Min.-Präs. *Pinto Balsameo* (* 1938, Sozialdemokrat) tritt nach Niederlage in Kommunalwahlen zum 2. Mai zurück % Stimmen bei Wahlen in Schweden (1976) Sozialdemokraten 45,9 (42,7) Kommunisten 5,6 (5,6) Konservative 23,6 (20,3) Liberale 5,9 (10,6) *Olof Palme* (* 1927, Sozialdemokrat) bildet nach Wahlsieg sozialdemokr. Reg., nachdem 1972–1982 bürgerl. Reg. unter *Th. Fälldin* (* 1926, Zentrum) amtierte Spanien wird 16. Mitglied der NATO In Spanien grdt. *A. Suarez Gonçalez* (* 1932) eigene Partei „Demokratisches und soziales Zentrum" Wahlen in Spanien: Sitze (i. Vgl. 1979) Sozialisten 201 (121) Volksallianz 106 (9) UCD 12 (168) KP 5 (23) Sozialisten siegen in der span. Regionalwahl in Andalusien	*Hans Werner Richter* (* 1908): „Ein Julitag" (Roman) *Hans Werner Richter* erhält literarische Ehrengabe des BDI, *Bernd Jentzsch* den Förderpreis (* 1940) *Luis Rosales* (* 1936 in Spanien) erhält den *Cervantes*-Preis *Ledig-Rowohlt* tritt als Verleger zurück (* 1918) † *Rosel Schaefer*, dt. Schauspielerin (* 1926 i. Schweiz) † *W. Schalamow* (* 1907), russ. Schriftsteller, beschrieb in „Kolyma" über 22 Jahre in stalinist. Internierungslager *Heinrich Schnitzler*, Sohn von *A. S.*, hebt die Bühnensperre vom „Reigen" (1900), die sein Vater verfügte, wieder auf † *Heinrich Schnitzler*, Sohn von *A. Schnitzler*, Regisseur und Schauspieler (* 1902) *Wolfdietrich Schnurre* (* 1920) erhält Kölner Literaturpreis † *Karl H. Silex*, dt. Journalist, 1955–63 Chefredakteur der Zeitung „Der Tagesspiegel" in Berlin, Herausg. der	Frau in die Verfassung der USA Dt. Literatur-Archiv in Marbach erwirbt die Nachschrift von *Hegels* Vorlesung „Naturrecht und Staatswissenschaft" von 1817/18 Amnesty International (AI) stellt erdweit Verdreifachung politischer Morde in Jahresfrist fest. Amnesty International (AI) zählt für 1981 3278 Hinrichtungen im Iran Moskauer Helsinkigruppe für Menschenrechte mit der Frau des verbannten *A. Sacharow* löst sich unter dem Druck der Verfolgung auf Zahlreiche Tote und Verletzte bei religiösen Unruhen in Indien Indien plant ein Buddha-Museum in seinem Geburtsort in Nepal Es existieren etwa 14 000 internationale Organisationen (davon ca. 6000 seit 1945) In Israel werden Überreste von Gefallenen des Bar-Kochba-Aufstandes gegen die Römer in den Jahren 132–35 mit militäri-

zeigt, daß die Kunst neue Räume sucht

Freie Berliner Kunstausstellung zeigt in 62 Abteilungen ca. 3000 Kunstwerke von 840 Künstlern

„Stadt und Utopie" – Modelle idealer Gemeinschaften, Ausstellung in Berlin (W), arrangiert von *Lucie Schauer* (* 1926)

„Stadtpark-Parkstadt" Architekturausstellung der BRD in Berlin (O) und anderen DDR-Städten

Pergamonmuseum in Berlin (O) nach 80 Jahren vollendet. Der P.-Fries ist seit 1902 ausgestellt

Neubau des Leipziger Gewandhauses (Konzerthalle) eröffnet

9. DDR-Kunstausstellung in Dresden. Es überwiegen skeptische und bedrohliche Bilder

Museum in Israel sammelt und zeigt als einziges der Erde Kunst aus NS-Konzentrationslagern

Ausstellung israelischer Kunst in der Paulskirche in Frankfurt/M.

Europarat-Ausstellung in Lissabon: „Die portugiesischen Entdeckungen und das Europa der Renaissance"

„New York now" (Ausstellung in Hannover mit Werken von *Jonathan Borofsky* (* 1942),

sky (* 1889), Schauspielerin, Malerin und Ehefrau von *I. Strawinsky* (* 1889)

† *Lyane Synek*, österr. dramatische Sopranistin (* 1923)

Manfred Trojahn (* 1950): „La Folia" (Kompos. f. 2 Flügel, Urauff. bei den Festwochen Berlin [W])

Brigitta Trommler: „Riesenraus" (Ballett, Urauff. in München, Gastspiel in Mailand)

† *André Tschaikowsky*, Pianist internat. Bedeutung (* 1935 in Warschau)

† *Leonid Ujtossow*, sowjetischer Musiker (* 1895), gilt als Begr. des Jazz i. USSR

Andrew Lloyd Webber (* 1948): „Cats" (US-Musical, Urauff. in New York)

„Cats" und „Nine" stehen an der Spitze der erfolgreichen Musicals am Broadway in New York

Israelischer Rundfunk spielt *R. Wagner*, *R. Strauß* bleibt ausgeschlossen

Isang Yung: Violinkonzert (korean. Komp.

3000 km starken wachsenden Eisenkern, über dem flüssiges Eisen und der Erdmantel mit den Kontinenten durch Wärmeproduktion bewegt werden und zur Plattentektonik führen

Himalaya hebt sich bis zu einem cm pro Jahr. In 5000 m Höhe wurden fossile Urpferde (etwa 4 Mill. Jahre alt) gefunden

In Australien und in anderen Erdteilen wird vor dem Kambrium das Ediacarium entd., in dem vor 550–670 Mill. Jahren der Übergang von Einzellern zu skelettlosen Mehrzellern stattfand. (Es folgen mehrere Eiszeiten, die sich insges. über etwa 700 Mill. Jahre erstrecken)

≈ -200 Mill. beginnt Kontinentaldrift, als der ursprüngliche Kontinent „Pangäa" in bewegliche Platten zerfällt

NASA-Wissenschaftler in USA äußern die Vermutung, daß in der Antarktis gefundene Meteorite vor 180 Mill. Jahren vom Mars kamen

In Australien wird ein Quasar mit einer Rotverschiebung entd., die auf 18 Mrd. Lichtjahre Entfernung hinweist

1 Toter und 65 Verletzte bei polit. Demonstrationen in Buenos Aires

18 Tote durch Explosion in einem Bergwerk in Beuthen (Polen) (4. Unglück mit Todesopfern auf dieser Zeche in diesem Jahr, insges. 34 Tote)

Bei der Silvesterfeier auf dem Trafalgarsquare in London werden 2 Frauen zu Tode getrampelt

Gottfried Keller-Haus i. Kanton Zürich brennt nieder

In Paris erweist sich der Boden von Montmartre als instabil, so daß Einsturzgefahr besteht

Tiger in indischen Reservaten töteten seit 1979 154 Menschen

2 Frauen werden beim Besuch eines Safariparkes bei Lüttich von Löwen zerrissen, als eine baufällige Brücke einstürzt

VR China öffnet 26 Städte dem Tourismus

R. Fiennes (* 1944) und *Ch. Burton* (* 1942) aus Gr.-Brit., die seit 1979 in einer Transglobe-Tour die Kontinente der Erde (einschl. Polargebiete) durchwandern, erreichen Ostern Nordpol, von wo sie unter schwierigen Verhältnissen Spitzbergen zu erreichen suchen. Von dort Rückkehr mit Schiff geplant

Israelische Fluggesellschaft El Al löst sich auf (bestand 33 Jahre)

UN erklärt 1983 zum Weltfernmeldejahr

Moskau unterbricht zeitweise Telefonverbindungen ins westliche Ausland

Bei Essen entsteht am Baldeneysee ein Wanderweg, der durch einen in der Kohlezeit vor 300 Mill. Jahren entstandenen versteinerten Wald führt

Furka-Bahntunnel (15,38 km) eröffnet (Baubeg. 1973)

Senat von Berlin beschließt neue S-Bahn-Konzeption bis zum Jahr 2000 (DDR stellt S-Bahnverkehr in Berlin (W) weitgehend ein)

Travemünde entwickelt sich neben Kiel zu einem Zentrum der Ostsee-Fährschiffahrt (7. Fähranleger im Bau)

(1982)

Direktor eines Kernkraftwerkes wird im Baskenland ermordet (wahrscheinl. von der ETA)

In Spanien verurteilt Militärgericht die Rädelsführer des Putsches 1981 gegen Parlament und Regierung zu je 30 Jahren Haft, 2 Mitschuldige zu 6 Jahren, 11 Freisprüche, 5 Ausschlüsse aus der Armee

Spanien setzt Militär gegen ETA-Terroristen ein

† *Cedvet Sunay*, 1966–73 Staatspräsident der Türkei (* 1900)

Armenischer Anschlag auf Flughafen in Ankara fordert 10 Tote und etwa 67 Verletzte

Türkische Bevölkerung stimmt neuer begrenzt demokratischer Verfassung zu und wählt mit über 90% *K. Evren* (* 1918) zum Staatspräs., der 1980 den Militärputsch leitete

Genscher besucht als Außenmin. der neuen Koalition die Türkei und verspricht ihr Wirtschaftshilfe

Nakasone (* 1918, liberale Partei) wird als Nachfolger *Suzukis* (* 1911) japan. Min.-Präs.

USSR erhöht Zahl der SS 20-Raketen westlich des Ural auf 315 mit 945 Sprengköpfen

Breschnew schlägt USA das „Einfrieren" strategischer Waffen vor

Offensive der USSR-Truppen gegen Rebellen bei Kabul zeigt den zähen Widerstand Afghanistans gegen Invasion, die Ende 1979 begann

USSR verzichtet vor der UN-Abrüstungskonferenz der UN auf atomaren Erstschlag (bleibt ohne Antwort der USA)

UN-Generalsekretär *P. de Cuellar* besucht USSR

USSR organisiert Friedensmarsch von 300 Skandinavierinnen über Leningrad, Moskau, Minsk

† *Gubin*, hoher Militär der USSR, Befehlshaber der Streitkräfte in DDR (* 1922)

† *A. Smirnow*, Politiker der USSR, 1957–66 Botschafter in BRD (* 1909)

† *M. Suslow*, Politiker der USSR, seit der Stalinzeit in hohen Positionen, galt zuletzt als einflußreicher „Chefideologe" (* 1902)

† *W. I. Tschuikow*, Marschall der USSR, Sieger von Stalingrad 1943 (* 1900)

Zu Lenins 112. Geburtstag spricht im Moskauer Kreml KGB-Chef Jurij Andropow (* 1914). Wird als Zeichen seines hohen politischen Ranges gedeutet

Breschnew verkündet Moratorium in der Aufstellung von Mittelstreckenraketen westlich des Urals (bisher wurden 300 SS 20-Raketen mit je 3 atomaren Sprengköpfen installiert). Später erkennt der Westen, daß diese Ankündigung nicht realisiert wird

USA und USSR beginnen in Genf „Start" (strate-

„Dt. Kommentare 1949–56" (* 1896)

Georges Simenon (* 1903 in Lüttich): „Intime Memoiren" (schrieb seit 1920 etwa 200 Romane mit insges. ca. 300 Mill. Auflage)

Georges Simenon: „Anton und Julie" (Roman)

† *Herbert Gabriel Stagaard*, dt. Schriftsteller, der 1965 von der DDR nach Berlin (W) übersiedelte (* 1911)

Gertrude Stein (* 1874 in USA, † 1946 i. Paris): „Faust ou la Fête electrique"; europäische Erstauff. in Berlin (W)

Hörspielpreis der Kriegsblinden an *Peter Steinbach* (* 1941) für „Hell genug und trotzdem stockfinster" (um das Kriegsende im Westen)

Rudi Strahl (* 1931): „Vor aller Augen"; krit. Schauspiel über das Leben in d. DDR, Urauff. in Berlin (O)

Botho Strauß (* 1944): „Kaldewey Farce" (Schauspiel Urauff. i. Hamburg)

Erwin Strittmatter: „Wahre Geschichten aller Art"

schen Ehren beigesetzt

Jüdisches Museum in Eisenstadt/Österr. eröffnet

Über 70 % der Jugendlichen (16–23 Jahre) i. BRD stehen der parlamentarischen Demokratie skeptisch gegenüber

87. Dt. Katholikentag in Düsseldorf unter dem Motto: Kehrt um und glaubt – erneuert die Welt

Auf dem Dt. Katholikentag tritt die „Kirche von unten" als Opposition gegen die Amtskirche auf

Der Papst besucht Nigeria, Gabun und andere Staaten Afrikas

Der Papst besucht in „seelsorgerischer Absicht" die Kriegsgegner UK und Argentinien

Papst unternimmt 10-tägige Reise nach Spanien und Portugal

In Fatima/Portugal versucht am Jahrestag des Attentates auf den Papst ein Priester aus Spanien erneut ein Attentat auf den Papst

Papst erklärt das Jahr 1983 zum

Julian Schnabel u. and.)

Museum der naiven Malerei in Nizza eröffnet (1. Museum dieser Kunstrichtung in Frankr.)

„Paris 1960–80“ Ausstellung des Pariser Centre Pompidou in Wien

Troyes an der Seine eröffnet Museum für moderne Kunst (Stiftung des Industriellen-Ehepaars *Levy*)

BRD-Künstler auf der Biennale in Venedig

„Zeitgeist“, Kunstausstellung im *Martin Gropius*-Bau, Berlin. *Christos M. Joachimides* arrangiert 237 Werke von 45 Künstlern aus der heute wirkenden Generation

Computerverfahren macht übermalte Bilder sichtbar

Für 33 Mill. Dollar Kunstdiebstähle werden verübt (gilt nach Rauschgifthandel als einträglichstes Verbrechen)

≈ Kino- und Fernsehfilm trennt keine scharfe Grenze; ersterer nutzt die in großen Räumen mögliche Technik, letzterer ermöglicht Serien mit 10 und mehr Stunden Gesamtspielzeit

Oscar-Auszeichnung für die Filme: „Chariots of Fire“ (USA–Gr.Brit.) („Die Stunde des Siegers“ von *Hugh*

Urauff. in Frankfurt/Main)

Udo Zimmermann (* 1918, † 1970): „Die wundersame Schusterfrau“ (Oper nach G. Lorca, Urauff. i. Schwetzingen)

Johann-Sebastian-Bach-Preis an *Heinz Werner Zimmermann* für Sankt Thomas-Kantate

„Latin Jazz“ (Lateinamerikanischer Jazz in Berlin [W])

In den USA registriert man einen Rückgang des Interesses an Pop-Musik

"Neue Deutsche Welle" in der Pop-Musik

Schlager: „Polonäse Blankenese“. „Da-da-da“ (Neue Dt. Welle) „Dich zu lieben“

3. Frankfurter Musikmesse

"ars electronica" im Rahmen des internationalen *Bruckner*festes in Linz (u. a. Rauschen der kosmischen Radioquelle Cygnus A, „Stahloper“, sowie andere für Musik unkonventionelle Klangerlebnisse)

„Warschauer Herbst“ (internat. Festival für zeitgenössische Musik) fällt

Raumsonden zeigen 21–23 Saturnmonde und riesige Sturmwirbel

Planetenkonstellation am 10.3. auf einer Seite der Erde läßt Erdbeben auslösende Gezeitenwirkung erwarten (bleibt jedoch aus)

Programm zum gründlichen Studium (mit Raumsonden) des *Halley*schen Kometen 1986 wird internat. vorbereitet

Weiße Zwerge mit Heliumhülle als neue Klasse pulsierender Sterne in USA entdeckt

Auswertung der Quasardaten ergibt, daß vor 15 Mrd. Jahren die Quasare räumlich 1000mal dichter waren als heute

US-Weltraumfähre (Space Shuttle) „Columbia“ absolviert erfolgreich 3. Flug (8 Tage)

Richtfest für Radioteleskop im mm-Wellenbereich auf dem Pico de Veleta in Südspanien (Projekt IRAM)

Carl Zeiss, Oberkochen, übergibt der *Max-Planck-Ges.* 3,5 m Spiegelteleskop für Observatorium Calar Alto in Spanien

Max-Planck-Institut für Radioastronomie baut 30 m-Spiegel für 1–3 mm-Wellen in Spanien in (2000 m Höhe)

Kosmonauten der

Seit einem Jahrzehnt laufende Seerechtskonferenz beendet. Regelt die Nutzung der Meeresschätze einschl. Meeresbergbau. Dagegen stimmen: USA, BRD, 5 weitere EG-Staaten, Israel, Türkei, Venezuela. 3. Welt vorwiegend dafür

Große Teile der Erdbev. werden durch Fernsehen „Augenzeuge“ der Zerstörung Beiruts durch die Israelis

1970–80 stiegen die öffentlichen Zuwendungen für den öff. Nahverkehr i. BRD von 4,06 auf 11,2 Mrd. DM (+ 10,7 % / Jahr)

Personenverkehr i. BRD 586 Mrd.-Personen-km.
Davon

Private PKW	68,4%
Öff. Nahverkehr	12,9%
Eisenbahn	6,9%
Flugzeug	1,8%

Güterverkehr in BRD 245 Mrd. t km.
Davon

LKW-Fernverkehr	32,9%
Eisenbahn	25,6%
Binnenschiff.	14,9%
LKW-Nahverk.	17,5%
Pipelines	4,6%

Eisenerzförderung in Salzgitter/Niedersachsen zunächst eingestellt

Einmischung der USA in das Erdgasgeschäft EG-USSR wird von der EG kritisiert

Frankreich übernimmt die Uranlieferung für indischen Reaktor, die von USA 1974 eingestellt wurde

Bundestag hebt Zuschußsperre gegen „Schnellen Brüter“ in Kalkar auf

Energieverbrauch der Menschheit erreicht rd. 2,15 t SKE/Kopf = 9857 Mrd. t Steinkohleneinheiten insgesamt

Globale Erzeugung elektrischer Energie (Mrd. kWh)

1970	4954	100
1975	6495	130
1980	7927	160

(1970–80 + 4,8% / Jahr) (vgl. LiZ)

Mt SKE Energieverbrauch in BRD

1979	408
1980	390
1981	374
1982	363

(−4,0% / Jahr)

(1982)

gic Arms reduction talks)-Verhandlungen um Mittelstreckenraketen in Europa

USSR bietet an, 600 Mittelstreckenraketen SS 20 auf 250 zu vermindern, wenn die NATO auf Nachrüstung verzichtet

† *Leonid Breschnew*, KP-Parteichef und Staatsoberhaupt der USSR seit 1946 bzw. 1977 (* 1906), erklärte 1968 die B-Doktrin

Bundespräs. *Carstens* und Außenmin. *Genscher* vertreten BRD bei der Beisetzung von *L. Breschnew*

Jurij Andropow (* 1914) wird als Nachfolger von L. Beschnew Vors. der KPSU, nicht aber Staatspräs.

Der kontinuierliche Widerstand in Polen gegen das Militärregime schwächt den Warschauer Pakt. Dazu kommt die wirtschaftliche und politische Unsicherheit

Nach dem angeblichen Selbstmord von Reg. Chef *Mehmet Shuhu* (* 1913) in Albanien entmachtet *Enver Hodscha* (* 1908) dessen Anhänger

† *Richard Staimer* (in Berlin [0]), Altkommunist und Spanienkämpfer (* 1907)

Milka Planinc wird als Nachfolger Titos jugoslaw. Reg. Chefin (* 1924)

Olzowski, seit 1980 Sekretär des ZK in Polen, tritt zurück (bleibt im ZK)

Stefan Olzowski (* 1931) wird poln. Außenmin.

† *W. Gomulka*, poln. Politiker, 1956–60 1. Sekr. des ZK der vereinigten Arbeiterpartei (* 1905)

Polemik zwischen KPSU und KPF wegen Polen-Politik

Zahlreiche Gegner des Militärregimes werden in Polen interniert

Poln. Militärregierung scheitert an der Aufgabe, Dialog zwischen Bevölkerung, Kirche und Gewerkschaft zu schaffen. Immer wieder kommt es zu oppositionellen Demonstrationen, bes. an Gedenktagen früherer Unruhen

Nach 6 Monaten wird das Kriegsrecht in Polen etwas gelockert

Der Primas von Polen Erzbischof *Glemp* fordert von Militärregierung die Freilassung von *Lech Walesa*

Militärregime verschiebt erneute Einladung des Papstes auf 1983

Massendemonstrationen in Polen am 1. Mai für verbotene Gewerkschaft „Solidarität" und ihren internierten Anführer *Lech Walesa*

Das polnische Parlament (Sejm) löst die unabhängige Gewerkschaft „Solidarität" von 1980 auf

Unruhen in Danzig und Warschau am Jahrestag der Gründung der „Solidarität" in Danzig

George Tabori (* 1914 i. Budapest): „Das Jubiläum" (Bühnenstück, Urauff. in Bochum)

† *Gabriele Tergit*, i. London, dt. Schriftstellerin, schrieb „Die Effingers" (* 1894)

† *Hermann Thimig*, dt. Regisseur und Schauspieler (* 1890), 33 Jahre am Burgtheater in Wien

† *Fritz Usinger*, 1946 erster *Büchner*-Preisträger, Lyriker und Übers. frz. Lyrik (* 1895)

Martin Walser: „In Goethes Hand" (Schauspiel um *Eckermann*)

Martin Walser: „Briefe an Lord Liszt" (Roman)

Peter Weiss (* 1916): „Der neue Prozeß" (Bühnenstück in Anlehnung an *Kafka*, Urauff. in Stockholm)

Peter Weiss erhält den *Georg-Büchner*-Preis

† *Peter Weiss*, Schriftsteller dt. Herkunft, seit 1939 in Schweden, schrieb 1964 „Die Verfolgung und Ermordung des Jean Paul Marat" (* 1916)

In Ergänzung zu Bestsellerlisten nennt eine Kriti-

„Heiligen Jahr", in dem sich der Tod Jesu zum 1950. mal jährt

Katholische Kirche verurteilt Befruchtung des menschlichen Eies in der Retorte, tauft aber das erste Retortenbaby in der BRD

„Samenbank-Kinder" (vgl. W) werfen neue ernste Probleme für Verantwortung und die Zukunft der Menschheit auf

Schweden, Norwegen und Dänemark nehmen die 1517 unterbrochenen Beziehungen zum Vatikan wieder auf

DDR verfolgt die von der Kirche unterstützte Friedensbewegung „Schwerter zu Pflugscharen" (obwohl die USSR der UN eine Plastik mit einer entsprechenden Darstellung schenkte)

Weltfrieden-Kirchenkonferenz in Moskau zeigt deutlich antiwestliche Tendenz

Konferenz der EG-Kulturminister in Neapel

UN-Konferenz über Kulturpolitik mit 20 Staaten in Mexico City

Hudson) ferner „Mephisto" (BRD), „Der Mann aus Eisen" von *A. Wajda* (* 1926 i. Polen)

Bundesfilmpreise an „Das Boot" von *Wolfgang Petersen* nach *L. G. Buchheim* und an „Der Zauberberg" von *Hans W. Geissendörfer* nach *Th. Mann*

BRD vergibt Filmprämien für „Die bleierne Zeit" von *Margarethe von Trotta* „Das Boot" von *Wolfgang Petersen* „Fitzcarraldo" von *Werner Herzog* „Das letzte Loch" von *Herbert Achternbusch* (* 1938) „Lola" von *R. W. Faßbinder* (* 1946, † 1982) (insges. 2,4 Mill. DM Prämien)

„Fünf letzte Tage" (Film von *Percy Adlon* um die von den Nazis hingerichtete *Sophie Scholl* wird in Venedig preisgekrönt)

„Ghandi" (brit. Film von *R. Attenboroughs* (* 1923) über den ind. Politiker. Erhält 8 Oscars)

„Golda Meir" (Fernsehfilm über israel. Politikerin, mit letzter Filmrolle von *Ingrid Bergman* (* 1915, † 1982))

„Die Nacht ist kurz" (russ. Film von *M. Belikow* erhält den Filmpreis von Mannheim)

unter dem Kriegsrecht erstmals seit 1956 aus

„Wittener Tage" für neue Kammermusik

In Bologna werden 2 Orgeln von 1475 und 1596 restauriert

Europäisches Parlament der 10 EG-Staaten erklärt 1985 zum Europäischen Jahr der Musik (300. Geburtstag von *G. F. Händel, J. S. Bach* und *Domenico Scarlatti*)

USSR landen nach Rekordaufenthalt im Weltraum von 211 Tagen. Sie überschreiten damit den bisherigen Rekord von 1980 mit 184 Tagen, 20 Std. u. 12 Min.

Raumsonden entdecken röntgenaktive Galaxien mit nur 1,5 Lichtminuten Durchmesser

Swetlana Sawizkaja (* 1948 i. USSR) USSR-Kosmonautin als 2. Frau im Raum

USSR erprobt kleine Raumfähre „Kosmoljot" als Versorgungsfahrzeug für Raumstationen

2 Kosmonauten der USSR starten zur Raumstation „Saljut 7", die einen Monat früher gestartet wurde

USSR startet erstmalig in der Geschichte der Raumfahrt Erdsatellit von Raumstation „Saljut 7" aus

Weiche Landung von 2 Sonden der USSR auf der Venus, die 127 bzw. 57 min Daten senden

Die beiden Viking-Marssonden der USA von 1976 liefern 55000 Bilder

10 Jahre nach dem Start ist die US-Raumsonde „Pionier 10" in über 4,6 Mrd. km Entfernung noch funktionsfähig

Nachrichtensatellit vom Typ Intelsat

Patentanmeldungen

	1978	1981
Dt. PA	58 492	49 002
Eur. PA	3825	25 000

Satellitenphotos zeigen in der Sahara verwehte Flußläufe (frühere Besiedlung vermutet)

UNO-Umweltorganisation UNEP in Nairobi besteht 10 Jahre. Zeitigt kaum Erfolge

Jährlich werden 11,4 Mill. ha tropischer Regenwald gerodet (21,2 ha/min)

World Wildlife Fund erklärt Orang Utan durch Vernichtung tropischer Regenwälder für bedroht

Etwa 8 % des Waldbestandes der BRD erscheinen durch „Sauren Regen" durch SO_2-Abgase gefährdet

In Städten der BRD sind etwa 50 % der Bäume erheblich geschädigt (100-150 Tausend gehen jährlich ein)

Experten ermitteln, daß Österreichs Trinkwasser weithin mit Perchloräthylen verseucht ist

Öffentliche Ausgaben für Umweltschutz in BRD steigen 1975–79 von 1,9 auf 2,75 Mrd. DM (+ 9,7 % / Jahr)

Schwere Auseinandersetzungen um den Ausbau des Flughafens Frankfurt/Main

Wilddiebe erlegen in Sambia 50 000 Elefanten und 6000 Nashörner

Die Zahl der Tiger in Indien nimmt wieder zu (auf ca. 3000). Bisher vom Aussterben bedroht

33 % der möglichen Welternten gehen durch Schädlinge verloren

Pflanzenschutzmittel Lindan (CHC) erweist sich als Ersatz für DDT als nicht unbedenklich

WHO tritt für Ausbau der umweltfreundlichen Kernkraft ein

Forscher in den USA vermuten verheerende radioaktive Verseuchung in Teilen der USSR durch Fahrlässigkeit und Unerfahrenheit

Jährlich 1500 t Hundekot in Düsseldorf

Mehrere Giftfunde aus der Produktion f. d. 2. Weltkrieg i. BRD (teilweise durch Kinder)

(1982)	Poln. unabh. Gewerkschaft „Solidarität“ (gegr. 1980) hat etwa 10 Mill. Mitglieder, als sie von der Militärregierung aufgelöst wird Die Zahl der Mitglieder der VPAP (KP Polens) halbierte sich seit August 1980 Heftige Unruhen in Polen nach Verbot der unabhängigen Gewerkschaft „Solidarität“ Der polnische Arbeiterführer *Lech Walesa* kehrt nach 11 Monaten Haft siegesgewiß zu seiner Familie zurück Polen suspendiert nach einem Jahr teilweise das Kriegsrecht, hält aber seine Reaktivierung offen Polnische Militärregierung läßt um Weihnachten unter Kriegsrecht Inhaftierte frei, läßt aber 7 Solidaritätsführer strafrechtlich verhaften *Ceausescu* stellt die Zahlungsunfähigkeit Rumäniens fest Im Zuge der Erfüllung des Camp David-Abkommens von 1978 übergibt Israel den Ägyptern die Sinai-Halbinsel trotz ihres hohen strategischen Wertes u. trotz des Widerstandes israelischer Siedler Nach dem Mord an seinem Botschafter in London marschiert Israel im Libanon ein („Frieden für Galiläa“) und kann die PLO mit Führung in W-Beirut einschließen. Diese entgeht ihrer Vernichtung durch den Abzugsplan von *Habib,* durch den die USA vermittelt. Die Stützpunkte der PLO im Südlibanon werden zerstört Demonstrationen gegen *Begins* Libanon-Politik in Jerusalem. Namhafte Israelis veröffentlichen Protest gegen Angriff auf Libanon Beim Angriff Israels auf den Libanon bewähren sich modernste westliche Waffen. Solche der USSR werden erbeutet † *Nahum Goldmann,* führender Zionist, begr. 1936 World Jewish Congress und vereinbarte mit *Adenauer* dt.-jüdische Versöhnung (* 1895 i. Polen) Israel bietet den in Beirut eingeschlossenen Streitkräften der PLO bei Kapitulation freien Abzug an, PLO verläßt Beirut nach 10 Jahren Herrschaft im Libanon Mehrere arabische Staaten lehnen Aufnahme der von Israelis in Beirut eingeschlossenen PLO-Freischärler nach ihrem Abzug ab Frz., US- und ital. Truppen überwachen den Abzug der PLO, den *P. Habib* (USA) ausgehandelt hat Blutiges Massaker christl. Milizen in palästinensischen Flüchtlingslagern in Beirut unter den Augen der Israelis mit wahrscheinlich über 1000 Toten belastet die Politik Israels und löst erdweite Proteste aus (auch in Israel)	kerjury hervorragende dt.-sprachige Bücher. Darunter: *Birgitta Arens* (* 1948): „Katzengold“ *John Berger* (* 1926): „Sau-Erde“ *Thomas Bernhard* (* 1931): „Beton“ (Erz.) *W. Hildesheimer* (* 1916): „Marbot“ (Biogr.) *Sarah Kirsch* (* 1935): „Erdreich“ (Gedichte) *F. Fühmann* (* 1922): „Der Sturz des Engels“ *Paul Nizo* (* 1929): „Jahr der Liebe“ *Botho Strauß* (* 1944): „Paare Passanten“ *Gabriele Wohmann*: „Einsamkeit“ (Erzählungen) *Peter Paul Zahl* (* 1944): „Johann Elser“ (Bühnenstück um den Bombenleger von 1939 gegen Hitler, Urauff. in Bochum) 47260 neue Büchertitel erscheinen i. d. BRD Monatszeitschrift „Merkur“ (gegr. 1946) erscheint nur noch 8mal im Jahr Über 6 Schriftsteller aus der DDR verlassen Dt. Schriftstellerverband (VS) i. BRD (Präs. *Engelmann*) wegen	Frankreich greift auf der UN-Kulturkonferenz den „Kulturimperialismus“ der USA an Weltkulturkonferenz in Mexiko endet mit Forderung nach gleichberechtigten Kulturen ohne Überfremdung durch „Kultur-Imperialismus“ Kulturgüter im Libanon vom Krieg mit Israel stark betroffen DDR stellt das Lutherjahr unter das Motto: „Die Bedeutung *Luthers* für den gesellschaftlichen Umwälzungsprozeß am Anfang des 16. Jh.“ 805 Museen i. d. BRD erreichen über 35 Mill. Besucher pro Jahr Über 100 000 Polen pilgern aus ganz Polen nach Tschenstochau zur 600-Jahrfeier der „Schwarzen Madonna“ als National-Heiliger. Dieser Marsch hat den Charakter eines Protestes gegen das Kriegsrecht seit dem 13.12. 1981 Das Militärregime in Polen entläßt verhaftete Künstler Etwa 20 000 Polen geben demonstrativ

† *Ingrid Bergman*, schwed. Filmschauspielerin (1960: „Lieben Sie Brahms?“) (* 1915)

† *Ludwig Cremer*, dt. Filmregisseur (* 1909)

† *Marcel Camus*, frz. Filmregisseur, schuf 1959 „Orpheo negro“ (* 1912)

† *Hans Cürlis*, Pionier des dt. Kulturfilms, der seit 1919 über 400 Filme drehte (* 1889)

„Querelle“ (letzter Film von *R. W. Faßbinder* nach *Jean Genet*)

† *Rainer Werner Faßbinder*, dt. Filmregisseur, der 41 Filme drehte (* 1946)

† *Henry Fonda*, US-Filmschauspieler (1957: „Die 12 Geschworenen“) (* 1905)

† *Jean Girault*, frz. Filmregisseur (* 1924)

† *Gunter Groll*, Film- u. Theater-Kritiker (* 1914)

† *Hugh Harman*, Zeichentrickfilmer, Schöpfer der Figuren Tom und Jerry, Mitarbeiter von *Walt Disney* (* 1903 i. USA)

† *Ulla Jacobsen*, schwed. Filmschauspielerin (1951: „Sie tanzte nur einen Sommer“) (* 1929)

„Clara S.“ (Film um *Clara Schumann* von *Elfriede Jelinek)*

VI in der Entwicklung (ab 1986 für 33 000 Telefongespräche und 4 Fernsehprogramme)

Europäische Raumsonde COS B registrierte 1975–82 kosmische Gammastrahlung, die ein spezifisches Milchstraßenbild ergibt

Raumfahrtsonden erbringen Hinweise auf einen 10. Planeten in unserem Sonnensystem

Europarakete der ESA „Ariane“ stürzt bei dem Versuch ab, 2 Satelliten in Umlaufbahn zu bringen

Wiener Konferenz über Nutzung des Weltraums wendet sich gegen Rüstungswettlauf im Weltraum

Jährliche Ausgaben für Raumfahrt
USSR etwa 18 Mrd. Dollar
USA etwa 15 Mrd. Dollar

Cole-Hamilton u. *Rodney Jones* in Liverpool finden neues Verfahren, Wasser in Wasserstoff und Sauerstoff zu spalten

Christofer Leygraf entw. in USA preiswerte Zellen zur Herstellung von Wasserstoff als Energiequelle

† *Wladimir Zworykin*, erfand 1925 in USA das Ikonoskop als Grundlage des elektronischen Fernsehens (* 1889 i. Russl.)

Internationale Walfangkommission beschließt gegen Einspruch der Japaner ab 1985 Fangverbot für 3 Jahre

Noch etwa 25 000 Pygmäen in Ost-Zaire (~ 1700 ca. 500 000)

In Gr.-Brit. herrscht 1981/82 der strengste Winter seit 100 Jahren

Ungewöhnlich heißer und trockener Sommer in Mitteleuropa

Seit 1882 stieg der Meeresspiegel um 12 cm an

Die Dürre, die in der Sahelzone seit 14 Jahren herrscht, ist die längste registrierte Dürreperiode

Das lungengefährdende Asbest wird durch sichere Werkstoffe ersetzt (in BRD handelt es sich um eine Branche mit einem Verbrauch von 154 000 t)

Die Studie „Global 2000“ sagt bis 2000 ein Wachstum der Erdbevölkerung von 1,8 % / Jahr auf 6,35 Mrd. voraus, davon 79,2 % in Entw. Ländern

UN rechnet im Jahr 2000 mit 6,1 Mrd. Erdbev. und Rückgang des Wachstums von 1,72 % auf 1,5 %

Mit 74,1 Jahren erreicht Lebenserwartung bei Geburt in USA einen Höhepunkt

Motto des Weltgesundheitstages: „Älter werden, aktiv bleiben“

Krankheitskosten in BRD:
1970 70,3 Mrd. DM
1980 200,5 Mrd. DM
(+ 11 % / Jahr)
davon 1980 (Krankenhaus + 21 %, Kuren 3,3 %, Ärzte 10 %, Zahnersatz 5,3 %, Lohnfortzahlung 13,6 %, Rehabilitierung 2,3 %, Renten 9,0 %, Vorbeugung 6,0 %)

Klinikum der TU Aachen eröffnet (1585 Betten, Baukosten 1,7 - 2 Mrd. DM, Folgekosten jährlich 600 - 700 Mill. DM)

Das Arzneimittelgesetz d. BRD von 1978 wird in öffentlicher Anhörung als unvollkommen und gefährlich bezeichnet

91 Meldungen in BRD über Schäden durch ein Rheumamittel (seit der Contergankatastrophe seit ~ 1960 finden schädliche medikamentöse Nebenwirkungen verstärkt Beachtung)

(1982)

Regierung und Parlament in Israel decken Palästinenserpolitik trotz Massaker in Beirut

Nach dem Massaker in Beirut kehrt die Internationale Streitmacht von USA, Frankr. u. Ital. i. d. Libanon zurück, um die Bev. zu schützen

Internationaler Druck veranlaßt *Begin*, einer Untersuchung der Massaker in Beirut zuzustimmen. Sie führt zum Rücktritt des israel. Verteidigungsministers *Scharon* (* 1928)

Nach dem Sieg über PLO in Beirut fordert US-Präsident von Israel Verzicht auf Siedlung in besetzten Gebieten. Israel lehnt ab

Israelisch-libanesische Gespräche über Normalisierung einschl. Truppenabzug

Schwerste Bombardierung Beiruts stört die USA-Vermittlung durch *P.Habib*. USA tadeln Israel u. erzwingen Waffenstillstand

Arabische Konferenz von Fes mit PLO-Führer *Arafat* sieht eine indirekte Anerkennung des Staates Israel vor. Israel lehnt die Lösung ab

Garnisonschef von Kabul/Afghanistan erschossen aufgefunden

Kommunist. Staats- und Parteichef *B.Karmal* (* 1929) v. Afghanistan besucht DDR und schließt Freundschaftsvertrag

Mubarak übergibt Amt des ägypt. Min. Präs. an *Fuad Mohieddin* (* 1936)

† Algerischer Außenminister *Mohammed Benyahia* durch Flugzeugabsturz (* 1932). Galt als Politiker des Ausgleichs und der Vermittlung

In Bangladesh setzt Armeechef Generalleutnant *Ershad* (* 1930) den Staatspräs. *Abdus Sattar* (* 1907) wegen „Unfähigkeit“ ab

† *S. Gotzbadehn* (hingerichtet), 1979–80 iran. Außenminister, Schützling von Khomeini (* 1935)

Seit dem Sturz von *Bani Sadr* gibt es im Iran 25–30 000 politische Gefangene, die auch gefoltert werden

Iran gibt die Rückeroberung der Hafenstadt Chorrammschar bekannt, die seit 20 Monaten im Golfkrieg vom Irak besetzt war

Bombenanschlag auf frz. Botschaft in Beirut: 10 Tote und 27 Verletzte

Dschemirel, Führer der christl. Milizen (* 1947), gegen muslimische Stimmen im 2. Wahlgang zum Staatspräs. des Libanon gewählt

Bombenanschlag auf das Haus der Falangepartei tötet den Staatschef des Libanon *Dschemirel* (* 1947) und weitere 20 zwischen Wahl und Amtsantritt. Nachfolger wird sein Bruder *Amin* (* 1942)

Ghadaffi (* 1942), Staatspräs. von Libyen, besucht Österreich (*Kreisky*)

„Wende in der Deutschlandpolitik“

„Interlit“ (Internat. Schriftstellerkongreß i. Köln)

Theater „Old Vic“ in London (gegr. 1881) an einen Kanadier verkauft. Direktorin war seit 1898 *Lilian Baylis* (*1874, †1937)

„Pestspiel“ in Oberammergau als Auftakt zum 350. Jahrestag 1983 der Passionsspiele

Theaterkritiker sagen dem Theater der 70er Jahre Leitbilder nach „Schlachthaus“, „Zirkus“, „Endspiel“; *F. Luft* (* 1911) spricht vom „schmutzigen Theater“

„Wider den deutschen Theatertod“ (Diskussion in Berlin (W) angesichts knapper Finanzen)

Dramaturgentagung in Berlin (W) diskutiert Krise des Theaters

Lateinamerikanisches Theater beim Steirischen Herbst in Graz

Kürzung öffentlicher Mittel bedroht Bibliotheksbestände i. d. BRD

Thema der Frankfurter Buchmesse: „Religion“

einem bei Krakau von der Polizei Erschossenen das letzte Geleit

Hirtenbrief polnischer Bischöfe fordert vom Militärregime Wiederherstellung der Freiheit

Die Abenteuer des Anselm Wüßtegern (Physik in Comicsform)

Internationales Presseinstitut in London sieht im Jahresbericht Pressefreiheit in aller Welt bedroht

In BRD werden etwa 200 „Psychosekten“ registriert, die bedenklichen und unheilvollen Einfluß auf die Jugend haben

Rom plant, die Aurelianische Mauer aus dem 3. Jh. zu restaurieren

36. Ruhrfestspiele in Recklinghausen unter dem Motto „Frieden, Abrüstung, Entspannung“

Schweizer stimmen im Referendum für Strafrechtsverschärfung und gegen liberales Ausländergesetz

BRD stellt finanzielle Förderung der Studenten auf später rückzahlbare Darlehen (bisher BaföG) um

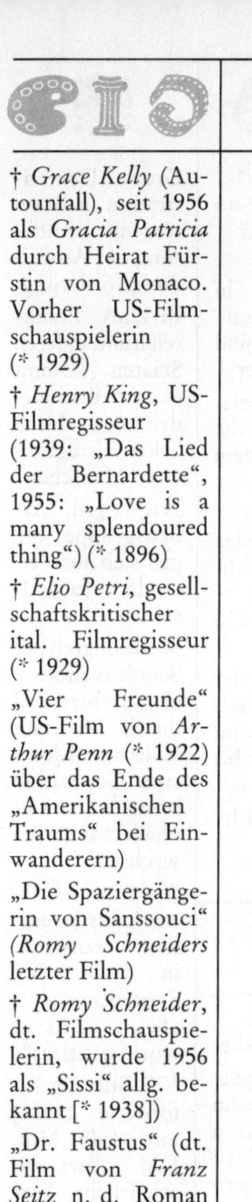

† *Grace Kelly* (Autounfall), seit 1956 als *Gracia Patricia* durch Heirat Fürstin von Monaco. Vorher US-Filmschauspielerin (* 1929)

† *Henry King*, US-Filmregisseur (1939: „Das Lied der Bernardette", 1955: „Love is a many splendoured thing") (* 1896)

† *Elio Petri*, gesellschaftskritischer ital. Filmregisseur (* 1929)

„Vier Freunde" (US-Film von *Arthur Penn* (* 1922) über das Ende des „Amerikanischen Traums" bei Einwanderern)

„Die Spaziergängerin von Sanssouci" *(Romy Schneiders* letzter Film)

† *Romy Schneider*, dt. Filmschauspielerin, wurde 1956 als „Sissi" allg. bekannt [* 1938])

„Dr. Faustus" (dt. Film von *Franz Seitz* n. d. Roman v. Thomas Mann)

„Elektra" (Verfilmung der Oper von *R. Strauß* mit *Karl Böhm* [† 1981] als Dirigent. Regie: *Götz Friedrich*, Urauff. i. Berlin [W])

BRD ist in Cannes mit dem Film „Parsifal" von *Hans Jürgen Syberberg* (* 1935) vertreten

† *Jacques Tati* frz. Filmregisseur und -Schauspieler (* 1908)

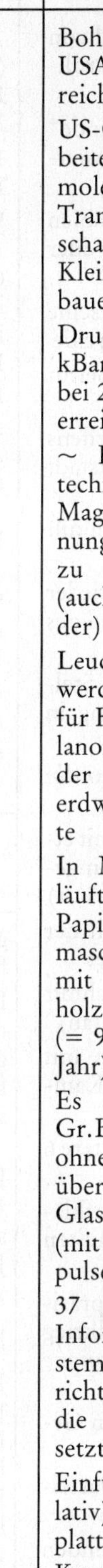

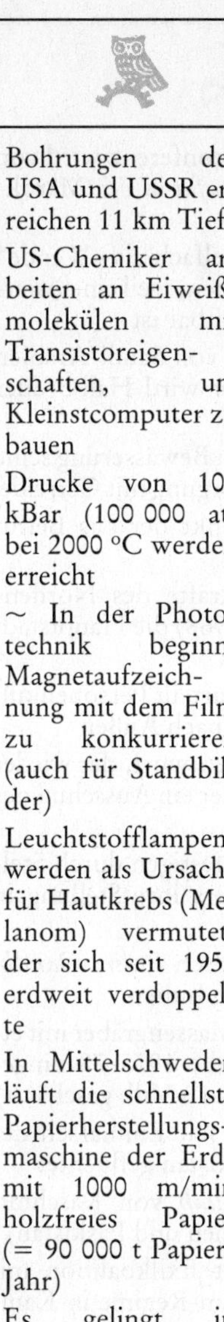

Bohrungen der USA und USSR erreichen 11 km Tiefe

US-Chemiker arbeiten an Eiweißmolekülen mit Transistoreigenschaften, um Kleinstcomputer zu bauen

Drucke von 100 kBar (100 000 at) bei 2000 °C werden erreicht

~ In der Phototechnik beginnt Magnetaufzeichnung mit dem Film zu konkurrieren (auch für Standbilder)

Leuchtstofflampen werden als Ursache für Hautkrebs (Melanom) vermutet, der sich seit 1952 erdweit verdoppelte

In Mittelschweden läuft die schnellste Papierherstellungsmaschine der Erde mit 1000 m/min holzfreies Papier (= 90 000 t Papier/Jahr)

Es gelingt in Gr.Brit., Signale ohne Verstärkung über 100 km in Glasfaser zu senden (mit 140 Mill. Impulsen/Sek.)

37 Länder bilden Informationssystem, das Nachrichtensatelliten für die Schiffahrt einsetzt

Einführung der (relativ) billigen Videoplatte in BRD

Kunstfaser Dolan dient als Ersatz für

Veröffentlichung der Drogenstatistik BRD 1980:

Drogenabhängige	50–60 000
Drogentote	494
Drogendelikte	62 395
Verurteilungen	14 786

(60 % Freiheits-, 40 % Geldstrafen)

Rauschgifttote in BRD

1979	623
1980	494
1981	369

Malaria wird mit jährlich 100 - 200 Mill. Neuerkrankungen als „Weltseuche Nr. 1" bezeichnet (i. BRD erkrankten 1971–80 2044 Personen, meist nach Reisen)

WHO veröffentlicht für 1980 505 Pestfälle (1979: 881) und 56 Pesttote (1979: 30), vorwiegend in Asien

Mehr als 1800 Tote durch Cholera in Bangla Desh

WHO: jährlich erkranken 3 Mill. Menschen an Tuberkulose

In BRD sterben jährlich 4 von 100 000 an Tuberkulose (erdweit 680 von 100 000)

China und Indien stellen Pflichtimpfung gegen Pocken ein

Jährlich sterben erdweit ca. 17 Mill. Kinder an Unterernährung

Mit 9,5 / 1000 hat die BRD die niedrigste Geburtenrate der Erde (Afrika 46 / 1000)

Durch neues Verfahren kann Schwangerschaft schon 1 - 3 Tage nach Ausbleiben der Regelblutung festgestellt werden

Fast 20 000 Spanier erkranken (teilweise lebensgefährlich) an durch Zusätze verdorbenem Speiseöl

In der Schweiz verursachen 2,5 % der Bevölkerung als Alkoholiker 1,5 Mrd. Franken Kosten im Jahr

In München werden in fast 17-stündiger Operation 2 1/2 Jahre alte siamesische Zwillinge getrennt, deren Eltern Deutsche sind

In BRD gibt es jährlich 40 Operationen am offenen Herzen / Mill. Einw. (in westlichen Industrieländern werden 400 Operationen / Mill. Einw. für notwendig gehalten)

Franz Beckenbauer („Kaiser Franz")

(1982)

1981 vertagte arabische Gipfelkonferenz wird von 15 Staaten mit PLO-Führer *Arafat* in Fes/Marokko fortgesetzt

Arab. Charta von Fes wird vielfach als „Wende“ im Nah-Ost-Konflikt empfunden, weil eine Anerkennung des Staates Israel ableitbar ist

† *Chalid Bin Abdul Asis*, Kg. von Saudi-Arabien seit 1975 (* 1913). Nachfolger wird Halbbruder *Fahd Bin Abdul Asis* (* 1922)

Saudi Arabien entwickelt durch Bewässerung seine Landwirtschaft zur Selbstversorgung mit Getreide

Tunesien wird neuer Stützpunkt der aus Beirut vertriebenen PLO

Arabisch-moslemische Streitkräfte des Nordens erobern im Bürgerkrieg (seit 1968) die Hauptstadt des Tschad N'Djamena zurück

12. Parteitag der KP China verurteilt Personenkult und bestätigt Öffnung Chinas nach Außen

VR China veröff. Verfassungsentwurf, der wieder einen Staatspräs. vorsieht (bisher ein Ausschuß des Nationalen Volkskongresses)

Die Anhänger *Tengs* (* 1904) festigen durch Stellung des Verteidigungsministers ihre Stellung in VR China

Zail Singh, (* 1916), der politisch *Indira Gandhi* nahesteht, wird Staatspräs. von Indien

In Kambodscha werden 2000 Massengräber mit etwa 54 000 Toten gefunden, die 1975–78 umgebracht wurden (Gesamtopfer auf 3 Mill. geschätzt)

Ca. 4,2 Mill. Afghanen sind seit Einmarsch der USSR 1980 vor allem nach Pakistan geflüchtet

† Scheich *Mohammed Abdullah* von Kaschmir (* 1907) (Gebiet zwischen Indien und Paskistan)

Prinz *Sihanuk* (* 1922) führt Exilkoalition mit „Roten Khmer“ gegen Vietnam-Regime in Kambodscha

J.R.Jaywardene (* 1906, konservativ) für weitere 6 Jahre zum Präs. Sri Lankas gewählt

Menschenrechtsorganisationen fordern Aufklärung über den Verbleib von über 90 000 Vermißten in Latein-Amerika

General *L.F. Galtieri* (* 1926), argent. Staatspräsident seit 1981, tritt nach verlorenem Falklandkrieg zurück. Nachfolger wird General *R. Bignone* (* 1928)

In Argentinien rufen die Gewerkschaften den Generalstreik aus

Argentinische Militärregierung läßt wieder Parteien zu, die seit 1976 verboten waren

Blutige Zusammenstöße zwischen Streikenden und Polizei in Ecuador

Bürgerkrieg in Guatemala fordert in 3 Monaten an die 2000 Tote

„Weltliteratur“ (Ausstellung im Literaturarchiv Marbach)

15 % aller in BRD erschienenen Bücher sind Taschenbücher

66 % aller Übers. ins Deutsche kommen aus dem Englischen

Faksimile-Ausgabe des Codex aureus von Echternach (von ~ 1040) für 14 500 DM

„Die Geburt der Schrift“ (Ausstellung in Paris im Rückblick bis ≈ -3000)

44 % i. BRD lesen täglich in einem Buch

gesundheitsgefährdenden Asbest

In USA gelingt es, die Plasma-Bedingungen für Kernfusion auf 5/100 sek. zu verlängern

~ Technische Energiegewinnung aus Kernfusion wird in etwa 50 Jahren erwartet

Für die Reaktoren „Schneller Brüter“ b. Kalkar und Hochtemperatur-Reaktor bei Hamm-Schmehausen besteht eine Finanzierungslücke von 4 Mrd. DM (dennoch wird ihre Fertigstellung angestrebt)

Große Demonstration in Bonn wegen Änderung der Ausbildungsförderung

In USA, Frankreich und anderen Staaten kommt es zu Selbstmorden von durch Sekten irregeleiteten Menschen

NRW grd. Arbeitsgruppe gegen sich ausbreitende Jugendsekten

Weltkongreß der Schulpsychologen fürchtet, daß durch TV und Videorekorder eine Generation brutaler Analphabeten heranwächst

Weizmann-Institut aus Jerusalem veranstaltet in Berlin (W) Symposion „Science in a world of crises“

VW-Stiftung förderte (1981) mit 150 Mill. DM wissenschaftliche Forschung

Griechenland liberalisiert die Zensur

Ein Gerichtsurteil in USA wendet sich gegen Lehre des Darwinismus in der Schule

(bekannt als Figur des Ms. Hulot)

„Die Frau von nebenan" (frz. Film von *François Truffaut* (* 1932))

„Die weiße Rose" (dt. Film von *Michael Verhoeven* [* 1901]um die Geschwister *Scholl*, die als NS-Gegner hingerichtet wurden)

† *King Vidor*, US-Filmregisseur (* 1896)

† *Konrad Wolf*, Filmregisseur i. d. DDR (* 1925) studierte bis 1954 an der Moskauer Filmakademie, drehte „Der geteilte Himmel" (1958)

Im 1. Quartal in Frankreich 15 % mehr Kinobesucher gegenüber Vorjahr

„Dallas", Fernsehfilmserie über das Leben in USA im Fernsehen der BRD

Filmlexikon über 18 500 Filme von 1959–70 erscheint

50 Jahre Film-Biennale in Venedig, erstmals mit DDR

Goldener Bär der Filmfestspiele Berlin an die „Sehnsucht der Veronika Voss" von *R. W. Faßbinder*

Das 35. internat. Filmfestival in Locarno vergibt keine Preise (Leoparden)

114 Beiträge auf den Kurzfilmtagen in Oberhausen. Großer Preis an „Mutter Erde" (USSR)

Schneller Brutreaktor „Phenix" in Frankr. nach zwei technischen Pannen abgeschaltet

Uranreserven von 5 Mt sichern Bedarfsdeckung über das Jahr 2015 hinaus

VR China baut eigene Kernkraftwerke

„Energie aus Biomasse" (Kongreß mit 500 Experten in Berlin [W])

Der 1960–71 von USSR erbaute Assuan-Staudamm i. Ägypten wird von einem ägyptischen Forscher als Fehlplanung bezeichnet, dessen Abriß erwogen werden sollte

Brasilien und Paraguay weihen größtes Wasserkraftwerk der Erde ein (25 Mrd. kWh)

440 km lange Kohlenstaubpipeline in USA

Ölförderplattform von 270 m Höhe (816 t) in der Nordsee installiert

Aufwindkraftwerkturm in Spanien verwandelt Sonnen- i. elektrische Energie

Solarenergie-Anlage auf der Zugspitze für Richtfunk der Bundespost in Betrieb

† *Philipp Handler*, seit 1971 Präsident der National Academy of Science (USA), erforschte als Wissenschaftler Stoffwechselvorgänge (* 1901)

Schädelfund „Dame von Kelsterbach" (am Main) erweist sich als 4–6000 Jahre älter als typischer Neandertaler

Suche nach dem persischen Heer von 50 000 Menschen, das -525 in der Wüste Sahara von einem Sandsturm begraben wurde

2350 Jahre alte Holzbrücke in Schweden entdeckt

Steinzeitliches Ringheiligtum bei Halle ausgegraben (Alter etwa 5000 Jahre)

Craaford-Preis für Mathematik für Theorie nichtlinearer Gleichungen an *Louis Nirenberg* (* i. USA) und *V. F. Arnold* (* i. Moskau)

Forschungsausgaben der BRD sehen für 1983 7,1 Mrd. DM (+ 7,3 %) vor

Leonardo als Forscher (1452–1519), Ausstellung in Mailand

Das 1. Kernkraftwerk der USA (Shipping/Ohio) wird nach 25 Jahren, in denen es 7,1 Mrd. kWh lieferte, abgerissen

Jägerlager in Neuwied unter Eifelvulkanasche gefunden, das etwa vor 250 000 Jahren bewohnt wurde

scheidet nach 103 Länderspielen aus dem aktiven Fußballsport aus (* 1945)

U. Bühler besteigt als Erster den Südgipfel des Naga Parbat (8042 m)

Bettina Bunge gewinnt dt. Tennismeisterschaft in Berlin gegen Kathy Rinaldi (USA)

Jimmy Conners (* 1953, USA) siegt in Wimbledon im Herren-Einzel-Tennis über John McEnroe (* 1959)

Michael Gross (* 1964 i. BRD) wird mit 1:49,55 min Weltmeister im 200-m-Kraulschwimmen

Sylvia Hanika (BRD) gewinnt Tennis-Masters-Finale in New York gegen *Martina Navratilova* (USA)

Erika Hess (* 1963 i. d. Schweiz) wird 3-fache Ski-Weltmeisterin (Riesenslalom, Slalom, Kombination)

Larry Holmes (* 1950) verteidigt seinen Boxweltmeistertitel durch techn. k.o. in der 13. Runde gegen *Gerry Cooney* (* 1957)

Valy Ionescu (* 1958 i. Rumänien) stellt mit 7,20 m Weltrekord für Frauen im Weitsprung auf

Marita Koch (DDR) läuft 400 m in 48,15 sec (Weltrekord i. BRD)

Norbert Koof (* 1956) wird in Dublin Weltmeister der Springreiter

Ulrike Meyfahrth (* 1956, BRD) erreicht mit 2,02 m Weltrekord im Hochsprung (sprang bei den olymp. Spielen 1972 1,92 m)

Reinhold Meßner besteigt im Himalaya 3 Berge über 8000 m (höchster 8598 m) ohne Sauerstoffgerät

Keja Rosenberg (* 1949 i. Stockholm, lebt i. Finnland) Formel-1-Sieger bei Autorennen in Las Vegas

Norbert Schramm (*1960 i. BRD) wird Europameister im Eiskunstlauf

† *Wladimir Smirnow* (* 1954), Florettfechter der USSR durch Unglücksfall im WM-Kampf mit *Matthias Behr* (BRD)

Fußballsport leidet zunehmend unter dem Rowdytum der Zuschauer

Begleitet von schweren Zwischenfällen mit verletzten und verhafteten Zuschauern gewinnt FC Bayern-

(1982) An die 80 000 demonstrieren in La Paz/Bolivien gegen Militärregierung, die seit 1980 herrscht

Militärregierung beruft in Bolivien 1980 gewähltes Parlament ein

Bolivianisches Parlament wählt *Hernan Siles* (* 1913, Sozialist) zum Staatspräs.

† *Eduardo Frei*, chilen. Staatspräs. 1964–70 (* 1911 Christdemokrat)

Chuntachef *Pinochet* löst chilen. Wirtschaftsmin. ab

Die Wahlen in El Salvador/Mittelamerika werden durch blutige Zwischenfälle durch linke Radikale gestört (etwa 60 Tote), Rechtsextreme gewinnen Mehrheit über Christdemokraten *Duarte* (* 1926)

Der Bürgerkrieg in El Salvador, der 1979 mit dem Sturz der Rechtsdiktatur von General *Romero* (* 1929, † 1979) begann, forderte in 2 Jahren 30 000 Tote

Militärputsch in Guatemala stürzt Präs. *Romeo Lucas Garcia* (* 1923)

Rios Montt, Juntachef in Guatemala (* 1925), übernimmt Politische Macht (seit 1960 schwelt im Land der Bürgerkrieg)

Belagerungszustand in Guatemala unter *Rios Montt*

Honduras verhängt Ausnahmezustand

Rebellen nehmen durch bewaffneten Überfall auf Handelskammer in Honduras 40 hochrangige Geiseln, um 80 polit. Häftlinge freizupressen. Endet unblutig

Blisario Betancur (* 1923, konservativ) wird Staatspräs. von Kolumbien, das soziale Spannungen und Guerillakrieg belasten

Miguel de la Madrid (* 1935, PRI) folgt *Jos Lopez Portillo* (* 1920, PRI) als Staatspräs. von Mexiko (PRI gemäßigt sozialist.)

Militärjunta in Nicaragua verhängt Ausnahmezustand

Die 1963 gegr. OAU gerät durch zahlreiche afrikanische Probleme in schwere Krise

Nach zweimaligem Scheitern der OAU-Konferenz wird die 20. Sitzung 1983 in Addis-Abeba vorgesehen

Krise in der OAU wegen Aufnahme der Polisario-Reg. in d. West-Sahara und der Vertretung des Tschad

Putsch in Ghana niedergeschlagen

300 Tote bei mißlungenem Putschversuch (von links) in Kenia gegen Einparteienherrschaft des Staatspräs. *Daniel Arap Moi* (* 1924)

Militärputsch in Obervolta, einem der ärmsten Staaten der Erde in Afrika

München Fußballpokal der BRD gegen 1. FC Nürnberg

Göteborg besiegt Hamburg im Fußball-UEFA-Pokal der Europa-Landesmeister

Barcelona gewinnt durch Sieg über Lüttich Fußball-Europa-Pokal (Vorgänger war Tiflis)

Fußball-WM in Spanien:

1. Italien
2. BRD
3. Polen
4. Frankreich

Durch Fußball-WM bedingte Fernsehsucht beeinflußt das Familienleben, schlimmstenfalls bis zur Zerrüttung

Handball-WM: 1. USSR, 2. Jugoslawien, 7. BRD (vorher Weltmeister)

Eishockey-WM in Helsinki

1. USSR	5. Finnland
2. CSSR	6. BRD
3. Kanada	7. Italien
4. Schweden	8. USA

Medaillenspiegel (G:S:B) für Europameisterschaften der Leichtathleten in Athen

DDR	13:8:7
BRD	8:1:4
USSR	3:5:1
UK	3:5:1
CSSR	1:4:4
Span.	1:2:2
Polen	1:2:1
Rum.	1:2:1
Ital.	1:0:2
14. Ungarn	0:1:1

Ital. Bergsteiger besteigen höchsten Berg Grönlands (3300 m) und nennen ihn nach den Staatspräs. Sandro Pertini

Jährlich etwa 90 000 Verletzte beim Skilauf im nördlichen Alpengebiet (20 000 i. BRD)

Dt. Alpenverein wendet sich gegen Hubschrauber-Alpinismus

Damenmode für den Abend: kurz, schwarz, Samt

† Vizeadmiral *B. Rogge* Kriegsfreiwilliger 1915 (* 1899)

† *Hans Ulrich Rudel*, hochdekorierter Kampfflieger des 2. Weltkrieges, der auch danach NS-Gesinnung zeig-

In Zimbabwe schaltet Min.-Präs. *R. G. Mugabe* (* 1935) seinen radikaleren Konkurrenten *Nkomo* (* 1917) aus

Präsident *P. W. Botha* (* 1916) v. Südafrika schlägt Verfassungsreform mit Lockerung der Apartheidspolitik vor

150 Tote durch Guerilla-Überfall mit südafrikanischen Waffen in Angola

Grenzkrieg zwischen Somalia und Äthiopien spiegelt die Konkurrenz zwischen USA und USSR am „Horn von Afrika"

Von Libyen unterstützte Rebellen bilden Gegenregierung im Tschad, was die OAU als neues Problem belastet

Meldungen und Berichte zeigen, daß Soldatenwillkür und -greuel in Uganda unter *Obote* schlimmer sind als unter *Idi Amin*

Mindestens 69 Tote bei Umsturzversuch in Uganda

Tausende von Flüchtlingen fliehen täglich von Uganda nach Ruanda

te (einige erweisen bei der Beisetzung demonstrativ *Hitler*-Gruß (* 1916))

† Hamburger Meisterkoch *Armin Scherrer* (* 1938)

In der BRD gibt es etwa 1,5 Mill. Fachwerkhäuser (älteste aus dem 14. Jh.)

Als älteste Stadt Rußlands kann Kiew sein 1122. Jahr seit seiner Erwähnung (860) begehen

3 Mill.-Stadt Rom begeht 2735. Geburtstag, der durch große kommunale Mängel gekennzeichnet ist (legendäre Gründung – 753, historisch erst ab – 705 nachgewiesen)

5500-5600 Jahre altes Brot in der Schweiz gefunden

Briten heben Flaggschiff „Mary Rose", das 1545 bei einem frz. Angriff vor den Augen *Heinrichs VIII* sank

Zimbabwe (Rhodesien) benennt seine Hauptstadt Salisbury in „Harare" um. Weitere 30 Städte erhalten afrikanische Namen

1983	Friedens*nobel*preis an den poln. Arbeiterführer und Dissidenten *L. Walesa* (* 1943) Die politische Situation der Erde wird vom Wettrüsten mit Kernwaffenraketen zwischen USA und USSR beherrscht (viele Menschen befürchten eine Katastrophe) Das Jahr steht im Zeichen einer wachsenden Friedensbewegung gegen Kernwaffen und Wettrüsten. Im März werden bewaffnete Konflikte zwischen 45 Staaten registriert, von denen 20 die USA, 13 die USSR unterstützen Seit 1955 gab es 18 Verhandlungen zur Rüstungskontrolle, davon 10 zwischen USA und USSR (8 multilateral) KSZE-Folgetreffen in Madrid, das 1980 begann, endet nach vielen Kompromißversuchen mit der Absicht neuer Konferenzen über Spezialthemen Truppenreduzierungsverhandlungen (MBFR) in Wien, die 1973 begannen, werden fortgesetzt USA und USSR setzen in Genf Verhandlungen über Mittelstreckenraketen in Europa fort, bei denen der NATO-Doppelbeschluß westliche Richtschnur ist Die globalen militärischen Ausgaben stiegen 1951-80 von 200 auf 600 Mrd. Dollar (+ 3,9%/Jahr) (vgl. LiZ) Institut für strategische Studien in London beziffert militärische Ausgaben 1983 auf 800 Mrd. Dollar (etwa 8 % des globalen BSP) Jährliche Waffenkäufe betragen etwa 450 Mrd. Dollar, vorwiegend von der 3. Welt Bundespräsident *Carstens* löst nach fiktivem Mißtrauen gegen Reg. *Kohl-Genscher*, welches das Bundesverfassungsgericht für wirksam erklärt, den Bundestag auf und setzt für den 6.3.83 Neuwahlen an Bundespräsident *Carstens* besucht die USA † *Maria Schlei* SPD-Mitgl. u. Politikerin, seit 1969 MdB, 1974–78 Bundesmin. (* 1919) CDU-Parteitag in Köln wählt *H. Kohl* zum Vorsitzenden, zu Stellvertretern *E. Albrecht* und *N. Blüm* (* 1935). *Stoltenberg, Weizsäcker* und *Wörner* (* 1934) erhalten die meisten Stimmen bei der Vorstandswahl Ab März ist die FDP nur noch in 5 von 11 Länderparlamenten der BRD vertreten SPD-Parteitag in Dortmund wählt *H.-J. Vogel* zum Kanzlerkandidaten *Erhard Eppler* * 1926), linkes Mitglied des SPD-Vorstandes, verfehlt die Wahl ins Präsidium, die *Egon Bahr* (* 1922) gelingt In der SPD bildet sich eine Mehrheit gegen die Nachrüstung des NATO-Doppelbeschlusses	*Nobel*preis für Literatur an *William Golding* (* 1911 i. England) Friedenspreis des dt. Buchhandels an *Manès Sperber* (* 1905 i. Galizien, lebt in Frankr., † 1984), Schüler und Mitarbeiter *A. Adlers*, schrieb 1949–50 Trilogie gegen den Totalitarismus 4 Lateinamerikanische Literaten sterben durch Flugzeugabsturz bei Madrid: *Manuel Scorza* (* 1928 i. Peru), *Jorge Ibarguengoyta*, *Angel Rama* und seine Frau *Marta Traba* aus Uruguay *Edward Albee* (* 1928 i. USA): „The man who had three arms" (Urauff. in New York) † *Jerzy Andrzejewski* (* 1909), poln. Schriftsteller gegen dt. Besatzung und Kommunismus *Louis Aragon* (1897–1982): „Das Wahr-Lügen" (a. d. Frz.) *Helmut Baierl* (* 1926 i. CS): „Leo und Rosa" Schauspiel um Rosa Luxemburg, Urauff. i. Berlin(O) *Kurt Bartsch* (* 1937), wechselte 1979 von DDR nach Ber-	*Günter Anders*, Schriftsteller und Philosoph in Wien (* 1902) erhält *Theodor-W.-Adorno*-Preis † *Raymond Aron*, frz. Soziologe und Schriftsteller (*1905) *Eberhard Bauer*: „Spektrum der Parapsychologie" (über okkulte Erscheinungen, zum 75. Geb. von *Hans Bender*) † *Hans Werner Bartsch*, Frankfurter Theologe, der Verständnis für die Studentenunruhen in d. 60ern hatte (* 1905) *Simone de Beauvoir* (* 1908) erhält Preis für ihr Engagement i.d. Frauenbeweg. Der Astrophysiker *Reinhard Breuer* (MPG): Es sei zu vermuten, daß die Natur, die den Menschen hervorbrachte, die einfachste und vielleicht auch die einzig mögliche Natur ist, in der sich intelligentes Leben habe entwickeln können (Anthropisches Prinzip) *Walter Dirks* (* 1901) erhält Geschwister-*Scholl*-Preis für sein Buch „War ich ein linker Spinner?"

Museum für das Werk von *Josef Albers* (1888–1976) in seiner Geburtsstadt Bottrop/Westfalen

Horst Antes (* 1936) Schüler von *HAP Grieshaber* Ausstellung in Berlin (W)

Max Beckmann (* 1883, † 1950)-Gedächtnisausstellung in Frankfurt/Main

Für die Dt. Bibliothek in Frankfurt/M. wird Bauentwurf von *Günter Behnisch* gewählt (* 1922), der durch seine Bauten für Olympische Spiele in München 1972 bekannt wurde

† *Hanna v. Bekker*, Malerin und Kunsthändlerin (Frankfurt/Main, die bedeutende Künstler förderte. (*1893)

J. Beuys-Ausstellung in England

Georg W. Borsche (* 1923): Ausst. von Gemälden, Aquarellen und Lithos in Berlin (W)

† *Bill Brandt*, brit. Fotograf, speziell Porträtist (* 1904)

† *Gottfried Brockmann*, dt. Maler, auch Kulturreferent in Kiel (* 1904)

Bröhan-Sammlung von Kunst und Kunstgewerbe um 1900 wird als Stiftung Museum in Berlin (W)

Bernard Buffet (* 1928): „Früchte der Götter" (frz. Farblithographie)

† *Georges Auric*, frz. Komponist und Direktor d. Pariser Oper seit 1962 (* 1899)

† *George Balanchine*, US-Choreograph, seit 1925 i. Paris, gründete 1948 das New York City-Ballett (* 1904 i. Russl.)

Martins und *Robbins* werden Nachfolger von *G. Balanchine* als Choreographen beim New York City-Ballett

Beatles-Museum in Liverpool geplant (eröffnet 84)

Leonard Bernstein (* 1918): „A quiet place" (US-Oper, Urauff. in Houston)

Leonard Bernstein: „Candide" (US-Oper nach *Voltaire*, urspr. Musical)

† *Eubie Blake*, US-Ragtime-Pianist (* 1883)

Hans-Jürgen Bose (* 1953) „Sappho-Gesänge" (Urauff. in Donaueschingen)

† *Lucienne Boyer*, frz. Chanson-Sängerin, die das Lied „Parlez moi d'amour" berühmt machte (* 1901)

Pianist *Alfred Brendel* (* 1931 in CS) erhält

*Nobel*preis für Physik an *Subrahmanyan Chandrasekhar* (* 1910 in Lahore, lebt seit 1933 als US-Bürger) und an *William A. Fowler* (* 1911 in USA, arbeitet in Kalifornien) für Theorie der Sternentwicklung

Chemie-*Nobel*preis an *Henry Taube* (* 1915, forscht i. Kanada) für Erforschung von Elektronenübertragung bei anorganischen Reaktionen (bedeutsam für Wasserstofferzeugung)

*Nobel*preis für Medizin an *Barbara McClintock* (* 1902, USA) für Entdekkung und Untersuchung beweglicher Elemente der Erbsubstanz DNS um 1945 beim Mais

† *Felix Bloch*, Erforscher des Kernmagnetismus, *Nobel*preis 1952 (* 1905 in Zürich)

Blas Carbrera entd. an der Stanford-Universität/USA magnetisches Monopol, das 1931 von *P. A. M. Dirac* postuliert wurde

† *Albert Claude*, belg. *Nobel*preisträger 1974 (*1899)

† *Kurt Debus*, Raketen-und Raumfahrtexperte. Ging 1945 mit *Wernher v. Braun* (1912–77) i. d. USA (* 1908 i. Frankfurt/Main)

† *Ulf von Euler*, schwed. Wissenschaftler, der 1970

*Nobel*preis für Wirtschaft an *Gerard Debreu* (* 1921 in Frankr.), lebt i. USA) für seine Forschungen über marktwirtschaftliches Gleichgewicht

† *Jesweij Liberman*, Wirtschaftsreformator der USSR, vertrat die Kritik gegen starre Planung (* 1897)

Helmut Schmidt: „Weltwirtschaft ist unser Schicksal" (erscheint in 3 Sprachen und betont den Gesamtzusammenhang der Weltwirtschaft)

Veröff. der Weltbank über durchschnittliche jährliche Änderung des Bruttoinlandproduktes (BIP) (+%/Jahr) (Vgl. LiZ)

1960–73	73–80	80–82	
5,1	2,5	0,4	Industrieländer
6,0	4,7	1,9	Entw.-Länder
5,4	3,2	0,9	global

Wirtschaftswachstum (W %) und Arbeitslosenquote (A %) im OECD-Bereich

	W	A
1980	+1,2	5,8
1981	+1,2	6,7
1982	−0,5	7,6
1983	(gesch.) +0,5	

Wirtschaftswachstum im OECD-Bereich i. % gegenüber Vorjahr

1977	+5,3
1978	+3,7
1979	+3,9
1980	+3,4
1981	+1,0
1982	±0,0
1977–82	+18,5 % (+ 3,4 %/J)

Die Weltbank errechnet für 1980 ein globales BSP von 10 258 Mrd. Dollar (= 2250 Dollar/Kopf) (Vgl. LiZ)

Die Ernährung der Erdbevölkerung stieg pro Kopf 1970–80 um 25 %

BRD erreicht ein Aktivsaldo in der Leistungsbilanz von +14 Mrd. DM (1981: -14,7, 1982: +8,6)

Vergleichsverfahren für AEG-Telefunken auf der Basis 40:60 in Frankfurt eröffnet

BRD-Min. *O. W. F. Lambsdorff* (* 1926) führt gegen Ende der Raketenverhandlungen USA-USSR in Moskau Wirtschaftsgespräche, die er positiv bewertet

In Hamburg einigen sich Küstenländer über gemeinsame Werftpolitik gegen die Krise dieser Branche

(1983)	Vorgezogene Bundestagswahlen ergeben Wahlsieg der CDU/CSU. Starke Verluste der SPD. FDP und Grüne über 5 %. Bundeskanzler *Helmut Kohl* bildet CDU/CSU/FDP-Reg., die eine „Wende" ankündigt % Zweitstimmen bei vorgezogenen Bundestagswahlen (vgl. 1980) CDU/CSU 48,8 (44,3) SPD 38,2 (42,9) FDP 6,9 (10,6) Grüne 5,6 (1,5) DKP 0,2 (0,2) Neue Christliberale Bundesreg. aus CDU, CSU u. FDP: Bundeskanzler *Helmut Kohl* (* 1930, CDU) Außenmin. u. Vizekanzler *H.-D. Genscher* (* 1927, FDP) Finanz-Min. *G. Stoltenberg* (* 1928, CDU), Innen-Min. *F. Zimmermann* (* 1925, CSU), Verteidigung *M. Wörner* (* 1934, CDU), Innerdt. Fragen *H. Windelen* (* 1921, CDU) Bundesfinanzminister *G. Stoltenberg* legt ein Sparprogramm in 24 Punkten über 6,5 Mrd. DM für 1984 vor, das Regierung und Bundestag billigen (betroffene Gruppen protestieren) *R. Barzel* (* 1924, CDU) wird Bundestagspräsident *Herbert Wehner* (* 1906) verzichtet nach 34 Jahren MdB, zuletzt Fraktionsvors., auf weitere Kandidatur Stellvertreter des Bundestagspräsidenten: *A. Renger* (* 1919, SPD), *Stücklen* (* 1916, CSU), *H. Westphal* (* 1924, SPD), *R. Wurbs* (* 1924, FDP) *F. J. Strauß* verzichtet nach einigem Zögern auf Ministeramt in der Regierng *H. Kohl* Bundeskanzler *Kohl* und Außenmin. *Genscher* führen in USSR Gespräche mit *Andropow* und anderen führenden Politikern, die keine Annäherung der Standpunkte bringen, aber beiderseits als nützlich bezeichnet werden. Treffen *Andropow-Reagan* erscheint beiderseits zweckmäßig Banken der BRD unter Führung von bayrischer Regierung geben 1 Mrd. DM Kredit an DDR, ohne daß eine Gegenleistung bekannt wird, F. J. Strauß übernimmt Verantwortung Anstelle von *Herbert Wehner* (*1906) wird *Joh. Rau* (* 1931) stellvertr. SPD-Vors., als Fraktionsvors. löst ihn *H.-J. Vogel* (* 1926) ab *Hans-Jürgen Wischnewski* (* 1922) wird Schatzmeister der SPD (seit 1959 MdB) *Egon Bahr* trifft sich nach dem Regierungswechsel i. BRD mit *E. Honecker* in Berlin (O) CSU-Parteitag mindert bei der Wahl des Vorsitzenden deutlich das Vertrauen zu *F. J. Strauß*,	lin (W): „Die Hölderlinie, deutsch-deutsche Parodien" *Samuel Beckett*: „Was, Wo" (Schauspiel, Urauff. i. Graz) *Thomas Bernhard*: „Der Untergeher" *Thomas Bernhard* mit „Wittgensteins Neffe" an der Spitze der Bestenliste einer Literaturjury *Manfred Bieler* (* 1934): „Der Bär" (Roman der Zeit 1920–1960) † *Gotthard Bläschke*, Verleger in Dtl., förderte *T. S. Eliot* u. and. (* 1910) *Heinrich Böll* (* 1917): „Die Verwundung und andere Erzählungen" *Jorge Luis Borges* (* 1899 i. Argent.): „Gedichte 1923–65" (Abschluß der Gesamtausgabe in 9 Bänden seit 1980) *Rainer Brambach* (*1917 in Basel): „Auch im April" (Gedichte) † *Rainer Brambach*, Lyriker *B. Brecht* (* 1898, † 1956): „Das wirkliche Leben des Jakob Geherda" (Schauspiel von 1935/6, Urauff. in Düsseldorf)	Richterin *Dorothy Donaldson* (* 1920) wird Oberbürgermeisterin von London *Renate Feyl* (* 1944 i. Prag): „Der lautlose Aufbruch. Frauen in der Wissenschaft" *Derek Freeman*: „Liebe ohne Aggression", Kritik an der Forschung von *Margaret Mead* (1901–78) ab 1904 auf Samoa Kongreß i. Vatikan „Galilei und seine Wissenschaft heute" *Günter Grass* (* 1927) wird Nachfolger von *Werner Düttmann* als Präsident der Akademie der Künste in Berlin (W) *H. Albertz*, *G. Grass* und *Mechtersheimer* rufen zur allg. Wehrdienstverweigerung als Protest gegen Kernwaffen auf Nachschriften von Vorlesungen von *Hegel* (1770–1831) 1817–27 in Heidelberg bzw. Berlin werden gefunden und gestatten Rekonstruktion seiner ursprünglichen Lehre Prof. *Dieter Heckelmann* (* 1918) von der

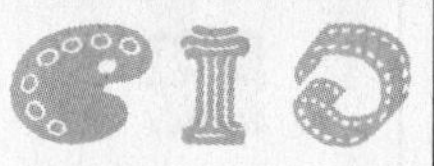

A. Camaro (* 1901 i. Breslau, lebt in Berlin und auf Sylt) Ausstellung von 211 Werken bis 1974 in Berlin (W)

„Verpackungskünstler" *Christo* schlägt mit Plastikmaterial „Umkränzte Inseln" in Miami vor

† *Kenneth Clark*, brit. Kunsthistoriker, schrieb 1956 „Das Nackte in der Kunst" (* 1903)

Ausstellung von Werken von *S. Dali* (*1904) in Barcelona

S. Dali gefährdet durch Blanko-Signierungen sein Werk

Edgar Degas (1834–1917): Zeichnungen (Ausstellung in Tübingen)

Gustave Doré (* 1832–86): Gesamtwerk (Ausstellung in Straßburg)

Wolfdieter Dube (* 1934) Nachfolger von *Stephan Waetzoldt* (*1920) als Generaldirektor der Sammlungen Preußischer Kulturbesitz in Berlin (W)

† *Herbert von Einem*, dt. Kunsthistoriker mit Arbeiten über *Michelangelo* und Romantik (* 1905)

† *Werner Düttmann*, dt. Architekt, baute vorwiegend in Berlin, seit 1971 Präs. der Akademie der Künste in Berlin (W) (* 1921)

† *Paul Eliasberg* (in Hamburg), Maler und Graphiker.

Frankfurter Musikpreis

Merce Cunningham (* 1919): „Roarotorio" (Tanzstück nach *John Cage* (*1912 i. USA))

Johann Nepomuk David (* 1895, † 1977): „Pollio" (Chorwerk Urauff. postum)

† *Werner Egk*, dt. Komponist (z. B. „Abraxas" 1947) (* 1901)

† *Alberto Ginastera*, argent. Komponist, seit 1967 i. Köln (* 1916)

Chorleiter *Walter Hagen-Groll* (1927) wechselt von der Dt. Oper Berlin zur Wiener Staatsoper

Peter Hall (* 1930 i. Gr.-Brit.) inszeniert in Bayreuth den „Ring"

H. W. Henze: „Die englische Katze" (Geschichte für Sänger und Musiker nach *E. Bond* (* 1934))

Reinhard Febel „Euridice" (Oper)

† *Fania Fénelon*, frz. Kabarettsängerin, überlebte als Widerstandskämpferin im Kriege im „Mädchen-Orchester" in Auschwitz (* 1908)

mit den *Nobel*preis f. Medizin erhielt

† *Otto Heckmann*, dt. Astronom und Kosmologe (* 1901)

Die Vermutung des brit. Mathematikers *Mordell* (* 1888, † 1972) wird von *Gerd Faltings* (* 1955 i. Dtl.) bewiesen (könnte ein Schritt zum Beweis der Vermutung von *Fermat* (1601–1655) sein)

~ *R. Hosemann* (* 1913) begründete seit 1960 Parakristallforschung, die in der Festkörperphysik an Bedeutung gewinnt

Klapdor und *Hillebrandt* (MPG) erklären die Entstehung der schweren Elemente. Dabei ergibt sich das Alter der Milchstraße von etwa 10 Mrd. Jahren in Übereinstimmung mit dem Alter der ältesten Kugelhaufen

Die Sammlung naturwiss. Daten von *Landolt-Börnstein* besteht 100 Jahre

R. Leacky (* 1944) findet in der Region Bulula von Kenia 17 Mill. Jahre alten fossilen Menschenaffen, der gleichzeitig mit Pro-Konsul lebte und gemeinsamer Vorfahr afrikan. u. asiat. Menschenaffen und des Menschen gewesen sein könnte

Martin Lindauer (* 1918), Schüler von K. v. Frisch beweist den Einfluß

Insolvenzen in BRD gehen zurück

Weithin wird eine langsame Abnahme der Wirtschaftskrise verzeichnet

BRD-Finanzmin. *G. Stoltenberg* erwartet für 1984 BSP-Anstieg von Null auf 1 % (andere Wirtschaftsexperten auf 2,5–3 %)

Wirtschaftsinstitut erwartet 1984 +2,6 % Wachstum des BSP in den Industrieländern (1982 waren es -0,2 %)

Stahlfirmenfusion Krupp-Thyssen scheitert an der Forderung von 12 Mrd. DM vom Staat, der dies ablehnt

Fa. Arbeed Saarstahl benötigt im 3/4 Jahr 3mal hohe staatliche Subventionen, um Massenentlassungen abzuwenden

Sachverständige schlagen i. BRD 2 Gruppen Stahlerzeuger hoher Produktivität vor

Die erdweite Produktion von Aminosäuren für die Nahrungs- und Futtermittel-Industrie übersteigt 450 000 t

Haushaltsfehlbetrag der EG Mitte Oktober 1 Mrd. DM

Die EG suspendiert aus Finanzknappheit die Agrarzuschüsse, die den Hauptteil der Finanzen ausmachen

Aktienindex (der FAZ) erreicht nach der Bundestagswahl Höchststand seit 1950

Reg. d. BRD stuft Indien neben VR China als neuntgrößte Industriemacht als werdende Großmacht ein

Vorläufiger Zahlungsstop der EG bei Exportprämien weist dramatisch auf die finanzielle Notlage der Gemeinschaft hin

USSR ist vorbereitet, 1984 5 Mrd. m³ Erdgas von Urengoi in Sibirien an die BRD zu liefern

Handelskrise zwischen EG und USA

Stand der Exporte in die RGW-Länder in Mrd. Dollar (1981)

EG	19,1
USA	4,3
Japan	4,0

% Weltmarktanteile v. Japan/USA/BRD

Integrierte Schaltkreise	24/72/4
Computer	20/70/10
Videorekorder	

(1983) nachdem dieser den Milliardenkredit an die DDR vermittelte

Nach einer Umfrage sind 78,6 % der Bundesbürger mit Stationierung neuer US-Raketen nicht einverstanden

Auf dem SPD-Parteitag in Köln stimmen von 400 Delegierten nur 14 für die Raketen-Nachrüstung (darunter früherer Bundeskanzler *H. Schmidt* und *H. Apel*)

Nach 2-tägiger heftiger Debatte und Unruhen vor der Bannmeile stimmen im Bundestag 286 Abgeordnete (CDU/CSU und FDP) für, 226 (SPD und Grüne) gegen die Nachrüstung mit US-Raketen gemäß NATO-Doppelbeschluß von 1979. 21 SPD-Abgeordnete modifizieren ihr Ja zur Nachrüstung durch persönliche Erklärungen (*H. Schmidt* enthält sich der Stimme)

Staatsanwaltschaft beantragt Aufhebung der Immunität des FDP-Abgeordneten und Bundeswirtschaftsministers *O. W. F. (Graf) Lambsdorff* (* 1926), um Anklage wegen Bestechlichkeit zugunsten des *Flick*-Konzerns zu erheben

Vorwurf gegen Min. *Lamsdorff* wegen Bestechlichkeit

Protest gegen SS-Treffen in Bad Hersfeld

Der Abdruck gefälschter *Hitler*-Tagebücher in einer verbreiteten Illustrierten wird Presse-Skandal

Ostermärsche gegen Aufrüstung in BRD mobilisieren nach Ansicht der Veranstalter rd. 500 000 Menschen (richten sich vorwiegend gegen die Nachrüstung im Westen)

Grüne MdB besuchen Moskau, wo sie auf dem Roten Platz kurzzeitig demonstrieren können, und die DDR, wo sie mit *E. Honecker* ein vermeintlich positives Gespräch führen

Das Treffen *Gromyko – Genscher* in Wien bringt kurz vor Ende der Verhandlungen USA-USSR keine Annäherung in der Mittelstreckenraketenfrage

Der „Henker von Lyon" *Barbie* alias *Altmann* (ehemal. Gestapochef) nach dem Krieg vom Geheimdienst der USA geschützt und nach Bolivien geschleust, wird nach Frankreich ausgeliefert. USA entschuldigen sich bei Frankreich für diesen Bestrafungsentzug

Nach (umstrittenen) Meinungsumfragen ist eine große Mehrheit der Bev. der BRD gegen eine Nachrüstung mit US-Raketen

Vom Bundespräs. eingesetzte Kommission legt Vorschläge zur Neuregelung der Parteifinanzierung vor (Erhöhung auf 5 DM pro Wähler)

Bundes-Innenmin. *F. Zimmermann* (* 1925, CSU) verbietet Neonazi-Organisation ANS/NA

† *Reinhard Buchwald*, Literatur- und Kulturhistoriker, Philologe und Goetheforscher (* 1884)

Zum Buch des Monats wählt Darmstädter Jury von *L. Buñuel* (1900-83): „Mein letzter Seufzer"

Hermann Burger (* 1942 i. d. Schweiz) erhält als Erster *Hölderlin*preis von Homburg v. d. H.

John le Carré (* 1931 i. Engl.): „The little drummer" (dt. Übers. „Die Libelle")

Herausgabe sämtlicher Werke von *Paul Celan*, jüd. Dichter rumän. Herkunft und dt. Sprache (* 1920 i. Rumän., † 1979 (Freitod) in Paris)

† *André Chamson*, frz. Schriftsteller, Historiker und Geograph (* 1900)

Julio Cortázar (* 1914 i. Brüssel): „Himmel und Hölle" (argentin. Roman)

Friedrich Dürrenmatt (* 1921 bei Bern): „Achterloo" (Schweizer Komödie)

Fr. Dürrenmatt erhält Österr. Staatspreis f. europ. Literatur

Michael Ende (* 1929): „Das

liberal-konservativen Aktion wird neuer Präsident der FUB

Bischof *Johannes Hempel* (* 1929) aus Sachsen (DDR) wird Präsident des Ökumenischen Rats der Kirchen

Thor Heyerdahl entd. auf den Malediven im Indischen Ozean Ruinen ähnlich denen im Industal

Renommierte Illustrierte veröffentlicht Tagebücher *Hitlers*, die sich als Fälschung herausstellen.

Brit. Forscher ermittelt als Todesdatum Jesu den 3.4.33

Robert Jungk (* 1913): „Menschenbeben. Der Aufstand gegen das Unerträgliche" (über die modernen Protestbewegungen gegen Gefahren der Technik)

† *Herman Kahn*, US-Futurologe (* 1922)

Hans Peter Kolvenbach (* 1929 i. Niederland.) neuer Jesuitengeneral

† *Jiri Lederer* (* 1924), Bürgerrechtler i. CSSR, kam 1968 in d. BRD

Frz. Bischof *M. Lefebrve* tritt

Lebte seit 1926 in Paris (* 1907 in München)

Ernst Fuchs (*1930 i. Wien): „Jahreszeiten" (Farbradierungen)

Stadttheater in Heilbronn (Entwurf *Gerhard Graubner* (* 1899 i. Dorpat))

100 Eisenskulpturen von *Julio Gonzaléz* (* 1876 i. Spanien, † 1982 i. Frankr.) (Austellung in Berlin (W))

Waldemar Grzimek (* 1918): „Liebespaar", Plastik auf der Großen Münchner Kunstausstellung

† *Waldemar Grzimek*, dt. Maler u. Bildhauer aus Ostpreußen (* 1918)

Zum 100. Geburtstag von *W. Gropius* Bauhaus-Ausstellungen in Berlin (W) und Dessau (DDR)

Manfred Henkel (* 1936): „Kleine Eiben" (eines seiner „Weißen Bilder")

Hans Hollein (* 1934 i. Wien) erhält Deutschen Architekturpreis für Mönchengladbacher Museum am Abteiberg

† *Clemens Holzmeister*, österr. Architekt, speziell von Bergkirchen(*1886)

Schang Hutter (* 1934 in Solothurn): Ausstellung in Berlin (W)

† *Anatole Jacovsky*,

† *Earl Hines*, US-Jazzpianist, der auch mit *Louis Armstrong* spielte (* 1905)

† *Anthony van Hoboken* (i. Zürich), Musikwissenschaftler niederl. Herkunft, der das Werk *J. Haydns* sammelte und im Werkverzeichnis ordnete (* 1887 i. Rotterdam, seit 1938i.d.Schweiz)

„Callas" (Tanzstück von *Reinhild Hoffmann* (* 1943) Urauff. i. Bremen)

† *Harry James*, US-Trompeter des Swing-Jazz (*1916)

Mauricio Kagel: „La trahison orale" (Szenisches Oratorium, Urauff. i. Paris)

Mauricio Kagel (* 1931 in Buenos Aires) erhält Frankfurter *Mozart*-Medaille

Konflikt mit *H. v. Karajan* um Probejahr der Klarinettistin *Sabine Meyer* gegen Wunsch des Orchesters

Giselher Klebe (* 1925): „Fastnachtsbeichte" (Oper, Urauff. i. Darmstadt)

György Ligeti (* 1923), österr. Komponist ungar. Herkunft erhält Pariser *Maurice-Ravel*-Preis

des erdmagnetischen Feldes auf den Schwänzeltanz der Bienen

† *Otto Scherzer*, dt. Physiker, Pionier der Elektronenoptik (* 1909)

Forschergruppe unter *Carlo Rubbia* findet bei CERN mit 100 Mrd. e Volt das Z-Null-Boson, das die vereinheitlichte Theorie der Elementarteilchen (GUT) bestätigend abrundet

† *Sol Spiegelmann*, Pionier der Krebsforschung in USA (* 1914)

† *Kurt Tank*, dt. Flugzeugkonstrukteur (z. B. FW 200, „Condor" von *Fokke Wulf*, die 1938 Nonstopflug Berlin-New-York-Berlin unternahm (* 1898)

† *Erich Warsitz*, dt. Flugingenieur und Testpilot, der 1931 1. Düsenflugzeug (He 178) erprobte

A. Weinberg u. a. Wissenschaftler des MIT (USA) erkennen, daß Krebs durch zusammenwirken zweier mutierter Gene (Myc und ras entsteht

Jährlich erscheinen in 10 000 Fachzeitschriften etwa 2 Mill. Aufsätze aus Naturwissenschaft und Technik

130 Wissenschaftler aus 12 Instituten entdecken bei Proton-Antiproton-Kollision im CERN

computergesteuert 95/-/5
NC-Werkzeugmasch. 62/30/8
Antibiotica 62/30/8

UNCTAD(VI) in Belgrad auf dem Hintergrund hoher Schulden und niedriger Rohstoffpreise f. d. 3. Welt

Verschuldung der 3. Welt in Mrd. Dollar

1980	406	1982	530
1981	465	1983	626

Entwicklungs- und Staatshandelsländer schulden Banken der Industriestaaten (Ende 1982) insges. 311,5 Mrd. Dollar. Davon sind sie mit 213,0 Mrd. in Verzug

EG-Fischereiabkommen scheitert, was zu regionalen Fangverboten führt

EG legt Fischereikonflikt bei

Mit 4,6 % ist die Teuerungsrate in Gr.-Brit. die niedrigste seit 15 Jahren

Israel hat im Mai eine Teuerungsrate von 160 %

Die realen militärischen Ausgaben der Erde stiegen 1970–79 real um 22 % auf 519 Mrd. Dollar 1981 in Preisen 1979 (+2,2 %/J)

OPEC senkt erstmalig den Erdölpreis

OPEC-Konferenz in Genf gefährdet durch ihr Scheitern dieses Ölkartell (1960 gegr.)

Globaler Schiffsbau in 1000 BRT

1975	34 200
1976	33 920
1977	27 530
1978	18 190
1979	14 290
1980	13 100
1981	16 930 (Japan 8400)
1982	fallende Tendenz hält an

130 Staaten stimmen der neuen Seerechtskonvention zu. USA, Israel, Türkei, Venezuela stimmen dagegen, 17 Enthaltungen, darunter BRD

Ungarn stärkt mit Zustimmung der USSR privatwirtschaftlichen Sektor

EG protestiert gegen US-Sonderzölle für Edelstahl

Kunststoffindustrie in der EG erleidet Verluste

Im Frühjahr verzeichnet USA Anzeichen eines Wirtschaftsaufschwunges, der sich deutlich steigert

(1983)	In BRD ergingen 1970–82 366 rechtskräftige Urteile gegen Linksextremisten; gegen Rechtsextremisten 205 CDU und FDP bilden in Berlin Koalition, nachdem bis dahin ein Teil der FDP-Fraktion den CDU-Minderheitssenat tolerierte. Bei Demonstrationen gegen Aktionen der „Konservativen Aktion" um den 17.6. werden in Berlin 203 Personen festgenommen *R. v. Weizsäcker* (CDU) Reg.Bgm. v. Berlin (W) besucht SED-Chef *Honecker* in Berlin (O) In 7 Tagen vier politisch motivierte Anschläge in Berlin (W) (meist Brände) durch „revolutionäre Zellen" (bis April 42 Anschläge) *H. Kohl* schlägt den Reg.Bgm. von Berlin (seit 1981) *R. v. Weizsäcker* für die Wahl 1984 zum Bundespräsidenten vor % Stimmen bei der Bürgerschaftswahl in Bremen SPD 51,4 FDP 4,95 CDU 33,3 Grüne 5,43 Trotz Werftenkrise bleibt *Koschnik* (*1929 SPD) Senatspräs. † *Herbert Weichmann*, 1965–71 1. Bgm. von Hamburg (SPD) (* 1896 jüd. Herkunft) CDU und Grüne im hessischen Landtag lehnen Haushalt der Reg. *H. Börner* (* 1931, SPD) ab, SPD und Grüne umgekehrt den Antrag der CDU auf Auflösung des Landtages. Von der Fraktion der Grünen droht die „Unregierbarkeit" Hessischer Landtag löst sich gegen die Stimmen der Grünen auf, weil die letzten Wahlen keine regierungsfähige Mehrheit ergaben Im Hessischen Landtag besudelt ein Abgeordneter der Grünen US-Offizier als Gast demonstrativ mit Blut, was alle anderen Parteien empört und zu Strafanzeigen führt % Stimmen bei der Landtagswahl in Hessen SPD *(Börner)*46,2 CDU *Wallmann*39,4 FDP 7,6 Grüne 5,9 andere 0,9 Landtag bleibt ohne regierungsfähige Mehrheit *Holger Börner* (* 1931, SPD) bleibt mangels einer parlamentarischen Mehrheit geschäftsführender Min.-Präs. in Hessen Min.-Präs. von Hessen, *H. Börner* (SPD), erhält vom Parteitag Auftrag, mit den Grünen über gemeinsame Regierung zu verhandeln SPD und Grüne in Hessen verabschieden 2 Haushaltsgesetze, obwohl Verhandlungen über Zusammenarbeit stagnieren † *Georg Diederichs* (* 1902, SPD), 1961–70 Min.-Präs. von Niedersachsen	Gauklermärchen" (Bühnenstück um einen Zirkus, Urauff. i. Heidelberg) *B. Engelmann* kritisiert verlesene Dankesrede von *Manès Sperber* wegen ihres unfriedlichen Charakters *Bernt Engelmann* (*1921) tritt mit dem Vorstand des Verbandes dt. Schriftsteller (VS) nach heftiger Kritik und zahlreichen Austritten zurück † *Gunter Falk*, österr. Schriftsteller (* 1942) *Ludwig Fels* (* 1946): „Lämmermann" (Schauspiel, Urauff. i. Hamburg) † *A. Fjodor*, russ. Schriftsteller der „Dorfprosa" (* 1920) *Dieter Forte* (* 1935): „Labyrinth der Träume" (Schauspiel um die Fememorde der SA, Urauff. i. Basel) † *Julius Gellner* (i. London), Theaterregisseur, 1920–33 in München *Jean Genet* (* 1910) erhält frz. Nationalpreis f. Literatur † *Ira Gershwin*, US-Textdichter, Bruder und Mitarbeiter von *G.*	von dem Vorsitz der traditionsbewußten Priesterbruderschaft zurück 4. Internationaler *Leibniz*-Kongreß in Hannover *Konrad Lorenz* (* 1903): „Der Abbau des Menschlichen" (Kulturkritik des Verhaltensforschers) Der 500. Geburtstag *Martin Luthers* wird in DDR u. BRD gefeiert (in BRD in Nürnberg, Augsburg, Coburg und Worms) *Luther*-Bibel wird neu überarbeitet „Luther ist tot". Öffentliches Straßenspiel in Berlin (W) mit 70 000 Besuchern, im simulierten Milieu des 16. Jh. Eine weitere Disputation von *M. Luther* aus dem Jahr 1545 wird gefunden Papst würdigt *Luther* und sein Wirken Kathol. Hirtenbrief verurteilt Präs. *Marcos* der Philippinen DDR begeht den 100. Todestag von *Karl Marx* *Jagdish Mehru* (* 1902 i. Indien, lebt i. USA): „Über die Ent-

frz. Kunstkritiker und „Papst der naiven Malerei", der er ein Museum errichtete (* 1909 i. Rumänien)

† *Rudolf Jahns*, ein Pionier der abstrakten Malerei (* 1904 i. Hannover)

Hayden Herera: „Frida Kahlo. Malerin der Schmerzen" (Über die mexikan. Künstlerin (1907–54))

Bernard Kirscherbaum (aus New York): „Helsinki Arc" mit 17 m Länge 1/11 eines monumentalen Metallkreises

Ein Bild von *P. Klee* wird in London für 1 385 000 DM versteigert

Krusnik und *Reith*: Neuer Brunnen an der Gedächtniskirche in Berlin

Ausstellung der Bildhauerin *Cornelia Lengfeld* (* 1954) in Berlin (W)

Richtfest für das Museum moderner Kunst von *Peter Ludwig* (* 1925) in Köln

René Magritte (* 1898 i. Belgien), Ausstellung seiner Werke im Lousiana-Museum, Kopenhagen

E. Manet (1832–1888)-Ausstellung in Paris

Lenbachhaus in München kauft das Bild „Vögel" von *Franz Marc* (1880–1916 (gefallen)) aus

Sänger und Liedermacher *Udo Lindenberg* (* 1946) tritt im Rahmen einer Veranstaltung gegen die NATO-Nachrüstung in Berlin (O) auf

Dirigent *James Levine* (* 1943 i. USA) wird neuer künstlerischer Leiter der „Met" (Oper in New York)

† *Igor Markewitsch*, Dirigent und Komponist vorwiegend in Paris (* 1912 in Kiew)

Kenneth Mac Millan (* 1929 i. Schottl.): „Valey of Shadows" brit. Ballett, Urauff. i. London

Siegfried Matthus (*1933): Konzert für Trompete, Pauken und Orchester (Kompos. aus der DDR, Urauff. in Berlin (W))

Olivier Messiaen (* 1908): „Franz von Assisi" (frz. Oper, Urauff. i. Paris)

32. *Mozart*fest in Baden-Baden, wo Vorfahren *Mozarts* lebten

Ausstellung in Salzburg zeigt *W. A. Mozart* als wohlhabenden Komponisten

Geigerin *Viktoria Mullowa* aus

W-Teilchen (Vektorbosonen von 80–90 GeV Massenäquivalent als gesuchtes Teilchen der schwachen Wechselwirkung, wie Beta-Zerfall)

Das Energieäquivalent der nur wenig von Null verschiedenen Neutrinomasse wird auf einige eVolt geschätzt (1 eVolt entspr. 1/500 000 Elektronenmasse) ein Wert von 10 eVolt würde bedingen, daß die Masse des Kosmos überwiegend aus Neutrinos besteht und die Expansion des Raums begrenzt würde (geschlossenes Weltall)

Erste Anzeichen für Protonenzerfall mit einer Lebensdauer bei 10^{31} Jahren (Kosmosalter etwa 20×10^{9} Jahre)

Es gelingt, ein „Periodisches System" der Elementar-Teilchen (6 Quarks und 6 Leptonen) aufzustellen. Das 6. Quark wird bei hohen Energien noch gesucht. Die Elementarteilchen in der ersten Periode bauen die normale Materie auf

Transuranisches Element 109 wird in Darmstadt durch Kernfusion hergestellt und nachgewiesen

Es gelingt in USA durch „Abstreifen" aller 92 Elektronen „nackte" Uranatome zu erzeugen

Getreideabkommen zwischen USA und USSR sieht für 5 Jahre jährlich mindestens 9 Mill. t Käufe von der USSR vor. Einfluß der US-Farmerlobby

Hohe Haushaltsdefizite in USA belasten mit ihren Auswirkungen (hohe Zinsen) die europäische Wirtschaft

Dollarkurs Anfang Dezember 2,75 DM

Zum Jahresende wird ein ungebrochener Wirtschaftsaufschwung in USA registriert

Verschuldung in Mrd. Dollar:

Mexiko	84,6
Brasilien	87,0
Südkorea	37,2
Venezuela	33,2
Argentinien	38,8
Polen	26,0

Währungsstreit zwischen BRD und Frankreich, das einseitiges Aufwerten der DM will und das EWS andernfalls zu verlassen droht

Etwa 50 % der Bundesbürger halten einen 3. Weltkrieg nicht für unwahrscheinlich

Chikago wählt schwarzen Bürgermeister *Washington* (* 1921) (in etwa 200 Städten der USA gibt es Schwarze als Bgm.)

Die Sozialhilfeausgaben der Gemeinden in d. BRD haben sich seit 1968 fast verzehnfacht

Belegschaft der Bremer Werft AG Weser besetzt eine Woche die Werft, um Schließung und Entlassungen zu verhindern

Bundesverfassungsgericht suspendiert die umstrittene Volkszählung in BRD, bis die Verfassungskonformität des vom Bundestag einstimmig angenommenen Gesetzes entschieden ist

Amnesty International (ai) schätzt die Hinrichtungen im Iran auf über 5000 (seit 1979)

Schweiz kauft dt. Kampfpanzer „Leopard 2"

† Admiral a. D. *Th. Buchardi*, der 1944/45 über 2 Mill. Menschen über die Ostsee in den Westen rettete (* 1892)

Die Bev. Brasiliens wuchs 1950–83

(1983)

Min.-Präs. von NRW *J. Rau* bildet sein Kabinett um (Wissenschaftsmin. *Girgensohn* scheidet aus)

CDU-Fraktion im Landtag NRW wählt *B. Worms* statt *Kurt Biedenkopf* (* 1930) zum Vors.

Landtagswahlen in Rheinland-Pfalz ergeben für CDU 57 Sitze, für SPD 43, keinen für FDP und Grüne (weil unter 5 %)

Bernhard Vogel (CDU) wird als Min.-Präs. von Rheinland-Pfalz wiedergewählt (seit 1976 im Amt), SPD unterlag

Landtagswahlen in Schleswig Holstein (in %)

CDU	49	SSW	1,3
SPD	43,7	Grüne	3,6
FDP	3,6		

Min.-Präs. bleibt *Uwe Barschel* (* 1944, CDU)

Bundesratswahlen in Österreich kosten der SPÖ die absolute Mehrheit. Kanzler *Kreisky* (* 1911, SPÖ) verzichtet auf Bundeskanzleramt. *F. Sinowatz* (* 1929, SPÖ) wird Nachfolger und bildet SPÖ-FPÖ Koalition (war seit 1971 Unterrichtsminister)

FPÖ erstmals in einer österreichischen Regierung

Österr. Vizekanzler wird *Norbert Steger* (FPÖ)

† *Bruno Pittermann* (* 1905, SPÖ) 1957–66 österr. Vizekanzler

Wien gedenkt des Sieges über Türkenbelagerung vor 300 Jahren

† *Willi Ritschard* (* 1918, SPS), Schweizer Bundesrat und Finanzmin.

Die Hauptprobleme der USA sind Mittelamerika, Naher Osten, Rüstungsverhandlungen mit USSR. Wirtschaftlich bahnt sich Besserung an

In Anwesenheit des US-Vizepräsidenten *G. Bush* (* 1924) findet in Krefeld ein Festakt zum Gedenken der ersten dt. Einwanderer in die USA statt.

US-Sicherheitsmin. *W. Clark* (* 1931) wird US-Innenmin.

Außenminister der NATO-Staaten beschließen, in den nächsten 5-6 Jahren 1400 von 6000 atomaren Sprengköpfen aus Europa abzuziehen

USA verstärken ihre militärische Präsenz in Mittelamerika

USA bemühen sich um Vertrag, der die Feindseligkeiten zwischen Israel und Libanon beendet

US-Nahost-Beauftragter *Habib* (* 1920) abgelöst. Nachfolger *R. C. McFarlane* (* 1926)

USA bemühen sich um die Räumung des Libanon von allen fremden Truppen (Israelis, Syrer, Palästinenser) und scheitern am Widerstand der Syrer

US-Präs. *Reagan* beruft *H. Kissinger* (Parteidemokrat) als Vors. eines Sonderausschusses für Politik in Mittelamerika

Gershwin (1898–1936) (z. B. „Porgy und Bess" 1935 (* 1896))

In BRD gibt es etwa 8 % *Goethe*leser

Rainald Goetz (*1954): „Irre" (Roman über einen Psychiater)

William Golding: „Das Feuer der Finsternis" (dt. Taschenbuch aus dem Englischen)

Nadine Gordimer (* 1923): „Anlaß zu lieben" (dt. Übers. des südafrikan. Romans)

† *William Goyen*, US-Schriftsteller (* 1915 in Texas)

† *Kurt Guggenheim*, Schweizer Schriftsteller, z. B. „Die Entfesselung" 1935 (* 1896 in Zürich)

Ulla Hahn (* 1953): „Spiel-Ende" (Gedichte)

Hans Jürgen Heise (* 1930 i. Dtl.): „Der Phantasie Segel setzen" (Gesammelte Gedichte)

Günter Herburger (* 1932): „Die Augen der Kämpfer. Zweite Reise" (Roman)

Uwe Herms (* 1937 in Salzsedel): „Die Papageien von New

wicklung der Quantentheorie"

† *Kurt Müller*, *Leibniz*-Forscher, maßgebl. Mitarbeiter an der Ausgabe sämtlicher Schriften und Briefe in 40 Bänden (* 1916)

Papst *Johannes Paul II.* unterzeichnet neues liberales Kirchenrecht, welches das von 1917 ablöst

Der Papst wendet sich gegen die Todesstrafe

Bei seiner Reise in 6 Staaten von Mittelamerika stößt der Papst auf Proteste der revolutionären Volkskirche

Papst ernennt 18 neue Kardinäle, darunter den Primas von Polen *Glemp* (* 1928)

Der Bischof von Berlin (O) *Meissner* (* 1933 in Breslau) wird zum Kardinal ernannt

Erstmals wird ein Bischof der USSR Kardinal

Papst besucht als Pilger Lourdes (wird von antikirchlichen Aktionen begleitet)

Mit der Durchschreitung der „Heiligen Pforte" eröffnet der Papst das „Heilige Jahr", das des 1950. Todesta-

Göteborg für Deutschland zurück

Ausstellung der Bildhauerwerke von *Gerhard Marcks* (1889–1981) in Berlin (W)

† *Ulrich Middeldorf*, Kunsthistoriker der Renaissance in USA dt. Herkunft (* 1901)

† *Joan Miró*, span. surrealistischer Maler (* 1893)

Henry Moore- (* 1898) Ausstellung im Metropolitan-Museum New York

Kaika Moti (* 1921 in Bombay, lebt in Paris): „Romantic Tree" (Farbradierung)

Harald Nägeli (* 1940), der „Sprüher von Zürich" wird nach einer Haftstrafe in Puttgarden festgenommen, erhält gegen Kaution Haftverschonung

† *Gert von der Osten*, Kunsthistoriker, 1960–75 Generaldirektor der Museen in Köln

† *Gyula Pap*, ungar. Künstler aus dem Bauhaus-Kreis

Ausstellung der Skulpturen von *Jai Young Park* (* 1958 i. Korea) in München

Karl Pawlek (* 1906 i. Wien) erhält Kulturpreis der Dt. Gesellschaft f. Photographie

Hans Pels-Leusden (* 1908), Maler und Kunsthändler: „In-

USSR kehrt von Gastspielreise nach Finnland nicht in die USSR zurück

L. Nono: „Wehe den eiskalten Ungeheuern" (ital. Oper mit Bühnenbildern von *E. Vedova*, Urauff. i. Köln)

„Ricardo W." (Ballett um Wagners Leben. Idee von *Götz Friedrich*, Choreographie von *Valery Panow*, Urauff. Dt. Oper Berlin (W))

K. Penderecki (* 1933): Cellokonzert (Urauff. i. Berlin (W))

Dt. Oper Berlin (W) erhält mit *Christof Prick* (* 1946) einen Staatskapellmeister als Vertreter des Generalmusikdirektors *Jesus Lopez Cobos*

Wolfgang Rihm (* 1952): „Jakob Lenz" (Oper, Urauff. in Berlin (W))

Wolfgang Rihm (*1952): Bratschenkonzert, „Monodram". Konzert für Violincello, und 4. Streichquartette

Sydney Romes Langspielplatte „Aerobic fitness-dancing" wird 400 000 mal verkauft

Senat von Berlin beschließt Bau eines Kammer-

Hamburger Speicherring „Petra" erreicht Rekordenergie von 45 Mrd. eVolt, die das gesuchte 6. Quarkteilchen nachweisen könnte

Durch supraleitende Magneten können in Zukunft Teilchenbeschleuniger bis 1000 Mrd. eVolt realisiert werden, (= 1000 Protonenmassen Masseäquivalent), was das entdeckbare Massenspektrum durch Energieumwandlung erheblich vergrößern wird

Neue Definition des Meters durch Laufzeit des Lichtes ersetzt die Definition von 1960 mit Hilfe der Wellenlänge einer bestimmten Spektrallinie

US-Forscher konstruieren Super-Elektronenmikroskop, das den Zwischenraum von Atomen sichtbar macht (mit etwa 10-millionenfacher Vergrößerung)

Internationales Projekt „WINE" mit Zentrum in Norwegen beginnt Atmosphäre zwischen 50 und 100 km intensiv zu erforschen

Letzte Fahrt des Tiefseebohrschiffes „Glomar Challenger" an die Mississippi-Mündung nach 15 Jahren geologischer Forschung

von 52 auf 125 Mill. (+2,7 %/Jahr)

Feier USA-BRD in Krefeld zum 300. Jahrestag der Einwanderung der ersten Deutschen in die USA endet mit Steinwürfen auf die Wagenkolonne des US-Vizepräsidenten, die der Innenminister von NRW parlamentarisch verantworten muß

Monatseinkommen je Arbeitnehmer in DM (BRD)

	1973	1983	+%/Jahr
brutto	1559	2806	6,1
netto	1152	1927	5,3
real i. Preisen 73	1152	1225	0,6

15 % der US-Bürger gelten als „arm" (jährlich weniger als 9862 Dollar für 4-köpfige Familie)

In USA gibt es 15 Bürger mit mindestens 1 Mrd. Dollar Vermögen (davon 6 in Texas)

Man vermutet im Dezember in USA 3 Mill. Obdachlose

Stunden Normalarbeitszeit abzügl. Urlaub und Feiertage

Japan	2101
USA	1904
BRD	1773
Belgien	1756

(im Mittel etwa 1840)

Kosten einer Arbeitsstunde in der verarbeitenden Industrie (1982 in DM)

USA	28,48
BRD	26,08
Schweden	25,40
Österr.	19,04
Japan	16,27

Niederlande kürzen Beamtenbezüge um 3,5 %

In Bonn demonstrieren 100 000 Stahl- und Werftarbeiter gegen Schließungen und Entlassungen

Aufruf der „Solidarität" in Polen zum Bummelstreik wird kaum befolgt

Massenentlassungen von Werftarbeitern in Hamburg und Kiel

Niedrigste Zahl von Freitoden in Berlin seit 70 Jahren (1982: 412 i. Bln (W)) (= 20,6/100000)

Chemie-Industrie in BRD vereinbart für Arbeiter ab 58 Jahren 38-Stundenwoche ohne Lohnkürzung

(1983)	US-Politik in Mittelamerika richtet sich gegen Ausbreitung des Kommunismus durch Unterstützung seiner Gegner (insbes. in Nicaragua und El Salvador) 7monatige Manöver von USA und Nicaragua in Mittelamerika als Demonstration der Stärke und antikommunistischen Haltung der USA Gespräch zwischen den Präsidenten von USA (*Reagan*) und Mexiko (*De la Madrid*) zeigt starke Gegensätze zur US-Politik in Mittelamerika Kongreß der USA verabschiedet Kernwaffenstop-Resolution US-Präs. Reagan legt Zwischenlösung auf dem Wege zur Nullösung für europ. Mittelstreckenraketen vor Präs. *Reagan* schlägt globales Gleichgewicht der Atomwaffen von USA und USSR vor US-Präs. *R. Reagan* hält vor der UN eine in der Raketenrüstungsfrage kompromißbereite Rede, die in der USSR „heuchlerisch" genannt wird USA schicken 2 Fernaufklärer Awacs in den Tschad zur Unterstützung gegen Libyen Pendelmission des US-Außenmin. *Shultz* zwischen Israel und Libanon erreicht Abkommen mit beiden Staaten US-Streitkräfte greifen aktiv in die Kämpfe gegen die Drusen im Libanon ein *R. S. McNamara* (* 1916) erhält von der Gesellschaft für die Vereinten Nationen in Berlin (W) für Förderung der Entwicklungshilfe als Weltbankpräsident (1968–81) die *Dag Hammarskjöld* (1905–61)-Medaille Kandidatur für eine 2. Amtszeit des US-Präs. *R. Reagan* (* 1911, Rep.) USA und 6 karibische Staaten landen auf Grenada, wo kurz zuvor ein kommunistischer Militärputsch stattfand. Weltsicherheitsrat wird einberufen und verurteilt Invasion US-Veto im Weltsicherheitsrat gegen Verurteilung ihrer Besetzung der Insel Grenada US-Kongreß bewilligt Militärhaushalt von 250 Mrd. Dollar, lehnt aber Nervengaswaffen ab Die bis 1988 vorgesehene US-Raketen-Nachrüstung in Europa sieht 108 Pershing II und 464 Marschflugkörper (Cruise missile) vor NATO wählt in Brüssel *Lord Carrington* (* 1919 i. Gr.-Brit.) zum Generalsekretär als Nachfolger von *Joseph Luns* (* 1910 i.d. Niederl.), der seit 1971 amtierte Die Außenminister der USA (*Shultz*) und der USSR (*Gromyko*) kündigen ein Gespräch am 17.1. in Stockholm bei der Konferenz für Vertrauenbildung und Abrüstung an	York" (erhält Literaturpreis von Kärnten) † *Georg von Holtzbrinck*, dt. Großverleger in Stuttgart (* 1909) † *Gyula Illyés*, ungar. Dichter aus der Gruppe der „Volkstümler" (* 1902) *Uwe Johnson* (* 1934 i. Pommern): „Jahrestage" (Bd. 4 „Aus dem Leben von Gesine Cresspahl") *Uwe Johnson* erhält den Kölner Literaturpreis für sein Gesamtwerk *Ernst Jünger* (* 1895): „Aladins Probleme" (Erzählung) 100. Geburtstag *F. Kafkas* (1883–1924) findet starke Beachtung in der literarischen Welt *Kafka*-Tagung in Mainz *F. Kafka*-Symposium in Wien † *Irmgard Keun-Rexroth*, dt. Schriftstellerin und Journalistin (* 1907) *Heinar Kipphardt* (1922–82) „Bruder Eichmann" (Bühnenstück um NS-Judenmord, Urauff. i. München) *Rainer Kirsch* (* 1934 in Döbeln bei Halle)	ges Jesu mit Sündenablaß gedenkt Papst holt seine 2. Polenreise, die er 1982 wegen des bestehenden Kriegsrechts verschob, nach Der als Pilgerreise deklarierte 2. Besuch von Papst *Johannes Paul II.* in Polen zeigt starke politische Wirkungen, die das Militärregime beunruhigen Papst spricht den Maler *Fra Angelico* (1401–55) selig Papst besucht erstmals seit der Reformation eine evang. Gemeinde in Rom Katholikentag in Wien mit Papst *Johannes Paul II.* und 10 Kardinälen Papst besucht den Attentäter, der ihn im Vorjahr ermorden wollte, zu einem persönlichen Gespräch im Gefängnis † *Hermann Pies*, *Kaspar Hauser*-Forscher (* 1888) Erzählerin *Elena Quiroga* (* 1921) wird 2. weibliches Mitgl. der Spanischen Akademie † *Charlie Rivel*, weltberühmter Clown („Akrobat schööön") (* 1896 in Spanien)

timer Farbklang" (Chinatusche auf Leinen)

† *Nikolaus Pevsner*, Architektur-Historiker dt. Abstammung i. London (* 1902 in Leipzig)

P. Picasso (1881–1973): 180 Skulpturen in Berlin (W) ausgestellt

Etwa 150 000 Besucher der Ausstellung von Picasso-Skulpturen in Berlin (W)

Picasso-Ausstellung in Peking wird von *Mitterand* eröffnet

† *Franz Radziwill*, dt. Maler, der bis 1971 malte (* 1895)

Roger Ravel, belg. Maler und Graphiker erhält den *Joost-van-den-Vondel*-Preis

Robert Rauschenberg (* 1925; USA) : „ROCI" (multimediale Darstellung der Weltkultur)

Ausstellung des frz. Malers *Odilon Redon* (1840–1916), eines Überwinders des Impressionismus, im Kunstmuseum Winterthur/Schweiz

Eberhard Roters (* 1929): „Berlin 1910–33" (die visuellen Künste)

David Salle (* 1953): „Für mich und Fremde" (Gem.) (Ausstellung seiner Werke in Hamburg und München)

Joachim Schmettau (* 1937): Brunnen

musiksaales nach Plänen von *H. B. Scharoun* als Ergänzung der von ihm erbauten Philharmonie

† *Tino Rossi*, frz. Chansonsänger aus Korsika (* 1907)

A. Schönberg (1874–1951): „Die Jacobsleiter" (Oratorium, Urauff. in Hamburg)

D. Schostakowitsch (1906–75): „Der Spieler" (russ. Oper ergänzt vom Polen *Krzystof Meyer*)

Kurt Schwertsick (* 1935): „Fanterlieschen und Schönefüßchen" (Märchenoper n. *Brentano*, Urauff. i. Stuttgart)

† *Carl Seemann*, dt. Pianist, 1964-74 Hochschuldirektor in Freiburg (* 1910)

Rudolf Serkin (* 1903 in Österr., seit 1939 in USA) spielt die Klavierkonzerte *Mozarts* auf Schallplatten

Karlheinz Stockhausen (*1928). Auff. aus seinem 7-teiligem „Lichtzyklus" in Donaueschingen

† *Germaine Tailleferre*, frz. Komponistin, Mitglied der

Einfluß von Sonne und Mond auf Erdbeben nachgewiesen

In Australien wird 3,6 Mrd. Jahre altes Gestein gefunden (Erdalter 4,2 Mrd. Jahre)

Japan. Forscher entd. Staubring um die Sonne

Neptun erweist sich als einziger großer Planet ohne Materiering entgegen wohl irriger Messungen von 1982

Dünne Plättchen aus Entstatit als 4–5 Mrd. Jahre altes Urmaterial aus dem Kosmos gefunden und analysiert

Es gelingt 2 Klassen Röntgensterne zu unterscheiden

Radioastronomen in USA finden Anzeichen für ein „Schwarzes Loch" im Zentrum der Milchstraße

Radioastronomen der MPG weisen Ammoniak in einem Kometen nach

Unter den Meteoriten in der Antarktis findet sich gemäss Isotopenanalyse Mond- u. Marsgestein

Die Häufigkeit der schweren Elemente weist auf ein höheres Alter der Milchstraße hin, als bisher mit etwa 10 Mrd. Jahren angenommen

Zwei Himmelsdurchmusterungen in USA zeigen, daß es 1,5 bis 2 Mrd.

Eugen Loderer (* 1920), seit 1970 Vors. der Gewerkschaft IG Metall tritt zurück. Nachfolger *Hans Mayr* und als Stellvertr. *F. Steinkühler* (* 1937) als designierter Vors. in 3 Jahren

Mit 2,3 Mill. Arbeitslosen (10,9 %) erreicht die BRD Ende Januar höchsten Stand seit 1948

Gr.-Brit. 13,8 %

Belgien 11,9 %

Arbeitslosenquote in der EG (in %)

1972	2,9	1978	6,0
1974	3,1	1980	6,8
1976	5,2	1982	10,9

Präs. der Bundesanstalt f. Arbeit *Josef Stingl* (* 1919, CDU) erklärt i. November bei 2,2 Mill. Arbeitslosen den Höhepunkt für überschritten

UN Hochkommissar *P. Hartling* (* 1914 in Dänem.) seit 1977 im Amt, gibt Zahl der Flüchtlinge auf der Erde mit 10 Mill. an

Polnische Regierung kündigt Preiserhöhungen für Lebensmittel ab 1984 an

Etwa 2 Mill. Afrikaner, meist aus Ghana, müssen Nigeria unter chaotischen Umständen verlassen

Ausgaben (in DM) eines 4-Personen-Arbeitnehmer-Haushalts i. BRD für Freizeit und Urlaub:

1970	1613	1979	4443
1973	2515	1982	5142
1976	3888		

(+10,1 %/Jahr)

Entwicklungshilfe der BRD für 1984 wird um 6 % gekürzt, obwohl sie unter der internationalen Zielplanung 0,7% BSP liegt

Anschließend an den Nachrüstungsbeschluß erhöht der Bundestag die Diäten gegen die Stimmen der Grünen (erste Erhöhung nach 1977)

Bundesgericht läßt aufgeschobene Volkszählung mit Auflagen für die Verwendung der Daten zu

Zahlreiche Aktionen der Friedensbewegung am Jahrestag (6.8.) des Abwurfs der Hiroshimabombe

Die Zahl der Opfer der 1. Atombombe auf Hiroshima 1945 vergrößert sich noch jährlich

Klinikum in Aachen nimmt Betrieb

(1983)

Es wird von Tauchern scharfe Munition der „Lusitania" gefunden, deren Versenkung durch dt. U-Boot 1915 den Kriegseintritt der USA bedingte

EG steht vor ernsten finanziellen Schwierigkeiten

Finanzminister der EG einigen sich über Haushalt mit 34,88 ECU (= 56 Mrd. DM). Der Sparkurs der BRD wird abgelehnt

EG-Gipfel in Stuttgart ohne wichtige Ergebnisse

EG-Gipfel in Athen auf dem Hintergrund einer Krise, die besonders den Agrarsektor betrifft; scheitert völlig ergebnislos

Gipfeltreffen der 7 größten Industriestaaten der Erde in Williamsburg/USA. Vorgänger:
1975 Rambouillet/Frankr.
1976 Puerto Rico/abh. v. USA
1977 London
1978 Bonn
1979 Tokio
1980 Venedig
1981 Ottawa
1982 Versailles

Europa-Parlament in Straßburg stimmt Raketen-Nachrüstung der USA in Europa zu (auch das sozialist. regierte Frankr.)

† *Leopold III.*, König von Belgien 1934–51, „Der unglücklichste Kg. Europas" (* 1902)

Belgisches Parlament lehnt Verzicht auf Stationierung von US-Raketen ab

Dän. „Steuerrebell" *M. Glistrup* (* 1926) in letzter Instanz wegen Steuerhinterziehung verurteilt

Mitte-Rechts-Minderheitsreg. in Dänemark unter *Poul Schlüter* (*1929, konservative Volkspartei) scheitert am Sparhaushalt

Dänemark distanziert sich von der Nachrüstung

In Finnland gewinnt die Koalition um den Sozialdemokraten *K. Sorsa* (* 1930). Die KP erleidet Verluste

K. Sorsa (* 1930, Sozialdem.) bildet als finnischer Min.-Präs. bürgerl. Koalitionsreg. ohne Kommunisten und Sozialisten

† *Georges Bidault*, 1946–50 frz. Min.-Präs., Gegner der Algerien-Politik *de Gaulles* (* 1899)

Bei Kommunalwahlen in Frankreich verlieren Reg.-Parteien (Sozialisten und Kommunisten) 30 von 224 größeren Städten an die bürgerl. Opposition. Chirac gewinnt Paris und Lyon. KPF verliert stark

Drastische Sparmaßnahmen mit Devisenbeschränkungen in Frankr.

Frz. Nationalversammlung spricht sozialist. Min.-Präs. *Mauroy* nach Erläuterung der notwendigen Sparmaßnahmen das Vertrauen aus

Frz. Regierung tritt nach Kommunalwahlen, die

---

erhält *Weiskopf*-Preis der DDR-Akademie der Künste

Wolfgang Koeppen (* 1906) erhält *Arno-Schmidt*-Preis

† (Freitod) *Arthur Koestler* mit seiner Fau *Cynthia*. A. K. trennte sich vom Kommunismus 1938 (* 1905 i. Budapest)

Gertrud Kolmar (* 1894 i. Berlin, 1943 als Jüdin verschollen): „Gedichte" (Nachwort *Ulla Hahn*)

Paulus Kolter: „Der Lyriker *Karl Krolow*" (Gesamtdarstellung des 1915 in Hannover Geborenen)

Jury wählt zum Buch des Monats (September) *Theodor Kramer* (*1897 i. Österr., † 1958 i. Wien): „Orgel aus Staub"

Günter Kunert (* 1929): „Stillleben" (Gedichte)

† *Kurt Kusenberg*, dt. Schriftsteller schwedischer Herkunft (* 1904 in Göteborg)

† *A. Lanoux*, frz. Schriftsteller (* 1913)

† *Hans Leip*, dt. Dichter, berühmt durch den Text zum Soldatenlied „Lilly

---

† *Heinrich Roth*, dt. Psychologe und Pädagoge (* 1906)

† *Erna Scheffer*, 1951–63 erste Frau im Bundesverfassungsgericht (* 1893)

Friedrich Sieburg (1893–1967): „Abmarsch in die Barbarei. Gedanken über Deutschland" (Auswahl seiner polit. Schriften)

† *Karl Gerhard Steck*, ev. Theologe, Schüler von *K. Barth* (1886–1968) (*1908)

Shepard Stone (* 1909 i. USA) seit 1974 Direktor des Aspen-Instituts Berlin wird Berliner Ehrenbürger

† *Gerhard Storz*, Literaturhistoriker, 1958–64 Kultusminister in Baden Württemberg (* 1898)

Kardinal *Tomasek*, Erzbischof von Prag, fordert eine tolerante Kirchenpolitik in CSSR

Frau *Walesa* nimmt in Stockholm den Friedens*nobel*preis für ihren Mann *Lech* entgegen

C. F. v. Weizsäcker: (* 1912) „Wahrnehmung der Neuzeit" (Über Denker und Denken)

C. F. v. Weiz-

am Breitscheidplatz in Berlin (W)

Kunstausstellung in Innsbruck mit Werken von *Werner Scholz* (* 1898, † 1982, seit 1939 in Alpach)

Rudolf Sikora (* 1946, Slowake) „Kosmische" Bilder)

Willi Sitte (*1921) erneut Präsident des Verbandes Bildender Künstler der DDR

James Stirling (* 1926 i. Gr.-Brit.) baut in Stuttgart Neue Staatsgalerie

Walter Stöhrer (* 1937) Ausstellung seiner Bilder aus dem Kreis der „Neuen Wilden" in Bremen

Heinz Trökes: 31 Skizzenbücher 1943–83 Ausstellung i. d. Nationalgalerie Berlin(W)

Heinz Trökes (* 1913): Neue Aquarelle (Ausstellung in Berlin (W))

Roman Vishniac (* 1897 als Sohn eines Juden): „Verschwundene Welt" (Fotografien vom Ostjudentum)

Jost Vobeck (* 1938 in Berlin): „Mein Bild vom Krieg" (Triptychon, Papier auf Leinwand)

Ben Wargin: „Wie ein Jahr vergeht, Poesie der Straße" (Environment i. Charlottenburger Schloß aus Abfall) („Gesamtgerümpel – Kunstwerk")

„Six"-Schule von 1920, seit 1942 i. USA (* 1892 bei Paris)

Broadway Musical „Chorus-Line" von *Joseph Tapp* erreicht mit der 3389. Aufführung seit 1975 Rekordzahl der Aufführungen eines Musicals

Klaus Tennstedt (* 1927) wird Chef des London Philharmonic Orchestras

Zum 100. Todesjahr *Wagners* bringt Bayreuth Neuinszenierung des „Ring" unter *Georg Solti* (* 1912 i. Budapest) ohne moderne Problematisierung

† *Erich Walter*, dt. Choreograph (* 1928)

Twyla Tharp (* 1942): „Nine Sinatra Songs" (Tanzstück, Urauff. in New York)

† *William Walton*, brit. Komponist (* 1902)

† *Muddy Waters*, US-Gittarist des Blues der südlichen Staaten (* 1915)

Frühwerke von *Kurt Weill* (1900–1950) in New York entd.

Weltmusikfest in Aarhus/Dänemark (ursprünglich in Madrid geplant)

Jahre nach dem Urknall (vor ca. 20 Mrd. Jahren) keine oder nur wenige Quasare gab. Seitdem bildeten sich aktive Kerne der Galaxien

Über 7 Mill. chemische Verbindungen bekannt, von denen 63 000 breiter angewendet werden

Photosynthese durch Bakterien gab es vermutlich schon vor 3,5 Mrd. Jahren, bald nach den ersten Lebewesen

Archäobakterien aus der Tiefsee vermehren sich bei + 250°C

Mit Röntgenstrahlen wird im Hunsrück eine fossile Rippenqualle gefunden als Vertreter des letzten großen Tierstammes, von dem Fossilien aus der Zeit um -400 Mill. Jahren bisher fehlten

Fundauswertung weist in Australien vor 220 Mill. Jahren säugetierähnliche Kriechtiere nach

Im NO der USA werden 7000 Jahre alte Spuren des Akkerbaus gefunden

Menschenfund i. Spanien mit einem Alter von über 0,9 Mill. Jahren gilt als ältester Menschenfund in Eurasien

250 000 Jahre alter Schlachtplatz für Jagdbeute der Steinheim-Menschen mit Resten

auf (Kosten für 1500 Betten 1,6 Mrd. DM = 1 Mill. DM pro Bett)

16,7 % der Bürger in BRD leidet an Krankheit (vorwiegend Atmungsorgane und Kreislauf)

Aus USA wird seit 1979 eine neue Krankheit vorwiegend bei Homosexuellen bekannt, die in der Regel lebensgefährlich ist (AIDS = Acquired Immune Defiency Syndrom, erworbener Immundefekt)

Für Europa meldet WHO 153 AIDS-Fälle mit 45 Toten nach Reisen in die USA, nach Haiti und nach Afrika in den letzten 5 Jahren

Etwa 2 Mill. Einw. d. BRD vom Alkoholismus betroffen

Bisher höchstes bekanntes Lebensalter 118 Jahre

Bundesgesundheitsamt widerruft wegen Nebenwirkungen Zulassung von 43 Medikamenten

K. Langbein (* 1953) u. and.: „Bittere Pillen" (bewertet kritisch etwa 2300 Medikamente mit dem Ergebnis, daß 62,3 % aller verkauften Medikamente „wenig zweckmäßig" sind oder gar von ihnen „abzuraten" ist)

WHO-Studie über Atomkrieg rechnet mit über 1,1 Mrd. Toten (25 % der Menschheit)

Die meisten Ärzte erklären Hilflosigkeit der Medizin im Falle eines Atomkrieges

Epidemie durch den klassischen Erreger der Cholera in Bangla Desh

In Berlin (W) mit etwa 80 über doppelt soviele Herointote gegenüber Vorjahr (1974: 84)

Änderung der Ernährung senkte in USA die Sterberate an Herzgefäßkrankheiten von 800 (1968) auf 600 (1977) je 10 000 Einw. (In Japan schwankt sie in diesem Zeitraum um 100)

Frau *Veronika Carstens*, Gattin des Bu.-Präs., gründet Kuratorium für Hirnverletzte

Hungerkatastrophe in Afrika bedroht 150 Mill. Menschen

Nach UNICEF sterben täglich etwa 40 000 Kinder vor allem an Durchfallkrankheiten

(1983)

den Sozialisten und Kommunisten Verluste brachte, zurück

Frz. Min.-Präs. *Mauroy* (* 1928, Sozialist) bildet nach den Gemeindewahlen seine 3. Regierung mit 15 (vorher 25) Min. (darunter einige Kommunisten)

In Frankreich bestätigen Sozialisten (unter *F. Mitterand* (* 1916)) und Kommunisten (unter *G. Marchais* (* 1920)) ihr Regierungsbündnis

Frankreich entsendet Fallschirmjäger in den Tschad

† *Umberto v. Savoyen* (in Genf), letzter ital Kg. (* 1904)

Zehntausende demonstrieren in Athen gegen USA-Stützpunkte in Griechenland

Griechenland schließt mit USA neues Stützpunktabkommen, das ihre Nutzung bis 1990 begrenzt und die Rechte der USA stark einschränkt

Griechenland übernimmt nach BRD die Präsidentschaft der EG

Wahlen zum brit. Unterhaus bringen Reg. *M. Thatcher* großen Gewinn:

	%	Mandate
Konservative	42,4	397
Labour	27,7	209
SDP	25,3	6
Liberale	5,0	17
Sonstige	5,0	21
Summe	100	650

Sozialliberale (SDP) unter *Roy Jenkins* verfehlen durch brit. Wahlsystem den erhofften Erfolg

Außenmin. *Pym* (* 1920) und Innenmin. *Whitelaw* (* 1918) werden i. d. brit. Reg. durch *Howe* (*1926) bzw. *Brittan* (* 1940) ersetzt

Roy Jenkins (* 1920) tritt als Vors. der brit. SDP zurück. Nachfolger wird *A. Owen* (* 1938)

Nach dem Wahlmißerfolg tritt der Vors. der linken brit. Labour-Party *M. Foot* (seit 1980; * 1913) zurück

Neil Kinnock (* 1942) wird Vors. der brit. Labour-Party als Nachfolger von *Michael Foot* (* 1913), der seit 1980 im Amt war (bedeutet Rechtsruck)

Verhandlungen zwischen Gr.-Brit. und VR China über Hongkong, seit 1898 brit. Kronkolonie, deren Pachtvertrag nach 100 Jahren endet

IRA-Terrorwelle in Nordirland (IRA 1922 gegründet)

64 Verhaftungen bei schweren Unruhen in Nordirland. 17 ausgebrochene IRA-Mitglieder werden erneut gefaßt

Brit. Unterhaus stimmt Stationierung von US-Marschflugkörpern zu. Regierung behält sich Vetorecht beim Einsatz vor

Marleen" (* 1893)

Bestenliste des SW-Funks benennt für Oktober *Michael Leiris* (* 1901 in Paris): „Das Band am Hals der Olympia" (Roman)

† *Wolfgang Lukschy*, dt. Schauspieler (* 1905)

N. Mailer (* 1923 i. USA): „Frühe Nächte" (dt. Übers. eines erotisch betonten Romans aus der ägypt. Pharaonenzeit)

† *Bernhard Martin*, führender dt. Mundartforscher, Mitarbeiter am „Dt. Sprachatlas"

E. Y. Meyer (* 1946 i. d. Schweiz) und *Friederike Roth* (* 1948 i. BRD) erhalten *Gerhard Hauptmann*-Preis von der Freien Volksbühne Berlin (W)

Arthur Miller (* 1915): „Die große Depression" (Dt. Erstauff. des US-Schauspiels um die Wirtschaftskrise ab 1929)

Irmtraud Morgner (* 1933 in Chemnitz): „Amanda" (ein Hexenroman)

Martin Mosebach: „Das Bett" (Roman um das

säcker: „Die Wissenschaft ist für ihre Folgen (nicht legal, aber moralisch) verantwortlich"

R. v. Weizsäcker (* 1920) (Reg. Bgm. von Berlin): „Die deutsche Geschichte geht weiter" (Aufsatzsammlung)

Morris L. West (* 1916 in Austral.): „Unsere verrückte Welt" (zeitkrit. Betrachtung)

Wolfgang Zeidler (* 1924, SPD) folgt *Ernst Benda* (* 1925, CDU) als Präs. des Bundesverfassungsgerichtes

~Bauprojekte in Entwicklungsländern behindern zunehmend die archäologische Forschung

11 000 Jahre alte Kleidungsreste in Höhlen am Toten Meer gefunden

Grabungen in Polen seit 1933 zeigen, daß ≈ -5000 die neolithische Revolution das Gebiet von Polen erreichte

Israelische Archäologen stoßen auf die Grundmauer der von König *David* ≈ -1000 eroberten kanaanäischen Zita-

Gemälde und Zeichnungen von *Peter Weiß* (1916–82) (Ausstellung in Berlin (W))

† *Josef Wittlich*, dt. naiver Maler (* 1903)

Um dem Verkauf eines Bildes von *Watteau* („Liebesinsel") aus den Schloß Charlottenburg für 15 Mill. DM zu verhindern, wurden ein Notopferfond begr. und Benefizveranstaltungen durchgeführt

Das Evangeliar *Heinrich des Löwen* aus dem 12. Jh., das 50 Jahre verschollen war, wird in London für 32,5 Mill. DM für Sammlungen in d. BRD ersteigert

Ausstellung des Dt. Künstlerbundes (gegr. 1903) im *Gropius*-Bau in Berlin (W) mit 540 Werken von 332 Künstlern

Künstlerhaus Bethanien in Berlin (W) zeigt „Edition 83" (Ausstellung von Werken von 15 Gästen aus mehreren Ländern)
Hartmut Bonk (* 1939 i. Pulsnitz)
Ouhi Cha (* 1945 i. Korea)
Geoffrey Hendricks (* 1931 i. USA)
Ralf Kerbach (* 1956 i. Dresden)
David Larrcher (* 1942 i. London)
Luc Marelli (* 1958 i.d. Schweiz)
Barbara Quandt (* 1947 i. Berlin)

Römerbad-Badenweiler-Musiktage „Debussy-musicien français" bringen Werke von *W. Rihm*

In der BRD finden in etwa 20 Orten Festspiele statt, in deren Programm Musik und Theater überwiegen

Thema der *Bach*tage in Berlin (W): *Bach* und frz. Barockmusik seit *Rameau*

Donaueschinger Musiktage mit Urauff. von *Hans Jürgen Bose* (* 1953)
A. Delz
Christobal Halffter-Jiménez (* 1930 i. Span.)
Hubertus Kirchgässer
Manuel Hildalgo
Klaus Huber (1924 i. Bern)*
Joachim Krebs
Karl Heinz Stockhausen (* 1928 bei Köln)

Die „Met" (Metropolitan Opera New York) begeht ihr 100-jähriges Bestehen

Streik an der City Oper in New York

12. Jazz-Festival in Moers

Internationale Orgelwoche in Nürnberg unter dem Motto „Musik um *Luther*"

eines gewaltigen Waldelefanten in Cannstatt bei Stuttgart gefunden

Medizin forscht intensiv nach Ursachen und Bekämpfung von AIDS (Immunitätsschwäche), einer Krankheit, die sich seit ihrer Entd. 1982 erschreckend ausbreitet (vgl. V)

Bei AIDS-Patienten wird ein spezieller Pilz gefunden, der Urheber dieser Krankheit sein könnte

Altern wird zunehmend als molekularbiologischer Prozeß analysiert und verstanden

Internationaler Kongreß für psychosomatische Medizin in Hamburg

Rückblick auf 30 Jahre Psychopharmaka: 1953 Neuroleptika, 1957 Antidepressiva, 1960 Tranquilizer (von letzteren in BRD jährlich 50 Mill. Verschreibungen)

Seit ~ 1975 werden zahlreiche von etwa 500 Neuropeptiden gefunden, die als Transmitter die Hirnfunktion steuern

In Kanada wird mit radioaktivem Fluor 18 die Verteilung des Neurotransmitters Dopamin im lebenden Hirn sichtbar gemacht

Es gibt inzwischen 5 nichtinvasive Techniken für Bil-

Es entsteht der Verdacht, daß Dioxin Krebs erregt

† *Ludwig von Mayer-König*, Gesundheitspolitiker i. BRD (* 1919)

In BRD leben etwa 20 Mill. Rheumakranke (volkswirtschaftl. Unkosten etwa 35–45 Mrd. DM)

Unruhe in der palästinensischen Bevölkerung wegen ungewöhnlicher Vergiftungsfälle bei Schulmädchen. Vorwürfe gegen israelische Besatzungsmacht

In USA erreichen die Fälle an Beulenpest einen Hochstand (28 Fälle gegenüber einem Fall 1925–65), 4 Tote

Von 91 100 Schwangerschaftsabbrüchen in der BRD waren (1982) 77 % wegen sozialer Indikation

In BRD kommen auf 100 000 Einw. 38 Erkrankungen an Tuberkulose (Auslaufphase der Krankheit wahrscheinlich bis nach 2000)

Zahl männlicher Zigarettenraucher in USA
65 % (1969) 34 % (1981)

~ In Nigeria sterben jährlich 200 000 Menschen an Malaria

Im Lippizanergestüt Piber/Österr. verenden an Viruskrankheit 8 Stuten und 28 Fohlen

Seit 1960 legte die Bundesbahn in BRD etwa 2100 km Bahnlinien still

Regierung der BRD beschließt kostensparenden Rationalisierungsplan für die Bundesbahn

Fast 12 Mill. Besucher der Internat. Gartenbauausstellung in München

Die meisten NATO-Staaten und die Schweiz boykottieren 14 Tage Flugverkehr mit USSR wegen des Abschusses einer südkoreanischen Verkehrsmaschine mit 294 Insassen

Neues Postabkommen BRD-DDR sieht erhöhte Zahlungen an DDR für verbesserte postalische Verbindungen vor

Am Mittelbergferner im Pitztal/Tirol entsteht gegen Widerstand von Natur- und Bergfreunden ein Ganzjahres-Skigebiet

Problematischer Massentourismus führt 280 Bergsteiger am selben Tag auf den Mont Blanc

(1983)

Mitte November treffen die ersten US-Marschflugkörper in Gr.-Brit. ein und lösen Demonstrationen von Kernwaffengegnern aus

F. Cossiga (* 1929, DC) als Nachfolger von *E. Colombo* zum ital. Senatspräs. gewählt

Gründer der „Roten Brigaden" *Curcio* erklärt ihren Terror in Italien für gescheitert

Ital. Koalitionsreg. unter *Fanfani* (*1908, DC)

Ital. Regierung *Fanfani* beschließt umfangreiches Sparprogramm

Ital. Koalitionsregierung unter *A. Fanfani* tritt zurück

In Italien werden 32 Haftstrafen auf Lebenszeit gegen die Terroristen verhängt, die *A. Moro* 1978 entführten und ermordeten

%-Ergebnisse der Wahlen zum ital. Parlament (1979)

Christdemokraten	32,9	(38,7)
Kommunisten	29,9	(30,4)
Sozialisten	11,4	(9,8)
Neofaschisten	6,8	(5,3)
Republik.	5,1	(3,0)
Radikale Partei	2,2	(3,4)

Bettino Craxi (* 1934, Sozialist) bildet ital. Koalitionsregierung aus PSI, DC, Sozialdemokraten, Republikaner und Liberalen

Schwere Unruhen auf Sizilien (Comisos), wo US-Raketen stationiert werden sollen

Ital. Parlament stimmt US-Nachrüstung mit Raketen in Italien zu

Auf dem Gipfel in Williamsburg unterstützt das Nicht-Mitglied Japan überraschend den NATO-Standpunkt

Tanaka (* 1918), 1972–74 japan. Min.-Präs., wegen Korruption verurteilt und gegen Kaution freigelassen

Japans Liberaldemokraten verlieren in der Wahl unter *Nakasone* wegen Bestechungsaffäre des früheren Reg.-Chefs *Tanaka* absolute Mehrheit

Irene, Prinzessin der Niederlande, spricht auf einer Großkundgebung in Den Haag (350 000 Teilnehmer) gegen Atomwaffen

Konservativer Min.-Präs. von Norwegen *K. Willoch* (* 1928) bildet Reg. Mitte-Rechts mit knapper Mehrheit

Präsident von Portugal *Eanes* (* 1934) kündigt Neuwahlen an

Portugies. Sozialdemokraten wählen *Mota Pinto* (* 1936) als Nachfolger des Reg. Chefs *Pinto Balsameo* (* 1938) zum Vors.

Sozialisten gewinnen unter *Mario Soares* (* 1924) Wahlen in Portugal

Leben einer Familie in der NS-Zeit)

Heiner Müller (* 1929, lebt in DDR): „Herzstück" (7. Bd. der Werkausgabe)

Heiner Müller (* 1929) „Verkommenes Ufer" (Schauspiel, Urauff. in Bochum)

10 Theater aus 5 Ländern führen auf dem Holland-Festival Schauspiele von *Heiner Müller* auf

Helga M. Novak (* 1935 i. Berlin, bis 1966 DDR): „Grünheide, Grünheide" (Gedichte 1955–80)

† *Erik Ode*, dt. Schauspieler, bekannt als „Der Kommissar" in 98 Fernsehfilmen (* 1910)

Lyriker *Oskar Pastior* (* 1927 i. Siebenbürgen) erhält Literaturpreis des SWF-Literaturmagazins

Harold Pinter (* 1930): „An anderen Orten", „Victoria Station", „Eine Art Alaska" (engl. Bühnenstücke, dt. Erstauff. i. Düsseldorf)

Ulrich Plenzdorf (*1934): „Legende vom Glück ohne Ende"

delle und weitere Spuren in 25 Schichten

In den Anden Kolumbiens werden Säulen mit hebräischen und dorischen Inschriften gefunden, deren Entstehung rätselhaft ist

Pekings ursprünglicher Standort aus der Zeit um ≈ -1000 wird 40 km vom heutigen entfernt entd.

Tempelanlage von Borobudur auf Java wird nach Restaurierung der Öffentlichkeit übergeben (erbaut ≈ 750–850, entd. 1814)

In Trier werden Holzbrücken aus dem Jahr ≈ -16 gefunden, sodaß die Stadt 1984 mit Köln auf 2000 Jahre Geschichte zurückblicken kann

Archäologen entdecken in Augsburg Grab eines christl. Märtyrers aus dem 4. Jh. (Heilige *Afra*?)

Vertrag über Auswertung der Handschriftenfunde von 1975 (Bibeltexte bis in das 5. Jh.) zwischen Universität Münster und Katharinenkloster auf dem Sinai

Norbert Radermacher (* 1953 i. Aachen)
Hella Santarossa (* 1949 i. Düsseldorf)
Serge Spitzer (* 1951 i. Bukarest)
Rainer Tappeser (* 1941 in Düsseldorf)
Birgit von Toerne (* 1954 i. Lüneburg)
Yoshimasa Wada (* 1943 i. Japan)
Arthur Wicks (* 1937 i. Australien)
Matjias Wild (* 1946 i. d. Schweiz)

Festwochen in Berlin (W) zeigen Futurismus in Rußland im Zeitraum 1917–27

Berlin (W) gibt Fassadenteile des *Ephraim*-Palais von 1767 für seine Rekonstruktion an Berlin (O)

Künstler-Kongreß in DDR bekennt sich zum „sozialistischen-realistischen Kunstschaffen"

Französische Kirche am Gendarmenmarkt in Berlin (O) wiederhergestellt

In einer Höhle bei Blaubeuren wird eine über 33 000 Jahre alte Elfenbeinplastik eines Pferdes gefunden (1979 wurde dort Menschendarstellung auf Elfenbeinplättchen gefunden)

Florenz zeigt die restaurierten Fresken in Santa Maria Novella von *Paolo*

Die größte Orgel der Erde steht in Sydney mit 5 Manualen, 10 500 Pfeifen in 205 Registern. Sie kann ihr Spiel magnetisch aufzeichnen und originalgetreu wiedergeben

Durch Laserstrahl abnutzungsfrei abgetastete Digitalschallplatte bringt auch in BRD neue hohe Klangqualität

Zentrum für Computermusik in Salzburg

25. „Warschauer Herbst" Internat. Festival zeitgen. Musik fiel 1982 aus

25. Jazzfestival in Warschau (gegr. 1958)

Schlager: „Wir steigern das Bruttosozialprodukt", „Da-da-da" (dt. Welle), „Besuchen Sie Europa, solange es noch steht", „Freu' Dich nur nicht zu früh", „Ist das der Sonderzug nach Pankow?" (Persiflage auf die DDR nach *Glenn Miller*-Melodie von *Udo Lindenberg*)

der aus dem Körper-Inneren:
1) Röntgenstrahlen,
2) nuklearmedizinische Methode (Szintigramme),
3) Computer-Tomographie,
4) Ultraschall,
5) Kernspintomographie

Cyclosporin A, das die Abwehrreaktionen verringert, wird erfolgreich in der Transplantationschirurgie verwendet

In der Universität Stanford/USA überleben 7 von 10 Patienten eine Herz-Lungen-Transplantation mit Hilfe von durch Cyclosporin unterdrückter Immunabwehr

1. Kunstherzpatient stirbt in USA, 62 Jahre alt, 112 Tage nach der Implantation des von außen angetriebenen Herzens nach 7 schweren Rückfällen und Eingriffen

16-jähriger Südafrikaner erhält als erster Mensch 2. Spenderherz (Operation verläuft nach Angaben des Krankenhauses befriedigend)

Herzoperationen mit Herz-Lungen-Maschine in BRD

1970	1975
1975	5520
1980	10680
1982	13686

+11,8 %/Jahr

Seit 1967 erdweit etwa 800 Herztransplantationen

Nutzung der Vogelfluglinie nach Skandinavien (seit 1963) übersteigt jährlich 5 Mill.

Larg Neilson aus d. USA ohne Sauerstoffgerät auf dem Mt. Everest

Nelson Piquet (* 1952 i. Brasilien) das 2. Mal Formel-1-Weltmeister in Kyalami/Südafrika

Schwergewichts-Boxweltmeister *Larry Holmes* (USA) besiegt *Marvis Frazer* in Las Vegas in 2 Min. 57 Sek.

439. Todesopfer im Boxsport der USA seit 1918

Tamara Bykowa (USSR) springt mit 2,04 m Höhe Weltrekord

Elmar Borrmann (* 1957) aus Tauberbischofsheim gewinnt in Wien Weltmeisterschaft im Degenfechten

Eishockey-WM

1. USSR (zum 19. Mal)	4. BRD
2. CSSR	5. DDR
3. Kanada	

Weltmeisterschaft im Eiskunstlauf
1.) *Scott Hamilton* (* 1960, USA)
2.) *Norbert Schramm* (* 1960, BRD)

Weltmeister im Paar-Eislauf *Walowa/Wassiljew* USSR

Zuschauerschwund bei der Bundesliga im Fußball

Fußball-Liga-Sieger in der BRD
1982 Hamburger SV
1983 Hamburger SV

Fußballmeister in BRD-Oberliga: HSV. Hertha BSC, Berlin steigt ab

Fußballer der BRD *Gerd Müller* (* 1946) schoß 1964–79 636 Tore

Englische Fußballfans randalieren in Luxemburg (dieses Rowdytum nimmt weiter zu)

Schwere Krawalle in Mailand beim Fußballspiel Österr.-Ital.

Red Dixon (* 1954 i. Neuseeland) gewinnt Marathonlauf in New York in 2:08:59

J. Hingsen aus Ürdingen (*1958) erreicht mit 8777 Punkten im Zehnkampf Weltrekord

Carl Lewis (USA) gilt mit 8,79 m Weitsprung und 19,75 Sek. 200-m-Lauf als ein „zweiter" *Jesse Owens* (1913–70)

Medaillenspiegel G/S/B der Leichtathletik-WM in Helsinki:

(1983)

Wahlen in Portugal (in %)

Sozialisten	(PS)	36,3
Sozialdemokraten	(PSD)	27,0
Christdemokraten		12,4
andere		24,3

Nach dem Wahlsieg in Portugal bildet *M. Soares* Koalitionsreg. mit liberalen Sozialdemokraten

Span. Min.-Präs. *F. Gonzáles* (* 1942) und *M. Soares* (* 1924), beides Sozialisten, treffen sich in Lissabon. Spanien und Portugal bewerben sich um EG-Mitgliedschaft

Hohe schwedische Militärs beklagen mangelhafte Küstenverteidigung (vor allem gegen U-Boote)

Schweden protestiert energisch gegen U-Boot-Spionage (vermutl. d. USSR) vor seiner Küste (Identifizierung der Objekte mißlingt)

Nach einer Befragung sind über 50 % der Spanier gegen NATO-Mitgliedschaft

In Spanien regieren in 35 von 52 Provinzhauptstädten Sozialisten

35 Todesurteile in der Türkei gegen kurdische Separatisten (es gibt etwa 6 Mill. Kurden, die vorwiegend in der Türkei leben und nach Autonomie streben)

Im Zuge der Redemokratisierung in der Türkei werden Parteien zugelassen, für das Regime gefährliche Politiker jedoch an politischer Aktivität gehindert. Wahlen werden für den 6.11.83 angesetzt

In der Türkei erhalten 242 Personen Verbot polit. Betätigung

Wahlen in der Türkei bringen Militärregierung (seit 1980) trotz Begrenzung der Wahlfreiheit keinen Erfolg. Mutterlandspartei unter Turgut Özal (* 1950) 45 %. Sozialdemokr. Volkspartei 30,4 %. (MD)-Nationalsozialisten vom Militär favorisiert 23,2 %

Özal (* 1950) bildet neue türkische Regierung

Europarat verurteilt die Sezession von Türkisch-Nord-Zypern

† *N. W. Podgorny* 1965–77 Staatsoberh. der USSR (* 1903)

Moslemische Freiheitskämpfer richten heftige Angriffe gegen Streitkräfte der USSR und der von ihr in Afghanistan eingesetzten Regierung

P. A. Abrassimow (* 1912), 1962–70 und ab 1975 USSR-Botschafter in der DDR, mit verantwortl. f. d. Viermächteabkommen über Berlin von 1970 wird abberufen und politisch degradiert

USSR hat in den letzten Jahren 333 Mittelstreckenraketen SS 20 mit je 3 atomaren Sprengköpfen aufgestellt, wozu der NATO ein ausreichendes Gegengewicht fehlt

(Schauspiel, Urauff. i. Schwedt i. DDR)

† *Samson Raphaelson*, Bühnenschriftsteller und Drehbuchautor (z. B. 1927 „The Jazz-singer")

Man Ray (1896–1970): „Selbstporträt" wird von Jury zum Buch des Monats November gewählt

† *Jens Rehn*, Schriftsteller, schrieb 1954 „Nichts in Sicht" (* 1918)

† *Walter Reisch*, österr. Drehbuchautor und Journalist (z. B. „Maskerade" [* 1934])

† *Hans Reiser*, dt. Journalist (* 1929)

† *Mary Renault* (in Kapstadt), engl. Schriftstellerin (*1905)

† *Ralph Richardson*, engl. Schauspieler in London (* 1902)

† *Mercé Rodoreda*, katalanische Schriftstellerin (* 1910 i. Barcelona)

Friederike Roth: „Das Buch des Lebens, ein Plagiat. Erste Folge Liebe und Wald"

Friederike Roth (* 1948) erhält *Ingeborg-Bachmann*-Preis u. Volksbühnen-Preis

Unter der Hamaburg wird in Hamburg eine Festungsanlage aus dem 5./6. Jh. gefunden

„Slawen und Deutsche zwischen Elbe und Oder" (Ausstellung zum großen Slawenaufstand 983 in Berlin (W))

Bei Schwerin wird 800 Jahre alter slawischer Tempel entd.

Maya-Codex „Grolier" aus der Zeit ~ 1230 erweist sich als eine Sammlung von Venustafeln als echt (1971 entd.)

Polnische Zeitungen beklagen den Zerfall von Kulturdenkmälern in Niederschlesien

Bildungsausgaben in BRD steigen auf 84 Mrd. DM

Dt. Bundesregierung stellt mangelhafte Verwirklichung der vom Grundgesetz geforderten Gleichberechtigung der Frau fest

Bibelausgabe in USA tilgt jeden Hinweis auf Gott als „männliches" Wesen

In VR China wird zur Durchsetzung der 1-Kind-Familie durch ein Familienplanungsge-

Ucello (1397–1475) von 1431, die vom Hochwasser 1966 zerstört wurden

Restaurierte Römerbergbebauung in Frankfurt eingeweiht (Architekten *Bangert, Jansen, E. Schirmacher, Scholz* u. and.)

Dom zu Fritzlar aus dem 11./12. Jh. restauriert

Unter 20 000 gestohlenen Gemälden (Vgl. V) befinden sich vor allem Werke von *Picasso, Renoir, Rembrandt, Goya* und *Gauguin*

„Künstler für den Frieden" (Veranst. in Hamburg)

„Ars 1983" (Ausstellung moderner Kunst in Helsinki)

Kunst aus Alt-Nigeria (Ausstellung in Hildesheim mit Beninkunst von ≈ – 500 bis 200)

Stadt Höhr-Grenzhausen im Kreis Westerwald vergibt zum 5. Mal Keramikpreis

Kaiserstadt Huê in Vietnam wird restauriert

Wallraf-Richartz-Museum in Köln kündigt Katalog seiner Handzeichnungen an

„Kosmische Bilder in der Kunst des 20. Jh." (Ausstellung in Baden-Baden)

Museum für islamische Kunst in Kuwait

Kubismus-Museum bei Lille eröffnet

setz staatlicher Zwang ausgeübt

Wahl einer Frau (*L. Uchtenhagen*) in die Schweizer Reg. scheitert

„Ostermärsche" i. BRD für Abrüstung und Frieden verlaufen ohne ernste Zwischenfälle (Teilnehmer 750 000 lt. Veranstaltern, 250 000 lt. Polizei)

Auf der „2. Berliner Begegnung" diskutieren Schriftsteller aus Ost und West über die Abrüstung

„Anthologie des Friedens" in der DDR (5 von 10 Autoren „vorbeugend" festgenommen)

Sicherheitsorgane der DDR verhindern gemeinsame Friedensdemonstration von Anhängern der Friedensbewegung mit „Grünen" aus BRD

Friedensdemonstration bildet 108 km lange Menschenkette zwischen Stuttgart und Neu-Ulm

14 Frauen, die US-Stützpunkt in Gr.-Brit. als Gegner von Kernwaffen blockierten, werden festgenommen

Ökumenischer

WHO betont den Nutzen, traditionelle Volksmedizin mit moderner Medizin zu kombinieren, um eine erdweite medizinische Versorgung zu erreichen

Wissenschaftler erwarten bis 2000 „2. therapeutische Revolution" für Krebs u. a. Krankheiten

6,6 Mrd. Dollar für Grundlagenforschung in USA (0,3% BSP)

Die pharmazeutische Industrie rechnet für die Entwicklung eines neuen Medikaments 70–90 Mill. DM Kosten. Die Chancen einer medizin. brauchbaren Verbindung liegen bei 1:8000

Erfolge bei Immunisierung mit synthetischen Impfstoffen

Klinische Erprobung eines Lepraimpfstoffes in mehreren Ländern

R. A. Weinberg weist nach, daß eine Veränderung (Mutation) einer einzigen Base eines einzigen Gens der Erbsubstanz Krebs verursacht (molekulare Krankheit)

US-Wissenschaftler weisen Krebsviren beim Menschen nach

10 gentechnische Produkte von Bakterien herstellbar (1. 1977)

Waldsterben wird

1) DDR 10/7/5
2) USA 8/9/7
3) USSR 6/6/11
4) CSSR 6/4/2

151 Staaten nahmen teil

Sawinkowa (USSR) verbessert Diskusrekord der Frauen auf 73,26 m

Speerwurf-Weltrekord mit 74,76 m der Finnin *Tiina Lillak* (* 1961)

Tom Petrahoff (* 1958 i. USA) erreicht mit dem Speer 99,72 m (Weltrekord 1961: 86,74 m (Ital.))

Sergej Litwinow stellt mit Hammerwurf über 84,14 m Weltrekord auf

Zhu Jianhua (* 1963 i. VR China) erreicht mit 2,38 m Weltrekord im Hochsprung (als 22. leichtathletische Weltbestleistung dieser Saison)

100-m-Lauf-Weltrekord

Männer	Frauen
1912: 10,6	1934: 11,7
1983: 9,93	1983: 10,79

Am gleichen Tag Stadtmarathonläufe in Berlin, Peking und Montreal (schnellste Zeit 2:10:0,3)

Michael Groß (* 1964, BRD) schwimmt mit 1:48,28 Weltrekord über 200 m

EM im Schwimmen in Rom: Medaillenspiegel G/S/B

DDR	15/14/5	Schweden	1/1/0
USSR	6/6/7	Ital.	0/1/3
BRD	4/2/6	Bulgar.	1/0/1
GB	3/1/2		

BRD gewinnt Admiralscup des Hochseesegelns (1. Sieg d. BRD 1973)

Björn Borg (* 1956 i. Schweden), mehrfacher Meister, tritt vom Tennissport zurück

An der Spitze des Damen-Tennis steht *Martina Navratilova*, die 49 Spiele ohne Niederlage gewinnt (lebt in USA)

Mac Enroy gewinnt zum 3. Mal Tennis Weltcup

VR China gewinnt WM im Tischtennis

Dimitri Bilosertschew (* 1967 i. USSR) Turnweltmeister

† *Rolf Stomelen*, Rennfahrer, verunglückt in Kalifornien, 4-facher Sieger im Daytona Beach-Rennen (* 1944)

(1983)	Frz. Experten erklären, daß die SS 20-Raketen der USSR 62 % der Erdbevölkerung bedrohen Chef der KPSU *J. Andropow* kündigt „Änderungen" im Wirtschaftssystem der USSR an Mit der Wahl zum Staatspräsidenten der USSR verfügt *Andropow* über den Machtumfang von *Breschnew* Experten in d. USSR (Nowosibirsk) empfehlen Aufgeben der starren Planwirtschaft als notwendige Wirtschaftsreform 269 Tote beim Abschuß einer südkoreanischen Zivilmaschine durch die USSR, welche erklärt, einen Spionageflug vermutet zu haben (nähere Umstände bleiben ungeklärt, Flugschreiberverlust) *A. Gromyko* (* 1909) wird zum stellvertr. Min.-Präs. der USSR ernannt. Seit 1939 ist er in diplomat. Diensten, seit 1957 Außenmin. KPSU-Chef *Andropow* bietet die Verschrottung aller SS 20-Raketen an, bis auf die Zahl, die den Raketen Frankreichs und Gr.-Brit. entspricht USSR schlägt vor, die Zahl der weitreichenden strategischen Kernwaffen auf 1100 mit Mehrfachsprengköpfen zu begrenzen (SALT II hatte 1800 vorgesehen) USSR lehnt Zwischenlösung der USA für Mittelstreckenraketenstationierung in Europa ab *Kohl* und *Genscher* erreichen in Moskau eine Annäherung in den Raketenfragen Es werden etwa 4 Mill. politische Gefangene in der USSR vermutet, davon etwa 300 Regimegegner in psychiatrischen Kliniken Nach Stationierung der ersten US-Raketen in Europa unterbricht die USSR die START-Verhandlungen ohne Termin einer Fortsetzung. USA erklären sich weiter verhandlungsbereit Nach Abbruch der Verhandlungen über Mittelstreckenraketen unterbricht die USSR auch die START- und MBFR-Verhandlungen (letztere begannen 1973 in Wien) UN-Vollversammlung fordert zum 5. Mal in 4 Jahren Rückzug der Truppen der USSR aus Afghanistan. Kämpfe halten an EG hebt Handelssanktionen gegen USSR wegen Kriegsrechts in Polen auf Warschauer Pakt schlägt Einfrieren der Rüstungsausgaben vor 2 Todesfälle durch Herzversagen bei DDR-Grenzkontrollen belasten Transitverkehr und Beziehungen BRD-DDR *E. Honecker* erklärt den ersatzlosen Abbau der Selbstschußanlagen an der Innerdeutschen Grenze DDR stellt den Zwangsumtausch für Kinder ein, regelt gesetzlich Familienzusammenführung und	Jury gibt „Ritt auf die Wartburg" von *Friederike Roth* im Theaterrückblick 1982/83 1. Rang als dt. Stück *Tadeusz Rozewicz* (* 1921 i. Polen) erhält den Österr. Staatspreis f. Literatur † *Gabriele Roy*, frz.-kanadische Schriftstellerin, vielfach ausgezeichnet (* 1909) † *Richard Samuel* (in Australien) Germanist dt. Herkunft, der um 1933 emigrierte (* 1900 in Wuppertal-Elberfeld). Widmete sich speziell *Novalis* *Heribert Sasse* (*1925) wird Nachfolger von *Boy Gobert* (* 1925) als Generalintendant der staatlichen Bühnen in Berlin (W) † *Hans Schalla*, Regisseur, 1949–72 Intendant des Schauspielhauses Bochum (* 1904) *Einar Schleef*: „Berlin, ein Meer des Friedens" (Bühnenstück um eine Ehe, Urauff. i. Heidelberg) *Wolfdietrich Schnurre* (*1929): „Ein Unglücksfall" (Roman) *Wolfdietrich*	Rat tagt in Vancouver/Kanada Ökumenischer Rat der (ev.) Kirchen verurteilt Kernwaffen (ihm wird antiwestliche Haltung vorgeworfen) Kathol. Bischöfe in USA beschließen gegen Willen der Regierung Hirtenbrief gegen nukleare Bewaffnung und „Erstschlag" UNESCO-Friedenspreis an Pax Christi Bundesverfassungsgericht lehnt einstweilige Verfügung gegen Stationierung mangels Kompetenz ab Erste Frau wird Mitglied der Berliner Philharmoniker Bundesverfassungsgericht spricht im Urteil über die geplante Volkszählung von „informationeller Selbstbestimmung" (als einer Art Grundrecht) Radikale Israelis begehen Bombenanschläge auf Moscheen im besetzten Jordanland Mehr als 1500 Frauen sind in Erlangen für ein „Retortenbaby" vorgemerkt Der Islam wird Staatsreligion in Bangla Desh

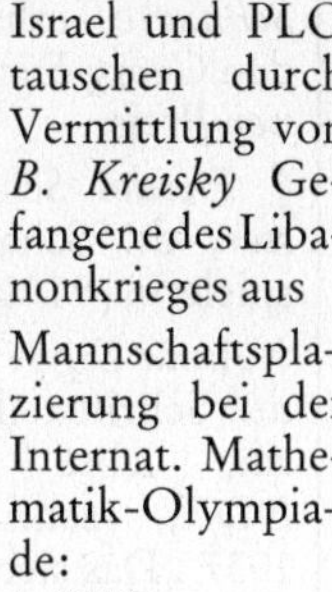

„The Essential Cubism“ (Ausstellung in der Tate Gallery in London über die Entw. des Kubismus 1907–20)

Das Londoner Kunstauktionshaus *Sotheby's*, gegr. 1744, wird in die USA verkauft

Altstadtsanierung Lübecks wird ausgezeichnet

„Schrecknisse des Krieges“ (über 1000 Graphiken von über 50 Künstlern als Ausstellung in Ludwigshafen)

Bauzeichnungen auf den Wänden des jüngeren *Apoll*-Tempels in Didyma bei Milet aus dem -4. Jh. entd.

Moderne Kunst aus BRD/NRW (122 Werke von 40 Künstlern) in Moskau ausgestellt

Fund einer griech. Jünglings-Statue auf der Insel Mozia aus der Zeit ≈ -450 wird bekannt (Fund 1979)

„aktuell '83“ (Ausstellung jüngerer Künstler im Lenbachhaus München)

Veit Stoß († 1533) – Ausstellung im Germanischen Museum in Nürnberg

500 Jahre alte St. Michael-Kirche in Bad Orb brennt ab (10 Mill. DM Schaden)

Terrassen von Schloß Sansouci in Potsdam restauriert

Israel und PLO tauschen durch Vermittlung von *B. Kreisky* Gefangene des Libanonkrieges aus

Mannschaftsplazierung bei der Internat. Mathematik-Olympiade:
1. BRD,
2. USA,
3. Ungarn,
4. USSR,
5. Rumänien
Bester ist ein Berliner

US-Nachrichtenmagazin „Time“ wählt *Reagan* und *Andropow* zu „Männern des Jahres“

UN-Menschenrechtskommission: In den letzten 15 Jahren 2 Mill. Menschen ohne ordentliches Gerichtsverfahren hingerichtet

Amnesty International (ai): 1982 in mehr als 30 Ländern die Menschenrechte durch Ausnahmezustand eingeschränkt

Auswirkungen des KSZE-Folgetreffens in Madrid auf die Menschenrechte werden skeptisch beurteilt

DDR entläßt 83 Gefangene in die BRD (vermutlich freigekauft)

In USSR werden 167 Dissidenten neu verhaftet

als von vielen Ursachen bedingt erkannt

Brit. Forscher berichten über Jungferzeugung beim Menschen ohne Befruchtung durch männlichen Samen

Brit. Forscher stellen Chromosomenschäden bei Retortenbabies (Reagenzglas-Embryonen) fest

Forscher der MPG stellen fest, daß Brieftauben durch Geruchssinn ihren Heimatschlag finden (Die Funktionsweise bleibt zunächst ungeklärt)

Genetische Steuerung des Vogelzuges wird entdeckt

Pflanzenschädlinge werden zunehmend mit schützenden Signalstoffen der Pflanze (Allomane) statt mit umweltschädlichen Giften bekämpft

Die 1972 gestartete US-Planetensonde „Pionier 10“ verläßt bei rd. 4,5 Mrd. km Sonnenentfernung das Sonnensystem als 1. vom Menschen gefertigter Gegenstand

Die Radionuklidbatterien der Sonde „Pionier 10“ halten mit 100 Watt über 6 Mrd. km (5,6 Lichtstunden) Verbindung mit der Erde

US-Raumfähre „Challenger“ mit 4 Astronauten und der Astronautin

Pavel Ploc (CSSR) erreicht mit 181 m Weltrekord im Skifliegen

Sportler des Jahres: zum 3. Mal *Ulrike Meyfarth* (* 1956) (Hochsprung) und *Michael Groß* (* 1964) als Schwimmer

Erdrutsch in Ecuador verschüttet Panamericana und erfaßt 9 Fahrzeuge einschl. 3 Autobussen (30 Tote werden geborgen)

Starke seismische Aktivität bei Pozzuoli/Italien läßt Entstehung neuer vulkanischer Krater (wie schon 1538) befürchten

Neues Bett für Lavastrom durch Sprengungen am aktiven Ätna

Schweres Erdbeben mit Flutwelle in Japan

Etwa 1000–2000 Tote und 34 zerstörte Dörfer durch Beben in O-Türkei bei Erzurum

6 Ausländer sterben in Auslieferungshaft in Berlin (W) durch (möglicherweise selbstgelegten) Brand

2 Mill. DM Schaden bei Brand der Beethovenhalle i. Bonn

Millionenschaden durch Brand im Kloster Einsiedeln (Kanton Schwyz)

Sommerhitze in Europa verursacht zahlreiche Waldbrände

DDR beschießt Sportflugzeug der BRD im Luftraum der DDR

Das schwerste und folgenreichste Flugunglück ist der Abschuß eines koreanischen Jumbo-Jets, der vom Kurs abgekommen war, durch Jagdflugzeuge der USSR, wobei alle 269 Insassen umkommen

ICAO ermittelt Navigationsfehler durch falsches Einstellen des Bordcomputers bei dem Jumbo-Jet, der von Jägern der USSR auf seinem Irrflug über Sachalin mit allen 269 Insassen abgeschossen wurde

Etwa 13 200 Verkehrstote in BRD (zunehmende Tendenz)

Aus der Unfallstatistik folgt: Motorradfahrt 45 mal risikoreicher als Autofahrt

Im Nebel fahren bei Kassel 100 Autos ineinander (9 Verletzte)

CSU-Generalsekretär *O. Wiesheu* (* 1944) tritt nach Autounfall unter

(1983)	beginnt Selbstschuß-Automaten an der Innerdeutschen Grenze abzubauen (BRD betrachtet dies als geringe Gegenleistung auf Mrd.-Kredit) Friedensdemonstrationen zu Ostern in Jena (werden später mit Ausweisungen aus der DDR geahndet) *Milka Spiljak* (* 1916) Staatspräsidentin von Jugoslawien 1070 Polen flohen in 10 Monaten 82/83 aus politischen Gründen aus ihrer Heimat Am Jahresanfang etwa 1500 politische Gefangene in Polen Polen kündigt die Aufhebung des vorläufig suspendierten Kriegsrechts an, das aber durch neue Gesetze de facto weitgehend erhalten bleibt *Lech Walesa* wird durch Verhaftung gehindert, an der Gedenkfeier für das Warschauer Getto teilzunehmen Illegaler Sender „Solidarität" in Polen sendet wieder „Solidarität" in Polen ruft zu Demonstrationen am 1. Mai auf. Zahlreiche Mitglieder werden verhaftet Am 1. Mai demonstrieren in vielen polnischen Städten Polen für die verbotene Gewerkschaft „Solidarität" Fronleichnamsprozession in Warschau wird zur Demonstration gegen Militärdiktatur Polnisches Parlament „Sejm" berät schwierige Wirtschaftslage ZK der rumän. KP erklärt Erreichung der Planziele für gescheitert, da Nationaleinkommen im 5-Jahresplan nur um 2,6 % statt um 6,1 % stieg Rumänien unterstützt auf der KSZE-Konferenz in Madrid die Position des Westens Rumänien fordert beide Supermächte zur Beendigung des Wettrüstens auf „Prager Weltfriedenstreffen" unterstützt Politik der USSR (es kommt zu Zwischenfällen mit westlichen Teilnehmern) Warschauer Pakt macht der NATO Angebot eines Nichtangriffspaktes, der für alle anderen Länder offen sein soll Gipfeltreffen des Warschauer Paktes in Prag unterstützt Abrüstungsvorschläge der USSR Verteidigungsmin. von Israel *A. Scharon* tritt wegen Massaker in libanesischen Flüchtlingslagern, die unter den Augen der Besatzungsmacht Israel stattfanden, zurück, bleibt aber Min. ohne Geschäftsbereich *M. Arens* (* 1925) wird israel. Verteidigungs.-Min. † *Jitzhak Navon*, Staatspräs. von Israel seit 1978 (* 1921 i. Jerusalem, Arbeiterpartei)	*Schnurre* erhält den *Georg Büchner*-Preis † *Friedel Schuster*, dt. Schauspielerin (* 1904) † *Anna Seghers*, dt. Schriftstellerin, lebte in DDR, schrieb 1937 „Das siebte Kreuz", seit 1950 Präsident und Ehrenpräsidentin des DDR-Schriftstellerverbandes (* 1900) *Léopold Senghor*, ehem. Staatspräsident von Senegal, erhält als Schriftsteller *Lucas*-Preis der Theologischen Fakultät von Tübingen *Ernst Stadler* (1883–1914 [gefallen]) – Ausgabe zum 100. Geburtstag des expressionistischen Dichters *Peter Stein* (* 1937) inszeniert in der Schaubühne i. Berlin(W) „Die Neger" von *Jean Genet* (* 1910) *Erwin Strittmatter* (* 1921): „Der Laden" (Roman aus der DDR) † *Alexej Surkow*, russ. Dichter und Politiker (* 1899) *Gabriele Tergit* (* 1894, † 1982): „Etwas Seltenes überhaupt" (Erinnerungen)	(insges. sind im Westen 862 Fälle bekannt) Berlin (W) eröffnet Museum für Verkehr und Technik 33. *Nobel*preisträgertagung auf derBodenseeinsel Lindau beschäftigt sich mit der Erbsubstanz 17. Philosophie-Kongreß in Montreal unter dem Motto „Philosophie und Kultur" In Gr.-Brit. wird über Beibehaltung der Prügelstrafe in der Schule debattiert Wissenschaftsrat fordert Förderung der Psychologie i. BRD Psychiater stellen Krise ihrer Wissenschaft fest Weltkongreß für Psychiatrie in Hamburg betont: Erbfaktoren und Umwelt gemeinsam verantwortlich für psychische Krankheiten USSR, Bulgarien, CSSR nehmen am Weltkongreß für Psychiatrie nicht teil, um Vorwürfen des politischen Mißbrauchs (Psychofolter) zu entgehen Etwa 35 Mill. US-Bürger (15,7 %) sind in

Bis zum Jahr 2000 will Rom das Zentrum der Stadt als Parco Archeologico gestalten, ein Plan, der zunächst aufgegeben wird

Obelisk in Rom durch Blitzschlag schwer beschädigt

50. Band des „Corpus Vasorum antiquorum“ von *Kurt Deppert* erscheint (gegr. 1912)

*Luther*haus in Wittenberg wiederhergestellt

---

3. Filmpreisvergabe der BRD in Berlin verläuft unter protestartigen Demonstrationen, weil der Film von *H. Achternbusch* (* 1938) „Das Gespenst“ übergangen wird

† *Robert Aldrich*, US-Filmregisseur (* 1918)

„Die flambierte Frau“ (Film von *Robert von Ackeren* mit *Gudrun Landgrebe*)

8 *Oscars* an „Gandhi“, brit. Film von *Attenborough*, 4 an „Der Außerirdische“ („ET“), von St. Spielberg (* 1947 i. USA); dt. Film „Das Boot“ von *Petersen* geht gegen viele Erwartungen leer aus

Ingmar Bergman: „Fanny und Alexander“ (schwed. Film)

40. Filmbiennale in Venedig gedenkt *Ingrid Bergmans* († 1982)

psychotherapeutischer Behandlung

Ev. Kirche in Berlin (W) richtet Telefon für die Beratung Sektengeschädigter ein

Immer mehr Videofilme mit perversen Gewalt- und Pornoszenen werden erhältlich und ausgeliehen. Der Jugendschutz ist unzulänglich

Ev. Kirchentag in Dresden unter dem Motto „Vertrauen wagen, damit wir leben können“

Ev. Kirchentag in Hannover unter dem Motto „Umkehr zum Leben“

Katholischer Dom in Stockholm eingeweiht (gleichzeitig werden die diplomat. Beziehungen zum Vatikan wieder aufgenommen)

Öffentliche Ausgaben für Kunst- und Kulturpflege in BRD stiegen 1976–81 um 73,6% (+11,6%/Jahr). Anteil der Gemeinden 1981 56 %

Frankfurt/M. hat von den Gemeinden i. BRD mit 437 DM die höchsten Kulturausgaben pro Kopf d. Bev.

0,6 % der öffent-

Sally Ride (* 1961) startet mit mehreren Satelliten zu 6-tägigem Flug

USA startet mit 4 Astronauten Raumfähre „Challenger“ mit 2 ½ monatiger Verspätung wegen techn. Pannen, die bisher größten Nachrichtensatelliten in geostationäre Umlaufbahn bringt

Telefonkanäle über Satellit sollen bis 1987 von 36700 auf 66 000 erhöht werden (+15,8 %/Jahr)

US-Satellit wird mit Schwerkraft des Mondes zur Begegnung mit einem Kometen gebracht

Es gelingt den US-Raumfahrttechnikern, nachträglich die Bahn des Satelliten TDSRA mit Fernsteuerung geostationär zu korrigieren

US-Raumfähre „Columbia“ startet mit 6 Mann Besatzung (darunter BRD-Physiker *Ulf Merbold* (* 1942)) zum Flug von 10 Tagen mit 121 Erdumkreisungen, wobei das in BRD gebaute Spacelab bei 72 Experimenten wertvolle Erkenntnisse sammelte

US-Raumsonde entd. wenige 100 Lichtjahre entfernt Stern mit Gammastrahlung

Die 1976 mit „Viking I“ auf dem Mars abgesetzte

Alkoholeinfluß zurück, bei dem er einen Todesfall verschuldete

1978 u. 79 i. BRD verursachten 3502 „Geisterfahrer“ mit 244 Unfällen 43 Tote (durch Vorkehrungen geht die Zahl der G. zurück)

13 Tote und 30 Verletzte bei Absturz eines ungar. Busses b. Graz

14 Tote bei Pilgerbusunfall in Norditalien

80 Tote, als in Peru Autobusse durch Erdrutsch verschüttet werden

Etwa 200 Tote bei Brückeneinsturz auf den Philippinen

Dompteur in Ostfriesland von Tigern angefallen und getötet

DLRG rettete in 70 Jahren rd. 250 000 Menschen vor dem Ertrinken

Hochwasser im April löst für die Mosel Katastrophenalarm aus. Auch Köln und Bonn sind überschwemmt (höchster Pegelstand seit 1948)

Die Mosel hat im Mai die 3. Hochwasserkatastrophe des Jahres

1 Toter und Millionenschaden bei Kollision eines Containerschiffes in der Elbmündung

20 polnische Seeleute ertrinken beim Sinken eines polnischen Frachters im Mittelmeer

Havarierter, brennender span. Tanker vor Südafrika verliert 90 000 t Öl (Günstiger Wind verhinder Ölpest-Katastrophe)

Mehr als 30 Tote und schwere Sachschäden durch Hurrikan in Mexiko (105 Fischer werden vermißt)

Die USA geben den Untergang eines U-Bootes der USSR mit 70 Mann Besatzung bekannt

In Italien beginnt Prozeß um die Giftkatastrophe von Seveso 1976, nach deren verschwundenem Giftmüll Dioxin intensiv, aber zunächst vergeblich gefahndet wird

4 von 6 Deutschen werden nach 10 Tagen ohne Trinkwasser von einem spanischen Schiff bei Singapur gerettet

In BRD jährlich etwa 70 Tote durch Blitzschlag

Überlebende einer Antarktisstation,

(1983)	*Chaim Herzog* (* 1918 i. Belfast, sozialdemokrat. Arbeiterpartei) wird gegen Likudblock zum Staatspräs. von Israel gewählt † *Simcha Ehrlich*, stellvertr. Min.-Präs. von Israel seit 1979 (* 1906) Mit Truppenabzugsvertrag schließt Israel mit Libanon Frieden (Syrer und Palästinenser blockieren Abkommen durch Verweigerung des eigenen Abzuges) *M. Begin* (* 1913, Likudblock) tritt überraschend als Min.-Präs. von Israel (seit 1977) zurück. Sein Nachfolger wird der bisherige Außenmin. *M. Schamir* (* 1915, Likud) In Israel scheitern Gespräche über eine große Koalition von Likudblock (*Schamir*) (* 1915) und Arbeiterpartei (*Peres*) (*1915) Der neue Min.-Präs. *Schamir* von Israel verhängt harte Sparmaßnahmen zur wirtschaftlichen Konsolidierung und kündigt die Forsetzung der Politik von *M. Begin* an 60 Tote bei Kamikaze-Sprengstoffattentat auf israelisches Hauptquartier in Tyros (das 3. dieser Art) von islamischen Fanatikern. Israel antwortet mit Luftangriffen UN-Konferenz über Nahost in Genf (USA und Israel bleiben fern) Mehr als 280 Tote, als in Beirut Selbstmordtäter das US- und frz. Hauptquartier der Friedenstruppe vor einer geplanten „Versöhnungskonferenz" der Bürgerkriegsparteien sprengen Arab. Kritik an *Arafat* Israel und Syrien verstärken ihre Streitkräfte im Libanon Präsident des Libanon *Gemayel* wehrt sich gegen Teilung des Landes durch Drusenführer *Dschumblat* Trotz Waffenstillstandes machen heftige Kämpfe eine örtliche Verlegung der Versöhnungskonferenz der kämpfenden Parteien im Libanon nach Genf nötig Waffenstillstand im Libanon zwischen Libanesen und Drusen, die seit dem Abzug Israels sich bekämpfen ≈Syrien entwickelt sich durch Einfluß im Libanon zur arabischen Führungsmacht Frz. Luftangriffe auf proiranische Milizen im Libanon als Vergeltung für Anschlag auf frz. Friedenstruppe Selbstvernichtung der PLO durch erbitterte Kämpfe feindlicher Gruppen bei Tripoli/Libanon. Kampfgruppe des PLO-Führers *Y. Arafat* eingeschlossen	*Georges Simenon* (* 1903 in Lüttich): „Intime Memoiren" (Buch des Monats Januar) † *Willy Trenk Trebitsch*, dt. Schauspieler und Regisseur (* 1899 i. Wien) *Frederick Tristan* erhält Prix *Goncourt* (wird zum 80. Mal vergeben) für „Les égarés" (Die Verirrten) *Turgenjew* (1818–83) - Museum in Paris eröffnet *John Updike* (* 1932 i. USA): „Bessere Verhältnisse" (dt. Übers. des US-Romans von 1981) *Guntram Vesper* (* 1941): „Die Inseln im Landmeer" (Gedichte) *Michel Vinaver*: „Flug in die Anden" (frz. Schauspiel um einen Flugzeugabsturz, dt. Erstauff. in München) „Komm, heilige Melancholie" (Gedicht-Anthologie, Hrg. *Ludwig Völker)* † *Louise Weiss*, frz. Schriftstellerin und Frauenrechtlerin (* 1882) † *Rebecca West*, brit. Schriftstellerin (* 1892)	lichen Gesamtausgaben in d. BRD entfallen (1980) auf den Kulturbereich 37. Ruhrfestspiele in Recklinghausen mit Kulturvolksfest In Straßburg unterzeichnen 21 Mitgliedstaaten des Europarates Ächtung der Todesstrafe Ablehnung der Wiedereinführung der Todesstrafe im brit. Unterhaus Griechenland kündigt Abschaffung der Todesstrafe an Iran richtet 16 Frauen aus religiösen Gründen hin USA kündigen UNESCO-Mitgliedschaft zum Ende 1984 wegen antiwestlicher ideologischer Politik ihrer Mehrheit aus Entwicklungsländern Verfassungsgericht in NRW erklärt integrierte Gemeinschaftsschule für verfassungskonform Jugendkommission des Bundestages bewertet in „Jugendprotest im demokratischen Staat" 200 000 arbeitslose Jugendliche für ein staatsgefährliches Potential der Unruhe

Schwedisches Filminstitut erklärt „Fanny und Alexander“ von *Ingmar Bergmann* zum „Film des Jahres“

† *Patrick Bilon* (an Blutvergiftung), Liliputaner, Hauptdarsteller im US-Film „Der Außerirdische“ („ET“) (* 1948)

„Das Geld“ (Film um die Zerstörung eines Menschen, von *Robert Bresson* (* 1907 i. Frankr.))

† *Luis Buñuel*, spanischer Filmregisseur, der vorwiegend in Mexiko arbeitete. Vertreter des surrealistischen Films. Seine antiklerikale Haltung führte zu Verboten (* 1900)

„Der Tod des Mario Ricci“ (Film von *Claude Coretta*)

† *Lotte Eisner*, Filmhistorikerin (* 1896)

„Und das Schiff fährt“ (ital. Film von *Federico Fellini*

„Die Geschichte der Piera“ (Film von *Marco Ferreri*(* 1928) mit *Hanna Schygulla* (* 1943))

† *Louis de Funès*, frz. Filmkomiker (* 1914)

„Ediths Tagebuch“ (Film von *Hans Werner Geissendörfer* (* 1941))

Angelika Hauff, Schauspielerin bei Theater und Film, zeitweise in Südamerika (* 1923 i. Wien)

Viele „Aussteiger“ verkommen in Indien

Wahlen an den Hochschulen i. BRD erweisen CDU-nahen RCDS als einflußreichsten Studentenverband

Privatuniversität für Mediziner in Witten/Ruhrgebiet eröffnet

Starke Studentendemonstrationen in Frankreich gegen Änderung der Hochschulgesetze von 1968

Gegner von Tierversuchen geben für die BRD jährlich 10 Mill. Tierversuche an

Bundesverband gegen Tierversuche gegründet

Massenansturm auf eine „Wunderquelle“ in Ransbach

† *Tennessee Williams*, US-Dramatiker („Endstation Sehnsucht“, „Die Katze auf dem heißen Blechdach“ u. a.) (* 1911)

Meßsonde verstummt

Für 1986 wird Satelliten-Teleskop geplant, das neue Ära der Astronomie ermöglicht

USA erproben erstmalig Laserwaffe gegen Raketen

Europa (ESA) startet Satelliten „Exosat“ zur Registrierung kosmischer Röntgenstrahlen

Indien startet zum 2. Mal Satelliten mit eigener Rakete

ESA erreicht mit erfolgreichem Start der „Ariane“-Rakete Einschaltung in die Internationale Konkurrenz

Raumstation der USSR „Saljut 7“ wird mit Kosmonauten besetzt, die nach einiger Zeit abgelöst werden

Kopplungsmanöver der USSR im Raum („Sojus 8“ mit „Saljut 7“) scheitert

USSR startet 2 Raumsonden zur Umkreisung und Erforschung der Venus

Start von „Kosmos 1514“ als Gemeinschaftsprojekt von USSR, USA und Frankreich

1970–80 steigt der Energieverbrauch pro Kopf der Erdbevölkerung um + 1%/Jahr auf 1936 StKE, der globale Gesamtverbrauch um + 2,8%/Jahr auf 8,9 Mrd. StKE (vgl. LiZ)

deren Energieversorgung ausfiel (bis -88°C) kehren i. USSR zurück

In Österreich verunglücken Januar/Februar 16 Skifahrer tödlich (7 durch Lawinen, 9 durch Kollision mit Bäumen)

Bei 34°C im Juli 10 Hitzetote in Frankfurt/M.

130 Hitzetote in USA

300 Soldaten der USSR in Afghanistan durch Lawine getötet

Hungersnot in Afrika, bes. in Moçambique und Sambia

120 Passagiere hängen in Tessin über Nacht in einer Seilbahn fest

Falsche Ordnung von „Lehrminen“ tötet in Niederlanden einen Ausbilder und 9 Rekruten

2 Tote und 15 Schwerverletzte bei Übungsschießen der Bundeswehr (darunter 1 CSU-MdB)

250 kg Fliegerbombe aus dem 2. Weltkrieg explodiert in Berlin/Bukkow (nur Sachschäden)

Bemannte Rakete der USSR explodiert beim Start. Besatzung der 3 Kosmonauten können sich retten (bisher gab es in der bemannten Raumfahrt je 3 Tote in USA und USSR)

Gerichtsverfahren wegen eines „Chopper“-Geistes in einer Zahnarztpraxis enden mit Geldstrafen gegen Zahnarzt und die Praxishelferin, die den Geist „spielte“

7 Jahre nach der Schließung des Bankhauses Herstatt werden die letzten beiden Angeklagten wegen Beihilfe zum Bankrott verurteilt

Amnesty International (ai) klagt Regierung von 20 Staaten wegen illegaler politischer Ermordungen an (Afghanistan, Argentinien, Bolivien, Chile, Kolumbien, El Salvador, Äthiopien, Guatemala, Iran, Syrien, Uganda, Philippinen, Guinea)

Innenminister der BRD verbietet Rocker-Motorradclub „Hells Angels“, von denen 13 Mitgl. in Untersuchungshaft sitzen, als kriminelle Vereinigung

Etwa 15 Mrd. DM jährlich Schaden in BRD durch Computermißbrauch

Raubüberfälle und Mordtaten neh-

(1983)

Im libanesischen Bürgerkrieg wird nach Beirut die Hafenstadt Tripoli zerstört

Im Golfkrieg seit 1980 1,5 Mill. Tote und Verletzte und 3 Mill. Obdachlose

Massenhinrichtungen im Iran gehen weiter, wobei auch Frauen nicht geschont werden

Iran verbietet die kommunistische Tudeh-Partei

Seit 1979 wurden etwa 18 000 Kurden im Iran getötet

Iran droht mit der Schließung der Straße von Hormuz, wenn Frankreich Irak militärisch unterstützt

R. Denktasch (* 1924) erklärt türkisch besetzten Teil im Norden Zyperns zum unabhängigen Staat, der von der Türkei umgehend anerkannt wird (Protest Griechenlands, erdweite Kritik) (Zypern war 1571–1878 türkisch)

8 Bürger der BRD in Libyen verhaftet, während in BRD Prozesse gegen Libyer stattfinden (führt zum Austausch)

Y. Arafat besucht nach seiner Vertreibung aus dem Libanon Ägypten zum Gespräch mit *Mubarak* (Kritik der PLO und Israels, Zustimmung der USA)

4 Tote und 45 Verletzte bei einer Serie von Bombenanschlägen in Kuwait, zu der sich Iraner bekennen (darunter 2 Kamikaze-Angriffe wie vorher in Beirut auf US- und frz. Botschaft)

Vergeltungsangriffe auf syrische Streitkräfte im Libanon kosten USA 2 Flugzeuge und einen vom Gegner Gefangenen

In USA wächst der Druck, die US-Truppen aus dem Libanon abzuziehen, dem der Präs. *Reagan* widersteht

Frankreich und Italien ziehen einen Teil ihrer Friedenstruppen aus Beirut ab (USA bleiben)

Argentinische Regierung läßt etwa 3000 1974–79 Verschollene für „tot" erklären

Generalstreik in Argentinien wird trotz Verbot zu etwa 85 % befolgt

Bei den ersten Wahlen in Argentinien seit der Militärdiktatur siegt *Raul Alfonsin* (* 1927, sozialdemokr. Bürgerunion) mit 52 % der Stimmen über *Italo Luder* (* 1917, Peronist)

Mit der Vereidigung von *R. Alfonsin* (* 1927) endet in Argentinien die Militärdiktatur seit 1976

Neue zivile argentin. Regierung erhebt Anspruch auf Falklandinseln und will mit Gr.-Brit. darüber verhandeln

150 Militärs werden in Argentinien wegen grausamer Exzesse an politischen Gegnern gemaßregelt

Regierung von Bolivien tritt nach Generalstreik zurück

---

† *Ernst Willner*, österr. Schauspieler und Regisseur (* 1926)

Gabriele Wohmann (* 1932): „Der kürzeste Tag des Jahres" (Erzählungen)

Christa Wolf (* 1929 i. Landsberg/Warthe): „Kassandra" (Erzählung)

Christa Wolf erhält den *Schiller*-Preis des Landes Baden-Württemberg

Bremer Literaturpreis an *Paul Wühr* (* 1927) für Roman „Das falsche Wort"

Eva Zeller (* 1923 in Eberswalde/DDR): „Tod der Singschwäne" (Erz.)

6000 belegbare Anglizismen in der dt. Sprache

„Thesaurus Librorum – 425 Jahre Bayerische Staatsbibliothek"

Auf der 2. „Berliner Begegnung" diskutieren Schriftsteller aus Ost und West über Abrüstung

„Sprache der Bibel" als Thema der Herbsttagung der Dt. Akademie in Darmstadt

Bibliothekskongreß in Hannover beklagt Schrumpfung der Haushalte

Die Amerika-Gedenkbibliothek (1954 in Berlin (W) gegr.) leiht das 25 Millionste Buch aus

„Schönste Bücher der Welt" (Ausstellung von 1100 Objekten in Leipzig unter Schirmherrschaft der UNESCO)

Verzeichnis von 36 000 dt. Taschenbüchern aus 46 Verlagen erscheint

Moskauer Buchmesse zeigt Werke *Maos* und andere chines. Werke, was als Annäherung gedeutet wird

~ Schrift der Harppakultur im Industal (~ 2300) wird zunehmend entziffert und als eine Frühform im drawidischen Sprachgebiet erkannt

Internationaler PEN-Club tagt in Venezuela und protestiert gegen Freiheitsbeschränkung von Schriftstellern

Polnische Regierung verbietet nach Aufhebung des Kriegsrechts Schriftstellerverband wegen Staatsfeindlichkeit

Internationales Theaterinstitut warnt vor Thea-

„Goldener Löwe" von Venedig für den Film „Prénom Carmen" von *Godard* (*1930)

„The Right Stuff" (US-Astronautenfilm, der den demokratischen Kandidaten für die Präsidentenwahl *John Glenn* (* 1921) herausstellt)

Kinobesuch i. BRD ging 1982 um 11,8% zurück

Nikkis Lisd (* 1957 i. Österr.) erhält *Max-Ophüls*-Preis für den Film „Malaria"

Poln. Regisseur *Janusz Majewski* (* 1933) als Nachfolger von *A. Wajda* (* 1926) Vors. d. poln. Filmverbandes

† *David Niven*, US-Filmschauspieler brit. Herkunft (* 1910 i. Schottland)

Pasolini (1922–75) – Retrospektive in der Mannheimer Filmwoche

† *Marc Porzel*, frz. Filmschauspieler (* 1949)

„Mein Onkel aus Amerika" (Frz. Film von *Alain Renais*)

Filmfestspiele von Venedig zeigen unter Leitung von *G. Rondi* 28 Uraufführungen

Großer Preis der Mannheimer Filmwochen an *Usmann Saparow* (USSR) für „Männererziehung"

terschließungen in BRD

Kammertheater in Stuttgart mit „Die Perser" von *Aischylos* eröffnet

Eröffnung der renovierten Kammerspiele in Berlin (O)

20. Theatertreffen bemerkenswerter Aufführungen in Berlin (W)

Nach Renovierung wird Old-Vic-Theatre in London wiedereröffnet (gegr. 1818)

Zeitung der USSR „Prawda" registriert Theaterkrise in USSR

In Pariser Theaterszene dominieren als Regisseure:
Peter Brook (* 1925 i. London)
Ariane Mnouchkine (* 1933 i. Frankr.)
Patrice Chéreau (*1944 i. Frankr.)

„Vogelbühne-Gedichte im Dialog" Anthologie der DDR mit Arbeiten von *Sascha Anderson, Rüdiger Rosenthal, Uwe Hübner, Lutz Rathenow* (nach Zensur und Säuberung)

Bei 300 Kernkraftwerken in 25 Ländern liegen Erfahrungen über mehr als 2800 Reaktorjahre vor, die eine minimale Strahlenbelastung der Bevölkerung und hohe Betriebssicherheit erweisen

Mit Ultraschall wird festgestellt, daß der Kern des Harrisburg-Reaktors bei der Panne 1979 völlig zerstört wurde

In der EG stieg 1982 der Anteil der Kernenergie an der Elektrizitätserzeugung von 16,7 auf 18,8 % an

Thorium-Hochtemperaturreaktor (THTR) bei Hamm erreicht den „kritischen" Betriebszustand der Kettenreaktion (Nullenergie)

Natriumbrüter „Phénix" in Frankreich produzierte in 10 Jahren 11 Mrd. KWh und erbrütete seinen derzeitigen Brennstoff selbst

1260 MW-Kernkraftwerk Krümmel b. Hamburg in Betrieb

Neue Fusionsanlage in Princeton/USA erreicht für 1/20 Sek. ein Plasma von 50 Mill. °C

Euratom-Kernfusionsreaktor „Jet" in Culham bei Oxford mit 4500 t Masse geht termingerecht in Probebetrieb. Er erreicht

men in der BRD stark zu: Überfälle auf Geldinstitute +18,8 %/Jahr, Morde +9,2 %/Jahr

In München werden 35 Rechtsradikale festgenommen

Unbekannte vergiften in Würzburg 10 Studenten mit Rattengift

In Bayern erschießt 30-jähriger Zivilfahnder bei einer Razzia 14-jährigen Schüler

Der Berliner Architekt *D. Garski*, dessen Geschäfte 1981 den Berliner Senat stürzten, wird in der Karibik festgenommen (später gegen Kaution aus der U-Haft entlassen)

Freiheitsstrafen für 5 von 8 wegen Todes eines Fußballfans in Hamburg Angeklagten

Fa. *Flick* klagt gegen Forderung, 0,5 Mrd. DM Steuern nachzuzahlen, die ihr zunächst erlassen worden waren

DDR-Grenzsoldat *Höhne* (* 1956), der auf der Flucht in die BRD einen Kameraden erschoß, erhält in Göttingen 6 Jahre Haft mit Bewährung

Marianne Bachmeier, die in Lübeck den mutmaßlichen Mörder ihrer Tochter erschoß, wird zu 6 Jahren Freiheitsstrafe verurteilt (Der Prozeß wird von einem Teil der Presse in problematischer Weise ausgewertet)

Zu Sylvester 4 Tote und über 19 Schwerverletzte bei Anschlägen auf Bahnanlagen (darunter ein Hochgeschwindigkeitszug) in Frankreich, wofür arab. Organisationen die Verantwortung übernehmen

Bewaffnete Gangster erbeuten in einem Londoner Juweliergeschäft in 6 Minuten 24 Mill. DM

77 Verletzte bei Bombenanschlag auf Kaufhaus Harrods in London

Honkong entwickelt sich zu einer erdweit wirkenden Verbrecherzentrale

Entführung von 165 Insassen einer libyschen Verkehrsmaschine endet unblutig auf Malta

Banditenchefin in Indien, die mit ihrer Bande viele Menschen tötete, ergibt sich der Polizei

Briten verurteilen dänischen Trawler-Kapitän *Kirk* zu 30 000 Pfund Sterling Strafe wegen Fischerei in

(1983)

Schwere Unruhen in Sao Paulo/Brasilien auf dem Hintergrund hoher Arbeitslosigkeit

Unruhen in Chile 10 Jahre nach dem Putsch von *A. Pinochet* (* 1915)

Reg. *Pinochet* in Chile verhaftet Führer der polit. Opposition in den Gewerkschaften

Streikaufruf in Chile schlägt fehl

Ab Mai mehrere nationale Protesttage in Chile. 50 Tote und zahlreiche Verhaftete

Sprengstoffanschläge unterbrechen in Santiago de Chile Stromversorgung

In Chile werden führende Christdemokraten verhaftet

Der chilenische Diktator *Pinochet* hebt den Ausnahmezustand auf, der nach 4 Jahren Belagerungszustand seit 1977 bestand

9. nationaler Protesttag in Chile gegen Diktatur von *Pinochet* (diese Proteste forderten bisher 50 Tote)

500 000 Demonstranten in Santiago de Chile fordern Rücktritt *Pinochets*

Den rechtsradikalen Todesschwadronen in El Salvador werden 30 000 Morde seit 4 Jahren zugeschrieben

In Guatemala sollen seit 1982 mehr als 12 000 Menschen von der Regierung *Rios Montt* (* 1925) getötet worden sein

In Guatemala wird *Rios Montt* von General *Mejia Victores* gestürzt

† *Miguel Aleman Valdés*, 1946–52 Staatspräs. Mexikos (* 1902)

Nicaragua schickt Berater aus Kuba zurück, um Gegnerschaft mit USA zu entschärfen

Peru verlängert wegen Guerilla-Aktivitäten Ausnahmezustand um 2 Monate

50 000 protestieren in Montevideo am 2. Jahrestag der Militärdiktatur in Uruguay

US-Militärberater in El Salvador ermordet

Bei einem Putsch auf Grenada in der Karibik wird der Min.-Präs. *M. Bishop* (* 1943) getötet (Darauf Intervention der USA)

Jaime Lusinchi (* 1924, Sozialdem.) wird mit klarer Mehrheit neuer Staatspräs. von Venezuela als Nachfolger des Christdemokraten *Campins*

Bombenanschlag in Rangun/Birma auf südkoreanische Reg.-Delegation: 20 Tote (darunter 4 Min.) und zahlreiche Verletzte (südkorean. Präsident *Chun* (* 1932) entgeht knapp dem Attentat und bricht Reise ab)

Li Hsien-nien (* 1909, seit 29 Jahren im Politbüro) zum Staatsoberhaupt der VR China gewählt, die 15 Jahre ohne Oberhaupt war

brit. Hoheitsgewässern (*Kirk* ist Mitglied des Europa-Parlamentes)

UN berichtet, daß in den letzten 15 Jahren in 40 Staaten etwa 2 Mill. Menschen ohne faires Verfahren hingerichtet wurden

UN berichtet über 4500-20 000 Hinrichtungen im Iran seit der islamischen Revolution 1979

In der Türkei wurden seit 1972 86 Todesurteile vollstreckt

In Japan wird ein zum Tode Verurteilter nach 34 Jahren wegen erwiesener Unschuld freigesprochen

Im größten Terroristenprozeß in Italien werden 32 von 64 angeklagten Mitgliedern der „Roten Brigaden" zu lebenslanger Freiheitsstrafe verurteilt

In Palermo (Sizilien) werden 59 Mafia-Angehörige zu Freiheitsstrafen von 6 Monaten bis zu 20 Jahren verurteilt

In Neapel werden 500 Mitglieder der mafiaartigen Camorra verhaftet

3 Polizisten in Palermo vermutlich von der Mafia erschossen

In Budapest werden aus dem Museum 2 *Raffael*-Bilder gestohlen

Lebenslängliche Haftstrafe für ehemal. SS-Offizier *Barth* i. Berlin (O) wegen Teilnahme an Erschießungen in Lidice (1942) und Oradour (1944)

Von Kanada ausgelieferter früherer SS-Mann wird in Frankfurt/Main wegen Mitwirkung am Massenmord an 11583 Juden in angeklagt

Stuttgarter Militaria-Händler *Konrad Kujau* (* 1939) gesteht Fälschung der von der Zeitschrift „Stern" für 10 Mill. DM erworbenen „Hitler-Tagebücher"

Altersheimleiter in Trondheim wegen 22-fachen Mordes zu 21 Jahren Freiheitsstrafe verurteilt

NS-Verbrechen verdächtigter *Rauca* (* 1909) in Untersuchungshaft nach Auslieferung aus Kanada

Der NS-„Henker von Lyon" *Barbie Altmann* (* 1913), der in Frankreich zum Tode verurteilt wurde, wird in Bolivien verhaftet und nach Frankreich ausgeliefert

Attentäter auf den Papst bei dessen

„Carmen“ (span. Film von *Carlos Saurul* (* 1932)

Frühlingssinfonie“ (Film von *Peter Schamoni* (* 1934) um *Robert Schumann*)

„Dr. Faustus“ (Film von *Franz Seitz* n. d. Roman von *Th. Mann*, erhält bei den Moskauer Filmfestspielen einen von 3 Silberpreisen)

† *Gloria Swanson*, US-Filmschauspielerin seit 1916 (z.B. 1949 in „Sunset Boulevard“)(*1899)

„Die bleierne Zeit“ (dt. Film von *Margarete von Trotta* (* 1942) erhält auf den Filmfestspielen Venedig „Goldenen Löwen“ als 1. Preis

„Heller Wahn“ (Film von *M. v. Trotta* mit *Peter Striebeck* und *Hanna Schygulla* (* 1943))

„Le dernier métro“ (frz. Film von *François Truffaut* (*1932)

„Daufon“ poln.-frz. Film von Andrzej Wajda

„Eine Liebe in Deutschland“ (Film des Polen *A. Wajda* (* 1926) nach *R. Hochhuth*)

„La Traviata“ (Opernfilm von *F. Zeferelli* (* 1923))

„The day after“ (US-Fernsehfilm zeigt Zerstörung einer US-Stadt in Kansas in einem Atomkrieg (erschüttert die breite Öffentlichkeit))

einen Strom von 60.000 A für 1/10 sec.

10 Laserstrahlen mit je 10–20 Mrd. kW Leistung werden als Zündmechanismus für Kernfusion in USA erprobt

Laser-Thermometer für 100 Mill. Gad bei der Kernverschmelzung im MPI für Plasmaphysik

Solarzellen mit Kosten von 2 DM pro W Leistung eröffnen eine rasch anwachsende Anwendung in der 3. Welt

Solarkraftwerk für 300 kW auf Nordseeinsel Pellworm in Betrieb

Windkraftwerk „Growian“ an der dt. Nordseeküste (für 3 MW und 12 Mill. kWh/Jahr)

Internationele Funkausstellung in Berlin (W) steht im Zeichen der Digital-Technik

Fernmeldeausstellung „Telecom“ und Kongreß in Genf anläßlich Fernmeldejahr der WN

Glasfaserkabel Mannheim-Ludwigshafen in Betrieb

In Japan wird Mikrochip für 1 Mrd. bit/cm^2 (=Bibelinhalt) entwickelt

Japan plant Computer mit 10 Mrd. Operationen/Sek.

Erdweite Zahl der Industrie Computer:

1980 13 700
1981 22 000
1982 31 000

Elektronische Kamera in Japan, die ohne lichtempfindlichen Film Magnetbilder erzeugt, die auf dem Fernsehschirm betrachtet werden

Mit einem Laser werden Impulse von 30 x 10^{-15}sec. (Femtosekunden) erreicht

In Frankreich fahren Schnellzüge die Strecke Paris – Lyon mit einer Höchstgeschwindigkeit von 270 km/h

Waffen-Rakete „Pershing II“ in USA erstmals erfolgreich erprobt

Es wird der erfolgreiche Test einer Laser-Kanone durch die USA gemeldet

In USSR werden 12 km Bohrtiefe erreicht (15 km angestrebt)

Als Schlüsseltechnologien der 80er Jahre werden genannt:
1) Robotertechnik, 2) Verbundwerkstoffe, 3) Oberflächentechnik, 4) Recyclingverfahren, 5) Gentechnologien, 6) Biomassetechnologien, 7) Telekommunikation, 8) Energiespeicherung, 9) Mikroprozessoren

Besuch in Fatima wird zu 6 ½ Jahren Haft verurteilt.

Geiselnahme im Vatikan, um verurteilten Papstattentäter freizupressen. (Freilassung, nachdem der Papst die verlangten Worte gesprochen hat)

Spanische Polizei nimmt *Dali*-Fälscher fest

Globaler Primärenergieverbrauch stieg 1970-81 um +30,6 % (= um +2,5 %/Jahr) auf 8,70 Mrd. t SKE (2 t SKE/Kopf)

USSR hat erdweit größte Förderung von Erdgas (1982: 488 Mrd. m^3). Erdweiter Verbrauch mit 1450 Mrd. m^3 = 20 % Primärenergie

BRD bezieht mehr Öl aus der Nordsee als aus Saudiarabien

Der Mineralölverbrauch/Kopf in OECD-Bereich ist rückläufig

Mt Kohlenhalden i. BRD

1963	4	1980	9
1970	2	1983	24

Indisches Kernkraftwerk von 470 MW in Betrieb genommen (2 KKW sind schon vorhanden)

VR China 112. Mitgl. der Internat. Atombehörde in Wien

Senat von Berlin und Dt. Reichsbahn (DDR) vereinbaren Übernahme der S-Bahn in Berlin (W) durch die westberliner BVG ab 9.1.1984 (löst Diskussionen über das Streckennetz aus, das betrieben werden soll)

18 km Glasfaser-Versuchskabel in Berlin (W)

Bundespostminister schätzt die Kosten der Breitbandverkabelung der BRD auf 20-25 Mrd. DM

In VR China, wo auf 200 Bewohner 1 Telefon kommt, soll die Zahl bis zum Jahr 2000 verdreifacht werden, damit jedes Dorf ein Telefon hat (+6,7%/Jahr)

Installierte Industrieroboter i. BRD

1975	243	1980	1255
1976	620	1982	3500

Wachstum der Halbleiterproduktion 1977 – 81

USA +24,0%
Japan +27,8%

Davon 1982 i. BRD
Autoind. 61 %

(1983)

Verhandlungen über den künftigen Status der Kronkolonie Hongkong, die die VR China nach Ablauf des Pachtvertrages 1997 als ihr Territorium betrachtet

Todesurteil gegen Maos Witwe *Chiang Ching* (* 1914) wird in lebenslange Freiheitsstrafe umgewandelt

13 Tote bei Explosion in Assam während eines Besuches der Min.-Präs. *Indira Gandhi* in diesem Krisengebiet

Alle indischen Min. treten zurück, um *Indira Gandhi* (*1917) Neubildung der Regierung zu ermöglichen

Brit. Kgin reist nach Neu Delhi, wo die Commonwealth-Konferenz stattfindet (von 18 dieser Staaten ist sie formelles Staatsoberhaupt)

7. Konferenz der Blockfreien unter *Indira Gandhi* endet ohne Einigung auf nächsten Tagungsort und ohne Schlichtung im Golfkrieg

Vietnamesen erobern das Hautquartier der Regierung von Kambodscha des Prinzen *N. Sihanouk* (* 1922)

500 000 demonstrieren in Manila gegen philippinischen Diktator *Marcos* (* 1917), der seit 1965 Staatspräsident ist

Der philippinische Oppositionsführer *Benigno Aquino* wird beim Verlassen des Flugzeuges in Manila, mit dem er aus dem Exil zurückkehrt, ermordet

Schwere Unruhen in Manila nach der Beisetzung des ermordeten Regimegegners Aquino

Imelda Marcos (* 1929) Gattin und evtl. Nachfolgerin des Staatspräs. d. Philippinen *F. Marcos* (* 1917) tritt unter Druck der regimefeindlichen Öffentlichkeit zurück

Auf Sri Lanka leben 11 Mill. buddhistische Singhalesen und 3 Mill. hinduistische Tamilen, die sich bekämpfen

Kg. *Rama IX*. von Thailand (* 1927) bestätigt für 4 weitere Jahre nach konservativem Wahlsieg General *T. Prem* (* 1920) als Reg.-Chef einer Koalitionsreg. aus 4 Parteien

Vollversammlung der UN fordert Rückzug Vietnams aus Kambodscha

OAU-Konferenz das 3. Mal seit 1982 wegen innerer Kontroversen verschoben (zahlreiche Konflikte stören die Einheit Afrikas)

Differenzen auf OAU-Gipfel in Addis Abeba

Unblutiger Militärputsch in Nigeria wegen Mißwirtschaft stürzt *Shehu* (* 1925), der seit 1979 herrscht

Linker Putsch in Obervolta unter Führung von *T. Sankara* (* 1950), eines Freundes von *Ghadaffi*

Kunststoffind.	9 %
Elektroind.	12 %
Maschinenbau	9 %
sonstiges	9 %

Bremen erhält Europas größten Containerhafen

US-Eisbrecher „Polarstern“ umkreist in 69 Tagen die Antarktis (12 500 km)

Automobilfirma Opel baut seit 1898 20-millionstes KFZ unter den 5 Söhnen des Gründers *Adam Opel* (* 1837, † 1895)

Aralsee in USSR ist durch seine Nutzung zur Bewässerung vom Austrocknen bedroht

Man rechnet mit dem täglichen Verlust von 1-10 Arten der insgesamt 3-10 Mill. Arten der Lebewesen

Langfristige Folgeschäden durch den Assuanstaudamm in Ägypten führen zu Plänen, ihn abzutragen

Birkenkrankheit in Baden-Württemberg

Die 41 Fässer mit hochwirksamem Dioxin-Gift aus der Seveso-Katastrophe 1976 in Italien werden nach 3 monatiger Suche auf einem stillgelegten Schlachthof in Frankreich gefunden. Schweizer Chemiefirma lagert sie zur endgültigen Vernichtung ein

Bayern unterzeichnet mit der DDR Vereinbarung über Gewässerschutz

Umweltschützer „Greenpeace“ unternehmen 40 größere Aktionen in vielen Teilen der Erde

Umweltvertrag f. d. Mittelmeer nach Ratifizierung durch 6 Anrainer in Kraft (Kosten: 25-40 Mrd. DM in 10 Jahren)

Durch Wilddieberei ist die Existenz des Nashorns in freier Wildbahn bedroht

Küstenländer der Nordsee planen Nationalpark Wattenmeer

Gr.-Brit. will mehr als 90 000 Curie Radioaktivität (entsprechend 90 kg Radium) vor Spanien im Atlantik versenken

Staatliche und private Ausgaben von 83 Mrd. DM i. BRD in den letzten 4 Jahren geben ihr eine Spitzenstellung im Umweltschutz

Nkomo (* 1917) flieht vor Verfolgung durch *Mugabe* (* 1924) nach London, kehrt bald zurück

In Simbabwe werden in 14 Monaten durch Rebellen 28 Weiße getötet

Südafrika vergilt Anschlag auf Luftwaffenhauptquartier in Pretoria mit Luftangriffen auf Moçambique

Kämpfe im Tschad gegen von Libyen unterstützte Rebellen (Frankreich und USA unterstützen Regierung des Landes)

Nigerias Staatspräs. *A. Shagari* (* 1925) wiedergewählt (amtiert seit 1979)

† *B. J. Vorster*, 1966–78 Präs. Südafrikas und Vors. der Nationalpartei, Verfechter der Apartheid (* 1915)

Kg. *Hassan* (* 1929, seit 1961 auf dem Thron von Marokko) übernimmt Befugnisse des Parlaments

Durch Volksabstimmung gebilligte Verfassungsreform in Südafrika gibt Asiaten und Mischlingen eingeschränkte politische Rechte. Die Neger, die mit 66 % die Mehrheit bilden, bleiben rechtlos

UN-Vollversammlung erklärt die Swapobewegung als alleinige Vertreter der Einheimischen in Namibia

Die erstrebte Unabhängigkeit Namibias (Dt.-SW-Afrika) bleibt weiterhin unerreicht

Bei Wahlen in Australien schlägt *Bob Hawke* (* 1929), (Arbeiterpartei) *Malcolm Frazer* (* 1930, liberal), seit 1975 Koalition mit Landpartei

Technische Anleitung zur Reinerhaltung der Luft (TA Luft) i. BRD soll der waldbedrohenden SO_2-Verbreitung in der Luft vorbeugen

BRD ändert die Grenzen seiner Hoheitsgewässer aus Gründen des Umweltschutzes bei Schiffsunfällen

„Rote Liste" nennt 238 Vogelarten im Gebiet der BRD, davon:
20 ausgestorben
30 vom Aussterben bedroht
25 stark gefährdet
23 gefährdet
35 potentiell gefährdet
Zusamen 133 Arten (56 %)

Weißstörche im Gebiet der BRD
1907: 7–8000 Paare
1980: 930 Paare (−2,9 %/Jahr)

Asiatischer Grauwal, der als ausgestorben galt, vor Sachalin gesichtet

Bundesregierung erklärt, daß 35 % des Waldes in BRD geschädigt sind

Die Internationale Walfangkommission begrenzt Fangquote 1983/84 auf 10 160 Wale

Kältewelle in Grönland gestattet Fußmarsch nach Kanada

Niederschläge bringen Sand aus der Sahara nach NRW

Künstler-Café „Greco" in Rom 222 Jahre alt

Erstes europäisches Kaffeehaus schon 1647 in Venedig

† *Lady Docker*, brit. Tanzmädchen und Lebedame, dreimal mit Millionären verheiratet (* 1906)

Jane Fonda (* 1937 i. USA) begr. in Kalifornien Studio für Aerobic Fitness (musikal. rhythmisches Körpertraining)

Hamburg gedenkt seiner Zerstörung vor 40 Jahren durch Flächenbombardements britischer und US-amerikanischer Flugzeuge

Zahlreiche Veranstaltungen und Kommentare erinnern an die NS-Machtergreifung vor 50 Jahren

Neues Postabkommen BRD-DDR: Für verbesserte und erweiterte postalische Verbindungen erhält DDR bis 1990 jährlich 200 Mill. DM (bisher 85)

Damenmode für Herbst und Winter 83/4: Schlanke Silhouette, betonte Taille, breite Schultern, knielanges Jackett, geschlitzter Rock zeigt Knie und Bein. Modefarben: Schwarz, Weiß, Grau

Exkaiserin *Zita* (* 1892) erhält Einreiseerlaubnis nach Österreich. Sie bestreitet Selbstmord des Kronprinzen Rudolf 1899 und spricht von Mord

In BRD wird zu Sylvester etwa für 100 Mill. DM Feuerwerk abgebrannt, ausreichend für die Ernährung von ca. 1 Mill. Menschen (die Gegenparole „Brot statt Böller" bleibt wirkungslos)

1984

Friedensnobelpreis an Negerbischof *Desmond Tutu* (* 1931) von Johannesburg/Südafrika für friedlichen Kampf gegen Apartheidpolitik

Für 1983 werden erdweit ca. 800 Mrd.$ militärische Ausgaben ermittelt

Nach der Raketennachrüstung der NATO gemäß ihrem Doppelbeschluß sind die Ost-West-Beziehungen sehr abgekühlt

In diesem Jahr bestehen besondere militärpolitische Spannungen zwischen USA und USSR, die sich langsam verringern

Richard von Weizsäcker, Reg. Bgm. von Berlin (CDU) erhält in Stuttgart Theodor Heuss-Preis für liberale Politik

Richard v. Weizsäcker (* 1920, CDU) wird 6. Bundespräsident

† *Siegfried Balke* 1957–64 Bundesmin. f. Kernenergie (CSU) (* 1902)

† *Hans Reif*, FDP, einer der „Väter des Grundgesetzes" (* 1899)

Bundestagspräsident *Rainer Candidus Barzel* (* 1924, CDU) tritt im Zuge der Untersuchung der *Flick*-Affäre zurück (Nachfolger wird *Philipp Jenninger* (* 1932, CDU)

Auf dem FDP-Parteitag in Münster kündigt *H.-D. Genscher seinen* Rücktritt als Vorsitzender für 1986 an

FDP erreicht Rückzug des christlich-liberalen Gesetzentwurfes einer Amnestie für Steuerhinterzieher bei Parteispenden

† *Ernst Schellenberg*, maßgebl. Sozialpolitiker der SPD, MDB 1972–76 (* 1907)

Erweislich haben alle etablierten Parteien i. BRD (außer den Grünen) größere Summen vom Flick-Konzern erhalten

Reg. d. BRD beschließt neue Seerechtskonvention vorläufig nicht zu unterzeichnen

BRD-4-Sterne-General und stellvertretender NATO Oberbefehlshaber *G. Kießling* (* 1925) wird in den Ruhestand versetzt, weil Ermittlungen des MAD über sein Privatleben auf ein vermeintliches Risiko hinweisen (*K.* wird rehabilitiert, MAD belastet)

Bundeskanzler *H. Kohl* lehnt Rücktrittsangebot von Verteid.-Min. *Wörner* wegen Entlassung von Gen. Kießling ab

Besuch des Bundeskanzlers *Kohl* in Israel ist von Waffenlieferungen der BRD an Saudi-Arabien und Treffen ehemaliger SS-Angehöriger i. BRD überschattet

Bundeskanzler *H. Kohl* besucht Argentinien und Mexiko

H. Kohl (* 1930) und *F. Mitterrand* (* 1916) be-

Nobelpreis f. Literatur an *Jaroslav Seifert* (* 1901), tschechischer Lyriker, Mitunterzeichner der oppositionellen „Charta 77"

Friedenspreis des Dt. Buchhandels an den mexikanischen Lyriker *Octavio Paz* (* 1914)

† *Vicente Aleixandre*, span. Dichter aus dem Lyrikerkreis von 1927, Nobelpreis 1977 (* 1898)

† *Walter A. Berendsohn*, skandinav. Literaturwissenschaftler, der dt. Exilliteratur erforschte *(Thomas Mann, Nelly Sachs u. a.)* (* *1884 i. Hamburg)*

Thomas Bernhard: „Der Schein trügt" (Schauspiel um die Probleme zweier alternder Künstler)

Hans Peter Bleuel wird Vors. des Verbandes dt. Schriftsteller (VS)

Howard Brenton (* 1942 i. Gr. Brit.): „Genius" (Schauspiel um Albert Einstein und seine soziale Verantwortung, dt. Erstauff. i. Mannheim)

† *Roger Blin*, frz. Theaterre-

† *Philippe Ariès* (* 1914), frz. Historiker, schrieb „Die Geschichte der Kindheit" und „Die Geschichte des Todes"

† *Lord Astor* (* 1918), war bis 1967 Verleger der (London) „Times", die sein Vater 1922 erworben hatte

† *Ulrich Baumgartner* (* 1917), 1963–76 Leiter der Wiener Festwochen

† *Helmut von Braken*, dt. Pädagoge, schrieb 1968 „Erziehung und Unterricht behinderter Kinder" (* 1899)

„Dritte Welt-Preis" des Commonwealth an *Willy Brandt* als Vorsitzenden der Nord-Süd-Kommission seit 1977

Rüdiger Bubner gibt „Geschichte der Philosophie in Text und Darstellung" in 8 Bänden heraus

Papst übergibt Kardinal *A. Casaroli* (* 1914) die Verwaltung des Vatikans, um sich ganz den Aufgaben der Kirche zu widmen

Emilio Castro (* 1927 i. Uruguay) wird einmütig zum Generalsekretär des

Bettina v. Arnim (* 1940): „Aber der Knoten" (konstruktivist. Gem.)

Christian Ludwig Attersee (* 1941 i. Wien): „Vogelzimmer" (Gem.)

Ausstellung von Werken von *J. Beuys* (* 1921 i. Kleve, † 1986) in Japan

Jean Charles Blais (* 1956) tritt in Paris als Maler der „Nouvelle Figuration" hervor

Salvador Dali (* 1904) begr. Stiftung mit 621 seiner Werke

S. Dali: „Das geheime Leben des S. Dali" (Autobiographie zu seinem 80. Geburtstag)

Ausstellung der Bilder von *Edgar Degas* (1834–1917) in Tübingen und Berlin (W)

Bert Düerkop (* 1935 i. Berlin): „Smog II" (Gem.)

Das *Getty*-Museum in USA kauft für 20 Mill. $ Fotosammlungen

Jürgen Goertz (* 1935): Kopfstehende Figur vor der Karlsruher Europahalle

† *Waldemar Grzimek* (* 1918), Bildhauer der Berliner Schule

B. Heiliger (* 1915): „Das Auge der Nemesis" (Großplastik von 1981 auf dem Kurfürstendamm) wird erneuert

Riccardo Muti wird als Nachfolger von *Claudio Abbado* (* 1933), der seit 1977 amtierte, Chef der Scala in Mailand

† *William („Count") Basie* (* 1909), US-Jazzpianist und Orchesterleiter, der mit *Duke Ellington* (* 1899, † 1974) und *Benny Goodman* (* 1904) spielte

33 bisher unbekannte Orgelchoräle von *J. S. Bach* († 1750) werden in der US-Yale-Univers. gefunden

Museum für das Wirken der Rockmusikgruppe der Beatles in ihrer Heimatstadt Liverpool eröffnet

Sergiu Celibidace (* 1912 i. Rumän.) kündigt seinen Rücktritt als GMD in München an, der er seit 1979 war, (bleibt jedoch bis auf weiteres)

Bob Dylan (eig. *Zimmermann*, * 1941 i. USA), führender Rock- und Protest-Sänger auf Welt-Tournee, die auch nach Hamburg führt

US-Neger-Soulsänger *Marvin Gaye* wird in Los Angeles erschossen (* 1939)

Philip Glass

Nobelpreis f. Physik an *Carlo Rubbia* (* 1934 i. Ital.) und *Simon van der Meer* (* 1925 i. Niederl.) für Entd. der von der Quarktheorie geforderten Vektorbosonen bei CERN

Nobelpreis f. Chemie an *Robert Bruce Merrifield* (* 1921 i. USA) für seit 1959 entw. Methode der Eiweißsynthese

Nobelpreis f. Medizin an: *Kai Jerne* (1911 i. London), *G. J. F. Köhler* (* 1946 i. München) und *Cesar Milstein* (* 1927 i. Argent.) für Forschungsarbeiten über menschliche Immunität (i. Basel)

Die Theorie der kosmischen Entwicklung gestattet erfahrungsgestützte Aussagen für den Zeitraum 10^{-43} Sek. bis 10^{100} Jahre nach dem Urknall

Neue Bestimmung des Expansionsalters des Kosmos ergibt Zeit des Urknalls vor 19,5 Mrd. Jahren

Neue Durchrechnungen des kosmologischen Modells des Urknalls ergeben ein Energieäquivalent der Neutrinomasse von 5–10 e-Volt, das „fast" ausreicht, die Expansion des Kosmos zu bremsen und umzukehren

Kosmische Röntgenquelle Cygnus

Nobelpreis f. Wirtschaftswissenschaften an *Richard Stone* (* 1913, Mitarbeiter von *J. M Keynes* für Entwicklung volkswirtschaftlicher Gesamtrechnung)

%-Belastung der Arbeitnehmereinkommen i. BRD:
Jahr/Lohnsteuer/Sozialabg./Summe
1960/6,7/9,4/16,1
1972/13,8/11,0/24,8
1984/18,4/14,6/33,0

Hans Joachim Langmann (* 1924) wird als BDI-Präsident Nachfolger von *Rodenstock* (* 1917)

Mit 2,85 DM a. 9.7. höchster Dollarkurs seit 10 Jahren durch Hochzinspolitik der USA, deren Defizit im Staatshaushalt 1985 212 Mrd. $ erreicht

Die Exporte der BRD steigen 1970–83 von 125,3 auf 432,3 Mrd. DM (+ 11 %/Jahr)

OPEC-Einkünfte i. Mrd. $: 1980 279; 1983 160; = –17 %/Jahr

Konkursverwalter schließt Fa. Hanomag, die 1871 gegr. wurde

Einzelhandelsumsätze i. BRD 1983 449 Mrd. DM. 1970–1983 + 7 %/Jahr

FAZ-Aktienindex erreicht am 2.1. mit 357,28 Punkten einen Höchststand (+ 41 % gegenüber Vorjahr)

Regierung der BRD beschließt Steuererleichterungen von 20 Mrd. DM in zwei Stufen Anfang 1985 und 1988

Kommunistische Massenversammlung i. Rom gegen Aufhebung der inflationären gleitenden Lohnskala (scala mobile)

In Cartagena (Kolumbien) treffen sich die 11 am höchsten verschuldeten Länder Lateinamerikas mit über 350 Mrd. $ Auslandsschulden

Volksabstimmung in der Schweiz fordert Autobahngebühren auch für Ausländer und Zahlungen für LKW-Verkehr

Schweizer Volksabstimmung lehnt eine Lockerung des Bankgeheimnisses ab

Groß-Brit. verweigert fällige Vorauszahlung an EG, deren Agrarsubventionen sehr defizitär wirken

(1984)

kräftigen Hand in Hand auf dem Schlachtfeld von Verdun von 1916 die Aussöhnung zwischen BRD und Frankreich

Willy Brandt besucht als Vorsitzender der Sozialistischen Internationale *Fidel Castro* auf Kuba

Willy Brandt (* 1913) erneut Vors. d. SPD (amtiert seit 1964) Stellvertreter: *H. J. Vogel* und *Joh. Rau*

Bundesversammlung wählt in Bonn Bundespräsidenten: (Zahl der Stimmen) *Richard v. Weizsäcker* (CDU) 832, *Luise Rinser* (Grüne) 68, Enthaltungen 117

Stellvertretender SPD-Fraktionsvorsitzender *H. Ehmke* kritisiert die Politik des US-Präsidenten *R. Reagan*

Ulf Skirke (* 1948) wird als Vertreter des linken Flügels Vorsitzender der Jungsozialisten

Otto Graf v. Lambsdorff (* 1926, FDP) tritt wegen Anklage in der Flick-Affäre zurück. *M. Bangemann* (* 1934, FDP) wird sein Nachfolger

Egon Bahr (* 1922), *Erhard Eppler* (* 1926) u. *Hans Apel* (* 1932) werden u. a. ins Präsidium der SPD gewählt

Anklage gegen ehemaligen SPD-Min. *Franke* wegen Veruntreuung hoher Beträge (5,5 Mio DM) (später Freispruch)

Veranstalter der Ostermärsche für den Frieden i. BRD geben Teilnehmerzahl mit 600 000 an

Friedensbewegung stört im Raum Fulda militärische Manöver

Friedensbewegung ermittelt ca. 86% Gegner der Aufstellung von US-Raketen in BRD

„Grüne" werden durch Richtungskämpfe zwischen „Fundamentalisten" und arrangierbereiten „Realisten" geschwächt

Kommunal- und Europawahlen stärken die „Grünen" in BRD

Georg Kronawitter (* 1928, SPD) wird zum Oberbürgermeister von München gewählt

Die Bundestagsfraktion der „Grünen" wählt nur Frauen als ihre Sprecher. *Petra Karin Kelly* (* 1947) und Rechtsanwalt *Otto Georg Schily* (* 1932) werden abgewählt

General a. D. *Bastian* (* 1923) tritt aus der Bundestagsfraktion der „Grünen" aus (bleibt MdB)

Bundesverfassungsgericht weist Klage der „Grünen" ab, daß die Bundesregierung ohne Parlamentsbeschluß US-Raketen aufstellen ließ

Innenministerium der BRD zählt 106 000 organisierte Linksradikale und 20 000 Rechtsradikale

Nach erreichter absoluter Mehrheit in Landtagswahl bildet *Lothar Späth* (* 1937, CDU) in Baden-Württemberg Landesregierung

gisseur (* 1907)

† *Richard Burton*, brit. Bühnen- und Filmschauspieler, der zweimal mit *Liz Taylor* (* 1932) verheiratet war (* 1925)

† *Truman Capote* (* 1924 i. New Orleans), US-Schriftsteller (1958: „Frühstück bei Tiffany")

An der Spitze einer literar. „Bestenliste" i. BRD *Paul Celan* (* 1920 i. d. Bukowina/Rumän., † 1970 i. Paris), der die „Todesfuge" auf den NS-Judenmord dichtete

† *Branko Copić* (* 1915), jugoslaw. Schriftsteller, i. 2. Weltkrieg Partisan

† *Julio Cortázar*, argentinischer Schriftsteller belg. Herkunft (* 1914 i. Brüssel)

† *Paul Dahlke* dt. Schauspieler (* 1904)

† *Kurt Desch*, dt. Verleger (* 1903)

Marguerite Duras (* 1914 i. Indochina): „L'amant", erhält Prix de Goncourt

„Die Physiker" von Dürrenmatt ist das meistgespielte Theaterstück i. d. BRD

Michael A. H.

Ökumenischen Rates gewählt (sein Vorgänger war seit 1973 *Philip Potter* (* 1921 i. Dominica)

Frz. Außenmin. *Claude Cheysson* eröffnet frz. Kulturzentrum i. Berlin (O)

† *Hermann Dietzfelbinger* (* 1908), 1967–73 Vors. d. Rates der evangel. Kirche, 1973–75 bayr. Landesbischof

† *Michael Foucault*, frz. Soziologe und Begr. des „Strukturalismus" (* 1926)

Papst *Johannes Paul II.* spricht ital. Maler *Fra Angelico* selig

† *George H. Gallup*, US-Meinungsforscher gr. 1935 G. Inst. (* 1901)

Billy Graham (* 1918 i. USA) plant Großevangelisation i. 6 brit. Städten, 29 Jahre nach seiner 1. großen Evangel. i. London

† *Max Gude*, 1956–1961 Generalbundesanwalt, seit 1963 Vors. der Sonderkommission des Bundestages für Strafrechtsreform (* 1906)

In BRD ermittelt Staatsanwalt gegen den Chirurgen *Julius Hak-*

André Heller (* 1947 i. Wien) veranstaltet am Reichstag in Berlin vor etwa 200 000 Zuschauern „Feuertheater“ als Großfeuerwerk für West und Ost

† *Marcel Janco* (* 1895 i. Rumän.) Maler in Israel, der in Zürich Dada-Kunst um 1916 mitbegr.

† *Adolf Jannasch* (* 1898) Gründer und Direktor der Galerie des 20. Jahrh. in Berlin (W)

W. Kandinsky – Retrospektive in Paris

W. Kandinsky in Rußland und am Bauhaus 1915–33 (Ausstellung in Zürich)

Carl-Heinz Kliemann (* 1924): „Landschaft bei Olevano“ (Gem.)

Privates Museum für das Werk von *Käthe Kollwitz* (1867–1947) in Berlin (W)

Willem de Kooning (* 1904 i. Rotterdam): „Ohne Titel V“ (Gem. eines Malers des abstrakten Expressionismus in USA). Gedenkausstellung in Berlin (W)

† *Norbert Kricke* (* 1922), dt. Maler und Bildhauer

Hans Kuhn (* 1905): „Meer-Dreieck“ (Gem.)

† *Carlos Merida* (* 1891), Wegbereiter mexikanischer Wandmalerei

(* 1937 i. USA): „Echnaton“ (Oper, Urauff. i. Stuttgart) (schrieb auch Opern über Einstein u. Gandhi)

† *Tito Gobbi* (* 1913), ital. Opernsänger (Bariton) bes. in *Verdi*-Opern

Rückblick auf 30 Jahre Rock-Musik (1954 sang *Bill Haley* (* 1927, † 1981) „Rock around the clock“

Walter Haupt (* 1935 i. München): „Marat“ (Oper nach *Peter Weiss* (* 1916, † 1982), Urauff. i. Kassel)

Hans Werner Henze (* 1926): 7. Sinfonie (Urauff. in Berlin (W))

† Jazzpianist *Dill Jones* i. New York (* 1924 i. Wales)

† *Ralph Kirkpatrick* (* 1911), US-Cembalist und Musikologe

Rudolf Kelterborn (* 1931 i. d. Schweiz): „Ophelia“ (Hamletoper, Urauff. i. Schwetzingen)

Ernst Krenek (* 1900 i. Wien): „Karl V.“ Auff. der Oper, die 1938 i. Prag uraufgef. wurde

Hans Kresnik (* 1939 i. Österr.): „Aus-

X 3 strahlt extreme, höhenstrahlartige Energie bis 10^{16} e-Volt aus

In 13 Mrd. Lichtjahren Entfernung wird von brit. Astronomen bisher strahlungsstärkster Quasar entdeckt

Erste Probeaufnahmen mit dem 2,2 m Spiegelteleskop der europäischen Südsternwarte in Chile, das von der MPG errichtet wurde

3,5 m-Spiegel-Teleskop der BRD auf dem 2400 m hohen Calar Alto i. Spanien als größtes Teleskop W-Europas i. Betrieb (speziell für Beobachtungen von Sternentstehung und Quasaren)

Es gelingt mit 3,5 m Spiegelteleskop und spezieller lichtsummierender Kamera die äußeren Planeten Uranus, Neptun und Pluto mit ihren Monden zu fotografieren

US-Astronomen erhalten klares Bild von den Ringen des Planeten Uranus, die 1977 durch Verdunkelungswirkungen entdeckt worden waren

Infrarot-Teleskop auf Hawai weist Staubscheiben um junge Sterne nach, die als entstehende Planetensysteme gedeutet werden

Japan plant für 1993 Spiegelteleskop mit 7,5 m Durchmesser

Brit. Bergarbeiterstreik entwickelt sich zur Machtprobe der Gewerkschaften (TUC) mit Regierung (Nationale Kohlenbehörde)

Bundestag der BRD beschließt „Milchrente“ für Verringerung der Milchproduktion

Generalkonferenz der Org. f. industrielle Entw. UNIDO IV findet in Wien keine Einigung über eine Resolution zur Industrialisierung der Entw.-Länder

Mehrfach verschobener Wirtschaftsgipfel des RGW in Moskau

Die Handelsmarine der USSR stieg der Tonnage nach seit 1960 vom 24. auf den 6. Platz (sie exportierte 1983 5,2 % des Weltexports)

USSR steigert ihre Getreidekäufe in den USA von 12 auf 22 Mt

Der pazifische Raum gewinnt wirtschaftlich und politisch zunehmend an Bedeutung gegenüber dem atlantischen

~ Japan beherrscht wirtschaftl. den pazifischen Raum und Markt

VR China wird Mitglied der Internationalen Atomenergie-Organisation (IAOE) in Wien

Leistungsschau der Industrie der BRD in Tokio mit rd. 1 Mill. Besucher

Inflationsrate sinkt in BRD auf + 1,5 % (1986 – 0,2 %)

Inflationsrate in Israel erreicht 200 %

EG schließt mit AKP-Staaten 3. Lomé-Abkommen (1. 1975, 2. 1979)

Wirtschaftskrise in Afrika drückt das BSP/Kopf unter den Stand von 1979

USA melden mit 3,7 Mrd. $ für 1983 Rekordeinnahmen der Kinokassen

15,2 % der USA-Bevölkerung rechnet zur Armutsquote

Die globale Getreideernte erreicht Rekordhöhe von 1797 Mt, ausreichend für 5,4 Mrd. Menschen (1972 waren es 1275 Mt = + 2,9 %/Jahr)

Mehr als 33 % der Welternte geht durch Schädlinge und Pflanzenkrankheiten verloren

BRD und Dänemark einigen sich auf Fischfangquoten vor Grönland

(1984)

Stimmengewinn der SPD bei Kommunalwahlen in Bayern in München und anderen Städten, CSU behält die meisten Bürgermeister und Landräte

Hans Apel (* 1932) wird gegen die Linke als Kandidat der SPD für den Regierenden Bgm. von Berlin aufgestellt

E. Diepgen (* 1941, CDU) wird als Nachfolger von *R. v. Weizsäcker* (CDU) ohne weitere Senatsumbildung zum Reg. Bgm. von Berlin gewählt

Die „Grünen" in Hessen beschließen Zusammenarbeit mit der SPD im Landtag (führt 1985 zur Koalition)

Kommunalwahlen in NRW: SPD stärkste Partei, Grüne starke Gewinne, FDP unter 5%

DDR baut letzte von 60 000 Selbstschußanlagen ab, sichert aber Demarkationslinie auf andere Weise

Nach der Absage von *E. Honecker* (DDR) sagt auch der bulgarische Staatschef *T. Schiwkow* (* 1911) seinen Besuch in der BRD ab

E. Honecker wendet sich gegen eine neue Phase des „Kalten Krieges"

Die Leipziger Messe dient als Treffpunkt der Prominenz aus Politik und Wirtschaft beider dt. Staaten

Mitglieder der SPD des Bundestages besuchen Volkskammer der DDR in Berlin (O)

70 Verhaftungen in Jena von Ausreisewilligen in d. BRD

12 DDR-Bürger fliehen in die Ständige Vertretung der BRD in Berlin (O), von wo sie in die BRD abgeschoben werden

Ständige Vertretung der BRD in Berlin (O) schränkt Zugang ein, nachdem ca. 50 DDR-Bürger versuchten, durch Zuflucht in ihr in die BRD zu gelangen

DDR-Bürger suchen in der US-Botschaft in Berlin (O) Asyl, um Ausreise zu erreichen

40 DDR-Bürger in der Botschaft der BRD in Prag, wollen durch Hungerstreik Übersiedlung in die BRD erzwingen, was unter Bedingungen gelingt

Nach erfolgreichen Versuchen warnt Reg. der BRD DDR-Bürger vor der Flucht über Vertretungen westlicher Staaten

DDR läßt im März überraschend 10 778 Bürger in die BRD übersiedeln

Man rechnet mit 400 000 Ausreiseanträgen aus der DDR

Ab 1.5. stopt die DDR die am Jahresanfang geduldete Ausreisewelle in die BRD

† *Sir Arthur Harris*, brit. Luftmarschall, der im 2. Weltkrieg die Bombardierung dt. Städte verantwortete (* 1892)

Ende (* 1929): „Die unendliche Geschichte" (erscheint auch als Film)

Zeitkritischer Schriftsteller *Bernt Engelmann* (* 1921 i. Berlin) erhält den Heine-Preis i. Berlin (O) für Friedensengagement

Hans Magnus Enzensberger (* 1929): „Der Menschenfreund" (Schauspiel, Urauff. i. Berlin(W))

† *Eduardo De Filippo* ital. Dramatiker, Schauspieler und Regisseur in Neapel (* 1900)

† *Franz Fühmann* (i. Ostberlin) dt. Schriftsteller (* 1922) i. Riesengebirge)

Boy Gobert (* 1925, † 1986) wird als Generalintendant in Berlin (W) nicht verlängert und geht nach Wien

† *Jorge Guilén*, span. Lyriker, der 1937–77 in USA lebte (* 1893 i. Valladolid)

† *Rudolf Hagelstange*, dt. Schriftsteller (* 1912)

Arthur Hailey (* 1921 i. New York): „Bittere Medizin" (US-Roman über Pharmaindustrie

kethal (* 1921) wegen „Sterbehilfe"

† *Peter Hartmann* (* 1923), dt. Linguist, der nach allgemeinen Strukturgesetzen der Sprache suchte

† *Ernst Heinrich*, dt. Archäologe, der Uruk ausgrub und rekonstruierte

Besonders die USSR lehnt die Begnadigung des 1946 als Kriegsverbrecher verurteilten *Rudolf Hess* (* 1894) ab, dessen lebenslange Haft jährlich 2,3 Mill. DM kostet

Beate Klarsfeld (* 1939 i. Berlin), die den Antisemitismus verfolgt, wird in Frankreich ausgezeichnet

„Frankfurter Hefte", linkskathol. Zeitschrift, gegr. 1945 von *Walter Dirks* (* 1901) und *Eugen Kogon* (* 1903) stellen ihr Erscheinen ein

„Neue Gesellschaft/Frankfurter Hefte" setzt die Tradition letzterer fort

† *Michael Landmann* (i. Haifa) (* 1913 i. Basel) Philosoph und Anthropologe, ab 1957 in Berlin (W)

Restaurierung der Sixtinischen Kapelle im Vatikan von *Michelangelo* aus der Zeit 1508–12, die bis nach 1990 dauern dürfte

Livorno veranstaltet als Geburtsstadt Ausstellung für *Amadeo Modigliani* (1884–1920)

Harald Nägeli (* 1939 i. Zürich) wird als Sprayer von Graffiti auf Mauerwänden gerichtlich verfolgt und verurteilt, ohne daß ihm die „Freiheit der Kunst" zugebilligt wird

Claes Oldenburg (* 1929 i. Stockholm) „Balancing Tools" (Monumentalplastik bei Weil a. Rhein)

† *Roland Penrose* (* 1900), brit. Maler und Kritiker, Freund von *Picasso*

Paul Pfarr (* 1938): „Hommage à Orwell" (6 Installationen)

Senat von Berlin beschließt das Konzept von *Hans Hollein* (* 1934 i. Wien), statt das von *Hans B. Scharoun* (1893–1972) für d. Gestaltung des Raumes um die Philharmonie

† *Fritz Schmalenbach* (* 1909 i. Köln), Kunsthistoriker und Museumsdirektor

Gr. Schauspielhaus am Gendarmenmarkt in Berlin (O) von *F. Schinkel*

verkauf" (Tanztheater, Urauff. i. Heidelberg)

Rolf Liebermann (* 1910 i. Zürich), Komponist u. Opernintendant, 1972–80 Intendant i. Paris, kehrt nach Hamburg zurück

Rolf Liebermann: „Liaison" (Oper, Urauff. i. Stuttgart)

DDR untersagt ein geplantes Auftreten des Rocksängers *Udo Lindenberg* (* 1946)

† *Shelly Manne* (* 1920), US-Jazzmusiker, Komponist und Schlagzeuger

Nach Vertragslösung durch *L. Maazel* (* 1930 i. Frankr.) übernimmt *Egon Seefehlner* (* 1912 i. Wien) als Interimschef die Wiener Oper

Olivier Messiaen (* 1908 i. Avignon) erhält als Komponist Großen Kunstpreis in Berlin (W)

Detlev Müller-Siemens (* 1957 i. Hamburg): Konzert für Viola und Orchester (Urauff. i. Berlin (W))

Luigi Nono (* 1924 i. Venedig): „Prometeo" (Musiktragödie, Urauff. i. Venedig)

Für die letzten 250 Mill. Jahre wird alle 26 Mill. Jahre ein großes Sterben der Lebewesen nachgewiesen und mit einem dunklen Begleiter der Sonne „Nemesis" mit entsprechender Umlaufzeit in Verbindung gebracht

Aus VR-China wird ein Kometenatlas aus einem Grab des -4. oder -3. Jh. mit 29 Kometenzeichnungen bekannt

In USA wird eine Datenbank für Vulkanausbrüche seit 10 000 Jahren erstellt (aus historischer Zeit sind etwa 500 Vulkane bekannt)

12 km tiefe Forschungsbohrung im Norden d. USSR bringt neue Erkenntnisse über die Erdkruste

Verbesserte Seismologie der Erdbebenforschung gestattet Geotomie des Erdinneren

1983 fanden in Grönland 90 wissenschaftliche Expeditionen statt

Eisbohrkerne aus Schweizer Gletschern liefern für etwa 1000 Jahre Hinweise zur Klima- und Umwelt-Geschichte Mitteleuropas

Die Eiszeit-Theorie des serbischen Astronomen *M. Milankovich* (1879–1958), wonach etwa

USSR gibt etwa 14–16 % des BSP für militärische Zwecke aus, die USA 6 %, die meisten NATO-Staaten ca. 3 %

Nach 20 Jahren Förderung von Nordsee-Öl und -Erdgas gilt dieses Vorkommen als eines der größten der Erde, aus dem Westeuropa 25 % seines Bedarfs deckt

In Schleswig-Holstein wird mit der Erdölförderung aus der Ostsee begonnen

USSR beginnt Erdgaslieferung aus Sibirien über Pipeline nach Frankreich

Ölförderung der OPEC sank 1983 um 9 % auf 946 Mt

Tankerflotte der Erde 329 Mtdw (1982: 372 Mt, also –6,3 %/Jahr)

Mrd. kWh Stromerzeugung in BRD; 1973 299; 1983 373; 1973–83: + 2,2 %/Jahr

Die Rheinbau-AG bei Bergheim beginnt nach 5 Jahren landschaftszerstörender Erschließung von 2,5 Mrd. t Braunkohle mit der Förderung

In Europa (mit USSR) arbeiten 161 Kernkraftwerke (8 Länder haben keines, darunter Österr.)

Gericht verfügt Baustop für Kernkraftwerk Isar II

Mehrheit der Schweizer stimmt für weiteren Ausbau der Kernenergie

BRD, Frankr. u. and. EG-Länder schließen Abkommen zur Kooperation beim „Schnellen Brüter"

VR China schließt mit USA und BRD Abkommen über die Errichtung von Kernkraftwerken, die bisher dort fehlen

Zwischenlager Gorleben für radioaktive Abfälle nimmt Betrieb auf

BRD plant, radioaktiven Abfall der Kernenergie in VR China zu lagern

Rohstahlproduktion i. BRD: 1973 49,5 Mt; 1983 35,7 Mt; 1973–83 – 3,3 %/Jahr

Gesamtwirtschaftlicher Wert des Recycling in BRD liegt über 4 Mrd. DM

Im Roten Meer werden massive Erzblöcke gefördert

Seit 1945 gab es etwa 11 Mill. Tote in kriegsartigen Konflikten

(1984)

† *Sean Mac Entee*, einer der Anführer des irischen Osteraufstandes 1917, der nach Todesurteil begnadigt wurde (* 1890)

Europa-Parlament in Straßburg lehnt EG-Haushalt für 1985 ab, weil er nicht ausgeglichen ist

B. Kreisky (SPÖ) vermittelt zwischen Frankreich und Libyen Truppenabzug aus dem Tschad, wo seit 1965 Bürgerkrieg zwischen Nord(Moslems) und Süd(nicht-islamisch) herrscht

Die Europawahl ergibt in der BRD bei geringer Beteiligung Verluste f. d. etablierten Parteien (FDP unter 5%) und Erfolge der Grünen

Im Europa-Parlament bilden die Sozialisten und Sozialdemokraten mit 30,2% die stärkste Fraktion (KP:9,7%)

USSR protestiert gegen Entsendung Berliner Abgeordneter in das Europa-Parlament

EG-Gipfel unter *Mitterrand* in Frankreich scheitert beim Versuch, Finanzen zu sanieren, vor allem an der Haltung des UK

Der EG-Gipfel in Dublin kann nur durch schwierige Kompromisse den Beitritt von Portugal und Spanien offen halten

Bombenanschlag der IRA auf das Hotel in Brighton, das Regierungsmitgliedern als Domizil für den Parteitag der brit. Konservativen dient (4 Tote und 3 Verletzte, *M. Thatcher* und die meisten anderen blieben unverletzt)

Nach schlechten Ergebnissen in der Europawahl und starken Protesten gegen staatliche Kontrolle katholischer Privatschulen tritt frz. Regierung *P. Mauroy* zurück

Terroristen sprengen 3 NATO-Pipelines in Belgien

Belgien stationiert US-Raketen

Die Niederlande verschieben die Stationierung von US-Raketen auf 1985

Nach Parlamentswahlen in Dänemark bildet *Poul Schlüter* (* 1929, konservativ) erneut bürgerliche Koalitionsregierung

Frz. Staatspräs. *F. Mitterrand* gedenkt in Wolgograd der Opfer der Schlacht von Stalingrad 1942/3

Stahlkrise in Lothringen entzweit sozialistisch-kommunistische Koalitionsregierung unter *F. Mitterrand* in Frankreich

Der frz. Staatspräs. *F. Mitterrand* setzt sich für die Einheit der EG ein

Laurent Fabius (* 1947) löst den frz. Min. Präs. *P. Mauroy* (* 1928) ab

KP Frankreichs löst Koalition und Zusammenarbeit mit den Sozialisten beim Amtsantritt von Min. Präs. *L. Fabius* auf

i. dt. Übersetzung)

Manfred Peter Hein (* 1931 i. Ostpreußen) erhält Peter Huchel-Preis, der erstmalig verliehen wird

† *Lilian Hellmann*, US-Dramatiker (* 1905)

Rolf Hochhuth (* 1931): „Judith" (Schauspiel, Urauff. i. Glasgow)

Ernst Jandl (* 1925 i. Wien) erhält Georg Büchner-Preis

† *Uwe Johnson* (i. London), dt. Schriftsteller, der 1959 die DDR verließ (* 1934 i. Pommern)

„Ulysses" von *James Joyce* (1882–1941) erscheint in einer 7 Jahre literaturwissenschaftlich korrigierten Ausgabe in USA (1. Ausgabe 1922 in Frankr.)

Marie Luise Kaschnitz (* 1901): „Florens" (Eichendorffs Jugend)

Sarah Kirsch (* 1935): „Katzenleben" (Gedichte)

Franz Xaver Kroetz: „Furcht und Hoffnung der BRD" (Schauspiel, Urauff. in Bochum und Düsseldorf)

Susanne K. Langer (* 1895 i. USA): „Philosophie auf neuen Wegen" (Denkprozeß als Symbolbildung) Taschenbuch i. BRD der US-Ausgabe 1947

Konrad Lorenz (* 1903): „Der Abbau des Menschlichen" (über die Selbstvernichtung der Menschheit)

† *Hubertus Prinz zu Löwenstein Wertheim* (* 1906), dt. Historiker und Schriftsteller

Zusammen mit Teilen der Auslandspresse bezeichnet *Golo Mann* die *Flick*-Parteispendenaffäre als größte innenpolitische Krise der BRD

† *Friedrich Maurer* (* 1898), dt. Philologe, schrieb 1965 „Die religiösen Dichtungen des 11. und 12. Jh."

† *Klaus Mehnert*, dt. Journalist, der vor allem über kommunistische Länder (USSR, China) schrieb

† *Martin Niemöller*, i. 1. Weltkrieg U-Bootkapitän, ab 1924 ev. Pfarrer, als Mitglied der „Bekennenden Kirche" verfolgter Gegner des

1821 wird als Konzertsaal restauriert eröffnet

„Brücke"-Museum in Berlin (W) unter Leitung von *L. Reidemeister* (* 1900) gedenkt mit mehreren Ausstellungen seines Gründers *Karl Schmidt-Rottluff* (* 1884 i. Chemnitz-Rottluff, † 1976 i. Berlin (W))

Emil Schumacher (* 1912 i. Hagen): „Munin" (mythisch-abstraktes Gem.)

† *Hans Sedlmayr* (* 1896 i. Österr.), Kunsthistoriker, der 1948 „Verlust der Mitte" gegen die moderne Kunst schrieb

Richard Serra (* 1939 i. San Franzisko), Schöpfer monumentaler, ausbalancierter Stahlobjekte: „Clara, Clara" (seiner Frau gewidmet)

Willi Sitte (* 1921) erneut Präsident des Verbandes bildender Künstler der DDR

Neues ZDF-Gebäude bei Mainz als Rundbau der Planungsgruppe *Stieldorf*

Eröffnung der Neuen Staatsgalerie in Stuttgart vom Architekt *James Stirling* (* 1926 i. Schottl.)

Ausstellung von Werken von *William Turner* (1755–1851) in Paris

† *Jan Peerce* (* 1904 i. New York), der als Operntenor vor allem unter *A. Toscanini* sang

Staatsoper, Burgtheater und Volksoper i. Wien stehen vor Intendantenwechsel: *Claus Helmut Drese* (* 1922 i. Aachen, ab 86), *Claus Peymann* (* 1937 i. Bremen, ab 86) und *Eduard Waechter* (* 1929 i. Wien, ab 87)

† *Michael Raucheisen* (* 1889) als Pianist Begleiter berühmter Sängerinnen und Sänger

Steve Reich (* 1936 i. New York): „The Desert Music" (Minimalmusik f. gr. Orchester und Chor mit Texten des US-Lyrikers *Carlos Williams* (* 1883, † 1963), Urauff. im WDR, Köln

† *Rostislaw Sacharow* (* 1907), Choreograph der USSR, Stalinpreise 1942 und 1945

Joshua Sobol (* 1939): „Ghetto", (Musical um das gewagte Thema von Juden in einem NS-KZ) erfolgreich von *Peter*

alle 100 000 Jahre eine Eiszeit stattfindet, findet durch die moderne Klimaforschung wieder stärkere Beachtung

2 dt. Flugzeuge landen nach einer Zwischenlandung in Süd-Chile bei der Antarktis-Station der BRD „Filchner"

Am südamerikanischen Niño um Weihnachten werden erdweite Wetteranomalien als Folge spezieller Zustände in der Atmosphäre erkannt

† *Paul Dirac* (* 1902 i. Bristol), Physiker, der 1931 das Neutrino postulierte und 1928 Relativitäts- und Quanten-Theorie verband. Erhielt 1933 Nobelpreis

† *Pjotr Kapiza* (* 1894 i. Kronstadt, 1921–35 i. Gr. Brit.), russ. Physiker, entd. 1938 i. Moskau „Supraflüssigkeit" nahe −270 Grad, später i. d. Kernwaffenentw. tätig

† *Alfred Kastler*, frz. Physiker, Nobelpreis 1966 (* 1902 i. Elsaß)

Die von der Allg. Relativitätstheorie geforderte Lichtablenkung durch Gravitation wird radioastronomisch mit hoher Genauigkeit bestätigt

Es gelingt *R. P. Feynmann* (* 1918 i. USA) u. and. das

Dem Irak wird im Golfkrieg Giftgaseinsatz vorgeworfen

Schweizer Volksabstimmung lehnt zivilen Wehrersatzdienst ab

Gemäß Angaben der Veranstalter über 100 000 Teilnehmer an den Ostermärschen i. BRD für den Frieden

Zahl der Arbeitsplätze in BRD:
1970 26,6 Mill.
1985 25,0 Mill.
−0,4 %/Jahr

Stunden Wochenarbeitszeit i. Dtl.: 1882 82; 1885 65; 1918 48; 1972 40; 1984 35

35 Mill. Arbeitslose im OECD-Bereich mit 814 Mill. Einw.

Mrd. DM Sozialleistungen i. BRD: 1975 347; 1983 537; 1975–83: + 5,6 %/Jahr

% Arbeitslosenquote i. Februar 1970/1984: Niederl. 1,0/15,3; Belg. 2,1/14,4; Ital. 5,3/13,1; Gr. Brit. 3,1/12,3; Frankr. 2,4/9,9; BRD 0,8/9,8; USA 4,8/7,7; Japan 1,1/2,7

Veränderung der Beschäftigten 1962/1984 i. %: USA – Landwirtschaft 7/3; Industrie 35/29; Dienstleistung 58/68
BRD – Landwirtschaft 48/42; Dienstleistung 40/53

Der 1. Mai in BRD steht im Zeichen der Gewerkschaftsforderung nach 35-Stunden-Woche bei vollem Lohnausgleich

7wöchiger Metallarbeiterstreik i. BRD um die 35-Stundenwoche bei vollem Lohnausgleich endet mit der Schlichtung von *Georg Leber* (SPD), die die 38,5-Stundenwoche mit 3,9 % Lohnausgleich vorsieht

Streiks und Aussperrungen in BRD um 35-Stunden-Woche bei vollem Lohnausgleich in Metall- und Druckindustrie

Nach dem Metallarbeiterstreik wird auch der 13wöchige Druckerstreik mit dem Vorschlag von *G. Leber* beendet

Bundesgesetz ermöglicht vorzeitigen Ruhestand mit 58 Jahren und 65 % des vorherigen Bruttoverdienstes

Gewerkschaft Nahrungs- und Ge-

(1984)	Fischerei-Differenzen zwischen Frankreich und Spanien erschweren EG-Erweiterung Brit. Regierungschefin *M. Thatcher* unterzeichnet in Peking ab 1997 gültige Übergangslösung für Hongkong, die seine wirtschaftliche Rolle erhalten soll Bei einer Demonstration wird aus der libyschen Botschaft eine brit. Polizistin erschossen, was zum Abbruch der diplomat. Bez. führt Verhandlungen zwischen Gr. Brit. und Argentinien über Falkland-Inseln werden abgebrochen Brit. Reg.-Chefin *M. Thatcher* besucht Ungarn Ital. Außenmin. *G. Andreotti* (* 1919, CD) kritisiert den Wiedervereinigungswunsch der Deutschen als „Pangermanismus" † *Enrico Berlinguer*, seit 1972 Generalsekretär der KP Italiens, der einen Eurokommunismus vertrat (* 1922) *Alessandro Natta* (* 1918) wird als KPI-Generalsekretär Nachfolger von *E. Berlinguer*, dessen Eurokommunismus er vertritt NATO-Generalsekretär *J. Luns* (* 1911 i. NL), der seit 1971 amtierte, übergibt sein Amt an *P. A. Carrington* (* 1919 i. London) Nach Beschuß griech. Zerstörer durch türkische Kriegsschiffe ruft Griechenland seinen Botschafter zurück UN-Generalsekretär *J. P. de Cuéllar* (* 1920 i. Peru) verhandelt in Wien über das zwischen Türken und Griechen geteilte Zypern Malta unter *D. Mintoff* (* 1916) lehnt NATO-Stützpunkt ab Portugal hatte seit der Revolution von 1974 6 provisorische, 9 verfassungsgemäße Regierungen Nachdem USSR seine Mittelstreckenraketen vermehrt hat, stationieren die Niederlande US-Raketen gemäß NATO-Beschluß Konferenz für Vertrauen und Abrüstung (KVA) der KSZE-Staaten in Stockholm bleibt ohne Ergebnis Grüne erhalten auf Anhieb im Schweizer Kanton Thurgau mit 6 Sitzen Fraktionsstärke, während Sozialdemokraten 6 Sitze verlieren *Franco*freundliche Demonstrationen in Madrid gefährden nicht die Demokratisierung Spaniens Spanien realisiert demokratische Militärreform Parteitag der Sozialisten in Spanien stimmt auf Vorschlag von *F. Gonzalez* für Verbleib in der NATO Die ETA-Terroristen im spanischen Baskenland verlieren frz. Fluchthilfe KP Spaniens spaltet sich in Euro- und Moskau-Richtung	*Siegfried Lenz* (* 1926): „Ein Kriegsende" (Erzählung und Fernsehfilm über eine Meuterei nach der Kapitulation) † *Angel Maria de Lera*, span. Schriftstellerin (* 1912) †*Leopold Lindtberg*, Schauspieler und Regisseur, seit 1933 Schauspielhaus Zürich, 1965–68 dort Direktor (* 1902 i. Wien) *Norman Mailer*: „Harte Männer tanzen nicht" (US-Roman erscheint i. dt. Übersetzung) Der pessimistische Zukunftsroman „1984" aus dem Jahr 1948 von *G. Orwell* wird aus der Sicht seines Titeljahres kontrovers diskutiert *Ulrich Ott* (* 1939) wird (ab 1985) Direktor des Dt. Literaturarchivs in Marbach *Erica Pedretti* (* 1930 i. Mähren, lebt i. d. Schweiz) erhält den Ingeborg Bachmann-Preis PEN-Versammlung verabschiedet in Tokio Resolution für Frieden und Abrüstung *Claus Peymann* (* 1937) nimmt	NS-Regimes (* 1892) † *Konrad Mellerowicz*, lehrte Betriebswirtschaft in Berlin (W) (* 1891 b. Posen) Der utopische Roman „1984" von *George Orwell* (* 1903 i. Indien, † 1950 i. London) aus dem Jahr 1948, der eine totale Überwachungsgesellschaft ankündigte, wird im Bezugsjahr vielfach zitiert und diskutiert † *Aurelio Peccei* (* 1908), ital. Initiator und Präsident des „Club of Rome" In Polen wird der regimekritische und populäre Priester *Jerzy Popieluszko* von Angehörigen des Staatssicherheitsdienstes ermordet (* 1947) *Karl Raimund Popper* (* 1902 i. Wien, lebt i. Gr. Brit.): „Auf der Suche nach einer besseren Welt" (Vorträge und Aufsätze erkenntnistheoretischer Zielsetzung) † *Helge Pross*, dt. sozialliberale Soziologin (* 1927) † *Helmut Schelsky* dt. Soziologe (1957: „Die skeptische Generation")

Starker Andrang zur *van Gogh* (1853–90)-Ausstellung in New York

Klaus Vogelgesang (* 1945 i. Radebeul) gehört zu den Preisträgern der Ausstellung „Deutsche Landschaft heute“

Retrospektive des Werkes von *J. A. Watteau* (1684–1721) in Paris mit über 70 Gemälden und 100 Zeichnungen

BRD und das Land Berlin kaufen für 15 Mill. DM vom Haus Hohenzollern das Bild von *Watteau* „Einschiffung zur Liebesinsel“, das dadurch in Berlin verbleibt

† *Hans Maria Wingler*, seit 1960 Leiter des Bauhaus-Archives, das 1971 nach Berlin (W) kam (* 1920)

„La Grande Parade“ (Ausstellung im Stedelijk-Museum, Amsterdam), die *Edy de Wilde* am Ende seines 20jährigen Direktorats mit Höhepunkten der Malerei seit 1940 veranstaltet

„Radical Painting“, Ausstellung moderner Gem. radikaler Farbgebung in Oberhausen

„Kunstlandschaft Bundesrepublik“ (Ausstellung von 396 Künstlern durch 48 Kunstvereine aus 10 Kunstregionen)

980 Faksimile-Ex-

Zadek (* 1926 i. Berlin) in Berlin und Bremen inszeniert (Urauff. i. Haifa)

Musikfest für den russ. Komponisten *D. Schostakowitsch* (1906–75) in Duisburg

Nach 2 1/2 Jahren Pause erringt die Tanzgruppe von *Twyla Tharp* (* 1942) in New York neue Erfolge

≈ Etwa jede 3. Ballett-Uraufführung findet in New York statt

† *Georges Thill* (* 1897), frz. Operntenor („der frz. Caruso“)

† *Wladimir Vogel* (* 1896 i. Moskau), Schweizer Komponist russ. Eltern, der ab 1937 12-Ton-Technik verwendete

Rundfunk in Israel spielt bisher wegen Verdacht der NS-Ideologie geächtete Musik von *Richard Wagner* und *Richard Strauß*

† *Collin Wallcott* (* 1945), US-Spieler des Sitar (Langhalslaute) im Jazz (durch Unglücksfall)

Andrew Webber: „Cats“ (brit. aufwendiges Musical, 1982 Urauff. in New

Verhalten von Quarks und ihren Feldteilchen (Gluonen) mathemat. zu simulieren

Bei der Entdeckung des Z^o-Bosons waren 1983 im CERN 141 Wissenschaftler beteiligt

Bei CERN in Genf gelingt Nachweis eines 6. Quarks (Topquark), dessen Masse sich als 30–50 Protonenmassen erweist

Am „Desy“-Beschleuniger in Hamburg wird ein neues, schwer deutbares Teilchen „Zeta“ mit etwa 9 Protonenmassen nachgewiesen

Schwerionen-Beschleuniger in Darmstadt erzeugt Transuran 108 mit einer Halbwertszeit von 2/1000 Sek.

BRD und das Land Hamburg vereinbaren, einen Speicherring „Hera“ für 314 Mrd. e-Volt Energie mit 8,4 km Durchmesser bis 1990 zu bauen

In Chikago ist ein Proton-Antiproton-Speicherring zur Erzeugung von 2000 Mrd. e-Volt („Tevatron“) i. Bau, der 1986 i. Betr. gehen soll

In Frankreich gelingt es kurzzeitig Atomkerne mit hohem Überschuß an Neutronen herzustellen (z. B. 7 Protonen und 16 Neutronen)

nußmittel in BRD vereinbart im Tarifvertrag Vorruhestandsregelung mit 58 Jahren und bestätigt 40-Stundenwoche bis 1988

Langer, erbitterter Streik britischer Bergleute gegen Schließung von Gruben durch die staatliche Kohlenbehörde scheitert und schwächt die Gewerkschaft. 1985 gibt der Gew.-Vors. *Arthur Scargill* (* 1938) das Streikende ohne Abkommen bekannt

Solidaritätsstreik der brit. Hafenarbeiter für die Bergarbeiter

2. Weltbevölkerungskonferenz der UN in Mexico City (auf dem Hintergrund eines jährlichen Wachstums um 85 Mill.)

EG verzeichnet Haushaltslücke von 5–6 Mrd. DM

Weltbevölkerungskonferenz der UN in Mexiko endet mit einstimmiger Forderung nach erdweiter Familienplanung

Weltbank sieht in der geburtenbeschränkenden Familienplanung die „einzige Chance für die Menschheit“

Zum Eheleben i. BRD 1965–83: Geburten −43 %; Eheschließungen −25 %; Ehescheidungen +104 %

8 Staaten der Sahelzone mit 30 Mill. Einwohnern, die durch Hunger infolge Dürre bedroht sind, bitten um internationale Hilfe

FAO nennt als Gründe für Hungerkatastrophe in Afrika: Dürre, Bevölkerungsvermehrung, wirtschaftliche Rezession und Stammesfehden

USA zahlen mit 8698 Mill. $ (= 0,24 % ihres BSP) 30,4 % der Entwicklungshilfe der OECD von 28 647 Mill. $

In Bolivien rufen Gewerkschaften mehrfach den Generalstreik aus

200 Tote bei Unruhen wegen Teuerung in Santo Domingo als Auswirkung der Bedingungen für einen Weltbankkredit

In Berlin (O) werden 400 Personen nach Besuch der Ständigen Vertretung der BRD verhaftet

Regimekritiker *A. D. Sacharow* (* 1920) tritt i. d. USSR in den Hungerstreik, um die Ausreise seiner

(1984)	In der Türkei erzielt die konservative Vaterlandspartei des Min. Präs. *Turgut Özal* (* 1927) Wahl-Erfolge Die militärischen Ausgaben der USA stiegen 1975–84 real in Preisen von 90,9 auf 238,6 Mrd. $ (+ 11,3 %/Jahr) US-Präsident *Reagan* bezeichnet militär. Stärke seines Landes als „friedenssichernd" US-Präsident *Reagan* will eine weltraumgestützte Abwehr feindlicher Raketen errichten (Strategic Defence Initiative (SDI) oder „Krieg der Sterne" genannt) Resolution des Weltsicherheitsrates gegen Verminung der Häfen Nicaraguas durch USA scheitert an deren Veto US-Senat verurteilt mit großer Mehrheit die Verminung der Häfen Nicaraguas durch CIA-Geheimdienst US-Präsident *R. Reagan* besucht VR China Kommission unter *H. Kissinger* fordert für Krisengebiet Mittelamerika mehr Militär und Wirtschaftshilfe USA senden Aufklärungsflugzeuge in den Sudan gegen Libyen Für *H. Kissinger* ist Syrien im Libanonkonflikt politischer Sieger über USA und Israel USA fordern erdweites Verbot chemischer Waffen. 1985 bewilligt der Kongreß Mittel für solche Die Außenminister *Shultz* (USA) und *Gromyko* (USSR) verabreden Gespräch über Gipfeltreffen 1985 USA verlassen UNESCO wegen Mißmanagement und kulturpolitischer Differenzen mit der Mehrheit aus Ostblock und Dritter Welt Es werden etwa 55 Mill. Hörer der „Stimme Amerikas" im Ostblock geschätzt Großer Wahlerfolg von *R. Reagan* für seine 2. Amtszeit als Präsident der USA USA unterstützen in Mittelamerika Honduras, El Salvador und die Gegner der Regierung in Nicaragua im Sinne einer antikommunistischen Politik Internationale Rundreise von *P. E. Trudeau*, (* 1919) Reg. Chef von Kanada in Ost und West für die Abrüstung der Atommächte Kanadischer Min. Präs. *Trudeau* (* 1919, liberal) besucht Berlin (O) als 1. Reg. Chef eines NATO-Staates *Pierre Trudeau* tritt zurück; war seit 1968 Min. Präs. v. Kanada Der progressiv-konservative *Brian Mulroney* (* 1930) wird durch Sieg über die Liberalen Reg. Chef von Kanada	Intendanz des Wiener Burgtheaters ab 1986 an (seit 1979 in Bochum) † *Rudolf Platte*, dt. Volksschauspieler, vorwiegend in Berlin (* 1904 i. Dortmund) † *J. B. Priestley*, brit. Schriftsteller und Dramatiker (* 1894) † *Heinrich Reclam* (* 1910), Urenkel des Verlegers *Philipp R.*, der 1867 das erste R-Bändchen verlegte *Christa Reinig* (* 1926): „Juniabschied" auf der Bestenliste des SW-Funks *Christa Reinig*: sämtliche Gedichte *Friederike Roth* (* 1948): „Krötenbrunnen" (Schauspiel, Urauff. i. Köln) *Friederike Roth* wird Stadtschreiberin von Bergen *Gerhard Rühm* (* 1930 i. Wien): „Ein deutsches Requiem" (erhält Hörspielpreis der Kriegsblinden) †*Edzard Schaper* (i. d. Schweiz), Schriftsteller poln. Herkunft (* 1908 i. Posen), wurde vom NS-Regime und von USSR zum Tode verurteilt	(* 1912 i. Chemnitz) † *Theodor Schieder* (* 1908), dt. Historiker des 18.–20. Jh., Herausgeber der „Historischen Zeitschrift" Ausgehend von den USA werden Zweifel an der Glaubwürdigkeit von *Heinrich Schliemann* (1822–1890) laut Die Tochter von *Stalin, Swetlana A.*, die 1967 die USSR verlassen hatte, kehrt dorthin zurück † *Matthias Walden*, dt. Journalist mit rechtsgerichteter Grundhaltung (* 1927 i. Dresden) *C. F. v. Weizsäcker* (* 1912), Physiker und Sozialwissenschaftler, warnt vor einem möglichen Weltkrieg † *Walter Winkler* (* 1914), dt. Psychiater, der die Schizophrenie in die Therapie der Psychoanalyse einbezog † *Yigael Yadin* (* 1917 i. Jerusalem), israel. Politiker und Archäologe, der die antike Festung Massada ausgrub und erforschte Internationaler Historiker-Kongreß tagt erstmals in BRD (Stuttgart)

emplare hoher Orginaltreue (zu je 19 000 DM) des „Stundenbuches" des Herzogs *von Berry* von ~ 1420 erscheinen in Paris

~ Die Malerei der „Jungen Wilden" wird in d. BRD von *Georg Baselitz* (* 1938) u. *Markus Lüpertz* (* 1941 i. Böhmen) abgeleitet. Man rechnet dazu: *Rainer Fetting* (* 1949), *Helmut Middendorf* (* 1953), *Salomé* (eig. *Wolfgang Cîlarz*(* 1954)) u. a.

„Berichtsjahr (aus Zeitgründen) zur Bauausstellung 1987)" in Berlin (W)

Ausstellung in „Galerie Garage" in Berlin (W) mit Werken von *Margarita Albrecht* (* 1951), *W. Jo Brunner* (* 1947 i. CH), *Jürgen Frisch* (* 1948 i. Bayern), *Michael Meyer* (* 1950), *Dirk Sommer* (* 1948)

Isenheimer Altar in Colmar durch 2 wieder aufgefundene Holzfiguren ergänzt

„Von hier aus", umfassende Ausstellung moderner Kunst in Düsseldorf

Internationale Organisation für Denkmalpflege (ICOSMOS) erweitert die Zahl der Objekte, die als all-

York) kommt in dt. Fassung nach Wien

Isang Yun (* 1917 i. Korea, lebt in Berlin (W)): 1. u. 2. Sinfonie (Urauff. i. Berlin (W))

† *Carlo Zecchi*, ital. Dirigent u. Pianist (* 1903 i. Ital.)

† *Fritz Zweig*, Dirigent der Krolloper in Berlin bis 1931, ab 1934 i. Ausland, zuletzt in USA (* 1893)

Filmmusik zu „Flashdance" erhält Oscar

Stiftung Preußischer Kulturbesitz eröffnet in Berlin (W) neben Philharmonie Bau für das Musikinstrumenten-Museum nach Plänen von *Hans Scharoun*

Wiedereröffnung der Oper in Zürich

Break-Dance mit akrobatischen Körperverrenkungen wird in BRD bekannt (stammt aus New Yorker Slums)

Schlager: „Ich düse im Sauseschritt" Schlager: „Jenseits von Eden"

Brit. Forscher entdecken neuartigen radioaktiven Zerfall, bei dem der Kern als Teile Kohlenstoffkerne aussendet

Forscher in USA und Darmstadt entdecken die Erzeugung „spontaner" Positronen beim energiereichen Stoß zweier Urankerne

Die vermeintliche Entdeckung eines magnetischen Monopols 1982 kann nicht bestätigt werden

Forscher in USA erreichen mit 2,6 Mill. Atmosph. über 40 Tage Höchstdruckrekord

Elektronenmikroskopische Aufnahmen zeigen eindeutig atomare Dimensionen

† *Hermann Hartmann*, dt. Physikochemiker, der besonders Quantenphysik der chemischen Bindung untersuchte (* 1914)

Es werden 4,5 Mill. Tier- und Pflanzen-Arten geschätzt, von denen 1,5 Mill. beschrieben sind (in der Vergangenheit gab es wahrscheinlich über 1 Mrd. Arten von Lebewesen)

≈ seit den Erbforschungen *Gregor Mendel's* (1822–1884) entwickelte sich die Vererbungslehre zur molekularen Biologie

kranken Frau *Jelena Bonner* in die USA zu erzwingen, was 1985/86 erreicht wird

Die Zahl der Flüchtlinge in Pakistan aus Afghanistan übersteigt 3 Mill.

55 DDR-Bürger suchen Zuflucht in der BRD-Vertretung in Berlin (O) (verlassen sie nach Zusagen für die Ausreise in die BRD)

Polen verläßt Internationale Arbeitsorganisation (ILO) in Genf

USA verwenden als „Misery-Index" Summe aus Arbeitslosenquote und Inflationsrate, der im Juli 9,6 % beträgt

World Wildlife Fund (gegr. 1961) sieht etwa 2000 Tierarten vom Aussterben bedroht (darunter Elefant und Nashorn)

Um 1900 starb eine biolog. Tier- oder Pflanzenart etwa pro Jahr aus, um 1980 geschieht das etwa pro Tag

Gerichtsurteil gibt Ölschiefergrube bei Messel, die Fundstelle wertvoller Fossilien, als Mülldeponie frei. Wird jedoch zunächst nicht eingerichtet

Bußgeld für nichtangeschnallte Autofahrer mindert Unfälle

≈ Durch Verbrennung fossiler Energieträger nimmt der Kohlendioxydgehalt der Atmosphäre laufend zu

Umweltbundesamt verlautet: 1982 i. BRD 16,6 Mt Emissionen schädlicher Gase, davon 3,1 % NO_2, Gesamtanteil des Kfz-Verkehrs 54,6 %

Kontroverse Diskussion um Tempolimit der Kfz gegen das Waldsterben in BRD, die als einziges EG-Land keines kennt

1971–1981 190 Mrd. DM Ausgaben für Umweltschutz i. BRD (davon 62 % aus öffentl. Hand)

BRD ermäßigt die Kfz-Steuer für abgasarme Autos mit Katalysatoren

Bundesländer i. BRD diskutieren die Aufnahme des Umweltschutzes in das Grundgesetz

Kernkraftgegner blockieren die Straßen bei Gorleben, wo ein Lager für radioaktive Abfälle der Kernkraftwerke entstehen soll

Demonstrationen gegen Braunkohle-Kraftwerk Buschhaus bei Helm-

(1984)	† *Juri Andropow*, seit 1981 Vorsitzender der KPSU, seit 1982 Staatschef der USSR (* 1914) *W. M. Molotow* (* 1890) wird wieder in die KPSU aufgenommen, aus der er 1962 ausgeschlossen worden war *K. U. Tschernenko* (* 1911) wird als Gen. Sekr. d. KPSU Nachfolger von *Juri Andropow* Oberster Sowjet der USSR wählt *Tschernenko* einstimmig zum Vorsitzenden, der damit die gleichen höchsten Ämter vereinigt wie seine Vorgänger *Andropow* und *Breschnew* † *Sergej Tulpanow*, maßgebl. Mitgl. der sowjetischen Militäradministration 1945–49 in Berlin (* 1901) † *D. F. Ustinow*, seit 1941 Volkskommissar für Rüstung (* 1908). Sein Nachfolger wird *Sergej Sokolow* (* 1911) RGW-Außenminister erklären sich in Budapest zu Verhandlungen über Friedenssicherung bereit Stellvertr. Min. Präs. d. USSR *Archipow* besucht VR China Die schweren Kämpfe in Afghanistan seit Einmarsch der USSR 1979 forderten ca. 130 000 Tote Seit 1979 sind in Afghanistan etwa 9000 Soldaten der USSR gefallen und etwa 16 000 verwundet USSR beantwortet Stationierung von US-Raketen in Europa mit neuen Stationierungen in DDR und CSSR Bericht der USA erwähnt 320 SS 20-Raketen mit je 3 atomaren Sprengköpfen der USSR USSR verlangt Abzug der US-Mittelstreckenraketen aus der NATO-Nachrüstung vor Aufnahme neuer Verhandlungen (läßt diese Forderung später fallen) ICAO-Rat verurteilt Abschuß des korean. Jumbo-Jets durch die USSR v. 1983 mit 269 Toten, der von der Flugroute abgekommen war Wiederaufnahme der MBFR-Verhandlungen in Wien, die 1973 begannen und 1983 von der USSR unterbrochen wurden Comecon-(RGW-) Jahresversammlung in Kuba (erstmals nicht in Europa) Großes Flottenmanöver der USSR im Nordatlantik USSR verstärkt Atom-U-Boot-Präsenz vor den USA, die 2–5 min. Vorwarnzeit beläßt Warschauerpakt-Konferenz in Berlin (O) begrüßt Dialogbereitschaft der Supermächte USSR übt Kritik an der Beziehung beider dt. Staaten. Ihr widerspricht auch die DDR offen Albanien begeht den 40. Jahrestag seiner Unabhängigkeit in außenpolitischer Isolation	† *Michail Scholochow*, Schriftsteller d. USSR (1932–61: „Am stillen Don“ (* 1905 i. Rußl.) Nobelpreis 1965 † *Manès Sperber*, Schriftsteller, der in Frankreich lebte (* 1905 i. d. Ukraine) † *Oscar Fritz Schuh* (* 1904), Regisseur an mehreren Theatern: 1953–60 i. Berlin (W), 1963–68 i. Hamburg *Peter Stein* (* 1937 i. Berlin) kündigt an, die künstlerische Leitung der „Schaubühne“ in Berlin (W) niederzulegen, die er seit 1970 hatte *John Stoppard* (* 1937 i. CS): „Rough Crossing“ (brit. Schauspiel um eine stürmische Schiffsreise) *Botho Strauß* (* 1944): „Der Park“ (Schauspiel, *Peter Stein* gewidmet, Urauff. i. Freiburg i. Br.) *Botho Strauß*: „Der junge Mann“ (Roman) auf literarischer Bestenliste *Leon Uris* (* 1924 i. USA): „Hadasch“ (Roman einer arab. Familie in Palästina, dt. Übers.)	Ausstellung in Berlin (W) zeigt polnische Grabungsergebnisse bei Wollin auf Usedom, wahrscheinlich Überreste des sagenhaften Vineta Pollenfunde auf der Osterinsel weisen auf frühere Waldbäume hin, mit deren Hilfe ≈ 1550 die bis zu 20 m hohen Felsbilder transportiert und aufgestellt werden konnten Tamerlan-Turm als mongol. Mausoleum aus dem 14. Jh. im Ural entd. Archäologen finden bei Bad Kreuznach Klosteranlage aus dem 8. Jh. Seit 1979 wurden in Israel über 9000 bisher unbekannte archäologische Stätten entdeckt, von denen bisher 50 freigelegt worden sind (häufig stoßen Ausgrabungen auf den Widerstand orthodoxer Juden) Archäologen finden in Israel Gebetsstätte mit Altar aus dem -13. bis -12. Jh. Auf einem Gräberfeld bei Krefeld fand man seit 1934 fast 5 000 Gräber von Römern und

gemeines Menschheitserbe angesehen und behandelt werden sollen

Architektur-Museum in Frankfurt/Main eröffnet

„Nofret – Die Schöne – Die Frau im alten Ägypten". Ausstellung i. München

In BRD gibt es 53, in d. DDR über 100 Artotheken, die Kunstwerke ausleihen (1970 waren es 3 in Berlin und München)

12 romanische Kirchen in Köln wurden seit 1945 restauriert (1985 wird dort ein „Jahr der romanischen Kirchen" begangen)

Ausstellung i. BRD „Deutsche Landschaft heute" zeigt vorwiegend deren Zerstörung

Die Zahl der Besuche in 1586 kunst- und kulturgeschichtlichen Sammlungen der BRD steigt gegenüber 1983 um 10 %

Niedersachsen anerkennt, daß der Welfenschatz zum Preußischen Kulturbesitz in Berlin (W) gehört (wird auch in Hannover gezeigt)

Mittelalterliche Baudenkmäler wie der Kölner Dom oder Straßburger Münster erfordern hohe Summen zu ihrer Erhaltung, die durch Umweltschäden gefährdet ist

und zur Gentechnik

Ernst Mayr (* 1904 i. Kempten) erhält 1956 gestifteten Balzan-Preis für Fortentw. d. biolog. Evolutionstheorie

Internat. Konferenz über Biotechnologie i. London

Zweites Patent für ein Produkt der Gentechnologie an Stanford University/USA (ein eiweißproduzierendes Bakterium)

Brit. Biologen verschmelzen Embryonen von Schaf und Ziege zu einer Chimäre (solche Experimente sind heftig umstritten)

In USA gelingt die Analyse von Bio-Makromolekülen (Sequenzanalyse bei Proteinen und Genen) in 1–2 Tagen

Internat. Forschergruppe gelingt Synthese eines Gens für einen Blutgerinnungsfaktor aus 2351 Aminosäuren

Es gelingt, Gene aus konservierten Zellen des 1878 ausgestorbenen zebraartigen Wildpferdes Quappa durch Klonen zu vermehren und insoweit „wiederzubeleben"

Ausstellung der etwa 50 wichtigsten Schädel- und Knochenfunde von Vor- und Früh-Menschen aus 8 Mill. Jahren i. New York

Die ersten Hominiden (echte Menschenvorfahren) werden auf -3,75 bis -4,0 Mill. Jahre datiert

US-Forscher finden in Kenia Skelett eines etwa 12jährigen Jungen, der vor etwa 1,6 Mill. Jahren lebte (Gewicht: 65 kg, Größe: 1,62 m), das sie dem Homo erectus zuordnen

In Neuwied werden unter Vulkanasche faustkeilartige Geräte mit einem Alter von etwa 1,1 Mill. Jahren gefunden

~ Neben die Kohlenstoff-Datierung tritt in der Archäologie zunehmend die Aminosäuredatierung, die maximal ein Alter organischer Stoffe bis 1,2 Mill. Jahre erfaßt

Baumjahresring-Chronologie weist auf -1624 hin, als die mykenische Kultur erschüttert wurde (vgl. -1500)

Primatenzentrum für Zucht und Forschung in Göttingen eingeweiht

~ seit etwa 1970 erkennen ital. Forscher die Bedeutung des Geruchsinnes für die Orientierung der Brieftauben

MPI in BRD weist biologische Wirkungen der Mikrowellen nach

stedt, dessen Inbetriebnahme ohne Entschwefelung eine schwere Umweltbelastung darstellt

Schwere Unruhen wegen des Baus eines Wasserkraftwerkes bei Hainburg in Österreich

Müllablagerung und Entwaldung durch Tourismus am Mount Everest

Umweltbundesamt meldet im Winter 83/84 den Tod von 320 000 Seevögeln durch Ölverschmutzung der Nordsee

Drohende ökologische Katastrophe durch Staudämme am Amazonas

7. Internationale Fachmesse für Entsorgung für Abwasser u. Abfall i. München

Aus Schweden wird bekannt, daß 1983 die 5 Atommächte 48 Kernsprengsätze unterirdisch zündeten

ca. 1,3 Mrd. Menschen können ihren Bedarf an Brennholz nur mühsam decken, was zur Gefährdung der Waldbestände führt

Der Brennholzeinschlag liegt bei 1,65 Mrd. m^3 (mit 0,8 Mrd. t SKE sind das etwa 8 % der global verbrauchten Energie, steigende Ölpreise erhöhen Brennholzbedarf)

In USA ist bei Frauen Lungenkrebs häufigste Krebstodursache (vor dem Nikotingebrauch durch Frauen war es der Brustkrebs)

Herzzentrum in Berlin (W) eröffnet

Im dt. Herzzentrum i. München werden jährlich rd. 1000 Kranke mit Herz-Lungen-Maschine operiert

In USA gingen 1974–84 die Herzerkrankungen um 26 % zurück

Neugeborenes in USA stirbt 21 Tage nach Transplantation eines Pavianherzens

In USA wurden 4097 AIDS-Fälle bekannt, von denen 1758 tödlich verliefen

Ca. 20 Mill. Leprakranke auf der Erde

CDU beantragt in NRW parlamentar. Untersuchungs-Ausschuß für den Bauskandal um das Aachener Klinikum

Die Zahl der Alkoholsüchtigen in BRD liegt im Bereich 1,5–2 Mill. (ca. 3 %)

(1984)	In Polen finden am 1. Mai Demonstrationen für die Verbotene Gewerkschaft „Solidarität" statt *L. Walesa* gibt bekannt, daß bei den poln. Gemeindewahlen 40% der Wahlberechtigten die Wahl boykottierten, was ihm juristische Verfolgung einbringt In Polen bildet sich ein „Bürgerkomitee gegen die Gewalt", das der verbotenen „Solidarität" nahesteht Der rumänische Partei- und Staatschef *N. Ceaucescu* (* 1918) kommt zu einem gekürzten Besuch in die BRD Der rumän. Staats- und Parteichef *N. Ceaucescu*, der seit 1965 amtiert, wird zum 5. mal gewählt Irakische Angriffe auf Öltanker im persischen Golf führen zur internationalen Krise Seit Sturz des Schahs 1979 richtete der Iran mehr als 5000 Regimegegner hin Im Iran werden 10 führende Mitglieder der kommunistischen Tudeh-Partei hingerichtet Israel und Syrien tauschen Gefangene aus Frz. StaatsPräs. *Mitterrand* vertritt beim Besuch in Moskau nachdrücklich die westlichen Standpunkte bezüglich Rüstung und Behandlung des Dissidenten *A. D. Sacharow* (* 1921) 49 Verletzte bei Palästinenseranschlag in Jerusalem Bei den Wahlen in Israel schlägt *Schimon Peres* (* 1923, Arbeiterpartei) *Itzhak Schamir* (* 1914, Likudblock), die eine Koalition mit alternierender Führung bilden Israelischer Staatspräsident *Chaim Herzog* (* 1918, Arbeiterpartei) beauftragt *Shimon Peres* (* 1923, Arbeiterpartei) Koalitionsregierung mit *Yitzak Shamir* (* 1915, Likudblock) zu bilden Knesseth-Sitze nach Wahlen in Israel: Arbeiterpartei (*Peres*) 44; Likudblock (*Shamir*) 41; 35 andere, zus. 120 Im Libanon ernennt *A. Gemayel* (* 1942 Christ) *R. Karame* (* 1921, Sunnit) zum Ministerpräsidenten Frankreich und Libyen vereinbaren Abzug ihrer Truppen aus dem Tschad Israel weist auf Waffenhilfe der USSR für Syrien hin Krise der Koalitionsregierung in Israel um Beziehungen zu Jordanien wird beigelegt Kg. *Hussein* von Jordanien beruft 1967 gewähltes Parlament ein, das 1974 suspendiert worden war Jordanische Botschaft in Libyen gestürmt und zerstört Multinationale Friedenstruppe aus USA, Frankr., Gr.Brit. und Italien im Libanon kann ihre Aufgabe nicht erfüllen und wird nach und nach abgezogen	† *Oskar Werner* (* 1922), österr. Schauspieler und Regisseur *Paul Wühr* (* 1927) erhält Bremer Literaturpreis (wurde durch Hörspiele bekannt) Zeitung des Vatikans übersetzt Mickey Mouse-Comics in lateinische Sprache † Film-, Funk- und Fernsehautor *Heinz Oskar Wuttig* (z. B. „Forellenhof", „MS Franziska") (* 1907) † *Irving Shaw*, US-Schriftsteller, der 1948 den Antikriegsroman „Junge Löwen" schrieb (* 1913) *George Tabori* (* 1914 i. Budapest): „Peepshow" (literar. Rückblick als Schauspiel, Urauff. i. Bochum) † *Ivo Veit* dt. Schauspieler und Hörspielregisseur (* 1910) Veränderung der deutschsprachigen Theaterszene durch Rückzug von *Peter Stein* (* 1937) von der Berliner Schaubühne und den Ruf von *Claus Peymann* (* 1937) an das Wiener Burgtheater	Franken, darunter Fürstengräber mit wertvollen Beigaben In Köln wird das Hauptquartier der röm. Flotte ausgegraben, das ca. 25–30 angelegt wurde „Gold der Skythen", Ausstellung in München von Goldfundobjekten aus Leningrad, die um −800 datiert werden Reste einer persischen Armee gefunden, die ≈ -500 in der Sahara verschwunden war Erstes Wörterbuch der Keilschrift beginnt in USA zu erscheinen (22 Bände mit 16 000 Stichworten geplant) US-Archäologen untersuchen im Mittelmeer 3400 Jahre altes Schiff mit zahlreichen Handelsgütern In VR China wird ca. 3700 Jahre alte Hauptstadt der Jangschau-Kultur ausgegraben Nach Kritik an der Fassung von 1975 wegen „Modernität" erscheint revidierter Text des Neuen Testaments als „Luthers Testament 1984" Der Versuch, die

Baufälliger Mailänder Dom wird 697 Jahre nach seiner Grundsteinlegung bis voraussichtlich 1996 restauriert

Die Kathedrale von York i. Gr. Brit. durch Blitzschlag schwer beschädigt

---

† *Jackie Coogan*, der als Kinderfilmstar 1920 mit *Charly Chaplin* in „The Kid" spielte (* 1914)

† *Janet Gaynor*, US-Filmschauspielerin (* 1906)

† *Yilmaz Güney*, in seiner Heimat als Kurde verfolgter türk. Filmregisseur (* 1937, drehte 1980 „Der Weg" (Yol))

† *Joseph Losey*, US-Filmreg. (* 1909)

† *James Mason*, brit. Filmschauspieler (* 1909)

† *Wolfgang Staudte*, dt. Filmregisseur (z. B. 1951 „Der Untertan")(* 1906)

† *Herta Thiele*, dt. Filmschauspielerin (* 1908) (1931 u. später, „Mädchen in Uniform")

† *François Truffaut*, frz. Filmregisseur (* 1932)

† *Luise Ullrich*, dt. Filmschauspielerin (* 1911 i. Wien)

† *Ivo Veit*, dt. Schauspieler u. Regisseur (* 1910)

† *Johnny Weissmüller* (US-Schwimmsportler und Film-

Licht aus biologischen Zellen (Biophotonen) wird auf Carcinogenese (Krebserzeugung) und auf Mutationen untersucht

In der MPG klärt *D. Schulte Frohlinde* die Chemie des Strahlentodes einer Zelle als Doppelstrangbruch in der DNS-Erbsubstanz auf

† *F. Cori*, US-Mediziner u. -Nobelpreisträger 1957 (* 1896)

† *Rudolf Zenker*, Herzchirurg, der 1969 in München die erste Herztransplantation i. BRD ausführte (* 1903)

In USA werden Gene entdeckt, welche den zeitlichen Ablauf der Entwicklung eines Organismus bis zum 959 Zellen-Stadium steuern

In Australien und anderswo werden gesunde „Retortenbabies" geboren, die als Embryos tiefgekühlt gelagert worden waren

Zum 4. mal wird einem Menschen, diesmal einem Säugling, ein Affenherz implantiert (alle Patienten starben bisher nach wenigen Tagen)

In Pittsburg/USA wird einem 6 Jahre alten Mädchen in 15stündiger Operation gleichzeitig Herz und Leber transplantiert

Antikörpertest verbesset AIDS-Diagnose, was bei der raschen Ausbreitung seit 1981 wichtig ist

Erdweit sind etwa 4500 AIDS-Fälle bekannt (davon i. USA 4000, i. Europa 335, i. BRD 64)

Im *Pasteur*-Institut in Paris wird ein Virus entd., das wahrscheinlich der Erreger von AIDS ist, einer lebensgefährlichen Krankheit, die sich seit 1981 von USA aus seuchenartig verbreitet

Das AIDS-Virus wird als Variante eines schon bekannten Virus erkannt

Ultraschalldiagnose von Herzleiden wird verbessert und ergänzt als nichtinvasive Methode die Untersuchung mit dem Herzkatheter

Zum 2. Mal erhält in USA ein Patient ein von außen angetriebenes Herz, obwohl der erste Versuch 1983 mit dem Tod des Patienten nach 112 Tagen beendet worden war

Prionen, 100 mal kleiner als Viren, können sich als Krankheitserreger ohne genetische Substanz (DNS oder RNS) vermehren

Operationen am offenen Herzen i. BRD 1982 13 700; 1984 17 700 (+ 14 %/Jahr)

Ca. 3 Mill. Bürger der BRD trinken Alkohol am Arbeitsplatz (etwa 15 % der Beschäftigten)

In BRD werden jährlich ca. 7 Mill. Versuchstiere verwendet

Bundesgesundheitsamt verbietet 65 Arzneimittel, die Phenyl- und Oxyphenbutazon enthalten und vorwiegend als Rheumamittel verwendet werden

Leihmutter in USA gebiert ein Kind, mit dem sie nicht verwandt ist

Retorten-Vierlinge werden in Melbourne/Australien geboren

Fast 4 000 Tote durch verseuchtes Trinkwasser in Indien

VR China zählt 3765 Einwohner im Alter von 100 Jahren und mehr (ältester angebl. 130)

Berthold Beitz (* 1913 i. Dtl.) wird zum neuen Präsidenten des Internationalen Olympischen Komitees (IOC) gewählt

Bei den Olympischen Winterspielen in Sarajewo/Jugoslaw. kämpfen 1500 Sportler aus 49 Staaten in 39 Disziplinen um 117 Medaillen

Medaillenspiegel G/S/B der Olymp. Winterspiele in Sarajewo/Jugoslaw.: DDR 9/9/6; USSR 6/10/9; USA 4/4/0; Finnl. 4/3/6; Schwed. 4/2/2; Norw. 3/2/4; CH 2/2/1; BRD 2/2/1; Ital. 2/0/0; UK 1/0/0; CSSR 0/2/4; Frankr. 0/1/2; Japan 0/1/0; Jugosl. 0/1/0; Liechtenst. 0/0/2; Österr. 0/0/1

6708 Sportler aus 141 Ländern beteiligen sich an den Olympischen Sommerspielen in Los Angeles (RGW-Staaten außer Rumänien boykottieren sie)

Medaillenspiegel *G/S/B* für die Olympischen Sommerspiele in Los Angeles: USA 83/61/30; Rumän. 20/16/17; BRD 17/19/23; VR China 15/8/9;

† *Johnny Weißmueller* Olympiasieger im Schwimmen 1924 u. 28, seit 1932 Tarzandarsteller im Film (* 1904 i. USA)

Der Neger *Carl Lewis* (* 1961 i. USA) gewinnt in Los Angeles 4 olympische Goldmedaillen (100 m, 4 x 100 m-Staffel, 200 m und Weitsprung, wie *Jesse Owens* 1936 i. Bln)

(1984)	Führer der Drusenmilizen *K. Dschumblat* (* 1917) verkündet im Libanon Kampf bis zum Sturz des Staatschefs *B. Gemayel* (* 1905) 26 Tote und etwa 60 Verletzte bei Bombenanschlag auf US-Botschaft in Beirut Nach Scheitern der Politik der USA und Israels im Libanon und Stärkung der Position Syriens zeichnet sich eine Teilung des Landes ab 2. Libanesische Versöhnungskonferenz der Bürgerkriegsparteien vereinbart Waffenstillstand, der gebrochen wird Nach der Niederlage der PLO im Libanon und Rücktritt von *Y. Arafat* wird dieser wieder Chef der PLO Präsident einer US-Universität *Malcolm Kerr* (* 1931) wird in Beirut von proiran. Terroristen ermordet Saudi-arabischer Konsul wird in Beirut entführt Schwere Kämpfe mit hohen Verlusten zwischen feindlichen Milizen um Tripoli im Libanon Libanesische Regierung tritt wegen heftiger Kämpfe zwischen Christen und Moslems in Beirut zurück Über 100 Tote durch israelische Luftangriffe auf Baalbek Verminung des Roten Meeres von unbekannter Seite, die 13 Schiffe beschädigt, löst politische Aktivitäten aus Das durch Freundschaftsvertrag mit der USSR verbundene Syrien dominiert im Libanon Syrien kritisiert Wiederaufnahme diplom. Bez. zwischen Jordanien und Ägypten Syrische Regierung unter *Assad* (* 1928) nötigt Libanon, Waffenstillstand mit Israel zu kündigen Gr. Brit. und VR China vereinbaren nach Ablauf des Pachtvertrages über Hongkong 1997 50 weitere Jahre marktwirtschaftliche Ordnung bei chines. Oberhoheit KP-Organ der VR China distanziert sich von den Lehren von *Marx* und *Lenin* *Tschao Tsi jang* besucht als erster Min. Präs. der VR China die USA und führt dort Wirtschaftsgespräche VR China verurteilt Aufrüstung der USSR in Asien ZK der KP der VR China beschließt unter *Deng Xiaoping* (* 1904) Wirtschaftsreform, die kapitalistische Elemente nicht ausschließt VR China mit *Deng Xiao ping* (* 1904) an der Spitze feiert 35. Jahrestag seiner Gründung VR China dringt in Vietnam ein, das von der USSR unterstützt wird	Frankfurter Buchmesse mit 6192 Verlagen, 312 000 Titeln und 92 000 Neuerscheinungen unter dem Motto „Orwell 2000" Verlag in BRD gibt als größte Bibliographie der Erde „The Main Catalogue of the Library of Congress (USA)" mit 25 Mill. Eintragungen heraus (1968 W) Restauriertes „Großes Haus" des Staatstheaters in Stuttgart eröffnet Als 10 bedeutendste europ. Schriftsteller werden genannt: *1. Shakespeare, 2. Goethe, 3. Cervantes, 4. Dante, 5. Kafka, 6. Proust, 7. Th. Mann, 8. Molière, 9. Joyce, 10. Dickens* *Norbert Stief* entw. in Bonn Gerät für Hieroglyphenschrift mit Schreibmaschinentastatur  8 evangelischen Landeskirchen der DDR zu vereinigen scheitert auf der Potsdamer Synode nach langen Verhandlungen	88. Dt. Katholikentag in München mit dem Motto „Dem Leben trauen, weil Gott es mit uns lebt" Gewaltige Demonstration in Paris für die Unabhängigkeit der kathol. Privatschulen in Frankreich Frz. Präs. *F. Mitterrand* zieht unter dem Eindruck heftigen Protestes das Gesetz über kathol. Privatschulen zurück Große Demonstrationen in Madrid gegen Verstärkung des Einflusses von Eltern, Lehrern, Schülern in katholischen Privatschulen Neues Konkordat in Italien ersetzt das von 1929 und beseitigt Katholizismus als Staatsreligion USA und Vatikan nehmen diplomat. Beziehungen auf, die 1867 unterbrochen wurden Es werden noch rd. 362 000 Vermißte des 2. Weltkrieges gesucht Lutherischer Weltbund mit 97 Mitgliedsländern und 55 Mill. Gläubigen tagt in Budapest

schauspieler (z. B. „Tarzan") (* 1904)

Der „Fall Bachmeier", in dem eine Frau den vermutlichen Mörder ihrer Tochter vor dem Urteil im Gerichtssaal erschießt, wird durch 2 Filme i. d. BRD „vermarktet"

„Rambo II" (US-Film, der mit Erinnerungen an den Vietnamkrieg Gewalt und Krieg patriotisch verherrlicht

Michelangelo Antionini (* 1912), ital. Filmregisseur erhält Preis für sein Gesamtwerk

„Einmal Ku'damm und zurück" (Film von *Herbert Ballmann* über eine Liebesgeschichte im geteilten Berlin)

„Fanny und Alexander" (Film von *Ingmar Bergman* (* 1918 i. Schweden) wird mit 4 Oscars ausgezeichnet

„Zeit der Zärtlichkeit" (US-Film von *James L. Brooks*) erhält 5 Oscars

Goldener Bär der Berliner Filmfestspiele an den US-Film „Love Streames" von *John Cassavetes* (* 1929 i. New York)

„Amadeus" (Mozartfilm von *Milos Forman* (* 1932 i. CS., lebt in USA) erhält 8 Oscars

„E la nava va", „Schiff der Träume" (ital. Film von *Federico Fellini*

Etwa 7000-Herz-Bypass-Operationen jährlich i. BRD

Öffnung verstopfter Blutgefäße durch Laserstrahlung wird erprobt

Seit 1967 erdweit etwa 440 Herztransplantationen

Internationaler Kongreß der Interferonforschung in Heidelberg erweist I. bei Krebs als nur bedingt wirksam

Es gelingt in USA, an Leukämie erkrankte Kinder durch monoklonale Antikörper zu heilen

Erste Lungenoperation an einem ungeborenen Kind in Europa (vorher in USA)

Positronen-Emissions-Tomographie (PET) gestattet Hirnfunktions-Diagnostik (etwa die der Neuronen-Transmitter)

3 Kosmonauten der USSR erreichen mit 237 Tagen Dauerrekord im Raumfahrzeug

USSR beteiligt die 3. Kosmonautin a. d. Raumfahrt

USSR-Kosmonautin *Swetlana Sawizkaja* bewegt sich als erste Frau außerhalb des Raumschiffes im Raum

2 Kosmonauten der USSR und ein Inder starten zur Raumstation „Saljut 7" zum Treffen mit 3 anderen Kosmonauten

4 US-Astronauten und 3 Kosmonauten der USSR umkreisen gleichzeitig die Erde

USA und USSR vermehren die Versuche, Raumfahrer das Raumschiff i. Flug verlassen zu lassen

US-Raumfähre vom Typ „Challenger" unternimmt 10. Raumflug, bei dem 2 Satelliten gestartet werden und 2 Astronauten mit Rucksackdüsen frei im Raum operieren

Drei Satellitenfehlstarts aus US-Raumfähre seit 1983 gefährden Kernstück des Raumfährenprogr.

Erster Start von US-Raumfähren: „Columbia" 1981; „Challenger" 1983; „Discovery" 1984

US-Raumfähre „Discovery" birgt, repariert und startet erneut zwei Nachrichtensatelliten nach Fehlstarts

14. Start einer US-Raumfähre (Space Shuttle)

Bisher größte Raumflugbesatzung (5 Mann und 2 Frauen) in US-Raumfähre „Challenger". Erste US-Frau verläßt zeitweilig US-Raumfähre

Seit 1977 starteten die USA keine Raumsonde zur Planetenerforschung, die USSR 2 Venussonden

† *Toni Hiebeler* (* 1930 i. München), bei Hubschrauberabsturz, Münchner Alpinist, vielseitiger Sportler und Schriftsteller (1968 1. Winterbesteigung der Eiger-Nordwand)

28jährige Inderin als 5. Frau auf dem Mt. Everest (die erste Frau war 1975 eine Japanerin)

Joe Kittlinger (* 1928 i. USA) überquert allein im Heliumballon den Atlantik von USA nach Norditalien (Gruppenüberquerung 1978)

Rekord mit 30 Remis-Partien bei der Schachweltmeisterschaft in Moskau zwischen *A. Karpow* und *G. Kasparow*

Im Wimbledon-Tennisturnier siegen *John Mc Enroe* (* 1959 in Wiesbaden) zum 3. Mal in Serie und *Martina Navratilova* (* 1956 i. Prag, lebt in USA) zum 5. Mal in Serie (beide sind US-Bürger)

Niki Lauda (* 1949 i. Wien) siegt zum 3. Mal im Formel-1-Rennen

Francesco Moser (* 1951 i. Ital.) fährt in einer Stunde mit dem Fahrrad neuen Rekord mit 50,809 km (1972 fuhr der Belgier *Eddy Merckx* (* 1945 i. Belg.) 49,431 km)

Frankreich gewinnt in Paris gegen Spanien mit 2:0 EM im Fußball

Der bayerische Fußballspieler *Karl-Heinz Rummenige* (* 1945) geht für 2 Mill. DM Jahresgehalt nach Mailand

38 Tote bei blutigen Auseinandersetzungen beim Europacupfinale in Brüssel zwischen Anhängern von Liverpool und Turin (löst wachsende Sicherheitsmaßnahmen aus)

VfB Stuttgart Sieger in der Fußballbundesliga

Hempleman Adams (* 1957 i. Gr. Brit.) erreicht nach 22tägigem Fußmarsch ohne Begleitung nach 400 km den magnetischen Nordpol

Bundespräsident *C. Carstens* beendet seine 1547 km lange Wanderung durch die BRD

Anteil der Skilangläufer in Seefeld: 1965 5 %; 1984 50 %

Giftgaskatastrophe durch eine chemische Fabrik aus USA in Indien (Bhopal) verursacht 2500–3000 Tote und 100–200 000 Erkrankte

(1984)	Zentralregierung in Indien setzt 2 Landesregierungen ab, was Unruhen erzeugt Schwere Krise in Indien durch blutigen Terror der Sikhs in der Provinz Punjab *Indira Gandhi* läßt „Goldenen Tempel" als Hauptheiligtum der Sikhs im Punjap von der Armee stürmen (unter den ca. 350 Toten sind führende Sikhs) Schwere Unruhen in der indischen Provinz Kaschmir mit moslemischer Mehrheit † *Indira Gandhi* ind. Reg. Chefin seit 1966, von Sikhs ihrer Leibwache ermordet (* 1917) In Indien töten nach der Ermordung von *Indira Gandhi* Hindus aus Rache ca. 4000 Sikhs *Rahjiv Gandhi* (* 1940 als Sohn der ermordeten *Indira Gandhi*) wird neuer Min. Präs. von Indien Indische Kongreßpartei unter *Rahjiv Gandhi* erreicht bei den Neuwahlen 2/3-Mehrheit General *Suharto* in Indonesien unterdrückt blutig Unabhängigkeitsbestrebungen in Ost-Timor Afghanischer Luftangriff auf Pakistan fordert 40 Tote *Nakasone* (* 1918, liberaldemokrat. Partei) für 2 weitere Jahre zum japan. Reg. Chef gewählt Japan. Min. Präs. *Nakasone* besucht VR China und vereinbart Handelskredit von 2,2 Mrd. *$* Nordkorea bietet Südkorea Verhandlungen über Wiedervereinigung an Neuer Kg. in Malaysia gewählt und gekrönt Volksabstimmung in Pakistan bestätigt mit hoher Mehrheit Staatschef *Zia ul Haq* (* 1924), der seit 1978 Staatschef ist und Islamisierung betreibt Auf den Philippinen wächst die Unruhe der Bevölkerung nach der Ermordung des Oppositionellen *Benigno Aquino* und schwächt die Stellung des von den USA gestützten Diktators *G. Marcos* (* 1917), der seit 1965 ein korruptes Regime führt Bürgerkriegsartige Zustände zwischen Singhalesen und Tamilen-Minderheit auf Sri Lanka Labour-Wahlsieg in Australien. *Robert J. L. Hawke* (* 1929) bleibt Reg. Chef In Argentinien werden immer neue Morde und andere Greueltaten der Militärjunta seit 1976 bekannt Staatspräsident *Alfonsin* (* 1927) von Brasilien beziffert die während des Militärregimes Verschleppten auf rd. 10 000 (vorher ca. 30 000 befürchtet) Massendemonstrationen in Brasilien für Direktwahl des Staatspräsidenten 1984 Massenfestnahmen in Chile Argentinien und Chile vereinbaren Gewaltlosigkeit am Beagle-Grenzkanal	Bericht aus USA beschuldigt den Vatikan, nach dem 2. Weltkrieg Nazis zur Flucht verholfen zu haben Papst *Johannes Paul II.* besucht Weltkirchenrat in Genf Papst spricht von „tiefer Krise moderner Kultur" Der Papst feiert in Südkorea 200jähriges Bestehen dieser Kirche und gedenkt der 103 Märtyrer (93 Koreaner und 10 Franzosen), darunter des 1. Korean. Priesters *A. Kim*, der 1846 hingerichtet wurde Der Besuch des Papstes in Südkorea ist von regimefeindlichen Studentendemonstrationen begleitet Papst spricht 99 Märtyrer, die in der französischen Revolution umkamen, heilig Katholische Kirche verurteilt „Befreiungs-Theologie", die in Latein-Amerika revolutionäre Bewegungen unterstützt Der Papst besucht Kanada Katholischer Hirtenbrief in USA weist auf 35 Mill. Menschen (15 % der Bev.) hin, die dort unterhalb der Armutsgrenze leben Die 24. Auslandsreise des Papstes *Johannes Paul II.* führt ihn zum 2. mal nach Lateinamerika Das Attentat auf den Papst 1981 wird gerichtlich untersucht und führt zur Anklage gegen 4 Türken und 3 Bulgaren Die Zahl der Moslems nähert sich der Zahl der Christen Etwa 500–1500 Sikhs in Indien sterben durch Racheakte von Hindus nach der Ermordung von *Indira Gandhi* Erstmals eine Frau in der Schweizer Regierung als Polizei- und Justiz-Minister Ministerium für Frauenfragen in Indien Gemäß dem Koran streng verhüllte Frauen drohen im Iran weniger orthodox Gekleideten („Entblößten") mit dem Tod Philosophie-Kongreß in Bonn unter dem Thema „Tradition und Innovation" Meinungsfor-

Ital. Filmpreis an *Federico Fellini* (* 1920 in Rimini)

„Prénom Carmen“ (Film von *Jean Luc Godard* (* 1930 i. Paris))

„Wo die grünen Ameisen träumen“ (Film von *Werner Herzog* (* 1942))

„Unter dem Vulkan“ (Film von *John Huston* (*1906 i. USA) n. d. Roman v. *Malcolm Lowry* (* 1909, † 1957) von 1947)

US-Filmschauspielerin *Shirley McLaine* (* 1934) mit Oscar ausgezeichnet

„Die unendliche Geschichte“ (Film von *Wolfgang Petersen* (* 1941) nach dem Buch von *Michael Ende* (* 1929))

Poln. Filmregisseur *Roman Polanski* (* 1933) verläßt wegen illegalen Verhaltens die USA, wo er seit 1967 arbeitet

„Heimat“ (Fernsehfilmserie um das Schicksal schlichter Menschen im Hunsrück 1933–50) von *Edgar Reitz* hat international. Erfolg

„Marlene“ (Film von *Maximilian Schell* (* 1930) über *Marlene Dietrich* (* 1901) als „authentisches Porträt eines Mythos“)

„La vie est un roman“ (frz. Film von *Alain Resnais* (* 1922), dem Vertreter der „Nouvel-

USA planen ständig besetzte Raumstation für 8 Mrd. $

Im Rahmen der SDI-Versuche gelingt in USA das Abfangen einer anfliegenden Attrappe durch eine Rakete

Europ. ESA-Rakete „Ariane“ bringt 2 Nachrichten-Satelliten in Erdumlauf

Erfolgreicher Start der ESA-Rakete „Ariane“ eröffnet die Konkurrenz mit NASA-Raumfähren

USSR, Japan und Europa (ESA) bereiten 4 Raumsonden vor, die den Halley-Kometen 1986 in Sonnennähe möglichst genau erforschen sollen

Brasilien, VR China, Italien und Japan beginnen sich an der Raumfahrt zu beteiligen

VR China startet Forschungssatellit

~ Der Gürtel für geostationäre Satelliten in 36 km Höhe wird zunehmend zu eng besetzt

Bund und Länder der BRD betreiben 13 Großforschungseinrichtungen mit 20 000 Mitarbeitern und über 20 Mrd. DM Haushaltsmitteln

Ende 1984 gibt es erdweit 322 Kernkraftwerke mit 230 Mill. kW (ca. 12 % d. Erde) elektr. Leistung)

OECD-Staaten erzeugen 18 % ihrer elektrischen Energie aus Kernkraft

Die Beseitigung der Radioaktivität des durch Unfall zerstörten US-Atomreaktors bei Harrisburg benötigt in über 5 Jahren 1 Mrd. $

Brit. Kgin weiht in Culham Kernfusionsanlage der EG „JET“ ein

Japan beginnt seine Kernfusionsmaschine „JT 60“ zu erproben

Transsibirische Bahn BAM (Baikal-Amur-Magistrale, Baubeg. vor 1938) in Betrieb

Größtes Wasserkraftwerk der Erde mit 12 600 MW (und 18 Mrd. $ Kosten) wird von Brasilien und Paraguay am Grenzort Itaipu eingeweiht

Frankreich plant Verlegung eines 400 km langen Glasfaserkabels zur Insel Korsika

Zahl der Industrie-Roboter am Jahresende (82/83):
USA 6250/ 8000
Japan 13000/16500
BRD 3500/ 4800
führend ist die Autoindustrie

~ wissenschaftliche Datenbank in Europa mit Anschluß an USA im Aufbau

Anzahl der Speicherplätze auf einem Siliziumchip der Größe 10,5 × 7,7 mm wuchs seit einem Jahrzehnt

Seit 1921 ereigneten sich erdweit 12 schwere Katastrophen in der chemischen Industrie, die jeweils Tausende von Menschen töteten, verletzten oder gefährdeten

Explosion eines Gaslagers in Mexiko-Stadt fordert 452 Tote und ca. 4250 z. T. schwer Verletzte in einem Armenviertel

Nach Feststellung der Regierung ist der Wald in BRD zu 50 % geschädigt (im Vorjahr zu 34 %)

Bayern verankert als erstes Bundesland den Umweltschutz in seiner Verfassung

Kosten der Umweltschutzmaßnahmen in BRD (in Kaufkraft 1980): 1970 130 Mrd. DM; 1984 198 Mrd. DM; (+ 3,1 %/Jahr)

Internat. Umweltkonferenz in München mit USA und dem gesamten RGW

Bei Tieren des Mittelmeeres findet man ein Übermaß von Quecksilber und Bakterien, das sie nur bedingt genießbar macht

Die wirtschaftliche Erschließung Amazoniens zerstört seinen Regenwald als riesiges Ökosystem

Nach einer Explosion in Brasilien findet man von 500 Vermißten nur 86 verbrannte Leichen

2 schwere Unfälle in Brasilien mit insgesamt über 1000 Toten: Explodierende Pipeline entzündet Slumviertel, Bus fährt in Karnevalszug

Die Zahl der Verkehrstoten i. BRD sinkt auf ca. 10 000 (niedrigste Zahl seit 1953)

Flugmanöver der USSR stören Verkehr in Berliner Luftkorridoren

Privatisierung der Bosporusbrücke Europa-Asien (28 Mill. Fahrzeuge pro Jahr)

Erdweit 550 Mill. Telefone, davon pro 100 Einw.: Schweden 86; USA 79; BRD 51; Indien 0,5; Erde 12

Gewaltsame Demonstrationen am Tage der Eröffnung der Startbahn West des Frankfurter Flughafens (die meisten Verhafteten sind keine Frankfurter)

Verlustreiches Jahr der Zivilluftfahrt mit 988 Toten (1983: 553)

(1984)

1. Maifeier in Chile seit 1973

Chilenische Diktatur setzt Gewerkschaftsführer *Segŭel* ab

Die „Contadora"-Staaten Mittelamerikas entwikkeln Friedensplan f. d. Beziehungen zu den USA

Wirtschaftskrise in Bolivien. Ein Putsch scheitert

Christliche Demokraten unter *Napoléon Duarte* (* 1926) gewinnen mit 46 % die Wahlen in El Salvador. Die Linksparteien boykottieren die Wahlen, die durch Störungen und Mängel der Organisation gekennz. sind

Guerillos zerstören größte Brücke in El Salvador, einen Teil der Panamericana-Autostraße

Großteil der 40 000 politischen Morde in El Salvador seit 1979 verübten „Todesschwadrone" auf Seiten der Regierung

Friedensgespräche des Präsidenten von El Salvador *J. N. Duarte* mit linken Rebellen bleiben ohne Ergebnis

Gemeinsame Manöver USA-Honduras, die gegen Nicaragua gerichtet sind

Kuba zieht einen Teil seiner Streitkräfte aus Äthiopien ab

Nach Wahlsieg der Sandinisten in Nicaragua wird *Daniel Ortega* (* 1946) Staatspräsident

USA und Nicaragua bezichtigen sich gegenseitig der Angriffsabsichten

Sozialdemokratischer Wahlsieg in Peru, dessen Lage durch Verschuldung und Terror gekennzeichnet ist

Unruhen und Ausnahmezustand in Peru

In Peru entsteht 1980–84 etwa 1 Mrd. $ Schaden durch maoistische Terroristen des „Leuchtenden Pfades" („Sendero luminoso")

In Uruguay führte Militärdiktatur seit 1973 zur Wirtschaftskrise

Gemäßigte Colorado-Partei gewinnt erste freie Parlamentswahlen seit 1973 in Uruguay

Die nationaldemokratische Partei von *Mubarak*, Staatspräsident von Ägypten, gewinnt Wahlen mit 73 % der Stimmen

Wiederaufnahme diplomatischer Beziehungen Jordanien-Ägypten, die seit 1977 unterbrochen waren

USSR und Ägypten tauschen wieder Botschafter aus

Universität Kairo nach Unruhen geschlossen

† *Sékou Touré* (* 1922), Staatspräsident der westafrikanischen Rep. Guinea, die er seit 1960 mit kommunistischer Tendenz regierte (auf einer Reise i. d. USA). Es folgt zunächst ein unblutiger Militärputsch

scher ermitteln i. BRD unter den 16–25jährigen 6 % Rechts- und über 12 % Linksradikale

„Berliner Erklärung" der CDU bestreitet ein Widerstandsrecht gegen den Verfassungsstaat des GG, das die Friedensbewegung in Anspruch nimmt

US-Organisation konstatiert, daß 41 % der Erdbevölkerung in politischer Unfreiheit lebt

50 Jahre nach der Errichtung des „Volksgerichtshofes", der zahlreiche NS-Terror-Urteile fällte, steht die Anklage gegen 47 seiner Mitglieder bevor (1986 wird auf weitere Verfolgung verzichtet)

70 Mrd. DM wurden bisher i. BRD als Wiedergutmachung für Schäden aus dem NS-Regime gezahlt

Weltsicherheitsrat der UN verurteilt Apartheidpolitik Südafrikas, die USA enthalten sich der Stimme

Kultusminister der EG erklären Athen zur „Europäischen Kulturstadt 1985" (1988: Berlin)

Das „Handbuch der Kulturpreise" nennt für BRD 1300 Preise, davon 200 Literaturpreise

Es wird vermutet, daß es in 10 Jahren von Menschen nicht schlagbare Schachcomputer gibt

Nach den USA verkündet Gr. Brit. seinen Austritt aus der UNESCO

Regierungskommission in BRD empfiehlt begrenzte Novellierung des Hochschulrahmengesetzes von 1976

Soziale und erzieherische Ausgaben in % BSP 1960/1981: Belgien 17,0/38,0; Niederlande 16,3/36,1; Schweden 14,5/33,5; BRD 20,5/31,5; Ital. 16,5/29,1; Dänem. 10,2/29,0; Österr. 17,9/27,2; GB. 13,9/24,9; Frankr. 13,4/23,9; USA 10,9/21,0

FDP fordert für BRD „Eliteschulen"

4. europäische Kultusministerkonferenz in Berlin (W)

Anzahl erwachsener Analphabeten i. USA ca.

le Vague", der 1959 „Hiroshima mon amour" drehte)

„Carmen" (Opernfilm von *Francesco Rosi* (* 1922 i. Ital.) mit Sopranistin *Julia Migenes* (* 1949 i. New York)

„Die Fälschung" (Film um die Zerstörung Beiruts von *Volker Schlöndorff* (* 1939) nach dem Roman von *Nicolas Born* (* 1937)

„Nostalgia" (russ.-ital. Film von *Andrej Tarkowski* (* 1932, † 1986)

„Paris, Texas" Film von *Wim Wenders* (* 1945 i. Dtl.) erhält in Cannes „Goldene Palme"

Das Kino zählt i. BRD 112 Mio. Besuche (Theater 17 Mio., Museen 57 Mio. Im Fernsehen sahen ca. 2 Mrd. etwa 2000 Spielfilme)

Frankfurt/Main eröffnet Filmmuseum

Bundesinnenminister *Zimmermann* übergibt in Berlin (W) wegen erwarteter Proteste unter Ausschluß der Öffentlichkeit die Bundesfilmpreise

von 4000 auf 1 Mill. (+ 74 %/Jahr).

EDV-Chips mit 1 Mrd. Schaltelementen erscheinen als Grenze der Miniaturisierung möglich

Moderne Textverarbeitung gestattet Schreibmaschinenkonstruktion für Hieroglyphenschrift

Es gelingt Computerkonstruktion für Sprachumwandlung in geschriebenen Text für 5000 Worte

Aerodynamisch gestaltete Muskelkraftfahrzeuge erreichen Geschwindigkeiten von 100 km/h und mehr

Benedict Gross (* 1950) und *Don Zagier* in Bonn lösen das „Klassenproblem" der Primzahlzerlegung, das *Carl Friedrich Gauß* vor 150 Jahren formulierte

In USA berechnete 1983 ein Computer die bisher größte Primzahl 2^{132049} -1 mit 39 751 Dezimalstellen

Frz. LKW-Fahrer blockieren die Grenze nach Spanien im Zuge frz.-span. Fischerei-Differenzen

In 40 Jahren der brit. nuklearen Wiederaufbereitungsanlage Sellafield ergaben sich 100 problematische Todesfälle

12 Verletzte bei Stolleneinbruch nach unterirdischem Atomtest in Nevada/USA

Gepanschtes Speiseöl in Spanien hatte seit 1981 etwa 20 000 Erkrankungen mit 346 Todesfällen zur Folge

Über 100 Tote durch Kälte in Indien und Bangladesh

Durch Eindeichung verzeichnet Hamburg immer häufiger Sturmfluten mit Hochwasser-Rekordmarken (1825, 1962, 1984)

Ca. 1 Mrd. DM Hagelschaden durch Unwetter im Raum München

Etwa 1300 Tote und 1 Mill. Obdachlose durch Taifune auf den Philippinen

Ca. 151 Tote, 2000 Verletzte und 0,5 Mill. Obdachlose durch Erdbeben in Zentralchile

Der größte aktive Vulkan Maunaloa auf Hawai bricht aus

Viele Einwohner verlassen das vom Vulkanismus bedrohte Pozzuoli in Italien

Erdbebenserie in Italien macht über 27 000 Menschen obdachlos

In den Niederlanden stürzt das erste Kampfflugzeug vom Typ Tornado der BRD ab (beide Insassen werden getötet, Sachschaden ca. 100 Mill. DM)

~ Im Flugverkehr jährlich erdweit über 2400 Vogelschläge mit Mill. DM Schäden (1. tödlicher Unfall ereignete sich 1912 in Kalifornien)

Laurentiuskirche in Halle/Saale aus dem 12. Jh. brennt völlig aus

Nach 6469 Verurteilungen sind noch über 1500 Verfahren wegen NS-Straftaten anhängig

329 Tote bei Absturz durch Explosion eines Flugzeuges Toronto-Bombay, für den Sikhs die Verantwortung übernehmen

Durch Kamikaze-Attentate auf Hauptquartiere der Friedenstruppen sterben in Beirut 229 US-Soldaten und 58 Franzosen

Schaden durch Wirtschaftskriminalität in BRD liegt mit 150 Mrd. bei 10 % des BSP

Fahndung im Budapester Kunstraub 1983 ergibt griech. Unternehmer als Auftraggeber und führt zur Wiedererlangung der Bilder

~ Warenhäuser rechnen mit rd. 1 % des Umsatzes als Verlust durch Ladendiebstahl

Hamburger Gericht verurteilt 13 Mitglieder der Rockerbande „Hells Angels" zu Strafen bis zu 7 Jahren Freiheitsentzug

1984 wurden in der Pariser U-Bahn 4101 kriminelle Handlungen registriert (+ 13,8 % gegen 1983)

Seit 1970 wird der 4. Journalist von der Mafia in Süditalien ermordet

Sonderkommission zur Aufklärung des Mordes am hess. Wirtschaftsmin. *H. Karry* (* 1920, FDP) im Jahr 1981 wird aufgelöst, ohne daß ein Ergebnis erzielt wurde

(1984)	Über 100 Tote bei Unruhen in Marokko wegen Preiserhöhungen Libyen und Marokko unterzeichnen Vertrag einer Staatengemeinschaft Gipfelkonferenz der islamischen Staatschefs in Marokko ohne Iran und Libyen verurteilt Invasion der USSR in Afghanistan und Golfkrieg *H. M. Mengistu* Staatsoberhaupt Äthiopiens (* 1937) gr. marxistisch-leninistische Partei Versöhnungskonferenz im Bürgerkrieg zwischen Nord- und Süd-Tschad scheitert Frankreich einigt sich mit Libyen auf Rückzug aus dem Bürgerkrieg im Tschad (L. bricht das Abkommen) Über 100 Tote bei Attentat der Unita in Angola auf sowjetisch-kubanisches Hauptquartier Die Europareise des südafrikanischen Präsidenten *Pieter Botha* (* 1916) ist von starken Protesten gegen die Apartheidpolitik seines Landes begleitet Durch Verfassungsänderung erhalten in Südafrika Inder und Mischlinge, nicht aber die Neger, politische Rechte Bei der gesonderten Wahl der Rassenmischlinge in Südafrika gewinnt die Arbeiterpartei 71 von 80 Sitzen Südafrika verfolgt eine Entspannungspolitik mit den schwarzafrikanischen Nachbarländern, was innere Spannungen nicht mildert Rep. Südafrika zieht sich aus Angola zurück und verhandelt über Einstellung der Feindseligkeiten Südafrika entläßt den Gründer der Swapo in Namibia nach 16 Jahren Haft Rep. Südafrika und Moçambique unterzeichnen Nichtangriffspakt Sudan verhängt Ausnahmezustand wegen Rebellenaktionen und Korruption In Tunesien führen Unruhen wegen Brotpreiserhöhungen zum Ausnahmezustand Tunesischer Staatspräs. *Bourguiba* (* 1903) macht nach Unruhen mit 60 Toten und vielen Verletzten Brotpreiserhöhungen rückgängig Streit in der OAU um Vertretung der Westsahara durch Polisario-Bewegung *R. G. Mugabe* (* 1925) strebt durch Verfassungsänderung für Zimbabwe einen marxisitischen Einparteienstaat an In Neuseeland schlägt Labor-Partei die Konservativen. Die Regierung unter *David Lange* (* 1942) weist Schiffe mit Kernwaffen, auch Verbündeter, ab	10 Mill.; Frankr. ca. 5 Mill. Schulreform i. d. USSR mit dem Ziel, Berufs- und Allgemeinbildung wieder enger zu verbinden Architekturmuseum in Frankfurt/Main eröffnet In Berlin (W) wird der stillgelegte „Hamburger Bahnhof" als Eisenbahnmuseum eröffnet In Gr. Brit. wird geplant, zur Schonung des Originals eine Stonehenge-Kopie für Touristen zu errichten „Phänomena" Ausstellung in Zürich, zeigt in rd. 750 Demonstrationen das Wirken der Naturgesetze in Natur und Umwelt Die Liste des „Weltkulturerbes" der UNESCO von Bauten u. ä. enthält 52 Objekte i. d. BRD Festival der BRD in Japan als bisher größte Präsentation dt. Kultur in Japan Untersuchungsergebnis neutraler Ärzte: iranische Soldaten wurden im Golfkrieg Opfer chemischer Waffen 0,75–1 Mill.	Teilnehmer beim Jugendfest mit „Kampfdemonstration" in Berlin (O) Wegen Zerstörung muß in Zürich das für 15 Mill. sf neu erbaute Jugendhaus einen Tag nach seiner Eröffnung geschlossen werden Iran setzt im Golfkrieg Kinder ein Demonstrative Menschenkette von 8 000 Personen um US-Militärbasis in Gr. Brit. Prominente Persönlichkeiten beteiligen sich an der 3-tägigen Blockade des US-Militärdepots Mutlangen in der schwäbischen Alb (es folgen Verurteilungen wegen Nötigung) Die evangelischen Kirchen in BRD und DDR gedenken der Erklärung der Barmer Synode 1934, mit der die „Bekennende Kirche" ihre Auseinandersetzung mit dem NS-Regime im Geiste von *K. Barth* (1886–1968) begann Die olympischen Sommerspiele mit dem Boykott der RGW-Staaten gelten als

Höhepunkt ihrer Krise durch Politisierung, die spätestens 1936 begann

In Indien erstürmen Truppen der Zentralregierung den „Goldenen Tempel" der Sikhs in Amritsar, in dem sich die radikalen Kämpfer um mehr Autonomie verschanzt hatten

Lutherischer Weltbund suspendiert die Mitgliedschaft zweier "Weißen Kirchen", die in Südafrika Apartheid üben

US-Bericht beschuldigt Guatemala und El Salvador schwerster Verletzungen der Menschenrechte

Die Zahl der Morde ohne erkennbares Motiv stieg in USA 1966–82 von 644 auf 4118

In USA wird Todesstrafe (durch Gift) an einer vierfachen Mörderin vollzogen

Ca. 60 % der Menschen i. d. BRD sterben im Krankenhaus (um 1900 i. Dtl. ca. 10 %)

Amnesty international (ai) meldet 1699 Hinrichtungen in 39 Staaten (in China 700)

In Thorn (Polen) beginnt Prozeß gegen 3 Polizei-Offiziere wegen Entführung und Ermordung des oppositionellen kathol. Priesters *J. Popieluzko* (* 1947)

Schmuggel von Rauschgift und sein Mißbrauch nehmen rasch zu und fördern Kriminalität

Zahlreiche Sexualvergehen an Kindern alarmieren die USA

Die Hinrichtungen in USA stiegen 1983 um 13 % gegenüber Vorjahr

1983/84 werden in 8 Monaten in VR China 15 000 Menschen hingerichtet

„Yorkshire-Ripper", der wegen der Ermordung von 13 Frauen zu lebenslänglicher Haft verurteilt wurde, wird in eine Heilanstalt eingewiesen

Arabische Terroristen entführen kuwaitisches Flugzeug mit über 100 Passagieren nach Teheran, um politische Häftlinge in Kuwait freizupressen. Sie töten 2 Geiseln und foltern andere. Nach Freilassung der übrigen geraten sie in Gefangenschaft

Die Reiseausgaben der BRD im Ausland stiegen 1973–83 von 17,4 auf 34,8 Mrd. DM (+ 7 %/Jahr, vor allem in Österr., Ital., Schweiz, Spanien und Frankreich) erdweiter Tourismus +5% gegen 1983

Verkehrschaos durch 7tägige LKW-Blockade im Alpenbereich, um bessere Grenzabfertigung zu erreichen

Donau-Schwarzmeer-Kanal in Rumänien eröffnet

S-Bahn in Berlin (W) erweitert unter BVG-Regie ihr Streckennetz, das vorher von der DDR-„Reichsbahn" gekürzt worden war

Prag erhält U-Bahn

U-Bahn in Saas Fee bringt Skiläufer in 3500 m Höhe (Métro alpin)

~ Kalkutta erhält als erste ind. Stadt eine U-Bahn

Probebetrieb einer vollautomatischen H-Bahn als Hängebahn an Stützpfeilern im Universitätsbereich Dortmund

† *Robert Volz*, letzter privater Verleger der 1875 gegr. Königsberger Allgemeinen Zeitung (* 1897)

„Börsenblatt des Dt. Buchhandels" feiert 150. Geburtstag

Ab 1.1. wird das Rundfunkwesen durch neue Fernseh- und Hörfunk-Kanäle i. BRD stark erweitert (z. B. in Ludwigshafen)

Staatsvertrag der Bundesländer der BRD über die Zulassung privater Rundfunk- und Fernsehprogramme scheitert

Rundfunk in Schweiz, Österr. u. BRD starten 1. Satellitenfernsehen in Europa, das durch Kabelnetze verbreitet wird

Das Fernsehen gibt den Olympischen Spielen in Los Angeles erdweite Publicity

~ USA planen ein kernwaffensicheres Funknetz

Glasfaserkabel Hamburg-Hannover

Fernmeldesatellit „Intelsat V" geht in den USA durch Fehlstart verloren

Verwaltungscomputer der Stadt München fällt 7 Stunden aus

Brasilien beteiligt sich an der Erforschung der Antarktis

In BRD fusionieren Lexikon-Verlage Brockhaus und Meyer

In USA stirbt die Frau, die sich als Zarentochter *Anastasia* ausgab, die 1917 der Exekution entging (* 1901, seit 1961 in USA verheiratet, ohne daß ihre Identität geklärt werden konnte)

Die Zeichentrickfigur Donald Duck wurde vor 50 Jahren von *Walt Disney* (1901–66) erfunden

2 Tote der Nordpolarexpedition des Briten *John Franklin* im Jahr 1845 werden gefunden (vgl. 1847)

Für den Luftdruck im Wetterbericht wird die Einheit Hektopascal hPa statt Millibar mb (Normaler Luftdruck 760 mm Hg = 1013 hPa = 1013 mb) verwendet

~ Blue Jeans werden beliebtes Kleidungsstück in China

Am 700. Jahrestag der Sage vom „Rattenfänger von Hameln" fehlt jede beweisbare Deutung des Verschwindens von 130 Kindern am 26.6.1284

Trier feiert 2 000jähriges Bestehen

1985	Friedensnobelpreis an internat. Ärztevereinig. unter den Präs. *J. Tschasow* (USSR) (* 1929 i. Gorki) und *Bernard Lown* (USA) gegen Atomkrieg Die erdweiten militär. Ausgaben werden auf rd. 1000 Mrd. $ jährlich geschätzt (ca. 200 $/Kopf d. Erdbev.). Sie stiegen 1950–85 um + 5,6 %/Jahr UN-Präsident *P. de Cuellar*(* 1920 i. Lima) nennt die Krisenherde Afghanistan, Angola, Äthiopien, Kampuchea und Nicaragua, um die sich USSR und USA kümmern sollten USA und USSR werden von ihren europäischen Verbündeten zu Verhandlungen über Rüstungskontrolle gedrängt Bundes-Präs. *R. v. Weizsäcker* hält eine weithin beachtete und anerkannte Rede zum 40. Jahrestag des Kriegsendes Zum 40. Jahrestag des Kriegsendes besucht *H. Kohl* mit *R. Reagan* NS-KZ Bergen-Belsen und gegen starken Protest Soldatenfriedhof bei Bitburg, wo auch SS-Leute begraben liegen † *Alex Möller* (* 1903, SPD, leitender Versicherungskaufmann), 1969–71 Bundesfinanzminister, der wegen hoher Ausgabenforderungen zurücktrat Gipfeltreffen der 7 stärksten westlichen Industrieländer in Bonn verläuft ergebnisarm Leiter der Spionageabwehr der DDR i. BRD *Hans Joachim Tiedge* setzt sich in die DDR ab Der Kommunistische Bund Westdeutschlands (KBW) beschließt seine Selbstauflösung Die „Grünen“ i. BRD-Bundestag beginnen mit dem Prinzip der „Rotation“, d. h. sie überlassen ihr Parlamentsmandat vorzeitg einem Nachfolger (beschließen 1986 Abschaffung) % Stimmen für das Abgeordnetenhaus Berlin (W): (1985/81) CDU (46,4/48,0), SPD (32,4/38,3), FDP (8,5/5,6) AL (10,6/7,4) *Eberhard Diepgen* (* 1941 i. Berlin) bildet erneut CDU-FDP-Koalition Kommunalwahlen in Hessen Stimmen-% (85/77) SPD (43,7/39,4), CDU (41,1/47,4), FDP (5,3/6,0) Grüne (7,1/4,3) in Frankfurt/Main siegt CDU *Holger Börner* (1931, SPD) bietet den Grünen entgegen früheren Absichten Koalition mit einem Min. u. 2 Staatssekretären an, was diese akzeptieren In Hessen wird der erste Landesminister der „Grünen“ *Josef Fischer* (* 1948) als Umweltminister einer „rot-grünen“ Koalition gewählt und vereidigt Landtagswahl i. NRW % Stimmen (85/80) SPD (52,1/48,4), CDU (36,5/43,2), FDP (6,0/4,98) Grüne (4,6/3,0)	Nobelpreis für Literatur an *Claude Simon* (* 1913 i. Frankreich auf Madagaskar), ein Vertreter des „nouveau roman“ *Teddy Kollek* (* 1911 bei Budapest, Bgm. v. Jerusalem seit 1965) erhält den Friedenspreis des Dt. Buchhandels für sein Bemühen um israelisch-arabische Aussöhnung *Herbert Achternbusch* (* 1938 in München): „Weg“ (Bühnenstück, Urauff. i. München) *H. Achternbusch* „Mein Herbert“ (autobiogr. Schauspiel, Urauff. i. München) *H. Achternbusch* „Gust“ (Schauspiel um eine sterbende Frau, Urauff. i. München) „Theater heute“ wählt *Herbert Achternbusch* zum besten Theaterautor † *Beheim-Schwarzbach* (* 1900 i. London), dt. Schriftsteller, schrieb 1930 „Die Michaelskinder“ *Thomas Bernhard*: „Der Theatermacher“ (Schauspiel,	† *Wolfgang Abendroth* (* 1906 i. Wuppertal-Elberfeld), dt. Politologe Nach Unterschlagung und Flucht seiner vertrauten Mitarbeiterin verkündet *Bhagwan* (* 1931 i. Indien) das Ende seiner „Religion“, die zu einer Jugendsekte führte *Willy Brandt* (* 1913): „Der organisierte Wahnsinn“ (über Wettrüsten und Welthunger) *Ernesto Cardenal* (* 1925 i. Nicaragua, Sandinist) wird vom Vatikan als Priester abgelöst, weil er am Amt des Kultusmin. i. Nicaragua festhält (erhielt 1980 Friedenspreis des Dt. Buchhandels) † *Kurt Fritz*, dt. Graecologe (* 1900 i. Metz) Papst *Johannes Paul II.* (* 1920 i. Polen) ernennt 28 neue Kardinäle Die 25. Auslandsreise des Papstes führt ihn zum 6. Mal nach Südamerika, wo er in Venezuela, Ecuador und Peru gegen die „Theologie der

Werner Lichtner Aix (* 1939 i. Berlin): „Sinai-Bilder"

Ausstellung von Werken von *Georg Baselitz* (* 1938), der als „Vater" der „Neuen Wilden" gilt i. Berlin (W)

† *Marc Chagall* (* 1889 i. Witebsk/Russl.) expressionist.-surrealist. Maler u. Glasfenstergestalter, der 1914 u. 1923 n. Frankr. ging

J. Christo (* 1935 i. Bulg.) verpackt die Brücke „Pont du Neuf" in Paris (Die Diskussion um die Verpackung des Reichstagsgebäudes in Berlin (W) hält an)

† *Jean Dubuffet* (* 1901 i. Le Havre) frz. Maler, der sich für primitive Kunst interessierte

Rainer Fetting (* 1949 i. Wilhelmshaven): „Bianca" (Gem. aus dem Künstlerkreis der „Neuen Wilden")

Ernst Fuchs (* 1930 i. Wien): „Bouquet der Träume" (Farblithographie)

Siegfried Gohr (* 1944) wird Direktor des Ludwig-Museums für moderne Kunst i. Köln

Naoko Goto (* 1959 i. Japan) wird i. Köln ausgestellt

Waldemar Grzimek (* 1918 i. Ostpreußen): „Die Lebensalter" (Brunnenfiguren i. Berlin (W)

„Europäisches Jahr der Musik" im Gedenkjahr für *J. S. Bach, G. F. Händel, D. Scarlatti, H. Schütz* u. a.

Massenmedien unterstützen „Das Jahr der Musik", Fernsehen widmet sich ausführlich dem Leben und Werk von *Joh. Seb. Bach* (1685–1750)

† *Kenny Clarke* (* 1914), US-Jazz-Musiker (Schlagzeuger) spielte zuletzt in Paris

Urauff. eines wiederentd. Klaviertrios von *C. Debussy* († 1920) von 1880 i. Paris

† *Emil Gilels* Pianist i. d. USSR (* 1916 i. Odessa)

Alexander Goehr (* 1932 i. Berlin, lebt i. Gr. Brit.): „Die Wiedertäufer" (Oper, Urauff. i. Duisburg)

† *Serge Jaroff* (* 1896 i. Russl.) leitete seit 1920 Donkosaken-Chor

† *Anton Karas* (* 1906, i. Wien) Zitherspieler und Komponist der Filmmusik „Harry Lime Theme" für „Der dritte Mann" (1949)

Gedenkjahr für den Dirigenten

Nobelpreis f. Physik an *Klaus v. Klitzing* (* 1943 b. Posen) f. Entd. d. quantisierten Hall-Effektes, der ein Naturmaß f. d. elektr. Widerstand schafft (1963 erhielt zuletzt mit *Maria Goeppert-Mayer* (1906–1972) ein geb. dt. Bürger diesen Preis

Nobelpreis f. Chemie an *Herbert A. Hauptmann* (* 1917 i. New York) und *Jerome Karle* (* 1918 i. New York) für verbesserte Methode der Strukturanalyse mit Röntgenstrahlen

Nobelpreis f. Medizin an *Michael S. Brown* (* 1941 i. New York) und *Joseph L. Goldstein* (* 1940 i. USA) für Erforschung des f. Gefäßkrankheiten relevanten Cholesterinstoffwechsels auf molekulargenetischer Grundlage

Es gelingt der theoretischen Astronomie durch Computersimulation der Supernovaexplosion die beobachtete Elementenhäufigkeit im Kosmos zu berechnen

US-Astronomen entdecken kosmisches Objekt (Quasar?) in bisher größter Entfernung von 14,5 Mrd. Lichtjahren

Radarbilder der Venusoberfläche von US-Satelliten seit 1978 lassen 2 Berg-

Nobelpreis f. Wirtschaftswissenschaft an *Franco Modigliani* (* 1918 i. Rom, arbeitet MIT/USA) für Spartheorie privater Haushalte

Globale Zahlen: Erdbev. 4842 Mill. + 1,7 %/Jahr; BSP 12360 Mrd. $ + (2–4) %/Jahr; BSP/Kopf = 2553 $ + (0,3–1,3) %/Jahr; Energie vgl. Sp. W

Globale Getreideernte 1,843 Mrd. t, etwa 5,5 Mrd. Jahresnahrungen

11. Weltwirtschaftsgipfel der 7 größten Industrienationen der OECD (USA, J, BRD, F, GB, I u. CDN) die 56 % des globalen BSP erz. (zum 2. Mal in Bonn)

Die Supermächte besitzen ein Kernwaffenarsenal mit ca. 12 Mrd. t TNT Vernichtungskraft = 2,4 t/Kopf der Erdbev. (etwa 12fachen Overkill)

Die globalen Exporte zeigen steigende Tendenz (+ 4 % real)

Steigerung der Erdölförderung 1984: erdweit + 2,2 %; Europa + 9,1 %

Berlin (W) wird an Erdgasleitung aus USSR angeschlossen

Nach 20,6 Mill. VW („Käfer") wird Prod. beendet

KPdSU verzichtet im neuen Programm auf „Überholung" d. USA

Mit + 6,8 % zeigt BSP der USA größte Steigerung seit 1951

In USA stagniert Markt f. Computerchips

EG versucht mit „Eureka"-Programm technologisch erdweit zu konkurrieren

Der Haushalt der BRD für 1986 mit 263,5 Mrd. DM beschlossen (davon in %: Arbeit und Soziales 22,2/Verteidigung 18,9/ Zinsen 13,0)

Krise des DGB-Baukonzerns „Neue Heimat" (führt 1986 zum Notverkauf und Rückkauf)

Rekordhöhe des FAZ-Aktienindex mit 502,62 (31.12.58 = 100) am 6.7.

Friedrich Karl Flick (* 1927) verkauft seinen Konzern für 5 Mrd. DM an die Dt. Bank

Bei einer rüstungsbedingten Inflationsrate von 450 % reformiert Israel seine Währung: 1000 alte Schekel = 1 neuer

(1985)

Min. Präs. i. NRW bleibt *Johannes Rau* (* 1931, SPD) i. Amt seit 1978

Joh. Rau wird Kanzlerkandidat der SPD f. d. Wahl 1987

† *Werner Scherer* (* 1928, CDU) mehrmals Min. im Saarland

Landtagsmandate n. d. Wahl i. Saarland (85/80 SPD (26/24), CDU (20/23), FDP (5/4)

Oskar Lafontaine (* 1943, linke SPD) wird Min. Präs. d. Saarlandes

RAF ermordet in Gauting *Ernst Zimmermann* (* 1929, Industrieller)

Seit ihrer Entstehung ~ 1970 ermordete die RAF 31 Menschen und unternahm 110 Mordversuche (eigene Verluste 24 Tote und 30 zu Freiheitsstrafen Verurteilte)

Es mehren sich Anzeichen einer internat. Zusammenarbeit terroristischer Gruppen in BRD, Ital., Frankr. u. Belg.

† *Heinz Hoffmann*, Verteidigungsmin. der DDR seit 1960 (* 1910)

Soldat der USSR erschießt als Angehöriger der Besatzungsmacht US-Major der US-Militärmission in Potsdam

Erich Honecker besucht ital. Reg. und wird vom Papst empfangen

Regierungskrise in Belgien wegen Fußballskandal i. Brüssel (vgl. V), Neuwahlen stärken Regierung aus Christdemokraten und Liberalen unter Min. Präs. *Wilfried Martens* (* 1936)

Antijüdische Terrorakte in Paris

Eingriff i. d. Tarifautonomie Dänemarks durch bürgerl. Reg. *Poul Schlüter* wird mit Streiks beantwortet

~ EG wird zum stärksten Wirtschaftsraum der Erde

Die KP Finnlands spaltet sich in eine moskaufreundliche und -kritische Richtung

Jaques Delors (* 1925 i. Frankfr.) löst *G. Thorn* (* 1928 i. Luxemb.) als Präs. der EG-Komm. ab

EG ändert in Luxemburg die Römischen Verträge von 1957, um erhöhte politische Entscheidungsfreiheit zu gewinnen

EG-Staaten einigen sich 8 Jahre nach der Antragstellung auf die Aufnahme Spaniens und Portugals, welche die Struktur der Gemeinschaft sehr verändert und der Ratifizierung der 12 Staaten bedarf

Anteil der EG an W-Europa (58/86): Mitgliedstaaten (6/12); % Bev. (51/80); % BSP (56/85)

Sozialisten und Kommunisten erleiden in frz. Kantonalwahlen starke Verluste an die bürgerlichen Parteien

Urauff. in Salzburg)

† *Heinrich Böll* (* 1917 i. Köln), gesellschaftskritischer Schriftsteller, Nobelpreis 1972. „Und sprach kein einziges Wort“ (1953), „Die verlorene Ehre der Katharina Blum“ (1974, wird auch verfilmt)

Heinrich Böll: „Frauen vor Flußlandschaft“ (Roman, postum)

Tankred Dorst (* 1925 i. Thüringen): „Heinrich oder die Schmerzen der Phantasie“ (Schauspiel um eine Jugend i.d. NS-Zeit)

Ingeborg Drewitz (1923 i. Berlin): „Gestern war heute“ (Schauspiel, Urauff. i. Frankfurt/Main)

Theaterleiterin *Ida Ehre* (* 1900 i. Österr.), i. Hamburg seit 1945, wird Ehrenbürgerin dieser Stadt

Jüdische Gemeinde verhindert die Urauff. von „Der Müll, die Stadt und der Tod“ von *R. W. Faßbinder* (* 1946, † 1982) in Frankfurt wegen antisemitischer Tendenz

Befreiung“ Stellung nimmt, die auf Seiten der Armen und Entrechteten steht

Papst besucht Länder Schwarzafrikas

Papstenzyklika für die Glaubensfreiheit der slawischen Völker

† *Heinz Kindermann* (* 1894 i. Wien), Theaterwisenschaftler, schrieb ab 1956 „Theatergeschichte Europas“ in 8 Bdn.

Ev. Bischof von Berlin und Brandenburg *Martin Kruse* (* 1929 i. Lauenburg) wird Ratsvorsitzender der EKD

† *Helmut Külz* (* 1903 i. Sachsen), liberal. Jurist, Mitbegr. d. LDP i. d. SBZ 1945

† *Helmuth Plessner* (* 1892 b. Zürich), dt. Philosoph u. Soziologe vorw. i. Göttingen

„Gespräche mit Hitler“ des ehemal. Danziger Senatspräs. *Hermann Rauschning* (* 1887, † 1982) erweisen sich als Fälschung

† *Carl Schmitt* (* 1888), wegen seiner Haltung in der NS-Zeit umstrittener Staatsrechtlehrer

  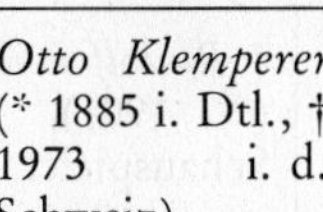  

Preußischer Kulturbesitz in Berlin (W) eröffnet Neubau für das Kunstgewerbemuseum nahe Philharmonie, das von *Rolf Gutbrod* (* 1910 i. Stuttgart) erbaut wurde. Danach ändert die Stiftung Bauplanung für vier weitere Museen in diesem Bereich

† *Alfred Hentzen* (* 1903), dt. Kunsthistoriker, 1955–65 Leiter der Hamburger Kunsthalle

Hans Hollein (* 1934 i. Österr.) erhält als erfolgreicher Architekt *Pritzker*-Preis aus USA

† *André Kertész* (* 1894 i. Budapest) Fotograf in USA

Heinrich Klotz: „Die Neuen Wilden in Berlin" (über die Künstlergruppe mit *Rainer Fetting* (* 1949), *Dieter Hacker* (* 1942 i. Augsburg), *K. H. Hödicke*, (* 1938 i. Nürnberg), *Markus Lüpertz*, (* 1941 i. Böhmen) *Helmut Middendorf* (* 1953 i. Dinklage), *Salomé* (* 1954 i. Karlsruhe), *Bernd Zimmer*

Kunstgewerbemuseum in Frankfurt/Main eröffnet, erbaut von *Richard Meier* (* 1934 i. USA)

Irène Mathias (* 1907 i. Brüssel): „Kontrapunkt" (Collage)

Otto Klemperer (* 1885 i. Dtl., † 1973 i. d. Schweiz)

† *Mark Lothar* (* 1902 i. Berlin) Komponist v. Opern, Schauspiel- u. Film-Musik

† *Lovro von Matasik* (* 1899, Serbokroate) jugoslaw. Operndirigent, auch i. W.-Europa

Siegfried Matthus (* 1934 i. Ostpreußen): „Judith" (Oper, Urauff. i. Berlin (O))

† *Marcel Mihalovici* (* 1898 i. Bukarest, ab 1919 i. Paris), vielseitiger Komponist

W. A. Mozart (1756–1791) wird durch Bühne, Film u. Fernsehen für die meisten in einem neuen fremdartigen Licht dargestellt („Amadeus")

Luigi Nono (* 1924 i. Venedig): „Promoteo" (Oper, Urauff. i. Mailänder Scala)

† *Eugene Ormandy* (* 1899 i. Budapest, seit 1921 i. USA, seit 1952 Lehrer a. d. Univ. von Michigan)

Arno Peters (* 1916): „Die maßstäbliche Darstellung der gebiete erkennen

Beim Planeten Uranus wird durch Sternbedeckung eine Ringstruktur gefunden

Planet Pluto und sein 1978 entd. Mond Charon werden als Doppelplanet erkannt

ESA startet Rakete mit Raumsonde „Giotto", die 1986 den Halleyschen Kometen aus nächster Nähe beobachten soll

Raketenversuche des MPI bei Garching erzeugen künstlichen „Kometen" mit 2 Schweifen aus Bariumplasma

Keilschrifttexte im brit. Museum verzeichnen Halleyschen Kometen für das Jahr – 164

„IRAS"-Satellit von USA, UK, und NL registrierte Infrarotstrahlung von 240 000 kosmischen Objekten, dar. 130 000 Sterne

Das von BRD u. Frankr. betriebene 30 m Teleskop für mm-Wellen auf dem Pico del Veleta i. Spanien beg. Probebetrieb

USA planen Bau eines 10 m-Teleskopes aus 36 Segmenten bis 1992

† *Ernst Brüche* (* 1900 i. Hamburg), Physiker und Pionier der Elektronenoptik

† *Marianus Czerny*

Auslandsschulden der Entwicklungsländer in Mrd. $: 1980 610; 1985 970 (= + 11 %/Jahr)

Mexiko ist mit 96 Mrd. $ größter Auslandsschuldner

Trotz allg. günstiger wirtschaftl. Lage in Österreich muß der Vorstand der Eisen- und Stahlwerke VOEST wegen großer Verluste zurücktreten

Im hochverschuldeten Polen werden Lebensmittelpreise stark erhöht

Defizit im Staatshaushalt der USA beträgt 212 Mrd. $

US-Bürger zahlen 210 Mrd. $ mit Kreditkarten

In BRD gab es 1983 13 100 Freitode, etwa 2000 mehr Tote als im Straßenverkehr

Bundesärztekammer schätzt jährlich i. BRD 230 000 Abtreibungen

Leihmütter, die einen fremden Embryo austragen, schließen sich in Frankr. zusammen

WHO rechnet erdweit mit rd. 150 Mill. Kindern, die mit Schwerstarbeit belastet sind (in Indien ca. 44 Mill.)

In VR China verbreiten sich bes. bei der Jugend westl. Lebensformen

Wochenarbeitszeit i. Dtl. (BRD) fiel seit 1850 um 52 % auf 39,8 Stunden

In BRD erbringt „Ein Tag für Afrika" ca. 100 Mill. DM Spenden gegen die Hungerkatastrophe in diesem Kontinent (1,16 DM pro Kopf)

kg Fleischverbrauch pro Kopf i. BRD: 1960 65,0; 1985 100,5

Heftiger Streit zwischen Regierung der BRD und DGB um Novellierung des Arbeitsförderungsgesetzes, welche nach Ansicht des DGB die Streikfähigkeit einschränkt (§ 116)

Ende Februar gibt es mit 2,6 Mill. Arbeitslosen i. BRD (Quote 10,6 %) eine Höchstzahl seit 1948

Neues (3.) Lomé-Abkommen zwischen EG und AKP-Staaten

Schwere Unruhen Farbiger in Birmingham/UK u. and. brit. Städten

Erbitterter Streik brit. Bergleute unter *Arthur Scargill* (* 1938) gegen staatliche Zechenschließungen bricht zusammen und führt zur Spaltung

(1985)	Ein Jahr vor neuen Wahlen i. Frankr. ersetzt Präs. *F. Mitterrand* Mehrheits- durch Verhältnis-Wahlrecht Nach Wahlsieg der sozialistischen Partei Pasok bleibt *Andreas Papandreou* (* 1919) Min. Präs. von Griechenland Griechenland lehnt wegen seiner Gegensätze zur Türkei Beteiligung an NATO-Manövern ab *Christos Sarzetakis* (* 1929, Sozialist) wird mit der Mindestzahl der Stimmen zum Staatspräs. Griechenlands gewählt (er folgt *K. Karamanlis* (* 1907) nach seinem Rücktritt) *Franzesco Cossiga* (* 1928, DC) wird als ital. Staatspräs. Nachfolger von *Alessandro Pertini* (* 1896, antikomm. Sozialist) 1 Toter und 180 Verletzte bei Bombenanschlag auf ital. Schnellzug Bologna In Italien tritt Min. Präs. *Bettino Craxi* (* 1934, Sozialist) zurück, weil er palästinensische Terroristen an Jugoslawien auslieferte. *C.* bildet bald neue 5-Parteienregierung ohne KP In Rom und Turin werden kommunist. Bürgermeister abgewählt In Wien findet im 12. Jahr der MBFR-Abrüstungskonferenz die 386. Plenarsitzung ohne Aussicht auf Ergebnisse statt Österreich beachtet wenig seine NS-Vergangenheit In Portugal unterliegen bei Wahlen die regierenden Sozialisten unter *M. Soares* (* 1924) den gemäßigteren Sozialdemokraten, die den Min. Präs. einer Minderheitsregierung mit *Anibal Cavaco Silva* (* 1939) stellen † *Tage Erlander* (* 1901 i. Schweden, Sozialdemokr.), formte 1946–69 als Min.Präs. Schweden zum „Wohlfahrtsstaat" In Schweden bleibt *O. Palme* (* 1927, ermordet 1986) Min.-Präs. nach Wahlen mit Mehrheit der Sozialdemokraten und Kommunisten Schwere Unruhen farbiger Einwanderer in Birmingham/Gr. Brit. IRA-Anschlag tötet 9 Polizisten in Nordirland Die von *Franco* 1970 geschlossene Grenze Spanien/Gibraltar wird wieder geöffnet Spannungen in der KP Spaniens zwischen Radikalen und Gemäßigten, die Boden gewinnen Spanien unterzeichnet Beitritt zur EG ab 1986 † *Enver Hodscha*, kommunist. Herrscher seit 1943 i. Albanien, der 1960 mit USSR, 1978 mit VR China brach und viele seiner Gegner hinrichten ließ (* 1908) CSSR vermag Auslandsverschuldung abzubauen	† *Rudolf Fernau* (* 1901), dt. Schauspieler Ausstellung i. Marbach über den wegweisenden Verlag von *Samuel Fischer* (* 1859 i. Böhmen, † 1934 i. Berlin) gegr. 1886 i. Berlin *Ulla Hahn* (* 1946 im Sauerland) erhält *Hölderlin*-Preis der Stadt Homburg v. d. H. *Ulla Hahn*: „Freudenfeuer" (Gedichte) † *Werner Helwig* (* 1905), dt. Schriftsteller, der nach 1933 emigrierte Texte von *Ernest Hemingway* (1899–1961) aus dem Jahr 1920 werden gefunden *Judith Herzberg* (* 1934 i. Niederl.) erhält literar. *Vondel*-Preis *William M. Hoffmann*: „Wie Du" (US-Schauspiel um AIDS, dt. Erstauff. i. Stuttgart) *John Hopkins*: „Verlorene Zeit" (Dt. Erstauff. i. Berlin (W) unter Regie von *Peter Zadek* (* 1926 i. Berlin) *Doris Junge* (* 1943 i. Mecklenburg): „Jagdzeit" (Gedichte)	† *Eric Voegelin* (* 1901 i. Köln, lebte auch in USA), schrieb über Rassismus *Carl Friedrich von Weizsäcker* (* 1912): „Aufbau der Physik" (Philosophie der Quantenphysik als Theorie der Einheit der Natur) Archäologische Funde aus Chinas 1. Dynastie der Xia-Periode (-21. bis -16. Jh.) erweisen einen erblichen Herrscher Tübinger Archäologe findet Griechengräber vor Troja 40 % der Bürger d. BRD glaubt, daß es weitere denkfähige Wesen im Kosmos gibt „Gentechnik und Verantwortung" (Symposium der Max Planck Gesellschaft) In Straßburg bildet sich Leihmütter-Vereinigung „Die Störche" Internationale Frauenkonferenz in Nairobi/Kenia beendet „Die Dekade der Frau" – seit 1975 – mit der Feststellung, daß reale Gleichberechtigung nicht erreicht wurde BRD novelliert

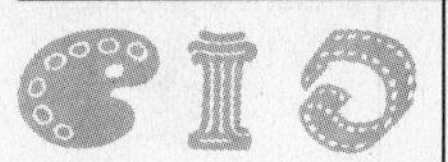

Restaurierung der Fresken von *Michelangelo* (1475–1564) in der Sixtinischen Kapelle der Peterskirche teilweise abgeschlossen

Max Neumann (* 1949 i. Saarbrücken): „Den Schlaf überlisten" (Gem.)

„Der Holzstock als Kunstwerk" (Ausstellung von Holzstöcken von *Karl Schmidt-Rottluff* aus der Zeit 1905–1930 im Brücke-Museum Berlin (W) unter Leitung *L. Reidemeister*

Claus Oldenbourg: „Il corso del coltello" (Pop-Performance in Venedig mit einem überdimensionalen Schweizer Armeemesser)

Picasso-Museum in Paris eröffnet

† *Wilhelm Reinking* (* 1896), dt. Bühnenbildner, zuletzt i. Bln (W)

„Der Mann mit dem Goldhelm" wird nach gründlicher Untersuchung (z. B. Neutronenanalyse) als „nicht eigenhändig" dem Umkreis von *Rembrandt* zugewiesen

Große Retrospektive des Werkes von *Hann Trier* (* 1915 i. Düsseldorf) im Saarlandmuseum Saarbrücken

Werner Tübke (* 1929): Monum. Rundbild der Bauernschlacht bei Frankenhausen 1525

Tonhöhe als Grundlage oktavanaloger Farbnotation" (Vorschlag einer neuen Notenschrift)

Der populäre US-Popsänger *Elvis Presley* wird an seinem 50. Geburtstag († 1977) erdweit gefeiert

Leontyne Price (* 1927 i. USA, Sopranistin) gibt nach 24 Jahren ihre Abschiedsvorstellung in der Metropolitan Opera New York

† *Hermann Reutter* (* 1900 i. Stuttgart), Komponist, bes. von Opern

† *Josef Rufer* (* 1893 i. Wien), Musiktheoretiker der 12-Ton-Technik, Schüler von *A. Schönberg* (1874–1951)

† *Roger Sessions* (* 1896 i. USA), Komponist, der 1964 i. Berlin (W) die Oper „Montezuma" schrieb

Karlheinz Stockhausen (* 1928 i. Dtl.): „Donnerstag aus Licht" (elektron. Oper, Auff. i. London, Urauff. 1981 i. Mailand)

Richard Strauss (1864–1949): „Malven" (Urauff. eines

(* 1896 i. Breslau) Infrarotphysiker in Berlin u. Frankfurt/M.

Streuversuche mit energiereicher Strahlung (280 Mrd. e-Volt) gestatten Gruppierung der Quarks im Atomkern zu untersuchen

Bis 1990 wird durch Kerne hoher Energie die Erzeugung eines Quarkplasma als Materiezustand kurz nach dem Urknall geplant

Fermilabor in Chikago erreicht Energie von 1600 Mrd. e-Volt, d. i. ein Massenäquivalent von rd. 1600 Protonenmassen

Bei CERN, Genf, werden Experimente geplant, mit denen geprüft wird, ob Antiprotonen „nach oben" fallen

Laser-Experimente in Dänemark bestätigen die von der Relativitätstheorie geforderte Zeitdehnung mit einer Genauigkeit von 1:25 000

Kurzzeitmessungen mit intensiven Lichtimpulsen von einigen 10^{-13}s Dauer

Digitales Raster-Elektronen-Mikroskop i. BRD konstruiert

Neutronenanalyse eines Bildes von Rembrandt (vgl. K)

† *Paul, J. Flory* (* 1910 i. USA), Biochemiker, Nobelpreis 1974

Zwischen N- u. S-Korea finden seit 1953 erste Familienbesuche statt

Nach Feststellung von US-Ärzten sind 20 Mill. d. US-Bürger mangelhaft ernährt (ca. 8,3 %)

Streik des öff. Dienstes i. Schweden lähmt Alltagsleben

1982 betrugen die Ausgaben der gesetzl. Krankenvers. i. BRD 97,2 Mrd. DM = 5,8 % d. BSP

Groß-Klinikum in Aachen mit 1500 Betten nach 15jähriger Bauzeit eingeweiht (Baukosten 2,7 Mrd. DM)

Die Immunkrankheit AIDS verursacht in Europa bei 940 Krankheits-468 Todesfälle und beschränkt die sexuelle Freizügigkeit, die sich seit ~ 1965 verbreitete

Der vermutl. älteste Mensch wird in Japan 120 Jahre

In USA besteht ein jährlicher Bedarf von etwa 50 000 Spenderherzen für Transplantationen

UNICEF meldet, 1984 mit billigster Kochsalz-Zucker-Lösung 1 Mill. Kinder vor tödlichem Durchfall gerettet zu haben

2 von 1000 Neugeborenen sterben in Industrieländern den „plötzlichen Kindestod"

Erste kommerzielle „Leihmutter" in Europa (Gr. Brit.)

Die Zahl der Leprakranken wird erdweit auf rd. 60 Mill. geschätzt

Etwa 4000 Tote durch verseuchtes Trinkwasser in Indien

WHO: rd. 48 Mill. sind erdweit rauschgiftsüchtig (rd. 1 %)

Brit. Polizei bezeichnet Drogensucht als gefährlichste Bedrohung der Gesellschaft

Jährlich erdweit mehr als 250 000 Tote durch Straßenverkehrs-Unfälle

Regierung d. USSR bekämpft verbreitete Trunksucht

Über 30 000 Tote und 275 000 Obdachlose durch Überschwemmung in Bangladesh

Etwa 25 000 Tote durch Vulkanausbruch und Schlammflut i. Kolumbien

Erdbeben in Mexiko, Japan u. Kanada

(1985)	Polnisches Gericht in Thorn verurteilt 4 Angehörige des Staatssicherheitsdienstes, die den oppositionellen Priester *J. Popieluszko* 1984 ermordet hatten, zu Freiheitsstrafen bis zu 25 Jahren, die bald gemildert werden In Warschau wird kommunist. Militärpakt von 1955 um 20 Jahre verlängert *Willy Brandt* besucht in Polen *Jaruzelski* und Kardinal *Glemp*, ohne Regimekritiker *L. Walesa* zu treffen Bei „Wahlen" in Polen erhält die kommunist. Vereinigte Arbeiterpartei 53,8 % Rumänien erläßt rigides Energienotstandsprogramm mit schweren Entbehrungen f. d. Bev. KP-Parteichef Ungarns *János Kadar* (* 1912) tritt weiter für liberale Wirtschaftspolitik ein 6 Jahre nach dem Einmarsch der USSR in Afghanistan wird keine Entscheidung des Kampfes gegen den Widerstand der einheimischen Moslems erkennbar † *Konstantin U. Tschernenko* Staats- und Parteichef der USSR seit 1984 (* 1911) *Michail Gorbatschow* (* 1931) wird Generalsekretär der KPdSU *A. Gromyko* (* 1909, seit 1957 Außenmin. d. SU) wird als Präs. d. Obersten Sowjets Staatsoberhaupt; *E. A. Schewardnadse* (* 1928) neuer Außenmin. *N. A. Tichonow*, seit 1980 Vors. d. Min. Rats d. USSR (* 1905) tritt zurück *M. Gorbatschow* verjüngt die Parteikader in USSR und versucht Arbeitsmoral bes. durch Alkoholverzicht zu heben *M. Gorbatschow* bildet das Politbüro der KPdSU mit Politikern seines Vertrauens um Moskau sucht seine Beziehungen zur VR China zu verbessern Im Vorjahr wurden 19 USSR-Diplomaten wegen Verdachts der Spionage aus anderen Staaten ausgewiesen Nach hohem Wahlsieg beginnt 2. Amtszeit von US-Präs. *R. Reagan*, die weiter im Zeichen mil. Stärke steht USA fordern NATO zur Beteiligung am SDI-Programm auf (BRD u. UK folgen) Das Antiraketenprogramm der USA (SDI) stößt auch bei ihren Verbündeten als Beschleunigung des Wettrüstens auf Kritik Treffen *Reagan-Gorbatschow* in Genf als 9. derartiger Nachkriegsgipfel USA-USSR Weithin erhofftes Gipfeltreffen *Reagan-Gorbatschow* in Genf beendet das Schweigen der Super-	*Alexander Kluge* (* 1932 i. Halberstadt), der 1968 den Film „Artisten in der Zirkuskuppel: ratlos" schrieb, erhält *Kleist*-Preis *Franz Xaver Kroetz* (* 1946 i. München): „Bauern sterben" (Schauspiel, Urauff. i. München) *Dieter Lattmann* (* 1926 i. Potsdam): „Die Brüder" (Roman um eine Familie i. d. Spannungen der NS-Zeit) *Siegfried Lenz* (* 1926 i. Ostpreußen): „Exerzierplatz" (Roman) † *Józef Mackiewicz* (* 1901 i. Polen), schrieb 1949 „Katyn, ungesühntes Verbrechen" *Golo Mann* (* 1909 i. München) erhält den *Goethe*preis der Stadt Frankfurt *Hans Wysling* gibt Briefwechsel der Brüder *Thomas* (1875–1955) und *Heinrich Mann* (1871–1950) der Jahre 1900–1949 heraus *Heiner Müller* (* 1929 i. Sachsen), Schriftsteller der DDR, erhält *Georg Büchner*-Preis v. Darmstadt für	das Scheidungsrecht von 1977 i. S. der Einzelfallgerechtigkeit, was indirekt das „Schuldprinzip" erneuert Die Furcht vor AIDS, die gegen Ansteckung Präservative fordert, hebt die Wirkungen der antikonzeptionellen „Pille" weitgehend auf (eine Art Ende der „sexuellen Revolution" seit ~ 1965) 30 % der Erdbevölkerung sind Jugendliche von 15–24 Jahren Neues Jugendschutzgesetz i. BRD bezieht Videopornos ein UNO-Vollversammlung verurteilt erdweiten Terrorismus Die Länder d. BRD steigerten ihre Kulturausgaben seit 1980 um 17,7 % (+ 3,2 %/Jahr) Berlin wird „EG-Kulturstadt 1988" Als nach Prag und Wien älteste dt. Universität feiert Heidelberg 600jähriges Jubiläum Tibet eröffnet seine erste Universität in Lhasa USA verlassen als Hauptbeitragszahler die UNESCO wegen einseitiger

† *Raoul Ubac* (* 1910 i. Malmédy), belg. Maler eines abstrakten Expressionismus

Oswald Mathias Unger (* 1910, Vertreter der „Rationalen Architektur") erbaut Messe-Hochhaus i. Frankfurt/M.

Victor Vasarely (* 1908 i. Ungarn, lebt in Frankreich): „Penta rouge" (Farbserigraphie)

Tatsuhiko Yokoo (* 1928 i. Japan): „Emporstreben" (abstr. Gem.)

~ ca. 1000 namhafte Künstler gestalten jährlich in der bildenden Kunst unübersehbar viele persönlich geprägte Kunstwerke, deren Wirkung auf andere Menschen erprobt wird. Gesellschaftliche Bezüge haben heute oft zentrale Bedeutung

Ein Lexikon der bildenden Kunst nach 1945 nennt rd. 750 Künstler und etwa 168 Stilrichtungen oder Konzeptionen

„Kunst zwischen 1945 und 1985" (Ausstellung i. d. Nationalgalerie i. Berlin (W))

„Weltschätze der Kunst" (Ausstellung von vor dem Krieg geretteter Bilder i. Berlin)

Ausstellung von Werken von Künstlern aus d. DDR i. Bln (W): *Hanns*

Liedes a. d. Jahr 1948 i. New York)

Medaillen-Auszeichnung für Musik-Wissenschaftler *Hans Heinz Stuckenschmidt* (* 1901 i. Straßburg)

Heinrich Sutermeister (* 1910 i. d. Schweiz): „Le Roi Bérenger" (Oper nach *Ionesco* „Le Roi se meurt")

† *Charles („Cootie") Williams* (* 1908 i. Alabama/USA), Jazztrompeter, auch bei *Duke Ellington* (1899–1974)

Isang Yun (* 1917 i. Korea, lebt nach Haft in Südkorea i. Berlin (W): 3. Sinfonie (Urauff. i. Berlin (W))

† *Efrem Zimbalist* US-Komponist u. -Violinist russ. Herkunft (* 1889 i. Russl., ab 1911 i. USA)

Jan Brauer: „Von der Äolsharfe bis zur Digitalplatte" (2000 Jahre mechanische Musik, 100 Jahre Schallplatte)

~ Digitale Schallplatte setzt sich mit hoher Klangqualität durch

In New York werden 134 Edison-Phonographenwalzen aus der Metropoli-

† *Rodney R. Porter* (* 1917 i. Ashton), Biochemiker und Immunforscher, Nobelpreis 1972

≈ Die Nachweisempfindlichkeit sank von ~ 1900 von 10^{-6} auf 10^{-21} g, wodurch 100 Kohlenstoffatome nachweisbar werden Sekundärionen-Massenspektroskopie (SIMS) gestattet Bio-Makromoleküle zu analysieren

Methan wird als risikoreiche Luftverunreinigung erkannt, die Luftreiniger inaktiviert

Produkte der Biotechnologie haben einen erdweiten Markt von 40 Mrd. DM, + 8 %/Jahr

Forschergruppe in Heidelberg gelingt biochem. „Abschaltung" einer spezif. Erbinformation, wodurch die Genwirkung analysiert werden kann

Etwa 100 spezifische Kontaktmoleküle steuern die Entwicklung vom befruchteten Ei zum zellreichen Zustand d. Organismus

US-Forschergruppe findet ein gefäßerzeugendes Gen als erste organbildende Substanz

Baumringkalender (Dendrochronologie) für Westeuropa auf -5289 ausgedehnt

Schwedischen Forschern gelingt es,

Mehr als 5000 Tote durch Erdbeben, das Mexico-City verwüstet

Stärkstes Erdbeben in Tokio seit 1929

Katastrophenjahr für Zivilluftfahrt: Bei 8 schweren Unfällen gibt es 1359 Tote

Erstmals stürzt ein Flugzeug im zivilen Transatlantikverkehr ab (vermutlich durch Attentat)

517 Tote und 4 Überlebende (2 Frauen u. 2 Kinder) bei einem japan. Inlandflug

Ca. 450 Tote, als in Äthiopien ein Eisenbahnzug in eine Schlucht stürzt

83 Tote bei 4 Eisenbahnunfällen im Sommer i. Frankr.

100 Tote bei Eisenbahnunglück in Portugal

79 Tote und 247 Verletzte durch Brand einer Nervenklinik in Buenos Aires

160 Tote durch Staudammbruch bei Trient i. N-Ital.

~ Über 12 000 Tote bei 6 Staudammbrüchen seit 1960

Hohe Menschenverluste durch Autobomben in Beirut

Unfall mit US-Pershing-Rakete in BRD mit 3 Toten

Januarkältewelle i. Europa

Nach einer Dürreperiode seit ~ 1968 fällt in der Sahelzone südl. der Sahara wieder Regen

Es erweist sich, daß der seit 1945 gesuchte KZ-Arzt *J. Mengele* 1977 in Brasilien ertrank

Auf Betreiben der Angehörigen beginnt i. BRD Prozeß um die Ermordung des KPD-Führers *Ernst Thälmann* durch die SS im KZ Buchenwald 1945 (* 1886 i. Altona) vgl. 1986

2 Mitgl. der RAF erhalten für terrorist. Mordtaten 1977 lebenslange Freiheitsstrafen

Sicherheitsbehörden stellen wachsende internat. Zusammenarbeit von Terroristen-Organisationen fest

Hungerstreik von RAF-Mitgliedern ist von Terrorakten begleitet

Terrorist. Bombenanschl. auf Kaufhaus i. Düsseld. mit 8 Verletzten

(1985)	mächte und erweckt Hoffnungen auf Rüstungskontrolle Bürger und Einrichtungen der USA sind erdweit Ziele von Terroristen In großen Teilen Südamerikas endet die Militärdiktatur (Argentinien, Brasilien, Uruguay). In Chile kann sich *Pinochet Ugarte* (* 1915, seit 1975 Präs.) trotz wachsender Opposition an der Macht halten *Raul Alfonsin* (* 1927) wird Staatspräs. v. Argentinien nach Wahlsieg über d. Peronisten In Argentinien werden 9 Generäle der früher herrschenden Junta verurteilt (*Videla* und *Masera* lebenslänglich, 3 begrenzte Freiheitsstrafen und 4 Freisprüche) In Brasilien enden 21 Jahre Militärherrschaft Nach dem plötzlichen Tod von *Tancredo Neves* (* 1910) wird in Brasilien Vizepräsident *José Sarney* (* 1930) Präs. in dem Land mit 100 Mrd. $ Auslandsschulden und 240 % Inflationsrate sowie 15 % Arbeitslosenquote Demokratisierung der Verfassung von Brasilien, darunter plebiszitäre Wahl d. Staatspräs. In Kolumbien, wo seit 35 Jahren Bürgerkrieg herrscht, stürmen Regierungstruppen den Justizpalast in Bogota, wo linke Guerillas 300 Geiseln festhalten, wobei 115 Menschen getötet werden Nach schwieriger Wahl im Bürgerkrieg bildet in El Salvador *J. N. Duarte* (* 1926, Christdemokrat) Regierung, welche Agrarreform fortzusetzen sucht Staats- u. Reg.-Chef *Daniel Ortega* (* 1946, Sandinist) reagiert in Nicaragua auf den Druck der USA und der von ihnen unterstützten „Contras“ mit Ausrufung des Notstandes *Julio Murio Sanguinetti* (* 1936) wird zum Staatspräs. v. Uruguay gewählt und beendet 12 Jahre Militärdiktatur Vom schiitischen Terror bedrängt beginnt Israel den Libanon zu räumen, ohne das Ziel von 1982 „Sicherheit für Galiläa“ erreicht zu haben Israel evakuiert mit Luftbrücke Juden aus Äthiopien Um PLO politisch zu schwächen unternimmt Israel einen kühnen Luftangriff auf das neue PLO-Hauptquartier bei Tunis in 2400 km Entfernung Nach Abzug der israelischen Truppen fliehen die Christen vor den Mohammedanern aus Südlibanon Heftige Kämpfe zwischen Schiiten-Miliz und Palästinensern i. Beirut fordern 200 Tote In Beirut geraten 37 US-Luftpassagiere in die Gewalt der Schiiten, die damit 766 von Israel gefange-	seine „sprachgewaltigen, bildkräftigen Theaterstücke“ *Heiner Müller*: „Anatomie Titus, Fall of Rome“ (Schauspiel, Urauff. i. Berlin) † *Robert T. Odemann* (* 1914), dt. Kabarettist † *Herbert Paris*, dt. Theaterintendant (* 1909) † *M. Redgrave* (* 1908), brit. Schauspieler am Old Vic-Theatre in London *Luise Rinser* (* 1911 i. Bayern): „Im Dunkeln singen“ (Tagebuch aus Nordkorea) *Friederike Roth* erhält den Hörspielpreis der Kriegsblinden für „Nachtschatten“ *Friederike Roth*: „Die einzige Geschichte“ (Schauspiel, Urauff. i. Bremen) *Jean Paul Sartre* (1905–80) Briefwechsel: Briefe an seine Lebensgefährtin *Simone de Beauvoir* (1908–86) *René Schickele* (* 1883, † 1940, dt.-frz. Herkunft): „Am Glockenturm“, Urauff. i. Basel *Peter Schneider* (* 1940): „Totoloque“ (Schau-	Politik und aufwendiger Finanzwirtschaft Israel gibt bekannt, daß es in der „Operation Moses“ etwa 10 000 Juden aus Äthiopien über den Sudan eingeflogen und aufgenommen habe In Israel ergehen hohe Freiheitsstrafen gegen Israelis für Terrorakte gegen Araber im Lande Der Rückzug Israels aus d. Libanon wird von radikalem schiitischen Terror mit Selbstaufopferung der Täter (Kamikaze) begleitet Die evangelische Kirche in BRD und DDR fordert zum 40. Jahrestag des Kriegsendes die Beendigung des Wettrüstens In BRD demonstrieren ca. 400 000 auf „Ostermärschen“ gegen Kriegsrüstung Belgische Bevölkerung demonstriert gegen Aufstellung von US–Raketen Konkordat zwischen Italien und Vatikan schafft Katholizismus als Staatsreligion ab (löst das von 1929 ab) Die kathol. Bischöfe in USA

Brockhage (* 1925): Holzschnitzplastiken; *Gregor Torstein Kozig* (*1948): Großzeichnungen mit Kohle; *Michael Morgner* (* 1942): Druckgrafik und Zeichnungen; *Thomas Ranff* (* 1949): Radierungen und Farb-Rad.; *Kurt Teubner* (* 1903): Materialbilder

Ausstellung in Dresden zur Zerstörung der Stadt vor 40 Jahren (ein Hiroshima mit konventionellen Waffen)

Gebäude der Deutschen Bank in Frankfurt/M. mit 2 verglasten Hochhaustürmen fertiggestellt (Architekten: *Hanig, Scheidt* und *Schmidt*)

Köln feiert das Jahr der seit dem Krieg restaurierten roman. Kirchen (vgl. 1984)

In München wird das Kulturzentrum am Gasteig eröffnet (mit Konzertsaal, Bücherei, VHS u. a.)

Trump-Tower-Hochhaus i. New York

Neue Museumsbauten i. BRD: f. Kunstgewerbe i. Bln (W) von *Rolf Gutbrod* (* 1910 i. Stuttgart), f. Kunstgew. in Frankfurt von *R. Meier* (* 1934 i. USA), Museum Ludwig i. Köln, Staatsgalerie

tan Opera von 1901–13 veröffentlicht

Wiederaufgebaute *Semper-*Oper in Dresden (erbaut 1870–78) mit „Freischütz" wiedereröffnet

Kairo plant für 1988 ein Opernhaus

Popmusik-Konzerte in London und Philadelphia, die vor etwa 200 000 Zuschauern und im Fernsehen 16 Stunden dauern, erbringen rd. 150 Mill. DM. Hilfe für das hungernde Afrika

Schlager: „Life is live" „An der Nordseeküste"

die 2400 Jahre alte DNS-Erbsubstanz ägypt. Mumien identisch zu vermehren (klonen), was die Beurteilung von Verwandtschaftsbeziehungen gestattet

US-burmesische Forschergruppe ordnet 40–44 Mill. Jahre alte Primatenfossilien einem Vorfahr aller Menschenaffen und Menschen zu

Jane Goodall (aus USA) beobachtet in Afrika Gruppenkrieg unter Menschenaffen um territoriale Macht

In Ostafrika wird das Skelett eines etwa 12jährigen Homo erectus aus der Zeit vor 1,6 Mill. Jahren gefunden

Die Spuren des Gefieders des Archäopteryx (Urvogel) werden als flugtüchtiges Organ eines Vogels erkannt

† *Frank Mac Farlane Burnet* (* 1899 i. Australien), Immunologieforscher, Nobelpreis 1960

† *John Franklin Enders* (* 1897 i. USA), der als Virologe die Natur der Kinderlähmung klärte, Nobelpreis 1954

† *Alfred Gütgemann* (* 1907 i. Mehlem) dt. Chirurg, der 1967 die erste Lebertransplantation i. BRD durchführte

† *Mildred Scheel* (an Krebs, * 1932), Ärztin, die bes. als Gattin d. Bund.-Präs. die Dt. Krebshilfe unterstützte

Der Ursprung der AIDS-Erreger wird in der grünen Meerkatze Afrikas vermutet (bald bezweifelt)

Der AIDS-Erreger wird von verschiedenen Forschergruppen als eine Sequenz von über 9000 Basenpaaren genetisch entschlüsselt

In der Medizin reifen chemische (Spritzen) und me-

Terroristenfahndung i. BRD neu ausgeschrieben

Palästinenser entführen ital. Kreuzfahrtschiff „Achille Lauro" mit über 500 Passagieren, um Gefangene freizupressen. Sie töten einen US-Bürger. Die USA zwingen ihren Anführer auf Sizilien zu landen, die ital. Regierung läßt ihn jedoch ausreisen (vgl. P)

Raubüberfall auf Geldtransport in New York bringt 50 Mill. $ Beute

In USA wird seit 1976 die 40. Hinrichtung vollstreckt (mit Giftspritze)

Der Guru *Bhagwan* wird in den USA festgenommen, als er das Land fluchtartig zu verlassen sucht

USSR richtet 4 Flugzeugentführer hin

Zweifacher Weinskandal, da bekannt wird, daß in Österreich mit Glykol und in Italien mit Methylalkohol gepanscht wurde

„Glykol", das als illegaler Weinzusatz in österr. Weinen ins Gerede kam, wird zum „Wort des Jahres" erklärt

Prozeß in Neapel gegen 640 Mitglieder der Camorra-Mafia

In Berlin (W) entwickelt sich um Stadtrat *Antes* (CDU) ein großer Bauskandal, der 1986 zum Rücktritt dreier Senatoren u. Verurteilung von A. führt

Demonstrationen und illegaler Widerstand gegen Errichtung der Wiederaufarbeitungsanlage für Kernbrennstoffe in Wackersdorf/Bayern

Boris Becker (* 1968) steigt von Januar 1985 bis April 1986 von Platz 66 auf Platz 3 der Tennis-Weltrangliste (erreicht 1986 Platz 2)

Mit 6 m Weltrekord im Stabhochsprung von *Sergej Bubka* (* 1964 i. USSR)

Michael Gross (* 1964) schwimmt Weltrekord mit 3:47,80 über 400 m Freistil

Sportler des Jahres i. BRD: *Boris Becker* (* 1968) und *Cornelia Hanisch* (* 1952) als Fechtweltmeisterin

Turnier zwischen Schachweltmeister (seit 1975) *A. J. Karpow* (* 1951 i.

(1985)

ne Palästinenser freipressen wollen, was möglichst unauffällig geschieht

Nach einem Jahr Amtszeit tritt i. Libanon die „Regierung der nationalen Einheit" unter *Raschkid Karame* (* 1921) wegen heftiger Kämpfe zurück

Im 10. Jahr des Bürgerkrieges im Libanon entsteht ein Friedensplan, der durch heftige Kämpfe zwischen drusischen und schiitischen Milizen hinfällig wird. Eine Geisel aus der Botschaft d. USSR wird ermordet. Syrien kündigt stärkere mil. Präsenz an

Syrien geht politisch gestärkt aus dem zunächst erfolgreichen Einmarsch Israels in den Libanon hervor

Nach Meldungen vom Golfkrieg soll der Iran bei Frühjahrsoffensive gegen den Irak 30–50 000 Mann verloren haben

Im Iran wird die Unterdrückung etwas gelockert. Ein designierter Nachfolger von *Chomeini* ernannt

Schwerer Beschuß irakischer und iranischer Städte im Golfkrieg fordert zahlr. Opfer

In Ägypten gewinnen islamische Fundamentalisten an Einfluß

Putschversuch in Guinea mit rd. 250 000 Einw. i. Afrika scheitert

6. Putsch in Nigeria nach 1963 stürzt Staatschef *M. Buhari*, seit 1983 i. Amt. Es folgt General *I. B. Babangida*

Nigeria befindet sich nach dem Ölpreisverfall in einer Wirtschaftskrise

Ausnahmezustand in Südafrika verschärft Rassenunruhen und Wirtschaftskrise

In Südafrika erschießt die Polizei 16 schwarze Demonstranten am Jahrestag als 1960 69 Schwarze getötet wurden

Unruhen in Südafrika forderten in Jahresfrist 780 Tote, bei deren Beisetzungen es zu neuen Unruhen kommt

Auf die schweren Unruhen in Südafrika antwortet Präs. *P. W. Botha* (* 1916) mit zurückhaltenden Vorschlägen für eine Milderung der Apartheid

Commonwealth-Staaten stellen ultimativ an Südafrika die Forderung, Apartheidpolitik aufzugeben

Präs. *Botha* von Südafrika hebt nach 9 Monaten Ausnahmezustand auf als „ersten Schritt zur Normalisierung"

Offiziere in Uganda stürzen den Nachfolger von *Idi Amin* (* 1925) seit 1980 *A. M Obote* (* 1925) wegen grausamer Herrschaft. Nachfolger wird *Tito Okello*

Indische Regierung unter *R. Gandhi* unterzeichnet

spiel um einen Aztekenkaiser, Urauff. i. München)

Peter Shaffer (* 1926 i. London): „Yonadat" (Schauspiel, Urauff. i. London)

† *Miguel Otero Silva* (* 1909), Schriftsteller aus den Reihen aufständischer Studenten 1928 i. Venezuela

† *Karl Heinz Stroux* (* 1908) Schauspieler, Regisseur und Intendant am Schauspielhaus Düsseldorf

† *Gábor Vaszary* (* 1897 i. Budapest, seit 1948 i. W-Europa)

† *Aleixandre Vicente* (* 1898 i. Sevilla), span. Schriftsteller, Nobelpreis 1977

Martin Walser (* 1927): „Die Brandung" (Roman)

Christa Wolf (* 1929, lebt i. DDR) erhält als Schriftstellerin österr. Staatspreis

Albin Zollinger (1895–1941 i. d. Schweiz) auf der Bestenliste des SW-Funks

Düsseldorf feiert eine 400jährige Theatertradition, da dort 1585 anläßlich einer Prinzenhochzeit ein

wenden sich gegen interkontinentale MX-Raketen

In Südafrika ruft Friedensnobelpreisträger Bischof *D. Tutu* zum Boykott gegen sein Land wegen Apartheidspolitik auf

Südafrika hebt Verbot der Mischehen auf

Internat. Psychoanalytikerverband tagt in Hamburg

In München wird das Max Planck-Institut für psychologische Forschung eröffnet

≈ Die fernöstliche Therapie der Akupunktur breitet sich im abendländischen Kulturkreis trotz fraglicher Erfolge rasch aus

20 Staaten unterzeichnen in New York Konvention gegen die Folter

Seit Wiedereinführung der Todesstrafe 1976 i. d. USA gab es dort 44 Hinrichtungen

Nach 6 Wochen Beratungen geht das Expertentreffen für Menschenrechte i. Ottawa wegen Ost-West-Streit ergebnislos zu Ende

Nach einem Prozeß von 5 1/2

Stuttgart von *James Stirling* (* 1926 i. Glasgow/UK) (1982 Museum i. Mönchengladbach v. *H. Hollein* (* 1934 i. Wien))

Kleinkunstwerke von der schwäbischen Alb mit einem Alter von etwa 30 000 Jahren werden publiziert

---

† *Yul Brynner* (* 1920? auf Sachalin/USSR) US-Schauspieler in ca. 40 Filmrollen, darunter „Der König und ich" 1956

† *Rock Hudson* (* 1925 i. USA) Filmschauspieler, der an AIDS stirbt

† *Simone Signoret* (* 1921 i. Wiesbaden), frz. Schauspielerin in Film und Fernsehen

† *Luise Ullrich* (* 1911 i. Wien), dt. Schauspielerin u. a. in Berlin und München, Filmrolle 1961 in „Die Schatten werden länger"

† *Orson Welles* (* 1915 i. USA), Film u. Rundfunkregisseur, der 1938 durch ein realistisches Hörspiel über eine feindliche Invasion Panik erzeugte. 1949 drehte er „Der dritte Mann"

Filme i. öff. Verleih, die stark beachtet werden und/oder Preise erhalten haben:

chanische (Ballonkatheter) Methoden heran, bei Herzinfarkt Gefäße zu erweitern

Im Jahresablauf 84/85 werden i. BRD ca. 50 Herzen transplantiert

Seit ~ 1980 kann die pränatale Medizin im Fruchtwasser des Ungeborenen zur Frühdiagnose von krankhaften Aberrationen im Genbesteck (chromosale Mutation) prüfen

Die schonende Hirnuntersuchung durch Positronen-Emissions-Tomographie (PET) macht rasche Fortschritte

US-Geologen erkennen mit Hilfe der radioaktiven Xenon-Uhr, daß die Erde vor etwa 4,6 Mrd. Jahren in 2 Schüben entstand: zunächst der Kern und ca. 14 Mill. Jahre später der Mantel, der Wasser- und Lufthülle bildete

Eiszeitforschung (z. B. Analyse von Gletscherbohrkernen) ergibt für die letzten 800 000 Jahre 18 ausgeprägte Warmzeiten, die durch Eiszeiten getrennt sind, die letzte Eiszeit endete ca. vor 20 000 Jahren

Seit 1964 legte Forschungsschiff der BRD „Meteor" das 29fache des Erdumfangs zurück

Neues Tiefseebohrschiff „Joides Resolution" läuft als Nachfolger der „Glomar Challenger" in Florida aus

BRD plant geowissenschaftliche Tiefbohrung bis 12–14 km in der Oberpfalz, ein Unternehmen, an dem ca. 200 Wissenschaftler 1987–97 beteiligt sein werden

Nach den US-Raumtransportern vom Typ „Columbia" und „Challenger" folgt mit 18. Start „Discovery". Insges. werden 1985 4 Satelliten ausgesetzt, einige im Raum repariert und SDI-Experimente durchgeführt

US-Astronaut bewegt sich beim „Challenger"-Flug mit Düsenrucksack ohne Verbindung frei im Raum

Erster Start des US-Raumtransporters „Atlantis" in vertraulicher Mission

US-Raumfähre „Atlantis" erprobt im Weltraum Gerüstkonstruktion als Vorstufe künftiger ständig bemannter Raumstationen

USA starten bisher größten elektronischen Aufklärungs-Satelliten

Kosmonauten d. USSR gelingt es, totalen Stromausfall in der Raumstation

USSR) und *G. Kasparow* (* 1963 i. USSR) wird nach der 48. Partie bei 5:3 für *Karpow* abgebrochen

Carlo Lopes (* 1946 i. Portugal) läuft i. Rotterdam Marathonzeit 2:07:11

Boris Becker (* 1968 i. Leimen/BRD) siegt als erster Dt. im Herren-Einzel i. Wimbledon, *M. Navratilova* (* 1956 i. Prag, lebt i. USA) zum 7. Mal im Damen-Einzel

Reinhold Messner (* 1944 i. Südtirol) besteigt seinen 11. Gipfel (Annapurna) über 8000 m ohne Sauerstoffgerät (schafft bis 1986 alle 14 Gipfel über 8000)

Auf der Skiflugschanze von Planiza/Jugoslaw. gelingt *Matti Nykänen* (* 1963 i. Finnland) mit 191 m Rekordweite

Rudolf Powarnizin (* 1952 i. USSR) stellt mit 2,40 m Weltrekord im Hochsprung auf

Paul Schockemöhle (* 1945 in Vechta) wird zum 3. Mal auf dem Pferd „Deister" europäischer Meister im Springreiten

Michael Spinks (* 1936 i. USA, dunkler Hautfarbe) wird im Boxkampf gegen *Larry Holms*, der als Favorit antritt, Weltmeister

Der Organisator der Olympischen Spiele von Los Angeles auf privat-finanzieller Basis *Peter Ueberroth* (* 1938) wird von der US-Zeitschrift „Time" zum Mann des Jahres erwählt

Mit *Manfred Winkelhock* (* 1953 i. BRD) verunglückt tödlich der 78. Formel-1-Rennfahrer seit 1961

Schweden gewinnt gegen BRD Daviscup im Tennis

Sieger in der Fußballbundesliga 1. FC Bayern München

32 Italiener kommen in Brüssel um, als nach einem Fußballspiel gegen Gr. Brit. Italien gewann und brit. Rowdys aggressiv werden

Reiseausgaben von BRD-Bürgern im Ausland: 1974 18,8 Mrd. DM; 1984 39,6 Mrd. DM (+ 7,7 %/Jahr)

Die Alpen verlieren merklich an Attraktion für Urlauber

„150 Jahre Eisenbahn" (i. Dtl.) (Ausstellung i. Nürnbg.)

(1985)

Abkommen mit Sikhs zur Beilegung des Konfliktes im Punjab

Wahlsieg der Sikhs im Punjab trägt zur Entspannung dort bei

Neues Politbüro in VR China zeigt Verkleinerung und Verjüngung

VR China fährt fort, seine kommunistische Planwirtschaft zu reformieren

„Time" wählt Spitzenpolitiker der VR China *Teng Hsiao ping* (* 1904) zum „Mann des Jahres"

Krise des Anzus-Paktes von 1951 zwischen Australien, Neuseeland und USA, weil Neuseeland atomar ausgerüstete US-Kriegsschiffe in seinen Häfen ablehnt

In Neuseeland werden 2 frz. Agenten verurteilt, die das Greenpeaceschiff „Rainbow Warrior", das frz. Atomversuche stören wollte, versenkt hatten

Bisheriger Geheimdienstchef von Südkorea *Lho Shin Yong* (* 1930) wird Min. Präs.

Bombenanschläge gegen Königspalast in Nepal, um Monarchie zu stürzen

Truppen Vietnams dringen weiter durch Kambodscha bis Thailand vor, politisch von USSR unterstützt

„Purple Rose of Cairo" Film von *Woody Allen* (* 1935 i. USA)

„Einmal Ku'damm und zurück" (Film von *Herbert Ballmann* (* 1924 i. Düsseldorf) über eine Liebe im geteilten Berlin erhielt Goldfilmband d. BRD

„Zeit der Zärtlichkeit" (Film von *James L. Brooks* mit *Shirley Mc Laine* (* 1934 i. USA), die einen der 4 Oscars f. d. Film erhält)

„Amadeus" (Mozartfilm von *Milos Forman* (* 1932 i. CS), der 8 Oscars erhält)

„Maria und Joseph" (Film von *Jean Luc Godard* (* 1930 i. Paris), der in katholischen Kreisen auf Ablehnung stößt)

„Stammheim" (Film über RAF-Prozeß) von *R. Hauff* erhält Goldenen Bär von Berlin

„Ran" (japan. Film von *Akira Kurosawa* (* 1910))

„Papa ist auf Dienstreise" (Film um eine mohammed. Familie i. Jugoslaw. von *Emir Kusturica* (Jugoslawe) erhält Goldene Palme von Cannes)

„Reise nach Indien" (Film von *David*

Singspiel aufgeführt wurde

Verlage der BRD produzieren 57 623 neue Titel (erdweit würden bei gleichem Wachstum seit 1960 842 000 Titel erreicht mit + 3,9 %/Jahr)

Jahren, der 2,5 Mill. DM kostete, wird ein NS-Verbrecher i. BRD wegen Beihilfe zum Mord an 15 000 Menschen zu 3 Jahren Freiheitsstrafe verurteilt

CDU/CSU und FDP-Koalition i. BRD finden Kompromiß für ein Gesetz gegen die „Auschwitzlüge", die die Judenermordung der NS-Zeit bagatellisiert oder gar abstreitet

Nach Protest der jüd. Gemeinde wird in Frankfurt/M. Urauff. des Schauspiels „Der Müll, die Stadt und der Tod" von *R. W. Faßbinder* abgesetzt (vgl. D)

Japanischer Flugpassagier schreibt beim Absturz seines Flugzeuges Abschieds- und Dankbrief an seine Familie

In SO-Anatolien bei Cayonü wird jungsteinzeitliche Siedlung ausgegraben, die in der Zeit ≈ −7250 bis −6750 besiedelt war und Kupfer kannte. Auf Rundhäuser folgten rechtekkige

In Eichstätt wird eine Handschrift von ~ 910 entdeckt, welche die Benediktiner-Ordensregel enthält, die ~ 529 entstand

Ausstellung des Inhaltes eines unversehrten keltischen Fürstengrabes (≈ -500) in Stuttgart

„Jahr der Etrusker" in Italien

Grabungen im etruskischen Cisra/Caere verlaufen informationsreich

Presse meldet Entdeckung 8000 Jahre alter Mumien i. Chile

Lean (* 1908 i. Gr. Brit.))

„Die unendliche Geschichte" (Film von *W. Petersen* (* 1941 i. Emden) n. d. Buch von *M. Ende*)

„The day after" wird als US-Film über den Tag nach dem atomaren Holocaust im Ausland und sogar in Polen gezeigt

„Das Boot" (Fernsehfilm über U-Bootkrieg von *W. Petersen* n. d. Buch von *L.-G. Buchheim* (* 1918 i. Weimar) erhält höchste Einschaltquoten)

„Oberst Redl" (Film um Spionage im 1. Weltkrieg von *István Szabó* (* 1938 i. Budapest) erhält von BRD Filmband in Gold)

„Die Nacht" (Film von *Hans-Jürgen Syberberg* (* 1935 i. Pommern))

„Ein Sonntag auf dem Lande" (Film von *Bertrand Tavernier* erhielt frz. Filmpreis)

„Rosa Luxemburg" (Film von *Margarethe von Trotta* (* 1942) mit *Barbara Sukowa*) erh. Filmband in Gold

„Paris, Texas" (Film von *Wim Wenders* (* 1945))

„Nachdenken über Christa W." (Film von *Konrad Wolf* (* 1925 i. Hechingen, lebt i. DDR) nach d. Roman von *Christa Wolf*)

„Salut 7" in gefährlicher Expedition zu beheben

Raumsonden der USSR „Vega 1" und „Vega 2" zur Beobachtung der Venus und des Halleyschen Kometen sind mit Meßgeräten der USA ausgestattet

ESA-Rakete „Ariane" bringt 2 Nachrichten-Satelliten für Arabien und Brasilien in Umlauf, was eine Konkurrenz zur NASA bedeutet

13. Start der Europarakete „Ariane" (11 waren erfolgreich)

Unfallbericht über Kernreaktor Harrisburg/USA 1979 stellt fest, daß 20 % des Reaktorkerns geschmolzen waren, aber der Stahlmantel Radioaktivität zurückhielt

In Frankreich geht der schnelle Brüter „Superphénix" i. Betrieb

In USA u. Japan dauern Versuche an, Energieerzeugung durch lasergezündete Kernfusion zu erreichen

Transistoren mit 10^{-12} s Schaltzeit werden konstruiert (gegenüber 10^{-3}s bei Elektronenröhren vor 1948)

Universität Stuttgart erhält Computer mit bis 2 Mrd. Operationen/s

Die jährliche Produktion von Siliziumchips wird auf 10^{14} geschätzt (Das wären 20 000 pro Kopf der Erdbev.)

Bisher schnellster Computer berechnet 2^{132049}-1 als Primzahl in 2 Stunden, 6 min., 44 s

In Berlin werden mit Computerhilfe die archaischen Zahlzeichen in Uruk aus dem -18. Jh. analysiert, die der Verwaltung von Wirtschaftsgütern dienten

Für etwa 1988 wird in BRD ein digitales Netzwerk per Telefon vorbereitet, das Sprache, Text und Bild übermitteln kann

3100 km lange transsibirische Eisenbahn BAM (= Baikal-Amur-Magistrale) i. Betrieb

Eine theoretische Studie läßt nach einem umfassenden nuklearen Krieg durch Sonnenverdunklung einen „nuklearen Winter" erwarten, der das irdische Leben weitgehend zerstört

Greenwich-Observatorium verliert seine Funktion für die Festlegung der internat. Standardzeit, die seit 1884 durch den Nullmeridian festgelegt wurde

Flughafen Frankfurt/Main erreicht erstmals 20 Mill. Passagiere

† *Axel Cäsar Springer*, einflußreicher Zeitungsverleger i. BRD („Bild", „Hör'zu", „Die Welt"), Freund Israels (* 1912)

Am 1.1.1985 besteht die (London) „Times" 200 Jahre

Großverleger der BRD starten Satelliten-Fernsehprogramm „Sat 1"

Verhandlungen über Staatsvertrag i. BRD für neue Fernsehtechniken scheitert (Einigung gelingt 1986)

CO_2-Gehalt i. Atmosphäre erreicht 345 mg/kg (vor 1800 ca. 275 mg)

BRD bleibt trotz Waldschäden und erhöhter Unfallgefahr das einzige EG-Land ohne Tempolimit auf der Autobahn

Regierung der BRD berichtet, daß 50 % der Wälder geschädigt sind, die Ausbreitung sich aber verlangsamt

Fernsehfilm über Zerstörung des Urwaldes in Brasilien wird preisgekrönt

Indien plant großzügiges Bewaldungsprogramm

FAO versucht mit dem Motto „Das Jahr des Waldes" seiner erdweiten Gefährdung entgegenzutreten

Landtag von Schleswig-Holstein beschließt „Naturpark Wattenmeer"

BRD erläßt für Reinhaltung der Luft von Schadstoffen „TA Luft"

Innerhalb zweier Tage gibt es im Autobahnnetz der BRD zweimal Giftgasalarm durch Chemikalientransport

Für die Sanierung Venedigs sind 3,6 Mrd. DM vorgesehen

Im Silicon-Valley/USA werden Umweltschäden durch Fertigung der Halbleiterchips nachgewiesen

Riesenschildkröten werden bei Brand auf den Galapagosinseln mit Hubschraubern gerettet

In VR China werden ca. 4 Mrd. Ratten vermutet, deren radikale Vernichtung geplant ist

Kernwaffentestexplosionen seit 1945: USA 745; USSR 545; Frankr. 126; Gr. Br. 38; VR Ch 29; Ind. 1

Augsburg feiert 2000jähriges Jubiläum

1986	Friedensnobelpreis an *Elie Wiesel* (* 1928 i. heutigen Rumänien, jüd. Abstammung, seit 1928 US-Bürger), der trotz NS-Verfolgung mit Ausrottung seiner Familie f. Versöhnung u. Brüderlichkeit als Schriftsteller eintrat US-Präsident *R. Reagan* und KPSU-Chef *M. Gorbatschow* tauschen über Fernsehen friedliche Neujahrsansprachen f. d. andere Land aus Londoner Institut stellt ungefähres strategisches Gleichgewicht zwischen USA und USSR fest Auf dem Gipfeltreffen in Reykjavik weist *R. Reagan* weitgehende Abrüstungspläne von *M. Gorbatschow* zugunsten seines SDI-Projektes zurück, was vielfach auf Kritik stößt NATO steht im Spannungsfeld der militärischen Interessen von USA und Europa Umfrage in Westeuropa ergibt 61 % Zustimmung zur Politik von *Gorbatschow*, 31 % zu der von *Reagan* Dt. Bundespräsident *R. v. Weizsäcker* spricht vor beiden Häusern des brit. Parlaments über ein selbstbewußteres Europa *J. Kwizinski* löst SU-Botschafter *W. Semjonow* (* 1911) i. BRD ab Bundeskanzler *H. Kohl* vergleicht *M. Gorbatschow* mit *J. Goebbels*, was zu scharfen Reaktionen der USSR führt *H. Kohl* behauptet, daß es in DDR KZ's für politische Häftlinge gäbe, was die Beziehungen verschlechtert USSR lädt BRD-Min. *Riesenhuber* wegen Verstimmung Moskau-Bonn aus † *Gerold v. Braunmühl* (* 1935), enger Mitarbeiter von *H.-D. Genscher* von RAF ermordet † *Eugen Gerstenmaier*, Bundestagspräsident (CDU) 1954–69 (* 1906) † *Elisabeth Schwarzhaupt* (* 1901) 1961–66 als erste Frau Min. d. BRD (f. Gesundheitswesen) † *Helga Wex* (* 1924), 1961–73 MdB der CDU BRD verlängert militär. Dienstpflicht ab 1989 auf 18 Monate und den Ersatzdienst entsprechend BRD schließt mit USA Geheimabkommen über Beteiligung von Firmen der BRD am SDI-Programm *F. J. Strauß* (CSU) greift wiederholt die auf Entspannung gerichtete Außenpolitik von *H.-D. Genscher* (FDP) an *Willy Brandt* (* 1913, SPD) wird erneut zum Vors. der Sozialistischen Internationale (SI) auf der Sitzung in Lima gewählt Teile der SPD fordern „Sicherheitspartnerschaft", die Sicherheitsansprüche des potentiellen Gegners berücksichtigt	Nobelpreis f. Literatur an *Wole Soyinka* (* 1934 i. Nigeria), der englisch schreibt Friedenspreis des Dt. Buchhandels an *Wladyslaw Bartozewski* (* 1922 i. Polen) *Günther Anders* (* 1902 i. Breslau): „Lieben gestern" Der Nachlaß von *Gottfried Benn* (1886–1956) kommt ins Dt. Literaturarchiv i. Marbach *Thomas Bernhard*: „Einfach kompliziert" (Bühnenstück, Urauff. i. Bln/W) *Thomas Bernhard*: „Ritter, Dene, Voss" (Schauspiel um 3 Geschwister, Urauff. in Salzburg) † *Jorge Luis Borges*, argentin. Schriftsteller und Polyhistor, der dem Surrealismus nahestand (* 1899) Verlage in BRD und DDR planen Gesamtausgabe der Werke von *Bert Brecht* (1898–1956) in 30 Bänden bis 1990 *Christine Brückner* (* 1921 i. Waldeck): „Die Quints" (Roman) *Tankred Dorst* (* 1925 i. Thü-	† *Simone de Beauvoir*, frz. Frauenrechtlerin und Lebensgefährtin von *J. P. Sartre* († 1980), schrieb 1949 „Das andere Geschlecht" (* 1908) † Madame *Buchela* (* 1899), die „Pythia von Bonn", die schon *K. Adenauer* 1953 den Wahlsieg prophezeit haben soll *Umberto Eco* (* 1932 i. Ital.): „Semiotic und Philosophie" (aus d. Ital.) † *Mirca Eliade*, Religionshistoriker in USA (* 1907 i. Bukarest) Ausstellungen zum 200. Todestag von *Friedrich II. v. Preußen* i. Bln(W) und Potsdam/DDR Der Vors. der jüdischen Gemeinde zu Berlin *Heinz Galinski* (* 1912 i. Marienburg/Westpr.) kritisiert zunehmenden Antisemitismus i. BRD † *Hermann Gmeiner* (* 1919 i. Vorarlberg), Philanthrop, der 1949 das Sozialwerk „SOS-Kinderdorf" gründete US-Missionar *Bill Graham*

„Die Gebrüder *Asam*" (Ausstellung in Aldersbach/Niederbayern der Kirchenbaumeister *Cosmas Damian* (1686–1737) und *Egid Quirin* (1692–1750))

Moris Louis Bernstein (* 1912 i. Baltimore) zeigt Ausstellung in New York

† *Joseph Beuys* (* 1921 i. Kleve), Avantgardist, sozialkritischer Künstler mit internationaler Anerkennung, Vertreter der „Happening"- und „Fluxus"-Szene, welche die „Antikunst" propagiert

356 Aquarelle von *J. Beuys* i. Düsseldorf ausgestellt

Skulpturen-Ausstellung von *Otto Bill* (* 1952 i. Geldern) i. Berlin (W)

Max Bill (* 1908 i. Winterthur): „Kontinuität" (Plastik vor der Dt. Bank in Frankfurt/M.)

Eduardo Chileida (* 1924 i. Spanien): Goethe-Denkmal i. Frankfurt/M. (Architekturplastik in Kapellenform)

Michael Croissant (* 1928 i. Landau): „Figur" (Skulptur)

Raimund Giske (* 1930): „Ohne Titel" (Gem.)

† *Manfred Henninger* (* 1894 i. Stuttgart), dt. Maler, zeitweise im Tessin

Pina Bausch (* 1940 i. Solingen): „Viktor" Tanzstück, Urauff. i. Wuppertal

„Otello" Opernfilm von *F. Zeferelli* (* 1923 i. Florenz) mit *Placido Domingo* (* 1941 i. Madrid, Tenor)

Victor Fenigstein (* 1924 i. d. Schweiz): „Die heilige Johanna der Schlachthöfe" (Oper n. *B. Brecht*, Urauff. in Augsburg)

† *Benny Goodman*, US-Jazz-Klarinettist, der 1935 den Swing-Jazz begr. (* 1909)

† *Elisabeth Grümmer* (* 1911 i. Dtl.), lyr. Opernsopran, vorwiegend in Berlin

H. W. Henze: „Fandango" (sinfonische Musik, Urauff. i. Paris)

Wladimir Horowitz (* 1904 i. d. Ukraine, seit 1928 i. USA) tritt als Pianist in Leningrad auf

André Laporte (* 1931 i. Brabant): „Das Schloß" (Oper nach *F. Kafka*, Urauff. i. Brüssel)

G. Ligeti: *Klavier-konzert* (Urauff. b. stei-

Nobelpreis f. Physik an *Ernst Ruska* für Bau des ersten Elektronenmikroskops 1933, (* 1906 i. Heidelberg), *Gerd Binnig* (* 1947 i. Frankf./M) und *Heinrich Rohrer* (* 1933 i. d. Schweiz) für Entw. des Raster-Tunnel-Elektronenmikroskops

Nobelpreis f. Chemie an *Dudley Robert Herschbach*, (* 1932), *Yuan Tseh Lee* (* 1934) und *John Charles Polanyi* (* 1927) (an Univ. i. USA u., letzterer i. Toronto) f. Aufklärung schneller chem. Reaktionen in Zeiträumen unter milliardstel sek.

Nobelpreis f. Medizin an *Rita Levi Montalcini* (* 1909 i. Turin, arbeitet i. Rom) und *Stanley Cohen* (* 1922 i. New York, arbeitet i. Tennessee) für Entdeckung proteinartiger Wachstumsfaktoren, welche die Nervenverbindung steuern

† *Ludwig Biermann* (* 1907), dt. Kometenforscher

Observatorium der MPG auf dem Calar Alto fotografiert 2 kollidierende Galaxien, die etwa in einer Mill. Jahren völlig verschmelzen werden

Aus den Geschwindigkeiten in rotierenden Galaxien läßt sich eine zu-

Nobelpreis f. Wirtschaftswissenschaften an *James McGill Buchanan* (* 1919 i. USA) für ökonomische Theorie der Politik

Mathem. Modell der US-Wirtschaft mit 1500 Gleichungen und Zugriff zu 130 Datenbanken in Philadelphia/USA unter Leitung von *Lawrence R. Klein* (* 1920 i. USA, Nobelpr. 1980)

Nach Mißernten 1981–85 i. USSR folgt eine normale

In USA wird die stärkste Landwirtschaftskrise seit 50 Jahren verzeichnet

Die hohe Verschuldung der USA erscheint mit 3,5 % BSP relativ unproblematisch

BRD erzielt Jahresrekord im Export

Weltbank gibt Energieverbrauch für 1984 i. KgÖE/Kopf bekannt:
USA 7302; USSR 4672; BRD 4238; DDR 5225; Ind. 187; VRChina 485; Erde 1280

1,91 ÖE (kg Öleinheit) ca= 1 $ BSP

Erdweiter %-Anteil der Primärenergie 1970/85 (vgl. LiZ)
Kohle 31,6/30,7; Öl 44,1/37,9; Gas 18,0/20,1; Wasser 5,9/6,7; Kernkraft 0,4/4,6

Nach Preisverfall am Ölmarkt einigt sich OPEC in London auf Kürzung der Förderung von 20 auf 16 Mill. Faß

Kernkraftwerke decken 34 % des Stromes der BRD

Kohle liefert im OECD-Bereich 42 % der elektr. Energie

OECD erzeugt 80 % der Kernenergie der Erde

Der GAU von Tschernobyl führt zur internationalen Konferenz über Reaktorsicherheit in Wien (ohne angemessene Ergebnisse)

Die Kosten des sofortigen Verzichts auf Kernenergie in d. BRD werden auf 200 Mrd. DM geschätzt

Das seit 4 Jahren hart umkämpfte Kernkraftwerk Brockdorf geht ans Netz

Das frz. Kernkraftwerk Cattenom an der Grenze zur BRD u. Lux. geht mit 1,3 Mill. kW gegen starken Widerstand ans Netz

(1986)

W. Wallmann (* 1932, CDU), vorher Obbgm. von Frankfurt/Main, wird Bundesmin. f. Umwelt und Reaktorsicherheit

Nach Meinungsumfrage befürworten im September 57 % der BRD-Bürger friedliche Nutzung der Kernenergie

Nach dem GAU von Tschernobyl erklären in BRD die christlich-liberalen Regierungsparteien Fortsetzung der Kernenergiepolitik, die SPD fordert schrittweisen, die grüne Fraktion sofortigen Verzicht

Mehrheit des Bundestages ändert gegen entschiedenen Widerstand der Gewerkschaften § 116 des Arbeitsförderungsgesetzes von 1969, wodurch Streikfähigkeit erschwert wird

„Kronzeugenregelung“, die in der Terroristenbekämpfung auch Mördern Straffreiheit und Existenzerleichterung bringen würde, scheitert an Ablehnung der FDP

Meinungsverschiedenheiten i. d. SPD-Führung über Wahlziel der Bundestagswahl 1987

Der Skandal um den hochverschuldeten Baukonzern „Neue Heimat“ des DGB führt zum Notverkauf und Rückkauf und schädigt den Ruf des DGB und seiner Gemeinwirtschaft

Grüne beschließen auf Parteitag in Hannover Wahlprogramm mit NATO-Austritt und sofortigen Verzicht auf Kernenergie

Bei den Parlamentariern der „Grünen“ wird um Rotationsprinzip (bald abgeschafft) und Übernahme von Regierungsverantwortung gestritten

Wahlkampf zur Bundestagswahl Januar 1987, die die Koalition CDU/CSU-FDP mit Bundeskanzler *Helmut Kohl*und Außenmin. *H.-D. Genscher* bestätigt bei Verlusten f. d. SPD und die Unionsparteien und Gewinnen f. FDP und Grüne

% Stimmen bei Landtagswahlen i. Bayern: (1982) CSU 55,8 (58,3); SPD 27,5 (31,9); Grüne 7,5 (4,6); FDP 3,8 (3,5); REP 3,0 (–)

Die Staatsoberhäupter der Berliner Schutzmächte USA, Gr. Brit. u. Frankr. sagen Anwesenheit bei der 750-Jahr-Feier 1987 zu

Reg. Bgm. *E. Diepgen* erhält offizielle Einladung zum Staatsakt der 750-Jahr-Feier in Bln(O)

Ehemal. Baustadtrat von Berlin-Charlottenburg *Wolfgang Antes* erhält 5 Jahre Haftstrafe wegen Bestechungen, die politischen Skandal mit Senatsumbildung auslösten

Walter Mompert (* 1945 i. Sulingen) wird Vors. d. Berliner SPD, wird dem linken Flügel zugerechnet

Einkesselungstaktik der Hamburger Polizei bei Demonstration wird gerichtlich für unzulässig erklärt

ringen): „Ich, Feuerbach“ (Schauspiel, Urauff. i. München)

Ingeborg Drewitz (* 1923, † 1986 i. Berlin): „Eingeschlossen“ (Roman)

Friedrich Dürrenmatt (* 1921 b. Bern) erhält als Dramatiker *Georg Büchner*- und *Schiller*-Preis

Umberto Eco (* 1932 i. Ital.): „Der Name der Rose“ (durch gleichz. Verfilmung (vgl. K(F)) stark beachtet)

† *Herbert Eisenreich*, österr. Schriftsteller (* 1925 i. Linz)

Der Schriftsteller *Erich Fried* (* 1921 i. Wien), der während des Krieges bei der BBC arbeitete, erhält von der Liga für Menschenrechte i. Berlin (W) *Carl v. Ossietzky*-Medaille

† *Hans-Jürgen Fröhlich* (* 1932) dt. Schriftsteller und Hörspielautor

Federico Garcia Lorca (1899–1936): „Das Publikum“ (surrealistisches Schauspiel, Urauff. postum i. Wuppertal)

† *Jean Jaques Gautier*, frz.

(* 1918) i. Frankreich

~ Informatiker *Klaus Haefner* (* 1940) u. a. schätzen den Umfang menschlichen Wissens auf etwa 10^{17} Zeichen (z. B. Buchstaben) oder 3 Mrd. Bücher und seine Verdoppelungszeit auf ca. 4 Jahre

Prinz *Bernhard der Niederlande* überreicht *Vaslav Havel* (* 1936 i. Prag), Bürgerrechtler u. Bühnenautor i. CSSR den *Erasmus*-Preis

Douglas R. Hofstädter (* 1945 i. New York): „Gödel, Escher, Bach, ein endloses geflochtenes Band“ (über Kunst- und Denk-Strukturen vom „Musikalischem Opfer“ zur Genetik)

5. Enzyklika von Papst *Johannes Paul II.* „Das Gute und Böse beim Namen nennen“

Erstmals besucht mit *Johannes Paul II.* ein Papst eine Synagoge (i. Rom)

Papst versammelt in Assisi Vertreter christl. und nichtchristl. Religionsgemeinschaften

Karl Horst Hödicke (* 1938 i. Nürnberg), als Maler ein „Vater der neuen Wilden", stellt plastische Arbeiten i. Bln(W) aus

Werner Knaupp (* 1936): „Große Hüllen" (Eisenskulpturen in Körperform)

† *Georgia O'Keefe*, surrealist. Malerin in USA (* 1887)

Ausstellung von Werken von *O. Kokoschka* (1886–1980) in der Tate-Galery i. London

Herlinde Kolbe: „Feine Leute" (ironische Fotografien aus der gehobenen Gesellschaft)

† *Jacques-Henri Lartigue* (* 1894 i. Frankr.), Photograph

National Gallery in London zeigt Zeichnungen des brit. Karrikaturisten *David Low* (* 1891, † 1963), der das Zeitgeschehen der *Hitler*zeit kommentierte

In Frankr. werden 2 Bilder entd., die *E. Manet* (1832–1883) zugeschrieben werden

Museum f. d. Werk von *Franz Marc* (1880–1916) in Kochel am See eröffnet

† *Fausto Melotti*, ital. Plastiker und Keramiker (* 1901)

Albert Merz (* 1942 i. d. Schweiz): „o. T." (Acrylbild)

Retrospektive auf rischen Herbst in Graz)

Festkonzert in Bayreuth zum 100. Todestag von *Franz Liszt* (1811–86)

Tilo Medek (* 1940 i. Jena): „Rheinische Sinfonie" im klassizist. Stil (Urauff. i. Andernach)

† *Vicente Minelli* (* 1913 i. Chicago), Regisseur d. US-Filmmusicals („Broadway-Melody" 1950, „Ein Amerikaner in Paris" 1951)

† *Rick Nelson*, US-Rock-'n'-Roll-Musiker (* 1940)

Krysztof Penderecki (* 1933 i. Polen): „Die schwarze Maske" (Oper nach G. Hauptmann, Urauff. i. Salzburg)

Antikriegsoper von *Aribert Reimann* (* 1936 i. Berlin) „Troja" in München uraufgeführt

Wolfgang Rihm (* 1952 i Karlsruhe) erhält *Liebermann*-Preis f. seine Opernkompositionen

† *Rudolf Schock* (* 1915 i. Duisburg) Opernsänger (Tenor), vorw. i. Berlin u. Wien

„Cats" (Musical von *Lloyd Webber* (* 1948 i.

sätzliche abstoßende Kraft herleiten

Das Doppelsternsystem „Cygnus X3" wird als Quelle kosmischer Höhenstrahlung bis zu 10^{18} e-Volt Energie erkannt

Erhöhung von Reichweite und Auflösung durch Interferenzschaltung zweier Teleskopsatelliten wird geplant

5 Raumsonden (2 d. USSR, 1 japan. und die ESA-Sonde „Giotto") erforschen Halleyschen Kometen aus unmittelbarer Nähe, wobei die Theorie vom „Schmutzigen Schneeball", die *Fred L. Whipple* 1950 aufstellte, im wesentlichen bestätigt wird

Bei der Erforschung des Halleyschen Kometen in Sonnen- und Erdnähe erweisen sich raketengesteuerte Raumsonden als leistungsfähige astronomische Instrumente, die in Stunden die Erfahrungen von Jahrtausenden zu überprüfen helfen

Der Halleysche Komet zeigt eine unregelmäßige „Kartoffel"-Form mit 7–15 km Ausdehnung tiefer „Schwärze", seine Oberfläche zeigt eruptive Bereiche

7 US-Astronauten, darunter 2 Frauen, werden getötet, als

Mrd. m^3 Erdgasförderung 1975/1985:
USSR 289/640; USA 569/470

† *Heinz Nixdorf*, erfolgreicher dt. EDV-Unternehmer (* 1923)

Handelsstreit („Spaghettikrieg") zwischen erweiterter EG und USA wird beigelegt

Marktanteile am erdweiten Schiffsbau (%):
Japan 52,3; BRD 3,1; S-Korea 14,4

Streik des frz. Verkehrspersonals (Lokführer u. a.) zur Weihnachtszeit verursacht Verkehrschaos

100 Jahre nach dem ersten Automobil gibt es erdweit etwa 330 Mill. PKW und 100 Mill. kommerzielle Kfz

Die erdweite Kunststofferzeugung wird mit 75 Mt (für 1985) angegeben. Verbrauch i. BRD 107 kg/Kopf

Am technischen Kooperationsprogramm „Eureka" beteiligen sich 18 europ. Staaten

USA und EG vermeiden durch Kompromiß drohenden Wirtschaftskrieg durch EG-Erweiterung

Werbeausgaben in BRD verdoppelten sich seit 1974 auf 16 Mrd. DM

Lebenshaltungskosten im Mai (gegen Vorjahr) in BRD: –0,2 % (erstmals seit 1949 Rückgang)

Etwa 800 Mill. Menschen oder 16 % der Erdbev. leben in tiefster Armut

In VR China leben etwa 60 Mill. (6 %) unter der Armutsgrenze

272 Mill. Inder, etwa 36 %, leben unter der Armutsgrenze

US-Bürger bilden als Demonstration gegen die Armut Menschenkette von New York nach Los Angeles, wobei jeder Demonstrant 10 $ zahlt

US-Studie über Lebensqualität 1980–83 ergibt die Rangfolge:
1) Dänem.; 2) Italien; 3) BRD; 4) Österr.; 5) Schweden; 6) Frankr.; 7) Norw.; 27) USA; 58) USSR; 124) Angola

Entwicklungshilfe der BRD erreicht mit 8,7 Mrd. DM (= 0,47 % BSP) einen Höchststand

In Beirut wird Wasser teurer als Benzin

(1986)	Im Hamburger Senat wechselt die Verantwortung für Inneres und Justiz als Folge polizeilichen Fehlverhaltens % Stimmen b. d. Wahlen i. Hamburg (1986/82) CDU (41,9/38,6); SPD (41,8/51,3); FDP (4,8/2,6); GAL (10,4/6,8); DKP (0,2/0,4) *Klaus v. Dohnayi* (* 1928 i. Hbg.) regiert vorläufig mit Minderheitssenat Min. Präs. *Albrecht* (* 1930, CDU) übernimmt die Verantwortung für einen Sprengstoffanschlag, mit dessen Hilfe ein V-Mann des Verfassungsschutzes in Niedersachsen in Terrorgruppe eingeschleust werden sollte Bei den Wahlen in Niedersachsen erhält CDU-FDP-Koalition 1 Stimme Mehrheit im Parlament, SPD gewinnt 6 %, die Grünen bleiben gleichstark CDU behält Mehrheit im Bundesrat Erstmals Städtepartnerschaft BRD/DDR zwischen Saarlouis (BRD) und Eisenhüttenstadt (DDR) DDR scheint mit weiteren Städtepartnerschaften DDR/BRD einverstanden XI. Parteitag der SED in Bln(O) bestätigt Staatsratsvorsitzenden *E. Honecker* (* 1912) in seinen Ämtern DDR einigt sich mit Schweden auf Entschädigungen für Nachteile im 2. Weltkrieg DDR stopt Asylantenstrom nach Bln(W) durch strenge Beachtung der Visumsvorschrift DDR erteilt etwa dreimal mehr Reisegenehmigungen in die BRD als im Vorjahr Neuer Schußwaffengebrauch an der Grenze DDR/BRD widerlegt die Hoffnung, der „Schießbefehl" auf Flüchtlinge sei gemildert Präsident der Volkskammer der DDR *Horst Sindermann* (* 1915 i. Dresden) besucht BRD, ein häufig in Aussicht gestellter Besuch von *E. Honekker* wird weiter verschoben CDU lehnt offizielle Beziehungen Bundestag/Volkskammer ab, weil letztere kein frei gewähltes, unabhängiges Parlament Die Reg. d. BRD kaufte 1985 2500 politische Häftlinge der DDR frei, etwa 2000 weitere werden dort noch vermutet 4400 DDR-Bürger flüchten 1986 i. d. Westen, darunter unter Lebensgefahr 200 als „Sperrbrecher" *Kurt Waldheim* (* 1918) parteilos, 1972–81 Generalsekr. d. UN, wird zum Bundespräs. v. Österr. gewählt, worauf Israel wegen dessen ungeklärten Verhaltens in der NS-Zeit die diplomat. Bez. abbricht Nach der Wahl von *K. Waldheim* als ersten nichtsozialdem. österr. Bundespräsidenten tritt *Fred*	Theaterkritiker und Schriftsteller (* 1908 i. Frankr.) † *Jean Genet*, frz. Schriftsteller, der seine Theaterstücke häufig im Gefängnis schrieb (* 1910) † *Boy Gobert* Schauspieler und Theaterleiter in Hamburg, Berlin und Wien (* 1925 i. Hamburg) *Günter Grass* (* 1927 i. Danzig): „Die Rättin" (Roman um den Selbstmord der Menschheit) *Günter Grass* schenkt das *Döblin*-Haus in Schleswig-Holstein dem Land Berlin für die ungestörte Arbeit von Schriftstellern *Wladimir Gubarew* „Sarkophag" (russ. Theaterstück um den GAU von Tschernobyl) Das Manuskript „Nach Jahr und Tag" von *Knut Hamsun* (1859–1952) in Hamburg gefunden *Gerhart Hauptmann* (1862–1946)-Museum in Erkner/Bln(O) geplant Kölner Literaturpreis an den Lyriker *Helmut Heißenbüttel* (* 1921)	zum Gebet um den Frieden und fordert für diesen Tag allerorts Waffenruhe Papst unternimmt seine bisher weiteste Reise über 48 947 km bis Australien Papst besucht erneut Staaten in Afrika Papst *Johannes Paul II.* unternimmt seine 30. Auslandsreise nach Kolumbien Papst plant 1987 3. Besuch als Papst in Polen *Rolf Kreibich* (* 1938): „Die Wissensgesellschaft. Von Galilei zur High-Tech-Revolution" *Wilhelm Leise*: „Wo Arminius die Römer schlug" (mit dem Resultat: im Arnsberger und nicht im Teutoburger Wald) *Hermann Lübbe* (* 1926 i. Ostfriesland): „Religion nach der Aufklärung", worin er R. als den Umgang mit dem „unverfügbaren" Teil unserer Existenz begreift † *Heinrich Lutz*, dt. Historiker der neueren Geschichte (* 1922) *Hans Maier* (* 1931, parteilos) seit 1970 i.

das Werk des span. Malers *Joan Miró* (1893–1983) in Zürich

Kunstmuseum in Basel zeigt die Seerosenbilder von *Claude Monet* (1840–1926), die seit 1887 entstanden

† *Henry Moore* (* 1898 i. Gr. Brit.), brit. Bildhauer internationaler Geltung

Ausstellung *Otto Nagel* (1894–1967), sozialkrit. Maler, in Bln(W)

Sigmar Polke (* 1942 i. Schlesien) stellt auf der Biennale in Venedig „Kunst und Wissenschaft" aus

„Der Mann mit dem Goldhelm" wird in Berlin nach einer Neutronenanalyse dem „Umkreis" von *Rembrandt* zugewiesen (galt vorher als eigenhändig)

Die Zahl der zweifelsfrei echten Rembrandtbilder nahm seit 1920 stark ab

George Rickey (* 1908 i. USA): „Two lines excentric joined with six angels" (f. d. Skulpturenboulevard Berlin 1987)

Fotografien von *Erich Salomon* (* 1886, † 1930), der die neuen Möglichkeiten der Kleinbildkamera nutzte, wird in Berlin (W) ausgestellt

Shiro Sasaki (* 1931 i. Osaka/Japan, lebt

London) urauff. 1981 i. London) kommt über USA und Wien in der 7. Inszenierung nach Hamburg

Der 100. Geburtstag von *Mary Wigman* (1886–1973) weckt erneut das Interesse an ihrem „absoluten" Tanzstil

Musiktage für *Ruth Zechlin* (* 1926 i. Oschatz, lebt i. d. DDR) in Münster

Hans Zender (* 1936 i. Wiesbaden): „Stephen Climax" (Oper, Urauff. i. Frankfurt/Main)

Bernd Alois Zimmermann (* 1918 b. Köln): „Requiem" (Urauff. i. Köln)

Udo Zimmermann (* 1943 i. Dresden): „Die weiße Rose" (Kammeroper um den Widerstand gegen d. NS-Regime)

Europäisches Musikfestival in Warschau eröffnet, (wird in Bln (W) und Stuttgart fortgesetzt)

Minnesängerhandschrift mit Liedern des *von Kürenberg* (≈ 1160) in Budapest gefunden

Los Angeles erhält eine Oper Schlager: „Il Me-

ihr Raumtransporter „Challenger" eine Minute nach dem Start durch technische Konstruktionsfehler explodiert (insges. gibt es damit 14 Tote in der bemannten Raumfahrt). Es war der 20. Start eines US-Raum-Transporters (Shuttle)

Dieses bisher schwerste Unglück der bemannten Raumfahrt schädigt den Ruf der NASA und wirft die USA in diesem Gebiet stark zurück

Titanrakete der USA mit militär. Beobachtungs-Satellit explodiert beim Start

Die NASA ist nach einer Serie von Unglücksfällen ohne Raumtransporter

Die NASA datiert den nächsten Raumfährenstart auf 1988

Die bemannte Raumfahrt d. USA ruht n. d. „Challengerkatastrophe"

Bis Mitte des Jahres wurden seit 1957 fast 3500 Satelliten und Sonden gestartet, wovon 4475 Teilstücke die Erde umkreisen

Seit 1961 gab es insges. 201 Kosmo- und Astronauten

Bisherige Kosmo- bzw. Astronauten-Tage im Weltraum; USSR 4000; USA 1587 (= 40 %)

2 Kosmonauten der USSR beenden re-

Willy Brandt legt für die SPD einen Vorentwurf für die Fortentwicklung des „Godesberger Programms" von 1959 vor

Bundesverfassungsgericht entscheidet, daß es keine bayrische Staatsangehörigkeit gibt

Mrd. DM Sozialleistungen i. BRD: 1976 374; 1980 476; 1986 604; (ca. 34 % BSP) 1974–86 + 4,9 %/Jahr

% BSP Steuern und Sozialabgaben in:

Schweden 52,1; BRD 39,9; Frankr. 46,6; USA 30,2; Schweiz 30,0; Japan 37,5

Ansturm von Asylbewerbern aus aller Welt über Flughafen Schönefeld (DDR) und Berlin (W) in BRD unter Ausnutzung der besonderen Situation dieser Gebiete

Franz Steinkühler (* 1937) wird Vors. von IG Metall, der 2. stärksten Gewerkschaft d. BRD

DGB verkauft seinen Baukonzern „Neue Heimat" an einen Brotfabrikanten, der ihn sanieren will, und auf Druck der Gläubigerbanken wieder zurück. Danach verkauft er seine „Bank für Gemeinwirtschaft" an eine Versicherungsgruppe. Sein Prestige ist tief erschüttert

Bundestag ändert gegen den Widerstand des DGB § 116 des Arbeitsförderungsgesetzes, wodurch DGB seine Streikfähigkeit eingeengt sieht

Streiktage 1970–85 je 1000 Arbeitnehmer und Jahr:

Ital. 1276; Kanada 798; Span. 729; Irl. 685; USA 269; BRD 51

Dt. Bundestag verschärft Tierschutzgesetz von 1972

Die DDR läßt eine zunehmend wachsende Anzahl von Ausreisen i. d. BRD in „dringenden Familienangelegenheiten" zu

Im November häufen sich in Berlin die Fluchtversuche aus DDR

Städtepartnerschaft zwischen Saarlouis (BRD) und Eisenhüttenstadt (DDR) als erste dieser Art (and. folgen)

Bremen feiert 800 Jahre Stadtfreiheit, die *Friedrich I. Barbarossa* verlieh

Brit. Regierung löst die Verwaltung

(1986)	*Sinowatz* (* 1929, SPÖ-Vors.) als Bundeskanzler zurück, *Franz Vranitzky* (* 1937, SPÖ) wird Nachfolger und beendet Koalition mit FPÖ Vorgezogene Neuwahlen i. Österr. ergeben als Parteienstärke: 1) SPÖ; 2) ÖVP; 3) FPÖ; 4) Grüne (erstmals vertreten). Anfang 1987 SPÖ/ÖVP-Koalition unter *F. Vranitzky* 39. Verhandlungsrunde über MBFR seit 1973 in Wien endet ergebnislos Schweizer lehnen mit 75,5 % der Stimmen einen Beitritt zur UNO ab Durch Aufnahme von Spanien und Portugal steigt die Zahl der EG-Mitglieder auf 12 und es ergeben sich neue strukturelle und finanzielle Probleme Volksabstimmung in Dänemark billigt EG-Reform zur Umwandlung in eine Europäische Union † *Urho Kaleva Kekkonen* (* 1900, Bauernpartei), 1956–81 finn. Staatspräs. † *Georges Besse* (* 1928), Chef der frz. Autofirma Renault, von Terroristen der „Action Directe" auf offener Straße erschossen ~ Es mehren sich die Hinweise auf internationale Kooperation der Terroristen, etwa zwischen RAF und Action Directe † *Gaston Deferres* (* 1910), frz. sozialist. Politiker, seit 1953 Bgm. von Marseille Wahl zur frz. Nationalversammlung (Sitze): Sozialisten 205; Gaullisten *(Chirac)* 150; Giscardisten 127; Nationale Front 33; Kommunisten 35; Sozialisten unter *Mitterrand* verlieren Mehrheit, *Chirac* wird neuer Min. Präs. Nach mehreren Niederlagen der KPF verzichtet ihr Vorsitzender *G. Marchais* (* 1920) auf die Kandidatur zur Wahl des frz. Staatspräsidenten Nach dem Wahlsieg der Nicht-Sozialisten i. Frankreich beruft *F. Mitterrand* (* 1916, Sozialist) *Jacques Chirac* (* 1932, RPR-Gaullist) als Min. Präs. Diese politische „Cohabitation" führt zu Spannungen *J. R. Chirac* (* 1932) setzt als frz. Min. Präs. im Parlament antisozialist. Reformen durch (Privatisierung, Mehrheitswahlrecht u. a.) *F. Mitterrand* erschwert *J. Chirac* polit. Reformen Frz. Reg. *Chirac* zieht nach schweren Schüler- und Studentenunruhen Gesetz zur Hochschulreform zurück † *Harold Macmillan* (* 1894 i. London), 1957–63 brit. konserv. Premiermin. Gr. Brit. bricht diplomat. Bez. zu Libyen ab, weil dieses Terror unterstützt (USA und Kanada folgen dem aus Solidarität)	† *Fritz Hochwälder* (* 1911 i. Wien), österr. Dramatiker † *W. P. Katajew*, Schriftsteller der USSR, schrieb 1937 „Es blinkt ein einsam Segel" (Roman) (* 1897) † *Christopher Isherwood* (* 1904 i. Gr. Brit.) schrieb als Globetrotter 1939 „Goodbye to Berlin", als „Cabaret" 1972 verfilmt *Sarah Kirsch* (* 1934): „Irrstern" (dt. Prosagedichte) *F. X. Kroetz*: „Nusser" (Schauspiel, Urauff. i. München) und „Weihnachtstod" (Schauspiel, Urauff. i. München) *Reiner Kunze* (* 1933 i. Erzgebirge): „Eines Jeden einziges Leben" (Gedichte) *Wolfgang Koeppen* (* 1906 i. Greifswald) mit seinen Ges. Werken auf der Bestenliste *Lore* und *Kay Lorentz* (* 1920 i. Chemnitz) als Kabarettisten und *Walter Dirks* (* 1901 i. Dortmund) als Publizist erhalten Staatspreis von NRW	Bayern Staatsmin. f. Unterricht und Kultus tritt zurück, weil Min. Präs. *F. J. Strauß* das umfassende Ressort verkleinert Dritte Welt-Preis an *Nelson Mandela* (* 1918) und seine Frau *Winnie*, die in Südafrika als Gegner der Apartheid hart verfolgt werden † *Anatoli Martschenko* (im Straflager) als 6. Todesopfer der „Helsinkigruppe" i. USSR seit 1984 (* 1938) (sein Tod wird am „Tag der Menschenrechte" bekannt) Beim „Kulturgipfel" BRD-Frankreich in Frankfurt/Main wird frz. Staatspräs. *F. Mitterrand* Ehrenbürger † *Alva Myrdal* (* 1901 i. Schweden), Friedensforscherin, Nobelpreis 1982 † *Karl vom Rath*, 1950–70 Kulturdezernent in Frankfurt/Main (* 1915) Regimekritiker *A. D. Sacharow* u. s. Frau Jelena Bonner dürfen aus der Verbannung in Gorki (seit 1980) nach Moskau zurück † *Bruno Snell*

in Yokohama) zeigt Gem.-Ausstellung in Bln(W)

Neues Museumsgebäude in Düsseldorf f. d. Sammlung *Werner Schmalenbach* (* 1920 i. Düsseldorf) von den Architekten *Dissing* und *Weiting*

Ausstellung von Skulpturen von *Michael Schoenholtz* (* 1937 i. Duisburg) i. Heidelberg

† *Eva Schwimmer* dt. Künstlerin expressiver Graphik (* 1909)

Rolf Szymanski (* 1928): „Große Frauenfigur" (Beitrag zum Skulpturenboulevard Berlin 1987)

Rubenspreis der Stadt Siegen an *Cy Twombly* (* 1928 i. USA, lebt i. Rom) für seine Graphismen

„1960 – Les nouveaux Realistes" (Ausstellung in Paris mit *Christo, Tinguely* u. *Yves Klein*)

Kunst-Ausstellung der BRD i. d. DDR versucht mit 11 Namen einen Querschnitt ihrer Nachkriegskunst zu zeigen: *Horst Antes* (* 1936), *Willy Baumeister* (1889–1955), *Raimund Girke* (* 1930), *Gotthard Graubner* (* 1930), *Anselm Kiefer* (* 1945), *Konrad Klapheck* (* 1935), *Ernst Wil-*

xiko"; „An der Nordseeküste"; „J'aime la vie" (gewinnt 31. Grand prix Eurovision)

Rockfestival mit mehreren tausend Teilnehmern als Protest gegen die nukleare WAA in Wackersdorf/ Bayern

Die brit. Rockmusikgruppen „Rolling Stones" (gegr. 1962 i. London) und die „Pink Floyds" (gegr. 1965) lösen sich auf

gulär 125 Tage-Flug, bei dem sie die Raumstation wechselten

1977 gestartete US-Raumsonde „Voyager 2" sendet nach späterer Kurskorrektur und Gerätejustierung aus 3 Mrd. km Entfernung Bilder vom Planeten Uranus mit 10 Ringen und 15 Monden (bisher nur 7 Monde bekannt)

† *Eduard Justi* (* 1904 i. Hongkong), dt. Physiker, der eine Solar-Wasserstoff-Energiewirtschaft erforschte und vertrat

Albert Einstein-Archiv in Bern gegr.

Internat. Symposion über Kernphysik in Heidelberg

erweist die enge Verbindung mit der Kosmologie mit Themen wie Neutrinomasse, Protonenzerfall, Superstringtheorie u. a.

In Zürich wird die Neutrinomasse mit 95 % Wahrscheinlichkeit als kleiner als 10 e-Volt bestimmt, ein Wert, der die kosmische Expansion nicht bremsen kann

Es wird eine Korrektur für das Gravitationsgesetz von *I. Newton* (1643–1727) gefunden, die auf eine Abstoßungskraft mit 200 m Reichweite hinweist

US-Physiker berichten über Entd. einer 5. Elementarkraft „Supercharge"

Atomuhren für eine Genauigkeit von einer Sek. in 30 Mill. Jahren werden konstruiert

Ein Druck von 5,5 Megabar wird in USA erreicht (im Erdzentrum herrschen ca. 3,5 Mbar)

Mit Kernfusionsversuchsanlagen i. Gr. Brit. u. USA werden kurzzeitig Temperaturen von 100. Mill. bzw. 200 Mill. Grad erreicht

Mit Teilchenbeschleunigung von 3200 Mrd. e-Volt versucht man dem Quark-Gluonen-Plasma des Urknalls nahe zu kommen

von Groß-London auf, die seit 1963 bestand

Im Jahr (85/86) finden in Argentinien 465 Streiks statt, (84/85) 222

Erneute Protesttage in Chile mit Generalstreik gegen General *U. Pinochet*

Die Gegner der Apartheidpolitik in Südafrika gedenken der blutig unterdrückten Schülerunruhen 1976 in Soweto mit 262 Toten gegen Burisch als Schulfach, die damals eine neue Phase der Politik der weißen Minderheit einleiteten

23 Staaten des brit. Commonwealth boykottieren dessen Spiele in Edinburgh, weil Reg. *M. Thatcher* Sanktionen gegen Südafrika verweigert

Ca. 5 Mill. Afghanen flüchteten nach Pakistan

Argentinien siegt im Fußball-WM-Finale in Mexiko 3:2 über BRD, Frankr. wird Dritter mit Sieg über Belgien

Torhüter der BRD-Fußball-Nationalmannschaft *Toni Schumacher* (* 1954 i. Düren) zum „Fußballer des Jahres" gewählt

1. FC Bayern wird durch Sieg über Werder-Bremen Fußballmeister der BRD

Garry Kasparow (* 1963, jüd.-armen. Herkunft) wird mit 5:3-Sieg Schachweltmeister über *A. J. Karpow* (* 1951 i. USSR), der den Titel seit 1975 trug

Der 200. Jahrestag der Erstbesteigung des Mont Blanc, den heute jährlich etwa 2000 ersteigen, wird festlich begangen

Reinhold Messner (* 1944 i. Südtirol/ Ital.) vollendet die Ersteigung aller 14 Gipfel über 8000 m ohne Sauerstoffgerät

Ein Japaner marschiert von Kanada 900 km zum Nordpol und zurück in 34 Tagen

Boris Becker (* 1967 i. BRD) besiegt im 100. Wimbledon-Turnier *Ivan Lendl* (* 1960 i. CSSR) und verteidigt seinen Wimbledontitel vom Vorjahr

Steffi Graf (* 1969 i. Brühl) schlägt im Tennisturnier in Berlin (Rot-Weiß) *M. Navratilova* 6:3, 6:2

(1986)	EG-Länder und Libyen weisen gegenseitig zahlreiche Diplomaten aus Gr. Brit. erweitert Fischereizone um die Falklandinseln und kündigt militär. Überwachung an Brit. Kgin *Elisabeth* (* 1926) besucht nach Abschluß des Hongkong-Abkommens die VR China Commonwealth-Konferenz i. London kann sich nicht auf Maßnahmen gegen Apartheidspolitik in Südafrika einigen Gr. Brit. schließt SDI-Vertrag mit USA Nach- und Kommunalwahlen i. Gr. Brit. zeigen Verluste der Konservativen unter *M. Thatcher* (* 1925, seit 1979 Reg. Chefin) Schwere Unruhen der Protestanten in Nordirland, die Stärkung der Katholiken durch brit.-irisches Abkommen von 1985 befürchten Ital. Min. Präs. *B. Craxi* (* 1934), der seit 1983 amtiert, tritt nach parlamentar. Niederlage zurück Italien zählt mit dem Rücktritt von *B. Craxi* (Sozialist) seine 45. Reg. Krise n. d. Krieg *B. Craxi* bildet erneut 5-Parteienreg. ohne KPI Auf dem Parteitag der Südtiroler Volkspartei kommt es zu turbulenten Szenen bei der Forderung nach mehr Autonomie Christdemokrat *R. Lubbers* (* 1939) gewinnt Wahlen in den Niederlanden gegen Sozialdemokraten; Kommunisten gewinnen keinen Sitz Die Niederlande beenden Kriegszustand mit brit. Scilly-Inseln, der 1651 wegen Piraterie begann. In 335 Jahren fiel kein Schuß *Gro Harlem Brundtland* (* 1939, Sozialistin) bildet neue norweg. Regierung mit 8 weibl. Ministern *Mario Soares* (* 1924, Sozialist) wird erster ziviler Staatspräsident Portugals seit 1928, als General *A. Carmona* (* 1869, † 1951 i. Lissabon) Staatspräs. wurde † *Olof Palme* (* 1927, Sozialdemokrat), wird auf der Straße nach einem Kinobesuch neben seiner Frau von bisher Unbekannten erschossen; war 1969–76 und ab 1985 schwed. Min. Präs. Seit 1945 starben mehr als 50 Staats- und Reg.-Chefs einen gewaltsamen Tod Span. Min. Präs. *M. González* (* 1942, Sozialist) erreicht Volksabstimmung mit Zustimmung zum NATO-Verbleib ohne völlige militär. Integration Span. Sozialisten erringen bei Regionalwahlen Mehrheit im Baskenland ETA ermordet im span. Baskenland den Militärgouverneur mit seiner Frau und Sohn Der Türkei, die sich um EG-Mitgliedschaft bemüht, werden stärkere Beachtung der Menschenrechte bestätigt	*Harald Mueller* (* 1934 i. Memel): „Totenfloß" (Schauspiel gegen Zerstörung der Erde, Urauff. i. München) *Friederike Mayröcker* (* 1924 i. Wien): „Winterglück" (Gedichte 1981–85) † *Valerie von Martens*, dt. Schauspielerin, seit 1925 Ehefrau von *Curt Goetz* († 1960) Russ. Urfassung der „Lolita" von *V. Nabokow* (1899–1977) wird gefunden u. veröff. *Hans Neuenfels* (* 1941) beginnt als Regisseur seine Tätigkeit als Intendant der FVB in Bln(W) † *Lilly Palmer*, dt. Schauspielerin und Schriftstellerin (* 1914 i. Posen) *Oskar Pastor* (* 1927 i. Siebenbürgen) erhält literarischen Ernst-Meister-Preis Verschollenes Gedicht von *Petrarca* (1304–74 i. Ital.) i. Gotha entd. *Hans Werner Richter* (* 1908): „Das Etablissement der Schmetterlinge" (literar. Porträts aus der „Gruppe 47")	(* 1896 i. Hildesheim) dt. Altphilologe i. Hamburg *Mutter Teresa* (* 1910), Friedensnobelpreisträgerin v. 1979, überlebt Flugzeugabsturz mit 5 Toten † *Helmut Thielicke*, ev. Theologe, NS-Gegner (* 1908) † *Joseph Vogt* (* 1895), dt. Althistoriker, speziell der röm. Sklaverei *C. F. v. Weizsäcker* (* 1912) fordert in Bln (O) öffentlich die Abschaffung des Krieges zur Erhaltung der Menschheit und ihrer Kultur. Er wirft der Politik vor, den Frieden nicht ausreichend zu schützen, weiterhin empfiehlt er für die Zukunft statt Kernenergie wegen der besseren gesellschaftlichen Verträglichkeit Sonnenenergie zu nutzen und Energie zu sparen Mehrere technische Katastrophen erschüttern weithin das Vertrauen in den technischen Fortschritt und stärken „grüne" und „alternative" Gesinnungen

helm Nay (1902–1968), *Sigmar Polke* (* 1942), *Gerhard Richter* (* 1932), *Emil Schumacher* (* 1912), *Guenter Uecker* (* 1930)

≈ Die Aufsplitterung der bildenden Kunst im 20. Jh. hält an: Wenigstens etwa 1000 namhafte Künstler erproben die Wirkungen ihrer Gestaltungen auf ihre Umwelt, wobei ihre oft sehr persönliche Eigenart bei Fehlen verbindlicher Normen Überblick und Deutung erschwert

Mehrbändiges Lexikon der Künstler erfaßt ca. 600 000 Namen, also sind oder nennen sich von 1 Mill. Menschen 120 „Künstler"

26. Internat. Kongreß f. Kunstgeschichte in Washington DC „Weltkunst, Einheit in der Verschiedenheit"

„Galerie der Romantik" der Nationalgalerie i. Bln(W) mit *C. D. Friedrich, K. F. Schinkel, Blechen* u. a. im Schloß Charlottenburg eröffnet

Senat und privater Kunstverein NBK planen für die 750-Jahrfeier 1987 einen Skulpturen-Boulevard mit Werken namhafter Künstler

„Expressionisten, Die Avantgarde in Deutschland 1905–

Superstringtheorie wird als Ergänzung der „Quark"-Theorie der Elementarteilchen entwickelt und diskutiert

Die Superstringtheorie geht von einem 10-dimensionalen Kontinuum aus, von denen sich nur die vier der Raumzeit entwikkelten und beobachtbar sind

Laser mit freien Elektronen, der 1976 i. USA erfunden wurde, erscheint als Waffe im SDI-Projekt geeignet

† *Fritz Lippmann* (* 1899 i. Königsberg, seit 1939 i. USA), Biochemiker, Nobelpreis 1953

† *Pierre Gabar* (* 1898 i. Kiew, lebte nach 1917 i. Frankr.), erfand 1953 Immunelektrophorese

Von den ca. 15 Mill. Tier- und Pflanzenarten sind etwa 10 % beschrieben

85 Mill. Jahre altes Schnabeltierfossil als frühes Säugetier gefunden

Seit 1821 wird wieder eine neue Klasse Stachelhäuter im Meer entd.

Bei der intensiven Erforschung der Tierwelt der Antarktis fällt Riesenwuchs auf

In USA verteidigen Nobelpreisträger die moderne Evolutionstheorie gegen die biblische Schöpfungsgeschichte

≈ Im tropischen Regenwald stellen die sozial lebenden Insekten (etwa Termiten) nahezu 50 % der Biomasse

Altersbestimmung aus Jahresringen von Holzteilen (Dendrochronologie) wird auf 7272 Jahre (bis in die mittlere Steinzeit) ausgedehnt

Jane Goodall (* 1934 i. London) berichtet als Primatologin über Beobachtung wildlebender Schimpansen in Kenia seit 1960

Im NO Brasiliens finden frz. Forscher Spuren menschlicher Wohnstätten mit 32 000 Jahre Kohlenstoffalter

~ Seit 1977 wird zunehmend die Drüsenfunktion des Gehirns erkannt, das durch Signalsubstanzen das vegetative Nervensystem steuert

Japanische Forscher ermitteln die Sequenz von 156 000 Basenpaaren in der DNS-Erbsubstanz von Pflanzenchloroplasten

In USA wird ein künstliches Gen (Erbfaktor) aus 1054 Basenpaaren synthetisiert

Die 3 Gene, die das Farbsehen ermöglichen, werden in USA analysiert. (Die 3-Farbentheo-

Martina Navratilova (* 1956 i. Prag, seit 1975 US-Bürgerin) siegt zum 7. Mal in Serie in Wimbledon im Damen-Einzel

Ausgaben für das Gesundheitswesen i. d. BRD verdreifachten sich seit 1970 (+ 7,1 %/Jahr)

Nach Schätzungen der WHO sind erdweit mit AIDS 5–10 Mill. infiziert und daran 50 000 erkrankt (in Europa 1573, in BRD 472 Erkrankte). WHO ordnet AIDS als gefährlichste Infektionskrankheit ein

Italien führt als erstes Land Meldepflicht für AIDS ein

In Afrika droht AIDS, infolge der sozialen Bedingungen, ganze Landstriche zu entvölkern

In USA befürchtet man ein Ansteigen der Todesfälle an AIDS auf 50 000 jährlich in absehbarer Zeit

Ca. 1,5 Mill. behandlungsbedürftige Alkoholiker in BRD

In USA entstehen durch Alkoholismus Arbeitsausfälle von etwa 2,5 % des BSP (mehr als die Entw. Hilfe)

Erdweit gibt es vermutl. mehr als 20 Mill. Leprakranke

Die ovulationshemmende „Pille" konnte seit 25 Jahren Wachstum der Erdbev. nicht wesentlich bremsen

Geburtenrate der BRD ist seit 16 Jahren die geringste der Erde mit 9,7 Geburten je 1000 Einw.

Seit 1978 wurden auf der Erde ca. 3000 „Retortenbabies" geboren

Erstmals i. d. BRD wird ein Kind geboren, das das Stadium eines tiefgekühlten Embryos durchlief

Auf der Erde lagern einige hundert menschliche Embryonen bei –194°C, die bei Implantation in eine Gebärmutter zum Säugling heranreifen können

Bis November sterben in BRD 236 Personen an Rauschgift, (–27 % geg. 324 1985)

Miami i. USA entwickelt sich zum Kokainzentrum mit einschlägiger Kriminalität

In den Entwicklungsländern sind etwa 60 % der Bewohner ohne sauberes Trinkwasser, woran 25 Mill. Kinder jährlich sterben

(1986)	† *Erich Koch* in poln. Haft (* 1896), 1941–44 Reichskomm. f. d. Ukraine, 1959 von Polen zum Tode verurteilt (als leitender NS-Politiker lebt nur noch *R. Heß* (* 1894) im Spandauer Gefängnis) In Polen werden letzte Führungsmitglieder der verbotenen „Solidarität“ verhaftet Polen läßt 6972 Häftlinge frei, darunter zunächst 59 politische Polen ermäßigt die Strafen der Mörder des Priesters *Popieluzko* (vgl. 1984) Die neue polnische Gewerkschaft ist auf den Kommunismus festgelegt und hat kein Streikrecht Rumänien verkündet ein Energienotstands-Programm, das tief in das private Leben eingreift 30 Jahre nach dem Volksaufstand gegen den Kommunismus in Ungarn wird eine merkliche Liberalisierung unter *János Kadar* (* 1912 i. Fiume) festgestellt, die im RGW-Bereich Modellcharakter gewann („Gulaschkommunismus“) ~KPSU-Sekretär *M. Gorbatschow* vertritt einen weniger orthodox erscheinenden politischen Kurs i. d. USSR Rüstungspolitisches Hauptziel der USSR bleibt die Verhinderung des SDI-Programms der USA Der Diplomat der USSR *P. Abrassimow* (* 1912), der 1971 das Berlinabkommen mit schuf, geht in den Ruhestand † *W. M. Molotow* (* 1890 i. Rußl.) maßgebl. Politiker seit 1939 in der Stalinära USSR beginnt mit Truppenabzug aus Afghanistan, was die USA als Täuschung erklären Machtwechsel in Afghanistan durch Entmachtung von *B. Karmal* (* 1929), der seit 1979 Stütze der einmarschierten Sowjets war USSR läßt Regimekritiker *A. Schtaranski* frei (* 1948) *A. Sacharow* (* 1921) und seine Frau *Jelena Bonner* (* 1932) dürfen nach 7 Jahren Verbannung in Gorki nach Moskau zurück Unruhen in Alma Ata, nachdem ein Russe einen einheimischen Kasachen als KP-Chef ablöste USA drohen EG mit Schutzzöllen, weil der Beitritt von Spanien und Portugal ihre Handelsinteressen gefährdet USA nehmen Produktion chemischer Waffen wieder auf Kein Einspruch der Europa-NATO gegen beabsichtigte Kampfgasproduktion der USA Es wird weithin befürchtet, daß das weltraumgestützte Raketenabwehrsystem (SDI) d. USA eine neue Phase des Wettrüstens einleitet USA beenden militär. Zusammenarbeit mit Neu-	*Friederike Roth*: „Das Ganze ein Stück“ (Schauspiel, Urauff. i. Bremen) † *Juan Rulfo* (* 1917), mexikan. Schriftsteller † *Ernst Schnabel* (* 1912), dt. Schriftsteller u. Dramaturg *Stefan Schütz* (* 1944 i. Memel, lebt in DDR): „Die Seidels Grosz & Groß“ (Schauspiel, Urauff. i. Osnabrück) *Botho Strauß*: „Die Fremdenführerin“ (Schauspiel, Urauff. in Bln (W)) *Peter Zadek* (* 1926 i. Berlin) tritt als Intendant des Hamburger Schauspielhauses zurück Akademie in Bln(W) erhält Nachlaß von *Peter Weiß* (1916–82) als Dauerleihgabe „Berliner Literaturhaus“ in Bln(W) eröffnet Frankfurter Buchmesse steht im Zeichen des Vielsprachenstaates Indien (Verfassung nennt 14 Hauptsprachen) Das neue Wörterbuch der Académie française enthält gegen-	Man kann durch AIDS einen sittengeschichtlichen Umbruch erwarten, wie er durch die Syphilis ≈ 1500 bewirkt wurde UN-Frauenkonferenz in Montevideo/Uruguay Frauenwahlrecht in Liechtenstein als letztem westeuropäischen Staat In BRD werden Kinder auf die Rente der Frau nur angerechnet, wenn die Mütter vor 1921 geboren wurden (damit geht die Generation der „Trümmerfrauen“, die besonders belastet war, leer aus) Erstes Frauenhaus i. Bln(W) u. BRD besteht 10 Jahre Bundesverfassungsgericht der BRD bemängelt Härteklausel des Scheidungsrechts Nach Widerstand frz. Studenten und Schüler, der zu Straßenschlachten mit der Polizei führt, bei denen ein Student stirbt, zieht Regierung *Chirac*, Hochschulreformgesetz zurück. Hochschulminister tritt zurück Bundestag der

1920" (Ausstellung in Berlin (O)

„Barock in Dresden" (Ausstellung von Kunstwerken aus Dresden in der „Villa Hügel" in Essen)

Eröffnungskonzert im restaurierten Schauspielhaus am Gendarmenmarkt in Berlin (O) (erbaut 1818–21 von *F. Schinkel*)

Staatsoper unter den Linden (Bln (O)), 1743 von *G. W. v. Knobelsdorff*, restauriert und wieder eröffnet

Restauriertes Stadttheater Coburg (von 1837) eröffnet

In Frankfurt/M. werden 2 Hochhäuser von 200 m Höhe geplant

In Frankfurt/Main wird die Ausstellung zeitgenössischer Kunst „Prospect 86" von 92 Künstlern gezeigt

Köln eröffnet Doppelmuseum für die Sammlungen *Wallraf-Richartz* und der von *Peter Ludwig* (* 1925)

Design-Kongreß in Stuttgart

Die Sammlung der Malerei des frz. Impressionismus im Pariser „Jeu de Paume" zieht um

„Eva und die Zukunft" (Ausstellung über die Frau in der Kunst) in Hamburg

„Androgyn, Sehnsucht nach Vollkommenheit"

rie des Sehens datiert 1855)

Gentechnik sucht Impfstoffe gegen Malaria, die bis zu rd. 3 Mrd. Menschen bedroht

Die Bluterkrankheit wird molekulargenetisch analysiert

† *Carl Erich Alken* (* 1909), Nestor (1. Ordinarius) der dt. Urologie

† *Albert v. Szent-György* (* 1893 i. Budapest), Muskelphysiologe i. USA, Nobelpreis 1937

Elektronenmikroskop macht AIDS-Virus sichtbar

AIDS-Kongreß in der TU-Berlin verdeutlicht Ernst der Situation

Die Erfahrungen mit AIDS seit 1981 lassen eine erdweite Seuchenkatastrophe befürchten, wenn nicht bald ein wirksames Heilmittel gefunden wird

~ Durch gefäßerweiternde Thrombolyse und Angioplastik mit Ballonkatheter wird Herzinfarktbehandlung grundlegend erleichtert und verbessert

Interferon erweist sich als vorbeugend gegen Erkältungskrankheiten

Untersuchungen des 1974 entd. Gräberfeldes aus d. 2.–4. Jh. bei Groß-Gerau werden bekannt, die die Karies schon damals als Volkskrankheit erweisen

BRD unterstützt Krebsforschung mit mehr als 250 Mill. DM

Einer 36 Jahre alten Patientin wird in Gr. Brit. gleichzeitig Herz, Lunge und Leber eines 14jährigen Unfallopfers transplantiert

Erstmals Kunstherzimplantation i. Dtl. durch *E. Bücherl* (* 1919) Patient verstirbt bald nach folg. Herztransplantation

~ Die Implantation eines künstlichen Herzens wird zunehmend als Überbrückung zur Transplantation eines Spenderherzens angesehen

Erstmals elektronische Kunstohren für gehörlose Kinder durch Ärzteteam in Australien

In BRD wird erstmals ein Kind geboren, das nach der extrakorporalen Befruchtung vorübergehend tiefgekühlt war

Institut für Lasertechnologien i. d. Medizin an der Univ. Ulm eröffnet

Steinheimer Becken erweist sich wie das Nördlinger Ries als Krater eines Riesenmeteoriten, die beide vor rd. 15 Mill. Jahren entstanden

Am 15.12. wird mit

Trotz schwieriger Beweislage und Freispruchantrags der Staatsanwaltschaft 4 Jahre Haft für *Wolfgang Otto* (* 1912) wegen Beihilfe zur Ermordung des KP-Vors. *Ernst Thälmann* (* 1886) 1944 i. KZ Buchenwald

In Moskau wird ehemaliger KZ-Bewacher, der den Deutschen diente, 78jährig zum Tode verurteilt

† *Erich Koch* (* 1896) NS-Politiker, der 1959 von Polen zum Tode verurteilt wurde, (außer *R. Heß* (* 1894) lebt kein bekannter NS-Politiker)

Jugoslawien verurteilt ehemaligen Innenminister *Artukovic* eines NS-abhängigen Kroatiens wegen Kriegsverbrechen zum Tode

RAF ermordet Siemensvorstands-Mitglied *Karl-Heinz Beckhurts* (* 1930) und seinen Chauffeur Erhard Groppler

Terror i. BRD (RAF u. a.) forderte seit 1971 mehr als 30 Todesopfer

Bombenanschlag auf Domizil der Dt.-arabischen Gesellschaft in Berlin (W). Als Täter werden zwei Jordanier zu 12 und 13 Jahren verurteilt, die mit Hilfe Syriens gehandelt haben wollen

4 Tote und mehr als 200 Verletzte bei Bombenanschlag auf Diskothek „La Belle" i. Bln(W) mit vielen US-Besuchern. Syrien gerät in den Verdacht der Beihilfe

Über 100 Tote durch Bombardierung der libyschen Städte Bengasi und Tripolis als Vergeltung für Hilfe bei Terrorakten, die Libyen bestreitet

Kernkraftgegner sägen i. BRD Strommaste um

20 Tote in PanAm Verkehrsflugzeug, das nach Karachi/Pakistan entführt wurde

Serie von Bombenanschlägen in Paris

Streik der brit. Gefängniswärter führt zu Meutereien in 18 Haftanstalten, aus denen 52 Gefangene entfliehen

Ca. 300 Tote bei Gefangenen-Meuterei in Peru, wo Militär gefangene Meuterer aus der Terrororganisation „Leuchtender Pfad" liquidiert

(1986)	seeland im ANZUS-Pakt, weil dieser Staat keine atomar ausgerüsteten Schiffe in seinen Häfen duldet USA und USSR tauschen vor dem Gipfeltreffen in Reykjavik zwei „Spione" aus Einseitiges Atomtestmoratorium der USSR wird von den USA mit weiteren, angeblich unverzichtbaren Versuchen beantwortet Seemanöver einer US-Flotte in der Großen Syrte vor Libyien führen zu Schußwechsel USA verhängen Handelssanktionen gegen Libyen Stäbe der NATO zeigen sich durch eine „Nullösung" der Kernwaffen, die das Gipfeltreffen von Reykjavik anvisierte, wegen der konventionellen Stärke der USSR beunruhigt Kurz nach dem Gipfeltreffen in Reykjavik kommt es zu einer Serie wechselseitiger Diplomatenausweisungen aus USA und USSR USA und Südafrika weisen gegenseitig Militär-Atachés aus Vom Kongreß überstimmt, setzt US–Präs. *Reagan* Sanktionen gegen Südafrika in Kraft Sitze nach den Zwischenwahlen im US–Kongreß: Dem. Rep. Senat 56 (+8) 44 (–8) Repräs. 253 246 *Reagan* verliert in beiden Kammern Mehrheit an Demokraten USA bombardieren entgegen dem Rat ihrer europäischen Verbündeten Ziele in Libyen als Vergeltung für Terrorakte, was weithin Besorgnis auslöst UN-Vollversammlung verurteilt US-Luftangriff auf Libyen Waffenlieferungen der US-Regierung an den Iran und der Transfer des Erlöses an die Kontras in Nicaragua lösen einen politischen Skandal aus, der Amtsführung des Präsidenten in Frage stellt Im Zuge der skandalösen Waffenverkäufe an den Iran tritt mit John Pointdexter der vierte Sicherheitsberater von Präs. *Reagan* zurück Internat. Gerichtshof in Den Haag verurteilt die USA wegen Verletzung des Völkerrechts gegenüber Nicaragua. USA ignorieren dieses Gericht in dieser Sache US-Kongreß bewilligt auf Drängen des Präs. *Reagan* 100 Mill. $ für die Contras gegen die Sandinisten in Nicaragua USA überschreitet ostentativ die im SALT 2 vereinbarte Höchstzahl atomarer Waffen, die sie bisher ohne Ratifizierung des Vertrages einhielt Der Diktator „auf Lebenszeit" (seit 1971) *Jean Claude Duvalier* (* 1951) flieht vor den Unruhen der Bevölkerung von Haiti nach Frankreich	über 1935 mit 45 000 10 000 Wörter mehr (+ 2,5 %/Jahr) Im Jahr rd. 10 Mill. Zuschauer in den 65 Theatern der DDR In VR China wird die Chance diskutiert, daß der Nobelpreis f. Literatur an VRC fällt, was bisher nicht geschah USSR eröffnet erstes jüdisches Theater (in Moskau) USSR gibt ihren Theatern eigene Spielplanentscheidungen PEN-Club verlautet, daß sich erdweit 349 Schriftsteller und Journalisten in Haft befinden In München werden einige unbekannte Strophen des Nibelungenliedes gefunden, das im 12. Jh. im Donauraum entstand „Tschernobyl" gilt als das meistgebrauchte Wort des Jahres	BRD verlängert Wehr- und Ersatz-Dienstzeit ab 1989 von 15 auf 18 Monate Angeblich 360 000 Demonstranten bei den „Ostermärschen f. d. Frieden" Der Karlspreis der Stadt Aachen für Verdienste um Europa wird an das luxemburgische Volk verliehen KSZE-Folgetreffen der Außenminister i. Wien In Bern endet die KSZE-Folgekonferenz über menschliche Kontakte ohne Abschlußerklärung, weil die USA einen Kompromiß ablehnen Nach ihrem Austritt aus der UNESCO erhalten USA und Gr. Brit. Beobachterstatus Nach Prag (gegr. 1348) u. Wien (gegr. 1365) feiert Univ. Heidelberg ihr 600 jähriges Bestehen In BRD entsteht 3. Privatuniversität in Ingolstadt, nach denen i. Witten und Koblenz Berlin verändert sein Hochschulgesetz von 1969 nach dem Bundesrahmenge-

(Ausstellung über das Zweigeschlechtliche in der Kunst aller Zeiten in Bln(W))

Britten Opera Theatre als neues Opernhaus in London-Kensington für Kammeroper von *Hugh Casson* und *David Ramsay*

Musée d'Orsay in einem umgebauten Pariser Bahnhof für die Kunst 1800–1914 eröffnet

Museum f. Modekunst in Paris eröffnet

In Moskau wird in Anwesenheit von *E. Honecker* ein Denkmal für den 1944 ermordeten KPD-Führer *E. Thälmann* enthüllt

Preissteigerungen auf dem Kunstmarkt

Ca. 18 Filmfestspiele mit internat. Beteiligung werden i. d. BRD veranstaltet

† *Alfred Bauer* (* 1911), Leiter der Berliner Filmfestspiele 1950–1975

† *Peter Beauvais* (* 1916 i. Ob. Franken), Fernsehfilmregisseur vor allem nach Romanen von *S. Lenz*

† *Gary Grant* (* 1904 i. Bristol), Filmschauspieler, der in mehr als 60 Filmen spielte

† *Otto Preminger* (* 1906 i. Wien, emigrierte 1934

910 millibar ein „Jahrhunderttief" über der Nordsee registriert (normaler Luftdruck 1013 mb)

Expeditionen von 1981 u. 83 ergeben, daß die Vergletscherung der Eiszeiten wahrscheinlich in Tibet begannen

In Australien wird als bisher ältestes Fragment der Erdkruste ein 4,3 Mrd. Jahre alter Zirkonkristall entd.

Radioastronomische Quasarbeobachtungen mit sehr langer Basis seit 1980 gestatten Rückschlüsse auf Polwanderung und Kontinentaldrift auf der Erde, welche Theorie des Erdinneren bestimmen

Zum 100. Jahrestag des Automobils, vgl. Sp. V

Giftwelle infolge eines Chemielagerbrands bei Basel schädigt das gesamte Ökosystem des Rheins und verbreitet Mißtrauen gegen die Praktiken der chemischen Industrie, deren Ruf auch durch Seveso und Bhopal belastet ist

Häufige Störfälle i. d. chemischen Industrie mit Umweltschäden führen zu verstärkter Kontrolle ihrer Produktion

Das Sevesogift kann ohne gefährliche Rückstände verbrannt werden

Der GAU im Kernkraftwerk Tschernobyl bei Kiew verursacht zunächst 28 Tote, 100 000 Evakuierungen und radioaktive Verseuchung großer Teile Europas. Die Zahl der Kernkraftgegner nimmt sprunghaft zu

USSR veröffentlicht Bericht über den GAU von Tschernobyl, dessen umfangreiche Folgen nur mit statistischer Wahrscheinlichkeit zu erfassen sind

Internat. Wasserstoffenergie-Konferenz i. Wien

USSR plant Generator für 1,2 Mill. kW mittels Supraleitung

Kalifornien produziert 2 % seiner elektrischen Energie (600 Mill. kWh) mit Wind

Als ideale Energiequelle der Zukunft zeichnet sich immer stärker die Verbrennung sonnenstrahlungserzeugten Wasserstoffs ab

Indien baut Sonnenkraftwerke

Die 4. „Eureka"-Tagung mit 19 Mitgliedstaaten (EG + 7 and.), erhöht die Zahl der gemeinsamen Projekte auf 19 mit 6 Mrd. DM Kosten

EG vereinbart 10,5 Mrd. DM For-

In Madrid werden 8 Polizisten durch Bombenanschlag (vermutl. der ETA) getötet

Arabische Terroristen erschießen in Synagoge in Istanbul 20 Juden beim Gebet

12. Weltwirtschaftsgipfel in Tokio beschäftigt sich auch mit dem internat. Terrorismus

Autobomben entwickelten sich im Bürgerkrieg des Libanon zu heimtückischen Waffen, die viele unbeteiligte Opfer fordern

In Innsbruck werden 128 Punker festgenommen, welche diese Stadt zur „Chaotenstadt 1986" ausrufen wollen

In Paris jährlich für etwa 60 Mill. DM rowdyhafte Zerstörungen

Bundesregierung schlägt dem Bundestag Verschärfung der Gesetze gegen Terrorismus vor, wobei die „Kronzeugenregelung" an der FDP scheitert

BRD-Bundestag beschließt maschinenlesbaren, fälschungssicheren Personalausweis

Raubmordserie an alten Frauen in Paris

60. Hinrichtung in USA seit 1976 (mit der Giftspritze)

Schäden durch Computerkriminalität in BRD auf 15 Mrd. DM geschätzt

Bilder aus der 1912 auf 4000 m Tiefe gesunkenen „Titanic" mit Roboter-Kamera

In der Schweiz findet man Reste eines vor 400 Jahren auf einem Gletscher verunglückten Soldaten mit den Münzen dieser Zeit

In der Schweiz wird ein Bergführer, der 1914 verunglückte, im Gletschereis gefunden

Im OECD-Bereich liegt Unfall als Todesursache bei 4 % (demnach erdweit jährlich ca. 200 000)

Als bisher schwerstes Unglück der Raumfahrt explodiert ein US-Raumtransporter „Challenger" mit 7 Besatzungsmitgliedern (davon 2 Frauen) wegen Konstruktionsmängel im Bereich der Feststoffraketen. Die Opfer werden später geborgen. Das zivile und militärische Raumfahrt-

(1986)

In Argentinien werden 3 Generäle der Junta (darunter *Galtieri*), die für den Falklandkrieg verantwortlich sind, verurteilt

Nach Verurteilung der argent. Generäle amnestiert die Reg. gegen starken Protest die Schuldigen am Verschwinden Tausender während der Militärdiktatur 1976–83

Im hochverschuldeten Brasilien startet *José Sarney* (* 1930) Stabilisierungsprogramm mit Währungsreform

U. Pinochet (* 1915) seit 1975 diktator. Präs. Chiles, entgeht einem Attentat, bei dem 6 Begleiter getötet werden

Nach dem Attentat auf *Pinochet* wird in Chile der Ausnahmezustand erklärt

Großer Wahlerfolg der Liberalen Partei in Japan unter *Jasuhiro Nakasone* (* 1918). Vors. der Sozialisten tritt zurück

Wirtschaftsgipfel der sieben westlichen Industrie-Nationen in Tokio, der sich auch mit Terror und Kernkraft-Sicherheit befaßt

Arabische Liga verschiebt wegen politischer Uneinigkeit Gipfelkonferenz auf unbestimmte Zeit

Aufstand der Hilfspolizei bei Kairo in Ägypten wird unterdrückt

Außenmin. *Wolde* tritt aus Protest geg. Politik der äthiop. Reg. v. *Mengistu* (* 1937) auf einer Reise i. d. USA zurück

Im Golfkrieg sind beiderseitig große Opfer, aber keine entscheidenden Erfolge zu erkennen

Iran meldet 200 Ziviltote durch irakischen Raketenangriff

Arbeiterpartei und Likudblock in Israel legen Koalitionskrise durch Kompromiß bei

Sparprogramm in Israel senkt die Inflationsrate auf etwa 4 %

Das Gespräch zwischen Kg. *Hassan* v. Marokko (* 1929, Vors. d. arab. Liga) und *S. Peres* (* 1923, Min. Präs. v. Israel) über Frieden im Nahost bringt keine Einigung

Nach dem Gespräch mit *S. Peres* bricht Syrien die Beziehungen zu Marokko ab

Im Rahmen der großen Koalition in Israel tauschen Min. Präs. *Schimon Peres* (* 1923 i. Polen, Sozialist) und Außenmin. *Yizhak Shamir* (* 1915 i. Polen, Likud) ihre Ämter

ca. 10 000 Tote und schwere Zerstörungen in Aden durch Kämpfe rivalisierender marxistischer Gruppen im Südjemen

Kg. *Hussein* v. Jordanien beendet erneut Zusammenarbeit mit PLO

Afrikanische OAU verurteilt Gr. Brit. und andere

setz v. 1985, das die Stellung der Professoren stärkt

Schwarzafrika plant Akademie der Wissenschaften

Kulturabkommen BRD-DDR nach langen Verhandlungen um die Probleme Berlin und Stiftung „Preußischer Kulturbesitz"

Historikertag in Trier

20. dt. Kunsthistorikertag in Berlin (W)

Kulturausgaben der Länder der BRD stiegen seit 1980 auf knapp 3 Mrd. DM. (+ 3,2 %/Jahr)

Treffen von 11 Weltreligionen zur Förderung von Frieden und Menschenrechten mit 100 Delegierten in Peking

USSR sagt zu, die 100-Jahr-Feier der russisch-orthodoxen Kirche 1988 zu unterstützen

Erstmals seit dem 16. Jh. erscheint gemeinsame Ausgabe des Neuen Testaments griech. u. deutsch für kathol. und evangel. Kirche

Dt. Katholikentag in Aachen mit dem Motto „Dein Reich komme"

Jeder 5. Verstorbene i. d. BRD wird eingeäschert (vor 100 Jahren begann Auseinandersetzung um ihre Zulassung)

In Israel gestatten Rabbiner Herztransplantation, deren Risiko seit 1967 um etwa das Zehnfache gesenkt werden konnte

Sikhs töten Hindus im Punjab

Rep. Südafrika hebt die Paßgesetze auf, die apartheidspolitisch die Schwarzen diskriminieren

Rotes Kreuz schließt Rep. Südafrika aus, das erst Gegenmaßnahmen ergreift, dann aber einlenkt

USA schicken einen Neger als Botschafter i. d. Rep. Südafrika

Landgericht Berlin stellt Verfahren gegen Richter des NS-„Volksgerichtshofes" ein, der für über 5000 terrorist. Todesurteile verantwortlich ist

UN-Bericht spricht von „Völkermord in Afghanistan"

Tierschutzgesetz wird in BRD novelliert

Der unscharfe Begriff „Postmo-

i. d. USA), Filmregisseur

† *Helmut Qualtinger* (* 1928 i. Wien), Schauspieler, der den gemütvollen Wiener persiflierte

† *Geza von Radvanyi* (* 1908 i. Ungarn), Filmregisseur

† *Andrej Tarkowskij* (* 1932 i. USSR), Filmregisseur, letzter Film „Opfer"

Besonders beachtete und/oder preisgekrönte Filme:

„Hannah und ihre Schwestern" (Film von *Woody Allen* (* 1935 i. New York)) von Kritik zum „besten Film des Jahres" gewählt

„Der Name der Rose" (Film in dt.-ital. Koproduktion von *Jean Jaques Annaud* über Morde in einem mittelalterl. Kloster mit labyrinthartiger Bibliothek n. d. Roman von *Umberto Eco* (* 1932 i. Ital.))

„Männer" (Film von *Doris Dörrie* (* 1955 i. Hannover), der die Männerwelt kritisiert

„Die Ehre der Prizzis" (Film von *John Huston* (* 1906 i. USA)

„Stammheim" (Film von *Reinhard Hauff* (* 1939 i. Marburg) über Prozeß gegen Terroristen der RAF 1973)

„The Mission"

schungsausgaben mit den Schwerpunkten Umwelt und Kernfusion

Glasfaserkabel konkurriert mit Fernmeldesatelliten

In USA sind 30 000 km Glasfaserkabel verlegt

Bis 1991 sind transatlantische Glasfaserkabel geplant

Produktionstechnisches Zentrum in Bln(W) unter Leitung von *G. Spur* von TU Berlin eingeweiht

Sturmflutwehr in den Niederlanden betriebsfertig (i. Bau seit 1953)

Explosion des bemannten Raumtransporters der USA und der GAU von Tschernobyl erinnern mit anderen Umweltschäden die Menschheit an eine gefährliche Nähe der Grenze beherrschbarer Technik

Transistor erreicht in USA Schaltgeschwindigkeit von 5800 Mrd. Schaltungen pro Sek.

Neue Technologien in Kommunikation, Raumfahrt, Fahrzeugbau u. a. fördern Entwicklung neuer Werkstoffe mit speziellen Eigenschaften

Hochleistungskeramiken entw. sich zu wichtigen Werkstoffen, bes. i. Japan

† *Alexander Ostrowski* i. Lugano (* 1893 i. Russl.), Mathematiker

ICM-Kongreß in Berkeley/USA mit 3500 Mathematikern aus 75 Ländern behandelt u. a. Chaostheorie, Stringtheorie, Computerbeweise

In einem Beweis auf 15 000 Seiten beantworten über 100 Mathematiker die Frage nach der Zahl der endlichen, einfachen mathematischen Gruppen

Eduardo Rego (Argent.) und *Colin Rourke* (Gr. Brit.) beweisen eine topologisch-mathematische Vermutung von Henri Poincaré (* 1854, † 1912 i. Frankr.) von 1904

Die Rolle des Computers für allgemeine mathematische Beweise (wie etwa beim „Vierfarbenproblem") wird diskutiert

Lexikon der Mathematik in 80 Bänden geplant

Statt des bisher üblichen und noch dominierenden Papierinformationssystem der Bibliotheken fordern Wissenschaftler eine Computer Aided Informationslogistik (CAI), welche die Verarbeitung alles gespeicherten Wissens ermöglicht

programm d. USA werden nachhaltig gestört. In der Raumfahrt gab es bisher 14 Tote

Der bisher schwerste Reaktorunfall bei Tschernobyl/Ukraine verursacht unmittelbar 2 Tote. Im weiteren Verlauf erhalten 30 Helfer tödliche Strahlendosen, ca. 100 000 werden evakuiert. Weite Teile Europas werden dauerhaft radioaktiv verseucht. Die weitere gesundheitliche Belastung ist schwer abzuschätzen

Die Betriebsleitung des KKW Tschernobyl wird wegen Versagens abgesetzt

US-Arzt rechnet aus dem GAU von Tschernobyl mit Langzeitfolgen (Krebs u. ä.) für rd. 100 000 Einw. d. USSR

USSR, Japan und Frankreich halten am Ausbau der Kernenergie fest, Österr. verzichtet, BRD diskutiert um Möglichkeit der schrittweisen Einschränkung

1700 Tote durch Aufsteigen einer giftigen vulkanischen Gasblase in einem See in Kamerun

Etwa 900 Tote und Tausende Verletzte durch schweres Erdbeben in El Salvador

Ca. 200 Tote, als in Kolumbien ein Erdrutsch 14 Busse verschüttet

Schwerer Taifun verwüstet weite Gebiete auf den Philippinen und in VRChina

Der NO der USA verzeichnet verheerendste Dürre des Jahrhunderts

398 Tote, als ein russisches Passagierschiff im Schwarzen Meer von Frachter gerammt wird

45 Tote bei Absturz eines Großhubschraubers, der eine Bohrinselbesatzung über die Nordsee flog

71 Tote, darunter eine Schulklasse aus Schwerin, beim Absturz eines Verkehrsflugzeuges d. USSR beim Anflug auf Bln(O)-Schönefeld

Seit 1976 flogen 608 000 Passagiere im brit.-frz. Überschallflugzeug „Concorde" unfallfrei 68 Mill. km

400 Tote bei Fährunglück in Bangla Desh

Nach der Umweltkatastrophe durch Brand eines Chemikalienlagers in Ba-

(1986)

Staaten, die nicht energisch genug Apartheidpolitik Südafrikas bekämpfen

Schwere Kämpfe zwischen schiitischer Amal-Miliz und PLO im Libanon

Zahlreiche Tote im Bürgerkrieg durch Autobomben in Beirut

Man zählt im Jahr 2688 Tote des Bürgerkrieges im Libanon, der seit 1975 wütet

In Beirut werden über 100 Zivilisten bei Kämpfen zwischen Milizen getötet

Der Bürgerkrieg zwischen Nord- und Süd-Tschad, unterstützt von Libyen bzw. Frankr., setzt sich fort

† *Samora Machel* (* 1933), durch Flugzeugabsturz, in S.Afrika seit 1966 Frelimoführer, seit 1975 Staatspräs. von VR Moçambique

Wahlen in Tunesien unterstützen bei Boykott der Opposition die Einheitspartei unter *Bourgiba* (* 1903, seit 1957 Staatspräs.)

Trotz Entspannung der Ernährungssituation bleibt Äthiopien auf internat. Hilfe angewiesen

Bei Rassenunruhen i. d. Rep. Südafrika kamen 1984–86 1600 Menschen ums Leben

Südafrika unternimmt militär. Kommandounternehmungen gegen ANC-Stützpunkte in Simbabwe, Sambia und Botswana

Vorsorglich verhängt Südafrika zum 10. Jahrestag der blutigen Unterdrückung der Unruhen in Soweto den Ausnahmezustand und verhaftet trotz Protestes der Weltöffentlichkeit mehr als 1000 Apartheidgegner

80–100 % der Neger befolgen den Streik zum 10. Jahrestag der blutigen Unruhen in Soweto

In Südafrika entläßt *P. W. Botha* 2 Min. wegen zu radikaler Apartheidpolitik

R. Gandhi sucht Versöhnung mit Punjab und Assam, den unruhigsten der 22 Bundesstaaten Indiens, die religiös und politisch gespalten sind

Indische Zentralregierung läßt nach 1984 erneut den „Goldenen Tempel" als zentrales Heiligtum der Sikhs stürmen

In Pakistan wird *Benazir Bhutto*, Tochter des 1979 hingerichteten früheren Staatspräs., mit anderen verhaftet

Blutige Unruhen in Pakistan um *Benazir Bhutto*, die den Rücktritt von *Zia ul Haq* (* 1924, seit 1977 a. d. Macht) fordert

Präsidentin der Philippinen *Corazon Aquino* (* 1933) entläßt nach Putschgerüchten Verteidigungsmin. *J. P. Enrile*

VR China gibt Verkehrsflugzeug an Rep. China auf Taiwan zurück (1. offizieller Kontakt beider Staaten seit 1949)

derne" begleitet Wandel und Zerfall „moderner" Formen

In Peru werden 22 Steinfiguren aus der Inkazeit (≈ 15. Jh.) gefunden

In Hildesheim wird Stadtmauer aus der Zeit von Bischof *Bernward* (993–1022) entdeckt

In Kenia werden Reste einer Moschee aus der Zeit ≈ 900 gefunden („erste Moschee"?)

Unversehrter Grundriß der griech. Stadt Metapont in Unterital. aus der Zeit ≈ 4. Jh. für etwa 20 000 Einw. läßt Kulturbauten erkennen

Archäologen finden bei Cerveteri den Hauptplatz der Etruskerstadt Caere aus d. – 5. Jh.

Israel. Forscher entd. im See Genezareth 2000 Jahre alten Bootsrumpf

2 Silberamulette aus dem – 7. Jh., die 1979 in Jerusalem gefunden worden waren, werden als bisher älteste Bibeltexte entziffert („... Gott sei dir gnädig und gebe dir Frieden")

Archäologen entd. i. Jerusalem ältestes Tor der Stadt (≈ – 1850)

Goldkultur aus Varna i. Bulgarien aus der Zeit ≈ – 4000 in Freiburg/Br. ausgestellt

Museum für Kunst der Kykladen in Athen

In Haithabu/Schl.H. wird Wikinger-Museum eröffnet

Erdweite Zahl der Künstler (vgl. Sp. K)

Studentenunruhen in VR China mit Forderung nach Demokratisierung greifen von Shanghai nach Peking und auf andere Hochschulen über und nötigen Parteichef nach Selbstkritik Anfang 1987 zum Rücktritt

Straßenkämpfe und Studentendemonstrationen in Seoul gegen das diktatorische Regime in Südkorea

Nach schweren Unruhen auf den Philippinen, die sich nach der Er-

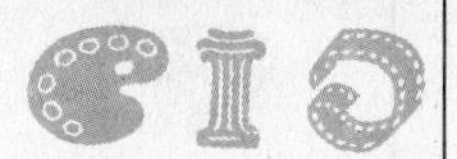

(brit, Film von *Roland Joffé* (* 1945 i. Gr. Brit.) erhält „Goldene Palme" von Cannes

„Jenseits von Afrika" (Film von *Sidney Pollack* (* 1934 i. USA)) erhält 7 Oscars

„Momo" (Film von *J. Schaaf* (* 1933 i. Dtl.) nach dem Buch von *Michael Ende* (* 1929 i. Garmisch))

Fernsehen d. BRD zeigt Film von 1983 „Marlene Dietrich – ein Mythos" von *Maximilian Schell* (* 1930 i. Wien)

Barbara Sukowa (* 1950) erhält in Cannes Festspielpreis für die Darstellung von *Rosa Luxemburg* im Film von *M. v. Trotta* (* 1942 i. Berlin)

„Top Gun" (US-Kampffliegerfilm, der, wie mancher andere in diesen Jahren i. USA, den Krieg verherrlicht)

Beim Fernsehfilm bevorzugt das Publikum mehrteilige Serien mit anspruchsloser, gefälliger Unterhaltung (z. B. „Schwarzwaldklinik", „Traumschiff") oder Kriminalfilme („Tatort" usw.)

sel, die den Rhein nachhaltig vergiftete, häufen sich die Nachweise von Gifteinleitungen in Flüsse.

177 Tote bei Goldminenunglück i. Südafrika

Serie von Unglücksfällen führt zu schärferen Auflagen f. d. Chemieindustrie i. BRD

„Großversuch" zur Ermittlung von Umweltschäden durch Kfz-Verkehr führt zu keinem Tempolimit i. BRD

† *Franz Burda*, Zeitschriftenverleger in BRD (* 1903)

4. Rundfunkurteil des Verfassungsgerichtes d. BRD regelt Nebeneinander öffentlich-rechtlicher und privater Sendungen

In BRD sind 1,8 Mill. Haushalte (7,5 %) verkabelt

Glanzvolle Hochzeit des brit. Prinzen *Andrew* (* 1960) mit *Sarah Ferguson* (* 1960) in London wird ein erdweites Fernsehspektakel

Gr. Brit. u. Frankr. vereinbaren Ärmelkanaltunnel für Eisenbahnverkehr

44 km Autobahn Kärnten-Italien schaffen neue transalpine Verbindung

Fährverbindung Rügen (DDR)-Litauen (USSR) wird eingerichtet

Weltkongreß der Prostituierten in Brüssel

Feiern zum 100. Jahrestag der Aufstellung der Freiheitsstatue im Hafen von New York, die Frankreich einst schenkte

Weltausstellung in Vancouver/Kanada „EXPO86"

Albanien erhält über Jugoslawien Anschluß an das Eisenbahnnetz Europas

Drei U-Boote der USA tauchen gleichzeitig am Nordpol auf

Das Bundesumweltamt beziffert die Umweltschäden i. BRD auf 103 Mrd. DM/Jahr

1973-85 verfünffachte sich die Zahl der Umweltdelikte (+14,4 %/Jahr)

Nordseebericht d. BRD stellt katastrophale Schäden fest

Ca. 100 000 tote Fische in der Saar durch Einleitung von Blausäure seitens Unbekannter

Sowjetunion verzichtet auf den Plan, große Sibirische Flüsse zur Bewässerung nach Süden zu lenken

Die Vergiftung des Rheins führt mit den Erinnerungen an die Giftkatastrophen von Seweso (1976) und Bhopal (1984) zu starkem Mißtrauen gegen die chemische Industrie

Schwerste Ausschreitungen am Bauplatz der Atomaufbereitungsanlage Wackersdorf mit über 100 Verletzten bei Polizei und Demonstranten

VR China unternahm bisher 32 Kernwaffentests

Pro Kopf der Menschheit werden rd. 2-3 t TNT Kernwaffensprengstoff geschätzt (= 10-15 facher Overkill, wobei solche Angaben sehr unsicher sind)

Die Niederlande nehmen Wasserdammsystem der Deltawerke in Betrieb, das seit 1957 f. 10 Mrd. DM i. Bau war

Im UV-Strahlen absorbierenden Ozonschild der hohen Atmosphäre sind i. d. Antarktis deutliche Lücken nachweisbar

mordung von *B. Aquino* steigerten, muß der Diktator *F. E. Marcos* mit seiner Familie fliehen und die Witwe seines Gegners *Corazon Aquino* (* 1933) wird sein Nachfolger

Die neue Präsidentin der Philippinen muß sich zwischen Kommunisten und Anhängern des geflohenen *F. E. Marcos* behaupten und bereitet Volksabstimmung über neue Verfassung 1987 vor

Drei führende Mitglieder der KP Vietnams treten zurück, um Reformen zu ermöglichen

1987

Friedensnobelpreis an *Oscar Arias Sanchez* (* 1941), Staatspräs. von Costa Rica seit 1986, für Friedensplan für Mittelamerika

Seit 1945 gab es erdweit ca. 150 bewaffnete Konflikte

Der Besuch des Bundespräsidenten *R. v. Weizsäcker* in USSR bleibt von seiten der Gastgeber nicht ohne Kritik an der Politik der BRD

Bundespräs. *R. v. Weizsäcker* erhält türk. Atatürk-Friedenspreis

Bundestagswahlen i. BRD bringen SPD *(J. Rau)* und Unionsparteien Verluste, FDP und Grünen Gewinne

% Stimmen der Bundestagswahl (87/83): CSU-CDU (44,3/48,8), SPD (37,0/38,2), FDP (9,1/7,0), Grüne (8,3/5,5); % Zweitstimmen der Bundestagswahl i. Januar (Vgl. 1983): CDU (44,3/48,8), SPD (37,0/38,2), Grüne (8,3/5,5), FDP (7,0/9,1), Regierung *Kohl-Genscher* bleibt (9,1/7,0)

Helmut Kohl (* 1930, CDU) bildet fast unveränderte Koalitionsregierung CDU-CSU/FDP, wobei *F. J. Strauß* (CSU) 3 angebotene Ministerämter ablehnt. *H. D. Genscher* bleibt Außenminister

Bundeskanzler *H. Kohl* besucht Afrika (Kamerun, Moçambique, Kenia)

Reg. d. BRD stimmt nach längerem Zögern der von USSR und USA angestrebten „Doppelten Nullösung" für Raketen mittlerer und kurzer Reichweite zu (unter Ausschluß der 1400 US-Pershing-Raketen in BRD)

Bundessozialmin. *N. Blüm* (* 1937) wird design. Vors. der CDU i. Landesverb. Nordrh.-Westf., der 1986 gegr. wurde und in dem es zu einer Führungskrise um *Kurt Biedenkopf* (* 1930) gekommen war

Differenzen zwischen *H. Kohl* und *F. J. Strauß* (CSU) über den Verzicht auf die US-Pershing IA-Raketen, den die USSR verlangt

Ernste Spannungen zwischen Innen- u. Außenmin. d. BRD um Asylrecht für politisch verfolgte Chilenen

In der Flickaffäre werden die früheren FDP-Wirtschaftsminister *Hans Friderichs* und *O. Graf Lambsdorff* wegen Steuerhinterziehung zu hohen Geldstrafen und Flickmanager *E. v. Brauchitsch* zu 2 Jahren Haft mit Bewährung verurteilt

Der dt. Bauernverband lädt Landwirtschaftsmin. *Ignaz Kiechle* (* 1930) wegen seiner Landwirtschaftspolitik in der EG als Festredner wieder aus

† *William Borm* (* 1895 i. Hamburg) FDP-Politiker, der 1972 seine Partei verließ, weil diese die sozialliberale Koalition brach

Nobelpreis f. Literatur an den Lyriker *Joseph Brodsky* (*1940 i. USSR, lebt seit 1972 i. USA)

Friedenspreis d. dt. Buchhandels an *Hans Jonas* (* 1903 i. Mönchengladbach, lebt i. New York), Religionswissenschaftler

Herbert Achternbusch (* 1938 i. München): „Weißer Stier" (Schauspiel, Urauff. i. München)

Herbert Achternbusch: „An der Donau" (Schauspiel mit Musik von *Heiner Goebbels)*

Edward Albee (* 1928 i. USA): „Marriage Play" (Schauspiel, Urauff. i. Wien)

† *Carlos Drummond de Andrade* (* 1902), brasil. Lyriker

† *Jean Anouilh* (* 1910 i. Bordeaux), frz. Dramatiker

† *Rolf Badenhausen* (* 1907 i. Emden), Theaterwissenschaftler, 1941–43 Dramaturg unter *G. Gründgens* i. Berlin

† *James Baldwin* (* 1924 i. New York), US-Schriftsteller

~ seit 1979 verleiht die J.-v.-Uexküll-Stiftung (1864–1944) einen sog. „alternativen Nobelpreis" für Beiträge zur Lösung dringender Menschheitsprobleme wie Ernährung, Frieden, Toleranz, Umwelt etc.

Gemäß EG-Beschluß ist Amsterdam kulturelle Hauptstadt Europas 1987. 1988 folgt Berlin

† *Alexander Altmann* i. USA (*1906 i. Ungarn), Dr.h.c. v. Trier, erforschte jüd. Mystik

Jelena Bonner (* 1932, Ehefrau von *A. Sacharow)* und *Adam Zagajewski* (* 1945 i. Polen) erhalten in Paris „Prix de liberté" vom frz. PEN

Marion Gräfin v. Dönhoff (* 1909 in Ostpr.) wird Dr. h.c. der New School for Social Research i. New York

Ein Fund vom Jahr 1985 mit 500 Privatbriefen von *A. Einstein,* darunter Liebesbriefe an seine spätere Frau, wird bekannt

Die umstrittene Theorie der ge-

Bilder von *Samuel Bak* (* 1933 i. Wilna, lebt seit 1949 i. Israel u. and. Staaten) werden i. Bln (W) gezeigt

Installationen und Ensembles von *Joachim Bandau* (* 1936 i. Köln) werden in Bln (W) ausgestellt

Volker Bartsch (* 1953 i. Goslar): „Zwitter" (Stahl-Schiefer-Plastik)

Gerda Meyer Bernstein: Installationen und Objekte (Ausstellung i. Bln [W])

Schadenersatzprozeß um ein „Kunstwerk" von *J. Beuys* aus 2,5 kg modellierter Butter, das vom Reinigungspersonal beseitigt worden war

8. documenta i. Kassel unter Leitung von *Manfred Schneckenburger* steht im Zeichen des Gedenkens an *J. Beuys* († 1986)

Mit der 7000. Eiche vollendet die Witwe von *J. Beuys* die von ihm auf der documenta i. Kassel begonnene „Stadtverwaldung"

Joseph Beuys: „Blitzschlag mit Lichtschein auf Hirsch"

Nordrhein-Westfalen errichtet im Wasserschloß Moyland Museum für Werke von *Joseph Beuys* (1921–86)

Werke des Happening-Künstlers *J.*

George Antheil (1900–1959 i. USA): „Transatlantik" (Jazzoper, 2. Auff. seit 1930)

† *Fred Astaire* (* 1900 i. USA), virtuoser Film- u. Bühnentänzer mit elegant. Note

Frz. Staatspreis i. d. Sparte Chançon an *Charles Aznavour* (* 1924 i. Paris)

† *Henk Badings* i. Delft (* 1907 auf Java), viels. niederl. Komponist

Nikolai Badinski (* 1937 i. Sofia): „Schwebendes Berliner Märchen" (Komp.)

Pina Bausch (* 1940): „Ahnen" (Tanzstück, Urauff. i. Wuppertal)

Boris Blacher (1903–75): „Habemeaya" (abstrakte Oper Nr. 1 von 1929, Urauff. postum i. Bln [W])

† *Siegfried Borris* (* 1906 i. Berlin), Schüler v. *P. Hindemith*

Pierre Boulez (* 1925 i. Frankr.) u. *Wolfgang Rihm* (* 1952 i. BRD) stehen im Mittelpunkt der 15. Römerbad-Musiktage in Badenweiler

Nobelpreis f. Physik an *Joh. Georg Bednorz* (1950 i. Neunkirchen) u. *Karl Alex Müller* (* 1927 i. Basel) f. Entd. der Supraleitung bei 35° Kelvin = −238° C bei keramischen Stoffen

Nobelpreis f. Chemie an *Charles J. Pedersen* (Norw., * 1904 i. Korea), *Jean-Marie Lehn* (* 1939 i. Elsaß) und *Donald J. Cram* (* 1919 i. USA) für Entd. neuartiger, vielseitig verwendbarer Moleküle einer „Wirt-Gast-Chemie"

Nobelpreis f. Medizin an *Susumu Tonegawa* (* 1939 i. Japan, seit 1981 in USA) für Klärung der Molekularbiologie des Immunsystems

† *Louis de Broglie* (* 1892 b. Dieppe), frz. Physiker, der 1924 die Wellennatur der Teilchen erkannte, Nobelpreis 1929

† *Bernhard Grzimek* (* 1909 i. Neiße), Zoologe, Tierschützer und Schriftsteller, gestaltete 140 Fernsehfolgen von „Ein Platz für Tiere", sein Film „Serengeti darf nicht sterben" 1959 bedeutete Wende im Tierschutz Afrikas

† *Werner Henle* (* 1910 i. Dort-

Wirtschaftsnobelpreis an *Robert M. Solow* (* 1924 i. New York) für Untersuchung des technischen Fortschritts als Faktor wirtsch. Wachstums

US-Handelsminister Malcome Baldrige (* 1923) verunglückt auf einem Wildwest-Rodeo tödlich

† *Henry Ford II.* (* 1917 i. Detroit), leitete 1945–79 Ford Motor Company

Das BSP der Erde liegt bei 13313 Mrd. $ (= 2650 $/Kopf)

Globale Energieerzeugung rd. 9,8 Mrd. t SKE (= 2 t SKE/Kopf)

Nordsee-Erdölförderung von Gr.Brit. u. Norw. i. Mt: 1982 131, 1986 2647 (+ 212 %/Jahr)

Schwed. Reg. erklärt , die 12 Kernkraftwerke des Landes 1988 abschalten zu wollen

Erschließung des norweg. Erdgas-„Trollfelds" seit 1980 soll westeurop. Gasverbrauch bis 2020 sichern

USSR plant bis 1995 eine Verdreifachung der Kernkraftenergie und schließt mit BRD Technologievertrag

In BRD entstehen verschiedene Gebäude mit vorwiegend Solarenergieversorgung

Windenergiepark für 1000 kW mit 30 Aggregaten i. westl. Schl.-Holstein i. Betr.

Kernkraftwerk Cattenom i. Frankr. schaltet im Juni zum 6. Mal in diesem Jahr ab

Schneller Brüter in Frankr. „Superhélix" verliert durch Leck Kühlmittel Natrium

Nach Pannen in frz. Kernkraftwerken ergeben Umfragen Mehrheit gegen Kernkraft, die 75 % des Elektrizitätsbedarfs deckt

1000 Beschäftigte in Krisenindustriezweigen d. BRD:

	Steink.	Eisen/Stahl
1957	604	294
1987	163	199
Veränd.	−4,5%/Jahr	−1,3%/Jahr

Stahl- und Kohle-Krise in BRD löst Subventionsdiskussion aus

(1987)

Klaus Töpfer (* 1938, CDU), bisher Umweltmin. i. Rheinland-Pfalz, wird als Nachfolger von *W. Wallmann* neuer Umweltmin. d. BRD

Bundes-Vert. Min. *M. Woerner* befürchtet, daß weniger als 50% der Bev. einen Angriff d. USSR fürchtet, was den Wehrwillen mindert

Kriegsschiffe der BRD ersetzen im Mittelmeer NATO-Streitkräfte, die in den Persischen Golf verlegt wurden

Meinungsverschiedenheiten zwischen BRD und USA über eine etwaige militärische Nutzung der geplanten Raumstation „Columbus"

F. J. Strauß (CSU) warnt CDU vor Verlust ihrer Stammwähler durch Politik für linke Wähler

† *Peter Lorenz* (* 1921 i. Berlin), Berlin-Politiker und MdA der CDU. Wurde 1975 von Terroristen als Geisel verschleppt

Heinz Galinski (* 1912 i. Ostpr.), Vors. der Jüdischen Gemeinde zu Berlin seit 1949, wird Ehrenbürger der Stadt

Antikommunistische Jugendsekte der Moon-Bewegung tagt in Berlin (W), wo ihr mit Zweifel und Widerstand begegnet wird

Bei heftigen Ausschreitungen in Berlin-Kreuzberg am 1. Mai werden über 300 Polizeibeamte verletzt und Schäden in Millionen-DM-Höhe verursacht

Bürgerschaftswahlen in Bremen. SPD behauptet in Bremen absolute Mehrheit unter Senatspräsident *Klaus Wedemeier* (* 1944, SPD)

% Stimmen bei Wahl in Hamburg (87/86): SPD (45,0/41,7), CDU (40,5/41,9), FDP (6,5/4,8), GAL (7,0/10,4). Erster Bgm. *Klaus von Dohnanyi* (SPD) bildet Koalition mit FDP

Nach 3 Monaten Verhandlungen bilden SPD und FDP in Hamburg unter *Klaus von Dohnanyi* (* 1928 i. Hamburg, SPD) Koalitionsregierung

H. Börner (* 1931, SPD) entläßt als hessischer Min.Präs. den grünen Umweltmin. *J. Fischer* (* 1948) und beendet damit 14 Monate Koalition SPD/Grüne

% Stimmen bei Landtagswahlen in Hessen (87/83): CDU (42,1/39,4), SPD (40,2/46,2), Grüne (9,4/5,9), FDP (7,8/7,6), DKP (0,3/0,3). Damit endet SPD-Herrschaft seit 1947 i. Hessen

In den Landtagswahlen in Hessen erhält das Bündnis CDU/FDP 2 Mandate mehr als das von SPD/Grünen. *Walter Wallmann* (* 1932), bisher Umweltmin. i. Bonn, früher Obgm. i. Frankfurt, CDU bildet erste hess. Reg. ohne SPD

% Stimmen b. Landtagswahlen i. Rhl.-Pfalz (87/83): CDU (45,1/51,9), SPD (38,8/39,6), FDP (7,3/3,5), Grüne (5,9/4,5). Min.Präs *Bernhard*

Samuel Beckett: „Warten auf Godot" (surrealist. Schauspiel von 1953) wird in Dresden aufgeführt

Alfred Behrens (* 1944 i. Hbg.) erhält Frankfurter Hörspielpreis

† *Paul Böckmann* (* 1899 i. Hamburg), Germanist, der in Heidelberg u. Köln forschte u. lehrte, schrieb 1949 „Formengeschichte der dt. Dichtung", 1986 erschien sein letzter Bd.über „Don Carlos" von *F. Schiller*

Heinrich Böll-Stiftung i. Köln gegr.

Volker Braun (* 1939 i. Dresden): „Die Übergangsgesellschaft" (Schauspiel mit Übertragung des Themas von „Drei Schwestern" von *A. Tschechow* auf DDR, Urauff. i. Bremen)

† *Erskine Caldwell* (* 1903 i. USA), schrieb sozialkrit. Romane über Süd-USA

Elias Canetti (* 1905 i. Bulgarien): „Das Geheimherz der Uhr. Aufzeich-

---

netisch bedingten Intelligenz von *H. J. Eysenck* (* 1916 i. Berlin, seit 1934 i. GB), *A. R. Jensen* (* 1923 i. USA) u. and. setzt sich zunehmend gegen Milieu-Theorie durch

† *Gilberto Freyre* (* 1900 i. Recife), brasil. Anthropologe und Schriftsteller

Kathol. Kirche entzieht Frau *Ranke-Heinemann* (* 1918) akad. Lehrauftrag wegen ihrer öff. Zweifel a. d. jungfr. Geburt Mariä

André Heller (* 1947 i. Wien): „Luna Luna" (Darstellung für einen Festplatz aller Künste)

† *Joseph Kardinal Höffner* (* 1906), 1969–87 Erzbischof von Köln, seit 1976 Vors. d. dt. Bischofskonferenz

Brian McGuiness (Herausg.): „*Moritz Schlick* (1882–1922), philosophische Logik" (über den Gründer d. „Wiener Kreises")

Chaim Herzog besucht in Worms Friedhof der Juden, dort seit 960 nachgewiesen

Beuys aus d. BRD erstmalig in USSR ausgestellt

Bauhaus-Archiv in Bln (W) zeigt Erzeugnisse der Hochschule für Gestaltung in Ulm, die *Max Bill* (* 1908 i. Winterthur) als Bauhauskünstler 1951–56 leitete

Uwe Bremer (* 1940 i. Bischleben b. Erfurt): „Guélbé Nibo" (bemalte Assemblage eines phantastischen Realismus)

Michael Croissant (* 1928 i. Landau): Kopf (Bronze)

Frank Dornseif (* 1948): „Großer Schatten mit Sokkel" f. d. Skulpturenboulevard i. Bln (W)

Gedenkjahr für *Marcel Duchamp* (1887–1968), einen der Väter der modernen Kunst

Eberhard Fiebig (* 1930): „Tor des irdischen Friedens" (monumentale Plastik f. d. documenta i. Kassel)

Große Ausstellung der Werke von *J. H. Fragonard* (1732–1806) i. Paris

Ausstellung i. Bln (W) von Skulpturen von *Alberto Giacometti* (* 1901 i. d. Schweiz, † 1966)

Werke (Bilder, Objekte und Architektur) von *Hermann Goepfer* (* 1926 i. Nauheim) und *Peter Hölzinger* aus

Elliot Carter (* 1908 i. New York): „Symphony für 3 Orchester"

Friedrich Cerha (* 1926 i. Wien) erhält Österr. Musikpreis

Friedrich Cerha „Der Rattenfänger", vertont (Oper nach Zuckmayer, Urauff. i. Graz)

Dietrich Fischer Dieskau (* 1925 i. Berlin): „Nachklang, Ansichten und Erinnerungen" (Biographisches)

† *Wolfgang Fortner* (* 1907 i. Leipzig), Komponist, schrieb 3 Opern

In Schleswig-Holstein gestaltet der Pianist *Justus Frantz* (* 1944 i. Hohensalza) Musicfestival

Gordon Getty: „Plump Jack" (US-Oper, Urauff. i. S. Francisco)

Erhard Großkopf: „Lichtknall" (Ballett in 3 Teilen f. Berlin-Jubiläum)

† *Jascha Heifetz* (* 1903 in Wilna), Violinvirtuose, der mit 3 Jahren zu spielen begann

† *Heinz Holliger* (* 1939), Schweizer

mund), arbeitete als Virologe in USA

† *Peter Brian Medawar* (* 1915 i. Rio), brit. Erforscher der Immunreaktion, Nobelpreis 1960

† *N. N. Semjonow* (* 1896 i. Rußl.) Chemiker und Nobelpreisträger 1956

Supernovaexplosion in der Großen Magellanschen Wolke in 180 000 Lichtjahren Entfernung wird gründlich untersucht, da 100mal heller als vergleichbares Objekt im Andromedanebel. Die seit Ende Februar sichtbare Supernova erreicht nach 3 Monaten größte Helligkeit von einigen Mill. Sonnen

Gleichzeitig mit der Supernova werden vermehrt Neutrinos registriert

Für die Supernova wird der Vorläufer als „Überriese" mit 2 Begleitern identifiziert

Die letzte Supernova in unserer Milchstraße wurde 1604 beobachtet

Ein Neutronenstern-Pulsar mit 885 Umdrehungen/s wird entdeckt

Rastertunnelmikroskop erweist sich zum Nachweis kleinster Kräfte von Gravitationswellen geeignet

In USA entstehen hochempfindliche

Reales BSP der BRD zeigt seit 1951 einen zyklischen Verlauf, in dem sich Maxima und Minima in Abständen von 8–10 Jahren wiederholen (solche Zyklen sind seit dem 19. Jh. bekannt)

Kohlesubvention i. d. BRD erforderte 1986 7,5 Mrd. DM öffentliche Mittel

1981–85 wurde die Stahlindustrie der EG mit 64 Mrd. subventioniert

Schließung der Zeche „Minister Stein" beendet 700-jährigen Kohlebergbau in Dortmund

Erdweit werden jährlich ca. 400 Mt Chemikalien produziert (etwa 80 kg/ Kopf d. Erdbev.)

13. Weltwirtschaftsgipfel der 7 führenden westl. Ind.-Nationen i. Venedig

Der Weltwirtschaftsgipfel i. Venedig tagt vor dem Hintergrund sinkender Handelsüberschüsse in USA und steigender in Japan u. BRD

40 Jahre nach dem US-Marshallplan mit 12,4 Mrd. $ f. Westeuropa blickt dieses Gebiet auf einen dauerhaften Aufbau zurück

%-Anteil am Erd-BSP der 7 westl. Gipfelstaaten:

USA	27,3
Japan	9,6
BRD	5,5
Frankr.	4,3
Gr.Brit.	3,7
Ital.	3,0
Kanada	2,7
Summe	56,1

~ Ital. überholt Gr.Brit. im Wert des BSP/Kopf (GB fiel seit 1950 vom Rang 15 auf 5)

US-Institut ermittelt Rangfolge der Lebensqualität: 1) Schweiz, 2) BRD, 3) USA, 15) DDR, 23) USSR, 57) VRChina, 58) Brasil., 62–95) afrikan. Staaten

Anteil der nichterfaßten „Schattenwirtschaft" am BSP in 14 der 17 OECD-Staaten liegt über 7% (GB: 11%, Ital.: 30%, BRD: 9,2%)

Brasilien gibt bekannt, daß es die Kernspaltungstechnik beherrscht

Die Auslandsverschuldung der 3.

(1987)	*Vogel* (* 1932, CDU) bildet mit FDP Koalitionsregierung *Rainer Brüderle* (* 1944, FDP) wird in Rhl.-Pfalz stellvertr. Min.Präs. † *Jochen Steffen* (* 1922 i. Kiel), linker SPD-Politiker in Schl.-Holst. Min.Präs v. Schleswig-Holst. *Uwe Barschel* (* 1944, seit 82 i. Amt) überlebt schweres Flugzeugunglück Min.Präs *Uwe Barschel* v. Schlesw.-H. tritt nach Wahlverlusten und Gerüchten über Intrigen gegen seinen Wahlgegner *Engholm* (* 1939 i. Lübeck; SPD) zurück † *Uwe Barschel* (* 1944, stirbt unter ungeklärten Umständen in Genf, wahrsch. Freitod) Min.Präs. v. Schlesw.-Holst. seit 1982 (CDU). Sein Tod löst polit. Skandal aus *Uwe Barschel* wird nach seinem Tod falscher ehrenwörtlicher Versicherungen überführt *G. Stoltenberg* (* 1928, CDU) wird nach der *Barschel*-Affäre erneut Vors. d. CDU i. Schl.Holstein Der waghalsige Flug des *M. Rust* aus Wedel nach Moskau, wo er auf dem Roten Platz landet, kostet i. d. SU 6 hohe Militärs das Amt. R. erhält 6 Jahre Straflager, 1989 freigelassen Nach parteiinterner Kritik an seinem Führungsstil tritt *Willy Brandt* (* 1913) als Parteivorsitzender (seit 1964) zurück. Nachfolger wird *Hans-Jochen Vogel* (* 1926), Stellvertreter *Johannes Rau* (* 1931) u. *Oskar Lafontaine* (* 1943) SPD-Parteitag wählt erstmals mit *Willy Brandt* (* 1913, Friedensnobelpreis 1971) einen Ehrenvors. Nach der politischen Niederlage der Grünen i. Hessen streiten sich „Fundis" und „Realos" um die Linie der Zukunft Delegiertenversammlung der Grünen in Duisburg wählt drei „Fundamentalisten" zu Bundesvorstandssprechern, die koalitionsgeneigten (mit SPD) „Realos" unterliegen *Klaus Barbie* (* 1913), der 1942–44 NS-Gestapochef in Lyon war, wird dort von einem frz. Gericht wegen Verbrechen gegen die Menschenrechte zu lebenslanger Haft verurteilt † *Rudolf Hess* (* 1894 i. Alexandria/Ägypten), früher Mitarbeiter und „Stellvertreter" von *A. Hitler*, wurde 1946 als Kriegsverbrecher zu lebenslanger Haft in Spandau verurteilt. Das Gefängnis wird nun abgerissen. Es kommt zu Demonstrationen einiger Neo-Nazis In BRD ist der Mitgliederstand des organisierten Extremismus links und rechts unverändert	nungen 1973–85" Spanischer Literaturpreis an *Rosa Chacel* (* 1898 i. Valladolid) *Hélène Cioux* (* 1937 i. Oran/Algerien) „Indias" (Schauspiel, Urauff. i. Paris) † *Berta Drews* (* 1901) Staatsschauspielerin in Berlin (W), verh. seit 1932 mit *Heinrich George* (1893–1946) *Hans Magnus Enzensberger* (* 1929 i. Kaufbeuren) erhält Großen Literaturpreis der Bayrischen Akademie für sein essayistisch-kritisches Werk *R. W. Fassbinder* (1946–82): „Der Müll, die Stadt und der Tod" (Schauspiel, dessen Auff. in Frankf./M. verhindert wurde, wird in New York ohne Proteste uraufgeführt) *Erich Fried* (* 1921 i. Wien, emigrierte 1938 n. London) erhält Georg Büchner-Preis. „Vorübungen für Wunder" (Gedichte)	Papst *Johannes Paul II.* besucht zum 2. Mal BRD und spricht *Edith Stein* (* 1891 als Jüdin i. Breslau, 1922 kathol. getauft, 1942 i. KZ Auschwitz ermordet) sowie Pater *Rupert Mayer* (* 1876 i. Stuttgart, Jesuit u. NS-Gegner, † 1945) selig Papst *Johannes Paul II.* vollzog seit 1978 20 Heilig- und über 60 Seligsprechungen (weit mehr als frühere Päpste) Papst *Johannes Paul II.* besucht seit 1979 zum 3. Mal sein Heimatland Polen, wo er von der Bev. begeistert begrüßt wird Papst unterstützt beim Besuch in Polen die verbotene und verfolgte Gewerkschaft „Solidarität" Schwere Krawalle während Papstmesse in Santiago/Chile Papst macht apostolische Visite in Amerika 8. Besuch des Papstes *Johannes Paul II.* in Südamerika (Uruguay, Chile, Argentinien) Papst macht apostolische Vi-

der Gruppe „Zero“ (1957–67) (Ausstellungen i. Frankf./M.)

Sonnenblumenbild von *van Gogh* erzielt auf Auktion in London 72 Mill. DM

„750 Jahre – und was nu?“, Gem. von *Joh. Grüzzke* (* 1937 i. Berlin) zum Stadtjubiläum

† *Renato Guttuso* (* 1912 i. Italien), verband als Maler sozialist. Realismus mit anderen Stilrichtungen

Aus dem Kreis der maßgebl. Künstler der Nachkriegszeit werden Werke von *Bernhard Heiliger* (* 1915 i. Stettin) und *Th. Werner* (1886–1969) in Berlin (W) ausgestellt

Albert Held (* 1949 i. Bad.-Württbg.) Ausst. seiner Bilder in Bln (W)

Werner Heldt (1904–54): „Ich und die Stadt“ (Ausstellung seiner Werke in Bln (W)

Manfred Henkel (* 1936 i. Göttingen): Katakomben-Malerei (zwischen Leben und Tod), Ausstellung in Berlin (W)

Bong Kyou Im (* 1947 i. Korea) „Knoten“ und Wandbehänge (Ausstellung i. Bln [W])

Donald Judd (* 1928 i. USA): „Objekt aus Sperrholz und Plexiglas“

Oboist und Komponist

Franz Hummel (* 1921): „Luzifer“ (Oper, Urauff. i. Ulm)

† *Eugen Jochum* (* 1902 i. Babenhausen), Dirigent vorw. i. München u. Amsterdam, Brucknerinterpret

Leon Kirchner (* 1919 i. USA): „Henderson the Rain King“ (Oper, Urauff. i. New York)

Johann Kresnik (* 1939 i. Kärnten): „Mörder Woyzeck“ (Ballettchoreographie, Urauff. i. Heidelberg)

Luigi Nono (* 1924 i. Ital.): „Camminantes.. Ayacucho“ (Kompos. f. Orchester, Chor u. Elektronik n. einem Text von *Giordano Bruno,* der 1600 als Ketzer verbrannt wurde

10. Todestag von *Elvis Presley* (* 1935) bringt ein Comeback seiner Pop Musik

† *Gerhard Puchelt* (* 1913 i. Berlin), Klaviervirtuose

Aribert Reimann (* 1936 i. Berlin): „Apokalyptisches Fragment für Mezzosopran,

Detektoren für Gravitationswellen, die in wenigen Jahren neue astronomische Erfahrungen erwarten lassen

Massenspektroskopische Analyse des Staubs vom Kometen Halley erweist solare Elementenhäufigkeit und Anwesenheit fundamentaler Biomoleküle als Anzeichen der Herkunft aus solarem Urnebel

30 m-Teleskop für mm-Wellen auf dem Pico de Veleta i. Spanien für Beobacht. freigegeben

Materiescheibe um einen Stern in 50 Lichtjahren Entfernung (Beta pictoris) wird als mögliches Planetensystem diskutiert

Nach Raketenversagen in USA, USSR und Europa fehlen der Raumfahrt weitgehend Transportmöglichkeiten f. schwere Nutzlast

19. Start der ESA-Rakete „Ariane“. Davor 4 Fehlschläge seit 1979

Ariane startet Fernsehsatelliten der ESA von Kourou, der nach einer besonderen Fernsehnorm ausstrahlt

Die USSR verwirklicht ein Raumfahrtprogramm mit langdauernder und wechselnder Präsenz im Raum. Die

Welt beträgt 1035 Mrd. $, an der Spitze Brasilien u. Mexiko

Brasilien stellt den Zinsendienst für seine Auslandsschulden ein

Auslandsschulden der 15 bes. verschuldeten Entw.Länd.: 1981 331 Mrd. $; 1986 437 Mrd. $ (+ 5,7%/Jahr)

Handelskrieg USA–EG kann bei ihrer Süderweiterung knapp vermieden werden

Besuch des Kanzlers *H. Kohl* in VR China dient der Handelsbelebung, die stagnierte

VR China ist erstmalig auf der Hannovermesse vertreten

VR China eröffnet in Peking erste Börse

BRD bleibt 1986 wichtigster Westhandelspartner d. USSR

VR China bietet anderen Staaten Satellitenstarts mit seiner Rakete „Langer Marsch“ an

Seit 1945 baut VW das 50 millionste Auto (bis 1972 15 Millionen „Käfer“)

Industrieroboter (i.1000) i. BRD: 1980 0,255; 1986 12400 (+ 19,6%/Jahr)

Wirtschaftsinstitut in BRD erwartet im Jahr 2000 33 Mill. Pkw

Südkorea beginnt internat. Automarkt zu erobern (überholte 1986 Japan i. Schiffsbau)

%-Anteil am Export elektronischer Produkte (1985):

Japan 33,3; USA 24,3; BRD 9,9; GB 8,1; Frankr. 5,4

USA verhängen Strafzölle gegen Elektronikimporte aus Japan

% BSP Verteidigungsausgaben in: USA 6,7; Frankr. 5,2; GB 5,2; BRD 2,5; USSR 12–17

Freiherr von Heeremann (* 1931) erneut zum Präs. d. Bauernverbandes i. BRD gewählt (i. Amt seit 1969)

Mehr als 20 000 Bauern demonstrieren in Bonn gegen Politik der EG-Kommission, die dort tagt

Erdweite Erdölförderung stieg 1985/86 um +5,5 % auf 2875 Mt

Produktion der EG 1985/86 in % über ihren Verbrauch: Zucker +36;

(1987)	*E. Diepgen* und *E. Honecker* laden sich gegenseitig zum 750jährigen Jubiläum Berlins ein Reg.Bgm. von Berlin *E. Diepgen* nennt 750-Jahrfeier der geteilten Stadt einen Gewinn für beide Teile Staatsratsvors. d. DDR *E. Honecker* (* 1912 i. Saargebiet) lehnt Einladung nach Bln (W) zur 750-Jahrfeier ab DDR-Organe gehen hart gegen kirchliche und and. unabhängige Gruppen vor *E. Honecker* trifft auf der Leipziger Frühjahrsmesse zahlreiche BRD-Politiker *(Bangemann, F. J. Strauß, Späth, Diepgen)* zu Gesprächen Wiederholt verschobene Reise von *E. Honecker* i. d. BRD wird beiderseits trotz relativ geringer faktischer Entspannung als erfolgreich betrachtet Beim Besuch von *E. Honecker* schließt BRD mit DDR drei Abkommen zum Schutz von Mensch und Natur 2 Bundeswehroffiziere nehmen als geladene Beobachter eines Manövers von Truppen der DDR und USSR im Raum Magdeburg teil Maßgeblicher DDR-Politiker distanziert sich von der Reformpolitik von *M. Gorbatschow* USA und Kanada erklären *Kurt Waldheim* (* 1918, parteilos), 1971–81 UN-Generalsekretär, seit 1986 österr. Bundespräs., als Privatperson wegen seiner ungeklärten NS-Vergangenheit zur unerwünschten Person *Bruno Kreisky* bricht im Zuge der Waldheimaffäre mit seiner Partei (SPÖ) und legt ihren Ehrenvorsitz nieder *Zita von Habsburg* (* 1892, † 1989), Witwe des letzten Kaisers von Österreich-Ungarn, die 1919 emigrierte, darf nach Österreich zurückkehren Wahlniederlage der ÖVP in Wien Österr. Bund.-Präsident *K. Waldheim* wird trotz jüd. Protest vom Papst in Privataud. empfangen Schweizer Volksabstimmung ergibt große Mehrheit für Verschärfung des Asylrechts Im Schweizer Kanton Appenzell erhalten die Frauen Stimmrecht Im Kanton Zürich erlangen die Grünen 22 statt bisher 4 Mandate Wahlen i. Finnland ergeben bürgerliche Mehrheit bei Verlusten der Sozialdemokraten, die stärkste Fraktion bleiben Nach konservativem Wahlerfolg i. Finnl. tritt Mitte-Links-Regierung unter *Kalevi Sorsa* (* 1930, Sozialdemokrat) zurück *Harri Holkeri* (* 1936, konservative Partei) wird	† *Gustav Fröhlich* (* 1902 i. d. Schweiz) dt. Bühnen- u. Film-Schauspieler Die „Sophienausgabe" von *Goethe's* Werken erscheint als Taschenbuchausgabe in 143 Bänden *Reinald Goetz* (* 1954): „Krieg" (Schauspiel, Urauff. i. Bonn) *Wladimir Gubarew* (* 1939 in USSR): „Der Sarkophag" (dt.sprachige Urauff. des Schauspiels um den GAU von Tschernobyl i. Wien) *Ulla Hahn* (* 1946 i. Sauerland) wird Stadtschreiberin in Bergen (literar. Ehrung seit 1974) *Ludwig Harig* (* 1927): „Drei Männer im Feld" (Hörspiel um das Schlachtfeld von Verdun, das den Preis der Kriegsblinden erhält) † *Peter Härtling* (* 1933 i. Chemnitz) erhält von der Stadt Bad Homburg Hölderlin-Preis *Gerhard Hauptmann-Museum* in Erkner b. Berlin eröffnet	site in Nordamerika † *Zoltan Káldy* (* 1918), ungar. ev. Bischof u. Präsident des Lutherischen Weltbundes seit 1982 *Henry Kissinger* (* 1923 i. Fürth/Bayern), 1973–77 US-Außenmin., erhält Karlspreis der Stadt Aachen für seine Verdienste um Europa *René König* (* 1906 i. Magdeburg): „Soziologie in Deutschland, Begründer, Verächter, Vertreter" † *Eugen Kogon* (* 1903 i. München), linkskathol. Publizist, Mitbegr. der „Frankfurter Hefte" 1946 Ernennung des konservativen Geistlichen *Krenn* zum Weihbischof von Wien führt zur Krise mit Protest gegen das „Diktat aus Rom" † *Gunnar Myrdal* (* 1898 i. Schweden) Volkswirtschaftler und Politiker, der 1974 Nobelpr. f. Wirtschaft erhielt † *W. G. Oschilewski*

(auf einer Ausstellung des Miniartkünstlers i. Düsseldorf)

Edward Kienholz (* 1927 i. USA) verzichtet mit den Veranstaltern auf provozierende Plastik auf dem Skulpturenboulevard zur 750-Jahrfeier in Bln (W)

M. Koeppel (* 1937), Vertreter der Künstlergruppe „Neue Prächtigkeit“ malt als Wandbild im Rathaus Berliner Senat vor dem Gropiusbau, was Kritik auslöst

Le Corbusier (1887–1965)-Ausstellung im Centre Pompidou, Paris

Zeichnungen von *Roy Lichtenstein* (* 1923 i. New York), (Popart-Ausstellung i. New York)

Voltgany Luy (* 1949): „Ort und Schatten“ (architekton. Skulptur mit Baum) auf der documenta

Gerhard Mantz (* 1950 i. Neu-Ulm) stellt seine farbigen Holzobjekte in Berlin (W) aus

Ehepaar *Matschinsky-Denninghof:* Rohrplastik f. d. Skulpturenboulevard Bln (W)

Alexander Melamid: „Jalta 1945“, *Vitalij Komar:* „Winter in Moskau“ (Bilder des so-

Klavier und Orchester“; erhält den Hamburger Bachpreis

† *Buddy Rich* (* 1918 i. New York) Bandleader und Schlagzeuger besonderer Perfektion

Wolfgang Rihm (* 1952 in Karlsruhe): „Ödipus“ (Oper, Urauff. in Bln [W]); „Hamletmaschine“ (Oper nach *Heiner Müller,* Urauff. i. Mannheim)

Brit. Kgin. adelt russ. Cellisten *M. Rostropowitsch* (* 1927 i. USSR, 1978 ausgebürgert, lebt in USA)

„Nibelungenring“-Inszenierung in München unter *Wolfgang Sawallisch* (* 1923 i. München) wird als „Neue Opernästhetik“ gewertet

Dieter Schnebel (* 1930): „Dahlemer Messe“

† *Andres Segovia* (* 1893 i. Andalusien), Gitarrespieler, der sein Spiel zum Konzertniveau hob

Wilhelm Dieter Siebert (* 1931): „Schlehmil“ (Berliner Musical, Urauff. i. Bln [W])

USA verlieren an Vorsprung

Raumstation „MIR“ d. USSR mit vielen Kopplungsmöglichkeiten gilt als Grundbaustein einer ständig bemannten Orbitalstation

Ein Syrer fliegt mit 2 Kosmonauten der USSR zur Orbitalstation „MIR“

USSR startet Raumschiff mit astronom. Röntgenteleskop aus BRD, um es mit bemannter Raumstation „MIR“ zu koppeln, die vor Wochen startete

2. Versuch, Forschungsstation „Quant“ mit Röntgenteleskop aus BRD mit Raumstation „MIR“ der USSR zu koppeln mißlingt

Durch Außenbordarbeiten der zweiköpf. Besatzung gelingt 3. Versuch, Forschungsstation „Quant“ mit Röntgenteleskop aus BRD an Raumstation „MIR“ d. USSR anzukoppeln

Mannschaft des MIR-Orbital verbessert durch Montage neuer Sonnenlichtfänger die Energieversorgung der Station

2 Kosmonauten des MIR steigen für wissenschaftliche Arbeiten in das angedockte Forschungsmodul „Quant“ um

Butter +26; Getreide +19; Überproduktion führt zur schweren Krise

1986 blieben im Einzelhandel der BRD von 100 DM Einnahmen i.D. 3,60 DM unversteuerter Gewinn

Alan Greenspan (* 1926 i. USA) wird Vors. d. US-Zentralbank

Schwere Kursverluste und Dollarkursfall erschüttern die Börsen

Franz Steinkühler (* 1937 i. Würzburg), Vors. d. IG Metall im DGB, wird Vors. der Internat. Metallgewerksch.

Globales BSP in $ je Einw.:

unter 350	50%;
350–1500	15,9%;
1500–7000	11,7%;
7000–13000	11,0%;

Lohn- u. Nebenkosten i. J. 1986 in DM: USA 29,04; BRD 31,42; Griechenl. 8,71

Man schätzt, daß im Jahr 2000 50% aller Menschen in Großstädten leben werden

Gesetzl. Volkszählung i. BRD gegen verbreiteten Widerstand

VR China zählt 23 Städte mit mehr als 1 Mill. Einw.

Seit 1949 verlängerte sich in VR China die mittlere Lebenserwartung von 35 auf 69 Jahre

Bevölkerungsvermehrung i. VR China übersteigt amtliches Ziel, das für 2000 1,2 Mrd. vorsieht

Schwere Ausschreitungen in Brasilien wegen 50%iger Erhöhung der Omnibustarife

In Italien arbeiten ca. eine halbe Mill. Kinder unter 14 Jahren

US-Gericht entscheidet, daß Leihmutter lt. Vertrag Kind an Eltern zurückgibt

Für 1986 ergibt sich eine Sparsumme der privaten Haushalte i. BRD von 127 Mrd. DM; d. i. eine Erhöhung um 12% gegenüber 1985

Nach Modellberechnungen werden i. d. BRD i. J. 2025 die Zahl der Rentner und Beitragszahler mit je 15,5 Mill. gleichhoch

Auf dem Hintergrund starker sozialer Spannungen kommt es in Berlin

(1987)

nach *Kalevi Sorsa* (* 1930, Sozialdemokrat) Min. Präs. v. Finnland (gilt als polit. Wende n. d. Tod v. *Kekkonen*)

Poln. Parteichef *W. Jaruzelski* besucht mit Italien erstmals ein NATO-Land und überbringt dem Papst Einladung zum 3. Besuch in Polen

Poln. Reg. mildert Reformen mit Preiserhöhungen, nachdem ein Referendum keine Mehrheit brachte

Staatspräsident *Todor Schiwkoff* (* 1911), seit 1971 bulg. Staatschef, besucht BRD

Lech Walesa: „Un Chemin d'Espoir" (Autobiographie, erscheint in Frankr.)

Lech Walesa ruft in Polen verbotene unabh. Gewerkschaft „Solidarität" zur eigenen 1. Mai-Feier auf. Es folgen Razzien gegen Oppositionelle

In Ungarn wird *Karoly Grosz* (* 1930) Parteichef als Nachfolger v. *J. Kádár* (* 1912), der seit 1956 amtierte

EG-Gipfel in Brüssel sucht auf dem Hintergrund eines Defizits von 12 Mrd. DM neue Wege der Finanz- und Agrarpolitik, wobei sich Gr.Brit. isoliert

BRD und Frankr. einigen sich am Rande des EG-Gipfels über Agrarpolitik

Der Wirtschaftsgipfel in Venedig befaßt sich auch mit dem Golfkrieg, Abrüstung und Terrorismus

Dän.Reg.-Chef *Schlüter* tritt nach sozialdemokrat. Wahlerfolg zurück, um neue bürgerl. Regierung zu bilden

Kopenhagener EG-Gipfel ohne Vereinbarung über Abwendung der Zahlungsunfähigkeit durch aufwendige Agrarpolitik beendet

H. Kohl und *F. Mitterand* vereinbaren in Karlsruhe engere dt.-frz. Zusammenarbeit in Verteidigung und Wirtschaft

Frankreich verstärkt seine Nuklearrüstung (Force de frappe)

Frankr. weist 3 Diplomaten der USSR wegen Spionageverdacht aus

Sitzverteilung im brit. Unterhaus (gegen 1983): Konservative 376(397), Labour 229(209), Allianz 22(23), andere 23(28)

Marg. Thatcher (* 1925, konserv.) erreicht zum 3. Mal Mehrheit für eine von ihr geführte Reg. (im Amt seit 1979)

In Gr.Brit. vereinigen sich die Liberalen und SDP

Brit.Reg.Chefin *M. Thatcher* führt in Moskau Gespräche mit *M. Gorbatschow* über EG-Interessen bei Abrüstungsverhandlungen

Giovanni Goria (* 1943, CD) bildet in Ital. neue Reg. einer 5-Parteien-Koalition ohne KPI

Christoph Hein (* 1944) kritisiert auf dem X. Schriftstellerkongreß der DDR Zensurverfahren des Staates

Ernest Hemingway (i. USA * 1899, † 1961): „Der Garten Eden" (Roman postum a.d.J. 1927)

† *Attila Hörbiger* (* 1896 i. Budapest), österr. Bühnen- und Filmschauspieler, seit 1935 mit *Paula Wessely* (* 1907 i. Wien) verheiratet

Anne Jonas (* 1944 i. Essen) wird Bundesvors. des Schriftstellerverbandes VS

Der Nachlaß der jüd. Schriftstellerin *Mascha Kaléko* (1907–75) geht an das Dt. Literaturarchiv in Marbach

† *Gustav Knuth* (* 1901, seit 1949 i. Zürich), Bühnen- und Filmschausp.

Brigitte Kronauer (* 1940 i. Essen) erhält Preis der SW-Funk-Bestenliste für Roman „Berittener Bogenschütze", 1986

Milan Kundera (* 1929 i. Brünn)

(* 1904 i. Berlin), Schriftsteller, Kulturhistoriker, Journalist

† *Jacob Taubes* (* 1923 i. Wien), Religionssoziologe in Jerusalem u. Bln. (W)

Es wird bekannt, daß in USA 1930–60 mehr als 50 Schriftsteller vom FBI politisch überwacht wurden

Im Bundesverfassungsgericht der BRD findet ein Austausch von 6 Richtern statt. Als Präsident folgt *Roman Herzog* (* 1934, CDU) *Wolfgang Zeidler* (* 1924, SPD) *Ernst Gottfried Mahrenholz* (* 1919 i. Göttingen, SPD) wird Vizepräs. des Bundesverf.-Gerichtes

Ausstellung „Der Königsweg" in Köln zeigt 9000 Jahre jordanische Geschichte

Denkmal f. poln. Kardinal *Wyszinski* (1901–81) i. d. Innenstadt von Warschau enthüllt

Veröffentlichungen d. Physik: 1920 rd. 5000 / 1987 rd. 130 000; = + 5 % Jahr

zialist. Realismus zweier Künstler, die seit 1977 i. USA leben, auf der documenta in Kassel)

Olaf Metzel (* 1952): „Installation" aus polizeil. Absperrgittern zur Erinnerung an eine Demonstration f. d. Skulpturenboulevard i. Bln (W)

Joan Miró (1893–1983), Skulpturenausstellung in Köln

Pariser Orsay-Museum erwirbt „Das Frühstück im Grünen" von *C. Monet* a. d.J. 1865/6

† *Georg Muche* (* 1895 i. Querfurt), Maler der dt. Bauhausschule

† *Leopold Reidemeister* (* 1900 i. Braunschweig), Kunsthistoriker und Museumsdirektor in Köln u. Bln (W), der 1967 i. Bln (W) das Museum der Künstlergruppe „Die Brücke" gründete

George Rickey (* 1907 i. USA): „Zwei Linien exzentrisch verbunden durch sechs Winkel" (bewegl. Skulptur f. d. Skulpturenboulevard i. Bln [W])

Ausstellung der Werke von *Kurt Schwitters* (* 1887 i. Hannover, † 1948 i. Gr. Brit.), der in Hannover 1919 sein „MERZ"-Bild schuf

Guiseppe Sinopoli (* 1946 i. Venedig) unterzeichnet Vertrag als Chefdirigent der Dt. Oper Berlin ab 1990/91

Wolfgang Steffen: „Gertrud Kolmar" (Kantate)

Stockhausen: „Luzifers Tanz" (Berliner Auftragskomp.)

Geigen von *Antonio Stradivari* (1643–1737 i. Cremona) werden i. Cremona gezeigt

† *Rita Streich* (* 1926 i. Sibirien), dt. Koloratursopran an vielen Opern

Der Nachlaß von A. Toscanini (1867–1957) kommt nach New York, wo er seit 1908 dirigierte

Aufführung der Oper „Aida" von *G. Verdi* bei Luxor am Nil

Isang Yun (* 1917 i. S.-Korea): 5. Sinfonie f. Bariton u. Orchester, *Nelly Sachs* gewidmet

100 Jahre nach Erfindung der Schallplatte durch *E. Berliner* steht die Einführung digitaler, überspielbarer Tonbänder in CD-

Kosmonauten der USSR erreichen neuen Dauerrekord i. d. Raumfahrt mit 237 Tagen, 22 Stunden u. 10 Min.

Die US-Raumsonden-Aufnahmen von Uranus werden bekannt, der mindestens 11 Ringe und 15 Monde hat (11 Monde werden 1986 beim Vorbeiflug entdeckt)

SU-Orbitalstation „MIR" vollendet 7600. Erdumkreisung

USSR startet bisher stärkste Rakete der Raumfahrt „Energija", die 100 t Nutzlast in eine Erdumlaufbahn bringen kann, womit sie d. USA übertrifft

Aus der USSR werden Raumfahrtpläne zum Mars bekannt, die in den 90er Jahren zu einer bemannten 2jährigen Expedition dorthin führen könnten

NASA plant, mit unbemanntem Flug zum Mars Gesteinsproben zu holen

In BRD werden Kunststoffstromleiter mit der Leitfähigkeit von Kupfer gefunden

Sauerstoffatome erweisen sich als Schlüsselstoffe zur Supraleitung

Bei Metalloxyden wird Supraleitfähigkeit bei der Temperatur des

(W)-Kreuzberg in der Nacht zum 2. Mai zu schweren Unruhen und Zerstörungen

In Bln (O) kommt es zu Zusammenstößen zwischen Polizei und Jugendlichen, die ein Freiluft-Rockkonzert aus Bln (W) hören wollen und „Die Mauer muß weg" rufen

Zahlreiche Demonstrationen gegen Kernkraftwerke am Jahrestag des GAU von Tschernobyl

ÖTV in BRD strebt 35-Stunden-Woche an

Eisenbahnerstreik mit Wagenzerstörungen in Südafrika führt zu 16 000 Entlassungen

In BRD werden ca. 250 000 Ostermarschierer (f. d. Frieden) geschätzt

Nach schwierigen Verhandlungen einigen sich die Tarifpartner der Metall-Industrie in BRD über Arbeitszeitverkürzung und Lohnerhöhungen i. d. nächsten 2 Jahren

In Japan erreicht die Selbstmordzahl mit ca. 25 000 eine Höchstzahl seit 1945

In Amsterdam sind seit rd. 400 Jahren jüd. Diamantschleifer nachgewiesen, die 1576 aus Antwerpen kamen

In BRD stieg die Verschuldung der Gebietskörperschaften (Staatsverschuldung) von 414 Mrd. DM (1979) auf 802 (1986) d.h. + 9,9 %/Jahr

BRD verlängert Montanmitbestimmungsgesetz v. 1956

Stahlfirma Thyssen verschiebt den Abbau von 5900 Arbeitsplätzen in Duisburg mit Hoffnung auf baldige staatliche Hilfe

In Freiburg/Br. wird das letzte besetzte Haus polizeil. geräumt

Nach 6 Jahren Besetzung gelingt es dem 1. Bgm. vom Hamburg, *K. v. Dohnanyi,* nach schwierigen Verhandlungen durch Pachtvertrag die gespannte Situation i. d. Hafenstr. zu bereinigen

In VR Polen werden Verbraucherpreise unter Protest der staatlichen Gewerkschaften erhöht

1970–85 nahm der Index für die Nahrungsmittel/Kopf in Afrika süd-

(1987)

Das Regierungsprogramm von *Goria* in Ital. sieht Finanzreform und nordsüdl. Sozialausgleich vor

Spannungen zwischen Deutschen und Italienern in Südtirol

~ In ital. Großstädten verlor die KPI an Einfluß

Referendum in Italien schränkt Bau von Kernkraftwerken ein

Amintore Fanfani (* 1908, CD) bildet nach dem Rücktritt von *B. Craxi* (Sozialist) ohne Neuwahl ital. Reg. aus CD und Parteilosen

Ital. Christdemokraten führen durch Stimmenthaltung vorsätzlich Mißtrauen gegen *A. Fanfani* (CD) herbei, um Neuwahlen zu erreichen

Ital. Min.Präs. *A. Fanfani* (* 1908, CD) tritt zurück

Rücktritt der CD-Minister der ital. Regierung. *B. Craxi* (Sozialist) erzwingt Neuwahlen

Wahlen i. Ital. bestätigen Koalition der 5 Parteien mit CD als stärkster und mit Verlusten der KPI

Nach 16 Jahren endet Labour-Reg. auf Malta. Neuer Min.Präs. *Fenech Adami* (* 1915, Christdemokr.), der Anti-NATO-Politik mildert

Militärputsch gegen Gouverneur der brit. Krone auf d. Fidschi-Inseln mit 697 000 Einw.

Bombenanschlag am Volkstrauertag in Irland fordert 11 Tote und 62 Verletzte

In Irland erklärt das Oberste Gericht die „Einheitliche Europäische Akte" von 1986 für verfassungswidrig, was eine Volksabstimmung erfordert

Volksabstimmung in Irland über Reformakte zur europäischen Einheit von 1985, die danach in Kraft treten kann

Niederl. Regierung unter *Ruud Lübbers* (* 1939, Christdemokrat) wegen Uneinigkeit i. Umweltpolitik

In Portugal tritt sozialdemokr. Minderheitsregierung seit 1986 unter *Mario Soares* (* 1924) nach Mißtrauen im Parlament zurück

Rechtsliberale Sozialdemokraten in Portugal erreichen unter *Cavaco Silva* (* 1939) als einzige Partei seit 1947 absolute Mehrheit

Portugal vereinbart mit VR China Rückgabe seiner Kolonie Macao 1999, die es seit 1557 beherrschte

Drohender bewaffneter Konflikt in der Ägäis zwischen den Natopartnern Griechenland und Türkei wird beigelegt

Türkei stellt Antrag auf Vollmitgliedschaft in der EG, der dort, weil problematisch, mit kühler Zurückhaltung aufgenommen wird

Der mehr als 25 Jahre währende Bürgerkrieg im span. Baskenland nähert sich einer neuen Krise

erhält *Nelly Sachs*-Preis

Günter Kunert (* 1929 i. Berlin): „Berlin beizeiten" (Gedichte)

† *Ilse Langner* (* 1899 i. Breslau) dt. Schriftstellerin

† *Primo Levi* (vermutl. Freitod, * 1920 i. Turin) ital. Schriftsteller jüd. Abstammung, der KZ Auschwitz überlebte

Gedenken an *Karl May* (* 1842–1912) gilt einem erfolg- und phantasievollen Schriftsteller, der häufig mit den Gesetzen in Konflikt kam

Heiner Müller: „Quartett" (Auff. beim „Theater der Welt" in Stuttgart)

Ivan Nagel (* 1931 i. Budapest) veranstaltet in Stuttgart „Theater der Welt" mit neuen Richtungen aus USA, USSR und Japan

„Dr. Schiwago" Roman von *Boris Pasternak* (1896–1960), der 1957 erschien und 1958 d. Nobelpreis erhielt, wird erstmals i. USSR veröffentlicht

Univ. Göttingen feiert 250. Jahrestag ihrer Gründung im Schatten von Studentenunruhen wegen Sparmaßnahmen des Landes

CDU-FDP-Koalition i. Hessen schafft gegen Widerstand der SPD und Grünen Pflichtförderstufe ab

Bundesverfassungsgericht verpflichtet die Länder, Privatschulen gleichberechtigt und angemessen zu unterstützen

Privathochschule in Witten/Herdecke will Ableger in Mannheim errichten

Prügelstrafe wird im brit. Schulwesen abgeschafft

Archäolog. Funde aus Neuguinea erweisen etwa gleichzeitige Besiedlung mit Australien um ≈ −40 000

Neue Hinweise auf Kannibalismus zur Steinzeit i. Südfrankr. gefunden

Seit 1983 wurde nördl. v. Frankfurt/M. die Krutzenkirche mit der Brunnenkapelle aus dem 12. Jh. ausgegraben (an der

Clore Gallery von *J. Stirling* (* 1926 i. Glasgow) nimmt als Anbau der Tate Gallery in London das Werk von *W. Turner* (1775–1851) auf

Architekt *Kenzo Tange* (* 1913 i. Japan) erhält von US-Stiftung Pritzker-Preis

Bernard Venet (* 1941 i. Frankr.): „Arc 142,5" (monumentale Stahlskulptur i. Berlin)

Das Abendmahlfresko von *Leonardo da Vinci* (1452–1519) in Mailand nach gründlicher Überprüfung seines Zustandes für begrenzte Besuchergruppen wieder zugänglich

Auf der Ausstellung „Mythos Berlin" zeigt *Wolf Vostell* (* 1932 i. Leverkusen) eine Dampflokomotive auf dem Rücken gleichsam wie eine hilflose Schildkröte

Bürgerprotest gegen Arrangement mit Originalautos von *Wolf Vostell* auf verkehrsreichem Platz am Skulpturenboulevard in Bln (W) einbetoniert

† *Andy Warhol* (* 1928 i. Pittsburg in poln. Fam.), maßgebl. Maler d. Pop-Art

Der „Skulpturenboulevard" i. Bln (W) wird zum Anlaß heftiger Auseinandersetzungen

Qualität aus Japan bevor

Noch während der Einführung der CD-Schallplatten (CD), bringt Japan das digitale Audioband (DAT) auf den Markt

Im dän. Roskilde feiern ca. 5700 Jugendliche 3-tägiges Festival der Rockmusik

In Genua wird Grundstein f. neue Oper gelegt, nachdem die alte im Krieg zerstört wurde

Schlager: „Keine Sterne in Athen"

Zum Jubiläumsjahr Berlins sind viele berühmte Musiker zu Gast in der Stadt, die auch als Musikstadt eine bemerkenswerte Geschichte hat

Leipzig feiert 775 Jahre Thomaskirche, deren Knabenchor auf 1212 zurückgeht

Audiothek auf der documenta in Kassel

„Sternstunden" (musikal. Revue um Berlins Geschichte am Großen Stern im Tiergarten)

Internationales Musikfest in Warschau

flüssigen Stickstoffs entdeckt (bisher war das vielfach teurere flüssige Helium f. S.-Leitfähigkeit erforderlich)

Elektrische Supraleitung von chines. Forschern bei −175° C entdeckt

Nach Entd. von Supraleitung bei relat. hohen Temperaturen kommt aus USA die Meldung solcher bei 240° K (−33° C)

Die Temperaturskala ist international (provisorisch) bis −272,5° C festgelegt

Forschungsanstalt in Karlsruhe erreicht 400000faches Magnetfeld der Erde

Für die Erdmond-Entstehung erweist sich die „Crash-Hypothese" des Zusammenstoßes der Erde mit einem marsähnlichen Himmelskörper als besonders wahrscheinlich

Erweiterung der Plattentektonik um (nachweisbare) aktive Zentren unter Afrika und Pazifik ermöglicht fiktives Modell eines periodischen Wechsels zwischen Pangäa (einziger Kontinent) und driftenden Kontinenten

Iridiumablagerungen in Gesteinsschichten zur Zeit des Dinosauriersterbens werden als Einschlagspuren

lich der Sahara von 95 auf 85 ab (= −12%/J)

Sozialpartner der chem. Industrie der BRD vereinbaren „Entgeltvertrag", der in 23 Stufen für Angestellte und Arbeiter gilt und als sozialer Durchbruch bewertet wird

Ca. 5 Mill. Äthiopier vom Hunger und seinen Folgen bedroht

Der Stahlplan der EG entscheidet über 80 000 Arbeitsplätze

In Brasilien scheitert Generalstreik gegen Wirtschaftspolitik

Ab 1. 5. läßt USSR private Kleinbetriebe zu

Die Polen lehnen per Referendum Wirtschaftspolitik der Regierung ab

Am „Schwarzen Dienstag", d. 20. 10., dramatischer Kurssturz an den Börsen, der an den „Schwarzen Freitag" 1929 erinnert

Computer a. d. Börse beschleunigen Transaktions- und Trendgeschwindigkeit

2,3 Mill. DDR-Bürger besuchten im Rahmen gelockerter Bestimmungen i. J. 1986 die BRD

Peter Schönlein (* 1939, SPD) wird zum Nachfolger von *Andreas Urschlechter* (* 1919, SPD), der seit 1957 amtierte, zum Obgm. v. Nürnberg gewählt

Obgm. von Mainz *Jockel Fuchs* (* 1919, SPD) verläßt nach 22 Jahren sein Amt

Städtepartnerschaft Saarbrücken/Cottbus (DDR)

Tennis wird als olympische Sportart zugelassen, obwohl Berufsspieler dominieren

Pat Cash (* 1965 i. Australien) siegt in Wimbledon im Herreneinzel über *Ivan Lendl* (* 1960 i. CSSR)

Boris Becker, Wimbledonsieger 1985 u. 86, unterliegt gegen Australier *Peter Doohan* (* 1961)

Steffi Graf gelangt durch Sieg über *Chris Evert* auf Platz 1 der Weltrangliste im Damentennis

Steffi Graf u. *Claudia Kohde-Kilsch* (* 1963 i. Saarbrücken) siegen gegen USA im Federationscup

(1987)	Die Partei des türk. Min.Präs. *Turgut Özal* (* 1927), Mutterlandspartei, gewinnt absol. parlamentarische Mehrheit, gefolgt von Sozialdemokraten Die Außenminister der NATO-Staaten einigen sich in Reykjavik auf die „Doppelte Nullösung f. d. Mittelstreckenraketen" USA sind skeptisch gegenüber neuem Friedensplan, mit dem die mittelamerikanischen Staaten die Bürgerkriegssituation in ihrem Bereich beenden wollen † *Arthur Burns* (* 1904 i. österr. Galizien, später US-Bürger) 1981–85 Botschafter in BRD † *William Casey* (* 1912), wird Leiter des US-Geheimdienstes, bevor er in der Iran-Contra-Affäre aussagen kann Der „Iran-Contra-Bericht" des US-Kongresses über Transfer von Gewinnen aus Waffengeschäften mit dem Iran an die „Contras" i. Mittelamerika gibt Präs. Reagan die entscheidende Verantwortung für diesen krisenhaften Skandal, woraus *Reagan* keine Konsequenzen zieht Infolge des Iran-Contra-Skandals i. USA wird *Howard Baker* (* 1925) Stabschef des US-Präs. anstelle *D. Regan* US-Verteidigungsmin. *Caspar W. Weinberger* (* 1917) tritt nach Vereinbarung über doppelte Nullösung mit der USSR zurück USA geben im persischen Golf Tankschiffen bewaffneten Geleitschutz gegen Angriffe des Iran, was zu kriegerischen Zwischenfällen und zur Gefahr der Eskalation führt Die in Philadelphia beschlossene Verfassung der USA besteht 200 Jahre US-Kongreß lehnt Engagement der USA im Golfkrieg ab USA nehmen 3 Marinesoldaten fest, die in der US-Botschaft in Moskau sowjetische Spionage begünstigt haben sollen Beim Besuch in Bln (W) fordert US-Präs. *R. Reagan* vor dem Brandenburger Tor Abriß der Mauer und friedliche Berlinpolitik von *M. Gorbatschow* In Argentinien ergibt sich meuterndes Militär nach Ablehnung seiner Forderung nach Amnestie von Menschenrechtsverletzungen während der Militärdiktatur Argentinische Gerichte ziehen infolge der Amnestie Anklagen gegen 48 Offiziere wegen Unmenschlichkeit während der Militärdiktatur zurück In Argentinien verliert *Alfonsin* (* 1927) Parlamentswahlen gegen Peronisten	*Will Quadflieg* (* 1914) erhält Preis f. d. Pflege der dt. Sprache *Hans Werner Richter* (* 1908) veranstaltet in Bad Münstereifel Rückblick auf 40 Jahre des Bestehens des Literaturkreises der „Gruppe 47" *Stéphane Roussel:* „Die Hügel von Berlin" (Erinnerungen einer frz. Journalistin an die Stadt der Trümmerberge 1933–73) *Uwe Saeger* (* 1957 i. DDR) erhält Klagenfurter *Ingeborg Bachmann*-Preis † *Michel de Saint-Pierre* (* 1916 in Frankr.), frz. Schriftsteller † *Emil Staiger* (* 1908 in der Schweiz) 1943–76 Literaturwissenschaftler a. d. Univ. Zürich *Giorgio Strehler* (* 1921 i. Triest) führt seine letzte Regie am Piccolo Teatro i. Mailand, das 40 Jahre besteht; erhält in New York *Erwin Piscator*-Preis *Peter Ustinow* (* 1921 i. London, russ.-frz. Abkunft):	gleichen Stelle findet sich eine Holzpfostenkirche aus der Zeit ≈ 800) In Frankfurt/Main wird das frühere Judenghetto mit Ritualbad gefunden, dessen Konservierung zum Streitpunkt wird In Polen wird bekannt, daß 1983–85 3070 Wissenschaftler von Reisen ins westl. Ausland nicht zurückkehrten Papst *Johannes Paul II.* empfängt poln. Staats- und Parteichef *W. Jaruzelski* Frankfurter Feste „Mythos" mit Musik und Theater Evangel. Kirchentag i. Bln. (O) 22. Dt. evangel. Kirchentag in Frankfurt/M. unter dem Motto „Seht, welch ein Mensch!" *Eleonore von Rosenhan* ist Präsidentin des ev. Kirchentages in Frankfurt/M. Evangel. Kirchentag in Frankfurt/Main endet mit dem Wunsch nach einer „Zivilisation der Barmherzigkeit"

über moderne Kunst im Stadtbild

Telefonumfrage zum Skulpturenboulevard i. Berlin ergibt 75,5 % Gegner und 24,3 % Befürworter

Daten der Künstler des Skulpturenboulevards Berlin: Frank Dornseif (*1948 i. Radevormwald) Josef Erben (* 1936 i. Mährisch-Ostrau) Edward Kienholz (* 1927 i. USA) Olaf Metzel (* 1952 i. Berlin) George Rickey (* 1907 i. USA) Brigitte Matschinsky-Denninghof (* 1923 i. Berlin) u. Martin Matschinsky Rolf Szymanski (* 1928 i. Leipzig) Wolf Vostell (*1932 i. Leverkusen)

„Momentaufnahme" (Kunstausstellung zur 750-Jahrfeier Berlin in der Kunsthalle [W])

„Kunst in Berlin 1648–1987" (Ausstellung zur 750-Jahrfeier mit 1500 Kunstw. i. Bln [O])

41 Kunstgalerien in Bln (W) veranstalten kollektiv „Kunst konzentriert"

„Schätze aus dem Kreml" (Ausstellung russ. Kunstgewerbes i. Bln [O])

Berlin (W) eröffnet in Anwesenheit vieler Bgm. aus vielen nicht-kommunist.

fremder Himmelskörper bezweifelt

Ausgedehntes Flußsystem i. d. Sahara bis ≈ 150 nachgewiesen

Erdbebenerfassung kommt f. Dtl. auf 100 000 Beben in 1000 Jahren (seit 1875 werden auch schwache Beben registriert)

Eisenschmelzversuche bei höchsten Drucken erweisen Erdkern aus reinem Eisen, der in 5100 km Tiefe bei 6900° C in einen Bereich übergeht, in dem andere Elemente beigemengt sind

Erdbebenserien werden durch Kopplungsmechanismen zwischen den Zentren gedeutet

In der Oberpfalz beginnen die Arbeiten für ein 16 km tiefes Bohrloch im Rahmen geologischer Forschungen

Tiefbohrung in der Oberpfalz ergibt Temperaturzunahme pro 1000 m von 30° C statt 20° C, wie vermutet

Größte Bohrtiefen: 1822 170 m, 1871 1000 m, 1957 1400 m, 1962 5000 m, 1980 13 000 m

An der Stanford-University i. USA wird Linearbeschleuniger für 50 Mrd. e-Volt zur Untersuchung von kleinsten Teilchen (Quarks) errichtet

Doppelter Beta-Zerfall bei Selen 82 gefunden

Experimentelle Hinweise auf eine notwendige Korrektur des Gravitationsgesetzes von *I. Newton* wachsen und weisen auf eine 5. Grundkraft hin

Nachweis von Lichtbögen zwischen kosmischen Objekten durch Gravitationslinsen

In CERN b. Genf wird mit Schwefelstoffkernen eine Energie von 6400 Mrd. e-Volt erreicht

Wissenschaftler der USSR beanspruchen, das Transuran 110 entdeckt zu haben

ESA beschließt ein europäisches Raumfahrtprogramm bis zum Jahr 2000

Gemeinsames Experiment BRD u. GB zur Neutrino-Erzeugung liefert erste Neutrinos

In BRD wird ein Hochenergiebeschleuniger zur Erzeugung von B-Mesonen gebaut, die bei 10^{-12}s Lebensdauer ein b-Quark der 3. Generation neben einem Antiquark enthalten

Experimente mit Atomkernen führen zu dem Schluß, daß außer den 3 bekannten Neutrino-Arten (e-, my-, tau-N.) höchstens eine

Martina Navratilova gewinnt zum 8. Mal das Dameneinzel in Wimbledon, davon das 6. Mal in Serie (diesmal geg. *St. Graf*)

Patrik Sjöberg (* 1965 i. Schweden) erreicht mit 2,42 m Weltrekord im Hochsprung

IFK Göteborg gewinnt gegen Schottland UEFA-Fußball-Pokal

Bayern München gewinnt zum 10. Mal die Fußballmeisterschaft der BRD

„Ajax" Amsterdam gewinnt gegen „Lokomotive" Leipzig 1:0 den UEFA-Fußballpokal

27. Dt. Turnfest in Berlin (W) mit 120 000 Teiln. (Erstes 1860 i. Coburg)

FC Porto aus Portugal gewinnt in Wien 2:1 gegen FC Bayern Europapokal der Landesmeister

HSV gewinnt gegen Stuttgart („Kikkers") DFB-Pokal

1986 gab es 200 Tote bei Bergsport i. d. Schweiz

Sportschwimmer durchschwimmt die Behringstraße von Alaska/USA zur USSR

† *Willy Weyer* (* 1917) mehrmals F.D.P.-Minister i. Nordrh.-Westfalen u. leitender Sportfunktionär

Boris Becker schlägt im 7 ½-Stundenkampf in USA McEnroe (USA) im Davis-Tenniscup und besiegelt den Abstieg der US-Mannschaft in der Davis-Cup-Tennisliga von 50 Nationen, die 14 mal siegte

Ben Johnson (* 1962 i. Kanada) läuft in Rom 100-m-Weltrekord in 9,83 Sek

Nach einer Verletzung seines Pferdes „Deister" tritt *Paul Schockemöhle* (* 1945 i. Vechta) als erfolgreicher Springreiter vom aktiven Sport zurück

† *Jacques Anquetil* (* 1934 i. Frankr.), frz. Radprofi, der 5mal die Tour de France gewann

Trotz des Golfkrieges findet in Kuweit ein Volleyballspiel zwischen Irak und Iran statt, das sportlich verläuft

(1987)	In Brasilien tritt Finanzmin. *Dilson Funaro* zurück, nachdem der Schulden-Sanierungsplan scheiterte (bei 108 Mrd. $ Schulden) 14 Jahre nach Machtantritt erklärt *U. Pinochet* (* 1915) in Chile freie Wahlen als „unverantwortlich" In Nicaragua bahnt sich eine Verständigung zwischen Präs. *Ortega* und den von USA unterstützten „Contras" an Verschärfung der Wirtschaftskrise in Nicaragua Das sozial schwache Mittelamerika bleibt für USA eine Region, in der sie kommunistischen Einfluß fürchtet und bekämpft 72 Tote (darunter 1 US-Militärberater) durch Angriff der marxistischen FMLN in El Salvador Staatschef d. USSR *Gromyko* empfängt Delegation der Krimtataren, die auf dem Roten Platz in Moskau für Rückkehr in die alte Heimat demonstrieren *M. Gorbatschow* spricht von der „unauslöschlichen Schuld Stalins" *M. Gorbatschow* kritisiert vor dem ZK der KPSU Mängel der Parteiarbeit und schlägt mehr Demokratisierung vor Die Außenmin. *George Shultz* (* 1920, USA) und *A. Schewardnadse* (* 1928, USSR) einigen sich über IFN-Vertrag über Abschaffung der Mittelstreckenraketen *M. Gorbatschow* u. *R. Reagan* unterzeichnen i. Genf den Vertrag der doppelten Nullösung für Mittelstrecken-Raketen als erste reale Abrüstung seit 1945 (INF) Kommunalwahlen in USSR mit (wenn auch eingeschränkter) Auswahl von Kandidaten Freundschaftsvertrag USSR-Irak, der seit 1972 bestand und Waffenlieferungen einschloß, wird verlängert Seit Abbruch der Bez. 1967 besucht eine erste offizielle Delegation der USSR Israel, deren Bedeutung jedoch abgeschwächt wird USSR einigt sich mit VR China über strittigen Grenzverlauf, der durch die „ungleichen Verträge" um 1858 entstand USSR beendet ihr mehrmals verlängertes Kernwaffentest-Moratorium, nachdem die USA neue Testserie beginnen Skandal um Spionage in der US-Botschaft in Moskau belastet beiderseitige Beziehungen Oberster Sowjet d. USSR verabschiedet 3 Gesetze mit mehr demokratischen Rechten für die Bürger des Staates	„Beethovens 10." (iron. Schauspiel) *G. Wallraff* wird von einem Mitarbeiter beschuldigt, seine sozialkritische Reportage „Ganz unten" nicht selbst verfaßt zu haben † *Benno von Wiese* (* 1907), Germanist, schrieb 1959 „Friedrich Schiller" *Christa Wolf* (* 1929 i. jetzigen DDR-Gebiet): „Störfall" (Prosatext um den Tschernobyl-GAU, erscheint in DDR u. BRD). Erhält Nationalpreis der DDR für Literatur † *Marguerite Yourcenar* (* 1903 i. Brüssel) frz. Schriftstellerin *Gisela Zoch-Westphal:* „Aus den 6 Leben der Mascha Kaléko" An der Spitze des Erfolgs beim Theaterpublikum der Spielzeit 1986/87 stehen „Dreigroschenoper" von B. Brecht und das Musical „Cats" Frankfurter Buchmesse zeigt 320 000 neue Bücher	Dt. Katholische Bischofskonferenz i. Fulda ermittelt für 1985 eine Höchstzahl von 75 000 Austritten und 25,8 % Beteiligung am Gottesdienst Widersprüchliche Urteile über den Anspruch der Leihmutter auf das Kind in Gr.Brit. Die 200 Jahre alte Verfassung der USA wurde bisher nicht durch die Gleichberechtigung der Frau ergänzt Glaubenskongregation des Vatikan unter Kardinal *J. Ratzinger* (* 1927 b. Altötting) verurteilt Methoden der extrakorporalen Befruchtung des menschl. Eies Das Haushaltsdefizit des Vatikans betrug 1986 112 Mill. DM. (Kardinäle werden wegen Bankrotts ital. Bank gerichtl. gesucht) Triere für 170 Ruderer, wie sie −480 b. Salamis gegen die Perser kämpfte, wurde nach Funden rekonstruiert, so daß nun die besondere Rudertechnik erprobt werden kann

Staaten Internat. Bau-Ausstellung, die der Stadterneuerung gewidmet ist

„Anfänge der Kunst vor 50 000 Jahren" (Ausstellung von Steinzeitkunst in Tübingen mit der „Venus von Willendorf" und Tierzeichnungen von Wildpferd-Jägern)

Wasserschloß Glücksburg bei Flensburg besteht 400 Jahre

Die Restauration von 87 Baudenkmälern i. BRD erfordert vom Bundeshaushalt 8 Mill. DM

Trotz 5 Mill. DM jährlicher Erhaltungskosten schreitet der Zerfall des Kölner Domes bisher ständig fort

Neue Bauten i. Paris („Großer Bogen", Louvre-Umbau, Neue Oper) verändern das Stadtbild von Paris

Raumgreifende moderne Kunst erschöpft Speicherkapazität der Museen

---

„Radio Days" (Film von *Woody Allen* [* 1935 i. USA])

„Maria" (Film über die griech. Sopranistin *Maria Callas* [1923–77] von Tony Palmer aus GB)

„Der steinerne Garten" (Vietnam-Film von *Francis Coppola* [* 1939 i. USA])

weitere zu erwarten ist

Kernresonanzspektroskopie wird zum Nachweis der Weinverfälschung verwendet

Mit Massenspektroskopie wird eine Nachweisempfindlichkeit von 10^{-14}g erreicht

Physiker warnen erneut vor Klimakollaps durch Temperaturerhöhung (Treibhauseffekt)

Erster Weltkongreß der Schmerzforscher in Hamburg

Das biogenetische Grundgesetz von *Ch. Darwin,* wonach jedes Lebewesen bei seiner Entwicklung die Entwicklung seiner Vorfahren durchläuft, erweist sich auch im molekularbiologischen Bereich als gültig

Es gelingt, wesentliche Teile eines Bakteriophagen mit dem Tunnelrastermikroskop sichtbar zu machen

Wiener Forscher entdecken Insekten mit 2 Herzpumpen

2. Dresdner Hyperthermie-Symposion über Krebsbekämpfung (nach der Methode von *M. v. Ardenne*) erbringt ermutigende Ergeb.

1988 werden voraussichtlich ca. 5 Mrd. menschliche Organe medizinisch transplantiert werden (vom Herz bis Blutersatz)

1986 wurden erdweit mehr als 1500 Herztransplantationen durchgeführt

25 von erdweit 50 Patienten am künstlichen Herz überstanden die folgende Herztransplantation

Gentechnisch hergestelltes Medikament gegen Herzinfarkt wird in BRD zugelassen

3. Patient, der von *E. Bücherl* i. Bln (W) an ein künstliches Herz angeschlossen wurde, stirbt nach 4 Monaten im 52. Lebensjahr (Von 16 Patienten mit Kunstherz auf Dauer leben noch 7)

Es wird bekannt, daß die Nieren zweier nicht lebensfähiger Föten 1985 auf 3 Patienten von 4, 9 und 25 Jahren erfolgr. transplantiert wurden

Gehirnlose Feten (Embryonen) werden als Organspender verwendet, was starke Kritik auslöst

In Gießen wird einem Patienten das Herz entnommen, operiert und reimplantiert

Am Herzzentrum in Berlin (W) gelingt es Patient mit Kunstherz von *E. Bücherl* erfolgreich ein Spenderherz zu transplantieren

Seit 1982 wurden erdweit 29 Kunst-

Kieler Segelwoche feiert Grdg. vor 100 Jahren

Eishockey-WM i. Schweden: 1.) USSR; 2.) Schweden; 3.) CSSR

Briten gelingt im Juli Atlantikflug mit sonnengeheiztem Heißluftballon

Heißluftballonflug USA-Europa scheitert kurz vor Schottland. Beide Piloten überleben

Erstmals in Europa eine Lungenhälfte transplantiert, wonach Patient stirbt

Vier Monate nach Anschluß an ein künstliches Herz durch *E. Bücherl* Berlin (W) stirbt 52jähriger Patient

In Berlin (W) sterben 2 Herzpatienten nach Kunstherzanwendung

In der BRD werden 17 Fälle der Trisomie 21 (Mongolismus) bei Kindern bekannt, die während der stärksten Strahlenbelastung aus Tschernobyl gezeugt wurden (die meisten im sehr stark belasteten Bayern)

In Kalifornien überlebte ein Mann 17 Jahre eine Herztransplantation

Franzose stirbt mit 67 Jahren, 18 Jahre nach Herztransplantation

Geburt von Siebenlingen in Liverpool (6 sterben bald)

BRD schließt Gesundheitsabkommen mit USSR

Bundesgesundheitsamt untersagt befristet die umstrittene Frischzellentherapie

In großen Teilen der 3. Welt sterben 50% der Kinder vor Vollendung ihres 5. Lebensjahres

WHO führt ein erweitertes Impfprogramm (EPI) ein, um bis 1990 alle Kinder der Erde zu erfassen, die vor allem von Masern, Diphterie, Keuchhusten, Starrkrampf und Tuberkulose bedroht sind

Experten erwarten bis 1992 3,3 Mill. AIDS-Tote in Afrika

Erdweit werden ca. 100 000 AIDS-Kranke geschätzt (trotz wissenschaftlicher Erfolge der intensiven Forschung breitet sich diese Virusinfektion unaufhaltsam aus)

Bundeskanzler *H. Kohl* schlägt Na-

(1987)	US-Präsident *R. Reagan* u. SU-Außenminister *E. A. Schewardnadse* (* 1928) vereinbaren Gipfeltreffen mit *Gorbatschow* a. 7. 12. d. J. Der INF-Vertrag von Genf sieht die Vernichtung von 549 stationierten Atomwaffen in 3 Jahren vor Bedenken in der NATO gegen die v. d. USSR vorgeschlagene Nullösung für Raketen wegen ihrer Überlegenheit bei konventionellen Waffen, obwohl der NATO-Doppelbeschluß v. 1979 diese Lösung anstrebte Friedensforum in Moskau mit prominenten Teilnehmern aus Ost und West *(A. D. Sacharow, B. Beitz* u. and.) *M. Gorbatschow* schlägt überraschend Nullösung für Mittelstreckenraketen ohne Bedingung für SDI der USA vor Nach der arab. Gipfelkonferenz in Amman nehmen Marokko, Vereinigte Emirate und Kuweit die seit 1979 unterbrochenen diplom. Bez. zu Ägypten wieder auf Die National-Demokratische Partei des ägypt. Staats-Präs. *Husni Mubarak* (* 1928) siegt in den Parlamentswahlen neben 3 anderen Parteien, Dar, Neowafd und islam. Sozialisten Irak bombardiert iranisches Kernkraftwerk, an dessen Bau die BRD beteiligt ist 39 Tote durch irakische Flugzeugrakete auf US-Kriegsschiff im persischen Golf (Irak entschuldigt sich f. angebl. Versehen) Im Zuge der Verschlechterung der Beziehungen reduzieren Gr.Brit. u. Iran ihre diplomat. Bez. auf je einen Diplomaten Iran rühmt sich, durch vorsätzliche Täuschung der USA Waffen erhalten zu haben Frankreich und Iran beenden diplomat. Bez. Frankreich hilft Tschad gegen Angriffe Libyens Koalition der „Nationalen Einheit“ in Israel zeigt krisenhafte Spaltung wegen Nahost-Friedenskonferenz Mit *Chaim Herzog* (* 1918 i. Belfast) besucht erstmalig der Staatspräsident von Israel BRD u. Berlin (W) Tote bei schweren Studentenunruhen im von Israel besetzten Westjordanland *F. J. Strauß* tritt während des Besuches des israel. Staatspräsidenten *Chaim Herzog* für Waffenlieferungen an Saudi-Arabien ein, was dieser entschieden zurückweist 7 Tote durch palästinensischen Terrorangriff aus der Luft in N-Israel Syrien dringt im Libanon nach Süden zur Grenze Israels vor, was Kriegsgefahr erhöht	„Theater der Welt“ in Stuttgart mit 40 Aufführungen aus 11 Staaten CD-Platten gestatten Bildschirmwiedergabe langer Texte (vgl. Ph) Für die Demokratisierung i. d. USSR bürgern sich die Begriffe „Glasnost“ (Durchsichtigkeit) und „Perestroika“ (Wandel) ein In USA verzeichnet ein Studienbuch für Literatur 5 dt. Werke: „Faust“, „Der Prozeß“, „Zauberberg“, „Der Steppenwolf“ u. „Im Westen nichts Neues“ Als Wörter des Jahres werden „AIDS“ und „Kondom“ registriert  DDR-Katholikentreffen in Dresden unter dem Motto „Gottes Macht – unsere Hoffnung“ Jüdischer Weltkongreß tagt erstmals in einem RGW-Staat (Ungarn) In Israel wird das Neue Testa-	ment i. d. Schule nicht behandelt Litauen gedenkt seiner Christianisierung vor 600 Jahren (seit 1940 unterdrückt USSR die Kirche) In Griechenland wird Kirchenland enteignet 250 Festnahmen im Goldenen Tempel von Amritsar, dem Hauptheiligtum der Sikhs i. Indien Im islamischen Wallfahrtsort Mekka finden bei einer blutigen Metzelei zwischen Sunniten und Schiiten fast 1000 Pilger den Tod Iran schließt das *Goethe*-Institut der BRD als Vergeltung f. angebl. Beleidigung des *Ayatollah Chomeini* durch den deutschen Kabarettisten *Dieter Hildebrandt* (* 1927) ~ Die Verbreitung des islamischen Fundamentalismus setzt sich fort *Luther's* Bibeltext erscheint auf CD-Platte Koran des Islam für Computerwiedergabe in arabischer, englischer und frz. Sprache erscheint auf CD

Federico Fellini (* 1920 i. Ital.) erhält in Moskau Preis f. d. besten Spielfilm

† *Lorne Greene* (* 1915 i. USA), spielte 1959–73 „Bonanza" im US-Fernsehen

† *Rita Hayworth* an Alzheimer Krankheit (* 1918 i. New York), US-Filmschauspielerin

„Cobra Verde" Film von *Werner Herzog* (* 1942 i. München) um Negeramazonen mit *Klaus Kinsky* (* 1926 i. Zopott)

† *John Huston* (* 1906 i. Missouri), US-Filmschauspieler und Regisseur, der seit 1938 eine „schwarze Serie" und 1956 „Moby Dick" drehte

† *Danny Kaye* (*1913), US-Filmkomiker

„Abschied von Matjora" (russ. Film von *Elem Klimow*)

„Das Schweigen des Dichters" (Film von *Peter Lilienthal* [* 1929 i. Berlin] um einen Dichter mit schwachsinnigem Kind)

„Auf Wiedersehen, Kinder" (Film um ein jüdisches Kind in Frankr. von *Louis Malle* [* 1932 i. Frankr.])

† *Lee Marvin* (* 1924 i. New York), US-Filmschauspieler brutaler Rollen

herzen (mit Außenantrieb) angewandt. Die Überlebenschance ist gering

Bei jährlich 1800 Transplantationen i. BRD warten etwa 4000 Menschen auf geeignete Organspenden

C. Riley (USA) macht für die sinkende Sterblichkeit in Europa ab ~ 1740 Insektenbekämpfung verantwortlich

3-4 Mill. Jahre alte Zähne vom Menschen i. China gefunden (nähere Bestimmung steht aus)

Die ersten sprechfähigen Menschen werden vor ≈ 350 000 Jahren vermutet, als Homo erectus lebte

Erdweite molekularbiologische Untersuchungen menschlicher Mitochondrien ergeben Hinweise auf eine „Urmutter", die vor 140–280 000 Jahren in Afrika lebte

Jede vernünftige Hoffnung auf AIDS-Bekämpfung muß sich auf Gentechnologie und Tierversuche stützen

In USA und Frankr. werden Abwehrzellen gegen AIDS-Virus entdeckt, die Impfstoffe ermöglichen könnten

USA und Frankr. legen Prioritätenstreit um Entdeckung des AIDS-Virus seit 1984 bei

Erprobung von AIDS-Impfungen an Schimpansen als Vorstufe von Impfungen an freiwilligen Menschengruppen

Verschiedene Arzneimittel gegen AIDS, die die Vermehrung des Retrovirus hemmt, zeigen problematische Nebenwirkungen

Bei Anwendung des Arzneimittels Retrovir 1 Todesfall bei 145 AIDS-Kranken (in der Vergleichsgruppe 19 Tote von 37)

In USA besteht der Plan, die vollständige Genbasen-Sequenz des Menschen zu ermitteln (Kost. ca.3 Mrd.$)

Gentechniker versuchen durch Implantation Lysin erzeugender Gene, den Nährwert von Getreide zu erhöhen

Es gelingt, Resistenz gegen Insekten gentechnisch auf Pflanzen zu übertragen

Pharmazeutische Fa. Hoechst in BRD beantragt Insulinproduktion mit gentechnologisch erzeugten Bakterien

Patentamt d. USA nimmt Patente auf genetisch veränderte Lebewesen an (bisher wurden in USA ca. 200 solcher

tionale AIDS-Stiftung analog zur „Deutschen Krebshilfe" vor

Erprobung und Anwendung von AIDS-Impfstoffen wird durch etwa 5–10jährige Inkubationszeit erschwert. Erste Pressemeldungen über AIDS-Medikamente mit therapeutischer Wirkung

Erstes Medikament gegen AIDS in BRD, das wegen starker Nebenwirkungen skeptisch beurteilt wird

In USA muß eine AIDS-Klinik aus Finanzgründen schließen

US-Präs. *R. Reagan* fordert Ausdehnung der AIDS-Tests

Zwangsmaßnahmen in Bayern wegen AIDS, die bis zum gerichtlich angeordneten Freiheitsentzug reichen sollen, vom Bund und den anderen Bundesländern als falscher Weg abgelehnt

20% i. BRD fürchten sich vor AIDS-Erkrankung, 18% vor Herzinfarkt

In Baden-Württemberg starben seit 1985 49 Menschen an AIDS

Mediziner bezeichnen AIDS bereits nach den jetzt bekannten Daten als eine „internationale Katastrophe" mit starken psychosozialen Auswirkungen unbekannten Ausmaßes

Mac Lean (* 1942 i. Gr.Brit.) durchrudert in 56 Tagen den Nordatlantik

Leistung der gesetzl. Kranken-Versicherung i. BRD (Mrd.DM): 1970 23,8; 1986 113,8(6,2% BSP); 1970–86 +10,3%/Jahr)

1984 betrugen i. BRD Ausgaben f. Gesundheit 13,5% des BSP

Jährlich entstehen auf der Erde durch Verbrennung 6 Mrd. t CO_2, das ist mehr als das Gewicht aller Menschen

Die Malaria, die um 1963 weitgehend ausgerottet schien, bedroht mit 300 Mill. Erkrankungen jährlich fast die halbe Erdbevölkerung

Ultraschall-Endoskopie verbessert Krebsdiagnose

Operierte Patienten über 70 Jahre: 1930: 2%; 1988: 37%

6 Jahre nach dem Giftölskandal in Spanien mit 650 Todesopfern seit

(1987)

Y. Arafat distanziert sich von früheren Erklärungen der PLO, die ein Existenzrecht Israels verneinten

Weltsicherheitsrat der UN verurteilt einmütig mit den Stimmen der USA und USSR den Golfkrieg zwischen Irak und Iran, der seit 1980 unerbittlich wütet

† *R. Karame* (* 1921) durch Bombenattentat i. Flugzeug, seit 1955 als schiit. Sunnit 10 mal Min. Präs. des Libanon

Schiiten im Libanon erklären „Selbstmörderkrieg" gegen USA u. Frankr.

In der Gewalt radikaler Schiiten im Libanon befinden sich 23 Ausländer, darunter 2 aus BRD und 9 aus USA

Nach Entführung von 7 Ausländern im Libanon empfehlen USA und BRD ihren Bürgern, dieses Land zu verlassen

Ben Ali (* 1956) setzt Staatspräs. *Habib Bourguiba,* seit 1957 Präs. von Tunesien, (* 1903) wegen Senilität ab

Libysche Truppen im Tschad werden durch Niederlagen zum Rückzug gezwungen. (Libyen hatte 1973 Teile von Nordtschad annektiert)

Seit 1985 2387 Tote bei Rassenunruhen in Südafrika

Staatspräs. *Pieter Willem Botha* (* 1916) verlängert den Ausnahmezustand in Südafrika um ein weiteres Jahr

Zentralafrikan. Exkaiser *J. B. Bokassa* (* 1921) wird nach Rückkehr aus dem Exil wegen Mord und Kannibalismus zum Tode verurteilt

Führungsgruppe der Swapo wird in Namibia verhaftet

Die separate Wahl der Weißen in Südafrika stärkt die Vertreter der Apartheidpolitik

KP der VR China verjüngt ihre Führung, wobei *Teng Hsiao-ping* (* 1904) seine führende politische Rolle trotz ZK-Austritt behält

Die KP Chinas setzt den Reformkurs 1987 fort

Bei Wahlen in Indonesien gewinnt die Golkar-Partei des Präs. *Suharto* (* 1921), der seit 1967 amtiert und im Ruf bedenkenloser Familienbegünstigung steht, 73% (im Parlament gibt es 2 andere Parteien)

† *Charan Singh* (* 1902), ind. Min.Präs. 1979/80

Machtverfall d. Reg. Chef *Rajiv Gandhi* im Vielvölkerstaat Indien wird sichtbar

Blutiger Bürgerkrieg auf Sri Lanka (Minderheit der Tamilen gegen die Singhalesen)

In Aachen entsteht Computer-Museum

„Hexenwelten, Magie und Imagination vom 16.–20. Jahrhundert" (Ausstellung i. Saarbrücken)

Erster Abschnitt der Restaurierungsarbeiten am Angkortempel in Indien beendet

Der im 14. u. 15. Jh. erbaute Haupttempel der Azteken, in dem viele Menschenopfer stattfanden, wird nach seiner Freilegung 1978–85 in Mexiko City zur Besichtigung freigegeben

Ausgrabung des durch Rom −146 zerstörten Karthagos durch UNESCO-Initiative seit 1973 wird abgeschlossen

In Jülich wird Gräberfeld mit 221 Gräbern aus der röm.-fränkischen Zeit entd.

Bei Mainz wird ein Ehrenbogen des röm. Kaisers *Germanicus* (≈ 10) ausgegraben

Unterwasserfunde bei Rhodos werden als Reste des legendären Leuchtturms gedeutet.

Fund der Faust des „Koloß von Rhodos" erweist sich jedoch als irrig

Gr. Palais i. Paris zeigt wertvollen Grabfund, der 1939 am ägypt. Ruinenhügel von Tanis aus der Zeit um −1000 gemacht wurde

Tempel mit Säulen und anderen Teilen aus Marmor aus dem −7. Jh. wird als Hauptheiligtum des Dionysos auf der Insel Naxos entd. und freigelegt

In Sippar (Syrien) werden 800 Keilschrifttafeln von ≈ −1800 entdeckt

Hieroglypheninschrift des Luxor-Obelisken in Paris aus dem −13. Jh. wird vollst. entziffert

Frühe Kupfergewinnung (um ≈ −3100) wird in Jordanien nachgewiesen

Durch Notgrabungen dt. Archäologen wird in Jordanien die etwa 8000 Jahre alte Stadt Alt-Basra des präkeramischen Neolithikums freigelegt

„Vergessene Städte am Indus" (Ausstellung der Induskultur aus der

† *Pola Negri* (* 1894 i. Polen), Filmstar der Stummfilmzeit „Vamp"-Typ

Goldener Bär der Filmfestspiele Berlin an „Das Thema" (Film d. USSR von *Gleb Panfilow*)

„Sous le Soleil de Satan" (Film von *Maurice Pialat* [* 1926 i. Frankr.] erhält als bester Film „Goldene Palme" von Cannes

† *Hans Günter Rosenthal,* Quizmaster („Dalli, Dali!")

„Die Chronik eines angekündigten Todes" (Film von *Francesco Rosi* [* 1922 i. Neapel])

† *Roberto Santos* (* 1929 i. Brasil.), einer der Urheber des „Cinema novo"

„Ein Aufstand alter Männer" (Film von *Volker Schlöndorff* [* 1939])

„Platoon" (US-Film von *Oliver Stone* [* 1946] erhält als bester Film des Jahres 4 Oscars)

Andrej Tarkowski (* 1932 in USSR, † 1987 in Paris): „Opfer" (Buch z. seinem Film mit der dt. Synchronfassung)

„Der Himmel über Berlin" (Film von *Wim Wenders,* erhält den Regiepreis von Cannes

In der USSR werden 30 bisher verbotene Filme freigegeben

Weniger Festival-

Patente erteilt, z. B. auf ölvernichtende Bakterien)

Erster Freilandversuch zur Frostschadenbekämpfung mit genetisch veränderten Bakterien auf Erdbeeren in Kalifornien, was bisher risikohalber untersagt war

In Bln (W) wird Leukämietherapie mit Interferon mit Erfolgen praktiziert

70 Ärzte und Schwestern trennen in USA in einer 70-stündigen Operation an den Köpfen zusammengewachsene siamesische Zwillinge aus Ulm

Nach ca. 30 Operationen an Ungeborenen in USA werden solche in BRD geplant

In BRD wird erstmalig ein Kind geboren, dessen Eizelle zuvor 4 Monate bei −196° C gelagert war (in Australien gelang dies ein Jahr zuvor)

Japan. Forscher erhöhen die Geschwindigkeit der Basensequenzanalyse in Genen von bisher etwa 1000 (i. USA) auf rd. 1 Mill./Tag, was die Erbgutanalyse beim Menschen gestattet

BRD und Niederlande entwickeln einen 4 Megabit-Chip

US-Firma stellt Labormuster eines elektron. 16 Megabit-Speichers für 1160 Schreibmaschinenseiten mit je 1800 Anschlägen vor

Die Wellennatur der Elektronen erweist sich als Grenze für die Verkleinerung der Schaltelemente tragenden Chips

US-Firma kündigt Entwicklung eines 256 Megabit-Chips an (4 Megabit mit 250 Schreibmaschinenseiten Kapazität ist bereits realisiert)

Molekularbiologie erweist die Rotalgen als ältesten evolutionären Bereich der Algen- u. Pflanzenarten

Landpflanzenreste mit einem Alter von ca. 1 Mrd. Jahren entdeckt

Neue Proteste der Wissenschaft gegen Verwendung der Ölschiefergrube Messel b. Darmstadt, die wertvolle Fossilfunde ermöglichte, als Mülldeponie

Eine verstärkte Anwendung der Strom aus Sonnenstrahlung erzeugenden Photovoltaik bis zum 7,2 MW-Kraftwerk mit 0,16 DM./kWh ist im Gange

~ Seit 1973 wurde in USA als Zahnersatz die Maryland- oder Klebebrücke entwickelt

Die löschbare optische Datenspeicherung auf CD steht vor der Marktreife

1981 beginnt der Prozeß gegen 42 Angeklagte

Greenpeace demonstriert in Dresden öffentlich gegen Verschmutzung der Elbe

Ozonkonferenz in Helsinki versucht die drohende Katastrophe der Ozonschichtzerstörung durch Verbot der zerstörenden Stoffe abzuwenden

Durch die Entsorgung der Antarktis-Stationen entstehen Probleme

Umweltkonferenz von 8 Anrainerstaaten der Nordsee mit Gegensätzen Gr.Brit.–BRD

BRD und USSR einigen sich auf Umweltschutzabkommen

Internat. Konferenz in Yokohama über Erhaltung tropischer Regenwälder

1619 Satelliten und 4457 sichtbare Trümmer begleiten als Produkte der Raumfahrt die Erde

Bundesgartenschau i. Düsseldorf

Von rd. 100 000 industriell hergestellten Stoffen sind nur von 100 die Auswirkungen auf Mensch und Umwelt genauer bekannt

Braunkohlekraftwerk Buschhaus b. Helmstedt nimmt Entschwefelungsanlage i. Betr.

Der CO_2-Gehalt der Luft stieg durch Industrieabgase von 280 ppm auf 350, was weiterhin Klimaänderung durch „Treibhauseffekt" erwarten läßt

Fernsehreportage über Wurmbefall bei Fischen löst ernste Krise im Fischereigewerbe aus

Bundesrat d. BRD beabsichtigt, den Umweltschutz bei Abwägung anderer Rechtsgüter im Grundgesetz zu verankern

Im oberen Rhein wird Kleintiersterben unbekannter Ursache entdeckt

Von 495 Seen und Staubecken in Norditalien sind 88% ökologisch schwer belastet

Ca. 600–900 Tote durch Hitzewelle in SO- u. S-Europa

2 Zugunglücke fordern in Warschau 14 Tote und 150 Verletzte

(1987)

Regierung von Sri Lanka bombardiert Stellungen aufständischer Tamilen, nachdem diese mehrere blutige Terrorakte begangen hatten

Indien unterstützt wegen eigener Tamilenminderheit aufständische Tamilen auf Sri Lanka, was zu starker politischer Spannung führt

Indische Truppen überwachen vertragsgemäß Befriedung der Tamilen auf Sri Lanka

Indien erhöht seine militär. Ausgaben um 43 % auf etwa 17,9 Mrd. DM (ca. 34 DM/Kopf)

Ind. Staat Punjab, in dem die Sikhs rigoros nach Autonomie streben, wird der ind. Zentralregierung direkt unterstellt

Indische Truppen kämpfen gegen Separatismus der Tamilen auf Sri Lanka und dem der Sikhs im Punjab

Nachdem in 4 Jahren auf Sri Lanka 6000 Tamilen getötet wurden, bahnt sich ein Friedensabkommen mit Indien an

Indien erwägt öffentlich den Bau von Kernwaffen

Japan vereinbart mit USA Beteiligung am SDI-Programm

Japan. Parlament lehnt die von Min.Präs. *Nakasone* vorgelegte Mehrwertsteuer von 5 % ab

Noburu Takeshita (* 1924) wird als Nachfolger von *Y. Nakasone* Min.Präs. v. Japan

Schwere Straßenunruhen in Seoul/Südkorea, die die mit dem Diktator *Chun* (* 1932) verbündeten USA mit der Mahnung zur Kompromißbereitschaft begleiten

Nach 3-wöchigen Straßenunruhen in Südkorea stimmt Präs. *Chun* dem von der Opposition geforderten demokratischen Reformprogramm zu

Das BSP von Südkorea stieg 1986 real um + 12,2 %

Südkorea läßt nach 3-wöchigen Straßenschlachten 2335 polit. Häftlinge frei

Unruhen und ein Generalstreik auf den Philippinen erschüttern die Herrschaft *Aquino*, die von USA unterstützt wird

Oppositionelle Kommunisten zerstören die transphilippinische Autobahn

Philippinische Regierung von *Corazon Aquino* tritt zurück, um politische Stabilisierung zu ermöglichen

5. und einer der schwersten Putschversuche gegen *C. Aquino* wird vom loyalen Militär auf den Philippinen niedergeschlagen

Nach dem Wechsel in der Parteispitze wird in Vietnam auch die Regierung umgebildet

Nach blutigen Störungen werden die Wahlen auf Tahiti/frz. Polynesien abgebrochen

Zeit vor 4300 Jahre in Aachen)

In USA entstehen nach europäischem Vorbild naturschützende Vereinigungen von „Grünen"

Nach Unruhen im Militär amnestiert Argentinien Verstöße gegen Menschenrechte während der Militärdiktatur wegen Befehlsnotstandes

Nach Ratifizierung durch 20 Staaten tritt die UN-Konvention gegen die Folter in Kraft (bei BRD steht nach Unterschrift Ratifizierung aus)

Vor dem Besuch von *E. Honekker* i. BRD schafft die DDR die Todesstrafe ab und amnestiert rd. 20 000 Verurteilte

Parlament in Kanada lehnt mit knapper Mehrheit die seit 1976 abgeschaffte Todesstrafe weiterhin ab (28 Staaten vollstrecken sie noch)

Der Begriff „Postmoderne" stiftet mangels klarer Definition Verwirrung im Kulturbereich

Internat. Drogenkonferenz der UN i. Wien

Japan.-Dt. Zentrum i. Berlin (W) eröffnet

Artensterben durch Umweltveränderung berechtigt zur Feststellung: Wir leben im Zeitalter der größten Artenvernichtung seit der Lebensentstehung vor ≈ 3,5 Mrd. Jahren

Nach 130 Jahren stellen „Westermanns Monatshefte" ihr Erscheinen ein (gegr. 1856)

Kultusminister der BRD (KMK) einigen sich nach langen Verhandlungen auf eine allseitig anerkannte Form des Abiturs

Internationale Liga für Menschenrechte verleiht in Bln (W) Ossietzky-Medaille an drei Richter, die mit Sitzblockade Stationierung von Kernwaffen verhindern wollten

USSR teilt die Begnadigung von 140 Dissidenten mit

preise für Filme der BRD weisen auf künstlerische Krise hin

Nur 7 Filme der BRD zogen 1986 mehr als eine halbe Mill. Besucher in die Kinos, darunter „Der Name der Rose", „Momo", „Rosa von Luxemburg", „Männer" u.a.

Israel plant für 1988 Filmfestspiele in Eilath

~ Mit der Theorie der Fraktale entsteht eine Wissenschaft unregelmäßiger Linien wie Metallrisse u. ä.

Ausgaben für Wissenschaft u. Entw. in DM/Kopf: BRD 47,33; USA 175,65; Jap. 91,75

Ausgaben für Forschung u. Entwicklung i. %BSP: BRD 2,93; USA 2,99; Jap. 3,00

Hochtemperaturreaktor f. 300 MW mit theoret. hoher Betriebssicherheit in Hamm übergeben

Die internat. Funkausstellung in Berlin (W) wird von digitaler und globaler Technik beherrscht

3 für das KKW Tschernobyl Verantwortliche kommen vor Gericht, weil ihrer groben Fahrlässigkeit 30 Tote, über 200 Schwerverletzte und über 135 000 Evakuierte angelastet werden, abgesehen von Sachschäden und etwa 60 000 zusätzlichen künftigen Krebsfällen

USSR verzichtet auf Wiederbesiedlung von 27 strahlenverseuchten Ortschaften im Umkreis des KKW Tschernobyl

3 × 10 Jahre Straflager und weitere Freiheitsstrafen für Verantwortliche der Tschernobyl-Katastrophe 1986 i. USSR in einem weitgehend nichtöffentlichen Prozeß

61 m hoher Betonmantel um Tschernobylreaktor, der im Vorjahr durch GAU weite Gebiete Europas radioaktiv verseuchte

Regisseur eines Dokumentarfilms über den Tschernobyl-GAU stirbt an den Folgen der Bestrahlung

Dillinger Stahlhütte verursacht durch Einleitung von Zyankali Fischsterben in der Saar

7 Tote und 36 Verletzte, als Tankwagen mit hoher Geschwindigkeit in Herborn/Hessen umstürzt und inmitten der Stadt explodiert; Problematisierung des Straßentransports gefährlicher Güter

3 große Auffahrunfälle mit Personen- und Sachschäden in einer Woche wegen zu hoher Geschwindigkeit auf nasser Fahrbahn i. BRD

Ca. 2000 Tote durch Erdbeben in Ecuador, das auch die Ölpipeline, die Existenzgrundlage des Landes, zerstört

Ca. 164 Tote, als Fährschiff von Belgien nach Gr.Brit. beim Ablegen in Zeebrügge kentert

Schwere Überschwemmungen und Erdrutsche in Ecuador

Das Hilfsschiff „Cap Anamur" bringt im Juni 900 im Südchinesischen Meer gerettete Flüchtlinge nach Europa

3-wöchiger Waldbrand i. NO-China verursacht 191 Tote, 221 Schwerverletzte, 56 000 Obdachlose, 650 000 ha Waldverlust auf einer Gesamtfläche von ca. 1 Mill.ha

Brit. Reederei übernimmt die Verantwortung für das Kentern der Kanalfähre mit rd. 200 Toten, weil sie mit offenen Bugtoren die Überfahrt begann

Prozeß gegen *Klaus Barbie* (alias *Klaus Altmann* [* 1913 in Lyon]), wo er 1942–44 Gestapochef war. Er behauptet, rechtswidrig aus Bolivien entführt zu sein und lehnt Teilnahme am Prozeß ab

Die Erschießung zweier Polizisten an der Startbahn in Frankfurt/M. löst heftige Diskussionen um eine Verschärfung der Demonstrationsgesetze aus

Berlin (W) wird mit 200 km Glasfaserkabel mit anderen Teilen der BRD verbunden

Elektronische Messe „CeBit" in Hannover mit 296 000 Besuchern

Nach 179 Tagen Umbau auf einer Bremer Werft ist „Queen Elisabeth II" zweitgrößtes Passagierschiff der Erde mit 130 000 PS Antrieb

BRD führt „schnurloses" Telefon ein

1988	Friedensnobelpreis an die UN-Friedenstruppe („Blauhelme"), die bisher ca. 505 Mann bei Waffenstillstandskontrollen verlor Der INF-Vertrag USA–USSR und die Politik *Gorbatschows* schaffen global eine friedlichere Atmosphäre Inst. f. strategische Studien i. Stockholm stellt wachsendes Übergewicht des Ostblocks bei konventionellen Waffen fest Die Friedenszeit von 1945–88 ist länger als die in Europa bisher längste von 1871–1914 Seit 1945 brachen vor allem in der 3. Welt etwa 300 kriegsähnliche Konflikte aus † *Kurt Georg Kiesinger* (* 1904, CDU), 1966–1969 Bundeskanzler einer CDU–SPD-Regierung mit *W. Brandt* als Außenmin. (SPD) Bundeskanzler *H. Kohl* droht mit Rücktritt, weil CSU beschlußfähige Steuerreform ändern will Der Besuch von Kanzler *H. Kohl* in Moskau erweist Differenzen in der Deutschland- und Berlin-Frage † *Johann Baptist Gradl* (* 1904, CDU), unter *K. Adenauer* mehrfach Bundesmin. *Martin Bangemann* (* 1934 b. Magdeburg, FDP), Bundeswirtschaftsmin. u. FDP-Vors., entschließt sich EG-Kommissar in Brüssel zu werden *Helmut Haussmann* (* 1942, FDP) als Nachfolger von *M. Bangemann* wird neuer Wirtschaftsmin. d. BRD *Ursula Maria Lehr* (* 1930, CDU), Altersforscherin, wird neuer Min. f. Familie, Frauen und Gesundheit Bundestagspräsident *Philipp Jenninger* (* 1932, CDU) tritt zurück, nachdem seine Gedenkrede auf die NS-Verfolgung der Juden 1938 stark kritisiert wurde *Rita Süssmuth* (* 1937 i. Wuppertal), bisher Bundesmin. f. Familie, Jugend u. Frauen, wird mit großer Mehrheit Präsident d. Bundestages %Stimmen bei Wahlen i. Bad.-Württembg. (88/84): CDU (49,1/51,9), SPD (32,0/32,4), Grüne (7,9/8,0), FDP (5,9/7,2). Min.Präs. *Lothar Späth* (* 1937) behält mit CDU abs. Mehrheit Min.Präs. *Lothar Späth* (* 1937, CDU, i. Amt s. 1978) behält bei Neuwahlen die abs. Mehrheit seiner Partei i. Bad.-Württemberg Die Politik der Bundesreg. unter Kanzler *H. Kohl* (CDU) gerät in die Kritik der eigenen Reihen 3. Gebietsaustausch mit je rd. 100 ha zwischen Bln (W) u. (O) BRD und DDR vereinbaren neue Transitregelung für Berlin mit neuem Übergang Richtung Dresden	Nobelpreis f. Literatur an *Nagib Mahfus* (* 1911 in Kairo), ägypt. Autor sozialkritischer Literatur Friedenspreis des Dt. Buchhandels an *Siegfried Lenz* (* 1926) *Herbert Achternbusch* (* 1938 i. München): „Der Frosch" und „Sintflut" (Schauspiele, Urauff. i. München) *Inge Aicher Scholl* (* 1917, Schwester des NS-Opfers *Scholl*) erhält den *Freda Wuesthoff*-Preis *Tschingis Aitmatow* (* 1928 als Kirgise): „Der Aufstieg auf den Fudjijama" (Schauspiel, dt. Erstauff. i. Bielefeld) † *Axel von Ambesser* (* 1910 i. Hamburg), Schriftsteller, Schauspieler und Regisseur *Sacha Andersen* (* 1953 i. Weimar): „brunnen, randvoll" (Gedichte aus DDR-Gefängnis) † *Rose Ausländer* (* 1907 i. Czernowitz [damals Österr.], seit 1946 i. USA), vom Schicksal der	Etwas mehr als 25% der erwachsenen Erdbev. sind Analphabeten UNESCO schätzt 3 Mill. Analphabeten i. BRD Bibelübersetzung in tuvulanisch und die Sprache der Quecha (Indianersprachen) erhöhen Übersetzungen in 1884 versch. Sprachen (Gesamtausgaben in 303 Sprachen) 4000 Tontafeln aus Uruk, die ca. 5000 Jahre alt sind, erweisen die Schrift als Produkt der Entwicklung der Wirtschaftsorganisation Es wird bezweifelt, daß ein Fund im Bonner Landesmuseum die Totenmaske von *K. Adenauer* († 1967) ist Ausstellung über den dt. Arbeiterführer *August Bebel* (1840–1913) i. Bln (W) † *Erich Klausener* (* 1917 i. Berlin), Berliner Domkapitular *Werner Höfer* (* 1913) beendet Fernsehsendung »Der Internationale Frühschoppen", die 1951 begann, wegen seiner umstritte-

Biennale in Venedig

Alvar Aalto (* 1898 i. Finnl., † 1976): Opernhaus in Essen, dessen Wettbewerb er 1958 gewonnen hatte

Ausstellung des graphischen Werkes von *Werner Lichtne Aix* i. Bln (W)

Werke von *J. Beuys* werden i. Berlin (O) ausgestellt

Gottfried Böhm (* 1920 i. Offenbach) erhält Auftrag f. seinen Entwurf eines Völkerkundemus. i. Köln

Tony Cragg (* 1949 i. Liverpool, lebt seit 1947 i. Wuppertal) erhält als Bildhauer *von der Heydt*-Preis

† *Hans Fronius* (*1903 i. Sarajewo) expressionistischer Graphiker und Illustrator

André Heller (* 1947 i. Wien) plant Bühnenfest „Body & Soul"

Vorbereitung einer Ausstellung des japan. Malers *Kai Higashiyama* (* 1908)

Rosemarie Krefeld (* 1942 i. Berlin): „Ohne Titel" (Gem.)

Denkmal für den abstrakten Künstler *Kasimir Malewitsch* (1878–1935) in Moskau eingew.

Kunstsonderpreis des Landes Niedersachsen an *Oswald Malura* (* 1906 i. Oberschlesien)

† *Frederick Ashton* (* 1904 i. Gr.Brit.), brit. Choreograph

† *Chet Baker* (* 1929 i. USA), Jazztrompeter, durch Fenstersturz nach Heroinkonsum

Die sterblichen Überreste von *Béla Bartók* (1881–1945) werden aus den USA nach Budapest überführt und dort beigesetzt

Leonard Bernstein erhält zum 70. Geb. als erster den Brahmspreis in Neumünster

† *Solomon Cutner* (* 1902 als Sohn eines jüd. Polen), Pianist

† *Antál Dorati* (* 1906 i. Budapest), Dirigent u. Komponist

† *Gil Evans* (* 1912 i. Toronto), Jazzmusiker

Philip Glass (*1937 i. Baltimore): „1000 Flugzeuge auf dem Dach" (Einpersonenoper, Urauff. auf dem Flugplatz in Wien); „Raumschiff Planet 8" (Oper, Urauff. i. Houston)

† *Hilde Güden* (* 1917 i. Wien), Opernsängerin (Koloratursopran)

Nobelpreis f. Physik an *Leon Max Lederman* (* 1922 i. New York), *Melvin Schwartz* (* 1932 i. New York) u. *Jack Steinberger* (* 1921 i. Bad Kissingen, seit 1934 i. USA) für Neutrinoforschung mit Entd. des Myon-Neutrinos

Nobelpreis f. Chemie an *Robert Huber* (* 1937 i. München), *Johann Deisenhofer* (* 1943 i. Bayern) und *Hartmut Michel* (* 1948 i. Ludwigsburg) für Proteinanalyse im Zentrum der Photosynthese

Nobelpreis f. Medizin u. Physiolog. an *James W. Black* (* 1924 i. Schottland), *Gertrude Elion* (* 1918 i. New York) und *George Hitchings* (* 1905 i. USA) f. neue Konzepte der Arzneimittelherstellung

Die moderne Astronomie sieht es als sehr wahrscheinlich an, daß ein „Schwarzes Loch" 100 Mill. Sonnenmassen hat

USSR veröffentlicht Radarbilder der Venusoberfläche

Trotz erheblicher Risiken und Unsicherheiten planen die USA für 1989 Start eines Weltraumteleskops mit 2,4 m-Spiegel und 12,3 t Gewicht

Nobelpreis f. Wirtschaft an *Maurice Allais* (* 1911 i. Paris) f. Markttheorie

Das BSP der Erde lag 1987 bei 13000 Mrd. $ (das entspricht ca. 2600 $/Kopf bei + 2,4%/Jahr)

BSP der BRD nimmt real um 3% zu

BRD steht mit 1206 Mrd. $ BSP an 4. Stelle der Nationen nach USA, USSR, Japan, als Exporteur an 2.

Brit. BSP an 5., Ital. an 6. Stelle

Energieverbrauch der Erde: 9379 Mill t SKE (+ 2,4% Jahr)

Ein ernster Störfall im Kernkraftwerk Biblis wurde ein Jahr lang verheimlicht und führt zu neuen kostspieligen Sicherheitsauflagen

Weltreserven von 120 Mrd. t Erdöl und 111 Mrd. m^3 Erdgas vorhanden

Strukturbedingte Kohle- und Stahlkrise in BRD

Stahlverbrauch der Erde 782 Mt (+ 4,5% gegen 1979 = 0,5% Jahr)

Beschäftigte in der eisenschaffenden Industrie (i. 1000) 1988 182, 1970 374,5 (– 4,1% Jahr)

Globale Erdölförderung 2279 Mt (1987: 2864 Mt) + 4,0%/J

Ölpreis i. $/Barrel (159 l): 1970 1,65; 1974 11,29; 1978 12,88; 1988 unter 12,0

OPEC einigt sich nach schwierigen Verhandlungen auf Fördermengen. Ihr globaler Anteil sank seit 1973 etwa von 50 auf 30%

170 Tote bei Explosion einer Ölbohrinsel 190 km vor der schott. Küste

Die drohende Schließung von Krupp Rheinhausen (gegr. 1896) wird als Alarmsignal f. d. Stahlindustrie i. BRD betrachtet

† *Christina Onassis* (* 1951 als Tochter des Millionärs *A. Onassis*), eine der reichsten Frauen der Erde

Exportüberschuß der BRD: 1986 112,6 Mrd. DM; 1987 117,5 Mrd. DM

3 Mrd. DM Kredite von BRD-Banken an die USSR

Industrie-Ausstellung der BRD in Indien

(1988)	Berliner DBG-Vors. *Pagel* bezeichnet SPD-Vors. *Lafontaine* als „unwählbar“, weil er auf vollen Lohnausgleich bei Arbeitszeitverkürzung verzichtet In Kommunalwahlen in Bayern schwächt SPD Einfluß der CSU In München wird aus den Reihen der Grünen ein Referent (Stadtrat) gewählt Bayer. Min.Präs. *F. J. Strauß* besucht Moskau u. Südafrika ohne Legitimation eines Außen-Min., führt zu Kritik † *Franz Josef Strauß* (* 1915 i. München, CSU), seit 1978 bayr. Min.Präs., seit 1961 CSU-Vors., trat als eigenwilliger Politiker hervor *Max Streibl* (* 1932, CSU), bisher bayr. Finanzmin., wird neuer bayr. Min.Präs. Der Vertrag mit den anarchist. Bewohnern der Hamburger Hafenstr. schafft keinen Frieden und führt zum Rücktritt von *Klaus v. Dohnanyi* (* 1928, SPD), der 1981 gewählt wurde *Henning Voscherau* (* 1942) wird als Nachfolger *v. Dohnanyi 1. Bgm.* v. Hamburg Unregelmäßigkeiten in Hanauer Nuklearbetrieben nähren zunächst den Verdacht illegaler Lieferung von Kernwaffensprengstoff an Libyen und Libanon Nach Abwahl als Landesvors. d. CDU tritt *Bernhard Vogel* (* 1932) als Min.Präs. v. Rheinl.-Pfalz zurück, der er seit 1976 war Im Zuge der Affäre *Barschel-Pfeiffer* löst sich der Landtag von Schl.Holst. zwecks Neuwahlen auf Nach dem Tod von *Uwe Barschel* (* 1944, CDU) stellt erstmalig SPD in Schlesw.Holst. mit *Björn Engholm* (* 1939) den Min.Präs. Landtagswahlen i. Schlesw.-Holst. % Stimmen (z.Vgl. 1987): SPD: 54,8 (45,5); CDU: 33,3 (42,6); FDP: 4,4 (5,2); Grüne: 2,9 (3,9); *Björn Engholm* (* 1939 i. Lübeck, SPD) wird Min.Präs. Die *Barschel-Pfeiffer*-Affäre in Schlesw.-Holstein erschüttert weithin das Vertrauen in die demokrat. Staatsform Die SPD begeht als älteste deutsche Partei ihr 125-jähriges Jubiläum *Hans Apel* (* 1932, SPD) gibt nach Durchfall bei SPD-Vorstandswahlen seine Fraktionsämter auf *Hans Joachim Vogel* (* 1926 i. Göttingen) löst *W. Brandt* (* 1913) als Vors. d. SPD ab, der seit 1964 amtiert und nun Ehrenvors. wird SPD in Südhessen wählt *Heidemarie Wieczorek-Zeul* (* 1942) zur Vors.	verfolgten Jüdin geprägte Lyrikerin *Thomas Bernhard:* „Heldenplatz“ (Schauspiel, Urauff. i. Wiener Burgtheater) *Heinrich Böll* (1917–85): „Frauen vor Flußlandschaft“ (Urauff. postum in München, Regie *Volker Schlöndorff*) *Volker Braun* (* 1939 i. Dresden): „Lenins Tod“ (Schauspiel, Urauff. i. Dresden) † *Harry Buckwitz* (* 1904 i. München), Theaterleiter in Frankfurt/M. u. Zürich † *Hilde Claassen* (* 1898), Verlegerin *Marion Gräfin Dönhoff* (* 1909 i. Ostpreußen) erhält als Publizistin Heinrich-Heine-Preis *Tankred Dorst* (* 1925 i. Thüringen): „Korbes“ (Schauspiel, Urauff. i. Hamburg) † *Robert Duncan* (* 1911 i. Calif./USA), Lyriker *Umberto Eco* „Il Pendolo di Foucault“ (ital. Roman) † *Paul Esser* (* 1914), Regis-	nen NS-Vergangenheit Frz. Staatspräs. *F. Mitterand* und Bundeskanzler *H. Kohl* erhalten von Aachen den Karlspreis für Verdienste um Europa In Prag werden nach vielen Jahren 2 neue kathol. Bischöfe geweiht † *Simon Moser* (* 1901 i. Tirol), 1952–62 Philosophie-Prof. in Karlsruhe, veröff. 1958 „Metaphysik einst und jetzt“ † *Ana Aslan* (* 1887) rumän. Gerontologin, führte die „A-Methode“ ein Erdweit wird *Nelson Mandela* (* 1918), der seit 25 Jahren als Apartheidgegner in Südafrika inhaftiert ist, geehrt und seine Freilassung gefordert Historikerstreit, ob NS-Verbrechen einmalige Ausnahmen oder in den Gang der Geschichte einordenbar sind Jüdisches Museum i. Frankfurt/M. gedenkt der NS-Judenverfolgung vor 50 Jahren i. Dtl. Museum f. Archäologie u.

† *Ita Maximowna* (* 1908 i. St. Petersburg), Bühnenbildnerin in Bln (W) nach 1945

Magdalena Moeller (* 1952) wird Direktorin des „Brücke"-Museums i. Berlin (W)

Museum f. Archöologie u. Völkerkunde in Mannheim nach Plänen von *Carlfried Mutschler* u. *Joachim Langner*

† *Louise Nevelson* (* 1900 in Kiew, lebte zuletzt in USA), Bildhauerin großer aus Holzplastiken

† *Isamu Noguchi* (* 1904 i. Los Angeles) Bildhauer japan. Abst., schuf 1958 Unesco-Steingarten

Picasso-Gem. „Mutterschaft" von 1901 i. New York für 24,75 Mill. $ versteigert (bisher höchster Preis f. ein Bild d. 20. Jh.)

In London wird das Gemälde „Rosa Harlekin" von *Pablo Picasso* (1881–1973), das 1905 entstand und in der NS-Zeit für 100 000 RM als „Entartete Kunst" verschleudert wurde, für 67 Mill. DM versteigert

Werke von *Sigmar Polke* (* 1942 i. Niederschlesien): Ausstellung i. Paris

Aldo Rossi (* 1931 i. Mailand) gewinnt Architek-

† *Michael Jary* (* 1907 i. Oberschlesien), Komponist von Schlagern u. Filmmusik

Herbert v. Karajan (* 1908 i. Österr.) tritt aus Gesundheitsgründen vom Kuratorium der Salzburger Festspiele zurück, die er maßgebl. gestaltete

Isabelle van Keulen (* 1967 i. Niederl.) wird als Geigerin „Young Musician of the Year"

Giselher Klebe (* 1925 i. Mannheim): „Der jüngste Tag" (Oper, Urauff. d. Rheinoper i. Mannheim)

† *Willi Kollo* (* 1904 i. Königsberg), Komponist von Schlagern und U-Musik

Ernst Krenek (* 1900): „Symeon der Stylit" (Oratorium, Urauff. i. Salzburg)

Rolf Liebermann (* 1910 i. Zürich): „Cosmopolitan Greetings", Multimediashow als Abschied von der Hamburger Oper, deren Intendant er von 1959–72 war

György Ligeti (* 1923 i. Sie-

† *Richard Feymann* (* 1919 i. New York, Nobelpreis 1965), Theoretiker der Elementarteilchen und ihrer Wechselwirkungen

Hans Geiger (1882–1945) erfand vor 60 Jahren Zählrohr zum Nachweis von Strahlen

Das Energieäquivalent der Neutrinomasse, das die Expansion des Raumes verlangsamen würde, beträgt 64 e-Volt (= 1,2/1000 Elektronenmassen)

Es überwiegt die Vermutung, daß der Kosmos als „offener" ständig expandiert

Das untere Energieäquivalent der Neutrinomasse liegt bei 16 e-Volt (möglicherweise besteht die Masse des Kosmos vorwiegend aus Neutrinos)

Wahrscheinlich sind 3 „Familien" von Elementarteilchen vorhanden mit je 2 Quarks, 2 Leptonen und ihren Antiteilchen. Das 6. (schwerste) „Top"-Quark ist noch nicht eindeutig nachgewiesen

Bei den Elementarteilchen wird neben den 3 bekannten Quark-Leptonen-Familien eine 4. vermutet, zu deren Nachweis höhere Beschleuniger-Energien als bisher notwendig sind

Fusion Daimler-Benz mit Messerschmitt-Bölkow-Blohm wird vom Bundeskartellamt i. Bln (W) zunächst untersagt, bis Ministererlaubnis vorliegt

Offizielle Beziehungen zwischen EG u. DDR

Die Zustimmung zur EG ging bei ihren Bürgern von 62% 1987 auf 49% zurück

Polen erläßt Gesetze zugunsten der Marktwirtschaft

Reform der EG-Agrarpolitik durch die Reg.Chefs der 12 Staaten in Brüssel

Konferenz der Handelsminister des Gatt-Abkommens, um den durch Protektion bedrohten Freihandel zu sichern

USA-Kongreß beschließt Handelsgesetz, dem die EG Protektionismus vorwirft

Mrd. DM EG-Stützung der Agrarpreise: 1988 56,7; 1978 22,2 (+ 10% Jahr)

Freihandelsvertrag USA-Kanada mit Abbau der Zollgrenzen

Haushalt der EG tritt mit 90,7 Mrd. DM in Kraft (+ 21% gegen Vorjahr)

Gr.Brit. verzeichnet für 1987 einen durchschnittl. Produktivitätszuwachs von 6,8%

Mit dem Meeresbergbau steht der größte menschliche Eingriff in diesem Bereich mit unbekannten Folgen bevor

Der Markt für Mikroelektronik i. BRD wird sich bis zum Jahr 2000 vermutlich verfünffachen

Daimler-Benz beteiligt sich mit 300 Mill. DM bei Dornier, dessen Erben ihr Mitspracherecht einschränken

Auseinandersetzungen um die Erbschaft des Zeitungsherrschers *Axel Cäsar Springer* († 1985)

Der obsolete Youngplan für dt. Reparationen f. 1. Weltkrieg läuft formal aus

Kernkraftwerk Neckarwestheim II mit 1300 MW in Betrieb (letztes vor 2000 i. BRD)

1987 erzeugten 417 Kernkraftwerke

(1988)	F.D.P. wählt *Otto Graf Lambsdorff* (* 1926) gegen Frau *Adam-Schwaetzer* zum Vors. als Nachfolger von *M. Bangemann* (* 1934), der zur EG nach Brüssel geht Unbefriedigende Wahlergebnisse rufen bei den „Grünen" heftige Diskussionen zwischen zur SPD neigenden „Realos" und grundsätzlich eingestellten „Fundis" hervor Auf einem Parteitag der „Grünen" wählen die „Realos" den von den „Fundis" beherrschten Vorstand wegen finanzieller Unregelmäßigkeiten ab Der Besuch des SU-Außenmin. *E. Schewardnadse* in Bonn wird als Verbesserung der Beziehungen gewertet *Erich Honecker* besucht die EG- und NATO-Monarchie Spanien und wird vom Kg. empfangen 6 DDR-Bürger scheitern bei dem Versuch, durch Flucht in die Ständige Vertretung der BRD die Ausreise dorthin zu erlangen Demonstration bei offiziellem Gedenken an *Rosa Luxemburg* (1871–1919 i. Berlin [0]) führen zu einer Verfolgungswelle mit Verhaftungen, Verurteilungen und Ausweisungen Mit Hilfe der Kirche läßt die DDR überraschend 20 Häftlinge frei, die sie bei einer *Luxemburg-Liebknecht*-Demonstration verhaftet und teilweise wegen „Zusammenrottung" verurteilt hatte Führung der DDR lehnt den Reformkurs von *M. Gorbatschow* ab und behindert seine Diskussion durch Zensurmaßnahmen *Fred Sinowatz* (* 1929, SPÖ) tritt als Parteivors. zurück. Nachfolger wird Bundeskanzler *Franz Vranitzky* (* 1937, SPÖ) Österreich kündigt Aufnahmeantrag in die EG an Österreich ratifiziert den Südtirolvertrag mit Italien FPÖ gewinnt Landtagswahlen i. Niederösterreich Nach Verurteilung des früheren österr. Vizekanzlers *Hans Androsch* (* 1938, SPÖ), wird sein Rücktritt von seinem derzeitigen Amt wegen falscher Zeugenaussage gefordert Südtiroler Volkspartei (der deutsch Sprechenden) erhält 60,4 % der Wahlstimmen, ital. Neofaschisten und Grüne erreichen Zuwachs Sprengstoffanschläge von seiten der dt. Volksgruppe in Südtirol (Ital.) Rahmenvertrag EG-RGW mit Berlinklausel in Luxemburg unterschrieben EG-Gipfel auf Rhodos verläuft ohne umstrittene Entscheidungen EG tagt in Hannover	seur und Theaterleiter, seit 1963 Hansa-Theater Berlin † *Joachim Fernau* (* 1909 i. Bromberg), Schriftsteller bes. historischer Themen („Rosen für Apoll" 1961 u. and.) † *Erich Fried* (* 1921 i. Wien, seit 1938 i. Gr. Brit.), Lyriker u. Übers. *Françoise Giroud* erhält f. d. Biographie „Alma Mahler oder die Kunst geliebt zu werden" den gr. Literaturpreis der Frau *Rainald Goetz* (* 1954 in München): „Schlachten" (Schauspiel, Urauff. i. Bonn). Erhält Mülheimer Dramatikerpreis f. sein Schauspiel „Krieg" *Günter Grass:* (* 1927 i. Danzig) „Gedichte 1955–86"; „Zunge zeigen" (Bericht über ½ Jahr in Kalkutta) † *Martin Gregor-Dellin* (* 1926, seit 1982 Präs. des BRD-Penclubs) *Ulla Hahn* (* 1946 i. Sauerland): „Unerhörte Nähe" (Gedichte) *Matthias C. Hermann*	Völkerkunde i. Mannheim eröffnet (vgl. K) Außenmin. *Genscher* eröffnet in Peking Goetheinstitut Demonstrationen und Vorlesungsboykotte der Studenten i. d. BRD führen zu Notprogrammen zur Verbesserung der Studienbedingungen Der 40. Jahrestag der Gründung der Freien Universität Berlin wird von Studentenprotesten gegen schlechte Studienbedingungen begleitet Vulkankrater der Eifel erweisen sich als Siedlungsorte der Mammutjäger (≈–8000) Städte i. BRD zwischen 10 000 u. 200 000 Einw. geben 4,3% der kommunalen Ausgaben (= 125 DM./Kopf) für kulturelle Zwecke aus † *Hans Urs von Balthasar* (* 1905 i. Luzern), Schweizer kathol. Theologe *Hans Blumenberg* (* 1920 i. Lübeck): „Die Matthäuspassion" (Religionsphilosophie) DDR greift zensierend bis zum

tenwettbewerb für das Dt. Historische Museum in Bln (W)

Erwin Schinzel (* 1919 i. Sudetenland): „Mädchen mit Tuch" (Wachsausschmelzplastik)

K. J. Schoen (* 1931 i. Königsberg): Ausstellung geometr. abstr. Bilder in Berlin (W)

Späte Bilder von *Emil Schumann* (* 1912 i. Hagen) i. d. Nationalgalerie Bln (W)

Martin Schwarz (* 1946 i. Winterthur): „Garten" (Abstraktion nach *Van Gogh*)

Richard Serra (* 1939 i. S. Francisco) stellt druckgraphische Werke in Bln (W) aus

Hans Steinbrenner (* 1928 i. Frankf./M.) stellt quaderförmige Plastiken in Bln (W) aus

Ausstellung von Bildern von *Frank Stella* (* 1936 i. USA) in Stuttgart

James Stirling (* 1926) und *Michael Wilford* bauen das Wissenschaftszentrum i. Bln (W)

Chikago-Architektur 1872–1922 (Ausstellung dieser maßgebl. Epoche in Frankfurt/M.)

Architektur der Synagoge (Ausstellung i. Frf./M.)

„Stationen der modernen Kunst" (Ausstellung in Berlin [W])

benbürgen/Rumänien, studierte in Budapest) erörtert in Köln die Einflüsse ostasiatischer und afrikanischer Musik

† *Frederic Loewe* (* 1902 i. Wien), komponierte 1956 „My Fair Lady" (Musical n. *Shaw*)

† *Joshua Logan* (* 1909 i. USA), erfolgr. Musical-Regisseur

Massenkonzert in einem Londoner Stadion zum 70. Geburtstag des südafrikan. Freiheitskämpfers *N. R. Mandela,* der seit 25 Jahren verhaftet ist

Concertgebouw-Orchester in Amsterdam besteht 100 Jahre (1895–1945 war *Willem Mengelberg* (1871–1951) Dirigent

Seit dem Tod von *Elvis Presley* 1977 vermehrte sich der Wert seines hinterlassenen Vermögens von 5 auf 50 Mill. $

Dieter Schnebel (* 1930 i. Lahr): „Dahlemer Messe" (Kirchenmusik, Urauff. i. d. früheren Kirche von Pastor *M. Niemöller* [† 1984])

Die weitere Klärung der Struktur der Materie und ihrer Theorie erfordert Teilchenbeschleuniger bis zu 1000 Mrd. e-Volt Energie, die sich in mehreren Ländern in der Entwicklung und im Bau befinden

Europäisches Synchrotron (ESFR) für 6 Mrd. e-Volt wird in Grenoble errichtet

Ein etwaiger Protonenzerfall und darauf gestützte Theorien der Materie gelten als zunehmend unwahrscheinlich

~ Seit 1981 wurden am Schwerionen-Beschleuniger in Darmstadt die Transurane 107, 108 u. 109 identifiziert

Weitere Versuche, *Newtons* Gravitationsgesetz durch eine (5.) Grundkraft zu ergänzen

In Bremen wird bis 1989 ein 146 m hoher evakuierbarer „Fallturm" für erdschwerfreie Experimente gebaut

Radiostrahlung des Planeten „Pluto" nachgewiesen, die −234° entspricht

Neue Messungen der kosmischen Hintergrundsstrahlung zeigen Abweichungen von der Wärmestrahlung eines „Schwarzen Körpers", die eine Deutung erfordern

etwa 17,5% der elektrischen Energie der Erde

%-Anteil der Kernenergie an der Stromerzeugung: Frankreich 77,2; BRD 29,4; USSR 10; USA 15,4; Erde 17,5

Für 1987 werden ca. 3000 Störfälle in US-Kernkraftwerken mit 430 Notabschaltungen bekannt

Im Dezember wird ein bedrohlicher Störfall im Kernkraftwerk Biblis bekannt, der ein Jahr verschwiegen wurde

Ein Wissenschaftler der USSR bestätigt im Ausland schweren Atomunfall im Ural, der seit 1976 verschwiegen wurde

Bericht über Atomunfall in Windscale (GB) von 1957 wird erst jetzt veröffentlicht

Der Grenzort Ossig zwischen DDR und Polen wird für die Braunkohlenförderung abgerissen

Erdweit werden Wasserstoffsysteme als Energiequellen entwickelt

Das Wachstum der Erdbevölkerung läßt in 10 Jahren etwa 5,86 Mrd. Menschen erwarten (+ 1,8%/J)

Erdindex d. Ernährung/Kopf 1975: 97; 1980: 100; 1985: 104; 1975–85 + 0,7%/Jahr

40 Jahre nach der Erklärung der Menschenrechte durch die UN sind sie nur unvollkommen realisiert

Fleischverbrauch je Einw. i. USSR: vor 1917 88 kg; 1988 62 kg; in USA 1988 120 kg

M. Gorbatschow kündigt neue Agrarpolitik mit Landverpachtung an

Welternährungskonferenz in Brüssel

Der Gipfel der 7 westl. Industrienationen beschließt Schuldenerlaß für die ärmsten Länder Afrikas

In USA leben 32,5 Mill. Menschen (= 13,5%) unter der Armutsgrenze

In den USA werden 3–4 Mill. Obdachlose geschätzt

Verheerende Dürre und Steppenbrände gefährden Ernte in USA

Die Auslandsschulden der Entwicklungsländer stiegen seit 1982 um 350

(1988)

† *Joop den Uyl* (* 1919, Soz.dem.), 1973–77 niederländ. Reg.Chef

Wahlen in Dänemark bestätigen die Reg. *Paul Schlüter* (* 1929, konservativ, seit 1982 i. Amt)

M. H. Koivisto (* 1923, Sozialdem.), seit 1982 finn. Staats.Präs., wird für weitere 6 Jahre gewählt

† *Edgar Faure* (* 1908) als frz. Gaullist mehrfach Min.

Frz. Min.Präs. *J. R. Chirac* (* 1932, Gaullist) tritt nach Wahlniederlage zurück

F. Mitterand beendet „cohabitation“ i. Frankr., indem er als Nachfolger von *J. R. Chirac* als Min.Präs. *Michel Rocard* (* 1928, Sozialist) ernennt

Die Wahlen in Frankreich bringen weder den Sozialisten noch den Bürgerlichen eine Mehrheit. *Rocard*, Sozialist, bleibt Min.Präs.

F. Mitterand (frz. Sozialist) gibt seine Kandidatur für eine 2. Amtszeit als Staatspräsident bekannt. Seine Rivalen sind *Chirac* und *R. Barre*

F. Mitterand (* 1916, Sozialist) wird für weitere 7 Jahre zum frz. Staatspräs. gewählt

Zum 25. Jahrestag des dt.-frz. Freundschaftsvertrages wird eine dt.-frz. Brigade gegr.

F. Mitterand u. *H. Kohl* bekräftigen und erweitern i. Paris den frz.-dt. Elisé-Vertrag, den *de Gaulle* und *Adenauer* 1963 schlossen

Der Vors. d. brit. Labourparty (seit 1979) *N. Kinnock* (* 1942) setzt sich für die freie Marktwirtschaft ein

In Gr.Brit. vereinigen sich Liberale und sozialdemokr. Labour-Party zur SDLP

Brit.Reg.-Chef *Margaret Thatcher* besucht Polen und ermutigt dort *L. Walesa* und seine Politik

Ital. Min.Präs. *Giovanni Goria* (* 1944, DC) tritt zurück

Nach *G. Goria* (* 1944, DC) führt *de Mita* (* 1928, DC) Koalitionsreg. mit 5 Parteien (o. KPI) fort

Ital. Staatspräs. *F. Cossiga* (* 1928) sagt Besuch in Meran ab wegen Spannungen zwischen Deutschen und Italienern

† *Guiseppe Saragat* (* 1898, antikomm. Sozialist) 1964–71 ital. Staatspräs.

Generalsekretär der KPI *A. Natta* (* 1918, seit 1984) tritt wegen Wahlverlusten zurück

Wahlen in Schweden bestätigen Mehrheit von Sozialdemokraten und Kommunisten unter Min.-Präs. *I. Carlsson* (* 1934)

In Schweden werden erstmals „Grüne“ ins Parlament gewählt

Spanien übernimmt Ratsvorsitz der EG

(* 1958 i. Bitterfeld, seit 1979 i. BRD): „Neue Gedichte“

Stefan Heym (* 1913 i. Chemnitz): „Nachruf“ (Memoiren)

Für 1,1 Mill. ersteigert BRD das Originalmanuskript des Romans „Der Prozeß“ von *F. Kafka* (1883–1924)

† *Ursula v. Kardorff* (* 1898), dt. Journalistin

Walter Kempowski: „Hundstage“ (Roman)

Karl Krolow (* 1915 i. Hannover) erhält den Hölderlinpreis

Hans Günter Michelsen (* 1920 i. Hamburg): „Von der Maas bis an die Memel“ (Schauspiel, Urauff. i. Regensburg)

Henry Miller (1891–1980) „Opus pistorum“ wird als jugendgefährdende Pornographie indiziert

Shakespeare-Preis an *Iris Murdoch* (* 1919 i. Dublin)

Joseph Olphan (* 1956 i. Jamaika): „Claras Herz“ (Roman-

Gebetsverbot in Presse der evangel. Kirche ein

Die Regime-Kritiker ihres Landes *Lech Walesa* (Polen) und *A. Sacharow* (USSR) werden von *F. Mitterand* zum Tag der Menschenrechte nach Paris eingeladen

Religiös bedingter Konflikt zwischen Armenien und Aserbeidschan i. USSR

Benazir Bhutto (* 1953) wird in Pakistan erster weibl. Min. Präs. eines islamischen Landes

† *Werner Nachmann* (* 1925 i. Karlsruhe), seit 1965 Vors. d. Zentralrats d. Juden i. Dtl. Nachfolger wird *Heinz Galinski* (* 1912 i. Marienburg/Westpreußen)

Der Papst erwägt Reise nach Moskau

Der Vatikan lehnt die „Urknalltheorie“ des Kosmos nicht grundsätzlich ab

Der Politologe *Richard Loewenthal* (* 1908), Berater *W. Brandt's*, wird Ehrendoktor der FU Berlin

„Zeitlos“ und „Positionen“ (Kunstausstellungen in Berlin [W] als diesjährige „Kulturstadt Europas“)

„Bilder von Frauen“ (Ausstellung der Frau als Motiv i. Essen)

Grundsteinlegung für ein Museum für moderne Kunst i. Frankfurt/M.

Baubeginn am Messeturm in Frankfurt/M. von 254 m Höhe

In München werden 3 wertvolle Dürergemälde durch Säureanschlag eines nicht Zurechnungsfähigen schwer beschädigt

Glaspyramide wird als neuer Haupteingang des Louvre in Paris eingeweiht

Ausstellung i. Lugano: Russische Avantgarde 1913–1916, Kunst aus d. USSR

In New York leben etwa 90 000 Künstler, die auf dem Kunstmarkt konkurrieren

Grabschrein *Karls d. Gr.* i. Dom v. Aachen v. 1215 wurde restauriert

---

„Die Venusfalle“ (Film von *Robert van Ackeren* [* 1946])

„September“ (Film von *Woody Allen*) (* 1935 i. USA)

„Cry Freedom“, Film von *R. Attenborough* (* 1923 in Cambridge)

A. Skrjabin (1872–1915 Moskau): „Prometheus“ (sinf. Dichtung mit Farbklavier, Urauff. i. Antwerpen)

Rockkonzert von *Bruce Springsteen* (* 1950) vor 160 000 Zuhörern in Berlin (O)

Rudolf Sterphan (* 1925 i. Bochum): „Die ersten Menschen“ (Oper, Urauff. i. Bielefeld)

† *Hans Heinz Stuckenschmidt* (* 1901 i. Straßburg), Musikwissenschaftler u. -Kritiker, Wegbereiter der Neuen Musik, bes. von A. Schönberg (1874–1951)

† *Henryk Szeryng* (* 1918 i. Polen), Violinvirtuose, in Mexiko

Steirischer Herbst begeht sein 20-jähriges Bestehen. Von 1978–1987 bot er 475 musikal. Urauff.

Schwere Krawalle und zahlr. Verletzte beim „Monster-Hardrockfestival“ in Schweinfurt

Archiv des internat. Arbeitskreises „Frau und Musik“ mit

Die Beobachtung der benachbarten Supernova i. d. Gr. Maggellanschen Wolke wird fortgesetzt und führt zu unbekannten Details eines solchen Vorganges

~ *Stephen Hawking* (* 1942 i. Gr. Brit., fast völlig gelähmt und stumm) versucht, in der Theorie der „Schwarzen Löcher“ Relativitäts- und Quanten-Theorie zu verbinden (hält computerunterstützte Vorlesungen über Kosmologie): „Eine kurze Geschichte der Zeit“

Seit der Entd. d. ersten Doppelbilder durch Gravitationslinsen 1979 wurden mindestens 6 weitere gefunden

Radioteleskop mit 91 m Durchmesser in Greenbank, W-Virginia, bricht zusammen

Auf Hawai wird ein astron. Teleskop gebaut, dessen 36 verstellbare Teilspiegel die Leistung eines 6 m-Spiegels haben

Europa plant für 1997 ein Teleskop mit einer optischen Leistung wie eines mit 16 m Durchmesser

Teleskop für mm-Wellen errichten USA und BRD in 3200 m Höhe in Arizona mit 10 m Durchmesser zum

auf 1200 Mrd. $ und vertieften die wirtschaftlichen und sozialen Gegensätze

EG verhandelt über ein 4. Lomé-Abkommen (1. Abk. 1976) über Hilfe für 76 Staaten in Afrika und der Karibik

Streikwelle in Polen wegen Teuerung

Zusagen des poln. Innenmin. an *Lech Walesa* beenden den Streik auf der Danziger Leninwerft

Generalstreik wegen Preiserhöhungen im Sudan

Im J. 2000 werden 30% der Einwohner der 3. Welt in Armut leben

Die Zahl der Asiaten auf der Erde erreicht 3 Mrd. (60% der Erdbev.)

Der Anteil d. Bev. d. sog. 3. Welt dürfte sich bis zum Jahr 2000 von 65 auf 80% vergrößern

Die VR China zählt 52 Mill. Behinderte, die nur mangelhaft versorgt sind

Die Schlichtung von Bundesmin. a.D. *H. Höcherl* (CDU) mit Einstieg in die 35-Stunden-Woche verhindert Arbeitskampf i. öff. Dienst

Arbeitslosenquote im Ruhrgebiet stieg 1987 auf 15,2% (gegen Gesamt-BRD 8,9%)

Nach 160 Verhandlungstagen wird für das Stahlwerk Krupp-Rheinhausen ein erträglicher Kompromiß gefunden

DDR-Vertreter wird Präsid. der Internat. Arbeitsorganisation (ILO, Sonderorganisation der UNO) i. Genf

Zeitung des DGB „Welt der Arbeit“ stellt ihr Erscheinen ein

DGB verkauft die Versicherung „Volksfürsorge“

Erfolgreiche Volkszählung i. BRD gegen teilweise starken Widerstand

Reg. d. BRD beschließt Steuersenkung und -reform, mit einer Entlastung von 40 Mrd. DM ab 1.1. 1990. Parallel dazu Renten-, Krankenkassenreform u. Subventionskürzungen

Der Bundestag d. BRD verabschiedet Steuerreform, deren Kompensa-

(1988)	Krise um griech. Min.Präs. *A. Papandreou* Türk. Min.Präs. *Turgut Özal* (* 1927) wird durch Attentat verwundet *Perez de Cuellar* gelingt es, in Genf Gespräche zwischen Türkei und Griechenland über die Teilung Zyperns in Gang zu bringen *Vassilo* (* 1930 i. Nikosia) wird zum Präs. v. griech. Zypern, wird mit kommunistischen Stimmen gewählt Die sandinistische Regierung i. Nicaragua bleibt für die USA eine kommunistische Gefahr, die sie mit allen Mitteln bekämpfen US-Kongreß verweigert Präs. *Reagan* Mittel für die Gegner Nicaraguas (Contras) Es laufen Bemühungen um Verhandlungen zwischen Sandinisten und ihren Contras. Der US-Präsident ringt mit dem Kongreß um immer neue Mittel, die Sandinisten zu bekämpfen Nach 6 Jahren Krieg schließen die Sandinisten in Nicaragua und die Contras für 2 Monate Waffenruhe Die Friedensgespräche der Sandinisten mit den „Contras", ihren US-unterstützten Gegnern, scheitern USA schießen versehentlich Airbus am Persischen Golf mit 290 Menschen ab, von denen keiner überlebt US-Außenmin. *Shultz* versucht durch Reisepolitik im Nahen Osten seinen Konferenz- und Friedensplan für dieses Gebiet durchzusetzen USA müssen wegen Gefährdung der Bevölkerung Plutonium-Produktion einschränken, was ihr Kernwaffenpotential mindert In USA wird erstmals ein Gouverneur (von Texas) durch Impeachment des Parlaments abgesetzt Eine Minderheit im US-Kongreß sucht Ratifizierung des Verzichts auf Mittelstreckenraketen („INF") ohne Erfolg zu verzögern *Reagan* und *Schewardnadse* vereinbaren in Washington nächstes (4.) Gipfeltreffen vom 29. 5. – 2. 6. in Moskau Zwischen Juli 1955 u. Dez. 1988 fanden zwischen USA u. USSR 15 Gipfeltreffen zwischen den höchsten Repräsentanten statt Gemäß des „Doppelbeschlusses der NATO" schließen USA und USSR „INF-Vertrag" über Abbau der Mittelstreckenraketen in Europa, in dem viele einen positiven politischen Wandel für die Erde sehen Nach dem „INF"-Vertrag wird *F. Carlucci* (* 1930) als Nachfolger von *Caspar W. Weinberger* (* 1917) US-Verteidigungsmin.	übers. a. d. Amerikan.) Interview des Intendanten *Claus Peymann* (* 1937) führt zum Skandal am Wiener Burgtheater *Hans Peter Renfranz:* „Der Saurier" (Schauspiel um den US-Physiker und H-Bomben-Konstrukteur *Edward Teller* [* 1908 i. Budapest], Urauff. i. Essen) † *Hans Scholz* (* 1911 i. Berlin), Schriftsteller, der besonders, ähnlich *T. Fontane,* die Mark Brandenburg (nach dem Krieg) beschrieb *Viktor Šklovskij* (* 1893 i. St. Petersburg): „Die Dritte Fabrik" (Übers. a. d. Russ.) *Hilde Spiel* (* 1911 i. Wien) erhält den Literaturpreis der Bayerischen Akademie d. Schönen Künste *Peter Stein* (* 1937 i. Berlin) erhält als erster Theaterregisseur den Goethepreis der Stadt Frankfurt *Botho Strauß* (* 1944 i. Naumburg/S): „Die Besucher" (Schauspiel, Urauff. i. Mün-	SPD Hamburg wählt *Traute Müller* (* 1950) zur Vors. Gegen den Widerstand des Betroffenen und des Domkapitels von Köln beruft der Papst *Bischof Meissner* von Berlin (* 1933 i. Breslau) zum Erzbischof von Köln *Y. Arafat*, PLO-Führer, wird vom Papst in Privataudienz empfangen Der konservative frz. Bischof *Marcel Lefebvre* (* 1905) führt durch Bischofsweihe gegen den Willen des Papstes schismaartigen Zustand der Kirche her Papst *Johannes Paul II.* ernennt 29 neue Kardinäle Papst *Johannes Paul II.* wird nach 10 Jahren Amtszeit mangelnder Reformeifer, etwa hinsichtl. Familienplanung vorgeworfen Päpstl. Enzyklika über das Wesen der Frau Papstbesuch in Österreich Radiocarbonmethode erweist, daß das „Turiner Grabtuch" mit dem vermeintlichen Abdruck des ge-

„Pelle Eroberen" (dän. Film) von *Bille August* erhält die Goldene Palme von Cannes

„Der letzte Kaiser", Film von *Bertolucci* (* 1941 in Parma), erhält 9 Oscars

† *John Carradine* (* 1906 i. USA), Filmschauspieler

Vor 60 Jahren schuf *Walt Disney* (1901–66) die Figur der Mickey Mouse f. Zeichentrickfilme

CSSR zeigt alle bisherigen Filme von *Milos Forman* (* 1932 i. CSSR, lebt in USA)

† *Gert Fröbe* (* 1913 i. Kr. Zwickau), Filmschauspieler, bes. bekannt als „Otto Normalverbraucher"

„Die Katze", Film von *Graf* mit *Götz George* (* 1938) und *Gudrun Landgrebe*

„Linie 1" (satir. Berlinfilm von *Reinhard Hauff* [* 1939]) eröffnet die „Berlinale"

„Lachen über *Hitler*?", fragwürdige Filmreihe im Programm des ZDF

† *Brigitte Horney* (* 1911 i. Berlin), Filmschauspielerin

In Berlin (W) erstmalig der europäische Filmpreis verliehen (vergleichbar dem US-„Oscar") Bester Film: „Ein kurzer Film über das Töten" (von

mehr als 3000 Kompositionen von Frauen aus 8 Jahrhunderten als Leihgabe in Kassel

Neues Opernhaus in Kairo (alte Oper brannte 1971 ab)

Komponistinnen-Festival i. Bremen

Studium der Sternentstehung

Seit Sputnik 1957 wurden 18 500 Satelliten gestartet. Durch „Weltraummüll" wächst Kollisionsgefahr

Kosmonauten d. USSR *W. Titow* und *M. Mannavow* landen nach einer Rekordzeit im Raumschiff von 366 Tagen u. 19 Stunden

Drei sowjetische Kosmonauten, darunter ein Afghane, starten zur bemannten Raumstation „MIR"

USA korrigieren Flugbahn der Raumsonde „Voyager 2" für eine nähere Begegnung mit dem Planeten Neptun

7 ½ Jahre nach den USA erprobt USSR durch zweimalige unbemannte Erdumkreisung und automatischer Landung die Raumfähre „Buran" als späteres Versorgungsfahrzeug für die Raumstation „MIR"

USSR plant, 1994 ein „Marsauto" auf dem Planeten abzusetzen und Bodenproben zu holen

USSR startet 2 unbemannte Marssonden zu einem Zweijahresflug, die beide außer Kontrolle geraten und verlorengehen

Die US-Raumsonde „Pionier 10", die am 3. 3. 72 unbemannt startete, sendet aus 6,7 Mrd. km Entfernung noch auswertbare Signale

„Intelsat VI"-Satellit für 40 000 Telefongespräche und 3 Fernsehkanäle (die Entw. solcher Nachrichtensatelliten beg. 1963)

Der Mensch beherrscht nachrichtentechnisch die Dimensionen seines Planetensystems

Erfolgreicher Flug der NASA-Raumfähre „Discovery" 32 Monate nach der „Challenger"-Katastrophe, welche US-Raumfahrt zeitweise lahmlegte

TV-Sat der ESA bleibt wegen technischen Fehlers an einem Sonnenpaddel ein kostspieliger Mißerfolg

Europarakete „Ariane 3" befördert 2 Satelliten i. d. Welt-

tion durch entsprechende Einnahmen und Ersparnisse stark umstritten ist

Norbert Blüm (* 1935) legt Grundlagen der Rentenreform mit starken Leistungsminderungen vor, für die er breiten Konsens einschl. SPD erstrebt

Für 1986 wird bekannt: % BSP als Steuern u. Sozialbeiträge USA 28,9; Japan 26,9; BRD 41,2; Frankr. 30,3

7 Wochen Streik des öffentl. Dienstes i. Frankreich blockiert das tägliche Leben

SPD- und CDU-Länder der BRD fordern im Bundesrat 50% der Soziallasten vom Bund

Mrd.-DM-Beiträge an Privatversicherungen i. BRD 1970 26,6; 1985 102 (= +9,4% Jahr)

Freizeitausgaben einer 4-köpfigen Familie i. BRD: 1972 2173 DM; 1982 5142 DM; 1987 6336 DM; + 7,4%/Jahr

„Goldfieber" durch Funde in Brasilien

Australien begeht 200. Jahr der Besiedlung durch Weiße (brit. Sträflinge, welche die Ureinw. als Freiwild behandelten)

Brit. Forscher vermuten, daß die Bevölkerungsexplosion der 3. Welt durch AIDS in den nächsten Jahrzehnten in eine Abnahme der Bev. umschlagen könnte

AIDS-Fälle nach WHO: USA 69805; Uganda 4000; Frankr. 3628; BRD 2210; Erde 108176; Zunahme gegen 1987 + 1,4%

Zahl der AIDS-Fälle in Europa verdoppelte sich seit Vorjahr

Zürich baut f. d. AIDS-Toten ein neues Krematorium

USSR meldet offiziell 1. AIDS-Toten (i. Leningrad)

In USSR wird eine Frau mit AIDS wegen fahrlässiger sexueller Kontakte zu 4 Jahren Haft verurteilt

Bundesgerichtshof in Karlsruhe verurteilt einen AIDS-Kranken wegen versuchter gefährlicher Körperverletzung

Fortschritte bei internat. AIDS-Be-

(1988)

USA nehmen gegen den Protest Israels Gespräche mit der PLO auf

Test einer Kernwaffe in USA in Gegenwart einer Delegation der USSR

George Bush (* 1924, Rep.), seit 1981 Vizepräs., wird zum Präs. der USA gewählt. Die Demokraten verstärken ihre Mehrheit i. Senat u. Repräsentantenhaus

Wahlen in Kanada ergeben für Konservative unter *Brian Mulroney* (* 1939) Mehrheit, wodurch ein Freihandelsvertrag mit USA politisch ermöglicht wird

US-Präs. *R. Reagan* (* 1911) gibt mit seinem letzten Bericht „Zur Lage der Nation" einen optimistischen Gesamtbericht, der besonders ihre Stärke betont

G. Bush (* 1924) verkündet die Fortsetzung der Politik von *R. Reagan*

USA vermindern in Spanien ihre Luftstreitkräfte

Militärputsch in Argentinien gegen militär. Befehlshaber mißlingt. Militär fordert weiterhin Straffreiheit für Delikte unter der Diktatur 1976–1983

36 Tote bei Sturm linker Extremisten auf Kaserne bei Buenos Aires, der abgewehrt wird

Arbeiterpartei erzielt hohe Gewinne bei Kommunalwahlen i. Brasilien

Neue Verfassung in Brasilien mit liberaler Tendenz

Die verfassungsgebende Versammlung in Brasilien beschließt einen Präsidenten mit großer Machtfülle und 5 Jahren Amtszeit

Ausnahmezustand in Chile nach 15 Jahren kurz vor einer Volksabstimmung aufgehoben

Pinochet erhält bei Volksabstimmung 43 % der Stimmen. Reg. Chiles tritt zurück. *Pinochet* behält bis 1990 militärische Macht

Salina (* 1948, PRI) gewinnt knapp Präs.-Wahl in Mexiko, wo die PRI seit 1928 regiert

Konflikt USA–Panama um die polit. Führung des Landes

USA drängen Militärmachthaber Panamas, General *Noriega* (* 1934), vergeblich zum Rücktritt

Finnlands Staatspräs. *Mauno Koivisto* (* 1923, Sozialdemokr.) verfehlt bei direkter Wahl absolute Mehrheit

M. Gorbatschow (* 1931) wird Staatsoberhaupt der USSR und erweitert seine Macht durch Ausschaltung von Gegnern seiner Reformpolitik wie *Gromyko* und *Ligatschow*

Auf einer USA-Reise kündigt *M. Gorbatschow* vorbehaltlose Abrüstung der USSR um 500 000

chen); „Sieben Türen" (Schauspiel, Urauff.)

Giorgio Strehler (* 1921 i. Triest) erhält Goethe-Medaille im Piccolo Teatro, Mailand

John Updike (* 1932 Shillington/ Pennsylvania) „Das Gottesprogramm" (Roman a. d. USA)

Martin Walser (* 1927): „Jagd" (Roman)

Grete Weil (* 1906 in Rottach-Egern) wird für den Roman „Der Brautpreis" mit dem Geschwister *Scholl*-Preis ausgezeichnet

Robert Wilson, David Byrne und *Heiner Müller:* „The Forest" (Neufassung des Gilgamesch-Epos, Urauff. i. Bln [W])

Peter Zadek (* 1926 i. Berlin) erhält in Hamburg *Kortner*-Preis f. Regie

† *Herta Zerna* (* 1907 i. Berlin), dt. Schriftstellerin

Bisher erhielten den Darmstädter Lyrikpreis *Ludwig Fels* (* 1946), *Ulla Hahn* (* 1946), *Rolf Haufs* (* 1935) und

kreuzigten Jesu aus der Zeit ≈ 1300 stammt

Die Lage um den „Goldenen Tempel" der Sikhs in Punjab/ Indien spitzt sich zu

Walter Burkert „Homo necans" (Psychologie des Tötens i. d. Menschheitsgeschichte)

† *Hans Jürgen Eggers* (* 1908 i. Hamburg), Germanist und Frühhistoriker

Diskussion um *M. Heidegger* (1889–1976) und sein Werk belegen zunehmend seine NS-nahe Gesinnung

Zukunftsforscher *Robert Jungk* (* 1913 i. Berlin) erhält Ehrenpreis des alternativen Nobelpreises, der 1979 gestiftet wurde

† *Eduard Pestel* (* 1914 i. Hildesheim), Mitgl. des „Club of Rome", der 1968 gegr. wurde

Die Bezeichnung „Kulturgut der Menschheit" wurde von der UNESCO bisher 300 mal vergeben

† *Michael Ramsay* (* 1904), 1961–77 Erzbischof von Canterbury

Krzysztof Kieślowski (* 1941 i. Polen)

† *Wolfgang Liebeneiner* (* 1905 in Schlesien), Filmregisseur und -schauspieler

„Ödipussi", Film von *Loriot*, eig. *V. v. Bülow* (* 1923 i. Brandenburg), der am gleichen Abend i. Berlin (W u. O) erstaufgeführt wird

Europäischer Filmpreis für sein Lebenswerk als Schauspieler an *Marcello Mastroianni* (* 1924 i. Frosinone/Ital.)

„Die letzte Versuchung Christi" (umstrittener Film von *Martin Scorsese* [* 1942 i. USA])

„Hanussen", Film von *István Szabo* (* 1938 i. Ungarn) über den Hellseher der NS-Zeit mit *Klaus Maria Brandauer* (* 1944 i. Aussee/Österr.) in der Titelrolle

„Fürchten und Lieben", Film von *M. v. Trotta* (* 1942 i. Berlin)

„Himmel über Berlin" (Film von *Wim Wenders* [* 1945 i. Düsseldorf]) erhält „Filmband in Gold"

„Rotes Kornfeld" (chines. Film v. *Zhang Yimou*) erhält auf der Berlinale den „Goldenen Bär"

Gegenüber Vorjahr nahmen die Kinobesuche in BRD um 3% zu

raum, was als entscheidender Durchbruch f. d. europ. Raumfahrt der ESA gewertet wird

Mit dem ersten erfolgreichen Start bringt „Ariane IV" der ESA für 2600 kg Nutzlast 3 Satelliten in vorgesehene Position

† *Nikolaas Tinbergen* (* 1907 i. den Haag), schrieb 1973 „Das Tier in seiner Welt" (2 Bde), Nobelpreis 1973

Zum Studium der Ausbreitung der „Mörderbiene" werden auf ihr Mikrosender mit 2 km Reichweite befestigt

† *Patrick Steptoe* (* 1913 i. Gr.Brit.) ermöglichte 1978 das erste „Retortenbaby". Seitdem erdweit etwa 3100 geboren

~ Etwa 100 Krankheiten können durch die perinatale Medizin vor der Geburt erkannt und gleich nach der Geburt behandelt werden

Forschung an menschlichen Embryonen in vitro steht im Spannungsfeld wissenschaftlicher Erfolge und ethischer Bedenken

Kunstherzforschung in USA und BRD durch Finanzprobleme behindert

USA beschließen, die kostspielige Entwicklung des Kunstherzens fortzusetzen

Eine Herztransplantation wird durch Fernsehen live nach Tokio übertragen

Eine Dünndarm-Transplantation gelingt erstmalig (i. Kiel)

In USA werden in 16-stündiger Operation einem 3-jährigen Mädchen gleichzeitig 5 Organe transplantiert

Gleichzeitige Herz-Lungen-Transplantation in Bln (W) (bisher 6 i. BRD und über 100 i. Gr.Brit.)

Zwei Patienten erhalten je eine geteilte Leber transplantiert

Forscher finden eine Substanz, die in 70% der Fälle die durch Herzinfarkt verschlossenen Gefäße öffnet

Forscher in München hoffen, einen AIDS-Hemmer zu entwickeln

Aus den USA wird die Patenterteilung für Mäuse mit speziellen gentechnologisch erzeugten Eigenschaften bekannt

Manfred Eigen (* 1927, Nobelpreis f. Chemie 1967): „Stufen zum Leben" (Entstehung und Wesen des Lebens aus physikalischer Sicht: Informationsspeicherung durch Moleküle, die sich selbst

kämpfung werden trotz hohen Aufwandes als „gering" bezeichnet

WHO korrigiert die Zahl der AIDS-Infizierten stark nach unten mit der Begründung, daß Aufklärung das Verhalten der Gefährdeten änderte

Jährlich werden i. d. BRD 120 Mrd. Zigaretten geraucht, deren Kosten denen aller Arzneimittel gleichkommt

Rekord mit 673 Drogentoten i. BRD (1987: 442)

In BRD sterben mehr Frauen als Männer an Raucherkrebs

6000–8000 lungenentzündungsartige Legionärs-Krankheitsfälle jährlich in BRD

Ca. 2 Mill. Tote durch Malaria tropica, nachdem ihr Erreger medikamentenresistent wurde

Umfangreicher Hormonmißbrauch bei Kälberaufzucht führt zur Verunsicherung der Verbraucher und Erörterung von Präventivmaßnahmen

Behandlung ernährungsbedingter Krankheiten (insbes. durch Fett, Zucker und Alkohol) erforderte 1980 42 Mrd. DM (= 27% der Krankheitskosten i. d. BRD)

Die Ausgaben der gesetzl. Krankenvers. i. BRD (Mrd. DM): 1960 8,9; 1987 125,0; (+ 10,3%/Jahr)

Bundestag der BRD beschließt „Reform" der Krankenversicherung, die Versicherte stark belastet

Wort des Jahres i. BRD: „Gesundheitsreform"

Kunstherz „Jarvik 7" i. USA 1982–85 4mal als Überbrückung zur Transplantation eingesetzt, wobei alle Patienten starben

In USA bringt eine Frau mit Spenderherz ein gesundes Kind zur Welt

Reg. d. BRD beschließt Bundesamt für Strahlenschutz mit Sitz in Niedersachsen

Die Olympischen Winterspiele in Calgary/Kanada leiden unter Schneemangel

Medaillenspiegel d. Olymp. Winterspiele i. Calgary: (G/S/B) USSR 11/9/9; DDR 9/10/6; Schweiz 5/5/5;

(1988)	Mann an. Führt Gespräche mit *R. Reagan* u. *G. Bush* Flüchtlingsströme zwischen Armenien und Aserbeidschan und 24 Tote kennzeichnen Nationalitätenkonflikt i. d. USSR In USSR beschließt der Oberste Sowjet nahezu einstimmig Verfassungsreform mit neuem Wahlgesetz und Wahl eines Staatspräsidenten mit starken Vollmachten. *Gorbatschow* verspricht weiterhin kollektive Führung I. d. USSR verlangen die Nationalitäten i. Baltikum und Kaukasien mehr Unabhängigkeit von der Zentralgewalt Auf dem Hintergrund von Unruhen der Nationalitäten i. d. USSR (i. Baltikum u. Kaukasien) wird die Stellung von *M. Gorbatschow* als kritisch angesehen USSR und VR China planen 1989 1. Gipfeltreffen nach 1959 *A. D. Sacharow* erhält auf einer US-Reise Albert Einstein-Friedenspreis; spricht sich gegen SDI aus Parlament v. Estland will nicht alle Gesetze d. USSR anerkennen und wünscht Änderung der Verfassung Verfassungskonflikt der USSR mit ihren baltischen Provinzen, die 1939/40 durch Vertrag mit Hitler an sie kamen *M. Gorbatschow* bekräftigt auf einer Reise nach Jugoslawien die Selbständigkeit der kommunistischen Parteien auf dem Wege zum Sozialismus (widerspricht der *Breschnew*-Doktrin von 1968) USSR beginnt Raketen aus DDR und CSSR abzuziehen Stabschef d. USSR tritt zurück, als *Gorbatschow* vor der UN Abrüstung ankündigt † *Georgij Malenkow* (* 1902) 1953–55 Vors. d. Min.-Rats d. USSR Vertrag zwischen USSR, USA, Afghanistan und Pakistan leitet Abzug der USSR-Truppen aus Afghanistan ein, in das sie vor 10 Jahren einmarschierten USSR unterbricht Rückzug aus Afghanistan, weil die USA Gegner der KP-Reg. in Kabul angebl. unterstützen In Moskau anerkennt der ZK-Sekretär *Dobrynin* (* 1919) die Überlegenheit des Kapitalismus und die Schwächen des Kommunismus Experten schätzen Zahl gefallender USSR-Sold. i. Invasionskrieg gegen Afghanistan auf 30 000 Ca. 1. Mill Tote in den Kämpfen in Afghanistan seit 1987. Ca. 5 Mill. flüchteten nach Pakistan und Iran. USSR kündigt baldigen Abzug an	*Hans Ulrich Treichel* Zu den dt.-sprachigen prominenten Schriftstellern zählen *Thomas Bernhard, Friedrich Dürrenmatt, Hans Magnus Enzensberger, Max Frisch, Günter Grass, Peter Handke, Günter Kunert, Siegfried Lenz, Peter Rühmkorf, Martin Walser, Christa Wolf* Staatl. Bühnen i. Bln (W) sollen nach Generalintendant *H. Sasse* Dreierdirektorium mit Generaldirektor *Alfred Kirchner* (* 1937) erhalten Theatertage der BRD in Moskau I. BRD werden 1986 717,9 Mill. Theaterbesucher gezählt Zentralthema der Buchmesse in Frankfurt/M. lautet „Italien" Buchausstellung der BRD in Bln (O) Die Zahl der Neuerscheinungen auf der Frankfurter Buchmesse steigt seit Vorjahr von 92 000 auf 103 000	† *Wolfgang Zeidler* (Bergunfall, * 1924, SPD), 1983–87 Präsident d. Bundesverfass.-Gerichtes *Schopenhauer*-Kongreß i. Hamburg Der wissenschaftliche Fortschritt leidet unter den Ängsten einer mangelhaft informierten Öffentlichkeit US-Nachrichtenmag. „Time" erklärt *M. Gorbatschow* zum „Mann des Jahres" DDR verbietet das Erscheinen der Zeitschrift „Sputnik" aus d. USSR In der DDR werden anläßlich der Diskusion um die Neigung, in der BRD zu leben, die Kirchenzeitungen zensiert DDR sagt Beteiligung an Festwochen i. Berlin (W) ab, jedoch ab 1989 zu Ausstellung „Schätze aus dem Topkapi-Serail" des Zeitalters Süleymans des Prächtigen (1520–66) *Carl Friedrich v. Weizsäcker* (* 1912 i. Kiel): „Bewußtseinswandel" (über den Weg der

DDR nimmt 5 Filme der USSR aus den öffentlichen Programmen

10 Europäische Film-Museen konferieren in Düsseldorf

Die USA erzielen Rekordeinnahmen von 4,2 Mrd. $ an den Kassen der 22 000 Kinotheater

Proteste gegen positive Bewertung des US-Gewaltfilmes „Rambo 3" i. BRD

kopieren, ist die erste, maßgebl. Stufe)

In USA vermuten *Ch. Duve* u. *Paul Schimmel* einen älteren als den bisher bekannten genetischen Code

Im MIT/Boston wird molekulargenetisch die Grundlage des männl. Geschlechts geklärt

Forschung erkennt, daß spezielle Eiweißstoffe „Lektine" die Kommunikation der Zellen steuern

In d. USSR wird ein seit 90 Jahren eingefrorener Salamander wiederbelebt

Das Blut der Brükkenechse erweist sich als vogelähnlich

US-Forschern gelingt es, gentechnisch das menschliche Immunsystem auf Mäuse zu übertragen, um es im Tierversuch zu testen

6. Urvogel bei Solnhofen gefunden (bisher größtes Exemplar, bestätigt Vogelcharakter)

Die Funde zum Menschenvorfahr Homo habilis zeigen eine größere Vielfalt, als bei einer einheitlichen Spezies zu erwarten

Aus dem Hominidenfossil „Lucy" (gefunden 1974) schließt man auf einen aufrechten Gang der Menschenvorfahren seit etwa 3 Mill. Jahren

Die Molekularbiologie schließt aus den Unterschieden der Herpesviren beim Mensch und Affen auf ein Alter des Menschenkusses von ca. 8 Mill. Jahren

Nach 4 Jahrzehnten Mißerfolgen bei Schnupfenbekämpfung plant man i. Gr.Brit. ein entsprechendes Forschungs-Institut zu schließen

In Argentinien finden Forscher Skelett eines 10–12jährigen Knaben, der vor etwa 8500 Jahren lebte

Wachsende Zahl von Zierpflanzen werden durch Gewebezüchtung (klonen) statt vegetativ fortgepflanzt

Heinz Ellenberg: „Atlas der Farn- u. Blütenpflanzen i. BRD" mit 2500 Arten

Niederländische Tierärzte stellen Hundestaupenvirus als Ursache der Robbenseuche fest, das von Eskimohunden stammen könnte

† *Erwin Henry Ackerknecht* (* 1906 i. Berlin, seit 1957 i. Zürich), Medizinhistoriker

† *Ferdinand Hoff* (* 1896 i. Kiel) Internist mit zahlr. Auszeichn., untersuchte Arzneimittelschäden

Geologen finden eine Periode von 500–600 Mill. Jahren für einen Wechsel der Erde zwischen Pangäastadium und Kontinentaufspaltung

Es entsteht die Vermutung, daß saurer Regen vor ca. 65 Mill. Jahren als Folge eines Meteoriteneinschlages großes Artensterben (einschl. Dinosaurier) verursachte

In USA gelingt es, die Entstehung der Rocky Mountains, die 75 Mill. Jahre dauerte, mit dem Computer zu simulieren

Vulkanausbruch auf Santorin wird vor 18 000 Jahren datiert, wodurch sein Zusammenhang mit Ende der minoischen Kultur um −1500 zweifelhaft wird

Finnl. 4/1/2; Schwed. 4/0/1; Österr. 3/5/2; BRD 31/36/27; USA 11/14/15; Ital. 2/1/2; Norw. 0/3/2; Kanada 0/2/3; Kan. 0/3/2; Jugosl. 0/2/1; CSSR 0/2/3; Jap. 0/1/2

Rangfolge im Eishockey d. Olymp. Spiele: 1. USSR; 2. Finnland; 3. Schweden; 4. Kanada; 5. CSSR; 6. BRD

Olympische Sommerspiele in Seoul/Südkorea: Medaillenspiegel (G,S,B) USSR 55/31/46; DDR 37/35/30; USA 30/31/27; Südkorea 36/31/27; BRD 11/14/15

Mehrere Dopingfälle entwerten sportliche Leistungen der Olympischen Spiele

8. Olympische Spiele für Behinderte in Seoul/Südkorea mit 4300 Sportlern und Funktionären

Olympische Sommerspiele in Seoul/Südkorea, an denen nur Nordkorea und wenige andere Staaten nicht teilnehmen

† *Enzo Ferrari* (* 1898 i. Modena), Kfz-Fabrikant, der erfolgreiche Rennwagen baute

Steffi Graf (* 1969 i. Brühl) erreicht den 1. Platz der internat. Damentennisliste

Martina Navratilova (* 1956 i. Prag, seit 1975 USA) gewinnt 50. Grandslam Tennistitel

Sergej Bubka (* 1964 i. Ukraine) erreicht mit 6,06 m Weltrekord im Stabhochsprung

Stefan Edberg (* 1966 i. Schweden) gewinnt Tennisturnier in Wimbledon gegen *B. Becker*

Steffi Graf (* 1969 i. Brühl) gewinnt im Tennis „Grand Slam" und olymp. Goldmedaille

Boris Becker gewinnt erstmalig das Tennis-Mastersturnier i. New York mit einem Sieg über *I. Lendl* (* 1960 in CS)

Sportler des Jahres (i.BRD): *Steffi Graf* (Tennis, z. 3. Mal); *Michael Gross* (Schwimmen, zum 4. Mal); BRD-Olympia-Achter (Rudern)

In der Boxmeisterschaft im Schwergewicht schlägt *Mike Tyson* (* 1960) in 91 Sek. *M. Spinks* (* 1950) k.o.

(1988)

USSR beginnt ihre ca. 115 000 Mann starken Truppen aus Afghanistan zurückzuziehen, die dort 1979 einmarschiert waren

M. Gorbatschow u. *R. Reagan* setzen in Moskau ersten nuklearen Abrüstungsvertrag über Mittelstreckenraketen („INF“) in Kraft

INF-Vertrag USA–USSR über Abbau der Mittelstreckenraketen in Europa schafft ein internationales Entspannungsklima mit vielfachen Auswirkungen

4. Gipfeltreffen *M. Gorbatschow* mit *R. Reagan* wird a. 25.–28. 5. in Moskau vorgesehen

USSR kritisiert die eigene Außenpolitik, welche die internat. Lage in den 70er Jahren sehr verschärfte

Allunionskonferenz der KPSU mit 5000 Delegierten in Moskau berät über die Reformen von *M. Gorbatschow*

M. Gorbatschow erklärt auf der Allunionskonferenz seine Absicht, die Rolle der KPSU einzugrenzen

Widerstände gegen die Reformen von *M. Gorbatschow* in der USSR werden erkennbar

Zwei Zeitungen der USSR streiten sich um den *Gorbatschow*-Kurs, den die eine als Verrat am Sozialismus kennzeichnet

Die unter *Stalin* Hingerichteten oder in Haft verstorbenen *Sinowjew, Kamenew, Bucharin, Rykow* und *Radek* werden vom obersten Gerichtshof d. USSR rehabilitiert

Bisher wurden 63 Stalinopfer juristisch oder politisch rehabilitiert

Amtlich genehmigte Gedenkdemonstrationen in den 3 baltischen Staaten anläßlich des Jahrestages des *Hitler-Stalin-Paktes,* der sie dem Machtbereich der USSR zuwies

INF-Vertrag USA/USSR vereinbart den Abbau der Mittelstreckenraketen mit atomaren Sprengköpfen unter gegenseitiger Kontrolle

USSR vernichtet erste SS-12-Raketen in Anwesenheit von US-Inspektoren gemäß INF-Vertrag

Die politische Einheit des Warschauer Paktes weicht einem Pluralismus der eigenen Interessen

RGW anerkennt Einbeziehung Berlins in den EG-Vertrag

Nach der USSR künden auch DDR, CSSR und Bulgarien Abrüstungsschritte an

Die Reg.Chefs *Andreas Papandreou* (* 1919) aus Griechenland und *Turgut Özal* (* 1927) aus d. Türkei besprechen in Davos griech.-türk. Probleme u. Konflikt (Zypern, NATO, Abgrenzung i. d. Ägäis u. and.)

Menschheit mit der Forderung nach „Bereitschaft zur Erschütterung“)

Entd. einer Slawensiedlung aus der Zeit um 600 i. NO-Jugoslawien

Die Integration der australischen Ureinwohner ist in 200 Jahren nicht gelungen, sie wurden zu sozialen Außenseitern

Gedenkjahr für *Ulrich Ritter v. Hutten* (1488–1523)

Die Leitung der russisch-orthodoxen Kirche besucht erstmalig die Staatsführung der USSR

Abtei von Cluny begeht ihren 900. Gründungstag

Die russisch-orthodoxe Kirche feiert mit Anteilnahme des Staates ihr 1000-jähriges Bestehen

Heinz Wernecke erforscht, daß die Schiffsreise des Apostel *Paulus* einer anderen Route als der in der Bibel erwähnten folgte

Archäologen finden die Urzelle der Stadt Rom als „Roma quadrata“ aus d. –8. Jh.

Hans J. Nissen veröffentl. i. Berlin: „Zeichenliste archaischer Texte aus Uruk“ (Schriftzeichen aus der Zeit ≈–3000, welche Schriftentwicklung dokumentieren)

Die Sphinx von Gizeh in Ägypt. (errichtet ≈–3000) zeigt schwere Zerfallserscheinungen, deren Reparatur schwer möglich ist

In der Wetterau in Hessen entdeckt man Spuren von Kannibalismus in der Zeit der Bandkeramik um –4250

„Ars Electronica“ Computerkulturtage in Linz

In Chile wird ein Lagerplatz von Menschen gefunden mit einem Kohlenstoffalter von ca. 30 000 Jahren (bisher älteste bekannte Menschenspuren in Amerika ca. 20 000 Jahre)

James Gleick: „Chaos“ (die Unordnung des Universums, a.d. Amerik.)

Der 1978 in Mexiko-Stadt gefundene Opferstein der Mondgöttin mit 3,25 m Ø wird als

Seit 100 Jahren hat die mittlere Erdtemperatur um 0,6° zugenommen (ein kleiner, aber warnender Betrag)

Die schwere Dürre in USA wird auf Störung der Luftzirkulation durch geringe Abkühlung des Pazifiks zurückgeführt

Ozon-Symposium in Bln (W) sieht den wirksamsten Schutz gegen das gefährliche „Ozonloch" im Verzicht auf Treibgase und andere Substanzen auf Fluorchlorkohlenwasserstoffbasis (FCKW)

† *Ernst Ruska* (* 1906 i. Heidelberg), erhielt 1986 Nobelpreis f. Erf. des Elektronenmikroskops

Elektronenmikroskopische Bilder atomarer Dimensionen von Milliardstel cm werden veröffentlicht

In Japan wird an der Herstellung eines 4 Megabit-Chips gearbeitet, nachdem der Megabit-Chip bereits in der Praxis arbeitet

Mit Röntgenlithographie werden 64-Megabit-Chips angestrebt

In Europa, USA und Japan erweist sich die parallele statt sequentielle Datenverarbeitung als geeignete Grundlage für Supercomputer für Mrd. Operationen pro Sek.

Die Kreiszahl Pi wird in Japan mit Computer in ca. 6 Stunden auf 200 Mill. Dezimalstellen berechnet

3 gekoppelte Computer in 3 Erdteilen berechnen in 3 Wochen die Primfaktoren einer 100-stelligen Zahl

Installierte Industrie-Roboter auf je 100 000 Erwerbstätige: Japan 106, USA 98, BRD 98

Computer mit neuronen- (Nerven-) ähnlichen Schaltkreisen werden konstruiert, die erhöhte Rechenfähigkeit erwarten lassen

USA entwickeln einen Transistor für 113 Mrd. Schaltzyklen/Sek.

Kernkraftwerk „Isar II" mit 1370 MW i. Betrieb

Italien stoppt Bau von KKW

Demonstranten zerstören in der TU-Berlin die Ausstellung zum 50. Jahrestag der Entd. der Kernspaltung durch *O. Hahn, L. Meitner* u. *F. Straßmann,* die sich inzwischen als die folgenreichste Entd. der Naturwiss. erwiesen hat

Es wird geplant, kanadische Wasserkraft durch Wasserstofferzeugung als Energie in Europa zu nutzen

Wirtschaftlich-technische Überlegungen lassen bald Sonnenenergie pro KWh für 0,10 DM möglich erscheinen

Das integrierte Sprach- und Daten-Netz (ISDN) verbreitet über das Telefonnetz ein ganzes Spektrum von Kommunikationsdiensten

Benoit Mandelbrodt: „Die fraktale Geometrie der Natur" – (1. Veröff. seit 1977) (Beiträge zur Computergraphik)

~ Die Mathematik einer „Chaos-Theorie" von Naturvorgängen gewinnt an Bedeutung

Hans Günther Bigalke: „Heinrich Heesch" (Biographie des Mathematikers, der 1976 den Beweis des Vierfarbenproblems der Landkarte mit Computerhilfe erbrachte)

Briefe werden bekannt, wonach ein voreilig optimistisches Gutachten von *Edward Teller* (* 1908, „Vater der Wasserstoffbombe") zur SDI-Planung seit ca. 1985 beitrug

Intercity E der dt. Bundesbahn erreicht mit 406 km/h einen Weltrekord

Seto-Okasi-Brücke in Japan nach 10 Jahren Bauzeit eröffnet

Die Niederlande gewinnen in München Europameisterschaft im Fußball gegen USSR

FC Leverkusen gewinnt den Fußball-Uefa-Pokal

Werder-Bremen wird zum 2. Mal Fußballmeister der BRD

Gericht der BRD verurteilt Sportfischer wegen Tierquälerei

† *Harry Reynold* (* 1964 i. USA) läuft 400 m i. Weltrekordzeit mit 43, 29 Sek.

Konkurrenzkampf i. BRD mit hohen Millionenbeträgen um Übertragungsrechte von Fußball-Ligaspielen zwischen privaten und öffentlich-rechtlichen Rundfunksendern, dessen Resultat die Privaten zunächst bevorzugt

Gerichte schränken Tennissport in Wohngebieten wegen Geräuschbelästigung ein

DDR baut „Wartburg"-PKW mit VW-Motor

In BRD entstehen im Jahr 50 000 neue Computer-Arbeitsplätze

Immer neue Störungen durch „Computerviren" (widerrechtlich eingeschleuste Störprogramme) werden bekannt

Das 1909 erbaute Feuerschiff „Elbe 1" beendet seinen Dienst und wird Schauobjekt

Die von der Kodak-Boxkamera erzeugte Massenfotografie ist 100 Jahre alt

Internationale Raumstation von NASA und ESA erfordert neuartige vertragliche Grundlagen, die ausgehandelt werden

Autobahnbrücke der Strecke Frankfurt–Würzburg stürzt während des Baus in den Main

Seikan-Tunnel in Japan eröffnet (mit 63,9 km längster Unterwassertunnel der Erde)

50mal rief in diesem „Katastrophenjahr" das „Rote Kreuz" und der „Rote Halbmond" zur Katastrophenhilfe auf (1987 z. Vgl. 13mal)

Erdbeben in Armenien führt zum größten Einsatz der Hilfsorganisa-

(1988)

Schwere Unruhen der Nationalitäten im Vielvölkerstaat Jugoslawien

Jugoslawiens 70-jähriges Staatsjubiläum wird von inneren Konflikten überschattet

Nationalitätenkonflikt im jugoslaw. Gebiet Kosovo zwischen alban. Mehrheit und Serben

Umfrage ergibt, daß 22,5% der Polen für die Neutralität ihres Landes sind

Massendemonstration in Budapest im Gedenken an die Revolution von 1848

In Polen wird von Oberschlesien bis Danzig für höhere Löhne und freie Gewerkschaften gestreikt

In Polen wird die Wiederzulassung der unabhängigen Gewerkschaft „Solidarität" und eines entspr. Studentenverbandes gefordert. Es kommt zu Unruhen u. Streiks

Polens Reg. tritt zurück

M. Rakowski (* 1926) wird als poln. Min.Präs. Nachfolger von *Z. Messner* (* 1929), der seit 1985 i. Amt ist

Polnische Reg. führt während Streikwelle Gespräch mit *Lech Walesa* und Vertetung der kathol. Kirche

M. Gorbatschow besucht Polen

Im ZK Polens verstärkt sich die Zahl der Vertreter einer Wirtschaftsreform

Polnische Polizei zerschlägt die Streikzentralen bei Danzig und Krakau

Die Arbeiter der Danziger Werft in Polen müssen 10tägigen Streik ohne Erfolg abbrechen

Die poln. Reg. schließt die Leninwerft in Danzig, wo die unabh. Gewerkschaft „Solidarität" 1970 entstand und ein Denkmal errichtet wurde

Lech Walesa tritt erfolgreich für Beendigung der Streiks in Polen ein, um eine Basis für Verhandlungen mit der poln. Reg. zu erzielen

In der CSSR wird *Gustav Husak* (* 1913) als KP-Chef seit 1975 von *Milos Jakes* (* 1922) abgelöst, der eine umfassende Regierungsumbildung durchführt

Alexander Dubĉek (* 1921), 1968 KP-Chef im „Prager Frühling", seitdem verfemt, erhält in Bologna Ehrendoktorwürde

Demonstrationen in Prag gegen Einmarsch des Warschauer Paktes 1968 i. d. CSSR wegen „Prager Frühlings"

Min.Präs. *Lubomir Strougal* d. CSSR (* 1924, amtierte seit 1970) u. Min.Präs. der Slowakei *Coloka* treten zurück

Nach dem Rücktritt von *Lubomir Strougal* wird *L. Adamec* (* 1926) Min.Präs. d. CSSR

Mittelpunkt eines Museums eingeweiht

3700 alte Tontafeln mit polit. Texten werden von US-Forschern in Syrien gefunden

US-Studie erweist: alle Schulen der Psychotherapie sind erfolgreich, was auf einen täuschenden „Placeboeffekt" hinweist

Parteitag der SPD in Münster beschließt einen Mindestanteil an Frauen i. d. Gremien

Soziologenkongreß in Zürich

Gericht der BRD verurteilt Sportfischerei als Tierquälerei

Berlin wird für dieses Jahr zur „Kulturstadt Europas" erklärt

An wissenschaftlichen Veröffentlichungen sind bisweilen 193 Autoren beteiligt

Die kürzlich entd. Supraleiter bei relativ hohen Temperaturen werden patentiert

† *Felix Wankel* (* 1902 i. Baden) erfand 1957 den Wankel-Motor (Kreiskolbenmotor)

tionen d. BRD in ihrer Geschichte mit vielen Mill. DM Spenden

US-Wissenschaftler schätzen Energie des bisher stärksten Wirbelsturms „Gilbert" im Golf von Mexico auf ca. 1000 Wasserstoffbomben (jede einige Mt TNT Sprengkraft)

In BRD 38 Mrd. DM Folgekosten von Verkehrsunfällen

Dürre in USA vernichtet etwa 25% der Ernte

25% des Yellowstone-Nationalparks verbrennen in einer Dürrezeit

Die Ablösung des ungar. KP-Führers *J. Kádár* (* 1912) nach 21 Jahren Amtszeit durch *Grósz* (* 1930) gilt als Stütze der Wirtschaftsreform

Streit Ungarns mit Rumänien, das Tausende dt. u. ungar. Dörfer zugunsten von Agrarstationen vernichten will

In Ungarn werden Bestrebungen zu einem Mehrparteienstaat deutlich

Die Wirtschaftslage Rumäniens und die Versorgung seiner Bevölkerung verschlechtern sich katastrophal

Im Golfkrieg geben USA-Kriegsschiffe Tankern bewaffnetes Geleit, da sie öfter vom Iran oder Irak angegriffen werden

Iran beschuldigt Irak, durch Giftgas 5000 Kurden getötet und 4000 verletzt zu haben

Golfkrieg Irak/Iran führt zur gegenseitigen Raketenbeschießung der Städte mit erheblichen Menschen- und Sachopfern

Rücktrittsgesuch des Min.Präs. vom Iran *Mussawi Khameini* (* 1900) wird abgelehnt

Nach langwierigen Verhandlungen erreicht *Perez de Cuellar* (* 1920 i. Peru) als Gen.Sekr. d. UN Waffenstillstand im Golfkrieg

Waffenstillstand im Golfkrieg zwischen Irak und Iran über 8 Jahre mit ca. 1 Mill. Toten, aber ohne deutl. polit. Ergebnis

Der Waffenstillstand Irak–Iran im Golfkrieg wird durch Zwischenfälle und gegenseitige Verdächtigungen gefährdet

Palästinenser-Konferenz in Algier ruft Palästinenser-Staat mit Hauptstadt Jerusalem aus

Mehr als 20 Reg., darunter USSR und DDR, anerkennen umgehend d. neu ausgerufenen Palästinenser-Staat

Y. Arafat spricht vor der UN i. Genf, weil die USA ihm die Einreise verweigerten. Danach sind USA bereit, mit PLO zu verhandeln

Syrische Truppen rücken in Südbeirut ein, um Milizkämpfe zu beenden, die Iran oder Irak unterstützen

Arab. Aufstand in Israel („Antifada") wird brutal bekämpft

Heftige Unruhen der Araber in den seit 1967 besetzten Gebieten Palästinas erschüttern den Staat Israel

Nach einem Jahr Palästinenseraufstand in Israel („Antifada") werden 400 Tote und etwa 20 000 Verletzte registriert. Das Vorgehen der Israelis wird als zu hart internat. kritisiert

USA verurteilen entschieden die harte Politik Israels gegenüber den unruhigen Palästinensern

In USSR explodiert durch Zusammenstoß mit Sprengstoff beladener Zug (4 Tote und 280 Verletzte)

Die Altstadt von Lissabon wird durch Großfeuer zerstört

In Borken/Nordhessen werden nach Grubenexplosion von 57 verschütteten Bergleuten 7 nach 56 Stunden gegen jede Hoffnung lebend geborgen

Über 290 Tote bei Bombenanschlag auf Flug Frankfurt/M–USA, wobei Maschine auf schottische Ortschaft Lockerbie stürzt

Der Schadenersatz für die Katastrophe beim Flugtag der US-Basis Ramstein mit 70 Toten wird auf mindestens 200 Mill. DM beziffert. Dieses Unglück bringt solche Flugtage in Verruf

US-Militärflugzeug stürzt in Wohngebiet von Remscheid, was 6 Todesfälle und 50 Verletzte fordert und den Protest gegen Tiefflüge über Wohngebiete verstärkt

Hannes Androsch (* 1938, SPÖ), 1970–81 Finanzmin. u. 1976–1982 Vizekanzler i. Österr., wird wegen Falschaussage verurteilt

Fabrikneuer hochcomputerisierter Airbus 320 mit 130 Personen stürzt bei Schauflug 7 km vor Mülhausen ab und verbrennt, wobei nur 3 Tote zu beklagen sind

Der Industriemanager *Rudolf Cordes* wird nach 20 Monaten Geiselhaft im Libanon durch Iran-Sympathisanten freigelassen

Iwan (John) Demjanjuk (* 1921 i. Ukraine, lebte zeitw. i. USA) wird in Israel zum Tode durch den Strang verurteilt als Aufseher im KZ Treblinka, wo über 800 000 Juden ermordet wurden

† *Klaus Fuchs* (* 1912 i. Dtl.), der 1950 i. Gr.Brit. als „Atomspion" verurteilt wurde

Nach 15 Tagen grausamer Haft, während der sie 2 Geiseln töteten, entlassen proiranische Luftpiraten in Algerien die restlichen 31 Geiseln, mit denen sie 17 Gesinnungsgenossen in Kuwait freipressen wollten

(1988)

Wahlen in Israel bringen weder der Arbeitspartei (unter *Peres*) noch dem Likudblock (unter *Schamir*) die absolute Mehrheit. Zünglein an der Waage sind kleine relig. Parteien

Die Koalitionsregierung in Israel ist in der Frage einer Friedenskonferenz gespalten

Kg. *Hussein* v. Jordanien (* 1935) überläßt der PLO das Jordanland

In Beirut/Libanon scheitert die Wahl eines neuen Staatspräs. an zu geringer Zahl der Abgeordneten

Nach Entlassung von 3 frz. Geiseln aus Libanon befinden sich noch 18 Europäer und US-Bürger in der Gewalt arab. Milizen

Syrische Milizen besiegen die Streitkräfte des PLO-Führers *Y. Arafat* im Libanon

Nach Erschießung *Abu Dschihads* (* 1936), des Stellvertreters *Arafats*, kommt es zu bisher blutigsten Unruhen im von Israel besetzten Gebiet

Proiranische Schiiten entführen kuweitisches Flugzeug nach Zypern, um Häftlinge in Kuweit freizupressen. Die Geiseln werden nach einer Ermordung unblutig befreit

Ägypt. Parlament verlängert Ausnahmezustand, der seit 1981 wegen fundamentalistischer Umtriebe besteht, um 3 Jahre

Nach Unruhen in Algerien Umbildung der Regierung

Etwa 5000 Tote bei Stammeskämpfen i. Burundi (Zentralafrika, ehemals Dt. Ostafrika)

Burundi verhängt wegen Stammesfehden 3 Wochen Kriegsrecht

Verhandlungen zur Beilegung des Angola-Namibia-Konfliktes in Südafrika

Abkommen über Wahlen in Namibia in New York unterzeichnet. Truppen Kubas verlassen Angola

In 12 Staaten Afrikas kämpfen kubanische Soldaten

Der Staatspräs. v. Simbabwe *Mugabe* ernennt seinen Gegner *Nkomo* zum Staatsmin.

In Simbabwe schließen sich 2 Parteien zum Einparteistaat zusammen

Erdweit wird *N. R. Mandela* (* 1918), der als Apartheidgegner seit 25 Jahren in Südafrika in Haft ist, zum 70. Geb. geehrt

Außenmin. v. Afghanistan bezeichnet die Einführung des Kommunismus als einen polit. Fehler gegen den Willen des Volkes

U Ne win (* 1911) tritt nach 26 Jahren sozialistischer Einparteienherrschaft i. Burma zurück. Das verarmte Land befindet sich in schwerer Unruhe

Nach einem Banküberfall in Gladbeck kommen bei der Täterjagd, die durch Neugierige behindert wird, 2 Geiseln und ein Polizist ums Leben. Die Vorgänge werden kontrovers diskutiert

In Kolumbien ist ein Geständiger des Mordes an 72 Frauen und Mädchen angeklagt

Psychopathischer Einzeltäter gerät in den Verdacht, 1986 schwed. Min.-Präs. *O. Palme* erschossen zu haben

SS-Mann, wegen Beihilfe zum vielfachen Judenmord angeklagt, wegen Beweisnot von Bonner Gericht freigesprochen

Unruhen und Polizei-Einsätze, die von der Opposition kritisiert werden, begleiten die Tagungen von Weltbank und intern. Währungsfond i. Bln (W)

Etwa 50% des Robbenbestandes (mehr als 11 000 Stück) der Nord- u. Ostsee wird durch Verschmutzung und durch hundestaupeartiges Virus vernichtet

Hochwasserkatastrophe an Rhein und Ruhr, Kölner Altstadt ist von Überschwemmung bedroht

Auffallend zahlreiche Wirbelstürme mit katastrophalen Wirkungen

Bisher höchste Temperaturen an der Meeresoberfläche gemessen, was die Frage nach einem Treibhaus-Effekt aufwirft

Der Aralsee i. d. USSR verkleinerte seine Oberfläche seit 1960 um 33%

Klimaänderungen werden bemerkbar, die als Folge der Verschmutzung der Atmosphäre durch Industrie und Autos gedeutet werden

Internationale Ozon-Konferenz i. Göttingen

Etwa 12 Tier- und Pflanzenarten sterben täglich aus (um 2000 wird dieser Verlust wahrscheinlich stündlich eintreten)

Erdweit sind 1029 Vogelarten bedroht

Geschädigte Waldfläche i. BRD: 1986: 53,7%; 1987: 52,3%

1987 wurden in Brasilien 20 000 km^2 Urwald vernichtet

Demonstrationen und Unruhen i. Burma, wo 1962 die Demokratie abgeschafft wurde

Ca. 3000 Tote bei Unruhen i. Burma

In VR China verringert sich die Zentralgewalt von Partei und Regierung

Volkskongreß in VR China verjüngt und verkleinert Regierung des Landes nach Vorschlag von *Li Peng* (* 1902)

Yang Shangkun (* 1907), ein polit. Weggefährte *Dengs* (* 1904), wird Staatspräs. der VR China

Studentenunruhen i. China mit Forderungen nach Demokratie zwingen Parteichef *Hu Yaobang* (* 1915) zum Rücktritt

Demokratische Protestbewegungen in VR China, einschl. Tibet

Indien stellt Raketen in Dienst, die auch nukleare Sprengköpfe tragen können

Nichtangriffspakt Indien-Pakistan von *R. Gandhi* und *B. Bhutto* unterzeichnet

Indien und VR China vereinbaren friedliche Regelung von Grenzkonflikten

Entspannung zwischen USSR und VR China wird deutlich

Der Konflikt zwischen Singhalesen und Tamilen auf Sri Lanka läßt eine Tragödie befürchten

Indien zieht Truppen aus Sri Lanka zurück, die dort seit 10 Monaten das Friedensabkommen sichern sollten

Das von der USSR unterstützte Vietnam zieht seine Truppen aus dem von VR China unterstützten Kambodscha zurück

In Kambodscha fielen seit 1979 etwa 55 000 vietnamesische Soldaten

Diktator Südkoreas *Chun Doo Hwan* (* 1932) entschuldigt sich öffentlich für seine Untaten und zieht sich in ein Kloster zurück

Schwere Unruhen in Seoul, der H. Stadt Südkoreas, die sich auf Olymp. Spiele vorbereitet

† *Zia-ul Haq* durch Flugzeugattentat (*1924), seit 1978 Staatspräs. v. Pakistan. Mit ihm sterben US-Botsch. und hohe pakistan. Offiziere

Die oppositionelle Volkspartei unter *Benazir Bhutto* (* 1953), Tochter d. 1979 hinger. Staats- u. Reg.-Chefs, wird stärkste Partei

Benazir Bhutto (* 1953) tritt das Amt als Min. Präs. von Pakistan als einziger weibl. mohammed. Reg.Chef an

Stellvertreter von *C. Acquino* ruft zu ihrem Sturz als Präsidentin der Philippinen auf

Militärputsch auf Haiti stürzt General *Henry Namphy* (* 1932)

Industrieländer verbringen jährlich 20 Mill. t (auch giftigen) Abfall i. d. 3. Welt

Das Klima in der Schweiz wird bis 1270 rekonstruiert und zeigt starken Wechsel

BRD verschärft Bedingungen für Transporte radioaktiven Materials

Gericht untersagt die Verwendung der Ölschiefergrube Messel als Müllkippe, die eine wertvolle Fundstätte für Säugerfossilien ist

Die USSR schätzt die Schäden des Reaktorunfalls in Tschernobyl auf 22 Mrd. DM

Bundesbahn (der BRD) verzeichnet 4 Mrd. DM Defizit

Schulden der Bundesbahn (i. BRD): 1970 17 Mrd. DM; 1988 43 Mrd. DM; 1970–1988: + 5,3%/Jahr

Der Luftverkehr in BRD wuchs 1987 um 13%

Über 50 Städtepartnerschaften zwischen BRD und DDR, an denen auch Bezirke von Bln (W) beteiligt sind

Städtepartnerschaft Bonn–Potsdam kommt unter deutlichen politischen Spannungen zustande

Städtepartnerschaft Salzgitter-Gotha, obwohl ersteres die zentrale Erfassungsstelle von Verstößen gegen die Menschenrechte i. d. DDR hat

Ein Peruaner und ein Spanier versuchen auf einem Floß von Peru aus Neuseeland zu erreichen

Reg. d. BRD erwägt Dreiteilung der Post in die Bereiche Brief u. Paket, Fernmelde- u. Geldwesen. Proteste werden laut

600. Jahrestag der volkstüml. Figur des »Manneken Pis« in Brüssel

Der seit 968 betriebene Bergbau am Rammelsberg b. Goslar wird wegen Erschöpfung der Erzlager eingestellt

Meersburg (a. Bodensee) feiert den 1000. Jahrestag seiner 1. urkundl. Erwähnung

59% der Bürger der BRD sehen 1989 mit Hoffnungen entgegen

1989

Friedensnobelpreis an den *Dalai Lama* (* 1935 i. Tibet, seit 1959 im ind. Exil), Oberhaupt der Tibeter, deren Befreiung von der chines. Okkupation seit 1950 er mit friedlichen Mitteln betreibt

Im Januar werden erdweit 25 Kriege verzeichnet

Schwedische Wissenschaftler berechnen von −3600 bis 1960 14 513 kriegsartige Konflikte mit etwa 3,64 Mrd. Toten. Nur 292 der 5 500 tausend Jahre sind ohne Krieg

Kompromiß auf der Wiener KSZE-Folgekonferenz eröffnet den Weg, über Abrüstung konventioneller Waffen zu verhandeln, was allseits begrüßt wird

1984–89 hat sich die Kriegsgefahr deutlich verringert

Richard v. Weizsäcker (* 1920 i. Stuttgart) wird von der Bundesversammlung in Bonn f. eine 2. Amtsperiode von 5 Jahren mit 86,2% der Stimmen ohne Gegenkandidaten zum Bundespräs. gewählt

Bundespräs. *v. Weizsäcker* besucht Marokko

† *Lieselotte Berger* (* 1920 i. Berlin, CDU) 1973–1987 Vors. d. Petitionsausschusses d. Bundestages

BRD und DDR begehen 40. Jahr nach ihrer Gründung

† *Hermann Höcherl* (* 1912 i. Brennberg, CSU), seit 1953 MdB, 1961–65 Bundesinnenmin.

† *Gerhard Schröder* (* 1910, CDU) seit 1949 MdB, mehrfach Bundesmin.

† *Heinrich Krone* (* 1895), Bundesmin. unter *Adenauer*

Nach Wahlniederlagen i. Berlin (W) u. Hessen verändert *Helmut Kohl* die Bundesregierung und ihr Sachprogramm (Quellensteuer, Wehrdienst u. a.). *Theo Waigel* (* 1939, CSU) wird Finanzmin., *G. Stoltenberg* (* 1928, CDU) Verteidigungsmin.

Bundestagsresolution anerkennt poln. Westgrenze im Sinne der Erklärung von *H.-D. Genscher* vor der UNO

H. Kohl erneut CDU-Vors. (i. d. Amt seit 1973)

Bundeskanzler *H. Kohl* setzt auf seiner Polenreise Zeichen der Versöhnung und Verständigung, ohne in der Grenzfrage sich definitiv festzulegen

Die breite Sympathie in BRD für *M. Gorbatschow* u. seine Pol. stößt in USA auf skeptische Zweifel

G. Stoltenberg (* 1928 i. Kiel) verzichtet auf neue Kandidatur für den Landesvorsitzenden d. CDU i. Schleswig-Holst.

CSU-Vors. *Th. Waigel* löst mit der Ansicht, daß Dtl. in den Grenzen von 1937 fortbesteht, Unruhe und Diskussion aus

Nobelpreis f. Literatur an *Camilo José Cela* (* 1916 i. Spanien), gilt als Bahnbrecher d. neuen span. Romans: „Pascual Duartes Familie" (1942), „Der Bienenkorb" (1951)

Friedenspreis d. Dt. Buchhandels an *Vaclav Havel* (* 1936, lebt i. CSSR), CSSR versagt ihm Ausreise

Zum 50. Jahrestag des Kriegsbeginn fordern PEN der BRD und Polen friedliche Überwindung der Teilung Europas

DDR-Schriftsteller fordern „revolutionäre Reform"

Präsident des DDR-Schriftstellerverbandes *H. Kant* fordert Selbstkritik u. Reformen in DDR. *Christa Wolf* äußert sich gleichsinnig

Anna Achmatowa (1889–1966) wird als große russische Dichterin geehrt

† *Samuel Bekkett* (* 1906 i. Dublin), Dramatiker des „absurden Theaters", „Warten auf Godot" (1953), Nobelpreis 1969

† *Thomas Bern-*

Einschl. USSR und VR China befindet sich die kommunistische Welt in einer schweren Krise

Die Fachbez. „Philosophie" und „Philosoph" verlieren an Bestimmtheit und Bedeutung

Weltverband der Psychiatrie nimmt USSR wieder auf

Der 1976 aus der DDR ausgebürgerte Liedermacher *Wolf Biermann* (* 1936 i. Hamburg) darf jetzt wieder dort auftreten

Daniel Cohn-Bendit (* 1945 i. Frankreich), 1968 Führer revoltierender Studenten i. Paris, wird ehrenamtlicher kultureller Berater beim „rot-grünen" Magistrat in Frankfurt/M.

† *Alfred Ayer* (* 1901), brit. philosoph. Sprachanalytiker („Sprache, Wahrheit, Logik", 1936)

Ajatollah Chomeini bedroht den Autor der „Satanischen Verse", S. Rushdie, mit Ermordung wegen Schändung des Islams

† *Ajatollah Ruhollah Chomeini* (* 1900),

Carl Andre (* 1935 i. USA): „Roaring Fourties" (minimal art aus 45 Stahlplatten)

Forest Bess (* 1911, † 1977): „Drawings" (Ausst. i. Museum Ludwig i. Köln)

Max Bill (* 1908) erhält Bildhauerpreis von Osnabrück

Bärbel Bohley (* 1945, Mitgl. des „Neuen Forums", das sich am politischen Umsturz beteiligte) erhält Karl-Hofer-Preis der Kunsthochschule Bln (W)

„Marienkrönung" von *Botticelli* in Florenz restauriert

Gloria Brand (* 1943 i. Oberschlesien), Collagen (Ausst. i. Bln (W))

V. Bugrow (* 1949 i. Moskau): Neonlicht-Installation i. Bln (W)

Alexander Calder (1898–1976 i. USA), bekannt durch seine „Mobiles" Ausstellung findet in Paris statt

† *Salvador Dali* (* 1904 i. Spanien/Katalonien), exzentrischer Maler d. Surrealismus. Er vermacht seinen gesamten Nachlaß dem span. Staat

Christoph M. Gais (* 1951 in Stuttgart, lebt u. arbeitet i. Bln [W]): „Triptychon o. T." (Öl auf Leinw.)

Berliner Philharmoniker wählen *Claudio Abbado* (* 1933 i. Mailand) zum neuen Chefdirig.

Auff. einer teilw. Rekonstruktion einer „10. Sinfonie" von *L. v. Beethoven* i. Hamburg

† *Irma Beilke* (* 1904 i. Berlin) Opernsopran, Kammersängerin

Maurice Béjart (* 1927 i. Marseille): „1789 et nous" (Revolutionsballett im Grand Palais/Paris)

† *Irving Berlin* (* 1888 in Sibirien, kommt 1893 nach New York), Komponist populärer U-Musik, schrieb u.a. „Alexanders Ragtimeband" und „Puttin' on the Ritz"

L. Bernstein dirigiert zu Weihnachten in Berlin (O) die 9. Sinfonie von *L. v. Beethoven*

Wolf Biermann (* 1936 i. Hamburg), Liedermacher, nach Auftrittsverboten 1976 aus d. DDR ausgebürgert, kehrt in DDR zurück, wo er in Berlin (O) und Leipzig bejubelt auftritt

Nobelpreis f. Physik an *Wolfgang Paul* (* 1913 i. Lorenzkirch), an *Hans-Georg Dehmelt* (*1922 i. Görlitz) und an *Norman Foster Ramsey* (* 1915 i. Wash. DC) für Erfindung der Cäsium-Atomuhr

Nobelpreis f. Chemie an *Sidney Altman* (* 1939 i. Kanada) u. *Thomas R. Cech* (* 1948 i. USA) für Nachweis von Enzymeigenschaften der RNS, was Biogenese berührt

Nobelpreis f. Medizin an *Michael J. Bishop* (* 1936 i. USA) u. *Harold E. Varmus* (* 1940 in USA) f. Entd. des zellulären Ursprungs der retroviralen Onko-(Krebs-)Gene

In USA wird ein Quasar in 14 Mrd. Lichtjahren Entfernung als bisher ältestes Objekt im Kosmos entdeckt

Riesen-Galaxie „Große Mauer" stellt die „Urknallhypothese" in bish. Form in Frage

Seit 1987 kennt die Astronomie dunkle, schwer sichtbare „Braune Zwerge" als neue Sternenklasse, die möglicherweise einen Teil der vermuteten „unsichtbaren" kosmischen Materie ausmacht

Die „nahe" Super-

Nobelpreis f. Wirtschaftswissenschaften an *Trygve Magnus Haavelmo* (* 1911 i. Norw.) f. statist. Methoden i. d. Ökonometrie

† *Max Grundig* (* 1908), führender Unternehmer d. Nachkriegszeit i. d. Unterhaltungselektronik

Globales Wachstum 1900–2000 (gesch.) + % Jahr/Verdoppl. i. Jahren: Bev. 1, 35/52; BSP u. Energie 2,7/26; BSP/K 1,35/52

Nach diesen Zahlen würde sich das Wohlstandsmaß BSP/K im 20. Jh. i. Mittel global verfünffacht haben

Energieverbrauch und damit BSP der Erde stieg 1970–85 um ca. + 2,3%/Jahr

I. BRD stieg das reale BSP in diesem Jahr um +4%

Die 7 Nationen USA, Japan, BRD, Frankr., Gr. Brit., Ital. u. Kanada erzeugen 55% des BSP der Erde

Gipfel d. 7 gr. Industrienationen i. Paris zum *200.* Jahrestag d. frz. Revolution i. Paris. *M. Gorbatschow* bietet brieflich Mitarbeit an

Handelskrieg zwischen USA und EG, die kein hormonbehandeltes Fleisch aus USA einführt und mit Strafzöllen belegt wird

500. Airbus wird ausgeliefert

26% aller erdweiten Exporte entfallen auf die EG

USSR und EG unterzeichnen Handelsabkommen

Japan. Industrie erreicht 89% Kapazitätsauslastung

Kurssturz an der New Yorker Börse am Freitag, d. 13. 10., hat internationale Wirkungen

Rekordindex der Börsenkurse i. Japan

Die bisher sehr erfolgreiche Computer-Fa. *Nixdorf* senkt Dividende, 1990 übernimmt Siemens 51% des Kapitals

Marktbedingte Konkurrenz um die Norm für das neue hochauflösende Fernsehen zw. Japan, Europa und USA

Dollarkurs übersteigt erstmals seit 1986 2 DM

(1989)

BRD verlängert Grundwehrdienst von 15 auf 18 Monate

Kommunalwahlen i. Baden-Württemberg: Verluste d. CDU, Gewinne d. Republikaner

% Stimmen b. Berliner Wahl (89/85):
CDU (37,8/46,4); SPD (37,3/32,4); FDP (3,9/8,5); AL-Grüne (11,8/10,6); Republik. (7,5/-); SEW (0,6/0,6); CDU-FDP-Koalition verliert Mehrheit; rechtskonservative Rep. erstmals i. einem Landesparlament

Walter Momper (* 1945 i. Sulingen, SPD) bildet und leitet als Reg. Bgm. v. Berlin Senatskoalition SPD-AL (3 AL, 11 SPD, 8 Senatorinnen, 6 Senatoren)

Reg. Bgm. *Walter Momper* besucht *Honecker* und erreicht Reiseerleichterungen f. Westberliner b. DDR-Reisen

Schwere Ausschreitungen in Berlin-Kreuzberg am 1. Mai mit dem Motto „Eigentum ist Diebstahl", wobei über 300 Polizisten verletzt werden und Millionen-Schäden entstehen

US-Verteid.Min. *Richard Cheney* (* 1941) fordert bei einem Besuch in Berlin den Abriß der Mauer

Reg. Bgm. von Berlin *Walter Momper* reist i.d. USA und erläutert dort die Politik des „rot-grünen" Senats

Grüne Senatoren im rot/grünen Senat von Berlin unter *W. Momper* werden wegen pauschaler Übernahme von Bundesgesetzen von ihrer Basis kritisiert

Ca. 100 verletzte Polizisten in Göttingen bei Krawallen um den Tod einer Studentin

Starke Verluste der CDU bei Kommunalwahlen i. Hessen, die Mehrheit in Frankfurt verliert. NPD und Grüne gewinnen Stimmen

Mit *Volker Hauff* (* 1940, SPD) als Obgm. löst rot-grüne Koalition die CDU in der Führung von Frankfurt/Main ab

Bundestag beschließt mit der SPD gegen die Grünen Rentenreform

%-Stimmen (89/85) bei Kommunalwahlen i. Hessen:
CDU (34,3/41,1); SPD (44,8/43,7); FDP (4,9/5,3); Grüne (9,1/7,1); Republ. (0,7/-); DKP (0,8/0,4); NPD (0,7/-)

Kommunalwahlen i. NRW:
SPD bleibt stärkste Partei, CDU hat deutliche Verluste. *J. Rau* (* 1931) bleibt Min.-Präs.

CDU verliert i. Rhl.-Pfalz fast 8% der Stimmen

Verluste der CDU bei Kommunalwahlen im Saarland und in Rheinland-Pfalz

hard (* 1931 i. Niederlande), seit 1946 i. Österr., Schriftsteller u. Dramatiker; untersagt testamentarisch Druck und Aufführung seiner Werke in Österreich

Karl-Heinz Brackmann u. *Renate Birkenhauer:* „NS-Deutsch" (Begriffe der NS-Zeit)

† *Barago Diop* (* 1906), senegalesischer Schriftsteller und Tierarzt

Das Werk *Friedrich Dürrenmatts* (* 1921 bei Bern) kommt i.d. Schweizer Literaturarchiv in Bern

† *Ida Ehre* (* 1900 i. Mähren), Schauspielerin und Theaterleiterin in Hamburg

Max Frisch (* 1911) erhält *Heine*-Preis der Stadt Düsseld.

† *Walter Gross* (* 1904 i. Eberswalde), Kabarettist u. Komiker, Mitgl. der „Insulaner" im RIAS

Peter Hacks (* 1928 i. Breslau): „Fredegunde" (Schauspiel, Urauff. i. Braunschweig)

Schriftsteller u. Systemkritiker

schiitischer Geistlicher und iran. Revolutionsführer, der 1979 den Schah stürzte und ein Terrorregiment führte

Millionen Trauernde gestalten die Beisetzung Chomeinis zu einem Spektakel mit tödlichen Unfällen

† *Hoimar v. Ditfurth* (* 1921 i. Berlin), Wissenschaftsjournalist, dessen Wirken mehrfach ausgezeichnet wurde

Günter Graß (* 1927 i. Danzig) spricht vor dem „Club of Rome" über „Zum Beispiel Calcutta" mit der Mahnung „Calcutta wird über uns kommen"

Weltkirchenrat berechnet pro Jahr 15 Mill. Kinder, die hungers sterben und fast 1000 Mrd. $ Rüstungsausgaben

† *Friedrich Hakker* (* 1914 i. Wien), Psychoanalytiker der Schule von *S. Freud*

M. Heidegger: „Beiträge zur Philosophie" (erscheint zu seinem 100. Geburtstag)

Frank Gehry: Design-Museum i. Weil/Rhein i. kubist.-expressionist. Stil

W. Grasskamp: „Die unbewältigte Moderne. Kunst und Öffentlichkeit"

Bilder aus der *Guggenheim*-Sammlung i. New York und Venedig werden i. Bln (W) gezeigt

Ausst. von Werken von *Renato Guttuso* (* 1912 auf Sizilien, † 1987 i. Rom), dar. „Schädel auf schwarzem Tuch vor blauem Himmel" von 1984

† *Hans Hartung* (* 1904 i. Leipzig, seit 1935 i. Paris), ein Wegbereiter der informellen Malerei im Anschluß a. d. Kubismus

Ausstellung von Gem. v. *Bernhard Heisig* (* 1925 i. Breslau) i. Bln (W)

† *Gerhard Hoehme* (* 1920 b. Dessau, studierte in Halle und Düsseldorf), erfand i. 60'er die Plexiglaskästen

Ausstellung von Gem. von *H. E. Hopper* (* 1882, † 1967 i. USA) i. Marseille

Heinz Kiesling (* 1915 i. Berlin): „Kosmische Impressionen" (Kunstaust. i. Bln [W])

Rainer Kriester (* 1935 i. Plauen): „Steinplastiken

† *Kurt Böhme* (* 1908 i. Dresden), Opernbassist u. Kammersänger

Südkoreaner *Myung-Whun Chung* erhält *A. Toscanini*-Preis

† *Carl Dahlhaus* (* 1928 i. Hannover), Musikwissenschaftler, Herausg. d. R.Wagner-Gesamtausgabe

Hans Werner Henze (1926): „Das verratene Meer" (Oper, Urauff. i. Bln (W) in Kooperation mit New York u. Mailand)

Detlev Heusinger (* 1956 i. Bremen): „Der Turm" (Oper nach *Peter Weiß*, 1916–82)

† *Vladimir Horowitz* (* 1903 b. Kiew, seit 1950 US-Bürger), mit *Rubinstein* führender Pianist des Jahrh.

† *Antonio Janigro* (*1918 i. Mailand), Cellist

Mauricio Kagel (* 1931 i. Buenos Aires) – Retrospektive der Frankfurter Feste

† *Herbert von Karajan* (* 1908 i. Salzburg), seit 1955 auf Lebenszeit Chefdirigent der Berliner Philharmo-

nova von 1987 wird seither in allen Spektralbereichen eingehend erforscht

Die 1977 gestartete US-Sonde „Voyager 2" übermittelt aus rd. 4,5 Mrd. km Entfernung Bilder vom Neptun (1846 entd.) und zwei neu entdeckten Monden (bisher zwei bekannt, Triton und Nereid). Außerdem entd. die Sonde einen dauerhaften Wirbelsturm in der Neptunatmosphäre ähnlich wie bei Jupiter. Voyager verläßt als erste Raumsonde das Sonnensystem und sendet weiter Daten. Die großen Forschungserfolge der Sonde mindern die Bedeutung bemannter Raumflüge

US-Astronom beobachtet „chaotisches" Taumeln bei einem Saturnmond

Da Spiegel-Teleskope über 5 m Durchmesser an technische Grenzen stoßen, vereinigt man computergesteuerte Einzelspiegel zu einer spiegeläquivalenten Reflexionsfläche. Auf dem 4200 m hohen Mauna Kea/Hawaii entsteht nach diesen Bauprinzip das Keck-Spiegelteleskop mit 10 m Durchmesser

Aus Meteoritenfällen ergibt sich, daß der Halleysche Komet erst vor etwa 23 000 Jahren in

Größter Rückgang der Börsenkurse i. Frankfurt/M. nach dem Kriege

BRD kündigt neue Geldscheine (dar. über 200 DM) an

In Madrid einigt sich der EG-Ministerrat auf ersten Schritt zur Währungsreform 1990 (*M. Thatcher* lehnt ab)

Pfund-Sterlingkurs unterschreitet 4 DM

USA beschuldigen Firmen i. BRD, in Libyen eine Fabrik für chemische Kampfstoffe errichtet zu haben

Bundeskartellamt in Berlin (W) erhebt Einspruch gegen Fusion Daimler-Benz mit Luft- und Raumfahrtunternehmen MBB wegen Gefährdung des Wettbewerbs

Durch umstrittene Fusion Daimler – MBB nach Erfüllung der Auflagen vom Wirtschaftsmin. entsteht einer der größten Konzerne der Welt

Fusion von Saarstahl und Dillinger Hütte soll Rentabilität verbessern

BRD u. Indien planen, das Stahlwerk Rourkela von 1956 zu modernisieren

Militärausgaben d. USSR betragen mit 129 Mrd. $ 15% des BSP (i.USA 6,4% BSP)

Anstieg des DM-Kurses am Jahresende spiegelt auch Erwartungen für die Entw. i. beiden dt. Staaten wider

Die Hauptgefahren der Menschheit: AIDS, Umweltschäden und falsche Einschätzung der Risiken von Wissenschaft und Technik

Bei einem Bevölkerungsanteil von rd. 25% verbrauchen die Industrieländer ca. 80% des erdweiten BSP

Hongkong repatriiert zwangsweise Boat People aus Vietnam

Schwere Rassenunruhen in Miami/USA

17% der Menschheit leben in „absoluter Armut"

Der Anteil der Hausfrauen-Arbeit am BSP der BRD wird zu 25% angegeben

In Washington DC/USA demonstrieren rd. 300 000 für das Recht auf Abtreibung

(1989)	BRD verzeichnet Abnahme der Links- bei Zunahme der Rechts-Radikalen Massenflucht von DDR-Bürgern über Botschaften d. BRD in Budapest, Prag und Warschau, denen schließlich Reise i.d. BRD mit Zügen der DDR – „Reichsbahn" gestattet wird Nach 22 Tagen verlassen 116 DDR-Staatsbürger die Vertretung d. BRD i. Bln (O) ohne Zusage f. eine Ausreise in die BRD DDR öffnet für ihre Bürger Berliner Mauer am 9. 11. und beseitigt damit 28 Jahre nach ihrem Bau ihre Funktion Der Tag der Grenzöffnung DDR/BRD (9. 11.) wird weithin als Wende in der Geschichte Dtl.'s empfunden und bezeichnet SED wählt *Gregor Gysi* (* 1948 i. Berlin) zum neuen Vorsitzenden als Nachfolger von *E. Krenz*, der nur 44 Tage amtierte *H. Kohl* unterbreitet dem Bundestag Deutschlandplan, beginnend mit freien Wahlen in DDR mit einer föderativen Entwicklung beider dt. Staaten Die 4 Siegermächte zeigen deutliche Zurückhaltung hinsichtlich dt. Vereinigung BRD versichert, eine dt. Einheit nur im europ. Rahmen anzustreben Deutschlandplan wird von SPD akzeptiert, von den Grünen abgelehnt, DDR – Bev. reagiert zwiespältig 10-Punkte-Plan v. Bundeskanzler *H. Kohl* zur föderativen Vereinigung beider dt. Staaten wird im Ausland reserviert aufgenommen Mitgliedstaaten der EG stehen einer etwaigen Vereinigung von BRD u. DDR skeptisch und zurückhaltend gegenüber. Auch USA und USSR mahnen zur Bedachtsamkeit EG anerkennt das Recht der Deutschen auf Einheit Der Besuch von *M. Gorbatschow* i. BRD gilt als Wende im Ost-West-Konflikt *M. Gorbatschow* besucht Berlin (O) zur militär. Jubiläumsparade, begrüßt *E. Honecker* mit Bruderkuß und führt mit ihm längeres Vieraugengespräch. Die Bevölkerung ruft: „Gorbi hilf! Gorbi hilf!" Am Ende des Jahres Hoffnungen für und Ungewißheit über das Schicksal beider dt. Staaten und ihre Beziehungen Programmkommission der SPD entscheidet sich für eine soziale Marktwirtschaft im neuen Parteiprogramm *Willy Brandt* (* 1913) wird für weitere 3 Jahre zum	i. CSSR *V. Havel* (* 1936 i. Prag) wegen Teilnahme an Demonstration zu 9 Monaten strenger Haft verurteilt (internat. Protest mindert die Strafe) 2 Urauff. des in der CSSR inhaftierten Dramatikers *V. Havel* (* 1936) in Ungarn *Vaclav Havels:* „Sanierung" (Schauspiel, Urauff. i. Zürich) *Stefan Heym* und 8 andere Schriftsteller, die vor 10 Jahren aus dem DDR-Schriftstellerverband ausgeschlossen wurden, werden mit Entschuldigung rehabilitiert *Rolf Hochhuth* (* 1931 i. Eschwege): „Unbefleckte Empfängnis" (Schauspiel um das Leihmütterproblem, Urauff. i. Bln [W]) *Elfriede Jelinek* (* 1946 i. Steiermark): „Lust" (Roman) *Hermann Kant* (* 1926 i. Hamburg), der SED-Kritiker bekämpfte, tritt als Vors. des DDR-Schriftstellerverbandes im Zuge der SED-Entmachtung zurück	100. Geburtstag von *M. Heidegger*, dessen Beziehung zur NS-Ideologie weiterhin kontrovers diskutiert wird *Walter Jens* (* 1923 i. Hamburg) wird Präs. d. Akad. d. Künste i. Bln (W) Schweizer Justizministerin *Elisabeth Kopp* muß wegen Amtsmißbrauch zurücktreten Eingang des neugestalteten Louvre in Paris unter Glaspyramide eingeweiht † *A. D. Sacharow* (* 1921 i. Moskau), Atomphysiker und Bürgerrechtler i. USSR, 1980–87 nach Gorki verbannt, 1975 Friedensnobelpreis, zuletzt Mitglied des Kongresses der Volksdeputierten *Roger Schutz* (* 1915 i.d. Schweiz), ökumenisch aktiver Theologe (Taizé), erhält den Karlspreis Aachens Das Weltraumrecht ist durch Verträge des Völkerrechts weitgehend kodifiziert † *Friedrich Wil-

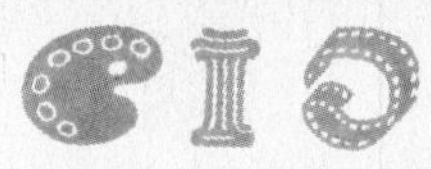

1984–89“ (Bildbd.)

Japan. Kunstpreis „Prämium Imperiale“ an 6 Künstler aus 6 Staaten (dar. *W. de Kooning* * 1904 i. NL)

Gartenpläne von *P. J. Lenné* (1789–1866) i. Schloß Sanssouci b. Potsdam ausgestellt

Werke von *Joseph Henry Lonas* (* 1925 i. USA), arbeitet seit ’58 i. Bln (W), in Bln (W) ausgestellt

Große Eisenplastiken von *Bernhard Luginbühl* (* 1929) i. Bern ausgestellt

Ausstellung der suprematistischen Bilder von *Kasimir Malewitsch* (1878–1935 USSR) i. Amsterdam

Gerhard Marcks (1889–1981): „Der Rufer“ (nach Frieden) als Denkmal aufgestellt in Bln (W) nahe Mauer a. Brandenburger Tor

† *Lucia Moholy* (* 1894 i. Zürich), Bauhaus-Fotografin

Karl Ludwig Mordstein (* 1937 i. Füssen): „Bilder und Bildkästen“ (Ausst. i. Bln (W)

† *Eckard Muthesius* (* 1903), Architekt

Kurt-Schwitters-Preis an *Nam June Paik* (* 1932 in Seoul/Korea), den „Gründervater“ der Video-Skulptur

Dominique Perrault: Entwurf für

niker, mit denen er erdweit künstlerische und materielle Erfolge als Herrscher eines musikal. Imperiums erzielte; trennte sich im April in Unfrieden von ihnen

Giselher Klebe: „Weihnachtsoratorium“ (Urauff. in Bonn)

† *Erika Köth* (* 1925 i. Darmstadt), Opernsopran

Helmut Lachmann (* 1935 i. Stuttgart): 2. Streichquartet (Urauff. i. Genf)

Serge Lifar-Preis an *Wladimir Malachow* (* 1968 i. Moskau), mehrfach ausgezeichneter Solo-Tänzer des Moskauer Staatsballets

Giacomo Manzoni (* 1932 i. Ital.): „Dr. Faustus“ (Oper n. *Th. Mann* [† 1955]. Urauff. i. Mailand)

Der Geigenvirtuose *Yehudi Menuhin* (* 1916 i. New York) erhält *Buber-Rosenzweig-Medaille*

† *Zinka Milanov* (* 1906 i. Zagreb), Opern-Sopranistin

Der russ. Tänzer *Rudolf Nurejew* (* 1938 auf

seine jetzige Bahn gelangte

In USA und Europa werden mehrere Teleskope für cm- und mm-Wellen gebaut, mit denen sich Entstehung und Entw. junger Sterne studieren lassen

Sternenkatalog mit über 18 Mill. Eintragungen für Hubble-Weltraumteleskop mit einem 2,5 m-Spiegel, das 1990 starten soll

Plattentektonische Erscheinungen wie auf der Erde werden auch auf Venus und Mars vermutet

Astronom. Berechnungen ergeben, daß die Tageslänge seit 4000 Jahren um 7/100 Sek. zunahm

Bahn eines durch Störungen vermuteten, bisher nicht beobachteten Planeten wird aufwendig berechnet

Gang-Steingrab in Irland von vor 5100 Jahren erweist genaue Kenntnis des Sonnenstandes zur Wintersonnenwende

Neue Messungen erweisen, daß keine Abweichungen vom Fallgesetz des *I. Newton* vorhanden sind

Die in USA angebl. entdeckte „Kernfusion im Reagenzglas“ kann nicht bestätigt werden

Messungen i. Japan bestätigen das Defizit der Sonnenneu-

1020 Mrd. $ Schulden der Entw.-Länder i. Afrika und Südamerika

Äthiopien wird von neuer Hungersnot bedroht

Der internat. Bund Freier Gewerkschaften gibt für 1985 die Ermordung von 650 und die Festnahme von 6500 Gewerkschaftlern bekannt

Ab 1. 1. i. BRD Reform des Gesundheitswesens zur Kostensenkung und höhere Verbrauchssteuern

IG-Metall fordert f. d. nächste Tarifrunde 12% höhere Entlohnung, einschl. Arbeitszeitverkürzung

IG-Metall-Konferenz i. Berlin bereitet sich mit ihren hohen Forderungen auf eine konfliktreiche Tarifrunde vor. *F. Steinkühler* erneut Vors.

Einheitsgewerkschaft IG Druck und Papier, Publizistik und Kunst i. BRD gegr.

Ca. 150 000 Bergarbeiter streiken in USSR aus wirtschaftl. u. polit. Gründen

Streik in der Druckindustrie d. BRD setzt i. d. Regel arbeitsfreien Sonnabend mit jährlich 13 Ausnahmen durch

4 Eisenbahnerstreiks i. GB i. einem Monat

OECD ermittelt für BRD eine Arbeitslosenquote von 6%

Zahl der Arbeitslosen i. BRD sinkt im Juni unter 2 Mill.

Hyperinflation in Staaten Südamerikas (1000%-Rate in Brasilien)

Dreiteilung der Post in der BRD in Brief-/Paketdienst, Telefon und Bankdienst

Als Teil der Sozialversicherungen ist die Rentenversicherung i. Dtl. 100 Jahre alt und wurde in dieser Zeit reformbedürftig

In BRD einigen sich CDU/CSU, FDP und SPD auf die Grundzüge einer Rentenreform, welche die ungünstige Altersstruktur notwendig macht

Lüttich wird zahlungsunfähig (auch andere belg. Städte sind hochverschuldet)

(1989)

Vors. der Sozialistischen Internationale (SI) gewählt, der 100 Parteien angehören

SPD beschließt „Berliner Programm“ als Nachfolger des „Godesberger Programms“ von 1959

Bei den „Grünen“ i. BRD setzen sich mehrheitlich die „Realos“, die „rot-grüne“ Koalitionen anstreben, gegen die „Fundamentalisten“ durch

RA *O. Schily* (* 1932 i. Bochum) wechselt von der Fraktion der „Grünen“, die er 1980 mitbegr. half, zur SPD

Bei den Europaratswahlen erhalten die nationalrechten „Republikaner“ in Bayern 15%, i. Bad.-Württembg. 10% der Stimmen (Bundesdurchschnitt 6,1%)

In BRD endet das Jahr im Streit um die polnische Westgrenze

Vertriebenenverbände beschuldigen Bundespräsidenten der Verletzung des Amtseides wegen einer Äußerung zur polnischen Grenze

Wahlergebnisse erweisen einen Rückgang des Vertrauens an den herkömmlichen Parteien (CDU/CSU, SPD, FDP). Grüne und Rechtsparteien gewinnen an Boden

Freie und geheime Wahlen i. DDR sind für den 6. 5. 1990 vogesehen

%Antworten +/– = für/gegen zur Frage dt. Vereinigung
F u. USA +66/–33; GB +40/–35; Polen +41/–44

Auf Anregung d. USSR Botschafterkonferenz der 4 Siegermächte i. Bln (W) (erstmalig seit 1971) Damit erscheint d. „Dt. Frage“ wieder auf der Tagesordnung

Mittelpunkt der Silvesterfeier beider dt. Staaten ist das kurz vorher geöffnete Brandenburger Tor in Berlin

Bundeskanzler *H. Kohl* trifft in Dresden DDR-Min.Präs *H. Modrow,* um den weiteren Weg beider dt. Staaten zu besprechen

† *Hilde Benjamin* (* 1902) 1953–67 radikal linientreue Justizministerin d. DDR. Ihre stalinist. Politik war gefürchtet („Die rote Hilde“)

† *Margarete Buber-Neumann* (* 1901 i. Potsdam), ursprünglich Kommunistin, wurde 1940 von *Stalin* an *Hitler* ausgeliefert

Staatschef *E. Honecker* kündigt Abrüstungsmaßnahmen d. DDR an, die von der NATO begrüßt werden

DDR beginnt mit Truppenabbau, wobei insges. 10 000 Mann angekündigt sind

Aus einer Massenflucht von DDR-Bürgern i. d. BRD über Budapest, Warschau u. Prag und machtvollen Straßendemonstrationen entwickelt

† *Hans Peter Keller* (* 1915 b. Neuss), Lyriker

Walter Kempowski (* 1929 i. Rostock): „Hundstage“ (Roman)

Sarah Kirsch: „Schneewärme“; „Begegnung von Mensch und Natur“ (Gedichte)

† *Hans Hellmut Kirst* († 1914 i. Osterode), schrieb 1954 antimilitär. Roman „08/15“

† *Rudolf Krämer-Badoni* (* 1913 i. Rüdesheim), Journalist

Siegfried Lenz (* 1926 i. Ostpr.) erhält Preis der *Galinski-*Stiftung, der erstmals verliehen wird

† *Daphne du Maurier* (* 1907 i. London), schrieb 1938 „Rebecca“

† *Mary McCarthy* (* 1912 i. USA), Schriftstellerin u. Kritikerin

Heiner Müller: „Germania Tod in Berlin“, Auff. in Berlin, Bochum u. Moskau

Heiner Müller: „Quartett“ (Schauspiel, Urauff. i. Bln [O])

† *Wolfgang Neuss* (* 1923 i.

helm v. Rauchhaupt (* 1881 i. W.-Preußen), Prof. f. vergl. Rechtswissenschaft, beschäftigte sich zuletzt mit dem Weltraumrecht

„Satanische Verse“ von *Salman Rushdie* (* 1947 i. Bombay, vom Islam mit dem Tode bedroht) erscheinen als Taschenbuch

† *Alexander Schwan* (* 1931 i. Berlin), polit. Philosoph und Direktor des Otto-Suhr-Instituts der Freien Univ. Berlin

† *Klaus von Schubert* (* 1941), Mitautor des Heidelberger Friedensmemorandums

† *Friedrich Solmsen* (* 1904 in Bonn), Altphilologe, speziell *Aristoteles-*Forscher

† *Dolf Sternberger* (* 1907 i. Wien-Baden), Politologe und Philosoph

Carl Friedrich von Weizsäcker erhält von Hamburg hansischen Goethepreis

Gesetz in BRD faßt Tiere nicht mehr als „Sachen“ im juristischen Sinne auf

Über 70% der Bundesbürger

die Nationalbibliothek i. Paris (4 Hochhäuser in Glasbauweise)

Barbara Quandt (* 1947 i. Berlin): „Tamtam" (Ausstellung durch Afrika inspirierter Bilder in Bln (W))

Ursula Sax (* 1935 i. Backnang, Würtembg.): „Schwer und leicht" (Skulpturausstellung i. Bln [W]; „Fahnen" (Windskulpturen)

Helmut Schober: „Schwarze Sonne" (Abstrakt. Bild)

Bernhard Schultze (* 1915 i. Schneidemühl): „Das rote Irgendwas" (monumentales starkfarb. Gem.)

„Der große Bogen" (Monumentalbau von *Otto v. Speckelsen*)

Antoni Tàpies (* 1923 i. Barcelona), Ausst. seiner Papierreliefs u. and. Werke i. Düsseld.

Sinen Thalheimer (* 1943 i. Balingen): Terracotta-Skulpturen (Ausst. i. Bln (W)

Jean Tinguély (* 1925 i. d. Schweiz) Ausstellung von Bildern, Skulpturen, Videos, Filmen, Installationen im Rahmen der Ausstellung „Maschinenmenschen" in Bln (W) und im Centre Pompidou, Paris

Monumentales Bauernkriegspano-

einer Bahnreise) feiert triumphalen Erfolg in USSR, die er 1961 verlassen hatte

Aribert Reimann (* 1936 i. Berlin): Konzert für Violine, Violoncello, und Orchester (Urauff. in Hannover)

Wolfgang Rihm (* 1952): „Geheimer Block" (Oper, Urauff. Frankf./M.)

† *Ljubomir Romansky* (* 1912 i. Sofia), Musikwissenschaftler und Kapellm.

Der Cellist *Mstislav Rostropowitsch* (* 1927 i. Baku) beabsichtigt 1990 i. d. USSR zurückzukehren, aus der er 1974 ausgebürgert wurde

M. Rostropowitsch spielt, wenig beachtet, ein Cellosolo an der geöffneten Mauer am Potsdamer Platz in Berlin

Pierre Schaeffer (* 1910 i. Frankr.) erhält *Mc Luhan*-Preis als Pionier der „musique concrète"

† *Willy Schneider* (* 1905) Volkssänger bekannter Wein- u. Karnevals-Lieder

trinos gegenüber der Theorie, auf die man bisher vertraute

Ausbleibende Erfolge bei intensiver Suche nach Protonenzerfall mindert die Wahrscheinlichkeit dieser Hypoth. u. daraus abgeleiteter Theorien

Mit dem Teilchenbeschleuniger LEP bei CERN/Genf f. 50 Mrd. e-Volt und dem Linear-Beschleuniger SLAC b. Stanford/USA f. 60 Mrd. e-Volt und mehr erreichen die Teilchenbeschleuniger einen neuen Energiebereich, der bald 1000 Mrd. e-Volt (1000 Protonen-Äquivalenz) erwarten läßt. (Beschleuniger begannen um 1939 bei 1 Mill. e-Volt = + 32%/Jahr)

Nach LEP-Versuchen Begrenzung der Elementarteilchen auf 3 „Familien", speziell auf 6 Quarks, 3 elektronenartige und 3 neutrinoartige plus ihre Antiteilchen

In USA wird Positronen-Mikroskop angewandt, das Antimaterie zur Abbildung verwendet

Linearbeschleuniger „SLAC" bei Stanford/USA erzeugt erste Z°-Bosonen bei 91,4 Mrd. e-Volt (fast 100 Protonen Massenäquivalent)

Eine neue Theorie

US-Bürger und Europäer verlassen nach blutigem Militäreinsatz auf dem „Platz des himmlischen Friedens" fluchtartig Peking

Die im GG der BRD vorgesehene wirtschaftliche Gleichberechtigung der Frau ist nicht realisiert

In BRD stehen 67 000 Linksradikalen 28 000 Rechtsradikale gegenüber

Am 1. Mai rationiert Polen Lebensmittel

Statt der erwarteten 10 Mrd. $ erhält Polen von USA 100 Mill. $ f. d. Privatwirtschaft

Deutschstämmige in USSR erstreben Wiederherstellung der wolgadeutschen Republik, die *Stalin* 1941 zerschlug, nachdem sie seit 1770 dort lebten (vgl. 1764)

Gegen Unruhen i. Tiflis wird Giftgas eingesetzt

Bayr. Banken finanzieren Kauf von Tornado-Kampfflugzeugen von Jordanien, das sich mit Israel im Kriegszustand befindet

Die militärischen Ausgaben liegen erdweit bei 1000 Mrd. $ (davon rd. 40% i. d. 3. Welt)

EG bereitet sich auf den ab 1992 geplanten gemeinsamen Markt vor

Die beiden dt. Staaten BRD u. DDR begehen getrennt das 40. Jahr seit DDR-Gründung (ca. 60% der BRD-Bürger wurden in ihr geboren)

Bonn-Potsdam schließen die 48. Städtepartnerschaft BRD-DDR

DDR will ihre Bezirkseinteilung zugunsten der historischen Ländernamen (Brandenburg etc.) ändern

Besondere Wirtschaftsgüter auf 100 Haushalte i. (BRD/DDR): Telefon (93/16); Farbfernseher (87/52); Waschautomat (86/66); Gefriergerät (70/43); PKW (68/52)

7 Mill. DDR-Bürger dürfen in westl. Länder reisen

Krisen im RGW-Bereich mindern entscheidend das Prestige des Kommunismus als Staats- und Wirtschaftsform

Bonn, das um den Beginn unserer Zeitrechnung als röm. Militärlager

(1989)	sich eine „friedliche Revolution von unten“, die zur Entmachtung der SED führt Unter dem Druck der Fluchtwelle und Massendemonstrationen tritt der Staatsratsvors. d. DDR *E. Honecker* (* 1912 i. Neunkirchen/Saar) nach 18-jähriger Amtszeit „aus Gesundheitsgründen zurück“. Nachfolger wird *E. Krenz* (*1937), der als „linientreu“ gilt Starke, mit Gewalt unterdrückte antistaatliche Demonstrationen i. d. DDR zum 40. Jahrestag Massendemonstrationen in Leipzig für Demokratisierung der DDR Über 200 000 demonstrieren i. Leipzig für Reformen i. DDR u. gegen Wahl von *E. Krenz* *Harry Tisch* (* 1927, SED), seit 1975 Vors. d. FDGB, tritt zurück; Nachfolger wird *Annelis Kimmel* (* 1934) Gegen starken Widerstand i. DDR hält die SED hartnäckig an der Alleinherrschaft fest Hauptforderungen der Opposition i. DDR: Freie Wahlen und Verzicht der SED auf polit. Führungsrolle, die in der Verf. verankert ist *Günter Maleuda* (* 1931 i. Altbeelitz, Bauernpartei) wird als Nachfolger von *W. Stoph* (SED) Vors. d. Volkskammer d. DDR Erste geheime Wahlen i. d. DDR-Volkskammer Sonderparteitag d. SED wählt Rechtsanw. *Gregor Gysi* (* 1948) z. neuen Vors. und beschließt der Partei neuen Namen und Programm zu geben (Name wird SED-PDS) *Margot Honecker,* Ehefrau des früheren Staatsrats-Vors. *E. H.*, tritt als Minister d. DDR zurück DDR-Regierung unter *W. Stoph* ist seit 1952 im Amt Nach Rücktritt der Regierung unter *W. Stoph* (* 1914 i. Berlin), seit 1964 Min.Präs., wählt Volkskammer *Hans Modrow* (* 1928 i. Ueckermünde, SED) zum Min.Präs bis zur Wahl I. d. DDR gründet sich eine sozialdemokratische Partei (SDP) *Egon Krenz* besucht *Gorbatschow* in Moskau *Egon Krenz* u. d. Politbüro treten unter der Last der Beschuldigungen zurück *E. Krenz (SED)* tritt als Staatsratsvors. zurück *Manfred Gerlach* (* 1928 i. Leipzig, LDPD) wird neuer Staatsratsvors. d. DDR *F. Mitterand* besucht DDR nach der friedlichen Revolution Schweigemarsch von 150 000 Leipzigern gedenkt der Opfer des Stalinismus und beschließt Serie der Montagsdemonstrationen	Breslau), dt. Schauspieler und Kabarettist („Der Mann mit der Pauke“) † *Laurence Olivier* (* 1907 i. Dorking/GB), berühmter brit. *Shakespeare*-Interpret in Theater und Film *Nelly-Sachs*-Preis an *A. Piorski* (* 1924 i. Warschau) Osnabrück eröffnet Archiv f. *Erich Maria Remarque* (* 1898 in Osnabrück, † 1970 i. Locarno) *Michail Schatrow:* „Weiter, weiter, weiter“ (russ. Schauspiel zwischen Leninismus u. Stalinismus, Urauff. i. Moskau) *Wolfdietrich Schnurre* (* 1920 i. Frankfurt/M.) erhält als Schriftsteller den Kieler Kulturpreis † *Wolfdietrich Schnurre* (z. B. „Sternstaub u. Sänfte“, 1951), Mitgl. d. „Gruppe 47“ † *Carl Heinz Schroth* (* 1902 i. Innsbruck), Schauspieler u. Regisseur † *Hans Schwab-Felisch* (*1918 i. Dresden), Journalist † *Leonardo*	glauben an „Gott“, 13% bezeichnen sich als „atheistisch“ In BRD geben 12% an, an eine „Wiedergeburt“ zu glauben Ca. 150 000 Teilnehmer am Kirchentag in Berlin (W) unter dem Motto „unsere Zeit in Gottes Händen“ Nach der norweg. Akademie gab es zwischen – 3600 und 1960 zahlr. kriegerische Ereignisse mit ca. 3,64 Mrd. Toten und nur 292 Friedensjahren Religiöse Differenzen sind häufig Ursache oder verstärkender Faktor im Nationalitätenkonflikt, als besonders intolerant erweisen sich die Schiiten Arab./islam. Konferenz in Riad/Saudi Arabien Weihnachts-Friedensdemonstration mit Menschenkette um die Altstadt von Jerusalem 40. Tagung des Ökumenischen Rates der Kirchen, der etwa 400 Mill. Christen vertritt, in Moskau Gottesdienst zum 400. Jah-

rama von *Werner Tübke* (* 1929 i. Schönebeck/Elbe), das in 12 Jahren bei Frankenhausen/ Thüringen entstand, wird zur Besichtigung freigegeben

Bilder von *Bram van de Velde* (* 1892, † 1981) (Ausstellung im Centre Pompidou, Paris)

Thomas Virnich (* 1956 i. Rheinld.) Ausstellung seiner Abformungen von Fundstücken

Stephanie Vogel (* 1953 i. Bln [W]): „De Femina" (Bild auf Pappe und Leinwand)

Andy Warhol (1928–87) – Ausstellung in New York und Köln (Museum Ludwig)

Winfried Wessely (1955 i. Wien): „Antilopen-Art" Kunstaust. i. Bln

Jim Witing „Unnatural Bodies" (Beitrag zum Thema „Maschinenmenschen" i. Bln (W)

Gedächtnisausstellung für V. Van Gogh (1853–1890) in Essen

„Bilderstreit" (Kunstausst. in Köln über den verwirrenden Pluralismus der Kunst)

„Der Traum von einer Neuen Welt" Kunst i. Berlin 1910–1933 (Ausst. i. Ingelheim)

Kunstausst. „Ber-

Othmar Schoeck (* 1886 i. d. Schweiz, † 1957): „Venus" (Oper, Urauff. i. Heidelberg)

† *Martti Talvela* (* 1935 i. Finnl.), Opern-Bassist

† *Virgil Thomson* (* 1896 i. USA), Komponist und Kritiker

Thomas van Valentyn: Beethovenhaus mit Kammermusiksaal in Bonn

Donaueschinger Musikfestspiele mit Urauff. u. Werken v. *Artur Schnebel* (* 1930 i. Lahr), *Luigi Nono* (* 1924 i. Venedig), *Wolfgang Rihm* (* 1952 i. Karlsruhe) u. a.

Mailänder Scala begrenzt die Zahl ihrer jährl. Opernauff. auf 74

Seit 130 Jahren wird in Gr. Brit. ein Opernhaus errichtet

Musical „42nd Street" am Broadway bringt es auf 3486 Vorstellungen

„Jack the ripper" (Musical um einen Sexualmörder, Urauff. i. Celler Schloßtheater)

„Kamasutra" (ind. Liebes-

der Elementarteilchen versucht alle Teilchen auf ein Quark-Lepton-Paar zurückzuführen

Mathematisch abstrakte Superstring-(Faden)-Theorie für Elementarteilchen und -kräfte findet zunehmend Beachtung, obwohl experimentelle Hinweise fehlen

Stephen W. Hawking (* 1942 i. Oxford), körperlich schwerstbehinderter Physiker: „Eine kurze Geschichte der Zeit" (Die Suche nach einer einheitlichen Theorie des Universums)

„Ordnung und Chaos" (Tagungsthema d. Ges. dt. Naturforscher u. Ärzte i. Freiburg/ Br.) i. d. Natur

† *Luis Walter Alvarez* (* 1911 i. S. Francisco), Nobelpreisträger Physik 1968, am Bau d. Atombombe u. des Radars beteiligt

† *Hoimar v. Ditfurth* (* 1921 i. Berlin), Wissenschaftspublizist

† *Erich Schott,* Physiker und Industrieller, der nach dem Krieg die neue Glasfirma Schott in Mainz gründete

† *Emilio Segrè* (* 1905 b. Rom, geht später nach USA), arbeitete a. d. Entw. d. Atombombe mit, entd. 1955 das Antipro-

gegr. wurde, rechnet sich ein Alter von 2000 Jahren zu

Auf der Leipziger Frühjahrsmesse demonstrieren DDR-Bürger für ihre Ausreise

Massenflucht, oft über Drittländer, aus DDR in BRD

Fast 40 000 Einw. d. DDR wählten 1988 ihren Wohnsitz i. d. BRD

Ungarn gewährt und regelt Streikrecht

E. Honecker verliert seine Ehrenbürgerwürde in Berlin (O)

In BRD jährlich fertiggestellte Wohnungen: 1973 714 000; 1988 208 000 (−8,6%/Jahr)

121 318 Ausländer, vorw. aus Osteuropa und Jugoslawien, beantragen Asyl in BRD

Über 0,5 Mill. Obdachlose i. BRD

Kritische Wohnungsnot der Studenten i. BRD wegen Flüchtlingsstrom aus der DDR

Knapper Wohnraum veranlaßt eine steigende Zahl von DDR-Flüchtlingen zur Rückkehr

DDR erfährt vom aufwendigen Lebensstil der bisherigen Führungsschicht

Ca. 1 Mill. Bürger d. BRD besuchen zu Weihnachten ohne Formalitäten d. DDR

Gewaltsame Demonstrationen gegen Wohnungsnot in Zürich

Meldung aus Temesvar/Rumän.: Mehrere hundert Tote bei Zusammenstoß zwischen Polizei und regimefeindlichen Demonstranten

Die USSR zählt bald 100 Mill. Moslems bei 284 Mill. Einw.

In Memmingen wird ein Arzt wegen 156 illegaler Schwangerschaftsunterbrechungen zu 2½ Jahren Haft verurteilt, was bei Liberalen auf starken Protest stößt

Massengräber mit über 240 000 Stalinopfern werden bei Kiew gefunden

1773 Morde in New York

Es wird bekannt, daß in einem Wiener Spital 49 Patienten vom Pflegepersonal getötet wurden

(1989)

Stefan Heym (* 1913 i. Chemnitz), *Christa Wolf* (* 1929 i. Landsberg) u. and. unterzeichnen Erklärung f. selbständige sozialist. DDR (*E. Krenz* schließt sich an)

Volkskammer streicht (ohne Gegenstimmen) Sonderstellung der SED i. d. DDR-Verfassung

Amnestie für Flüchtlinge und Demonstranten i. DDR

DDR spaltet sich in 2 Lager, die einen bzw. zwei dt. Staaten f. d. Zukunft haben wollen

Am Jahresende ist die ehemal. SED-Prominenz, die 40 Jahre die DDR totalitär beherrschte, nicht mehr i. Amt (teilw. sitzt sie in Untersuchungshaft)

† *Zita v. Bourbon-Parma* (* 1892), Ehefrau des letzten Herrschers der KuK-Monarchie, der 1922 starb; wird in Wien beigesetzt

Trotz Verpflichtung zur Neutralität stellt Österr. Antrag auf EG-Aufnahme

Krise i. d. österr. SPÖ: nach dem Rücktritt d. Innenmin. *Kurt Blecha* im Vorjahr trat Nationalratsvors. *Leopold Gratz* zurück

Josef Riegler (* 1938) wird als ÖVP-Vors. Nachfolger von *Alois Mock* (* 1934), der seit 1979 amtierte

FPÖ erzielt Wahlerfolge in Kärnten, Salzburg und Tirol

Schweizer Justizministerin *Elisabeth Kopp* (* 1937, Freisinnig) tritt wegen Verletzung des Amtsgeheimnisses zurück

EG-Gipfel in Madrid einigt sich bei Widerstand Gr. Brit.'s auf Währungsunion f. d. Gemeinsamen Markt ab 1992

Türkei fällt gegen Linksradikale 7 Todesurteile, 38 mal lebenslänglich, 512 Freiheitsstrafen zwischen 2 und 20 Jahren

EG stellt Aufnahme der Türkei wegen ademokratischer Praktiken zurück

Wahlen zum Europ. Parlament, Sitze: 518 Orth. Komm. 14; Euro-Komm. 28; SOZ 180; REG 13; Grüne 30; LIB 50; EVP-CD 121; ED 34; SdED 20; ER 17; Sonst. 11

J. Delors (* 1925 i. Paris), EG-Präs., legt 3-Stufenplan zur Realisierung der Währungsunion vor, den Gr. Brit. ablehnt

BRD betont dt./dt., Frankreich europäische Zusammenarbeit auf dem EG-Gipfel in Straßburg

Frankreich feiert unter Präs. *F. Mitterand* den 200. Jahrestag seiner „Großen Revolution"

In Belgien beg. neue Verfassung von 1988 unter christdem. Regierung *W. Martens* wallonisch-fläm. Sprachenstreit durch autonome Regelungen zu beeinflussen

Sciascia (* 1921 i. Ital.), schrieb „Der Tag der Eule" (Roman 1961), Gegner des Mafiaunwesens

† *Georges Simenon* (* 1903 i. Lüttich) schrieb ca. 300 Romane über die Fig. des Kommissars Maigret

Jan Skácel (* 1922) erhält als tschech. Lyriker Petrarca-Preis

Theaterpreis von Berlin (W) an *Peter Stein* (* 1937)

† *Irving Stone* (* 1903 i. S. Francisco), Autor biographischer Literatur

Georg-Büchner-Preis an *Botho Strauß* (* 1944 i. Naumburg)

Thomas Strittmatter (* 1912) erhält Kranichsteiner Literaturpreis

René Tavernier (* 1915 i. Frankreich) wird Präs. d. Internat. PEN

† *Albert Vigoleis Thelen* (* 1903 i. Süchteln/N-Rhein), Autor von „Die Insel des zweiten Gesichts", 1953

John Updike (* 1932 i. USA): „Das Gottesprogramm" (Roman um die Bereiche Theo-

restag des Moskauer Patriarchats

M. Gorbatschow besucht als 1. komm. Kremlchef den Papst (*Johannes Paul II.*) im Vatikan

1. poln. Botschafter beim Vatikan

USSR gewährt staatl. Unterstützung bei Übersetzung der Orthodoxen Bibel

Etwa 150 Menschen beteiligen sich in Moskau an einem Gedenkgottesdienst für die ermordete Zarenfamilie

In Moskau wird jüdisches Kulturzentrum eröffnet

Kulturzentrum in USSR für Wolgadeutsche begründet

5. Reise des Papstes nach Afrika, Südafrika bleibt ausgespart

Asienreise des Papstes

Papst besucht Ost-Timor, das 1976 von Indonesien annektiert wurde

Reform der Vatikanbank wegen finanzieller Unregelmäßigkeiten

In der 3. Welt werden meist Söhne ungleich

lin-Istanbul" in I. eröffnet

„1789–1989" (200 Jahre frz. Revolution), Kunstausstellung i. Bln (W)

„Maschinenmenschen" (Vom Homunkulus zur künstlichen Intelligenz, Ausstellung i. Bln [W])

„150 Jahre Fotografie" (Ausst. i. Bln [O])

„25 Jahre Videoskulptur" (Ausst. i. Bln [W])

„25 Jahre Videokunst" (Ausst. i. Köln, vgl. 1969)

In Berlin (W) und Bonn gibt es Pläne, NS-Kunst auszustellen

Ausstellung „Gold aus dem Kreml" in Bremen

„1500 Jahre Kunst der Osterinsel" (Ausst. i. Frankfurt/Main)

„Die Malerei der Etrusker" (Ausst. München)

„Persepolis" (Ausst. i. Basel)

Die beiden Memnon-Kolosse in Ägypten aus dem –14. Jh. drohen zu stürzen

Picasso-Bild von 1901 für 47,9 Mill. $ versteigert

„Landschaft im Nebel" (Film von *Theo Angelopoulos)* erhält in Paris europ. Filmpreis

„Pelle der Eroberer", Film des Dänen *Bille August,*

kunst als Musical, Urauff. i. Krefeld)

„Zweites Internationales Rockfestival" i. Frankf./M

Hardrock-Festival in Moskau mit ca. 100 000 Besuchern (20 Jahre nach dem in Woodstock/ USA)

Absatz der CD-Schallplatten überholt den der LP

CD-Absatz in Mill. Stück
1984: 3 Mill. Stück
1986: 13,3
1988: über 53

Schlager: Don't worry, be happy

ton. Erhält 1959 Nobelpreis

† *William Shockley* (* 1910 i. London) Physiker in USA, der 1947 den Transistor miterfand, der seit Ende der fünfziger Jahre Elektrotechnik revolutionierte. Nobelpreis 1956

Ergebnis geolog. Forschung: vor rd. 2 Mrd. Jahren entstand Nordamerika plattentektonisch aus 7 Krustenplatten als Teil eines Superkontinents

Mikroskopische Mineraluntersu-

chungen ergeben Alpenentstehung vor 120 Mill. Jahren durch Druck der adriatischen Platte von SO her

Mondentfernung von rd. 300 000 km kann mit Laserimpulsen auf 3 cm genau gemessen werden (vergrößert sich jährlich um 4 cm)

Für die Erdmondentstehung wird eine Theorie diskutiert, nach der vor 4,5 Mrd. Jahren nach einem Zusammenstoß mit einem marsähnlichen Sonnenbegleiter eines seiner Teile zum Mond wurde

Ca. 100 m großer Felsbrocken, der etwa in Mondentfernung mit 70 000 km/h an der Erde vorbeifliegt, wird astronomisch entd.

Sandkorn aus Zirkon mit 3,843 Mrd. Jahren Alter im bayr. Wald gefunden und analysiert

Nachweisgrenze für Spurenstoffe liegt bei 10^{-12} g (tausendmilliardstel Gramm)

In Kanada wird bisher ältestes Gestein (3,9 Mrd. Jahre alt) gefunden

Schweizer Geologen stellen Urwaldflora am Südpol bis vor 40 Mill. Jahren fest

Die Bildung von Kohlenstoff durch Kernfusion in Sternen wird auf die Gleichheit von

Feministenfeind erschießt als Amokläufer 14 Frauen in kanad. Universität

Familie von *U. Barschel* legt Einspruch gegen Genfer Bericht über seinen Tod ein, weil sie Mord statt Freitod vermutet

2 Mörder von *Indira Gandhi* aus der Sikhsekte hingerichtet

† *Alfred Herrhausen* (* 1930), durch RAF mittels Bombenanschlag ermordet, „Vorstandssprecher" der „Deutschen Bank"

Angehörige der frz. Terrororganisation „Action directe" stehen wegen dreier Morde und 30 Raubüberfällen vor Gericht; z. T. lebenslange Freiheitsstrafen

Seit 1974 werden 15 Mordopfer der RAF i. BRD gezählt

Häftlinge aus der RAF versuchen durch Hungerstreik Großgruppenhaft zu erzwingen, was der Staat verweigert, dagegen Sympathisanten unterstützen

17 Terroristen verbüßen in Gefängnissen d. BRD lebenslange Freiheitsstrafen

RAF-Häftlinge brechen Hungerstreik ab, obwohl ihre Forderung auf Zusammenlegung nicht erfüllt wurde

IRA sucht brit. Terroropfer auch i. d. BRD

Staatsanwalt beantragt gegen *Hamadi* lebenslängliche Haft wegen Flugzeugentführung und Tötung eines US-Marinetauchers

Schiiten entführen US-Verkehrsflugzeug mit 161 Insassen, um 735 von Israel gefangene Schiiten freizupressen (in der Folgezeit läßt Israel viele Gefangene frei)

USA stellen weitere Verbreitung der Rauschgiftsucht fest, obwohl große Mengen beschlagnahmt und viele Händler verhaftet werden

Bis Februar werden im Iran 200 Rauschgiftschmuggler hingerichtet

In Kolumbien sucht eine starke und skrupellose Drogenmafia den Staat zu entmachten

Mehr als 300 Tote bei Bombenan-

(1989)

Dän. Reg. unter *Poul Schlüter* (* 1929, konserv.) plant grundl. Finanzreform f. d. sich entw. EG-Markt. Die hohe Arbeitslosenquote liegt bei 9,5%

KSZE-Konferenz in Paris endet ohne Schlußdokument mit Kritik an Rumänien, Bulgarien und CSSR

Frz. Grüne steigern ihren Stimmenanteil auf 9,1% (0% 1984)

KPF-Vors. *Georges Marchais,* der enge Beziehungen zu *N. Ceausescu* unterhielt, sieht mit dessen Sturz eigene Position gefährdet

Mißtrauensantrag gegen frz. Min.Präs. *M. Rocard* (* 1930) wegen Einwanderungsregelung scheitert

Griech. Min.Präs. *A. G. Papandreou* (* 1919) wird illegaler Finanzgeschäfte beschuldigt

Nach Wahlniederlage in Griechenland tritt *A. Papandreou* (* 1919) als Min. Präs. (seit 1981) zurück

2 Wahlen in Griechenl. mit Patt-Ergebnis lassen weitere erwarten. Ergebnis der 2.: konserv. „Neue Demokratie" *(Mitsotakis)* 50%, sozialist. „PASOK" *(Papandreou)* 40% Kommunisten 10%. In Griechenland wird eine Übergangsreg. aus Konservativen und Kommunisten gebildet

In Griechenland verfehlt konservative „Neue Demokratie" knapp die absolute Mehrheit. Damit erneut Pattsituation

Gr. Brit. lehnt Beitritt zur europ. Währungsunion ab

Brit. Labour Party verzichtet in ihrem Programm auf einseitige Abrüstung

10 Jahre konservative Regierung unter *Margaret Thatcher* (* 1925) ergaben i. Gr. Brit. große Veränderungen

In Meinungsumfragen i. Gr. Brit. führt die Arbeiterpartei vor den Konservativen

Meinungsverschiedenheiten um EG-Währungspolitik führen i. Gr. Brit. zur 11. Kabinettsumbildung in 10-jähriger Amtszeit von *M. Thatcher*

Rücktritt d. brit. Schatzkanzlers *Nigel Lawson* wegen Europapolitik zwingt *M. Thatcher* zur Reg.-Umbildung und schwächt ihre Stellung

Brit. Konservative verlieren 17 ihrer 28 Sitze im Europaparlament i. Straßburg

Nach sozialist. Kritik an seiner Amtsführung tritt der ital. Regierungschef einer 5-Parteien Regierung *C. De Mita* (* 1928, DC) zurück und wird erneut beauftragt

KPI ist führende Partei im Eurokommunismus

In Ital. bildet *G. Andreotti* (* 1919, DC) eine weitere 5-Parteien-Regierung (o. Kommunisten)

Italiens Faschisten (MSI) in Bozen stärkste Partei

logie, Computer und Erotik)

† *Robert Penn Warren* (* 1905 i. USA), Lyriker und Kritiker

Christa Wolf tritt a. d. SED aus

Die 1973 gefundenen Gebeine des „letzten Minnesängers" *Oswald von Wolkenstein* († 1445) werden bei Brixen beigesetzt

PEN-Zentrum in Moskau gegr.

Schiller-Museum im Wohn- und Sterbehaus des Dichters in Weimar

Wort des Jahres: „Reisefreiheit"
Satz des Jahres: „Wir sind das Volk"

Für staatl. Theater i. Bln (W) ist nach Generalintendant *Heribert Sasse* (* 1945 in Linz) als Leitung ein Vierergremium mit Generaldirektor *Alfred Kirchner* (* 1937) vorgesehen

DDR-Bühnen beteiligen sich erstmalig am seit 1963 in Berlin (W) stattfindenden „Theatertreffen" dt.-sprachiger Bühnen

„Theater der Welt"-Festival in Hamburg, wo

besser behandelt als Töchter

Verfassung der USA kennt kein Frauenwahlrecht

Jährlich kommen ca. 30 000 Frauen durch Frauenhandel i. d. BRD

In USSR sind Frauen nicht selten, die 6 Abtreibungen hinter sich haben

CSSR schafft Russisch als Pflichtfach in der Schule ab

In Berlin (W) suchen ca. 100 000 Studenten eine Unterkunft, was durch DDR-Flüchtlinge sehr erschwert wird

Kontroverse um Schließung d. Akad. d. Wissenschaften i. Berlin (W) durch den rot/grünen Senat

Starke Studentendemonstrationen in Hochschulstädten der BRD gegen schlechte Studienbedingungen (Raum-, Personal- und Wohnungsnot)

In BRD werden für 1995 1,45 Mill. Studenten errechnet (+7%/Jahr)

Kulturminister d. BRD erwarten für 2010 1,23

erhält Oscar als bester ausl. Film

† *André Cayatte* (* 1909 i. New York), Regisseur von frz. sozialkritischen Filmen über die Justiz

† *Géza von Cziffra* (* 1900 i. Siebenbürgen), Filmreg. u. -autor u.a. in Wien u. Berlin

† *Bette Davis* (* 1908 i. USA), Filmstar in ca. 100 Filmen; erhielt 2mal den Oscar

Federico Fellini (* 1920) erhält Europapreis für sein Lebenswerk als Filmregisseur

† *Joris Ivens* (* 1898 i. Nimwegen), Dokumentarfilmer; „Eine Geschichte des Windes" (Film über China)

† *Sergio Leone* (* 1929 i. Rom), ital. Filmregisseur: 1968 „Spiel mir das Lied vom Tod" u.a.

„Rain Man" (US-Film von *Barry Levinson* [* 1942]) erhält 6 Oscars und Goldenen Bären d. Berlinale

† *Silvana Mangano* (* 1930 i. Rom), ital. Filmschauspielerin in „Bitterer Reis" (1949) und „Der Tod in Venedig" (1971)

† *Heinz Rathsack* (* 1924 i. Kiel), Direktor der Film- und Fernsehakademie, Berlin

„I want to go Home" (Film von

Energiezuständen zurückgeführt, die sich aus dem Atomaufbau ergeben (d.h.: kein Leben ohne die vorhandene Struktur der Materie)

Fred Hoyle (* 1915 i. Gr. Brit) folgert anthropologisch: Es gäbe keine Bausteine des Lebens und dieses selbst ohne die spezifische Struktur der Materie, die wir im Kosmos vorfinden

Der fossile Hominide „Proconsul" (gef. seit 1931) wird zunehmend als Modell für den letzten gemeinsamen Vorfahren von Menschenaffen und Menschen angesehen

Es dauerte etwa 60 Jahre, bis das „Proconsul"-Skelett rekonstruiert und als früher Vorfahr der Menschenaffen und Menschen erkannt werden konnte

Anatomie eines 60000 Jahre alten Neandertalers läßt Sprechfähigkeit des Homo sapiens vermuten

Ital. Forscher entd., daß Spermien geeignet sind, neues Erbgut in die Keimbahn zu schleusen, um gentechnisch das Erbgut zu verändern

In der BRD arbeiten etwa 500 Genlabors

US-Gutachten befürwortet umstrittene Freisetzung gentechnisch veränderter Pflanzen

Die Feststellung der Reihenfolge (Kartierung) der ca. 100000 menschlichen Gene bleibt umstritten, aber schreitet mit verbesserten Methoden fort

In Heidelberg wurde ein Gerät zur automatischen Bestimmung der Basensequenz der Erbsubstanz entwickelt, das 7mal schneller ist als die bisherigen und die Sequenzanalyse des menschlichen Genoms erreichbar scheinen läßt

Es gelingt, gentechnisch Mäuse zu züchten, die sich als AIDS-empfindliche Versuchstiere eignen

In USA gelingt bei Mäusen mit genetisch veränderten Körperzellen Heilung von Hirnschäden

Vaterschaftsprozeß i. BRD durch „genetischen Fingerabdruck" entschieden, bei dem durch Genomanalyse ein Mensch sicher erkennbar ist, weil jede Körperzelle im Genom die hochspezifische Erbinformation enthält

Züchtung „transgener" Tiere, die durch Gentechnik in ihrer Erbsubstanz geändert wurden

schlag auf Polizeistation in Bogotá/Kolumbien durch Drogenmafia

Bolivien u. and. südamerikanische Staaten werden von Rauschgiftmafien bedroht

Die Rauschgiftbeschaffungs-Kriminalität nimmt stark zu

Kolumbianische Polizei erschießt mächtigen Drogen-Mafia-Chef, seinen Sohn u.s. Begleitung

In Kuba werden 4 Offiziere wegen Rauschgifthandel z. Tode verurteilt

Umstrittener Freispruch eines Arztes aus der Friedensbewegung, der Soldaten als „potentielle Mörder" bezeichnete

Im Heyselprozeß gegen brit. Fußballrowdies, die 1985 im Brüsseler Fußballstadion im Tumult 39 Menschen töteten, lautet das Urteil 14 mal 3 Jahre Haft

14 Verletzte durch Bombe i. einem Fußballstadion der Niederlande

Spekulanten nutzen die Wirtschaftsunterschiede in BRD und DDR

Prozeß um vergiftetes Speiseöl, an dem 1961 680 Menschen starben, endet mit milden Freiheitsstrafen

In Mainz erhalten 71 Weinpanscher bis zu 2 Jahren Freiheitsstrafe

In Hamburg wird die friedliche Einigung mit den Besetzern der Hafenstraße nach kriminellen Ausschreitungen als gescheitert betrachtet

Prozeß um das Kentern der Autofähre „Herald of Free Enterprise", das 1987 193 Menschen das Leben kostete

Kriegsrecht in Peking gegen starke Demonstrationen führt zu einem brutalen Blutbad, das die Welt erschreckt und entsetzt

Mehr als 700 Tote seit 1984/5 bei Bombenanschlägen auf Verkehrsflugzeuge, wobei sich Plastiksprengstoff schwer zuvor entdecken läßt

„Computerknacker" oder „Hacker" stehen im Verdacht, dem Geheimdienst GKG der USSR den Zugriff zu westlichen Daten-Netzen ermöglicht zu haben

Die westl. Alliierten heben i. Berlin

(1989)	Jugoslawien droht ein Bürgerkrieg durch Nationalitätenkonflikte mit der Hauptmacht der Serben Slowenien ändert seine Verfassung so, daß sie notfalls auch eine Trennung vom serbisch dominanten Jugoslawien ermöglicht Konferenz der blockfreien Staaten in Belgrad (erste tagte 1961) In Jugoslawien Slowaken gegen Vormacht der Serben Unruhe in Kosovo gegen serbische Vormacht † *Franz Joseph II. von Liechtenstein* (* 1906), seit 1938 reg. Fürst Luxemburg feiert 150 Jahre Unabhängigkeit *R. Lubbers* (* 1939, Christdemokr.) siegt in niederländ. Wahlen und bildet erneut Koalitionsreg. Hauptaufgabe d. niederl. Reg. unter *R. Lubbers* (Christdem.) bleibt die Bekämpfung der Umweltschäden durch Überdüngung Pattsituation nach Wahlen in Norwegen: *Gro Harlem Brundtland* (* 1939 in Oslo, Sozialdem.) verliert, *Carl Hagen* (* 1944, Fortschrittspart.) gewinnt Stimmen Bei portug. Kommunalwahlen schlagen Sozialisten reg. Sozialdemokraten Portugal streicht aus seiner Verfassung von 1976 die sozialistischen Passagen, um den marktwirtschaftlichen Kurs fortzusetzen In Schweden besteht rot/grüne Koalition unter *Ingvar Carlsson* (* 1934, Sozialdem.) fort und bereitet Steuer-Reform vor Wahlen in Spanien ergeben zum 3. Mal (in Folge) diesmal sehr knappe absolute Mehrheit der Sozialisten unter *F. González* (* 1942) † *„La Pasionaria"* (* 1896 i. Baskenland, eig. *Dolores Ibárruri)*, span. Kommunistin stalinist. Prägung, die besonders im Bürgerkrieg 1936–39 hervortrat In Spanien scheitern Verhandlungen der sozialistischen Reg. von *Felipe González* (* 1942 i. Sevilla) und den Gewerkschaften um höhere soziale Leistungen *T. Özal* (* 1927) wird gegen Protest der Opposition im 3. Anlauf zum türk. Staatspräs. gewählt Nach der Wahlniederlage gegen die Sozialdemokraten bildet türk. Min.Präs. *Turgut Özal* (* 1927) seine Reg. um Abwendung vom stalinist. Kommunismus erfaßt im RGW-Bereich des Warschauer Paktes in kurzer Zeit nacheinander Polen, Ungarn, DDR, CSSR, Bulgarien und Rumänien, wobei dieser revolutionäre Vorgang, der Europa veränderte, bis auf Rumänien weitgehend unblutig verläuft	24 Stücke in 100 Aufführungen gezeigt werden Reste des Globe-Theatre *Shakespeares* in London gefunden Wiedereröffnung des renovierten Prinzregenten-Theaters in München Lyriker-Treffen i. Münster Buchmesse in Frankfurt/M zeigt über 300 000 Titel, dar. ca. 30% Neuerscheinungen  Mill. Studenten, die weiteren Ausbau notwendig machen Zentraler Jugendverband in Ungarn ersetzt im Namen „kommunistisch" durch „demokratisch" Studentischer Vorlesungsboykott in VR China † *Hu Yaobang* (* 1915), chin. Reformpolitiker. Umfangreiche Studentendemonstrationen nach seinem Tod Den unterdrückten Demonstrationen f. mehr Demo-	kratie in VR China folgen mehr als 20 Hinrichtungen Nach Studentenunruhen schränkt VR China das Demonstrationsrecht ein Harte Maßnahmen gegen „Intellektuelle" in VR China Schwere Religions-Streitigkeiten in Indien Der Papst spricht auf dem Weltjugendtag i. Spanien Polens Parlament regelt gesetzlich die Religionsfreiheit Papst ernennt *Georg Stensky* (* 1936 i. Kreis Heilsberg) zum Bischof von Berlin, der in beiden Teilen der Stadt amtiert Iranischer Parlamentspräsident ruft zum Mord an europ. u. US-Bürgern auf Die private Hochschule „Nordische Universität" in Flensburg schließt wegen Finanzproblemen European Business School i. Rheingau als Privat-Universität i. Hessen Privathochschulen i. BRD: Witten-Herdecke,

Alain Resnais [* 1922 i. Frankr.])

„Black Rain", US-Action-Film von *Ridley Scott*

„Sex, lies and videotape" (*Steven Soderbergh* (* 1963 i. USA)) erhält „Goldene Palme" von Cannes

„La Passion Béatrice" (Film von *Bertrand Tavernier* um das Mittelalter d. 14. Jh.)

† *Charles Vanel* (* 1882), frz. Filmschaupieler

Berlinale erstmalig in Berlin W. u. O.

Filme aus der BRD auf der Berlinale: „Johanna d'Arc of Mongolia" (von *Ulrike Ottinger),* „Schweinegeld" (von *Norbert Kükkelmann),* „Abschied vom falschen Paradies" (von *Tevfik Başer)*

Festspiele in Locarno vergeben 1. und 2. Filmpreis an Südkorea bzw. Indien

15 Spielfilme aus BRD auf dem Weltfilmfestival in Montreal

Film-Biennale in Venedig versammelt 342 Journalisten aus 55 Ländern

Ungar. Dokumentarfilm über Straflager erhält in Paris einen Europa-Filmpreis

Da die Versuche der Nierentransplantation bis 1902 zurückgehen, steht die Geschichte der Chirurgie dieses Jahrhunderts im Zeichen der Transplantationstechnik (1. Herz-Transpl. 1967)

In USA werden in einer erfolgreichen Operation Herz, Lunge und Niere einer 36-jährigen Amerikanerin transplantiert

Erste Herztransplantation i.d. Schweiz

Die genaue Natur des AIDS-Virus wird weiterhin diskutiert

Die AIDS-Bekämpfung macht bisher nur geringe Fortschritte, nur die Gewöhnung minderte die Angst

Ca. 200 verschiedene Schnupfenviren sind bekannt

Russ. Forscher finden Veränderungen in der Pflanzenwelt bei Tschernobyl

Wirksames Enzym in 3000 Jahre alter Mumie entdeckt

Mit der Krankheit der Gefäßverengung verbreitet sich die computerunterstützte Röntgendiagnose DSA (Digitale subtraktive Angiographie)

Die quantitative Deuteriumanalyse mittels Kernresonanzspektroskopie gestattet Unterscheidung natürlicher und synthetischer Stoffe gleicher chemischer Zusammensetzung, etwa bei Nahrungsmitteln

Fernseh-Endoskopie mit Glasfaserkabel entwickelt sich zum wichtigen Verfahren der medizin. Diagnose u. Therapie

† *Katharina Heinroth* (* 1897 i. Breslau), Ornithologin, Direktorin des Berliner Zoos 1945–56

† *Konrad Lorenz* (* 1903 i. Wien), der bes. das Verhalten der Graugänse studierte, Nobelpreis 1973

Neil Armstrong (* 1930) betrat als 1. Mensch vor 20 Jahren den Erdmond

Astro- und Kosmonauten befanden sich bisher insges. 17 Menschenjahre in schwerelosem Zustand

Neue Sicherheitsanalyse für Reaktoren bestimmt Häufigkeit einer Kernschmelze (GAU), zu einmal in 30 000 Jahren

Schwere Rückschläge für die Reaktorforschung i. BRD

Der Kugelhaufen-Hochtemperatur-Reaktor in Hamm-Uentrop wird nach 4,5 Mrd. DM Investitionen stillgelegt

† *Hermann Oberth* (* 1894 i. Siebenbürgen), Raumfahrtpionier, der die Todesstrafe qua Besatzungsrecht auf

Das niederländische Parlament entläßt 2 NS-Kriegsverbrecher nach 43 Jahren Haft in Breda nach Umwandlung der Todesurteile

Quadriga auf dem Brandenburger Tor wird in der Silvesternacht von Rowdies schwer beschädigt

Rowdy- und Vandalentum nimmt besonders in Großstädten erschrekkend zu und verursacht den Bürgern hohe Kosten

Die Umweltdelikte i. BRD nahmen seit vorigem Jahr um 19% zu

Syrischer Pilot desertiert mit sowjetrussischer Mig 23 nach Israel

Ca. 250 Bergsteiger bestiegen seit 1957 den Mt. Everest

† *„Sugar" Ray Robinson* (* 1920 i. USA), der 202 Kämpfe ohne k. o. bestand

† *Johannes* („Hanne") *Sobeck* (* 1900 i. Mecklenburg), Fußballer u. Sportlehrer

Fußballmeister i. BRD; Bundesligasieger: (zum 10. mal) Bayern München geg. 1. FC Köln; DFB-Pokal: Borussia Dortmund geg. Werder Bremen

Vor 100 Jahren kam Golf von Engl. nach Bad Homburg a. Taunus

Handballmannschaft d. BRD, noch 1984 Olympia-Zweiter, wird von Dänemark mit 30:24 deklassiert

Hochsprungrekorde: Hochsprung 2,43 m (Kubaner); Stabhochsprung 5,85 m (SU-Athlet)

Leichtathletik „Universiade" der Studenten in Duisburg

A. J. Karpow (* 1951 i. USSR) gewinnt Schach-Welt-Cup

Tennisrangliste (Damen):
1) St. Graf (BRD)
2) M. Navratilova (USA)
3) Ch. Evert (USA)
4) Z. Garrison (USA)
6) H. Sukowa (CSSR)
7) M. Maleeva (Bulg.)
8) P. Shriver (USA)
9) N. Zwerea (USSR)
10) A. Sanchez (Span.)

(1989)

DDR, CSSR u. Rumän. lehnen Reformpolitik von *M. Gorbatschow* zunächst ab

Massendemonstration in Sofia/Bulgar. für Demokratisierung u. freie Wahlen

Proteste i. Bulg. gegen Verzögerung der KP-Entmachtung

Türken fliehen aus Bulgarien

Nach Rücktritt von *T. Schiwkoff* (* 1911) als bulgar. Staatschef (seit 1971) fordert das Volk demokrat. Reformen

Zurückgetretener KP-Führer *T. Schiwkoff* u. sein Sohn werden wegen unrechtm. Bereicherung aus der Partei ausgeschlossen

Petar Mladenoff (* 1936) wird bulgar. Staatschef

Etwa 10 000 demonstrieren in Prag trotz harter Polizeigewalt gegen das Regime am 71. Jahrestag der Republik

Nach Massendemonstrationen über mehrere Tage auf dem Prager Wenzelsplatz, bei denen auch Dubcek spricht und gefeiert wird, tritt die Führung der KP der CSSR unter *Milos Jakes* (* 1922) geschlossen zurück

Parlament der CSSR streicht einmütig die Sonderstellung der KP in der Verfassung

2-stündiger politischer Generalstreik in CSSR

Gustav Husak (* 1913, KP), Staatspräs. d. CSSR seit 1975, tritt zurück, nachdem eine mehrheitlich nichtkommunistische Regierung gebildet wurde

Alexander Dubcek (* 1921), 1968 wegen seiner führenden Rolle im „Prager Frühling" entmachtet, wird Präsident des Parlaments der CSSR

Václav Havel (* 1936 i. Prag), Bürgerrechtler u. Bühnenautor (4 Jahre in Haft), wird vom Parlament einstimmig zum 1. nicht-kommunist. (seit 1948) Staatspräs. der CSSR gewählt und verspricht freie Wahlen

Poln. Min.Präs. *M. Rakowski* (* 1926) besucht Bonn, um den Besuch von Bundes-Kanzler u. -Präs. anzuregen

KP-Mitgl. *Czeslaw Kiszczak* (* 1925) poln. Min.-Präs.

„Solidarität" bricht das Monopol der poln. KP im Rundfunk

In Polen beginnen Gespräche am Runden Tisch über Reformen einschließlich Gewerkschaftspluralismus

Nach 8 Wochen Verhandlungen am Runden Tisch einigen sich KP-Regierung u. Opposition in Polen auf Wirtschaftsreformen und Zulassung der „Solidarität"

Poln. unabhängige Gewerkschaft „Solidarität" wird nach 7 Jahren Verbot im Anschluß an die

Koblenz, Flensburg, Schloß Reichhardtshausen

„Europalia" in Belgien im Zeichen japan. Kultur

„Occident und Orient" (Horizonte-Festival i. Bln [W])

Ausstellungen und ihre Kataloge machen die Kulturen aller Zeiten präsent und wirksam

Finanzkrise der brit. Museen

Gedenkjahr an die französische Revolution 1789, die das Ende des Feudalismus einleitete

„Europa 1789" *Werner Hofmanns* (* 1928), letzte Ausstellung in der Hamburger Kunsthalle, deren Direktor er seit 1970 ist

300 Jahre „Bill of Rights" i. Gr. Brit. werden als die Grundlagen der modernen parlamentar. Demokratie begangen

„Die Mongolen" (Kunst und Kultur eines alten Reitervolkes), Ausst. i. Hildesheim

1500 Jahre Kunst der Osterinsel (Ausst. i. Frankf./M)

Thomas S. Barthel (vom Völkerkundemuseum i. Tübingen) gelingt ein wichtiger Schritt bei der Entzifferung der Osterinselschrift

Brit. Schiffsgrab von Sutton (von ~625, gefunden 1939) wird mit seiner reichen Ausstattung aus der frühchristl. Zeit beschrieben

5 Statuen werden beim altägypt. Tempel Luxor gefunden, die dort zur Römerzeit vergraben wurden

„Kleopatra" (Ägypten um die Zeitenwende, Ausst. i. München)

Brit. Forscher entdecken bei Petersborough eine „Heilige Straße" aus der Zeit ≈ 900

Grabungen bei Jülich am Merzbach ergeben genaueres Bild der Bandkeramik-Kultur der neolithischen Revolution um – 4000

Ursprungstheorie der Bibel (bisher Quellen aus dem –10., –9. u. –6. Jh.) ändert sich nach neueren Studien mit Computerhilfe

„Vergessene Städte am Indus" (Ausst. über Induskul-

1923 „Die Rakete zu den Planetenräumen" veröffentl.

US-Raumfähre „Columbia" startet zum 8. Mal mit 5 Astronauten, um militär. Beobachtungs-Satelliten in Umlauf zu bringen

USA starten „Titan IV" als bisher stärkste US-Rakete, um Frühwarnsystem im Raum zu positionieren

Erfolgreicher Flug der US-Raumfähre „Discovery" mit 5 Astronauten, die dabei einen Nachrichtensatelliten starten (6 weitere Fährflüge sollen 1990 folgen)

Bemannte US-Raumfähre „Atlantis" bringt Venussonde „Magellan" (mit 250 m Detailauflösung) auf 243 Flugtage langen Weg

ESA-Rakete „Ariane 4" bringt „Intelsat VI" in stationäre Umlaufbahn, den mit über 4 t bisher größten Nachrichtensatelliten

ESA startet zum 32. Mal eine „Ariane"-Rakete

3 Fehlstarts der ESA-Rakete „Ariane 3" mit Rundfunksatellit „Olympos"

„Ariane 3" der ESA bringt Fernsehsatelliten „Olympos" in seine Bahn

ESA-Rakete „Ariane 4" bringt 2 Satelliten in Erdumlaufbahn

Fernsehen über „TV-SAT" in BRD möglich (Zahl der Programme wächst)

Fehlstart des ESA-Satelliten „Hipparchos" schränkt trotz Korrekturen sein Arbeitsprogramm der Messung von Sternpositionen ein

USSR muß nach Verlust der Marssonde „Phobos 1" 1988 nunmehr auch „Phobos 2" aufgeben

Nach 200 Tagen Flug erreicht die Marssonde der SU „Phobos 2" Marsnähe, dessen Mond Phobos sie im April in 40 m Höhe überfliegen soll

Die Raumfahrt-Nationen bereiten sich vor:
1.) auf durch Mannschaftswechsel ständig besetzte Raumstation (ähnlich „Mir") d. USSR
2.) Marsexpedition mit einer Flugzeit von etwa 3 Jahren

Windkraftpark für 2 MW Leistung bei Wilhelmshaven

Vom Computer gesteuertes schwed. Kampfflugzeug verunglückt beim Probeflug

Japan entw. elektronische Kamera für Sofortbilder auf dem Fernsehschirm

Radargeschützter B 2 – Bomber d. USA besteht Probeflug

Internationale Funkausstellung i. Bln (W) zeigt als Neuheiten hochauflösendes Fernsehen und digitalen Hörfunk

50 Jahre Flugzeugstrahlantrieb (Düsenflugzeug, ab 1952 f. Verkehrsflugzeuge)

„Transrapid" stellt mit 435 km/h neuen Rekord f. Magnetschwebebahnen auf.

Tennisrangliste (Herren):
1) I. Lendl (CSSR)
2) B. Becker (BRD)
3) St. Edberg (Schwed.)
4) A. Agassi (USA)
5) J. McEnroe (USA)
6) Mats Wilander (Schwed.)
7) Michael Chang (USA)
8) Th. Muster (Österr.)
9) J. Hlasek (Schweiz)
10) A. Mancini (Argent.)

Im Wimbledon-Tennis-Turnier gewinnen *Steffi Graf* gegen *M. Navratilova* und *B. Becker* gegen *S. Edberg* (1. dt. Doppelsieg in diesem Turnier)

BRD gewinnt vor allem durch *B. Becker* Daviscup im Tennis gegen Schweden

Erfolge von BRD-Sportlern machen Tennis i. BRD zum populären Sport

BRD gewinnt im Wasserball EM gegen Jugoslawien

Sofort nach der Entmachtung der SED beginnt kulturelle und sportliche Kooperation beider dt. Staaten

Als Berlin (W) i. d. ersten Jahreshälfte Berlin als einen der nächsten Austragungsorte für olympische Spiele vorschlägt, macht DDR den Gegenvorschlag Leipzig, am Jahresende streben beide Staaten Berlin an

Das Gesundheitswesen d. DDR bricht infolge der Massenflucht i. d. BRD zusammen

Für 1988 werden i. d. BRD 200 000 Abtreibungen geschätzt

In USA enden etwa 30% aller Schwangerschaften durch Abtreibung

Bischofskonferenz läßt i. BRD gegen starke Proteste Kirchenglocken läuten, als Mahnung, ungeborenes Leben nicht durch Abtreibung zu vernichten

In BRD wird Verbot der in Frankr. produzierten „Abtreibungspille" gefordert

Erdweit 182 403 gemeldete AIDS-Fälle

WHO stellt Verdopplung der erdweiten AIDS-Fälle fest (i. BRD entstehen pro Fall etwa 100 000 DM Kosten)

(1989)

Verhandlungen am Runden Tisch wieder zugelassen. Symbolischer Händedruck *Jaruzelski-Walesa*

ZK der poln. Arbeiterpartei entscheidet unter Rücktrittsdrohung von *W. Jaruzelski* sich für Gewerkschaftspluralismus einschl. d. schrittweisen Wiederzulassung der unabh. „Solidarität"

Bei freien Wahlen i. Polen siegt „Solidarität" über KP-Apparat und zwingt ihn zur Zusammenarbeit

Polen rehabilitiert Offiziere und Politiker, die 1946–49 gegen das kommunistische Polen standen

Unabhängige Bauerngewerkschaft in Polen zugelassen

Tadeusz Mazowiecki (* 1927), ein Berater v. *L. Walesa,* wird als poln. Regierungschef der erste nichtkommunist. i. RGW-Bereich

Polen streicht Führungsanspruch der Kommunisten

Durch Stimmenthaltungen in der „Solidarität" wird Gen. *W. Jaruzelski* (* 1923) mit einer Stimme Mehrheit zum poln. Staatspräs. gewählt

W. Jaruzelski tritt als poln. Staatspräs. von allen Parteiämtern zurück

Bundeskanzler *H. Kohl* besucht Polen

Polen wählt Staatsnamen u. Wappen in nichtsozialistischer Form

Rumänien errichtet Grenzsperre gegen Ungarn

Als einziges Land im RGW widersetzt sich Rumänien unter *N. Ceausescu* (* 1918, seit 1974 Staatspräs.) trotz sozialer Nöte den Reformen

Ceausescu wird für 5 weitere Jahre zum Gen. Sekretär der rumän. KP gewählt, nachdem er alle Reformen abgelehnt hatte

Blutige Unruhen in Rumänien gegen *Ceausescu*-Regime

Die Erhebung gegen *N. Ceausescu* fordert etwa 10 000 Tote, von seinem Regime wurden ca. 60 000 hingerichtet

In Rumänien bildet sich die „Front der nationalen Rettung", die über Fernsehen die Revolution gegen *Ceausescu* leitet

N. Ceausescu flieht mit seiner Frau vor der Volkswut, wird vom Militär verhaftet und nach kurzem, nicht-öffentlichen Prozeß mit seiner Frau erschossen

Neue rumän. Führung: KP-Chef: *Ion Iliescu* (* 1930), Reg.-Chef: *Petre Roman* (* 1946)

Bei den revolutionären Veränderungen in den RGW-Staaten spielt das Fernsehen eine wichtige informierende und ermutigende Rolle, besonders in Rumänien

---

tur i. Frankf./M u. Wien)

Gönnersdorf b. Neuwied entwickelt sich zu einem Zentrum mitteleurop. Altsteinzeitforschung um ~ –700 000

In Frankreich werden 3 Mill. alte Werkzeuge gefunden

Die „Ursprungstheorie" des Pentateuch muß nach neuer Quellen-Lage geändert werden

Ca. 130 Gräber der Bandkeramik-Kultur (≈–4000) bei Schwetzingen entd.

Summierung der Grabungsergebnisse ergibt für die Zeit um ≈–5000 eine bandkeramische Kultur zwischen Schwarzem Meer und Ärmelkanal

Bei Krems i. d. Wachau wird eine etwa 30 000 Jahre alte Frauenfigur gefunden

Ägypt. u. griech. archäolog. Funde nehmen unabwendb. Schaden durch Farbzerfall („Kupferkrebs")

In USA entwickelt sich die Theorie, daß Ausbreitung von Sprache und Landwirtschaft eng verbunden sind. Gemeinsamer Ausgangspunkt für das Indoeuropäische liegt in Vorderasien um –10 000

Zahnformuntersuchungen weisen auf eine Völkerwanderung um ≈–18 000, die von SO-Asien nach Ozeanien und Südamerika führte

Erdumfassendes Fernseh-Nachrichtennetz entsteht, das die Erde nachrichtentechnisch eint

Planetensonden erweisen nachrichtentechnische Beherrschung unseres Planetensystems

Aus den Niederlanden werden jährlich ca. 16 000 Fälle von „Sterbehilfe" bekannt

János Kádár (ungar. KP-Chef seit 1956) verliert alle polit. Ämter

Nach Entmachtung von *Károly Grósz* (* 1930) als ungar. KP-Chef (Nachfolger v. *J. Kádár*) wird *Rezsö Nyers* (* 1923) sein Nachfolger

† *János Kádár* (* 1912), ungar. KP-Politiker, mitverantwortl. für Einmarsch sowjetischer Truppen. Er stirbt an dem Tag, an dem sein Opfer *Imre Nágy,* Führer d. Volksaufstands v. 1956, rehabilitiert wird

In Ungarn werden *I. Nágy* und andere Opfer von 1956 nach Rehabilitierung feierlich beigesetzt

Ungarn stellt Antrag auf Aufnahme in den Europarat

KP oder analoge Partei (z.B. SED) verliert in Polen, Ungarn, DDR, CSSR, Bulgarien den meist in der Verfassung verankerten Führungsanspruch

Mehrparteiensystem in Ungarn

Gespräche am Runden Tisch zwischen KP und Opposition i. Ungarn n. poln. Vorbild

Ungar. KP und Opposition vereinbaren für 1990 freie Wahlen. Antistalinist. „Sozialist. Partei" spaltet sich von der KP Ungarns

Ungar. KP wandelt sich zu einer Partei des demokrat. Sozialismus

„Republik Ungarn" gibt sich eine Interims-Verfassung (nennt sich nicht länger „Volksrepublik")

Ungar. Parlament verabschiedet demokratisches Wahlgesetz

Ungarns Öffnung seiner Grenzen nach Österreich setzt die Massenflucht aus der DDR und ihre weiteren Folgen in Gang

USSR zieht die seit 1956 stationierten Streitkräfte aus Ungarn ab

Die Präsidenten von USA und USSR, *Bush* und *Gorbatschow,* verabreden für Dezember ein „Zwischentreffen" auf ihren Kriegsschiffen im Mittelmeer

In USSR sind die Reformen v. *M. Gorbatschow* aufs äußerste gefährdet durch mangelhafte Versorgung der Bevölkerung und Streitigkeiten zwischen den zahlreichen unterschiedlichen Nationalitäten

M. Gorbatschow bekräftigt zu Neujahr Unterstützung der polit. Wende im RGW

Gorbatschow verzichtet auf die Anwendung der *Breschnew* – Doktrin bei polit. Veränderungen im RGW-Bereich

110 Mitglieder des ZK der KPdSU scheiden aus Altersgründen aus (dar. *Gromyko,* * 1909)

† *A. A. Gromyko* (* 1909), von 1957–85 Außenmin. d. USSR, seit 1939 i. diplomat. Dienst

Obwohl kein Heilmittel gegen AIDS bekannt ist, nimmt die Angst davor durch Gewöhnung ab

Gesundheitskosten i. BRD betragen 9,6% BSP (i. M. I. OECD 7,3%)

Ausgaben der gesetzl. Krankenversicherung i. BRD i. Mrd. DM: 1970: 23,8; 1988: 127,5 (+10%/Jahr)

Gesundheitsfürsorge in USA erfordert 11% BSP

US-Präs. *Bush* verkündet aufwendiges Antidrogenprogramm

Suchtkranke i. BRD:
Alkohol 1,5–1,8 Mill.; Medikamente 450–800 000; Rauschgifte 60–80 000; dazu kommen Fett-, Mager- u. Spiel-Sucht

Mit 975 neue Höchstzahl an Drogentoten i. BRD

In der Rauschgiftszene der BRD werden mehr Delikte, Tote und Erstkonsumenten festgestellt

8. Weltkongreß des Weltverbandes der Psychiatrie i. Nürnberg mit USSR, die wieder eintrat

Erdweit jährlich etwa 500 Mill. Erkrankungen an Malaria, rd. 250 Mill. sterben

Die Tropenkrankheiten werden als besonders wichtiger Faktor für die Armut der 3. Welt angesehen

Die in einem Jahrhundert verdoppelte Lebenserwartung erweist deutlich die Erfolge der Medizin u. Hygiene i. 20. Jh.

14. Weltenergiekonferenz in Montreal findet keine dauerhafte Lösung des Energieproblems

Für eines der wichtigsten wirtschaftlichen und sozialen Güter, die Energie, besteht demnach kein zukunftssicherndes Konzept

Verbrennung von mit Sonnenenergie erzeugtem Wasserstoff erscheint als ergiebigste und umweltfreundlichste Energiequelle, deren Technik erdweit vorangetrieben wird

BRD plant bis 1993 22 Mill. DM Ausgaben für Verfahren zur biolog. Wasserstoffgewinnung als Primärenergie

428 Kernkraftwerke decken erdweit

Finnland erhält von USSR Neutralität zugesichert

(1989) Oberster Sowjet d. USSR setzt mit einem wirtschaftlichen Notprogramm die bisherigen Reformen z. T. außer Kraft

USSR-Min.Präs. *N. Ryschkow* (* 1929) fordert Plan- statt Privatwirtschaft

M. Gorbatschow wird mit großer Mehrheit vom Volkskongreß zum Staatsoberhaupt gewählt

Gorbatschow warnt vor tragischem Nationalitätenstreit i. USSR, der s. E. auf die Unterdrückung aller autonomen Bestrebungen durch *Stalin* zurückgeht

Bei Wahlen zum Volkskongreß i. USSR gewinnen häufig die Reformanhänger *Gorbatschows* gegen KP-Funktionäre

Bei der Wahl zum Kongreß der Volksdeputierten siegen in Moskau, Leningrad u. and. gr. Städten die Reformwilligen

In USSR wird Zahl der Ministerien von 51 auf 32 verringert

Kathol. Kirche i. d. Ukraine wieder selbständig (gehörte bisher zur russisch-orthodoxen)

Von den 284 Mill. Einw. d. USSR gehören rd. 40 Mill. zum Islam, 1/5 davon Schiiten. Bürger mit Russisch als Muttersprache beginnen mit 49% Minorität zu werden

In der USSR leben 120 Nationalitäten, zwischen denen es zu Konflikten kommen kann

Die USSR gibt die Zahl der Opfer Stalins mit rd. 40 Mill. bekannt. Ca. 300 000 erschossene Stalinopfer bei Tscheljabinsk gefunden und beigesetzt

Es wird bekannt, daß in der Stalinzeit i. d. USSR 242 KPD-Mitglieder umgebracht wurden

Wissenschaftler u. Systemkritiker *A. Sacharow* (* 1921) wird in das neue Parlament d. USSR gewählt

M. Gorbatschow verkündet „Beginn des Parlamentarismus" in USSR

M. Gorbatschow spricht vor dem Europarat in Anwesenheit anderer RGW-Vertreter

Gegendemonstration zur Parade anläßlich der Novemberrevolution in Moskau

Demonstration gegen Perestroika in Leningrad

Die 3 baltischen Sowjetrepubliken, die 1940 v. d. USSR annektiert wurden, fordern mehr Autonomie

Es wird erwogen, den *Hitler-Stalin*-Pakt von 1939 zu annullieren

Ca. 1,5 Mill. Menschen bilden Kette durch das Baltikum, um gegen Zugehörigkeit zur USSR zu protestieren

16% der elektr. Stromerzeugung (ca. 3,2 kWh/Kopf)

Die künftige Rolle der Kernenergie bleibt auf der Weltenergiekonferenz umstritten

Seit dem Kernkraftwerkunfall in Harrisburg/USA 1973 wurde in USA kein neues KKW bestellt, dagegen der Bau von 67 eingestellt oder nicht in Betrieb genommen

Der Staat New York kauft ein Kernkraftwerk für einen $, um es zu verschrotten

Den speziellen „Schneller Brüter" (in Kalkar) und Hochtemperatur-Reaktor (i. Hamm-Uentrop) droht Abriß vor Fertigstellung

Einstellung des Baus der Wiederaufarbeitungsanlage Wackersdorf für atomare Brennstoffe zugunsten frz. Kapazität in La Hague

Zum 20. Jahrestag der 1. Mondlandung verkündet der US-Präs. *G. Bush* neues Raumfahrtprogramm einschließlich Marsexpedition

US-Satellit „Solar Max" für Sonnenbeobachtung, 1980 gestartet, verglüht in Erdatmosphäre

Kanada gründet eine Weltraumbehörde

Dt. Bundesreg. gründet Deutsche Agentur für Raumfahrt „DARA"

Indien testet erfolgreich Mittelstreckenrakete von 1500 km Reichweite

Südafrika testet erfolgreich Mittelstreckenrakete über 1440 km, die ganze Südafrika bedrohen kann

Es gibt auf der Erde rd. 550 Mill. Telefonanschlüsse

Das Telefonnetz ist das größte Kommunikationssystem der Erde

Kooperation zwischen Siemens, BRD u. IBM, USA i. Telefonsektor

Geräteteile aus Werkstoff mit „Formgedächtnis"-Temperatur finden vermehrt Anwendung

Der technische Sieger in der Realisierung und Durchsetzung der hochauflösenden Fernsehnormung (HDTV) gewinnt einen Markt von 500 Mrd. DM

Elektronikmesse „Cebit" in Hanno-

Estland erklärt seinen Anschluß an d. USSR 1940 für erzwungen und damit nichtig

Litauen streicht die KP-Führung aus seiner Verfassung

Die Wolgadeutschen i.d. USSR fordern neues autonomes Gebiet, auf das ihnen Hoffnung gemacht wird

Aserbeidschan i. USSR erklärt sich f. unabhängig und fordert Eingliederung von Berg-Karabach

44 Jahre nach ihrer Zwangsumsiedlung kehren die Krimtataren in ihre Heimat zurück

Gegensätze Christen/Moslems führen i. Tiflis/Georgien zu blutigen Truppeneinsätzen mit 20 Toten

Führungsspitze in Georgien (USSR) tritt wegen Unruhen und ihrer Opfer geschlossen zurück

Das schwere Erdbeben in Armenien wird von Aserbeidschan zur Austragung von Gegensätzen genutzt

Aserbeidschan blockiert Eisenbahn nach Georgien

Unruhen in Kasachstan (USSR) weiten sich aus

Unruhen in Usbekistan (USSR) fordern 80 Tote

Massenstreik der Bergarbeiter im Kusnezkrevier/Sibirien

M. Gorbatschow reist nach Kuba und schließt mit *F. Castro* Freundschaftsvertrag

Außenmin. d. USSR *Schewardnadse* besucht VR China, um nach einer Pause von 30 Jahren ein Gipfeltreffen vorzubereiten

M. Gorbatschow besucht die DDR zu ihrem 40. Jahrestag, wird von Massenflucht überschattet

Der Besuch von *M. Gorbatschow* in VR China erneuert die vor 30 Jahren unterbrochenen Kontakte zwischen den Staaten und Parteien

M. Gorbatschow trifft in China *Deng Xiaoping*

Nach Abzug der Russen aus Afghanistan belagern islamische Mudschahidins Kabul, um die kommunistische Regierung zu stürzen

Raketenangriffe moslemischer Rebellen auf Kabul/Afghanistan fordern zahlr. Opfer

Uno-Generalsekretär *Pérez de Cuéllar* beklagt, daß ein Jahr nach dem Afghanistan-Abkommen die Kämpfe nicht beendet sind, weil die Supermächte weiter intervenieren

USSR vernichtet ihre letzte SS 23-Kurzstrecken-Rakete

Ein Jahr nach dem Abschluß des INF-Vertrages sind 1269 Mittelstreckenraketen verschrottet

USSR-Außen-Min. *E. Schewardnadse* besucht NATO-Hauptquartier in Brüssel

ver steht im Zeichen des Datenschutzes gegen Computerkriminalität

Auto- und Taschen-Telefon vervollständigen die allgemeine fernmündliche Kommunikation

Unterwasser-Videobilder vom 1941 in Seeschlacht versenkten Schlachtschiff „Bismarck" weisen auf Selbstversenkung hin

Unterwasserkabel f. elektrischen Strom zwischen Schweden u. Finnland

Seit 100 Jahren elektrische Haushaltsgeräte in Dtl., die unser modernes Leben ermöglichen

I. M. reicht die erzeugte Elektrizität/Kopf i. BRD für den Betrieb elektrischer Geräte, die zusammen 1000 Watt verbrauchen

I. BRD wächst die Zahl der verkabelten Haushalte von 5 auf 6 Mill.

Verkabelte Haushalte haben ein Angebot bis zu 30 TV-Programmen bei praktisch störungsfreiem Empfang

„Teleshopping" (Einkauf über Fernseher und Telefon) beginnt i. BRD sich zu entwickeln

In Moskau werden 2 McDonald-Schnellrestaurants im US-Stil eröffnet, die rasch populär werden

Magnetbahn i. Bln (W) ist erstes Nahverkehrsmittel dieses Typs auf der Erde

Der internat. Luftverkehr übersteigt 1000 Mill. (1 Mrd.) Pass.-km (= 25 000 Erdumrundungen)

Flugplatz in Beirut wird in einer Feuerpause zeitweilig geöffnet

3012 km lange „BAM" (Baikal-Amur-Magistrale) i. Sibirien dem Verkehr übergeben

Schweiz plant bei Lötschberg und Gotthard 2 neue Eisenbahntunnel durch die Alpen

Erdweit ca. 400 Mill. PKW (d.h. 12,5 Einw./PKW)

Durch Parkplatznot in Ballungsräumen verliert der Kraftwagen zunehmend an Gebrauchswert

Als „Wagen des Jahres" gilt der „Trabi" (DDR-Zweitakter „Trabant")

(1989)

George Bush (* 1924, Rep.) wird als 41. Präs. d. USA vereidigt und verkündet, die Politik *Reagans* fortsetzen zu wollen

† *John McCloy* (* 1896 i. USA), 1949–52 Hoher Kommissar in. Dtl., Ehrenbürger von Bln (W)

USA planen in 4 Jahren Rüstungshaushalt um 180 Mrd. $ zu senken

US-Präs. *Bush* erleidet Niederlage, als sein Kandidat *John Tower* f. d. Verteidigungsmin. vom Senat abgelehnt wird

US-Präs. *Bush* fordert vor der UN-Vollversammlung Abbau aller C-Waffen (USA weigern sich bald, Produktion einzustellen)

US-Präs. *G. Bush* verspricht auf seiner Europareise Polen und Ungarn polit. u. wirtschaftl. Hilfe

In USA wird Oberstltn. *North* (* 1943, Texas), die Schlüsselfigur in der Iran-Contra-Affäre unter *R. Reagan*, mit Bewährung bestraft

Meinungsverschiedenheiten über Bedeutung atomarer Kurzstreckenraketen belasten NATO, einschl. d. Bez. USA-BRD

Verstimmung zwischen USA u. BRD wegen dt. Hilfe beim Bau einer Kampfgasfabrik in Libyen

USA heben für BRD-Bürger Visumpflicht auf

USA, Frankr. u. Gr. Brit. lehnen Verhandlungen über Kurzstrecken-Raketen ab

USA u. GB bestehen auf Nachrüstung mit nuklearen Kurzstreckenraketen, während BRD u. and. Natostaaten eine 3. Nullösung durch Verhandl. mit USSR anstreben

NATO einigt sich in Brüssel auf Gesamtkonzept einschl. Kurzstreckenraketen

Treffen der Außenminister *J. A. Baker* (* 1930, USA) und *E. A. Schewardnadse* (1928, USSR) verbessert die Beziehungen grundlegend

Nach dem Gipfeltreffen *G. Bush/M. Gorbatschow* vor Malta sprechen beide von einer „Neuen Ära"

US-Präs. *G. Bush* nennt *M. Gorbatschow* „einen guten Partner im Frieden"

NATO betont stärker politische als militärische Funktion

Die USA stehen vor der Perspektive, durch die Entwicklung in und um d. USSR in Zukunft die einzige Weltmacht ohne Widerpart zu sein

In Kanada behauptet Fortschrittl. Konservative Partei des Min.Präs. *Brian Mulroney* (* 1939 i. Quebec) absolute Mehrheit und sichert damit Freihandelsvertrag mit USA

Die Probleme der Lateinamerikanischen Staaten gehen oft auf die feudale Gesellschaftsstruktur ihrer Kolonialzeit zurück

Nach Öffnung der Grenzen bricht unter dem Ansturm der DDR-Bevölk. der Verkehr i. d. BRD vielfach zusammen

LKW-Blockade des Brennerpasses wegen österr. Verkehrseinschränkungen

Bau einer Brücke über das „Goldene Horn" i. Istanbul

Eltville erhält Umgehungsstraße

Parteien i. BRD streiten über Geschwindigkeitsbegrenzung, die von der Autoindustrie strikt abgelehnt wird (BRD bleibt das einzige Land i. W-Europa ohne Beschränkung auf Autobahnen)

Ein Jahrhundert Nutzung des Kraftwagens ergab soviele Nachteile der verschiedensten Art, wie sie zur Zeit seiner Erfindung unvorhersehbar waren; das gilt auch für damals verborgene Vorteile

Verfahren zur Entsäuerung älterer zerfallender Bücher werden entwikkelt

Hamburg begeht 800. Jahrestag seines Hafens

Der rd. 300 m hohe Eiffelturm in Paris steht 100 Jahre

Nach Amtsende des US-Präs. *R. Reagan* verliert das Raketenabwehrprogramm, das er 1983 vorschlug, an Unterstützung

Deutlicher Rückgang des Seehundsterbens i. Vgl. zum Vorjahr

Das „Waldsterben" hat ganz Europa erfaßt

Starke Waldbrände in Frankreich

Viele Bauten müssen saniert werden, da sich das vielfach verwendete Asbest als karzinogen erweist

20 Mt Sondermüll werden in devisenarme Länder exportiert

Konferenz der 7 Alpenstaaten zum Schutz der Alpen in Berchtesgaden verläuft enttäuschend

Alpenkonferenz i. Berchtesgaden beschließt, bis 1991 völkerrechtsgültige Konvention zu verabschieden

UN-Konferenz i. Basel mit 122 Teilnehmern beschließt einmütig schärfere Kontrollen bei Giftmülltrans-

Präs. *Alfonsín* verhängt Ausnahmezustand in Argentinien gegen Unruhen aus wirtschaftlicher Notlage

Der Peronist *Carlos Saúl Menem* (* 1932) löst als Präs. v. Argentinien *Raúl Alfonsín* (* 1927) ab, der seit 1983 i. Amt war

In Argentinien gefährdet das Amnestiebegehren der Militärs für Straftaten während seiner Herrschaft weiterhin den inneren Frieden

1. freie Präsidentenwahlen i. Brasilien seit 29 Jahren

In Brasilien gewinnt Präsidentenwahl der konservative *Collor de Mello* (* 1949), sozialistischer Bewerber *da Silva* unterliegt

Patricio Aylwin (* 1918), chilen. Christdemokrat u. Kandidat der Oppositon gegen *U. Pinochet*, Staatspräs. u. Diktator seit 1975, gewinnt mit 55% der Stimmen

A. F. Cristiani (* 1948, rechtsradikale Arena-Partei) gewinnt Präs. Wahl i. El Salvador gegen *Ch. Mena* (Christdemokrat), wobei *J. N. Duarte* nicht mehr kandidiert

Schwere Bürgerkriegskämpfe in El Salvador

In El Salvador werden 6 kathol. Geistliche ermordet

El Salvador bricht Bez. zu Nicaragua ab

Terror der Drogen-Mafia erschüttert Kolumbien u. s. staatliche Ordnung. USA bieten Hilfe an, was auf Mißtrauen stößt

Die Sandinisten regieren 10 Jahre nach dem Sturz des Diktators *A. D. Somoza* (1925–1980), der 1967–1979 Staatspräs. war

Wahlfälschungen in Panama führen zu Spannungen mit USA

Kämpfe in Panama nach mißglücktem Putsch gegen Diktator M.A. Noriega (* 1934)

Noriega wird von USA zum Rücktritt gedrängt

Militär. Intervention der USA in Panama, um des Diktators *M. A. Noriega* (* 1934) wegen Drogenhandels habhaft zu werden, der in der Botschaft des Vatikans Asyl sucht

Noriega ergibt sich Anfang 1990 den US-Truppen; kommt in Untersuchungshaft wegen Drogenhandels

USA entschuldigen sich bei Nicaragua wegen Durchsuchung dessen Botschaft in Panama

UN Vollversammlung verurteilt mit 75 Stimmen US-Intervention in Panama

In Paraguay stürzt General *Rodriguez* (* 1925) General *Alfredo Stroessner* (1912), der seit 35

porten, die vorzugsweise in die dritte Welt gehen

29 Staaten verabschieden eine europ. Umwelt-Charta

Artenschutzkonferenz in Lausanne verhandelt über 300 bedrohte Arten, bes. den afrikan. Elefanten

Die Anzahl der Elefanten in Afrika wurde seit 1981 von mehr als 1 Mill. durch Wilderer halbiert: zum Artenschutz wird Verbot des Elfenbeinhandels erwogen

Wilderer gefährden Existenz des Pandabären in China

Greenpeace stellt neues Boot „Rainbow Warrior" statt des vom frz. Geheimdienst zerstörten in Dienst

Nach Meinung von Greenpeace liegen auf dem Meeresgrund ca. 43 atomare Sprengköpfe und Reaktoren von gesunkenen U-Booten

Wissenschaftliche Diskussion, ob Meeresspiegel durch Treibhauseffekt steigt oder fällt

Tanker mit 1 Mill. l Öl sinkt vor der Küste der Antarktis

Von der Mannschaft verlassener iran. Großtanker gefährdet mit verheerender Ölpest die Küsten Marokkos, die aber durch günstige Winde verhindert wird

190 000 Liter Benzin laufen bei einer antarktischen Forschungsstation der USA aus

Umweltkatastrophe durch 190 Mill. Liter Öl eines havarierten Tankers i. Prinz Wilhelm-Sund nahe der Pipeline durch Alaska

Starker Algenwuchs an der Adria beeinträchtigt Badestrand der Gäste

In den Vorjahren wurde ein Rückgang des Gehalts von Schwermetallen in Gewässern d. BRD beobachtet

Fachleute stellen Abnahme der Schadstoffe im Rhein durch Kläranlagen fest

Das Ruhrgebiet hat im Januar einige Tage mit Smogalarm Stufe 3

Die vom Zerfall bedrohten Riesenköpfe auf der Osterinsel werden konservatorisch geschützt

Tiefster Luftdruck i. BRD seit 1857

(1989)

Jahren eine Gewaltherrschaft führte, und kündigt demokratische Wahlen an

In Uruguay stimmt die Bevölkerung für Beibehaltung der Amnestie bei Straftaten gegen die Menschlichkeit unter dem Militärregime

Den wachsenden Rohstoffnutzungen der Antarktis stehen Bemühungen gegenüber, eine der letzten Möglichkeiten für einen „Naturpark" zu nutzen

107 Tote bei Flugzeugabsturz in Kolumbien, der der Drogenmafia angelastet wird

† *Ajatollah Chomeini* (* 1900) iran. Schiit, der 1979 den Schah stürzte und die „Islam. Republik Iran" gründete

Der bisherige iran. Parlamentspräs. *A. H. Rafsanjani* (* 1934) wird als Staatsoberhaupt Nachfolger von *A. Chomeini*

Auch nach dem Schweigen der Waffen im Golfkrieg rüsten Irak und Iran weiter

Israelisches Massaker in Palästinesersiedlung

Nach Entführung eines schiitischen Scheichs durch Israel wird eine Geisel aus USA ermordet

Schwierigkeiten i. USSR mindern Militärhilfe an Syrien gegen Israel

Israel verliert durch seine harte Palästinenserpolitik Sympathien, selbst i. d. USA

Das Fehlen eines konstruktiven Friedensplans Israel/PLO läßt den Nahostkonflikt unlösbar erscheinen

PLO wählt *Y. Arafat* zum Präsidenten des 1988 proklamierten Palästinenserstaates

Israel gibt Verhandlungen mit PLO bekannt

Krise der Koalitionsreg i. Israel, weil *Schamir* (Likud) den Wissenschaftsmin. *Weizman* (Arbeiterpartei) wegen PLO-Kontakten entließ (wird bald durch Kompromiß beigelegt)

Teuerung in Jordanien als Folge von Auflagen des Int. Währungsfonds führt zu schweren Unruhen

Eine besonders blutige und zerstörende Phase des Kampfes im Libanon, der seit 14 Jahren tobt, wird vielfach als Endphase des Kampfes zwischen Christen und Muslems betrachtet

Kämpfe zwischen den schiitischen Milizen „Amal" und „Hisb Allah" in Beirut

2 Regierungen im Libanon zeigen den Zerfall des Staates in christlichen und moslemischen Teil

Syrische Streitkräfte intervenieren im Libanon wegen Kämpfen zwischen mohammed. Milizen

Im Libanon wird der christliche *Muawwad* (* 1925), ein Gegner des christl. Generals *Aun*, zum Präsidenten gewählt

Schweden registriert das wärmste und trockenste Jahr seit 1756

Wassernotstand in New York nach schneearmem Winter

Winterstürme verkleinern die Insel Sylt

Mehr als 600 Tote bei Zugunglück durch Pipeline-Explosion neben Bahnstrecke in Sibirien

Atomunfall mit etwa 100 Toten im Ural i. Jahre 1957 wird erst jetzt offiziell bekannt

Autokatalysator zur Reinigung der Abgase setzt sich mit staatl. Förderung durch

Das Veto Rumäniens verhindert eine einmütige Schlußerklärung der KSZE-Umweltkonferenz in Sofia

Bundesgartenschau i. Frankfurt/M.

Frankreich eröffnet Freizeitpark mit den populären Comic-Figuren Asterix und Obelix aus der antiken Gallierzeit (diese Comicfig. erscheinen seit 1959)

Philatelistentag in Mainz feiert 100 Jahre Bestehen

Die SPD-Wochenzeitung „Vorwärts", die 1876 i. Leipzig gegründet wurde, wird wegen Unrentabilität eingestellt

Erstmals seit 50 Jahren erscheint ein weitgehend offizieller, fehlerfreier Stadtplan von Moskau

Kongreß für „Ufologie" i. Frankfurt/Main „Dialog mit dem Weltall" mit meist „Ufogläubigen"

WHO rechnet jährlich mit 200 000 Toten im Straßenverkehr

1 Toter und etwa 135 Verletzte beim volksfestartigen Trubel am Berliner Brandenburger Tor in der Silvesternacht, als das Gerüst einer Sendeanstalt wegen Überlastung zusammenbricht

4 Tote bei Hotelbrand i. Berlin (W)

Seit 1982 gab es 8 Schiffsunfälle d. USSR mit 675 Toten

Innerhalb zweier Monate sinken 2 Atom-U-Boote d. USSR nördl. von Norwegen

3000–4000 Wracks liegen auf dem Grunde der Nordsee

Nach 17 Tagen Amtszeit wird libanes. Präsident *Muawwad* ermordet, zum Nachfolger wird der christl. Politiker *Elias el Harawi* (* 1926) gewählt

Christ. General im Libanon, *M. Aun*, bekämpft syrische Milizen, welche die Häfen zu blockieren suchen; jeder Waffenstillstand weckt neue Hoffnungen, die seit 1975 tobenden Kämpfe mögen ein Ende finden

Arabische Liga scheitert bei dem Versuch, den Libanonkonflikt, an dem 9 Parteien beteiligt sind, zu lösen

Um lang anhaltende Bürgerkriege und Stammesfehden zu beenden, vereinbaren 18 afrikan. Reg.-Chefs Waffenruhe

Ägypten kämpft in schwieriger Wirtschaftslage gegen den Einfluß islamischer Fundamentalisten

Arabische Liga nimmt Ägypten wieder auf, das seit 1979 ausgeschlossen war

Mengistu (* 1937, Marxist), seit 1977 Staats-Präs. von Äthiopien, schlägt Militärputsch nieder

Ca. 100 000 Menschen wurden in Äthiopien seit 1977 aus polit. Gründen getötet

Kenia stärkt die Macht des Staatspräs.

Mit einem Treffen in Tobruk nehmen *Mubarak* und *Gadhafi* Beziehungen zwischen Ägypten und Libyen wieder auf

US-Streitkräfte im Mittelmeer schießen 2 libysche MIG-Jäger ab

„Tag der Rache" an Italien i. Libyen wegen Kolonialkrieg 1911/12

Untersuchung landesweiter Korruption i. Zimbabwe führt zu zahlreichen Rücktritten höchster Beamter und Funktionsträger

Zu Beginn der Maßnahmen, die zu freien Wahlen in Namibia führen sollen, brechen Kämpfe zwischen Swapo und Südafrika aus.

Rückzug der Swapos ermöglicht Friedensplan zur Unabhängigkeit Namibias

Afrikan. Befreiungsbewegung Swapo gewinnt die internat. kontrollierte Wahl in Namibia, gefolgt von der gemäßigteren Turnhallenbewegung

Nach Rücktritt von *Willem Botha* (* 1916) wird *F. Willem de Klerk* (* 1936) Staats-Präs. v. Südafrika

De Klerk mildert in Südafrika Rassentrennung, ohne sie aufzuheben

Friedliche Massendemonstrationen f. d. Freilassung *Mandelas* in Südafrika

Südafrika läßt 8 polit. Häftlinge nach 20 Jahren frei (jedoch nicht *Mandela*)

Nach über 70 Jahren Herrschaft zieht sich Südafrika militär. aus Namibia zurück

20 Tote bei Explosion einer chem. Fabrik in Texas/USA

90 Tote durch Explosion in jugoslaw. Bergwerk

Fast 100 Tote bei Gedränge im überfüllten Fußballstadion von Sheffield (GB)

Seit 1964 13 schwere Sportplatzunfälle mit bis zu 350 Toten

Große Schäden durch Unwetter in Nimes/Frankr.

Hurrikan „Hugo" zerstört in USA Charleston mit einigen Mrd. $ Schäden

19 Tote und schwere Verwüstungen durch Tornado in Alabama/USA

1300 Tote (sogar Zahlen um 6000 vermutet) bei Wirbelsturm in Bangladesh nach Dürreperiode

31 Tote und 14 Verletzte, als in USSR Zug und Autobus zusammenstoßen

Über 200 Verletzte, als in Sibirien Gasleitung neben 2 Personenzügen explodiert

15 Tote und über 200 Verletzte bei Zugunglück auf Kuba

Mehr als 100 Tote, als in Mexico eine Eisenbahnbrücke mit einem Personenzug zusammenbricht

1300 Tote durch Regenfälle und Überschwemmungen in VR China

Vulkan Ätna auf Sizilien wird begrenzt aktiv

11 Tote beim bisher schwersten bekannten Erdbeben in Australien

Schiefer Turm von Pisa vom Einsturz bedroht

30 Tote und ca. 300 Verletzte bei Erdbeben in Algerien

Schweres Erdbeben bei San Francisco fordert über 270 Tote, vor allem auf Autobahnen

Erdbeben mit Schlammlawinen fordert in Tadschikistan i. USSR ca. 1000 Tote

Schweres Erdbeben i. N-China

4 Motore einer Verkehrsmaschine setzen im Vulkanascheregen eines Vulkans in Alaska aus; Landung gelingt

(1989)

VR China protestiert gegen Verleihung des Friedensnobelpreises an den *Dalai Lama*

Der *Dalai Lama* fordert auf seiner Reise zur Entgegennahme des Friedensnobelpreises die Entmilitarisierung Tibets

† Der *Pantschen Lama* (* 1938 i. China), zweithöchster Würdenträger d. tibet. Buddhismus nach d. Dalai Lama

In Tibet wurden seit 1987 über 60 Menschen bei antichinesischen Unruhen getötet

VR China verhängt wegen Unruhen Kriegsrecht über Tibet

† *Hu Yaobang* (* 1915), 1982–87 reformfreudiger Sekr. d. KP China. Sein Tod löst starke Demonstrationen f. demokr. Reformen aus

Rd. 100 000 Studenten und Arbeiter demonstrieren in Peking für Demokratie und Pressefreiheit

Der Besuch von *M. Gorbatschow* in VR China wird durch Studentendemonstrationen beeinträchtigt

Reg. d. VR China macht den unruhigen Studenten Gesprächsangebot

Millionen verlangen in VR China Demokratisierung und den Rücktritt von *Deng Xiaoping* (* 1904)

Chines. Führung veranstaltet Blutbad unter den Demonstranten für Demokratie auf dem „Platz des Himmlischen Friedens“ in Peking; ein schwerer Schock für die zivilisierte Welt

Verhaftungs- und Hinrichtungs-Welle gegen friedliche Demonstranten in Peking empört die Weltöffentlichkeit

In Peking werden Todesurteile gegen Demonstranten für Demokratie vollstreckt

Die Rolle des bisherigen Reformers *Deng Xiaoping* in China entfremdet ihn vielen

Politische Vorgänge in VR China mindern ihre Chancen, in Politik und Wirtschaft Partner des Westens zu sein

Neuer KP-Chef *Jiang Zemin* (* 1926) will die Öffnung Chinas nach Westen fortsetzen

VR China, Vietnam, Nordkorea, Kuba, Albanien und Äthiopien sind am Jahresende neben USSR orthodoxe kommunistische Einparteienstaaten

Die Unruhen in China und ihre Unterdrückung verlagern politisches Gewicht vom pazifischen zum atlantischen Raum

Nachdem VR China Demokratiebewegung blutig beendet, bangt Hongkong um seine Zukunft

Regionalwahlen in Indien erweisen den Machtverfall von *Rajiv Gandhi* (* 1944), bes. i. Süden

SU-Kampfflugzeug MIG 29 stürzt beim Pariser Luftfahrtsalon ab

9 Menschen werden durch eine schadhafte Öffnung einer US-Maschine in die Tiefe gerissen. Der Pilot kann mit 300 Passagieren notlanden

17 Tote bei Startunglück in Bln(O)-Schönefeld

44 Tote und 82 Verletzte bei Ausfall beider Triebwerke einer brit. Verkehrsmaschine

Beim Absturz eines Linienfluges in USA werden von 339 Insassen 178 lebend geborgen

82 Tote beim Absturz des Fluges Seoul-Tripolis

170 Tote bei Absturz eines Flugzeugs durch Sprengstoffanschlag über Niger

Nach dem Absturz über Niger werden Spuren desselben Plastiksprengstoffes gefunden wie beim Absturz auf Schottland 1988

Nach einem führerlosen Irrflug von 900 km stürzt SU-Kampfflugzeug in Belgien ab und tötet einen Einwohner

In BRD werden militär. Tiefflugübungen trotz Gefährdung der Bev. wieder aufgenommen

Die BRD ist mit rd. 70 000 Stunden Tiefflug jährlich erdweit am stärksten belastet

Das Buch „Der eisige Schlaf“ enthüllt, daß die Mitglieder der *Franklin*-Polarexpedition 1847 an Bleivergiftung starben

In Verkehrsflugzeugen kamen 1988 1585 Menschen ums Leben, 418 mehr als 1987

Neuer Fünfjahresplan in Indonesien unter *K. Suharto* (* 1921) erstrebt Unabhängigkeit von Öl- und Gas-Exporten

Indische Truppen vermögen auf Sri Lanka Konflikte zwischen Tamilen und Singhalesen nicht zu entschärfen

Handelskonflikt Indien/Nepal, das seine Beziehungen zur VR China auszubauen sucht

Indische Kongreß-Partei unter Rajiv Gandhi verliert mit 50% ihrer Sitze absolute Mehrheit. *R. Gandhi* tritt zurück

† *Hirohito* (* 1901), seit 1926 japan. Kaiser in einer imperialist. historischen Phase, erzwang 1945 gegen Militär Kapitulation und verlor danach Gottkaisertum

Durch Skandale verlieren in Japan Liberale Mehrheit an die Sozialisten

Regierungskrise durch gr. Bestechungsskandal in Japan („Recruit-Skandal"). Nachfolger v. Min.-Präs. *Nakasone,* der 1982–87 regierte, wird *Sosuke Uno* (* 1922, LDP) trotz belastender Umstände auch für seine Person

Japans Min.Präs. *Takeshita* (* 1924, liberale Partei) tritt wegen Verwicklung in Bestechungsaffäre zurück

Es ergibt sich keine Annäherung zwischen N.- und S.-Korea

Der Präs. von Südkorea spricht sich gegen eine weitere Verfolgung des abgetretenen Ex-Diktators *Chun* aus, die vielfach gefordert wird

Vietnam zieht seine Truppen aus Kambodscha zurück, die dort seit 1979 die „Roten Khmer" zurückdrängten

Kambodscha-Konferenz i. Paris sucht nach Wegen für das von Vietnam besetzte Land

Nach Abzug der Vietnam-Truppen unternehmen die Roten Khmer in Kambodscha Offensiven gegen Städte, was Angst und Schrecken verbreitet

Kambodschakonferenz i. Paris wird ohne Ergebnis vertagt

Pakistan kehrt ins Commonwealth zurück, das es 1972 verließ

6. Putschversuch auf den Philippinen gegen Frau *C. Aquino*; wird mit US-Hilfe abgewehrt. Seit ihrem Amtsantritt 1986 sank ihr politisches Prestige erheblich

Trotz hoher Verluste ist in Sri Lanka kein Ende des Bürgerkrieges zwischen Tamilen und Singhalesen in Sicht. In Wahlen siegt die gemäßigte Vereinte Nationale Partei

Ranasinghe Premadasa (* 1924 i. Colombo, Singhalese, UNP) wird Präs. von Sri Lanka

1990	Friedens*nobel*preis an *Michail Gorbatschow* (* 1931 im Nordkaukasus), der ihn wegen der anhaltenden polit. Krise in der UdSSR nicht persönlich entgegennimmt Konferenz über gegenseitige Rüstungsbegrenzung, die seit 1973 in Wien tagt, einigt sich auf die Begrenzung konventioneller Waffen NATO ändert beim Treffen in London ihre Strategie zugunsten einer »Partnerschaft« mit dem Warschauer Pakt Gipfeltreffen der Präs. *Gorbatschow/Bush* führt zu einigen Abrüstungsvereinbarungen, läßt aber die Bündnisfrage eines vereinten Dtl. offen Ergebnis der Volkskammerwahlen in der DDR: CDU 40,9 %, SPD 21,8 %, PDS 16,3 %, DSU 6,3 %, Bund Freier Demokraten 5,3 % *Lothar de Maizière* (* 1940 in Nordhausen, DDR-CDU) erster frei gewählter Min.-Präs. der DDR bildet Koalitionsreg. mit SPD Ergebnis der ersten freien Kommunalwahlen in der DDR: CDU-Allianz 34,4 %, SPD 21,3 %, PDS 14,6 %, Liberale 6,7 % Ergebnis der ersten gesamtdt. Wahlen: CDU/CSU 43,8%, SPD 33,5%, FDP 11,0%, Grüne 4,2% Staatssekr. *G. Krause* (DDR) und Bundesinnenmin. *W. Schäuble* verhandeln den Einigungsvertrag, der Beitritt der DDR zur BRD vorsieht Parlamente der BRD und der DDR stimmen mit großer Mehrheit dem ausgehandelten Staatsvertrag zur Währungs-, Wirtschafts- und Sozialunion und einer Regs.-Erklärung zur Oder-Neiße-Grenze und damit dem Beitritt der DDR zur BRD gemäß Artikel 23 GG zu, wodurch die 1945 durch die Siegermächte vollzogene Teilung Deutschlands mit deren Einverständnis beendet wird Trotz Warnungen der Bundesbank wird die D-Mark Mitte des Jahres »über Nacht« als Zahlungsmittel in den neuen Bundesländern eingeführt, was zu großen wirtschaftlichen und sozialen Schwierigkeiten führt. Umrechnungskurs DM-West zu DM-Ost 1:1 Kanzler *H. Kohl* (BRD) und Min.-Präs. *H. Modrow* (DDR) erhalten von Moskau Zusagen über Duldung einer dt. Vereinigung BRD und Länder beschließen Fonds »Dt. Einheit« mit 115 Mrd. DM *Kurt Biedenkopf* (* 1930 in Ludwigshafen, CDU) gewinnt die Landtagswahlen in Sachsen mit 53,8 % der Stimmen	*Nobel*preis für Literatur an *Octavio Paz* (* 1914 in Mexiko), Diplomat und Lyriker einer „poesia concreta" Der Übersetzer und Leiter des Polen-Instituts in Darmstadt *Karl Dedecius* wird mit dem Friedenspreis des Deutschen Buchhandels ausgezeichnet † *Colette Audry* (* 1906), französische Schriftstellerin und Filmautorin † *Juliette Berto* (* 1947), französische Schauspielerin und Regisseurin † *Horst Bienek* (* 1930), deutscher Schriftsteller und Filmemacher † *Georg Blädel* (* 1906), deutscher Schauspieler † *Wilhelm Borchert* (* 1907 i. Berlin), deutscher Schauspieler † *Wolfgang Büttner* (* 1912), deutscher Schauspieler Die englische Schriftstellerin *Antonia S. Byatt* erhält den britischen Booker Prize † *Volker von Collande* (* 1913), deutscher Schauspieler und Regisseur † *Georges Conchon* (* 1925), französischer Schriftsteller und Drehbuchautor † *Roald Dahl* (* 1916), brit. Schriftsteller † *Peter Diederichs* (* 1904), deutscher Verleger *Tankred Dorst* (* 1925) erhält *Büchner*-Preis	*Alexij*, Metropolit von Moskau und Leningrad, wird Patriarch der russisch-orthodoxen Kirche † *Louis Althusser* (* 1918), frz. Philosoph *John D. Barrow* (* 1955 i. London): „Theorien für Alles" (Die philosophischen Ansätze der modernen Physik als Möglichkeiten und Grenzen einer „Weltformel") † *Max Bense* (* 1910), dt. Philosoph, Wissenschaftstheoretiker † *Bruno Bettelheim* (* 1903 in Wien), amerik. Psychoanalytiker, außerdem Kinder- und Sozialpsychologe † *Bhagwan Shree Rajneesh* (* 1931 in Indien), umstrittener Guru einer Sekte in Poona/Indien (zuvor lange in den USA) Bei der 8. Vollversammlung des Lutherischen Weltbundes in Curitiba (Brasilien) wird *Gottfried Brakemeier* zum neuen Präs. gewählt † *Walter Bruch* (* 1908), Pionier des dt. Fernsehens Synode der ev. Kirchen in der DDR tritt zusammen. Nach *Werner Leich* steht nun der Bischof von Magdeburg, *Christoph Demke*, an der Spit-

44. Kunst-Biennale in Venedig. Großer Preis für Malerei an den italienischen Maler *Giovanni Anselmo*

In Leipzig werden 97 von über 800 Bildern des expressionistischen Malers *Max Beckmann* (1884 bis 1950) ausgestellt

Das Werk von *Carl Blechen* wird in gleichzeitigen Ausstellungen der West- und Ostberliner Nationalgalerien gezeigt

Große Ausstellung von ca. 220 Werken *Marc Chagalls* im *Wilhelm-Hack*-Museum in Ludwigshafen

† *Otto Coester* (* 1902), deutscher Zeichner und Graphiker

† *Keith Haring* (* 1958), amerik. Künstler, der mit seiner Graffiti-Kunst berühmt wurde

Ausstellung der Werke von Stipendiaten der *Karl-Hofer*-Gesellschaft in Berlin (W): *Claudio Ambrosio* (* 1953 in Italien), *Katharina Bach* (* 1959 in Berlin), *Michael Dudowitsch* (* 1954 i. Mosbach), *Ina Lindemann* (* 1950 in Ems), *Sati Zech* (* 1958 in Karlsruhe)

Die tschechische Bildhauerin *Magdalena Jetelova* er-

† *Pearl Bailey* (* 1918), amerik. Jazzsängerin

Giorgio Battistelli: „Keplers Traum" (Oper; Urauff. bei der „ars electronica" in Linz)

Großer Kulturpreis der Sparkassen a. d. Choreographin *Pina Bausch* (* 1940 i. Solingen)

† *Siegfried Behrend* (* 1933), deutscher Dirigent, Kompon. und Gitarrist

Maurice Béjart: „Pyramide-Suite Orientale" (Ballett; Urauff. im Opernhaus von Kairo)

„Der Ring um den Ring" *Richard Wagners* „Ring der Nibelungen" von *Maurice Béjart* (* 1927 i. Marseille) a. d. Deutschen Oper Berlin als Ballett choreographiert

† *Erna Berger* (* 1901 in Dresden), Koloratursopran i. Dresden, Berlin und a. O.

† *Leonard Bernstein* (* 1908 i. USA), Dirigent und Komponist

† *Art Blakey* (* 1919), amerik. Schlagzeuger

† *Jorge Bolet* (* 1914), kubanischer Pianist

Eröffnung des Stammhauses d. Familie des Komponisten *Johannes Brahms* i. Heide

Alfredo Catalani „La Wally" (Oper; österreichische Erstauff. im Rahmen d. Bregenzer Festspiele)

*Nobel*preis für Physik an *Jerome Isaac Friedman* (1930 in Chicago), *Henry Way Kendall* (1926 in Boston) und *Richard Edward Taylor* (* 1929 in Medicine Hat/USA) für Nachweis der sogenannten Quarkteilchen im Atomkern durch energiereiche Strahlung

*Nobel*preis für Chemie an *Elias James Corey* (* 1928 in Methuen, Mass./USA) für Synthese komplexer organischer Moleküle

*Nobel*preis für Medizin an *Joseph E. Murray* (* 1919 in den USA) und *E. Donnall Thomas* (* 1919 in den USA) für Transplantationsmedizin, speziell Unterdrückung der immunbiologischen Abstoßung gewebsfremder Implantate

† *Robert Hofstadter* (* 1915 i. New York), Physiker, der für Erforschung der Molekülstruktur 1961 den *Nobel*preis erhielt

John Shepard (USA) entdeckt bei der Fruchtfliege ein durch Eiweißsynthese lebensverlängerndes Gen

Mikromaschinen in mm-Größe werden entwickelt

Molekulargenetische Studie kommt zu dem Schluß, daß erst 20 % aller Bakterien bekannt sind

Deutscher Bundes-

*Nobel*preis für Wirtschaftswissenschaft an *Harry M. Markowitz* (* 1927 in den USA), *Merton H. Miller* (* 1923 USA) und *William F. Shaipe* (* 1934 USA) für Preisbildungstheorie

Initiative für einen Umwelt-*Nobel*preis scheitert vorerst

Seit 1900 hat sich das Volumen der Wirtschaft auf der Erde verzwanzigfacht (+ 3 %/Jahr)

Weltwirtschaftskraft: 5,3 Mrd. Menschen erzeugen ein BSP von über 20 000 Mrd. $ (= 3800/Kopf) in rd. 2 Billionen Arbeitsstunden mit etwa 1400 kg Öleinheiten/K Energieaufwand

Die Staaten mit größter Wirtschaftskraft (BSP) sind: 1) USA 2) Japan 3) BRD 4) Frankr. 5) Ital. 6) GB 7) SU 8) Kanada 9) Span. 10) VR China

USA überholen BRD im Exportwert

Stromerzeugung/Einw. in der BRD 6450 kWh, davon: Kernenergie 34,0 %; Steinkohle 29,9 %; Braunkohle 18,8 %; Erdgas 7,3 %; and. 9,8 %

In der BRD steigt das BSP um 5,5 %

Einkommensverteilung auf Privathaushalte der BRD: vom Gesamteinkommen erhält das ärmste Drittel 16 %, das mittlere 27 %, das reichste 57%

Unternehmenskonzentration in der BRD: Eisen/Stahl 75 %, EDV 89 %, Luft- und Raumfahrt 95 %, Schiffbau 80 %

Griechenl. droht der Staatsbankrott

UdSSR eröffnet im Sommer Frachtschiffahrt durch das Nordmeer, was die Verbindung nach Japan stark verkürzt

EG verklagt BRD wegen geplanter Erhebung von Autobahngebühren

Trotz Entspannung sinken Rüstungsausgaben nur um 2 %

ILO/Genf verlautbart: weltweit

(1990)

CDU-Parteitag wählt *H. Kohl* erneut zum Vors. der CDU und *L. de Maizière* von der früheren »Block«-CDU in der DDR zum alleinigen Stellvertreter

Kurz nacheinander besuchen die dt. Reg.-Chefs *H. Kohl* und *L. de Maizière* den US-Präs. *G. Bush*

Oskar Lafontaine (* 1943 in Saarlouis), seit 1985 Min.-Präs. des Saarlandes, Kanzlerkandidat der SPD, wird nach einer Wahlversammlung von einer Geistesgestörten durch Messerstiche lebensgefährlich verletzt

† *G. Müller* (* 1900, CDU), 1953–58 Min.-Präs. von Baden-Württ.

Bei Landtagswahlen in NRW erhält *Joh. Rau* (* 1931 in Wuppertal, SPD) das 3. Mal die absolute Mehrheit

Attentat eines Geisteskranken auf Innenmin. *Wolfgang Schäuble* (* 1942 i. Freiburg/Br., CDU), das zur Querschnittslähmung führt

Eberhard Diepgen (* 1941 in Berlin, CDU) bildet nach Wahlniederlage der SPD (Momper) CDU/SPD-Senat in Berlin

† *Helmut Lemke* (* 1907 in Kiel, CDU) 1963–71 Min.-Präs. von Schlesw.-Holst.

Erhard Krack (* 1930, SED) tritt wegen des Vorwurfs, 1989 Wahlergebnisse gefälscht zu haben (seit 1974 OB von Ost-Berlin), zurück

Bei Landtagswahlen in Bayern gewinnen CSU 54,9 %, SPD 26 % der Stimmen

Gerhard Schröder (* 1944, SPD) bildet rotgrüne Koalition, er löst *Ernst Albrecht* (* 1930 in Heidelberg, CDU) als Min.-Präs. in Niedersachsen ab

Björn Engholm (* 1939 in Lübeck) Min.-Präs. von Schlesw.-Holst.

† *Horst Sindermann* (* 1915 in Essen, KPD/SED), seit 1976 DDR-Volkskammer-Präs., 1989 SED-Ausschluß

L. de Maizière tritt wegen ungeklärter Stasi-Vergangenheit von seinen polit. Ämtern zurück

Beide Teile Berlins verleihen Bundespräs. *Richard von Weizsäcker* in der Nikolaikirche die Ehrenbürgerwürde

† *Herbert Wehner* (* 1906 in Dresden) maßgeblicher Politiker der SPD. Gilt als Wegbereiter des »Godesberger Programms« von 1959

Die erste Wahl zu einem gesamtdt. Bundestag gewinnt der bisherige Kanzler *H. Kohl* gegen den saarländischen Min.-Präs. *O. Lafontaine*, der vor den Schwierigkeiten der Vereinigung warnte

† *Friedrich Dürrenmatt* (* 1921 bei Bern), Schweizer Dramatiker

† *Lawrence George Durrell* (* 1912 in Indien), britischer Schriftsteller

† *Pierre Dux* (* 1908), französischer Schauspieler

† *Aldo Fabrizi* (* 1905), italienischer Regisseur und Schauspieler

† *Helga Feddersen* (* 1930), deutsche Schauspielerin

† *Malcolm S. Forbes* (* 1919), amerik. Verleger

† *Paulette Goddard* (* 1906), amerik. Filmschauspielerin

Peter Härtling erhält den *Gryphius*-Preis der Künstlergilde Esslingen

Peter Handke: „Das Spiel vom Fragen oder die Reise zum sonoren Land" (Bühnenstück; Urauff. am Wiener Burgtheater)

Bad Homburg verleiht *Hölderlin*-Preis an *Rolf Haufs* (* 1935) in Berlin

„Preis für d. polit. Buch 1990" an *Václav Havel* (* 1936) für autobiographisches Werk „Fernverhör"

† *Gerd Henninger* (* 1930), deutscher Lyriker und Essayist

† *Klaus Heydenreich* (* 1909), deutscher Schauspieler und Regisseur

Verleihung des *Elisabeth-Langgässer*-Preises an den Schriftsteller *Rolf Hochhuth*

ze des ev. Kirchenbundes

† *Norbert Elias* (* 1897 in Breslau), Soziologe und Kulturhistoriker, der in England 1939 „Über den Prozeß der Zivilisation" schrieb und 1977 als erster den *Adorno*-Preis der Stadt Frankfurt/M. erhielt

† *Karl Dietrich Erdmann* (* 1910 in Köln), Historiker mit dem berühmt gewordenen Ausspruch „Eine 2. Arche Noah gibt es nicht"

DDR-Philosoph *Wolfgang Harich* (* 1921 in Königsberg), 1957 verurteilt, wird rehabilitiert, seine Verurteilung aufgehoben

Aachen vergibt den Karlspreis für europ. Verdienste an den ungar. Außenmin. *Gyula Horn* (* 1935), auf dessen Veranlassung hin die Grenzen nach Österr. geöffnet wurden

Papst Johannes Paul II. empfängt PLO-Chef *J. Arafat*

Papst Johannes Paul II. sieht sich während einer Afrikareise (Tansania, Burundi, Elfenbeinküste, Ruanda) offener Kritik ausgesetzt

Papst Johannes Paul II. besucht Mexiko

Gegen den Protest der dortigen Ka-

hält den Kunstpreis der Stadt Darmstadt

Museum für Werke d. „Brücke"-Künstlers *Ernst Ludwig Kirchner* (1880 bis 1938) in Davos

† *Felix Klee* (* 1907), Kunsthistoriker und Theaterregisseur, Sohn des Malers *Paul Klee*

Gedenkausstellung für *O. Kokoschka* (1886–1980) in London

† *Sigrid Kressmann-Zschach-Losito* (* 1929), deutsche Architektin

HAP-Grieshaber-Preis an den Bildhauer reliefartiger Torsos, *Wilhelm Loth* (* 1920 in Darmstadt)

Die aus Kanada stammende Malerin *Agnes Martin* erhält den erstmalig ausgeschriebenen *Alexej-von-Jawlensky*-Preis

† *Georg Meistermann* (* 1911 in Solingen), nach 1945 Avantgardist moderner Kunst (auch kunstvolle Glasfenster)

Max-Beckmann-Preis der Stadt Frankfurt/M. wird dem amerikischen Künstler *Bruce Naumann* für sein künstlerisches Lebenswerk verliehen

Ausstellung der Bilder von *Felix Nussbaum* (* 1904 in Osnabrück, † 1944, in Auschwitz er-

† *Aaron Copland* (* 1900 i. New York), Kompon. und Musikschriftsteller

Die 3 Tenöre *Placido Domingo* (* 1941 i. Madrid), *José Carreras* (* 1946 i. Barcelona) und *Luciano Pavarotti* (* 1935 i. Modena) geben unter der Leitung des Dirigenten *Zubin Mehta* (* 1936 i. Bombay) ein Open-Air-Konzert i. Rom

† *Maurice Fleuret* (* 1932), französischer Musikkritiker und ehem. Musikdirektor d. französischen Kulturministeriums

† *Maurice Gendron* (* 1921 i. Frankreich), Cellist, Schüler und Partner von *Pablo Casals*

† Sir *Reginald Goodall* (* 1901), brit. Dirigent

† *Dexter Gordon* (* 1923), amerik. Jazz-Saxophonist

† *Arthur Grüber* (* 1910), ehem. Generalmusikdirektor des Badischen Staatstheaters Karlsruhe

Marcia Haydée (* 1939 i. Rio/Brasilien) wird für weitere 5 Jahre als Direktorin des Stuttgarter Staatsballetts im Amt bestätigt

† *Friedel Hensch* (* 1906), deutsche Schlagersängerin

Urauff. von *Werner Henzes* (* 1926 i. Gütersloh) Oper „Das verratene Meer"

tag verabschiedet umstrittenes Gentechnikgesetz, das Gefahren und Mißbrauch der Genforschung und -manipulation vorbeugen soll

Es werden Gene gefunden, die den Bauplan des Organismus steuern

Freilandversuch der MPG mit gentechnisch veränderten Petunien stößt auf Widerstand der Ökologen

Weltweit werden etwa 210 gentechnische Freilandversuche registriert

Programme zur Totalsequenzierung der menschl. Erbsubstanz (DNS) in USA, Japan und EG verlangen die Aufstellung der Reihenfolge einiger Mrd. Molekülbausteine (Nukleotide)

Neue astronomische Teleskope mit computergesteuertem Teilspiegel übertreffen alle bisher gebauten Instrumente

3,6 m-Hochleistungsteleskop NTT an der Südsternwarte in Chile durch Knopfdruck von BRD/Bayern aus in Betrieb gesetzt

In Oxford wird Himmelskarte mit 2 Mill. Galaxien veröffentlicht, die um leere „Blasen" angeordnet sind

Langbasis-Radioteleskop liefert detailliertes Bild des Milchstraßenzen-

hängen etwa 55 Mill. Arbeitsplätze von der militärischen Rüstung ab

Mit 76,3 Mrd. DM Umsatz ist die Daimler-Benz AG größtes Unternehmen der BRD

† *Heinz Oskar Vetter* (* 1918 in Bochum), DGB-Vors. 1969 bis 1982

GB tritt europ. Währungsverbund (EWS) bei

Nach Währungsunion mit BRD verschlechtert sich die Wirtschaftslage der DDR durch Betriebsschließungen ohne kompensierende Investitionen mit hoher Arbeitslosigkeit

DDR ist mit 18,5 Mrd. $ im Ausland verschuldet

DDR benötigt innerhalb von 10–20 Jahren Investitionen in Höhe von 700–800 Mrd. DM für Infrastruktur

Lufthansa verlegt Hauptsitz zurück nach Berlin, wo sie 1926 gegr. wurde

UdSSR beginnt Einführung einer „regulierten" Marktwirtschaft

Nothaushalt in USA verhindert Staatskrise

Schulden der USA erreichen eine Höhe von 5400 Mrd. Dollar

Handelsverbot mit Elfenbein führt zum Preissturz

Inflationsrate in Argent. übersteigt 14000 %

Versicherungen nennen 1989 „ein Jahr der Katastrophen" mit Milliarden-Schäden

Schwere Umweltschäden durch schadhafte Erdölleitung in Sibirien

Sogenannte Ozonkonferenz in London berät über Umweltschäden in der Atmosphäre und einigt sich auf Einstellung der FCKW-Prod. bis 2000 (Festsetzung eines früheren Termins scheitert am Veto von USA, UdSSR und Japan)

Internat. Umweltkonferenz in

(1990)

H. Kohl erreicht in Moskau von *M. Gorbatschow* Zusage für volle Souveränität eines geeinten Deutschlands einschl. Bündnisfrage

Gorbatschows Entscheidung ermöglicht problemlose »2+4«-Konferenz (2 dt. und 4 alliierte Staaten) über dt. Einheit

Unterzeichnung des »2+4«-Vertrages in Moskau sichert die dt. Einheit außenpolit. ab. Souveräne BRD verbleibt in der NATO, die oberste Gewalt der Siegermächte endet

Am 3. Oktober wird in einem Festakt vor dem Reichstag die schwarz-rot-goldene Flagge der BRD als Zeichen der in Frieden und Freiheit erlangten Einheit gehißt. Das Datum wird zum Staatsfeiertag erklärt

Die früheren Bezirke der DDR werden durch die historischen Ländernamen ersetzt

Haftbefehl gegen früheren Staats- und Parteichef *Erich Honecker* (* 1912 im Saargebiet)

Affäre um Lieferung von Bauunterlagen für U-Boote an Südafrika durch BRD-Werft weitet sich aus

FPÖ unter Vorsitz von *Jörg Haider* (* 1950 in Österreich) erhält bei Kommunalwahlen in Graz mit fremdenfeindlichen Parolen über 20 % der Stimmen

† *Bruno Kreisky* (* 1911, SPÖ), 1970–1983 BK von Österreich, vorher Außenminister

Wegen negativer Wirkung der »Poll Tax« beschließt die konservative Partei in GB die Ablösung *Margaret Thatchers* (* 1925), die seit 1979 rigoros die Reg. führte, durch ihren ehemaligen Minister *John Major* (* 1943)

GB und Argent. erneuern die im Falklandkrieg 1982 abgebrochenen diplomat. Beziehungen

Mary Robinson (* 1944 in Irland) aus der polit. Frauenbewegung wird Staatspräs.in von Irland, Fortdauern der strikten kath. Moralgesetze

I. Carlsson (seit 1974 im Amt) bildet in Schweden sozialdemokratische MinderheitsReg.

Starke Stimmenverluste der KPI bei ital. Kommunalwahlen

Mitte-Links-Reg. von Norw. und Niederl. treten zurück

USA und UdSSR einigen sich auf Truppenreduzierung in Europa auf 195 000 Mann

USA brechen die seit 1 ½ Jahren mit *Jassir Arafat* (PLO) geführten Gespräche ab

M. Gorbatschow (* 1931 im Nordkaukasus) wird am 1. Mai auf dem Roten Platz von der

† *Tadeusz Kantor* (* 1915), polnischer Theaterleiter, Maler, Autor und Regisseur

† *Arthur Kennedy* (* 1914), amerik. Schauspieler

† *Martin Kessel* (* 1901), deutscher Schriftsteller

Rainer Kirsch (* 1934 in Sachsen) wird Präs. der Schriftstellervereinigung der DDR

Verleihung des *Lessing-Preises* der Stadt Hamburg an den Schriftsteller und Filmemacher *Alexander Kluge*

Jörg-Michael Koerbl: „Die Kommunisten" (Bühnenstück; Urauff. am Deutschen Theater in Berlin)

Jacques Lassalle tritt die Nachfolge des verstorbenen *Antoine Vitez* als Leiter der Comédie française an

† *Michel Leiris* (* 1901), französischer Schriftsteller und Ethnologe

Siegfried Lenz: „Die Klangprobe" (Roman)

† *Felix Lützkendorf* (* 1906), deutscher Schriftsteller

† *Friedrich Luft* (* 1911 in Berlin), Theaterkritiker, „Stimme der Kritik" (RIAS Berlin) seit 1946

† *Giorgio Manganelli* (* 1921 in Mailand), italienischer Schriftsteller und Essayist

† *Alberto Moravia* (* 1907 in Rom), italienischer Schriftsteller mährischer Herkunft

tholiken beruft Papst *Johannes Paul II.* den als konservativ geltenden *Wolfgang Haas* zum Bischof v. Chur (Schweiz)

H. H. Lamb: „Klima und Kulturgeschichte" (Einfluß der Meteorologie auf d. Geschichte)

Gustav-Heinemann-Preis an Superintendent *Friedrich Magirius* in Leipzig, den Veranstalter der „Friedensgebete" in der Schlußphase des Bestehens der DDR

Heiner Müller (* 1929 in Sachsen, lebt in Berlin), wird Akademiepräs. der DDR

† *Pimen* (eigentlicher Name *Sergej Michailowitsch Iswekow*) (* 1910), Patriarch der russisch-orthodoxen Kirche

Verleihung des *Geschwister-Scholl*-Preises an die Journalistin *Lea Rosh* und den Historiker *Ernst Jäckel*

† *Kurt Scharf* (* 1902 in Landsberg a. d. W.), in der NS-Zeit Mitglied der „Bekennenden Kirche", ev. Theologe, 1966 bis 1976 ev. Bischof von Berlin-Brandenburg, der den Ostteil Berlins nicht betreten durfte

† *Milan Šimecka* (* 1930), tschechischer Philosoph

mordet) in Osnabrück

In Atlanta/USA entsteht seit 1953 durch den Architekten *J. Portman* (* 1924 i. den USA) durch riesige „utopische" Bauten mit gewaltigen Innenräumen eine Art „Stadt der Zukunft"

Pritzker -Preis für Architektur an *Aldo Rossi* (* 1931 in Mailand)

Große *Rubens*-Ausstellung in Padua (Italien)

Ausstellung der Werke von *Herbert Sonnenfeld* (* 1900 in Berlin, † 1938 in New York) unter dem Motto „Ein jüdischer Fotograf" in Berlin

Mark di Suvero (* 1933 in Shanghai): „Tendresse" (rote Stahlplastik an der Cote d'Azur)

Ausstellung der Werke von *Tizian* (1477–1576) in Venedig

Amsterdam zeigt zum 100. Todestag von *V. van Gogh* 130 seiner Bilder

Van-Gogh-Gemälde „Dr. Gachet", das sich z. Zt. des Dritten Reichs *H. Göring* angeeignet und ins Ausland verkauft hatte, wird für 136 Mill. DM versteigert

Werk von *Diego Velazquez* (* 1599 † 1660 in Spanien) fast vollständig in Madrid ausgestellt

(Oper mit japanischen Stilelementen) i. Berlin

York Höller erhält den *Rolf-Liebermann*-Preis für d. beste seit 1987 i. Europa uraufgeführte Oper

† *Tony Holiday* (* 1952), deutscher Schlagersänger

† *Oleg Kagan* (* 1946 i. Sachalin), Violinvirtuose d. UdSSR

† *Herbert Kegel* (* 1920), deutscher Dirigent

„Ulrike Meinhof" (Tanztheater um d. verstorbene Terroristin) von *Johann Kresnik* (* 1939 in Kärnten) erhält Theaterpreis Berlin

† *Ashley Lawrence* (* 1934), Dirigent d. Stuttgarter Staatsballetts

† *Mel Lewis* (* 1929), amerik. Jazz-Schlagzeuger

Gewandhauskapellmeister *Kurt Masur* dirigiert bei Salzburger Osterfestspielen

Kurt Masur vom Gewandhaus i. Leipzig (* 1927 i. Schlesien) wird Direktor des Philharmonischen Orchesters i. New York

† *Gerty Molzen* (* 1906), deutsche Chansonsängerin, Kabarettistin und Schauspielerin

Der Brüsseler Operndirektor und designierte Leiter d. Salzburger Festspiele *Gérard Mortier*

trums, wo ein sog. Schwarzes Loch vermutet wird

Bei periodischen Kometen werden unregelmäßige („chaotische") Störungen entdeckt

Auf dem Planeten Saturn wird großer weißer Fleck entdeckt

Ein weiterer Mond des Saturn wird entdeckt

Zahl der verschiedenen Arten von Neutrinos kann auf 3 begrenzt werden, womit sich zugleich aus Gründen der Symmetrie 3 Familien von Elementarteilchen ergeben

In New York vorgestellter 16-Megabit-Chip komprimiert 1600 Seiten Text auf Briefmarkenformat

Erstmals Aufnahmen mit hoher Auflösung von DNA-Molekülen im Raster-Tunnel-Mikroskop

In USA wird in der BRD gebauter Röntgen-Satellit „Rosat" gestartet, der Teleskop mit extrem glattem Spiegel (mit nur atomaren Abweichungen von der Idealform) trägt

Die 1977 gestartete US-Raumsonde „Voyager 1" erkundet Sonnensystem bis 6 Mrd. km Entfernung

18 Jahre nach dem Start erreicht US-Sonde „Pioneer" eine Entfernung von 75 Mrd. km jenseits aller Planetenbahnen

Genf fordert sofortige Verringerung der CO_2-Emission

Österr. verbietet gesetzlich die Verwendung von FCKW als Treibgas, da es die Ozonschicht zerstört

DGB-Kongreß trennt sich von der Wohnungsbauwirtschaft

Rund 200 000 Asylbewerber in der BRD (Anerkennung liegt in der Regel unter 10%)

Im sog. „Imhausenprozeß" erhält Industrieller in der BRD 5 Jahre Freiheitsstrafe für Errichtung einer Giftgasfabrik in Libyen sowie wegen hoher Steuerhinterziehung

Rundfunkfusion SWR-SDR scheitert

In den Ländern der ehemaligen DDR entstehen neue Rundfunksender

Über 40 Tote und Schäden in Mrd.-Höhe in NW-Europa durch Orkane

Kanaltunnel zw. Frankr. und GB durchbrochen

Gutachten fordert Abschaltung des Kernkraftwerkes Greifswald (DDR) wegen erheblicher technischer Mängel

Untersuchungen ergeben, daß US-Kernwaffenfabrik unmittelbare Umgebung radioaktiv verseucht und Krebsfälle ausgelöst hat

RWE (Rheinisch-Westfälisches Elektrizitätswerk) will mit 2 anderen Elektrizitäts-Konzernen in der BRD trotz kartellrechtlicher Bedenken die Elektrizitätsversorgung der DDR übernehmen

Saudi-Arabien entdeckt neue Erdölvorkommen, die sein Potential um ca. 20 % erhöhen

Türkei vollendet Atatürk-Staudamm im Grenzgebiet zum Irak

Bemannte Raumfahrt wird eingeschränkt

Indianer in Kanada, die lange und heftig gegen Anlage eines

(1990)

Bev. ausgepfiffen und verläßt ostentativ die Ehrentribüne am Lenin-Mausoleum

UdSSR streicht Vormachtstellung der KPdSU in ihrer Verfassung

Kongreß der Volksdeputierten in UdSSR ersetzt Machtmonopol der KPdSU durch Einrichtung des Amtes eines starken Präs.

Auf dem 28. Parteitag der KPdSU unterliegt orthodoxer Reformgegner *Ligatschow* Präs. *Gorbatschow*

ZK der KPdSU bestätigt nur *M. Gorbatschow* und *Wladimir Iwaschko* im Politbüro, es scheiden u. a. aus: Min.-Präs. *N. I. Ryschkow* (* 1920), Verteidigungsmin. *D. T. Jasow* (* 1923), Außenmin. *E. A. Schewardnadse* (* 1928) und KGB-Chef *Wladimir Krjutschkow*

Durch Wahl zum Präs. der Rep. Rußl. erhält *Boris Jelzin* (* 1931 in Swerdlowsk) einen polit. Vorsprung gegenüber *M. Gorbatschow* (* 1931), den er vergrößert, bis *Gorbatschow* 1991 von seinen Ämtern zurücktritt

Unter Präs. *Boris Jelzin* erklärt die RSFSR, Kernland der UdSSR, ihre Souveränität

Außenmin. der SU *E. Schewardnadse* tritt mit nachdrücklicher Warnung vor einem drohenden Staatsstreich in der SU zurück. Damit verliert *M. Gorbatschow* seine stärkste Stütze

Litauen, Lettland und Estland erneuern den »Baltischen Rat« zur Koordinierung ihrer Politik

Rep. Litauen wählt Nichtkommunisten *Vytautas Landsbergis* (* 1932) zum Staatspräs.

UdSSR schickt Panzer in die Hauptstadt Litauens, Vilnius (Wilna)

UdSSR maßregelt Litauens Autonomiebestreben durch Wirtschaftsblockade

UdSSR droht Lettland mit Vergeltung für die Wiedereinführung seiner Verfassung von 1922 vor der Annexion durch UdSSR

Als 3. baltischer Staat, der 1940 aufgrund des Hitler-Stalin-Paktes zur UdSSR kam, fordert Estland seine Unabhängigkeit zurück

BRD und Polen unterzeichnen Grenzvertrag unter Protest der Vertriebenenorganisationen

Lech Walesa (* 1943 in Polen) wird im 2. Wahlgang zum Staatspräs. von Polen gewählt

In ČSFR beruft Präs. *V. Havel* zum Min.-Präs. einer Koalitionsreg. mit kommunistischer Minderheit *Marián Calfa* (* 1946 in der Slowakei, Bürgerforum)

† *Irmtraud Morgner* (* 1933), deutsche Schriftstellerin in der ehemaligen DDR

Kleist-Preis an *Heiner Müller* (* 1929 in Sachsen)

† *Walker Perey* (* 1916 in Alabama/USA), US-Schriftsteller

Piscator-Gesellschaft in Essen nach dem gleichnamigen sozialistischen Regisseur *Erwin Piscator* (1893-1966) gegründet

† *Manuel Puig* (* 1932), argentinischer Schriftsteller

† *Jannis Ritsos* (* 1909), griechischer Lyriker

Verleihung des Prix *Goncourt* an den französischen Schriftsteller *Jean Rouaud*

Gaston Salvatore: „Lektionen der Finsternis" (Schauspiel; Urauff. am Hessischen Staatstheater in Wiesbaden)

† *György Sebestyén* (* 1930), ungarischer Schriftsteller und Präs. des österreichischen PEN-Clubs

† *Delphine Seyrig* (* 1932), französische Schauspielerin

† *Philippe Soupault* (* 1897), französischer Lyriker und Romanschriftsteller. Mitbegründer des Surrealismus

† *Hilde Spiel* (* 1911 in Wien), Schriftstellerin und Journalistin

† *Barbara Stanwyck* (* 1907), amerik. Filmschauspielerin

† *Hans Speier* (* 1905 in Dtl.), dt. Soziologe, der nach 1933 in New York „Univ. im Exil" gründete

† *Shepard Stone* (* 1917 i. d. USA), Förderer und Ehrenbürger von Berlin (W), Leiter des Aspeninstituts Berlin als internat. Begegnungsstätte

Während der Kurdenverfolgung schränkt Türkei die Pressefreiheit drastisch ein

USA treten wieder in die UNESCO ein, die sie wegen US-kritischer Politik verlassen hatten

UNO-Gipfel über wachsende Probleme von Kindern und Jugendlichen (Mißhandlung, Drogen, Kriminalität etc.) in New York

Bei einem Treffen des Präs. des Jüdischen Weltkongresses, *Edgar Bronfman*, u. des poln. Min.-Präs. *Mazowiecki* wird die Auseinandersetzung über ein Karmeliterinnenkloster auf dem Gelände des ehemaligen KZ Auschwitz beigelegt. Ein Karmeliter-Gebetszentrum soll nun außerhalb des Lagergeländes entstehen

Albanien hebt Religionsverbot auf

In Berlin findet eine

Mies-van-der-Rohe-Preis wird dem deutschen Architekten *Friedrich Wagner* für den Entwurf einer Halle der Staatlichen Materialprüfungsanstalt in Stuttgart verliehen

In Leverkusen Ausstellung zum Thema „Tradition – Innovation" (Gemälde und Grafiken von etwa 50 DDR-Künstlern)

Neueröffnung des Museums Künstlerkolonie in dem restaurierten *Ernst-Ludwig*-Haus in Darmstadt

Ausstellung japanischer und deutscher Steinbildhauer (mit Werken von *Hashimoto Yoshimi, Kuetani Kazuto, Gerson Fehrenbach* und *Louis Niebuhr*) in Berlin

Verschwundener Domschatz von Quedlinburg taucht in Texas/USA auf

Verleihung des „Felix" für den europäischen Film des Jahres an den Regisseur *Gianni Amelio* für seinen Film „Offene Türen"

„Miss Daisy und ihr Chauffeur" (US-Film von *Bruce Beresford*) wird mit insg. 4 Oscars ausgezeichnet

Filmband in Gold der BRD an *Klaus Maria Brandauer* (* 1944 in Österreich) für die Titel-

(*1940) vermutet die Kunstform der Oper i. einer „Endphase", die weitere Höhepunkte nicht ausschließt

† *Rolf-Hans Müller* (* 1928), deutscher Kompon. und Orchesterleiter

† *Karl Münchinger* (* 1915), berühmter deutscher Orchesterleiter und Dirigent

„Medea" (Choreographie von *John Neumeier*) wird a. Stuttgarter Staatstheater mit *Marcia Haydée* i. d. Titelrolle uraufgeführt

Südafrikan. Musical „Township Fever" von *Mbongeni Ngema* i. Johannesburg uraufgeführt

† *Charly Niessen* (* 1925), deutscher Musiker (auch Kompon. und Texter)

† *Luigi Nono* (* 1924 i. Venedig), Kompon. serieller Musik

† *Rudolf von Oertzen* (* 1910), Kompon. und Pianist

† *Lotar Olias* (* 1913), deutscher Schlagerkomponist

Neuinszenierung von *Carl Orffs* „Trionfi", mit der die Münchner Opernfestspiele eröffnet werden, fällt beim Publikum durch

Zum *Van-Gogh*-Jahr (100. Todestag) Urauff. von zwei Opern über ihn: *Einojuhani Rautavaaras* (Finnland) „Vincent" und *Jan*

Die NASA in USA verfügt über 90 Mrd. Textseiten über Satelliten-Beobachtungsergebnisse in Form von Magnetbändern

Magellan-Sonde sendet Bilder von der Oberfläche der Venus, sie liefern Hinweise auf fehlende Plattentektonik der Oberfläche

VR China startet den in USA gebauten Satelliten „Asia SAT 1"

US-Repräsentantenhaus streicht die Mittel für bemannten Marsflug, den US-Präs. *Bush* bereits angekündigt hatte

Neues *Paul-Ehrlich*-Institut für Impfstofforschung in Frankfurt/M. eröffnet

AIDS-Forschung korrigiert bisherige Vorstellung über menschl. Immunsystem

Gentechnisch manipulierte Mäuse mit menschenähnlichem Immunsystem bewähren sich in der AIDS-Forschung

Medizinisches Institut in Frankreich findet Impfstoff gegen AIDS, der bei Affen wirksam ist

Wegen der großen Variabilität erweist es sich als schwierig, den Stammbaum der HIV-AIDS-Viren zu klären

Es entsteht eine sog. „adoptive" Krebs-

Golfplatzes auf ihrem Gebiet kämpften, kapitulieren

Irak richtet brit. Journalisten wegen angeblicher Spionage hin

100. Geburtstag von *Rose Kennedy*, der Mutter von *J. F. Kennedy* († 1963)

Gipfeltreffen der Präs. von USA, Bolivien und Peru zu Verh. über das zunehmende Rauschgiftproblem

BRD beschließt Drogenbekämpfungsplan angesichts wachsender Zahl Drogentoter

Bezüglich der Zahl der Rauschgifttoten liegt die BRD an der Spitze Europas

20 % mehr Drogentote als 1989 in der BRD

Frühester feststellbarer AIDS-Fall wird auf 1959 datiert

AIDS-Kongreß in San Francisco vermutet weltweit ca. 6-8 Mill. HIV-Infizierte

Schwangerschaftsabbrüche pro 1000 Lebendgeburten: Niederl. 107, BRD 146, Österr. 179, USA 347, Ital. 389, SU 2300

Experten erklären Aralsee (UdSSR) nach hohem Wasserverlust durch Ableitung für „biologisch tot"

Kälbermastskandal im Emsland wegen Verfütterung karzinogener Hormone

Erhaltung des vom Aussterben bedrohten Uhus zeigt in der BRD Erfolge

Tarifpartner der Metallindustrie in der BRD vereinbaren schrittweise Einführung der 35-Stunden-Woche bis 1995

Auflösung des Gewerkschaftsverbands der DDR (FDGB)

Heinz Werner Meyer (* 1932 in Hamburg, SPD-MdL) wird Vors. des DGB, der sich mit dem FDGB der früheren DDR vereinigt

Die internat. Arbeiterschaft begeht zum 100. Mal den 1. Mai

(1990)

Studentenproteste erzwingen in Albanien Zulassung unabhängiger Parteien

Albanien öffnet seine Grenzen

Wahlniederlage der sozialistischen PASOK unter *Andreas Papandreou* in Griechenl. (* 1919 auf Chios, PASOK)

Konstantin Mitsotakis (* 1918 auf Kreta, »Neue Demokr.«) wird nach längerer Regierungskrise griechischer Min.-Präs..

1. nichtkommunistische Reg. seit 1945 in Bulg. unter *Dimitar Popov* (* 1927)

Präs. von Rumän. *I. Iliescu* läßt auf antikommunistische Demonstranten schießen und ruft Bergarbeiter zu Hilfe, die mit Gewalt gegen die Demonstranten vorgehen

Rumän. Staatschef *Ion Iliescu* löst die berüchtigte Geheimpolizei Securitate auf

Petre Roman wird Min.-Präs. von Rumänien

Titos Jugosl. zeigt erste Auflösungserscheinungen

Slobodan Milosevic (* 1941 in Jugoslawien) wird Präs. von Serbien. Er verantwortet die Zersplitterung des jugoslawischen Staates

Jugoslawischer Teilstaat Slowenien erklärt sich für souverän

Reformkommunist *Milan Kuöan* (* 1951) wird Präs. Sloweniens

Wahlergebnis in Ungarn: Demokratisches Forum 24,7%, Bund Freier Demokraten 21,3 %, Kommunisten 3,7%, Sozialdemokraten 3,5 %. Sperrklausel 4%

Mit der bürgerlichen Koalitionsreg. unter *Josef Antall* (* 1932 in Budapest, Demokratisches Forum) endet die KP-Reg. in Ungarn

Georgien und Usbekistan (in der bisherigen RSFSR) erklären sich für souverän

Armenien fordert von Aserbaidschan das Gebiet Berg-Karabach, in dem vorwiegend Armenier leben, obwohl es zum moslemischen Aserbaidschan gehört

Nach Pogrom gegen Armenier wegen deren Berg-Karabach-Anspruchs wird über Teile Aserbaidschans der Ausnahmezustand verhängt

Erste freie Wahlen in der Mongolischen Volksrepublik brechen kommunistische Alleinherrschaft

Regierungskrise um Siedlungspolitik in Israel

UN-Vollversammlung verurteilt Politik Israels in Palästina

Verleihung des Kulturpreises der deutschen Katholiken an *Andrzej Szczypiorski*

George Tabori (* 1914 in Budapest, lebt später in den USA) erhält den Mülheimer Dramatikerpreis

Ingeborg-Bachmann-Preis an *Birgit Vanderbeke* (* 1956 in Frankfurt/M.) für Erzählung „Das Muschelessen"

Mario Vargas Llosa, peruanischer Romancier und Literaturkritiker, kandidiert als Führer des konservativen Wahlbündnisses FREDEMO für die peruanische Präsidentschaft, unterliegt aber dem unabhängigen *Alberto Fujimori*

† *Antoine Vitez* (* 1930), französischer Schauspieler und Regisseur, Leiter der Comédie française

† *Irving Wallace* (* 1916), amerik. Bestsellerautor

† *Patrick White* (* 1912), australischer Schriftsteller; erhielt 1973 den Literatur*nobel*preis

† *Hanne Wieder* (* 1929 bei München), Schauspielerin und Chansonsängerin

Die deutsche Schriftstellerin *Christa Wolf* wird zum „Offizier" des „Ordre des Arts et des Lettres" ernannt

† *Marianne Wünscher* (* 1930), deutsche Schauspielerin

Eva Zeller (* 1923 i.

Tagung des Jüdischen Weltkongresses statt – zum erstenmal seit über 60 Jahren auf dt. Boden

90. Katholikentag in Berlin mit 120 000 Teilnehmern unter dem Motto: „Wie im Himmel, so auf Erden"

Frauen in Oberammergau erhalten Gleichberechtigung hinsichtlich der Mitwirkung an den Passionsspielen

Schändung eines jüdischen Friedhofs in Frankreich löst heftige Proteste und Verabschiedung eines Gesetzes gegen Antisemitismus und Rassismus aus

Berlins Staatliche Museen wachsen zu einem der bedeutendsten Kulturkomplexe der Welt zusammen

Weitläufige Begräbnisanlage aus der chinesischen Han-Dynastie vor ca. 2000 Jahren wird entdeckt

In Südisrael wird eine Silberbronze in Form eines Kalbes gefunden und auf 1550 v. Chr. datiert

Archäologen können Einsturz eines Hera-Tempels auf Samos 550 v. Chr. nachweisen

In Trier wird alter Kirchenbau aus d. 3. Jh. gefunden

rolle in „Georg Elser – Einer aus Deutschland"

† *Beppo Brem* (* 1906 in München), seit 1922 Schauspieler in Film und Fernsehen

† *Capucine* (eigentlicher Name *Germaine Lefèbvre*) (* 1928), französische Filmschauspielerin

† *Sergio Corbucci* (* 1927), italienischer Filmregisseur

† *Sammy Davis Jr.* (* 1925 in New York), US-Entertainer und-Schauspieler, berühmt u. a. durch „Porgy and Bess" (Film von 1959)

† *Jacques Demy* (* 1931 in Pont Château/Frankreich), französischer Filmregisseur

„Stimme des Mondes", Film von *Federico Fellini* (* 1920 in Italien)

† *Greta Garbo* (* 1905 in Stockholm), bereits zu Lebzeiten legendäre US-Filmschauspielerin, auch „die Göttliche" genannt. Beendete 1941 ihre Filmarbeit

† *Ava Gardner* (* 1923 in den USA), US-Filmschauspielerin

Bei den 40. Internationalen Filmfestspielen in Berlin erhalten *Costa Gavras* für seinen

van Vlijmens (Holland) „Un malheureux vêtu de noir"

† *Johnnie Ray* (* 1927), amerik. Schlagersänger

Wolfgang Rihm (* 1952): „Mein Tod, Requiem in memoriam Jane S." (Requiem nach einem Text von *Wolf Wondratschek*; Urauff. i. Rahmen d. Salzburger Festspiele)

Cellist und Dirigent *Mstislaw Rostropowitsch* (* 1927 i. Baku) kehrt i. d. UdSSR, wo er 1974 ausgebürgert wurde, zurück

Anton Ruppert: „Und Pippa tanzt!" (Urauff. der Oper nach dem Märchenspiel von *Gerhart Hauptmann*)

† *Fritz Schulz-Reichel* (* 1912), deutscher Klavierspieler und Komponist, der als „schräger Otto" bekannt wurde

† *Gustav Sellner* (* 1905 i. Traunstein), Regisseur und Theaterleiter, 1961–72 Generalintendant d. Deutschen Oper Berlin

† *Paul Tortellier* (* 1914), französischer Cellist und Komponist

† *Joe Turner* (* 1907), amerik. Jazzpianist

† *Stevie Ray Vaughan* (* 1956), amerik. Rockgitarrist

D. deutsche Kompon. *Udo Zimmer*-

therapie mit genmanipulierten Immunzellen

Operationen mit Endoskopen ergänzen zunehmend herkömmliche Chirurgie (Sanfte Medizin)

Molekulargenetische Untersuchung der Leukämie ermöglicht individuelle Therapie

Münchener Klinik gelingt gleichzeitige Transplantation von Leber, Bauchspeicheldrüse und Zwölffingerdarm bei einer 43jährigen Patientin

2 US-Forscher erhalten *Paul-Ehrlich*-Preis für Analyse der Diphtherie-Erkrankung

Laserstrahlen gestatten mit Augen verfolgbare Verschmelzung von Pflanzenzellen zur Vereinigung ihrer Erbmasse

Geophysiker weisen ein langsames, unmerkliches Pulsieren des ganzen Erdkörpers nach Erdbeben nach, das auch „stille Beben" zu registrieren erlaubt

Die seit 11 020 Jahren ruhenden Vulkane der Eifel werden als noch aktiv erkannt

Schwund der Ozonschicht über dem Nordpol festgestellt

Ca. 16. Mill. Jahre alte Erbsubstanz in einer fossilen Pflanze gefunden

Es wird nachgewiesen, daß die Embryo-

Streik in Nicaragua wird durch 100 % Lohnerhöhung beendet

Bei Volkszählung in den USA können nur etwa 90 % der Bev. registriert werden

Der stark zunehmende Alpentransit führt zu einem „LKW-Krieg" der Alpenländer

Beteiligung der ehemaligen DDR am dt.-sprachigen 3-Sat-Programm

44,5 pro Mill. BRD-Bürger werden über 100 Jahre alt

Die Bürger von Heidelberg wählen *Beate Weber* (* 1943, SPD) zur OB

USA ziehen chemische Waffen (Giftgas) aus BRD ab

70 Verletzte bei Protesten gegen den Opernball in Wien

Krawalle bei der Premiere „Das Phantom der Oper" (Musical von *Andrew L. Webber* nach dem Text „Die Schöne und das Biest") in Hamburg

Drogenmafia tötet in Bolivien an einem Wochenende 44 Menschen

Hohes Mitglied der Mafia in Palermo als vermutl. 30facher Mörder verhaftet

Bei Neubrandenburg werden Massengräber mit Opfern des Stalinismus aus der Nachkriegs- und Besatzungszeit gefunden

Bei Kunstraub in Boston (USA) werden 11 Bilder im Wert von ca. 100 Mill. DM aus einem Museum gestohlen

Nach 40 Jahren Illegalität Großdemonstration der Opposition in Südafrika

ANC in Südafrika ruft zum Generalstreik auf

Auf Sri Lanka vertreiben die Kämpfe mit Tamilen rd. 0,5 Mill. Menschen aus ihrer Heimat

Nach Unruhen in Tirana/Albanien fliehen viele Bürger in Missionen der EG, etwa 5000 können Albanien verlassen

Ägypten wird Folterung polit.

(1990)	Generalstreik in von Israel besetzten arab. Gebieten Nach 3 Jahren lassen Schiiten im Libanon 3 Geiseln aus Frankr. und Belg. frei 2 US-Geiseln werden nach langer Haft durch Schiiten im Libanon ebenfalls auf freien Fuß gesetzt Blutige Kämpfe zw. pro-syrischen und pro-iran. Milizen im Libanon Im Libanon kapituliert der General der christl. Truppen, *Michel Aoun*, vor Syrien Bei Wahlen in Austr. erringt die Labour-Party unter *Robert James Lee Hawke* (* 1929) knappe Parlamentsmehrheit, der Reg.-Chef wird Erstmals seit dem Waffenstillstand im Golfkrieg 1988 treffen sich die Außenmin. von Iran und Irak Irak konzentriert Truppen an der Grenze zu Kuwait, das unter dem Schutz der USA steht Irak überfällt Kuwait, um es zu annektieren Weltsicherheitsrat verabschiedet US-Antrag auf Gewaltanwendung gegen den Irak nach Ablauf eines Ultimatums Irak nimmt westliche Ausländer als Geiseln, läßt aber Frauen und Kinder ausreisen *Willy Brandt* erreicht durch Verhandlungen in Bagdad von *S. Hussein* die Freilassung von 193 Geiseln, die dieser zum Schutz militär. Objekte mißbraucht hatte Arab. Liga zerbricht am Irak/Kuwait-Konflikt Islam. Fundamentalisten erringen Wahlsieg in Algerien, worauf sie verfolgt und unterdrückt werden UdSSR und Saudi-Arabien nehmen nach Jahren wieder diplomatische Bez. auf Studentendemonstrationen für Reformen in Äthiopien Nach Brand in der libyschen Chemiefabrik Rabta ruft Revolutionsführer *Gaddafi*, der Sabotage von seiten westlicher Geheimdienste vermutet, die islam. Staaten zum Abbruch der diplomat. Bez. zur BRD, zu GB und den USA auf Nord- und Südjemen schließen sich nach über 250 Jahren der Trennung zusammen Auch nach Abzug der UdSSR-Truppen 1989, die seit 1979 in Afghanistan gegen die Mudschahedin verlustreiche Kämpfe führten, geht der Bürgerkrieg im Land weiter *Benazir Bhutto* (* 1953) wird nach 20 Mona-	Eberswalde): „Gedichte“ *Gerhart-Hauptmann*-Preis der Freien Volksbühne Berlin geht an *Michael Zochow* (* 1954 in Prag) für sein Schauspiel „Traiskirchen“ *Marina Zwetajewa* (1892 bis 1941): „Phönix“ (Bühnenstück; Urauff. in der Schaubühne Berlin mit *Bernhard Minetti*) Literarische „Gruppe 47“ holt das 1968 ausgefallene Treffen beim „2. Prager Frühling“ nach Frankfurter Buchmesse präsentiert 382 000 Bücher (größte Bibliotheken der Welt weisen etwa 10 Mill. Titel nach)	Erdgeschichtlich wichtige Fossilien gelangen durch Schenkung aus der UdSSR in die USA Minoische Sprache wird als semitischen Ursprungs erkannt Die Menschheit blickt auf rd. 5000 Jahre Überlieferung der Kulturgeschichte mittels – inzw. meist entzifferter – Schriftzeichen zurück Japan Art Association verleiht den „Praemium Imperiale“ an *Antoni Täpies* (span. Maler), *James Stirling* (brit. Architekt), *Arnaldo Pomodor* (ital. Bildhauer), *Leonard Bernstein* (amerik. Dirigent und Komponist) und *Federico Fellini* (ital. Regisseur) 200 Kulturschaffende gründen in Prag einen Europäischen „Kulturklub“ 20 % aller erwachsenen Männer und 33 % aller Frauen der Weltbev. sind Analphabeten

Film „Music Box" sowie *Jiri Menzel* für seinen Film „Lerchen am Faden" je einen „Goldenen Bären"

Andreas Gruber wird für seinen Film „Schalom, General" beim II. *Max-Ophüls* -Filmfestival in Saarbrücken mit dem Hauptpreis ausgezeichnet

† *Rex Harrison* (* 1908 in Großbritannien), u. a. bekannt als Mr. Higgins im Filmmusical „My Fair Lady"

† *Heidemarie Hatheyer* (* 1919 in Villach), dt.-österr. Bühnen- und Filmschauspielerin

† *Jim Henson* (* 1936), amerik. Fernseh- und Filmproduzent

Shohei Inamura: „Black Rain" (Film über Atombombenabwurf in Hiroshima)

Akira Kurosawa erhält Ehren-Oscar für sein Lebenswerk als Filmregisseur

† *Margaret Lockwood* (* 1916), britische Filmschauspielerin

„Wild at Heart", Film von *David Lynch*, erhält in Cannes „Goldene Palme"

„Eine Komödie im Mai", Film von *Louis Malle* (* 1932 in Frankreich)

mann wird neuer Intendant d. Leipziger Oper

Rock-Spektakel „The Wall" vor rd. 300 000 Gästen und 1. Mrd. Fernsehzuschauern auf d. Potsdamer Pl. i. Berlin aufgeführt. Dieses von *Roger Waters* inszenierte Konzert ist d. größte i. d. Geschichte d. Rockmusik

Neues Musik-Festival Mecklenburg-Vorpommern kooperiert mit Schleswig-Holstein-Musikfestival

Im Lübecker Dom findet zum Auftakt des 5. Schleswig-Holstein-Musikfestivals ein Festkonzert statt

In Paris wird d. neue Opernhaus „Opéra Bastille" eroffnet

Im Ostberliner Schauspielhaus wird d. einzige Klaviersonate *Clara Schumanns* (in g-moll) uraufgeführt

Urtext der Mozartoper „Così fan tutte" wird in Kiew gefunden

nalentwicklung der verschied. Tierarten (Würmer, Insekten, Wirbeltiere) durch gleichartige Gene gesteuert wird

35 Mill. Jahre alter Greifvogel in der Ölgrube Messel gefunden

Die Nahrung von vor 3 Mill. Jahren ausgestorbenen Hominiden kann elektronenmikroskopisch analysiert werden

Weltweite molekularbiologische Untersuchungen an Mitochondrien stützen die Hypothese, daß der Stammbaum der Menschheit auf Menschen zurückgeht, die vor etwa 200 000 Jahren in Afrika lebten (Fund, weiblich)

Funde des Homo habilis von 90000 v. Chr. in Israel (ältester in Südosteuropa 43000 v. Chr.)

Zungenbein eines 60 000 Jahre alten Neandertalerfossils aus Israel läßt auf Sprachfähigkeit dieser Menschenart schließen

Mit der seit etwa 1953 entwickelten physikalischen Lumineszenz-Methode gelingt die Datierung der Ablagerungen der Eiszeiten seit rd. 100 000-200 000 Jahren

Thermolumineszenz- und Radiokarbon-Messungen ergeben, daß Austr. vor ca. 60 000 Jahren von Neuguinea aus, also

Gefangener (meist islam. Fundamentalisten) vorgeworfen

Bürgerinitiative gegen Volkszählung in der Schweiz

Zusammenarbeit zw. DDR-Stasi und in der BRD wegen Mordes gesuchten RAF-Terroristen wird bekannt

Mehrere RAF-Mitglieder werden in der ehemaligen DDR verhaftet, wohin sie sich geflüchtet hatten

Der für die Ölpest 1989 bei Alaska verantwortliche Kapitän wird in wesentlichen Anklagepunkten freigesprochen

Schiiten im Libanon geben US-Geisel *Robert Polhill* nach 3 Jahren Gefangenschaft frei

Harte Strafen für Verstoß gegen islamische Kleidungsvorschriften im Iran

Vollstreckung von 2 Todesurteilen in USA durch Giftinjektion

Seit 1976 122 Hinrichtungen in US-Südstaaten

In Argent. werden einige Generäle amnestiert, die wegen Verstößen gegen Menschenrechte verurteilt worden waren

Daimler-Benz-Konzern kauft Grundstück am Potsdamer Platz/Berlin

Citroën stellt Bau des Kleinwagenmodells „2 CV Ente" ein

In Anwesenheit der 6 Außenmin. (USA, UdSSR, GB, Frankr., BRD und DDR) bauen USA „Checkpoint Charlie" als Übergang nach Ost-Berlin ab (hier standen 1961 Panzer von USA und UdSSR einander gegenüber)

In BRD wird Grundwehrdienst der Bundeswehr von 15 auf 12 Monate verkürzt

In BRD werden jährlich ca. 10 000 Kinder von Hunden angefallen

Durch Züchtung und unkontrollierte Verbreitung bes. bis-

(1990)

ten Amtszeit als Min.-Präs. von Pakistan vom Staatspräs. mit dem Vorwurf der Korruption entlassen

Bei Wahlen in Pakistan gewinnt islam. Opposition (»Islam. Allianz«) unter Führung von *Nawaz Sharif*

Unter dem Druck blutiger Unruhen läßt Kg. *Birendra* von Nepal wieder Parteien zu

Demokraten in Birma (Myanmar) erreichen unter Führung von *Aung San Suu Kyi* Wahlsieg über Militärjunta

Min.-Präs. der VR China, *Li Peng*, besucht erstmals seit 1964 die SU und trifft dort *M. Gorbatschow*

In VR China gibt *Deng Xiao ping* (* 1904) sein letztes polit. Amt ab, behält jedoch polit. Einfluß

VR China erklärt, am Kommunismus festhalten zu wollen

Rep. China (Taiwan) anerkennt VR China

† *Le Duc Tho* (* 1912 in Vietnam), Friedens*nobel*preisträger von 1973

Jap. Liberaldemokraten erhalten trotz zahlreicher Skandale absolute parlamentarische Mehrheit, Sozialisten werden stärkste Opposition

Thronbesteigung des 125. *Tenno Akihito Tsuyu No Mija* (* 1933 in Tokio) in Japan, die von Unruhen begleitet wird

Militär unternimmt Putschversuche auf den Philippinen gegen Präs.in *C. Aquino*

17 Jahre nach seiner Ermordung 1973 wird *S. Allende* in Chile feierlich beigesetzt

Violetta Chamorro (* 1929 in Nicaragua) schlägt Sandinisten bei der Wahl zum Staatschef von Nicaragua. Es gelingt ihr, die von den USA unterstützten »Contras« zu entwaffnen und den seit 1981 herrschenden Bürgerkrieg zu beenden

† *José Napoléon Duarte* (* 1926 in San Salvador), 1980–1982 christdemokratischer Präs. von El Salvador

Alberto Fujimori (* 1939 in Chile) wird Sieger der Präsidentschaftswahl in Peru

† *Samuel Kanyon Doe* (* 1950), Staatspräs. Liberias, von polit. Gegnern ermordet, *Charles Taylor* (* 1948) wird Nachfolger

Nach ca. 15 Jahren von USA und UdSSR unterstütztem blutigen Bürgerkrieg in Moçambique schließen die Parteien Waffenstillstand

Swapo-Führer *Sam Nujoma* (* 1930) wird Staatspräs. des neuen, unabhängigen Staates Namibia (früher Dt.-Südwest-Afrika, später Protektorat Südafrika)

Heftige Kämpfe in Mogadischu vertreiben Reg. von Somalia, die seit 21 Jahren fast ausschließlich aus Mitgliedern eines Familienclans besteht

Apartheid-Gegner *Nelson Mandela* (* 1918 in Südafrika, seit 1938 Generalsekr. des ANC) wird nach 28 Jahren Haft entlassen

Reg. Südafrikas (*De Klerk*) spricht mit ANC über Beendigung der Apartheid-Politik

† *Sergej Paradschanow* (* 1924), sowjetischer Filmregisseur

† *Michael Powell* (* 1905), britischer Filmregisseur

Swetlana Proskurina , sowjetische Regisseurin, wird für ihren Film „Zufallswalzer“ mit dem „Goldenen Leoparden“ des 43. Filmfestivals von Locarno ausgezeichnet

Cynthia Scott erhält für ihren Film „The Company of Strangers“ den Großen Preis der Stadt Mannheim (im Rahmen der 39. Internationalen Filmwoche)

† *Walter Sedlmayr* (* 1926 in Bayern, † durch Raubmord), Volksschauspieler

Georg Seeßlen (* 1948): „Der pornographische Film“ (Zusammenfassung dieser Gattung, in der BRD bes. seit 1970)

Beim 47. Internationalen Filmfestival von Venedig erhält der Film „Rosencrantz and Guildenstern are Dead“ von *Tom Stoppard* den „Goldenen Löwen“

Bei den 36. Internationalen Westdeutschen Kurzfilmtagen erhält die „Sowjetische Elegie“ von *Alexander Sukorow* den Großen Preis der Stadt Oberhausen

† *Luis Trenker* (* 1892 in St. Ulrich), Darst. und Regisseur zahlreicher Bergsteigerfilme und Schriftsteller

Verleihung des Murnau-Preises an den Regisseur *Wim Wenders*

Abnehmende wirtschaftliche Bedtg. der Filmbranche der BRD

ca. 20 000 Jahre früher als bisher angenommen, besiedelt wurde

Dendrochronologisch (Baumringzählung) läßt sich das Ende der letzten Eiszeit auf 11 300 Jahre zurückdatieren

Bei Krems/N-Österr. wird ca. 30000 Jahre alte Frauenfigur („Venus vom Galgenberg" gefunden)

Kernphysikalische Blei-Isotopen-Analyse erkennt Sardinien als Heimat der ältesten Bronzen (–3. Jahrtausend)

Ein ca. 6000 Jahre altes „Industrierevier" mit Feuersteingruben wird in Niederbayern entdeckt. Die Verbreitung der Werkstücke kann europaweit nachgewiesen werden

Isotopenanalyse von Elfenbein gestattet Schlüsse auf die Heimat des Elefanten und ermöglicht so, illegale Im- und Exporte zu überprüfen

Wikinger-Handelsplatz Biörkö bei Stockholm aus dem 8.-9. Jh. entdeckt. Dabei ergeben sich Hinweise auf Menschenopfer

MPG grdt. Ökologie-Institut

Ausgaben für Forschung und Entwicklung in BRD (Mrd./% BSP): 1970 15 (2,2); 1980 37 (2,4); 1990 70 (2,9); (Wachstum: +8 %/Jahr)

siger „Kampfhunde" erhöht sich die Zahl der Verletzten und Toten durch Hunde

Insgesamt 1,3 Mrd. Menschen (26%) entbehren hygienisch einwandfreies Wasser

Karl-Marx-Stadt (seit 1953) nennt sich wieder Chemnitz; die ostdt. Stadt feiert 825. Jahrestag der Gründung

Birma hat seinen Namen in „Myanmar" geändert

Bev.-zahl in Mexico City stieg in 50 Jahren um das 10fache

Schließung der Peep-Shows auf der Reeperbahn in St. Pauli

Verkehrschaos, weil Innbrücke bei Kufstein wegen Einsturzgefahr gesperrt wird

Brennender norw. Tanker verursacht Ölpest im Golf von Mexiko

Notstand in Kalifornien wegen Hitze, Flächenbränden und Wassermangels

Japan erlegt trotz Fangverbot mehr als 300 Grönlandwale

Mittels Radarortung werden in der Antarktis 10fach größere Krillbestände entdeckt, als bisher bekannt

Wettbewerb für Solarmobile in den Schweizer Alpen

IOC hebt Amateurgebot für Olymp. Spiele auf

2 Norweger erreichen in 60 Tagen zu Fuß über das Nordpolar-Meereis den Nordpol

Reinhold Messner (* 1945 in Südtirol) und *Arved Fuchs* (* 1953) durchqueren ohne besondere Hilfsmittel in 3 Monaten die Antarktis

Fußball-WM in Ital. mit 52 Mannschaften. 1. BRD, 2. Argent., 3. Ital.

Martina Navratilova (* 1956 in Prag, lebt in den USA) stellt mit ihrem 9. Sieg in Wimbledon einen Rekord auf

† *Stefano Casiraghi* (* 1960 in der Lombardei, bei Motorrennbootunfall), seit 1983 Ehemann von *Caroline von Monaco*

Neuseeland gewinnt Segelrennen „Rund um die Erde" in 128 Tagen

Sportjournalisten wählen *Katrin Krabbe* und *Boris Becker* zu Sportlern des Jahres

Postzüge bei Wien und Köln überfallen (1,6 bzw. 6 Mill. DM Beute)

87 Tote nach Brandstiftung in einem New Yorker Tanzlokal

2 Verletzte im Carlton Club, London (durch IRA-Bombe), Haupttreffpunkt der Konservativen Partei

178 Tote bei Grubenunglück in Jugoslawien

320 Tote bei Wirbelsturm in Südindien

Taifun verwüstet Philippinen, zahllose Tote, Verletzte und Obdachlose

Ca. 200 Tote bei Überschwemmungskatastrophe in Süd-China

Erdbeben-Katastrophe in NW-Iran fordert über 50 000 Tote, 100 000 Verletzte und etwa ½ Mill. Obdachlose

Ca. 1400 Tote bei Erdbeben in Nordindien

Erneutes, schweres Erdbeben auf den Philippinen fordert etwa 1000 Tote

Ca. 1500 Tote bei Panik unter Mekkapilgern in einem Fußgängertunnel

† *Meir Kahane* (* 1932 in den USA), rechtsradikaler Israeli, von Palästinensern erschossen

1991	Friedens*nobel*preis an *Aung San Suu Kyi* (* 1945 in Yangon/Burma [Myanmar]) als friedliche Kämpferin für Demokratie. Der Preis wurde wegen des über sie verhängten Hausarrests von ihrem Sohn entgegengenommen Als erster Vertreter Afrikas wird der stellvertretende Min.-Präs. Ägyptens *Butros Ghali* (* 1922, koptischer Christ, mit Jüdin verheiratet) als Nachfolger von *Perez de Cuéllar* (* 1920 in Lima/Peru) Generalsekr. der Vereinten Nationen Die UN nehmen 7 Staaten als neue Mitglieder auf (u. a. 3 baltische, Nord- und Süd-Korea) UN zählt nun 166 Mitglieder (Schweiz und Vatikan fehlen) ČSFR, Polen und Ungarn unterzeichnen Assoziierungsverträge mit EG EG-Gipfel in Maastricht beschließt gegen brit. Widerstand künftige polit. und wirtschaftliche Entwicklung (ab 1999 einheitliche Währung »ECU« vorgesehen) Auflösung von Warschauer Pakt (gegr. 1955) und RGW (COMECON, gegr. 1959) *Helmut Kohl* (* 1930, CDU) wird als BK wiedergewählt. Er regiert mit einer CDU/CSU/FDP-Koalition, die im Bundesrat jedoch keine Mehrheit hat *Björn Engholm* (* 1939 in Lübeck), seit 1988 Min.-Präs. von Schlesw.-Holst., wird als Nachfolger von *H. J. Vogel* Vors. der SPD. *Joh. Rau* und *O. Lafontaine* bleiben Stellvertreter † *Detlev Karsten Rohwedder* (von RAF ermordet, * 1932 in Gotha), Präs. der »Treuhand«-Gesellschaft zur Privatisierung früherer DDR-Betriebe *Birgit Breuel* (* 1938 in Hamburg) wird neue Präs.in der »Treuhand«-Gesellschaft Bundestag entscheidet sich mit 338 : 320 Stimmen für Berlin als Sitz von Parlament und Reg. *Boris Jelzin* will *Erich Honecker* an BRD (die einen Haftbefehl gegen *Honecker* erlassen hat) ausliefern, *Michail Gorbatschow* widerspricht *Erich Honecker* flieht nach Androhung der Auslieferung an BRD in die chilenische Botschaft in Moskau Rücktritt von *Lothar Späth* (* 1937), CDU-Min.-Präs. von Baden-Württ. seit 1979. Ihm war Amtsmißbrauch vorgeworfen und nachgewiesen worden (»Reise-Affäre«) † *Alfons Goppel* (* 1905 in Regensburg, CSU), 1962–78 Min.-Präs. von Bayern	*Literaturnobel*preis an *Nadine Gordimer* (* 1923 bei Johannesburg, mehrsprachiges Elternhaus). Die südafrik. Schriftstellerin setzte sich stets gegen die Apartheid ein Friedenspreis des Deutschen Buchhandels an *György Konrad* (* 1933 in Ungarn), unterdrückter systemkritischer Schriftsteller im kommunistischen Ungarn † *Curt Bois* (* 1901 in Berlin), Kabarettist und Schauspieler, nach 1933 in Hollywood, nach 1945 an Berliner Bühnen „Freiheitstafel" v. *Sebastian Brant* (1457-1521) als erste sog. Freiheitsdichtung wiederentdeckt † *Miodrag Bulatovic* (* 1930), jugoslawischer Schriftsteller † *Gabriel Celaya* (* 1911), spanischer Lyriker † *Walter Dirks* (* 1901 in Dortmund), linkskatholischer Publizist, der 1945 die „Frankfurter Hefte" gründete † *Axel Eggebrecht* (* 1899 in Leipzig), deutscher Schriftsteller und Journalist Der schlesische Schriftsteller *Ota Filip* erhält den *Andreas-Gryphius*-Preis der Künstlergilde Esslingen † *Heli Finkenzeller* (* 1914), deutsche Schauspielerin † *Max Frisch* (* 1911	† *Pedro Arrupe* (* 1907 in Spanien), seit 1965 Generaloberst der Jesuiten 63 Predigten des Kirchenlehrers *Augustinus* in Mainz gefunden † *Hans Bender* (* 1907), Parapsychologe aus Freiburg † *Franz Böckle* (* 1921 in Glarus/Schweiz), kath. Moraltheologe † *Otto Friedrich Bollnow* (* 1903), dt. Philosoph und Pädagoge † *Edgar Bonjour* (* 1898), Schweizer Historiker † *Henri de Lubac* (* 1896), frz. Theologe und Kardinal † *Dimitrios I.* (* 1914 am Bosporus), seit 1972 Patriarch der griechisch-orthodoxen Kirche Kath. Kirche entzieht *Eugen Drewermann* (* 1940) Lehrerlaubnis (u. a. wegen dessen öffentlich geäußerten Zweifeln an der Jungfräulichkeit Mariä) *Klaus Engelhart* (* 1932), ev. Bischof in Baden, wird als Nachfolger von *M. Kruse* zum Vors. der EKD gewählt Die Sarkophage der Preußenkönige *Friedrich Wilhelm I.* und *Friedrich II.* werden von der

† *Berenice Abbot* (* 1898), amerik. Fotografin

† *Otl Aicher* (* 1922), Grafiker, Gründer und Leiter der Ulmer Hochschule f. Gestaltung, Begründer der sogenannten „Visuellen Kommunikation"

Verleihung des *August-Macke*-Preises der Stadt Meschede an den japanischen Maler *Fujio Akai*

Nachlaß von *Ernst Barlach* (1870 bis 1938) soll in Güstrow/Mecklenburg in einem Museum erhalten bleiben

† *Arno Breker* (* 1900), deutscher Bildhauer

Gedächtnis-(Wander-)Ausstellung f. *Otto Dix* (* 1891 bei Gera, † 1969) in Stuttgart, Berlin u. London

Eröffnung des Wohnhauses des Malers *Otto Dix* in Hemmenhofen als Gedenkstätte

Albrecht-Dürer-Ausstellung im Düsseldorfer Kunstmuseum mit ca. 50 Zeichnungen und Aquarellen des Künstlers

Große *Max-Ernst*-Ausstellung in der Londoner Tate Gallery zum 100. Geburtstag des Malers

Dan Freudenthal (* 1945 in Israel): „Ostentativ" (Gemälde); Gemälde-

John Adams (* 1947) „Der Tod des Klinghoffer" (Oper; problematisiert d. Phänomen des Terrorismus; Urauff. i. Brüssel)

† *Carlos Alexander* (* 1915), amerik. Sänger, Dirigent und Komponist

† *Gitta Alpar* (* 1903 i. Budapest), dt.-österr. Opern- und Operettensängerin

Amadeus-Preis d. Stadt Saarbrücken geht a. d. Performance-Künstler *Alvares* und das Jazz-Orch. „Vielharmonie"

† *Claudio Arrau* (* 1903 i. Chile), Pianist

Der israelische Dirigent *Mosche Atzmon* wird neuer Generalmusikdirektor der Dortmunder Oper

† *Charlie Barnet* (* 1913), amerik. Saxophonist

Maurice Béjart: „Tod in Wien - W. A. Mozart" (Ballett; Urauff. a. d. Wiener Oper)

Der 1976 aus der DDR ausgewiesene Liedermacher *Wolf Biermann* (* 1936 i. Hamburg) erhält *Georg-Büchner*-Preis

† *Roy Black* (* 1943 in Augsburg); als Schlagersänger erhielt er mehrere „Goldene Schallplatten"

† *James Cleveland* (* 1931), amerik.

Physik*nobel*preis an *Pierre-Gilles de Gennes* (* 1932 in Paris) für Polymerforschung an „flüssigen Kristallen"

Chemie*nobel*preis an *Richard Ernst* (* 1933 in Winterthur) für Entwicklung der Kernspinresonanz-Spektroskopie (NMRS)

Medizin*nobel*preis an *Bert Sakmann* (* 1942 in Stuttgart) und *Erwin Neher* (* 1944 in Landsberg/Lech) für Erforschung der Nervenleitung der Zellen durch Ionenkanäle (wesentliche Bedtg. für Erkenntnis einiger Krankheiten)

† *Carl Anderson* (* 1905), amerik. Physiker, erhielt 1936 *Nobel*preis

† *John Bardeen* (* 1908) amerik. Physiker und *Nobel*preisträger 1956 und 1972

† *James C. Fletcher* (* 1919), amerik. Physiker und ehemaliger Chef der amerik. Weltraumbehörde NASA

Für ihre Verdienste um die Krebsforschung erhalten die Ärzte Dr. *Wolfram Henn* und Dr. *Cornelius Welter* den Förderpreis der *Hedwig-Stalter*-Stiftung

† *Edwin H. Land* (* 1909 in den USA), Erfinder der Sofortbildfotografie

† *Salvador E. Luria* (* 1912 in Turin),

*Nobel*preis für Wirtschaftswissenschaften an *Ronald H. Coase* (* 1910 bei London) für seine Untersuchung über die Entwicklung der Sozialkosten

Die „G7"-Industrienationen erwirtschaften bei einem Weltbevölkerungsanteil von 23 % rd. 55 % des globalen Sozialproduktes

Die Weltbank beziffert den Energieverbrauch/K der Erdbev. für 1989 auf 1222 kg Erdöleinheiten

Für das 21. Jh. wird eine Zunahme der Erdbev. um 1 Mrd. pro Jahrzehnt erwartet

Ausgaben der gesetzlichen Krankenkassen in der BRD/Mitglied: 1986 3129 DM, 1991 4000 DM = + 5 %/Jahr

Der Ausbruch des Golfkrieges sorgt weltweit für einen sprunghaften Anstieg der Aktienkurse

Putschversuch kommunistischer Kräfte in UdSSR führt zu Panikverkäufen an den Börsen

Helmut Schlesinger (* 1924 in Bayern) wird als Nachfolger von *Karl Otto Pöhl* (* 1929 in Hannover) Präs. der Dt. Bundesbank

30 % „Quellensteuer" auf Zinserträge in der BRD

Steigende Lebenshaltungskosten i. BRD (bes. für neue Bundesländer). Die Inflationsrate steigt auf 4,5 %

BRD begrenzt nach den Erfahrungen des Irak-Krieges ihre Rüstungsexporte

BRD erwägt Kündigung des Jahrhundertvertrags über Steinkohleverstromung

Bedarf an Konsumgütern in den neuen Bundesländern bringt Konjunkturaufschwung in der BRD trotz weltweit nachlassender Konjunktur

Bundesverfassungsgericht bestätigt Enteignungen von 1945-1949 in der sowjet. Besatzungszone

(1991)

»Ampel-Koalition« in Bremen aus SPD, FDP und »Grünen« unter Senatspräs. *Klaus Wedemeier* (* 1944 in Hof/Saale, SPD)

Rot-grüner Senat in Hamburg unter *Henning Voscherau* (* 1941 in Hamburg, SPD)

Rot-grüne Koalition in Hessen mit Min.-Präs. *Hans Eichel* (* 1943, SPD) und *Joschka Fischer* als Umweltminister

Rudolf Scharping (* 1948, SPD) wird Min.-Präs. einer SPD-FDP-Reg. in Rheinland-Pfalz

Werner Münch (* 1940 in Westfalen, CDU) wird Min.-Präs. von Sachsen-Anhalt

BRD schließt Grenzvertrag mit Polen

Belgischer Min.-Präs. *Wilfried Martens* (* 1936, flämischer Christdemokrat), seit 1979 im Amt, tritt wegen flämisch-wallonischen Differenzen zurück

GB schafft die 1990 von *Margaret Thatcher* eingeführte kopfsteuerartige Poll Tax ab

Frz. Min.-Präs. *Michel Rocard* (* 1930) tritt zurück

Edith Cresson (* 1934 Sozialistin) wird Reg.-Chefin in Frankreich

Reg. in Finnland unter *Esko Aho* (* 1955), Zentrum ohne KP und Sozialdemokraten

Island erkennt als erster europ. Staat die 1940 von der UdSSR annektierten 3 baltischen Staaten an

Giulio Andreotti (* 1919, Democrazia Cristiana) bildet 50. ital. Reg. als 5-Parteien-Reg. ohne Kommunisten (PDS)

Ital. 5-Parteien-Reg. *Andreotti* tritt zurück

Kommunistische Partei Ital. (KPI) ändert ihren Namen in PDS und wählt *Achille Occhetto* (* 1936), ehemaligen Vors. der KPI, zum Vors. der PDS

† *Kg. Olaf V.* von Norw. (* 1903 als dänischer Prinz in GB, seit 1957 König)

SPÖ und ÖVP setzen *Jörg Haider* als Landeshauptmann von Kärnten ab

Unter dem Populisten *Jörg Haider* (* 1950 in Österreich), der durch den Gebrauch rechtsradikaler Parolen auffällt, erzielt die FPÖ bei den Wahlen in Österr. große Wahlerfolge

Knappe bürgerliche Mehrheit in Schweden beendet 59 Jahre sozialdemokratischer Vorherrschaft

Carl Bildt (* 1949) bildet neue bürgerliche Reg. in Schweden

George Bush und *Michail Gorbatschow* ver-

in Zürich), Schweizer Schriftsteller (z. B. „Homo Faber", „Andorra")

† *Natalia Ginzburg* (* 1916 in Palermo), italienische Schriftstellerin

Heinrich-Böll-Preis an *Reinhard Goetz* (* 1954)

† *Graham Greene* (* 1904 in GB), Erzähler und Journalist

Nelly-Sachs-Preis an *David Grossman* (* 1954), dessen Gesamtwerk der Aussöhnung mit Arabern dient

Österreichischer *Grillparzer*-Preis an *Peter Handke* (* 1942 in Kärnten) für seinen „Beitrag zum Selbstverständnis der Epoche"

† *Trude Herr* (* 1927 in Köln), deutsche Schauspielerin und Sängerin

† *Wolfgang Hildesheimer* (* 1916 in Hamburg), Schriftsteller, Mitglied in der „Gruppe 47", erhält 1966 den *Georg-Büchner*-Preis, schrieb 1977 Mozart-Biographie

Neueröffnung eines *Hoffmann-von-Fallersleben*-Museums in Wolfsburg

† *Yusuf Idris* (* 1927), ägyptischer Schriftsteller

† *Hitori Igarashi* (ermordet, 1947), japanischer Schriftsteller, der die „Satanischen Verse" von *S. Rushdie* übersetzte. Führer des Islam hatten

Hohenzollernburg bei Hechingen nach Potsdam zur letzten Ruhe überführt

† *Felix Gilbert* (* 1906 i. Deutschland), Historiker, nach 1933 in den USA

† *Ernesto Grassi* (* 1902 i. Mailand), italienischer Philosoph

Václav Havel erhält den Karlspreis der Stadt Aachen

† Kardinal *Franz Hengsbach* (* 1910 in Westfalen), als „Ruhrbischof" populär

Enzyklika „Centesimus Annus" von Papst *Johannes Paul II.* 100 Jahre nach „Rerum novarum", der ersten Sozial-Enzyklika, die sich u. a. kritisch mit dem Konziliarismus auseinandersetzt

Papst *Johannes Paul II.* besucht auf seiner 50. Auslandsreise Portugal

Papst *Johannes Paul II.* besucht erstmalig das demokratische Polen sowie dessen Präsidenten *L. Walesa*

† *Traugott König* (* 1936), *Sartre*-Übersetzer

Verleihung des *Erich-Maria-Remarque*-Preises der Stadt Osnabrück an den sowjet. Germanisten *Lew Kopelew*

† *Marcel Lefebvre*

ausstellung in Berlin

Bisher größte Retrospektive des französischen Malers *Théodore Géricault* im Pariser Grand Palais. Anlaß ist der 200. Geburtstag des Künstlers

In Paris findet eine große Ausstellung mit Werken des Schweizer Bildhauers *Alberto Giacometti* statt

Johannes Grützke (* 1937): „Zug der Volksvertreter" (Rundbild in der Paulskirche)

Ausstellung mit Werken von *John Heartfield* im Alten Museum in Berlin aus Anlaß des 100. Geburtstags des Künstlers

Alfred Hrdlicka (* 1928 in Wien, Wotruba-Schüler): „Tor der Gewalt" (Mahnmal gegen Krieg und Faschismus in Wien)

† *Hans Jürgen Kallmann* (* 1908), deutscher Porträtmaler

Für sein Lebenswerk spricht die Deutsche Gesellschaft für Fotografie dem Fotografen *Peter Keetman* den Kulturpreis 1991 zu

† *Giacomo Manzú* (* 1908), italienischer Bildhauer u. Zeichner

Verurteilung des umstrittenen österreichischen Künst-

Sänger und Komponist

† *Carmine Coppola* (* 1911), Komponist, bek. für seine Filmmusik

Verleihung des erstmals vergebenen Preises d. Musikalischen Jugend Deutschlands a. d. amerikanischen Dirigenten *Dennis Russell Davies* für seine Verdienste u. d. Förderung des musikalischen Nachwuchses

Europäische Erstauff. des Musicals „Grand Hotel" von *Luther Davis*, *Robert Wright*, *George Forrest* und *Maury Yeston* a. Berliner Theater des Westens

† *Miles Davis* (* 1926 i. USA) berühmter Jazzmusiker des Cool Jazz

Edison Dennissow: „Der Schaum der Tage" (Oper; Urauff. am Musiktheater i. Revier i. Gelsenkirchen)

† *John Field* (* 1921), britischer Tänzer

† *Margot Fonteyn* (* 1919 i. Großbritannien), weltberühmte Tänzerin und Primaballerina; mit ihrem Partner *R. Nurejew* (* 1938 i. Rußland) fand sie internat. Anerkennung

† *Zino Francescati* (* 1902), französischer Geiger

† *Lawrence „Bud" Freeman* (* 1907 i. USA), Jazzmusiker des Chicago-Style

Virusforscher i. USA, der sich auf die wissenschaftl. Erforschung von Bakteriophagen spezialisiert hatte (*Nobel*preis 1969)

† *Edwin M. McMillan* (* 1907), amerik. Physiker und Chemie-*Nobel*preisträger 1951

Computersimulation von Zusammenstößen von Galaxien mit 100 Mrd. von Sternen ermöglicht Einblicke in die Entwicklung von Sternen und Galaxien, die beobachtbar sind

Die Erforschung des bisher stärksten Quasars in etwa 3 Mrd. Lichtjahren Entfernung, der so stark wie 1000 Galaxien strahlt, ergibt als Energiequelle eine Gravitationsenergie im Umfeld eines „schwarzen Loches" aus etwa 2 Mrd. Sonnenmassen

USA schränken die Konstruktion neuer Raumfähren (Space Shuttle) ein

USA erproben Atomantrieb für Raketen

Röntgensatellit „Rosat" wird durch Sonnenstrahlung beschädigt

US-Raumfähre setzt Gammastrahlen-Observatorium GRO in Erdumlaufbahn aus

Dt. Forschungsanstalt für Luft- und Raumfahrt rechnet nicht mit globalen

In Eisenach wird die Prod. des „Wartburg"-PKW eingestellt

† *Karl Klasen* (* 1909), ehemaliger Präs. der Deutschen Bundesbank

Haushaltsdefizit in den USA steigt auf 268,7 Mrd. $ (= 4,8 % des BSP)

UdSSR wird assoziatives Mitglied des Internat. Währungsfonds (IWF)

Weltweit leichter Rückgang der Rüstungsausgaben um 5 %

In Indien leben 50 % der Einw. unter der Armutsgrenze

Golfkrieg gegen Irak behindert zivilen Luftverkehr, der damit erstmals seit 1983 keine Zuwachsraten mehr aufweist

Bis zum Jahr 2041 zeitlich befristeter Vertrag zum Schutz der noch weitgehend unberührten Natur der Antarktis

Alpenländer unterzeichnen in Salzburg Konvention zum Schutz der Alpen

Karawankentunnel zw. Österr. und Jugosl. eröffnet

Eskimos in Kanada erhalten Land und Entschädigung

FCKW-Verbot passiert den Bundesrat

Jährlich wird der tropische Regenwald durch menschliche Eingriffe um 1 % verringert

Erwärmung und Verschmutzung der Ozeane führt zum Absterben („Ausbleichen") der Korallenbänke

Zypressensterben im Mittelmeerraum, ausgelöst durch Pilz, der um 1950 aus USA nach Europa gelangte

Beschluß, die Kernkraftwerke der ehemaligen DDR wegen der unzulänglichen Sicherheitseinrichtungen abzureißen

5 Jahre nach Tschernobyl-GAU melden russ. Experten 10 000 Opfer

Reaktor-Ruine von Tscherno-

(1991)

künden in Moskau baldige Nahostfriedenskonferenz unter ihrer Schirmherrschaft

Volksdeputierte wählen *Michail Gorbatschow* in das neue Amt des Staatspräs. und streichen führende Rolle der KPdSU

Volksbefragung in der UdSSR ergibt 76 % für *Gorbatschows* Vorschlag, die SU als erneuerte Föderation zu erhalten

Der aus der KPdSU ausgetretene Radikalreformer *Boris Jelzin* (* 1931) wird mit 57,4 % der Stimmen zum Präs der RSFSR (= Russische Sozialistische Föderative Sowjetrepublik) gewählt

9 von 15 Republiken der SU einigen sich auf einen neuen Staatsvertrag (andernfalls hatte *Gorbatschow* mit seinem Rücktritt gedroht)

Michail Gorbatschow wird von einer Gruppe von »Altstalinisten« entmachtet. Vizepräs. *Gennadi Iwanowitsch Janajew* (* 1937 bei Gorki), den *Gorbatschow* in sein Amt eingesetzt hatte, übernimmt Präs.amt

Boris Jelzin versucht, die staatsstreichartige Entmachtung von *Gorbatschow* rückgängig zu machen. Mit breiter Zustimmung der Bev. und deren aktiver Hilfe gelingt Jelzin schließlich die weitgehend gewaltlose Niederschlagung des Putsches

Michail Gorbatschow tritt als Generalsekr. der KPdSU zurück und empfiehlt der Partei die Selbstauflösung. Er übergibt *Boris Jelzin* das Kommando über die Atomwaffen

Staatsrat der UdSSR erkennt Unabhängigkeit Litauens an

Nach einer Volksabst. trennt sich Armenien als 12. Rep. von der SU

Boris Jelzin verbietet für Rußl. die KPdSU

Volksabst. in der Ukraine fordert mit großer Mehrheit Unabhängigkeit des Staates

UdSSR wandelt sich nach Auflösung in eine »Gemeinschaft Unabhängiger Staaten« (GUS) um, die nach neuen Formen der Kooperation sucht. *Michail Gorbatschow* verliert seine Ämter

In Moskau wird am 31.12. auf dem Kreml die Flagge der aufgelösten SU endgültig eingeholt, des Staates, den *Lenin* (* 1870) mit der russ. Revolution von 1917 im Geiste des Marxismus begrdt. hatte

Freie Wahlen mit 4 Parteien in Albanien, welche die Kommunisten gewinnen

Als letzter (35.) europ. Staat wird Albanien in

---

für deren Verbreitung mit der Todesstrafe gedroht

† *Yasushi Inoue* (* 1907), japanischer Schriftsteller

† *John Jahr* (* 1900 in Hamburg), deutscher Verleger

† *André Kaminski* (* 1923 in Genf), Schriftsteller, auch Reporter in Afrika

† *Klaus Kinski* (* 1926 in Zoppot), Schauspieler polnischer Herkunft

Thomas Kling: „brennstahm" (Gedichte ohne Sprachregeln)

† *Karl Korn* (* 1905 in Wiesbaden), 1949 bis 1973 Gründungsherausgeber der Frankfurter Allgemeinen Zeitung

† *Werner Kraft* (* 1896), deutscher Schriftsteller und Literaturkritiker. Lebte in Israel

Verleihung des *Alfred-Döblin*-Preises an den deutschen Schriftsteller *Peter Kurzeck*

† *Hans Lietzau* (* 1913 in Berlin), Regisseur und Schauspieler vorzugsweise in Berlin (Generalintendant), München und Hamburg

† *Artur Lundkvist* (* 1906 in Schweden), schwedischer Lyriker

Norman Mailer (* 1923 in den USA): „Harlot's Ghost" (Roman um CIA), deutsch: „Gespenster"

† *Ursula von Manescul*

(* 1905 in Frankreich), streng konservativer, traditionsbewußter frz. Kardinal, der 1976 wegen unerlaubter Form der Priesterweihe vom Heiligen Stuhl suspendiert wurde

† *Richard Löwenthal* (* 1908 in Berlin, SPD), Politologe, Berater seiner Partei als Kenner der Sowjetunion. Ab 1947 brit. Staatsbürger

† *Oswald von Nell-Breuning* (* 1890 in Trier), kath. Sozialethiker

† *Hans Paeschke* (* 1911), dt. Journalist und Herausgeber der Zeitschrift „Merkur"

Es wird bekannt, daß der von *H. Schliemann* gefundene, seit Kriegsende vermißte legendäre Goldschatz des Priamos sich wahrscheinl. in Moskau befindet

C. F. von Weizsäcker: „Der Mensch in seiner Geschichte" (Naturphilosophie)

Richard von Weizsäcker erhält i. Düsseldorf den *Heinrich-Heine*-Preis

† *Gustav Wetter* (* 1911), österr. Jesuit und Prof. für russ. Philosophie in Rom

Otto-Hahn-Friedensmedaille an *Simon Wiesenthal*

lers *Otto Mühl* wegen sittlicher Gefährdung von Minderjährigen und Verstoßes gegen das Rauschgiftgesetz

„Five Decades" Retrospektive des Porträt-Fotografen *Arnold Newman* (* 1918 in den USA seit 1941 in New York) vorwiegend Künstler-Porträts

Kunstpreis der Stadt Stuttgart an den Maler *Georg Karl Pfahler* und *Camill Leberer*

Große Ausstellung in London dokumentiert Werk des Architekten und Malers *Karl-Friedrich Schinkel*

Deutscher Architekturpreis geht an die Architekten *Joachim* und *Margot Schürmann*

† *Ruftno Tamayo* (* 1900), mexikanischer Maler großflächiger Bilder

† *Jean Tinguely* (* 1925 in der Schweiz), schuf Montagen aus Schrotteilen. Aus seinem Nachlaß entsteht ein sog. „Antimuseum"

Stadt Berlin (O) läßt das monumentale *Lenin*denkmal des russischen Künstlers *Nikolai W. Tomski* abreißen

Der amerik. Architekt *Robert Venturi* erhält den *Pritzker*-Architekturpreis

Methoden der Medizintechnik (Com-

† *Serge Gainsbourg* (* 1928 i. Paris), französischer Chansonnier und Schauspieler

† *Stan Getz* (eigentlich Name: *Stanley Gayetzky*) (* 1927 i. Philadelphia/Pa.), amerik. Jazz-Tenorsaxophonist

† *Martha Graham* (* 1904 i. Allegheny/USA), Tänzerin und Choreographin des freien Kunsttanzes

York Höller: „Der Meister und Margarita" (Oper; dt. Erstauff. i. Köln)

Hugo von Hofmannsthal: „Der Schwierige" (Lustspiel i. d. Inszenierung von *Jürgen Flimm* aufgeführt im Rahmen der Salzburger Festspiele)

Der Brite *Peter Jonas* wird zum neuen Intendanten d. Bayerischen Staatsoper ernannt (ab 1993/94)

† *Wilhelm Kempff* (* 1895 i. Jüterbog), Pianist

† *Ernst Krenek* (* 1900 i. Wien), Komponist, z. B. „Jonny spielt auf" (Jazzoper; Urauff. 1927 i. Leipzig)

Daniela Kurz: „Was ist schon wieder" (Ballett; Urauff. am Stuttgarter Staatstheater)

Philippe Lizon: „Rossini Club" (Ballett; Urauff. am Stuttgarter Staatstheater)

Verleihung des *Hermann-Voss*-Preises

Klimaveränderungen als Folge der riesigen Ölbrände in Kuwait nach dem Krieg

Flugverkehr trägt vermutl. zum Abbau der Ozonschicht bei; dies wird auf der Vollversammlung d. Europäischen Geophysikalischen Gesellschaft geäußert

Der störungsfreie Betrieb des 1,5 Mrd. $ teuren „Hubble"-Weltraumteleskops wird durch die Fehlfunktion mehrerer Stabilisatoren in Frage gestellt

Entd. eines Quasars, der älter ist als alle bisher bekannten Himmelserscheinungen. Entfernung von der Erde: mehr als 12 Mrd. Lichtjahre

Es werden DNS-artige Substanzen spezifischer Sequenz gefunden, die das Erbmaterial seit etwa 400 Mill. Jahren (seit Entstehung der Fische) stabilisieren

Die Taufliege Drosophila erweist sich als bes. geeignet, die normale ontogenetische Embryonalentwicklung zu analysieren

Es gelingt, transgene Rinder mit verbesserten Eigenschaften zu züchten

Züchtung blauer Rosen durch Gentechnik

Forscher wenden in den USA zum erstenmal die umstrittene Gentherapie zur

byl stellt weiterhin Gefahr für die Umwelt dar

Bau des „Schnellen Brüters" bei Kalkar wird eingestellt, nachdem das Projekt 7 Mrd. DM Kosten verursacht hat

Seit dem GAU von Tschernobyl wurden erneut 27 KKW in Betrieb genommen (insg. 424)

Einsatz der ersten ICE-Züge der Dt. Bundesbahn

† *Hans Gerling* (* 1915 in Köln), Versicherungskaufmann und Chef des gleichnamigen Versicherungskonzerns

† *Ernst von Siemens* (* 1904), Konzernchef

Meinungsumfragen am 1. Jahrestag der dt. Einheit ergeben im Osten nur 21 %, im Westen nur 12 % Zustimmung zur Wiedervereinigung

Verteilung der Aufgaben auf Berlin und Bonn durch Bundesreg. relativiert Hauptstadtbeschluß des Bundestages

Hilfsprogramm für die neuen Bundesländer in der BRD transferiert 12 Mrd. DM

Ca. 4,8 Mrd. DM Schäden durch „Vereinigungskriminalität" in der BRD

Parteienstreit (SPD/CDU gegen FDP) um Alterspflegeversicherung in der BRD

Zahl der Heilkuren i. BRD hat sich seit 1970 verdoppelt

Der sprunghafte Anstieg der Motorisierung in den neuen Bundesländern führt zu teilw. chaotischen Verkehrsverhältnissen

Erstes ziviles Kernkraftwerk in VR China

In Alaska findet eine internat. Expedition das mutmaßliche Grab von *Vitus Bering* (1680 bis 1741)

Abnahme der Eisdecke der Arktis um 2 % im letzten Jahrzehnt

Seit der „grünen Revolution"

(1991)

die KSZE aufgenommen, nachdem es sich vom Kommunismus getrennt hat

EG und USA erkennen die 3 baltischen Staaten an, die die SU 1940 auf Grundlage des Hitler-Stalin-Paktes annektiert hatte

Litauen erklärt sich nach Volksabst. zur unabhängigen demokratischen Republik

Philp Dimitrow (* 1925, demokratische Union) wird Min.-Präs. von Bulg. und bildet mit Muslims MinderheitsReg.

Letzte Truppen der UdSSR verlassen Ungarn und ČSFR, wo sie seit 1955 bzw. 1968 stationiert waren

† *Gustav Husák* (* 1913 in Tschechoslowakei, KP), Politiker, 1975–1989 Präs. der ČSSR

Slowenien und Kroatien trennen sich von Jugoslawien, in dem die Serben zentrale Macht in Nachfolge *Titos* ausüben und behaupten wollen

Blutige, bürgerkriegsähnliche Kämpfe in Jugosl. zw. Kroaten und Serben, wobei letztere von der KP-beherrschten Bundesarmee unterstützt werden

EG beschließt Wirtschaftssanktionen gegen Jugoslawien, um Bürgerkrieg zu beenden

Alle mit der EG vereinbarten Waffenstillstandsabkommen im Bürgerkrieg Jugoslawiens werden gebrochen

UN lehnt Blauhelmeinsatz in Jugosl. zunächst ab

Jan Olszewski (* 1930) wird entgegen den Wünschen von *Lech Walesa* Min.-Präs. einer Koalition der rechten Mitte in Polen

Poln. Arbeiterführer der Gewerkschaft »Solidarität«, *Lech Walesa* (* 1943 bei Bromberg), wird zum poln. Staatspräs. gewählt

16 Jahre Bürgerkrieg im Libanon enden mit der Auflösung aller Milizen. Israel beansprucht weiterhin eine Sicherheitszone im Süd-Libanon

Im Irakkrieg steht Jordanien, gedrängt von seiner palästinensischen Bevölkerung, auf der Seite Iraks (zugleich sein Haupthandelspartner), bleibt aber passiv

Nach einem Monat pausenloser Luftangriffe planen die USA Übergang zur Landoffensive in Kuwait mit dem Risiko höherer Verluste

Im Rahmen von Beschlüssen, des UN-Sicherheitsrates befreien die USA und ihre Verbündeten das vom Irak besetzte Kuwait durch die Militäraktion »Wüstensturm«, nach der Irak die Bedingungen der UN akzeptieren muß

(* 1931), deutsche Schauspielerin

† *Fritz Martini* (* 1910), Germanist, als Literaturhistoriker Verfasser einer weitverbreiteten Literaturgeschichte

† *Robert Ian Maxwell* (eigentlich Name: *Jan Ludvik Hoch*, 1923 in Selo Slatina, Tschechoslowakei), britischer Verleger

Friederike Mayröcker: „Nada, NICHTS" (Bühnenstück; Urauff. am Wiener Schauspielhaus)

† *Hannes Messemer* (* 1924 in Dillingen), deutscher Schauspieler

† *Jiří Mucha* (* 1915), tschechoslowakischer Schriftsteller

† *Günther Neutze* (* 1921), deutscher Schauspieler

† *Sir Lawrence Olivier* († 1990, britischer Schauspieler) wird in der Westminster Abbey in London beigesetzt

Ingeborg-Bachmann-Preis an *Emine Segvin Ozdamar* (* 1946 in der Türkei)

† *Theo Pinkus* (* 1910), Schweizer Buchhändler und Verleger

Harold Pinter: „Party-Time" (Bühnenstück; Urauff. am Londoner Almeida-Theater)

Verleihung des Österreichischen Staatspreises f. Literatur an den Wiener Schriftsteller *Gerhard Rühm*

Der vom Iran mit dem Tode bedrohte *Salman*

(* 1908 in der Ukraine), österreichischer Publizist, Leiter des jüdischen Dokumentationszentrums in Wien

1,75 Mill. Studienanfänger in BRD

Nach einer Welle der Gewalt gegen Ausländer kommt es in vielen Städten der BRD zu Gegendemonstrationen

Weltweite Diskussion um die Frage, ob mit dem Zusammenbruch der kommunistischen Staaten die Idee d. Sozialismus keine Zukunft mehr habe

Japan und USA verweigern einander sowohl Wiedergutmachungen als auch offizielle Entschuldigungen f. grausame Kriegshandlungen (1941 Pearl Harbor, 1945 Hiroshima)

Präs. *De Klerk* kündigt das Ende der Apartheid in Südafrika an

Konferenz in Südafrika verhandelt über neue Verfassung ohne Apartheid

Ca. 1 Mill. Menschen fliehen aus Sri Lanka, wo seit 1983 ein blutiger Bürgerkrieg zw. hinduistischen Tamilen und buddhistischer Mehrheit tobt

Die ev. Kirchen (BRD/ehemalige DDR) vereinigen

puter- u. Kernspin-Tomographie) werden zur Entlarvung von Kunstfälschungen verwendet

Wiedereröffnung des Bremer *Gerhard-Marcks* -Museums nach Umbau

Ausstellung „Schätze aus dem Kreml – *Peter der Große* in Westeuropa" im Bremer Übersee-Museum

Wiedereröffnung d. Pariser Museums Jeu de Paume als Galerie für zeitgenössische Kunst. Die früher dort ausgestellten Werke d. Impressionisten hängen nun im Musée d'Orsay

Eröffnung des „Museum of Contemporary Art" im australischen Sidney

Der seit Kriegsende verschwundene und vor kurzem in der USA wiederentdeckte Quedlinburger Domschatz kehrt an seinen Heimatort zurück

† *Irwin Allen* (* 1916), amerik. Regisseur und Produzent

† *Jean Arthur* (* 1908), amerik. Filmschauspielerin

† *Peggy Ashcroft* (* 1907), britische Theater- und Filmschauspielerin

† *Lino Brocka* (* 1939), philippinischer Regisseur

der Deutschen Orchestervereinigung a. d. Dirigenten *Kurt Masur*

† *Freddie Mercury* (* 1946 i. Sansibar/Tansania), britischer Sänger iranischer Herkunft. Wurde bekannt mit seiner Gruppe „Queen"

Gesamtwerk von *W. A. Mozart* auf 180 CDs

Vollendung d. *Mozart*-Gesamtausgabe nach 36 Jahren zum 200. Todestag mit 105 Notenbänden

† *Gustav Neidlinger* (* 1910), deutscher Sänger

John Neumeier: „Fenster zu Mozart" (Ballett; Urauff. im Rahmen der Hamburger Ballettage)

Die rumänische Sopranistin *Adina-Cristina Nitescu* erhält i. Wiener Belvedere-Wettbewerb den 1. Preis

† *Alex North* (* 1910), amerik. Filmkomponist

† Sir *Andrzej Panufnik* (* 1914 i. Warschau, seit 1954 i. GB), schrieb 10 Sinfonien und ein Cellokonzert, u.a. „Epitaph für die Opfer von Katyn"

Einojuhani Rautavaara: „Vincent" (Oper; dt. Erstauff. am Kieler Opernhaus)

Krysztof Penderecki (* 1933 i. Polen): „Ubu Rex" (heitere Oper; Urauff. zum

Krebsbekämpfung an

Impfung gegen AIDS bei Menschenaffen erfolgreich

Weltweit beziffert die Weltgesundheitsorganisation die gemeldeten AIDS-Fälle mit 345 333

Schätzungen der Weltgesundheitsorganisation (WHO) gehen davon aus, daß es bis zum Jahr 2000 etwa 40 Mill. AIDS-Infizierte geben wird

Auf internat. Genetik-Kongreß in London wird die Zahl der bekannten Gene auf 2500 beziffert

Der amerik. Tierschutzbund bestreitet, daß sich aus Tierversuchen an Mäusen Rückschlüsse auf das Verhalten des menschl. Organismus ziehen lassen

Mehr als 12 000 Herzpatienten warten in der BRD auf eine Operation, verlautet auf der 20. Jahrestagung der Dt. Gesellschaft für Thorax-, Herz- und Gefäßchirurgie

Einer Untersuchung der Harvard-Univ. zufolge soll die regelmäßige Einnahme von Östrogen (= weibl. Geschlechtshormon) das Risiko von Herzkranzgefäß-Erkrankungen bei Frauen nach den Wechseljahren um etwa 50 % senken

Erhöhte Streßbelastung verdoppelt das

im Agrarbereich vor etwa 25 Jahren stiegen die ha-Erträge etwas schneller als die Erdbev.

UdSSR räumt 594 AIDS-Fälle ein (in der BRD sind es ca. 40 000)

EG vertagt Aufnahmeanträge von Österr., Schwed., Zypern, Malta und Türkei

Leningrad erhält wieder seinen früheren Namen St. Petersburg. Zu den Feierlichkeiten kommt auch der Neffe des letzten Zaren aus dem Hause Romanow

† *Soichiro Honda* (* 1906), jap. Industrieller

In Hoyerswerda u. a. Gemeinden der BRD finden verschiedene Ausschreitungen gegen Flüchtlingsheime statt. Teilweise sympathisiert die Bev. mit den Tätern

Schwere kriminelle Ausschreitungen in brit. Städten

Denkmal des Gründers der sowjet. polit. Geheimpolizei *F. Dserschinskij* (1877-1926) wird in Moskau von einer Menschenmenge demontiert

Ital. erwehrt sich zweier starker Flüchtlingswellen aus Albanien durch gewaltsame Repatriierung der Flüchtlinge

Gerichtsverfahren um den Fememord an *Ulrich Schmücker* von 1974 wird nach 16 Jahren ergebnislos eingestellt

Nach der Währungsunion steigen Wirtschaftskriminalität und Eigentumsdelikte in den neuen Bundesländern stark an

Amnesty International (ai) registriert Menschenrechtsverletzungen in 141 Staaten

† *Klaus Barbie* in Kriegsverbrecherhaft (* 1913 in Bad Godesberg), 1943/44 Gestapochef von Lyon

Winnie Mandela erhält wegen Mißhandlung Jugendlicher 6 Jahre Haft

Ermittlungen in der BRD ge-

(1991)

UN-Sicherheitsrat beschließt Friedensbedingungen für den Irak, gegen die der irakische Staat protestiert

UdSSR und Israel nehmen die seit 1967 unterbrochenen diplomat. Bez. wieder auf

Israel setzt seine Siedlungspolitik auf arab. besiedelten Gebieten intensiv fort und erschwert damit den US-Friedensplan »Land gegen Frieden«

In Madrid wird die lange vorbereitete Nahostkonferenz eröffnet, zu der erstmals seit 1948 alle Konfliktparteien an einem Tisch versammelt sind (Delegationen aus Israel, Ägypten, Jordanien, Syrien, Libanon)

UN widerruft auf Betreiben der USA mit großer Mehrheit die Resolution von 1975, in der Zionismus als Rassismus bezeichnet wurde

Saddam Hussein einigt sich mit Kurdenführer *Dschalal-Talabani* über kurdische Autonomie

Türkei bekämpft mit militär. Mitteln die Kurden im Osten des Landes und beansprucht darüber hinaus Puffer- und Sicherheitszone im Nordirak, wo ebenfalls Kurden ansässig sind. Es folgen türk. Angriffe auf die kurdische Bev. in diesem Gebiet

Die Kurdenverfolgung des NATO-Mitgliedes Türkei stößt auf internat. Kritik

In der Türkei bildet *Süleyman Demirel* (* 1924 in der Türkei, konservativ) mit *Erdal Inönü* (sozialdemokrtisch) KoalitionsReg.

† *Shapur Bachtiar* (im Pariser Exil ermordet, * 1914), 1979 letzter Reg.-Chef im Iran unter dem Schah

Diktaturen in Benin und Mali werden durch Demokratiebewegung entmachtet

Nach 10 Jahren Exil kehrt der ehemalige Präs. *Ahmed Ben Bella* (* 1916) nach Algerien zurück

Bürgerkriegsparteien in Angola schließen Friedensvertrag in einem sog. »Stellvertreter-Krieg«

USA und UdSSR einigen sich auf Beendigung des Bürgerkrieges in Angola, der seit 1975 über 200 000 Tote forderte

Das Regime des marxistischen Generals *Mengistu Haile Mariam* (* 1938) in Äthiopien wird von Rebellen gestürzt, die aus mehreren Landesteilen zusammengekommen sind. Es folgt eine Mehrparteienreg. in Adis Abbeba

Nach einem Kampf um die Macht wird *Meles Zenawi* (* 1955) von der Volksdemokratischen Revolutionsfront Staatspräs. von Äthiopien

---

Rushdie tritt in New York öffentlich auf

† *Max Walter Schulz* (* 1921) deutscher Schriftsteller. Früherer Kulturpolitiker in der ehemaligen DDR

† *Isaac B. Singer* (* 1904 in Polen, lebte seit 1953 i. New York), jiddisch schreibender Schriftsteller, *Nobel*preis 1978 (*Stalin* hatte 1952 den Hauptvertreter jiddischer Kultur hinrichten lassen)

† *Michel Soutter* (* 1932), Schweizer Regisseur

Thomas Strittmatter: „Untertier" (Bühnenstück; Urauff. im Grazer Schauspielhaus)

Frankfurter *Goethe*-Preis an *Wislawa Szymborska* (* 1923 in Polen)

† *Hans Thimig* (* 1900), österreichischer Schauspieler u. Regisseur

† *Gene Tierney* (* 1920), amerik. Schauspielerin

† *Vercors* (eigentlicher Name *Jean Marcel Bruller*; * 1902), französischer Schriftsteller und Verleger

† *Hans Weigel* (* 1908 in Wien), österreichischer Literat

† *Sir Angus Wilson* (* 1914), britischer Schriftsteller

Robert Wilsons „The Black Rider" wird zum Auftakt des 28. Berliner Theatertreffens aufgeführt

Der Schriftsteller *Ror*

sich in Coburg wieder zur Evangelischen Kirche Deutschland

Zusammenschluß beider Jüdischer Gemeinden in Berlin

Aramäisch, die Sprache Christi, die im Antilibanon-Gebirge/Syrien vereinzelt noch gesprochen wird, droht auszusterben

Zulassungssperre für iranische Verlage zur Frankfurter Buchmesse wird wieder aufgehoben

Vor- und Frühgeschichte der Menschheit werden durch Nachweis biologisch analoger Stammbäume sowie Übereinstimmungen u. Ähnlichkeit der Sprachentwicklung und -verwandtschaft erhellt

In Frankr. wird Höhle mit Tierbildern aus der Zeit vor ca. 10000 v. Chr. gefunden, deren Zugang heute 40 Meter unter der Meeresoberfläche liegt

In der Osttürkei bei Nevali Cori Tempelfund aus der Zeit um -7000 mit ältester bekannter Steinplastik eines Gottes

In Paris werden bei Ausgrabungen 3 ca. 6500 Jahre alte Einbäume entdeckt

Im Tiroler Gletschereis (Ötztal)

† *Heidi Brühl* (* 1942), deutsche Filmschauspielerin von internationalem Rang

† *Frank Capra* (* 1897 in Palermo) sozialkritischer Filmregisseur

Skandal bei Vergabe der „Goldenen Palme" der französischen Filmfestspiele in Cannes um US-Film „Barton Fink" von *Joel* und *Ethan Coen* (wegen Horrorszenen)

Kevin Costners Film „Der mit dem Wolf tanzt" erhält 7 Oscars

Bei der Verleihung des „Golden Globe" in Hollywood wird *Kevin Costners* Film „Der mit dem Wolf tanzt" als bester Film mit dem besten Drehbuch und der besten Regie geehrt

† *Ken Curtis* (* 1916), amerik. Schauspieler

Beim 44. Internationalen Filmfestival von Locarno erhält d. Film „Johnny Suede" von *Tom Dicillo* den „Goldenen Leoparden"

† *Falk Harnack* (* 1913), deutscher Regisseur

Beim 40. Internationalen Film-Festival in Mannheim wird der sowjetische Film „Bruder" von *Bahtiyar Hudoinazarow* m. d. Preis für den besten Erstlingsfilm ausgezeichnet

Auftakt der Münchner Opernfestspiele)

† *Maria Reining* (* 1903 i. Wien), Opernsängerin

Herbert Rosendorfer / Helmut Eder: „Mozart in New York" (Oper; Urauff. b. d. Salzburger Festspielen)

† *Max Rostal* (* 1905 i. Teschen/Österr.), Geiger und Musikpädagoge

† *Ahmed Adnan Saygun* (* 1907), türkischer Komponist

Der Österreichische Staatspreis für europäische Komponisten geht an *Alfred Schnittke*

Salvatore Sciarrino: „Perseus und Andromeda" (Oper; Urauff. im Stuttgarter Staatstheater)

† *Rudolf Serkin* (* 1903 i. Eger, ab 1939 i. USA), Pianist

Verleihung des Sonning-Musikpreises für 1992 a. d. Dirigenten *Sir Georg Solti*

† *Teddy Stauffer* (* 1909 i. d. Schweiz), Bandleader a. d. Zt. des Swing i. Berlin

Manfred Trojahn (* 1949 b. Braunschweig): „Enrico" (Oper; Urauff. b. d. Münchener Opernfestspielen)

† *Emil Tschakarow* (* 1948), bulg. Dirigent

† *Hellmut Walcha* (* 1908 i. Leipzig), Organist, berühmt als Bach-Interpret

Risiko, an grippalen Infekten zu erkranken (Ergebnis einer Studie der Carnegie-Mellon-Univ. und des Medical Research Council)

Epidemieartige Ausbreitung der Cholera in fast allen Staaten Lateinamerikas (ca. 3500 Todesopfer). Weltweit sind nach Angaben der WHO in diesem Jahr eine halbe Mill. Menschen an der Seuche erkrankt

Struktur des Cholera-Gifts wird von amerik. Wissenschaftlern entschlüsselt

Mediziner an Bord der US-Raumfähre „Columbia" erforschen Einfluß der Schwerelosigkeit auf den menschl. Organismus

Aufbau eines zentralen Registers aller Knochenmarkspender in Ulm

Eröffnung der ersten dt. Forschungsstation des *Alfred-Wegener*-Instituts für Polar- und Meeresforschung (Bremerhaven) in der Antarktis

Laut einem warnenden Bericht der UN sind die Staaten Malediven und Bangladesh akut gefährdet durch den infolge der erwärmten Erdatmosphäre befürchteten Anstieg des Meeresspiegels

Unter höchster Abschirmung gegen Störstrahlung gelingt

gen *Alexander Schalck-Golodkowski* (* 1933), früherer „Devisenbeschaffer" der DDR, wegen zahlreicher Wirtschaftsvergehen. Dieser lebt unbehelligt in einer Villa am Tegernsee

Harry Tisch (* 1927), früher Vors. des FDGB in der DDR, erhält 18 Monate Haftstrafe ohne Bewährung wegen Veruntreuung bei Privatreisen

† *Karl-Heinz Köpcke* (* 1922 in Hamburg), dt. Nachrichtensprecher. 1959 bis 1987 verlas er die Meldungen der ARD-Sendung „Tagesschau"

Verordnungen schränken Haltung von Kampfhunden in Ländern der BRD ein

2026 Rauschgifttote in der BRD (1990: 1491)

Zahl der Mafiamorde in Ital. steigt gegenüber Vorjahr um 29 % auf 1916

19 tote Schülerinnen und zahlreiche Verletzte bei einem nächtlichen Überfall aus „Rache" von Jungen auf ein Mädcheninternat in Nairobi/Kenia

In Österr. werden 4 Krankenschwestern wegen Ermordung von 42 Patienten in Wien-Lainz angeklagt

In VR China werden weitere Mitglieder der Demokratiebewegung von 1989 hingerichtet

17facher Mörder in Milwaukee/USA geständig

In Polen werden Massengräber mit den sterblichen Überresten poln. Offiziere gefunden, die 1939 vom NKWD der UdSSR in Gefangenschaft ermordet wurden

Im Libanon werden 11 von 13 westlichen Geiseln aus der Gewalt radikaler Schiiten entlassen

Karneval in Mainz und Wiener Opernball werden wegen des Golfkrieges abgesagt

Während des Golfkrieges wird in Israel das US-Raketenab-

(1991)

Nach polit. Unruhen Regs.wechsel auf Madagaskar

Kenneth Kaunda (* 1924), seit 1964 Staatspräs. und Alleinherrscher in Sambia, läßt freie Wahlen zu

Nach Wahlen folgt friedlicher Machtwechsel: nach *Kenneth Kaunda* wird *Frederick Chiluba* (* 1943, Führer der Gewerkschaftsbewegung) Staatspräs.

Militärputsch in Somalia stürzt Diktator *Siad Barre* (* 1919, herrschte seit 1970)

US-Präs. *G. Bush* und EG heben seit 1986 bestehendes Handelsembargo gegen Südafrika auf

ANC, der nach langer Zeit wieder in Südafrika tagen darf, wählt *Nelson Mandela* zum Präs.

Nach Kämpfen (ca. 1000 Tote) zw. Anhängern des ANC und denen der Zulu-Bewegung Inkatha treffen sich die Führer beider Gruppen, *Nelson Mandela* und *Mangosuthu Buthelezi* (* 1923), um den Konflikt zu schlichten

Es wird bekannt, daß die südafrik. Reg. die Zulu-Organisation Inkatha als Gegner des ANC mit großen Summen unterstützte. Heftige Proteste der Bevölkerung

Als Konsequenz aus dem Skandal, daß die Inkatha aus Geheimfonds des südafrikan. Staates unterstützt wurde, bildet Präs. *Frederik Willem De Klerk* die Reg. Südafrikas um

Militärputsch in Togo/Afrika

In Austr. ersetzt Labour-Party den umstrittenen Min.-Präs. *Robert Hawks* (* 1929) durch *Paul Keating* (* 1945)

† *Jiang Quing* (Selbstmord, * 1914, 3. Frau Maos) als Mitglied der »Viererbande« 1981 zum Tode verurteilt

† *Rajiv Gandhi* (durch Bombenanschlag während Wahlkampf) (* 1944, Sohn von *Indira Gandhi*)

Der umstrittene jap. Min.-Präs. *Toshiki Kaifu* (* 1931, Liberale Partei), seit 1989 im Amt, kündigt das Ende seiner Amtszeit an

Kiichi Miyazawa (* 1919) neuer Min.-Präs. in Japan

Nach 12 Jahren Bürgerkrieg in Kambodscha einigen sich die 4 beteiligten Parteien auf einen Waffenstillstand in einem sog. »Stellvertreterkrieg« zw. UdSSR und VR China

Grundsatzabkommen zw. Nord- und Süd-Korea verbessert die bisher feindlichen Bez. seit 1950

Wolf erhält den Bremer Literaturpreis

† *Gerhard Wolfram* (* 1922), deutscher Schauspieler, Regisseur und Theaterleiter

† *Maria Zambrano* (* 1904), spanische Schriftstellerin

Orthographisches Wörterbuch „Duden" erscheint mit gesamtdeutscher Redaktion

Erste Leipziger Buchmesse im vereinten Deutschland

Enge Kooperation der Buchmessen in Leipzig und Frankfurt/M. mit dem Ziel der Erhaltung beider Messen

Frankfurter Buchmesse stellt ca. 100 000 neue Titel vor

Eröffnung des Schweizerischen Literaturarchivs in Bern. *Friedrich Dürrenmatt* hatte dem Haus vor seinem Tod eine große Schenkung vermacht

PEN-Zentrum der ehemaligen DDR beschließt, unter der Bezeichnung Deutsches PEN-Zentrum (Ost) eigenständig zu bleiben

wird etwa 5300 Jahre alter Leichnam („Ötzi") aus der Bronzezeit geborgen. Reste der Kleidung und Ausrüstung sind erhalten geblieben

Die Zerstörung Pompejis wird jahreszeitlich von Herbst auf Winter 79 n. Chr. neu datiert

Ort der sogenannten Hermannsschlacht (9 n. Chr. besiegte Cheruskerfürst Arminius ein römisches Heer) bei Bramsche am Wiehengebirge gefunden

Im Sultanat Oman werden bei Beobachtungen aus der Luft 50 Grabtürme aus der Zeit −2500 entdeckt

In der Türkei nimmt der Einfluß des islamischen Fundamentalismus zu

Im Sudan verbreitet sich zunehmend die Glaubensrichtung des islamischen Fundamentalismus

Untersuchungen haben ergeben, daß die Reichskrone des Heiligen Römischen Reiches zw. 1024 und 1039 geschaffen wurde

7. Vollversammlung des Ökumenischen Rats der Kirchen. Ca. 1000 Delegierte aus 311 Mitgliedskirchen nehmen teil. So-

† *Michael Landon* (* 1936), amerik. Filmschauspieler und Fernsehregisseur

† *Sir David Lean* (* 1908 in England), Regisseur; er erhielt für seine Filme insg. 28 Oscars. Zu seinen bekanntesten Filmen zählen „Lawrence von Arabien", „Reise nach Indien", „Die Brücke am Kwai" und „Doktor Schiwago"

† *Richard Maibaum* (* 1910), amerik. Drehbuch-Autor (*James-Bond*-Filme)

Erstes Filmfestival in Cottbus: Den Preis erhält der ungarische Film „Meteo" von *Andras Mesz Monory*

† *Yves Montand* (* 1921 in der Toskana), französischer Filmschauspieler und Chansonsänger

Goldener Löwe von Venedig an Filmregisseur *Nikita Michalkow* für „Urga"

† *Michael Pfleghar* (* 1933 in Stuttgart), deutscher Fernseh- und Filmregisseur

† *Tony Richardson* (* 1928), britischer Filmregisseur

† *Viviane Romance* (* 1912), französische Filmschauspielerin

„Homo faber" (Film von *Volker Schlöndorff* [* 1939] nach

Rony Weiß: „Anne und Hanna oder Der Krieg in den Gedanken der Kinder" (Sprechstück i. Noten; Urauff. i. Berlin)

Beim internationalen Violinwettbewerb i. Hannover gewinnt d. Geigerin *Antje Weithaas* den 1. Preis

Oberhausener Oper muß aus finanziellen Gründen schließen (Kulturkrise)

Eröffnung des neuen Opernhauses in Sevilla

Zum Auftakt der Salzburger Festspiele wird das Ballett „Requiem" von *John Neumeier* (nach d. Komp. von *Wolfgang Amadeus Mozart*) uraufgeführt

In Heidelberg findet das „Internationale Musikfestival-Komponistinnen heute" statt

Neueröffnung d. durch einen Brand zerstörten Frankfurter Oper mit einem Festakt

es einer Forschergruppe mit Mitgliedern aus der BRD und UdSSR, mit einem Einkristall aus Germanium-Isotop 76 von 2 kg die Äquivalentmasse des Elektron-Neutrinos auf weniger als 1,46 Elektronenvolt festzulegen

Zerfallshalbwertzeit des freien („ultrakalten") Neutrons wird mit 888 Sek. gemessen

Konstruktion eines elektrischen Schalters durch Umsetzen einzelner Atome mit dem Tunnel-Raster-Mikroskop

Fortentwicklung des Röntgen-Mikroskops mit stärkerer Auflösung als Licht-Mikroskope

Weltweit liefert die Kernenergie rd. 20 % der Stromversorgung

In Hessen werden Überreste eines 250 Mill. Jahre alten Lebewesens entdeckt, aus dem im Verlauf der Evolution die Säugetiere hervorgegangen sind

Rasch fortschreitende Entwicklung umweltfreundlicher Brennstoffzellen

Inbetriebnahme von Deutschlands modernstem Forschungsreaktor im *Hahn-Meitner*-Institut in Berlin

Weltweit erstmals gelingt Forschern des europäischen Kernfusionsprojekts in

wehrsystem „Patriot" erfolgreich gegen irak. Scud-Raketen aus sowjet. Prod. eingesetzt

Wegen der illegalen Rüstungsexporte in den Irak verschärft BRD Exportkontrolle

Die Kosten des Krieges gegen Irak werden auf ca. 60 Mrd. $ geschätzt

Irakische Armee sprengt auf dem Rückzug zahlreiche kuwaitische Ölquellen und richtet dadurch schwerste Umweltschäden an

Irak leitet während des Golfkriegs 1 Mrd. Liter Öl in den Persischen Golf und verursacht damit größte Ölpest der Geschichte

Nach 9 Monaten wird die letzte der ca. 500 vom Irak in Brand gesetzten kuwaitischen Ölquellen gelöscht

1-2 Mill. Kurden fliehen vor den irak. Truppen nach Norden und in die Türkei, wo sie trotz Hilfsaktionen Not und Elend erwarten

Nach Hunger und Seuchengefahr im Irak lockert der UN-Sicherheitsrat das wegen des Golfkriegs gegen diesen Staat verhängte Handelsembargo

Südafrika wird nach 32 Jahren wieder zu den Olymp. Spielen zugelassen

1. FC Kaiserslautern wird dt. Fußballmeister

Boris Becker erreicht Rang 1 der internat. Weltrangliste im Tennis

Mit *Boris Becker* und *Michael Stich* stehen erstmals zwei dt. Tennisspieler im Wimbledonfinale

Journalisten wählen zu „Sportlern des Jahres" Wimbledonsieger *Michael Stich* (* 1969) und *Katrin Krabbe* (* 1969 in Neubrandenburg), die im Kurzstreckenlauf erfolgreich war

7. Eheschließung von *Elizabeth Taylor* (* 1932)

(1991)	Knapper Sieg der (SPD-ähnlichen) Kongreßpartei über KP in freien Wahlen im Kgr. Nepal Mittelamerik. Konferenz in El Salvador nimmt Panama als neues Mitglied auf und berät über mittelamerik. Freihandelsraum *Fidel Castro* (* 1927) fordert auf einem KP-Parteitag auf Kuba »Sozialismus um jeden Preis« Ein Jahr nach der Rebellenentwaffnung erneut Kämpfe zw. Rebellen und Armee in Nicaragua Nach Militärdiktatur wird in Haiti der linke kath. Befreiungstheologe *Jean-Bertrand Aristide* (* 1953) Staatspräs. Nach 8 Monaten wird der erste frei gewählte Präs. von Haiti, *Jean-Bertrand Aristide*, der bes. die Interessen der Armen vertritt, vom Militär gestürzt und flieht ins Ausland	fortiger Waffenstillstand im Golfkrieg wird gefordert Die 100. Geburtstage von *R. Carnap*, *H. Reichenbach* und *E. Zilsel* erinnern an die Bedtg. des „Logischen Empirismus" des „Wiener Kreises" Bei der 21. Tagung der *Mommsen*-Gesellschaft vereinigen sich Altertumswissenschaftler aus der BRD und aus dem Gebiet der ehemaligen DDR nach 30jähriger Trennung	dem Buch von *Max Frisch* [† 1991]) Hohe Auszeichnungen für den Film „Malina" von *Werner Schroeter:* Goldenes Filmband, Gold für Regie, Goldenes Filmband für die beste darstellerische Leistung (an *Isabelle Huppert*) und für Schnitt (an *Juliane Lorenz*) Verleihung des „Großen Ehrenpreises" der Internationalen Graphik-Biennale von Ljubljana/Jugosl. an den Maler *Emil Schumacher* † *Klaus Schwarzkopf* (* 1922 in Neuruppin), deutscher Theater-, Fernseh- und Filmschauspieler † *Don Siegel* (* 1912 in Chicago), amerik. Filmregisseur „JFK – Tatort Dallas" (Film von *Oliver Stone* [* 1946 in London] über *Kennedy* -Mord) *Wim Wenders* (* 1945 in Düsseldorf): „Bis ans Ende der Welt" † *Luigi Zampa* (* 1905), italienischer Filmregisseur In der BRD erfolgreiche Filme (über 3,5 Mill. Zuschauer): „Rainman", „Ein Fisch namens Wanda", „Otto-der Außerfriesische"

Culham (GB) eine kontrollierte Kernfusion

250 Mill. Jahre altes Reptilienfossil in Südafrika gefunden

3 Mill. Jahre alter menschl. Unterkiefer in Malawi/Afrika gefunden; der Stand der Zahnentwicklung bei diesem Fund wurde zw. dem des Australopithecus afarensis und dem des Homo habilis eingeordnet

Bei Tiflis wird ein 1,8 Mill. Jahre alter menschl. Unterkiefer des Homo erectus gefunden und so die Vermutung gestützt, daß die Ausbreitung der Menschheit von SO-Afrika über Nahost nach Europa erfolgte

In der Wissenschaft festigt sich die Überzeugung, daß der Mensch seit über 1 Mill. Jahren in Europa siedelt

Thermolumineszenzuntersuchungen zeigen, daß Neandertaler länger als bisher angenommen gleichzeitig mit Cro-Magnon-Menschen lebten

Eine Expedition von Forschern bricht von Peru aus mit Flößen aus Schilf zu den Galapagos-Inseln auf, um zu beweisen, daß bereits die lateinamerik. Ureinwohner in der Lage waren, weite Seereisen zu unternehmen

Eröffnung der 1. Solartankstelle Österreichs für Elektrofahrzeuge

Verleihung des renommierten *Werner-von-Siemens*-Rings an Prof. *Arthur Fischer* für seine Erfindung des gleichnamigen Modellbausystems und des gleichnamigen Dübels

Kommunikation der Ameisen wird zunehmend entschlüsselt

Die Zahl der Arten von Lebewesen, die je auf der Erde lebten, wird auf 5–50 Mrd. geschätzt (nur {1/1000} davon existiert heute)

Durch Radiokarbonmethode läßt sich das Alter der Schriftrollen vom Toten Meer (Qumran-Rollen) auf etwa 2000 Jahre festsetzen

Naturkatastrophen fordern 1990 50 000 Todesopfer und verursachen Sachschäden von 80 Mrd. DM

Taifun fordert in Bangladesh 150 000 bis 500 000 Tote. Warn- und Schutzeinrichtungen erwiesen sich als völlig unzureichend

Überschwemmung im SO-Iran zerstört 88 Dörfer

VR China bittet wegen schwerer Überschwemmungskatastrophe mit mehr als 1500 Toten um internat. Hilfe

Mehrere Vulkanausbrüche in Fernost verursachen starke Verschmutzung der oberen Atmosphäre mit Staub und Gasen. Der „Treibhauseffekt" wird dadurch beschleunigt

Ausbruch des seit 400 Jahren ruhigen Vulkans Pinatubo/Philippinen hat verheerende Schlamm- und Aschelawinen zur Folge, die auch einen US-Flugstützpunkt zerstören

Choleraepidemie in Peru fordert mehr als 500 Tote

Flächenbrand in San Francisco verursacht Millionenschäden

Über 400 Tote beim Untergang einer Fähre im Roten Meer

265 Mekka-Pilger sterben bei Flugzeugabsturz in Saudi-Arabien

Tankerunglück bei Genua führt zu Ölpest und Ausrufung des Notstandes

† *George J. Stigler* (* 1911), amerik. Wirtschaftswissenschaftler und *Nobel*preisträger 1982

140 Tote bei Schiffskollision vor Livorno/Ital.

† *Sir Richard Stone* (* 1913), brit. Wirtschaftswissenschaftler

Über 100 Tote und Vermißte bei Staudammbruch in Rumän.

650 Passagiere werden von einem vor Südafrika sinkenden griech. Kreuzfahrtschiff gerettet

223 Tote bei Flugzeugabsturz über Thailand, Unglücksursache ist technischer Defekt

Erdbeben in Nordindien fordert über 100 Tote und 1000 Verletzte

Ca. 500 Tote bei Erdbeben in Afghanistan

Erdbeben in Mittelamerika fordert in Costa Rica rd. 100 Todesopfer

Immer mehr ältere Menschen nehmen sich das Leben (verlautet auf dem 16. Weltkongreß der Internat. Vereinigung für Selbstmordverhütung in Hamburg)

1992	Friedensnobelpreis an *Rigoberta Menchú Tum* (* 1959 in Guatemala, seit 1981 im Exil in Mexiko, Nachfahrin der Mayas) für ihren Einsatz für die Eingeborenenrechte Nach 24jährigen Verhandlungen einigt sich Genfer Abrüstungskommission der UN auf den Wortlaut eines Abkommens für weltweite chemische Abrüstung, das der Vollversammlung vorgelegt werden soll Mit ihrer Weigerung, auf dem UN-Gipfel in Rio de Janeiro die Klima- und Artenschutz-Konvention zu unterzeichnen, setzen sich die USA allgemeiner Kritik aus, da bzgl. der globalen Klimaveränderung, Umweltverschmutzung usw. als »Hauptverursacher« gelten NATO beansprucht weiterhin das Recht auf Präventivschlag unter Einsatz von Atomwaffen zur Kriegsabwendung EG-Staaten erkennen die bisherigen jugoslawischen Teilstaaten Slowenien und Kroatien an, die im Kampf mit Serbien liegen Die wegweisenden EG-Beschlüsse zur Wirtschaftsunion von 1991 in Maastricht werden dort feierlich unterzeichnet Schwere Krise im europ. Währungssystem (EWS) veranlassen GB und Ital. zum zumindest zeitweiligen Austritt Radikale Bauernproteste in Straßburg gegen Handelskompromiß EG/USA *Pierre Mauroy* (* 1928 in Frankreich) wird Nachfolger des schwer erkrankten *Willy Brandt* (* 1913 in Deutschland) als Vors. der Sozialistischen Internat. (SI) Gipfeltreffen der blockfreien Staaten in Djakarta/Indonesien verurteilt Kämpfe in Jugosl. (Gründungsmitglied) † *Gert Bastian* (* 1923 in München), General a. D., seit 1983 MdB der Grünen, und † *Petra Karin Kelly* (* 1947 in Günzburg), Gründungsmitglied der Grünen 1980, werden tot in ihrer gemeinsamen Wohnung aufgefunden. Erste Untersuchungsergebnisse lassen auf Selbstmord Bastians schließen, nachdem er Petra Kelly erschossen hatte † *Willy Brandt* (* 1913 in Lübeck), dt. Politiker (SPD), der ab 1968 als Außenmin. Ostpolitik der Verständigung einleitete. Friedensnobelpreis 1971. 1949–1957 Reg. Bürgermeister von Berlin (W), 1969–1974 BK der BRD, zuletzt Ehrenvors. der SPD, 1976–1992 Vors. der Sozialistischen Internat. (SI). Nach einem Staatsakt, an dem auch *Michail Gorbatschow* teilnimmt, wird er in Berlin-Zehlendorf beigesetzt	Nobelpreis für Literatur an den Lyriker *Derek Walcott* (* 1930) von der Karibikinsel St. Lucia, Prof. für Literatur in Boston, der auch kreolisch schreibt Friedenspreis des Deutschen Buchhandels an *Amos Oz* (* 1938 in Odessa), in Israel umstrittener Schriftsteller, der Versöhnung mit Palästinensern sucht (unterstützt Friedensbewegung „Peace now") † *Isaac Asimov* (* 1920 bei Smolensk, seit 1923 in den USA), Wegbereiter des Science-Fiction-Romans und Biochemiker *Heinrich Böll* (1917 bis 1985): „Der Engel schwieg", Roman (postum) Das Land Berlin kauft den Nachlaß von *Bertolt Brecht* († 1956 in Berlin) † *Martin Camaj* (* 1925), albanischer Dichter *Veza Canetti* († 1964): „Der Oger" (Urauff. des 1934 verfaßten Bühnenwerks in Zürich in Anwesenheit von *Elias Canetti*) † *Sven Delblanc* (* 1931), schwedischer Schriftsteller *Friedrich-Hölderlin*-Preis an Lyrikerin *Hilde Domin* (* 1912 in Köln) † *William Douglas-Home* (* 1912), britischer Bühnenautor † *Gisela Elsner* (* 1937), deutsche Schriftstellerin	† *Günther Anders* (* 1902), Schriftsteller, Philosoph und Wortführer d. Anti-Kernwaffen-Bewegung † *Giulio Carlo Arlan* (* 1918 in Mailand), marxistischer Kunsthistoriker und Politiker, 1973 bis 1978 KPI-Bürgermeister v. Rom *John D. Barrow:* „Theorien für Alles" (über Möglichkeiten und Grenzen einer „Weltformel") *Ignaz Bubis* (* 1927 in Breslau) wird Vors. des Zentralrats der Juden in Deutschland † *Giovanni Colomba* (* 1902), italienischer Kardinal Karlspreis der Stadt Aachen für Verdienste um Europa an Präs. der EG-Kommission *Jacques Delors* (* 1925 in Paris) † *Karl W. Deutsch* (* 1912 in Prag), dt. Friedensforscher Der Psychotherapeut und kath. Priester *Eugen Drewermann* erhält Predigtverbot, nachdem ihm vorher bereits die kirchliche Lehrerlaubnis entzogen worden war † *Heinz Galinski* (* 1912 in Marienburg/Westpreußen), Überlebender der NS-Verfolgung, seit 1946 Vors. der Jüdischen

† *Francis Bacon* (* 1909 in Dublin), der Bilder des im „Raumkäfig gefangenen“ und leidenden Menschen malte

Ausstellung der Werke des Malers *Jean Michel Basquiat* (* 1960, † 1988) in New York

Moskauer Puschkin-Museum zeigt Zeichnungen von *J. Beuys* († 1986), einem bis dahin dort unbekannten modernen Künstler

† *Alexander Camaro* (* 1901), deutscher Maler und Graphiker

† *Pierre Culliford* (* 1928), belgischer Zeichner, Erfinder d. "Schlümpfe"

Ulrich Eller (* 1953 in Leverkusen): „Klanginstallationen“ (Ausstellung in Berlin)

Ausstellung mit bisher unbekannten Aquarellen und Zeichnungen des dt.-amerik. Künstlers *Lyonel Feininger* in Nürnberg

Kunsthalle Bremen zeigt Werke des Malers *Klaus Fußmann* (* 1938 in Velbert/NRW)

Klaus Hartmann (* 1955 in Schwäbisch Gmünd): „Transformation Relais“ (Skulpturen)

Rudolf Heltzel (* 1907 in Böhmen, arbeitet seit 1930 in Berlin), „Aquarelle und Originale“, Ausstellung in Berlin

John Adams: „Nixon in China“ (Musiktheaterstück; deutsche Erstauff. a. d. Frankfurter Oper)

Der österr. Pianist *Paul Badura-Skoda* erhält den *Mozart*-Preis des Baseler *Goethe*-Stiftung

† *Dominique Bagouet* (* 1951), französischer Choreograph

Daniel Barenboim (* 1942 i. Buenos Aires, russ. Abst.) wird Generalmusikdirektor a. d. Deutschen Staatsoper Unter den Linden i. Berlin

Michel Berger/Luc Plamondon: „Starmania“ (französische Rockoper; deutsche Erstauff. i. Essener Aalto-Theater)

† *Ed Blackwell* (* 1929), amerik. Jazz-Schlagzeuger

Augustyn Bloch: „Du sollst nicht töten“ (Requiem; Urauff. i. Rahmen des Schleswig-Holstein-Musikfestivals)

† *Gerhard Bohner* (* 1936), deutscher Tänzer und Choreograph

Adorno-Preis d. Stadt Frankfurt/M. a. d. frz. Musiker, Musiktheoretiker und Dirigenten *Pierre Boulez* (* 1925 a. d. Loire)

7. Schleswig-Holstein-Musikfestival beginnt mit einer Auff. der 7. Sinfonie von *Anton Bruckner* im Lübecker Dom

† *John Cage* (* 1912 i. Los Angeles), Schü-

*Nobel*preis für Physik an *Georges Charpak* (* 1924 in Polen, lebt seit 1931 in Frankr.) für Arbeiten zum präzisen Nachweis von Ergebnissen in der Teilchenphysik, auf deren Grundlage weitere wichtige Forschungsarbeiten aufbauen konnten

*Nobel*preis für Chemie an *Rudolf A. Marcus* (* 1923 USA) für bahnbrechende Forschungsergebnisse u. a. hinsichtlich Elektronentransfer, die wertvolle Arbeitsgrundlagen für Experimentalchemiker bieten

*Nobel*preis für Medizin an *Edmond H. Fischer* (* 1920 in Shanghai) und *Edwin G. Krebs* (* 1918 in Lansing/USA) für ihre Forschungen über Enzyme in den Muskelzellen, mit denen in den 70er Jahren in USA begonnen wurde

† *Daniel Bovet* (* 1907 in Neuenburg/Schweiz), der 1957 für seine pharmakologische Forschung den *Nobel*preis erhielt

In Tokio erhält der Berliner Forscher *Gerhard Ertl* den Japan-Preis der Reg. für seine Untersuchungen über Katalysatoren

† *Gerd Meyer-Schwickerath* (* 1920 in Wuppertal), Augenarzt, der 1945 die Lichtchirurgie am Auge begründete

Nobelpreis für Wirtschaftswissenschaft an *Gary S. Becker* (* 1930 in den USA) für Anwendung ökonomischer Gesetze auf menschliches Verhalten in allen Bereichen

Weltweiter Aufruf von 43 *Nobel*preisträgern gegen Bürgerkrieg in Jugosl.

Ökonomischer Vergleich der Reichsten (20 %) und Ärmsten (20 %): (BSP 82,7 % : 1,4 %; Handel 81,2 % : 1,0 %; Inländische Investoren 80,5 % : 1,3 %) macht starkes Ungleichgewicht der Wirtschaftskraft deutlich

UN veröffentlicht das Einkommensverhältnis der Reichsten (20 %) gegenüber den Ärmsten (20 %) der Erde mit: 1960 30:1; 1970 32:1; 1980 45:1, 1990 60:1

Gemäß einer Aufstellung der UN stehen Kanada und Japan an der Spitze der Länder mit höchstem Lebensstandard; GB und BRD folgen auf den Rängen 10 und 12

Von der Obst- und Gemüseernte verderben rd. 25 % vor dem Verbrauch (das sind weltweit etwa 250 Mt)

EG setzt zum Jahreswechsel 1992/93 zollfreien Binnenmarkt in Kraft

Liechtenstein stimmt für europ. Wirtschaftsraum (EWR) aus EG und EFTA

USA, Kanada und Mexiko schließen Freihandelsabkommen, das mit einem finanzkräftigen Markt (360 Mill.) und einem BSP von 6000 Mrd. $ gewichtiger ist als die EG

ASEAN-Konferenz in Singapur beschließt Zollunion

GUS ist mit 1 Mrd. US-$ Zinszahlungen im Rückstand und bittet um weiteren Zahlungsaufschub

Kapitalflucht aus BRD wegen Kapitalzinsertragssteuer (= Quellensteuer)

(1992)

† *Karl Carstens* (* 1914 in Bremen, CDU), 1979 bis 1984 Bundespräs. der BRD

Hans-Dietrich Genscher (* 1927 bei Halle, FDP) tritt von seinem Amt als Bundesaußenmin. zurück, das er 1974 angetreten hatte. Nachfolger wird *Klaus Kinkel* (* 1936 in Melzingen)

Erich Honecker (* 1913 im Saarland) wird nach neunmonatigem Asyl in der chilenischen Botschaft in Moskau mit russ. Flugzeug nach Berlin gebracht, wo er u. a. wegen Mitschuld an den Todesschüssen an der ehemaligen dt.-dt. Grenze verantwortlich gemacht wird

† *Heinz Kühn* (* 1912 in Köln, SPD), Vors. der SPD/FDP-Reg. in NRW 1966–1978

† *Harry Ristock* (* 1928 in Ostpreußen), SPD-Politiker in Berlin, Bausenator a. D.

Gerhard Stoltenberg (* 1928 in Kiel, CDU), Bundesverteidigungsmin. seit 1989, tritt wegen Waffenlieferung an die Türkei, für die er die polit. Verantwortung übernimmt, zurück

Volker Rühe (* 1942 in Hamburg, CDU) neuer Verteidigungsmin. der BRD

Auf ihrem Staatsbesuch in der BRD besucht Kg. *Elizabeth II.* Berlin, Dresden, Leipzig und and. Städte und gedenkt der Toten des 2. Weltkriegs

Nach heftigen kontroversen Debatten einigen sich Regierungskoalition und Opposition auf Verabschiedung eines neuen Asylrechts, das eine vorherige Änderung des GG notwendig macht

Dt. Bundestag ratifiziert mit großer Mehrheit EG-Verträge von Maastricht (die dt. Bev. jedoch äußert sich skeptisch darüber und beklagt sich über unzureichende Informationen)

BRD sendet Sanitätssoldaten mit einer UN-Blauhelmmission nach Kambodscha

Stasi-Akten werden allg. zugänglich; weitere Bespitzelungen und ihre Einzelheiten werden öffentlich bekannt

BRD und Frankr. verabreden gemeinsames Korps von Streitkräften in der NATO

Brandenburger Landtag setzt Untersuchungsausschuß zur Klärung der Stasi-Kontakte des Min.-Präs. *Manfred Stolpe* (* 1935 in Stettin) ein

CDU/FDP-Reg. von Mecklenburg-Vorpommern unter Min.-Präs. *Bernd Seite* gerät nach den schweren ausländerfeindlichen Unruhen in Rostock unter den Druck parlamentari-

Ria Endres: „Aus deutschem Dunkel" (Bühnenstück; Urauff. am Bremer Schauspielhaus)

Hans Magnus Enzensberger: „Die Tochter der Luft" (Bühnenstück nach *Calderón*; Urauff. am Essener Schauspielhaus)

Peter Flannery: „Singer" (Bühnenstück; deutschsprachige Erstauff. am Münchner Residenztheater)

Athol Fugard (1933 in Südafrika): „Playland" (Einakter über Apartheid)

Der spanische Schriftsteller *Alejandro Gándara* erhält den spanischen Literaturpreis Premio Nadal

Durch den Rücktritt des umstrittenen Generalintendanten *Wolfgang Gönnenwein* wird die Stuttgarter Theaterkrise beigelegt

Verleihung des Bremer Literaturpreises an *Georges-Arthur Goldschmidt*

Günter Grass (* 1927 in Danzig): „Unkenrufe" (Roman, der die „Wende" 1989/90 einbezieht)

Peter Härtling erhält den *Lion-Feuchtwanger*-Preis der Berliner Akademie der Künste

† *Alex Haley* (* 1921), amerik. Journalist und Schriftsteller. Autor der erfolgreichen Familiensaga „Roots"

Petrarca-Preis an den britischen Dichter *Michael Hamburger*

Gemeinde zu Berlin, seit 1988 Vors. des Zentralrats der Juden in Deutschland

Der Schriftsteller *Günter Grass* erklärt seinen Austritt aus der SPD aus Protest gegen deren Asylpolitik

Theodor-Heuss-Preis an *Václav Havel* in ČSFR

† *Hans Wolfgang Heidland* (* 1912), ehemaliger ev. Landesbischof von Baden

Hans Jonas (* 1903 in Mönchengladbach): „Philosophische Untersuchungen und metaphysische Vermutungen"

Verleihung des alternativen *Büchner*-Preises an den österr. Zukunftsforscher *Robert Jungk*

Jerzy Kanal (* 1921 in Polen, Überlebender des Warschauer Ghettos, seit 1953 in Berlin) wird zum Vorsitzenden der Jüdischen Gemeinde Berlin gewählt

UNESCO-Preis an *Frederik Willem De Klerk* und *Nelson Mandela* für Überwindung der Rassentrennung in Südafrika

† *René König* (* 1906 in Magdeburg), Soziologe dt.-frz. Herkunft

† *Kurt A. Körber* (* 1909 in Berlin),

„Edward Hopper (* 1882, † 1967 in den USA) und die Fotografie", Ausstellung in Essen

Stadt Köln zeigt Werke von *Jean Ipoustéguy* (* 1920 in Dun sur Meuse)

† *Kurt Kocherscheidt* (* 1943), österreichischer Maler

In Madrid werden Bilder von *Wilfredo Lam* gezeigt (* 1902 auf Kuba, † 1982 in Paris)

† *Manfred Lehmbruck* (* 1913), deutscher Architekt

† *César Manrique* (* 1920), spanischer Maler, Architekt und Bildhauer

Große Ausstellung des Renaissance-Malers *Andrea Mantegna* (* 1431–1506) in London

In Paris wird eine Vorstudie zum Bild „La danse" von *Henri Matisse* (1869 bis 1959) aus der Zeit um 1930 gefunden

† *Jean Mitchell* (* 1926), amerik. Malerin

Große Ausstellung mit Werken des französischen Impressionisten *Claude Monet* in Balingen

Umfangreiche Ausstellung der Werke *Gabriele Münters* im Münchner *Lenbach*-Haus

Pablo Picasso (1881 bis 1973) steht im Mittelpunkt von

ler *Schönbergs* und experimentierender Komponist, auch als „Vater der Minimal Music" bezeichnet

Veranstaltung „Pro musica nova" i. Bremen ist dem Komponisten *John Cage* gewidmet

† *Georges Delerue* (* 1925), französischer Filmmusikkomponist

† *Willie Dixon* (* 1915), amerik. Blues-Sänger und -Komponist

† *Jorge Donn* (* 1947), argentinischer Balletttänzer

† *Jack Dupree* (* 1910), amerik. Sänger und Blues-Pianist

Der tschechische Kompon. *Petr Eben* wird mit dem *Johann-Wenzel-Stamitz*-Preis ausgezeichnet

† *Sir Geraint Evans* (* 1922), britischer Opernsänger

Der Spanier *Rafael Frühbeck de Burgos* wird neuer Generalmusikdirektor der Deutschen Oper Berlin

† *Severino Gazzelloni* (* 1919 i. Rosasecca/Italien), Flötist, Interpret vor allem zeitgenössischer Musik

Hans Gefors: „Der Park" (Oper nach dem Stück von Botho Strauß; Urauff. i. Rahmen d. Internationalen Maifestspiele i. Wiesbaden)

Der dt. Forschungssatellit „Rosat" registriert innerhalb von 6 Monaten 60 000 kosmische Röntgenquellen

Erstflug der US-Raumfähre „Endeavour"

Durch „Swing by"-Technik (Ausnützung des Gravitationsfeldes eines Himmelskörpers zur Kurskorrektur eines Raumfahrzeugs) gelingt es, die Raumsonde „Ulysses" (Start 1990) aus der Ebene der Planetenbahnen abzulenken und auf einen Kurs zu bringen, auf dem sie 1994/95 die Pole der Sonne überfliegen soll

Nach vorangegangenem Mißerfolg kann Rakete der VR China einen austr. Fernmeldesatelliten in Umlauf bringen

US-Raumfähre „Columbia" stellt auf dem 48. Flug einer US-Raumfähre mit 10 Tagen und 21 Std. einen Flugzeitrekord auf

Der dt. Astronaut *Klaus Dietrich Flade* (* 1953) startet an Bord d. russ. Raumschiffs TM 14 zu einem 9tägigen Flug ins All

Flug der US-Raumfähre „Discovery" zur Untersuchung der Schwerelosigkeit und ihrer Auswirkungen auf den Menschen (an Bord 7 Astronauten, darun-

Hoher Bundesbankgewinn und geringere Neuverschuldung als erwartet entlasten Bundeshaushalt 1991

CDU/CSU, SPD und FDP beginnen Debatte um Kompromiß für das Gesundheitskostenreformgesetz, mit dessen Hilfe jährlich 11 Mrd. DM eingespart werden sollen

DGB wehrt sich gegen unsoziale Verteilung der Lasten der dt. Wiedervereinigung

ÖTV-Streik in der BRD lähmt weitgehend öffentliches Leben (Verkehr u.a.. öffentliche Dienste)

ÖTV-Kongreß in Nürnberg wählt *Monika Wulf-Mathies* (* 1943 in Wernigerode) trotz scharfer Kritik an ihrer Führung im Streik mit 68,5 % d. Stimmen erneut für 4 Jahre zur Vors.

Zur Jahresmitte steigt die Arbeitslosenquote in der BRD mit mehr als 3 Mill. Arbeitslosen auf 6,0 %

Schon durch Arbeiter-Urabstimmung gebilligter Stahlstreik in der BRD wird durch Tarifkompromiß in letzter Stunde abgewendet

In USA zeigt sich eine verbreitete Aversion gegen den Handelskonkurrenten Japan

US-Präs. *George Bush* bemüht sich auf seiner Asienreise um Verbess. der Handelsbeziehungen zu Japan

US-Fluggesellschaft TWA geht in Konkurs

USA weisen 4000 Mrd. US-$ Staatsschulden aus

US-Disneyland eröffnet „Eurodisney" in Paris

Spaniens Kg. *Juan Carlos* eröffnet in Sevilla mit „Expo 92" die bisher größte Weltausstellung, zugleich die letzte dieses Jahrtausends

Die in USA und Japan entwickelte „Lean Production", die

(1992)

scher Rücktrittsforderungen, die sie jedoch entschieden ablehnt

Bernhard Vogel (* 1932 in Göttingen, CDU), früher Min.-Präs. in Rheinland-Pfalz, wird Min.-Präs. im neue Bundesland Thüringen, wo er die Koalition mit FDP fortsetzt

Landtagswahlen in Baden-Württ., Stimmen in % (1988 z. Vgl.): CDU 39,6 (49,0), SPD 29,4 (32,0), FDP 5,9 (5,9), Grüne 9,5 (7,9), Republikaner 10,9 (1,0), Sonstige 4,7 (3,8); Wählerbeteiligung 70,2 %

Landtagswahlen in Schlesw.-Holst., Stimmen in % (1988 z. Vgl.): SPD 46,2 (54,8), CDU 33,8 (33,3), FDP 5,6 (4,4), Grüne 4,9 (2,9), SSW 1,9 (1,7), DVU 6,3 (-), Republikaner 1,2 (1,2)

Sonderparteitag der SPD stellt sich mit großer Mehrheit hinter die Erklärungen ihres Vors. *Björn Engholm*, mit denen dieser eine Wende der Parteipolitik hinsichtlich Asyl- und Blauhelm-Politik bewirken will (Petersberger Beschlüsse), stößt aber auf Widerstand in der Parteibasis

US-Republikaner billigen ein extrem konservatives Wahlprogramm, bevor sie *George Bush* erneut als Kandidaten für die Präs.wahl nominieren

US-Präs. *George Bush* und Präs. *Boris Jelzin* künden gleichzeitig weitgehende atomare Abrüstung an (USA wollen in 5 Jahren 50 Mrd. $ sparen)

Nach längerem Streit über Modalitäten beginnt in Washington weitere Runde der Nahostkonferenz (eine weitere ist in Moskau vorgesehen)

Demokratische Partei der USA wählt als Kandidat für die Präsidentschaft *Bill Clinton* (* 1946 in Hope/Arkansas), für die Vize-Präsidentschaft *Albert Gore* (* 1948 in Washington D. C.)

Rest-KPdSU schließt *Michail Gorbatschow* (seit 1985 Generalsekretär) aus

Präs. *Boris Jelzin* ringt mit dem noch von der KPdSU dominierten Volkskongreß in Moskau um sein Amt als Reg.-Chef und um Sondervollmachten

Nach spannendem Wahlkampf gewinnt der Demokrat *Bill Clinton* die Präsidentschaftswahlen in den USA und löst *George Bush* als Präs. der USA ab

Boris Jelzin ernennt sich zum Verteidigungsmin. von Rußland

Der NATO-Kooperationsrat nimmt die 11

Peter Handke: „Die Stunde, da wir nichts voneinander wußten" (Bühnenstück; Urauff. durch das Burgtheater in Wien)

Gert Heidenreich: „Der Wechsler" (Farce; Urauff. am Deutschen Theater in Göttingen)

† *Martin Held* (* 1908 in Berlin), Berliner Staatsschauspieler, Film- und Fernsehdarsteller

Rolf Hochhuth (* 1931): „Wessis in Weimar", satir. Schauspiel, dem Sympathie mit RAF-Terror angelastet wird

† *Garcia Hortelano* (* 1928 in Madrid), spanischer sozialkritischer Schriftsteller

Thomas Hürlimann (* 1950 i. d. Schweiz): „Satellitenstadt" (Geschichten)

Elfriede Jelinek (* 1946 i. Österreich): „Totenauberg", Schauspiel um den Philosophen *M. Heidegger* (Urauff. am Akademietheater Wien)

Nach Krisensitzungen wählt die Akademie der Künste in Berlin den Schriftsteller *Walter Jens* (* 1923 in Hamburg) mit großer Mehrheit zum Präsidenten

Verleihung d. *Roswitha*-Gedenkmedaille an die Schriftstellerin *Helga Königsdorf*

Thomas Langhoff inszeniert für Wiener Festwochen „Der Turm" von *Hofmannsthal* († 1929)

Unternehmer, Techniker und Philanthrop

Verleihung des *Karl-Barth*-Preises an den Tübinger Theologen *Hans Küng*, dem 1979 die kirchliche Lehrerlaubnis entzogen wurde

† *Johannes Leppich* (* 1915 in Ratibor), Jesuitenpater und Prediger

Gießener Philosoph *Odo Marquard* erhält den erstmalig vergebenen *Erwin-Stein*-Preis

† *Thomas Nipperdey* (* 1927), dt. Historiker

Verleihung des *Erich-Fried*-Preises an den Psychoanalytiker *Paul Parin*

Erkenntnistheoretiker *Karl Popper*, von dem das „Falsifikationspostulat" als Grundlage seines kritischen Rationalismus stammt, findet in Fachkreisen starke Beachtung

Der Philosoph *Karl Popper* (* 1902 in Wien) erhält *Goethe*-Medaille, die ihm in Weimar verliehen wird

Konrad Raiser (* 1938), Theologe aus Bochum, wird zum Generalsekr. des Ökonomischen Rates der Kirchen gewählt

Liga für Menschenrechte verleiht zum

Kunstausstellungen im Barcelona der Olympischen Spiele, wo Etappen seiner künstlerischen Entwicklung stattfanden

Ausstellung von Werken des informellen Malers *Emil Schumacher* (* 1912 in Hagen) in Berlin

Michael Sellmann (* 1950 in Unna): „Chiffren", Kunstausstellung in Frankfurt/M.

Ausstellung „Kunst im Zeitalter des Schreckens" im Bremer *Gerhard-Marcks*-Haus würdigt Werk des russischen Bildhauers *Vadim Sidur*

† *James Stirling* (* 1926 in Glasgow), der als Gegner „funktionsneutraler" Architektur (vor allem für Museen) ausdrucksstarke Bauten schuf

„documenta 9" in Kassel, gestaltet v. *Jan Hoet* (* 1936, Prof. der Kunstgeschichte in Belgien), zeigt moderne Kunst mit rd. 1000 Werken von 190 Künstlern (für etwa 16 Mill. DM) als immer stärker interpretationsbedürftig und -abhängig, wobei die Interpretation wenig eingeengt ist

Die in der USA zusammengestellte Ausstellung „Entartete Kunst" mit Werken, die im Dritten Reich un-

Joan Holender wird Direktor d. Wiener Staatsoper, nachdem sein Vorgänger *Eberhard Waechter* verstorben ist

† *Hanya Holm* (* 1893), deutsch-amerik. Tänzerin und Choreographin

† *Albert King* (* 1923), amerik. Blues-Musiker

† *Dorothy Kirsten* (* 1919), amerik. Opernsängerin

† *Gustav Kneis* (* 1906), deutscher Komponist

Der Frankfurter Musikpreis geht a. d. in Berlin tätigen Opernregisseur *Harry Kupfer*

† *Kenneth MacMillan* (* 1929 b. Edinburgh), führender Ballettmeister und Choreograph i. London, Stuttgart, Berlin usw.

† *Nikita Magaloff* (* 1912), russisch-schweizerischer Pianist

Siegfried Matthus: „Desdemona und ihre Schwestern" (Kammeroper nach einem Text von *Christine Brückner:* Urauff. b. d. Schwetzinger Festspielen)

† *Elfie Mayerhofer* (* 1923), österr. Opern- und Operettensängerin und Filmschauspielerin

† *Olivier Messiaen* (* 1908 i. Avignon), frz. Organist und Kompon. serieller Musik

ter *Ulf Merbold* (* 1941 in der BRD)

Bilder kosmischer Objekte des fehlerhaft arbeitenden Weltraum-Teleskops „Hubble" werden mit Hilfe von Computern korrigiert u. so in ihrer Qualität verbessert

US-Astronomen entdecken mit Hilfe des 3,6 m-Hochleistungs-Teleskops auf dem La Silla Kleinplaneten außerhalb der Plutobahn in einer Entfernung von 41 Erdbahnradien

In der Astronomie findet der Raum jenseits des sonnenfernsten Planeten Pluto zunehmende Beachtung

† *Barbara McClintock* (* 1902 in den USA), entdeckte an der Maispflanze sog. „springende Gene" (*Nobel*preis 1983)

Erste Gene für Geruchsrezeptoren werden isoliert und identifiziert

Erste erfolgreiche Sequenzierung (Nukleotid-Folgeanalyse) eines kompletten Hefe-Chromosoms; wird als Vorstufe umfassender Genomanalysen gewertet

Molekularbiologie analysiert gesamte Genstruktur (Genom) wichtiger Nutzpflanzen zu Züchtungszwecken (Reis, Mais, etc.)

Es gelingt, durch Si-

auf Minimierung der Lagerkosten durch Anlieferung benötigter Teile unmittelbar vor Verwendung abzielt, verbreitet sich bes. in der Autoindustrie

GB, BRD, Ital. und Span. kommen überein, den „Jäger 90" nicht zu bauen, sondern ihn durch ein weniger aufwendiges Kampfflugzeug zu ersetzen

Raumfahrt der GUS kämpft trotz technischer Vorsprünge um das Überleben

Privatisierung in Rußl. durch Ausg. von Anrechtsscheinen (Aktien) für Staatsbetriebe an die Bev.

KPdSU-Ztg. „Prawda" in Moskau stellt ihr Erscheinen ein

Versuchsweiser Aktienverkauf in der VR China muß wegen tumultartigen Käuferandrangs unterbrochen werden

EG begrenzt Wochenarbeitszeit auf 48 Stunden

Nach 164 Jahren muß der Zoo in London wegen starken Rückgangs der Besucherzahlen schließen

Im Zuge der sog. „grünen Revolution" seit 1970 kann die VR China etwa 22 % seiner Landesbev. mit den Erträgen seiner Ackerflächen ernähren (ca. 7 % weltweit)

Der Anteil der Kernenergie an der Stromerzeugung wird weltweit mit 18 % angegeben (1980 ca. 10 %)

Vor dem Computervirus „Michelangelo" wird weltweit gewarnt. Die befürchtete massenhafte Datenvernichtung bleibt jedoch aus

Rascher, nachhaltiger Wirtschaftsaufschwung in Südkorea führt das Land an die Schwelle des OECD-Niveaus

Rhein-Main-Donau-Kanal wird feierlich eröffnet (Baubeginn 1959, Kosten: 6 Mrd. DM)

Frankr. eröffnet Luftbrücke zur

(1992)

Mitgliedsstaaten der GUS auf. Das Gremium besteht nunmehr aus 35 Ländern

Ein wichtiger Streitpunkt in der GUS bleibt die Kontroverse zw. Rußl. und Ukraine um die Befehlsgewalt über die Schwarzmeerflotte

Wahlsieg der Demokraten in Albanien über »Sozialisten« (vorher Kommunisten) befreit das Land vom kommunistischen Regime, das seit 1954 unter *Enver Hodscha* bestand

Salih Berisha (* 1944 in Albanien, Demokratische Partei) wird Staatspräs. von Albanien

In GB behalten trotz erheblicher Verluste die Konservativen die absolute Mehrheit; *John Major* (* 1943) bleibt Reg.-Chef

Estnisches Parlament wählt mit *Lennart Merz* einen Kandidaten ohne KP-Vergangenheit zum Staatspräs.

Finnisches Parlament beschließt EG-Beitritt

Edith Cresson (* 1934), seit 1991 Min.-Präs. in von Frankreich, tritt nach Wahlniederlage der Sozialisten zurück. Ihr Nachfolger wird der bisherige Finanzmin. *Pierre Bérégovoy* (1925 in der Normandie, Sozialist)

Eduard Schewardnadse (* 1928 in Georgien), vorher Außenmin. der UdSSR, kehrt in seine Heimat Georgien zurück, um den Konflikt mit Rußl. zu lösen und wird dort mit großer Mehrheit zum Staatsoberhaupt gewählt

Parlament in Griechenl. stimmt den EG-Verträgen von Maastricht zu

Wahlen in Irland ergeben Wahlsieg der oppositionellen Labour-Party und eine Liberalisierung der streng kath. Abtreibungsgesetze

Bei unter 30 % Wahlbeteiligung erhält die christdemokratische Partei Ital. (DC) ihr schlechtestes Ergebnis nach dem Krieg. Die Fünfer-Koalition gegen den Kommunismus erhält knappe Mehrheit, während die neuformierte KP (PDS) starke Verluste verzeichnet

Giuliano Amato (* 1938 in Turin, Sozialist) bildet neue 4-Parteien-Koalition trotz Wahlniederlage dieser Gruppierung in Ital. ohne KPI (PDS)

Der ital. Richter und Mafiagegner *Giovanni Falcone* (* 1939 in Palermo) fällt zusammen mit seinen Leibwächtern einem Bombenattentat zum Opfer

Franjo Tudjman (* 1922) und seine Partei gewinnen erste Wahl der Nachkriegszeit in Kroatien, dessen Unabhängigkeit er 1991 ausgerufen hatte

† *Heinrich Maria Ledig-Rowohlt* (* 1908 in Leipzig), deutscher Verleger

Cesare Lievi: „Sommergeschwister" (Schauspiel; Urauff. an der Schaubühne Berlin)

Schwedische Kinderbuchautorin *Astrid Lindgren* gibt bekannt, daß sie keine Bücher mehr schreiben werde

† *Väinö Linna* (* 1920), finnischer Schriftsteller

Schiller-Preis an *Hugo Loetscher*

Verleihung des *Kleist*-Preises an die Schriftstellerin *Monika Maron*

† *Monika Mann* (* 1911 in München), Tochter von *Thomas Mann*

† *Gerhard Mensching* (* 1932), deutscher Schriftsteller und Germanist

† *Robert Morley* (* 1908), britischer Schauspieler

† *Kenji Nakagami* (* 1946 in Tokio), japanischer Schriftsteller

Michael Ondaatje u. *Barry Unsworth* erhalten den bedeutenden britischen Booker-Prize

Amos Oz: „Der dritte Zustand" (Roman)

Kultur- und Friedenspreis der Villa Ichon in Bremen geht an den Schauspieler *Will Quadflieg*

Der Schriftsteller *John Richardson* er-

Tag der Menschenrechte *Carl-von-Ossietzky*-Medaille an Berichterstatter der Fernsehserie „Kennzeichen D", *Wolfgang Richter*, für Lebensrettung bedrohter Vietnamesen

† *František Tomášek* (* 1899 in Mähren), seit 1977 Erzbischof von Prag, der zur Symbolfigur des kirchlichen Widerstandes gegen die KP-Herrschaft wurde

Deutsche Tierschützer fordern eine „Mitgeschöpflichkeit" der Tiere als Verfassungsrecht

Bundesverfassungsgericht setzt die von Bundestag u. Bundesrat beschlossene und v. Bundespräs. bestätigte Fristenlösung mit Beratungspflicht bei Schwangerschaftsabbruch aus

Ärzte einer Klinik in Erlangen wollen das Kind einer nach Unfall hirntoten Schwangeren trotz heftigen Streits um die moralische Zulässigkeit dieses Versuches zur Welt bringen

„Jüdische Lebenswelten" Ausstellung in Berlin mit 2500 Objekten

Kg. *Elizabeth II.* besucht Versöhnungsgottesdienst in der Kreuzkir-

ter diese Kategorie fielen, und die in der USA starke Beachtung fand, wird auch in Berlin gezeigt

Durch kritische Untersuchungen kann die Zahl der „echten“ Rembrandt-Bilder seit 1990 mit etwa 300 statt 900 angegeben werden (die übrigen stammen von seinen Schülern)

Karl-Hofer-Gesellschaft stellt in Berlin Werke folgender Stipendiaten u. Meisterschüler aus: *Detlef Baltrock* (* 1954 in Stuttgart), *Heather Betts* (* 1962 in Sydney/Australien), *Ka Bomhardt* (* 1962 in Hamburg), *Michael Hischer* (* 1955 i. d. BRD), *Ute Hoffritz* (* 1961 in Würzburg), *Eva Niemann* (* 1958 in Hagen), *Nicola Schröder* (* 1959 in Berlin), *Ute Weiss-Leder* (* 1959 in Berlin)

Wiedereröffnung des Rokoko-Museums Schloß Belvedere in Weimar nach langjährigen Restaurierungsarbeiten

Eröffnung d. neuen Bonner Kunst- und Ausstellungshalle, die der österreichische Architekt *Gustav Peichl* erbaut hat

Ausstellung „Begegnung mit den Anderen“, deren Thema die außereuro-

† *Roger Miller* (* 1936), amerik. Country-Sänger

† *Nathan Milstein* (* 1904 i. Odessa), Geigenvirtuose

Franz Martin Olbrisch: „Der gebrochene Spiegel“ (Kammeroper; Urauff. i. Witten/Ruhr)

Der Leichnam von *Jan Paderewski* (* 1860 i. Polen, † 1941 i. New York), poln. Pianist und Politiker, 1919 Min.-Präs., wird zur Beisetzung i. seine Heimat nach Polen überführt

† *Astor Piazolla* (* 1921), argentinischer Jazzmusiker und Tangokomponist

† *Sammy Price* (* 1908), amerik. Jazzpianist

Aribert Reimann (* 1936 i. Berlin): „Das Schloß“, (Oper nach einem Werk von *Franz Kafka*, Urauff. a. der Deutschen Oper Berlin)

Wolfgang Rihm (* 1952): „Die Eroberung von Mexiko“ (Oper zum sogenannten Columbusjahr; Urauff. a. d. Hamburger Staatsoper)

Wolfgang Rihm: Streichquartette

Verleihung des *Ernst-von-Siemens*-Musikpreises an den amerikanischen Musikwissenschaftler *H. C. Robbins Landon*

Dieter Schnebel (* 1930 i. Lahr): Auff. d. „Sinfonie X“ i. Donaueschingen

† *Schobert* (eigentlicher Name *Wolfgang Schulz* 1941), deutscher Liedermacher

Der Kompon. *Wolfgang von Schweinitz* wird

mulierung des Organmilieus organspezifische Zellkulturen zu erhalten, die es erlauben, Pharmaka oder and. stoffliche Einwirkungen ohne Tierversuche zu testen

Seit 1990 wurden insg. 10 gentherapeutische Methoden entwickelt, die eine neue Ära der Medizin einleiten könnten

Europ. Patentamt patentiert erstmals ein gentechnisch verändertes Tier, die sog. „Harvard-Krebsmaus“

Neue Forschungsergebnisse lassen Eindämmung der Bilharziose (tropische Wurmkrankheit) erwarten

Die molekuaren Grundlagen von Gemüts- und Geisteskrankheiten werden zunehmend aufgedeckt

US-Forscher entdecken das „Leukämie-Gen“: Sie positionieren das Gen im menschlichen Genom, dessen Mutation Leukämie erzeugen kann

Bei Implantation embryonaler Hirnzellen ergeben sich Heilungseffekte für d. Parkinson-Krankheit

Medizinische Institute entwickeln Krebstherapie mit Hilfe gezielter Lasertechnik (Einführung mit Katheter)

Versorgung der unter den Wirren des Bürgerkriegs leidenden Bev. von Sarajewo. Das Unternehmen wird durch Einsatz von UN-Blauhelmtruppen geschützt. Auch die BRD schickt Versorgungshilfe

UN eröffnet Luftbrücke für Lebensmittelversorgung nach Somalia. Die Aktion wird durch räuberische Rebellen stark behindert

Bundesreg. beschließt Privatisierung der Bundesbahn und der Dt. Reichsbahn

Eröffnung des neuen Münchner Flughafens im Erdinger Moos

Zahl der Opfer in der Verkehrsluftfahrt wird für 1991 mit 1035 angegeben

Die Städte Freiburg i. Br., Bremen und Dresden gelten in der BRD als „Schrittmacher“ der Gestaltung des öffentl. Nahverkehrs

Amsterdam sperrt Stadtmitte für Kraftfahrzeugverkehr

Brit.-frz. Grenze wird im Kanaltunnel markiert

Große Kürzungen im Raumfahrtprogramm der BRD

Pakistan erklärt, genügend Produktionsmittel zum Bau von Kernwaffen zu besitzen

Bundesreg. beschließt schärferes Gesetz gegen sich ausbreitende Kinderpornographie

BRD verzeichnet Zunahme rechtsextremer Gewalttaten

Hauptstadtvertrag BRD/Berlin regelt Entscheidungskompetenz

Es werden immer spätere Termine für den Umzug von Parlament und Reg. in die Hauptstadt Berlin genannt

(1992)

Exkommunist *Milan Kučan* (* 1941) wird in freier Wahl zum Staatspräs. von Kroatien gewählt

Milan Panič (* 1930 in Belgrad, seit 1963 US-Staatsbürger) wird Min.-Präs. von Rest-Jugoslawien

Versuch aller Bürgerkriegsparteien, die Kämpfe in Jugosl. zu beenden; Friedensplan der Vermittler *Cyrus Vance* (* 1917 in USA), ehemaliger US-Außenminister, und *David Owen* (* 1938 in GB), ehemaliger brit. Außenminister

Altkommunisten schlagen bei der Parlamentswahl in Litauen, wo auch zahlreiche Russen wahlberechtigt sind, wider Erwarten die Demokraten unter dem Vorsitz *Vytautas Landsbergis* (* 1932 in Kaunas/Litauen)

Algirdas Brazaukas (* 1932, Altkommunist) wird Min.-Präs. von Litauen

Als Nachfolger von *Kurt Waldheim* (* 1918) wird der von ÖVP nominierte *Thomas Klestil* (* 1933) österr. Bundespräs.

Österr. und Ital. erklären die »Südtirol-Frage« im Sinne des Pariser Abkommens von 1946 für gelöst

In der poln. Regierungskrise, die vorwiegend durch Zersplitterung der polit. Kräfte auf 29 Gruppen ausgelöst wurde, wird *Hanna Suchocka* (* 1946 in Posen, Demokratische Union) von *Lech Walesa* zur Min.-Präs..in einer Koalitionsreg. ernannt

BRD-Außenmin. *Hans-Dietrich Genscher* unterzeichnet in Bukarest dt.-rumän. Freundschaftsvertrag (letzter derartiger Vertrag im früheren RGW-Bereich)

Ion Iliescu (früher KP) besiegt in rumän. Präs.-wahl *Constantinescu*, der die demokratische Opposition leitet

Schweizer Bundesrat beschließt Antrag auf Beitritt zur EG

† *Alexander Dubček* (nach Unfall, * 1921 in ČSSR), kämpfte während des »Prager Frühlings« (1968) für einen »Sozialismus mit menschlichem Antlitz« in ČSSR, wurde 1989 Parlamentspräs. der ČSFR

Václav Havel (* 1936 in Prag, Schriftsteller und Politiker, Staatspräs. seit 1989), verfehlt aufgrund slowakischer Separatismusbestrebungen die Mehrheit bei der Neuwahl im ČSFR-Parlament. Dadurch wird eine Teilung des Staates unabwendbar, die *Havel* zu verhindern suchte

ČSFR-Parlament beschließt ab 1993 Tren-

hält für seine *Picasso*-Biographie „A Life of Picasso" den britischen *Whitbread-Preis*

† *Luis Rosales Camacho* (* 1936), span. Lyriker, *Cervantes*-Preis von 1982

Friederike Roth: „Erben und Sterben" (Bühnenstück; Urauff. im Wiener Messepalast)

Heinrich-Böll-Preis an *Hans Joachim Schädlich* (* 1935 in Reichenbach)

† *Immy Schell* (* 1934), Schweizer Schauspielerin, Schwester von *Maria Schell*

Der Freiburger Intendant *Friedrich Schirmer* wird Chef des Württembergischen Staatstheater Stuttgart

Isländische Schriftstellerin *Frida Sigurdardottir* erhält den Literaturpreis des Nordischen Rates

Der französische Schriftsteller *Philippe Sollers* erhält den Großen *Paul-Morand*-Preis der Académie française

Peter Stein (* 1937 in Berlin) leitet bei den Salzburger Festspielen die Sparte „Schauspiel" und inszeniert „Julius Caesar" von *W. Shakespeare* in der Felsenreitschule

Marlene Streruwitz: „Waikiki Beach" (Bühnenstück; Urauff. in der „Schlosserei" des Kölner Schauspiels)

Büchner-Preis geht an *George Tabori*

che/Dresden zum Gedenken an die Toten des 2. Weltkrieges

Ca. 350000 Bürger demonstrieren im Berliner Lustgarten friedlich gegen Gewalt und Ausländerfeindlichkeit unter dem Motto „Die Würde des Menschen ist unantastbar"

Auf private Initiative wird in München eine Lichterkette (über 300000 Teilnehmer) gegen Gewalt und Ausländerfeindlichkeit gebildet. Zahlreiche dt. Städte folgen diesem Beispiel

Etwa 500 Tote bei Glaubenskämpfen zw. Hindus und Moslems in Indien

91. Katholikentag in Karlsruhe (Diskussionen um sinkende Mitgliedszahlen in der Kirche)

Nach Änderung der gesellschaftl. Stellung der Kirche in der BRD mehren sich die Kirchenaustritte

Papst *Johannes Paul II.* feiert auf einer lateinamerik. Bischofskonferenz 500 Jahre Christianisierung der Indianer

In Paris wird der neue offizielle Katechismus der Kath. Kirche der Weltöffentlichkeit vorgestellt

Blutige Verfolgung

päische Avantgarde-Kunst ist, findet in Kassel und Hannoversch-Münden statt

In Sevilla wird im Rahmen der Weltausstellung die bislang größte Ausstellung zeitgenössischer lateinamerik. Malerei eröffnet. 90 Künstler sind mit rd. 400 Bildern beteiligt

Die mit viel Aufwand restaurierte *Semper*-Galerie in Dresden ist wieder der Öffentlichkeit zugänglich

„Schatten und Nebel", Film von *Woody Allen* (* 1935 in New York)

† *Nestor Almendros* (* 1931), spanischer Kameramann und Regisseur

„The Player", Film von *Robert Altman* (* 1925 i. den USA)

† *Arletty* (* 1898 in Frankreich, erblindet 1966), Schauspielerin, die bes. durch ihre Rolle in dem Film „Kinder des Olymp" (1945) von *Marcel Carné* (* 1903) bekannt wurde

„Goldene Palme" der Festspiele Cannes für „Der gute Wille", Film von *Bille August* (* 1948 in Dänemark)

† *Karin Brandauer* (* 1943), österreichische Film- und Fernsehregisseurin

† *Richard Brooks*

mit dem *Hindemith*-Preis der *Rudolph*-und-*Erika-Koch*-Stiftung ausgezeichnet

Peter Tschaikowsky: „Jolanthe" (Oper; inszeniert wird d. Werk von *Peter Ustinov* i. Rahmen d. Dresdner Musikfestspiele)

† *Alfred Uhl* (* 1909), österreichischer Komponist

† *Eberhard Waechter* (* 1929), österreichischer Opernsänger und Intendant

Die 81. *Richard-Wagner*-Festspiele in Bayreuth beginnen mit der Auff. der Oper „Tannhäuser"

† *Margarethe Wallmann* (* 1904), österreichische Opernregisseurin

† *Mary Wells* (* 1943), amerik. Jazzsängerin

Anne Woolliams wird neue Leiterin d. Wiener Staatsopern-Balletts

Isan Yun (* 1917 i. Südkorea, Musikstudium i. Berlin), 6. Streichquartett

† *Atahualpa Yupanqui* (* 1908), weltberühmter argentinischer Sänger

Walter Zimmermann: „Hyperion" (Oper nach dem berühmten Briefroman von *Friedrich Hölderlin*; Urauff. a. d. Frankfurter Alten Oper)

Alexander von Zemlinsky (* 1871 i. Wien, poln. Abst., † 1942 i. USA): „König Kandaules" (Erstauff. von Teilen der Oper aus der Zeit um 1934 in Hamburg)

Große Pop-Musik-Messe „Pop Kom '92" i. Köln mit mehr als 200 Nachwuchs-Rockbands

Nachweis sog. „Biosignale" mittels Hochtemperatursupraleitern verbessern EEG und EKG

Kontrastmittel für Ultraschalluntersuchungen verbessern Diagnosemöglichkeiten dieser Methode

Farbsonographie entwickelt sich zur leistungsfähigen Methode der Diagnostik

Amerikanische Wissenschaftler entwikkeln einen Bluttest, der die Erkennung eines erhöhten Mongolismus-Risikos bei Schwangeren ermöglicht

Die Organisation „World Wildlife Fund for Nature" (WWF) stellt in einem Bericht fest, daß durch den Treibhauseffekt die Artenvielfalt auf der Erde bereits abgenommen hat

Ein im US-Bundesstaat Michigan entdeckter 100 t schwerer Pilz, der 150 000 m^2 Waldboden durchzieht, wird von Wissenschaftlern für das größte Lebewesen der Erde gehalten

Einem Bericht amerik. Wissenschaftler zufolge hat der Ausbruch des Vulkans Pinatubo auf d. Philippinen eine weltweite Abkühlung d. Temperaturen um 0,2 bis 0,3 Grad Celsius bedingt

Das Bergbau-Museum in Rammelsberg bei Goslar wird

Verabschiedung der Anti-Mafia-Gesetze in Ital.

Der frühere SS-Oberscharführer *Joseph Schwammberger* (* 1912 in Innsbruck, floh bei Kriegsende nach Argentinien) wird wegen zahlreicher Tötungsdelikte in NS-Zwangslager in Polen zu lebenslanger Freiheitsstrafe verurteilt (gilt als letzter NS-Prozeß). Neonazis demonstrieren gegen das Urteil

Anklage und Haftbefehl gegen *Erich Honecker* wegen Mitschuld an den Todesschüssen an der Grenze zur ehemaligen DDR

Freiheitsstrafe ohne Bewährung für Todesschützen beim ersten „Mauerschützenprozeß" wegen Tötung von DDR-Flüchtlingen (Landgericht Berlin)

Nach amtlicher Erklärung der brasil. Behörden ist der frühere KZ-Arzt *Josef Mengele* durch Badeunfall ums Leben gekommen (vgl. 1985 V)

Chef der Terror-Organisation „Leuchtender Pfad" in Peru, *A. Guzman* (* 1925), wird wegen Anstiftung zu 25 000fachem Mord (seit 1980) von einem Militärgericht zu lebenslanger Haft verurteilt

Erste Hinrichtung nach 25 Jahren in Kalifornien, wobei Giftgas verwendet wird

Sprachwissenschaftlich vorbereitete Stimmerkennung mit Hilfe von Computern wird zu einem Werkzeug der Verbrechensfahndung

† *Martin Hirsch* (* 1913 in Breslau), Richter am Bundesverfassungsgericht

(1992)	nung des tschechischen Landesteils vom slowakischen Der Abspaltung der Slowakei von der ČSFR begegnet *Václav Havel* mit Rücktritt vom Amt des Präs der ČSFR, das er seit 1989 bekleidete † *Chadli Benjedid* (ermordet, * 1929), Staatspräs. von Algerien (seit 1979) † *Mohammed Boudiaf* (ermordet, 1925), seit 1988 Vors. des Staatsrats von Algerien, wo er die islam. Fundamentalisten FIS bekämpfte In Algerien ergreift das Militär die Macht und unterdrückt den erstarkenden islam. Fundamentalismus (FIS) † *Menachem Begin* (* 1913 in Brest-Litowsk, Friedensnobelpreis 1978), Min.-Präs. von Israel 1977 bis 1983, als der er mit dem damaligen Präs. *Anwar el Sadat* (Ägypten) ein Friedensabkommen unterzeichnete Nach schwerer Wahlniederlage wird *Yitzhak Shamir* (* 1914 in Polen) vom rechten Likudblock, der seit 1977 regierte, von *Yitzhak Rabin* (* 1922 in Jerusalem) von der sozialdemokrat. Arbeiterpartei, dem Sieger des 6-Tage-Krieges 1967, abgelöst Israel sperrt den Gazastreifen militärisch von Israel ab, was für die Palästinenser eine erhebliche Verschlechterung ihrer Lebensumstände bedeutet Ausweisung von 418 Palästinensern aus Israel als Vergeltung für einen Mord hat starke Behinderung der Nahost-Friedensgespräche zur Folge Irak behindert weiterhin UN-Abgesandte bei Abrüstungskontrolle, was zu militär. Einsätzen der USA im Irak führt UN-Sicherheitsrat verlängert Embargo gegen Irak, weil dieser Waffenstillstandsbedingungen nicht erfüllt Bei den ersten Wahlen im Iran nach dem Tod des Revolutionsführers *Chomeini* 1989 gewinnen Anhänger einer gemäßigten Politik um Staatspräs. *Ali Akbar Raftandschani*	(* 1914 in Budapest, lebt später in GB, USA, BRD und Österreich) als Dramatiker und Regisseur † *Werner Veidt* (* 1903), deutscher Schauspieler und Schriftsteller *Kortner*-Preis an den Schauspieler *Gert Voss* vom Wiener Burgtheater *Ingeborg-Bachmann*-Preis der Stadt Klagenfurt an *Alissa Walser*, Tochter v. *Martin Walser* (* 1927) Regisseur *Peter Zadek* (* 1926 in Berlin) erhält Kunstpreis Berlin 1992 Mexikanische Literatur ist Schwerpunktthema der Buchmesse in Frankfurt/M. Theater der Freien Volksbühne im früheren West-Berlin wird geschlossen (Gründungsintendant *Erwin Piscator* [† 1966]) Die Jahrestagung des deutschen PEN-Zentrums in München steht unter dem Motto „Ausländer und Deutsche"	islamischer Fundamentalisten in Algerien Syrien gewährt Juden größere Freizügigkeit Nach langen Diskussionen läßt die Anglikanische Kirche Frauen im Bischofsamt zu Vernichtung eines Mahnmals für ermordete Juden im ehemaligen KZ Sachsenhausen durch Brandstiftung empört und erregt die Öffentlichkeit In BRD mehren sich Schändungen jüdischer Gedenk- und Ehrenmale Alter der Sprache als menschliches Kommunikationsmittel wird auf ungefähr 100 000 Jahre geschätzt Überreste eines 6000 Jahre alten Reitpferdes bei Kiew gefunden Streit der Kunsthistoriker um Ursprung der Laokoon-Plastik im Vatikan dauert an Koptisches Grab von ~ 640 bei den ägypt. Pyramiden entdeckt Salier-Ausstellung im Dom zu Speyer Kath. Akademie in Bayern veranstaltet Konferenz über die Qumran-Schriftrollen aus der Zeit um ± 100, die 1947 am Toten Meer gefunden wurden und deren Bedtg. für das frühe Christentum noch umstritten ist Weltausstellung in Sevilla unter dem Motto „Das Zeitalter der Entdeckungen"

(* 1912 in Philadelphia), Filmregisseur

„Batmans Rückkehr“, US-Action-Film von *Tim Burton* , bemüht sich um ein Comeback der Figur des „Batman“

„Naked Lunch“, Film v. *David Cronenberg* (* 1942 in den USA)

† *Marlene Dietrich* (* 1901 in Berlin, nach 1933 US-Bürgerin), erlangte Weltruhm durch ihre Rolle in dem Film „Der blaue Engel“ (1929) von *Josef von Sternberg* (* 1894 in Wien) und zahlreiche weitere Filme

Marlene Dietrich wird auf eigenen Wunsch in Berlin-Friedenau beigesetzt

† *Eberhard Fechner* (* 1926 in Liegnitz), Fernseh- und Filmregisseur von Romanen *W. Kempowskis*

† *José Ferrer* (* 1912), amerik. Schauspieler, Regisseur und Produzent

„Goldener Bär“ der Berliner Filmfestspiele an *Lawrence Kasdan* f. Film „Grand Canyon“

† *Werner Kreindl* (* 1928 in Wels), Schauspieler, bekannt durch TV

Beim 45. Internationalen Filmfestival von Locarno wird der „Goldene Leopard“ d. Regisseurin *Clara Law* aus Hongkong für ihren Film „Herbstmond“ verliehen

† *Marisa Mell* (* 1939), österreichische Filmschauspielerin

Verleihung des *Peter-Weiss* -Preises der Stadt Bochum an den Filmautor und Regisseur *Marcel Ophuls*

von der UNESCO als Weltkulturerbe eingestuft

Alter des Homo habilis wird auf 2,4 Mill. Jahre festgesetzt (bisher 1,9)

Neue Funde von Vogelfossilien in China und in der Mongolei führen zur Einordnung des Archäopteryx als einem Seitenzweig der Vogelevolution (Archäopteryx galt bisher als „Urvogel“)

50 m langes Dinosaurierskelett wird in USA entdeckt. Dieser Saurier gilt nach derzeitigem Stand der Forschung als bisher größtes bekanntes Tier der Erde

Das Alter der 1991 in den Ötztaler Alpen gefundenen Gletscherleiche („Ötzi“) wird aufgrund von Untersuchungen mit 5300 Jahren angegeben (älter als ursprünglich angenommen)

In Namibia wird ein etwa 13 Mill. Jahre alter menschl. Unterkiefer gefunden

Anhand von Satellitenaufnahmen wird die vor 4000 Jahren untergegangene Stadt Ubar entdeckt

Durch Computerverbund werden Rechengeschwindigkeiten von 1 Mrd. Bit/Sek. erreicht

„Photokina“-Ausstellung in Köln zeigt auf CD digital gespeicherte Fotobilder

Glasfaserkabelverbindung BRD-USA fertiggestellt und in Erprobung. Planung von Glasfaser-Verbindung USA-Moskau

Konstruktion eines Schreibcomputers, der gesprochenen Text in Schriftzeichen umsetzen kann (mit beschränktem Wortschatz)

Berlin ernennt *Michail Gorbatschow, Helmut Kohl* und *Ronald Reagan* wegen ihrer Verdienste um die Vereinigung der geteilten Stadt zu Ehrenbürgern

2 Mill. Flüchtlinge aus dem ehemaligen Jugosl. drängen nach West-Europa

Die Feier zum 50. Jahrestag des ersten Raketenstarts in Peenemünde, der zur V2-Waffe führte, wird stark kritisiert

Bilder von *Lucas Cranach d. Ä.* im Wert von ca. 14 Mill. DM werden aus einer Sammlung in Weimar gestohlen

Terroranschläge von Separatisten auf Korsika fordern über 20 Tote

Auf Sizilien ermordet die Mafia 3 für sie gefährliche Verfolger und Justizbeamte

3 Tote durch Brandanschlag auf Wohnung einer seit Jahren dort lebenden türkischen Familie in Mölln

Massengräber mit Überresten von ca. 12500 Toten beim ehemaligen KZ der SU bei Oranienburg entdeckt

In USA starben 1991 24700 Menschen eines gewaltsamen Todes

In Kolumbien flieht Chef eines Kokain-Kartells, *Pablo Escobar* (* 1950), aus einem „Luxusgefängnis“, in dem er unter Arrest gehalten wurde, nachdem er sich freiwillig gestellt hatte

Ex-Diktator von Panama, *Manuel Antonio Noriega* (* 1934 in Panama-Stadt), den die USA 1990 mit Hilfe militär. Invasion absetzten, wird von einem US-Gericht zu 40 Jahren Freiheitsstrafe verurteilt

Schwere ausländerfeindliche, straßenschlachtartige Unruhen durch Rechtsradikale in Rostock

200 Tote bei Niederschlagung einer Gefängnismeuterei in Brasilien durch Militär

Schwere Straßenunruhen Jugendlicher in Bristol und anderen Städten in GB

Schwere Rassenunruhen in Los Angeles/USA nach Freispruch von 4 Polizisten, die einen Schwarzen mißhandelt hatten

Tausende von Anhängern einer Sekte warten in Südkorea vergeblich auf den Weltuntergang, der vom Sektenführer vorausgesagt worden war

CDU und FDP einigen sich nach langen Verhandlungen auf Einführung einer Pfle-

(1992) (* 1934) aus dem Lager des gemäßigten Islam, seit 1989 Reg.-Chef, gegen islam. Fundamentalisten

Wahlen in Kuwait ergeben Mehrheit für oppositionelle Gruppe

BRD unterbricht Lieferung von Waffen an die Türkei, weil mit deren Hilfe auch Kurden bekämpft werden

In Afghanistan beenden militär. Erfolge der islam. Mudschahedin die Herrschaft des sozialistischen Staatspräs. *Mohammad Nadjibullah* (* 1947), der 1971 durch die damalige sowjetruss. Reg. in Moskau sein Amt erhielt

Deng Xiao ping (* 1904), seit 1989 ohne offizielle Parteiämter, fordert öffentlich Liberalisierung der Wirtschaft in China; diese wird später durch einen Parteitag beschlossen und damit China die Möglichkeiten der Marktwirtschaft eröffnet

Aufnahme diplomatischer Bez. zw. VR China und Israel. Anschließende Teilnahme Chinas an der Nahost-Friedenskonferenz

Südkorea und VR China nehmen diplomatische Bez. auf

In Pakistan wird frühere Reg.-Chefin *Benazir Bhutto* bei einer Demonstration gegen die Reg. von *Nawaz Sharif* verhaftet und des Landes verwiesen

Japan ermöglicht durch Verfassungsänderung Blauhelmeinsätze bei Friedensmissionen

In Japan gewinnt bei nur 50 % Wahlbeteiligung die seit 1955 regierende LDP Teilwahlen zum Oberhaus, obwohl vor der Wahl zahlreiche Korruptionsaffären bekannt geworden waren

Wahlen in Südkorea gewinnt die oppositionelle Neue Demokratische Union über die regierende Demokratisch-Liberale Partei

Mit der Wahl von *Kim Young Sam* (* 1927) wird in Südkorea seit langer Zeit ein Zivilist Staatspräs.

Reformkommunisten gewinnen Wahl in der Mongolei

Durch Räumung der Militärbasis Subic Bay auf den Philippinen beenden USA rd. 1 Jh. militär. Präsenz und geben größten auswärtigen Stützpunkt auf

Sieger bei den Volkswahlen zum Präs. auf den Philippinen ist *Fidel Ramos* (* 1948), der früher als Verteidigungsmin. seine Vorgängerin *Corazon Aquino* (* 1933) erfolgreich unterstützt hatte

Parlament von Brasilien enthebt wegen Vorwürfen der Korruption den Staatspräs. *Fernando Collor de Mello* (* 1949 in Rio) seines Amtes

In El Salvador wird der seit 1980 währende Bürgerkrieg beendet, der ca. 40 000 Menschenleben forderte

Staatspräs. von Peru, *Alberto Kenya Fujimori* (* 1938 in Lima), setzt mit Militärgewalt demokratische Staatsform außer Kraft

In Angola gewinnt der seit 1979 amtierende Präs. *José Eduardo dos Santos* (* 1942 in Angola) von der SU-unterstützten MPLA gegen *Jonas Savimbi* von der US-unterstützen UNITA-Bewegung

Waffenstillstand in Moçambique nach 16 Jahren Bürgerkrieg

Frederik Willem De Klerk (* 1936), Staatspräs. von Südafrika, erhält in einem Referendum zu seiner Politik gegen Apartheid 2/3-Mehrheit der weißen Bevölkerung

† *Anthony Perkins* (* 1932), weltberühmter amerik. Film- und Theaterschauspieler

† *Satyajit Ray* (* 1922 in Kalkutta), Begründer d. indischen Filmkunst (schuf 1955–1960 „Apu-Trilogie")

† *Hal Roach* (* 1892), amerik. Filmproduzent

† *Otto Simánek* (* 1925), tschechischer Schauspieler. In Dtl. bekannt geworden als Darst. von „Pan Tau"

† *John Sturges* (* 1910 in Oak Park, Illinois), Western- und Actionfilm-Regisseur, u. a. „Die glorreichen Sieben" 1960

5 Oscars für den Film „Das Schweigen der Lämmer" von *Jonathan Demme*

Europäischer Filmpreis „Felix" an Regisseur *Billy Wilder* (* 1906 in Krakau 1933 in die USA emigriert) für sein Gesamtwerk

Bei der 49. Biennale von Venedig wird der „Goldene Löwe" an den chinesischen Regisseur *Zhang Yimon* für seinen Film „Die Geschichte von Qi Ju" verliehen

1986–1990 halbierte sich der Verleih bundesdeutscher Filme zugunsten derer aus USA

109. Element im Periodensystem erhält zu Ehren der Kernphysikerin *Lise Meitner* (1878–1968) d. Namen „Meitnerium“ mit dem Symbol Mt

Es entwickelt sich eine „Nanotechnologie“ für Dimensionen von milliardstel Metern

Mit Hilfe der Reibungsmikroskopie, einer Fortentwicklung der Rastermikroskopie, gelingt Sichtbarmachung atomarer Strukturen

In Freiburg wird das erste energieautarke Solarhaus in BRD in Betrieb genommen

Erbium-Dotierung der Glasfasern ermöglicht fast millionenfach höhere Kapazität der Nachrichtenübermittlung gegenüber 1975 zu Beginn der Glasfasertechnik

geversicherung mit Finanzierung nach Art der Sozialversicherung, welche auch den Arbeitgeber zur Kasse bittet

Diskussion über Freigabe des „milden“ Rauschgiftes „Meskalin“ zur Verhinderung der Einnahme härterer Drogen

17 % mehr Rauschgifttote in der BRD als im Vorjahr

Zahl der weltweit HIV (AIDS)-Infizierten wird mit 10 Mill. angegeben (= 0,2 % der Weltbev.)

Großer Umwelt-Strafprozeß in der BRD wegen Verwendung von Dioxin bei der Herstellung von Holzschutzmitteln

Nach Bekanntwerden der gesundheitsschädigenden (da karzinogenen) Wirkung von Asbest werden Abriß und Entsorgung aller asbesthaltigen Bauteile u. ä., wie sie in der Phase des Wiederaufbaus nach 1945 in der BRD häufig verwendet wurden, notwendig

Kernkraftwerk in Tschernobyl/Ukraine wird abgeschaltet, bleibt jedoch weiterhin Gefahrenquelle wegen Reststrahlung. Vom gleichen Reaktortyp sind weitere Kraftwerke im Gebiet der ehemaligen SU in Betrieb

Aufgrund sinkender Kosten breitet sich die Nutzung der Sonnenenergie mittels Photovoltaik zunehmend aus

Frankr. sperrt seine Grenzen für Mülltransporte aus BRD, was vorübergehend zu einem „Abfallnotstand“ vieler Betriebe in der BRD führt

Türkei weiht am oberen Euphrat Atatürk-Staudammsystem für 118 Mill. kW ein

Der während der vergangenen Jahrzehnte im All zurückgelassene sog. „Raumfahrtmüll“ stellt wegen Kollisionsgefahr mit Raumfahrzeugen ein ernsthaftes Problem für künftige Projekte dar

Willy Daume (* 1913 in NRW) tritt als Präs. des Olymp. Komitees der BRD zurück; dieses Amt hatte er seit 1960 inne

† *Josef Neckermann* (* 1912 in Frankfurt/M.), erfolgreicher Dressurreiter, Förderer des Sports und Gründer der Neckermann Versand KG

In Albertville/Frankr. eröffnet *François Mitterrand* Olymp. Winterspiele, zu denen 2300 Athleten aus 64 Nationen im sportlichen Wettkampf um 171 Medaillen antreten

Medaillenspiegel der Olymp. Winterspiele Albertville/Frankr. (in der Reihenfolge G/S/B): 1) BRD 10/10/6, 2) GUS 9/6/8, 3) Norw. 9/6/5, 4) Österr. 6/7/8, 5) USA 5/4/2, 6) Ital. 4/6/4, 7) Frankr. 3/5/1, usw. bis 20) Nordkorea 0/0/1

Bei den Olymp. Sommerspielen in Barcelona treffen sich 172 Mannschaften mit 10517 Sportlern für 25 Sportarten, die in 260 Wettbewerben ausgetragen werden (700 Mill. US-$ für Fernsehrechte)

Medaillenspiegel der Olymp. Sommerspiele in Barcelona (in der Reihenfolge G/S/B): 1) GUS 45/38/28; 2) USA 34/37/37; 3) BRD 33/21/27; Kuba 14/6/11; 5) Span. 13/7/2; 6) Ungarn 11/12/7; 7) Südkorea 11/5/12; 8) Frankr. 8/5/16, usw. bis 25) Thailand 0/0/1

„Weltsportlerin des Jahres“ wird Hochspringerin *Heike Henkel* (* 1964) vom Klub Bayer Leverkusen; u. a. wird ihre klare Haltung gegen Doping gewürdigt

200 Tote und etwa 800 Verletzte bei einer Explosion (vermutl. im Abwassersystem) in Mexiko

2000–3000 Tote durch Seebeben vor Indonesien (bei Bali)

Schwerstes Erdbeben seit 1757 am Rheingraben

Bau des Plenarsaals des Bundestages wird nach über 20 Jahren Bauzeit und Kosten in Höhe von 256 Mill. DM fertiggestellt

1993

Friedensnobelpreis an *Nelson Mandela* (* 1918) und *Frederik Willem de Klerk* (*1936) für Stiftung eines neuen Südafrika. Mit neuer Verfassung und freien Wahlen soll Gleichberechtigung von Schwarzen und Weißen geschaffen werden

US-Präsident George Bush (* 1924) und Rußlands Präsident Boris Jelzin (* 1931) unterzeichnen Start-II-Vertrag, der die Verringerung der strategischen Kernwaffen auf beiden Seiten um zwei Drittel innerhalb der nächsten 10 Jahre vorschreibt

Auf Bali 4tägige Beratung von Vertretern aus 37 blockfreien Staaten, die einen Dialog zwischen Entw.-Ländern und Industriestaaten fordern

In Paris Gründung der OPCW, die sich zur Aufgabe stellt, das Verbot von Herstellung, Besitz, Lagerung, Erwerb und Einsatz chemischer Waffen zu kontrollieren

USA verzichten auf SDI und beendigen Programm zur Stationierung von Raketenabwehrwaffen im Weltraum

In Wien findet nach 25 Jahren wieder eine Weltkonferenz für Menschenrechte der UNO statt

† *Heinrich Albertz*, Mitglied der Bekennenden Kirche und von den Nationalsozialisten verfolgt, 1966–67 Reg. Bürgermeister von Berlin (* 1915)

† *Wolf Graf Baudissin*, Generalleutnant, 1929–45 bei Reichswehr und Wehrmacht, Mitbegr. der Bundeswehr und des Konzepts der Streitkräfte in der Demokratie, seit Gründung des „Instituts für Friedens- und Sicherheitspolitik an der Universität Hamburg" dessen Wissenschaftl. Direktor (* 1907)

† *Heinz Galinski*, Vorsitzender des Zentralrates der Juden in Deutschland (* 1912)

Erich Honecker (* 1913), früheres Staatsoberhaupt der DDR, bekennt sich zu polit. Verantwortung für Mauerbau, lehnt persönl. Schuld für die Todesopfer ab. Wegen seines schlechten Gesundheitszustandes Einstellung des Verfahrens gegen ihn. Ausreise nach Chile

Bundesverkehrsmin. *Günther Krause* (* 1953; CDU) wird wegen verschied. Bestechungsaffären aus Amt abgelöst. Nachfolger wird *Matthias Wissmann* (* 1949), bisher Wissenschaftsmin. An dessen Stelle im Forschungsministerium rückt *Paul Krüger* (CDU)

Als Reaktion auf Bestechungsvorwürfe tritt

Literaturnobelpreis an die amerik. Schriftstellerin *Toni Morrison* (* 1931), schrieb u.a. „Beloved" (1987, dt. „Menschenkind") und „Jazz" (1992, dt. 1993)

Friedenspreis des dt. Buchhandels an *Friedrich Schorlemmer*, dt. Pfarrer und Bürgerrechtler, Mitbegründer der Bürgerbewegung „Demokratischer Aufbruch"

† *Anthony Burgess* (* 1917), amerikanischer Schriftsteller, schrieb „Clockwork Orange" („Uhrwerk Orange")

Ingeborg-Bachmann-Preis an den Schriftsteller *Kurt Drawert* für „Haus ohne Menschen. Ein Zustand" (Erzählung)

† *André Frénaud*, frz. Lyriker (*1908)

† *William Golding*, brit. Schriftsteller, schrieb „Der Herr der Fliegen" (* 1911)

† *Joana Maria Gorvin*, dt. Schauspielerin, bekannt geworden vor allem in den Inszenierungen des Regisseurs *Jürgen Fehling* (* 1922)

Günter Grass (* 1927) erhält die Ehrendoktorwürde der Univ. seiner Heimatstadt Danzig sowie die Ehrenbürgerschaft der Stadt. In Danzig spielt sein bekanntester Roman „Die Blechtrommel"

Der span. Dramatiker *Ronald Harwood* wird auf dem 60.

Einweihung der Zentralen Gedenkstätte der BRD in der umgestalteten Neuen Wache in Berlin. Mit einer vergrößerten „Pietà" von *Käthe Kollwitz* soll der „Opfer von Krieg und Gewaltherrschaft" gedacht werden. An der Gleichsetzung der Erinnerung an Täter und Opfer entzünden sich heftige Auseinandersetzungen in der Öffentlichkeit

Eröffnung des „United States Holocaust Museum" in Washington in Gegenwart von Präs. *Bill Clinton*. Der New Yorker Architekt *James Ingo Freed*, selbst aus Nazidtl. geflohen, hat mit dem Bau eine Architektursprache entwickelt, die zugleich an die KZs erinnern und die Rationalität der Vernichtung kritisieren soll

In der BRD wird am Deutschen Eck eine Nachbildung der 1945 zerstörten Reiterstatue von Kaiser *Wilhelm I.* auf den Sockel gehoben

15. Philosophen-Kongreß in Berlin hört unter dem Titel „Neue Realitäten – Herausforderung an die Philosophie" 187 Referenten zu Themen wie Business-

Zum 200jährigen Bestehen des Pariser Louvre Eröffnung des *Richelieu*-Flügels als neuen Museumtrakts durch Staatspräs. *François Mitterrand*

Im Krieg im ehemal. Jugoslawien wird die Brücke von Mostar, ein Weltkulturdenkmal aus dem 16. Jh., durch kroatische Granaten zerstört

Eine Attrappe aus Plastikplanen wirbt in Berlin für den Wiederaufbau des Berliner Stadtschlosses

Ausstellung des grafischen Werkes von *Max Beckmann* (* 1884 †1950) in München. Die 190 ausgestellten Werke stammen alle aus Privatbesitz

Kunsthalle Weimar veranstaltet eine Ausstellung mit Werken von *Joseph Beuys* unter dem Titel „Die innere Mongolei"

Eine *Cézanne*-Ausstellung in Tübingen lockt 430 000 Besucher an

Berliner *Fred-Thieler*-Preis an den Kölner Maler und Bildhauer *Peter Bömmels*

Anläßlich des 100. Geburtstags von *George Grosz* eröffnet das *Josef-Albers*-Museum in Bottrop eine Ausstellung mit Aquarellen und Zeich-

† *Maurice Abravanel*, amerik. Dirigent portug. Herkunft (*1903)

Theodor W. Adornos Untersuchung „Beethoven" erstmals ediert

Pina Bausch (* 1940): „Tanzabend I" (Tanztheater, Urauff. in Wiesbaden)

† *Hans Beirer*, österr. Sänger (Tenor) (*1911)

Maurice Béjart (* 1927): „Nacht" (Tanzstück, Urauff. in Berlin, wo Béjart jetzt als ständiger Gast-Choreograph wirkt)

Ruth Berghaus inszeniert Puccinis „Tosca" an der Semper-Oper in Dresden

† *Paolo Bortoluzzi*, ital. Tänzer, tanzte Hauptrollen fast aller wichtigen Balette von Maurice Béjart (*1938)

† *John Campbell*, amerik. Bluessänger und Gitarrist (* 1952)

† *Jaques Chazot*, frz. Ballettänzer (*1928)

† *Agnes De Mille*, amerik. Choreographin (*1909)

† *Christoph Detz*, schweiz. Komponist und Pianist (*1950)

† *Léo Ferré*, frz. Chansonnier (*1916)

Jazz-Saxophonist *Jan Garbarek* nimmt zusammen mit dem Hilliard Ensemble das „Officium" auf: Mittelalterliche Ge-

Nobelpreis für Medizin an *Philip R. Sharp* (USA, * 1944) und *Richard J. Roberts* (GB, * 1943) für grundlegende Arbeiten in der Genforschung. Beide entdeckten 1977 unabhängig voneinander den diskontinuierlichen Aufbau d. Gene im Erbmaterial höherer Organismen: Auf der scheinbar gleichförmigen DNS liegen abwechselnd „Exon"- und „Intron"-Segmente. Die Erbinformation befindet sich nur in den „Exons"

Nobelpreis für Chemie an *Karen Banks Mullis* (USA, * 1944) für die Entwicklung der Polymerase-Kettenreaktion (PCR) zur Verdopplung kleiner Teile der DNS, eine Voraussetzung zur Erstellung des „genetischen Fingerabdrucks", und an *Michael Smith* (CAN, * 1932) für ein Verfahren zum Austauschen einzelner Nukleotide im DNS-Strang zur Veränderung der Erbinformation („ortsspezifische Mutation")

Nobelpreis für Physik an die beiden Amerikaner *Russell A. Hulse* (* 1950) und *Joseph H. Taylor* (* 1941) für die Entdeckung einer neuen Art kleiner Himmelskörper, des Doppelpulsars, einem Tandem aus

Nobelpreis für Wirtschaftswissenschaften an die Amerikaner *Robert W. Fogel* (* 1926) und *Douglas C. North* (* 1920) für Arbeiten im Bereich der Theorie der Wirtschaftsgeschichte

Nach einer Studie der ILO (Internationale Arbeitsorganisation) werden derzeit ca. 200 Mill. Kinder zu schwerer Arbeit mißbraucht und kommen so um Kindheit und Schulbildung

Ca. 1,4 Mrd. Menschen leben in totaler Armut, eine weitere Mrd. am Rande der Armut

Weltweit sind ca. 700 Mill. Menschen arbeitslos oder unterbeschäftigt. Wegen der versch. Migrationsbewegungen kommen jährlich ca. 38 Mill. hinzu

Mehr als 2½ Mill. Menschen in Europa sind obdachlos

In der BRD erreicht Arbeitslosigkeit mit 2,4 Mill. Arbeitslosen in den alten und 1,2 Mill. in den neuen Bundesländern im November eine Rekordhöhe

In Genf einigen sich nach 7 Jahren der Verhandlungen 117 Staaten auf neues Zoll- und Handelsabkommen GATT zum weltweiten Abbau von Zöllen und Importquoten. Erstmalig sind auch die Dienstleistungen von Banken, Versicherungen, Reedereien und geistiges Eigentum (Patente, Marken) einbezogen. Wegen des Widerstands von Frankreich sind Filme, Musik und Fernsehprod. nicht Bestandteil des Vertrags

Laut Statistik des GATT-Sekr. in Genf hat sich das Welthandelsvolumen 1993 gegenüber 1992 um 2,5 % erhöht. Überdurchschnittliches Wachstum der Exporte verzeichnen Nord- und Südamerika sowie Asien

Lockerung des Europäischen Währungssystems (EWS): Die verbundenen Währungen können gegenüber den festgesetz-

(1993)	Bundeswirtschaftsmin. und Vizekanzler *Jürgen Möllemann* (FDP) zurück. Neuer Wirtschaftsmin. wird *Günter Rexrodt* (FDP), neuer Vizekanzler Klaus Kinkel (FDP) Laut Statistischem Bundesamt leben Ende 1992 80 980 000 Menschen in Deutschland In Solingen Brandanschlag auf ein von Türken bewohntes Haus. 3 Kinder und 2 Frauen sterben Als Antwort auf Brandanschlag in Solingen und Änderung des Asylrechts bundesweit Protestveranstaltungen und Demonstrationen gegen Ausländerhaß und Fremdenfeindlichkeit Angeklagte wegen des Brandanschlags auf 2 von Ausländern bewohnte Häuser in Mölln erhalten Höchststrafen Festnahme der mutmaßl. RAF-Mitglieder *Wolfgang Grams* und *Birgit Hogefeld* in Bad Kleinen. Dabei werden *Wolfgang Grams* und ein Beamter der GSG9 bei Schußwechsel getötet. Unklarheiten über den genauen Ablauf der Ereignisse führen zum Rücktritt von Bundesinnenmin. *Rudolf Seiters* sowie Entlassung von Generalbundesanwalt *von Stahl.* Neuer Bundesinnenmin. wird *Manfred Kanther* (* 1939, CDU) Verdacht des Handels mit HIV-verseuchtem Blutplasma gegen Firma „UB-Plasma". Wegen Informationspannen im Bundesgesundheitsamt werden mehrere leitende Beamte entlassen Bei Anschlag der RAF auf Gefängnisneubau bei Darmstadt Sachschaden von 100 Mill. DM Bundestag beschließt Änderung des GG hinsichtlich des Asylrechts. Sie ermöglicht die Abweisung von Asylbewerbern, die über Länder einreisen, die als sicher vor Verfolgung gelten. Alle Nachbarstaaten der BRD gehören dazu Bundesinnenminister *Seiters* und der polnische Innenminister *Andrzej Milczanowski* (* 1939) unterzeichnen Abkommen zur Rücknahme von Asylbewerbern durch Polen, deren Antrag in Deutschland abgewiesen wurde Bundeskabinett beschließt gegen starke interne und öffentl. Kritik dt. Beteiligung an der von der UNO beschlossenen Überwachung des Flugverbots über Bosnien-Herzegowina Die ersten von insg. 1700 Blauhelm-Soldaten der Bundeswehr treffen in Somalia ein Bundesverfassungsgericht erklärt das im Juli 1992 vom Bundestag geänderte Abtreibungs-	Kongreß des Internat. PEN-Clubs in Santiago de Compostela zum neuen Präs. gewählt *Rolf Hochhuth* (* 1931): „Wessis in Weimar" (Schauspiel, Urauff. in Berlin) † *Masuji Ibuse*, jap. Schriftsteller, gilt als einer der bedeutenden Erzähler Japans (*1898) *Heiner Müller* (* 1929), ostdt. Dramatiker, bekennt, regelmäßige Kontakte zur Stasi gehabt zu haben *Klaus Pierwoß* (* 1942) wird Nachfolger von *Hansgünther Heyme* (* 1935) als Intendant des Bremer Theaters *Harold Pinter* (* 1930) „Moonlight" (Schauspiel, Urauff. in London) † *Hans Werner Richter*, dt. Schriftsteller, Initiator der „Gruppe 47" (* 1908) *Georg-Büchner*-Preis an *Peter Rühmkorf* (* 1929), Lyriker und Essayist † *Hans Sahl*, dt. Schriftsteller, Film- und Theaterkritiker, während der NS-Zeit in die USA emigriert (* 1902) *Peter Sichrovski:* „Unheilbar deutsch" (Schauspiel aus Interviews mit Kindern von Nazi-Eltern, Urauff. in Dortmund und Hamburg) † *Fritz Strassner*, dt. Volksschauspieler (* 1920)	ethik, Technikethik und Rechtsphilosophie Ausstellung in Berlin soll Bedeutung der Etrusker für Europa dokumentieren („Die Etrusker und Europa") Neukonstituierung der vereinigten Berlin-Brandenburgischen Akademie der Wissenschaften mit einem Festakt in der Berliner Staatsoper † *Dominique Bozo*, Präs. des Pariser Centre Pompidou (* 1935). Sein Nachfolger wird *François Barré* *Hannah Arendts* (*1906, † 1975) „Besuch in Deutschland" erscheint † *Hans Jonas*, dt. Philosoph und Religionswissenschaftler, Träger des Friedenspreises des dt. Buchhandels, einflußreich für die dt. Friedensbewegung (* 1903) † *Leo Löwenthal*, dt.-amerik. Soziologe, Mitbegründer der Kritischen Theorie (* 1900) † *Fritz Mey-Sarasani*, Zirkusdirektor † *Cyril Northcote Parkinson*, brit. Historiker, fand das nach ihm benannte Gesetz vom Wachstum der Bürokratie (*1931)

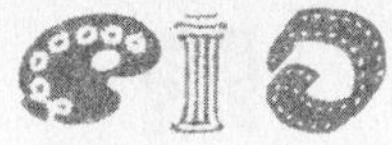

nungen des Künstlers

Großer Preis des BDA an *Thomas Herzog* (baute u.a. an „Böcken“ hängende Fabrikhalle für Firma Wilkhahn im Deister-Süntel-Tal)

Eine umfassende Werkschau d. Bildhauers und Zeichners *Alfred Hrdlicka* (* 1928) in Künzelsau

† *Fritz Cremer*, dt. Bildhauer, bekannt vor allem durch seine Denkmale in den KZ-Gedenkstätten von Buchenwald, Mauthausen, Ravensbrück und Auschwitz

Die Hamburger Kunsthalle erwirbt für 3,5 Mill. DM das Gemälde „Meeresufer bei Mondschein“ von *Caspar David Friedrich* (* 1774 † 1840)

Max-Beckmann-Preis der Stadt Frankfurt/M. an den russ. Avantgarde-Künstler *Ilya Kabakov*

Anläßlich des 100. Geburtstages des Malers *Joan Miró* († 1983) widmet ihm seine Geburtsstadt Barcelona eine große Gedenkausstellung mit 500 Werken aus seinem letzten Lebensjahrzehnt

Im Palazzo Grassi in Venedig beginnt große Wanderausstellung mit 448 un-

sänge mit Saxophon als zusätzlicher Stimme

† *Hans Franzen*, dt. Sänger (Bass) (*1935)

† *Dizzy Gillespie*, amerik. Jazztrompeter und Begründer des Bebop (* 1917 als *John Birks*)

Philip Glass (* 1937): „Orphée“ (Oper, Urauff. in Weikersheim)

† *Szymon Goldberg*, poln. Dirigent und Violonist, der bereits im Alter von 12 Jahren debütierte (* 1909)

† *Joseph Greindl*, dt. Sänger (Baß) (*1912)

† *Tatjana Gsovsky*, dt. Tanzpädagogin russ. Herkunft (*1901)

Wilfried Hiller (Musik) und *Michael Ende* (Text): „Der Rattenfänger – Ein Hamelner Totentanz“ (Märchenoper. Urauff. i. Dortmund)

Hugo Kächs „Paracelsus“ (Oper nach einer Dichtung von *Arthur Schnitzler*, Urauff. in Villach)

John Kander und *Fred Ebb*: „Kuß der Spinnenfrau“ (Musical, dt.-sprachige Erstauff. in Wien)

Nikolai Karetnikow (* 1930): „Till Eulenspiegel“ (Oper, Urauff. in Bielefeld)

Johann Kresnik: „Rosa Luxemburg – Rote Rosen für Dich“ (Tanztheater nach einem Libretto

zwei Himmelskörpern, die sich i. Drehbewegung mit steigender Geschwindigkeit auf immer engerer Bahn befinden

Carol-Nachmann-Preis für Rheumatologie an den Zürcher Biochemiker *Antonio Baici* für seine Arbeiten über Gelenkentzündungen

† *Albert Sabin*, amerik. Arzt und Erfinder der Schluckimpfung gegen Kinderlähmung

Mit Hilfe der Raumsonden „Voyager 1“ und „Voyager 2“ meinen amerik. Wissenschaftler, den Rand des Sonnensystems entdeckt zu haben. Die Theorie basiert auf der Beobachtung, daß in einer Entfernung von ca. 13 bis 18 Mrd. km zur Sonne Partikel des Sonnenwindes auf solche des interstellaren Raumes treffen

Auf Hawaii meinen Astronomen, mit einem Teleskop Lichtstrahlen von der nach menschlichem Ermessen weitestentfernten Galaxis im Universum empfangen zu haben

Mit Hilfe einer Radarantenne erstellen amerik. Wissenschaftler die bisher genauesten Aufnahmen eines Asteroiden (4179 Toutatis), der sich der Erde auf 3,5 km Entfernung genähert hat

ten Leitkursen um 15% statt bisher 2,25% zu beiden Seiten schwanken

Die großen techn. Unternehmen in Deutschland kündigen jeweils Personalabbau um Zehntausende von Angestellten an

In BRD steigt die Mehrwertsteuer von 14 auf 15 %

Jose Ignacio López (* 1941), bisher Vizepräs. von General Motors, wird neues VW-Vorstandsmitglied. Die Firma Opel wirft ihm vor, Betriebsgeheimnisse verraten zu haben, was jedoch nicht bewiesen werden kann

Als Nachfolger von *Helmut Schlesinger* (* 1924) wird *Hans Tietmeyer* neuer Bundesbankpräsident

Der Vors. der IG Metall, *Franz Steinkühler* (* 1937), tritt zurück, als bekannt wird, daß er sein Wissen aus Beratungen im Aufsichtsrat der Daimler Benz AG für private Aktienspekulationen eingesetzt hat

Der chin. Volkskongreß ersetzt bisherige Planwirtschaft durch „sozialistische Marktwirtschaft“

Nach der Unterzeichnung der Maastrichter Verträge zur Gründung der EU protestieren Bauern auf dem ganzen Kontinent gegen Kürzung der Agrarsubventionen

Bananen werden in Europa teurer, weil der Import aus Süd- und Mittelamerika beschränkt wird

Kürzungen in allen Bereichen der sozialen Leistungen führen zu immer größerer Armut in BRD. Über 23 Mrd. DM werden bei Erziehungs- und Wohngeld, bei der Sozialhilfe, bei der Unterstützung für Asylbewerber und Arbeitslose eingespart

Die Ostdeutschen trinken wieder Rotkäppchen-Sekt und konsumieren verstärkt heimische Produkte

(1993) recht mit der „Fristenregelung“ für verfassungswidrig

Verbot der kurdischen Arbeiterpartei PKK in der BRD

Bayerns Min.-Präs. *Max Streibl* (* 1932, CSU) tritt wegen „Amigo“-Bestechungsaffäre zurück. Nachfolger wird *Edmund Stoiber* (CSU)

Die westdt. Partei Die Grünen und das aus der ostdt. Bürgerrechtsbewegung hervorgegangene Bündnis 90 schließen sich in Leipzig zu einer neuen Partei Bündnis 90/Die Grünen zusammen

In Brandenburg finden erste Kommunalwahlen seit Vereinigung statt. Die Wahlbeteiligung liegt bei nur 59,7 %. Gesamtergebnis: SPD 34,5 %, PDS 21,2 %, CDU 20,5 %, FDP 7,1 % Bündnis 90/Die Grünen 4,2 %, Sonstige (Bauernverband und Wählervereinigungen) 12,5 %

Das Hamburger Verfassungsgericht entscheidet, daß die Bürgerschaftswahl von 1991 wegen schwerwiegender Verstöße der CDU bei der Kandidatenauswahl ungültig sei. Die Wahl wird wiederholt. Ergebnis mit Vergleichszahlen von 1991:

SPD 40,4 %, 58 Sitze (48 %, 61 Sitze); CDU 25,1 %, 36 Sitze (35,1 %, 44 Sitze); Grüne/GAL 13,5 %, 19 Sitze (7,2 %, 9 Sitze); STATT-Partei 5,6 %, 8 Sitze (–); FDP 4,2 %, kein Sitz (5,4 %, 7 Sitze)

Bei Kommunalwahlen in Hessen Verluste für SPD, starker Gewinn für Republikaner. Gesamtergebnis mit Vergleichszahlen von 1989: SPD 36,4 % (44,8 %), CDU 32,0 % (34,3 %), Die Grünen 11 % (9,1 %), Rep. 8,3 % (0,7 %), FDP 5,1 % (4,8 %). Die Wahlbeteiligung lag bei 71,3 %

Reg.-Koalition von Sachsen-Anhalt aus CDU und FDP tritt zurück, nachdem aufgedeckt wurde, daß Min.-Präs. *Werner Münch* (CDU) und einige seiner aus dem Westen kommenden Mitarbeiter stark überhöhte Diäten bezogen hatten

Der schlesw.-holst. Min.-Präs., SPD-Parteivors. und Kanzlerkandidat *Björn Engholm* (* 1939) tritt von allen seinen polit. Ämtern zurück, nachdem ihm vorgeworfen wird, er habe vor dem Barschel-Untersuchungsausschuß verschwiegen, daß er schon vor der Landtagswahl 1987 von Barschels Aktivitäten gegen ihn gewußt habe. Seine Nachfolgerin in Schlesw.-Holst. wird *Heide Simonis* (SPD)

Als erstes der neuen Bundesländer regelt Thü-

Botho Strauß (* 1944): „Das Gleichgewicht“ (Schauspiel, Urauff. bei Salzburger Festspielen)

Christa Wolf (* 1929), Schriftstellerin, bekennt als Bürgerin der DDR zeitweilige Tätigkeit als inoffizielle Mitarbeiterin der Stasi

Kulturzeitschrift „Die Weltbühne“, gegr. 1905, wichtiges Organ der Intellektuellen der Weimarer Republik, von den Nationalsozialisten verboten, seit 1946 in Berlin (O) neu herausgegeben, stellt Erscheinen ein

Frankfurter Verlag Roter Stern, bedeutend durch die krit. Ausgaben der Werke von *Hölderlin* und *Kleist*, meldet Konkurs an

In *Luc Bondys* gefeierter Inszenierung von *Henrik Ibsens* „John Gabriel Borkman“ (Auff. zuerst Lausanne, dann Paris und Brüssel) erobert der Filmschauspieler *Michel Piccoli* (* 1925) die Bühne

Auf dem Festival „Theater der Welt“ in München stellt *Peter Brook* (* 1925) sein Stück „L'homme qui“ in BRD vor

Berliner Volksbühne unter der Intendanz von *Frank Castorf* wird für ihre ästhetisch und polit. aufrüttelnden Inszenierungen gefeiert. Die Zeitschrift „Theater

† *Eduard Rhein*, langjähriger Chefredakteur von „HörZu“ und Autor der „Mecki“-Kinderbücher (*1900)

Bonner *Ernst-Robert-Curtius*-Preis für Essayistik an den Philosophen *Peter Sloterdijk*

† *Ulrich Sonnemann*, Philosoph, Sozialwissenschaftler und Essayist (* 1912)

Botho Strauß' (* 1944) „Anschwellender Bocksgesang“ (Essay), Rechtfertigung konserv. bis rechtsextremen Gedankenguts aus d. Positon des Intellektuellen, löst Debatte über „Rechtsintellektualismus“ aus

† *Werner Stein*, dt. Politiker, Begründer des „Kulturfahrplans“ (* 1913)

† *Alfred Toepfer*, Hamburger Großkaufmann und Mäzen, Gründer zahlreicher Stiftungen (*1894)

Landtag von Thüringen beschließt ein Gesetz zur Gründung einer Universität in Erfurt

Als Reaktion auf die drastisch ansteigende Zahl von Kirchenaustritten beauftragt die Ev. Kirche in Köln eine Agentur mit einer Werbekam-

bekannten Zeichnungen von *Amedeo Modigliani* (* 1884, † 1920)

† *Charles Moore*, amerik. Architekt (* 1925)

Auf der Funkausstellung in Berlin zeigt Video-Künstler *Nam June Paik* (* 1932) das Kunstwerk „Turtle", 166 Monitore in eine wie ein Schildkrötenpanzer gewölbte Metallplatte versenkt. Die Schildkröte symbolisiere Zurückgezogenheit und Meditation

In Venedig findet unter dem Motto „Kardinalpunkte der Kunst" die 45. Biennale mit 715 Künstlern aus 53 Ländern statt

Herbert Achternbusch ist 1. Preisträger eines von München gestifteten Filmpreises

† *Stella Adler*, Schauspiellehrerin, die gemeinsam mit *Lee Strasberg* das „method acting" prägte (* 1901)

† *Hans-Christian Blech*, dt. Filmschauspieler („Affaire Blum") (* 1915)

„Beruf Neonazi", Dokumentarfilm von *Winfried Bonengel* über Rechtsradikale in der BRD, provoziert Diskussion über Grenzen dokumentarischen Arbeitens

† *Eddie Constan-*

von *George Tabori*, Urauff. an der Volksbühne in Berlin)

Johann Kresnik: „Francis Bacon" (Tanztheater. Urauff. in Hamburg)

† *Erich Leinsdorf*, amerik. Dirigent österr. Herkunft) (*1912)

Mit einem Festkonzert unter Leitung von *Kurt Masur* (* 1927) feiert das Leipziger Gewandhausorchester sein 250jähriges Bestehen

† *Friedrich Meyer*, dt. Komponist (*1915)

† *Gerd Nienstedt*, dt. Sänger (Bariton) (*1932)

† *Rudolf Nurejew*, Tänzer und Choreograph, gab mit seiner großen Virtuosität dem klassischen Ballett neue Impulse (* 1938)

† *Gret Palucca*, Tänzerin, Choreographin und Tanzpädagogin, die in ihrem Tanz wesentliche Prinzipien der Bauhaus-Bewegung umsetzte (* 1902)

Roland Petit (* 1924): „Dix" (Oper, Urauff. an Staatsoper Berlin)

† *Lucia Popp*, Sopranistin (* 1939)

Steve Reich/Beryl Korot: „The Cave" (Urauff. in Wien)

† *Wolfgang Steffen*, dt. Komponist (*1923)

Karl Heinz Stockhausen (* 1928):

Amerik. Weltraumfähre „Columbia" startet in Cape Canaveral zu ihrer Weltraummission D2. Die wissenschaftl. Leitung der Expedition liegt bei 2 dt. Forschern, *Hans Schlegel* und *Ulrich Walter*

Amerik. Raumfähre „Endeavour" mit 6 Astronauten schafft es, den europ. Forschungssatelliten „EURECA" zu bergen

Jap. Satellit macht eine Bruchlandung auf dem Mond. Die Wissenschaftler wollen mit dem Experiment Aufschluß über grundsätzl. Landebedingungen erhalten

In Dresden Eröffnung eines neugegr. Max-Planck-Instituts für die Physik komplexer Systeme

Physikern der Princeton-Universität (USA) gelingt die bislang weltweit größte Kernfusion, bei der für 4 Sek. eine 3 Mill. Grad heiße Sonnenglut entsteht.

Der Tübinger Chemiker *Hanspaul Hagenmaier* erhält den Preis der Stiftung Sicherheitstechnik und Umweltschutz des TÜV Pfalz für Arbeiten über Dioxinminderung bei Verbrennungsanlagen

Auf ihrem 9. Weltkongreß in Berlin beraten Protozoolo-

In BRD führen die Krankenkassen statt des Krankenscheins die Chip-Karten ein

† *Robert W. Kempner*, Jurist, stellvertr. Chefankläger der Amerikaner beim Nürnberger Kriegsverbrecherprozeß (* 1899)

Bundesverfassungsgericht urteilt: Homosexuelle Paare haben keinen Anspruch auf standesamtliche Trauung

Neues Namensrecht für Eheleute: Verheiratete sind nicht mehr verpflichtet, einen gemeinsamen Namen zu tragen. Gemeinsame Doppelnamen sind nicht mehr möglich

Ermordung eines 2jährigen Kindes durch zwei 10jährige in Liverpool. Gewalt von Kindern untereinander scheint allg. zuzunehmen. In der Öffentlichkeit wird über den Einfluß der Medien diskutiert

In Los Angeles werden im Berufungsprozeß die Angeklagten im *Rodney-King*-Prozeß für schuldig erklärt

† *James Hunt*, 1976 Formel-1-Weltmeister (* 1947)

Mit seinem 104. Einsatz im Fußball-Länderspiel gegen Brasilien löst *Lothar Matthäus Franz Beckenbauer* (103 Spiele) als dt. Rekord-Nationalspieler ab

In Hamburg Attentat eines 38jährigen Zuschauers auf die Tennisspielerin und derzeitige Weltranglistenerste Monica Seles (* 1973) mit einem Messer. Auf den Champion-Platz rückt Steffi Graf

Fußball-Nationalmannschaft von Sambia kommt bei einem Flugzeugabsturz in Libreville in Zentralafrika ums Leben

Zum 1. Mal fährt Personentestzug durch den 38 km langen Tunnel zwischen GB und Frankreich

† *William Randolph Hearst*,

(1993) ringen die Beziehungen zur Jüdischen Gemeinde durch einen Staatsvertrag

Bundesparteitag der FDP wählt *Klaus Kinkel* zum neuen Parteivors.

Sonderparteitag der SPD wählt *Rudolf Scharping* (* 1948) zum neuen Parteivors.

Mit Vertrag von Maastricht Besiegelung der EU. Nach heftigen internen Auseinandersetzungen treten auch Dänemark und GB dem Abkommen bei

Bill Clinton (* 1946) neuer amerikanischer Präsident

† *Thurgood Marshall*, amerik. Jurist und Bürgerrechtler, kämpfte für die Gleichberechtigung der Schwarzen (* 1909)

In Kanada wählt die reg. Progressiv-Konservative Partei *Kim Campbell* (* 1947) zur neuen Parteivors.als Nachfolgerin von *Brian Mulroneys* (* 1939). Sie wird damit zugleich Ministerpräs.

Rußland, Weißrußland und die Ukraine beschließen Bildung einer Wirtschaftsunion, in der Übergang zur Marktwirtschaft koordiniert werden soll

In Rußland setzt sich der gewählte russ. Präs. *Boris Jelzin* in einem monatelangen Machtkampf gegen die altkommun. Kräfte im Obersten Sowjet und im Volksdeputiertenkongreß durch. In einer Volksabstimmung sprechen fast 59 % der Stimmen *Boris Jelzin* das Vertrauen aus und befürworten seinen Kurs marktwirtschaftl. Reform

Bei freien Wahlen in Rußl. Wahlbeteiligung von 55 %. Die neue von *Jelzin* eingebrachte Verfassung mit großen Vollmachten für den Staatspräs. wird im Referendum mit knapper Mehrheit angenommen. Die reformwilligen Parteien der Mitte erhalten jedoch weniger als ein Viertel der abgegebenen Stimmen. Überraschend gehen die großruss.-chauvinist. und reaktionäre Liberal-Demokratische Partei unter *Wladimir Schirinowskij* mit 24 % als stärkste und die Kommunistische Partei mit 13 % der Stimmen als drittstärkste Kraft aus den Wahlen hervor

Konflikte in Kaukasus-Republiken Georgien, Armenien und Aserbaidschan weiten sich aus

† *Nabijew* (* 1931), erster demokratisch gewählter Präsident von Tadschikistan

† *Baudouin*, König der Belgier (* 1930)

Belgien wird föderaler Staat. Die Regionen Flandern, Wallonien und Brüssel-Hauptstadt erhalten größere Autonomie

heute" wählt sie zum Theater des Jahres

In Hamburg erregt das Schauspielhaus unter der neuen Intendanz von *Frank Baumbauer* (* 1945) mit der Urauff. des Stücks „Kritik in der Festung" von *Rainald Goetz* (* 1954) Aufsehen

In Berlin wird trotz starker Proteste prominenter Persönlichkeiten aus Kostengründen das traditionsreiche Schillertheater geschlossen

Die amerik. Schriftstellerin und Regisseurin *Susan Sontag* (* 1933) inszeniert *Samuel Becketts* Stück „Warten auf Godot" im belagerten Sarajevo

Der niederl. Schriftsteller *Harry Mulisch* hält Eröffnungsrede zur Frankfurter Buchmesse, deren Schwerpunkt den Niederlanden und Flandern gewidmet ist

Zum Wort des Jahres ernennt die Gesellschaft für deutsche Sprache den Begriff „Sozialabbau"

pagne, die knapp 3 Mill. DM kostet

Neuer Leitender Bischhof der Vereinigten Ev.-Luth. Kirche Deutschlands wird der hannnoversche Landesbischof *Horst Hirschler* (* 1933)

In der von Papst *Johannes Paul II.* veröffentl. Enzyklika „Veritatis splendor" (Der Glanz der Wahrheit) wird Verbot künstl. Geburtenkontrolle festgeschrieben. Zweitehen sind nur ohne Sex erlaubt

Papst zelebriert Messe auf „Hügel der Kreuze" bei Siaulai, einer der wichtigen nationalen Gedenkstätten Litauens zur Erinnerung an Opfer des Freiheitskampfes gegen das zaristische Rußland sowie der Nationalsozialisten und Stalinisten

In Chicago findet Konferenz der Weltreligionen statt, das erste derartige Treffen seit 1893. 6000 Vertreter von 125 Religionsgemeinschaften verurteilen Gewalt und Krieg und setzen sich für gegenseitige Achtung und Toleranz ein

In den USA steckt eine Gruppe von Adventisten unter der Leitung des

tine, frz. Filmschauspieler (* 1917)

Clint Eastwood, US-amerik. Schauspieler und Regisseur, erhält für „Erbarmungslos" den Oscar für den besten amerik. Spielfilm

† *Alfred Edel*, dt. Schauspieler besonders des Jungen deutschen Films (* 1932)

† *Audrey Hepburn*, US-amerik. Schauspielerin („Charade") (* 1929)

† *Inoshiro Honda*, jap. Regisseur von Monsterfilmen (* 1911)

Otar Ioselani, georgischer Regisseur („Die Günstlinge des Mondes") erhält Kunstpreis der Stadt Berlin

Harald Juhnke erhält für seine Darstellung in *Helmut Dietls* „Schtonk" den *Ernst-Lubitsch*-Preis

† *Elmar Klos*, tschech. Regisseur („Das Geschäft in der Hauptstraße") (* 1910)

Hildegard Knef erhält den *Helmut-Käutner*-Preis

„Malcolm X" von *Spike Lee* besonders erfolgreich bei den Schwarzen in den USA

† *Joseph L. Mankiewicz*, US-amerik. Regisseur („Alles über Eva") (* 1909)

„Dienstag aus Licht" (Oper, szenische Urauff. in Leipzig)

Gründung einer Dokumentationsstätte für Leben und Werk des Komponisten *Kurt Weill* (* 1900, † 1950) in seiner Geburtsstadt Dessau

† *Frank Zappa*, amerik. Rock-, Jazz-, Popmusiker sowie Komponist (* 1940)

Renato Zanella: „Mata Hari" (Ballett. Urauff. in Stuttgart)

† *Hans Zanotelli*, dt. Dirigent (* 1928)

Einweihung der restaurierten 300 Jahre alten *Arp-Schnitger*-Orgel in der Hamburger St.-Jacobi-Kirche

300jähriges Jubiläum der Leipziger Oper

Bei den Festspielen in Bayreuth liefert *Heiner Müller* mit seiner Inszenierung von *Wagners* „Tristan und Isolde" den spektakulärsten Beitrag

Sechs Grammys („Goldene Grammophone", höchste Auszeichnung in der Musikindustrie) für den Sänger und Gitarristen *Eric Clapton*

gen über die bedrohliche Verbreitung von Parasiten und mögliche Strategien zu ihrer Bekämpfung

In Dresden „Bio 93", die erste Fachausstellung für Umweltschutz, Naturkost, ökologisches Bauen sowie Gesundheit und Hygiene

Göttinger Forscher legen in einem Experiment Bäume unter ein Glasdach und stellen so fest, daß die Bäume 100 Jahre bräuchten, um sich vom sauren Regen zu erholen

Das Skelett des bisher primitivsten Dinosauriers, der die Größe eines Hundes hatte und vor 225 Mill. Jahren gelebt haben soll, wird in Argentinien gefunden

Das Bundesgesundheitsamt genehmigt Freilandversuche mit gentechnisch veränderten Kartoffeln u. Zuckerrüben

Ende des aufsehenerregenden Versuchs „Biosphäre 2" in der Wüste von Arizona. Vier Männer und vier Frauen kommen nach zwei Jahren wieder aus dem 1,3 ha großen, von der Außenwelt hermetisch abgeschl. Raum mit modellierter Natur heraus, wo ausprobiert werden sollte, ob sich die Lebensbedingungen unserer Erde,

einflußreicher amerik. Zeitungsverleger (* 1907)

† *Joseph Pulitzer jr.*, bedeutender amerik. Zeitschriftenverleger und Journalist (* 1913)

In BRD werden fünfstellige Postleitzahlen eingeführt

Im Chemiewerk der Hoechst-AG bei Frankfurt/M. kommt es zu einer Serie von Störfällen, daraufhin giftiger Regen über Frankfurt

Über Ludwigshafen und Umgebung regnet es Ruß und Chemikalien nach Störfall in Chemiewerk BASF

Nach starken Regenfällen Überschwemmungskatastrophen an den Ufern von Rhein, Mosel, Donau und Saar. Sie lösen Diskussionen über Flußbegradigungen und Vernichtung von Auen aus

Der aufregendste Sturz der Saison geschieht auf einem Pariser Laufsteg: Supermodel *Naomi Campbell* (* 1970) verliert auf hohen Plateausohlen das Gleichgewicht und zeigt nun auch die Unterwäsche

In New York verüben Unbekannte einen Bombenanschlag auf das World Trade Center. 7 Menschen kommen ums Leben, 1000 werden verletzt

Riesige Buschfeuer verwüsten Täler vor Los Angeles und greifen auch auf die Stadt über

Bei Überschwemmungen des Mississippi werden 70 000 Menschen obdachlos

Die schwersten Winterstürme seit 100 Jahren mit Schneefällen, Orkanstürmen und Überschwemmungen kosten 200 Menschen in den USA, Kanada und der Karibik das Leben

Schweres Erdbeben im Süden und Westen von Indien kostet 10 000 Menschen das Leben

Nach einem Seebeben bei der jap. Insel Okushiri kommt es

In Bosnien Kämpfe zwischen Muslimen und Kroaten

(1993) Kriegsparteien einigen sich auf Teilung Sarajevos in einen muslim. und einen serb. Teil und die zeitweilige Verwaltung der geteilten Stadt durch die UN

Auf Initiative der USA Errichtung einer Luftbrücke von Frankfurt/M. aus nach Bosnien zur Versorgung der eingeschlossenen Städte Gorazde, Cerska, Zepa und Srebrenica

Nach Scheitern der Verh. zwischen den 3 Kriegsparteien erklärt sich die UN-Vollversammlung für Waffenlieferungen an die Muslime

† *Eugéné Bérégovoy*, früherer frz. Premiermin., nimmt sich, 4 Wochen nach seinem Rücktritt, das Leben (* 1925)

Bei Wahlen zur Nationalversammlung in Frankreich erringt Sozialistische. Partei des reg. Präs. *François Mitterrand* nur 18 % der Stimmen und 54 statt bisher 260 Mandate. Neuer Premier wird *Edouard Balladur* (* 1929)

Bei Parlamentswahlen in Griechenl.gewinnt Panhellenistische Sozialistische Bewegung mit 48,8 % der Stimmen. *Andreas Papandreou* (* 1919) wird mit Regierungsbildung beauftragt

In London „Rahmenvereinbarung" für Frieden in Nordirland zwischen dem brit. Premiermin. *John Major* (* 1943) und seinem irischen Amtskollegen *Albert* Reynolds (* 1935)

Bekanntwerden der engen Verknüpfungen von Politik und Wirtschaft mit der Mafia durch Aussagen inhaftierter Mafiosi in Ital. Mit den Ermittlungen gegen einflußreiche Traditionspolitiker wie dem ehemaligen Min.-Präs. und Führer der Sozialisten, *Bettino Craxi* (* 1934), dem Führer der Republikaner, *La Malfa*, sowie dem7maligen Min.-Präs. *Giulio Andreotti* (* 1919) geht eine Aufbruchstimmung einher, von der Neofaschisten und Neue Linke profitieren

Italiener stimmen in Referendum für Änderung des Wahlrechts in Mehrheitswahlrecht

Ital. Min.-Präs. *Giuliano Amato* (* 1938) tritt zurück, um Weg für Neuanfang freizumachen. Staatspräs. *Oscar Luigi Scalfaro* (* 1918) beauftragt den parteilosen Gouverneur der Notenbank, *Carlo Azeglio Ciampi* (* 1920), mit Bildung einer neuen Reg.

Bei vorgezogenen Wahlen in Jugosl. und den beiden Teilrepubliken Serbien und Montenegro siegt die sozialist. Partei von *Slobodan Milosevic* (* 1941) in Serbien. In Montenegro bleibt der Demokrat *Momir Bulatovic* (* 1928), der für die Gleichberechtigung Serbiens und Montenegros eintritt, Präsident

UN-Generalversammlung schließt Jugoslawien aus der UNO aus

In Lettland wird Vorkriegsverfassung wieder eingesetzt. Das lettische Parlament wählt *Guntis Ulmanis* (* 1939; Bauernunion) zum Staatspräsidenten

Markus Püschel (Fortschrittl. Bürgerpartei) wird als Nachfolger von *Hans Brunhart* (Vaterländische Union) zum neuen Premier von Liechtenstein gewählt

54 Jahre nach Besetzung Litauens durch die sowjet. Armee verlassen die letzten russ. Soldaten das Land

Bei Parlamentswahlen in Norwegen erhält Sozialdemokrati-

Sektenführers *Koresh* eine Festung, in der sie sich vor dem FBI verbarrikadiert haben, in Brand. 86 Menschen kommen ums Leben

In Casablanca Einweihung der nach König *Hassan II.* (* 1929) benannten Moschee als sein Geburtstagsgeschenk. Sie gilt als höchstes sakrales Bauwerk der Welt, für die Baukosten wurden Sondersteuern in einem Volumen erhoben, das der jährl. Entw.-Hilfe für Marokko entspricht

In Äypten wird in einem Wüstengebiet eine 20 000 Jahre alte Höhlenanlage mit Malereien aus dem Alltagsleben entdeckt

Im Süden von Belize in Mittelamerika werden Ruinen von vier Mayastädten entdeckt, in denen vermutlich 7000 Menschen lebten

Weibliche Soldaten, in Terakotta modelliert, werden erstmals in VR China in der Nähe der alten Kaiserstadt Xian entdeckt. Die Figuren sind fast 2000 Jahre alt

Vor der Küste der dalmatischen Hafenstadt Split werden Überreste einer versunkenen Stadt entdeckt. Archäologen vermuten, daß es sich um die griech. Stadt Sircula handeln könnte

In Hamburg findet das erste Medienkunst-Festival („Mediale") statt

Die ersten beiden Bände der „Geschichte der Frauen", hrsg. von den frz. Historikern *Georges Duby* und *Michelle Perrot*, erscheinen

† *Christian Metz*, frz. Filmwissenschaftler (Filmsemiotik) (* 1931)

† *Arthur Maria Rabenalt*, dt. Regisseur („Reitet für Deutschland") (* 1905)

Edgar Reitz stellt 13teilige und 26 Stunden laufende Serie „Die Zweite Heimat" fertig

Goldene Bären der Berlinale ex aequo an *Xie Fei* (VR China) für „Die Frauen vom See der duftenden Seelen" und *Ang Lee* (Taiwan) für „Das Hochzeitsbankett"

Bundesdeutscher Filmpreis in Silber an *Detlev Bucks* „Wir können auch anders". Filmpreis in Gold nicht vergeben

Die Goldene Palme beim Filmfestival in Cannes ex aequo an *Jane Campion* (Austr.) für „Das Piano" und *Chan Kaige* (VR China) für „Leb' wohl, meine Konkubine"

Frz. Filmpreis César posthum an *Cyril Collard*, Regisseur und Schauspieler von „Wilde Nächte"

Goldene Löwen beim Filmfestival in Venedig ex aequo an *Robert Altman* (USA) für „Short Cuts" und *Kryzstof Kieslowski* (Frankr.) für „Drei Farben: Blau"

Filmmuseum in Düsseldorf eröffnet

Frankfurt/M. beabsichtigt, das Kommunale Kino zu schließen

Leipziger Kino „Casino", zweitältestes der Stadt und Spielstätte der Leipziger Dokumentarfilmwochen, schließt

Erstes Multiplex-Kino der Schweiz in Zürich

„Jurassic Park" vom Einspielergebnis (868 Mill.$) erfolgreichster Film in den USA

Erfolgreichster Film in Deutschland „Jurassic Park" mit 9,1 Mill. Zuschauern vor „Bodyguard" (6,2) und „Alladin" (4,6). Erfolgreichster dt. Film in Deutschland: „Das Geisterhaus" (3,0) vor „Stalingrad" (1,3) und „Abgeschminkt" (0,9)

z.B. für den Export auf andere Planeten, verkleinert nachbauen lassen. Die 8 Forscher haben allesamt ein Drittel ihres Körpergewichts verloren, weil unter der Glaskuppel nicht genügend Nahrungsmittel wuchsen

Zum 1. Mal in der Geschichte wird ein menschl. Embryo geklont. Die Amerikaner *Jerry Hall* und *Robert Stillman* erzeugen so in zwei Reagenzgläsern identisches menschl. Gewebe, das in der Nährlösung weiterwächst. Der Versuch ruft weltweit Entsetzen hervor

Bei der Hoechst AG in Frankfurt/M. wird Produktion von Insulin mit Hilfe von gentechnisch veränderten Bakterien gestartet

Zur Behandlung eines Kindes, das an tödlichem Immundefekt leidet, wird in GB erstmals die umstrittene Gen-Therapie eingesetzt

In Paris gründen der frz. Entdecker des AIDS-Virus, *Luc Montagnier*, und die UNESCO eine Weltstiftung für AIDS-Forschung und -Vorsorge

Die Weltgesundheitsorganisation (WHO) schätzt, daß weltweit 14 Mill.Menschen das AIDS-Virus haben

Mit 1,5 bis 2 Mill. $ jährlich könnte laut WHO die Zahl der HIV-Neuinfektionen in den Entw.-Ländern um die Hälfte gesenkt werden

Eine geheimnisvolle Augenkrankheit auf Kuba, an der bisher ca. 48 000 Menschen erkrankt sind, führen span. Mediziner auf Umwelteinflüsse zurück

In Sömmerda (Thüringen) nimmt die modernste Computerfabrik Europas die Arbeit auf. 300 000 PCs kön-

zu einer gewaltigen Flutwelle, die sich mit 800 km/h auf die Küste zubewegt und viele Menschenleben fordert

In Australien schwerste Buschfeuer seit einem halben Jh. Der Royal National Park, zweitgrößter Nationalpark der Welt, wird fast vollständig zerstört

sche Arbeiterpartei der amtierenden Min.-Präs. *Gro Harlem Brundtland* (* 1939) mit 36,9 % die relative Mehrheit

(1993) Bei vorgezogenen Parlamentswahlen in Polen erhält das Bündnis Demokratische Linke (SLD) 173 Sitze, die Bauernpartei (PSL) 128 Sitze und die Demokratische Union (UD) 69 Sitze. Damit siegen die Nachfolgeparteien der Kommunisten über die aus der „Solidarität"-Bewegung hervorgegangenen Parteien

† *Brabo Pilar*, span. Widerstandskämpferin, später Abgeordnete, Polizeichefin und Generaldirektorin für Zivilschutz (* 1943)

In vorgezogenen Parlamentswahlen in Spanien siegt Sozialistische Arbeiterpartei (PSOE). Bildung einer Minderheitsreg. unter Min.-Präs. *Felipe González* (* 1942)

Die ČSSR wird 74 Jahre nach ihrer Gründung in dic Tschechische und die Slowakische Republik geteilt. Die ersten Präs. sind *Michal Kovác* (* 1930) in Bratislava und *Václav Havel* (* 1936) in Prag

† *Turgut Özal*, türk. Staatspräsident (* 1927). Nachfolger wird *Süleyman Demirel*

In der Türkei wird *Tansu Çiller*, Vors. der Partei des Rechten Weges, mit Regierungsbildung beauftragt

Kämpfe der türk. Regierung gegen kurdische Bevölkerung und ihre polit. Organisationen nehmen zu

† *József Antall*, ungarischer Ministerpräsident (* 1932)

In Chile zieht Präsident *Patricio Aylwin Azócar* (* 1919) Entwurf für Amnestiegesetz für die Verbrechen unter der Militärdiktatur zurück

Aus Neuwahlen in Chile geht der Christdemokrat *Eduardo Frei Ruiz-Tagle* (* 1942) für das seit 1990 regierende Parteienbündnis Demokratie/CPPD als Sieger hervor

In Guatemala löst *Jorge Serrano Elias* (* 1945) das Parlament auf und setzt teilweise die Verfassung außer Kraft. Er wird vom Militär gestürzt. Das Parlament wählt *Ramiro de Leon Carpio* (* 1943) zum neuen Staatspräsidenten

Die letzten Soldaten der ehemaligen SU verlassen Kuba

Juan Carlos Wasmosy (* 1938) neuer Präsident von Paraguay

Ezer Waizmann (* 1924) wird in der Knesset als neuer Präsident Israels vereidigt

In Washington unterzeichnen israel. Außenmin. *Schimon Peres* und PLO-Vertreter *Mahmoud Abbas* Abkommen über Selbstverwaltung der Palästinenser und besiegeln gegenseitige Anerkennung Israels und der PLO. Der PLO-Vorsitzende *J. Arafat* und Israels Premier *Yitzhak Rabin* reichen sich die Hände

Israel und der Vatikan nehmen diplomatische Beziehungen auf

Neugewählter Präsident Burundis, Melchior Ndadaye (* 1953), bei Militärputsch getötet. Daraufhin erneut Bürgerkrieg

Bei Referendum in Eritrea stimmen 99,8 % der Wähler für Unabhängigkeit von Äthiopien

Nach erfolglosen Bemühungen um Waffenstillstand zwischen den Konfliktparteien in Somalia antwortet UNO mit Militärintervention. Über das Vorgehen der UNO kommt es zu internat. Kritik, woraufhin die USA und BRD den Abzug ihrer Truppen beschließen

In Nigeria nach fast 10jähriger Militärdiktatur freie Präsidentschaftswahlen. Militär setzt die zivile Regierung jedoch nach fünf Monaten wieder ab

† *Oliver Tambo*, südafrik. Widerstandskämpfer, Präsident des ANC (* 1918)

In Südafrika Bildung einer Übergangsregierung aus regierender Nationalpartei und ANC

UNO-Vollversammlung beschließt Aufhebung aller Wirtschaftssanktionen gegen Südafrika

In Indien kein Ende der blutigen Kämpfe zwischen Hindus und Muslimen. Sie führen auch zu Auseinandersetzungen auf Regierungsebene

† *Kakuei Tanaka*, jap. Politiker, Ministerpräsident 1972–74 (* 1918)

In Japan Mißtrauensantrag gegen Regierung von Min.-Präs. *Kiichi Miyazawa* (* 1919). In Parlamentswahlen Wahl von *Morihiri Hosokawa* (*1938) zum neuen Min.-Präs. Die Liberaldemokratische Partei (LDP) verliert erstmals seit 1955 ihre absolute Mehrheit

In Kambodscha seit über 20 Jahren erste freie Wahlen zu Verfassungsgebender Versammlung. Die Wahlbeteiligung beträgt ca. 90 %. Auf konstituierender Sitzung wählt die Versammlung Prinz *Sihanouk* (* 1922) formell zum amtierenden Staatsoberhaupt in einer Übergangsregierung

In Pakistan nach Kritik an der Reg. Rücktritt von Premiermin. *Nawaz Sharif* (* 1949) und Präs. *Ghulam Ishaq Khan* (* 1915). Bei Neuwahlen siegt Pakistanische Volkspartei, nach 17 Jahren kehrt *Benazir Bhutto* (* 1953) ins Amt der Reg.-Chefin zurück

Präsident *Ranasinghe Premadasa* von Sri Lanka wird während einer Demonstration durch Bombenanschlag getötet. Sein Nachfolger wird *Dingiri Banda Wijetunga* (* 1922), der ehemalige Ministerpräsident

In Australien schafft das Parlament den Eid auf Königin *Elizabeth II* für die Neubürger ab

nen hier jährlich produziert werden

Der 1. Roboter, der 1000 m unter der Wasseroberfläche arbeiten kann, ist vom GKSS-Forschungszentrum gemeinsam mit Siemens in Geesthacht entwickelt worden. Er soll bei der Erschließung von Erdgas- u. Ölvorkommen in Brasilien eingesetzt werden

In Indien wird das größte Staudamm-Projekt der Welt gebaut, um den Narmada-Fluß zur Bewässerung zu nutzen. Der Staudamm zieht aber auch die Umsiedlung von 100 000 Menschen und ökologische Katastrophen wie Überschwemmungen nach sich

1994

Friedensnobelpreis an Führer der Palästinensischen Befreiungsorganisation (PLO), *J. Arafat* (* 1929), Israels Premiermin. *Yitzhak Rabin* (* 1929) sowie den Außenmin. *Shimon Peres* (* 1923) für ihre Verdienste um den Nahost-Friedensprozeß

In Frankreich Feierlichkeiten zum 50. Jahrestag der Landung der Alliierten in der Normandie und zum Ende des 2. Weltkrieges. Als Ausdruck des Wunsches nach einem geeinten Europa nehmen dt. Panzer an der Festparade zum 14. Juli in Paris teil

Die Verteidigungsausgaben der NATO-Länder für 1994/95 betragen in Mill. Dollar (1985; 1992): Belg. (2428; 1866) 1397; Dänem. (1259; 1256) 1125; BRD (19.922; 19252) 14786; Frankr. (20780; 21.893) 17987; Griechenl. (2331; 1903) keine Angabe; GB (23791; 20726) 18319; Ital. (9733; 10690) 7456; Kanada (7566; 7790) 6926; Lux. (38; 57) 65; Niederl. (3884; 3818) 3837; Norwegen (1797; 2023); 1955; Portugal (654; 874) 402; Spanien (3969; 3735) keine Angabe; Türkei (1649; 3423) 6866; USA (258165; 242717) 202934

Die NATO beschließt Programm „Partnerschaft für den Frieden" zur Zusammenarbeit mit den Staaten Mittel- und Osteuropas in militärischen und sicherheitspolitischen Fragen

Trilaterales Abkommen zur Vernichtung aller 176 auf Gebiet der Ukraine stehenden, ehemals sowjet., Raketen mit insg. 1800 atomaren Sprengköpfen von Präs. der USA, Rußlands und der Ukraine, *Clinton, Jelzin* und *Krawtschuk*, unterzeichnet

USA und Rußland unterzeichnen Abkommen zur Schließung aller Nuklearwerke bis zum Jahr 2000. Waffenherstellung aus neu anfallendem Plutonium wird untersagt

Als erster UNO-Hochkommissar für Menschenrechte tritt der Equadorianer *José Ayala Lasso* sein Amt im Rang eines UNO-Generalsekr. an. Seine Aufgabe ist die Überwachung der Einhaltung der Freiheits- und Bürgerrechte der einzelnen sowie die Anmahnung der Verwirklichung der wirtschaftl. und sozialen Menschenrechte

† *Erich Honecker*, letzter Staatsratsvors. der DDR (1976–89). Der Prozeß gegen ihn wegen Totschlags, Untreue und Amtsmißbrauch war 1993 wegen seines schlechten Gesundheitszustandes abgebrochen worden, er stirbt in Santiago de Chile (* 1913)

† *Günter Mittag*, ehemaliger Stellvertr. Vors. des Staatsrates der DDR (1984–89) (* 1926)

Literaturnobelpreis an jap. Schriftsteller *Kenzaburô Ôe* (* 1935), schrieb u. a. „Der Fang", „Tod eines politischen Jugendlichen" und die Trilogie „Der flammende grüne Baum"

Friedenspreis des dt. Buchhandels an den Spanier *Jorge Semprun* (* 1923), schrieb u.a. „Die große Reise", Verarbeitung seiner Erlebnisse im KZ Buchenwald

† *Jean-Louis Barrault*, frz. Schauspieler und Regisseur (* 1910)

† *Charles Bukowski*, amerik. Schriftsteller (* 1920)

† *Erich Wilhelm Burck*, dt. Philologe (* 1901)

† *Elias Canetti*, dt.-sprachiger Schriftsteller span. Herkunft brit. Staatsangehörigkeit, schrieb u.a. „Die Blendung", „Masse und Macht", „Die gerettete Zunge" und „Die Fackel im Ohr" (* 1905)

Tankred Dorst: „Herr Paul" (Schauspiel, Urauff. in Hamburg)

Adolf Endler: „Tarzan am Prenzlauer Berg. Sudelblätter 1981 bis 1983"

† *Bernt Engelmann*, dt. Schriftsteller, 1977 bis 1983 Vors. des Verbandes der dt. Schriftsteller (* 1921)

† *Agnes Fink*, dt. Schauspielerin (* 1919)

Jean Genet (* 1910 † 1986): „Splendid's", Schauspiel, Urauff. in der Regie von *K.-M.*

In Port Bou in Nord-Spanien Eröffnung einer Gedenkstätte für den Philosophen *Walter Benjamin* (* 1892, † 1940), der sich auf der Flucht vor der Gestapo dort das Leben nahm

Louis Begleys „Lügen in Zeiten des Krieges" (bewegender autobiogr. Bericht über Kindheit in Polen unter Verfolgung durch die Nationalsozialisten)

† *Paul Feyerabend*, Wissenschaftstheoretiker (* 1924)

Andreas Gruschkas „Bürgerliche Kälte und Pädagogik. Moral in Gesellschaft und Erziehung"

Raul Hilbergs „Unerbetene Erinnerung. Der Weg eines Holocaust-Forschers" (autobiogr. Darstellung zur Entstehung des grundlegenden Werkes über die Juden-Vernichtung)

Deutsche Öffentlichkeit erregt sich über Unflätigkeiten, die der österr. Bildhauer *Alfred Hrdlicka* und der dt. Dichter und Liedermacher *Wolf Biermann* austauschen. *Hrdlicka* wünscht letzterem die Nürnberger Rassegesetze an den Hals

† *Robert Jungk*, Futurologe (* 1913)

Umfassende Werkschau des Fotografen *Richard Avedon* im Kölner Museum Ludwig

† *Max Bill*, schweiz. Bauhaus-Schüler, Maler, Plastiker, Designer, Architekt (* 1908)

Das seit 1965 anvisierte Projekt des gebürtigen Bulg. *Christo* (*Christo Javatschev*) und seiner Frau *Jeanne-Claude* zur Verhüllung des Berliner Reichstages wird im Bundestag mit 292 gegen 223 Stimmen befürwortet

† *Heinz Graffunder*, dt. Architekt, baute den Palast der Republik und den Tierpark Friedrichsfelde in Berlin (* 1926)

Große Retrospektive des Werkes von *George Grosz*, dt. Maler und Zeichner, in der Neuen Nationalgalerie in Berlin

Umfassende Retrospektive des Dada-Künstlers *Raoul Hausmann* im *Martin-Gropius*-Bau in Berlin

Große Ausstellung des Werkes der dt. Installationskünstl. *Rebecca Horn* in der Neuen Nationalgalerie in Berlin

† *Donald Judd*, amerik. Bildhauer. Seine Metallplastiken aus sich wiederholenden Raumelementen

† *Aldo Baldin*, brasil. Tenor (*1945)

Cab Calloway, amerikanischer Jazz-Sänger (* 1917)

† *Kurt Cobain*, amerikanischer Jazz-Gitarist, Leadsänger d. Gruppe „Nirwana“ und Idol seiner Generation (* 1967)

† *William Chappel*, brit. Tänzer, Choreograph und Bühnenbildner (*1908)

† *Georges (György) Cziffra*, frz. Pianist ungarischer Herkunft (* 1922)

Paul Dessau: „Hagadah“ (Oratorium, Urauff. in Hamburg)

Der brit. Opernregisseur *John Dew* wird auf Beschluß des Dortmunder Kulturausschusses dort neuer Generalmusikdirektor

Violeta Dinescu: „Schachnovelle“ (Oper nach einer Erzählung von S. Zweig. Urauff. im Rahmen der Schwetzinger Festspiele)

Paul Engel u. *Herbert Rosendorfer*: „Daniel“ (Oper, Weltpremiere in München)

Frankfurter Musikpreis an den britischen Musiker *Brian Eno*

Justus Frantz tritt von der Intendanz des von ihm gegr. Schleswig-Holst.-Musikfestivals zurück, nachdem Aufsichtsrat Überschuldung des Festivals festgestellt hat

Nobelpreis für Physik an *Clifford Shull* (USA) und *Bertram Brockhouse* (Kan.) ein halbes Jh. nach ihren Entdeckungen in der Neutronenforschung

Nobelpreis für Chemie an *George Olah* (USA) für seine Leistungen auf Gebiet der Carbokation-Chemie

Nobelpreis für Medizin an *Alfred Gilman* und *Martin Rodbell* (beide USA) für Entdeckung der G-Proteine und deren Bedeutung in Zellen

Astronomen beobachten, wie Bruchstücke des Kometen „Shoemaker-Levy 9“ mit ca. 200 000 km/h in die Atmosphäre des Jupiter stürzen

Dt.-kanad. Astronomenteam entdeckt Stern mit Leuchtkraft von über 1 Mill. Sonnen in 6500 Lichtjahren Entfernung von der Erde

Astronomische Messungen mit dem Weltraum-Teleskop Hubble ergeben, daß der Weltraum mit vermutlich nur 8 Mrd. Jahren nur halb so alt ist wie bisher angenommen

Für Untersuchungen über das Magnetfeld d. Sonne unterfliegt europäische Raumsonde „Ulysses“ als erster künstlicher Himmelskörper den Südpol der Sonne

Nobelpreis für Wirtschaftswissenschaften an *John F. Nash* (USA), *John C. Harsanyi* (USA) und *Reinhard Selten* (BRD) für ihre Analyse des Gleichgewichts in nicht-kooperativer Spieltheorie

Mit dem NAFTA-Vertrag wird die Freihandelszone aus Kanada, den USA und Mexiko gültig. Mit 360 Mill. Verbrauchern ist sie die größte Freihandelszone der Welt

Nach erstem gesamtdt. Armutsbericht von DGB und Paritätischem Wohlfahrtsverband leben 7,25 Mill. Menschen in der BRD unter der Armutsgrenze, davon 2,6 Mill.im Osten

Zum 1. Mal seit dem 2. Weltkrieg fällt US-Dollar in Tokio unter 100-Yen-Marke

† *Heinz-Werner Meyer*, Vors. des DGB (* 1932). Sein Nachfolger wird *Dieter Schulte* (* 1940)

Treuhandanstalt hinterläßt bei Abschluß ihrer Arbeit ca. 275 Mrd. DM Schulden

Bundesverfassungsgericht urteilt: Kohlepfennig zur Unterstützung der dt. Bergbauindustrie ist verfassungswidrig

BMW eröffnet sein erstes Autowerk im Ausland in Spartanburg, USA

Aus Protest gegen ein mit Hilfe der Gentechnik erzeugtes Hormon-Präparat zur Steigerung der Kuhmilchproduktion kippen in den USA Bauern und Verbraucher kannenweise Milch auf die Straßen der Großstädte

Einführung der 28,8-Std.-Woche ohne vollen Lohnausgleich für die Beschäftigten von VW

Auflösung des Bundesgesundheitsamtes in Berlin

Der Mediziner *Manuel Patarroyo* (Kolumbien) schenkt WHO das Patent des von ihm entwickelten Malaria-Impfstoffs

(1994)	† *Karl Schiller*, ehemaliger Wirtschafts- (1966 bis 1972) und Finanzmin. (1971–72) der BRD (* 1911) † *Manfred Wörner*, ehemaliger Verteidigungsmin. der BRD, bis 1994 NATO-Generalsekretär (* 1934) Laut Feststellung der Soziologen sind in der BRD so viele Bürger polit. aktiv wie noch nie, die Ergebnisse der Wahlen im Superwahljahr werden jedoch als deutliche Kritik am bisherigen Parteiensystem bewertet: überall geringe Wahlbeteiligung; starke Verluste für traditionelle Volksparteien, dagegen Erstarken der Grünen. Republikaner, deren Erstarken bei Wahlen der letzten Jahre Besorgnis ausgelöst hatte, verlieren an Bedeutung. FDP scheitert fast überall an 5%-Hürde Bei Wahlen zum Dt. Bundestag kandidieren der Amtsinhaber *Helmut Kohl* (* 1930, CDU) und der SPD-Vors. *Rudolf Scharping* (* 1948) für das Amt des Bundeskanzlers. Die reg. Koalition aus CDU/CSU und FDP erleidet Stimmenverluste, bleibt jedoch im Amt. Ergebnis mit Vergleichszahlen 1990: CDU/CSU 41,5 %, 294 Sitze (43,8 %, 304 Sitze); SPD 36,4 %, 252 Sitze (33,5 %, 239 Sitze); Bündnis 90/Die Grünen 7,3 %, 49 Sitze (5,1 %, 8 Sitze); FDP 6,9 %, 47 Sitze (11,0 %, 79 Sitze); PDS 4,4 % 30 Sitze (2,4% 17 Sitze); Sonstige 3,5 % (4,2 %); Wahlbeteiligung 79,1 % (1990: 77,%). Eröffnungsrede zur Konstitution des neugewählten Bundestages im Berliner Reichstagsgebäude hält Schriftsteller *Stefan Heym* (* 1913, PDS) als Alterspräsident Bundesversammlung in Bonn wählt im 3. Wahlgang *Roman Herzog* (* 1934, CDU) zum neuen Bundespräs. *J. Reich* (*1939, parteiloser Kandidat von Bündnis 90/Die Grünen) hatte nach dem 1., *H. Hamm-Brücher* (* 1921, FDP) nach dem 2. Wahlgang ihre Kandidatur zurückgezogen Bei den dt. Wahlen für das Europaparlament sind CDU/CSU klare Sieger, SPD erleidet Verluste. Stimmen in Prozent mit Vergleichszahlen 1989: SPD 32,2 (37,3); CDU 32,0 (29,5); Die Grünen 10,1 (8,4); CSU 6,8 (8,2); Republikaner 3,9 (7,1); FDP 4,1 (5,6); PDS 4,7 (–). Die Wahlbeteiligung in der BRD beträgt 60 % (62,3) Brandanschlag auf die Synagoge von Lübeck. Schwerer Sachschaden Die 1. Frau im Generalsstand in der dt. Militärgeschichte, *V. von Weymarn*, tritt ihre neue	*Grüber* an der Berliner Schaubühne *Durs Grünbein*: „Den teueren Toten" (Gedichte) *Ingeborg-Bachmann*-Preis an schweiz. Schriftsteller *R. Hänny* (* 1947) *Konrad-Duden*-Preis für bes. Verdienste um die dt. Sprache an Leipziger Germanisten *Gerhard Helbig* † *Gert Hofmann*, dt. Schriftsteller (* 1931) † *Eugène Ionesco*, frz. Schriftsteller rumän. Herkunft, Hauptvertreter des absurden Theaters (Dramen u.a. „Die kahle Sängerin", „Die Stühle", „Die Nashörner") (* 1909) † *Walter Janka*, dt. Publizist, ehemaliger Chef des Ost-Berliner Aufbau Verlags (1952–57) (* 1914) *Elfriede Jelinek* (*1946): „Raststätte oder Sie machens alle" (Schauspiel, Urauff. in Wien in der Regie von *C. Peymann*) Bei Leipziger Buchmesse wird erstmals Leipziger Buchpreis zur europ. Verständigung vergeben. Preisträger ist der poln. Autor *R. Kapuscinski* Kasseler Literatur-Preis für grotesken Humor geht an den Stuttgarter Literaturwissenschaftler *Volker Klotz* Erstmalige Vergabe des *Else-Lasker*-Schüler-Preises. Preisträger ist Kölner Autor *Th. Kling*	† *Jeschajahu Leibowitz*, Philosoph (* 1902) † *Golo Mann*, Historiker und Publizist (* 1909) † *Karl Raimund Popper*, Philosoph, Hauptvertreter des Kritischen Rationalismus (* 1902) † *Hans-Georg Rauch*, dt. Zeichner und Karikaturist (* 1939) Im Dreiländereck Bayern, Sachsen und Böhmen findet das Festival „Mitte Europa" statt Bundesministerien für Bildung und Forschung vereinigt als „Zukunftsministerium". Erster Zukunftsmin. wird *J. Rüttgers* (CDU) Das nach bereits 12 Jahren vergebene „Ost-Abitur" der DDR bleibt bis zum Jahr 2000 bundesweit anerkannt Schweiz und Deutschland beschließen gegenseitige Anerkennung von Studienzeiten und -abschlüssen Als erstes Bundesland öffnet Sachsen zum Wintersemester 1994/95 seine Universitäten für Studienbewerber ohne Abitur In Frankfurt/M. Eröffnung des neugegründeten Instituts für die Erfor-

leiteten 1965 neue Variante der Minimal Art ein (* 1928)

Aus der Ausstellung „Goethe und die Kunst“ in der Frankfurter Kunsthalle Schirn werden *Caspar David Friedrichs* Gemälde „Nebelschwaden“ aus der Hamburger Kunsthalle sowie zwei Gemälde von *William Turner*, „Schatten und Dunkelheit – Der Abend der Sintflut“ und „Licht und Farbe – Der Morgen nach der Sintflut“, aus der Londoner Tate Gallery, gestohlen

† *Balthasar Lobo*, spanischer Bildhauer (* 1910)

In Groningen (Niederl.) Einweihung des neuen Kunstmuseums durch Königin *Beatrix*. Auf einer künstli. Kanalinsel steht der rechteckig aufragende gelbe Turm des Mailänder Designers *Allessandro Mendini* (* 1930)

Michelangelos Fresken in der Sixtinischen Kapelle erstrahlen nach 14jährigen Renovierungsarbeiten in nie gesehenem Glanz

† *Dieter Oesterlen*, deutscher Architekt (* 1911)

Arbeiten des amerik. Pop-Artisten *Robert Rauschenberg* (* 1925) werden in Düsseldorf gezeigt

† *Gottlob Frick*, dt. Sänger (Baß) (*1906)

Berthold Goldschmidt: „Beatrice Cenci“ (Oper, Urauff. zur Eröffnung der Berliner Festwochen)

Ingomar Grünauer: „Winterreise“ (Oper über W. Benjamin auf der Flucht vor der Gestapo. Urauff. bei Musikfestwochen in Luzern)

Mit dem schwed. „Polar Musikpreis“ werden der österr. Dirigent *Nikolaus Harnancourt* und der US-amerik. Jazzmusiker *Quincy Jones* ausgezeichnet

† *Roman Haubenstock-Ramati*, österr. Komponist (*1919)

† *Lejaren Hiller*, amerik. Komponist (*1924)

† *Antonio Carlos Jobim*, brasil. Pianist, Erfinder des Bossa Nova (*1927)

Regisseur und Choreograph *Johann Kresnik* produziert in Bremen als letztes Stück vor seinem Wechsel an die Berliner Volksbühne das Tanzstück „Nietzsche“ (Urauff.)

Johann Kresnik: „Ernst Jünger“ (Tanzstück, das den Schriftsteller als Kriegsverherrlicher darstellt. Urauff. in Berlin)

† *Tiana Lemnitz*, dt. Sopranistin (*1897)

† *Witold Lutoslawski*, poln. Komponist, gilt neben Penderecki als füh-

7 neue Monde im Ring des Saturn entdeckt

Am Fermilab in Chicago Entdeckung des Top-Quarks mit einer Masse von 174 Gigaelektronenvolt

Am Darmstädter Schwerionen-Beschleuniger werden die bisher schwersten Elemente mit Ordnungszahlen 110 und 111 erzeugt

Eröffnung der europäischen Arbeitsstätte zur Konstruktion eines Thermonuklearen Reaktors in Garching

In Fusionsreaktor in Princeton (USA) werden 450 Mill. °C Rekordtemperatur erzeugt

Nach 4 Jahren Stopp der Kontinentalen Tiefbohrung in Windischeschenbach zur Erforschung des Erdmantels. Das Loch ist 9 km tief

Zum 1. Mal nimmt im US-Bundesstaat Alaska ein Roboter Bilder in einem aktiven Vulkan auf. Das Gerät soll helfen, Ausbrüche künftig präziser vorherzusagen

Nach Studie der Hamburger Universität ist die Unterelbe zwischen Hamburg und Cuxhaven einer der fischreichsten Flüsse Europas

In Äthiopien werden die mit 4,4 Mill. Jahren ältesten Urmenschenknochen entdeckt. Damit wird

Der seit 2 Jahrzehnten internat. gesuchte Terrorist „Carlos“, *Illich Ramírez Sánchez*, im Sudan festgenommen. In BRD wird er mit dem Massaker an israel. Sportlern bei den Olymp. Spielen 1972 in München sowie dem Anschlag auf das frz. Kulturzentrum in Berlin 1983 in Verbindung gebracht

Spektakulärster Prozeß in der Geschichte der USA gegen Football-Star *O. J. Simpson*. Er soll seine Ex-Frau und deren Freund ermordet haben

Auf Münchner Flughafen Sicherstellung von mehr als 300 g atomwaffentauglichen Plutoniums 239

Größter Immobilienskandal in der dt. Geschichte: *J. Schneider* (* 1934), Inhaber der größten dt. Immobiliengruppe, verschwindet und hinterläßt ca. 8 Mrd. DM Schulden. Deutsche Bank wird beschuldigt, leichtfertig Kredite gegeben zu haben

Kaufhaus-Erpresser „Dagobert“ gefaßt. 2 Jahre lang hatte der 44jährige *Arno Funke* mit Bombenanschlägen auf Karstadt-Häuser mehrere Mill. DM erpreßt. Seine phantasiereichen Methoden hatten Fanclubs entstehen lassen

Olymp. Winterspiele in Lillehammer erstmals mit bewußt ökolog. Orientierung. Ab jetzt finden die Olymp. Sommer- und Winterspiele nicht mehr im selben Jahr, sondern wechselweise im Abstand von 2 Jahren statt

Medaillenspiegel der Olymp. Winterspiele in Lillehammer: (G/S/B) Rußl. 11/8/4; Norw. 10/11/5; BRD 9/7/8; Ital. 7/5/8; USA 6/5/2; S-Korea 4/1/1; Kan. 3/6/4; Schweiz 3/4/2; Österr. 2/3/4; Schweden 2/1/0; Jap. 1/2/2; Austr. 0/0/1

Fußball-Länderspiel GB gegen BRD wird wegen Sicherheits-

(1994) Dienststelle als Generalarzt der Luftwaffe in Lohmar-Heide bei Köln an

50 Jahre nach Einmarsch der Roten Armee Verabschiedung der russ. Truppen aus der BRD mit Festakt im Berliner Schauspielhaus sowie militär. Zeremoniell russ. und dt. Soldaten vor Ehrenmal in Berlin-Treptow zur Ehrung der im 2. Weltkrieg gefallenen sowjet. Soldaten

In Berlin letzte Parade von amerik., brit. und frz. Truppen zur Erinnerung an Rolle der alliierten Schutzmächte nach dem 2. Weltkrieg

Bundesverfassungsgericht legt Entscheidung über internat. Einsätze der Bundeswehr in die Hände der Politiker: es brauche keine GG-Änderung, sondern jeweils eine einfache Mehrheit im Bundestag

Bundesverfassungsgericht urteilt: Das Leugnen der Massenmorde in nationalsozialist. KZs ist strafbar

„Haschisch-Urteil" des Bundesverfassungsgerichts lockert Verbot des Drogenkonsums. „Probierer und Gelegenheitskonsumierer kleiner Mengen" werden nur noch ausnahmsweise verfolgt

Bundesverfassungsgericht urteilt: „Soldaten sind Mörder" (Zitat von *Kurt Tucholsky*) ist freie Meinungsäußerung, keine Volksverhetzung oder Beleidigung der Bundeswehr

Beschäftigungsförderungsgesetz erlaubt künftig private Arbeitsvermittler

Abschaffung des §175 („Homosexuellen-Paragraph"). Zugleich Inkrafttreten einer Vorschrift, die Jugendliche unter 16 Jahren vor Mißbrauch schützen soll

Landtagswahlen in Bayern. Ergebnis mit Vergleichszahlen von 1990: CSU 52,8 %, 120 Sitze (54,9 %); SPD 30,1 %, 70 Sitze (26,0 %); Bündnis 90/Die Grünen 6,1 %, 14 Sitze (6,4 %); FDP 2,8 %, kein Sitz (5,2 %) Wahlbeteiligung 67,9 %.

Bei Kommunalwahlen in Baden-Württ. Stimmverluste für die tradit. Parteien CDU, SPD und FDP, Gewinne für Bündnis 90/Die Grünen und Freie Wählervereinigungen. Ergebnis mit Vergleichszahlen 1989: CDU 37,6 % (39,1 %); SPD 23,2 % (24,7 %); Freie Wählervereinigungen 20,3 % (16,4 %); FDP 3,6 % (5,3 %); Bündnis 90/Die Grünen 9,6 % (8,7 %). Wahlbeteiligung 67,4 %

Bei Landtagswahlen in Brandenburg absolute Mehrheit für die SPD. Die Wahlbeteiligung

Uwe Kolbe: „Die Situation. Eine Geschichte des Prenzlauer Bergs"

Franz Xaver Kroetz: „Der Drang" (Schauspiel, Urauff. in München)

Brigitte Kronauer: „Das Taschentuch" (Roman. Studie über ganz alltägliche Menschen um Mitternacht)

Jakob Michael Reinhold Lenz' (*1751 †1792) lange verschollene „Philosophische Vorlesungen für empfindsame Seelen" erscheinen

Reinhard Lettau: „Flucht vor Gästen"

† *Jürgen von Manger*, dt. Schauspieler und Kabarettist (* 1923)

† *Kurt Meisel*, dt. Schauspieler (* 1912)

Adolf Muschg erhält den *Georg-Büchner*-Preis

Ärztin und Schriftstellerin *Taslima Nasrin* verläßt ihr Heimatland Bangladesh, weil sie dort wegen krit. Auslegungen des Korans v. islam. Fundamentalisten bedroht wird. Sie findet Aufnahme in Schweden

Lars Norens „Herbst und Winter" (Schauspiel, Urauff. in Bremen)

† *John Osborne*, brit. Dramatiker (* 1929)

† *Sandra Paretti*, populäre dt. Schriftstellerin (* 1935)

Marcel Reich-Ranicki, populärster Literaturkritiker der BRD, ge-

schung der frühen Neuzeit

Deutscher Katholikentag in Dresden unter dem Motto „Unterwegs zur Einheit"

Papst *Johannes Paul II.* bestätigt unverrückbares Nein zu Frauen als Priesterinnen

Papst besucht Zagreb. Der Besuch im umkämpften Sarajevo scheitert an Sicherheitsbedenken

„Leuenberger Kirchengemeinschaft", ein Zusammenschluß von 86 europ. protestantischen Kirchen, verabschiedet Dokument über „Die Kirche Jesu Christi" über das Wesen der Kirche, ihre gesellschaftl. und ihre ökumenischen Aufgaben

In der Kirche von England werden erstmals Frauen ordiniert

Bei „Love-Parade" auf dem Berliner Kurfürstendamm tanzen hunderttausend Menschen zu Techno-Musik auf der Straße

Berliner Kunstpreis an Schweizer Maler und Schriftsteller *Diether Roth*

Erste Preise bei Architekturwettbewerb für Kanzleramt in Berlin an Berliner Architekten *Axel Schultes* und das Berliner Büro *Krüger, Schubert* und *Vandreicke*. Das Haus soll fast die Höhe des Reichstags haben und eine steinerne Fassade mit transparenten Elementen bekommen

Die Baustelle für das neue Abgeordnetenhaus des Architekten *Schürmann* in Bonn wird stillgelegt, weil die Rheinüberschwemmung schwere Schäden verursacht hatte

Neuhängung der Bilder in der Neuen Nationalgalerie in Berlin löst Diskussionen aus: Direktor *Honisch* hängt Werke von *W. Sitte*, *W. Mattheuer* und *W. Tübke* (alle 3 DDR) neben die von *Klapheck*, *Vostell* und *Bacon*, statt sie, wie erwartet, aus der Galerie zu verbannen

Ausstellung der Werke von *Max Uhlig* im Düsseldorfer Kunstmuseum

Bundeskanzler *Helmut Kohl* eröffnet Bonner „Haus der Geschichte der Bundesrepublik Deutschland"

render Vertreter der Neuen Musik in Polen (* 1913)

† *Henry Mancini*, amerik. Filmmusiker (* 1924)

Eckehard Mayers „Sansibar" (Oper nach Roman von Alfred Andersch; Urauff. bei Schwetzinger Festspielen)

† *Milton „Shorty" Rogers*, amerik. Jazz-Trompeter (* 1923 oder 1924)

John Neumeiers „Trilogie M.R." (Ballett, Urauff. in Hamburg)

† *Harry Nilsson*, amerik. Sänger und Komponist (*1952)

† *Vittorio Rieti*, amerik. Komponist ital. Herkunft (*1898)

† *Jens Rohwer*, dt. Komponist und Musiktheoretiker

† *Victor Rona*, ungar. Tänzer und Choreograph (*1936)

† *Jean Sablon*, frz. Chansonnier und Komponist (*1906)

Der Dirigent *Wolfgang Sawallisch* erhält den *Robert-Schumann*-Preis der Stadt Zwickau

Opernregisseur *Johannes Schaaf* wird neuer Indendant u. künstl. Leiter an der Hamburgischen Staatsoper, *I. Metzmacher* neuer Generalmusikdirektor

† *Jule Styne*, amerik. Musicalkomponist (*1906)

† *Tatiana Troyanos*, Mezzosopranistin (* 1938)

auch die These widerlegt, die ersten Menschen hätten in Asien gelebt

Der älteste Europäer ist vermutlich 500 000 Jahre alt, schätzen Forscher nach Entdeckung eines Schienbeinknochens in Südengland

In den USA wird Verkauf gentechnisch veränderter Tomaten erlaubt

Laut Forschungsergebnis der Universität Wien wachsen Alpenpflanzen in immer höheren Gebirgsregionen, was als Indiz für Treibhauseffekt gewertet wird

Einer austral. Forscherin gelingt es, menschl. Eizellen in flüssigem Stickstoff bei minus 196°C einzufrieren

† *Erik Erikson*, amerik. Psychologe dt. Herkunft (* 1902)

Erste Operation in BRD mit Laserstrahl an Baby im Mutterleib erfolgreich

In den USA stecken sich bei Versuch mit Tieren zwei Menschen mit aidsähnlichem Virus an

Unabhängig voneinander entdecken zwei amerik. Forschungsteams ein Gen, das für etwa ein Drittel aller erblich bedingten Darmkrebsfälle verantwortlich sein soll

Glaszement zur Behandlung kleiner Karieslöcher wird auf

bedenken an „Hitlers Geburtstag" abgesagt

Kolumbianischer Fußballspieler *P. Escobar* wird in seiner Heimat von einem Fanatiker erschossen, weil er bei der WM in den USA ein Eigentor geschossen hat

20 Jahre nach seiner Niederlage gegen *Muhammad Ali* holt sich Schwergewichtsboxer *George Foreman* den Weltmeistertitel zurück

† *Jack Sharkey*, früherer Box-Weltmeister aller Klassen und 1930 Gegner von Max Schmeling (* 1903)

Eröffnung des ca. 50 km langen Eurotunnels unter dem Ärmelkanal, der 1. Verbindung zwischenGB und dem Kontinent seit der Eiszeit, durch den frz. Staatspräs. *F. Mitterrand* und die brit. Königin *Elisabeth II.* Es ist der zweitlängste Tunnel der Welt nach dem jap. Seikan-Tunnel, der seit 1985 die Inseln Honshu und Hokkaido verbindet

Bundes- und Reichsbahn werden von ihren Schulden in Höhe von 70 Mrd. DM befreit und in Aktiengesellschaft umgewandelt. Sie fahren jetzt als Deutsche Bahn AG

Einstige DDR-Nachrichtenagentur ADN (Allgemeiner Deutscher Nachrichtendienst) wird an Reuters-Geschäftsführer *W. Schneider* verkauft

Freiwillige Selbstkontrolle Fernsehen (FSF) für Kontrolle der Privatsender nimmt ihre Tätigkeit auf

Durch Staatsvertrag Zusammenschluß der bisherigen Hörfunksender RIAS Berlin, Deutschlandfunk und DS-Kultur zum Deutschlandradio

Der Sandmann des DDR-Fernsehens wird 35 Jahre alt

Klimakonvention von 1992 in Rio de Janeiro tritt in Kraft

(1994)

liegt bei 59,7 %. Ergebnis mit Vergleichszahlen von 1990 (Wahlbeteiligung 67,1 %): SPD 33,5 %, 52 Sitze (38,2 %, 36 Sitze); PDS 18,7 %, 18 Sitze (13,4 %, 13 Sitze); CDU 18,7 %, 18 Sitze (29,4 %, 27 Sitze); Bündnis 90/Die Grünen 2,9 % (9,2 %, 6 Sitze), FDP 2,2 % (6,6 %, 6 Sitze). Ministerpräs. bleibt *M. Stolpe* (SPD)

Bei Kommunalwahlen in Meckl.-Vorpom. Verluste für CDU und FDP, Gewinne für SPD, PDS und Grüne. Ergebnis mit Vergleichszahlen 1990: CDU 30,6 % (34,1 %); SPD 25,6 % (20,6 %); PDS 24,3 % (19,0 %); FDP 5,4 % (6,4 %); Bündnis 90/Die Grünen 4,2 % (2,2 %). Wahlbeteiligung 65,5 %

Bei Landtagswahlen in Meckl.-Vorpom. bleibt CDU stärkste Partei. PDS erlebt starken Stimmenzuwachs. Ergebnis mit Vergleichszahlen von 1990: CDU 37,7 %, 30 Sitze (38,3 %, 30 Sitze); SPD 29,5 %, 23 Sitze (27 %, 20 Sitze); PDS 22,7 %, 18 Sitze (15,7 %, 12 Sitze); FDP 3,8 %, kein Sitz (5,5 %, 4 Sitze); Bündnis 90/Die Grünen 3,7 %, kein Sitz (-)

Bei Landtagswahlen in Niedersachsen erreicht SPD unter *Gerhard Schröder* absolute Mehrheit. Schlechtestes Ergebnis seit 35 Jahren für CDU. Die Gesamtzahl der Sitze wird wegen Überhangmandaten um sechs erhöht. Ergebnis mit Vergleichszahlen von 1990: SPD 44,3 %, 81 Sitze (71 Sitze); CDU 36,4%, 67 Sitze (67 Sitze); Bündnis 90/Die Grünen 7,4 %, 13 Sitze (8 Sitze); FDP 4,4 %, kein Sitz (9 Sitze). Wahlbeteiligung 73,8 %

Bei Kommunalwahlen in Rheinl.-Pfalz Verluste für die SPD. Ergebnis mit Vergleichszahlen 1989: CDU 37,4 % (35,3 %); SPD 38,5 % (42,5 %); Bündnis 90/Die Grünen 8,1 % (7,4 %); FDP 4,3 % (5,8 %); Wählergruppen 8,0 % (5,7 %). Wahlbeteiligung 73,8 %

Kommunalwahlen im Saarland bei 73,7 % Wahlbeteiligung. Ergebnis mit Vergleichszahlen 1989: SPD 44,4 % (45,7 %); CDU 37,4 % (35,3 %); Bündnis 90/Die Grünen 7,4 % (5,5 %); FDP 3,1 % (4,9 %); Republikaner 3,4 % (4,4 %)

Bei Landtagswahlen im Saarland Verluste für SPD und FDP, Gewinne für CDU und Bündnis 90/Grüne. Ergebnis mit Vergleichszahlen 1990: SPD 49,4 %, 27 Sitze (54,4 %, 30 Sitze); CDU 38,6 %, 21 Sitze (33,4 %,

steht ehemalige Tätigkeit für den poln. Geheimdienst

† *Werner Schwab*, österr. Schriftsteller und Dramatiker (* 1958)

Joshua Sobol: „Schöner Toni" (Schauspiel, Urauff. in Düsseldorf begeistert gefeiert)

Der russ. Schriftsteller *A. Solschenizyn* (* 1918) kehrt nach 20 Jahren Exil in seine Heimat zurück

Kerstin Specht: „Mond auf dem Rücken" (Schauspiel, Urauff. in Kaiserslautern)

Marlene Steeruwitz: „Tolmezzo" (Schauspiel, Urauff. in Wien)

† *Erwin Strittmatter*, dt. Schriftsteller, mit realist.-humorvollen Romanen vor allem in der ehemaligen DDR erfolgreich (* 1912)

† *Helen Wolff*, US-Verlegerin europ. Literatur (* 1908)

Carl-von-Ossietzky-Medaille der Internationalen Liga für Menschenrechte an Berliner Grips-Theater und seinen Begründer *Volker Ludwig*

Zur Inszenierung des Jahres wählt die Zeitschrift „Theater heute" die Hamburger Produktion „Wolken. Heim" nach dem Stück von *Elfriede Jelinek*

Das Deutsche Schauspielhaus in Hamburg unter der Intendanz von *Frank Baumbauer* (* 1945) wird zum Theater des Jahres gewählt

In Wien beschlossene „sanfte Rechtschreibreform" empfiehlt z.B. vorsichtige Eindeutschung von Fremdwörtern und Fortfall von ß nach kurzen Vokalen

Die umfangreichste Enzyklopädie der Welt, die „Encyclopedia Britannica" erscheint nicht mehr als jährl. neu gedrucktes Werk von zuletzt 30 Bänden, 1,20 m lang, 120 Kg schwer, sondern auf einer CD mit 12 cm Durchmesser

Das Wort des Jahres dichtet der Vorstandssprecher der Deutschen Bank, *Hilmar Kopper*, der die ausstehenden Handwerkerrechnungen an den verschwundenen Bauunternehmer J. Schneider in Höhe von 50 Mill. DM als „Peanuts" bezeichnet

Brand zerstört Gran Teatro del Liceo, das historische Opernhaus von Barcelona

Aufnahme des 1147 gegr. Zisterzienserklosters Maulbronn als eines der besterhaltenen Klöster d. Mittelalters in die UNESCO-Liste der Weltkulturdenkmäler. Auch die Altstadt von Bamberg wird als einer der größten erhaltenen Stadtkerne in der BRD in die Liste aufgenommen

Avantgardekunst aus Osteuropa zeigt Ausstellung „Europa, Europa" in Bonner Bundeskunsthalle

Eröffnung des neuen Kunstmuseums in Wolfsburg, entworfen vom Hamburger Architekten *Peter Schweger*

Aussstellung „Impressionismus – Die Ursprünge 1859 bis 1869" im Grand Palais in Paris

† *Tengis Abuladse*, georg. Regisseur („Die Reue") (* 1924)

† *Lindsay Anderson*, brit. Regisseur („If") (* 1923)

† *Axel Corti*, Regisseur des dt. Films (* 1933)

† *Joseph Cotton*, amerik. Schauspieler (* 1905)

† *Alain Cuny*, frz. Filmschauspieler (* 1908)

Pepe Danquart, dt.

Richard Wagners Fragment gebliebene Oper „Wahnopfer" erlebt Urauff. im Schloßhof der Heidecksburg in Rudolfstadt

Frankfurter Musikpreis an die Bratschenspielerin *Tabea Zimmermann*

Robert Wilson inszeniert *Puccinis* „Madame Butterfly" in Paris (Musikalische Leitung *Myung-Whun Chung*)

Der traditionsreiche Musikverlag *Breitkopf & Härtel* begeht mit einem Festakt im Leipziger Gewandhaus sein 275jähriges Bestehen

Die Star-Tenöre *José Carreras, Placido Domingo* und *Luciano Pavarotti* holen mit ihrem Konzert am Vorabend des Fußball-WM-Finales in Los Angeles weltweit mehr als 1 Mrd. Menschen vor die Bildschirme

Pop-Hochzeit des Jahres: *Lisa Marie Presley* (einzige Tochter von *Elvis Presley*) heiratet in der Dominik.-Rep. den Popstar *Michael Jackson*

Megakonzert der Rock-Gruppe Pink Floyd auf dem Maifeld in Berlin

Nach 25 Jahren Woodstock-Revival-Festival in Saugerties im US-Bundesstaat New York

Die „Prinzen" sind erfolgreichste Rockgruppe der BRD

Weltgesundheitstag in Genf präsentiert

Nach Aussage des bundesdt. Umweltmin. *Klaus Töpfer* hat die gestiegene Zahl der Hautkrebsfälle in der BRD weniger mit der Abnahme der Ozonschicht als dem veränderten Urlaubsverhalten der Deutschen zu tun

Auf Gynäkologenkongreß in München legen Mediziner Untersuchungen vor, nach denen Streß, Depressionen und Trauer Krebswachstum beschleunigen können

In den USA beginnen klinische Versuche mit Abtreibungspräparat RU-486

Computermesse CeBIT in Hannover erzielt Rekordzahl von 675 000 Besuchern

NEC SX-3 Modell 14R, schnellster Großrechner in der BRD, geht bei der Dt. Forschungsanstalt für Luft- und Raumfahrt in Göttingen in Betrieb

Für seine Leistungen bei der Entwicklung eines Computers, der gesprochene Sprache simultan übersetzen und akustisch wiedergeben kann, erhält der Informatiker *A. Waibel* den Forschungspreis der Stuttgarter Alcate-SEL-Stiftung

Amerik. Forscher entwickeln einen lichtbrechenden

Aus finanz. Gründen und wegen Energieknappheit stellt Ukraine Atomkraftwerk von Tschernobyl nicht zum vereinbarten Zeitpunkt ab. Eindeutig infolge des Unfalls von 1986 sind bisher 8000 Menschen gestorben und 30 000 arbeitsunfähig geworden. Krebsfälle, Säuglingssterblichkeit, Mißbildungen und allg. Mortalität haben drastisch zugenommen. Das Schicksal von 600 000 Menschen, die 1986 als „freiwillige Helfer" nach Tschernobyl kamen, ist ungeklärt

Bundesgericht in Alaska verurteilt Ölkonzern Exxon zu Entschädigungszahlungen in Mrd.-Höhe an Fischer, die durch Tankerkatastrophe 1989 geschädigt worden waren

Weltweit 1. Ozonversuch in Heilbronn belegt: Verkehrsbeschränkungen und Produktionsdrosselung führen zu verringertem Lärmpegel und Rückgang der Schadstoffbelastung

Hitzerekord in BRD: Die Metereologen sprechen vom heißesten Juli seit Beginn der Wetteraufzeichnungen

Größter Jackpot der dt. Lottogeschichte: 42 Mill. DM

Bei Anschlag auf Jüd. Zentrum in Buenos Aires sterben mehr als 100 Menschen, 231 werden verletzt

In Indien kehrt der Schwarze Tod wieder: Hunderte erkranken an der Pest

Schwerstes Unglück in europ. Gewässern seit 2. Weltkrieg: Estnische Ostseefähre „Estonia" sinkt vor der Küste Finnlands, mehr als 900 Tote

Buschfeuer führen zur schwersten Brandkatastrophe in der Geschichte Australiens. Ursache ist z.T. Brandstiftung

Schwerstes Erdbeben seit 1971 in S-Kalifornien, insbesondere Los Angeles, 60 Tote

(1994) 18 Sitze); Bündnis 90/Die Grünen 5,5 %, 3 Sitze (2,7 %, kein Sitz); FDP 2,1 %, kein Sitz (5,6 %, 3 Sitze)

Bei Kommunalwahlen in Sachsen Gewinne für SPD, PDS und Bündnis 90/Grüne, Verluste für CDU und FDP. Ergebnis mit Vergleichszahlen 1990: CDU 38,1 % (44,6 %); SPD 21,6 % (14,7 %); PDS 16,3 % (11,6 %); Bündnis 90/Die Grünen 7,7 % (4,5 %); FDP 6,3 % (7,5 %); Republikaner 0,1 % (-). Wahlbeteiligung 72,2 %

Bei Landtagswahlen in Sachsen Wahlbeteiligung von 58,4 %. Weitere Stärkung der absoluten Mehrheit der CDU unter Ministerpräsident *Kurt Biedenkopf*: Gewinne für PDS auf Kosten von SPD und FDP. Ergebnisse mit Vergleichszahlen 1990: CDU 58,1 %, 77 Sitze (53,8 %); SPD 16,6 %, 17 Sitze (19,1 %); PDS 16,5 %, 16 Sitze (10,2 %); Bündnis 90/Die Grünen 4,1 %, kein Sitz (5,6 %); FDP 1,7 %, kein Sitz (5,3 %)

Bei Kommunalwahlen in Sachsen-Anhalt starke Gewinne für SPD und PDS. Ergebnis mit Vergleichszahlen 1990: CDU 31,2 % (35,8 %); SPD 29,7 % (22,8 %); PDS 18,2 % (12,7 %); Bündnis 90/Die Grünen 6,3 % (6,4 %). Wahlbeteiligung 66,6 %

Bei Landtagswahlen in Sachsen-Anhalt Wahlbeteiligung von 54,9 %. Große Verschiebungen vor allem durch Scheitern des vorh. Koalitionspartners der CDU, der FDP, an der 5%-Hürde. Ergebnis mit Vergleichszahlen von 1990: CDU 34,4 %, 37 Sitze (39 %, 48 Sitze); SPD 34,0 %, 36 Sitze (26 %; 27 Sitze); PDS 19,9 %, 21 Sitze (12,0 %, 12 Sitze); Bündnis 90/Die Grünen 5,1 %, 5 Sitze (5,3 %, 5 Sitze); FDP (3,6 %, kein Sitz (13,5 %; 14 Sitze). SPD und Bündnis 90/Die Grüne bilden bundesweit 1.rot-grüne Minderheitsreg.

Bei Kommunalwahlen in Schlesw.-Holst. Verluste für tradit. Parteien SPD, CDU und FDP, Gewinne für Bündnis 90/Die Grünen und versch. Wählergemeinschaften. Ergebnis mit Vergleichszahlen 1990: SPD 39,5 % (42,9 %); CDU 37,5 % (41,3 %); Bündnis 90/Die Grünen 10,3 % (6,0 %); FDP 4,4 % (6,1 %)

Kommunalwahlen in Thüringen bei Wahlbeteiligung von 72,5 %. Starke Gewinne für SPD und PDS, Verluste für CDU und FDP. CDU 37,1 % (41,9 %); SPD 26,1 % (19,6 %); PDS 15,7 % (10,5 %); Bündnis 90/Die Grünen 6,4 % (6,6 %); FDP 6,2 % (7,7 %)

Neues Grundsatzprogramm der CDU heißt „Freiheit in Verantwortung". Bisherige Leitlinie „Soziale Marktwirtschaft" wird um ökolog. Dimension erweitert. Wahlprogramm von Bündnis 90/Die Grünen lautet „Ökologische Offensive"

Hamburger STATT-Partei beschließt bundesweite Ausdehnung

Vierte Direktwahlen zum Europ. Parlament bei 207 Mill. Stimmberechtigten. Sitzverteilung der insg. 567 Sitze: Sozialisten: 200; Europ. Volkspartei: 148; Liberale und Demokraten: 44; Grüne: 22; Sammlungsbewegung der Europ. Demokraten (vor allem frz. Gaullisten): 24; Regenbogen-Fraktion: 8; Koalition der Linken: 12; Europ. Rechte: 13; Fraktionslose (u.a. Forza Italia, Energie radicale von *B. Tapie*, Anti-Maastricht-Partei von *Ph. de Villiers*): 96 Sitze

Der Deutsche *K. Hänisch* wird zum Präsidenten des Europaparlaments gewählt

Europ. Währungsinstitut als Vorläufer einer künftigen Europ. Zentralbank nimmt in Frankfurt/M. seine Arbeit auf

Ukrainischer Präsident *Krawtschuk* unterzeichnet in Luxemburg Partnerschafts- und Kooperationsabkommen mit EU

† *Richard Nixon*, ehemaliger Präsident der USA (1969–74) (* 1913)

USA beenden ihr seit 1964 bestehendes Handelsembargo gegen Vietnam

Bei amerik. Kongreß- und Gouverneurswahlen schwere Niederlage für *Bill Clintons* Demokratische Partei. Mehrheit für Republikaner in beiden Kongressen

In Rußland Amnestie für Putschisten von 1991 gegen *M. Gorbatschow* und 1993 gegen *B. Jelzin*

Abzug der letzten russ. Truppen aus den baltischen Staaten

Grundsatzerklärung über „konstruktive Partnerschaft" zwischen Rußl. und VR China: Atomraketen sollen zukünftig nicht mehr aufeinander, sondern aufs Meer gerichtet sein

Luftangriffe und Einmarsch russ. Truppen in Tschetschenien, um Abspaltung der Republik aus der Föderation zu verhindern

Regisseur, erhält für seinen Kurzfilm „Schwarzfahrer“ einen Oscar † *Blandine Ebinger*, dt. Schauspielerin, Sängerin (* 1899) † *Zoltan Fabri*, ungar. Regisseur („Zwanzig Stunden“) (* 1917) † *Dolly Haas*, brit. Schauspielerin (* 1910) *Jan-Christoper Horak* folgt *Enno Patalas* als Leiter des Münchner Filmmuseums nach † *Derek Jarman*, brit. Regisseur, zuletzt „Wittgenstein“ und „Blue“ (* 1942) † *Burt Lancaster*, amerik. Schauspieler („Der Leopard“) (* 1913) † *Myrna Loy*, US-amerik. Filmschauspielerin („Der dünne Mann“) (* 1905) † *Giulietta Masina*, ital. Schauspielerin („La Strada“) (* 1920) † *Fernando Rey*, span. Schauspieler („Der diskrete Charme der Bourgeoisie“ (* 1917) † *Telly Savalas*, amerik. Schauspieler („Kojak“) (* 1924) *Steven Spielbergs* „Schindlers Liste“ erhält Oscar für besten US-amerik. Spielfilm † *Terence Young*, brit. Regisseur (Bond-Filme) (* 1915) † *Mai Zetterling*, schwed. Schauspielerin und Regisseurin (* 1926) Der europ. Filmpreis Felix, zum 3. Mal nach 1990 und 1992, für den Italiener *Gianni Amelio* für seinen Film „Lamerica“ Goldener Bär der Filmfestspiele Berlin an den Iren *Jim Sheridan* für „Im Namen des Vaters“ Der bundesdeutsche Filmpreis geht an den Hauptdarsteller, *A. Eisermann*, den Regisseur, *P. Sehr*, und den Produzenten, *A. Meyer*, von „Kaspar Hauser“ Die Goldene Palme des Filmfestivals in Cannes geht an *Quentin Tarantino* (USA) für „Pulp Fiction“ mit *J. Travolta* in der Hauptrolle. Die Nationale Gesellschaft der Filmkritiker der USA wählt „Pulp Fiction“ zum besten Film des Jahres César des frz. Films für *Alain Resnais'* „Smoking/No Smoking“ Gründung der Filmboard GmbH Berlin-Brandenburg als erste dt. Zweiländer-Filmförderung Nach gut 40 Jahren stellt die Berliner Tageszeitung „Der Tagesspiegel“ ihre einmal wöchentlich erscheinende Filmseite ein Brit. Filmzensur verhindert Auslieferung des	Kunststoff, der das Material für Hochleistungscomputer werden könnte, die mit Licht statt mit Strom arbeiten	Flutkatastrophe in Nepal. Mehr als 1000 Menschen sterben Erdbeben in Kolumbien fordert 628 Menschenleben

Georgien tritt der Gemeinschaft Unabhängiger Staaten (GUS) bei

(1994) In Weißrußl. Einführung eines Präsidialsystems, in dem das Staatsoberhaupt zugleich Regierungspräsident ist

Weißrußland unterzeichnet Vertrag mit Rußland über Währungsunion und wird damit Teil der Rubelzone

Serben setzen ihre Angriffe auf bosnische Städte fort

NATO-Kampfflugzeuge greifen serb. Militärflugzeuge und Panzer an. Es ist der 1. Kampfeinsatz der NATO seit ihrer Gründung 1949

Muslime und Kroaten gründen die Föderation Bosnien-Herzegowina mit einer Föderationsreg. aus 10 Muslimen, 6 Kroaten und 1 Serben. Der bosnische Kroate *Kresimir Zubak* (* 1948) wird Präs. des neuen Staates

Bosnische Reg. legt Bilanz des Bürgerkrieges vor: 142.595 Opfer unter den Muslimen, über 162 000 Verwundete. Die Zahl der getöteten Kroaten wird auf 50 000 geschätzt

Bei 1. Direktwahlen des Staatsoberhauptes durch das Volk wird *Martti Ahtisaari* (* 1937) als neuer finnischer Präsident gewählt

Gesetz zum Schutz der frz. Sprache in Frankreich soll Gebrauch von Fremdwörtern in Medien und Behördenmitteilungen u.a. einschränken

Urteil für Nazi-Kollaborateur und ehemal. Miliz-Chef Lyons, *P. Touvier* (* 1915), wegen Erschießung von 7 jüdischen Geiseln 1944: lebenslange Haft

† *Melina Mercouri*, griech. Politikerin und Schauspielerin (* 1925)

IRA beschließt nach 25 Jahren Gewaltverzicht. Erste Friedensgespräche mit brit. Regierung. Auch protestant. Terrorgruppen in Nordirland kündigen Waffenstillstand an

In London wird Südafrika feierlich wieder ins Commonwealth aufgenommen

Ital. Min.-Präs. *Carlo Azeglio Ciampi* (* 1920) tritt zurück, um Neuwahlen zu ermöglichen

Der Mailänder Medienunternehmer *S. Berlusconi* (* 1936) erhält mit dem von ihm angeführten Rechtsbündnis aus Forza Italia, Lega Nord und der neofaschist. Nationalen Allianz die absolute Mehrheit und wird als Min.-Präs. der 53. Nachkriegsreg. Italiens vereidigt. U.a. als Reaktion auf Ermittlungsverfahren wegen Korruption gegen ihn tritt er nach 7Monaten zurück

Normalisierungsvertrag von Kroatien mit Rest-Jugoslawien zur Beendigung des Krieges

Bei 1. freien Parlamentswahlen in Moldawien überraschender Sieg der Demokratischen Agrarpartei (Ex-Kommunisten)

Moldawien tritt der Gemeinschaft Unabhängiger Staaten (GUS) bei

Neues Ausländergesetz in den Niederlanden bestimmt Zurückweisung aller Asylbewerber, die über als sicher geltende Drittländer einreisen

In den Niederlanden wird Friesisch als 2. Amtssprache zugelassen

Bei Wahlen zum niederl. Parlament Christdemokraten erstmals seit 1917 nicht mehr stärkste Partei. Neuer Reg.-Chef wird *Wim Kok* (* 1938; Partei der Arbeit)

† *J. Jørgen Holst*, norweg. Politiker, zuletzt Außenmin.. Mit seiner Frau *M. Heiberg* Vermittler der Geheimgespräche zwischen Israel und der PLO, die zum Gaza-Jericho-Abkommen führten (* 1937)

Parlamentswahlen in Österreich: Mit 34,9 bzw. 27,7 % für SPÖ und ÖVP schlechtestes Nachkriegsergebnis. 22,6 % für rechtsgerichtete FPÖ. SPÖ und ÖVP erneuern ihre Koalition

In Schweden gesetzl. Anerkennung homosexueller Partnerschaften und weitgehende Gleichstellung mit der Ehe

In der Ukraine wird bei 1. freien Parlamentswahlen nach neuem Mehrheitswahlrecht der Parteilose *Vital Massol* (* 1928) als Ministerpräs., bei den Präsidentschaftswahlen *Leonid D. Kutschma* (* 1938) als Staatsoberhaupt gewählt

Griffith-Klassikers „Geburt einer Nation" als Videokassette, weil der Film den US-amerik. Bürgerkrieg aus rassistischer Perspektive darstelle

Dt. Filme haben in dt. Kinos einen Marktanteil von gerade 4%. US-amerik. verbuchen gut 85 % der Kasse für sich

Erfolgreichster Film in der BRD: Walt Disneys „Der König der Löwen" (7,5 Mill. Zuschauer). „Schindlers Liste" hinter „Flintstones" auf Rang 3. In den USA rangiert „Forrest Gump" ganz oben, „Schindlers Liste" liegt auf Platz 13

(1994) Bei Parlamentswahlen in Ungarn siegt die Sozialist. Partei. *Gyula Horn* (* 1932) wird Ministerpräsident

In „Erklärung von Cartagena" verankern 19 lateinamerik. Staaten sowie Portugal und Spanien Integrationsbemühungen nach europ. Vorbild

In Argentinien wird Verfassungsgebende Versammlung zur Überarbeitung der Verfassung von 1853 gewählt

Unter dem Schutz amerik. Truppen im Auftrag der UNO kehrt Präs. *Jean-Bertrand Aristide* (* 1953) nach Haiti zurück und übernimmt die Reg., nachdem Militärjunta um General *R. Cédras* abgetreten ist. *Aristide* war nach Militärputsch 1991 ins Exil gegangen

Die Zahl der Flüchtlinge aus Kuba nach S-Florida nimmt stark zu. Die Menschen verlassen z.T. unter Lebensgefahr ihr Land. Die USA verbieten Zahlungen von Exilkubanern nach Kuba und beschränken die Einwanderung von kuban. Flüchtlingen

Aufstand der indian. Zapatistischen Nationalen Befreiungsarmee in Chiapas, dem ärmsten Bundesstaat Mexikos. Die Indios fordern Ende der Menschenrechtsverletzungen

In Panama erste demokrat. Parlaments- und Präsidentschaftswahlen seit 25 Jahren. Staatschef wird der Kandidat der oppositionellen Demokratisch-Revolutionären Partei, *Ernesto Pérez Balladares*

Beginn des Abzugs der amerik. Truppen aus Panama

In El Salvador finden nach Bürgerkrieg unter UN-Aufsicht 1. allg. Wahlen statt. Sieger wird rechte Arena-Partei, Sozialisten der FMLN (Nationale Befreiungsfront) erreichen 2. Platz. Bei gleichzeitigen Präsidentschaftswahlen siegt Arena-Kandidat *A. Calderón Sol* (* 1949)

Attentat eines israel. Siedlers auf eine Moschee in Hebron. 29 Palästinenser werden beim Gebet getötet, mehr als 300 verletzt. Bei Racheaktionen palästinen. Extremisten sterben Dutzende israel. Siedler

Israel.-palästinen. Grundsatzerklärung über Teilautonomie der Palästinenser im Gazastreifen und im Westjordanland

Abzug der israel. Truppen aus dem besetzten Gazastreifen. Erste palästinen. Polizisten übernehmen Kontrolle. Palästinenserführer *J. Arafat* kommt nach 27 Jahren im Exil wieder in seine Heimat

Aufnahme diplomatischer Beziehungen zwischen Vatikan und PLO

Als erster israel. Regierungschef besucht *Yitzhak Rabin* Moskau

Israel. Min.-Präs. *Rabin* und jordan. König *Hussein* unterzeichnen Erklärung über Ende der 46 Jahre währenden Feindschaft und des Kriegszustandes zwischen den beiden Ländern

4 Jahre nach Beginn der Golfkrise erkennt Irak das Emirat Kuwait in jetzigen Grenzen an und erfüllt damit eine der wichtigsten Bedingungen zur Aufhebung des UN-Embargos

Bürgerkrieg zwischen Nord- und Südjemen. Sozialist. Reg. von S-Jemen erklärt Unabhängigkeit von N-Jemen und gründet „Demokratische Republik Jemen". Nach Einnahme der Hafenstadt Aden durch N-Jemen geht Bürgerkrieg zu Ende

Änderung des Wahlrechts in Kuwait: Wählen dürfen nun auch gebürtige Kuwaiter, deren Vater erst nachträglich die kuwait. Staatsbürgerschaft angenommen hat. Frauen dürfen weiterhin nicht wählen

Die Präs. von Ruanda und Burundi, *J. Habyarimana* und *C. Ntaryamira* werden bei einem Attentat auf ihr Flugzeug getötet. Daraufhin flammt der Bürgerkrieg wieder auf

1. freie Wahlen in Malawi. Sieger wird die Vereinigte Demokratische Front unter *B. Muluzi* (* 1943)

Erste freie Wahlen in Mosambik

Vor der sich verschärfenden Situation in Ruanda fliehen an einem Tag mehr als 250 000 Menschen nach Tansania, eine der größten Fluchtbewegungen der Geschichte. Seit Ausbruch der Bürgerkriege sind nach Schätzungen von Hilfsorganisationen eine halbe Million Menschen umgekommen

UNO entsendet internat. Eingreiftruppe zum Schutz der Zivilbevölkerung unter frz. Führung zur „Operation Türkis" nach Ruanda

Nach der Einnahme der Hauptstadt Kigali und anderer Städte erklären Rebellen der Patriotischen Front Ruandas den Krieg gegen Reg.-Truppen für beendet und setzen provisorische Regierung ein. Der darauffolgende Abzug der UN-Truppen löst erneute Fluchtbewegungen aus

Rückzug der amerik. und europ. Militärverbände, die im Rahmen des UNO-Einsatzes nach Somalia gekommen waren

In 1. demokrat. Wahlen in Südafrika wird der Schwarze *Nelson Mandela* (* 1918; ANC) zum Präsidenten gewählt. Der ANC erhält 62,7 %, die Nationale Partei des bisherigen Präs. *de Klerk* 20,4 %, die Zulu-Bewegung Inkatha 10,5 % der Stimmen

Neue südafrik. Verfassung tritt in Kraft. Sie verbietet Rassendiskriminierung, löst Homelands auf, ersetzt sie durch Provinzen und richtet Grundrechts-Charta sowie Verfassungsgericht ein

Vatikan und Südafrika beschließen Aufnahme diplomatischer Beziehungen

Wahl einer Verfassungsgebenden Versammlung in Uganda

Jap. Min.-Präs. *Hosokawa* (* 1938) tritt wegen Bestechungsvorwürfen nach 8monatiger Amtszeit zurück. Der neugewählte *T. Hata* bleibt nur 2 Monate im Amt. Erstmals seit 1948 wird ein Sozialdemokrat Min.-Präs., *T. Murayama* (* 1924)

† *Kim Il Sung*, nordkoreanischer Staatschef (* 1912)

Nach 50 Jahren hebt Südkorea Handelsembargo gegen Nordkorea auf

Bei Parlamentswahlen in Sri Lanka nach 17 Jahren erstmals Sieg der linksgerichteten Volksallianz über Vereinigte Nationale Partei. *Ch. Kumaratunga* (* 1945) wird zunächst Min.-Präs., dann Staatspräsidentin

1995

Das Jahr steht im Zeichen der Gedenkfeiern an den Sieg über das nationalsozialistische Deutschland und an die Befreiung der KZ- und Vernichtungslager

UNESCO-Friedenspreis an den früheren US-amerik. Präs. *J. Carter* für seine Friedensmissionen in Korea, Haiti und Bosnien, sowie den span. König *J. Carlos* für seine Rolle beim Übergang von der Franco-Diktatur zur Demokratie in Spanien

Weltsozialgipfel in Kopenhagen mit Vertretern von 180 Staaten einigt sich auf eine „Erklärung" und ein „Aktionsprogramm", die beide eher symbol. Charakter haben. Verpflichtungen geht niemand ein

Mit 2 Mrd. $ werden die Entw.-Kosten für das neue Raktensystem MEADS beziffert, das die BRD gemeinsam mit den USA, Frankreich und Italien bauen will

Der dt. Bundesrechnungshof bemängelt, daß der Preis für das Jagdflugzeug „Eurofighter 2000" weiter steigt. Schätzungen gehen jetzt davon aus, daß der Geräte-Systempreis des Jagdflugzeuges 150,5 Mill. DM betragen wird und weitere 20 Mill. für die Flugkörperbewaffnung veranschlagt werden müssen

Die dt. Bundeswehr wird auf eine Zielgröße von 340 000 Mann verkleinert. 20 Standorte werden geschlossen

†*Egon Franke*, SPD-Politiker und früherer Bundesmin. für innerdt. Beziehungen (* 1913)

†*Günter Guillaume*, DDR-Spion, dessen Enttarnung 1974 zum Rücktritt von BK *W. Brandt* beigetragen hat (* 1929)

Bundesinnenmin. *Kanther* (CDU) verbietet Freiheitliche Deutsche Arbeiterpartei (FAP) als rechtsextreme Vereinigung und löst sie auf

Gesetzesentwürfe von SPD und PDS sehen vor, Vergewaltigung in der Ehe als Straftatbestand zu ahnden

Abschiebungen von Bürgern der Bundesrep. Jugoslawien (Serbien und Montenegro) werden, so läßt die Reg. in Belgrad wissen, nur möglich sein, wenn die BRD die Rückführung mit finanziellen Leistungen entgelte

Bundesverfassungsgericht entscheidet, daß Personen, die in der DDR gelebt und Spionage zu Lasten der BRD getrieben haben, seit der Vereinigung nicht mehr wegen Landesverrats oder geheimdienstl. Agententätigkeit verfolgt werden dürfen

Berliner Staatsanwaltschaft klagt *E. Krenz*, letzten Generalsekr. der SED, und 6 weitere

Der Friedenspreis d. Dt. Buchhandels geht an die Orientalistin *Annemarie Schimmel*. Die Entscheidung ist umstritten

Adonis, arab. Lyriker, wird zusammen mit dem palästinen. Publizisten *Hischam al Didschani* aus dem syr. Zweig des arab. Schriftstellerverbandes ausgeschlossen. Beide waren für eine kulturelle Normalisierung mit dem „zionistischen Wesen" (Israel) eingetreten

Das 1. in frz. Sprache geschriebene Theaterstück von *Samuel Beckett* (* 1906 †1989), „Eleutheria", das der Autor nicht veröffentl. sehen wollte, erscheint erstmals in Paris

Igancio Carrión und *Félix Bayón* erhalten für unveröffentl. Roman-Manuskripte den Premio Nadal, den angesehensten span. Literaturpreis

Inger Christensen, dän. Schriftstellerin („Das gemalte Zimmer"), erhält den Österr. Staatspreis für europ. Literatur

Inge Deutschkron (* 1922), Schriftstellerin und Publizistin, erhält gemeinsam mit *Heinz Knobloch* (* 1926), Autor, den Berliner *Moses-Mendelssohn*-Preis

† *Albert Drach*, österr. Schriftsteller („Das große Protokoll gegen Zwetschkenbaum") (* 1902)

Die Fremdsprachenfähigkeiten der Deutschen sind beschränkt: An den allg.-bildenden Schulen lernen 95% der Schüler Englisch, 26% Französisch, knapp 14% Latein, während der Anteil aller übrigen Sprachen zwischen 1 und 0,1% liegt

Die Mehrheit der Deutschen hält die Kirche für nicht mehr zeitgemäß. Der Anteil der von den Kirchen Enttäuschten beträgt bei Befragten im Alter zwischen 14 und 44 Jahren 65%, bei den über 60jährigen Befragten 43%

Das dt. Goethe-Institut ist mit einem eigenen Angebot im internationalen Computer-Netzwerk Internet präsent

Die Deutsche Bank gründet zur Feier ihres 125jährigen Gründungsjubiläums eine Kultur-Stiftung (Stiftungsvermögen 100 Mill. DM) mit Sitz in Berlin

†*Joseph Bochenski*, Dominikanerpater und Philosoph (* 1903)

†*Ernest Borneman*, Reich-Schüler und Sexualwissenschaftler (* 1915)

† *Margherita von Brentano*, dt. Philosophin, Vizepräs.

† *Hermann Bachmann*, Maler (* 1922)

Der Nachlaß des Bildhauers *E. Barlach* aus dem Besitz seiner Lebensgefährtin *M. Böhmer* bleibt der Stadt Güstrow erhalten

In Berlin-Mitte beginnt der Abriß des Min. für Auswärtige Angelegenheiten der DDR. Die Kosten für den Abriß: 12 Mill. DM

Holocaust-Denkmal im Berliner Bezirk Steglitz eingeweiht, gegen das CDU, FDP und die Rep. geltend gemacht hatten, daß die möglichen Reinigungskosten zu hoch sein könnten. Zur Einweihung sammeln die Rep. für die Reinigung der Spiegelwand. Niemand hinderte sie

Erster Gottesdienst in der von *M. Botta* entworfenen neuen Kathedrale von Evry, einem Vorort von Paris

Flughafen Lyons nach einem Entwurf von *Santiago Calatrava* als Bauplastik mit Anklängen bei *Tatlins* Flugapparat gestaltet

Christo (*Christo Javatschev*) verpackt den Berliner Reichstag für 2 Wochen, bevor der Umbau des Gebäudes nach Plänen des brit. Architekten *N. Foster*

† *Reza Abdoh*, aus dem Iran stammender Choreograph u. Regisseur (* 1964)

Pina Bauschs Brecht-Weill-Abend mit dem Obertitel „Die sieben Todsünden" (Tanztheater, uraufg. 1976) wird wieder ins Repertoire der Wuppertaler Compagnie aufgenommen

Hans Drewanz (* 1929), seit 1963 GMD am Landestheater Darmstadt, geht in den Ruhestand

Brigitte Fassbaender, Mezzosopranistin, Mitglied und Kammersängerin der Bayrischen Staatsoper, beendet ihre Sangestätigkeit

† *Julius Hemphill*, amerik. Saxophonist (* 1938)

Reinhild Hoffmann: „Folias" (Tanztheater, Urauff. am Schauspielhaus Bochum)

Johann Kresnik: „Gründgens" (Tanztheater, Urauff. in Hamburg)

Peter Maffay, dt. Rocksänger, erhält d. *Paul-Lincke*-Preis der Stadt Goslar

† *Arturo Benedetti Michelangeli*, ital. Pianist (* 1920)

† *Jess Stacy*, Pianist der Swing-Ära und Mitglied des *Benny-Goodman*-Orchesters (* 1905)

† *Heinrich Sutermeister*, schweiz. Komponist (*1910)

† *Gerald Durrell*, brit. Tierbuchautor, Naturschützer und Tierfilmer (* 1925)

† *William A. Fowler*, amerik. Astrophysiker, erhielt 1983 zusammen mit *S. Chandrasekhar* den Nobelpreis für Physik (* 1911)

† *Georges Köhler*, dt. Immunologe, erhielt 1984 den Medizin-Nobelpreis (* 1946)

† *Widukind Lenz*, Humangenetiker, deckte Mitte der 60er Jahre den Contergan-Skandal auf (* 1911)

Forschungsergebnisse beweisen, daß vor mehreren Millionen Jahren eine gewaltige Explosion auf dem Mars Gesteinsbrocken in den Weltraum geschleudert hat, von denen einige sogar auf der Erde landeten

Der von einer dichten Atmosphäre verhüllte Saturnmond Titan ist nicht, wie bislang geglaubt, vollständig von einem Ozean bedeckt

Der rote Riesenstern CW Leonis produziert radioaktiven Kohlenstoff-14

Die Höhenunterschiede auf dem Mond sind bis zu 30% größer als bisher angenommen

Der russ. Kosmonaut *Waleri Poljakow* stellt mit einem Aufenthalt von 438 Tagen im Weltall ei-

Nach Berechnungen der Weltbank liegt die Schweiz mit 36 410 $/K der Bevölkerung auf Platz eins der weltweiten Einkommmensliste, gefolgt von Lux., Japan, Dänem., Norw., Schweden. Die BRD noch in ihren alten Grenzen nimmt mit 23 560 $ Platz 9 ein. Schlußlicht unter den 209 erfaßten Staaten ist Mosambik mit 80 $/K der Bev. In einer Einkommensrangliste auf der Grundlage der Kaufkraftparitäten liegt Lux. vor den USA, den VAE, Quatar, Hongkong und Japan. Westdt. liegt auf Platz 8

Der Abbau von Arbeitsplätzen in der dt. Automobilindustrie geht weiter bei steigenden Produktions- und Exportzahlen

Die Zahl der Insolvenzen in der BRD nimmt noch einmal deutlich zu

Die Deutsche Bank, größtes Bankunternehmen des Landes, besitzt Immobilien im Werte von 12 Mrd. DM

Herbert Mai Nachfolger von *Monika Wulf-Mathies* als Vorsitzender der ÖTV im DGB

† *Eugen Loderer*, von 1972 bis 1983 Vors. der IG Metall im DGB (* 1920)

Die Bauern in den neuen Bundesländern der BRD haben ihren Rückstand zum Westen deutlich verringert. Von den rd. 850 000 Arbeitsplätzen in der DDR-Landwirtschaft blieben nur 173 000 erhalten. Je 100 ha sind im Osten 2,5 Arbeitskräfte beschäftigt, im Westen sind es 5,1

Die Familie ist trotz des Trends zum Single-Dasein und sinkender Geburtenrate weiter häufigste Lebensform in der BRD. Die Zahl der nichtehel. Lebensgem. ist seit 1972 von damals geschätzten 137 000 in Westdt. auf 1,1 Mill. im Jahre 1992 gestiegen. Zugenommen hat auch die Zahl der alleinerziehenden Väter

(1995)

Mitglieder des SED-Politbüros wegen Totschlags im Zusammenhang mit den Gewalttaten an der innerdt. Grenze an

Die Bundesländer Berlin und Brandenburg beschließen die Fusion beider Länder. Potsdam wird Hauptstadt sein

Berlin führt das kommunale Wahlrecht für EU-Ausländer ein

Nach vorzeitigem Ende der Ampelkoalition aus SPD, FDP und Bündnis 90/Die Grünen bei den vorgezogenen Bürgerschaftswahlen in Bremen starke Verluste für die SPD, leichte Zugewinne für CDU und Bündnis 90/Die Grünen, starke Gewinne für die Gruppierung AfB. Die FDP scheitert. Bürgerm. *K. Wedemeier* (SPD) tritt zurück. Die Ergebnisse (mit Vergleichszahlen von 1991): SPD 33,4 % (38,8), 37 Sitze (41); CDU 32,6 % (30,7), 37 Sitze (32); Bündnis 90/Die Grünen 13,1 % (11,4), 14 Sitze (11); Arbeit für Bremen 10,7 % (-), 12 Sitze (-), FDP 3,4 % (9,5), -Sitze (10); DVU 2,6 % (6,2), – Sitze (6)

Bei den Landtagswahlen in Hessen leichte Verluste für SPD und CDU, Gewinne für Bündnis 90/Die Grünen. Die Ergebnisse (mit Vergleichszahlen von 1991): SPD 38,0 % (40,8), 44 Sitze (46); CDU 39,2 % (40,2), 45 Sitze (46); Bündnis 90/Die Grünen 11,2 % (8,8), 13 Sitze (10); FDP 7,5 % (7,4), 8 Sitze (8)

Die nieders. Umweltmin. *Monika Griefahn* (SPD) gerät kurzzeitig in den Verdacht, zum Vorteil ihres Mannes, des Chemikers und Unternehmensberaters *Braungart*, tätig geworden zu sein

Bei den Landtagswahlen in NRW Verlust der absoluten Mehrheit für die SPD, starke Gewinne für Bündnis 90/Die Grünen, Scheitern der FDP an 5%-Klausel. Die Ergebnisse (mit Vergleichszahlen von 1990): SPD 46,0 % (50,0), 108 Sitze (123); CDU 37,7 % (36,7), 89 Sitze (90); Bündnis 90/Die Grünen 10,0 % (5,0), 24 Sitze (12), FDP 4,0 % (5,8), – Sitze (14)

Neuerlicher Brandanschlag auf die Synagoge im schlesw.-holst. Lübeck

Der FDP-Vorsitzende *K. Kinkel* tritt nach 2 Jahren im Amt und 12 Wahlniederlagen zurück. Nachfolger wird der bisherige Stellvertr. W. Gerhardt

Durch eine Abstimmung der Mitglieder des SPD-Landesverbandes Berlin wird die Sozial- und Jugendsen. *I. Stahmer* als Spitzenkandidatin für die Abgeordnetenhauswahlen nominiert. Sie tritt gegen den Reg. Bürgerm. *E. Diepgen* (CDU) an

Adolf Endler, dt. Schriftsteller, erhält den Brandenburgischen Literaturpreis für sein Buch „Tarzan am Prenzlauer Berg"

Jürgen Fuchs, dt. Autor, wechselt wie der Lyriker *R. Kunze* aus dem westdt. PEN zu dem in London ansässigen Exil-PEN

† *Georg K. Glaser*, dt.-sprachiger Schriftsteller („Geheimnis und Gewalt"), seit 1934 in Paris (* 1910)

Durs Grünbein, dt. Lyriker, erhält den *Peter-Huchel*-Preis wie auch den *Georg-Büchner*-Preis

William Galvez erhält für einen dokument. Roman über *Che Guevara* den kuban. Literaturpreis „Casa de las Americas"

Rainald Goetz, dt. Suhrkamp-Autor, erhält eine einmal. Förderung v. 50 000 Mark als Preis der *Peter-Suhrkamp*-Stiftung

† *Oscar Heiler*, Schauspieler („Herr Häberle") (* 1907)

Ernst Jandl, österr. Lyriker, erhält den *Friedrich-Hölderlin*-Preis der Stadt Bad Homburg

† *Roberto Juarroz*, argent. Dichter und Essayist („Vertikale Poesie") (* 1925)

Der *Alfred-Kerr*-Preis f. Literaturkritik geht an die Redaktion der Wochenzeitung „Freitag"

† *Agnes Kraus*, Volks-

der FU Berlin (1970–72) (* 1922)

Ignatz Bubis als Vors. des Zentralrats der Juden in Deutschland für zwei weitere Jahre wiedergewählt

Der schweizer Filmemacher *Jean-Luc Godard* erhält den *Theodor-W.-Adorno*-Preis der Stadt Frankfurt/M.

† *Emilio Garcia Gomez*, span. Historiker (* 1905)

Jürgen Habermas, dt. Philosoph, erhält Ehrendoktorwürde der Universität Tel Aviv

† *Wolfgang Harich*, marx. Philosoph (* 1924)

Dieter Henrich, Philosoph, erhält den Tübinger *Hölderlin*-Preis

† *Alfred Heuss*, dt. Althistoriker (* 1910)

† *Wolfgang Loch*, Psychoanalytiker und langjähriger Mitarbeiter von A. Mitscherlich (* 1916)

† *Michael Meinecke*, Islamist und Direktor des Berliner Museums für Islamische Kunst (* 1942)

† *Peter Scheibert*, dt. Osteuropa-Historiker (* 1916)

† *Edward Sihls*, zusammen mit *T. Parsons* führender Vertreter der amerik. Sozialwissenschaft (* 1916)

in Angriff genommen wird

Die Eremitage in St. Peterburg stellt „Beutekunst" aus dem 2. Weltkrieg unter d. Titel „Verborgene Schätze – enthüllt" aus

K. Fritsch und *M. Honert* vertreten BRD auf der Kunstbiennale in Venedig, die erstmals 1895 stattfand. Der Franzose *Ch. Boltanski* verziert deshalb das Hauptgebäude mit den Namen der über 15 000 Künstler, die hier einmal ausstellen durften. Mit dem Goldenen Löwen ausgezeichnet die Amerikaner *R. B. Kitaj* (* 1932) und *G. Hill* (* 1951)

Zaha Hadid gewinnt Wettbewerb um d. neue Opernhaus von Cardiff, ohne daß sie auch den Bauauftrag erhält

† *Rudolf Hausner*, österr. Maler und Mitbegründer der „Schule des Phantastischen Realismus" (* 1915)

† *Hermann Henselmann*, bedeutendster Architekt in der DDR (Stalinallee, Haus des Lehrers, Fernsehtum, alle in Berlin) (* 1905)

† *Bernhard Hermkes*, Architekt (Frauenwohnhäuser in Frankfurt, Grindelhäuser in Hamburg) (* 1903)

Josef Tal, aus Posen stammender und in Jerusalem lebender Komponist, erhält d. *Johann-Wenzel-Stamitz*-Preis der Künstlergilde in Mannheim

† *Eric Wright*, Rapper in der Gruppe „Niggaz with Attitude" (* 1964)

Viktor Ullmanns († 1944 in Auschwitz) „Der Sturz des Antichrist" (Oper, Urauff. in Bielefeld)

In Algerien werden mehrere Sänger des Rai, einer Mischung aus tradit. arab. Musik und Popmusik, auf offener Straße vermutlich von islam. Fundamentalisten ermordet. Unter den Toten *Rachid* und *Cheb Mami*

Die Zahl der gemischten Chöre nimmt zu: Immer mehr Frauen, Kinder und Jugendliche, immer weniger Männer und junge Erwachsene zwischen 18 und 25 singen in den 18 142 Chören des Dt. Sängerbundes

In Dresden werden in der Semper-Oper erstmals wieder seit mehr als 30 Jahren *Richard-Strauss*-Tage veranstaltet

nen neuen Raumflugrekord auf

Die amerik. Raumfähre „Endeavour" bleibt mit 7 Astronauten an Bord 17 Tage im Weltraum

Der Astronaut *Norman Thagard* betritt als 1. Amerikaner die russ. Raumstation Mir, nachdem er zuvor auch als 1. Amerikaner mit einer russ. Sojus-Rakete in den Weltraum gestartet war

Finanzielle Schwierigkeiten machen d. für 1996 geplanten unbemannten Marsflug eines russ. Raumschiffs immer unwahrscheinlicher

Argentinien stellte eigenen Satelliten vor

Dt.-jap. Raumfahrprojekt nach Absturz des Forschungssatelliten „Express" gescheitert

Amerik. Forschern gelingt es, Rubidium-Atome auf 200milliardstel Grad über dem absoluten Nullpunkt abzukühlen. Dies ist die tiefste bisher erreichte Temperatur

Ein optisch nichtlinearer Einkristall, der sichtbares Laserlicht in ultraviolette Strahlung mit der doppelten Frequenz umwandelt, ist von chin. Forschern entwickelt worden

Das dt. Forschungsschiff „Meteor" läuft zu einer 2½ jährigen

Bei einer Umfrage in 16 europ. Ländern landet die BRD hinter der Schweiz als unfreundl. Land auf dem letzten Platz. Auch bei der Frage nach den beliebtesten Urlaubsländern bildet BRD das Schlußlicht. Bei den Ländern, in denen man am liebsten arbeiten möchte, führen die Schweiz und BRD mit Abstand

In Indien fordern 2000 kastrierte Männer auf einem Treffen in W-Bengalen, als Behinderte anerkannt zu werden. Die Zahl der in Indien lebenden Eunuchen wird auf 1 Mill. geschätzt

Staatsdiener und Beschäftigte bei Bahn, Post und Verkehrsbetrieben in BRD melden sich häufiger krank als Arbeitnehmer aus anderen Branchen

Der Verband der Automobilindustrie läßt verbreiten, daß Dieselruß nicht grundsätzlich krebserzeugend sei

Die Angst vor Verbrechen in der BRD nimmt weiter zu, obwohl die Zahl der schweren Verbrechen in den vergangenen Jahren in etwa gleich geblieben ist. Eine Untersuchung des Max-Planck-Instituts für ausländ. und internat. Strafrecht in Freiburg/Br. macht für diese überzogene und diffuse Angst die Berichterstattung mancher Medien verantwortlich

In den dt. Innenstädten bedroht der Ladendiebstahl die Existenz vieler Einzelhandelsgeschäfte. Der durch Ladendiebstähle entstehende Schaden wird auf 4 Mrd. DM geschätzt

Die alpine Ski-WM in der span. Sierra Nevada wird wegen anhaltender warmer Witterung abgesagt. Der Verlust für die Veranstalter beläuft sich auf 18 Mill. DM

Otto Rehhagel, fast 14 Jahre Fußballtrainer bei Werder Bremen, wechselt zum dt. Rekordmeister Bayern München

(1995)

In einer Abstimmung sprechen sich die SPD-Mitglieder Bremens mit knapper Mehrheit für eine große Koalition im Bundesland aus und mit deutl. Mehrheit für Bildungssen. *H. Scherf* (* 1938) als Nachfolger des zurückgetretenen Bürgerm. *K. Wedemeier* (* 1944)

Der stellvertr. Vors. der CDU/CSU-Fraktion im Bundestag, *H. Geißler*, bezeichnet Die Grünen als die besseren Liberalen

B. Seebacher-Brandt, Witwe des 1992 verstorbenen SPD-Vors. und früheren Bundeskanzlers *W. Brandt*, tritt aus der SPD aus

Schengener Abkommen tritt in Kraft. Grenzkontrollen zwischen BRD, Frankr., Belgien, den Niederl., Luxemb., Portugal und Spanien entfallen

Neuer EU-Kommissionspräs.: auf den Franzosen *J. Delors* folgt der Luxemburger *Santer*

† *William Fulbright*, Senator des US-Bundesstaates Arkansas von 1944–74 (* 1905)

† *Les Aspin*, amerik. Militäranalytiker und kurzzeitig US-Verteidigungsminister (* 1939)

USA verhandeln mit Kuba über Kuba-Flüchtlinge

Die Absicht republik. Kongreßabgeordneter, das SDI-Programm wiederzubeleben, scheitert in einer ersten Abstimmung im Repräsentantenhaus

US-amerik. Golfkriegsveteranen verklagen mehrere dt. Unternehmen auf Schadenersatz, weil die Unternehmen als Zulieferer für irak. Fabriken tätig waren, in denen Giftgasstoffe hergestellt wurden

20 Jahre nach dem Ende des Vietnamkrieges gesteht der seinerzeitige Verteidigungsmin. *R. McNamara* ein, daß der Krieg in und gegen Vietnam ein Fehler war

Rußland sieht sich durch die Konflikte in den ehemal. Republiken einem Flüchtlingsstrom ins Land kommender Russen ausgesetzt. Die Zahl der Flüchtlinge und Umsiedler wird auf etwa 3 Mill. geschätzt

Bei Abstimmung in der Rep. Weißrußland votiert deutliche Mehrheit für eine engere Bindung an Rußland

In Belgien wird bekannt, daß neben dem ital. Hubschrauberhersteller Agusta auch der frz. Flugzeugbauer Dassault Schmiergelder in Millionenhöhe für Rüstungsaufträge gezahlt hat. NATO-Generalsekr. *Claes*, vormals Wirtschaftsmin. in Belgien, ist in die Schmiergeld-Affäre verstrickt

schauspielerin und Star des DDR-Fernsehens (* 1911)

Katja Lange-Müller erhält den von *Günter Grass* gestifteten *Alfred-Döblin*-Preis

Reinhard Lettau erhält für seinen Roman „Flucht vor Gästen" den Bremer Literaturpreis

† *Gustav Lübbe*, Verleger („Herr der Groschenromane") (* 1918)

† *Jean-Patrick Manchette*, frz. Schriftsteller, gilt als Erneuerer des Kriminalromans (*1942)

Die Autobiographie des südafrik. Präsidenten *Nelson Mandela* ist nach wenigen Tagen schon größter Verkaufserfolg des südafrik. Verlagswesens

† Azeddin Medjoubi, Direktor des Algerischen Nationaltheaters in Algier, vermutlich durch islam. Fundamentalisten auf offener Straße ermordet

† *Rachid Mimouni*, alger. Schriftsteller („Tombéza") (* 1945)

† *Onoe Baiko VII*, Star des jap. Kabuki-Theaters (* 1916)

Der Nachlaß der Schriftstellerin *Brigitte Reimann* (* 1933 †1973) von der Stadt Neubrandenburg angekauft

Neuentdecktes Heft des Kriegstagebuchs von *Jean-Paul Sartre* (* 1905, †1980)

Die Graduate School for Social Research in Warschau erhält den erstmals verliehenen *Hannah-Arendt*-Preis für ihre „richtungsweisenden Ansätze zur Erneuerung d. institutionellen Grundlagen von Lehre und Forschung in den Reformstaaten Osteuropas"

Nur jeder 10. Student an einer Univ. in Westdt. schließt sein Studium in der Regelstudienzeit von 9–10 Sem. ab. Von den angehenden Architekten sogar nur jeder 100.

Der bildungs- und forschungspolit. Sprecher der SPD-Fraktion im dt. Bundestag, *P. Glotz*, plädiert für Studiengebühren

Die SPD des dt. Bundeslandes Schlesw.-Holst. fordert „2. Bildungsreform in Deutschland", u.a. die flächendeckende Errichtung von Gesamtschulen

Die Lehrerinnen und Lehrer in den alten Bundesländern werden immer älter: nur noch jeder 10. Pädagoge ist jünger als 35 Jahre

Papst *Johannes Paul II.* unternimmt 10tägige Reise nach Asien

In Paris Bibliothèque Nationale, entworfen von *Dominique Perrault*, als letztes Großbauwerk der *Mitterrand*-Ära fertiggestellt. Sie bietet Platz für 12 Mill. Bücher

Der ital. Architekt *R. Piano*, der u. a. auch das Centre Pompidou in Paris entwarf, erhält den Erasmus-Preis, den höchsten staatl. Kulturpreis der Niederlande, sowie den Kunstpreis Berlin der Akademie der Künste

Große Retrospektive des Malers *Franz Radziwill* in Emden

Der Maler *G. Richter* verkauft seinen Bilderzyklus „18. Oktober 1977", der den dt. Herbst 1977 zum Thema hat, an das New Yorker Museum of Modern Art

Ausstellung über das Werk von *Kurt Schwitters* im Centre Pompidou in Paris

Erste Biennale Afrikas in Johannesburg mit 63 Ausstellungen von Südafrikanern und 267 ausländ. Künstlern aus 61 Ländern

Der Düsseldorfer Kunstverein zeigt *Mark Tanseys* Gemälde „Triumph der New York School"

Von *M. Ullmann*, israel. Bildhauer, stammt die unterirdische Installation auf dem jetzigen Bebelplatz in Berlin-Mitte, mit der an die Bücherverbrennungen am 10. Mai 1933 an dieser Stelle erinnert wird

Simon Ungers, Bildhauer aus Köln, gewinnt Wettbewerb um das „Denkmal für die ermordeten Juden Europas", das in Berlin unweit des Brandenburger Tores entstehen soll

Marc Allégrets Film „Zouzou" mit *J. Baker* i. d. Haupt-

Expedition im Indischen Ozean aus

Austr. Biologin entdeckt durch Zufall eine seit 125 Jahren ausgestorbene Känguruh-Art, das 1869 zuletzt gesehene Gilbert-Kaninchenkänguruh. Biologen haben das Männchen mit einem Sender versehen und wieder ausgesetzt

Eine Hühnerrasse („Lockenhühner"), die auch hohen Temperaturen in tropischen Ländern mühelos widerstehen soll, ist in einer Versuchsstation der Berliner Humboldt-Universität gezüchtet worden. Die daunenartigen Locken garantieren die Kühlung

Dem Pandabären im Berliner Zoo ist zum 2. Mal seit 15 Jahren eine Pandabärin zugeführt worden. Die Besucher des Zoos erwarten, daß vor ihnen eine erfolgreiche Kopulation stattfindet. Die Bären verweigern sich vorerst

WHO ist zuversichtlich, daß die Kinderlähmung bis zum Jahr 2000 ausgerottet sein wird

Weltweit sterben jährlich mehr als 1 Mill. Menschen an den Folgen des Verzehrs verseuchter Lebensmittel

Ein Bluttest auf Tuberkulose, mit dem die Fähigkeit weißer Blutkörperchen gemessen wird, nach einer Provokation mit Eiweißen des Tuberkulose-Erregers den Abwehrstoff Interferon-gamma auszuschütten, könnte die seit 100 Jahren angewandte Tuberkulinprobe ablösen

Neuerlicher Ausbruch des Ebola-Virus in Afrika in einem breiten Streifen entlang des Äquator

Deutlicher Rückgang der Geschlechtskrankheiten in Westeuropa

In Ital. Geburt eines Kindes 2 Jahre nach Tod der Mutter.

Das Landgericht München hebt eine 2jährige Wettkampfsperre gegen die frühere Sprint-Weltmeisterin *K. Krabbe* auf und fordert den dt. und internat. Leichtathletikverband auf, Schadenersatz zu leisten

Die 33jährige Britin *A. Hargreaves* ist die 1. Frau, die allein und ohne Sauerstoffgerät den 8882 m hohen Mount Everest besteigt

Elektronische Mautanlagen für den Autoverkehr versch. Anbieter und versch. Systeme – Mikrowellen oder Infrarot – gehen in BRD in die Versuchsphase

Microsoft, der größte Software-Hersteller der Welt, geht mit dem amerik. TV-Sender NBC für einen künftigen Online-Service eine sog. „strategische Allianz" ein

Dt. Telekom startet in Berlin erstes Pilotprojekt für interaktives Fernsehen

Die Dt. Telekom garantiert, nach vielen Reklamationen in der Vergangenheit, künftig für jeden Telefonkunden eine detaillierte Monatsabrechnung vorzulegen

Fritz Pleitgen wird als Nachfolger von *Friedrich Nowottny* zum neuen Intendanten des WDR gewählt

† *Albert Dickhut*, Springreit-Europameister von 1955 und Erfinder der Gymnastik-Stunden im ARD (* 1924)

† *A. Sommerauer*, Pfarrer und Fernsehpfarrer („Pfarrer Sommerauer antwortet") (* 1910)

† *Werner Veigel*, Sprecher der ARD-Tagesschau über fast 30 Jahre hinweg (* 1929)

Steffen Heitmann, sächs. Justizimin. und gescheiterter Bundespräsidentschaftsbewerber der CDU, ist in das Herausgebergremium der Wochenzeitung „Rheinischer Merkur" als Nachfolger von *R. Herzog*, Bundespräs., berufen worden

In der BRD verlieren Wirtschaftsmagazine, Programmzeitschriften und Wochenzeitungen Leser. Das Publikum wächst für Frauenzeitschriften und Spezialblätter. Gesunken ist die Popularität des Hörfunks, besonders der öffentl.-rechtl. Sender

(1995)

Neues Kabinett in Bulgarien unter der Führung des Sozialisten *Schan Widenow*

Bei Reichstagswahlen in Finnland die bislang oppositionelle Sozialdemokratie stärkste Partei

†*Christian Pineau*, ehemal. Außenminister Frankreichs (* 1905)

Bei den Präsidentschaftswahlen in Frankreich siegt der Neogaullist *J. Chirac* im 2. Wahlgang knapp über den Sozialisten *L. Jospin*. Im 1. Wahlgang war überraschend der neogaullist. Mitbewerber *E. Balladur* deutlich unterlegen. *Chirac* tritt die Nachfolge von Staatspräs. *F. Mitterrand* an

Alain Juppé neuer Premiermin. in Frankreich. Innenmin. *Ch. Pasqua* wird durch *Jean-Louis Debré* ersetzt

Konstantinos Stephanopoulos Staatspräsident Griechenlands

†*Harold Wilson*, ehemaliger Labour-Vors. und Premiermin. von GB (* 1916)

Bei Regionalwahlen in Italien überraschende Gewinne für die Demokratische Partei der Linken, Nachfolgeorganisation der Kommunistischen Partei

Der frühere ital. Ministerpräs. *Andreotti* wird angeklagt, Verbindungen zur Mafia gehabt zu haben

†*Milovan Djilas*, jugoslaw. Regimekritiker (* 1911)

Jean-Claude Juncker (Christlich Soziale Volkspartei) neuer Premiermin. in Luxemburg

†*Karl Gruber*, ehemal. Außenmin. Österreichs und 1. Tiroler Landeshauptmann nach dem 2. Weltkrieg (* 1909)

Der österr. Bundeskanzler *Vranitzky* erhält Karlspreis der Stadt Aachen

Andauernde Regierungskrise in Polen

Die schwed. Marine gesteht ein, daß es sich in den vergangenen Jahren bei den vermeintl. russ. U-Booten vor der Küste um Minke, eine Marderart, gehandelt habe

Fischereistreit zwischen Spanien und Kanada über Fangrechte vor der kanad. Küste

Klarer Sieg der Volkspartei bei Kommunalwahlen in Spanien. Verluste der Sozialisten weitaus geringer als erwartet

Span. Polizei nimmt in Katalonien und im Baskenland 14 Mitglieder der separat. Organisation ETA fest

Kriegerischer Einsatz der Türkei gegen die

† *Sabine Sinjen*, dt. Schauspielerin, auch des Jungen deutschen Films (* 1942)

† *Steffi Spira*, dt. Schauspielerin in der DDR (* 1909)

Tom Stoppards „Indian Ink" (Schauspiel) in London uraufgeführt

Wei Jingsheng, in VR China inhaftierter Dissident und Schriftsteller, erhält in Abwesenheit in Stockholm den *Olof-Palme*-Preis

Vier Notizbücher des amerik. Lyrikers *Walt Whitman*, die im 2. Weltkrieg der Library of Congress abhanden gekommen waren, tauchen im Auktionshaus Sotheby's auf

Peter-Paul Zahl erhält für „Der schöne Mann" den nach dem Schriftsteller *F. Glauser* benannten Autorenpreis „Glauser" f. den besten Kriminalroman des Jahres

Nachdem das dt. West-PEN beschlossen hatte, sich nicht mit dem dt. Ost-PEN zu vereinigen, weil ihm vor allem Ex-Dissidenten vorwarfen, den moral. Forderungen seiner Charta nicht genügt zu haben, unterlaufen 60 Mitglieder des West-Pen den Beschluß durch Doppelmitgliedschaft

Die Lufthansa-Personalvertretung unterstützt in einem offenen Brief die Ent-

Papst spricht mit der Ordensgründerin *M. MacKillop* erstmals in der Geschichte der kath. Kirche eine Australierin selig. Auch der aus Bozen stammende Fürstbischof *Johann Nepomuk von Tschiderer* (* 1777 †1860) seliggesprochen

Papst enthebt frz. Bischof *Gaillot* (* 1936) von seinem Amt als Oberhirte der Diözese Evreux und versetzt ihn nach Mauretanien. *Gaillot* hatte mit Stellungnahmen zu Themen wie Abtreibung, Homosexualität, Aids-Vorsorge und Zölibat den Unmut der Kirchenoberen erregt

Evangelischer Kirchentag in Hamburg

Errichtung des Erzbistums und der Kirchenprovinz Hamburg

Größte Moschee in BRD in Mannheim eingeweiht

Centrum Judaicum im wieder aufgebauten Teil der Neuen Synagoge i. der Berliner Oranienburger Straße eingeweiht

Der Bischof von Rottenburg-Stuttgart, *Kasper*, befürwortet einen islam. Religionsunterricht

rolle kommt sechzig Jahre nach der Urauff. in Frankreich auch in die Kinos in der BRD

† *René Allio*, frz. Film- und Theaterregisseur („Die unwürdige Greisin", 1965) (* 1924)

Ch. Carrière, frz. Filmregisseurin, erhält für ihren Debütfilm „Rosine" den vom dt.-frz. Kulturkanal Arte geschaffenen *Cyrill-Collard-Preis*

Große Ausstellung über das Werk *Federico Fellinis* im Filmmuseum Potsdam

Juzo Itami, jap. Regisseur („Tampopo"), verfilmt Kurzgeschichten des Literaturnobelpreisträgers Kenzaburô Ôe über das Leben einer Tokioter Familie mit ihrem geistig behinderten Sohn

„Shoah", der 9stündige Holocaust-Film des Franzosen *C. Lanzmann* aus dem Jahre 1985, als dt.-sprachige Video-Kassette auf dem Markt

Das Museum Folkwang in Essen kauft gemeinsam mit dem Pariser Centre Pompidou für eine ungenannte Summe 226 Fotografien aus dem Nachlaß von *László Moholy-Nagy*

Die Stadt München erwirbt Gesamtwerk und Archiv d. Fotografen *Stefan Moses*

† *Donald Pleasence*, brit. Theater- und Filmschauspieler („Wenn Katelbach kommt") (* 1920)

† *Ginger Rogers*, Schauspielerin, Tänzerin und Partnerin von *F. Astaire* in zahlreichen Tanzfilmen (*1911)

Umfassende Werkschau des Fotografen *August Sander* (* 1876 †1964) im Kunstmuseum Bonn

† *Lionel Stander*, amerik. Filmschauspieler (* 1908)

Das Kind war vor dem Tod künstl. gezeugt und eingefroren worden. Die Schwester des leiblichen Vaters trug es aus

Universität Ulm entwickelt mit dem sogenannten „Ulmer Faß" eine Anlage, mit der das Gewicht eines Menschen und dessen Körperdichte exakt ermittelt werden kann

Nachrüstung d. Atomkraftwerke in Osteuropa hat Reaktorsicherheit nicht wesentlich erhöht

Das Atomkraftwerk Tschernobyl soll bis zum Jahr 2000 endgültig stillgelegt werden

Forschungsreaktor im frz. Grenoble nach seiner Abschaltung im Jahre 1991 wieder in Betrieb

Die „Oriana", ein 69 t Wasser verdrängendes und 7,30 m tiefgehendes Schiff von 260 m Gesamtlänge, wird von ihrer Werft in Papenburg 40 km auf der Ems bis nach Emden geschleppt

Auf der Ostseeinsel Rügen geht die erste europ. mit Windkraft betriebene Anlage zur Entsalzung von Meerwasser in Betrieb

Die frz. Medienkaufhauskette Fnac schließt ihre einzige dt. Niederlassung in Berlin. Das Warenhaus war 1991 eröffnet worden

Der Markt für Kaufvideos trotzt in der BRD der Programmflut im Fernsehen

Der brit. Filmregisseur *Peter Greenaway* erhält zusammen mit dem frz. Philosophen *Jean Baudrillard* den Siemens-Medienkunstpreis

„La Notte", eine der beiden letzten Abendzeitungen in Italien, stellt ihr Erscheinen ein

Das dt. Nachrichtenmagazin „Focus" veröffentl. ein weitgehend erfundenes Interview mit der bengal. Ärztin und Schriftstellerin *Taslima Nasrin*

Der sog. Treibhauseffekt, eine von Menschen verursachte Erwärmung des Klimas, hinterläßt noch keine eindeutig meßbaren Spuren. Mind. noch bis 2010 dürfte der erwartete Anstieg in den natürl. Temperaturschwankungen untergehen, ermitteln frz. und amerik. Wissenschaftler

Der weltweite Tourismus, besonders der Deutschen, gerät wegen der damit verbundenen Umweltbelastungen immer mehr in den Mittelpunkt der Kritik. Die Tourismusverbände sorgen sich darum, daß die Reisenden von heute die Ressourcen für einen Tourismus von morgen gefährden

Die seit 5 Jahren anhaltende Wasserknappheit in S-Spanien zwingt zu weiteren Rationierungen

In Hamburg wird nahe der Reeperbahn ein 89 m hohes Haus, Deutschlands höchste Asbestruine, gesprengt

In der BRD gelten von 470 als schutzwürdig klassifizierten Biotopen etwa 300 als gefährdet. Besonders betroffen sind Moore, Bäche, Flüsse und Seen

Internat. Modefestival in Schanghai wird mit Mode-Gala eröffnet, bei der die Kommun. Partei als Mitveranstalter auftritt

Bei einem Giftgasanschlag auf die U-Bahn im jap. Tokio sterben 12 Menschen und 5000 werden verletzt. Bei einem Giftgasanschlag auf öffentl. Verkehrsmittel in Yokohama werden 300 Menschen verletzt

An die 200 Tote bei Bombenanschlag auf ein US-amerik. Bundesgebäude in Oklahoma

(1995)

Kurden. Verfolgungsaktionen über die Landesgrenze hinaus

Unruhen in Istanbul bei Zusammenstößen zwischen Mitgliedern der islam. Glaubengemeinschaft der Aleviten und der Polizei

Wiederwahl von *Carlos Menem* als Staatspräsident Argentiniens

Bei Wahlen in Peru klarer Sieg für den bisherigen Präs. *A. Fujimori* über seinen Konkurrenten, den ehemaligen Generalsekr. der UN, *Pérez de Cuéllar*

† *Mehdi Bazargan*, früherer Ministerpräs. des Iran (* 1909)

Blutbad bei Anschlag auf eine Bushaltestelle nördlich des israel. Tel Aviv

Nach Massaker in einem Flüchtingslager in Ruanda fliehen Hunderttausende in die Provinzhauptstadt Butaré

Abzug der letzten UN-Soldaten aus Somalia

Südafrika schafft die Todesstrafe ab

Erstmals schwarze Generäle in der Polizeiführung Südafrikas

† *U Nu* 1. Reg.-Chef Burmas nach der Unabhängigkeit im Jahre 1948 (* 1908)

† *Morarji Desai*, ehemaliger ind. Premierminister (* 1896)

† *Prinz Souphanouvong*, der sog. „rote Prinz" und ehemal. Staatspräsident von Laos (* 1909)

† *O Jin-u*, Verteidigungsmin. Nordkoreas und wichtigster Weggefährte des im Vorjahr verstorbenen Präs. *Kim Il-Sung*

Die Tamilen-Tiger, wichtigste Befreiungsbewegung auf Sri Lanka, erklärt bei Friedensgesprächen mit der Reg. Verzicht auf eigenen Staat

Vietnam Vollmitglied des ASEAN

scheidung des Management der Luftverkehrsgesellschaft, *S. Rushdie* nicht zu befördern. Ein Unterstützungskomitee für Rushdie hatte zuvor den Boykott der Luftlinie gefordert

Die iran. Regierung signalisiert, daß sie den Romanautor *S. Rushdie* nicht weiter mit Mord bedrohen will

Zum 1. Mal seit der Revolution Ausstellung von Büchern aus den USA in Kuba

Der Münchner Literaturverlag Luchterhand übernimmt den Limes Verlag von den Buchverlagen Ullstein Langen Müller sowie den einstigen DDR-Verlag Volk und Welt

An der Berliner Schaubühne inszeniert *Andrea Breth* (* 1952) „Orestes" von *Euripides*

Die Freien Kammerspiele Magdeburg unter dem Intendanten *W. Bunge* zeigen 10 Stücke, davon 6 Urauff., von *Franz Jung* (* 1888 †1963)

Die New Yorker Theaterkritiker wählen *T.Stoppards* Komödie „Arcadia" zum besten Drama des Jahres, *T. McNallys* „Love! Valour! Compassion!" zum besten neuen amerik. Stück

Die Deutsche Akademie für Sprache und Dichtung tagt in Straßburg zum 1. Mal auf frz. Boden

Die Ev. Kirche Deutschland fordert die Industrienationen auf, den ärmsten Ländern der Welt die Schulden zu erlassen

Die Ev. Kirche in Berlin-Brandenburg kündigt ihre Mitarbeit beim Schulversuch „Lebensgestaltung, Ethik, Religion"

Leiter des türk. Staatsamtes für Religionsangelegenheiten, *Yilmaz*, erklärt Schläge gegen Frauen als „bedingt rechtens, wenn dadurch der Fortbestand der Familie gewährleistet wird"

Ägypten fordert die Rückgabe seiner Kunstschätze, darunter auch die Büste der Königin *Nofretete*, die in den Berliner Museen aufbewahrt wird

Ein griech. Fischer zieht in der Nähe der Insel Kalymnos eine bronzene frühhellenist. Frauenstatue aus dem Meer. Der Fund ist nach Einschätzung griech. Archäologen der bedeutendste dieses Jh.

Unter dem früheren Schloßplatz in Berlin-Mitte orten Archäologen mit Radar Fundamente des kurfürstl. Stadtschlosses

Im Pariser Wissenschaftspark La Villette wird die Cité de la Musique eröffnet. Den Park besuchen im Jahr 8½ Mill. Menschen, das sind fast so viele Besucher wie im Euro Disney bei Paris

Steven Spielberg, amerik. Regisseur („Schindlers Liste") und Eigner des Unterhaltungskonzerns DreamWorks, gründet mit *Bill Gates*, Eigner des Software-Giganten Microsoft, gemeinsames Unternehmen zur Entwicklung interaktiver Film- und Fernsehprodukte

Robert Zemeckis, amerik. Filmregisseur von „Forrest Gump", erhält den Oscar für den besten Film des Jahres. Oscars für ihr Lebenswerk gehen an *M. Antonioni* und *C. Eastwood*

Goldener Bär der Filmfestspiele in Berlin für den frz. Film „Der Lockvogel" von *Bertrand Tavernier*

Die Goldene Palme beim Filmfestival in Cannes ex aequo an *Emir Kusterica* für „Underground" und *Theo Angelopoulos* für „Der Blick des Odysseus"

Dt. Filmpreis an *Sönke Wortmann* für „Der bewegte Mann". Ehrenpreis für herrausragende Verdienste um den dt. Film an den Stummfilmpianisten *Willy Sommerfeld* und den Produzenten *H. Wendlandt*

Der *Helmut-Käutner*-Preis der Stadt Düsseldorf geht zu gleichen Teilen an *E. Patalas*, langjähriger Leiter des Münchner Filmmuseums, an den Produzenten und Verleiher *H. Eckelkamp* und posthum an den Filmjournalisten *W. Donner*

1996	Der Friedensnobelpreis geht gemeinsam an den kath. Bischof von Ost-Timor, *Carlos Felipe Ximénes Belo*, und den im Exil lebenden Führer der Opposition in Ost-Timor, *José Ramos-Horta*, für ihren Einsatz um eine friedliche und gerechte Lösung des Konflikts in Ost-Timor Den Alternativen Nobelpreis erhalten in Stockholm die Soldatenmütter Rußl., das Forum wissenschaftlicher Autoren aus dem indischen Kerala und der griech. Homöopath *Vithoulkas* Die USA sind der größte Waffenlieferant der Welt. Nach einem Bericht der Rüstungskontrollbehörde lag der amerik. Anteil mit 56 % oder 21,4 Mrd. $ Gesamtliefervolumen zum ersten Mal über der Hälfte aller internat. Waffenexporte. Auf den Plätzen: GB (3,4 Mrd.), Rußl. (1,3 Mrd.), Frankr. und China (jeweils 800 Mill.), Dtl. (700 Mill.). Das mit Abstand größte Waffeneinfuhrland ist Saudi-Arabien, das 1994 Rüstungsgüter im Wert von 5,2 Mrd. $ importierte, vor Ägypten (1,5 Mrd.) und Israel (1 Mrd.) Der ehemalige Generalinspekteur der Bundeswehr, *Naumann*, wird Vors. im NATO-Militärausschuß „Gipfel gegen den Terror“ in Scharm-el-Scheich mit führenden Politikern der westlichen und arab. Nationen, um den Friedensprozeß im Nahen Osten zu retten Atomgipfel mit den G-7-Staaten und Rußl. in Moskau Die Tagung der Org. für Sicherheit und Zusammenarbeit in Europa (OSZE) in Lissabon diskutiert die Osterweiterung der europ. Bündnissysteme Der Ghanaer *Kofi Annan* neuer Generalsekretär der UNO 52. Sitzung der Menschenrechtskommission der UNO in Genf. Zum ersten Mal wird ein Bericht über Rassismus und Fremdenfeindlichkeit erörtert, in dem auch Dtl. erwähnt wird † *Hans Katzer* (* 1919 in Köln), CDU-Politiker, früherer Bundesarbeitsminister † *Hans Klein* (* 1931 in Mährisch Schönberg), CSU-Politiker † *Albert Osswald* (* 1919 in Gießen), SPD-Politiker, früherer Ministerpräs. Hessens † Kurt Schmücker (* 1920 in Löningen), CDU-Politiker † *Käthe Strobel* (* 1908), SPD-Politikerin und frühere Bundesgesundheitsministerin Der israel. Präs. *Weizmann* besucht mit Bundespräs. *Herzog* das ehemalige KZ Sachsenhausen Der Präs. der Rep. Südafrika, *Nelson Mandela*, besucht Dtl.	Die poln. Lyrikerin *Wislawa Szymborska* (* 1923) mit dem Literatur-Nobelpreis ausgezeichnet Der peruan. Schriftsteller *Mario Vargas Llosa* erhält den Friedenspreis des Dt. Buchhandels † *Cyrus Atabay* (* 1929 in Teheran), dt.-iran. Dichter *Kate Atkinson*, brit. Schriftstellerin, erhält für ihren Erstlingsroman „Behind the Scenes at the Museum“ den Whitebread-Preis Der röm. Literaturpreis Premio Strega geht an das Erstlingswerk von *Alessandro Barbero* („Des Edelmanns Mr. Pyle Wohlleben und die Kriege der anderen“) † *Hervé Bazin* (* 1911), frz. Schriftsteller, Präs. der Académie Goncourt Die frz.-kamerun. Schriftstellerin *Calixthe Beyala* erhält für „Les honneurs perdus“ (Die verlorenen Ehren) den großen Romanpreis der Académie Française *Hector Biancotti* (* 1930), in Paris lebender argent. Schriftsteller,	Der Filmregisseur und Produzent *Steven Spielberg* baut mit der Survivors of the Shoa Visual History Foundation ein Online-Multimedia-Holocaust-Archiv auf, das die Interviews mit etwa 50 000 Überlebenden des Holocaust aufnehmen soll † *José Luis Aranguren* (* 1910), span. Philosoph † *Harold W. Bailey* (* 1899), brit. Philologe und Sanskrit-Experte Die niederl. Königin *Beatrix* erhält in Aachen den Karlspreis der Stadt † *Hans Blumenberg* (* 1920 in Lübeck), dt. Philosoph Der *Carl-von-Ossietzky*-Preis für Zeitgeschichte und Politik der Stadt Oldenburg geht zu gleichen Teilen an die Herausgeber der *Ossietzky*-Gesamtausgabe und an *Helmut Donat* † *Georges Duby* (* 1919), frz. Historiker † *Renzo De Felice* (* 1929), Historiker † *Gottfried Forck* (* 1923), ehemaliger Bischof der Ost-

Installationen von *Marina Abramović* im Museum Villa Stuck in München

Ausstellungen mit Werken von *Gerhard Altenbourg* in Berlin, Altenburg und Leipzig

*Francis-Bacon-*Werkschau erst in Paris und dann in München

Sammlung *Berggruen* in Berlin in der Stüler-Kaserne am Schloß Charlottenburg

Das von *Mario Botta* entworfene *Jean-Tinguely*-Museum in Basel eröffnet

Ausgrabung einer kelt. Großplastik vom Fürstengrabhügel am Glauberg

† *Helen Chadwick* (* 1954), brit. Künstlerin

Wanderausstellung mit dem Werk des Franzosen *Jean-Baptiste Corot* in Paris, Ottawa und New York

† *Martin Disler* (* 1949), Schweizer Maler

Große Retrospektive zum Werk von *Robert Doisneau* in Paris

† *Leonor Fini* (* 1908 in Argent.), Malerin

† *Dan Flavin* (* 1933 in New York), amerik. Künstler

Robert Frank, amerik. Fotograf und Filmemacher, erhält den *Hasselblad*-Fotopreis

Mit dem Musikpreis der UNESCO werden der ungar. Komponist *György Ligeti*, die argent. Sängerin *Mercedes Sosa* und die Basler *Paul-Sacher*-Stiftung ausgezeichnet

† *Anna Amalie Abert* (* 1906), dt. Musikwissenschaftlerin

Gerd Albrecht, Chefdirigent der Tschech. Philharmonie, gibt seinen Rücktritt bekannt als Konsequenz aus den seit seinem Amtsantritt im Jahre 1993 andauernden Konflikten. Nachfolger wird *Vladimir Valek*

Urauff. von *Pina Bauschs* Tanzstück „Nur du“ in Wuppertal

Erik Bergmans Opernerstling „Det sjungande trädet“ in Helsinki uraufgeführt

† *Nicholas Beriozoff* (* 1906 in Litauen), Choreograph

Der Komponist *André Bon* erhält den *Wolf-Ebermann*-Preis

† *Sergiu Celibidache* (* 1912 in Roman), rumän. Dirigent

† *Serge Chermayeff* (* 1901 in Grosny), Tänzer und Architekt

Den Nobelpreis für Physik teilen sich die amerik. Wissenschaftler *David Lee, Douglas Osherhoff* und *Robert Richardson* für die Entdeckung der sog. Superfluidität in flüssigem Helium-3

Der Nobelpreis für Chemie wird an die Amerikaner *Robert Curl jr., Richard Smalley* sowie den Briten *Sir Harold Kroto* für die Entdeckung der Fullerene, die bisher unbekannte Form des Kohlenstoffs, verliehen

Der Medizin-Nobelpreis geht an den Australier *Peter Doherty* und den Schweizer *Rolf Zinkernagel* für die Entdeckung, wie die Zellen des Immunsystems virusinfizierte Zellen wiedererkennen

Der *Paul-Ehrlich-* und-*Ludwig-Darmstädter*-Preis geht an *Pamela Bjorkman* (USA), *Jack Strominger* (USA) und *Hans-Georg Rammensee* (BRD) für ihre Arbeiten im Bereich der Zellforschung

Der Komet *Hyakutake*, benannt nach einem jap. Amateurastronomen, kann mit bloßem Auge von der Erde aus beobachtet werden. Seit 1956 ist kein Komet dieser Größe

Der Wirtschafts-Nobelpreis geht an den Kanadier *William Vickrey* und den Briten *James A. Mirrlees.* Sie haben, so die Begründung der Jury, unabhängig voneinander eine Wirtschaftstheorie der „Anreize bei asymmetrischen Informationen“ begründet und weiterentwickelt

Die Arbeitslosenzahl in Dtl. übersteigt die Vier-Mill.-Grenze. Die Quote liegt zum Jahresbeginn bei 10,8 % (9,4 % in den alten, 16,8 % in den neuen Bundesländern)

Der niederl. Flugzeugbauer Fokker meldet Konkurs an, nachdem die Daimler-Benz AG, die über die Dasa die Mehrheit an dem Unternehmen hält, ihr Geld aus der Firma zurückzieht

Die Schweizer Chemiekonzerne Sandoz und Ciby-Geigy fusionieren zu dem neuen Unternehmen Novartis, das damit nach Glaxo Wellcome weltweit der zweitgrößte Hersteller von Medikamenten ist

Zusammenbruch von Maculan, des drittgrößten österr. Baukonzerns

Der größte europ. Werftkonzern, die Bremer Vulkan Verbund AG, stellt Vergleichsantrag. Der ehemalige Vorstandsvors., *Hennemann*, wird wegen des Verdachts der Veruntreuung großer Summen festgenommen

Das größte Containerschiff, die *Regina Maersk*, wird in den Dienst gestellt

Edzard Reuter tritt als Aufsichtsratsmitglied der Daimler-Benz AG zurück. Ihm wird der zu erwartende Rekordverlust von sechs Mrd. DM angelastet

José Ignacio López de Arriotúa verläßt den Vorstand der Volkswagen AG auf eigenen Wunsch

Im Volkswagenwerk Wolfsburg läuft der 17millionste Golf vom Band, nach dem VW-Käfer das erfolgreichste Auto überhaupt

Die Dt. Telekom geht an die Börse. Der Ausgabepreis der Aktie beträgt 28,50 DM

Die beiden amerik. Flugzeug-Hersteller Boeing und Douglas schließen

(1996)

Bundespräs. *Roman Herzog* in Frankr., China und Nepal

Bundesrat beschließt, seinen künftigen Sitz im Preußischen Herrenhaus in Berlin zu nehmen und seine Arbeit dort zur gleichen Zeit wie Bundestag und Bundesreg. zu beginnen

Konflikte zw. Dtl. und Tschechien bei Verhandlungen über eine dt.-tschech. Erklärung zur Aussöhnung beider Nationen

Der FDP-Bundestagsabgeordnete *Schmidt-Jortzig* übernimmt als Nachfolger der im vergangenen Jahr zurückgetretenen *Leutheusser-Schnarrenberger* das Justizministerium

Bundeskanzler *Kohl* in Moskau. *Jelzin* über geplante Osterweiterung der NATO wütend

Bundeskanzler *Kohl* besucht Argent., Brasilien und Mexiko

Bundeskanzler *Kohl* auf Asien-Reise

Bundesfinanzminister *Waigel* (CSU) verhängt eine Haushaltssperre

Die Reg.-Koalition in Bonn einigt sich auf Regeln für eine schnellere Abschiebung krimineller Ausländer

Der Bundestag beschließt die Abschaffung der bisherigen Regelung über die Frührente

350 000 Menschen demonstrieren in Bonn gegen die Sparpläne der Reg.

Bundestag beschließt Liberalisierung des Ladenschlußgesetzes

Der Bundestag verabschiedet die Einschränkung der Lohnfortzahlung im Krankheitsfall, die Lockerung des Kündigungsschutzes in kleineren Betrieben, die Erhöhung der Altersgrenze in der Rentenversicherung sowie die Entlastung der Krankenversicherung und eine gesetzliche Absenkung des Beitragssatzes

Der Präs. des Bundesnachrichtendienstes (BND), *Porzner*, tritt nach der Plutoniumaffäre zurück. Vizepräs. *Güllich* bittet um seine Entlassung

Der Präs. des Bundeskriminalamtes, *Zacher*, tritt vorzeitig in den Ruhestand

Eingliederungsgeld und Sozialhilfe für Aussiedler werden künftig an den zugewiesenen Wohnort gebunden

Der Bundestag hebt die Immunität des PDS-Gruppenvors. *Gregor Gysi* auf

Der Bundesgerichtshof erläßt Haftbefehl gegen den iran. Geheimdienstminister *Fallahian* wegen des Verdachts des vierfachen Mordes im Zusammenhang mit dem Berliner Mykonos-Prozeß

Amnesty international wirft Polizisten und Justizvollzugsbeamten Mißhandlungen von Ausländern vor

wird in die Académie Française aufgenommen

† *Harold R. Brodkey* (* 1930 in Illinois, USA), amerik. Schriftsteller

† *Joseph Brodsky* (* 1940 in Leningrad), Lyriker und Essayist, Nobelpreisträger

† *Christine Brückner* (* 1921 in Schmillinghausen /Waldeck), dt. Schriftstellerin

Günter de Bruyn erhält für „Jubelschreie, Trauergesänge" den Literaturpreis der *Konrad-Adenauer*-Stiftung

† *Gesualdo Bufalino* (* 1921), Schriftsteller

† *Carmen Conde* (* 1907), span. Lyrikerin

Der Marburger Literaturpreis geht an die Schriftsteller *Anne Duden* und *Ilja Trojanow* sowie den Übersetzer *Hans Wolf*

Der höchstdotierte brit. Literaturpreis, Orange Prize, geht an die Schriftstellerin *Helen Dunmore*

† *Marguerite Duras* (* 1914 in Vietnam), frz. Schriftstellerin

Günter Grass erhält den *Tho-*

Region der Berlin-Brandenburgischen Kirche

† *Gadd al Haqq Ali Gadd al Haqq* (* 1916), ägypt. Großscheich, höchster Schriftgelehrter des sunnitischen Islam

† *Hildebrecht Hommel* (* 1899), dt. Altertumswissenschaftler

† *Timothy Leary* (* 1921), amerik. Psychologe

Der dt. Philosoph *Odo Marquard* erhält den *Ernst-Robert-Curtius*-Preis für Essayistik

† *Friedrich Ohly* (* 1914), dt. Philologe

† *Johannes Papalekas* (* 1924 in Athen), griech. Soziologe

† *Daniel Poirion* (* 1927), frz. Historiker

Der *Anna-Krüger*-Preis des Wissenschaftkollegs Berlin geht an den Historiker *Ulrich Raulff* für sein Buch „Ein Historiker im 20. Jh.: *Marc Bloch*"

† *Klaus Reich* (* 1905), dt. Philosoph

Der *Heinz-Galinski*-Preis geht an die Passauer Autorin *Anna Rosmus* und den Lehrer *Benjamin Ortmeyer* aus Frankfurt/M.

Ausstellung über das Werk von *Alberto Giacometti* in Wien

† *Tim Gidal* (* 1909 in München), amerik. Fotograf

Ausstellung „Kunst und Macht im Europa der Diktatoren 1930 bis 1945“ im Dt. Historischen Museum in Berlin

† *Justus Göpel* (* 1948), Leiter des Archivs für Kunst und Geschichte in Berlin

† *Felix Gonzales-Torres* (* 1957 auf Kuba). Ausstellung mit seinen Installationen in Santiago de Compostela, Berlin und Paris

Goya-Gedenkjahr in Spanien aus Anlaß der Wiederkehr des 250. Geburtstags des Künstlers. Ausstellung im Prado

† *Duane Hanson* (* 1925), amerik. Bildhauer

Der engl. Maler *Howard Hodgkin* erhält den *Shakespeare*-Preis

Ausstellung „Parteiauftrag: Ein neues Deutschland.“ im Dt. Historischen Museum in Berlin

Die Solothurner Bilder von *Ferdinand Hodler* in der Frankfurter Schirn

† *Burne Hogarth* (* 1912), amerik. Zeichner u.a. der Comic-Figur Tarzan

Jasper-Johns-Retrospektive im Muse-

Richard Cragun löst an der Dt. Oper Berlin *Ray Barra* als Ballettchef ab

† *Tamara Danz* (* 1954 in Breitungen/Werra), dt. Rocksängerin

† *Gottfried von Einem* (* 1918 in Bern), Österr. Komponist

† *Ella Fitzgerald* (* 1918 im US-Bundesstaat Virginia), amerik. Jazzsängerin

† *Gianandrea Gavazzeni* (* 1909), ital. Komponist und Dirigent

Urauff. von „Les Enfants Terribles“ von *Philip Glass* in Zug

Heiner Goebbels: „Schwarz auf Weiß“, Musiktheater, Urauff. in Frankfurt/M.

† *Berthold Goldschmidt* (* 1903 in Hamburg), engl. Komponist

Urauff. der *Hölderlin*-Oper „Nacht“ von *Georg Friedrich Haas* in Bregenz

† *Gene Kelly* (* 1912 in Pittsburgh, USA), amerik. Tänzer, Choreograph und Regisseur

† *Lincoln Kirstein* (* 1907), amerik. Ballettdirektor und Autor, neben *Balanchine*

der Erde vergleichbar nahe gekommen

Mit dem Weltraumteleskop Hubble gelingt der bisher tiefste Blick ins All, als es das schwache Licht von 1500 bisher meist unbekannten, mehr als zehn Mrd. Lichtjahre entfernten Galaxien aufnimmt

Im Sternbild Sagittarius wird ein Stern im Final Helium Flash entdeckt, im Zustand unmittelbar vor dem Fusionieren zu einem Weißen Zwerg

Die Strahlungsausbrüche in der Chromosphäre der Sonne, die sog. Flares, werden mit einem 800-mm-Teleskop, das sich an einem Ballon 40 km über der Antarktis befindet, beobachtet

ESA-Sonnenforschungssatellit „SOHO“ erkennt auf der Sonne Protuberanzen von 25 000 km/h

Die amerik. Raumfähre „Columbia“ verliert bei einem Experiment zur Stromerzeugung einen Forschungssatelliten

Der dt. Astronaut *Thomas Reiter* kehrt nach sechs Monaten in der russ. Raumstation „Mir“ auf die Erde zurück

ein weitreichendes Kooperationsabkommen

Die *Carnival Destiny* läuft als größtes Passagierschiff der Welt in Triest vom Stapel

Die Dt. werden immer älter und weniger: Die Zahl der Bundesbürger wird von gegenwärtig 81,5 Mill. bis zum Jahre 2040 auf 68,8 Mill. sinken. Jungen haben als Neugeborene eine Lebenserwartung von 72,8 Jahren, Mädchen von 79,3 Jahren

Im Nordterritorium Austr. leistet ein Arzt zum ersten Mal Sterbehilfe bei einem krebskranken Mann im Rahmen des Euthanasie-Gesetzes des Landes

Die Internat. Arbeitsorg. (ILO) in Genf fordert die Eindämmung der Kinderarbeit. Weltweit arbeiten etwa 250 Mill. Kinder im Alter von fünf bis 14 Jahren

Nach Schätzungen des Kinderhilfswerks der Vereinten Nationen (UNICEF) werden weltweit mehr als zwei Mill. Kinder als Prostituierte sexuell ausgebeutet

In Dtl. sind noch rund 5500 Verfahren wegen nationalsozialistischer Straftaten anhängig

Wegen geheimdienstlicher Agententätigkeit wird der ehemalige SPD-Politiker *Wienand* zu einer Haftstrafe verurteilt

Das Berliner Landgericht verurteilt sechs ehemalige Generäle aus der Führung der Grenztruppen der DDR wegen der Toten und Verletzten an der innerdt. Grenze zu hohen Haftstrafen

Der ehemalige DDR-Unterhändler *Vogel* wird vom Vorwurf der Erpressung Ausreisewilliger freigesprochen

Die Zahl der Wirtschaftsdelikte in Dtl. nimmt weiter zu. Sie ist allein zw. 1992 und 1994, wie jetzt bekannt wurde, um 35 % gestiegen

Mitarbeiter der Dresdner Bank werden wegen des Verdachts der Beihilfe zur Steuerhinterziehung verhaftet

Die Staatsanwaltschaft Mannheim erhebt Anklage gegen den Vater der Tennisspielerin *Steffi Graf*, *Peter*

(1996)

Die Volksabstimmung in den Ländern Berlin und Brandenburg bringt keine Mehrheit für die von den Parlamenten beider Länder befürwortete Fusion: 36,6 % stimmen zu, 62,7 % sind dagegen. Deutliche Mehrheiten findet das Fusionsvorhaben nur in den Westteilen Berlins

Bei den Landtagswahlen in Baden-Württemberg erreicht die CDU 43,1 % (1992: 39,6 %), die SPD 25,1 (29,4), die FDP 9,6 (9,5), die Republikaner 9,1 (10,9). Ministerpräs. *Teufel* wird, allerdings erst im zweiten Wahlgang, wiedergewählt

Bei den Kommunalwahlen in Bayern Erfolge für die CSU. SPD verliert zahlreiche Bürgermeisterämter

Der Landtag in Bayern beschließt mit den Stimmen der CSU das Schwangerenberatungsgesetz und das Schwangerenhilfegesetz

In Bayern muß jeder Bewerber für den öffentlichen Dienst erklären, ob er der Scientology-Org. angehört

In Berlin verständigen sich CDU und SPD darauf, die große Koalition zu erneuern. *Eberhard Diepgen* (CDU) wird mit 123 von 203 Stimmen erneut zum Regierenden Bürgermeister von Berlin gewählt

An den öffentlichen Schulen in Brandenburg wird durch ein neues Schulgesetz das Fach Lebensgestaltung-Ethik-Religionskunde (LER) eingeführt

Landesreg. in Mecklenburg-Vorpommern umgebildet

Rücktritt des niedersächsischen Finanzministers *Swieter*, Nachfolger der bisherige Minister in der Staatskanzlei, *Waike*

Stimmenverluste für CDU, SPD, FDP bei den Kommunalwahlen in Niedersachsen. Gewinne für Bündnis 90/Die Grünen. Die PDS gewinnt, erstmals in einer westdt. Großstadt, in Hannover einen Ratssitz

Bei den Landtagswahlen in Rheinland-Pfalz kommt die SPD auf 39,8 % (1991: 44,8 %), die CDU auf 38,7 (38,7), die FDP auf 8,9 (6,9), das Bündnis 90/Die Grünen auf 6,9 (6,5)

Bei den Landtagswahlen in Schleswig-Holstein erzielt die SPD 39,8 % (1992: 46,2 %), die CDU 37,2 (33,8), die FDP 5,7 (5,6), das Bündnis 90/Die Grünen 8,1 (4,9), der Südschleswigsche Wählerverband 2,5 (1,9). Es wird eine rot-grüne Koalition unter der bisherigen Ministerpräs. *Simonis* gebildet

Wolfgang Schuster (CDU) als Nachfolger von *Manfred Rommel* (CDU) zum Oberbürgermeister von Stuttgart gewählt

In Konstanz mit dem 47jährigen *Horst Frank* erstmals in Dtl. ein Mitglied der Partei Bündnis 90/Die Grünen Oberbürgermeister

mas-Mann-Preis der Stadt Lübeck

† *Emil Schukri Habibi* (* 1922), arab. Schriftsteller

Peter Handkes Band „Gerechtigkeit für Serbien", erschienen bei Suhrkamp, geschrieben nach einer Reise durch Serbien, führt zu heftigen Reaktionen. Der Schweizer Schriftsteller *Jürg Laederach* verläßt den Suhrkamp Verlag

Seamus Heaney, irischer Dichter und Nobelpreisträger, erhält in Paris den höchsten frz. Kulturorden, den Commandeur des Arts et Lettres

† *Helmut Heißenbüttel* (* 1921 in Rüstringen), dt. Schriftsteller

† *Georg Hensel* (* 1923 in Darmstadt), dt. Theaterkritiker

† *Robert Hersant* (* 1920), frz. Verleger

† *Rudolf Hirsch* (* 1905 in Berlin), dt. Verleger und Publizist

† *Heinz Werner Höber* (* 1932), dt. Krimischriftsteller

Nach scharfen Protesten von Kritikern stoppt der amerik. Verlag St. Martin´s den Druck einer

† *Jean Rudolf von Salis* (* 1901 in Bern), schweizer Historiker

† *Anselm Strauss* (* 1916), amerik. Soziologe

† *Johannes Straub* (* 1912), dt. Althistoriker

† *Leon Joseph Suenens* (* 1905), belg. Kardinal

Der Frankfurter Staatsrechtler *Hans Meyer* Rektor der Berliner Humboldt-Univ.

Im Saarland einigen sich SPD und CDU darauf, die Hauptschule, die in diesem Bundesland noch von 8 % eines Jahrgangs besucht wird, abzuschaffen

Die Zahl der Schülerinnen und Schüler an Privatschulen hat sich, wie das Statistische Bundesamt bekannt gibt, stetig erhöht. 5 % aller Schülerinnen und Schüler in Dtl. besuchen eine Privatschule

450. Todestag von *Martin Luther*

Papst *Johannes Paul II.* besucht die Länder Lateinamerikas, die Bundesrep. Dtl., Frankr.

Papst *Johannes Paul II.* reformiert die Regelung zur Be-

um of Modern Art in New York

† *Knwarreye* (Geburtsdatum unbekannt), bedeutendste Malerin der austral. Aborigines

Ausstellung des Spätwerks von *Willem de Kooning* im Bonner Kunstmuseum

Max-Liebermann-Ausstellung in Bremen

† *Peter Ludwig* (* 1925 in Koblenz), dt. Unternehmer, Kunstsammler und Mäzen

Kunstsammlung Düsseldorf zeigt „Die Kunst der Konversation" mit Werken von *René Magritte* und seinen Nachfolgern

Museum für das Werk der amerik. Malerin *Georgia O'Keeffe* in Santa Fe (USA)

Rock and Roll Hall of Fame and Museum des amerik. Architekten *I. M. Pei* in Cleveland, Ohio (USA), eröffnet

Der amerik. Architekt *I. M. Pei* erhält den Auftrag für den Erweiterungsbau des Dt. Historischen Museums in Berlin

† *Julius Posener* (* 1904), dt. Bauhistoriker

Verschiebung des kompletten Kaisersaals des ehemaligen Grandhotels Esplanade am Potsdamer Platz in Berlin

Mitbegründer des New York City Ballet

Yakov Kreizberg, Chefdirigent der Komischen Oper Berlin, erhält den *Würth*-Preis der Jeunesses Musicales Dtl.

Johann Kresnik inszeniert in Köln „Riefenstahl", in Hamburg „Pasolini"

† *Rafael Kubelik* (* 1914 in Bychory), tschech. Dirigent

† *Berthold Lehmann* (* 1908), dt. Dirigent

† *Henry Lewis* (* 1933), amerik. Dirigent, dirigierte als erster Afro-Amerikaner in der New Yorker Met

† *Pilar Lorengar* (* 1928 in Saragossa), span. Sängerin

† *Irene Mann* (* 1929), dt. Choreographin

Der Belgier *Gérard Mortier* bleibt weiter künstlerischer Leiter der Salzburger Festspiele

„Survival Songs" von *David Moss* und *Bernd Noglik* in Leipzig uraufgeführt

† *Gerry Mulligan* (* 1927 in New York), amerik. Jazz-Saxophonist

Die amerik. Raumfähre „Atlantis" dockt an die Orbitalstation „Mir" an

Die amerik. Wissenschaftssonde „Near" wird ins All gebracht. Sie soll nach einem dreijährigen Flug zum Asteroiden Eros in dessen Umlaufbahn eintreten und ihn erforschen

Start der amerik. Sonde „Pathfinder" auf den 500 Mill. Kilometer langen Weg zum Mars, wo sie am 4. Juli 1997 landen soll

Nach einem zweieinhalbjährigen Flug stürzt ein 650 kg schwerer, außer Kontrolle geratener chin. Satellit über dem Atlantik auf die Erde

Die russ. Raumsonde der Mission Mars 96 stürzt nach einem 28stündigen Irrflug in den Pazifik. Zunächst war befürchtet worden, daß die Raumkapsel mit 270 Gramm Plutonium-238 an Bord auf das austral. Festland aufprallen würde

Die NASA-Sonde „Galileo" beobachtet auf dem Jupitermond Io einen bis zu 100 km weit ins All reichenden blaugefärbten Vulkanausbruch

Wissenschaftlern des Jet Propulsion Laboratory (JPL) in

Graf, und den steuerlichen Berater der Familie, *Eckhardt*, wegen des Verdachts auf Steuerhinterziehung

Das Verfahren gegen *Monika Böttcher* (geschiedene *Weimar*) wegen der Ermordung ihrer beiden Kinder wird neu aufgerollt

Wegen Beteiligung an drei Mordanschlägen und weiteren Straftaten der Roten Armee Fraktion verurteilt das Frankfurter Oberlandesgericht die 40jährige *Birgit Hogefeld* zu einer lebenslangen Freiheitsstrafe

Ein Militärgericht in Rom spricht den ehemaligen SS-Offizier *Erich Priebke* von der Anklage, 1944 bei Rom an der Erschießung von 335 Geiseln teilgenommen zu haben, frei. Das oberste ital. Berufungsgericht kassiert dieses Urteil

Dt. in Thailand wegen sexuellen Mißbrauchs minderjähriger Prostituierter zu 43 Jahren Haft verurteilt

Der Liedermacher Konstantin Wecker wegen Rauschgiftbesitzes zu zweieinhalb Jahren Freiheitsstrafe ohne Bewährung verurteilt

Nach Zahlung eines Lösegeldes von 30 Mill. DM wird der Hamburger Millionär *Jan Philipp Reemtsma* von seinen Entführern freigelassen

Bei einem Bombenanschlag auf die Pariser Nahverkehrsbahn RER zwei Menschen getötet und 128 verletzt

Der in Untersuchungshaft sitzende Immobilienkaufmann *Jürgen Schneider* wirbt für eine Computerversion des Spiels „Monopoly"

Der wegen seiner Grausamkeit berüchtigte Mafiaboß *Guiseppe „Johnny" Gambino* erhängt sich in einem Mailänder Gefängnis

Welle von Kindesentführungen, -schändungen und -ermordungen in Belgien. Schweigemarsch mit 200 000 Menschen in Brüssel zum Gedenken an die Opfer

Der 120 000 qm große AIDS Memorial Quilt, in Erinnerung an die AIDS-Toten auf der Welt, wird in Washington (USA) zw. dem Kapitol und dem Washington-Monument ausgebreitet

(1996)

Der CDU-Vors. *Helmut Kohl* auf einem Parteitag in Hannover mit großer Mehrheit wiedergewählt

Sieben ehemalige DDR-Bürgerrechtler schließen sich der CDU an

Die SPD weiht ihre Bundeszentrale in Berlin-Kreuzberg ein

Die 34jährige *Gunda Röstel* aus Flöha (Sachsen) auf dem Parteitag der Grünen in Suhl zur neuen Vorstandssprecherin gewählt

Die Sprecher der Bundestagsfraktion von Bündnis 90/Die Grünen, *Joschka Fischer* und *Kerstin Müller*, in ihren Ämtern bestätigt

Der Bundestagsabgeordnete *Möllemann* wird FDP-Landesvors. in Nordrhein-Westfalen

Der Berliner Landesverband der FDP wählt den Bankkaufmann *Martin Matz* zum neuen Vors. Ein Drittel der Stimmen entfallen auf den Gegenkandidaten, den früheren Generalbundesanwalt *von Stahl*

Die Parlamentarische Versammlung des Europarates nimmt Rußl. als 39. Mitglied auf

Treffen der europ. Außenminister in Palermo

Die dt. Abgeordnete *Leni Fischer* (CDU) in Straßburg zur Vors. der Parlamentarischen Versammlung des Europarats gewählt. Sie ist Nachfolgerin des span. Sozialisten *Martinez*

Ital. übernimmt Präsidentschaft im Europ. Rat

Die Europ. Kommission verhängt ein Exportverbot für Rindfleisch und Lebendvieh aus GB nach dem Auftreten von BSE in GB

Die Europ. Kommission fordert brit. Premierminister *Major* auf, seine Obstruktionspolitik im Brüsseler Ministerrat aufzugeben

Der Administrator der Europ. Union in Mostar, *Koschnick*, legt sein Amt nieder

Das Europ. Parlament lehnt eine generelle Kennzeichnungspflicht für genmanipulierte Lebensmittel ab

† *Spiro Theodore Agnew* (* 1918 in Baltimore), Politiker der Republikaner, ehemaliger Vizepräs. der USA

Die USA reagieren auf die Eskalation der Spannungen zw. China und Taiwan mit Warnungen an China und der Entsendung von Kriegsschiffen in die Region

US-Präs. *Clinton* besucht die Friedenstruppen in Bosnien

Präs. *Clinton* und die republikanische Kongreßmehrheit handeln einen Kompromiß im Haushaltsstreit aus

Der republikanische Präsidentschaftskandidat nach den Vorwahlen ist *Bob Dole*. General *Powell* lehnt eine Kandidatur als Vizepräs. ab

Goebbels-Biographie des Engländers *David Irving*

† *Molly Keane* (* 1906), irische Schriftstellerin

Yasar Kemal (* 1922), türk. Schriftsteller, wird von einem Staatssicherheitsgericht in Istanbul wegen Volksverhetzung verurteilt wegen eines Beitrags in einem Band zu dem Thema „Die Türkei und die Gedankenfreiheit"

† *Hermann Kesten* (* 1900 in Powoloczynska), dt. Schriftsteller

Die Lyrikerin *Sarah Kirsch* erhält den *Büchner*-Preis der Dt. Akademie für Sprache und Dichtung

Sarah Kirsch: „Bodenlos", Gedichte

† *Wolfgang Koeppen* (* 1906 in Greifswald), dt. Schriftsteller

Siegfried Lenz: „Ludmilla"

† *Reinhard Lettau* (* 1929 in Erfurt), dt. Schriftsteller

Pedro Maestre erhält den span. *Nadal*-Preis

† *Léo Malet* (* 1909), frz. Schriftsteller

stimmung seines Nachfolgers. Künftig kann ein Papst nur mit einer Zweidrittelmehrheit der Kardinäle der Konklave gewählt werden

Das Interesse am Pfarrberuf läßt in der ev. Kirche nach einem Höchststand Mitte der achtziger Jahre weiter nach

Ein amerik. Unternehmen bietet auch auf dem dt. Markt ein sog. Instant-Abendmahl an

Die UNESCO nimmt die Stätten des Bauhauses in Weimar und Dessau, die Luthergedenkstätten in Sachsen-Anhalt, den Kölner Dom sowie die russ. Taiga in die Liste des Weltkulturerbes der wertvollen Kulturdenkmäler und Naturstätten auf

Die Türkei erklärt Troja zum Nationalpark

Die Rep. Südafrika bittet Museen in Europa um die Rückgabe präparierter menschlicher Körper und Köpfe, um den sterblichen Überresten in ihrer Heimat ein würdevolles Begräbnis zu geben

Renoir-Ausstellung in Tübingen

† *Theodor Rosenhauer* (* 1901), dt. Maler

China-Fotografien von *Marc Riboud* in Paris

† *Kumi Sagui* (* 1919 in Kobe), jap. Grafiker und Illustrator

† *Meyer Schapiro* (* 1904 in Litauen), amerik. Kunsthistoriker

Der Spectrum-Preis für Fotografie geht an *Thomas Struth*

Ausstellung mit Werken von *Paul Thek* in der Neuen Nationalgalerie in Berlin

Die österr. Medienkünstlerin *Valie Export* erhält den *Gabriele-Münter*-Preis

Die brit. Bildhauerin *Rachel Whiteread* gewinnt den Wettbewerb um ein Holocaust-Denkmal auf dem Judenplatz in Wien

Mit dem renommierten jap. Kulturpreis Praemium Imperiale werden der amerik. Maler *Cy Twombly*, der frz. Bildhauer *Cesar (Baldaccini)*, der jap. Architekt *Tadao Ando*, der ital. Komponist *Luciano Berio* und der poln. Regisseur *Andrzej Wajda* ausgezeichnet

Der erstmals verliehene Prix *Paolo Pa-*

Sarah Brightman und *Andrea Bocelli* erreichen mit der Single „Time to say Goodbye" die höchsten Verkaufszahlen in Dtl.

† *Kurt Peters* (* 1915 in Hamburg), Tänzer, Tanzpädagoge und Begründer des Dt. Tanzarchivs in Köln

† *John Pfeiffer* (* 1920 in Tucson, USA), amerik. Musikproduzent, genannt „Producer of the Stars" (u. a. *Heifetz, Horowitz, Landowska*); brachte 1958 die ersten Stereoaufnahmen heraus

Der ital. Pianist *Maurizio Pollini* erhält den Internat. Musikpreis der *Ernst-von-Siemens*-Stiftung

Der brit. Dirigent *Simon Rattle* erhält den Hamburger *Shakespeare*-Preis

† *Rio Reiser* (* 1950 in Berlin), dt. Rocksänger

Mit ihrem Debütalbum avanciert die Mädchengruppe *Tic Tac Toe* zur erfolgreichsten dt. Band

Der Nachlaß von *Arnold Schönberg* geht nach Wien, der Ge-

Kalifornien gelingt der erste gegenseitige Informationsaustausch mit Laser zw. einem Satelliten und einer Bodenstation

Die europ. Trägerrakete „Ariane" bringt zwei Telekommunikationssatelliten ins All

Der europ. Infrarotsatellit „Iso" beginnt mit den ersten von etwa 2000 Messungen, mit denen die Prozesse in und zw. Milchstraßen erforscht werden

† *Rudolf Schulten* (* 1923 in Oeding), dt. Physiker, ehemaliger Direktor am Institut für Reaktorentwicklung der Kernforschungsanlage Jülich

Am Europ. Zentrum für Elementarteilchenforschung (CERN) in Genf stellen Wissenschaftler erstmals Atome aus Antimaterie her

Wissenschaftler der Gesellschaft für Schwerionenforschung (GSI) in Darmstadt gelingt der Nachweis des Elements 112, das 227 mal so schwer ist wie ein Wasserstoffatom und bei der Verschmelzung von einem Blei- und einem Zinkatom entsteht

† *Christian Junge* (* 1913), dt. Meteorologe, Geophy-

† *Willi Daume* (* 1913 in Hückeswagen/Westfalen), dt. Sportfunktionär

† *Johannes Frömming* (* 1910), dt. Trabrennfahrer

† *Fritz Huschke von Hanstein* (* 1910), dt. Automobil- und Motorradrennfahrer

† *René Lacoste* (* 1904 in Paris), frz. Tennisspieler

† *August Reinhard „Stan" Libuda* (* 1944), dt. Fußballspieler

† *Helmut Schön* (* 1915 in Dresden), Fußballer und Trainer der bundesdt. Fußballnationalmannschaft

Sportler des Jahres in Dtl. sind die Skiläuferin *Katja Seizinger,* der Zehnkämpfer *Frank Busemann* sowie die Fußball-Nationalmannschaft

Olymp. Sommerspiele in Atlanta (USA) mit Sportlern aus 197 Ländern. Bombenanschlag auf den Vergnügungspark der Stadt während der Wettkämpfe. Die dt. Mannschaft kommt mit 20 Goldmedaillen, 18 Silbermedaillen und 27 Bronzemedaillen nach den USA und Rußl. auf Platz drei der Länderwertung. Die Spiele sind hochgradig kommerzialisiert

Das Exekutiv-Komitee der Europ. Fußball-Union (UEFA) beschließt, die Ausländerbeschränkung im europ. Fußball aufzuheben

Der dt. Boxer *Henry Maske* verteidigt seinen Weltmeistertitel im Halbschwergewicht gegen *Duran Williams,* verliert den Titel aber durch eine Niederlage gegen den Amerikaner *Virgil Hill*

Der Amerikaner *Mike Tyson* holt sich im Kampf gegen den Briten *Frank Bruno* den Weltmeistertitel im Schwergewicht zurück. Er erhält eine Börse von 30 Mill. $

Die dt. Fußball-Nationalmannschaft durch einen 2:1-Sieg über Tschechien im Londoner Wembleystadion Europameister

Der FC Bayern München und Bayer Leverkusen entlassen nach Heimniederlagen in der Fußball-Bundesliga die Trainer *Otto Rehagel* und *Erich Ribbeck.* Meister wird Borussia Dortmund. Absteiger aus der 1. Bun-

(1996)

Der Demokrat *Bill Clinton* gewinnt die Wahlen um die Präsidentschaft mit knapp 50 % der abgegebenen Stimmen

Die Mitglieder der Gemeinschaft unabhängiger Staaten (GUS) bestätigen *Boris Jelzin* in seinem Amt als Vors. des Rates der GUS-Präs.

Der russ. Präs. *Jelzin* und der weißruss. Präs. *Lukaschenka* unterzeichnen einen Vertrag über die Integration beider Länder

Die Duma wählt in Moskau den Kommunisten *Selesnew* zum Vors.

Nach Rücktritt des russ. Außenministers *Andrej Kosyrew* wird der ehemalige Leiter der Spionageabwehr *Jewgeni Primakow* zu dessen Nachfolger ernannt

Boris Jelzin kandidiert erneut bei den Präsidentschaftswahlen. Die Kommunisten nominieren den Parteivors. *Gennadij Sjuganow*. Jelzin gewinnt in der Stichwahl und bleibt Präs. Rußl.

Der russ. Präs. *Jelzin* setzt seinen Sicherheitsberater *Lebed* ab

Rußl. liefert Kampfflugzeuge an China

Das Parlament Litauens wählt *Mindaugas Stankevicius* zum Ministerpräs.

Jachjo Asimow Nachfolger des zurückgetretenen Ministerpräs. Tadschikistans, *Karimow*

Belgien schafft als letztes Land der Europ. Union die Todesstrafe ab

Der 71 Jahre alte *Alija Izetbegovic* erster Nachkriegspräs. Bosnien-Herzegowinas

Nach vier Jahren wird mit der Übernahme des letzten unter serbischer Kontrolle stehenden Stadtteils von Sarajevo durch die muslimisch-kroatische Föderation die Hauptstadt Bosniens wiedervereinigt

† *Michel Debré* (* 1912 in Paris), Gaullist, Minister vieler Ressorts

† *François Mitterrand* (* 1916 in Jarnac), Sozialist, frz. Staatspräs.

Staaatspräs. *Jacques Chirac* fordert eine kleinere und leistungsstärkere frz. Armee und plädiert für die Abschaffung der Wehrpflicht

Sprengstoffanschläge auf Korsika

Die Bereitschaftspolizei CRS räumt in Paris gewaltsam eine Kirche, die von dreihundert Männern, Frauen und Kinder aus Afrika besetzt worden war

Hunderttausende Lehrer in Frankr. protestieren mit Arbeitsniederlegungen gegen Einsparungen im Bildungshaushalt

Frz. Fernfahrer legen mit ihren Blockaden das Land lahm. Sie fordern kürzere Arbeitszeiten, höhere Löhne und ein niedrigeres Rentenalter

Monika Maron: „Animal triste"

† *Claude Mauriac* (* 1914), frz. Schriftsteller

Der austral. Schriftsteller *David Malouf* erhält den internat. IMPAC-Literaturpreis zugesprochen

† *Tadeusz Nowakowski* (* 1917), poln. Schriftsteller

Die Hamburger Autorin und Übersetzerin *Angela Praesent* erhält den *Paul-Celan*-Preis des Dt. Literaturfonds

† *Amelia Rosselli* (* 1930 in Paris), Schriftstellerin

Salman Rushdie erhält für den Roman „The Moor's Last Sigh" den British Book Award

Proteste gegen die Beschlagnahmung der Bücher des in New York lehrenden palästin. Schriftstellers *Edward Said* in den palästin. Autonomie-Gebieten

Ken Saro-Wiwas Buch, eine Darstellung der Zerstörung des Nigerdeltas durch Ölkonzerne, erscheint auf dt. unter dem Titel „Flammen der Hölle – Nigeria

In der Maya-Stadt Palenque im Süden Mexikos wird ein weiteres Pyramiden-Grab entdeckt

Im Norden Perus, in der Nähe der Küstenstadt Trujillo, wird ein Tempel des Mochica-Volkes entdeckt, das hier zw. dem dritten und zehnten Jh. n. Chr. lebte

In Xuzhou in China wird das etwa 2170 jahre alte Grab des Prinzen *Liu Wu* entdeckt, einem Regenten der Han-Dynastie

Der Fund eines zehn Mill. Jahre alten Skeletts in Spanien, eines offensichtlich schon zweibeinigen Hominoiden (Dryopithecus laietanus), füllt die bisherige Erkenntnislücke zw. dem 18 Mill. Jahre alten Proconsul und dem 3,1 Mill. Jahre alten Australopithecus

In Enspel wird in einer 26 Mill. Jahre alten Ölschieferschicht das älteste Fossil eines fliegenden Nagetieres gefunden, bei dem sogar Fell und Weichteile erkennbar sind. Das Fossil, Eomys quercyi, gehört zu der ausgestorbenen Familie der Eomydien

solini geht an den frz. Maler, Schriftsteller und Schauspieler *Pierre Klossowski* und an den Filmproduzenten *Anatole Dauman*

Ausstellung zeitgenössischer Kunst aus Südafrika in Berlin

Die Getty Communication Group in London kauft die *Hulton Deutsch* Collection, eines der großen Fotoarchive der Welt

Ausstellung „Amerikanische Perspektiven" im Stedelijk Museum in Amsterdam

„Marianne und Germania" im *Gropius*-Bau in Berlin

Bildergalerie im Park von Sanssouci in Potsdam restauriert und wiedereröffnet

Bremer Überseemuseum 100 Jahre alt

Ausstellung „Africa – the Art of a Continent" in London und Berlin

Neandertal-Museum des Architekten *Günter Zamp Kelp* in Mettmann eröffnet

Der höchste Kirchturm der Welt, der des Ulmer Münsters, ist nach Beendigung der Steinmetzarbeiten erstmals seit 40 Jahren nicht mehr eingerüstet

Das hochwassergeschädigte Gebäude burtsstadt des Komponisten, und nicht an die Berliner Akademie der Künste

† *Margit Schramm* (* 1936), dt. Sängerin

In Bonn wird mit einer Reihe von Konzerten des 100. Todestags der Komponistin und Pianistin *Clara Schumann* gedacht

† *Nicolas Slonimsky* (* 1894 in St. Petersburg), Komponist, Dirigent, Pianist und Musikwissenschaftler, Betreuer bedeutender Lexika

† *Peter Stadlen* (* 1910), Österr. Pianist, Musikwissenschaftler und Kritiker

Karlheinz Stockhausen erhält den *Bach*-Preis der Stadt Hamburg

Karlheinz Stockhausen: „Welt-Parlament", Chor a capella, Urauff. in Stuttgart

† *Toru Takemitsu* (* 1930 in Tokio), jap. Komponist

Saburo Teshigawaras Tanzstück „I Was Real – Documents" beim Kunstenfestival in Brüssel

*Christian Thie*siker und Atmosphärenchemiker

IBM Forschungslaboratorium Zürich stellt kleinsten Abakus der Welt her. Zählsteine aus Molekülen sind mit einem einzigen Atom an der Spitze eines Rastertunnelmikroskops zu bewegen

Forscher aus Frankr. und der Schweiz verändern und verschieben mit Hilfe des Rastertunnelmikroskops Kupfer-Porphyrin-Moleküle

Das dritte vollständig entschlüsselte Erbgut ist das der Mikrobe Methanococcus jannaschii aus der Gruppe der Archaea

Wissenschaftler des *Max-Planck*-Instituts für Molekulare Genetik in Berlin identifizieren das Gen, das für die Härtung von Knochen verantwortlich ist

Ein weiteres Brustkrebsgen, das BRCA2-Gen, wird von einer internat. Forschergruppe gefunden

Einem dt. Wissenschaftler gelingt es, ein Gen zu identifizieren, das an der Entstehung von Bauchspeicheldrüsenkrebs beteiligt ist

Zoologen entdecken desliga sind die Vereine KFC Uerdingen, Eintracht Frankfurt und der 1.FC Kaiserslautern

Die Fußballnationalmannschaft der Rep. Südafrika gewinnt den African Cup of Nations durch einen 2:0-Endspielsieg über Tunesien

Jens Weißflog als erster Skispringer zum vierten Male Sieger der Vierschanzentournee. Anschließend beendet er seine Laufbahn

Der Däne *Bjarne Riis* gewinnt im Trikot des Teams Dt. Telekom vor seinem dt. Stallgefährten *Jan Ullrich* die Tour de France

Der Basketballer „*Magic*" *Johnson* kehrt nach mehr als vier Jahren in die NBA zurück und spielt für die Los Angeles Lakers

Der Brite *Damon Hill* gewinnt die Formel-1-Weltmeisterschaft im Automobilrennsport vor dem Titelverteidiger *Michael Schumacher*

Die 24 Jahre alte *Cristina Sanchez* ist die erste Matadorin in der Geschichte des Stierkampfes. Einige Stierkämpfer weigern sich, an ihrer Seite aufzutreten

Das Flugnetz der Lufthansa und ihrer Partner ist das größte der Welt

Die Magnetschwebebahn Transrapid droht nach Einschätzung von Gutachtern zur milliardenschweren Fehlinvestition zu werden

Die Verkehrsminister Dtl. und der USA einigen sich darauf, den Luftverkehr zw. beiden Ländern vollkommen zu liberalisieren. Damit haben alle dt. Luftfahrtunternehmen Zugang zu allen amerik. Flughäfen

† *Fritz René Allemann* (* 1910 in Basel), Schweizer Publizist

† *Edmund Gruber* (* 1936 in München), dt. Journalist

† *Franca Magnani* (* 1925 in Rom), Fernseh-Journalistin

† *Henri Nannen* (* 1914), dt. Publizist und Kunstsammler

ZDF-Intendant *Stolte* für weitere fünf Jahre im Amt bestätigt

Der Journalist *Hellmuth Karasek* Mitherausgeber des in Berlin erscheinenden „Tagesspiegel"

(1996)	Der schwerkranke griech. Ministerpräs. *Papandreou* tritt zurück. Nachfolger wird *Simitis* † *Andreas Papandreou* (* 1919 auf Chios), sozialistischer Politiker und ehemaliger Ministerpräs. Die Konservativen im brit. Unterhaus verlieren durch abtrünnige Abgeordnete ihre Mehrheit Die brit. Königin *Elisabeth II.* besucht Prag Prinzessin *Diana* willigt drei Jahre nach der Trennung von dem brit. Thronfolger *Charles* in die Scheidung ein Nach dem Rücktritt des ital. Ministerpräs. *Dini* wird erst *Antonio Maccanico* mit der Bildung einer neuen Reg. beauftragt, dann aber löst Staatspräs. *Scalfaro* die Kammern auf und setzt Neuwahlen an Ein Wahlbündnis der linken Mitte unter dem Namen Uliva (Ölbaum) gewinnt die Wahlen zu beiden Kammern in Ital. Auf die Linksdemokraten (PDS) entfallen mit 21,1 % die meisten Stimmen. *Romano Prodi* wird Ministerpräs., der dem 55. ital. Nachkriegskabinett vorsteht Prozeß wegen Korruptionsverdacht gegen den ehemaligen ital. Ministerpräs. *Berlusconi* eröffnet Nach dem erwarteten Rücktritt der norweg. Ministerpräs. *Gro Harlem Brundtland* wird der Vors. der Arbeiterpartei, *Jagland*, ihr Nachfolger Die Niederlande schaffen die Wehrpflicht ab Die österr. Sozialdemokraten (SPÖ) und die Volkspartei (ÖVP) verständigen sich auf eine Fortsetzung der großen Koalition Der österr. Nationalrat hebt die parlamentarische Immunität des FPÖ-Partei- und Fraktionsvors. *Haider* auf † *António de Spinola* (* 1910 in Estremoz), konservativer Politiker in Portugal Der Sozialist *Sampaio* gewinnt die Präsidentenwahl in Portugal mit zehn Prozentpunkten Vorsprung vor dem Liberalen *Cavaco Silva* Der Konservative *Constantinescu* neuer Präs. Rumän. nach dem Sieg in einer Stichwahl gegen den Amtsinhaber *Iliescu* Der bisherige Finanzminister *Göran Persson* wird Nachfolger von *Ingvar Carlsson* als Ministerpräs. in Schweden Die Schweiz will die Finanzgeschäfte des Landes mit dem nationalsozialistischen Dt. Reich schnell und gründlich untersuchen lassen Protestbewegung in Serbien gegen den Präs. *Milosevic* Das internat. Kriegsverbrecher-Tribunal in Den Haag klagt den serbischen General *Djukic* an Bei den Wahlen in Spanien gewinnt die liberal-konservative Volkspartei knapp mit 1,2 Prozentpunkten vor den Sozialisten. Der Vors. der Volkspartei, *José Maria Aznar*, wird Ministerpräs. Der baskische sozialistische Politiker *Fernando Mugica Herzog* in San Sebastian ermordet. Die ETA übernimmt die Verantwortung Die Reg.-Koalition unter Ministerpräs. *Klaus* verliert bei den Parlamentswahlen in Tschechien ihre Mehrheit In der Türkei unterzeichnen die Vors. der beiden rechtsgerichteten Parteien, *Yilmaz* und *Çiller*, ein Abkommen zur Bildung einer gemeinsamen Reg. Hungerstreik von mehr als 200 polit. Häftlingen in der Türkei: Sechs Menschen kommen um	und Shell: Der schmutzige Krieg gegen die Ogoni". Shell droht mit einer Klage, reicht sie aber nicht ein *Hans Joachim Schädlich* erhält den *Kleist*-Preis *Raoul Schrott*, österr. Schriftsteller, erhält den Rauriser Literaturpreis für seinen Roman „Finis Terrae" Der *Johann-Peter-Hebel*-Preis geht an den türk. Schriftsteller *Kundeyt Surdum* Der serbisch-jüd. Schriftsteller *Aleksandar Tisma* erhält den erstmalig vergebenen serbischen Preis Nasa borba † *Lydia Tschukowskaja* (* 1907), russ. Schriftstellerin *Martin Walser*: „Finks Krieg" *Martin Walser* erhält den *Friedrich-Hölderlin*-Preis der Stadt Bad Homburg Den Kunstpreis der Stadt Zürich erhält der Schweizer Schriftsteller *Urs Widmer* *Christa Wolf*: „Medea. Stimmen" Die Verlagsgruppe Carl Hanser kauft den Wie-

im Bonner Reg.-viertel, der sog. *Schürmann*-Bau, wird nicht abgerissen, sondern für die Dt. Welle hergerichtet

† *Tomás Gutiérrez Alea* (* 1928 in Havanna), kuban. Filmregisseur

Den Goldenen Bären der Filmfestspiele in Berlin gewinnt *Ang Lee* mit „Sense and Sensibility". Als beste Darstellerin wird *Anouk Grinberg* in „Mon Homme", als bester Darsteller *Sean Penn* in „Dead Man Walking" ausgezeichnet

† *Kiyoshi Atsumi* (* 1928 in Tokio), jap. Filmschauspieler

† *Jean Aurel* (* 1926), frz. Filmemacher

† *Martin Balsam* (* 1919 in New York), amerik. Schauspieler

† *Marcel Carné* (* 1906), frz. Regisseur

† *René Clement* (* 1913 in Bordeaux), frz. Filmregisseur

† *Frank Daniel* (* 1927), Drehbuchautor, Leiter der Filmabteilung an der Columbia University

† *Fritz Eckhardt* (* 1908), österr. Fernsehschauspieler

Den amerik. Akadamiepreis, Oscar,

lemann Generalmusikdirektor der Dt. Oper Berlin in der Nachfolge von *Rafael Frühbeck de Burgos*

† *Tiny Tim* (* 1932), amerik. Rocksänger

Youri Vamos: „Shannon Rose", Ballett, Urauff. an der Bayerischen Staatsoper in München

† *Ramon Vinay* (* 1912 in Chile), Bariton

† *Richard Versalle* (* 1933), amerik. Opernsänger

† *Johnny „Guitar" Watson* (* 1935), amerik. Musiker

† *Ljuba Welitsch* (* 1913), österr. Sängerin

† *Gerhard Wendland* (* 1921), dt. Schlagerkomponist

Karsten Witt, Musikmanager und Leiter des Frankfurter Ensemble modern, neuer Präs. der Dt. Grammophon

Der *Goethe*-Preis der Stadt Frankfurt geht an den Dirigenten und Komponisten *Hans Zehnder*

Der dt. Komponist *Hans Zimmer* erhält für

auf den Philippinen eine bisher unbekannte Nagetierart, das Crateromy heaneyi

† *Walter Birkmayer* (* 1910 in Wien), österr. Neurologe, entwickelte den Wirkstoff L-Dopa zur Behandlung der Parkinsonschen Krankheit

† *Wilhelm Doerr* (* 1915), dt. Pathologe

† *Hermann Pohlmeier* (* 1928 in Düsseldorf), dt. Neurologe und Psychiater, Präs. der Dt. Gesellschaft für Humanes Sterben

† *Gotthard Schettler* (* 1917 in Falkenstein), dt. Internist, Pionier der Arterioskleroseforschung

† *Tadeus Reichstein* (* 1897 in Wloclawek), Schweizer Medizin-Nobelpreisträger, Entdecker des Cortisons

Mit dem *Zülch*-Preis für wegweisende Forschungen über Durchblutungsstörungen des Gehirns werden der Dt. *Konstantin-Alexander Hossmann* und der Amerikaner *Michael A. Moskowitz* ausgezeichnet

Der *Paul-Ehrlich-und-Ludwig-Darmstaedter*-Preis ist

Die beiden Chefredakteure der Berliner „tageszeitung", *Arno Luik* und *Norbert Thomma*, verlassen das Blatt

Das bundesdt. Zeitgeist-Magazin „Tempo" stellt sein Erscheinen ein

Die dt. Zensur von pornographischen Angeboten im Internet über den Online-Dienst Compuserve löst heftige Diskussionen in den USA aus

Skandal um gefälschte Fernsehbeiträge bei den öffentlich-rechtlichen und den privaten Sendern in Dtl.

Der Gebührenerhöhung der Dt. Telekom folgen zahlreiche Pannen bei der Gebührenabrechnung

In Ital. wird die Wochenzeitung „Cuore" (Herz), einzig landesweit erscheinendes Satireblatt, eingestellt

Die Madrider Tageszeitung „Ya", eine der vier polit. Tageszeitungen der Stadt, stellt ihr Erscheinen ein

Die dt. Bertelsmann-Tochtergesellschaft Ufa und der Luxemburger Medienkonzern Compagnie Luxembourgeoise de Télévision S.A. (CLT) bereiten die Fusion vor

Jährlich werden 15,4 Mill. Hektar Regenwald durch Holzeinschlag vernichtet

Die Ozonhülle über der Arktis schwindet weiter

Der *Bruno-H.-Schubert*-Preis, der höchstdotierte private Preis für Umwelt- und Naturschutz in Dtl., geht an den amerik. Biologen *Edward O. Wilson* für seinen Kampf gegen das Artensterben

Ein erheblicher Teil der Sondermüllbeseitigung in Dtl. war nach Ermittlungen der Staatsanwaltschaft in Frankfurt/M. in den Händen einer kriminellen Vereinigung

Seit Jahrzehnten schlimmste Schneekatastrophe an der amerik. Ostküste

Bei einem Schiffsunglück vor der Küste des amerik. Bundesstaates Rhode Island laufen über drei Mill. Liter Öl aus

In Rußl. häufen sich Umweltverschmutzungen durch auslaufendes Öl aus Pipelines

Nach Störfällen bei der Hoechst AG in Frankfurt/M. wird die Bev. jeweils

	René Préval zum Präs. Haitis gewählt	ner Zsolnay Verlag
(1996)	Der kolumbian. Präs. *Samper* wird beschuldigt, Geld von der Drogenmafia angenommen zu haben	† *Peter Aust* (* 1939), dt. Schauspieler
	Der kuban. Staatspräs. *Fidel Castro* lädt bei einem Besuch im Vatikan den Papst zu einem Besuch nach Kuba ein	† *Ruth Berghaus* (* 1927 in Dresden), dt. Regisseurin
	Zwei Privatflugzeuge amerik. Exilkubaner von kuban. Kampfflugzeugen abgeschossen	† *Maria Casarès* (* 1922 in La Coruña), aus Spanien stammende frz. Schauspielerin
	23 Mitglieder der peruan. Guerillagruppe Tupac Amaru nehmen in Lima in der Botschaft Jap. mehrere hundert Menschen als Geiseln	† *Liesel Christ* (*1919), dt. Schauspielerin
	Bombenanschläge in Algerien. Ermordung des Bischofs von Oran, *Claverie*	*Edith Clever* inszeniert und spielt „Medea" von *Euripides* an der Berliner Schaubühne
	Generalstreik in Algerien	† *Claudette Colbert* (* 1903 in Paris), frz. Schauspielerin
	Ein Gericht in Ägypten verurteilt sechs Mitglieder einer islam. Untergrundorg. wegen Terrorismus zum Tode	*Tankred Dorst*: „Die Geschichte der Pfeile", Urauff. in Köln
	Unruhen in Bahrein. Verhaftung schiitischer Oppositioneller	*Hans Magnus Enzensberger*: „Nieder mit Goethe", Urauff. in Weimar
	Die nach Jordanien geflohenen Schwiegersöhne *Saddam Husseins* kehren in den Irak zurück. Trotz Amnestiezusage werden sie dort ermordet	† *Maxl Graf* (* 1933), dt. Schauspieler
	Die irak. Armee interveniert im Streit verfeindeter Kurdenfraktionen im Nordirak. US-Präs. *Clinton* verstärkt daraufhin die Truppen in der Golfregion	Der Berliner Aufbau-Verlag zieht eine *Heinrich-George*-Biographie des Historikers *Werner Maser* vor dem Erscheinen zurück
	Der iran. Präs. *Rafsandschani* verurteilt die Terroranschläge in Israel, solidarisiert sich aber mit den Zielen der Hamas. Eine Teilnahme am Anti-Terror-Gipfel lehnt er ab	† *Denise Grey* (* 1896 in Turin), frz. Schauspielerin
	Nach Terroranschlägen in Israel ordnet Ministerpräs. *Peres* die Schließung der Grenzen zu Westjordanland und Gazastreifen an und bricht die Kontakte zur palästin. Reg.-Behörde ab	
	Der Vors. des rechten Likud-Blocks, *Benjamin Netanjahu*, Wahlsieger über Ministerpräs. *Peres*	
	In den palästin. Autonomiegebieten gewinnt *Yassir Arafat* (PLO) die Wahl zum Präs. des Autonomierats mit 87,1 % der Stimmen	
	Die Außenminister von 49 Staaten Afrikas unterzeichnen in Kairo den Pelindaba-Vertrag, mit dem sie sich zu einer ausschließlich friedlichen Nutzung der Atomenergie verpflichten	
	† König *Moshoeshoe II.* (* 1936), Staatsoberhaupt von Lesotho	
	Letsie Mohato Seeiso wird zum König von Lesotho ernannt	
	Bürgerkrieg in Liberia	
	† *Farah Aidid* (* 1936 in Belet Huen), Politiker im Sudan	
	Im Sudan wird der Führer des islamisch-fundamentalistischen Regimes, *Omar Hassan el Baschir*, als Präs. des Landes wiedergewählt. In einigen Wahlbezirken fällt die Wahl wegen des anhaltenden Bürgerkriegs aus	
	Die verfassunggebende Versammlung in der Rep. Südafrika verabschiedet eine neue Verfassung	
	Die Inkatha-Freiheitspartei von Südafrikas Innenminister *Buthelezi* geht geschwächt aus den Kommunal- und Regionalwahlen in KwaZulu/Natal hervor. Die Städte gehen nahezu alle an den ANC	
	Der frühere südafrik. Ministerpräs. *de Klerk* entschuldigt sich für Menschenrechtsverletzungen während der Zeit der Apartheid	
	Der Generalsekretär des Afrik. Nationalkongresses (ANC), *Ramaphosa*, tritt von seinem Amt zurück. Sein Stellvertreter *Cheryl Carolus* rückt nach	

gewinnt für den besten Film *Mel Gibson* mit „Braveheart“, beste Hauptdarstellerin *Susan Sarandon* („Dead Man Walking“), bester Hauptdarsteller *Nicolas Cage* („Leaving Las Vegas“)

† *Gilles Grangier* (* 1911), frz. Filmregisseur

† *Joseph Green* (* 1900 in Lodz), amerik. Filmregisseur

Peter Greenaway: „Bettlektüre“

† *Richard Groschopp* (* 1906), dt. Filmregisseur

† *Brigitte Helm* (* 1906 in Berlin), dt. Schauspielerin

† *Margaux Hemingway* (* 1955), amerik. Schauspielerin

† *Alfred Hirschmeier* (* 1931), dt. Szenenbildner

† *Camilla Horn* (* 1903 in Frankfurt/M.), dt. Filmschauspielerin

† *Martin Jente* (* 1909 in Schlesien), dt. Schauspieler und Produzent

Bei den Filmfestspielen in Venedig gewinnt der Brite *Neil Jordan* mit „Michael Collins“ den Goldenen Löwen für den besten Film. Gekürt als beste Darstellerin wird *Victoire Thivisol* („Ponette“), als bester Darsteller *Liam Neeson* („Michael Collins“). Für ihr Lebenswerk werden

seine Filmmusik zu „Crimson Tide“ den Grammy. Weitere Grammy-Preisträger: *Alanis Morisette*, *Coolio*, *Hootie & The Blowfish*, *Kurt Cobain* und *Annie Lennox*

Iannis Xenakis: „Koirani“ (Urauff. in Hamburg)

Boosey & Hawkes, brit. Musikverlag und Instrumentenproduzent, erwirbt den Berliner Musikverlag Bote & Bock für 14,5 Mill. DM

Venedigs Opernhaus La Fenice durch einen Brand zerstört

Die Pop-Gruppe *Take That* löst sich zur Verzweiflung der überwiegend weiblichen Fans auf

den Australiern *J. Robin Warren* und *Barry J. Marshall* zugesprochen worden für die Entdeckung, daß Magengeschwüre meistens durch Bakterien und nicht, wie allg. angenommen, durch Streß und falsche Ernährung entstehen

Die Weltgesundheitsorg. WHO stuft das weltweit am häufigsten verwendete Medikament gegen Brustkrebs, Tamoxifen, als krebserregend ein

Forschungen ergeben, daß durch Fieber aktivierte Tytokine, Botenstoffe, die das Immunsystem aktivieren, eine antidepressive Wirkung haben

† *André-Georges Haudricourt* (* 1911), frz. Ethnologe, Linguist und Technikhistoriker

Wissenschaftler der TU Berlin entwickeln einen elektronischen Handschuh, der Handbewegungen registriert und sie an einen Roboter weiterleitet, der diese Bewegungen nachvollzieht

nur unzureichend über die Gefährdung informiert

Die Dt. beginnen das Jahr mit dem bislang teuersten Feuerwerk

Bei einem Flugzeugabsturz in der Dominikan. Rep. sterben alle 176 Passagiere sowie 13 Besatzungsmitglieder

In China kommen bei der Explosion eines illegalen Sprengstofflagers im Keller eines mehrstöckigen Wohnhauses über 100 Menschen ums Leben

In Kinshasa (Zaire) stürzt ein russ. Flugzeug auf einen Marktplatz. 350 Menschen sterben

400 Tote beim Untergang einer Fähre vor Sumatra

Über 3000 Tote und Zehntausende Erkrankte durch eine Meningitis-Epidemie in Westafrika

Im schott. Dunblane erschießt ein Amokläufer 16 Grundschulkinder und deren Lehrerin und tötet danach sich selbst

Bei einem Flugzeugabsturz über den peruan. Anden kommen alle 123 Menschen an Bord ums Leben

Bei einem Brand in einem Flüchtlingsheim in Lübeck sterben zehn Menschen

150 Tote bei einem Diskotheken-Brand auf den Philippinen

Brandkatastrophe im Flughafen Düsseldorf. 16 Menschen sterben

Im austral. Bundesstaat Tasmanien erschießt ein Amokläufer an verschiedenen Orten 35 Menschen

Bundeswehr-Hubschrauber stürzt während eines Rundflugs in Dortmund ab. 13 Menschen, zumeist Jugendliche, kommen ums Leben

Ein Jumbo-Jet stürzt kurz nach dem Start in New York brennend in das Meer vor der Küste von Long Island. Alle 230 Insassen kommen um

Nach schweren Monsunregenfällen riesige Überflutungen in Bangladesch. Sechs Mill. Menschen sind auf der Flucht

Absturz eines russ. Flugzeugs über Spitzbergen: 140 Tote

(1996)	Der Erzbischof von Kapstadt, *Tutu*, empfängt aus Anlaß seines Ausscheidens aus dem Amt Ehrungen von Staat und Kirche Das berüchtigte Gefängnis auf der südafrik. Insel Robben Island soll in ein „Museum des Freiheitskampfes" umgewandelt werden † *Jean Bedel Bokassa* (* 1921 in der Kolonie Ubangi-Schari), Kaiser der Zentralafrik. Rep. Die Wahl in Bangladesch gewinnt die Reg.-Partei unter Ministerpräs. *Khaleda Zia*. Die Oppositionspartei unter *Sheikh Hasina* boykottiert die Wahl Die Militärjunta in Burma verhängt ein weiteres Mal hohe Haftstrafen gegen Anhänger der Oppositionsführerin *Aung San Suu Kyi* China sagt den geplanten Besuch des bundesdt. Außenministers *Kinkel* ab, nachdem der dt. Bundestag eine Tibet-Resolution verabschiedet hat In Hongkong setzt die Polizei Tränengas gegen vietnam. Flüchtlinge in einem Internierungslager ein, die ihre Anerkennung als polit. Flüchtlinge fordern In Indien treten drei Minister und der Oppositionsführer wegen eines Korruptionsskandals zurück. Haftbefehle gegen zehn führende Politiker Streit zw. Jap. und Südkorea um eine Insel im Japanischen Meer Der jap. Ministerpräs. *Murayama* tritt zurück. Nachfolger wird der bisherige Handelsminister *Hashimoto* Jap. zahlt an Frauen in Südkorea und anderen asiat. Ländern, die vom kaiserlichen Jap. während des Zweiten Weltkriegs zur Prostitution in Soldatenbordellen gezwungen wurden, eine Entschädigung von umgerechnet etwa 28 000 DM. Von den einst 100 000 bis 200 000 „Trostfrauen" leben noch 300 Bei einer Gedenkfeier für den 1984 gestorbenen Präs. Nordkoreas *Kim Il-sung* ist dessen Sohn *Kim Jong-il* zum neuen „Großen Führer" ausgerufen worden Nordkorea sucht in der ganzen Welt um Nahrungshilfe nach. Die Hochwasserkatastrophe des vergangenen Jahres hatte große Teile der Ernte vernichtet Die Philippinen beginnen unter Protesten mit der Zwangsrücksiedlung vietnam. Bootsflüchtlinge Die Reg. von Sri Lanka verhängt Ausnahmezustand über das gesamte Land Bei Wahlen in Südkorea verliert die regierende Partei von Präs. *Kim Young-sam* die absolute Mehrheit, bleibt aber stärkste Fraktion im Parlament Südkorea massiert Truppen an der Grenze zu Nordkorea, nachdem Nordkorea hatte verlauten lassen, daß es die entmilitarisierte Zone zw. den beiden Ländern nicht weiter respektieren werde Die seit 13 Jahren regierende Labour Party verliert die Wahlen in Austr. Mit absoluter Mehrheit stellt die Liberale Partei unter Premierminister *Howard* die neue Reg.	† *Günther Haenel* (* 1898), dt. Schauspieler *Wilfried Happel*: „Mordlust", Urauff. in Köln † *Gerhard F. Hering* (* 1908 in Rogasen/Posen), dt. Regisseur und Schriftsteller † *Walter Hoesslin* (* 1910), dt. Bühnenbildner, Mitbegründer der Bregenzer Festspiele † *Klaus Holm* (* 1918), dt. Schauspieler *Elfriede Jelinek*: „Stecken, Stab und Stangl", Urauff. in Hamburg † *Martin Jente* (* 1909), dt. Schauspieler *Franz Xaver Kroetz*: „Der Dichter als Schwein", Urauff. in Düsseldorf *Hanna Kulenty*: „The Mother of Black-Winged Dreams", Urauff. in München † *Evelyn Laye* (* 1900 in London), brit. Schauspielerin † *Josef Meinrad* (* 1913), österr. Schauspieler, Träger des *Iffland*-Rings. *Bruno Ganz* wird neuer Träger des *Iffland*-Rings *Heiner Müller*: „Germania 3. Ge-

spenster am Toten Mann“, Urauff. in Bochum

Vladimir Nabokovs „Der Pol“ in einer *Grüber*-Inszenierung an der Berliner Schaubühne

† *Karl Paryla* (* 1905), österr. Schauspieler

† *Peter Pasetti* (* 1917), Schauspieler

Harold Pinter: „Ashes to Ashes“, Urauff. in London

Das Berliner Renaissance-Theater kündigt seinem früheren Intendanten *Heribert Sasse* die bis zum Jahr 2000 vereinbarte Zusammenarbeit als Regisseur fristlos

† *Jürgen Scheller* (* 1923), dt. Kabarettschauspieler

† *Magda Schneider* (* 1909 in Augsburg), dt. Schauspielerin

Arthur Schnitzler: „Familie“, Urauff. am Wiener Burgtheater

Kerstin Specht: „Carceri“, Urauff. in München

† *Otto Stern* (* 1922 in Basel), Schauspieler und Parodist

Botho Strauß: „Ithaka“, Urauff. in München

Tom Stromberg verläßt das „Theater am Turm“ (TAT) in Frankfurt/M.

George Tabori: „Die Ballade vom Wiener Schnitzel“, Urauff. in eigener Regie im Akademietheater in Wien

Robert Wilson inszeniert mit *Lou Reed* „Time Rocker“ im Hamburger Thalia-Theater

† *Maria Wimmer* (* 1911), dt. Schauspielerin

Der Dramatiker *Rolf Hochhuth* als Vertreter der *Ilse-Holzapfel*-Stiftung wird als neuer Eigentümer des Grundstücks des Berliner Ensembles eingetragen

Martin Wuttke übernimmt in der Nachfolge von *Heiner Müller* die Intendanz des Berliner Ensembles

In Wien wird die Reform der dt. Rechtschreibung besiegelt. Vertreter Dtl., Österr., der Schweiz, Liechtensteins, Belgiens, Ungarns, Rumän. und der Provinz Südtirol unterzeichnen eine entsprechende Absichtserklärung

Die Dt. Akademie für Sprache und Dichtung in Darmstadt schließt sich als erste Standesorg. der „Frankfurter Erklärung zur Rechtschreibreform“ an, in der gefordert wird, sich der Reform zu verweigern

Themenschwerpunkt der Frankfurter Buchmesse ist „Irland und seine Diaspora“. Die Buchmesse, deren Ausstellungsfläche um 50 000 Quadratmeter vergrößert worden ist, präsentiert 75 000 Neuerscheinungen

ausgezeichnet *Michèle Morgan*, *Vittorio Gassman*, *Dustin Hoffman* und *Robert Altman*

Den dt. Filmpreis erhält für den besten Film *Romuald Karmakar* für „Der Totmacher“, der Ehrenpreis geht an den Szenenbildner *Alfred Hirschmeier*, der Ehrenpreis für das Lebenswerk an *Fred Zinnemann*

† *Krzysztof Kieslowski* (* 1941 in Warschau), poln. Filmregisseur

† *Masaki Kobayashi* (* 1916), jap. Filmregisseur

† *Georg Lehn* (* 1915 in Darmstadt), dt. Film- und TV-Schauspieler

Bei den Filmfestspielen in Cannes gewinnt der Brite *Mike Leigh* mit „Lügen und Geheimnisse“ die Goldene Palme. Beste Darstellerin *Brenda Blethyn* („Lügen und Geheimnisse), bester Darsteller *Daniel Auteuil* und *Pascal Duquenne* („Am achten Tag“)

† *Erwin Leiser* (* 1923 in Berlin), Autor und Dokumentarfilmer

† *Marcello Mastroianni* (* 1923 in Fontana Liri), ital. Schauspieler

† *Christine Pascal* (* 1954), frz. Filmschauspielerin und -regisseurin

Das Werk *Leni Riefenstahls* in einer Ausstellung in Mailand

Den Europ. Filmpreis Felix gewinnt *Lars von Trier* mit „Breaking the Waves“, beste Darstellerin *Emily Watson* („Breaking the Waves“), bester Darsteller *Ian McKellen* („Richard III.“)

† *Jacobus Johannes Uys* (* 1920), südafrik. Regisseur

Die Europ. Akademie des Kinos und des Fernsehens in Brüssel wählt „Citizen Kane“ von *Orson Welles*, „Kinder des Olymp“ von *Marcel Carné* und „Goldrausch“ von *Charlie Chaplin* zu den drei besten Filmen der Welt

Flugzeugabsturz auf ein dichtbesiedeltes Quartier in São Paulo. 117 Menschen sterben, darunter 22 Einw. des Stadtteils

Nach dem Ausbruch des Vulkans Bardagunga wird Island von einer riesigen Menge Schmelzwasser überschwemmt

Zusammenstoß zweier Flugzeuge in 4000 Meter Höhe in der Nähe von Neu-Delhi: 350 Tote

1997	Der Friedensnobelpreis geht an die Internat. Kampagne zur Ächtung von Landminen und deren Sprecherin, die Amerikanerin *Jody Williams*, die 1991 die Bewegung, die 1992 gegr. wurde, angeregt hatte Der Alternative Nobelpreis geht an den Dt. *Michael Succow* für seine Bemühungen um die Rettung der Naturschutzgebiete im Osten Dtl., an den Historiker *Joseph Ki-Zerbo* aus Burkina Faso für seine Forschungen über Afrika, an den Franzosen *Mycle Schneider* und den Japaner *Jinzabure Takagi* für ihren Kampf gegen die Plutoniumwirtschaft sowie an die Amerikanerin *Cindy Duehring* für ihre Arbeiten über Schadstoffe Der internat. Waffenhandel wächst weiter. Er ist 1996 gegenüber dem Vorjahr um 8 % auf knapp 40 Mrd. $ gewachsen. Die größten Waffenlieferanten sind weiterhin die USA (Marktanteil fast 43 %), GB (gut 22 %) und Frankr. (14 %). Dtl. Anteil liegt bei 1,6 %. Größter Waffenimporteur ist weiterhin Saudi-Arabien Die NATO beschließt, Verhandlungen mit Polen, Ungarn und der Tschech. Rep. über ihre Aufnahme in das Militärbündnis zu führen Frankr. erklärt, vorerst nicht in die NATO zurückkehren zu wollen Die *Otto-Hahn*-Friedensmedaille der Dt. Gesellschaft für die Vereinten Nationen, Landesverband Berlin, geht an *Lord Yehudi Menuhin.* Er ist nach *Sandro Pertini, Michail Gorbatschow, Simon Wiesenthal, Sir Karl Popper* und *Hans Koschnick* der sechste Träger der Medaille UNO-Konvention zum Verbot von Chemiewaffen tritt in Kraft Die irische Staatspräs. *Mary Robinson* vom Generalsekretär der UNO zur neuen Hochkommissarin für Menschenrechte ernannt GB nimmt nach elfjähriger Abwesenheit wieder seine Mitarbeit in der UNO-Org. für Erziehung, Wissenschaft und Kultur (UNESCO) auf Der amerik. Medienunternehmer *Ted Turner* kündigt eine Spende von einer Mrd. $ für die UNO an † *Erik Blumenfeld* (* 1915 in Hamburg), Unternehmer und CDU-Politiker † *Aenne Brauksiepe* (* 1912 in Duisburg), CDU-Politikerin und ehemalige Bundesministerin † *Guido Brunner* (* 1930 in Madrid, Spanien), Politiker und Ministerialbeamter † *Herbert Czaja* (* 1914 in Teschen, Oberschlesien), CDU-Politiker und Vertriebenenvertreter † *Kai-Uwe von Hassel* (* 1913 in Gare, Dt.-Ostafrika), CDU-Politiker, ehemaliger Ministerpräs. in Schleswig-Holstein und Bundestagspräs.	Der ital. Dramatiker und Schauspieler *Dario Fo* erhält den Nobelpreis für Literatur als ein Autor, „der in der Nachfolge der mittelalterlichen Gaukler die Macht geißelt und die Würde der Schwachen und Gedemütigten wiederaufrichtet". So die Begründung der Jury, die den Anteil von *Franca Rame* am Werk *Fos* unerwähnt läßt Den Friedenspreis des Dt. Buchhandels erhält der 1922 geborene türk. Schriftsteller *Yasar Kemal.* In der Laudatio wirft der Schriftsteller *Günter Grass* der Bundesrep. Dtl. eine unbarmherzige Ausländerpolitik vor † *Kathy Acker* (* 1948), amerik. Schriftstellerin † *Bozorg Alavi* (* 1904 in Teheran), iran. Schriftsteller und Gelehrter † *Roland Amstutz* (* 1942), frz. Schauspieler Das internat. PEN-Zentrum wählt den mexik. Schriftsteller *Homero Aridjis* zu seinem neuen Präs.	Die Zahl der Analphabeten sinkt weltweit. Konnte 1980 noch fast ein Drittel der Menschheit im Alter von über 15 Jahren weder lesen noch schreiben, so hat sich dieser Anteil 1995 auf 23 % vermindert. Noch immer sind zwei Drittel aller Analphabeten Frauen. In Dtl. liegt die Zahl der Lese- und Schreibunkundigen bei etwa drei Mill. Schloß Schönbrunn bei Wien, die Lutherstädte Wittenberg und Eisleben sowie das Bauhaus in Dessau und Weimar in die Liste des UNESCO-Weltkulturerbes aufgenommen Das *Goethe*-Institut gibt bekannt, die Einrichtungen in Århus, Brasilia, Canberra, Daressalam, Lahore, Marseille, Reykjavik, St. Louis und Tampere zu schließen. Neugründungen sind in Vilnius, Taschkent und Ramallah vorgesehen Widerstand gegen die Rechtschreibreform in Dtl. Der Ungar *György Konrád* neuer Präs. der Berlin-Brandenburgi-

„Amours" in der Pariser Fondation Cartier

Arken, das neue Kopenhagener Museum für die Moderne, geschlossen

René Block übernimmt Leitung der Kunsthalle im Kasseler Museum Fridericianum

Villa Borghese in Rom wiedereröffnet

Werkschau des mexik. Fotografen *Manuel Alvarez Bravo* im Museum of Modern Art in New York

† *KP (Klaus-Peter) Brehmer* (* 1938 in Berlin), dt. Maler und Hochschuldozent

Präsentation der Malerdynastie *Brueghel* in einer Ausstellung in der Essener Villa Hügel

Große Ausstellung über Byzanz im Metropolitan Museum in New York

Vermutlich aus dem verschollenen Bernsteinzimmer stammendes Mosaik von der Polizei in Bremen beschlagnahmt

„Capriccio" im Kölner *Wallraf-Richartz*-Museum

† *Jewgeni Chaldej* (* 1917), russ. Fotograf

Christie's in New York versteigert die Sammlung moderner Kunst von *Victor* und *Sally Ganz* für 206,5 Mill. $, bisher höchster

† *Luther Allison* (* 1938), amerik. Bluesgitarrist

† *Barbara* (* 1930 als *Monique Serf*), frz. Chansonsängerin

Der dt. Geiger *Albrecht Breuninger* belegt zweiten Platz im belg. Königin-*Elisabeth*-Wettbewerb hinter dem Dänen *Nikolai Znaider*

† *Jacques Canetti* (* 1909 in Bulg.), Entdekker und Förderer von *Jacques Brel* und *Georges Brassens* und Förderer der frz. Chansonszene

† *Adolphus „Doc" Cheatham* (* 1905), amerik. Jazztrompeter

† *John Denver* (* 1943 als *Henry John Deutschendorf jr.* in Roswell, US-Bundesstaat New Mexico), amerik. Folksänger

John Dews „Der Kniefall von Warschau" in Dortmund uraufgeführt

Bob Dylan veröffentlicht nach siebenjähriger Unterbrechung ein neues Album, „Time Out of Mind"

Christoph Eschenbach, Dirigent und Pia-

Den Nobelpreis für Physik erhalten die Amerikaner *Steven Chu* und *William D. Phillips* sowie der Franzose *Claude Cohen-Tannoudji* für die Entwicklung von Methoden, Atome mit Laserlicht zu kühlen und dadurch „einzufangen"

Der Nobelpreis für Chemie geht an *Paul D. Boyer* (USA), *John E. Walker* (GB) und *Jens C. Skou* (Dänem.) für Arbeiten über die enzymatischen Mechanismen der Synthese von Adenosin-Triphosphat und für die Entdeckung der ersten enzymatischen Ionenpumpe

Der amerik. Neurologe und Biochemiker *Stanley B. Prusiner* erhält den Nobelpreis für Medizin für seine Entdeckung des „Prions", eines bis Anfang der achtziger Jahre unbekannten Erregers tödlicher Gehirnerkrankungen wie „Rinderwahnsinn" (BSE), „Scrapie" bei Schafen sowie der Creutzfeldt-Jakob-Krankheit beim Menschen

† *Jacques-Yves Cousteau* (* 1910 in Saint André-de-Cubzac, Frankr.), frz. Tiefseeforscher

† *Sir John C. Eccles* (* 1903 in Melbourne), austral.

Der Nobelpreis für Wirtschaftswissenschaft geht an die beiden amerik. Ökonomen *Robert Merton* und *Myron Scholes* für ihre Methode, den Wert von Optionen auf dem Aktienmarkt zu berechnen

Die UNO-Landwirtschaftsorg. FAO gibt bekannt, daß jährlich 18 Mill. Menschen in der Dritten Welt an Hunger und Unterernährung sterben. Die Zahl der hungerleidenden und unterernährten Menschen in der Welt liegt bei etwa 80 Mill.

Sechs Mill. Dollarmillionäre auf der Welt. Immer mehr Reiche in Asien und Lateinamerika

Dollar erreicht im Sommer höchsten Stand seit November 1989

Reichstes Land der Welt mit einem Pro-Kopf-Einkommen von jährlich 41 210 $ ist Luxemburg vor der Schweiz und Japan. Dtl. liegt auf Platz sechs

Die zehn größten europ. Industrieunternehmen sind Royal Dutch Shell (NL/GB, Mineralöl/Chemie), Daimler-Benz (D, Auto/Luftfahrt), British Petroleum (GB, Mineralöl), Volkswagen (D, Auto), Siemens (D, Elektro/Elektronik), Unilever (NL/GB, Nahrungsmittel/Chemie), Fiat (I, Auto), Nestlé (CH, Nahrungsmittel), IRI (I, Holding), Elf Aquitaine (F, Mineralöl/Chemie)

Die zehn größten Industrieunternehmen in Dtl. sind: Daimler-Benz, Volkswagen, Siemens, Mercedes Benz AG, VEGA AG, RWE AG, Siemens AG, BMW, Hoechst, Volkswagen AG. Die zehn größten Handelsunternehmen sind: Edeka Gruppe, Rewe Gruppe, Metro AG, Tengelmann (Welt), Aldi Einkauf GmbH & Co. KG, Edeka Zentrale AG, Tengelmann (Inland), Otto Versand, Franz Haniel & Cie. GmbH, Karstadt. Die zehn größten Kreditinstitute sind Dt. Bank AG, Dresdner Bank AG, WestLB, Commerzbank AG, Bayerische Vereinsbank AG, Bayerische Landesbank Girozentrale, Bayerische Hypotheken- und Wechsel-Bank AG, Bankgesellschaft Berlin AG, Dt. Genossenschaftsbank, Kreditanstalt für Wiederaufbau

(1997)	† *Otto John* (* 1909), Jurist und ehemaliger Verfassungschutzpräs. † *Hanna Walz* (* 1918 in Templin), Europa- und Bundestagsabgeordnete der CDU Die Zahl der Einw. in der Bundesrep. Dtl. liegt trotz höherer Sterbe- als Geburtenrate erstmals über 82 Mill. Ursächlich für das Bev.-Wachstum ist die Zuwanderung von Ausländern und Aussiedlern Im Januar 4,66 Mill. Arbeitslose – 12,2 % in der gesamten Rep., 10,6 % in den alten, 18,7 % in den neuen Bundesländern Das Kinderhilfswerk der UNO verlangt von der Bundesrep. Dtl. eine konsequentere Strafverfolgung von dt. Touristen, die Kinder im Ausland mißhandelt haben Amnesty international wirft dt. Polizei Mißhandlungen von Ausländern vor Sieben Jahre nach Vereinigung der BRD und der DDR war jeder zweite Westdt. noch nie in Ostdtl., während neun von zehn Ostdt. mindestens einmal den Westen besucht haben Bundespräs. *Roman Herzog* erhält den Karlspreis der Stadt Aachen Außenminister *Klaus Kinkel* und der tschech. Ministerpräs. *Václav Klaus* unterzeichnen Erklärung zur Aussöhnung der Völker beider Staaten *Michaela Geiger* (CSU) Vizepräs. des Bundestages Bundesverteidigungsminister *Rühe* fordert Anfang des Jahres, Neonazis vom Wehrdienst freizustellen. Zum Jahresende wird Kooperationswilligkeit des Verteidigungs- und Innenministeriums mit rechtsradikalen Gruppierungen bekannt Steuerreform scheitert Bundestag verabschiedet Kindschaftsrecht, wonach Eltern auch dann für ihre Kinder das gemeinsame Sorgerecht haben, wenn sie nicht oder nicht mehr miteinander verheiratet sind Bundestag beschließt 0,5-Promille-Grenze für das Führen von Kraftfahrzeugen Das Bundesverwaltungsgericht entscheidet, daß Flüchtlinge nicht abgeschoben werden dürfen, solange die Herkunftsländer nicht zur Aufnahme der Flüchtlinge bereit sind Mehrheit aus Koalitionsfraktion und SPD im Bundestag für den großen Lauschangriff Der Innenminister in Mecklenburg-Vorpommern, *Rudi Geil* (CDU), Sonderbeauftragter für den Aufbau Ost Bundestag beschließt Beschaffung des Eurofighters. Kosten vorerst bei 23 Mrd. DM	*Hans Carl Artmann* erhält den *Georg-Büchner*-Preis Bisher unbekannte Ital.-Reportagen von *Ingeborg Bachmann* im Archiv von Radio Bremen gefunden † *Jurek Becker* (* 1937 in Lodz), dt. Schriftsteller Der Goldtopas, Schauspielerinnen vorbehaltenes Pendant zum *Iffland*-Ring, geht an *Maria Becker* *Ingmar Bergman* kündigt an, daß er an das Nationaltheater, das Dramaten in Stockholm, zurückkehren werde Der Nationalpreis der Dt. Nationalstiftung geht an den Dichter und Sänger *Wolf Biermann* *Andrea Breth* gibt die Leitung der Berliner Schaubühne ab, nachdem sich zuvor das Ensemble weitgehend aufgelöst hatte Der Bayerische Literaturpreis geht an den dt. Schriftsteller *Günter de Bruyn* † *William Seeward Burroughs* (* 1914 in St.	schen Akademie der Künste Neubau der Dt. Bibliothek in Frankfurt eröffnet † *Manfred von Ardenne* (* 1907 in Hamburg), dt. Wissenschaftler † *Rudolf Bahro* (* 1935 in Bad Flinsberg, Isergebirge), dt. Sozialwissenschaftler † *Isaiah Berlin* (* 1909 in Riga), engl. Philosoph Der frz. Soziologe *Pierre Bourdieu* erhält den *Ernst-Bloch*-Preis der Stadt Ludwigshafen. Der Förderpreis geht an den Philosophen *Michael Pauen* aus Marburg † *Philip V. Brady* (* 1931), brit. Germanist † *Hendrik Brugmans* (* 1906 in Amsterdam), niederl. Politiker und Gründer des Europa-Kollegs in Brüssel Lord *Ralf Dahrendorf* erhält *Theodor-Heuss*-Preis † *Jean-Marie Domenach* (* 1922 in Lyon), frz. Publizist † *Abdoldjavad Falaturi* (* 1927), aus dem Iran stammender, in

Auktionserlös für eine Privatsammlung

Christo und *Jeanne-Claude* erklären, nie mehr verhüllen zu wollen

documenta X in Kassel unter der Leitung der Französin *Catherine David* als Retrospektive inszenierte Schau zeitgenössischer Kunst. Trotz abfälliger Resonanz in den Medien 631 000 Besucher, mehr als bei jeder documenta zuvor

„Dt. Fotografie. Macht eines Mediums 1870–1970" in der Kunst- und Ausstellungshalle der Bundesrep. Dtl. in Bonn

„Deutschlandbilder" im *Gropius*-Bau in Berlin

Zeichnungen von *Dürer*, *Holbein* und *Grünewald* im Kunstmuseum in Basel

Albrecht-Dürer-Haus in Nürnberg renoviert

Sybille Ebert-Schifferer zur neuen Generaldirektorin der Staatlichen Kunstsammlungen Dresden ernannt

Lotte Errels Fotografien aus den dreißiger Jahren im Essener Folkwang Museum

† *Gerhard Ewald* (* 1927), dt. Kunsthistoriker

„Exil, Flucht und Emigration europ.

nist, neuer künstlerischer Leiter des Schleswig-Holstein Musik Festivals in der Nachfolge von *Franz Willnauer*

Morton-Feldman-Werkretrospektive in Gütersloh

Großer Preis der Vereinigung der internat. Musikkritiker an den dt. Bariton *Dietrich Fischer-Dieskau*

† *Jean Françaix* (* 1912 in Le Mans), frz. Komponist

Justus Frantz neuer Chefdirigent der Philharmonia Hungarica

† *Peter Girth* (* 1942 in Olmütz, Tschechien), dt. Jurist, Cellist und Intendant

Philip Glass´ Doris-Lessing-Oper „Die Ehe der Zonen Drei, Vier und Fünf" in Heidelberg uraufgeführt

† *Stéphane Grapelli* (* 1907), frz. Jazzmusiker

Hans Werner Henzes 9. Sinfonie, Urauff. in der Berliner Philharmonie

Hans Werner Henzes „Venus und Adonis", Oper für Tänzer und Sänger, in München uraufgeführt

Hirnforscher und Nobelpreisträger

† *Julius Hackethal* (* 1921 in Reinholterode), dt. Mediziner

† *Friedrich Hund* (* 1896 in Karlsruhe), dt. Physiker

† *Heinz Kirchhoff* (* 1905 in Wilhelmshaven), dt. Gynäkologe

Die beiden austral. Mediziner *Barry James Marshall* und *John Robin Warren* erhalten den *Paul-Ehrlich*-und-*Ludwig-Darmstaedter*-Preis für ihre Forschungsarbeiten über Magenerkankungen

Der Mathematiker *Andrew Wiles* erhält die 1908 ausgesetzte Prämie für die erbrachte Lösung der Fermatschen Vermutung

† *Drummond Matthews* (* 1930), brit. Geowissenschaftler

† *Eugene Shoemaker* (* 1928), amerik. Geologe und Astronom

† *Sir Alexander Todd* (* 1907 in Glasgow) brit. Chemiker und Nobelpreisträger

Königsleiten, höchstes Planetarium Europas in 1600 m Höhe, nimmt den Betrieb auf

Amerik. Wissenschaftler entdecken jenseits des Pluto einen neuen Planetoiden, der auf stark

Hapag Lloyd, größte Reederei und größtes Transportunternehmen Dtl., feiert 150jähriges Bestehen

Thyssen Stahl AG und Krupp Hoesch Stahl AG beschließen Zusammenarbeit im Stahlbereich

Der dt. Sportartikelhersteller adidas übernimmt die frz. Salomon S.A. und wird damit weltweit zweitgrößtes Branchenunternehmen hinter Nike Inc.

Auf dem 2502 m hohen Säntis in der Schweiz wird die höchste Baustelle Europas betrieben

Volkswagen AG und die General Motors Corp./Adam Opel AG legen in einem außergerichtlichen Vergleich den sog. „*López*-Konflikt" zu den Akten

Daimler-Benz verschiebt die Markteinführung der Kleinwagenserie A-Klasse. Bei einer Testfahrt verliert das Auto die Bodenhaftung

Die Hannover-Messe Industrie, die größte Investitionsgüterschau der Welt, feiert 50jähriges Jubiläum

Die Zürcher Bank Crédit Suisse fusioniert mit den Winterthur-Versicherungen

Die Bayerische Vereinsbank AG und die Bayerische Hypotheken- und Wechselbank AG geben Zusammenschluß bekannt

Woolworth schließt in den USA alle Billigwarenhäuser

Seit 275 Jahren geschütztes Markenzeichen: „Gekreuzte blaue Schwerter" des Meissener Porzellans

Die Belastung der privaten Haushalte durch Miete und Nebenkosten erreicht in Dtl. Rekordniveau. Jeder dritte Mieterhaushalt gibt mindestens ein Drittel seines Einkommens für die Miete aus

Siemens ist mit 379 000 Beschäftigten der größte private Arbeitgeber in Dtl.

In Dtl. leben 2,5 Mill. Menschen von Sozialhilfe

Eine Mill. Teilnehmer der Love-Parade in Berlin hinterlassen 200 t Müll. Einnahmen der Hotels, Gaststätten und Geschäfte werden auf mindestens 150 Mill. DM geschätzt

(1997)	Bundesweite Proteste an den Hochschulen gegen die Lern- und Lehrbedingungen an den Univ. BAföG-Sätze werden leicht angehoben Bundesreg. beschließt die Schlachtung von mehr als 5000 Rindern, die aus GB oder der Schweiz eingeführt worden sind Illegale Einfuhr brit. Rindfleischs durch norddt. Unternehmen Demonstrationen und Blockaden bei Castor-Transport nach Gorleben Bundesweiter Anstieg rechtsextremer Straftaten Dt. Post stellt Verkauf neuer *Heine*-Briefmarken ein, deren Zehnerblocks am Rand germanische Runenzeichen tragen In Baden-Württemberg Durchsuchungen von Wohnungen von Rechtsextremisten Der Senat in Berlin schreibt einen erweiterten Wettbewerb für das geplante Holocaust-Mahnmal aus. Einige der geladenen Künstler lehnen eine Teilnahme ab. Streit zw. dem Senat von Berlin und der Jüd. Gemeinde über den Status des Jüd. Museums. Dem Direktor des Jüd. Museums, *Amnon Barzel*, wird gekündigt, ein Interimspräs. eingesetzt Asylbewerber sollen in Berlin künftig mit Chipkarten einkaufen, nachdem ein System mit Abholstellen gescheitert war Berliner Senat verkauft zur Deckung der Haushaltslücke das städtische Stromunternehmen Bewag für 2,9 Mrd. DM an ein Konsortium der Konzerne PreussenElektra, Viag und Southern Company In Berliner Bezirksparlamenten keine Mehrheiten für die Benennung eines Platzes oder einer Straße nach *Marlene Dietrich* Nach Protesten verzichtet die brandenburgische Landesreg. darauf, 60 Einwanderer jüd. Glaubens im Ort Gollwitz bei Potsdam einzuquartieren Bei den Bürgerschaftswahlen in Hamburg erzielt die SPD das schlechteste Ergebnis seit 1946. Der bisherige Erste Bürgermeister, *Henning Voscherau* (SPD), tritt zurück. Das Ergbnis: SPD 36,2 % (1993: 40,4 %), CDU 30,7 % (25,1 %), Die Grünen/GAL 13,9 % (13,5 %), DVU 4,9 % (2,8 %), Statt-Partei 3,8 % (5,6 %), FDP 3,5 % (4,2 %), Republikaner 1,9 % (4,8 %), PDS 0,7 % (–). *Ortwin Runde* (SPD) neuer Erster Bürgermeister. SPD bildet mit der Grün-Alternativen Liste eine Reg.-Koalition In Hessen verständigen sich SPD, Grüne und FDP auf einen Modellversuch, in dem die staatlich kontrollierte Abgabe harten Rauschgifts unter strenger ärztlicher Überwachung an Schwerstabhängige und Schwerstkranke vorgenommen werden soll	Louis), amerik. Schriftsteller *Frank Castorf* inszeniert *Gerhart Hauptmanns* „Die Weber“ an der Volksbühne in Berlin Der in Berlin lebende türk. Romancier *Güney Dal* und der im Schwarzwald als Sohn andalus. Eltern geborene Lyriker *José F. A. Olivier* erhalten gemeinsam den *Adelbert-von-Chamisso*-Preis „Die Legende vom armen Heinrich“ von *Tankred Dorst* in München uraufgeführt † *Mohammad Ali Dschamalzadeh* (* 1895 in Isfahan), iran. Schriftsteller † *Wolfgang Ebert* (* 1923 in Düsseldorf), dt. Satiriker, Journalist und Schriftsteller Urauff. von *Hans Magnus Enzenbergers* „Voltaires Neffe“ im Renaissance-Theater in Berlin † *Allen Ginsberg* (* 1926 in Newark, New Jersey), amerik. Dichter und Sänger † *Käthe Gold* (* 1907 in Wien),	Dtl. lebender Islamforscher † *Leonard Forster* (* 1913 bei London), engl. Germanist, ehemaliger Präs. der Internat. Vereinigung für Germanische Literatur- und Sprachwissenschaftler † *François Furet* (* 1927 in Paris), frz. Historiker, Mitglied der Académie Française *Hannah-Arendt*-Preis für polit. Denken geht an den Beauftragten für die Unterlagen des Staatssicherheitsdienstes der DDR, *Joachim Gauck*, und den SPD-Bundestagsabgeordneten *Freimut Duve* sowie das Budapester *Invisible College* † Eike Geisel (* 1945), dt. Soziologe Der *Fritz-Bauer*-Preis der Humanistischen Union geht an den Schriftsteller *Günter Grass* † *Carlos Gurméndez* (* 1917), span. Philosoph † *Péter Hanák* (* 1921 in Kaposvar), ungar. Historiker *Carl-von-Ossietzky*-Medaille für *Hannes Heer* als Reprä-

Künstler 1933–1945" in der Neuen Nationalgalerie in Berlin

Große Ausstellung über den dt. Expressionismus in Venedigs Palazzo Grassi

In Quedlinburg eröffnet ein dem Werk *Lyonel Feininger* gewidmetes Museum, das den umfangreichsten geschlossenen Bestand an *Feininger*-Grafiken in Europa hat

Ausstellung des Werks von *Conrad Felixmüller* im Dresdner Albertinum

Werkschau der Kunst Frankr. unter dem Titel „Made in France: 1947–1997" im Pariser Centre Pompidou

† *André Franquin* (* 1924), belg. Comiczeichner

Getty Center in Los Angeles, gebaut nach einem Entwurf von *Richard Meier*, eröffnet

Museum *Guggenheim* in Bilbao, gebaut nach einem Entwurf von *Frank O. Gehry*, eingeweiht

Den Kunstpreis der Stadt Goslar, den Kaiserring, erhält der Schweizer Fotorealist *Max Gertsch*. Ausstellung mit seinem Werk im Hamburger Bahnhof in Berlin

Bislang größte *Gilbert-&-George*-Retrospektive in Paris

Peter Herchets Oper „Abraum" in Leipzig uraufgeführt

Adriana Hölszkys „Aufstieg der Titanic" bei Steirischem Herbst in Graz uraufgeführt

David Hockney inszeniert in Los Angeles *Wagners* „Tristan und Isolde"

† *Elisabeth Höngen* (* 1906 in Gevelsberg), dt. Opernsängerin

† *Eleonore Kleiber* (* 1925), Kostümbildnerin an der Komischen Oper in Berlin

René Kollo gibt Leitung des Berliner Metropol-Theaters ab. Die Operetten-Bühne schließt

† *Fela Anikulapo Kuti* (* 1939), nigerian. Musiker und Oppositioneller

† *Nicolette Larsen* (* 1952 in Helena, US-Bundesstaat Montana), amerik. Popsängerin

Michael Leitner, Intendant des Kasseler Staatstheaters, verlängert seinen Vertrag nicht

Der Schweizer *Dominique Mentha* neuer Direktor der Wiener Volksoper

elliptischer Bahn die Sonne umkreist

Astronomen des Harvard-Smithsonian-Observatoriums in den USA finden bei einem 50 Lichtjahre entfernten Stern einen Planeten, den mittlerweile neunten außerhalb des Sonnensystems

Erstmals gleichsam „freie" Sterne in einem Abstand von mehr als 300 000 Lichtjahren zur nächsten Galaxie beobachtet

Astronomen aus Kanada und den USA entdecken zwei neue Monde des Planeten Uranus. Bisher waren 15 Monde bekannt

Erstmals wird beim „Jahrhundert-Kometen" Hale-Bopp ein Schweif aus neutralen Natrium-Atomen fotografiert

Sonde Sojourner auf Mars gelandet. Marsmobil „Pathfinder" beginnt mit Gesteinsuntersuchungen. Mission endet nach vier Monaten, nachdem die Kontakte zu dem Mobil abgebrochen sind

Andauernde Schwierigkeiten in der russ. Raumstation „Mir"

Mehr als 500 Aufnahmen des grauschwarzen Kleinplaneten 253 Mathilde macht eine 1996 gestartete amerik. Sonde zur Erforschung von

Das Gummibärchen von Haribo wird 75 Jahre alt

Das virtuelle Spielzeug Tamagotchi auch auf dem dt. Markt. Große Nachfrage

In Tokio wird das weltweit größte Verkehrsleitsystem *Intelligent Traffic Guidance* System mit 14 000 Sensoren und 207 Kameras in Betrieb genommen

† *Jeanne Calment* (* 1875), Französin, ältester Mensch der Welt

McDonald's hat den weltweit größten Umsatz mit Fast food

In den westlichen Industrienationen ist die Zahl der tödlichen Herzinfarkte zurückgegangen: beispielsweise in Dtl. zw. 1990 und 1994 bei Männern um 38 %, bei Frauen um 26 %. Gegenläufig ist die Tendenz seit 1989 in den Staaten Osteuropas

Weltweite Zunahme der an AIDS erkrankten Kinder. 590 000 Kinder 1997 mit HI-Virus infiziert. 30 Mill. Menschen jeden Alters weltweit infiziert. In Afrika sterben jeden Tag 1000 Kinder an AIDS

79 % der Niederländer sind für aktive Sterbehilfe, 74 % billigen den Abbruch einer ärztlichen Behandlung eines Neugeborenen „mit einer ernsthaften" Behinderung

Das meistverbreitete Schmerzmittel Aspirin wird 100 Jahre alt

Aus Sorge um den Arbeitsplatz melden sich in Dtl. immer weniger Menschen krank

Die Zahl der Anträge für eine medizinische Rehabilitation geht in Dtl. gegenüber dem Vorjahr um fast 40 % zurück. Noch stärker, um 43 %, sinkt die Zahl der Bewilligungen für solche Behandlungen

Amerik. Arzneimittelbehörde läßt Contergan-Wirkstoff Thalidomid als Heilmittel zu

Diskussion um sog. Todescomputer, mit denen die Überlebenschancen Kranker errechnet werden

Die Firma Maggi feiert ihren 100. Geburtstag

Überlebende des Holocaust oder ihre Erben erheben in New York Kollek-

(1997)

Leichte Gewinne für die SPD und CDU bei den Kommunalwahlen in Hessen. Das Ergebnis: SPD 38,0 % (1993: 36,4 %), CDU 33,0 % (32,0 %), Bündnis 90/Die Grünen 11,0 % (11,0 %), FDP 4,0 % (5,1 %), Republikaner 6,6 % (8,3 %), NPD 0,6 % (0,7 %), Wählergruppen 5,9 % (5,7 %)

Münchner Stadtrat beschließt mit rot-grüner Mehrheit die Einrichtung von Fixerstuben

In Nordrhein-Westfalen Streit in der rot-grünen Koalition um Genehmigung für den Braunkohletagebau bei Garzweiler

Helmut Kohl erklärt in einem Interview mit dem Bayerischen Rundfunk, 1998 als Kanzlerkandidat der Union bei den Bundestagswahlen antreten zu wollen

CDU-Bundesparteitag in Leipzig. *Helmut Kohl* will bis 2002 Kanzler bleiben

Theo Waigel mit dem bislang schlechtesten Ergebnis als CSU-Parteivors. wiedergewählt

Oskar Lafontaine auf SPD-Bundesparteitag in Hannover als Parteivors. bestätigt

Der SPD-Außenpolitiker *Günther Verheugen* scheitert bei den Wahlen zum Vorstand der SPD-Bundestagsfraktion

Bundestagsfraktion von Bündnis 90/Die Grünen spricht sich eindeutig gegen eine Zusammenarbeit mit der PDS aus

FDP muß 10,5 Mill. DM an staatlichen Zuwendungen aus der Parteienfinanzierung an die Bundestagsverwaltung zurückzahlen

Mitgliederbefragung der FDP über die Wehrpflicht scheitert an zu geringer Beteiligung

Tom Koenigs neuer Sprecher von Bündnis 90/Die Grünen in Hessen

Auf dem CDU-Landesparteitag in Sachsen wird der ehemalige sächsische Innenminister *Heinz Eggert* zu einem der drei Stellvertreter des Vors. gewählt

Rosemarie Hein Landesvors. der PDS in Sachsen-Anhalt

Die feministische Partei Die Frauen kündigt Kandidatur zum Bundestag an

Gerd Sonnleitner wird in der Nachfolge von *Constantin Freiherr Heeremann* Präsident des Bauernverbandes

Die Niederlande übernehmen turnusgemäß die Präsidentschaft des Ministerrates der Europäischen Union

Konferenz der Europ. Union (EU) auf Malta

Der span. Christdemokrat *José Maria Gil-Robles* neuer Präs. des Europaparlaments

österr. Theater- und Filmschauspielerin

Der Schriftsteller *Günter Grass* gründet die Stiftung zugunsten des Romavolkes

† *Fritz Graßhoff* (* 1913 in Quedlinburg), dt. Texter, Liedermacher, Schriftsteller, Übersetzer und Maler

† *Paul Guth* (* 1910), frz. Schriftsteller

† *Jean-Edern Hallier* (* 1936 in Paris), frz. Schriftsteller

Urauff. von *Peter Handkes* „Zurüstungen für die Unsterblichkeit" in Wien

Der Whitebread-Preis geht an den irischen Nobelpreisträger *Seamus Heaney*

Christoph Heins „Von allem Anfang an"

„Klistier" von *Kerstin Hensel* am Nationaltheater Mannheim uraufgeführt

† *Stephan Hermlin* (* 1915 in Chemnitz), dt. Dichter

† *Hans Egon Holthusen* (* 1913 in Rendsburg), dt. Lyriker und Essayist

† *Bohumil Hrabal* (* 1914 in Zi-

sentant des Ausstellungsteams „Vernichtungskrieg. Verbrechen der Dt. Wehrmacht 1941 bis 1944" des Hamburger Instituts für Sozialforschung

† *Carl Gustav Hempel* (* 1905 in Oranienburg), amerik. Philosoph

† *Norbert Herkenrath* (* 1929), dt. Priester und Geschäftsführer des Hilfswerks Misereor

† *Uvo Hölscher* (* 1914 in Halle), dt. Philologe

† *Hans Robert Jauß* (* 1921), dt. Romanist

† *Jürgen Kuczynski* (* 1904 in Elberfeld), dt. Philosoph und Wirtschaftswissenschaftler

† *Pinchas Lapide* (* 1922 in Wien), jüd. Religionsphilosoph und Schriftsteller

† *Maria Gräfin von Maltzan* (* 1909), dt. Widerstandshelferin im Dritten Reich, Veterinärin, Autorin

Der *René-Kuczynski*-Preis für herausragende Beiträge zur Wirtschafts- und Sozialgeschichte geht an *Hans Medick*

Zweifel an der Echtheit des Bildes „Sonnenblumen" von *Vincent van Gogh*, das 1987 für umgerechnet 72 Mill. DM versteigert und von dem jap. Yasuda-Konzern erworben worden war

Johannes Grützke schafft Historienbild für den Konstanzer Bürgersaal

Der frz. Künstler *Raymond Hains* erhält den *Kurt-Schwitters*-Preis

Neue Werke von *Bernhard Heisig* in der Kustodie der Leipziger Univ.

Hannah-Höch-Werkschau im Museum of Modern Art in New York

London feiert den 300. Geburtstag *William Hogarths* mit einer Werkschau im British Museum

Kestner-Gesellschaft in Hannover eröffnet neues Haus mit *Rebecca Horn*

Fotografien von *Lotte Jacobi* in Berlin

Jasper-Johns-Retrospektive in Köln

Edward-Kienholz-Werkschau im Berliner *Gropius*-Bau

Der Publizist und Architekturkritiker *Wolfgang Kil* erhält Kritikerpreis des Bundes Dt. Architekten (BDA)

† *Martin Kippenberger* (* 1953 in Dortmund), dt. Künstler

† *Vincente „Tete" Montilou* (* 1933), span. Jazzpianist

† *Conlon Nancarrow* (* 1912 in Texarkana, US-Bundesstaat Arkansas), amerik. Komponist

† *Nusrat Fateh Ali Khan* (*1948 in Lyallpur, Pakistan), pakistan. Sufi-Sänger

† *Laura Nyro* (* 1947 in New York), amerik. Songschreiberin und Sängerin

Die Leipziger Choreographin *Irina Pauls* neue Ballettdirektorin des Oldenburgischen Staatstheaters

Der Berliner Jazzsaxophonist und Komponist *Ernst-Ludwig „Luten" Petrowsky* erhält den Dt. Jazzpreis

† *Swjatoslaw Richter* (* 1915 in Shitomir), russ. Pianist

Die *Rolling Stones* legen mit „Bridges to Babylon" ihr 21. Studioalbum vor

Dieter Schnebels „Ekstasis" in Köln uraufgeführt

† *Egon Seefehlner* (* 1912 in Wien), ehemaliger Intendant der Dt. Oper Berlin und der Staatsoper in Wien

Asteroiden im Vorbeiflug

Amerik. Sonde „Cassini" auf den Weg zum Saturn geschickt mit der europ. Sonde „Huygens" im Gepäck. Die Sonde wird 2004 den Saturn erreichen

Europ. Weltraumobservatorium „Iso" verlängert Mission bis April 1998

Neuer russ. Weltraumbahnhof Swobodny in Ostsibirien mit dem Start einer Trägerrakete des Typs Start-1 in Betrieb genommen

Erste Weltraumbestattung mit 24 lippenstiftgroßen Urnen, unter anderem mit den sterblichen Überresten von *Timothy Leary*

Brasiliens erster Versuch, eine Weltraumrakete zu starten, endet nach 65 Sek. mit der Explosion des Flugkörpers

Der Hipparcos-Katalog, der Astronomen genaueste Sternpositionen und Helligkeiten von 118 218 Sternen angibt, wird veröffentlicht

Das *Heinz Nixdorf* MuseumsForum öffnet als größtes Computermuseum der Welt seine Pforten in Paderborn

Amerik. Humangenetiker stellen erstmals künstliche Chromosomen her

tivanklage gegen sieben europ. Versicherungsgesellschaften. Sie werfen den Gesellschaften vor, sich nach dem Ende des Zweiten Weltkriegs geweigert zu haben, Ansprüche aus Lebensversicherungen zu bezahlen

Der ehemalige SS-Offizier *Erich Priebke* in Rom von einem Militärgericht zu 15 Jahren Haft verurteilt. Priebke war 1944 an der Erschießung von 335 Geiseln bei Rom maßgeblich beteiligt

Vier der ranghöchsten Militärs der damaligen DDR in Berlin zu Haftstrafen verurteilt, weil sie sich der Tötung und Verletzung von Flüchtlingen an der innerdt. Grenze mitschuldig gemacht haben

Honecker-Nachfolger *Egon Krenz*, der stellvertretende Vors. des damaligen DDR-Ministerrats, *Kleiber*, und der ehemalige 1. Sekretär der SED-Bezirksleitung in Ostberlin, *Schabowski*, zu Freiheitsstrafen verurteilt ob ihrer Verantwortung für die Toten an der innerdt. Grenze

Das Düsseldorfer Oberlandesgericht verurteilt den Serben *Nikola Jorgic* wegen elffachen Völkermordes in Tateinheit mit 30fachem Mord zu lebenslanger Haft

Ehemaliges Mitglied der RAF, *Inge Viett*, aus der Haft entlassen

Freispruch für *Monika Böttcher*, geschiedene *Weimar*, vom Vorwurf des Doppelmordes an ihren beiden Kindern mangels Beweisen

Freiheitsstrafen für *Peter Graf*, Vater der Tennisspielerin *Steffi Graf*, und den ehemaligen Finanzberater der Familie *Graf*, *Joachim Eckhardt*, wegen Steuerhinterziehung

Die dän. Rockerbanden Hells Angels und Bandidos verkünden im Fernsehen, daß sie ihren Bandenkrieg, bei dem elf Menschen ums Leben kamen, einstellen

Der zum Nestlé-Konzern gehörende Lebensmittelhersteller Thomy wird mit dem Hinweis erpreßt, die Produkte in Supermärkten seien mit hochgiftigen Stoffen versetzt

Brandanschläge mit neonazistischem Hintergrund in Lübeck

(1997)	Der Holländer *Wim Duisenberg* neuer Präs. des Europ. Währungsinstituts Europ. Union genehmigt Bestrahlung von Lebensmitteln Europ. Kommission beschließt Kennzeichnungspflicht für Gen-Mais Europ. Union strebt eine einheitliche Grenze von 0,5 Promille für den zulässigen Alkoholgehalt im Blut von Autofahrern an EU verlängert abermals Sanktionen gegen das von Militärs regierte Myanmar, ehemals Birma Gipfeltreffen des Europarats in Straßburg. Aktionsplan soll Menschenrechte stärken GB tritt der Europ. Währungsunion noch nicht 1999 bei In den USA beginnt *Bill Clinton* seine zweite Amtszeit als Präs. des Landes US-Präs. *Bill Clinton* und der russ. Präs. *Boris Jelzin* treffen in Helsinki zusammen, um Osterweiterung der NATO und die wirtschaftlichen Beziehungen zw. Rußl. und den westlichen Industrienationen zu diskutieren US-Präs. *Bill Clinton* in Rumänien. Südamerikareise des US-Präs. *Bill Clinton* von Protesten begleitet USA-Besuch des Staatspräs. Chinas, *Jiang Zemin* Parteispendenaffäre bringt Präs. *Bill Clinton* und Vizepräs. *Albert Gore* in Schwierigkeiten In Kanada knapper Sieg der von Premierminister *Jean Chrétien* geführten Liberalen bei den Parlamentswahlen. Die Verteilung der 301 Sitze (1993: 295): Liberale 155 (177), Reformpartei 60 (52), Bloc Québécois 44 (54), Neue Demokr. Partei 21 (9), Progressiv-Konservative Partei 20 (2), sonstige 1 Gipfeltreffen der GUS-Staaten in Moskau. Ökonomische Integration soll vorangetrieben werden In Kasachstan tritt *Nurlan Balgimbajew* die Nachfolge von *Akeschan Kaschegeldin* als Ministerpräs. an Der russ. Präs. *Boris Jelzin* entläßt Verteidigungsminister *Igor Rodionow* und Generalstabschef *Samsonow*. Nachfolger als Verteidigungsminister wird *Igor Sergejew* Das russ. Oberhaus, der Föderationsrat, lehnt die Rückgabe der Beutekunst endgültig ab *Walerie Borsow* als Sportminister der Ukraine abgelöst Nordsee-Anrainerstaaten unterzeichnen Wattenmeer-Plan In Albanien Ausnahmezustand nach bürgerkriegsähnlichen Zuständen im Süden des Landes	denice), tschech. Schriftsteller Das Wohnhaus von *Peter Huchel* in Wilhelmshorst bei Potsdam frisch renoviert und als Gedenkstätte eröffnet Manuskript eines von *Aldous Huxley* und *Christopher Isherwood* gemeinsam verfaßten Hörspiels von der amerik. Schauspielerin *Sharon Stone* aufgespürt Der Übersetzer *Marcus Ingendaay* mit dem *Heinrich-Maria-Ledig-Rowohlt*-Preis ausgezeichnet. Den in Erinnerung an *Ledig-Rowohlts* Frau *Jane* vergebenen *Scatcherd*-Preis erhält *Walter Boehlich* Der *Cervantes*-Preis, die bedeutendste Literaturauszeichnung der spanischsprachigen Welt, geht an den Exilkubaner *Guillermo Cabrera Infante* † *Luitgard Im* (* 1931 in Wemding), dt. Schauspielerin Den *Paul-Celan*-Preis für literarische Übers. erhält *Karl-Heinz Jähn* für seine Übertragung des Werks von *Bohumil Hrabal*	† *Sabatino Moscati* (* 1922 in Rom), ital. Archäologe Der poln. Erzbischof *Henryk Muszynski* erhält Lucas-Preis der Univ. Tübingen für sein Bemühen um die christlich-jüd. sowie poln.-jüd. Verständigung † *Josef Pieper* (* 1904 in Elte), dt. Philosoph Der kanad. Sozialphilosoph *Charles Taylor* erhält den *Hegel*-Preis der Stadt Stuttgart † *Mutter Teresa* (* 1910 in Skopje unter dem Namen *Agnes Gonxha Bojaxhiu*), Ordensschwester in Kalkutta Der kath. Bischof von Opole (Oppeln) in Oberschlesien, *Alfons Nossol*, erhält den Augsburger Friedenspreis † *Viktor Pöschl* (* 1910 in Graz), österr. Latinist *Lessing*-Preis der Stadt Hamburg an *Jan Philipp Reemtsma* *François Revel* als neues Mitglied in die Académie Française gewählt † *A. L. Rowse* (* 1904), engl. Historiker

Die Schweizer Bundeshauptstadt Bern plant, ein *Paul-Klee*-Museum zu errichten

† *Willem de Kooning* (* 1904 in Rotterdam), Maler in den USA

Ausstellung mit Zeichnungen von *Else Lasker-Schüler* in Wuppertal

Fotografien des 19. Jh. aus der Sammlung *Robert Lebeck* in Köln

Große *Fernand-Léger*-Retrospektive im Pariser Centre Pompidou

Ausstellung in Rotterdam präsentiert das bisherige Werk des Architekten *Daniel Libeskind*

Titanic-Ausstellung in Hamburgs Speicherstadt mit einem großen Teil der geborgenen Fundstücke aus dem Wrack

† *Roy Lichtenstein* (* 1923 in New York), amerik. Maler

Ausstellungen mit Werken *Max Liebermanns* in Berlin

† *Roger Loewig* (* 1930), dt. Maler

Das frühklassizistische Marmorpalais und die Gotische Bibliothek am Heiligen See in Potsdam renoviert

Ausstellung mit dem Werk *Robert Mapplethorpes* in der Staatsgalerie in Stuttgart

† *Rosita Serrano* (* 1914 in Vina del Mar, Chile, als *Martha Esther Aldunate del Campo*), Chanson- und Schlagersängerin

† *Sir Georg Solti* (* 1912 in Budapest), ungar. Dirigent

Die dt. Sopranistin *Hildegard Behrens* erhält den *Leonie-Sonning*-Preis, den angesehensten Musikpreis Dänemarks.

Katharina Thalbach inszeniert in Berlin „Don Giovanni im E-Werk“

Der Auflösung der Thüringer Philharmonie in Suhl widersetzen sich Mitglieder des Orchesters und Sympathisanten mit einem Hungerstreik

Margarethe von Trotta inszeniert *Alban Bergs* „Lulu“ in Stuttgart

† *Jimmy Whitherspoon* (* 1923 in Gurdon, US-Bundesstaat Arkansas), amerik. Blues- und Popsänger

† *Narciso Yepes* (* 1927 in Lorca, Spanien), span. Gitarrist

„Die Schöne und das Biest“, Musicalpremiere in Stuttgart

Forschungsgruppe in München beweist durch molekulargenetische Untersuchung, daß der Neandertaler kein Vorfahr des heutigen Menschen ist. Er war Mitglied eines ausgestorbenen Seitenastes

Wissenschaftler des Unternehmens PPL Therapeutics in Edinburgh klonen erstmals ein Schaf mit menschlichen Genen

Der Göttinger Biologe *Helmut Lehnert* entdeckt in einer Unterwasserhöhle vor Jamaika ein 800 Jahre altes Tier, einen Schwamm der Spezies *Cerato porella*

Tier des Jahres in Dtl. ist die Unke, die in der Roten Liste als „stark gefährdet“ geführt wird

Die Käfersammlung des Dt. *Georg Frey*, die größte ihrer Art und als „deutsches Kulturgut“ deklariert, geht an das Naturhistorische Museum in Basel

Erste Weltkonferenz über ethische Kodizes und Biotechnologie findet in Freiburg statt

Zur Messung der Erdrotation wird in einer unterirdischen Höhle in Neuseeland der weltgrößte Ring-Laser-Kreisel aufgestellt

Brit. Düsenautomobil durchbricht auf einer Wüstenstrecke

Brandanschlag auf türk. Familie in Krefeld: drei Tote

Der Bauunternehmer *Jürgen Schneider* in Frankfurt zu einer Haftstrafe verurteilt wegen Betrugs und Kreditbetrugs. Kritik an Kreditvergabepraxis dt. Großbanken

Religiös begründete Selbsttötung von 39 Menschen nahe der US-amerik. Stadt San Diego

Die Eisenbahnen der Schweiz feiern 150jähriges Jubiläum

† *John Akii-Bua* (* 1950), ugand. Leichtathlet und Olympiasieger (1972) über 400-m-Hürden

† *Helenio Herrera* (* 1916), aus Argent. stammender internat. Fußballtrainer

Das Internat. Olymp. Komitee (IOC) vergibt die Olymp. Sommerspiele des Jahres 2004 an Athen

Das Paralympische Komitee verlegt seinen Sitz von Brügge nach Bonn

Die 8. Panarabischen Spiele finden in Beirut statt. Die Mannschaft des Irak erhält keine Einreisegenehmigung in den Libanon

Leichtathletik-Weltmeisterschaften in Athen. In der inoffiziellen Länderwertung belegt Dtl. hinter den USA mit fünf Goldmedaillen, einer Silbermedaille und vier Bronzemedaillen den zweiten Rang

Der Brasilianer *Ronaldo* Weltfußballer des Jahres 1996

Der kanad. Autorennfahrer *Jacques Villeneuve* wird Weltmeister in der Formel 1

Dariusz Michalczewski, dt. Profiboxer im Halbschwergewicht, Titelträger in allen drei großen Weltverbänden

Die 16jährige Schweizer Tennisspielerin *Martina Hingis* erstmals auf Platz 1 der Weltrangliste

Der US-Tennisspieler *Pete Sampras* gewinnt zum vierten Mal die ATP-Weltmeisterschaft

Thomas Hellriegel gewinnt als erster Dt. den Ironman auf Hawaii, den bedeutendsten Triathlon der Welt

Schachweltmeister *Kasparow* unter-

(1997)	Landesweite Streiks in Bulgarien. Bei den Parlamentswahlen in Bulg. starke Verluste für die Sozialisten und absolute Mehrheit für die bürgerlich-liberalen Vereinigten Demokr. Kräfte In Estland *Mart Siimann* neuer Ministerpräs. † *George Marchais* (* 1920 in La Hoguette), ehemaliger langjähriger Generalsekretär der Kommunistischen Partei Frankr. Bei den Wahlen zur frz. Nationalversammlung verlieren die Parteien der bisherigen bürgerlichen Reg.-Mehrheit die Hälfte aller Mandate. Der bisherige Ministerpräs. *Alain Juppé* tritt zurück. Der Sozialist *Lionel Jospin* neuer Ministerpräs. Er bildet ein Kabinett aus Sozialisten, Kommunisten und Grünen. Die Sitzverteilung in der Nationalversammlung: PCF (Kommunisten) 38 Sitze (1993: 23), PS (Sozialisten) 241 (54), PRS (Radikalsozialisten) 12 (6), diverse Linke 21 (10), Vert (Umweltpartei) 7 (–), UDF (Liberales Parteibündnis) 108 (213), RPR (Neo-Gaullisten) 134 (247), FN (Rechtsextreme) 1 (–), diverse Rechte 14 (24) Große Demonstration in Straßburg gegen Parteitag der rechtsextremen Front National Sieg der rechtsextremen Front National (FN) bei Kantonalwahlen im Elsaß. Damit erstmals ein FN-Abgeordneter im elsässischen Departementsrat Fernfahrer legen in Frankr. durch Straßensperren Verkehr lahm † Prinzessin *Diana* (* 1961 als *Diana Spencer*), ehemalige Ehefrau des brit. Thronfolgers Prinz *Charles* Brit. Königin *Elisabeth II.* in Pakistan und Indien Schwere Niederlage der Konservativen bei Wahlen zum brit. Unterhaus. *Tony Blair* (Labour) neuer Premierminister. Der bisherige Vors. der Konservativen, *John Major*, gibt Parteiführung ab. Das Wahlergebnis: Labour Party 419 Sitze/43,4 % (1992: 271/34,4 %), Konservative 165/30,7 % (336/41,9 %), Liberaldemokraten 46/16,7 % (20/17,8 %) sowie mehrere kleine Gruppen In GB votieren die Schotten für ein eigenes Parlament Brit. Unterhaus beschließt, den Besitz von Faustfeuerwaffen zu verbieten In Nordirland Verhandlungen mit allen Konfliktparteien über die Zukunft des Landes. Premierminister *Tony Blair* konferiert mit dem Sinn-Féin-Vors. *Adams* Commonwealth-Treffen in London. Die Beitrittskandidaten Jemen, Ruanda und die Palästin. Autonomiegebiete werden nicht aufgenommen Parteitag der brit. Konservativen in Blackpool. Der Parteivors. *William Hague* plädiert für eine Öffnung zur Mitte	Der Literaturpreis der *Jürgen-Ponto*-Stiftung geht an die Schweizer Schriftstellerin *Zoe Jenny* für ihren Debütroman „Das Blütenstaubzimmer“ *Reinhard Jirgls* „Hundsnächte“ *Erich-Fried*-Preis geht an *Gert Jonke* *Imre Kertész* mit *Jeannette-Schocken*-Preis und dem *Friedrich-Gundolf*-Preis der Dt. Akademie für Sprache und Dichtung bedacht Hörspielpreis der Kriegsblinden für *Ingomar von Kieseritzky* Der amerik. Bestseller-Autor *Stephen King* schließt für sein jüngstes Werk „Bag on Bones“ sowie zwei weitere Bücher mit dem Verlagshaus Simon & Schuster einen Vertrag mit einer Nettogewinnbeteiligung zw. 50 und 75 % ab † *Lew Kopelew* (* 1912 in Kiew), russ. Schriftsteller in Dtl. *Helmut Kraussers* „Spät Weit Weg“ in Darmstadt uraufgeführt	Der tschech. Kardinal *Tomásek* (1899–1992) erhält postum den *Adalbert*-Preis für seinen Widerstand gegen das kommunistische Gewaltregime sowie für seine Initiative zu geistiger und moralischer Erneuerung Europas † *Helmut Viebrock* (* 1912 in Hameln), dt. Anglist In den OECD-Ländern werden im Durchschnitt 5,9 % des Bruttoinlandsprodukts für Bildung ausgegeben. In Dtl. liegt der Anteil bei 5,8 %. Damit liegt das Land auf Platz neun. Mehr Geld geben Kanada, die USA, die skandinavischen Länder und Frankreich aus 20. Dt. Anglistentag in Gießen berät über neue Studienmodelle 25. Dt. Romanistentag in Jena Goethe-Univ. in Frankfurt/M. eröffnet interdisziplinäres „Zentrum für Frauenstudien und die Erforschung der Geschlechterverhältnisse“ Lehrer in Dtl. verdienen weltweit am meisten,

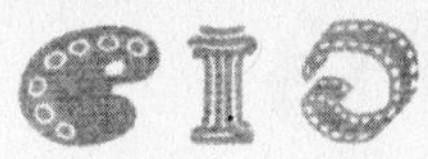  

Werk *Paula Modersohn-Beckers* im Lenbachhaus in München

„Henry Moore – Animals" im *Gerhard-Marcks*-Haus in Bremen

Umfassende Ausstellung mit den Werken *Felix Nussbaums* im Israel-Museum in Jerusalem

† *Hubert Petschnigg* (* 1913 in Klagenfurt, Österr.), österr. Architekt in Dtl.

Einweihung des höchsten Gebäudes Europas, des Büroturms der Commerzbank in Frankfurt/M.

Jochen Poetter neuer Leiter des Museums *Ludwig* in Köln

Ausstellung „Pointillismus – Auf den Spuren von *Georges Seurat*" im Kölner *Wallraf-Richartz*-Museum

Ausstellung zum Pointillismus mit dem Werk von *Paul Signac* in Münster, Grenoble und Weimar

Sigmar-Polke-Werkschau erst in Bonn und dann im Hamburger Bahnhof in Berlin. Dt. Sektion des Internat. Kunstkritikerverbandes (AICA) wählt sie zur „Ausstellung des Jahres"

„Portugals Moderne 1910 bis 1940, Kunst in der Zeit *Fernando Pessoas*" in der Frankfurter Schirn

† *Hans Zipper* (* 1905), aus Österr. stammender Dirigent in den USA

Der amerik. Choreograph *Merce Cunningham* erhält den Großen Preis der frz. Gesellschaft für Autorenrechte

† *Peter van Dyk* (* 1930 in Bremen), Tänzer und Choreograph

Hans Werner Henzes „Tanzstunden" von der Berliner Staatsoper Unter den Linden in Schwetzingen uraufgeführt

„Vor Ort" von und mit *Reinhild Hoffmann* im Berliner Hebbel-Theater uraufgeführt

Johann Kresniks „Antonin Nalpas", Tanztheater, in Berlin uraufgeführt

Johann Kresniks Tanzstück „Teorema" nach *Pasolini* in der Berliner Volksbühne

Brigitta Trommlers Tanzstück „Teorema" nach *Pasolini* in Darmstadt

Dresdner Forschungszentrum für verfemte Musik erhält zwei Jahre nach sciner Gründung erstmals öffentliche Mittel

im US-Bundesstaat mit einer Geschwindigkeit von 1229,78 km/h (= 1,007 Mach) die Schallmauer

Dt. Unternehmen stellt die größte Tunnelbohrmaschine her. Sie hat einen Durchmesser von 14,2 Meter und soll die vierte Elbtunnelröhre in Hamburg bohren

In Hoek van Holland (Niederlande) wird das größte schwimmende Sturmflut-Tor eingeweiht

liegt dem IBM-Computer „Deep Blue" mit 3,5 : 2,5 Punkten

Jan Ullrich gewinnt als erster Dt. die Tour de France. Mit dem Gewinn der Gesamtwertung durch *Ullrich*, der Punktewertung durch *Erik Zabel*, der Teamwertung und fünf Etappensiegen ist Team Telekom das erfolgreichste im Feld der Radrennfahrer

Dt. Frauen-Fußball-Nationalmannschaft durch 2:0-Sieg über Ital. Europameister

Dt. Kugelstoß-Weltmeisterin *Astrid Kumbernuss* Europas Leichtathletin des Jahres

Der Brasilianer *Ronaldo* Fußballer des Jahres in Europa

Fußballnationalspieler *Jürgen Klinsmann* bestreitet sein 100. Länderspiel für Dtl.

Die Fußballmannschaft von Borussia Dortmund gewinnt durch einen 2:1-Sieg gegen Juventus Turin den Europapokal der Landesmeister Europas

Die Fußballmannschaft von Schalke 04 gewinnt durch einen 4:1-Sieg im Endspiel gegen AC Mailand den UEFA-Pokal

† *Harry Glaß* (* 1930), dt. Skispringer

† *Toni Kehle* (* 1948), dt. Eishockey-Torhüter

† *Axel Meyer-Wölden* (* 1941), Jurist und Sportmanager

† *Michael Peter* (* 1949), dt. Hockeyspieler

† *Jupp Posipal* (* 1926), dt. Fußball-Nationalspieler

† *Kurt Stöpel* (* 1908), dt. Radrennfahrer

† *Hans Stretz* (* 1928), früherer dt. Profi-Boxmeister im Mittel- und Halbschwergewicht

† *Gerd Wiltfang* (* 1946), dt. Springreiter

Walter Tröger für weitere vier Jahre als Präs. des Nationalen Olymp. Komitees für Dtl. (NOK) wiedergewählt

Berliner Staatsanwaltschaft klagt frühere Schwimmtrainer des Dopings von Minderjährigen im DDR-Sport an

(1997)

Sieg für die Oppositionspartei Fianna Fail bei Wahlen in Irland

In Irland gewinnt *Mary McAleese* (Fianna Fail) die Wahl um das vakante Präsidentenamt

Reg.-Krise in Ital. Ministerpräs. *Roman Prodi* bleibt im Amt

Bei Kommunalwahlen in Ital. Erfolge für die Linke

Neuer Präs. der Bundesrep. Jugosl. (Serbien und Montenegro) wird der serbische Präs. *Slobodan Milosević*

Der amtierende Ministerpräs. *Djukanović* Präs. Montenegros in der Nachfolge von *Bulatović*

Deutlicher Rechtsruck bei Parlamentswahlen in Norw. Premierminister *Thorbjörn Jagland* (Arbeiterpartei) tritt zurück. Das Wahlergebnis: Arbeiterpartei 35,2 % (1993: 36,9 %), Fortschrittspartei 15,3 % (6,3 %), Konservative 14,3 % (17,0 %), Christliche Volkspartei 13,7 % (7,9 %), Zentrumspartei 8,0 % (16,8 %), Sozialistische Linkspartei 6,0 % (7,9 %), Liberale 4,4 % (3,6 %), Rote Wahlallianz 1,6 % (1,1 %), andere 1,6 % (2,5 %). *Kjell Magne Bondevik* (Christliche Volkspartei) neuer Premierminister

Der österr. Bundeskanzler *Vranitzky* tritt vom Reg.-Amt zurück und legt SPÖ-Vorsitz nieder. Finanzminister *Klima* folgt ihm in beiden Ämtern nach

Die Reg. in Österr. weigert sich, Gold an die Opfer des Holocausts zu übergeben, das Wien von den Alliierten nach dem Zweiten Weltkrieg erhalten hat

In Österr. bei Landtags- und Kommunalwahlen im Bundesland Oberösterr. sowie Kommunalwahlen im Bundesland Burgenland leichte Verluste für die ÖVP, stärkere für die SPÖ, Gewinne für die FPÖ

Bei den Wahlen zum poln. Sejm verliert das Linksbündnis die Mehrheit. Gewinner ist die Wahlaktion der Gewerkschaft Solidarnosć (AWS) mit einem Drittel der gültigen Stimmen, das Bündnis der Demokr. Linken legt gegenüber 1993 leicht zu, halbiert wird der Stimmenanteil der Bauernpartei. Die Wahlbeteiligung liegt bei 47,9 % (1993: 52,1 %). *Jerzy Buzek* (AWS) Ministerpräs.

Schwedische Reg. will Gründe für die 1936 bis 1976 erfolgte Zwangssterilisierung Tausender Frauen, die als geistig oder rassisch minderwertig eingestuft worden waren, überprüfen lassen

Schweden kündigt an, 1998 den ersten Atomreaktor abzuschalten

In der Schweiz legen die Großbanken durch weltweit geschaltete Anzeigen 1800 Namen von Konteninhabern offen, von denen vermutet wird, daß sie Holocaust-Opfer sind, die vor dem Ende des Zweiten Weltkriegs Konten eröffnet haben

† *James Krüss* (* 1926 auf Helgoland), dt. Schriftsteller

† *Jarl Kulle* (* 1927 in Ekeby), schwed. Schauspieler

Günter Kunerts „Erwachsenenspiele“

Der „Österr. Staatspreis für europ. Literatur 1996“ geht an den Schweizer Schriftsteller *Jürg Laederach*

Jack Lang, ehemaliger Kultusminister Frankr., Direktor des Piccolo Teatro

† *Horst Laube* (* 1939 in Brüx, Böhmen), dt. Dramaturg

Der frz. Schriftsteller *Jean-Marie G. Le Clézio* für sein Gesamtwerk und den Roman „Poisson d'or“ (Goldfisch) mit dem *Jean-Giono*-Preis ausgezeichnet

Erich Loest erhält das Kommandeurkreuz des Verdienstordens der Rep. Polen

Anja Lundholm erhält *Hans-Sahl*-Preis

Landestheater in Magdeburg wiedereröffnet

Der span. Schriftsteller *Javier Marías* erhält den Dortmunder *Nelly-Sachs*-Preis

† *Richard Mason* (* 1919 in Hale), brit. Schriftsteller

† *James Michener* (* 1907 in New York City), amerik. Schriftsteller

Der Schriftsteller *Karl Mickel* ist erster Preisträger des vom Land Sachsen-Anhalt vergebenen *Wilhelm-Müller*-Preises

Der in Mexiko lebende kolumbian. Schriftsteller *Alvaro Mutis* erhält den *Prinz-von-Asturien*-Preis für Literatur

† *Günther Neske* (* 1913 in Schwetz), dt. Verleger

Ingeborg-Bachmann-Preis für *Norbert Niemann*

Für ihren neuen Lyrikband „Silvatica“ erhält *Helga M. Novak* den Brandenburgischen Literaturpreis

† *Bulat Okudschawa* (* 1924 in Moskau), russ. Schriftsteller und Lyriker

Urauff. von *Albert Ostermaiers* „Zuckersüß & Leichenbitter“ in München

hat das Schweizer Bundesamt für Statistik ermittelt. Sie haben kaufkraft- und arbeitszeitbereinigt einen Anfangslohn von 28 800 $ im Jahr vor den Dänen mit 24 000 $ und den Schweizern mit 23 000 $. Die durchschnittliche Arbeitszeit liegt für Lehrer in Dtl. in der Primarstufe bei 760 Std. jährlich, in der Schweiz bei 1085 Std.

Bundesverfassungsgericht entscheidet, daß eine Überweisung behinderter Schülerinnen und Schüler an Sonderschulen nicht verfassungswidrig ist, wenn dem Staat ihre Teilnahme am gemeinsamen Unterricht mit nichtbehinderten Schülern aus organisatorischen, personellen oder finanziellen Gründen nicht möglich ist

An der Univ. Bochum nimmt der bundesweit erste studentische Hochschulradiosender seinen Betrieb auf

Bundesverwaltungsgericht in Berlin entscheidet, daß schulische, berufliche und akademische Abschlüsse aus DDR-Zeiten westdt. Abschlüssen gleichwertig sind

In Ägypten werden rund 1600 Lehrer zwangsversetzt, die Verbindungen zu Kreisen moslemischer Fundamenta-

† *Edward Quinn* (* etwa 1917), aus Irland stammender Fotograf in Frankr.

Große Ausstellung des Werks von *Germaine Richier*, frz. Bildhauerin, in der Berliner Akademie der Künste

Ausstellung mit Fotografien von *Evelyn Richter* im Dt. Historischen Museum in Berlin

Auf der 47. Biennale zeitgenössischer Kunst in Venedig *Gerhard Richter* und *Mariana Abramović* mit Goldenen Löwen ausgezeichnet

Die Figuren der Großen Fontäne im Park Sanssouci in Potsdam durch Kopien ersetzt

Egon-Schiele-Schau im Museum of Modern Art in New York

Das Werk *Rudolf Schlichters*, eines Hauptvertreters der Neuen Sachlichkeit, in der Kunsthalle in Tübingen

Ausstellung „Sensation" mit junger brit. Kunst in der Royal Academy in London

Wolfgang-Hahn-Preis für Fotografie geht an die Amerikanerin *Cindy Sherman*

„Sitte vor Sitte" im *Meistermann*-Museum in Wittlich

Der dt. Kunsthistoriker *Werner Spies* Direktor des Nationalmuseums für Moderne Kunst im Centre Pompidou in Paris

Der Nachlaß des Architekten *Bruno Taut* geht an die Berliner Akademie der Künste

† *Roland Topor* (* 1938 in Paris), frz. Zeichner und Schriftsteller

† *Heinz Trökes* (* 1913 in Hamborn), dt. Maler

Das Bauernkriegspanorama von *Werner Tübke* in Bad Frankenhausen (Thüringen), eröffnet im September 1989, verzeichnet den millionsten Besucher

William-Turner-Retrospektive im Wiener Kunstforum

Von *Oswald Maria Ungers* entworfener Neubau der Kunsthalle in Hamburg eröffnet

„Unheimliches Idyll", Fotografien aus dem Alltag des Dritten Reichs in Halle

Valie-Export-Werkschau im Museum für moderne Kunst in Wien

Der FC Bayern München dt. Fußball-Meister. Absteiger aus der 1. Bundesliga sind Fortuna Düsseldorf, SC Freiburg und FC St. Pauli. Aufsteiger aus der 2. Liga FC Kaiserslautern, Hertha BSC und VfL Wolfsburg

Die Herren-Fußballelf des VfB Stuttgart durch ein 2:0 im Endspiel gegen Energie Cottbus dt. Pokalmeister. Bei den Frauen erringt Grün-Weiß Brauweiler durch ein 3:1 gegen FC Rheine den Pokal

Boris Becker löst *Nikola Pilic* als Teamchef der dt. Tennis-Nationalmannschaft ab

Der dt. Tennisspieler *Michael Stich* beendet im Alter von 28 Jahren seine Karriere

Jürgen Kohler (Borussia Dortmund) „Fußballer des Jahres 1997" in Dtl.

Freiburger Sportmediziner *Armin Klümper* gerät in den Verdacht, einer Leichtathletin gegen ihr Wissen leistungssteigernde Mittel verabreicht zu haben

Dt. Sportmuseum wird in Köln errichtet

Der engl. Fußballverein Manchester United baut einen eigenen Fernsehkanal auf

30tägige Nationaltrauer in Bolivien nach dem Freitod des 31jährigen Fußballidols *Ramiro Castillo*

Auf den dt. Autobahnen sind 1996 1018 Menschen bei Unfällen ums Leben gekommen. 4,1 % mehr als im Vorjahr

Erste Tankstelle für Erdgas in Hamburg

In Dänem. Tunnel und Brücke über den Großen Belt eröffnet. Beginn der Arbeiten an der Öresund-Brücke zw. Kopenhagen und Malmö

Jungfernfahrt des Zeppelins Neuer Technologie (NT) von Friedrichshafen über den Bodensee

† *Klaus von Bismarck* (* 1911 in Jarchlin), ehemaliger Intendant des WDR und Präs. des Goethe-Instituts

† *Hans Blickensdörfer* (* 1923), dt. Sportjournalist und Schriftsteller

(1997)

In Serbien gewinnt *Milan Milutinović*, Kandidat der regierenden Sozialistischen Partei, die Präsidentenwahl

In Slowenien Wiederwahl von Präs. *Milan Kucan*

Der ehemalige Ministerpräs. Spaniens, *Felipe Gonzáles*, gibt Verzicht auf eine weitere Kandidatur für das Amt des Ministerpräs. bekannt, nachdem er zuvor bereits als Parteivors. der Sozialisten abgetreten war

Bei Wahlen in der span. Nordwest-Region Galacien gewinnt die von *Manuel Fraga Iribana* geführte konservative Volkspartei wieder die absolute Mehrheit. Verluste für die Sozialisten

In Tschetschenien wird der ehemalige Generalstabschef der Unabhängigkeitskämpfer, *Maschadow*, zum Präs. gewählt

† *Alparslan Türkesch* (* 1917 in Nikosia), türk. Politiker, Führer der rechtsextremen Partei der Nationalistischen Bewegung (MHP)

Reg.-Krise in der Türkei. Präs. *Süleyman Demirel* beauftragt nach Scheitern der Koalition der islamistischen Wohlfahrtspartei und der konservativen Partei des Rechten Weges den Oppositionsführer *Mesut Yilmaz* mit der Bildung einer neuen Reg. *Yilmaz* gewinnt Vertrauensabstimmung im Parlament

Türkei droht mit Annexion Nordzyperns

Türkei dringt mit starken militärischen Verbänden in den Irak ein, um Stützpunkte der Arbeiterpartei Kurdistans (PKK) zu bekämpfen

Iberoamerikan. Gipfeltreffen auf der Karibikinsel Isla Margarita vor der Küste Venezuelas

Hugo Banzer, ehemaliger Diktator Boliviens, Präs. des Landes

In Bolivien wird das Skelett *Che Guevaras* unter der Landepiste des Flughafens von Vallegrande entdeckt. Der argentinisch-kuban. Revolutionär war 1967 in der Nähe von Vallegrande erschossen worden. Beisetzung der Gebeine auf Kuba

In Ecuador bisheriger Parlamentspräs. *Fabián Alarbi* neuer Präs. des Landes

In Haiti ernennt Präsdent *René Préval* den Rektor der Univ. von Port-au-Prince, *Denis*, zum neuen Ministerpräs.

In Honduras siegt der Kandidat der regierenden Liberalen Partei, *Carlos Flores*, bei der Präsidentschaftswahl

Auf Kuba erstmals wieder seit 1969 der 1. Weihnachtsfeiertag arbeitsfrei

5. Parteikongreß der KP Kubas. *Fidel Castro* redet sieben Std.

In Mexiko verliert die Staatspartei bei Zwischenwahlen zum Parlament deutlich an Stimmen

Johannes Heesters (* 1903) feiert sein 75jähriges Bühnenjubiläum mit der Hauptrolle in *Curth Flatows* „Ein gesegnetes Alter"

Eröffnungsausstellung der Pariser Nationalbibliothek zum Thema „Enzyklopädie"

Oskar Pastior erhält *Horst-Bienek*-Preis für Lyrik der Bayerischen Akademie der Schönen Künste

† *Robert Pinget* (* 1919 in Genf), frz. Schriftsteller

Matthias Polityckis „Weiberroman"

Der Planeta-Preis, höchstdotierte Auszeichnung der spanischsprachigen Welt, geht an den span. Schriftsteller *Juan Manuel de Prada* für seinen Roman „La Tempestad" (Das Unwetter)

† *Hans Quest* (* 1915 in Herford), dt. Schauspieler und Regisseur

Patrick Rambaud erhält für seinen Roman „La bataille" (Die Schlacht) den großen Romanpreis der Académie Française und den Goncourt-Preis. Der Renaudot-Preis geht an *Pascal Bruckner* für den Roman „Les voleurs de beauté" (Schönheitsdiebe)

Brigitte Reimanns „Tagebücher" erscheinen erstmals

† *Heinz Riedt* (* 1919 in Palermo), dt. Übersetzer des Werks von *Primo Levi*

Den Liechtenstein-Preis zur Förderung junger Talente erhält *Martin Rinke* für sein Stück „Der Mann, der noch keiner Frau Blöße entdeckte"

† *Harold Robbins* (* 1916), amerik. Schriftsteller

† *Maurice Roche* (* 1924 in Clermont-Ferrand), frz. Schriftsteller

Die indische Schriftstellerin *Arundhati Roy* wird für ihren Erstlingsroman „The God of Small Things" (Der Gott der kleinen Dinge) mit dem brit. Booker-Preis ausgezeichnet

Die Lyrikerin *Doris Runge* erhält den *Friedrich-Hölderlin*-Preis der Stadt Bad Homburg

Die *Hermann-Kesten*-Medaille des PEN-Zentrums der Bundesrep. Dtl. geht „in Würdigung des Einsatzes für

listen haben sollen

12. Kath. Weltjugendtreffen in Paris mit mehr als einer Mill. Besucher aus 130 Ländern

Papst *Johannes Paul II.* in Polen, im Libanon, in Brasilien

Die heilige *Theresia von Lisieux* von Papst *Johannes Paul II.* zur Kirchenlehrerin proklamiert

Kirchen in Dtl. kritisieren die Ausländerpolitik des Landes

27. Dt. Ev. Kirchentag in Leipzig

Tagung der Synode der Ev. Kirche in Dtl. (EKD) in Wetzlar. Rheinischer Präses *Manfred Kock* neuer Ratsvors.

Das Zentralkomitee der dt. Katholiken wählt den Wissenschaftsminister Sachsens, *Hans Joachim Meyer* (CDU), zu seinem neuen Präs.

Das dt. Bundesland Thüringen schließt nach sechsjähriger Verhandlung Staatsvertrag mit dem Vatikan

Die Bischöfe der kath. Kirche Frankr. legen „Reuebekenntnis" über ihr Schweigen angesichts der Judenverfolgung im Lande ab

Die Ev. Kirche Österr. spricht sich für die Segnung homosexueller Paare aus. *Peter Krömer*,

Vasarely-Museum in Aix-en-Provence geschlossen

Die Weimarhalle, ein Bau der Klassischen Moderne aus dem Jahr 1932, größter Bau der Stadt aus der Zeit zw. 1919 und 1933, abgerissen

Altarbild des süddt. Barockmalers *Josef Johann Baptist Zimmermann* in stark beschädigtem Zustand im Depot der Diözese Würzburg aufgefunden. Es galt seit dem Zweiten Weltkrieg als verschollen

Ausstellungen über die Kunst in Europa im vierten Jahrzehnt dieses Jh. in Paris

Das US-Repräsentantenhaus stimmt für die Beendigung der Finanzierung der Nationalstiftung für die Künste (NEA)

Woody Allens „Alle sagen: I love you" (USA 1996)

„Knockin' on Heaven's Door" mit Til Schweiger ist der erfolgreichste dt. Spielfilm in diesem Jahr

Robert Altman, amerik. Filmregisseur, erkämpft sich gegen das Studio von PolyGram das Recht, seinen Film „The Gingerbread Man" in seiner eigenen Fassung in die Kinos zu bringen

Luc Bessons „Das fünfte Element" (1997) ist mit 90 Mill. $ die teuerste europ. Spielfilmproduktion

Der kuban. Filmregisseur *Santiago Alvarez* für sein Lebenswerk beim Internat. Leipziger Festival für Dokumentar- und Animationsfilme mit einer „Goldenen Taube ehrenhalber" ausgezeichnet

Bille Augusts „Fräulein Smillas Gespür für Schnee" (Dtl. 1996), Spielfilm

Michael Ballhaus, dt. Kameramann, erhält Professur an der Univ. Hamburg

Wolfgang Beckers „Das Leben ist eine Baustelle" (Dtl. 1996), Spielfilm

† *Heiner Carow* (* 1929 in Rostock), Filmregisseur in der DDR und der BRD

Der brit. Regisseur *Peter Cattaneo* erhält für „Ganz oder gar nicht" den Europ. Filmpreis. Die frz. Schauspielerin *Jeanne Moreau* für ihr Lebenswerk ausgezeichnet

† *Shirley Clarke* (* 1925), amerik. Filmemacherin

Die brit. Zensurbehörde gibt *David Cronenbergs* „Crash" in der ungekürzten Version frei

† *Helmut Fischer* (* 1926 in München), dt. Fernsehschauspieler

† *Flipper* (eigentlich *Bebe*, * etwa 1947), Delphin und TV-Serienheldin

† *Peter Gatter* (* 1944), dt. Fernsehjournalist

† *Werner Höfer* (* 1913 in Kaisersesch), dt. Rundfunk- und Fernsehjournalist

† *Hans-Joachim Kasprzik* (* 1928), dt. Fernsehregisseur

Die Bundesländer Baden-Württemberg und Rheinland-Pfalz beschließen, die bisherigen Sender Süddt. Rundfunk (SDR) und Südwestfunk (SWF) aufzulösen und den Südwestrundfunk zu gründen

Die Bavaria Film GmbH und das Zweite Dt. Fernsehen (ZDF) legen ihre Münchner Studios zusammen

Der ZDF-Intendant *Dieter Stolte* erhält als erster Dt. den amerik. Fernsehpreis International Emmy Directorate Award

Pro Sieben an der Börse. Ausgabekurs der Aktie bei 72 DM

Die Kirch-Gruppe hält Mehrheit an Privatsender Sat.1, nachdem sie den Anteil der Verlagsgruppe Georg von Holtzbrinck erworben hat

„Die Wochenpost", für kurze Zeit der Zeitung „Die Woche" als Supplement beigelegt, verschwindet

Den Bayerischen Fernsehpreis erhält *Heinrich Breloer* für den zweiteiligen dokumentarischen Fernsehfilm „Todesspiel". Der Ehrenpreis geht an *Eduard Zimmermann* für die Sendung „Aktenzeichen XY... ungelöst"

Der Fernsehpreis Goldener Löwe geht an die Schauspielerin *Corinna Harfouch*, den Schauspieler *Matthias Habich* und den Showmaster *Harald Schmidt*

Auf allen Kanälen dt. Fernsehsender laufen täglich 27 Std. Werbespots

Zentrum für Kunst und Medientechnologie in Karlsruhe eröffnet

Zahl der Internet-Seiten in den USA mit rassistischem Inhalt steigt stark an

Nach 30 Jahren und 300 Folgen „Aktenzeichen XY... ungelöst" tritt

(1997) In Panama schließt nach 80jähriger Präsenz das Kommando der US-Streitkräfte. Der Abzug war 1977 vereinbart worden und soll 1999 abgeschlossen sein

In Peru gewaltsames Ende der mehr als vier Monate andauernden Geiselnahme in der jap. Botschaft in Lima

In Ägypten Überfall militanter Islamisten auf Touristen am Hatschepsut-Tempel: mehr als 60 Tote. Präs. *Husni Mubarak* entläßt Innenminister

In Algerien zahlreiche Überfälle auf Stadtteile und Ortschaften. Seit 1992 sind in Algerien bei polit. motivierten Überfällen mehr als 60 000 Menschen ermordet worden

Erste Parlamentswahlen in Algerien seit dem Verbot der Islamischen Heilsfront (FIS) im Jahr 1992. Mehrheit für die Nationaldemokr. Sammlungsbewegung (RND)

Kommunalwahlen in Algerien. Islamische Heilsfront ruft zum Boykott auf. Die dem Präs. *Liamine Zéroual* nahestehende Nationaldemokr. Sammlungsbewegung (RND) festigt ihre Position in den Kommunal- und Kreisparlamenten. Öffentliche Proteste gegen Wahlfälschungen

Irak verweist UNO-Beobachter des Landes

† *Chaim Herzog* (* 1918 in Belfast), israel. Politiker

Israel erklärt den 8. Mai, Tag der Kapitulation des Dt. Reiches, zum offiziellen Gedenktag

Zahlreiche Bombenanschläge in Städten Israels

Israel tauscht den seit Jahren inhaftierten Hamas-Gründer, Scheich *Ahmed Yassin*, gegen Mossad-Agenten aus

Gefangenenaustausch zw. Israel und Jordanien

Israels Ministerpräs. *Benjamin Netanjahu* und der Vors. des palästin. Autonomierates *Yassir Arafat* vereinbaren regelmäßige Gespräche

Jordanien stellt Zusammenarbeit mit Israel in Sicherheitsfragen ein nach dem Bekanntwerden eines fehlgeschlagenen Mossad-Attentats auf einen Hamas-Führer in Amman

In Libyen spricht sich der Präs. Südafrikas, *Nelson Mandela*, für eine Aufhebung der UNO-Sanktionen gegen Libyen aus

In Marokko erste direkte Parlamentswahlen. Sieg der Oppositionsparteien

Artenschutzkonferenz in Harare (Simbabwe) stimmt begrenztem Handel mit Elfenbein in Simbabwe, Namibia und Botswana zu

Kameruns Präs. *Paul Biya* wiedergewählt

Die Safina-Partei des weißen Kenianers *Richard Leakey* für illegal erklärt

verfolgte und inhaftierte Schriftsteller und Journalisten" an den iran. Schriftsteller *Said*

† *Ingeborg Schnack* (* 1896), dt. Bibliothekarin und *Rilke*-Forscherin

Die Bilderbuchkünstlerin *Binette Schröder* erhält den Sonderpreis des Dt. Jugendliteraturpreises

† *Schmuel Segal* (* 1924 in Polen), israel. Schauspieler

Jerusalem-Preis für Literatur geht an den Spanier *Jorge Semprún*

Der Schriftsteller *Joachim Seyppel* verläßt den Verband dt. Schriftsteller (VS)

† *Andrej Sinjawski* (* 1925 in Moskau), russ. Schriftsteller

Russ. Akademie der Wissenschaften wählt den Schriftsteller *Alexander Solschenizyn* zu ihrem neuen Mitglied

† *Osvaldo Soriano* (* 1943), argent. Schriftsteller

Urauff. von *Vladimir Sorokins* „Pelmeni" in den Kammerspielen in München

† *Camilla Spira* (* 1906 in Hamburg), dt. Schauspielerin

Die Österreicherin *Marlene Streeruwitz* erhält für ihren Roman-Erstling „Verführungen" den *Mara-Cassens*-Preis

† *Giorgio Strehler* (* 1921 in Triest), ital. Theaterregisseur

Der *Aristeion*-Literaturpreis geht an den Italiener *Antonio Tabucchi* für seinen Roman „Erklärt Pereira"

Aleksander Tismas „Kapo"

† *Rolf Ulrici* (* 1922 in Berlin), dt. Kinderbuchautor

Der *Fritz-Kortner*-Preis geht an die Bühnenbildnerin *Anna Viebrock* und den Theaterregisseur *Christoph Marthaler*

Urauff. von *Martin Walsers* „Kaschmir in Parching" in Karlsruhe

† *Arno Wyzniewski* (* 1938 in Berlin), Schauspieler am Berliner Ensemble und am Dt. Theater in Berlin

Aus Protest gegen die „möglichst schmerzlose Fusionsstrategie des ost-

Präs. der Synode, tritt zurück

In Polen wird der früher mit dem Gewerkschaftsführer *Walesa* verbundene Priester *Jankowski* wegen antisemitischer Äußerungen von seinem Pfarramt suspendiert

In Hongkong erste Versammlung des Lutherischen Weltbundes (LWB) in Asien. Braunschweiger Bischof *Christian Krause* neuer Präs. Weltgemeinschaft der Buddhisten plädiert auf der Versammlung für gute Zusammenarbeit der Religionen

Die radikalislamische Taliban-Miliz in Afghanistan verkündet absolutes Bilderverbot. Einzige Ausnahme ist die Anfertigung von Paßfotos für Ausweisdokumente

Ein „zwischenkirchliches Kolloquium" des Vatikans zum Thema „Wurzeln des Anti-Judaismus im christlichen Umfeld"

Fund einer rund 2500 Jahre alten Mumie eines Kindes in einer Höhle südlich von Mexiko-Stadt in dem Bundesstaat Morelos

Elf Erdhügel mit Verbindungswällen im US-Bundesstaat Louisiana als die mit 5400 Jahren ältesten Bauwerke Nordamerikas entdeckt

Helmut Dietl als bester Regisseur für „Rossini" mit dem Filmband in Gold bei der Bundesfilmpreisverleihung ausgezeichnet. Beste Darstellerin *Sylvie Testud* („Jenseits der Stille"), bester Darsteller *Jürgen Vogel* („Das Leben ist eine Baustelle"). Ehrenpreise für das Lebenswerk an *Billy Wilder* und *Jennifer Jones*

Versteigerung des New Yorker Nachlasses von *Marlene Dietrich* bringt rund 1,18 Mill. DM

Umfassende Retrospektive des Werks von *Rainer Werner Fassbinder* in New York

Robert-Rauschenberg-Retrospektive im Guggenheim Museum in New York

† *Marco Ferreri* (* 1928 in Mailand), ital. Filmregisseur

† *Gabriel Figueroa* (* 1907), mexik. Kameramann

Milos Forman gewinnt mit „Larry Flint – Die nackte Wahrheit" den Goldenen Bären für den besten Film der Berlinale. Als beste Schauspielerin wird *Juliette Binoche* („Der englische Patient"), als bester Schauspieler *Leonardo DiCaprio* („William Shakespeares Romeo und Julia") ausgezeichnet

† *Samuel Fuller* (* 1912 in Worchester, US-Bundesstaat Massachusetts), amerik. Filmregisseur

Neuer Leiter der Internat. Kurzfilmtage in Oberhausen ist der Filmpublizist *Lars Henrik Gass*

Leon Gasts „When We Were Kings" (USA 1996), Dokumentarfilm

† *Kurt Gloor* (* 1942 in Zürich), Schweizer Filmemacher

Der engl. Filmemacher *Peter Greenaway* kündigt an, seinen nächsten Film auf CD-ROM drehen und auch im Internet verbreiten zu wollen

Das Kuratorium der Berliner Festspiele verlängert den Vertrag mit dem seit 1979 amtierenden Leiter der Berliner Filmfestspiele, *Moritz de Hadeln*, um fünf Jahre

Michael Hanekes „Funny Games" (Österr. 1997), Spielfilm

† *Hu King Hu* (* 1931), wichtigster Kung-Fu-Regisseur des chin. Films

Eduard Zimmermann als Fernsehfahnder ab

ARD sendet drei neue Folgen der Krimiserie „Schimanski" mit *Götz George* in der Hauptrolle

Weltweit rund zwei Mrd. Menschen ohne sauberes Trinkwasser

Ozonloch über dem Südpol unverändert groß

Weltklimakonferenz in Kyoto. Die Industrieländer verpflichten sich, den Ausstoß von Treibhausgasen bis zum Jahr 2012 um durchschnittlich 5,2 % zu senken

Ölkatastrophen nach Havarien vor Yokohama (Jap.), der Südküste der Philippinen, im Japanischen Meer, vor der Küste Uruguays und vor Singapur

Rückgang der Mißbildungen bei Nordseefischen

Die Dt. stellen neuen Rekord im Sammeln von Verpackungsstoffen auf: 5,46 Mill. t im Jahre 1996 gegenüber 4,92 Mio. im Jahre 1995

70 000 t hochbelasteter Sondermüll auf Deponien in Sachsen und Sachsen-Anhalt verbracht

Teil-Fahrverbot in Paris wegen stark verschmutzter Luft. Öffentliche Verkehrsmittel kostenlos

16 Jahre nach dem Giftöl-Skandal in Spanien verurteilt ein Gericht den Staat zur Zahlung von Entschädigungen an die etwa 30 000 Opfer

Erster Lehrstuhl für Umweltethik an der Greifswalder *Ernst-Moritz-Arndt*-Univ. eingerichtet

El Niño entsteht zw. Austr. und Südamerika. Wetterlage instabil. Hurrikane und Trockenheit auf der südlichen Halbkugel, kältere Temperaturen auf der nördlichen

In Alaska taut durch den Treibhauseffekt das Bodeneis teilweise auf

In China Baubeginn für den größten Staudamm der Welt, der den Jangtse auf 600 Kilometer Länge stauen wird

† Gianni Versace (* 1946 in Reggio di Calabria), ital. Modeschöpfer

(1997)

Bürgerkrieg im Kongo (Brazzaville). Der einstige Präs. *Denis Sassou-Nguesso* übernimmt die Macht

In Lesotho Krönung von *Letsie III.* zum König des Landes

† *Hastings Kamuzu Banda* (* um 1900), ehemaliger erster Präs. Malawis

Marokko und die Polisario einigen sich auf ein Referendum über die polit. Zukunft der früheren span. Kolonie Westsahara

Nigeria interveniert militärisch in Sierra Leone nach einem Militärputsch

In Ruanda 290 Tote bei einem Hutu-Angriff auf ein Gefängnis im Nordwesten des Landes

Militärputsch in Sambia scheitert

50. Parteitag des Afrik. Nationalkongresses (ANC). *Nelson Mandela* gibt ANC-Vorsitz an *Thabo Mbeki* ab

In Südafrika erklärt der ehemalige Präs. *de Klerk* seinen Rücktritt als Oppositionsführer im Parlament und als Vors. der Nationalpartei

Ehrungen in Südafrika für den 1977 ermordeten Politiker *Steve Biko*

Hungernotstand in Tansania als Folge der schwersten Dürre seit 40 Jahren. Hilfeersuchen an die westlichen Länder

Blutiger Umsturz in Zaire. Präs. *Mobutu* flieht. Nachfolger *Laurent-Désiré Kabila* nennt Zaire in Demokr. Rep. Kongo um

† *Mobutu Sese Seko* (* 1930 in Lisala), ehemaliger Präs. von Zaire

In Bangui, Hauptstadt der Zentralafrik. Rep., schlagen frz. Truppen einen Aufstand meuternder Militärs nieder

Die Währungen der Staaten im südostasiat. Raum geraten unter starken Druck

Der südostasiat. Staatenverbund ASEAN weigert sich, Kambodscha aufzunehmen

Tagung des Asiatisch-Pazifischen Wirtschaftsforums (APEC) in Vancouver (Kanada). Rußl., Vietnam und Peru aufgenommen

† *Deng Xiaoping* (* 1912), chin. Politiker, ehemaliger Staatspräs. und Generalsekretär der KP

† *Peng Zhen* (* 1902 in der Provinz Shansi), chin. Politiker

In Peking unterzeichnen die Präs. *Jiang Zemin* für China und *Boris Jelzin* für Rußl. ein Dokument, mit dem der jahrhundertealte Grenzstreit beigelegt wird

15. Parteitag der KP Chinas. Parlamentspräs. *Quiao Shi* nicht mehr ZK-Mitglied

und westdt. PEN" verlassen *Ralph Giordano* und *Ota Filip* den westdt. PEN

Präs. des ostdt. PEN-Zentrums, *Dieter Schlenstedt*, tritt zurück. *B. K. Tragelehn* neuer Präs.

Kleine Buchverlage und kleine Buchhandlungen leiden unter dem andauernden Konzentrationsprozeß des Gewerbes. Umsatz bei Großbuchhandlungen steigt. CD-ROM-Produktionen erreichen statt der prognostizierten 20 nur einen Marktanteil von 2 %

Frankfurter Buchmesse mit 306 476 Titeln von 9544 Verlagen aus 106 Ländern. Höhere Eintrittspreise reduzieren die Zahl der Besucher

Die vom Umsatz her zehn größten Buchverlage in Dtl. sind Bertelsmann (München), Weka (Kissing bei München), Klett (Stuttgart), Springer (Heidelberg), Cornelsen (Berlin), BI/Brockhaus (Mannheim), Weltbild (Augsburg), Süddt. Verlag (München), Mairs Geographischer Verlag (Ostfildern) und Heyne (München)

Der amerik. Konzern John Wiley & Sons verkauft den Berliner Akademie-Verlag an das Verlagshaus R. Oldenbourg in München

Der Verlag J. B. Metzler, der zur Verlagsgruppe Holtzbrinck gehört, übernimmt den Verlag Hermann Böhlaus Nachfolger

Literaturhaus in München eröffnet

Die Kosten der öffentlichen Hand für die Theater in den neuen Bundesländern Dtl. liegen höher als im Westen. Die Ausnutzung der Plätze ist in den alten Bundesländern höher

In der Bundesrep. Dtl. ist „Reformstau" das Wort des Jahres

Brit. Geologen entdecken in den Kalkklippen der südengl. Insel Wight versteinerte Überreste eines bislang unbekannten Raubsauriers

Fund dreier guterhaltener hölzerner Speere in einem Braunkohletagebau bei Schöningen (Niedersachsen). Speere belegen, daß frühe Vorfahren des Menschen schon organisiert und mit Hilfe von Waffen gejagt haben

Israel. Archäologen entdecken unweit der heutigen Stadt Bet Schemech Überreste der in der Bibel beschriebenen Stadt Sanoach

Dinosaurierfossilien, darunter auch erstmals Organe der vor rund 65 Mill. Jahren ausgestorbenen Kreaturen, von Paläontologen in der Liaoning-Provinz im Nordosten Chinas gefunden

Ausgedehntes antikes Ruinenfeld in Eritrea entdeckt

† *Juzo Itami* (* 1933 in Kyoto), jap. Filmregisseur

Benoit Jaquots „La fille seule" (Frankr. 1995), Spielfilm

† *Paul Jarrico* (* 1915 in Los Angeles), amerik. Drehbuchautor und Filmproduzent

Der Nachlaß des dt. Filmschauspielers *Curd Jürgens* geht an das Dt. Filmmuseum in Frankfurt

Goldene Palme der Filmfestspiele Cannes für den besten Film zu gleichen Teilen an den Iraner *Abbas Kiarostami* („The Delicious Taste of Cherries") und den Japaner *Shohei Imamura* („Unagi")

Volker Koepp und *Hans Helmut Prinzler* Direktor und stellvertretender Direktor der Abteilung Film- und Medienkunst der Akademie der Künste in Berlin in der Nachfolge von *Erwin Leiser* und *Heiner Carow*

Für „Ridicule" wird *Patrice Leconte* mit dem Lumière-de-Paris-Preis, der Ehrung für den besten frz. Film des Jahres, ausgezeichnet

Mike Leighs „Karriere Girls" (GB 1997), Spielfilm

Der dt. Filmemacher *Peter Lilienthal* gibt seine Absicht kund, nach *Lothar Mendes* (1934) und *Veit Harlans* (1940) Versionen nun sich selbst des Jud-Süß-Stoffes anzunehmen. Produzent ist *Edgar Reitz*

Ken Loachs „Carla's Song" (GB, Spanien, Dtl. 1996), Spielfilm

† *Dietrich Lohmann* (* 1943), dt. Kameramann

„Star Wars" von *George Lucas* nach 20 Jahren wieder im Kino

David Lynchs „Lost Highway" (USA 1996), Spielfilm

Die „Lolita"-Verfilmung des amerik. Regisseurs *Adrian Lyne* findet über Monate hinweg in den USA keinen Verleih, ist aber schnell nach Frankr., GB und Dtl. verkauft

† *Hans-Martin Majewski* (* 1911 in Schlawe), dt. Filmkomponist

Laetitia Massons „Haben (oder nicht)" (Frankr. 1996), Spielfilm

† *Toshiro Mifune* (* 1920 in Tsingtau, China), jap. Filmschauspieler

Schwere Erdbeben im Iran: 1500 Tote

Großbrand bei einem hinduistischen Fest in der Stadt Madhuban im Osten Indiens: 200 Tote, mindestens 500 Verletzte

Kreuzfahrtschiff „Hanseatic" läuft vor Spitzbergen auf Grund

Brand im Turiner Dom. Grabtuch Christi gerettet

Überschwemmungskatastrophe an den Ufern der Oder. In Polen sterben 48 Menschen

Explosion zerstört Wohnhaus in Düsseldorf

Bundeswehrmaschine stößt mit einem Flugzeug der US-Luftwaffe vor Afrika zusammen: 33 Tote

Fährunglück vor der Küste Haitis: Mehrere hundert Menschen ertrinken

Riesige Waldbrände durch Brandrodungen in Indonesien

Flugzeugabsturz südlich der indones. Stadt Medan: 234 Tote

Erdbeben in den ital. Regionen Umbrien und Marken. Zerstörungen an der Basilika des *heiligen Franziskus* in Assisi

Schwere Wirbelstürme an der Westküste Mexikos

Argent. Passagierflugzeug stürzt über Uruguay ab. 74 Tote

Schwere Unwetter in Somalia

Cholera-Epidemie in Mosambik

Russ. Transportflugzeug stürzt über der sibir. Stadt Irkutsk ab

(1997)

China läßt Dissidenten *Wei Jingsheng* ausreisen

Die brit. Kronkolonie Hongkong wird Teil der Volksrep. China

In Indien wird der Kongreßpolitiker *Kocheril Raman Narayanan* zum neuen Staatspräs. gewählt

Inder Kumar Gujral Ministerpräs. Indiens an der Spitze einer Koalition aus 15 Parteien, die nur wenige Monate hält

Der frühere Ministerpräs. Indiens, *Narasimha Roa*, der Bestechung von vier Abgeordneten vor einer Vertrauensabstimmung im Jahre 1993 angeklagt

Jap. Ministerpräs. *Ryntaro Hashimoto* bildet neue Reg.

Reg. von Kambodscha bemüht sich um Asyl für den Führer der Roten Khmer, *Pol Pot*, in Laos, Thailand und China

Hilfsabkommen zw. Nord- und Südkorea wegen der Hungersnot in Nordkorea

Kim Jong-Il Generalsekretär der Kommunistischen Arbeiterpartei in Nordkorea

Grundstein für zwei Atomreaktoren in Nordkorea gelegt

Bei vorgezogenen Parlamentswahlen in Pakistan absolute Mehrheit für Muslim-Liga. *Nawaz Sharif* Ministerpräs.

In Südkorea wird der ehemalige Bürgermeister Seouls, *Koh Kun*, neuer Ministerpräs.

Kim Dae-jung Präs. von Südkorea. Er begnadigt die beiden früheren Präs. *Chun Doohwan* und *Roh Tae-woo*, die verantwortlich waren für das Massaker von Kwangju im Jahr 1980.

Südkorea vor Staatsbankrott

Dalai-Lama besucht Taiwan. Proteste aus China

Neue Verfassung für Thailand

Mehr als 33 000 Flüchtlinge aus Kambodscha in Thailand

Tran Duc Long neuer Staatspräs. in Vietnam

Die vietnam. Nationalversammmlung wählt *Pham Van Khai* in der Nachfolge von *Vo Van Kiet* zum neuen Ministerpräs.

Vietnam erhält seit 1975, dem Fall Saigons im Vietnamkrieg, erstmals wieder humanitäre Hilfe aus den USA für die Opfer eines Taifuns

In Austr. müssen wegen des Verdachts auf Spesenbetrug drei Minister das Kabinett von Premierminister *John Howard* verlassen

Von der austral. Reg. initiierte Rückkaufaktion von automatischen oder halbautomatischen Waffen bringt 600 000 Waffen

In Neuseeland Rücktritt von Ministerpräs. *James Bolger*. Nachfolgerin wird die bisherige Frauen- und Verkehrsministerin *Jenny Shipley*, ebenfalls Nationale Partei

Beim Internat. Filmfestival in Minsk erhält *Elfi Mikesch* für „Verrückt bleiben, verliebt bleiben" den Preis für die beste Regie und den großen Dokumentarfilmpreis

„Der englische Patient" von *Anthony Minghella* erhält neun Oscars (bester Film, Regie, Nebendarstellerin, Kamera, Schnitt, Ausstattung, Kostüme, Musik, Ton). Bester nicht englischsprachiger Film: „Kolya" von *Jan Sverák*, bester Dokumentarfilm: „When We Were Kings" von *Leon Gast* und *David Sonnenberg*

Anthony Minghellas „Der englische Patient" (USA 1996), Spielfilm

† *Pilar Mirl* (* 1940 in Madrid), span. Filmregisseurin

Helke Misselwitzs „Engelchen" (Dtl. 1996), Spielfilm

† *Robert Mitchum* (* 1917 in Bridgeport), amerik. Filmschauspieler

† *Jack Nance* (* 1943), amerik. Filmschauspieler

† *Jurij Vladimirowisch Nikulin* (* 1921 in Demidow), russ. Clown, Direktor des Moskauer Staatszirkus und Filmschauspieler

Ulrike Ottingers „Exil Shangai" (Dtl. 1996), Dokumentarfilm

James Camerons „Titanic" (USA 1997), Spielfilm

Alan Parkers Leinwandfassung des Musicals „Evita" und die schauspielernde Sängerin *Madonna* mit drei Golden Globes ausgezeichnet

Pathé-Albatros, die historischen Filmstudios in Montreuil bei Paris, in ersten Teilen um 1904 errichtet, unter Denkmalschutz gestellt

Sally Potters „Tango Lesson" (GB 1997), Spielfilm

Die Stiftung Dt. Kinemathek in Berlin erwirbt den Nachlaß des dt. Schauspielers *Heinz Rühmann*

Raoul Ruiz, chilen. Filmregisseur, erhält „Nationalpreis der darstellenden und audiovisuellen Künste" seines Landes

† *Guiseppe De Santis* (* 1917 in Fondi), ital. Filmregisseur

Volker Schlöndorff bleibt weitere fünf Jahre in den Babelsberger Filmstudios, allerdings nicht mehr als Geschäftsführer, sondern nur noch als Vorstandsmitglied

† *James Stewart* (* 1908 in Indiana), amerik. Filmschauspieler

Jan Sveráks „Kolya" (Tschechien, GB, Frankr. 1996), Spielfilm

† *Tomoyuki Tanaka* (* 1911), jap. Filmausstatter und Godzilla-Erfinder

Die Witwe des *Paul-Wegener*-Biographen *Kai Möller* vermacht dem Frankfurter Filmmuseum und dem Dt. Institut für Filmkunde in Frankfurt den in ihrem Besitz befindlichen *Paul-Wegener*-Nachlaß

† *Bo Widerberg* (* 1930), schwed. Filmregisseur

Yolande Zaubermans „Ivan und Abraham" (Frankr., Rußl. 1993), Spielfilm

Yolande Zaubermans „Clubbed to Death" (Frankr. 1996), Spielfilm

† *Fred Zinnemann* (* 1907 in Wien), amerik. Filmregisseur

Die Kinos in der Europ. Union verzeichnen ihr bestes Besucherergebnis seit zehn Jahren. Die höchsten Zuwächse in Dtl. und Spanien

Die Ministerpräs. der dt. Bundesländer beschließen die Weiterführung des Kuratoriums junger dt. Film

Türkei unterzeichnet das Europ. Abkommen für Film-Koproduktionen

1998

Friedensnobelpreis an *John Hume*, Vors. d. größten Partei d. kathol. Minderheit in Nordirland (SDLP), und *David Trimble*, Parteiführer d. protestant. Ulster-Unionisten (UUP) für ihr Engagement im Bürgerkrieg in Nordirland. Sie waren maßgeblich an den Verhandlungen für ein Friedensabkommen beteiligt

Alternativer Nobelpreis („Right Livelihood Award") an die kroat. Friedensaktivistinnen *Katarina Kruhonja* und *Verena Terselic*, an *Samuel Epstein* (USA) für Einsatz bei Krebsvorsorge, an *Juan Pablo Orrego* (Chile) für Umwelteinsatz in Chile und an das „International Baby Food Action Network" für seine Entwicklungshilfe an junge Mütter

Aachener Friedenspreis an „Kölner Klagemauer" für Frieden und Völkerverständigung und die US-Organis. „Pastors for Peace"

Internat. Karlspreis d. Stadt Aachen an *Bronislaw Geremek*, poln. Außenminister

Westfäl. Friedenspreis, erstmals vergeben anläßl. d. 350. Jahrestags d. Westfälischen Friedens, an *Václav Havel*, Präs. d. Tschech. Rep.

Kulturpreis Europas an *Avi Primor*, israel. Botschafter in Dtl.

Heinz-Galinski-Preis an *Hans-Jochen Vogel*, ehem. Bundesminister und SPD-Vors.

Zum 50. Jahrestag d. UN-Menschenrechtserklärung beklagt Amnesty International, daß in 117 von 193 Staaten Menschen gefoltert werden

Verabschiedung eines UN-Statuts zur Errichtung eines Internat. Strafgerichtshofs. 120 Länder stimmen zu, 7 dagegen (darunter USA), 21 enthalten sich

Unicef-Studie: Mehr als 130 Mill. Kinder auf der Welt gehen nicht zur Schule, in vier von fünf Klassen fehlt eine Tafel; etwa 250 Mill. Kinderarbeiter weltweit

USA und Großbrit. bombardieren während vier Nächte Irak. US-Präs. *Bill Clinton* begründet den Einsatz von 415 Marschflugkörpern mit „nationalen Interessen der USA" und dem Schutz der Golfregion. Iraks Präs. *Saddam Hussein* habe trotz Verbots d. UN Massenvernichtungswaffen hergestellt

Großbrit. übernimmt Ratspräsidentschaft in der EU bis Ende Juni. Es folgt bis Ende d. Jahres Österr.

Europaparlament in Straßburg verweigert der EU-Kommission Entlastung für Haushalt 1996 wegen Betrugs- und Korruptionsvorwürfen

Zu einem Verbot d. Klonens von Menschen verpflichten sich 19 der 40 Mitgliedsländer d. Europarats in einem Zusatzprotokoll d. Europaratskonvention über Biomedizin

Mit der „Agenda 2000" leitet die EU-Kommission die Reform d. Agrar- und Strukturpolitik d. EU als Vorauss. für die Erweiterung d. Union um Polen, Tschechien, Estland, Slowenien und Zypern ein

Literaturnobelpreis an portug. Schriftsteller *José Saramago* (* 1922), der u. a. schrieb „Das Memorial", „Das steinerne Floß" und „Stadt der Blinden"

Friedenspreis d. Dt. Buchhandels an den dt. Schriftsteller *Martin Walser* für sein lit. Lebenswerk

Auf der 50. Frankfurter Buchmesse werden 369 902 Titel vorgestellt. Protest d. Börsenvereins d. Dt. Buchhandels gegen die drohende Aufhebung d. Buchpreisbindung. Protest gegen die Weigerung d. Türkei, die Verlegerin *Ayse Nur Zarakolu* ausreisen zu lassen, die den ersten Menschenrechtspreis d. Intern. Verleger-Union erhalten sollte. Als Gast erscheint der brit. Schriftsteller *Salman Rushdie*

Anläßl. d. 100. Todestags von *Theodor Fontane* („Fontane-Jahr") zahlreiche Fontane-Ausstellungen, z.B. im Märkischen Museum Berlin, und Veranstaltungen

John von Düffel, „Vom Wasser" (Roman)

Hans Magnus Enzensberger, „Wo warst Du, Robert?" (Roman)

Der Vatikan öffnet Wiss. sein bislang kaum zugängliches Archiv der Inquisition und erlaubt Einblick in den „Index verbotener Bücher"

Papst *Johannes Paul II.* besucht die Soz. Rep. Kuba

13. Enzyklika von Papst *Johannes Paul II.* anläßl. seines 20. Amtsjahres: „Fides et ratio" (Glaube und Vernunft)

Vatikan entschuldigt sich erstmals öffentlich für mangelnden Widerstand gegen NS-Massenmord an den Juden

Papst *Johannes Paul II.* spricht die in Auschwitz ermordete Ordensfrau *Edith Stein* heilig. Erste Heiligsprechung einer Katholikin mit jüd. Abstammung in der Kirchengeschichte

93. Dt. Katholikentag in Mainz mit 1200 Veranst. und 40 000 Teilnehmern

Werner Knopp wird nach 20 Jahren als Präs. d. Stiftung Preuß. Kulturbesitz in Berlin in den Ruhestand verabschiedet. Nachfolger wird *Klaus-Dieter Lehmann* (* 1940 in Breslau), zuvor Generaldir. d. Dt. Bibliothek in Frankfurt/M.

Christo und *Jeanne-Claude* verpacken 178 Bäume im Park vor der Foundation Beyeler in Basel (Schweiz) und präsentieren sie als „Wrapped Trees"

In New York werden vorübergehend 2 Bilder d. Malers *Egon Schiele*, Leihgaben aus Wien für das Museum of Modern Art, beschlagnahmt, weil die Nachfahren d. früheren jüd. Eigentümer Anspruch auf die einst von den Nazis geraubten Werke erheben

Rußlands Präs. *Boris Jelzin* unterzeichnet das „Beutekunst"-Gesetz, wonach alle im 2. Weltkrieg erbeuteten Kunstschätze, die sich noch in Rußland befinden, ins Eigentum d. Landes übergehen

Abschluß d. Restaurierungsarbeiten an der Sphinx in Ägypten nach 8 Jahren

Teuerste Bilder auf Auktionen 1998: *Vincent van Gogh*, „Portrait d. Künstlers ohne Bart", 1889, Öl/Lw., 65 Mill. $. 2. Platz: *Claude Monet*, „Bassin aux Nympheas et Sentier au Bord de l'Eau", 1900, Öl/Lw., 18 Mill. Pfund. 3. Platz: *Andy Warhol*, „Orange Marilyn", 1964, Siebdruck/Lw., 15,75 Mill. $

Ernest Bloch, „Macbeth", (Oper), dt. Erstauff., Theater Dortmund, Regie *John Dew*

Beat Furrer, *Michael Simon*, „Stimme allein" (Hörtheater), Urauff., Forum d. Kunst- und Ausstellungshalle d. BRD, Bonn

Hans Gefors, „Clara" (kom. Oper nach *Jean-Claude Carrière*), Urauff., Opera Comique Paris, Regie *Günter Krämer*

Heiner Goebbels, „Walden" (Orchesterwerk), Urauff., Ensemble Modern Orchestra, Hannover

Johann Kresnik, „*Goya* – Der Schlaf der Vernunft gebiert Ungeheuer" (Ballett), Urauff., Volksbühne Berlin

O. Messiaen, „Saint François d'Assise" (Oper), dt. Erstauff., Oper Leipzig, Regie *Gottfried Pilz*

John Neumeier, „Bartók-Bilder", 3 Musikwerke von *Bela Bartók* (Ballett), Urauff., Hamburg Ballett d. Hamburger Staatsoper

Irmin Schmidt, „Gormenghast" (Rockoper), Regie *M. Sturminger*, Wuppertal

Nobelpreis für Physik an den Deutschen *Horst Störmer* und an *Daniel C. Tsui* und *Robert B. Laughlin* (beide USA) für ihre Entdeckung einer neuen Art von „Quantenflüssigkeit", die zu einem Durchbruch im Verständnis d. Quantenphysik geführt hat

Nobelpreis für Chemie an den US-Forscher *Walter Kohn* und den Briten *John Pople* für Modelle und Computerprogramme zur Berechnung von Molekülen

Nobelpreis für Medizin an die US-Pharmakologen *Robert F. Furchgott*, *Louis J. Ignarro* und *Ferid Murad* für Entdeckungen über Stickstoffoxyd als „Signalmolekül" im Herz- und Gefäßsystem

Alfried-Krupp-Wissenschaftspreis an *Rudolf Smend*, dt. Theologe, und *Dieter Oesterheld*, dt. Biochemiker

Karl-Georg-Christian-von-Staudt-Preis an *Martin Kneser*, dt. Mathematiker, für Arbeiten auf dem Gebiet d. Zahlentheorie und Algebra

Ricardo-Wolf-Preis (Israel) an *Gerhard Ertl*, dt. Chemiker und Vizepräs. d. Dt. Forsch. Gem., und *Gabor A. Somorjai*, US-amerik. Chemiker, für Beitrag zur Klärung katalyt. Reaktionen an Kristalloberflächen

Nobelpreis für Wirtschaft an den indischen Wirtschaftsphilosophen *Amartya Sen* vom Trinity College in Cambridge für Schlüsselbeiträge zur Erforschung fundamentaler Probleme d. Wohlfahrtsökonomie

FAO-Bericht (UN-Ernährungs- und Landwirtschaftorganis.): Dänemark ist nahrungsmittelreichstes, Somalia -ärmstes Land d. Welt

UN-Studie errechnet 828 Mill. hungernde Menschen weltweit, ein Rückgang im Verhältnis zur Weltbevölkerung, aber Anstieg d. absoluten Zahlen (1992 waren es 822 Mill.)

Japan, zweitgrößte Volkswirtschaft d. Welt, steckt in Rezession. Innerh. von 3 Monaten ist die Wirtschaftsleistung um 1,3 % geschrumpft. Ende d. Talfahrt nicht in Sicht. Große Auswirkungen auf den gesamten asiatischen Wirtschaftsraum

Expo 98 in Lissabon unter dem Leitthema „Die Ozeane – Erbe für die Zukunft". Investitionskosten: 4 Mrd. DM, 155 Staaten und Organis. beteiligt

Erstmals in seiner Geschichte überschreitet der Dt. Aktienindex Dax die Marke von 5000 Punkten

Dt. Außenhandel mit Rekordwerten: Ausfuhr im Vergleich zu 1997 um 7,5 % auf 955 Mrd. DM, Einfuhr um 5 % auf 811 Mrd. DM gestiegen, was Aktivsaldo von 144 Mrd. DM ergibt. Dies übertrifft bisherigen Rekordüberschuß von 1989 um 10 Mrd. DM, den von 1997 um 27 Mrd. DM

Monopol d. Dt. Telekom ist gefallen. Ferngespräche können auch über freie Anbieter geführt werden

EU-Kommission verhängt gegen VW-Konzern Geldbuße von 200 Mill. DM wegen wettbewerbswidrigen massiven Drucks auf ital. VW-Händler

Fusion d. US-Bank Citicorp mit der Vers.gruppe Travelers läßt die größte Finanzgruppe d. Welt entstehen: Bilanzsumme 1,2 Bill. DM, 100 Mill. Kunden in 100 Ländern

(1998)

Gründung d. Europ. Zentralbank in Frankfurt/M. Präs. ist der Niederländer *Wim Duisenberg*

Infolge d. Schengener Abkommens entfallen Grenzkontrollen zw. BRD, Österr. und Italien

US-Präs. *Bill Clinton* sieht sich Vorwürfen einer Liebesaffäre mit der ehem. Praktikantin im Weißen Haus, *Monica Lewinsky*, ausgesetzt. Es kommt zu Zeugenvernehmungen und einem nachfolgenden 450-Seiten-Bericht durch Sonderermittler *Kenneth Starr*, der auch im Internet veröffentlicht wird. Das Repräsentantenhaus beschließt ein Amtsenthebungsverfahren, das zweite in der Geschichte d. USA, auf Grund von Meineid und Behinderung d. Justiz

Bundespräs. *R. Herzog* zu Staatsbesuch in Südkorea

Bundespräs.amt zieht als erste dt. Bundesbehörde von Bonn nach Berlin in das neue Gebäude neben dem Schloß Bellevue, Dienstsitz d. Bundespräs.

Verfassungsschutzbericht 1997 weist mit 11 719 rechtsextremist. Straftaten bisher höchsten Stand in der Geschichte d. BRD aus

Anschlag auf das Grab von *Heinz Galinski*, ehem. Vors. d. Zentralrats d. Juden in Dtl., in Berlin

1997 hat es die Höchstzahl an Kriegsdienstverweigerern in der Geschichte d. Bundeswehr gegeben: 171 657 laut Mitteilung d. Verteidigungsministeriums

Bundesreg. und SPD einigen sich über das Abhören von Wohnungen im Falle d. Strafverfolgung („Lauschangriff"). Auch Bundestag stimmt zu

Gegen den Vors. d. PDS-Bundestagsfraktion *Gregor Gysi* wird vom Immunitätsausschuß d. Dt. Bundestages der Vorwurf erhoben, eine inoff. Tätigkeit für das Minist. f. Staatssicherheit d. DDR ausgeübt zu haben. *Gysi* scheitert mit Klage, der Ausschuß habe seinen Auftrag überschritten, vor dem Bundesverf.gericht

Gesetzentwurf d. Bundesrates, mit dem Kindern ausländ. Eltern der Erwerb d. dt. Staatsbürgerschaft erleichtert werden soll, findet im Dt. Bundestag keine Mehrheit

Dt. Bundestag beschließt Änderung d. Bundesgrenzschutzgesetzes, damit der BGS wirkungsvoller gegen Schleuser, Schmuggler und illegal Einreisende vorgehen kann

Dt. Bundestag verabschiedet Gesetz zur Rehabilitierung mehrerer 100 000 Opfer d. Nazi-Justiz (Deserteure, Homosexuelle, Zwangssterilisierte u. a.)

Bundesverf.gericht erklärt bayer. Abtreibungsrecht für verfassungswidrig

Bundesgesundheitsminister *Horst Seehofer* (CSU) streitet mit den Kassenzahnärzten um deren Abrechnungspraxis

Peter Härtling, „Große, kleine Schwester" (Roman)

Ralf Rothmann, „Flieh, mein Freund" (Roman)

Ludmilla Ulitzkaja, „Ein fröhliches Begräbnis" (Roman)

Martin Walser, „Ein springender Brunnen" (Roman)

Als teuerstes gedrucktes Buch ersteigert *Paul Getty*, US-Milliardär und Kunstmäzen, die 1477 erschienene Erstausgabe d. „Canterbury Tales" von *Geoffrey Chaucer* bei Christie's in London für 4,6 Mill. Pfund

Die Buchproduktion in der BRD stieg im vergangenen Jahr um 8,9 % auf insgesamt 77 889 Titel, darunter 57 680 Erstauflagen

Zus.schluß d. Ost-PEN mit dem westdt. PEN-Zentrum

Elfriede Jelinek, österr. Schriftstellerin und Dramatikerin, erhält den *Georg-Büchner*-Preis

Konrad-Adenauer-Lit.preis an *Hartmut Lange*, dt. Schriftsteller

Horst-Bienek-Preis für Lyrik an *Inger Christensen*, dän. Schriftstellerin

Eric Hobsbawm, brit. Historiker, veröff. „Das Zeitalter der Extreme"

Hannah-Arendt-Preis d. Hamburger Körber-Stiftung und d. Inst. f. Wissenschaften vom Menschen Wien an das New Europe College in Bukarest (Rumänien)

Hannah-Arendt-Preis d. Hansestadt Bremen an *Antje Vollmer*, Vizepräs. d. Dt. Bundestags, und *Claude Lefort*, franz. Publizist

Leo-Baeck-Preis an dt. Bundespräs. *Roman Herzog*

Buber-Rosenzweig-Medaille an *Lea Rabin*, Witwe d. ermordeten israel. Ministerpräs.

Erasmus-Preis (Niederl.) an *Mauricio Kagel*, argent. Komponist, und *Peter Sellars*, US-amerik. Theaterregisseur

Theodor-W.-Adorno-Preis an *Zygmunt Baumann*, poln. Soziologe

Historikerpreis d. Stadt Münster an *Konrad Repgen*, dt. Historiker

Goethe-Medaille an *Lord Ralf Dahrendorf*, dt. Philosoph und Soziologe, *Joao Barrento*, port.Germanist und Übersetzer, *Sudhir Kakar*, US-

Teuerste Bilder auf dt. Auktionen 1998: *Emil Nolde*, „Rotblondes Mädchen", 1919, Öl/Sperrholz, 1,65 Mill. DM. 2. Platz: *Bartolomé Esteban Murillo*, „Kinnaird Madonna", um 1660, Öl/Lw., 850 000 DM. 3. Platz: *Max Pechstein*, „Javanischer Schal", 1920, Öl/Lw., 850 000 DM

Johannes Geccelli, dt. Maler, erhält den *Lovis-Corinth*-Preis. Sonderpreis an *Mala Slonca*, poln. Bildhauerin

Kaiserring d. Stadt Goslar an russ. Konzeptkünstler *Ilja Kabakov*

Gutenberg-Preis d. Stadt Mainz an *Henri-Jean Martin*, franz. Buchhistoriker

„Daimler-City", 70 000 qm großes Prestige-Objekt d. Daimler-Konzerns am Potsdamer Platz in Berlin, nach 5 Jahren Bauzeit eingeweiht. Kostenaufwand 4 Mrd. DM. Dazu gehören neben der Zentrale von Debis 18 weitere Bauten mit Musicaltheater, Spielbank, Hotel, zwei Kinopalästen, 30 Restaurants, 110 Läden, 620 Wohnungen und vielen Büroräumen

„Kölnarena", größte dt. Mehrzweckhalle in Köln, fertiggestellt. Architekt *Peter Böhm*

Aufführung d. Oper „Turandot" von *Puccini* unter Dirigent *Zubin Mehta*, Regie *Zhang Yimou*, in Pekings Verbotener Stadt. Gesamtkosten 15 Mill. $, Eintrittspreise bis zu 1250 $

„Herr der Ringe", Fantasy-Musical, Urauff., Berlin, Musik/Regie *Bernd Stromberger*

Sofia Gubaidulina, russ. Komponistin, erhält „Praemium Imperale" d. Japan Arts Association

Duisburger Musikpreis an *Toshio Hosokawa*, japan. Komponist

Kunstpreis d. Stadt Dresden an *Peter Damm*, dt. Hornist

Plöner *Hindemith*-Preis an das Hamburger Ensemble „String thing", Zus.schluß von vier Komponisten

Rob.-Schumann-Preis d. Stadt Zwickau an *Linda Correll Roesner*, US-amerik. Musikwiss., und *Nikolaus Harnoncourt*, österr. Dirigent

Ernst-von-Siemens-Musikpreis an *György Kurtág*, ungar. Komponist

Daniel Schmid, Film- und Opernregisseur, erhält Kunstpreis d. Stadt Zürich

Preis d. Stifterverbands für die Deutsche Wiss. an *Gregor Eugen Morfill*, Direktor d. MPI f. Extraterrestr. Physik in Garching

Japan-Preis d. Science and Technology Found. of Japan an *Jozef Schell*, dt. Biotechnologe und Direktor d. MPG für Züchtungsforsch., und den Belgier *Marc van Montagu* für neue Methoden d. gentechn. Veränderung von Pflanzen

Kyoto-Preis d. japan. Inamori-Stiftung an *Kurt Wüthericb*, Schweiz. Molekularbiologe, für die Entdeckung einer Analysetechnik von Eiweißstrukturen, an *Kiyosi Ito*, japan. Mathematiker, für die Erforschung d. stochastischen Wahrscheinlichkeitstheorie sowie an *Nam June Paik*, korean. Videokünstler, für seinen Beitrag zur Gegenwartskunst

Älteste Spuren von Tierfossilien in 1,1 Mrd. Jahre altem indischem Gestein von Tübinger Wiss. gefunden. Bisher älteste Tierfossilien sind 580 Mill. Jahre alt

US-Wiss. finden in Argent. Tausende erhaltene, knapp 100 Mill. Jahre alte Saurierеier

Automobilkonzerne Daimler Benz und Chrysler geben durch ihre Vorstandsvors. *Jürgen Schrempp* und *Robert Eaton* Fusion ihrer Unternehmen unter dem neuen Namen DaimlerChrysler AG bekannt

Der größte US-Anbieter von Ferngesprächen AT&T übernimmt bedeutendsten US-Kabel-TV-Konzern Tele-Communications Inc. (TCI). Fusionswert 86 Mrd. DM

Mineralölkonzerne British Petroleum (BP) und US-Konzern Amoco Corp. vereinbaren Fusion. Börsenwert 110 Mrd. $

Mit der Übernahme d. achtgrößten US-Bank Bankers Trust durch die Deutsche Bank entsteht die größte Bank d. Welt mit einer Bilanzsumme von 820 Mrd. $

US-Ölkonzerne Exxon und Mobil fusionieren zum größten Petro-Konzern d. Welt

Zum weltgrößten Pharma-Hersteller wird die neue Firma Aventis aus der Fusion d. dt. Hoechst-Konzerns und Frankreichs Rhone-Poulenc

Fusion d. dt. Kohleproduzenten Ruhrkohle, Saarbergwerke und Preussag Anthrazit zur Deutschen Steinkohle AG von EU-Kommission gebilligt

EU-Kommission verbietet Allianz d. Medienkonzerne Bertelsmann und Kirch zur Einführung d. digitalen Fernsehens in der BRD

US-Tabakindustrie verpflichtet sich, 46 US-Bundesstaaten in den nächsten Jahren 206 Mrd. $ Entschädigung für die Behandlung von Raucherkrankheiten zu zahlen

† *Friedrich Jahn* (* 1924), Unternehmer (Restaurant-Kette „Wienerwald")

† *Richard McDonald* (* 1909), US-Unternehmer, Gründer d. McDonald's-Schnellrestaurant-Kette

† *Theodore W. Schultz* (* 1902 in Arlington), US-amerik. Wirtschaftswiss.

Bei der verheerendsten Explosion in der Geschichte d. Erdölindustrie kommen in Nigeria mehr als 700 Menschen, meist Kinder, Jugendliche und Frauen, ums Leben

(1998)

In seiner Dankesrede zum Friedenspreis d. Dt. Buchhandels kritisiert Schriftsteller *Martin Walser* die Instrumentalisierung d. dt. Vergangenheit. „Auschwitz eignet sich nicht dafür, Drohroutine zu werden". Er wendet sich gegen die „Dauerpräsentation unserer Schande" in den Medien. Es kommt daraufhin zu einer öffentl. geführten Debatte, an der sich besonders *Ignatz Bubis*, Vors. d. Zentralrats d. Juden in Dtl., der Walser „geistigen Brandstifter" nennt, und *Klaus von Dohnanyi*, früherer SPD-Minister und Erster Bürgermeister von Hamburg, beteiligen

Wahlen zum Dt. Bundestag. Ergebnis mit Vergleichszahlen 1994: SPD 40,9 % (36,4), CDU/CSU 35,2 % (41,4), Bündnis 90/Die Grünen 6,7 % (7,3), FDP 6,2 % (6,9), PDS 5,1 % (4,4). *Gerhard Schröder* wird siebter Kanzler d. BRD, *Joschka Fischer* (Bündnis 90/Die Grünen) wird Außenminister und Vizekanzler

Wolfgang Thierse (SPD) Präs. d. 14. Dt. Bundestags

SPD und Grüne einigen sich darauf, daß Einnahmen aus der ökolog. Steuerreform zur Senkung d. Sozialvers.beiträge eingesetzt werden

Außenminister *Joschka Fischer* scheitert auf der NATO-Tagung in Brüssel mit seiner Forderung, auf den Ersteinsatz von Atomwaffen zu verzichten

Bundesinnenminister *Otto Schily* sieht die Belastbarkeit d. BRD durch Zuwanderung überschritten

Michael Naumann, Verleger, wird Staatsminister für Kultur im Bundeskanzleramt

Landtagswahl in Niedersachsen. Ergebnis und Sitzverteilung: SPD 47,9 % (83), CDU 35,9 % (62), Bündnis 90/Die Grünen 7,0 % (12), FDP 4,9 % (0). Gerhard Schröder wird unmittelbar nach der Wahl zum Kanzlerkandidaten d. SPD bestimmt

Kommunalwahlen in Schleswig-Holstein. Ergebnis mit Vergleichszahlen 1994: SPD 42,4 % (39,5), CDU 39,1 % (37,5), Bündnis 90/Die Grünen 6,8 % (10,3), FDP 4,8 % (4,4). Wahlbeteiligung: 62,8 %

Landtagswahl in Sachsen-Anhalt. Ergebnis mit Vergleichszahlen 1994: SPD 35,9 % (34,0), CDU 22,0 % (34,4), PDS 19,6 % (19,9), DVU 12,9 % (–), FDP 4,2 % (3,6), Bündnis 90/Die Grünen 3,2 % (5,1). Mit der DVU ist erstmals in den neuen Ländern eine rechtsextremist. Partei in einem Landesparlament

Landtagswahl in Bayern. Ergebnis mit Vergleichszahlen 1994: CSU 52,9 % (52,8), SPD 28,7 % (30,0), Bündnis 90/Die Grünen 5,7 % (6,1), FDP 1,7 % (2,8). Wahlbeteiligung: 70,0 % (67,8)

Landtagswahl in Mecklenburg-Vorpommern. Ergebnis mit Vergleichszahlen 1994: SPD 34,3 % (29,5), CDU 30,2 % (37,7), PDS 24,4 % (22,7), Bündnis 90/Die Grünen 2,7 % (3,7), FDP 1,6 % (3,8). Es kommt erstmals in der BRD zu Regierungsbeteiligung d. PDS, die mit der SPD Koalitionsvertrag eingeht. Ministerpräs. wird *Harald Ringstorff* (SPD)

Bertolt-Brecht-Lit.preis d. Stadt Augsburg an *Robert Gernhardt*, dt. Schriftsteller und Karikaturist

Lion-Feuchtwanger-Preis an *Eckart Kleßmann*, dt. Schriftsteller

Fontane-Preis an *Charlotte Jolles* (* 1910), dt. Literaturwiss. und Fontane-Forscherin sowie Ehrenpräs. d. *Theodor-Fontane*-Gesell.

Johann-Peter-Hebel-Preis an *Lotte Paepcke*, dt. Schriftstellerin

Heinrich-Heine-Preis d. Stadt Düseldorf an *Hans Magnus Enzensberger*, dt. Schriftsteller

Kunstpreis d. Landes Schleswig-Holstein an *Doris Runge*, dt. Lyrikerin

Leipziger Buchpreis zur europ. Verständigung an *Swetlana Alexijewitsch*, weißruss. Schriftstellerin. Anerkennungspreis an *Ilma Rakusa*, Schweiz. Übersetzerin

Jakob-Michael-Reinhold-Lenz-Dramatikerpreis an *Dea Loher*, dt. Dramatikerin, für „Adam Geist". Ebenfalls erhält sie den Dramatikerpreis d. 23. Mühlheimer Theatertage

amerik. Psychoanalytiker, *Claire Kramsch*, US-amerik. Germanistin, und *Takashi Oshio*, japan. Germanist

Sigmund–Freud-Preis für wiss. Prosa an *Ilse Gubrich-Simitis*, dt. Psychoanalytikerin

Friedrich-Nietzsche-Preis an *Curt Paul Janz*, dt. Altphilologe und Musikologe für die Herausgabe d. kompositorischen Nachlasses Nietzsches

Theodor-Heuss-Preis an *Hans Küng*, Schweiz. kath. Theologe

Geschwister-*Scholl*-Preis an *Saul Friedländer* für sein Buch „Das Dritte Reich und die Juden 1933–1939"

Humanismus-Preis d. Bundeskongresses d. Altphilologen in Heidelberg an *Richard von Weizsäcker*, ehem. dt. Bundespräs.

International Humanitarian Award d. Weltunion f. Progressives Judentum an *Frank Wössner*, Vorstandsvor. d. Bertelsmann Buch AG

Friedrich-Kiesler-Preis f. Architektur und Kunst, höchstdot. österr. Kunstpreis, an den US-amerik. Architekten *Frank O. Gehry*

Erich-Schelling-Architekturpreis an Büro Sauerbruch/Hutton (Berlin, London) und Busse+Geitner (Düsseldorf, Berlin) sowie an *Stanislaus von Moos*, Schweiz. Architekt

Brit. Stirling-Preis an *Norman Foster*, brit. Architekt, für das American Art Museum in Duxford/Cambridge

Eröffnung d. Gemäldegalerie am Berliner Kulturforum. Nach der dt. Teilung werden in einer d. bedeutendsten europ. Sammlungen alter Kunst (13.–18. Jh.) die Bestände aus beiden Teilen d. Stadt zus.geführt

Eröffnung d. *Felix-Nussbaum*-Museums in Osnabrück nach Entwürfen d. amerik. Architekten *Daniel Libeskind*. Erstmals wird in einer Dauerausstellung die komplette Sammlung von etwa 140 Arbeiten d. in Auschwitz ermordeten jüd. Malers gezeigt

Eröffnung d. Neuen Museums Weimar mit der Sammlung d. Galeristen *Paul Maenz* im einstigen Großherzoglichen Museum

Peter Gülke, dt. Musikwiss. und Dirigent, erhält *Karl-Voßler*-Preis

Wolfgang Rihm, dt. Komponist, erhält den *Jacob-Burckhardt*-Preis d. *Goethe*-Stiftung in Basel

Johann-Wenzel-Stamitz-Preis an *Georg Katzer*, dt. Komponist

Prix Grand Siècle (Frankr.) an *William Christie*, US-amerik. Dirigent und Cembalist

Preis d. Salzburger Osterfestspiele an *Alexander Raskatov*, russ. Komponist für seine Komposition „I will see a rose at the end of the path"

Unter dem Motto „One World, One Future" nehmen über 1 Mill. „Raver" an der 10. Berliner Love-Parade teil

American Music Awards an *Spice Girls* als beliebteste neue Band und für beliebtestes Album

Vaclav-Nijinsky-Medaille an *Ursula Pellaton*, Schweiz. Tanzkritikerin

Ausstellung „Varieté-Tänzerinnen um 1900. Vom Sinnerausch zur Tanzmoderne" im Dt. Theatermuseum München

† *Theodore Bloomfield* (* 1923 in Cleveland), US-amerik. Dirigent

Südafrik. Paläoanthropologen finden 3,5 Mill. Jahre altes Skelett eines Hominiden

Älteste bekannte Schrift, datiert von ca. 3200 v. Chr., von dt. Wiss. in Ägypten entdeckt. Sie ist 200 Jahre älter als die Hieroglyphen

In der Kathedrale von Palermo wird der Sarkophag d. 1250 gestorbenen Kaisers *Friedrich II.* geöffnet. Mikrobiologen, Pathologen und andere Experten wollen Leichnam und Kleider sowie zwei Skelette unbekannter Toter untersuchen, die sich ebenfalls im Sarg befinden

Dt. Atomkraftwerk Mülheim-Kärlich bleibt nach Entscheidung d. Bundesverwaltungsgerichts abgeschaltet

Atommüllzüge mit Castor-Behältern aus süddt. Kernkraftwerken erreichen nach heftigen Demonstrationen von Atomkraftgegnern das Zwischenlager Ahaus (NRW). Übermäßige Kontaminierung d. Waggons und Transportbehälter führt vorübergehend zur Einstellung weiterer Transporte

Umweltkatastrophe durch hochgiftige Abwässer aus einem geborstenen Auffangbecken einer Pyrit(Schwefelkies)-Mine nahe Sevilla (Spanien). 7 Mill. t Erdreich und Schlamm sind abzutragen

Havarierter Frachter „Pallas" löst vor Amrum, Sylt und Föhr Ölverschmutzung aus

In der BRD grassiert die Schweinepest

Gegen eigenes Gesetz zum Schutz d. Nichtraucher hat sich der Dt. Bundestag ausgesprochen

Thomas Drach, mutmaßlicher Kopf d. Reemtsma-Entführung, wird in Buenos Aires (Argentinien) festgenommen

† *James Earl Ray* (* 1928), Mörder d. US-Bürgerrechtlers *Martin Luther King*

Lawinenunglück in den franz. Alpen: 11 Tote, zahlreiche Verletzte

Mehrere Erdbeben im Norden Afghanistans fordern zunächst rund 4500 Opfer. Später im Jahr noch einmal mehr als 4000 Tote

Mindestens 3000 Tote nach Flutwelle in der Provinz West-Sepik auf Papu-Neuguinea

Überschwemmungskatastrophe am Jangtse in Mittelchina. Offiz. Zahlen: 250 000 qkm überflutet, 6 Mill. Häuser zerstört, 240 Mill. Menschen betroffen, 3656 Tote, 48 Mrd. DM Schaden. Bis nach Rußland reicht das Hochwasser. Japan beklagt 14 Opfer bei schweren Unwettern. In Bangladesh 500 Tote durch Monsunflut

Bei mehreren Tornados in Florida (USA), die auf das Klimaphänomen El Niño zurückgeführt werden, kommen 39 Menschen ums Leben

Als Folge d. Hurrikans „Mitch" erlebt Mittelamerika schwere Überschwemmungen. Tausende Tote in Nicaragua, Honduras, El Salvador und Guatemala, mehrere hunderttausend Menschen obdachlos. Die Staatsoberhäupter fordern angesichts d. verheerenden Zerstörungen eine Art „Marshallplan" zum Wiederaufbau ihrer Länder

(1998)	*Reinhard Klimmt* neuer saarl. Ministerpräs. als Nachfolger von *Oskar Lafontaine*, der Bundesfinanzminister wird *Gerhard Glogowski* neuer niedersächs. Ministerpräs. als Nachfolger von *Gerhard Schröder*, der Bundeskanzler wird Der Bayer. Senat, die zweite Kammer neben dem Landtag, wird nach Volksentscheid abgeschafft Hessens Ministerin f. Umwelt, Energie, Jug., Fam. und Gesundh., *Nimsch* (Bündnis 90/Die Grünen), tritt zurück wegen unkorrekter Auftragsvergabe *Johannes Rau* tritt als Ministerpräs. von Nordrhein-Westfalen sowie als SPD-Landesvors. zurück. Nachfolger als Ministerpräs. wird *Wolfgang Clement*, *Franz Müntefering* wird neuer Landesvors. d. SPD. *Rau* wird von der SPD als Kandidat für die Wahl d. Bundespräs. nominiert *Helmut Kohl* tritt als Vors. d. CDU zurück. *Wolfgang Schäuble* wird Nachfolger „Rote Armee Fraktion" (RAF) erklärt sich in einem als authent. bewerteten Schreiben für aufgelöst Deutsche Bank und Dresdner Bank von NS-Opfern in USA auf Schadenersatz in Mrd.höhe verklagt Schweizer Großbanken UBS und Crédit Suisse einigen sich mit jüd. US-Klägern auf Zahlung von 1,25 Mrd. $ für Einbehaltung von Geldern auf angeblich herrenlosen Konten von Holocaust-Opfern † *Ernst Brugger* (*1914), Schweiz. Politiker, Altbundesrat † *Rudolf Eberhard* (* 1914), CSU-Politiker † *Kurt Hager* (* 1912), Kulturpolitiker d. SED † *Richard Jäger* (* 1913), CSU-Politiker, ehem. Bundesjustizminister † *Gerhard Jahn* (* 1927), SPD-Politiker † *Gerhard Kienbaum* (* 1919), dt. Unternehmensberater und Politiker † *Klaus Matthiesen* (* 1942 in Gangerschild/Flensburg), SPD-Politiker † *Erich Mende* (* 1916 in Groß-Strehlitz), ehem. FDP-Vors., Bundesminister, Vizekanzler und später CDU-Bundestagsabgeordn. † *Erich Mückenberger* (* 1910), dt. Politiker † *Max Streibl* (* 1932 in Oberammergau), CSU-Politiker, ehem. bayer. Ministerpräs. † *Heinz Westphal* (* 1924), SPD-Politiker Österr. Bundespräs. *Thomas Klestil* wird für zweite Amtszeit bei der Bundespräs.wahl bestätigt Sozialdemokratin *Ruth Dreifuss* (* 1940) zur ersten Bundespräs. d. Schweiz gewählt	*Alexander-Puschkin*-Preis an *Vladimir Makanin*, russ. Schriftsteller *Hans-Sahl*-Preis an *Edgar Hilsenrath*, dt. Schriftsteller *Richard-Schönfeld*-Preis f. Satire d. Hamburg. Kulturstiftung an *Max Goldt*, dt. Schriftsteller *Johann-Heinrich-Voss*-Preis an *Gustav Just*, dt. Übersetzer und Herausgeber tschech. und slowak. Lit. *Peter-Weiss*-Preis an *Christoph Hein*, dt. Schriftsteller *Nagib-Mahfuz*-Medaille d. Amerikanischen Universität in Kairo, Ägypten, für zeitgenöss. arab. Lit. an *Ahlam Mustaghanami*, alger. Schriftstellerin Prix Goncourt (Frankr.) an *Paule Constant*, franz. Schriftstellerin für den Roman „Confidence pour confidence" („Vertrauen gegen Vertrauen") National Book Award (USA) – Belletristik an *Alice McDermott* für „Charming Billy". Lyrik an *Gerald Stern* für „This Time: New and Selected Poems". Sachbuch an *Edward Ball* für „Slaves in the Family". Ehrenpreis an *John Updike*	Zum Studium d. alten Sprachen ruft der Dt. Altphilologenverband auf, wegen Nachwuchsmangels unter Griechisch- und Lateinlehrern Erstes dt.-tschech. Gymnasium in der BRD in Pirna (Sachsen) Eine muslim. Referendarin, die auf dem Tragen ihres Kopftuchs im Unterricht besteht, wird nicht in den Schuldienst d. Landes Baden-Württemberg übernommen „Islam. Föderation" erstreitet in Berlin das Recht, an staatlichen Schulen mit finanz. Hilfe d. Landes Religionsunterricht zu erteilen In Teheran (Iran) wird ein Deutscher zum Tode verurteilt wegen angeblich sexueller Beziehung mit einer moslemischen Frau. Die dt. Bundesreg. protestiert und fordert Aufhebung d. Urteils Bundesverfassungsgericht billigt die Rechtschreibreform. In einem Volksentscheid in Schleswig-Holstein stimmen 56,4 % dagegen † *Inge Aicher-Scholl* (* 1917), dt. Pädagogin und Publizistin

Eröffnung d. *Ernst-Barlach*-Museums in Güstrow

Eröffnung d. Musée d'art et d'histoire du Judaisme im Pariser Stadtviertel Marais

Eigenes Museum für den niederländ. Maler *Armando* (* 1929) in Amersfoort eröffnet

„Dürer, Holbein, Grünewald" mit Beständen aus Basel und Berlin – wichtigste Graphikausstellung d. Jahres im Berliner Kupferstichkabinett

Zum 150. Geburtstag von *Paul Gauguin* 3 Großausstellungen in der BRD: Stuttgarter Staatsgalerie, Essener Folkwang-Museum, Neue Nationalgalerie in Berlin

Retrospektive *Jackson Pollock* im New Yorker Museum of Modern Art

Retrospektive für *Robert Rauschenberg*, amerik. Popkünstler, im Kölner Museum Ludwig (übernommen vom New Yorker Guggenheim-Museum) ist von der dt. Sektion d. Intern. Kunstkritiker-Verbands zur Ausstellung d. Jahres gewählt worden. Platz 2 für Düsseldorfer Ausstellung *„Max Ernst"*, Platz 3 für Bilderschau *Max Beckmann* „Landschaft als Fremde" in der Kunsthalle Hamburg

† *Sonny Bono* (* 1936), US-amerik. Sänger und Politiker, Ex-Ehemann von *Cher*

† *Miltiades Caridis* (* 1923 in Danzig), griech. Dirigent

† *Richard Cassilly* (* 1927), US-amerik. Tenor

† *Basil „Manenberg"* Cotzee (* 1943), südafrik. Saxophonist

† *Roman Cycowski* (* 1901), Mitglied d. legendären „Comedian Harmonists"

† *Peter Diamand* (* 1913), niederländ. Musiker und Gründer d. Holland-Festivals

† *Nina Dorliak* (* 1909), russ. Sängerin und Gesangspädagogin

† *Todd Duncan* (* 1907), US-amerik. Bariton, erster schwarzer Porgy-Darsteller

† *Falco*, eigentl. *Johann Hölzl*, (* 1957), österr. Popsänger und -komponist

† *Martin Fläming* (* 1913), dt. Musikpädagoge und Chorleiter

† *Margot Friedländer* (* 1917 in Berlin), dt. Sängerin und Schauspielerin

† *Johann Cilensek* (* 1913), dt. Komponist

† *Serge Golowine* (* 1925), russ. Tänzer

Erstmals ein mehrzelliges Lebewesen (Fadenwurm „Caenorhabditis elegans") komplett genetisch entschlüsselt von brit. Wiss. am Sanger Centre, Cambridge, und US-Wiss. vom Genome Sequencing Center, St. Louis

US-Genforscher *Richard Seed* plant in Chicago Fortpflanzungsklinik, in der jährlich bis zu 500 menschliche Klone entstehen sollen

Dt. Bundeskriminalamt nimmt die zentrale Gen-Datei mit genetischen Profilen von Tätern als moderne Technik im Kampf gegen Verbrechen in Betrieb

In Niedersachsen führt die aufwendigste Gen-Untersuchung in der dt. Kriminalgeschichte zum Mörder eines 11jähr. Mädchens. 12 000 Männer gaben ihre Speichelprobe ab

Dt. Bundesausschuß d. Ärzte und Krankenkassen beschließt, daß die von der US-Firma Pfizer entwickelte Potenzpille Viagra in der BRD nicht auf Kosten d. gesetzl. Krankenkassen verschrieben wird. Seit Oktober ist die Pille in den EU-Staaten im Handel

60 Bergleute getötet bei Grubenunglück im ostukrain. Kohlerevier Donbass

Nach Grubenunglück in Lassing (Österr.) wird eine 10köpfige Rettungsmannschaft beim Versuch, einem verschütteten Bergmann zu helfen, Opfer einbrechender Gesteinsmassen. Der Bergmann *Georg Hainzl* wird nach 9 Tagen von einer zweiten Rettungsmannschaft lebend geborgen

Ein tieffliegendes US-Militärflugzeug durchtrennt im ital. Skigebiet bei Cavalese das Stahlseil einer Seilbahn. 20 Menschen stürzen 300 m tief in den Tod

101 Todesopfer und 88 Verletzte bei Zugunglück in Eschede (NRW). Ein ICE prallt mit 200 km/h gegen eine Brücke. Ursache ist ein Radreifenbruch

Airbus-Absturz nahe Taipeh (Taiwan): mehr als 200 Tote

Absturz einer Swissair-Maschine vor Kanada fordert 229 Menschenleben. Schwerstes Unglück in der Geschichte d. Schweiz. Luftfahrt

60 Menschen kommen im schwed. Göteborg bei Brand in einer Diskothek ums Leben

Hinrichtung d. zweifachen Mörderin *Carla Tucker* im US-Bundesstaat Texas durch Giftinjektion. Sie ist seit 1863 die erste Frau, die in Texas hingerichtet wird

Zwei 11- und 13jähr. Jungen erschießen vor einer Schule im US-Bundesstaat Arkansas vier Schülerinnen und eine Lehrerin, elf weitere Personen werden verletzt. Im Bundesstaat Oregon tötet kurz darauf ein 15Jähriger mit Schnellfeuergewehr zwei Schüler und verletzt 25 schwer

Bei Massakern werden in Algerien allein zu Beginn d. islamischen Fastenmonats Ramadan mehrere hundert Menschen ermordet

Olymp. Winterspiele in Nagano (Japan) mit mehr als 2330 Sportlern aus 72 Ländern. Nationenwertung: BRD (12 Gold, 9 Silber, 8 Bronze) vor Norwegen und Rußland

(1998)	In Dänemark verteidigen die Sozialdemokraten knapp ihre Minderheitsregierung unter *Poul Nyrup Rasmussen* Wahlen in Schweden ergeben keine Regierungsmehrheit: Regierende Sozialdemokraten bleiben mit 36,6 % stärkste Fraktion, starker Stimmenzuwachs für ehem. Kommunisten, konservative „Moderate" 22 %, Liberale und Zentrumsparteien knapp über 4 %, Christdemokraten fast 12 %. Ministerpräs. *Göran Persson* führt weiter Minderheitsregierung Wahlen in den Niederlanden bestätigen die sozialdemokrat. Arbeiterpartei als stärkste Partei (45 Mandate) vor der rechtsliberalen „Volkspartei für Freiheit und Demokratie" (38) und den linksliberalen „Demokraten 66" (14) Vorübergehende Flucht d. Kinderschänders *Marc Dutroux* führt in Belgien zu Regierungskrise. Innenminister *Lanotte* und Justizminister *De Clerck* treten zurück Italiens ehem. Ministerpräs. *Berlusconi* zu Haftstrafe verurteilt wegen Bestechung von Steuerprüfern Ital. Abgeord.kammer entzieht Ministerpräs. *Romano Prodi* das Vertrauen. Er tritt zurück. Nachfolger wird *Massimo D'Alema* (* 1949), Vors. d. „Demokrat. Partei d. Linken". Die neue Regierung besteht aus 27 Mitgliedern aus 7 Parteien Im Baskenland erklärt die Separatistenorg. ETA den unbefristeten und totalen Waffenstillstand Bask. Regierungschef wird der Kandidat d. Baskisch-Nationalist. Partei *Ibarretxe* Friedensgespräche um Nordirland werden abgeschlossen: Vereinbarung sieht Verfassungsänderung in der Rep. Irland vor, deren Anspruch auf die Nordprovinz modifiziert wird. Entsprechend wird auch das brit. Nordirland-Gesetz von 1920 geändert 28 Tote und über 200 Verletzte in Omagh beim verheerendsten Bombenanschlag in Nordirland Serb. Miliz geht mit unverminderter Härte gegen alban. Dörfer in der Südprovinz Kosovo vor EU und NATO drohen mit Militärschlag, falls *Slobodan Milošević*, Präs. d. Bundesrep. Jugoslawien, seine Truppen nicht aus dem Kosovo zurückzieht Mit Eingliederung d. Region Ostslawonien erreicht Kroatien volle territoriale Souveränität Argentinien liefert *Dinko Sakic* an Kroatien aus, der 1942-44 als Ustascha-Mitglied Kommandant d. KZ Jesenovac war *Václav Havel* wird vom Prager Parlament für weitere 5 Jahre als tschech. Präs. in seinem Amt bestätigt Wahl in Tschech. Rep.: Sozialdemokr. 74 Sitze, Demokrat. Bürgerpartei (ODS) 63, Kommunist. Partei 24. Minderheitsreg. d. Sozialdemokr., *Miloš Zeman* neuer Ministerpräs.	IMPAC Literary Award (Irland) an *Herta Müller*, dt. Schriftstellerin, für den Roman „Herztier" Israel-Preis für Lit. an *Amos Oz*, israel. Schriftsteller, und *Dalya Rabikovitch*, israel. Lyrikerin Lyrikpreis d. Stadt Meran (Italien) an *Jürgen Nendza*, dt. Lyriker. Förderpreise an die dt. Lyriker *Markus Manfred Jung* und *Horst Samson* Nord. Lit.preis an *Tua Forsström*, finn. Lyrikerin *Ingeborg-Bachmann*-Preis (Österr.) an *Sibylle Lewitscharoff*, dt. Schriftstellerin *Erich-Fried*-Preis für Lit. und Sprache (Österr.) an *Bert Papenfuß*, dt. Schriftsteller *Solschenizyn*-Lit.preis an *Wladimir Toporow*, russ. Philologe und Mythenforscher *Alexander Solschenizyn* lehnt den Andreas-Orden ab, den ihm *Boris Jelzin* verleihen wollte Großer Lit.preis d. Kanton Bern an *Felix Philipp Ingold*, Schweiz. Schriftsteller Solothurner Lit.preis (Schweiz) an *Thomas Hürlimann*, Schweiz. Schriftsteller	† *Remigius Bäumer* (* 1920), dt. Kirchenhistoriker † *Hartmut Boockmann* (* 1934), dt. Mediävist † *August Buck* (* 1912), dt. Romanist † *Francis Carstens* (* 1912), brit. Historiker und Schriftsteller dt. Herkunft † *Agostino Casaroli* (* 1915), ital. Jurist und Kardinal † *John Chadwick* (* 1920), US-amerik. Altertumswiss. † *Henry Steele Commager* (* 1900), US-amerik. Historiker † *Louis Dumont* (* 1911), franz. Anthropologe † *Thomas Ellwein* (* 1927), dt. Politikwiss. † *Ossip K. Flechtheim* (* 1909 in Nikolajew/Ukr.), dt. Politik- und Sozialwiss. † *Marie-Louise v. Franz* (* 1914), Schweiz. Tiefenpsychologin † *Jacques Freymond* (* 1912), Schweiz. Historiker † *Heinrich Fries* (* 1912), dt. Theologe † *Olof Gigon* (* 1912), Schweiz. Altphilologe und Philosophiehistoriker

Ausstellung „Hochrenaissance am Vatikan“ in der Kunst- und Ausstellungshalle d. BRD in Bonn

Ausstellung „1648. Krieg und Frieden in Europa“ im Westfäl. Landesmuseum Münster und in Osnabrück anläßlich d. 350. Jahrestags d. Westfäl. Friedens

6 Museen und 3 Kunstvereine in Mannheim (Kunsthalle: „Menschenbilder. Figur in Zeiten der Abstraktion“), Ludwigshafen (Hack-Museum: „Kunst im Aufbruch“), Heidelberg (Kurpfälz. Mus. und Kunstverein: „Brennpunkt Informel“) und Stuttgart zeigen Rekonstruktion d. Aufbruchästhetik von 1945 bis 1959

Ausstellung mit Werken von *Marcel Duchamp* und *Joseph Cornell* zur Beziehung d. beiden Künstler im Philadelphia Museum of Art

Ausstellung d. Gemälde von *Angelika Kauffmann* (1741–1807) im Düsseldorfer Kunstmuseum

Mit der Skulptur von *Richard Serra*, „Bramme (für das Ruhrgebiet)“, 15 m hoch, 4,5 m breit, beginnt das Finale d. Internat. Bauausstellung Emscher Park

† *Ilse Bing* (* 1900), dt.-amerik. Fotografin und Kunsthistorikerin

† *Ernst Gutstein* (* 1924), österr. Bariton

† *Claus Henneberg* (* 1935), dt. Librettist

† *Horst Jankowski* (* 1936 in Berlin), dt. Jazzmusiker und Komponist

† *Matoub Lounès* (* 1956), alger. Sänger und Vertreter d. Berber (ermordet)

† *Linda McCartney* (* 1942), brit. Musikerin und Fotografin, Ehefrau von *Paul McCartney*

† *Paul Misraki* (* 1908 in Istanbul), in Frankr. lebender Filmkomponist

† *Jan Meyerowitz* (* 1913 in Breslau), dt.-amerik. Dirigent, Komponist, Schriftsteller, Musikhistoriker

† *Norbert Moret* (* 1921 im Broye-Bezirk), Schweiz. Komponist

† *Hermann Prey* (* 1929 in Berlin), dt. Bariton

† *Jerome Robbins* (* 1918 in New York), US-amerik. Choreograph und Ballettmeister

† *Leonie Rysanek* (* 1926 in Wien), österr. Sopranistin

† *Alfred Schnittke* (* 1934, Wolgadt. Rep.), russ.-dt. Komponist

Wiss. d. Univ. Cambridge gelingen elektronenmikroskop. Aufnahmen von Atomen mit einem Abstand von weniger als einem zehnmilliardstel Meter. Bisher konnten nur doppelt so große Distanzen sichtbar gemacht werden

Siemens und Motorola (USA) starten in Dresden größtes europ. Mikroelektronik-Projekt

VW produziert in Puebla (Mexiko) das Käfer-Nachfolgemodell „New Beetle“

In Hongkong wird der neue Flughafen Chek Lap Kok auf einer künstlichen, 21 qkm großen Insel eröffnet. Baukosten 36 Mrd. DM

Dt. Bundesbahn gibt Hochgeschwindigkeitsstrecke zwischen Berlin und Hannover frei. Baukosten: 5 Mrd. DM

Einweihung d. Vasco-da-Gama-Brükke bei Lissabon (Portugal) über die Tejo-Mündung. Mit 17,2 km längste Brücke Europas

Eröffnung d. größten Hängebrücke d. Welt: 1990 m mißt die lichte Spannweite zw. den südjapan. Festland und der Insel Awaji

Dt. „Sportler d. Jahres“: *Katja Seizinger*, Skiläuferin, *Georg Hackl* (Rodler) und die Fußballmannschaft d. 1. FC Kaiserslautern

Fußball-Weltmeisterschaft in Frankreich: Frankreich siegt erstmals (im Endspiel gegen Brasilien 3:0) vor Kroatien und den Niederlanden. Deutschland scheidet im Viertelfinale gegen Kroatien mit 0:3 aus. Die WM steht unter dem Eindruck gewalttätiger dt. Fans, die im nordfranz. Lens einen franz. Polizisten lebensgefährlich verletzen

Franz. Nationalspieler *Zinedine Zidane* zum Weltfußballer d. Jahres gewählt

Als erster Mannschaft in der Geschichte d. Fußball-Bundesliga gelingt es dem 1. FC Kaiserslautern, als Aufsteiger die Meisterschaft zu gewinnen. Absteiger sind Arminia Bielefeld, 1. FC Köln und der Karlsruher SC. Aufsteiger sind Eintracht Frankfurt, SC Freiburg und 1. FC Nürnberg

Dt. Fußball-Pokalsieger wird der FC Bayern München, der im Endspiel den MSV Duisburg 2:1 schlägt

Der Fußball-Weltverband FIFA wählt den Schweizer *Joseph Blattner* zu seinem Präs. Er tritt die Nachfolge von *Joao Havelange* (Bras.) an, der 24 Jahre lang im Amt war

Berti Vogts, Bundestrainer d. Fußball-Nationalmannschaft, tritt zurück. Nachfolger wird *Erich Ribbeck* als Teamchef, Assistent wird *Uli Stielike*

† *Gottfried Dienst* (* 1920), Schweiz. Fußball-Schiedsrichter, berühmt geworden durch das „Wembley-Tor“ beim WM-Endspiel 1966

† *Florence Griffith-Joyner* (* 1960) US-amerik. Leichtathletin (100-m-Weltrekord, mehrfache Olympiasiegerin und Weltmeisterin)

† *Heinz Maegerlein* (* 1912), dt. Sportjournalist

† *Archie Moore* (* 1914), US-amerik. Berufsboxer

† *Helmut Johannson* (* 1920), dt. Fußballtrainer

(1998) *Vladimir Mečiar*, Ministerpräs. d. Slowakei, tritt nach schwerer Wahlniederlage zurück

Bulgarien schafft die Todesstrafe ab

In Ungarn wird der „Bund d. Jungdemokraten – Ungar. Bürgerliche Partei" zur stärksten Partei gewählt

Litauen schafft die Todesstrafe ab

Minderheitsregierung d. neuen Ministerpräs. *Kristopans* in Lettland bestätigt. Stärkste Fraktion d. Volkspartei lehnt Koalition ab

Alban. Ministerpräs. *Fatos Nano* tritt zurück. Nachfolger wird der Generalsekr. d. Sozialist. Partei *Majko*

In Albanien wird das neue demokrat. Grundgesetz von über 90 % d. Wähler angenommen

† *Bella Abzug* (* 1921), US-Juristin, Frauenrechtlerin und Kongreßmitglied

† *José Maria de Areilza* (* 1919), span. Politiker

† *Stokely Carmichael* (* 1940), US-Bürgerrechtler

† *Barry Goldwater* (* 1909 in Phoenix), US-Politiker, Senator, ehem. Präs.kandidat d. Republikaner

† *Konstantin Karamanlis* (*1907 in Proti, Mazedonien), ehem. griech. Staatspräs. und Ministerpräs.

† *Enoch Powell* (* 1912), brit. Politiker, Publizist und Historiker

† *Todor Schiwkow* (* 1911 Prawez/Sofia), ehem. bulgar. Staats- und Regierungschef

† *Maurice Schumann* (* 1911), franz. Politiker, ehem. Außenminister

† *Morris King Udall* (* 1922), US-Politiker

† *George Wallace* (* 1919 Clio), US-Politiker

Sergej Kirijenko wird von der russischen Staatsduma als Ministerpräs. und Nachfolger von *Tschernomyrdin* bestätigt. Kurze Zeit später wird *Kirijenko* von *Boris Jelzin* abgesetzt, *Jewgenij Primakow* wird dessen Nachfolger

Der russ. Präs. *Boris Jelzin* spricht sich gegen ausländ. Finanzhilfen aus, wie es russ. Finanzpolitiker fordern. Dennoch erhält Rußland laut Sonderbeauftr. *Tschubaj* 14,8 Mrd. zusätzliche internat. Finanzhilfe

Zar *Nikolaus II.* und seine Familie werden 80 Jahre nach ihrer Ermordung in St. Petersburg im Beisein von *Boris Jelzin* beigesetzt

Russ. Duma fordert *Jelzins* Rücktritt. Hunderttausende Russen demonstrieren gegen Jelzin und verlangen seinen Rücktritt. Die Regierung spricht von 700 000 Teilnehmern, ein Gewerkschafter von 10 Mill.

Galina Starowojtowa, demokr. Duma-Abgeordnete, wird in St. Petersburg erschossen

Alexander Lebed, Ex-Berater *Jelzins*, gewinnt die Gouverneurswahlen in Krasnojarsk (Sibirien)

Eduard Schewardnadse, Präs. v. Georgien, entgeht in Tiflis Attentat

Beloruss. Präs. *Alexander Lukaschenko* weist 11 Botschafter aus seinem Land aus

In der Türkei wird die Islam. Wohlfahrtspartei verboten

Türk. Ministerpräs. *Mesut Yilmaz* durch parlament. Mißtrauensvotum gestürzt

Cervantes-Preis, höchster lit. Preis f. spanisch-sprachige Lit., an *José Hierro* (* 1922 in Madrid), span. Lyriker

In der BRD wird „Rot-Grün" zum Wort d. Jahres 1998 gewählt, 2. Platz für „Viagra" vor „neue Mitte" und dem Ausruf d. ehem. Fußballtrainers von Bayern München, *Giovanni Trapattoni*, „Ich habe fertig"

Zum Unwort d. Jahres 1997 wird rückblickend von einer Jury der Begriff „Wohlstandsmüll" gewählt, mit dem der Präs. d. Verwaltungsrats eines dt. Konzerns arbeitsunwillige und kranke Menschen bezeichnet hat

† *Eric Ambler* (* 1909 in London), brit. Kriminalschriftsteller

† *Dominique Aury* (* 1908), franz. Schriftstellerin

† *Lucien Bodard* (* 1914), franz. Schriftsteller und Journalist

† *Georges Borgeaud* (* 1914 in Lausanne), Schweiz. Schriftsteller

† *Georges Bosquet* (* 1920), franz. Schriftsteller und Lit.kritiker

† *Nicolas Bouvier* (* 1921), Schweiz. Schriftsteller und Fotograf

† *Hermann Goldschmidt* (* 1913), Schweiz. Philosoph und Schriftsteller † *Nelson Goodman* (* 1906), US-amerik. Philosoph † *Trevor Huddleston* (* 1913), brit. anglik. Geistlicher † *Ernst Käsemann* (* 1906), dt. Theologe † *Werner Kaltefleiter* (* 1938), dt. Sozialwiss. und Politologe † *Niklas Luhmann* (* 1927 in Lüneburg), dt. Soziol. † *Jean-François Lyotard* (* 1924 in Versailles), franz. Philosoph † *Maud Mannoni* (* 1923), franz. Kinderpsychologin † *Muhammed Mutawalli Scharawi* (* 1910), ägypt. Kleriker, populärer islam. Prediger † *Josef Schneider* (* 1906), dt. Theologe, ehem. Erzbischof v. Bamberg † *Benjamin Spock* (* 1904), US-amerik. Kinderarzt und -psychologe † *Günther Stöckl* (* 1916), österr. Historiker † *Telford Taylor* (* 1908), US-amerik. Jurist, Ankläger bei Nürnberger Prozessen † *Falk Wagner* (* 1938), dt. Theologe	† *Georges Borgeaud* (* 1912), Schweiz. Kunstmaler † *Wilhelm Braun-Feldweg* (* 1907), dt. Prof. f. Bildende Künste, Designer und Maler † *Alik Cavalieri* (* 1926), ital. Bildhauer † *César* (* 1921 in Marseille), franz. Künstler † *William Congdon* (* 1912), US-amerik. Maler † *Lúcio Costa* (* 1902), brasil. Architekt † *François Daulte* (* 1925), Schweiz. Kunsthistoriker, Ausstellungsmacher und Publizist † *Gino De Dominicis* (* 1947 in Ancona), ital. Künstler d. Arte povera † *Lydia Delectorskaja* (* 1909), russ. Emigrantin, Mitarbeiterin, Modell und Muse von *Henri Matisse* † *Georg Eisler* (* 1928), österr. Maler † *Albert Frey* (* 1903 in Zürich), Schweiz.-amerik. Architekt † *Hermann Göritz* (* 1902), dt. Garten- und Landschaftsarchitekt † *Horst Hallensleben* (* 1928), dt. Kunsthistoriker † *Bob Kane* (* 1916), US-amerik. Comic-Zeichner	† *Frank Sinatra* (* 1915 in Hoboken, N. J.), US-amerik. Sänger, Schauspieler und Entertainer † *Wolfgang Stresemann* (* 1904 in Berlin), Dirigent, ehem. Intendant d. Berl. Philharm. † *Shinichi Suzuki* (* 1898 in Nagoya), japan. Geiger, Dirigent und Musikpädagoge † *Georgi Swiridow* (* 1915 in Fatesch/Kursk), russ. Komponist † *Klaus Tennstedt* (* 1926 in Merseburg), dt. Dirigent † *Lucia Valentini Terani* (* 1947), ital. Opernsängerin † *Sir Michael Tippett* (* 1905 in Suffolk), brit. Komponist † *Vico Torriani* (* 1920 in Genf), schweiz. Schlagersänger, Filmschauspieler und Entertainer † *Haj Hocine Toulali* (* 1924 in Meknes), marokkan. Volksmusiker † *Galina Ulanowa* (* 1910 St. Petersburg), russ. Solotänzerin † *Carl Wilson* (* 1947), US-amerik. Rockmusiker, Mitglied und Gründer d. „Beach Boys" † *Attila Zoller* (* 1917), amerik.-ungar. Jazzgitarrist	Dän. Katamaran „Cat Link V" von Scandlines schafft mit 41,2 Knoten (76,3 km/h) in 2 Tagen, 17:59 Std. die schnellste Nordatlantik-Überquerung (das Blaue Band) von New York nach Southampton Ein 18 t schweres Teil d. Bordwand d. Wracks d. „Titanic" wird vor Neufundland geborgen Argentin. und US-Wiss. entdecken an der südostargentin. Küste Krater von 20 km Durchmesser, der auf Asteroiden-Einschlag vor 3,3 Mill. Jahren zurückgeführt wird US-Wiss. folgern aus Aufnahmen d. Sonde „Lunar Prospector", daß in den Kratern d. beiden Pole d. Mondes große Wassermengen gefroren sind US-Senator und Raumfahrtpionier *John Glenn* absolviert seinen zweiten Flug ins All und ist mit 77 Jahren der bisher älteste Astronaut Endgültiger Vertrag über den Bau einer Internat. Raumstation ISS zw. den USA, Europa, Rußland, Japan und Brasilien	Die 85. Tour de France gewinnt *Marco Pantani* (Italien) vor dem Deutschen *Jan Ullrich*. Das Rennen ist von Dopingskandalen und polizeilichen Ermittlungen überschattet Ein noch aktiver Trainer gesteht erstmals seine Beteiligung am systematischen Doping im Sport d. DDR Verschiedene ehem. DDR-Sportler wollen ihre unter Doping-Einnahme errungenen Medaillen zurückgeben Der Finne *Mika Häkkinen* wird Weltmeister in der Formel 1, sein McLaren-Mercedes-Team zudem Weltmeister d. Konstrukteure. Der Deutsche *Michael Schumacher* wird Zweiter *Micky Maus* wird 70 Jahre alt † *Adolf Althoff* (* 1913), dt. Zirkusdirektor

(1998)

Abdullah Öcalan, Führer d. Arbeiterpartei Kurdistans (PKK), in Rom zunächst festgenommen. Bonn stellt keinen Auslieferungsantrag. Nach seiner Freilassung verläßt er Italien mit unbekanntem Ziel

Zyperns Präs. *Glafkos John Klerides* wird in seinem Amt bestätigt durch Stichwahl gegen den ehem. Außenminister *Jakovou*

Bombenanschläge auf die US-Botschaften in Nairobi (Kenia) und Daressalam (Tansania) fordern mehr als 200 Tote und über 500 Verletzte. Islamisten bezichtigen sich der Taten. Die USA greifen als Vergeltung Ziele in Afghanistan und im Sudan an

Nach dem Tod d. Oppositionsführers *Moshood Abiola* kommt es in Nigeria zu schweren Unruhen mit mindestens 60 Toten

In Sierra Leone stürzt die westafrikan. Friedenstruppe Ecomog die Militärjunta unter *Johnny Paul Koroma*. Der demokratisch gewählte *Ahmad Tejan Kabbah* kehrt aus dem Exil in Guinea zurück

Vors. d. südafrikan. Wahrheitskommission, Bischof *Desmond Tutu*, übergibt Präs. *Nelson Mandela* Abschlußbericht über Verbrechen d. Apartheid

Israel feiert den 50. Jahrestag seiner Staatsgründung

Israels Staatspräs. *Ezer Weizman* ist in der Knesset für zweite Amtsperiode bestätigt worden

Israels Ministerpräs. *Netanjahu* und der Vors. d. paläst. Autonomiebehörde *Arafat* unterzeichnen in Wye (USA) ein Interimsabkommen unter Vermittlung *Bill Clintons* und d. jord. Königs *Hussein*. Das Abkommen wird vom israel. Kabinett nur mit knapper Mehrheit angenommen

Erster internat. Flughafen im Gaza-Streifen 20 Monate nach Fertigstellung eröffnet

Bill Clinton besucht als erster US-Präs. die paläst. Autonomiegebiete

In Amman demonstrieren jordan. Frauen erstmals öffentl. gegen Gewalt in der Familie

Im Iran werden zahlreiche oppositionelle Intellektuelle ermordet

Nachfolger d. zurückgetr. alger. Ministerpräs. *Ahmed Ouyahia* wird *Ismail Hamdani*

Salima Ghezali, alger. Journalistin und Bürgerrechtlerin, erhält den *Andrej-Dimitrijewitsch-Sacharow*-Preis d. Europ. Parlaments

† *Elias Freij* (* 1918), paläst. Politiker, Bürgermeister v. Bethlehem

† *Nazem Kudzi* (* 1907), syr. Politiker, ehem. Staatspräs.

† *Hilla Limann* (* 1933), ghan. Politiker, ehem. Präs.

Fernando Henrique Cardoso als Präs. in Brasilien wiedergewählt

† *Emilie „Mile" Braach* (* 1898), dt. Schriftstellerin

† *Joan Brossa* (* 1919 in Barcelona), katalan. Schriftsteller und Objektkünstler

† *Carlos Castaneda* (* 1925), US-amerik. Schriftsteller, Esoterik-Guru und Ethnologe

† *Eldrige Cleaver* (* 1935 in Wabbaseka/USA), afro-amerik. Schriftsteller und Bürgerrechtler

† *Max Colpet-Colby* (* 1905), dt. Drehbuchautor und Songtexter („Sag mir, wo die Blumen sind")

† *Henri Contet* (* 1904), franz. Chansontexter

† *Francis Durbridge* (* 1913), brit. Kriminalschriftsteller

† *Clemens Eich* (* 1954), dt. Lyriker und Schriftsteller

† *Albert Ehrismann* (* 1908), Schweiz. Lyriker und Schriftsteller

† *Paul Flamand* (* 1909), franz. Verleger (Editions du Seuil)

† *Gloria Fuertes* (* 1918), span. surrealist. Dichterin und Kinderbuchautorin

† *Jaume Fuster* (* 1944), span. Schriftsteller katalan. Sprache

† *William Gaddis* (* 1922), US-amerik. Schriftsteller

† *Anne Geelhaar* (* 1915), dt. Kinderbuch- und Drehbuchautorin

† *Martha Gellhorn* (* 1907), US-amerik. Journalistin u. Kriegsberichterstatterin

† *Julian Green* (* 1900 in Paris), amerik.-franz. Schriftsteller

† *Sebastian Haffner* (* 1907 in Berlin), dt. Publizist, Journalist und Anwalt

† *Zbigniew Herbert* (* 1924 in Lemberg), poln. Lyriker, Dramaturg und Essayist

† *Miroslav Holub* (* 1923), tschech. Schriftsteller

† *Ernst Jünger* (* 1895 in Heidelberg), dt. Schriftsteller

† *Ernst Klett* (* 1912), Verleger und 1972-74 Vorsteher d. Börsenvereins d. Dt. Buchhandels

† *Gabriel Laub* (* 1928), poln. Schriftsteller, Satiriker

† *Erica Loos* (* 1906), dt. Fotografin

† *Hansel Mieth* (* 1907), amerik. Bildreporterin dt. Herkunft

† *Shiryu Morita* (* 1912), japan. Graphiker und Schreibmeister

† *Victor Pasmore* (* 1908), brit. Maler

† *Dieter Roth* (* 1930), dt. Objektkünstler, Maler und Lyriker

† *Antonio Saura* (* 1930), span. Maler und Graphiker

† *Mario Schifano* (* 1932), ital. Pop-art-Künstler und Maler

† *Reg Smyth* (* 1917), brit. Zeichner

† *Anton Stankowski* (* 1906 in Gelsenkirchen), dt. Graphiker und Designer

† *Wolf Vostell* (* 1932 in Leverkusen), dt. Maler und Graphiker

Den amerik. Akademiepreis, Oscar, gewinnt in elf Sparten die 200-Mill.-Produktion „Titanic“: bester Film, *James Cameron* für beste Regie, Kamera, Ausstattung, Kostüme, Schnitt, Ton, Toneffektschnitt, visuelle Effekte, Filmmusik und bester Filmsong. Beste Hauptdarstellerin *Helen Hunt* und bester Hauptdarsteller *Jack Nicholson* für ihre Rollen in „Besser geht's nicht“ von *James L. Brooks*

Golden Globe d. Hollywood Foreign Press Ass.: bester Film (Komödie/Musical) an „Besser geht's nicht“ von *James L. Brooks*; (Drama) an „Titanic“ von *James Cameron*. Bester ausländ. Film: „Mein Leben in Rosarot“ d. belg. Regisseurs *Alain Berliner*

Walter Salles erhält bei den Berliner Filmfestspielen für „Central do Brasil“ (Bras. 1998) den Goldenen Bären, *Fernanda Montenegro* (Hauptrolle in „Central do Brasil“) als beste Darstellerin Silbernen Bären. Die franz. Schauspielerin *Catherine Deneuve* erhält Ehren-Bär für ihr Lebenswerk

Die Goldene Palme d. Filmfestspiele in Cannes erhält der griech. Regisseur *Angelopoulos* für „Die Ewigkeit und ein Tag“. Großer Preis d. Jury an den ital. Regisseur *Roberto Benigni* für „Das Leben ist schön“. Preis als bester Regisseur an den Briten *Boorman* für „The General“

Der Goldene Löwe d. Filmfestspiele von Venedig für den ital. Regisseur *Gianni Amelio* für „Coi ridevano“. Festspielleiter *Felice Laudadio* fordert die Abschaffung d. Wettbewerbs und Reformen d. Festivals

Europ. Dokumentarfilm-Preis Prix Arte an *Claudio Pazienza*, ital.-belg. Regisseur. Kurzfilmpreis an *Marie Paccous*, franz. Regisseurin, für „Un Jour“

Dt. Filmpreis. Bester Film: „Comedian Harmonists“ von *Joseph Vilsmaier*. Silber für „Winterschläfer“ von *Tom Tykwer*, „Zugvögel – einmal nach Inari“ von *Peter Lichtefeld*. Beste Regie: *Wim Wenders* für „Am Ende der Gewalt“. Beste Hauptdarstellerin: *Katja Riemann* in „Die Apothekerin“ und „Bandits“. Bester Hauptdarsteller: *Ulrich Noethen* in „Comedian Harmonists“. *Gregory Peck* für sein Lebenswerk

US-Raumfähre „Endeavour“ bringt das erste Verbindungsstück „Unity“ zum russischen Modul „Zarya“, dem „Functional Cargo Block“, der ab jetzt Lageregelung und Stromversorgung d. Internat. Raumstation ISS übernimmt

Der gewaltige Meteor-Schauer d. Leoniden aus dem Schweif d. Kometen Tempel-Tuttle erreicht die Erdatmosphäre, hinterläßt jedoch nicht die befürchteten Schäden an Satelliten

Sir William Rees, brit. Astronom, erhält den Bower Award and Prize for Achievement in Science

Fertigstellung d. „Unit Telescope 1“, Teil d. Very Large Telecope Array (VTL), d. Europ. Südsternwarte ESO auf dem Cerro Paranal in Nordchile mit 8,2-m-Spiegeldurchmesser

Erste erfolgreiche Aufnahmen d. 8,2-m-„Unit Telescope 1“ d. ESO, u. a. d. Schmetterlingsnebels NGC 6302, Gas, das eine sterbende Sonne ausgestoßen hat

Beginn d. „Sloan Digital Sky Survey“, umfangreichste Durchmusterung d. Universums, von einem Teleskop in New Mexico. Ziel: Atlas d. Universums

Japan. Sonde „Planet B“, danach in „Nozomi“ (Hoffnung) umgetauft, auf dem Weg zum Mars zur Erkundung d. Wechselwirkung zw. Marsatmosphäre und Sonnenwind

Erste Aufnahmen d. NASA-Sonnen-Satelliten „TRACE“ von aktiven Regionen am Sonnenrand, der Korona

† *Sir Derek K. Barton* (* 1919), brit. Chemiker

† *Kenichi Fukui* (* 1918), japan. Chemiker

† *George H. Hitchings* (* 1905), US-amerik. Biochemiker und Pharmakologe

† *Karl Mönkemeyer* (* 1916), dt. Chemiker

† *Ferdinand „Ferry“ Porsche jr.* (* 1909), dt. Automobilkonstrukteur

† *Vladimir Prelog* (* 1905), Schweiz. Chemiker

† *Maria Reiche* (* 1902), dt.-peruan. Mathematikerin

† *Alan Shepard* (* 1923 in East Derry), US-Astronaut

† *Haroun Tazieff* (* 1914), franz. Vulkanologe, Autor und Filmemacher

(1998)	*General Augusto Pinochet*, ehem. chilen. Diktator, wird nach span. Auslieferungsersuchen in London festgenommen. Die höchste brit. Rechtsinstanz („Law Lords") entscheidet zunächst, daß er sich nicht auf seine Immunität als Staatsoberhaupt berufen kann. Das Urteil wird wegen Befangenheit eines Lords aufgehoben In Guatemala wird zwei Tage nach Veröffentlichung eines Menschenrechtsberichts d. kathol. Kirche Bischof *Juan Gerardi Conedera* ermordet In Kolumbien werden durch bewaffnete Kämpfe zw. der linksgerichteten Guerilla, rechtsgerichteten paramilitär. Gruppen und der Armee 240 000 Menschen vertrieben In Venezuela ehem. Putschist *Hugo Chávez* zum neuen Präs. gewählt Wirtschaftsreformer *Zhu Rongji* (* 1928) Nachfolger von *Li Peng* als Ministerpräs. Chinas Unruhen in Indonesien. Präs. *Suharto* tritt auf öffentlichen Druck nach mehr als drei Jahrzehnten Amtszeit zurück. Nachfolger wird *Bacharuddin Jusuf Habibie* Japans Ministerpräs. *Ryutaro Hashimoto* tritt zurück. Nachfolger wird Außenminister *Keizo Obuchi* Nordkorean. Raketentest führt zu Spannungen in Ostasien Ungeachtet internat. Proteste unternimmt Indien mehrere unterird. Atomversuche. Pakistan kritisiert die Tests in scharfer Form und zündet als direkte Reaktion seinerseits fünf Atomsprengköpfe Ind. Christen protestieren mit Streiks und Demonstrationen gegen Verfolgung durch fundamentalist. Hindus Nach Blutbad im Norden Afghanistans kontrollieren die radikal-islam. Taliban fast das gesamte Land Aus philipp. Präs.wahlen geht *Joseph Estrada*, ehem. Filmschauspieler und Vizepräs., als Sieger hervor. Er löst *Fidel Ramos* ab † *Nikhil Chakravarty* (* 1914), ind. Unabhängigkeitskämpfer † *Chatichai Choonhavan* (* 1922), thailänd. Politiker, ehem. Ministerpräs. † *Gulzarilal Nanda* (* 1898), ind. Politiker, ehem. Ministerpräs. † *Nguyen Van Linh* (* 1916), vietnam. Politiker † *Manuel Pérez* (* 1942), kolumbian. Guerillachef † *Manuel Piñeiro* (* 1934), kuban. Politiker † *Pol Pot* (* ca. 1928), kambodschan. Politiker, Mitbegründer und Führer d. kommunist. Roten Khmer, ehem. Ministerpräs. † *Mohammed Yussuf* (* 1916), afghan. Politiker, ehem. Ministerpräs.	† *Halldór Laxness* (* 1902 in Reykjavik), isländ. Schriftsteller † *Hermann Lenz* (* 1913 in Stuttgart), dt. Schriftsteller † *Libuse Moniková* (* 1945), tschech. Schriftstellerin † *Hamid Mosaddegh* (* 1939), iran. Dichter und Rechtsanwalt † *Thomas Narcejac* (* 1906), franz. Kriminalschriftsteller † *Anna Maria Ortese* (* 1915), ital. Lyrikerin, Schriftstellerin und Journalistin † *Hélène Parmelin* (* 1915), franz. Schriftstellerin und Kunstkritikerin † *Octavio Paz* (* 1914 in Mexiko-Stadt), mexikan. Schriftsteller, Lyriker, Essayist und Lit.theoretiker † *Richard Plant* (* 1910), US-amerik. Schriftsteller und Übersetzer † *Gregor von Rezzori* (* 1914 in Czernowitz), österr. Schriftsteller und Essayist † *Alice Rivaz* (* 1901), Schweiz. Schriftstellerin † *Christiane Rochefort* (* 1918), franz. Schriftstellerin † *Anatolij Rybakow* (* 1911 in der Ukraine), russ. Schriftsteller † *Madschid Scharif* (* 1940), iran. Schriftsteller und Übersetzer † *Max Wehrli* (* 1909 in Zürich), Schweiz. Literaturwiss. † *Dorothy West* (* 1907), afro-amerik. Schriftstellerin Bertelsmann AG übernimmt den New Yorker Verlag Random House und wird zum größten Anbieter englischsprachiger Bücher. Bertelsmann übernimmt auch den wiss. Julius-Springer-Verlag, Heidelberg, führend für nat.wiss. und medizin. Fachlit. Lit. Berlin Verlag geht 3 Jahre nach Gründung in die Bertelsmann AG über Den von *Ayatollah Chomeini* gegen den brit. Schriftsteller *Salman Rushdie* wegen angeblicher Gotteslästerung ausgesprochenen Mordaufruf erklärt der iran. Präs. *Chatami* für beendet *Wolfgang Maria Bauer*, „Nanou", Urauff., Stuttgarter Theater im Depot

Werner Fritsch, „Es gibt keine Sünde im Süden d. Herzens“, Urauff., Darmstädter Staatstheater

Lutz Hübner, „Alles Gute“, Kindertheater, Urauff., Berliner Grips Theater

Brigitte Landes, „Gebrüder Vatermörder oder Die Wörter d. Leuchtens und Brennens“, Urauff., Schauspielhaus Kassel

John Murrell, „The Faraway Nearby“ (Das Ferne ganz nah), Urauff., Alaska

Moritz Rinke, „Der Mann, der noch keiner Frau Blöße entdeckte“, Urauff., Staatstheater Stuttgart

Botho Strauß, „Der Kuß des Vergessens“, Urauff. , Zürcher Schauspielhaus, Regie *Matthias Hartmann*

Gisela von Wysocki, „Abendlandleben“, Urauff., Theater Basel

Ehrenpreis d. Bayer. Theaterpreises an *Rolf Boysen*, dt. Schauspieler

Friedrich-Luft-Preis an *Thomas Ostermeier*, dt. Regisseur, für die Inszenierung „Messer in Hennen“ in der Baracke d. Deutschen Theaters

Tadeusz-Kantor-Preis (Polen) an *Robert Wilson*, US-amerik. Theaterregisseur

† *Katharina Brauren* (* 1910), dt. Schauspielerin

† *Edwige Feuillère* (* 1907), franz. Schauspielerin

† *Hans Fitze* (* 1903), dt. Schauspieler und Intendant

† *Raimund Harmsdorf* (* 1942), dt. Theater- und Fernsehschauspieler

† *Klaus Havenstein* (* 1923), dt. Kabarettist

† *Ruth Kraft* (* 1916), dt. Schauspielerin

† *Ida Krottendorf* (* 1927), österr. Schauspielerin

† *Elke Lang* (* 1952), dt. Schauspielerin und Theaterregisseurin

† *Bernhard Minetti* (* 1905 in Kiel), dt. Schauspieler

† *Klaus Piontek* (* 1935), dt. Schauspieler

† *Hermann Wedekind* (* 1910), dt. Schauspieler und Theaterintendant

Dt. Drehbuchpreis an die dt. Autorin *Dusch Zellerhoff* für „Die Lampenhure“

Ernst-Lubitsch-Preis an *Moritz Bleibtreu*, dt. Schauspieler, für seine Rolle in „Knockin' on Heaven's Door“

Murnau-Preis an *Jacques Rivette*, franz. Regisseurin

„Titanic“ von *James Cameron* wird mit einem Einspielergebnis von über 1,8 Mrd. $ zum bisher erfolgreichsten Film d. Filmgeschichte. In Dtl. sehen ihn knapp 18 Mill. Zuschauer

„Mulan“ heißt der 36. Zeichentrickfilm aus dem Hause Disney. Produktionsdesign von *Hans Bacher*

„Der Prinz von Ägypten“ aus den Zeichentrickstudios von Dreamworks, Regie *Brenda Chapman*, *Steve Hickner*, *Simon Wells*

Ausstellung zu Leben und Werk von *Leni Riefenstahl* im Potsdamer Filmmuseum

Horst Tappert tritt als Darsteller d. dt. Fernsehserie „Derrick“ zurück

† *James Algar* (* 1913), US-Dokumentarfilmer („Die Wüste lebt“)

† *Eva Bartok* (* 1929), US-Filmschauspielerin ungar. Herkunft

† *Henry Brandt* (* 1921), Schweiz. Dokumentarist und Filmemacher

† *Lloyd Bridges* (* 1912), US-amerik. Schauspieler und TV-Serienheld

† *Armin Dahl* (* 1922), dt. Filmschauspieler und erster dt. Stuntman

† *Lotti Huber* (* 1912), dt. Filmschauspielerin, Tänzerin und Autorin

† *Wanda Jakubowska* (1907), poln. Filmregisseurin

† *Hans-Joachim Kulenkampff* (* 1921 in Bremen), dt. TV-Entertainer, Showmaster und Schauspieler

† *Keisuke Kinoshita* (* 1912), japan. Filmregisseur

† *Akiro Kurosawa* (* 1910 in Tokio), japan. Filmregisseur („Rashomon“, „Die sieben Samurai“)

† *Jean Marais* (* 1913 in Cherbourg), franz. Filmschauspieler

† *Thomas Mitscherlich* (* 1943), dt. Dokumentarfilmer und Regisseur

† *Hans Mohl* (* 1929 in Kiel), dt. TV-Moderator und Journalist

† *Maureen O'Sullivan* (* 1910), US-amerik. Schauspielerin

† *Alan J. Pakula* (* 1928 in New York), US-amerik. Regisseur

† *Ulrich Schamoni* (* 1939 in Berlin), dt. Filmregisseur, Medienmanager und Autor

† *Ludwig „Luggi“ Waldleitner* (* 1913), dt. Filmproduzent

† *J.T. Walsh* (* 1943), US-amerik. Filmschauspieler

† *Freddie Young* (* 1902), brit. Kameramann, Oscar-Preisträger

1999

Friedensnobelpreis an die franz. Hilfsorganisation „Médicins Sans Frontières" (Ärzte ohne Grenzen)

Alternativer Nobelpreis („Right Livelihood Award") an den span. Staatsanwalt *Juan Garces*, die kuban. Organis. GAO und die kolumb. „Consolidation of the Amazon Region" (COAMA). *Juan Garces* hat das Auslieferungsverfahren gegen den chilen. Ex-Diktator *Pinochet* betrieben, GAO (Grupo Agricultura Orgánica) für den Aufbau organ. Landwirtschaft in Kuba, und COAMA arbeitet für den Schutz d. Ureinwohner und d. Artenvielfalt im Regenwald. Undot. Ehrenpreis an *Hermann Scheer*, der mit seinem Verein „Eurosolar" Ausbau alternat. Energien fördert

Internat. Karlspreis d. Stadt Aachen an *Tony Blair*, brit. Premierminister

Nationalpreis d. Dt. Nationalstiftung für Verdienste um die Vereinigung und das Zus.wachsen Dtl.s und Europas an *Heinz Berggruen* (* 1914 in Berlin), dt. Kunstmäzen, der seine Kunstsammlung mit Werken von *Klee*, *Picasso* u. a. nach Berlin als Leihgabe gebracht hat, und *Heinz Bethge* (* 1919), dt. Physiker und ehem. Präs. d. Wiss.akademie Leopoldina, Halle

Pro-Humanitate-Preis für Frieden, Gerechtigkeit und Toleranz an Kardinal *Franz König*, Wiener Alterzbischof, *Simon Wiesenthal*, Leiter d. Jüd. Dokumentationszentrums in Wien, und *Ihsan Dogramaci*, türk. Gesundheitspolitiker

Erich-Maria-Remarque-Preis an *Huschang Golshiri* (* 1937 in Isfahan), iran. Schriftsteller, für seinen Einsatz für Demokratie und Meinungsfreiheit im Iran

BRD übernimmt Ratspräsidentschaft in der EU

Dt. Außenminister *Joschka Fischer* besucht Afrika und den Nahen Osten

Dt. Bundesreg. verzichtet nach Gesprächen mit der Atomwirtschaft auf ein sofortiges Verbot d. atomaren Wiederaufbereitung

Landtagswahl in Hessen. Ergebnis mit Vergleichszahlen 1995: CDU 43,4 % (39,2), SPD 39,4 % (38,0), Bündnis 90/Die Grünen 7,2 % (11,2), FDP 5,1 % (7,4). Wahlbeteiligung: 66,4 % (66,3). Neuer Ministerpräs. *Roland Koch* (* 1957), CDU

In der von DDR-Bürgerrechtler *Friedrich Schorlemmer* eröffneten Debatte um Amnestie für DDR-Unrecht spricht sich *Manfred Stolpe*, Ministerpräs. Brandenburgs, dafür, Bundestagspräs. *Wolfgang Thierse* dagegen aus

Dt. Rotes Kreuz erhält erstmals Unterlagen d. russ. Geheimdienstes FSB mit 30 000 Namen von vermißten Deutschen während d. 2. Weltkriegs

SPD/Grüne-Regierung setzt sich für die Einführung d. doppelten Staatsbürgerschaft als Regelfall für in Dtl. lebende Ausländer ein. CDU und CSU führen bundesweite Unterschriftenaktion dagegen durch

Nobelpreis für Literatur an *Günter Grass* für sein Gesamtwerk. In der Begründung heißt es, Grass habe „in munter schwarzen Fabeln das vergessene Gesicht der Geschichte gezeichnet"

Adelbert-von-Chamisso-Lit.-preis an *Emine Özdamar* (* 1946 in Malatya), in Dtl. lebende türk. Schriftstellerin („Das Leben ist eine Karawanserei", Roman); Förderpreis an den türk. Schriftsteller *Selim Üzdogan*

Alexander-Puschkin-Preis d. *Alfred-Toepfer*-Stiftung für russ. Lit. an die russ. Lyriker *Oleg Tschuchonzev* und *Alexander Kuschner*

aspekte-Lit.preis (für Erstlingswerke) an *Christoph Peters*

Else-Lasker-Schüler-Lit.preis d. Kulturstiftung Rheinland-Pfalz an den dt. Schriftsteller *Rainald Goetz* für sein dramat. Gesamtwerk

Friedrich-Hölderlin-Preis d. Stadt Tübingen an *Thomas Rosenlöcher*, dt. Schriftsteller

Georg-Büchner-Preis d. Dt. Akademie für Sprache und Dichtung an *Arnold Stadler*, dt. Schriftsteller

Weimar ist Kulturhauptstadt Europas

Papst Johannes Paul II. empfängt *Horst Tappert*, ehem. „Derrick"-TV-Darsteller

Bremen gründet die erste dt. Elite-Universität unter dem Namen „International University Bremen". Gründungspräs. ist *Fritz Schaumann*, langjähr. Staatssekr. im Bonner Wiss.ministerium

Lessingpreis d. Freistaats Sachsen an *Eduard Goldstücker* (* 1913), tschech. Literaturwiss.

Leipziger Buchpreis zur europ. Verständigung an *Eric Hobsbawm*, brit. Historiker

Forschungspreis d. *Alexander-von-Humboldt*-Stiftung an *Boris N. Topornin*, russ. Rechtswiss.

Präs. d. Lutherischen Weltbundes, *Christian Krause*, und Präs. d. Päpstlichen Einheitsrats, Kardinal *Edward Cassidy*, unterzeichnen „Gemeinsame Erklärung zur Rechtfertigungslehre". Damit nähern sich die Kirchen einander in einer seit 450 Jahren umstrittenen Glaubensfrage an

Ausstellung zum Spätwerk von *Claude Monet* in der Londoner Royal Academy

Ausstellung von fast 50 Werken d. holländ. Bronzebildhauers *Adriaen de Vries* (1556–1626) im Rijksmuseum Amsterdam

Ausstellung „Berliner Stundenbuch" d. *Maria von Burgund* im Berliner Kupferstichkabinett

Ausstellung *Richard Long* im Kunstverein Hannover und Orangerie Herrenhausen

Ausstellung „Seele und Antlitz", Porträtkunst von *Leonardo da Vinci* bis *Francis Bacon* im Palazzo Reale in Mailand

Eröffnung d. Jüdischen Museums in Berlin, Architekt *Daniel Libeskind*, Schlüsselübergabe an Museumsdirektor *Michael Blumenthal*

Eröffnung d. Museum of Scotland in Edinburgh. Es zeigt die Geschichte d. Landes von der Erdfrühzeit bis heute

Denkmal für die Opfer d. sowjet. Terrors im Skulpturenpark hinter der Tretjakow-Galerie in Moskau durch den russ. Bildhauer *Jewgeni Tschubarow*

Goslarer Kaiserring an *Cindy Sherman*, US-amerik. Fotokünstlerin

Sir Simon Rattle Nachfolger von *Claudio Abbado* als Chef d. Berliner Philharmoniker nach Ende der Saison 2001

Kent Nagano wird neuer Chefdirigent und künstler. Leiter d. Dt. Symphonie-Orchesters Berlin als Nachfolger von *Vladimir Ashkenazy*

Neuer Leiter d. New Yorker Carnegie Hall wird der Intendant d. Kölner Philharmonie, *Franz Xaver Ohnesorg*

Duisburger Musikpreis an den poln. Komponisten *Krzysztof Penderecki*

Premio Nonino an *Claudio Abbado*

Christoph Eschenbach, Chefdirigent d. NDR-Sinfonie-Orchesters, wird musikal. Direktor d. Orchestre de Paris

Franz. Harfenistin *Julie Palloc* ist die erste Frau, die ein Vorspiel bei den Wiener Philharmonikern bestanden hat

Herder-Preis d. *Alfred-Toepfer*-Stiftung Hamburg an den Komponisten *Henryk Mikolaj Górecki*

Nobelpreis für Medizin an den dt.-amerik. Biologen *Günter Blobel* für seine Entdeckung, daß Proteine durch eingebaute Signale ihren Transport und den Ort in der Zelle steuern

Nobelpreis für Physik an die niederländ. Physiker *Martinus Veltman* und *Gerardus 't Hooft* für ihre Forschungen zur Theorie d. Elementarteilchenphysik

Nobelpreis für Chemie an den ägypt. Chemiker *Ahmed H. Zewail* für die Erfindung einer Zeitlupenkamera zur Erfassung chem. Reaktionen

Philipp-Morris-Forschungspreis an *Wilhelm Barthlott* (Bonn), *Jochen Feldmann* (München), *Michael Schanz* (Duisburg) und *Hans Georg Weber* (Berlin)

Im Neandertal bei Düsseldorf wird etwa 40 000 Jahre alter Skelettrest eines Urmenschen geborgen

In der ägypt. Oase Baharija wird ein über 2000 Jahre alter Friedhof mit vermutlich mehr als 10 000 Toten entdeckt, mit Mumien und Grabbeigaben

Ein etwa 23 000 Jahre altes Mammut wird von einer internat. Forschergruppe im Dauerfrostboden Sibiriens entdeckt. Wiss. untersuchen die Möglichkeit, das Tier zu klonen

Der Euro wird als neue Währung in 11 europ. Staaten eingeführt, als Bargeld erst zum 1.1.2002

Fusion d. Tabakhersteller British American Tobacco (BAT) und Rothmans International, Nr. 2 und Nr. 4 auf dem Weltmarkt

US-Gericht verurteilt Tabakkonzern Philipp Morris, 81 Mill. US-$ an die Hinterbliebenen eines Kettenrauchers zu zahlen

US-Automobilhersteller Ford übernimmt Pkw-Sparte von Volvo für 11 Mrd. DM

Dt. Automobilhersteller Adam Opel AG feiert 100jähr. Bestehen

Joachim Milberg löst den in Kritik geratenen Vorstandsvors. *Bernd Pischetsrieder* bei BMW ab

Ehem. dt. Wirtschaftsminister *Martin Bangemann* als Mitglied d. EU-Kommission beurlaubt. Er hatte zuvor seinen Wechsel zum span. Telefonkonzern Telefonica angekündigt

Aktienindex Dow Jones überspringt erstmals die 10 000er-Marke

Duty-free-Verkaufsregelung innerh. d. EU aufgehoben

Größter Waffenlieferant d. Welt sind die USA mit Exporten im Wert von 25,3 Mrd. DM. Rußland (10,2 Mrd.), und Dtl. (8,5 Mrd.) folgen. Weltweit wurden für 65 Mrd. DM Waffen verkauft

Dt. Chemiekonzern BASF und Schweizer Roche-Holding müssen wegen verbotener Preisabsprachen in den USA mehr als 1,3 Mrd. DM Strafe zahlen: BASF 225 Mill., Roche 500 Mill. US-$

Ernst Welteke löst amtierenden Bundesbankpräs. *Hans Tietmeyer* ab

Intern. Währungsfond schließt mit Rußland neues Beistandsabkommen über 4,5 Mrd. US-$

Die drei führenden Banken Japans fusionieren. Dai-Ichi Kangyo, Fuji und Industrial Bank of Japan bilden mit einer Bilanzsumme von 2,4 Bill. DM die größte Finanzgruppe d. Welt

Deutsche Telekom AG kauft für fast 20 Mrd. DM One-2-One, viertgrößte brit. Mobilfunkgesellschaft

(1999)

Die Bundesversammlung wählt *Johannes Rau* (* 1931), SPD, zum neuen Bundespräs. Die CDU/CSU hatte *Dagmar Schipanski* (* 1943), Prof. für Elektronik d. Univers. Ilmenau, als Kandidatin nominiert

Nachfolger d. zurückgetretenen *Theo Waigel* als Parteivors. d. CSU wird *Edmund Stoiber*, bayer. Ministerpräs.

Der frühere Forsch.minister *Jürgen Rüttgers* löst in Nordrhein-Westfalen *Norbert Blüm* als Landesvors. d. CDU ab

Nelson Mandela, südafr. Präs., erhält den Dt. Medienpreis

Weniger Asylsuchende in Dtl.: 1998 kam 1 Asylbewerber auf 830 Einwohner (Belgien und Niederlande etwa doppelt so viele, Schweiz das Fünffache)

Mit den Stimmen d. Koalition beschließt der Bundestag die Reform d. Einkommen- und Körperschaftsteuer

Der SPD-Vors. und Bundesfinanzminister *Oskar Lafontaine* tritt von allen Ämtern zurück. Konsequenz aus grundlegenden Meinungsverschiedenheiten mit Kanzler *Schröder*. Sein Nachfolger im Finanzministerium wird *Hans Eichel*, den SPD-Vorsitz übernimmt der Kanzler selbst

Das Parlament tagt zum ersten Mal regulär im Berliner Reichstag, der nach Plänen d. brit. Architekten *Sir Norman Foster* umgebaut wurde

Mehrere 10 000 Menschen demonstrieren in Bonn gegen die NATO-Luftangriffe auf Jugoslawien

Reform d. Staatsangehörigkeitsrechts. Das Abstammungsprinzip wird durch das Geburtsortprinzip ergänzt. Danach können Kinder ausländ. Eltern bis zum 23. Lebensjahr zwei Staatsangehörigkeiten besitzen. Der Bundestag beschließt die Änderung mit den Stimmen d. Koalition und d. FDP

Auf dem Parteitag von Bündnis 90/Die Grünen kritisieren die Delegierten die Bundesreg. wegen ihrer Haltung zu den NATO-Angriffen auf Jugoslawien. Außenminister *Joschka Fischer* wird durch Farbbeutelwurf am Ohr verletzt

Staatsakt im Reichstag zum 50. Geburtstag d. Grundgesetzes

Parteitag d. FDP bestätigt Vors. *Wolfgang Gerhardt* für weitere zwei Jahre im Amt

Wahl zum Europ. Parlament. Ergebnis mit Vergleichszahlen 1994: CDU/CSU 48,7 % (38,8), SPD 30,7 % (32,2), Bündnis 90/Die Grünen 6,4 % (10,1), PDS 5,8 % (4,7), FDP 3,0 % (4,1)

Kanzleramtschef *Bodo Hombach* wird EU-Koordinator für den Aufbau in Südosteuropa

Gotthold-Ephraim-Lessing-Preis d. Freistaats Sachsen an *Eduard Goldstücker*

Hans-Sahl-Preis postum an den dt. Bürgerrechtler und Schriftsteller *Jürgen Fuchs*

Egon-Erwin-Kisch-Preis für Journalisten an *Birk Meinhardt* (Süddt. Zeitung). 2. Preis *Alexander Osang* (Berliner Zeitung), 3. Preis *Axel Vornbäumen* (Frankf. Rundschau)

Leipziger Buchpreis zur europ. Verständigung an den brit. Historiker *Eric Hobsbawm* für sein Buch „Das Zeitalter der Extreme“

Festivals, Symposien und Ausstellungen zum 250. Geburtstag von *Johann Wolfgang v. Goethe*

Lit.preis Premio Continental Canto de América für indigene Lit. in Mexiko an *Humberto Ak'abal*, guatemaltek. Maya-Dichter

Lit.preis Deux Magot an *Marc Dugain*, franz. Schriftsteller, für „La chambre des officiers“ (Roman)

Nelly-Sachs-Preis für *Christa Wolf*, dt. Schriftstellerin

Prix Goncourt an den franz. Schriftsteller *Jean Echenoz*

Papst *Johannes Paul II.* öffnet die heilige Pforte und gibt den Auftakt für das Heilige Jahr 2000

Papst *Johannes Paul II.* spricht den Kapuzinermönch *Pater Pio* (1887–1968) selig

Buber-Rosenzweig-Medaille an Erzbischof von Gnesen, *Henryk Muszynski*

Annäherung zw. christl.-orthod. und kath. Kirche bei Zus.treffen d. Kirchenoberhäupter in Bukarest

Margot Käßmann, bisherige Generalsekretärin d. Ev. Kirchentages, wird in Hannover zweite Bischöfin in Dtl.; sie führt die größte dt. Landeskirche

Großbrit. schafft Prügelstrafe an allen brit. Schulen ab

Philosoph *Peter Sloterdijk* wird wegen seiner Elmenauer Rede „Regeln für den Menschenpark“ heftig kritisiert. „Geburtenfatalismus“, „optionale Geburt“ und „pränatale Selektion“ sind die Reizwörter

Institut für Sozialforschung in Frankfurt feiert 75. Geburtstag

Käthe-Kollwitz-Preis an *Mark Lammert*, dt. Maler und Bühnenbildner	Frankfurter Musikpreis an den dt. Dirigenten *Michael Gielen*	Fast zwanzig Jahre nach seiner Entdeckung gelingt es, die Eigenschaften von Bohrium, d. Elements 107, zu ermitteln. Es wird der siebten Gruppe – Technetium und Rhenium – zugeordnet	Mailänder Elektronikkonzern Olivetti sichert sich Aktienmehrheit von Telecom Italia
Skulptur „Large Two Forms" von *Henry Moore* wird nicht mit dem Bundestag nach Berlin umziehen. Sie bleibt als Geschenk in Bonn	Israel. Dirigent *Eliahu Inbal* wird neuer Leiter d. Berliner Sinfonie-Orchesters	Treibhauseffekt schon vor 55 Mill. Jahren. Dt. und US-Meeresgeologen vermuten nach Untersuchung von Meeressedimenten ähnlich schnellen Kohlendioxidanstieg in der Luft	Erste „Erotik-Aktie" in Europa: Der Beate-Uhse-Konzern geht an die Börse
Jahrhundertausstellung „Aufstieg und Fall der Moderne" in Weimar	Regisseur *Andreas Homoki* wird Nachfolger von *Harry Kupfer* an der Komischen Oper Berlin	Biologin *Heide Schulz* entdeckt ein Bakterium von bis zu 0,75 mm Durchmesser. Die „namibische Schwefelperle" lebt im schlammigen Meeresboden und spielt wichtige Rolle im Ökosystem d. Ozeans	42. Intern. Funkausstellung in Berlin. Im Mittelpunkt stehen Verknüpfung von Radio und TV mit Computer und Telekommunikation
Nach über 20jähr. Arbeit schließt *Giuseppina Brambilla Barcilon* die Restaurierung d. Wandgemäldes „Letztes Abendmahl" von *Leonardo da Vinci* ab	Prix *Maurice Ravel* an den Komponisten *Mauricio Kagel*	*Paul-Ehrlich-* und *Ludwig-Darmstaedter*-Preis an den US-amerik. Aids-Forscher *Robert Gallo* für sein Lebenswerk	Fusion d. Konzerne Veba und Viag zum größten dt. Energiekonzern als Reaktion auf den verschärften Wettbewerb im Energiesektor insbesondere durch Billig-Stromanbieter
Ausstellung „Das XX. Jahrhundert: ein Jahrhundert Kunst in Deutschland" in 3 Teilen in Berlin: Neue Nationalgalerie, Nationalgalerie – Altes Museum am Lustgarten, Kunstgewerbemuseum	Kunstpreis d. Stadtsparkasse Wuppertal an den Musiker, Komponisten und Instrumentenerfinder *Hans Reichel*	Brit. Wiss. entschlüsseln zu 97 % die genet. Buchstabenfolge für das Chromosom 22 d. menschlichen Zellen	Dt. Nähmaschinenhersteller Pfaff geht in Konkurs
Gutenberg-Preis d. Stadt Leipzig an den Typographen und Buchgestalter *Jost Hochuli*	*Johann-Heinrich-Merck*-Preis d. Dt. Akademie für Sprache und Dichtung an den Musikkritiker *Gerhard R. Koch*	Japan., niederländ. und US-Forschern gelingt in Boston der Bau molekularer Rotoren aus nur 78 Atomen	Mit 310 Mrd. DM Umsatz ist die Automobilindustrie das „Aushängeschild" d. dt. Industrie. Rund 5 Mill. Menschen arbeiten direkt oder indirekt in der Autobranche
Bernhard-Heiliger-Preis für Skulptur in Berlin erstmals vergeben an den franz. Künstler *Bertrand Lavier*	Bedeutende Musik- und Kunstsammlung von *Carl Philipp Emanuel Bach* mit z.T. noch nie veröffentlichten oder gespielten Werken seines Vaters *Johann Sebastian Bach* in Kiew wiederentdeckt		Drittgrößtes Luft- und Raumfahrtunternehmen entsteht durch Zus.schluß von Daimler-Chrysler Aerospace AG (Dasa) und Aerospatiale Matra SA zur European Aeronautic, Defense and Space Company (EADS)
Versteigerung von 250 Stücken d. Kunstsammlung von *Nathaniel* und *Albert Rothschild* bringt 168,5 Mill. DM, das Rothschild-Gebetbuch aus dem 16. Jh. allein 24,8 Mill.	*Reinhold-Schneider*-Preis d. Stadt Freiburg an die Pianistin *Edith Picht-Axenfeld*		US-Medienunternehmen Viacom und führende TV-Gesellschaft CBS vereinigen sich zu einem neuen Medien-Giganten
	Urauff. „108" (Violoncello und Orchester) von *John Cage* in Köln		Bisher teuerste Firmenübernahme d. Geschichte: Die MCI (Worldcom Inc.) übernimmt für 115 Mrd. US-$ den Telekommunikationskonzern Sprint Corp. Westwood
			Zahl d. Arbeitslosen in Dtl. liegt mit 4,1 Mill. um 180 000 niedriger als im Vergleichsmonat des Vorjahres
			Ludwig-Erhard-Preis für Wirtschaftspublizistik an *Horst Siebert* (Uni Kiel) und *Hans K. Herdt* (Börsen-Zeitung)
			Eduard-Rhein-Preis: Kulturpreis an *Joachim Fest*
			Siebenpfeiffer-Preis an *Heribert Prantl* (Süddeutsche Zeitung)
			† *Johannes Gross* (* 1932 in Neunkhausen), dt. Journalist und Publizist
			† *André Kostolany* (* 1906 in Budapest), ungar. Börsenexperte

(1999)	Bürgerschaftswahl in Bremen. Ergebnis mit Vergleichszahlen 1995: SPD 42,6 % (33,4), CDU 37,1 % (32,6), Bündnis 90/Die Grünen 9,0 % (13,1), FDP 2,5 % (3,4), DVU 3,0 % (2,5), AFB 2,4 % (10,7). Bürgermeister *Henning Scherf* bleibt im Amt Für die Opfer d. Völkermordes an europ. Juden soll in Berlin ein Mahnmal errichtet werden. Der Bundestag stimmt für den Entwurf d. US-amerik. Architekten *Peter Eisenman* Bundesinstitut für Arzneimittel und Medizinprodukte läßt Abtreibungspille RU 486 („Mifegyne“) für den dt. Markt zu; auch CDU-Frauen haben sich f. Zulassung ausgesprochen Landtagswahl in Brandenburg. Ergebnis mit Vergleichszahlen 1994: SPD 39,3 % (54,1), CDU 26,6 % (18,7),PDS 23,3 % (18,7), DVU 5,3 % (–), Bündnis 90/Die Grünen 1,9 % (2,9), FDP 1,9 % (2,2). Ministerpräs. *Manfred Stolpe* im Amt bestätigt Landtagswahl im Saarland. Ergebnis mit Vergleichszahlen 1994: CDU 45,5 % (38,6), SPD 44,4 % (49,4), Bündnis 90/Die Grünen 3,2 % (5,5), FDP 2,6 % (2,1). Neuer Ministerpräs. *Peter Müller* (* 1955), CDU Landtagswahl in Thüringen. Ergebnis mit Vergleichszahlen 1994: CDU 51,0 % (42,6), PDS 21,3 % (16,6), SPD 18,5 % (29,6), DVU 3,1 % (–), Bündnis 90/Die Grünen 1,9 % (4,5), FDP 1,1 % (3,2). Ministerpräs. *Bernhard Vogel* im Amt bestätigt Landtagswahl in Sachsen. Ergebnis mit Vergleichszahlen 1994: CDU 56,9 % (58,1), PDS 22,2 % (16,5), SPD 10,7 % (16,6), Bündnis 90/Die Grünen 2,6 % (4,1), FDP 1,1 % (1,7). Ministerpräs. *Kurt Biedenkopf* im Amt bestätigt Ehem. Ministerpräs. d. Saarlands, *Reinhard Klimmt*, löst *Franz Müntefering* als Verkehrsminister ab Wahl zum Berliner Abgeordnetenhaus. Ergebnis mit Vergleichszahlen 1995: CDU 40,8 % (37,4), SPD 22,4 % (23,6), PDS 17,7 % (14,6), Bündnis 90/Die Grünen 9,9 % (13,2), REP 2,7 % (2,7), FDP 2,2 % (2,5). Reg. Bürgermeister *Eberhard Diepgen* im Amt bestätigt Die Wehrmachtsausstellung d. Hamburger Instituts für Sozialforschung wird nach Kritik von Historikern vorübergehend geschlossen und in Teilen überarbeitet. Bereits mehr als 800 000 Besucher Dt. Bundestag verabschiedet nach heftiger Debatte mit den Stimmen d. Koalition den neuen Haushalt. Der Etat ist mit 478,8 Mrd. DM um 1,4 % niedriger als im Vorjahr In Bayern entläßt Ministerpräs. *Stoiber* seinen Justizminister *Alfred Sauter* Schwere Verluste d. SPD bei den Kommunalwahlen in Nordrhein-Westfalen. Sie verliert 8,4 % im Landesdurchschnitt (33,9 %), die CDU gewinnt 10 % (50,3 %)	*Alfred-Döblin*-Preis an den österr. Schriftsteller *Norbert Gstrein* für seinen Roman „Englische Jahre“ Friedenspreis d. Dt. Buchhandels an den US-amerik. Historiker und Schriftsteller *Fritz Stern* Auf der 51. Frankfurter Buchmesse präsentieren 6643 Aussteller rund 90 000 Neuerscheinungen. U. a. steht der rasch wachsende Online-Buchhandel im Mittelpunkt d. Interesses *Goethe*-Preis d. Stadt Frankfurt an *Siegfried Lenz*, dt. Schriftsteller *Gottfried-Keller*-Preis an den Schweiz. Schriftsteller *Peter Bichsel* *Hugo-Ball*-Kulturpreis an *Klaus Wagenbach*, dt. Verleger und Kafka-Forscher. Förderpreis an *Judith Hermann* für „Sommerhaus, später“ *Ingeborg-Bachmann*-Preis an die ungar. Schriftstellerin *Terézia Mora* für ihre Erzählung „Der Fall Ophelia“ *Joseph-Breitbach*-Preis für Lit. an *Reinhard Jirgl*, dt. Schriftsteller, *Wolf Lepenies*, dt. Soziologe, und *Rainer Malkowski*, dt. Lyriker	*Theodor-Heuss*-Preis an *Jürgen Habermas*, dt. Sozialphilosoph und Soziologe Fusion d. dt. Kulturorganis. Goethe-Institut und Inter Nationes † *Ignatz Bubis* (* 1927 in Breslau), Vors. d. Zentralrats d. Juden in Dtl. † *Heinz Engels* (* 1926), dt. Germanist † *Theodor Eschenburg* (* 1904 in Kiel), dt. Politologe † *Aleksander Gieysztor* (* 1916), poln. Mediävist † *Sebastian Haffner* (* 1908 in Berlin); dt. Historiker und Publizist † *George L. Mosse* (* 1918 in Berlin), dt.-amerik. Historiker

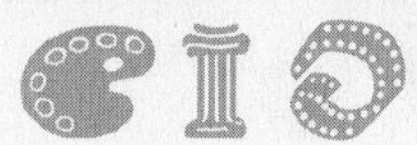

Praemium Imperale an den japan. Architekten *Fumihiko Maki*, den dt. Maler *Anselm Kiefer* und die US-amerik. Bildhauerin *Louise Bourgeois*

Montblanc-de-la-culture-Preis an *Irene Moessinger*, Chefin d. alternat. Kulturzentrums „Tempodrom" in Berlin

Umbau d. Berliner Reichstags nach Plänen von *Sir Norman Foster* abgeschlossen. Attraktion ist die begehbare Glaskuppel

Büro- und Verwaltungsgebäude nach Plänen d. Architekten *Frank O. Gehry* in Düsseldorf eingeweiht

Zwei Ausstellungen über japan. Baukultur in Berlin: Retrospektive zur Arbeit von *Kisho Kurokawa* und zur Architektur d. neunziger Jahre

6000 Teilnehmer aus über 100 Ländern beim UIA-Weltkongreß d. Architekten in Peking

Nach zehn Jahren ist der Umbau d. New Yorker Central Station unter Leitung von *John Belle* abgeschlossen

Ausstellungspavillon von *Zaha Hadid*, *Peter Bährle*, *Roland Mayer* und *Patrick Schumacher* auf der Landesgartenschau in Weil am Rhein

Intern. Musikpreis d. Ernst-von-Siemens Stiftung an das Londoner Arditti String Quartet

Sofia Gubaidulina, russ. Komponistin, erhält Preis d. Stuttgarter ökumen. „Stiftung Bibel und Kultur"

Tobias Picker, „Fantastic Mr. Fox", Oper nach *Roald Dahl*, Urauff., Los Angeles Opera, Regie *Donald Sturrock*

Aribert Reimann, „Lear" (Oper), Regie *Willy Decker*, Semperoper Dresden

Reinhard Kaiser, „Der hochmütige, gestürzte und wieder erhabene Croesus", Deutsche Staatsoper Berlin, musikal. Leitung *René Jakobs*, Regie *Gilbert Deflo*

Bedrich Smetana, „Die verkaufte Braut", Oper Leipzig, musikal. Leitung *Jíří Kout*, Regie *Nicolas Brieger*

Bayer. Theaterpreis in der Kategorie Oper an *Hans Neuenfels* für die Stuttgarter Inszenierung „Entführung aus dem Serail". Der Preis in der Kategorie Tanz geht an das Kieler Opernhaus für „Schlaraffenland ist abgebrannt" von *Stephan Toß*

Nach vier Jahrzehnten Forschung ist es möglich, die Struktur vollständiger Ribosomen aufzuklären, bei einer Bildauflösung von bis zu 8,5 Angström

Brit. Wiss. am *John-Innes-Institut* in Norwich entwikkeln virusresistenten afrikan. Reis

Anfälligkeit für Asthma kann durch zwei Gene auf Chromosom 5 begünstigt werden, erklären US-Forscher in Berkley

Japan. Forschern gelingt es, Stammzellen dauerhaft zu verpflanzen und damit für die Erneuerung d. Hornhaut-Deckzellen im Auge zu sorgen; dies kann Erblindung verhindern

Dem Mathematiker *Thomas Hales* gelingt der Beweis d. sog. *Kepler*-Vermutung, die seit fast vier Jh. als unlösbar galt. Danach können Kugeln im dreidimensionalen Raum nicht dichter gepackt werden als bei der Anordnung in einem kubisch flächenzentr. Gitter

Siemens (BRD), Toshiba (Japan) und IBM (USA) haben den derzeit kleinsten Speicherchip d. Welt (DRAM) entwickelt. Der 64-Megabit-Chip ist 30 qmm groß

† *Louise Piech-Porsche* (*1903), Mitbegründerin d. dt. Sportwagenherstellers

Kinderspielzeug Barbie-Puppe feiert 40. Geburtstag

Heirat zw. Prinzessin *Caroline von Monaco* und *Ernst August Prinz von Hannover*, Urenkel d. letzten dt. Kaisers

Prinz Charles, engl. Thronfolger, und seine langjähr. Freundin *Camilla Parker Bowles* treten erstmals gemeinsam in der Öffentlichkeit auf

Prinz Edward, jüngster Sohn d. engl. Königin *Elizabeth II.*, heiratet die PR-Managerin *Sophie Rhys-Jones*

Totale Sonnenfinsternis über Europa

Fast 1000 Tote bei Erdbeben in Kolumbien

Busunglücke: 18 Tote und 32 Verletzte in Südösterr.; 22 Tote und 21 Verletzte in Kairo (Ägypten)

Beim schwersten Lawinenunglück in den Alpen kommen im Dorf Galtür 31 Menschen ums Leben. Insgesamt fordern Lawinenabgänge mehr als 70 Todesopfer

In Wuppertal stürzt ein vollbesetzter Waggon d. Schwebebahn acht Meter tief in die Wupper. Fünf Tote und mehr als 50 Verletzte

Brandkatastrophe im Montblanc-Tunnel kostet 39 Menschen das Leben. Das Feuer war auf einem fahrenden Lkw ausgebrochen

Wegen vierfachen Mordes und zahlreicher Briefbombenattentate wird in Graz (Österr.) der Rechtsextremist *Franz Fuchs* zu lebenslanger Haft verurteilt

Zwei 17 und 18 Jahre alte Jugendliche töten bei Amoklauf in der Columbine High School in Littleton (Colorado, USA) 15 Menschen

Ein internat. Suchteam entdeckt in 8200 m Höhe am Mount Everest den Leichnam d. seit 1924 vermißten Bergsteigers *George Mallory*. Bis heute bleibt ungeklärt, ob ihm unmittelbar vor seinem Tod die erste Besteigung d. höchsten Berges gelungen war

(1999)		
	Kath. Kirche zieht sich auf päpstl. Druck aus der gesetzl. Schwangerschaftskonfliktberatung zurück SPD-Fraktionschef *Sigmar Gabriel* (* 1959) neuer Ministerpräs. Niedersachens. Amtsvorgänger *Gerhard Glogowski* war wegen Finanzaffäre zurückgetreten Der Bundessicherheitsrat genehmigt Lieferung eines Leopard-2-Panzers zu Testzwecken an die Türkei; heftige Kritik in Teilen d. SPD und bei den Grünen Die hochverschuldete Philipp Holzmann AG wird vor dem Konkurs bewahrt. Bundeskanzler *Gerhard Schröder* vermittelt mit den Gläubigerbanken und sagt Bundeshilfe zur Sanierung zu *George Bush*, ehem. US-Präs., wird Ehrenbürger Berlins Gedenkfeiern in Berlin zum 10. Jahrestag d. Mauerfalls Die Kronzeugenregelung wird in Dtl. abgeschafft Bundeskanzler *Schröder* auf Staatsbesuch in China. Austausch in Fragen d. Rechtsstaatlichkeit sowie engere wirtschaftl. Zus.arbeit vereinbart Mit den Stimmen d. Koalition verabschiedet der dt. Bundestag die Regierungsvorlagen zur Gesundheitsreform. Im Bundesrat scheitert der Gesetzentwurf Bundesgerichtshof bestätigt das Berliner Landgerichtsurteil gegen den letzten DDR-Staatsratsvors. *Egon Krenz*. *Günther Kleiber* und *Günter Schabowski* müssen für jeweils 3 Jahre ins Gefängnis Dem früheren CDU-Schatzmeister (1971–1992) *Walter Leisler Kiep* wird Steuerhinterziehung vorgeworfen Der ehem. CDU-Vors. und Bundeskanzler *Helmut Kohl* gibt zu, Spenden in Mill.höhe an die Partei nicht angemeldet und damit gegen das Parteiengesetz verstoßen zu haben. Die Namen d. Spender verschweigt er Der Bundestag setzt Untersuchungsausschuß zur Parteispendenaffäre ein Vertreter Dtl.s, der USA sowie aller Opfergruppen einigen sich auf Entschädigung von 10 Mrd. DM für rd. 300 000 überlebende ehemalige NS-Zwangsarbeiter während d. 2. Weltkriegs in Dtl. Der dt. Staat und die dt. Wirtschaft bringen jeweils 5 Mrd. DM auf Bundesparteitag d. SPD bestätigt *Gerhard Schröder* als Parteivors. † *Ibrahim Böhme* (* 1944), dt. Politiker (SPD) † *Alfred Kubel* (* 1910), ehem. Ministerpräs. Niedersachsens † *Manfred Schäfer* (* 1921), dt. Politiker (CDU) † *Hans Stercken* (* 1924), dt. Politiker (CDU)	*F.-C.-Weiskopf*-Preis d. Berliner Akademie d. Künste an *Elke Erb* (* 1938), dt. Lyrikerin, für ihr Gesamtwerk Dt. Krimi-Preis an *Wolf Haas* für den Roman „Komm, süßer Tod“ Bremer Lit.preis d. *Rudolf-Alexander-Schröder*-Stiftung an *Dieter Forte*, dt. Schriftsteller, für seinen Roman „In der Erinnerung“. Förderpreis an *Judith Hermann* für „Sommerhaus, später“ Nadal-Lit.preis (Spanien) für unveröff. Erzählwerke an *Gustavo Martin Garzo* (*1948 in Valladolid) für „Die Geschichten von Marta und Fernando“ *Ludwig-Börne*-Preis an *Peter von Matt*, Schweiz. Schriftsteller *Erich-Kästner*-Preis an *Robert Gernhardt*, dt. Schriftsteller und Karikaturist Whitbread Poetry Award und *T.-S.-Eliot*-Preis (England) postum an *Ted Hughes*, brit. Lyriker, für Gedichtband „Birthday Letters“ Lit.preis d. Stadt Stuttgart an *Hermann Kinder*, dt. Schriftsteller, und *Hildegard Grosche*, dt. Übersetzerin *Thomas-Mann*-Preis d. Stadt Lübeck an *Ruth Klüger*, dt. Schriftstellerin und Literaturwiss. *Friedrich-Hölderlin*-Lit.preis an *Reiner Kunze* (* 1933 in Oelsnitz), dt. Lyriker und Erzähler, für sein Gesamtwerk *P.C.-Hooft*-Preis (niederländ. Lit.preis) an *Paul Arthur Lehning* (* 1901), niederländ. Publizist und Essayist „Die Glut“ und „Tagebuch 1985–1989“ d. ungar. Schriftstellers *Sándor Márdi* erscheinen *William-Shakespeare*-Preis d. Hamburger *Alfred-Toepfer*-Stiftung an *Ian McEwan*, brit. Schriftsteller *Clemens-Brentano*-Preis an *Norbert Niemann*, dt. Schriftsteller *Elisabeth Niggemeyer* (* 1954 in Dortmund) wird Generaldirektorin d. Dt. Bibliothek in Frankfurt/M. als Nachfolgerin von *Klaus-Dieter Lehmann* *Johann-Heinrich-Voß*-Preis d. Dt. Akad. f. Sprache und Dichtung an *Harry Rowohlt* für sein Übersetzerwerk *Anna-Krüger*-Preis d. Berliner Wissenschaftskollegs für wiss. Prosa an *Karl Schlögel*, dt. Osteuropa-Historiker

Die viertürmige „Sagrada Familia“, das unvollendete Hauptwerk *Antoni Gaudís* in Barcelona, wird überdacht

Die Berliner Museumsinsel sowie die Wartburg als eine der besterhaltenen Profanbauten d. Mittelalters werden in die Liste d. Weltkultur- und Naturerbes d. UNESCO aufgenommen

Krematorium in Berlin-Treptow nach den Plänen von *Charlotte Frank* und *Axel Schultes* fertiggestellt

Einweihung d. neuen Schwimmhalle in Leipzig-Grünau, Architekten: *Günter* und *Stefan Behnisch, Günther Schaller* und *Christian Kandzia*

Arata Isozaki baut in Shizuoka (Japan) Kultur- und Kongreßzentrum. Prunkstück ist eine 58 m hohe multifunktionale Halle mit 4600 Plätzen

Mies-van-der-Rohe-Architekturpreis an den Schweizer *Peter Zumthor* für das Kunstmuseum Bregenz

Jay-A.-Pritzker-Preis für Architektur an den brit. Architekten *Sir Norman Foster*

Landverbindung zw. Dänemark und Schweden: Die 16 km lange Brücke über den Öresund ist fertiggestellt

Claude Debussy, „Pelléas et Mélisande“, Staatsoper Hamburg, musikal. Leitung *Ingo Metzmacher*, Regie *Willy Decker*

Michael Obst, „Caroline“, Urauff., Deutsches Nationaltheater Weimar, musikal. Leitung *George Alexander Albrecht*, Regie *Ehrhardt Warneke*

Arnold Schönberg, „Moses und Aaron“, Neuinszenierung, Deutsche Oper Berlin, musikal. Leitung *Christian Thielemann*, Regie *Götz Friedrich*

Detlef Glanert, „Joseph Süss“, Urauff., musikal. Leitung *Rainer Mühlbach*, Regie *Tilman Knabe*

Peter Eötvös, „Drei Schwestern“, Deutsche Oper am Rhein Düsseldorf, musikal. Leitung *Wen-Pin Chien*, Regie *Inga Levant*

Barcelonas Opernhaus Teatro del Liceo 6 Jahre nach verheerendem Brand wiedereröffnet. Kosten: 210 Mill. DM

Urauff. „Ariadne“, Dithyrambos für Orchester von *Siegfried Matthus*, an der Deutschen Oper Berlin

Neuer Weltraumbahnhof „Sea Launch“ auf einer umgebauten Plattform im Pazifik vor Kalifornien als Joint Venture zw. USA, Norwegen, Rußland und Ukraine in Betrieb genommen

Very-Large-Telescope (VTL) d. Europ. Südsternwarte (ESO) in Chile in Betrieb genommen. Mit 220 qm Gesamtfläche beim Zus.schalten aller Spiegel wird es das leistungsfähigste Großteleskop sein, mit dem rd. 12 Mrd. Lichtjahre weit ins Universum geschaut werden kann

27. und letzte Besatzung d. russ. Raumstation Mir kehrt zur Erde zurück. Die Station diente 13 Jahre lang als Forschungslabor

Erste unbemannte Raumfähre Chinas nach 14 Erdumrundungen zurückgekehrt

Röntgen-Satellit „BeppoSax“ registriert gewaltigen Strahlenblitz, „Gamma-Ray Burst 990123“, vermutlich Spuren einer Hypernova in der Frühphase d. Universums. Der Blitz war zehn- bis hundertmal heller als bisher beobachtete Gammaschauer

47 Menschen kommen ums Leben, als an zwei Tagen 76 Tornados im Mittleren Westen d. USA wüten

Nach einer Massenkarambolage bricht im österr. Tauerntunnel ein Feuer aus; 12 Tote und 49 Verletzte

Verheerende Überschwemmungen in Süddeutschland, Österr. und d. Schweiz nach sintflutartigen Regenfällen

Mit dem Motorrad überspringt US-Stuntman *Robbie Knievel* die knapp 70 m breite Schlucht im Grand Canyon

In Thüringen erschießt die Polizei bei der Fahndung nach dem „Mörder von Remagen“ versehentlich Urlauber aus Köln

Neuer Teilnehmerrekord mit 1,5 Mill. Techno-Fans bei der „Love Parade“ in Berlin

Überrascht von einem Unwetter finden in der Saxet-Schlucht bei Interlaken 21 Menschen bei einer Canyoning-Tour den Tod

Bei Seilbahnunglück in den franz. Alpen werden 20 Techniker und Wiss. eines Observatoriums getötet

Bei einem der verheerendsten Erdbeben d. Jh.s kommen im Nordwesten d. Türkei über 17 000 Menschen ums Leben. Etwa 30 000 werden verletzt, 600 000 sind obdachlos. Das Zentrum d. Bebens mit einer Stärke von 7,4 auf der Richter-Skala lag nahe Izmir

Schweres Erdbeben (7,6 auf der Richter-Skala) in Taiwan. Über 2000 Tote, 10 000 Verletzte

285 Tote bei Zugunglück in der ind. Provinz West-Bengalen

69 Menschen radioaktiv verstrahlt bei Atomunfall in der japan. Uran-Verarbeitungsanlage Tokaimura

Beim schlimmsten Hochwasser in der Geschichte Mexikos kommen über 600 Menschen ums Leben

31 Tote bei Zugunglück in London

Vier Menschen sterben beim Amoklauf eines 16jährigen in Bad Reichenhall

In Meißen (Sachsen) ersticht ein 15jähr. Schüler seine Lehrerin

(1999)

† *Willi Stoph* (* 1914 in Berlin), ehem. Ministerpräs. d. DDR

Bill Clinton bleibt Präs. d. USA. US-Senat spricht ihn frei von den beiden Vorwürfen „Meineid“ und „Behinderung d. Justiz“ im Amtsenthebungsverfahren

Ministerpräs. *Zhu Rongji* besucht als erster chin. Regierungschef die USA. Ausbau d. Wirtschaftsbeziehungen vereinbart

Die USA erheben schwere Spionagevorwürfe gegen China. Peking soll fast 20 Jahre lang geheime Unterlagen über Atomwaffen und Raumfahrttechnologie beschafft haben

Erstmals nach Ende d. Vietnamkriegs diplomat. Vertretung d. USA in Ho-Tschi-Minh-Stadt, früher Saigon

Vertrag zw. USA und Kanada beendet siebenjähr. „Lachskrieg“

Papst *Johannes Paul II.* ruft in St. Louis die US-Amerikaner dazu auf, die Todesstrafe abzuschaffen

Weitgehende Autonomie-Rechte im kanad. Territorium Nunavut („Unser Land“), das nun von den Inuit selbstverwaltet wird

Rücktritt d. EU-Kommission nach Berichten über Mißwirtschaft und Korruption. Der ehem. ital. Ministerpräs. *Romano Prodi* Nachfolger d. Kommissionspräs. *Jacques Santer*

Finanzexpertin *Michaele Schreyer* und *Günter Verheugen* sind die dt. Vertreter in der neuen EU-Kommission

Staats- und Regierungschefs d. EU einigen sich in Berlin auf Reform d. Agrar- und Strukturpolitik sowie die Neuordnung d. EU-Finanzierung. Die „Agenda 2000“ ist Grundlage für die Osterweiterung d. EU

Nicole Fontaine ist neue Präsidentin d. Europaparlaments

Über 20 000 poln. NS-Opfer fordern von dt. Bundesreg. Entschädigung in Höhe von 2,4 Mrd. DM

Die Freiheitliche Partei Österreichs (FPÖ) gewinnt die Landtagswahlen in Kärnten. Spitzenkandidat *Jörg Haider* wird Landeshauptmann

Nach der österr. Nationalratswahl wird FPÖ zweitstärkste polit. Kraft (26,9 %). Sozialdemokraten (SPÖ) erreichen 33,4 %, Österr. Volkspartei ÖVP kommt auf 26,9 %. Grüne 7,4 %, Liberales Forum (LIF) 3,6 %

Rechtsruck bei Parlamentswahl in der Schweiz: stärkste Partei erstmals die national-konservative Schweizer Volkspartei (SVP) mit 22,6 % (1995: 14,9) vor den Sozialdemokraten (SPS) mit 22,5 % (1995: 21,8). FDP erreicht 19,9 % (1995: 20,2), Christdemokraten (CVP) 15,9 % (1995: 16,8). SVP-Kandidat *Christoph Blocher* fordert Mitte-Rechts-Regierung

Peter-Huchel-Preis an *Raoul Schrott*, Lyriker, Übersetzer und Literaturwiss., für Gedichtband „Tropen. Über das Erhabene“

Lit.preis d. *Adenauer*-Stiftung an *Burkhard Spinnen*, dt. Schriftsteller

Nord. Kulturpreis an *Pia Tafrup*, dän. Lyrikerin

† *Rafael Alberti* (* 1902 in Puerto de Santa María), span. Lyriker

† *Fritz Arnold* (* 1916), dt. Lektor

† *Torrente Ballester* (* 1910 in El Ferrol), span. Schriftsteller

† *Paul Bowles* (* 1910 in New York), US-amerik. Schriftsteller

† *Jose Luis Cano* (* 1910 in Algeciras), span. Lyriker

† *Hans Eppendorf* (* 1942 in Lütjenburg), dt. Schriftsteller und Drehbuchautor

† *Jürgen Fuchs* (* 1950 in Reichenbach/Vogtland), dt. Schriftsteller und DDR-Bürgerrechtler

† *Peter Fürst* (* 1910 in Berlin), dt. Schriftsteller und Journalist

† *Joseph Heller* (* 1923 New York), US-amerik. Schriftsteller

† *Heinz G. Konsalik*, eigentl. Heinz Günther (* 1921 in Köln), dt. Bestsellerautor

† *Karl Krolow*, (* 1915 in Hannover), dt. Schriftsteller und Lyriker

† *Naomi Mitchison* (* 1897), schott. Schriftstellerin

† *Lars Molin* (* 1942), schwed. Romancier, Dramatiker und Regisseur

† *Brian Moore* (* 1921 in Belfast), irischer Schriftsteller

† *Iris Murdoch* (* 1919 in Dublin), brit. Schriftstellerin und Philosophin

† *Roger Peyrefitte* (* 1907 in Castres), frz. Schriftsteller („Die Schlüssel von Sankt Peter“)

† *Mario Puzo* (* 1920), US-amerik. Schriftsteller

† *Natalie Sarraute* (* 1902 in Iwanowo Woznessensk), franz. Schriftstellerin russ. Herkunft

† *Peter Seeberg* (* 1925), dt. Schriftsteller

Christo und *Jeanne-Claude* präsentieren auf der Internat. Bauausstellung (IBA) Emscher Park ihr Projekt „The wall“. Die 26 m hohe und 68 m breite „Mauer“ besteht aus 13 000 verschiedenfarbigen Ölfässern

† *Bernard Buffet* (* 1928 in Paris), franz. Maler und Grafiker

† *Leo Castelli* (* 1907 in Triest), US-amerik. Galerist

† *Jean Dewasne* (* 1921), franz. Maler

† *Aldo van Eyck* (* 1918 in Driebergen), niederländ. Architekt

† *Ignazio Gardella* (* 1905), ital. Architekt

† *Oswaldo Guayasamín* (* 1919), ecuadorian. Maler, Bildhauer und Grafiker

† *Rolf Gutbrod* (* 1910), dt. Architekt

† *Patrick Heron* (* 1919), brit. Maler

† *Kaii Higashiyama* (* 1909), japan. Maler

† *Josef Lehmbrock* (* 1908), dt. Architekt und Stadtplaner

† *Charles Luckman* (* 1909), US-amerik. Architekt

† *Paul Mellon* (* 1907), US-amerik. Kunstmäzen

† *Carlfried Mutschler* (* 1926), dt. Architekt

Placido Domingo eröffnet zum 18. Mal die Opernsaison an der Metropolitan Opera in New York und bricht damit den 80 Jahre alten Rekord von *Enrico Caruso*

Urauff. „Fraternité“ von *Hans Werner Henze* in New York

Krzysztof Penderecki: Quartett für Klarinette und Streicher (Saxophonversion) in Dresden uraufgeführt

Stuttgarter Staatsoper wird zum zweiten Mal in Folge zum „Opernhaus d. Jahres“ gewählt

Giuseppe Verdi, „Un ballo en maschera“, Aalto-Musiktheater Essen, musikal. Leitung *Stefan Soltesz*, Regie *Dietrich Hilsdorf*

Berliner *Goethe*-Preis d. Dt. Gesellschaft für Musik und Dichtung an den Intendanten d. Deutschen Oper Berlin, *Götz Friedrich*

Gerard Mortier wird Nachfolger von *Rolf Liebermann* als Präs. d. Europ. Vereinigung d. Organisation von Opernfreunden (Fedora)

US-Satellit „Compton“ entdeckt das optische Gegenstück eines energiereichen Gammablitzes während d. Ausbruchs, bei dem für kurze Zeit mehr Energie auf kleinstem Raum freigesetzt wurde als im gesamten überschaubaren Universum. Die Entfernung betrug rund 9 Mrd. Lichtjahre

NASA-Sonde „Mars Polar-Lander“ auf dem Weg zum Mars, um dort Klima und neue Raumfahrttechniken zu erforschen

Start d. NASA-Sonde „Stardust“, die 2004 im Vorbeiflug am Kometen Wild 2 Staubpartikel einsammeln und zur Erde zurückbringen soll

Röntgensatellit „Chandra“ gestartet. Er forscht nach Schwarzen Löchern und liefert erstmals klare Fotos der filigranen Struktur d. Supernova-Restes Cassiopeia A

„Ikonos 2“ – der erste kommerzielle NASA-Satellit beobachtet Klima, Weltmeere und Landökosysteme

US-Raumsonde „Lunar Prospector“ landet auf dem Mond und soll Nachweise für „verborgenes Wasser“ suchen

Langjähr. Haftstrafen für vier Hooligans, die in Lens 1998 während d. Fußball-WM einen franz. Polizisten lebensgefährlich verletzt haben

Beim Einsturz eines fünfstöckigen Wohnhauses wegen baulicher Mängel in Foggia, Süditalien, kommen 61 Menschen ums Leben

Belg. Kronprinz *Philippe* heiratet die 26jähr. *Mathilde d'Udekem d'Acoz*; standesamtl. Trauung in den Landessprachen Französisch, Flämisch, Deutsch

Etwa 30 000 Tote fordert die bislang schwerste Unwetterkatastrophe im Norden Venezuelas. 150 000 Menschen obdachlos

Vor der breton. Küste zerbricht der Öltanker „Erika“. 12 000 t Rohöl laufen ins Meer

Orkan „Lothar“ richtet in Baden-Württemberg große Waldschäden an

25. Bundesgartenschau in Magdeburg. Spektakulär ist der schiefe, aus Holz konstruierte „Jahrtausendturm“

† *John F. Kennedy jr.* (* 1961), Jurist und Sohn d. ehem. US-Präs. *John F. Kennedy*

Korruptionsskandal um die Vergabe d. Winter-Olympiade 2002 nach Salt Lake City. Zahlr. Mitglieder d. IOC treten zurück

Bayer 04 Leverkusen gliedert als erster dt. Profiklub seine Lizenzspielerabteilung als Kapitalgesellschaft aus

„Frauensender“ tm3, mehrheitlich im Besitz von *Rupert Murdoch*, erwirbt für 850 Mill. DM die nationalen TV-Übertragungsrechte für die Fußball-Champions-League

Michael Jordan, erfolgreichster Basketball-Profi aller Zeiten, erklärt in Chicago seinen Rücktritt

Martina Hingis (Schweiz) gewinnt im Tennis zum dritten Mal in Folge die Australian Open

Martin Schmitt gewinnt vor seinem Teamkollegen *Sven Hannawald* bei der Nord. Ski-WM in Ramsau (Österr.) das Skispringen von der Großschanze. In der Mannschaftswertung belegen die dt. Springer Platz 1

(1999)

Schweiz liefert Nazi-Kollaborateur und Ex-Minister *Maurice Papon* an Frankreich aus

Der russ. Präs. *Boris Jelzin* entläßt seinen Regierungschef *Jewgeni Primakow* und beruft *Sergei Stepaschin* zum Nachfolger. Der bleibt nur vier Monate im Amt, dann löst ihn der ehem. Geheimdienstchef *Wladimir Putin* ab

Schmiergeldvorwürfe gegen *Boris Jelzin* und seine Familie

Serie von Bombenanschlägen in Rußland, vermutlich Terrorakte muslim. Rebellen, fordert etwa 300 Tote

Russ. Offensive gegen Tschetschenien. Bei Raketenangriff auf die Hauptstadt Grosny kommen fast 300 Menschen um, hunderte werden verletzt

Bei Wahlen zur Staatsduma werden Kommunisten (KPRF) stärkste Partei (113 Sitze) vor dem Wahlbündnis „Einheit" (Jedinstwo, 72 Sitze)

Präs. *Boris Jelzin* tritt überraschend zurück, *Wladimir Putin* wird sein Nachfolger

Carlo Azeglio Ciampi neuer ital. Staatspräs.

Freispruch für den siebenmaligen ital. Ministerpräs. *Giulio Andreotti* vom Mordvorwurf an dem Journalisten *Mino Pecorelli*

Kolosseum in Rom wird zum Mahnmal gegen die Todesstrafe: Immer wenn ein Todesurteil umgewandelt oder die Hinrichtung ausgesetzt wird, wird das Amphitheatrum Flavium 48 Stunden lang beleuchtet

Die belgischen Minister für Gesundheit und Landwirtschaft, *Coller* und *Pinxten*, treten nach Skandal um dioxinverseuchte Futtermittel zurück

Parlamentswahlen in Belgien: Schwere Verluste d. regierenden Christsozialen unter Premier *Jean-Luc Dehaene* und d. Sozialisten. Neuer Ministerpräs. *Guy Verhofstadt* (Liberale)

Paavo Lipponen bleibt trotz Wahlverlusten d. Sozialdemokraten als finn. Regierungschef im Amt

Finnland übernimmt von Deutschland die EU-Präsidentschaft

Parlamentswahlen in Portugal: Sozialist. Partei (PSP) verfehlt knapp absolute Mehrheit (44,0 %), liberalkonservative PSD bleibt größte Oppositionspartei (32,3 %). Kommunisten im Bündnis mit Grünen 9,0 %, rechtskonservative Volkspartei PP 8,4 %

Bundeskanzler *Schröder* und der tschech. Ministerpräs. *Zeman* vereinbaren gegenseitigen Verzicht beider Länder auf Entschädigungsforderungen in Bezug auf Vertreibung und Enteignung

Polen, Ungarn und Tschech. Rep. werden in NATO aufgenommen; jetzt 19 Mitglieder im Bündnis

Feiern zum 50. Jahrestag d. Genfer Konvention

† *Michel Seuphor* (* 1901 in Antwerpen), belg. Dichter, Roman- und Theaterautor

Daniel Call, „Not am Mann", Urauff., Württemb. Landesbühne Esslingen, Regie *Marion Poppenborg*

John von Düffel, „Die Unbekannte mit dem Fön", Urauff., Theater Magdeburg, Probebühne, Regie *Jessica Steinke*

Per Olov Enquist, „Die Bildermacher", dt. Erstauff., Münchner Residenztheater, Regie *Gerd Heinz*

Johannes Grebert, „Dionysos 99", Urauff., Theater in der Fabrik, Dresden, Regie *Johannes Grebert*

Franz Xaver Kroetz, „Die Eingeborene", Urauff., Wiener Akademietheater, Regie *Achim Freyer*

Bensheimer *Eysoldt*-Preis an *Jutta Lampe*, dt. Schauspielerin

Brigitte Landes, „Gebrüder Vatermörder oder Wörter d. Leuchtens und Brennens", Urauff., Schauspiel Kassel

Christoph Marthaler, „Die Spezialisten", Urauff., Deutsches Schauspielhaus Hamburg, Regie *Christoph Marthaler*

Marius von Mayenburg, „Haarmann", Urauff., Baracke d. Deutschen Theaters Berlin

Gerlind Reinshagen, „Die grüne Tür oder Medea bleibt", Urauff., Schauspielhaus Dresden, Regie *Irmgard Lange*

Robert Schneider, „Komödie vom deutschen Heimweh", Urauff., Schauspielhaus Zürich, Regie *Harald Clemen*

Simone Schneider, „Ägypter", Urauff., Theater hinterm Eisernen, Regie *Kazuko Watanabe*

Gisela von Wysocki, „Abendlandleben oder Apollinaires Gedächtnis", Urauff., Basel, Regie *Jossi Wieler*

Auflösung d. 1956 gegründeten Kabarettgruppe „Münchner Lach- und Schießgesellschaft"

Friedrich-Luft-Preis an *Christoph Marthaler* für seine Produktion von *Jacques Offenbachs* „Pariser Leben"

Else-Lasker-Schüler-Dramatikerpreis an den Autor *Rainald Goetz* für sein Stück „Herr Krampas: Auftauchend"

† *Raymond Peynet* (* 1908), franz. Zeichner und Karikaturist

† *Emil Schumacher* (* 1912 in Hagen), dt. Maler

† *Hanns Sohm* (* 1921 in Leipzig), dt. Archivar und Kunstsammler

† *Saul Steinberg* (* 1914), US-amerik. Karikaturist

† *Fred Thieler* (* 1916), dt. Maler

† *José Vela Zanetti* (*1913 in Milagros/Burgos), span. Maler

Steven Spielberg, US-amerik. Regisseur, stellt in Berlin seine „Shoah-Foundation" vor. Die Initiative „Partners in Tolerance", getragen von den Verlagen Axel Springer, Bertelsmann und Burda, unterstützt die Arbeit d. Stiftung. Erster Dokumentarfilm „The Last Days" im Rahmen d. Berlinale gezeigt

Thomas Vinterbergs „Das Fest", dän. Spielfilm

Peter Kahanes „Bis zum Horizont und weiter", dt. Spielfilm

Retrospektive d. Werks von *Robert Bresson* im Museum of Modern Art in New York

Disney-Zeichentrickfilm „Das große Krabbeln", Regie *John Lasseter*, vollständig am Computer hergestellt

Jan Schüttes „Fette Welt", dt. Spielfilm

Frank Wildhorn (Musik), *Leslie Bricusse* (Buch), *Melitta Edith* (dt. Übersetzung), „Jekyll & Hyde", dt. Erstauff., Musical-Theater Bremen, Regie *Dietrich Hilsdorf*

Leonard Bernstein (Musik), *Hugh Wheeler* (Buch), „Candide", Olivier Theatre/RNT London, Regie *John Caird*

Dt. Musical-Produktionsgesellschaft Stella AG geht in Konkurs

Alan Menken (Musik), *James Lapine* (Buch), *Stephen Schwartz* (Songtexte), „Der Glöckner von Notre Dame", Urauff., Musical-Theater Berlin, Regie *James Lapine*

Jonathan Larson (Musik, Buch), *Heinz Rudolph Kunze* (dt. Übersetzung), „Rent", dt. Erstauff., Capitol Theater Düsseldorf, Regie *Martha Banta/Michael Greif*

Henry Mancini, „Victor/Victoria", Musical, Staatstheater Karlsruhe, Regie *Pavel Fieber*

Ad van Dijk, „Cyrano", Musical, dt. Erstauff., Freilichtspiele Schwäbisch Hall, Regie *Helmut Schorlemmer*

Bisher masseärmstes Objekt außerhalb d. Sonnensystems im Sternbild Orion entdeckt

Eine erst einen Tag alte Supernova vom Typ II haben US-Forscher in der nur 25 Mill. Lichtjahre entfernten Galaxie NGC1637 entdeckt

Eröffnung d. längsten Unterwasser-Straßentunnels Europas zw. dem norweg. Festland und dem Nordkap

† *Hans Ulrich Bergmeyer* (* 1920), dt. Biochemiker

† *Henry Kendall* (* 1926), US-amerik. Physiker

† *Karl Mägdefrau* (* 1907 bei Jena), dt. Botaniker

† *Daniel Nathans* (* 1928 in Wilmington/Delaware), US-amerik. Mikrobiologe

Bei der alpinen Ski-WM in Vail (USA) holt *Lasse Kjus* (Norw.) fünf Medaillen, zweimal Gold und dreimal Silber. Er gewinnt auch den Gesamtweltcup

Bertrand Picard und *Brian Jones* gelingt der erste Nonstop-Flug um die Erde im Ballon. Fast 20 Tage nach ihrem Start in den Schweizer Alpen landen sie in der ägypt. Wüste

Der kanad. Eishockeyspieler *Wayne Gretzky* beendet seine einzigartige Karriere. Seine legendäre Rückennummer 99 wird in der Liga künftig nicht mehr vergeben

Die Fußballmannschaft d. FC Bayern München verliert in Barcelona durch zwei Tore in der Nachspielzeit noch das Finale d. Champions League gegen Manchester United mit 1:2; in der Bundesliga wird Bayern mit 15 Punkten Vorsprung Meister

Zum Austragungsort d. Olymp. Winterspiele 2006 wird Turin gewählt

Tschechien gewinnt zum 8. Mal die Eishockey-WM

Tennis-Profi *Steffi Graf* gewinnt in dramat. Finale die French Open. Wenige Monate später beendet sie ihre erfolgreiche Tennis-Karriere (22 Grand-Slam-Titel)

Boris Becker zieht sich nach Achtelfinal-Niederlage in Wimbledon vom Profi-Tennis zurück. Karrierebilanz: 49 Titel, davon 6 Grand-Slam-Siege

Schweden wird in Kairo zum 4. Mal Handball-Weltmeister

Weltrekord: In Athen läuft *Maurice Green* (USA) als erster Mensch 100 m unter 9,80 (9,79) sec

Michael Johnson (USA) läuft bei Leichtathletik-WM in Sevilla die 400 m in der Weltrekordzeit von 43,18 sec. *Maurice Green* (USA) siegt über 100 m und 200 m und gewinnt mit der Staffel seine dritte Goldmedaille. *Marion Jones* und *Inger Miller* (beide USA) siegen über 100 m (10,7 sec) und 200 m (21,77 sec), *Cathy Freeman* (AUS) gewinnt die 400 m (49,67 sec)

Witali Klitschko wird WBO-Boxweltmeister im Schwergewicht. Er besiegt in London *Herbie Hide* in der 2. Runde durch K.o.

(1999)

EU-Gipfeltreffen in Köln: *Javier Solana*, ehem. span. Außenminister und amtierender NATO-Generalsekretär, wird Hoher Repräsentant für die gemeinsame Außen- und Sicherheitspolitik (GASP). Die Nachfolge im Amt d. Generalsekretärs übernimmt der brit. Verteidigungsminister *George Robertson*

EU beschließt Status von Beitrittskandidaten für Türkei und weitere sechs Staaten

48 Staats- und Regierungschefs unterzeichnen am Ende d. ersten Gipfeltreffens d. Länder Lateinamerikas, d. Karibik und Europas die „Erklärung von Rio". Es werden Öffnung d. Weltmärkte, bessere Kontrolle d. Finanzströme, engere Zus.arbeit bei der Terrorismusbekämpfung, Bekämpfung d. Rauschgifthandels und d. organisierten Kriminalität vereinbart

Beim OSZE-Gipfel in Istanbul vereinbaren 54 Mitgliedsstaaten Fortsetzung d. Abrüstung. Die Europ. Sicherheitscharta stärkt die Rolle d. OSZE bei der Schlichtung von Konflikten

Neuer Präs. d. Slowakei ist *Rudolf Schuster*. Er siegt in der Stichwahl gegen *Vladimir Meciar* (57,2 %)

Labour-Partei gewinnt erste Regionalwahlen in Schottland und Wales. Bei den Europawahlen jedoch große Verluste für die Partei Tony Blairs: 28,0 % (1994: 44,2). Konservative erhalten 35,8 % (27,8), Liberaldemokraten 12,7 % (16,7)

Ein Londoner Gericht erklärt den Antrag Spaniens auf Auslieferung d. früheren Diktators *Augusto Pinochet* für zulässig. Die Lordrichter hatten ihm zuvor diplomat. Immunität aberkannt

Der Vertrag von Dublin regelt die Beziehungen zu Irland neu und bringt endgültige Einigung über die brit. Provinz Nordirland

Brit. Oberhaus verabschiedet Gesetz, das den meisten Vertretern d. Erbadels das polit. Mandat nimmt

In Nordirland beteiligen sich an den traditionellen Märschen d. Oranierordens rund 80 000 Protestanten

Die brit. Provinz Nordirland erhält nach 27 Jahren Autonomie zurück. Chef d. gemischt-konfessionellen Regierung ist der Protestant *David Trimble*

Frankreichs Wirtschafts- und Finanzminister *Dominique Strauss-Kahn* tritt nach Korruptionsvorwürfen zurück. Staatssekretär *Christian Sautter* wird Nachfolger

Serb. Einheiten richten unter Zivilisten im Kosovo ein Massaker an. Kosovo-Albaner werden systematisch vertrieben, Berichte über Greueltaten häufen sich; insgesamt fliehen mehr als 750 000 Menschen nach Albanien und Mazedonien

Der stellvertretende Ministerpräs. Jugoslawiens, *Drašković*, wird wegen seiner Kritik an der Belgrader Führung entlassen

Das Jugoslawien-Tribunal d. UN klagt den jugosl. Präs. *Slobodan Milošević* wegen Verbrechen gegen die Menschlichkeit an und erläßt Haftbefehl gegen ihn und vier weitere Mitglieder seiner Regierung

Verhandlungen über Beilegung d. Kosovo-Konflikts in Rambouillet (Frankr.) unter Teilnahme d. Serben und Kosovo-Albaner scheitern

NATO beginnt Luftangriffe gegen Jugoslawien. Dt. Bundestag stimmt der Beteiligung von Bundeswehreinheiten zu

NATO-Flugzeuge bombardieren versehentlich chin. Botschaft in Belgrad. Massendemonstrationen in China

Wolfgang Deichsel, „Rott", Urauff. beim Weimarer Festival

Anton Tschechow, „Onkel Wanja", Schaubühne Berlin, Regie *Andrea Breth*

Fjodor Dostojewski, „Dämonen", Volksbühne Berlin, Regie *Frank Castorf*

Ödön v. Horváth, „Geschichten aus dem Wiener Wald", Thalia Theater Hamburg, Regie *Martin Kusej*

Christian Friedrich Hebbel, „Maria Magdalene", Basel, Regie *Andreas Kriegenburg*

Theaterpreis Berlin an den Kritiker und Publizisten *Henning Rischbieter*

Sarah Kane, „Gesäubert", Hamburger Kammerspiele, Regie *Peter Zadek*

Projekt „Bad Actors", Theater Mahagoni, Hildesheim, Regie *Albrecht Hirche*

Molière-Theaterpreis an *Jean-Claude Grumberg* für „Das Atelier"

William Shakespeare, „Hamlet", Wiener Festwochen, Regie *Peter Zadek*

Hugo v. Hofmannsthal, „Elektra", Schaubühne Berlin, Regie *Edith Clever*

Goldener Bär bei den Berliner Filmfestspielen für „The Thin Red Line" („Der schmale Grat") von *Terence Malick* (USA 1998). Silberner Bär für beste Regie an *Søren Kragh-Jacobsen* für „Mifundes sidste sang" („Mifunges letztes Lied") (Dänemark 1998). Beste Darsteller: *Maria Schrader* und *Juliane Köhler* in „Aimée und Jaguar" (BRD 1998, Regie *Max Färberböck*) und *Michael Gwisdek* in „Nachtgestalten" (BRD 1998, Regie *Andreas Dresen*)

Ernst-Lubitsch-Preis an *Tom Tykwer*, dt. Regisseur, für „Lola rennt" (BRD 1998)

Bayer. Filmpreis an die Berliner Filmemacher *Stefan Arndt*, *Wolfgang Becker*, *Dani Levy* und *Tom Tykwer* für „Lola rennt" und „Meschugge"

DEFA-Stiftung gegründet zur Bewahrung d. filmhistor. Erbes d. DDR-Filmproduktion

Berliner Kunstpreis an *Kira Muratowa*, bulgar. Filmregisseurin

Schweizer Filmpreis an *Marcel Gisler*, Schweiz. Regisseur, für „F. est un salaud". Dokumentarfilmpreis an *Christian Davi* für „Die Regierung"

Spectrum-Preis für Fotografie an *John Baldessari*, US-amerik. Fotograf

Adolf-Grimme-Preis in Gold an den ARD-Dreiteiler „Der Laden" nach dem Roman von *Erwin Strittmatter*; ebenso an Hauptdarsteller *Martin Benrath* und Regisseur *Jo Baier*

Dt. Filmpreis an *Tom Tykwer* für „Lola rennt", Filmpreis in Silber an *Andreas Dresen* für „Nachtgestalten" und an *Hans-Christan Schmidt* für „23 – Nichts ist so, wie es war". Darstellerpreise an *Juliane Köhler* und *Maria Schrader* in „Aimée und Jaguar" und an *August Diehl* in „23 – Nichts ist so, wie es war"

Bee Gees (Musik und Buch), „Saturday Night Fever", Musical Dome Köln, Regie *Matthias Davids*

Dt. Kleinkunstpreis in der Sparte Lied/Chanson an *Thomas Pigor* und *Benedikt Eichhorn*

Lauryn Hill, US-amerik. Rap-Sängerin, gewinnt bei der 41. Grammy-Verleihung in Los Angeles fünf Auszeichnungen. Grammy für das beste Pop-Album an *Madonna* („Ray of light"). Vier Grammys für *Celine Dion*

Der brit. Rockgitarrist *Eric Clapton* versteigert 100 Gitarren. Der Erlös von 5,01 Mill. US-$ geht an eine Reha-Klinik

100. Geburtstag von *Duke Ellington*

Die Schwedin *Charlotte Nilsson* gewinnt in Jerusalem den Grand Prix Eurovision de la Chanson

Paul-Lincke-Preis an den Musiker und Komponisten *Klaus Doldinger* für sein Lebenswerk

Karl-Sczuka-Preis an den Londoner Hörspielmacher *Barry Bermange* für das Stück „Topophonia"

Praemium Imperale u. a. an den kanad. Jazz-Pianisten *Oscar Peterson*

Pina Bausch erhält *Samuel H. Scripps* American Dance Festival Award für ihre Lebensleistung

Dt. Tanzpreis d. Dt. Berufsverb. f. Tanzpäd. an *Uwe Scholz* (* 1959), Direktor d. Balletts d. Oper Leipzig

Dt. Produzentenpreis für Choreographie an den Berliner Choreographen und Regisseur *Jo Fabian*

Kyoto-Preis an den franz. Choreographen *Maurice Béjart*

Dt. Marathonläuferin *Uta Pippig* wird wegen Dopings für zwei Jahre gesperrt

US-Radprofi *Lance Armstrong* gewinnt die 86. Tour de France

Fußball-Rekordnationalspieler *Lothar Matthäus* macht sein 143. Länderspiel und steht damit in der FIFA-Rangliste auf Platz 1

Der Finne *Mika Häkkinen* wird zum 2. Mal in Folge Weltmeister in der Formel 1. Er siegt auf McLaren-Mercedes vor dem nordir. Ferrari-Piloten *Eddie Irvine*

Rad-Profi *Jan Ullrich* gewinnt die Spanien-Rundfahrt und wird Weltmeister im Einzelzeitfahren

Brite *Lennox Lewis* wird WBC-Box-Weltmeister im Schwergewicht. Er besiegt in Las Vegas *Evander Holyfield*

Tennis-Profi *Pete Sampras* (USA) in Hannover zum 5. Mal ATP-Weltmeister

Deutschlands „Sportler d. Jahres" sind die Tennisspielerin *Steffi Graf* (zum 5. Mal) und der Skispringer *Martin Schmitt*

Oliver Kahn (FC Bayern München) zum „Welttorhüter" d. Jahres gewählt

Ehem. brasil. Nationalspieler *Pelé* wird zum Weltfußballer d. Jahrhunderts gewählt

† *Rudi Glöckner* (* 1929), dt. Fußball-Schiedsrichter

† *Joe DiMaggio* (* 1914 in Martinez/Kalif.), US-amerik. Baseballspieler

† *Reiner Klimke* (* 1936 in Münster), dt. Dressurreiter

(1999) Jugosl. Führung stimmt dem Friedensplan zu, in dem der kosovo-alban. Bevölkerung weitgehende Autonomierechte zugestanden werden. Internat. Friedenstruppe (KFOR) überwacht die Einhaltung d. Vertrags

Mutmaßlicher bosn. Kriegsverbrecher *Momir Talić* wird verhaftet

Sog. Kosovo-Befreiungsarmee UCK löst sich auf und gibt ihre Waffen an die KFOR ab

In Sarajevo erklärt UNO-Generalsekretär *Kofi Annan* neugeborenen Jungen zum sechsmilliardsten Erdbewohner

Schwere Regierungskrise in Athen durch die Verwicklung griech. Regierungsmitglieder in die Affäre um Kurdenführer *Öcalan*. Drei Minister und der Geheimdienstchef treten zurück

Sieger d. Stichwahl um das Amt d. mazedonischen Präs. ist der Kandidat d. Regierungspartei VMRO, *Boris Trajkovski*, vor dem sozialdemokratischen Gegenkandidaten *Tito Petkovski*

Iran. Staatspräs. *Mohammed Chatami* von Papst *Johannes Paul II.* empfangen

Rumän. Bergleute aus dem Schil-Tal demonstrieren wegen Zechenschließungen gegen die Regierung mit einem tagelangen Marsch auf Bukarest

Bülent Ecevit neuer türk. Ministerpräs.

Bei Offensive d. türk. Armee an der Grenze zum Irak werden 44 PKK-Kämpfer getötet

Wahl zur türk. Nationalversammlung: Demokrat. Linkspartei (DSP) von Regierungschef *Ecevit* stärkste Kraft (22,2 %) vor Partei d. Nationalistischen Bewegung (MHP, 18,1 %) und Mutterlandspartei (Anap, 13,6 %)

Abdullah Öcalan (* 1949), Führer d. Arbeiterpartei Kudistans (PKK) in Nairobi, Kenia, festgenommen und in die Türkei ausgeflogen, wo er wegen Hochverrats angeklagt wird. In der Folge gewaltsame Kurdenproteste in europ. Städten. In Berlin werden 3 Kurden beim Versuch, die israel. Botschaft zu stürmen, erschossen. Demonstrationen auch nach der Verkündung d. Todesurteils gegen Ö. Für die Vollstreckung ist ein Beschluß d. Parlaments erforderlich

Georgien, Usbekistan und Aserbeidschan scheiden aus dem Kollektiven Sicherheitspakt d. Gemeinschaft unabhängiger Staaten (GUS) aus

Leonid Kutschma, Präs. d. Ukraine, für weitere fünf Jahre im Amt bestätigt

Im armen. Parlament werden bei Attentat Ministerpräs. *Wasgen Sarkisjan* und sieben andere Politiker erschossen

Über 100 000 ultraorthodoxe Juden demonstrieren in Jerusalem gegen Gerichtsentscheidungen, in denen Bürgerrechte über das religiöse Gesetz gestellt werden

Ehud Barak (Arbeitspartei) gewinnt die Direktwahl zum israel. Ministerpräs. gegen Amtsinhaber *Benjamin Netanjahu* mit 56,08 % d. Stimmen. Koalition von 7 Parteien

Barak und Palästinenserführer Arafat unterzeichnen Zusatzabkommen zum Vertrag von Wye. Es regelt Gebietsrückgaben, Freilassung von Gefangenen und endgültigen Status d. Palästinensergebiete ab 2000

Israel nimmt Friedensverhandlungen mit Syrien wieder auf

Tote und mehrere hundert Verletzte bei Studentenunruhen in Teheran

Frühere Außenminister *Abdelaziz Bouteflika* wird zum alger. Staatspräs. gewählt

Libyen überstellt der UNO die beiden mutmaßlichen Attentäter, die 1988 PanAm-Jumbo über der schott. Stadt Lockerbie zum Absturz gebracht haben sollen. Sie müssen sich vor Gericht in den Niederlanden verantworten

EU, UN und USA heben seit 1992 bestehende Sanktionen gegen Libyen auf

Präs. *João Bernardo Vieira* und Rebellen unter ehem. Stabschef d. Armee, *Ansumane Mane*, bilden in Guinea-Bissau Übergangsregierung unter Ministerpräs. *Francisco Fadul*

Bei Militärputsch in Niger wird Präs. *Ibrahim Barré Mainassara* von Rebellen erschossen. Nachfolger Major *Daouda Mallam Wanke* löst Parlament auf

Erste demokrat. Wahlen in Nigeria bringen Sieg d. reformorient. Demokr. Volkspartei

Krieg zw. Äthiopien und Eritrea eskaliert

Parlamentswahlen in Südafrika: Afrik. Nationalkongreß (ANC) erringt 66,4 %, Demokrat. Partei (DP) 9,6 %, Inkatha-Freiheitspartei (IFP) 8,6 %, Neue Nationale Partei (NNP) 6,9 %. Das Parlament wählt *Thabo Mbeki* zum Nachfolger *Nelson Mandelas* als Präs.

Panama wird erstmals von einer Frau geführt. *Mireya Moscoso* gewinnt Präs.wahl

Panama-Kanal geht an die Rep. Panama über, die USA geben die 1904 abgetretene Souveränität zurück

Dt. Kleinkunstpreis in der Sparte Kabarett an *Horst Schroth*, in der Sparte Kleinkunst an *Erwin Grosche*

Samuel Beckett, „Warten auf Godot“, Théâtre Vichy/Lausanne, Regie *Luc Bondy*

Henrik Ibsen, „Die Stützen der Gesellschaft“, Schauspielhaus Düsseldorf, Regie *Arie Zinger*

Botho Strauß, „Die Ähnlichen“, Wiener Festwochen, Regie *Peter Stein*

Heinrich v. Kleist, „Penthesilea“, Staatsschauspiel München, Regie *Andreas Kriegenburg*

Kainz-Medaille an *Maria Happel*, *Maria-Elena Amos* und *Etienne Pluss*

† *Boleslaw Barlog* (*1906 in Breslau), dt. Theaterregisseur

† *Ortrud Beginnen* (* 1938), dt. Schauspielerin und Diseuse

† *August Everding* (* 1928 in Bottrop), dt. Regisseur und Theaterintendant

† *Horst Frank* (* 1929 in Lübeck), dt. Schauspieler

† *Jerzy Grotowski* (* 1933 in Rzeszów), poln. Theaterregisseur

† *Loni Heuser* (* 1908), dt. Schauspielerin und Sängerin

† *Sarah Kane* (* 1971 in Essex), brit. Dramatikerin

† *Hilde Krahl*, eigentl. *Hilde Kolacny* (* 1917 in Brod a. d. Save), österr. Schauspielerin

Didi Danquarts „Viehjud Levi“, dt. Spielfilm

Neue Episode d. Science-Fiction-Serie „Star Wars“ von *George Lucas* wird zum Kassenschlager d. Jahres in den US-Kinos

Robert Altmans „Cookies Fortune“, US-Spielfim

Goldene Palme beim Filmfestival in Cannes an *Luc* und *Jean-Pierre Dardenne* für „Rosetta“; Großer Preis d. Jury an *Bruno Dumont* für „L'humanité“; Preis für beste Regie an *Pedro Almodóvar* für „Todo sobre mi madre“; Darstellerpreise an *Severine Caneele* in „L'humanité“, an *Emilie Dequenne* in „Rosetta“ und *Emmanuel Schotte* in „L'humanité“

Golden Globes für „Shakespeare in love“ von *John Madden* (bester Film), „Saving Private Ryan“ von *Steven Spielberg* (beste Regie) und „The Truman Show“ von *Peter Weir* (*Jim Carrey* und *Ed Harris* für beste Haupt-/Nebendarsteller). Sonder-Globe an *Jack Nicholsen* für sein Lebenswerk

Sieben Oscars für den Film „Shakespeare in Love“, darunter für die beste Darstellerin an *Gwyneth Paltrow*. Beste Regie: *Steven Spielberg* für „Saving Private Ryan“; bester Darsteller: *Roberto Benigni* in „La vita é bella“; Ehren-Oscar an *Elia Kazan* für sein Lebenswerk

Caroline Links Neuverfilmung d. *Erich-Kästner*-Geschichte „Pünktchen und Anton“, dt. Kinderfilm

Goldener Löwe d. Filmfestspiele in Venedig an *Zhang Yimou* für „Nicht einer weniger“

Götz George spielt in *Roland Suso Richters* „Nichts als die Wahrheit“ den KZ-Arzt *Josef Mengele*

Leander Haußmanns „Sonnenallee“ und *Sebastian Petersons* „Helden wie wir“ finden als Rückblicke auf DDR-Vergangenheit breites Publikum

„Eyes wide shut“, der letzte Film *Stanley Kubricks*, wird von der Kritik zwiespältig aufgenommen

Lars v. Triers „Idioten“, dän. Spielfilm

Werner Herzog beschreibt in „Mein liebster Feind“ das Verhältnis zu seinem bevorzugten Hauptdarsteller *Klaus Kinski*

Europ. Filmpreis an *Pedro Almodóvar* für „Todo sobre mi madre“ („Alles über meine Mutter“) und an *Wim Wenders* für Dokumentarfilm „Buena Vista Social Club“

César d. Akademie für Filmkunst und Kinotechnik für den besten franz. Film an „Liebe das Leben“ von *Eric Zonca*

Andreas Kleinerts „Wege in die Nacht“, dt. Spielfilm

Hans Van den Broeck, „La Sortie“ (Choreographie), Urauff., De Vooruit, Gent

Reinhild Hoffmann, *Susanne Linke*, „Über Kreuz“ (Choreographie), Urauff., Hebbeltheater Berlin

† *Fabrizio De André* (* 1940 in Genua), ital. Sänger, Gitarrist, Autor

† *Lionel Bart* (* 1931), brit. Musical-Komponist

† *Georg W. Borsche* (* 1922), dt. Bratschist

† *Lester Bowie* (* 1941 in Frederick), US-amerik. Jazzmusiker

† *Jaki Byard* (* 1922 in Massachusetts), US-amerik. Jazzmusiker

† *Charlie Byrd* (* 1925), US-amerik. Jazz-Gitarrist

† *Gabor Carelli* (* 1915 in Budapest), US-amerik. Tenor

† *Jacques Chailley* (* 1910), franz. Komponist und Musikwiss.

† *Elisabeth Delseit* (* 1905), dt. Sängerin, Gesangspädagogin, Konzertagentin

† *Harry Edison* (* 1906), US-amerik. Jazz-Trompeter

† *Hans Heinrich Eggebrecht* (* 1919), dt. Musikwiss.

† *Walter Giesler* (* 1920), dt. Komponist und Musikwiss.

† *Rex Gildo*, eigentl. *Ludwig Alexander Hirtreiter* (* 1936 in Straubing), dt. Schlagersänger

† *Indrani* (* 1930), ind. Tänzerin

† *Alfredo Kraus* (* 1928), span. Tenor

† *Alexandre Lagoya* (* 1929), franz. Gitarrist

(1999) Ende d. „dedazo" in Mexiko. Der Präs. kann nicht mehr per Fingerzeig Nachfolger bestellen, Vorwahlen entscheiden über den Kandidaten

Die offizielle Mittags-Siesta d. mexikanischen Staatsbediensteten wird abgeschafft

Fernando De la Rúa löst in Argentinien *Carlos Menem* als Staatspräs. ab. Er gehört dem Mitte-Links-Bündnis „Allianz Arbeit, Recht und Erziehung" an

Neuer Staatspräs. in Paraguay ist *Luis González Macchi*. Amtsvorgänger *Raúl Cubas Grau* wird für die Ermordung d. Vizepräs. verantwortlich gemacht

3000 landlose Bauernfamilien besetzen bei Protestaktion im Nordosten Brasiliens 15 Farmen. Kluft zw. Masse d. Armen und der reichen Oberschicht wird ständig größer, Gewalt gegen landlose Bauern eskaliert

Regierungsumbildung in Bolivien. Präs. *Bánzer* führt Kokaintest für alle Staatsbediensteten ein

Junge Tibeter stürmen chin. Botschaft in Indien und fordern Unabhängigkeit Tibets

Schwere Kämpfe in der zw. Pakistan und Indien umstrittenen Kaschmir-Region

Militärputsch in Pakistan. Regierungschef *Nawaz Sharif* abgesetzt, neuer Machthaber ist General *Pervez Musharaf*

Indiens Regierungschef *Atal Behari Vajpayee* gewinnt mit neuem Regierungsbündnis vorgezogene Parlamentswahl

Chin. Regierung verbietet die Sekte Falun Gong. Die Kultbewegung, die buddhist. und taoist. Lehre mit Meditationsübungen verbindet, soll ca. 15 Mill. Anhänger haben

In Peking Massenaufmärsche und Militärparaden zum 50. Jahrestag d. VR China

China tritt der Welthandelsorganis. WTO bei

China öffnet seine Märkte; bilaterales Handelsabkommen mit den USA

Portugal übergibt Enclave Macao an China

In Indonesien siegt bei der ersten freien Wahl seit 1995 die Demokrat. Partei d. Kampfes (PDI-P) von *Megawati Sukarnoputri*, die später Vizepräs.in wird. Neuer Staatspräs. ist Muslimführer *Abdurrahman Wahid*

Volksabstimmung in dem seit 1975 von Indonesien besetzten Osttimor: 78,5 % stimmen für die Unabhängigkeit. Internat. Friedenstruppe (Interfet) muß die Bevölkerung gegen indones. Terror schützen

In einem Referendum stimmt die Mehrheit d. austral. Wahlberechtigten gegen Umwandlung in eine Republik. Australien bleibt konstitutionelle Monarchie, die brit. Königin formell Staatsoberhaupt

† *Amintore Fanfani* (* 1908 in Santo Stefano), ehem. ital. Ministerpräs.

† *Raissa Maximowna Gorbatschowa* (* 1932 in Rubzowsk), ehem. First Lady d. UdSSR

† *König Hassan II.* von Marokko (* 1929 in Rabat)

† *König Hussein II.* von Jordanien (* 1935 in Amman). Thronfolger wird sein Sohn *Abdullah* (* 1962)

† *Julius Nyerere* (* 1922 Butiama/Tanganjika), ehem. Präs. Tansanias

† *Georgios Papadopoulos* (* 1919), ehem. griech. Militärdiktator

† *Gideon Rafael* (* 1913 in Berlin), israel. Diplomat

† *Franjo Tudjman* (* 1922 in Veliko Trgovisce), kroat. Staatspräs.

† *Jacques Lecoq* (* 1921 in Paris), franz. Theaterpädagoge

† *Karl Lieffen* (* 1926 in Ossek/Böhmen), dt. Schauspieler

† *Lotte Loebinger* (* 1905), dt. Schauspielerin

† *Siegfried Lowitz* (* 1914 in Berlin), dt. Schauspieler

† *Rolf Ludwig* (* 1925), dt. Schauspieler

† *Victor Mature* (* 1912), US-amerik. Schauspieler

† *Willy Millowitsch* (* 1909 in Köln), dt. Schauspieler

† *Heinz Schubert* (* 1925 in Berlin), dt. Schauspieler

† *Günter Strack* (* 1929 in Darmstadt), dt. Schauspieler

† *Susan Strasberg* (* 1938), US-amerik. Schauspielerin

† *Georg Thomalla* (* 1915 in Kattowitz), dt. Schauspieler

† *Ulrich Wildgruber* (* 1937 in Bielefeld), dt. Schauspieler

† *Lucien Aigner* (* 1901), US-amerik. Fotograf

† *Sir Dirk Bogarde*, eigentl. Derek Niven Bogaerde (* 1921 in Hampstead), brit. Schauspieler

† *Edouard Boubat* (* 1923), franz. Fotograf

† *Harry Callahan* (* 1912), US-amerik. Fotograf

† *Andreas Feininger* (* 1906 in Paris), US-amerik. Fotograf und Journalist

† *Erich Hartmann* (* 1922 in München), dt. Fotograf

† *Iron Eyes Cody* (* 1904), US-amerik. Schauspieler (Cherokee)

† *Werner Jacobs* (* 1909), dt. Filmregisseur

† *Elie Kagan* (* 1928 in Paris), franz. Pressefotograf

† *Garson Kanin* (* 1912), US-amerik. Filmregisseur und Autor

† *DeForest Kelley* (* 1920), US-amerik. Schauspieler

† *Herbert Kline* (* 1909), dt. Filmemacher, Pionier d. Dokumentarfilms

† *Stanley Kubrick* (* 1928 in New York), US-amerik. Filmregisseur

† *Desmond Llewelyn*, (* 1914 in Südwales), brit. Schauspieler

† *Marianne Lüdcke* (* 1944), dt. Filmregisseurin

† *Georg Marischka* (* 1922), österr. Regisseur und Schauspieler

† *Kazuo Miyagawi* (* 1908), japan. Kameramann

† *George Moorse* (* 1936), US-amerik. Filmregisseur

† *Oliver Reed* (* 1938), brit. Schauspieler

† *Sam Shaw* (* 1913), US-amerik. Fotograf und Filmproduzent

† *Gerard Vandenberg* (* 1932 in Amsterdam), holl. Kameramann

† *Frantisek Vlacil* (* 1924), tschech. Filmregisseur

† *Frank Vogel* (* 1929), dt. Filmregisseur („Denk bloß nicht, ich heule", DDR 1965, „Das siebte Jahr", DDR 1969)

† *Harry Wüstenhagen* (* 1928), dt. Schauspieler

† *Rolf Liebermann* (* 1910 in Zürich), Schweiz. Komponist u. Opernintendant

† *Sir Yehudi Menuhin*, (* 1916 in New York), brit.-amerik. Geiger

† *Ernst Mosch* (* 1925 Zwodau/Böhmen), dt. Volksmusiker

† *Werner Müller* (* 1920), dt. Jazz-Posaunist, Band- und Orchesterleiter

† *Michel Petrucciani* (* 1962 in Orange), franz. Jazz-Pianist

† *Red Norvo* (* 1908), US-amerik. Jazz-Vibraphonist

† *Joaquin Rodrigo* (* 1902), span. Pianist und Komponist

† *Paul Sacher* (* 1906), Schweiz. Musiker u. Mäzen

† *Alfred Schlee* (* 1901), österr. Musikverleger

† *Dietrich Schulz-Köhn* (* 1912), dt. Jazz-Journalist

† *Horst Seeger* (* 1926), dt. Musikwiss.

† *Hank Snow*, (* 1914 in Brooklyn bei Liverpool/Nova Scotia), US-amerik. Countrymusiker

† *Dusty Springfield*, eigentl. *Mary Isobel Catherine O'Brian* (* 1940 in Hampstead), brit. Pop-Sängerin

† *Karin Waehner* (* 1926 in Gleiwitz), dt. Tänzerin und Choreographin

† *Fred Weyrich* (* 1921), dt. Schlagerproduzent

† *Ernie Wilkins* (* 1920), US-amerik. Komponist und Saxophonist

† *Joe Williams* (* 1908), US-amerik. Jazzsänger

† *Orlandus Wilson* (* 1916), US-amerik. Jazzsänger, langjähr. Chef d. Golden Gate Quartet

2000

Friedensnobelpreis an den südkorean. Präs. *Kim Dae Jung* für seinen lebenslangen Einsatz für Menschenrechte und Demokratie sowie seine Aussöhnungspolitik mit dem kommunist. Nordkorea

Alternativer Nobelpreis („Right Livelihood Award") an den indones. Menschenrechtsanwalt *Munir*, den äthiop. Biologen *Tewolde Gebre Egziobher* für seinen Einsatz zur Erhaltung d. Bio-Vielfalt, die türk. Politologin *Birsel Lemke* für ihren zivilen Widerstand gegen den Abbau von Gold mit Hilfe von Blausäure in der Region von Bergama. Ehrenpreis an den Biogenetiker *Wes Jackson* (USA) für seine Entwicklung einer ertragreichen und zugleich ökolog. Landwirtschaft

Karlspreis d. Stadt Aachen an US-Präs. *Bill Clinton* für seine Verdienste um Freiheit und Menschenrechte

Dt. Bundesreg. will öffentl. Aufträge bevorzugt an Unternehmen vergeben, in denen speziell Frauen gefördert werden

CDU-Vors. *Wolfgang Schäuble* gibt zu, 1994 Spende von 100 000 DM von dem Waffenhändler *Karlheinz Schreiber* bekommen zu haben. Kurz danach tritt er als Partei- und Fraktionsvors. zurück

Friedrich Merz wird neuer Fraktionsvors. d. CDU/CSU-Bundestagsfraktion. *Angela Merkel* wird zur Parteivors. d. CDU gewählt

Frauen dürfen künftig in Dtl. Dienst an der Waffe leisten. Der Europ. Gerichtshof erklärt das bisherige Verbot für rechtswidrig

Nach Eingeständnis d. früheren hess. Finanzministers und Bundesinnenministers, Manfred Kanther, hat die hess. CDU über Jahre im Ausland schwarze Konten mit Beträgen in Millionenhöhe geführt. Einnahmen wurden als Vermächtnisse jüd. Emigranten deklariert. Ministerpräs. *Roland Koch* muß zugeben, bei der Aufklärung nicht die Wahrheit gesagt zu haben

17 Jahre nach dem Bombenattentat auf das Berliner Maison de France wird *Johannes Weinrich* zu lebenslanger Haft verurteilt

Helmut Kohl legt Ehrenvorsitz d. CDU nieder. Er sammelt rund acht Mill. DM an Spenden, um die Strafgelder gegen die Partei zu decken

Dt. Bundeskabinett verabschiedet neue Richtlinien zur Ausfuhr von Rüstungsgütern. Danach muß die Einhaltung d. Menschenrechte in den Empfängerländern beachtet werden

Bundestagspräs. *Wolfgang Thierse* fordert von der CDU insgesamt 41 Mill. DM an Bundeszuschüssen zurück

Als erster dt. Präs. darf *Johannes Rau* im israel. Parlament reden; er bittet dabei um „Vergebung für das, was Deutsche getan haben"

Literaturnobelpreis an den Exilchinesen *Gao Xingjian*. In der Begründung d. Jury heißt es, im Werk d. Schriftstellers werde „die Literatur aus dem Kampf d. Individuums, die Geschichte d. Massen zu überleben, wieder geboren"

Georg-Büchner-Preis an den Schriftsteller *Volker Braun*

Peter-Huchel-Preis an den Lyriker *Adolf Endler*

Nadal-Preis d. Verlagshauses Destino an *Lorenzo Silva* für „El alquimista insignificante" („Der unbedeutende Alchimist")

Österr. Dramatiker *Peter Turrini* lehnt Verleihung d. Kärntner Landesordens durch Landeshauptmann *Jörg Haider* ab

„Preis der Frankfurter Anthologie" an den Kritiker und Literaturchef der „Süddeutschen Zeitung", *Wolfgang Werth*

„Dibaxu, Debajo, Darunter", Zyklus von 29 Liebesgedichten d. argent. Dichters *Juan Gelman*, erscheint dreisprachig in sephardisch, spanisch und deutsch (dt. Übersetzung *Tobias Burghardt*)

Der Düsseldorfer Unternehmer *Paul Spiegel* wird neuer Präs. d. Zentralrats d. Juden in Dtl.

In der Österr. Nationalbibliothek wird der älteste Auszug aus dem „Hebräerbrief" d. Apostels Paulus entdeckt

Hess. Kulturpreis an *Jürgen Habermas, Siegfried Unseld* und *Marcel Reich-Ranicki*

Sigmund-Freud-Preis für wiss. Prosa d. Dt. Akademie für Sprache an *Kurt Flasch*

„Hitlers Kinder", fünfteilige TV-Reihe über die Jugend im Dritten Reich von *Guido Knopp*

Friedrich-Gundolf-Preis für die Vermittlung dt. Kultur im Ausland an den poln. Dichter *Ryszard Krynicki*

Papst *Johannes Paul II.* spricht zwei seiner Vorgänger selig, neben dem populären *Johannes XXIII.* auch den umstrittenen *Pius IX.*

Der Vatikan erklärt Vorrangstellung d. kathol. Kirche und löst damit scharfe Proteste bei den anderen christlichen Konfessionen aus

100. Geburtstag d. Philosophen *Hans-Georg Gadamer*

Nach 49 Jahren erscheint die letzte „Peanuts"-Geschichte d. Vaters d. weltweit beliebten Comic-Figuren, *Charles M. Schulz*

Das Berner Kunstmuseum zeigt 150 Gemälde d. Schweizer Malers und „Brücke"-Mitglieds *Cuno Amiet*

Moritz-Daniel-Oppenheim-Ausstellung im Jüd. Museum Frankfurt

Ausstellung über das Lebenswerk d. Architekten *Oswald Mathias Ungers* in der Kölner *Josef-Haubrich*-Kunsthalle

Bilder, Plakate und Skulpturen von *Barbara Kruger* im Museum of Contemporary Art in Los Angeles

Der span. Staat kauft eines der kostbarsten Bilder *Goyas*, das 1800 gemalte Porträt d. Condesa de Chinchón, für umgerechnet 47 Mill. DM

Der Leiter d. *Hans-Arp*-Stiftung in Rolandseck, *Dieter Lange*, wird in Frankreich wegen illegalen Kunsttransfers zu einer Geldstrafe von 20,3 Mill. DM verurteilt

Ausstellung „Abstraktion in Frankreich und Italien 1945 bis 1975 – das Umfeld von *Jean Leppin*“ im Straßburger Zollhaus

In Hamburg werden beim Konzert „Sieben Horizonte“ sieben Werke moderner E-Musik uraufgeführt

Bei Gala-Abend zu Ehren d. verstorbenen span. Tenors *Alfredo Kraus* kommt es im Madrider Teatro Real nach der kurzfristigen Absage mehrerer Opernstars zu heftigen Tumulten

In Berlin eröffnet am Potsdamer Platz die „Music Box“, ein unkonventionelles Musikmuseum, in dem Besucher auch die Berliner Philharmoniker „dirigieren“ können

250. Todestag d. Komponisten *Johann Sebastian Bach*

125. Geburtstag von *Maurice Ravel*

„*Dieter-Schnebel*-Fest“ in Berlin mit neun Urauff. und der Aufführung von Schnebels „Orchestra“

John Dew inszeniert in Dortmund *Giacomo Meyerbeers* kom. Oper „Dinorah“

Jonathan Miller inszeniert in Zürich *Mozarts* „Zauberflöte“

Nobelpreis für Physik an *Herbert Kroemer*, *Jack Kilby* (beide USA) und *Zhores Alferov* (Rußland) für ihre Grundlagenarbeiten zur Entwicklung von elektron. Bauteilen und Mikrochips

Nobelpreis für Chemie an *Alan Heeger*, *Alan MacDiarmid* (beide USA) und den Japaner *Hideki Shirakawa* für die gemeinsame Entwicklung stromleitender Kunststoffe

Nobelpreis für Medizin an *Eric Kandel*, *Paul Greengard* (beide USA) und den Schweden *Arvid Carlsson* für Forschungen zur *Parkinson*-Krankheit, Schizophrenie und anderer Nervenleiden

Die älteste überlieferte und zugleich bedeutendste Schrift d. *Archimedes* († 212 v. Chr.), erst 1906 vom dän. Mathematiker *Johan Heiberg* entdeckt, ist der Stanford University erstmals für Forschungszwecke zur Verfügung gestellt worden

Entwicklung d. kleinsten Kanten-Lasers d. Welt durch *Alfred Forchel* und Mitarbeiter am Mikrostrukturlabor in Würzburg: Drei davon fänden Platz auf dem Durchmesser eines Haares – die Nanospiegel sind 300 Nanometer dick

Nobelpreis für Wirtschaftswiss. an *James J. Heckman* und *Daniel L. McFadden* (beide USA) für die Entwicklung von Theorien und Methoden für die empir. Analyse d. Verhaltens von Individuen

Erste Weltausstellung auf dt. Boden, die EXPO 2000, schließt Ende Oktober mit Defizit von 2,4 Mrd. DM. Ursprünglich wurden 40 Mill. Besucher erwartet, tatsächlich kamen 18,1 Mill.

BRD ist nach USA der weltweit zweitgrößte Exporteur von Handelswaren mit Volumen von rund 1,1 Bill. DM. Das entspricht Welthandelsanteil von knapp 10 %. Die USA kommen auf rund 13 %. Auf Rang drei folgt Japan

Siemens-Konzern darf Plutoniumfabrik nach Rußland exportieren

America Online (AOL) und Medienkonzern Time Warner fusionieren

Der New Yorker Medienkonzern Time Warner wird mit der brit. EMI Group PLC. den größten Musikkonzern d. Welt gründen

Glaxo Wellcome und Smithkline Beecham fusionieren zum weltgrößten Pharmakonzern

Mannesmann und Vodafone Airtouch einigen sich nach einer spektakulären Übernahmeschlacht auf Fusion

Weltbank, Japan und Asiat. Entwicklungsbank stützen mit Kredit von 4,7 Mrd. $ die Reformen in Indonesien

EU entscheidet gegen grenzüberschreitende Buchpreisbindung zw. BRD und Österr.

Zum Börsenstart steigen die Aktien d. Chipherstellers Infineon auf über 140 %. Die Kleinanleger gehen aber wegen 33facher Überzeichnung d. Aktie erst einmal leer aus

VW übernimmt 34 % d. Stimmrechte beim schwed. Lkw-Hersteller Scania, Daimler Chrysler steigt mit 4,1 Mrd. DM bei Mitsubishi ein

US-Justizministerium will den weltweit größten Software-Hersteller Microsoft wegen wettbewerbswidrigen Verhaltens in zwei Unternehmen zerschlagen

(2000)	Bundespräs. *Rau* und Friedensnobelpreisträger *Elie Wiesel* legen Grundstein für Holocaust-Mahnmal in Berlin Erstmals nach dem 2. Weltkrieg marschieren dt. Rechtsextremisten legal durch das Brandenburger Tor. NPD-Anhänger demonstrieren gegen das geplante Mahnmal für die ermordeten Juden Europas Transrapid-Trasse zw. Berlin und Hamburg wird nicht gebaut. Bund und Bahn suchen nach neuer Strecke für die Magnetschnellbahn Gegen den Widerstand von CDU/CSU legalisiert der dt. Bundestag die Einrichtung von „Fixerstuben", wo Süchtige unter Aufsicht Drogen konsumieren können Als erster dt. Außenminister seit neun Jahren trifft *Joschka Fischer* die iran. Führung in Teheran. Beim Gegenbesuch d. iran. Staatspräs. *Mohammed Chatami* demonstrieren in Berlin 7000 Menschen. Rund 10 Mill. DM kosten die Sicherheitsmaßnahmen während d. Besuchs Gegen den Waffenhändler *Karlheinz Schreiber* und den früheren Generalsekretär d. CDU *Walther Leisler Kiep* wird Anklage erhoben wegen Schmiergeldzahlungen für Panzerlieferungen nach Saudi-Arabien und ein Airbusgeschäft mit Kanada PDS-Parteichef *Lothar Bisky* und Fraktionsvors. *Gregor Gysi* kündigen auf Parteitag den Rückzug aus ihren Ämtern an. *Gabriele Zimmer* wird neue PDS-Vors., *Roland Claus* wird neuer Fraktionschef Landtagswahl in Schleswig-Holstein: Ergebnisse mit Vergleichszahlen 1996: SPD 43,2 % (39,8), CDU 35,2 % (37,2), Bündnis 90/Die Grünen 6,2 % (8,1) Landtagswahl in Nordrhein-Westfalen: Ergebnisse mit Vergleichszahlen 1995: SPD 42,8 % (46,0), CDU 37,0 % (37,7), FDP 9,8 % (4,0), Bündnis 90/Die Grünen 7,1 % (10,0). Wahlbeteiligung: 56,7 % (64,0). *Wolfgang Clement* als Ministerpräs. bestätigt US-amerik. Unternehmen, die während d. Krieges Fabriken in Dtl. hatten, wollen eigenen Fond zur Entschädigung von Zwangsarbeitern einrichten Mit einer Grundsatzvereinbarung über die Rechtssicherheit für dt. Unternehmen werden in Washington die Verhandlungen zur Entschädigung ehem. NS-Zwangsarbeiter abgeschlossen. Im Dezember 1999 hatte man sich auf die Höhe d. Entschädigung – jeweils 5 Mrd. DM von dt. Wirtschaft und aus Bundeshaushalt – geeinigt Als erstes dt. Bundesland führt Hessen elektron. Fußfesseln für Straftäter ein, die auf Bewährung freigelassen sind Dt. Regierung und Wirtschaft einigen sich darauf, daß ab 1. August 2000 ausländ. Computer-Spezialisten angeworben werden können. Die erste Arbeitserlaubnis auf Zeit („Green Card") erhält der indones. Informatiker *Harianto Wijaya*	„*Adelbert-von-Chamisso*-Preis" an den in Bulgarien geborenen Schriftsteller *Ilija Trojanow* für „Hundezeiten. Heimkehr in ein fremdes Land" Prix d. Deux Magots an den franz. Schriftsteller *Philippe Hermann* für „La vraie joie" („Die wahre Freude") „Neun Koffer" von *Béla Zsolt* erscheint in der dt. Übersetzung von *Angelika Mate* Alfaguara-Preis an die span. Schriftstellerin *Clara Sánchez* für „Últimas noticias del paraiso" („Letzte Nachrichten aus dem Paradies") *Peter Schwaiger* gibt mit „Vito" sein Debüt als Romancier *Hölderlin*-Preis an den Kritiker und Schriftsteller *Marcel Reich-Ranicki* für sein Lebenswerk *Marie-Luise-Kaschnitz*-Preis an den Lyriker *Wulf Kirsten* Pulitzer-Preis für Lit. an *Jhumpa Lahiri* für ihren Roman „Melancholie der Ankunft"; der Preis für Dichtung an *C.K. Williams* für „Repair" In Basel wird das erste Schweizer Literaturhaus eröffnet	*Leo-Baeck*-Preis an *Else* und *Berthold Beitz* Papstbesuch im Heiligen Land: *Johannes Paul II.* trifft in der Aksa-Moschee mit dem muslim. Großmufti zusammen und bittet an der Klagemauer die Juden um Vergebung für das von Christen zugefügte Leid. Erstmals pilgert ein Papst zum Berg Sinai, wo nach bibl. Überlieferung Moses die Zehn Gebote erhielt In einem histor. Akt bekennen sich Papst, Kardinäle und Bischöfe in Rom zu Verfehlungen in der Vergangenheit und bitten dafür um Vergebung 40 000 Gläubige beim 94. Dt. Katholikentag in Hamburg; erstmals ökumen. Schlußfeier in der 152-jähr. Geschichte d. Kirchentags Die Evangel. Kirche in Berlin räumt ein, von 1943 bis Kriegsende ein Zwangsarbeiterlager für etwa 100 Menschen auf dem Jerusalemer Kirchhof betrieben zu haben *Konrad-Duden*-Preis an den Sprachwiss. *Siegfried Grosse*

„ModernStarts: People“: *LeWitt, Gauguin, Picasso, Munch, Steichen* u. a.; Ausstellung im Museum of Modern Art, New York

Ausstellung d. zeichn. Frühwerks von *Ellsworth Kelly* in Winterthur

Oskar-Kokoschka-Preis an die österr. Künstlerin *Valie Export*

Vielbeachtete *Cézanne*-Ausstellung im Wiener Kunstforum und Zürcher Kunsthaus

Donald Judds farbige Kastenskulpturen im Sprengel Museum Hannover

Berühmtes, verschollenes Gemälde von *Dosso Dossi* aus dem Herzogspalast in Ferrara ist in Indien wiederentdeckt worden

Seit 47 Jahren verschollenes Gemälde d. mexikan. Wandmalers *Diego Rivera* ist in Moskau aufgetaucht

Fred-Thieler-Preis an die norweg. Malerin *A. K. Dolven*

Bisher unbekannte Pionier-Sammlung mit Werken von *Paul Klee* im Berner Kunstmuseum

Werkschau d. Fotografen *Jakob Tuggener* im Kunsthaus Zürich

Carl-Einstein-Preis für Kunstkritik an *Rudolf Schmitz* (FAZ und Hess. Rundfunk)

Jean Genets Oper „Die Wände“ unter der Regie von *Adriana Hölszkys* in Frankfurt

100. Geburtstag von *Kurt Weill*

Alfred Kirchner inszeniert „Così fan tutte“ von *Mozart* in Bonn, *Jürgen Flimm* in Zürich und *Hans Neuenfels* bei den Salzburger Festspielen

Staffan Valdemar Holm inszeniert an der Wiener Volksoper die *Verdi*-Oper „Falstaff“

Hans Neuenfels inszeniert an der Deutschen Oper Berlin *Verdis* „Nabucco“

Peter Konwitschny inszeniert *Richard Wagners* „Götterdämmerung“ in Stuttgart und beschließt außergewöhnl. „Ring"-Zyklus

Urauff. d. Oper „Triumph of Spirit over Matter“ von *Wim Hendericks* in Brüssel

Urauff. d. Dokumentar-Oper „Das Gedächtnis d. Wassers“ (Komponisten *Gordon Sherwood* und *Uve Müllrich*) beim Ulmer Donau-Festival

Andrea Breth gibt in Leipzig mit *Glucks* „Orfeo“ ihr Debüt als Opernregisseurin

Mit dem Freie-Elektronen-Laser (FEL) am Forschungsinstitut Desy ist es gelungen, ultraviolette Strahlung in einem Bereich um 110 Nanometer zu erzeugen

Das letzte bislang fehlende Elementarteilchen d. Materie ist mit dem tau-Neutrino nachgewiesen worden. Dies gelang einer Forschergruppe um *Byron Lundberg* in einem Experiment mit Hilfe d. Tevatron-Beschleunigers d. Fermilab bei Chicago (USA)

Am europ. Zentrum für Elementarteilchenforschung (Cern) in Genf ist es einer internat. Forschergruppe gelungen, Quark-Gluon-Plasma zu erzeugen, eine Form von Materie, wie sie direkt nach dem Urknall vorgelegen haben muß

Die Brücke über den Öresund, die Dänemark und Schweden verbindet, wird für den Verkehr freigegeben

Nach Angaben d. NASA ist das Ozonloch über der Antarktis mit 28 qkm um mehr als 1 qkm größer als 1999. Experten befürchten die Zunahme von Hautkrebs

Das fünftgrößte US-Rüstungsunternehmen Northrop Grumman Corp. (Los Angeles) übernimmt den Konkurrenten Litton Industries Inc. (Woodland/Kalifornien) für 5,1 Mrd. $. Damit entsteht einer der weltgrößten Rüstungskonzerne

BMW trennt sich von Rover. Verlust soll 1999 höher als 2,5 Mrd. DM gewesen sein

Die von *Bernhard Grzimek* gegründete Zeitschrift „Das Tier“ stellt Erscheinen ein

Das 1936 als Wochenzeitschrift gegründete „Life Magazine“ stellt Erscheinen ein

Die von *Antonio Gramsci* 1924 gegründete, einst kommunist. ital. Tageszeitung „L'Unità“ stellt Erscheinen ein

Bayerische Hypo- und Vereinsbank AG, München, und Bank Austria AG fusionieren zum drittgrößten Kreditinstitut Europas

Deutsche Telekom übernimmt die US-Mobilfunkgesellschaft Voicestream Wireless Corp. für umgerechnet 106 Mrd. DM

Größter Kurssturz in der dreijähr. Geschichte d. Nasdaq: Technologie-Index verliert an den US-Börsen an einem Tag 10 % d. Werts

Preussag übernimmt den brit. Konkurrenten Thomson Travel und wird damit weltweit größtes Touristikunternehmen

Dt. Privatsender Sat. 1 und Pro Sieben fusionieren zum größten dt. TV-Konzern. Hauptanteilseigner ist Medienunternehmer *Leo Kirch*

Dt. TV-Show „Big Brother“ d. Privatsenders RTL II erreicht größtes Medieninteresse. Eine Gruppe von Personen läßt sich drei Monate in einem Wohncontainer rund um die Uhr von Videokameras beobachten

Der Euro fällt auf ein Rekordtief von 0,86 US-$. Um die Talfahrt d. Euro zu stoppen, erhöht die Europ. Zentralbank die Leitzinsen um 0,25 auf 4,25 %.

† *Rüdiger Altmann* (* 1922), dt. Publizist

(2000)

Die rot-grüne Regierungskoalition verabschiedet im Bundestag gegen den Widerstand von CDU/CSU die Steuerreform. Auch der Bundesrat stimmt zu

Verteidigungsminister *Scharping* will im Zuge d. Bundeswehrreform die Truppe auf 280 000 Soldaten reduzieren

Bundesreg. und Energiewirtschaft einigen sich auf den Ausstieg aus der Atomenergie in einer Frist von 32 Jahren

Bündnis 90/Die Grünen wählen *Renate Künast* und *Fritz Kuhn* an die Spitze ihrer Partei

Sonderermittler *Burkhard Hirsch* stellt Lücken und Manipulationen in der Aktenführung d. Bundeskanzleramts zur Zeit *Helmut Kohls* fest. Zwei Drittel d. Daten sind 1998 nach dem Machtwechsel gelöscht worden

Ex-Bundeskanzler *Kohl* verschweigt vor dem Untersuchungsausschuß zur Spendenaffäre die Namen d. Spender

Ein ehem. Manager d. franz. Ölkonzerns Elf erklärt, daß beim Kauf d. Leuna-Raffinerie 1992 insgesamt 77 Mill. DM an Dtl. gezahlt worden seien

Neue Bundesbeauftragte für die Unterlagen d. Staatssicherheit d. DDR wird die ehem. DDR-Bürgerrechtlerin und Grünen-Politikerin *Marianne Birthler*

Horst Köhler neuer Chef d. Internat. Währungsfonds (IWF)

Der Deutsche Bundesrat nimmt seine Arbeit in Berlin auf. Sitz d. Bundesrats ist das Preuß. Herrenhaus in der Leipziger Straße

Dt. Bundesreg. wird Gesetzentwürfe über das Internet frühzeitig bekannt machen und so der Öffentlichkeit die Möglichkeit zur Stellungnahme bieten

Die CDU bezieht ihre neue Berliner Bundesgeschäftsstelle; Architekten: Petzinka, Pink + Partner, Düsseldorf

Im Zuge zunehmender rechtsradikaler Gewalt in Dtl. wird über ein Verbot d. NPD diskutiert. Bundesreg. und Bundestag stellen jeweils eigenen Verbotsantrag

Verbot d. Skinhead-Organis. „Blood & Honour"

Die Versteigerung d. UMTS-Mobilfunklizenzen bringt 98,8 Mrd. DM in die Staatskasse. Sie sollen zur Tilgung von Staatsschulden verwendet werden

Dt. Bundesreg. wird Lizenzen zum Bau d. Panzers Leopard II nicht an die Türkei geben

Ex-Bundeskanzler *Kohl* lehnt Teilnahme an der offiziellen Feier zum 10. Jahrestag d. dt. Einheit in Dresden ab

Manfred Kolbe löst in Sachsen *Steffen Heitmann* als Justizminister ab

Joseph-Breitbach-Preis d. Mainzer Akademie d. Wissenschaften und d. Lit. und d. Stiftung *Joseph Breitbach* (mit 255 000 DM höchstdotierte Auszeichnung für Schriftsteller in Dtl.) zu gleichen Teilen an *Ilse Aichinger*, *W.G. Sebald* und *Markus Werner*

Lit.-Förderpreis d. *Jürgen-Ponto*-Stiftung für *Andreas Maier* (*1968) und sein Debütroman „Wäldchestag"

Walter Kempowski erhält den *Heimito-von-Doderer*-Lit.preis, der Förderpreis geht an den Wiener Autor *Doron Rabinovici*

Rainald Goetz erhält den *Wilhelm-Raabe*-Preis für sein Buch „Abfall für alle"

Lit.preis d. Nord. Rates an den dän. Lyriker und Reiseschriftsteller *Henrik Nordbrandt* für den 1998 erschienenen Band „Drömmerbroer" („Traumbrücken")

„Der Besuch d. Erzbischofs", eine Metapher auf das Leben unter einem totalitären System, von *Ádám Bodor*

Heinrich-Voß-Preis für Übersetzung an *Armin Eidherr*, Hrsg. d. Reihe „Jiddische Bibliothek"

Die Evangel. Kirche Deutschlands (EKD) und die Diakonie werden sich mit 10 Mill. DM an der Stiftung „Erinnerung, Verantwortung und Zukunft" zur Entschädigung von NS-Zwangsarbeitern beteiligen

Carl-von Ossietzky-Medaille d. Internat. Liga für Menschenrechte an den Journalisten *Frank Jansen* für sein „Engagement gegen Rassismus und Neonazismus"

Der brit. Historiker *David Irving* verliert Prozeß gegen US-Wissenschaftlerin, die ihn „Leugner d. Holocaust" nannte. Das Urteil nennt ihn „Antisemiten und Rassisten"

100. Todestag d. Philosophen *Friedrich Nietzsche*

400. Todestag von *Giordano Bruno*

500. Geburtstag von Kaiser *Karl V.*

Israel gibt die Tagebücher von *Adolf Eichmann* zu Forschungszwecken frei

Berliner *Moses-Mendelsohn*-Preis zur Förderung d. Toleranz an *Ivan Nagel*, dt. Theatermacher und Kritiker

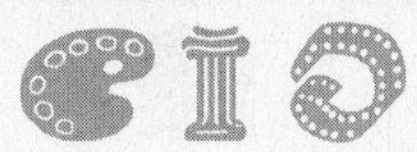   

In Lahti (Finnland) eröffnet ein neues Konzert- und Kongreßzentrum, gebaut nach Plänen d. Architekten *Hannu Tikka* und *Kimmo Lintula* ganz aus Holz

Fotoausstellung mit Arbeiten von *Dieter Appelt* in der Galerie Paviot, Paris

„Kunstpreis Berlin" an die Fotokünstler *Anna* und *Bernhard Johannes Blume*

Ausstellung „Face to Face" im Museum of Fine Arts in Boston (USA) zeigt Porträts von *Vincent van Gogh*

Ausstellung d. zurückgekehrten „101 Blätter", die nach dem 2. Weltkrieg aus Bremen verschwunden waren und nun von Rußland zurückgegeben wurden, in der Bremer Kunsthalle; darunter Werke von *Dürer*, *Delacroix*, *Manet* und *Lautrec*

Ausstellung im Straßburger Musée d'Art Moderne et Contemporain zeigt anhand von über 300 Kunstwerken die Einflüsse d. Exilsurrealisten auf die US-amerik. Kunst in den vierziger Jahren

Wiss. d. Univ. Tübingen entdecken in der Hohle Fels-Höhle bei Schelkingen (Baden-Württ.) 30 000 Jahre alte Pferdekopfdarstellung aus Elfenbein

Neuinszenierung d. „Ring d. Nibelungen" von *Richard Wagner* in Bayreuth: *Jürgen Flimm* (Regie), *Giuseppe Sinopoli* (Musikal. Leitung), *Erich Wonder* (Bühnenbild), *Florence von Gerkan* (Kostüme)

Urauff. „Johannes-Passion" von *Sofia Gubaidulina* in Stuttgart

Karl-Sczuka-Preis für Hörspiel als Radiokunst an *Caroline Wilkins*, engl. Komponistin

Joana-Maria-Gorvin-Preis d. Berl. Akad. d. Künste an Kammersängerin *Anny Schlemm*

Urauff. d. Musicals „Ludwig II. – Sehnsucht nach dem Paradies" von *Franz Hummel*. Gesamtkosten: 74 Mill. DM

Nach 18 Jahren Laufzeit ist das bisher erfolgreichste Musical, „Cats" von *Andrew Lloyd Webber*, am Broadway abgespielt. Über 10 Mill. Zuschauer kamen in 7844 Vorstellungen. Die Inszenierung erhielt sieben Tony-Awards

„Guys and Dolls" von *Frank Loesser* (Musik) und *Damon Runyon* (Buch) erlebt eine gefeierte Renaissance am Arena Stage Theatre in Washington

Schließung d. 18 500 qkm großen ehem. sowjet. Atombomben-Testgeländes in Semipalatinsk, heute Rep. Kasachstan

Span. Forscher entdecken vor der antarkt. Halbinsel die größte von Gletschern geschaffene submarine Landschaftsform

In Patagonien werden Knochenreste d. längsten Sauriers d. Welt gefunden. Er muß etwa 50 m lang und 15 t schwer gewesen sein

Archäologen haben in Nicaragua Zeugnisse einer noch unbekannten präkolumb. Kultur ausgegraben

In Mittelchina wird mit Hilfe eines Cäsium-Magnetometers riesige Palastanlage entdeckt, vermutlich die Residenz d. ersten Kaisers *Shi Huangdim* (259–210 v. Chr.)

Erstes Museum für Paläanthropologie in China

„Premio Nonino" an den Biologen *Edward O. Wilson* (USA) und den Florentiner Paläoethnologen *Claudio Magris*

Im schwed. Ostseehafen Härnösand entdecken Taucher ein rund tausend Jahre altes Wikingerschiff

† *Adolf („Addi") Furler* (* 1933 in Berlin), dt. Sportjournalist

† *John Harsanyi* (* 1920 in Budapest), US-amerik. Ökonom, Nobelpreisträger

† *Ernst Dieter Lueg* (* 1930 in Essen), dt. Journalist

† *Hans Lutz Merkle* (* 1913 in Pforzheim), dt. Industriemanager

† *Merton Howard Miller* (* 1923 in Boston), US-amerik. Ökonom

† *Harry Frederick Oppenheimer* (* 1908 in Kimberley), südafrik. Unternehmer

In Frankreich müssen alle Kampfhunde d. Rassen Pitbull und Boerbull sterilisiert werden

Nach tödlicher Attacke zweier Kampfhunde auf einen Jungen in Hamburg verschärfen die Bundesländer ihre Verordnungen. Generell gilt für Kampfhunde Maulkorb- und Leinenzwang in der Öffentlichkeit

200 Tote bei Kältewelle in Indien

Sturmtief „Kerstin" über Dtl. fordert drei Todesopfer

169 Todesopfer beim Absturz eines Airbus d. Kenya Airlines vor der Elfenbeinküste

8 Tote und viele Verletzte bei Zugunglück im Bahnhof Brühl bei Köln

Umweltkatastrophe im Osten Ungarns nach Austritt von Cyaniden aus dem Rückhaltebecken eines Edelmetallbergwerks in den Fluß Szamos

911 Fischer in einer dramat. Aktion von einer Eisscholle auf dem Lagoda-See nahe St. Petersburg gerettet

Trotz internat. Hilfe wird bei verheerenden Überschwemmungen in Mosambik die Lebensgrundlage von mind. einer Mill. Menschen zerstört

Zwei Tote, fünf z. T. schwer Verletzte, als drei Jugendliche nahe Darmstadt kiloschwere Steine von einer Brücke auf vorbeifahrende Autos werfen

80 tote Bergleute bei Grubenunglück in der Ukraine

Bei blutigen Krawallen in Istanbul vor einem Fußballspiel im UEFA-Cup werden zwei brit. Fußballfans erstochen

(2000)	Steigende Benzinpreise führen europaweit zu Protestaktionen und Blockaden von Raffinerien. In England ruft Ministerpräs. *Tony Blair* den nationalen Notstand aus Kulturstaatsminister *Michael Naumann* gibt Amt auf. Nachfolger wird der Münchner Kulturreferent *Julian Nida-Rümelin* (SPD) Auf einem Hof in Schleswig-Holstein wird der erste Fall von Rinderwahnsinn (BSE) in Dtl. entdeckt. Beginn einer BSE-Krise Dt. Bundestag beschließt im Eilverfahren, die Verfütterung von Tiermehl an Nutztiere zu verbieten CDU-Führung einigt sich in Berlin auf Eckpunkte-Papier für ein Einwanderungsgesetz, in dem u. a. der Begriff „Leitkultur in Deutschland" geprägt wird Nach Rücktritt von *Herbert Mai* wird *Frank Bsirske* neuer ÖTV-Vors. Dt. Bundestag stimmt dem „Lebenspartnerschaftsgesetz" d. rot-grünen Koalition zu Bundesverkehrsminister *Reinhard Klimmt* tritt zurück und gibt auch den Landesvorsitz d. saarländ. SPD ab. Neuer Verkehrsminister wird *Kurt Bodewig* (SPD) † *Josef Ertl* (* 1925 in Oberschleißheim), dt. Politiker, ehem. Landwirtschaftsminister † *Josef Felder* (* 1900 in Augsburg), dt. Politiker, ehem. Reichs- und Bundestagsabgeordneter † *Christiane Herzog* (* 1936 in München), ehem. First Lady † *Erich Mielke* (* 1907 in Berlin), dt. Politiker, ehem. DDR-Minister f. Staatssicherheit † *Heinz Schleußer* (* 1935), dt. Politiker † *Werner Zeyer* (* 1929), dt. Politiker UN-Menschenrechtskommission verbietet Einsatz von Minderjähr. in krieger. Konflikten Staats- und Regierungschefs d. G-8-Staaten einigen sich in Japan auf zügige Entschuldung d. ärmsten Länder d. Welt UNO-Klimakonferenz in Den Haag ohne Ergebnis; keine konkreten Schritte zur Reduzierung d. Treibhausgase Pazif. Inselstaat Tuvalu als 189. Mitgliedsland d. Vereinten Nationen Wegen mehrerer Fehlurteile werden im US-Bundesstaat Illinois alle verhängten Todesstrafen ausgesetzt Trotz internat. Proteste werden in Texas zwei Männer wegen Mordes hingerichtet. Einer von ihnen war geistig behindert. Der Gouverneur und künftige US-Präs. *George W. Bush* hatte Begnadigung abgelehnt *Hillary Clinton* als erste First Lady in den US-Senat gewählt	Das frühere Wohnhaus d. Familie von *Thomas Mann* wird zu einem Literaturhaus umgebaut. Bundespräs. *Johannes Rau* eröffnet das neugestaltete Buddenbrookhaus in Lübeck *Hermann-Lenz-Preis* an den Schriftsteller *Johannes Kühn* Premio Nonino an den belg. Erzähler *Hugo Claus* Der vierte Band d. Erfolgsautorin *Joanne K. Rowling*, „Harry Potter und der Feuerkelch", erscheint. Ende d. Jahres sind weltweit über 75 Mill. Exemplare aller vier Bände verkauft Friedenspreis d. Dt. Buchhandels an die alger. Schriftstellerin *Assia Djebar* † *H(ans) C(arl) Artmann* (* 1921 in Wien), österr. Schriftsteller † *Giorgio Bassani* (* 1916 in Bologna), ital. Schriftsteller † *Kazimierz Brandys* (* 1916 in Lodz), poln. Schriftsteller † *Barbara Cartland* (* 1901 in Hatfield bei London), brit. Schriftstellerin	*Siegrid Löffler*, Mitbegründerin d. „Literarischen Quartetts", verläßt nach Querelen mit „Chefkritiker" *Marcel Reich-Ranicki* die Fernseh-Runde. Für sie kommt die Kritikerin *Iris Radisch* („Die Zeit") neu ins Quartett. Die „Frankfurter Allgemeine Zeitung" kehrt zur alten Rechtschreibung zurück; der Dt. Hochschulverband schließt sich an. Der Schritt wird vor allem von dt. Schriftstellern begrüßt *Ernst-Hellmut-Vits*-Preis an *Günther Patzig*, dt. Philosoph Die Palästinenserin *Sumaya Farhat-Naser* erhält den Augsburger Friedenspreis für ihr Engagement zur Aussöhnung zw. arab. und jüd.-christl. Welt Mitglieder d. Heilsarmee dürfen zukünftig ihren Ehepartner frei wählen. Seit 130 Jahren war Heirat nur unter Armee-Angehörigen erlaubt Nachfolger d. verstorbenen Militärbischofs *J. Dyba* wird der Bischof von Eichstätt, *Mixa* (* 1941 in Königshütte)

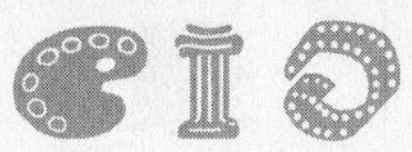

Nikolaus Heidelbach, dt. Illustrator von Kinderbüchern, erhält den Sonderpreis d. Dt. Jugend-Lit.preises für sein Gesamtwerk

Die weltweit größte Tagebaubrücke wird Touristenattraktion einer Internat. Bauausstellung in der Lausitz. Ab 2010 soll ein 5000 qkm großes Gebiet d. ehem. Braunkohleförderung zu einem Ferienparadies umgestaltet sein

Ausstellung „Stadt der Architektur – Architektur der Stadt Berlin 1900–2000" im Neuen Museum Berlin

„Architektur in Finnland", Ausstellung im Architekturmuseum Frankfurt

Hans Kollhoff baut ehemalige Berliner Reichsbank zum Auswärtigen Amt um

„Alpine Architektur", Ausstellung im Baseler Architekturmuseum

Eröffnung d. Sony-Centers nach Plänen von *Helmut Jahn* am Potsdamer Platz

Nach zehn Jahren haben Experten die bedrohliche Schieflage d. Schiefen Turms von Pisa korrigiert; für Besucher ist er wieder geöffnet

Ausstellung über die Formen d. Wohnens zwischen heute und morgen im Wiener Museum für Angewandte Kunst

Sensationelles Comeback d. 53jähr. Gitarristen *Carlos Santana*: Er erhält acht Grammys und drei d. erstmals vergebenen Latino-Grammys

Der Latino-Grammy für den besten „Nachwuchskünstler" an den 73 Jahre alten kuban. Sänger *Ibrahim Ferrer*

New Yorker *Paul Taylor* Dance Company zu Gast in Frankfurt/M.

Johann Kresnik bringt an der Berliner Volksbühne das Tanzstück „Don Quijote" heraus

Dt. Tanzpreis für die Noverre-Gesellschaft und ihren Gründer *Fritz Höver*

Urauff. d. Tanzsolos „Vertige" von und mit *Toula Limnaios*

Der Tänzer und Choreograph *Ismael Ivo* verabschiedet sich mit seinem Stück „Babel 2000" vom Nationaltheater in Weimar

Pina Bausch bringt in Wuppertal ihr Stück „Kontakthof" (1978) mit „Damen und Herren ab 65" auf die Bühne

† *Joachim Ernst Berendt* (* 1922 in Berlin), dt. Musikkritiker und Autor (Jazz-Experte)

Dt. Archäologen finden neue Schädelteile im Neandertal, u. a. ein Knochenteil d. Gesichts, das zu dem Schädel d. 1856 gefundenen Neandertalers paßt

Anthropologenteam um *Richard Marlar* findet in einem Pueblo-Dorf im heutigen Colorado (USA) Hinweise, die erstmals zweifelsfrei Kannibalismus beim Menschen belegen

Team unter Leitung d. franz. Archäologen *Franck Goddio* entdeckt in der Bucht von Abukir vor der ägypt. Küste Überreste d. antiken Städte Herakleion und Menouthis

Erstmals gelingt in Lyon doppelte Handtransplantation

Dt. und japan. Wiss. entschlüsseln das für das Downsyndrom bedeutende Chromosom 21

Das Erbgut des menschl. Organismus ist entschlüsselt. *Craig Venter*, Chef des amerik. Biotech-Unternehmens Celera Genomics, gibt in Washington die vollständige Sequenzierung der menschl. DNS bekannt

Absturz einer Boeing 737 beim Landeanflug auf den Philippinen. Alle 131 Passagiere kommen ums Leben

Etwa 60 Menschen werden verletzt, als in Sevilla während der Karfreitagsprozession eine Massenhysterie ausbricht

In Enschede (Niederl.) explodieren in einer Fabrik 100 000 kg Feuerwerkskörper und zerstören einen ganzen Stadtteil

Nahe Garmisch-Partenkirchen werden mehr als 60 Menschen beim Zus.stoß zweier Wagen d. Zugspitzbahn z. T. schwer verletzt

Im Hafen von Dover ersticken 58 illegale chin. Einwanderer im Gefriercontainer eines niederl. Lkw

Größte Umweltkatastrophe Brasiliens: 4 Mill. Liter Öl gelangen aus einer gebrochenen Pipeline nahe einer Raffinerie in den Fluß Iguacu

In Nigeria werden 165 Mitarbeiter d. Firma Royal Dutch Shell auf zwei Bohrinseln vorübergehend als Geiseln genommen; die Geiselnehmer fordern Arbeitsplätze für die einheim. Bevölkerung und Entschädigung für die Förderung d. Öls in ihrer Region

113 Tote beim Absturz einer Concorde nahe Paris; es ist der erste Unfall d. Überschallflugzeugs, das seit über 25 Jahren im Liniendienst fliegt. Unter den Opfern sind viele Deutsche. Air France und British Airways setzen danach die übrigen Concorde-Jets nicht mehr ein

Bei Bombenanschlag auf S-Bahnhof in Düsseldorf werden 10 Menschen zum Teil schwer verletzt. Sie sind alle russ., aserbeidschan. und ukrain. Herkunft und überwiegend jüd. Glaubens. Das Verbrechen wird der rechtsradikal. Szene zugeschrieben

Thomas Drach, Drahtzieher d. Entführung von *Jan-Philipp Reemtsma* 1996, von Argentinien nach Dtl. ausgeliefert

Bei Bombenanschlag im Zentrum Moskaus werden 8 Menschen getötet und etwa hundert verletzt

(2000)

Republikaner *George W. Bush* setzt sich bei den US-Präsidentschaftswahlen gegen den Demokraten *Al Gore* durch. In der dramatischsten Wahl d. Geschichte kann *Bush* 271 Wahlmännerstimmen gewinnen, vier mehr als *Al Gore*

Trotz internat. Kritik wollen die USA die Pläne zur Errichtung eines Raketenabwehrsystems weiterverfolgen. *Bill Clinton* überläßt die endgültige Entscheidung seinem Nachfolger

Beim UNO-Gipfel in New York begrüßen sich – eher zufällig – US-Präs. *Bill Clinton* und Kubas Staatschef *Fidel Castro* per Handschlag; es ist nach 38 Jahren das erste Zus.treffen d. Präs. beider Länder

Nach Beschluß d. US-Repräsentantenhauses werden die Sanktionen gegen Kuba gelockert, u. a. werden das Lebensmittel- und Medikamentenembargo beendet und Reisen nach Kuba erleichtert

Premierminister *Jean Chrétien* und seine Liberale Partei verteidigen bei vorgezogenen Parlamentswahlen in Kanada ihre absolute Mehrheit

EU-Gipfel in Lissabon: Regierungschefs wollen Europa zur führenden Wirtschaftsmacht d. Welt machen

Frankreich übernimmt von Portugal die Ratspräsidentschaft d. EU

Gipfeltreffen d. EU in Nizza regelt die Aufnahme d. Beitrittskandidaten. Man einigt sich auf Vertrag, in dem die Stimmenverhältnisse im Ministerrat und die Zus.setzung d. Kommission neu bestimmt werden

Rund 200 000 Menschen protestieren in Wien bei der größten Kundgebung d. Nachkriegsgeschichte gegen die neue rechtskonservative Regierungskoalition aus ÖVP und FPÖ in Österr. Bundeskanzler ist *Wolfgang Schüssel* (ÖVP), die FPÖ stellt sechs Minister. EU verhängt vorübergehend Sanktionen

Susanne Riess-Passer löst *Jörg Haider* als FPÖ-Chef in Österr. ab

Das österr. Parlament verabschiedet Gesetz zur Entschädigung von NS-Zwangsarbeitern. In einem sog. Versöhnungsfonds sollen umgerechnet 860 Mill. DM bereitgestellt werden

Das Gesundheitsministerium in London will per Gesetz das Schlagen von Kindern mit Rohrstöcken, Gürteln und anderen Gegenständen unter Strafe stellen lassen

Elizabeth Bowes-Lyon („Queen Mum"), Mutter d. brit. Königin, feiert ihren 100. Geburtstag

Aus dem Hochsicherheitsgefängnis in der nordir. Grafschaft Antrim werden 86 kathol. und protest. Terroristen entlassen

Die IRA öffnet ihre Waffenarsenale für regelmäßige Inspektionen

† *Willy Adalbert Friedrich Droemer* (* 1911 in Berlin), dt. Verleger (Knaurs Lexikon)

† *Carmen Martin Gaite* (* 1925), span. Schriftstellerin und Übersetzerin („Im langsamen Rhythmus", „Vom Fenster aus")

† *Albrecht Goes* (* 1908 in Langenbeutingen), dt. Schriftsteller

† *Anne Hébert* (* 1916), kanad. Schriftstellerin

† *Rolf Heyne* (* 1928 in Berlin), dt. Verleger

† *Ernst Jandl* (* 1925 in Wien), österr. Schriftsteller

† *Hans Kaufmann* (* 1926), dt. Literaturwiss.

† *William Maxwell* (* 1908), US-Schriftsteller, Lektor, 1936–1976 Redakteur d. „New Yorker"

† *Angelika Mechtel* (* 1943 in Dresden), dt. Schriftstellerin

† *Karl Markus Michel* (* 1929 in Hongkong), dt. Journalist und Autor (Mithrsg. d. „Kursbuch")

† *Harry Mulisch* (* 1928), niederländ. Schriftsteller

† *Eva Neurath* (* 1908 in Berlin), dt. Verlegerin

Der neue „Duden" kommt mit 5000 neuen Wörtern auf den Markt. Neu aufgenommen sind u. a. Wörter aus der Computer-Sprache wie „mailen" und „downloaden"

† *Johannes Dyba* (* 1929 in Berlin), Erzbischof, Bischof von Fulda und Militärbischof

† *Estrongo Nachama* (* 1918 in Saloniki), Oberkantor d. Jüd. Gemeinde in Berlin

† *Hajime Nakamura* (* 1912), japan. Philosoph

† *Walter Schulz* (* 1913), dt. Philosoph

† *Alphons Silbermann* (* 1909 in Köln), dt. Soziologe

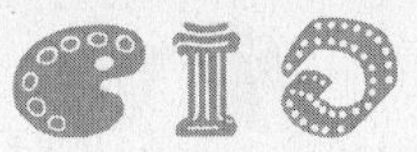   

Fertigstellung d. Voralberger Medienhauses nach Plänen d. Architekten *Ernst Giselbrecht*

Renzo Piano und *Richard Meier* bauen Kaufhäuser in Köln und Düsseldorf

Restaurierung d. Fresken von *Piero della Francesca* in Arezzo, eines d. bedeutendsten Meisterwerke d. Quattrocento, abgeschlossen

Die Brücke über den Öresund, die Dänemark und Schweden verbindet, wird für den Verkehr freigegeben

Norwegens König *Harald V.* gibt den mit 24,5 km längsten Straßentunnel d. Welt für den Verkehr frei. Er ist das letzte Teilstück d. Autobahn zw. Oslo und Bergen

Königin *Elizabeth II.* eröffnet in Berlin die neue, von *Michael Wilford* entworfene brit. Botschaft in Berlin

† *Carl Barks* (* 1901), US-amerik. Comic-Zeichner („Vater" von Dagobert Duck)

† *Hermann Bauer* (* 1930), dt. Kunsthistoriker

† *Francis Haskell* (* 1918), brit. Kunsthistoriker

† *John Hejduk* (* 1929 in New York), US-amerik. Architekt

† *Walter Berry* (* 1929 in Wien), österr. Sänger

† *Silvio Francesco* (* 1927 in Paris), Schweiz. Sänger und Musiker

† *Götz Friedrich* (* 1930 in Naumburg/Saale), dt. Opernregisseur und seit 1981 Generalintendant d. Deutschen Oper Berlin

† *Friedrich Gulda* (* 1930 in Wien), österr. Pianist und Komponist

† *Milt Hinton* (* 1910 in Vicksburg/Mississippi), US-amerik. Jazzbassist

† *Max Midinet* (* 1948 in Mainz), dt. Ballettänzer

† *Jack Nitzsche* (* 1937 in Chicago), US-amerik. Songschreiber und Musikproduzent

† *Baden Powell* (* 1937 bei Rio de Janeiro), brasil. Gitarrist und Komponist

† *Tito Punete* (* 1927), US-amerik. Jazz-Musiker

† *Ustad Alla Rakha Khan Qureshi* (* 1911 in Jammu/Indien), ind. Musiker

† *Jean-Pierre Rampal* (* 1922 in Marseille), franz. Flötist und Dirigent

† *Maja-Maria Reis* (* 1929), dt. Musikverlegerin

In Japan gelingt Wissenschaftlern erstmals das Klonen eines Rindes in der zweiten Generation. Klonen eines geklonten Tieres war bisher nur bei Mäusen möglich

Großbrit. erlaubt das Klonen menschlicher Embryonalzellen zu Forschungszwekken

John Heidelberg vom Institute for Genomic Research in Rockville, Maryland (USA), gibt Entschlüsselung – mehr als 4 Mill. Basenpaare – d. Cholera-Erregers Vibrio cholerae bekannt

US-Raumfähre „Endeavour" sammelt in über 150 Erdumkreisungen Daten für eine dreidimensionale Weltkarte von bisher unerreichter Genauigkeit

Ein 17. Mond d. Planeten Jupiter ist am Minor Planet Center d. Smithsonian Astrophysical Observatory in Massachusetts (USA) nachgewiesen worden. Der als S/1999 J1 benannte Mond hat einen Durchmesser von nur ca. 5 km und umkreist den Jupiter in etwa 25 Mill. km Abstand

Das russ. Atom-U-Boot „Kursk" verunglückt in der Barentssee, 118 Besatzungsmitgl. finden den Tod. Erst nach tagelangem Zögern nimmt die russ. Regierung westl. Hilfsangebote an

Die verheerendsten Waldbrände d. letzten 50 Jahre vernichten im Nordwesten d. USA rund 400 000 Hektar Wald

Der als „Dagobert" bekannte Kaufhauserpresser *Arno Funke* wird nach sechs Jahren Haft entlassen

Drei junge Männer in Neubrandenburg treten 15jährigen zu Tode

200 Tote bei Einsturz d. größten Mülldeponie in Manila

Bundesgerichtshof bestätigt lebenslange Freiheitsstrafe gegen *Monika Böttcher* wegen Mordes an ihren beiden Kindern im Jahr 1986

Bei Fährunglück vor der Insel Paros in der Ägäis sterben 79 Menschen

155 Tote bei Brand im Tunnel d. Bergbahn von Kaprun auf das Kitzsteinhorn

Andreas Widhölzl (Österr.) gewinnt die Vier-Schanzen-Tournee vor dem dt. Skispringer *Martin Schmitt*

TV-Sender RTL und Premiere World kaufen die Fußball-Übertragungsrechte für die Champions League von tm3 zurück

Der Deutsche Fußball-Bund feiert seinen 100. Geburtstag

Sven Hannawald aus Hinterzarten wird in Vikersund (Norwegen) Weltmeister im Skifliegen

Eisschnelläuferin *Gunda Niemann* läuft in Calgary über 3000 m ihren 15. Weltrekord mit (4:00,51 Min.)

Darius Michalczewski bleibt nach seinem Sieg über *Graciano Rocchigiani* Boxweltmeister im Halbschwergewicht

Der Deutsche Fußball-Bund verkauft die TV-Rechte d. Bundesliga für 3 Mrd. DM an die Münchner Kirch-Gruppe

FC Bayern München wird dt. Fußballmeister und zugleich DFB-Pokalsieger. Der Verein feiert seinen 100. Geburtstag

(2000)	*Ken Livingstone*, Vertreter d. linken Labour-Flügels, gewinnt Oberbürgermeisterwahl in London gegen den offiziellen Kandidaten seiner Partei *Jens Stoltenberg* ist Norwegens neuer Ministerpräs. Nachfolger d. zurückgetretenen franz. Wirtschafts- und Finanzministers *Sautter* wird der ehemalige Premier *Laurent Fabius* Frankreichs Innenminister *Jean-Pierre Chevènement* legt sein Amt nieder. Nachfolger ist der Sozialist *Daniel Vaillant* In einer Volksabstimmung entscheiden sich die Franzosen bei einer Wahlbeteiligung von nur 30,75 % für Verkürzung d. Amtszeit d. Staatspräs. von sieben auf fünf Jahre Bei den Parlamentswahlen in Spanien gewinnt die Volkspartei (PP) von Ministerpräs. *Aznar* die absolute Mehrheit d. Sitze (183). Die Sozialist. Partei (PSOE) kommt auf 141, die Vereinigte Linke (IU) erhält acht Sitze Schwere rassist. Ausschreitungen im südspan. El Ejido. Tausende Bewohner greifen die marokkan. Bevölkerung an, zerstören deren Wohnungen und persönliche Habe Mutmaßlicher Führer d. bask. Untergrundorg. ETA, *Ignacio García Arregui*, in Südfrankr. verhaftet Demonstrationen gegen die ETA in ganz Spanien nach der Ermordung d. Sozialistenführers *Fernando Buesa* Italiens Ministerpräs. *Massimo D'Alema* tritt zurück. Nachfolger wird *Giuliano Amato* Papst-Attentäter *Ali Agca* wird in Italien begnadigt und an die Türkei ausgeliefert. Er muß dort weitere Strafe wegen Mordes absitzen Antrag auf ein neues Wahlsystem (Mehrheitswahlrecht) in Italien erneut gescheitert In Polen bricht nach 30 Monaten die Regierungskoalition auseinander. Die liberale Freiheitsunion (UW) kündigt die Zus.arbeit mit dem rechtsgerichteten Wahlbündnis Solidarität (AWS) auf. Neuer Ministerpräs. wird der Konservative *Jerzy Buzek* *Aleksander Kwasniewski* wird in Polen erneut zum Staatspräs. gewählt Mit Außenministerin *Tarja Halonen* gewinnt zum ersten Mal eine Frau die Präsidentschaftswahl in Finnland Dänemark lehnt in einem Referendum die Einführung d. Gemeinschaftswährung Euro ab Das niederländ. Parlament beschließt, daß Ärzte bei ausweglos kranken Patienten in Zukunft aktive Sterbehilfe leisten dürfen *Andris Berzins* wird Lettlands neuer Ministerpräs. Protestwelle in Minsk gegen Weißrußlands Präs. *Alexander Lukaschenko*. 400 Demonstranten und zahlreiche ausländ. Journalisten werden verhaftet Das ukrain. Parlament beschließt die Abschaffung d. Todesstrafe Amtsinhaber *Eduard Schewardnadse* wird bei der ukrain. Präsidentschaftswahl mit großer Mehrheit wiedergewählt Fast 15 Jahre nach der Atomkatastrophe wird der letzte Reaktorblock d. Kernkraftwerks Tschernobyl stillgelegt *Wladimir Putin* gewinnt mit 52 % auf Anhieb die russ. Präsidentschaftswahl Das russ. Parlament ratifiziert sieben Jahre nach der Unterzeichnung den amerikan.-russ. Abrüstungsvertrag (Start-II-Abkommen) über strateg. Atomwaffen	† *Roger Peyrefitte* (* 1907 Castres/ Südfrankreich), franz. Schriftsteller („Die Schlüssel von Sankt Peter") † *Klaus Piper* (* 1911 in München), dt. Verleger † *Klaus Roehler* (* 1929), dt. Schriftsteller und Lektor † *Ahmad Schamlu* (* 1925), iran. Lyriker † *Ferdinand Schöningh* (* 1923 in Paderborn), dt. Verleger † *John Sladek* (* 1936), US-amerik. Schriftsteller † *Andrzej Szczypiorski* (* 1928 in Warschau), poln. Schriftsteller † *Göran Tunström* (* 1937), schwed. Schriftsteller † *José Ángel Valente* (* 1929 in Orense), span. Lyriker *Joachim Sartorius* neuer Leiter d. Berliner Festspiele als Nachfolger von *Ulrich Eckhardt* *Peter Stein* inszeniert auf der Expo in Hannover beide Teile von *Johann Wolfgang Goethes* „Faust". Nach Bühnenunfall muß Faust-Darsteller *Bruno Ganz* in der Premiere und den ersten Vorstellungen vertreten werden

† *Friedensreich Hundertwasser*, eigentl. *Friedrich Stowasser* (* 1928 in Wien), österr. Maler und Grafiker

† *Rolf Kauka* (* 1917 in Markranstädt), dt. Comiczeichner (Erfinder d. Figuren Fix und Foxi)

† *Konrad Kujau* (*1938), dt. Grafiker, bekannt als Fälscher d. sog. Hitler-Tagebücher

† *Franz Larese* (* 1927), Schweizer Galerist und Verleger

† *Jacob Lawrence* (* 1918), US-amerik. Maler

† *Conrad Marca-Relli* (* 1913 in Boston), US-amerik. Maler

† *Don Martin* (* 1931), US-amerik. Comic-Zeichner

† *Enric Miralles* (* 1955), span. Architekt

† *Paul Pieper* (* 1912 in Detmold), dt. Kunsthistoriker

† *Adolf K. Placzek* (* 1913 in Wien), österr.-amerik. Architekturhistoriker

† *Hans Platschek* (* 1923 in Berlin), dt. Maler und Essayist

† *Lothar Quinte* (* 1923 in Neisse/Oberschlesien), dt. Maler

† *Charles Monroe Schulz* (* 1922 in Minneapolis/Minnesota), US-amerik. Comic-Zeichner

† *Jalacy ›Screamin‹ Jay Hawkins* (* 1929 in Cleveland/Ohio), US-amerik. Sänger und Pianist

† *Carl Sigman* (* 1909), US-amerik. Jazz-Komponist

† *Stanley Turrentine* (* 1934 in Pittsburg/Pennsylvania), US-amerik. Saxophonist

† *Otto Wiener* (* 1913 in Wien), österr. Bariton

US-Wiss. entdekken das bisher nächstgelegene Schwarze Loch im Universum in 1600 Lichtjahren Entfernung

Mission d. Raumsonde „Galileo“, die wertvolle Daten aus dem All liefert, wird um ein Jahr verlängert

US-Weltraumsonde „Mars Global Surveyor“ sendet Aufnahmen von der Marsoberfläche, auf denen nach Meinung von Wiss. Wasserabflußrinnen zu erkennen sind

Internat. Astronomenverband (IAU) gibt die Entdeckung von neun neuen Planeten bekannt, die Sterne umkreisen. Damit erhöht sich die Zahl d. bekannten so genannten „Exoplanten“, die Sterne umkreisen und alle innerh. d. vergangenen fünf Jahre entdeckt wurden, auf 50.

Von der Europ. Südsternwarte (ESO) ist ein Konzept für ein 100-m-Teleskop entwickelt worden. Der Hauptspiegel sieht 1600 sechseckige Segmente mit je 2 m Durchmesser vor, Kosten ca. 2 Mrd. DM, die adaptive Optik nicht mitgerechnet. Das derzeit größte Teleskop mißt 8,2 m

Neuseeland gewinnt zum zweiten Mal in Folge die begehrte Segler-Trophäe, den „America Cup“

Der dt. Fußball-Rekordnationalspieler *Lothar Matthäus* wechselt zum Ende seiner Karriere zu den New Yorker MetroStars

Radprofi *Erik Zabel* gewinnt den Klassiker Mailand – San Remo

Manfred Ewald, ehem. Präs. d. Dt. Turn- und Sportbundes d. DDR, wegen Beihilfe zur Körperverletzung im Zuge d. systemat. Dopings zu 22 Monaten Haft auf Bewährung verurteilt

Dieter Baumann, dt. Langstreckenläufer und Olympiasieger 1992, trotz zweier positiver Urinproben vom Dopingvorwurf freigesprochen. Bei Olymp. Spielen in Sydney vom Internat. Leichtathletikverband gesperrt

Lance Armstrong (USA) gewinnt zum zweiten Mal in Folge die Tour de France, Zweiter wird der Deutsche *Jan Ullrich*, *Erik Zabel* (D) gewinnt zum fünften Mal das Grüne Trikot d. besten Sprinters

Fußball-Europameisterschaft findet erstmals in zwei Ländern statt: in Belgien und den Niederlanden; Frankreich gegen Italien nach 2:1-Sieg n. V. Europameister; Deutschland scheidet bereits nach der Vorrunde aus. *Erich Ribbeck* tritt nach dem schwachen Abschneiden d. dt. Nationalmannschaft als Bundestrainer zurück

Luis Figo, port. Fußballprofi, wechselt für die Rekordablösesumme von 116 Mill. DM vom FC Barcelona zu Real Madrid

Frauen-Weltrekord im Tieftauchen, von einem Gewicht gezogen und ohne Sauerstoff, durch die Türkin *Yasemin Dalkilic* mit 120 m

Deutschland erhält vom Fußball-Weltverband FIFA den Zuschlag für die Fußballweltmeisterschaft 2006

Zum siebten Mal gewinnt US-Tennisprofi *Pete Sampras* das Turnier von Wimbledon

Sieger beim Berlin-Marathon, der von zwei Todesfällen überschattet wird, sind *Kazumi Matsuo* (Japan) und der Kenianer *Simon Biwott*

(2000)

Das russ. Unterhaus stimmt dem Vertrag über ein umfassendes Verbot von Atomtests zu

Mit 325 Ja-Stimmen wird *Michail Kassjanow* von der russ. Duma als Ministerpräs. bestätigt

Nach heftigen Kämpfen nehmen russ. Einheiten die tschetschen. Hauptstadt Grosnyj ein

Niederlage für die bisher regierende Demokrat. Gemeinschaft (HDZ) bei den kroat. Parlamentswahlen (40 Sitze). Sozialdemokraten (SDP) 44 Sitze, Sozialliberale (HSLS) 24, sonstige Parteien 43

Der jugoslaw. Verteidigungsminister *Pavel Bulatović* wird von Unbekannten in Belgrader Restaurant erschossen

Nach den Parlamentswahlen in Jugoslawien demonstrieren fast 1 Mill. Anhänger d. Opposition gegen den bisherigen Präs. *Slobodan Milošević*. Sie besetzen das Parlament sowie das staatliche Fernsehen und feiern Oppositionschef *Vojislav Kostunica* als gewählten neuen Präs.

Neuer jugoslaw. Ministerpräs. wird *Zoran Zizic*

Stipe Mesic gewinnt Stichwahl um Nachfolge d. kroat. Staatschefs *Franjo Tudjman*

Balkan-Geberkonferenz stellt 4,9 Mrd. DM für Hilfsprojekte zur Verfügung

NATO nimmt Kroatien als 26. Mitglied in die „Partnerschaft für Frieden" auf

Das aus 18 Parteien bestehende demokrat. Wahlbündnis DOS gewinnt bei den Parlamentswahlen in Serbien Zweidrittelmehrheit (176 der 250 Sitze). Designierter Premierminister ist der DOS-Politiker Zoran Djindjic

In Slowenien wird *Janez Drnovsek* (Liberaldemokrat. Partei) nach seinem Wahlsieg zum Ministerpräs. gewählt

Mit knapper Mehrheit behauptet sich die sozialist. Pasok-Partei von Ministerpräs. *Kostas Simitis* bei den griech. Parlamentswahlen mit 158 Sitzen vor Nea Demokratia (ND) mit 125

Griechenland wird als zwölfter EU-Staat in die Euro-Zone aufgenommen

Bei Niederschlagung d. Proteste von Häftlingen in 20 Gefängnissen d. Türkei sterben 19 Menschen. Das brutale Vorgehen d. Polizei wird in der Türkei und im Ausland scharf kritisiert

Rumäniens Präs. *Emil Constantinescu* tritt zurück. Nachfolger wird nach Stichwahl *Ion Iliescu*. Er erhält 67 % d. Stimmen, sein rechtsextremer Konkurrent *Corneliu Vadim Tudor* nur 33 %

Internat. Roma-Vereinigung fordert von den internat. Organis. die Anerkennung d. Roma als Nation und nicht nur als Volksgruppe

Usbekistans Präs. *Islam Karimow* im Amt bestätigt

Über 100 000 Israelis demonstrieren in Tel Aviv gegen die Rückgabe d. Golanhöhen an Syrien

Israel. Luftangriffe auf Stützpunkte d. Hisbollah-Miliz im Südlibanon

Der frühere Ministerpräs. und Geschäftsmann *Rafik Hariri* wird in Beirut zum Sieger d. Parlamentswahlen im Libanon erklärt

Nahost-Friedensverhandlungen zw. Israels Min.präs. *Barak* und dem Vors. d. paläst. Autonomiebehörde *Arafat* in Camp David unter Vermittlung von US-Präs. *Clinton* scheitern

Außenminister *David Levy* tritt aus Protest gegen die Palästina-Politik *Ehud Baraks* zurück. Parlament stimmt Neuwahlen zu

Dt. Erstaufführung von „Der Name" d. norweg. Schriftstellers *Jon Fosse* (* 1959) in Salzburg; Regie: *Thomas Ostermeier*

Dt. Kindertheaterpreis an „Jonna Ponna!" von *Jonna Nordenskjöld*, der Dt. Jugendtheaterpreis an „No Stairway to Heaven" von *Lisa Rose-Cameron*

Im Theater am Schiffbauerdamm eröffnet das Berliner Ensemble mit „Brecht-Akte" v. *George Tabori* die neue Saison. Der Autor selbst inszeniert die Urauff.

Der brit. Komponist *Andrew Lloyd Webber* kauft zehn d. führenden Theater im Londoner Westend

Dieter Dorn wird Intendant d. Bayer. Staatsschauspiels und Nachfolger von *Eberhard Witt*

Thomas Bernhards „Der Ignorant und der Wahnsinnige", Regie *Philipp Thiedemann* im Berliner Ensemble

Yokio Ninagawa inszeniert *Shakespeares* „König Lear" bei der Royal Shakespeare Company

„Ithaka" von *Botho Strauß*, Regie *Thomas Langhoff* am Deutschen Theater in Berlin

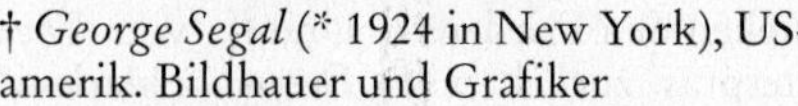

† *George Segal* (* 1924 in New York), US-amerik. Bildhauer und Grafiker

† *Peter Sorge* (* 1937 in Berlin), dt. Maler und Grafiker

† *Eladio Dieste* (* 1917), uruguay. Architekt von Ziegelstein-Konstruktionen, besonders für Kirchenbau

† *Francisco Javier Sáenz de Oiza* (* 1919), span. Architekt (u. a. Madrids „Torres Blancas", Weiße Türme)

† *Margarete Schütte-Lihotzky* (* 1897), österr. Architektin (Erfinderin d. „Frankfurter Küche")

† *Walter Stöhrer* (* 1937), dt. Maler

Ernst-Lubitsch-Preis an *Michael Gwisdeck* für seine Rolle in „Nachtgestalten"

Bayer. Filmpreis an *Doris Dörrie* für „Erleuchtung garantiert"

Golden Globes für „American Beauty": bester Film d. Kategorie „Drama", beste Regie (*Sam Mendes*), bestes Drehbuch (*Alan Ball*). Bester fremdsprachiger Film: „Alles über meine Mutter" von *Pedro Almodóvar*

Pedro Almodóvars „Alles über meine Mutter" erhält sieben „Goyas", Preis d. Span. Filmakademie. Fünf „Goyas" für den Film „Solas" von *Benito Zambrano*

Max-Ophüls-Preis an *Franziska Buch* für ihren Film „Verschwinde von hier!"

Atom Egoyans Film „Felicia, mein Engel" mit *Bob Hoskins* und *Elaine Cassidy* in den Hauptrollen ist eine Hommage an *Alfred Hitchcock*

„Boys don't cry", Regiedebüt von *Kimberly Peirces* mit *Hilary Swank* (Oscar für beste Hauptdarstellerin)

Goldener Bär d. 50. Berlinale an *Paul Thomas Anderson* für „Magnolia", silberner Bär an *Zhang Yimou* für „The Road Home". Silberner Bär an *Milos Forman* (beste Regie), *Bibiana Beglau* und *Nadja Uhl* (beste Darstellerin), *Denzel Washington* (bester Darsteller). „Preis d. Jury" an *Wim Wenders* für „Million Dollar Hotel". Als Hommage an den poln. Regisseur *Andrzej Wajda* wird sein Historienepos „Pan Tadeusz" gezeigt

Deepa Metha, kanad. Regisseurin, muß nach massiven Protesten d. Bevölkerung ihre Dreharbeiten im berühmten Wallfahrtsort Varanasi abbrechen

Nach erfolgreichem Andocken hat das russ. Wohn- und Service-Modul „Swesda" die Steuerung d. Internat. Raumstation ISS übernommen

Astronauten d. US-Raumfähre „Endeavour" montieren an der ISS zwei Sonnensegel und sichern damit deren Energieversorgung

Erste Langzeit-Besatzung d. ISS startet mit einer russ. Sojus-Rakete und bezieht Quartier

Airbus-Konsortium entscheidet sich in Paris für den Bau d. dreistöckigen Großraumflugzeugs Airbus A3XX. Es soll bis zu 656 Passagiere befördern und 2004 erstmals vorgestellt werden

Kommunikationssatellit Eutelsat VV1 in Umlaufbahn gebracht. Er soll mindestens 12 Jahre lang Dienste wie Fernsehübertragung und Internet sichern

125. Geburtstag d. Autokonstrukteurs *Ferdinand Porsche*

Computervirus, mit elektron. Post unter dem Namen ILOVEYOU verschickt, legt weltweit Computer lahm, vernichtet Datenbestände und richtet Schäden von rund 20 Mrd. DM an

XXVII. Oymp. Sommerspiele in Sydney (Australien) mit 10 500 Teilnehmer aus 199 Ländern; 28 Sportarten mit 300 Wettbewerben. Medaillenspiegel (Gold/Silber/Bronze): 1. USA (39/25/33), 2. Rußland (32/28/28), 3. China (28/16/15), 4. Australien (16/25/17), 5. BRD (13/17/26), 32. Österr. (2/1/0), 36. Schweiz (1/6/2). Mit ihrer siebten Goldmedaille wird die Kanutin *Birgit Fischer* erfolgreichste dt. Teilnehmerin in der Geschichte der Olymp. Spiele

11. Paralympics in Sydney (Australien) mit 3838 Teilnehmern (darunter 976 Frauen) aus 122 Ländern; 18 Sportarten mit 550 Wettbewerben. Medaillenspiegel (Gold/Silber/Bronze): 1. Australien (63/39/47), 2. Großbrit. (41/43/47), 3. Spanien (39/30/38), Kanada (38/33/25), USA (36/39/34), 10. BRD (16/41/38), 20. Schweiz (8/4/8), 32. Österr. (2/7/6)

Modernste Automobilrennstrecke Europas in Senftenberg (Brandenburg) eröffnet. Der „Lausitzring" wurde für 310 Mill. DM auf dem Gelände eines früheren Braunkohletagebaus gebaut

Michael Schumacher gewinnt in Suzuka den Großen Preis von Japan und wird vorzeitig Formel-1-Weltmeister

Wladimir Klitschko holt sich durch Punktsieg über Titelverteidiger *Chris Byrd* aus den USA den Weltmeistertitel im Schwergewichtsboxen(WBO)

Der designierte Fußball-Bundestrainer *Christoph Daum* muß wegen eines positiven Drogentests seine Arbeit beim Bundesligisten Bayer 04 Leverkusen beenden. Ex-Nationalspieler *Rudi Völler* wird bis zur Fußball-WM 2002 neuer Teamchef d. Nationalelf. Nachfolger *Daums* in Leverkusen wird der ehem. Nationalcoach *Berti Vogts*

Erik Zabel gewinnt den Gesamt-Weltcup d. Radprofis

Der Russe *Wladimir Kramnik* wird Nachfolger d. bisherigen Schachweltmeisters *Garri Kasparow*

Die FIFA wählt den Franzosen *Zinedine Zidane* (Juventus Turin) zum Fußballer d. Jahres

(2000)	Neue Gewaltaktion zw. Israelis und Palästinensern stellen den Friedensprozeß in Frage. Im Dez. tritt *Ehud Barak* als Ministerpräs. zurück, will sich aber bei den Neuwahlen 2001 wieder um das Amt bewerben *Moshe Katzav* (*1945), neuer israel. Staatspräs. Der Likud-Abgeordnete gewinnt die Wahl gegen *Schimon Peres*. Vorgänger *Weizman* gab wegen der Annahme einer privaten Millionenspende sein Amt vorzeitig auf Parlamentswahlen in Iran. Reformer um Regierungschef *Chatami* gewinnen mit 67 % d. Stimmen *Hans von Sponeck*, dt. Diplomat, gibt das Amt d. Koordinators d. UN für die humanitäre Hilfe im Irak auf; er kritisiert das Embargo gegen Irak als „menschliche Tragödie" *Nambaryn Enkhbayar*, Vors. d. Revolutionären Volkspartei, neuer Ministerpräs. d. Mongolei Nach *Salvador Allende* wird mit *Ricardo Lagos* zum ersten Mal wieder ein Kandidat aus dem sozialist.-sozialdemokrat. Lager zum chilen. Staatspräs. gewählt Ex-Diktator *Augusto Pinochet* kann nach 503 Tagen Hausarrest von England nach Chile zurückkehren; die beantragte Auslieferung nach Spanien findet wegen eines ärztlichen Gutachtens nicht statt. Fünf Monate später hebt der Oberste Gerichtshof in Chile die Immunität *Pinochets* auf, um den Weg freizumachen für eine Anklage wegen Menschenrechtsverletzungen während der Regierungszeit 1973–1990 EU und Mexiko schließen Freihandelsabkommen Histor. Machtwechsel in Mexiko: Nach 71 Jahren stellt erstmals nicht die Partei d. Institutionalisierten Revolution den Präs. Oppositionsführer *Vicente Fox* wird neues Staatsoberhaupt Wirtschaftl. und polit. Krise in Ecuador: Nach landesweiten Demonstrationen wird der nationale Notstand ausgerufen. Unblutiger Staatsstreich bringt *Gustavo Noboa* an die Macht Nach Korruptionsaffäre tritt der peruan. Präs. *Alberto Fujimori* zurück. Nachfolger wird *Valentin Paniagua*, neuer Ministerpräs. der ehem. UN-Generalsekretär *Javier Pérez de Cuellar* *Hugo Chávez* für weitere sechs Jahre im Amt d. Präs. von Venezuela bestätigt Verfassungsgericht von El Salvador eröffnet die Möglichkeit, Bürgerkriegsverbrechen aus der Zeit 1980 bis 1992 vor Gericht zu verfolgen, was bisher durch Amnestie-Gesetz von 1993 nicht möglich war Weltbank erläßt Nicaragua Schulden von 4,5 Mrd $, das sind rund drei Viertel d. gesamten Auslandsschulden d. Landes Früheres Staatsoberhaupt *Jean-Bertrand Aristide* gewinnt Präsidentenwahl in Haiti Nach achtmonatiger Regierungszeit tritt das alger. Kabinett unter Ministerpräs. *Ahmed Benbitour* zurück. Präs. *Abdelaziz Bouteflika* beauftragt *Ali Benflis* mit Bildung einer neuen Regierung *Kumba Yala* von der oppositionellen Sozialen Erneuerungspartei gewinnt die Präsidentschaftswahlen in Guinea-Bissau Friedensvertrag zw. Uganda und Sudan abgeschlossen Mit einem Friedensvertrag in Algier beenden Eritrea und Äthiopien ihren Grenzkrieg Die Zanu-Partei d. Präs. *Robert Mugabe* gewinnt die Parlamentswahlen in Simbabwe, sieht sich aber erstmals einer starken Opposition gegenüber	Urauff. von *Thea Dorns* „Marleni" im Hamburger Schauspielhaus Die Berliner Schaubühne eröffnet die neue Ära mit der Choreographie „Körper" von *Sasha Waltz*; *Thomas Ostermeier* folgt mit *Lars Noréns* „Personenkreis 3.1" *Jürgen Bosse* inszeniert in Essen die dt. Erstauff. d. „Judaskuß" von *David Hare* *Peter Turrinis* Tanzspiel „Kasino" in Wien uraufgeführt 400. Geburtstag d. span. Dichters *Pedro Calderón de la Barca* *Franz Xaver Kroetz*' „Das Ende der Paarung", Regie *Claus Peymann;* Urauff. am Berliner Ensemble *Andreas Kriegenburg* inszeniert „Nachtasyl" von *Maxim Gorki* am Thalia-Theater in Hamburg *Helmut Krausser* „Haltestelle. Geister", Urauff., Regie *Jan Bosse* „Black Rider", Regie *Andreas Kriegenburg*, Münchner Residenztheater *Gertrud-Eysoldt*-Ring an den Schauspieler *Hans-Michael Rehberg*

Schauspielerin *Elizabeth Taylor* wird von Königin *Elizabeth II.* geadelt

Bei der 25. Verleihung d. César-Filmpreise gewinnt „Vénus Beauté" von *Tonie Marshall*

Prix *Louis Delluc* an den georg. Regisseur *Otar Ioseliani* für „Adieu plancher des vaches"

Bremer Filmpreis an die franz. Regisseurin *Agnès Varda*

Alan Parker verfilmt den Roman „Die Asche meiner Mutter" von *Frank McCourt* mit *Emily Watson* in der Hauptrolle

Fünf Oscars für „American Beauty", u. a. für den besten Film, beste Regie (*Sam Mendes*) und besten Hauptdarsteller (*Kevin Spacey*). Bester ausländ. Film: *P. Almodóvars* „Alles über meine Mutter"

Lasse Halström dreht „Gottes Werk und Teufels Beitrag" nach der Romanvorlage von *John Irving*

Goldene Palme d. Filmfestspiele in Cannes für das melodramat. Musical „Dancer in the Dark" von *Lars von Trier*

Joseph Vilsmaiers „Marlene" mit *Katja Flint* in der Hauptrolle fällt bei Kritik und Publikum durch

Grimme-Preis an *Hartmut Schoen* für „Warten ist der Tod"

„Der Einstein des Sex", Spielfilm über Leben und Werk d. *Magnus Hirschfeld* von *Rosa v. Praunheim*

Pepe Danquarts preisgekrönter Dokumentarfilm „Heimspiel" ist ein Porträt d. Berliner Eishockey-Vereins „Eisbären" und dessen Umfeld

Dieter Kosslick neuer Leiter d. Berliner Filmfestspiele als Nachfolger von *Moritz de Hadeln*

Foto-Ausstellung über die Filme von *Luis Buñuel* im Instituto Cervantes in München

„Die Unberührbare" von *Oskar Roehler* erhält den mit einer Prämie von 1 Mill. DM verbundenen Dt. Filmpreis in Gold. Filmpreise in Silber an „Sonnenallee" von *Leander Haußmann* und „Absolute Giganten" von *Sebastian Schipper*

„Goldener Löwe" beim Filmfests von Venedig an den iran. Regisseur *Jafar Panahi* für „Dajereh" („Der Kreis")

Umstellung d. Datums in den Computern auf das Jahr 2000 führt nicht zu dem befürchteten Chaos

† *Konrad Emil Bloch* (* 1912 in Neisse, Schlesien), US-amerik. Biochemiker

† *John Cooper* (* 1923), brit. Automobilkonstrukteur

† *Rene G. Favaloro* (* 1923), argent. Chirurg, Pionier d. Bypass-Operation

† *Mirko Grmek* (* 1924 in Krapina/Kroatien), franz. Medizinhistoriker

† *Joseph Keul* (* 1933), Prof. f. Innere Medizin und Sportmedizin, Chefarzt d. dt. Olympiateams

† *Heinz Maier-Leibnitz* (* 1911 in Esslingen), dt. Physiker

† *Werner Schäfer* (* 1918), dt. Virologe

† *Michael Smith* (* in Blackpool/England), kanad. Chemiker, Nobelpreisträger

† *German Titow* (* 1935 in Verkhneye), russ. Kosmonaut

† *Donald Budge* (* 1915 in Oakland), US-amerik. Tennisspieler

† *Gustav Kilian* (* 1907 in Luxemburg), dt. Radrennfahrer und Trainer

† *Sir Stanley Matthews* (* 1915 in Henley b. Stoke), engl. Fußballspieler

† *Gene Sarazen* (* 1902), US-amerik. Golfspieler

† *Gustav („Bubi") Scholz* (* 1930 in Berlin), dt. Boxsportler, ehem. Europameister

† *Alfred Schwarzmann* (* 1912 in Fürth), dt. Turner

† *Fritz Thiedemann* (* 1918 in Weddinghausen), dt. Springreiter

† *Werner Vick* (* 1920 in Hamburg), dt. Handballspieler und Nationaltrainer

† *Emil Zatopek* (* 1922 in Kaprivnice), tschech. Langstreckenläufer, Olympiasieger und Weltrekordler

Dt. Frauen zwischen 16 und 48 Jahren verbringen laut Umfrage im Schnitt 49 Min. mit Schönheitspflege, jede 6. Frau mehr als eine Stunde

(2000) Der bisherige Oppositionsführer *John Kufour* (Neue Patriot. Partei) ist der neue Präs. Ghanas

Auf den Fidschi-Inseln übernimmt das Militär die Macht. Neuer Präs.: *Ratu Josefa Iloilo*

Nach dem Tod von *Keizo Obuchi* wird *Yoshiro Mori* neuer japan. Regierungschef. Bei der Parlamentswahl verteidigen die Regierungsparteien ihre Führungsstellung, verlieren aber die Zweidrittelmehrheit

Mit 12,7 % wächst der Militärhaushalt in China stärker an als die Wirtschaft (7 %)

Zwei führende Mitglieder d. Sekte Falun Gong in China zu langjähr. Gefängnisstrafen verurteilt

In Taiwan gewinnt der Kandidat d. Opposition *Chen Shui-bian* die Präsidentschaftswahlen

Neuer südkorean. Regierungschef wird der Vors. d. Vereinten Liberaldemokraten (ULD) *Park Tae-joon*

Erstmals seit der Teilung vor 55 Jahren treffen sich die Staatschefs von Nord- und Südkorea in Pjöngjang und vereinbaren Verbesserung d. Beziehungen beider Staaten

Nordkorea nach jahrzehntelanger Isolation Mitglied d. ASEAN Regional Forum (ARF), d. asiat. Sicherheitsforums

Als erster US-Präs. besucht *Bill Clinton* das kommunist. Vietnam

Die 84jähr. Ministerpräsidentin von Sri Lanka, *Sirimavo Bandaranaike*, erklärt Rücktritt. Nachfolger wird Innenminister *Ratnasiri Wickramanayake*

Muslim. Rebellenorganis. Abu Sayyaf entführt auf philipp. Ferieninsel Sipadan 21 Touristen, darunter die dt. Familie *Wallert*, und hält sie monatelang als Geiseln auf der Insel Jolo fest

Die Parlamentswahl in Thailand gewinnt „Thai Rak Thai", die Partei d. Milliardärs *Thaksin Shinawatra*

† *Hafez al Assad* (* 1930 in Kardhaha), syr. Politiker, Präs. seit 1971

† *Sirimavo R. D. Bandaranaike* (* 1916), Politikerin, ehem. Regierungschefin von Sri Lanka

† *Habib ben Ali Bourgouiba* (* 1903 Monastir), tunes. Politiker, erster Staatspräs.

† *Bettino Craxi* (* 1934 in Mailand), ital. Politiker, ehem. Regierungschef

† *Jacques Chaban-Delmas* (* 1915 in Paris). franz. Politiker, ehem. Premierminister

† *Poul Hartling* (* 1914), dän. Politiker

† *Hassan II.* (* 1929 in Rabat), König von Marokko

† *Ingrid* (* 1910 in Stockholm), Königinmutter von Dänemark

† *Rudolf Kirchschläger* (* 1915 in Obermühl/Österr.), österr. Politiker, ehem. Bundespräs.

† *Petar Mladenow* (* 1926), ehem. Staatspräs. Bulgariens

† *Keizo Obuki* (* 1935 in Präfektur Gunna/Hondschu), seit 1998 japan. Regierungschef

† *William P. Rogers* (* 1913 in Norfolk/New York), ehem. US-Außenminister

† *Pierre Trudeau* (* 1919 in Montreal), ehem. kanad. Regierungschef

† *Saeb Salam* (* 1904), ehem. libanes. Ministerpräs.

† *Son Sann* (* 1911 in Phnom Penh), ehem. kambodsch. Ministerpräs.

„Kontingent" von *Sören Voimas* an der Berliner Schaubühne uraufgeführt

Manfred Weber inszeniert in Sarajewo „Dantons Tod". Der Dramaturg *Dževad Karahasan* hat die Dramen *Georg Büchners* übersetzt und will sie alle am Nationaltheater herausbringen

Jaques Lassalle inszeniert in Paris *Bertolt Brechts* „Galilei"

„Das Fest" von *Thomas Vinterberg/Mogens Rukov* an den Bühnen in Dortmund (Urauff.) und Dresden

Stefan Kimmig inszeniert am Thalia-Theater die Urauff. von „Republik Vineta" von *Moritz Rinke*

Carl Sternheims „Kassette" in der Regie von *Anselm Weber* am Residenztheater in München

„Hotel Angst" von *Christoph Marthaler* in Zürich unter Regie d. Autors uraufgef.

Christoph Marthalers „20th Century Blues", Urauff. in Basel

Theaterpreis Berlin 2000 an Regisseur *Frank Castorf* und Schauspieler *Henry Hübchen*

Pulitzer-Preis für Theater an *Donald Margulies* für das Off-Broadway-Stück „Dinner With Friends"

Schauspieler *Sean Connery* wird in Edinburgh von Königin *Elizabeth II.* zum Ritter geschlagen

† *Steve Allen* (* 1921 in New York), US-amerik. Entertainer

† *Martin Benrath* (* 1926 in Berlin), dt. Schauspieler

† *Kurt Böwe* (* 1929), dt. Schauspieler

† *Sir John Gielgud* (* 1904 in London), brit. Schauspieler

† *Constanze Engelbrecht* (* 1955), dt. Schauspielerin, besonders in Film und Fernsehen

† *Richard Farnsworth* (* 1920 in Los Angeles), US-amerik. Schauspieler

† *Otto Grünmandl* (* 1924), österr. Kabarettist

† *Jörg Holm* (* 1940), dt. Schauspieler

† *Dieter Krebs* (* 1947), dt. Schauspieler

† *Henning Schlüter* (* 1927), dt. Schauspieler

† *Paula Wessely* (* 1907 in Wien), österr. Schauspielerin

† *Claude Autant-Lara* (* 1901), franz. Filmregisseur

† *Paul Bartel* (* 1929), dt. Schauspieler und Regisseur

† *Walter Dörfler* (* 1921), Bühnenbildner für Inszenierungen u. a. von Regisseuren wie *Ingmar Bergman*, *Leopold Lindtberg* und *Rudolf Noelte*

† *Douglas Fairbanks Jr.* (* 1909 in New York)

† *Gisèle Freund* (* 1912 in Berlin), dt.-franz. Fotografin

† *Vittorio Gassmann* (* 1922 in Genua), ital. Schauspieler („Bitterer Reis", „Der Duft der Frauen")

† *Sir Alec Guinness* (* 1914 in London), brit. Schauspieler, zweifacher Oscar-Preisträger („Adel verpflichtet", „Lady Killers", „Die Brücke am Kwai")

† *Willy Haarlander* (* 1931), dt. Schauspieler

† *Liane Haid* (* 1895 in Wien), österr. Schauspielerin („Lady Hamilton", „Das Lied ist aus")

† *Liane Hielscher* (* 1937 in Schlesien), dt. Schauspielerin

† *Hedy Lamarr* (* 1914 in Wien), österr.-amerik. Schauspielerin

† *Walter Matthau* (* 1920 in New York), US-amerik. Schauspieler, Oscar-Preisträger („Der Glückspilz", „Buddy Buddy")

† *Ring(old) Wilmer Lardner jr.* (* 1915 in Chicago), US-amerik. Drehbuchautor, Oscar-Preisträger („Die Frau, von der man spricht", „M*A*S*H", „Cincinnatti Kid")

† *Francis Lederer* (* 1900 in Prag), österr. Schauspieler

† *Harald Leipnitz* (* 1926 in Wuppertal), dt. Schauspieler

† *Hilmar Pabel* (* 1910 in Rawitsch/Schlesien), dt. Fotograf

† *Jason Robards* (* 1922 in Chicago), US-amerik. Schauspieler, Oscar-Preisträger („Die Unbestechlichen", „Philadelphia", „Magnolia")

† *Rolf Römer* (* 1936), dt. Schauspieler

† *Claude Sautet* (* 1924 in Montrouge/Hauts-de-Seine), franz. Filmregisseur („Das Mädchen und der Kommissar", 1971, „César und Rosalie", 1972, 1980 Oscar f. „Eine einfache Geschichte")

† *Horst Seemann* (* 1937), dt. Filmregisseur

† *Curt Siodmak* (* 1902 in Dresden), dt.-amerik. Drehbuchautor („Donovans Gehirn", „Ich folgte einem Zombie")

† *Roger Vadim*, eigentl. *R. V. Plemiannikov* (* 1928 in Paris), franz. Filmregisseur

† *Klaus Wennemannn* (* 1940), dt. Schauspieler

† *Bernhard Wicki* (* 1919 in St. Pölten), Schweizer Schauspieler und Regisseur

† *Loretta Young* (eigentl. *Gretchen Michaela Belzer*) (* 1913 in Salt Lake City), US-amerik. Schauspielerin, Oscar-Preisträgerin („Die Farmerstochter")

PERSONEN- UND SACHREGISTER (10 000 v. Chr. – 1989)

Die Ziffern verweisen auf die Jahre.
Ab 1900 verweisen Buchstaben auf die entsprechenden Spalten:

P =  D =  Ph =  K = 

M =  W =  V = 

A

B

D

E

F

G

H

Hüllen, Große 1986 K
Huelsenbeck, R. 1918 K
Hülsenfrüchte v. Chr. 700
- n. Chr. 98
Hürlimann, Th. 1981 D
Hütte, Die 1671 Ing.-Taschenbuch 1856
Hufeisen v. Chr. 750
-magnet 1743
Hufeland 1796, 97
Hug Schapler 1436
Hugenberg 1865, 1917 K, 28, 31, 33, 51 P
Hugenotten 1562, 70, 72, 76, 85, 88, 93, 98, 1621, 28, 85, 1702, 1836
Hugershoff 1919 W
Huggins, Ch. B. 1966 W
-, W. 1868
Hughes, D. E. 1855, 78
-, J. L. 1967 D
-, L. 1963 D
-, R. 1924 D
-, V. W. 1980 W
Hughie 1958 D
Hugi, Fr. J. 1830
Hugo Capet 987
- d. Große 936
-, Viktor 1802, 29, 30, 31, 62, 85, 1903 D
- von Montfort 1357, 1423
-- St. Viktor 1096, 1141
-- Trimberg 1230, 1313
Huhn, Haus- v. Chr. 2350
Huitfeld 1903 V
Hui-tsung 1101, 07, 27, 11
Huitzilipochtli 14. Jh.
Huizinga 1919, 39, 56 Ph
Huks 1946, 50 P
Huldigende Fremdvölker v. Chr. 1490
Huldschinsky 1919 W
Hull, A. 1921 W
-, C. 1933, 43, 45, 55 P
Hulst, van de 1952 W
Humanae Vitae 1968 Ph
-- I. 1968 K
Humani generis 1950 Ph
Humanismus 1427, 53, 1911 Ph
- (Anfänge) 14. Jh., 1400, 50, 91
-, erster v. Chr. 2. Jh.
Humanistenschrift 15. Jh., 1472, 92
-schule 1423
humanistischen Studiums, Beginn des deutschen 1470
Humanistisches Gymnasium s. Gymnasium
Humanität v. Chr. 110
-, Briefe zur Beförderung der 1793
Humanitätsidee, Wilhelm von Humboldt und die 1909 Ph
Humanité, L' 1902 P
Humason, M. L. 1931 W
Humbert I. 1900 P
Humboldt, Alexander von 1769, 99, 1802, 04, 08, 11, 14, 27, 29, 36, 43, 45, 49
-, Gabriele von 1812
-, Wilh. von 1767, 1809, 10, 22, 35, 36, 1909 Ph
--Akademie, Berlin 1878
--Deutz-Motoren AG 1938 V
--Universität 1948 Ph
Hume 1710, 11, 39, 48, 51, 57, 63, 76, 79
Humel, G. 1965, 68 M
Humford, Graf 1789
Humiliaten 1201
Humlum 1947 W
Hummel, F. 1987 M
-, J. N. 1804
Humor als Lebensgefühl 1918 Ph
Humoristischer Hausschatz 1887
Humpelröcke 1911 V
Humperdinck 1854, 93, 1902, 10, 21 M, 29
Humphrey, G. M. 1953, 57 P
-, H. H. 1964, 68, 78 P
Hund 1951, 52 K
- im Schilf 1951 K
Hunde des Krieges 1974 D
- und Menschen 1970 K
-gespräche v. Chr. 380
-jahre 1963, 64 D
-kot 1982 V
-leben 1918 K
-staupenvirus 1988 W
Hundert Jahre Jalna 1958 D
- Tage 1931 D
-guldenblatt 1649
-jährige 1977 V
-jähriger Kalender 1634, 1701
-- Krieg (England-Frankreich) 1339, 1415, 29, 31, 53
-- Krieg (Vendig-Genua) 1256, 1381
-meterlauf 1960 V
-säulenhalle v. Chr. 5. Jh.
100% 1920 D
Hundertwasser, F. 1961, 66, 67, 73, 81 K
Hundhammer, A. 1974 Ph
Hundred selected Poems 1959 D
Hundstage 1988 D
- 1989 D
Hunefer v. Chr. 1250
Hunger 1890, 1946, 66 K
-! Hunger! Hunger! 1921 K
- in Afrika 1984, 87 V
-, Kampf gegen den 1963 P
-, Todesfälle 1965 V
- und Durst 1964 D
-künstler 1924 D
-pastor 1864
-streik 1977 Ph
-- (IRA) 1981 P
-tod der Kinder 1989 Ph
Hungersnöte 1982, 83, 84 V
-not 941, 1144, 96, 1317, 1932 P, 43, 45, 47, 50, 71, 79 V
Hungwu 1368
Hunnen v. Chr. 700, 356, 200
- n. Chr. 9, 200, 50, 320, 50, 75, 78, 406, 37, 43, 45, 48, 50, 51-53, 500, 59
Hunt, J. 1976 V
-, W. H. 1910 K
Hunter, S. 1978 K
-, W. 1774
Huntsman 1735
Hunyadi 1448
Huon de Bordeaux 1221
Huong, T. V. 1964, 65 P
Hurrikan Allen 1980 V
- Hugo 1989 V
Hurtado de Mendoza 1503, 54, 75
Hus 1365, 69, 1410, 11, 14-16, 19, 75
Husak, G. 1969, 88, 89 P
Husaren, Die 1969 M
Husbands 1972 K
Hussein 632
- (König des Jemen) 1917 P
- (König von Jordanien) 1952, 56, 70 P
-, S. 1982, 86 P
- von Jordanien 1988 P
Husserl 1859, 1900, 01, 13, 21, 38 Ph
Hussey, O. 1967 K
Hußfeier 1925 Ph
Hussiten 1433
-kriege 1396, 1419, 20, 22, 24, 27, 28, 32, 33, 36
Huston, J. 1952, 60, 62, 71 K, 84, 86, 87 K (F)
Husum 1913 W
Hut aus New York 1912 K
Huth, A. 1952 Ph
-, W. R. 1951, 54, 55, 64, 76, 77 K
Hutten, U. von 1488, 1517-19, 20, 21, 23, 1988 Ph
Huttens letzte Tage 1871
Hutter, Sch. 1983 K
-, W. 1950, 64, 65 K
Hutterock-Grab 1508
Hutton 1785, 95
-, B. 1979 V
Huxley, A. F. 1963 W
-, A. 1925, 28, 32, 48, 54, 62 D
-, J. 1953, 75 Ph
Huygens, Chr. 1629, 56, 57, 73, 74, 78, 80, 90, 95, 98, 1815
Huysman 1443, 85
Hvem Kalder 1960 D
Hyatt 1869
Hyde, D. 1938, 48 P
Hydrant II 1954 K
Hydraulische Presse 1795
Hydrierung, katalysator. 1912 W
Hydrologische Dekade 1965 W
Hydrostatisches Paradoxon 1666
Hygiene (Begründung der modernen) 1882
-, Handbuch der 1882
-, Psychische 1955 Ph
-, Verein für Volks- 1900 Ph
--Ausstellung 1912 W
--Museum, deutsches 1912, 30 W
Hygienische Volksbelehrung 1926 Ph
Hygrometer s. Feuchtigkeitsmesser
Hyksos v. Chr. 1700, 1600, 1580, 1570, 1555
Hymne 386
- an die Kirche 1924 D
-- Italien 1916 D
Hymnen 1890
- an die Nacht 1800
Hypatia 415
Hyperinflation in Brasilien 1989 V
Hyperbel v. Chr. 170
Hyperion 1799, 1977 D
Hyperon, Anti- 1962 W
Hyperonen 1955 W
Hyperthermie-Symposion 1987 W
-verfahren 1982 W
Hyperzyklus 1978 W
Hypnose 1636, 1841, 1901 Ph
-, Heilung durch 1957 Ph
Hypobank München 1981 K
Hypokausten v. Chr. 80
Hypophyse 1905, 20, 35, 53, 55 W
Hypothese 1911 Ph
Hystaspes v. Chr. 521
Hysterie, Studie über 1895

I

I bin I 1965 K
I want to go home 1989 K (F)
IAA 1919 V
IAOE 1984 V
Ibáñez 1923, 27 P
Ibarguengoyta, J. 1983 D
Ibbisuen v. Chr. 2065
Ibbotson, D. 1957 V
Iberer v. Chr. 2500, 1490, 550, 27
Iberische Kultur v. Chr. 280
Ibert, J. 1962 M
IBFG 1949 V
IBM 1989 V
Ibn al Baitar 1200, 48
-- Farid 1235
-- Kifti 1172, 1248
- Battuta 1304, 52, 77
- Chaldun 1332, 1406
- Chordadhbeh 885
- Doreid 904
- Esra 1092, 1167
- Faisal Saud 1964 P
- Junis 950, 1009
- Koteiba 828, 89
- Ruschd 1126, 98
- Saud 1745, 1901, 24, 32, 53 P
- Sina 980, 1037
Ibscher 1908 W
Ibsen 1828, 56, 66, 67, 76, 77, 79, 81, 82, 84, 86, 88, 89, 90, 92, 94, 96, 1900, 02, 05, 06 D, 23 K
Ibykos v. Chr. 525
ICAO 1983 V
Icarus Atlanticus 1955 K
ICC Berlin 1979 K
Ich bin ein Elefant, Madame 1969 K
-- eine Katze 1916 D
-- Zeuge 1928 D
-, Das war 1902 M
- denke oft an Piroschka 1956 K
-. Der Traum. Der Tod. Das 1947 Ph
- glaube, damit ich erkenne 1273
- hab' mein Herz ... 1924 M
-- mich so an dich gewöhnt 1951 M
- hatt' einen Kameraden 1809
- laß dich nicht 1912 D
- lebe gerne 1930 Ph
- liebe Dich, ... 1973 K
--, du liebst 1960 K
- male Hofer 1964 K
- und das Dorf 1911 K
-- das Es 1923 Ph
- und die Welt 1890
- wandte mich um ... 1970 M
- war Jack Mortimer 1933 D, 35 K
- weiß, wohin ich gehe 1946 K
- werfe meine Netze aus 1967 D
- zähmte die Wölfin 1953 D
Ichikawa, K. 1959, 64 K
Ichneumon auf Vogelfang v. Chr. 2500
IchundIch 1979 D
ICM-Kongreß für Mathematik 1986 W
ICOSMOS 1984 K
Ida Elisabeth 1932 D
Idea of Christ ... 1946 Ph
Ideale Buch, Das 1921 K
- Heim, Das 1926 K
Idealismus (Ablehnung des) 1903 Ph
-, ästhonom. 1906 Ph
- (Aktuale) 1912 Ph
-, Dialektischer 1844
- (Kampf gegen den) 1931 Ph
-, teleologischer 1817
-, transzendentaler 1809
- und Realismus 1924 Ph
Idee der großen deutschen Linken 1911 Ph
-- Staatsräson in der neueren Geschichte 1924 Ph
- des Friedens, Die ... 1969 Ph
-- Friedens und des Pazifismus 1931 Ph
- und Existenz 1935 Ph
Ideen der Staats- und Kultursoziologie 1927 Ph
- über eine beschreibende und zergliedernde Psychologie 1894
- zu einem Versuch, die Grenzen der Wirksamkeit des Staates zu bestimmen 1835
-- einer Philosophie der Natur 1797
-- einer reinen Phänomenologie ... 1913 Ph
-- einer Theologie der Kultur 1921 Ph
- zur Begründung der Rechtsphilosophie nach ... 1921 Ph
-- Philosophie ... 1784, 91
-lehre v. Chr. 347, 334
-- n. Chr. 1903 Ph
Iden des März 1948 D
Idensen, Wandmalerei 1135
Identität und Realität 1908 Ph
Ideologie, deutsche 1962 Ph
- und Utopie 1929 Ph
Ideologische Horizonte der Psychologie 1962 Ph
Idiot 1868
Idiote, L' 1960 D
Idlewild 1958 K
Ido 1907 D
Idomeneo 1781
Idris, König von Libyen 1969 P
Idrisi 1100, 50, 66
Idyllen 1756, 72
Idyllische Landschaft bei Abendbeleuchtung 1676
Iffland 1759, 82, 1814, 15
--Ring 1959 D
IFN-Vertrag 1987 P
IG Druck und Papier, Publizistik und Kunst in BRD 1989 V
--Metall 1989 V
--, Tarifforderung 1989 V
Igel als Bräutigam 1951 M
-frisur 1791
Igelhoff, P. 1978 M
IG-Farben 1863, 65, 1904 V, 05 W, 25, 26 V, 31 K, 36 W
Iglau, Landtag in 1433
Ignatius von Antiochia 105
Ignorabimus 1872, 1913 D
Ignorant und der Wahnsinnige, Der 1972 D
Igorlied 1196
Iharoz, S. 1955 V
Ihering, H. 1977 D
-, R. von 1858, 83
Ihlenfeld, K. 1952, 72 D
Ihmels 1910 Ph
Ihne 1904 K
Ihre Hoheit die Tänzerin 1961 M
Ikarus 1955 K
--Sage v. Chr. 550
Ikeda, H. 1960 P
I-king v. Chr. 479
Ikone, Geist und Gestalt der 1961 K
Ikonenmalerei, russische 1301
Ikonion 1277
Ikonographie 843, 12. Jh., 1295, 99, 1307, 1400, 1636, 1961 K
-skop 1982 W
Ikor, R. 1957 D
Iks-Haken, Der 1962 D
Il faut passer par les nuages 1964 D
ILA 1909 V
Ila 1928 V
Ilarion 1050
Ildefonso-Altar 1632
Il-Gésu-Kirche 1568
Ilias v. Chr. 1300, 800, 5. Jh.
- n. Chr. 1611, 1725, 93, 1901 D, 07 K
Iliescu, I. 1989 P
Ilion 1902 W
Illegalen, Die 1945 D
Illerfeld 1465
Iller-Unglück 1957 P
Illies, J. 1982 W
Illuminations 1873
Illusion des Fortschritts 1908 Ph
- des Geldes 1916 V
-, Die große 1979 K
Illustrierte Zeitungen 1964 V
Illustrirte Zeitung, Berliner 1898
Illyés, G. 1961, 83 D
Illyrer v. Chr. 750
Illyricum v. Chr. 27
- n. Chr. 330
Ilmensee, K. 1981 W
ILO 1977 V, 81 P, 82 Ph, 84, 88 V
Ilona 1960 D
Ilôt mauve, L' 1958 K
Iloy, B. R. 1955 D
Ilsebill 1903 M
Ilsenburg a. H. 1898
Ilumquh-Tempel v. Chr. 8. Jh.
Im, B. K. 1987 K
- Freien 1965 K
- Kreise der Natur 1953 K
Imaginäre Pflanze 1958 K
- Zahlen 1572, 1770, 1811
imaginaire, L' 1950 K
Imagisten 1960 D
Imago 1906 D, 13 Ph
Imami, Sh. 1978 Ph

K

L

M

N

O

Q

S

T

U

V

W

X

Y

Z

REGISTER FÜR DIE JAHRE 1990–2000

C

D

E

F

G

H

I

J

L

M

N

O

P

S

T

U

V

W

X

Y

Z

Bitte beachten Sie
folgende Seiten

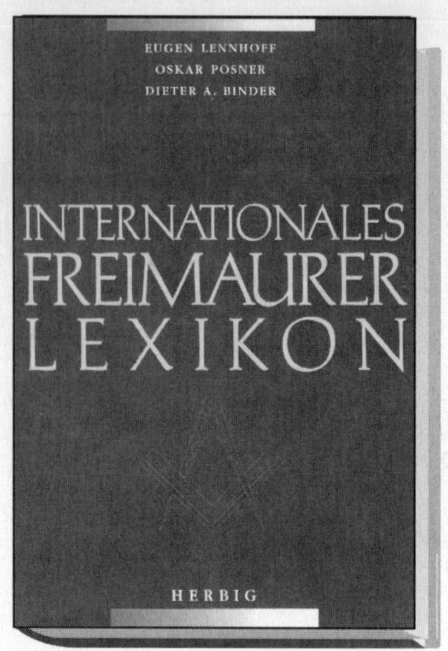

952 Seiten, ISBN 3-7766-2161-3

Eugen Lennhof
Oskar Posner
Dieter A. Binder

Internationales Freimaurerlexikon

Das unentbehrliche Nachschlagewerk über die »königliche Kunst«

Das bis heute an Umfang und Genauigkeit unübertroffene Standardwerk über die Freimaurerei liegt nun in völlig überarbeiteter und aktualisierter Form vor. Neben einem lexikografischen Teil enthält es Grundgesetze, Chronik und Vokabularium der Freimaurerei sowie eine Darstellung der Leistungen ihrer »Brüder« im kulturellen und politischen Leben bis zum heutigen Zeitpunkt. Die Vielzahl der Stichworte, Bibliografie und Index ermöglichen einen leichten Zugang zur immer noch geheimnisumwitterten Welt der Freimaurer.

Herbig
Besuchen Sie uns im Internet unter http://www.herbig.net

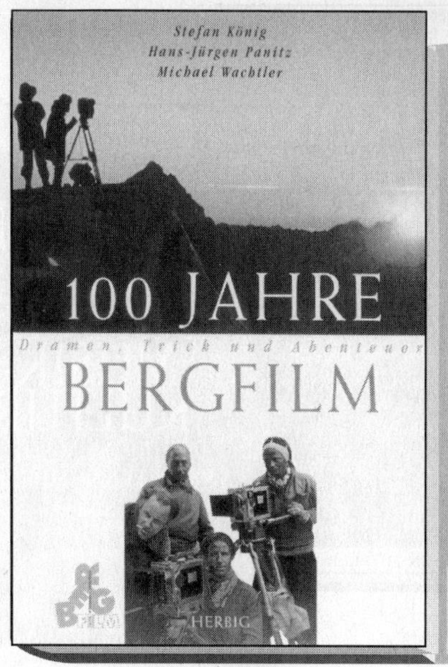

176 Seiten, ISBN 3-7766-2228-8

Stefan König
Hans -Jürgen Panitz
Michael Wachtler

100 Jahre Bergfilm

Das Begleitbuch zur ersten Filmausstellung dieses Genres weltweit

Die Geschichte des Bergfilms ist so spannend wie das Klettern in der Eiger-Nordwand. 1901 wurde am Matterhorn der erste, bis heute erhaltene Bergfilm gedreht. In den zwanziger Jahren machte Arnold Fanck den Bergfilm zum dramatischen Spielfilm. Über Luis Trenkers Kultfilm »Der Berg ruft« und Hans Ertls »Nanga Parbat« bis hin zu Sylvester Stallones »Cliffhanger« und dem IMAX-Film »Gipfel ohne Gnade« führt diese großartige und umfassende Dokumentation durch exakt 100 Jahre Bergfilm-Geschichte.

Herbig
Besuchen Sie uns im Internet unter http://www.herbig.net

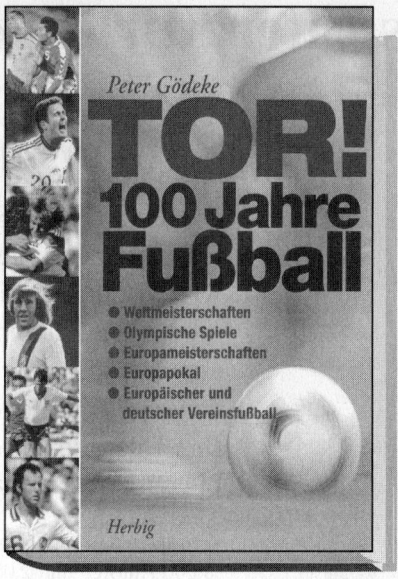

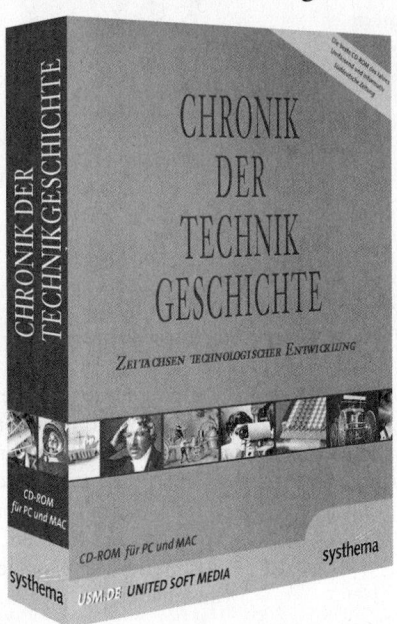